KICKER-ALMANACH 2022

D1867029

Zusammenstellung und Bearbeitung

Conrad Carl

Robert Hohensee †

Denis Malek

Ulrich Matheja

COPRESS VERLAG

I N H A L T S V E R Z E I C H N I S

Kapitel 1: Die Saison

Kapitel 2: Die Länderspiele

Kapitel 3: Die deutsche Meisterschaft

Kapitel 4: Die deutschen Pokalwettbewerbe

Kapitel 5: Der deutsche Ligafußball

Kapitel 12: Die Europapokale

Kapitel 13: Der Jugendfußball

Kapitel 14: Der Frauen-Fußball

Kapitel 6: Die 1. Bundesliga

Kapitel 7: Die 2. Bundesliga

Kapitel 8: Die 3. Liga

Kapitel 9: Die Fußball-Weltmeisterschaft

Kapitel 10: Die Olympischen Fußballturniere

Kapitel 11: Die Fußball-Europameisterschaft

Kapitel 15: Anhang

Titelbild: SVEN SIMON
Bilder Innenteil: SVEN SIMON, imago images (www.imago-images.de)

© 2021 by Copress Verlag in der Stiebner Verlag GmbH, Hirtenweg 8 b, 82031 Grünwald und Olympia-Verlag GmbH, Badstraße 4-6, 90402 Nürnberg
Alle Rechte vorbehalten. Wiedergabe, auch auszugsweise, nur mit ausdrücklicher Genehmigung durch den Verlag.
www.copress.de
Gesamtherstellung: Stiebner, Grünwald Printed in Germany
ISBN: 978-3-7679-1273-1

Vorwort

Ende Juli war ich das erste Mal nach fast 17 Monaten Pause wieder im Stadion. Auch wenn es nur ein Testspiel war, war es schön, Fußball mal wieder hautnah zu erleben. Aber es war doch anders als Anfang März 2020. Man musste geimpft, genesen oder getestet sein – und dazu die richtige Eintrittskarte bestellt haben. Das Hygienekonzept passte und die Zuschauer*innen verhielten sich anders als während der EM in Budapest oder Wembley durchweg korrekt. Es waren aber auch nur 10 000 Fans auf Sitzplätzen zugelassen. Die Stimmung war zwar verhalten, aber das Wichtigste war jedoch, dass man viele bekannte Gesichter sah. Denn Fußball ist mehr als 90 Minuten vor dem Fernseher. Zum Fußball geht man mit Freunden und Bekannten. Man schaut zusammen, leidet oder jubelt zusammen und „analysiert" das Spiel danach noch einmal. Das alles hatte 17 Monate gefehlt. Dem Fußball auf der Couch im Wohnzimmer fehlen die Kontakte zu anderen Fans. Und wie es momentan aussieht, wird es auch noch eine Weile dauern, bis wieder „normale" Verhältnisse wie vor Freitag, dem 13. März 2020, einziehen.

Denn die Krise ist noch lange nicht vorbei. Zwar nahm der Profifußball im Mai 2020 seinen Betrieb wieder auf, fanden Länder- und Europapokalspiele statt, aber bereits in der Regionalliga war ab November mit dem zweiten Lockdown schon wieder Feierabend. Lediglich im Westen und Südwesten konnte das Programm halbwegs ordentlich beendet werden. Auch der Sonderweg in Bayern, die Saison 2019/20 bis 2021 zu verlängern, hatte letztlich keine Chance. Ab Oberliga abwärts rollte der Ball jedoch nicht mehr, wurden Auf- und Abstieg ausgesetzt. Nicht abzuschätzen sind die Folgen im Nachwuchsbereich. Hier wird langfristig sehr viel Geduld notwendig sein.

Sehr viel Geduld wird man auch mit der Nationalmannschaft haben müssen, die nach der verkorksten WM 2018 und dem miserablen Abschneiden in der Nations League ihren Achterbahnkurs beibehielt. Das 0:6 in Spanien war die höchste Niederlage seit Mai 1931 (damals 0:6 gegen Österreich in Berlin). Und das 1:2 gegen Nordmazedonien erinnert ein wenig an das legendäre 0:0 von Tirana 1967. Aber beide Ereignisse waren nicht das Ende des deutschen Fußballs. Hansi Flick hat 2019/20 beim FC Bayern München bewiesen, dass er ein Team aus der Krise führen kann. Wünschen wir ihm auf diesem Weg viel Glück. Von diesem schien Jogi Löw seit dem Gewinn des Confed-Cups 2017 verlassen. Er versuchte zwar, seinen Weg zu gehen, der allerdings oft in einer Sackgasse zu enden schien. Selbst die Reaktivierung von Mats Hummels und Thomas Müller half am Ende nicht. Bittere Ironie, dass ausgerechnet Hummels ein Eigentor gegen Frankreich unterlief und Müller in Wembley die Riesenchance zum Ausgleich ausließ. Man darf gespannt sein, wie das Aufgebot für die drei WM-Qualifikationsspiele Anfang September aussieht. Auf jeden Fall fehlen wird Toni Kroos, der kurz nach der EM seinen Rücktritt aus der Nationalmannschaft erklärt hat.

Denn Talente gibt es genug. Trotz widriger Umstände wurde die U 21 zum dritten Mal nach 2009 und 2017 Europameister. Dagegen konnte die Olympia-Auswahl nicht an den Höhenflug von Rio de Janeiro 2016 anknüpfen und schied bereits in der Vorrunde aus. Aus dem damaligen Kader standen mit Ginter, Gnabry, Goretzka, Klostermann und Süle immerhin fünf Spieler im deutschen EM-Aufgebot 2021. Man kann die Vorbehalte der Klubs in Sachen Abstellung zwar nachvollziehen – ein gutes Licht warf die Zusammenstellung des Kaders jedoch nicht auf den aktuellen Zustand des DFB.

Nachdem Bayern München 2020 alles gewann, was es zu gewinnen gab, war das Abschneiden der deutschen Klubs in der Europapokal-Saison 2020/21 enttäuschend. Lediglich der FC Bayern und Borussia Dortmund erreichten das Viertelfinale. Zum strahlenden Sieger avancierte dagegen Thomas Tuchel. Nachdem er 2020 mit Paris Saint-Germain noch im Finale der Champions League an den Bayern gescheitert war, holte er im Mai 2021 mit dem FC Chelsea den Henkelpott gegen das von Pep Guardiola betreute Manchester City. Dabei hatte Tuchel das Team erst im Ende Januar 2021 übernommen.

Auch in der Bundesliga war ein großes Trainer-Roulette zu beobachten. Von den ersten acht Klubs der abgelaufenen Saison geht nur der 1. FC Union Berlin mit dem gleichen Coach in die neue Saison. Der Schweizer Urs Fischer hat die Köpenicker zwei Jahre nach dem Aufstieg immerhin in die neue Europa Conference League geführt. Das lauteste Stühlerücken gab es bei Rekordmeister Bayern München. Nur ein Jahr nach seinem „Grand Slam" verkündete Hansi Flick im April, aus seinem Vertrag beim alten und neuen Meister aussteigen zu wollen. Für seinen Nachfolger Julian Nagelsmann mussten die Münchner eine Rekordablöse von über 20 Millionen Euro an RB Leipzig zahlen. Und das in Zeiten von Corona, wo Fanorganisationen bereits im letzten Jahr ein „System, in das in den letzten Jahren Geldsummen jenseits der Vorstellungskraft vieler Menschen geflossen

Sein größter Triumph: Jogi Löw als Weltmeister 2014. Nach 15 Jahren nimmt er nun als Bundestrainer mit den meisten Länderspielen Abschied.

sind“ heftig kritisiert hatten. Die zehnte Meisterschaft in Folge wird für Nagelsmann das Minimalziel sein. Ein Garant dafür ist Robert Lewandowski, der mit 41 Toren den „Jahrhundert-Rekord“ von Gerd Müller aus der Saison 1971/72 um einen Treffer überbot. Aber aufgepasst: Juventus Turin und Celtic Glasgow verpassten in diesem Jahr jeweils die „Zehner-Marke“. Der FC Bayern könnte also 2022 mit dem BFC Dynamo gleichziehen, der von 1979 bis 1988 zehnmal in Folge DDR-Meister war. Aber das klingt heute schon fast wie ein Märchen aus Tausendundeiner Nacht.

Mit Werder Bremen und dem FC Schalke 04 verabschiedeten sich im Mai 2021 zwei Klubs in die Zweitklassigkeit, die lange Jahre zur Bundesliga-Spitze gehörten. Da Dynamo Dresden und Hansa Rostock aus der 3. Liga aufstiegen, spielen 2021/22 acht Klubs der 20 Klubs in der 2.Bundesliga, die 1991/92 in der ersten gesamtdeutschen Bundesliga an den Start gingen. Neben den vier Genannten komplettieren das Feld der Hamburger SV, Fortuna Düsseldorf, der Karlsruher SC und der 1. FC Nürnberg. Am Ende werden maximal drei von ihnen die Rückkehr in die Beletage des deutschen Fußballs schaffen. Wie das geht, haben gerade der VfL Bochum und die SpVgg Greuther Fürth vorgemacht. Der VfL verbrachte seit 2010 elf Jahre in der Zweitklassigkeit. Und die Fürther gehen überhaupt erst in ihre zweite Bundesliga-Saison seit 2012/13. Und erstmals spielen sie eine Klasse höher als der große Nachbar 1. FC Nürnberg.

Ein weiterer traditionsreicher Name schaffte den Aufstieg in die 3. Liga, auch wenn der heutige FC Viktoria 1889 Berlin nicht mehr viel mit dem Deutschen Meister von 1908 und 1911 zu tun hat. Immerhin konnte jetzt aber geklärt werden, dass Viktoria 89 die erste Meisterschaft 1908 ohne Gegentor errungen hat. Das Endspiel gegen die Stuttgarter Kickers endete nämlich nicht 3:1 sondern 3:0. „Mit 14:0 (Königsberg 7:0, Wacker-Leipzig 4:0, Stuttgart 3:0) eine deutsche Meisterschaft zu gewinnen, dazwischen noch den Berliner Pokal mit 4:0 – also ebenfalls torlos – an sich zu bringen, vermag keine Durchschnittsmannschaft“, schrieb seinerzeit die Neue Sportwoche. Bestätigt wird das durch die Festschrift zum 25-jährigen Bestehen des „Torball- und Fußball-Club Viktoria e. V.“ aus dem Jahr 1914. Der Deutsche Meister von 1912, Holstein Kiel, scheiterte dagegen zum zweiten Mal nach 2018 in der Relegation zur Bundesliga.

An dieser Stelle müssen wir Ihnen leider mitteilen, dass unser langjährige Freund und Kollege Robert Hohensee im Juni im Alter von nur 57 Jahren nach langer Krankheit verstorben ist. Fußball-Statistik war für den gebürtigen Berliner eine Herzensangelegenheit. Jahrelang arbeitete er am Almanach mit. Er hinterlässt beruflich und privat eine Lücke, die nur schwer zu schließen sein wird. Da auch ich Ende August altersbedingt in den Ruhestand gehe, werden wir das Almanach-Team neu aufstellen müssen. So lange es geht, bleibe ich an Bord. Denis Malek hat wie schon im letzten Jahr das Spieler-Abc zusammengestellt. Wir tun alles dafür, Ihnen auch weiterhin einen informativen Almanach präsentieren zu können. Erneut möchten wir uns für die zahlreichen Zuschriften bedanken, die uns über unsere E-Mail-Adresse almanach@kicker.de oder per Brief erreicht haben. Auch wenn es nicht immer möglich ist, alle persönlich zu beantworten, ist diese Unterstützung immer willkommen – gerade in Zeiten wie diesen. Vielleicht können wir in einem Jahr auf eine spannende Saison mit Zuschauern zurückblicken. Man soll die Hoffnung nie aufgeben. Bleiben Sie gesund!

Nürnberg, im August 2021 **U. M.**

KAPITEL 1

DIE SAISON

Die deutschen Länderspiele

Die A-Nationalmannschaft

3. September 2020 gegen **Spanien** in Stuttgart (UEFA Nations League)	1:1	(0:0)
6. September 2020 gegen die **Schweiz** in Basel (UEFA Nations League)	1:1	(1:0)
7. Oktober 2020 gegen die **Türkei** in Köln	3:3	(1:0)
10. Oktober 2020 gegen die **Ukraine** in Kiew (UEFA Nations League)	2:1	(1:0)
13. Oktober 2020 gegen die **Schweiz** in Köln (UEFA Nations League)	3:3	(1:2)
11. November 2020 gegen **Tschechien** in Leipzig	1:0	(1:0)
14. November 2020 gegen die **Ukraine** in Leipzig (UEFA Nations League)	3:1	(2:1)
17. November 2020 gegen **Spanien** in Sevilla (UEFA Nations League)	0:6	(0:3)
25. März 2021 gegen **Island** in Duisburg (WM-Qualifikation)	3:0	(2:0)
28. März 2021 gegen **Rumänien** in Bukarest (WM-Qualifikation)	1:0	(1:0)
31. März 2021 gegen **Nordmazedonien** in Duisburg (WM-Qualifikation)	1:2	(0:1)
2. Juni 2021 gegen **Dänemark** in Innsbruck	1:1	(0:0)
7. Juni 2021 gegen **Lettland** in Düsseldorf	7:1	(5:0)
15. Juni 2021 gegen **Frankreich** in München (EM-Gruppenspiel)	0:1	(0:1)
19. Juni 2021 gegen **Portugal** in München (EM-Gruppenspiel)	4:2	(2:1)
23. Juni 2021 gegen **Ungarn** in München (EM-Gruppenspiel)	2:2	(0:1)
29. Juni 2021 gegen **England** in London (EM-Achtelfinale)	0:2	(0:0)

Die Junioren-Nationalmannschaft U 21

3. September 2020 gegen **Republik Moldau** in Wiesbaden (EM-Qualifikation)	4:1	(1:0)
8. September 2020 gegen **Belgien** in Leuven (EM-Qualifikation)	1:4	(1:1)
9. Oktober 2020 gegen **Republik Moldau** in Chisinau (EM-Qualifikation)	5:0	(3:0)
13. Oktober 2020 gegen **Bosnien-Herzegowina** in Fürth (EM-Qualifikation)	1:0	(1:0)
12. November 2020 gegen **Slowenien** in Braunschweig	1:1	(1:0)
17. November 2020 gegen **Wales** in Braunschweig (EM-Qualifikation)	2:1	(2:1)
24. März 2021 gegen **Ungarn** in Szekesfehervar (EM-Endrunde, Gruppenphase)	3:0	(0:0)
27. März 2021 gegen die **Niederlande** in Szekesfehervar (EM-Endrunde, Gruppenp.)	1:1	(0:0)
30. März 2021 gegen **Rumänien** in Budapest (EM-Endrunde, Gruppenphase)	0:0	
31. Mai 2021 gegen **Dänemark** in Szekesfehervar (EM-Endrunde, Viertelfinale) n. V. 2:2 (1:1, 0:0) Elfmeterschießen 6:5		
3. Juni 2021 gegen die **Niederlande** in Szekesfehervar (EM-Endrunde, Halbfinale)	2:1	(2:0)
6. Juni 2021 gegen **Portugal** in Ljubljana (EM-Endrunde, Endspiel)	1:0	(0:0)

Die Olympia-Mannschaft

22. Juli 2021 gegen **Brasilien** in Yokohama (Olympia-Gruppenspiel)	2:4	(0:3)
25. Juli 2021 gegen **Saudi-Arabien** in Yokohama (Olympia-Gruppenspiel)	3:2	(2:1)
28. Juli 2021 gegen die **Elfenbeinküste** in Rifu (Olympia-Gruppenspiel)	1:1	(0:0)

Die Junioren-Nationalmannschaft U 20

3. September 2020 gegen **Dänemark** in Norderstedt	1:2	(1:0)
6. September 2020 gegen **Dänemark** in Steinburg	0:0	
7. Oktober 2020 gegen die **Schweiz** in Lörrach	3:1	(2:1)

Die Junioren-Nationalmannschaft U 19/18

3. September 2020 gegen **Polen** in Kalisz	1:1	(0:1)
4. September 2020 gegen **Dänemark** (U18) in Leipzig	1:3	(1:1)
7. September 2020 gegen **Dänemark** (U18) in Leipzig	5:5	(2:2)
8. September 2020 gegen **Belgien U20** in Genk (kein offizielles Länderspiel)	0:1	(0:0)

Die Junioren-Nationalmannschaft U 17

9. Oktober 2020 gegen **Dänemark** in Apenrade	2:2	(1:1)

Die Junioren-Nationalmannschaft U 16

9. Oktober 2020 gegen **Dänemark** in Duisburg	0:2	(0:2)
11. Oktober 2020 gegen **Dänemark** in Duisburg	5:4	(4:0)

Die Junioren-Nationalmannschaft U 15
keine Spiele

Die Futsal-Nationalmannschaft

14. September 2020 gegen die **Niederlande** in Zeist	1:3	(0:0)
6. November 2020 gegen die **Schweiz** in Siggenthal (EM-Qualifikation)	2:4	(1:1)
9. November 2020 gegen die **Schweiz** in Ludwigsburg (EM-Qualifikation)	5:3	(2:1)

Die Frauen-A-Nationalmannschaft

19. September 2020 gegen **Irland** in Essen (EM-Qualifikation)	3:0	(3:0)
22. September 2020 gegen **Montenegro** in Podgorica (EM-Qualifikation)	3:0	(2:0)
27. Oktober 2020 gegen **England** in Wiesbaden	abgesagt	
27. November 2020 gegen **Griechenland** in Ingolstadt (EM-Qualifikation)	6:0	(4:0)
1. Dezember 2020 gegen **Irland** in Dublin (EM-Qualifikation	3:1	(2:1)
21. Februar 2021 gegen **Belgien** in Aachen (Drei-Nationen-Turnier)	2:0	(1:0)
24. Februar 2021 gegen die **Niederlande** in Venlo (Drei-Nationen-Turnier)	1:2	(1:1)
10. April 2021 gegen **Australien** in Wiesbaden	5:2	(1:0)
13. April 2021 gegen **Norwegen** in Wiesbaden	3:1	(2:1)
10. Juni 2021 gegen **Frankreich** in Straßburg	0:1	(0:1)
15. Juni 2021 gegen **Chile** in Offenbach	0:0	

Die Frauen-Nationalmannschaft U20
keine Spiele

Die Frauen-Nationalmannschaft U19
keine Spiele

Die Juniorinnen-Nationalmannschaft U17
keine Spiele

Die Juniorinnen-Nationalmannschaft U16
keine Spiele

Die Juniorinnen-Nationalmannschaft U15
keine Spiele

Die Spiele der A-Nationalmannschaft

Deutschland – Spanien 1:1 (0:0) am 3. 9. 2020 in Stuttgart (UEFA Nations League)

Deutschland: Trapp (Eintracht Frankfurt) – Can (Borussia Dortmund), Süle (Bayern München), Rüdiger (FC Chelsea) – Kehrer (Paris Saint-Germain), Gündogan (Manchester City)/74. Serdar (FC Schalke 04), Kroos (Real Madrid), Gosens (Atalanta Bergamo) – Draxler (Paris Saint-Germain) – Sané (Bayern München)/63. Ginter (Borussia Mönchengladbach), Werner (FC Chelsea)/90./+1 Koch (Leeds United) – Trainer: Löw.

Spanien: de Gea (Manchester United) – Carvajal (Real Madrid), Sergio Ramos (Real Madrid), Pau (FC Villarreal), Gaya (FC Valencia) – Busquets (FC Barcelona)/57. Merino (Real Sociedad San Sebastian) – Fabian (SSC Neapel)/80. Oscar (FC Sevilla), Thiago (Bayern München) – Jesus Navas (FC Sevilla)/46. Ansu Fati (FC Barcelona), Rodrigo Moreno (Leeds United), Ferran Torres (Manchester City) – Trainer: Luis Enrique.

Tore: 1:0 Werner (51.), 1:1 Gaya (90./+6) – SR: Orsato (Italien) – Zuschauer: keine.

Anmerkung: Bei weiteren Länderspielen sind die Vereinsnamen nur noch bei neu hinzukommenden Spielern angegeben.

Schweiz – Deutschland 1:1 (0:1) am 6. 9. 2020 in Basel (UEFA Nations League)

Schweiz: Sommer (Borussia Mönchengladbach) – Elvedi (Borussia Mönchengladbach), Akanji (Borussia Dortmund), Rodriguez (FC Turin)/64. Zuber (Eintracht Frankfurt) – Widmer (FC Basel), Benito (Girondins Bordeaux) – Sow (Eintracht Frankfurt)/80. Aebischer (Young Boys Bern), Xhaka (FC Arsenal) – Embolo (Borussia Mönchengladbach)/72. Vargas (FC Augsburg), Steffen (VfL Wolfsburg) – Seferovic (Benfica Lissabon) – Trainer: Petkovic.

Deutschland: Leno (FC Arsenal) – Ginter, Süle/62. Tah (Bayer Leverkusen), Rüdiger – Kehrer, Gündogan, Kroos, Gosens/78. Can – Draxler – Sané/46. Brandt (Borussia Dortmund), Werner – Trainer: Löw.
Tore: 0:1 Gündogan (14.), 1:1 Widmer (58.) – SR: Oliver (England) – Zuschauer: keine.

Deutschland – Türkei 3:3 (1:0) am 7. Oktober 2020 in Köln
Deutschland: Leno – Can, Koch, Rüdiger/59. Tah – Henrichs (RB Leipzig), Neuhaus (Borussia Mönchengladbach)/79. Dahoud (Borussia Dortmund), Schulz (Borussia Dortmund)/70. Gosens – Brandt/86. Stark (Hertha BSC) – Havertz (FC Chelsea)/90. Amiri (Bayer Leverkusen) – Waldschmidt (Benfica Lissabon), Draxler/59. Hofmann (Borussia Mönchengladbach) – Trainer: Löw.
Türkei: Günok (Istanbul Basaksehir) – Sangaré (Fenerbahce Istanbul), Ayhan (Sassuolo Calcio)/75. Kabak (FC Schalke 04), Demiral (Juventus Turin), Kaldirim (Istanbul Basaksehir) – Okay (Celta Vigo)/63. Karaman (Fortuna Düsseldorf) – Karaca (Alanyaspor)/70. Tekdemir (Istanbul Basaksehir), Ozan Tufan (Fenerbahce Istanbul), Yazici (Lille OSC)/46. Dorukhan (Besiktas Istanbul), Kilinc (Galatasaray Istanbul)/46. Cengiz Ünder (Leicester City) – Enes Ünal (FC Getafe)/85. Ömür (Trabzonspor) – Trainer: Günes.
Tore: 1:0 Draxler (45./+1), 1:1 Ozan Tufan (50.), 2:1 Neuhaus (58.), 2:2 Karaca (67.), 3:2 Waldschmidt (81.), 3:3 Karaman (90./+4) – SR: Bastien (Frankreich) – Zuschauer: 300 (ausverkauft).

Ukraine – Deutschland 1:2 (0:1) am 10. 10. 2020 in Kiew (UEFA Nations League)
Ukraine: Bushchan (Dynamo Kiew) – Karavaev (Dynamo Kiew), Zabarnyi (Dynamo Kiew), Mykolenko (Dynamo Kiew), Sobol (Club Brügge) – Sydorchuk (Dynano Kiew)/84. Makarenko (KV Kortijk) – Kovalenko (Schachtar Donezk)/77. Shaparenko (Dynamo Kiew), Malinovskyi (Atalanta Bergamo) – Yarmolenko (West Ham United)/69. Marlos (Schachtar Donezk), Tsygankov (Dynamo Kiew)/69. Zubkov (Ferencvaros Budapest) – Yaremchuk (KAA Gent) – Trainer: Shevchenko.
Deutschland: Neuer (Bayern München) – Ginter, Süle, Rüdiger – Klostermann (RB Leipzig)/90. Can, Kimmich (Bayern München), Kroos, Halstenberg (RB Leipzig) – Goretzka (Bayern München), Draxler/80. Werner – Gnabry (Bayern München)/90.+3 Havertz – Trainer: Löw.
Tore: 0:1 Ginter (20.), 0:2 Goretzka (49.), 1:2 Malinovskyi (76., Foulelfmeter) – SR: Grinfeld (Israel) – Zuschauer: 17 573.

Deutschland – Schweiz 3:3 (1:2) am 13. 10. 2020 in Köln (UEFA Nations League)
Deutschland: Neuer – Klostermann, Ginter/77. Can, Rüdiger, Gosens/57. Halstenberg – Kimmich, Kroos – Havertz/77. Draxler, Goretzka, Gnabry – Werner – Trainer: Löw.
Schweiz: Sommer – Widmer, Elvedi, Schär (Newcastle United), Rodriguez – Freuler (Atalanta Bergamo)/85. Benito, Xhaka – Shaqiri (FC Liverpool)/66. Sow, Zuber/66. Fernandes (1. FSV Mainz 05) – Gavranovic (Dinamo Zagreb)/75. Mehmedi (VfL Wolfsburg), Seferovic/85. Itten (Glasgow Rangers) – Trainer: Petkovic.
Tore: 0:1 Gavranovic (5.), 0:2 Freuler (26.), 1:2 Werner (28.), 2:2 Havertz (55.), 2:3 Gavranovic (57.), 3:3 Gnabry (60.) – SR: Buquet (Frankreich) – Zuschauer: keine – Gelb-Rote Karte: Schär (90.+4).

Deutschland – Tschechien 1:0 (1:0) am 11. 11. 2020 in Leipzig
Deutschland: Trapp – Tah, Koch, Rüdiger – R. Baku (VfL Wolfsburg), Gündogan/46. Dahoud, Neuhaus, Max (PSV Eindhoven)/69. Schulz – Brandt, Hofmann/20. Amiri – Waldschmidt – Trainer: Löw.
Tschechien: Pavlenka (Werder Bremen) – Mateju (Brescia Calcio), Brabec (Viktoria Pilsen), Jemelka (OH Leuven), Novak (Fenerbahce Istanbul)/46. Soucek (West Ham United) – Holes (Slavia Prag) – Cerny (FC Twente Enschede)/46. Jankto (Sampdoria Genua), Barak (Hellas Verona)/68. Kral (Spartak Moskau), Dockal (Sparta Prag)/69. Darida (Hertha BSC), Kopic (Viktoria Pilsen)/78. Ondrasek (Viktoria Pilsen) – Krmencik (Club Brügge)/46. Vydra (FC Burnley) – Trainer: Silhavy.
Tor: 1:0 Waldschmidt (13.) – SR: Treimanis (Lettland) – Zuschauer: keine.

Deutschland – Ukraine 3:1 (2:1) am 14. 11. 2020 in Leipzig (UEFA Nations League)
Deutschland: Neuer – Ginter, Süle, Rüdiger, Max – Koch – Goretzka, Gündogan – Sané/86. Waldschmidt, Gnabry, Werner/76. Brandt – Trainer: Löw.
Ukraine: Pyatov (Schachtar Donezk) – Konoplia (Desna Tschernihiw), Zabarnyi, Matviienko (Schachtar Donezk), Sobol – Malinovskyi, Stepanenko (Schachtar Donezk)/69. Makarenko, Zinchenko (Manchester City)/86. Kharatin (Ferencvaros Budapest) – Marlos, Yaremchuk/75. Junior Moraes, Zubkov/75. Mykhaylychenko (RSC Anderlecht) – Trainer: Shevchenko.
Tore: 0:1 Yaremchuk (11.), 1:1 Sané (23.), 2:1 Werner (33.), 3:1 Werner (64.) – SR: Hategan (Rumänien) – Zuschauer: keine.

Spanien – Deutschland 6:0 (3:0) am 17. 11. 2020 in Sevilla (UEFA Nations League)

Spanien: Unai Simon (Athletic Bilbao) – Sergi Roberto (FC Barcelona), Sergio Ramos/43. Garcia (Manchester City), Pau, Gaya – Rodrigo (Manchester City) – Canales (Real Betis Sevilla)/12. Fabian, Koke (Atletico Madrid) – Ferran Torres/73. Oyarzabal (Real Sociedad San Sebastian), Dani Olmo (RB Leipzig)73. Asensio (Real Madrid) – Morata (Juventus Turin)/73. Gerard (FC Valencia) – Trainer: Luis Enrique.

Deutschland: Neuer – Ginter, Süle/46. Tah, Koch, Max – Gündogan, Kroos – Goretzka/61. Neuhaus – Sané/61. Waldschmidt, Gnabry, Werner/76. Henrichs – Trainer: Löw.

Tore: 1:0 Morata (17.), 2:0 Ferran Torres (33.), 3:0 Rodrigo (38.), 4:0 Ferran Torres (55.), 5:0 Ferran Torres (71.), 6:0 Oyarzabal (89.) – SR: Ekberg (Schweden) – Zuschauer: keine.

Deutschland – Island 3:0 (2:0) am 25. 3. 2021 in Duisburg (WM-Qualifikation)

Deutschland: Neuer – Klostermann, Ginter, Rüdiger, Can – Kimmich – Goretzka/71. Neuhaus, Gündogan – Havertz/78. Musiala (Bayern München), Sané/78. Werner – Gnabry/86. Younes (Eintracht Frankfurt) – Trainer: Löw.

Island: Halldorsson (Valur Reykjavik) – Sampsted (FK Bodö/Glimt), Arnason (Vikingur Reykjavik), Ingason (PAOK Saloniki), Magnusson (ZSKA Moskau) – Gunnarsson (Al-Arabi Doha) – Traustason (New England Revolution)/71. Sigurdsson (ZSKA Moskau), Palsson (SV Darmstadt 98)/89. Skulason (KV Oostende), Sigurjonsson (CFR Cluj)/40. Gudmundsson (AZ Alkmaar), Bjarnason (Brescia Calcio) – Bödvarsson (FC Millwall)/89. Sigthorsson (IFK Göteborg) – Trainer: Vidarsson.

Tore: 1:0 Goretzka (3.), 2:0 Havertz (7.), 3:0 Gündogan (56.) – SR: Jovanovic (Serbien) – Zuschauer: keine.

Rumänien – Deutschland 0:1 (0:1) am 28. 3. 2021 in Bukarest (WM-Qualifikation)

Rumänien: Nita (Sparta Prag) – Popescu (FCSB Bukarest), Chiriches (Sassuolo Calcio), Tosca (Gaziantep FK), Camora (CFR Cluj)/46. Burca (CFR Cluj) – Marin (Cagliari Calcio), Stanciu (Slavia Prag) – Hagi (Glasgow Rangers)/83. Maxim (Gaziantep FK), Tanase (FCSB Bukarest)/83. Cicaldau (Universitatea Craiova), Mihaila (Parma Calcio)/66. Man (Parma Calcio) – Keseru (Ludogorez Rasgrad)/66. Puscas (FC Reading) – Trainer: Radoi.

Deutschland: Neuer – Klostermann, Ginter, Rüdiger, Can – Kimmich – Goretzka, Gündogan – Havertz/77. Werner, Gnabry/90.+2 Neuhaus, Sané/90.+4 Younes) – Trainer: Löw.

Tor: 0:1 Gnabry (16.) – SR: Turpin (Frankreich) – Zuschauer: keine.

Deutschland – Nordmazedonien 1:2 (0:1) am 31. 3. 2021 in Duisburg (WM-Qualifikation)

Deutschland: ter Stegen (FC Barcelona) – Ginter/89. Musiala, Rüdiger, Can, Gosens/56. Younes – Kimmich – Goretzka, Gündogan – Havertz/56. Werner – Sané, Gnabry – Trainer: Löw.

Nordmazedonien: Dimitrievski (Rayo Vallecano) – Ristovski (Dinamo Zagreb), Velkovski (HNK Rijeka), Musliu (Fehervar FC) – Nikolov (US Lecce)/59. Bejtulai (Shkendija Tetovo), Ademi (Dinamo Zagreb), Alioski (Leeds United)/90. Ristevski (Ujpest Budapest) – Bardhi (UD Levante), Elmas (SSC Neapel) – Trajkovski (RCD Mallorca)/72. Spirovski (AEK Larnaka), Pandev (CFC Genua 1893)/90. Stojanovski (Chambly Oise – Trainer: Angelovski.

Tore: 0:1 Pandev (45./+2), 1:1 Gündogan (63., Foulelfmeter), 1:2 Elmas (85.) – SR: Karasev (Russland) – Zuschauer: keine.

Deutschland – Dänemark 1:1 (0:0) am 2. 6. 2021 in Innsbruck

Deutschland: Neuer – Ginter, Süle, Hummels (Borussia Dortmund) – Klostermann/60. Koch, Kimmich, Neuhaus, Gosens/79. Günter (SC Freiburg) – Sané/86. Hofmann, T. Müller (Bayern München) – Gnabry/79. Volland (AS Monaco) – Trainer: Löw.

Dänemark: Schmeichel (Leicester City) – Wass (FC Valencia)/85. Christiansen (Malmö FF), Kjaer (AC Mailand)/80. Jörgensen (FC Kopenhagen), Vestergaard (FC Southampton), Maehle (Atalanta Bergamo) – Höjbjerg (Tottenham Hotspur)/68. Stryger Larsen (Udinese Calcio) – Delaney (Borussia Dortmund), Eriksen (Inter Mailand) – Skov Olsen (FC Bologna)/46. Dolberg (OGC Nizza), Braithwaite (FC Barcelona)/80. Boilesen (FC Kopenhagen) – Poulsen (RB Leipzig)/80. Damsgaard (Sampdoria Genua) – Trainer: Hjulmand.

Tore: 1:0 Neuhaus (48.), 1:1 Poulsen (71.) – SR: Weinberger (Österreich) – Zuschauer: keine.

Deutschland – Lettland 7:1 (5:0) am 7. 6. 2021 in Düsseldorf

Deutschland: Neuer – Ginter, Hummels, Rüdiger/61. Süle – Kimmich, Gündogan/61. Can, Kroos, Gosens/61. Günter – Havertz/46. Werner, T. Müller/76. Musiala – Gnabry/46. Sané – Traner: Löw.

Lettland: Ozols (Riga FC) – Fjodorovs (Riga FC), Cernomordijs (Riga FC), Oss (FC Lugano)/46. Tarasovs (Ethnikos Achnas), Jurkovskis (FC Dundalk) – Emsis (Noah Erewan), Karklins (FK Liepaja)/61. Krollis (FC Valmiera) – D. Ikaunieks (FK Liepaja)/46. Maksimenko (Olimpija Ljubljana), Zjuzins (Rigas FS)/68. Saveljevs (Mantua Calcio), Ciganiks (Sorja Luhansk)/68. Jaunzems (FC Valmiera) – Uldrikis (FC Sion)/80. Varslavans (Rigas FS) – Trainer: Kazakevics.

Tore: 1:0 Gosens (19.), 2:0 Gündogan (21.), 3:0 T. Müller (27.), 4:0 Ozols (39., Eigentor), 5:0 Gnabry (45.), 6:0 Werner (50.), 6:1 Saveljevs (75.), 7:1 Sané (76.) – SR: Dabanovic (Montenegro) – Zuschauer: 1000.

Frankreich – Deutschland 1:0 (1:0) am 15. 6. 2021 in München (EM-Gruppenspiel)

Frankreich: Lloris (Tottenham Hotspur) – Pavard (Bayern München), Varane (Real Madrid), Kimpembe (Paris Saint-Germain), Hernandez (Bayern München) – Kanté (FC Chelsea) – Pogba (Manchester United), Rabiot (Juventus Turin)/90.+4 Dembelé (FC Barcelona) – Griezmann (FC Barcelona), Mbappé (Paris Saint-Germain) – Benzema (Real Madrid)/89. Tolisso (Bayern München) – Trainer: Deschamps.

Deutschland: Neuer – Ginter/88. Can, Hummels, Rüdiger – Kimmich, Gündogan, Kroos, Gosens/88. Volland – Havertz/74. Sané, T. Müller – Gnabry/74. Werner – Trainer: Löw.

Tore: 1:0 Hummels (10., Eigentor) – SR: del Cerro Grande (Spanien) – Zuschauer: 13 000.

Portugal – Deutschland 2:4 (1:2) am 19. 6. 2021 in München (EM-Gruppenspiel)

Portugal: Rui Patricio (Wolverhampton Wanderers) – Nelson Semedo (Wolverhampton Wanderers), Pepe (FC Porto), Ruben Dias (Manchester City), Guerreiro (Borussia Dortmund) – Danilo Pereira (Paris Saint-Germain), William Carvalho (Real Betis Sevilla)/58. Rafa (Benfica Lissabon) – Bruno Fernandes (Manchester United)/64. Joao Moutinho (Wolverhampton Wanderers) – Bernardo Silva (Manchester City)/46. Renato Sanches (Lille OSC), Diogo Jota (FC Liverpool)/83. Silva (Eintracht Frankfurt) – Cristiano Ronaldo (Juventus Turin) – Trainer: Fernando Santos.

Deutschland: Neuer – Ginter, Hummels/62. Can, Rüdiger – Kimmich, Gündogan/73. Süle, Kroos, Gosens/62. Halstenberg – Havertz/73. Goretzka, T. Müller – Gnabry/87. Sané – Trainer: Löw.

Tore: 1:0 Cristiano Ronaldo (15.), 1:1 Ruben Dias (35., Eigentor), 1:2 Guerreiro (39., Eigentor), 1:3 Havertz (51.), 1:4 Gosens (60.), 2:4 Diogo Jota (67.) – SR: Taylor (England) – Zuschauer: 12 926.

Deutschland – Ungarn 2:2 (0:1) am 23. 6. 2021 in München (EM-Gruppenspiel)

Deutschland: Neuer – Ginter/82. Volland, Hummels, Rüdiger – Kimmich, Gündogan/58. Goretzka, Kroos, Gosens/82. Musiala – Havertz/67. Werner, Sané – Gnabry/67. T. Müller – Trainer: Löw.

Ungarn: Gulacsi (RB Leipzig) – Botka (Ferencvaros Budapest), Orban (RB Leipzig), At. Szalai (Fenerbahce Istanbul) – Nego (Fehervar FC), Fiola (Fehervar FC)/88. Nikolics (Fehervar FC) – Nagy (Bristol City) – Kleinheisler (NK Osijek)/88. Lovrencsics (Ferencvaros Budapest), Schäfer (DAC Dunajska Streda) – Sallai (SC Freiburg)/75. Schön (FC Dallas), Ad. Szalai (1. FSV Mainz 05)/82. K. Varga (Kasimpasa Istanbul) – Trainer: Rossi.

Tore: 0:1 Ad. Szalai (11.), 1:1 Havertz (66.), 1:2 Schäfer (68.), 2.2 Goretzka (84.) – SR: Karasev (Russland) – Zuschauer: 12 413.

England – Deutschland 2:0 (0:0) am 29. Juni 2021 in London (EM-Achtelfinale)

England: Pickford (FC Everton) – Walker (Manchester City), Stones (Manchester United), Maguire (Manchester United) – Trippier (Atletico Madrid), Phillips (Leeds United), Rice (West Ham United)/87. Henderson (FC Liverpool), Shaw (Manchester United) – Saka (FC Arsenal)/69. Grealish (Aston Villa), Sterling (Manchester City) – Kane (Tottenham Hotspur) – Trainer: Southgate.

Deutschland: Neuer – Ginter/87. Can, Hummels, Rüdiger – Kimmich, Goretzka, Kroos, Gosens/87. Sané – Havertz, T. Müller/90.+2 Musiala – Werner/69. Gnabry – Trainer: Löw.

Tore: 1:0 Sterling (75.), 2:0 Kane (86.) – SR: Makkelie (Niederlande) – Zuschauer: 41 973.

Die Spiele der Junioren-Nationalmannschaft U 21

Deutschland – Republik Moldau 4:1 (1:0) am 3. 9. 2020 in Wiesbaden (EM-Qualifikation)

Deutschland: Grill (Bayer Leverkusen) – R. Baku (1. FSV Mainz 05)/78. Vagnoman (Hamburger SV), Pieper (Arminia Bielefeld), N. Schlotterbeck (1. FC Union Berlin), Jakobs (1. FC Köln) – Maier (Hertha BSC) – Geiger (TSG 1899 Hoffenheim), Özcan (1. FC Köln)/78. Krüger (Erzgebirge Aue) – Nmecha (RSC Anderlecht)/83. Ache (Eintracht Frankfurt), Hack (1. FC Nürnberg)/77. Leitsch (VfL Bochum) – Berisha (RB Salzburg)/66. Burkardt (1. FSV Mainz 05) – Trainer: Kuntz.

Rep. Moldau: Straistari (Dinamo-Auto Tiraspol) – Suciu (Dacia Buiucanu), Craciun (Honved Budapest), Dijinari (Dinamo-Auto Tiraspol), Ursu (Comuna Recea)/80. Furtuna (Zimbru Chisinau) – Revenco (Dacia Buiucanu)/46. Carastoian (Miedz Legnica), Turcan (Petrocub Hincesti), Dros (Spartaks

Jurmala), Belousov (Dinamo-Auto Tiraspol)/65. Clescenco (Uniao Leiria) – Stina (Sfintul Gheorghe Suruceni), Gulceac (Petrocub Hincesti)/65. Chelari (Sperenta Nisporeni) – Trainer: Guzun.

Tore: 1:0 Berisha (10.), 2:0 Nmecha (62., Foulelfmeter), 3:0 N. Schlotterbeck (74.), 4:0 Krüger (79.), 4:1 Carastoian (84.) – SR: Kajtazovic (Slowenien) – Zuschauer: keine.

Belgien – Deutschland 4:1 (1:1) am 8. 9. 2020 in Leuven (EM-Qualifikation)

Belgien: Svilar (Benfica Lissabon) – Vanheusden (Standard Lüttich)/82. Faes (Stade Reims), Bornauw (1. FC Köln), Delcroix (RSC Anderlecht) – Peeters (Juventus Turin)/46. Sambi Lokonga (RSC Anderlecht) – Mangala (VfB Stuttgart) – Saelemaekers (AC Mailand)/80. Colassin (RSC Anderlecht), Amuzu (RSC Anderlecht)/74. de Smet (Stade Reims) – De Ketelaere (Club Brügge), Ndayishimiye (Willem II Tilburg) – Openda (Vitesse Arnhem)/80. Touba (RKC Waalwijk) – Trainer: Mathijssen.

Deutschland: Grill – R. Baku/46. Vagnoman, Pieper, Leitsch, N. Schlotterbeck – Maier/80. Janelt (VfL Bochum) – Geiger/72. Keitel (SC Freiburg), Özcan/46. Kilian (1. FSV Mainz 05) – Nmecha, Jakobs – Berisha/72. Krüger – Trainer: Kuntz.

Tore: 1:0 Ndayishimiye (19.), 1:1 Nmecha (31., Foulelfmeter), 2:1 De Ketelaere (51.), 3:1 Ndayishimiye (60., Foulelfmeter), 4:1 Openda (76.) – SR: Fabbri (Italien) – Zuschauer: keine – Rote Karte: Pieper (18., Notbremse).

Republik Moldau – Deutschland 0:5 (0:3) am 9. 10. 2020 in Chisinau (EM-Qualifikation)

Rep. Moldau: Straistari – Furtuna, Gaiu (Sheriff Tiraspol)/90.+2 Bors (Speranta Drochia), Revenco, Chiperi (Dianko-Auto Tiraspol) – Turcan, Stina, Dros – Belousov/26. Iosipoi (Dacia Buiucani), Cojocaru (Sheriff Tiraspol) – Gulceac/66. Mamaliga (Petrocub Hincesti) – Trainer: Guzun.

Deutschland: Grill – Passlack (Borussia Dortmund), Kilian, Mai (SV Darmstadt 98), Handwerker (1. FC Nürnberg) – Dorsch (KAA Gent)/79. Kother (Karlsruher SC) – Geiger/52. Keitel, Özcan – Nmecha/79. Massimo (VfB Stuttgart), Wirtz (Bayer Leverkusen)/64. Ache – Krüger/64. Burkardt – Trainer: Kuntz.

Tore: 0:1 Nmecha (18.), 0:2 Nmecha (25., Foulelfmeter), 0:3 Özcan (41.), 0:4 Burkardt (67.), 0:5 Kother (90./+2) – SR: Karako (Ungarn) – Zuschauer: keine – Gelb-Rote Karte: Turcan (90./+1).

Deutschland – Bosnien-Herzegowina 1:0 (1:0) am 13. 10. 2020 in Fürth (EM-Qualifikation)

Deutschland: Grill – R. Baku (VfL Wolfsburg), Pieper, Mai, Handwerker – Dorsch – Keitel/87. Passlack, Özcan – Wirtz/26. Burkardt – Krüger/77. Kother, Nmecha – Trainer: Kuntz.

Bosnien-Herzegowina: Kovacevic (FK Sarajevo) – Beganovic (Sloboda Tuzla), Serbecic (FK Sarajevo), Mujakic (Hajduk Split), Gazibegovic (Sturm Graz) – Hajdarevic (Zeljeznicar Sarajevo)/55. Djokanovic (FK Sarajevo), Maric (NK Siroki Brijeg)/83. Cavar (Eintracht Frankfurt) – Resic (Celik Zenica)/70. Savic (KV Mechelen), Hasic (Besiktas Istanbul)/70. Salcin (FK Sarajevo), Bradonjic (Radnik Bijeljina)/83. Pidro (FK Sarajevo) – Demirovic (SC Freiburg) – Trainer: Starcevic.

Tor: 1:0 Nmecha (29.) – SR: Marhefka (Slowakei) – Zuschauer: keine.

Deutschland – Slowenien 1:1 (1:0) am 12. 11. 2020 in Braunschweig

Deutschland: Grill/46. Dahmen (1. FSV Mainz 05) – Passlack, Jaeckel (SpVgg Greuther Fürth)/46. Mai, Leitsch/46. Ambrosius (Hamburger SV), Raum (SpVgg Greuther Fürth)/46. Vagnoman – Maier (Arminia Bielefeld)/75. Dorsch, Özcan/46. Mbom (Werder Bremen) – Burkardt/46. Kother, Jakobs/46. Handwerker – Wintzheimer (Hamburger SV)/64. Nmecha – Krüger/64. Berisha – Trainer: Kuntz.

Slowenien: Vekic (Bravo Ljubljana) – Rogelj (WSG Tirol), Stojinovic (NK Celje), Brekalo (Bravo Ljubljana), Ploj (Aluminij Kidricevo) – Zaletel (NK Celje) – Horvat (Mura Murska Sobota)/61. Svetlin (NK Domzale), Elsnik (Olimpija Ljubljana)/77. Ogrinec (NK Maribor) – Matko (NK Maribor)/84. Pecar (Eintracht Frankfurt), Stor (Dynamo Dresden) – Medved (Slovan Bratislava)/61. Celar (US Cremonese) – Trainer: Acimovic.

Tore: 1:0 Wintzheimer (42., Foulelfmeter), 1:1 Medved (47., Foulelfmeter) – SR: Kristoffersen (Dänemark) – Zuschauer: keine – Bes. Vorkommnis: Dahmen hält Foulelfmeter von Celar (87.)

Deutschland – Wales 2:1 (2:1) am 17. 11. 2020 in Braunschweig (EM-Qualifikation)

Deutschland: Dahmen – R. Baku, Pieper, Mai, Raum/60. Jakobs – Dorsch – Maier, Özcan/83. Mbom – Burkardt/72. Wintzheimer – Nmecha, Berisha/60. Wirtz – Trainer: Kuntz.

Wales: Ratcliffe (Barry Town) – Coxe (Cardiff City), Poole (Milton Keynes Dons), Cooper (Newport County)/87. J. C. Lewis (Swansea City), Boyes (Fleetwood Town) – Taylor (Grimsby Town), Clifton (Grimsby Town) – Cullen (Swansea City)/68. A. Lewis (Newport County), Broadhead (FC Everton)

– Harris (Cardiff City)/87. Touray (Salford City) – Jephcott (Plymouth Argyle)/73. Spence (Crystal Palace) – Trainer: Bodin.

Tore: 1:0 Nmecha (17., Foulelfmeter), 2:0 Burkardt (26.), 2:1 Harris (34.) – SR: Ismuratov (Kasachstan) – Zuschauer: keine – Bes. Vorkommnis: Nmecha verschießt Foulelfmeter (21.).

Ungarn – Deutschland 0:3 (0:0) am 24. 3. 2021 in Szekesfehervar (EM-Gruppenphase)

Ungarn: Bese (Budafoki MTE) – Bolla (Fehervar FC), Balogh (Parma Calcio), Mocsi (Szombathely Haladas), Deutsch (Puskas Akademia) – Kata (MTK Budapest), Mezei (MTK Budapest)/78. Kovacsreti (Varda Kisvarda) – Palincsar (MTK Budapest)/60. Hinora (Vasas Budapest), Szendrei (Honved Budapest), Kiss (Puskas Akademia)/78. Skribek (Budafoki MTE) – Szöke (Heracles Almelo)/60. Biro (MTK Budapest) – Trainer: Zoltan.

Deutschland: Dahmen – Vagnoman, Pieper, N. Schlotterbeck, Raum/67. Jakobs – Maier/75. Özcan, Dorsch/75. Janelt (FC Brentford) – R. Baku, Berisha/76. Klimowicz (VfB Stuttgart), Burkardt/67. Krüger – Nmecha – Trainer: Kuntz.

Tore: 0:1 Nmecha (61.), 0:2 R. Baku (66.), 0:3 R. Baku (73.) – SR: Cuadra Fernandez (Spanien) – Zuschauer: keine.

Deutschland – Niederlande 1:1 (0:0) am 27. 3. 2021 in Szekesfehervar (EM-Gruppenphase)

Deutschland: Dahmen – Vagnoman, Pieper, N. Schlotterbeck – R. Baku/89. Janelt, Maier/82. Stach (SpVgg Greuther Fürth), Dorsch, Jakobs/78. Raum – Berisha/83. Burkardt, Özcan/78. Klimowicz – Nmecha – Trainer: Kuntz.

Niederlande: Scherpen (Ajax Amsterdam) – Teze (PSV Eindhoven), Schuurs (Ajax Amsterdam), Botman (Lille OSC), Bakker (Paris Saint-Germain) – Harroui (Sparta Rotterdam), Koopmeiners (AZ Alkmaar) – Gakpo (PSV Eindhoven), Lang (Club Brügge)/22. Kadioglu (Fenerbahce Istanbul) – Kluivert (RB Leipzig)/78. Dilrosun (Hertha BSC), De Wit (AZ Alkmaar)/88. Brobbey (Ajax Amsterdam) – Trainer: Van de Looi.

Tore: 0:1 Kluivert (48.), 1:1 Nmecha (84.) – SR: Mariani (Italien) – Zuschauer: keine.

Deutschland – Rumänien 0:0 am 30. 3. 2021 in Budapest (EM-Gruppenphase)

Deutschland: Dahmen – Vagnoman, Pieper, N. Schlotterbeck, Raum – Maier, Dorsch – R. Baku/82. Jakobs, Klimowicz/63. Burkardt, Berisha/90.+1 Stach – Nmecha – Trainer: Kuntz.

Rumänien: Vlad (FCSB Bukarest) – Vladoiu (Universitatea Craiova), Pascanu (SD Ponferradina)/63. Dragusin (Juventus Turin), Ciobotariu (CFR Cluj), Harut (FC Botosani) – Itu (CFR Cluj)/46. Ciobanu (Viitorul Constanta), Dulca (Chindia Targoviste)/57. Morutan (FCSB Bukarest), Oaida (FCSB Bukarest) – Olaru (FCSB Buakrest), Matan (Columbus Crew) – Petre (UTA Arad)/76. Popescu (FCSB Bukarest) – Trainer: Mutu.

SR: Cuadra Fernandez (Spanien) – Zuschauer: keine – Bes. Vorkomnis: Nmecha schießt Handelfmeter an den Pfosten (72.).

Dänemark – Deutschland n. V. 2:2 (1:1, 0:0), Elfmeterschießen 5:6 am 31. 5. 2021 in Szekesfehervar (EM-Viertelfinale)

Dänemark: Christensen (Odense BK) – Carstensen (Silkebiorg IF), Nelsson (FC Kopenhagen), Alves (West Ham United), Poulsen (Austria Wien)/44. Kristiansen (FC Kopenhagen) – Nartey (SV Sandhausen) – Kofoed Andersen (FC Nordsjaelland)/90. Hjulmand (US Lecce), Lindström (Bröndby IF)/46. Holse (Rosenborg Trondheim) – Daramy (FC Kopenhagen), Dreyer (FC Midtjylland)/91. Isaksen (FC Midtjylland), Bruun Larsen (RSC Anderlecht)/66. Faghir (Vejle BK) – Trainer: Capellas.

Deutschland: Dahmen – Vagnoman/91. Jaeckel, Pieper, N. Schlotterbeck, Raum – Stach/75. Klimowicz – Wirtz/87. Mai, Maier – R. Baku/75. Adeyemi (RB Salzburg), Berisha/64. Burkardt – Nmecha – Trainer: Kuntz.

Tore: 1:0 Faghir (69.), 1:1 Nmecha (88.), 1:2 Burkardt (100.), 2:2 Nelsson (108., Foulelfmeter) – Tore im Elfmeterschießen: 1:0 Isaksen, Burkardt (gehalten), 2:0 Holse, 2:1 Maier, Faghir (gehalten), 2:2 Mai, 3:2 Hjulmand, 3:3 Schlotterbeck, 4:3 Nelsson, 4:4 Nmecha, 5:4 Nartey, 5:5 Pieper, Kristiansen (gehalten), 5:6 Jaeckel – SR: Cuadra Fernandez (Spanien) – Zuschauer: 3000.

Niederlande – Deutschland 1:2 (0:2) am 3. 6. 2021 in Szekesfehervar (EM-Halbfinale)

Niederlande: Bijlow (Feyenoord Rotterdam) – Teze (PSV Eindhoven), Schuurs (Ajax Amsterdam), Botman (Lille OSC)/77. Rensch (Ajax Amsterdam), Malacia (Feyenoord Rotterdam) – Harroui (Sparta Rotterdam)/46. Matusiwa (FC Groningen), de Wit (AZ Alkmaar) – Stengs (AZ Alkmaar)/58. Dilrosun (Hertha BSC), Kadioglu (Fenerbahce Istanbul)/67. Sierhuis (Stade Reims) – Boadu (AZ Alkmaar), Kluivert (RB Leipzig) – Trainer: van de Looi.

Deutschland: Dahmen – R. Baku, Pieper, N. Schlotterbeck, Raum – Dorsch – Maier/79. Stach, Özcan/67. Janelt – Wirtz/67. Adeyemi, Berisha/83. Jakobs – Nmecha/67. Burkardt – Trainer: Kuntz.
Tore: 0:1 Wirtz (1.), 0:2 Wirtz (8.), 1:2 Schuurs (67.) – SR: Schärer (Schweiz) – Zuschauer: 1000.

Deutschland – Portugal 1:0 (0:0) am 6. 6. 2021 in Ljubljana (EM-Endspiel)
Deutschland: Dahmen – R. Baku, Pieper, N. Schlotterbeck, Raum – Dorsch/85. Janelt – Maier, Özcan/90.+2 Stach – Wirtz/68. Burkardt, Berisha/67. Adeyemi – Nmecha/85. Jakobs – Trainer: Kuntz.
Portugal: Diogo Costa (FC Porto) – Diogo Dalot (AC Mailand), Diogo Queiros (FC Famalicao), Diogo Leite (FC Porto), Abdu Conté (FC Moreirense)/86. Goncalo Ramos (Benfica Lissabon) – Florentino (AS Monaco)/83. Gedson (Galatasaray Istanbul) – Vitinha (Wolverhampton Wanderers)/59. Jota (Real Valladolid), Fabio Vieira (FC Porto), Daniel Braganca (Sporting Lissabon) – Dany Mota (AC Monza)/46. Rafael Leao (AC Mailand), Tiago Tomas (Sporting Lissabon)/59. Francisco Conceicao (FC Porto) – Trainer: Rui Jorge.
Tor: 1:0 Nmecha (49.) – SR: Kruashvili (Georgien) – Zuschauer: 4883.

Die Spiele der Olympia-Mannschaft

Brasilien – Deutschland 4:2 (3:0) am 22. 7. 2021 in Yokohama (Olympia-Gruppenspiel)
Brasilien: Santos (Athletico Paranaense) – Dani Alves (FC Sao Paulo), Nino (Fluminense Rio), Diego Carlos (FC Sevilla), Guilherme Arana (Atletico Mineiro) – Douglas Luiz (Aston Villa), Bruno Guimaraes (Olympique Lyon) – Antony (Ajax Amsterdam)/73. Paulinho (Bayer Leverkusen), Claudinho (RB Bragantino)/65. Malcom (Zenit St. Petersburg) – Richarlison (FC Everton)/73. Reinier (Borussia Dortmund), Matheus Cunha (Hertha BSC) – Trainer: Soares Jardine.
Deutschland: F. Müller (VfB Stuttgart) – Henrichs (RB Leipzig), Pieper (Arminia Bielefeld)/46. Torunarigha (Hertha BSC), Uduokhai (FC Augsburg), Raum (TSG 1899 Hoffenheim) – Arnold (VfL Wolfsburg) – Maier (Hertha BSC), Stach (SpVgg Greuther Fürth)/80. K. Schlotterbeck (SC Freiburg) – Richter (FC Augsburg)/68. Ache (Eintracht Frankfurt), Kruse (1. FC Union Berlin)/68. Löwen (VfL Bochum), Amiri (Bayer Leverkusen)/74. Teuchert (1. FC Union Berlin) – Trainer: Kuntz.
Tore: 1:0 Richarlison (8.), 2:0 Richarlison (22.), 3:0 Richarlison (30.), 3:1 Amiri (57.), 3:2 Ache (83.), 4:2 Paulinho (90./+4) – SR: Barton (El Salvador) – Zuschauer: keine – Gelb-Rote Karte: Arnold (63.) – Bes. Vorkommnis: F. Müller hält Handelfmeter von Matheus Cunha (45./+2).

Saudi-Arabien – Deutschland 2:3 (1:2) am 25. 7. 2021 in Yokohama (Olympia-Gruppenspiel)
Saudi-Arabien: M. Al-Yami (Al-Ahli Saudi Dschidda) – Abdulhamid (Al-Ittihad Dschidda)/86. Al-Tuhayfan (Al-Qadisiya Khobar), Al-Amri (Al-Nasr Riad), Hindi (Al-Ahli Saudi Dschidda)/86. K. Al-Dawsari (Al-Qadisiya Khobar), Al-Shahrani (Al-Hilal Riad) – Al-Khulaif (Al-Wehda Mekka)/68. Ghareeb (Al-Ahli Saudi Dschidda), Al-Faraj (Al-Hilal Riad)/86. Aiman (Al-Nasr Riad), Al-Hassan (Al-Nasr Riad) – Al-Najei (Al-Nasr Riad), S. Al-Dawsari (Al-Hilal Riad) – Al-Hamdan (Al-Hilal Riad) – Trainer: Al-Shehri.
Deutschland: F. Müller – Henrichs, Pieper, Uduokhai, Raum – Maier/71. Stach, Löwen – Teuchert/69. Torunarigha, Kruse, Amiri/73. K. Schlotterbeck – Ache/83. Richter – Trainer: Kuntz.
Tore: 0:1 Amiri (11.), 1:1 Al-Najei (30.), 1:2 Ache (43.), 2:2 Al-Najei (50.), 2:3 Uduokhai (75.) – SR: Gomes (Südafrika) – Zuschauer: keine – Rote Karte: Pieper (67., Notbremse).

Deutschland – Elfenbeinküste 1:1 (0:0) am 28. 7. 2021 in Rifu (Olympia-Gruppenspiel)
Deutschland: F. Müller – Henrichs, Torunarigha, Uduokhai, Raum – Arnold/46. Löwen, Maier/79. Stach – Richter/62. Teuchert, Kruse, Amiri/88. K. Schlotterbeck – Ache – Trainer: Kuntz.
Elfenbeinküste: Ira (FC Sao Paulo) – Singo (FC Turin), Bailly (Manchester United), Dabila (Royal Excel Mouscron), I. Diallo (AC Ajaccio) – Doumbia (Sporting Lissabon)/57. A. Diallo (Manchester United), K. Keita (KVC Westerlo) – Kouamé (AC Florenz)/90.+3 Ouattara (Vitoria Guimaraes), Kessié (AC Mailand), Gradel (Sivasspor) – Dao (Sparta Prag) – Trainer: Haidara.
Tore: 0:1 Henrichs (67., Eigentor), 1:1 Löwen (73.) – SR: Gonzalez (Uruguay) – Zuschauer: 3000.

Die Spiele der Frauen-A-Nationalmannschaft

Deutschland – Irland 3:0 (3:0) am 19. 9. 2020 in Essen (EM-Qualifikation)
Deutschland: Frohms (Eintracht Frankfurt) – Hendrich (VfL Wolfsburg), Hegering (Bayern München), Oberdorf (VfL Wolfsburg), Gwinn (Bayern München)/34. Maier (Arsenal WFC) – Magull (Bayern München), Leupolz (Chelsea FCW)/63. Däbritz (Paris Saint-Germain), Marozsan (Olympique Lyon)/79. Lohmann (Bayern München) – Huth (VfL Wolfsburg), Popp (VfL Wolfsburg), Schüller (Bayern München) – Trainerin: Voss-Tecklenburg.
Tore: 1:0 Hegering (8.), 2:0 Marozsan (38.), 3:0 Schüller (41.) – SR: Mularczyk (Polen) – Zuschauer: keine.

Montenegro – Deutschland 0:3 (0:2) am 22. 9. 2020 in Podgorica (EM-Qualifikation)
Deutschland: Benkarth (Bayern München) – Lattwein (TSG 1899 Hoffenheim), Kleinherne (Eintracht Frankfurt), Rauch (VfL Wolfsburg) – Maier/46. Magull, Lohmann, Leupolz/53. Marozsan, Krumbiegel (TSG 1899 Hoffenheim) – Waßmuth (TSG 1899 Hoffenheim), Freigang (Eintracht Frankfurt), Starke (SC Freiburg) – Trainerin: Voss-Tecklenburg.
Tore: 0:1 Freigang (2.), 0:2 Leupolz (45./+1), 0:3 Lohmann (59.) – SR: Acevedo Dudley (Spanien) – Zuschauer: keine.

Deutschland – Griechenland 6:0 (4:0) am 27. 11. 2020 in Ingolstadt (EM-Qualifikation)
Deutschland: Frohms – Maier, Hegering/46. Oberdorf, Lattwein, Rauch – Marozsan – Däbritz/62. Knaak (Atletico Madrid), Magull/62. Leupolz, Bühl (Bayern München)/46. Krumbiegel – Dallmann (Bayern München), Freigang/77. Schüller – Trainerin: Voss-Tecklenburg.
Tore: 1:0 Hegering (16.), 2:0 Freigang (21.), 3:0 Freigang (39.), 4:0 Freigang (45.), 5:0 Dallmann (72.), 6:0 Krumbiegel (90./+2) – SR: Frias Acedo (Spanien) – Zuschauer: keine.

Irland – Deutschland 1:3 (1:2) am 1. 12. 2020 in Dublin (EM-Qualifikation)
Deutschland: Berger (Chelsea FCW) – Hendrich/61. Wolter (VfL Wolfsburg), Hegering, Oberdorf – Magull/75. Lattwein – Lohmann, Leupolz, Bühl/75. Schüller – Waßmuth, Huth, Dallmann/46. Marozsan – Trainerin: Voss-Tecklenburg.
Tore: 0:1 Magull (22., Foulelfmeter), 0:2 Waßmuth (29.), 1:2 McCabe (45., Foulelfmeter), 1:3 Waßmuth (85.) – SR: Persson (Schweden) – Zuschauer: keine.

Deutschland – Belgien 2:0 (1:0) am 21. 2. 2021 in Aachen (Drei-Nationen-Turnier)
Deutschland: Frohms – Hendrich, Lattwein, Hegering/46. Oberdorf, Rauch – Däbritz/73. Nüsken (Eintracht Frankfurt), Marozsan/73. Popp – Huth/61. Waßmuth, Lohmann/46. Dallmann, Bühl/61. Anyomi (SGS Essen) – Schüller – Trainerin: Voss-Tecklenburg.
Tore: 1:0 Huth (2.), 2:0 Schüller (55.) – SR: Van der Helm (Niederlande) – Zuschauer: keine.

Niederlande – Deutschland 2:1 (1:1) am 24. 2. 2021 in Venlo (Drei-Nationen-Turnier)
Deutschland: Frohms – Kleinherne, Oberdorf, Lattwein/26. Hendrich, Doorsoun-Khajeh (VfL Wolfsburg) – Marozsan/70. Waßmuth, Däbritz – Huth/81. Lohmann, Popp, Bühl – Freigang/46. Schüller – Trainerin: Voss-Tecklenburg.
Tore: 1:0 Groenen (16.), 1:1 Freigang (44.), 2:1 Van de Donk (60.) – SR: De Cremer (Belgien) – Zuschauer: keine.

Deutschland – Australien 5:2 (1:0) am 10. 4. 2021 in Wiesbaden
Deutschland: Frohms – Hendrich, Feldkamp (SGS Essen), Hegering/73. Kleinherne, Maier – Däbritz/73. Dongus (TSG 1899 Hoffenheim), Nüsken – Waßmuth/59. Brand (TSG 1899 Hoffenheim), Magull/59. Dallmann, Krumbiegel/46. Freigang – Schüller/73. Starke – Trainerin: Voss-Tecklenburg.
Tore: 1:0 Nüsken (11.), 2:0 Hendrich (48.), 3:0 Brand (63.), 4:0 Freigang (64.), 4:1 Gielnik (82.), 5:1 Dallmann (90./+1), 5:2 Gielnik (90./+2) – SR: Frias Acedo (Spanien) – Zuschauer: keine.

Deutschland – Norwegen 3:1 (2:1) am 13. 4. 2021 in Wiesbaden
Deutschland: Berger – Hendrich/46. Brand, Feldkamp, Hegering/61. Kleinherne, Maier – Däbritz/46. Nüsken – Dallmann/61. Magull, Popp – Waßmuth/61. Schüller, Krumbiegel/80. Starke – Freigang – Trainerin: Voss-Tecklenburg.
Tore: 0:1 Reiten (4.), 1:1 Freigang (8.), 2:1 Dallmann (17.), 3:1 Krumbiegel (62.) – SR: Grundbacher (Schweiz) – Zuschauer: keine.

Frankreich – Deutschland 1:0 (1:0) am 10. 6. 2021 in Straßburg
Deutschland: Frohms – Maier, Oberdorf, Feldkamp, Rauch – Nüsken, Lohmann – Huth, Dallmann/60. Lattwein, Bühl/60. Brand – Schüller/70. Waßmuth – Trainerin: Voss-Tecklenburg.
Tor: 1:0 Dali (30.) – SR: Martincic (Kroatien) – Zuschauer: 3000.

Deutschland – Chile 0:0 am 15. 6. 2021 in Offenbach
Deutschland: Benkarth – Rall (TSG 1899 Hoffmann)/46. Lohmann/77. Starke, Kleinherne, Feldkamp, Brand – Nüsken/68. Dongus, Lattwein – Dallmann – Waßmuth/68. Krumbiegel, Knaak/46. Bühl – Freigang/68. Anyomi – Trainerin: Voss-Tecklenburg.
SR: Caputi (Italien) – Zuschauer: 750.

Die Spiele der sieben deutschen Klubs im Europapokal 2020/21

Der Weg von Bayern München in der Champions League

Gruppenphase:

Bayern München – Atletico Madrid 4:0 (2:0) am 21. 10. 2020
München: Neuer – Pavard (73. Sarr), Süle, Alaba, Hernandez – Kimmich – Goretzka (83. Javi Martinez) – Müller (83. Davies), Tolisso, Coman (73. Douglas Costa) – Lewandowski (83. Choupo-Moting) – Trainer: Flick.
Madrid: Oblak – Trippier, Savic, Felipe, Renan Lodi – Herrera, Koke (79. Torreira) – Llorente (79. Lemar), Carrasco (76. Vitolo) – Joao Felix, Suarez (76. Correa) – Trainer: Simeone.
Tore: 1:0 Coman (28.), 2:0 Goretzka (41.), 3:0 Tolisso (66.), 4:0 Coman (72.) – SR: Oliver (England) – Zuschauer: keine.

Lokomotive Moskau – Bayern München 1:2 (0:1) am 27. 20. 2020
Moskau: Guilherme – Zhivoglyadov, Corluka (46. Rajkovic), Murilo, Rybus – Ignatiev (76. Zhemaletdinov), Kulikov (89. Lisakovich), Krychowiak – Smolov (75. Rybchinsky), Miranchuk – Zé Luis – Trainer: Nikolic.
München: Neuer – Pavard, Süle, Alaba, Hernandez – Kimmich, Goretzka (46. Javi Martinez) – Müller (46. Gnabry), Tolisso, Coman (69. Douglas Costa) – Lewandowski – Trainer: Flick.
Tore: 0:1 Goretzka (13.), 1:1 Miranchuk (70.), 1:2 Kimmich (79.) – SR: Kovacs (Rumänien) – Zuschauer: 8196.

RB Salzburg – Bayern München 2:6 (1:2) am 3. 11. 2020
Salzburg: Stankovic – Kristensen, Ramalho, Wöber, Ulmer – Camara, Junuzovic (65. Okugawa) – Mwepu, Szoboszlai – Berisha (76. Onguené) – Koita (65. Okafor) – Trainer: Marsch.
München: Neuer – Pavard (74. Sarr), Boateng, Alaba, Hernandez – Kimmich, Tolisso (75. Javi Martinez) – Gnabry (90./+1 Douglas Costa), Müller (90./+1 Musiala), Coman (75. Sané) – Lewandowski – Trainer: Flick.
Tore: 1:0 Berisha (4.), 1:1 Lewandowski (21., Foulelfmeter), 1:2 Kristensen (44., Eigentor), 2:2 Okugawa (66.), 2:3 Boateng (79.), 2:4 Sané (83.), 2:5 Lewandowski (88.), 2:6 Hernandez (90./+2) – SR: Makkelie (Niederlande) – Zuschauer: keine.

Bayern München – RB Salzburg 3:1 (1:0) am 25. 11. 2020
München: Neuer – Pavard (62. Hernandez), Boateng, Alaba, Richards (79. Javi Martinez) – Goretzka, Roca – Coman (78. Douglas Costa), Müller, Gnabry (62. Sané) – Lewandowski – Trainer: Flick.
Salzburg: Stankovic – Kristensen, Ramalho, Wöber, Ulmer – Junuzovic (71. Adeyemi), Camara – Mwepu (71. Ashimeru), Szoboszlai (71. Sucic) – Berisha – Koita – Trainer: Marsch.
Tore: 1:0 Lewandowski (43.), 2:0 Coman (52.), 3:0 Sané (68.), 3:1 Berisha (73.) – SR: Grinfeld (Israel) – Zuschauer: keine – Gelb-Rote Karte: Roca (66.).

Atletico Madrid – Bayern München 1:1 (1:0) am 1. 12. 2020
Madrid: Oblak – Trippier, Savic, Gimenez (68. Felipe), Hermoso – Koke, Saul Niguez – Llorente, Carrasco (87. Renan Lodi) – Correa (80. Herrera), Joao Felix (87. Lemar) – Trainer: Simeone.

München: Nübel – Süle, Alaba, Hernandez – Sarr (62. Richards), Arrey-Mbi (61. Gnabry) – Javi Martinez (62. Müller) – Sané, Musiala (76. Stiller), Douglas Costa (86. Zirkzee) – Choupo-Moting – Trainer: Flick.
Tore: 1:0 Joao Felix (26.), 1:1 Müller (86., Foulelfmeter) – SR: Turpin (Frankreich) – Zuschauer: keine.

Bayern München – Lokomotive Moskau 2:0 (0:0) am 9. 12. 2020
München: Neuer – Sarr, Boateng (69. Richards), Süle, Davies (69. Hernandez) – Goretzka (61. Musiala), Roca – Sané (85. Stiller), Müller (46. Gnabry), Douglas Costa – Choupo-Moting – Trainer: Flick.
Moskau: Guilherme – Zhivoglyadov, Corluka, Rajkovic, Rybus – Magkeev – Kamano (76. Iosifov), Rybchinsky (88. Silyanov) – Ignatiev, Miranchuk – Eder – Trainer: Nikolic.
Tore: 1:0 Süle (63.), 2:0 Choupo-Moting (80.) – SR: Schärer (Schweiz) – Zuschauer: keine.

Achtelfinale:

Lazio Rom – Bayern München 1:4 (0:3) am 23. 2. 2021
Rom: Reina – Patric (53. Hoedt), Acerbi, Musacchio (31. Lulic) – Lucas Leiva (53. Escalante) – Lazzari, Milinkovic-Savic (81. Cataldi), Luis Alberto (81. Akpa-Akpro), Marusic – Correa, Immobile – Trainer: Inzaghi.
München: Neuer – Süle, Boateng, Alaba, Davies – Kimmich, Goretzka (63. Javi Martinez) – Sané (90. Sarr), Musiala (90. Choupo-Moting), Coman (75. Hernandez) – Lewandowski – Trainer: Flick.
Tore: 0:1 Lewandowski (9.), 0:2 Musiala (24.), 0:3 Sané (42.), 0:4 Acerbi (47., Eigentor), 1:4 Correa (49.) – SR: Grinfeld (Israel) – Zuschauer: keine.

Bayern München – Lazio Rom 2:1 (1:0) am 17. 3. 2021
München: Nübel – Pavard, Boateng (46. Süle), Alaba, Hernandez – Kimmich (77. Javi Martinez), Goretzka (64. Davies) – Sané, Müller (71. Musiala), Gnabry – Lewandowski (71. Choupo-Moting) – Trainer: Flick
Rom: Reina – Marusic, Acerbi, Radu – Escalante (84. Akpa-Akpro) – Lazzari (57. Parolo), Fares (46. Lulic) – Milinkovic-Savic, Luis Alberto (75. Cataldi) – Muriqi (56. Pereira), Correa – Trainer: Inzaghi.
Tore: 1:0 Lewandowski (33., Foulelfmeter), 2:0 Choupo-Moting (73.), 2:1 Parolo (82.) – SR: Kovacs (Rumänien) – Zuschauer: keine.

Viertelfinale:

Bayern München – Paris Saint-Germain 2:3 (1:2) am 7. 4. 2021
München: Neuer – Pavard, Süle (42. Boateng), Alaba, Hernandez – Goretzka (33. Davies), Kimmich – Sané, Müller, Coman – Choupo-Moting – Trainer: Flick.
Paris: Navas – Dagba, Marquinhos (30. Ander Herrera), Kimpembe, Diallo (46. Bakker) – Danilo Pereira, Gueye – di Maria (71. Kean), Neymar (90. Rafinha), Draxler – Mbappé – Trainer: Pocchettino.
Tore: 0:1 Mbappé (3.), 0:2 Marquinhos (28.), 1:2 Choupo-Moting (37.), 2:2 Müller (60.), 2:3 Mbappé (68.) – SR: Mateu Lahoz (Spanien) – Zuschauer: keine.

Paris Saint-Germain – Bayern München 0:1 (0:1) am 13. 4. 2021
Paris: Navas – Dagba, Danilo Pereira, Kimpembe, Diallo (59. Bakker) – Gueye, Paredes – Di Maria (88. Ander Herrera), Neymar, Draxler (73. Kean) – Mbappé – Trainer: Pocchettino.
München: Neuer – Pavard, Boateng, Hernandez, Davies (71. Musiala) – Kimmich, Alaba – Sané, Müller, Coman – Choupo-Moting (85. Javi Martinez) – Trainer: Flick.
Tor: 0:1 Choupo-Moting (40.) – SR: Orsato (Italien) – Zuschauer: keine.

Der Weg von Borussia Dortmund in der Champions League

Gruppenphase:

Lazio Rom – Borussia Dortmund 3:1 (2:0) am 20. 10. 2020
Rom: Strakosha – Patric, Luiz Felipe (51. Hoedt), Acerbi – Marusic, Lucas Leiva, Fares – Milinkovic-Savic (67. Akpa-Akpro), Luis Alberto (79. Parolo) – Immobile (81. Caicedo), Correa (67. Muriqi) – Trainer: Inzaghi.
Dortmund: Hitz – Piszczek (65. Brandt), Hummels, Delaney – Meunier, Bellingham (46. Reyna), Witsel, Guerreiro – Sancho, Reus (78. Reinier) – Haaland – Trainer: Favre.
Tore: 1:0 Immobile (6.), 2:0 Hitz (23., Eigentor), 2:1 Haaland (71.), 3:1 Akpa-Akpro (76.) – SR: Turpin (Frankreich) – Zuschauer: 1000.

Borussia Dortmund – Zenit St. Petersburg 2:0 (0:0) am 28. 10. 2020

Dortmund: Bürki – Meunier, Akanji, Hummels, Guerreiro – Dahoud (67. Hazard), Witsel – Sancho (84. Delaney), Reus (74. Brandt), Reyna (84. Bellingham) – Haaland – Trainer: Favre.

St. Petersburg: Kerzhakov – Karavaev, Lovren, Rakytskyy, Douglas Santos – Barrios (81. Sutormin) – Erokhin, Kuzyaev (71. Ozdoev), Wendel, Driussi (75. Zhirkov) – Dzyuba (46. Mostovoy) – Trainer: Semak.

Tore: 1:0 Sancho (77., Foulelfmeter), 2:0 Haaland (90./+1) – SR: Kuipers (Niederlande) – Zuschauer: keine.

Club Brügge – Borussia Dortmund 0:3 (0:3) am 4. 11. 2020

Brügge: Mignolet – Clinton, Kossounou, Deli, Sobol – Vormer (71. Balanta), Rits, Vanaken (84. Schrijvers) – Lang (76. De Ketelaere), Dennis (84. Krmencik), Diatta – Trainer: Clement.

Dortmund: Bürki – Meunier (84. Morey), Witsel, Akanji, Guerreiro – Dahoud, Delaney (72. Bellingham) – Reyna (77. Passlack), Brandt (72. Reus), Hazard – Haaland (84. Reinier) – Trainer: Favre.

Tore: 0:1 Hazard (14.), 0:2 Haaland (18.), 0:3 Haaland (32.) – SR: Skomina (Slowenien) – Zuschauer: keine – Bes. Vorkommnis: SR Skomina musste verletzungsbedingt durch den Vierten Offiziellen Peric ersetzt werden (12.).

Borussia Dortmund – Club Brügge 3:0 (2:0) am 24. 11. 2020

Dortmund: Bürki – Meunier (73. Morey), Akanji, Hummels, Guerreiro (81. Passlack) – Bellingham, Delaney (73. Can) – Hazard, Reyna (81. Brandt), Sancho – Haaland (81. Reus) – Trainer: Favre.

Brügge: Mignolet – Kossounou, Deli – Clinton, De Ketelaere – Balanta (52. Rits) – Lang (74. Schrijvers), Vormer, Vanaken, Diatta (74. Okereke) – Krmencik (66. Badji) – Trainer: Clement.

Tore: 1:0 Haaland (18.), 2:0 Sancho (45./+1), 3:0 Haaland (60.) – SR: Kruzliak Slowakei) – Zuschauer: keine.

Borussia Dortmund – Lazio Rom 1:1 (1:0) am 2. 12. 2020

Dortmund: Bürki – Piszczek, Hummels, Akanji – Morey, Bellingham (88. Witsel), Delaney, Guerreiro (62. Schulz) – Reyna – Hazard (76. Brandt), Reus (76. Sancho) – Trainer: Favre.

Rom: Reina – Patric, Hoedt, Acerbi – Marusic, Lucas Leiva (70. Akpa-Akpro), Fares (70. Lazzari) – Milinkovic-Savic (80. Caicedo), Luis Alberto (80. Escalante) – Immobile, Correa (70. Pereira) – Trainer: Inzaghi

Tore: 1:0 Guerreiro (44.), 1:1 Immobile (67., Foulelfmeter) – SR: Mateu Lahoz (Spanien) – Zuschauer: keine.

Zenit St. Petersburg – Borussia Dortmund 1:2 (1:0) am 8. 12. 2020

St. Petersburg: Kerzhakov – Sutormin, Prokhin, Rakytskyy (67. Lovren), Douglas Santos – Ozdoev (79. Krugovoi), Barrios, Kuzyaev (60. Wendel) – Malcom (79. Karavaev), Azmoun, Driussi (60. Dzyuba) – Trainer: Semak.

Dortmund: Hitz – Piszczek (72. Zagadou), Hummels (72. Sancho), Can – Passlack (58. Reyna), Witsel, Schulz – Bellingham, Brandt (58. Moukoko) – Reus – Hazard (83. Knauff) – Trainer: Favre.

Tore: 1:0 Driussi (16.), 1:1 Piszczek (68.), 1:2 Witsel (78.) – SR: Kovacs (Rumänien) – Zuschauer: 10 860.

Achtelfinale:

FC Sevilla – Borussia Dortmund 2:3 (1:3) am 17. 2. 2021

Sevilla: Bono – Jesus Navas, Koundé, Diego Carlos, Escudero – Fernando – Jordan (72. Oscar) – Rakitic (46. Gudelj) – Suso (60. de Jong), Gomez (60. Oliver) – En-Nesyri (60. Munir) – Trainer: Lopetegui.

Dortmund: Hitz – Morey, Akanji, Hummels, Guerreiro (76. Passlack) – Can – Bellingham, Dahoud (89. Meunier) – Reus (80. Brandt), Sancho – Haaland – Trainer: Terzic.

Tore: 1:0 Suso (7.), 1:1 Dahoud (19.), 1:2 Haaland (27.), 1:3 Haaland (43.), 2:3 de Jong (84.) – SR: Makkelie (Niederlande) – Zuschauer: keine.

Borussia Dortmund – FC Sevilla 2:2 (1:0) am 9. 3. 2021

Dortmund: Hitz – Morey (90./+5 Meunier), Can, Hummels, Schulz (89. Zagadou) – Delaney – Bellingham, Dahoud – Reus, Hazard (67. Passlack) – Haaland – Trainer: Terzic.

Sevilla: Bono – Jesus Navas, Koundé, Diego Carlos, Acuna – Fernando (86. Rakitic) – Jordan (60. Gomez), Oscar (79. Oliver) – Suso (86. Munir), Ocampos (60. de Jong) – En-Nesyri – Trainer: Lopetegui.

Tore: 1:0 Haaland (35.), 2:0 Haaland (54., Foulelfmeter), 2:1 En-Nesyri (69., Foulelfmeter), 2:2 En-Nesyri (90./+6) – SR: Cakir (Türkei) – Zuschauer: keine.

Viertelfinale:

Manchester City – Borussia Dortmund 2:1 (1:0) am 6. 4. 2021
Manchester: Ederson – Walker, Ruben Dias, Stones, Joao Cancelo – Rodrigo – De Bruyne, Gündogan – Mahrez, Bernardo Silva (59. Gabriel Jesus), Foden – Trainer: Guardiola.
Dortmund: Hitz – Morey (81. Meunier), Akanji, Hummels, Guerreiro – Can – Dahoud (81. Delaney), Bellingham – Reus, Knauff (63. Reyna) – Haaland – Trainer: Terzic.
Tore: 1:0 De Bruyne (19.), 1:1 Reus (84.), 2:1 Foden (90.) – SR: Hategan (Rumänien) – Zuschauer: keine.

Borussia Dortmund – Manchester City 1:2 (1:0) am 14. 4. 2021
Dortmund: Hitz – Morey (81. Tigges), Akanji, Hummels, Guerreiro – Can – Bellingham (80. Brandt), Dahoud (75. Hazard) – Knauff (68. Reyna), Reus – Haaland – Trainer: Terzic.
Manchester: Ederson – Walker, Ruben Dias, Stones, Zinchenko – Rodrigo – Bernardo Silva, Gündogan – Mahrez (88. Sterling), De Bruyne, Foden – Trainer: Guardiola.
Tore: 1:0 Bellingham (15.), 1:1 Mahrez (55., Handelfmeter), 1:2 Foden (75.) – SR: del Cerro Grande (Spanien) – Zuschauer: keine.

Der Weg von RB Leipzig in der Champions League

Gruppenphase:

RB Leipzig – Istanbul Basaksehir 2:0 (2:0) am 20. 10. 2020
Leipzig: Gulacsi – Mukiele, Orban, Upamecano (65. Konaté), Halstenberg – Kampl (58. Adams) – Nkunku (70. Kluivert), Dani Olmo (65. Henrichs), Forsberg (46. Hwang), Angelino – Poulsen – Trainer: Nagelsmann.
Istanbul: Günok – Junior Caicara (30. Özcan), Skrtel, Epureanu, Bolingoli – Mehmet Topal (66. Ba) – Rafael, Irfan Can (83. Aleksic) – Visca, Türüc (83. Giuliano) – Crivelli – Trainer: Okan Buruk.
Tore: 1:0 Angelino (16.), 2:0 Angelino (20.) – SR: Gil Manzano (Spanien) – Zuschauer: 999.

Manchester United – RB Leipzig 5:0 (1:0) am 28. 10. 2020
Manchester: de Gea – Wan-Bissaka (81. Tuanzebe), Lindelöf, Maguire, Shaw – Matic (63. McTominay) – Fred, Pogba (81. Cavani) – van de Beek (68. Bruno Fernandes) – Martial, Greenwood (63. Rashford) – Trainer: Solskjaer.
Leipzig: Gulacsi – Konaté, Upamecano, Halstenberg – Henrichs (63. Sabitzer), Dani Olmo, Kampl (74. Kluivert), Angelino – Forsberg, Nkunku (65. Sörloth) – Poulsen – Trainer: Nagelsmann.
Tore: 1:0 Greenwood (21.), 2:0 Rashford (74.), 3:0 Rashford (78.), 4:0 Martial (87., Foulelfmeter), 5:0 Rashford (90./+2) – SR: Jug (Slowenien) – Zuschauer: keine.

RB Leipzig – Paris Saint-Germain 2:1 (1:1) am 4. 11. 2020
Leipzig: Gulacsi – Konaté, Upamecano, Orban – Mukiele (63. Henrichs), Sabitzer (90. Kampl), Haidara (76. Adams), Angelino – Nkunku, Dani Olmo (63. Poulsen) – Forsberg (76. Kluivert) – Trainer: Nagelsmann.
Paris: Navas – Florenzi (84. Rafinha), Danilo Pereira, Kimpembe, Kurzawa (73. Bakker) – Marquinhos – Ander Herrera, Gueye – di Maria, Kean, Sarabia (73. Kehrer) – Trainer: Tuchel.
Tore: 0:1 di Maria (6.), 1:1 Nkunku (42.), 2:1 Forsberg (57., Handelfmeter) – SR: Marciniak (Polen) – Zuschauer: keine – Gelb-Rote Karten: Gueye (69.), Kimpembe (90./+5) – Bes. Vorkommnis: Gulacsi hält Handelfmeter von di Maria (16.).

Paris Saint-Germain – RB Leipzig 1:0 (1:0) am 24. 11. 2020
Paris: Navas – Florenzi, Marquinhos, Diallo, Bakker – Danilo Pereira – Ander Herrera (83. Verratti), Paredes – Neymar (90. Sarabia) – di Maria (64. Rafinha), Mbappé (90. Kean) – Trainer: Tuchel.
Leipzig: Gulacsi – Mukiele (63. Orban), Konaté, Upamecano, Angelino – Haidara, Sabitzer – Dani Olmo (64. Kluivert), Forsberg (74. Sörloth), Nkunku – Poulsen – Trainer: Nagelsmann.
Tore: 1:0 Neymar (11., Foulelfmeter) – SR: Makkelie (Niederlande) – Zuschauer: keine.

Istanbul Basaksehir – RB Leipzig 3:4 (1:2) am 2. 12. 2020
Istanbul: Günok – Rafael, Skrtel (46. Epureanu), Ponck, Bolingoli (36. Chadli) – Özcan (46. Tekdemir), Irfan Can – Türüc – Visca (65. Giuliano) – Ba – Gulbrandsen (84. Crivelli – Trainer: Okan Buruk.

Leipzig: Gulacsi – Mukiele, Konaté, Upamecano, Angelino – Sabitzer – Haidara (90./+4 Orban), Kampl (46. Adams) – Forsberg (65. Sörloth), Dani Olmo (87. Kluivert) – Poulsen – Trainer: Nagelsmann.
Tore: 0:1 Poulsen (26.), 0:2 Mukiele (43.), 1:2 Irfan Can (45./+3), 1:3 Dani Olmo (66.), 2:3 Irfan Can (72.), 3:3 Irfan Can (85.), 3:4 Sörloth (90./+2) – SR: del Cerro Grande (Spanien) – Zuschauer: keine.

RB Leipzig – Manchester United 3:2 (2:0) am 8. 12. 2020
Leipzig: Gulacsi – Mukiele, Konaté, Orban – Haidara, Sabitzer, Kampl (75. Adams) – Angelino (87. Halstenberg) – Dani Olmo (56. Kluivert), Nkunku – Forsberg (56. Poulsen) – Trainer: Nagelsmann.
Manchester: de Gea – Lindelöf (78. Tuanzebe), Maguire, Shaw (61. Williams) – Wan-Bissaka (78. Fosu-Mensah), Alex Telles (46. van de Beek) – McTominay, Matic (61. Pogba) – Bruno Fernandes – Greenwood, Rashford – Trainer: Solskjaer.
Tore: 1:0 Angelino (2.), 2:0 Haidara (13.), 3:0 Kluivert (69.), 3:1 Bruno Fernandes (80., Foulelfmeter), 3:2 Pogba (82.) – SR: Mateu Lahoz (Spanien) – Zuschauer: keine.

Achtelfinale:

RB Leipzig – FC Liverpool 0:2 (0:0) am 16. 2. 2021
Leipzig: Gulacsi – Mukiele (64. Orban), Upamecano, Klostermann – Adams, Kampl (73. Hwang), Angelino – Sabitzer – Haidara (64. Poulsen) – Dani Olmo, Nkunku – Trainer: Nagelsmann.
Liverpool: Alisson – Alexander-Arnold, Kabak, Henderson, Robertson – Thiago (72. Oxlade-Chamberlain), Wijnaldum, Jones – Salah (90. Williams), Roberto Firmino (72. Shaqiri), Mané – Trainer: Klopp.
Tore: 0:1 Salah (53.), 0:2 Mané (58.) – SR: Vincic (Slowenien) – Zuschauer: keine (in Budapest).

FC Liverpool – RB Leipzig 2:0 (0:0) am 10. 3. 2021
Liverpool: Alisson – Alexander-Arnold, Phillips, Kabak, Robertson (90. Tsimikas) – Fabinho – Thiago (72. Keita), Wijnaldum (82. Milner) – Salah, Diogo Jota (71. Origi), Mané (90. Oxlade-Chamberlain) – Trainer: Klopp.
Leipzig: Gulacsi – Mukiele, Upamecano, Klostermann – Adams, Sabitzer, Kampl (46. Sörloth), Nkunku – Forsberg (60. Kluivert), Dani Olmo (72. Haidara) – Poulsen (60. Hwang) – Trainer: Nagelsmann.
Tore: 1:0 Salah (70.), 2:0 Mané (74.) – SR: Turpin (Frankreich) – Zuschauer: keine (in Budapest).

Der Weg von Borussia Mönchengladbach in der Champions League

Gruppenphase:

Inter Mailand – Borussia Mönchengladbach 2:2 (0:0) am 21. 10. 2020
Mailand: Handanovic – d'Ambrosio, de Vrij, Kolarov – Darmian, Barella, Vidal, Perisic (79. Bastoni) – Eriksen (79. Brozovic) – Lukaku, Sanchez (46. Martinez) – Trainer: Conte.
Mönchengladbach: Sommer – Lainer, Ginter, Elvedi, Bensebaini – Kramer, Neuhaus – Hofmann, Embolo (74. Herrmann), Thuram (90./+5 Wolf) – Plea (90. Stindl) – Trainer: Rose.
Tore: 1:0 Lukaku (49.), 1:1 Bensebaini (63., Foulelfmeter), 1:2 Hofmann (84.), 2:2 Lukaku (90.) – SR: Kuipers (Niederlande) – Zuschauer: 1000.

Borussia Mönchengladbach – Real Madrid 2:2 (1:0) am 27. 10. 2020
Mönchengladbach: Sommer – Lainer, Ginter, Elvedi, Bensebaini – Kramer, Neuhaus – Hofmann, Stindl (79. Wolf), Thuram (71. Herrmann) – Plea (79. Embolo) – Trainer: Rose.
Madrid: Courtois – Vazquez, Varane, Sergio Ramos, Mendy – Casemiro – Fede Valverde, Kroos (71. Modric) – Asensio (84. Rodrygo), Vinicius Junior (70. Hazard) – Benzema – Trainer: Zidane.
Tore: 1:0 Thuram (33.), 2:0 Thuram (58.), 2:1 Benzema (87.), 2:2 Casemiro (90./+3) – SR: Grinfeld (Israel) – Zuschauer: keine.

Schachtar Donezk – Borussia Mönchengladbach 0:6 (0:4) am 3. 11. 2020
Donezk: Trubin – Dodo, Bondar, Khocholava, Korniyenko – Maycon (69. Stepanenko) – Tete, Marlos (46. Kovalenko), Marcos Antonio (46. Alan Patrick), Solomon – Taison (46. Junior Moraes) – Trainer: Luis Castro.
Mönchengladbach: Sommer – Lainer (82. Lang), Ginter, Elvedi (82. Jantschke), Bensebaini – Kramer, Neuhaus – Hofmann (75. Lazaro), Stindl (69. Wolf), Thuram – Plea (82. Traoré) – Trainer: Rose.
Tore: 0:1 Plea (8.), 0:2 Bondar (17., Eigentor), 0:3 Plea (26.), 0:4 Bensebaini (44.), 0:5 Stindl (65.), 0:6 Plea (78.) – SR: Gözübüyük (Niederlande) – Zuschauer: keine (in Kiew).

Borussia Mönchengladbach – Schachtar Donezk 4:0 (3:0) am 25. 11. 2020
Mönchengladbach: Sommer – Lainer, Ginter, Elvedi, Wendt – Kramer, Neuhaus (69. Zakaria) – Lazaro (69. Herrmann), Stindl (81. Benes), Thuram (84. Traoré) – Embolo (69. Plea) – Trainer: Rose.
Donezk: Pyatov – Dodo, Kryvtsov, Bondar, Matviienko – Stepanenko – Marlos (71. Marcos Antonio), Alan Patrick (81. Maycon) – Tete, Junior Moraes, Solomon (59. Fernando) – Trainer i. V.: Severino.
Tore: 1:0 Stindl (17., Foulelfmeter), 2:0 Elvedi (34.), 3:0 Embolo (45./+1), 4:0 Wendt (77.) – SR: Cakir (Türkei) – Zuschauer: keine.

Borussia Mönchengladbach – Inter Mailand 2:3 (1:1) am 1. 12. 2020
Mönchengladbach: Sommer – Lainer, Ginter, Jantschke (46. Zakaria), Wendt (78. Wolf) – Kramer, Neuhaus – Lazaro, Stindl (70. Embolo), Thuram – Plea – Trainer: Rose.
Mailand: Handanovic – Skriniar, de Vrij, Bastoni – Brozovic – Darmian (60. Hakimi), Barella, Gagliardini, Young (88. Perisic) – Lukaku, Martinez (71. Sanchez) – Trainer: Conte.
Tore: 0:1 Darmian (17.), 1:1 Plea (45./+1), 1:2 Lukaku (64.), 1:3 Lukaku (73.), 2:3 Plea (75.) – SR: Makkelie (Niederlande) – Zuschauer: keine.

Real Madrid – Borussia Mönchengladbach 2:0 (2:0) am 9. 12. 2020
Madrid: Courtois – Vazquez, Varane, Sergio Ramos, Mendy – Casemiro – Modric, Kroos – Rodrygo (74. Arribas), Benzema, Vinicius Junior (74. Asensio) – Trainer: Zidane.
Mönchengladbach: Sommer – Lainer, Ginter, Elvedi, Wendt (46. Lazaro) – Kramer (85. Benes), Neuhaus – Plea, Stindl (85. Wolf), Thuram (85. Herrmann) – Embolo (46. Zakaria) – Trainer: Rose.
Tore: 1:0 Benzema (9.), 2:0 Benzema (32.) – SR: Kuipers (Niederlande) – Zuschauer: keine.

Achtelfinale:

Borussia Mönchengladbach – Manchester City 0:2 (0:1) am 24. 2. 2021
Mönchengladbach: Sommer – Lainer (63. Lazaro), Ginter, Elvedi, Bensebaini – Kramer – Zakaria, Neuhaus – Hofmann (87. Wolf), Plea (63. Thuram) – Stindl (74. Embolo) – Trainer: Rose.
Manchester City: Ederson – Walker, Ruben, Laporte, Joao Cancelo – Rodrigo – Bernardo Silva, Gündogan – Sterling (69. Mahrez), Gabriel Jesus (80. Aguero), Foden (80. Ferran Torres) – Trainer: Guardiola.
Tore: 0:1 Bernardo Silva (29.), 0:2 Gabriel Jesus (65.) – SR: Soares Dias (Portugal) – Zuschauer: keine (in Budapest).

Manchester City – Borussia Mönchengladbach 2:0 (2:0) am 16. 3. 2021
Manchester: Ederson – Walker, Stones, Ruben (70. Laporte), Joao Cancelo (63. Zinchenko) – Rodrigo (63. Fernandinho) – Bernardo Silva (75. Aguero), Gündogan (70. Sterling) – Mahrez, De Bruyne, Foden – Trainer: Guardiola.
Mönchengladbach: Sommer – Lainer, Ginter, Elvedi (88. Jantschke), Bensebaini (88. Wendt) – Zakaria, Neuhaus – Hofmann, Stindl (80. Traoré), Thuram (65. Plea) – Embolo (65. Wolf) – Trainer: Rose.
Tore: 1:0 De Bruyne (12.), 2:0 Gündogan (18.) – SR: Karasev (Russland) – Zuschauer: keine (in Budapest).

Der Weg von Bayer Leverkusen in der Europa League

Gruppenphase:

Bayer Leverkusen – OGC Nizza 6:2 (2:1) am 22. 10. 2020
Leverkusen: Hradecky – L. Bender (81. Tah), S. Bender (81. Dragovic), Tapsoba, Wendell – Baumgartlinger – Palacios (74. Wirtz), Amiri – Bailey, Diaby – Alario (74. Bellarabi) – Trainer: Bosz.
Nizza: Benitez – Robson Bambu, Dante, Nsoki (63. Rony Lopes) – Lotomba (79. Atal), Kamara – Boudaoui (63. Claude-Maurice), Schneiderlin, Lees-Melou (79. Ndoye), Gouiri – Dolberg (71. Maolida) – Trainer: Vieira.
Tore: 1:0 Amiri (11.), 2:0 Alario (16.), 2:1 Gouiri (31.), 3:1 Diaby (61.), 4:1 Bellarabi (79.), 5:1 Bellarabi (83.), 6:1 Wirtz (87.), 6:2 Claude-Maurice (90.) – SR: Jovic (Kroatien) – Zuschauer: keine.

Slavia Prag – Bayer Leverkusen 1:0 (0:0) am 29. 10. 2020
Prag: Kolar – Masopust, Kudela, Zima, Boril – Sevcik – Malinsky (71. Sima), Provod (76. Traoré), Holes (61. Stanciu), Dorley (61. Olayinka) – Lingr (46. Musa) – Trainer: Trpisovsky.

Leverkusen: Hradecky – Jedvaj, Tah, Dragovic, Wendell – Baumgartlinger – Wirtz (67. Amiri, Demirbay – Bellarabi, Alario (46. Bailey), Diaby – Trainer: Bosz.

Tor: 1:0 Olayinka (80.) – SR: Collum (Schottland) – Zuschauer: keine – Rote Karte: Bellarabi (22., grobes Foulspiel) – Bes. Vorkommnis: Hradecky hält Foulelfmeter von Stanciu (65.).

Hapoel Beer Sheva – Bayer Leverkusen 2:4 (2:2) am 5. 11. 2020

Beer Sheva: Levita – Taha, Miguel Vitor, Kabha (84. Varenne) – Dadia, Josué, Bareiro, Goldberg (84. Safuri) – Sallalich (64. Yosefi), Agudelo (64. Shviro), Acolatse (89. Marcelo Meli) – Trainer: Abukasis.

Leverkusen: Hradecky – Jedvaj (62. L. Bender), Tah, Dragovic, Wendell – Demirbay, Palacios – Bailey, Wirtz, Amiri – Alario (46. Diaby) – Trainer: Bosz.

Tore: 0:1 Bailey (5.), 1:1 Acolatse (11.), 2:1 Acolatse (25.), 2:2 Dadia (39., Eigentor), 2:3 Bailey (75.), 2:4 Wirtz (88.) – SR: Petrescu (Rumänien) – Zuschauer: keine (in Petah Tikva).

Bayer Leverkusen – Hapoel Beer Sheva 4:1 (1:0) am 26. 11. 2020

Leverkusen: Hradecky – Dragovic, Tah, Jedvaj, Wendell – Demirbay – Wirtz (80. Sinkgraven), Amiri (90./+1 Baumgartlinger) – Bellarabi (80. Gedikli), Schick (68. Alario), Bailey (68. Diaby) – Trainer: Bosz.

Beer Sheva: Levita – Taha, Bareiro, Kabha – Dadia, Marcelo Meli (81. Madmon), Keltjens, Goldberg (70. Twito) – Sallalich (70. Agudelo/85. Varenne), Yosefi – Shviro (81. Hatuel) – Trainer: Abukasis.

Tore: 1:0 Schick (29.), 2:0 Bailey (48.), 2:1 Shviro (58.), 3:1 Demirbay (76.), 4:1 Alario (80.) – SR: Gil (Polen) – Zuschauer: keine.

OGC Nizza – Bayer Leverkusen 2:3 (1:2) am 3. 12. 2020

Nizza: Benitez – Robson Bambu, Daniliuc, Nsoki – Lotomba, Reine-Adelaide, Danilo (67. Thuram), Kamara (72. Coly) – Claude-Maurice, Gouiri (72. Trouillet), Maolida (29. Ndoye) – Trainer: Vieira.

Leverkusen: Hradecky – L. Bender (46. Tapsoba), Tah, Dragovic, Wendell – Baumgartlinger – Demirbay (86. Wirtz), Amiri (67. Türkmen) – Bellarabi, Schick (46. Bailey), Diaby (68. Gedikli) – Trainer: Bosz.

Tore: 0:1 Diaby (22.), 1:1 Kamara (26.), 1:2 Dragovic (32.), 2:2 Ndoye (47.), 2:3 Baumgartlinger (51.) – SR: Mariani (Italien) – Zuschauer: keine.

Bayer Leverkusen – Slavia Prag 4:0 (2:0) am 10. 12. 2020

Leverkusen: Lomb – Jedvaj, Dragovic, Tapsoba, Wendell – Baumgartlinger (62. L. Bender) – Amiri (74. Türkmen), Sinkgraven (62. Onur) – Bellarabi, Schick (46. Gedikli), Bailey (46. Diaby) – Trainer: Bosz.

Prag: Kolar – Masopust, Boril, Zima, Dorley – Sevcik (19. Stanciu), Traoré (82. Karafiat) – Sima (82. Jurasek), Lingr (82. Rigo), Olayinka – Musa (53. Tecl) – Trainer: Trpisovsky.

Tore: 1:0 Bailey (8.), 2:0 Bailey (32.), 3:0 Diaby (59.), 4:0 Bellarabi (90./+1) – SR: Sidiropoulos (Griechenland) – Zuschauer: keine.

Zwischenrunde:

Young Boys Bern – Bayer Leverkusen 4:3 (3:0) am 18. 2. 2021

Bern: von Ballmoos – Hefti, Lustenberger, Zesiger, Lefort (74. Sulejmani) – Fassnacht (80. Gaudino), Aebischer, Lauper (80. Rieder), Moumi Ngamaleu (Garcia) – Elia (74. Mambimbi), Siebatcheu – Trainer: Seoane.

Leverkusen: Lomb – Frimpong, Tah, Dragovic, Sinkgraven – Demirbay – Wirtz, Amiri (46. Tapsoba) – Bailey (65. Diaby), Schick, Gray – Trainer: Bosz.

Tore: 1:0 Fassnacht (3.), 2:0 Siebatcheu (19.), 3:0 Elia (44.), 3:1 Schick (49.), 3:2 Schick (52.), 3:3 Diaby (68.), 4:3 Siebatcheu (89.) – SR: Mateu Lahoz (Spanien) – Zuschauer: keine.

Bayer Leverkusen – Young Boys Bern 0:2 (0:0) am 25. 2. 2021

Leverkusen: Lomb – Tah, Dragovic (63. Gray), Tapsoba – Aranguiz, Sinkgraven – Frimpong (78. Amiri), Bailey (63. Alario), Wirtz, Diaby – Schick – Trainer: Bosz.

Bern: von Ballmoos – Hefti, Lustenberger, Zesiger, Lefort – Aebischer (87. Sierro), Lauper – Fassnacht (87. Gaudino), Moumi Ngamaleu (69. Rieder) – Elia (78. Mambimbi), Siebatcheu (78. Spielmann) – Trainer: Seoane.

Tore: 0:1 Siebatcheu (48.), 0:2 Fassnacht (86.) – SR: Massa (Italien) – Zuschauer: keine.

Der Weg der TSG 1899 Hoffenheim in der Europa League

Gruppenphase:

TSG 1899 Hoffenheim – Roter Stern Belgrad 2:0 (0:0) am 22. 10. 2020

Hoffenheim: Baumann – Posch, Vogt, Akpoguma, Sessegnon (90. Skov) – Grillitsch (46. Samassekou) – Rudy, Gacinovic (46. Geiger) – Baumgartner (78. Bebou) – Dabbur, Belfodil (78. Bruun Larsen) – Trainer: Hoeneß.

Belgrad: Borjan – Erakovic, Milunovic, Degenek – Gajic (85. Simic), Sanogo (75. Petrovic), Nikolic, Rodic – Katai (75. Vukanovic), Spiridonovic (76. Ben) – Falcinelli (85. Pavkov) – Trainer: Stankovic.

Tore: 1:0 Baumgartner (64.), 2:0 Dabbur (90./+3) – SR: Hernandez Hernandez (Spanien) – Zuschauer: keine – Gelb-Rote Karte: Trainer Stankovic (65.).

KAA Gent – TSG 1899 Hoffenheim 1:4 (0:1) am 29. 10. 2020

Gent: Roef – Hanche-Olsen, Ngadeu-Ngadjui, Nurio Fortuna – Dorsch (77. Marreh) – Castro-Montes (77. Botaka), Kums (69. Kleindienst), Bezus (56. Odjidja-Ofoe), Mohammadi – Bukari, Yaremchuk (69. Niangbo) – Trainer: De Decker.

Hoffenheim: Baumann – Posch (82. Dabbur), Vogt, Akpoguma – Skov, Samassekou, Sessegnon – Rudy (67. Gacinovic), Grillitsch (77. Baumgartner) – Bebou (67. Adamyan), Belfodil (77. Klauss) – Trainer: Hoeneß.

Tore: 0:1 Belfodil (36., Handelfmeter), 0:2 Grillitsch (52.), 0:3 Gacinovic (73.), 1:3 Kleindienst (90./+3), 1:4 Dabbur (90./+4) – SR: Schärer (Schweiz) – Zuschauer: keine – Bes. Vorkommnis: Baumann hält Foulelfmeter Yaremchuk (14.).

TSG 1899 Hoffenheim – Slovan Liberec 5:0 (2:0) am 5. 11. 2020

Hoffenheim: Baumann – Bogarde, Vogt (46. Grillitsch), Akpoguma (61. Nordtveit) – Rudy (46. Samassekou) – Bebou, Gacinovic, Baumgartner (73. Belfodil), Skov – Klauss, Dabbur (61. Adamyan) – Trainer: Hoeneß.

Liberec: Hasalik – Mikula, Kacharaba, Pourzitidis – Koscelnik, Kosek (90./+2 Kazda) – Cancola (90./+2 Dvorak), Nesicky (90./+2 Cernicky), Hromada (77. Michal), Mara – Rondic (67. Csano) – Trainer: Hoftych.

Tore: 1:0 Dabbur (22.), 2:0 Dabbur (30.), 3:0 Grillitsch (59.), 4:0 Adamyan (71.), 5:0 Adamyan (76.) – SR: Karasev (Russland) – Zuschauer: keine.

Slovan Liberec – TSG 1899 Hoffenheim 0:2 (0:0) am 26. 11. 2020

Liberec: Nguyen – Koscelnik, Jugas, Chalus (83. Rondic), Mikula – Kacharaba – Sadilek, Mara (90. Beran) – Pesek (83. Matousek), Mosquera – Yusuf (70. Rabusic) – Trainer: Hoftych.

Hoffenheim: Baumann – Bogarde, Adams, Nordtveit, Sessegnon (46. Skov) – Rudy (61. Bebou) – Gacinovic, Baumgartner (78. Geiger) – Grillitsch (78. Samassekou) – Beier (61. Kramaric), Klauss – Trainer: Hoeneß.

Tore: 0:1 Baumgartner (77.), 0:2 Kramaric (89., Handelfmeter) – SR: Brisard (Frankreich) – Zuschauer: keine.

Roter Stern Belgrad – TSG 1899 Hoffenheim 0:0 am 3. 12. 2020

Belgrad: Borjan – Gajic, Pankov, Milunovic, Degenek – Sanogo – Petrovic, Kanga (80. Nikolic) – Ben (80. Erakovic), Spiridonovic (46. Vukanovic) – Falcinelli (89. Boakye) – Trainer: Stankovic.

Hoffenheim: Baumann – Bogarde, Vogt, Nordtveit – Skov (89. Sessegnon), Geiger (58. Grillitsch), Rudy (72. Adams), John – Gacinovic (72. Baumgartner), Dabbur (46. Kramaric) – Klauss – Trainer: Hoeneß.

SR: Madden (Schottland) – Zuschauer: keine.

TSG 1899 Hoffenheim – KAA Gent 4:1 (2:0) am 10. 12. 2020

Hoffenheim: Pentke – Posch (46. Nordtveit), Adams, Akpoguma, John – Gacinovic, Geiger (75. Amade) – Skov (61. Belfodil), Dabbur, Beier (75. Baumgartner) – Klauss (61. Kramaric) – Trainer: Hoeneß.

Gent: Roef – Arslanagic, Plastun, Ngadeu-Ngadjui – Dorsch (57. Kums), Bezus (4,5), Owusu (57. Odjidja-Ofoe) – Castro-Montes (76. Botaka), Mohammadi (46. Nurio Fortuna) – Bukari (57. Yaremchuk), Kleindienst – Trainer: Vanhaezebrouck.

Tore: 1:0 Beier (21.), 2:0 Skov (26.), 3:0 Beier (49.), 4:0 Kramaric (64.), 4:1 Nurio Fortuna (81.) – SR: Papapetrou (Griechenland) – Zuschauer: keine.

Zwischenrunde:

Molde FK – TSG 1899 Hoffenheim 3:3 (1:3) am 18. 2. 2021

Molde: Linde – Pedersen, Björnbak, Gregersen, Haugen – Bolly (64. Knudtzon), Aursnes, Ellingsen – Eikrem, Sigurdarson (65. Fofana), Andersen (86. Christensen) – Trainer: Moe.

Hoffenheim: Baumann – Adams (83. Bogarde), Vogt, Richards – Gacinovic (26. Kaderabek), John – Samassekou (62. Grillitsch) – Rudy, Baumgartner – Bebou (62. Adamyan), Dabbur (83. Rutter) – Trainer: Hoeneß.

Tore: 0:1 Dabbur (8.), 0:2 Dabbur (28.), 1:2 Ellingsen (41.), 1:3 Baumgartner (45./+3), 2:3 Andersen (70.), 3:3 Fofana (74.) – SR: Frappart (Frankreich) – Zuschauer: keine (in Villarreal).

TSG 1899 Hoffenheim – Molde FK 0:2 (0:1) am 25. 2. 2020

Hoffenheim: Baumann – Vogt, Grillitsch, Richards – Kaderabek (70. Adamyan), Samassekou (84. Rutter), John (70. Sessegnon) – Rudy, Baumgartner (56. Kramaric) – Bebou, Dabbur – Trainer: Hoeneß.

Molde: Linde – Pedersen, Sinyan, Risa, Haugen – Aursnes, Ellingsen – Eikrem – Knudtzon (79. Hestad), Andersen – Sigurdarson (63. Bolly) – Trainer: Moe.

Tore: 0:1 Andersen (20.), 0:2 Andersen (90./+5) – SR: Kulbakov (Belarus) – Zuschauer: keine.

Der Weg des VfL Wolfsburg in der Europa League

2. Qualifikationsrunde:

FK Kukesi – VfL Wolfsburg 0:4 (0:2) am 17. 9. 2020

Kukesi: Elezaj – Malikji, Horic, Obanor, Demiri – Telushi – Rroca (70. Cooper), Musolli (59. Gavazaj), Limaj, Musta (46. Gashi) – Eze – Trainer: Gega.

Wolfsburg: Casteels – Klaus (68. Roussillon), Lacroix, Guilavogui, Paulo Otavio – Schlager, Arnold (36. Gerhardt) – Steffen, Mehmedi, Brekalo (74. Joao Victor) – Weghorst – Trainer: Glasner.

Tore: 0:1 Weghorst (21.), 0:2 Lacroix (33.), 0:3 Weghorst (74.), 0:4 Mehmedi (89.) – SR: Strukan (Kroatien) – Zuschauer: keine (in Tirana) – Bes. Vorkommnis: Casteels hält Foulelfmeter von Rroca (35.).

3. Qualifikationsrunde:

VfL Wolfsburg – Desna Tschernihiw 2:0 (1:0) am 24. 9. 2020

Wolfsburg: Casteels – Steffen, Lacroix (62. Brooks), Guilavogui, Roussillon – Schlager, Arnold – Marmoush (59. Paulo Otavio), Mehmedi, Joao Victor – Weghorst (78. Ginczek) – Trainer: Glasner.

Tschernihiw: Past – Konoplia, Gitchenko, Tamm, Mostoviy – Dombrovskyi (65. Iermakov), Ohirya – Kalitvintsev, Totovytsky, Kartushov (46. Gutsuliak) – Budkivskyi (84. Shevtsov) – Trainer: Ryabokon.

Tore: 1:0 Guilavogui (16.), 2:0 Ginczek (90./+2) – SR: Visser (Belgien) – Zuschauer: keine – Gelb-Rote Karte: Tamm (68.)

Play-offs:

AEK Athen – VfL Wolfsburg 2:1 (0:1) am 1. 10. 2020

Athen: Tsintotas – Vassilantonopoulos, Chygrynskyy, Svarnas, Insua – André Simoes – Garcia (81. Macheras), Shakhov, Krsticic, Mantalos (62. Livaja) – Nelson Oliveira (87. Ansarifard) – Trainer: Carrera.

Wolfsburg: Pervan – Roussillon, Lacroix, Guilavogui, Paulo Otavio – Schlager (60. Gerhardt), Arnold – Steffen, Mehmedi, Brekalo (79. Bialek) – Weghorst – Trainer: Glasner.

Tore: 0:1 Mehmedi (45./+1), 1:1 André Simoes (64.), 2:1 Ansarifard (90./+4) – SR: Soares Dias (Portugal) – Zuschauer: keine – Bes. Vorkommnis: Pervan hält Foulelfmeter von Mantalos (20.).

Die Bundesliga 2020/21 (58. Saison)

Alle Einsätze und alle Tore

Bayern München (29 Spieler eingesetzt):
Neuer (33), Alaba, Müller, Sané (je 32), Boateng, Coman, Lewandowski (je 29), Gnabry, Kimmich (je 27), Musiala (26), Goretzka, Pavard (je 24), Davies, Hernandez (je 23), Choupo-Moting (22), Süle (20), Javi Martinez (19), Tolisso (16), Douglas Costa (11), Sarr (8), Nianzou, Roca (je 6), Richards, Zirkzee (je 3), Scott, Tiago Dantas (je 2), Cuisance, Nübel, Stanisic (je 1).
15 Spieler erzielten 98 Tore:
Lewandowski (41), Müller (11), Gnabry (10), Musiala, Sané (je 6), Coman, Goretzka (je 5), Kimmich (4), Choupo-Moting (3), Alaba (2), Boateng, Davies, Douglas Costa, Süle, Tolisso (je 1) – Dazu kommt ein Eigentor von Gouweleeuw (FC Augsburg).

RB Leipzig (25 Spieler eingesetzt):
Gulacsi (33), Dani Olmo (32), Haidara (31), Forsberg, Orban, Sörloth, Upamecano (je 29), Mukiele, Nkunku (je 28), Adams, Kampl, Poulsen, Sabitzer (je 27), Angelino (26), Halstenberg (24), Klostermann (23), Kluivert (19), Hwang (18), Konaté (14), Henrichs (13), Samardzic (7), Laimer (3), Borkowski, Wosz (je 2), Martinez (1).
16 Spieler erzielten 59 Tore:
Sabitzer (8), Forsberg (7), Nkunku (6), Dani Olmo, Poulsen, Sörloth (je 5), Angelino, Orban (je 4), Haidara, Kluivert, Mukiele (je 3), Halstenberg (2), Adams, Klostermann, Konaté, Upamecano (je 1) – Dazu kommt ein Eigentor von Bozdogan (FC Schalke 04).

Borussia Dortmund (26 Spieler eingesetzt):
Hummels (33), Reus, Reyna (je 32), Brandt (31), Bellingham (29), Akanji, Can, Haaland (je 28), Guerreiro (27), Sancho (26), Dahoud, Meunier (je 21), Delaney (20), Bürki (19), Hazard, Hitz (je 16), Witsel (15), Moukoko, Reinier (je 14), Morey, Schulz (je 13), Piszczek (11), Zagadou (9), Passlack (7), Tigges (6), Knauff (4).
18 Spieler erzielten 74 Tore:
Haaland (27), Reus, Sancho (je 8), Guerreiro, Hummels (je 5), Reyna (4), Brandt, Moukoko (je 3), Akanji (2), Bellingham, Can, Dahoud, Delaney, Hazard, Knauff, Meunier, Passlack, Reinier (je 1) – Dazu kommt ein Eigentor von Uduokhai (FC Augsburg).

VfL Wolfsburg (26 Spieler eingesetzt):
Weghorst (34), Baku, Brooks, Casteels, Schlager (je 32), Arnold, Lacroix (je 30), Brekalo, Gerhardt (je 29), Philipp (24), Paulo Otavio (23), Mbabu (22), Joao Victor, Steffen (je 21), Guilavogui, Roussillon (je 20), Bialek (19), Mehmedi (18), Ginczek (11), Pongracic (10), Klaus (6), Pervan, William (je 2), Malli, Marmoush, Siersleben (je 1).
12 Spieler erzielten 57 Tore:
Weghorst (20), Brekalo (7), Baku, Philipp (je 6), Steffen (5), Arnold (3), Bialek, Brooks, Gerhardt, Schlager (je 2), Joao Victor, Lacroix (je 1) – Dazu kommt je ein Eigentor von Klünter (Hertha BSC), Sargent (Werder Bremen), Tuta (Eintracht Frankfurt) und Mustafi (FC Schalke 04).

Eintracht Frankfurt (25 Spieler eingesetzt):
Trapp (33), Kamada, Silva (je 32), Kostic (30), Hasebe, Hinteregger (je 29), Sow (28), Ilsanker, Rode (je 27), Barkok, Younes (je 26), Ndicka (23), Durm (21), Zuber (20), Tuta (19), Jovic (18), Toure (17), Chandler (15), Abraham (14), Dost (12), Hrustic (11), Ache, Kohr (je 7), da Costa (6), Bördner (1).
17 Spieler erzielten 63 Tore:
Silva (28), Kamada (5), Dost, Jovic, Kostic (je 4), Ndicka, Younes (je 3), Barkok, Hinteregger (je 2), Abraham, Ache, Chandler, Durm, Hrustic, Ilsanker, Rode, Toure (je 1) – Dazu kommt je ein Eigentor von Framberger (FC Augsburg), Andrich (1. FC Union Berlin), Nilsson (Arminia Bielefeld), Schulz (Borussia Dortmund), Schlotterbeck (SC Freiburg) und Tapsoba (Bayer Leverkusen).

Bayer Leverkusen (30 Spieler eingesetzt):
Diaby (32), Tapsoba (31), Bailey (30), Amiri, Demirbay, Hradecky, Schick, Wirtz (je 29), Tah (27), Alario (25), Bellarabi, Sinkgraven, Wendell (je 22), Aranguiz (21), S. Bender, Dragovic (je 18), Baumgartlinger (17), L. Bender (14), Frimpong, Gray (je 10), Palacios (9), Fosu-Mensah (6), Weiser (5), Grill (4), Jedvaj (3), Lomb (2), Arias, Gedikli, Paulinho, Pohjanpalo (je 1).
14 Spieler erzielten 52 Tore:
Alario (11), Bailey, Schick (je 9), Wirtz (5), Demirbay, Diaby (je 4), Amiri, Baumgartlinger (je 2), L. Bender, Dragovic, Gray, Tah, Tapsoba, Weiser (je 1) – Dazu kommt ein Eigentor von Thiaw (FC Schalke 04).

BUNDESLIGA 2020/21

	München	Leipzig	Dortmund	Wolfsburg	Frankfurt	Leverkusen	Union	Gladbach	Stuttgart	Freiburg	Hoffenheim	Mainz	Augsburg	Hertha	Bielefeld	Köln	Bremen	Schalke	Heimbilanz / Auswärtsbilanz g.	u.	v.	Tore	Pkt.	Gesamt Tore	Punkte
1. Bayern München		3:3 1:0	4:2 3:2	2:1 3:2	5:0 1:2	2:0 2:1	1:1 1:1	6:0 2:3	4:0 3:1	2:1 2:2	4:1 1:4	5:2 1:2	5:2 1:0	4:3 1:0	3:3 4:1	5:1 2:1	1:1 3:1	8:0 4:0	13 11	4 2	0 4	64:21 35:23	43 35	**99:44**	**78**
2. RB Leipzig	0:1 3:3		1:3 2:3	2:2 2:2	1:1 1:1	1:0 1:1	1:0 1:2	3:2 0:1	2:0 1:0	3:0 3:0	0:0 1:0	3:1 2:3	2:1 2:0	2:1 3:0	2:1 1:0	0:0 1:2	2:0 4:1	4:0 3:0	11 8	4 4	2 5	29:13 31:19	37 28	**60:32**	**65**
3. Borussia Dortmund	2:3 2:4	3:2 3:1		2:0 2:0	1:2 1:1	3:1 1:2	2:0 1:2	3:0 2:4	1:5 3:2	4:0 1:2	2:2 1:0	1:1 3:1	3:1 0:2	2:0 5:2	3:0 2:0	1:2 2:2	4:1 2:1	3:0 4:0	11 9	2 2	4 6	40:20 35:26	35 29	**75:46**	**64**
4. VfL Wolfsburg	2:3 1:2	2:2 2:2	0:2 0:2		2:1 3:4	0:0 1:0	3:0 2:2	0:0 1:1	1:0 3:1	3:0 1:1	2:1 1:2	2:3 2:0	0:0 2:0	2:0 1:1	2:1 3:0	1:0 2:2	5:3 2:1	5:0 2:0	10 7	4 6	3 4	32:16 29:21	34 27	**61:37**	**61**
5. Eintracht Frankfurt	2:1 0:5	1:1 1:1	1:1 2:1	4:3 1:2		2:1 1:3	5:2 3:3	3:3 0:4	1:1 2:2	3:1 2:2	2:1 3:1	1:1 2:0	2:0 2:0	3:1 3:1	1:1 5:1	2:0 1:1	1:1 1:2	3:1 3:4	10 6	7 5	0 6	37:20 32:33	37 23	**69:53**	**60**
6. Bayer 04 Leverkusen	1:2 0:2	1:1 0:1	2:1 1:3	0:1 0:0	3:1 1:2		1:1 0:1	4:3 1:0	5:2 1:1	1:2 4:2	4:1 0:0	2:2 1:0	3:1 1:1	0:0 0:3	1:2 2:1	3:0 4:0	1:1 0:0	2:1 3:0	8 6	5 5	4 6	34:22 19:17	29 23	**53:39**	**52**
7. 1. FC Union Berlin	1:1 1:1	2:1 0:1	2:1 0:2	2:2 0:3	3:3 2:5	1:0 1:1		1:1 1:1	2:1 2:2	1:1 1:0	1:1 3:1	4:0 0:1	1:3 1:2	1:1 1:3	5:0 0:0	2:1 2:1	3:1 2:0	0:0 1:1	8 4	8 6	1 7	32:18 18:25	32 18	**50:43**	**50**
8. Bor. Mönchengladbach	3:2 0:6	1:0 2:3	4:2 0:3	1:1 0:0	4:0 3:3	0:1 3:4	1:1 1:1		1:2 2:2	2:1 2:2	1:2 2:3	1:2 3:2	1:1 1:3	1:1 2:2	5:0 1:0	1:2 3:1	1:0 4:2	4:1 3:0	8 5	4 6	5 6	32:19 32:37	28 21	**64:56**	**49**
9. VfB Stuttgart	1:3 0:4	0:1 0:2	2:3 5:1	1:3 0:1	2:2 1:1	1:1 2:5	2:2 1:2	2:2 2:1		2:3 1:2	2:0 3:3	2:0 4:1	2:1 4:1	1:1 2:0	0:2 0:3	1:1 1:0	1:0 2:1	5:1 1:1	5 7	6 3	6 7	27:26 29:29	21 24	**56:55**	**45**
10. SC Freiburg	2:2 1:2	0:3 0:3	2:1 0:4	1:1 0:3	2:2 1:3	2:4 2:1	0:1 1:1	2:2 1:2	2:1 3:2		1:1 3:1	1:3 0:1	2:0 1:1	4:1 0:3	2:0 0:1	5:0 4:1	1:1 0:0	4:0 2:0	7 5	6 3	4 9	33:23 19:29	27 18	**52:52**	**45**
11. TSG Hoffenheim	4:1 1:4	0:1 0:0	0:1 2:2	2:1 1:2	1:3 1:2	0:0 1:4	1:3 1:1	3:2 2:1	3:3 0:2	1:3 1:1		1:2 1:1	3:1 1:2	2:1 3:0	0:0 1:1	3:0 3:2	4:0 1:1	4:2 0:4	8 3	3 7	6 7	32:24 20:30	27 16	**52:54**	**43**
12. 1. FSV Mainz 05	2:1 2:5	3:2 1:3	1:3 1:1	0:2 3:2	0:2 1:1	0:1 2:2	1:0 0:4	2:3 2:1	1:4 0:2	1:0 3:1	1:1 2:1		0:1 1:3	1:1 0:0	1:1 1:2	0:1 3:2	0:1 1:0	2:2 0:0	4 6	4 5	9 6	16:26 23:30	16 23	**39:56**	**39**
13. FC Augsburg	0:1 2:5	0:2 1:2	2:0 1:3	0:2 0:0	0:2 0:2	1:1 1:3	2:1 3:1	3:1 1:1	1:4 1:2	1:1 0:2	2:1 1:3	3:1 1:0		0:3 1:2	0:0 1:0	2:3 1:0	2:0 0:2	2:2 0:1	6 4	4 2	7 11	21:25 15:29	22 14	**36:54**	**36**
14. Hertha BSC	0:1 3:4	0:3 1:2	2:5 0:2	1:1 0:2	1:3 1:3	3:0 0:0	3:1 1:1	2:2 1:1	0:2 1:1	3:0 1:4	0:3 1:2	0:0 1:1	2:1 3:0		0:0 0:1	0:0 0:0	1:4 4:1	3:0 2:1	5 3	5 6	7 8	21:26 20:26	20 15	**41:52**	**35**
15. Arminia Bielefeld	1:4 3:3	0:1 1:2	0:2 0:3	0:3 1:2	1:5 1:1	1:2 2:1	0:0 0:5	0:1 0:5	3:0 2:0	1:0 0:2	1:1 0:0	2:1 1:1	0:1 0:0	1:0 0:0		1:0 1:3	0:2 0:1	1:0 1:0	6 3	2 6	9 8	13:23 13:29	20 15	**26:52**	**35**
16. 1. FC Köln	1:2 1:5	2:1 0:0	2:2 2:1	2:2 0:1	1:1 0:2	0:4 0:3	1:2 1:2	1:3 2:1	0:1 1:1	1:4 0:5	2:3 0:3	2:3 1:0	0:1 3:2	0:0 0:0	3:1 0:1		1:1 1:1	1:0 2:1	3 5	5 4	9 8	20:31 14:29	14 19	**34:60**	**33**
17. Werder Bremen *	1:3 1:1	1:4 0:2	1:2 1:4	1:2 3:5	2:1 1:1	0:0 1:1	0:2 1:3	2:4 0:1	1:2 0:1	0:0 1:1	1:1 0:4	0:1 1:0	2:0 0:2	1:4 4:1	1:0 2:0	1:1 1:1		1:1 3:1	3 4	5 5	9 8	16:28 20:29	14 17	**36:57**	**31**
18. FC Schalke 04 *	0:4 0:8	0:3 0:4	0:4 0:3	0:2 0:5	4:3 1:3	0:3 1:2	1:1 0:0	0:3 1:4	1:1 1:5	0:2 0:4	4:0 2:4	0:0 2:2	1:0 2:2	1:2 0:3	0:1 0:1	1:2 0:1	1:3 1:1		3 0	3 4	11 13	14:34 11:52	12 4	**25:86**	**16**

* = Absteiger in die 2. Bundesliga. Aufsteiger aus der 2. Bundesliga: VfL Bochum, SpVgg Greuther Fürth. Relegation: 1. FC Köln – Holstein Kiel 0:1, 5:1.

1. FC Union Berlin (27 Spieler eingesetzt):
Friedrich, Knoche (je 34), Luthe, Trimmel (je 31), Ingvartsen (30), Andrich (29), Lenz (27), Bülter (26), Griesbeck, Prömel, Ryerson, Teuchert (je 24), Gentner, Kruse (je 22), Awoniyi (21), Pohjanpalo (19), Becker (18), Endo, Schlotterbeck (je 16), Musa (14), Gießelmann (13), Gogia (7), Hübner (6), Karius (4), Dajaku (2), Maciejewski, Mees (je 1).

15 Spieler erzielten 50 Tore:
Kruse (11), Pohjanpalo (6), Andrich, Awoniyi, Friedrich (je 5), Becker, Ingvartsen, Prömel, Teuchert (je 3), Bülter, Endo, Knoche, Musa, Schlotterbeck, Trimmel (je 1).

Borussia Mönchengladbach (23 Spieler eingesetzt):
Ginter (34), Lainer, Neuhaus (je 33), Wolf (32), Embolo, Sommer (je 31), Stindl (30), Elvedi, Plea, Thuram (je 29), Kramer (28), Herrmann (27), Bensebaini, Zakaria (je 25), Hofmann (24), Lazaro, Wendt (je 22), Jantschke (8), Benes, Traoré (je 7), Beyer, Sippel (je 4), Reitz (2).

14 Spieler erzielten 63 Tore:
Stindl (14), Thuram (8), Hofmann, Neuhaus, Plea (je 6), Embolo (5), Bensebaini (4), Elvedi, Wolf (je 3), Ginter, Lainer, Lazaro (je 2), Wendt, Zakaria (je 1) – Dazu kommt ein Eigentor von Rönnow (FC Schalke 04).

VfB Stuttgart (29 Spieler eingesetzt):
Endo, Kalajdzic, Kobel (je 33), Kempf (32), Anton, Coulibaly (je 31), Castro, Sosa (je 26), Förster, Klimowicz, Wamangituka (je 25), Mangala (24), Didavi, Stenzel (je 23), Mavropanos (21), Karazor (19), Klement, Massimo (je 18), Gonzalez (15), Churlinov (14), Thommy (8), Ahamada, Al Ghaddioui (je 6), Cissé, Kaminski (je 5), Egloff (2), Bredlow, Mack, Sankoh (je 1).

12 Spieler erzielten 54 Tore:
Kalajdzic (16), Wamangituka (11), Gonzalez (6), Castro, Didavi (je 4), Endo, Förster (je 3), Coulibaly, Kempf (je 2), Klement, Klimowicz, Mangala (je 1) – Dazu kommt je ein Eigentor von Augustinsson (Werder Bremen) und Adams (TSG 1899 Hoffenheim).

SC Freiburg (24 Spieler eingesetzt):
Günter, Lienhart (je 34), Höler (33), Petersen (32), Grifo, Höfler, Müller, Schmid (je 31), Demirovic, Santamaria (je 30), Sallai (28), Gulde (27), Jeong (26), Schlotterbeck (24), Heintz (21), Kübler (19), Haberer (14), Keitel, Kwon (je 12), Tempelmann (10), Til (7), Abrashi (5), Flekken (3), Burkart (1).

12 Spieler erzielten 51 Tore:
Grifo (9), Petersen, Sallai (je 8), Demirovic (5), Höler, Jeong, Lienhart (je 4), Günter (3), Gulde, Schmid (je 2), Höfler, Santamaria (je 1) – Dazu kommt ein Eigentor von Adams (TSG 1899 Hoffenheim).

TSG 1899 Hoffenheim (30 Spieler eingesetzt):
Bebou (32), Baumann, Baumgartner, Samassekou (je 31), Kramaric (28), Grillitsch, Posch (je 26), Rudy (25), Vogt (24), Gacinovic, Sessegnon, Skov (je 23), Dabbur (22), Kaderabek (20), Adamyan (18), Akpoguma (16), Belfodil, John (je 14), Adams, Nordtveit (je 12), Richards (11), Bogarde, Geiger, Rutter (je 9), Klauss (4), Beier, Pentke (je 3), Bicakcic, Bruun Larsen (je 2), Brenet (1).

13 Spieler erzielten 51 Tore:
Kramaric (20), Bebou (9), Baumgartner (6), Dabbur (4), Adamyan, Grillitsch, Sessegnon (je 2), Akpoguma, Bicakcic, Geiger, Rudy, Rutter, Skov (je 1) – Dazu kommt ein Eigentor von Schlotterbeck (1. FC Union Berlin).

1. FSV Mainz 05 (31 Spieler eingesetzt):
Niakhaté, St. Juste (je 32), Boetius, Onisiwo, Zentner (je 31), Barreiro, Burkardt, Latza (je 29), Quaison (28), Brosinski, Hack (je 21), Mwene (20), Stöger (19), Szalai (18), Kohr, Öztunali (je 17), Bell, da Costa (je 16), Mateta (15), Fernandes (14), Glatzel (13), Kunde (11), Ji, Kilian (je 6), Aaron, Tauer (je 5), Nebel (4), Dahmen (3), Baku, Issah (je 2), Papela (1).

16 Spieler erzielten 39 Tore:
Mateta (7), Quaison (6), Onisiwo (4), Niakhaté, Stöger (je 3), Barreiro, Boetius, Brosinski, Burkardt, Glatzel (je 2), Bell, Hack, Kohr, Mwene, Öztunali, Szalai (je 1).

FC Augsburg (25 Spieler eingesetzt):
Gikiewicz (34), Caligiuri (33), Gouweleeuw (32), Vargas (30), Hahn, Richter, Strobl, Uduokhai (je 29), Gruezo, Niederlechner (je 28), Khedira (27), Gregoritsch, Gumny, Oxford (je 24), Framberger (21), Iago (18), Finnbogason (17), Pedersen (15), Jensen (13), Benes (12), Moravek, Sarenren Bazee, Suchy (je 5), Civeja (3), Petkov (1).

12 Spieler erzielten 35 Tore:
Hahn (8), Caligiuri, Vargas (je 6), Niederlechner (5), Richter (3), Benes, Gouweleeuw, Gregoritsch, Gumny, Iago, Khedira, Uduokhai (je 1) – Dazu kommt ein Eigentor von Serdar (FC Schalke 04).

Hertha BSC (32 Spieler eingesetzt):
Stark (33), Piatek (32), Lukebakio (29), Darida, Matheus Cunha, Mittelstädt (je 27), Schwolow, Tousart (je 26), Guendouzi (24), Pekarik (23), Zeefuik (22), Cordoba (21), Boyata (19), Alderete, Leckie (je 17), Plattenhardt (16), Ngankam (15), Torunarigha (14), Ascacibar (13), M. Dardai, Dilrosun, Radonjic (je 12), Klünter, Netz (je 11), Khedira (9), Jarstein (8), Löwen, Redan (je 7), Maier, Michelbrink (je 2), Dirkner, Winkler (je 1).
14 Spieler erzielten 40 Tore:
Cordoba, Matheus Cunha, Piatek (je 7), Lukebakio (5), Pekarik (3), Guendouzi, Ngankam (je 2), Ascacibar, Boyata, Darida, Netz, Radonjic, Tousart, Zeefuik (je 1) – Dazu kommt ein Eigentor von Hinteregger (Eintracht Frankfurt).

Arminia Bielefeld (26 Spieler eingesetzt):
Doan, Klos, Ortega (je 34), Schipplock (32), Brunner (31), Pieper (30), Prietl (28), Kunze (26), Nilsson (25), Cordova, Gebauer (je 23), Hartel, van der Hoorn (je 22), Lucoqui (21), Voglsammer (18), de Medina, Laursen, Maier (je 16), Soukou (14), Okugawa, Seufert, Yabo (je 13), Vlap (7), Edmundsson (5), Behrendt (3), Müller (2).
13 Spieler erzielten 23 Tore:
Doan, Klos (je 5), Cordova, Voglsammer (je 2), Edmundsson, Gebauer, Okugawa, Pieper, Prietl, Schipplock, Soukou, Vlap, Yabo (je 1) – Dazu kommt je ein Eigentor von Santamaria (SC Freiburg), Hradecky (Bayer Leverkusen) und Kempf (VfB Stuttgart).

1. FC Köln (28 Spieler eingesetzt):
T. Horn (34), Duda, Skhiri (je 32), Wolf (31), Rexhbecaj (30), J. Horn (29), Czichos, Özcan (je 28), Drexler (27), Bornauw, Thielmann (je 24), Jakobs (23), Ehizibue, Katterbach (je 21), Hector (19), Andersson, Jorge Meré (je 16), Limnios, Schmitz (je 12), Cestic (11), Arokodare, Meyer (je 10), Dennis (9), Kainz, Modeste (je 8), Höger, Sörensen (je 3), Zieler (1).
12 Spieler erzielten 33 Tore:
Duda (7), Rexhbecaj, Skhiri (je 5), Andersson, Hector (je 3), Drexler, Thielmann, Wolf (je 2), Bornauw, Czichos, Jakobs, Kainz (je 1) – Dazu kommt ein Eigentor von Moisander (Werder Bremen)..

Werder Bremen (27 Spieler eingesetzt):
Gebre Selassie, Pavlenka (je 34), M. Eggestein (33), Friedl, Sargent (je 32), Bittencourt, Möhwald (je 27), Toprak (26), Osako, Rashica (je 24), Augustinsson, Groß, Selke, Veljkovic (je 23), Schmid (22), Mbom (21), Füllkrug (19), Moisander (18), Agu (15), Chong (13), Dinkci (8), Woltemade (6), Erras (4), Klaassen (3), J. Eggestein (2), Bargfrede, Gruev (je 1).
11 Spieler erzielten 35 Tore:
Füllkrug (6), Möhwald, Sargent (je 5), Bittencourt (4), Gebre Selassie, Rashica, Selke (je 3), M. Eggestein, Toprak (je 2), Agu, Dinkci (je 1) – Dazu kommt ein Eigentor von Brooks (VfL Wolfsburg).

FC Schalke 04 (42 Spieler eingesetzt):
Harit (28), Oczipka (27), Raman, Serdar (je 25), Mascarell, Stambouli (je 24), Fährmann, Hoppe (je 22), Becker, Uth (je 20), Schöpf, Thiaw (je 19), Kolasinac (17), Nastasic, Paciencia (je 15), Bozdogan, Kabak, Sané (je 14), Mustafi, Skrzybski (je 13), Boujellab (12), Rönnow (11), Bentaleb, Huntelaar (je 9), William (8), Kutucu (7), Aydin, Ludewig (je 6), Calhanoglu, Flick, Ibisevic (je 4), Idrizi, Langer, Matondo, Mendyl (je 3), Rudy, Schuler (je 2), Kaparos, Maden, Matriciani, Mercan, Pavlidis (je 1).
14 Spieler erzielten 24 Tore:
Hoppe (6), Uth (3), Harit, Huntelaar, Raman (je 2), Boujellab, Flick, Idrizi, Kolasinac, Mascarell, Mustafi, Paciencia, Serdar, Thiaw (je 1) – Dazu kommt ein Eigentor von St. Juste (1. FSV Mainz 05).

Neun Spieler bei zwei Vereinen:
In der Saison 2020/21 kamen bei zwei Vereinen der Bundesliga zum Einsatz: Ridle Baku (1. FSV Mainz 05 und VfL Wolfsburg), Laszlo Benes (Borussia Mönchengladbach und FC Augsburg), Danny da Costa und Dominik Kohr (beide Eintracht Frankfurt und 1. FSV Mainz 05), Arne Maier (Hertha BSC und Arminia Bielefeld), Joel Pohjanpalo (Bayer Leverkusen und 1. FC Union Berlin), Chris Richards (Bayern München und TSG 1899 Hoffenheim), Sebastian Rudy (FC Schalke 04 und TSG 1899 Hoffenheim), William (VfL Wolfsburg und FC Schalke 04).

„Ewige“ Bundesliga-Tabelle (1963–2021)

Verein	Jahre	Sp.	S	U	N	Tore	Pkt.
1. Bayern München	56	1908	1144	415	349	4232:2077	3847
2. Borussia Dortmund	54	1832	825	464	543	3291:2573	2939
3. Werder Bremen	57	1934	800	486	648	3210:2835	2886
4. Hamburger SV	55	1866	746	495	625	2937:2662	2733
5. VfB Stuttgart	54	1832	752	443	637	3025:2683	2699
6. Borussia Mönchengladbach	53	1806	734	472	600	3076:2617	2674
7. FC Schalke 04	53	1798	693	453	652	2607:2607	2532
8. Eintracht Frankfurt *	52	1764	650	448	666	2775:2733	2396
9. 1. FC Köln	49	1662	647	422	593	2702:2493	2363
10. Bayer 04 Leverkusen	42	1432	616	389	427	2405:1911	2237
11. 1. FC Kaiserslautern *	44	1492	575	372	545	2348:2344	2094
12. Hertha BSC	38	1284	461	326	497	1808:1962	1709
13. VfL Bochum	34	1160	356	306	498	1602:1887	1374
14. 1. FC Nürnberg	33	1118	344	286	488	1428:1794	1318
15. Hannover 96	30	1016	308	250	458	1385:1734	1174
16. VfL Wolfsburg	24	816	313	211	292	1236:1184	1150
17. MSV Duisburg	28	948	296	259	393	1291:1520	1147
18. Fortuna Düsseldorf	25	854	264	232	358	1245:1518	1024
19. Karlsruher SC	24	812	241	230	341	1093:1408	953
20. Eintracht Braunschweig	21	706	242	177	287	937:1086	903
21. TSV München 1860	20	672	238	170	264	1022:1059	884
22. SC Freiburg	21	714	221	185	308	902:1140	848
23. 1. FSV Mainz 05	15	510	169	129	212	661:763	636
24. Arminia Bielefeld *	17	578	162	147	269	671:935	633
25. TSG 1899 Hoffenheim	13	442	157	129	156	705:678	600
26. KFC Uerdingen 05	14	476	138	129	209	644:844	543
27. Hansa Rostock	12	412	124	107	181	492:621	479
28. FC Augsburg	10	340	101	90	149	411:527	393
29. RB Leipzig	5	170	91	44	35	327:190	317
30. Waldhof Mannheim	7	238	71	72	95	299:378	285
31. Kickers Offenbach	7	238	77	51	110	368:486	282
32. Rot-Weiss Essen	7	238	61	79	98	346:483	262
33. FC St. Pauli	8	272	58	80	134	296:485	254
34. Energie Cottbus	6	204	56	43	105	211:338	211
35. Alemannia Aachen	4	136	43	28	65	186:270	157
36. SG Wattenscheid 09	4	140	34	48	58	186:248	150
37. 1. FC Saarbrücken	5	166	32	48	86	202:336	144
38. Dynamo Dresden *	4	140	33	45	62	132:211	140
39. Rot-Weiß Oberhausen	4	136	36	31	69	182:281	139
40. SV Darmstadt 98	4	136	28	33	75	152:273	117
41. Wuppertaler SV	3	102	25	27	50	136:200	102
42. Borussia Neunkirchen	3	98	25	18	55	109:223	93
43. 1. FC Union Berlin	2	68	24	19	25	91:101	91
44. FC 08 Homburg	3	102	21	27	54	103:200	90
45. SpVgg Unterhaching	2	68	20	19	29	75:101	79
46. Stuttgarter Kickers	2	72	20	17	35	94:132	77
47. FC Ingolstadt 04	2	68	18	18	32	69:99	72

Verein	Jahre	Sp.	S	U	N	Tore	Pkt.
48. SC Paderborn 07	**2**	**68**	**11**	**18**	**39**	**68:139**	**51**
49. Tennis Borussia Berlin	**2**	**68**	**11**	**16**	**41**	**85:174**	**49**
50. SSV Ulm 1846	**1**	**34**	**9**	**8**	**17**	**36:62**	**35**
51. Fortuna Köln	**1**	**34**	**8**	**9**	**17**	**46:79**	**33**
52. Preußen Münster	**1**	**30**	**7**	**9**	**14**	**34:52**	**30**
53. SpVgg Greuther Fürth	**1**	**34**	**4**	**9**	**21**	**26:60**	**21**
54. Blau-Weiß 90 Berlin	**1**	**34**	**3**	**12**	**19**	**36:76**	**21**
55. VfB Leipzig	**1**	**34**	**3**	**11**	**20**	**32:69**	**20**
56. Tasmania 1900 Berlin	**1**	**34**	**2**	**4**	**28**	**15:108**	**10**

Die Tabelle wurde nach dem Drei-Punkte-System errechnet.

*) = In der Saison 1971/72 wurden alle Spiele von Arminia Bielefeld nur für den Gegner gewertet. Die von Arminia erbrachten Leistungen bleiben in allen Spalten unberücksichtigt:

	Sp.	S	U	N	Tore	Pkt.
	34	6	7	21	41:75	25

1993/94 wurden Dynamo Dresden 4 Punkte, 1999/2000 Eintracht Frankfurt 2 Punkte, 2003/04 dem 1. FC Kaiserslautern 3 Punkte abgezogen.

2. Bundesliga 2020/21:

Alle Einsätze und alle Tore

VfL Bochum (24 Spieler eingesetzt):
Leitsch, Tesche (je 33), Danilo Soares, Losilla, Zoller (je 32), Zulj (31), Holtmann, Riemann (je 30), Gamboa, Ganvoula (je 29), Bella Kotchap, Pantovic (je 28), Bockhorn (24), Blum, Eisfeld (je 22), Novothny (14), Bonga (11), Chibsah (10), Lampropoulos (9), Masovic (8), Decarli, Drewes (je 5), Hartwig, Römling (je 1).

14 Spieler erzielten 64 Tore:
Zoller, Zulj (je 15), Tesche (8), Blum, Holtmann, Losilla (je 4), Pantovic (3), Danilo Soares, Eisfeld, Ganvoula, Novothny (je 2), Bella Kotchap, Bockhorn, Chibsah (je 1) – Dazu kommt je ein Eigentor von Kempe (SV Darmstadt 98) und Beste (Jahn Regensburg).

SpVgg Greuther Fürth (23 Spieler eingesetzt):
Nielsen, Raum (je 34), Burchert, Ernst, Meyerhöfer, Seguin (je 33), Hrgota (31), Green, Stach (je 30), Abiama, Bauer (je 29), Sarpei (28), Leweling, Tillman (je 24), Jaeckel (23), Mavraj (19), Barry (9), Itter, Kehr (je 8), Asta (5), Berggreen (4), Cavar, Funk (je 1).

13 Spieler erzielten 66 Tore:
Hrgota (16), Nielsen (11), Green (9), Abiama, Ernst, Seguin (je 7), Bauer, Kehr (je 2), Jaeckel, Leweling, Raum, Sarpei, Stach (je 1) – Dazu kommt je ein Eigentor von Hoffmann (Fortuna Düsseldorf), Mühling (Holstein Kiel) und Zhirov (SV Sandhausen).

Holstein Kiel (23 Spieler eingesetzt):
Meffert, Wahl (je 34), Lee, Porath (je 33), Reese (32), Bartels, Dehm, Hauptmann, Mühling, Serra (je 31), Mees (29), van den Bergh (25), Gelios (24), Neumann (18), Girth, Lorenz (je 17), Arslan (15), Komenda, Thesker (je 13), Dähne, Ignjovski (je 10), Kirkeskov (6), Lauberbach (3).

10 Spieler erzielten 51 Tore:
Serra (13), Mühling (12), Bartels (11), Lee (5), Mees (3), Arslan, Reese (je 2), Dehm, Komenda, Lorenz (je 1) – Dazu kommt je ein Eigentor von Höhn (SV Darmstadt 98), Hartherz (Fortuna Düsseldorf), Kaiser (Hannover 96), Föhrenbach (1. FC Heidenheim), Ajdini (VfL Osnabrück) und Dietz (Würzburger Kickers).

Hamburger SV (28 Spieler eingesetzt):
Terodde (33), Heyer, Ulreich, Wintzheimer (je 32), Kittel (31), Leibold, Narey (je 29), Dudziak, Hunt, Jatta (je 27), Ambrosius, Kinsombi (je 26), Gyamerah, Onana (je 25), Vagnoman (24), Jung, Leistner (je 19), Wood (16), Gjasula (15), Meißner (10), Heil (6), Hinterseer, van Drongelen (je 4), David, Kwarteng (je 3), Heuer Fernandes (2), Amaechi, Opoku (je 1).

15 Spieler erzielten 70 Tore:
Terodde (24), Kittel (9), Hunt, Jatta (je 5), Kinsombi, Leibold (je 4), Meißner, Narey, Wintzheimer (je 3), Dudziak, Heyer, Onana, Vagnoman (je 2), Leistner, Wood (je 1) – Dazu kommt ein Eigentor von Trapp (VfL Osnabrück).

Fortuna Düsseldorf (28 Spieler eingesetzt):
Hennings, Kastenmeier (je 33), Danso, Sobottka, Zimmermann (je 32), Bodzek, Karaman (je 28), Kownacki (27), Peterson, Prib (je 26), Krajnc (24), Pledl (23), Borrello, Hoffmann (je 22), Appelkamp (21), Klaus (16), Koutris, Morales (je 15), Klarer, Piotrowski (je 13), Hartherz (12), Ofori (10), Zimmer (8), Iyoha (7), Siebert, Wolf (je 2), Ampomah, Lobinger (je 1).

14 Spieler erzielten 53 Tore:
Hennings (9), Karaman, Kownacki, Peterson (je 7), Appelkamp (6), Sobottka (5), Danso, Klaus, Krajnc, Zimmermann (je 2), Borrello, Hoffmann, Pledl, Prib (je 1) – Dazu kommt je ein Eigentor von Meffert (Holstein Kiel) und Sorg (1. FC Nürnberg).

Karlsruher SC (31 Spieler eingesetzt):
Gersbeck, Kobald, Thiede, Wanitzek (je 33), Gondorf (32), Batmaz, Hofmann (je 30), Heise (29), Lorenz (28), Bormuth, Goller (je 27), Choi (24), Kother (23), Fröde, Gueye (je 22), Gordon (13), Groiß, Wimmer (je 10), Carlson (8), Amaechi, Jung (je 7), Breithaupt, Djuricin (je 6), Rabold (3), Galjen (2), Dinger, Hanek, Kuster, Löhr, Pisot, Trivunic (je 1).

13 Spieler erzielten 48 Tore:
Hofmann (13), Wanitzek (6), Choi (5), Bormuth, Goller (je 4), Gondorf, Kother, Thiede (je 3), Gordon, Gueye (je 2), Batmaz, Heise, Kobald (je 1) – Dazu kommt je ein Eigentor von Ziegele (Eintracht Braunschweig), Danso (Fortuna Düsseldorf) und Schindler (Hannover 96).

2. BUNDESLIGA 2020/21

	Bochum	Fürth	Kiel	Hamburg	Düsseldorf	Karlsruhe	Darmstadt	Heidenheim	Paderborn	St. Pauli	Nürnberg	Aue	Hannover	Regensburg	Sandhausen	Osnabrück	Braunschweig	Würzburg	Heimbilanz Auswärtsbilanz g.	u.	v.	Tore	Pkt.	Gesamt Tore	Punkte
1. VfL Bochum *		0:2 2:1	2:1 1:3	0:2 3:1	5:0 3:0	1:2 1:0	2:1 1:3	3:0 2:0	3:0 0:3	2:2 3:2	3:1 1:1	2:0 0:1	4:3 0:2	5:1 2:0	3:1 1:1	0:0 2:1	2:0 1:2	3:0 3:2	12 9	2 2	3 6	40:16 26:23	38 29	**66:39**	**67**
2. SpVgg Greuther Fürth *	1:2 2:0		2:1 3:1	0:1 0:0	3:2 3:3	2:2 2:3	0:4 2:2	0:1 1:0	1:1 4:2	2:1 1:2	2:2 3:2	3:0 1:1	4:1 2:2	3:1 2:1	3:2 3:0	1:1 1:0	3:0 3:0	4:1 2:2	9 9	4 6	4 2	34:23 35:21	31 33	**69:44**	**64**
3. Holstein Kiel	3:1 1:2	1:3 1:2		1:1 1:1	2:1 2:0	2:3 2:3	2:3 2:0	2:2 0:1	1:0 1:1	4:0 1:1	1:0 1:1	1:0 1:1	1:0 3:0	3:2 3:2	2:0 2:0	1:2 3:1	3:1 0:0	1:0 2:0	11 7	2 6	4 4	31:19 26:16	35 27	**57:35**	**62**
4. Hamburger SV	1:3 2:0	0:0 1:0	1:1 1:1		2:1 0:0	1:1 2:1	1:2 2:1	2:0 2:3	3:1 4:3	2:2 0:1	5:2 1:1	3:0 3:3	0:1 3:3	3:1 1:1	4:0 1:2	5:0 2:3	4:0 4:2	3:1 2:3	10 6	4 6	3 5	40:16 31:28	34 24	**71:44**	**58**
5. Fortuna Düsseldorf	0:3 0:5	3:3 2:3	0:2 1:2	0:0 1:2		3:2 2:1	3:2 2:1	1:0 2:3	2:1 1:2	2:0 3:0	3:1 1:1	3:0 3:0	3:2 0:3	2:2 1:1	1:0 0:0	3:0 3:0	2:2 0:0	1:0 1:2	11 5	4 4	2 8	32:20 23:26	37 19	**55:46**	**56**
6. Karlsruher SC	0:1 2:1	3:2 2:2	3:2 3:2	1:2 1:1	1:2 2:3		3:4 1:0	1:1 2:1	1:0 2:2	0:0 3:0	0:1 1:1	0:0 1:4	1:0 0:2	0:0 0:1	3:0 3:2	0:1 2:1	0:0 3:1	2:2 4:2	5 9	6 4	6 4	19:18 32:26	21 31	**51:44**	**52**
7. SV Darmstadt 98	3:1 1:2	2:2 4:0	0:2 3:2	1:2 2:1	1:2 2:3	0:1 4:3		5:1 0:3	0:4 3:2	2:2 2:3	1:2 3:2	4:1 0:3	1:2 2:1	0:0 1:1	2:1 2:3	1:0 1:1	4:0 1:1	2:0 3:1	7 8	3 3	7 6	29:23 34:32	24 27	**63:55**	**51**
8. 1. FC Heidenheim	0:2 0:3	0:1 1:0	1:0 2:2	3:2 0:2	3:2 0:1	1:2 1:1	3:0 1:5		0:0 2:2	3:4 2:4	2:0 1:3	2:0 1:2	1:0 3:1	0:0 3:0	2:1 0:4	1:1 2:1	2:0 0:1	4:1 2:1	10 5	3 3	4 9	28:16 21:33	33 18	**49:49**	**51**
9. SC Paderborn 07	3:0 0:3	2:4 1:1	1:1 0:1	3:4 1:3	2:1 1:2	2:2 0:1	2:3 4:0	2:2 0:0		2:0 2:0	0:2 1:2	2:1 8:3	1:0 0:0	3:1 0:1	2:1 1:1	2:2 1:0	2:2 0:0	1:0 1:1	8 4	5 6	4 7	32:26 21:19	29 18	**53:45**	**47**
10. FC St. Pauli	2:3 2:2	2:1 1:2	1:1 0:4	1:0 2:2	0:3 0:2	0:3 0:0	3:2 2:2	4:2 4:3	0:2 0:2		2:2 2:1	2:2 3:1	1:2 3:2	2:0 0:3	2:1 0:1	0:1 2:1	2:0 1:2	4:0 1:1	8 5	3 5	6 7	28:25 23:31	27 20	**51:56**	**47**
11. 1. FC Nürnberg	1:1 1:3	2:3 2:2	1:1 0:1	1:1 2:5	1:1 1:3	1:1 1:0	2:3 2:1	3:1 0:2	2:1 2:0	1:2 2:2		1:0 1:0	2:5 2:1	0:1 1:1	1:0 0:2	1:1 4:1	0:0 2:3	2:1 1:1	5 6	7 4	5 7	22:23 24:28	22 22	**46:51**	**44**
12. Erzgebirge Aue	1:0 0:2	1:1 0:3	1:1 0:1	3:3 0:3	0:3 0:3	4:1 0:0	3:0 1:4	2:1 0:2	3:8 1:2	1:3 2:2	0:1 0:1		1:1 0:0	0:2 1:1	2:0 4:1	2:1 1:0	3:1 2:0	2:1 3:0	8 4	4 4	5 9	29:28 15:25	28 16	**44:53**	**44**
13. Hannover 96	2:0 3:4	2:2 1:4	0:3 0:1	3:3 1:0	3:0 2:3	2:0 0:1	1:2 2:1	1:3 0:1	0:0 0:1	2:3 2:1	1:2 5:2	0:0 1:1		3:1 0:0	4:0 2:4	1:0 1:2	4:1 2:1	1:2 1:2	7 5	4 2	6 10	30:22 23:29	25 17	**53:51**	**42**
14. Jahn Regensburg	0:2 1:5	1:2 1:3	2:3 2:3	1:1 1:3	1:1 2:2	1:0 0:0	1:1 0:0	0:3 0:0	1:0 1:3	3:0 0:2	1:1 1:0	1:1 2:0	0:0 1:3		3:1 0:2	2:4 1:0	3:0 0:2	2:1 1:1	6 3	6 5	5 9	23:21 14:29	24 14	**37:50**	**38**
15. SV Sandhausen	1:1 1:3	0:3 2:3	0:2 0:2	2:1 0:4	0:0 0:1	2:3 0:3	3:2 1:2	4:0 1:2	1:1 1:2	1:0 1:2	2:0 0:1	1:4 0:2	4:2 0:4	2:0 1:3		3:0 1:2	2:2 0:1	1:0 3:2	9 1	4 0	4 16	29:21 12:39	31 3	**41:60**	**34**
16. VfL Osnabrück *	1:2 0:0	0:1 1:1	1:3 2:1	3:2 0:5	0:3 0:3	1:2 1:0	1:1 0:1	1:2 1:1	0:1 2:2	1:2 1:0	1:4 1:1	0:1 1:2	2:1 0:1	0:1 4:2	2:1 0:3		0:4 2:0	2:3 3:1	3 6	1 5	13 6	16:34 19:24	10 23	**35:58**	**33**
17. Eintr. Braunschweig *	2:1 0:2	0:3 0:3	0:0 1:3	2:4 0:4	0:0 2:2	1:3 0:0	1:1 0:4	1:0 0:2	0:0 2:2	2:1 0:2	3:2 0:0	0:2 1:3	1:2 1:4	2:0 0:3	1:0 2:2	0:2 4:0		1:2 0:0	6 1	4 6	7 10	17:23 13:36	22 9	**30:59**	**31**
18. Würzburger Kickers *	2:3 0:3	2:2 1:4	0:2 0:1	3:2 1:3	2:1 0:1	2:4 2:2	1:3 0:2	1:2 1:4	1:1 0:1	1:1 0:4	1:1 1:2	0:3 1:2	2:1 2:1	1:1 1:2	2:3 0:1	1:3 3:2	0:0 2:1		3 3	6 1	8 13	22:33 15:36	15 10	**37:69**	**25**

* = Aufsteiger in die Bundesliga. Absteiger aus der Bundesliga: Werder Bremen, FC Schalke 04. Relegation: 1. FC Köln – Holstein Kiel 0:1, 5:1.

** = Absteiger in die 3. Liga. Aufsteiger aus der 3. Liga: Dynamo Dresden, Hansa Rostock, FC Ingolstadt 04. Relegation: FC Ingolstadt 04 – VfL Osnabrück 3:0, 1:3.

SV Darmstadt 98 (27 Spieler eingesetzt):
Dursun (33), Mehlem, Schuhen (je 32), Berko, Höhn, Kempe, Skarke (je 30), Holland, Mai, Rapp (je 29), Honsak (27), Herrmann, Schnellhardt (je 23), Palsson, Platte (je 21), Pfeiffer (18), Bader (17), Clemens, Seydel (je 14), Se.-H. Paik (13), Stanilewicz (8), Manu (3), Campo, Klaus (je 2), Arslan, Crosthwaite, Isherwood (je 1).
13 Spieler erzielten 63 Tore:
Dursun (27), Kempe (9), Mehlem, Skarke (je 5), Honsak (4), Palsson (3), Höhn, Platte, Rapp (je 2), Berko, Clemens, Holland, Seydel (je 1).

1. FC Heidenheim (26 Spieler eingesetzt):
Kühlwetter, Mainka, Müller (je 33), Busch, Sessa, Thomalla (je 30), Schimmer (29), Pick, Schnatterer (je 28), Hüsing, Mohr (je 26), Geipl, Theuerkauf (je 24), Föhrenbach, Leipertz (je 23), Schöppner (22), Kerschbaumer (18), Kleindienst (15), Burnic, Rittmüller (je 12), Steurer (10), Schmidt (8), Otto, Thiel (je 5), Stark (2), Eicher (1).
13 Spieler erzielten 48 Tore:
Kühlwetter (13), Kleindienst (11), Mainka, Thomalla (je 5), Hüsing, Leipertz, Mohr, Schimmer, Sessa (je 2), Busch, Kerschbaumer, Schmidt, Theuerkauf (je 1) – Dazu kommt ein Eigentor von Strohdiek (Würzburger Kickers).

SC Paderborn 07 (27 Spieler eingesetzt):
Führich, Srbeny (je 34), Zingerle (33), Ingelsson, Schonlau (je 32), Antwi-Adjei, Schallenberg (je 31), Justvan (29), Dörfler (27), Hünemeier (26), Collins, Michel (je 24), Pröger (22), Owusu, Terrazzino, Thalhammer (je 21), Vasiliadis (19), Ananou, Okoroji (je 15), Nkaka (13), Akolo, Correia (je 8), Heller (7), Jastrzembski (3), Evans, Huth, Steinwender (je 1).
12 Spieler erzielten 51 Tore:
Srbeny (16), Führich (13), Michel (7), Antwi-Adjei (4), Hünemeier, Justvan, Pröger (je 2), Akolo, Dörfler, Schallenberg, Schonlau, Terrazzino (je 1) – Dazu kommt je ein Eigentor von Männel (Erzgebirge Aue) und Jaeckel (SpVgg Greuther Fürth).

FC St. Pauli (33 Spieler eingesetzt):
Kyereh, Zalazar (je 34), Dittgen (32), Becker, Paqarada (je 30), Benatelli, Ziereis (je 26), Daschner (24), Ohlsson (23), Burgstaller, Zander (je 22), Buballa, Marmoush (je 21), Lawrence, Stojanovic (je 19), Makienok, Matanovic (je 18), Aremu (16), Knoll (14), Dzwigala (13), Himmelmann, Reginiussen (je 10), Flach, Lankford, Tashchy (je 9), Wieckhoff (7), Avevor (6), Smith (5), Brodersen (4), Viet (3), Buchtmann (2), Miyaichi, Smarsch (je 1).
14 Spieler erzielten 50 Tore:
Burgstaller (11), Kyereh (9), Marmoush (7), Zalazar (6), Benatelli, Dittgen, Zander (je 3), Makienok (2), Becker, Buballa, Flach, Matanovic, Paqarada, Wieckhoff (je 1) – Dazu kommt ein Eigentor von Schmidt (1. FC Heidenheim).

1. FC Nürnberg (29 Spieler eingesetzt):
Geis, Handwerker, Mathenia (je 34), Dovedan, Krauß, Sörensen (je 31), Mühl, Valentini (je 30), Nürnberger (29), Schleusener (27), Schäffler (24), Hack (23), Behrens (20), Margreitter (18), Möller Daehli, Shuranov (je 14), Borkowski (13), Lohkemper, Singh (je 11), Latteier (9), Sorg (8), Köpke (7), Knothe, Rosenlöcher, Zrelak (je 5), Krätschmer, Misidjan (je 3), Rhein (2), Suver (1).
18 Spieler erzielten 45 Tore:
Schäffler (10), Shuranov (5), Hack, Lohkemper (je 4), Borkowski, Geis, Nürnberger (je 3), Köpke, Krauß (je 2), Dovedan, Handwerker, Margreitter, Möller Daehli, Mühl, Rosenlöcher, Schleusener, Sörensen, Valentini (je 1) – Dazu kommt ein Eigentor von Rapp (SV Darmstadt 98).

Erzgebirge Aue (25 Spieler eingesetzt):
Krüger (34), Gonther, Männel, Testroet (je 33), Strauß (31), Nazarov (30), Fandrich, Zolinski (je 28), Ballas, Hochscheidt (je 27), Breitkreuz, Zulechner (je 26), Rizzuto, Samson (je 25), Gnjatic, Riese (je 23), Baumgart, Bussmann (je 15), Jonjic (11), Cacutalua (6), Härtel (5), Majetschak (2), Baumann, Jeck, Klewin (je 1).
13 Spieler erzielten 44 Tore:
Testroet (12), Krüger (11), Nazarov (8), Strauß, Zolinski, Zulechner (je 2), Ballas, Baumgart, Bussmann, Cacutalua, Fandrich, Gonther, Hochscheidt (je 1).

Hannover 96 (29 Spieler eingesetzt):
Ducksch, Haraguchi (je 34), Muroya (32), Bijol, Hult, Weydandt (je 30), Esser, Kaiser, Sulejmani (je 29), Franke (27), Muslija, Schindler (je 26), Twumasi (22), Hübers, Ochs (je 20), Falette, Maina (je 18), Basdas, Elez (je 17), Frantz (13), Doumbouya (7), Gudra (4), Ratajczak, Stehle (je 3), Evina, Hansen, Tarnat (je 2), McKinze Gaines II, Sündermann (je 1).
13 Spieler erzielten 52 Tore:
Ducksch (16), Haraguchi (9), Muslija (5), Weydandt (4), Sulejmani, Twumasi (je 3), Hübers, Hult, Kaiser, Maina, Ochs (je 2), Doumbouya, Gudra (je 1) – Dazu kommt ein Eigentor von Kastenmeier (Fortuna Düsseldorf).

Jahn Regensburg (28 Spieler eingesetzt):
Albers (34), Meyer (33), Besuschkow, Caliskaner (je 32), Wekesser (30), Becker, Elvedi (je 29), Saller, Vrenezi (je 27), Stolze (26), George (25), Moritz (23), Gimber, Kennedy (je 22), Opoku (21), Hein (20), Nachreiner (18), Otto, Schneider (je 17), Beste (16), Makridis (13), Heister (10), Palionis (6), Kunz (2), Baack, Palacios, Wähling, Zempelin (je 1).
9 Spieler erzielten 36 Tore:
Albers (13), Stolze (6), George (5), Vrenezi (4), Besuschkow (3), Beste (2), Caliskaner, Opoku, Otto (je 1) – Dazu kommt ein Eigentor von Jaeckel (SpVgg Greuther Fürth).

SV Sandhausen (28 Spieler eingesetzt):
Behrens (32), Diekmeier, Keita-Ruel (je 31), Zhirov (29), Esswein (26), Zenga (25), Contento, Nartey, Nauber (je 24), Biada, Linsmayer, Röseler (je 23), Kister (22), Taffertshofer (21), Paurevic (19), Kapino (18), Scheu (17), Bachmann (16), Bouhaddouz (14), Halimi (12), Fraisl, Ouahim, Pena Zauner (je 11), Rossipal (10), Klingmann (7), Schmidt (6), Wulle (5), Türpitz (4).
13 Spieler erzielten 39 Tore:
Behrens (13), Keita-Ruel (12), Biada, Esswein, Röseler (je 2), Bachmann, Halimi, Klingmann, Paurevic, Rossipal, Scheu, Schmidt, Zhirov (je 1) – Dazu kommt je ein Eigentor von Ambrosius (Hamburger SV) und Buballa (FC St. Pauli).

VfL Osnabrück (27 Spieler eingesetzt):
Kerk (34), Kühn (33), Henning, Trapp (je 32), Beermann, Taffertshofer (je 30), Santos (29), Ajdini, Gugganig, Reis (je 27), Blacha, Multhaup (je 26), Amenyido (25), Heider (24), Wolze (23), Schmidt (22), Reichel (20), Ihorst (18), Engel (13), Bapoh (10), Müller (8), Köhler (5), Grot (4), Möller, Susac (je 3), Klaas (2), Nicolas (1).
12 Spieler erzielten 35 Tore:
Kerk (10), Santos (8), Heider (4), Amenyido, Beermann, Ihorst, Multhaup (je 2), Ajdini, Blacha, Reis, Schmidt, Taffertshofer (je 1).

Eintracht Braunschweig (30 Spieler eingesetzt):
Kaufmann, Kroos (je 32), Nikolaou, Proschwitz (je 31), Bär (30), Ben Balla, Wydra (je 28), Fejzic (27), Otto (26), Kammerbauer, Kobylanski, Schlüter, Wiebe (je 25), Diakhite (17), Abdullahi (16), Behrendt, Klaß, Ziegele (je 15), Kessel, Schwenk (je 14), Ji (12), Dornebusch (8), Kupusovic, May (je 6), Schultz (5), Bürger, Burmeister, Kijewski, Putaro (je 2), Kleeberg (1).
11 Spieler erzielten 30 Tore:
Proschwitz (7), Kaufmann (5), Bär, Kobylanski (je 4), Abdullahi, Ben Balla, Kroos (je 2), Ji, Nikolaou, Otto, Wiebe (je 1).

Würzburger Kickers (37 Spieler eingesetzt):
Kopacz (32), Sontheimer (31), Baumann (30), Feick, Hägele (je 28), Munsy (27), Lotric, Ronstadt (je 24), Bonmann, Dietz, Pieringer (je 20), Feltscher (19), Herrmann, Meisel, Strohdiek (je 16), Douglas, Kraulich, Toko (je 15), Giefer, Hansen, Hasek (je 13), Nikolov, van la Parra (je 10), Flecker (9), Ewerton (8), David, Maierhofer (je 7), Hoffmann (6), Sané (5), Kwadwo (4), Hemmerich, Staude (je 3), Pfeiffer, Verstappen (je 2), Schlagbauer, Schweers, Ünlü (je 1).
14 Spieler erzielten 34 Tore:
Munsy (7), Pieringer (6), Dietz (4), Kopacz (3), Baumann, Lotric, Ronstadt, Sontheimer (je 2), Douglas, Hägele, Hansen, Hasek, Herrmann, van la Parra (je 1) – Dazu kommt je ein Eigentor von Kobald und Wanitzek (beide Karlsruher SC) sowie Nkaka (SC Paderborn 07).

Vier Spieler bei zwei Vereinen:
In der Saison 2020/21 kamen bei zwei Vereinen der 2. Bundesliga: Xavier Amaechi (Hamburger SV und Karlsruher SC), Aaron Opoku (Hamburger SV und Jahn Regensburg), David Otto (1. FC Heidenheim und Jahn Regensburg), Patrick Schmidt (1. FC Heidenheim und SV Sandhausen).

„Ewige" Tabelle der 2. Bundesliga (1974–2021)

In dieser Tabelle sind alle Vereine enthalten, die in der zweigeteilten 2. Liga seit 1974/75 und in der „eingleisigen" Liga seit 1981/82 spielten.

Verein	Jahre	Sp.	S	U	N	Tore	Pkt.
1. SpVgg Greuther Fürth	32	1126	453	308	365	1674:1434	1667
2. FC St. Pauli	29	1028	405	291	332	1502:1371	1506
3. Alemannia Aachen	28	1020	406	263	351	1491:1407	1481
4. Hannover 96	25	920	385	257	278	1556:1237	1412
5. Fortuna Köln	26	970	371	263	336	1589:1432	1376
6. Stuttgarter Kickers	23	864	350	214	300	1400:1199	1264
7. SC Freiburg	22	812	346	222	244	1266:1066	1260
8. Karlsruher SC	24	846	349	212	285	1321:1154	1259
9. SV Darmstadt 98	22	820	338	211	271	1304:1151	1225
10. VfL Osnabrück	25	928	314	238	376	1351:1502	1180
11. Arminia Bielefeld *	21	746	309	215	222	1190:954	1135
12. 1. FC Nürnberg *	19	672	313	170	189	1121:839	1103
13. MSV Duisburg	22	784	294	218	272	1128:1074	1100
14. Waldhof Mannheim	20	736	287	203	246	1102:985	1064
15. TSV München 1860 *	20	702	285	185	232	1036:859	1038
16. SG Wattenscheid 09	20	748	272	205	271	1168:1156	1021
17. 1. FC Saarbrücken	19	698	270	190	238	1033:997	1000
18. 1. FSV Mainz 05	19	676	252	206	218	993:920	962
19. Eintracht Braunschweig	18	650	234	180	236	873:855	882
20. Hertha BSC *	15	556	241	159	156	926:662	879
21. VfL Bochum	16	548	235	145	168	831:694	850
22. FC 08 Homburg	15	570	230	151	189	895:765	841
23. Fortuna Düsseldorf	15	530	210	145	175	766:680	775
24. Rot-Weiß Oberhausen	18	648	200	168	280	835:1027	768
25. Kickers Offenbach *	14	518	208	135	175	879:774	757
26. Rot-Weiss Essen *	15	562	200	148	214	901:876	748
27. Union Solingen	14	536	175	145	216	762:910	670
28. FSV Frankfurt	16	574	174	131	269	753:1029	653
29. Erzgebirge Aue	15	510	169	132	209	618:714	639
30. SpVgg Bayreuth	12	458	174	100	184	727:741	622
31. 1. FC Union Berlin	13	442	163	132	147	635:605	621
32. Bayer/KFC Uerdingen 05	11	400	170	107	123	626:499	617
33. 1. FC Kaiserslautern	11	374	150	118	106	543:413	568
34. FC Augsburg	12	436	152	110	174	632:673	566
35. 1. FC Köln	9	306	150	83	73	530:364	533
36. SV Meppen	11	404	124	139	141	495:547	511
37. Preußen Münster	9	346	139	93	114	516:484	510
38. SC Paderborn 07	11	374	134	104	136	508:516	506
39. Energie Cottbus	11	374	134	103	137	510:490	505
40. SpVgg Unterhaching	11	390	132	108	150	472:495	504
41. Hessen Kassel	8	304	129	74	101	457:408	461
42. Tennis Borussia Berlin	9	338	113	91	134	485:519	430
43. Hansa Rostock	8	288	103	79	106	383:378	388
44. Blau-Weiß 90 Berlin	7	260	98	85	77	405:350	379
45. Eintracht Trier	8	294	102	69	123	416:448	375
46. Dynamo Dresden	9	306	95	84	127	376:456	369

Verein	Jahre	Sp.	S	U	N	Tore	Pkt.
47. SSV Ulm 1846	8	298	96	77	125	427:492	365
48. Eintracht Frankfurt	6	204	100	57	47	345:227	357
49. SV Sandhausen *	9	306	90	85	131	344:414	349
50. Holstein Kiel	7	254	94	65	95	390:396	347
51. Carl Zeiss Jena	8	286	85	92	109	360:424	347
52. 1. FC Heidenheim	7	238	91	67	80	333:309	340
53. Wuppertaler SV	7	274	88	74	112	393:410	338
54. FC Schalke 04	5	190	94	54	42	356:211	336
55. FC Ingolstadt 04	8	272	83	86	103	334:366	335
56. VfL Wolfsburg	7	262	85	78	99	363:437	333
57. Rot Weiss Ahlen	8	272	87	62	123	341:439	323
58. Chemnitzer FC	7	252	81	73	98	289:358	316
59. Wormatia Worms	6	230	84	50	96	326:372	302
60. Jahn Regensburg	8	280	74	78	128	358:490	300
61. VfB Leipzig	6	214	78	58	78	271:285	292
62. VfB Stuttgart	4	144	78	26	40	292:174	260
63. Freiburger FC	5	192	64	45	83	322:392	237
64. Bayer Leverkusen	4	152	66	38	48	250:204	236
65. Bayern Hof	4	152	61	35	56	231:217	218
66. Westfalia Herne	4	152	59	39	54	255:236	216
67. Wacker Burghausen	5	170	54	54	62	223:247	216
68. VfB Oldenburg	5	192	52	59	81	268:338	215
69. Schwarz-Weiß Essen	4	152	52	36	64	226:268	192
70. BVL/FC Remscheid	5	192	47	51	94	232:358	192
71. 1. SC Göttingen 05	4	156	50	39	67	247:285	189
72. Röchling Völklingen	4	154	52	29	73	224:291	185
73. Borussia Mönchengladbach	3	102	49	35	18	193:112	182
74. VfR Bürstadt	4	154	50	30	74	207:258	180
75. SC Herford	4	156	46	40	70	209:255	178
76. FV Würzburg 04	4	154	46	37	71	183:278	175
77. Arminia Hannover	4	152	48	29	75	223:297	173
78. Hamburger SV	3	102	46	30	26	178:132	168
79. VfB Lübeck	4	136	43	34	59	170:205	163
80. Viktoria Köln	3	118	40	39	39	197:191	159
81. Rot-Weiß Lüdenscheid	4	156	39	38	79	207:337	155
82. FSV Zwickau	4	136	39	37	60	137:201	154
83. Wacker 04 Berlin	4	152	41	30	81	181:316	153
84. TuS Koblenz *	4	136	41	37	58	164:209	151
85. SSV Reutlingen *	4	140	44	22	74	195:261	148
86. FK Pirmasens	4	152	38	30	84	209:345	144
87. 1. FC Schweinfurt 05	4	148	36	33	79	171:296	141
88. Borussia Dortmund	2	76	39	20	17	158:81	137
89. FC Gütersloh *	3	102	35	32	35	125:135	134
90. KSV Baunatal	3	114	36	21	57	168:229	129
91. Viktoria Aschaffenburg	3	114	32	29	53	151:191	125
92. VfR Aalen *	3	102	30	33	39	110:124	121
93. RB Leipzig	2	68	33	18	17	93:63	117
94. SpVgg Erkenschwick	3	118	26	28	64	140:230	106
95. SV Wehen Wiesbaden	3	102	25	30	47	120:167	105

Verein	Jahre	Sp.	S	U	N	Tore	Pkt.
96. Borussia Neunkirchen	3	114	26	23	65	140:242	101
97. Werder Bremen	1	42	30	8	4	97:33	98
98. DSC Wanne-Eickel	2	76	26	19	31	129:137	97
99. 1. FC Bocholt	2	80	27	16	37	131:140	97
100. ESV Ingolstadt	2	78	27	11	40	119:181	92
101. MTV Ingolstadt	2	78	27	10	41	120:163	91
102. 1. FC Mülheim	2	76	22	22	32	101:140	88
103. DJK Gütersloh	2	76	23	14	39	109:133	83
104. OSC Bremerhaven	2	76	21	17	38	113:167	80
105. Würzburger Kickers	3	106	17	29	60	107:203	80
106. OSV Hannover	2	80	20	15	45	96:187	75
107. TSG 1899 Hoffenheim	1	34	17	9	8	60:40	60
108. Rot-Weiß Erfurt	2	66	12	16	38	70:135	52
109. Bonner SC	1	38	14	5	19	53:72	47
110. FC Hanau 93	1	38	11	7	20	72:98	40
111. VfR Heilbronn	1	38	10	10	18	51:78	40
112. SC Charlottenburg	1	38	10	9	19	49:68	39
113. Olympia Wilhelmshaven	1	38	10	7	21	54:81	37
114. Hallescher FC	1	32	7	13	12	35:47	34
115. VfR Mannheim	1	38	8	10	20	43:85	34
116. Stahl Brandenburg	1	32	8	7	17	37:53	31
117. 1. FC Magdeburg	1	34	6	13	15	35:53	31
118. Sportfreunde Siegen	1	34	8	7	19	35:54	31
119. Eintracht Bad Kreuznach	1	38	8	7	23	49:83	31
120. VfB Eppingen	1	38	7	8	23	44:86	29
121. TuS Schloß Neuhaus	1	38	7	8	23	43:92	29
122. HSV Barmbek-Uhlenhorst	1	38	6	8	24	34:86	26
123. TSV Havelse	1	38	6	7	25	44:82	25
124. FSV Salmrohr	1	38	4	13	21	48:94	25
125. BSV Schwenningen	1	38	4	7	27	31:102	19
126. SV Babelsberg 03	1	34	4	6	24	39:82	18
127. Spandauer SV	1	38	2	4	32	33:115	10

*) Punktabzüge: 1984/85 Kickers Offenbach (2 Punkte), 1995/96 1. FC Nürnberg (6) und Hertha BSC (3), 1996/97 FC Gütersloh (3), 2002/03 SSV Reutlingen (6), 2007/08 und 2008/09 TuS Koblenz (6 und 3), 2009/10 und 2010/11 Arminia Bielefeld (4 und 3), 2010/11 TSV München 1860 (2), 2014/15 VfR Aalen (2), 2014/15 und 2015/16 SV Sandhausen (3 und 3).

Die Spiele von Rot-Weiss Essen wurden 1993/94 nur für den Gegner gewertet:

	Sp.	S	U	N	Tore	Pkt.
	38	9	11	18	44:60	38

3. Liga 2020/21:

Alle Einsätze und alle Tore

Dynamo Dresden (28 Spieler eingesetzt):

Broll (38), Daferner (37), Knipping (35), Hosiner (34), Königsdörffer (32), Stark (31), Kade (30), Ehlers, Will (je 29), Meier (28), Mai (25), Diawusie (24), Sohm, Stefaniak (je 22), Mörschel (18), Stor, Weihrauch (je 16), Vlachodimos (15), Kwadwo, C. Löwe (je 12), Kreuzer (10), Hartmann (8), Becker (7), Kulke (5), Großer (4), J. Löwe (3), Kühn (2), Horvath (1).

15 Spieler erzielten 61 Tore:

Daferner (12), Hosiner (10), Königsdörffer, Mörschel, Sohm (je 7), Kade, Stark, Weihrauch (je 3), Hartmann, Vlachodimos (je 2), Becker, Kreuzer, Mai, Stor, Will (je 1).

Hansa Rostock (26 Spieler eingesetzt):

Kolke (38), Bahn (36), Löhmannsröben, Neidhart (je 35), Breier (33), Riedel (32), Verhoek (31), Sonnenberg (30), Scherff (28), Rother (27), Omladic, Roßbach (je 25), Farrona Pulido, Vollmann (je 23), Rhein (19), Daedlow (18), Litka (16), Türpitz (14), Herzog (13), Butzen (12), Engelhardt, Lauberbach, Schwede (je 11), Horn (8), Reinthaler (7), Schulz (5).

13 Spieler erzielten 50 Tore:

Verhoek (12), Bahn (7), Breier (6), Farrona Pulido, Neidhart, Omladic (je 4), Türpitz (3), Litka, Riedel, Rother, Vollmann (je 2), Löhmannsröben, Roßbach (je 1) – Dazu kommt je ein Eigentor von Berzel (Türkgücü München) und Schikora (FSV Zwickau).

FC Ingolstadt 04 (26 Spieler eingesetzt):

Buntic (38), Heinloth (37), Stendera (36), Bilbija (35), Elva (34), Kutschke (33), Gaus (30), Paulsen, Schröck (je 28), Kaya (27), Keller (26), Eckert Ayensa (24), Krauße, Niskanen (je 20), Caiuby, Kotzke, Röhl (je 19), Franke (18), Butler (14), Preißinger (13), Beister (12), Antonitsch (10), Kurzweg (7), Hawkins (6), Sussek (5), Büch (1).

16 Spieler erzielten 55 Tore:

Kutschke (13), Eckert Ayensa (9), Bilbija, Elva, Gaus (je 5), Paulsen (3), Beister, Kaya, Keller, Schröck, Stendera (je 2), Buntic, Butler, Caiuby, Krauße, Röhl (je 1) – Dazu kommt ein Eigentor von Burger (1. FC Magdeburg).

TSV München 1860 (25 Spieler eingesetzt):

Hiller (38), Mölders, Neudecker, Tallig (je 37), Dressel, Steinhart (je 36), Willsch (35), Salger (34), Lex, Wein (je 33), Greilinger (29), Erdmann (28), Belkahia (22), Biankadi (21), Moll (19), Knöferl, Ngounou Djayo (je 9), Pusic, Staude (je 8), Klassen (7), Lang (6), Durrans, Gresler, Mannhardt (je 2), Kretzschmar (1).

15 Spieler erzielten 68 Tore:

Mölders (22), Steinhart (9), Dressel (8), Neudecker (7), Lex (5), Belkahia, Erdmann (je 3), Biankadi, Moll, Tallig (je 2), Greilinger, Knöferl, Salger, Staude, Willsch (je 1) – Dazu kommt ein Eigentor von Kern (Bayern München II).

1. FC Saarbrücken (26 Spieler eingesetzt):

Batz (38), Jänicke (37), Zeitz (34), Shipnoski (33), Barylla (32), Mendler (31), Jacob (30), Froese (29), Zellner (28), Gouras, Müller, Perdedaj (je 26), Breitenbach, Deville, Golley, Sverko (je 24), Uaferro (22), Kerber (19), Günther-Schmidt (17), Schleimer (13), Bösel (11), Vunguidica (10), Bulic (6), Thoelke (2), Köhl, Schorch (je 1).

15 Spieler erzielten 64 Tore:

Shipnoski (15), Jacob (10), Gouras (7), Günther-Schmidt (6), Deville (5), Jänicke, Mendler (je 4), Golley, Zeitz (je 3), Froese (2), Barylla, Breitenbach, Sverko, Uaferro, Vunguidica (je 1) – Dazu kommt je ein Eigentor von Gottschling (FC Viktoria Köln) und Köhler (SC Verl).

SV Wehen Wiesbaden (26 Spieler eingesetzt):

Boss (37), Medic, Mockenhaupt (je 36), Malone (35), Chato (34), Tietz (33), Korte (31), Carstens (29), Hollerbach, Lais (je 28), Kempe, Kuhn (je 26), Ajani (24), Brumme, Niemeyer, Wurtz (je 18), Lankford (16), Guthörl (15), Nilsson (14), Walbrecht (11), Gürleyen (10), Mrowca (9), Prokop, Schwede (je 7), Aigner, Lyska (je 1).

15 Spieler erzielten 57 Tore:

Malone (12), Tietz (11), Korte, Medic, Wurtz (je 5), Chato, Hollerbach, Nilsson (je 3), Kempe, Lankford, Prokop (je 2), Carstens, Gürleyen, Guthörl, Kuhn (je 1).

SC Verl (28 Spieler eingesetzt):
Rabihic (36), Brüseke, Ritzka, Sander (je 35), Janjic, Kurt (je 33), Schwermann (31), Mikic, Yildirim (je 30), Lannert (28), Corboz, Jürgensen, Korb (je 20), Stöckner (19), Eilers, Schikowski, Taz (je 18), Langesberg (16), Köhler, Pernot (je 13), Haeder (11), Lang (10), Choroba (9), Putaro (8), Hecker (7), Brinkmann (3), Lach (2), Siemann (1).
17 Spieler erzielten 61 Tore:
Janjic, Yildirim (je 14), Rabihic (7), Eilers (5), Taz (4), Corboz, Ritzka, Sander, Schikowski, Stöckner (je 2), Jürgensen, Korb, Kurt, Lang, Langesberg, Lannert, Pernot (je 1) – Dazu kommt je ein Eigentor von Koronkiewicz (FC Viktoria Köln), Grupe (VfB Lübeck), Bünning (SV Meppen), Schwabl (SpVgg Unterhaching) und Könnecke (FSV Zwickau).

Waldhof Mannheim (30 Spieler eingesetzt):
Costly, Martinovic (je 37), Boyamba (33), Donkor (32), Garcia (31), Seegert (29), Gohlke (28), Saghiri (27), Christiansen, Ferati (je 25), Verlaat (23), Gouaida, Hofrath (je 22), Königsmann (21), Marx (18), Schuster (17), Bartels (16), Jastrzembski, Jurcher (je 15), Just (13), Gottschling (11), Ünlücifci (9), Osei Kwadwo (8), dos Santos (7), Roczen, Russo (je 5), Kouadio (3), Lee, Shala (je 2), Scholz (1).
15 Spieler erzielten 50 Tore:
Martinovic (13), Boyamba (9), Garcia (6), Costly (5), Donkor, Ferati (je 4), Christiansen, Gouaida, Hofrath, Jastrzembski, Jurcher, Just, Russo, Saghiri, Verlaat (je 1).

Hallescher FC (26 Spieler eingesetzt):
Derstroff, Eberwein, Nietfeld (je 36), Boyd, Papadopoulos, Reddemann (je 35), Sternberg, Vucur (je 32), Boeder, Landgraf (je 31), Guttau, Titsch Rivero (je 26), S. Müller (25), Dehl (22), Vollert (20), Manu (18), Mast (14), Lindenhahn (13), Eisele (11), Shcherbakovski (10), Menig, Syhre (je 9), Kastenhofer (7), Gündüz (4), Schreiber (2), Bierschenk (1).
11 Spieler erzielten 50 Tore:
Boyd (18), Derstroff (8), Eberwein (6), Manu (4), Dehl, Papadopoulos, Vucur (je 3), Vollert (2), Guttau, Nietfeld, Shcherbakovski (je 1) – Dazu kommt ein Eigentor von Gjasula (1. FC Magdeburg).

FSV Zwickau (25 Spieler eingesetzt):
König (38), Brinkies (37), Frick, Schröter, Stanic (je 36), Starke (33), Coskun, Schikora (je 32), Drinkuth (29), Könnecke, Willms (je 28), Jensen, Nkansah (je 27), Wolfram (22), Reinhardt (20), Lokotsch, Möker (je 18), Miatke (15), Hauptmann (12), Hehne (11), Strietzel (8), Wegkamp (6), Godinho (5), Kamenz, Odabas (je 2).
13 Spieler erzielten 45 Tore:
König, Schröter (je 10), Starke (5), Schikora (4), Drinkuth, Lokotsch (je 3), Jensen, Nkansah, Willms (je 2), Hauptmann, Miatke, Stanic, Wolfram (je 1) – Dazu kommt ein Eigentor von Velkov (KFC Uerdingen 05).

1. FC Magdeburg (30 Spieler eingesetzt):
Behrens (38), Obermair (35), Jacobsen, A. Müller, T. Müller (je 33), Bertram (31), Brünker (28), Bittroff, Ernst (je 26), Beck (25), Burger, Malachowski (je 24), Koglin (20), Conteh (19), Jakubiak, Sliskovic, Steininger (je 17), Atik, Rorig (je 15), Gjasula (14), Bell Bell, Sané (je 12), Kath (10), Franzke, Perthel (je 8), Granatowski (7), Harant (5), Weigel (2), Mai, Schmökel (je 1).
15 Spieler erzielten 41 Tore:
Atik (7), Brünker, A. Müller, Obermair (je 5), Bertram (4), Beck, Bell Bell, Conteh, Gjasula, Sané (je 2), Burger, Ernst, Franzke, Granatowski, Jakubiak (je 1) – Dazu kommt ein Eigentor von Seegert (Waldhof Mannheim).

FC Viktoria Köln (30 Spieler eingesetzt):
Klefisch (36), Mielitz, Thiele (je 35), Wunderlich (32), Handle (31), Cueto (30), Risse (29), Fritz, Lorch (je 27), Koronkiewicz (26), Holzweiler (25), Bunjaku, Rossmann (je 22), Holthaus (21), Hajrovic (20), Klingenburg (19), Kyere (18), Schultz (14), Seaton, Stellwagen (je 13), Gottschling (10), Tubluk (6), Lanius (5), Dej (4), Amyn (3), Bangsow, Weis (je 2), de Vita, Fischer, May (je 1).
13 Spieler erzielten 50 Tore:
Cueto, Wunderlich (je 11), Thiele (9), Risse (4), Bunjaku, Schultz (je 3), Handle, Klefisch (je 2), Fritz, Klingenburg, Koronkiewicz, Lorch, Rossmann (je 1) – Dazu kommt je ein Eigentor von Christiansen (Waldhof Mannheim) und Grauschopf (SpVgg Unterhaching).

3. LIGA 2020/21

	Dresden	Rostock	Ingolstadt	TSV 1860	Saarbrücken	Wiesbaden	Verl	Waldhof	Halle	Zwickau	Magdeburg	Vikt. Köln	Türkgücü	Kaiserslautern	Duisburg	Meppen	Bayern II	Lübeck	Haching	Uerdingen	Heimbilanz Auswärtsbilanz g.	u.	v.	Tore	Pkt.	Gesamt Tore	Punkte
1. Dynamo Dresden *		0:0 3:1	4:0 0:1	2:1 0:1	1:1 1:2	1:0 1:0	4:1 0:0	1:1 0:1	0:3 3:1	1:2 2:0	1:0 1:0	2:0 4:2	4:0 0:1	4:3 1:0	1:0 3:0	3:0 4:0	1:1 0:3	3:1 1:0	2:0 0:2	0:0 2:0	12 11	5 1	2 7	35:14 26:15	41 34	**61:29**	**75**
2. Hansa Rostock *	1:3 0:0		1:1 0:1	1:1 0:0	4:2 0:2	1:1 1:2	3:2 3:2	1:0 2:1	1:0 1:1	0:0 2:0	0:2 1:1	5:1 2:1	2:0 3:0	2:1 0:0	3:1 2:1	0:2 3:2	2:0 1:0	1:1 0:1	1:0 1:0	0:0 1:0	10 10	6 5	3 4	29:18 23:15	36 35	**52:33**	**71**
3. FC Ingolstadt 04 *	1:0 0:4	1:0 1:1		3:1 0:1	0:0 3:3	4:1 2:1	2:1 1:1	1:0 1:4	1:1 2:0	3:2 2:0	1:0 0:2	2:1 0:2	2:1 1:1	1:0 1:1	2:1 5:1	0:0 0:2	2:2 3:1	1:1 1:1	0:1 1:0	2:1 3:0	13 7	5 6	1 6	29:14 27:26	44 27	**56:40**	**71**
4. TSV München 1860	1:0 1:2	0:0 1:1	1:0 1:3		1:2 1:2	2:2 1:1	3:2 1:1	5:0 2:0	6:1 4:0	0:1 2:1	1:1 3:0	1:1 1:2	2:2 2:0	3:0 3:0	0:2 0:1	1:1 3:1	2:2 2:0	4:1 0:0	3:1 2:0	0:0 3:1	8 10	8 4	3 5	36:19 33:16	32 34	**69:35**	**66**
5. 1. FC Saarbrücken	2:1 1:1	2:0 2:4	3:3 0:0	2:1 2:1		3:3 2:2	1:2 3:1	5:0 1:4	4:0 1:1	1:2 0:2	0:3 2:1	2:3 2:0	2:1 1:1	1:1 1:2	4:1 3:2	2:0 0:1	1:2 4:0	0:0 1:1	2:1 1:0	2:2 0:1	9 7	5 6	5 6	39:26 27:25	32 27	**66:51**	**59**
6. SV Wehen Wiesbaden	0:1 0:1	2:1 1:1	1:2 1:4	1:1 2:2	2:2 3:3		0:0 2:2	0:1 1:0	1:1 0:4	3:1 1:2	1:0 2:1	2:2 2:0	3:1 0:0	2:2 1:0	0:3 1:4	1:0 3:0	2:4 0:2	4:2 3:0	1:0 1:2	3:1 4:0	8 7	6 5	5 7	29:25 28:28	30 26	**57:53**	**56**
7. SC Verl	0:0 1:4	2:3 2:3	1:1 1:2	1:1 2:3	1:3 2:1	2:2 0:0		0:1 2:2	4:2 1:1	1:1 0:3	3:1 4:0	1:1 2:2	0:1 2:1	1:1 1:1	1:2 4:0	3:1 2:1	3:0 2:1	1:2 2:2	2:1 4:3	3:0 2:1	6 8	7 6	6 5	30:24 36:31	25 30	**66:55**	**55**
8. Waldhof Mannheim	1:0 1:1	1:2 0:1	4:1 0:1	0:2 0:5	4:1 0:5	0:1 1:0	2:2 1:0		3:2 0:0	1:0 0:0	5:2 1:1	2:2 2:1	4:4 2:0	0:2 1:1	2:2 1:1	0:1 0:2	2:2 0:2	3:2 1:0	1:4 2:0	1:1 1:1	7 6	6 7	6 6	36:33 14:22	27 25	**50:55**	**52**
9. Hallescher FC	1:3 3:0	1:1 0:1	0:2 1:1	0:4 1:6	1:1 0:4	4:0 1:1	1:1 2:4	0:0 2:3		0:2 2:2	1:0 2:0	2:0 0:2	4:1 3:0	1:1 1:3	1:1 0:0	4:1 1:2	0:4 1:0	2:1 3:2	2:0 0:3	2:1 1:0	8 6	6 4	5 9	27:24 24:34	30 22	**51:58**	**52**
10. FSV Zwickau	0:2 2:1	0:2 0:0	0:2 2:3	1:2 1:0	2:0 2:1	2:1 1:3	3:0 1:1	0:0 0:1	2:2 2:0		0:1 0:0	1:2 1:1	0:1 1:1	1:2 2:2	3:1 1:1	0:0 2:1	1:1 2:3	2:1 2:1	2:1 2:1	1:2 1:1	6 7	4 8	9 4	21:23 25:22	22 29	**46:45**	**51**
11. 1. FC Magdeburg	0:1 0:1	1:1 2:0	2:0 0:1	0:3 1:1	1:2 3:0	1:2 0:1	0:4 1:3	1:1 2:5	0:2 0:1	0:0 1:0		0:2 4:2	2:0 1:2	1:0 1:1	3:2 2:1	0:0 2:1	2:1 2:0	1:0 1:1	1:1 2:0	1:1 0:1	6 8	6 3	7 8	17:23 25:22	24 27	**42:45**	**51**
12. FC Viktoria Köln	2:4 0:2	1:2 1:5	2:0 1:2	2:1 1:1	0:2 3:2	0:2 2:2	2:2 1:1	1:2 2:2	2:0 0:2	1:1 2:1	2:4 2:0		0:2 1:1	3:3 0:0	3:1 3:1	1:0 1:0	3:2 1:0	0:2 2:1	1:1 2:2	0:2 1:1	6 7	4 8	9 4	26:33 26:26	22 29	**52:59**	**51**
13. Türkgücü München	1:0 0:4	0:3 0:2	1:1 1:2	0:2 2:2	1:1 1:2	0:0 1:3	1:2 1:0	0:2 4:4	0:3 1:4	1:1 1:0	2:1 0:2	1:1 2:0		3:0 0:0	2:1 2:3	2:0 4:1	0:0 2:2	4:3 2:0	0:0 2:0	0:2 0:1	6 6	7 4	6 9	19:23 26:32	25 22	**45:55**	**47**
14. 1. FC Kaiserslautern	0:1 3:4	0:0 1:2	1:1 0:1	0:3 0:3	2:1 1:1	0:1 2:2	1:1 1:1	1:1 2:0	3:1 1:1	2:2 2:1	1:1 0:1	0:0 3:3	0:0 0:3		2:2 2:2	2:2 2:3	1:1 0:0	1:0 1:1	3:2 0:2	4:1 2:0	5 3	11 8	3 8	24:21 23:31	26 17	**47:52**	**43**
15. MSV Duisburg	0:3 0:1	1:2 1:3	1:5 1:2	1:0 2:0	2:3 1:4	4:1 3:0	0:4 2:1	1:1 2:2	0:0 1:1	1:1 1:3	1:2 2:3	1:3 1:3	3:2 1:2	2:2 2:2		1:0 1:2	2:2 1:1	3:1 1:1	2:1 1:0	0:2 2:1	6 5	5 5	8 9	26:35 26:32	23 20	**52:67**	**43**
16. SV Meppen	0:4 0:3	2:3 2:0	2:0 0:0	1:3 1:1	1:0 0:2	0:3 0:1	1:2 1:3	2:0 1:0	2:1 1:4	1:2 0:0	1:2 0:0	0:1 0:1	1:4 0:2	3:2 2:2	2:1 0:1		2:1 0:2	0:2 2:0	3:2 1:2	0:4 2:0	8 4	0 5	11 10	24:37 13:24	24 17	**37:61**	**41**
17. Bayern München II **	3:0 1:1	0:1 0:2	1:3 2:2	0:2 2:2	0:4 2:1	2:0 4:2	1:2 0:3	2:0 2:2	0:1 4:0	3:2 1:1	0:2 1:2	0:1 2:3	2:2 0:0	0:0 1:1	1:1 2:2	2:0 1:2		2:3 0:3	1:2 1:1	0:1 1:1	5 3	3 10	11 6	20:27 27:31	18 19	**47:58**	**37**
18. VfB Lübeck **	0:1 1:3	1:0 1:1	1:1 1:1	0:0 1:4	1:1 0:0	0:3 2:4	2:2 2:1	0:1 2:3	2:3 1:2	1:2 1:2	1:1 0:1	1:2 2:0	0:2 3:4	1:1 0:1	1:1 1:3	0:2 2:0	3:0 3:2		1:0 0:1	1:0 1:1	4 4	7 4	8 11	17:23 24:34	19 16	**41:57**	**35**
19. SpVgg Unterhaching **	2:0 0:2	0:1 0:1	0:1 1:0	0:2 1:3	0:1 1:2	2:1 0:1	3:4 1:2	0:2 4:1	3:0 0:2	1:2 1:2	0:2 1:1	2:2 1:1	0:2 0:0	2:0 2:3	0:1 1:2	2:1 2:3	1:1 2:1	1:0 0:1		2:3 1:3	6 3	2 3	11 13	21:26 19:31	20 12	**40:57**	**32**
20. KFC Uerdingen 05 **	0:2 0:0	0:1 0:0	0:3 1:2	1:3 0:0	1:0 2:2	0:4 1:3	1:2 0:3	1:1 1:1	0:1 1:2	1:1 2:1	1:0 1:1	1:1 2:0	1:0 2:0	0:2 1:4	1:2 2:0	0:2 4:0	1:1 1:0	1:1 0:1	3:1 3:2		4 7	5 6	10 6	14:28 24:22	17 27	**38:50**	**41**

* = Aufsteiger in die 2. Bundesliga. Absteiger aus der 2. Bundesliga: VfL Osnabrück, Eintracht Braunschweig, Würzburger Kickers. Relegation: FC Ingolstadt 04 – VfL Osnabrück 3:0, 1:3. – ** = Absteiger in die Regionalliga. Dem KFC Uerdingen 05 wurden wegen eines Antrags auf Eröffnung eines Insolvenzverfahrens drei Punkte abgezogen. Da der Klub die geforderten Bedingungen für die Lizenzerteilung nicht erfüllen konnte, wurde er auf den letzten Platz gesetzt. – Aufsteiger aus der Regionalliga: TSV Havelse (Nord), FC Viktoria 1889 Berlin (Nordost), Borussia Dortmund II (West), SC Freiburg II (Südwest). Aufstiegsspiele: 1. FC Schweinfurt 05 – TSV Havelse 0:1, 0:1.

Türkgücü München (30 Spieler eingesetzt):
Vollath (38), Sorge (33), Erhardt, Sararer, Sliskovic (je 29), Kusic, Park (je 28), Sijaric (27), Berzel, Fischer, Gorzel, Tosun (je 26), Kircicek (22), Barry (20), Röser (19), Stangl (16), Maier (15), Jakob, Niemann (je 14), Kirsch (13), Zorba (12), Awoudja (11), Akkaynak, Boere, Bouziane (je 9), Laukart (8), Holz, Velagic (je 6), Gabriele (5), Alkan (4).
16 Spieler erzielten 45 Tore:
Sliskovic (13), Sararer (10), Röser (4), Awoudja, Boere, Kircicek, Niemann, Sorge (je 2), Barry, Bouziane, Erhardt, Gabriele, Gorzel, Holz, Jakob, Sijaric (je 1).

1. FC Kaiserslautern (32 Spieler eingesetzt):
Rieder (36), Spahic (35), Ritter (34), Pourié (33), Redondo (31), Huth, Kraus, Zuck (je 29), Hanslik (27), Hercher, Hlousek (je 26), Sickinger (24), Ciftci (21), Zimmer (19), Ouahim (16), Senger (15), Bachmann, Kleinsorge (je 14), Bakhat (13), Skarlatidis, Winkler (je 12), Götze, Sessa (je 11), Gözütok (10), Schad (6), Morabet, Raab, Röser (je 4), Aydin, Hainault, Jensen (je 2), Scholz (1).
14 Spieler erzielten 45 Tore:
Pourié (10), Hanslik (7), Hercher, Redondo (je 5), Ritter, Zuck (je 4), Huth, Kraus (je 2), Bachmann, Ciftci, Götze, Hlousek, Kleinsorge, Senger (je 1) – Dazu kommt je ein Eigentor von Ehlers (Dynamo Dresden) und Brinkies (FSV Zwickau).

MSV Duisburg (28 Spieler eingesetzt):
Weinkauf (38), Sicker (33), Stoppelkamp (32), Sauer (31), Krempicki (30), Engin (28), Kamavuaka, Schmidt (je 26), Fleckstein (25), Scepanik (24), Ademi, Gembalies, Vermeij (je 23), Bitter (20), Frey, Karweina (je 19), Jansen, Tomic (je 17), Bouhaddouz, Mickels (je 16), Ghindovean (15), Palacios, Volkmer (je 11), Hettwer (9), Budimbu (8), Bretschneider, Pepic (je 7), Velkov (3).
19 Spieler erzielten 50 Tore:
Stoppelkamp (10), Vermeij (8), Bouhaddouz (5), Engin (4), Kamavuaka, Palacios (je 3), Ademi, Scepanik, Sicker, Tomic (je 2), Budimbu, Fleckstein, Ghindovean, Hettwer, Karweina, Krempicki, Mickels, Sauer, Schmidt (je 1) – Dazu kommt je ein Eigentor von Götze (1. FC Kaiserslautern) und Che (Bayern München II).

KFC Uerdingen 05 (26 Spieler eingesetzt):
Kiprit (36), Dorda, Gnaase (je 35), Pusch (34), Fechner, Feigenspan, Lukimya (je 33), P. Göbel, Wagner (je 27), van Ooijen (26), Marcussen (25), Jurjus, Kinsombi (je 24), Grimaldi (21), Girdvainis (20), Albutat, Traoré (je 19), Schneider (18), Anapak, Mörschel (je 16), Königshofer (14), Kobiljar (12), Velkov (5), Ibrahimaj (4), Kirchhoff, Osawe (je 1).
11 Spieler erzielten 37 Tore:
Kiprit (8), Grimaldi (5), Lukimya, Marcussen, Mörschel (je 4), Feigenspan, Wagner (je 3), Pusch, van Ooijen (je 2), Albutat, Kinsombi (je 1) – Dazu kommt ein Eigentor von T. Müller (1. FC Magdeburg).

SV Meppen (25 Spieler eingesetzt):
Guder (37), Egerer, Tankulic (je 36), Bünning (35), Al-Hazaimeh, Amin, Domaschke, Hemlein (je 31), Bozic, Piossek (je 26), Andermatt, Rama (je 25), Ballmert (24), Krüger, Osee (je 23), Boere (19), Evseev (18), Jesgarzewski, Puttkammer (je 13), Düker (12), El-Helwe (11), Bähre, Tattermusch (je 9), Plogmann (8), Leugers (4).
16 Spieler erzielten 37 Tore:
Tankulic (6), Amin, Bünning, Guder, Hemlein, Puttkammer, Rama (je 3), Boere, Bozic, El-Helwe, Piossek (je 2), Al-Hazaimeh, Ballmert, Jesgarzewski, Krüger, Osee (je 1).

Bayern München II (38 Spieler eingesetzt):
Stiller (33), Arp (30), Feldhahn (29), Jastremski, Lawrence (je 28), Hoffmann, Vita (je 25), Scott, Stanisic, Waidner (je 24), Zaiser (23), Kern, Welzmüller (je 22), Kühn (21), Lungwitz (17), Singh (16), Arrey-Mbi (15), Dajaku, Senkbeil (je 14), Oberlin, Sieb (je 12), Rhein (11), Rochelt, Schneller (je 10), Che, Richards (je 8), Tiago Dantas (7), Günther (5), Borges, Ontuzans, Zirkzee (je 4), Motika, Wagner (je 3), Booth, Musiala, Tillman (je 2), Fein, Mayer (je 1).
18 Spieler erzielten 44 Tore:
Kern (8), Arp (5), Jastremski, Kühn (je 4), Dajaku, Singh, Zaiser (je 3), Scott, Sieb, Vita (je 2), Fein, Feldhahn, Lawrence, Motika, Oberlin, Rhein, Stiller, Welzmüller (je 1) – Dazu kommt je ein Eigentor von Boss (SV Wehen Wiesbaden) sowie Frick und Nkansah (beide FSV Zwickau).

VfB Lübeck (26 Spieler eingesetzt):
Deichmann, Raeder (je 37), Boland, Rieble (je 35), Deters (34), Grupe (33), Okungbowa (31), Mende, Thiel, Zehir (je 30), Steinwender (28), Röser (25), Benyamina (24), Malone, Ramaj (je 23), Riedel (21), Hertner (20), Akono (16), Hobsch (12), Wolf (11), Hebisch, Kircher (je 6), Chana (5), Gommert, Rüdiger, Weissmann (je 1).
14 Spieler erzielten 39 Tore:
Deichmann (8), Zehir (6), Akono, Benyamina, Röser, Steinwender (je 3), Deters, Hobsch, Malone, Okungbowa, Ramaj (je 2), Boland, Grupe, Hertner (je 1) – Dazu kommt je ein Eigentor von Sorge und Velagic (beide Türkgücü München).

SpVgg Unterhaching (29 Spieler eingesetzt):
Schwabl (36), Anspach, R. Müller (je 34), Greger, Heinrich (je 33), Stroh-Engel (32), Grauschopf (31), Fuchs (30), Dombrowka (27), Marseiler, Stierlin (je 26), Hufnagel (24), Göttlicher, Hasenhüttl (je 22), Mantl, Turtschan (je 18), Coppens, Schröter (je 17), Ehlich (12), Hain (11), Richter (10), Mashigo, Seidel (je 8), Bandowski, Mensah (je 4), Kroll (3), F. Müller (2), Grob, Hausmann (je 1).
12 Spieler erzielten 39 Tore:
Anspach (7), Hasenhüttl, Heinrich, Stroh-Engel (je 5), Marseiler (4), Greger, Hain (je 3), Grauschopf, Stierlin (je 2), Hufnagel, R. Müller, Schröter (je 1) – Dazu kommt ein Eigentor von Jürgensen (SC Verl).

Sechs Spieler bei zwei Vereinen:
In der Saison 2020/21 kamen bei zwei Vereinen der 3. Liga zum Einsatz: Tom Boere (Türkgücü München und SV Meppen), Marcel Gottschling (FC Viktoria Köln und Waldhof Mannheim), Heinz Mörschel (KFC Uerdingen 05 und Dynamo Dresden), Lucas Röser (1. FC Kaiserslautern und Türkgücü München), Tobias Schwede (SV Wehen Wiesbaden und Hansa Rostock), Stefan Velkov (KFC Uerdingen 05 und MSV Duisburg).

„Ewige" Tabelle der 3. Liga (2008–2021)

Verein	Jahre	Sp.	S	U	N	Tore	Pkt.
1. SV Wehen Wiesbaden	11	418	163	116	139	579:519	605
2. Hansa Rostock	10	380	148	108	124	495:461	552
3. VfL Osnabrück	9	342	144	95	103	459:379	527
4. SpVgg Unterhaching *	11	418	140	106	172	557:610	524
5. Rot-Weiß Erfurt	10	380	130	98	152	455:511	478
6. Preußen Münster	9	342	125	98	119	450:421	473
7. Hallescher FC	9	342	122	93	127	434:457	459
8. Chemnitzer FC	8	304	107	79	118	398:403	391
9. Dynamo Dresden	6	228	106	56	66	328:241	374
10. VfB Stuttgart II	8	304	96	81	127	372:411	369
11. Jahn Regensburg	7	266	89	80	97	327:347	347
12. 1. FC Heidenheim	5	190	91	48	51	301:222	321
13. VfR Aalen *	7	266	78	92	96	308:349	317
14. Carl Zeiss Jena	7	266	76	77	113	314:425	305
15. Eintracht Braunschweig	5	190	83	52	55	294:217	301
16. 1. FC Magdeburg	5	190	81	57	52	263:192	300
17. MSV Duisburg	5	190	79	59	52	278:230	296
18. SG Sonnenhof Großaspach	6	228	69	68	91	271:321	275
19. Wacker Burghausen	6	228	68	64	96	270:345	268
20. Holstein Kiel	5	190	67	64	59	241:201	265
21. Werder Bremen II	7	266	64	72	130	273:404	264
22. Kickers Offenbach *	5	190	69	58	63	237:200	263

Verein	Jahre	Sp.	S	U	N	Tore	Pkt.
23. 1. FC Saarbrücken	5	190	66	51	73	278:278	249
24. Würzburger Kickers	4	152	68	42	42	223:176	246
25. Bayern München II	5	190	63	56	71	262:275	245
26. FSV Zwickau	5	190	64	52	74	236:262	244
27. Fortuna Köln	5	190	62	48	80	222:287	234
28. Stuttgarter Kickers *	5	190	59	54	77	221:264	228
29. Karlsruher SC	3	114	62	33	19	182:94	219
30. SV Sandhausen	4	152	53	50	49	212:203	209
31. SV Meppen	4	152	56	36	60	204:218	204
32. Arminia Bielefeld	3	114	56	32	26	185:130	200
33. FC Ingolstadt 04	3	114	55	33	26	189:126	198
34. SC Paderborn 07	3	114	57	24	33	196:128	195
35. Erzgebirge Aue	3	114	51	33	30	142:105	186
36. TSV München 1860	3	114	46	33	35	180:141	171
37. Borussia Dortmund II	4	152	40	45	67	170:222	165
38. SV Darmstadt 98	3	114	41	36	37	141:122	159
39. 1. FC Kaiserslautern	3	114	35	44	35	155:157	149
40. Energie Cottbus	3	114	36	34	44	133:160	142
41. KFC Uerdingen 05 *	3	114	37	29	48	125:166	137
42. 1. FSV Mainz 05 II	3	114	33	31	50	132:157	130
43. Sportfreunde Lotte	3	114	33	29	52	120:153	128
44. SV Babelsberg 03	3	114	32	31	51	115:160	127
45. Waldhof Mannheim	2	76	26	30	20	102:102	108
46. FC Viktoria Köln	2	76	27	21	28	117:130	102
47. Wuppertaler SV	2	76	21	20	35	76:106	83
48. RB Leipzig	1	38	24	7	7	65:34	79
49. 1. FC Union Berlin	1	38	22	12	4	59:23	78
50. Fortuna Düsseldorf	1	38	20	9	9	54:33	69
51. Kickers Emden	1	38	16	11	11	45:44	59
52. SC Verl	1	38	14	13	11	66:55	55
53. TuS Koblenz	1	38	13	10	15	38:46	49
54. Türkgücü München	1	38	12	11	15	45:55	47
55. SV Elversberg	1	38	10	10	18	32:54	40
56. Rot Weiss Ahlen *	1	38	11	9	18	45:69	39
57. Rot-Weiß Oberhausen	1	38	8	14	16	33:47	38
58. VfB Lübeck	1	38	8	11	19	41:57	35
59. Alemannia Aachen *	1	38	7	10	21	40:68	26
60. FSV Frankfurt *	1	38	7	13	18	38:50	25

Punktabzüge: 2008/09 Stuttgarter Kickers (3 Punkte), 2010/11 Rot Weiss Ahlen (3 und Rückstufung auf den letzten Platz), 2012/13 Kickers Offenbach (2 und Lizenzverweigerung), 2012/13 Alemannia Aachen (insgesamt 5), 2014/15 SpVgg Unterhaching (2), 2016/17 VfR Aalen und FSV Frankfurt (je 9), 2017/18 Rot-Weiß Erfurt (10) und Chemnitzer FC (9), 2020/21 KFC Uerdingen 05 (3).

RL NORD (N) 2020/21

	Flensburg	Norderstedt	Drochtersen/A	Phönix Lübeck	St. Pauli II	Ottensen	HSV II	Lüneburg	Kiel II	Heide	Altona	Heimbilanz / Auswärtsbilanz S	U	N	Tore	Pkt.	Tore	Pkt.
1. SC Weiche Flensburg 08		3:1	1:0				1:2		3:1			3	0	1	8 : 4	9	18 : 6	24
				1:0	4:0	2:1		2:1		1:0		5	0	0	10 : 2	15		
2. Eintracht Norderstedt			0:1				3:2		3:0		1:0	3	0	1	7 : 3	9	14 : 11	16
	1:3			3:0	0:3	2:1		1:1				2	1	2	7 : 8	7		
3. SC Drochtersen/Assel				3:0		1:2		2:0		3:0		3	0	1	9 : 2	9	14 : 8	15
	0:1	1:0			1:2		2:0		1:3			2	0	3	5 : 6	6		
4. Phönix Lübeck	0:1	0:3					1:0		2:1			2	0	2	3 : 5	6	11 : 11	15
			0:3		3:0	0:2				3:0	2:1	3	0	2	8 : 6	9		
5. FC St. Pauli II	0:4	3:0	2:1	0:3			1:1			3:1		3	1	2	9 : 10	10	15 : 15	16
						3:0		1:3	0:1		2:1	2	0	2	6 : 5	6		
6. Teutonia Ottensen	1:2	1:2		2:0	0:3			4:0				2	0	3	8 : 7	6	17 : 13	16
			2:1				2:2		1:0	0:2	4:1	3	1	1	9 : 6	10		
7. Hamburger SV II			0:2			2:2		1:1		7:0		1	2	1	10 : 5	5	19 : 12	15
	2:1	2:3		0:1	1:1				3:1		1:0	3	1	2	9 : 7	10		
8. Lüneburger SK Hansa	1:2	1:1			3:1						1:0	2	1	1	6 : 4	7	10 : 11	12
			0:2			0:4	1:1		3:0	0:0		1	2	2	4 : 7	5		
9. Holstein Kiel II			3:1		1:0	0:1	1:3	0:3		2:1		3	0	3	7 : 9	9	10 : 19	9
	1:3	0:3		1:2							1:2	0	0	4	3 : 10	0		
10. Heider SV	0:1			0:3		2:0		0:0				1	1	2	2 : 4	4	4 : 19	4
			0:3		1:3		0:7		1:2			0	0	4	2 : 15	0		
11. Altona 93				1:2	1:2	1:4	0:1		2:1			1	0	4	5 : 10	3	5 : 12	3
		0:1						0:1				0	0	2	0 : 2	0		

RL NORD (S) 2020/21

	Werder II	Havelse	Rheden	Oldenburg	Jeddeloh II	Hannover 96 II	Hildesheim	Oberneuland	Wolfsburg II	HSC Hannover	Delmenhorst	S	U	N	Tore	Pkt.	Tore	Pkt.
1. Werder Bremen II (Heim)					2:2		2:0	4:1			0:0	2	2	0	8 : 3	8	15 : 5	20
(Auswärts)			1:0	3:1					2:1	1:0		4	0	0	7 : 2	12		
2. TSV Havelse * (Heim)				1:1	3:0	2:0			3:1	3:0		4	1	0	12 : 2	13	22 : 6	20
(Auswärts)			1:2				1:1	2:0			6:1	2	1	1	10 : 4	7		
3. BSC Schwarz-Weiß Rheden (Heim)	0:1	2:1				2:2	2:0	3:0				3	1	1	9 : 4	10	17 : 10	17
(Auswärts)				1:3					3:1	3:1	1:1	2	1	1	8 : 6	7		
4. VfB Oldenburg (Heim)	1:3		3:1		1:1	4:1				1:0		3	1	1	10 : 6	10	12 : 8	14
(Auswärts)		1:1						1:0	0:1			1	1	1	2 : 2	4		
5. SSV Jeddeloh II (Heim)							1:1	0:1	2:1			1	1	1	3 : 3	4	13 : 13	12
(Auswärts)	2:2	0:3		1:1		2:1				5:3		2	2	1	10 : 10	8		
6. Hannover 96 II (Heim)					1:2		0:1	3:2			2:1	2	0	2	6 : 6	6	14 : 16	13
(Auswärts)		0:2	2:2	1:4					2:1	3:1		2	1	2	8 : 10	7		
7. VfV Borussia 06 Hildesheim (Heim)		1:1							0:3	2:4	3:2	1	1	2	6 : 10	4	9 : 15	11
(Auswärts)	0:2		0:2		1:1	1:0		1:0				2	1	2	3 : 5	7		
8. FC Oberneuland (Heim)		0:2		0:1			0:1		1:0		1:0	2	0	3	2 : 4	6	9 : 15	12
(Auswärts)	1:4		0:3		1:0	2:3				3:1		2	0	3	7 : 11	6		
9. VfL Wolfsburg II ** (Heim)	1:2		1:3	1:0		1:2				3:2		2	0	3	7 : 9	6	12 : 15	9
(Auswärts)		1:3			1:2		3:0	0:1				1	0	3	5 : 6	3		
10. HSC Hannover (Heim)	0:1		1:3		3:5	1:3		1:3				0	0	5	6 : 15	0	14 : 24	6
(Auswärts)		0:3		0:1			4:2		2:3		2:0	2	0	3	8 : 9	6		
11. Atlas Delmenhorst (Heim)		1:6	1:1							0:2		0	1	2	2 : 9	1	5 : 15	2
(Auswärts)	0:0					1:2	2:3	0:1				0	1	3	3 : 6	1		

*) = Aufsteiger in der 3. Liga; Aufstiegsspiele: 1. FC Schweinfurt 05 – TSV Havelse 0:1, 0:1; Absteiger aus der 3. Liga: VfB Lübeck. Die Meisterschaft wurde abgebrochen und nach Quotientenregelung gewertet.

**) = Der VfL Wolfsburg zog seine 2. Mannschaft vom Spielbetrieb zurück. Kein Abstieg aus und kein Aufstieg in die Regionalliga Nord. – Der Lüneburger SK Hansa wechselt von der Nord- in die Südgruppe. Die Liga spielt 2021/22 in zwei Gruppen Nord (11 Klubs) und Süd (10 Klubs).

RL NORDOST 2020/21

	Viktoria 89	Altglienicke	Chem. Leipzig	Jena	BAK 07	BFC Dynamo	Lok Leipzig	Fürstenwalde	Cottbus	Chemnitz	Babelsberg	Hertha BSC II	Lichtenberg	Luckenwalde	Auerbach	Tennis Bor.	Halberstadt	Meuselwitz	Rathenow	Bischofswerda	Heimbilanz / Auswärtsbilanz S	U	N	Tore	Pkt.	Tore	Pkt.
1. FC Viktoria 1889 Berlin *		2:1	3:2								3:0		2:0		3:2				2:0		6	0	0	15 : 5	18	26 : 9	33
									2:1	2:1						2:1	2:1	3:0			5	0	0	11 : 4	15		
2. VSG Altglienicke				5:2			5:0				1:1				2:1	3:2					5	1	0	19 : 7	16	29 : 14	25
	1:2				0:2			3:1					4:2				2:0				3	0	2	10 : 7	9		
3. Chemie Leipzig				0:2	0:0	3:1				2:0		1:1		2:0						5:1	4	2	1	13 : 5	14	25 : 12	24
	2:3												0:0		2:0	3:1	1:2	4:1			3	1	2	12 : 7	10		
4. Carl Zeiss Jena							1:1		1:2	2:1	1:1	3:0		2:0							3	2	1	10 : 5	11	24 : 16	21
		2:5	2:0		5:1	1:1		1:3											3:1		3	1	2	14 : 11	10		
5. Berliner AK 07		2:0		1:5		1:3		3:2											3:1	3:1	4	0	2	13 : 12	12	25 : 21	20
			0:0				1:2		3:0	2:4		5:2		1:1							2	2	2	12 : 9	8		
6. Berliner FC Dynamo				1:1								1:2	3:0						2:2	6:2	2	2	1	13 : 7	8	26 : 17	18
			1:3		3:1				2:3	1:0				5:2				1:1			3	1	2	13 : 10	10		
7. 1. FC Lokomotive Leipzig					2:1				1:1	1:1				3:0		4:0		1:0			4	2	0	12 : 3	14	20 : 17	19
		0:5		1:1								1:3	2:3						2:2	2:0	1	2	3	8 : 14	5		
8. Union Fürstenwalde		1:3			3:1								2:0						5:1	2:1	4	0	1	13 : 6	12	22 : 20	16
							2:3		1:3		2:3			2:1		2:4		0:0			1	1	4	9 : 14	4		
9. Energie Cottbus	1:2				0:3	3:2		3:1					1:2	1:1			0:2				2	1	4	9 : 13	7	18 : 19	18
				2:1			1:1				1:0	0:0			5:2			0:2			3	2	1	9 : 6	11		
10. Chemnitzer FC	1:2				4:2	0:1		3:2						3:0			1:0				4	0	2	12 : 7	12	20 : 17	17
			0:2	1:2			1:1				2:2	0:1			1:2					3:0	1	2	4	8 : 10	5		
11. SV Babelsberg 03									0:1	2:2				1:3	3:0	2:1		3:1			3	1	2	11 : 8	10	18 : 20	17
	0:3	1:1		1:1									0:3				2:2		1:1	2:1	1	4	2	7 : 12	7		
12. Hertha BSC II					2:5		3:1		0:0	1:0				1:2							2	1	2	7 : 8	7	12 : 15	14
			1:1	0:3		2:1							1:1						0:0	1:1	1	4	1	5 : 7	7		
13. SV Lichtenberg 47		2:4	0:0				3:2				3:0	1:1		3:2				1:1			3	3	1	13 : 10	12	15 : 20	16
	0:2					0:3		0:2	2:1							0:2	0:0				1	1	4	2 : 10	4		
14. FSV Luckenwalde					1:1	2:5		1:2									1:0		1:1	2:0	2	2	2	8 : 9	8	14 : 22	15
			0:2	0:2			0:3		1:1	0:3	3:1	2:1									2	1	4	6 : 13	7		
15. VfB Auerbach			0:2						2:5	2:1						1:1	1:1	3:2			2	2	2	9 : 12	8	18 : 26	11
	2:3	1:2									0:3		2:3						4:1	0:2	1	0	5	9 : 14	3		
16. Tennis Borussia Berlin	1:2		1:3						4:2				2:0				1:1				2	1	2	9 : 8	7	15 : 20	9
		2:3					0:4				1:2				1:1			2:2			0	2	3	6 : 12	2		
17. Germania Halberstadt	1:2	0:2	2:1								2:2		0:0						0:3	2:3	1	2	4	7 : 13	5	12 : 18	11
									2:0	0:1				0:1	1:1	1:1		1:1			1	3	2	5 : 5	6		
18. ZFC Meuselwitz	0:3		1:4			1:1		0:0	2:0							2:2	1:1				1	4	2	7 : 11	7	14 : 22	11
		1:3					0:1			1:3			1:1		2:3				2:0		1	1	4	7 : 11	4		
19. Optik Rathenow				1:3			2:2				1:1	0:0			1:4			0:2		2:0	1	3	3	7 : 12	6	15 : 25	11
	0:2				1:3	2:2			1:5					1:1			3:0				1	2	3	8 : 13	5		
20. Bischofswerdaer FV 08 **							0:2			0:3	1:2	1:1			2:0						1	1	3	4 : 8	4	12 : 30	7
			1:5		1:3	2:6		1:2						0:2		0:2	3:2				1	0	6	8 : 22	3		

*) = Aufsteiger in der 3. Liga; Absteiger aus der 3. Liga: keine. Die Meisterschaft wurde abgebrochen und nach Quotientenregelung gewertet.

**) = Absteiger in die Oberliga; Aufsteiger aus der Oberliga: SV Tasmania Berlin (NOFV-Nord), FC Eilenburg (NOFV-Süd).

RL WEST 2020/21

	Dortmund II	Essen	Münster	Fortuna Köln	1. FC Köln II	Rödinghausen	Oberhausen	Schalke II	Düsseldorf II	Wiedenbrück	M'gladbach II	Wuppertal	Straelen	Aachen	Lotte	Lippstadt	Wegberg-B.	Ahlen	Bonn	Homberg	Bg. Gladbach	Heimbilanz Auswärtsbilanz						
																						S	U	N	Tore	Pkt.	Tore	Pkt.
1. Borussia Dortmund II *		1:1	2:0	1:0	2:1	1:2	2:2	3:3	1:1	2:2	5:1	3:0	5:1	2:1	4:0	2:0	3:2	6:0	1:1	2:2	3:1	12	7	1	51 : 21	43	94 : 31	93
		1:1	1:1	2:1	3:0	0:0	1:0	5:1	1:0	4:1	4:1	2:1	3:1	1:0	2:0	4:0	2:0	1:1	3:1	0:0	3:0	15	5	0	43 : 10	50		
2. Rot-Weiss Essen	1:1		1:0	2:0	3:1	2:0	3:0	5:0	2:0	1:1	4:0	6:1	4:1	2:1	5:2	5:0	3:2	3:2	2:0	4:1	4:0	18	2	0	62 : 13	56	90 : 28	90
	1:1		0:1	1:1	1:2	1:1	1:1	1:1	0:3	0:0	2:0	2:1	2:0	1:1	2:0	3:0	2:0	1:2	1:0	4:0	2:0	9	7	4	28 : 15	34		
3. Preußen Münster	1:1	1:0		3:1	3:2	2:0	3:1	1:1	2:1	2:1	1:2	2:0	3:1	1:0	4:1	4:0	0:0	1:0	1:1	2:1	4:0	15	4	1	41 : 14	49	70 : 39	78
	0:2	0:1		0:2	0:1	1:1	0:2	2:3	4:2	1:1	1:1	1:1	2:1	4:1	1:1	4:0	1:2	3:2	2:1	1:0	1:0	8	5	7	29 : 25	29		
4. Fortuna Köln	1:2	1:1	2:0		1:1	3:2	1:0	4:1	2:0	0:2	0:1	3:2	3:0	2:2	2:2	1:0	2:2	1:1	4:1	0:0	3:0	10	7	3	36 : 20	37	66 : 48	66
	0:1	0:2	1:3		2:1	1:4	1:1	1:1	2:3	4:4	0:0	0:2	2:0	1:0	0:1	2:2	3:1	3:0	2:1	3:1	2:0	8	5	7	30 : 28	29		
5. 1. FC Köln II	0:3	2:1	1:0	1:2		3:1	4:0	5:2	0:0	1:1	2:0	1:0	2:0	0:2	2:0	2:1	1:0	1:1	1:1	5:2	2:1	13	4	3	36 : 18	43	66 : 55	61
	1:2	1:3	2:3	1:1		1:4	2:3	0:3	2:3	1:1	2:1	0:2	3:0	0:0	2:2	1:1	4:0	4:2	0:1	1:3	2:2	4	6	10	30 : 37	18		
6. SV Rödinghausen	0:0	1:1	1:1	4:1	4:1		0:0	2:1	3:2	2:0	2:0	1:1	0:1	0:0	4:2	0:1	1:1	2:0	0:0	4:0	1:0	10	8	2	32 : 13	38	52 : 39	59
	2:1	0:2	0:2	2:3	1:3		3:2	0:2	1:1	2:0	0:2	0:0	2:2	0:0	1:1	0:1	2:0	1:2	0:1	2:0	1:1	5	6	9	20 : 26	21		
7. Rot-Weiß Oberhausen	0:1	1:1	2:0	1:1	3:2	2:3		0:0	1:0	3:3	2:0	3:0	1:0	3:1	3:1	2:1	5:0	1:1	2:1	0:1	1:1	11	6	3	36 : 18	39	61 : 50	59
	2:2	0:3	1:3	0:1	0:4	0:0		1:0	2:2	1:2	1:1	0:3	1:1	1:2	0:1	1:1	3:2	1:1	6:1	2:2	2:0	4	8	8	25 : 32	20		
8. FC Schalke 04 II	1:5	1:1	3:2	1:1	3:0	2:0	0:1		2:0	2:1	0:1	1:2	1:2	2:2	4:1	6:2	0:0	6:1	2:1	2:0	0:2	10	4	6	39 : 25	34	59 : 56	57
	3:3	0:5	1:1	1:4	2:5	1:2	0:0		1:0	2:2	1:0	0:2	0:2	0:0	0:0	0:2	1:0	1:1	3:0	2:1	1:1	5	8	7	20 : 31	23		
9. Fortuna Düsseldorf II	0:1	3:0	2:4	3:2	3:2	1:1	2:2	0:1		1:1	2:1	4:2	0:2	2:0	6:0	1:1	0:0	4:1	1:1	4:0	5:2	10	6	4	44 : 24	36	67 : 53	56
	1:1	0:2	1:2	0:2	0:0	2:3	0:1	0:2		2:0	1:2	3:0	1:1	2:0	1:1	3:1	0:2	1:1	2:0	1:3	2:5	5	5	10	23 : 29	20		
10. SC Wiedenbrück	1:4	0:0	1:1	4:4	1:1	0:2	2:1	2:2	0:2		0:4	3:5	2:0	0:1	0:0	0:0	0:0	0:0	2:1	0:0	4:1	4	10	6	22 : 29	22	55 : 50	56
	2:2	1:1	1:2	2:0	1:1	0:2	3:3	1:2	1:1		1:0	1:0	4:0	3:0	2:2	1:0	0:2	4:2	2:1	3:0	0:0	9	7	4	33 : 21	34		
11. Borussia Mönchengladbach II	1:4	0:2	1:1	0:0	1:2	2:0	1:1	0:1	2:1	0:1		5:1	2:1	1:2	3:3	0:0	3:1	1:0	2:0	0:2	2:1	8	5	7	27 : 24	29	49 : 55	55
	1:5	0:4	2:1	1:0	0:2	0:2	0:2	1:0	1:2	4:0		1:0	2:1	1:2	2:3	0:1	1:0	2:1	0:2	2:2	1:1	8	2	10	22 : 31	26		
12. Wuppertaler SV	1:2	1:2	1:1	2:0	2:0	0:0	3:0	2:0	0:3	0:1	0:1		0:3	1:0	2:0	3:1	4:0	1:0	4:2	2:1	2:0	12	2	6	31 : 17	38	57 : 62	54
	0:3	1:6	0:2	2:3	0:1	1:1	0:3	2:1	2:4	5:3	1:5		2:2	2:0	0:1	2:2	1:2	1:0	3:3	1:2	0:1	4	4	12	26 : 45	16		
13. SV Straelen	1:3	0:2	1:2	0:2	0:3	2:2	1:1	2:0	1:1	0:4	1:2	2:2		0:0	2:1	3:1	0:0	1:1	0:1	3:1	3:1	5	7	8	23 : 30	22	45 : 61	47
	1:5	1:4	1:3	0:3	0:2	1:0	0:1	2:1	2:0	0:2	1:2	3:0		3:2	0:0	1:1	1:1	2:3	1:0	1:1	1:0	7	4	9	22 : 31	25		
14. Alemannia Aachen	0:1	1:1	1:4	0:1	0:0	0:0	2:1	0:0	0:2	0:3	2:1	0:2	2:3		0:3	0:0	1:1	0:0	3:1	2:0	3:2	5	7	8	17 : 26	22	35 : 48	45
	1:2	1:2	0:1	2:2	2:0	0:0	1:3	2:2	0:2	1:0	2:1	0:1	0:0		0:1	0:2	3:2	1:0	0:1	2:0	0:0	6	5	9	18 : 22	23		
15. Sportfreunde Lotte	0:2	0:2	1:1	1:0	2:2	1:1	1:0	0:0	1:1	2:2	3:2	1:0	0:0	1:0		2:2	3:1	1:1	2:2	0:2	2:2	6	11	3	24 : 23	29	47 : 72	44
	0:4	2:5	1:4	2:2	0:2	2:4	1:3	1:4	0:6	0:0	3:3	0:2	1:2	3:0		2:1	0:2	1:2	1:0	1:3	2:0	4	3	13	23 : 49	15		
16. SV Lippstadt 08	0:4	0:3	0:4	2:2	1:1	1:0	1:1	2:0	1:3	0:1	1:0	2:2	1:1	2:0	1:2		1:2	1:3	0:1	3:1	1:0	6	5	9	21 : 31	23	37 : 63	40
	0:2	0:5	0:4	0:1	1:2	1:0	1:2	2:6	1:1	0:0	0:0	1:3	1:3	0:0	2:2		0:0	1:1	0:0	2:0	3:0	3	8	9	16 : 32	17		
17. FC Wegberg-Beeck	0:2	0:2	2:1	1:3	0:4	0:2	2:3	0:1	2:0	2:0	0:1	2:1	1:1	2:3	2:0	0:0		2:1	0:2	1:0	0:2	7	2	11	19 : 29	23	36 : 62	39
	2:3	2:3	0:0	2:2	0:1	1:1	0:5	0:0	0:0	0:0	1:3	0:4	0:0	1:1	1:3	2:1		2:2	2:0	1:1	0:3	2	10	8	17 : 33	16		
18. Rot Weiss Ahlen	1:1	2:1	2:3	0:3	2:4	2:1	1:1	1:1	1:1	2:4	1:2	0:1	3:2	0:1	2:1	1:1	2:2		1:2	5:1	1:1	5	7	8	30 : 34	22	50 : 69	38
	0:6	2:3	0:1	1:1	1:1	0:2	1:1	1:6	1:4	0:0	0:1	0:1	1:1	0:0	1:1	3:1	1:2		2:3	3:0	2:0	3	7	10	20 : 35	16		
19. Bonner SC	1:3	0:1	1:2	1:2	1:0	1:0	1:6	0:3	0:2	1:2	2:0	3:3	0:1	1:0	0:1	0:0	0:2	3:2		2:1	1:2	6	2	12	19 : 33	20	39 : 66	38
	1:1	0:2	1:1	1:4	1:1	0:0	1:2	1:2	1:1	1:2	0:2	2:4	1:0	1:3	2:2	1:0	2:0	2:1		1:3	0:2	4	6	10	20 : 33	18		
20. VfB Homberg	0:0	0:4	0:1	1:3	3:1	0:2	2:2	1:2	3:1	0:3	2:2	2:1	1:1	0:2	3:1	0:2	1:1	0:3	3:1		0:1	5	5	10	22 : 34	20	40 : 75	35
	2:2	1:4	1:2	0:0	2:5	0:4	1:0	0:2	0:4	0:0	2:0	1:2	1:3	0:2	2:0	1:3	0:1	1:5	1:2		2:0	4	3	13	18 : 41	15		
21. SV Bergisch Gladbach 09 **	0:3	0:2	0:1	0:2	2:2	1:1	0:2	1:1	5:2	0:0	1:1	1:0	0:1	0:0	0:2	0:3	3:0	0:2	2:0	0:2		4	6	10	16 : 27	18	36 : 69	33
	1:3	0:4	0:4	0:3	1:2	0:1	1:1	2:0	2:5	1:4	1:2	0:2	1:3	2:3	2:2	0:1	2:0	1:1	2:1	1:0		4	3	13	20 : 42	15		

*) = Aufsteiger in der 3. Liga; Absteiger aus der 3. Liga: KFC Uerdingen 05 (Lizenzverweigerung). – **) = Absteiger in die Oberliga; Aufsteiger aus der Oberliga: keine. Die Liga spielt 2021/22 mit 20 Klubs

RL SÜDWEST 2020/21

	Freiburg II	Elversberg	Offenbach	Ulm	Steinbach H.	Frankfurt	Homburg	Sruttgart II	Bahlinger SC	Koblenz	Gießen	Kassel	Aalen	Pirmasens	TSG Balingen	Hoffenheim II	Mainz 05 II	Walldorf	Großaspach	Schott Mainz	Alzenau	Stadtallendorf	Heimbilanz / Auswärtsbilanz S	U	N	Tore	Pkt.	Tore	Pkt.
1. SC Freiburg II *		1:1 1:1	2:2 1:1	3:0 0:2	1:0 4:2	1:0 2:2	0:1 3:1	3:1 2:1	4:3 2:3	2:0 3:1	3:0 2:1	1:1 0:0	4:0 3:1	1:0 4:0	1:2 1:0	2:0 1:0	3:1 6:2	3:1 2:2	3:0 5:0	4:1 2:0	0:1 3:1	5:1 1:1	15 13	3 6	3 2	47 : 16 48 : 22	48 45	95 : 38	93
2. SV Elversberg	1:1 1:1		3:0 0:0	0:2 0:2	2:2 2:1	2:2 5:1	1:1 2:1	4:0 1:2	4:3 2:2	4:2 1:1	1:0 2:0	1:1 2:0	2:1 2:2	0:1 2:0	1:0 1:1	4:2 2:0	1:1 5:1	4:1 4:1	4:0 2:1	5:0 6:0	3:3 3:0	4:1 2:1	12 13	7 6	2 2	51 : 24 47 : 18	43 45	98 : 42	88
3. Kickers Offenbach	1:1 2:2	0:0 0:3		1:0 0:1	1:1 0:4	0:0 0:0	3:2 2:1	1:1 2:2	0:0 6:1	4:2 0:0	1:0 2:0	5:1 4:0	0:2 2:0	1:0 2:0	1:0 0:1	3:0 1:0	1:0 1:1	6:1 0:0	3:1 2:0	4:0 4:2	3:0 3:1	4:0 4:1	14 11	6 6	1 4	43 : 12 37 : 20	48 39	80 : 32	87
4. SSV Ulm 1846 Fußball	2:0 0:3	2:0 2:0	1:0 0:1		2:1 1:1	3:1 3:1	0:2 4:4	2:0 1:0	5:1 1:0	1:1 0:0	2:3 2:1	1:2 1:3	0:2 1:0	4:0 2:0	3:0 4:0	4:1 1:2	3:1 1:1	1:0 0:0	1:1 1:3	1:1 3:1	0:0 4:0	2:2 3:0	12 11	5 5	4 5	40 : 19 35 : 21	41 38	75 : 40	79
5. TSV Steinbach Haiger	2:4 0:1	1:2 2:2	4:0 1:1	1:1 1:2		3:3 1:1	2:1 1:3	1:0 0:2	2:0 4:1	2:1 1:3	4:0 1:2	1:1 1:2	3:3 0:1	1:1 4:1	1:1 1:0	2:0 1:1	2:0 1:1	5:1 2:1	4:0 4:0	4:0 3:1	4:0 3:1	2:1 1:0	13 8	6 5	2 8	51 : 20 33 : 27	45 29	84 : 47	74
6. FSV Frankfurt	2:2 0:1	1:5 2:2	0:0 0:0	1:3 1:3	1:1 3:3		0:0 2:2	0:2 1:1	4:2 0:0	1:2 0:1	1:0 1:0	3:1 1:2	0:2 2:1	3:0 1:0	0:2 1:0	5:2 0:1	2:1 3:1	2:0 1:3	1:0 2:0	3:0 1:0	2:1 2:1	1:0 1:0	11 9	4 6	6 6	33 : 26 25 : 22	37 33	58 : 48	70
7. FC Homburg	1:3 1:0	1:2 1:1	1:2 2:3	4:4 2:0	3:1 1:2	2:2 0:0		3:0 2:2	0:1 2:1	2:1 4:0	1:1 2:1	1:2 1:0	6:1 1:1	2:3 1:1	1:0 0:1	1:1 0:0	2:2 1:1	3:1 3:2	2:1 1:1	2:1 0:3	3:0 2:2	3:1 2:1	10 8	5 9	6 4	44 : 30 29 : 23	35 33	73 : 53	68
8. VfB Stuttgart II	1:2 1:3	2:1 0:4	2:2 1:1	0:1 0:2	2:0 0:1	1:1 2:0	2:2 0:3		6:2 0:1	2:1 0:1	1:1 0:0	0:2 4:0	2:2 0:1	3:1 0:0	2:3 3:1	2:1 3:0	2:3 0:1	3:1 1:0	0:2 3:0	8:1 4:2	3:2 4:1	7:1 5:1	10 9	5 3	6 9	51 : 32 31 : 23	35 30	82 : 55	65
9. Bahlinger SC	3:2 3:4	2:2 3:4	1:6 0:0	0:1 1:5	1:4 0:2	0:0 2:4	1:2 1:0	1:0 2:6		2:1 0:1	3:1 1:1	5:4 1:1	0:0 1:1	0:2 2:2	2:0 0:1	1:0 4:0	2:1 0:3	2:2 2:0	1:0 3:1	4:3 1:3	2:1 3:2	1:0 2:2	12 5	4 6	5 10	34 : 32 32 : 43	40 21	66 : 75	61
10. Rot-Weiß Koblenz	1:3 0:2	1:1 2:4	0:0 2:4	0:0 1:1	3:1 1:2	1:0 2:1	0:4 1:2	1:0 1:2	1:0 1:2		1:1 2:3	3:0 1:1	0:1 1:1	0:2 1:1	3:2 1:3	2:2 2:0	2:2 1:1	3:2 0:2	3:0 2:0	1:0 2:4	0:2 3:2	2:0 2:0	10 5	6 5	5 11	28 : 23 29 : 38	36 20	57 : 61	56
11. FC Gießen	1:2 0:3	0:2 0:1	0:2 0:1	1:2 3:2	2:1 0:4	0:1 0:1	1:2 1:1	0:0 1:1	1:1 1:3	3:2 1:1		3:1 1:1	0:0 0:1	1:0 2:1	3:0 1:1	1:2 2:2	1:1 1:2	3:0 2:1	1:1 1:1	5:0 2:0	1:0 1:1	1:1 3:1	8 5	6 8	7 8	29 : 21 23 : 30	30 23	52 : 51	53
12. Hessen Kassel	0:0 1:1	0:2 1:1	0:4 1:5	3:1 2:1	2:1 1:1	2:1 1:3	0:1 2:1	0:4 2:0	1:1 4:5	1:1 0:3	1:1 1:3		1:1 1:1	1:1 2:3	2:2 0:2	2:2 1:1	2:1 1:2	1:3 2:1	0:2 3:2	2:1 0:1	3:0 1:0	3:1 3:3	7 6	8 6	6 9	27 : 31 30 : 40	29 24	57 : 71	53
13. VfR Aalen	1:3 0:4	2:2 1:2	0:2 2:0	0:1 2:0	1:0 3:3	1:2 2:0	1:1 1:6	1:0 2:2	1:1 0:0	1:1 1:0	1:0 0:0	1:1 1:1		1:1 0:2	0:2 1:4	3:1 4:2	1:2 1:3	2:1 0:1	0:0 2:3	3:1 1:1	1:2 1:0	2:1 0:1	7 6	7 6	7 9	24 : 25 25 : 35	28 24	49 : 60	52
14. FK Pirmasens	0:4 0:1	0:2 1:0	0:2 0:1	0:2 0:4	1:4 1:1	0:1 0:3	1:1 3:2	0:0 1:3	2:2 2:0	1:1 2:0	1:2 0:1	3:2 1:1	2:0 1:1		0:0 0:0	0:2 1:1	2:0 2:1	0:2 2:0	1:0 1:7	3:0 1:1	1:1 5:2	2:0 0:0	6 7	6 7	9 7	20 : 28 24 : 30	24 28	44 : 58	52
15. TSG Balingen	0:1 2:1	1:1 0:1	1:0 0:1	0:4 0:3	0:1 1:1	0:1 2:0	1:0 0:1	1:3 3:2	1:0 0:2	3:1 2:3	1:1 0:3	2:0 2:2	4:1 2:0	0:0 0:0		0:1 2:2	2:5 1:2	0:1 1:3	1:1 2:2	4:0 1:2	2:1 3:2	0:4 3:0	8 6	4 5	9 10	24 : 27 27 : 33	28 23	51 : 60	51
16. TSG 1899 Hoffenheim II	0:1 0:2	0:2 2:4	0:1 0:3	2:1 1:4	1:1 0:2	1:0 2:5	0:0 1:1	0:3 1:2	0:4 0:1	0:2 2:2	2:2 2:1	1:1 2:2	2:4 1:3	1:1 2:0	2:2 1:0		1:2 1:0	3:0 4:3	1:4 3:3	3:1 2:2	4:2 4:1	2:0 2:1	6 7	6 5	9 9	26 : 34 33 : 42	24 26	59 : 76	50
17. 1. FSV Mainz 05 II	2:6 1:3	1:5 1:1	1:1 0:1	1:1 1:3	1:1 0:2	1:3 1:2	1:1 2:2	1:0 3:2	3:0 1:2	1:1 2:2	2:1 1:1	2:1 1:2	3:1 2:1	1:2 0:2	2:1 5:2	0:1 2:1		0:2 2:4	0:1 0:0	3:1 0:3	2:1 1:3	2:0 2:3	9 4	5 5	7 12	30 : 31 28 : 42	32 17	58 : 73	49
18. FC-Astoria Walldorf	2:2 1:3	1:4 1:4	0:0 1:6	0:0 0:1	1:2 1:5	3:1 0:2	2:3 1:3	0:1 1:3	0:2 2:2	2:0 2:3	1:2 0:3	1:2 3:1	1:0 1:2	0:2 2:0	3:1 1:0	3:4 0:3	4:2 2:0		2:1 1:2	3:1 1:3	2:2 2:0	4:1 6:0	8 6	4 1	9 14	35 : 33 29 : 46	28 19	64 : 79	47
19. SG Sonnenhof Großaspach	0:5 0:3	1:2 0:4	0:2 1:3	3:1 1:1	0:4 0:4	0:2 0:1	1:1 1:2	0:3 2:0	1:3 0:1	0:2 0:3	1:1 1:1	2:3 2:0	3:2 0:0	7:1 0:1	2:2 1:1	3:3 4:1	0:0 1:0	2:1 1:2		1:4 3:0	2:2 0:1	3:2 2:0	5 6	6 4	10 11	32 : 46 20 : 29	21 22	52 : 75	43
20. TSV Schott Mainz	0:2 1:4	0:6 0:5	2:4 0:4	1:3 1:1	1:3 0:4	0:1 0:3	3:0 1:2	2:4 1:8	3:1 3:4	4:2 0:1	0:2 0:5	1:0 1:2	1:1 1:3	1:1 0:3	2:1 0:4	2:2 1:3	3:0 1:3	3:1 1:3	0:3 4:1		1:1 3:0	4:2 2:1	8 3	4 1	9 17	34 : 40 21 : 64	28 10	55 : 104	38
21. Bayern Alzenau **	1:3 1:0	0:3 3:3	1:3 0:3	0:4 0:0	1:3 0:4	1:2 1:2	2:2 0:3	1:4 2:3	2:3 1:2	2:3 2:0	1:1 0:1	0:1 0:3	0:1 2:1	2:5 1:1	2:3 1:2	1:4 2:4	3:1 1:2	0:2 2:2	1:0 2:2	0:3 1:1		1:1 3:3	2 3	3 7	16 11	22 : 52 25 : 42	9 16	47 : 94	25
22. Eintracht Stadtallendorf **	1:1 1:5	1:2 1:4	1:4 0:4	0:3 2:2	0:1 1:2	0:1 0:1	1:2 1:3	1:5 1:7	2:2 0:1	0:2 0:2	1:3 1:1	3:3 1:3	1:0 1:2	0:0 0:2	0:3 4:0	1:2 0:2	3:2 0:2	0:6 1:4	0:2 2:3	1:2 2:4	3:3 1:1		2 1	5 3	14 17	20 : 49 20 : 55	11 6	40 : 104	17

*) = Aufsteiger in der 3. Liga; Absteiger aus der 3. Liga: keine. – **) = Absteiger in die Oberliga; Aufsteiger aus der Oberliga: keine. Die Liga spielt 2021/22 mit 21 Klubs.

RL BAYERN 2019/21

	Aschaffenburg	Bayreuth	Nürnberg II	Schweinfurt	Aubstadt	Eichstätt	Buchbach	Fürth II	Augsburg II	Schalding-H.	Burghausen	Illertissen	Rain/Lech	Heimstetten	Memmingen	Rosenheim	Garching	Heimbilanz / Auswärtsbilanz S	U	N	Tore	Pkt.	Tore	Pkt.
1. Viktoria Aschaffenburg #		4:0		2:0	4:0	3:2	4:0	0:2		2:1	1:2	3:0	2:0	2:2			2:0	9	1	2	29 : 9	28	51 : 27	50
		1:1	3:3	0:1	1:4	2:1		1:1	3:2	2:3	0:0		1:0	2:1	3:1	3:0		6	4	3	22 : 18	22		
2. SpVgg Bayreuth #	1:1		2:0	3:1	2:2	2:1	1:1		1:1	6:1	0:0	7:2			4:0	3:0	1:3	7	5	1	33 : 13	26	53 : 28	49
	0:4		1:1			1:0	1:3	0:2	3:0			4:1	2:1	3:0	3:2	1:0	1:1	7	2	3	20 : 15	23		
3. 1. FC Nürnberg II	3:3	1:1			6:3	1:1	2:1	5:1	4:2			4:1	1:2	3:1	1:0	1:3	6:0	8	3	2	38 : 19	27	61 : 32	49
		0:2		2:0	1:1	4:2	2:2		0:0	3:0	0:2	3:0			1:1	4:2	3:1	6	4	2	23 : 13	22		
4. 1. FC Schweinfurt 05 #	1:0		0:2		2:1			1:0	1:0		3:1		6:0	3:2	2:0	4:3		9	0	1	23 : 9	27	48 : 29	44
	0:2	1:3			2:2	2:3	2:3	0:0		2:1	3:0	3:0	1:3	1:2		4:0	4:1	5	2	6	25 : 20	17		
5. TSV Aubstadt	4:1		1:1	2:2			1:0	2:0	2:1	2:3		3:0	2:1	2:0	1:1	2:0		8	3	1	24 : 10	27	43 : 41	39
	0:4	2:2	3:6	1:2		2:2	1:2		0:4	0:4	2:0	2:1		1:3	0:0		5:1	3	3	7	19 : 31	12		
6. VfB Eichstätt	1:2	0:1	2:4	3:2	2:2		2:0		2:1	7:0	2:1	1:1		5:2	1:0	1:1	5:0	8	3	3	34 : 17	27	46 : 32	37
	2:3	1:2	1:1				2:2	0:2	0:0	0:0		1:2	3:0	0:2	0:1		2:0	2	4	6	12 : 15	10		
7. TSV Buchbach		3:1	2:2	3:2	2:1	2:2		5:0	1:3	1:0	0:1	2:0	0:1			2:0	1:1	7	3	3	24 : 14	24	32 : 29	35
	0:4	1:1	1:2		0:1	0:2		1:0	2:2		1:1	1:0	0:0	0:1	1:1			2	5	5	8 : 15	11		
8. SpVgg Greuther Fürth II	1:1	2:0		0:0		2:0	0:1		0:2	4:1	2:2	1:3	1:2	2:0	1:1		2:1	5	4	4	18 : 14	19	31 : 33	36
	2:0		1:5	0:1	0:2		0:5		2:2	0:1		1:2	1:0	3:1	1:0	2:0	0:0	5	2	6	13 : 19	17		
9. FC Augsburg II	2:3	0:3	0:0		4:0	0:0	2:2	2:2			2:3	3:3	2:1	2:3	3:0	1:0		4	5	4	23 : 20	17	44 : 35	34
		1:1	2:4	0:1	1:2	1:2	3:1	2:0		0:0	2:3	3:1				4:0	2:0	5	2	5	21 : 15	17		
10. SV Schalding-Heining	3:2		0:3	1:2	4:0	0:0		1:0	0:0		0:3		2:0	2:1	0:3	3:0		6	2	4	16 : 14	20	34 : 45	32
	1:2	1:6			3:2	0:7	0:1	1:4			0:0	1:2	3:1	3:1		3:3	2:2	3	3	6	18 : 31	12		
11. Wacker Burghausen	0:0		2:0	0:3	0:2		1:1		3:2	0:0			0:1	3:0	1:2	0:1	5:1	4	3	5	15 : 13	15	36 : 35	33
	2:1	0:0		1:3		1:2	1:0	2:2	3:2	3:0		0:2	2:4	2:2		2:4	2:0	5	3	5	21 : 22	18		
12. FV Illertissen		1:4	0:3	0:3	1:2	2:1	0:1	2:1	1:3	2:1	2:0				2:0	5:3	3:1	7	0	6	21 : 23	21	37 : 51	31
	0:3	2:7	1:4		0:3	1:1	0:2	3:1	3:3				1:1	4:1	1:1	0:1		2	4	6	16 : 28	10		
13. TSV Rain/Lech	0:1	1:2		3:1		0:3	0:0	0:1		1:3	4:2	1:1		2:1	1:0	3:2	1:3	5	2	6	17 : 20	17	26 : 41	30
	0:2		2:1	0:6	1:2		1:0	2:1	1:2	0:2	1:0			0:3	1:1	0:1		4	1	7	9 : 21	13		
14. SV Heimstetten	1:2	0:3		2:1	3:1	2:0	1:0	1:3		1:3	2:2	1:4	3:0			5:2	3:4	6	1	6	25 : 25	19	44 : 54	26
	2:2		1:3	2:3	0:2	2:5		0:2	3:2	1:2	0:3		1:2		1:2	6:1		2	1	9	19 : 29	7		
15. FC Memmingen	1:3	2:3	1:1		0:0	1:0	1:1	0:1				1:1	1:1	2:1				2	5	3	10 : 12	11	18 : 30	20
		0:4	0:1	0:2	1:1	0:1		1:1	0:3	3:0	2:1	0:2	0:1			1:1		2	3	7	8 : 18	9		
16. TSV 1860 Rosenheim	0:3	0:1	2:4	0:4				0:2	0:4	3:3	4:2	1:0	1:0	1:6	1:1		2:1	4	2	7	15 : 31	14	30 : 61	21
		0:3	3:1	3:4	0:2	1:1	0:2		0:1	0:3	1:0	3:5	2:3	2:5				2	1	9	15 : 30	7		
17. VfR Garching **		1:1	1:3	1:4	1:5	0:2		0:0	0:2	2:2	0:2							0	3	6	6 : 21	3	21 : 52	13
	0:2	3:1	0:6			0:5	1:1	1:2			1:5	1:3	3:1	4:3		1:2		3	1	7	15 : 31	10		

Die Meisterschaft 2019/20 wurde im März 2020 unterbrochen und Tabellenführer Türkgücü München als Aufsteiger in die 3. Liga gemeldet. Im Oktober wurde die Runde fortgesetzt, wobei die Ergebnisse von Türkgücü aus der Wertunfg genommen wurden. Im November gab es eine erneute Unterbrechung und im Mai 2021 den endgültigen Abbruch der Meisterschaft mit Wertung nach Quotientenregelung. – # = Mannschaften, die eine Drittligalizenz beantragt hatten und an den Play-offs zur Ermittling des Teilnehmers an den Aufstiegsstiegsspielen zur 3. Liga gegen den Vertreter der Regionalliga Nord (TSV Havelse) teilnahmen.

Kein Aufsteiger in die 3. Liga; Aufstiegsspiele: 1. FC Schweinfurt 05 – TSV Havelse 0:1, 0:1. – Absteiger aus der 3. Liga: Bayern München II, SpVgg Unterhaching.

** = Absteiger in die Bayernliga – Aufsteiger aus der Bayernliga: SC Eltersdorf (Nord), FC Pipinsried (Süd) – Die Liga spielt 2021/22 mit 20 Klubs.

Play-off-Runde der Regionalliga Bayern 2019/21

1. FC Schweinfurt 05 – SpVgg Bayreuth	2:1, 4:0
Viktoria Aschaffenburg – 1. FC Schweinfurt 05	0:2, 1:1
SpVgg Bayreuth – Viktoria Aschaffenburg	4:0, 0:7

1. 1. FC Schweinfurt 05	4	9:2	10
2. Viktoria Aschaffenburg	4	8:7	4
3. SpVgg Bayreuth	4	5:13	3

DFB-Vereinspokal Männer 2020/21

Endspiel am 13. Mai 2021 in Berlin:

Borussia Dortmund – RB Leipzig 4:1 (3:0)

Dortmund: Bürki – Piszczek, Akanji, Hummels, Guerreiro – Can – Bellingham (46. Hazard), Dahoud (74. Delaney) – Reus (90./+2 Brandt), Haaland (90./+2 Reyna), Sancho (89. Meunier) – Trainer: Terzic.

Leipzig: Gulacsi – Klostermann, Upamecano, Halstenberg – Kampl (62. Forsberg) – Mukiele (62. Laimer), Dani Olmo, Sabitzer, Haidara (70. Henrichs) – Sörloth (46. Poulsen), Hwang (46. Nkunku) – Trainer: Nagelsmann.

Tore: 1:0 Sancho (5.), 2:0 Haaland (28.), 3:0 Sancho (45.), 3:1 Dani Olmo (71.). 4:1 Haaland (87.) – SR: Dr. Brych (München) – Zuschauer: keine.

Aufstieg zur Bundesliga 2020/21

Der Meister (VfL Bochum) und Zweite (SpVgg Greuther Fürth) der 2. Bundesliga stiegen direkt auf. Der Dritte der 2. Bundesliga (Holstein Kiel) bestritt gegen den Drittletzten der Bundesliga (1. FC Köln) Relegationsspiele.

1. FC Köln – Holstein Kiel 0:1 (0:0) am 25. 5. 2021

Köln: T. Horn – Schmitz, Bornauw, Czichos, Katterbach (46. Drexler) – Özcan (66. Andersson), Skhiri – Wolf (66. Thielmann), Duda, Jakobs – Hector – Trainer: Funkel.

Kiel: Gelios – Neumann, Wahl, Komenda, van den Bergh – Ignjovski (59. Lorenz) – Lee, Hauptmann – Bartels (79. Mees), Porath (67. Reese) – Serra (79. Girth) – Trainer: Werner.

Tor: 0:1 Lorenz (59.) – SR: Zwayer (Berlin) – Zuschauer: keine.

Holstein Kiel – 1. FC Köln 1:5 (1:4) am 29. 5. 2021

Kiel: Gelios – Neumann, Wahl, Lorenz (46. Mees), Komenda (63. Kirkeskov) – Meffert – Mühling, Lee – Bartels, Porath (46. Girth) – Reese (80. Awuku) – Trainer: Werner.

Köln: T. Horn – Ehizibue, Bornauw (46. Jorge Meré), Czichos, J. Horn (46. Jakobs) – Skhiri, Hector – Wolf (72. Thielmann), Duda (63. Meyer), Kainz – Andersson (76. Drexler) – Trainer: Funkel.

Tore: 0:1 Hector (3.), 1:1 Lee (4.), 1:2 Andersson (6.), 1:3 Andersson (13.), 1:4 Czichos (39.), 1:5 Skhiri (84.) – SR: Aytekin (Oberasbach) – Zuschauer: 2334.

Aufstieg zur 2. Bundesliga 2020/21

Der Meister (Dynamo Dresden) und Zweite (Hansa Rostock) der 3. Liga stiegen direkt auf. Der Dritte der 3. Liga (FC Ingolstadt 04) bestritt gegen den Drittletzten der 2. Bundesliga (VfL Osnabrück) Relegationsspiele.

FC Ingolstadt 04 – VfL Osnabrück 3:0 (2:0) am 27. 5. 2021

Ingolstadt: Buntic – Heinloth, Paulsen, Schröck, Franke – Krauße – Bilbija (83. Elva), Stendera, Gaus (90. Röhl) – Kutschke (83. Caiuby), Kaya (53. Eckert Ayensa) – Trainer: Oral.

Osnabrück: Kühn – Ajdini, Beermann, Trapp, Wolze – Taffertshofer – Multhaup (67. Heider), Reis, Kerk, Amenyido (79. Schmidt) – Santos (86. Müller) – Trainer: Feldhoff.

Tore: 1:0 Schröck (2.), 2:0 Kaya (35.), 3:0 Eckert Ayensa (81.) – SR: Stegemann (Niederkassel – Zuschauer: 250 (ausverkauft).

VfL Osnabrück – FC Ingolstadt 04 3:1 (2:1) am 30. 5. 2021
Osnabrück: Kühn – Engel (57. Multhaup), Gugganig (78. Beermann), Trapp – Ajdini (69. Schmidt), Wolze (78. Müller) – Taffertshofer, Reis – Amenyido – Heider, Kerk – Trainer: Feldhoff.
Ingolstadt: Buntic – Heinloth, Paulsen, Schröck, Franke – Krauße (54. Kotzke), Stendera – Bilbija (79. Röhl), Gaus (70. Elva) – Kutschke (79. Beister), Kaya (54. Eckert Ayensa) – Trainer: Oral.
Tore: 1:0 Heider (6.), 2:0 Heider (20.), 2:1 Bilbija (31.), 3:1 Amenyido (81.) – SR: Stieler (Hamburg) – Zuschauer: 2000 (ausverkauft).

Aufstieg zur 3. Liga 2020/21

Die Meister der Regionalliga Nordost (FC Viktoria 1889 Berlin/Quotenbester nach Saisonabbruch), West (Borussia Dortmund II) und Südwest (SC Freiburg II) stiegen direkt auf. Der TSV Havelse (nach dem Verzicht von SC Weiche Flensburg 08 und Werder Bremen II die quotenbeste Mannschaft der Regionalliga Nord) und der 1. FC Schweinfurt 05 (Sieger einer Play-off-Runde der Regionalliga Bayern) ermittelten in Hin- und Rückspielen den vierten Aufsteiger in die 3. Liga.

1. FC Schweinfurt 05 – TSV Havelse 0:1 (0:0) am 12. 6. 2021
Schweinfurt: Zwick – Haas, Ph. Maier, Rinderknecht, Grözinger – Fery (88. Ramser), Böhnlein – Suljic (60. Pieper), Adlung, Thomann (76. Laverty) – Jabiri – Trainer: Strobl.
Havelse: Quindt – Kina, Fölster, Tasky, Teichgräber – Plume, Meien (86. Rufidis) – Langfeld, Cicek (65. Bremer), Schumacher – Damer (90./+1 Lakenmacher) – Trainer: J. Zimmermann.
Tor: 0:1 Fölster (90./+5) – SR: Dr. Kampka (Mainz) – Zuschauer: 1000 (ausverkauft).

TSV Havelse – 1. FC Schweinfurt 05 1:0 (1:0) am 19. 6. 2021
Havelse: Quindt – Kina, Fölster, Tasky, Teichgräber – Meien, Plume – Damer (76. Rufidis), Cicek (30. Langfeld/86. Sonnenberg), Schumacher (86. Lakenmacher) – Jaeschke (75. Bremer) – Trainer: J. Zimmermann.
Schweinfurt: Zwick – Haas, Billick, Rinderknecht (14. Ph. Maier), Grözinger – Fery (77. Pieper), Böhnlein (77. Ramser) – Cekic (59. Marinkovic), Adlung – Jabiri, Suljic – Trainer: Strobl.
Tor: 1:0 Schumacher (36.) – SR: Günach (Marburg) – Zuschauer: 1100.

Deutsche A-Junioren-Meisterschaft der U 19

Deutsche B-Junioren-Meisterschaft der U 17

DFB-Junioren-Vereinspokal 2020/21

Wegen der Coronvirus-Pandemie beschloss der DFB-Vorstand am 23. April 2021 den Abbruch aller Junioren-Wettbewerbe.

• Alle Runden und alle Ergebnisse der Vorjahre siehe Kapitel 13.

DFB-Vereinspokal Frauen 2020/21

Endspiel am 30. Mai 2021 in Köln:

VfL Wolfsburg – Eintracht Frankfurt n. V. 1:0 (0:0, 0:0)
Wolfsburg: Schult – Wedemeyer (49. Blässe), Doorsoun, Janssen, Rauch – Engen, Oberdorf – Huth, Blomqvist (65. Wolter), Rolfö (98. Abt) – Pajor (120. Jakabfi) – Trainer: Lerch.
Frankfurt: Frohms – Leticia Santos, Kleinherne, Störzel (95. Kirchberger), Küver (91. Hechler) – Nüsken, Pawollek (40. Johannsdottir) – Feiersinger, Freigang, Dunst (106. Martinez) – Prasnikar – Trainer: Arnautis.
Tor: 1:0 Pajor (118.) – Karten: Kleinherne – SR: Derlin (Bad Schwartau) – Zuschauer: keine – Rote Karte: Schult (96., Notbremse).

• Alle Runden und alle Ergebnisse siehe Kapitel 14.

FRAUEN-BL 2020/21

	München	Wolfsburg	Hoffenheim	Potsdam	Leverkusen	Frankfurt	Freiburg	Essen	Bremen	Sand	Meppen	Duisburg	Heimbilanz / Auswärtsbilanz S	U	N	Tore	Pkt.	Tore	Pkt.
1. Bayern München		4:1	2:3	3:0	1:0	4:0	1:0	3:0	7:0	6:0	7:1	3:0	10	0	1	41 : 5	30	**82 : 9**	**61**
		1:1	4:0	3:2	4:0	1:0	5:1	2:0	4:0	8:0	3:0	6:0	10	1	0	41 : 4	31		
2. VfL Wolfsburg	1:1		1:0	3:2	2:0	3:0	3:2	3:0	8:0	4:0	2:0	5:2	10	1	0	35 : 7	31	**71 : 17**	**59**
	1:4		4:1	5:0	4:0	3:2	1:1	2:0	5:1	3:1	4:0	4:0	9	1	1	36 : 10	28		
3. TSG 1899 Hoffenheim	0:4	1:4		5:0	6:0	2:0	4:2	0:1	3:1	0:0	1:0	7:0	7	1	3	29 : 12	22	**54 : 23**	**44**
	3:2	0:1		1:3	5:2	0:0	5:1	3:0	2:0	3:0	0:1	3:1	7	1	3	25 : 11	22		
4. Turbine Potsdam	2:3	0:5	3:1		2:0	2:1	3:0	2:2	0:0	5:2	4:1	1:0	7	2	2	24 : 15	23	**41 : 36**	**39**
	0:3	2:3	0:5		2:4	1:0	0:1	2:1	2:0	3:0	2:2	3:2	5	1	5	17 : 21	16		
5. Bayer Leverkusen	0:4	0:4	2:5	4:2		3:2	2:1	2:1	3:0	2:1	2:2	2:0	7	1	3	22 : 22	22	**32 : 39**	**33**
	0:1	0:2	0:6	0:2		2:2	2:1	0:0	1:2	0:1	3:0	2:0	3	2	6	10 : 17	11		
6. Eintracht Frankfurt	0:1	2:3	0:0	0:1	2:2		0:1	3:1	5:1	4:0	1:1	3:0	4	3	4	20 : 11	15	**43 : 29**	**30**
	0:4	0:3	0:2	1:2	2:3		3:0	3:1	5:0	2:3	4:0	3:0	5	0	6	23 : 18	15		
7. SC Freiburg	1:5	1:1	1:5	1:0	1:2	0:3		3:1	2:1	2:1	5:0	0:0	5	2	4	17 : 19	17	**30 : 35**	**30**
	0:1	2:3	2:4	0:3	1:2	1:0		0:0	1:2	3:0	1:0	2:1	4	1	6	13 : 16	13		
8. SGS Essen	0:2	0:2	0:3	1:2	0:0	1:3	0:0		2:1	0:0	3:1	2:3	2	3	6	9 : 17	9	**30 : 37**	**25**
	0:3	0:3	1:0	2:2	1:2	1:3	1:3		3:1	3:1	3:1	6:1	5	1	5	21 : 20	16		
9. Werder Bremen	0:4	1:5	0:2	0:2	2:1	0:5	2:1	1:3		1:0	2:1	5:3	5	0	6	14 : 27	15	**23 : 67**	**19**
	0:7	0:8	1:3	0:0	0:3	1:5	1:2	1:2		1:6	2:3	2:1	1	1	9	9 : 40	4		
10. SC Sand	0:8	1:3	0:3	0:3	1:0	3:2	0:3	1:3	6:1		1:2	1:1	3	1	7	14 : 29	10	**21 : 53**	**18**
	0:6	0:4	0:0	2:5	1:2	0:4	1:2	0:0	0:1		2:0	1:0	2	2	7	7 : 24	8		
11. SV Meppen **	0:3	0:4	1:0	2:2	0:3	0:4	0:1	1:3	3:2	0:2		0:0	2	2	7	7 : 24	8	**16 : 52**	**14**
	1:7	0:2	0:1	1:4	2:2	1:1	0:5	1:3	1:2	2:1		0:0	1	3	7	9 : 28	6		
12. MSV Duisburg **	0:6	0:4	1:3	2:3	0:2	0:3	1:2	1:6	1:2	0:1	0:0		0	1	10	6 : 32	1	**15 : 61**	**7**
	0:3	2:5	0:7	0:1	0:2	0:3	0:0	3:2	3:5	1:1	0:0		1	3	7	9 : 29	6		

** = Absteiger in die 2. Frauen-Bundesliga; Aufsteiger aus der 2. Frauen-Bundesliga: Carl Zeiss Jena, 1. FC Köln

2. FBL NORD 2020/21

	Jena	Gütersloh	Leipzig	Bocholt	Wolfsburg II	M'gladbach	Potsdam II	Bielefeld	Berghofen	S	U	N	Tore	Pkt.	Tore	Pkt.
										Heimbilanz Auswärtsbilanz						
1. Carl Zeiss Jena *		0:0 1:1	3:1 2:0	3:1 3:3	2:2 1:0	3:0 2:0	1:1 3:0	2:1 1:0	0:1 2:0	4 6	3 2	1 0	14 : 7 15 : 4	15 20	29 : 11	35
2. FSV Gütersloh 2009	1:1 0:0		4:1 2:0	3:1 5:1	4:1 1:4	0:5 3:0	1:1 4:1	5:1 1:0	3:0 0:1	5 5	2 1	1 2	21 : 11 16 : 7	17 16	37 : 18	33
3. RB Leipzig	0:2 1:3	0:2 1:4		5:1 1:3	1:1 3:2	2:1 4:1	1:0 1:1	3:5 4:2	3:1 2:1	4 4	1 1	3 3	15 : 13 17 : 17	13 13	32 : 30	26
4. Borussia Bocholt	3:3 1:3	1:5 1:3	3:1 1:5		1:0 3:1	2:2 1:1	2:2 0:3	2:1 3:1	2:0 1:0	4 3	3 1	1 4	16 : 14 11 : 17	15 10	27 : 31	25
5. VfL Wolfsburg II	0:1 2:2	4:1 1:4	2:3 1:1	1:3 0:1		1:2 1:0	5:0 2:0	0:0 3:0	1:1 2:0	2 4	2 2	4 2	14 : 11 12 : 8	8 14	26 : 19	22
6. Borussia Mönchengladbach **	0:2 0:3	0:3 5:0	1:4 1:2	1:1 2:2	0:1 2:1		2:0 1:1	0:4 1:0	4:0 2:0	2 4	1 2	5 2	8 : 15 14 : 9	7 14	22 : 24	21
7. Turbine Potsdam II **	0:3 1:1	1:4 1:1	1:1 0:1	3:0 2:2	0:2 0:5	1:1 0:2		3:0 3:1	5:1 6:1	3 2	2 3	3 3	14 : 12 13 : 14	11 9	27 : 26	20
8. Arminia Bielefeld **	0:1 1:2	0:1 1:5	2:4 5:3	1:3 1:2	0:3 0:0	0:1 4:0	1:3 0:3		4:0 1:1	1 2	0 2	7 4	8 : 16 13 : 16	3 8	21 : 32	11
9. SpVg Berghofen **	0:2 1:0	1:0 0:3	1:2 1:3	0:1 0:2	0:2 1:1	0:2 0:4	1:6 1:5	1:1 0:4		1 1	1 1	6 6	4 : 16 4 : 22	4 4	8 : 38	8

Der BV Cloppenburg zog seine Mannschaft noch vor Saisonbeginn zurück.

2. FBL SÜD 2020/21

	Kölm	München II	Andernach	Ingolstdat	Frankfurt II	Hoffenheim II	Saarbrücken	Würzburg	Niederkirchen	S	U	N	Tore	Pkt.	Tore	Pkt.
										Heimbilanz Auswärtsbilanz						
1. 1. FC Köln		3:0 3:1	2:0 3:1	4:0 4:0	1:0 3:0	2:1 1:0	2:1 3:3	7:2 1:0	6:1 4:0	8 7	0 1	0 0	27 : 5 22 : 5	24 22	49 : 10	46
2. Bayern München II	1:3 0:3		1:2 1:3	2:0 2:2	2:0 1:2	1:1 2:0	3:1 4:2	3:1 2:0	0:0 5:0	4 4	2 1	2 3	13 : 8 17 : 12	14 13	30 : 20	27
3. SG Andernach	1:3 0:2	3:1 2:1		1:3 1:2	1:2 0:6	3:2 2:1	6:0 2:3	3:1 2:0	5:0 2:0	5 4	0 0	3 4	23 : 12 11 : 15	15 12	34 : 27	27
4. FC Ingolstadt 04	0:4 0:4	2:2 0:2	2:1 3:1		2:0 2:1	1:1 3:3	3:3 0:2	3:0 0:0	6:0 3:0	4 3	3 2	1 3	19 : 11 11 : 13	15 11	30 : 24	26
5. Eintracht Frankfurt II	0:3 0:1	2:1 0:2	6:0 2:1	1:2 0:2		1:2 2:2	3:0 3:2	1:2 2:1	2:0 5:1	4 4	0 1	4 3	16 : 10 14 : 12	12 13	30 : 22	25
6. TSG 1899 Hoffenheim II	0:1 1:2	0:2 1:1	1:2 2:3	3:3 1:1	2:2 2:1		1:1 3:1	2:1 3:1	9:0 5:0	2 4	3 2	3 2	18 : 12 18 : 10	9 12	36 : 22	23
7. 1. FC Saarbrücken **	3:3 1:2	2:4 1:3	3:2 0:6	2:0 3:3	2:3 0:3	1:3 1:1		2:2 3:0	2:0 1:1	3 1	2 3	3 4	17 : 17 10 : 19	11 6	27 : 36	17
8. Würzburger Kickers **	0:1 2:7	0:2 1:3	0:2 1:3	0:0 0:3	1:2 2:1	1:3 1:2	0:3 2:2		5:0 3:1	1 2	1 1	6 5	7 : 13 12 : 22	4 7	19 : 35	11
9. 1. FFC Niederkirchen **	0:4 1:6	0:5 0:0	0:2 0:5	0:3 0:6	1:5 0:2	0:5 0:9	1:1 0:2	1:3 0:5		0 0	1 1	7 7	3 : 28 1 : 35	1 1	4 : 63	2

*) = Aufsteiger in die Frauen-Bundesliga; Absteiger aus der Frauen-Bundesliga: SV Meppen, MSV Duisburg.

**) = Absteiger in die Frauen-Regionalliga; Relegation: Borussia Mönchengladbach – TSG 1899 Hoffenheim II 0:1, 1:2.

Aufsteiger aus der Frauen-Regionalliga: SV Henstedt-Ulzburg (Nord), Germania Göttelborn (Südwest, künftig SV Elversberg), 1. FC Nürnberg (Süd). – Die Liga spielt 2021/22 wieder eingleisig mit 14 Klubs.

Die Abschlusstabellen der fünfthöchsten deutschen Spielklassen 2020/21

Oberliga Schleswig-Holstein Nord

1. TSV Bordesholm	6	14:5	14
2. TSB Flensburg	4	16:9	9
3. SC Weiche Flensburg 08 II	4	7:5	7
4. TSV Altenholz (N)	6	8:9	10
5. Frisia Risum-Lindholm	2	5:6	3
6. TSV Kronshagen (N)	6	7:9	8
7. Eckernförder SV	5	8:12	3
8. Husumer SV **	4	6:9	2
9. Inter Türkspor Kiel	5	4:11	1

Oberliga Schleswig-Holstein Süd

1. SV Eichede	5	19:3	12
2. SV Todesfelde (M)	7	17:5	16
3. Oldenburger SV	5	14:7	9
4. PSV Union Neumünster	5	9:9	8
5. VfB Lübeck II	6	11:13	6
6. TSV Pansdorf (N)	5	8:15	5
7. Preußen Reinfeld	3	3:8	3
8. FC Dornbreite Lübeck	6	8:19	4
9. Eutin 08	6	8:18	3

Die Saison wurde abgebrochen, nach Quotientenregelung gewertet sowie Auf- und Abstieg ausgesetzt. – Der Husumer SV zieht sich freiwillig in die Landesliga zurück. Die Liga spielt 2021/22 mit 17 Klubs in zwei Gruppen mit anschließender Auf- und Abstiegsrunde.

Oberliga Hamburg

1. TuS Dassendorf (M)	6	16:4	14
2. Victoria Hamburg	6	15:10	12
3. HSV Barmbek-Uhlenhorst	6	13:8	12
4. Wandsbeker TSV Concordia	6	15:13	12
5. Uhlenorster SC Paloma	5	14:4	10
6. TSV Buchholz 08	6	15:6	11
7. Hamm United	6	13:10	10
8. TSV Sasel	5	10:13	8
9. SV Curslack-Neuengamme	5	13:11	7
10. SV Rugenbergen	5	13:12	7
11. Niendorfer TSV	5	8:8	7
12. HEBC Hamburg (N)	6	10:7	8
13. Bramfelder SV	6	8:10	7
14. Hamburger SV III	6	16:20	7
15. FC Süderelbe	6	11:19	7
16. VfL Lohbrügge (N)	5	5:7	4
17. TuS Osdorf	5	8:13	3
18. Meiendorfer SV	5	10:24	3
19. Union Tornesch	6	9:23	0

Die Saison wurde abgebrochen, nach Quotientenregelung gewertet sowie Auf- und Abstieg ausgesetzt. – Die Liga spielt 2021/22 in zwei Gruppen mit anschließender Auf- und Abstiegsrunde.

Oberliga Niedersachsen Hannover/Braunschweig

1. Germania Egestorf-Langreder	8	13:4	17
2. SV Ramlingen/Ehlershsn. (N)	9	18:9	17
3. Lupo Martini Wolfsburg	9	17:15	16
4. MTV Gifhorn	9	14:16	13
5. SVG Göttingen 07 (N)	9	14:9	12
6. BW Schwalbe Tündern	9	14:13	12
7. Arminia Hannover	7	11:12	8
8. MTV Wolfenbüttel	9	9:13	10
9. Eintracht Northeim	8	6:18	8
10. FT Braunschweig	9	5:12	4

Oberliga Niedersachsen Weser-Ems/Lüneburg

1. Heeslinger SC	7	19:7	17
2. SC Spelle-Venhaus	8	20:7	19
3. Blau-Weiß Lohne (N)	8	21:5	18
4. Kickers Emden	8	15:13	13
5. VfL Oldenburg	7	9:10	11
6. TB Uphusen	8	11:17	10
7. Rotenburger SV (N)	8	7:12	6
8. FC Hagen/Uthlede	8	6:22	5
9. TuS Bersenbrück	8	9:14	4
10. MTV Eintracht Celle	8	14:24	4

Die Saison wurde abgebrochen, nach Quotientenregelung gewertet sowie Auf- und Abstieg ausgesetzt. – Die Liga spielt 2021/22 in zwei Gruppen mit anschließender Auf- und Abstiegsrunde.

Bremen-Liga

1. Brinkumer SV	9	27:10	22
2. Bremer SV	8	25:8	22
3. SFL Bremerhaven	8	23:15	19
4. Leher TS	8	17:6	17
5. KSV Vatan Sport (N)	6	14:13	12
6. TuS Schwachhausen	6	17:9	10
7. ESC Geestemünde	8	27:22	13
8. Blumenthaler SV	8	18:12	12
9. Komet Arsten (N)	7	7:9	8
10. SV Hemelingen	7	16:22	8
11. SG Aumund-Vegesack	8	12:14	9
12. Habenhauser FV	8	13:19	9
13. SC Borgfeld	8	15:31	7
14. BSC Hastedt	8	13:19	6
15. Bremer TS Neustadt	8	22:29	6
16. OSC Bremerhaven (N)	7	9:15	5
17. Union 60 Bremen	7	10:20	4
18. Werder Bremen III	9	11:23	7

Die Saison wurde abgebrochen, nach Quotientenregelung gewertet sowie Auf- und Abstieg ausgesetzt.

NOFV-Oberliga Nord

1. Tasmania Berlin *	9	21:7	21
2. SC Staaken	8	17:6	16
3. Greifswalder FC	9	21:7	17
4. Greif Torgelow	8	17:8	15
5. Eintracht Stahnsdorf (N)	9	18:16	16
6. Hertha Zehlendorf	9	25:17	15
7. Hansa Rostock II	8	14:13	13
8. Stern 1900 Steglitz (N)	8	14:13	13
9. TSG Neustrelitz	9	19:15	13
10. Blau-Weiß 90 Berlin	9	11:7	13
11. MSV Pampow	9	18:17	13
12. Rostocker FC (N)	10	16:26	12
13. FC Strausberg **	9	15:18	10
14. Hertha Charlottenburg	9	12:25	9
15. Victoria Seelow	9	8:24	6
16. 1. FC Lok Stendal	9	9:18	5
17. Brandenburger SC Süd 05	9	7:25	5

Die Saison wurde abgebrochen, nach Quotientenregelung gewertet und der Abstieg ausgesetzt. Aufsteiger: Eintracht Mahlsdorf (Berlin-Liga), MSV Neuruppin (Brandenburg-Liga), Mecklenburg Schwerin (Verbandsliga Mecklenburg-Vorpommern). Dazu kommt der Ludwigsfelder FC aus der NOFV-Oberliga Süd. – Der FC Strausberg zieht sich freiwillig in die Landesliga Brandenburg zurück. – Die Liga spielt 2021/22 mit 19 Klubs.

NOFV-Oberliga Süd

1. FC Eilenburg *	9	22:9	20
2. VfL Halle 96	9	21:10	20
3. Rot-Weiß Erfurt (A)	10	17:7	20
4. FC Oberlausitz Neugersdorf	10	16:10	20
5. VfB Krieschow	8	21:12	16
6. FC Grimma	9	19:10	17
7. Union Sandersdorf	10	16:18	18
8. VFC Plauen	10	18:16	16
9. Einheit Rudolstadt	9	16:11	14
10. FC An der Fahner Höhe (N)	10	8:17	13
11. 1. FC Merseburg	9	9:16	10
12. International Leipzig	10	13:15	10
13. Ludwigsfelder FC	8	14:16	8
14. Blau-Weiß Zorbau	11	12:22	10
15. FSV Martinroda	9	13:20	8
16. Carl Zeiss Jena II	11	6:20	4
17. Wacker Nordhausen	8	6:18	2

Die Saison wurde abgebrochen, nach Quotientenregelung gewertet und der Abstieg ausgesetzt. Aufsteiger: Budissa Bautzen (Sachsenliga), Einheit Wernigerode (Verbandsliga Sachsen-Anhalt), SV 09 Arnstadt (Thüringen-Liga). – Dazu kommt aus der Regionalliga: Bischofswerdaer FV 08 – Der Ludwigsfelder FC wechselt in die NOFV-Oberliga Nord. – Die Liga spielt 2021/22 mit 19 Klubs.

Oberliga Westfalen

1. FC Gütersloh	9	16:3	25
2. Holzwickeder SC	6	20:4	18
3. Westfalia Rhynern	8	21:10	18
4. TSG Sprockhövel	7	19:10	18
5. ASC 09 Dortmund	9	21:17	18
6. 1. FC Kaan-Marienborn	7	27:7	16
7. RSV Meinerzhagen	8	18:11	15
8. SpVgg Vreden (N)	9	19:13	14
9. SG Wattenscheid 09 (A)	9	14:10	14
10. Sportfreunde Siegen	10	11:13	14
11. Preußen Münster II	9	14:15	12
12. TuS Ennepetal	7	18:14	11
13. TuS Haltern (A)	10	10:25	10
14. TuS Erndtebrück	8	6:14	9
15. SC Paderborn 07 II	8	18:22	8
16. SV Schermbeck	7	10:14	7
17. SG Finnentrop/B. (N)	10	14:20	7
18. Eintracht Rheine	10	14:28	7
19. Victoria Clarholz (N)	7	9:17	6
20. Westfalia Herne	8	5:20	1
21. Hammer SpVgg	8	8:25	0

Die Saison wurde abgebrochen und annulliert sowie der Auf- und Abstieg ausgesetzt. – Die 21 Klubs spielen 2021/22 zunächst eine einfache Runde mit anschließender Auf- und Abstiegsrunde.

Oberliga Niederrhein

1. 1. FC Bocholt	10	32:9	28
2. SSVg Velbert	10	23:15	22
3. Sportfreunde Baumberg	11	28:17	21
4. Ratinger SV 04/19	9	30:11	19
5. 1. FC Kleve	10	20:16	19
6. SpVgg Sterkrade-Nord (N)	10	20:17	17
7. SC Düsseldorf-West (N)	7	18:9	16
8. DJK Teutonia St. Tönis (N)	8	18:9	14
9. Schwarz-Weiß Essen	11	17:14	14
10. TVD Velbert	9	19:17	14
11. 1. FC Monheim	9	17:15	14
12. SpVg Schonnebeck	8	14:11	13
13. SC Velbert	10	18:17	11
14. TSV Meerbusch	9	11:18	11
15. VfB Hilden	7	17:15	10
16. Union Nettetal	11	12:20	10
17. TuRU Düsseldorf	9	10:21	10
18. Cronenberger SC	8	13:15	9
19. Spfr. Niederwenigern	10	16:20	8
20. FC Kray	8	12:17	7
21. Jahn Hiesfeld (N)	9	9:22	7
22. FSV Duisburg (N)	9	11:25	4
23. 1. FC Mönchengladbach (N)	10	8:43	3

Die Saison wurde abgebrochen und annulliert sowie der Auf- und Abstieg ausgesetzt. – Die 23 Klubs spielen 2021/22 zunächst eine einfache Runde mit anschließender Auf- und Abstiegsrunde.

Mittelrheinliga

1. FC Hennef 05	8	18:7	22
2. Borussia Freialdenhoven	7	14:8	14
3. FC Hürth	8	12:13	14
4. VfL Alfter (N)	7	19:8	13
5. VfL Vichttal	7	15:13	12
6. Viktoria Arnoldsweiler	8	14:17	11
7. FC Pesch	8	17:16	10
8. 1. FC Düren	3	7:1	9
9. SpVgg Frechen 20	8	10:12	9
10. Vikt. Glesch-Paffendorf (N)	5	6:5	8
11. Siegburger SV 04	5	11:8	5
12. SV Breinig	6	7:9	5
13. Fortuna Köln II	4	6:7	4
14. SV Eilendorf	6	5:18	3
15. SV Deutz 05	6	5:11	2
16. Spvg Wesseling-Urfeld	4	3:9	1
17. Blau-Weiß Friesdorf	4	3:10	1

Die Saison wurde abgebrochen und annulliert sowie der Auf- und Abstieg ausgesetzt. – Dazu kommt aus der Regionalliga: SV Bergisch Gladbach 09 – Die Liga spielt 2021/22 mit 18 Klubs.

Oberliga Rheinland-Pfalz/Saar Nord

1. Eintracht Trier	8	21:2	22
2. 1. FC Kaiserslautern II	8	16:9	16
3. Hassia Bingen	9	19:15	16
4. TuS Koblenz	9	7:10	13
5. Alem. Waldalgesheim (N)	8	16:11	13
6. SV Gonsenheim	8	12:8	11
7. FV Engers	6	13:8	10
8. SG Mülheim-Kärlich (N)	6	10:13	9
9. Blau Weiss Karbach	8	8:17	8
10. FSV Salmrohr (N)	9	8:18	6
11. Eisbachtaler Sportfreunde	7	5:12	5
12. TSV Emmelshausen (N)	8	6:18	5

Oberliga Rheinland-Pfalz/Saar Süd

1. Wormatia Worms	9	29:8	24
2. FV Dudenhofen	9	17:11	17
3. FV Diefflen	9	17:13	14
4. Arminia Ludwigshafen	9	14:13	13
5. Viktoria Jägersburg (N)	9	17:24	13
6. SV Elversberg II	9	9:11	12
7. Röchling Völklingen	9	13:13	11
8. TSG Pfeddersheim	9	15:16	11
9. Hertha Wiesbach	9	24:22	8
10. FC Speyer 09 (N)	8	13:16	8
11. TuS Mechtersheim	9	7:13	8
12. FV Eppelborn (N)	8	11:26	4

Die Saison wurde abgebrochen und annulliert sowie der Auf- und Abstieg ausgesetzt. – Die Liga spielt 2021/22 in zwei Gruppen mit anschließender Auf- und Abstiegsrunde.

Hessenliga

1. SG Barockst. Fulda-Lehnerz	12	31:6	33
2. Hessen Dreieich	12	37:11	31
3. Rot-Weiß Walldorf	12	31:17	23
4. FC Hanau 93	11	28:14	23
5. Türk Gücü Friedberg	11	24:9	22
6. Rot-Weiß Hadamar	12	15:15	19
7. SC Waldgirmes	12	24:21	18
8. Buchonia Flieden (N)	12	20:17	18
9. SV Zeilsheim (N)	12	23:22	15
10. FSV Fernwald	11	16:18	15
11. SV Steinbach	12	15:17	15
12. FV Bad Vilbel	12	12:14	13
13. KSV Baunatal	11	14:19	13
14. SV Neuhof	12	12:25	13
15. TuS Dietkirchen	12	16:34	13
16. VfB Ginsheim	12	17:25	11
17. Viktoria Griesheim	12	12:16	10
18. Hünfelder SV (N)	12	8:23	9
19. FC Eddersheim	11	19:28	8
20. 1. FC Erlensee (N)	11	7:30	7

Die Saison wurde abgebrochen und annulliert sowie der Auf- und Abstieg ausgesetzt. – Dazu kommen aus der Regionalliga: Bayern Alzenau, Eintracht Stadtallendorf – Die Liga spielt 2021/22 in zwei Gruppen mit anschließender Auf- und Abstiegsrunde.

Oberliga Baden-Württemberg

1. SGV Freiberg	13	42:6	35
2. Stuttgarter Kickers	13	41:12	30
3. 1. Göppinger SV	13	26:14	26
4. FSV 08 Bissingen	13	26:21	25
5. FC Nöttingen	11	25:16	23
6. 1. FC Rielasingen-Arlen	12	18:12	22
7. Neckarsulmer SU	13	18:14	22
8. FV Ravensburg	12	22:14	18
9. Spfr. Dorfmerkingen	12	15:11	17
10. FC 08 Villingen	12	10:9	17
11. 1. CfR Pforzheim	12	21:17	15
12. TSG Backnang (N)	12	19:21	15
13. SSV Reutlingen	12	18:29	14
14. 1. FC Bruchsal (N)	11	16:23	12
15. TSV Ilshofen	12	15:28	11
16. SV Linx	12	17:33	11
17. SV Oberachern	11	10:21	10
18. FV Lörrach-Brombach (N)	13	16:30	8
19. FC-Astoria Walldorf II (N)	13	18:34	8
20. Freiburger FC	12	12:28	8
21. SV Sandhausen II **	12	18:30	7

Die Saison wurde abgebrochen und annulliert sowie der Auf- und Abstieg ausgesetzt. – Der SV Sandhausen zog seine 2. Mannschaft vom Spielbetrieb zurück. – Die Liga spielt 2021/22 mit 20 Klubs.

Bayernliga Nord 2019/21

1. SC Eltersdorf *	26	79:24	61
2. DJK Vilzing 1967	24	59:19	55
3. SV Seligenporten	23	47:18	49
4. TSV Großbardorf	25	53:41	43
5. DJK Ammerthal	24	43:44	38
6. SpVgg Ansbach	23	62:45	36
7. Würzburger FV	23	47:42	34
8. FC Eintr. Bamberg 2010 (N)	24	45:46	35
9. DJK Gebenbach	23	48:43	32
10. ATSV Erlangen	23	38:43	31
11. ASV Cham (N)	23	33:39	31
12. TSV Abtswind	24	30:47	27
13. SpVgg Bayern Hof	21	29:43	23
14. DJK Don Bosco Bamberg	24	24:40	23
15. 1. FC Sand	24	28:40	21
16. TSV Karlburg (N)	25	19:60	14
17. Viktoria Kahl (N) **	21	19:69	9

Die Saison 2019/20 wurde im März 2020 unterbrochen, im September fortgesetzt, Ende Oktober erneut unterbrochen und im Frühjahr 2021 endgültig abgebrochen und nach Quotientenregelung gewertet. – Aufsteiger: Vatan Spor Aschaffenburg (Landesliga Nordwest), 1. SC Feucht (Landesliga Nordost), ASV Neumarkt (Landesliga Mitte) – Die Liga spielt 2021/22 mit 18 Klubs.

Bayernliga Süd 2019/21

1. FC Pipinsried (A) *	26	87:25	69
2. FC Deisenhofen	26	60:42	50
3. TSV Wasserburg (N)	26	44:34	46
4. FC Ingolstadt 04 II (A)	27	63:46	46
5. TSV Kottern	26	43:38	41
6. TSV Schwabmünchen	27	52:46	39
7. TSV München 1860 II	28	45:45	40
8. Türkspor Augsburg	25	46:43	34
9. SV Kirchanschöring	25	35:41	34
10. FC Ismaning	26	45:39	33
11. SV Donaustauf (N)	26	36:48	31
12. Jahn Regensburg II	27	51:60	31
13. TSV Dachau	26	35:51	30
14. SpVgg Hankofen-Hailing	28	37:43	32
15. TSV Landsberg (N)	26	40:51	27
16. SV Pullach	27	38:63	27
17. Schwaben Augsburg	26	31:52	26
18. TSV Nördlingen	26	34:55	20

Die Saison 2019/20 wurde im März 2020 unterbrochen, im September fortgesetzt, Ende Oktober erneut unterbrochen und im Frühjahr 2021 endgültig abgebrochen und nach Quotientenregelung gewertet. – Aufsteiger: FC Gundelfingen (Landesliga Südwest), VfB Hallbergmoos (Landesliga Südost) – Dazu kommt aus der Regionalliga: VfR Garching – Die Liga spielt 2021/22 mit 19 Klubs.

Regionalliga-Qualifikation

Im **Norden**, **Westen** und **Südwesten** entfiel der Aufstieg in die Regionalliga.

Im **Nordosten** und in **Bayern** stiegen die beiden quotenbesten aufstiegsberechtigten Mannschaften der Nord- und Südstaffeln auf.

KAPITEL 2

DIE DEUTSCHEN LÄNDERSPIELE

Die Bilanz der 978 deutschen A-Länderspiele

(Stand: 1.7.2021)

Gegner	Zahl der Spiele	Gesamtbilanz				Spiele in Deutschland			im Lande des Gegners oder neutraler Platz			WM- und EM-Endrunden Olympische Spiele		
		Siege	Unentsch.	Niederl.	Tore	Siege	Unentsch.	Niederl.	Siege	Unentsch.	Niederl.	Siege	Unentsch.	Niederl.
Ägypten	1	–	–	1	1:2	–	–	–	–	–	1	–	–	–
Albanien	14	13	1	–	38:10	7	–	–	6	1	–	–	–	–
Algerien	3	1	–	2	3:5	–	–	–	–	–	1	1	–	1
Argentinien	23	7	6*)	10	33:34	3	2	6	1	1	3	4	2*)	1
Armenien	3	3	–	–	15:2	2	–	–	1	–	–	–	–	–
Aserbaidschan	6	6	–	–	24:4	3	–	–	3	–	–	–	–	–
Australien	6	4	1	1	17:9	1	1	1	1	–	–	2	–	–
Belarus	3	2	1	–	8:2	1	1	–	1	–	–	–	–	–
Belgien	25	20	1	4	58:26	8	1	1	8	–	3	4	–	–
Böhmen-Mähren	1	–	1	–	4:4	–	1	–	–	–	–	–	–	–
Bolivien	1	1	–	–	1:0	–	–	–	–	–	–	1	–	–
Bosnien-Herzegowina	2	1	1	–	4:2	1	–	–	–	1	–	–	–	–
Brasilien	23	5	5	13	31:41	4	1	7	–	4	5	1	–	1
Bulgarien	21	16	2	3	56:24	9	–	–	6	2	2	1	–	1
Chile	9	6	1	2	14:8	2	–	–	1	1	2	3	–	–
China	2	1	1	–	2:1	1	–	–	–	1	–	–	–	–
Costa Rica	1	1	–	–	4:2	–	–	–	–	–	–	1	–	–
Dänemark	28	15	5	8	55:38	8	1	2	5	4	4	2	–	2
DDR	1	–	–	1	0:1	–	–	–	–	–	–	–	–	1
Ecuador	2	2	–	–	7:2	–	–	–	1	–	–	1	–	–
Elfenbeinküste	1	–	1	–	2:2	–	1	–	–	–	–	–	–	–
England	37	13	7*)	17	45:72	4	3	8	7	1	6	2	3*)	3
Estland	5	5	–	–	22:1	3	–	–	2	–	–	–	–	–
Färöer	4	4	–	–	10:1	2	–	–	2	–	–	–	–	–
Finnland	23	16	6	1	82:19	8	1	1	9	4	–	–	–	–
Frankreich	32	9	8*)	15	46:50	5	4	4	2	3	8	2	1*)	3
Georgien	5	5	–	–	12:2	3	–	–	2	–	–	–	–	–
Ghana	3	2	1	–	9:3	1	–	–	–	–	–	1	1	–
Gibraltar	2	2	–	–	11:0	1	–	–	1	–	–	–	–	–

Gegner	Zahl der Spiele	Gesamtbilanz				Spiele in Deutschland			im Lande des Gegners oder neutraler Platz			WM- und EM-Endrunden Olympische Spiele		
		Siege	Unentsch.	Niederl.	Tore	Siege	Unentsch.	Niederl.	Siege	Unentsch.	Niederl.	Siege	Unentsch.	Niederl.
Griechenland	9	6	3	–	21:9	2	1	–	3	1	–	1	1	–
Iran	2	2	–	–	4:0	–	–	–	1	–	–	1	–	–
Irland	20	9	5	6	35:24	6	2	2	3	2	4	–	1	–
Island	5	4	1	–	14:1	2	–	–	2	1	–	–	–	–
Israel	4	4	–	–	12:1	2	–	–	2	–	–	–	–	–
Italien	35	8	12*)	15	41:50	4	4	4	4	3	7	–	5*)	4
Japan	2	1	1	–	5:2	–	1	–	1	–	–	–	–	–
Kamerun	4	3	1	–	10:3	1	1	–	1	–	–	1	–	–
Kanada	2	2	–	–	6:1	1	–	–	1	–	–	–	–	–
Kasachstan	4	4	–	–	14:1	2	–	–	2	–	–	–	–	–
Kolumbien	4	2	2	–	10:5	2	–	–	–	1	–	–	1	–
Kroatien	8	5	1	2	18:10	2	–	–	2	1	–	1	–	2
Kuwait	1	1	–	–	7:0	1	–	–	–	–	–	–	–	–
Lettland	4	3	1	–	13:2	2	–	–	1	–	–	–	1	–
Liechtenstein	4	4	–	–	27:3	3	–	–	1	–	–	–	–	–
Litauen	2	1	1	–	3:1	–	1	–	1	–	–	–	–	–
Luxemburg	13	12	–	1	60:11	6	–	–	5	–	1	1	–	–
Malta	9	8	1	–	38:3	5	–	–	3	1	–	–	–	–
Marokko	4	4	–	–	12:3	1	–	–	1	–	–	2	–	–
Mexiko	12	5	5*)	2	24:11	2	1	–	1	3	1	2	1*)	1
Rep. Moldau	4	4	–	–	18:3	2	–	–	2	–	–	–	–	–
Neuseeland	1	1	–	–	2:0	–	–	–	1	–	–	–	–	–
Niederlande	44	16	16	12	84:75	5	7	6	7	7	4	4	2	2
Nigeria	1	1	–	–	1:0	1	–	–	–	–	–	–	–	–
Nordirland	19	13	4	2	46:15	5	2	1	7	1	1	1	1	–
Nordmazedonien	1	–	–	1	1:2	–	–	1	–	–	–	–	–	–
Norwegen	22	15	5	2	59:17	7	2	1	8	3	–	–	–	1
Österreich	40	25	6	9	90:57	10	4	2	11	2	5	4	–	2
Oman	1	1	–	–	2:0	–	–	–	1	–	–	–	–	–
Paraguay	2	1	1	–	4:3	–	1	–	–	–	–	1	–	–
Peru	2	1	–	–	5:2	1	–	–	–	–	–	1	–	–
Polen	21	13	7	1	34:12	5	3	–	5	2	1	3	2	–

Gegner	Zahl der Spiele	Gesamtbilanz				Spiele in Deutschland			im Lande des Gegners oder neutraler Platz			WM- und EM-Endrunden Olympische Spiele		
		Siege	Unentsch.	Niederl.	Tore	Siege	Unentsch.	Niederl.	Siege	Unentsch.	Niederl.	Siege	Unentsch.	Niederl.
Portugal	19	11	5	3	33:18	2	2	1	4	2	1	5	1	1
Rumänien	14	9	3	2	39:18	5	1	–	3	1	2	1	1	–
Russland (Sowjetunion/GUS)	20	15	2	3	51:15	7	1	1	4	–	2	4	1	–
Saarland	2	2	–	–	6:1	1	–	–	1	–	–	–	–	–
San Marino	4	4	–	–	34:0	2	–	–	2	–	–	–	–	–
Saudi-Arabien	3	3	–	–	13:1	1	–	–	1	–	–	1	–	–
Schottland	17	8	5	4	26:23	4	2	2	2	3	2	2	–	–
Schweden	37	16	9*)	12	72:61	7	5*)	3	4	4	8	5	–	1
Schweiz	53	36	8	9	142:69	14	5	4	19	2	4	3	1	1
Serbien (früher Jugoslawien)	29	16	5	8	50:34	7	4	2	4	–	4	5	1	2
Slowakei	11	8	–	3	25:12	4	–	1	3	–	2	1	–	–
Slowenien	1	1	–	–	1:0	–	–	–	1	–	–	–	–	–
Spanien	25	9	8	8	30:31	4	4	1	2	3	4	3	1	3
Südafrika	4	3	1	–	9:2	3	–	–	–	1	–	–	–	–
Südkorea	4	2	–	2	5:7	–	–	–	–	–	1	2	–	1
Thailand	1	1	–	–	5:1	–	–	–	1	–	–	–	–	–
Tschechien	9	7	–	2	16:10	3	–	1	2	–	–	2	–	1
Tschechoslowakei	17	10	4*)	3	36:24	5	1	1	3	1	1	2	2*)	1
Türkei	21	14	4	3	52:16	5	3	1	6	1	2	3	–	–
Tunesien	3	1	2	–	4:1	1	–	–	–	1	–	–	1	–
Ukraine	8	5	3	–	17:7	3	–	–	1	3	–	1	–	–
Ungarn	35	13	11	11	73:66	8	4	3	4	6	6	1	1	2
Uruguay	11	8	2	1	29:12	3	1	–	2	–	–	3	1	1
USA	11	7	–	4	23:17	2	–	1	2	–	3	3	–	–
Vereinigte Arabische Emirate	3	3	–	–	14:3	–	–	–	2	–	–	1	–	–
Wales	17	9	6	2	26:10	4	4	–	5	2	2	–	–	–
Zypern	6	5	1	–	29:1	3	–	–	2	1	–	–	–	–
Gesamtbilanz	978	566	201	211	2194:1154	253	86	69	216	82	103	97	33	39

*) Darunter ein 2:2 n. V. am 20.6.1976 in Belgrad gegen CSSR, ein 3:3 n. V. am 8.7.1982 in Sevilla gegen Frankreich, ein 0:0 n. V. am 21.6.1986 in Monterrey gegen Mexiko, ein 1:1 am 31.3.1988 in Berlin gegen Schweden, ein 1:1 n. V. am 4.7.1990 in Turin gegen England, ein 1:1 n. V. am 26.6.1996 in London gegen England, ein 1:1 n. V. am 30.6.2006 in Berlin gegen Argentinien und ein 1:1 n. V. am 2.7.2016 in Bordeaux gegen Italien. Die Spiele werden mit diesen Torergebnissen in allen Bilanzen gewertet, aber unabhängig vom Ausgang des Elfmeterschießens als Unentschieden gewertet. Die Tore aus dem Elfmeterschießen zählen nicht in der Torübersicht; sie dienen lediglich der Ermittlung des Siegers.

Die A-Nationalmannschaft

1908: 3 Spiele: 3 Niederlagen

1 **Schweiz,** 5.4., Basel, 3:5 verloren: Baumgarten – Hempel, Jordan – Ludwig, Hiller II, Weymar – Hensel, Förderer (1), Kipp, Becker (2), Baumgärtner – Kapitän: Hiller II – Schiedsrichter: H.P. Devitte (Schweiz).

2 **England,** 20.4., Berlin, 1:5 verloren: Eichelmann – Hantschick, P. Fischer – Poppe, Hiller II, Weymar – Gehrts, Neumann, Förderer (1), Matthes, Baumgärtner – K.: Hiller II – SR: P. Neumann (Deutschland).

3 **Österreich,** 7.6., Wien, 2:3 verloren: Eichelmann – Riso I, Tänzer – Poetsch, Hiller II, Weymar – Schmidt, Garrn, Kipp (1), Jäger (1), Baumgärtner – K.: Kipp – SR: G. Wagstaffe Simmons (England).

1909: 3 Spiele: 1 Sieg, 1 Unentschieden, 1 Niederlage

4 **England**, 13.3., Oxford, 0:9 verloren: Ad. Werner – Hantschick, Massini – Ugi, Dr. Glaser, Hunder – Albrecht, Garrn, Jäger, Röpnack, Baumgärtner – K.: Dr. Glaser. SR: T. Kyle (England).

5 **Schweiz,** 4.4., Karlsruhe, 1:0 gewonnen: Illmer – Dr. Nicodemus, Neumaier – Burger, Dr. Glaser, Hiller II – Schweikert, Förderer, Löble, Kipp (1), Oberle – K.: Dr. Glaser – SR: A. Sohn (Deutschland).

6 **Ungarn,** 4.4., Budapest, 3:3 unentschieden: Ad. Werner – Hirth, Riso I – Poetsch, Ugi (1), Hunder – Dutton, Richter, Worpitzky (2), Queck, Schulz – K.: Ugi – SR: H. Meisl (Österreich).

1910: 4 Spiele: 1 Sieg, 3 Niederlagen

7 **Schweiz,** 3.4., Basel, 3:2 gewonnen: Riso II – Hempel, Kühnle – Burger, Trautmann, Hunder – Wegele, Hiller III (1), Löble, Kipp (2), Philipp – K.: Hunder – SR: H. P. Devitte (Schweiz).

8 **Niederlande,** 24.4., Arnheim, 2:4 verloren: Chr. Schmidt – Hempel, Hollstein – Poetsch, Breunig, Unfried – Wegele, Gehrts, Fick (1), Kipp (1), Philipp – K.: Chr. Schmidt – SR: J. T. Howcroft (England).

9 **Belgien,** 16.5., Duisburg, 0:3 verloren: Faas – Neumaier, Berghausen – Ugi, Dr. Glaser, Budzinski – Gablonsky, Schilling, Bauwens (Breynck), Reißlant, Bert (Adalbert Friedrich) – K.: Dr. Glaser – SR: H.J. Willing (Niederlande).

10 **Niederlande,** 16.10., Kleve, 1:2 verloren: Ad. Werner – Neiße, Hense – Ugi, Bülte, Weymar – Hanssen, Schilling, Worpitzky, Umbach, Queck (1) – K.: Ugi – SR: H. Istace (Belgien).

1911: 7 Spiele: 2 Siege, 1 Unentschieden, 4 Niederlagen

11 **Schweiz,** 26.3., Stuttgart, 6:2 gewonnen: Ad. Werner – Kühnle, Hollstein – Burger, Breunig (1), Krauß – Gablonsky (1), Förderer (2), Fuchs (1), Kipp (1), W. Fischer – K.: Breunig – SR: H. Istace (Belgien).

12 **England,** 14.4., Berlin, 2:2 unentschieden: Ad. Werner – Neiße, Hempel – Burger, Ugi, Hunder – Hanssen, Hiller III, Worpitzky, Kipp, Möller (2) – K.: Ugi – SR: H. J. Willing (Niederlande).

13 **Belgien,** 23.4., Lüttich, 1:2 verloren: Ad. Werner – Neiße, Hollstein – Ugi, Breunig, Burger – Hanssen, Förderer (1), Fuchs, Reiser, W. Fischer – K.: Breunig – SR: J. P. Schumacher (England).

14 **Schweden,** 18.6., Stockholm, 4:2 gewonnen: Ad. Werner – Wiggers, Hempel – Burger, Ugi, Hunder – Dumke (3), Droz, Worpitzky, Kipp (1), Möller – K.: Ugi – SR: C. Buchwald (Dänemark).

15 **Österreich,** 10.9., Dresden, 1:2 verloren: Ad. Werner – Röpnack, Hempel – Burger, Breunig, Hunder – Gablonsky, Hiller III, Worpitzky (1), Kipp, Möller – K.: Breunig – SR: H. J. Willing (Niederlande).

16 **Schweden,** 29.10., Hamburg, 1:3 verloren: Ad. Werner – Burger, Hempel – Sorkale, Ugi, Hunder – Gablonsky, Dumke, Jäger, P. Kugler, Möller (1) – K.: Ugi – SR: H. J. Willing (Niederlande).

17 **Ungarn,** 17.12., München, 1:4 verloren: Borck – Hempel, Koenen – Ugi, Knesebeck, Hunder – Wegele, Förderer, Worpitzky (1), Hirsch, Thiel – K.: Ugi – SR: H. Meisl (Österreich).

1912: 8 Spiele: 2 Siege, 2 Unentschieden, 4 Niederlagen

18 **Niederlande,** 24.3., Zwolle, 5:5 unentschieden: Ad. Werner – Röpnack, Hollstein – Burger, Breunig, Gros – Wegele, Förderer, Fuchs (1), Hirsch (4), Oberle – K.: Breunig – SR: J. T. Howcroft (England).

19 **Ungarn,** 14.4., Budapest, 4:4 unentschieden: Ad. Werner – Röpnack, Hempel – Krogmann, Ugi, Krauß – Wegele, Jäger (1), Worpitzky (1), Kipp (1), Möller (1) – K.: Jäger – SR: H. Meisl (Österreich).

20 **Schweiz,** 5.5., St. Gallen, 2:1 gewonnen: Alb. Weber – Hempel, Neumaier – Burger, Dr. Glaser, Ugi – Wegele, Mechling (1), Löble, Kipp (1), Oberle – K.: Dr. Glaser – SR: H. P. Devitte (England).

21 **Österreich,** 29.6. (Olymp. Fußballturnier), Stockholm, 1:5 verloren: Alb. Weber – Röpnack, Hollstein – Krogmann, Breunig, Bosch – Wegele, Jäger (1), Worpitzky, Kipp, Hirsch – K.: Breunig – SR: H. J. Willing (Niederlande).

22 **Rußland,** 1.7. (Olymp. Fußballturnier), Stockholm, 16:0 gewonnen: Ad. Werner – Reese, Hempel – Burger (1), Dr. Glaser, Ugi – Uhle, Förderer (4), Fuchs (10), Oberle (1), Thiel – K.: Ugi – SR: C. J. Groothoff (Niederlande).

23 **Ungarn,** 3.7. (Olymp. Fußballturnier), Stockholm, 1:3 verloren: Ad. Werner – Röpnack, Hollstein – Krogmann, Ugi, Bosch – Wegele, Förderer (1), Fuchs, Hirsch, Oberle – K.: Ugi – SR: C. J. Groothoff (Niederlande).

24 **Dänemark,** 6.10., Kopenhagen, 1:3 verloren: Alb. Weber – Möller, Diemer – Ugi, Knesebeck, Bosch – Wegele, Jäger (1), Worpitzky, Kipp, Wolter – K.: Ugi – SR: H. J. Willing (Niederlande).

25 **Niederlande,** 17.11., Leipzig, 2:3 verloren: Hofmeister – Röpnack, Diemer – Ugi, Breunig, Bosch – Wegele, Förderer, Jäger (2), Kipp, Gaebelein – K.: Breunig – SR: E. Herzog (Ungarn).

1913: 4 Spiele: 4 Niederlagen

26 **England,** 21.3., Berlin, 0:3 verloren: Chr. Schmidt – Diemer, Möller – Völker, Edy, Jungtow – Wegele, Jäger, Löble, Kipp, Fischer – K.: Jäger – SR: H. J. Willing (Niederlande).

27 **Schweiz,** 18.5., Freiburg, 1:2 verloren: Chr. Schmidt – Röpnack, Diemer – Bosch, P. Kugler, H. Schmidt – Wegele, Mechling, Fürst, Kipp (1), Hirsch – K.: Kipp – SR: C. Barette (Frankreich).

28 **Dänemark,** 26.10., Hamburg, 1:4 verloren: J. Schneider – Röpnack, Möller – Kipp, Breunig, Schümmelfelder – Wegele, Förderer, Jäger (1), Hirsch, Zilgas – K.: Breunig – SR: H. J. Willing (Niederlande).

29 **Belgien,** 23.11., Antwerpen, 2:6 verloren: J. Schneider – Röpnack, Möller – Kipp, Breunig, Schümmelfelder – Wegele (1), Jäger, Fuchs (1), Hirsch, Fischer – K.: Röpnack – SR: H. A. M. Terwogt (Niederlande).

1914: 1 Spiel: 1 Unentschieden

30 **Niederlande,** 5.4., Amsterdam, 4:4 unentschieden: Hofmeister – Dr. W. Völker, Rokosch – Schümmelfelder, Ludewig, Bollmann – Wegele (1), Jäger (1), Harder (1), Queck (1), Fischer – K.: Jäger – SR: J. T. Howcroft (England).

1920: 3 Spiele: 1 Sieg, 2 Niederlagen

31 **Schweiz,** 27.6., Zürich, 1:4 verloren: Stuhlfauth – Höschle, Schneider – H. Schmidt, Kalb, Riegel – Wunderlich, Harder, Jäger (1), Seiderer, Wolter – K.: Jäger – SR: L. Ballint (Ungarn).

32 **Österreich,** 26.9., Wien, 2:3 verloren: Stuhlfauth – Mohns, Lohneis – Hagen, Tewes, Riegel – Wunderlich, Harder, Jäger, Seiderer (1), Sutor (1) – K.: Jäger – SR: L. Fehery (Ungarn).

33 **Ungarn,** 24.10., Berlin, 1:0 gewonnen: Lohrmann – Gg. Schneider, Mohns – Krause, Tewes, Riegel – L. Fiederer, Harder, Jäger (1), Popp, Forell – K.: Jäger – SR: Hicscz (Jugoslawien).

1921: 3 Spiele: 2 Unentschieden, 1 Niederlage

34 **Österreich,** 5.5., Dresden, 3:3 unentschieden: Stuhlfauth – Mohns, Fritzsche – Riegel, Tewes, Schümmelfelder – Wunderlich, Popp (1), Seiderer (1), Träg (1), Sutor – K.: Tewes – SR: W. Eymers (Niederlande).

35 **Ungarn,** 5.6., Budapest, 0:3 verloren: Stuhlfauth – Gg. Schneider, H. Müller – Marohn, Tewes, Schümmelfelder – Höger, Schnürle – Jäger, Gröner, Kreß – K.: Jäger – SR: H. Retschury (Österreich).

36 **Finnland,** 18.9., Helsingfors, 3:3 unentschieden: Schwedler – Mohns, J. Müller – Au, Tewes, Krause – Höger, Herberger (2), Kalb (1), Hutter, Wolter – K.: Tewes – SR: E. Albihn (Schweden).

1922: 3 Spiele: 1 Sieg, 2 Unentschieden

37 **Schweiz,** 26.3., Frankfurt a.M., 2:2 unentschieden: Lohrmann – Wellhöfer, J. Müller – Lang, Edy, Hagen – Retter, Franz (1), Seiderer (1), Hutter, Altvater – K.: Seiderer – SR: W. Boas (Niederlande).

38 **Österreich,** 23.4., Wien, 2:0 gewonnen: Mauch – Edy, H. Müller – Wetzel, Kalb, Riegel – Strobel, Weißenbacher (1), Jäger (1), Träg, Sutor – K.: Jäger – SR: F. Gerö (Ungarn).

39 **Ungarn,** 2.7., Bochum, 0:0 unentschieden: Lohrmann – H. Müller, Mohns – Flink, Tewes, H. Schmidt – Strobel, Franz, Jäger, Träg, Esser – K.: Jäger – SR: H. Retschury (Österreich).

1923: 6 Spiele: 2 Siege, 1 Unentschieden, 3 Niederlagen

40 **Italien,** 1.1., Mailand, 1:3 verloren: Stuhlfauth – T. Kugler, J. Müller – Hagen, Lang, H. Schmidt – Wunderlich, Franz, Seiderer (1), Träg, Sutor – K.: Träg – SR: E. Stutz (Schweiz).

41 **Niederlande,** 10.5., Hamburg, 0:0 unentschieden: Dr. Zörner – Risse, H. Müller – Pohl, Eikhof, Krause – Wunderlich, Lüke, Hartmann, Claus-Oehler, Maneval – K.: Wunderlich – SR A. Björklund (Schweden).

42 **Schweiz,** 3.6., Basel, 2:1 gewonnen: Dr. Zörner – Risse, H. Müller – H. Schmidt, Eikhof, Riegel – Montag, Sobeck, Hartmann (2), Wieder, Sutor – K.: Riegel – SR: G. Mauro (Italien).

43 **Schweden,** 29.6., Stockholm, 1:2 verloren: Dr. Zörner – Risse, H. Müller – Hagen, Popp, Riegel – Montag, Franz, Seiderer (1), Wieder, Sutor – K.: Riegel – SR: R. Smedvik (Norwegen).

44 **Finnland,** 12.8., Dresden, 1:2 verloren: Dr. Zörner – Risse, H. Müller – Krause, Eikhof, Pohl – Leip, Lüke, Hartmann, Claus-Oehler (1), Sutor – K.: Eikhof – SR: J. Mutters (Niederlande).

45 **Norwegen,** 4.11., Hamburg, 1:0 gewonnen: Stuhlfauth – Risse, Bache – H. Schmidt, Kalb, Krause – Leip, Reißmann, Harder (1), Wieder, Sutor – K.: Stuhlfauth – SR: Th. van Zwieteren (Niederlande).

1924: 7 Spiele: 3 Siege, 1 Unentschieden, 3 Niederlagen

46 **Österreich,** 13.1., Nürnberg, 4:3 gewonnen: Stuhlfauth – T. Kugler, J. Müller – Hagen, Kalb, H. Schmidt – Auer (1), Franz (3), Seiderer, Wieder, Sutor – K.: Seiderer – SR: E. Hebak (Tschechoslowakei).

47 **Niederlande,** 21.4., Amsterdam, 1:0 gewonnen: Stuhlfauth – J. Müller, Kugler – Hagen, Kalb, H. Schmidt – Auer (1), Franz, Seiderer, Träg, Ascherl – K.: Seiderer – SR: F. Herren (Schweiz).

48 **Norwegen,** 15.6., Christiania, 2:0 gewonnen: Stuhlfauth – Risse, T. Kugler – Lang, Kalb, H. Schmidt – Strobel, Hochgesang, Harder, Wieder (1), Sutor (1) (Krause) – K.: Stuhlfauth – SR: A. Björklund (Schweden).

49 **Schweden,** 31.8., Berlin, 1:4 verloren: Kuhnt – Risse, Bache – Eschenlohr, Lux, Lang – Leip, Hartmann, Harder (1), Kirsei, Paulsen (Schumann) – K.: Harder – SR: F. Herren (Schweiz).

50 **Ungarn,** 21.9., Budapest, 1:4 verloren: Stuhlfauth – Popp, Roller – Lang, Kalb, H. Schmidt – Strobel, Hochgesang, Harder (1), Bantle, Sutor – K.: Harder – SR: H. Retschury (Österreich).

51 **Italien,** 23.11., Duisburg, 0:1 verloren: Stuhlfauth – J. Müller, T. Kugler (H. Müller) – Hagen, Kalb, H. Schmidt – Höger, Fleischmann, Herberger (Franz), Meißner, Paulsen – K.: H. Schmidt – SR: Th. van Zwieteren (Niederlande).

52 **Schweiz,** 14.12., Stuttgart, 1:1 unentschieden: Stuhlfauth – Beier, J. Müller – Hagen, Kalb, H. Schmidt – Höger, Franz, Jäger, Harder (1), Paulsen – K.: Jäger – SR: J. Mutters (Niederlande).

1925: 4 Spiele: 2 Siege, 2 Niederlagen

53 **Niederlande,** 29.3., Amsterdam, 1:2 verloren: Zolper – Beier, J. Müller – Lang, Lux, Hagen – Voß (1), Sobeck, Herberger, Harder, Paulsen – K.: Harder – SR: F. Herren (Schweiz).

54 **Schweden,** 21.6., Stockholm, 0:1 verloren: Ertl – Beier (Aug. Werner), Kutterer – Lang, Niederbacher, Martwig – Ruch, Montag, Karl Schulz, Ritter, Paulsen – K.: Lang – SR: L. Andersen (Dänemark).

55 **Finnland,** 26.6. Helsingfors, 5:3 gewonnen: Ertl – Aug. Werner, Kutterer – Lang, Lux, Martwig – Voß (1), Montag, K. Schulz, Paulsen (3), Ruch (1) – K.: Paulsen – SR: O. Benzer (Schweden).

56 **Schweiz,** 25.10., Basel, 4:0 gewonnen: Ertl – J. Müller, Kutterer – Lang, Köhler, H. Schmidt – Martwig, Franz, Harder (3), Hochgesang (1), Sutor – K.: Harder – SR: E. Braun (Österreich).

1926: 4 Spiele: 2 Siege, 1 Unentschieden, 1 Niederlage

57 **Niederlande,** 18.4., Düsseldorf, 4:2 gewonnen: Ertl – J. Müller, Kutterer – Nagelschmitz, Köhler, Lang – Schröder, Gedlich, Harder (1), Pöttinger (3), L. Hofmann – K.: Harder – SR: L. Andersen (Dänemark).

58 **Schweden,** 20.6., Nürnberg, 3:3 unentschieden: Stuhlfauth – Popp, Kutterer – Martwig, Köhler, Schmidt – Auer, Franz, Harder (3), Pöttinger, L. Hofmann – K.: Harder – SR: L. Andersen (Dänemark).

59 **Niederlande,** 31.10., Amsterdam, 3:2 gewonnen: Ertl – J. Müller, Kutterer – Martwig (Geiger), Kalb, H. Schmidt – Scherm, Hochgesang, Harder (2), Wieder (1), Träg – K.: Harder – SR: A. J. Prince Cox (England).

60 **Schweiz,** 12.12., München, 2:3 verloren: Ertl – Beier, Kutterer – Geiger, Köhler, H. Schmidt – Scherm (1), Hochgesang (1), Harder, Wolpers, L. Hofmann – K.: Harder – SR: J. Mutters (Niederlande).

1927: 3 Spiele: 1 Sieg, 1 Unentschieden, 1 Niederlage

61 **Dänemark,** 2.10., Kopenhagen, 1:3 verloren: Ertl – Brunke, Kling – Mantel, Leinberger, Blum – Haftmann, R. Hofmann, Gedlich, Frank, Kießling (1) – K.: Blum – SR: R. Smedvik (Norwegen).

62 **Norwegen,** 23.10., Altona, 6:2 gewonnen: Stuhlfauth – Brunke, T. Kugler – Köpplinger, Kalb (1), Martwig – Reinmann, Hochgesang (2), Pöttinger (2), R. Hofmann, L. Hofmann (1) – K.: Kalb – SR: L. Andersen (Dänemark).

63 **Niederlande,** 20.11., Köln, 2:2 unentschieden: Stuhlfauth – Falk, T. Kugler – J. Weber, Kalb, Heidkamp – Reinmann, R. Hofmann, Pöttinger (2), Kuzorra, L. Hofmann – K.: Kalb – SR: A. J. Prince Cox (England).

1928: 6 Spiele: 4 Siege, 2 Niederlagen

64 **Schweiz,** 15.4., Bern, 3:2 gewonnen: Wentorf – J. Müller, Kutterer – Knöpfle, Leinberger, Berthold – E. Albrecht (1), Hornauer (1), Pöttinger, R. Hofmann (1), L. Hofmann – K.: J. Müller – SR: S. F. Rous (England).

65 **Schweiz,** 28.5. (Olymp, Fußballturnier), Amsterdam, 4:0 gewonnen: Stuhlfauth – Beier, H. Weber – Knöpfle, Kalb, Leinberger – E. Albrecht, Hornauer (1), Pöttinger, R. Hofmann (3), L. Hofmann – K.: Kalb – SR: W. Eymers (Niederlande).

66 **Uruguay,** 3.6. (Olymp. Fußballturnier), Amsterdam, 1:4 verloren: Stuhlfauth – Beier, H. Weber – Knöpfle, Kalb, Leinberger – E. Albrecht, Hornauer, Pöttinger, R. Hofmann (1), L. Hofmann – K.: Kalb – SR: Youssef Mohammed (Ägypten).

67 **Dänemark,** 16.9., Nürnberg, 2:1 gewonnen: Wentorf – Beier, H. Weber – Knöpfle, Leinberger, Heidkamp (1) – Reinmann, Horn, J. Schmitt, Pöttinger, L. Hofmann (1) – K.: Beier – SR: P. Ruoff (Schweiz).

68 **Norwegen,** 23.9., Oslo, 2:0 gewonnen: Stuhlfauth – H. Müller, Risse – Knöpfle, Leinberger, Heidkamp – E. Albrecht, Winkler, J. Schmitt (1), Kuzorra (1), Kießling – K.: Stuhlfauth – SR: L. Andersen (Dänemark).

69 **Schweden,** 30.9., Stockholm, 0:2 verloren: Gehlhaar – Beier, H. Weber – Knöpfle, Köhler, Heidkamp – E. Albrecht, Sobeck, Pöttinger, Kuzorra, L. Hofmann – K.: Beier – SR: S. Hansen (Dänemark).

1929: 5 Spiele: 4 Siege, 1 Unentschieden

70 **Schweiz,** 10.2., Mannheim, 7:1 gewonnen: Kreß – Schütz, H. Weber – Geiger, Leinberger, Knöpfle – Reinmann, Sobeck (2), Pöttinger (1), Frank (4), L. Hofmann – K.: Pöttinger – SR: L. Andersen (Dänemark).

71 **Italien,** 28.4., Turin, 2:1 gewonnen: Stuhlfauth – Beier, H. Weber – Geiger, Leinberger, Knöpfle – E. Albrecht, Hornauer (1), Pöttinger, Frank (1), L. Hofmann – K.: Stuhlfauth – SR: E. Gray (England).

72 **Schottland,** 1.6., Berlin, 1:1 unentschieden: Stuhlfauth – Schütz, Brunke – Geiger, Gruber, Heidkamp – Ruch (1), Sobeck, Pöttinger, R. Hofmann, L. Hofmann – K.: Stuhlfauth – SR: O. Olssen (Schweden).

73 **Schweden,** 23.6., Köln, 3:0 gewonnen: W. Kreß – Schütz, H. Weber – Geiger, Leinberger, Knöpfle – E. Albrecht, Sobeck, Horn, R. Hofmann (3), L. Hofmann – K.: L. Hofmann – SR: E. Braun (Österreich).

74 **Finnland,** 20.10., Altona, 4:0 gewonnen: Blunk – Beler, Hagen – Flick, K. Schulz, W. Völker – E. Albrecht, Szepan (1), Horn, R. Hofmann (1), Sackenheim (2) – K.: Hagen – SR: B. H. Bech (Norwegen).

1930: 6 Spiele, 2 Siege, 2 Unentschieden, 2 Niederlagen

75 **Italien,** 2.3., Frankfurt a. M., 0:2 verloren: Stuhlfauth – Hagen, H. Weber – Knöpfle (Mantel), Leinberger, Heidkamp – E. Albrecht, Szepan, Pöttinger, Frank, L. Hofmann – K.: Stuhlfauth – SR: P. Ruoff (Schweiz).

76 **Schweiz,** 4.5., Zürich, 5:0 gewonnen: W. Kreß – Schütz, Stubb (Hagen) – Hergert, Leinberger, Heidkamp – Bergmaier, Sackenheim, Kuzorra (3), R. Hofmann (2), A. Huber – K.: Leinberger – SR: S. F. Rous (England).

77 **England,** 10.5., Berlin, 3:3 unentschieden: W. Kreß – Schütz, Stubb – Heidkamp, Leinberger, Mantel – Bergmaier, Pöttinger, Kuzorra, R. Hofmann (3), L. Hofmann – K.: L. Hofmann – SR: J. Mutters (Niederlande).

78 **Dänemark,** 7.9., Kopenhagen, 3:6 verloren: Wenz – Brunke, Stubb – Hergert, Münzenberg, Mantel – Straßburger, Sobeck, Hohmann (1), R. Hofmann (1), Kund (1) – K.: R. Hofmann – SR: O. Olssen (Schweden).

79 **Ungarn,** 28.9., Dresden, 5:3 gewonnen: Kreß – Schütz, Burkhardt – Hergert, Leinberger, Heidkamp – Albrecht, Lachner (1), Ludwig (1), R. Hofmann (1), L. Hofmann (2) – K.: R. Hofmann – SR: L. Andersen (Dänemark).

80 **Norwegen,** 2.11., Breslau, 1:1 unentschieden: Jakob – Weber, Stubb – Kauer, Münzenberg, Wendl – Albrecht, Lachner, Hohmann (Hanke(1), R. Hofmann, Straßburger – K.: R. Hofmann – SR: H. S. Boekmann (Niederlande).

1931: 7 Spiele: 1 Sieg, 3 Unentschieden, 3 Niederlagen

81 **Frankreich,** 15.3., Paris 0:1 verloren: Kreß – Schütz, Weber – Münzenberg, Leinberger, Knöpfle – Bergmaier, Haringer, Hergert, R. Hofmann, L. Hofmann (Welker) – K.: R. Hofmann – SR: T. Crew (England).

82 **Niederlande,** 26.4., Amsterdam, 1:1 unentschieden: Kreß – Schröder, Weber – Stößel, Kauer, Knöpfle – Albrecht, Lachner, Schlösser (1), R. Hofmann, F. Müller – K.: H. Weber – SR: A. Bergquist (Schweden).

83 **Österreich,** 24.5., Berlin, 0:6 verloren: Gehlhaar – Beier, Weber – Knöpfle, Münzenberg, E. Müller – Bergmaier, Sobeck, Hohmann, R. Hofmann, F. Müller – K.: H. Weber – SR: O. Olssen (Schweden).

84 **Schweden,** 17.6., Stockholm, 0:0 unentschieden: Kreß – Emmerich, Brunke – Kauer, Leinberger, Knöpfle – Bergmaier, Sobeck, Ludwig, Widmayer, Sackenheim – K.: Leinberger – SR: J. Langenus (Belgien).

85 **Norwegen,** 21.6., Oslo, 2:2 unentschieden: Kreß – Emmerich, Brunke – Kauer, Leinberger, Knöpfle – Bergmaier (1), Sobeck, Ludwig (1), Widmayer, Sackenheim – K.: Leinberger – SR: I. Eklind (Schweden).

86 **Österreich,** 13.9., Wien, 0:5 verloren: Kreß – Emmerich, Brunke – Kauer, Leinberger, Knöpfle – Weiß, Hornauer, Kuzorra, R. Hofmann, Kund – K.: Leinberger – SR: O. Olssen (Schweden).

87 **Dänemark,** 27.9., Hannover, 4:2 gewonnen: Kreß – Schütz, Stubb – Gramlich, Leinberger, Knöpfle – H. Tibulski, Szepan, Kuzorra (1), R. Hofmann (3), Kobierski – K.: Leinberger – SR: A. Miesz (Österreich).

1932: 5 Spiele: 3 Siege, 2 Niederlagen

88 **Schweiz,** 6.3., Leipzig, 2:0 gewonnen: Kreß – Schütz, Stubb – Gramlich, Leinberger, Knöpfle – Langenbein, Rohr, Kuzorra, R. Hofmann (2), Kobierski – K.: Leinberger – SR: H. S. Boekmann (Niederlande).

89 **Finnland,** 1.7., Helsingfors, 4:1 gewonnen: Jakob – Schütz, Stubb – Gramlich, Leinberger, Knöpfle – Fischer, R. Hofmann (3), Rutz (1), Kuzorra, Kobierski – K.: Leinberger – SR: J. Anderssen (Schweden).

90 **Schweden,** 25.9., Nürnberg, 4:3 gewonnen: Jakob – Haringer, Stubb – Knöpfle, Leinberger, Oehm – Bergmaier, Krumm (1), Rohr (2), R. Hofmann, Kobierski (1) – K.: Leinberger – SR: R. Barlassina (Italien).

91 **Ungarn,** 30.10., Budapest, 1:2 verloren: Jakob – L. Huber, Wendl – Janes, Leinberger (Joppich), Knöpfle – Albrecht, Lachner, Malik (1), R. Hofmann, Kobierski – K.: Leinberger – SR: A. Carraro (Italien).

92 **Niederlande,** 4.12., Düsseldorf, 0:2 verloren: Buchloh – Schütz, Stubb – Mahlmann, Leinberger, Knöpfle – Albrecht, Wigold, Kuzorra, R. Hofmann, Kobierski – K.: Leinberger – SR: O. Olssen (Schweden).

1933: 6 Spiele: 3 Siege, 2 Unentschieden, 1 Niederlage

93 **Italien,** 1.1., Bologna, 1:3 verloren: Jakob (Buchloh) – Haringer, Wendl – Gramlich, Leinberger, Knöpfle – Bergmaier, Krumm, Rohr (1), Malik, Kobierski – K. Leinberger – SR: L. Baert (Belgien).

94 **Frankreich**, 19.3., Berlin, 3:3 unentschieden: Jakob – Haringer, Wendl – Gramlich, Hergert, Mantel – Fischer, Lachner (1), Rohr (2), Lindner (R. Hofmann), Kobierski – K.: Hergert – SR: T. Crew (England).

95 **Belgien**, 22.10., Duisburg, 8:1 gewonnen: Buchloh – Busch, Hundt – Janes, Bender, Breuer – Albrecht (1), Wigold (2), Hohmann (3), Rasselnberg (1), Kobierski (1) – K.: E. Albrecht – SR: O. Olssen (Schweden).

96 **Norwegen**, 5.11., Magdeburg, 2:2 unentschieden: Buchloh – Hundt, Busch – Janes, Bender, Breuer – Albrecht (1), Wigold, Hohmann (1), Rasselnberg, Kobierski – K.: E. Albrecht – SR: J. F. van Moorsel (Niederlande).

97 **Schweiz**, 19.11., Zürich, 2:0 gewonnen: Jakob – Haringer, Wendl – Gramlich, Goldbrunner, Eiberle – Lehner, Lachner (1), Hohmann (1), Rasselnberg, Heidemann – K.: Gramlich – SR: R. Barlassina (Italien).

98 **Polen**, 3.12., Berlin, 1:0 gewonnen: Jakob – Haringer, Krause – Janes, Bender, Appel – Lehner, Lachner, Hohmann, Rasselnberg (1), Kobierski – K.: Kobierski – SR: O. Olssen (Schweden).

1934: 8 Spiele: 7 Siege, 1 Niederlage

99 **Ungarn**, 14.1., Frankfurt a. M., 3:1 gewonnen: Kreß – Haringer (Schäfer), Stubb (1) – Gramlich, Goldbrunner, Oehm – Lehner, Lachner (1), Conen (1), Noack, Politz – K.: Gramlich – SR: L. Baert (Belgien).

100 **Luxemburg**, 11.3., Luxemburg, 9:1 gewonnen (WM-Qualifikation): Buchloh – Hundt, Haringer – Janes, Szepan, Oehm – Albrecht (1), Wigold (1), Hohmann (3), Rasselnberg (4), Kobierski – K.: E. Albrecht – SR: Th. de Wolf (Niederlande).

101 **Belgien**, 27.5. (Weltmeisterschaft – Vorrunde), Florenz, 5:2 gewonnen: Kreß – Haringer, Schwartz – Janes, Szepan, Zielinski – Lehner, Hohmann, Conen (3), Siffling (1), Kobierski (1) – K.: Szepan – SR: F. Mattea (Italien).

102 **Schweden**, 31.5. (Weltmeisterschaft – Zwischenrunde), Mailand, 2:1 gewonnen: Kreß – Haringer, Busch – Gramlich, Szepan, Zielinski – Lehner, Hohmann (2), Conen, Siffling, Kobierski – K.: Szepan – SR: R. Barlassina (Italien).

103 **Tschechoslowakei**, 3.6. (Weltmeisterschaft – Halbfinale), Rom, 1:3 verloren: Kreß – Haringer, Busch – Zielinski, Szepan, Bender – Lehner, Siffling, Conen, Noack (1), Kobierski – K.: Szepan – SR: R. Barlassina (Italien).

104 **Österreich**, 7.6. (Weltmeisterschaft – Spiel um den 3. und 4. Platz), Neapel, 3:2 gewonnen: Jakob – Janes, Busch – Zielinski, Münzenberg, Bender – Lehner (2), Siffling, Conen (1), Szepan, Heidemann – K.: Szepan – SR: A. Carraro (Italien).

105 **Polen**, 9.9., Warschau, 5:2 gewonnen: Buchloh – Janes, Busch – Zielinski, Münzenberg, Bender – Lehner (2), Siffling (1), Hohmann (1), Szepan (1), Fath – K.: Szepan – SR: O. Olssen (Schweden).

106 **Dänemark**, 7.10., Kopenhagen, 5:2 gewonnen: Buchloh – Janes, Schwartz – Gramlich, Münzenberg, Zielinski – Lehner, Hohmann (1), Rohwedder (1), Szepan, Fath (3) – K.: Szepan – SR: R. Bäckström (Schweden).

1935: 17 Spiele: 13 Siege, 1 Unentschieden, 3 Niederlagen

107 **Schweiz**, 27.1., Stuttgart, 4:0 gewonnen: Buchloh – Stührk, Busch – Gramlich, Goldbrunner, Appel – Lehner (1), Siffling, Conen (3), Rohwedder, Kobierski – K.: Goldbrunner – SR: L. Leclercq (Frankreich).

108 **Niederlande**, 17.2., Amsterdam, 3:2 gewonnen: Buchloh – Stührk, Busch – Gramlich, Münzenberg, Zielinski (Janes) – Lehner, Hohmann (1), Conen (1), Rohwedder, Kobierski (1) – K.: Gramlich – SR: O. Olssen (Schweden).

109 **Frankreich**, 17.3., Paris, 3:1 gewonnen: Jakob – Janes, Busch – Gramlich, Münzenberg, Zielinski – Lehner (1), Hohmann (1), Conen, Siffling, Kobierski (1) – K.: Gramlich – SR: L. Baert (Belgien).

110 **Belgien**, 28.4., Brüssel, 6:1 gewonnen: Jakob – Munkert, Busch – Gramlich, Goldbrunner, W. Schulz – Lehner, Siffling, Lenz (2), Damminger (2), Fath (2) – K.: Gramlich – SR: Dr. J. F. van Moorsel (Niederlande).

111 **Irland**, 8.5., Dortmund, 3:1 gewonnen: Buchloh – Janes, Tiefel – Zielinski, Goldbrunner, Bender – Lehner (1), Siffling, Lenz, Damminger (2), Fath – K.: Buchloh – SR: A. Krist (Tschechoslowakei).

112 **Spanien**, 12.5., Köln, 1:2 verloren: Buchloh – Janes, Busch – Gramlich, Münzenberg, Bender – Lehner, Hohmann, Conen (1), Rasselnberg, Fath – K.: Gramlich – SR: J. Langenus (Belgien).

113 **Tschechoslowakei**, 26.5., Dresden, 2:1 gewonnen: Jakob – Janes, Tiefel – Gramlich, Goldbrunner, Zielinski – Lehner, Lenz (2), Conen, Siffling, Fath – K.: Gramlich – SR: J. Langenus (Belgien).

114 **Norwegen**, 27.6., Oslo, 1:1 unentschieden: Jakob – Janes, Tiefel – Gramlich, Goldbrunner, Zielinski – Lehner, Lenz (1), Conen, Siffling, Fath – K.: Gramlich – SR: S. Flisberg (Schweden).

115 **Schweden**, 30.6., Stockholm, 1:3 verloren: Buchloh – Janes, Tiefel – Zielinski, Münzenberg, Bender – Lehner, Siffling, Conen, Rohwedder (1), Kobierski – K.: Münzenberg – SR: E. Ulrich (Dänemark).

116 **Finnland**, 18.8., München, 6:0 gewonnen: Jakob – Janes, Munkert – Gramlich, Goldbrunner, Schulz – Lehner (3), Siffling, Conen (3), Szepan, Fath – K.: Szepan – SR: B. Pfitzner (Tschechoslowakei).

117 **Luxemburg**, 18.8., Luxemburg, 1:0 gewonnen: Jürissen – Busch, H. Gramlich – Zielinski, Sold, Stephan – Elbern, Gellesch, Fricke, Urban, Günther (1) – K.: Busch – SR: L. Baert (Belgien).

118 **Rumänien**, 25.8., Erfurt, 4:2 gewonnen: Buchloh – Münzenberg, H. Gramlich – Werner, Deike, Kitzinger – Malecki, Lenz (1), Hohmann (1), Rasselnberg (1), Simetsreiter (1) – K.: Hohmann – SR: Dr. J. F. van Moorsel (Niederlande).

119 **Polen**, 15.9., Breslau, 1:0 gewonnen: Jakob – Haringer, H. Gramlich – R. Gramlich, Goldbrunner, Zielinski – Lehner, Lenz, Conen (1), Siffling, Fath – K.: Rudolf Gramlich – SR: O. Olssen (Schweden).

120 **Estland**, 15.9., Stettin, 5:0 gewonnen: Sonnrein – Münzenberg, Tiefel – Sukop, Mathies, W. Schulz – Malecki (1), Hohmann, Damminger (1), Rasselnberg (1), Simetsreiter (2) – K.: Hohmann – SR: E. Malmström (Schweden).

121 **Lettland**, 13.10., Königsberg, 3:0 gewonnen: Jürissen – Stührk, Tiefel – Ruchay, Mathies, Appel – Langenbein (1), Lenz (1), Panse (1), Bökle, Heidemann – K.: Tiefel – SR: M. Rutkowski (Polen).

122 **Bulgarien**, 20.10., Leipzig, 4:2 gewonnen: Buchloh – Münzenberg, Haringer – Gramlich, Goldbrunner, Warnken – Lehner (1), Siffling, Poertgen (1), Szepan, Simetsreiter (2) – K.: Szepan – SR: M. Ivancsics (Ungarn).

123 **England**, 4.12., London, 0:3 verloren: Jakob – Haringer, Münzenberg – Janes, Goldbrunner, Gramlich – Lehner, Szepan, Hohmann, Rasselnberg, Fath – K.: Szepan – SR: O. Olssen (Schweden).

1936: 11 Spiele: 5 Siege, 2 Unentschieden, 4 Niederlagen

124 **Spanien**, 23.2., Barcelona, 2:1 gewonnen: Jakob – Münzenberg, Munkert – Janes, Goldbrunner, R. Gramlich – Lehner, Siffling, Lenz, Szepan, Fath (2) – K.: Szepan – SR: J. Langenus (Belgien).

125 **Portugal**, 27.2., Lissabon, 3:1 gewonnen: Buchloh (Jakob) – Münzenberg, Tiefel – Janes, Goldbrunner, Kitzinger (1) – Lehner (1), Hohmann (1), Siffling, Szepan, Simetsreiter – K.: Szepan – SR: P. Escartin (Spanien).

126 **Ungarn**, 15.3., Budapest, 2:3 verloren: Sonnrein – Münzenberg, Munkert – Janes, Sold, Kitzinger – Elbern, Gellesch, Lenz (1), Szepan, Urban (1) – K.: Szepan – SR: A. Krist (Tschechoslowakei).

127 **Luxemburg**, 4.8., Berlin (Olymp. Fußballturnier), 9:0 gewonnen: Buchloh – Münzenberg, Ditgens – Mehl, Goldbrunner, Bernard – Elbern (1), Gauchel (2), Hohmann, Urban (3), Simetsreiter (3) – K.: Münzenberg – SR: P. von Hertzka (Ungarn).

128 **Norwegen**, 7.8., Berlin (Olymp. Fußballturnier), 0:2 verloren: Jakob – Münzenberg, Ditgens – Gramlich, Goldbrunner, Bernard – Lehner, Siffling, Lenz, Urban, Simetsreiter – K.: Gramlich – SR: Dr. A. W. Barton (England).

129 **Polen**, 13.9., Warschau, 1:1 unentschieden: Buchloh – Janes, Münzenberg – Mehl, Rodzinski, Kitzinger – Elbern, Gauchel, Hohmann (1), Euler, Günther – K.: Münzenberg – SR: R. Eklöw (Schweden).

130 **Tschechoslowakei**, 27.9., Prag, 2:1 gewonnen: Jakob – Münzenberg, Munkert – Rodzinski, Goldbrunner, Kitzinger – Elbern (1), Gellesch, Siffling (1), Lenz, Kobierski – K.: Münzenberg – SR: O. Olssen (Schweden).

131 **Luxemburg**, 27.9., Krefeld, 7:2 gewonnen: Jürissen – Busch, Sievert – O. Tibulski, Rohde, Zielinski – Malecki (1), Billen, Poertgen (3), Kuzorra (2), Günther (1) – K.: Busch – SR: Dr. J. F. Moorsel (Niederlande).

132 **Schottland**, 14.10., Glasgow, 0:2 verloren: Jakob – Münzenberg, Munkert – Janes, Goldbrunner, Kitzinger – Elbern, Gellesch, Siffling, Szepan, Urban – K.: Szepan – SR: H. Nattras (England).

133 **Irland**, 17.10., Dublin, 2:5 verloren: Jakob – Münzenberg, Munkert – Rodzinski, Goldbrunner, Kitzinger – Lehner, Siffling, Hohmann, Szepan (1), Kobierski (1) – K.: Szepan – SR: W. Webb (Schottland).

134 **Italien**, 15.11., Berlin, 2:2 unentschieden: Jakob – Münzenberg, Munkert – Janes, Goldbrunner, Kitzinger – Elbern, Gellesch, Siffling (2), Szepan, Urban – K.: Szepan – SR: R. Eklöw (Schweden).

1937: 11 Spiele: 10 Siege, 1 Unentschieden

135 **Niederlande**, 31,1., Düsseldorf, 2:2 unentschieden: Jakob – Janes, Münzenberg – Gellesch, Goldbrunner, Kitzinger – Lehner (2), Hohmann, Friedel, Szepan, Günther – K.: Szepan – SR: L. Leclercq (Frankreich).

136 **Frankreich**, 21.3., Stuttgart, 4:0 gewonnen: Jakob – Janes, Münzenberg – Gellesch, Goldbrunner, Kitzinger – Lehner (1), Siffling, Lenz (1), Szepan, Urban (2) – K.: Szepan – SR: R. Barlassina (Italien).

137 **Luxemburg**, 21.3., Luxemburg, 3:2 gewonnen: Köhl – Appel, Klaas – Kupfer, Sold, Schädler – Malecki, Gauchel, Poertgen (1), Hohmann, Striebinger (2) – K.: Hohmann – SR: K. Wunderlin (Schweiz).

138 **Belgien**, 25.4., Hannover, 1:0 gewonnen: Jakob – Haringer, Münzenberg – Kupfer, Goldbrunner, Kitzinger – Lehner, Rohwedder, Lenz, Hohmann (1), Striebinger – K.: Münzenberg – SR: A. J. Jewell (England).

139 **Schweiz**, 2.5., Zürich, 1:0 gewonnen: Jakob – Billmann, Münzenberg – Kupfer, Goldbrunner, Kitzinger (1) – Lehner, Szepan, Eckert, Noack, Urban – K.: Szepan – SR: L. Baert (Belgien).

140 **Dänemark**, 16.5., Breslau, 8:0 gewonnen: Jakob – Janes, Münzenberg – Kupfer, Goldbrunner, Kitzinger – Lehner (1), Gellesch, Siffling (5), Szepan (1), Urban (1) – K.: Szepan – SR: A. Krist (Tschechoslowakei).

141 **Lettland**, 25.6., Riga, 3:1 gewonnen: Jürissen – Welsch, Münzenberg – Männer, Sold, Schädler – Elbern, Siffling, Berndt (2), Hohmann (1), Simetsreiter – K.: Hohmann – SR: A. Krist (Tschechoslowakei).

142 **Finnland**, 29.6., Helsinki, 2:0 gewonnen (WM-Qualifikation): Jakob – Janes, Münzenberg – Kupfer, Goldbrunner, Kitzinger – Lehner (1), Gellesch, Siffling, Szepan, Urban (1) – K.: Szepan – SR: Dr. Remke (Dänemark).

143 **Estland**, 29.8., Königsberg, 4:1 gewonnen (WM-Qualifikation): Jakob – Janes, Münzenberg – Rose, Goldbrunner, Schädler – Lehner (2), Gauchel (2), Berndt, Szepan, Simetsreiter – K.: Szepan – SR: B. Pfitzner (Tschechoslowakei).

144 **Norwegen**, 24.10., Berlin, 3:0 gewonnen: Jakob – Janes, Münzenberg – Kupfer, Goldbrunner, Kitzinger – Lehner, Gellesch, Siffling (3), Szepan, Urban – K.: Szepan – SR: P. Snape (England).

145 **Schweden**, 21.11., Hamburg, 5:0 gewonnen (WM-Qualifikation): Jakob – Janes, Münzenberg – Kupfer, Goldbrunner, Gellesch – Lehner, Schön (2), Siffling (2), Szepan (1), Urban – K.: Szepan – SR: B. Pfitzner (Tschechoslowakei).

1938: 9 Spiele: 3 Siege, 4 Unentschieden, 2 Niederlagen

146 **Schweiz**, 6.2., Köln, 1:1 unentschieden: Jürissen – Janes, Münzenberg – Kupfer, Sold, Gellesch – Lehner, Urban, Siffling, Szepan (1), Striebinger – K.: Szepan – SR: R. G. Rudd (England).

147 **Ungarn**, 20.3., Nürnberg, 1:1 unentschieden: Jakob – Billmann, Münzenberg – Kitzinger, Goldbrunner, Mengel – Lehner, Siffling (1), Berndt, Kuzorra, Fath – K.: Münzenberg – SR: J. Langenus (Belgien).

148 **Luxemburg**, 20.3., Wuppertal, 2:1 gewonnen: H. Klodt – Schulz, Ditgens – Berg, Sold, Schädler – Winkler, Gauchel (2), Lenz, Heibach, Holz – K.: Sold – SR: Wüthrich (Schweiz).

149 **Portugal**, 24.4., Frankfurt, 1:1 unentschieden: Jakob – Janes, Münzenberg – Kupfer, Goldbrunner, Kitzinger – Lehner, Gellesch, Siffling (1), Szepan, Fath – K.: Szepan – SR: R. Barlassina (Italien).

150 **England**, 14.5., Berlin, 3:6 verloren: Jakob – Janes, Münzenberg – Kupfer, Goldbrunner, Kitzinger – Lehner, Gellesch (1), Gauchel (1), Szepan, Pesser (1) – K.: Szepan – SR: J. Langenus (Belgien).

151 **Schweiz**, 4.6., Paris (Weltmeisterschaft), 1:1 nach Verlängerung: Raftl – Janes, Schmaus – Kupfer, Mock, Kitzinger – Lehner, Gellesch, Gauchel (1), Hahnemann, Pesser – K.: Mock – SR: J. Langenus (Belgien).

152 **Schweiz**, 9.6., Paris (Weltmeisterschaft, Wiederholungsspiel), 2:4 verloren: Raftl – Janes, Streitle – Kupfer, Goldbrunner, Skoumal – Lehner, Stroh, Hahnemann (1), Szepan, Neumer (1 Selbsttor Lörtscher) – K.: Szepan – SR: Eklind (Schweden).

153 **Polen**, 18.9., Chemnitz, 4:1 gewonnen: Jakob – Janes, Münzenberg – Kupfer, Goldbrunner, Kitzinger – Hahnemann, Stroh, Gauchel (3), Schön (1), Pesser – K.: Münzenberg – SR Wüthrich (Schweiz).

154 **Rumänien**, 25.9., Bukarest, 4:1 gewonnen: Raftl – Appel, Schmaus – Wagner, Mock, Skoumal – Biallas, Hahnemann, Stroh (1), Schön (1), Pesser (1) (Eigentor Albu) – K.: Mock – SR: Popovich (Jugoslawien).

1939: 15 Spiele: 9 Siege, 2 Unentschieden, 4 Niederlagen

155 **Belgien**, 29.1., Brüssel, 4:1 gewonnen: Platzer – Streitle, Schmaus – Rohde, Goldbrunner, Gellesch – Lehner (1), Hahnemann (1), Binder (1), Schön (1), Arlt – K.: Goldbrunner – SR: Eklöw (Schweden).

156 **Jugoslawien**, 26.2., Berlin, 3:2 gewonnen: H. Klodt – Janes (1), Streitle – Kupfer, O. Tibulski, Kitzinger – Biallas (1), Stroh, Gauchel, Hahnemann, Urban (1) – K.: Janes – SR: Rutkowski (Polen).

157 **Italien**, 26.3., Florenz, 2:3 verloren: Platzer – Janes (1), Schmaus – Kupfer, Goldbrunner, Kitzinger – Lehner, Hahnemann (1), Gauchel, Schön, Pesser – K.: Janes – SR: Baert (Belgien).

158 **Luxemburg**, 26.3., Differdingen, 1:2 verloren: Flotho – Münzenberg, Immig – Rohde, Picard, Männer – Malecki, Pöhler, Hänel (1), Fiederer, Arlt – K.: Münzenberg – SR: Charlier (Belgien).

159 **Irland**, 23.5., Bremen, 1:1 unentschieden: Jakob – Janes, Streitle – Kupfer, Rohde, Kitzinger – Lehner, Hahnemann, Gauchel, Schön (1), Arlt – K.: Janes – SR: Dr. Remke (Dänemark).

160 **Norwegen**, 22.6., Oslo, 4:0 gewonnen: H. Klodt – Janes (1), Schmaus – Kupfer, Goldbrunner, Kitzinger – Lehner, Gellesch, Schön (2), Schaletzki, Urban (1) – K.: Janes – SR: Eklind (Schweden).

161 **Dänemark**, 25.6., Kopenhagen, 2:0 gewonnen: H. Klodt – Janes, Streitle – Kupfer, Rohde, Kitzinger – Biallas, Hahnemann, Conen (1), Gauchel (1), Arlt – K.: Janes – SR: Johansen (Norwegen).

162 **Estland**, 29.6., Tallinn, 2:0 gewonnen: Deyhle – Janes, Moog – Jakobs, Rohde, Männer – Lehner (1), Schaletzki (1), Hänel, Gauchel, Arlt – K.: Janes – SR: Jürgens (Lettland).

163 **Slowakei**, 27.8., Preßburg, 0:2 verloren: Jürissen – Immig, Marischka – Sabeditsch, Pekarek, Merkel – Hofer, Reitermaier, Binder, Kaburek, Gärtner – K.: Binder – SR: Popovich (Jugoslawien).

164 **Ungarn**, 24.9., Budapest, 1:5 verloren: Jakob – Janes, Schmaus – Kupfer, Goldbrunner, Kitzinger – Lehner (1), Gellesch, Schön, Szepan, Pesser – K.: Szepan – SR: Dattilo (Italien).

165 **Jugoslawien**, 15.10., Zagreb, 5:1 gewonnen: H. Klodt – Janes, Billmann – Kupfer, Sold, Kitzinger – Lehner, Schön (3), Conen, Szepan (2), Urban – K.: Szepan – SR: Barlassina (Italien).

166 **Bulgarien**, 22.10., Sofia, 2:1 gewonnen: H. Klodt – Janes, Billmann – Kupfer, Sold, Kitzinger – Lehner, Gellesch, Conen (1), Szepan, Urban (1) – K.: Szepan – SR: Stefanovic (Jugoslawien).

167 **Böhmen-Mähren**, 12.11., Breslau, 4:4 unentschieden: Raftl – Janes (1), Billmann – Kupfer, Sold, Männer – Lehner, Schön, Binder (3), Urban, Arlt – K.: Janes – SR: Popovich (Jugoslawien).

168 **Italien**, 26.11.. Berlin, 5:2 gewonnen: Raftl – Janes, Billmann – Kupfer, Rohde, Kitzinger – Lehner (1), Hahnemann, Conen (1), Binder (3), Pesser – K.: Janes – SR: Escartin (Spanien).

169 **Slowakei**, 3.12., Chemnitz, 3:1 gewonnen: Jahn – Billmann, Kubus – Goede, Rohde, Kitzinger – Lehner (1), Schön (1), Hänel, Fiederer (1), Arlt – K.: Lehner – SR: Dr. Remke (Dänemark).

1940: 10 Spiele: 5 Siege, 2 Unentschieden, 3 Niederlagen

170 **Ungarn**, 7.4., Berlin, 2:2 unentschieden: H. Klodt – Janes, Billmann – Kupfer, Rohde, Kitzinger – Lehner, Gauchel (1), Conen, Binder (1), Pesser – K.: Janes – SR: Baert (Belgien).

171 **Jugoslawien**, 14.4., Wien, 1:2 verloren: Raftl – Janes, Schmaus – Hanreiter, Hofstätter, Skoumal – Lehner (1), Hahnemann, Binder, Gauchel, Pesser – K.: Janes – SR: Dattilo (Italien).

172 **Italien**, 5.5., Mailand, 2:3 verloren: H. Klodt – Janes, Billmann – Kupfer, Rohde, Kitzinger – Lehner, Hahnemann, Binder (2), Urban, Pesser – K.: Janes – SR: Ivancsics (Ungarn).

173 **Rumänien**, 14.7., Frankfurt, 9:3 gewonnen: Martinek – Janes, Moog – Kupfer, Krüger, Kitzinger – Plener (2), Hahnemann (2), F. Walter (3), Fiederer (2), Arlt – K.: Janes – SR: Scorzoni (Italien).

174 **Finnland**, 1.9., Leipzig, 13:0 gewonnen: H. Klodt – Schneider, Moog – Kupfer, Dzur, Kitzinger – Plener, Hahnemann (6), F. Walter (2), Conen (4), Arlt (1) – K.: Kitzinger – SR: Dr. Remke (Dänemark).

175 **Slowakei**, 15.9., Preßburg, 1:0 gewonnen: Jahn – Janes, Moog – Zwolanowski, Dzur, Männer – Eppenhoff, Hahnemann, Conen, Jelinek, Durek (1) – K.: Janes – SR: Scarpi (Italien).

176 **Ungarn**, 6.10., Budapest, 2:2 unentschieden: H. Klodt – Janes, Moog – Kupfer, Goldbrunner, Kitzinger – Lehner (1), Hahnemann (1), F. Walter, Conen, Pesser – K.: Janes – SR: Dattilo (Italien).

177 **Bulgarien**, 20.10., München, 7:3 gewonnen: H. Klodt – Streitle, Moog – Kupfer (1), Goldbrunner, Hammerl – Lehner (1), F. Walter, Conen (4), Sing, Gärtner (1) – K.: Goldbrunner – SR: Kiss (Ungarn).

178 **Jugoslawien**, 3.11., Zagreb, 0:2 verloren: H. Klodt – Janes, Streitle – Kupfer, Rohde, Kitzinger – Lehner, Zwolanowski, F. Walter, Fiederer, Arlt – K.: Janes – SR: Scarpi (Italien).

179 **Dänemark**, 17.11., Hamburg, 1:0 gewonnen: Jahn – Janes, Moog – Kupfer, Rohde, Kitzinger – Lehner, F. Walter, Binder, Schön (1), Pesser – K.: Janes – SR: Ahlfors (Finnland).

1941: 9 Spiele: 6 Siege, 1 Unentschieden, 2 Niederlagen

180 **Schweiz**, 9.3., Stuttgart, 4:2 gewonnen: H. Klodt – Janes, Streitle Kupfer, Rohde, Kitzinger– Hanreiter, Hahnemann, F. Walter (1), Schön (2), Kobierski (1) – K.: Janes – SR: Scorzoni (Italien).

181 **Ungarn**, 6.4., Köln, 7:0 gewonnen: H. Klodt – Janes (1), Miller – Kupfer, Rohde, Kitzinger – Hanreiter, Hahnemann (2), F. Walter (1), Schön (2), Kobierski (1) – K.: Janes – SR: Escartin (Spanien).

182 **Schweiz**, 20.4., Bern, 1:2 verloren: H. Klodt – Janes, Miller – Kupfer, Rohde, Kitzinger – Hanreiter, Hahnemann (1), F. Walter, Schön, Kobierski – K.: Janes – SR: Scarpi (Italien).

183 **Rumänien**, 1.6., Bukarest, 4:1 gewonnen: H. Klodt – Janes, Billmann – Kupfer, Rohde, Kitzinger – Lehner, F. Walter (1), Binder, Willimowski (2), Kobierski (1) – K.: Janes – SR: Bizic (Slowakei).

184 **Kroatien**, 15.6., Wien, 5:1 gewonnen: Jahn – Sesta, Schmaus – Urbanek, Mock, Hanreiter – Lehner (2), Hahnemann, F. Walter (2), Willimowski (1), Fiederer – K.: Hahnemann – SR: Mieß (Deutschland), Wüthrich (Schweiz) nicht erschienen.

185 **Schweden**, 5.10., Stockholm, 2:4 verloren: H. Klodt – Janes, Billmann – Kupfer, Rohde, Kitzinger – Lehner (1), Hahnemann, F. Walter ((1), Schön, Gärtner – K.: Janes – SR: Laursen (Dänemark).

186 **Finnland**, 5.10., Helsinki, 6:0 gewonnen: Jahn – Richter, Miller – Pohl, Dzur, Schubert – H. Burdenski, Gellesch, Eppenhoff (3), Willimowski (3), Kobierski – K.: Gellesch – SR: Eklind (Schweden).

187 **Dänemark**, 16.11., Dresden, 1:1 unentschieden: Jahn – Janes, Miller – Kupfer, Rohde, Schubert – Hahnemann (1), F. Walter, Conen, Willimowski, Fiederer – K.: Janes – SR: Eklind (Schweden).

188 **Slowakei**, 7.12, Breslau, 4:0 gewonnen: Jahn – Janes, Miller – Pohl, Rohde, Schubert – Riegler, Hahnemann, Conen (2), F. Walter (1), Durek (1) – K.: Janes – SR: Kroner (Rumänien).

1942: 10 Spiele: 7 Siege, 1 Unentschieden, 2 Niederlagen

189 **Kroatien**, 18.1., Agram, 2:0 gewonnen: Jahn – Sesta, Schmaus – Wagner, Mock, Hanreiter – Riegler, Decker (1), Conen, F. Walter, Durek (1 Eigentor Brozovic) – K.: Mock – SR: Moler (Slowakei).

190 **Schweiz**, 1.2., Wien, 1:2 verloren: Jahn – Sesta, Schmaus – Wagner, Mock, Hanreiter – Fitz, Decker (1), Eppenhoff, F. Walter, Durek – K.: Mock – SR: Scarpi (Italien).

191 **Spanien**, 12.4., Berlin, 1:1 unentschieden: Jahn – Janes, Miller – Kitzinger, Rohde, Sing – F. Dörfel, Decker (1), Conen, F. Walter, Durek – K.: Janes – SR: Barlassina (Italien).

192 **Ungarn**, 3.5., Budapest, 5:3 gewonnen: Jahn – Janes (1), Miller – Kitzinger, Rohde, Sing (1) – F. Dörfel (1), Decker, Conen, F. Walter (2), Durek – K.: Janes. SR: Barlassina (Italien).

193 **Bulgarien**, 19.7., Sofia, 3:0 gewonnen: Jahn – Janes, Miller – Kupfer, Sold, Sing – H. Burdenski, Decker (2), F. Walter, Gauchel, Arlt (1) – K.: Janes – SR: Moler (Slowakei).

194 **Rumänien**, 16.8., Beuthen, 7:0 gewonnen: Jahn – Janes, Miller – Kupfer, Sold, Sing – H. Burdenski (1), Decker (1), F. Walter (3), Willimowski (1), Klingler (1) – K.: Janes – SR: Moler (Slowakei).

195 **Schweden**, 20.9., Berlin, 2:3 verloren: Jahn – Janes, Miller – Kupfer, Sold, Rohde – Lehner (1), Decker, F. Walter, Sing, Klingler (1) – K.: Janes – SR: Laursen (Dänemark).

196 **Schweiz**, 18.10., Bern, 5:3 gewonnen: Jahn – Janes, Miller – Kupfer, Rohde, Sing – Lehner, F. Walter (1), Willimowski (4), Klingler, Urban – K.: Janes – SR: Escartin (Spanien).

197 **Kroatien**, 1.11., Stuttgart, 5:1 gewonnen: Jahn – Janes (1), Adamkiewicz – Kupfer, Rohde, Sing – Lehner, F. Walter (1), Willimowski (2), Urban, Klingler (1) – K.: Janes – SR: Palasti (Ungarn).

198 **Slowakei**, 22.11., Preßburg, 5:2 gewonnen: Jahn – Janes, Miller – Kupfer, Rohde, Sing – Adamkiewicz (1), Decker (1), Willimowski, F. Walter, Klingler (3) – K.: Janes – SR: Bazant (Kroatien).

1950: 1 Spiel: 1 Sieg

199 **Schweiz**, 22.11., Stuttgart, 1:0 gewonnen: Turek – H. Burdenski (1), Streitle – Kupfer, Baumann, Barufka (Röhrig) – B. Klodt, Morlock, O. Walter, Balogh, Herrmann – K.: Kupfer – SR: Ellis (England).

1951: 6 Spiele: 4 Siege, 2 Niederlagen

200 **Schweiz**, 15.4., Zürich, 3:2 gewonnen: Turek – H. Burdenski, Streitle – Mebus, Baumann, Barufka – Gerritzen (1), Röhrig, O. Walter (1), F. Walter (1), B. Klodt (Schade) – K.: Fritz Walter – SR: Ellis (England).

201 **Türkei**, 17.6., Berlin, 1:2 verloren: Turek – Streitle, Kohlmeyer – Posipal, Liebrich, Haferkamp (1) – Gerritzen, F. Walter, Schade, Röhrig (Schanko), Herrmann – K.: Fritz Walter – SR: Carpani (Italien).

202 **Österreich**, 23.9., Wien, 2:0 gewonnen: Turek – Streitle, Kohlmeyer – Mebus, Posipal, Schanko – Gerritzen (Haferkamp(1), Preißler, Morlock (1), F. Walter, Barufka (Herrmann) – K.: Fritz Walter – SR: Evans (England).

203 **Irland**, 17.10., Dublin, 2:3 verloren: Turek – Streitle, Kohlmeyer – Mebus, Posipal, Schanko – Gerritzen, Preißler, Morlock (1), F. Walter (1), Herrmann – K.: Fritz Walter – SR: Ling (England).

204 **Türkei**, 21.11., Istanbul, 2:0 gewonnen: Adam – Streitle, Kohlmeyer – Mebus, Posipal, Schanko – Rahn, Morlock (2), F. Walter, Haferkamp, Termath – K.: Fritz Walter – SR: Ellis (England).

205 **Luxemburg**, 23.12., Essen, 4:1 gewonnen: Bögelein – Juskowiak, Bauer – Mebus, Wewers, Schanko – Rahn (1), Stollenwerk (1), Schröder, F. Walter, Termath (2) – K.: Fritz Walter – SR: Baert (Belgien).

1952: 6 Spiele: 4 Siege, 1 Unentschieden, 1 Niederlage

206 **Luxemburg**, 20.4., Luxemburg, 3:0 gewonnen: Adam – Retter, Bauer – Wientjes (Haferkamp), Posipal, Schanko – B. Klodt (1), Stollenwerk (1), Zeitler (1), Schröder, Ehrmann – K.: Posipal – SR: Bauwens (Belgien).

207 **Irland**, 4.5., Köln, 3:0 gewonnen: Adam – Retter, Kohlmeyer – Posipal (1), Streitle, Schanko – B. Klodt, Röhrig, O. Walter (1), Herrmann (Stollenwerk), Termath (1) – K.: Streitle – SR: Ellis (England).

208 **Frankreich**, 5.10., Paris, 1:3 verloren: Turek – Retter, Borkenhagen – Posipal, Liebrich, Schanko – Rahn, Wientjes, O. Walter (1), (Stollenwerk), F. Walter, Termath – K.: Fritz Walter – SR: Evans (England).

209 **Schweiz**, 9.11., Augsburg, 5:1 gewonnen: Turek – Retter, Kohlmeyer – Eckel, Posipal, Schanko – B. Klodt, Morlock (1), O. Walter (1), F. Walter (1), Schäfer (2) – K.: Fritz Walter – SR: Orlandini (Italien).

210 **Jugoslawien**, 21.12., Ludwigshafen, 3:2 gewonnen: Turek – Retter, Kohlmeyer – Eckel, Posipal, Schanko – Rahn (1), Morlock (1), O. Walter, F. Walter (1), Termath – K.: Fritz Walter – SR: Ellis (England).

211 **Spanien**, 28.12., Madrid, 2:2 unentschieden: Turek – Retter, Kohlmeyer – Eckel, Posipal, Schanko – Rahn, Morlock, O. Walter (1) (Metzner), F. Walter, Termath (1) – K.: Fritz Walter – SR: Orlandini (Italien).

1953: 4 Spiele: 2 Siege, 2 Unentschieden

212 **Österreich**, 22.3., Köln, 0:0 unentschieden: Turek – Retter, Kohlmeyer – Eckel (Harpers), Posipal, Schanko – Rahn, Morlock, O. Walter (Röhrig), F. Walter, Schäfer – K.: Fritz Walter – SR: Bauwens (Belgien).

213 **Norwegen**, 19.8., Oslo, 1:1 unentschieden (WM-Qualifikation): Turek – Retter, Kohlmeyer – Eckel, Posipal, Schanko – Rahn, Morlock, O. Walter, F. Walter (1), Schäfer (Pfaff) – K.: Fritz Walter – SR: Aussum (Niederlande).

214 **Saarland**, 11.10., Stuttgart, 3:0 gewonnen (WM-Qualifikation): Turek – Retter, Erhard – Mai, Posipal, Gottinger (Eckel) – Rahn, Morlock (2), Schade (1), Metzner, Schäfer – K.: Posipal – SR: van der Meer (Niederlande).

215 **Norwegen**, 22.11., Hamburg, 5:1 gewonnen (WM-Qualifikation): Turek – Retter, Kohlmeyer – Eckel, Posipal, Mai – Rahn (1), Morlock (2), O. Walter (1), F. Walter (1), Herrmann – K.: Fritz Walter – SR: Luty (England).

1954: 12 Spiele: 8 Siege, 4 Niederlagen

216 **Saarland**, 28.3., Saarbrücken, 3:1 gewonnen (WM-Qualifikation): Turek – Retter, Kohlmeyer – Posipal, Liebrich, Schanko – Rahn, Morlock (2), F. Walter (O. Walter), Röhrig, Schäfer (1) – K.: Fritz Walter – SR: Bronkhorst (Niederlande).

217 **Schweiz**, 25.4., Basel, 5:3 gewonnen: Kubsch – Retter (Kohlmeyer), Laband – Eckel, Posipal, Mai – Herrmann (B. Klodt), Morlock (1), O. Walter, F. Walter (2), Schäfer (2) – K.: Fritz Walter – SR: Griffiths (Wales).

218 **Türkei**, 17.6., Bern, 4:1 gewonnen (Weltmeisterschafts-Vorrunde): Turek – Laband, Kohlmeyer – Eckel, Posipal, Mai – B. Klodt (1), Morlock (1), O. Walter (1), F. Walter, Schäfer (1) – K.: Fritz Walter – SR: da Costa (Portugal).

219 **Ungarn**, 20.6., Basel, 3:8 verloren (Weltmeisterschafts-Vorrunde): Kwiatkowski – Bauer, Kohlmeyer – Posipal, Liebrich, Mebus – Rahn (1), Eckel, F. Walter, Pfaff (1), Herrmann (1) – K.: Fritz Walter – SR: Ling (England).

220 **Türkei**, 23.6., Zürich, 7:2 gewonnen (Weltmeisterschafts-Vorrunde, Entscheidung um Platz 2 der Gruppe 2): Turek – Laband, Bauer – Eckel, Posipal, Mai – B. Klodt, Morlock (3), O. Walter (1), F. Walter (1), Schäfer (2) – K.: Fritz Walter – SR: Vincenti (Frankreich).

221 **Jugoslawien**, 27.6., Genf, 2:0 gewonnen (Weltmeisterschafts-Zwischenrunde): Turek – Laband, Kohlmeyer – Eckel, Liebrich, Mai – Rahn (1), Morlock, O. Walter, F. Walter, Schäfer (Selbsttor Horvat) – K.: Fritz Walter – SR: Zsolt (Ungarn).

222 **Österreich**, 30.6., Basel, 6:1 gewonnen (Weltmeisterschafts-Vorschlußrunde): Turek – Posipal, Kohlmeyer – Eckel, Liebrich, Mai – Rahn, Morlock (1), O. Walter (2), F. Walter (2), Schäfer (1) – K.: Fritz Walter – SR: Orlandini (Italien).

223 **Ungarn**, 4.7., Bern, 3:2 gewonnen (Endspiel um die Weltmeisterschaft): Turek – Posipal, Kohlmeyer – Eckel, Liebrich, Mai – Rahn (2), Morlock (1), O. Walter, F. Walter, Schäfer – K.: Fritz Walter – SR: Ling (England).

224 **Belgien**, 26.9., Brüssel, 0:2 verloren: Herkenrath – Erhard, Kohlmeyer – Posipal, Liebrich, Mai – Rahn, Morlock, O. Walter, Biesinger, B. Klodt – K.: Posipal – SR: Bronkhorst (Niederlande).

225 **Frankreich**, 16.10., Hannover, 1:3 verloren: Turek – Erhard, Kohlmeyer – Posipal, Liebrich, Mai – B. Klodt, Stürmer (1), O. Walter, Islacker, Termath (Seeler) – K.: Posipal – SR: Griffiths (Wales).

226 **England**, 1.12., London, 1:3 verloren: Herkenrath – Posipal, Kohlmeyer – Erhard, Liebrich, Harpers – Kaufhold, Pfeiffer, Seeler, Derwall, Beck (1) – K.: Posipal – SR: Orlandini (Italien).

227 **Portugal**, 19.12., Lissabon, 3:0 gewonnen: Herkenrath – Posipal, Juskowiak (1) – Erhard (1), Liebrich, Harpers – B. Klodt, Miltz, Kreß (Waldner), Derwall, Pfaff (1) – K.: Posipal – SR: van der Meer (Niederlande).

1955: 6 Spiele: 2 Siege, 4 Niederlagen

228 **Italien**, 30.3., Stuttgart, 1:2 verloren: Herkenrath – Juskowiak (1), Kohlmeyer – Mai, Posipal, Harpers – Rahn (Waldner), Morlock, Seeler, F. Walter, Schäfer – K.: Fritz Walter – SR: Zsolt (Ungarn).

229 **Irland**, 28.5., Hamburg, 2:1 gewonnen: Kubsch – Retter, Erhard – Schlienz, R. Hoffmann, Mai (1) – Waldner (1), Weilbächer, Biesinger, Röhrig, Schäfer – K.: Röhrig – SR: van der Meer (Niederlande).

230 **Sowjetunion**, 21.8., Moskau, 2:3 verloren: Herkenrath – Juskowiak, Posipal – Eckel, Liebrich, Harpers – Rahn, F. Walter (1), Morlock (Schröder), Röhrig, Schäfer (1) – K.: Fritz Walter – SR: Ling (England).

231 **Jugoslawien**, 25.9., Belgrad, 1:3 verloren: Herkenrath – K. Schmidt, Posipal – Eckel, Liebrich, Röhrig – Waldner (Kraus), Morlock (1), O. Walter, F. Walter, Schäfer – K.: Fritz Walter – SR: Zsolt (Ungarn).

232 **Norwegen**, 16.11., Karlsruhe, 2:0 gewonnen: Herkenrath – Posipal, K. Schmidt – Eckel, Liebrich, Harpers – Kraus, F. Walter (1), Biesinger (Schröder), Röhrig (1), Waldner – K.: Fritz Walter – SR: Seipelt (Österreich).

233 **Italien**, 18.12. Rom, 1:2 verloren: Herkenrath – Posipal (Juskowiak), K. Schmidt – Eckel, Liebrich, Mai – Rahn, F. Walter, Stollenwerk, Röhrig (1), Schäfer – K.: Fritz Walter – SR: Ellis (England).

1956: 8 Spiele: 2 Siege, 1 Unentschieden, 5 Niederlagen

234 **Niederlande**, 14.3., Düsseldorf, 1:2 verloren: Herkenrath – Posipal, Juskowiak – Eckel, Schlienz, K. Schmidt – B. Klodt, F. Walter, Seeler (Waldner), Röhrig, Schäfer (Selbsttor v. d. Hart) – K.: Fritz Walter – SR: Leafe (England).

235 **England**, 26.5., Berlin, 1:3 verloren: Herkenrath – Retter, Juskowiak – Schlienz, Wewers, Mai – Waldner, Morlock (Pfaff), O. Walter, F. Walter (1), Schäfer – K.: Fritz Walter – SR: Zsolt (Ungarn).

236 **Norwegen**, 13.6., Oslo, 3:1 gewonnen: Sawitzki – Erhard, Juskowiak – Dörner, Wewers Mai – Bäumler (1), Schröder, Biesinger (1), Pfaff, Schönhöft (1) – K.: Pfaff – SR: van der Meer (Niederlande).

237 **Schweden**, 30.6., Stockholm, 2:2 unentschieden: Sawitzki – Erhard, Juskowiak – Eckel, Wewers, Dörner – B. Klodt, Schröder (1), Biesinger (1), Pfaff, Vollmar – K.: Pfaff – SR: Schippers (Niederlande).

238 **Sowjetunion**, 15.9., Hannover, 1:2 verloren: Herkenrath – K. Schmidt, Juskowiak – Eckel, Posipal, Erhard – Waldner, Schröder (1), Biesinger (Schäfer), F. Walter, Vollmar – K.: Fritz Walter – SR: Ellis (England).

239 **Schweiz**, 21.11., Frankfurt, 1:3 verloren: Kubsch – K. Schmidt, Juskowiak – Eckel, Liebrich, Szymaniak (Mai) – Vollmar, F. Walter, Neuschäfer (1), Pfaff, Schäfer – K.: Fritz Walter – SR: Seipelt (Österreich).

240 **Irland**, 25.11., Dublin, 0:3 verloren: Kwiatkowski – Erhard, Juskowiak – Schlebrowski, Wewers, Mai – Rahn, Morlock, Miltz, Schäfer (Eckel), Vollmar – K.: Morlock – SR: Murdock (England).

241 **Belgien**, 23.12., Köln, 4:1 gewonnen: Kwiatkowski – Juskowiak, Köchling – Schlebrowski, Wewers (1), Szymaniak – Waldner, Geiger, Kelbassa (1), Schröder (1), Vollmar (1) – K.: Juskowiak – SR: Bronkhorst (Niederlande).

1957: 5 Spiele: 4 Siege, 1 Niederlage

242 **Österreich**, 10.3., Wien, 3:2 gewonnen: Herkenrath – Juskowiak, K. Schmidt – Szymaniak, Wewers, Erhard – Rahn (2), Schröder, Kraus (1), Schäfer, Vollmar (Waldner) – K.: Hans Schäfer – SR: Bronkhorst (Niederlande).

243 **Niederlande**, 3.4., Amsterdam, 2:1 gewonnen: Tilkowski – Juskowiak, K. Schmidt – Erhard, Wewers, Szymaniak – Rahn, Schröder, Kraus, A. Schmidt (1), Siedl (1) – K.: Rahn – SR: Leafe (England).

244 **Schottland**, 22.5., Stuttgart, 1:3 verloren: Tilkowski – Gerdau, Juskowiak – Stollenwerk, Wewers, Szymaniak – Rahn, Schröder, Kelbassa, A. Schmidt, Siedl (1) – K.: Rahn – SR: Dienst (Schweiz).

245 **Schweden**, 20.11., Hamburg, 1:0 gewonnen: Sawitzki – Erhard, K. Schmidt – Mai, Herb. Schäfer, Szymaniak – Peters, A. Schmidt (1), Kelbassa, Schröder, Hans Schäfer (Klodt) – K.: Hans Schäfer – SR: Zsolt (Ungarn).

246 **Ungarn**, 22.12., Hannover, 1:0 gewonnen: Herkenrath – Erhard (Stollenwerk), Juskowiak – Eckel, Wewers, Szymaniak – Cieslarczyk, A. Schmidt, Kelbassa (1), Schäfer, Vollmar – K.: Hans Schäfer – SR: Martens (Niederlande).

1958: 14 Spiele: 5 Siege, 5 Unentschieden, 4 Niederlagen

247 **Belgien**, 2.3., Brüssel, 2:0 gewonnen: Herkenrath – Erhard, Juskowiak – Eckel, Wewers, Szymaniak – Waldner, A. Schmidt (1), Kelbassa, Schäfer (1), B. Klodt – K.: Hans Schäfer – SR: Leafe (England).

248 **Spanien**, 19.3., Frankfurt, 2:0 gewonnen: Herkenrath – Stollenwerk, Juskowiak – Eckel, Erhard, Szymaniak – B. Klodt (1), A. Schmidt, F. Walter, Schäfer, Cieslarczyk (1) – K.: Hans Schäfer – SR: Ellis (England).

249 **Tschechoslowakei**, 2.4., Prag, 2:3 verloren: Sawitzki – Erhard, Juskowiak – Eckel, A. Schmidt (Waldner), Schnellinger – Steffen, Sturm, F. Walter, Schäfer, Cieslarczyk (1) (Selbsttor Stacho) – K.: Hans Schäfer – SR: Latyschew (Sowjetunion).

250 **Argentinien**, 8.6., Malmö, 3:1 gewonnen (Weltmeisterschaft – Vorrunde): Herkenrath – Stollenwerk, Juskowiak – Eckel, Erhard, Szymaniak – Rahn (2), F. Walter, Seeler (1), A. Schmidt, Schäfer – K.: Hans Schäfer – SR: Leafe (England).

251 **Tschechoslowakei**, 11.6., Hälsingborg, 2:2 unentschieden (Weltmeisterschaft – Vorrunde): Herkenrath – Stollenwerk, Juskowiak – Schnellinger, Erhard, Szymaniak – Rahn (1), F. Walter, Seeler, Schäfer (1), B. Klodt – K.: Hans Schäfer – SR: Ellis (England).

252 **Nordirland**, 15.6., Malmö, 2:2 unentschieden (Weltmeisterschaft - Vorrunde): Herkenrath - Stollenwerk, Juskowiak - Eckel, Erhard, Szymaniak - Rahn (1), F. Walter, Seeler (1), Schäfer, B. Klodt - K.: Hans Schäfer - SR: Campos (Portugal).

253 **Jugoslawien**, 19.6., Malmö, 1:0 gewonnen (Weltmeisterschaft - Viertelfinale): Herkenrath - Stollenwerk, Juskowiak - Eckel, Erhard, Szymaniak - Rahn (1), F. Walter, Seeler, A. Schmidt, Schäfer - K.: Hans Schäfer - SR: Wyssling (Schweiz).

254 **Schweden**, 24.6., Göteborg, 1:3 verloren (Weltmeisterschaft - Halbfinale): Herkenrath - Stollenwerk, Juskowiak - Eckel, Erhard, Szymaniak - Rahn, F. Walter, Seeler, Schäfer (1), Cieslarczyk - K.: Hans Schäfer - SR: Zsolt (Ungarn).

255 **Frankreich**, 28.6., Göteborg, 3:6 verloren (Weltmeisterschaft - Spiel um 3. und 4. Platz): Kwiatkowski - Stollenwerk, Erhard - Schnellinger, Wewers, Szymaniak - Rahn (1), Sturm, Kelbassa, Schäfer (1), Cieslarczyk (1) - K.: Hans Schäfer - SR: Brozzi (Argentinien).

256 **Dänemark**, 24.9., Kopenhagen, 1:1 unentschieden: Herkenrath - Stollenwerk, Juskowiak - Erhard, Jäger, Szymaniak - Kraus, Haller (Cieslarczyk), Seeler, A. Schmidt, Rahn (1) - K.: Rahn - SR: Fencl (Tschechoslowakei).

257 **Frankreich**, 26.10., Paris, 2:2 unentschieden: Tilkowski - Stollenwerk, Bauer - A. Schmidt, Erhard, Szymaniak - Rahn (1), Haller, Seeler (1), Geiger, Cieslarczyk - K.: Rahn - SR: Ellis (England).

258 **Österreich**, 19.11., Berlin, 2:2 unentschieden: Tilkowski - Stollenwerk, Schnellinger - Eckel, Erhard, Szymaniak - Rahn (2), Haller, Seeler, A. Schmidt, Kapitulski - K.: Rahn - SR: Fencl (Tschechoslowakei).

259 **Bulgarien**, 21.12., Augsburg, 3:0 gewonnen: Sawitzki - Stollenwerk, Schnellinger - Mai, Erhard, Benthaus - Waldner (1), Geiger, Seeler (2), Haller (Morlock), Rahn - K.: Rahn - SR: Seipelt (Österreich).

260 **Ägypten**, 28.12., Kairo, 1:2 verloren: Tilkowski - Zastrau, Schnellinger - Mai (Kördell), Pyka, Benthaus - Rahn, Morlock (1), Biesinger (Ringel), Faeder, Klöckner - K.: Rahn - SR: Lo Bello (Italien).

1959: 6 Spiele: 2 Siege, 2 Unentschieden, 2 Niederlagen

261 **Schottland**, 6.5., Glasgow, 2:3 verloren: Sawitzki - Juskowiak (1), Schnellinger - Benthaus, Erhard, Szymaniak - Rahn, Geiger, Seeler (1), A. Schmidt, Schäfer - K.: Rahn - SR: Ellis (England).

262 **Polen**, 20.5., Hamburg, 1:1 unentschieden: Sawitzki - Mauritz, Juskowiak - Mai, Erhard, Szymaniak - B. Klodt (Stein (1)), Geiger, Haller, A. Schmidt, Klöckner - K.: Erhard - SR: Campos (Portugal).

263 **Schweiz**, 4.10., Bern, 4:0 gewonnen: Tilkowski - Stollenwerk, Juskowiak (1) - Benthaus, Erhard, Szymaniak - Rahn (1), Seeler (A. Schmidt), Brülls (1), Siedl, Vollmar (1) - K.: Erhard - SR: Seipelt (Österreich).

264 **Niederlande**, 21.10., Köln, 7:0 gewonnen: Ewert - Stollenwerk, Juskowiak - Benthaus, Erhard, Szymaniak - Rahn, A. Schmidt (2), Seeler (3), Brülls (1), Siedl (1) - K.: Erhard - SR: Galba (Tschechoslowakei).

265 **Ungarn**, 8.11., Budapest, 3:4 verloren: Tilkowski - Stollenwerk, Juskowiak - Benthaus, Erhard, Szymaniak - Rahn, A. Schmidt. Seeler (2), Brülls (1), Siedl - K.: Erhard - SR: Sar (Sowjetunion).

266 **Jugoslawien**, 20.12., Hannover, 1:1 unentschieden: Sawitzki - Stollenwerk, Schnellinger - Schulz, Erhard, Szymaniak - Rahn, A. Schmidt (1), Seeler, Brülls (Vollmar), Siedl - K.: Erhard - SR: Martens (Niederlande).

1960: 7 Spiele: 5 Siege, 2 Niederlagen

267 **Chile**, 23.3., Stuttgart, 2:1 gewonnen: Tilkowski - Stollenwerk, Schnellinger - Benthaus, Erhard (Wilden), Sundermann - Rahn, Haller (1), Seeler (1), A. Schmidt (Schütz), Brülls - K.: Erhard - SR: Dienst (Schweiz).

268 **Portugal**, 27.4., Ludwigshafen, 2:1 gewonnen: Tilkowski - Erhard, Schnellinger - Schulz, Wilden, Szymaniak - Rahn (1), Schütz, Seeler (1), Haller, Brülls - K.: Erhard - SR: Howley (England).

269 **Irland**, 11.5., Düsseldorf, 0:1 verloren: Sawitzki - Giesemann, Erhard - Schulz, Wenauer, Porges - Steffen, A. Schmidt, Brülls, Haller, Vollmar - K.: Erhard - SR: Ellis (England).

270 **Island**, 3.8., Reykjavik, 5:0 gewonnen: Tilkowski - Lutz, Schnellinger - Schulz, Erhard, Szymaniak - Reitgaßl (1), Brülls (Marx(1), Seeler (1), Haller, G. Dörfel (2) - K.: Erhard - SR: Wharton (Schottland).

271 **Nordirland**, 26.10., Belfast, 4:3 gewonnen (WM-Qualifikation): Tilkowski Erhard, Schnellinger - Giesemann, Wilden, Szymaniak - Kreß, Brülls (1), Seeler (1), Herrmann, G. Dörfel (2) - K.: Erhard - SR: Horn (Niederlande).

272 **Griechenland**, 20.11., Athen, 3:0 gewonnen (WM-Qualifikation): Tilkowski – Lutz, Schnellinger – Giesemann, Erhard, Szymaniak – Kreß, Haller (1), Seeler, Brülls (1), G. Dörfel (1) – K.: Erhard – SR: Ehrlich (Jugoslawien).

273 **Bulgarien**, 23.11., Sofia, 1:2 verloren: Ewert – Lutz, Schnellinger – Giesemann, Erhard, Szymaniak (Benthaus) – Kreß (G. Dörfel), Haller, Brülls, Herrmann, Vollmar (1.) – K.: Erhard – SR: Kowal (Polen).

1961: 6 Spiele: 5 Siege, 1 Niederlage

274 **Belgien**, 8.3., Frankfurt, 1:0 gewonnen: Tilkowski – Lutz, Schnellinger (Wilden) – Giesemann, Erhard, Szymaniak – Vollmar, Haller, Seeler, Brülls, G. Dörfel (1) – K.: Erhard – SR: Gulde (Schweiz).

275 **Chile**, 26.3., Santiago, 1:3 verloren: Tilkowski – Lutz, Erhard – Giesemann (Werner), Wilden, Szymaniak – Kreß, Brülls, Seeler, Herrmann (1), G. Dörfel – K.: Erhard – SR: Praddaude (Argentinien).

276 **Nordirland**, 10.5., Berlin, 2:1 gewonnen (WM-Qualifikation): Tilkowski – Erhard, Schnellinger – Werner, Wilden, Szymaniak – Kreß (1), Herrmann, Seeler, Stürmer, Brülls (1) – K.: Erhard – SR: Lindberg (Schweden).

277 **Dänemark**, 20.9., Düsseldorf, 5:1 gewonnen: Tilkowski – Nowak, Schnellinger – Schulz, Wenauer, Giesemann – Kreß (1), Herrmann, Seeler (3), Haller, Brülls (1) – K.: Seeler – SR: Martens (Niederlande).

278 **Polen**, 8.10., Warschau, 2:0 gewonnen: Tilkowski – Nowak, Erhard – Schulz, Wenauer, Giesemann – Olk (Kreß), Herrmann, Seeler, Haller (1), Brülls (1) – K.: Erhard – SR: Galba (Tschechoslowakei).

279 **Griechenland**, 22.10., Augsburg, 2:1 gewonnen (WM-Qualifikation): Tilkowski – Nowak, Schnellinger – Schulz, Erhard, Giesemann – Kreß, Herrmann, Seeler (2), Haller, Brülls – K.: Erhard – SR: Nilsen (Norwegen).

1962: 8 Spiele: 5 Siege, 2 Unentschieden, 1 Niederlage

280 **Uruguay**, 11.4., Hamburg, 3:0 gewonnen: Fahrian – Schnellinger, Kurbjuhn – Schulz, Wenauer, Szymaniak – Koslowski (1), Haller (1), Seeler, Brülls, Schäfer (1) – K.: Seeler – SR: Horn (Niederlande).

281 **Italien**, 31.5., Santiago, 0:0 unentschieden (Weltmeisterschaft – Vorrunde): Fahrian – Nowak, Schnellinger – Schulz, Erhard, Szymaniak – Sturm, Haller, Seeler, Schäfer, Brülls – K.: Hans Schäfer – SR: Davidson (Schottland).

282 **Schweiz**, 3.6., Santiago, 2:1 gewonnen (Weltmeisterschaft – Vorrunde): Fahrian – Nowak, Schnellinger – Schulz, Erhard, Szymaniak – Koslowski, Haller, Seeler (1), Schäfer, Brülls (1) – K.: Hans Schäfer – SR: Horn (Niederlande).

283 **Chile**, 6.6., Santiago, 2:0 gewonnen (Weltmeisterschaft – Vorrunde): Fahrian – Nowak, Schnellinger – Schulz, Erhard, Giesemann – Kraus, Szymaniak (1), Seeler (1), Schäfer, Brülls – K.: Hans Schäfer – SR: Davidson (Schottland).

284 **Jugoslawien**, 10.6., Santiago, 0:1 verloren (Weltmeisterschaft – Viertelfinale): Fahrian – Nowak, Schnellinger – Schulz, Erhard, Giesemann – Brülls, Haller, Seeler, Szymaniak, Schäfer – K.: Hans Schäfer – SR: Yamasaki (Peru).

285 **Jugoslawien**, 30.9., Zagreb, 3:2 gewonnen: Fahrian – Erhard, Schnellinger – Schulz, Wilden, Reisch – Trimhold (Koslowski), Schütz, Strehl (3), Konietzka, Kraus – K.: Erhard – SR: Rigato (Italien).

286 **Frankreich**, 24.10., Stuttgart, 2:2 unentschieden: Fahrian (Bernard) – Pott, Schnellinger – Schulz (Steinmann (1)), Wilden, Reisch – . Seeler, Schütz, Strehl, Konietzka (1), Solz – K.: Seeler – SR: Seipelt (Österreich).

287 **Schweiz**, 23.12., Karlsruhe, 5:1 gewonnen: Bernard – Nowak, Schnellinger – Werner (1), Wilden, Reisch – Kraus (1), Schütz (2), Seeler, Küppers (1), Heiß – K.: Seeler – SR: Roomer (Niederlande).

1963: 4 Spiele: 2 Siege, 2 Niederlagen

288 **Brasilien**, 5.5., Hamburg, 1:2 verloren: Fahrian – Nowak, Schnellinger – Schulz, Wilden, Werner (1) – Heiß, Schütz, Seeler, Konietzka (Strehl), G. Dörfel – K.: Seeler – SR: Dienst (Schweiz).

289 **Türkei**, 28.9., Frankfurt, 3:0 gewonnen: Fahrian – Nowak, Pott – Schulz, Wilden, A. Schmidt (Reisch) – Libuda, Krämer, Seeler (3), Konietzka (Overath), G. Dörfel – K.: Seeler – SR: Rigato (Italien).

290 **Schweden**, 3.11., Stockholm, 1:2 verloren: Sawitzki – Nowak, Kurbjuhn – Schulz, Wilden, Reisch – Libuda, Krämer, Seeler, Overath, G. Dörfel (1) – K.: Seeler – SR: Horn (Niederlande).

291 **Marokko**, 29.12., Casablanca, 4:1 gewonnen: Ewert – Nowak, Kurbjuhn – Schulz, Wilden (Overath). Reisch – Libuda, Krämer (1), A. Schmidt (1), Konietzka (2), Gerwien (Ferner) – K.: A. Schmidt – SR: Gardeazabal (Spanien).

1964: 5 Spiele: 1 Sieg, 2 Unentschieden, 2 Niederlagen

292 **Algerien**, 1.1., Algier, 0:2 verloren: Ewert (Tilkowski) – Lutz, Kurbjuhn – Schulz, Wilden, Reisch – Libuda (Ferner), Krämer, A. Schmidt (Overath), Konietzka, Gerwien – K.: A. Schmidt – SR: Bahri (Tunesien).

293 **Tschechoslowakei**, 29.4., Ludwigshafen 3:4 verloren: Fahrian – Nowak, Pott – Schulz (Reisch), Wilden, Weber – Thielen, Geiger (1), Seeler (2), Overath, Solz (Libuda) – K.: Seeler – SR: Hannet (Belgien).

294 **Schottland**, 12.5., Hannover, 2:2 unentschieden: Tilkowski – Nowak, Steiner – Szymaniak, Giesemann, Weber – Libuda, A. Schmidt (Reisch), Seeler (2), Geiger, G. Dörfel – K.: Seeler – SR: Poulsen (Dänemark).

295 **Finnland**, 7.6., Helsinki, 4:1 gewonnen: Tilkowski – Lutz (W. Sturm), Redder – Schulz, Sieloff, Weber – Kraus (1), Geiger (1), A. Schmidt (1), Konietzka, Overath (1) – K.: A. Schmidt – SR: Lindberg (Schweden).

296 **Schweden**, 4.11., Berlin, 1:1 unentschieden (WM-Qualifikation): Tilkowski – Nowak, Schnellinger – Szymaniak, Giesemann, Weber – Brunnenmeier (1), Haller, Seeler, Overath, G. Dörfel – K.: Seeler – SR: Dienst (Schweiz).

1965: 8 Spiele: 5 Siege, 1 Unentschieden, 2 Niederlagen

297 **Italien**, 13.3., Hamburg, 1:1 unentschieden: Tilkowski (Manglitz) – Piontek, Patzke – Höttges (Steinmann), Sieloff (1), Weber – Heiß, Küppers, Brunnenmeier, Konietzka, Hornig – K.: Brunnenmeier – SR: Michaelsen (Dänemark).

298 **Zypern**, 24.4., Karlsruhe, 5:0 gewonnen (WM-Qualifikation): Manglitz – Höttges, Patzke – Schulz, Sieloff (2), Lorenz – Ulsaß, Konietzka, Strehl (1), Overath (2), Hornig – K.: Schulz – SR: Mootz (Luxemburg).

299 **England**, 12.5., Nürnberg, 0:1 verloren: Tilkowski – Piontek, Höttges – Schulz, Sieloff, Lorenz (Steinmann) – Thielen, Krämer, Rodekamp, Overath, Hornig – K.: Schulz – SR: Zsolt (Ungarn).

300 **Schweiz**, 26.5., Basel, 1:0 gewonnen: Tilkowski – Piontek, Höttges – Schulz, Sieloff, Lorenz – Heiß, Küppers, Rodekamp (1), Overath, Rebele – K.: Schulz – SR: Bueno (Spanien).

301 **Brasilien**, 6.6., Rio de Janeiro, 0:2 verloren: Tilkowski – Piontek, Höttges (Giesemann) – Schulz, Sieloff, Lorenz – Heiß, Krämer, Rodekamp, Overath (Küppers), Libuda – K.: Schulz – SR: Riveros (Peru).

302 **Schweden**, 26.9., Stockholm, 2:1 gewonnen (WM-Qualifikation): Tilkowski – Höttges, Schnellinger – Beckenbauer, Sieloff, Schulz – Brunnenmeier, Grosser, Seeler (1), Szymaniak, Krämer (1) – K.: Seeler – SR: Dagnall (England).

303 **Österreich**, 9.10., Stuttgart, 4:1 gewonnen: Tilkowski – Höttges, Lorenz – Beckenbauer, Sieloff (1), Weber – Nafziger, Ulsaß (3), Brunnenmeier, Netzer, Krämer – K.: Tilkowski – SR: Dienst (Schweiz).

304 **Zypern**, 14.11., Nikosia, 6:0 gewonnen (WM-Qualifikation): Tilkowski – Piontek, Höttges – Beckenbauer, Weber, Szymaniak (1) – Heiß (1), Brunnenmeier (2), Netzer, Krämer (1), Hornig, (Selbsttor Panayotu) – K.: Szymaniak – SR: Francesconi (Italien).

1966: 14 Spiele: 11 Siege, 1 Unentschieden, 2 Niederlagen

305 **England**, 23.2., London, 0:1 verloren: Tilkowski – Lutz, Lorenz – Schulz, Weber, Szymaniak – Krämer, Beckenbauer, Held, Netzer, Hornig (Heiß) – K.: Szymaniak – SR: Roomer (Niederlande).

306 **Niederlande**, 23.3., Rotterdam, 4:2 gewonnen: Bernard – Höttges. Lorenz – Beckenbauer (2), Schulz. Weber – Brülls, Seeler (1), Held, Overath, Emmerich (1) – K.: Seeler – SR: Dagnall (England).

307 **Irland**, 4.5., Dublin, 4:0 gewonnen: Maier – Lutz, Kurbjuhn – Beckenbauer (1), Schulz, Höttges – Grabowski, Haller (1), Seeler, Overath (2), Hornig – K.: Seeler – SR: Mullen (Schottland).

308 **Nordirland**, 7.5., Belfast, 2:0 gewonnen: Bernard – Lutz, Höttges (Piontek) – Weber, Schulz, Beckenbauer – Grabowski, Overath, Seeler (1), Grosser, Heiß (1) – K.: Seeler. SR: Philips (Schottland).

309 **Rumänien**, 1.6., Ludwigshafen, 1:0 gewonnen: Tilkowski – Lutz, Schnellinger – Szymaniak, Weber, Höttges – Grabowski (Held), Ulsaß, Seeler (1), Overath, Hornig – K.: Seeler. SR: Mayer (Österreich).

310 **Jugoslawien**, 23.6., Hannover, 2:0 gewonnen: Tilkowski – Höttges, Schnellinger – Beckenbauer, Schulz, Weber – Krämer, Haller, Seeler (1), Overath (1), Held – K.: Seeler – SR: Lööw (Schweden).

311 **Schweiz**, 12.7., Sheffield, 5:0 gewonnen (Weltmeisterschaft – Vorrunde) – Tilkowski – Höttges, Schnellinger – Beckenbauer (2), Schulz, Weber – Brülls, Haller (2), Seeler, Overath, Held (1) – K.: Seeler – SR: Philips (Schottland).

312 **Argentinien**, 16.7., Birmingham, 0:0 unentschieden (Weltmeisterschaft – Vorrunde): Tilkowski – Höttges, Schnellinger – Beckenbauer, Schulz, Weber – Brülls, Haller, Seeler, Overath, Held – K.: Seeler – SR: Zecevic (Jugoslawien).

313 **Spanien**, 20.7., Birmingham, 2:1 gewonnen (Weltmeisterschaft – Vorrunde), Tilkowski – Höttges, Schnellinger – Beckenbauer, Schulz, Weber – Krämer, Overath, Seeler (1), Held, Emmerich (1) – K.: Seeler – SR: Marques (Brasilien).

314 **Uruguay**, 23.7., Sheffield, 4:0 gewonnen (Weltmeisterschaft – Viertelfinale): Tilkowski – Höttges, Schnellinger – Beckenbauer (1), Schulz, Weber – Haller (2), Overath, Seeler (1), Held, Emmerich – K.: Seeler – SR: Finney (England).

315 **Sowjetunion**, 25.7., Liverpool, 2:1 gewonnen (Weltmeisterschaft – Halbfinale): Tilkowski – Lutz, Schnellinger – Beckenbauer (1), Schulz, Weber – Haller (1), Overath, Seeler, Held, Emmerich – K.: Seeler – SR: Lo Bello (Italien).

316 **England**, 30.7., London, 2:4 n. Verlg. verloren (Weltmeisterschaft – Endspiel): Tilkowski – Höttges, Schnellinger – Beckenbauer, Schulz, Weber (1) – Haller (1), Overath, Seeler, Held, Emmerich – K.: Seeler – SR: Dienst (Schweiz).

317 **Türkei**, 12.10., Ankara, 2:0 gewonnen: Maier – Heidemann, Höttges – Weber, Schulz, Overath – Grabowski, Küppers (1), G. Müller, Netzer, Rupp (1) – K.: Schulz – SR: Romantschev (Bulgarien).

318 **Norwegen**, 19.11., Köln, 3:0 gewonnen: Maier – Heidemann, Höttges – Beckenbauer, Schulz, Weber – B. Dörfel, Ulsaß (2), Seeler (1), Overath, Held – K.: Seeler – SR: Aalbrecht (Niederlande).

1967: 8 Spiele: 5 Siege, 1 Unentschieden, 2 Niederlagen

319 **Marokko**, 22.2., Karlsruhe, 5:1 gewonnen: Wolter – Patzke, Höttges – Beckenbauer, Schulz, Fichtel – Herrmann, Ulsaß (2) (Zaczyk (1)), Heynckes (1), Overath (Löhr(1)), Held – K.: Schulz – SR: De Marchi (Italien).

320 **Bulgarien**, 22.3., Hannover, 1:0 gewonnen: Maier – Patzke, Höttges – Weber, Schulz (Fichtel), Overath – Krämer, Herrmann, Heynckes (1), Netzer, Löhr – K.: Schulz – SR: Machin (Frankreich).

321 **Albanien**, 8.4., Dortmund, 6:0 gewonnen (EM-Qualifikation): Tilkowski – Patzke, Höttges – Beckenbauer, Schulz, Weber – B. Dörfel, Ulsaß, G. Müller (4), Overath, Löhr (2) – K.: Schulz – SR: Hirviniemi (Finnland).

322 **Jugoslawien**, 3.5., Belgrad, 0:1 verloren (EM-Qualifikation): Maier – Patzke, Vogts – Beckenbauer, Schulz, Fichtel – Held, Küppers, G. Müller, Overath, Löhr – K.: Schulz – SR: de Mendibil (Spanien).

323 **Frankreich**, 27.9., Berlin, 5:1 gewonnen: Maier – Patzke, Höttges – Beckenbauer (G. Müller (1)), Schulz, Weber – Libuda (1), Siemensmeyer (2), Seeler, Overath (1), Löhr – K.: Seeler – SR: Monti (Italien).

324 **Jugoslawien**, 7.10., Hamburg, 3:1 gewonnen (EM-Qualifikation): Maier – Patzke, Höttges – Siemensmeyer, Schulz, Weber – Roth, Seeler (1), G. Müller (1), Overath, Löhr (1) – K.: Seeler – SR: Lo Bello (Italien).

325 **Rumänien**, 22.11., Bukarest, 0:1 verloren: Wolter – Patzke, Vogts – Beckenbauer, Schulz, Weber – Libuda, Siemensmeyer, Seeler, Overath, Löhr – K.: Seeler – SR: Mayer (Österreich).

326 **Albanien**, 17.12., Tirana, 0:0 unentschieden (EM-Qualifikation): Wolter – Patzke, Höttges – Netzer, Schulz, Weber – Held, Küppers, Meyer, Overath, Löhr – K.: Schulz – SR: Marschall (Österreich).

1968: 11 Spiele: 5 Siege, 5 Unentschieden, 1 Niederlage

327 **Belgien**, 6.3., Brüssel, 3:1 gewonnen: Maier – Vogts, Höttges – Beckenbauer, Schulz, Fichtel – Köppel, Laumen (1), Löhr, Netzer, Volkert (2) (Maas) – K.: Schulz – SR: Scheurer (Schweiz).

328 **Schweiz**, 17.4., Basel, 0:0 unentschieden: Wolter – Heidemann (Fichtel), Vogts – Beckenbauer, Schulz, Weber – Köppel, Seeler, Löhr, Netzer, Volkert – K.: Seeler – SR: d'Agostini (Italien).

329 **Wales**, 8.5., Cardiff, 1:1 unentschieden: Wolter (Bernard) – Vogts, Höttges – Fichtel, Bäse, Weber – Laumen, Neuberger, Held, Overath (1) (Netzer), Köppel – K.: Overath – SR: Lindberg (Schweden).

330 **England**, 1.6., Hannover, 1:0 gewonnen: Wolter – Vogts, Lorenz – L. Müller, Fichtel, Weber – B. Dörfel, Beckenbauer (1), Löhr, Overath, Volkert – K.: Overath – SR: Van Ravens (Niederlande).

331 **Brasilien**, 16.6., Stuttgart, 2:1 gewonnen: Wolter – Vogts, Lorenz (Höttges) – L. Müller, Fichtel, Weber – B. Dörfel (1), Beckenbauer, Held (1), Overath, Neuberger – K.: Overath –SR: Lööw (Schweden).

332 **Frankreich**, 25.9., Marseille, 1:1 unentschieden: Maier – Vogts, Lorenz – Schulz, Fichtel, L. Müller (Netzer) – B. Dörfel, Beckenbauer, G. Müller, Overath (1), Held – K.: Schulz – SR: de Mendibil (Spanien).

333 **Österreich**, 13.10., Wien, 2:0 gewonnen (WM-Qualifikation): Maier – Vogts, Höttges – Beckenbauer, Schulz, Weber – B. Dörfel, Ulsaß, G. Müller (1), Netzer, Held (Selbsttor Eigenstiller) – K.: Schulz – SR: Ecksztain (Polen).

334 **Zypern**, 23.11., Nikosia, 1:0 gewonnen (WM-Qualifikation): Wolter – Vogts, Höttges (Gerwien) Weber, Schulz (Patzke), Lorenz – Wimmer, B. Dörfel, G. Müller (1), Overath, Held – K.: Schulz – SR: Pirvu (Rumänien).

335 **Brasilien**, 14.12., Rio de Janeiro, 2:2 unentschieden: Maier – Vogts, Patzke – Schulz, Beckenbauer, Weber (Lorenz) – B. Dörfel, Netzer, Held (1), Overath (Wimmer), Volkert (Gerwien,(1)) – K.: Schulz – SR: Zsolt (Ungarn).

336 **Chile**, 18.12., Santiago, 1:2 verloren: Wolter – Vogts, Patzke – Beckenbauer (Bella), Schulz, Lorenz – Wimmer, Netzer, Ohlhauser, Ulsaß (1), (Overath), Gerwien (B. Dörfel) – K.: Schulz – SR: Robbies (Chile).

337 **Mexiko**, 22.12., Mexico City, 0:0 unentschieden: Maier – Vogts, Patzke – Bella, Beckenbauer, Lorenz – B. Dörfel, Held, Ulsaß, Overath (Wimmer), Gerwien (Volkert) – K.: Overath – SR: Robles (Guatemala).

1969: 7 Spiele: 4 Siege, 3 Unentschieden

338 **Wales**, 26.3., Frankfurt, 1:1 unentschieden: Maier – Vogts, Höttges – Patzke, Schulz, Lorenz – Libuda, Ulsaß (L. Müller), G. Müller (1), Held, Rebele (B. Dörfel) – K.: Schulz – SR: Lo Bello (Italien).

339 **Schottland**, 16.4., Glasgow, 1:1 unentschieden (WM-Qualifikation): Wolter (Maier) – Patzke, Vogts – Beckenbauer, Schulz, Schnellinger – B. Dörfel, Haller, G. Müller (1), Overath (Lorenz). Held – K.: Schulz – SR: Gardeazabal (Spanien).

340 **Österreich**, 10.5., Nürnberg, 1:0 gewonnen (WM-Qualifikation): Maier – Höttges, Vogts – Beckenbauer, Schulz, Patzke – B. Dörfel, Overath, G. Müller (1), Held (Heynckes), Brenninger (Volkert) – K.: Schulz – SR: Fiala (CSSR).

341 **Zypern**, 21.5., Essen, 12:0 gewonnen (WM-Qualifikation): Maier – Vogts, Höttges (1) (L. Müller) – Beckenbauer, Schulz, Lorenz (1) (Patzke) – Libuda, Haller (2), G. Müller (4), Overath (3), Held (1) – K.: Schulz – SR: Colling (Luxemburg).

342 **Österreich**, 21.9., Wien, 1:1 unentschieden: Wolter – Höttges, Vogts – Beckenbauer, Schulz, Weber (Fichtel) – B. Dörfel (Libuda), G. Müller (1). Seeler, Overath, Held – K.: Seeler – SR: Lo Bello (Italien).

343 **Bulgarien**, 24.9., Sofia, 1:0 gewonnen: Maier – Höttges, Vogts – Beckenbauer, Schulz (L. Müller), Fichtel – B. Dörfel (1), Seeler, G. Müller, Overath, Maas – K.: Seeler – SR: Dileg Talaz (Türkei).

344 **Schottland**, 22.10., Hamburg, 3:2 gewonnen (WM-Qualifikation): Maier – Höttges, Vogts – Beckenbauer, Schulz, Fichtel (1) – Libuda (1), Seeler, G. Müller (1), Overath, Haller – K.: Seeler – SR: Droz (Schweiz).

1970: 14 Spiele: 9 Siege, 2 Unentschieden, 3 Niederlagen

345 **Spanien**, 11.2., Sevilla, 0:2 verloren: Manglitz – Vogts, Schnellinger – Netzer, Schulz, Weber – Libuda, G. Müller, Seeler, Haller, Grabowski – K.: Seeler – SR: Vigliani (Frankreich).

346 **Rumänien**, 8.4., Stuttgart, 1:1 unentschieden: Maier – Vogts, Höttges – Beckenbauer, Schnellinger, Weber (Sieloff) – Grabowski, Haller (Lorenz), G. Müller, Overath (1), Maas (Roth) – K.: Overath – SR: Emsberger (Ungarn).

347 **Irland**, 9.5., Berlin, 2:1 gewonnen: Wolter – Patzke, Vogts – Beckenbauer, Schulz, Weber – Grabowski (Dietrich), Seeler (1), G. Müller, Overath (Held), Löhr (1) – K.: Seeler – SR: Bostroem (Schweden).

348 **Jugoslawien**, 13.5., Hannover, 1:0 gewonnen: Manglitz – Vogts, Höttges – Beckenbauer, Schnellinger, Fichtel – Libuda, Seeler (1), G. Müller, Overath, Löhr – K.: Seeler – SR: Scheurer (Schweiz).

349 **Marokko**, 3.6., Leon, 2:1 gewonnen (Weltmeisterschaft – Vorrunde): Maier – Vogts, Höttges (Löhr) – Beckenbauer, Schulz, Fichtel – Haller (Grabowski), Seeler (1), G. Müller (1), Overath, Held – K.: Seeler – SR: Van Ravens (Niederlande).

350 **Bulgarien**, 7.6., Leon, 5:2 gewonnen (Weltmeisterschaft – Vorrunde): Maier – Vogts, Höttges – Beckenbauer (Weber), Schnellinger, Fichtel – Libuda (1), Seeler (1), G. Müller (3), Overath, Löhr (Grabowski) – K.: Seeler – SR: Ortiz de Mendebil (Spanien).

351 **Peru**, 10.6., Leon, 3:1 gewonnen (Weltmeisterschaft – Vorrunde): Maier – Vogts, Höttges (Patzke) – Beckenbauer, Schnellinger, Fichtel – Libuda (Grabowski), Seeler, G. Müller (3), Overath, Löhr – K.: Seeler – SR: Aguilar (Mexiko).

352 **England**, 14.6., Leon, 3:2 n. Verl. gewonnen (Weltmeisterschaft – Viertelfinale): Maier – Vogts, Höttges (Schulz) – Beckenbauer (1), Schnellinger, Fichtel – Libuda (Grabowski), Seeler (1), G. Müller (1), Overath, Löhr – K.: Seeler – SR: Coerezza (Argentinien).

353 **Italien**, 17.6., Mexico City, 3:4 n. Verlg. verloren (Weltmeisterschaft – Halbfinale): Maier – Vogts, Patzke (Held) – Beckenbauer, Schnellinger (1), Schulz – Grabowski, Seeler, G. Müller (2), Overath, Löhr (Libuda) – K.: Seeler – SR: Yamasaki (Mexiko).

354 **Uruguay**, 20.6., Mexico City, 1:0 gewonnen (Weltmeisterschaft – Spiel um den 3. Platz): Wolter – Patzke, Vogts – Weber, Schnellinger (Lorenz), Fichtel – Libuda (Löhr), Seeler, G. Müller, Overath (1), Held – K.: Seeler – SR: Sbardella (Italien).

355 **Ungarn**, 9.9., Nürnberg, 3:1 gewonnen: Maier – Vogts, Höttges – Beckenbauer, Sieloff (1), Weber – Grabowski, Fichtel, Seeler, G. Müller (2), Löhr (Libuda) – K.: Seeler – SR: Marschall (Österreich).

356 **Türkei**, 17.10., Köln, 1:1 unentschieden (EM-Qualifikation): Maier – Vogts, Höttges – Beckenbauer, Sieloff (Heynckes), Weber – Libuda, Fichtel, G. Müller (1), Overath, Grabowski – K.: Overath – SR: Bonett (Malta).

357 **Jugoslawien**, 18.11., Zagreb, 0:2 verloren: Maier – Vogts, Höttges – Beckenbauer, Weber, Roth – Libuda, Netzer, Heynckes, Overath, Held (Grabowski) – K.: Overath – SR: Vizhanyo (Ungarn).

358 **Griechenland**, 22.11., Athen, 3:1 gewonnen: Groß – Vogts, Höttges – Beckenbauer (1), Sieloff, Bella – Libuda, Netzer (1) (Flohe), Heynckes, Overath (Roth), Grabowski (1) – K.: Overath – SR: Bentu (Rumänien).

1971: 9 Spiele: 7 Siege, 1 Unentschieden, 1 Niederlage

359 **Albanien**, 17.2., Tirana, 1:0 gewonnen (EM-Qualifikation): Maier – Vogts, Patzke (Bella) – Beckenbauer, Schnellinger, Weber – Grabowski, Netzer, G. Müller (1), Overath, Heynckes – K.: Overath – SR: Betschirov (Bulgarien).

360 **Türkei**, 25.4., Istanbul, 3:0 gewonnen (EM-Qualifikation): Maier – Vogts, Patzke – Wimmer, Beckenbauer, Weber – Grabowski, Köppel (1) (Flohe), G. Müller (2), Netzer, Heynckes – K.: Beckenbauer – SR: Kruaschwili (Sowjetunion).

361 **Albanien**, 12.6., Karlsruhe, 2:0 gewonnen (EM-Qualifikation): Maier – Schwarzenbeck, Vogts (Bleidick) – Sieloff, Beckenbauer, Wimmer – Grabowski (1), Netzer (1), Köppel, Overath (Held), Heynckes – K.: Overath – SR: Latsios (Griechenland).

362 **Norwegen**, 22.6., Oslo, 7:1 gewonnen: Kleff – Breitner, Vogts – Schwarzenbeck, Beckenbauer (1) (Bleidick), Wimmer (Sieloff) – Grabowski, Netzer (1), G. Müller (3), Overath (1), Held (1) – K.: Overath – SR: Lööw (Schweden).

363 **Schweden**, 27.6., Göteborg, 0:1 verloren: Maier – Vogts, Schwarzenbeck – Wimmer, Beckenbauer, Weber – Grabowski, Netzer, G. Müller, Overath, Held (Heynckes) – K.: Overath – SR: Wharton (Schottland).

364 **Dänemark**, 30.6., Kopenhagen, 3:1 gewonnen: Maier – Vogts, Schwarzenbeck – Flohe (1), Beckenbauer (1), Weber – Köppel (Grabowski), Overath, G. Müller (1), Netzer (Heynckes), Held (Wimmer) – K.: Overath – SR: Boosten (Niederlande).

365 **Mexiko**, 8.9., Hannover, 5:0 gewonnen: Maier – Vogts (Zembski), Schwarzenbeck – Weber, Beckenbauer, Fichtel – Grabowski (Libuda), Köppel (1) (Steffenhagen), G. Müller (3), Netzer (1), Heynckes – K.: Beckenbauer – SR: Lööw (Schweden).

366 **Polen**, 10.10., Warschau, 3:1 gewonnen (EM-Qualifikation): Maier – Breitner, Schwarzenbeck – Fichtel, Beckenbauer, Wimmer – Grabowski (1), Köppel, G. Müller (2), Netzer, Heynckes – K.: Beckenbauer – SR: Marschall (Österreich).

367 **Polen**, 17.11., Hamburg, 0:0 unentschieden (EM-Qualifikation): Maier – Höttges, Schwarzenbeck – Weber, Beckenbauer, Fichtel – Libuda, Wimmer (Köppel), G. Müller, Overath, Grabowski – K.: Overath – SR: Mullen (Schottland).

1972: 7 Spiele: 6 Siege, 1 Unentschieden

368 **Ungarn**, 29.3., Budapest, 2:0 gewonnen: Maier – Höttges, Breitner (1) – Schwarzenbeck, Beckenbauer, Wimmer – Hoeneß (1), Flohe, G. Müller, Netzer, Heynckes (Held) – K.: Beckenbauer – SR: Lo Bello (Italien).

369 **England**, 29.4., London, 3:1 gewonnen (Europameisterschaft – Viertelfinale): Maier – Höttges, Breitner – Schwarzenbeck, Beckenbauer, Wimmer – Grabowski, Hoeneß (1), G. Müller (1), Netzer (1), Held – K.: Beckenbauer – SR: Heliet (Frankreich).

370 **England**, 13.5., Berlin, 0:0 unentschieden (Europameisterschaft – Viertelfinale): Maier – Höttges, Breitner – Schwarzenbeck, Beckenbauer, Wimmer – Hoeneß (Heynckes), Flohe, G. Müller, Netzer, Held – K.: Beckenbauer – SR: Gugulovic (Jugoslawien).

371 **Sowjetunion**, 26.5., München, 4:1 gewonnen: Maier (Kleff) – Höttges (Bonhof), Breitner – Schwarzenbeck, Beckenbauer, Wimmer – Heynckes, Hoeneß, G. Müller (4), Netzer, E. Kremers – K.: Beckenbauer – SR: Marques (Brasilien).

372 **Belgien**, 14.6., Antwerpen, 2:1 gewonnen (Europameisterschaft – Halbfinale): Maier – Höttges, Breitner – Schwarzenbeck, Beckenbauer, Wimmer – Heynckes, Hoeneß (Grabowski), G. Müller (2), Netzer, E. Kremers – K.: Beckenbauer – SR: Mullen (Schottland).

373 **Sowjetunion**, 18.6., Brüssel, 3:0 gewonnen (Europameisterschaft – Endspiel): Maier – Höttges, Breitner – Schwarzenbeck, Beckenbauer, Wimmer (1) – Heynckes, Hoeneß, G. Müller (2), Netzer, E. Kremers – K.: Beckenbauer – SR: Marschall (Österreich).

374 **Schweiz**, 15.11., Düsseldorf, 5:1 gewonnen: Maier – Höttges, Breitner – Schwarzenbeck, Beckenbauer, Wimmer (Vogts) – Heynckes, Hoeneß, G. Müller (4), Netzer (1), E. Kremers (Geye) – K.: Beckenbauer – SR: van der Kroft (Niederlande).

1973: 10 Spiele: 6 Siege, 1 Unentschieden, 3 Niederlagen

375 **Argentinien**, 14.2., München, 2:3 verloren: Maier – Höttges, Vogts – Schwarzenbeck (Cullmann (1)), Beckenbauer, Breitner – Geye, Wimmer, Heynckes (1), Overath, E. Kremers (Held) – K.: Beckenbauer – SR: Lo Bello (Italien).

376 **Tschechoslowakei**, 28.3., Düsseldorf, 3:0 gewonnen: Franke – Vogts, Breitner – Schwarzenbeck, Beckenbauer, Flohe – Heynckes, Hoeneß (Cullmann), G. Müller (2), Overath, E. Kremers (1) – K.: Beckenbauer – SR: Keller (Schweiz).

377 **Jugoslawien**, 9.5., München, 0:1 verloren: Maier – Höttges, Breitner – Schwarzenbeck, Beckenbauer, Flohe – Grabowski, Hoeneß, G. Müller, Overath, Held (E. Kremers) – K.: Beckenbauer – SR: Buzek (Österreich).

378 **Bulgarien**, 12.5., Hamburg, 3:0 gewonnen: Franke – Höttges, Breitner – Cullmann (1), Beckenbauer (1), Kapellmann – Grabowski, Flohe (Köppel), G. Müller, Overath, E. Kremers (Eigentor Jordanov) – K.: Beckenbauer – SR: Jonsson (Schweden).

379 **Brasilien**, 16.6., Berlin, 0:1 verloren: Maier – Breitner, Vogts – Cullmann, Beckenbauer, Flohe – Heynckes, Hoeneß (Kapellmann), G. Müller, Overath, E. Kremers – K.: Beckenbauer – SR: van Gemert (Niederlande).

380 **Sowjetunion**, 5.9., Moskau, 1:0 gewonnen: Kleff – Höttges, Breitner – Schwarzenbeck, Beckenbauer, Danner – Grabowski (Wunder), Köppel (Hoeneß), G. Müller (1), Flohe, Heynckes (E. Kremers) – K.: Beckenbauer – SR: Mladenovic (Jugoslawien).

381 **Österreich**, 10.10., Hannover, 4:0 gewonnen: Kleff – Kapellmann (H. Kremers), Höttges – Weber (1) (Hölzenbein), Beckenbauer (Cullmann), Flohe – Grabowski, Hoeneß, G. Müller (2), Overath, E. Kremers (1) – K.: Beckenbauer – SR: Delcourt (Belgien).

382 **Frankreich**, 13.10., Gelsenkirchen, 2:1 gewonnen: Kleff – Höttges (Cullmann), H. Kremers – Weber, Beckenbauer, Flohe – Grabowski, Hoeneß, G. Müller (2), Overath, E. Kremers – K.: Beckenbauer – SR: Scheurer (Schweiz).

383 **Schottland**, 14.11., Glasgow, 1:1 unentschieden: Kleff (Maier) – Vogts, Höttges – Weber, Beckenbauer, Wimmer (Cullmann) – Grabowski, Hoeneß (1), Held (Flohe), Netzer, E. Kremers (Heynckes) – K.: Beckenbauer – SR: J. K. Taylor (England).

384 **Spanien**, 24.11., Stuttgart, 2:1 gewonnen: Maier – Vogts, Höttges (Bonhof) – Weber (Schwarzenbeck), Beckenbauer, Cullmann – Grabowski, Hoeneß (Hölzenbein), G. Müller, Overath, Heynckes (2) – K.: Beckenbauer – SR: MacKenzie (Schottland).

1974: 15 Spiele: 11 Siege, 2 Unentschieden, 2 Niederlagen

385 **Spanien**, 23.2., Barcelona, 0:1 verloren: Nigbur – Vogts (Breitner), Höttges – Weber, Beckenbauer, H. Kremers (Wimmer) – Grabowski (Heynckes), Hoeneß, G. Müller, Overath, Herzog – K.: Beckenbauer – SR: Jurea (CSSR).

386 **Italien**, 26.2., Rom, 0:0 unentschieden: Maier – Höttges (H. Kremers), Breitner – Schwarzenbeck, Beckenbauer, Cullmann – Hoeneß, Netzer, G. Müller, Overath, Heynckes – K.: Beckenbauer – SR: Bucheli (Schweiz).

387 **Schottland**, 27.3., Frankfurt a. M., 2:1 gewonnen: Maier – Breitner (1), Vogts – Schwarzenbeck, Beckenbauer, Cullmann – Grabowski (1), Hoeneß, G. Müller, Wimmer, Herzog – K.: Beckenbauer – SR: Schiller (Österreich).

388 **Ungarn**, 17.4., Dortmund, 5:0 gewonnen: Nigbur – Vogts, H. Kremers – Schwarzenbeck (Bonhof), Beckenbauer, Cullmann – Grabowski, Hoeneß (Flohe), G. Müller (2), Wimmer (1) (Hölzenbein (1)), E. Kremers (1) – K.: Beckenbauer – SR: Schaut (Belgien).

389 **Schweden**, 1.5., Hamburg, 2:0 gewonnen: Maier – Vogts, Breitner – Schwarzenbeck, Beckenbauer, Cullmann (Hölzenbein) – Grabowski, Hoeneß, G. Müller, Netzer, E. Kremers (Heynckes, 2/ Bonhof) – K.: Beckenbauer – SR: Kitabdjan (Frankreich).

390 **Chile**, 14.6., Berlin, 1:0 gewonnen (Weltmeisterschaft – 1. Finalrunde): Maier – Vogts, Breitner (1) – Schwarzenbeck, Beckenbauer, Cullmann – Grabowski, Hoeneß, G. Müller, Overath, (Hölzenbein), Heynckes – K.: Beckenbauer – SR: Babacan (Türkei).

391 **Australien**, 18.6., Hamburg, 3:0 gewonnen (Weltmeisterschaft – 1. Finalrunde): Maier – Vogts, Breitner – Schwarzenbeck, Beckenbauer, Cullmann (1) (Wimmer) – Grabowski, Hoeneß, G. Müller (1), Overath (1), Heynckes (Hölzenbein) – K.: Beckenbauer – SR: Kamel (Ägypten).

392 **DDR**, 22.6., Hamburg, 0:1 verloren (Weltmeisterschaft – 1. Finalrunde): Maier – Vogts, Breitner – Schwarzenbeck (Höttges), Beckenbauer, Cullmann – Grabowski, Hoeneß, G. Müller, Overath (Netzer), Flohe – K.: Beckenbauer – SR: Barreto Ruiz (Uruguay).

393 **Jugoslawien**, 26.6., Düsseldorf, 2:0 gewonnen (Weltmeisterschaft – 2. Finalrunde): Maier – Vogts, Breitner (1) – Schwarzenbeck, Beckenbauer, Bonhof – Hölzenbein (Flohe), Wimmer (Hoeneß), G. Müller (1), Overath, Herzog – K.: Beckenbauer – SR: Marques (Brasilien).

394 **Schweden**, 30.6., Düsseldorf, 4:2 gewonnen (Weltmeisterschaft – 2. Finalrunde): Maier – Vogts, Breitner – Schwarzenbeck, Beckenbauer, Bonhof (1) – Hölzenbein (Flohe), Hoeneß (1), G. Müller, Overath (1), Herzog (Grabowski (1)) – K.: Beckenbauer – SR: Kasakow (Sowjetunion).

395 **Polen**, 3.7., Frankfurt a. M., 1:0 gewonnen (Weltmeisterschaft – 2. Finalrunde): Maier – Vogts, Breitner – Schwarzenbeck, Beckenbauer, Bonhof – Grabowski, Hoeneß, G. Müller (1), Overath, Hölzenbein – K.: Beckenbauer – SR: Linemayr (Österreich).

396 **Niederlande**, 7.7., München, 2:1 gewonnen (Weltmeisterschaft – Endspiel): Maier – Vogts, Breitner (1) – Schwarzenbeck, Beckenbauer, Bonhof – Grabowski, Hoeneß, G. Müller (1), Overath, Hölzenbein – K.: Beckenbauer – SR: J. K. Taylor (England).

397 **Schweiz**, 4.9., Basel, 2:1 gewonnen: Maier – Vogts, H. Kremers – Schwarzenbeck (Kapellmann), Beckenbauer, Cullmann (1) – Geye (1), Bonhof, Hölzenbein (Seel), Hoeneß, Herzog – K.: Beckenbauer – SR: Schiller (Österreich).

398 **Griechenland**, 20.11., Piräus, 2:2 unentschieden (EM-Qualifikation): Maier – Vogts, H. Kremers – Schwarzenbeck, Beckenbauer, Cullmann (1) (Kapellmann) – Geye, Wimmer (1), Hölzenbein, Hoeneß, Heynckes (Pirrung) – K.: Beckenbauer – SR: Rainea (Rumänien).

399 **Malta**, 22.12., Gzira, 1:0 gewonnen (EM-Qualifikation): Nigbur – Vogts, Dietz – Körbel, Beckenbauer, Cullmann (1) (Seliger) – Pirrung (B. Nickel), Bonhof, Kostedde, Flohe, Hölzenbein – K.: Beckenbauer – SR: Emsberger (Ungarn).

1975: 7 Spiele: 3 Siege, 3 Unentschieden, 1 Niederlage

400 **England**, 12.3., London, 0:2 verloren: Maier – Bonhof, Vogts – Körbel, Beckenbauer, Cullmann – Ritschel, Flohe, Kostedde (Heynckes), Wimmer (H. Kremers), Hölzenbein – K.: Beckenbauer – SR: Schaut (Belgien).

401 **Bulgarien**, 27.4., Sofia, 1:1 unentschieden (EM-Qualifikation): Maier – Vogts, Breitner – Schwarzenbeck, Beckenbauer, Bonhof – Ritschel (1), Hoeneß (Körbel), Seel, Netzer, Heynckes (Hölzenbein) – K.: Beckenbauer – SR: Dubach (Schweiz).

402 **Niederlande**, 17.5., Frankfurt, 1:1 unentschieden: Maier – Vogts, Bonhof – Kliemann, Beckenbauer, Körbel – Ritschel, Wimmer (1) (Cullmann), Seel, Beer, Hölzenbein – K.: Beckenbauer – SR: Hungerbühler (Schweiz).

403 **Österreich**, 3.9., Wien, 2:0 gewonnen: Maier – Kaltz, Vogts – Schwarzenbeck (Danner), Beckenbauer (Beer, 2), Körbel – Seel, Wimmer (Keller), Gersdorff, Stielike, Hölzenbein – K.: Beckenbauer – SR: Palotai (Ungarn).

404 **Griechenland**, 11.10., Düsseldorf, 1:1 unentschieden (EM-Qualifikation): Maier – Kaltz, Vogts – Körbel, Beckenbauer, Breitner – Hölzenbein, Beer, Kostedde, Netzer, Heynckes (1) – K.: Beckenbauer – SR: Thomas (Wales).

405 **Bulgarien**, 19.11., Stuttgart, 1:0 gewonnen (EM-Qualifikation): Maier – Vogts, Dietz – Schwarzenbeck, Beckenbauer, Danner – Hölzenbein, Wimmer, Beer, Stielike, Heynckes (1) – K.: Beckenbauer – SR: MacKenzie (Schottland).

406 **Türkei**, 20.12., Istanbul, 5:0 gewonnen: Kargus – Vogts, Dietz (Reichel) – Schwarzenbeck, Beckenbauer, Danner – Hölzenbein, Wimmer (Bonhof), Beer (1), Stielike (Worm, 2), Heynckes (2) – K.: Beckenbauer – SR: Michelotti (Italien).

1976: 7 Spiele: 5 Siege, 2 Unentschieden

407 **Malta**, 28.2., Dortmund, 8:0 gewonnen (EM-Qualifikation): Maier – Vogts (1), Dietz – Schwarzenbeck, Beckenbauer, Beer (2) – Hölzenbein (1), Wimmer (Bongartz), Worm (2), Stielike (Cullmann), Heynckes (2) – K.: Beckenbauer – SR: Kuston (Polen).

408 **Spanien**, 24.4., Madrid, 1:1 unentschieden (EM-Viertelfinale): Maier – Vogts, Dietz (Reichel) – Schwarzenbeck (Cullmann), Beckenbauer, Bonhof – Hölzenbein, Wimmer, Beer (1), Danner, Worm – K.: Beckenbauer – SR: Taylor (England).

409 **Spanien**, 22.5., München, 2:0 gewonnen (EM-Viertelfinale): Maier – Vogts, Dietz – Schwarzenbeck, Beckenbauer, Bonhof – Hoeneß (1), Wimmer, Toppmöller (1), Beer, Hölzenbein – K.: Beckenbauer – SR: Wurtz (Frankreich).

410 **Jugoslawien**, 17.6., Belgrad, 4:2 n. Verl. gewonnen (Europameisterschaft – Halbfinale): Maier – Vogts, Dietz – Schwarzenbeck, Beckenbauer, Bonhof – Hoeneß, Wimmer (D. Müller, 3), Beer, Danner (Flohe,(1)), Hölzenbein – K.: Beckenbauer – SR: Delcourt (Belgien).

411 **Tschechoslowakei**, 20.6., Belgrad, 2:2 n. Verl., Elfmeterschießen 5:3 für CSSR (Europameisterschaft – Endspiel): Maier – Vogts, Dietz – Schwarzenbeck, Beckenbauer, Bonhof – Hoeneß, Wimmer (Flohe), D. Müller (1), Beer (Bongartz), Hölzenbein (1) – K. Beckenbauer – SR: Gonella (Italien) – Die Tore aus dem 11-m-Schießen zählen nicht in der Torjägerstatistik, sondern dienen lediglich der Feststellung des Sieges. Die 11-m-Tore: Bonhof, Flohe, Bongartz.

412 **Wales**, 6.10., Cardiff, 2:0 gewonnen: Kargus – Vogts, Dietz – Zimmermann (Schwarzenbeck), Beckenbauer (1), Beer (Seliger) – Rummenigge, Flohe, Hoeneß (D. Müller), Stielike, Heynckes (1) – K.: Beckenbauer – SR: Mathewson (England).

413 **Tschechoslowakei**, 17.11., Hannover, 2:0 gewonnen: Maier – Vogts (Kaltz), Dietz – Schwarzenbeck, Beckenbauer, Bonhof – Rummenigge, Hoeneß, Beer (1), Flohe (1), Heynckes – K.: Beckenbauer – SR: Dubach (Schweiz).

1977: 11 Spiele: 7 Siege, 3 Unentschieden, 1 Niederlage

414 **Frankreich**, 23.2., Paris, 0:1 verloren: Maier – Vogts, Dietz – Nogly, Beckenbauer, Bonhof – Rummenigge, Flohe, D. Müller (Beer), Stielike, Hölzenbein – K.: Beckenbauer – SR: Sanchez Ibanez (Spanien).

415 **Nordirland**, 27.4., Köln, 5:0 gewonnen: Maier (Franke) – Vogts, Dietz – Nogly, Kaltz, Bonhof (1) – Abramczik, Fischer (2), D. Müller (1), Flohe (1), Hölzenbein – K.: Vogts – SR: Palotai (Ungarn).

416 **Jugoslawien**, 30.4., Belgrad, 2:1 gewonnen: Maier (Kargus) – Tenhagen, Vogts – Rüßmann, Kaltz, Bonhof (1) – Abramczik, Beer, Fischer, D. Müller (1), Flohe (Magath) – K.: Vogts – SR: Babacan (Türkei).

417 **Argentinien**, 5.6., Buenos Aires, 3:1 gewonnen: Franke – Vogts, Dietz – Rüßmann, Kaltz, Bonhof – Abramczik, Hölzenbein (1), Fischer (2), Beer (Rummenigge), Volkert – K.: Vogts – SR: Coelho (Brasilien).

418 **Uruguay**, 8.6., Montevideo, 2:0 gewonnen: D. Burdenski – Vogts, Dietz – Rüßmann (Nogly), Kaltz, Bonhof – Rummenigge, Flohe (1), D. Müller (1), Magath, Volkert (Abramczik, Hölzenbein) – K.: Vogts – SR: Coerezza (Argentinien).

419 **Brasilien**, 12.6., Rio de Janeiro, 1:1 unentschieden: Maier – Vogts, Dietz – Rüßmann, Kaltz, Bonhof – Abramczik, Hölzenbein (Tenhagen), Fischer (1), Beer (Flohe), Volkert (Rummenigge) – K.: Vogts – SR: Pestarino (Argentinien).

420 **Mexiko**, 14.6., Mexiko City, 2:2 unentschieden: Maier – Vogts, Dietz – Rüßmann, Kaltz, Bonhof (Nogly) – Hölzenbein, Bongartz, Fischer (2), D. Müller (Volkert), Flohe (Beer) – K.: Vogts – SR: Dorantes (Mexiko).

421 **Finnland**, 7.9., Helsinki, 1:0 gewonnen: Maier – Vogts, Dietz – Bonhof, Kaltz, Rüßmann – Abramczik (Rummenigge), Hölzenbein, Fischer (1), Beer (Bongartz), Volkert – K.: Vogts – SR: Jarkow (Sowjetunion).

422 **Italien**, 8.10., Berlin, 2:1 gewonnen: Maier – Vogts, Dietz – Bonhof, Kaltz (1), Rüßmann – Rummenigge (1), Flohe, Fischer, Beer, Volkert (Hölzenbein) – K.: Vogts – SR: Rion (Belgien).

423 **Schweiz**, 16.11., Stuttgart, 4:1 gewonnen: Franke – Vogts, Dietz (H. Zimmermann) – Bonhof, Kaltz, Rüßmann – Abramczik, Burgsmüller, Fischer (2), Flohe (1), Seel. Dazu Selbsttor Meyer – K.: Vogts – SR: Gonella (Italien).

424 **Wales**, 14.12., Dortmund, 1:1 unentschieden: Maier – Vogts, Dietz – Bonhof, Tenhagen, Rüßmann – Abramczik, Burgsmüller, Fischer 1 (Seel), Flohe, Hölzenbein – K.: Vogts – SR: Corver (Niederlande).

1978: 13 Spiele: 5 Siege, 5 Unentschieden, 3 Niederlagen

425 **England**, 22.2., München, 2:1 gewonnen: Maier – Vogts, H. Zimmermann – Bonhof (1), Schwarzenbeck, Rüßmann – Abramczik, Flohe (Burgsmüller), Hölzenbein (Worm(1)), Neumann (Dietz), Rummenigge – K.: Vogts – SR: Wöhrer (Österreich).

426 **Sowjetunion**, 8.3., Frankfurt, 1:0 gewonnen: Maier – Vogts, Dietz – Bonhof, Kaltz, Rüßmann (1) – Abramczik, Hölzenbein, Fischer, Flohe, Rummenigge – K.: Vogts – SR: Gordon (Schottland).

427 **Brasilien**, 5.4., Hamburg, 0:1 verloren: Maier – Vogts, Dietz (Kh. Förster) – Bonhof, Kaltz, Rüßmann – Abramczik (H. Müller), Beer (Worm), Fischer, Flohe, Rummenigge – K.: Vogts – SR: Palotai (Ungarn).

428 **Schweden**, 19.4., Stockholm, 1:3 verloren: Maier (D. Burdenski) – Vogts, H. Zimmermann – Bonhof (1) (Dietz), Kaltz, Rüßmann – Abramczik, Hölzenbein, Fischer, H. Müller (Worm), Rummenigge – K.: Vogts – SR: Burns (England).

429 **Polen**, 1.6., Buenos Aires, 0:0 unentschieden (Weltmeisterschaft): Maier – Vogts, H. Zimmermann – Bonhof, Kaltz, Rüßmann – Abramczik, Beer, Fischer, Flohe, H. Müller – K.: Vogts – SR: Coerezza (Argentinien).

430 **Mexiko**, 6.6., Cordoba, 6:0 gewonnen (Weltmeisterschaft): Maier – Vogts, Dietz – Bonhof, Kaltz, Rüßmann – Rummenigge (2), Flohe (2), Fischer, D. Müller (1), H. Müller (1) – K.: Vogts – SR: Bouzo (Syrien).

431 **Tunesien**, 10.6., Cordoba, 0:0 unentschieden (Weltmeisterschaft): Maier – Vogts, Dietz – Bonhof, Kaltz, Rüßmann – Rummenigge, Flohe, Fischer, D. Müller, H. Müller – K.: Vogts – SR: Orozco (Peru).

432 **Italien**, 14.6., Buenos Aires, 0:0 unentschieden (Weltmeisterschaft): Maier – Vogts, Dietz – Bonhof, Kaltz, Rüßmann – Rummenigge, Flohe (Beer), Fischer, H. Zimmermann (Konopka), Hölzenbein – K.: Vogts – SR: Maksimovic (Jugoslawien).

433 **Niederlande**, 18.6., Cordoba, 2:2 unentschieden (Weltmeisterschaft): Maier – Vogts, Dietz – Bonhof, Kaltz, Rüßmann – Abramczik (1), Beer, D. Müller (1), Hölzenbein, Rummenigge – K.: Vogts – SR: Barreto Ruiz (Uruguay).

434 **Österreich**, 21.6., Cordoba, 2:3 verloren (Weltmeisterschaft): Maier – Vogts, Dietz – Bonhof, Kaltz, Rüßmann – Abramczik, Beer (H. Müller), D. Müller (Fischer), Hölzenbein (1), Rummenigge (1) – K.: Vogts – SR: Klein (Israel).

435 **Tschechoslowakei**, 11.10., Prag, 4:3 gewonnen: Maier – Kaltz, Dietz – Bonhof (2), Zewe, Kh. Förster – Abramczik (1), Cullmann, Fischer, H. Müller (1) (Worm, Kl. Allofs), Rummenigge – K.: Maier – SR: Daina (Schweiz).

436 **Ungarn**, 15.11., Frankfurt/M., 0:0 (nach 60 Minuten wegen Nebels abgebrochen): Maier – Kaltz, Dietz – Bonhof, Zewe, Rüßmann – Abramczik, Cullmann, Fischer, Kl. Allofs, Rummenigge – K.: Maier – SR: Wurtz (Frankreich).

437 **Niederlande**, 20.12., Düsseldorf, 3:1 gewonnen: D. Burdenski – Kaltz, Dietz – Bonhof (1), Zewe, Stielike – Abramczik (Borchers), Cullmann (H. Zimmermann), Fischer (1), Kl. Allofs, Rummenigge (1) – K.: Dietz – SR: Palotai (Ungarn).

1979: 9 Spiele: 7 Siege, 2 Unentschieden

438 **Malta**, 25.2., Gzira, 0:0 unentschieden (EM-Qualifikation): Maier – Kaltz, Dietz – Bonhof, Zewe (Toppmöller), Kh. Förster Abramczik, Cullmann, Fischer, H. Müller, Rummenigge (Kl. Allofs) – K.: Maier – SR: Christov (CSSR).

439 **Türkei**, 1.4., Izmir, 0:0 unentschieden (EM-Qualifikation): D. Burdenski – Kaltz, Dietz – Bonhof, Stielike, H. Zimmermann (Kh. Förster) – Rummenigge (Kelsch), Cullmann, Toppmöller, H. Müller, Borchers – K.: Dietz – SR: Stuper (UdSSR).

440 **Wales**, 2.5., Wrexham, 2:0 gewonnen (EM-Qualifikation): Maier – Kaltz, Dietz – Bonhof, Stielike (Martin), Kh. Förster – Rummenigge, Cullmann, Fischer (1), H. Zimmermann (1), Kl. Allofs – K.: Maier – SR: Michelotti (Italien).

441 **Irland**, 22.5., Dublin, 3:1 gewonnen: Maier (D. Burdenski) – Kaltz, B. Förster – H. Zimmermann (Hartwig), Cullmann, Kh. Förster Rummenigge (1) (Memering), Schuster, D. Hoeneß (1), H. Müller (Kelsch (1)), Kl. Allofs – K.: Maier/Cullmann – SR: Courtney (England).

442 **Island**, 26.5., Reykjavik, 3:1 gewonnen: Maier (Schumacher) – Konopka, B. Förster – Kh. Förster (Kaltz), Cullmann, Schuster – Kelsch (1), H. Zimmermann (Hartwig), D. Hoeneß (2), Groh, Memering – K.: Maier/Cullmann – SR: Hope (Schottland).

443 **Argentinien**, 12.9., Berlin, 2:1 gewonnen: D. Burdenski – Kaltz, Dietz – Kh. Förster, Cullmann, Schuster – Rummenigge (1), Bonhof, Fischer, H. Müller, Kl. Allofs (1) – K.: Dietz – SR: Eriksson (Schweden).

444 **Wales**, 17.10., Köln, 5:1 gewonnen (EM-Qualifikation): D. Burdenski – Kaltz (1), Dietz – Kh. Förster (1), Cullmann, Schuster (Zimmermann) – Rummenigge (1) (Briegel), Bonhof, Fischer (2), H. Müller, Kl. Allofs – K.: Dietz – SR: Keizer (Niederlande).

445 **Sowjetunion**, 21.11., Tiflis, 3:1 gewonnen: Nigbur – Kaltz (Zimmermann), Briegel – Kh. Förster, Cullmann, Dietz (Votava) – Rummenigge (2), Schuster (B. Förster), Fischer (1), H. Müller, H. Nickel – K.: Dietz/Cullmann – SR: Hirviniemi (Finnland).

446 **Türkei**, 22.12., Gelsenkirchen, 2:0 gewonnen (EM-Qualifikation): Nigbur – Kaltz, Dietz – Bonhof, Cullmann, B. Förster – Rummenigge, Stielike (Zimmermann (1)), Fischer (1), H. Müller, H. Nickel – K.: Dietz – SR: Renggli (Schweiz).

1980: 11 Spiele: 9 Siege, 2 Unentschieden

447 **Malta**, 27.2., Bremen, 8:0 gewonnen (EM-Qualifikation): D. Burdenski – Kaltz, Cullmann, Kh. Förster, Dietz – Bonhof (1), B. Förster (Kelsch (1)), H. Müller – Rummenigge (1), Fischer (2), Kl. Allofs (2) (H. Nickel) – K.: Dietz – SR: Rolles (Luxemburg) – Dazu ein Selbsttor von Malta.

448 **Österreich**, 2.4., München, 1:0 gewonnen: Nigbur (Schumacher) – Kaltz, Cullmann, Kh. Förster, Dietz (Briegel) – Bonhof, B. Förster (Schuster), H. Müller (1) – Rummenigge, Hrubesch, Kl. Allofs (Del Haye) – K.: Dietz/Cullmann – SR: Vautrot (Frankreich).

449 **Polen**, 13.5., Frankfurt, 3:1 gewonnen: Schumacher – Kaltz, Cullmann, Kh. Förster, Dietz – B. Förster (Schuster (1)), Magath, Briegel (Jakobs), H. Müller (Hrubesch) – Rummenigge (1), Kl. Allofs (1) – K.: Dietz – SR: Menegali (Italien).
450 **Tschechoslowakei**, 11.6., Rom (EM-Endrunde), 1:0 gewonnen: Schumacher – Kaltz, Cullmann, Kh. Förster, Dietz – B. Förster (Magath), Stielike, Briegel, H. Müller – Rummenigge (1), Kl. Allofs – K.: Dietz – SR: Michelotti (Italien).
451 **Niederlande**, 14.6., Neapel (EM-Endrunde), 3:2 gewonnen: Schumacher – Kaltz, Stielike, Kh. Förster, Dietz (Matthäus) – Schuster, Briegel, H. Müller (Magath) – Rummenigge, Hrubesch, Kl. Allofs (3) – K.: Dietz/ Rummenigge – SR: Wurtz (Frankreich).
452 **Griechenland**, 17.6., Turin (EM-Endrunde), 0:0 unentschieden: Schumacher – Kaltz, Stielike, Kh. Förster, B. Förster (Votava) – Cullmann, Briegel, H. Müller, Memering – Rummenigge (Del Haye), Hrubesch – K.: Cullmann – SR: McGinlay (Schottland).
453 **Belgien**, 22.6., Rom (EM-Finale), 2:1 gewonnen: Schumacher – Kaltz, Stielike, Kh. Förster, Dietz – Schuster, Briegel (Cullmann), H. Müller – Rummenigge, Hrubesch (2), Kl. Allofs – K.: Dietz – SR: Rainea (Rumänien).
454 **Schweiz**, 10.9.,Basel, 3:2 gewonnen: Schumacher – Kaltz, Schuster, Kh. Förster, Dietz – Briegel, Magath (1), H. Müller (2) – Rummenigge, Hrubesch, Kl. Allofs – K.: Dietz – SR: Agnolin (Italien).
455 **Niederlande**, 11.10., Eindhoven, 1:1 unentschieden: Schumacher (Immel) – Kaltz, Niedermayer, Kh. Förster, Dietz – Briegel, Magath, H. Müller – Rummenigge, Hrubesch (1), Kl. Allofs – K.: Dietz – SR: Christov (CSSR).
456 **Frankreich**, 19.11., Hannover, 4:1 gewonnen: Schumacher – Kaltz (1), Schuster, Kh. Förster, Dietz – Briegel (1), Votava, H. Müller – Allgöwer, Hrubesch (1), Kl. Allofs (1) – K.: Dietz – SR: Nyhus (Norwegen).
457 **Bulgarien**, 3.12., Sofia, 3:1 gewonnen (WM-Qualifikation): Schumacher – Kaltz (2), Stielike, Kh. Förster, Dietz – Briegel, Magath (Votava), H. Müller – Rummenigge (1), Hrubesch, Kl. Allofs (Borchers) – K.: Dietz – SR: Lattanzi (Italien).

1981: 11 Spiele: 8 Siege, 3 Niederlagen

458 **Argentinien**, 1.1., Montevideo, 1:2 verloren (Copa de Oro/Mini-WM): Schumacher – Kaltz, Bonhof, Kh. Förster, Dietz – Briegel, Magath, H. Müller – Rummenigge, Hrubesch (1), Kl. Allofs – K.: Dietz – SR: Castillo (Spanien).
459 **Brasilien**, 7.1., Montevideo, 1:4 verloren (Copa de Oro/Mini-WM): Schumacher – Kaltz (Dremmler), Bonhof, Kh. Förster, Dietz – Votava, Briegel, Magath, H. Müller – Rummenigge, Kl. Allofs (1) (Allgöwer) – K.: Dietz – SR: Silvagno (Chile).
460 **Albanien**, 1.4., Tirana, 2:0 gewonnen (WM-Qualifikation): Schumacher – Kaltz, Stielike, Kh. Förster (Hannes), Dietz – Schuster (2), Magath, H. Müller – Rummenigge, Hrubesch, Kl. Allofs – K.: Dietz – SR: Venci (CSSR).
461 **Österreich**, 29.4., Hamburg, 2:0 gewonnen (WM-Qualifikation): Schumacher – Kaltz, Stielike, Kh. Förster, Briegel – Schuster, Breitner, Magath, H. Müller – Rummenigge, Fischer (1) (Allgöwer). Dazu ein Eigentor des Österreichers Krauss – K.: Rummenigge – SR: Corver (Niederlande).
462 **Brasilien**, 19.5., Stuttgart, 1:2 verloren: Schumacher (Immel) – Kaltz, Hannes, Kh. Förster, Briegel – Schuster (Dietz), Breitner, Magath, H. Müller – Rummenigge, Fischer (1) (Allgöwer) – K.: Rummenigge – SR: White (England).
463 **Finnland**, 24.5., Lahti, 4:0 gewonnen (WM-Qualifikation): Schumacher – Kaltz (1), Hannes, Kh. Förster, Briegel (1) – Dremmler, Breitner, Magath (Allgöwer) – Rummenigge, Fischer (2), H. Müller (Borchers) – K.: Rummenigge – SR: Carpenter (Irland).
464 **Polen**, 2.9., Königshütte, 2:0 gewonnen: Schumacher – Kaltz (Hieronymus), Hannes, B. Förster, Briegel (Dremmler) – Breitner, Magath, H. Müller – Borchers, Fischer (1), Rummenigge (1) – K.: Rummenigge – SR: Johannsen (Schweden).
465 **Finnland**, 23.9., Bochum, 7:1 gewonnen (WM-Qualifikation): Schumacher – Kaltz, Stielike, B. Förster, Briegel – Dremmler (1), Breitner (2), Magath – Borchers, Fischer (1), Rummenigge (3) – K.: Rummenigge – SR: Rolles (Luxemburg).
466 **Österreich**, 14.10., Wien, 3:1 gewonnen (WM-Qualifikation): Schumacher – Kaltz, Stielike, Kh. Förster, Briegel – Dremmler, Breitner, Magath (1) – Littbarski (2), Fischer, Rummenigge – K.: Rummenigge – SR: Ponnet (Belgien).
467 **Albanien**, 18.11., Dortmund, 8:0 gewonnen (WM-Qualifikation): Immel – Kaltz (1) (Matthäus) Stielike, Kh. Förster, Briegel – Dremmler, Breitner (1), Magath – Rummenigge (3) (Milewski), Fischer (2), Littbarski (1) – K.: Rummenigge/Fischer – SR: Björnestad (Norwegen).
468 **Bulgarien**, 22.11., Düsseldorf, 4:0 gewonnen (WM-Qualifikation): Schumacher – Kaltz (1), Hannes, Kh. Förster, Briegel – Dremmler, Breitner, Magath (Kl. Allofs) – Rummenigge (2), Hrubesch, Fischer (1) – K.: Rummenigge – SR: Fredriksson (Schweden).

1982: 15 Spiele: 7 Siege, 4 Unentschieden, 4 Niederlagen

469 **Portugal**, 17.2., Hannover, 3:1 gewonnen: Schumacher (Franke) – Kaltz, B. Förster, Kh. Förster, Briegel – Dremmler, Breitner, Rummenigge – Hrubesch (Matthäus), Fischer (2), Littbarski (Allgöwer). Dazu ein Eigentor von Humberto – K.: Rummenigge – SR: Ponnet (Belgien).

470 **Brasilien**, 21.3., Rio de Janeiro, 0:1 verloren: Schumacher – Kaltz, Stielike, Kh. Förster, Briegel – Dremmler, Breitner, Matthäus – Littbarski (Mill), Fischer (Hrubesch), H. Müller (Engels) – K.: Kaltz – SR: Castilho (Spanien).

471 **Argentinien**, 24.3., Buenos Aires, 1:1 unentschieden: Schumacher – Kaltz, Stielike, Kh. Förster, Briegel – Dremmler (1), Matthäus, Breitner (B. Förster), H. Müller – Littbarski (Mill), Hrubesch (Engels) – K.: Kaltz – SR: Bazan (Uruguay).

472 **Tschechoslowakei**, 14.4., Köln, 2:1 gewonnen: Schumacher – Kaltz (Engels), Hannes, Kh. Förster, Briegel – Dremmler (B. Förster), Breitner (1), Matthäus – Rummenigge, Fischer (Mill), Littbarski (1) – K.: Rummenigge – SR: Quiniou (Frankreich).

473 **Norwegen**, 12.5., Oslo, 4:2 gewonnen: Franke (Immel) – B. Förster (Hannes), Stielike, Kh. Förster, Briegel (Hieronymus) – Matthäus, Breitner (Reinders), Magath – Rummenigge (2), Hrubesch (Fischer), Littbarski (2) – K.: Rummenigge – SR: Johansson (Schweden).

474 **Algerien**, 16.6., Gijon, 1:2 verloren (WM Endrunde): Schumacher Kaltz, Stielike, Kh. Förster, Briegel – Dremmler, Breitner, Magath (Fischer) – Rummenigge (1), Hrubesch, Littbarski – K.: Rummenigge – SR: Revoredo (Peru).

475 **Chile**, 20.6., Gijon, 4:1 gewonnen (WM-Endrunde): Schumacher – Kaltz, Stielike, Kh. Förster, Briegel – Dremmler, Breitner (Matthäus), Magath, Rummenigge (3) – Hrubesch, Littbarski (Reinders (1)) – K.: Rummenigge – SR: Galler (Schweiz).

476 **Österreich**, 25.6., Gijon, 1:0 gewonnen (WM Endrunde): Schumacher Kaltz, Stielike, Kh. Förster, Briegel – Dremmler, Breitner, Magath, Rummenigge (Matthäus) – Littbarski, Hrubesch (1) (Fischer) – K.: Rummenigge/Kaltz – SR: Valentine (Schottland).

477 **England**, 29.6., Madrid, 0:0 unentschieden (2. WM-Finalrunde): Schumacher – Kaltz, Stielike, Kh. Förster, Briegel – Dremmler, B. Förster, Breitner, H. Müller (Fischer) – Reinders (Littbarski), Rummenigge – K.: Rummenigge – SR: Coelho (Brasilien).

478 **Spanien**, 2.7., Madrid, 2:1 gewonnen (2. WM-Finalrunde): Schumacher – Kaltz, Stielike, Kh. Förster, B. Förster – Dremmler, Breitner, Briegel, Rummenigge (Reinders) – Littbarski (1), Fischer (1) – K.: Rummenigge/Kaltz – SR: Casarin (Italien).

479 **Frankreich**, 8.7., Sevilla, 3:3 n. V. unentschieden, Elfmeterschießen 5:4 (WM-Halbfinale): Schumacher – Kaltz, Stielike, Kh. Förster, B. Förster – Dremmler, Breitner, Magath (Hrubesch), Briegel (Rummenigge (1)) – Littbarski (1), Fischer (1) – K.: Kaltz – SR: Corver (Niederlande). Die Tore aus dem Elfmeterschießen zählen nicht in der Torjägerstatistik, sie dienen lediglich der Feststellung des Siegers. 11-m-Tore: Kaltz, Breitner, Littbarski, Hrubesch, K.-H. Rummenigge.

480 **Italien**, 11.7., Madrid 1:3 verloren (WM-Endspiel): Schumacher – Kaltz, Stielike, Kh. Förster, B. Förster – Dremmler (Hrubesch), Breitner (1), Rummenigge (H. Müller), Briegel – Littbarski, Fischer – K.: Rummenigge/Kaltz – SR: Coelho (Brasilien).

481 **Belgien**, 22.9., München, 0:0 unentschieden: Schumacher – Dremmler, Hannes, Kh. Förster, B. Förster – H. Müller (Milewski), Stielike, Matthäus, Briegel – Littbarski, Rummenigge – K.: Rummenigge – SR: Christov (CSSR).

482 **England**, 13.10., London, 2:1 gewonnen: Schumacher – Kaltz, Strack, Kh. Förster (Hieronymus), B. Förster – Meier (Littbarski), Dremmler, Briegel, Matthäus – Rummenigge (2), Kl. Allofs (Engels) – K.: Rummenigge – SR: Palotai (Ungarn).

483 **Nordirland**, 17.11., Belfast, 0:1 verloren (EM-Qualifikation): Schumacher – Kaltz, Stielike, Strack, B. Förster – Matthäus (Völler), Schuster (Engels), Briegel – Rummenigge, Kl. Allofs, Littbarski – K.: Rummenigge – SR: Nyhus (Norwegen).

1983: 10 Spiele: 6 Siege, 2 Unentschieden, 2 Niederlagen

484 **Portugal**, 23.2., Lissabon, 0:1 verloren: Schumacher – Kaltz, B. Förster, Kh. Förster, Briegel – Dremmler, Rolff, Matthäus (Otten) – Rummenigge, Völler (Meier), Littbarski (Kl. Allofs) – K.: Rummenigge – SR: Bacou (Frankreich).

485 **Albanien**, 30.3., Tirana, 2:1 gewonnen (EM-Qualifikation): Schumacher – B. Förster, Strack, Kh. Förster, Otten – Engels, H. Müller, Briegel – Littbarski, Völler (1) (Meier), Rummenigge (1) – K.: Rummenigge – SR: Menegali (Italien).

486 **Türkei**, 23.4., Izmir, 3:0 gewonnen (EM-Qualifikation): Schumacher – Dremmler (1), Strack, Kh. Förster, Briegel – Engels, Schuster, H. Müller – Littbarski (Rolff), Völler, Rummenigge (2) – K.: Rummenigge – SR: Christov (CSSR).

487 **Österreich**, 27.4., Wien, 0:0 unentschieden (EM-Qualifikation): Schumacher – Dremmler, Strack, Kh. Förster, Briegel (B. Förster) – Engels, Schuster, H. Müller (Rolff) – Littbarski, Völler, Rummenigge – K.: Rummenigge – SR: McGinlay (Schottland).

488 **Jugoslawien**, 7.6., Luxemburg, 4:2 gewonnen (Jubiläumsspiel anl. des 75jährigen Bestehens des Luxemburgischen Fußball-Verbandes): D. Burdenski (Stein) – B. Förster (Otten), Stielike, Kh. Förster, Briegel – Rolff, Schuster (1), H. Müller (Waas) – Rummenigge (1), Völler, Meier (2) (Matthäus) – K.: Rummenigge – SR: Bastian (Luxemburg).

489 **Ungarn**, 7.9., Budapest, 1:1 unentschieden: Schumacher (D. Burdenski) – B. Förster (Matthäus), Strack, Kh. Förster, Briegel – Rolff, Groh, H. Müller (Waas), Meier – Littbarski, Völler (1) – K.: Kh. Förster – SR: Krchnak (CSSR).

490 **Österreich**, 5.10., Gelsenkirchen, 3:0 gewonnen (EM-Qualifikation): Schumacher – Dremmler, Strack, Kh. Förster, Briegel – Rolff, Augenthaler, Schuster, Meier (Matthäus) – K.-H. Rummenigge (1), Völler (2) (Waas) – K.: K.-H. Rummenigge – SR: Agnolin (Italien).

491 **Türkei**, 26.10., Berlin, 5:1 gewonnen (EM-Qualifikation): Schumacher – Otten, Strack, Augenthaler, Briegel (Herget) – Matthäus, Stielike (1), Meier (M. Rummenigge) – Littbarski, Völler (2), K.-H. Rummenigge (2) – K.: K.-H. Rummenigge – SR: Sostaric (Jugoslawien).

492 **Nordirland**, 16.11., Hamburg, 0:1 verloren (EM-Qualifikation): Schumacher – Dremmler, Stielike (Strack), Kh. Förster, Briegel – Matthäus, Augenthaler, Rolff, Meier (Littbarski) – K.-H. Rummenigge, Waas – K.: K.-H. Rummenigge – SR: Palotai (Ungarn).

493 **Albanien**, 20.11., Saarbrücken, 2:1 gewonnen (EM-Qualifikation): Schumacher – B. Förster, Strack (1), Kh. Förster, Briegel (Otten) – Dremmler, Matthäus, Meier – Littbarski (Waas), Völler, K.-H. Rummenigge (1).– K.: K.-H. Rummenigge – SR: Mattsson (Finnland).

1984: 11 Spiele: 7 Siege, 1 Unentschieden, 3 Niederlagen

494 **Bulgarien**, 15.2., Varna, 3:2 gewonnen: D. Burdenski – Bockenfeld, Herget, Kh. Förster, Brehme – Stielike (2), Schuster, Meier – Bommer, Völler (1) (Kl. Allofs), K.-H. Rummenigge – K.: K.-H. Rummenigge – SR: Wöhrer (Österreich).

495 **Belgien**, 29.2., Brüssel, 1:0 gewonnen: Schumacher – Dremmler, Herget, Kh. Förster (Augenthaler), Brehme (Bruns) – Stielike, Schuster, Matthäus – Bommer (Kl. Allofs), Völler (1), K.-H. Rummenigge – K.: K.-H. Rummenigge – SR: Thomas (Niederlande).

496 **Sowjetunion**, 28.3., Hannover, 2:1 gewonnen: Schumacher (Roleder) – Rolff (Otten), Herget, Kh. Förster, Briegel – Matthäus, Bruns, Meier – Milewski (Bommer), Völler (1), Kl. Allofs (Brehme (1)) – K.: Kh. Förster – SR: Namoglu (Türkei).

497 **Frankreich**, 18.4., Straßburg, 0:1 verloren: Schumacher – B. Förster, Bruns, Kh. Förster, Briegel – Rolff (Herget), Matthäus, Brehme, Meier (Littbarski) – K.-H. Rummenigge, Völler – K.: K.-H. Rummenigge – SR: Barbaresco (Italien).

498 **Italien**, 22.5., Zürich, 1:0 gewonnen (80 Jahre FIFA): Schumacher (D. Burdenski) – B. Förster, Stielike, Kh. Förster, (Matthäus), Briegel (1) – Buchwald (Bommer), K.-H. Rummenigge, Rolff, Brehme – Völler, Kl. Allofs – K.: K.-H. Rummenigge – SR: Coelho (Brasilien).

499 **Portugal**, 14.6., Straßburg, 0:0 unentschieden (EM-Endrunde): Schumacher – B. Förster, Stielike, Kh. Förster, Briegel – Rolff (Bommer), Buchwald (Matthäus), K.-H. Rummenigge, Brehme – Völler, Kl. Allofs – K.: K.-H. Rummenigge – SR: Juschka (UdSSR).

500 **Rumänien**, 17.6., Lens, 2:1 gewonnen (EM-Endrunde): Schumacher – B. Förster, Stielike, Kh. Förster (Buchwald),. Briegel – Matthäus, Meier (Littbarski), Brehme – K.-H. Rummenigge, Völler (2), Kl. Allofs – K.: K.-H. Rummenigge – SR: Keizer (Niederlande).

501 **Spanien**, 20.6., Paris, 0:1 verloren (EM-Endrunde): Schumacher – B. Förster, Stielike, Kh. Förster, Briegel – Matthäus, Meier (Littbarski), Brehme (Rolff) – K.-H. Rummenigge, Völler, Kl. Allofs – K.: K.-H. Rummenigge – SR: Christov (CSSR).

502 **Argentinien**, 12.9., Düsseldorf, 1:3 verloren: Schumacher – Brehme, Bruns, Jakobs (1), Frontzeck – Bommer, Matthäus, Magath, Falkenmayer – Völler (Stielike), Mill (Schreier) – K.: Schumacher – SR: Wurtz (Frankreich).

503 **Schweden**, 17.10., Köln, 2:0 gewonnen (WM-Qualifikation): Schumacher – Jakobs, Herget, Kh. Förster, Briegel – Brehme, Matthäus, Falkenmayer (Kl. Allofs), Magath (Rahn (1)) – K.-H. Rummenigge (1), Völler – K.: K.-H. Rummenigge – SR: Valentine (Schottland).

504 **Malta**, 16.12., Ta' Qali, 3:2 gewonnen (WM-Qualifikation): Schumacher – Jakobs (Thon), Herget, Kh. Förster (1) – Matthäus, Rahn, Brehme, Briegel – K.-H. Rummenigge, Völler, Kl. Allofs (2) – K.: K.-H. Rummenigge – SR: Petrovic (Jugoslawien).

1985: 11 Spiele: 4 Siege, 2 Unentschieden, 5 Niederlagen

505 **Ungarn**, 29.1., Hamburg, 0:1 verloren: Stein (Schumacher) – Berthold (Herget), Jakobs, Kh. Förster, Briegel (Frontzeck) – Littbarski (Mill), Matthäus, Magath, Thon (Kroth) – K.-H. Rummenigge, Völler – K.: K.-H. Rummenigge – SR: Halle (Norwegen).

506 **Portugal**, 24.2., Lissabon, 2:1 gewonnen (WM-Qualifikation): Schumacher – Berthold, Herget, Jakobs, Frontzeck – Matthäus, Falkenmayer, Magath, Briegel – Littbarski (1), Völler (1) – K.: Schumacher – SR: Casarin (Italien).

507 **Malta**, 27.3., Saarbrücken, 6:0 gewonnen (WM-Qualifikation): Schumacher – Berthold, Herget, Kh. Förster, Frontzeck – Rahn (2) (Thon), Briegel (Brehme), Magath (1), Littbarski (1), Völler, K.-H. Rummenigge (2) – K.: K.-H. Rummenigge – SR: Tokat (Türkei).

508 **Bulgarien**, 17.4., Augsburg, 4:1 gewonnen: Schumacher (Stein) – Brehme, Herget, Kh. Förster, Frontzeck (Berthold) – Matthäus, Magath, Rahn (1) (Jakobs) – Littbarski (1), Völler (2), K.-H. Rummenigge (Thon) – K.: K.-H. Rummenigge/Kh. Förster – SR: Galler (Schweiz).

509 **Tschechoslowakei**, 30.4., Prag, 5:1 gewonnen (WM-Qualifikation): Schumacher – Berthold (1), Jakobs, Kh. Förster, Brehme – Matthäus 1 (Thon), Herget (1), Magath, Rahn (Kl. Allofs (1)) – Littbarski (1), Völler – K.: Schumacher – SR: Quiniou (Frankreich).

510 **England**, 12.6., Mexiko City, 0:3 verloren: Schumacher – Berthold, Herget, Jakobs, Augenthaler, Brehme – Matthäus, Magath (Thon), Rahn – Littbarski, Mill (Waas) – K.: Schumacher – SR: Leanza (Mexiko).

511 **Mexiko**, 15.6., Mexiko City, 0:2 verloren: Stein – Matthäus, Augenthaler (Frontzeck), Jakobs, Brehme – Rahn, Herget, Magath – Mill, Völler, Kögl – K.: Magath – SR: Hackett (England).

512 **Sowjetunion**, 28.8., Moskau, 0:1 verloren: Schumacher – Herget – Berthold, Kh. Förster, Brehme – Matthäus, Littbarski, Magath, Rahn – Völler, Kl. Allofs (Meier) – K. Schumacher – SR: Ravander (Finnland).

513 **Schweden**, 25.9., Stockholm, 2:2 unentschieden (WM-Qualifikation): Schumacher – Augenthaler – Berthold, Kh. Förster, Jakobs – Littbarski, Herget (1), Briegel, Brehme – K.-H. Rummenigge, Völler (1) – K.: K.-H. Rummenigge – SR: van Langenhove (Belgien).

514 **Portugal**, 16.10., Stuttgart, 0:1 verloren (WM-Qualifikation): Schumacher – Jakobs (Gründel) – Berthold, Kh. Förster, Brehme – Allgöwer, Herget, Meier, Briegel – Littbarski (Th. Allofs), K.-H. Rummenigge – K.: K.-H. Rummenigge – SR: Hackett (England).

515 **Tschechoslowakei**, 17.11., München, 2:2 unentschieden (WM-Qualifikation): Schumacher – Augenthaler – Brehme (1), Kh. Förster, Briegel (Frontzeck) – Rolff, Thon, Allgöwer – Littbarski (Rahn), K.-H. Rummenigge (1), Kögl – K.: K.-H. Rummenigge – SR: Thime (Norwegen).

1986: 15 Spiele: 8 Siege, 4 Unentschieden, 3 Niederlagen

516 **Italien**, 5.2., Avellino, 2:1 gewonnen: Schumacher – Augenthaler – Buchwald, Kh. Förster, Briegel – Matthäus (1), Rolff, Herget (1), Magath – K.-H. Rummenigge, Kl. Allofs (Gründel) – K.: K.-H. Rummenigge – SR: Igna (Rumänien).

517 **Brasilien**, 12.3., Frankfurt/M., 2:0 gewonnen: Schumacher – Herget – Brehme, Jakobs (Buchwald), Briegel (1) – Matthäus, Rolff, Magath, Thon – Mill (Gründel), K.-H. Rummenigge (Kl. Allofs (1)) – K.: K.-H. Rummenigge/Schumacher – SR: Agnolin (Italien).

518 **Schweiz**, 9.4., Basel, 1:0 gewonnen: Stein – Augenthaler – Berthold, Kh. Förster (Jakobs), Briegel (Buchwald) – Falkenmayer (Brehme), Matthäus, Magath, Rolff – D. Hoeneß (1), Thon (Allgöwer) – K.: Kh. Förster/Magath – SR: Quiniou (Frankreich).

519 **Jugoslawien**, 11.5., Bochum, 1:1 unentschieden: Schumacher – Augenthaler – Buchwald (Berthold), Kh. Förster, Eder – Matthäus, Herget (Kl. Allofs), Thon, Briegel – D. Hoeneß (Littbarski), Völler (1) – K.: Schumacher – SR: Eriksson (Schweden).

520 **Niederlande**, 14.5., Dortmund, 3:1 gewonnen: Stein – Herget (1) – Berthold, Eder (W. Funkel), Briegel – Matthäus (Allgöwer), Rolff, Littbarski (Gründel), Brehme – Völler (2) (Mill), Kl. Allofs – K.: Briegel – SR: Wöhrer (Österreich).

521 **Uruguay**, 4.6., Queretaro, 1:1 unentschieden (WM-Gruppenspiel): Schumacher – Augenthaler – Berthold, Kh. Förster, Briegel – Matthäus (K.-H. Rummenigge), Eder, Magath, Brehme (Littbarski) – Kl. Allofs (1), Völler – K.: Schumacher – SR: Christov (CSSR).

522 **Schottland**, 8.6., Queretaro, 2:1 gewonnen (WM-Gruppenspiel): Schumacher – Augenthaler – Berthold, Eder, Kh. Förster, Briegel (Jakobs) – Littbarski (K.-H. Rummenigge), Matthäus, Magath – Kl. Allofs (1), Völler (1) – K.: Schumacher – SR: Igna (Rumänien).

523 **Dänemark**, 13.6., Queretaro, 0:2 verloren (WM-Gruppenspiel): Schumacher – Jakobs – Berthold, Eder, Kh. Förster (K.-H. Rummenigge), Brehme – Matthäus, Rolff (Littbarski), Herget – Kl. Allofs, Völler – K.: Schumacher – SR: Ponnet (Belgien).

524 **Marokko**, 17.6., Monterrey, 1:0 gewonnen (WM-Achtelfinale): Schumacher – Jakobs – Berthold, Kh. Förster, Briegel – Matthäus (1), Magath, Eder – K.-H. Rummenigge, Völler (Littbarski), Kl. Allofs – K.: K.-H. Rummenigge – SR: Z. Petrovic (Jugoslawien).

525 **Mexiko**, 21.6., Monterrey, 0:0 unentschieden n. V., Elfmeterschießen 4:1 (WM-Viertelfinale). Schumacher – Jakobs – Berthold, Eder (Littbarski), Kh. Förster, Briegel – Matthäus, Magath,

Brehme – K.-H. Rummenigge (D. Hoeneß), Kl. Allofs – K.: K.-H. Rummenigge/Schumacher – SR: Diaz (Kolumbien) – Tore aus dem Elfmeterschießen (zählen nicht in der Torjägerstatistik, sondern dienen lediglich der Feststellung des Siegers): Kl. Allofs, Brehme, Matthäus, Littbarski.

526 **Frankreich**, 25.6., Guadalajara, 2:0 gewonnen (WM-Halbfinale): Schumacher – Jakobs – Brehme (1), Eder, Kh. Förster, Briegel – Matthäus, Rolff, Magath – K.-H. Rummenigge (Völler (1)), Kl. Allofs – K.: K.-H. Rummenigge/Schumacher – SR: Agnolin (Italien).

527 **Argentinien**, 29.6., Mexico City, 2:3 verloren (WM-Endspiel): Schumacher – Jakobs – Brehme, Kh. Förster, Briegel – Berthold, Matthäus, Eder, Magath (D. Hoeneß) – K.-H. Rummenigge (1), Kl. Allofs (Völler (1)) – K.: K.-H. Rummenigge – SR: Arppi Filho (Brasilien).

528 **Dänemark**, 24.9., Kopenhagen, 2:0 gewonnen: Schumacher – Hörster – Berthold, Kohler, Buchwald, Frontzeck – Matthäus, Thon (1) (Rahn), Rolff – Völler, Kl. Allofs (1) (Waas) – K.: Schumacher – SR: Fredriksson (Schweden).

529 **Spanien**, 15.10., Hannover, 2:2 unentschieden: Schumacher – Hörster (Augenthaler) – Berthold, Kohler, Buchwald, Frontzeck – Matthäus, Rahn (1), Rolff (Wuttke) – Wohlfarth, Waas (1) (Eckstein) – K.: Schumacher – SR: Sawtschenko (Sowjetunion).

530 **Österreich**, 29.10., Wien, 1:4 verloren: Immel – Hörster – Berthold, Buchwald, W. Funkel, Frontzeck (Völler (1)) – Rolff, Matthäus, Thon (M. Rummenigge) – Waas, Kl. Allofs – K.: Kl. Allofs – SR: Agnolin (Italien).

1987: 9 Spiele: 4 Siege, 4 Unentschieden, 1 Niederlage

531 **Israel**, 25.3., Tel Aviv, 2:0 gewonnen: Immel – Hörster – Kohler, Buchwald, Pflügler – Brehme, Matthäus (1), Rahn, Thon (1) – Waas, Völler (Wuttke) – K.: Matthäus – SR: Gächter (Schweiz).

532 **Italien**, 18.4., Köln, 0:0 unentschieden: Immel – Herget – Kohler, Buchwald, Pflügler (Frontzeck) – Rolff (Reuter), Littbarski, Matthäus, Thon – Völler, Kl. Allofs – K.: Kl. Allofs – SR: Thomas (Niederlande).

533 **Frankreich**, 12.8., Berlin, 2:1 gewonnen: Immel – Herget – Kohler, Buchwald (Rolff), Pflügler – Brehme (Reuter), Matthäus, Rahn, Dorfner – Völler (2) (Littbarski), Kl. Allofs – K.: Kl. Allofs – SR: Lund-Sörensen (Dänemark).

534 **England**, 9.9., Düsseldorf, 3:1 gewonnen: Immel – Herget – Brehme (Reuter), Kohler, Buchwald, Frontzeck – Littbarski (2), Thon, Dorfner – Völler (Wuttke(1)), Kl. Allofs – K.: Kl. Allofs – SR: Casarin (Italien).

535 **Dänemark**, 23.9., Hamburg, 1:0 gewonnen: Illgner – Herget – Reuter, Kohler, Buchwald, Frontzeck – Littbarski, Rolff, Thon (Schwabl) – Völler (1), Kl. Allofs (Rahn) – K.: Kl. Allofs, Völler – SR: Brummeier (Österreich).

536 **Schweden**, 14.10., Gelsenkirchen, 1:1 unentschieden: Illgner – Herget – Berthold (Brehme), Kohler, Buchwald, Pflügler – Littbarski (1), Thon, Dorfner – Völler, Kl. Allofs – K.: Kl. Allofs – SR: Sanchez-Arminio (Spanien).

537 **Ungarn**, 18.11., Budapest, 0:0 unentschieden: Immel –Herget – Berthold, Kohler, Frontzeck – Rolff, Matthäus (Eckstein), Thon, Reuter – Littbarski, Kl. Allofs – K.: Kl. Allofs – SR: Krchnak (CSSR).

538 **Brasilien**, 12.12., Brasilia, 1:1 unentschieden: Immel – Reuter (1), Kohler, Buchwald, Brehme (Hochstätter) – Herget – Schwabl (Ordenewitz), Matthäus, Frontzeck (Foda) – Klinsmann, Thon – K.: Matthäus – SR: Racomin (Ecuador).

539 **Argentinien**, 16.12., Buenos Aires, 0:1 verloren: Illgner – Herget – Reuter (Foda), Kohler, Pflügler – Rolff, Matthäus, Thon, Schwabl (Hochstätter) – Klinsmann, Ordenewitz – K.: Matthäus – SR: Coelho (Brasilien).

1988: 11 Spiele: 6 Siege, 4 Unentschieden, 1 Niederlage

540 **Schweden**, 31.3., Berlin, 1:1 unentschieden, Elfmeterschießen 2:4: Immel – Herget – Berthold (Reuter), Kohler, Buchwald Frontzeck – Matthäus, Littbarski (Rolff), Thon – Völler, Kl. Allofs (1) (Eckstein) – K.: Kl. Allofs/Matthäus – SR: Hartman (Ungarn). Tore aus dem 11-m-Schießen zählen nicht in der Torstatistik: Thon, Eckstein.

541 **Argentinien**, 2.4., Berlin, 1:0 gewonnen: Immel – Herget – Berthold (Brehme), Kohler (Pflügler), Borowka – Matthäus (1), Thon, Rolff – Klinsmann, Völler, Eckstein (Neubarth) – K.: Matthäus – SR: Röthlisberger (Schweiz).

542 **Schweiz**, 27.4., Kaiserslautern, 1:0 gewonnen: Immel – Herget – Brehme, Kohler, Görtz (Reuter) – Matthäus, Rolff, Thon (Littbarski), Dorfner (Schwabl) – Klinsmann (1), Völler – K.: Matthäus – SR: Blankenstein (Niederlande).

543 **Jugoslawien**, 4.6., Bremen, 1:1 unentschieden: Immel – Herget – Berthold (Dorfner), Kohler, Borowka – Matthäus (1), Rolff, Thon (Eckstein), Brehme – Klinsmann, Völler (Mill) – K.: Matthäus – SR: Spirin (Sowjetunion).

544 **Italien**, 10.6., Düsseldorf, 1:1 unentschieden (EM-Endrunden-Gruppenspiel): Immel – Herget – Berthold, Kohler, Buchwald, Brehme (1) (Borowka) – Matthäus, Littbarski, Thon – Klinsmann, Völler (Eckstein) – K.: Matthäus – SR: Hackett (England).

545 **Dänemark**, 14.6., Gelsenkirchen, 2:0 gewonnen (EM-Endrunden-Gruppenspiel): Immel – Herget – Buchwald (Borowka), Kohler, Brehme – Rolff, Littbarski, Matthäus, Thon (1) – Klinsmann (1), Völler (Mill) – K.: Matthäus – SR: Valentine (Schottland).

546 **Spanien**, 17.6., München, 2:0 gewonnen (EM-Endrunden-Gruppenspiel): Immel – Herget – Borowka, Kohler, Brehme – Matthäus, Littbarski (Wuttke), Rolff, Thon – Klinsmann (Mill), Völler (2) – K.: Matthäus – SR: Vautrot (Frankreich).

547 **Niederlande**, 21.6., Hamburg, 1:2 verloren (EM-Halbfinale): Immel – Herget (Pflügler) – Brehme, Kohler, Borowka – Matthäus (1), Rolff, Thon – Mill (Littbarski), Klinsmann, Völler – K.: Matthäus – SR: Igna (Rumänien).

548 **Finnland**, 31.8., Helsinki, 4:0 gewonnen (WM-Qualifikation): Illgner – Fach – Brehme, Kohler, Buchwald (Rolff), Görtz – Matthäus (1), Häßler – Littbarski, Völler (2), Eckstein (Riedle (1)) – K.: Matthäus – SR: Zhuk (Sowjetunion).

549 **Sowjetunion**, 21.9., Düsseldorf, 1:0 gewonnen: Illgner – Herget – Reuter, Kohler (Buchwald), Pflügler (K. Reinhardt) – Möller, Rolff, Hermann – Littbarski, Th. Allofs, Waas. Eigentor Schmatowalenko – K.: Littbarski – SR: Galler (Schweiz).

550 **Niederlande**, 19.10., München, 0:0 unentschieden (WM-Qualifikation): Illgner – Fach – Berthold, Kohler, Buchwald, Brehme – Matthäus, Thon, Häßler – Klinsmann (Mill), Völler – K.: Matthäus – SR: d'Elia (Italien).

1989: 6 Spiele, 3 Siege, 3 Unentschieden

551 **Bulgarien**, 22.3., Sofia, 2:1 gew.: Illgner – Fach (Littbarski (1)) – Berthold, Kohler, Buchwald, Brehme – Häßler, Möller, Matthäus – Riedle, Völler (1) – K.: Matthäus – SR: Krchnak (CSSR).

552 **Niederlande**, 26.4., Rotterdam, 1:1 unentschieden (WM-Qualifikation): Illgner – Berthold – Reuter, Buchwald, Kohler (Rolff), Brehme – Matthäus, Möller, Häßler – Riedle (1), Völler (Klinsmann) – K.: Matthäus – SR: Fredriksson (Schweden).

553 **Wales**, 31.5., Cardiff, 0:0 unentschieden (WM-Qualifikation): Illgner – Berthold – Reuter, A. Reinhardt, Buchwald, Brehme – Häßler, Fach, Möller – Riedle (Klinsmann), Völler – K. Völler – SR: da Silva Valente (Portugal).

554 **Irland**, 6.9., Dublin, 1:1 unentschieden: Illgner (Aumann) – Augenthaler – Reuter, Buchwald (A. Reinhardt), Pflügler – Dorfner (1) (Fach), Littbarski, Möller, Thon, Häßler – Wohlfarth – K.: Littbarski – SR: van den Wijngaert (Belgien).

555 **Finnland**, 4.10., Dortmund, 6:1 gewonnen (WM-Qualifikation): Illgner – Augenthaler – Reuter, Buchwald, Brehme – Häßler (Bein), Matthäus (1), Möller (2) (Mill), Littbarski (1) – Klinsmann (1), Völler (1) – K.: Matthäus – SR: Snoddy (Nordirland).

556 **Wales**, 15.11., Köln 2:1 gewonnen (WM-Qualifikation): Illgner – Augenthaler (A. Reinhardt) – Reuter, Buchwald, Brehme – Häßler (1), Dorfner, Möller (Bein), Littbarski, Klinsmann, Völler (1) – K.: Littbarski – SR: Vautrot (Frankreich).

1990: 15 Spiele, 10 Siege, 4 Unentschieden, 1 Niederlage

557 **Frankreich**, 28.2., Montpellier, 1:2 verloren: Illgner – Augenthaler – Berthold, A. Reinhardt, Brehme – Häßler, Möller (1), Matthäus, Bein – Klinsmann, Riedle (Littbarski) – K. Matthäus – SR: Ramos Marcos (Spanien).

558 **Uruguay**, 25.4., Stuttgart, 3:3 unentschieden: Illgner (Aumann) – Kohler, Berthold, Buchwald, Brehme – Häßler, Littbarski, Matthäus (1), Bein (Thon) – Klinsmann (1), Völler (1) – K.: Matthäus – SR: Karlsson (Schweden).

559 **Tschechoslowakei**, 26.5., Düsseldorf, 1:0 gewonnen: Illgner – Augenthaler – Buchwald, Kohler, Brehme – Häßler (Thon), Littbarski (Möller), Matthäus, Bein (1) (Berthold) – Klinsmann (Mill), Völler – K.: Matthäus – SR: Galler (Schweiz).

560 **Dänemark**, 30.5., Gelsenkirchen, 1:0 gewonnen: Aumann (Köpke) – Augenthaler (Steiner) – Kohler (Reuter), Buchwald, Brehme (Pflügler) – Häßler (Hermann), Littbarski (Berthold), Matthäus (Thon), Bein (Möller) – Klinsmann (Mill), Völler (1) (Riedle) – K.: Matthäus/Berthold – SR: Midgley (England).

561 **Jugoslawien**, 10.6., Mailand, 4:1 gewonnen (WM-Gruppenspiel): Illgner – Augenthaler – Reuter, Buchwald, Brehme – Berthold, Häßler (Littbarski), Matthäus (2), Bein (Möller) – Völler (1), Klinsmann (1). K.: Matthäus – SR: Mikkelsen (Dänemark).

562 **Vereinigte Arabische Emirate**, 15.6., Mailand, 5:1 gewonnen (WM-Gruppenspiel): Illgner – Augenthaler – Reuter, Buchwald, Brehme – Berthold (Littbarski), Häßler, Matthäus (1), Bein (1) – Völler (2), Klinsmann (1) (Riedle) – K.: Matthäus – SR: Spirin (UdSSR).

563 **Kolumbien**, 19.6., Mailand, 1:1 unentschieden (WM-Gruppenspiel): Illgner – Augenthaler – Reuter, Buchwald, Pflügler – Berthold, Häßler (Thon), Matthäus, Bein (Littbarski (1)) – Völler, Klinsmann – K.: Matthäus – SR: Snoddy (Nordirland).
564 **Niederlande**, 24.6., Mailand, 2:1 gewonnen (WM-Achtelfinale): Illgner – Augenthaler – Reuter, Berthold, Kohler, Brehme (1), Littbarski, Matthäus, Buchwald – Klinsmann (1) (Riedle), Völler – K.: Matthäus – SR: Loustau (Argentinien).
565 **Tschechoslowakei**, 1.7., Mailand, 1:0 gewonnen (WM-Viertelfinale): Illgner – Augenthaler – Berthold, Buchwald, Kohler, Brehme – Littbarski, Matthäus (1), Bein (Möller) – Riedle, Klinsmann – K.: Matthäus – SR: Kohl (Österreich).
566 **England**, 4.7., Turin, 1:1 unentschieden n.V./4:3 im 11-m-Schießen (WM-Halbfinale): Illgner – Augenthaler – Berthold, Buchwald, Kohler, Brehme (1) – Häßler (Reuter), Matthäus, Thon – Klinsmann, Völler (Riedle) – K.: Matthäus – SR: Wright (Brasilien). Die Tore aus dem 11-m-Schießen (Brehme, Matthäus, Riedle, Thon) zählen nicht in der Torjägerstatistik, sondern dienen lediglich der Ermittlung des Siegers.
567 **Argentinien**, 8.7., Rom, 1:0 gewonnen (WM-Endspiel): Illgner – Augenthaler – Berthold (Reuter), Kohler, Buchwald, Brehme (1) – Häßler, Matthäus, Littbarski – Klinsmann, Völler – K.: Matthäus – SR: Codesal Mendez (Mexiko).
568 **Portugal**, 29.8., Lissabon, 1:1 unentschieden: Illgner – Berthold – Reuter, Kohler, Buchwald, Brehme – Bein (K. Reinhardt), Matthäus (1) (Binz), Möller – Riedle, Völler (Klinsmann) – K.: Matthäus/Brehme – SR: R. Lo Bello (Italien).
569 **Schweden**, 10.10., Stockholm, 3:1 gewonnen: Aumann – Binz – Berthold, Helmer, Brehme (1) (K. Reinhardt) – Häßler, Möller (Riedle), Matthäus, Strunz – Völler (1), Klinsmann (1) – K.: Matthäus – SR: Worrall (England).
570 **Luxemburg**, 31.10., Luxemburg, 3:2 gewonnen: (EM-Qualifikation): Illgner – Binz – Berthold, Kohler, Brehme – Häßler, Strunz, Matthäus, Bein (1) (K. Reinhardt) – Klinsmann (1), Völler (1) – K.: Matthäus – SR: Nielsen (Dänemark).
571 **Schweiz**, 19.12., Stuttgart, 4:0 gewonnen: Illgner – Berthold – Kohler, Buchwald, Helmer – Reuter, Häßler, Matthäus (1), Sammer (Thom (1)) – Klinsmann, Völler (1) (Riedle (1)) – K.: Matthäus – SR: C. Longhi (Italien).

1991: 7 Spiele, 6 Siege, 1 Niederlage

572 **Sowjetunion**, 27.3., Frankfurt/M., 2:1 gewonnen: Illgner – Berthold – Reuter (1), Kohler (Helmer), Buchwald – Häßler (Möller), Sammer, Matthäus (1), Doll – Klinsmann, Völler – K.: Matthäus – SR: Listkiewicz (Polen).
573 **Belgien**, 1.5., Hannover, 1:0 gewonnen (EM-Qualifikation): Illgner – Berthold – Reuter, Beiersdorfer, Brehme – Häßler, Sammer, Matthäus (1), Doll – Klinsmann (Helmer), Völler (Riedle) – K.: Matthäus – SR: Z. Petrovic (Jugoslawien).
574 **Wales**, 5.6., Cardiff, 0:1 verloren (EM-Qualifikation): Illgner – Berthold – Buchwald, Kohler, Brehme – Reuter, Helmer, Matthäus (Doll), Sammer (Effenberg) – Klinsmann, Völler – K.: Matthäus/Völler – SR: Bo Karlsson (Schweden).
575 **England**, 11.9., London, 1:0 gew.: Illgner – Binz – Effenberg, Kohler, Buchwald – Häßler, Matthäus, Möller, Brehme – Riedle (1), Doll (Klinsmann) – K.: Matthäus – SR: Spirin (Sowjetunion).
576 **Wales**, 16.10., Nürnberg, 4:1 gewonnen (EM-Qualifikation): Illgner – Binz – Buchwald, Kohler, Brehme – Reuter, Doll 1 (Effenberg), Matthäus, Möller (1) – Riedle (1) (Häßler), Völler (1) – K.: Matthäus – SR: Quiniou (Frankreich).
577 **Belgien**, 20.11., Brüssel, 1:0 gewonnen (EM-Qualifikation): Illgner – Binz – Buchwald, Kohler, Brehme – Reuter, Möller (Effenberg), Matthäus, Doll – Völler (1), Riedle – K.: Matthäus – SR: Lanese (Italien).
578 **Luxemburg**, 18.12., Leverkusen, 4:0 gewonnen (EM-Qualifikation): Illgner – Binz – Reuter, Buchwald (1), Kohler, Brehme – Möller (Bein), Matthäus (1), Doll (Häßler (1)) – Riedle (1), Völler – K.: Matthäus – SR: Przesmycki (Polen).

1992: 14 Spiele: 5 Siege, 5 Unentschieden, 4 Niederlagen

579 **Italien**, 25.3., Turin, 0:1 verloren: Illgner – Binz – Reuter, Helmer, Buchwald, Brehme (M. Schulz) Häßler, Matthäus, Doll (Bein) – Völler (Klinsmann), Riedle – K.: Matthäus – SR: Larsson (Schweden).
580 **Tschechoslowakei**, 22.4., Prag, 1:1 unentschieden: Köpke – Binz – Helmer, Buchwald, Wörns – Häßler (1) (Möller), Effenberg, Thom (Sammer), Frontzeck – Klinsmann, Völler – K.: Völler – SR: Frost (Israel).

581 **Türkei**, 30.5., Gelsenkirchen, 1:0 gewonnen: Köpke Kohler, Binz, Buchwald – Wörns (Effenberg), Häßler, Sammer, Möller, Brehme Völler (1), Klinsmann (Thom) – K.: Völler – SR: Ramos (Frankreich).

582 **Nordirland**, 2.6., Bremen, 1:1 unentschieden: Illgner – Binz (1) – Kohler, Buchwald – Reuter, Effenberg, Sammer (Thom), Häßler (Doll), Brehme – Völler, Riedle – K.: Völler – SR: Constantin (Belgien).

583 **GUS**, 12.6., Norrköping, 1:1 unentschieden (EM-Gruppenspiel): Illgner – Binz – Reuter (Klinsmann), Kohler, Buchwald, Brehme – Häßler (1), Effenberg, Doll – Völler (Möller), Riedle – K.: Völler/Brehme – SR: Biguét (Frankreich).

584 **Schottland**, 15.6., Norrköping, 2:0 gewonnen (EM-Gruppenspiel): Illgner – Kohler, Binz, Buchwald, Brehme – Häßler, Effenberg (1), Sammer, Möller – Klinsmann, Riedle (1) (Reuter, Schulz) – K.: Brehme – SR: Goethals (Belgien).

585 **Niederlande**, 18.6., Göteborg, 1:3 verloren (EM-Gruppenspiel): Illgner – Binz (Sammer) – Brehme, Helmer, Kohler, Frontzeck – Häßler, Effenberg, Möller – Riedle (Doll), Klinsmann (1) – K.: Brehme – SR: Pairetto (Italien).

586 **Schweden**, 21.6., Stockholm, 3:2 gewonnen (EM-Halbfinale): Illgner – Helmer – Reuter, Kohler, Buchwald, Brehme – Häßler (1), Effenberg, Sammer – Klinsmann (Doll), Riedle (2) – K.: Brehme – SR: Lanese (Italien).

587 **Dänemark**, 26.6., Göteborg, 0:2 verloren (EM-Endspiel): Illgner – Helmer – Reuter, Kohler, Buchwald, Brehme – Häßler, Effenberg (Thom), Sammer (Doll) – Klinsmann, Riedle – K.: Brehme – SR: Galler (Schweiz).

588 **Dänemark**, 9.9., Kopenhagen, 2:1 gewonnen: Köpke – Buchwald – Wörns, Helmer, Frontzeck – Reuter, Klinsmann (Strunz), Effenberg (1), Doll (Thon) – Riedle (1), Thom – K.: Buchwald – SR: Bodenham (England).

589 **Mexiko**, 14.10., Dresden, 1:1 unentschieden: Köpke – Thon – Buchwald – Scholz, Häßler, Matthäus, Helmer, Effenberg, K. Reinhardt – Völler (1) (Kirsten), Riedle (Klinsmann) – K.: Matthäus – SR: Marko (CSFR).

590 **Österreich**, 18.11., Nürnberg, 0:0 unentschieden: Köpke – Buchwald – Kohler, Helmer – Reuter, Häßler, Effenberg, Doll, Reinhardt (Möller) – Klinsmann, Riedle (Kirsten) – K.: Buchwald – SR: Worrall (England).

591 **Brasilien**, 16.12., Porto Alegre, 1:3 verloren: Illgner – Buchwald – Wörns, Kohler – Wolter (Zorc), Wagner (Reinhardt) – Effenberg, Matthäus, Häßler (Sammer (1)) – Klinsmann, Thom (Doll) – K.: Matthäus – SR: Escobar (Paraguay).

592 **Uruguay**, 20.12., Montevideo, 4:1 gewonnen: Köpke – Thon – Kohler, Helmer – Häßler (1) (Sammer), Zorc, Buchwald (1), Matthäus, Möller (1), Doll (Kirsten) – Klinsmann (1) (Labbadia) – K.: Matthäus – SR: Loustau (Argentinien).

1993: 11 Spiele: 7 Siege, 3 Unentschieden, 1 Niederlage

593 **Schottland**, 24.3., Glasgow, 1:0 gewonnen: Köpke – Thon – Buchwald, Kohler – Häßler, Zorc, Matthäus (Sammer), Doll (Effenberg), Helmer – Riedle (1), Klinsmann – K.: Matthäus/ Buchwald – SR: Schelings (Belgien).

594 **Ghana**, 14.4., Bochum, 6:1 gewonnen: Köpke – Thon – Kohler, Buchwald – Effenberg (2), Matthäus (Häßler), Zorc, Bein (Möller (1)), Helmer Klinsmann (2), Riedle (Kirsten (1)) Matthäus/Buchwald – SR: van der Ende (Niederlande).

595 **Brasilien**, 10.6., Washington, 3:3 unentschieden: Köpke – Buchwald – Kohler, Helmer – Effenberg, Zorc (Strunz), Matthäus, Ziege (Schulz), Sammer (Riedle), Möller (1) – Klinsmann (2) – K.: Matthäus – SR: Angeles (USA).

596 **USA**, 13.6., Chicago, 4:3 gewonnen: Köpke – Buchwald – Kohler (Helmer), Schulz – Strunz, Effenberg (Möller), Matthäus, Bein, Ziege – Klinsmann (1) (Pflipsen), Riedle (3) – K.: Matthäus – SR: Loustau (Argentinien).

597 **England**, 19.6., Detroit, 2:1 gewonnen: Illgner – Helmer – Buchwald, Schulz – Strunz, Effenberg (1) (Zorc), Matthäus, Möller (Sammer), Ziege – Riedle, Klinsmann (1) – K.: Matthäus – SR: Cavani (Uruguay).

598 **Tunesien**, 22.9., Tunis, 1:1 unentschieden: Illgner – Matthäus – Kohler, Schulz – Buchwald (Hobsch), Gaudino, Effenberg, Bein, Ziege – Riedle (Kirsten), Möller (1) – K.: Matthäus – SR: Medjeiba (Algerien).

599 **Uruguay**, 13.10., Karlsruhe, 5:0 gewonnen: Köpke – Matthäus – Kohler, Helmer (Zorc) – Effenberg (Ritter), Häßler, Buchwald (1), Möller (1), Ziege – Klinsmann, Riedle (1) (Kirsten (1)) – Dazu ein Eigentor von Romero – K.: Matthäus – SR: Grabher (Österreich).

600 **Brasilien**, 17.11., Köln, 2:1 gewonnen: Illgner – Matthäus – Effenberg, Kohler, Helmer – Häßler, Buchwald (1), Möller (1), Brehme – Riedle (Kirsten), Klinsmann (Gaudino) – K.: Matthäus – SR: Damgaard (Dänemark).

601 **Argentinien**, 15.12., Miami, 1:2 verloren: Köpke – Matthäus – Kohler, Helmer – Effenberg, Häßler, Buchwald, Möller (1) (Sammer), Brehme – Kirsten, Klinsmann (Thom) – K.: Matthäus – SR: Don (England).

602 **USA**, 18.12., San Francisco, 3:0 gewonnen: Illgner – Matthäus – Kohler (Sammer), Buchwald – Effenberg, Häßler (Strunz), Eilts, Brehme (Ziege) – Möller (1) – Klinsmann (Thom (1)), Kuntz (1) – K.: Matthäus – SR: Pedersen (Norwegen).

603 **Mexiko**, 22.12., Mexiko City, 0:0 unentschieden: Illgner – Matthäus – Kohler, Schulz – Strunz, Effenberg (Eilts), Gaudino (Häßler), Sammer, Ziege (Kuntz) – Möller, Klinsmann (Kirsten) – K.: Matthäus – SR: Sawtell (Kanada).

1994: 15 Spiele: 11 Siege, 2 Unentschieden, 2 Niederlagen

604 **Italien**, 23.3., Stuttgart, 2:1 gewonnen: Illgner – Matthäus – Kohler (Berthold), Buchwald – Strunz, Häßler (Basler), Effenberg, Sammer, Brehme – Möller, Klinsmann (2) – K.: Matthäus – SR: McCluskey (Schottland).

605 **Vereinigte Arabische Emirate**, 27.4., Abu Dhabi, 2:0 gewonnen: Köpke – Matthäus (Sammer) – Kohler, Berthold – Strunz, Basler, Möller (Gaudino (1)), Buchwald, Brehme (Helmer) – Kirsten (1), Thom (Häßler) – K.: Matthäus/Buchwald – SR: Craciunescu (Rumänien).

606 **Irland**, 29.5., Hannover, 0:2 verloren: Illgner – Matthäus – Kohler (Häßler), Buchwald (Berthold) – Strunz, Basler, Sammer, Wagner – Möller (Effenberg) – Klinsmann, Riedle (Völler) – K.: Matthäus – SR: Encianar (Spanien).

607 **Österreich**, 2.6., Wien, 5:1 gewonnen: Illgner – Matthäus (Basler (1)) – Berthold, Kohler – Strunz, Effenberg, Sammer (1) (Helmer), Brehme – Häßler, Möller (2) (Kuntz) – Klinsmann (1) (Riedle) – K.: Matthäus/Brehme – SR: Harrel (Frankreich).

608 **Kanada**, 8.6., Toronto, 2:0 gewonnen: Illgner – Matthäus – Kohler (Helmer), Berthold – Strunz (Gaudino), Basler (Kuntz), Sammer (1), Häßler (Wagner), Brehme – Klinsmann (Riedle), Völler (1) – K.: Matthäus – SR: Lodge (England).

609 **Bolivien**, 17.6., Chicago, 1:0 gewonnen (WM-Gruppenspiel): Illgner – Matthäus – Kohler, Berthold – Brehme, Häßler (Strunz), Sammer, Effenberg – Möller – Klinsmann (1), Riedle (Basler) – K.: Matthäus – SR: Carter (Mexiko).

610 **Spanien**, 21.6., Chicago, 1:1 unentschieden (WM-Gruppenspiel): Illgner – Matthäus – Kohler, Berthold – Strunz, Häßler, Sammer, Effenberg, Brehme – Klinsmann (1), Möller (Völler) – K.: Matthäus – SR: Cavani (Uruguay).

611 **Südkorea**, 27.6., Dallas, 3:2 gewonnen (WM-Gruppenspiel): Illgner – Matthäus (Möller) – Kohler, Berthold – Effenberg (Helmer), Häßler, Buchwald, Sammer, Brehme – Riedle (1), Klinsmann (2) – K.: Matthäus/Brehme – SR: Quiniou (Frankreich).

612 **Belgien**, 2.7., Chicago, 3:2 gewonnen (WM-Achtelfinale): Illgner – Matthäus (Brehme) – Kohler, Helmer – Berthold, Häßler, Buchwald, Sammer, Wagner – Völler (2), Klinsmann (1) (Kuntz) – K.: Matthäus/Völler – SR: Röthlisberger (Schweiz).

613 **Bulgarien**, 10.7., New York, 1:2 verloren (WM-Viertelfinale): Illgner – Matthäus (1) – Kohler, Helmer – Berthold, Häßler (Brehme), Buchwald, Möller, Wagner (Strunz) – Klinsmann, Völler – K.: Matthäus – SR: Cadena (Kolumbien).

614 **Russland**, 7.9., Moskau, 1:0 gewonnen: Köpke – Matthäus – Kohler, Helmer – Strunz, Basler (Möller), Eilts, Häßler, Weber – Klinsmann, Kuntz (1) (Riedle) – K.: Matthäus – SR: Werner (Polen).

615 **Ungarn**, 12.10., Budapest, 0:0 unentschieden: Köpke – Matthäus (Reuter) – Kohler, D. Schuster – Strunz, Todt, Eilts (Wagner), Weber – Häßler – Klinsmann, Bobic (Marschall) – K.: Matthäus/Kohler – SR: Zen-Ruffinen (Schweiz).

616 **Albanien**, 16.11., Tirana, 2:1 gewonnen (EM-Qualifikation): Köpke – Matthäus – Berthold, Kohler – Reuter, Eilts, Sammer (Strunz), Weber (D. Schuster) – Möller – Klinsmann (1), Kirsten (1) – K.: Matthäus – SR: Melnitschuk (Ukraine).

617 **Rep. Moldau**, 14.12., Chisinau, 3:0 gewonnen (EM-Qualifikation): Köpke – Matthäus (1) – Helmer, Berthold – Reuter, Häßler, Sammer, Weber – Möller (Kuntz), Klinsmann (1), Kirsten (1) (Strunz) – K.: Matthäus – SR: Van Vliet (Niederlande).

618 **Albanien**, 18.12., Kaiserslautern, 2:1 gewonnen (EM-Qualifikation): Köpke – Matthäus (1) – Berthold, Helmer – Reuter, Häßler (Strunz), Sammer, Weber – Möller – Kirsten (Kuntz), Klinsmann (1) – K.: Matthäus – SR: Christensen (Dänemark).

1995: 12 Spiele: 8 Siege, 3 Unentschieden, 1 Niederlage

619 **Spanien**, 22.2., Jerez de la Frontera, 0:0 unentschieden: Köpke – Helmer – Babbel – Wörns (Basler), Freund, Todt, Schuster (Weber) – Häßler, Möller – Klinsmann, Kirsten – K.: Klinsmann – SR: Sundell (Schweden).

620 **Georgien**, 29.3., Tiflis, 2:0 gewonnen (EM-Qualifikation): Köpke – Helmer – Kohler, Babbel – Reuter, Eilts, Weber (Freund) – Basler, Möller – Klinsmann (2), Herrlich – K.: Klinsmann – SR: Bodenham (England).

621 **Wales**, 26.4., Düsseldorf, 1:1 unentschieden (EM-Qualifikation): Köpke – Reuter Freund, Babbel, Weber – Basler (Scholl), Eilts, Häßler, Ziege (Kuntz) – Klinsmann, Herrlich (1) – K.: Klinsmann – SR: Encinar (Spanien).

622 **Bulgarien**, 7.6., Sofia, 2:3 verloren (EM-Qualifikation): Köpke – Sammer – Reuter, Babbel, Helmer – Basler (Möller), Strunz (1) (Kirsten), Eilts – Häßler – Klinsmann (1), Herrlich – K.: Klinsmann – SR: Pairetto (Italien).

623 **Italien**, 21.6., Zürich, 2:0 gewonnen: Köpke – Sammer – Babbel, Helmer (1), Freund – Reuter, Häßler, Ziege, Heinrich – Kirsten, Kuntz (Bobic) – K.: Häßler – SR: Detruche (Schweiz) – Dazu ein Eigentor von Maldini.

624 **Schweiz**, 23.6., Bern, 2:1 gewonnen: Kahn – Sammer – Freund, Helmer – Reuter, Todt, Ziege – Häßler (1), Scholl (Weber), Möller (1) – Kuntz – K.: Häßler – SR: Grabher (Österreich).

625 **Belgien**, 23.8., Brüssel, 2:1 gewonnen: Köpke – Helmer – Strunz (Eilts), Kohler (Haber, Labbadia), Heinrich – Basler, Freund, Babbel, Möller (1) – Bobic (1), Scholl – K.: Kohler/Möller – SR: van der Ende (Niederlande).

626 **Georgien**, 6.9., Nürnberg, 4:1 gewonnen (EM-Qualifikation): Kahn – Helmer – Kohler, Babbel (1), Ziege (1) – Strunz, Freund, Häßler, Möller (1) – Klinsmann, Kirsten (1) – K.: Klinsmann – SR: McCluskey (Schottland).

627 **Rep. Moldau**, 8.10., Leverkusen, 6:1 gewonnen (EM-Qualifikation): Köpke – Sammer (2) (Wörns) – Babbel, Helmer (1) – Freund, Eilts, Ziege – Häßler, Möller (2) (Scholl) – Klinsmann, Herrlich (Bobic). Dazu ein Eigentor von S. Stroenco – Rep. Moldau – K.: Klinsmann – SR: Ziober (Polen).

628 **Wales**, 11.10., Cardiff, 2:1 gewonnen (EM-Qualifikation): Köpke – Sammer – Babbel (Wörns), Helmer – Freund, Eilts, Ziege – Häßler, Möller – Klinsmann (1), Herrlich (Kuntz). Dazu ein Eigentor von Melville – Wales – K.: Klinsmann – SR: Craciunescu (Rumänien).

629 **Bulgarien**, 15.11., Berlin, 3:1 gewonnen (EM-Qualifikation): Köpke – Sammer – Babbel, Kohler (Strunz), Freund – Eilts, Helmer, Basler, Häßler (1) (Reuter) – Klinsmann (2), Kuntz (Bobic) – K.: Klinsmann – SR: Nikakis (Griechenland).

630 **Südafrika**, 15.12., Johannesburg, 0:0 unentschieden: Köpke – Helmer – Kohler (Kuntz), R. Schneider – Haber (Wörns), Reuter, Bode – Häßler, Möller – Klinsmann, Bobic – K.: Klinsmann – SR: Gallagher (England).

1996: 16 Spiele: 10 Siege, 5 Unentschieden, 1 Niederlage

631 **Portugal**, 21.2., Porto, 2:1 gewonnen: Köpke – Sammer – Ziege (Albertz), Kohler, Babbel – Häßler (Basler), Freund, Helmer, Möller (2) – Klinsmann, Kuntz (Bierhoff) – K.: Klinsmann – SR: Boggi (Italien).

632 **Dänemark**, 27.3., München, 2:0 gewonnen Kahn (Köpke) – Helmer – Kohler – Reuter (Babbel), Eilts, Freund (Albertz), Ziege – Häßler, Scholl (Basler) – Klinsmann, Bierhoff (2) – K.: Klinsmann – SR: Temmink (Niederlande).

633 **Niederlande**, 24.4., Rotterdam, 1:0 gewonnen: Köpke – Sammer (Helmer) – Reuter, Kohler, Ziege – Freund, Häßler (Kuntz), Eilts (Babbel), Basler (Scholl) – Klinsmann (1), Bierhoff – K.: Klinsmann – SR: Collina (Italien).

634 **Nordirland**, 29.5., Belfast, 1:1 unentschieden: Kahn – Helmer – Basler, Strunz, Kohler, Ziege (Bode) – Scholl (1), Eilts, Möller – Bierhoff (Kuntz), Klinsmann (Bobic) – K.: Klinsmann/Kohler – SR: Young (Schottland).

635 **Frankreich**, 1.6., Stuttgart, 0:1 verloren: Köpke – Sammer – Reuter, Babbel, Ziege (Scholl) – Häßler (Basler), Eilts (Freund), Helmer, Möller – Klinsmann, Bobic – K.: Klinsmann – SR: Wojcik (Polen).

636 **Liechtenstein**, 4.6., Mannheim, 9:1 gewonnen: Reck – Sammer (1) – Reuter (Freund), Kohler (1), Ziege (1) (Klinsmann (1)) – Eilts (Strunz), Häßler (Basler), Helmer (Bode), Möller (2) (Scholl) – Bierhoff (1), Kuntz (2) – K.: Kohler – SR: W. Müller (Schweiz).

637 **Tschechien**, 9.6., Manchester, 2:0 gewonnen (EM-Gruppenspiel): Köpke – Sammer – Reuter, Kohler (Babbel), Helmer – Häßler, Eilts, Möller (1), Ziege (1) – Bobic (Strunz), Kuntz (Bierhoff) – K.: Kohler/Häßler – SR: Elleray (England).

638 **Russland**, 16.6., Manchester, 3:0 gewonnen (EM-Gruppenspiel): Köpke – Sammer (1) – Reuter, Babbel, Helmer, Ziege – Häßler (Freund), Eilts, Möller (Strunz) – Bierhoff (Kuntz), Klinsmann (2) – K.: Klinsmann – SR: Nielsen (Dänemark).

639 **Italien**, 19.6., Manchester, 0:0 unentschieden (EM-Gruppenspiel): Köpke – Sammer – Strunz, Freund, Helmer, Ziege – Häßler, Eilts, Möller (Bode) – Klinsmann, Bobic – K.: Klinsmann – SR: Goethals (Belgien).

640 **Kroatien**, 23.6., Manchester, 2:1 gewonnen (EM-Viertelfinale): Köpke – Sammer (1) – Reuter, Babbel, Helmer, Ziege – Scholl (Häßler), Eilts, Möller – Klinsmann (1) (Freund), Bobic (Kuntz) – K.: Klinsmann/Möller – SR: Sundell (Schweden).

641 **England**, 26.6., London, 1:1 n. V./E 6:5 (EM-Halbfinale): Köpke – Sammer – Reuter, Babbel, Helmer (Bode), Ziege – Freund (Strunz), Eilts – Scholl (Häßler), Möller – Kuntz (1) – K.: Möller – SR: Puhl (Ungarn) – Tore aus dem 11-m-Schießen: Häßler, Strunz, Reuter, Ziege, Kuntz, Möller (zählen nicht in der Torstatistik, sondern dienen lediglich der Ermittlung des Siegers).

642 **Tschechien**, 30.6., London, 2:1 n. V. („Golden Goal"), EM-Endspiel: Köpke – Sammer – Strunz, Babbel, Helmer, Ziege – Eilts (Bode), Scholl (Bierhoff (2)), Häßler – Klinsmann, Kuntz – K.: Klinsmann – SR: Pairetto (Italien).

643 **Polen**, 4.9., Zabrze, 2:0 gewonnen: Kahn – Helmer – Reuter (Babbel), Kohler, Strunz, Ziege (Bode) – Häßler, Eilts, Möller (Scholl) – Bierhoff (1) (Bobic), Klinsmann (1) – K.: Klinsmann – SR: Durkin (England).

644 **Armenien**, 9.10., Eriwan, 5:1 gewonnen (WM-Qualifikation): Köpke – Reuter – Babbel, Kohler – Paßlack, Eilts, Bode (Kuntz (1)) – Häßler (2) (Tarnat), Scholl – Bierhoff (Bobic (1)), Klinsmann (1) – K.: Klinsmann – SR: Collina (Italien).

645 **Nordirland**, 9.11., Nürnberg, 1:1 unentschieden (WM-Qualifikation): Köpke – Reuter – Kohler – Babbel, Strunz, Eilts (Paßlack), Tarnat – Häßler, Möller (1) – Bobic (Bierhoff), Klinsmann – K.: Klinsmann – SR: Cakar (Türkei).

646 **Portugal**, 14.12., Lissabon, 0:0 unentschieden (WM-Qualifikation): Köpke – Sammer – Kohler – Reuter, Babbel (Tarnat), Eilts, Ziege – Basler (Kirsten), Möller – Klinsmann, Bobic – K.: Klinsmann – SR: Puhl (Ungarn).

1997: 9 Spiele: 7 Siege, 2 Unentschieden

647 **Israel**, 26.2., Tel Aviv, 1:0 gewonnen: Kahn – Sammer – Kohler – Babbel, Eilts, Ziege – Basler (Heinrich), Möller, Wosz (1) – Klinsmann, Bobic (Kirsten) – K.: Klinsmann – SR: Braschi (Italien).

648 **Albanien**, 2.4., Granada, 3:2 gewonnen (WM-Qualifikation): Köpke – Sammer – Kohler, Helmer – Reuter (Heinrich), Eilts (Kirsten (3)), Möller, Wosz, Ziege – Bierhoff, Klinsmann – K.: Klinsmann – SR: Piraux (Belgien).

649 **Ukraine**, 30.4., Bremen, 2:0 gewonnen (WM-Qualifikation): Köpke – Helmer – Kohler – Heinrich, Eilts, Ziege – Basler (1), Wosz (Tarnat) – Bobic (Nowotny), Klinsmann, Bierhoff (1) – K.: Klinsmann – SR: Frisk (Schweden).

650 **Ukraine**, 7.6., Kiew, 0:0 unentschieden (WM-Qualifikation): Köpke – Sammer – Kohler, Helmer – Heinrich, Basler, Eilts, Wosz (Scholl), Ziege – Kirsten (Bierhoff), Klinsmann – K.: Klinsmann – SR: Vagner (Ungarn).

651 **Nordirland**, 20.8., Belfast, 3:1 gewonnen (WM-Qualifikation): Köpke – Helmer – Kohler – Wörns (Häßler), Nowotny, Ziege, Heinrich – Basler (Babbel), Möller – Klinsmann, Kirsten (Bierhoff 3) – K.: Klinsmann – SR: Encinar (Spanien).

652 **Portugal**, 6.9., Berlin, 1:1 unentschieden (WM-Qualifikation): Köpke – Helmer – Heinrich (Wosz), Kohler, Ziege – Reuter (Babbel), Nowotny – Basler, Häßler – Klinsmann, Bierhoff (Kirsten (1)) – K.: Klinsmann – SR: Batta (Frankreich).

653 **Armenien**, 10.9., Dortmund, 4:0 gewonnen (WM-Qualifikation): Köpke – Wörns, Thon, Helmer – Heinrich, Kmetsch (Ricken), Tarnat (Bierhoff) – Häßler (1), Wosz (Nowotny) – Klinsmann (2), Kirsten (1) – K.: Klinsmann – SR: Mikkelsen (Dänemark).

654 **Albanien**, 11.10., Hannover, 4:3 gewonnen (WM-Qualifikation): Kahn – Thon – Reuter, Kohler, Helmer (1), Heinrich – Häßler, Möller – Kuntz (Marschall (1)) – Bobic (Tarnat), Bierhoff (2) – K.: Kohler – SR: Pedersen (Norwegen).

655 **Südafrika**, 15.11., Düsseldorf, 3:0 gewonnen: Kahn – Helmer (Tarnat) – Wörns, Linke – Basler, D. Hamann (1), Jeremies, Ziege (Heinrich (1)) – Häßler – Bierhoff (1), Kirsten (Marschall) – K.: Häßler – SR: Michel (Slowakei).

1998: 17 Spiele: 10 Siege, 4 Unentschieden, 3 Niederlagen

656 **Oman**, 18.2., Maskat, 2:0 gewonnen: Köpke (Lehmann) – Kohler (1), Wörns – Thon – Ricken (Möller), Kmetsch (Reuter), Jeremies, Heinrich (1) – Häßler – Bierhoff, Kirsten – K.: Kohler – SR: Saleh (Vereinigte Arabische Emirate).

657 **Saudi-Arabien**, 22.2., Riad, 3:0 gewonnen: Köpke – Thon (Nowotny) – Kohler, Linke – Basler (Häßler), Hamann, Helmer (1), Tarnat – Möller (1) – Bierhoff (Marschall (1)), Kirsten (Bobic) – K.: Kohler – SR: Khamis (Bahrain).

658 **Brasilien**, 25.3., Stuttgart, 1:2 verloren: Köpke – Thon – Wörns, Kohler – Heinrich, Hamann, Helmer (Babbel), Ziege (Tarnat) – Möller – Klinsmann (Kirsten (1)), Bierhoff – K.: Klinsmann/Möller – SR: Elleray (England).

659 **Nigeria**, 22.4., Köln, 1:0 gewonnen: Kahn – Thon – Wörns, Babbel – Jeremies (Reuter), Häßler, Hamann, Tarnat – Möller (1) (Freund) – Kirsten, Bierhoff – K.: Häßler – SR: Nieto (Spanien).

660 **Finnland**, 27.5., Helsinki, 0:0 unentschieden: Köpke (Kahn) – Wörns, Matthäus, Kohler (Babbel) – Heinrich (Jeremies), Freund, Hamann (Thon), Tarnat – Häßler, Bierhoff, Kirsten (Marschall) – K.: Kohler/Häßler – SR: Bo Larsen (Dänemark).

661 **Kolumbien**, 30.5., Frankfurt/M., 3:1 gewonnen: Köpke – Thon – Wörns, Kohler – Reuter, Jeremies (Matthäus), Ziege – Häßler (Hamann), Möller (1) – Bierhoff (2) (Kirsten), Marschall, (Klinsmann) – K.: Kohler – SR: Ouzounov (Bulgarien).

662 **Luxemburg**, 5.6., Mannheim, 7:0 gewonnen: Köpke (Lehmann) – Thon (Reuter) – Wörns, Kohler (Babbel) – Heinrich, Hamann (Tarnat), Helmer (1) (Matthäus) – Ziege (1) – Möller (Marschall) – Kirsten (2) (Bierhoff (2)), Klinsmann (1) – K.: Klinsmann – SR: Stuchlik (Österreich).

663 **USA**, 15.6., Paris, 2:0 gewonnen (WM-Gruppenspiel): Köpke – Thon – Wörns, Kohler – Reuter (Ziege), Jeremies, Heinrich – Häßler (Hamann), Möller (1) (Babbel) – Klinsmann (1), Bierhoff – K.: Klinsmann – SR: Belqola (Marokko).

664 **Jugoslawien**, 21.6., Lens, 2:2 unentschieden (WM-Gruppenspiel): Köpke – Thon – Wörns, Kohler – Heinrich, Jeremies, Hamann (Matthäus), Ziege (Tarnat) – Möller (Kirsten) – Klinsmann, Bierhoff (1). Dazu ein Eigentor von S. Mihajlovic – K.: Klinsmann – SR: Nielsen (Dänemark).

665 **Iran**, 25.6., Montpellier, 2:0 gewonnen (WM-Gruppenspiel): Köpke – Thon (Hamann) – Wörns, Kohler – Heinrich, Matthäus, Helmer, Tarnat (Ziege) – Häßler (Kirsten) – Klinsmann (1), Bierhoff (1) – K.: Klinsmann – SR: Chavez (Paraguay).

666 **Mexiko**, 29.6., Montpellier, 2:1 gewonnen (WM-Achtelfinale): Köpke – Matthäus – Wörns, Babbel – Heinrich (Möller), Hamann, Helmer (Ziege), Tarnat – Häßler (Kirsten) – Klinsmann (1), Bierhoff (1) – K.: Klinsmann – SR: Pereira (Portugal).

667 **Kroatien**, 4.7., Lyon, 0:3 verloren (WM-Viertelfinale): Köpke – Matthäus – Wörns, Kohler – Heinrich, Hamann (Marschall), Jeremies, Tarnat – Häßler (Kirsten) – Klinsmann, Bierhoff – K.: Klinsmann – SR: Pedersen (Norwegen).

668 **Malta**, 2.9., Ta' Qali, 2:1 gewonnen: Kahn – Nowotny – Rehmer, Linke (Paßlack (1)) – Babbel, Beinlich, Basler (Neuville), Effenberg, Heinrich (Tarnat) – Bierhoff (Kirsten), Marschall (Rink) – K.: Bierhoff/Kirsten – SR: Bazzoli (Italien) – Dazu Eigentor Debono.

669 **Rumänien**, 5.9., Ta' Qali, 1:1 unentschieden: Kahn – Paßlack (Nowotny), Rehmer, Babbel, Albertz (Tarnat) – Jeremies, Nerlinger (1) – Basler, Effenberg – Kirsten, Bierhoff (Rink) – K.: Bierhoff/Kirsten – SR: Micallef (Malta).

670 **Türkei**, 10.10., Bursa, 0:1 verloren (EM-Qualifikation): Kahn – Nowotny – Babbel, Rehmer – Ramelow, Jeremies, Heinrich (Neuville) – Ricken (Bode), Beinlich – Bierhoff, Kirsten – K.: Bierhoff – SR: Dallas (Schottland).

671 **Rep. Moldau**, 14.10., Chisinau, 3:1 gewonnen (EM-Qualifikation): Kahn – Nowotny – Babbel, Rehmer – Ramelow, Ricken (Neuville), Nerlinger, Beinlich (Wosz), Tarnat – Kirsten (2) (Jancker), Bierhoff (1) – K.: Bierhoff – SR: Marin (Spanien).

672 **Niederlande**, 18.11., Gelsenkirchen, 1:1 unentschieden: Kahn – Nowotny (Rehmer), Matthäus (Ramelow), Wörns – Strunz (Hamann), Jeremies, Heinrich – Basler (Zickler), Möller – Bierhoff, Kirsten (Marschall (1)) – K.: Bierhoff – SR: Wojcik (Polen).

1999: 13 Spiele: 7 Siege, 2 Unentschieden, 4 Niederlagen

673 **USA**, 6.2., Jacksonville, 0:3 verloren: Kahn – Matthäus – Babbel, Rehmer – Jeremies, Ricken, Ramelow (Nerlinger), Zickler (Bode) – Möller – Preetz, Marschall – K.: Matthäus – SR: Alcala (Mexiko).

674 **Kolumbien**, 9.2., Miami, 3:3 unentschieden: Kahn (Lehmann) – Wörns, Matthäus, Rehmer – Babbel, Jeremies (Nerlinger), Möller, Bode (1) – Neuville (Zickler), Preetz (2), Reich (Ricken) – K.: Matthäus – SR: Hall (USA).

675 **Nordirland**, 27.3., Belfast, 3:0 gewonnen (EM-Qualifikation): Kahn – Matthäus (Nowotny) – Babbel, Wörns – Strunz, Jeremies, Hamann (1), Heinrich – Neuville (Jancker), Bierhoff, Bode (2) (Preetz) – K.: Bierhoff – SR: Cesari (Italien).

676 **Finnland**, 31.3., Nürnberg, 2:0 gewonnen (EM-Qualifikation): Kahn – Babbel, Matthäus, Wörns – Strunz, Hamann (Nowotny), Jeremies (1), Heinrich – Neuville (1) (Kirsten), Bierhoff, Bode (Jancker) – K.: Bierhoff – SR: Kussainow (Russland).

677 **Schottland**, 28.4., Bremen, 0:1 verloren: Lehmann – Wörns, Matthäus, Nowotny – Strunz (Jancker), Hamann (Ballack), Jeremies (Ramelow), Heinrich – Neuville, Bierhoff (Kirsten), Heldt – K.: Bierhoff/Matthäus – SR: Meier (Schweiz).

678 **Rep. Moldau**, 4.6., Leverkusen, 6:1 gewonnen (EM-Qualifikation): Kahn – Matthäus (Babbel) – Nowotny – Strunz, Hamann, Jeremies (Scholl (1)), Heinrich – Neuville, Bierhoff (3), Kirsten (1) (Ramelow), Bode (1) – K.: Bierhoff – SR: Coroado (Portugal).

679 **Brasilien**, 24.7., Guadalajara, 0:4 verloren (Confederations Cup): Lehmann – Matthäus – Wörns, Linke – Ricken, Ballack, Wosz, Heinrich (Maul) – Neuville (Gerber), Preetz (Marschall), Scholl – K.: Matthäus – SR: Alcala (Mexiko).

680 **Neuseeland**, 28. 7., Guadalajara, 2:0 gewonnen (Confederations Cup): Lehmann – Matthäus (1) (Ballack) – Wörns, Linke – Ricken, B. Schneider, Scholl (Wosz), Heinrich, – Neuville, Marschall (Rink), Preetz (1) – K.: Matthäus/Wörns – SR: Codija (Benin).

681 **USA**, 30. 7., Guadalajara, 0:2 verloren (Confederations Cup): Lehmann – Matthäus – Wörns, Linke – Heinrich (Dogan), Gerber (Maul), B. Schneider, Wosz – Neuville, Preetz, Heldt (Rink) – K.: Matthäus – SR: Alcala (Mexiko).

682 **Finnland**, 4. 9., Helsinki, 2:1 gewonnen (EM-Qualifikation): Lehmann – Matthäus – Linke, Nowotny – Babbel, Scholl (Nerlinger), Jeremies, Ziege – Neuville (Strunz), Bierhoff (2), Kirsten (B. Schneider) – K.: Bierhoff – SR: Lopez Nieto (Spanien).

683 **Nordirland**, 8. 9., Dortmund, 4:0 gewonnen (EM-Qualifikation): Lehmann – Linke, Matthäus – Babbel (Strunz), Jeremies, Nowotny (Wörns), Scholl, Ziege (3) – Neuville (B. Schneider), Bierhoff (1), Bode – K.: Bierhoff – SR: Bikas (Griechenland).

684 **Türkei**, 9. 10., München, 0:0 unentschieden (EM-Qualifikation): Kahn – Matthäus – Babbel, Linke – B. Schneider (Dogan), Hamann (Nerlinger), Jeremies, Ziege (Bode) – Neuville, Bierhoff, Scholl – K.: Bierhoff – SR: Collina (Italien).

685 **Norwegen**, 14. 11., Oslo, 1:0 gewonnen: Lehmann – Wörns, Matthäus – Babbel (Baumann), Jeremies, Ziege, Scholl (1), Bode (Hamann) – Neuville (Linke), Kirsten (Wosz), Bierhoff (Jancker) – K.: Bierhoff/Matthäus – SR: Jol (Niederlande).

2000: 12 Spiele: 5 Siege, 3 Unentschieden, 4 Niederlagen

686 **Niederlande**, 23. 2., Amsterdam, 1:2 verloren: Kahn – Babbel, Matthäus, Linke – Sebescen (Deisler), Jeremies, Hamann (Wosz), Ziege (1) – Neuville (Baumann), Bierhoff, Scholl – K.: Bierhoff – SR: Messina (Italien).

687 **Kroatien**, 29. 3., Zagreb, 1:1 unentschieden: Kahn – Linke, Matthäus, Nowotny – Rehmer (1) (Ramelow), Hamann, Ballack, Ziege (Beinlich) – Wosz, Bierhoff, Kirsten (Rink) – K.: Bierhoff – SR: Michel (Slowakei).

688 **Schweiz**, 26. 4., Kaiserslautern, 1:1 unentschieden: Lehmann – Babbel (Wörns), Matthäus, Linke – Rehmer (Neuville), Ballack, Ziege (Bode) – Scholl (Hamann), Wosz (Rink), Preetz (Kirsten (1)), Bierhoff – K.: Bierhoff – SR: Norman (Schweden).

689 **Tschechien**, 3. 6., Nürnberg, 3:2 gewonnen: Kahn – Nowotny (Rehmer), Ramelow, Linke – Ziege, Hamann (Ballack), Babbel (Deisler), – Scholl (Bode), Häßler (Wosz) – Jancker (1) (Bierhoff (2)), Rink – K.: Kahn – SR: Trentalange (Italien).

690 **Liechtenstein**, 7. 6., Freiburg, 8:2 gewonnen: Lehmann (Butt) – Matthäus (Ramelow) – Linke (Rehmer), Nowotny – Babbel (Deisler), Jeremies (Ballack), Hamann (Häßler), Ziege (Bode (1)) – Scholl (1) (Wosz) – Bierhoff (1) (Jancker (2)), Rink (Kirsten (2)). Dazu ein Eigentor von Hasler – K.: Bierhoff/Häßler – SR: Plautz (Österreich).

691 **Rumänien**, 12. 6., Lüttich, 1:1 unentschieden (EM-Gruppenspiel): Kahn – Nowotny, Matthäus (Deisler), Linke (Rehmer) – Babbel, Jeremies, Ziege – Häßler (Hamann), Scholl (1) – Bierhoff, Rink – K.: Bierhoff – SR: Milton Nielsen (Dänemark).

692 **England**, 17. 6., Charleroi, 0:1 verloren (EM-Gruppenspiel): Kahn – Babbel, Matthäus, Nowotny – Deisler (Ballack), Hamann, Jeremies (Bode), Ziege – Scholl – Kirsten (Rink), Jancker – K.: Kahn – SR: Collina (Italien).

693 **Portugal**, 20. 6., Rotterdam, 0:3 verloren (EM-Gruppenspiel): Kahn – Nowotny, Matthäus, Linke – Rehmer, Hamann, Ballack (Rink) – Scholl (Häßler) – Deisler, Jancker (Kirsten), Bode – K.: Kahn – SR: Jol (Niederlande).

694 **Spanien**, 16. 8., Hannover, 4:1 gewonnen: Kahn – Rehmer, Nowotny, Heinrich (Linke) – Deisler, Ballack (Hamann), Ramelow, Bode (Beinlich) – Scholl (2) (Neuville), Jancker (Rink), Zickler (2) – K.: Kahn – SR: Fisker (Dänemark).

695 **Griechenland**, 2. 9., Hamburg, 2:0 gewonnen (WM-Qualifikation): Kahn – Rehmer, Nowotny, Heinrich (Linke) – Deisler (1), Ramelow, Ballack, Bode, Scholl – Zickler (Rink), Jancker. Dazu ein Eigentor von Ouzunidis – K.: Kahn – SR: Lopez Nieto (Spanien).

696 **England**, 7. 10., London, 1:0 gewonnen (WM-Qualifikation): Kahn – Rehmer, Nowotny, Linke – Deisler, Hamann (1), Ramelow, Ballack, Bode (Ziege) – Bierhoff, Scholl – K.: Bierhoff – SR: Braschi (Italien).

697 **Dänemark,** 15. 11., Kopenhagen, 1:2 verloren: Kahn – Hertzsch, Nowotny, Linke (Wosz) – Heinrich (Bode), Ramelow, Hamann, Ziege (Baumann) Scholl (1) – Zickler (Neuville), Bierhoff (Jancker) – K.: Bierhoff/Kahn – SR: Stuchlik (Österreich).

2001: 11 Spiele: 6 Siege, 3 Unentschieden, 2 Niederlage

698 **Frankreich,** 27. 2., Paris, 0:1 verloren: Kahn – Wörns, Jeremies, Linke – Rehmer (Frings), Ramelow, Hamann (Neuville), Ballack, Bode (Ziege) – Scholl, Jancker (Bierhoff) – K.: Kahn – SR: Trentalange (Italien).

699 **Albanien,** 24. 3., Leverkusen, 2:1 gewonnen (WM-Qualifikation): Kahn – Wörns, Nowotny – Jeremies, Ramelow, Deisler (1), Hamann (Rehmer), Bode – Neuville (Klose(1)), Bierhoff (Jancker), Scholl – K.: Bierhoff/Kahn – SR: Cesari (Italien).

700 **Griechenland,** 28. 3., Athen, 4:2 gewonnen (WM-Qualifikation): Kahn – Wörns, Nowotny, Heinrich – Rehmer (1), Jeremies (Ramelow), Ziege – Ballack (1), Deisler – Jancker (Bode (1)), Neuville (Klose (1)) – K.: Kahn – SR: Melo Pereira (Portugal).

701 **Slowakei,** 29. 5., Bremen, 2:0 gewonnen: Lehmann – Rehmer (Kehl), Nowotny, Baumann (1) – Ramelow, Bode (Böhme), Asamoah (1) (Zickler), Ballack (Ziege) – Deisler (Ricken), Neuville (Frings), Bierhoff (Klose) – K.: Bierhoff/Nowotny – SR: Colombo (Frankreich).

702 **Finnland,** 2. 6., Helsinki, 2:2 unentschieden (WM-Qualifikation): Kahn – Rehmer, Nowotny, Linke – Asamoah, Ramelow, Ballack (1), Bode (Ziege) – Ricken, Neuville (Klose), Jancker (1) (Bierhoff) – K.: Kahn – SR: Jol (Niederlande).

703 **Albanien,** 6. 6., Tirana, 2:0 gewonnen (WM-Qualifikation): Kahn – Rehmer (1), Nowotny, Linke – Ramelow, Ziege, Asamoah (Ricken), Ballack (1) – Deisler (Baumann), Jancker, Neuville (Zickler) – K.: Kahn – SR: Veissière (Frankreich).

704 **Ungarn,** 15. 8., Budapest, 5:2 gewonnen: Kahn – Rehmer (Metzelder), Baumann (1), Linke – Asamoah (Zickler), Kehl (1), Hamann (Ricken), Böhme (1) (Bode) – Deisler (Ziege) – Jancker (1) (Bierhoff (1)), Neuville (Klose) – K.: Kahn – SR: Ansuategui Roca (Spanien).

705 **England,** 1. 9., München, 1:5 verloren (WM-Qualifikation): Kahn – Wörns (Asamoah), Nowotny, Linke – Rehmer, Ballack (Klose), Hamann, Böhme – Deisler – Jancker (1), Neuville (Kehl) – K.: Kahn – SR: Collina (Italien).

706 **Finnland,** 6. 10., Gelsenkirchen, 0:0 unentschieden (WM-Qualifiktion): Kahn – Rehmer, Wörns, Nowotny, Ziege – Ballack, Ramelow, Böhme (Asamoah), Deisler – Bierhoff, Neuville (Klose) – K.: Kahn – SR: Frisk (Schweden).

707 **Ukraine,** 10. 11., Kiew, 1:1 unentschieden (WM-Qualifikation, Play-off): Kahn – Rehmer, Nowotny, Linke – B. Schneider (Ricken), Ramelow, Hamann, Ziege – Ballack (1) – Asamoah, Zickler (Jancker) – K.: Kahn – SR: Braschi (Italien).

708 **Ukraine,** 14. 11., Dortmund, 4:1 gewonnen (WM-Qualifikation, Play-off): Kahn – Rehmer (1) (Baumann), Nowotny, Linke – B. Schneider, Ramelow, Hamann, Ziege – Ballack (2) – Neuville (1) (Ricken), Jancker (Bierhoff) – K.: Kahn – SR: Melo Pereira (Portugal).

2002: 18 Spiele: 11 Siege, 3 Unentschieden, 4 Niederlagen

709 **Israel,** 13. 2., Kaiserslautern, 7:1 gewonnen: Kahn – Wörns (Metzelder), Nowotny (Linke) – Schneider, Ramelow (Baumann), Hamann (1), Ricken (1), Kehl – Scholl (Frings) – Jancker (Bierhoff(1)), Klose (3) (Asamoah (1)) – K.: Kahn – SR: Dunn (England).

710 **USA,** 27. 3., Rostock, 4:2 gewonnen: Rost (Butt) – Baumann, Ramelow, Linke – Schneider (Asamoah), Hamann, Frings (1), Jeremies (Heinrich), Ziege (1) (Böhme) – Neuville (1) (Brdaric), Bierhoff (1) – K.: Ziege/Hamann – SR: Brugger (Österreich).

711 **Argentinien,** 17. 4., Stuttgart, 0:1 verloren: Lehmann – Linke (Baumann), Nowotny, Metzelder – Frings (Max), Ramelow, Ballack, Jeremies (Kehl), Böhme (Ricken) – Bierhoff (Jancker), Klose – K.: Nowotny – SR: Mejuto Gonzalez (Spanien).

712 **Kuwait,** 9. 5., Freiburg, 7:0 gewonnen: Kahn – Linke, Metzelder – Frings (1), Jeremies, Kehl (Ernst), Rahn – Deisler (1) (Freier), Klose – Jancker (1), Bierhoff (3) (Bierofka). Dazu ein Eigentor von Shammari – K.: Kahn – SR: Nilsson (Schweden).

713 **Wales,** 14. 5., Cardiff, 0:1 verloren: Kahn – Heinrich, Metzelder, Linke, Ziege (Bode) – Hamann (Kehl), Jeremies, Frings, Deisler (Asamoah) – Bierhoff (Jancker), Klose – K.: Kahn – SR: Olsen (Norwegen).

714 **Österreich,** 18. 5., Leverkusen, 6:2 gewonnen: Kahn – Frings (Rahn), Linke, Metzelder, Ziege (Heinrich) – Jeremies (Baumann), Hamann, Deisler (Kehl) – Klose (3) (Asamoah), Jancker (Bierhoff), Bode (2) (Bierofka (1)) – K.: Kahn – SR: Busacca (Schweiz).

715 **Saudi-Arabien,** 1. 6., Sapporo, 8:0 gewonnen (WM-Gruppenspiel): Kahn – Linke (1), Ramelow (Jeremies), Metzelder – Frings, Schneider (1), Ballack (1), Hamann, Ziege – Klose (3) (Neuville), Jancker (1) (Bierhoff (1)) – K.: Kahn – SR: Aquino (Paraguay).

716 **Irland,** 5. 6., Ibaraki, 1:1 unentschieden (WM-Gruppenspiel): Kahn – Linke, Ramelow, Metzelder – Frings, Hamann, Ziege – Schneider (Jeremies), Ballack – Klose (1) (Bode), Jancker (Bierhoff) – K.: Kahn – SR: Nielsen (Dänemark).

717 **Kamerun,** 11. 6., Shizuoka, 2:0 gewonnen (WM-Gruppenspiel): Kahn – Linke, Ramelow, Metzelder – Frings, Hamann, Ziege – Schneider (Jeremies), Ballack – Jancker (Bode (1)), Klose (1) (Neuville) – K.: Kahn – Lopez Nieto (Spanien).

718 **Paraguay,** 15. 6., Seogwipo, 1:0 gewonnen (WM-Achtelfinale): Kahn – Frings, Rehmer (Kehl), Linke, Metzelder (Baumann) – Schneider, Jeremies, Ballack, Bode – Klose, Neuville (1) (Asamoah) – K.: Kahn – SR: Batres (Guatemala).

719 **USA,** 21. 6., Ulsan, 1:0 gewonnen (WM-Viertelfinale): Kahn – Linke, Kehl, Metzelder – Frings, Schneider (Jeremies), Hamann, Ballack (1), Ziege – Klose (Bierhoff), Neuville (Bode) – K.: Kahn – SR: Dallas (Schottland).

720 **Südkorea,** 25. 6., Seoul, 1:0 gewonnen (WM-Halbfinale): Kahn – Frings, Linke, Ramelow, Metzelder – Schneider (Jeremies), Hamann, Ballack (1), Bode – Neuville (Asamoah), Klose (Bierhoff) – K.: Kahn – SR: Meier (Schweiz).

721 **Brasilien,** 30. 6., Yokohama, 0:2 verloren (WM-Endspiel): Kahn – Frings, Linke, Ramelow, Metzelder – Schneider, Jeremies (Asamoah), Hamann, Bode (Ziege) – Neuville, Klose (Bierhoff) – K.: Kahn – SR: Collina (Italien).

722 **Bulgarien,** 21. 8., Sofia, 2:2 unentschieden: Lehmann – Metzelder (Friedrich), Ramelow, Hertzsch – Freier (Asamoah), Jeremies, Bierofka (Kehl) – Schneider (Ernst), Ballack (1) (Zickler) – Klose (Borowski), Jancker (1) – K.: Jeremies – SR: Bre (Frankreich).

723 **Litauen,** 7. 9., Kaunas, 2:0 gewonnen (EM-Qualifikation): Kahn – Linke, Ramelow, Metzelder – Frings, Hamann, Böhme, Schneider (Jeremies), Ballack (1) – Klose, Jancker (Neuville) – K.: Kahn – SR: Poll (England) – Dazu ein Eigentor von Stankevicius.

724 **Bosnien-Herzegowina,** 11. 10., Sarajevo, 1:1 unentschieden: Kahn (Lehmann) – Rehmer (Friedrich), Wörns, Ramelow, Frings – Asamoah (Freier), Jeremies, Borowski (Schneider), Kehl – Klose (Zickler), Jancker (1) – K.: Kahn/Jeremies – SR: De Santis (Italien).

725 **Färöer,** 16. 10., Hannover, 2:1 gewonnen (EM-Qualifikation): Kahn – Friedrich, Ramelow (Freier), Wörns, Frings – Schneider (Kehl), Hamann, Ballack (1), Jeremies – Jancker (Neuville), Klose (1) – K.: Kahn – SR: Koren (Israel).

726 **Niederlande,** 20. 11., Gelsenkirchen 1:3 verloren: Kahn – Rehmer, Baumann, Friedrich – Frings, Jeremies (Kehl), Ballack, Böhme (Neuville) – Schneider – Bobic (1) (Asamoah), Klose (Freier) – K.: Kahn – SR: Dallas (Schottland).

2003: 11 Spiele: 5 Siege, 3 Unentschieden, 3 Niederlagen

727 **Spanien,** 12. 2., Palma de Mallorca, 1:3 verloren: Kahn – Friedrich, Wörns, Metzelder, Rau (Baumann, Balitsch) – Schneider (Freier), Jeremies, Ramelow, Böhme – Bobic (1) (Lauth), Klose (Neuville) – K.: Kahn – SR: Riley (England).

728 **Litauen,** 29. 3., Nürnberg, 1:1 unentschieden (EM-Qualifikation): Kahn – Friedrich, Wörns, Rau (Freier) – Frings, Ramelow (1), Schneider, Hamann, Böhme (Rehmer) – Bobic (Kuranyi), Klose – K.: Kahn – SR: Esquinas Torres (Spanien).

729 **Serbien und Montenegro,** 30. 4., Bremen, 1:0 gewonnen: Rost – Friedrich (Hinkel), Baumann, Wörns, Hartmann – Freier (Asamoah), Ramelow, Kehl (1) – Frings – Bobic (Klose), Kuranyi (Lauth) – K.: Wörns – SR: De Bleeckere (Belgien).

730 **Kanada,** 1. 6., Wolfsburg, 4:1 gewonnen: Rost (Butt) – Wörns, Baumann (Rehmer) – Friedrich (Hinkel), Rau (1) – Ramelow (1) (Freier (1)), Kehl – Frings – Schneider (Hartmann) – Bobic (1) (Kuranyi), Lauth (Neuville) – K.: Wörns – SR: Poulat (Frankreich).

731 **Schottland,** 7. 6., Glasgow, 1:1 unentschieden (EM-Qualifikation): Kahn – Friedrich, Ramelow, Wörns – Frings, Jeremies, Rau (Freier) – Schneider (Kehl), Ballack – Bobic (1), Klose (Neuville) – K.: Kahn – SR: Messina (Italien).

732 **Färöer,** 11. 6., Torshavn, 2:0 gewonnen (EM-Qualifikation): Kahn (Rost) – Friedrich, Ramelow, Wörns – Freier, Jeremies (Klose (1)), Kehl, Rau (Hartmann) – Schneider – Bobic (1), Neuville – K.: Kahn/Wörns – SR: Wegereef (Niederlande).

733 **Italien,** 20. 8., Stuttgart, 0:1 verloren : Kahn – Hinkel, Wörns (Rehmer), Baumann, Rau – Schneider, Ramelow (Kehl), Jeremies, Freier – Neuville (Lauth), Bobic (Klose) – K.: Kahn – SR: Milton Nielsen (Dänemark).

734 **Island,** 6. 9., Reykjavik, 0:0 unentschieden (EM-Qualifikation): Kahn – Friedrich, Wörns, Baumann – Schneider (Deisler), Ramelow, Ballack, Kehl, Rahn (Hartmann) – Klose, Neuville (Kuranyi) – K.: Kahn – SR: Barber (England)

735 **Schottland,** 10. 9., Dortmund, 2:1 gewonnen (EM-Qualifikation): Kahn – Rehmer, Ramelow, Wörns – Friedrich, Schneider (Kehl), Baumann, Ballack (1), Rau – Bobic (1) (Klose), Kuranyi – K.: Kahn – SR: Frisk (Schweden).

736 **Island,** 11. 10., Hamburg, 3:0 gewonnen (EM-Qualifikation): Kahn – Friedrich, Ramelow, Wörns – Hinkel, Schneider, Baumann, Ballack (1), Rahn – Bobic (1) (Klose), Kuranyi (1) (Neuville) – K.: Kahn – SR: Iwanow (Russland).

737 **Frankreich,** 15. 11., Gelsenkirchen, 0:3 verloren: Kahn – Friedrich, Wörns, Nowotny (Rehmer), Hinkel – Schneider (Freier), Jeremies, Ballack, Baumann (Ernst) – Bobic (Klose), Kuranyi – K.: Kahn – SR: Farina (Italien).

2004: 16 Spiele: 9 Siege, 3 Unentschieden, 4 Niederlagen

738 **Kroatien,** 18. 2., Split, 2:1 gewonnen: Kahn – Friedrich, Wörns, Nowotny, Lahm – Freier (Schneider), Frings (Ramelow 1), Hamann, Baumann – Klose (1) (Lauth), Kuranyi (Bobic) – K.: Kahn – SR: Fröjdfeldt (Schweden).

739 **Belgien,** 31. 3., Köln, 3:0 gewonnen: Lehmann – Friedrich, Wörns, Nowotny, Lahm – Hamann (1), Schneider (Ernst), Ballack (1) (Rahn), Frings (Neuville) – Freier (Jeremies), Kuranyi (1) (Bobic) – K.: Wörns – SR: Wegereef (Niederlande).

740 **Rumänien,** 28. 4., Bukarest, 1:5 verloren: Kahn (Hildebrand) – Friedrich, Ramelow, Jeremies, Lahm (1) – Schneider, Hamann, Frings (Freier), Ernst (Kehl) – Bobic (Neuville), Kuranyi – K.: Kahn/ Hamann – SR: Rosetti (Italien).

741 **Malta,** 27. 5., Freiburg, 7:0 gewonnen: Lehmann – Hinkel (Freier/Kehl), Friedrich, Nowotny (1), Lahm (Ziege) – Schneider, Hamann (Jeremies), Frings (1), Ballack (4) – Bobic (1), Kuranyi (Klose) – K.: Hamann/Ballack – SR: Stredak (Slowakei).

742 **Schweiz,** 2. 6., Basel, 2:0 gewonnen: Kahn – Friedrich, Wörns, Nowotny, Lahm – Schneider (Frings), Hamann (Jeremies), Ballack (Kehl), Baumann (Ernst) – Kuranyi (2), Klose (Brdaric) – K.: Kahn – SR: Messina (Italien).

743 **Ungarn,** 6. 6., Kaiserslautern, 0:2 verloren: Kahn – Hinkel (Schweinsteiger), Wörns, Nowotny (Baumann), Lahm – Schneider, Hamann (Ernst), Ballack, Frings – Klose (Brdaric), Bobic (Podolski) – K.: Kahn – SR: Bennett (England).

744 **Niederlande,** 15. 6., Porto, 1:1 unentschieden (EM-Gruppenspiel): Kahn – Friedrich, Wörns, Nowotny, Lahm – Baumann, Hamann, Schneider (Schweinsteiger), Ballack, Frings (1) (Ernst) – Kuranyi (Bobic) – K.: Kahn – SR: Frisk (Schweden).

745 **Lettland,** 19. 6., Porto, 0:0 unentschieden (EM-Gruppenspiel): Kahn – Friedrich, Wörns, Baumann, Lahm – Hamann – Schneider (Schweinsteiger), Ballack, Frings – Kuranyi (Brdaric), Bobic (Klose) – K.: Kahn – SR: Riley (England).

746 **Tschechien,** 23. 6., Lissabon, 1:2 verloren (EM-Gruppenspiel): Kahn – Friedrich, Wörns, Nowotny, Lahm – Frings (Podolski), Hamann (Klose) – Schneider, Ballack (1), Schweinsteiger (Jeremies) – Kuranyi – K.: Kahn – SR: Hauge (Norwegen).

747 **Österreich**, 18. 8., Wien, 3:1 gewonnen: Kahn (Lehmann) – Hinkel (Huth), Fahrenhorst, Linke, Lahm – Borowski, Frings (Baumann), Schweinsteiger (Ernst), Ballack – Asamoah (Podolski), Kuranyi (3) (Brdaric) – K.: Ballack – SR: Collina (Italien).

748 **Brasilien**, 8. 9., Berlin, 1:1 unentschieden: Kahn – Hinkel (Görlitz), Huth, Fahrenhorst, Lahm – Deisler (Podolski), Frings, Schneider, Ballack – Kuranyi (1), Asamoah (Klose). K.: Ballack – SR: Meier (Schweiz).

749 **Iran**, 9. 10., Teheran, 2:0 gewonnen: Lehmann – Görlitz, Huth, Wörns (Mertesacker), Lahm – Deisler (Borowski), Ballack, Ernst (1) (Schweinsteiger), Schneider (Hitzlsperger) – Klose (Asamoah), Brdaric (1) (Podolski) – K.: Ballack – SR: Mane (Kuwait).

750 **Kamerun**, 17. 11., Leipzig, 3:0 gewonnen: Lehmann – Schneider, Mertesacker, Huth, Lahm (Hitzlsperger) – Schweinsteiger, Frings, Ballack, Ernst (Borowski) – Asamoah (Klose 2), Kuranyi (1) – K.: Ballack – SR: De Santis (Italien).

751 **Japan**, 16. 12., Yokohama, 3:0 gewonnen: Kahn – Owomoyela, Wörns, Mertesacker, Schulz – Ernst (Engelhardt), Ballack (1), Schneider (Borowski) – Asamoah, Klose (2), Podolski (Schweinsteiger) – K.: Ballack – SR: Shield (Australien).

752 **Südkorea**, 19. 12., Busan, 1:3 verloren: Kahn – Hinkel (Owomoyela), Wörns (Brdaric), Friedrich, Lahm – Schneider, Ernst, Schweinsteiger (Podolski), Ballack (1) – Kuranyi (Asamoah), Klose – K.: Ballack – SR: Salleh (Malaysia).

753 **Thailand**, 21. 12., Bangkok, 5:1 gewonnen: Hildebrand – Hinkel (Owomoyela), Mertesacker, Friedrich (Wörns), Lahm (Schulz) – Asamoah (1), Borowski, Engelhardt, Schweinsteiger – Kuranyi (2), Brdaric (Podolski 2) – K.: Friedrich/Wörns – SR: Salleh (Malaysia)

2005: 15 Spiele: 7 Siege, 5 Unentschieden, 3 Niederlagen

754 **Argentinien**, 9. 2., Düsseldorf, 2:2 unentschieden: Lehmann – Owomoyela, Mertesacker, Wörns, Hitzlsperger – Schneider, Frings (1), Ernst, Schweinsteiger (Schulz) – Kuranyi (1), Asamoah (Freier) – K.: Wörns – SR: Farina (Italien)

755 **Slowenien**, 26. 3., Celje, 1:0 gewonnen: Kahn – Hinkel (Owomoyela), Friedrich, Huth, Hitzlsperger – Frings, Ballack, Baumann (Schweinsteiger) – Neuville (Borowski), Klose (Kuranyi), Podolski (1) – K.: Ballack – SR: Poll (England)

756 **Nordirland**, 4. 6., Belfast, 4:1 gewonnen: Lehmann – Owomoyela, Mertesacker, Huth, Hitzlsperger – Schneider (Schweinsteiger), Ballack (2) (Borowski), Frings, Ernst – Asamoah (1) (Deisler), Kuranyi (Podolski 1) – K.: Ballack/Frings – SR: Richmond (Schottland)

757 **Russland**, 8. 6., Mönchengladbach, 2:2 unentschieden: Kahn – Hinkel (Deisler), Friedrich, Mertesacker, Hitzlsperger – Schneider, Frings, Ballack, Schweinsteiger (2) (Kuranyi) – Asamoah (Hanke), Podolski (Ernst) – K.: Ballack – SR: Plautz (Österreich)

758 **Australien**, 15. 6., Frankfurt, 4:3 gewonnen (Confederations Cup): Kahn – Friedrich, Mertesacker (1), Huth, Hitzlsperger – Schneider (Deisler), Frings, Ballack (1), Schweinsteiger (Ernst) – Kuranyi (1) (Asamoah), Podolski (1) – K.: Ballack – SR: Amarilla (Paraguay)

759 **Tunesien**, 18. 6., Köln, 3:0 gewonnen (Confederations Cup): Lehmann – Friedrich, Mertesacker, Huth, Hitzlsperger (Schneider) – Deisler, Frings, Schweinsteiger (1), Ballack (1) – Asamoah (Kuranyi), Podolski (Hanke 1) – K.: Ballack – SR: Prendergast (Jamaika)

760 **Argentinien**, 21. 6., Nürnberg, 2:2 unentschieden (Confederations Cup): Hildebrand – Hinkel, Mertesacker, Huth, Hitzlsperger – Deisler, Ernst, Schneider (Frings), Schweinsteiger (Engelhardt) – Kuranyi (1), Asamoah (1) (Hanke) – K.: Schneider/Frings – SR: Michel (Slowakei)

761 **Brasilien**, 25. 6., Nürnberg, 2:3 verloren (Confederations Cup, Halbfinale): Lehmann – Friedrich, Mertesacker, Huth, Schneider – Deisler (Hanke), Frings, Ballack (1), Ernst (Borowski) – Kuranyi (Asamoah), Podolski (1) – K.: Ballack – SR: Chandia (Chile)

762 **Mexiko**, 29. 6., Leipzig, 4:3 n. V. gewonnen (Confederations Cup, Spiel um den dritten Platz): Kahn – Hinkel, Mertesacker, Huth (1), Schneider – Deisler (Asamoah), Frings, Ballack (1), Schweinsteiger (1) (Ernst) – Hanke, Podolski (1) (Kuranyi) – K.: Ballack – SR: Breeze (Australien)

763 **Niederlande**, 17. 8., Rotterdam, 2:2 unentschieden: Kahn – Friedrich (Hinkel), Mertesacker (Huth), Wörns, Schneider – Frings (Hitzlsperger), Hamann (Borowski), Ballack (1), Ernst (Deisler) – Kuranyi, Klose (Asamoah 1) – K.: Ballack – SR: Hauge (Norwegen)

764 **Slowakei**, 3. 9., Bratislava, 0:2 verloren: Lehmann – Owomoyela (Hinkel), Mertesacker, Wörns (Sinkiewicz), Hitzlsperger (Jansen), Deisler, Ernst (Schweinsteiger), Ballack, Schneider (Kuranyi) – Klose, Asamoah (Podolski) – K.: Ballack – SR: Braamhaar (Niederlande)

765 **Südafrika**, 7. 9., Bremen, 4:2 gewonnen: Lehmann – Owomoyela, Mertesacker, Sinkiewicz, Jansen – Deisler (Schneider), Borowski (1), Ballack, Schweinsteiger (Ernst) – Klose (Asamoah), Podolski (3) (Kuranyi) – K.: Ballack – SR: Gilewski (Polen)

766 **Türkei**, 8. 10., Istanbul, 1:2 verloren: Kahn – Owomoyela, Sinkiewicz, Mertesacker, Jansen – Frings (Deisler) – Schneider, Borowski (Hanke), Schweinsteiger (Hitzlsperger) – Kuranyi (Neuville 1), Podolski – K.: Kahn – SR: Messina (Italien)

767 **China**, 12. 10., Hamburg, 1:0 gewonnen: Kahn – Friedrich, Metzelder, Mertesacker (Huth), Schweinsteiger (Hitzlsperger) – Frings (1) – Deisler, Borowski, Schneider – Podolski (Kuranyi), Neuville (Owomoyela) – K.: Kahn – SR: Cortez Batista (Portugal)

768 **Frankreich**, 12. 11., Paris, 0:0 unentschieden: Lehmann – Friedrich, Mertesacker, Huth, Jansen – Deisler (Schweinsteiger), Frings, Ballack, Schneider (Borowski) – Podolski (Kuranyi), Klose – K.: Ballack – SR: Bennett (England)

2006: 18 Spiele: 13 Siege, 3 Unentschieden, 2 Niederlagen

769 **Italien**, 1. 3., Florenz, 1:4 verloren: Lehmann – Friedrich, Mertesacker (Metzelder), Huth (1), Lahm – Deisler, Frings (Borowski), Ballack, Schneider (Schweinsteiger) – Klose, Podolski (Asamoah) – K.: Ballack – SR: Iturralde Gonzalez (Spanien)

770 **USA**, 22. 3., Dortmund, 4:1 gewonnen: Kahn – Friedrich (Owomoyela), Mertesacker, Metzelder, Lahm – Schneider (Borowski), Ballack (1), Kehl (Ernst) – Asamoah (Neuville 1), Klose (1), Podolski (Schweinsteiger 1) – K.: Ballack – SR: Fröjdfeldt (Schweden)

771 **Luxemburg**, 27. 5., Freiburg, 7:0 gewonnen: Lehmann (Kahn) – Friedrich, Huth (Mertesacker), Metzelder, Jansen (Hitzlsperger) – Schneider, Frings (1) (Kehl), Borowski, Schweinsteiger – Klose (2) (Asamoah), Podolski (2) (Neuville 2) – K.: Schneider – SR: Rogalla (Schweiz)

772 **Japan**, 30. 5., Leverkusen, 2:2 unentschieden: Lehmann – Schneider, Mertesacker, Metzelder (Nowotny), Jansen – Ballack, Frings, Borowski (Odonkor), Schweinsteiger (1) – Klose (1), Podolski (Neuville) – K.: Ballack – SR: Vassaras (Griechenland)

773 **Kolumbien**, 2. 6., Mönchengladbach, 3:0 gewonnen: Lehmann – Friedrich, Mertesacker, Metzelder, Lahm (Hitzlsperger) – Ballack (1), Frings (Kehl) – Schneider (Borowski 1), Schweinsteiger (1) (Jansen) – Klose (Neuville), Podolski (Asamoah) – K.: Ballack – SR: Hauge (Norwegen)

774 **Costa Rica**, 9. 6., München, 4:2 gewonnen (WM-Vorrunde): Lehmann – Friedrich, Mertesacker, Metzelder, Lahm (1) – Frings (1), Borowski (Kehl) – Schneider (Odonkor), Schweinsteiger – Klose (2) (Neuville), Podolski – K.: Schneider/Frings – SR: Elizondo (Argentinien)

775 **Polen**, 14. 6., Dortmund, 1:0 gewonnen (WM-Vorrunde): Lehmann – Friedrich (Odonkor), Mertesacker, Metzelder, Lahm – Schneider, Frings, Ballack, Schweinsteiger (Borowski) – Klose, Podolski (Neuville 1) – K.: Ballack – SR: Medina Cantalejo (Spanien)

776 **Ecuador**, 20. 6., Berlin, 3:0 gewonnen (WM-Vorrunde): Lehmann – Friedrich, Mertesacker, Huth, Lahm – Frings (Borowski) – Schneider (Asamoah), Schweinsteiger – Ballack – Klose (2) (Neuville), Podolski (1) – K.: Ballack – SR: Ivanov (Russland)

777 **Schweden**, 24. 6., München, 2:0 gewonnen (WM-Achtelfinale): Lehmann – Friedrich, Mertesacker, Metzelder, Lahm – Frings (Kehl) – Schneider, Schweinsteiger (Borowski) – Ballack – Klose, Podolski (2) (Neuville) – K.: Ballack – SR: Simon (Brasilien)

778 **Argentinien**, 30. 6., Berlin, 1:1 unentschieden n. V./4:2 im Elfmeterschießen (WM-Viertelfinale): Lehmann – Friedrich, Mertesacker, Metzelder, Lahm – Frings – Schneider (Odonkor), Schweinsteiger (Borowski) – Ballack – Klose (1) (Neuville), Podolski – K.: Ballack – SR: Michel (Slowakei). Die Tore aus dem Elfmeterschießen (Neuville, Ballack, Podolski, Borowski) zählen nicht in der Torjägersstatistik, sondern dienen lediglich zur Ermittlung des Siegers.

779 **Italien**, 4. 7., Dortmund, 0:2 verloren n. V. (WM-Halbfinale): Lehmann – Friedrich, Mertesacker, Metzelder, Lahm – Schneider (Odonkor), Kehl, Ballack, Borowski (Schweinsteiger) – Klose (Neuville), Podolski – K.: Ballack – SR: Archundia (Mexiko)

780 **Portugal**, 8. 7., Stuttgart, 3:1 gewonnen (Spiel um den dritten Platz): Kahn – Lahm, Nowotny, Metzelder, Jansen – Frings, Kehl – Schneider, Schweinsteiger (2) (Hitzlsperger) – Klose (Neuville), Podolski (Hanke) – K.: Kahn – SR: Kamikawa (Japan) – Dazu ein Eigentor von Petit

781 **Schweden**, 16. 8., Gelsenkirchen, 3:0 gewonnen: Lehmann – Lahm, A. Friedrich (M. Friedrich), Nowotny, Jansen (Fathi) – Schneider (1) (Odonkor), Frings (Hitzlsperger), Borowski, Schweinsteiger – Klose (2) (Neuville), Podolski (Asamoah) – K.: Schneider/Borowski – SR: Farina (Italien)

782 **Irland**, 2. 9., Stuttgart, 1:0 gewonnen (EM-Qualifikation): Lehmann – Lahm, A. Friedrich, M. Friedrich, Jansen – Schneider (Borowski), Ballack, Frings, Schweinsteiger – Klose, Podolski (1) (Neuville) – K.: Ballack – SR: Medina Cantalejo (Spanien)

783 **San Marino**, 6. 9., Serravalle, 13:0 gewonnen (EM-Qualifikation): Lehmann – Lahm, A. Friedrich, M. Friedrich (1), Jansen – Schneider (1), Frings (Hitzlsperger 2), Ballack (1) (Odonkor), Schweinsteiger (2) – Klose (2) (Asamoah), Podolski (4) – K.: Ballack/Schneider – SR: Dereli (Türkei)

784 **Georgien**, 7. 10., Rostock, 2:0 gewonnen: Hildebrand – Fritz, A. Friedrich, M. Friedrich (Madlung), Hitzlsperger (Fathi) – Odonkor, Ballack (1), Trochowski (Frings), Schweinsteiger (1) – Podolski, Hanke (Schlaudraff) – K.: Ballack – SR: Lehner (Österreich)

785 **Slowakei**, 11. 10., Bratislava, 4:1 gewonnen (EM-Qualifikation): Lehmann – Fritz, A. Friedrich, M. Friedrich, Lahm – Schneider (Odonkor), Frings, Ballack (1), Schweinsteiger (1) (Trochowski) – Klose, Podolski (2) (Hanke) – K.: Ballack – SR: Hauge (Norwegen)

786 **Zypern**, 15. 11., Nicosia, 1:1 unentschieden (EM-Qualifikation): Hildebrand – Fritz, A. Friedrich, M. Friedrich, Lahm – Odonkor (Hitzlsperger), Frings, Ballack (1), Schweinsteiger – Klose, Neuville (Hanke) – K.: Ballack – SR: Fröjdfeldt (Schweden)

2007: 12 Spiele: 8 Siege, 2 Unentschieden, 2 Niederlagen

787 **Schweiz**, 7. 2., Düsseldorf, 3:1 gewonnen: Lehmann – A. Friedrich, Mertesacker, Metzelder, Lahm – Fritz, Frings (1) (Hitzlsperger), Ballack (Borowski), Schweinsteiger (Jansen) – Gomez (1) (Hanke), Kuranyi (1) (Schlaudraff) – K.: Ballack/Frings/Metzelder – SR: Bossen (Niederlande)

788 **Tschechien**, 24. 3., Prag, 2:1 gewonnen (EM-Qualifikation): Lehmann – Lahm, Mertesacker, Metzelder, Jansen – Frings, Ballack – Schneider, Schweinsteiger – Kuranyi (2), Podolski (Hitzlsperger) – K.: Ballack – SR: Rosetti (Italien)

789 **Dänemark**, 28. 3., Duisburg, 0:1 verloren: Enke – Fritz, Madlung, M. Friedrich, Jansen – Hilbert (Freier), Hitzlsperger, Rolfes (Castro), Trochowski – Kuranyi (Kießling), Schlaudraff (Helmes) – K.: Kuranyi/Hitzlsperger – SR: Webb (England)

790 **San Marino**, 2. 6., Nürnberg, 6:0 gewonnen (EM-Qualifikation): Lehmann – Lahm (Helmes), Mertesacker, Metzelder, Jansen (1) – Frings (1) – Hilbert (Fritz 1), Hitzlsperger – Schneider – Klose, Kuranyi (1) (Gomez 2) – K.: Schneider – SR: Asumaa (Finnland)

791 **Slowakei**, 6. 6., Hamburg, 2:1 gewonnen (EM-Qualifikation): Lehmann – Lahm, Mertesacker, Metzelder, Jansen – Frings – Fritz, Hitzlsperger (1) – Schneider (Rolfes) – Klose (Trochowski), Kuranyi (Gomez) – K.: Schneider/Frings – SR: Benquerenca (Portugal) – Dazu ein Eigentor von Durica

792 **England**, 22. 8., London, 2:1 gewonnen: Lehmann – A. Friedrich, Mertesacker, Metzelder, Pander (1) – Lahm – Odonkor (Hilbert), Trochowski (Rolfes), Schneider (Castro), Hitzlsperger – Kuranyi (1) – K.: Schneider/Lahm – SR: Busacca (Schweiz)

793 **Wales**, 8. 9., Cardiff, 2:0 gewonnen (EM-Qualifikation): Lehmann – A. Friedrich, Mertesacker, Metzelder, Pander (Trochowski) – Hitzlsperger – Hilbert, Jansen – Schweinsteiger – Kuranyi (Podolski), Klose (2) (Helmes) – K.: Klose/A. Friedrich – SR: Mejuto Gonzalez (Spanien)

794 **Rumänien**, 12. 9., Köln, 3:1 gewonnen: Hildebrand – Hilbert, M. Friedrich, Metzelder (A. Friedrich), Jansen (Castro) – Hitzlsperger (Rolfes) – Schneider (1) (Odonkor 1), Trochowski – Schweinsteiger – Helmes, Podolski (1) – K.: Schneider/A. Friedrich – SR: Rizzoli (Italien)

795 **Irland**, 13. 10., Dublin, 0:0 unentschieden (EM-Qualifikation): Lehmann – A. Friedrich, Mertesacker, Metzelder, Jansen – Schweinsteiger (Rolfes), Frings – Fritz, Trochowski (Castro) – Kuranyi, Gomez (Podolski) – K.: Frings – SR: Hansson (Schweden)

796 **Tschechien**, 17. 10., München, 0:3 verloren (EM-Qualifikation): Hildebrand – A. Friedrich, Mertesacker, Metzelder (Fritz), Jansen – Schweinsteiger (Gomez), Frings – Odonkor, Trochowski (Rolfes) – Kuranyi, Podolski – K.: Frings – SR: Webb (England)

797 **Zypern**, 17. 11., Hannover, 4:0 gewonnen (EM-Qualifikation): Lehmann – A. Friedrich, Mertesacker, Metzelder, Lahm – Hitzlsperger (1) – Fritz (1) (Hilbert), Trochowski (Borowski), Podolski (1) – Klose (1), Gomez (Hanke) – K.: Klose – SR: Rasmussen (Dänemark)

798 **Wales**, 21. 11., Frankfurt, 0:0 unentschieden (EM-Qualifikation): Lehmann – Castro (Hilbert), Mertesacker, Metzelder, Lahm – Borowski, Hitzlsperger (Rolfes) – Fritz, Podolski – Gomez (Neuville), Klose – K.: Klose – SR: Balaj (Rumänien)

2008: 16 Spiele: 11 Siege, 2 Unentschieden, 3 Niederlagen

799 **Österreich**, 6. 2., Wien, 3:0 gewonnen: Lehmann – Westermann, Mertesacker, M. Friedrich (Hilbert), Lahm – Schneider, Ballack (Rolfes), Hitzlsperger (1) (Jones), Schweinsteiger (Podolski) – Klose (1), Kuranyi (Gomez 1) – K.: Ballack/Klose – SR: Dondarini (Italien)

800 **Schweiz**, 26. 3., Basel, 4:0 gewonnen: Lehmann – Lahm (Trochowski), Mertesacker, Westermann, Jansen (Rolfes) – Fritz (Friedrich), Ballack, Hitzlsperger, Schweinsteiger – Klose (1) (Podolski 1), Gomez (2) (Kuranyi) – K.: Ballack – SR: Braamhaar (Niederlande)

801 **Belarus**, 27. 5., Kaiserslautern, 2:2 unentschieden: Lehmann – Lahm, Mertesacker, Metzelder, Hitzlsperger – Frings (Trochowski), Ballack (Jones) – Odonkor (Fritz), Schweinsteiger (Marin) – Klose (1) (Neuville), Podolski (Helmes) – K.: Ballack/Klose/Frings/Lehmann – SR: Ceferin (Slowenien) – Dazu ein Eigentor von Korytko

802 **Serbien**, 31. 5., Gelsenkirchen, 2:1 gewonnen: Lehmann – Lahm (Podolski), Mertesacker (A. Friedrich), Metzelder, Jansen (Westermann) – Frings (Rolfes), Ballack (1) – Fritz, Schweinsteiger (Odonkor) – Kuranyi (Neuville 1), Gomez – K.: Ballack – SR: Fautrel (Frankreich)

803 **Polen**, 8. 6., Klagenfurt, 2:0 gewonnen (EM-Vorrunde): Lehmann – Lahm, Mertesacker, Metzelder, Jansen – Frings, Ballack – Fritz (Schweinsteiger), Podolski (2) – Klose (Kuranyi), Gomez (Hitzlsperger) – K.: Ballack – SR: Övrebö (Norwegen)

804 **Kroatien**, 12. 6., Klagenfurt, 1:2 verloren (EM-Vorrunde): Lehmann – Lahm, Mertesacker, Metzelder, Jansen (Odonkor) – Frings, Ballack – Fritz (Kuranyi), Podolski (1) – Gomez (Schweinsteiger), Klose – K.: Ballack – SR: De Bleeckere (Belgien)

805 **Österreich**, 16. 6., Wien, 1:0 gewonnen (EM-Vorrunde): Lehmann – A. Friedrich, Mertesacker, Metzelder, Lahm – Frings, Ballack (1) – Fritz (Borowski), Podolski (Neuville) – Klose (Hitzlsperger), Gomez – K.: Ballack – SR: Mejuto Gonzalez (Spanien)

806 **Portugal**, 19. 6., Basel 3:2 gewonnen (EM-Viertelfinale): Lehmann – A. Friedrich, Mertesacker, Metzelder, Lahm – Hitzlsperger (Borowski), Rolfes – Schweinsteiger (1) (Fritz), Ballack (1), Podolski – Klose (1) (Jansen) – K.: Ballack – SR: Fröjdfeldt (Schweden)

807 **Türkei**, 25. 6., Basel, 3:2 gewonnen (EM-Halbfinale): Lehmann – A. Friedrich, Mertesacker, Metzelder, Lahm (1) – Hitzlsperger, Rolfes (Frings) – Schweinsteiger (1), Ballack, Podolski – Klose (1) (Jansen) – K.: Ballack – SR: Busacca (Schweiz)

808 **Spanien**, 29. 6., Wien, 0:1 verloren (EM-Finale): Lehmann – A. Friedrich, Mertesacker, Metzelder, Lahm (Jansen) – Frings, Hitzlsperger (Kuranyi) – Schweinsteiger, Ballack, Podolski – Klose (Gomez) – K.: Ballack – SR: Rosetti (Italien)

809 **Belgien**, 20. 8., Nürnberg, 2:0 gewonnen: Enke – Fritz, Tasci, Westermann, Lahm (Jansen) – Schweinsteiger (1), Hitzlsperger (Marin 1), Rolfes, Trochowski (Helmes) – Klose (Kuranyi), Podolski (Gomez) – K.: Klose/Schweinsteiger – SR: Vejlgaard (Dänemark)

810 **Liechtenstein**, 6. 9., Vaduz, 6:0 gewonnen (WM-Qualifikation): Enke – Fritz, Tasci, Westermann (1), Lahm – Schweinsteiger (1), Rolfes (1) (Marin), Hitzlsperger (1), Trochowski – Klose (Gomez), Podolski (2) (Kuranyi) – K.: Klose/Schweinsteiger – SR: Pereira Gomes (Portugal)

811 **Finnland**, 10. 9., Helsinki, 3:3 unentschieden (WM-Qualifikation): Enke – Fritz (Hinkel), Tasci, Westermann, Lahm – Schweinsteiger, Rolfes (Helmes), Hitzlsperger, Trochowski – Klose (3), Podolski (Gomez) – K.: Klose – SR: Kassai (Ungarn)

812 **Russland**, 11. 10., Dortmund, 2:1 gewonnen (WM-Qualifikation): Adler – A. Friedrich, Mertesacker, Westermann, Lahm – Ballack (1), Hitzlsperger (Rolfes) – Schweinsteiger, Trochowski (Frings) – Klose (Gomez), Podolski (1) – K.: Ballack – SR: Fröjdfeldt (Schweden)

813 **Wales**, 15. 10., Mönchengladbach, 1:0 gewonnen (WM-Qualifikation): Adler – A. Friedrich (Fritz), Mertesacker, Westermann, Lahm – Ballack, Hitzlsperger – Schweinsteiger, Trochowski (1) – Klose (Helmes), Podolski (Gomez) – K.: Ballack – SR: Duhamel (Frankreich)

814 **England**, 19. 11., Berlin, 1:2 verloren: Adler (Wiese) – A. Friedrich (Tasci), Mertesacker, Westermann, Compper (Schäfer) – Jones (Marin), Rolfes – Schweinsteiger, Trochowski – Klose (Helmes 1), Gomez (Podolski) – K.: Klose/Schweinsteiger – SR: Busacca (Schweiz)

2009: 11 Spiele: 7 Siege, 3 Unentschieden, 1 Niederlage

815 **Norwegen**, 11. 2., Düsseldorf, 0:1 verloren: Adler – Hinkel (Beck), Mertesacker (Tasci), Westermann, Lahm – Frings (Marin), Ballack – Schweinsteiger, Trochowski (Özil) – Klose (Helmes), Gomez (Kießling) – K.: Ballack – SR: Messner (Österreich)

816 **Liechtenstein**, 28. 3., Leipzig, 4:0 gewonnen (WM-Qualifikation): Enke – Beck, Mertesacker, Tasci, Lahm – Ballack (1), Hitzlsperger (Marin) – Schweinsteiger (1) (Rolfes), Jansen (1) (Helmes) – Gomez, Podolski (1) – K.: Ballack – SR: Ishchenko (Ukraine)

817 **Wales**, 1. 4., Cardiff, 2:0 gewonnen (WM-Qualifikation): Enke – Beck, Mertesacker, Tasci, Lahm – Rolfes (Westermann), Hitzlsperger – Schweinsteiger (Helmes), Ballack (1), Podolski (Trochowski) – Gomez – K.: Ballack – SR: Hauge (Norwegen) – Dazu ein Eigentor von Williams

818 **China**, 29. 5., Shanghai, 1:1 unentschieden: Enke – Lahm, A. Friedrich, Huth, Schäfer – Gentner, Hitzlsperger – Trochowski (Hinkel), Schweinsteiger, Podolski (1) – Gomez (Cacau) – K.: Lahm – SR: M. Lee (Südkorea)

819 **Vereinigte Arabische Emirate**, 2. 6., Dubai, 7:2 gewonnen: Neuer – Hinkel (Träsch), A. Friedrich (Huth), Westermann (1), Lahm (Schäfer) – Schweinsteiger, Hitzlsperger (Weis), Gentner, Trochowski (1) – Podolski (Cacau), Gomez (4) – K.: Schweinsteiger – SR: Darwish (Jordanien) – Dazu ein Eigentor von Juma

820 **Aserbaidschan**, 12. 8., Baku, 2:0 gewonnen (WM-Qualifikation): Enke – Lahm, Mertesacker, Tasci, Schäfer – Schweinsteiger (1), Ballack, Hitzlsperger, Trochowski (Jansen) – Klose (1) (Cacau), Gomez (Özil) – K.: Ballack – SR: Kelly (Irland)

821 **Südafrika**, 5. 9., Leverkusen, 2:0 gewonnen: Adler – Lahm, A. Friedrich, Tasci (Westermann), Schäfer – Ballack (Gentner), Rolfes (Khedira) – Schweinsteiger (Trochowski), Özil (1), Marin (Podolski) – Gomez (1) (Klose) – K.: Ballack/Klose – SR: Circhetta (Schweiz)

822 **Aserbaidschan**, 9. 9., Hannover, 4:0 gewonnen (WM-Qualifikation): Adler – Lahm, Mertesacker, Westermann, Schäfer (Beck) – Ballack (1), Hitzlsperger – Schweinsteiger (Trochowski), Özil, Podolski (1) – Gomez (Klose 2) – K.: Ballack – SR: Kakos (Griechenland)

823 **Russland**, 10. 10., Moskau, 1:0 gewonnen (WM-Qualifikation): Adler – Boateng, Mertesacker, Westermann, Lahm – Ballack, Rolfes – Schweinsteiger, Özil (A. Friedrich), Podolski (Trochowski) – Klose (1) (Gomez) – K.: Ballack – SR: Busacca (Schweiz)

824 **Finnland**, 14. 10., Hamburg, 1:1 unentschieden (WM-Qualifikation): Adler – Beck, A. Friedrich, Westermann, Lahm – Ballack (Gentner), Hitzlsperger (Özil), Trochowski – Cacau, Podolski (1) – Gomez (Klose) – K.: Ballack/Lahm – SR: Atkinson (England)

825 **Elfenbeinküste**, 18. 11., Gelsenkirchen, 2:2 unentschieden: Wiese (Neuer) – Boateng (Beck), Mertesacker, Westermann, Lahm – Hitzlsperger – Schweinsteiger (Hunt), Trochowski (Schäfer) – Özil – Kießling (Gomez), Podolski (2) – K.: Lahm – SR: Kuipers (Niederlande)

2010: 17 Spiele: 12 Siege, 2 Unentschieden, 3 Niederlagen

826 **Argentinien**, 3. 3., München, 0:1 verloren: Adler – Boateng, Mertesacker, Tasci, Lahm – Ballack, Schweinsteiger (Khedira) – T. Müller (Kroos), Özil (Cacau), Podolski – Klose (Gomez) – K.: Ballack – SR: Atkinson (England)

827 **Malta**, 13.5., Aachen, 3:0 gewonnen: Neuer – Beck (Träsch), A. Friedrich (Westermann), Tasci (Hummels), Aogo (J. Boateng) – Khedira (Reinartz) – Trochowski, Kroos (Großkreutz) – Cacau

(2), Kießling, Podolski – K.: A. Friedrich/Podolski – SR: Hamer (Luxemburg) – Dazu ein Eigentor von Scicluna

828 **Ungarn**, 29. 5., Budapest, 3:0 gewonnen: Neuer – Boateng, Mertesacker, A. Friedrich (Badstuber), Westermann – Khedira (Aogo), Kroos (Marin) – Trochowski (Jansen), Özil (Cacau 1), Podolski (1) – Klose (Gomez 1) – K.: Klose/A. Friedrich/Mertesacker – SR: Larsen (Dänemark)

829 **Bosnien-Herzegowina**, 3. 6., Frankfurt, 3:1 gewonnen: Neuer – Lahm (1), Mertesacker, A. Friedrich (Tasci), Badstuber – Khedira, Schweinsteiger (2) (Kroos) – Trochowski (T. Müller), Özil (Gomez), Podolski (Marin) – Klose (Cacau) – K.: Lahm – SR: Rizzoli (Italien)

830 **Australien**, 13. 6., Durban, 4:0 gewonnen (WM-Vorrunde): Neuer – Lahm, Mertesacker, A. Friedrich, Badstuber – Khedira, Schweinsteiger – T. Müller (1), Özil (Gomez), Podolski (1) (Marin) – Klose (1) (Cacau 1) – K.: Lahm – SR: Rodriguez Moreno (Mexiko)

831 **Serbien**, 18. 6., Port Elizabeth, 0:1 verloren (WM-Vorrunde): Neuer – Lahm, Mertesacker, A. Friedrich, Badstuber (Gomez) – Khedira, Schweinsteiger – T. Müller (Marin), Özil (Cacau), Podolski – Klose – K.: Lahm – SR: Undiano Mallenco (Spanien)

832 **Ghana**, 23. 6., Johannesburg, 1:0 gewonnen (WM-Vorrunde): Neuer – Lahm, Mertesacker, A. Friedrich, J. Boateng (Jansen) – Khedira, Schweinsteiger (Kroos) – T. Müller (Trochowski), Podolski – Özil (1) – Cacau – K.: Lahm – SR: Simon (Brasilien)

833 **England**, 27. 6., Bloemfontein, 4:1 gewonnen (WM-Achtelfinale): Neuer – Lahm, Mertesacker, A. Friedrich, J. Boateng – Khedira, Schweinsteiger – T. Müller (2) (Trochowski), Podolski (1) – Özil (Kießling) – Klose (1) (Gomez) – K.: Lahm – SR: Larrionda (Uruguay)

834 **Argentinien**, 3. 7., Kapstadt, 4:0 gewonnen (WM-Viertelfinale): Neuer – Lahm, Mertesacker, A. Friedrich (1), J. Boateng (Jansen) – Khedira (Kroos), Schweinsteiger – T. Müller (1) (Trochowski), Podolski – Özil – Klose (2) – K.: Lahm – SR: Irmatov (Usbekistan)

835 **Spanien**, 7. 7., Durban, 0:1 verloren (WM-Halbfinale): Neuer – Lahm, Mertesacker, A. Friedrich, J. Boateng (Jansen) – Khedira (Gomez), Schweinsteiger – Trochowski (Kroos), Özil, Podolski – Klose – K.: Lahm – SR: Kassai (Ungarn)

836 **Uruguay**, 10. 7., Port Elizabeth, 3:2 gewonnen (WM, Spiel um den dritten Platz): Butt – J. Boateng, Mertesacker, A. Friedrich, Aogo – Khedira (1), Schweinsteiger – T. Müller (1), Özil (Tasci), Jansen (1) (Kroos) – Cacau (Kießling) – K.: Schweinsteiger – SR: Archundia (Mexiko)

837 **Dänemark**, 11. 8., Kopenhagen, 2:2 unentschieden: Wiese – Beck (Riether), J. Boateng (C. Schulz), Tasci, M. Schäfer – Gentner, Hitzlsperger (Helmes 1) – Träsch, Kroos, Marin (Hunt) – Gomez (1) – K.: Hitzlsperger/Tasci – SR: Kelly (Irland)

838 **Belgien**, 3. 9., Brüssel, 1:0 gewonnen (EM-Qualifikation): Neuer – Lahm, Mertesacker, Badstuber, Jansen (Westermann) – Khedira, Schweinsteiger – T. Müller, Özil (Cacau), Podolski (Kroos) – Klose (1) – K.: Lahm – SR: Hauge (Norwegen)

839 **Aserbaidschan**, 7. 9., Köln, 6:1 gewonnen (EM-Qualifikation): Neuer – Riether, Mertesacker (Westermann 1), Badstuber (1), Lahm – Khedira, Schweinsteiger (Cacau) – T. Müller (Marin), Özil, Podolski (1) – Klose (2) – K.: Lahm – SR: Strömbergsson (Schweden) – Dazu ein Eigentor von R. F. Sadygov

840 **Türkei**, 8. 10., Berlin, 3:0 gewonnen (EM-Qualifikation): Neuer – Lahm, Mertesacker, Badstuber, Westermann – Khedira, Kroos – T. Müller, Özil (1) (Marin), Podolski (Träsch) – Klose (2) (Cacau) – K.: Lahm – SR: Webb (England)

841 **Kasachstan**, 12. 10., Astana, 3:0 gewonnen (EM-Qualifikation): Neuer – Lahm, Mertesacker, Badstuber, Westermann – Khedira, Kroos – T. Müller (Marin), Özil (Cacau), Podolski (1) – Klose (1) (Gomez 1) – K.: Lahm – SR: Tudor (Rumänien)

842 **Schweden**, 17. 11., Göteborg, 0:0 unentschieden: Adler – J. Boateng (Beck), Westermann, Hummels, Schmelzer – Khedira (Kroos), Schweinsteiger (Cacau) – Großkreutz (Götze), Holtby (Schürrle), Marin (Träsch) – Gomez – K.: Schweinsteiger/Westermann – SR: Velasco (Spanien)

2011: 13 Spiele: 9 Siege, 3 Unentschieden, 1 Niederlage

843 **Italien**, 9. 2., Dortmund, 1:1 unentschieden: Neuer – Lahm (J. Boateng), Mertesacker, Badstuber (Hummels), Aogo – Khedira, Schweinsteiger – T. Müller (Götze), Özil, Podolski – Klose (1) (Großkreutz) – K.: Lahm/Schweinsteiger – SR: Braamhaar (Niederlande)

844 **Kasachstan**, 26. 3., Kaiserslautern, 4:0 gewonnen (EM-Qualifikation): Neuer – Lahm, Mertesacker, Badstuber, Aogo – Khedira, Schweinsteiger (Kroos) – T. Müller (2) (Götze), Özil, Podolski (Gomez) – Klose (2) – K.: Lahm – SR: Stavnev (Mazedonien)

845 **Australien**, 29. 3., Mönchengladbach, 1:2 verloren: Wiese – Träsch, A. Friedrich, Hummels, Schmelzer – S. Bender, Schweinsteiger (Kroos) – Schürrle, T. Müller (Götze), Podolski – Gomez (1) (Klose) – K.: Schweinsteiger/A. Friedrich – SR: Lannoy (Frankreich)

846 **Uruguay**, 29. 5., Sinsheim, 2:1 gewonnen: Neuer – Lahm (Höwedes), A. Friedrich (Badstuber), Hummels, Schmelzer – Rolfes, Kroos (Träsch) – T. Müller (Götze), Özil (Klose), Schürrle (1) (Podolski) – Gomez (1) – K.: Lahm/Klose – SR: Benquerenca (Portugal)

847 **Österreich**, 3. 6., Wien, 2:1 gewonnen (EM-Qualifikation): Neuer – Lahm, A. Friedrich, Hummels, Schmelzer – Khedira (Badstuber), Kroos (Aogo) – T. Müller, Özil, Podolski (Schürrle) – Gomez (2) – K.: Lahm – SR: Busacca (Schweiz)

848 **Aserbaidschan**, 7. 6., Baku, 3:1 gewonnen (EM-Qualifikation): Neuer – Höwedes, Hummels, Badstuber, Aogo – Lahm, Kroos – T. Müller (Holtby), Özil (1) (Götze), Podolski (Schürrle 1) – Gomez (1) – K.: Lahm – SR: Koukoulakis (Griechenland)

849 **Brasilien**, 10. 8., Stuttgart, 3:2 gewonnen: Neuer – Träsch, Hummels (J. Boateng), Badstuber, Lahm – Schweinsteiger (1) (Rolfes) – T. Müller, Götze (1) (Cacau), Kroos, Podolski (Schürrle 1) – Gomez (Klose) – K.: Lahm – SR: Kassai (Ungarn)

850 **Österreich**, 2. 9., Gelsenkirchen, 6:2 gewonnen (EM-Qualifikation): Neuer – Höwedes (J. Boateng), Hummels, Badstuber, Lahm – Schweinsteiger, Kroos (Götze 1) – T. Müller, Özil (2), Podolski (1) (Schürrle 1) – Klose (1) – K.: Lahm – SR: Tagliavento (Italien)

851 **Polen**, 6. 9., Gdansk, 2:2 unentschieden: Wiese – Träsch, Mertesacker, J. Boateng, Lahm (Schmelzer) – Rolfes (L. Bender) – Schürrle, Götze, Kroos (1), Podolski (T. Müller) – Klose (Cacau 1) – K.: Lahm/Mertesacker – SR: Orsato (Italien)

852 **Türkei**, 7. 10., Istanbul, 3:1 gewonnen (EM-Qualifikation): Neuer – J. Boateng (Höwedes), Mertesacker, Badstuber, Lahm – Schweinsteiger (1), Khedira – T. Müller (1), Götze (Reus), Podolski (Schürrle) – Gomez (1) – K.: Lahm – SR: Atkinson (England)

853 **Belgien**, 11. 10., Düsseldorf, 3:1 gewonnen (EM-Qualifikation): Neuer – Höwedes, Mertesacker, Hummels, Lahm (Gündogan) – Khedira, Kroos – T. Müller (Reus), Özil (1), Schürrle (1) – Gomez (1) (Cacau) – K.: Lahm/Mertesacker – SR: Moen (Norwegen)

854 **Ukraine**, 11. 11., Kiew, 3:3 unentschieden: Zieler – J. Boateng, Hummels, Badstuber – Träsch (Schürrle), Khedira (Rolfes 1), Kroos (1) (L. Bender), Aogo – Özil (Podolski), Götze (T. Müller 1) – Gomez (Cacau) – K.: Gomez/Podolski – SR: Velasco Carballo (Spanien)

855 **Niederlande**, 15. 11., Hamburg, 3:0 gewonnen: Neuer – J. Boateng (Höwedes), Mertesacker, Badstuber (Hummels), Aogo – Kroos (Rolfes), Khedira (L. Bender) – T. Müller (1), Özil (1), Podolski (Götze) – Klose (1) (Reus) – K.: Klose/Mertesacker – SR: Cakir (Türkei)

2012: 14 Spiele: 8 Siege, 2 Unentschieden, 4 Niederlagen

856 **Frankreich**, 29. 2., Bremen, 1:2 verloren: Wiese – J. Boateng, Hummels, Badstuber (Höwedes), Aogo – Khedira (L. Bender), Kroos – Reus (Cacau 1), Özil, Schürrle (T. Müller) – Klose (Gomez) – K.: Klose/Gomez – SR: Tagliavento (Italien)

857 **Schweiz**, 26. 5., Basel, 3:5 verloren: ter Stegen – Höwedes (S. Bender), Mertesacker, Hummels (1), Schmelzer – Khedira (Gündogan), Götze (L. Bender) – Schürrle (1), Özil (Reus 1), Podolski (Draxler) – Klose (Cacau) – K.: Klose/Mertesacker – SR: Gautier (Frankreich)

858 **Israel**, 31. 5., Leipzig, 2:0 gewonnen: Neuer – J. Boateng, Mertesacker, Badstuber, Lahm – Khedira (L. Bender), Kroos (Götze) – T. Müller (Reus), Özil, Podolski (Schürrle 1) – Gomez (1) (Klose) – K.: Lahm – SR: Blom (Niederlande)

859 **Portugal**, 9. 6., Lwiw, 1:0 gewonnen (EM-Vorrunde): Neuer – J. Boateng, Hummels, Badstuber, Lahm – Khedira, Schweinsteiger – T. Müller (L. Bender), Özil (Kroos), Podolski – Gomez (1) (Klose) – K.: Lahm – SR: Lannoy (Niederlande)

860 **Niederlande**, 13. 6., Charkiw, 2:1 gewonnen (EM-Vorrunde): Neuer – J. Boateng, Hummels, Badstuber, Lahm – Khedira, Schweinsteiger – T. Müller (L. Bender), Özil (Kroos), Podolski – Gomez (2) (Klose) – K.: Lahm – SR: Eriksson (Schweden)

861 **Dänemark**, 17. 6., Lwiw, 2:1 gewonnen (EM-Vorrunde): Neuer – L. Bender (1), Hummels, Badstuber, Lahm – Khedira, Schweinsteiger – T. Müller (Kroos), Özil, Podolski (1) (Schürrle) – Gomez (Klose) – K.: Lahm – SR: Velasco Carballo (Spanien)

862 **Griechenland**, 22. 6., Gdansk, 4:2 gewonnen (EM-Viertelfinale): Neuer – J. Boateng, Hummels, Badstuber, Lahm (1) – Khedira (1), Schweinsteiger – Reus (1) (Götze), Özil, Schürrle (T. Müller) – Klose (1) (Gomez) – K.: Lahm – SR: Skomina (Slowenien)

863 **Italien**, 28. 6., Warschau, 1:2 verloren (EM-Halbfinale): Neuer – J. Boateng (T. Müller), Hummels, Badstuber, Lahm – Schweinsteiger, Khedira – Özil (1), Kroos, Podolski (Reus) – Gomez (Klose) – K.: Lahm – SR: Lannoy (Frankreich)

864 **Argentinien**, 15. 8., Frankfurt, 1:3 verloren: Zieler – J. Boateng, Hummels (Höwedes 1), Badstuber, Schmelzer – L. Bender (Götze), Khedira (Gündogan) – T. Müller (ter Stegen), Özil (Kroos), Reus – Klose (Schürrle) – K.: Klose/Khedira/J. Boateng – SR: Eriksson (Schweden)

865 **Färöer**, 7. 9., Hannover, 3:0 gewonnen (WM-Qualifikation): Neuer – Lahm, Mertesacker,

Hummels, Badstuber – Khedira – T. Müller (Schürrle), Götze (1) (Draxler), Özil (2), Reus – Klose (Podolski) – K.: Lahm – SR: Madden (Schottland)

866 **Österreich**, 11. 9., Wien, 2:1 gewonnen (WM-Qualifikation): Neuer – Lahm, Hummels, Badstuber, Schmelzer – Khedira, Kroos – T. Müller, Özil (1), Reus (1) (Götze) – Klose (Podolski) – K.: Lahm – SR: Kuipers (Niederlande)

867 **Irland**, 12. 10., Dublin 6:1 gewonnen (WM-Qualifikation): Neuer – J. Boateng, Mertesacker, Badstuber, Schmelzer – Khedira (Kroos 2), Schweinsteiger – T. Müller, Özil (1), Reus (2) (Podolski) – Klose (1) (Schürrle) – K.: Schweinsteiger – SR: Rizzoli (Italien)

868 **Schweden**, 16. 10., Berlin, 4:4 unentschieden (WM-Qualifikation): Neuer – J. Boateng, Mertesacker (1), Badstuber, Lahm – Kroos, Schweinsteiger – T. Müller (Götze), Özil (1), Reus (Podolski) – Klose (2) – K.: Lahm – SR: Proenca (Portugal)

869 **Niederlande**, 14. 11., Amsterdam, 0:0 unentschieden: Neuer – Höwedes, Mertesacker, Hummels, Lahm – L. Bender (S. Bender), Gündogan – T. Müller (Schürrle), Holtby (Neustädter), Reus (Draxler) – Götze (Podolski) – K.: Lahm – SR: Proenca (Portugal)

2013: 12 Spiele: 9 Siege, 2 Unentschieden, 1 Niederlage

870 **Frankreich**, 6. 2., Paris, 2:1 gewonnen: Adler – Lahm, Mertesacker, Hummels, Höwedes – Khedira (1), Gündogan – T. Müller (1) (L. Bender), Özil, Podolski (Schürrle) – Gomez (Kroos) – K.: Lahm – SR: Mazzoleni (Italien)

871 **Kasachstan**, 22. 3., Astana, 3:0 gewonnen (WM-Qualifikation): Neuer – Lahm, Mertesacker, Höwedes, Schmelzer – Khedira (Gündogan), Schweinsteiger – T. Müller (2) (Schürrle), Özil, Draxler (Podolski) – Götze (1) – K.: Lahm – SR: Kakos (Griechenland)

872 **Kasachstan**, 26. 3., Nürnberg, 4:1 gewonnen (WM-Qualifikation): Neuer – Lahm, Mertesacker, Boateng, Schmelzer – Khedira, Gündogan (1) – T. Müller, Özil, Reus (2) (Jansen) – Götze (1) – K.: Lahm – SR: Özkahya (Türkei)

873 **Ecuador**, 29. 5., Boca Raton, 4:2 gewonnen: Adler – Höwedes, Mertesacker, Westermann, Jansen – L. Bender (2) (Wollscheid), Neustädter (Reinartz) – Sam (Schürrle), Draxler (Hunt), Podolski (2) (N. Müller) – Kruse (Aogo) – K.: Mertesacker – SR: Salazar (USA)

874 **USA**, 2. 6., Washington, 3:4 verloren: ter Stegen – L. Bender (Westermann 1), Mertesacker (Wollscheid), Höwedes, Jansen (Aogo) – S. Bender (Kruse 1), Reinartz – Schürrle (Sam), Draxler (1), Podolski – Klose (N. Müller) – K.: Klose/Podolski – SR: Delgadillo Haro (Mexiko)

875 **Paraguay**, 14. 8., Kaiserslautern, 3:3 unentschieden: Neuer – Lahm, Mertesacker (Boateng), Hummels, Schmelzer (Jansen) – Khedira, Gündogan (1) (L. Bender 1) – T. Müller (1) (Schürrle), Özil, Reus (Podolski) – Klose (Gomez) – K.: Lahm – SR: Bebek (Kroatien)

876 **Österreich**, 6. 9., München, 3:0 gewonnen (WM-Qualifikation): Neuer – Lahm, Mertesacker, Boateng, Schmelzer (Höwedes) – Khedira, Kroos (1) – T. Müller (1), Özil, Reus (Draxler) – Klose (1) (S. Bender) – K.: Lahm – SR: Mazic (Serbien)

877 **Färöer**, 10. 9., Torshavn, 3:0 gewonnen (WM-Qualifikation): Neuer – Lahm, Mertesacker (1), Boateng, Schmelzer – Khedira, Kroos – T. Müller (1) (sam), Özil (1), Draxler (Schürrle) – Klose (Kruse) – K.: Lahm – SR: Mazeika (Litauen)

878 **Irland**, 11. 10., Köln, 3:0 gewonnen (WM-Qualifikation): Neuer – Lahm, Mertesacker, Boateng, Jansen – Khedira (1) (Kruse), Schweinsteiger – T. Müller (Sam), Kroos, Schürrle (1) (Götze) – Özil (1) – K.: Lahm – SR: Gumienny (Belgien)

879 **Schweden**, 15. 10., Stockholm, 5:3 gewonnen (WM-Qualifikation): Neuer – Lahm, Boateng, Hummels, Jansen – Schweinsteiger, Kroos – T. Müller (Götze 1), Özil (1) (Draxler), Schürrle (3) – Kruse (Höwedes) – K.: Lahm – SR: Collum (Schottland)

880 **Italien**, 15. 11., Mailand, 1:1 unentschieden: Neuer – Höwedes, Boateng, Hummels (1), Jansen – Lahm, Khedira (S. Bender) – T. Müller (L. Bender), Kroos, Schürrle (Reus) – Götze (Özil) – K.: Lahm – SR: Benquerenca (Portugal)

881 **England**, 19. 11., London, 1:0 gewonnen: Weidenfeller – Westermann (Draxler), Mertesacker (1), Boateng (Hummels/Höwedes), Schmelzer (Jansen) – S. Bender, L. Bender – Götze, Kroos, Reus (Schürrle) – Kruse (Sam) – K.: Mertesacker – SR: Lannoy (Frankreich)

2014: 17 Spiele: 11 Siege, 4 Unentschieden, 2 Niederlagen

882 **Chile,** 5. 3., Stuttgart, 1:0 gewonnen: Neuer – Großkreutz, Mertesacker, Boateng, Jansen (Schmelzer) – Lahm, Schweinsteiger – Özil (Ginter), Kroos, Götze (1) (Podolski) – Klose (Schürrle) – K.: Lahm – SR: Clattenburg (England)

883 **Polen**, 13. 5., Hamburg, 0:0 unentschieden: Zieler (ter Stegen) – Rüdiger (Höwedes), Mustafi, Ginter, Sorg (Günter) – Rudy, Kramer – Goretzka (Hahn), M. Meyer (Arnold), Draxler – Volland (S. Jung) – K.: Draxler – SR: Borbalan (Spanien)

884 **Kamerun**, 1. 6., Mönchengladbach, 2:2 unentschieden: Weidenfeller – Boateng, Mertesacker, Hummels, Durm (Höwedes) – Khedira (Kramer), Kroos – T. Müller (1), Özil (Podolski), Reus – Götze (Schürrle 1) – K.: Mertesacker – SR: Skomina (Slowenien)

885 **Armenien**, 6.6., Mainz, 6:1 gewonnen: Weidenfeller – Boateng (Großkreutz), Mertesacker, Hummels, Höwedes (1) – Lahm (Özil), Khedira (Schweinsteiger) – Kroos, Schürrle (1) (Götze 2), Reus (Podolski 1) – T. Müller (Klose 1) – K.: Lahm/Mertesacker – SR: Lechner (Österreich)

886 **Portugal**, 16. 6., Salvador, 4:0 gewonnen (WM-Vorrunde): Neuer – Boateng, Mertesacker, Hummels (1) (Mustafi), Höwedes – Lahm – Khedira, Kroos – Özil (Schürrle), Götze – T. Müller (3) (Podolski) – K.: Lahm – SR: Mazic (Serbien)

887 **Ghana**, 21. 6., Fortaleza, 2:2 unentschieden (WM-Vorrunde): Neuer – Boateng (Mustafi), Mertesacker, Hummels, Höwedes – Lahm – Khedira (Schweinsteiger), Kroos – Özil, Götze (1) (Klose 1) – T. Müller – K.: Lahm – SR: Ricci (Brasilien)

888 **USA**, 26. 6., Recife, 1:0 gewonnen (WM-Vorrunde): Neuer – Boateng, Mertesacker, Hummels, Höwedes – Lahm – Schweinsteiger (Götze), Kroos – Özil (Schürrle), Podolski (Klose) – T. Müller (1) – K.: Lahm – SR: Irmatov (Usbekistan)

889 **Algerien**, 30. 6., Porto Alegre, n. V. 2:1 gewonnen (WM-Achtelfinale): Neuer – Mustafi (Khedira), Mertesacker, Boateng, Höwedes – Lahm – Schweinsteiger (Kramer), Kroos – Özil (1), Götze (Schürrle 1) – T. Müller – K.: Lahm – SR: Ricci (Brasilien)

890 **Frankreich**, 4. 7., Rio de Janeiro, 1:0 gewonnen (WM-Viertelfinale): Neuer – Lahm, Boateng, Hummels (1), Höwedes – Schweinsteiger, Khedira – T. Müller, Kroos (Kramer), Özil (Götze) – Klose (Schürrle) – K.: Lahm – SR: Pitana (Argentinien)

891 **Brasilien**, 8. 7., Belo Horizonte, 7:1 gewonnen (WM-Halbfinale): Neuer – Lahm, Boateng, Hummels (Mertesacker), Höwedes – Schweinsteiger – Khedira (1) (Draxler), Kroos (2) – T. Müller (1), Özil – Klose (1) (Schürrle 2) – K.: Lahm – SR: Rodriguez Moreno (Mexiko)

892 **Argentinien**, 13. 7., Rio de Janeiro, n. V. 1:0 gewonnen (WM-Finale): Neuer – Lahm, Boateng, Hummels, Höwedes – Schweinsteiger – Kramer (Schürrle), Kroos – T. Müller, Özil (Mertesacker) – Klose (Götze 1) – K.: Lahm – SR: Rizzoli (Italien)

893 **Argentinien**, 3. 9., Düsseldorf, 2:4 verloren: Neuer (Weidenfeller) – Großkreutz, Höwedes (Rüdiger), Ginter, Durm – Kramer, Kroos (Rudy) – Schürrle (1) (T. Müller), Reus, Draxler (Podolski) – Gomez (Götze 1) – K.: Neuer/Podolski – SR: Kuipers (Niederlande)

894 **Schottland**, 7. 9., Dortmund, 2:1 gewonnen (EM-Qualifikation): Neuer – Rudy, Boateng, Höwedes, Durm – Kramer, Kroos – T. Müller (2), Reus (Ginter), Schürrle (Podolski) – Götze – K.: Neuer – SR: Moen (Norwegen)

895 **Polen**, 11. 10., Warschau, 0:2 verloren (EM-Qualifikation): Neuer – Rüdiger (Kruse), Boateng, Hummels, Durm – Kramer (Draxler), Kroos – Bellarabi, Götze, Schürrle (Podolski) – T. Müller – K.: Neuer – SR: Proenca (Portugal)

896 **Irland**, 14. 10., Gelsenkirchen, 1:1 unentschieden (EM-Qualifikation): Neuer – Rüdiger, Boateng, Hummels, Durm – Ginter (Podolski), Kroos (1) – Bellarabi (Rudy), Götze, Draxler (Kruse) – T. Müller – K.: Neuer – SR: Skomina (Slowenien)

897 **Gibraltar**, 14. 11., Nürnberg, 4:0 gewonnen (EM-Qualifikation): Neuer – Mustafi, Boateng, Durm (Hector) – Kroos (L. Bender) – Khedira (Volland), Götze (1) – Bellarabi, Podolski – T. Müller (2), Kruse – K.: Neuer – SR: Tudor (Rumänien) – Dazu ein Eigentor von Santos.

898 **Spanien**, 18. 11., Vigo, 1:0 gewonnen: Zieler – Rüdiger, Mustafi, Höwedes – Rudy, Durm – Khedira (L. Bender) – T. Müller (Bellarabi), Kroos (1), Volland – Götze (Kruse) – K.: Khedira/Kroos – SR: Johannesson (Schweden)

2015: 9 Spiele: 5 Siege, 1 Unentschieden, 3 Niederlagen

899 **Australien**, 25. 3., Kaiserslautern, 2:2 unentschieden: Zieler – Mustafi, Höwedes, Badstuber (Rudy) – Khedira (Kramer) – Bellarabi (Schürrle), Özil, Gündogan, Hector – Reus (1) (Podolski 1), Götze (Kruse) – K.: Khedira/Özil – SR: Oliver (England)

900 **Georgien**, 29. 3., Tiflis, 2:0 gewonnen (EM-Qualifikation): Neuer – Rudy, Boateng, Hummels, Hector – Schweinsteiger, Kroos – T. Müller (1) (Schürrle), Özil, Reus (1) – Götze (Podolski) – K.: Schweinsteiger – SR: Turpin (Frankreich)

901 **USA**, 10. 6., Köln, 1:2 verloren: Zieler – Rudy, Mustafi, Rüdiger, Hector – Schweinsteiger (Khedira), Gündogan (Kramer) – P. Herrmann (Bellarabi), Özil, Schürrle (Podolski) – Götze (1) (Kruse) – K.: Schweinsteiger/Podolski – SR: Makkelie (Niederlande)

902 **Gibraltar**, 13. 6., Faro (Portugal), 7:0 gewonnen (EM-Qualifikation): Weidenfeller – Rudy, Boateng, Hector – Schweinsteiger – Gündogan (1) (Khedira) – P. Herrmann (Podolski), Özil, Bellarabi (1) – Götze (Kruse 2), Schürrle (3) – K.: Schweinsteiger – SR: Pisani (Malta)

903 **Polen**, 4. 9., Frankfurt, 3:1 gewonnen (EM-Qualifikation): Neuer – Can, Boateng, Hummels, Hector – Schweinsteiger, Kroos – T. Müller (1), Özil, Bellarabi (Gündogan) – Götze (2) (Podolski) – K.: Schweinsteiger – SR: Rizzoli (Italien)

904 **Schottland**, 7. 9., Glasgow, 3:2 gewonnen (EM-Qualifikation): Neuer – Can, Boateng, Hummels, Hector – Schweinsteiger, Kroos – T. Müller (2), Gündogan (1), Özil (Kramer) – Götze (Schürrle) – K.: Schweinsteiger – SR: Kuipers (Niederlande)

905 **Irland**, 8. 10., Dublin, 0:1 verloren (EM-Qualifikation): Neuer – Ginter (Bellarabi), Boateng, Hummels, Hector – Gündogan (Volland), Kroos – Özil, Reus – T. Müller, Götze (Schürrle) – K.: Neuer – SR: Velasco (Spanien)

906 **Georgien**, 11. 10., Leipzig, 2:1 gewonnen (EM-Qualifikation): Neuer – Ginter, Boateng, Hummels, Hector – Gündogan, Kroos – T. Müller (1), Özil, Reus (Bellarabi) – Schürrle (Kruse 1) – K.: Neuer – SR: Kralovec (Tschechien)

907 **Frankreich**, 13. 11., Paris, 0:2 verloren: Neuer – Rüdiger, Boateng (Mustafi), Hummels – Ginter (Volland), Khedira (Gündogan), Schweinsteiger, Hector (Can) – T. Müller, Draxler (L. Sané) – Gomez – K.: Schweinsteiger – SR: Lahoz (Spanien)

2016: 16 Spiele: 10 Siege, 3 Unentschieden, 3 Niederlagen

908 **England**, 26. 3., Berlin, 2:3 verloren: Neuer – Can, Rüdiger, Hummels (Tah), Hector – Khedira, Kroos (1) – T. Müller (Podolski), Özil, Reus (Schürrle) – Gomez(1) (Götze) – K.: Khedira – SR: Rocchi (Italien)

909 **Italien**, 29. 3., München, 4:1 gewonnen: ter Stegen – Rüdiger, Mustafi, Hummels – Rudy, Hector (1) (Ginter) – Özil (1), T. Kroos (1) (Kramer) – T. Müller (Can), Draxler (Volland) – Götze (1) (Reus) – K.: T. Müller/Hummels – SR: Drachta (Österreich)

910 **Slowakei**, 29. 5., Augsburg, 1:3 verloren: Leno (ter Stegen) – Kimmich (Schürrle), Boateng (Höwedes), Rüdiger – Rudy, Khedira (Weigl), Hector – Götze, Draxler – L. Sané, Gomez (1) (Brandt) – K.: Khedira/Boateng/Höwedes – SR: Gumienny (Belgien)

911 **Ungarn**, 4. 6., Gelsenkirchen, 2:0 gewonnen: Neuer – Höwedes, Boateng, Rüdiger, Hector (Can) – Khedira (Gomez), T. Kroos (Schweinsteiger) – T. Müller (1) (L. Sané), Özil, Draxler (Schürrle) – Götze (Podolski) – K.: Neuer – SR: Strömbergsson (Schweden) – Dazu ein Eigentor von Lang.

912 **Ukraine**, 12. 6., Lille, 2:0 gewonnen (EM-Vorrunde): Neuer – Höwedes, Boateng, Mustafi (1), Hector – Khedira, T. Kroos – T. Müller, Özil, Draxler (Schürrle) – Götze (Schweinsteiger 1) – K.: Neuer – SR: Atkinson (England)

913 **Polen**, 16. 6., Paris, 0:0 unentschieden (EM-Vorrunde): Neuer – Höwedes, Boateng, Hummels, Hector – Khedira, T. Kroos – T. Müller, Özil, Draxler (Gomez) – Götze (Schürrle) – K.: Neuer – SR: Kuipers (Niederlande)

914 **Nordirland**, 21. 6., Paris, 1:0 gewonnen (EM-Vorrunde): Neuer – Kimmich, Boateng (Höwedes), Hummels, Hector – Khedira (Schweinsteiger), T. Kroos – T. Müller, Özil, Götze (Schürrle) – Gomez (1) – K.: Neuer – SR: Turpin (Frankreich)

915 **Slowakei**, 26. 6., Lille, 3:0 gewonnen (EM-Achtelfinale): Neuer – Kimmich, Boateng (1) (Höwedes), Hummels, Hector – Khedira (Schweinsteiger), T. Kroos – T. Müller, Özil, Draxler (1) (Podolski) – Gomez (1) – K.: Neuer – SR: Marciniak (Polen)

916 **Italien**, 2. 7., Bordeaux, 1:1 unentschieden/6:5 im Elfmeterschießen (EM-Viertelfinale): Neuer – Höwedes, Boateng, Hummels – Kimmich, Hector – Khedira (Schweinsteiger), T. Kroos – T. Müller, Özil (1) – Gomez (Draxler) – K.: Neuer/Schweinsteiger – SR: Kassai (Ungarn)
Die Tore aus dem Elfmeterschießen (T. Kroos, Draxler, Hummels, Kimmich, Boateng, Hector) zählen nicht in der Torjägerstatistik, sondern dienen lediglich zur Ermittlung des Siegers)

917 **Frankreich**, 7. 7., Marseille, 0:2 verloren (EM-Halbfinale): Neuer – Kimmich, J. Boateng (Mustafi), Höwedes, Hector – Schweinsteiger (L. Sané) – Can (Götze), Kroos – Özil, Draxler – T. Müller – K.: Schweinsteiger/Neuer – SR: Rizzoli (Italien)

918 **Finnland**, 31. 8., Mönchengladbach, 2:0 gewonnen: ter Stegen (Leno) – Kimmich, Mustafi, Süle (Tah) – Schweinsteiger (Weigl) – Bellarabi, M. Meyer (1), Hector (Özil 1) – Brandt (T. Müller), Volland – Götze – K.: Schweinsteiger/Müller – SR: Kulbakov (Belarus)

919 **Norwegen**, 4. 9., Oslo, 3:0 gewonnen (WM-Qualifikation): Neuer – Kimmich (1), Höwedes, Hummels, Hector – Khedira (Weigl), Kroos – T. Müller (2), Özil, Draxler (M. Meyer) – Götze (Brandt) – K.: Neuer – SR: Collum (Schottland)

920 **Tschechien**, 8. 10., Hamburg, 3:0 gewonnen (WM-Qualifikation): Neuer – Kimmich, Boateng, Hummels, Hector (Höwedes) – Kroos (1) (Gündogan), Khedira – T. Müller (2), Özil, Draxler (Brandt) – Götze – K.: Neuer – SR: Hategan (Rumänien)

921 **Nordirland**, 11. 10., Hannover, 2:0 gewonnen (WM-Qualifikation): Neuer – Kimmich, Boateng (Mustafi), Hummels, Hector (Volland) – Khedira (1), Kroos – T. Müller, Özil (Gündogan), Draxler (1) – Götze – K.: Neuer – SR: Tagliavento (Italien)

922 **San Marino**, 11. 11., Serravalle, 8:0 gewonnen (WM-Qualifikation): ter Stegen – Henrichs, Kimmich, Hummels, Hector (2) – Khedira (1) (Goretzka), Gündogan – T. Müller, Götze (M.

Meyer), Gnabry (3) – Gomez (Volland 1) – K.: Khedira/T. Müller – SR: Kutschin (Kasachstan) – Dazu ein Eigentor von Stefanelli.

923 **Italien**, 15. 11., Mailand, 0:0 unentschieden: Leno – Höwedes, Mustafi, Hummels (Tah), Gerhardt – Weigl (Götze), Kimmich – Goretzka (Gnabry), Rudy, Gündogan – T. Müller (Volland) – K.: T. Müller/Höwedes – SR: Soares Dias (Portugal)

2017: 15 Spiele: 11 Siege, 4 Unentschieden

924 **England,** 22. 3., Dortmund, 1:0 gewonnen: ter Stegen – Kimmich, Rüdiger, Hummels, Hector – Weigl (Can), Kroos – Brandt (Schürrle), Podolski (1) (Rudy), L. Sané – Ti. Werner (T. Müller) – K.: Podolski – SR: Skomina (Slowenien)

925 **Aserbaidschan**, 26. 3., Baku, 4:1 gewonnen (WM-Qualifikation): Leno – Kimmich, Höwedes, Hummels, Hector – Kroos (Rudy), Khedira – T. Müller (1), Draxler (L. Sané), Schürrle (2) – Gomez (1) (Özil) – K.: Khedira – SR: Orsato (Italien)

926 **Dänemark**, 6. 6., Bröndby, 1:1 unentschieden: Trapp – Süle, Rüdiger, Ginter (Younes) – Kimmich (1), Goretzka (Demirbay), Rudy (Can), Hector (Plattenhardt) – Stindl, Draxler – Wagner (Brandt) – K.: Draxler – SR: Oliver (England)

927 **San Marino**, 10. 6., Nürnberg, 7:0 gewonnen (WM-Qualifikation): ter Stegen – Kimmich, Mustafi (1), Hector (Plattenhardt) – Can – Goretzka, Draxler (1) (Demme) – Brandt (1), Younes (1) – Stindl (Ti. Werner) – Wagner (3) – K.: Draxler/Mustafi – SR: Petrescu (Rumänien)

928 **Australien**, 19. 6., Sotschi, 3:2 gewonnen (Confederations-Cup, Vorrunde): Leno – Kimmich, Mustafi, Rüdiger, Hector – Rudy – Brandt (Süle), Goretzka (1), Draxler (1) – Stindl (1) (Can), Wagner (Ti. Werner) – K.: Draxler – SR: Geiger (USA)

929 **Chile**, 22. 6., Kasan, 1:1 unentschieden (Confederations-Cup, Vorrunde): ter Stegen – Ginter, Mustafi, Süle – Kimmich, Rudy, Can, Hector – Goretzka, Draxler – Stindl (1) – K.: Draxler – SR: Faghani (Iran)

930 **Kamerun**, 25. 6., Sotschi, 3:1 gewonnen (Confederations-Cup, Vorrunde): ter Stegen – Ginter, Süle, Rüdiger – Kimmich, Rudy (Henrichs), Can, Plattenhardt – Demirbay (1) (Brandt), Draxler (Younes) – Ti. Werner (2) – K.: Draxler/Kimmich – SR: Roldan (Kolumbien)

931 **Mexiko**, 29. 6., Sotschi, 4:1 gewonnen (Confederations-Cup, Halbfinale): ter Stegen – Kimmich, Rüdiger, Ginter – Henrichs, Goretzka (2) (Can), Rudy, Hector – Stindl (Brandt), Draxler (Younes 1) – Ti. Werner (1) – K.: Draxler/Kimmich – SR: Pitana (Argentinien)

932 **Chile**, 2. 7., St. Petersburg, 1:0 gewonnen (Confederations-Cup, Finale): ter Stegen – Ginter, Mustafi, Rüdiger – Kimmich, Goretzka (Süle), Rudy, Hector – Stindl (1), Draxler – Ti. Werner (Can) – K.: Draxler – SR: Mazic (Serbien)

933 **Tschechien**, 1. 9., Prag, 2:1 gewonnen (WM-Qualifikation): ter Stegen – Kimmich, Hummels (1), Ginter – Brandt (Rüdiger), Kroos, Hector – T. Müller, Özil – Stindl (Draxler), Ti. Werner (1) (Can) – K.: T. Müller – SR: Karasev (Russland)

934 **Norwegen**, 4. 9., Stuttgart, 6:0 gewonnen (WM-Qualifikation): ter Stegen – Kimmich, Rüdiger, Hummels, Hector – Rudy (Khedira), Kroos – T. Müller (Goretzka 1), Özil (1), Draxler (1) – Ti. Werner (2) (Gomez 1) – K.: T. Müller/Hummels – SR: Mazeika (Litauen)

935 **Nordirland**, 5. 10., Belfast, 3:1 gewonnen (WM-Qualifikation): ter Stegen – Kimmich(1), Boateng, Hummels, Plattenhardt – Rudy (1), Kroos – Goretzka (Can), Draxler (L. Sané) – T. Müller (Stindl) – Wagner (1) – K.: T. Müller/Hummels – SR: Makelie (Niederlande)

936 **Aserbaidschan**, 8. 10., Kaiserslautern, 5:1 gewonnen (WM-Qualifikation): Leno – Kimmich, Mustafi (Ginter), Süle (Rüdiger 1), Can(1) – Brandt, T. Müller (Younes), Goretzka (2), L. Sané – Wagner (1), Stindl – K.: T. Müller/Kimmich – SR: Treimanis (Lettland)

937 **England**, 10. 11., London, 0:0 unentschieden: ter Stegen – Ginter, Hummels, Rüdiger – Kimmich, Gündogan (Rudy), Özil, Halstenberg – Draxler (Can), L. Sané (Brandt) – Ti. Werner (Wagner) – K.: T. Hummels – SR: Raczkowski (Polen)

938 **Frankreich**, 14. 11., Köln, 2:2 unentschieden: Trapp – Can (Stindl 1), Süle, Hummels (Rüdiger), Plattenhardt – Khedira (Rudy), T. Kroos – Gündogan (Götze), Özil, Draxler – Ti. Werner (1) (Wagner) – K.: Khedira/Özil – SR: Cakir (Türkei)

2018: 13 Spiele: 4 Siege, 3 Unentschieden, 6 Niederlagen

939 **Spanien,** 23 3., Düsseldorf, 1:1 unentschieden: ter Stegen – Kimmich, Boateng, Hummels, Hector – Khedira (Gündogan), T. Kroos – T. Müller (1) (Goretzka), Özil, Draxler (L. Sané) – Ti. Werner (Gomez) – K.: Khedira/T. Müller/Boateng – SR: Collum (Schottland)

940 **Brasilien**, 27.3., Berlin, 0:1 verloren: Trapp – Kimmich, Boateng (Süle), Rüdiger, Plattenhardt – Gündogan (Ti. Werner), T. Kroos – Goretzka (Brandt), Draxler, L. Sané (Stindl) – Gomez (Wagner) – K.: Boateng/T. Kroos – SR: Eriksson (Schweden)

941 **Österreich**, 2. 6., Klagenfurt, 1:2 verloren: Neuer – Kimmich, Süle, Rüdiger, Hector – Khedira (Rudy), Gündogan (Goretzka) – Brandt (Ti. Werner), Özil (1) (Draxler), L. Sané (Reus) – Petersen (Gomez) – K.: Neuer – SR: Kralovec (Tschechien)

942 **Saudi-Arabien**, 8. 6., Leverkusen, 2:1 gewonnen: Neuer (ter Stegen) – Kimmich (Ginter), Boateng (Süle), Hummels, Hector – Khedira, Kroos – T. Müller (Brandt), Reus (Gündogan), Draxler – Ti. Werner (1) (Gomez) – K.: Neuer/Khedira – SR: Vincic (Slowenien) – Dazu ein Eigentor von Om. Hawsawi.

943 **Mexiko**, 17. 6., Moskau, 0:1 verloren (WM-Vorrunde): Neuer – Kimmich, Boateng, Hummels, Plattenhardt (Gomez) – Khedira (Reus), Kroos – T. Müller, Özil, Draxler – Ti. Werner (Brandt) – K.: Neuer – SR: Faghani (Iran)

944 **Schweden**, 23. 6., Sotschi, 2:1 gewonnen (WM-Vorrunde): Neuer – Kimmich, Boateng, Rüdiger, Hector (Brandt) – Rudy (Gündogan), Kroos (1) – T. Müller, Reus (1), Draxler (Gomez) – Ti. Werner – K.: Neuer – SR: Marciniak (Polen)

945 **Südkorea**, 27. 6., Kasan, 0:2 verloren (WM-Vorrunde): Neuer – Kimmich, Süle, Hummels, Hector (Brandt) – Khedira (Gomez), Kroos – Goretzka (T. Müller), Özil, Reus – Ti. Werner – K.: Neuer – SR: Geiger (USA)

946 **Frankreich**, 6. 9., München, 0:0 unentschieden (UEFA Nations League): Neuer – Ginter, Boateng, Hummels, Rüdiger – Kimmich – Goretzka (Gündogan), Kroos – T. Müller, Ti. Werner – Reus (L. Sané) – K.: Neuer – SR: Orsato (Italien)

947 **Peru**, 9. 9., Sinsheim, 2:1 gewonnen: ter Stegen – Ginter (Kehrer), Boateng (Rüdiger), Süle, N. Schulz (1) – Kimmich – Gündogan (T. Müller), Kroos, Brandt (1) (Petersen), Ti. Werner (Havertz) – Reus (Draxler) – K.: Kroos – SR: Schörgenhofer (Österreich)

948 **Niederlande**, 13. 10., Amsterdam, 0:3 verloren (UEFA Nations League): Neuer – Ginter, Boateng, Hummels, Hector – Kimmich – Can (Draxler), Kroos – T. Müller (L. Sané), Ti. Werner – Uth (Brandt) – K.: Neuer – SR: Cakir (Türkei)

949 **Frankreich**, 16. 10., Paris, 1:2 verloren (UEFA Nations League): Neuer – Ginter (Brandt), Süle, Hummels – Kehrer, Kimmich, Kroos (1), N. Schulz – Ti. Werner, Gnabry (T. Müller), L. Sané (Draxler) – K.: Neuer – SR: Mazic (Serbien)

950 **Russland**, 15. 11., Leipzig, 3:0 gewonnen: Neuer – Ginter, Süle (1), Rüdiger (Tah) – Kimmich – Kehrer, Hector (N. Schulz) – Havertz (Rudy) – Ti. Werner (Brandt), Gnabry (1) (T. Müller), L. Sané (1) (Goretzka) – K.: Neuer – SR: Schärer (Schweiz)

951 **Niederlande**, 19. 11., Gelsenkirchen, 2:2 unentschieden (UEFA Nations League): Neuer – Süle, Hummels, Rüdiger – Kehrer, Kimmich, Kroos, N. Schulz – Ti. Werner (1) (Reus), Gnabry (T. Müller), L. Sané (1) (Goretzka) – K.: Neuer – SR: Hategan (Rumänien)

2019: 10 Spiele: 7 Siege, 2 Unentschieden, 1 Niederlage

952 **Serbien**, 20. 3., Wolfsburg, 1:1 unentschieden: Neuer (ter Stegen) – Klostermann (Kehrer), Tah, Süle, Halstenberg – Kimmich – Gündogan, Havertz (Reus) – Brandt (Goretzka 1), Ti. Werner, L. Sané (N. Schulz) – K.: Neuer/Gündogan – SR: Madden (Schottland)

953 **Niederlande**, 24. 3., Amsterdam, 3:2 gewonnen (EM-Qualifikation): Neuer – Ginter, Süle, Rüdiger – Kehrer, Kimmich, Kroos, N. Schulz (1) – Goretzka (Gündogan), Gnabry (1) (Reus), L. Sané (1) – K.: Neuer – SR: Manzano (Spanien)

954 **Belarus**, 8. 6., Baryssau, 2:0 gewonnen (EM-Qualifikation): Neuer – Süle, Ginter, Tah – Kimmich, Gündogan (Goretzka), Klostermann, N. Schulz – Reus (1) (Brandt), Gnabry (Draxler), L. Sané (1) – K.: Neuer – SR: Jovanovic (Serbien)

955 **Estland**, 11. 6., Mainz, 8:0 gewonnen (EM-Qualifikation): Neuer – Kehrer, Ginter, Süle, N. Schulz (Halstenberg) – Kimmich, Goretzka (1), Gündogan (1) (Draxler) – L. Sané (1), Gnabry (2), Reus (2) (Ti. Werner 1) – K.: Neuer – SR: Palabiyik (Türkei)

956 **Niederlande**, 6. 9., Hamburg, 2:4 verloren (EM-Qualifikation): Neuer – Ginter (Brandt), Süle, Tah – Klostermann, Kimmich, Kroos (1), N. Schulz – Werner (Havertz), Gnabry (1), Reus (Gündogan) – K.: Neuer – SR: Soares Dias (Portugal)

957 **Nordirland**, 9. 9., Belfast, 2:0 gewonnen (EM-Qualifikation): Neuer – Klostermann, Ginter (Tah), Süle, Halstenberg (1) – Kimmich, Kroos – Gnabry (1), Reus (Can), Brandt – Werner (Havertz) – K.: Neuer – SR: Orsato (Italien)

958 **Argentinien**, 9. 10., Dortmund, 2:2 unentschieden: ter Stegen – Can, Koch, Süle – Klostermann, Havertz (1) (Rudy), Kimmich, Halstenberg – Brandt (Amiri), Gnabry (1) (Serdar), Waldschmidt – K.: Kimmich – SR: Turpin (Frankreich)

959 **Estland**, 13. 10., Tallinn, 3:0 gewonnen (EM-Qualifikation): Neuer – Klostermann, Can, Süle, Halstenberg – Gündogan (2), Kimmich – Havertz, Reus (Serdar), Brandt (Amiri) – Waldschmidt (Werner 1) – K.: Neuer – SR: Kabakov (Bulgarien)

960 **Belarus**, 16. 11., Mönchengladbach, 4:0 gewonnen (EM-Qualifikation): Neuer – Klostermann, Ginter (1), Koch, N. Schulz – Kimmich, Kroos (2) – Gündogan – Goretzka (1), Werner (Brandt) – Gnabry (Waldschmidt, Rudy) – K.: Neuer – SR: Grinveld (Israel)

961 **Nordirland**, 19. 11., Frankfurt, 6:1 gewonnen (EM-Qualifikation): ter Stegen – Klostermann (Stark), Can, Tah, Hector – Kimmich, Kroos – Gündogan – Goretzka (2) (Serdar), Brandt (1) – Gnabry (3) (Amiri) – K.: Kroos – SR: Del Cerro Grande (Spanien)

2020: 8 Spiele: 3 Siege, 4 Unentschieden, 1 Niederlage

962 **Spanien**, 3. 9., Stuttgart, 1:1 unentschieden (UEFA Nations League): Trapp – Can, Süle, Rüdiger – Kehrer, Gündogan (Serdar), Kroos, Gosens – Draxler – Sané (Ginter), Werner (1) (Koch) – K.: Kroos – SR: Orsato (Italien)

963 **Schweiz**, 6. 9., Basel, 1:1 unentschieden (UEFA Nations League): Leno – Ginter, Süle (Tah), Rüdiger – Kehrer, Gündogan (1), Kroos, Gosens (Can) – Draxler – Sané (Brandt), Werner – K.: Kroos – SR: Oliver (England)

964 **Türkei**, 7. 10., Köln, 3:3 unentschieden: Leno – Can, Koch, Rüdiger (Tah) – Henrichs, Neuhaus (1) (Dahoud), Schulz (Gosens) – Brandt (Stark) – Havertz (Amiri) – Waldschmidt (1), Draxler (1) (Hofmann) – K.: Draxler/Can – SR: Bastien (Frankreich)

965 **Ukraine**, 10. 10., Kiew, 2:1 gewonnen (UEFA Nations League): Neuer – Ginter (1), Süle, Rüdiger – Klostermann (Can), Kimmich, Kroos, Halstenberg – Goretzka (1), Draxler (Werner) – Gnabry (Havertz) – K.: Neuer – SR: Grinfeld (Israel)

966 **Schweiz**, 13. 10., Köln, 3:3 unentschieden (UEFA Nations League): Neuer – Klostermann, Ginter (Can), Rüdiger, Gosens (Halstenberg) – Kimmich, Kroos – Havertz (1) (Draxler), Goretzka, Gnabry (1) – Werner (1) – K.: Neuer – SR: Buquet (Frankreich)

967 **Tschechien**, 11. 11., Leipzig, 1:0 gewonnen: Trapp – Tah, Koch, Rüdiger – R. Baku, Gündogan (Dahoud), Neuhaus, Max (Schulz) – Brandt, Hofmann (Amiri) – Waldschmidt (1) – K.: Gündogan/ Rüdiger – SR: Treimanis (Lettland)

968 **Ukraine**, 14. 11., Leipzig, 3:1 gewonnen (UEFA Nations League): Neuer – Ginter, Süle, Rüdiger, Max – Koch – Goretzka, Gündogan – Sané (1) (Waldschmidt), Gnabry, Werner (2) (Brandt) – K.: Neuer – SR: Hategan (Rumänien)

969 **Spanien**, 17. 11., Sevilla, 0:6 verloren (UEFA Nations League): Neuer – Ginter, Süle (Tah), Koch, Max – Gündogan, Kroos – Goretzka (Neuhaus) – Sané (Waldschmidt), Gnabry, Werner (Henrichs) – K.: Neuer – SR: Ekberg (Schweden)

2021: 9 Spiele: 4 Siege, 2 Unentschieden, 3 Niederlagen

970 **Island**, 25. 3., Duisburg, 3:0 gewonnen (WM-Qualifikation): Neuer – Klostermann, Ginter, Rüdiger, Can – Kimmich – Goretzka (1) (Neuhaus), Gündogan (1) – Havertz (1) (Musiala), Sané (Werner) – Gnabry (Younes) – K.: Neuer – SR: Jovanovic (Serbien)

971 **Rumänien**, 28. 3., Bukarest, 1:0 gewonnen (WM-Qualifikation): Neuer – Klostermann, Ginter, Rüdiger, Can – Kimmich – Goretzka, Gündogan – Havertz (Werner), Gnabry (1) (Neuhaus), Sané (Younes) – K.: Neuer – SR: Turpin (Frankreich)

972 **Nordmazedonien**, 31. 3., Duisburg, 1:2 verloren (WM-Qualifikation): ter Stegen – Ginter (Musiala), Rüdiger, Can, Gosens (Younes) – Kimmich – Goretzka, Gündogan (1) – Havertz (Werner) – Sané, Gnabry – K.: Gündogan – SR: Karasev (Russland)

973 **Dänemark**, 2. 6., Innsbruck, 1:1 unentschieden: Neuer – Ginter, Süle, Hummels – Klostermann (Koch), Kimmich, Neuhaus (1), Gosens (Günter) – Sané (Hofmann), T. Müller – Gnabry (Volland) – K.: Neuer – SR: Weinberger (Österreich)

974 **Lettland**, 7. 6., Düsseldorf, 7:1 gewonnen: Neuer – Ginter, Hummels, Rüdiger (Süle) – Kimmich, Gündogan (1) (Can), Kroos, Gosens (1) (Günter) – Havertz (Werner (1)), T. Müller (1) (Musiala) – Gnabry (1) (Sané (1)) – Dazu ein Eigentor von Ozols – K.: Neuer – SR: Dabanovic (Montenegro)

975 **Frankreich**, 15. 6., München, 0:1 verloren (EM-Gruppenspiel): Neuer – Ginter (Can), Hummels, Rüdiger – Kimmich, Gündogan, Kroos, Gosens (Volland) – Havertz (Sané), T. Müller – Gnabry (Werner) – K.: Neuer – SR: del Cerro Grande (Spanien)

976 **Portugal**, 19. 6., München, 4:2 gewonnen (EM-Gruppenspiel): Neuer – Ginter, Hummels (Can), Rüdiger – Kimmich, Gündogan (Süle), Kroos, Gosens (1) (Halstenberg) – Havertz (1) (Goretzka), T. Müller – Gnabry (Sané) – Dazu je ein Eigentor von Ruben Dias und Guerreiro – K.: Neuer – SR: Taylor (England)

977 **Ungarn**, 23. 6.. München, 2:2 unentschieden (EM-Gruppenspiel): Neuer – Ginter (Volland), Hummels, Rüdiger – Kimmich, Gündogan (Goretzka (1)), Kroos, Gosens (Musiala) – Havertz (1) (Werner), Sané – Gnabry (T. Müller) – K.: Neuer – SR: Karasev (Russland)

978 **England**, 29. 6., London, 0:2 verloren (EM-Achtelfinale): Neuer – Ginter (Can), Hummels, Rüdiger – Kimmich, Goretzka, Kroos, Gosens (Sané) – Havertz, T. Müller (Musiala) – Werner (Gnabry) – K.: Neuer – SR: Makkelie (Niederlande)

88 Länderspielpartner in der Einzelbilanz

(WM) = Weltmeisterschafts-Endrundenspiele
(EM) = Europameisterschafts-Endrundenspiele
(OS) = Olympische Spiele

Ägypten:

28.12. 1958	Kairo	1:2
1 Spiel: 1 Niederlage		**1:2 Tore**

Albanien:

8. 4. 1967	Dortmund	6:0
17.12. 1967	Tirana	0:0
17. 2. 1971	Tirana	1:0
12. 6. 1971	Karlsruhe	2:0
1. 4. 1981	Tirana	2:0
18.11. 1981	Dortmund	8:0
30. 3. 1983	Tirana	2:1
20.11. 1983	Saarbrücken	2:1
16.11. 1994	Tirana	2:1
18.12. 1994	Kaiserslautern	2:1
2. 4. 1997	Granada	3:2
11.10. 1997	Hannover	4:3
24. 3. 2001	Leverkusen	2:1
6. 6. 2001	Tirana	2:0
14 Spiele:		**38:10 Tore**
13 Siege, 1 Unentschieden		

Algerien:

1. 1. 1964	Algier	0:2
16. 6. 1982	Gijon (WM)	1:2
30. 6. 2014	Porto Alegre (WM)	n. V. 2:1
3 Spiele:		**3:5 Tore**
1 Sieg, 2 Niederlagen		

Argentinien:

8. 6. 1958	Malmö (WM)	3:1
16. 7. 1966	Birmingham (WM)	0:0
14. 2. 1973	München	2:3
5. 6. 1977	Buenos Aires	3:1
12. 9. 1979	Berlin	2:1
1. 1. 1981	Montevideo	1:2
24. 3. 1982	Buenos Aires	1:1
12. 9. 1984	Düsseldorf	1:3
29. 6. 1986	Mexiko City (WM)	2:3
16.12. 1987	Buenos Aires	0:1
2. 4. 1988	Berlin	1:0
8. 7. 1990	Rom (WM)	1:0
15.12. 1993	Miami	1:2
17. 4. 2002	Stuttgart	0:1
9. 2. 2005	Düsseldorf	2:2
21. 6. 2005	Nürnberg	2:2
30. 6. 2006	Berlin (WM)	n. V. 1:1
		Elfmeterschiessen 4:2
3. 3. 2010	München	0:1
3. 7. 2010	Kapstadt (WM)	4:0
15. 8. 2012	Frankfurt	1:3
13. 7. 2014	Rio de Janeiro (WM)	n. V. 1:0
3. 9. 2014	Düsseldorf	2:4
10. 9. 2019	Dortmund	2:2
23 Spiele:		**33:34 Tore**
7 Siege, 6 Unentschieden, 10 Niederlagen		

Armenien:

9.10. 1996	Eriwan	5:1
10. 9. 1997	Dortmund	4:0
6. 6. 2014	Mainz	6:1
3 Spiele: 3 Siege		**15:2 Tore**

Aserbaidschan:

12. 8. 2009	Baku	2:0
9. 9. 2009	Hannover	4:0
7. 9. 2010	Köln	6:1
7. 6. 2011	Baku	3:1
26. 3. 2017	Baku	4:1
8.10. 2017	Kaiserslautern	5:1
6 Spiele: 6 Siege		**24:4 Tore**

Australien:

18. 6. 1974	Hamburg (WM)	3:0
15. 6. 2005	Frankfurt	4:3
13. 6. 2010	Durban (WM)	4:0
29. 3. 2011	Mönchengladbach	1:2
25. 3. 2015	Kaiserslautern	2:2
19. 6. 2017	Sotschi	3:2
6 Spiele:		**17:9 Tore**
4 Siege, 1 Unentschieden, 1 Niederlage		

Belarus:

27. 5. 2008	Kaiserslautern	2:2
8. 6. 2019	Baryssau	2:0
16.11. 2019	Mönchengladbach	4:0
3 Spiele:		**8:2 Tore**
2 Siege, 1 Unentschieden		

Belgien:

16. 5. 1910	Duisburg	0:3
23. 4. 1911	Lüttich	1:2
23.11. 1913	Antwerpen	2:6
22.10. 1933	Duisburg	8:1
27. 5. 1934	Florenz (WM)	5:2
28. 4. 1935	Brüssel	6:1
25. 4. 1937	Hannover	1:0
29. 1. 1939	Brüssel	4:1
26. 9. 1954	Brüssel	0:2
23.12. 1956	Köln	4:1
2. 3. 1958	Brüssel	2:0
8. 3. 1961	Frankfurt	1:0
14. 6. 1972	Antwerpen (EM)	2:1
22. 6. 1980	Rom (EM)	2:1
22. 9. 1982	München	0:0
29. 2. 1984	Brüssel	1:0

1. 5.	1991	Hannover	1:0
20.11.	1991	Brüssel	1:0
2. 7.	1994	Chicago (WM)	3:2
23. 8.	1995	Brüssel	2:1
31. 3.	2004	Köln	3:0
20. 8.	2008	Nürnberg	2:0
3. 9.	2010	Brüssel	1:0
11.10.	2011	Düsseldorf	3:1

25 Spiele: 58:26 Tore
20 Siege, 1 Unentschieden, 4 Niederlagen

Böhmen/Mähren:

12.11.	1939	Breslau	4:4

1 Spiel: 1 Unentschieden 4:4 Tore

Bolivien:

17. 6.	1994	Chicago (WM)	1:0

1 Spiel: 1 Sieg 1:0 Tore

Bosnien-Herzegowina:

11.10.	2002	Sarajevo	1:1
3. 6.	2010	Frankfurt	3:1

2 Spiele: 1 Sieg, 1 Unentschieden4:2 Tore

Brasilien:

5. 5.	1963	Hamburg	1:2
6. 6.	1965	Rio de Janeiro	0:2
16. 6.	1968	Stuttgart	2:1
14.12.	1968	Rio de Janeiro	2:2
16. 6.	1973	Berlin	0:1
12. 6.	1977	Rio de Janeiro	1:1
5. 4.	1978	Hamburg	0:1
7. 1.	1981	Montevideo	1:4
19. 5.	1981	Stuttgart	1:2
21. 3.	1982	Rio de Janeiro	0:1
12. 3.	1986	Frankfurt/M.	2:0
12.12.	1987	Brasilia	1:1
16.12.	1992	Porto Alegre	1:3
10. 6.	1993	Washington	3:3
17.11.	1993	Köln	2:1
25. 3.	1998	Stuttgart	1:2
24. 7.	1999	Guadalajara	0:4
30. 6.	2002	Yokohama (WM)	0:2
8. 9.	2004	Berlin	1:1
25. 6.	2005	Nürnberg	2:3
10. 8.	2011	Stuttgart	3:2
8. 7.	2014	Belo Horizonte (WM)	7:1
27. 3.	2018	Berlin	0:1

23 Spiele: 31:41 Tore
5 Siege, 5 Unentschieden, 13 Niederlagen

Bulgarien:

20.10.	1935	Leipzig	4:2
22.10.	1939	Sofia	2:1
20.10.	1940	München	7:3
19. 7.	1942	Sofia	3:0
21.12.	1958	Augsburg	3:0
23.11.	1960	Sofia	1:2
22. 3.	1967	Hannover	1:0
24. 9.	1969	Sofia	1:0
7. 6.	1970	Leon (WM)	5:2
12. 5.	1973	Hamburg	3:0
27. 4.	1975	Sofia	1:1
19.11.	1975	Stuttgart	1:0
3.12.	1980	Sofia	3:1
22.11.	1981	Düsseldorf	4:0
15. 2.	1984	Varna	3:2
17. 4.	1985	Augsburg	4:1
22. 3.	1989	Sofia	2:1
10. 7.	1994	New York (WM)	1:2
7. 6.	1995	Sofia	2:3
15.11.	1995	Berlin	3:1
21. 8.	2002	Sofia	2:2

21 Spiele: 56:24 Tore
16 Siege, 2 Unentschieden, 3 Niederlagen

Chile:

23. 3.	1960	Stuttgart	2:1
26. 3.	1961	Santiago	1:3
6. 6.	1962	Santiago (WM)	2:0
18.12.	1968	Santiago	1:2
14. 6.	1974	Berlin (WM)	1:0
20. 6.	1982	Gijon (WM)	4:1
5. 3.	2014	Stuttgart	1:0
22. 6.	2017	Kasan	1:1
2. 7.	2017	St. Petersburg	1:0

9 Spiele: 14:8 Tore
6 Siege, 1 Unentschieden, 2 Niederlagen

China:

12.10.	2005	Hamburg	1:0
29. 5.	2009	Shanghai	1:1

2 Spiele: 1 Sieg, 1 Unentschieden2:1 Tore

Costa Rica:

9. 6.	2006	München (WM)	4:2

1 Spiel: 1 Sieg 4:2 Tore

Dänemark:

6.10.	1912	Kopenhagen	1:3
26.10.	1913	Hamburg	1:4
2.10.	1927	Kopenhagen	1:3
16. 9.	1928	Nürnberg	2:1
7. 9.	1930	Kopenhagen	3:6
27. 9.	1931	Hannover	4:2
7.10.	1934	Kopenhagen	5:2
16. 5.	1937	Breslau	8:0
25. 6.	1939	Kopenhagen	2:0
17.11.	1940	Hamburg	1:0
16.11.	1941	Dresden	1:1
24. 9.	1958	Kopenhagen	1:1
20. 9.	1961	Düsseldorf	5:1
30. 6.	1971	Kopenhagen	3:1
13. 6.	1986	Queretaro (WM)	0:2
24. 9.	1986	Kopenhagen	2:0
23. 9.	1987	Hamburg	1:0
14. 6.	1988	Gelsenkirchen (EM)	2:0
30. 5.	1990	Gelsenkirchen	1:0

26. 6. 1992 Göteborg (EM) 0:2
9. 9. 1992 Kopenhagen 2:1
27. 3. 1996 München 2:0
15.11. 2000 Kopenhagen 1:2
28. 3. 2007 Duisburg 0:1
11. 8. 2010 Kopenhagen 2:2
17. 6. 2012 Lwiw (EM) 2:1
6. 6. 2017 Bröndby 1:1
2. 6. 2021 Innsbruck 1:1
28 Spiele: 55:38 Tore
15 Siege, 5 Unentschieden, 8 Niederlagen

DDR:

22. 6. 1974 Hamburg (WM) 0:1
1 Spiel: 1 Niederlage 0:1 Tore

Ecuador:

20. 6. 2006 Berlin (WM) 3:0
29. 5. 2013 Boca Raton 4:2
2 Spiele: 2 Siege 7:2 Tore

Elfenbeinküste:

18.11. 2009 Gelsenkirchen 2:2
1 Spiel: 1 Unentschieden 2:2 Tore

England:

20. 4. 1908 Berlin 1:5
13. 3. 1909 Oxford 0:9
14. 4. 1911 Berlin 2:2
21. 3. 1913 Berlin 0:3
10. 5. 1930 Berlin 3:3
4.12. 1935 London 0:3
14. 5. 1938 Berlin 3:6
1.12. 1954 London 1:3
26. 5. 1956 Berlin 1:3
12. 5. 1965 Nürnberg 0:1
23. 2. 1966 London 0:1
30. 7. 1966 London (WM) n. V. 2:4
1. 6. 1968 Hannover 1:0
14. 6. 1970 Leon (WM) n. V. 3:2
29. 4. 1972 London 3:1
13. 5. 1972 Berlin 0:0
12. 3. 1975 London 0:2
22. 2. 1978 München 2:1
29. 6. 1982 Madrid (WM) 0:0
13.10. 1982 London 2:1
12. 6. 1985 Mexiko City 0:3
9. 9. 1987 Düsseldorf 3:1
4. 7. 1990 Turin (WM) n. V. 1:1
Elfmeterschießen 4:3
11. 9. 1991 London 1:0
19. 6. 1993 Detroit 2:1
26. 6. 1996 London (EM) n.V. 1:1
Elfmeterschießen 6:5
17. 6. 2000 Charleroi (EM) 0:1
7.10. 2000 London 1:0
1. 9. 2001 München 1:5
22. 8. 2007 London 2:1
19.11. 2008 Berlin 1:2
27. 6. 2010 Bloemfontein (WM) 4:1
19.11. 2013 London 1:0
26. 3. 2016 Berlin 2:3
22. 3. 2017 Dortmund 1:0
10.11. 2017 London 0:0
29. 6. 2021 London 0:2
37 Spiele: 45:72 Tore
13 Siege, 7 Unentschieden, 17 Niederlagen

Estland:

15. 9. 1935 Stettin 5:0
29. 8. 1937 Königsberg 4:1
29. 6. 1939 Tallinn 2:0
11. 6. 2019 Mainz 8:0
13.10. 2019 Tallinn 3:0
5 Spiele: 5 Siege 22:1 Tore

Färöer:

16.10. 2002 Hannover 2:1
11. 6. 2003 Torshavn 2:0
7. 9. 2012 Hannover 3:0
10. 9. 2013 Torshavn 3:0
4 Spiele: 4 Siege 10:1 Tore

Finnland:

18. 9. 1921 Helsinki 3:3
12. 8. 1923 Dresden 1:2
26. 6. 1925 Helsinki 5:3
20.10. 1929 Hamburg 4:0
1. 7. 1932 Helsinki 4:1
18. 8. 1935 München 6:0
29. 6. 1937 Helsinki 2:0
1. 9. 1940 Leipzig 13:0
5.10. 1941 Helsinki 6:0
7. 6. 1964 Helsinki 4:1
7. 9. 1977 Helsinki 1:0
24. 5. 1981 Lahti 4:0
23. 9. 1981 Bochum 7:1
31. 8. 1988 Helsinki 4:0
4.10. 1989 Dortmund 6:1
27. 5. 1998 Helsinki 0:0
31. 3. 1999 Nürnberg 2:0
4. 9. 1999 Helsinki 2:1
2. 6. 2001 Helsinki 2:2
6.10. 2001 Gelsenkirchen 0:0
10. 9. 2008 Helsinki 3:3
14.10. 2009 Hamburg 1:1
31. 8. 2016 Mönchengladbach 2:0
23 Spiele: 82:19 Tore
16 Siege, 6 Unentschieden, 1 Niederlage

Frankreich:

15. 3. 1931 Paris 0:1
19. 3. 1933 Berlin 3:3
17. 3. 1935 Paris 3:1
21. 3. 1937 Stuttgart 4:0
5.10. 1952 Paris 1:3

16.10.	1954	Hannover	1:3
28. 6.	1958	Göteborg (WM)	3:6
26.10.	1958	Paris	2:2
24.10.	1962	Stuttgart	2:2
27. 9.	1967	Berlin	5:1
25. 9.	1968	Marseille	1:1
13.10.	1973	Gelsenkirchen	2:1
23. 2.	1977	Paris	0:1
19.11.	1980	Hannover	4:1
8. 7.	1982	Sevilla (WM)	n. V. 3:3
			Elfmeterschießen 5:4
18. 4.	1984	Straßburg	0:1
25. 6.	1986	Guadalajara (WM)	2:0
12. 8.	1987	Berlin	2:1
28. 2.	1990	Montpellier	1:2
1. 6.	1996	Stuttgart	0:1
27. 2.	2001	Paris	0:1
15.11.	2003	Gelsenkirchen	0:3
12.11.	2005	Paris	0:0
29. 2.	2012	Bremen	1:2
6. 2.	2013	Paris	2:1
4. 7.	2014	Rio de Janeiro (WM)	1:0
13.11.	2015	Paris	0:2
7. 7.	2016	Marseille (EM)	0:2
14.11.	2017	Köln	2:2
6. 9.	2018	München	0:0
16.10.	2018	Paris	1:2
15. 6.	2021	München (EM)	0:1

32 Spiele: 46:50 Tore
9 Siege, 8 Unentschieden, 15 Niederlagen

Georgien:

29. 3.	1995	Tiflis	2:0
6. 9.	1995	Nürnberg	4:1
7.10.	2006	Rostock	2:0
29. 3.	2015	Tiflis	2:0
11.10.	2015	Leipzig	2:1

5 Spiele: 5 Siege 12:2 Tore

Ghana:

14. 4.	1993	Bochum	6:1
23. 6.	2010	Johannesburg (WM)	1:0
21. 6.	2014	Fortaleza (WM)	2:2

3 Spiele: 9:3 Tore
2 Siege, 1 Unentschieden

Gibraltar:

14.11.	2014	Nürnberg	4:0
13. 6.	2015	Faro (Portugal)	7:0

2 Spiele: 2 Siege 11:0 Tore

Griechenland:

20.11.	1960	Athen	3:0
22.10.	1961	Augsburg	2:1
22.11.	1970	Athen	3:1
20.11.	1974	Piräus	2:2
11.10.	1975	Düsseldorf	1:1
17. 6.	1980	Turin (EM)	0:0
2. 9.	2000	Hamburg	2:0
28. 3.	2001	Athen	4:2
22. 6.	2012	Gdansk (EM)	4:2

9 Spiele: 21:9 Tore
6 Siege, 3 Unentschieden

Iran:

25. 6.	1998	Montpellier (WM)	2:0
9.10.	2004	Teheran	2:0

2 Spiele: 2 Siege 4:0 Tore

Irland:

8. 5.	1935	Dortmund	3:1
17.10.	1936	Dublin	2:5
23. 5.	1939	Bremen	1:1
17.10.	1951	Dublin	2:3
4. 5.	1952	Köln	3:0
28. 5.	1955	Hamburg	2:1
25.11.	1956	Dublin	0:3
11. 5.	1960	Düsseldorf	0:1
4. 5.	1966	Dublin	4:0
9. 5.	1970	Berlin	2:1
22. 5.	1979	Dublin	3:1
6. 9.	1989	Dublin	1:1
29. 5.	1994	Hannover	0:2
5. 6.	2002	Ibaraki (WM)	1:1
2. 9.	2006	Stuttgart	1:0
13.10.	2007	Dublin	0:0
12.10.	2012	Dublin	6:1
11.10.	2013	Köln	3:0
14.10.	2014	Gelsenkirchen	1:1
8.10.	2015	Dublin	0:1

20 Spiele: 35:24 Tore
9 Siege, 5 Unentschieden, 6 Niederlagen

Island:

3. 8.	1960	Reykjavik	5:0
26. 5.	1979	Reykjavik	3:1
6. 9.	2003	Reykjavik	0:0
11. 10.	2003	Hamburg	3:0
25. 3.	2021	Duisburg	3:0

5 Spiele: 14:1 Tore
4 Siege, 1 Unentschieden

Israel:

25. 3.	1987	Tel Aviv	2:0
26. 2.	1997	Tel Aviv	1:0
13. 2.	2002	Kaiserslautern	7:1
31. 5.	2012	Leipzig	2:0

4 Spiele: 4 Siege 12:1 Tore

Italien:

1. 1.	1923	Mailand	1:3
23.11.	1924	Duisburg	0:1
28. 4.	1929	Turin	2:1
2. 3.	1930	Frankfurt/M.	0:2
1. 1.	1933	Bologna	1:3
15.11.	1936	Berlin	2:2
26. 3.	1939	Florenz	2:3
26.11.	1939	Berlin	5:2

5. 5.	1940	Mailand	2:3
30. 3.	1955	Stuttgart	1:2
18.12.	1955	Rom	1:2
31. 5.	1962	Santiago (WM)	0:0
13. 3.	1965	Hamburg	1:1
17. 6.	1970	Mexiko (WM)	n. V. 3:4
26. 2.	1974	Rom	0:0
8.10.	1977	Berlin	2:1
14. 6.	1978	Buenos Aires (WM)	0:0
11. 7.	1982	Madrid (WM)	1:3
22. 5.	1984	Zürich	1:0
5. 2.	1986	Avellino	2:1
18. 4.	1987	Köln	0:0
10. 6.	1988	Düsseldorf (EM)	1:1
25. 3.	1992	Turin	0:1
23. 3.	1994	Stuttgart	2:1
21. 6.	1995	Zürich	2:0
19. 6.	1996	Manchester (EM)	0:0
20. 8.	2003	Stuttgart	0:1
1. 3.	2006	Florenz	1:4
4. 7.	2006	Dortmund (WM)	n. V. 0:2
9. 2.	2011	Dortmund	1:1
28. 6.	2012	Warschau (EM)	1:2
15.11.	2013	Mailand	1:1
29. 3.	2016	München	4:1
2. 7.	2016	Bordeaux (EM)	n. V. 1:1
			Elfmeterschießen 6:5
15.11.	2016	Mailand	0:0

35 Spiele: 41:50 Tore
8 Siege, 12 Unentschieden, 15 Niederlagen

Japan:

16.12.	2004	Yokohama	3:0
30. 5.	2006	Leverkusen	2:2

2 Spiele: 5:2 Tore
1 Sieg, 1 Unentschieden

Kamerun:

11. 6.	2002	Shizuoka (WM)	2:0
17.11.	2004	Leipzig	3:0
2. 6.	2014	Mönchengladbach	2:2
25. 6.	2017	Sotschi	3:1

4 Spiele: 10:3 Tore
3 Siege, 1 Unentschieden

Kanada:

8. 6.	1994	Toronto	2:0
1. 6.	2003	Wolfsburg	4:1

2 Spiele: 2 Siege 6:1 Tore

Kasachstan:

12.10.	2010	Astana	3:0
26. 3.	2011	Kaiserslautern	4:0
22. 3.	2013	Astana	3:0
26. 3.	2013	Nürnberg	4:1

4 Spiele: 4 Siege 14:1 Tore

Kolumbien:

19. 6.	1990	Mailand (WM)	1:1
30. 5.	1998	Frankfurt/M.	3:1
9. 2.	1999	Miami	3:3
2. 6.	2006	M'gladbach	3:0

4 Spiele: 10:5 Tore
2 Siege, 2 Unentschieden

Kroatien:

15. 6.	1941	Wien	5:1
18. 1.	1942	Agram	2:0
1.11.	1942	Stuttgart	5:1
29. 6.	1996	Manchester (EM)	2:1
4. 7.	1998	Lyon (WM)	0:3
29. 3.	2000	Zagreb	1:1
18. 2.	2004	Split	2:1
12. 6.	2008	Klagenfurt (EM)	1:2

8 Spiele: 18:10 Tore
5 Siege, 1 Unentschieden, 2 Niederlagen

Kuwait:

9. 5.	2002	Freiburg	7:0

1 Spiel, 1 Sieg 7:0 Tore

Lettland:

13.10.	1935	Königsberg	3:0
25. 6.	1937	Riga	3:1
19. 6.	2004	Porto (EM)	0:0
7. 6.	2021	Düsseldorf	7:1

4 Spiele: 13:2 Tore
3 Siege, 1 Unentschieden

Liechtenstein:

4. 6.	1996	Mannheim	9:1
7. 6.	2000	Freiburg	8:2
6. 9.	2008	Vaduz	6:0
28. 3.	2009	Leipzig	4:0

4 Spiele: 4 Siege 27:3 Tore

Litauen:

7. 9.	2002	Kaunas	2:0
29. 3.	2003	Nürnberg	1:1

2 Spiele: 3:1 Tore
1 Sieg, 1 Unentschieden

Luxemburg:

11. 3.	1934	Luxemburg	9:1
18. 8.	1935	Luxemburg	1:0
4. 8.	1936	Berlin (OS)	9:0
27. 9.	1936	Krefeld	7:2
21. 3.	1937	Luxemburg	3:2
20. 3.	1938	Wuppertal	2:1
26. 3.	1939	Differdingen	1:2
23.12.	1951	Essen	4:1
20. 4.	1952	Luxemburg	3:0
31.10.	1990	Luxemburg	3:2
18.12.	1991	Leverkusen	4:0
4. 6.	1998	Mannheim	7:0

27. 5. 2006	Freiburg	7:0
13 Spiele:		**60:11 Tore**
12 Siege, 1 Niederlage		

Malta:

22.12. 1974	Gzira	1:0
28. 2. 1976	Dortmund	8:0
25. 2. 1979	Gzira	0:0
27. 2. 1980	Bremen	8:0
16.12. 1984	Ta'Qali	3:2
27. 3. 1985	Saarbrücken	6:0
2. 9. 1998	Ta'Qali	2:1
27. 5. 2004	Freiburg	7:0
13. 5. 2010	Aachen	3:0
9 Spiele:		**38:3 Tore**
8 Siege, 1 Unentschieden		

Marokko:

29.12. 1963	Casablanca	4:1
22. 2. 1967	Karlsruhe	5:1
3. 6. 1970	Leon (WM)	2:1
17. 6. 1986	Monterrey (WM)	1:0
4 Spiele: 4 Siege		**12:3 Tore**

Mexiko:

22.12. 1968	Mexico City	0:0
8. 9. 1971	Hannover	5:0
14. 6. 1977	Mexico City	2:2
6. 6. 1978	Cordoba (WM)	6:0
15. 6. 1985	Mexico City	0:2
21. 6. 1986	Monterrey (WM)	n. V. 0:0
		Elfmeterschießen 4:1
14.10. 1992	Dresden	1:1
22.12. 1993	Mexico City	0:0
29. 6. 1998	Montpellier (WM)	2:1
29. 6. 2005	Leipzig	n. V. 4:3
29. 6. 2017	Sotschi	4:1
17. 6. 2018	Moskau (WM)	0:1
12 Spiele:		**24:11 Tore**
5 Siege, 5 Unentschieden, 2 Niederlagen		

Rep. Moldau:

14.12. 1994	Chisinau	3:0
8.10. 1995	Leverkusen	6:1
14.10. 1998	Chisinau	3:1
4. 6. 1999	Leverkusen	6:1
4 Spiele: 4 Siege		**18:3 Tore**

Neuseeland:

28. 7. 1999	Guadalajara	2:0
1 Spiel: 1 Sieg		**2:0 Tore**

Niederlande:

24. 4. 1910	Arnheim	2:4
16.10. 1910	Kleve	1:2
24. 3. 1912	Zwolle	5:5
17.11. 1912	Leipzig	2:3
5. 4. 1914	Amsterdam	4:4
10. 5. 1923	Hamburg	0:0
21. 4. 1924	Amsterdam	1:0
29. 3. 1925	Amsterdam	1:2
18. 4. 1926	Düsseldorf	4:2
31.10. 1926	Amsterdam	3:2
20.11. 1927	Köln	2:2
26. 4. 1931	Amsterdam	1:1
4.12. 1932	Düsseldorf	0:2
17. 2. 1935	Amsterdam	3:2
31. 1. 1937	Düsseldorf	2:2
14. 3. 1956	Düsseldorf	1:2
3. 4. 1957	Amsterdam	2:1
21.10. 1959	Köln	7:0
23. 3. 1966	Rotterdam	4:2
7. 7. 1974	München (WM)	2:1
17. 5. 1975	Frankfurt	1:1
18. 6. 1978	Cordoba (WM)	2:2
20.12. 1978	Düsseldorf	3:1
14. 6. 1980	Neapel (EM)	3:2
11.10. 1980	Eindhoven	1:1
14. 5. 1986	Dortmund	3:1
21. 6. 1988	Hamburg (EM)	1:2
19.10. 1988	München	0:0
26. 4. 1989	Rotterdam	1:1
24. 6. 1990	Mailand (WM)	2:1
18. 6. 1992	Göteborg (EM)	1:3
24. 4. 1996	Rotterdam	1:0
18.11. 1998	Gelsenkirchen	1:1
23. 2. 2000	Amsterdam	1:2
20.11. 2002	Gelsenkirchen	1:3
15. 6. 2004	Porto (EM)	1:1
17. 8. 2005	Rotterdam	2:2
15.11. 2011	Hamburg	3:0
13. 6. 2012	Charkiw (EM)	2:1
14.11. 2012	Amsterdam	0:0
13.10. 2018	Amsterdam	0:3
19.11. 2018	Gelsenkirchen	2:2
24. 3. 2019	Amsterdam	3:2
6. 9. 2019	Hamburg	2:4
44 Spiele:		**84:75 Tore**
16 Siege, 16 Unentschieden, 12 Niederlagen		

Nigeria:

22. 4. 1998	Köln	1:0
1 Spiel: 1 Sieg		**1:0 Tore**

Nordirland:

15. 6. 1958	Malmö (WM)	2:2
26.10. 1960	Belfast	4:3
10. 5. 1961	Berlin	2:1
7. 5. 1966	Belfast	2:0
27. 4. 1977	Köln	5:0
17.11. 1982	Belfast	0:1
16.11. 1983	Hamburg	0:1
2. 6. 1992	Bremen	1:1
29. 5. 1996	Belfast	1:1
9.11. 1996	Nürnberg	1:1
20. 8. 1997	Belfast	3:1
27. 3. 1999	Belfast	3:0
8. 9. 1999	Dortmund	4:0

4. 6.	2005	Belfast	4:1
21. 6.	2016	Paris (EM)	1:0
11.10.	2016	Hannover	2:0
5.10.	2017	Belfast	3:1
9. 9.	2019	Belfast	2:0
19.11.	2019	Frankfurt	6:1

19 Spiele: 46:15 Tore
13 Siege, 4 Unentschieden, 2 Niederlagen

Nordmazedonien:

31. 3.	2021	Duisburg	1:2

1 Spiel: 1 Niederlage 1:2 Tore

Norwegen:

4.11.	1923	Hamburg	1:0
15. 6.	1924	Christiania	2:0
23.10.	1927	Hamburg	6:2
23. 9.	1928	Oslo	2:0
2.11.	1930	Breslau	1:1
21. 6.	1931	Oslo	2:2
5.11.	1933	Magdeburg	2:2
27. 8.	1935	Oslo	1:1
7. 8.	1936	Berlin (OS)	0:2
24.10.	1937	Berlin	3:0
22. 6.	1939	Oslo	4:0
19. 8.	1953	Oslo	1:1
22.11.	1953	Hamburg	5:1
18.11.	1955	Karlsruhe	2:0
13. 6.	1956	Oslo	3:1
19.11.	1966	Köln	3:0
22. 6.	1971	Oslo	7:1
12. 5.	1982	Oslo	4:2
14.11.	1999	Oslo	1:0
11. 2.	2009	Düsseldorf	0:1
4. 9.	2016	Oslo	3:0
4. 9.	2017	Stuttgart	6:0

22 Spiele: 59:17 Tore
15 Siege, 5 Unentschieden, 2 Niederlagen

Österreich:

7. 6.	1908	Wien	2:3
10. 9.	1911	Dresden	1:2
29. 6.	1912	Stockholm (OS)	1:5
26. 9.	1920	Wien	2:3
5. 5.	1921	Dresden	3:3
23. 4.	1922	Wien	2:0
13. 1.	1924	Nürnberg	4:3
24. 5.	1931	Berlin	0:6
13. 9.	1931	Wien	0:5
7. 6.	1934	Neapel (WM)	3:2
23. 9.	1951	Wien	2:0
22. 3.	1953	Köln	0:0
30. 6.	1954	Basel (WM)	6:1
10. 3.	1957	Wien	3:2
19.11.	1958	Berlin	2:2
9.10.	1965	Stuttgart	4:1
13.10.	1968	Wien	2:0
10. 5.	1969	Nürnberg	1:0
21. 9.	1969	Wien	1:1
10.10.	1973	Hannover	4:0
3. 9.	1975	Wien	2:0
21. 6.	1978	Cordoba (WM)	2:3
2. 4.	1980	München	1:0
29. 4.	1981	Hamburg	2:0
14.10.	1981	Wien	3:1
25. 6.	1982	Gijon (WM)	1:0
27. 4.	1983	Wien	0:0
5.10.	1983	Gelsenkirchen	3:0
29.10.	1986	Wien	1:4
18.11.	1992	Nürnberg	0:0
2. 6.	1994	Wien	5:1
18. 5.	2002	Leverkusen	6:2
18. 8.	2004	Wien	3:1
6. 2.	2008	Wien	3:0
16. 6.	2008	Wien (EM)	1:0
3. 6.	2011	Wien	2:1
2. 9.	2011	Gelsenkirchen	6:2
11. 9.	2012	Wien	2:1
6. 9.	2013	München	3:0
2. 6.	2018	Klagenfurt	1:2

40 Spiele: 90:57 Tore
25 Siege, 6 Unentschieden, 9 Niederlagen

Oman:

18. 2.	1998	Maskat	2:0

1 Spiel: 1 Sieg 2:0 Tore

Paraguay:

15. 6.	2002	Seogwipo (WM)	1:0
14. 8.	2013	Kaiserslautern	3:3

2 Spiele: 4:3 Tore
1 Sieg, 1 Unentschieden

Peru:

10. 6.	1970	Leon (WM)	3:1
9. 9.	2018	Sinsheim	2:1

2 Spiele: 2 Siege 5:2 Tore

Polen:

3.12.	1933	Berlin	1:0
9. 9.	1934	Warschau	5:2
15. 9.	1935	Breslau	1:0
13. 9.	1936	Warschau	1:1
18. 9.	1938	Chemnitz	4:1
20. 5.	1959	Hamburg	1:1
8.10.	1961	Warschau	2:0
10.10.	1971	Warschau	3:1
17.11.	1971	Hamburg	0:0
3. 7.	1974	Frankfurt/M. (WM)	1:0
1. 6.	1978	Buenos Aires (WM)	0:0
13. 5.	1980	Frankfurt	3:1
2. 9.	1981	Chorzow	2:0
4. 9.	1996	Zabrze	2:0
14. 6.	2006	Dortmund (WM)	1:0
8. 6.	2008	Klagenfurt (EM)	2:0
6. 9.	2011	Gdansk	2:2
13. 5.	2014	Hamburg	0:0
11.10.	2014	Warschau	0:2

4. 9.	2015	Frankfurt	3:1
16. 6.	2016	Paris (EM)	0:0

21 Spiele: 34:12 Tore
13 Siege, 7 Unentschieden, 1 Niederlage

Portugal:

27. 2.	1936	Lissabon	3:1
24. 4.	1938	Frankfurt/M.	1:1
19.12.	1954	Lissabon	3:0
27. 4.	1960	Ludwigshafen	2:1
17. 2.	1982	Hannover	3:1
23. 2.	1983	Lissabon	0:1
14. 6.	1984	Straßburg (EM)	0:0
24. 2.	1985	Lissabon	2:1
16.10.	1985	Stuttgart	0:1
29. 8.	1990	Lissabon	1:1
21. 2.	1996	Porto	2:1
14.12.	1996	Lissabon	0:0
6. 9.	1997	Berlin	1:1
20. 6.	2000	Rotterdam (EM)	0:3
8. 7.	2006	Stuttgart (WM)	3:1
19. 6.	2008	Basel (EM)	3:2
9. 6.	2012	Lwiw (EM)	1:0
16. 6.	2014	Salvador (WM)	4:0
19. 6.	2021	München (EM)	4:2

19 Spiele: 33:18 Tore
11 Siege, 5 Unentschieden, 3 Niederlagen

Rumänien:

25. 8.	1935	Erfurt	4:2
25. 9.	1938	Bukarest	4:1
14. 7.	1940	Frankfurt/M.	9:3
1. 6.	1941	Bukarest	4:1
16. 8.	1942	Beuthen	7:0
1. 6.	1966	Ludwigshafen	1:0
22.11.	1967	Bukarest	0:1
8. 4.	1970	Stuttgart	1:1
17. 6.	1984	Lens (EM)	2:1
5. 9.	1998	Ta' Qali	1:1
12. 6.	2000	Lüttich (EM)	1:1
28. 4.	2004	Bukarest	1:5
12. 9.	2007	Köln	3:1
28. 3.	2021	Bukarest	1:0

14 Spiele: 39:18 Tore
9 Siege, 3 Unentschieden, 2 Niederlagen

Russland (Sowjetunion/GUS):

1. 7.	1912	Stockholm (OS)	16:0
21. 8.	1955	Moskau	2:3
15. 9.	1956	Hannover	1:2
25. 7.	1966	Liverpool (WM)	2:1
26. 5.	1972	München	4:1
18. 6.	1972	Brüssel (EM)	3:0
5. 9.	1973	Moskau	1:0
8. 3.	1978	Frankfurt	1:0
21.11.	1979	Tiflis	3:1
28. 3.	1984	Hannover	2:1
28. 8.	1985	Moskau	0:1
21. 9.	1988	Düsseldorf	1:0
27. 3.	1991	Frankfurt/M.	2:1
12. 6.	1992	Norrköping (EM)	1:1
7. 9.	1994	Moskau	1:0
16. 6.	1996	Manchester (EM)	3:0
8. 6.	2005	M'gladbach	2:2
11.10.	2008	Dortmund	2:1
10.10.	2009	Moskau	1:0
15.11.	2018	Leipzig	3:0

20 Spiele: 51:15 Tore
15 Siege, 2 Unentschieden, 3 Niederlagen

Saarland:

11.10.	1953	Stuttgart	3:0
28. 3.	1954	Saarbrücken	3:1

2 Spiele: 2 Siege 6:1 Tore

San Marino:

6. 9.	2006	Serravalle	13:0
2. 6.	2007	Nürnberg	6:0
11.11.	2016	Serravalle	8:0
10. 6.	2011	Nürnberg	7:0

4 Spiele: 4 Siege 34:0 Tore

Saudi-Arabien:

22. 2.	1998	Riad	3:0
1. 6.	2002	Sapporo (WM)	8:0
8. 6.	2018	Leverkusen	2:1

3 Spiele: 3 Siege 13:1 Tore

Schottland:

1. 6.	1929	Berlin	1:1
14.10.	1936	Glasgow	0:2
22. 5.	1957	Stuttgart	1:3
6. 5.	1959	Glasgow	2:3
12. 5.	1964	Hannover	2:2
16. 4.	1969	Glasgow	1:1
22.10.	1969	Hamburg	3:2
14.11.	1973	Glasgow	1:1
27. 3.	1974	Frankfurt/M.	2:1
8. 6.	1986	Queretaro (WM)	2:1
15. 6.	1992	Norrköping (EM)	2:0
24. 3.	1993	Glasgow	1:0
28. 4.	1999	Bremen	0:1
7. 6.	2003	Glasgow	1:1
10. 9.	2003	Dortmund	2:1
7. 9.	2014	Dortmund	2:1
7. 9.	2015	Glasgow	3:2

17 Spiele: 26:23 Tore
8 Siege, 5 Unentschieden, 4 Niederlagen

Schweden:

18. 6.	1911	Stockholm	4:2
29.10.	1911	Hamburg	1:3
29. 6.	1923	Stockholm	1:2
31. 8.	1924	Berlin	1:4
21. 6.	1925	Stockholm	0:1
20. 6.	1926	Nürnberg	3:3
30. 9.	1928	Stockholm	0:2

23. 6.	1929	Köln	3:0
17. 6.	1931	Stockholm	0:0
25. 9.	1932	Nürnberg	4:3
31. 5.	1934	Mailand (WM)	2:1
30. 6.	1935	Stockholm	1:3
21.11.	1937	Hamburg	5:0
5.10.	1941	Stockholm	2:4
20. 9.	1942	Berlin	2:3
30. 6.	1956	Stockholm	2:2
20.11.	1957	Hamburg	1:0
24. 6.	1958	Göteborg (WM)	1:3
3.11.	1963	Stockholm	1:2
4.11.	1964	Berlin	1:1
26. 9.	1965	Stockholm	2:1
27. 6.	1971	Göteborg	0:1
1. 5.	1974	Hamburg	2:0
30. 6.	1974	Düsseldorf (WM)	4:2
19. 4.	1978	Stockholm	1:3
17.10.	1984	Köln	2:0
25. 9.	1985	Stockholm	2:2
14.10.	1987	Gelsenkirchen	1:1
31. 3.	1988	Berlin	1:1
		Elfmeterschießen	2:4
10.10.	1990	Stockholm	3:1
21. 6.	1992	Stockholm (EM)	3:2
24. 6.	2006	München (WM)	2:0
16. 8.	2006	Gelsenkirchen	3:0
17.11.	2010	Göteborg	0:0
16.10.	2012	Berlin	4:4
15.10.	2013	Stockholm	5:3
23. 6.	2018	Sotschi (WM)	2:1

37 Spiele: 72:61 Tore
16 Siege, 9 Unentschieden, 12 Niederlagen

Schweiz:

5. 4.	1908	Basel	3:5
4. 4.	1909	Karlsruhe	1:0
3. 4.	1910	Basel	3:2
26. 3.	1911	Stuttgart	6:2
5. 5.	1912	St. Gallen	2:1
18. 5.	1913	Freiburg	1:2
27. 6.	1920	Zürich	1:4
26. 3.	1922	Frankfurt/M.	2:2
3. 6.	1923	Basel	2:1
14.12.	1924	Stuttgart	1:1
25.10.	1925	Basel	4:0
12.12.	1926	München	2:3
15. 4.	1928	Bern	3:2
28. 5.	1928	Amsterdam (OS)	4:0
10. 2.	1929	Mannheim	7:1
4. 5.	1930	Zürich	5:0
6. 3.	1932	Leipzig	2:0
19.11.	1933	Zürich	2:0
27. 1.	1935	Stuttgart	4:0
2. 5.	1937	Zürich	1:0
6. 2.	1938	Köln	1:1
4. 6.	1938	Paris (WM)	n. V. 1:1
9. 6.	1938	Paris (WM)	2:4
9. 3.	1941	Stuttgart	4:2
20. 4.	1941	Bern	1:2
1. 2.	1942	Wien	1:2
18.10.	1942	Bern	5:3
22.11.	1950	Stuttgart	1:0
15. 4.	1951	Zürich	3:2
9.11.	1952	Augsburg	5:1
25. 4.	1954	Basel	5:3
21.11.	1956	Frankfurt/M.	1:3
4.10.	1959	Bern	4:0
3. 6.	1962	Santiago (WM)	2:1
23.12.	1962	Karlsruhe	5:1
26. 5.	1965	Basel	1:0
12. 7.	1966	Sheffield (WM)	5:0
17. 4.	1968	Basel	0:0
15.11.	1972	Düsseldorf	5:1
4. 9.	1974	Basel	2:1
16.11.	1977	Stuttgart	4:1
10. 9.	1980	Basel	3:2
9. 4.	1986	Basel	1:0
27. 4.	1988	Kaiserslautern	1:0
19.12.	1990	Stuttgart	4:0
23. 8.	1995	Bern	2:1
26. 4.	2000	Kaiserslautern	1:1
2. 6.	2004	Basel	2:0
7. 2.	2007	Düsseldorf	3:1
26. 3.	2008	Basel	4:0
26. 5.	2012	Basel	3:5
6. 9.	2020	Basel	1:1
13.10.	2020	Köln	3:3

53 Spiele: 142:69 Tore
36 Siege, 8 Unentschieden, 9 Niederlagen

Serbien:

(bis Februar 2003 Jugoslawien, bis 2007 Serbien & Montenegro)

26. 2.	1939	Berlin	3:2
15.10.	1939	Zagreb	5:1
14. 4.	1940	Wien	1:2
3.11.	1940	Zagreb	0:2
21.12.	1952	Ludwigshafen	3:2
27. 6.	1954	Genf (WM)	2:0
25. 9.	1955	Belgrad	1:3
19. 6.	1958	Malmö (WM)	1:0
20.12.	1959	Hannover	1:1
10. 6.	1962	Santiago (WM)	0:1
30. 9.	1962	Zagreb	3:2
23. 6.	1966	Hannover	2:0
3. 5.	1967	Belgrad	0:1
7.10.	1967	Hamburg	3:1
13. 5.	1970	Hannover	1:0
18.11.	1970	Zagreb	0:2
9. 5.	1973	München	0:1
26. 6.	1974	Düsseldorf (WM)	2:0
17. 6.	1976	Belgrad (EM)	n. V. 4:2
30. 4.	1977	Belgrad	2:1
7. 6.	1983	Luxemburg	4:2
11. 5.	1986	Bochum	1:1
4. 6.	1988	Bremen	1:1
10. 6.	1990	Mailand (WM)	4:1
21. 6.	1998	Lens (WM)	2:2

30. 4.	2003	Bremen	1:0
31. 5.	2008	Gelsenkirchen	2:1
18. 6.	2010	Port Elizabeth (WM)	0:1
20. 3.	2019	Wolfsburg	1:1

29 Spiele: 50:34 Tore
16 Siege, 5 Unentschieden, 8 Niederlagen

Slowakei:

27. 8.	1939	Bratislava	0:2
3.12.	1939	Chemnitz	3:1
15. 9.	1940	Bratislava	1:0
7.12.	1941	Breslau	4:0
22.11.	1942	Bratislava	5:2
29. 5.	2001	Bremen	2:0
3. 9.	2005	Bratislava	0:2
11.10.	2006	Bratislava	4:1
6. 6.	2007	Hamburg	2:1
29. 5.	2016	Augsburg	1:3
26. 6.	2016	Lille (EM)	3:0

11 Spiele: 25:12 Tore
8 Siege, 3 Niederlagen

Slowenien:

26. 3.	2005	Celje	1:0

1 Spiel: 1 Sieg 1:0 Tore

Spanien:

12. 5.	1935	Köln	1:2
23. 2.	1936	Barcelona	2:1
12. 4.	1942	Berlin	1:1
28.12.	1952	Madrid	2:2
19. 3.	1958	Frankfurt	2:0
20. 7.	1966	Birmingham (WM)	2:1
11. 2.	1970	Sevilla	0:2
24.11.	1973	Stuttgart	2:1
23. 2.	1974	Barcelona	0:1
24. 4.	1976	Madrid	1:1
22. 5.	1976	München	2:0
2. 7.	1982	Madrid (WM)	2:1
20. 6.	1984	Paris (EM)	0:1
15.10.	1986	Hannover	2:2
17. 6.	1988	München (EM)	2:0
21. 6.	1994	Chicago (WM)	1:1
22. 2.	1995	Jerez de la Frontera	0:0
16. 8.	2000	Hannover	4:1
12. 3.	2003	Palma de Mallorca	1:3
29. 6.	2008	Wien (EM)	0:1
7. 7.	2010	Durban (WM)	0:1
18.11.	2014	Vigo	1:0
23. 3.	2018	Düsseldorf	1:1
3. 9.	2020	Stuttgart	1:1
17.11.	2020	Sevilla	0:6

25 Spiele: 30:31 Tore
9 Siege, 8 Unentschieden, 8 Niederlagen

Südafrika:

15.12.	1995	Johannesburg	0:0
15.11.	1997	Düsseldorf	3:0
7. 9.	2005	Bremen	4:2
5. 9.	2009	Leverkusen	2:0

4 Spiele: 9:2 Tore
3 Siege, 1 Unentschieden

Südkorea:

27. 6.	1994	Dallas (WM)	3:2
25. 6.	2002	Seoul (WM)	1:0
19.12.	2004	Busan	1:3
27. 6.	2018	Kasan (WM)	0:2

4 Spiele: 2 Siege, 2 Niederlagen 5:7 Tore

Thailand:

21.12.	2004	Bangkok	5:1

1 Spiel: 1 Sieg 5:1 Tore

Tschechien:

9. 6.	1996	Manchester (EM)	2:0
30. 6.	1996	London (EM)	n. V. 2:1
3. 6.	2000	Nürnberg	3:2
23. 6.	2004	Lissabon (EM)	1:2
24. 3.	2007	Prag	2:1
17.10.	2007	München	0:3
8.10.	2016	Hamburg	3:0
1. 9.	2017	Prag	2:1
11.11.	2020	Leipzig	1:0

9 Spiele: 16:10 Tore
7 Siege, 2 Niederlagen

Tschechoslowakei:

3. 6.	1934	Rom (WM)	1:3
26. 5.	1935	Dresden	2:1
27. 9.	1936	Prag	2:1
2. 4.	1958	Prag	2:3
11. 6.	1958	Helsingborg (WM)	2:2
29. 4.	1964	Ludwigshafen	3:4
28. 3.	1973	Düsseldorf	3:0
20. 6.	1976	Belgrad (EM)	n. V. 2:2 Elfmeterschießen 3:5
17.11.	1976	Hannover	2:0
11.10.	1978	Prag	4:3
11. 6.	1980	Rom (EM)	1:0
14. 4.	1982	Köln	2:1
30. 4.	1985	Prag	5:1
17.11.	1985	München	2:2
26. 5.	1990	Düsseldorf	1:0
1. 7.	1990	Mailand (WM)	1:0
22. 4.	1992	Prag	1:1

17 Spiele: 36:24 Tore
10 Siege, 4 Unentschieden, 3 Niederlagen

Türkei:

17. 6.	1951	Berlin	1:2
21.11.	1951	Istanbul	2:0
17. 6.	1954	Bern (WM)	4:1
23. 6.	1954	Zürich (WM)	7:2
28. 9.	1963	Frankfurt	3:0
12.10.	1966	Ankara	2:0
17.10.	1970	Köln	1:1

25. 4.	1971	Istanbul	3:0
20.12.	1975	Istanbul	5:0
1. 4.	1979	Izmir	0:0
22.12.	1979	Gelsenkirchen	2:0
23. 4.	1983	Izmir	3:0
26.10.	1983	Berlin	5:1
30. 5.	1992	Gelsenkirchen	1:0
10.10.	1998	Bursa	0:1
9.10.	1999	München	0:0
8.10.	2005	Istanbul	1:2
25. 6.	2008	Basel (EM)	3:2
8.10.	2010	Berlin	3:0
7.10.	2011	Istanbul	3:1
7.10.	2020	Köln	3:3

21 Spiele: 52:16 Tore
14 Siege, 4 Unentschieden, 3 Niederlagen

Tunesien:

10. 6.	1978	Cordoba (WM)	0:0
22. 9.	1993	Tunis	1:1
18. 6.	2005	Köln	3:0

3 Spiele: 4:1 Tore
1 Sieg, 2 Unentschieden

Ukraine:

30. 4.	1997	Bremen	2:0
7. 6.	1997	Kiew	0:0
10.11.	2001	Kiew	1:1
14.11.	2001	Dortmund	4:1
11.11.	2011	Kiew	3:3
12. 6.	2016	Lille (EM)	2:0
10.10.	2020	Kiew	2:1
14.11.	2020	Leipzig	3:1

8 Spiele: 17:7 Tore
5 Siege, 3 Unentschieden

Ungarn:

4. 4.	1909	Budapest	3:3
17.12.	1911	München	1:4
14. 4.	1912	Budapest	4:4
3. 7.	1912	Stockholm (OS)	1:3
24.10.	1920	Berlin	1:0
5. 6.	1921	Budapest	0:3
2. 7.	1922	Bochum	0:0
21. 9.	1924	Budapest	1:4
28. 9.	1930	Dresden	5:3
30.10.	1932	Budapest	1:2
14. 1.	1934	Frankfurt/M.	3:1
15. 3.	1936	Budapest	2:3
20. 3.	1938	Nürnberg	1:1
24. 9.	1939	Budapest	1:5
7. 4.	1940	Berlin	2:2
6.10.	1940	Budapest	2:2
6. 4.	1941	Köln	7:0
3. 5.	1942	Budapest	5:3
20. 6.	1954	Basel (WM)	3:8
4. 7.	1954	Bern (WM)	3:2
22.12.	1957	Hannover	1:0
8.11.	1959	Budapest	3:4
9. 9.	1970	Nürnberg	3:1
29. 3.	1972	Budapest	2:0
17. 4.	1974	Dortmund	5:0
15.11.	1978	Frankfurt	0:0 abgebr.
7. 9.	1983	Budapest	1:1
29. 1.	1985	Hamburg	0:1
18.11.	1987	Budapest	0:0
12.10.	1994	Budapest	0:0
15. 8.	2001	Budapest	5:2
6. 6.	2004	Kaiserslautern	0:2
29. 5.	2010	Budapest	3:0
4. 6.	2016	Gelsenkirchen	2:0
23. 6.	2021	München (EM)	2:2

35 Spiele: 73:66 Tore
13 Siege, 11 Unentschieden., 11 Niederlagen

Uruguay:

3. 6.	1928	Amsterdam (OS)	1:4
11. 4.	1962	Hamburg	3:0
23. 7.	1966	Sheffield (WM)	4:0
20. 6.	1970	Mexiko (WM)	1:0
8. 6.	1977	Montevideo	2:0
4. 6.	1986	Queretaro (WM)	1:1
25. 4.	1990	Stuttgart	3:3
20.12.	1992	Montevideo	4:1
13.10.	1993	Karlsruhe	5:0
10. 7.	2010	Port Elizabeth (WM)	3:2
29. 5.	2011	Sinsheim	2:1

11 Spiele: 29:12 Tore
8 Siege, 2 Unentschieden, 1 Niederlage

USA:

13. 6.	1993	Chicago	4:3
18.12.	1993	San Francisco	3:0
15. 6.	1998	Paris (WM)	2:0
6. 2.	1999	Jacksonville	0:3
30. 7.	1999	Guadalajara	0:2
27. 3.	2002	Rostock	4:2
21. 6.	2002	Ulsan (WM)	1:0
22. 3.	2006	Dortmund	4:1
2. 6.	2013	Washington	3:4
26. 6.	2014	Recife (WM)	1:0
10. 6.	2015	Köln	1:2

11 Spiele: 23:17 Tore
7 Siege, 4 Niederlagen

Vereinigte Arabische Emirate:

15. 6.	1990	Mailand (WM)	5:1
27. 4.	1994	Abu Dhabi	2:0
2. 6.	2009	Dubai	7:2

3 Spiele: 3 Siege 14:3 Tore

Wales:

8. 5.	1968	Cardiff	1:1
26. 3.	1969	Frankfurt	1:1
6.10.	1976	Cardiff	2:0
14.12.	1977	Dortmund	1:1
2. 5.	1979	Wrexham	2:0
17.10.	1979	Köln	5:1
31. 5.	1989	Cardiff	0:0
15.11.	1989	Köln	2:1
5. 6.	1991	Cardiff	0:1

16.10.	1991	Nürnberg	4:1
26. 4.	1995	Düsseldorf	1:1
11.10.	1995	Cardiff	2:1
14. 5.	2002	Cardiff	0:1
8. 9.	2007	Cardiff	2:0
21.11.	2007	Frankfurt	0:0
15.10.	2008	M'gladbach	1:0
1. 4.	2009	Cardiff	2:0

17 Spiele: 26:10 Tore
9 Siege, 6 Unentschieden, 2 Niederlagen

Zypern:

24. 4.	1965	Karlsruhe	5:0
14.11.	1965	Nicosia	6:0
23.11.	1968	Nicosia	1:0
21. 5.	1969	Essen	12:0
15.11.	2006	Nicosia	1:1
17.11.	2007	Hannover	4:0

6 Spiele: 29:1 Tore
5 Siege, 1 Unentschieden

PAR, USA, KOR, BUL, LTU, FRO, NED – 2003 SCO, ISL, SCO, ISL, FRA – 2004 BEL, MLT, SUI, HUN, NED, LVA, CZE, AUT, BRA, IRN, CMR, JPN, KOR – 2005 SVN, NIR, RUS, AUS, TUN, BRA, MEX, NED, SVK, RSA, FRA – 2006 ITA, USA, JPN, COL, POL, ECU, SWE, ARG, ITA, IRL, SMR, GEO, SVK, CYP – 2007 SUI, CZE – 2008 AUT, SUI, BLR, SRB, POL, CRO, AUT, POR, TUR, ESP, RUS, WAL – 2009 NOR, LIE, WAL, AZE, RSA, AZE, RUS, FIN – 2010 ARG

1 **Balogh** Fritz, 16. 12. 1920, † 15. 1. 1951 (VfL Neckarau) 1950 SUI

1 **Bantle** Ernst, 16. 2. 1901, † 13. 4. 1978 (Freiburger FC) 1924 HUN

3 **Barufka** Karl, 15. 5. 1921, † 4. 4. 1999 (VfB Stuttgart) 1950 SUI – 1951 SUI, AUT

30 **Basler** Mario, 18. 12. 1968 (Werder Bremen 19, Bayern München 11) 1994 ITA, UAE, IRL, AUT, CAN, BOL, RUS – 1995 ESP, GEO, WAL, BUL, BEL, BUL – 1996 POR, DEN, NED, NIR, FRA, LIE, POR – 1997 ISR, UKR, UKR, NIR, POR, RSA – 1998 KSA, MLT, ROU, NED

5 **Bauer** Hans, 28. 7. 1927, † 31. 10. 1997 (Bayern München) 1951 LUX – 1952 LUX – 1954 HUN, TUR – 1958 FRA

28 **Baumann** Frank, 29. 10. 1975 (Werder Bremen) 1999 NOR – 2000 NED, DEN – 2001 SVK, ALB, HUN, UKR – 2002 ISR, USA, ARG, AUT, PAR, NED – 2003 ESP, SCG, CAN, ITA, ISL, SCO, ISL, FRA – 2004 CRO, SUI, HUN, NED, LVA, AUT – 2005 SVN

2 **Baumann** Gunther, 19. 1. 1921, † 7. 2. 1998 (1. FC Nürnberg) 1950 SUI – 1951 SUI

4 **Baumgärtner** Willy, 23. 12. 1890, † 16. 11. 1953 (Düsseldorfer SV 04) 1908 SUI, ENG, AUT – 1909 ENG

1 **Baumgarten** Fritz, 21. 12. 1886, † 17. 5. 1961 (Germania 88 Berlin) 1908 SUI

1 **Bauwens** Peco, 24. 12. 1886, † 17. 11. 1963 (SC 99 Köln) 1910 BEL

1 **Beck** Alfred, 12. 4. 1925, † September 1994 (FC St. Pauli) 1954 ENG

9 **Beck** Andreas, 13. 3. 1987 (TSG Hoffenheim) 2009 NOR, LIE, WAL, AZE, FIN, CIV – 2010 MLT, DEN, SWE

103 **Beckenbauer** Franz, 11. 9. 1945 (Bayern München) 1965 SWE, AUT, CYP – 1966 ENG, NED, IRL, NIR, YUG, SUI, ARG, ESP, URU, URS, ENG, NOR – 1967 MAR, ALB, YUG, FRA, ROU – 1968 BEL, SUI, ENG, BRA, FRA, AUT, BRA, CHI, MEX – 1969 SCO, AUT, CYP, AUT, BUL, SCO – 1970 ROU, IRL, YUG, MAR, BUL, PER, ENG, ITA, HUN, TUR, YUG, GRE – 1971 ALB, TUR, ALB, NOR, SWE, DEN, MEX, POL, POL – 1972 HUN, ENG, ENG, URS, BEL, URS, SUI – 1973 ARG, CSV, YUG, BUL, BRA, URS, AUT, FRA, SCO, ESP – 1974 ESP, ITA, SCO, HUN, SWE, CHI, AUS, DDR, YUG, SWE, POL, NED, SUI, GRE, MLT – 1975 ENG, BUL, NED, AUT, GRE, BUL, TUR – 1976 MLT, ESP, ESP, YUG, CSV, WAL, CSV – 1977 FRA

1 **Becker** Fritz, 13. 9. 1888, † 19. 2. 1963 (Frankfurter Kickers) 1908 SUI

24 **Beer** Erich, 9. 12. 1946 (Hertha BSC) 1975 NED, AUT, GRE, BUL, TUR – 1976 MLT, ESP, ESP, YUG, CSV, WAL, CSV – 1977 FRA, YUG, ARG, BRA, MEX, FIN, ITA – 1978 BRA, POL, ITA, NED, AUT

11 **Beier** Albert, 28. 9. 1900, † 21. 9. 1972 (Hamburger SV) 1924 SUI – 1925 NED, SWE – 1926 SUI – 1928 SUI, URU, DEN, SWE – 1929 ITA, FIN – 1931 AUT

1 **Beiersdorfer** Dietmar, 16. 11. 1963 (Hamburger SV) 1991 BEL

17 **Bein**, Uwe, 26. 9. 1960 (Eintracht Frankfurt) 1989 FIN, WAL – 1990 FRA, URU, CSV, DEN, YUG, UAE, COL, CSV, POR, LUX – 1991 LUX – 1992 ITA – 1993 GHA, USA, TUN

5 **Beinlich** Stefan, 13. 1. 1972 (Bayer Leverkusen 4, Hertha BSC 1) 1998 MLT, TUR, MDA – 2000 CRO, ESP

4 **Bella** Michael, 29. 9. 1945 (MSV Duisburg) 1968 CHI, MEX – 1970 GRE – 1971 ALB

11 **Bellarabi** Karim, 8. 4. 1990 (Bayer Leverkusen) 2014 POL, IRL, GIB, ESP – 2015 AUS, USA, GIB, POL, IRL, GEO – 2016 FIN

9 **Bender** Jakob, 23. 3. 1910, † 8. 2. 1981 (Fortuna Düsseldorf) 1933 BEL, NOR, POL – 1934 CSV, AUT, POL – 1935 IRL, ESP, SWE

19 **Bender** Lars, 27. 4. 1989 (Bayer Leverkusen) 2011 POL, UKR, NED – 2012 FRA, SUI, ISR, POR, NED, DEN, ARG, NED – 2013 FRA, ECU, USA, PAR, ITA, ENG – 2014 GIB, ESP

7 **Bender** Sven, 27. 4. 1989 (Borussia Dortmund) 2011 AUS – 2012 SUI, NED – 2013 USA, AUT, ITA, ENG

8 **Benthaus** Helmut, 5. 6. 1935 (Westfalia Herne) 1958 BUL, EGY – 1959 SCO, SUI, NED, HUN – 1960 CHI, BUL

1 **Berg** Walter, 21. 4. 1916, † 12. 5. 1949 (FC Schalke 04) 1938 LUX

1 **Berghausen** Alfred, 9. 12. 1889, † 6. 9. 1954 (Preußen Duisburg) 1910 BEL

8 **Bergmaier** Josef, 5. 3. 1909, † 5. 3. 1943 (Bayern München) 1930 SUI, ENG – 1931 FRA, AUT, SWE, NOR – 1932 SWE – 1933 ITA

5 **Bernard** Günter, 4. 11. 1939 (Schweinfurt 05 2, Werder Bremen 3) 1962 FRA, SUI – 1966 NED, NIR – 1968 WAL

2 **Bernard** Robert, 10. 3. 1913, † 17. 2. 1990 (VfR Schweinfurt) 1936 LUX, NOR
3 **Berndt** Hans, 30. 10. 1913, † 9. 4. 1988 (Tennis Borussia Berlin) 1937 LVA, EST – 1938 HUN
1 **Bert (Friedrich)** Adalbert, 10. 6. 1884, † 4. 7. 1962 (VfB Leipzig) 1910 BEL
1 **Berthold** Rudolf, 1. 4. 1903, † Dezember 1976 (Dresdner SC) 1928 SUI
62 **Berthold** Thomas, 12. 11. 1964 (Eintracht Frankfurt 21, Hellas Verona 10, AS Rom 18, VfB Stuttgart 13) 1985 HUN, POR, MLT, BUL, CSV, ENG, URS, SWE, POR – 1986 SUI, YUG, NED, URU, SCO, DEN, MAR, MEX, ARG, DEN, ESP, AUT – 1987 SWE, HUN – 1988 SWE, ARG, YUG, ITA, NED – 1989 BUL, NED, WAL – 1990 FRA, URU, CSV, DEN, YUG, UAE, COL, NED, CSV, ENG, ARG, POR, SWE, LUX, SUI – 1991 URS, BEL, WAL – 1994 ITA, UAE, IRL, AUT, CAN, BOL, ESP, KOR, BEL, BUL, ALB, MDA, ALB
3 **Biallas Hans**, 14. 10. 1918, † 20. 8. 2009 (TuS Duisburg 48/99) 1938 ROU – 1939 YUG, DEN
70 **Bierhoff** Oliver, 1. 5. 1968 (Udinese Calcio 31, AC Mailand 26, AS Monaco 13) 1996 POR, DEN, NED, NIR, LIE, CSV, RUS, CZE, POL, ARM, NIR – 1997 ALB, UKR, UKR, NIR, POR, ARM, ALB, RSA – 1998 OMA, KSA, BRA, NGA, FIN, COL, LUX, USA, YUG, IRN, MEX, CRO, MLT, ROU, TUR, MDA, NED – 1999 NIR, FIN, SCO, MDA, FIN, NIR, TUR, NOR – 2000 NED, CRO, SUI, CZE, LIE, ROU, ENG, DEN – 2001 FRA, ALB, SVK, FIN, HUN, FIN, UKR – 2002 ISR, USA, ARG, KUW, WAL, AUT, KSA, IRL, USA, KOR, BRA
3 **Bierofka** Daniel, 7. 2. 1979 (TSV München 1860 2, Bayer Leverkusen 1) 2002 KUW, AUT, BUL
7 **Biesinger** Ulrich, 6. 8. 1933, † 18. 6. 2011 (BC Augsburg) 1954 BEL – 1955 IRL, NOR – 1956 NOR, SWE, URS – 1958 EGY
1 **Billen** Matthias, 29. 3. 1910, † 1. 7. 1989 (VfL Osnabrück) 1936 LUX
11 **Billmann** Willi, 15. 1. 1911, † 5. 7. 2001 (1. FC Nürnberg) 1937 SUI – 1938 HUN – 1939 YUG, BUL, BOH, ITA, SVK – 1940 HUN, ITA – 1941 ROU, SWE
9 **Binder** Franz, 1. 12. 1911, † 24. 4. 1989 (Rapid Wien) 1939 BEL, SVK, BOH, ITA – 1940 HUN, YUG, ITA, DEN – 1941 ROU (+ 19 A für Österreich)
14 **Binz** Manfred, 22. 9. 1965 (Eintracht Frankfurt) 1990 POR, SWE, LUX – 1991 ENG, WAL, BEL, LUX – 1992 ITA, CSV, TUR, NIR, CIS, SCO, NED
2 **Bleidick** Hartwig, 26. 12. 1944 (Borussia Mönchengladbach) 1971 ALB, NOR
1 **Blum** Ernst, 25. 1. 1904, † 17. 5. 1980 (VfB Stuttgart) 1927 DEN
1 **Blunk** Wilhelm, 12. 12. 1902, † 25. 10. 1975 (Hamburger SV) 1929 FIN
76 **Boateng** Jerome, 3. 9. 1988 (Hamburger SV 10, Manchester City 3, Bayern München 63) 2009 RUS, CIV – 2010 ARG, MLT, HUN, GHA, ENG, ARG, ESP, URU, DEN, SWE – 2011 ITA, BRA, AUT, POL, TUR, UKR, NED – 2012 FRA, ISR, POR, NED, GRE, ITA, ARG, IRL, SWE – 2013 KAZ, PAR, AUT, FRO, IRL, SWE, ITA, ENG – 2014 CHI, CMR, ARM, POR, GHA, USA, ALG, FRA, BRA, ARG, SCO, POL, IRL, GIB – 2015 GEO, GIB, POL, SCO, IRL, GEO, FRA – 2016 SVK, HUN, UKR, POL, NIR, SVK, ITA, FRA, CZE, NIR, NIR – 2018 ESP, BRA, KSA, MEX, SWE, FRA, PER, NED
37 **Bobic** Fredi, 30. 10. 1971 (VfB Stuttgart 19, Hannover 96 7, Hertha BSC 11) 1994 HUN – 1995 ITA, BEL, MDA, BUL, RSA – 1996 NIR, FRA, CZE, ITA, CRO, POL, ARM, NIR, POR – 1997 ISR, UKR, ALB – 1998 KSA – 2002 NED – 2003 ESP, LTU, SCG, CAN, SCO, FRO, ITA, SCO, ISL, FRA – 2004 CRO, BEL, ROU, MLT, HUN, NED, LVA
1 **Bockenfeld** Manfred, 23. 7. 1960 (Fortuna Düsseldorf) 1984 BUL
40 **Bode** Marco, 23. 7. 1969 (Werder Bremen) 1995 RSA – 1996 NIR, LIE, ITA, ENG, CZE, POL, ARM – 1998 TUR – 1999 USA, COL, NIR, FIN, MDA, NIR, TUR, NOR – 2000 SUI, CZE, LIE, ENG, POR, ESP, GRE, ENG, DEN – 2001 FRA, ALB, GRE, SVK, FIN, HUN – 2002 WAL, AUT, IRL, CMR, PAR, USA,KOR, BRA
1 **Bögelein** Karl, 28. 1. 1927, † 9. 8. 2016 (VfB Stuttgart) 1951 LUX
10 **Böhme** Jörg, 22. 1. 1974 (FC Schalke 04) 2001 SVK, HUN, ENG, FIN – 2002 USA, ARG, LTU, NED – 2003 ESP, LTU
1 **Bökle** Otto, 17. 2. 1912, † 16. 8. 1988 (VfB Stuttgart) 1935 LVA
1 **Bollmann** Albert, 5. 10. 1889, † 26. 1. 1959 (Schwarz-Weiß Essen) 1914 NED
6 **Bommer** Rudolf, 19. 8. 1957 (Fortuna Düsseldorf) 1984 BUL, BEL, URS, ITA, POR, ARG
4 **Bongartz** Hans, 3. 10. 1951 (FC Schalke 04) 1976 MLT, CSV – 1977 MEX, FIN
53 **Bonhof** Rainer, 29. 3. 1952 (Borussia Mönchengladbach 40, FC Valencia 11, 1. FC Köln 2) 1972 URS – 1973 ESP – 1974 HUN, SWE, YUG, SWE, POL, NED, SUI, MLT – 1975 ENG, BUL, NED, TUR – 1976 ESP, ESP, YUG, CSV, CSV – 1977 FRA, NIR, YUG, ARG, URU, BRA, MEX, FIN, ITA, SUI, WAL – 1978 ENG, URS, BRA, SWE, POL, MEX, TUN, ITA, NED, AUT, CSV, HUN, NED – 1979 MLT, TUR, WAL, ARG, WAL, TUR – 1980 MLT, AUT – 1981 ARG, BRA
6 **Borchers** Ronald, 10. 8. 1957 (Eintracht Frankfurt) 1978 NED – 1979 TUR – 1980 BUL – 1981 FIN, POL, FIN
1 **Borck** Walter, 1. 5. 1891, † 5. 1. 1949 (MTV München) 1911 HUN

1 **Borkenhagen** Kurt, 30. 12. 1919, † 12. 5. 2012 (Fortuna Düsseldorf) 1952 FRA
6 **Borowka** Ulrich, 19. 5. 1962 (Werder Bremen) 1988 ARG, YUG, ITA, DEN, ESP, NED
33 **Borowski** Tim, 2. 5. 1980 (Werder Bremen) 2002 BUL, BIH – 2004 AUT, IRN, CMR, JPN, THA – 2005 SVN, NIR, BRA, NED, RSA, TUR, CHN, FRA – 2006 ITA, USA, LUX, JPN, COL, CRC, POL, ECU, SWE, ARG, ITA, SWE, IRL – 2007 SUI, CYP, WAL – 2008 AUT, POR
5 **Bosch** Hermann, 10. 3. 1891, † 15. 11. 1916 (Karlsruher FV) 1912 AUT, HUN, DEN, NED – 1913 SUI
35 **Brandt** Julian, 2. 5. 1996 (Bayer Leverkusen 25, Borussia Dortmund 10) 2016 SVK, FIN, NOR, CZE – 2017 ENG, DEN, SMR, AUS, CMR, MEX, CZE, AZE, ENG – 2018 BRA, AUT, KSA, MEX, SWE, KOR, PER, NED, FRA, RUS – 2019 SRB, BLR, NED, NIR, ARG, EST, BLR, NIR – 2020 SUI, TUR, CZE, UKR
8 **Brdaric** Thomas, 23. 1. 1975 (Bayer Leverkusen 1, Hannover 96 3, VfL Wolfsburg 4) 2002 USA – 2004 SUI, HUN, LVA, AUT, IRN, KOR, THA
86 **Brehme** Andreas, 9. 11. 1960 (1. FC Kaiserslautern 40, Bayern München 12, Inter Mailand 34) 1984 BUL, BEL, URS, FRA, ITA, POR, ROU, ESP, ARG, SWE, MLT – 1985 MLT, BUL, CSV, ENG, MEX, URS, SWE, POR, CSV – 1986 BRA, SUI, NED, URU, DEN, MEX, FRA, ARG – 1987 ISR, FRA, ENG, SWE, BRA – 1988 ARG, SUI, YUG, ITA, DEN, ESP, NED, FIN, NED – 1989 BUL, NED, WAL, FIN, WAL – 1990 FRA, URU, CSV, DEN, YUG, UAE, NED, CSV, ENG, ARG, POR, SWE, LUX – 1991 BEL, WAL, ENG, WAL, BEL, LUX – 1992 ITA, TUR, NIR, URS, SCO, NED, SWE, DEN – 1993 BRA, ARG, USA – 1994 ITA, UAE, AUT, CAN, BOL, ESP, KOR, BEL, BUL
48 **Breitner** Paul, 5. 9. 1951 (Bayern München 46, Real Madrid 2) 1971 NOR, POL – 1972 HUN, ENG, ENG, URS, BEL, URS, SUI – 1973 ARG, CSV, YUG, BUL, BRA, URS – 1974 ESP, ITA, SCO, SWE, CHI, AUS, DDR, YUG, SWE, POL, NED – 1975 BUL, GRE – 1981 AUT, BRA, FIN, POL, FIN, AUT, ALB, BUL – 1982 POR, BRA, ARG, CSV, NOR, ALG, CHI, AUT, ENG, ESP, FRA, ITA
1 **Brenninger** Dieter, 16. 2. 1944 (Bayern München) 1969 AUT
2 **Breuer** Theo, 15. 3. 1909, † 8. 12. 1980 (Fortuna Düsseldorf) 1933 BEL, NOR
9 **Breunig** Max, 12. 11. 1888, † 4. 7. 1961 (Karlsruher FV 7, 1. FC Pforzheim 2) 1910 NED – 1911 SUI, BEL, AUT – 1912 NED, AUT, NED – 1913 DEN, BEL
1 **Breynck** Andreas, 26. 9. 1888, † 12. 7. 1957 (Preußen Duisburg) 1910 BEL
72 **Briegel** Hans-Peter, 11. 10. 1955 (1. FC Kaiserslautern 53, Hellas Verona 19) 1979 WAL, URS – 1980 AUT, POL, CSV, NED, GRE, BEL, SUI, NED, FRA, BUL – 1981 ARG, BRA, AUT, BRA, FIN, POL, FIN, AUT, ALB, BUL – 1982 POR, BRA, ARG, CSV, NOR, ALG, CHI, AUT, ENG, ESP, FRA, ITA, BEL, ENG, NIR – 1983 POR, ALB, TUR, AUT, YUG, HUN, AUT, TUR, NIR, ALB – 1984 URS, FRA, ITA, POR, ROU, ESP, SWE, MLT – 1985 HUN, POR, MLT, SWE, POR, CSV – 1986 ITA, BRA, SUI, YUG, NED, URU, SCO, MAR, MEX, FRA, ARG
25 **Brülls** Albert, 26. 3. 1937, † 28. 3. 2004 (Borussia Mönchengladbach 22, AC Brescia 3) 1959 SUI, NED, HUN, YUG – 1960 CHI, POR, IRL, ISL, NIR, GRE, BUL – 1961 BEL, CHI, NIR, DEN, POL, GRE – 1962 URU, ITA, SUI, CHI, YUG – 1966 NED, SUI, ARG
7 **Brunke** Hans, 1. 10. 1904, † 6. 3. 1985 (Tennis Borussia Berlin) 1927 DEN, NOR – 1929 SCO – 1930 DEN – 1931 SWE, NOR, AUT
5 **Brunnenmeier** Rudolf, 11. 2. 1941, † 18. 4. 2003 (TSV München 1860) 1964 SWE – 1965 ITA, SWE, AUT, CYP
4 **Bruns** Hans-Günther, 15. 11. 1954 (Borussia Mönchengladbach) 1984 BEL, URS, FRA, ARG
17 **Buchloh** Fritz, 26. 11. 1909, † Juli 1998 (VfB Speldorf) 1932 NED – 1933 ITA, BEL, NOR – 1934 LUX, POL, DEN – 1935 SUI, NED, IRL, ESP, SWE, ROU, BUL – 1936 POR, LUX, POL
76 **Buchwald** Guido, 24. 1. 1961 (VfB Stuttgart) 1984 ITA, POR, ROU – 1986 ITA, BRA, SUI, YUG, DEN, ESP, AUT – 1987 ISR, ITA, FRA, ENG, DEN, SWE, BRA – 1988 SWE, ITA, DEN, FIN, URS, NED – 1989 BUL, NED, WAL, IRL, FIN, WAL – 1990 URU, CSV, DEN, YUG, UAE, COL, NED, CSV, ENG, ARG, POR, SUI – 1991 URS, WAL, ENG, WAL, BEL, LUX – 1992 ITA, CSV, TUR, NIR, URS, SCO, SWE, DEN, DEN, MEX, AUT, BRA, URU – 1993 SCO, GHA, BRA, USA, ENG, TUN, URU, BRA, ARG, USA – 1994 ITA, UAE, IRL, KOR, BEL, BUL
1 **Budzinski-Kreth** Lothar, 7. 8. 1886, † 1. 3. 1955 (Duisburger SV) 1910 BEL
1 **Bülte** Otto, 4. 9. 1886, † 30. 11. 1949 (Eintracht Braunschweig) 1910 NED
12 **Burdenski** Dieter, 26. 11. 1950 (Werder Bremen) 1977 URU – 1978 SWE, NED – 1979 TUR, IRL, ARG, WAL – 1980 MLT – 1983 YUG, HUN – 1984 BUL, ITA
5 **Burdenski** Herbert, 19. 5. 1922, † 15. 9. 2001 (FC Schalke 04 3, Werder Bremen 2) 1941 FIN – 1942 BUL, ROU – 1950 SUI – 1951 SUI
11 **Burger** Karl, 26. 12. 1883, † 3. 10. 1959 (SpVgg Fürth) 1909 SUI – 1910 SUI – 1911 SUI, ENG, BEL, SWE, AUT, SWE – 1912 NED, SUI, RUS

3 **Burgsmüller** Manfred, 22. 12. 1949, † 18. 5. 2019 (Borussia Dortmund) 1977 SUI, WAL – 1978 ENG

1 **Burkhardt** Theodor, 31. 1. 1905, † 14. 3. 1958 (Germania Brötzingen) 1930 HUN

13 **Busch** Willy, 4. 1. 1907, † 1982 (TuS Duisburg 48/99) 1933 BEL, NOR – 1934 SWE, CSV, AUT, POL – 1935 SUI, NED, FRA, BEL, ESP, LUX – 1936 LUX

4 **Butt** Hans-Jörg, 28. 5. 1974 (Hamburger SV 1, Bayer Leverkusen 2, Bayern München 1) 2000 LIE – 2002 USA – 2003 CAN – 2010 URU

23 **Cacau**, 27. 3. 1981 (VfB Stuttgart) 2009 CHN, UAE, AZE, FIN – 2010 ARG, MLT, HUN, BIH, AUS, SRB, GHA, URU, BEL, AZE, TUR, KAZ, SWE – 2011 BRA, POL, BEL, UKR – 2012 FRA, SUI

37 **Can** Emre, 12. 1. 1994 (FC Liverpool 20, Juventus Turin 5, Borussia Dortmund 12) 2015 POL, SCO, FRA – 2016 ENG, ITA, HUN, FRA – 2017 ENG, DEN, SMR, AUS, CHI, CMR, MEX, CHI, CZE, NIR, AZE, ENG, FRA – 2018 NED – 2019 NIR, ARG, EST, NIR – 2020 ESP, SUI, TUR, UKR, SUI – 2021 ISL, ROU, MKD, LVA, FRA, POR, ENG

5 **Castro** Gonzalo, 11. 6. 1987 (Bayer Leverkusen) 2007 DEN, ENG, ROU, IRL, WAL

7 **Cieslarczyk** Hans, 3. 5. 1937, † 10. 6. 2020 (SV Sodingen 5, Borussia Dortmund 2) 1957 HUN – 1958 ESP, CSV, SWE, FRA, DEN, FRA

2 **Claus-Oehler** Walter, 7. 5. 1897, † 8. 11. 1941 (Arminia Bielefeld) 1923 NED, FIN

1 **Compper** Marvin, 14. 6. 1985 (TSG Hoffenheim) 2008 ENG

28 **Conen** Edmund, 10. 11. 1914, † 5. 3. 1990 (FV Saarbrücken 14, Stuttgarter Kickers 14) 1934 HUN, BEL, SWE, CSV, AUT – 1935 SUI, NED, FRA, ESP, CSV, NOR, SWE, FIN, POL – 1939 DEN, YUG, BUL, ITA – 1940 HUN, FIN, SVK, HUN, BUL – 1941 DEN, SVK – 1942 CRO, ESP, HUN

40 **Cullmann** Bernd, 1. 11. 1949 (1. FC Köln) 1973 ARG, CSV, BUL, BRA, AUT, FRA, SCO, ESP – 1974 ITA, SCO, HUN, SWE, CHI, AUS, DDR, SUI, GRE, MLT – 1975 ENG, NED – 1976 MLT, ESP – 1978 CSV, HUN, NED – 1979 MLT, TUR, WAL, IRL, ISL, ARG, WAL, URS, TUR – 1980 MLT, AUT, POL, CSV, GRE, BEL

2 **Dahoud** Mahmoud, 1. 1. 1996 (Borussia Dortmund) 2020 TUR, CZE

3 **Damminger** Ludwig, 29. 10. 1913, † 4. 2. 1981 (Karlsruher FV) 1935 BEL, IRL, EST

6 **Danner** Dietmar, 29. 11. 1950 (Borussia Mönchengladbach) 1973 URS – 1975 AUT, BUL, TUR – 1976 ESP, YUG

8 **Decker** Karl, 5. 9. 1921, † 27. 9. 2005 (First Vienna FC) 1942 CRO, SUI, ESP, HUN, BUL, ROU, SWE, SVK (+ 25 A für Österreich)

1 **Deike** Fritz, 24. 6. 1913, † 21. 10. 1973 (Hannover 96) 1935 ROU

36 **Deisler** Sebastian , 5. 1. 1980 (Hertha BSC 19, Bayern München 17) 2000 NED, CZE, LIE, ROU, ENG, POR, ESP, GRE, ENG – 2001 ALB, GRE, SVK, ALB, HUN, ENG, FIN – 2002 KUW, WAL, AUT – 2003 ISL – 2004 BRA, IRN – 2005 NIR, RUS, AUS, TUN, ARG, BRA, MEX, NED, SVK, RSA, TUR, CHN, FRA – 2006 ITA

2 **Del'Haye** Karl, 18. 8. 1955 (Borussia Mönchengladbach) 1980 AUT, GRE

2 **Demirbay** Kerem, 3. 7. 1993 (TSG Hoffenheim) 2017 DEN, CMR

1 **Demme** Diego, 21. 11. 1991 (RB Leipzig) 2017 SMR

2 **Derwall** Josef, 10. 3. 1927, † 26. 6. 2007 (Fortuna Düsseldorf) 1954 ENG, POR

1 **Deyhle** Erwin, 19. 1. 1914, † Dezember 1989 (Stuttgarter Kickers) 1939 EST

4 **Diemer** Kurt, 17. 5. 1893, † 13. 12. 1953 (Britannia Berlin) 1912 DEN, NED – 1913 ENG, SUI

1 **Dietrich** Peter, 6. 3. 1944 (Borussia Mönchengladbach) 1970 IRL

53 **Dietz** Bernard, 22. 3. 1948 (MSV Duisburg) 1974 MLT – 1975 BUL, TUR – 1976 MLT, ESP, ESP, YUG, CSV, WAL, CSV – 1977 FRA, NIR, ARG, URU, BRA, MEX, FIN, ITA, SUI, WAL – 1978 ENG, URS, BRA, SWE, MEX, TUN, ITA, NED, AUT, CSV, HUN, NED – 1979 MLT, TUN, WAL, ARG, WAL, URS, TUR – 1980 MLT, AUT, POL, CSV, NED, BEL, SUI, NED, FRA, BUL – 1981 ARG, BRA, ALB, BRA

3 **Ditgens** Heinz, 3. 7. 1914, † 20. 6. 1998 (Borussia Mönchengladbach) 1936 LUX, NOR – 1938 LUX

15 **Dörfel** Bernd, 18. 12. 1944 (Hamburger SV 4, Eintracht Braunschweig 11) 1966 NOR – 1967 ALB – 1968 ENG, BRA, FRA, AUT, CYP, BRA, CHI, MEX – 1969 WAL, SCO, AUT, AUT, BUL

2 **Dörfel** Friedrich, 19. 2. 1915, † 8. 11. 1980 (Hamburger SV) 1942 ESP, HUN

11 **Dörfel** Gert, 18. 9. 1939 (Hamburger SV) 1960 ISL, NIR, GRE, BUL – 1961 BEL, CHI – 1963 BRA, TUR, SWE – 1964 SCO, SWE

2 **Dörner** Herbert, 14. 7. 1930, † 26. 3. 1991 (1. FC Köln) 1956 NOR, SWE

2 **Dogan** Mustafa, 1. 1. 1976 (Fenerbahçe Istanbul) 1999 USA, TUR

18 **Doll** Thomas, 9. 4. 1966 (Hamburger SV 3, Lazio Rom 15) 1991 URS, BEL, WAL, ENG, WAL, BEL, LUX – 1992 ITA, NIR, URS, NED, SWE, DEN, DEN, AUT, BRA, URU – 1993 SCO (+ 29 A für die DDR)

7 **Dorfner** Hans, 3. 7. 1965 (Bayern München) 1987 FRA, ENG, SWE – 1988 SUI, YUG – 1989 IRL, WAL

56 **Draxler** Julian, 20. 9. 1993 (FC Schalke 04 15, VfL Wolfsburg 12, Paris Saint-Germain 29) 2012 SUI, FRO, NED – 2013 KAZ, ECU, USA, AUT, FRO, SWE, ENG – 2014 POL, BRA, ARG, POL, IRL – 2015 FRA – 2016 ITA, SVK, HUN, UKR, POL, SVK, ITA, FRA, NOR, CZE, NIR – 2017 AZE, DEN, SMR, AUS, CHI, CMR, MEX, CHI, CZE, NOR, NIR, ENG, FRA – 2018 ESP, BRA, AUT, KSA, MEX, SWE, PER, NED, FRA – 2019 BLR, EST – 2020 ESP, SUI, TUR, UKR, SUI

27 **Dremmler** Wolfgang, 12. 7. 1954 (Bayern München) 1981 BRA, FIN, POL, FIN, AUT, ALB, BUL – 1982 POR, BRA, ARG, CSV, ALG, CHI, AUT, ENG, ESP, FRA, ITA, BEL, ENG – 1983 POR, TUR, AUT, AUT, NIR, ALB – 1984 BEL

1 **Droz** Rudolf, 9. 1. 1888, † (Preußen Berlin) 1911 SWE

2 **Dumke** Otto, 29. 4. 1887, † 24. 5. 1913 (Viktoria 89 Berlin) 1911 SWE, SWE

6 **Durek** Ludwig, 27. 1. 1921, † 14. 4. 2000 (FC Wien) 1940 SVK – 1941 SVK – 1942 CRO, SUI, ESP, HUN (+ 2 A für Österreich)

7 **Durm** Erik, 12. 5. 1992 (Borussia Dortmund) 2014 CMR, ARG, SCO, POL, IRL, GIB, ESP

1 **Dutton** Edwin, 8. 4. 1890, † 24. 5. 1972 (Preußen Berlin) 1909 HUN

3 **Dzur** Walter, 18. 11. 1919, † 19. 10. 1999 (Dresdner SC) 1940 FIN, SVK – 1941 FIN

32 **Eckel** Horst, 8. 2. 1932 (1. FC Kaiserslautern) 1952 SUI, YUG, ESP – 1953 AUT, NOR, SAA, NOR – 1954 SUI, TUR, HUN, TUR, YUG, AUT, HUN – 1955 URS, YUG, NOR, ITA – 1956 NED, SWE, URS, SUI, IRL – 1957 HUN – 1958 BEL, ESP, CSV, ARG, NIR, YUG, SWE, AUT

1 **Eckert** Jakob, 19. 9. 1916, † 5. 6. 1940 (Wormatia Worms) 1937 SUI

7 **Eckstein** Dieter, 12. 3. 1964 (1. FC Nürnberg) 1986 ESP – 1987 HUN – 1988 SWE, ARG, YUG, ITA, FIN

9 **Eder** Norbert, 7. 11. 1955, † 2. 11. 2019 (Bayern München) 1986 YUG, NED, URU, SCO, DEN, MAR, MEX, FRA, ARG

3 **Edy (Pendorf)** Eduard, 18. 10. 1892, † 3. 11. 1958 (VfB Leipzig) 1913 ENG – 1922 SUI, AUT

35 **Effenberg** Stefan, 2. 8. 1968 (Bayern München 14, AC Florenz 21) 1991 WAL, ENG, WAL, BEL – 1992 CSV, TUR, NIR, URS, SCO, NED, SWE, DEN, DEN, MEX, AUT, BRA – 1993 SCO, GHA, BRA, USA, ENG, TUN, URU, BRA, ARG, USA, MEX – 1994 ITA, IRL, AUT, BOL, ESP, KOR – 1998 MLT, ROU

1 **Ehrmann** Kurt, 7. 6. 1922, † 2. 8. 2013 (Karlsruher FV) 1952 LUX

1 **Eiberle** Fritz, 17. 9. 1904, † 22. 9. 1987 (TSV München 1860) 1933 SUI

2 **Eichelmann** Paul 11. 10. 1879, † 9. 12. 1938 (Union 92 Berlin) 1908 ENG, AUT

3 **Eikhof** Ernst, 6. 5. 1892, † 19. 11. 1978 (Victoria Hamburg) 1923 NED, SUI, FIN

31 **Eilts** Dieter, 13. 12. 1964 (Werder Bremen) 1993 USA, MEX – 1994 RUS, HUN, ALB – 1995 GEO, WAL, BUL, BEL, MDA, WAL, BUL – 1996 DEN, NED, NIR, FRA, LIE, CSV, RUS, ITA, CRO, ENG, CSV, POL, ARM, NIR, POR – 1997 ISR, ALB, UKR, UKR

8 **Elbern** Franz, 1. 11. 1910, † 23. 2. 2002 (SV 06 Beuel) 1935 LUX – 1936 HUN, LUX, POL, CSV, SCO, ITA – 1937 LVA

3 **Emmerich** Heinz, 25. 2. 1908, † 10. 3. 1986 (Tennis Borussia Berlin) 1931 SWE, NOR, AUT

5 **Emmerich** Lothar, 29. 11. 1941, † 13. 8. 2003 (Borussia Dortmund) 1966 NED, ESP, URU, URS, ENG

3 **Engelhardt** Marco, 2. 12. 1980 (1. FC Kaiserslautern) 2004 JPN, THA – 2005 ARG

8 **Engels** Stephan, 6. 9. 1960 (1. FC Köln) 1982 BRA, ARG, CSV, ENG, NIR – 1983 ALB, TUR, AUT

8 **Enke** Robert, 24. 8. 1977, † 10. 11. 2009 (Hannover 96) 2007 DEN – 2008 BEL, LIE, FIN – 2009 LIE, WAL, CHN, AZE

3 **Eppenhoff** Hermann, 19. 5. 1919, † 10. 4. 1992 (FC Schalke 04) 1940 SVK – 1941 FIN – 1942 SUI

50 **Erhard** Herbert, 6. 7. 1930, † 3. 7. 2010 (SpVgg Fürth 49, Bayern München 1) 1953 SAA – 1954 BEL, FRA, ENG, POR – 1955 IRL – 1956 NOR, SWE, URS, IRL – 1957 AUT, NED, SWE, HUN – 1958 BEL, ESP, CSV, ARG, CSV, NIR, YUG, SWE, FRA, DEN, FRA, AUT, BUL – 1959 SCO, POL, SUI, NED, HUN, YUG – 1960 CHI, POR, IRL, ISL, NIR, GRE, BUL – 1961 BEL, CHI, NIR, POL, GRE – 1962 ITA, SUI, CHI, YUG, YUG

24 **Ernst** Fabian, 30. 5. 1979 (Werder Bremen 20, FC Schalke 04 4) 2002 KUW, BUL – 2003 FRA – 2004 BEL, ROU, SUI, HUN, NED, AUT, IRN, CMR, JPN, KOR – 2005 ARG, NIR, RUS, AUS, ARG, BRA, MEX, NED, SVK, RSA – 2006 USA

7 **Ertl** Georg, 17. 3. 1901, † 22. 10. 1968 (Wacker München) 1925 SWE, FIN, SUI – 1926 NED, NED, SUI – 1927 DEN

1 **Eschenlohr** Albert, 10. 3. 1898, † 9. 12. 1938 (Tennis Borussia Berlin) 1924 SWE

1 **Esser** Franz, 20. 1. 1900, † 21. 9. 1982 (Holstein Kiel) 1922 HUN

1 **Euler** Georg, 23. 12. 1905, † 14. 7. 1998 (SpVgg Sülz 07) 1936 POL

4 **Ewert** Fritz, 9. 2. 1937, † 16. 3. 1990 (1. FC Köln) 1959 NED – 1960 BUL – 1963 MAR – 1964 ALG

1 **Faas** Robert, 3. 4. 1889, † (1. FC Pforzheim) 1910 BEL

5 **Fach** Holger, 6. 9. 1962 (Bayer Uerdingen) 1988 FIN, NED – 1989 BUL, WAL, IRL

1 **Faeder** Helmut, 3. 7. 1935, † 3. 8. 2014 (Hertha BSC) 1958 EGY

2 **Fahrenhorst** Frank, 24. 9. 1977 (Werder Bremen) 2004 AUT, BRA

10 **Fahrian** Wolfgang, 31. 5. 1941 (TSG Ulm 46) 1962 URU, ITA, SUI, CHI, YUG, YUG, FRA – 1963 BRA, TUR – 1964 CSV

1 **Falk** Wilhelm, 3. 7. 1898, † 16. 10. 1961 (Wacker München) 1927 NED

4 **Falkenmayer** Ralf, 11. 2. 1963 (Eintracht Frankfurt) 1984 ARG, SWE – 1985 POR – 1986 SUI

13 **Fath** Josef, 27. 12. 1911, † 13. 8. 1985 (Wormatia Worms) 1934 POL, DEN – 1935 BEL, IRL, ESP, CSV, NOR, FIN, POL, ENG – 1936 ESP – 1938 HUN, POR

2 **Fathi** Malik, 29. 10. 1983 (Hertha BSC) 2006 SWE, GEO

2 **Ferner** Diethelm, 13. 7. 1941 (Werder Bremen) 1963 MAR – 1964 ALG

23 **Fichtel** Klaus, 19. 11. 1944 (FC Schalke 04) 1967 MAR, BUL, YUG – 1968 BEL, SUI, WAL, ENG, BRA, FRA – 1969 AUT, BUL, SCO – 1970 YUG, MAR, BUL, PER, ENG, URU, HUN, TUR – 1971 MEX, POL, POL

1 **Fick** Willy, 17. 2. 1891, † 5. 9. 1913 (Holstein Kiel) 1910 NED

6 **Fiederer** Hans, 21. 1. 1920, † 15. 12. 1980 (SpVgg Fürth) 1939 LUX, SVK – 1940 ROU, YUG – 1941 CRO, DEN

1 **Fiederer** Leo, 4. 4. 1897, 1. 10. 1946 (SpVgg Fürth) 1920 HUN

2 **Fischer** Erich, 31. 12. 1909, 17. 11. 1990 (1. FC Pforzheim) 1932 FIN – 1933 FRA

45 **Fischer** Klaus, 27. 12. 1949 (FC Schalke 04 30, 1. FC Köln 15) 1977 NIR, YUG, ARG, BRA, MEX, FIN, ITA, SUI, WAL – 1978 URS, BRA, SWE, POL, MEX, TUN, ITA, AUT, CSV, HUN, NED – 1979 MLT, WAL, ARG, WAL, URS, TUR – 1980 MLT – 1981 AUT, BRA, FIN, POL, FIN, AUT, ALB, BUL – 1982 POR, BRA, CSV, NOR, ALG, AUT, ENG, ESP, FRA, ITA

1 **Fischer** Paul, 6. 9. 1882, † 6. 2. 1942 (Viktoria 89 Berlin) 1908 ENG

5 **Fischer** Walter, 21. 2. 1889, † 3. 4. 1959 (Duisburger SV) 1911 SUI, BEL – 1913 ENG, BEL – 1914 NED

1 **Fitz** Wilhelm, 12. 3. 1918, † 25. 9. 1993 (Rapid Wien) 1942 SUI

1 **Fleischmann** Hans, 11. 5. 1898, † 28. 12. 1978 (VfR Mannheim) 1924 ITA

1 **Flick** Hermann, 22. 11. 1905, † 19. 1. 1944 (TuS Duisburg 48/99) 1929 FIN

1 **Flink** Karl, 7. 12. 1895, † 28. 11. 1958 (Kölner BC 01) 1922 HUN

39 **Flohe** Heinz, 28. 1. 1948, † 15. 6. 2013 (1. FC Köln) 1970 GRE – 1971 TUR, DEN – 1972 HUN, ENG – 1973 CSV, YUG, BUL, BRA, URS, AUT, FRA, SCO – 1974 HUN, DDR, YUG, SWE, MLT – 1975 ENG – 1976 YUG, CSV, WAL, CSV – 1977 FRA, NIR, YUG, URU, BRA, MEX, ITA, SUI, WAL – 1978 ENG, URS, BRA, POL, MEX, TUN, ITA

1 **Flotho** Heinz, 23. 2. 1915, † 29. 1. 2000 (VfL Osnabrück) 1939 LUX

2 **Foda** Franco, 23. 4. 1966 (1. FC Kaiserslautern) 1987 BRA, ARG

11 **Förderer** Fritz, 5. 1. 1888, † 20. 12. 1952 (Karlsruher FV) 1908 SUI, ENG – 1909 SUI – 1911 SUI, BEL, HUN – 1912 NED, RUS, HUN, NED – 1913 DEN

33 **Förster** Bernd, 3. 5. 1956 (VfB Stuttgart) 1979 IRL, ISL, URS, TUN – 1980 MLT, AUT, POL, CSV, GRE – 1981 POL, FIN – 1982 POR, ARG, CSV, NOR, ENG, ESP, FRA, ITA, BEL, ENG, NIR – 1983 POR, ALB, AUT, YUG, HUN, ALB – 1984 FRA, ITA, POR, ROU, ESP

81 **Förster** Karlheinz, 25. 7. 1958 (VfB Stuttgart) 1978 BRA, CSV – 1979 MLT, TUR, WAL, IRL, ISL, ARG, WAL, URS – 1980 MLT, AUT, POL, CSV, NED, GRE, BEL, SUI, NED, FRA, BUL – 1981 ARG, BRA, ALB, AUT, BRA, FIN, AUT, ALB, BUL – 1982 POR, BRA, ARG, CSV, NOR, ALG, CHI, AUT, ENG, ESP, FRA, ITA, BEL, ENG – 1983 POR, ALB, TUR, AUT, YUG, HUN, AUT, NIR, ALB – 1984 BUL, BEL, URS, FRA, ITA, POR, ROU, ESP, SWE, MLT – 1985 HUN, MLT, BUL, CSV, URS, SWE, POR, CSV – 1986 ITA, SUI, YUG, URU, SCO, DEN, MAR, MEX, FRA, ARG

1 **Forell** Paul, 14. 1. 1892, † 3. 8. 1959 (1. FC Pforzheim) 1920 HUN

4 **Frank** Georg, 14. 12. 1907, † 13. 11. 1944 (SpVgg Fürth) 1927 DEN – 1929 SUI, ITA – 1930 ITA

7 **Franke** Bernd, 12. 2. 1948 (Eintracht Braunschweig) 1973 CSV, BUL – 1977 NIR, ARG, SUI – 1982 POR, NOR

10 **Franz** Andreas, 27. 6. 1897, † 2. 5. 1970 (SpVgg Fürth) 1922 SUI, HUN – 1923 ITA, SWE – 1924 AUT, NED, ITA, SUI – 1925 SUI – 1926 SWE

19 **Freier** Paul, 26. 7. 1979 (VfL Bochum 17, Bayer Leverkusen 2) 2002 KUW, BUL, BIH, FRO, NED – 2003 ESP, LTU, SCG, CAN, SCO, FRO, ITA, FRA – 2004 CRO, BEL, ROU, MLT – 2005 ARG – 2007 DEN

21 **Freund** Steffen, 19. 1. 1970 (Borussia Dortmund) 1995 ESP, GEO, WAL, ITA, SUI, BEL, GEO, MDA, WAL, BUL – 1996 POR, DEN, NED, FRA, LIE, RUS, ITA, CRO, ENG – 1998 NGA, FIN

1 **Fricke** Willi, 6. 1. 1913, † 15. 6. 1963 (Arminia Hannover) 1935 LUX

82 **Friedrich** Arne, 29. 5. 1979 (Hertha BSC 79, VfL Wolfsburg 3) 2002 BUL, BIH, FRO, NED – 2003 ESP, LTU, SCG, CAN, SCO, FRO, ISL, SCO, ISL, FRA – 2004 CRO, BEL, ROU, MLT, SUI, NED, LVA, CZE, KOR, THA – 2005 SVN, RUS, AUS, TUN, BRA, NED, CHN, FRA – 2006 ITA, USA, LUX, COL, CRC, POL, ECU, SWE, ARG, ITA, SWE, IRL, SMR, GEO, SVK, CYP – 2007 SUI, ENG, WAL, ROU, IRL, CZE, CYP – 2008 SUI, SRB, AUT, POR, TUR, ESP, RUS, WAL, ENG – 2009 CHN, UAE, RSA, RUS, FIN – 2010 MLT, HUN, BIH, AUS, SRB, GHA, ENG, ARG, ESP, URU – 2011 AUS, URU, AUT

9 **Friedrich** Manuel, 13. 9. 1979 (1. FSV Mainz 05 7, Bayer Leverkusen 2) 2006 SWE, IRL, SMR, GEO, SVK, CYP – 2007 DEN, ROU – 2008 AUT

1 **Friedel** Georg, 6. 9. 1913, † 1. 6. 1987 (1. FC Nürnberg) 1937 NED

79 **Frings** Torsten, 22. 11. 1976 (Werder Bremen 50, Borussia Dortmund 17, Bayern München 12) 2001 FRA, SVK – 2002 ISR, USA, ARG, KUW, WAL, AUT, KSA, IRL, CMR, PAR, USA, KOR, BRA, LTU, BIH, FRO, NED – 2003 LTU, SCG, CAN, SCO – 2004 CRO, BEL, ROU, MLT, SUI, HUN, NED, LVA, CZE, AUT, BRA, CMR – 2005 ARG, SVN, NIR, RUS, AUS, TUN, ARG, BRA, MEX, NED, TUR, CHN, FRA – 2006 ITA, LUX, JPN, COL, CRC, POL, ECU, SWE, ARG, POR, SWE, IRL, SMR, GEO, SVK, CYP – 2007 SUI, CZE, SMR, SVK, IRL, CZE – 2008 BLR, SRB, POL, CRO, AUT, TUR, ESP, RUS – 2009 NOR

1 **Fritzsche** Walter, 19. 12. 1895, † 1956 (Vorwärts Berlin) 1921 AUT

22 **Fritz** Clemens, 7. 12. 1980 (Werder Bremen) 2006 GEO, SVK, CYP – 2007 SUI, DEN, SMR, SVK, IRL, CZE, CYP, WAL – 2008 SUI, BLR, SRB, POL, CRO, AUT, POR, BEL, LIE, FIN, WAL

19 **Frontzeck** Michael, 26. 3. 1964 (Borussia Mönchengladbach 16, VfB Stuttgart 3) 1984 ARG – 1985 URU, POR, MLT, BUL, MEX, CSV – 1986 DEN, ESP, AUT – 1987 ITA, ENG, DEN, URU, BRA – 1988 SWE – 1992 CSV, NED, DEN

6 **Fuchs** Gottfried, 3. 5. 1889, † 25. 2. 1972 (Karlsruher FV) 1911 SUI, BEL – 1912 NED, RUS, HUN – 1913 BEL

1 **Fürst** Fritz, 3. 7. 1891, † 8. 6. 1954 (Bayern München) 1913 SUI

2 **Funkel** Wolfgang, 10. 8. 1958 (Bayer Uerdingen) 1986 NED, AUT

4 **Gablonsky** Max, 1. 1. 1890, † 16. 7. 1969 (Bayern München) 1910 BEL – 1911 SUI, AUT, SWE

1 **Gaebelein** Arthur, 29. 3. 1891, † 4. 9. 1964 (Hohenzollern Halle) 1912 NED

3 **Gärtner** Ludwig, 19. 4. 1919, † 6. 6. 1995 (Olympia Lorsch) 1939 SVK – 1940 BUL – 1941 SWE

2 **Garrn (Ehlers)** Hermann, 11. 3. 1888, † 27. 3. 1966 (Victoria Hamburg) 1908 AUT – 1909 ENG

16 **Gauchel** Josef, 11. 9. 1916, † 21. 3. 1963 (TuS Neuendorf) 1936 LUX, POL – 1937 LUX, EST – 1938 LUX, ENG, SUI, POL – 1939 YUG, ITA, IRL, DEN, EST – 1940 HUN, YUG – 1942 BUL

5 **Gaudino** Maurizio, 12. 12. 1966 (Eintracht Frankfurt) 1993 TUN, BRA, MEX – 1994 UAE, CAN

2 **Gedlich** Richard, 17. 2. 1900, † 5. 1. 1971 (Dresdner SC) 1926 NED – 1927 DEN

2 **Gehlhaar** Paul, 27. 8. 1905, † 2. 7. 1968 (Hertha BSC) 1928 SWE – 1931 AUT

2 **Gehrts** Adolf, 30. 10. 1886, † 17. 1. 1943 (Victoria Hamburg) 1908 ENG – 1910 NED

6 **Geiger** Hans, 24. 12. 1905, † 17. 12. 1974 (ASV Nürnberg 2, 1. FC Nürnberg 4) 1926 NED, SUI – 1929 SUI, ITA, SCO, SWE

8 **Geiger** Rolf, 16. 10. 1934 (Stuttgarter Kickers 1, VfB Stuttgart 7) 1956 BEL – 1958 FRA, BUL – 1959 SCO, POL – 1964 CSV, SCO, FIN

20 **Gellesch** Rudolf, 01. 5. 1914, † 20. 8. 1990 (FC Schalke 04) 1935 LUX – 1936 HUN, CSV, SCO, ITA – 1937 NED, FRA, DEN, FIN, NOR, SWE – 1938 SUI, POR, ENG, SUI – 1939 BEL, NOR, HUN, BUL – 1941 FIN

5 **Gentner** Christian, 14. 8. 1985 (VfL Wolfsburg 4, VfB Stuttgart 1) 2009 CHN, UAE, RSA, FIN – 2010 DEN

2 **Gerber** Heiko, 11. 7. 1972 (VfB Stuttgart) 1999 BRA, USA

1 **Gerdau** Willi, 12. 2. 1929, † 11. 2. 2011 (Heider SV) 1957 SCO

1 **Gerhardt** Yannick, 13. 3. 1994 (VfL Wolfsburg) 2016 ITA

4 **Gerritzen** Felix, 6. 2. 1927, † 3. 7. 2007 (Preußen Münster) 1951 SUI, TUR, AUT, IRL

1 **Gersdorff** Bernd, 18. 11. 1946 (Eintracht Braunschweig) 1975 AUT

6 **Gerwien** Klaus, 11. 9. 1940 (Eintracht Braunschweig) 1963 MAR – 1964 ALG – 1968 CYP, BRA, CHI, MEX

4 **Geye** Reiner, 22. 11. 1949, † 8. 8. 2002 (Fortuna Düsseldorf) 1972 SUI – 1973 ARG – 1974 SUI, GRE

14 **Giesemann** Willi, 2. 9. 1937 (Bayern München 11, Hamburger SV 3) 1960 IRL, NIR, GRE, BUL – 1961 BEL, CHI, DEN, POL, GRE – 1962 CHI, YUG – 1964 SCO, SWE – 1965 BRA

44 **Ginter** Matthias, 19. 1. 1994 (SC Freiburg 2, Borussia Dortmund 12, Borussia Mönchengladbach 30) 2014 CHI, POL, ARG, SCO, IRL – 2015 IRL, GEO, FRA – 2016 ITA – 2017 DEN, CHI, CMR, MEX, CHI, CZE, AZE, ENG – 2018 KSA, FRA, PER, NED, FRA, RUS – 2019 NED, BLR, EST, NED, NIR, BLR – 2020 ESP, SUI, UKR, SUI, UKR, ESP – 2021 ISL, ROU, MKD, DEN, LVA, FRA, POR, HUN, ENG

5 **Glaser** Josef, 11. 5. 1887, † 12. 08. 1969 (Freiburger FC) 1909 ENG, SUI, – 1910 BEL – 1912 SUI, RUS

26 **Gnabry** Serge, 14. 7. 1995 (Werder Bremen 2, Bayern München 24) 2016 SMR, ITA – 2018 FRA, RUS, NED – 2019 NED, BLR, EST, NED, NIR, ARG, BLR, NIR – 2020 UKR, SUI, UKR, ESP – 2021 ISL, ROU, MKD, DEN, LVA, FRA, POR, HUN, ENG

1 **Goede** Erich, 24. 5. 1916, † 13. 5. 1949 (Berliner SV 92) 1939 SVK

2 **Görlitz** Andreas, 31. 1. 1982 (Bayern München) 2004 BRA, IRN

2 **Görtz** Armin, 30. 8. 1959 (1. FC Köln) 1988 SUI, FIN

63 **Götze** Mario, 3. 6. 1992 (Borussia Dortmund 29, Bayern München 34) 2010 SWE – 2011 ITA, KAZ, AUS, URU, AZE, BRA, AUT, POL, TUR, UKR, NED – 2012 SUI, ISR, GRE, ARG, FRO, AUT, SWE, NED – 2013 KAZ, KAZ, IRL, SWE, ITA, ENG – 2014 CHI CMR, ARM, POR, GHA, USA, ALG, FRA, ARG, ARG, SCO, POL, IRL, GIB, ESP – 2015 AUS, GEO, USA, GIB, POL, SCO, IRL – 2016 ENG, ITA, SVK, HUN, UKR, POL, NIR, FRA, FIN, NOR, CZE, NIR, SMR, ITA – 2017 FRA

39 **Goldbrunner** Ludwig, 5. 3. 1908, † 26. 9. 1981 (Bayern München) 1933 SUI – 1934 HUN – 1935 SUI, BEL, IRL, CSV, NOR, FIN, POL, BUL, ESP – 1936 ESP, POR, LUX, NOR, CSV, SCO, IRL, ITA – 1937 NED, FRA, BEL, SUI, DEN, FIN, EST, NOR, SWE – 1938 HUN, POR, ESP, SUI, POL – 1939 BEL, ITA, NOR, HUN – 1940 HUN, BUL

78 **Gomez** Mario, 10. 07. 1985 (VfB Stuttgart 32, Bayern München 33, AC Florenz 2, Besiktas Istanbul 8, VfL Wolfsburg 3) 2007 SUI, SMR, SVK, IRL, CZE, CYP, WAL – 2008 AUT, SUI, SRB, POL, CRO, AUT, ESP, BEL, LIE, FIN, RUS, WAL, ENG – 2009 NOR, LIE, WAL, CHN, UAE, AZE, RSA, AZE, RUS, FIN, CIV – 2010 ARG, HUN, BIH, AUS, SRB, ENG, ESP, DEN, KAZ, SWE – 2011 KAZ, AUS, URU, AUT, AZE, BRA, TUR, BEL, UKR – 2012 FRA, ISR, POR, NED, DEN, GRE, ITA – 2013 FRA, PAR – 2014 ARG – 2015 FRA – 2016 ENG, SVK, HUN, POL, NIR, SVK, ITA, SMR – 2017 AZE, NOR – 2018 ESP, BRA, AUT, KSA, MEX, SWE, KOR

35 **Goretzka** Leon, 6. 2. 1995 (FC Schalke 04 16, Bayern München 19) 2014 POL – 2016 SMR, ITA – 2017 DEN, SMR, AUS, CHI, MEX, CHI, NOR, NIR, AZE – 2018 ESP, BRA, AUT, KOR, FRA, RUS, NED – 2019 SRB, NED, BLR, EST, BLR, NIR – 2020 UKR, SUI, UKR, ESP – 2021 ISL, ROU, MKD, POR, HUN, ENG

11 **Gosens** Robin, 5. 7. 1994 (Atalanta Bergamo) 2020 ESP, SUI, TUR, SUI, MKD – 2021, DEN, LVA, FRA, POR, HUN, ENG

1 **Gottinger** Richard, 4. 6. 1926, † 5. 3. 2008 (SpVgg Fürth) 1953 SAA

44 **Grabowski** Jürgen, 7. 7. 1944 (Eintracht Frankfurt) 1966 IRL, NIR, ROU, TUR – 1970 ESP, ROU, IRL, MAR, BUL, PER, ENG, ITA, HUN, TUR, YUG, GRE – 1971 ALB, TUR, ALB, NOR, SWE, DEN, MEX, POL, POL – 1972 ENG, BEL – 1973 YUG, BUL, URS, AUT, FRA, SCO, ESP – 1974 ESP, SCO, HUN, SWE, CHI, AUS, DDR, SWE, POL, NED

3 **Gramlich** Hermann, 24. 4. 1913, † 5. 3. 1942 (FC 08 Villingen) 1935 LUX, ROU, POL

22 **Gramlich** Rudolf, 6. 6. 1908, † 14. 3. 1988 (Eintracht Frankfurt) 1931 DEN – 1932 SUI, FIN – 1933 ITA, FRA, SUI – 1934 HUN, SWE, DEN – 1935 SUI, NED, FRA, BEL, ESP, CSV, NOR, FIN, POL, BUL, ENG – 1936 ESP, NOR

1 **Gröner** Emil, 25. 3. 1892, † 12. 12. 1944 (Stuttgarter SC) 1921 HUN

2 **Groh** Jürgen, 17. 7. 1956 (1. FC Kaiserslautern 1, Hamburger SV 1) 1979 ISL – 1983 HUN

1 **Gros** Wilhelm, 6. 7. 1892, † 22. 8. 1917 (Karlsruher FV) 1912 NED

1 **Groß** Volkmar, 31. 1. 1948, † 4. 7. 2014 (Hertha BSC) 1970 GRE

2 **Grosser** Peter, 28. 9. 1938, † 2. 3. 2021 (TSV München 1860) 1965 SWE – 1966 NIR

6 **Großkreutz** Kevin, 19. 7. 1988 (Borussia Dortmund) 2010 MLT, SWE – 2011 ITA – 2014 CHI, ARM, ARG

1 **Gruber** Hans, 4. 6. 1905, † 9. 10. 1967 (Duisburger SV) 1929 SCO

4 **Gründel** Heinz, 13. 2. 1957 (Hamburger SV) 1985 POR – 1986 ITA, BRA, NED

49 **Gündogan** Ilkay, 24. 10. 1990 (Borussia Dortmund 16, Manchester City 33) 2011 BEL – 2012 SUI, ARG, NED – 2013 FRA, KAZ, KAZ, PAR – 2015 AUS, USA, GIB, POL, SCO, IRL, GEO, FRA – 2016 CZE, NIR, SMR, ITA – 2017 ENG, FRA – 2018 ESP, BRA, AUT, KSA, SWE, FRA, PER – 2019 SRB, NED, BLR, EST, NED, EST, BLR, NIR – 2020 ESP, SUI, CZE, UKR, ESP – 2021 ISL, ROU, MKD, LVA, FRA, POR, HUN

3 **Günter** Christian, 28. 2. 1993 (SC Freiburg) 2014 POL – 2021 DEN, LVA

4 **Günther** Walter, 18. 11. 1915, † März 1989 (TuS Duisburg 48/99) 1935 LUX – 1936 POL, LUX – 1937 NED

2 **Haber** Marco, 21. 9. 1971 (VfB Stuttgart) 1995 BEL, RSA

3 **Hänel** Erich, 31. 10. 1915, † 17. 3. 2003 (BC Hartha) 1939 LUX, EST, SVK

101 **Häßler** Thomas, 30. 5. 1966 (1. FC Köln 17, Juventus Turin 5, AS Rom 33, Karlsruher SC 42, TSV München 1860 4) 1988 FIN, NED – 1989 BUL, NED, WAL, IRL, FIN, WAL – 1990 FRA, URU, CSV, DEN, YUG, UAE, COL, ENG, ARG, SWE, LUX, SUI – 1991 URS, BEL, ENG, WAL, LUX – 1992 ITA, CSV, TUR, NIR, URS, SCO, NED, SWE, DEN, MEX, AUT, BRA, URU – 1993 SCO, GHA, URU, ARG, BRA, USA, MEX – 1994 ITA, UAE, IRL, AUT, CAN, BOL, ESP, KOR, BEL, BUL, RUS, HUN, MDA, ALB – 1995 ESP, WAL, BUL, ITA, SUI, GEO, MDA, WAL, BUL, RSA – 1996 POR, DEN, NED, FRA, LIE, CZE, RUS, ITA, CRO, ENG, CSV, POL, ARM, NIR – 1997 NIR, POR, ARM, ALB, RSA – 1998 OMA, KSA, NGA, FIN, COL, USA, IRN, MEX, CRO, – 2000 CZE, LIE, ROU, POR

4 **Haferkamp** Hans, 11. 10. 1921, † 30. 6. 1974 (VfL Osnabrück) 1951 TUR, AUT, TUR – 1952 LUX

1 **Haftmann** Martin, 16. 7. 1899, 23. 7. 1961 (Dresdner SC) 1927 DEN

12 **Hagen** Hans, 15. 7. 1894, † 11. 10. 1957 (SpVgg Fürth) 1920 AUT – 1922 SUI – 1923 ITA, SWE – 1924 AUT, NED, ITA, SUI – 1925 NED – 1929 FIN – 1930 ITA, SUI

1 **Hahn** André, 13. 8. 1990 (FC Augsburg) 2014 POL

23 **Hahnemann** Wilhelm, 14. 4. 1914, † 23. 8. 1991 (Admira Wien) 1938 SUI, SUI, POL, ROU – 1939 BEL, YUG, ITA, IRL, DEN, ITA – 1940 YUG, ITA, ROU, FIN, SVK, HUN – 1941 SUI, HUN, SUI, CRO, SWE, DEN, SVK (+ 23 A für Österreich)

33 **Haller** Helmut, 21. 7. 1939, † 11. 10. 2012 (BC Augsburg 19, FC Bologna 8, Juventus Turin 6) 1958 DEN, FRA, AUT, BUL – 1959 POL – 1960 CHI, POR, IRL, ISL, GRE, BUL – 1961 BEL, DEN, POL, GRE – 1962 URU, ITA, SUI, YUG – 1964 SWE – 1966 IRL, YUG, SUI, ARG, URU, URS, ENG – 1969 SCO, CYP, SCO – 1970 ESP, ROU, MAR

9 **Halstenberg** Marcel, 27. 9. 1991 (RB Leipzig) 2017 ENG – 2019 SRB, EST, NIR, ARG, EST – 2020 IKR, SUI – 2021 POR

59 **Hamann** Dietmar, 27. 8. 1973 (Bayern München 12, Newcastle United 5, FC Liverpool 42) 1997 RSA – 1998 KSA, BRA, NGA, FIN, COL, LUX, USA, YUG, IRN, MEX, CRO, NED – 1999 NIR, FIN, SCO, MDA, TUR, NOR – 2000 NED, CRO, SUI, CZE, LIE, ROU, ENG, POR, ESP, ENG, DEN – 2001 FRA, ALB, HUN, ENG, UKR, UKR – 2002 ISR, USA, WAL, AUT, KSA, IRL, CMR, USA, KOR, BRA, LTU, FRO – 2003 LTU – 2004 CRO, BEL, ROU, MLT, SUI, HUN, NED, LVA, CZE – 2005 NED

1 **Hammerl** Franz, 9. 10. 1919, † 30. 7. 2001 (Post SV München) 1940 BUL

12 **Hanke** Mike, 5. 11. 1983 (FC Schalke 04 5, VfL Wolfsburg 6, Hannover 96 1) 2005 RUS, TUN, ARG, BRA, MEX, TUR – 2006 POR, GEO, SVK, CYP – 2007 SUI, CYP

1 **Hanke** Walter, 18. 3. 1910, 2. 9. 1980 (FV Breslau 06) 1930 NOR

8 **Hannes** Wilfried, 17. 5. 1957 (Borussia Mönchengladbach) 1981 ALB, BRA, FIN, POL, BUL – 1982 CZE, NOR, BEL

7 **Hanreiter** Franz, 4. 11. 1913, † 21. 01. 1992 (Admira Wien) 1940 YUG – 1941 SUI, HUN, SUI, CRO – 1942 CRO, SUI (+ 6 A für Österreich)

3 **Hanssen** Karl, 5. 7. 1887, † 13. 9. 1916 (Altona 93) 1910 NED – 1911 ESP, BEL

2 **Hantschick** Otto, 11. 2. 1884, † 22. 11. 1960 (Union 92 Berlin) 1908 ENG – 1909 ENG

15 **Harder** Otto »Tull«, 25. 11. 1892, † 4. 3. 1956 (Hamburger SV) 1914 NED – 1920 SUI, AUT, HUN – 1923 NOR – 1924 NOR, SWE, HUN, SUI – 1925 NED, SUI – 1926 NED, SWE, NED, SUI

15 **Haringer** Sigmund, 9. 12. 1908, † 23. 2. 1975 (Bayern München 11, Wacker München 4) 1931 FRA – 1932 SWE – 1933 ITA, FRA, SUI, POL – 1934 HUN, LUX, BEL, SWE, CSV – 1935 POL, BUL, ENG – 1937 BEL

6 **Harpers** Gerhard, 12. 3. 1928, † 27. 5. 2016 (SV Sodingen) 1953 AUT – 1954 ENG, POR – 1955 ITA, URS, NOR

4 **Hartmann** Karl, 8. 2. 1894, † 9. 12. 1971 (Union Potsdam 3, Victoria Hamburg 1) 1923 NED, SUI, FIN – 1924 SWE

4 **Hartmann** Michael, 11. 7. 1974 (Hertha BSC) 2003 SCG, CAN, FRO, ISL

2 **Hartwig** William, 5. 10. 1954 (Hamburger SV) 1979 IRL, ISL

18 **Havertz** Kai, 11. 6. 1999 (Bayer Leverkusen 7, FC Chelsea 11) 2018 PER, RUS – 2019 SRB, NED, NIR, ARG, EST – 2020 TUR, UKR, SUI – 2021 ISL, ROU, MKD, LVA, FRA, POR, HUN, ENG

43 **Hector** Jonas, 27. 5. 1990 (1. FC Köln) 2014 GIB – 2015 AUS, GEO, USA, GIB, POL, SCO, IRL, GEO, FRA – 2016 ENG, ITA, SVK, HUN, UKR, POL, NIR, SVK, ITA, FRA, FIN, NOR, CZE, NIR, SMR – 2017 ENG, AZE, DEN, SMR, AUS, CHI, MEX, CHI, CZE, NOR – 2018 ESP, AUT, KSA, SWE, KOR, NED, RUS – 2019 NIR

1 **Heibach** Hans, 1. 12. 1918, † 6. 3. 1970 (Fortuna Düsseldorf) 1938 LUX
3 **Heidemann** Hartmut, 5. 6. 1941 (MSV Duisburg) 1966 TUR, NOR – 1968 SUI
3 **Heidemann** Matthias, 7. 2. 1912, † 30. 11. 1971 (Bonner FV 1, Werder Bremen 2) 1933 SUI – 1934 AUT – 1935 LVA
9 **Heidkamp** Conrad, 27. 9. 1905, † 6. 3. 1994 (Düsseldorfer SC 99 1, Bayern München 8) 1927 NED – 1928 DEN, NOR, SWE – 1929 SCO – 1930 ITA, SUI, ENG, HUN
37 **Heinrich** Jörg, 6. 12. 1969 (SC Freiburg 2, Borussia Dortmund 25, AC Florenz 10) 1995 ITA, BEL – 1997 ISR, ALB, UKR, UKR, NIR, POR, ARM, ALB, RSA – 1998 OMA, BRA, FIN, LUX, USA, YUG, IRN, MEX, CRO, MLT, TUR, NED – 1999 NIR, FIN, SCO, MDA, BRA, NZL, USA – 2000 ESP, GRE, DEN, GRE – 2002 USA, WAL, AUT
8 **Heiß** Alfred, 5. 12. 1940 (TSV München 1860) 1962 SUI – 1963 BRA – 1965 ITA, SUI, BRA, CYP – 1966 ENG, NIR
41 **Held** Sigfried, 7. 8. 1942 (Borussia Dortmund 35, Kickers Offenbach 6) 1966 ENG, NED, ROU, YUG, SUI, ARG, ESP, URU, URS, ENG, NOR – 1967 MAR, YUG, ALB – 1968 WAL, BRA, FRA, AUT, CYP, BRA, MEX – 1969 WAL, SCO, AUT, CYP, AUT – 1970 IRL, MAR, ITA, URU, YUG – 1971 ALB, NOR, SWE, DEN – 1972 HUN, ENG, ENG – 1973 ARG, YUG, SCO
2 **Heldt** Horst, 9. 12. 1969 (TSV München 1860 1, Eintracht Frankfurt 1) 1999 SCO, USA
68 **Helmer** Thomas, 21. 4. 1965 (Borussia Dortmund 10, Bayern München 58) 1990 SWE, SUI – 1991 URS, BEL, WAL – 1992 ITA, CZE, NED, SWE, DEN, DEN, MEX, AUT, URU – 1993 SCO, GHA, BRA, USA, ESP, URU, BRA, ARG – 1994 UAE, AUT, CAN, KOR, BEL, BUL, RUS, MDA, ALB – 1995 ESP, GEO, BUL, ITA, SUI, BEL, GEO, MDA, WAL, BUL, RSA – 1996 POR, DEN, NED, NIR, FRA, LIE, CSV, RUS, ITA, CRO, ENG, CSV, POL – 1997 ALB, UKR, UKR, NIR, POR, ARM, ALB, RSA – 1998 KSA, BRA, LUX, IRN, MEX
13 **Helmes** Patrick, 1. 3. 1984 (1. FC Köln 5, Bayer Leverkusen 8) 2007 DEN, SMR, WAL, ROU – 2008 BLR, BEL, FIN, WAL, ENG – 2009 NOR, LIE, WAL – 2010 DEN
11 **Hempel** Walter, 12. 8. 1887, † 10. 1. 1940 (Sportfreunde Leipzig) 1908 SUI – 1910 SUI, NED – 1911 ENG, SWE, AUT, SWE, HUN – 1912 HUN, SUI, RUS
5 **Henrichs** Benjamin, 23. 2. 1997 (Bayer Leverkusen 3, RB Leipzig 2) 2016 SMR – 2017 CMR, MEX – 2020 TUR, ESP
1 **Hense** Robert, 17. 11. 1885, † 20. 6. 1966 (Kölner BC 01) 1910 NED
1 **Hensel** Gustav, 23. 10. 1884, † 29. 8. 1933 (FV Kassel) 1908 SUI
3 **Herberger** Josef, 28. 3. 1897, † 28. 4. 1977 (Waldhof Mannheim 1, VfR Mannheim 2) 1921 FIN – 1924 ITA – 1925 NED
5 **Hergert** Heinrich, 21. 2. 1904, † 18. 9. 1949 (FK Pirmasens) 1930 SUI, DEN, HUN – 1931 FRA – 1933 FRA
39 **Herget** Matthias, 14. 11. 1955 (Bayer Uerdingen) 1983 TUR – 1984 BUL, BEL, URS, FRA, SWE, MLT – 1985 HUN, POR, MLT, BUL, CSV, ENG, MEX, URS, SWE, POR – 1986 ITA, BRA, YUG, NED, DEN – 1987 ITA, FRA, ENG, DEN, SWE, HUN, BRA, ARG – 1988 SWE, ARG, SUI, YUG, ITA, DEN, ESP, NED, URS
21 **Herkenrath** Fritz, 9. 9. 1928, † 18. 4. 2016 (Rot-Weiss Essen) 1954 BEL, ENG, POR – 1955 ITA, URS, YUG, NOR, ITA – 1956 NED, ENG, URS – 1957 AUT, HUN – 1958 BEL, ESP, ARG, CSV, NIR, YUG, SWE, DEN
2 **Hermann** Günter, 5. 12. 1960 (Werder Bremen) 1988 URS – 1990 DEN
5 **Herrlich** Heiko, 3. 12. 1971 (Borussia Mönchengladbach 3, Borussia Dortmund 2) 1995 GEO, WAL, BUL, MDA, WAL
9 **Herrmann** Günter, 1. 9. 1939 (Karlsruher SC 7, FC Schalke 04 2) 1960 NIR, BUL – 1961 CHI, NIR, DEN, POL, GRE – 1967 MAR, BUL
2 **Herrmann** Patrick, 12. 2. 1991 (Borussia Mönchengladbach) 2015 USA, GIB
8 **Herrmann** Richard, 28. 1. 1923, † 27. 7. 1962 (FSV Frankfurt) 1950 SUI – 1951 TUR, AUT, IRL – 1952 IRL – 1953 NOR – 1954 SUI, HUN
2 **Hertzsch** Ingo, 22. 7. 1977 (Hamburger SV) 2000 DEN – 2002 BUL
5 **Herzog** Dieter, 15. 7. 1946 (Fortuna Düsseldorf) 1974 ESP, SCO, YUG, SWE, SUI
39 **Heynckes** Josef, 9. 5. 1945 (Borussia Mönchengladbach 38, Hannover 96 1) 1967 MAR, BUL – 1969 AUT – 1970 TUR, YUG, GRE – 1971 ALB, TUR, ALB, SWE, DEN, MEX, POL – 1972 HUN, ENG, URS, BEL, URS, SUI – 1973 ARG, CSV, BRA, URS, SCO, ESP – 1974 ESP, ITA, SWE, CHI, AUS, GRE – 1975 ENG, BUL, GRE, BUL, TUR – 1976 MLT, WAL, CSV
3 **Hieronymus** Holger, 22. 2. 1959 (Hamburger SV) 1981 POL – 1982 NOR, ENG
8 **Hilbert** Roberto, 16. 10. 1984 (VfB Stuttgart) 2007 DEN, SMR, ENG, WAL, ROU, CYP, WAL – 2008 AUT
7 **Hildebrand** Timo, 5. 4. 1979 (VfB Stuttgart 5, FC Valencia 2) 2004 ROU, THA – 2005 ARG – 2006 GEO, CYP – 2007 ROU, CZE

4 **Hiller II** Arthur, 3. 10. 1881, † 14. 8. 1941 (1. FC Pforzheim) 1908 SUI, ENG, AUT – 1909 SUI

3 **Hiller III** Marius, 5. 8. 1892, † 25. 11. 1964 (1. FC Pforzheim) 1910 SUI – 1911 ENG, AUT (+ 2 A für Argentinien)

21 **Hinkel** Andreas, 26. 3. 1982 (VfB Stuttgart 17, Celtic Glasgow 4) 2003 SCG, CAN, ITA, ISL, FRA – 2004 MLT, HUN, AUT, BRA, KOR, THA – 2005 SVN, RUS, ARG, MEX, NED, SVK – 2008 FIN – 2009 NOR, CHN, UAE

7 **Hirsch** Julius, 7. 4. 1892, † wahrscheinlich 1943, am 8. 5. 1945 für tot erklärt (Karlsruher FV 4, SpVgg Fürth 3) 1911 HUN – 1912 NED, AUT, HUN – 1913 SUI, DEN, BEL

1 **Hirth** Herbert, 23. 1. 1884, † 11. 10. 1976 (Hertha BSC) 1909 HUN

52 **Hitzlsperger** Thomas, 5. 4. 1982 (Aston Villa 9, VfB Stuttgart 42, West Ham United 1) 2004 IRN, CMR – 2005 ARG, SVN, NIR, RUS, AUS, TUN, ARG, NED, SVK, TUR, CHN – 2006 LUX, COL, POR, SWE, SMR, GEO, CYP – 2007 SUI, CZE, DEN, SMR, SVK, ENG, WAL, ROU, CYP, WAL – 2008 AUT, SUI, BLR, POL, AUT, POR, TUR, ESP, BEL, LIE, FIN, RUS, WAL – 2009 LIE, WAL, CHN, UAE, AZE, AZE, FIN, CIV – 2010 DEN

1 **Hobsch** Bernd, 7. 5. 1968 (Werder Bremen) 1993 TUN

6 **Hochgesang** Georg, 3. 11. 1897, † 9. 6. 1988 (1. FC Nürnberg) 1924 NOR, HUN – 1925 SUI – 1926 NED, SUI – 1927 NOR

2 **Hochstätter** Christian, 19. 10. 1963 (Borussia Mönchengladbach) 1987 BRA, ARG

4 **Höger** Karl, 27. 5. 1897, † 31. 3. 1975 (Waldhof Mannheim 2, VfR Mannheim 2) 1921 HUN, FIN – 1924 ITA, SUI

40 **Hölzenbein** Bernd, 9. 3. 1946 (Eintracht Frankfurt) 1973 AUT, ESP – 1974 HUN, SWE, CHI, AUS, YUG, SWE, POL, NED, SUI, GRE, MLT – 1975 ENG, BUL, NED, AUT, GRE, BUL, TUR – 1976 MLT, ESP, ESP, YUG, CSV – 1977 FRA, NIR, ARG, URU, BRA, MEX, FIN, ITA, WAL – 1978 ENG, URS, SWE, ITA, NED, AUT

6 **Hoeneß** Dieter, 7. 1. 1953 (VfB Stuttgart 2, Bayern München 4) 1979 IRL, ISL – 1986 SUI, YUG, MEX, ARG

35 **Hoeneß** Ulrich, 5. 1. 1952 (Bayern München) 1972 HUN, ENG, ENG, URS, BEL, URS, SUI – 1973 CSV, YUG, BRA, URS, AUT, FRA, SCO, ESP – 1974 ESP, ITA, SCO, HUN, SWE, CHI, AUS, DDR, YUG, SWE, POL, NED, SUI, GRE – 1975 BUL – 1976 ESP, YUG, CSV, WAL, CSV

4 **Hörster** Thomas, 27. 11. 1956 (Bayer Leverkusen) 1986 DEN, ESP, AUT – 1987 ISR

1 **Höschle** Adolf, 20. 7. 1899, † 14. 12. 1969 (Stuttgarter Kickers) 1920 SUI

66 **Höttges** Horst-Dieter, 10. 9. 1943 (Werder Bremen) 1965 ITA, CYP, ENG, SUI, BRA, SWE, AUT, CYP – 1966 NED, IRL, NIR, ROU, YUG, SUI, ARG, ESP, URU, ENG, TUN, NOR – 1967 MAR, BUL, ALB, FRA, YUG, ALB – 1968 BEL, WAL, BRA, AUT, CYP – 1969 WAL, AUT, CYP, AUT, BUL, SCO – 1970 ROU, YUG, MAR, BUL, PER, ENG, HUN, TUR, YUG, GRE – 1971 POL – 1972 HUN, ENG, ENG, URS, BEL, URS, SUI – 1973 ARG, YUG, BUL, URS, AUT, FRA, SCO, ESP – 1974 ESP, ITA, DDR

44 **Höwedes** Benedikt, 29. 2. 1988 (FC Schalke 04) 2011 URU, AZE, AUT, TUR, BEL, NED – 2012 FRA, SUI, ARG, NED – 2013 FRA, KAZ, ECU, USA, AUT, SWE, ITA, ENG – 2014 POL, CMR, ARM, POR, GHA, USA, ALG, FRA, BRA, ARG, ARG, SCO, ESP – 2015 AUS – 2016 SVK, HUN, UKR, POL, NIR, SVK, ITA, FRA, NOR, CZE, ITA – 2017 AZE

1 **Hofer** Franz, 4. 9. 1918, † 16. 12. 1990 (Rapid Wien) 1939 SVK

1 **Hoffmann** Rudolf, 11. 2. 1935, † 16. 10.2020 (Viktoria Aschaffenburg) 1955 IRL

3 **Hofmann** Jonas, 14. 7. 1992 (Borussia Mönchengladbach) 2020 TUR, CZE – 2021 DEN

18 **Hofmann** Ludwig, 9. 6. 1900, † 2. 10. 1935 (Bayern München) 1926 NED, SWE, SUI – 1927 NOR, NED – 1928 SUI, SUI, URU, DEN, SWE – 1929 SUI, ITA, SCO, SWE – 1930 ITA, HUN, ENG – 1931 FRA

25 **Hofmann** Richard, 8. 2. 1906, † 5. 5. 1983 (Meerane 07 6, Dresdner SC 19) 1927 DEN, NOR, NED – 1928 SUI, SUI, URU – 1929 SCO, SWE, FIN – 1930 SUI, ENG, DEN, HUN, NOR – 1931 FRA, NED, AUT, AUT, DEN – 1932 SUI, FIN, SWE, HUN, NED – 1933 FRA

2 **Hofmeister** Ludwig, 5. 12. 1887, † 26. 9. 1959 (Bayern München 1, Stuttgarter Kickers 1) 1912 NED – 1914 NED

1 **Hofstätter** Johann, 12. 1. 1913, 27. 7. 1996 (Rapid Wien) 1940 YUG

26 **Hohmann** Karl, 18. 6. 1908, † 31. 3. 1974 (VfL Benrath) 1930 DEN, NOR – 1931 AUT – 1933 BEL, SUI, NOR, POL – 1934 LUX, BEL, SWE, POL, DEN – 1935 NED, FRA, ESP, ROU, EST, ENG – 1936 POR, LUX, POL, IRL – 1937 NED, LUX, BEL, LVA

6 **Hollstein** Ernst, 9. 12. 1886, † 9. 8. 1950 (Karlsruher FV) 1910 NED – 1911 SUI, BEL – 1912 NED, AUT, HUN

3 **Holtby** Lewis, 18. 9. 1990 (1. FSV Mainz 05 2, FC Schalke 04 1) 2010 SWE – 2011 AZE – 2012 NED

1 **Holz** Friedel, 21. 2. 1920, † 9. 4. 1941 (TuS Duisburg 48/99) 1938 LUX

3 **Horn** Franz, 26. 8. 1904, † 22. 9. 1963 (Hamburger SV) 1928 DEN – 1929 SWE, FIN

5 **Hornauer** Josef, 14. 1. 1908, † 12. 12. 1985 (TSV München 1860 3, 1. FC Nürnberg 2) 1928 SUI, SUI, URU – 1929 ITA – 1931 AUT

7 **Hornig** Heinz, 28. 9. 1937 (1. FC Köln) 1965 ITA, CYP, ENG, CYP – 1966 ENG, IRL, ROU

21 **Hrubesch** Horst, 17. 4. 1951 (Hamburger SV) 1980 AUT, POL, NED, GRE, BEL, SUI, NED, FRA, BUL – 1981 ARG, ALB, BUL – 1982 POR, BRA, ARG, NOR, ALG, CHI, AUT, FRA, ITA

1 **Huber** Alfred, 29. 1. 1910, † 25. 1. 1986 (FC 04 Rastatt) 1930 SUI

1 **Huber** Lorenz, 24. 2. 1906, † 6. 10. 1989 (Karlsruher FV) 1932 HUN

76 **Hummels** Mats, 16. 12. 1988 (Borussia Dortmund 56, Bayern München 20) 2010 MLT, SWE – 2011 ITA, AUS, URU, AUT, AZE, BRA, AUT, BEL, UKR, NED – 2012 FRA, SUI, POR, NED, DEN, GRE, ITA, ARG, FRO, AUT, NED – 2013 FRA, PAR, SWE, ITA, ENG – 2014 CMR, ARM, POR, GHA, USA, FRA, BRA, ARG, POL, IRL – 2015 GEO, POL, SCO, IRL, GEO, FRA – 2016 ENG, ITA, POL, NIR, SVK, ITA, NOR, CZE, NIR, SMR, ITA – 2017 ENG, AZE, CZE, NOR, NIR, ENG, FRA – 2018 ESP, KSA, MEX, KOR, FRA, NED, FRA, NED – 2021 DEN, LVA, FRA, POR, HUN, ENG

8 **Hunder** Paul, 12. 1. 1884, † 9. 5. 1948 (Viktoria 89 Berlin) 1909 ENG, HUN – 1910 SUI – 1911 ENG, SWE, AUT, SWE, HUN

3 **Hundt** Eduard, 3. 8. 1909, † 22. 7. 2002 (Schwarz-Weiß Essen) 1933 BEL, NOR – 1934 LUX

3 **Hunt** Aaron, 4. 9. 1986 (Werder Bremen) 2009 CIV – 2010 DEN – 2013 ECU

19 **Huth** Robert, 18. 8. 1984 (FC Chelsea 17, FC Middlesbrough 2) 2004 AUT, BRA, IRN, CMR – 2005 SVN, NIR, AUS, TUN, ARG, BRA, MEX, NED, CHN, FRA – 2006 ITA, LUX, ECU – 2009 CHN, UAE

2 **Hutter** Willi, 3. 11. 1896, † 27. 6. 1936 (Waldhof Mannheim 1, Saar 05 Saarbrücken 1) 1921 FIN – 1922 SUI

54 **Illgner** Bodo, 7. 4. 1967 (1. FC Köln) 1987 DEN, SWE, ARG – 1988 FIN, URS, NED – 1989 BUL, NED, WAL, IRL, FIN, WAL – 1990 FRA, URU, CSV, YUG, UAE, COL, NED, CSV, ENG, ARG, POR, LUX, SUI – 1991 URS, BEL, WAL, ENG, WAL, BEL, LUX – 1992 ITA, NIR, URS, SCO, NED, SWE, DEN, BRA – 1993 ENG, TUN, BRA, USA, MEX – 1994 ITA, IRL, AUT, CAN, BOL, ESP, KOR, BEL, BUL

1 **Illmer** Eberhardt, 30. 1. 1888, † 26. 12. 1955 (FV Straßburg) 1909 SUI

19 **Immel** Eike, 27. 11. 1960 (Borussia Dortmund 4, VfB Stuttgart 15) 1980 NED – 1981 BRA, ALB – 1982 NOR – 1986 AUT – 1987 ISR, ITA, FRA, ENG, HUN, BRA – 1988 SWE, ARG, SUI, YUG, ITA, DEN, ESP, NED

2 **Immig** Franz, 10. 9. 1918, † 26. 12. 1955 (Karlsruher FV) 1939 LUX, SVK (+ 3 A für das Saarland)

1 **Islacker** Franz, 3. 2. 1926, † 1. 7. 1970 (Rot-Weiss Essen) 1954 FRA

18 **Jäger** Adolf, 31. 3. 1889, † 21. 11. 1944 (Altona 93) 1908 AUT – 1909 ENG – 1911 SWE – 1912 HUN, AUT, DEN, NED – 1913 ENG, DEN, BEL – 1914 NED – 1920 SUI, AUT, HUN – 1921 HUN – 1922 AUT, HUN – 1924 SUI

1 **Jäger** Günter, 21. 12. 1935 (Fortuna Düsseldorf) 1958 DEN

17 **Jahn** Helmut, 22. 10. 1917, † 18. 3. 1986 (Berliner SV 92) 1939 SVK – 1940 SVK, DEN – 1941 CRO, FIN, DEN, SVK – 1942 SUI, CRO, ESP, HUN, BUL, ROU, SWE, SUI, CRO, SVK

38 **Jakob** Hans, 16. 6. 1908, † 24. 3. 1994 (Jahn Regensburg) 1930 NOR – 1932 FIN, SWE, HUN – 1933 ITA, FRA, SUI, POL – 1934 AUT – 1935 FRA, BEL, CSV, NOR, FIN, POL, ENG – 1936 ESP, POR, NOR, CSV, SCO, IRL, ITA – 1937 NED, FRA, BEL, SUI, DEN, FIN, EST, NOR, SWE – 1938 HUN, POR, ENG, POL – 1939 IRL, HUN

20 **Jakobs** Ditmar, 28. 8. 1953 (Hamburger SV) 1980 POL – 1984 ARG, SWE, MLT – 1985 HUN, POR, BUL, CSV, ENG, MEX, SWE, POR – 1986 BRA, SUI, SCO, DEN, MAR, MEX, FRA, ARG

1 **Jakobs** Johannes, 1. 7. 1917, † 24. 8. 1944 (Hannover 96) 1939 EST

33 **Jancker** Carsten, 28. 8. 1974 (Bayern München 29, Udinese Calcio 4) 1998 MDA, NIR, FIN, SCO, NOR – 2000 CZE, LIE, ENG, POR, ESP, GRE, DEN – 2001 FRA, ALB, GRE, FIN, ALB, HUN, ENG, UKR, UKR – 2002 ISR, ARG, KUW, WAL, AUT, KSA, IRL, CMR, BUL, LTU, BIH, FRO

71 **Janes** Paul, 11. 3. 1912, † 12. 6. 1987 (Fortuna Düsseldorf) 1932 HUN – 1933 BEL, NOR, POL – 1934 LUX, BEL, AUT, POL, DEN – 1935 NED, FRA, IRL, ESP, CSV, NOR, SWE, FIN, ENG – 1936 ESP, POR, HUN, POL, SCO, ITA – 1937 NED, FRA, DEN, FIN, EST, NOR, SWE – 1938 SUI, POR, ENG, SUI, SUI, POL – 1939 YUG, ITA, IRL, NOR, DEN, EST, HUN, YUG, BUL, BOH, ITA – 1940 HUN, YUG, ITA, ROU, SVK, HUN, YUG, DEN – 1941 SUI, HUN, SUI, ROU, SWE, DEN, SVK – 1942 ESP, HUN, BUL, ROU, SWE, SUI, CRO, SVK

45 **Jansen** Marcell, 4. 11. 1985 (Borussia Mönchengladbach 16, Bayern München 12, Hamburger SV 17) 2005 SVK, RSA, TUR, FRA – 2006 LUX, JPN, COL, POR, SWE, IRL, SMR – 2007 SUI,

CZE, DEN, SMR, SVK, WAL, ROU, IRL, CZE – 2008 SUI, SRB, POL, CRO, POR, TUR, ESP, BEL – 2009 LIE, AZE – 2010 HUN, GHA, ARG, ESP, URU, BEL – 2013 KAZ, ECU, USA, PAR, IRL, SWE, ITA, ENG – 2014 CHI

1 **Jelinek** Franz, 10. 7. 1922, † 20. 5. 1944 (Wiener SK) 1940 SVK

55 **Jeremies** Jens, 5. 3. 1974 (TSV München 1860 8, Bayern München 47) 1997 RSA – 1998 OMA, NGA, FIN, COL, USA, YUG, CRO, ROU, TUR, NED – 1999 USA, COL, NIR, FIN, SCO, MDA, FIN, NIR, TUN, NOR – 2000 NED, LIE, ROU, ENG – 2001 FRA, ALB, GRE – 2002 USA, ARG, KUW, WAL, AUT, KSA, IRL, CMR, PAR, USA, KOR, BRA, BUL, LTU, BIH, FRO, NED – 2003 ESP, SCO, FRO, ITA, FRA – 2004 BEL, ROU, MLT, SUI, CZE

3 **Jones** Jermaine, 3. 11. 1981 (FC Schalke 04) 2008 AUT, BLR, ENG

1 **Joppich** Karl, 6. 1. 1908, 15. 7. 1940 (SV Hoyerswerda) 1932 HUN

1 **Jordan (Langmeier)** Ernst, 18. 5. 1883, † (Cricket-Victoria Magdeburg) 1908 SUI

6 **Jürissen** Willy, 13. 5. 1912, † 30. 10. 1990 (Rot-Weiß Oberhausen) 1935 LUX, LVA – 1936 LUX – 1937 LVA – 1938 SUI – 1939 SVK

1 **Jung** Sebastian, 22. 6. 1990 (Eintracht Frankfurt) 2014 POL

1 **Jungtow** Otto, 29. 12. 1892, † 13. 3. 1961 (Hertha BSC) 1913 ENG

31 **Juskowiak** Erich, 7. 9. 1926, † 1. 7. 1983 (Rot-Weiß Oberhausen 1, Fortuna Düsseldorf 30) 1951 LUX – 1954 POR – 1955 ITA, URS, ITA – 1956 NED, ENG, NOR, SWE, URS, SUI, IRL, BEL – 1957 AUT, NED, SCO, HUN – 1958 BEL, ESP, CSV, ARG, CSV, NIR, YUG, SWE, DEN – 1959 SCO, POL, SUI, NED, HUN

1 **Kaburek** Matthias, 9. 2. 1911, † 17. 2. 1976 (Rapid Wien) 1939 SVK (+ 4 A für Österreich)

86 **Kahn** Oliver, 15. 6. 1969 (Bayern München) 1995 SUI, GEO – 1996 DEN, NIR, POL – 1997 ISR, ALB, RSA – 1998 NGA, FIN, MLT, ROU, TUR, MDA, NED – 1999 USA, COL, NIR, FIN, MDA, TUR – 2000 NED, CRO, CZE, ROU, ENG, POR, ESP, GRE, ENG, DEN – 2001 FRA, ALB, GRE, FIN, ALB, HUN, ENG, FIN, UKR, UKR – 2002 ISR, KUW, WAL, AUT, KSA, IRL, CMR, PAR, USA, KOR, BRA, LTU, BIH, FRO, NED – 2003 ESP, LTU, SCO, FRO, ITA, ISL, SCO, ISL, FRA – 2004 CRO, ROU, SUI, HUN, NED, LVA, CZE, AUT, BRA, JPN, KOR – 2005 SVN, RUS, AUS, MEX, NED, TUR, CHN – 2006 USA, LUX, POR

15 **Kalb** Hans, 3. 8. 1899, † 5. 4. 1945 (1. FC Nürnberg) 1920 SUI – 1921 FIN – 1922 AUT – 1923 NOR – 1924 AUT, NED, NOR, HUN, ITA, SUI – 1926 NED – 1927 NOR, NED – 1928 SUI, URU

69 **Kaltz** Manfred, 6. 1. 1953 (Hamburger SV) 1975 AUT, GRE – 1976 CSV – 1977 NIR, YUG, ARG, URU, BRA, MEX, FIN, ITA, SUI – 1978 URS, BRA, SWE, POL, MEX, TUN, ITA, NED, AUT, CSV, HUN, NED – 1979 MLT, TUN, WAL, IRL, ISL, ARG, WAL, URS, TUN – 1980 MLT, AUT, POL, CSV, NED, GRE, BEL, SUI, NED, FRA, BUL – 1981 ARG, BRA, ALB, AUT, BRA, FIN, POL, FIN, AUT, ALB, BUL – 1982 POR, BRA, ARG, CSV, ALG, CHI, AUT, ENG, ESP, FRA, ITA, ENG, NIR – 1983 POR

5 **Kapellmann** Hans-Josef, 19. 12. 1949 (1. FC Köln 2, Bayern München 3) 1973 BUL, BRA, AUT – 1974 SUI, GRE

1 **Kapitulski** Helmut, 29. 9. 1934 (FK Pirmasens) 1958 AUT

3 **Kargus** Rudolf, 15. 8. 1952 (Hamburger SV) 1975 TUR – 1976 WAL – 1977 YUG

5 **Kauer** Erich, 8. 1. 1908, † 30. 12. 1989 (Tennis Borussia Berlin) 1930 NOR – 1931 NED, SWE, NOR, AUT

1 **Kaufhold** Gerhard, 2. 12. 1928, † 4. 10. 2009 (Kickers Offenbach) 1954 ENG

31 **Kehl** Sebastian, 13. 2. 1980 (SC Freiburg 3, Borussia Dortmund 28) 2001 SVK, HUN, ENG – 2002 ISR, ARG, KUW, WAL, AUT, PAR, USA, BUL, BIH, FRO, NED – 2003 SCG, CAN, SCO, FRO, ITA, ISL, SCO – 2004 ROU, MLT, SUI – 2006 USA, LUX, COL, CRC, SWE, ITA, POR

9 **Kehrer** Thilo, 21. 9. 1996 (Paris Saint-Germain) 2018 PER, FRA, RUS, NED – 2019 SRB, NED, EST – 2020 ESP, SUI

6 **Kelbassa** Alfred, 21. 4. 1925, † 11. 8. 1988 (Borussia Dortmund) 1956 BEL – 1957 SCO, SWE, HUN – 1958 BEL, FRA

1 **Keller** Ferdinand, 30. 7. 1946 (TSV München 1860) 1975 AUT

4 **Kelsch** Walter, 3. 9. 1955 (VfB Stuttgart) 1979 TUR, IRL, ISL – 1980 MLT

77 **Khedira** Sami, 4. 4. 1987 (VfB Stuttgart 12, Real Madrid 44, Juventus Turin 21) 2009 RSA – 2010 ARG, MLT, HUN, BIH, AUS, SRB, GHA, ENG, ARG, ESP, URU, BEL, AZE, TUR, KAZ, SWE – 2011 ITA, KAZ, AUT, TUR, BEL, UKR, NED – 2012 FRA, SUI, ISR, POR, NED, DEN, GRE, ITA, ARG, FRO, AUT, IRL – 2013 FRA, KAZ, KAZ, PAR, AUT, FRO, IRL, ITA – 2014 CMR, ARM, POR, GHA, ALG, FRA, BRA, GIB, ESP – 2015 AUS. USA, GIB, FRA – 2016 ENG, SVK, HUN, UKR, POL, NIR, SVK, ITA, NOR, CZE, NIR, SMR – 2017 AZE, NOR, FRA – 2018 ESP, AUT, KSA, MEX, KOR

2 **Kießling** Georg, 7. 3. 1903, † 24. 6. 1964 (SpVgg Fürth) 1927 DEN – 1928 NOR

6 **Kießling** Stefan, 25. 1. 1984 (Bayer Leverkusen) 2007 DEN – 2009 NOR, CIV – 2010 MLT, ENG, URU

59 **Kimmich** Joshua, 8. 2. 1995 (Bayern München) 2016 SVK, NIR, SVK, ITA, FRA, FIN, NOR, CZE, NIR, SMR, ITA – 2017 ENG, AZE, DEN, SMR, AUS, CHI, CMR, MEX, CHI, CZE, NOR, NIR, AZE, ENG – 2018 ESP, BRA, AUT, KSA, MEX, SWE, KOR, FRA, PER, NED, FRA, RUS, NED – 2019 SRB, NED, BLR, EST, NED, NIR, ARG, EST, BLR, NIR – 2020 UKR, SUI – 2021 ISL, ROU, MKD, DEN, LVA, FRA, POR, HUN, ENG

18 **Kipp** Eugen, 26. 2. 1885, † 4. 11. 1931 (Sportfreunde Stuttgart 16, Stuttgarter Kickers 2) 1908 SUI, AUT – 1909 SUI – 1910 SUI, NED – 1911 SUI, ENG, SWE, AUT – 1912 HUN, SUI, AUT, DEN, NED – 1913 ENG, SUI, DEN, BEL

1 **Kirsei** Willi, 3. 12. 1902, † 20. 12. 1963 (Hertha BSC) 1924 SWE

51 **Kirsten** Ulf, 4. 12. 1965 (Bayer Leverkusen) 1992 MEX, AUT, URU – 1993 GHA, TUN, URU, BRA, ARG, MEX – 1994 UAE, ALB, MDA, ALB – 1995 ESP, BUL, ITA, GEO – 1996 POR – 1997 ISR, ALB, UKR, NIR, POR, ARM, RSA – 1998 OMA, KSA, BRA, NGA, FIN, COL, LUX, YUG, IRN, MEX, CRO, MLT, ROU, TUR, MDA, NED – 1999 FIN, SCO, MDA, FIN, NOR, – 2000 CRO, SUI, LIE, ENG, POR (+ 49 A für die DDR)

44 **Kitzinger** Albin, 1. 2. 1912, † 6. 8. 1970 (1. FC Schweinfurt 05) 1935 ROU – 1936 POR, HUN, POL, CSV, SCO, IRL, ITA – 1937 NED, FRA, BEL, SUI, DEN, FIN, NOR – 1938 HUN, POR, ENG, SUI, POL – 1939 YUG, ITA, IRL, NOR, DEN, HUN, YUG, BUL, ITA, SVK – 1940 HUN, ITA, ROU, FIN, HUN, YUG, DEN – 1941 SUI, HUN, SUI, ROU, SWE – 1942 ESP, HUN

1 **Klaas** Werner, 10. 5. 1914, † 26. 3. 1945 (Militär SV Koblenz) 1937 LUX

6 **Kleff** Wolfgang, 16. 11. 1946 (Borussia Mönchengladbach) 1971 NOR – 1972 URS – 1973 URS, AUT, FRA, SCO

1 **Kliemann** Uwe, 30. 6. 1949 (Hertha BSC) 1975 NED

1 **Kling** Eugen, 14. 2. 1899, † 21. 12. 1971 (TSV München 1860) 1927 DEN

5 **Klingler** August, 24. 2. 1918, † 23. 11. 1944 (FV Daxlanden) 1942 ROU, SWE, SUI, CRO, SLV

108 **Klinsmann** Jürgen, 30. 7. 1964 (VfB Stuttgart 12, Inter Mailand 29, AS Monaco 24, Tottenham Hotspur 17, Bayern München 23, Sampdoria Genua 3) 1987 BRA, ARG – 1988 ARG, SUI, YUG, ITA, DEN, ESP, NED, NED – 1989 NED, WAL, FIN, WAL – 1990 FRA, URU, CSV, DEN, YUG, UAE, COL, NED, CSV, ENG, ARG, POR, SWE, LUX, SUI – 1991 URS, BEL, WAL, ENG – 1992 ITA, CSV, TUR, URS, SCO, NED, SWE, DEN, DEN, MEX, AUT, BRA, URU – 1993 SCO, GHA, BRA, USA, ENG, URU, ARG, BRA, USA, MEX – 1994 ITA, IRL, AUT, CAN, BOL, ESP, KOR, BUL, BUL, RUS, HUN, ALB, MDA, ALB – 1995 ESP, GEO, WAL, BUL, GEO, MDA, WAL, BUL, RSA – 1996 POR, DEN, NED, NIR, FRA, LIE, RUS, ITA, CRO, CZE, POL, ARM, NIR, POR – 1997 ISR, ALB, UKR, UKR, NIR, POR, ARM – 1998 BRA, COL, LUX, USA, YUG, IRN, MEX, CRO

2 **Klöckner** Theo, 19. 10. 1934 (Schwarz-Weiß Essen) 1958 EGY – 1959 POL

19 **Klodt** Bernhard, 26. 10. 1926, † 23. 5. 1996 (FC Schalke 04) 1950 SUI – 1951 SUI – 1952 LUX, IRL, SUI – 1954 SUI, TUR, TUR, BEL, FRA, POR – 1956 NED, SWE – 1957 SWE – 1958 BEL, ESP, CSV, NIR – 1959 POL

17 **Klodt** Hans, 10. 6. 1914, † 7. 11. 1996 (FC Schalke 04) 1938 LUX – 1939 YUG, NOR, DEN, YUG, BUL – 1940 HUN, ITA, FIN, HUN, BUL, YUG – 1941 SUI, HUN, SUI, ROU, SWE

137 **Klose** Miroslav, 9. 6. 1978 (1.FC Kaiserslautern 40, Werder Bremen 29, Bayern München 40, Lazio Rom 28) 2001 ALB, GRE, SVK, FIN, HUN, ENG, FIN – 2002 ISR, ARG, KUW, WAL, AUT, KSA, IRL, CMR, PAR, USA, KOR, BRA, BUL, LTU, BIH, FRO, NED – 2003 ESP, LTU, SCG, SCO, FRO, ITA, ISL, SCO, ISL, FRA – 2004 CRO, MLT, SUI, HUN, LVA, CZE, BRA, IRN, CMR, JPN, KOR – 2005 SVN, NED, SVK, RSA, FRA – 2006 ITA, USA, LUX, JPN, COL, CRC, POL, ECU, SWE, ARG, ITA, POR, SWE, IRL, SMR, SVK, CYP – 2007 SMR, SVK, WAL, CYP, WAL – 2008 AUT, SUI, BLR, POL, CRO, AUT, POR, TUR, ESP, BEL, LIE, FIN, RUS, WAL, ENG – 2009 NOR, AZE, RSA, AZE, RUS, FIN – 2010 ARG, HUN, BIH, AUS, SRB, ENG, ARG, ESP, BEL, AZE, TUR, KAZ – 2011 ITA, KAZ, AUS, URU, BRA, AUT, POL, NED – 2012 FRA, SUI, ISR, POR, NED, DEN, GRE, ITA, ARG, FRO, AUT, IRL, SWE – 2013 USA, PAR, AUT, FRO – 2014 CHI, ARM, GHA, USA, FRA, BRA, ARG

13 **Klostermann** Lukas, 3. 6. 1996 (RB Leipzig) 2019 SRB, BLR, NED, NIR, ARG, EST, BLR, NIR – 2020 UKR, SUI – 2021 ISL, ROU, DEN

2 **Kmetsch** Sven, 13. 8. 1970 (Hamburger SV) 1997 ARM – 1998 OMA

2 **Knesebeck** Willi, 31. 3. 1887, † 18. 9. 1956 (Viktoria 89 Berlin) 1911 HUN – 1912 DEN

23 **Knöpfle** Georg, 16. 5. 1904, † 14. 12. 1987 (SpVgg Fürth 3, FSV Frankfurt 20) 1928 SUI, SUI, URU, DEN, NOR, SWE – 1929 SUI, ITA, SWE – 1930 ITA – 1931 FRA, NED, AUT, SWE, NOR, AUT, DEN – 1932 SUI, FIN, SWE, HUN, NED – 1933 ITA

26 **Kobierski** Stanislaus, 15. 11. 1910, † 18. 11. 1972 (Fortuna Düsseldorf) 1931 DEN – 1932 SUI,

FIN, SWE, HUN, NED – 1933 ITA, FRA, BEL, NOR, POL – 1934 LUX, BEL, SWE, CSV – 1935 SUI, NED, FRA, SWE – 1936 CSV, IRL – 1941 SUI, HUN, SUI, ROU, FIN

8 **Koch** Robin, 17. 7. 1996 (SC Freiburg 2, Leeds United 6) 2019 ARG, BLR – 2020 ESP, TUR, CZE, UKR, ESP – 2021 DEN

1 **Köchling** Willi, 30. 10. 1924, 29. 1. 2009 (Rot-Weiss Essen) 1956 BEL

2 **Kögl** Ludwig, 7. 3. 1966 (Bayern München) 1985 MEX, CSV

1 **Köhl** Georg, 19. 11. 1910, † 15. 1. 1944 (1. FC Nürnberg) 1937 LUX

5 **Köhler** Georg, 1. 2. 1900, † 27. 1. 1972 (Dresdner SC) 1925 SUI – 1926 NED, SWE, SUI – 1928 SWE

1 **Koenen** Theo, 11. 2. 1890, † 8. 9. 1964 (Bonner FV) 1911 HUN

59 **Köpke** Andreas, 12. 3. 1962 (1. FC Nürnberg 14, Eintracht Frankfurt 25, Olympique Marseille 20) 1990 DEN – 1992 CSV, TUR, DEN, MEX, AUT, URU – 1993 SCO, GHA, BRA, USA, URU, ARG – 1994 UAE, RUS, HUN, ALB, MDA, ALB – 1995 ESP, GEO, WAL, BUL, ITA, BEL, MDA, WAL, BUL, RSA – 1996 POR, DEN, NED, FRA, CSV, RUS, ITA, CRO, ENG, CSV, ARM, NIR, POR – 1997 ALB, UKR, UKR, NIR, POR, ARM – 1998 OMA, KSA, BRA, FIN, COL, LUX, USA, YUG, IRN, MEX, CRO

11 **Köppel** Horst, 17. 5. 1948 (VfB Stuttgart 7, Borussia Mönchengladbach 4) 1968 BEL, SUI, WAL – 1971 TUR, ALB, DEN, MEX, POL, POL – 1973 BUL, URS

1 **Köpplinger** Emil, 19. 12. 1897, † 29. 7. 1988 (1. FC Nürnberg) 1927 NOR

6 **Körbel** Karl-Heinz, 1. 12. 1954 (Eintracht Frankfurt) 1974 MLT – 1975 ENG, BUL, NED, AUT, GRE

1 **Kördell** Heinz, 8. 1. 1932, † 2. 10. 2020 (FC Schalke 04) 1958 EGY

105 **Kohler** Jürgen, 6. 10. 1965 (Waldhof Mannheim 4, 1. FC Köln 20, Bayern München 12, Juventus Turin 38, Borussia Dortmund 31) 1986 DEN, ESP – 1987 ISR, ITA, FRA, ENG, DEN, SWE, HUN, BRA, ARG – 1988 SWE, ARG, SUI, YUG, ITA, AUT, ESP, NED, FIN, URS, NED – 1989 BUL, NED – 1990 URU, CSV, DEN, NED, CSV, ENG, ARG, POR, LUX, SUI – 1991 URS, WAL, ENG, WAL, BEL, LUX – 1992 TUR, NIR, URS, SCO, NED, SWE, DEN, AUT, BRA, URU – 1993 SCO, GHA, BRA, USA, TUN, URU, BRA, ARG, USA, MEX – 1994 ITA, UAE, IRL, AUT, CAN, BOL, ESP, KOR, BEL, BUL, RUS, HUN, ALB – 1995 GEO, BEL, GEO, BUL, RSA – 1996 POR, DEN, NED, NIR, LIE, CZE, POL, ARM, NIR, POR – 1997 ISR, ALB, UKR, UKR, NIR, POR, ALB – 1998 OMA, KSA, BRA, FIN, COL, LUX, USA, YUG, IRN, CRO

22 **Kohlmeyer** Werner, 19. 4. 1924, † 26. 3. 1974 (1. FC Kaiserslautern) 1951 TUR, AUT, IRL, TUR – 1952 IRL, SUI, YUG, ESP – 1953 AUT, NOR, NOR – 1954 SAA, SUI, TUR, HUN, YUG, AUT, HUN, BEL, FRA, ENG – 1955 ITA

9 **Konietzka** (Timo) Friedhelm, 2. 8. 1938, † 12. 3. 2012 (Borussia Dortmund) 1962 YUG, FRA – 1963 BRA, TUR, MAR – 1964 ALG, FIN – 1965 ITA, CYP

2 **Konopka** Harald, 18. 11. 1952 (1. FC Köln) 1978 ITA – 1979 ISL

3 **Koslowski** Willi, 17. 2. 1937 (FC Schalke 04) 1962 URU, SUI, YUG

3 **Kostedde** Erwin, 21. 5. 1946 (Kickers Offenbach 2, Hertha BSC 1) 1974 MLT – 1975 ENG, GRE

13 **Krämer** Werner, 23. 1. 1940, † 12. 2. 2010 (MSV Duisburg) 1963 TUR, SWE, MAR – 1964 ALG – 1965 ENG, BRA, SWE, AUT, CYP – 1966 ENG, YUG, ESP – 1967 BUL

12 **Kramer** Christoph, 19. 2. 1991 (Borussia Mönchengladbach 10, Bayer Levberkusen 2) 2014 POL, CMR, ALG, FRA, ARG, ARG, SCO, POL – 2015 AUS, USA, SCO – 2016 ITA

9 **Kraus** Engelbert, 30. 7. 1934, † 13. 5. 2016 (Kickers Offenbach 8, TSV München 1860 1) 1955 YUG, NOR – 1957 AUT, NED – 1958 DEN – 1962 CHI, YUG, SUI – 1964 FIN

1 **Krause** Emil, 21. 1. 1908, † 2. 8. 1962 (Hertha BSC) 1933 POL

6 **Krause** Walter, 14. 3. 1896, † 28. 4. 1948 (Victoria Hamburg 1, Holstein Kiel 5) 1920 HUN – 1921 FIN – 1923 NED, FIN, NOR – 1924 NOR

2 **Krauß** Willy, 10. 2. 1886, † (Carl Zeiss Jena) 1911 SUI – 1912 HUN

15 **Kremers** Erwin, 24. 3. 1949 (FC Schalke 04) 1972 URS, BEL, URS, SUI – 1973 ARG, CSV, YUG, BUL, BRA, URS, AUT, FRA, SCO – 1974 HUN, SWE

8 **Kremers** Helmut, 24. 3. 1949 (FC Schalke 04) 1973 AUT, FRA – 1974 ESP, ITA, HUN, SUI, GRE – 1975 ENG

1 **Kreß** Anton, 8. 6. 1899, † 3. 1. 1957 (1. FC Pforzheim) 1921 HUN

9 **Kreß** Richard, 6. 3. 1925, † 30. 3. 1996 (Eintracht Frankfurt) 1954 POR – 1960 NIR, GRE, BUL – 1961 CHI, NIR, DEN, POL, GRE

16 **Kreß** Willibald, 13. 11. 1906, † 27. 1. 1989 (Rot-Weiss Frankfurt 12, Dresdner SC 4) 1929 SUI, SWE – 1930 SUI, ENG, HUN – 1931 FRA, NED, SWE, NOR, AUT, DEN – 1932 SUI – 1934 HUN, BEL, SWE, CSV

3 **Krogmann** Georg, 4. 9. 1886, † 9. 1. 1915 (Holstein Kiel) 1912 HUN, AUT, HUN

106 **Kroos** Toni, 4. 1. 1990 (Bayer Leverkusen 8, Bayern München 43, Real Madrid 55) 2010 ARG, MAL, HUN, BIH, GHA, ARG, ESP, URU, DEN, BEL, TUR, KAZ, SWE – 2011 KAZ, AUS, URU, AUT, AZE, BRA, AUT, POL, BEL, UKR, NED – 2012 FRA, ISR, POR, NED, DEN, ITA, ARG, AUT, IRL, SWE – 2013 FRA, AUT, FRO, IRL, SWE, ITA, ENG – 2014 CHI CMR, ARM, POR, GHA, USA, ALG, FRA, BRA, ARG, ARG, SCO, POL, IRL, GIB, ESP – 2015 GEO, POL, SCO, IRL, GEO – 2016 ENG, ITA, HUN, UKR, POL, NIR, SVK, ITA, FRA, NOR, CZE, NIR – 2017 ENG, AZE, CZE, NOR, NIR, FRA – 2018 ESP, BRA, KSA, MEX, SWE, KOR, FRA, PER, NED, FRA, NED – 2019 NED, NED, NIR, BLR, NIR – 2020 ESP, SUI, UKR, SUI, ESP – 2021 LVA, FRA, POR, HUN, ENG

1 **Kroth** Thomas, 26. 8. 1959 (Eintracht Frankfurt) 1985 HUN

1 **Krüger** Kurt, 4. 10. 1920, † 19. 1. 2003 (Fortuna Düsseldorf) 1940 ROU

2 **Krumm** Franz, 16. 10. 1909, † 9. 3. 1943 (Bayern München) 1932 SWE – 1933 ITA

14 **Kruse** Max, 19. 3. 1988 (SC Freiburg 2, Borussia Mönchengladbach 11, VfL Wolfsburg 1) 2013 ECU, USA, FRO, IRL, SWE, ENG – 2014 POL, IRL, GIB, ESP – 2015 AUS, USA, GIB, GEO

3 **Kubsch** Heinz, 20. 7. 1930, † 24. 10. 1993 (FK Pirmasens) 1954 SUI – 1955 IRL – 1956 SUI

1 **Kubus** Richard, 30. 3. 1914, † 5. 10. 1987 (Vorwärts-Rasensport Gleiwitz) 1939 SVK

2 **Kühnle** Paul, 10. 4. 1885, † 28. 12. 1970 (Stuttgarter Kickers) 1910 SUI – 1911 SUI

7 **Küppers** Hans, 24. 12. 1938 (TSV München 1860) 1962 SUI – 1965 ITA, SUI, BRA – 1966 TUR – 1967 YUG, ALB

7 **Kugler** Anton, 28. 3. 1898, † 2. 6. 1962 (1. FC Nürnberg) 1923 ITA – 1924 AUT, NED, NOR, ITA – 1927 NOR, NED

2 **Kugler** Paul, 24. 9. 1889, † 2. 2. 1962 (Viktoria 89 Berlin) 1911 SWE – 1913 SUI

1 **Kuhnt** Werner, 27. 10. 1893, † 1. 1. 1970 (Norden-Nordwest Berlin) 1924 SWE

2 **Kund** Willi, 11. 3. 1908, † 30. 8. 1967 (1. FC Nürnberg) 1930 DEN – 1931 AUT

25 **Kuntz** Stefan, 30. 10. 1962 (1. FC Kaiserslautern 11, Besiktas Istanbul 12, Arminia Bielefeld 2) 1993 USA, MEX – 1994 AUT, CAN, BEL, RUS, MDA, ALB – 1995 WAL, ITA, SUI, WAL, BUL, RSA – 1996 POR, NED, NIR, LIE, CZE, RUS, CRO, ENG, CSV, ARM – 1997 ALB

44 **Kupfer** Andreas, 7. 5. 1914, † 30. 4. 2001 (1. FC Schweinfurt 05) 1937 LUX, BEL, SUI, DEN, FIN, NOR, SWE – 1938 SUI, POR, ENG, SUI, SUI, POL – 1939 YUG, ITA, IRL, NOR, DEN, HUN, YUG, BUL, BOH, ITA – 1940 HUN, ITA, ROU, FIN, HUN, BUL, YUG, DEN – 1941 SUI, HUN, SUI, ROU, SWE, DEN – 1942 BUL, ROU, SWE, SUI, CRO, SVK – 1950 SUI

52 **Kuranyi** Kevin, 2. 3. 1982 (VfB Stuttgart 29, FC Schalke 04 23) 2003 LTU, SCG, CAN, ISL, SCO, ISL, FRA – 2004 CRO, BEL, ROU, MLT, SUI, NED, LVA, CZE, AUT, BRA, CMR, KOR, THA – 2005 ARG, SVN, NIR, RUS, AUS, TUN, ARG, BRA, MEX, NED, SVK, RSA, TUR, CHN, FRA – 2007 SUI, CZE, DEN, SMR, SVK, ENG, WAL, IRL, CZE – 2008 AUT, SUI, SRB, POL, CRO, ESP, BEL, LIE

5 **Kurbjuhn** Jürgen, 26. 7. 1940, † 15. 3. 2014 (Hamburger SV) 1962 URU – 1963 SWE, MAR – 1964 ALG – 1966 IRL

8 **Kutterer** Emil, 11. 11. 1898, † 13. 7. 1974 (Bayern München) 1925 SWE, FIN, SUI – 1926 NED, SWE, NED, SUI – 1928 SUI

12 **Kuzorra** Ernst, 16. 10. 1905, † 1. 1. 1990 (FC Schalke 04) 1927 NED – 1928 NOR, SWE – 1930 SUI, ENG – 1931 AUT, DEN – 1932 SUI, FIN, NED – 1936 LUX – 1938 HUN

4 **Kwiatkowski** Heinrich, 16. 7. 1926, † 23. 5. 2008 (Borussia Dortmund) 1954 HUN – 1956 IRL, BEL – 1958 FRA

4 **Laband** Fritz, 1. 11. 1925, † 3. 1. 1982 (Hamburger SV) 1954 SUI, TUR, TUR, YUG

2 **Labbadia** Bruno, 8. 2. 1966 (Bayern München 1, 1. FC Köln 1) 1992 URU – 1995 BEL

8 **Lachner** Ludwig, 25. 7. 1910, 19. 5. 2003 (TSV München 1860) 1930 HUN, NOR – 1931 NED – 1932 HUN – 1933 FRA, SUI, POL – 1934 HUN

113**Lahm** Philipp, 11. 11. 1983 (VfB Stuttgart 15, Bayern München 98) 2004 CRO, BEL, ROU, MLT, SUI, HUN, NED, LVA, CZE, AUT, BRA, IRN, CMR, KOR, THA – 2006 ITA, USA, COL, CRC, POL, ECU, SWE, ARG, ITA, POR, SWE, IRL, SMR, SVK, CYP – 2007 SUI, CZE, SMR, SVK, ENG, CYP, WAL – 2008 AUT, SUI, BLR, SRB, POL, CRO, AUT, POR, TUR, ESP, BEL, LIE, FIN, RUS, WAL – 2009 NOR, LIE, WAL, CHN, UAE, AZE, RSA, AZE, RUS, FIN, CIV – 2010 ARG, BIH, AUS, SRB, GHA, ENG, ARG, ESP, BEL, AZE, TUR, KAZ – 2011 ITA, KAZ, URU, AUT, AZE, BRA, AUT, POL, TUR, BEL – 2012 ISR, POR, NED, DEN, GRE, ITA, FRO, AUT, SWE, NED – 2013 FRA, KAZ, KAZ, PAR, AUT, FRO, IRL, SWE, ITA – 2014 CHI, ARM, POR, GHA, USA, ALG, FRA, BRA, ARG

10 **Lang** Hans, 8. 2. 1899, † 27. 4. 1943 (SpVgg Fürth 2, Hamburger SV 8) 1922 SUI – 1923 ITA – 1924 NOR, SWE, HUN – 1925 NED, SWE, FIN, SUI – 1926 NED

2 **Langenbein** Kurt, 4. 11. 1910, 22. 10. 1978 (VfR Mannheim) 1932 SUI – 1935 LVA

2 **Laumen** Herbert, 11. 8. 1943 (Borussia Mönchengladbach) 1968 BEL, WAL

5 **Lauth** Benjamin, 4. 8. 1981 (TSV München 1860) 2003 ESP, SCG, CAN, ITA – 2004 CRO

61 **Lehmann** Jens, 10. 11. 1969 (FC Schalke 04 2, Borussia Dortmund 14, FC Arsenal 45) 1998 OMA, LUX – 1999 COL, SCO, BRA, NZL, USA, FIN, NIR, NOR – 2000 SUI, LIE – 2001 SVK – 2002 ARG, BUL, BIH – 2004 BEL, MLT, AUT, IRN, CMR – 2005 ARG, NIR, TUN, BRA, SVK, RSA, FRA – 2006 ITA, LUX, JPN, COL, CRC, POL, ECU, SWE, ARG, ITA, SWE, IRL, SMR, SVK – 2007 SUI, CZE, SMR, SVK, ENG, WAL, IRL, CYP, WAL – 2008 AUT, SUI, BLR, SRB, POL, CRO, AUT, POR, TUR, ESP

65 **Lehner** Ernst, 7. 11. 1912, † 10. 1 1986 (Schwaben Augsburg 55, Blau-Weiß 90 Berlin 10) 1933 SUI, POL – 1934 HUN, BEL, SWE, CSV, AUT, POL, DEN – 1935 SUI, NED, FRA, BEL, IRL, ESP, CSV, NOR, SWE, FIN, POL, BUL, ENG – 1936 ESP, POR, NOR, IRL – 1937 NED, FRA, BEL, SUI, DEN, FIN, EST, NOR, SWE – 1938 SUI, HUN, POR, ENG, SUI, SUI – 1939 BEL, ITA, !RL, NOR, EST, HUN, YUG, BUL, BOH, ITA, SVK – 1940 HUN, YUG, ITA, HUN, BUL, YUG, DEN – 1941 ROU, CRO, SWE – 1942 SWE, SUI, CRO

24 **Leinberger** Ludwig, 21. 5. 1903, † 3. 3. 1943 (SpVgg Fürth) 1927 DEN – 1928 SUI, SUI, URU, DEN, NOR – 1929 SUI, ITA, SWE – 1930 ITA, SUI, ENG, HUN – 1931 FRA, SWE, NOR, AUT, DEN – 1932 SUI, FIN, SWE, HUN, NED – 1933 ITA

3 **Leip** Rudolf, 8. 6. 1890, † 5. 3. 1947 (Guts Muths Dresden) 1923 FIN, NOR – 1924 SWE

8 **Leno** Bernd, 4. 3. 1992 (Bayer Leverkusen 6, FC Arsenal 2) 2016 SVK, FIN, ITA – 2017 AZE, AUS, AZE – 2020 SUI, TUR

14 **Lenz** August, 29. 11. 1910, † 5. 12. 1988 (Borussia Dortmund) 1935 BEL, IRL, CSV, NOR, ROU, POL, LVA – 1936 ESP, HUN, NOR, CSV – 1937 FRA, BEL – 1938 LUX

26 **Libuda** Reinhard, 10. 10. 1943, † 25. 8. 1996 (FC Schalke 04 24, Borussia Dortmund 2) 1963 TUR, SWE, MAR – 1964 ALG, CSV, SCO – 1965 BRA – 1967 FRA, ROU – 1969 WAL, CYP, AUT, SCO – 1970 ESP, YUG, BUL, PER, ENG, ITA, URU, HUN, TUR, YUG, GRE – 1971 MEX, POL

16 **Liebrich** Werner, 18. 1. 1927, † 20. 3. 1995 (1. FC Kaiserslautern) 1951 TUR – 1952 FRA – 1954 SAA, HUN, YUG, AUT, HUN, BEL, FRA, ENG, POR – 1955 URS, YUG, NOR, ITA – 1956 SUI

1 **Lindner** Willi, 27. 6. 1910, † 29. 11. 1943 (Eintracht Frankfurt) 1933 FRA

43 **Linke** Thomas, 26. 12. 1969 (FC Schalke 04 2, Bayern München 41) 1997 RSA – 1998 KSA, MLT – 1999 BRA, NZL, USA, FIN, NIR, TUR, NOR – 2000 NED, CRO, SUI, CZE, LIE, ROU, POR, ESP, GRE, ENG, DEN – 2001 FRA, FIN, ALB, HUN, ENG, UKR, UKR – 2002 ISR, USA, ARG, KUW, WAL, AUT, KSA, IRL, CMR, PAR, USA, KOR, BRA, LTU – 2004 AUT

73 **Littbarski** Pierre, 16. 4. 1960 (1. FC Köln 71, Racing Paris 2) 1981 AUT, ALB – 1982 POR, BRA, ARG, CSV, NOR, ALG, CHI, AUT, ENG, ESP, FRA, ITA, BEL, ENG, NIR – 1983 POR, ALB, TUR, AUT, HUN, TUR, NIR, ALB – 1984 FRA, ROU, ESP – 1985 HUN, POR, MLT, BUL, CSV, ENG, URS, SWE, POR, CSV – 1986 YUG, NED, URU, SCO, DEN, MAR, MEX – 1987 ITA, FRA, ENG, DEN, SWE, HUN – 1988 SWE, SUI, ITA, DEN, ESP, NED, FIN, URS – 1989 BUL, IRL, FIN, WAL – 1990 FRA, URU, CSV, DEN, YUG, UAE, COL, NED, CSV, ARG

4 **Löble** Otto, 27. 10. 1888, † 29. 5. 1967 (Stuttgarter Kickers) 1909 SUI – 1910 SUI – 1912 SUI – 1913 ENG

20 **Löhr** Johannes, 5. 7. 1942, † 29. 2. 2016 (1. FC Köln) 1967 MAR, BUL, ALB, YUG, FRA, YUG, ROU, ALB – 1968 BEL, SUI, ENG – 1970 IRL, YUG, MAR, BUL, PER, ENG, ITA, URU, HUN

1 **Lohneis** Hans, 12. 4. 1895, † 1970 (MTV Fürth) 1920 AUT

3 **Lohrmann** Theodor, 7. 9. 1898, † 2. 9. 1971 (SpVgg Fürth) 1920 HUN – 1922 SUI, HUN

19 **Lorenz** Max, 19. 8. 1939 (Werder Bremen 17, Eintracht Braunschweig 2) 1965 CYP, ENG, SUI, BRA, AUT – 1966 ENG, NED – 1968 ENG, BRA, FRA, CYP, BRA, CHI, MEX – 1969 WAL, SCO, CYP – 1970 ROU, URU

1 **Ludewig** Heinz, 24. 12. 1889, † 16. 5. 1950 (Duisburger SV) 1914 NED

3 **Ludwig**, Johannes, 8. 6. 1903, † 7. 1. 1985 (Holstein Kiel) 1930 HUN – 1931 SWE, NOR

1 **Ludwig** Karl, 14. 5. 1886, † 3. 2. 1948 (Kölner SC 99) 1908 SUI

2 **Lüke** Josef, 13. 3. 1899, † 1948 (TuRU Düsseldorf) 1923 NED, FIN

12 **Lutz** Friedel, 21. 1. 1939 (Eintracht Frankfurt), 1960 ISL, GRE, BUL – 1961 BEL, CHI – 1964 ALG, FIN – 1966 ENG, IRL, NIR, ROU, URS

3 **Lux** Hermann, 20. 9. 1893, † 3. 1. 1962 (Tennis Borussia Berlin) 1924 SWE – 1925 NED, FIN

3 **Maas** Erich, 24. 12. 1940 (Eintracht Braunschweig) 1968 BEL – 1969 BUL – 1970 ROU

2 **Madlung** Alexander, 11. 7. 1982, (VfL Wolfsburg) 2006 GEO – 2007 DEN

5 **Männer** Ludwig, 11. 7. 1912, † 13. 1. 2003 (Hannover 96) 1937 LVA – 1939 LUX, EST, BOH – 1940 SVK

43 **Magath** Felix, 26. 7. 1953 (Hamburger SV) 1977 YUG, URU – 1980 POL, CSV, NED, SUI, NED, BUL – 1981 ARG, BRA, ALB, AUT, BRA, FIN, POL, FIN, AUT, ALB, BUL – 1982 NOR, ALG, CHI,

AUT, FRA – 1984 ARG, SWE – 1985 HUN, POR, MLT, BUL, CSV, ENG, MEX, URS – 1986 ITA, BRA, SUI, URU, SCO, MAR, MEX, FRA, ARG

1 **Mahlmann** Carl-Heinz, 17. 9. 1907, † 7. 11. 1965 (Hamburger SV) 1932 NED

21 **Mai** Karl, 27. 7. 1928, † 15. 3. 1993 (SpVgg Fürth 18, Bayern München 3) 1953 SAA, NOR – 1954 SUI, TUR, TUR, YUG, AUT, HUN, BEL, FRA – 1955 ITA, IRL, ITA – 1956 ENG, NOR, SUI, IRL – 1957 SWE – 1958 BUL, EGY – 1959 POL

95 **Maier** Josef, 28. 2. 1944 (Bayern München) 1966 IRL, TUR, NOR – 1967 BUL, YUG, FRA, YUG – 1968 BEL, FRA, AUT, BRA, MEX – 1969 WAL, SCO, AUT, CYP, BUL, SCO – 1970 ROU, MAR, BUL, PER, ENG, ITA, HUN, TUR, YUG – 1971 ALB, TUR, ALB, SWE, DEN, MEX, POL, POL – 1972 HUN, ENG, ENG, URS, BEL, URS, SUI – 1973 ARG, YUG, BRA, SCO, ESP – 1974 ITA, SCO, SWE, CHI, AUS, DDR, YUG, SWE, POL, NED, SUI, GRE – 1975 ENG, BUL, NED, AUT, GRE, BUL – 1976 MLT, ESP, ESP, YUG, CSV, CSV – 1977 FRA, NIR, YUG, BRA, MEX, FIN, ITA, WAL – 1978 ENG, URS, BRA, SWE, POL, MEX, TUN, ITA, NED, AUT, CSV, HUN – 1979 MLT, WAL, IRL, ISL

5 **Malecki** Edmund, 1. 11. 1914, † 21. 4. 2001 (Hannover 96) 1935 ROU, EST – 1936 LUX – 1937 LUX – 1939 LUX

2 **Malik** Richard, 10. 12. 1909, † 20. 1. 1945 (SuSV Beuthen 09) 1932 HUN – 1933 ITA

1 **Maneval** Hellmut, 13. 11. 1898, † 19. 4. 1984 (Stuttgarter Kickers) 1923 NED

4 **Manglitz** Manfred, 8. 3. 1940 (MSV Duisburg 2, 1. FC Köln 2) 1965 ITA, CYP – 1970 ESP, YUG

5 **Mantel** Hugo, 14. 5. 1907, † 3. 2. 1942 (Dresdner SC 1, Eintracht Frankfurt 4) 1927 DEN – 1930 ITA, ENG, DEN – 1933 FRA

16 **Marin** Marko, 13. 3. 1989 (Borussia Mönchengladbach 6, Werder Bremen 10) 2008 BLR, BEL, LIE, ENG – 2009 NOR, LIE, RSA – 2010 HUN, BIH, AUS, SRB, DEN, AZE, TUR, KAZ, SWE

1 **Marischka** Otto, 31. 5. 1912, † 10. 01. 1991 (Admira Wien) 1939 SVK

1 **Marohn** Arthur, 14. 6. 1893, † (Viktoria 89 Berlin) 1921 HUN

13 **Marschall** Olaf, 19. 3. 1966 (1. FC Kaiserslautern) 1994 HUN – 1997 ALB, RSA – 1998 KSA, FIN, COL, LUX, CRO, MLT, NED – 1999 USA, BRA, NZL (+ 4 A für die DDR)

1 **Martin** Bernd, 10. 2. 1955, † 1. 12. 2018 (VfB Stuttgart) 1979 WAL

1 **Martinek** Alexander, 25. 4. 1919, † 8. 7. 1944 (Wacker Wien) 1940 ROU

6 **Martwig** Otto, 24. 2. 1903, † (Tennis Borussia Berlin) 1925 SWE, FIN, SUI – 1926 SWE, NED – 1927 NOR

1 **Marx** Joseph, 20. 11. 1934, 24. 8. 2008 (SV Sodingen) 1960 ISL

1 **Massini** Erich, 13. 9. 1889, † 26. 7. 1915 (Preußen Berlin) 1909 ENG

150 **Matthäus** Lothar, 21. 3. 1961 (Borussia Mönchengladbach 26, Bayern München 90, Inter Mailand 28, New York/New Jersey MetroStars 6) 1980 NED – 1981 ALB – 1982 POR, BRA, ARG, CSV, NOR, CHI, AUT, BEL, ENG, NIR – 1983 POR, YUG, HUN, AUT, TUR, NIR, ALB – 1984 BEL, URS, FRA, ITA, POR, ROU, ESP, ARG, SWE, MLT – 1985 HUN, POR, BUL, CSV, ENG, MEX, URS – 1986, ITA, BRA, SUI, YUG, NED, URU, SCO, DEN, MAR, MEX, FRA, ARG, DEN, ESP, AUT – 1987 ISR, ITA, FRA, HUN, BRA, ARG – 1988 SWE, ARG, SUI, YUG, ITA, DEN, ESP, NED, FIN, NED – 1989 BUL, NED, FIN – 1990 FRA, URU, CSV, DEN, YUG, UAE, COL, NED, CSV, ENG, ARG, POR, SWE, LUX, SUI – 1991 URS, BEL, WAL, ENG, WAL, BEL, LUX – 1992 ITA, MEX, BRA, URU – 1993 SCO, GHA, BRA, USA, ENG, TUN, URU, BRA, ARG, USA, MEX – 1994 ITA, UAE, IRL, AUT, CAN, BOL, ESP, KOR, BUL, BUL, RUS, HUN, ALB, MDA, ALB – 1998 FIN, COL, LUX, YUG, IRN, MEX, CRO, NED – 1999 USA, COL, NIR, FIN, SCO, MDA, BRA, NZL, USA, FIN, NIR, TUR, NOR – 2000 NED, CRO, SUI, LIE, ROU, ENG, POR

2 **Mathies** Paul, 12. 1. 1911, † 1970 (Preußen Danzig) 1935 EST, LVA

1 **Matthes** Paul, 6. 3. 1879, † 30. 11. 1949 (Viktoria 96 Magdeburg) 1908 ENG

1 **Mauch** Paul, 8. 5. 1897, † 15. 7. 1924 (VfB Stuttgart) 1922 AUT

2 **Maul** Ronald, 13. 2. 1973 (Arminia Bielefeld) 1999 BRA, USA

1 **Mauritz** Matthias, 13. 11. 1924, † 21. 11. 2016 (Fortuna Düsseldorf) 1959 POL

1 **Max** Martin, 7. 8. 1968 (TSV München 1860) 2002 ARG

3 **Max** Philipp, 30. 9. 1993 (PSV Eindhoven) 2020 UKR, UKR, ESP

6 **Mebus** Paul, 9. 6. 1920, † 11. 12. 1993 (VfL Benrath 1, 1. FC Köln 5) 1951 SUI, AUT, IRL, TUR, LUX – 1954 HUN

2 **Mechling** Heinrich, 25. 2. 1892, † 27. 12. 1976 (Freiburger FC) 1912 SUI – 1913 SUI

2 **Mehl** Paul, 16. 4. 1912, † 6. 5. 1972 (Fortuna Düsseldorf) 1936 LUX, POL

16 **Meier** Norbert, 20. 9. 1958 (Werder Bremen) 1982 ENG – 1983 POR, ALB, YUG, HUN, AUT, TUR, NIR, ALB – 1984 BUL, URS, FRA, ROU, ESP – 1985 URS, POR

1 **Meißner** Kurt, 11. 12. 1897, † 1973 (VfR Mannheim) 1924 ITA

3 **Memering** Caspar, 1. 6. 1953 (Hamburger SV) 1979 IRL, ISL – 1980 GRE

1 **Mengel** Hans, 6. 2. 1917, † 8. 3. 1941 (TuRU Düsseldorf) 1938 HUN

1 **Merkel** Max, 7. 12. 1918, † 28. 11. 2006 (Wiener SC) 1939 SVK (+ 1 A für Österreich)

104 **Mertesacker** Per, 29. 9. 1984 (Hannover 96 29, Werder Bremen 46, FC Arsenal 29) 2004 IRN, CMR, JPN, THA – 2005 ARG, NIR, RUS, AUS, TUN, ARG, BRA, MEX, NED, SVK, RSA, TUR, CHN, FRA – 2006 ITA, USA, LUX, JPN, COL, CRC, POL, ECU, SWE, ARG, ITA – 2007 SUI, CZE, SMR, SVK, ENG, WAL, IRL, CZE, CYP, WAL – 2008 AUT, SUI, BLR, SRB, POL, CRO, AUT, POR, TUR, ESP, RUS, WAL, ENG – 2009 NOR, LIE, WAL, AZE, AZE, RUS, CIV – 2010 ARG, HUN, BIH, AUS, SRB, GHA, ENG, ARG, ESP, URU, BEL, AZE, TUR, KAZ – 2011 ITA, KAZ, POL, TUR, BEL, NED – 2012 SUI, ISR, FRO, IRL, SWE, NED – 2013 FRA, KAZ, KAZ, ECU, USA, PAR, AUT, FRO, IRL, ENG – 2014 CHI, CMR, ARM, POR, GHA, USA, ALG, BRA, ARG

47 **Metzelder** Christoph, 5. 11. 1980 (Borussia Dortmund 32, Real Madrid 15) 2001 HUN – 2002 ISR, ARG, KUW, WAL, AUT, KSA, IRL, CMR, PAR, USA, KOR, BRA, BUL, LTU – 2003 ESP – 2005 CHN – 2006 ITA, USA, LUX, JPN, COL, CRC, POL, SWE, ARG, ITA, POR – 2007 SUI, CZE, SMR, SVK, ENG, WAL, ROU, IRL, CZE, CYP, WAL – 2008 BLR, SRB, POL, CRO, AUT, POR, TUR, ESP

2 **Metzner** Karl-Heinz, 9. 1. 1923, † 25. 10. 1994 (Hessen Kassel) 1952 ESP – 1953 SAA

4 **Meyer** Maximilian, 18. 9. 1995 (FC Schalke 04) 2014 POL – 2016 FIN, NOR, SMR

1 **Meyer** Peter, 18. 2. 1940 (Borussia Mönchengladbach) 1967 ALB

3 **Milewski** Jürgen, 19. 10. 1957 (Hamburger SV), 1981 ALB – 1982 BEL – 1984 URS

17 **Mill** Frank, 23. 7. 1958 (Borussia Mönchengladbach 9, Borussia Dortmund 8) 1982 BRA, ARG, CSV – 1984 ARG – 1985 HUN, ENG, MEX – 1986 BRA, NED – 1988 YUG, DEN, ESP, NED, NED – 1989 FIN – 1990 CSV, DEN

12 **Miller** Karl, 2. 10. 1913, † 18. 4. 1967 (FC St. Pauli) 1941 HUN, SUI, FIN, DEN, SVK – 1942 ESP, HUN, BUL, ROU, SWE, SUI, SVK

2 **Miltz** Jakob, 23. 9. 1928, † 18. 2. 1984 (TuS Neuendorf) 1954 POR – 1956 IRL

5 **Mock** Johann, 9. 12. 1906, † 22. 5. 1982 (Austria Wien) 1938 SUI, ROU – 1941 CRO – 1942 CRO, SUI (+ 12 A für Österreich)

85 **Möller** Andreas, 2. 9. 1967 (Borussia Dortmund 53, Eintracht Frankfurt 12, Juventus Turin 20) 1988 URS – 1989 BUL, NED, WAL, IRL, FIN, WAL – 1990 FRA, CSV, DEN, YUG, CSV, POR, SWE – 1991 URS, ENG, WAL, BEL, LUX – 1992 CSV, TUR, URS, SCO, NED, AUT, URU – 1993 GHA, BRA, USA, ENG, TUN, URU, BRA, ARG, USA, MEX – 1994 ITA, UAE, IRL, AUT, BOL, ESP, KOR, BUL, RUS, ALB, MDA, ALB – 1995 ESP, GEO, BUL, SUI, BUL, GEO, MDA, WAL, RSA – 1996 POR, NIR, FRA, LIE, CZE, RUS, ITA, CRO, ENG, POL, NIR, POR – 1997 ISR, ALB, NIR, ALB – 1998 OMA, KSA, BRA, NGA, COL, LUX, USA, YUG, MEX, NED – 1999 USA, COL

9 **Möller** Ernst, 19. 8. 1891, † 8. 11. 1916 (Holstein Kiel) 1911 ENG, SWE, AUT, SWE – 1912 HUN, DEN – 1913 ENG, DEN, BEL

5 **Mohns**, Arthur, 4. 2. 1896, † (Norden-Nordwest Berlin) 1920 AUT, HUN – 1921 AUT, FIN – 1922 HUN

4 **Montag** Otto, 12. 10. 1897, † 23. 12. 1973 (Norden-Nordwest Berlin) 1923 SUI, SWE – 1925 SWE, FIN

7 **Moog** Alfons, 14. 2. 1915, † 17. 12. 1999 (VfL Köln 99) 1939 EST – 1940 ROU, FIN, SVK, HUN, BUL, DEN

26 **Morlock** Max, 11. 5. 1925, † 10. 9. 1994 (1. FC Nürnberg) 1950 SUI – 1951 AUT, IRL, TUR – 1952 SUI, YUG, ESP – 1953 AUT, NOR, SAA, NOR – 1954 SAA, SUI, TUR, TUR, YUG, AUT, HUN, BEL – 1955 ITA, URS, YUG – 1956 ENG, IRL – 1958 BUL, EGY

12 **Müller** Dieter, 1. 4. 1954 (1. FC Köln) 1976 YUG, CSV, WAL – 1977 FRA, NIR, YUG, URU, MEX – 1978 MEX, TUN, NED, AUT

1 **Müller** Ernst, 13. 7. 1901, † (Hertha BSC) 1931 AUT

2 **Müller** Friedrich, 7. 2. 1907, † 15. 5. 1978 (Dresdner SC) 1931 NED, AUT

62 **Müller** Gerhard, 3. 11. 1945 (Bayern München) 1966 TUR – 1967 ALB, YUG, FRA, YUG – 1968 FRA, AUT, CYP – 1969 WAL, SCO, AUT, CYP, AUT, BUL, SCO – 1970 ESP, ROU, IRL, YUG, MAR, BUL, PER, ENG, ITA, URU, HUN, TUR – 1971 ALB, TUR, NOR, SWE, DEN, MEX, POL, POL – 1972 HUN, ENG, ENG, URS, BEL, URS, SUI – 1973 CSV, YUG, BUL, BRA, URS, AUT, FRA, ESP – 1974 ESP, ITA, SCO, HUN, SWE, CHI, AUS, DDR, YUG, SWE, POL, NED

42 **Müller** Hans, 27. 7. 1957 (VfB Stuttgart 36, Inter Mailand 6) 1978 BRA, SWE, POL, MEX, TUN, AUT, CSV – 1979 MLT, TUR, IRL, ARG, WAL, URS, TUR – 1980 MLT, AUT, POL, CSV, NED, GRE, BEL, SUI, NED, FRA, BUL – 1981 ARG, BRA, ALB, AUT, BRA, FIN, POL – 1982 BRA, ARG, ENG, ITA, BEL – 1983 ALB, TUN, AUT, YUG, HUN

9 **Müller** Henry, 12. 8. 1896, † 8. 9. 1982 (Victoria Hamburg) 1921 HUN – 1922 AUT, HUN – 1923 NED, SUI, SWE, FIN – 1924 ITA – 1928 NOR

12 **Müller** Josef, 6. 5. 1893, † 22. 3. 1984 (Phönix Ludwigshafen 1, SpVgg Fürth 10, FV Würzburg 04 1) 1921 FIN – 1922 SUI – 1923 ITA – 1924 AUT, NED, ITA, SUI – 1925 NED, SUI – 1926 NED, NED – 1928 SUI

6 **Müller** Ludwig, 25. 8. 1941, † 24. 6. 2021 (1. FC Nürnberg 5, Borussia Mönchengladbach 1) 1968 ENG, BRA, FRA – 1969 WAL, CYP, BUL

2 **Müller** Nicolai, 25. 9. 1987 (1. FSV Mainz 05) 2013 ECU, USA

106 **Müller** Thomas, 13. 9. 1989 (Bayern München) 2010 ARG, BIH, AUS, SRB, GHA, ENG, ARG, URU, BEL, AZE, TUR, KAZ – 2011 ITA, KAZ, AUS, URU, AUT, AZE, BRA, AUT, POL, TUR, BEL, UKR, NED – 2012 FRA, ISR, POR, NED, DEN, GRE, ITA, ARG, FRO, AUT, IRL, SWE, NED – 2013 FRA, KAZ, KAZ, PAR, AUT, FRO, IRL, SWE, ITA – 2014 CMR, ARM, POR, GHA, USA, ALG, FRA, BRA, ARG, ARG, SCO, POL, IRL, GIB, ESP – 2015 GEO, POL, SCO, IRL, GEO, FRA – 2016 ENG, ITA, HUN, UKR, POL, NIR, SVK, ITA, FRA, FIN, NOR, CZE, NIR, SMR, ITA – 2017 ENG, AZE, CZE, NOR, NIR, AZE – 2018 ESP, KSA, MEX, SWE, KOR, FRA, PER, NED, FRA, RUS, NED – 2021 DEN, LVA, FRA, POR, HUN, ENG

41 **Münzenberg** Reinhold, 25. 1. 1909, † 25. 6. 1986 (Alemannia Aachen) 1930 DEN, NOR – 1931 FRA, AUT – 1934 AUT, POL, DEN – 1935 NED, FRA, ESP, SWE, ROU, EST, BUL, ENG – 1936 ESP, POR, HUN, LUX, NOR, POL, CSV, SCO, IRL, ITA – 1937 NED, FRA, BEL, SUI, DEN, LVA, FIN, EST, NOR, SWE – 1938 SUI, HUN, POR, ENG, POL – 1939 LUX

8 **Munkert** Andreas, 7. 3. 1908, † 23. 4. 1982 (1. FC Nürnberg) 1935 BEL, FIN – 1936 ESP, HUN, CSV, SCO, IRL, ITA

5 **Musiala** Jamal, 26. 2. 2003 (Bayern München) 2021 ISL, MKD, LVA, HUN, ENG

20 **Mustafi** Shkodran, 17. 4. 1992 (Sampdoria Genua 4, FC Valencia 8, FC Arsenal 8) 2014 POL, POR, GHA, ALG, GIB, ESP – 2015 AUS, USA, FRA – 2016 ITA, UKR, FRA, FIN, NIR, ITA – 2017 SMR, AUS, CHI, CHI, AZE

1 **Nafziger** Rudolf, 11, 8. 1945, † 13. 7. 2008 (Bayern München) 1965 AUT

1 **Nagelschmitz** Ernst, 1. 5. 1902, † 23. 5. 1987 (Bayern München) 1926 NED

3 **Neiße** Hermann, 5. 12. 1889, † 20. 10. 1932 (Eimsbütteler TV) 1910 NED – 1911 ENG, BEL

6 **Nerlinger** Christian, 21. 3. 1973 (Borussia Dortmund) 1998 ROU, MDA – 1999 COL, USA, FIN, TUR

37 **Netzer** Günter, 14. 9. 1944 (Borussia Mönchengladbach 31, Real Madrid 6) 1965 AUT, CYP – 1966 ENG, TUR – 1967 BUL, ALB – 1968 BEL, SUI, WAL, FRA, AUT, BRA, CHI – 1970 ESP, YUG, GRE – 1971 ALB, TUR, ALB, NOR, SWE, DEN, MEX, POL – 1972 HUN, ENG, ENG, URS, BEL, URS, SUI – 1973 SCO – 1974 ITA, SWE, DDR – 1975 BUL, GRE

1 **Neubarth** Frank, 29. 7. 1962 (Werder Bremen) 1988 ARG

2 **Neuberger** Willi, 15. 4. 1946 (Borussia Dortmund) 1968 WAL, BRA

104 **Neuer** Manuel, 27. 3. 1986 (FC Schalke 04 20, Bayern München 84) 2009 UAE, CIV – 2010 MLT, HUN, BIH, AUS, SRB, GHA, ENG, ARG, ESP, BEL, AZE, TUR, KAZ – 2011 ITA, KAZ, URU, AUT, AZE, BRA, AUT, TUR, BEL, NED – 2012 ISR, POR, NED, DEN, GRE, ITA, FRO, AUT, IRL, SWE, NED – 2013 KAZ, KAZ, PAR, AUT, FRO, IRL, SWE, ITA – 2014 CHI, POR, GHA, USA, ALG, FRA, BRA, ARG, ARG, SCO, POL, IRL, GIB – 2015 GEO, POL, SCO, IRL, GEO, FRA – 2016 ENG, HUN, UKR, POL, NIR, SVK, ITA, FRA, NOR, CZE, NIR – 2018 AUT, KSA, MEX, SWE, KOR, FRA, NED, FRA, RUS, NED – 2019 SRB, NED, BLR, EST, NED, NIR, EST, BLR – 2020 UKR, SUI, UKR, ESP – 2021 ISL, ROU, DEN, LVA, FRA, POR, HUN, ENG

6 **Neuhaus** Florian, 16. 3. 1997 (Borussia Mönchengladbach) 2020 TUR, CZE, ESP – 2021 ISL, ROU, DEN

3 **Neumaier** Robert, 14. 4. 1885, † 22. 3. 1959 (Phönix Karlsruhe) 1909 SUI – 1910 BEL – 1912 SUI

1 **Neumann** Arno, 7. 2. 1885, † 7. 3. 1966 (Dresdner SC) 1908 ENG

1 **Neumann** Herbert, 14. 11. 1953 (1. FC Köln) 1978 ENG

1 **Neumer** Leopold, 8. 2. 1919, † 19. 3. 1990 (Austria Wien) 1938 SUI (+ 4 A für Österreich)

1 **Neuschäfer** Hans, 23. 11. 1931, † 9. 9. 2020 (Fortuna Düsseldorf) 1956 SUI

2 **Neustädter** Roman, 18. 2. 1988 (FC Schalke 04) 2012 NED – 2013 ECU

69 **Neuville** Oliver, 1. 5. 1973 (Hansa Rostock 8, Bayer Leverkusen 40, Borussia Mönchengladbach 21) 1998 MLT, TUR, MDA – 1999 COL, NIR, FIN, SCO, MDA, BRA, NZL, USA, FIN, NIR, TUR, NOR – 2000 NED, SUI, ESP, DEN – 2001 FRA, ALB, GRE, SVK, FIN, ALB, HUN, ENG, FIN, UKR – 2002 USA, KSA, CMR, PAR, USA, KOR, BRA, LTU, FRO, NED – 2003 ESP, CAN, SCO, FRO, ITA, ISL, ISL – 2004 BEL, ROU – 2005 SVN, TUR, CHN – 2006 USA, LUX, JPN, COL, CRC, POL, ECU, SWE, ARG, ITA, POR, SWE, IRL, CYP – 2007 WAL – 2008 BLR, SRB, AUT

1 **Nickel** Bernd, 15. 3. 1949 (Eintracht Frankfurt) 1974 MLT

3 **Nickel** Harald, 21. 7. 1953, † 4. 8. 2019 (Borussia Mönchengladbach) 1979 URS, TUR – 1980 MLT

1 **Nicodemus** Otto, 21. 6. 1886, † 2. 12. 1966 (SV Wiesbaden) 1909 SUI

1 **Niederbacher** Max, 22. 6. 1899, 6. 6. 1979 (Stuttgarter Kickers) 1925 SWE

1 **Niedermayer** Kurt, 25. 11. 1955 (Bayern München) 1980 NED

6 **Nigbur** Norbert, 8. 5. 1948 (FC Schalke 04) 1974 ESP, HUN, MLT – 1979 URS, TUR – 1980 AUT

3 **Noack** Rudolf, 30. 3. 1913, † 8. 1. 1948 (Hamburger SV) 1934 HUN, CSV – 1937 SUI

4 **Nogly** Peter, 14. 1. 1947 (Hamburger SV) 1977 FRA, NIR, URU, MEX

15 **Nowak** Hans, 9. 8. 1937, † 19. 7. 2012 (FC Schalke 04) 1961 DEN, POL, GRE – 1962 ITA, SUI, CHI, YUG, SUI – 1963 BRA, TUR, SWE, MAR – 1964 CSV, SCO, SWE

48 **Nowotny** Jens, 11. 1. 1974 (Bayer Leverkusen 47, Dinamo Zagreb 1) 1997 UKR, NIR, POR, ARM – 1998 KSA, MLT, ROU, TUR, MDA, NED – 1999 NIR, FIN, SCO, MDA, FIN, NIR – 2000 CRO, CZE, LIE, ROU, ENG, POR, ESP, GRE, ENG, DEN – 2001 ALB, GRE, SVK, FIN, ALB, ENG, FIN, UKR, UKR – 2002 ISR, ARG – 2003 FRA – 2004 CRO, BEL, MLT, SUI, HUN, NED, CZE – 2006 JPN, POR, SWE

5 **Oberle** Emil, 16. 11. 1889, † 25. 12. 1955 (Phönix Karlsruhe) 1909 SUI – 1912 NED, SUI, RUS, HUN

16 **Odonkor** David, 21. 2. 1984 (Borussia Dortmund 6, Betis Sevilla 10) 2006 JPN, CRC, POL, ARG, ITA, SWE, SMR, GEO, SVK, CYP – 2007 ENG, ROU, CZE – 2008 BLR, SRB, CRO

3 **Oehm** Richard, 22. 6. 1909, † 20. 5. 1975 (1. FC Nürnberg) 1932 SWE – 1934 HUN, LUX

92 **Özil** Mesut, 15. 10. 1988 (Werder Bremen 17, Real Madrid 30, FC Arsenal 45) 2009 NOR, AZE, RSA, AZE, RUS, FIN, CIV – 2010 ARG, HUN, BIH, AUS, SRB, GHA, ENG, ARG, ESP, URU, BEL, AZE, TUR, KAZ – 2011 ITA, KAZ, URU, AUT, AZE, AUT, BEL, UKR, NED – 2012 FRA, SUI, ISR, POR, NED, DEN, GRE, ITA, ARG, FRO, AUT, IRL, SWE – 2013 FRA, KAZ, KAZ, PAR, AUT, FRO, IRL, SWE, ITA – 2014 CHI CMR, ARM, POR, GHA, USA, ALG, FRA, BRA, ARG – 2015 AUS, GEO, USA, GIB, POL, SCO, IRL, GEO – 2016 ENG, ITA, HUN, UKR, POL, NIR, SVK, ITA, FRA, FIN, NOR, CZE, NIR – 2017 AZE, CZE, NOR, ENG, FRA – 2018 ESP, AUT, MEX, KOR

1 **Ohlhauser** Rainer, 6. 1. 1941 (Bayern München) 1968 CHI

1 **Olk** Werner, 18. 1. 1938 (Bayern München) 1961 POL

2 **Ordenewitz** Frank, 25. 3. 1965 (Werder Bremen) 1987 BRA, ARG

6 **Otten** Jonny, 31. 1. 1961 (Werder Bremen) 1983 POR, ALB, YUG, TUR, ALB – 1984 URS

81 **Overath** Wolfgang, 29. 9. 1943 (1. FC Köln) 1963 TUR, SWE, MAR – 1964 ALG, CSV, FIN, SWE – 1965 CYP, ENG, SUI, BRA – 1966 NED, IRL, NIR, ROU, YUG, SUI, ARG, ESP, URU, URS, ENG, TUR, NOR – 1967 MAR, BUL, ALB, YUG, FRA, YUG, ROU, ALB – 1968 WAL, ENG, BRA, FRA, CYP, BRA, CHI, MEX – 1969 SCO, AUT, CYP, AUT, BUL, SCO – 1970 ROU, IRL, YUG, MAR, BUL, PER, ENG, ITA, URU, TUR, YUG, GRE – 1971 ALB, ALB, NOR, SWE, DEN, POL – 1973 ARG, CSV, YUG, BUL, BRA, AUT, FRA, ESP – 1974 ESP, ITA, CHI, AUS, DDR, YUG, SWE, POL, NED

11 **Owomoyela** Patrick, 5. 11. 1979 (Arminia Bielefeld 6, Werder Bremen 5) 2004 JPN, KOR, THA – 2005 ARG, SVN, NIR, SVK, RSA, TUR, CHN – 2006 USA

2 **Pander** Christian, 28. 8. 1983 (FC Schalke 04) 2007 ENG, WAL

1 **Panse** Herbert, 6. 3. 1914, † 25. 8. 1980 (Eimsbütteler TV) 1935 LVA

4 **Paßlack** Stephan, 24. 8. 1970 (Borussia Mönchengladbach) 1996 ARM, NIR – 1998 MLT, ROU

24 **Patzke** Bernd, 14. 3. 1943 (TSV München 1860 18, Hertha BSC 6) 1965 ITA, CYP – 1967 MAR, BUL, ALB, YUG, FRA, YUG, ROU, ALB – 1968 CYP, BRA, CHI, MEX – 1969 WAL, SCO, AUT, CYP – 1970 IRL, PER, ITA, URU – 1971 ALB, TUR

6 **Paulsen (Pömpner)** Paul, 28. 12. 1892, † 17. 5. 1934 (VfB Leipzig) 1924 SWE, ITA, SUI – 1925 NED, SWE, FIN

1 **Pekarek** Josef, 2. 1. 1913, † 1992 (Wacker Wien) 1939 SVK (+ 5 A für Österreich)

12 **Pesser** Johann, 7. 11. 1911, † 12. 8. 1986 (Rapid Wien) 1938 ENG, SUI, POL, ROU – 1939 ITA, HUN, ITA – 1940 HUN, YUG, ITA, HUN, DEN (+ 8 A für Österreich)

1 **Peters** Wolfgang, 8. 1. 1929, † 22. 9. 2003 (Borussia Dortmund) 1957 SWE

2 **Petersen** Nils, 6. 12. 1988 (SC Freiburg) 2018 AUT, PER

7 **Pfaff** Alfred, 16. 7. 1926, † 27. 12. 2008 (Eintracht Frankfurt) 1953 NOR – 1954 HUN, POR – 1956 ENG, NOR, SWE, SUI

1 **Pfeiffer** Michael, 19. 7. 1925, † 2. 1. 2018 (Alemannia Aachen) 1954 ENG

1 **Pflipsen** Karlheinz, 31. 10. 1970 (Borussia Mönchengladbach) 1993 USA

11 **Pflügler** Hans, 27. 3. 1960 (Bayern München) 1987 ISR, ITA, FRA, SWE, ARG – 1988 ARG, NED, URS – 1989 IRL – 1990 DEN, COL

2 **Philipp** Ludwig, 20. 12. 1889, † 14. 1. 1964 (1. FC Nürnberg) 1910 SUI, NED

1 **Picard** Alfred, 21. 3. 1913, † 12. 4. 1945 (SSV Ulm) 1939 LUX

6 **Piontek** Josef, 5. 3. 1940 (Werder Bremen) 1965 ITA, ENG, SUI, BRA, CYP – 1966 NIR

2 **Pirrung** Josef, 24. 7. 1949, † 11. 2. 2011 (1. FC Kaiserslautern) 1974 GRE, MLT

7 **Plattenhardt** Marvin, 26. 1. 1992 (Hertha BSC) 2017 DEN, SMR, CMR, NIR, FRA – 2018 BRA, MEX

2 **Platzer** Peter, 29. 5. 1910, † 13. 12. 1959 (Admira Wien) 1939 BEL, ITA (+ 31 A für Österreich)

2 **Plener** Ernst, 21. 2. 1919, 16. 3. 2007 (Vorwärts Rasensport Gleiwitz) 1940 ROU, FIN

130 **Podolski** Lukas, 4. 6. 1985 (1. FC Köln 69, Bayern München 32, FC Arsenal 20, Inter Mailand 4, Galatasaray Istanbul 5) 2004 HUN, CZE, AUT, BRA, IRN, JPN, KOR, THA – 2005 SVN, NIR, RUS, AUS, TUN, BRA, MEX, SVK, RSA, TUR, CHN, FRA – 2006 ITA, USA, LUX, JPN, COL, CRC, POL, ECU, SWE, ARG, ITA, POR, SWE, IRL, SMR, GEO, SVK – 2007 CZE, WAL, ROU, IRL, CZE, CYP, WAL – 2008 AUT, SUI, BLR, SRB, POL, CRO, AUT, POR, TUR, ESP, BEL, LIE, FIN, RUS, WAL, ENG – 2009 LIE, WAL, CHN, UAE, RSA, AZE, RUS, FIN, CIV – 2010 ARG, MLT, HUN, BIH, AUS, SRB, GHA, ENG, ARG, ESP, BEL, AZE, TUR, KAZ – 2011 ITA, KAZ, AUS, URU, AUT, AZE, BRA, AUT, POL, TUR, UKR, NED – 2012 SUI, ISR, POR, NED, DEN, ITA, FRO, AUT, IRL, SWE, NED – 2013 FRA, KAZ, ECU, USA, PAR – 2014 CHI CMR, ARM, POR, USA, ARG, SCO, POL, IRL, GIB – 2015 AUS, GEO, USA, GIB, POL – 2016 ENG, HUN, SVK – 2017 ENG

1 **Pöhler** Ludwig, 11. 1. 1916, † 26. 3. 1975 (Hannover 96) 1939 LUX

3 **Poertgen** Ernst, 25. 1. 1912, † 3. 11. 1986 (FC Schalke 04) 1935 BUL – 1936 LUX – 1937 LUX

3 **Poetsch** Ernst, 29. 6. 1883, † (Union 92 Berlin) 1908 AUT – 1909 HUN – 1910 NED

14 **Pöttinger** Josef, 16. 4. 1903, † 9. 9. 1970 (Bayern München) 1926 NED, SWE – 1927 NOR, NED – 1928 SUI, SUI, URU, DEN, SWE – 1929 SUI, ITA, SCO – 1930 ITA, ENG

2 **Pohl** Erich, 15. 1. 1894, † 8. 11. 1948 (Kölner SC 99) 1923 NED, FIN

2 **Pohl** Herbert, 18. 9. 1916, † 21. 11. 2010 (Dresdner SC), 1941 FIN, SVK

1 **Politz** Karl, 14. 8. 1903, † 5. 9. 1987 (Hamburger SV) 1934 HUN

5 **Popp** Luitpold, 7. 3. 1893, † 30. 8. 1968 (1. FC Nürnberg) 1920 HUN – 1921 AUT – 1923 SWE – 1924 HUN – 1926 SWE

1 **Poppe** Walter, 5. 3. 1886, † 24. 6. 1951 (Eintracht Braunschweig) 1908 ENG

1 **Porges** Ingo, 22. 8. 1938 (FC St. Pauli) 1960 IRL

32 **Posipal** Josef, 20. 6. 1927, † 21. 2. 1997 (Hamburger SV) 1951 TUR, AUT, IRL, TUR – 1952 LUX, IRL, FRA, SUI, YUG, ESP – 1953 AUT, NOR, SAA, NOR – 1954 SAA, SUI, TUR, HUN, TUR, AUT, HUN, BEL, FRA, ENG, POR – 1955 ITA, URS, YUG, NOR, ITA – 1956 NED, URS

3 **Pott** Fritz, 23. 4. 1939, † 11. 1. 2015 (1. FC Köln) 1962 FRA – 1963 TUR – 1964 CSV

7 **Preetz** Michael, 17. 8. 1967 (Hertha BSC) 1999 USA, COL, NIR, BRA, NZI, USA – 2000 SUI

2 **Preißler** Alfred, 9. 4. 1921, † 15. 7. 2003 (Preußen Münster) 1951 AUT, IRL

1 **Pyka** Alfred, 28. 6. 1934, † 10. 1. 2012 (Westfalia Herne) 1958 EGY

3 **Queck** Richard, 4. 11. 1888, † 20. 12. 1968 (Eintracht Braunschweig) 1909 HUN – 1910 NED – 1914 NED

6 **Raftl** Rudolf, 7. 2. 1911, † 5. 9. 1994 (Rapid Wien) 1938 SUI, SUI, ROU – 1939 BOH, ITA – 1940 YUG (+ 6 A für Österreich)

5 **Rahn** Christian, 15. 6. 1979 (FC St. Pauli 2, Hamburger SV 3) 2002 KUW, AUT – 2003 ISL, ISL – 2004 BEL

40 **Rahn** Helmut, 16. 8. 1929, † 14. 8. 2003 (Rot-Weiss Essen 34, 1. FC Köln 6) 1951 TUR, LUX – 1952 FRA, YUG, ESP – 1953 AUT, NOR, SAA, NOR – 1954 SAA, HUN, YUG, AUT, HUN, BEL – 1955 ITA, URS, ITA – 1956 IRL – 1957 AUT, NED, SCO – 1958 ARG, CSV, NIR, YUG, SWE, FRA, DEN, FRA, AUT, BUL, EGY – 1959 SCO, SUI, NED, HUN, YUG – 1960 CHI, POR

14 **Rahn** Uwe, 21. 5. 1962 (Borussia Mönchengladbach) 1984 SWE, MLT – 1985 MLT, BUL, CSV, ENG, MEX, URS, CSV – 1986 DEN, ESP – 1987 ISR, FRA, DEN

46 **Ramelow** Carsten, 20. 3. 1974 (Bayer Leverkusen) 1998 TUR, MDA, NED – 1999 USA, SCO, MDA – 2000 CRO, CZE, LIE, ESP, GRE, ENG, DEN – 2001 FRA, ALB, GRE, SVK, FIN, ALB, FIN, UKR, UKR – 2002 ISR, USA, ARG, KSA, IRL, CMR, KOR, BRA, BUL, LTU, BIH, FRO – 2003 ESP, LTU, SCG, CAN, SCO, FRO, ITA, ISL, SCO, ISL – 2004 CRO, ROU

9 **Rasselnberg** Josef, 18. 12. 1912, † 9. 2. 2005 (VfL Benrath) 1933 BEL, NOR, SUI, POL – 1934 LUX – 1935 ESP, ROU, EST, ENG

7 **Rau** Tobias, 31. 12. 1981 (VfL Wolfsburg 5, Bayern München 2) 2003 ESP, LTU, CAN, SCO, FRO, ITA, SCO

2 **Rebele** Hans, 26. 1. 1943 (TSV München 1860) 1965 SUI – 1969 WAL

1 **Reck** Oliver, 27. 2. 1965 (Werder Bremen) 1996 LIE

1 **Redder** Theo, 19. 11. 1941 (Borussia Dortmund) 1964 FIN

1 **Reese** Hans, 17. 9. 1891, † 23. 6. 1973 (Holstein Kiel) 1912 RUS

35 **Rehmer** Marko, 29. 4. 1972 (Hansa Rostock 7, Hertha BSC 28) 1998 MLT, ROU, TUR, MDA, NED – 1999 USA, COL – 2000 CRO, SUI, CZE, LIE, ROU, POR, ESP, GRE, ENG – 2001 FRA, ALB, GRE, SVK, FIN, ALB, HUN, ENG, FIN, UKR, UKR, PAR, BIH, NED – 2003 LTU, CAN, ITA, SCO, FRA
1 **Reich** Marco, 30. 12. 1977 (1. FC Kaiserslautern) 1999 COL
2 **Reichel** Peter, 30. 11. 1951 (Eintracht Frankfurt) 1975 TUR – 1976 ESP
3 **Reinartz** Stefan, 1. 1. 1989 (Bayer Leverkusen) 2010 MLT – 2013 ECU, USA
4 **Reinders** Uwe, 19. 1. 1955 (Werder Bremen) 1982 NOR, CHI, ENG, ESP
4 **Reinhardt** Alois, 18. 11. 1961 (Bayer Leverkusen) 1989 WAL, IRL, WAL – 1990 FRA
7 **Reinhardt** Knut, 27. 4. 1968 (Bayer Leverkusen 4, Borussia Dortmund 3) 1988 URS – 1990 POR, SWE, LUX – 1992 MEX, AUT, BRA
4 **Reinmann** Baptist, 31. 10. 1903, † 2. 3. 1980 (1. FC Nürnberg) 1927 NOR, NED – 1928 DEN – 1929 SUI
9 **Reisch** Stefan, 29. 11. 1941 (1. FC Nürnberg) 1962 YUG, FRA, SUI – 1963 TUR, SWE, MAR – 1964 ALG, CSV, SCO
1 **Reiser** Otto, 24. 12. 1884, † 1961 (Phönix Karlsruhe) 1911 BEL
1 **Reislant** Otto, 31. 5. 1883, † 28. 1. 1968 (Wacker Leipzig) 1910 BEL
1 **Reißmann** Martin, 29. 9. 1900, † 8. 4. 1971 (Guts Muths Dresden) 1923 NOR
1 **Reitermaier** Ernst, 26. 12. 1918, † Mai 1993 (Wacker Wien) 1939 SVK
1 **Reitgaßl** Willy, 29. 2. 1936, † 23. 8. 1988 (Karlsruher SC) 1960 ISL
14 **Retter** Erich, 17. 2. 1925, † 27. 12. 2014 (VfB Stuttgart) 1952 LUX, IRL, FRA, SUI, YUG, ESP – 1953 AUT, NOR, SAA, NOR – 1954 SAA, SUI – 1955 IRL – 1956 ENG
1 **Retter** Fritz, 2. 7. 1896, † 1. 1 1965 (Sportfreunde Stuttgart) 1922 SUI
44 **Reus** Marco, 31. 5. 1989 (Borussia Mönchengladbach 8, Borussia Dortmund 36) 2011 TUR, BEL, NED – 2012 FRA, SUI, ISR, GRE, ITA, ARG, FRO, AUT, IRL, SWE, NED – 2013 KAZ, PAR, AUT, ITA, ENG – 2014 CMR, ARM, ARG, SCO – 2015 AUS, GEO, IRL, GEO – 2016 ENG, ITA – 2018 AUT, KSA, MEX, SWE, KOR, FRA, PER, NED – 2019 SRB, NED, BLR, EST, NED, NIR, EST
69 **Reuter** Stefan, 16. 10. 1966 (1. FC Nürnberg 9, Bayern München 18, Juventus Turin 9, Borussia Dortmund 33) 1987 ITA, FRA, ENG, DEN, HUN, BRA, ARG – 1988 SWE, SUI, URS – 1989 NED, WAL, IRL, FIN, WAL – 1990 DEN, YUG, UAE, COL, NED, ENG, ARG, POR, SUI – 1991 URS, BEL, WAL, WAL, BEL, LUX – 1992 ITA, NIR, URS, SCO, SWE, DEN, DEN, AUT – 1994 HUN, ALB, MDA, ALB – 1995 GEO, WAL, BUL, ITA, SUI, BUL, RSA – 1996 DEN, NED, FRA, LIE, CSV, RUS, CRO, ENG, POL, ARM, NIR, POR – 1997 ALB, POR, ALB – 1998 OMA, NGA, COL, LUX, USA
1 **Richter** Leopold, 22. 5. 1885, † 3. 8. 1941 (VfB Leipzig) 1909 HUN
1 **Richter** Lothar, 9. 6. 1912, † 20. 11. 2001 (Chemnitzer BC) 1941 FIN
16 **Ricken** Lars, 10. 7. 1976 (Borussia Dortmund) 1997 ARM – 1998 OMA, TUR, MDA – 1999 USA, COL, BRA, NZL – 2001 SVK, FIN, ALB, HUN, UKR, UKR – 2002 ISR, ARG
42 **Riedle** Karlheinz, 16. 9. 1965 (Werder Bremen 10, Lazio Rom 23, Borussia Dortmund 9) 1988 FIN – 1989 BUL, NED, WAL – 1990 FRA, DEN, UAE, NED, CSV, ENG, POR, SWE, SUI – 1991 BEL, ENG, WAL, BEL, LUX – 1992 ITA, NIR, URS, SCO, NED, SWE, DEN, DEN, MEX, AUT – 1993 SCO, GHA, BRA, USA, ENG, TUN, URU, BRA – 1994 IRL, AUT, CAN, BOL, KOR, RUS
7 **Riegel** Carl, 6. 9. 1896, † 26. 11. 1970 (1. FC Nürnberg) 1920 SUI, AUT, HUN – 1921 AUT – 1922 AUT – 1923 SUI, SWE
2 **Riegler** Franz, 3. 2. 1922, † 15. 2. 1945 (Austria Wien) 1941 SVK – 1942 CRO
2 **Riether** Sascha, 23. 3. 1983 (VfL Wolfsburg) 2010 DEN, AZE
1 **Ringel** Karl, 30. 9. 1932 (Borussia Neunkirchen) 1958 EGY (+ 2 A für das Saarland)
13 **Rink** Paulo Roberto, 21. 2. 1973 (Bayer Leverkusen 11, FC Santos 2) 1998 MLT, ROU – 1999 NZL, USA – 2000 CRO, SUI, CZE, LIE, ROU, ENG, POR, ESP, GRE
1 **Riso II** Hans, 16. 3. 1889, † (Wacker Leipzig) 1910 SUI
2 **Riso I** Heinrich, 30. 6. 1882, † (VfB Leipzig) 1908 AUT – 1909 HUN
8 **Risse** Walter, 2. 12. 1893, † 16. 6. 1969 (Düsseldorfer SC 99 5, Hamburger SV 3) 1923 NED, SUI, SWE, FIN, NOR – 1924 NOR, SWE – 1928 NOR
3 **Ritschel** Manfred, 7. 6. 1946 (Kickers Offenbach) 1975 ENG, BUL, NED
1 **Ritter** Oskar, 30. 9. 1901, † 5. 3. 1985 (Holstein Kiel) 1925 SWE
1 **Ritter** Thomas, 10. 10. 1967 (1. FC Kaiserslautern) 1993 URU
3 **Rodekamp** Walter, 13. 1. 1941, 10. 5. 1998 (Hannover 96) 1965 ENG, SUI, BRA
3 **Rodzinski** Josef, 29. 8. 1907, † Dezember 1984 (SV Hamborn 07) 1936 POL, CSV, IRL
12 **Röhrig** Josef, 28. 2. 1925, 12. 2. 2014 (1. FC Köln) 1950 SUI – 1951 SUI, TUR – 1952 IRL – 1953 AUT – 1954 SAA – 1955 IRL, URS, YUG, NOR, ITA – 1956 NED

25 **Rohde** Hans, 7. 12. 1914, † 3. 12. 1979 (Eimsbütteler TV) 1936 LUX – 1939 BEL, LUX, IRL, DEN, EST, ITA, SVK – 1940 HUN, ITA, YUG, DEN – 1941 SUI, HUN, SUI, ROU, SWE, DEN, SVK – 1942 ESP, HUN, SWE, SUI, CRO, SVK

4 **Rohr** Oskar, 24. 3. 1912, † 8. 11. 1988 (Bayern München) 1932 SUI, SWE – 1933 ITA, FRA

5 **Rohwedder** Otto, 3. 12. 1909, † 20. 6. 1969 (Eimsbütteler TV) 1934 DEN – 1935 SUI, NED, SWE – 1937 BEL

1 **Rokosch** Ernst, 26. 2. 1889, † (SpVgg Leipzig) 1914 NED

1 **Roleder** Helmut, 9. 10. 1953 (VfB Stuttgart) 1984 URS

26 **Rolfes** Simon, 21. 1. 1982 (Bayer Leverkusen) 2007 DEN, SVK, ENG, ROU, IRL, CZE, WAL – 2008 AUT, SUI, SRB, POR, TUR, BEL, LIE, FIN, RUS, ENG – 2009 LIE, WAL, RSA, RUS – 2011 URU, BRA, POL, UKR, NED

37 **Rolff** Wolfgang, 26. 12. 1959 (Hamburger SV 19, Bayer Leverkusen 18) 1983 POR, TUR, AUT, YUG, HUN, AUT, NIR – 1984 URS, FRA, ITA, POR, ESP – 1985 CSV – 1986 ITA, BRA, SUI, NED, DEN, FRA, DEN, ESP, AUT – 1987 ITA, FRA, DEN, HUN, ARG – 1988 SWE, ARG, SUI, YUG, DEN, ESP, NED, FIN, URS – 1989 NED

10 **Röpnack** Helmut, 23. 9. 1884, † 19. 8. 1935 (Viktoria 89 Berlin) 1909 ENG – 1911 AUT – 1912 NED, HUN, AUT, HUN, NED – 1913 SUI, DEN, BEL

1 **Roller** Gustav, 19. 2. 1895, † 1965 (1. FC Pforzheim) 1924 HUN

1 **Rose** Walter, 5. 11. 1912, † 27. 12. 1989 (SpVgg Leipzig) 1937 EST

4 **Rost** Frank, 30. 6. 1973 (Werder Bremen 1, FC Schalke 04 3) 2002 USA – 2003 SCG, CAN, FRO

4 **Roth** Franz, 27. 4. 1946 (Bayern München) 1967 YUG – 1970 ROU, YUG, GRE

3 **Ruch** Hans, 8. 9. 1898, † 8. 8. 1947 (Union 92 Berlin 2, Hertha BSC 1) 1925 SWE, FIN – 1929 SCO

1 **Ruchay** Fritz, 12. 12. 1909, † 6. 9. 2000 (Prussia Samland Königsberg) 1935 LVA

29 **Rudy** Sebastian, 28. 2. 1990 (TSG Hoffenheim 22, Bayern München 6, FC Schalke 04 1) 2014 POL, ARG, SCO, IRL, ESP – 2015 AUS, GEO, USA, GIB – 2016 ITA, SVK, ITA – 2017 ENG, AZE, DEN, AUS, CHI, CMR, MEX, CHI, NOR, NIR, ENG, FRA – 2018 AUT, SWE, RUS, ARG, BLR

45 **Rüdiger** Antonio, 3. 3. 1993 (VfB Stuttgart 6, AS Rom 11, FC Chelsea 28) 2014 POL, ARG, POL, IRL, ESP – 2015 USA, FRA – 2016 ENG, ITA, SVK, HUN – 2017 ENG, DEN, AUS, CMR, MEX, CHI, CZE, NOR, AZE, ENG, FRA – 2018 BRA, AUT, SWE, FRA, PER, RUS, NED – 2019 NED – 2020 ESP, SUI, TUR, UKR, SUI, CZE, UKR – 2021 ISL, ROU, MKD, LVA, FRA, POR, HUN, ENG

20 **Rüssmann** Rolf, 13. 10. 1950, † 3. 10. 2009 (FC Schalke 04) 1977 YUG, ARG, URU, BRA, MEX, FIN, ITA, SUI, WAL – 1978 ENG, URS, BRA, SWE, POL, MEX, TUN, ITA, NED, AUT, HUN

95 **Rummenigge** Karl-Heinz, 25. 9. 1955 (Bayern München 78, Inter Mailand 17) 1976 WAL, CSV – 1977 FRA, ARG, URU, BRA, FIN, ITA – 1978 ENG, URS, BRA, SWE, MEX, TUN, ITA, NED, AUT, CSV, HUN, NED – 1979 MLT, TUR, WAL, IRL, ARG, WAL, URS, TUR – 1980 MLT, AUT, POL, CSV, NED, GRE, BEL, SUI, NED, BUL – 1981 ARG, BRA, ALB, AUT, BRA, FIN, POL, FIN, AUT, ALB, BUL – 1982 POR, CSV, NOR, ALG, CHI, AUT, ENG, ESP, FRA, ITA, BEL, ENG, NIR – 1983 POR, ALB, TUR, AUT, YUG, AUT, TUR, NIR, ALB – 1984 BUL, BEL, FRA, ITA, POR, ROU, ESP, SWE, MLT – 1985 HUN, MLT, BUL, SWE, POR, CSV – 1986 ITA, BRA, URU, SCO, DEN, MAR, MEX, FRA, ARG

2 **Rummenigge** Michael, 3. 2. 1964 (Bayern München) 1983 TUR – 1986 AUT

1 **Rupp** Bernd, 24. 2. 1942 (Borussia Mönchengladbach) 1966 TUR

1 **Rutz** Willi, 7. 1. 1907, † 20. 11. 1993 (VfB Stuttgart) 1932 FIN

1 **Sabeditsch** Ernst, 6. 5. 1920, † März 1986 (First Vienna FC) 1939 SVK (+ 7 A für Österreich)

4 **Sackenheim** August, 5. 8. 1905, † 19. 4. 1979 (Guts Muths Dresden) 1929 FIN – 1930 SUI – 1931 SWE, NOR

5 **Sam** Sidney, 31. 1. 1988 (Bayer Leverkusen) 2013 ECU, USA, FRO, IRL, ENG

51 **Sammer** Matthias, 5. 9. 1967 (VfB Stuttgart 11, Inter Mailand 2, Borussia Dortmund 38) 1990 SUI – 1991 URS, BEL, WAL – 1992 CSV, TUR, NIR, SCO, NED, SWE, DEN, BRA, URU – 1993 SCO, BRA, ENG, ARG, USA, MEX – 1994 ITA, UAE, IRL, AUT, CAN, BOL, ESP, KOR, BEL, ALB, MDA, ALB – 1995 BUL, ITA, SUI, MDA, WAL, BUL – 1996 POR, NED, FRA, LIE, CZE, RUS, ITA, CRO, ENG, CZE, POR – 1997 ISR, ALB, UKR (+ 23 A für die DDR)

34 **Sané** Leroy, 11. 1. 1996 (FC Schalke 04 4, Manchester City 17, Bayern München 13) 2015 FRA – 2016 SVK, HUN, FRA – 2017 ENG, AZE, NIR, AZE, ENG – 2018 ESP, BRA, AUT, FRA, NED, PER, RUS, NED – 2019 SRB, NED, BLR, EST – 2020 ESP, SUI, UKR, ESP – 2021 ISL, ROU, MKD, DEN, LVA, FRA, POR, HUN, ENG

10 **Sawitzki** Günter, 22. 11. 1932, † 14. 12. 2020 (SV Sodingen 2, VfB Stuttgart 8) 1956 NOR, SWE – 1957 SWE – 1958 CSV, BUL – 1959 SCO, POL, YUG – 1960 IRL – 1963 SWE

3 **Schade** Horst, 10. 7. 1922, † 28. 2. 1968 (SpVgg Fürth 2, 1. FC Nürnberg 1) 1951 SUI, TUR – 1953 SAA

4 **Schädler** Erwin, 8. 4. 1917, † 1991 (Ulmer FV 94) 1937 LUX, LVA, EST – 1938 LUX

39 **Schäfer** Hans, 19. 10. 1927, † 7. 11. 2017 (1. FC Köln) 1952 SUI – 1953 AUT, NOR, SAA – 1954 SAA, SUI, TUR, TUR, YUG, AUT, HUN – 1955 ITA, IRL, URS, YUG, ITA – 1956 NED, ENG, URS, SUI, IRL – 1957 AUT, SWE, HUN – 1958 BEL, ESP, CSV, ARG, CSV, NIR, YUG, SWE, FRA – 1959 SCO – 1962 URU, ITA, SUI, CHI, YUG

1 **Schäfer** Herbert, 16. 8. 1927, † 6. 5. 1991 (Sportfreunde Siegen) 1957 SWE

8 **Schäfer** Marcel, 7. 6. 1984 (VfL Wolfsburg) 2008 ENG – 2009 CHN, UAE, AZE, RSA, AZE, CIV – 2010 DEN

1 **Schäfer** Max, 17. 1. 1907, † 15. 9. 1990 (TSV München 1860) 1934 HUN

2 **Schaletzki** Reinhard, 21. 5. 1916, † 21. 3. 1995 (Vorwärts Rasensport Gleiwitz) 1939 NOR, EST

14 **Schanko** Erich, 4. 10. 1919, † 14. 11. 2005 (Borussia Dortmund) 1951 TUR, AUT, IRL, TUR, LUX – 1952 LUX, IRL, FRA, SUI, YUG, ESP – 1953 AUT, NOR – 1954 SAA

2 **Scherm** Karl, 8. 4. 1904, † 30. 6. 1977 (ASV Nürnberg) 1926 NED, SUI

2 **Schilling** Christian, 11. 10. 1879, † 14. 7. 1955 (Duisburger SV) 1910 BEL, NED

3 **Schlaudraff** Jan, 18. 7. 1983, (Alemannia Aachen) 2006 GEO – 2007 SUI, DEN

2 **Schlebrowski** Elwin, 31. 8. 1925, † 8. 2. 2000. (Borussia Dortmund) 1956 IRL, BEL

3 **Schlienz** Robert, 3. 2. 1924, † 18. 6. 1995 (VfB Stuttgart) 1955 IRL – 1956 NED, ENG

1 **Schlösser** Karl, 29. 1. 1912, † 1982 (Dresdner SC) 1931 NED

10 **Schmaus** Willibald, 16. 6. 1911, † 27. 4. 1979 (First Vienna FC) 1938 SUI, ROU – 1939 BEL, ITA, NOR, HUN – 1940 YUG – 1941 CRO – 1942 CRO, SUI (+ 15 A für Österreich)

16 **Schmelzer** Marcel, 22. 1. 1988 (Borussia Dortmund) 2010 SWE – 2011 AUS, URU, AUT, POL – 2012 SUI, ARG, AUT, IRL – 2013 KAZ, KAZ, PAR, AUT, FRO, ENG – 2014 CHI

25 **Schmidt** Alfred, 5. 9. 1935, † 11. 11. 2016 (Borussia Dortmund) 1957 NED, SCO, SWE, HUN – 1958 BEL, ESP, CSV, ARG, YUG, DEN, FRA, AUT – 1959 SCO, POL, SUI, NED, HUN, YUG – 1960 CHI, IRL – 1963 TUR, MAR – 1964 ALG, SCO, FIN

3 **Schmidt** Christian, 9. 6. 1888, † 19. 3. 1917 (Concordia 95 Berlin 1, Stuttgarter Kickers 2) 1910 NED – 1913 ENG, SUI

1 **Schmidt** Hans, 2. 11. 1887, † 9. 7. 1916 (Germania 88 Berlin) 1908 AUT

16 **Schmidt** Hans, 23. 12. 1893, † 31. 1. 1971 (SpVgg Fürth 1, TV Fürth 1860 1, 1. FC Nürnberg 14) 1913 SUI – 1920 SUI – 1922 HUN – 1923 ITA, SUI, NOR – 1924 AUT, NED, NOR, HUN, ITA, SUI – 1925 SUI – 1926 SWE, NED, SUI

9 **Schmidt** Karl, 5. 3. 1932, † 10. 7. 2018 (1. FC Kaiserslautern) 1955 YUG, NOR, ITA – 1956 NED, URS, SUI – 1957 AUT, NED, SWE

2 **Schmitt** Josef, 21. 3. 1908, † 16. 4. 1980 (1. FC Nürnberg) 1928 DEN, NOR

81 **Schneider** Bernd, 17. 11. 1973 (Bayer Leverkusen) 1999 NZL, USA, FIN, NIR, TUR – 2001 UKR, UKR – 2002 ISR, USA, KSA, IRL, CMR, PAR, USA, KOR, BRA, BUL, LTU, BIH, FRO, NED – 2003 ESP, LTU, CAN, SCO, FRO, ITA, ISL, SCO, ISL, FRA – 2004 CRO, BEL, ROU, MLT, SUI, HUN, NED, LVA, CZE, BRA, IRN, CMR, JPN, KOR – 2005 ARG, NIR, RUS, AUS, TUN, ARG, BRA, MEX, NED, SVK, RSA, TUR, CHN, FRA – 2006 ITA, USA, LUX, JPN, COL, CRC, POL, ECU, SWE, ARG, ITA, POR, SWE, IRL, SMR, SVK – 2007 CZE, SMR, SVK, ENG, ROU – 2008 AUT

3 **Schneider** Georg, 22. 4. 1892, † 5. 1. 1961 (Bayern München) 1920 SUI, HUN – 1921 HUN

1 **Schneider** Helmut, 13. 7. 1913, † 13. 2. 1984 (Waldhof Mannheim) 1940 FIN

2 **Schneider** Johannes, 5. 8. 1887, † 8. 9. 1914 (VfB Leipzig) 1913 DEN, BEL

1 **Schneider** René, 1. 2. 1973 (Hansa Rostock) 1995 RSA

47 **Schnellinger** Karl-Heinz, 31. 3. 1939 (SG Düren 99 3, 1. FC Köln 24, AS Rom 1, AC Mailand 19) 1958 CSV, CSV, FRA, AUT, BUL, EGY – 1959 SCO, YUG – 1960 CHI, POR, ISL, NIR, GRE, BUL – 1961 BEL, NIR, DEN, GRE – 1962 URU, ITA, SUI, CHI, YUG, YUG, FRA, SUI – 1963 BRA – 1964 SWE – 1965 SWE – 1966 ROU, YUG, SUI, ARG, ESP, URU, URS, ENG – 1969 SCO – 1970 ESP, ROU, YUG, BUL, PER, ENG, ITA, URU – 1971 ALB

1 **Schnürle** Fritz, 23. 2. 1898, † 9. 11. 1937 (Germania 94 Frankfurt) 1921 HUN

16 **Schön** Helmut, 15. 9. 1915, † 23. 2. 1996 (Dresdner SC) 1937 SWE – 1938 POL, ROU – 1939 BEL, ITA, IRL, NOR, HUN, YUG, BOH, SVK – 1940 DEN – 1941 SUI, HUN, SUI, SWE

1 **Schönhöft** Theo, 9. 5. 1932, † 26. 7. 1976 (VfL Osnabrück) 1956 NOR

36 **Scholl** Mehmet, 16. 10. 1970 (Bayern München) 1995 WAL, SUI, BEL, MDA – 1996 DEN, NED, NIR, FRA, LIE, CRO, ENG, CZE, POL, ARM – 1997 UKR – 1999 MDA, BRA, NZL, FIN, NIR, TUR, NOR – 2000 NED, SUI, CZE, LIE, ROU, ENG, POR, ESP, GRE, ENG, DEN – 2001 FRA, ALB – 2002 ISR

1 **Scholz** Helko, 7. 1. 1966 (Bayer Leverkusen) 1992 MEX (+ 7 A für die DDR)
1 **Schreier** Christian, 4. 2. 1959 (Bayer Leverkusen) 1984 ARG
1 **Schröder** Erich, 20. 11. 1898, † Dezember 1975 (VfR Köln) 1931 NED
1 **Schröder** Hans, 4. 9. 1906, † 6. 1. 1970 (Tennis Borussia Berlin) 1926 NED
12 **Schröder** Willi, 28. 12. 1928, † 20. 10. 1999 (ATSV Bremen 1860 2, Werder Bremen 10) 1951 LUX – 1952 LUX – 1955 URS, NOR – 1956 NOR, SWE, URS, BEL – 1957 AUT, NED, SCO, SWE
3 **Schubert** Helmut, 17. 2. 1916, † 24. 7. 1988 (Dresdner SC) 1941 FIN, DEN, SVK
5 **Schümmelfelder** Josef, 31. 10. 1891, † 12. 2. 1966 (Bonner FV) 1913 DEN, BEL – 1914 NED – 1921 AUT, HUN
57 **Schürrle** André, 6. 11. 1990 (1. FSV Mainz 05 5, Bayer Leverkusen 19, FC Chelsea 18, VfL Wolfsburg 13, Borussia Dortmund 2) 2010 SWE – 2011 AUS, URU, AUT, AZE, BRA, AUT, POL, TUR, BEL, UKR – 2012 FRA, SUI, ISR, DEN, GRE, ARG, FRO, IRL, NED – 2013 FRA, KAZ, ECU, USA, PAR, FRO, IRL, SWE, ITA, ENG – 2014 CHI CMR, ARM, POR, USA, ALG, FRA, BRA, ARG, ARG, SCO, POL – 2015 AUS, GEO, USA, GIB, SCO, IRL, GEO – 2016 ENG, SVK, HUN, UKR, POL, NIR – 2017 ENG, AZE
11 **Schütz** Franz, 6. 12. 1900, † 22.3. 1955 (Eintracht Frankfurt) 1929 SUI, SCO, SWE – 1930 SUI, ENG, HUN – 1931 FRA, DEN – 1932 SUI, FIN, NED
6 **Schütz** Jürgen, 1. 7. 1939, † 19. 3. 1995 (Borussia Dortmund) 1960 CHI, POR – 1962 YUG, FRA, SUI – 1963 BRA
2 **Schulz** Carl, 11. 8. 1901, † 9. 3. 1971 (Holstein Kiel) 1925 SWE, FIN
4 **Schulz** Christian, 1. 4. 1983 (Werder Bremen 3, Hannover 96 1) 2004 JPN, THA – 2005 ARG – 2010 DEN
1 **Schulz** Fritz, 9. 11. 1886, † 5. 3. 1918 (Hertha BSC) 1909 HUN
1 **Schulz** Karl, 10. 5. 1901, † (Viktoria 89 Berlin) 1929 FIN
7 **Schulz** Michael, 3. 9. 1961 (Borussia Dortmund) 1992 ITA, SCO – 1993 BRA, USA, ENG, TUN, MEX
12 **Schulz** Nico, 1. 4. 1993 (TSG Hoffenheim 8, Borussia Dortmund 4) 2018 PER. FRA, RUS, NED – 2019 SRB, NED, BLR, EST, NED, BLR – 2020 TUR, CZE
4 **Schulz** Werner, 22. 6. 1913, † 1947 (Arminia Hannover) 1935 BEL, FIN, EST – 1938 LUX
66 **Schulz** Willi, 4. 10. 1938 (Union Günnigfeld 3, FC Schalke 04 22, Hamburger SV 41) 1959 YUG – 1960 POR, IRL, ISL – 1961 DEN, POL, GRE – 1962 URU, ITA, SUI, CHI, YUG, YUG, FRA – 1963 BRA, TUR, SWE, MAR – 1964 ALG, CSV, FIN – 1965 CYP, ENG, SUI, BRA, SWE – 1966 ENG, NED, IRL, NIR, YUG, SUI, ARG, ESP, URU, URS, ENG, TUR, NOR – 1967 MAR, BUL, ALB, YUG, FRA, YUG, ROU, ALB – 1968 BEL, SUI, FRA, AUT, CYP, BRA, CHI – 1969 WAL, SCO, AUT, CYP, AUT, BUL, SCO – 1970 ESP, IRL, MAR, ENG, ITA
76 **Schumacher** Harald, 6. 3. 1954 (1. FC Köln) 1979 ISL – 1980 AUT, POL, CSV, NED, GRE, BEL, SUI, NED, FRA, BUL – 1981 ARG, BRA, ALB, AUT, BRA, FIN, POL, FIN, AUT, BUL – 1982 POR, BRA, ARG, CSV, ALG, CHI, AUT, ENG, ESP, FRA, ITA, BEL, ENG, NIR – 1983 POR, ALB, TUR, AUT, HUN, AUT, TUR, NIR, ALB – 1984 BEL, URS, FRA, ITA, POR, ROU, ESP, ARG, SWE, MLT – 1985 HUN, POR, MLT, BUL, CSV, ENG, URS, SWE, POR, CSV – 1986 ITA, BRA, YUG, URU, SCO, DEN, MAR, MEX, FRA, ARG, DEN, ESP
1 **Schumann** Georg, 17. 8. 1898, † (Vorwärts Berlin) 1924 SWE
21 **Schuster** Bernd, 22. 12. 1959 (1. FC Köln 10, FC Barcelona 11) 1979 IRL, ISL, ARG, WAL, URS – 1980 AUT, POL, NED, BEL, SUI, FRA – 1981 ALB, AUT, BRA – 1982 NIR – 1983 TUR, AUT, YUG, AUT – 1984 BUL, BEL
3 **Schuster** Dirk, 29. 12. 1967 (Karlsruher SC) 1994 HUN, ALB – 1995 ESP (+ 4 A für die DDR)
4 **Schwabl** Manfred, 18. 4. 1966 (1. FC Nürnberg) 1987 DEN, BRA, ARG – 1988 SUI
2 **Schwartz** Hans, 1. 3. 1913, † 31. 5. 1991 (Victoria Hamburg) 1934 BEL, DEN
44 **Schwarzenbeck** Georg, 3. 4. 1948 (Bayern München) 1971 ALB, NOR, SWE, DEN, MEX, POL, POL – 1972 HUN, ENG, ENG, URS, BEL, URS, SUI – 1973 ARG, CSV, YUG, URS, ESP – 1974 ITA, SCO, HUN, SWE, CHI, AUS, DDR, YUG, SWE, POL, NED, SUI, GRE – 1975 BUL, AUT, BUL, TUR – 1976 MLT, ESP, ESP, YUG, CSV, WAL, CSV – 1978 ENG
1 **Schwedler** Willy, 4. 8. 1894, † 26. 3. 1945 (VfB Pankow) 1921 FIN
1 **Schweikert** Hermann, 14. 11. 1885, † 24. 8. 1962 (1. FC Pforzheim) 1909 SUI
121 **Schweinsteiger** Bastian, 1. 8. 1984 (Bayern München 111, Manchester United 10) 2004 HUN, NED, LVA, CZE, AUT, IRN, CMR, JPN, KOR, THA – 2005 ARG, SVN, NIR, RUS, AUS, TUN, ARG, MEX, SVK, RSA, TUR, CHN, FRA – 2006 ITA, USA, LUX, JPN, COL, CRC, POL, ECU, SWE, ARG, ITA, POR, SWE, IRL, SMR, GEO, SVK, CYP – 2007 SUI, CZE, WAL, ROU, IRL, CZE – 2008 AUT, SUI, BLR, SRB, POL, CRO, POR, TUR, ESP, BEL, LIE, FIN, RUS, WAL, ENG – 2009 NOR, LIE, WAL, CHN, UAE, AZE, RSA, AZE, RUS, CIV – 2010 ARG, BIH, AUS, SRB,

GHA, ENG, ARG, ESP, URU, BEL, AZE, SWE – 2011 ITA, KAZ, AUS, BRA, AUT, TUR – 2012 POR, NED, DEN, GRE, ITA, IRL, SWE – 2013 KAZ, IRL, SWE – 2014 CHI, ARM, GHA, USA, ALG, FRA, BRA, ARG – 2015 GEO, USA, GIB, POL, SCO, FRA – 2016 HUN, UKR, NIR, SVK, ITA, FRA, FIN

1 **Sebescen** Zoltan, 1. 10. 1975 (VfL Wolfsburg) 2000 NED

6 **Seel** Wolfgang, 21. 6. 1948 (Fortuna Düsseldorf) 1974 SUI – 1975 BUL, NED, AUT – 1977 SUI, WAL

72 **Seeler** Uwe, 5. 11. 1936 (Hamburger SV) 1954 FRA, ENG – 1955 ITA – 1956 NED – 1958 ARG, CSV, NIR, YUG, SWE, DEN, FRA, AUT, BUL – 1959 SCO, SUI, NED, HUN, YUG – 1960 CHI, POR, ISL, NIR, GRE – 1961 BEL, CHI, NIR, DEN, POL, GRE – 1962 URU, ITA, SUI, CHI, YUG, FRA, SUI – 1963 BRA, TUR, SWE – 1964 CSV, SCO, SWE – 1965 SWE – 1966 NED, IRL, NIR, ROU, YUG, SUI, ARG, ESP, URU, URS, ENG, NOR – 1967 FRA, YUG, ROU – 1968 SUI – 1969 AUT, BUL, SCO – 1970 ESP, IRL, YUG, MAR, BUL, PER, ENG, ITA, URU, HUN

8 **Seiderer** Leonhard, 1. 11. 1895, † 3. 7. 1940 (SpVgg Fürth) 1920 SUI, AUT – 1921 AUT – 1922 SUI – 1923 ITA, SWE – 1924 AUT, NED

2 **Seliger** Rudolf, 20. 9. 1951 (MSV Duisburg) 1974 MLT – 1976 WAL

4 **Serdar** Suat, 11. 4. 1997 (FC Schalke 04) 2019 ARG, EST, NIR – 2020 ESP

3 **Sesta** Karl, 18. 3. 1906, † 12. 7. 1974 (Austria Wien) 1941 CRO – 1942 CRO, SUI (+ 44 A für Österreich)

6 **Siedl** Gerhard, 22. 3. 1929, † Mai 1998 (Karlsruher SC 2, Bayern München 4) 1957 NED, SCO – 1959 SUI, NED, HUN, YUG (+ 16 A für das Saarland)

14 **Sieloff** Klaus-Dieter, 27. 2. 1942, † 13. 12. 2011 (VfB Stuttgart 8, Borussia Mönchengladbach 6) 1964 FIN – 1965 ITA, CYP, ENG, SUI, BRA, SWE, AUT – 1970 ROU, HUN, TUR, GRE – 1971 ALB, NOR

3 **Siemensmeyer** Hans, 23. 9. 1940 (Hannover 96) 1967 FRA, YUG, ROU

1 **Sievert** Helmut, 12. 5. 1914, † 19. 5. 1945 (Hannover 96) 1936 LUX

31 **Siffling** Otto, 3. 8. 1912, † 20. 10. 1939 (Waldhof Mannheim) 1934 BEL, SWE, CSV, AUT, POL – 1935 SUI, FRA, BEL, IRL, CSV, NOR, SWE, FIN, POL, BUL – 1936 ESP, POR, NOR, CSV, SCO, IRL, ITA – 1937 FRA, DEN, LVA, FIN, NOR, SWE – 1938 SUI, HUN, POR

8 **Simetsreiter** Wilhelm, 16. 3. 1915, † 17. 7. 2001 (Bayern München) 1935 ROU, EST, BUL – 1936 POR, LUX, NOR – 1937, LVA, EST

9 **Sing** Albert, 7. 4. 1917, † 31. 8. 2008 (Stuttgarter Kickers) 1940 BUL – 1942 ESP, HUN, BUL, ROU, SWE, SUI, CRO, SVK

3 **Sinkiewicz** Lukas, 9. 10. 1985, (1. FC Köln) 2005 SVK, RSA, TUR

3 **Skoumal** Stefan, 29. 11. 1909, † 28. 11. 1983 (Rapid Wien) 1938 SUI, ROU – 1940 YUG (+ 3 A für Österreich)

10 **Sobeck** Johannes, 18. 3. 1900, † 17. 2. 1989 (Alemannia 90 Berlin 2, Hertha BSC 8) 1923 SUI – 1925 NED – 1928 SWE – 1929 SUI, SCO, SWE – 1930 DEN – 1931 AUT, SWE, NOR

12 **Sold** Wilhelm, 19. 4. 1911, † 1. 9. 1995 (FV Saarbrücken 6, 1. FC Nürnberg 3, Tennis Borussia Berlin 3) 1935 LUX – 1936 HUN – 1937 LUX, LVA – 1938 SUI, LUX – 1939 YUG, BUL, BOH – 1942 BUL, ROU, SWE

2 **Solz** Wolfgang, 12. 2. 1940, † 24. 3. 2017 (Eintracht Frankfurt) 1962 FRA – 1964 CSV

2 **Sonnrein** Heinrich, 28. 3. 1911, † 23. 3. 1944 (FC Hanau 93) 1935 EST – 1936 HUN

1 **Sorg** Oliver, 29. 5. 1990 (SC Freiburg) 2014 POL

1 **Sorkale** Walter, 17. 1. 1890, 18. 3. 1946 (Preußen Berlin) 1911 SWE

2 **Stark** Niklas, 14. 4. 1995 (Hertha BSC) 2019 NIR – 2020 TUR

2 **Steffen** Bernhard, 1. 6. 1937 (Fortuna Düsseldorf) 1958 CSV – 1960 IRL

1 **Steffenhagen** Arno, 24. 9. 1949 (Hertha BSC) 1971 MEX

1 **Stein** Erwin, 10. 6. 1935 (SpVgg Griesheim 02) 1959 POL

6 **Stein** Ulrich, 23. 10. 1954 (Hamburger SV) 1983 YUG – 1985 HUN, BUL, MEX – 1986 SUI, NED

1 **Steiner** Paul, 23. 1. 1957 (1. FC Köln) 1990 DEN

1 **Steiner** Rudolf, 7. 4. 1937, † 3. 12. 2015 (TSV München 1860) 1964 SCO

3 **Steinmann** Heinz, 1. 2. 1938 (Schwarz-Weiß Essen 1, Werder Bremen 2), 1962 FRA – 1965 ITA, ENG

1 **Stephan** Günter, 8. 10. 1912, † 15. 4. 1995 (Schwarz-Weiß Essen) 1935 LUX

42 **Stielike** Ulrich, 15. 11. 1954 (Borussia Mönchengladbach 6, Real Madrid 36), 1975 AUT, BUL, TUR – 1976 MLT, WAL – 1977 FRA – 1978 NED – 1979 TUR, WAL, TUR – 1980 CSV, NED, GRE, BEL, BUL – 1981 ALB, AUT, FIN, AUT, ALB – 1982 BRA, ARG, NOR, ALG, CHI, AUT, ENG, ESP, FRA, ITA, BEL, NIR – 1983 YUG, TUR, NIR – 1984 BUL, BEL, ITA, POR, ROU, ESP, ARG

11 **Stindl** Lars, 26. 8. 1988 (Borussia Mönchengladbach) 2017 DEN, SMR, AUS, CHI, MEX, CHI, CZE, NIR, AZE, FRA – 2018 BRA

1 **Stössel** Kurt, 26. 12. 1907, † 15. 5. 1978 (Dresdner SC) 1931 NED
23 **Stollenwerk** Georg, 19. 12. 1930, † 1. 5. 2014 (SG Düren 99 4, 1. FC Köln 19) 1951 LUX – 1952 LUX, IRL, FRA – 1955 ITA – 1957 SCO, HUN – 1958 ESP, ARG, CSV, NIR, YUG, SWE, FRA, DEN, FRA, AUT, BUL – 1959 SUI, NED, HUN, YUG – 1960 CHI
10 **Strack** Gerhard, 1. 9. 1955, † 21. 5. 2020 (1. FC Köln) 1982 ENG, NIR – 1983 ALB, TUR, AUT, HUN, AUT, TUR, NIR, ALB
2 **Straßburger** Wilhelm, 17. 12. 1907, † 21. 12. 1991 (Duisburger SV) 1930 DEN, NOR
4 **Strehl** Heinz, 20. 7. 1938, † 11. 8. 1986 (1. FC Nürnberg) 1962 YUG, FRA – 1963 BRA – 1965 CYP
15 **Streitle** Jakob, 11. 12. 1916, † 24. 6. 1982 (Bayern München) 1938 SUI – 1939 BEL, YUG, IRL, DEN – 1940 BUL, YUG – 1941 SUI – 1950 SUI – 1951 SUI, TUR, AUT, IRL, TUR – 1952 IRL
3 **Striebinger** Karl, 2. 9. 1913, † 2. 7. 1981 (VfR Mannheim) 1937 LUX, BEL – 1938 SUI
4 **Strobel** Wolfgang, 17. 10. 1896, † 19. 4. 1945 (1. FC Nürnberg) 1922 AUT,HUN – 1924 NOR, HUN
4 **Stroh** Josef, 5. 3. 1913, † 7. 1. 1991 (Austria Wien) 1938 SUI, POL, ROU – 1939 JUG (+ 17 A für Österreich)
41 **Strunz** Thomas, 25. 4. 1968 (Bayern München 21, VfB Stuttgart 20) 1990 SWE, LUX – 1992 DEN – 1993 BRA, USA, ENG, USA, MEX – 1994 ITA, UAE, IRL, AUT, CAN, BOL, ESP, BUL, RUS, HUN, ALB, MDA, ALB – 1995 BUL, BEL, GEO, BUL – 1996 NIR, LIE, CZE, RUS, ITA, ENG, CZE, POL, NIR, NED – 1999 NIR, FIN, SCO, MDA, FIN, NIR
10 **Stubb** Hans, 8. 10. 1906, † 19. 3. 1973 (Eintracht Frankfurt) 1930 SUI, ENG, DEN, NOR – 1931 DEN – 1932 SUI, FIN, SWE, NED – 1934 HUN
3 **Stührk** Erwin, 4. 7. 1910, † 13. 11. 1942 (Eimsbütteler TV) 1935 SUI, NED, LVA
2 **Stürmer** Klaus, 9. 8. 1935, † 1. 6. 1971 (Hamburger SV) 1954 FRA – 1961 NIR
21 **Stuhlfauth** Heinrich, 11. 1. 1896, † 12. 9. 1966 (1. FC Nürnberg) 1920 SUI, AUT – 1921 AUT, HUN – 1923 ITA, NOR – 1924 AUT, NED, NOR, HUN, ITA, SUI – 1926 SWE – 1927 NOR, NED – 1928 SUI, URU, NOR – 1929 ITA, SCO – 1930 ITA
3 **Sturm** Hans, 3. 9. 1935, † 20. 6. 2007 (1. FC Köln), 1958 CSV, FRA – 1962 ITA
1 **Sturm** Wilhelm, 8. 2. 1940, † 5. 11. 1996 (Borussia Dortmund) 1964 FIN
32 **Süle** Niklas, 3. 9. 1995 (TSG Hoffenheim 6, Bayern München 26) 2016 FIN – 2017 DEN, AUS, CHI, CMR, CHI, AZE, FRA – 2018 BRA, AUT, KSA, KOR, PER, FRA, RUS, NED – 2019 SRB, NED, BLR, EST, NED, NIR, ARG, EST – 2020 ESP, SUI, UKR, UKR, ESP – 2021 DEN, LVA, POR
1 **Sukop** Albert, 24. 11. 1912, † 9. 5. 1993 (Eintracht Braunschweig) 1935 EST
1 **Sundermann** Hans-Jürgen, 25. 1. 1940 (Rot-Weiß Oberhausen) 1960 CHI
12 **Sutor** Hans, 28. 6. 1895, † 9. 3. 1976 (1. FC Nürnberg) 1920 AUT – 1921 AUT – 1922 AUT – 1923 ITA, SUI, SWE, FIN, NOR – 1924 AUT, NOR, HUN – 1925 SUI
34 **Szepan** Fritz, 2. 9. 1907, † 14. 12. 1974 (FC Schalke 04) 1929 FIN – 1930 ITA – 1931 DEN – 1934 LUX, BEL, SWE, CSV, AUT, POL, DEN – 1935 FIN, BUL, ENG – 1936 ESP, POR, HUN, SCO, IRL, ITA – 1937 NED, FRA, SUI, DEN, FIN, EST, NOR, SWE – 1938 SUI, POR, ENG, SUI – 1939 HUN, YUG, BUL
43 **Szymaniak** Horst, 29. 8. 1934, † 9. 10. 2009 (Wuppertaler SV 20, Karlsruher SC 12, CC Catania 5, Internazionale Mailand 1, FC Varese 1, Tasmania Berlin 4) 1956 SUI, BEL – 1957 AUT, NED, SCO, SWE, HUN – 1958 BEL, ESP, ARG, CSV, NIR, YUG, SWE, FRA, DEN, FRA, AUT – 1959 SCO, POL, SUI, NED, HUN, YUG – 1960 POR, ISL, NIR, GRE, BUL – 1961 BEL, CHI, NIR – 1962 URU, ITA, SUI, CHI, YUG – 1964 SCO, SWE – 1965 SWE, CYP – 1966 ENG, ROU
1 **Tänzer** Willy, 12. 12. 1889, † 30. 11. 1949 (Berliner SC) 1908 AUT
13 **Tah** Jonathan, 11. 2. 1996 (Bayer Leverkusen) 2016 ENG, FIN, ITA – 2018 RUS – 2019 SRB, BLR, NED, NIR, NIR – 2020 SUI, TUR, CZE, ESP
19 **Tarnat** Michael, 27. 10. 1969 (Karlsruher SC 4, Bayern München 15) 1996 ARM, NIR, POR – 1997 UKR, ARM, ALB, RSA – 1998 KSA, BRA, NGA, FIN, LUX, YUG, IRN, MEX, CRO, MLT, ROU, MDA
14 **Tasci** Serdar, 24. 4. 1987 (VfB Stuttgart) 2008 BEL, LIE, FIN, ENG – 2009 NOR, LIE, WAL, AZE, RSA – 2010 ARG, MLT, BIH, URU, DEN
3 **Tenhagen** Franz-Josef, 31. 10. 1952 (VfL Bochum) 1977 YUG, BRA, WAL
25 **ter Stegen** Marc-André, 30. 4. 1992 (Borussia Mönchengladbach 4, FC Barcelona 21) 2012 SUI, ARG – 2013 USA – 2014 POL – 2016 ITA, SVK, FIN, SMR – 2017 ENG, SMR, CHI, CMR, MEX, CHI, CZE, NOR, NIR, ENG – 2018 ESP, KSA, PER – 2019 SRB, ARG, NIR – 2021 MKD
7 **Termath** Bernhard, 26. 8. 1928, † 19. 3. 2004 (Rot-Weiss Essen) 1951 TUR, LUX – 1952 IRL, FRA, YUG, ESP – 1954 FRA

6 **Tewes** Karl, 18. 8. 1886, † 7. 9. 1968 (Viktoria 89 Berlin) 1920 AUT, HUN – 1921 AUT, HUN, FIN – 1922 HUN

2 **Thiel** Otto, 23. 11. 1891, † 10. 7. 1913 (Preußen Berlin) 1911 HUN – 1912 RUS

2 **Thielen** Karl-Heinz, 2. 4. 1940 (1. FC Köln) 1964 CSV – 1965 ENG

10 **Thom** Andreas, 7. 9. 1965 (Bayer Leverkusen) 1990 SUI – 1992 CSV, TUR, NIR, DEN, DEN, BRA – 1993 ARG, USA – 1994 UAE (+ 51 A für die DDR)

52 **Thon** Olaf, 1. 5. 1966, (FC Schalke 04 40, Bayern München 12) 1984 MLT – 1985 HUN, MLT, BUL, CSV, ENG, CSV – 1986 BRA, SUI, YUG, DEN, AUT – 1987 ISR, ITA, ENG, DEN, SWE, HUN, BRA, ARG – 1988 SWE, ARG, SUI, YUG, ITA, DEN, ESP, NED, NED – 1989 IRL – 1990 URU, CSV, DEN, COL, ENG – 1992 DEN, MEX, URU – 1993 SCO, GHA – 1997 ARM, ALB – 1998 OMA, KSA, BRA, NGA, FIN, COL, LUX, USA, YUG, IRN

1 **Tibulski** Hans, 22. 2. 1909, † 25. 8. 1976 (FC Schalke 04) 1931 DEN

2 **Tibulski** Otto, 15. 12. 1912, † 25. 2. 1991 (FC Schalke 04) 1936 LUX – 1939 YUG

7 **Tiefel** Willi, 14. 7. 1911, † 23. 9. 1941 (Eintracht Frankfurt) 1935 IRL, CSV, NOR, SWE, EST, LVA – 1936 POR

39 **Tilkowski** Hans, 12. 7. 1935, † 5. 1. 2020 (Westfalia Herne 18, Borussia Dortmund 21) 1957 NED, SCO – 1958 FRA, AUT, EGY – 1959 SUI, HUN – 1960 CHI, POR, ISL, NIR, GRE – 1961 BEL, CHI, NIR, DEN, POL, GRE – 1964 ALG, SCO, FIN, SWE – 1965 ITA, ENG, SUI, BRA, SWE, AUT, CYP – 1966 ENG, ROU, YUG, SUI, ARG, ESP, URU, URS, ENG – 1967 ALB

3 **Todt** Jens, 5. 1. 1970 (SC Freiburg) 1994 HUN – 1995 ESP, SUI

3 **Toppmöller** Klaus, 12. 8. 1951 (1. FC Kaiserslautern) 1976 ESP – 1979 MLT, TUR

6 **Träg** Heinrich, 3. 1. 1893, † 13. 10. 1976 (1. FC Nürnberg) 1921 AUT – 1922 AUT, HUN – 1923 ITA – 1924 NED – 1926 NED

10 **Träsch** Christian, 1. 9. 1987 (VfB Stuttgart 7, VfL Wolfsburg 3) 2009 UAE – 2010 MLT, DEN, TUR, SWE – 2011 AUS, URU, BRA, POL, UKR

5 **Trapp** Kevin, 8. 7. 1990 (Paris Saint-Germain 3, Eintracht Frankfurt 2) 2017 DEN, FRA – 2018 BRA – 2020 ESP, CZE

1 **Trautmann** Wilhelm, 6. 12. 1888, † 24. 7. 1969 (Viktoria Mannheim) 1910 SUI

1 **Trimhold** Horst, 4. 2. 1941, † 8. 4. 2021 (Schwarz-Weiß Essen) 1962 YUG

35 **Trochowski** Piotr, 22. 3. 1984 (Hamburger SV) 2006 GEO, SVK – 2007 DEN, SVK, ENG, WAL, ROU, IRL, CZE, CYP – 2008 SUI, BLR, BEL, LIE, FIN, RUS, WAL, ENG – 2009 NOR, WAL, CHN, UAE, AZE, RSA, AZE, RUS, FIN, CIV – 2010 MLT, HUN, BIH, GHA, ENG, ARG, ESP

20 **Turek**, Anton, 18. 1. 1919, † 11. 5. 1984 (Fortuna Düsseldorf) 1950 SUI – 1951 SUI, TUR, AUT, IRL – 1952 FRA, SUI, YUG, ESP – 1953 AUT, NOR, SAA, NOR – 1954 SAA, TUR, TUR, YUG, AUT, HUN, FRA

15 **Ugi** Camillo, 21. 12. 1884, † 18. 5. 1970 (VfB Leipzig 14, Sportfreunde Breslau 1) 1909 ENG, HUN – 1910 BEL, NED – 1911 ENG, BEL, SWE, SWE, HUN – 1912 HUN, SUI, RUS, HUN, DEN, NED

1 **Uhle** Karl, 16. 7. 1887, † 12. 10. 1969 (VfB Leipzig) 1912 RUS

10 **Ulsaß** Lothar, 9. 9. 1940, † 16. 6. 1999 (Eintracht Braunschweig) 1965 CYP, AUT – 1966 ROU, NOR – 1967 MAR, ALB – 1968 AUT, CHI, MEX – 1969 WAL

1 **Umbach** Josef, 8. 12. 1889, † 30. 9. 1976 (SC München-Gladbach) 1910 NED

1 **Unfried** Gustav, 24. 3. 1889, † 13. 9. 1917 (Preußen Berlin) 1910 NED

21 **Urban** Adolf, 9. 1. 1914, † 23. 5. 1943 (FC Schalke 04) 1935 LUX – 1936 HUN, LUX, NOR, SCO, ITA – 1937 FRA, SUI, DEN, FIN, NOR, SWE – 1938 SUI – 1939 YUG, NOR, YUG, BUL, BOH – 1940 ITA – 1942 SUI, CRO

1 **Urbanek** Hans, 10. 10. 1910, † 23. 6. 2000 (Admira Wien) 1941 CRO (+ 15 A für Österreich)

1 **Uth** Mark, 25. 8. 1991 (FC Schalke 04) 2018 NED

1 **Völker** Otto, 2. 3. 1893, † 6. 8. 1945 (Preußen Berlin) 1913 ENG

1 **Völker** Willi, 13. 10. 1906, † 6. 4. 1945 (Hertha BSC) 1929 FIN

1 **Völker** Willy, 20. 12. 1889, † 1972 (VfB Leipzig) 1914 NED

90 **Völler** Rudolf, 13. 4. 1960 (Werder Bremen 41, AS Rom 43, Olympique Marseille 6) 1982 NIR – 1983 POR, ALB, TUR, AUT, YUG, HUN, AUT, TUR, ALB – 1984 BUL, BEL, URS, FRA, ITA, POR, ROU, ESP, ARG, SWE, MLT – 1985 HUN, POR, MLT, BUL, CSV, MEX, URS, SWE – 1986 YUG, NED, URU, SCO, DEN, MAR, FRA, ARG, DEN, AUT – 1987 ISR, ITA, FRA, ENG, DEN, SWE – 1988 SWE, ARG, SUI, YUG, ITA, DEN, ESP, NED, FIN, NED – 1989 BUL, NED, WAL, FIN, WAL – 1990 URU, CSV, DEN, YUG, UAE, COL, NED, ENG, ARG, POR, SWE, LUX, SUI – 1991 URS, BEL, WAL, WAL, BEL, LUX – 1992 ITA, CSV, TUR, NIR, URS, MEX – 1994 IRL, CAN, ESP, BEL, BUL

96 **Vogts** Hans-Hubert, 30. 12. 1946 (Borussia Mönchengladbach) 1967 YUG, ROU – 1968 BEL, SUI, WAL, ENG, BRA, FRA, AUT, CYP, BRA, CHI, MEX – 1969 WAL, SCO, AUT, CYP, AUT,

BUL, SCO – 1970 ESP, ROU, IRL, YUG, MAR, BUL, PER, ENG, ITA, URU, HUN, TUR, YUG, GRE – 1971 ALB, TUR, ALB, NOR, SWE, DEN, MEX – 1972 SUI – 1973 ARG, CSV, BRA, SCO, ESP – 1974 ESP, SCO, HUN, SWE, CHI, AUS, DDR, YUG, SWE, POL, NED, SUI, GRE, MLT – 1975 ENG, BUL, NED, AUT, GRE, BUL, TUR – 1976 MLT, ESP, ESP, YUG, CSV, WAL, CSV – 1977 FRA, NIR, YUG, ARG, URU, BRA, MEX, FIN, ITA, SUI, WAL – 1978 ENG, URS, BRA, SWE, POL, MEX, TUN, ITA, NED, AUT

12 **Volkert** Georg, 28. 11. 1945, † 16. 8. 2020 (1. FC Nürnberg 6, Hamburger SV 6) 1968 BEL, SUI, ENG, BRA, MEX – 1969 AUT – 1977 ARG, URU, BRA, MEX, FIN, ITA

13 **Volland** Kevin, 30. 7. 1992 (TSG Hoffenheim 6, Bayer Leverkusen 4, AS Monaco 3) 2014 POL, GIB, ESP – 2015 IRL, FRA – 2016 ITA, FIN, NIR, SMR, ITA – 2021 DEN, FRA, HUN

12 **Vollmar** Heinz, 26. 4. 1936, † 12. 10. 1987 (SV St. Ingbert 7, 1. FC Saarbrücken 5) 1956 SWE, URS, SUI, IRL, BEL – 1957 AUT, HUN – 1959 SUI, YUG – 1960 IRL, BUL – 1961 BEL (+ 4 A für das Saarland)

2 **Voß** Kurt, 8. 7. 1900, † 8. 4. 1978 (Holstein Kiel) 1925 NED, FIN

5 **Votava** Miroslav, 25. 4. 1956 (Borussia Dortmund) 1979 URS – 1980 GRE, FRA, BUL – 1981 BRA

11 **Waas** Herbert, 8. 9. 1963 (Bayer Leverkusen) 1983 YUG, HUN, AUT, NIR, ALB – 1985 ENG – 1986 DEN, ESP, AUT – 1987 ISR – 1988 URS

3 **Wagner** Franz, 23. 9. 1911, † 8. 12. 1974 (Rapid Wien) 1938 ROU – 1942 CRO, SUI (+ 18 A für Österreich)

6 **Wagner** Martin, 24. 2. 1968 (1. FC Kaiserslautern) 1992 BRA – 1994 IRL, CAN, BEL, BUL, HUN

8 **Wagner** Sandro, 29. 11. 1987 (TSG Hoffenheim 7, Bayern München 1) 2017 DEN, SMR, AUS, NIR, AZE, ENG, FRA – 2018 BRA

13 **Waldner** Erwin, 24. 1. 1933, † 18. 4. 2015 (VfB Stuttgart) 1954 POR – 1955 ITA, IRL, YUG, NOR – 1956 NED, ENG, URS, BEL – 1957 AUT – 1958 BEL, CSV, BUL

7 **Waldschmidt** Luca, 19. 5. 1996 (SC Freiburg 3, Benfica Lissabon 4) 2019 ARG, EST, BLR – 2020 TUR, CZE, UKR, ESP

61 **Walter** Fritz, 31. 10. 1920, † 17. 6. 2002 (1. FC Kaiserslautern) 1940 ROU, FIN, HUN, BUL, YUG, DEN – 1941 SUI, HUN, SUI, ROU, CRO, SWE, DEN, SVK – 1942 CRO, SUI, ESP, HUN, BUL, ROU, SWE, SUI, CRO, SVK – 1951 SUI, TUR, AUT, IRL, TUR, LUX – 1952 FRA, SUI, YUG, ESP – 1953 AUT, NOR, NOR – 1954 SAA, SUI, TUR, HUN, TUR, YUG, AUT, HUN – 1955 ITA, URS, YUG, NOR, ITA – 1956 NED, ENG, URS, SUI – 1958 ESP, CSV, ARG, CSV, NIR, YUG, SWE

21 **Walter** Ottmar, 6. 3. 1924, † 16. 6. 2013 (1. FC Kaiserslautern) 1950 SUI – 1951 SUI – 1952 IRL, FRA, SUI, YUG, ESP – 1953 AUT, NOR, NOR – 1954 SAA, SUI, TUR, TUR, YUG, AUT, HUN, BEL, FRA – 1955 YUG – 1956 ENG

1 **Warnken** Heinz, 28. 12. 1912, † 1943 (Komet Bremen) 1935 BUL

3 **Weber** Albert, 21. 11. 1888, † 17. 9. 1940 (Vorwärts Berlin) 1912 SUI, AUT, DEN

12 **Weber** Heinrich, 21. 6. 1900, † 22. 1. 1977 (Kurhessen Kassel) 1928 SUI, URU, DEN, SWE – 1929 SUI, ITA, SWE – 1930 ITA, NOR – 1931 FRA, NED, AUT

1 **Weber** Josef, 18. 4. 1898, † 5. 3. 1970 (Wacker München) 1927 NED

9 **Weber** Ralf, 31. 5. 1969 (Eintracht Frankfurt), 1994 RUS, HUN, ALB, MDA, ALB – 1995 ESP, GEO, WAL, SUI

53 **Weber** Wolfgang, 26. 6. 1944 (1. FC Köln) 1964 CSV, SCO, FIN, SWE – 1965 ITA, AUT, CYP – 1966 ENG, NED, NIR, ROU, YUG, SUI, ARG, ESP, URU, URS, ENG, TUR, NOR – 1967 BUL, ALB, FRA, YUG, ROU, ALB – 1968 SUI, WAL, ENG, BRA, AUT, CYP, BRA – 1969 AUT – 1970 ESP, ROU, IRL, BUL, URU, HUN, TUR, YUG – 1971 ALB, TUR, SWE, DEN, MEX, POL – 1973 AUT, FRA, SCO, ESP – 1974 ESP

15 **Wegele** Karl, 27. 9. 1887, † 14. 11. 1960 (Phönix Karlsruhe) 1910 SUI, NED – 1911 HUN – 1912 NED, HUN, SUI, AUT, HUN, DEN, NED – 1913 ENG, SUI, DEN, BEL – 1914 NED

5 **Weidenfeller** Roman, 6. 8. 1980 (Borussia Dortmund) 2013 ENG – 2014 CMR, ARM, ARG – 2015 GIB

5 **Weigl** Julian, 8. 9. 1995 (Borussia Dortmund) 2016 SVK, FIN, NOR, ITA – 2017 ENG

1 **Weilbächer** Hans, 23. 10. 1933 (Eintracht Frankfurt) 1955 IRL

1 **Weis** Tobias, 30. 7. 1985 (TSG Hoffenheim) 2009 UAE

1 **Weiß** Leonhard, 26. 7. 1907, † 18. 8. 1981 (1. FC Nürnberg) 1931 AUT

1 **Weißenbacher** Viktor, 15. 7. 1897, † 18. 12. 1956 (1. FC Pforzheim) 1922 AUT

1 **Welker** Hans, 21. 8. 1907, † 24. 7. 1968 (Bayern München) 1931 FRA

1 **Wellhöfer** Georg, 16. 3. 1893, † 13. 12. 1968 (SpVgg Fürth) 1922 SUI

1 **Welsch** Kurt, 21. 6. 1917, † 1981 (Borussia Neunkirchen) 1937 LVA

4 **Wenauer** Ferdinand, 26. 4. 1939, † 27. 7. 1992 (1. FC Nürnberg) 1960 IRL – 1961 DEN, POL – 1962 URU

5 **Wendl** Josef, 17. 12. 1906, † 2. 9. 1980 (TSV München 1860) 1930 NOR – 1932 HUN – 1933 ITA, FRA, SUI

2 **Wentorf** Hans, 6. 4. 1899, † 1. 1. 1970 (Altona 93) 1928 SUI, DEN

1 **Wenz** Ludwig, 27. 8. 1906, † 18. 4. 1968 (ASV Nürnberg) 1930 DEN

13 **Werner** Adolf, 19. 10. 1886, † 6. 9. 1975 (Holstein Kiel 9, Victoria Hamburg 4) 1909 ENG, HUN – 1910 NED – 1911 SUI, ENG, BEL, SWE, AUT, SWE – 1912 NED, HUN, RUS, HUN

2 **Werner** August, 6. 3. 1896, † 22. 10. 1968 (Holstein Kiel) 1925 SWE, FIN

1 **Werner** Heinz, 17. 8. 1910, † 6. 5. 1989 (1. SV Jena) 1935 ROU

4 **Werner** Jürgen, 15. 8. 1935, † 27. 5. 2002 (Hamburger SV) 1961 CHI, NIR – 1962 SUI – 1963 BRA

42 **Werner** Timo, 6. 3. 1996 (RB Leipzig 29, FC Chelsea 13) 2017 ENG, SMR, AUS, CMR, MEX, CHI, CZE, NOR, ENG, FRA – 2018 ESP, BRA, AUT, KSA, MEX, SWE, KOR, FRA, PER, NED, FRA, RUS, NED – 2019 SRB, EST, NED, NIR, EST, BLR – 2020 ESP, SUI, UKR, SUI, UKR, ESP – 2021 ISL, ROU, MKD, LVA, FRA, HUN, ENG

27 **Westermann** Heiko, 14. 8. 1983 (FC Schalke 04 19, Hamburger SV 8) 2008 AUT, SUI, SRB, BEL, LIE, FIN, RUS, WAL, ENG – 2009 NOR, WAL, UAE, RSA, AZE, RUS, FIN, CIV – 2010 MLT, HUN, BEL, AZE, TUR, KAZ, SWE – 2013 ECU, USA, ENG

1 **Wetzel** Fritz, 12. 12. 1894, † 19. 1. 1982 (1. FC Pforzheim) 1922 AUT

12 **Wewers** Heinz, 27. 7. 1927, † 29. 8. 2008 (Rot Weiss Essen) 1951 LUX – 1956 ENG, NOR, SWE, IRL, BEL – 1957 AUT, NED, SCO, HUN – 1958 BEL, FRA

4 **Weymar** Hans, 1. 2. 1886, † 10. 7. 1959 (Victoria Hamburg) 1908 SUI, ENG, AUT – 1910 NED

2 **Widmayer** Werner, 17. 5. 1909, † 14. 6. 1942 (Holstein Kiel) 1931 SWE, NOR

6 **Wieder** Ludwig, 22. 3. 1900, † 2. 12. 1977 (1. FC Nürnberg) 1923 SUI, SWE, NOR – 1924 AUT, NOR – 1926 NED

2 **Wientjes** Clemens, 8. 2. 1920, † März 1998 (Rot-Weiss Essen) 1952 LUX, FRA

6 **Wiese** Tim, 17. 12. 1981 (Werder Bremen) 2008 ENG – 2009 CIV – 2010 DEN – 2011 AUS, POL – 2012 FRA

1 **Wiggers** Hermann, 7. 4. 1880, † 1968 (Victoria Hamburg) 1911 SWE

4 **Wigold** Willi, 10. 12. 1909, † 28. 11. 1944 (Fortuna Düsseldorf) 1932 NED – 1933 BEL, NOR – 1934 LUX

15 **Wilden** Leo, 3. 7. 1936 (1. FC Köln) 1960 CHI, POR, NIR – 1961 BEL, CHI, NIR – 1962 YUG, FRA, SUI – 1963 BRA, TUN, SWE, MAR – 1964 ALG, CSV

8 **Willimowski** Ernst, 23. 6. 1916, † 30. 8. 1997 (PSV Chemnitz 4, TSV München 1860 4) 1941 ROU, CRO, FIN, DEN – 1942 ROU, SUI, CRO, SVK (+ 22 A für Polen)

36 **Wimmer** Herbert, 9. 11. 1944 (Borussia Mönchengladbach) 1968 CYP, BRA, CHI, MEX – 1971 TUR, ALB, NOR, SWE, DEN, POL, POL – 1972 HUN, ENG, ENG, URS, BEL, URS, SUI – 1973 ARG, SCO – 1974 ESP, SCO, HUN, AUS, YUG, GRE – 1975 ENG, NED, AUT, BUL, TUR – 1976 MLT, ESP, ESP, YUG, CSV

1 **Winkler** Paul, 22. 8. 1913, † 1996 (Schwarz-Weiß Essen) 1938 LUX

1 **Winkler** Willi, 24. 8. 1903, † 12. 5. 1967 (Wormatia Worms) 1928 NOR

66 **Wörns** Christian, 10. 5. 1972 (Bayer Leverkusen 22, Paris St. Germain 5, Borussia Dortmund 39) 1992 CZE, TUR, DEN, BRA – 1995 ESP, MDA, WAL, RSA – 1997 NIR, ARM, RSA – 1998 OMA, BRA, NGA, FIN, COL, LUX, USA, YUG, IRN, MEX, CRO, NED – 1999 COL, NIR, FIN, SCO, BRA, NZL, USA, NIR, NOR – 2000 SUI – 2001 FRA, ALB, GRE, ENG, FIN – 2002 ISR, BIH, FRO – 2003 ESP, LTU, SCG, CAN, SCO, FRO, ITA, ISL, SCO, ISL, FRA – 2004 CRO, BEL, SUI, HUN, NED, LVA, CZE, IRN, JPN, KOR, THA – 2005 ARG, NED, SVK

2 **Wohlfarth** Roland, 11. 1. 1963 (Bayern München) 1986 ESP – 1989 IRL

2 **Wollscheid** Philipp, 6. 3. 1989 (Bayer Leverkusen) 2013 ECU, USA

1 **Wolpers** Eduard, 24. 8. 1900, † 23. 11. 1976 (Hamburger SV) 1926 SUI

13 **Wolter** Horst, 8. 6. 1942 (Eintracht Braunschweig) 1967 MAR, ROU, ALB – 1968 SUI, WAL, ENG, BRA, CYP, CHI – 1969 SCO, AUT – 1970 IRL, URU

3 **Wolter** Karl, 2. 8. 1894, † 19. 4. 1959 (Vorwärts Berlin) 1912 DEN – 1920 SUI – 1921 FIN

1 **Wolter** Thomas, 4. 10. 1963 (Werder Bremen) 1992 BRA

7 **Worm** Ronald, 7. 10. 1953 (MSV Duisburg) 1975 TUR – 1976 MLT, ESP – 1978 ENG, BRA, SWE, CSV

9 **Worpitzky** Willi, 25. 8. 1886, † 30. 10. 1953 (Viktoria 89 Berlin) 1909 HUN – 1910 NED – 1911 ENG, SWE, AUT, HUN – 1912 HUN, AUT, DEN

17 **Wosz** Dariusz, 8. 6. 1969 (VfL Bochum 6, Hertha BSC 11) 1997 ISR, ALB, UKR, UKR, POR, ARM – 1998 MDA – 1999 BRA, NZL, USA, NOR – 2000 NED, CRO, SUI, CZE, LIE, DEN (+ 7 A für die DDR)

1 **Wunder** Klaus, 13. 9. 1950 (MSV Duisburg) 1973 URS
5 **Wunderlich** Georg, 31. 10. 1893, † 27. 5. 1963 (1860 Fürth 1, Helvetia Bockenheim 2, Stuttgarter Kickers 2) 1920 SUI, AUT – 1921 AUT – 1923 ITA, NED
4 **Wuttke** Wolfram, 17. 11. 1961, † 1. 3. 2015 (1. FC Kaiserslautern) 1986 ESP – 1987 ISR, ENG – 1988 ESP
8 **Younes** Amin, 6. 8. 1993 (Ajax Amsterdam 5, Eintracht Frankfurt 3) 2017 DEN, SMR, CMR, MEX, AZE – 2021 ISL, ROU, MKD
1 **Zaczyk** Klaus, 25. 5. 1945 (Karlsruher SC) 1967 MAR
1 **Zastrau** Walter, 30. 5. 1935 (Rot-Weiss Essen) 1958 EGY
1 **Zeitler** Hans, 30. 4. 1927 (VfB Bayreuth) 1952 LUX
1 **Zembski** Dieter, 6. 11. 1946 (Werder Bremen) 1971 MEX
4 **Zewe** Gerd, 13. 6. 1950 (Fortuna Düsseldorf) 1978 CSV, HUN, NED – 1979 MLT
12 **Zickler** Alexander, 28. 2. 1974 (Bayern München) 1998 NED – 1999 USA, COL – 2000 ESP, GRE, DEN – 2001 SVK, ALB, HUN, UKR – 2002 BUL, BIH
72 **Ziege** Christian, 1. 2. 1972 (Bayern München 31, AC Mailand 10, FC Middlesbrough 11, FC Liverpool 7, Tottenham Hotspur 13) 1993 BRA, USA, ENG, TUN, URU, USA, MEX – 1995 WAL, ITA, SUI, GEO, MDA, WAL – 1996 POR, DEN, NED, NIR, FRA, LIE, CSV, RUS, ITA, CRO, ENG, CZE, POL, POR – 1997 ISR, ALB, UKR, UKR, NIR, POR, RSA – 1998 BRA, COL, LUX, USA, YUG, IRN, MEX – 1999 FIN, NIR, TUR, NOR, – 2000 NED, CRO, SUI, CZE, LIE, ROU, ENG, ENG, DEN – 2001 FRA, GRE, SVK, FIN, ALB, HUN, FIN, UKR, UKR – 2002 USA, WAL, AUT, KSA, IRL, CMR, USA, BRA – 2004 MLT
6 **Zieler** Ron-Robert, 12. 2. 1989 (Hannover 96) 2011 UKR – 2012 ARG – 2014 POL, ESP – 2015 AUS, USA
15 **Zielinski** Paul, 20. 11. 1911, † 20. 2. 1966 (Union Hamborn) 1934 BEL, SWE, CSV, AUT, POL, DEN – 1935 NED, FRA, IRL, CSV, NOR, SWE, LUX, POL – 1936 LUX
1 **Zilgas** Karl, 2. 3. 1882, † 17. 6. 1917 (Victoria Hamburg) 1913 DEN
14 **Zimmermann** Herbert, 1. 7. 1954 (1. FC Köln) 1976 WAL – 1977 SUI – 1978 ENG, SWE, POL, ITA, NED – 1979 TUR, WAL, IRL, ISL, WAL, URS, TUR
4 **Zörner** Carl, 18. 6. 1897, † 8. 11. 1941 (SC 99 Köln), 1923 NED, SUI, SWE, FIN
1 **Zolper** Karl, 30. 4. 1901, † Oktober 1990 (CfR Köln) 1925 NED
7 **Zorc** Michael, 25. 8. 1962 (Borussia Dortmund) 1992 BRA, URU – 1993 SCO, GHA, BRA, ENG, URU
2 **Zwolanowski** Felix, 12. 7. 1912, † 26. 11. 1998 (Fortuna Düsseldorf) 1940 SVK, YUG

Rangliste der Nationalspieler

(mit 50 und mehr Länderspielen)

150	Lothar Matthäus	Borussia Mönchengladbach, Bayern München, Inter Mailand, New York/New Jersey MetroStars (1980-2000)
137	Miroslav Klose	1. FC Kaiserslautern, Werder Bremen, Bayern München, Lazio Rom (2001-2014)
130	Lukas Podolski	1. FC Köln, Bayern München, FC Arsenal, Inter Mailand, Galatasaray Istanbul (2004-2017)
121	Bastian Schweinsteiger	Bayern München, Manchester United (2004-2016)
113	Philipp Lahm	VfB Stuttgart, Bayern München (2004-2014)
108	Jürgen Klinsmann	VfB Stuttgart, Inter Mailand, AS Monaco, Tottenham, Bayern München, Sampdoria Genua (1987-1998)
106	Toni Kroos	Bayer Leverkusen, Bayern München, Real Madrid (2010-2021)
106	Thomas Müller	Bayern München (2010-2021)
105	Jürgen Kohler	Waldhof Mannheim, 1. FC Köln, Bayern München, Juventus Turin, Borussia Dortmund (1986-1998)
104	Per Mertesacker	Hannover 96, Werder Bremen, FC Arsenal (2004-2014)
104	Manuel Neuer	FC Schalke 04, Bayern München (2009-2021)
103	Franz Beckenbauer	Bayern München (1965-1977)
101	Thomas Häßler	1. FC Köln, Juventus Turin, AS Rom, Karlsruher SC, TSV München 1860 (1988-2000)
98	Michael Ballack	1. FC Kaiserslautern, Bayer Leverkusen, Bayern München, FC Chelsea (1997-2010)
96	Hans-Hubert Vogts	Borussia Mönchengladbach (1967-1978)
95	Josef Maier	Bayern München (1966-1979)
95	Karl-Heinz Rummenigge	Bayern München, Inter Mailand (1976-1986)
92	Mesut Özil	Werder Bremen, Real Madrid, FC Arsenal (2009-2018)
90	Rudolf Völler	Werder Bremen, AS Rom, Olympique Marseille (1982-1994)
86	Andreas Brehme	1. FC Kaiserslautern, Bayern München, Inter Mailand (1984-1994)
86	Oliver Kahn	Bayern München (1997-2006)
85	Andreas Möller	Borussia Dortmund, Eintracht Frankfurt, Juventus Turin (1988-1999)
82	Arne Friedrich	Hertha BSC, VfL Wolfsburg (2002-2010)
81	Wolfgang Overath	1. FC Köln (1963-1974)
81	Karlheinz Förster	VfB Stuttgart (1978-1986)
81	Bernd Schneider	Bayer Leverkusen (1999-2008)
79	Torsten Frings	Werder Bremen, Borussia Dortmund, Bayern München (2001-2009)
78	Mario Gomez	VfB Stuttgart, Bayern München, AC Florenz, Besiktas Istanbul, VfL Wolfsburg (2007-2018)
77	Sami Khedira	VfB Stuttgart, Real Madrid, Juventus Turin (2009-2018)
76	Harald Schumacher	1. FC Köln (1979-1986)
76	Guido Buchwald	VfB Stuttgart (1984-1994)
76	Jerome Boateng	Hamburger SV, Manchester City, Bayern München (2009-2018)
76	Mats Hummels	Borussia Dortmund, Bayern München (2010-2021)
73	Pierre Littbarski	1. FC Köln, Racing Paris (1981-1990)
72	Uwe Seeler	Hamburger SV (1954-1970)
72	Hans-Peter Briegel	1. FC Kaiserslautern, Hellas Verona (1979-1986)
72	Christian Ziege	Bayern München, AC Mailand, FC Middlesbrough, FC Liverpool, Tottenham Hotspur (1993-2004)
71	Paul Janes	Fortuna Düsseldorf (1932-1942)
70	Oliver Bierhoff	Udinese Calcio, AC Mailand, AS Monaco (1996-2002)
69	Manfred Kaltz	Hamburger SV (1975-1983)
69	Stefan Reuter	1. FC Nürnberg, Bayern München, Juventus Turin, Borussia Dortmund (1987-1998)
69	Oliver Neuville	Hansa Rostock, Bayer Leverkusen, Borussia Mönchengladbach (1998-2008)
68	Thomas Helmer	Borussia Dortmund, Bayern München (1990-1998)
66	Willi Schulz	Union Günnigfeld, FC Schalke 04, Hamburger SV (1959-1970)
66	Horst Höttges	Werder Bremen (1965-1974)
66	Christian Wörns	Bayer Leverkusen, Paris Saint-Germain, Borussia Dortmund (1992-2005)

65	Ernst Lehner	Schwaben Augsburg, Blau-Weiß Berlin (1933-1942)
63	Mario Götze	Borussia Dortmund, Bayern München (2010-2017)
62	Gerhard Müller	Bayern München (1966-1974)
62	Thomas Berthold	Eintracht Frankfurt, Hellas Verona, AS Rom, VfB Stuttgart (1985-1995)
61	Fritz Walter	1. FC Kaiserslautern (1940-1958)
61	Jens Lehmann	FC Schalke 04, Borussia Dortmund, FC Arsenal (1998-2008)
59	Andreas Köpke	1. FC Nürnberg, Eintracht Frankfurt, Olympique Marseille (1990-1998)
59	Dietmar Hamann	Bayern München, Newcastle United, FC Liverpool (1997-2005)
59	Joshua Kimmich	Bayern München (2016-2021)
57	André Schürrle	1. FSV Mainz 05, Bayer Leverkusen, FC Chelsea, VfL Wolfsburg (2010-2017)
56	Klaus Allofs	Fortuna Düsseldorf, 1. FC Köln, Olympique Marseille (1978-1988)
56	Julian Draxler	FC Schalke 04, VfL Wolfsburg, Paris Saint-Germain (2012-2021)
55	Jens Jeremies	TSV München 1860, Bayern München (1997-2004)
54	Bodo Illgner	1. FC Köln (1987-1994)
53	Wolfgang Weber	1. FC Köln (1964-1974)
53	Rainer Bonhof	Mönchengladbach, FC Valencia, 1. FC Köln (1972-1981)
53	Bernard Dietz	MSV Duisburg (1974-1981)
52	Olaf Thon	FC Schalke 04, Bayern München (1984-1998)
52	Kevin Kuranyi	VfB Stuttgart, FC Schalke 04 (2003-2008)
52	Thomas Hitzlsperger	Aston Villa, VfB Stuttgart, West Ham United (2004-2010)
51	Matthias Sammer	VfB Stuttgart, Inter Mailand, Borussia Dortmund (1990-1997) + 23 A-Länderspiele für die DDR
51	Ulf Kirsten	Bayer Leverkusen (1992-2000) + 49 A-Länderspiele für die DDR
51	Markus Babbel	Bayern München (1995-2000)
50	Herbert Erhard	SpVgg Fürth, Bayern München (1953-1962)

Rangliste der Vereine

(mit mehr als 50 Berufungen)

Bayern München: 2308 Berufungen (94 Nationalspieler)

Schweinsteiger 111, T. Müller 106, Beckenbauer 103, Lahm 98, J. Maier 95, Matthäus 90, Kahn 86, Neuer 84, K.-H. Rummenigge 78, J. Boateng 63, G. Müller 62, Kimmich 59, Helmer 58, Babbel 51, Jeremies 47, Breitner 46, Schwarzenbeck 44, Kroos 43, Ballack 42, Linke 41, Klose 40, Goldbrunner 39, Scholl 36, U. Hoeneß 35, Götze 34, Gomez 33, Podolski 32, Badstuber 31, Ziege 31, Jancker 29, Augenthaler 27, Dremmler 27, Süle 26, Gnabry 24, Klinsmann 23, Strunz 21, Hummels 20, Goretzka 19, L. Hofmann 18, Reuter 18, Deisler 17, Streitle 15, Tarnat 15, Effenberg 14, Pöttinger 14, L. Sané 13, Brehme 12, Frings 12, D. Hamann 12, Jansen 12, Kohler 12, Thon 12, Zickler 12, Basler 11, Giesemann 11, Haringer 11, Pflügler 11, Eder 9, Bergmaier 8, Heidkamp 8, Kutterer 8, Simetsreiter 8, Dorfner 7, Rudy 6, H. Bauer 5, Musiala 5, Aumann 4, Gablonsky 4, D. Hoeneß 4, Rohr 4, F. Roth 4, Siedl 4, Kapellmann 3, Mai 3, G. Schneider 3, Görlitz 2, Kögl 2, Krumm 2, Rau 2, M. Rummenigge 2, Wohlfarth 2, Brenninger 1, Butt 1, Erhard 1, Fürst 1, Hofmeister 1, Labbadia 1, Nafziger 1, Nagelschmitz 1, Niedermayer 1, Ohlhauser 1, Olk 1, S. Wagner 1, Welker 1.

1. FC Köln: 847 Berufungen (46 Nationalspieler)

Overath 81, Schumacher 76, Littbarski 71, Podolski 69, Illgner 54, Weber 53, Hector 43, Cullmann 40, Flohe 39, Schäfer 39, Kl. Allofs 29, Schnellinger 24, Kohler 20, Löhr 20 Stollenwerk 19, Häßler 17, Fischer 15, Wilden 15, Zimmermann 14, D. Müller 12, Röhrig 12, Schuster 10, Strack 10, Engels 8, Hornig 7, Rahn 6, Helmes 5, Mebus 5, Ewert 4, Pott 3, Sinkiewicz 3, Sturm 3, Bonhof 2, Dörner 2, Görtz 2, Kapellmann 2, Konopka 2, Manglitz 2, Thielen 2, T. Allofs 1, Euler 1, Flink 1, Hense 1, Labbadia 1, Neumann 1, Steiner 1.

Borussia Dortmund: 792 Berufungen (57 Nationalspieler)

Hummels 56, A. Möller 53, Wörns 39, Sammer 38, Reus 36, Held 35, Reuter 33, Metzelder 32, Kohler 31, Götze 29, Kehl 28, Heinrich 25, A. Schmidt 25, St. Freund 21, Tilkowski 21, Frings 17,

Gündogan 16, Ricken 16, Schmelzer 16, Lehmann 14, Lenz 14, Schanko 14, Can 12, Ginter 12, Brandt 10, Helmer 10, Konietzka 9, Riedle 9, Mill 8, S. Bender 7, Durm 7, M. Schulz 7, Zorc 7, Großkreutz 6, Kelbassa 6, C. Nerlinger 6, Odonkor 6, J. Schütz 6, Emmerich 5, Votava 5, Weidenfeller 5, Weigl 5, Immel 4, Kwiatkowski 4, N. Schulz 4, M. Burgsmüller 3, K. Reinhardt 3, Cieslarczyk 2, Dahoud 2, Herrlich 2, Libuda 2, Neuberger 2, Schlebrowski 2, Schürrle 2, Peters 1, T. Redder 1, W. Sturm 1.

VfB Stuttgart: 620 Berufungen (44 Nationalspieler)
Kh. Förster 81, Buchwald 76, Hitzlsperger 42, H. Müller 36, B. Förster 33, Gomez 32, Kuranyi 29, Cacau 23, Strunz 20, Bobic 19, Hinkel 17, Immel 15, Lahm 15, Retter 14, Tasci 14, Berthold 13, Waldner 13, Khedira 12, Klinsmann 12, Sammer 11, Allgöwer 10, Hilbert 8, Sawitzki 8, Sieloff 8, Geiger 7, Köppel 7, Träsch 7, Rüdiger 6, Hildebrand 5, Kelsch 4, Barufka 3, Frontzeck 3, Schlienz 3, Gerber 2, Haber 2, D. Hoeneß 2, Blum 1, Bögelein 1, Bökle 1, Gentner 1, Martin 1, Mauch 1, Roleder 1, Rutz 1.

FC Schalke 04: 596 Berufungen (49 Nationalspieler)
Höwedes 44, Asamoah 43, Thon 40, Szepan 34, K. Fischer 30, Libuda 24, Fichtel 23, Kuranyi 23, W. Schulz 22, Urban 21, Gellesch 20, Neuer 20, Rüssmann 20, R. Abramczik 19, B. Klodt 19, Westermann 19, H. Klodt 17, Goretzka 16, Draxler 15, E. Kremers 15, Nowak 15, Kuzorra 12, Böhme 10, H. Kremers 8, Nigbur 6, Hanke 5, Bongartz 4, Ernst 4, M. Meyer 4, L. Sané 4, Serdar 4, H. Burdenski 3, Eppenhoff 3, Jones 3, Koslowski 3, Pörtgen 3, Rost 3, G. Herrmann 2, Lehmann 2, Linke 2, Neustädter 2, Pander 2, O. Tibulski 2, Berg 1, Holtby 1, Kördell 1, Rudy 1, H. Tibulski 1, Uth 1.

Werder Bremen: 581 Berufungen (41 Nationalspieler)
Höttges 66, Frings 50, Mertesacker 46, Völler 41, Bode 40, Borowski 33, Eilts 31, Klose 29, F. Baumann 28, Fritz 22, Ernst 20, Basler 19, Lorenz 17, Özil 17, Meier 16, D. Burdenski 12, Marin 10, Riedle 10, W. Schröder 10, Borowka 6, Otten 6, Piontek 6, Wiese 6, Owomoyela 5, Reinders 4, G. Bernard 3, Hunt 3, C. Schulz 3, H. Burdenski 2, Fahrenhorst 2, Ferner 2, Gnabry 2, Heidemann 2, Hermann 2, Ordenewitz 2, Steinmann 2, Hobsch 1, Neubarth 1, Reck 1, Rost 1, Wolter 1, Zembski 1.

Bayer Leverkusen: 578 Berufungen (43 Nationalspieler)
B. Schneider 81, U. Kirsten 51, Nowotny 47, Ramelow 46, Neuville 40, Ballack 27, Rolfes 26, Brandt 25, Wörns 22, L. Bender 19, Schürrle 19, Rolff 18, Tah 13, Bellarabi 11, Rink 11, Waas 11, R. Adler 10, Thom 10, Helmes 8, Kroos 8, Havertz 7, Kießling 6, Leno 6, Castro 5, Sam 5, Beinlich 4, Hörster 4, A. Reinhardt 4, K. Reinhardt 4, Volland 4, Amiri 5, Henrichs 3, Reinartz 3, Butt 2, Freier 2, M. Friedrich 2, Kramer 2, Wollscheid 2, Balitsch 1, Bierofka 1, Brdaric 1, H. Scholz 1, C. Schreier 1.

Hamburger SV: 534 Berufungen (50 Nationalspieler)
Uwe Seeler 72, Kaltz 69, Magath 43, W. Schulz 41, Trochowski 35, Posipal 32, Hrubesch 21, Jakobs 20, Rolff 19, Jansen 17, Harder 15, Aogo 12, Beier 11, G. Dörfel 11, J. Boateng 10, Lang 8, Westermann 8, Stein 6, Volkert 6, Kurbjuhn 5, B. Dörfel 4, Gründel 4, Laband 4, Nogly 4, J. Werner 4, Doll 3, Giesemann 3, Hieronymus 3, Horn 3, Kargus 3, Memering 3, Milewski 3, Noack 3, C. Rahn 3, Risse 3, Adamkiewicz 2, R. Adler 2, Albertz 2, Fr. Dörfel 2, Hartwig 2, Hertzsch 2, Kmetsch 2, Stürmer 2, Beiersdorfer 1, Blunk 1, Butt 1, Groh 1, Mahlmann 1, Politz 1, Wolpers 1.

Borussia Mönchengladbach: 522 Berufungen (42 Nationalspieler)
Vogts 96, Bonhof 40, Heynckes 38, H. Wimmer 36, Netzer 31, Ginter 30, Matthäus 26, Brülls 22, Neuville 21, Frontzeck 16, Jansen 16, U. Rahn 14, Kruse 11, Stindl 11, Kramer 10, Mill 9, Hannes 8, Reus 8, D. Danner 6, Kleff 6, Marin 6, Neuhaus 6, Sieloff 6, Stielike 6, H. G. Bruns 4, Köppel 4, Paßlack 4, ter Stegen 4, Ditgens 3, Herrlich 3, J. Hofmann 3, H. Nickel 3, Bleidick 2, Del'Haye 2, P. Herrmann 2, Hochstätter 2, Laumen 2, Dietrich 1, P. Meyer 1, L. Müller 1, Pflipsen 1, B. Rupp 1.

1. FC Kaiserslautern: 343 Berufungen (22 Nationalspieler)
Fritz Walter 61, Briegel 53, Brehme 40, Klose 40, Eckel 32, Kohlmeyer 22, O. Walter 21, Liebrich 16, Marschall 13, Kuntz 11, K. Schmidt 9, Wagner 6, Wuttke 4, Engelhardt 3, Toppmöller 3, Foda 2, Pirrung 2, Th. Allofs 1, Ballack 1, Groh 1, Reich 1, Ritter 1.

Eintracht Frankfurt: 302 Berufungen (32 Nationalspieler)
Grabowski 44, Hölzenbein 40, Köpke 25, R. Gramlich 22, T. Berthold 21, Bein 17, Binz 14, F. Lutz 12, A. Möller 12, F. Schütz 11, Stubb 10, R. Kreß 9, R. Weber 9, Pfaff 7, Tiefel 7, Körbel 6, Borchers 6, Gaudino 5, Falkenmayer 4, Mantel 4, Younes 3, P. Reichel 2, Solz 2, Trapp 2, F. Becker 1, Bäumler 1, Heldt 1, S. Jung 1, Kroth 1, Lindner 1, B. Nickel 1, Weilbächer 1.

Fortuna Düsseldorf: 240 Berufungen (25 Nationalspieler)
Janes 71, Juskowiak 30, Kobierski 26, Kl. Allofs 21, Turek 20, Albrecht 17, Bender 9, Seel 6, Bommer 6, Herzog 5, Geye 4, Wigold 4, Zewe 4, Breuer 2, Derwall 2, Mehl 2, Steffen 2, Zwolanowski 2, Borkenhagen 1, Heibach 1, Jäger 1, Krüger 1, Mauritz 1, Neuschäfer 1, Bockenfeld 1.

1. FC Nürnberg: 239 Berufungen (37 Nationalspieler)
Morlock 26, Stuhlfauth 21, Kalb 15, H. Schmidt 14, Köpke 14, Sutor 12, Billmann 11, Reisch 9, Reuter 9, Munkert 8, Kugler 7, Riegel 7, Eckstein 7, Hochgesang 6, Träg 6, Wieder 6, Volkert 6, Popp 5, L. Müller 5, Geiger 4, Reinmann 4, Schwabl 4, Strehl 4, Strobel 4, Wenauer 4, Oehm 3, Sold 3, Hornauer 2, Kund 2, Philipp 2, J. Schmitt 2, Baumann 2, Friedel 1, Köhl 1, Köpplinger 1, Weiß 1, Schade 1.

Hertha BSC: 224 Berufungen (28 Nationalspieler)
A. Friedrich 79, Rehmer 28, Beer 24, Deisler 19, Bobic 11, Wosz 11, Sobeck 8, Plattenhardt 7, Preetz 7, Patzke 6, M. Hartmann 4, Fathi 2, Gehlhaar 2, Stark 2, Beinlich 1, Faeder 1, Groß 1, Hirth 1, Jungtow 1, Kirsei 1, Kliemann 1, Kostedde 1, Krause 1, E. Müller 1, Ruch 1, F. Schulz 1, Steffenhagen 1, Völker 1.

Real Madrid: 188 Berufungen (7 Nationalspieler)
Kroos 55, Khedira 44, Stielike 36, Özil 30, Metzelder 15, Netzer 6, Breitner 2.

SpVgg Fürth: 175 Berufungen (22 Nationalspieler)
Erhard 49, Leinberger 24, Mai 18, Hagen 12, Burger 11, A. Franz 10, J. Müller 10, Seiderer 8, H. Fiederer 6, Frank 4, Auer 3, Knöpfle 3, Lohrmann 3, Hirsch 3, Kießling 2, Lang 2, Schade 2, Ascherl 1, L. Fiederer 1, H. Schmidt 1, Wellhöfer 1, Gottinger 1.

FC Arsenal: 149 Berufungen (6 Nationalspieler)
Lehmann 45, Özil 45, Mertesacker 29, Podolski 20, Mustafi 8, Leno 2.

Inter Mailand: 121 Berufungen (8 Nationalspieler)
Brehme 34, Klinsmann 29, Matthäus 28, K. H. Rummenigge 17, H. Müller 6, Podolski 4, Sammer 2, Szymaniak 1.

FC Chelsea: 115 Berufungen (6 Nationalspieler)
Ballack 28, Rüdiger 28, Schürrle 18, Huth 17, Werner 13, Havertz 11.

AS Rom: 106 Berufungen (5 Nationalspieler)
Völler 43, Häßler 33, Berthold 18, Rüdiger 11, Schnellinger 1.

Juventus Turin: 104 Berufungen (7 Nationalspieler)
Kohler 38, Khedira 21, A. Möller 20, Reuter 9, Haller 6, Can 5, Häßler 5.

Karlsruher SC: 96 Berufungen (12 Nationalspieler)
Häßler 42, Wegele 15, Szymaniak 12, G. Herrmann 7, Oberle 5, Tarnat 4, Neumaier 3, Schuster 3, Siedl 2, Reiser 1, Reitgaßl 1, Zaczyk 1.

1. FC Schweinfurt 05: 90 Berufungen (3 Nationalspieler)
Kitzinger 44, A. Kupfer 44, G. Bernard 2.

TSV München 1860: 89 Berufungen (22 Nationalspieler)
Patzke 18, Heiß 8, Jeremies 8, Lachner 8, Küppers 7, Brunnenmeier 5, Lauth 5, Wendl 5, Häßler 4, Willimowski 4, Hornauer 3, Bierofka 2, Grosser 2, Rebele 2, Eiberle 1, Heldt 1, Keller 1, Kling 1, Kraus 1, Max 1, Schäfer 1, Steiner 1.

MSV Duisburg: 85 Berufungen (8 Nationalspieler)
Dietz 53, Krämer 13, Worm 7, Bella 4, Heidemann 3, Manglitz 2, Seliger 2, Wunder 1.

Rot-Weiss Essen: 79 Berufungen (8 Nationalspieler)
Rahn 34, Herkenrath 21, Wewers 12, Termath 7, Wientjes 2, Islacker 1, Köchling 1, Zastrau 1.

Hannover 96: 76 Berufungen (16 Nationalspieler)
Mertesacker 29, Enke 8, Bobic 7, Zieler 6, Männer 5, Malecki 5, Brdaric 3, Rodekamp 3, Siemensmeyer 3, Deike 1, Hanke 1, Heynckes 1, J. Jakobs 1, Pöhler 1, C. Schulz 1, Sievert 1.

VfL Wolfsburg: 70 Berufungen (17 Nationalspieler)
Schürrle 13, Draxler 12, M. Schäfer 8, Hanke 6, Rau 5, Brdaric 4, Gentner 4, A. Friedrich 3, Gomez 3, Träsch 3, Madlung 2, Riether 2, M. Arnold 1, R. Baku 1, Y. Gerhardt 1, Kruse 1, Sebescen 1.

FC Liverpool: 69 Berufungen (3 Nationalspieler)
Hamann 42, Can 20, Ziege 7.

Lazio Rom: 66 Berufungen (3 Nationalspieler)
Klose 28, Riedle 23, Doll 15.

Dresdner SC: 62 Berufungen (15 Nationalspieler)
R. Hofmann 19, Schön 16, Köhler 5, W. Kreß 4, Dzur 3, Schubert 3, Gedlich 2, Müller 2, Pohl 2, Berthold 1, Haftmann 1, Mantel 1, Neumann 1, Schlösser 1, Stössel 1.

TSG Hoffenheim: 62 Berufungen (9 Nationalspieler)
Rudy 22, Beck 9, N. Schulz 8, Wagner 7, Süle 6, Volland 6, Demirbay 2, Compper 1, Weis 1.

Eintracht Braunschweig: 60 Berufungen (13 Nationalspieler)
Wolter 13, B. Dörfel 11, Ulsaß 10, Franke 7, Gerwien 6, Queck 3, Maas 3, Lorenz 2, Bülte 1. Poppe 1, Sukop 1, Bäse 1, Gersdorff 1.

Schwaben Augsburg: 55 Berufungen (1 Nationalspieler)
Lehner 55.

AC Mailand: 55 Berufungen (3 Nationalspieler)
Bierhoff 26, Schnellinger 19, Ziege 10.

RB Leipzig: 54 Berufungen (5 Nationalspieler)
Ti. Werner 29, Klostermann 13, Halstenberg 9, Henrichs 2, Demme 1.

Manchester City: 53 Berufungen (3 Nationalspieler)
Gündogan 33, L. Sané 17, J. Boateng 3.

Torschützen der A-Länderspiele

(in alphabetischer Reihenfolge)

Abramczik	2
Adamkiewicz	1
Albrecht Ernst	4
Allofs Kl.	17
Arlt	2
Asamoah	6
Auer	2
Babbel	1
Badstuber	1
Bäumler	1
Ballack	42
Basler	2
Baumann F.	2
Beck Al.	1
Beckenbauer	14
Becker Fr.	2
Beer	7
Bein	3
Bellarabi	1
Bender L.	4
Bergmaier	1
Berndt	2
Berthold Th.	1
Biallas	1
Bierhoff	37
Bierofka	1
Biesinger	2
Binder	10
Binz	1
Boateng J.	1
Bobic	10
Bode	9
Böhme	1
Bonhof	9
Borowski	2
Brandt	3
Brdaric	1
Brehme	8
Breitner	10
Breunig	1
Briegel	4
Brülls	9
Brunnenmeier	3
Buchwald	4
Burdenski H.	2
Burger	1
Cacau	6
Can	1
Cieslarczyk	3
Claus-Oehler	1
Conen	27
Cullmann	6
Damminger	5
Decker	7
Deisler	3
Demirbay	1
Doll	1
Dörfel B.	2
Dörfel F.	1
Dörfel G.	7
Dorfner	1
Draxler	7
Dremmler	3
Dumke	3
Durek	2
Effenberg	5
Elbern	2
Emmerich L.	2
Eppenhoff	3
Erhardt	1
Ernst	1
Fath	7
Fichtel	1
Fick	1
Fiederer H.	3
Fischer Kl.	32
Flohe	8
Förderer	10
Förster Kh.	2
Frank	5
Franz	4
Freier	1
Friedrich A.	1
Friedrich M.	1
Frings	10
Fritz	2
Fuchs	13
Gablonsky	1
Gärtner	1
Gauchel	13
Gaudino	1
Geiger R.	2
Gellesch	1
Gerritzen	1
Gerwien	1
Geye	1
Ginter	2
Gnabry	16
Götze	17
Gomez	31
Goretzka	14
Gosens	2
Grabowski	5
Gündogan	11
Günther W.	2
Hänel	1
Häßler	11
Haferkamp	2
Hahnemann	16
Haller	13
Halstenberg	1
Hamann	5
Hanke M.	1
Hanke W.	1
Harder	14
Hartmann K.	2
Havertz	5
Hector	3
Heidkamp	1
Heinrich	2
Heiß	2
Held	5
Helmer	5
Helmes	2
Herberger	2
Herget	4
Herrlich	1
Herrmann G.	1
Herrmann R.	1
Heynckes	14
Hiller III	1
Hirsch	4
Hitzlsperger	6
Hochgesang	4
Hölzenbein	5
Hoeneß D.	4
Hoeneß U.	5
Höttges	1
Höwedes	2
Hofmann L.	4
Hofmann R.	24
Hohmann	20
Hornauer	3
Hrubesch	6
Hummels	5
Huth	2
Jäger A.	11
Jakobs D.	1
Jancker	10
Janes	7
Jansen	3
Jeremies	1
Juskowiak	4
Kalb Hans	2
Kaltz	8
Kehl	2
Kelbassa	2
Kelsch	3
Khedira	7
Kießling G.	1
Kimmich	3
Kipp	10
Kirsten	20
Kitzinger	2
Klingler	6
Klinsmann	47
Klodt B.	3
Klose	71
Kobierski	9
Köppel	2
Kohler	2
Konietzka	3
Koslowski	1
Krämer W.	3
Kraus E.	3
Kremers E.	3
Kreß R.	2
Kroos	17
Krumm	1
Kruse	4
Küppers	2
Kund	1
Kuntz	6
Kupfer	1
Kuranyi	19
Kuzorra	7
Lachner	4
Lahm	5
Langenbein	1
Laumen	1
Lehner	31
Lenz	9
Libuda	3
Linke	1
Littbarski	18
Löhr	5
Lorenz	1
Ludwig J.	2
Magath	3
Mai	1
Malecki	2
Malik	1
Marin	1
Marschall	3
Marx	1
Matthäus	23
Mechling	1
Meier	2
Mertesacker	4
Meyer M.	1
Möller A.	29
Möller E.	4
Morlock	21
Müller D.	9
Müller G.	68
Müller H.	5
Müller T.	39
Mustafi	2
Nerlinger	1
Netzer	6
Neuhaus	2
Neuschäfer	1
Neuville	10
Noack	1
Nowotny	1
Oberle	1
Odonkor	1
Özil	23
Overath	17
Pander	1
Panse	1
Paßlack	1

Paulsen	3
Pesser	2
Pfaff	2
Plener	2
Podolski	49
Poertgen	5
Pöttinger	8
Popp L.	1
Posipal	1
Preetz	3
Queck	2
Rahn H.	21
Rahn U.	5
Ramelow	3
Rasselnberg	8
Rau	1
Rehmer	4
Reinders	1
Reitgaßl	1
Reus	13
Reuter	2
Ricken	1
Riedle	16
Ritschel	1
Rodekamp	1
Röhrig	2
Rohr	5
Rohwedder	2
Rolfes	2
Ruch	2
Rudy	1
Rüdiger	1
Rüssmann	1
Rummenigge K.-H.	45
Rupp	1
Rutz	1
Sackenheim	2
Sammer M.	8
Sané	7
Schade	1
Schäfer Hans	15
Schaletzki	1
Scherm	1
Schlösser	1
Schmidt A.	8
Schmitt J.	1
Schneider, B.	4
Schnellinger	1
Schön	17
Schönhöft	1
Scholl	8
Schröder W.	3
Schürrle	22
Schütz J.	2
Schulz N.	2
Schuster B.	4
Schweinsteiger	24
Seeler U.	43
Seiderer	5
Siedl	3
Sieloff	5
Siemensmeyer	2
Siffling	17
Simetsreiter	8
Sing	1
Sobeck	2
Stein E.	1
Steinmann	1
Stielike	3
Stindl	4
Stollenwerk	2
Strack	1
Strehl	4
Striebinger	2
Stroh	1
Strunz	1
Stubb	1
Stürmer Kl.	1
Süle	1
Sutor	2
Szepan	8
Szymaniak	2
Termath	4
Thom	2
Thon	3
Toppmöller	1
Träg	1
Trochowski	2
Ugi	1
Ulsaß	8
Urban	11
Völler	47
Vogts	1
Volkert	2
Volland	1
Vollmar	3
Voß	2
Waas	1
Wagner	5
Waldner	2
Waldschmidt	2
Walter F.	33
Walter O.	10
Weber W.	2
Wegele	2
Weißenbacher	1
Werner J.	2
Werner T.	16
Westermann	4
Wewers	1
Wieder	2
Wigold	3
Willimowski	13
Wimmer	4
Worm	5
Worpitzky	5
Wosz	1
Wuttke	1
Younes	2
Zaczyk	1
Zeitler	1
Zickler	2
Ziege	9
Zimmermann H.	2
Eigentore des Gegners	38

Torschützen der A-Länderspiele

(nach Anzahl der erzielten Tore/mindestens 10)

71	Klose
68	Müller G.
49	Podolski
47	Klinsmann
47	Völler
45	Rummenigge K.-H.
43	Seeler U.
42	Ballack
39	Müller T.
37	Bierhoff
33	Walter F.
32	Fischer Kl.
31	Gomez
31	Lehner
29	Möller A.
27	Conen
24	Hofmann R.
24	Schweinsteiger
23	Matthäus
23	Özil
22	Schürrle
21	Morlock
21	Rahn H.
20	Hohmann
20	Kirsten
19	Kuranyi
18	Littbarski
17	Allofs Kl.
17	Götze
17	Kroos
17	Overath
17	Schön
17	Siffling
16	Gnabry
16	Hahnemann
16	Riedle
16	Werner T.
15	Schäfer H.
14	Beckenbauer
14	Goretzka
14	Harder
14	Heynckes
13	Fuchs
13	Gauchel
13	Haller
13	Reus
13	Willimowski
11	Häßler
11	Gündogan
11	Jäger A.
11	Urban
10	Binder
10	Bobic
10	Breitner
10	Förderer
10	Frings
10	Jancker
10	Kipp
10	Neuville
10	Walter O.

Nationalelf-Trainer und ihre Bilanzen

Datum des jeweils ersten und letzten Spiels. Im April 2019 hat der DFB die Länderspiele 129 bis 133 Prof. Dr. Otto Nerz zugeschrieben. Die Amtszeit von Josef Herberger beginnt damit erst mit dem Spiel gegen Italien am 15. 11. 1936.

Prof. Dr. Otto Nerz: 31. 10. 1926 – 17. 10. 1936
75 – 44 – 11 – 20, 204:124 Tore

Josef Herberger: 15. 11. 1936 – 7. 6. 1964
162 – 92 – 26 – 44, 423:239 Tore

Helmut Schön: 4. 11. 1964 – 21. 6. 1978
139 – 87 – 31 – 21, 292:107 Tore

Josef Derwall: 11. 10. 1978 – 20. 6. 1984
67 – 44 – 12 – 11, 144:60 Tore

Franz Beckenbauer: 12. 9. 1984 – 8. 7. 1990
66 – 34 – 20 – 12, 107:61 Tore

Hans-Hubert Vogts: 29. 8. 1990 – 5. 9. 1998
102 – 66 – 24 – 12, 206:86 Tore

Erich Ribbeck: 10. 10. 1998 – 20. 6. 2000
24 – 10 – 6 – 8, 42:31 Tore

Rudolf Völler: 16. 8. 2000 – 24. 6. 2004
53 – 29 – 11 – 13, 109:57 Tore

Jürgen Klinsmannn: 18. 8. 2004 – 8. 7. 2006
34 – 20 – 8 – 6, 81:43 Tore

Joachim Löw: 16. 8. 2006 – 29. 6. 2021
196 – 122 – 40 – 34, 457:200 Tore

Marcus Sorg: 8. – 11. 6. 2019 (vertrat den verletzten und nicht vor Ort anwesenden Bundestrainer Joachim Löw).
2 – 2 – 0 – 0, 10:0 Tore

Unentschiedene Spiele, die durch Elfmeterschießen entschieden wurden, sind als Unentschieden gewertet.

51 Jahre und 7 Monate

Der älteste und somit auch längste WM-Länderspiel-Rekord ging am 16. Oktober 1985, genau um 22.04 Uhr zu Ende. Bis zu diesem Tage und dieser Stunde hatte Deutschland seit dem 11. März 1934 kein einziges WM-Qualifikationsspiel verloren. Portugal beendete diese einmalige Serie mit dem 1:0-Sieg im Stuttgarter Neckarstadion nach 18 848 Tagen (= 51 Jahre, 7 Monate), die bis dahin so aussah: 36 Spiele, 32 Siege, 4 Unentschieden, 130:24 Tore (!) für Deutschland.

Meiste Tore in einem Spiel:

10	Fuchs, 1912 Russland 16:0
6	Hahnemann, 1940 Finnland 13:0
5	Siffling, 1937 Dänemark 8:0
4	Gerd Müller, 1967 Albanien 6:0, 1969 Zypern 12:0, 1972 Sowjetunion 4:1, 1972 Schweiz 5:1
4	Conen, 1940 Finnland 13:0, Bulgarien 7:3
4	Hirsch, 1912 Niederlande 5:5
4	Förderer, 1912 Russland 16:0
4	Frank, 1929 Schweiz 7:1
4	Rasselnberg, 1934 Luxemburg 9:1
4	Willimowski, 1942 Schweiz 5:3
4	Ballack, 2004 Malta 7:0
4	Podolski, 2006 San Marino 13:0
4	Gomez, 2009 Vereinigte Arabische Emirate 7:2

Schnellste Hattricks:

(drei Tore in einer Halbzeit, ohne dass ein Treffer der eigenen Mannschaft oder des Gegners dazwischenliegt)

1. Bierhoff, 1997 Nordirland 3:1 (73., 78., 79. = 7 Minuten)
2. Siffling, 1937 Dänemark 8:0 (33., 40., 44. = 12 Minuten)
3. Gerd Müller, 1972 Sowjetunion 4:1 (50., 51., 62. = 13 Minuten)
4. Conen, 1940 Bulgarien 7:3 (60., 63., 74. = 15 Minuten)
5. Uwe Seeler, 1963 Türkei 3:0 (52., 53., 68. = 17 Minuten)
6. Gerd Müller, 1970 Peru 3:1 (20., 26., 38. = 19 Minuten)
7. Conen, 1934 Belgien 5:2 (66., 69., 85. = 20 Minuten)
8. Kirsten, 1997 Albanien 3:2 (63., 80., 84. = 22 Minuten)
9. Ziege, 1999 Nordirland 4:0 (16., 33., 45. = 30 Minuten)
10. Ulsaß, 1965 Österreich 4:1 (46., 66., 82. = 37 Minuten)

Die Bilanz der 80 B/A2/Team-2006-Länderspiele erschien letztmals im KICKER-Almanach 2014.

Die Bilanz der 385 Junioren-Länderspiele U 21

Gegner	Spiele	Siege	Unentsch.	Niederl.	Tore	11-m-Sch.
Albanien	8	6	2	–	22:3	
Algerien	1	–	1	–	0:0	
Argentinien	1	1	–	–	6:1	
Armenien	3	3	–	–	11:1	
Aserbaidschan	6	6	–	–	23:2	
Bahrain	1	1	–	–	5:0	
Belarus	3	2	1	–	5:1	
Belgien	9	6	1	2	20:9	
Bosnien-Herzegowina	5	3	1	1	11:9	
Brasilien	1	–	1	–	2:2	
Bulgarien	11	6	1	4	21:7	
China	2	1	1	–	7:2	4:2
Dänemark	12	7	4	1	25:8	6:5
Elfenbeinküste	1	–	1	–	0:0	
England	17	6	5	6	26:23	4:3
Färöer	4	4	–	–	16:3	
Finnland	12	11	–	1	28:8	
Frankreich	12	2	5	5	7:17	3:4
Georgien	3	2	1	–	7:2	
Griechenland	11	4	3	4	14:14	
Iran	1	1	–	–	1:0	
Irland	10	6	4	–	30:7	
Island	7	3	3	1	12:9	
Israel	7	3	4	–	13:6	
Italien	11	5	4	2	13:9	
Japan	2	–	1	1	4:5	
Kamerun „A“	2	1	1	–	2:1	
Prov. Kanton	1	1	–	–	1:0	
Katar	1	1	–	–	4:0	
Kosovo	2	1	1	–	1:0	
Kroatien	1	–	–	1	0:2	
Kuwait	1	1	–	–	3:1	
Lettland A	1	–	–	1	1:2	
Libanon	1	1	–	–	7:0	
Litauen	3	3	–	–	7:1	
Luxemburg	7	7	–	–	29:2	
Marokko	1	1	–	–	2:0	
Mexiko	2	2	–	–	4:0	
Rep. Moldau	8	6	1	1	20:4	
Montenegro	2	1	1	–	3:1	
Niederlande	18	8	5	5	30:24	
Nordirland	8	6	1	1	15:4	
Norwegen	4	1	1	2	5:9	
Österreich	11	9	2	–	30:8	
Oman	1	–	–	1	0:1	
Polen	5	1	2	2	4:4	
Portugal	12	4	2	6	16:21	
Rumänien	9	5	4	–	27:8	
Russland (fr. UdSSR)	15	6	3	6	28:25	
San Marino	4	4	–	–	32:0	
Schottland	9	3	2	4	12:12	
Schweden	6	4	–	2	9:7	
Schweiz	14	8	6	–	35:12	
Serbien	5	4	1	–	16:7	
Slowakei	1	1	–	–	3:0	
Slowenien	2	1	1	–	4:1	
Spanien	14	4	3	7	14:17	

Südafrika	1	–	1	–	1:1
Südkorea A	1	–	1	–	0:0
Thailand	1	1	–	–	4:1
Tschechien	9	4	4	1	11:6
Tschechoslowakei	5	1	4	–	7:5
Türkei	11	5	3	3	18:9
Tunesien	2	–	1	1	1:2
Ukraine	6	5	1	–	14:2
Ungarn	5	2	2	1	7:2
USA	1	1	–	–	1:0
Usbekistan	1	1	–	–	2:0
Wales	6	6	–	–	21:3
Zypern	4	4	–	–	13:4
Gesamt:	385	214	98	73	793:357

Die Nationalmannschaften der Junioren U 21

Nachdem der DFB seit 1974 keine Juniorenspiele „U 23" mehr durchführt, wurden, wesentlich später als in anderen Ländern, 1979 erstmals Länderspiele der neugegründeten Junioren-National-Elf „U 21" ausgetragen, die auch künftig an allen internationalen Wettbewerben teilnimmt.

1979: 2 Spiele: 2 Niederlagen

1 **Polen**, 10.10., Thorn, 0:1 verloren: Greiner – Kruse, Willkomm, Gorski, Otten – Th. Schneider, Dierssen (Klotz), Kempe – Th. Allofs (Löw), Littbarski, Völler (Dusend) – SR: Poczek (Tschechoslowakei).

2 **Sowjetunion**, 20.11., Tiflis, 1:2 verloren: Immel – Kruse, Willkomm (Schneider), Gruber, Otten – Matthäus, Löw, Th. Allofs – Littbarski, Klotz (1), Völler (Augustin) – SR: Laktso (Finnland).

1980: 10 Spiele: 5 Siege, 3 Unentschieden, 2 Niederlagen

3 **Schottland**, 26.2., Dortmund, 1:0 gewonnen: Immel – Kruse, Schuster, Gruber, Otten – Kroth (Gorski), Schneider, Löw (Kempe) – Littbarski, Klotz (1), Augustin (Völler) – SR: Jensen (Dänemark).

4 **Schweiz**, 2.4., St. Gallen, 3:3 unentschieden: Greiner – Kruse (Gebauer), Hieronymus, Gruber (1), Otten – Th. Schneider, Kempe (Geier), Löw (Remark), Kroth (1) – Littbarski (1), Klotz – SR: Fahnler (Österreich).

5 **Belgien**, 20.5., Lüttich, 4:0 gewonnen: Immel – Schreml, Hieronymus (1), Geier, Gorski (Rolff) – Kroth, Dittus, Lehmann (1) – Littbarski (1) (Th. Allofs), Schatzschneider (Klotz), Völler (1) – SR: Rion (Luxemburg).

6 **Provinz Kanton**, 10.6., Kanton, 1:0 gewonnen (Vom DFB-Spielausschuss als offizielles Länderspiel deklariert): Greiner – Schreml, Kroth, Freund (Th. Schneider), Saborowski – Littbarski (Dusend), Blau, Rolff – Klotz, Schatzschneider (1), Völler (Th. Allofs) – SR: Junichi (Japan).

7 **Mexiko**, 14.6., Kanton, 1:0 gewonnen: Fuhr – Saborowski, Kroth, Blau, Gebauer (Freund) – Rolff, Th. Schneider, Dusend – Augustin (Schatzschneider), Remark, Völler (1) (Littbarski) – SR: Pu Hung (China).

8 **Rumänien**, 17.6., Kanton, 6:2 gewonnen: Greiner – Schreml, Kroth, Th. Schneider, Saborowski – Rolff, Blau (1), Littbarski (2) – Th. Allofs (1) (Dusend (1)), Schatzschneider (Klotz), Völler (1) (Remark) – SR: Jin-Jian (China).

9 **China**, 21.6., Kanton, 2:2 unentschieden, Elfmeterschießen (4:2): Greiner – Schreml, Kroth, Th. Schneider, Saborowski – Rolff, Blau, Littbarski (2) – Klotz (Remark, Dusend), Th. Allofs, Völler (Schatzschneider) – Die Elfmetertore schossen: Allofs, Blau, Schatzschneider, Littbarski (zählen nicht in der Torübersicht) – SR: Garcia (Mexiko).

10 **Niederlande**, 8.10., Mönchengladbach, 0:0 unentschieden: Greiner – Schreml, Kroth (Geier), Gorski, Rolff – Matthäus, Dittus, Dierssen (Buchwald) – Littbarski, Dreher, Wuttke (Dusend) – SR: Peeters (Belgien).

11 **Frankreich**, 18.11., Sarrebourg, 0:1 verloren: Greiner (Fuhr) – Schreml, Brehme (Th. Allofs), Rolff, Matthäus (Löhr) – Th. Schneider, Blau, Dierssen – Littbarski, Mill (Hönnscheidt), Engels – SR: Baumann (Schweiz).

12 **Bulgarien**, 2.12., Plovdiv, 0:1 verloren (EM-Qualifikation): Greiner – Schreml (Dittus), Blau, Rolff, Th. Schneider – Matthäus, Th. Allofs (Völler), Engels, Dierssen – Littbarski, Mill – SR: Goksel (Türkei).

1981: 6 Spiele: 6 Siege

13 **Spanien**, 31.3., Koblenz, 3:1 gewonnen: Fuhr – Löhr, Hieronymus, Dickgießer, Otten – Matthäus (1), Dittus, Engels (Dierssen) – Littbarski (1), Schatzschneider (1), Völler (Wuttke) – SR: Delmer (Frankreich).

14 **Österreich**, 28.4., Kiel, 4:0 gewonnen (EM-Qualifikation): Greiner – Schäfer, Hieronymus, Dickgießer, Otten – Matthäus, Dittus, Th. Allofs – Littbarski (Kempe (1)), Engels (Steubing (1)), Völler (2) – SR: McGinlay (Schottland).

15 **Finnland**, 23.5., Lämpääle, 2:1 gewonnen (EM-Qualifikation): Fuhr – Rolff, Hieronymus, Dickgießer, Otten – Matthäus, Dittus: Th. Allofs – Littbarski (2), Schatzschneider (Steubing), Völler (Steininger) – SR: Johannssen (Schweden).

16 **Finnland**, 22.9., Arnsberg, 4:2 gewonnen (EM-Qualifikation): Greiner – Rolff, Hieronymus, Gruber, Otten – Brehme (Dierssen), Matthäus (1), Kempe – Littbarski (2), Patzke (1), Völler (Geiger) – SR: Maanson (Dänemark).

17 **Österreich**, 13.10., Krems, 1:0 gewonnen (EM-Qualifikation): Immel – Brehme, Strack, Gruber. Otten – Rolff, Hieronymus (von Heesen (1)), Matthäus – Th. Allofs, Kempe, Völler (Bittorf) – SR: Padar (Ungarn).

18 **Bulgarien**, 21.11., Koblenz, 4:1 gewonnen (EM-Qualifikation): Immel – Rolff, Strack (1), Bittorf, Otten – Matthäus (Geiger), Milewski, Engels (1) – Littbarski (1) (Kempe), Th. Allofs, Völler (1) – SR: Barbaresco (Italien).

1982: 8 Spiele: 4 Siege, 2 Unentschieden, 2 Niederlagen

19 **Spanien**, 24.2., Santa Cruz, 0:1 verloren (EM-Viertelfinale): Immel – Geiger, Strack, Dickgießer, Otten – Hieronymus, Matthäus, Dittus (Kempe) – Littbarski, Th Allofs, Engels – SR: Sostaric (Jugoslawien).

20 **Schweiz**, 23.3., Schwenningen, 1:1 unentschieden: Vollborn – Rolff, Loose, Reinhardt, Quaisser – Zorc (Opitz), Schön (Schäfer), Falkenmayer – Reichert, von Heesen, Mathy (1) (Wohlfarth) – SR: Delmer (Frankreich).

21 **Spanien**, 6.4., Augsburg, 2:0 gewonnen (EM-Viertelfinale): Immel – Geiger (Völler (1)), Strack, Gruber (Kempe), Otten – Rolff, Matthäus, Engels – Reinders, Th. Allofs, Littbarski (1) – SR: Van Langenhove (Belgien).

22 **Tschechoslowakei**, 14.4., Prag, 1:1 unentschieden: Vollborn (Zimmermann) – Borowka, Schäfer, Reinhardt, Falkenmayer – Opitz (Quaisser), Rahn, Brunner (Wohlfarth) – Wuttke, von Heesen (1), Brummer (Schön) – SR: Savo (Ungarn).

23 **Sowjetunion**, 21.4., Charkow, 4:3 gewonnen (EM-Halbfinale): Immel – Schäfer (Falkenmayer), Strack, Reinhardt, Otten – Rolff, Kroth, Dittus – Reinders, Th. Allofs (1), Völler (2), dazu ein Eigentor von Dumanski – SR: Eriksson (Schweden).

24 **Sowjetunion**, 30.4., Aachen, 5:0 gewonnen (EM-Halbfinale): Immel – Rolff, Strack (1), Gruber (1), Otten – Matthaus, Dittus, Kroth – Littbarski (2), Reinders (1), Völler (Kempe) – SR: Igna (Rumänien).

25 **England**, 21.9., Sheffield, 1:3 verloren (EM-Finale): Immel – Geils, Strack, Reinhardt, Otten – Rolff, Kempe (Kroth), Engels – Wuttke (Reichert), Th. Allofs, Völler (1) – SR: Schoetgers (Belgien).

26 **England**, 12.10., Bremen, 3:2 gewonnen (EM-Finale): Immel – Geils, Reinhardt, Otten – Geiger (Dittus), Möhlmann, Engels, Kroth (von Heesen) – Reichert, Th. Allofs, Littbarski (3) – SR: Casarin (Italien).

1983: 12 Spiele: 5 Siege, 7 Unentschieden

27 **Portugal**, 22.2., Setubal, 3:1 gewonnen: Zimmermann – Schäfer, Fach, Reinhardt, Winklhofer (1) – Quaisser, Dittus, Falkenmayer (Zorc) – Reichert (Neubarth), Mathy (1) (Schön), Waas (1) (Brummer) – SR: Perez (Spanien).

28 **Albanien**, 29.3., Shkodra, 1:1 unentschieden (EM-Qualifikation): Vollborn – Hönerbach, Reinhardt, Schäfer, Winklhofer – Quaisser, Wuttke, Trieb – Reichert (Herbst), Mathy (1), Waas (Schön) – SR: Szabo (Ungarn).

29 **Türkei**, 22.4., Izmir, 1:0 gewonnen (EM-Qualifikation): Vollborn – Schäfer, Reinhardt, Beierlorzer, Quaisser (Trieb) – Fach, Matthäus, Falkenmayer – Reichert, Herbst, Wuttke (1) – SR: Tzontchev (Bulgarien).

30 **Österreich**, 26.4., St. Pölten, 1:1 unentschieden (EM-Qualifikation): Zimmermann – Hönerbach (Quaisser), Beierlorzer, Reinhardt, Schäfer – Matthäus, Trieb, Falkenmayer – Wuttke, Herbst (1), Reichert – SR: Wurtz (Frankreich).

31 **Algerien**, 6.6., Toulon, 0:0 unentschieden (Turnier): Vollborn – Storck, Loose, Metschies, Plath – Brunner (Neubarth), Schön (Wohlfarth), Quaisser, Falkenmayer – Herbst, Brummer – SR: Wurtz (Frankreich).

32 **China**, 8.6., Toulon, 5:0 gewonnen (Turnier): Zimmermann – Storck, Loose, Schäfer, Falkenmayer – Quaisser, Schön (1) (Plath), Brunner (Brummer) – Reichert (3), Neubarth, Wohlfarth (1) – SR: Dante (Portugal).

33 **Brasilien**, 10.6., Toulon, 2:2 unentschieden (Turnier): Vollborn – Storck, Loose, Schäfer, Metschies (Wohlfarth) – Quaisser (1), Schön, Falkenmayer – Brunner, Reichert, Herbst (1) – SR: van Langenhove (Belgien).

34 **Frankreich**, 12.6., Toulon, 0:0 unentschieden, Elfmeterschießen 3:4 (Turnier, um Platz 3): Vollborn – Storck, Loose, Schäfer, Falkenmayer – Quaisser, Schön, Plath – Reichert, Neubarth (Herbst), Brunner (Wohlfarth) – SR: van Langenhove (Belgien) – Elfmetertore (zählen nicht in der Statistik): Schön, Quaisser, Reichert.

35 **Ungarn**, 6.9., Gyöngyös, 0:0 unentschieden: Grüner – Schäfer, Loose, Reinhardt, Falkenmayer – Quaisser, Schön, Brunner (Trieb) – Reichert, Mathy, Brummer (M. Rummenigge) – SR: Marko (CSSR).

36 **Österreich**, 4.10., Arnsberg, 2:1 gewonnen (EM-Qualifikation): Grüner – Storck, Herget (1), Schröder, Falkenmayer – Brunner, Schön, Rahn – Reichert, Mathy (Kuntz), M. Rummenigge (1) (Quaisser) – SR: Midgley (England).

37 **Türkei**, 25.10., Berlin, 7:0 gewonnen (EM-Qualifikation): Vollborn – Storck, Steiner (1), Herget (2), Schäfer – Brunner, Schön, Falkenmayer – Mathy (2), M. Rummenigge (Kuntz (1)), Waas (1) (Reichert) – SR: Hora (CSSR).

38 **Albanien**, 19.11., Trier, 1:1 unentschieden (EM-Qualifikation): Zimmermann – Schäfer, Herget, Steiner, Falkenmayer – Brunner, Schön (Storck), von Heesen – Reichert (Thiele), M. Rummenigge (1), Kuntz – SR: Quiniou (Frankreich).

1984: 5 Spiele: 2 Siege, 2 Unentschieden, 1 Niederlage

39 **Belgien**, 28.2., Koblenz, 1:0 gewonnen: Vollborn – Schäfer, Zietsch, Reinhardt, Grahammer (Kraaz) – Rahn, Falkenmayer, Frontzeck (Schön) – Mathy (1), Reichert, M. Rummenigge (Zechel) – SR: Bindels (Luxemburg).

40 **Sowjetunion**, 27.3., Osnabrück, 1:1 unentschieden: de Beer – Berthold, Schröder, Kraaz (Pomp), Frontzeck – Grahammer (Scheike), Schön, Zietsch – Müller, M. Rummenigge (1), Zechel (Wegmann) – SR: Constantin (Belgien).

41 **Griechenland**, 17.4., Aschaffenburg, 0:0 unentschieden: Reck – Scheike (Hoos), Schröder, Reinhardt (Klinsmann), Frontzeck – Berthold, Pomp, Zietsch – Lusch, Wegmann (Zechel), Müller – SR: Pernkopf (Österreich).

42 **Schottland**, 11.9., Edinburgh, 1:2 verloren: Immel – Moser, Schröder, Roth, Kraaz – Klinsmann (Thon), Pomp (Wegmann), Hochstätter, Kree (Bunte) – M. Rummenigge (1), Müller – SR: Richardson (England).

43 **Schweden**, 16.10., Münster, 1:0 gewonnen (EM-Qualifikation): Aumann – Roth, Schröder, Bunte, Kraaz – Thon (1), Berthold, Kroth, Kögl (Müller) – Waas, M. Rummenigge – SR: Petrovic (Jugoslawien).

1985: 8 Spiele: 3 Siege, 2 Unentschieden, 3 Niederlagen

44 **Portugal**, 23.2., Lissabon, 1:2 verloren (EM-Qualifikation): Aumann – Kohler, Schröder, Kraaz, Roth, Foda (1), von Heesen, Pomp (Kögl), Gielchen – Hochstätter (Wegmann), Waas – SR: Martinez (Spanien).

45 **Schweiz U 23**, 26.3., Schaffhausen, 0:0 Unentschieden: Gundelach (Reck) – Roth, W. Funkel, Schröder, Kree – Kohler, Dorfner, Hochstätter (Drehsen), Anderbrügge (Nitsche) – Krämer (Neun), Klinsmann (Ordenewitz) – SR: Frost (Israel).

46 **Bulgarien**, 16.4., Aichach, 2:0 gewonnen: Aumann – Roth, W. Funkel, Drehsen, Kree – Klinsmann (2), Hochstätter, Rolff, Haas (Moser) – Waas (Müller), Kögl – SR: Gregr (CSSR).

47 **Tschechoslowakei**, 30.4., Mladev Boleslav, 1:1 unentschieden (EM-Qualifikation): Aumann – Roth, W. Funkel (1), Kraaz, Kree – Drehsen, Hochstätter, Haas (Kohler), Anderbrügge – Klinsmann, Kögl (Müller) – SR: Mercier (Schweiz).

48 **Sowjetunion**, 27.8., Moskau, 1:2 verloren: Gundelach (Aumann) – W. Funkel – Kohler, Roth (Bunte) Kree – Dorfner (Anderbrügge), M. Rummenigge, Drehsen – Klinsmann (Hochstätter), Waas (Eckstein (1)), Kögl – SR: Natri (Finnland).

49 **Schweden**, 24.9., Eskilstuna, 1:2 verloren (EM-Qualifikation): Aumann – Zietsch – Roth, Kohler, Ruländer – Rolff, Dorfner, Reuter (Kögl) – Waas, M. Rummenigge (Hochstätter), Klinsmann (1) – SR: Smith (Schottland).

50 **Portugal**, 15.10., Karlsruhe, 2:0 gewonnen (EM-Qualifikation): Aumann – Theiss – Reuter, Kohler, Frontzeck – Hochstätter (Drehsen), Rolff, Thon (1) – Klinsmann (Eckstein (1)), Waas, Kögl – SR: Kohl (Österreich).

51 **Tschechoslowakei**, 16.11., Regensburg, 3:1 gewonnen (EM-Qualifikation): Illgner – W. Funkel – Schmidt, Kohler, Moser – Reuter, M. Heidenreich (Gaudino), Schwabl (Schupp), Neun – Eckstein (1), Kuntz (2) – SR: van Swieten (Niederlande).

1986: 6 Spiele: 2 Siege, 3 Unentschieden, 1 Niederlage

52 **Italien**, 4.2., Salerno, 1:1 unentschieden: Immel – W. Funkel – Berthold, Kohler, Frontzeck – Schupp (Drews), Schwabl (Trares), Reuter, Gaudino (1) – Waas, Eckstein (Geilenkirchen) – SR: Borg (Malta).

53 **Südkorea A**, 11.3., Koblenz, 0:0 unentschieden: Immel – W. Funkel – Berthold, Hannes, Frontzeck – Drews (Fuchs), Schwabl, Reuter, Falkenmayer – Geilenkirchen (Schupp), Waas – SR: Ponnet (Belgien).

54 **Schweiz**, 8.4., Kehl, 2:1 gewonnen: Illgner – Theiss, Reuter, Kuhlmey – Schwabl (Heidenreich), Gomminginger, Schupp, Moser – Simmes (Leifeld (1)), Eckstein (1), Kögl – SR: Gilson (Luxemburg).

55 **Schottland**, 9.9., Glasgow, 0:1 verloren: Illgner – Drews – Kutowski, Kohler – Zanter (Simmes), Moser, Reuter, Neun (Kreuzer), Gaudino – Leifeld (Trares), Kögl – SR: Hill (England).

56 **Dänemark**, 23.9., Kopenhagen, 0:0 unentschieden: Illgner (Kubik) – Fach – Zanter, Reuter, Kutowski – Drews (Schupp), Neun, Schwabl (Heidenreich) – Kohn (Riedle), Merkle, Kögl – SR: Halle (Norwegen).

57 **Bulgarien**, 29.10., Koblenz, 2:0 gewonnen (EM-Qualifikation): Illgner – Reuter (1) – Kleppinger, Kohler, Kutowski – Moser, Schwabl (Häßler), Neun – Leifeld (1), Eckstein, Kögl (Schupp) – SR: Presberg (Norwegen).

1987: 8 Spiele: 4 Siege, 4 Niederlagen

58 **Luxemburg**, 24.3., Koblenz, 4:1 gewonnen (EM-Qualifikation): Illgner – Drews – Moser, Conrad, Kutowski – Schwabl, Gaudino (1) (Schupp), Neun (1) – Kastl, Dickel (2), Kögl – SR: Sörensen (Dänemark).

59 **Niederlande**, 28.4., Venlo, 1:3 verloren (EM-Qualifikation): Illgner – Sauer – Moser (Gaudino), Kohler, Kutowski – Reuter, Schwabl, Borowka, Neun – Simmes, Schmöller (Kohn (1)) – SR: King (Wales).

60 **Frankreich**, 11.8., Trier, 0:2 verloren: Berg – Sauer – Beiersdorfer, Kutowski (Foda) – Moser, Drews, Schwabl, Neun, Gaudino (Labbadia) – Kastl, Riedle (Janßen) – SR: Crucke (Belgien).

61 **England**, 8.9., Lüdenscheid, 2:0 gewonnen: Reck – Sauer – Kutowski (Binz), Kreuzer, Zanter – Neun, Foda, Schwabl, Kögl – Riedle (1) (Kirchhoff), Labbadia (1) (Glesius) – SR: Nervik (Norwegen).

62 **Dänemark**, 22.9., Lübeck, 2:0 gewonnen: Reck – Sauer – Kreuzer, Foda, Zanter – Binz, Schwabl, Neun (Kutowski), Kögl – Labbadia, Glesius (2) (Schütterle) – SR: Ruokonen (Finnland).

63 **Luxemburg**, 28.10., Luxemburg, 4:1 gewonnen (EM-Qualifikation): Reck – Binz – Kutowski, Kreuzer – Reuter (1), Foda, Schwabl (1), Neun (Pförtner) – Leifeld (Kirchhoff), Labbadia (1), Glesius (1) – SR: Girard (Frankreich).

64 **Niederlande**, 17.11., Münster, 0:2 verloren (EM-Qualifikation): Reck – Binz (Pförtner) – Kreuzer, Kutowski, Schaaf, Schütterle, Foda, Neun, Kögl – Riedle, Labbadia (Glesius) – SR: Martin (England).

65 **Bulgarien**, 2.12., Sofia, 1:2 verloren (EM-Qualifikation): Reck – Binz – Schaaf, Kreuzer, Kutowski – Foda, Schwabl, Neun (Pförtner) – Schütterle (Baranowski), Labbadia (1), Kögl – SR: Petrovic (Jugoslawien).

1988: 3 Spiele: 3 Siege

66 **Schweiz**, 26.4., Kreuzlingen, 8:0 gewonnen: Rekers (Brunn) – Spyrka – Strehmel, Metz (Kober) – H. J. Heidenreich, M. Schneider (1) (Legat), Möller (1) (Klinkert), Dammeier, K. Reinhardt – Witeczek (2) (Epp (1)), Bierhoff (3) – SR Kaupe (Österreich).

67 **Finnland**, 30.8., Kouvola, 3:0 gewonnen (EM-Qualifikation): Reck – Binz – Luginger, Strehmel, Metz – Steffen, Dammeier (1) (Preetz), Möller (1), K. Reinhardt (1) – Witeczek, Bierhoff (Effenberg) – SR: Timoschenko (Sowjetunion).

68 **Niederlande**, 18.10., Augsburg, 2:0 gewonnen (EM-Qualifikation): Reck – Binz – Luginger, Strehmel, Metz – Steffen (Effenberg (1)), Möller, Dammeier, K. Reinhardt – Witeczek (Kober), Bierhoff (1) – SR: Negreira (Spanien).

1989: 8 Spiele: 3 Siege, 5 Unentschieden

69 **Bulgarien**, 21.3., Sofia, 0:0 unentschieden: Reck – A. Reinhardt – Metz, Luginger, Klinkert – Effenberg (M. Schneider), Wagner, Dammeier (Poschner), K. Reinhardt – Witeczek (Eichenauer), Feinbier – SR: Varga (Ungarn).

70 **Niederlande**, 25.4., Venlo, 1:0 gewonnen (EM-Qualifikation): Reck – Spyrka – A. Reinhardt, Klinkert – Metz, Steffen, Luginger, Poschner (Sturm), N. Schmäler – Witeczek (1), Banach (Kober) – SR: Spillang (Irland).

71 **Island**, 30.5., Reykjavik, 1:1 unentschieden (EM-Qualifikation): Reck – Spyrka – Kreuzer, Klinkert – Steffen, Effenberg, N. Schmäler (Bierhoff (1)), Luginger – Banach, Witeczek, Poschner (M. Schneider) – SR: Nielsen (Dänemark).

72 **Tschechoslowakei**, 5.9., Pribram, 1:1 unentschieden: Golz – Spyrka – Strehmel, Klinkert, Metz – Luginger (Steffen), Schneider, Dammeier (Wagner), K. Reinhardt – Bierhoff (1) (Sternkopf), Witeczek (Preetz) – SR: Orlovski (Polen).

73 **Finnland**, 3.10., Arnsberg, 2:0 gewonnen (EM-Qualifikation): Golz – Spyrka – Luginger, Klinkert, Metz – Sturm (Kober), Steffen, Dammeier, K. Reinhardt (1) – Witeczek (1) (M. Bode), Banach – SR: van den Wijngaert (Belgien).

74 **Island**, 25.10., Saarbrücken, 1:1 unentschieden (EM-Qualifikation): Brunn – Spyrka – Strehmel, Klinkert, N. Schmäler – Sturm (Sternkopf), Schneider, Weber (Luginger), K. Reinhardt – M. Bode (1), Bierhoff – SR: Girard (Frankreich).

75 **Kamerun „A"**, 20.12., Jaunde, 1:0 gewonnen: Golz – Klinkert – Heidenreich, Kober, Metz – Luginger, Poschner, Steffen, Schneider (Bierhoff), K. Reinhardt – M. Bode (1) (Dammeier) – SR: Pettcha (Kamerun).

76 **Kamerun „A"**, 23.12., Jaunde, 1:1 unentschieden: Brunn – Luginger – H. J. Heidenreich (Klinkert), Kober, Metz – Lasser (Steffen), Fink, Poschner, Dammeier (Schneider) – Bierhoff (1), M. Bode (K. K. Reinhardt) – SR: Aboh (Kamerun).

1990: 6 Spiele: 4 Siege, 1 Unentschieden, 1 Niederlage

77 **Frankreich**, 28.2., Ales, 1:0 gewonnen: Golz – Klinkert – Strehmel, Metz – Luginger (Kober), Steffen (Schneider), Strunz, (Th. Chmielewski), Poschner, K. Reinhardt – Bierhoff (Sturm), Sternkopf (1) – SR: Velasques (Spanien).

78 **Sowjetunion**, 14.3., Simferopol, 1:1 unentschieden (EM-Viertelfinale): Golz – Binz – Klinkert, Strehmel, Metz – Strunz, Luginger, Hochstätter, K. Reinhardt – Witeczek (Steffen), Sternkopf – Eigentor Bal – SR: Natri (Finnland).

79 **Sowjetunion**, 28.3., Augsburg, 1:2 n. V. verloren (EM-Viertelfinale): Golz – Binz – Metz (Bierhoff), Klinkert, Strehmel – Luginger, Hochstätter (1), Möller, Effenberg, K. Reinhardt – Sternkopf – SR: Halle (Norwegen).

80 **Schweden**, 9.10., Uppsala, 2:1 gewonnen: Lehmann – N. Schmäler – Wörns, Spanring, Paßlack – Lasser, Poschner (1), Franck (Pflipsen), Kranz – Sternkopf (1) (Haber), Klauß (Hubner) – SR Palsi (Finnland).

81 **Luxemburg**, 30.10., Diekirch, 3:0 gewonnen (EM-Qualifikation): Scheuer – N. Schmäler – Wörns, Spanring (Quallo) – Lasser, Haber, Poschner, Pflipsen, Kranz – Klauß (2), Sternkopf (Hubner (1)) – SR: Östergaard (Dänemark).

82 **Schweiz**, 18.12., Kirchheim/Teck, 4:1 gewonnen: Schulze – N. Schmäler (Franck) – Spanring (Stadler), Quallo (Heldt) – Kern, Haber, Paßlack (Gerlach), Pflipsen (Hubner), Poschner – Klauß (1), Herrlich (3) – SR: Pairetto (Italien).

1991: 7 Spiele: 5 Siege, 1 Unentschieden, 1 Niederlage

83 **Sowjetunion**, 26.3., Mannheim, 1:1 unentschieden: Lehmann – N. Schmäler – Stadler, Wörns – Paßlack, Pflipsen, Haber, Poschner (1), Kranz (Heldt) – Herrlich, Fuchs – SR: Werner (Polen).

84 **Belgien**, 30.4., Osnabrück, 3:1 gewonnen (EM-Qualifikation): Lehmann – N. Schmäler – Stadler, Wörns – Paßlack, Pflipsen (Kern), Haber, Poschner, Kranz – Herrlich (2), Ziege (1) – SR: Girard (Frankreich).

85 **Bulgarien**, 4.6., Koblenz, 2:0 gewonnen: Lehmann – N. Schmäler – Wörns, Stadler – Paßlack (Spanring), Pflipsen (Franck), Kern (Rath), Haber, Poschner (Scholl) – Herrlich (2), Ziege – SR: Piraux (Belgien).

86 **England**, 10.9., Scunthorpe, 1:2 verloren: Klos – N. Schmäler (H. Fuchs) – Wörns, Stadler (1) – Paßlack, Kranz, Pflipsen (U. Schneider), Poschner, Haber – Herrlich, Ziege – SR: Hope (England).

87 **Marokko**, 15.10., Donauwörth, 2:0 gewonnen: Klos (Lehmann) – Ziege – Wörns, Stadler – Paßlack (J. Bode), Kranz, Pflipsen (N. Schmäler), Poschner (1) (Heldt), Haber (U. Schneider) – Herrlich, Rath (1) (Kern) – SR: Wieser (Österreich).

88 **Belgien**, 19.11., Genk, 3:0 gewonnen (EM-Qualifikation): Klos – Ziege – Wörns, Stadler – Paßlack, Franck (1), Haber, Poschner (Fuchs), Kranz – Herrlich, Scholl (2) (N. Schmäler) – SR: Bouillet (Frankreich).

89 **Luxemburg**, 17.12., Aachen, 3:0 gewonnen (EM-Qualifikation): Lehmann – Ziege – Wörns, Paßlack (Stadler) – Franck, Haber, Poschner (1), Scholl, Kranz (Karl) – Herrlich (1), H. Fuchs (1) – SR: Olafsson (Island).

1992: 8 Spiele: 3 Siege, 2 Unentschieden, 3 Niederlagen

90 **Schottland**, 10.3., Bochum, 1:1 unentschieden (EM-Viertelfinale): Klos – N. Schmäler (1) – Stadler, Wörns – Paßlack, Haber, Franck, Poschner (Pflipsen), Kranz (Scholl) – Herrlich, Jähnig – SR: Pezzella (Italien).

91 **Schottland**, 24.3., Aberdeen, 3:4 verloren (EM-Viertelfinale): Klos – N. Schmäler – Wörns, Stadler – Paßlack, Haber, Franck (Baumann), Scholl (1), Poschner, Kranz (1) – Herrlich (1) – SR: Velasquez (Spanien).

92 **Tschechoslowakei**, 21.4., Pilsen, 1:1 unentschieden: Klos – Babbel – U. Schneider, Happe – Kienle (Hutwelker), Unger, Nerlinger (Otto), Haber, Münch – Wück, Herrlich (1) – SR: Galler (Schweiz).

93 **Niederlande**, 8.9., Bocholt, 0:1 verloren: Klos – Babbel – Baschetti, Münch – Unger (Kramny), Haber, Fellhauer (Happe), Ziege, Wolf – Herrlich (Kienle), Wück – SR: Philippi (Luxemburg).

94 **Türkei**, 13.10., Unterhaching, 4:0 gewonnen: Klos (Hoffmann) – Münch – Babbel – U. Schneider – Baschetti, Unger, Haber (Fellhauer), Lottner (Keuler), Wolf (Happe (1)) – Rydlewicz (2), Herrlich (1) (Wück, Wagner) – SR: Kapl (Österreich).

95 **Albanien**, 17.11., Tirana, 1:0 gewonnen (EM-Qualifikation): Klos – Münch – Baschetti, U. Schneider – Haber, Unger (1), Babbel, Ziege, Happe – Herrlich (Bäron), Rydlewicz (Kramny) – SR: Varga (Ungarn).

96 **Spanien**, 15.12., Osnabrück, 1:2 verloren (EM-Qualifikation): Klos – Münch – Baschetti, U. Schneider – Haber, Unger, Babbel, Ziege, Happe – Rydlewicz (Kramny), Herrlich (1) (Bäron) – SR: Beschin (Italien).

97 **Albanien**, 22.12., Bielefeld, 4:1 gewonnen (EM-Qualifikation): Klos – Münch (1) – Baschetti, U. Schneider (Kramny) – Haber (1), Unger, Babbel, Ziege, Lottner – Bäron (Rydlewicz), Herrlich (2) – SR: Micallef (Malta)

1993: 7 Spiele: 4 Siege, 1 Unentschieden, 2 Niederlagen

98 **Irland**, 9.3., Dublin, 1:0 gewonnen (EM-Qualifikation): Klos – Münch – Babbel, Wörns – Haber, Unger, Kramny, Ziege, Lottner – Herrlich (Bäron), Wück (1) – SR: Orrason (Island).

99 **Irland**, 23.3., Baunatal, 8:0 gewonnen (EM-Qualifikation): Klos – Münch (1), Babbel, Wörns (1) – Kramny (Nerlinger (1)), Frey, Unger, Haber (1), Lottner (1) – Herrlich (2), Wück (1) (Bäron) – SR: Hollung (Norwegen).

100 **Dänemark**, 13.4., Rönne, 4:1 gewonnen (EM-Qualifikation): Klos – Münch – Wörns, Babbel – Frey, Unger, Haber, Ziege (2), Lottner – Herrlich (1), Wück (1) – SR: Frisk (Schweden).

101 **Griechenland**, 21. 9., Ulm, 3:3 unentschieden: Klos – Münch – Happe, Babbel – Frey (Kramny), Unger, Haber, Nerlinger (1) (Wück), Lottner – Bäron (2), Herrlich (Däbritz) – SR: Philippi (Luxemburg).

102 **Dänemark**, 12.10., Celle, 0:1 verloren (EM-Qualifikation): Klos – Münch – Babbel (Happe), Wörns – Lottner, Haber, Unger (Kramny), Nerlinger, Frey – Wück, Bäron – SR: Jol (Niederlande).

103 **Luxemburg**, 16.11., Koblenz, 2:0 gewonnen: Gospodarek – Schwiderowski – Rasiejewski, Eberl – Rydlewicz (Wück), Ramelow, Nerlinger (Sobotzik), Hamann (1), Reis (Stark) – Bäron (Brdaric), Zickler (1) – SR: Berg (Konz).

104 **Spanien**, 14.12., Cordoba, 1:3 verloren (EM-Qualifikation): Klos – Münch – Wörns, Babbel – Keuler (Jancker), Happe, Frey, Nerlinger (1), Lottner – Zickler, Rydlewicz – SR: Ashby (England).

1994: 7 Spiele: 2 Siege, 2 Unentschieden, 3 Niederlagen

105 **Ungarn**, 8.3., Baunatal, 0:0 unentschieden: Gospodarek – Schwiderowski – Nowotny, Stark – Lieberknecht, Rasiejewski (Rydlewicz), Nerlinger, Ramelow, Eberl – Bäron (Feldhoff), Wück – SR: Ihring (Slowakei).

106 **Türkei**, 19.4., Istanbul, 0:1 verloren: Gospodarek – Schwiderowski (Hamann) – Stark, Burghartswieser – Hagner, Zickler (Wück), Lieberknecht, Nowotny (Ziegler), Nerlinger, Reis – Bäron – SR: Momirov (Bulgarien).

107 **Griechenland**, 10.5., Lamia, 0:1 verloren: Wache (Alter) – Nowotny – Stark, Beuchel – Lieberknecht, Reis (Hagner), Nerlinger, Ramelow, Hamann – Bäron (Jancker, Neuendorf), Wück – SR: Gefalidis (Griechenland).

108 **Russland**, 6.9., Moskau, 0:2 verloren: Gospodarek – Hengen – Eberl, Müller – Lieberknecht, Ramelow, Hamann, Burghartswieser (O. Schmidt), Hager – Bäron (Neuendorf), Wück (Zickler) – SR: Wojcik (Polen).

109 **Ungarn**, 12.10., Budapest, 3:0 gewonnen: Gospodarek – Hengen – Eberl, Müller (Hager) – Lieberknecht, Ramelow (O. Schmidt), Nerlinger (2), Hamann (Neuendorf), Beuchel – Zickler (1), Bäron (Feldhoff) – SR: Sedlacek (Österreich).

110 **Finnland**, 15.11., Mannheim, 2:1 gewonnen: Gospodarek – Hengen – Nowotny (O. Schmidt), Müller – Eberl (Rietpietsch), Ramelow, Hamann, Nerlinger, Hager – Zickler (Meissner), Feldhoff (1) (Neuendorf) – SR: Wiltgen (Luxemburg) – Dazu ein Eigentor des Finnen Nuorela.

111 **Rep. Moldau**, 14.12., Kischinew, 1:1 unentschieden (EM-Qualifikation): Gospodarek – Hengen – Eberl, Nowotny – Lieberknecht, Ramelow, Hamann, Nerlinger, Beuchel – Zickler, Feldhoff (1) (Neuendorf) – SR: Michel (Slowakei).

1995: 9 Spiele: 7 Siege, 1 Unentschieden, 1 Niederlage

112 **Spanien**, 21.2., San Fernando, 0:0 unentschieden: Gospodarek – Hengen – R. Schneider, Eberl – Zickler (O. Schmidt), Ramelow, Müller, Nerlinger, Beuchel – Meißner (Wück), Feldhoff – SR: Batta (Frankreich).

113 **Georgien**, 28.3., Rustawi, 2:0 gewonnen (EM-Qualifikation): Fiedler – Nowotny (Beuchel) – Ehlers, R. Schneider – Eberl, Ramelow, Neuendorf (Rydlewicz), Nerlinger, O. Schmidt – Zickler (2), Feldhoff – SR: Ziober (Polen).

114 **Wales**, 25.4., Wuppertal, 1:0 gewonnen (EM-Qualifikation): Gospodarek – Nowotny – Beuchel, R. Schneider – Lieberknecht, Ramelow, Nerlinger, Ehlers, Neuendorf (Ricken (1)) – Breitenreiter, Zickler – SR: Pratas (Portugal).

115 **Bulgarien**, 6.6., Sofia, 0:2 verloren (EM-Qualifikation): Gospodarek – Nowotny – Beuchel, O. Schmidt – Lieberknecht, Ramelow, Breitenreiter, Nerlinger, Ehlers – Zickler (Ricken), Feldhoff (Dehoust) – SR: Bodenham (England).

116 **Belgien**, 22.8., Lüttich, 4:0 gewonnen: Gospodarek (Fiedler) – Hengen – Eberl (Rydlewicz), O. Schmidt – Lieberknecht (Reis), Ramelow, Nerlinger (1), Beuchel (Wedau) – Ricken (2) (A. Schmidt) – Feldhoff (1), Zickler (Hamann) – SR: Hamer (Luxemburg).

117 **Georgien**, 5.9., Regensburg, 3:0 gewonnen (EM-Qualifikation): Gospodarek – Hengen – O. Schmidt (Rydlewicz) – Eberl, Ramelow, R. Schneider, Ricken, Hamann, Reis – Feldhoff (Breitenreiter (1)), Zickler (1). Dazu ein Eigentor von Jeladse (Rep. Moldau) – SR: Saar (Estland).

118 **Rep. Moldau**, 7.10., Solingen, 3:1 gewonnen (EM-Qualifikation): Gospodarek – Hengen – Jeremies, O. Schmidt – Rydlewicz, Ramelow (Eberl), Ricken, (Beuchel), Nerlinger (3), Reis – Zickler, Feldhoff (Breitenreiter) – SR: Dubinskas (Litauen).

119 **Wales**, 10.10., Cardiff, 5:1 gewonnen (EM-Qualifikation): Gospodarek – Hengen – Jeremies (1), Beuchel (Cichon), O. Schmidt, R. Schneider (Eberl), Ramelow, Nerlinger – Rydlewicz (1), Zickler (1), Feldhoff (Ricken (2)) – SR: Beschi (Italien).

120 **Bulgarien**, 14.11., Frankfurt/Oder, 7:0 gewonnen (EM-Qualifikation): Gospodarek – Nowotny – O. Schmidt, R. Schneider (Reis), Jeremies – Ramelow (2), Hamann (1), Hengen – Rydlewicz (Neuendorf), Feldhoff (2), Zickler (1) (Hagner (1)) – SR: Nielsen (Dänemark).

1996: 9 Spiele: 4 Siege, 4 Unentschieden, 1 Niederlage

121 **Portugal**, 20.2., Felqueiras, 3:3 unentschieden: Gospodarek – Nowotny – O. Schmidt, R. Schneider (1), – Ehlers, Ricken (Neuendorf), Nerlinger, Hengen – Rydlewicz (Bäron (1)), Zickler (Hagner), Breitenreiter (1) – SR: Torres (Spanien).

122 **Frankreich**, 13. 3., Osnabrück, 0:0 unentschieden: (EM-Viertelfinale): Gospodarek – Nowotny – R. Schneider, Hengen, – St. Müller, Nerlinger, Ramelow, Rydlewicz, Ricken – Bäron, Breitenreiter (Neuendorf) – SR: Pedersen (Norwegen).

123 **Dänemark**, 26.3., Regensburg, 0:0 unentschieden: Fiedler – Ballack – Dogan (Flick), Reiter – Ernst, Cichon, Wedau (Büttner), Baumann, Gerster – Schroth (Eroglu), Brdaric (M. Rath) – SR: Garibian (Frankreich).

124 **Frankreich**, 26.3., Metz, 1:4 verloren: (EM-Viertelfinale): Gospodarek – Nowotny – Hengen, Beuchel, O. Schmidt (Ehlers) – Ramelow, Nerlinger (1), Ricken, Rydlewicz (Neuendorf), Bäron, Feldhoff (Hagner) – SR: Pairetto (Italien).

125 **Niederlande**, 23.4., Sittard, 2:0 gewonnen: Ziegler (Fiedler) – Ehlers – Reiter (Hahn), Dogan, Bochtler – Ernst, Wedau (1) (Riedl), Cichon (Gerster), Baumann – Schroth (Michalke), Brdaric (Müller (1)) – SR: Sandra (Belgien).

126 **Polen**, 4.9., Kattowitz, 0:0 unentschieden: Fiedler (Jentzsch) – Baumann – Reiter (Ballack), Dogan – Ernst (Riethmann), Cichon, Wedau (Gerster), Neuendorf, Bochtler – Schroth (Lars Müller), Michalke (Brdaric) – SR: Barber (England).

127 **Armenien**, 9.10., Abowian, 1:0 gewonnen (EM-Qualifikation): Fiedler – Cichon – Ernst, Dogan, Ballack, Reiter – Neuendorf (Gerster), Wedau – Ricken, Schroth (Lars Müller (1)), Michalke – SR: Reede (England).

128 **Bulgarien**, 8.11., Weiden, 3:0 gewonnen: Fiedler (Jentzsch) – Baumann – Reiter, Dogan – Ballack (Brdaric), Gerster (Wedau (1)), Ricken (1), Bochtler – Neuendorf (1) – Schroth (Lars Müller), Michalke – SR: Krula (Tschechien).

129 **Portugal**, 13.12., Leiria, 2:1 gewonnen (EM-Qualifikation): Jentzsch – Baumann – Reiter, Dogan – Cichon – Ernst, Ballack, Neuendorf (76. Ehlers, Hansa Rostock), Bochtler – Schroth, Michalke (2) (Rasiejewski) – SR: Toth (Ungarn).

1997: 11 Spiele: 5 Siege, 5 Unentschieden, 1 Niederlage

130 **Israel**, 25.2., Herzliya, 1:1 unentschieden: Jentzsch – Baumann – Ehlers, Dogan – Ballack (Ernst), Cichon (Gerster), Bochtler (Wiblishauser) – Ricken (1), Neuendorf – Schroth (Lars Müller), Villa – SR: Yucebiglic (Türkei).

131 **Albanien**, 1.4., Guadix/Spanien, 4:0 gewonnen (EM-Qualifikation): Jentzsch – Baumann – Reiter, Dogan (1), Ballack (1) – Ricken (1), Cichon (1), Bochtler (Ehlers) – Neuendorf (Gerster), Michalke, Schroth (Ernst) – SR: Redondo (Spanien).

132 **Ukraine**, 29.4., Meppen, 2:0 gewonnen (EM-Qualifikation): Fiedler Baumann Dogan, Reiter – Ernst, Cichon, Gerster (Ehlers) – Ballack (1), Wedau (Brdaric) – Schroth (1), Michalke (Lars Müller) – SR: van Dijk (Niederlande).

133 **Ukraine**, 6.6., Kiew, 1:1 unentschieden (EM-Qualifikation): Fiedler – Baumann – Dogan, Reiter – Ehlers – Ernst (Gerster), Cichon, Ballack, Neuendorf – Schroth (1), Michalke – SR: Garibian (Frankreich).

134 **Usbekistan**, 6.6., Taschkent, 2:0 gewonnen: Malessa – D. Schumann (Klitzpera), Hertzsch (Voigt), Vogt – Keidel, Weller (1) (R. Schumann), Kreuz (Enke), Wiblishauser – Reich (Villa), Siedschlag (Nehrbauer), Kanopka (Dabrowski (1)) – SR: Najafaliev (Usbekistan).

135 **Russland**, 19.8., Idar-Oberstein, 2:4 verloren: Fiedler (Jentzsch) – Baumann – Dogan, Ehlers (1) (Reich), Ernst (Wiblishauser), Ballack (Rasiejewski), Cichon (Wedau), Bochtler, Neuendorf – Schroth (1), Michalke (Reiter) – SR: Garibian (Frankreich).

136 **Portugal**, 5:9, Frankfurt/O., 1:1 unentschieden (EM-Qualifikation): Fiedler – Baumann – Dogan, Cichon – Ernst, Ballack (Ehlers), Bochtler – Ricken, Neuendorf – Schroth (1), Michalke (Reich) – SR: Fisker (Dänemark).

137 **Armenien**, 9.9., Solingen, 7:0 gewonnen (EM-Qualifikation): Fiedler – Baumann – Cichon, Dogan – Ernst (Ehlers), Wedau (1), Ballack (1), Neuendorf (Gerster (1)), Bochtler (1) (Rasiejewski) – Schroth, Michalke (2). Dazu ein Eigentor von R. Kachachtrijan – SR: Sarvan (Türkei).

138 **Albanien**, 10.10., Braunschweig, 2:0 gewonnen (EM-Qualifikation): Fiedler – Baumann (1) – Dogan, Reiter – Ernst, Ballack, Brdaric, Cichon (Gerster) – Schroth, Wedau (Frings), Michalke (1) (Rasiejewski) – SR: Loizon (Zypern).

139 **Schweiz**, 25.11., Freiburg, 2:2 unentschieden: Enke (Kampa) – Scherbe – Schumann (Klitzpera), Hertzsch (Sahin) – Ketelaer (1) (Kreuz), Nehrbauer, Leitl (Schümann), Dabrowski, Keidel (Voigt) – Villa, Kanopa (1) (Rösler) – SR: Plautz (Österreich).

140 **Belgien**, 9.12., Köln, 0:0 unentschieden: Enke – Scherbe – Schumann, Voigt (Sahin) – Keidel (Klitzpera), Dabrowski, Leitl, Hertzsch, Ketelaer – Reich (Kreuz), Kanopa (Graf) – SR: Temmink (Niederlande).

1998: 11 Spiele: 6 Siege, 3 Unentschieden, 2 Niederlagen

141 **Zypern**, 18.2., Larnaca, 2:0 gewonnen: Jentzsch (Fiedler) – Cichon – Fensch, Dogan – Frings (Wiblishauser), Ballack, Wedau (Gerster (1)), Ehlers (Fährmann) – Brdaric, Schroth (Lars Müller), Michalke (1) – SR: Kapitanis (Zypern).

142 **Zypern**, 22.2., Larnaca, 4:3 gewonnen: Fiedler (Jentzsch) – Ballack (1) – Reiter, Fensch (Wiblishauser) – Gerster, Ehlers (Dogan), Cichon, Frings (Schroth), Wedau (Michalke) – Brdaric (2), Lars Müller (Fährmann (1)) – SR: Kypriannidis (Zypern).

143 **Libanon „A"**, 24.3., Beirut, 7:0 gewonnen: Jentzsch (Fiedler) – Baumann – Reiter (Fensch), Wiblishauser (Reich) – Ehlers (2), Ballack (3), Cichon (Fährmann (1)) – Frings (Gerster), Neuendorf, Brdaric, Schroth (1) – SR: Dirar Al-Tamini (Jordanien).

144 **Griechenland**, 23.5., Bukarest, 0:1 verloren (EM-Viertelfinale): Jentzsch – Baumann, Dogan, Reiter (Bochtler) – Ehlers, Ballack, Cichon – Ricken, Neuendorf (Frings) – Schroth, Michalke – SR: Michel (Slowakei).

145 **Rumänien**, 26.5., Bukarest, 1:0 n. V. gewonnen (EM-Platzierungsspiel): Jentzsch – Baumann – Ehlers (Brdaric), Dogan – Fährmann (Bochtler), Ballack, Cichon, Schwarz (1) – Ricken – Schroth, Michalke – SR: Hamer (Luxemburg) – „Golden Goal" 101. Minute: Spiel damit beendet.

146 **Schweden**, 29.5., Bukaresu, 2:1 gewonnen (EM-Platz 5): Jentzsch – Baumann – Fährmann, Dogan, Cichon – Frings (1), Ballack, Schwarz – Ricken – Schroth (Brdaric (1)), Michalke (L. Müller) – SR: Radoman (Jugoslawien).

147 **Rumänien**, 1.9., Bukarest, 0:0 unentschieden: Enke – Klitzpera, F. Ernst, Hertzsch – Fahrenhorst (Frommer), Wiblishauser (Voigt) – Scherbe, Bäumer (Dabrowski), Kreuz, Ketelaer, Villa – SR: Dobrinov (Bulgarien).
148 **Schweiz**, 4.9., Basel, 1:1 unentschieden: Enke – Klitzpera, Scherbe, Hertzsch – Rost, Ernst, Blank (Bäumer) – Kreuz (Voigt), Ketelaer – Villa (1), Frommer (Dabrowski) – SR: Sedlacek (Österreich).
149 **Türkei**, 9.9., Kocaeli, 0:2 verloren (EM-Qualifikation): Enke – Klitzpera, Scherbe, Fahrenhorst – Cartus (Knoche), Nehrbauer, Ernst, Ketelaer (Kreuz), Wiblishauser (Bäumer) – Villa, Reich – SR: Pratas (Portugal).
150 **Rep. Moldau**, 13.10., Kischinew, 2:0 gewonnen (EM-Qualifikation): Enke – Klitzpera, Scherbe, Wiblishauser – Reich, Rost, Ernst (Blank), Nehrbauer, Ketelaer (1) (Bäumer) – Villa (Voss), Frommer (1) – SR: Stahl (Schweden).
151 **Niederlande**, 17.11., Aachen, 2:2 unentschieden: Enke – Scherbe – Maltritz, Klitzpera, Blank (Schumann) – Ernst (Dabrowski) – Rost (Voss), Nehrbauer – Bugera (1), Frommer (Rösler (1)), Ketelaer – SR: De Bleeckere (Belgien).

1999: 14 Spiele, 10 Siege, 1 Unentschieden, 3 Niederlagen

152 **USA U23**, 6.2., Jacksonville, 1:0 gewonnen: Kampa (Borel) – Klitzpera (Schumann), Maltritz, Hertzsch – Rost, Nehrbauer, Ernst, Blank (Bäumer) – Bugera (1), Frommer (Keidel), Rösler (Kreuz) – SR: Grady (USA).
153 **Nordirland**, 26.3., Belfast, 0:1 verloren (EM-Qualifikation): Enke – Scherbe (Villa) – Schumann, Hertzsch – Rost, Ernst, Nehrbauer (Blank), Maltritz – Bugera, Rösler, Ketelaer (Deisler) – SR: van Egmond (Niederlande).
154 **Finnland**, 30.3., Weismain, 2:0 gewonnen (EM-Qualifikation): Enke – Klitzpera, Ernst, Hertzsch – Scherbe, Blank (1), Nehrbauer (1) (Schumann), Deisler (Ketelaer, Schindzielorz), Maltritz – Rösler, Reich – SR: Eyal Zur (Israel).
155 **Schottland**, 27.4., Meppen, 2:1 gewonnen: Enke (Borel) – Klitzpera (Voigt), Ernst, Hertzsch – Keidel (Dabrowski), Schindzielorz (Scherbe), Nehrbauer (1) (Rost), Maltritz – Reich (1), Rösler (Villa), Bugera (Frommer) – SR: Lajuks (Lettland).
156 **Rep. Moldau**, 3.6., Wuppertal, 2:0 gewonnen (EM-Qualifikation): Enke – Ernst – Klitzpera, Hertzsch – Maltritz, Deisler, Scherbe (Bugera), Nehrbauer, Blank – Rösler (1), Reich (1) (Rost) – SR: Sammut (Malta).
157 **Finnland**, 3. 9., Lahti, 1:3 verloren (EM-Qualifikation): Enke – Ernst – Klitzpera, Hertzsch – Willi, Nehrbauer (Dabrowski), Maltritz (Bierofka), Blank (1) – Kreuz , Reich , Bugera (Timm) – SR: Busacca (Schweiz).
158 **Nordirland,** 7. 9., Lüdenscheid, 1:0 gewonnen (EM-Qualifikation): Enke – Ernst – Hertzsch, Maltritz – Schindzielorz, Dabrowski (Bierofka), Voigt (1), Blank – Kreuz (Nehrbauer) – Timm, Frommer – R: Orrason (Island).
159 **Kuwait,** 21. 9., Maskat, 3:1 gewonnen: Hildebrand – Lechner, Rosen, Rapp – Beer, Voss (1), Rothholz (Yilmaz), Engelhardt (Hammerl), Schäper – Kern (1), Bierofka (1) (Forkel) – SR: Al Sheedi (Oman).
160 **Katar,** 23. 9. 1999, Maskat, 4:0 gewonnen: Hildebrand – Lechner (Bierofka), Rosen, Rapp – Schäper, Zinnow, Voss, Kaul (1), Forkel – Kern (2), Yilmaz (1) (Rothholz) – SR: Al Muflah (Oman).
161 **Bahrain,** 25. 9., Maskat, 5:0 gewonnen: Weidenfeller – Hammerl, Rosen, Rapp (Yilmaz (1)) – Beer, Zinnow (1), Engelhardt, Rothholz, Voss (2) – Bierofka (1) (Lechner), Kern (Forkel) – SR: Fadhil (Oman).
162 **Oman,** 27. 9., Maskat, 0:1 verloren: Hildebrand – Hammerl (Rothholz), Rapp, Rosen – Lechner, Zinnow, Kaul, Forkel, Korzynietz – Bierofka, Kern – K.: Kern – SR: Al Mansuri (Katar).
163 **Thailand,** 29. 9., Maskat, 4:1 gewonnen: Weidenfeller – Beer, Rosen, Rapp – Zinnow, Korzynietz, Forkel, (Yilmaz), Voss (1), Schäper – Kern (2), Bierofka (1) (Rothholz) – SR: Al Sheedi (Oman).
164 **Türkei,** 8. 10., Augsburg, 1:1 unentschieden (EM-Qualifikation): Enke – Ernst – Klitzpera (Schumann), Hertzsch – Willi, Maltritz, Nehrbauer, Voigt – Ketelaer (1) (Schindzielorz), Rösler (Timm), Kern – SR: Stahl (Schweden).
165 **Österreich,** 23. 11., Burghausen, 3:0 gewonnen: Hildebrand – Borowski (Rosen), Ernst, Rapp (1) – Willi (Korzynietz), Voss (Forkel), Kehl, Schindzielorz, Engelhardt (Köhn) – Falk (1), Kern (1) (Bruns) – SR: Buchhart (Schrobenhausen/Deutschland).

2000: 10 Spiele: 3 Siege, 5 Unentschieden, 2 Niederlagen

166 **Tunesien,** 12. 1.,Tunis, 1:2 verloren: Pröll (Hildebrand) – Kehl – Borowski, Engelhardt (Schäper), Rapp, Willi – Korzynietz, Voss, Falk (Zinnow) – Schindzielorz (1), Kern – SR: Yacoubi (Tunesien).
167 **Tunesien,** 15. 1., Bizerte, 0:0 unentschieden: Hildebrand (Pröll) – Ernst – Krösche (Werder Bremen), Rapp, Willi, Schäper – Korzynietz (Borowski), Voss, Kehl – Kern, Bierofka – SR: Boukthiar (Tunesien).
168 **Rumänien,** 22. 2., Koblenz, 1:1 unentschieden: Pröll – Ernst – Lechner, Rapp – Korzynietz

(Yilmaz), Schindzielorz (Borowski), Voss (1), Kümmerle, Kehl (Freier) – Kern (Bierofka), Bruns – SR: Van Hulten (Niederlande).

169 **Kroatien,** 28. 3., Varazdin, 0:2 verloren: Hildebrand – Lechner, Ernst, Rapp – Timm (Falk), Borowski, Schindzielorz (Bugri), Kehl (Freier), Schäper – Bierofka, Kern (Korzynietz) – SR: Ceferin (Slowenien).

170 **Schweiz,** 25. 4., Mainz, 3:0 gewonnen: Hildebrand – Ernst – Lechner, Rapp – Willi (Borowski), Korzynietz (Yilmaz), Schindzielorz (Benthin), Falk (Freier 1), Kümmerle (1) – Bruns (Bierofka), Timm (1) (Christ) – SR: Diederich (Luxemburg).

171 **Norwegen,** 31. 5., Aschaffenburg, 2:2 unentschieden: Pröll – Benthin, Ernst, Rapp – Willi (Borowski), Freier, Kümmerle (Alabi), Rahn – Korzynietz (Yilmaz), Bierofka (1), Bruns, (Köhler) – Dazu ein Eigentor von Kah – SR: Ertl (Günzburg).

172 **Spanien,** 15. 8., Celle, 3:1 gewonnen: Hildebrand – Benthin, Kehl (Müller), Rapp (Borowski) – Voss, Ernst (1), Schiendzielorz – Korzynietz (Yilmaz 1), Freier (Daun), Rahn (1) – Bierofka (Köhler) – SR: Van Hulten (Niederlande).

173 **Griechenland,** 1. 9., Lübeck, 2:1 gewonnen (EM-Qualifikation): Hildebrand – Benthin, Borowski, Metzelder – Willi, Schiendzielorz, Ernst, Rahn, Freier (1) (Voss) – Bierofka (1) (Korzynietz), Timm (Bruns) – SR: Gomes-Costa (Portugal).

174 **England,** 6. 10., Derby, 1:1 unentschieden (EM-Qualifikation): Wessels – Benthin, Kehl, Metzelder, Rahn – Willi (Korzynietz), Ernst (1), Voss (Freier), Schiendzielorz – Timm, Bierofka – SR: Coue (Frankreich).

175 **Dänemark,** 14. 11., Odense, 2:2 unentschieden: Pröll – Benthin, Müller, Friedrich – Voss (1), Ernst, Schiendzielorz, Rahn (Rosen) – Köhler (Yilmaz), Bruns, Bierofka (Daun (1)) – SR: Brugger (Österreich).

2001: 8 Spiele: 4 Siege, 4 Niederlagen

176 **Bulgarien,** 27. 2., Sofia, 0:1 verloren: Hildebrand (Pröll) – Metzelder, Kehl (Borowski), Benthin – Willi, Müller, Ernst, Rahn (Freier) – Timm, Bruns, Bierofka (Yilmaz) – SR: Piraux (Belgien).

177 **Albanien,** 23. 3., Köln, 8:0 gewonnen (EM-Qualifikation): Hildebrand – Metzelder, Kehl (Freier), Benthin – Müller (Korzynietz), Ernst (1), Schiendzielorz, Rahn (1) – Timm (3), Bruns (1), Bierofka (2) (Yilmaz) – SR: Benes (Tschechien).

178 **Griechenland,** 27. 3., Athen, 0:2 verloren (EM-Qualifikation): Hildebrand – Benthin (Friedrich/Yilmaz), Kehl, Metzelder, Rahn – Müller, Ernst, Schiendzielorz, Freier – Timm, Bierofka – SR: De Santis (Italien).

179 **Finnland,** 1. 6., Tampere, 3:1 gewonnen (EM-Qualifikation): Hildebrand – Benthin, Zepek, Metzelder – Willi, Ernst, Borowski, Rahn – Korzynietz (Daun), Bruns (2) (Zandi), Yilmaz (1) – SR: Trivkovic (Kroatien).

180 **Albanien,** 7. 6., Tirana, 1:0 gewonnen (EM-Qualifikation): Hildebrand – Benthin, Kehl, Metzelder – Willi, Borowski, Ernst (Friedrich), Rahn – Korzynietz (Dzaka), Bruns (1) (Daun), Yilmaz – SR: Ryszka (Polen).

181 **Norwegen,** 14. 8., Lilleström 0:3 verloren: Hildebrand (Weidenfeller) – Benthin, Borowski, Zepek – Willi (Yilmaz), Ernst, Freier, Zandi, Rahn – Bruns, Bierofka – SR: Hyytia (Finnland).

182 **England,** 31. 8., Freiburg, 1:2 verloren (EM-Qualifikation): Hildebrand – Friedrich, Zepek, Metzelder (1) – Willi (Daun), Borowski (Yilmaz), Ernst, Rahn – Korzynietz (Freier), Bruns, Bierofka – SR: Mikulski (Polen).

183 **Finnland,** 5. 10., Ahlen, 2:0 gewonnen (EM-Qualifikation): Hildebrand – Friedrich, Borowski (Schindzielorz), Zepek (Daun (2)), Metzelder – Willi, Freier, Ernst, Rahn – Bruns (Fritz), Bierofka – SR: Baskakow (Russland).

2002: 11 Spiele: 6 Siege, 4 Unentschieden, 1 Niederlage

184 **Nordirland,** 12. 2., Belfast, 1:0 gewonnen: Starke – Hinkel, Zepek, Franz, Rau – Preuß, Balitsch (Stark), Mikolajczak, Hitzlsperger (Marx) – Tiffert, Auer (1) – SR: McDonald (Schottland).

185 **Tschechien U20,** 26. 3., Chemnitz, 1:1 unentschieden: Starke – Stark, Franz, Lapaczinski, Rau (Feulner) – Preuß, Balitsch, Mikolajczak, Hitzlsperger (Marx) – Tiffert (Männer), Auer (1) – SR: Mikulski (Polen).

186 **Russland,** 16. 4., Hoffenheim, 2:1 gewonnen: Heimeroth – Stark, Zepek, Franz – Gemiti, Balitsch (Teber), Marx (Mikolajczak), Preuß – Hitzlsperger – Auer (2), Tiffert (Kuranyi) – SR: Gadosi (Slowakei).

187 **Südafrika U23,** 7. 5., Nîmes, 1:1 unentschieden: Starke – Franz (1), Zepek, Stark (Jungnickel) – Preuß, Balitsch (Teber), Hitzlsperger, Rau – Mikolajczak – Tiffert, Auer – SR: ???

188 **Japan,** 11. 5., Istres, 3:3 unentschieden: Starke – Franz, Zepek, Stark (Gemiti) Preuß, Balitsch (Marx), Hinkel, Rau (1) – Mikolajczak (Jungnickel (1)) Tiffert, Auer (1) – SR: ???

189 **Italien,** 13. 5., Frejus, 2:1 gewonnen: Starke – Hinkel, Zepek (1), Gemiti, Franz – Marx, Preuß (Balitsch), Rau (Mikolajczak), Teber – Auer (Jones (1)), Tiffert – SR: ???

190 **Irland,** 15. 5., La Seyne, 2:2 unentschieden: Heimeroth – Hinkel, Franz, Stark, Gemiti – Lauth (Auer (1)), Marx, Rau (Mikolajczak), Teber (Preuß) Tiffert (1), Jones – SR: ???

191 **Italien,** 20. 8., Grosseto, 2:0 gewonnen: Starke – Hinkel (Afriyie), Zepek, Franz, Rau (Schlicke) – Balitsch, Preuß (Marx), Gemiti (Mikolajczak) – Hitzlsperger (Feulner) – Kuranyi (Lauth), Auer (2) – SR: Ledentu (Frankreich).

192 **Litauen,** 6. 9., Wilna, 4:1 gewonnen (EM-Qualifikation): Starke – Hinkel, Franz (Schlicke), Zepek (1), Rau – Gemiti (Mikolajczak), Balitsch (Vorbeck), Marx – Hitzlsperger – Auer, Jones – SR: Skjerven (Norwegen) – Dazu kommen 3 Eigentore der Litauer.

193 **Bosnien-Herzegowina,** 10. 10., Zenica, 1:5 verloren: Heimeroth – Hinkel, Zepek (Franz), Schlicke, Gemiti (Kling) – Lauth, Preuß (Tiffert), Marx (Afriyie), Mikolajczak – Jones (1), Kuranyi (Jungnickel) – SR: Kandare (Slowenien).

194 **Niederlande,** 19. 11., Aachen, 4:1 gewonnen: Starke – Preuß (Rolfes), Franz, Schlicke, Rau – Feulner (Jungnickel), Tiffert (Afriyie), Hitzlsperger (1), Gemiti (1) (Broich) – Auer, Kuranyi (2) (Vorbeck) – SR: Ersoy (Türkei).

2003: 11 Spiele: 5 Siege, 3 Unentschieden, 3 Niederlagen

195 **Spanien,** am 11. 2., Sa Pobla, 1:3 verloren: Starke (Heimeroth) – Afriyie (Hinkel), Franz (Preuß), Schlicke, Achenbach – Feulner (Broich), Tiffert, Hitzlsperger, Gemiti (Mikolajczak) – Auer (1), Kuranyi (Vorbeck) – SR: Douros (Griechenland).

196 **Litauen,** 28. 3., Fürth, 1:0 gewonnen (EM-Qualifikation): Wiese – Preuß (Westermann), Schlicke, Zepek, Achenbach – Marx, Balitsch, Hitzlsperger (Hanke (1)), Feulner (Broich) – Auer, Teber – SR: Ryszka (Polen).

197 **Serbien & Montenegro,** 29. 4., Wilhelmshaven, 3:2 gewonnen: Wiese – Preuß, Madlung (1) (Abel), Schlicke, Gemiti (Burkhardt) – Feulner, Lapaczinski (Männer), Balitsch (Marx), Hitzlsperger (Hanke 1) – Jones (1), Tiffert – SR: Allaerts (Belgien).

198 **Irland,** 2. 6., Cork, 2:2 unentschieden (EM-Qualifikation): Starke – Preuß, Lapaczinski (Madlung), Schlicke – Kringe (Burkhardt), Balitsch, Hitzlsperger (1) – Feulner (Gemiti), Tiffert, Azaouagh (Franz) – Auer (1) – SR: Eriksson (Schweden).

199 **Schottland,** 6. 6., Kilmarnock, 2:2 unentschieden (EM-Qualifikation):Starke – Preuß, Madlung, Lapaczinski, Gemiti – Feulner (Schlicke), Balitsch (1), Tiffert, Hitzlsperger (Azaouagh) – Auer (Kringe), Lauth (1) – SR: Cantalejo (Spanien).

200 **Russland,** 19. 8., Moskau, 1:2 verloren: Wiese – Schlicke (Franz), Madlung, Kling – Tiffert (Kuranyi), Balitsch (Görlitz), Hitzlsperger (Lapaczinski), Gemiti (Rathgeb) – Marx (Burkhardt), Jones, Hanke (1) – SR: Schmolik (Belarus).

201 **Island,** 5. 9., Akranes, 3:1 gewonnen (EM-Qualifikation): Wiese – Kringe, Franz, Madlung, Kling – Feulner (Gemiti), Tiffert, Marx, Azaouagh (Hanke 1) – Lauth, Auer (2) (Jones) – SR: Paraty da Silva (Portugal).

202 **Schottland,** 9. 9., Ahlen, 0:1 verloren (EM-Qualifikation): Wiese – Franz, Madlung, Kling – Riether, Azaouagh, Tiffert, Feulner (Marx), Gemiti (Kringe) – Auer (Jones), Hanke – SR: Douros (Griechenland).

203 **Island,** 10. 10., Lübeck, 1:0 gewonnen (EM-Qualifikation): Wiese – Volz (Balitsch), Schlicke, Madlung, Lahm – Feulner (Krontiris), Tiffert, Görlitz – Hanke, Lauth (1), Auer (Achenbach) – SR: Johnsdorf (Luxemburg).

204 **Türkei,** 14. 11., Leverkusen, 1:0 gewonnen (EM-Qualifikation): Wiese – Görlitz (Riether), Schlicke, Madlung, Lahm – Tiffert (Preuß), Balitsch (1), Broich, Hitzlsperger – Hanke (Auer), Lauth – SR: Duhamel (Frankreich).

205 **Türkei,** 18. 11., Istanbul, 1:1 unentschieden (EM-Qualifikation): Wiese – Görlitz, Schlicke (Preuß), Franz, Lahm – Balitsch, Tiffert, Broich, Hitzlsperger (Riether) – Hanke (Auer 1), Lauth – SR: Benes (Tschechien).

2004: 11 Spiele: 6 Siege, 2 Unentschieden, 3 Niederlagen

206 **Schweiz,** 17. 2., Bielefeld, 1:0 gewonnen: Wiese – Görlitz (Preuß), Madlung, Schlicke, Kling – Tiffert, Schweinsteiger (1) (Burkhardt), Balitsch, Hitzlsperger (Gemiti) – Hanke, Podolski (Broich) – SR: Lehner (Österreich).

207 **Georgien A,** 30. 3., Mannheim, 2:2 unentschieden: Wiese – Görlitz (Volz), Preuß (Fathi), Madlung, Kling, Gemiti (Hitzlsperger) – Broich (Krontiris), Schweinsteiger (Podolski), Tiffert, Feulner (1) – Hanke (1) – SR: Szabo (Ungarn).

208 **Griechenland,** 27. 4., Saloniki, 1:2 verloren: Starke – Volz, Franz (Gemiti), Fathi (Madlung), Kling – Tiffert (1), Balitsch, Hitzlsperger (Preuß) – Podolski (Schweinsteiger), Auer (Riether), Hanke – SR: Paparesta (Italien).

209 **Schweiz,** 28. 5., Mainz, 2:1 gewonnen (EM): Wiese – Preuß, Madlung, Fathi – Görlitz, Balitsch, Hitzlsperger (1) (Gemiti) – Tiffert (Riether), Schweinsteiger, Azaouagh (Odonkor) – Auer (1). SR: Layec (Frankreich) (EM-Vorrunde).

210 **Schweden,** 30. 5., Mannheim, 1:2 verloren (EM): Wiese – Volz (Görlitz), Huth, Franz, Gemiti – Odonkor (Schweinsteiger), Riether, Preuß, Feulner (Auer 1) – Podolski, Hanke – SR: Medina Cantalejo (Spanien) (EM-Vorrunde).

211 **Portugal,** 2. 6., Mainz, 1:2 verloren (EM): Wiese – Preuß (Hitzlsperger), Huth, Madlung, Görlitz (Azaouagh) – Riether, Balitsch (Hanke), Schweinsteiger (1), Tiffert – Podolski, Auer – SR: Gilewski (Polen) (EM-Vorrunde).

212 **Litauen**, 17. 8., Celle, 2:0 gewonnen: Rensing – Volz (Lell), Mertesacker, Fathi, Pander (Callsen-Bracker) – Riether (Lehmann), Schulz, Schlaudraff (Schied) – Odonkor (Matip), Hanke 1 (Patschinsky 1), Milchraum – SR: Messner (Österreich).

213 **Serbien & Montenegro**, 7. 9., Dessau, 5:3 gewonnen: Walke – Volz (Lell), Mertesacker (Sinkiewicz), Callsen-Bracker, Pander – Riether (Lehmann 1), Schulz, Odonkor (2) (Milchraum), Schweinsteiger, Ludwig (1) (Schlaudraff) – Hanke (1) (Krontiris) – SR: Sandmoen (Norwegen).

214 **Aserbaidschan**, 8. 10., Baku, 2:0 gewonnen (EM-Qualifikation): Rensing – Volz, Callsen-Bracker, Matip (1), Pander (Fathi) – Odonkor, Riether, Lehmann, Ludwig (Senesie), Trochowski (Dejagah) – Hanke (1) – SR: Supraha (Kroatien).

215 **Österreich**, 12. 10., Düsseldorf, 2:0 gewonnen (EM-Qualifikation): Rensing – Volz, Matip, Mertesacker, Pander – Riether, Schulz (1), Ludwig (Trochowski) – Odonkor, Hanke (1), Dejagah (Schlaudraff) – SR: Duhamel (Frankreich).

216 **Polen**, 16. 11., Cottbus, 1:1 unentschieden (EM-Qualifikation): Walke – Westermann, Callsen-Bracker, Matip, Pander – C. Müller (Ludwig), Lehmann, Schulz (1), Jansen (Senesie), Dejagah – Hanke – SR: Eriksson (Schweden).

2005: 9 Spiele: 7 Siege, 2 Unentschieden

217 **Wales**, 8. 2., Wrexham, 4:0 gewonnen (EM-Qualifikation): Rensing – Volz, Brzenska, Matip, Fathi – Riether (Hampel), Lehmann, Ludwig (1) (Helmes), Senesie (1) (Kießling), Jansen (1) – Hanke (1) – SR: Skomina (Slowenien).

218 **England**, 25. 3., Hull, 2:2 unentschieden (EM-Qualifikation): Rensing – Volz, Sinkiewicz, Matip, Pander – Lehmann, Senesie (Ludwig), Fathi (Brzenska) – Kießling 1 (Hilbert 1), Hanke, Jansen – SR: Jara (Tschechien).

219 **Polen**, 16. 8., Gdingen, 3:1 gewonnen (EM-Qualifikation): Rensing – Volz, Sinkiewicz, Matip, Schulz – Odonkor (1) (Helmes), Riether, Kießling (Trochowski), Lehmann (1) (Fischer), Jansen – Hanke (1) – SR: Papila (Türkei).

220 **Aserbaidschan**, 2. 9., Trier, 2:0 gewonnen (EM-Qualifikation): Adler – Ochs, Huth, Matip (Brzenska), Fathi – Riether, Schulz (1), Trochowski – Odonkor (Helmes), Hanke (1) (Rafael), Hilbert – SR: Moen (Norwegen).

221 **England**, 6. 9., Mainz, 1:1 unentschieden (EM-Qualifikation): Adler – Volz, Huth, Matip, Fathi – Odonkor, Riether, Kießling (1) (Rafael), Lehmann, Hunt (Trochowski) – Hanke – SR: Bebek (Kroatien).

222 **Wales**, 7. 10., Braunschweig, 4:0 gewonnen (EM-Qualifikation): Adler – Hilbert, Brzenska, Matip, Fathi (1) – Lehmann (Baier), Schulz – Odonkor (Polanski), Trochowski, Hunt (Masmanidis 1) – Rafael (2) – SR: Schmolik (Belarus).

223 **Österreich**, 11. 10., Sankt Veit, 3:0 gewonnen (EM-Qualifikation): Adler – Volz, Matip, Schulz, Fathi (Hilbert) – Riether, Lehmann (Brzenska 1) – Odonkor, Trochowski, Rafael (Gomez) – Hanke (2) – SR: Salomir (Rumänien).

224 **Tschechien**, 11. 11., Uherské Hradiste, 2:0 gewonnen (EM-Qualifikation, Play-Off): Rensing – Volz, Matip, Schulz (1), Fathi – Lehmann, Riether – Odonkor (Hunt), Kießling, Rafael (1) (Niemeyer) – Hanke (Trochowski) – SR: Szabo (Ungarn).

225 **Tschechien**, 15. 11., Leverkusen, 1:0 gewonnen (EM-Qualifikation, Play-Off): Rensing – Volz (Ochs), Matip, Schulz, Fathi – Riether (Niemeyer), Lehmann – Kießling, Trochowski, Rafael (1) – Hanke (Odonkor) – SR: Halsey (England).

2006: 11 Spiele: 4 Siege, 2 Unentschieden, 5 Niederlagen

226 **Lettland A**, 28. 2., Wolfsburg, 1:2 verloren: Rensing – Ochs, Brzenska (Matip), Sinkiewicz, Fathi (Schulz) – Niemeyer – Hilbert (Castro), Fischer (Helmes) – Polanski (Trochowski) – Masmanidis (Odonkor), Rafael (1) – SR: da Silva (Portugal).

227 **Armenien A**, 21. 3., Ahlen, 3:1 gewonnen: Rensing – Ochs (Volz), Brzenska (Matip), Sinkiewicz, Schulz (1) – Lehmann (Niemeyer), Castro (Polanski) – Odonkor, Trochowski (Fathi 1), Helmes – Kießling (1) – SR: Levi (Israel).

228 **Niederlande**, 17. 5., Doetinchem, 2:2 unentschieden: Rensing (Fromlowitz) – Volz (Ochs), Brzenska (Sinkiewicz), Matip, Fathi (Castro) – Riether (Hilbert 1), Schulz (Lehmann) – Trochowski

(Meyer) – Rafael (Masmanidis), Kießling (Polanski), Helmes – Dazu ein Eigentor von Zomer – SR: Verbist (Belgien).

229 **Serbien & Montenegro**, 23. 5., Barcelos, 1:0 gewonnen (EM-Vorrunde): Rensing – Volz, Sinkiewicz, Matip, Fathi – Schulz, Lehmann – Polanski (1) (Castro) – Hilbert (Brzenska), Kießling, Rafael (Eigler) – SR: Gumienny (Belgien).

230 **Frankreich**, 25. 5., Guimaraes, 0:3 verloren (EM-Vorrunde): Rensing – Volz, Sinkiewicz, Matip, Fathi – Ochs (Rafael), Niemeyer (Castro), Riether, Schulz – Meier – Kießling (Helmes) – SR: Undiano (Spanien).

231 **Portugal**, 28. 5., Guimaraes, 0:1 verloren (EM-Vorrunde): Rensing (Fromlowitz) – Volz, Sinkiewicz (Brzenska), Matip, Schulz – Niemeyer (Castro), Lehmann – Polanski – Hilbert, Kießling, Rafael – SR: Yefet (Israel).

232 **Niederlande**, 15. 8., Meppen, 2:2 unentschieden: Tschauner (Neuer) – D. Reinhardt (Ottl), Brzenska, Schönheim (Callsen-Bracker), Bieler – Hilbert, Castro (Kruska), Trochowski (1), Hunt (Dum) – Kießling (1), Rafael (Gomez) – SR: Laursen (Dänemark).

233 **Nordirland**, 1. 9., Lurgan, 3:2 gewonnen (EM-Qualifikation): Rensing – D. Reinhardt, Brzenska, Matip, Schönheim – Hilbert (1), Ottl (Kruska), Castro, Trochowski (1) – Kießling (Rafael), Helmes (1) (Gomez) – SR: Rasmussen (Dänemark).

234 **Rumänien**, 5. 9., Wilhelmshaven, 5:1 gewonnen (EM-Qualifikation): Rensing – D. Reinhardt, Brzenska, Matip, Schönheim (Ottl) – Hilbert (Ochs), Polanski, Castro (1), Trochowski (Hunt 1) – Gomez (1), Helmes (2) – SR: Gumienny (Belgien).

235 **England**, 6. 10., Coventry, 0:1 verloren (EM-Qualifikation): Rensing – D. Reinhardt, Brzenska, Matip, Ochs – Boateng (Dum), Polanski (Ottl), Castro, Hunt – Kießling, Gomez – SR: Trefoloni (Italien).

236 **England**, 10. 10., Leverkusen, 0:2 verloren (EM-Qualifikation): Rensing – D. Reinhardt, Brzenska, Polanski, Ochs (Freis) – Hilbert (Dum), Boateng, Castro, Hunt – Kießling, Gomez – SR: Jara (Tschechien).

2007: 15 Spiele: 9 Siege, 4 Unentschieden, 2 Niederlagen

237 **Schottland**, 6. 2., Cumbernauld, 2:0 gewonnen: Neuer (Kirschbaum) – Castro, Tasci, R. Müller (Fleßers 1), Bieler (Boenisch) – Ebert, Polanski, Kruska (Judt), Ede – Heller (Rosenthal), Hunt (1) (Adlung) – SR: Courtney (Nordirland)

238 **Italien**, 22. 2., Reutlingen, 0:0 unentschieden: Fromlowitz (Kirschbaum) – Beck, R. Müller, Joneleit (Mavraj), Chaftar (Boenisch) – Rosenthal (Brinkmann), Bülow (Fleßers), Fürstner, S. Halfar – Nehrig, Heller (Hennings) – SR: Kever (Schweiz)

239 **Österreich**, 23. 3., Wiener Neustadt, 5:2 gewonnen: Kirschbaum – Beck, Fleßers (1), Aogo, Bieler (Boenisch) – Rosenthal (Khedira), Polanski (Judt), Kruska (1), Dum (Özbek) – Kucukovic (1) (Hennings 1), Heller (Calik 1) – SR: Morganti (Italien)

240 **Tschechien**, 27. 3., Düsseldorf, 1:0 gewonnen: Neuer – Boenisch, Fleßers (Aogo), Hummels, Bieler (Beck) – Özbek, Polanski, Rosenthal, Khedira (Dum) – Heller (1), Hennings (Kucukovic) – SR: Verbist (Belgien)

241 **Schweiz**, 25. 4., Aalen, 4:0 gewonnen: Fromlowitz – Beck, Bertram (Johnson), Hummels, S. Halfar – Özbek (Book) – Ebert (Ziegenbein), Ede (Heller 1) – Aogo (2) – Hennings (1), Calik (Reinert) – SR: Saccani (Italien)

242 **Japan**, 31. 5., Toulon, 1:2 verloren: Fromlowitz – Beck, Fleßers, Aogo, S. Halfar – Ebert (1), Özbek (Calik), Polanski, Grote (K. Boateng) – Dejagah, Heller (Hennings) – SR: Van der Velde (Belgien)

243 **Elfenbeinküste**, 2. 6., Hyères, 0:0 unentschieden: Kirschbaum – Bülow (Hennings), Bertram, D. Schulz, Bieler – Steinhöfer, Polanski (Özbek), K. Boateng, Ebert (Grote) – Calik, Dejagah – SR: Tan (China)

244 **Frankreich**, 4. 6., Aubagne, 1:4 verloren: Fromlowitz – Beck, Fleßers (Bertram), D. Schulz, S. Halfar – Ebert (Bülow), Aogo, K. Boateng, Grote – Calik, Hennings (Dejagah 1) – SR: Strömbergson (Schweden)

245 **Irland**, 21. 8., Fürth, 2:2 unentschieden: Neuer (Fromlowitz) – Beck (1), Boenisch (Marin), Schönheim (Fleßers), Schwaab – Judt (Bieler), Aogo, Kruska – Ede (Grote) – Dejagah (Fürstner), Hennings (1) – SR: Svilokos (Kroatien)

246 **Nordirland**, 7. 9., Lurgan, 3:0 gewonnen (EM-Qualifikation): Neuer – Castro, Schwaab, Schönheim, Boenisch – Kruska, Polanski – Rosenthal, Aogo (Özil 1), Ebert (Özbek) – Dejagah (Hennings 2) – SR: Tagliavento (Italien)

247 **Schweden**, 11. 9., Malmö, 2:1 gewonnen: Fromlowitz – Beck, Schwaab, Schönheim (Aogo), Grote – Özbek (1) (Dejagah), Polanski (Kruska) – Marin, Özil (Rosenthal), Ede – Hennings (1) (Boenisch) – SR: Kralovec (Tschechien)

248 **Israel**, 12. 10., Tel Aviv, 2:2 unentschieden (EM-Qualifikation): Neuer – Beck, Polanski, Schönheim, Aogo – Rosenthal (Özil/J. Boateng), Kruska – Özbek, Khedira, Ebert (Grote) – Hennings (2) – SR: Burrull (Spanien)

249 **Rep. Moldau**, 16. 10., Pirmasens, 3:0 gewonnen (EM-Qualifikation): Neuer – Boateng (Beck), Schwaab, Schönheim, Aogo – Kruska, Rosenthal – Özbek (Ebert), Grote – Özil (2) (Marin) – Hennings (1) – SR: Whitby (Wales)

250 **Island**, 16. 11., Trier, 3:0 gewonnen: Neuer (Kirschbaum) – Beck (Schwaab), Fleßers (1), Höwedes, Bieler (Pezzoni) – Judt, Polanski (Kruska) – Rosenthal (Özbek), Marin (1) – Dejagah (Grote), Schindler (1) (Hennings) – SR: Toussaint (Luxemburg)

251 **Luxemburg**, 20. 11., Luxemburg, 7:0 gewonnen (EM-Qualifikation): Neuer – Schwaab, Hummels, Höwedes (Bieler), Beck – Kruska (1), Rosenthal (2) (Marin) – Özbek (1), Grote – Dejagah (1), Hennings (2) (Schindler) – SR: Jilek (Tschechien)

2008: 10 Spiele: 7 Siege, 2 Unentschieden, 1 Niederlage

252 **Belgien**, 5. 2., Koblenz, 2:1 gewonnen: Kirschbaum – Beck (Schwaab), Hummels, Höwedes, Aogo (1) (Bieler) – Rosenthal, Kruska – Ebert (Özbek), Özil (Schindler), Marin – Dejagah – Dazu ein Eigentor von Ciman – SR: Toussaint (Luxemburg)

253 **Luxemburg**, 25. 3., Wiesbaden, 6:0 gewonnen (EM-Qualifikation): Kirschbaum – Beck, Hummels, Höwedes (Bungert), J. Boateng (Hunt) – Özbek (1), Khedira (3) (Schönheim), Kruska, Grote – Özil (1) – Hennings (1) – SR: Edvartsen (Norwegen)

254 **Ukraine**, 23. 5., Wilhelmshaven, 4:0 gewonnen: Neuer – Beck, Hummels, Höwedes, Aogo (Bieler) – Rosenthal (Bungert), Khedira (2) – Özbek, Hunt – Hennings (D. Halfar 1), Heller (1) – SR: Nijhuis (Niederlande)

255 **Dänemark**, 28. 5., Lübeck, 4:0 gewonnen: Neuer – Beck, Hummels, Bungert, Bieler (Aogo) – Rosenthal, Khedira – Özbek (Bartels), Hunt (1) – Heller (Kruse 1), Hennings (1) (Schindler) – Dazu ein Eigentor von Lange – SR: Moen (Norwegen)

256 **Rep. Moldau**, 19. 8., Tiraspol, 0:1 verloren (EM-Qualifikation): Fromlowitz – Beck, Hummels, Höwedes, Aogo – Khedira, Castro (Grote) – Dejagah (Sukuta-Pasu), Rosenthal – Özil (Özbek) – Hennings – SR: Strahonja (Kroatien)

257 **Nordirland**, 5. 9., Wuppertal, 3:0 gewonnen (EM-Qualifikation): Sippel – Beck (Steinhöfer), Schwaab, Hummels, Aogo (1) (Boenisch) – Kroos (1), Kruska, Khedira, Grote – Özil (Schindler) – Halfar (1) – SR: Koukoulakis (Griechenland)

258 **Israel**, 9. 9., Duisburg, 0:0 unentschieden (EM-Qualifikation): Fromlowitz – Beck, Höwedes, Hummels, Aogo – Kruska, Khedira – Rosenthal, Kroos, Grote – Hennings (Wagner) – SR: Tannerq (England)

259 **Frankreich**, 10. 10., Magdeburg, 1:1 unentschieden (EM-Qualifikation, Play-Off): Neuer – Beck, Schwaab, Höwedes, Boenisch – Kruska, Khedira – Marin (Kroos), Hunt (Schindler), Özil – Dejagah (1) – SR: Moen (Norwegen)

260 **Frankreich**, 15. 10., Metz, 1:0 gewonnen (EM-Qualifikation, Play-Off): Neuer – Beck, Schwaab, Höwedes (1), Boenisch – Polanski, Boateng (Castro) – Schindler (Hennings), Hunt (Kroos) – Özil – Dejagah – SR: Tagliavento (Italien)

261 **Italien**, 18. 11., Osnabrück, 1:0 gewonnen: Fährmann – Beck, Schwaab, Höwedes, Aogo – Castro, Boateng (Adlung) – Özil (Ede), Steinhöfer (Johnson) – Kroos (1) – Dejagah (Wagner) – SR: Collum (Schottland)

2009: 16 Spiele: 7 Siege, 6 Unentschieden, 3 Niederlagen

262 **Irland**, 10. 2., Cork, 1:1 unentschieden: Neuer – Schwaab, Jaissle (Adlung), J. Boateng, Aogo – K. Boateng (Hennings), Khedira (Johnson) – Ebert, Ben-Hatira (Grote) – Halfar (Heller), Wagner (1) – SR: Teixeira Vitienes (Spanien)

263 **Niederlande B**, 27. 3., Ahlen, 0:4 verloren: Neuer (Fromlowitz) – Schwaab, Höwedes, J. Boateng, Aogo – Kruska (Adlung), Özbek (Rosenthal) – Johnson (Heller), Ben-Hatira – Baumjohann – Wagner – SR: Buttimer (Irland)

264 **Belarus**, 31. 3., Paderborn, 1:1 unentschieden: Fromlowitz – Schwaab, J. Boateng, Mavraj, Aogo – Adlung (Özbek), Rosenthal (Kruska) – Ben-Hatira, Baumjohann, Schmelzer – Wagner (1) (Heller) – SR: Ennijmi (Frankreich)

265 **Spanien**, 15. 6., Göteborg, 0:0 unentschieden (EM-Vorrunde): Neuer – Beck, J. Boateng, Höwedes, Boenisch (Schmelzer) – Khedira, Aogo – Castro (Ebert), Marin (Ben-Hatira) – Dejagah, Özil – SR: Chapron (Frankreich)

266 **Finnland**, 18. 6., Halmstad, 2:0 gewonnen (EM-Vorrunde): Neuer – Beck, J. Boateng, Höwedes (1), Schmelzer – Khedira, Aogo (Ebert) – Castro, Marin (Ben-Hatira) – Dejagah (1), Özil (Wagner) – SR: Rasmussen (Dänemark)

267 **England**, 22. 6., Halmstad, 1:1 unentschieden (EM-Vorrunde): Neuer – Beck, J. Boateng, Höwedes, Schmelzer – Khedira, Ebert (Aogo) – Castro (1), Ben-Hatira (Marin) – Dejagah, Özil – SR: Rasmussen (Dänemark)

268 **Italien**, 26. 6., Helsingborg, 1:0 gewonnen (EM-Halbfinale): Neuer – Beck (1), J. Boateng, Höwedes, Boenisch – Castro, Aogo – Johnson, Marin (Ben-Hatira) – Dejagah (Wagner), Özil (Hummels) – SR: Proenca (Portugal)

269 **England**, 29. 6., Malmö, 4:0 gewonnen (EM-Finale): Neuer – Beck, J. Boateng, Höwedes, Boenisch – Hummels (Aogo) – Johnson (Schwaab), Castro (1), Khedira, Özil (1) (Schmelzer) – Wagner (2) – SR: Kuipers (Niederlande)

270 **Türkei**, 11. 8., Kiew, 1:3 verloren: Sippel – Schwaab (Celozzi), S. Langkamp, Hummels (Badstuber), Schmelzer (Bastians) – Bargfrede (Falkenberg), Stindl (Schindler 1) – Marin (Reus), T. Müller (D. Schmidt), Ben-Hatira (Holtby) – Petersen (Hegeler) – SR: Zadeh Hassan (Iran)

271 **Iran**, 12. 8., Kiew, 1:0 gewonnen: Ulreich – Falkenberg (Schmelzer), Badstuber (Hummels), Bastians (Bargfrede), Celozzi (Schwaab) – Reus (Sippel), Neustädter, Hegeler, Holtby (Ben-Hatira 1) – D. Schmidt (Petersen), Schindler (T. Müller) – SR: Tolga (Türkei)

272 **San Marino**, 4. 9., Aachen, 6:0 gewonnen (EM-Qualifikation): Sippel – Schwaab, Hummels (1), Höwedes (1), Bastians – J. Boateng (1), Reinartz (Rudy) – Gebhart, T. Kroos, Naki (1) (Nöthe) – Schieber (2) – SR: Spirkoski (Mazedonien)

273 **Tschechien**, 8. 9., Wiesbaden, 1:2 verloren (EM-Qualifikation): Sippel – Schwaab (Sam), Hummels (1), Höwedes, Bastians – J. Boateng, Pezzoni (Schindler) – Celozzi, T. Kroos (Badstuber), Naki – Schieber – SR: Attwell (England)

274 **Slowenien**, 9. 10., Fürth, 3:0 gewonnen: Sippel – Schwaab, Höwedes (S. Langkamp), Badstuber (1), Schmelzer (Bastians) – Kroos (Schindler), Hummels, Hegeler, Sam (Rudy) – T. Müller (Choupo-Moting), Schieber (2) – SR: Drachta (Österreich)

275 **Israel**, 13. 10., Frankfurt, 0:0 unentschieden: Ulreich – Schwaab (Schmelzer), Höwedes, Badstuber (S. Langkamp), Bastians – Reinartz, Hummels (Kroos) – Schindler, Rudy (Hegeler) – T. Müller (Sam), Schieber (Choupo-Moting) – SR: Gautier (Frankreich)

276 **Nordirland**, 13. 11., Belfast, 1:1 unentschieden (EM-Qualifikation): Sippel – Schmelzer, S. Langkamp (Choupo-Moting 1), Badstuber, Bastians – Reinartz, Hummels – Kroos, Sam (Schürrle) – T. Müller (Bargfrede), Schieber – SR: Pereira Gomes (Portugal)

277 **San Marino**, 17. 11., Serravalle, 11:0 gewonnen (EM-Qualifikation): Sippel – Schwaab (1), Hummels (3), Badstuber (1) (S. Langkamp), Bastians – Reinartz (Rudy) – Bargfrede (1), Sam (1) – T. Müller (1) – Choupo-Moting (1), Schürrle (1) (Sukuta-Pasu 1) – SR: Ishchenko (Ukraine)

2010: 6 Spiele: 3 Siege, 2 Unentschieden, 1 Niederlage

278 **Island**, 2. 3., Magdeburg, 2:2 unentschieden (EM-Qualifikation): Ulreich – Schwaab, Höwedes, Badstuber, Bastians – Reinartz – Gebhart (1), Rudy (Holtby), Sam – Schieber (1) (Choupo-Moting), Schürrle (Sukuta-Pasu) – SR: Koukoulakis (Griechenland)

279 **Island**, 11. 8., Hafnarfjördur, 1:4 verloren (EM-Qualifikation): Sippel – Diekmeier (Schwaab), Höwedes, Hummels, Schmelzer – Reinartz, Bargfrede (Sukuta-Pasu) – Gebhart, L. Bender (Sam), Großkreutz (1) – Schieber – SR: Berntsen (Norwegen)

280 **Tschechien**, 3. 9., Mlada Boleslav, 1:1 unentschieden (EM-Qualifikation): Baumann – Jung, Kirchhoff (1), Sobiech, Rausch – Moritz – Herrmann (Ekici), Rudy (Götze), Holtby, Mlapa (Funk) – Sukuta-Pasu – SR: De Marco (Italien)

281 **Nordirland**, 7. 9., Ingolstadt, 3:0 gewonnen (EM-Qualifikation): Trapp – Jantschke, Kirchhoff, Bell, Rausch – Ekici (Rudy), Moritz – Holtby (2) (Yalcin), Götze, Vukcevic (Herrmann 1) – Sukuta-Pasu – SR: Kaasik (Estland)

282 **Ukraine**, 11. 10., Unterhaching, 2:1 gewonnen: Baumann (Trapp) – Koch (S. Jung), Kirchhoff, Sobiech (Bell), Rausch (S. Neumann) – Holtby, Moritz (Perdedaj), Gündogan (Funk) – Schürrle (2), Mlapa (Ekici), Vukcevic (Ginczek) – SR: Turpin (Frankreich)

283 **England**, 16. 11., Wiesbaden, 2:0 gewonnen: Baumann – S. Jung, Kirchhoff, Bell (Hornschuh), Rausch (1) (Sobiech) – Rudy (Funk), Moritz, Gündogan (Ginczek) – Mlapa (Beister), Tosun (1), Vukcevic (Salger) – SR: Virant (Belgien)

2011: 11 Spiele: 8 Siege, 2 Unentschieden, 1 Niederlage

284 **Griechenland**, 9. 2., Athen, 0:0 unentschieden: Trapp – S. Jung (Jantschke), Kirchhoff, Sobiech (Neumann), Rausch (Salger) – Rudy, Funk (Herrmann) – Mlapa (Didavi), Holtby – Sukuta-Pasu (F. Kroos), Tosun (Clemens) – SR: Tritsonis (Griechenland)

285 **Niederlande**, 25. 3., Sittard, 3:1 gewonnen: Baumann – Jantschke, Kirchhoff, Neumann, Radjabali-Fardi (Ostrzolek) – Rudy (1) (Hornschuh), Vogt – Vukcevic (C. Schindler), Holtby (1) (S. Jung), Mlapa (Didavi) – Lasogga (1) (Sukuta-Pasu) – SR: Christoffersen (Niederlande)

286 **Italien**, 29. 3., Kassel, 2:2 unentschieden: Trapp – S. Jung, Kirchhoff, Neumann, Rausch – Vogt (Hornschuh) – Rudy (Didavi), Gündogan (Ostrzolek) – Mlapa (Vukcevic), Lasogga (Sukuta-Pasu), Holtby (2) (C. Schindler) – SR: Borski (Polen)

287 **Portugal**, 31. 5., Portimao, 2:4 verloren: Baumann (Trapp) – Jantschke (Perdedaj), Kirchhoff (1) (Funk), Sobiech, Rausch (Ostrzolek) – Hornschuh (C. Schindler) – Rudy (1), Holtby – Mlapa (Herrmann), Lasogga (Didavi), Sukuta-Pasu (Esswein) – SR: Duarte Gomes (Portugal)

288 **Zypern**, 9. 8., Karlsruhe, 4:1 gewonnen (EM-Qualifikation): Trapp – Funk, Kirchhoff, Sobiech, Rausch – Didavi (1) (Hornschuh), Rudy, Draxler (1) (Leitner) – Holtby (2), Lasogga (Mlapa), Esswein – SR: Munukka (Finnland)

289 **San Marino**, 1. 9., Paderborn, 7:0 gewonnen (EM-Qualifikation): Trapp – S. Jung, Kirchhoff, Neumann, Ostrzolek (Hornschuh) – Funk, Vogt – Mlapa (1) (Ginczek 1), Holtby (1) (Beister 1), Esswein (1) – Lasogga (2) – SR: Arnason (Island)

290 **Belarus**, 6. 9., Baryssau, 1:0 gewonnen (EM-Qualifikation): Trapp – S. Jung, Kirchhoff, Neumann (Sobiech), Jantschke – Rudy, Vogt – Holtby, Gündogan, Esswein (1) (Mlapa) – Lasogga (Beister) – SR: Mateu Lahoz (Spanien)

291 **Bosnien-Herzegowina**, 6. 10., Ingolstadt, 3:0 gewonnen (EM-Qualifikation): Trapp – S. Jung, Kirchhoff, Neumann (1), Jantschke – Rudy (Funk), Vogt – Holtby (1), Gündogan, Esswein (Beister) – Mlapa (1) (Leitner) – SR: Salmanov (Aserbaidschan)

292 **San Marino**, 10. 10., Serravalle, 8:0 gewonnen (EM-Qualifikation): Baumann – Jantschke (S. Jung), Hornschuh, Bell, Neumann (Ostrzolek) – Funk – Leitner (1), Ginczek (1) – Beister (1) (Rode), Mlapa (3), Esswein (2) – SR: Banari (Rep. Moldau)

293 **Griechenland**, 11. 11., Tripoli, 5:4 gewonnen (EM-Qualifikation): Trapp (Baumann) – S. Jung, Bell (1), Neumann, Jantschke – Gündogan, Leitner (Herrmann) – Beister (Funk), Holtby, Esswein (1), Mlapa (3) – SR: Buquet (Frankreich)

294 **Zypern**, 15. 11., Paralimni, 3:0 gewonnen (EM-Qualifikation): Baumann – S. Jung, Bell, Neumann, Jantschke – Hornschuh, Holtby, Gündogan (1) – Herrmann (Beister 1), Lasogga (1) (Ginczek), Esswein (C. Schindler) – SR: McKeon (Irland)

2012: 7 Spiele: 4 Siege, 3 Unentschieden

295 **Griechenland**, 29. 2., Halle, 1:0 gewonnen (EM-Qualifikation): ter Stegen – S. Jung, Kirchhoff, Neumann, Jantschke – Funk (1) – Rudy (Hornschuh), Gündogan – Mlapa, Lasogga (Beister), Esswein (Volland) – SR: Makkelie (Niederlande)

296 **Argentinien**, 14. 8., Offenbach, 6:1 gewonnen: Leno – S. Jung (Thesker), Kirchhoff (Hornschuh), Sobiech, Sorg – Leitner (Rudy), Rode, Holtby (2) (Funk) – Beister (2) (Volland 2), Esswein (Ginczek) – Polter (Bellarabi) – SR: Buquet (Frankreich)

297 **Belarus**, 7. 9., Rostock, 3:0 gewonnen (EM-Qualifikation): Leno – Jantschke, Sobiech, Kirchhoff, Thesker – Rode – Leitner (1), Holtby – Beister (1) (Polter 1), Bellarabi (Herrmann) – Volland (Mlapa) – SR: Zelinka (Tschechien)

298 **Bosnien-Herzegowina**, 10. 9., Sarajevo, 4:4 unentschieden (EM-Qualifikation): Leno – S. Jung, Sobiech, Kirchhoff (1), Sorg – Funk (Volland), Rudy – Vukcevic (Polter 2), Leitner (1), Herrmann (Bellarabi) – Mlapa – SR: Eskov (Russland)

299 **Schweiz**, 12. 10., Leverkusen, 1:1 unentschieden (EM-Qualifikation, Play-Off): Leno – S. Jung, Kirchhoff, Sobiech, Jantschke – Leitner (Volland), Rudy (1) – Beister, Holtby, Esswein (Bellarabi) – Mlapa (Polter) – SR: Lahoz (Spanien)

300 **Schweiz**, 16. 10., Luzern, 3:1 gewonnen (EM-Qualifikation, Play-Off): Leno – S. Jung, Thesker, Sobiech (1), Jantschke – Moritz, Rudy – Beister (Mlapa), Holtby (1), Bellarabi (Esswein) – Polter (1) (Funk) – SR: Jug (Slowenien)

301 **Türkei**, 14. 11., Bochum, 1:1 unentschieden: Baumann – Rüdiger, Sobiech (1) (Vogt), Hornschuh, Plattenhardt (Ostrzolek) – Moritz, Arslan (Bittencourt), Leitner – Volland (Herrmann), Mlapa (Beister), Polter – SR: Bieri (Schweiz)

2013: 12 Spiele: 6 Siege, 3 Unentschieden, 3 Niederlagen

302 **Italien**, 6. 2., Andria, 0:1 verloren: Leno (Trapp) – S. Jung (Jantschke), Kirchhoff, Sobiech (Rüdiger), Ostrzolek (Sorg) – Vogt – Herrmann (Leitner), Rode (Beister), Arslan (Koch), Esswein – Polter – SR: Buquet (Frankreich)

303 **Israel**, 24. 3., Tel Aviv, 2:1 gewonnen: Leno – S. Jung, Sobiech (Mustafi), Thesker (Rüdiger), Jantschke (Ostrzolek) – Moritz (Polter), Arslan (Vogt) – Holtby (1), Mlapa (Herrmann), Esswein (Clemens) – Lasogga (Volland 1) – SR: Delferiere (Belgien)

304 **Niederlande**, 6. 6., Petach Tikva, 2:3 verloren (EM-Endrunde): Leno – Sorg, Ginter, Thesker, Jantschke – Rode (Polter), Rudy (1) – Herrmann, Holtby (1), Mlapa (Volland) – Lasogga (Clemens) – SR: Bebek (Kroatien)

305 **Spanien**, 9. 6., Netanya, 0:1 verloren (EM-Endrunde): Leno – Sorg, Ginter, Thesker, Jantschke – Rode (Can), Rudy (Rüdiger) – Clemens, Herrmann (Lasogga) – Holtby – Volland – SR: Gil (Polen)

306 **Russland**, 12. 6., Netanya, 2:1 gewonnen (EM-Endrunde): Baumann – Jantschke, Sobiech, Mustafi, Thesker – Ginter – Rode (Funk), Holtby (Rudy 1) – Herrmann (1), Clemens (Polter) – Volland – SR: Jug (Slowenen)

307 **Frankreich**, 13. 8., Freiburg, 0:0 unentschieden: Leno (Horn) – da Costa (Durm), Ginter, Mustafi (Rüdiger), Plattenhardt (Vitzthum) – Can (Geis), Goretzka (J. Hofmann) – Öz. Yildirim, Leitner (A. Hoffmann), Schulz (Bittencourt) – Parker (Younes) – SR: Lechner (Jugoslawien)

308 **Färöer**, 6. 9., Torshavn, 3:0 gewonnen (EM-Qualifikation): Leno – Durm, Ginter, Mustafi, Plattenhardt (Vitzthum) – Öz. Yildirim, Goretzka – Volland, Younes (Bittencourt 1) – Leitner (1), P. Hofmann (J. Hofmann 1) – SR: Hansen (Norwegen)

309 **Irland**, 9. 9., Sligo, 4:0 gewonnen (EM-Qualifikation): ter Stegen – Durm, Rüdiger, Mustafi, Vitzthum – Goretzka, Leitner (1) (Knoche) – J. Hofmann (Bittencourt), Younes (P. Hofmann 1), Schulz – Volland (2) – SR: Vuckov (Kroatien)

310 **Montenegro**, Wiesbaden, 11. 10., 2:0 gewonnen (EM-Qualifikation): ter Stegen – Rüdiger, Ginter, Mustafi, Plattenhardt – Can (A. Hoffmann), Geis – Volland (1), Younes (Malli), N. Schulz (Bittencourt) – P. Hofmann (1) – SR: Wilkow (Russland)

311 **Färöer**, Kassel, 15. 10., 3:2 gewonnen (EM-Qualifikation): ter Stegen – Durm, Knoche (1), Mustafi, Vitzthum – Malli (Can), A. Hoffmann (Geis) – Bittencourt, Younes (1), Schulz (Volland 1) – P. Hofmann – SR: Antamo (Finnland)

312 **Montenegro**, Podgorica, 15. 11., 1:1 unentschieden (EM-Qualifikation): ter Stegen – da Costa, Ginter, Rüdiger, Plattenhardt – Öz. Yildirim (Parker), Can – J. Hofmann (Bittencourt), Leitner, Younes (Malli) – P. Hofmann (1) – SR: Clancy (Schottland)

313 **Rumänien**, 19. 11., Giurgiu, 2:2 unentschieden (EM-Qualifikation): Leno – da Costa, A. Hoffmann, Knoche, Plattenhardt – Ginter (Arnold), Rüdiger (1) – Bittencourt (J. Hofmann), Öz. Yildirim (Malli), Younes – P. Hofmann (1) – SR: Lechner (Österreich)

2014: 7 Spiele: 5 Siege, 1 Unentschieden, 1 Niederlage

314 **Spanien**, 4. 3., Palencia, 0:2 verloren: Leno – Korb (Durm), Rüdiger, Knoche, Plattenhardt (N. Schulz) – Geis, Can (Leitner) – Volland (J. Hofmann), Younes (Malli), Bittencourt – P. Hofmann – SR: Bastien (Frankreich)

315 **Irland**, 5. 9., Halle, 2:0 gewonnen (EM-Qualifikation): Horn – Korb, Can, Knoche, Günter – Leitner, Geis – Bittencourt, Younes (Kachunga), N. Schulz (J. Hofmann 1) – P. Hofmann (1) (Arnold) – SR: Ekberg (Schweden)

316 **Rumänien**, 9. 9., Magdeburg, 8:0 gewonnen (EM-Qualifikation): Horn – da Costa (1), Knoche, Heintz, Günter (N. Schulz 1) – Can, Leitner – J. Hofmann (2), Malli (1) (Klaus), Younes (1) (Stark 1) – P. Hofmann (1) – SR: Bastien (Frankreich)

317 **Ukraine**, 10. 10., Tscherkassy, 3:0 gewonnen (EM-Qualifikation): ter Stegen – Korb, Knoche, Heintz, Günter – Geis. Leitner – Volland (1), Malli (Meyer), J. Hofmann (1) (Bittencourt) – P. Hofmann (1) (Kimmich) – SR: Özkahya (Türkei)

318 **Ukraine**, 14. 10., Essen, 2:0 gewonnen (EM-Qualifikation): ter Stegen – da Costa, Knoche, Heintz, N. Schulz – Geis. Leitner (Kimmich) – Volland (1), Meyer, J. Hofmann (Bittencourt 1) – P. Hofmann (Stark) – SR: Makkelie (Niederlande)

319 **Niederlande**, 13. 11., Ingolstadt, 3:1 gewonnen: ter Stegen – Korb (Zimmer), Süle, Heintz (1), Günter (Orban) – Leitner, Stark (Geis) – Younes (1), Meyer (1) (Arnold), Bittencourt (Malli) – P. Hofmann – SR: Yefet (Israel)

320 **Tschechien**, 18. 11., Prag, 1:1 unentschieden: Horn (Karius) – Korb, Süle, Heintz, Günter – Geis – Bittencourt, Meyer, Arnold (Leitner 1), Younes – Kachunga (P. Hofmann) – SR: Schüttengruber (Österreich)

2015: 12 Spiele: 7 Siege, 3 Unentschieden, 2 Niederlagen

321 **Italien**, 27. 3., Paderborn, 2:2 unentschieden: Leno – Kimmich (Zimmer), Orban, Ginter, N. Schulz – Leitner (1), Geis – Bittencourt (1) (Klaus), Malli, Younes (Gnabry) – Volland (P. Hofmann) – SR: Raczkowski (Polen)

322 **England**, 30. 3., Middlesbrough, 2:3 verloren: ter Stegen – Korb, Ginter, Knoche, C. Günter – Can, Leitner (Kimmich) – Bittencourt (Gnabry), Meyer (N. Schulz), Younes (Malli) – P. Hofmann (2) – SR: Massa (Italien)

323 **Serbien**, 17. 6., Prag, 1:1 unentschieden (EM-Vorrunde): ter Stegen – Korb, Ginter, Knoche, C. Günter – Can (1), Leitner (Kimmich) – Volland, Meyer (Bittencourt), Younes – P. Hofmann (N. Schulz) – SR: Estrada Fernandez (Spanien)

324 **Dänemark**, 20. 6., Prag, 3:0 gewonnen (EM-Vorrunde): ter Stegen – Korb, Ginter (1), Heintz, N. Schulz – Can (Geis), Kimmich – Bittencourt (Gnabry), Meyer, Younes – Volland (2) (Klaus) – SR: Karasev (Russland)

325 **Tschechien**, 23. 6., Prag, 1:1 unentschieden (EM-Vorrunde): ter Stegen – Korb, Ginter, Heintz, C. Günter – Can, Kimmich – Younes (Bittencourt), Meyer (Malli), N. Schulz (1) (P. Hofmann) – Volland – SR: Makkelie (Niederlande)

326 **Portugal**, 27. 6., Olomouc, 0:5 verloren (EM-Halbfinale): ter Stegen – Korb (Klaus), Ginter, Heintz, C. Günter – Geis (Meyer) – Younes, Kimmich, Can, N. Schulz (Bittencourt) – Volland – SR: Sidiropoulos (Griechenland)

327 **Dänemark**, 3. 9., Lübeck, 2:1 gewonnen: Schwäbe (Wellenreuther) – Toljan (Klostermann), Tah (Stark), Süle, Gerhardt – Goretzka (Weigl), Kimmich (Arnold) – Ti. Werner (1) (Öztunali 1), Gnabry (Meyer), Brandt (L. Sané) – Selke – SR: Harkam (Österreich)

328 **Aserbaidschan**, 8. 9., Baku, 3:0 gewonnen (EM-Qualifikation): Wellenreuther – Toljan, Tah, Süle, Gerhardt – Arnold (Weigl), Kimmich (1) – Ti. Werner (Öztunali), Goretzka, Brandt (Meyer) – Selke (2) – SR: Boucaut (Belgien)

329 **Finnland**, 9. 10., Essen, 4:0 gewonnen (EM-Qualifikation): Wellenreuther – Toljan, Klostermann, Süle, Gerhardt – Weigl (Meyer) – Brandt (Gnabry), Kimmich (1), Goretzka (Arnold), L. Sané (2) – Selke (1) – SR: Tohver (Estland)

330 **Färöer**, 13. 10., Torshavn, 6:0 gewonnen (EM-Qualifikation): Wellenreuther – Toljan, Klostermann, Süle (1) (Cacutalua), Gerhardt – Kimmich, Goretzka (Stendera) – Brandt (Gnabry 1), L. Sané (1) – Arnold (1) – Meyer (2) – SR: Amhof (Schweiz)

331 **Aserbaidschan,** 13. 11., Magdeburg, 3:1 gewonnen (EM-Qualifikation): Wellenreuther – Weiser, Akpoguma, Süle, Toljan – Kimmich (Haberer) – Arnold (1) (Stendera), Goretzka – Gnabry (Brandt), Meyer, Ti. Werner (2) – SR: Krastev (Bulgarien)

332 **Österreich**, 17. 11., Fürth, 4:2 gewonnen (EM-Qualifikation): Wellenreuther – Akpoguma, Tah, Süle, Toljan – Weigl (Arnold) – Kimmich, Goretzka (1) – L. Sané (1), Meyer (1) (Brandt) – Selke (1) (Ti. Werner) – SR: Hernandez (Spanien)

2016: 8 Spiele: 7 Siege, 1 Niederlage

333 **Färöer,** 24. 3., Frankfurt, 4:1 gewonnen (EM-Qualifikation): Wellenreuther – Toljan, Klostermann, Süle, Gerhardt – Stark (Dahoud), Weigl (Christiansen) – L. Sané (1), Meyer (1), Brandt (1) (Öztunali) – Selke – Dazu ein Eigentor von Nattestad – SR: Kralovic (Slowakei)

334 **Russland**, 29. 3., Rostow, 2:0 gewonnen (EM-Qualifikation): Wellenreuther – Toljan, Klostermann (Stark), Süle, Gerhardt – Christiansen, Dahoud – L. Sané (Weiser), Meyer (1), Brandt (Amiri) – Selke (1) – SR: Kalogeropoulos (Griechenland)

335 **Slowakei**, 2. 9., Kassel, 3:0 gewonnen: Wellenreuther (J. Huth) – Weiser (Henrichs), Akpoguma (Anton), Stark (1), Gerhardt – Prömel 1 (Kohr) – Öztunali (1), Arnold (Dudziak), Dahoud, Stefaniak (Amiri) – Philipp (Christiansen) – SR: Schärer (Schweiz)

336 **Finnland**, 6. 9., Seinäjoki, 1:0 gewonnen (EM-Qualifikation): Schwäbe – Weiser, Akpoguma, Stark, Gerhardt – Prömel – Öztunali (Amiri), Dahoud (Kohr), Arnold, Gnabry – Ti. Werner (Philipp) – Eigentor Väisänen – SR: Millot (Frankreich)

337 **Russland**, 7. 10., Ingolstadt, 4:3 gewonnen (EM-Qualifikation): Schwäbe – Weiser, Tah, Süle, Gerhardt – Ginter – L. Sané (Öztunali), Dahoud (Stark), Arnold (2), Gnabry (1) (Ti. Werner) – Selke (1) – SR: Schneider (Frankreich)

338 **Österreich**, 11. 10., Sankt Pölten, 4:1 gewonnen (EM-Qualifikation): J. Huth – Toljan, Akpoguma, Stark, Gerhardt – Amiri, Haberer (1) – L. Sané, Arnold (1) (Prömel), Öztunali (1) (Gnabry) – Selke (1) – SR: Jaccottet (Schweiz)

339 **Türkei**, 10. 11., Berlin, 1:0 gewonnen: Pollersbeck – Weiser, Ginter, Stark, Toljan (1) – Seguin, Arnold (Öztunali) – L. Sané (Haberer), Dahoud (Philipp), Ti. Werner (Mukhtar) – Selke – SR: Delerue (Frankreich)

340 **Polen**, 15. 11., Tychy, 0:1 verloren: Zetterer (Wellenreuther) – Weiser, Akpoguma, Stark (Mukhtar), Toljan – Haberer, Arnold – L. Sané, Amiri, Öztunali (Baumgartl) – Philipp – SR: Ardeleanu (Tschechien)

2017: 13 Spiele: 8 Siege, 1 Unentschieden, 4 Niederlagen

341 **England,** 24. 3., Wiesbaden, 1:0 gewonnen: Pollersbeck (Schwäbe) – G. Jung, Stark, Kempf – Weiser (Toljan), Ginter, Gerhardt – Amiri (1) (Öztunali), Arnold (Philipp) – Meyer (Haberer) – Selke (Kehrer) – SR: Reinshreiber (Israel)

342 **Portugal**, 28. 3., Stuttgart, 0:1 verloren: O. Vlachodimos – Akpoguma (Philipp), Stark (Kehrer), Kempf (Amiri) – Toljan (Haberer), Ginter (Henrichs), Gerhardt (Baumgartl) – Goretzka, Arnold (Öztunali) – Meyer (Mukhtar) – Selke – SR: Ekberg (Schweden)

343 **Tschechien**, 18. 6., Tychy, 2:0 gewonnen (EM-Vorrunde): Pollersbeck – Toljan, Stark, Kempf, Gerhardt – Arnold (Haberer), Dahoud (G. Jung) – Weiser (Philipp), Meyer (1), Gnabry (1) – Selke – SR: Manzano (Spanien)

344 **Dänemark**, 21. 6., Krakau, 3:0 gewonnen (EM-Vorrunde): Pollersbeck – Toljan, Stark, Kempf (1), Gerhardt – Arnold (Amiri 1), Dahoud, Weiser (G. Jung), Meyer, Gnabry (Öztunali) – Selke (1) – SR: Gözübüyük (Niederlande)

345 **Italien**, 24. 6., Krakau, 0:1 verloren (EM-Vorrunde): Pollersbeck – Toljan, Stark, Kempf, Gerhardt – Arnold, Dahoud (G. Jung), Weiser (Amiri), Meyer (Philipp), Gnabry – Selke – SR: Vincic (Slowenien)

346 **England**, 27. 6., Tychy, 2:2 unentschieden n.V./4:3 im Elfmeterschießen (EM-Halbfinale): Pollersbeck – Toljan, G. Jung (Kehrer), Kempf, Gerhardt – Arnold, Haberer (Kohr) – Philipp, M. Meyer, Gnabry (Amiri) – Selke (1) (Platte 1) – SR: Mazeika (Litauen) – Die Tore aus dem Elfmeterschießen (Arnold, Philipp, M. Meyer, Amiri) zählen nicht in der Torjägerstatistik, sondern dienen lediglich zur Ermittlung des Siegers.

347 **Spanien**, 30. 6., Krakau, 1:0 gewonnen (EM-Finale): Pollersbeck – Toljan, Stark, Kempf, Gerhardt – Haberer (Kohr) – Arnold – Weiser (1), M. Meyer, Gnabry (Amiri) – Philipp (Öztunali) – SR: Bastien (Frankreich)

348 **Ungarn**, 1. 9. Paderborn, 1:2 verloren: Nübel (N.-J. Körber) – Klünter (Stenzel), Tah (Serdar), Kehrer (Baumgartl), Klostermann (J. Horn) – Anton – M. Eggestein (Neuhaus), Amiri (Serra) – Öztunali (Barkok), Skarke (Hartel) – Waldschmidt (J. Eggestein 1) – SR: Kopriwa (Luxemburg)

349 **Kosovo**, 5. 9. Osnabrück, 1:0 gewonnen (EM-Qualifikation): Nübel – Baumgartl, Anton (Neuhaus), Klostermann, J. Horn – M. Eggestein (1), Kehrer – Öztunali, Hartel (Waldschmidt), Amiri – J. Eggestein (Serra) – SR: Muntean (Rep. Moldau)

350 **Aserbaidschan**, 6. 10., Cottbus, 6:1 gewonnen (EM-Qualifikation): Nübel – Klostermann, Tah, Baumgartl, Henrichs (Neuhaus) – Dahoud (1) (M. Eggestein), Kehrer – Ph. Ochs (2), Hartel (1) (Waldschmidt) – Teuchert (1), Platte – Dazu ein Eigentor von Krivotsyuk – SR: Thorarinsson (Island)

351 **Norwegen**, 10. 10., Drammen, 1:3 verloren (EM-Qualifikation): Nübel – Stenzel, Tah, Baumgartl, Henrichs – M. Eggestein (J. Eggestein), Kehrer, Ph. Ochs (Passlack), Hartel – Teuchert (1), Platte (Serra) – SR: Valjic (Bosnien-Herzegowina)

352 **Aserbaidschan**, 9. 11. Baku, 7:0 gewonnen (EM-Qualifikation): Nübel – Klostermann (1), Anton, Baumgartl, Ph. Ochs – Dahoud (Neuhaus), Kehrer (Stenzel) – Öztunali (1), Amiri (1) – Hartel (3) (Serra) – Seydel (1) – SR: Sakhi (Kasachstan)

353 **Israel**, 14. 11., Ramat Gan, 5:2 gewonnen (EM-Qualifikation): Nübel – Klostermann (1), Baumgartl (1), Anton (Neuhaus 1), Ph. Ochs – Kehrer, Dahoud (1) – Öztunali, Amiri – Hartel (Seydel 1) – Teuchert (Löwen) – SR: Obrenovic (Slowenien)

2018: 8 Spiele: 7 Siege, 1 Unentschieden

354 **Israel,** 22 3., Braunschweig, 3:0 gewonnen (EM-Qualifikation): Nübel – Henrichs, Tah, Anton, Klostermann – Löwen (1) – Öztunali (1), M. Eggestein, Dahoud (Neuhaus), Amiri (Hartel) – Teuchert (1) (Serra) – SR: Zebec (Kroatien)

355 **Kosovo**, 27. 3., Mitrovica, 0:0 unentschieden (EM-Qualifikation): Nübel – Henrichs, Anton, Torunarigha, Klostermann – Löwen – Öztunali (Ph. Ochs), M. Eggestein (Serra), Dahoud, Amiri – Teuchert (Serdar) – SR: Szabo (Ungarn)

356 **Mexiko**, 7. 9., Fürth, 3:0 gewonnen: Nübel (Schubert) – Klostermann (P. Stenzel), Baumgartl (Anton), Uduokhai, Ph. Ochs (Torunarigha) – Serdar (Löwen) – Henrichs (Hartel), M. Eggestein (A. Maier), Waldschmidt (Neuhaus) – M. Richter (Seydel 1), Serra (1) (Teuchert 1) – SR: Hunter (Nordirland)

357 **Irland**, 11. 9., Dublin, 6:0 gewonnen (EM-Qualifikation): Nübel – Klostermann, Baumgartl, Anton, Torunarigha – Löwen (Maier) – Henrichs, M. Eggestein – Neuhaus – Teuchert (3) (Serdar 2), Seydel (1) (M. Richter) – SR: Hernandez (Spanien)

358 **Norwegen**, 12.10., Ingolstadt, 2:1 gewonnen (EM-Qualifikation): Nübel – Klostermann, Tah, Baumgartl, Henrichs – A. Maier – M. Eggestein, Löwen (R. Koch), Neuhaus (Öztunali) – Teuchert (1) (Serra), Waldschmidt (1) – SR: Levnikov (Russland)

359 **Irland**, 16. 10., Heidenheim, 2:0 gewonnen (EM-Qualifikation): Nicolas – Baumgartl (Klostermann), R. Koch, Uduokhai – Sabiri, Mittelstädt – Ph. Ochs, Hartel – Öztunali (1) – Serra (1) (Waldschmidt), J. Eggestein – SR: Abed (Frankreich)

360 **Niederlande**, 16. 11., Offenbach, 3:0 gewonnen: N. J. Körber (Brodersen) – Anton, R. Koch, Uduokhai – Henrichs (P. Stenzel), Serdar (M. Eggestein), Mittelstädt – Öztunali, Sabiri (1) – Ph. Ochs (1) (Waldschmidt), Serra (Knöll 1) – SR: Weinberger (Österreich)

361 **Italien**, 19. 11., Reggio Emilia, 2:1 gewonnen: Nübel – Klostermann, Baumgartl, Uduokhai, Henrichs – Neuhaus (Sabiri), Dahoud, M. Eggestein (P. Stenzel) – Waldschmidt (2) (Ph. Ochs), M. Richter (Öztunali), Serra (Knöll) – SR: Branco Godinho (Portugal)

2019: 12 Spiele: 7 Siege, 3 Unentschieden, 2 Niederlagen

362 **Frankreich**, 21. 3., Essen, 2:2 unentschieden: F. Müller – Baumgartl, A. Maier (Klünter), Torunarigha (Anton) – Henrichs (Uduokhai), Dahoud, Neuhaus (P. Stenzel), Mittelstädt (1) (Sabiri) – Öztunali (1) (J. Eggestein), Waldschmidt (Iyoha), Amiri (M. Richter) – SR: Nyberg (Schweden)

363 **England**, 26. 3., Bournemouth, 2:1 gewonnen: F. Müller – Henrichs, Baumgartl, Uduokhai (1) – Mittelstädt (Klünter) – Dahoud (1) (P. Stenzel), A. Maier (Löwen) – Öztunali (J. Eggestein), Neuhaus (Sabiri), Amiri (Iyoha) – Waldschmidt (L. Nmecha) – SR: di Bello (Italien)

364 **Dänenark**, 17. 6., Udine, 3:1 gewonnen (EM-Vorrunde): Nübel – Klostermann, Tah, Baumgartl, Henrichs – A. Maier (Neuhaus), M. Eggestein, Dahoud (Serdar) – Öztunali, Waldschmidt (1), M. Richter (2) (Amiri) – SR: Grinfeld (Israel)

365 **Serbien**, 20. 6., Triest, 6:1 gewonnen (EM-Vorrunde): Nübel – Klostermann, Tah, Baumgartl, Henrichs – M. Eggestein (A. Maier 1), Öztunali (Amiri), Dahoud (1), Neuhaus – Waldschmidt (3), M. Richter (1) (L. Nmecha) – SR: Kovacs (Rumänien)

366 **Österreich**, 23. 6. Udine, 1:1 unentschieden (EM-Vorrunde): Nübel – Klostermann, Tah, Baumgartl, Henrichs – M. Eggestein (R. Koch), Neuhaus (Serdar), Dahoud – Öztunali, Waldschmidt (1), M. Richter (Amiri) – SR: Treimanis (Lettland)

367 **Rumänien**, 27. 6., Bologna, 4:2 gewonnen (EM-Halbfinale): Nübel – Klostermann, Tah, Baumgartl, Mittelstädt – M. Eggestein (A. Maier), Neuhaus (L. Nmecha), Dahoud (R. Koch) – Öztunali, Waldschmidt (2), Amiri (2) – SR: Grinfeld (Israel)

368 **Spanien**, 30. 6., Udine, 1:2 verloren (EM-Finale): Nübel – Klostermann, Tah, Baumgartl, Henrichs – M. Eggestein (L. Nmecha), Serdar (Neuhaus), Dahoud, Öztunali (M. Richter), Amiri (1) – Waldschmidt – SR: Jovanovic (Serbien)

369 **Griechenland**, 5. 9., Zwickau, 2:0 gewonnen: Schubert (Grill) – Agu (Beyer), Awoudja (Kilian), Chabot (Janelt), Handwerker (Schlotterbeck) – Fein (Özcan) – R. Baku (M. Baku), Burnic (Geiger) – J. Eggestein (Hack), Köhlert (Dorsch 1) – L. Nmecha (1) (Serra) – SR: Higler (Niederlande)

370 **Wales**, 10. 9., Wrexham, 5:1 gewonnen (EM-Qualifikation): Schubert – R. Baku, Kilian, Chabot, Schlotterbeck (Handwerker) – Janelt, J. Eggestein (1), Dorsch (Özcan), Fein (1) (Burnic), Hack (3) (M. Baku) – Serra (L. Nmecha) – SR: Musial (Polen)

371 **Spanien**, 10. 10., Cordoba, 1:1 unentschieden: Schubert (Grill) – Vagnoman (Agu), Kilian (Awoudja), Chabot (Handwerker), Schlotterbeck (1) – Janelt (Burnic) – Fein (Özcan), Dorsch (Köhlert) – J. Eggestein, M. Baku (Kiomourtzoglou) – Serra (Berisha) – SR: Jovanovic (Serbien)

372 **Bosnien-Herzegowina**, 15. 10., Zenica, 2:0 gewonnen (EM-Qualifikation): Schubert – R. Baku, Kilian (1), Schlotterbeck, Handwerker (Dorsch) – Fein (Chabot), Janelt – J. Eggestein (Berisha), Özcan (L. Nmecha 1), Hack – Serra (Burnic) – SR: Maae

373 **Belgien**, 17. 11., Freiburg, 2:3 verloren (EM-Qualifikation): Schubert – R. Baku, Kilian, Janelt, Schlotterbeck (1) – Geiger (Özcan), Fein (Kiomourtzoglou) – L. Nmecha, Hack – J. Eggestein (Berisha) – Serra (Ache 1) – SR: Verissimo (Portugal)

2020: 6 Spiele: 4 Siege, 1 Unentschieden, 1 Niederlage

374 **Rep. Moldau**, 3. 9., Wiesbaden, 4:1 gewonnen (EM-Qualifikation): Grill – R. Baku (Vagnoman), Pieper, N. Schlotterbeck (1), Jakobs – Maier – Geiger, Özcan (Krüger (1)) – Nmecha (1) (Ache), Hack (Leitsch) – Berisha (1) (Burkardt) – SR: Kajtazovic (Slowenien)

375 **Belgien**, 8. 9., Leuven, 1:4 verloren (EM-Qualifikation): Grill – R. Baku (Vagnoman), Pieper, Leitsch, N. Schlotterbeck – Maier (Janelt) – Geiger (Keitel), Özcan (Kilian) – Nmecha (1), Jakobs – Berisha (Krüger) – SR: Fabbri (Italien)

376 **Rep. Moldau**, 9. 10., Chisinau, 5:0 gewonnen (EM-Qualifikation): Grill – Passlack, Kilian, Mai, Handwerker – Dorsch (Kother (1) – Geiger (Keitel), Özcan (1) – Nmecha (2) (Massimo), Wirtz (Ache) – Krüger (Burkardt (1)) – SR: Karako (Ungarn)

377 **Bosnien-Herzegowina**, 13. 10., Fürth, 1:0 gewonnen (EM-Qualifikation): Grill – R. Baku, Pieper, Mai, Handwerker – Dorsch – Keitel (Passlack), Özcan – Wirtz (Burkardt) – Krüger (Kother), Nmecha (1) – SR: Marhefka (Slowakei)

378 **Slowenien**, 12. 11., Braunschweig, 1:1 unentschieden: Grill (Dahmen) – Passlack, Jaeckel (Mai), Leitsch (Ambrosius), Raum (Vagnoman) – Maier (Dorsch), Özcan (Mbom) – Burkardt (Kother), Jakobs (Handwerker) – Wintzheimer (1) (Nmecha) – Krüger (Berisha) – SR: Kristoffersen (Dänemark)

379 **Wales**, 17. 11., Braunschweig, 2:1 gewonnen (EM-Qualifikation): Dahmen – R. Baku, Pieper, Mai, Raum (60. Jakobs) – Dorsch – Maier, Özcan (Mbom) – Burkardt (1) (Wintzheimer) – Nmecha (1), Berisha (Wirtz) – SR: Ismuratov (Kasachstan)

2021: 6 Spiele: 3 Siege, 3 Unentschieden

380 **Ungarn**, 24. 3., Szekesfehervar, 3:0 gewonnen (EM-Gruppenphase): Dahmen – Vagnoman, Pieper, N. Schlotterbeck, Raum (Jakobs) – Maier (Özcan), Dorsch (Janelt) – R. Baku (2), Berisha (Klimowicz), Burkardt (Krüger) – Nmecha (1) – SR: Cuadra Fernandez (Spanien)

381 **Niederlande**, 27. 3., Szekesfehervar, 1:1 unentschieden (EM-Gruppenphase): Dahmen – Vagnoman, Pieper, N. Schlotterbeck – R. Baku (Janelt), Maier (Stach), Dorsch, Jakobs (Raum) – Berisha (Burkardt), Özcan (Klimowicz) – Nmecha (1) – SR: Mariani (Italien)

382 **Rumänien**, 30. 3., Budapest, 0:0 unentschieden (EM-Gruppenphase): Dahmen – Vagnoman, Pieper, N. Schlotterbeck, Raum – Maier, Dorsch – R. Baku (Jakobs), Klimowicz (Burkardt), Berisha (Stach) – Nmecha – SR: Cuadra Fernandez (Spanien)

383 **Dänemark**, 31. 5., Szekesfehervar, 2:2 unentschieden n. V./6:5 im Elfmeterschießen (EM-Viertelfinale): Dahmen – Vagnoman (Jaeckel), Pieper, N. Schlotterbeck, Raum – Stach (Klimowicz) – Wirtz (Mai), Maier – R. Baku (Adeyemi), Berisha (Burkardt (1)) – Nmecha (1) – SR: Cuadra Fernandez (Spanien) – Die Tore aus dem Elfmeterschießen (Maier, Mai, N. Schlotterbeck, Nmecha, Pieper, Jaeckel) zählen nicht in der Torstatistik, sondern dienen lediglich zur Ermittlung des Siegers.

384 **Niederlande**, 3. 6., Szekesfehervar, 2:1 gewonnen (EM-Halbfinale): Dahmen – R. Baku, Pieper, N. Schlotterbeck, Raum – Dorsch – Maier (Stach), Özcan (Janelt) – Wirtz (2) (Adeyemi), Berisha (Jakobs) – Nmecha (Burkardt) – SR: Schärer (Schweiz)

385 **Portugal**, 6. 6., Ljubljana, 1:0 gewonnen (EM-Endspiel): Dahmen – R. Baku, Pieper, N. Schlotterbeck, Raum – Dorsch (Janelt) – Maier, Özcan (Stach) – Wirtz (Burkardt), Berisha (Adeyemi) – Nmecha (1) (Jakobs) – SR: Kruashvili (Georgien)

Zu Juniorenspielen U 21 wurden berufen:

1 **Abel** Mathias, 22. 6. 1981 (1. FSV Mainz 05) 2003 SCG

3 **Ache** Ragnar, 28. 7. 1998 (Sparta Rotterdam) 2019 BEL – 2020 MDA, MDA

3 **Achenbach** Timo, 3. 9. 1982 (Borussia Dortmund 2, VfB Lübeck 1) 2003 ESP, LTU, ISL

3 **Adeyemi** Karim, 18. 1. 2002 (RB Salzburg) 2021 DEN, NED, POR

4 **Adler** René, 15. 1. 1985 (Bayer Leverkusen) 2005 AZE, ENG, WAL, AUT

5 **Adlung** Daniel, 1. 10. 1987 (SpVgg Greuther Fürth 1, VfL Wolfsburg 4) 2007 SCO – 2008 ITA – 2009 IRL, NED, BLR

4 **Afriyie** Kolia, 6. 4. 1981 (AC Horsens) 2002 ITA, BIH, NED – 2003 ESP

2 **Agu** Felix, 27. 9. 1999 (VfL Osnabrück) 2019 GRE, ESP

7 **Akpoguma** Kevin, 19. 4. 1995 (Fortuna Düsseldorf) 2015 AZE, AUT – 2016 SVK, FIN, AUT, POL – 2017 POR

1 **Alabi** Daniel, 12. 9. 1980 (Arminia Bielefeld) 2000 NOR

17 **Allofs** Thomas, 17. 11. 1959 (Fortuna Düsseldorf 15, 1. FC Kaiserslautern 2) 1979 POL, URS – 1980 BEL, Prov. Kanton, ROU, CHN, FRA, BUL – 1981 AUT, FIN, AUT, BUL – 1982 ESP, ESP, URS, ENG, ENG

1 **Alter** André, 20. 8. 1973 (SG Wattenscheid 09) 1994 GRE

1 **Ambrosius** Stephan, 18. 12. 1998 (Hamburger SV) 2020 SVN

24 **Amiri** Nadiem, 27. 10. 1996 (TSG Hoffenheim) 2016 RUS, SVK, FIN, AUT, POL – 2017 ENG, POR, DEN, ITA, ENG, ESP. HUN, KVX, AZE, ISR – 2018 ISR, KVX – 2019 FRA, ENG, DEN, SRB, AUT, ROU, ESP

3 **Anderbrügge** Ingo, 2. 1. 1964 (Borussia Dortmund) 1985 SUI, CSV, URS

11 **Anton** Waldemar, 20. 07. 1996 (Hannover 96) 2016 SVK – 2017 HUN, KVX, AZE, ISR – 2018 ISR, KVX, MEX, IRL, NED – 2019 FRA

25 **Aogo** Dennis, 14. 1. 1987 (SC Freiburg 13, Hamburger SV 12) 2007 AUT, CZE, SUI, JAP, FRA, IRL, NIR, SWE, ISR, MDA – 2008 BEL, UKR, DEN, MDA, NIR, ISR, ITA – 2009 IRL, NED, BLR, ESP, FIN, ENG, ITA, ENG

23 **Arnold** Maximilian, 27. 5. 1994 (VfL Wolfsburg) 2013 ROU – 2014 IRL, NED, CZE – 2015 DEN, AZE, FIN, FRO, AZE, AUT – 2016 SVK, FIN, RUS, AUT, TUR, POL – 2017 ENG, POR, CZE, DEN, ITA, ENG, ESP

3 **Arslan** Tolgay, 16. 8. 1990 (Hamburger SV) 2012 TUR – 2013 ITA, ISR

23 **Auer** Benjamin, 11. 1. 1981 (Borussia Mönchengladbach 8, 1. FSV Mainz 05 15) 2002 NIR, CZE,

RUS, RSA, JPN, ITA, IRL, ITA, LTU, NED – 2003 ESP, LTU, IRL, SCO, ISL, SCO, ISL, TUR, TUR – 2004 GRE, SUI, SWE, POR

3 **Augustin** Ralf, 27. 9. 1960 (Borussia Dortmund) 1979 URS – 1980 SCO, MEX

7 **Aumann** Raimond, 12. 10. 1963 (Bayern München) 1984 SWE – 1985 POR, BUL, CSV, URS, SWE, POR

2 **Awoudja** Maxime, 2. 2. 1998 (VfB Stuttgart) 2019 GRE, ESP

6 **Azaouagh** Mimoun, 17. 11. 1982 (1. FSV Mainz 05) 2003 IRL, SCO, ISL, SCO – 2004 SUI, POR

12 **Babbel** Markus, 8. 9. 1972 (Bayern München 1, Hamburger SV 11) 1992 CSV, NED, TUR, ALB, ESP, ALB – 1993 IRL, IRL, DEN, GRE, DEN, ESP

8 **Badstuber** Holger, 13. 3. 1989 (Bayern München) 2009 TUR, IRN, CZE, SVN, ISR, NIR, SMR – 2010 ISL

16 **Bäron** Karsten, 24. 4. 1973 (Hamburger SV) 1992 ALB, ESP, ALB – 1993 IRL, IRL, GRE, DEN, LUX – 1994 HUN, TUR, GRE, RUS, HUN – 1996 POR, FRA, FRA

5 **Bäumer** Jens, 9. 8. 1978 (Karlsruher SC) 1998 ROU, SUI, TUR, MDA – 1999 USA

1 **Baier** Daniel, 18. 5. 1984 (TSV München) 2005 WAL

3 **Baku** Makana, 8. 4. 1998 (Holstein Kiel) 2019 GRE, WAL, ESP

14 **Baku** Ridle, 8. 4. 1998 (1. FSV Mainz 05 6, VfL Wolfsburg 8) 2019 GRE, WAL, BIH, BEL – 2020 MDA, BEL, BIH, WAL – 2021 HUN, NED, ROU, DEN, NED, POR

20 **Balitsch** Hanno, 2. 1. 1981 (1. FC Köln 6, Bayer Leverkusen 14) 2002 NIR, CZE, RUS, RSA, JPN, ITA, ITA, LTU – 2003 LTU, SCG, IRL, SCO, RUS, ISL, TUR, TUR – 2004 SUI, GRE, SUI, POR

19 **Ballack** Michael, 26. 9. 1976 (Chemnitzer FC 9, 1. FC Kaiserslautern 10) 1996 DEN, POL, ARM, BUL, POR – 1997 ISR, ALB, UKR, UKR, RUS, POR, ARM, ALB – 1998 CYP, CYP, LIB, GRE, ROU, SWE

3 **Banach** Maurice, 9. 11. 1967, † 17. 11. 1991 (SG Wattenscheid 09) 1989 NED, ISL, FIN

1 **Baranowski** Matthias, 8. 2. 1967 (1. FC Köln) 1987 BUL

5 **Bargfrede** Philipp, 3. 3. 1989 (Werder Bremen) 2009 TUR, IRN, NIR, SMR – 2010 ISL

1 **Barkok** Aymen, 21. 5. 1998 (Eintracht Frankfurt) 2017 HUN

1 **Bartels** Fin, 7. 2. 1987 (Hansa Rostock) 2008 DEN

5 **Baschetti** Mirko, 2. 12. 1971 (VfL Osnabrück) 1992 NED, TUR, ALB, ESP, ALB

9 **Bastians** Felix, 9. 5. 1988 (SC Freiburg) 2009 TUR, IRN, SMR, CZE, SVN, ISR, NIR, SMR – 2010 ISL

17 **Baumann** Frank, 29. 10. 1975 (1. FC Nürnberg) 1996 DEN, NED, POL, BUL, POR – 1997 ISR, ALB, UKR, UKR, RUS, POR, ARM, ALB – 1998 LIB, GRE, ROU, SWE

1 **Baumann** Karsten, 14. 10. 1969 (1. FC Köln) 1992 SCO

10 **Baumann** Oliver, 2. 6. 1990 (SC Freiburg) 2010 CZE, UKR, ENG – 2011 NED, POR, SMR, GRE, CYP – 2012 TUR – 2013 RUS

20 **Baumgartl** Timo, 4. 3. 1996 (VfB Stuttgart) 2016 POL – 2017 POR, HUN, KVX, AZE, NOR, AZE, ISR – 2018 MEX, IRL, NOR, IRL, ITA – 2019 FRA, ENG, DEN, SRB, AUT, ROU, ESP

2 **Baumjohann** Alexander, 23. 1. 1987 (Borussia Mönchengladbach) 2009 NED, BLR

27 **Beck** Andreas, 13. 3. 1987 (VfB Stuttgart 16, TSG Hoffenheim 11) 2007 ITA, AUT, CZE, SUI, JAP, FRA, IRL, SWE, ISR, MDA, ISL, LUX – 2008 BEL, LUX, UKR, DEN, MDA, NIR, ISR, FRA, FRA, ITA – 2009 ESP, FIN, ENG, ITA, ENG

3 **Beer** Oliver, 14. 9. 1979 (Bayern München) 1999 KUW, BHR, THA

1 **de Beer** Wolfgang, 2. 1. 1964 (MSV Duisburg) 1984 URS

2 **Beierlorzer** Bertram, 31. 5. 1957 (Bayern München) 1983 TUR, AUT

1 **Beiersdorfer** Dietmar, 16. 11. 1963 (Hamburger SV) 1987 FRA

14 **Beister** Maximilian, 6. 9. 1990 (Fortuna Düsseldorf 8, Hamburger SV 6) 2010 ENG – 2011 SMR, BLR, BIH, SMR, GRE, CYP – 2012 GRE, ARG, BLR, SUI, SUI, TUR – 2013 ITA

6 **Bell** Stefan, 24. 8. 1991 (TSV München 1860 3, Eintracht Frankfurt 3) 2010 NIR, UKR, ENG – 2011 SMR, GRE, CYP

5 **Bellarabi** Karim, 8. 4. 1990 (Bayer Leverkusen) 2012 ARG, BLR, BIH, SUI, SUI

9 **Ben-Hatira** Änis, 18. 7. 1988 (MSV Duisburg 7, Hamburger SV 2) 2009 IRL, NED, BLR, ESP, FIN, ENG, ITA, TUR, IRN

1 **Bender** Lars, 27. 4. 1989 (Bayer Leverkusen) 2010 ISL

12 **Benthin** Manuel, 3. 7. 1979 (Tennis Borussia Berlin 2, Union Berlin 10) 2000 SUI, NOR, ESP, GRE, ENG, DEN – 2001 BUL, ALB, GRE, FIN, ALB, NOR

1 **Berg** Rainer, 21. 8. 1965 (SV Darmstadt 98) 1987 FRA

3 **Berisha** Mergim, 11. 5. 1998 (SC Rheindorf Altach 3, RB Salzburg 10) 2019 ESP, BIH, BEL – 2020 MDA, BEL, SVN, WAL – 2021 HUN, NED, ROU, DEN, NED, POR

5 **Berthold** Thomas, 12. 11. 1964 (Eintracht Frankfurt) 1984 URS, GRE, SWE – 1986 ITA, KOR

3 **Bertram** Tom, 30. 3. 1987 (Rot-Weiß Erfurt) 2007 SUI, CIV, FRA

11 **Beuchel** René, 31. 7. 1973 (Dynamo Dresden 7, Eintracht Frankfurt 4) 1994 GRE, HUN, MDA – 1995 ESP, GEO, WAL, BUL, BEL, MDA, WAL – 1996 FRAU

1 **Beyer** Louis Jordan, 19. 5. 2000 (Borussia Mönchengladbach) 2019 GRE

11 **Bieler** Pascal, 26. 2. 1986 (Rot-Weiss Essen 5, Hertha BSC 6) 2006 NED – 2007 SCO, AUT, CZE, CIV, IRL, ISL, LUX – 2008 BEL, UKR, DEN

10 **Bierhoff** Oliver, 1. 5. 1968 (Bayer Uerdingen 1, Hamburger SV 5, Borussia Mönchengladbach 4) 1988 SUI, FIN, NED – 1989 ISL, CSV, ISL, CMR, CMR – 1990 FRA, URS

22 **Bierofka** Daniel, 7. 2. 1979 (Bayern München 12, TSV München 1860 10) – 1999 FIN, NORI, KUW, QAT, BHR, OMA, THA – 2000 TUN, ROU, CRO, SUI, NOR, ESP, GRE, ENG, DEN – 2001 BUL, ALB, GRE, NOR, ENG, FIN

9 **Binz** Manfred, 22. 9. 1965 (Eintracht Frankfurt) 1987 ENG, DEN, LUX, NED, BUL – 1988 FIN, NED – 1990 URS, URS

20 **Bittencourt** Leandro, 19. 12. 1993 (Borussia Dortmund 1, Hannover 96 19) 2012 TUR – 2013 FRA, FRO, IRL, MNT, FRO, MNT, ROU – 2014 ESP, IRL, UKR, UKR, NED, CZE – 2015 ITA, ENG, SER, DEN, CZE, POR

2 **Bittorf** Ulrich, 2. 9. 1959 (VfL Bochum) 1981 AUT, BUL

9 **Blank** Stefan, 10. 3. 1977 (Hannover 96) 1998 SUI, MDA, NED – 1999 USA, NIR, FIN, MDA, FIN, NIR

6 **Blau** Rolf, 21. 5. 1952 (VfL Bochum) 1980 Prov. Kanton, MEX, ROU, CHN, FRA, BUL

15 **Boateng** Jerome, 3. 9. 1988 (Hamburger SV) 2007 ISR, MDA – 2008 LUX, FRA, ITA – 2009 IRL, NED, BLR, ESP, FIN, ENG, ITA, ENG, SMR, CZE

6 **Boateng** Kevin-Prince, 6. 3. 1987 (Hertha BSC 5, Borussia Dortmund 1) 2006 ENG, ENG – 2007 JAP, CIV, FRA – 2009 IRL

11 **Bochtler** Michael, 15. 10. 1975 (VfB Stuttgart 5, FC St. Pauli 4, Sturm Graz 2) 1996 NED, POL, BUL, POR – 1997 ISR, ALB, RUS, POR, ARM – 1998 GRE, ROU

1 **Bode** Jörg, 22. 8. 1969 (Hamburger SV) 1991 MAR

4 **Bode** Marco, 23. 7. 1969 (Werder Bremen) 1989 FIN, ISL, CMR, CMR

13 **Boenisch** Sebastian, 1. 2. 1987 (FC Schalke 04 5, Werder Bremen 8) 2007 SCO, ITA, AUT, CZE, IRL, NIR, SWE – 2008 NIR, FRA, FRA – 2009 ESP, ITA, ENG

1 **Book** Nils-Ole, 17. 2. 1986 (MSV Duisburg) 2007 SUI

2 **Borel** Pascal, 26. 9. 1978 (Werder Bremen) 1999 USA, SCO

2 **Borowka** Ulrich, 19. 5. 1962 (Borussia Mönchengladbach) 1982 CSV – 1987 NED

15 **Borowski** Tim. 2. 5. 1980 (Werder Bremen) 1999 AUT – 2000 TUN, TUN, ROU, CRO, SUI, NOR, ESP, GRE – 2001 BUL, FIN, ALB, NOR, ENG, FIN

8 **Brandt** Julian, 2. 5. 1996 (Bayer Leverkusen) 2015 DEN, AZE, FIN, FRO, AZE, AUT – 2016 FRO, RUS

12 **Brdaric** Thomas, 23. 1. 1975 (VfB Stuttgart 1, Fortuna Düsseldorf 2, Fortuna Köln 9) 1993 LUX – 1996 DEN, NED, POL, BUL – 1997 UKR, ALB – 1998 CYP, CYP, LIB, ROU, SWE

3 **Brehme** Andreas, 9. 11. 1960 (1. FC Saarbrücken 1, 1. FC Kaiserslautern 2) 1980 FRA – 1981 FIN, AUT

6 **Breitenreiter** André, 2. 10. 1973 (Hamburger SV) 1995 WAL, BUL, GEO, MDA – 1996 POR, FRA

1 **Brinkmann** Daniel, 29. 1. 1986 (SC Paderborn 07) 2007 ITA

1 **Brodersen** Svend, 22. 3. 1997 (FC St. Pauli) 2018 NED

7 **Broich** Thomas, 29. 1. 1981 (Wacker Burghausen 5, Borussia Mönchengladbach 2) 2002 NED – 2003 ESP, LTU, TUR, TUR – 2004 SUI, GEO

5 **Brummer** Axel, 25. 11. 1961 (1. FC Kaiserslautern) 1982 CSV – 1983 POR, ALG, CHN, HUN

3 **Brunn** Uwe, 20. 11. 1967 (1. FC Köln 1, Borussia Mönchengladbach 2) 1988 SUI – 1989 ISL, CMR

9 **Brunner** Thomas, 10. 8. 1962 (1. FC Nürnberg) 1982 CSV – 1983 ALG, CHN, BRA, FRA, HUN, AUT, TUR, ALB

13 **Bruns** Florian, 21. 8. 1979 (SC Freiburg) 1999 AUT – 2000 ROU, SUI, NOR, GRE, DEN – 2001 BUL, ALB, FIN, ALB, NOR, ENG, FIN

15 **Brzenska** Markus, 25. 5. 1984 (Borussia Dortmund) 2005 WAL, ENG, AZE, WAL, AUT – 2006 LVA, ARM, NED, SBM, POR, NED, NIR, ROU, ENG, ENG

1 **Buchwald** Guido, 24. 6. 1961 (Stuttgarter Kickers) 1980 NED

3 **Bülow** Kai, 31. 5. 1986 (Hansa Rostock) 2007 ITA, CIV, FRA

1 **Büttner** Tobias, 23. 8. 1976 (VfB Stuttgart) 1996 DEN

6 **Bugera** Alexander, 8. 8. 1978 (Bayern München 1, MSV Duisburg 5) 1998 NED – 1999 USA, NIR, SCO, MDA, FIN

1 **Bugri** Francis, 9. 11. 1980 (Borussia Dortmund) 2000 CRO
3 **Bungert** Niko, 24. 10. 1986 (Kickers Offenbach) 2008 LUX, UKR, DEN
3 **Bunte** Michael, 6. 2. 1964 (Fortuna Düsseldorf) 1984 SCO, SWE – 1985 URS
2 **Burghartswieser** Manfred, 23. 8. 1973 (Bayern München 1, TSV München 1860 1) 1994 TUR, RUS
11 **Burkardt** Jonathan, 11. 7. 2000 (1. FSV Mainz 05) 2020 MDA, MDA, BIH, SVN, WAL – 2021 HUN, NED, ROU, DEN, NED, POR
4 **Burkhardt** Thorsten, 21. 5. 1981 (SpVgg Greuther Fürth) 2003 SCG, IRL, RUS – 2004 SUI
4 **Burnic** Dzenis, 22. 5. 1998 (Dynamo Dresden) 2019 GRE, WAL, ESP, BIH
1 **Cacutalua** Malcolm, 15. 11. 1994 (VfL Bochum) 2015 FRO
5 **Calik** Serkan, 15. 3. 1986 (Rot-Weiss Essen) 2007 AUT, SUI, JAP, CIV, FRA
5 **Callsen-Bracker** Jan-Ingwer, 23. 9. 1984 (Bayer Leverkusen) 2004 LTU, SCG, AZE, POL – 2006 NED
13 **Can** Emre, 12. 1. 1994 (Bayern München 1, Bayer Leverkusen 5, FC Liverpool 7) 2013 ESP, FRA, MNT, FRO, MNT – 2014 ESP, IRL, ROU – 2015 ENG, SER, DEN, CZE, POR
1 **Cartus** Daniel, 2. 9. 1978 (Fortuna Düsseldorf) 1998 TUR
21 **Castro** Gonzalo, 11. 6. 1987 (Bayer Leverkusen) 2006 LVA, ARM, NED, SBM, FRA, POR, NED, NIR, ROU, ENG, ENG – 2007 SCO, NIR – 2008 MDA, FRA, ITA – 2009 ESP, FIN, ENG, ITA, ENG
3 **Celozzi** Stefano, 2. 11. 1988 (VfB Stuttgart) 2009 TUR, IRN, CZE
4 **Chabot** Julian, 12. 2. 1998 (Sampdoria Genua) 2019 GRE, WAL, ESP, BIH
1 **Chaftar** Mounir, 19. 1. 1986 (Eintracht Frankfurt) 2007 ITA
1 **Chmielewski** Thorsten, 21. 1. 1968 (Bayer Uerdingen) 1990 FRA
5 **Choupo-Moting** Eric-Maxim, 23. 3. 1989 (1. FC Nürnberg) 2009 SVN, ISR, NIR, SMR – 2010 ISL
1 **Christ** Marco, 6. 11. 1980 (1. FC Nürnberg) 2000 SUI
3 **Christiansen** Max, 25. 9. 1996 (FC Ingolstadt 04) 2016 FRO, RUS, SVK
20 **Cichon** Thomas, 9. 7. 1976 (1. FC Köln) 1995 WAL – 1996 DEN, NED, POL, ARM, POR – 1997 ISR, ALB, UKR, UKR, RUS, POR, ARM, ALB – 1998 CYP, CYP, LIB, GRE, ROU, SWE
5 **Clemens** Christian, 4. 8. 1991 (1. FC Köln) 2011 GRE – 2013 ISR, NED, ESP, RUS
1 **Conrad** Alexander, 15. 11. 1966 (Eintracht Frankfurt) 1987 LUX
9 **Dabrowski** Christoph, 1. 7. 1978 (Werder Bremen) 1997 UZB, SUI, BEL – 1998 ROU, SUI, NED – 1999 SCO, FIN, NIR
5 **Da Costa** Danny, 13. 7. 1993 (FC Ingolstadt 04) 2013 FRA, MNT, ROU – ROU, UKR
1 **Däbritz** Nico, 26. 8. 1971 (VfB Leipzig) 1993 GRE
8 **Dahmen** Finn, 27. 3. 1998 (1. FSV Mainz 05) 2020 SVN, WAL – 2021 HUN, NED, ROU, DEN, NED, POR
22 **Dahoud** Mahmoud, 1. 1. 1996 (Borussia Mönchengladbach 9, Borussia Dortmund 13) 2016 FRO, RUS, SVK, FIN, RUS, TUR – 2017 CZE, DEN, ITA, AZE, AZE, ISR – 2018 ISR, KVX, ITA – 2019 FRA, ENG, DEN, SRB, AUT, ROU, ESP
8 **Dammeier** Detlev, 18. 10. 1968 (Hannover 96 4, Hamburger SV 4) 1988 SUI, FIN, NED – 1989 BUL, CSV, FIN, CMR, CMR
6 **Daun** Markus, 10. 9. 1980 (Bayer Leverkusen) 2000 ESP, DEN – 2001 FIN, ALB, ENG, FIN
1 **Dehoust** Matthias, 14. 12. 1973 (Waldhof Mannheim) 1995 BUL
3 **Deisler** Sebastian, 5. 1. 1980 (Borussia Mönchengladbach) 1999 NIR, FIN, MDA
20 **Dejagah** Ashkan, 5. 7. 1986 (Hertha BSC 6, VfL Wolfsburg 14) 2004 AZE, AUT, POL – 2007 JAP, CIV, FRA, IRL, NIR, SWE, ISL, LUX – 2008 BEL, MDA, FRA, FRA, ITA – 2009 ESP, FIN, ENG, ITA
1 **Dickel** Norbert, 27. 11. 1961 (Borussia Dortmund) 1987 LUX
4 **Dickgießer** Roland, 9. 11. 1960 (Waldhof Mannheim) 1981 ESP, AUT, FIN – 1982 ESP
5 **Didavi** Daniel, 21. 2. 1990 (VfB Stuttgart 4, 1. FC Nürnberg 1) 2011 GRE, NED, ITA, POR, CYP
1 **Diekmeier** Dennis, 20. 10. 1989 (Hamburger SV) 2010 ISL
6 **Dierßen** Bernd, 26. 8. 1959 (Arminia Hannover 1, Hannover 96) 1979 POL – 1980 NED, FRA, BUL – 1981 ESP, FIN
11 **Dittus** Uwe, 3. 8. 1959 (Karlsruher SC) 1980 BEL, NED, BUL – 1981 ESP, AUT, FIN – 1982 ESP, URS, URS, ENG – 1983 POR
19 **Dogan** Mustafa, 1. 1. 1976 (KFC Uerdingen 2, Fenerbahce Istanbul 17) 1996 DEN, NED, POL, ARM, BUL, POR – 1997 ISR, ALB, UKR, UKR, RUS, POR, ARM, ALB – 1998 CYP, CYP, GRE, ROU, SWE
3 **Dorfner** Hans, 3. 7. 1965 (1. FC Nürnberg) 1985 SUI, URS, SWE

13 **Dorsch** Niklas, 15. 1. 1998 (1. FC Heidenheim 4, KAA Gent 9) 2019 GRE, WAL, ESP, BIH – 2020 MDA, BIH, SVN, WAL – 2021 HUN, NED, ROU, NED, POR
1 **Draxler** Julian, 20. 9. 1993 (FC Schalke 04) 2011 CYP
1 **Dreher** Uwe, 13. 5. 1960 (Kickers Stuttgart) 1980 NED
5 **Dreßen** Hans-Georg, 30. 12. 1964 (Borussia Mönchengladbach) 1985 SUI, BUL, CSV, URS, POR
6 **Drews** Günter, 9. 7. 1967 (Bayer Leverkusen 5, Hannover 96 1) 1986 ITA, KOR, SCO, DEN – 1987 LUX, FRA
1 **Dudziak** Jeremy, 28. 08. 1995 (FC St. Pauli) 2016 SVK
5 **Dum** Sascha, 3. 7. 1986 (Alemannia Aachen) 2006 NED, ENG, ENG – 2007 AUT, CZE
5 **Durm** Erik, 12. 5. 1992 (Borussia Dortmund) 2013 FRA, FRO, IRL, FRO – 2014 ESP
6 **Dusend** Ralf, 28. 9. 1959 (Fortuna Düsseldorf) 1979 POL – 1980 Prov. Kanton, MEX, ROU, CHN, NED
1 **Dzaka** Anel, 19. 9. 1980 (Bayer Leverkusen) 2001 ALB
12 **Eberl** Max, 21. 9. 1973 (Bayern München 1, VfL Bochum 11) 1993 LUX – 1994 HUN, RUS, HUN, FIN, MDA – 1995 ESP, GEO, BEL, GEO, MDA, WAL
13 **Ebert** Patrick, 17. 3. 1987 (Hertha BSC) 2007 SCO, SUI, JAP, CIV, FRA, NIR, ISR, MDA – 2008 BEL – 2009 IRL, ESP, FIN, ENG
6 **Eckstein** Dieter, 12. 3. 1964 (1. FC Nürnberg) 1985 URS, POR, CSV – 1986 ITA, SUI, BUL
5 **Ede** Chinedu, 5. 2. 1987, (Hertha BSC 4, MSV Duisburg 1) 2007 SCO, SUI, IRL, SWE – 2008 ITA
5 **Effenberg** Stefan, 2. 8. 1968 (Borussia Mönchengladbach) 1988 FIN, NED – 1989 BUL, ISL – 1990 URS
11 **Eggestein** Johannes, 8. 5. 1998 (Werder Bremen) 2017 HUN, KVX, NOR – 2018 IRL – 2019 FRA, ENG, GRE, WAL, ESP, BIH, BEL
16 **Eggestein** Maximilian, 8. 12. 1996 (Werder Bremen) 2017 HUN, KVX, AZE, NOR – 2018 ISR, KVX, MEX, IRI, NOR, NED, ITA – 2019 DEN, SRB, AUT, ROU, ESP
19 **Ehlers** Uwe, 8. 3. 1975 (Hansa Rostock) 1995 GEO, WAL, BUL – 1996 POR, FRA, NED, POR – 1997 ISR, ALB, UKR, UKR, RUS, POR, ARM – 1998 CYP, CYP, LIB, GRE, ROU
1 **Eichenauer** Henrik, 7. 7. 1968 (SV Darmstadt 98) 1989 BUL
1 **Eigler** Christian, 1. 1. 1984 (SpVgg Greuther Fürth) 2006 SBM
3 **Ekici** Mehmet, 25. 3. 1990 (1. FC Nürnberg) 2010 CZE, NIR, UKR
4 **Engelhardt** Marco, 1. 12. 1980 (Rot-Weiß Erfurt) 1999 KUW, BHR, AUT – 2000 TUN
9 **Engels** Stefan, 6. 9. 1960 (1. FC Köln) 1980 FRA, BUL – 1981 ESP, AUT, BUL – 1982 ESP, ESP, ENG, ENG
15 **Enke** Robert, 24. 8. 1977, † 10. 11. 2009 (Borussia Mönchengladbach) 1997 UZB, SUI, BEL – 1998 ROU, SUI, TUR, MDA, NED – 1999 NIR, FIN, SCO, MDA, FIN, NIR, TUR
1 **Epp** Thomas, 7. 4. 1968 (VfL Bochum) 1988 SUI
31 **Ernst** Fabian, 30. 5. 1979 (Hamburger SV 19, Werder Bremen 12) 1998 ROU, SUI, TUR, MDA, NED – 1999 USA, NIR, FIN, SCO, MDA, FIN, NIR TUR, AUT – 2000 TUN, ROU, CRO, SUI, NOR, ESP, GRE, ENG, DEN – 2001 BUL, ALB, GRE, FIN, ALB, NOR, ENG, FIN
13 **Ernst** Ronny, 7. 5. 1976 (Dynamo Dresden 2, TSV München 1860 10, SpVgg Greuther Fürth 1) 1996 DEN, NED, POL, ARM, POR – 1997 ISR, ALB, UKR, UKR, RUS, POR, ARM, ALB
1 **Eroglu** Timur, 22. 3. 1977 (Waldhof Mannheim) 1996 DEN
14 **Esswein** Alexander, 25. 3. 1990 (Dynamo Dresden 1, 1. FC Nürnberg 13) 2011 POR, CYP, SMR, BLR, BIH, SMR, GRE, CYP – 2012 GRE, ARG, SUI, SUI – 2013 ITA, ISR
3 **Fach** Holger, 8. 9. 1962 (Fortuna Düsseldorf) 1983 POR, TUR – 1986 DEN
5 **Fährmann** Christian, 5. 10. 1975 (Hertha BSC) 1998 CYP, CYP, LIB, ROU, SWE
1 **Fährmann** Ralf, 27. 9. 1988 (FC Schalke 04) 2008 ITA
2 **Fahrenhorst** Frank, 24. 9. 1977 (VfL Bochum) 1998 ROU, TUR
4 **Falk** Patrick, 8. 2. 1980 (Eintracht Frankfurt) 1999 AUT – 2000 TUN, CRO, SUI
2 **Falkenberg** Kim, 10. 4. 1988 (SpVgg Greuther Fürth) 2009 TUR, IRN
16 **Falkenmayer** Ralf, 11. 2. 1963 (Eintracht Frankfurt) 1982 SUI, CSV, URS – 1983 POR, TUR, AUT, ALG, CHN, BRA, FRA, HUN, AUT, TUR, ALB – 1984 BEL – 1986 KOR
18 **Fathi** Malik, 29. 10. 1983 (Hertha BSC) 2004 GEO, GRE, SUI, LTU, AZE – 2005 WAL, ENG, AZE, ENG, WAL, AUT, CZE, CZE – 2006 LVA, ARM, NED, SBM, FRA
5 **Fein** Adrian, 18. 3. 1999 (Hamburger SV) 2019 GRE, WAL, ESP, BIH, BEL
1 **Feinbier** Markus, 30. 11. 1969 (Bayer Leverkusen) 1989 BUL
13 **Feldhoff** Markus, 29. 8. 1974 (Bayer Uerdingen 7, Bayer Leverkusen 6) 1994 HUN, HUN, FIN, MDA – 1995 ESP, GEO, BUL, BEL, GEO, MDA, WAL, BUL – 1996 FRA
2 **Fellhauer** Andreas, 16. 9. 1971 (Waldhof Mannheim) 1992 NED, TUR

3 **Fensch** Marcell, 23. 8. 1975 (1. FC Köln) 1998 CYP, CYP, LIB
13 **Feulner** Markus, 12. 2. 1982 (Bayern München 11, 1. FC Köln 2) 2002 CZE, ITA, NED – 2003 ESP, LTU, SCG, IRL, SCO, ISL, SCO, ISL – 2004 GEO, SWE
16 **Fiedler** Christian, 27. 3. 1975 (Hertha BSC) 1995 GEO, BEL – 1996 DEN, NED, POL, ARM, BUL – 1997 UKR, UKR, RUS, POR, ARM, ALB – 1998 CYP, CYP, LIB
1 **Fink** Thorsten, 29. 10. 1967 (SG Wattenscheid 09) 1989 CMR
2 **Fischer** Karsten, 27. 5. 1984 (VfL Wolfsburg) 2005 POL – 2006 LVA
8 **Fleßers** Robert, 11. 02. 1987 (Borussia Mönchengladbach) 2007 SCO, ITA, AUT, CZE, JAP, FRA, IRL, ISL
1 **Flick** Thorsten, 22. 8. 1976 (Eintracht Frankfurt) 1996 DEN
7 **Foda** Franco, 23. 4. 1966 (Arminia Bielefeld 1, 1. FC Kaiserslautern 6) 1985 POR – 1987 FRA, ENG, DEN, LUX, NED, BUL
6 **Forkel** Martin, 22. 7. 1979 (Borussia Fulda) 1999 KUW, QAT, BHR, OMA, ROU, AUT
7 **Franck** Thomas, 24. 2. 1971 (Borussia Dortmund) 1990 SWE, SUI – 1991 BUL, BEL, LUX – 1992 SCO, SCO
19 **Franz** Maik, 5. 8. 1981 (VfL Wolfsburg) 2002 NIR, CZE, RUS, RSA, JPN, ITA, IRL, ITA, LTU, BIH, NED – 2003 ESP, IRL, RUS, ISL, SCO, TUR – 2004 GRE, SWE
13 **Freier** Paul, 26. 7. 1979 (VfL Bochum) 2000 ROU, CRO, SUI, NOR, ESP, GRE, ENG – 2001 BUL, ALB, GRE, NOR, ENG, FIN
1 **Freis** Sebastian, 23. 4. 1985 (Karlsruher SC) 2006 ENG
2 **Freund** Horst, 28. 9. 1960 (Borussia Dortmund) 1980 Prov. Kanton, MEX
5 **Frey** Dieter, 31. 10. 1972 (Bayern München) 1993 IRL, DEN, GRE, DEN, ESP
5 **Friedrich** Arne, 29. 5. 1979 (Arminia Bielefeld) 2000 DEN – 2001 GRE, ALB, ENG, FIN
6 **Frings** Torsten, 22. 11. 1976 (Werder Bremen) 1997 ALB – 1998 CYP, CYP, LIB, GRE, SWE
1 **Fritz** Clemens, 7. 12. 1980 (Karlsruher SC) 2001 FIN
12 **Fromlowitz** Florian, 2. 7. 1986 (1. FC Kaiserslautern 8, Hannover 96 4) 2006 NED, POR – 2007 ITA, SUI, JAP, FRA, IRL, SWE – 2008 MDA, ISR – 2009 NED, BLR
7 **Frommer** Nico, 8. 4. 1978 (VfB Stuttgart 6, Borussia Mönchengladbach 1) 1998 ROU, SUI, MDA, NED – 1999 USA, SCO, NIR
6 **Frontzeck** Michael, 26. 3. 1964 (Borussia Mönchengladbach) 1984 BEL, URS, GRE – 1985 POR – 1986 ITA, KOR
4 **Fuchs** Henri, 23. 6. 1970 (Hansa Rostock 1, 1. FC Köln 3) 1991 URS, ENG, BEL, LUX
1 **Fuchs** Uwe, 23. 7. 1966 (FC Homburg) 1986 KOR
2 **Fürstner** Stephan, 11. 9. 1987 (Bayern München) 2007 ITA, IRL
4 **Fuhr** Bernd, 11. 4. 1960 (Kickers Offenbach) 1980 MEX, FRA – 1981 ESP, FIN
15 **Funk** Patrick, 11. 2. 1990 (VfB Stuttgart 5, FC St. Pauli 10) 2010 CZE, UKR, ENG – 2011 GRE, POR, CYP, SMR, BIH, SMR, GRE – 2012 GRE, ARG, BIH, SUI – 2013 RUS
7 **Funkel** Wolfgang, 10. 8. 1958 (Bayer Uerdingen) 1985 SUI, BUL, CSV, URS, CSV – 1986 ITA, KOR
6 **Gaudino** Maurizio, 12. 12. 1966 (Waldhof Mannheim 5, VfB Stuttgart 1) 1985 CSV – 1986 ITA, SCO – 1987 LUX, NED, FRA
2 **Gebauer** Claus, 15. 9. 1960 (MSV Duisburg) 1980 SUI, MEX
3 **Gebhart** Timo, 12. 4. 1989 (VfB Stuttgart) 2009 SMR – 2010 ISL, ISL
5 **Geiger** Dennis, 10. 6. 1998 (TSG Hoffenheim) 2019 GRE, BEL – 2020 MDA, BEL, MDA
3 **Geier** Winfried, 23. 8. 1960 (FC Schalke 04) 1980 SUI, BEL, NED
5 **Geiger** Michael, 27. 9. 1960 (Eintracht Braunschweig) 1981 FIN, BUL – 1982 ESP, ESP, ENG
2 **Geilenkirchen** Ralf, 26. 4. 1966 (1. FC Köln) 1986 ITA, KOR
2 **Geils** Karl-Heinz, 20. 5. 1955 (Arminia Bielefeld) 1982 ENG, ENG
12 **Geis** Johannes, 17. 8. 1993 (1. FSV Mainz 05) 2013 FRA, MNT, FRO – 2014 ESP, IRL, UKR, UKR, NED, CZE – 2015 ITA, DEN, POR
20 **Gemiti** Giuseppe, 3. 5. 1981 (Eintracht Frankfurt 4, Udinese Calcio 11, Genoa 1893 5) 2002 RUS, JPN, ITA, IRL, ITA, LTU, BIH, NED – 2003 ESP, SCG, IRL, SCO, RUS, ISL, SCO – 2004 SUI, GEO, GRE, SUI, SWE
17 **Gerhardt** Yannick, 13. 3. 1994 (1. FC Köln 6, VfL Wolfsburg 11) 2015 DEN, AZE, FIN, FRO – 2016 FRO, RUS, SVK, FIN, RUS, AUT – 2017 ENG, POR, CZE, DEN, ITA, ENG, ESP
1 **Gerlach** Jens, 3. 7. 1970 (1. FC Magdeburg) 1990 SUI
14 **Gerster** Frank, 15. 4. 1976 (Bayern München) 1996 DEN, NED, POL, ARM, BUL – 1997 ISR, ALB, UKR, UKR, ARM, ALB – 1998 CYP, CYP, LIB
1 **Gielchen** Andreas, 27. 10. 1964 (1. FC Köln) 1985 POR
6 **Ginczek** Daniel, 13. 4. 1991 (Borussia Dortmund 2, VfL Bochum 3, FC St. Pauli) 2010 UKR, ENG – 2011 SMR, SMR, CYP – 2012 ARG

18 **Ginter** Matthias, 19. 1. 1994 (SC Freiburg 8, Borussia Dortmund 10) 2013 NED, ESP, RUS, FRA, FRO, MNT, MNT, ROU – 2015 ITA, ENG, SER, DEN, CZE, POR – 2016 RUS, TUR – 2017 ENG, POR

4 **Glesius** Arno, 22. 9. 1965 (Karlsruher SC) 1987 ENG, DEN, LUX, NED

15 **Gnabry** Serge, 14. 7. 1995 (FC Arsenal 3, West Bromwich Albion 4, Werder Bremen 8) 2015 ITA, ENG, DEN, DEN, FIN, FRO, AZE – 2016 FIN, RUS, AUT – 2017 CZE, DEN, ITA, ENG, ESP

9 **Görlitz** Andreas, 31. 1. 1982 (TSV München 1860) 2003 RUS, ISL, TUR, TUR – 2004 SUI, GEO, SUI, SWE, POR

2 **Götze** Mario, 3. 6. 1992 (Borussia Dortmund) 2010 CZE, NIR

6 **Golz** Richard, 5. 6. 1968 (Hamburger SV) 1989 CSV, FIN, CMR – 1990 FRA, URS, URS

6 **Gomez** Mario, 10. 7. 1985 (VfB Stuttgart) 2005 AUT – 2006 NED, NIR, ROU, ENG, ENG

1 **Gomminginger** Thomas, 3. 3. 1966 (VfB Stuttgart) 1986 SUI

10 **Goretzka** Leon, 6. 2. 1995 (FC Schalke 04) 2013 FRA, FRO, IRL – 2015 DEN, AZE, FIN, FRO, AZE, AUT – 2017 POR

4 **Gorski** Bernd, 4. 10. 1959 (Hamburger SV 1, Hannover 96 3) 1979 POL – 1980 SCO, BEL, NED

18 **Gospodarek** Uwe, 6. 8. 1973 (Bayern München 10, VfL Bochum 8) 1993 LUX – 1994 HUN, TUR, RUS, HUN, FIN, MDA – 1995 ESP, WAL, BUL, BEL, GEO, MDA, WAL, BUL – 1996 POR, FRA, FRA

1 **Graf** Daniel, 3. 8. 1977 (1. FC Kaiserslautern) 1997 BEL

2 **Grahammer** Roland, 3. 11. 1963 (1. FC Nürnberg) 1984 BEL, URS

10 **Greiner** Uwe, 8. 8. 1959 (VfB Stuttgart 9, Bayer Leverkusen 1) 1979 POL – 1980 SUI, Prov. Kanton, ROU, CHN, NED, FRA, BUL – 1981 AUT, FIN

7 **Grill** Lennart, 25. 1. 1999 (1. FC Kaiserslautern 2, Bayer Leverkusen 5) 2019 GRE, ESP – 2020 MDA, BEL, MDA, BIH, SVN

1 **Großkreutz** Kevin, 19. 7. 1988 (Borussia Dortmund) 2010 ISL

14 **Grote** Dennis, 9. 8. 1986 (VfL Bochum) 2007 JAP, CIV, FRA, IRL, SWE, ISR, MDA, ISL, LUX – 2008 LUX, MDA, NIR, ISR – 2009 IRL

7 **Gruber** Rigobert, 14. 5. 1961 (Eintracht Frankfurt 3, Werder Bremen 4) 1979 URS – 1980 SCO, SUI – 1981 AUT, FIN – 1982 ESP, URS

2 **Grüner** Roland, 11. 1. 1963 (1. FC Kaiserslautern) 1983 HUN, AUT

8 **Gündogan** Ilkay, 24. 10. 1990 (1. FC Nürnberg 3, Borussia Dortmund 5) 2010 UKR, ENG – 2011 ITA, BLR, BIH, GRE, CYP – 2012 GRE

9 **Günter** Christian, 28. 2. 1993 (SC Freiburg) 2014 IRL, ROU, UKR, NED, CZE – 2015 ENG, SER, CZE, POR

2 **Gundelach** Hans-Jürgen, 29. 11. 1963 (Eintracht Frankfurt) 1985 SUI, URS

2 **Haas** Uwe, 26. 2. 1964 (1. FC Köln) 1985 BUL, CSV

23 **Haber** Marco, 21. 9. 1971 (1. FC Kaiserslautern) 1990 SWE, LUX, SUI – 1991 URS, BEL, BUL, ENG, MAR, BEL, LUX – 1992 SCO, SCO, CSV, NED, TUR, ALB, ESP, ALB – 1993 IRL, IRL, DEN, GRE, DEN

9 **Haberer** Janik, 2. 4. 1994 (VfL Bochum 1, SC Freiburg 8) 2015 AZE – 2016 AUT, TUR, POL – 2017 ENG, POR, CZE, ENG, ESP

5 **Hack** Robin, 27. 8. 1998 (1. FC Nürnberg) 2019 GRE, WAL, BIH, BEL – 2020 MDA

1 **Häßler** Thomas, 30. 5. 1966 (1. FC Köln) 1986 BUL

3 **Hager** Tobias, 13. 8. 1973 (Bayern München) 1994 RUS, HUN, FIN

5 **Hagner** Matthias, 15. 8. 1974 (Eintracht Frankfurt) 1994 TUR, GRE – 1995 BUL – 1996 POR, FRA

1 **Hahn** Sebastian, 18. 12. 1975 (KFC Uerdingen) 1996 NED

3 **Halfar** Daniel, 7. 1. 1988 (Arminia Bielefeld) 2008 UKR, NIR – 2009 IRL

4 **Halfar** Sören, 2. 1. 1987 (Hannover 96) 2007 ITA, SUI, JAP, FRA

10 **Hamann** Dietmar, 27. 8. 1973 (Bayern München) 1993 LUX – 1994 TUR, GRE, RUS, HUN, FIN, MDA – 1995 BEL, GEO, BUL

3 **Hammerl** René, 1. 1. 1979 (Sportfreunde Dorfmerkingen) 1999 KUW, BHR, OMA

1 **Hampel** Oliver, 2. 3. 1985 (Hamburger SV) 2005 WAL

7 **Handwerker** Tim, 19. 5. 1998 (1. FC Nürnberg) 2019 GRE, WAL, ESP, BIH – 2020 MDA, BIH, SVN

26 **Hanke** Mike, 5. 11. 1983 (FC Schalke 04) 2003 LTU, SCG, RUS, ISL, SCO, ISL, TUR, TUR – 2004 SUI, GEO, GRE, SWE, POR, LTU, SCG, AZE, AUT, POL – 2005 WAL, ENG, POL, AZE, ENG, AUT, CZE, CZE

1 **Hannes** Wilfried, 17. 5. 1957 (Borussia Mönchengladbach) 1986 KOR

8 **Happe** Markus, 11. 2. 1972 (Bayer Leverkusen) 1992 CSV, NED, TUR, ALB, ESP – 1993 GRE, DEN, ESP

9 **Hartel** Marcel, 19. 1. 1996 (1. FC Union Berlin) 2017 HUN, KVX, AZE, NOR, AZE, ISR – 2018 ISR, MEX, IRL

6 **von Heesen** Thomas, 1. 10. 1961 (Hamburger SV) 1981 AUT – 1982 SUI, CSV, ENG – 1983 ALB – 1985 POR

4 **Hegeler** Jens, 22. 1. 1988 (FC Augsburg) 2009 TUR, IRN, SVN, ISR

3 **Heidenreich** Hans-Jürgen, 17. 8. 1967 (1. FC Nürnberg 1, Hessen Kassel 2) 1988 SUI – 1989 CMR, CMR

3 **Heidenreich** Maximilian, 9. 5. 1967 (Hannover 96) 1985 CSV – 1986 SUI, DEN

4 **Heimeroth** Christofer, 1. 8. 1981 (FC Schalke 04) 2002 RUS, IRL, BIH – 2003 ESP

8 **Heintz** Dominique, 15. 8. 1993 (1. FC Kaiserslautern) 2014 ROU, UKR, UKR, NED, CZE – 2015 DEN, CZE, POR

3 **Heldt** Horst, 9. 12. 1969 (1. FC Köln) 1990 SUI – 1991 URS, MAR

11 **Heller** Marcel, 12. 2. 1986 (Eintracht Frankfurt 8, MSV Duisburg 3) 2007 SCO, ITA, AUT, CZE, SUI, JAP – 2008 UKR, DEN – 2009 IRL, NED, BLR

9 **Helmes** Patrick, 1. 3. 1984 (Sportfreunde Siegen 1, 1. FC Köln 8) 2005 WAL, POL, AZE – 2006 LVA, ARM, NED, FRA, NIR, ROU

13 **Hengen** Thomas, 22. 9. 1974 (1. FC Kaiserslautern) 1994 RUS, HUN, FIN, MDA – 1995 ESP, BEL, GEO, MDA, WAL, BUL – 1996 POR, FRA, FRA

21 **Hennings** Rouwen, 28. 8. 1987 (Hamburger SV 7, VfL Osnabrück 10, FC St. Pauli 4) 2007 ITA, AUT, CZE, SUI, JAP, CIV, FRA, IRL, NIR, SWE, ISR, MDA, ISL, LUX – 2008 LUX, UKR, DEN, MDA, ISR, FRA – 2009 IRL

17 **Henrichs** Benjamin, 23. 2. 1997 (Bayer Leverkusen 6, AS Monaco 11) 2016 SVK – 2017 POR, AZE, NOR – 2018 ISR, KVX, MEX, IRL, NOR, NED, ITA – 2019 FRA, ENG, DEN, SRB, AUT, ESP

6 **Herbst** Thomas, 6. 10. 1962 (Eintracht Braunschweig) 1983 ALB, TUR, AUT, ALG, BRA, FRA

3 **Herget** Matthias, 14. 11. 1955 (Bayer Uerdingen) 1983 AUT, TUR, ALB

20 **Herrlich** Heiko, 3. 12. 1971 (Bayer Leverkusen 19, Borussia Mönchengladbach 1) 1990 SUI – 1991 URS, BEL, BUL, ENG, MAR, BEL, LUX – 1992 SCO, SCO, CSV, NED, TUR, ALB, ESP, ALB – 1993 IRL, IRL, DEN, GRE

14 **Herrmann** Patrick, 12. 2. 1991 (Borussia Mönchengladbach) 2010 CZE, NIR – 2011 GRE, POR, GRE, CYP – 2012 BLR, BIH, TUR – 2013 ITA, ISR, NED, ESP, RUS

13 **Hertzsch** Ingo, 22. 7. 1977 (Chemnitzer FC 3, Hamburger SV 10) 1997 UZB, SUI, BEL – 1998 ROU, SUI – 1999 USA, NIR, FIN, SCO, MDA, FIN, NIR, TUR

8 **Hieronymus** Holger, 22. 2. 1959 (Hamburger SV) 1980 SUI, BEL – 1981 ESP, AUT, FIN, FIN, AUT – 1982 ESP

12 **Hilbert** Roberto, 16. 10. 1984 (SpVgg Greuther Fürth 8, VfB Stuttgart 4) 2005 ENG, AZE, WAL, AUT – 2006 LVA, NED, SBM, POR, NED, NIR, ROU, ENG

18 **Hildebrand** Timo, 5. 4. 1979 (VfB Stuttgart) 1999 KUW, QAT, OMA, AUT – 2000 TUN, TUN, CRO, SUI, ESP, GRE – 2001 BUL, ALB, GRE, FIN, ALB, NOR, ENG, FIN

8 **Hinkel** Andreas, 26. 3. 1982 (VfB Stuttgart) 2002 NIR, JPN, ITA, IRL, ITA, LTU, BIH – 2003 ESP

20 **Hitzelsperger** Thomas, 5. 4. 1982 (Aston Villa) 2002 NIR, CZE, RUS, RSA, ITA, LTU, NED – 2003 ESP, LTU, SCG, IRL, SCO, RUS, TUR, TUR – 2004 SUI, GEO, GRE, SUI, POR

10 **Hochstätter** Christian, 19. 10. 1963 (Borussia Mönchengladbach) 1984 SCO – 1985 POR, SUI, BUL, CSV, URS, SWE, POR – 1990 URS, URS

2 **Hönerbach** Mathias, 13. 4. 1962 (1. FC Köln) 1983 ALB, AUT

1 **Hönnscheidt** Norbert, 3. 11. 1960 (Eintracht Frankfurt) 1980 FRA

22 **Höwedes** Benedikt, 29. 2. 1988 (FC Schalke 04) 2007 ISL, LUX – 2008 BEL, LUX, UKR. MDA, ISR, FRA, FRA, ITA – 2009 NED, ESP, FIN, ENG, ITA, ENG, SMR, CZE, SVN, ISR – 2010 ISL, ISL

4 **Hoffmann** Andre, 28. 2. 1993 (Hannover 96) 2013 FRA, MNT, FRO, ROU

1 **Hoffmann** Daniel, 27. 10. 1971 (Hansa Rostock) 1992 TUR

10 **Hofmann** Jonas, 14. 7. 1992 (Borussia Dortmund 6, 1. FSV Mainz 05 4) 2013 FRA, FRO, IRL, MNT, ROU – 2014 ESP, IRL, ROU, UKR, UKR

17 **Hofmann** Philipp, 30. 3. 1993 (FC Ingolstadt 04 7, 1. FC Kaiserslautern 10) 2013 FRO, IRL, MNT, FRO, MNT, ROU – 2014 ESP, IRL, ROU, UKR, UKR, NED, CZE – 2015 ITA, ENG, SER, CZE

24 **Holtby** Lewis, 18. 9. 1990 (FC Schalke 04 12, VfL Bochum 1, 1. FSV Mainz 05 7, Tottenham Hotspur 4) 2009 TUR, IRN – 2010 ISL, CZE, NIR, UKR – 2011 GRE, NED, ITA, POR, CYP, SMR, BLR, BIH, GRE, CYP – 2012 ARG, BLR, SUI, SUI – 2013 ISR, NED, ESP, RUS

1 **Hoos** Herbert, 18. 7. 1965 (1. FC Kaiserslautern) 1984 GRE

2 **Horn** Jannes, 6. 2. 1997 (1. FC Köln) 2017 HUN, KVX

4 **Horn** Timo, 12. 5. 1993 (1. FC Köln) 2013 FRA – 2014 IRL, ROU, CZE

11 **Hornschuh** Marc, 2. 3. 1991 (Borussia Dortmund 10, FC Ingolstadt 04 1) 2010 ENG – 2011 NED, ITA, POR, CYP, SMR, SMR, CYP – 2012 GRE, ARG, TUR
3 **Hubner** Michael, 12. 8. 1969 (VfL Bochum) 1990 SWE, LUX, SUI
21 **Hummels** Mats, 16. 12. 1988 (Bayern München 3, Borussia Dortmund 18) 2007 CZE, SUI, LUX – 2008 BEL, LUX, UKR, DEN, MDA, NIR, ISR – 2009 ITA, ENG, TUR, IRN, SMR, CZE, SVN, ISR, NIR, SMR – 2010 ISL
13 **Hunt** Aaron, 4. 9. 1986 (Werder Bremen) 2005 ENG, WAL, CZE – 2006 NED, ROU, ENG, ENG – 2007 SCO – 2008 LUX, UKR, DEN, FRA, FRA
2 **Huth** Jannik, 15. 4. 1994 (1. FSV Mainz 05) 2016 SVK, AUT
4 **Huth** Robert, 18. 8. 1984 (FC Chelsea) 2004 SWE, POR – 2005 AZE, ENG
1 **Hutwelker** Karsten, 27. 8. 1971 (Fortuna Düsseldorf) 1992 CSV
7 **Illgner** Bodo, 7. 4. 1967 (1. FC Köln) 1985 CSV – 1986 SUI, SCO, DEN, BUL – 1987 LUX, NED
14 **Immel** Eike, 27. 11. 1960 (Borussia Dortmund) 1979 URS – 1980 SCO, BEL – 1981 AUT, BUL – 1982 ESP, ESP, URS, URS, ENG, ENG – 1984 SCO – 1986 ITA, KOR
2 **Iyoha** Emmanuel, 11. 10. 1997 (Erzgebirge Aue) 2019 FRA, ENG
2 **Jaeckel** Paul, 22. 7. 1998 (SpVgg Greuther Fürth) 2020 SVN – 2021 DEN
1 **Jähnig** Uwe, 26. 8. 1969 (Dynamo Dresden) 1992 SCO
1 **Jaissle** Matthias, 5. 4. 1988 (TSG Hoffenheim) 2009 IRL
9 **Jakobs** Ismail, 17. 8. 1999 (1. FC Köln) 2020 MDA, BEL, SVN, WAL – 2021 HUN, NED, ROU, NED, POR
2 **Jancker** Carsten, 28. 8. 1974 (1. FC Köln) 1993 ESP – 1994 GRE
10 **Janelt** Vitaly, 10. 5. 1998 (VfL Bochum 6, FC Brentford 4) 2019 GRE, WAL, ESP, BIH, BEL – 2020 BEL – 2021 HUN, NED, NED, POR
4 **Jansen** Marcell, 4. 11. 1985 (Borussia Mönchengladbach) 2004 POL – 2005 WAL, ENG, POL
1 **Janßen** Olaf, 8. 10. 1966 (1. FC Köln) 1987 FRA
18 **Jantschke** Tony, 7. 4. 1990 (Borussia Mönchengladbach) 2010 NIR – 2011 GRE, NED, POR, BLR, BIH, SMR, GRE, CYP – 2012 GRE, BLR, SUI, SUI – 2013 ITA, ISR, NED, ESP, RUS
12 **Jentzsch** Simon, 4. 5. 1976 (Karlsruher SC) 1996 POL, BUL, POR – 1997 ISR, ALB, RUS – 1998 CYP, CYP, LIB, GRE, ROU, SWE
3 **Jeremies** Jens, 5. 3. 1974 (TSV München 1860) 1995 MDA, WAL, BUL
6 **Johnson** Fabian, 11. 12. 1987 (TSV München 1860) 2007 SUI – 2008 ITA – 2009 IRL, NED, ITA, ENG
1 **Joneleit** Torben, 17. 5. 1987 (AS Monaco) 2007 ITA
8 **Jones** Jermaine, 3. 11. 1981 (Eintracht Frankfurt) 2002 ITA, IRL, LTU, BIH – 2003 SCG, RUS, ISL, SCO
4 **Judt** Juri, 24. 7. 1986 (SpVgg Greuther Fürth) 2007 SCO, AUT, IRL, ISL
5 **Jung** Gideon, 12. 9. 1994 (Hamburger SV) 2017 ENG, CZE, DEN, ITA, ENG
19 **Jung** Sebastian, 22. 6. 1990 (Eintracht Frankfurt) 2010 CZE, UKR, ENG – GRE, NED, ITA, SMR, BLR, BIH, SMR, GRE, CYP – 2012 GRE, ARG, BIH, SUI, SUI – 2013 ITA, ISR
4 **Jungnickel** Lars, 31. 8. 1981 (Energie Cottbus) 2002 RSA, JPN, BIH, NED
2 **Kachunga** Elias, 22. 4. 1992 (SC Paderborn 07) 2014 IRL, CZE
2 **Kampa** Darius, 16. 1. 1977 (FC Augsburg 1, 1. FC Nürnberg 1) 1997 SUI – 1999 USA
3 **Kanopa** Mario, 18. 4. 1977 (Carl Zeiss Jena) 1997 UZB, SUI, BEL
1 **Karius** Lorius, 22. 6. 1993 (1. FSV Mainz 05) 2014 CZE
1 **Karl** Steffen, 3. 2. 1970 (Borussia Dortmund) 1991 LUX
2 **Kastl** Manfred, 23. 9. 1965 (Hamburger SV) 1987 LUX, FRA
2 **Kaul** Sebastian, 17. 10. 1979 (KFC Uerdingen) 1999 QAT, OMA
11 **Kehl** Sebastian, 13. 2. 1980 (Hannover 96 5, SC Freiburg 6) 1999 AUT – 2000 TUN, TUN, ROU, CRO, ESP, ENG – 2001 BUL, ALB, GRE, ALB
9 **Kehrer** Thilo, 21. 9. 1996 (FC Schalke 04) 2017 ENG, POR, ENG, HUN, KVX, AZE, NOR, AZE, ISR
5 **Keidel** Ralf, 6. 3. 1977 (1. FC Schweinfurt 05 1, Newcastle United 4) 1997 UZB, SUI, BEL – 1999 USA, SCO
3 **Keitel** Yannik, 15. 2. 2000 (SC Freiburg) 2020 BEL, MDA, BIH
11 **Kempe** Thomas, 17. 3. 1960 (MSV Duisburg 10, VfB Stuttgart 1) 1979 POL – 1980 SCO, SUI – 1981 AUT, FIN, AUT, BUL – 1982 ESP, ESP, URS, ENG
7 **Kempf** Marc Oliver, 28. 1. 1995 (SC Freiburg) 2017 ENG, POR, CZE, DEN, ITA, ENG, ESP
11 **Kern** Enrico, 12. 3. 1979 (Tennis Borussia Berlin) 1999 KUW, QAT, BHR, OMA, THA, TUR, AUT – 2000 TUN, TUN, ROU, CRO
4 **Kern** Mario, 16. 8. 1969 (Dynamo Dresden) 1990 SUI – 1991 BEL, BUL, MAR

10 **Ketelaer** Marcel, 3. 11. 1977 (Borussia Mönchengladbach) 1997 SUI, BEL – 1998 ROU, SUI, TUR, MDA, NED – 1999 NIR, FIN, TUR
2 **Keuler** Carsten, 30. 8. 1971 (1. FC Köln) 1992 TUR – 1993 ESP
15 **Khedira** Sami, 4. 4. 1987 (VfB Stuttgart) 2007 AUT, CZE, ISR – 2008 LUX, UKR, DEN, MDA, NIR, ISR, FRA – 2009 IRL, ESP, FIN, ENG, ENG
2 **Kienle** Marc, 22. 10. 1972 (VfB Stuttgart) 1992 CSV, NED
15 **Kießling** Stefan, 25. 1. 1984 (1. FC Nürnberg 11, Bayer Leverkusen 4) 2005 WAL, ENG, POL, ENG, CZE, CZE – 2006 ARM, NED, SBM, FRA, POR, NED, NIR, ENG, ENG
7 **Kilian** Luca, 1. 9. 1999 (SC Paderborn 07 5, 1. FSV Mainz 05 2) 2019 GRE, WAL, ESP, BIH, BEL – 2020 BEL, MDA
14 **Kimmich** Joshua, 8. 2. 1995 (RB Leipzig 8, Bayern München 6) 2014 UKR, UKR – 2015 ITA, ENG, SER, DEN, CZE, POR, DEN, AZE, FIN, FRO, AZE, AUT
2 **Kiomourtzoglou** Orestis, 7. 5. 1998 (Heracles Almelo) 2019 ESP, BEL
2 **Kirchhoff** Frank, 13. 10. 1965 (Bayer Uerdingen) 1987 ENG, LUX
18 **Kirchhoff** Jan, 1. 10. 1990 (1. FSV Mainz 05) 2010 CZE, NIR, UKR, ENG – 2011 GRE, NED, ITA, POR, CYP, SMR, BLR, BIH – 2012 GRE, ARG, BLR, BIH, SUI – 2013 ITA
7 **Kirschbaum** Thorsten, 20. 4. 1987 (TSG Hoffenheim) 2007 SCO, ITA, AUT, CIV, ISL – 2008 BEL, LUX
4 **Klaus** Felix, 13. 9. 1992 (SC Freiburg) 2014 ROU – 2015 ITA, DEN, POR
3 **Klauß** Michael, 15. 9. 1970 (Bayer Uerdingen) 1990 SWE, LUX, SUI
1 **Kleppinger** Gerhard, 1. 3. 1958 (FC Schalke 04) 1986 BUL
4 **Klimowicz** Mateo, 6. 7. 2000 (VfB Stuttgart) 2021 HUN, NED, ROU, DEN
7 **Kling** Stephan, 22. 3. 1981 (Hamburger SV) 2002 BIH – 2003 RUS, ISL, SCO – 2004 SUI, GEO, GRE
12 **Klinkert** Michael, 7. 7. 1968 (FC Schalke 04 4, Borussia Mönchengladbach 8) 1988 SUI – 1989 BUL, NED, ISL, CSV, FIN, ISL, CMR, CMR – 1990 FRA, URS, URS
8 **Klinsmann** Jürgen, 30. 7. 1964 (Stuttgarter Kickers 1, VfB Stuttgart 7) 1984 GRE, SCO – 1985 SUI, BUL, CSV, URS, SWE, POR
14 **Klitzpera** Alexander, 19. 10. 1977 (Bayern München 12, Arminia Bielefeld 2) 1997 UZB, SUI, BEL – 1998 ROU, SUI, TUR, MDA, NED – 1999 USA, FIN, SCO, MDA, FIN, TUR
17 **Klos** Stefan, 16. 8. 1971 (Borussia Dortmund) 1991 ENG, MAR, BEL – 1992 SCO, SCO, CSV, NED, TUR, ALB, ESP, ALB – 1993 IRL, IRL, DEN, GRE, DEN, ESP
22 **Klostermann** Lukas, 3. 6. 1996 (RB Leipzig) 2015 DEN, FIN, FRO – 2016 FRO, RUS – 2017 HUN, KVX, AZE, AZE, ISR – 2018 ISR, KVX, MEX, IRL, NOR, IRL, ITA – 2019 DEN, SRB, AUT, ROU, ESP
8 **Klotz** Bernd, 8. 9. 1958 (VfB Stuttgart) 1979 POL, URS – 1980 SCO, SUI, BEL, Prov. Kanton, ROU, CHN
3 **Klünter** Lukas, 26. 5. 1996 (1. FC Köln 1, Hertha BSC 2) 2017 HUN – 2019 FRA, ENG
1 **Knoche** Benjamin, 11. 10. 1978 (Borussia Dortmund) 1998 TUR
10 **Knoche** Robin, 22. 5. 1992 (VfL Wolfsburg) 2013 IRL, FRO, ROU – 2014 ESP, IRL, ROU, UKR, UKR – 2015 ENG, SER
2 **Knöll** Törles, 13. 9. 1997 (1. FC Nürnberg) 2018 NED, ITA
7 **Kober** Carsten, 11. 10. 1967 (Hamburger SV) 1988 SUI, NED – 1989 NED, FIN, CMR, CMR – 1990 FRA
2 **Koch** Julian, 11. 11. 1990 (MSV Duisburg) 2010 UKR – 2013 ITA
5 **Koch** Robin, 17. 7. 1996 (SC Freiburg) 2018 NOR, IRL, NED – 2019 AUT, ROU
16 **Kögl** Ludwig, 7. 3. 1966 (Bayern München) 1984 SWE – 1985 POR, BUL, CSV, URS, SWE, POR – 1986 SUI, SCO, DEN, BUL – 1987 LUX, ENG, DEN, NED, BUL
3 **Köhler** Benjamin, 4. 8. 1980 (Hertha BSC) 2000 NOR, ESP, DEN
2 **Köhlert** Mats, 2. 5. 1998 (Willem II Tilburg) 2019 GRE, ESP
1 **Köhn** Daniel, 28. 3. 1979 (Hansa Rostock) 1999 AUT
2 **Körber** Nils-Jonathan, 13. 11. 1996 (Preußen Münster 1, VfL Osnabrück 1) 2017 HUN – 2018 NED
11 **Kohler** Jürgen, 6. 10. 1965 (Waldhof Mannheim) 1985 POR, SUI, CSV, URS, SWE, POR, CSV – 1986 ITA, SCO, BUL – 1987 NED
2 **Kohn** Stefan, 9. 10. 1965 (Bayer Leverkusen) 1986 DEN – 1987 NED
4 **Kohr** Dominik, 31. 1. 1994 (FC Augsburg) 2016 SVK, FIN – 2017 ENG, ESP
10 **Korb** Julian, 21. 3. 1992 (Borussia Mönchengladbach) 2014 ESP, IRL, UKR, NED, CZE – 2015 ENG, SER, DEN, CZE, POR
16 **Korzynietz** Bernd, 8. 9. 1979 (Borussia Mönchengladbach) 1999 OMA, THA, AUT – 2000 TUN, TUN, ROU, CRO, SUI, NOR, ESP. GRE, ENG – 2001 ALB, FIN, ALB, ENG

3 **Kother** Dominik, 16. 3. 2000 (Karlsruher SC) 2020 MDA, BIH, SVN
6 **Kraaz** Armin, 3. 2. 1965 (Eintracht Frankfurt) 1984 BEL, URS, SCO, SWE – 1985 POR, CSV
1 **Krämer** Harald, 13. 2. 1964 (Eintracht Frankfurt) 1985 SUI
8 **Kramny** Jürgen, 18. 10. 1971 (1. FC Nürnberg) 1992 NED, ALB, ESP, ALB – 1993 IRL, IRL, GRE, DEN
10 **Kranz** Markus, 4. 8. 1969 (1. FC Kaiserslautern) 1990 SWE, LUX – 1991 URS, BEL, ENG, MAR, BEL, LUX – 1992 SCO, SCO
5 **Kree** Martin, 27. 1. 1965 (VfL Bochum) 1984 SCO – 1985 SUI, BUL, CSV, URS
9 **Kreuz** Markus, 29. 4. 1977 (1. FSV Mainz 05 1, Hannover 96 6) 1997 UZB, SUI, BEL – 1998 ROU, SUI, TUR – 1999 USA, FIN, NIR
7 **Kreuzer** Oliver, 13. 11. 1965 (Karlsruher SC) 1986 SCO – 1987 ENG, DEN, LUX, NED, BUL – 1989 ISL
4 **Kringe** Florian, 18. 8. 1982 (1. FC Köln) 2003 IRL, SCO, ISL, SCO
1 **Krösche** Markus, 17. 9. 1980 (Werder Bremen) 2000 TUN
3 **Krontiris** Emmanuel, 11. 2. 1983 (Alemannia Aachen 2, TSV München 1860 1) 2003 ISL – 2004 GEO, SCG
1 **Kroos** Felix, 12. 3. 1991 (Werder Bremen) 2011 GRE
10 **Kroos** Toni, 4. 1. 1990 (Bayern München 5, Bayer Leverkusen 5) 2008 NIR, ISR, FRA, FRA, ITA – 2009 SMR, CZE, SVN, ISR, NIR
13 **Kroth** Thomas, 26. 8. 1959 (1. FC Köln 12, Eintracht Frankfurt 1) 1980 SCO, SUI, BEL, Prov. Kanton, MEX, ROU, CHN, NED – 1982 URS, URS, ENG, ENG – 1984 SWE
6 **Krüger** Florian, 13. 2. 1999 (Erzgebirge Aue) 2020 MDA, BEL, MDA, BIH, SVN – 2021 HUN
1 **Kruse** Max, 19. 3. 1988 (Werder Bremen) 2008 DEN
4 **Kruse** Thomas, 7. 9. 1959 (FC Schalke 04) 1979 POL, URS – 1980 SCO, SUI
18 **Kruska** Marc André, 29. 6. 1987 (Borussia Dortmund 16, FC Brügge 2) 2006 NED, NIR – 2007 SCO, AUT, IRL, NIR, SWE, ISR, MDA, ISL, LUX – 2008 BEL, LUX, NIR, ISR, FRA – 2009 NED, BLR
1 **Kubik** Manfred, 25. 2. 1967 (Bayer Uerdingen) 1986 DEN
2 **Kucukovic** Mustafa, 5. 11. 1986 (SpVgg Greuther Fürth) 2007 AUT, CZE
3 **Kümmerle** Michael, 21. 4. 1979 (Stuttgarter Kickers) 2000 ROU, SUI, NOR
1 **Kuhlmey** Matthias, 28. 2. 1966 (Hannover 96) 1986 SUI
4 **Kuntz** Stefan, 30. 10. 1962 (VfL Bochum) 1983 AUT, TUR, ALB – 1985 CSV
6 **Kuranyi** Kevin 2. 3. 1982 (VfB Stuttgart) 2002 RUS, ITA, BIH, NED – 2003 ESP, RUS
11 **Kutowski** Günter, 2. 8. 1965 (Borussia Dortmund) 1986 SCO, DEN, BUL – 1987 LUX, NED, FRA, ENG, DEN, LUX, NED, BUL
6 **Labbadia** Bruno, 8. 2. 1966 (Hamburger SV) 1987 FRA, ENG, DEN, LUX, NED, BUL
3 **Lahm** Philipp, 11. 11. 1983 (VfB Stuttgart) 2003 ISL, TUR, TUR
5 **Langkamp** Sebastian, 15. 1. 1988 (Karlsruher SC) 2009 TUR, SVN, ISR, NIR, SMR
5 **Lapaczinski** Denis, 26. 9. 1981 (Hertha BSC) 2002 CZE – 2003 SCG, IRL, SCO, RUS
11 **Lasogga** Pierre-Michel, 15. 12. 1991 (Hertha BSC) 2011 NED, ITA, POR, CYP, SMR, BLR, CYP – 2012 GRE – 2013 ISR, NED, ESP
3 **Lasser** Thomas, 25. 10. 1969 (Eintracht Frankfurt) 1989 CMR – 1990 SWE, LUX
8 **Lauth** Benjamin, 4. 8. 1981 (TSV München 1860) 2002 IRL, ITA, BIH – 2003 SCO, ISL, ISL, TUR, TUR
7 **Lechner** Thomas, 9. 1. 1979, † 24. 5. 2000 (1. FC Kaiserslautern) 1999 KUW, QAT, BHR, OMA – 2000 ROU, CRO, SUI
1 **Legat** Thorsten, 7. 11. 1968 (VfL Bochum) 1988 SUI
6 **Lehmann** Jens, 10. 11. 1969 (FC Schalke 04) 1990 SWE – 1991 URS, BEL, BUL, MAR, LUX
16 **Lehmann** Matthias, 28. 5. 1983 (TSV München 1860) 2004 LTU, SCG, AZE, POL – 2005 WAL, ENG, POL, ENG, WAL, AUT, CZE, CZE – 2006 ARM, NED, SBM, POR
1 **Lehmann** Ralf, 22. 5. 1960 (VfL Osnabrück) 1980 BEL
4 **Leifeld** Uwe, 24. 7. 1966 (VfL Bochum) 1986 SUI, SCO, BUL – 1987 LUX
2 **Leitl** Stefan, 29. 8. 1977 (Bayern München) 1997 SUI, BEL
24 **Leitner** Moritz, 8. 12. 1992 (Borussia Dortmund 10, VfB Stuttgart 14) 2011 CYP, BIH, SMR, GRE – 2012 ARG, BLR, BIH, SUI, TUR – 2013 ITA, FRA, FRO, IRL, MNT – 2014 ESP, IRL, ROU, UKR, UKR, NED, CZE – 2015 ITA, ENG, SER
3 **Leitsch** Maxim, 18. 5. 1998 (VfL Bochum) 2020 MDA, BEL, SVN
2 **Lell** Christian, 29. 8. 1984 (1. FC Köln) 2004 LTU, SCG
14 **Leno** Bernd, 4. 3. 1992 (Bayer Leverkusen) 2012 ARG, BLR, BIH, SUI, SUI – 2013 ITA, ISR, NED, ESP, FRA, FRO, ROU – 2014 ESP – 2015 ITA

9 **Lieberknecht** Thorsten, 1. 8. 1973 (1. FC Kaiserslautern 3, Waldhof Mannheim 5, 1. FSV Mainz 05 1) 1994 HUN, TUR, GRE, RUS, HUN, MDA – 1995 WAL, BUL, BEL

21 **Littbarski** Pierre, 16. 4. 1960 (1. FC Köln) 1979 POL, URS – 1980 SCO, SUI, BEL, Prov. Kanton, MEX, ROU, CHN, NED, FRA, BUL – 1981 ESP, AUT, FIN, FIN, BUL – 1982 ESP, ESP, URS, ENG

2 **Löhr** Peter, 1. 9. 1959 (VfR Bürstadt 1, Fortuna Düsseldorf 1) 1980 FRA – 1981 ESP

4 **Löw** Joachim, 3. 2. 1960 (SC Freiburg) 1979 POL, URS – 1980 SCO, SUI

7 **Löwen** Eduard, 28. 1. 1997 (1. FC Nürnberg) 2017 ISR – 2018 ISR, KVX, MEX, IRL, NOR – 2019 ENG

6 **Loose** Ralf, 5. 1. 1963 (Borussia Dortmund) 1982 SUI – 1983 ALG, CHN, BRA, FRA, HUN

8 **Lottner** Dirk, 4. 3. 1972 (Fortuna Köln) 1992 TUR, ALB – 1993 IRL, IRL, DEN, GRE, DEN, ESP

6 **Ludwig** Alexander, 31. 1. 1984 (Hertha BSC) 2004 SCG, AZE, AUT, POL – 2005 WAL, ENG

13 **Luginger** Jürgen, 8. 12. 1967 (FC Schalke 04) 1988 FIN, NED – 1989 BUL, NED, ISL, CSV, FIN, ISL, CMR, CMR – 1990 FRA, URS, URS

1 **Lusch** Michael, 16. 6. 1964 (Borussia Dortmund) 1984 GRE

13 **Madlung** Alexander, 11. 7. 1982 (Hertha BSC) 2003 SCG, IRL, SCO, RUS, ISL, SCO, ISL, T – 2004 SUI, GEO, GRE, SUI, POR

2 **Männer** Jan, 27. 8. 1982 (SC Freiburg) 2002 CZE – 2003 SCG

5 **Mai** Lars Lukas, 31. 3. 2000 (SV Darmstadt 98) 2020 MDA, BIH, SVN, WAL – 2021 DEN

18 **Maier** Arne, 8. 1. 1999 (Hertha BSC 10, Arminia Bielefeld 8) 2018 MEX, IRL, NOR – 2019 FRA, ENG, DEN, SRB, ROU – 2020 MDA, BEL, SVN, WAL – 2021 HUN, NED, ROU, DEN, NED, POR

1 **Malessa** Thorsten, 3. 9. 1977 (Hertha BSC) 1997 UZB

11 **Malli** Yunus, 24. 2. 1992 (1. FSV Mainz 05) 2013 MNT, FRO, MNT, ROU – 2014 ESP, ROU, UKR, NED – 2015 ITA, ENG, CZE

9 **Maltritz** Marcel, 2. 10. 1978 (1. FC Magdeburg 1, VfL Wolfsburg 8) 1998 NED – 1999 USA, NIR, FIN, SCO, MDA, FIN, NIR, TUR

12 **Marin** Marko, 13. 3. 1989 (Borussia Mönchengladbach 11, Werder Bremen 1) 2007 IRL, SWE, MDA, ISL, LUX – 2008 BEL, FRA – 2009 ESP, FIN, ENG, ITA, TUR

14 **Marx** Thorben, 1. 6. 1981 (Hertha BSC) 2002 NIR, CZE, RUS, JPN, ITA, IRL, ITA, LTU, BIH – 2003 LTU, SCG, RUS, ISL, SCO

3 **Masmanidis** Ioannis, 9. 3. 1983 (Karlsruher SC 1, Arminia Bielefeld 2) 2005 WAL – 2006 LVA, NED

1 **Massimo** Roberto, 12. 10. 2000 (VfB Stuttgart) 2020 MDA

7 **Mathy** Reinhold, 12. 4. 1962 (Bayern München) 1982 SUI – 1983 POR, ALB, HUN, AUT, TUR – 1984 BEL

22 **Matip** Marvin, 25. 9. 1985 (VfL Bochum 6, 1. FC Köln 16) 2004 LTU, AZE, AUT, POL – 2005 WAL, ENG, POL, AZE, ENG, WAL, AUT, CZE, CZE – 2006 LVA, ARM, NED, SBM, FRA, POR, NIR, ROU, ENG

15 **Matthäus** Lothar, 21. 3. 1961 (Borussia Mönchengladbach) 1979 URS – 1980 NED, BUL, FRA – 1981 ESP, AUT, FIN, FIN, AUT, BUL – 1982 ESP, ESP, URS – 1983 TUR, AUT

2 **Mavraj** Mergim, 9. 6. 1986 (SV Darmstadt 98 1, VfL Bochum 1) 2007 ITA – 2009 BLR

2 **Mbom** Jean-Manuel, 24. 2. 2000 (Werder Bremen) 2020 SVN, WAL

2 **Meier** Alexander, 17. 1. 1983 (Eintracht Frankfurt) 2006 NED, FRA

2 **Meissner** Stefan, 8. 3. 1973 (VfL Wolfsburg) 1994 FIN – 1995 ESP

1 **Merkle** Andreas, 17. 4. 1962 (VfB Stuttgart) 1986 DEN

3 **Mertesacker** Per, 29. 9. 1984 (Hannover 96) 2004 LTU, SCG, AUT

2 **Metschies** Ulf, 22. 9. 1963 (VfL Osnabrück) 1983 ALG, BRA

12 **Metz** Gunther, 8. 8. 1967 (Karlsruher SC) 1988 SUI, FIN, NED – 1989 BUL, NED, CSV, FIN, CMR, CMR – 1990 FRA, URS, URS

9 **Metzelder** Christoph, 5. 11. 1980 (Borussia Dortmund) 2000 GRE, ENG – 2001 BUL, ALB, GRE, FIN, ALB, ENG, FIN

24 **Meyer** Max, 18. 9. 1995 (FC Schalke 04) 2014 UKR, UKR, NED, CZE – 2015 ENG, SER, DEN, CZE, POR, DEN, AZE, FIN, FRO, AZE, AUT – 2016 FRO, RUS – 2017 ENG, POR, CZE, DEN, ITA, ENG, ESP

17 **Michalke** Kai, 5. 4. 1976 (VfL Bochum) 1996 NED, POL, ARM, BUL, POR – 1997 ALB, UKR, UKR, RUS, POR, ARM, ALB – 1998 CYP, CYP, GRE, ROU, SWE

11 **Mikolajczak** Christian, 15. 5. 1981 (Hannover 96 7, LR Ahlen 4) 2002 NIR, CZE, RUS, RSA, JPN, ITA, IRL, ITA, LTU, BIH – 2003 ESP

2 **Milchraum** Patrick, 26. 5. 1984 (TSV München 1860) 2004 LTU, SCG

1 **Milewski** Jürgen, 19. 10. 1957 (Hamburger SV) 1981 BUL

2 **Mill** Frank 23. 7. 1958 (Rot-Weiss Essen) 1980 FRA, BUL

5 **Mittelstädt** Maximilian 18. 3. 1997 (Hertha BSC) 2018 IRL, NED – 2019 FRA, ENG, ROU

21 **Mlapa** Peniel, 20. 2. 1991 (TSG Hoffenheim 14, Borussia Mönchengladbach 7) 2010 CZE, UKR, ENG – 2011 GRE, NED, ITA, POR, CYP, SMR, BLR, BIH, SMR, GRE – 2012 GRE, BLR, BIH, SUI, SUI, TUR – 2013 ISR, NED

1 **Möhlmann** Benno, 1. 8. 1954 (Werder Bremen) 1982 ENG

4 **Möller** Andreas, 2. 9. 1967 (Borussia Dortmund) 1988 SUI, FIN, NED – 1990 URS

7 **Moritz** Christoph, 27. 1. 1990 (FC Schalke 04) 2010 CZE, NIR, UKR, ENG – 2012 SUI, TUR – 2013 ISR

9 **Moser** Hans-Werner, 24. 9. 1965 (1. FC Kaiserslautern) 1984 SCO – 1985 BUL, CSV – 1986 SUI, SCO, BUL – 1987 LUX, NED, FRA

1 **Müller** Christian, 28. 2. 1984 (Hertha BSC) 2004 POL

2 **Müller** Florian, 13. 11. 1997 (1. FSV Mainz 05) 2019 FRA, ENG

9 **Müller** Lars, 22. 3. 1976 (Borussia Dortmund 3, KFC Uerdingen 6) 1996 NED, POL, ARM, BUL – 1997 ISR, UKR – 1998 CYP, CYP, SWE

2 **Müller** Robert, 12. 11. 1986, (Hertha BSC) 2007 SCO, ITA

5 **Müller** Stefan, 8. 3. 1974 (SC Freiburg) 1994 RUS, HUN, FIN – 1995 ESP – 1996 FRA

5 **Müller** Sven, 4. 4. 1980 (VfL Wolfsburg) 2000 ESP, DEN – 2001 BUL, ALB, GRE

6 **Müller** Thomas, 13. 1. 1989 (Bayern München) 2009 TUR, IRN, SVN, ISR, NIR, SMR

6 **Müller** Uwe, 16. 10. 1963 (Eintracht Frankfurt) 1984 URS, GRE, SCO, SWE – 1985 BUL, CSV

12 **Münch** Markus, 7. 9. 1972 (Bayern München) 1992 CSV, NED, TUR, ALB, ESP, ALB – 1993 IRL, IRL, DEN, GRE, DEN, ESP

3 **Mukhtar** Hany, 21. 3. 1995 (Bröndby IF) 2016 TUR, POL – 2017 POR

7 **Mustafi** Shkodran, 17. 4. 1992 (Sampdoria Genua) 2013 ISR, RUS, FRA, FRO, IRL, MNT, FRO

2 **Naki** Deniz, 9. 7. 1989 (FC St. Pauli) 2009 SMR, CZE

1 **Nehrig** Bernd, 28. 9. 1986 (SpVgg Unterhaching) 2007 ITA

13 **Nehrbauer** Thorsten, 12. 1. 1978 (Bayer Leverkusen 2, Fortuna Düsseldorf 8, Arminia Bielefeld 3) 1997 UZB, SUI – 1998 TUR, MDA, NED – 1999 USA, NIR, FIN, SCO, MDA, FIN, NIR, TUR

22 **Nerlinger** Christian, 21. 3. 1973 (Bayern München) 1992 CSV – 1993 IRL, GRE, DEN, LUX, ESP – 1994 HUN, TUR, GRE, HUN, FIN, MDA – 1995 ESP, GEO, WAL, BUL, BEL, MDA, WAL – 1996 POR, FRA, FRA

4 **Neubarth** Frank, 29. 7. 1962 (Werder Bremen) 1983 POR, ALG, CHN, FRA

23 **Neuendorf** Andreas, 9. 2. 1975 (Reinickendorfer Füchse 1, Bayer Leverkusen 20, Hertha BSC 2) 1994 GRE, RUS, HUN, FIN, MDA – 1995 GEO, WAL, BUL – 1996 POR, FRA, FRA, POL, ARM, BUL, POR – 1997 ISR, ALB, UKR, RUS, POR, ARM – 1998 LIB, GRE

20 **Neuer** Manuel, 27. 3. 1986 (FC Schalke 04) 2006 NED – 2007 SCO, CZE, IRL, NIR, ISR, MDA, ISL, LUX – 2008 UKR, DEN, FRA, FRA – 2009 IRL, NED, ESP, FIN, ENG, ITA, ENG

17 **Neuhaus** Florian, 16. 3. 1997 (Fortuna Düsseldorf 6, Borussia Mönchengladbach 11) 2017 HUN, KVX, AZE, AZE, ISR – 2018 ISR, MEX, IRL, NOR, ITA – 2019 FRA, ENG, DEN, SRB, AUT, ROU, ESP

11 **Neumann** Sebastian, 18. 2. 1991 (Hertha BSC) 2010 UKR – 2011 GRE, NED, ITA, SMR, BLR, BIH, SMR, GRE, CYP – 2012 GRE

13 **Neun** Jörg, 7. 5. 1966 (Kickers Offenbach 1, 1. FC Nürnberg 1, Waldhof Mannheim 10, Borussia Mönchengladbach 1) 1985 SUI, CSV – 1986 SCO, DEN, BUL – 1987 LUX, NED, FRA, ENG, DEN, LUX, NED, BUL

1 **Neustädter** Roman, 18. 2. 1988 (Borussia Mönchengladbach) 2009 IRN

1 **Nicolas** Moritz, 21. 10. 1997 (Borussia Mönchengladbach) 2018 IRL

6 **Niemeyer** Peter, 22. 11. 1983 (Twente Enschede) 2005 CZE, CZE – 2006 LVA, ARM, FRA, POR

1 **Nitsche** Frank, 18. 3. 1964 (1. FC Nürnberg) 1985 SUI

20 **Nmecha** Lukas, 14. 12. 1998 (Preston North End 4, VfL Wolfsburg 4, RSC Anderlecht 12) 2019 ENG, SRB, ROU, ESP, GRE, WAL, BIH, BEL – 2020 MDA, BEL, MDA, BIH, SVN, WAL – 2021 HUN, NED, ROU, DEN, NED, POR

1 **Nöthe** Christopher, 3. 1. 1988 (SpVgg Greuther Fürth) 2009 SMR

12 **Nowotny** Jens (Karlsruher SC) 1994 HUN, TUR, GRE, FIN, MDA – 1995 GEO, WAL, BUL, BUL – 1996 POR, FRA, FRA

17 **Nübel** Alexander, 30. 9. 1996 (FC Schalke 04) 2017 HUN, KVX, AZE, NOR, AZE, ISR – 2018 ISR, KVX, MEX, IRL, NOR, ITA – 2019 DEN, SRB, AUT, ROU, ESP

9 **Ochs** Patrick, 14. 5. 1984 (Eintracht Frankfurt), 2005 AZE, CZE – 2006 LVA, ARM, NED, FRA, ROU, ENG, ENG

9 **Ochs** Philipp, 17. 4. 1997 (TSG Hoffenheim 4, VfL Bochum 1, Aalborg BK 4) 2017 AZE, NOR, AZE, ISR – 2018 KVX, MEX, IRL, NED, ITA

15 **Odonkor** David, 21. 2. 1984 (Borussia Dortmund) 2004 SUI, SWE, LTU, SCG, AZE, AUT – 2005 POL, AZE, ENG, WAL, AUT, CZE, CZE – 2006 LVA, ARM

18 **Özbek** Baris, 14. 9. 1986 (Rot-Weiss Essen 5, Galatasaray Istanbul 13) 2007 AUT, CZE, SUI, JAP, CIV, NIR, SWE, ISR, MDA, ISL, LUX – 2008 BEL, LUX, UKR, DEN, MDA – 2009 IRL, NED, BLR

15 **Özcan** Salih, 11. 1. 1998 (Holstein Kiel 5, 1. FC Köln 10) 2019 GRE, WAL, ESP, BIH, BEL – 2020 MDA, BEL, MDA, BIH, SVN, WAL – 2021 HUN, NED, NED, POR

16 **Özil** Mesut, 15. 10. 1988 (FC Schalke 04 4, Werder Bremen 12) 2007 NIR, SWE, ISR, MDA – 2008 BEL, LUX, MDA, NIR, FRA, FRA, ITA – 2009 ESP, FIN, ENG, ITA, ENG

30 **Öztunali** Levin, 15. 3. 1996 (Werder Bremen 3, 1. FSV Mainz 05 27) 2015 DEN, AZE – 2016 FRO, SVK, FIN, RUS, AUT, TUR, POL – 2017 ENG, POR, DEN, ESP, HUN, KVX, AZE, ISR – 2018 ISR, KVX, NOR, IRL, NED, ITA – 2019 FRA, ENG, DEN, SRB, AUT, ROM, ESP

2 **Opitz** Michael, 16. 7. 1962 (FC Schalke 04) 1982 SUI, CSV

2 **Orban** Willi, 3. 11. 1992 (1. FC Kaiserslautern) 2014 NED – 2015 ITA

1 **Ordenewitz** Frank, 25. 3. 1965 (Werder Bremen) 1985 SUI

8 **Ostrzolek** Matthias, 5. 6. 1990 (VfL Bochum 5, FC Augsburg 3) 2011 NED, ITA, POR, SMR, SMR – 2012 TUR – 2013 ITA, ISR

16 **Otten** Jonny, 31. 1. 1961 (Werder Bremen) 1979 POL, URS – 1980 SCO, SUI – 1981 ESP, AUT, FIN, FIN, AUT, BUL – 1982 ESP, ESP, URS, URS, ENG, ENG

4 **Ottl** Andreas, 1. 3. 1985 (Bayern München) 2006 NED, NIR, ROU, ENG

1 **Otto** Oliver, 21. 11. 1972 (VfB Stuttgart) 1992 CSV

6 **Pander** Christian, 28. 8. 1983 (FC Schalke 04) 2004 LTU, SCG, AZE, AUT, POL – 2005 ENG

2 **Parker** Shawn, 7. 3. 1993 (1. FSV Mainz 05) 2013 FRA, MNT

4 **Passlack** Felix, 29. 5. 1998 (TSG Hoffenheim 1, Borussia Dortmund 3) 2017 NOR – 2020 MDA, BIH, SVN

11 **Paßlack** Stephan, 24. 8. 1970 (Bayer Uerdingen) 1990 SWE, SUI – 1991 URS, BEL, BUL, ENG, MAR, BEL, LUX – 1992 SCO, SCO

1 **Patschinsky** Denni, 26. 8. 1983 (Eintracht Braunschweig) 2004 LTU

1 **Patzke** Wolfgang, 24. 2. 1959 (VfL Bochum) 1981 FIN

2 **Perdedaj** Fanol, 16. 7. 1991 (Hertha BSC) 2010 UKR – 2011 POR

2 **Petersen** Nils, 6. 12. 1988 (Energie Cottbus) 2009 TUR, IRN

2 **Pezzoni** Kevin, 22. 3. 1989 (Blackburn Rovers 1, 1. FC Köln 1) 2007 ISL – 2009 CZE

9 **Pflipsen** Karlheinz, 31. 10. 1970 (Borussia Mönchengladbach) 1990 SWE, LUX, SUI – 1991 URS, BEL, BUL, ENG, MAR – 1992 SCO

10 **Philipp** Maximilian, 1. 3. 1994 (SC Freiburg) 2016 SVK, FIN, TUR, POL – 2017 ENG, POR, CZE, ITA, ENG, ESP

10 **Pieper** Amos, 17. 1. 1998 (Arminia Bielefeld) 2020 MDA, BEL, BIH, WAL – 2021 HUN, NED, ROU, DEN, NED, POR

3 **Plath** Manfred, 12. 12. 1961 (1. FC Kaiserslautern) 1983 ALG, FRA, CHN

3 **Platte** Felix, 11. 2. 1996 (SV Darmstadt 98) 2017 ENG, AZE, NOR

7 **Plattenhardt** Marvin, 26. 1. 1992 (1. FC Nürnberg) 2012 TUR – 2013 FRA, FRO, MNT, MNT, ROU – 2014 ESP

5 **Podolski** Lukas, 4. 6. 1985 (1. FC Köln) 2004 SUI, GEO, GRE, SWE, POR

19 **Polanski** Eugen, 17. 3. 1986 (Borussia Mönchengladbach 18, FC Getafe 1) 2005 WAL – 2006 LVA, ARM, NED, SBM, POR, ROU, ENG, ENG – 2007 SCO, AUT, CZE, JAP, CIV, NIR, SWE, ISR, ISL – 2008 FRA

7 **Pollersbeck** Julian, 16. 8. 1994 (1. FC Kaiserslautern) 2016 TUR – 2017 ENG, CZE, DEN, ITA, ENG, ESP

10 **Polter** Sebastian, 1. 4. 1991 (1. FC Nürnberg) 2012 ARG, BLR, BIH, SUI, SUI, TUR – 2013 ITA, ISR, NED, RUS

4 **Pomp** Manfred, 26. 10. 1964 (Bayer Leverkusen) 1984 URS, GRE, SCO – 1985 POR

18 **Poschner** Gerhard, 23. 9. 1969 (VfB Stuttgart 6, Borussia Dortmund 12) 1989 BUL, NED, ISL, CMR, CMR – 1990 FRA, SWE, LUX, SUI – 1991 URS, BEL, BUL, ENG, MAR, BEL, LUX – 1992 SCO, SCO

2 **Preetz** Michael, 17. 8. 1967 (Fortuna Düsseldorf) 1988 FIN – 1989 CSV

23 **Preuß** Christoph, 4. 7. 1981 (Eintracht Frankfurt 15, Bayer Leverkusen 8) 2002 NIR, CZE, RUS, RSA, JPN, ITA, IRL, ITA, BIH, NED – 2003 ESP, LTU, SCG, IRL, SCO, TUR, TUR – 2004 SUI, GEO, GRE, SUI, SWE, POR

6 **Pröll** Markus, 28. 8. 1979 (1. FC Köln) 2000 TUN, TUN, ROU, NOR, DEN – 2001 BUL

3 **Prömel** Grischa, 9. 1. 1995 (Karlsruher SC) 2016 SVK, FIN, AUT

12 **Quaisser** Ulf, 12. 10. 1962 (Waldhof Mannheim) 1982 SUI, CSV – 1983 POR, ALB, TUR, AUT, ALG, CHN, BRA, FRA, HUN, AUT

2 **Quallo** Peter, 2. 10. 1971 (Borussia Dortmund) 1990 LUX, SUI

1 **Radjabali-Fardi** Shervin, 17. 5. 1991 (Alemannia Aachen) 2011 NED

13 **Rafael** Nando, 10. 1. 1984 (Hertha BSC 6, Borussia Mönchengladbach 7) 2005 AZE, ENG, WAL, AUT, CZE, CZE – 2006 LVA, NED, SBM, FRA, POR, NED, NIR

13 **Rahn** Christian, 15. 6. 1979 (FC St. Pauli) 2000 NOR, ESP, GRE, ENG, DEN – 2001 BUL, ALB, GRE, FIN, ALB, NOR, ENG, FIN

3 **Rahn** Uwe, 21. 5. 1962 (Borussia Mönchengladbach) 1982 CSV – 1983 AUT – 1984 BEL

18 **Ramelow** Carsten, 20. 3. 1974 (Hertha BSC 16, Bayer Leverkusen 2) 1993 LUX – 1994 HUN, GRE, RUS, HUN, FIN, MDA – 1995 ESP, GEO, WAL, BUL, BEL, GEO, MDA, WAL, BUL – 1996 FRA, FRA

13 **Rapp** Marcel, 16. 4. 1979 (Karlsruher SC 12, Rot-Weiß Oberhausen 1) 1999 KUW, QAT, BHR, OMA, THA, AUT – 2000 TUN, TUN, ROU, CRO, SUI, NOR, ESP

6 **Rasiejewski** Jens, 1. 1. 1975 (FSV Frankfurt 2, Hannover 96 4) 1993 LUX – 1994 HUN – 1996 POR – 1997 RUS, ARM, ALB

1 **Rath** Marcel, 3. 9. 1975 (Hertha BSC) 1996 DEN

2 **Rath** Thomas, 26. 7. 70 (Victoria Frankfurt/Oder 1, Hertha BSC 1) 1991 BUL, MAR

1 **Rathgeb** Tobias, 3. 5. 1982 (VfB Stuttgart) 2003 RUS

9 **Rau** Tobias, 31. 12. 1981 (VfL Wolfsburg) 2002 NIR, CZE, RSA, JPN, ITA, IRL, ITA, LTU, NED

8 **Raum** David, 22. 4. 1998 (SpVgg Greuther Fürth) 2020 SVN, WAL – 2021 HUN, NED, ROU, DEN, NED, POR

8 **Rausch** Konstantin, 15. 3. 1990 (Hannover 96) 2010 CZE, NIR, UKR, ENG – 2011 GRE, ITA, POR, CYP

12 **Reck** Oliver, 27. 2. 1965 (Kickers Offenbach 2, Werder Bremen 10) 1984 GRE – 1985 SUI – 1987 ENG, DEN, LUX, NED, BUL – 1988 FIN, NED – 1989 BUL, NED, ISL

11 **Reich** Marco, 30. 12. 1977 (1. FC Kaiserslautern) 1997 UZB, RUS, POR, BEL – 1998 LIB, TUR, MDA – 1999 FIN, SCO, MDA, FIN

15 **Reichert** Peter, 4. 8. 1961 (VfB Stuttgart) 1982 SUI, ENG, ENG – 1983 POR, ALB, TUR, AUT, CHN, BRA, FRA, HUN, AUT, TUR, ALB – 1984 BEL

6 **Reinartz** Stefan, 1. 1. 1989 (Bayer Leverkusen) 2009 SMR, ISR, NIR, SMR – 2010 ISL, ISL

3 **Reinders** Uwe, 19. 1. 1955 (Werder Bremen) 1982 ESP, URS, URS

1 **Reinert** Sebastian, 20. 4. 1987 (1. FC Kaiserslautern) 2007 SUI

14 **Reinhardt** Alois, 18. 11. 1961 (1. FC Nürnberg 12, Bayer Leverkusen 2) 1982 SUI, CSV, URS, ENG, ENG – 1983 POR, ALB, TUR, AUT, HUN – 1984 BEL, GRE – 1989 BUL, NED

5 **Reinhardt** Dominik, 19. 12. 1984 (1. FC Nürnberg) 2006 NED, NIR, ROU, ENG, ENG

12 **Reinhardt** Knut, 27. 4. 1968 (Bayer Leverkusen) 1988 SUI, FIN, NED – 1989 BUL, CSV, FIN, ISL, CMR, CMR – 1990 FRA, URS, URS

7 **Reis** Thomas, 4. 10. 1973 (Eintracht Frankfurt 3, VfL Bochum 4) 1993 LUX – 1994 TUR, GRE – 1995 BEL, GEO, MDA, BUL

14 **Reiter** Markus, 10. 8. 1976 (MSV Duisburg) 1996 DEN, NED, POL, ARM, BUL, POR – 1997 ALB, UKR, UKR, RUS, ALB – 1998 CYP, LIB, GRE

1 **Rekers** Christof, 25. 8. 1967 (VfL Osnabrück) 1988 SUI

4 **Remark** Thomas, 5. 10. 1959 (Hertha BSC) 1980 SUI, MEX, ROU, CHN

18 **Rensing** Michael, 14. 5. 1984 (Bayern München) 2004 LTU, AZE, AUT – 2005 WAL, ENG, POL, CZE, CZE – 2006 LVA, ARM, NED, SBM, FRA, POR, NIR, ROU, ENG, ENG

2 **Reus** Marco, 31. 5. 1989 (Borussia Mönchengladbach) 2009 TUR, IRN

11 **Reuter** Stefan, 16. 10. 1966 (1. FC Nürnberg) 1985 SWE, POR, CSV – 1986 ITA, KOR, SUI, SCO, DEN, BUL – 1987 NED, LUX

8 **Richter** Marco, 24. 11. 1997 (FC Augsburg) 2018 MEX, IRL, ITA – 2019 FRA, DEN, SRB, AUT, ESP

17 **Ricken** Lars, 10. 7. 1976 (Borussia Dortmund) 1995 WAL, BUL, BEL, GEO, MDA, WAL – 1996 POR, FRA, FRA, ARM, BUL – 1997 ISR, ALB, POR – 1998 GRE, ROU, SWE

1 **Riedl** Thomas, 18. 6. 1976 (1. FC Kaiserslautern) 1996 NED

4 **Riedle** Karlheinz, 16. 9. 1965 (Blau-Weiß 90 Berlin 1, Werder Bremen 3) 1986 DEN – 1987 FRA, ENG, NED

20 **Riether** Sascha, 23. 3. 1983 (SC Freiburg) 2003 SCO, TUR, TUR – 2004 GRE, SUI, SWE, POR, LTU, SBM, AZE, AUT – 2005 WAL, POL, AZE, ENG, AUT, CZE, CZE – 2006 NED, FRA

1 **Riethmann** Frank, 9. 12. 1975 (Borussia Dortmund) 1996 POL

1 **Rietpietsch** Mike, 26. 3. 1974 (Bayer Leverkusen) 1994 FIN

7 **Rode** Sebastian, 11. 10. 1990 (Eintracht Frankfurt) 2011 SMR – 2012 ARG, BLR – 2013 ITA, NED, ESP, RUS

8 **Rösler** Sascha, 28. 10. 1977 (SSV Ulm 1846) 1997 SUI – 1998 NED – 1999 USA, NIR, FIN, SCO, MDA, TUR

1 **Rolfes** Simon, 21. 1. 1982 (Werder Bremen) 2002 NED

20 **Rolff** Wolfgang, 26. 12. 1959 (OSC Bremerhaven 5, Fortuna Köln 11, Hamburger SV 4) 1980 BEL, Prov. Kanton, MEX, ROU, CHN, NED, FRA, BUL – 1981 FIN, FIN, AUT, BUL – 1982 SUI, ESP, URS, URS, ENG – 1985 BUL, SWE, POR

7 **Rosen** Alexander, 10. 4. 1979 (Eintracht Frankfurt 6, FC Augsburg 1) 1999 KUW, QAT, BHR, OMA, THA, AUT – 2000 DEN

17 **Rosenthal** Jan, 7. 4. 1986 (Hannover 96) 2007 SCO, ITA, AUT, CZE, NIR, SWE, ISR, MDA, ISL, LUX – 2008 BEL, UKR, DEN, MDA, ISR – 2009 NED, BLR

7 **Rost** Timo, 29. 8. 1978 (VfB Stuttgart) 1998 SUI, MDA, NED – 1999 USA, NIR, SCO, MDA

8 **Roth** Dietmar, 16. 9. 1963 (Karlsruher SC 6, FC Schalke 04 2) 1984 SCO, SWE – 1985 POR, SUI, BUL, CSV, URS, SWE

5 **Rothholz** Michael, 25. 8. 1979 (Borussia Dortmund) 1999 KUW, QAT, BHR, OMA, THA

23 **Rudy** Sebastian, 28. 2. 1990 (VfB Stuttgart 5, TSG Hoffenheim 18) 2009 SMR, SVN, ISR, SMR – 2010 ISL, CZE, NIR, ENG – 2011 GRE, NED, ITA, POR, CYP, BLR, BIH – 2012 GRE, ARG, BIH, SUI, SUI – 2013 NED, ESP, RUS

10 **Rüdiger** Antonio, 3. 3. 1993 (VfB Stuttgart) 2012 TUR – 2013 ITA, ISR, ESP, FRA, IRL, MNT, MNT, ROU – 2014 ESP

1 **Ruländer** Matthias, 16. 8. 1964 (Werder Bremen) 1985 SWE

10 **Rummenigge** Michael, 3. 2. 1964 (Bayern München) 1983 HUN, AUT, TUR, ALB – 1984 BEL, URS, SCO, SWE – 1985 URS, SWE

16 **Rydlewicz** René, 18. 7. 1973 (Bayer Leverkusen 7, TSV München 1860 9) 1992 TUR, ALB, ESP, ALB – 1998 LUX, ESP – 1994 HUN – 1995 GEO, BEL, GEO, MDA, WAL, BUL – 1996 POR, FRA, FRA

5 **Sabiri** Abdelhamid, 28. 11. 1996 (Huddersfield Town) 2018 IRL, NED, ITA – 2019 FRA, ENG

4 **Saborowski** Frank, 14. 3. 1958 (MSV Duisburg) 1980 Prov. Kanton, MEX, ROU, CHN

2 **Sahin** Deniz, 8. 8. 1977 (Borussia Dortmund) 1997 SUI, BEL

2 **Salger** Stephan, 30. 1. 1990 (1. FC Köln) 2010 ENG – 2011 GRE

7 **Sam** Sidney, 31. 1. 1988 (1. FC Kaiserslautern 6, Bayer Leverkusen 1) 2009 CZE, SVN, ISR, NIR, SMR – 2010 ISL, ISL

10 **Sané** Leroy, 11. 1. 1996 (FC Schalke 04 6, Manchester City 4) 2015 DEN, FIN, FRO, AUT – 2016 FRO, RUS, RUS, AUT, TUR, POL

4 **Sauer** Gunnar, 11. 6. 1964 (Werder Bremen) 1987 NED, FRA, ENG, DEN

2 **Schaaf** Thomas, 30. 4. 1961 (Werder Bremen) 1987 NED, BUL

15 **Schäfer** Günther, 9. 6. 1962 (VfB Stuttgart) 1981 AUT – 1982 SUI, CSV, URS – 1983 POR, ALB, TUR, AUT, CHN, BRA, FRA, HUN, TUR, ALB – 1984 BEL

6 **Schäper** Tobias, 24. 10. 1979 (Borussia Dortmund) 1999 KUW, QAT, THA – 2000 TUN, TUN, CRO

7 **Schatzschneider** Dieter, 26. 4. 1958 (Hannover 96) 1980 BEL, Prov. Kanton, MEX, ROU, CHN – 1981 ESP, FIN

2 **Scheike** Michael, 11. 9. 1963 (Eintracht Braunschweig) 1984 URS, GRE

11 **Scherbe** Jörg, 19. 10. 1977 (KFC Uerdingen) 1997 SUI, BEL – 1998 ROU, SUI, TUR, MDA, NED – 1999 NIR, FIN, SCO, MDA

1 **Scheuer** Sven, 19. 1. 1971 (Bayern München) 1990 LUX

7 **Schieber** Julian, 13. 2. 1989 (VfB Stuttgart 6, 1. FC Nürnberg 1) 2009 SMR, CZE, SVN, ISR, NIR – 2010 ISL, ISL

4 **Schindler** Christopher, 29. 4. 1990 (TSV München 1860) 2011 NED, ITA, POR, CYP

12 **Schindler** Kevin, 21. 5. 1988 (Werder Bremen 4, Hansa Rostock 3, FC Augsburg 5) 2007 ISL, LUX – 2008 BEL, DEN, NIR, FRA, FRA – 2009 TUR, IRN, CZE, SVN, ISR

16 **Schindzielorz** Sebastian, 21. 1. 1979 (VfL Bochum) 1999 FIN, SCO, NIR, TUR, AUT – 2000 TUN, ROU, CRO, SUI, ESP, GRE, ENG, DEN – 2001 ALB, GRE, FIN

3 **Schlaudraff** Jan, 18. 7. 1983 (Borussia Mönchengladbach) 2004 LTU, SCG, AUT

14 **Schlicke** Björn, 23. 6. 1981 (SpVgg Greuther Fürth 9, Hamburger SV 5) 2002 ITA, LTU, BIH, NED – 2003 ESP, LTU, SCG, IRL, SCO, RUS, ISL, TUR, TUR – 2004 SUI

13 **Schlotterbeck** Nico, 1. 12. 1999 (SC Freiburg 5, 1. FC Union Berlin 8) 2019 GRE, WAL, ESP, BIH, BEL – 2020 MDA, BEL – 2021 HUN, NED, ROU, DEN, NED, POR

14 **Schmäler** Nils, 10. 11. 1969 (VfB Stuttgart) 1989 NED, ISL, ISL – 1990 SWE, LUX, SUI – 1991 URS, BEL, BUL, ENG, MAR, BEL – 1992 SCO, SCO

11 **Schmelzer** Marcel, 22. 1. 1988 (Borussia Dortmund) 2009 BLR, ESP, FIN, ENG, ENG, TUR, IRN, SVN, ISR, NIR – 2010 ISL
1 **Schmidt** Andreas, 14. 9. 1973 (Hertha BSC) 1995 BEL
2 **Schmidt** Dennis, 18. 4. 1988 (VfL Osnabrück) 2009 TUR, IRN
1 **Schmidt** Lars, 13. 9. 1965 (Karlsruher SC) 1985 CSV
13 **Schmidt** Oliver, 14. 9. 1973 (Hertha BSC) 1994 RUS, HUN, FIN – 1995 ESP, GEO, BUL, BEL, GEO, MDA, WAL, BUL – 1996 POR, FRA
1 **Schmöller** Frank, 21. 8. 1966 (Hamburger SV) 1987 NED
8 **Schneider** Martin, 24. 11. 1968 (1. FC Nürnberg) 1988 SUI – 1989 BUL, ISL, CSV, ISL, CMR, CMR – 1990 FRA
8 **Schneider** René, 1. 2. 1973 (Hansa Rostock) 1995 ESP, GEO, WAL, GEO, WAL, BUL – 1996 POR, FRA
10 **Schneider** Theo, 23. 8. 1960 (Borussia Dortmund) 1979 POL, URS – 1980 SCO, SUI, Prov. Kanton, MEX, ROU, CHN, FRA, BUL
7 **Schneider** Uwe, 28. 8. 1971 (VfB Stuttgart) 1991 ENG, MAR – 1992 CSV, TUR, ALB, ESP, ALB
14 **Schön** Alfred, 13. 1. 1962 (Waldhof Mannheim) 1982 SUI, CSV – 1983 POR, ALB, ALG, CHN, BRA, FRA, HUN, AUT, TUR, ALB – 1984 BEL, URS
9 **Schönheim** Fabian, 14. 2. 1987 (1. FC Kaiserslautern) 2006 NED, NIR, ROU – 2007 IRL, NIR, SWE, ISR, MDA – 2008 LUX
5 **Scholl** Mehmet, 16. 10. 1970 (Karlsruher SC) 1991 BUL, BEL, LUX – 1992 SCO, SCO
7 **Schreml** Uwe, 7. 2. 1960 (SpVgg Bayreuth 4, TSV München 1860 3) 1980 BEL, Prov. Kanton, ROU, CHN, NED, FRA, BUL
7 **Schröder** Michael, 10. 11. 1959 (Hamburger SV) 1983 AUT – 1984 URS, GRE, SCO, SWE – 1985 POR, SUI
20 **Schroth** Markus, 25. 1. 1975 (Karlsruher SC) 1996 DEN, NED, POL, ARM, BUL, POR – 1997 ISR, ALB, UKR, UKR, RUS, POR, ARM, ALB – 1998 CYP, CYP, LIB, GRE, ROU, SWE
6 **Schubert** Markus, 12. 6. 1998 (Dynamo Dresden 1, FC Schalke 04 5) 2018 MEX – 2019 GRE, WAL, ESP, BIH, BEL
2 **Schümann** Rainer, 1. 10. 1977 (SG Wattenscheid 09) 1997 UZB, SUI
4 **Schürrle** André, 6. 11. 1990 (1. FSV Mainz 05) 2009 NIR, SMR – 2010 ISL, UKR
3 **Schütterle** Rainer, 21. 3. 1966 (VfB Stuttgart) 1987 DEN, NED, BUL
16 **Schulz** Christian, 1. 4. 1983 (Werder Bremen) 2004 LTU, SCG, AUT, POL – 2005 POL, AZE, WAL, AUT, CZE, CZE – 2006 LVA, ARM, NED, SBM, FRA, POR
2 **Schulz** Daniel, 21. 2. 1986 (1. FC Union Berlin) 2007 CIV, FRA
14 **Schulz** Nico, 1. 4. 1993 (Hertha BSC) 2013 FRA, IRL, MNT, FRO – 2014 ESP, IRL, ROU, UKR – 2015 ITA, ENG, SER, DEN, CZE, POR
1 **Schulze** Frank, 31. 3. 1970 (Victoria Frankfurt/Oder) 1990 SUI
8 **Schumann** Daniel, 13. 2. 1977 (Bayer Leverkusen 1, SC Freiburg 7) 1997 UZB, SUI, BEL – 1998 NED – 1999 USA, NIR, FIN, TUR
7 **Schupp** Markus, 7. 1. 1966 (1. FC Kaiserslautern) 1985 CSV – 1986 ITA, KOR, SUI, DEN, BUL – 1987 LUX
1 **Schuster** Bernd, 22. 12. 1959 (1. FC Köln) 1980 SCO
24 **Schwaab** Daniel, 23. 8. 1988 (SC Freiburg 15, Bayer Leverkusen 9) 2007 IRL, NIR, SWE, MDA, ISL, LUX – 2008 BEL, NIR, FRA, FRA, ITA – 2009 IRL, NED, BLR, ENG, TUR, IRN, SMR, CZE, SVN, ISR, SMR – 2010 ISL, ISL
13 **Schwabl** Manfred, 18. 4. 1966 (Bayern München 4, 1. FC Nürnberg 9) 1985 CSV – 1986 ITA, KOR, SUI, DEN, BUL – 1987 LUX, NED, FRA, ENG, DEN, LUX, BUL
4 **Schwäbe** Marvin, 25. 4. 1995 (VfL Osnabrück 1, Dynamo Dresden 3) 2015 DEN – 2016 FIN, RUS – 2017 ENG
2 **Schwarz** Danny, 11. 5. 1975 (VfB Stuttgart) 1998 ROU, SWE
7 **Schweinsteiger** Bastian, 1. 8. 1984 (Bayern München) 2004 SUI, GEO, GRE, SUI, SWE, POR, SCG
3 **Schwiderowski** Markus, 12. 12. 1973 (FC Schalke 04) 1993 LUX – 1994 HUN, TUR
1 **Seguin** Paul, 29. 3. 1995 (VfL Wolfsburg) 2016 TUR
15 **Selke** Davie, 20. 1. 1995 (RB Leipzig) 2015 DEN, AZE, FIN, AUT – 2016 FRO, RUS, RUS, AUT, TUR – 2017 ENG, POR, CZE, DEN, ITA, ENG
4 **Senesie** Sahr, 20. 6. 1985 (Borussia Dortmund 3, Grasshopper-Club Zürich 1) 2004 AZE, POL – 2005 WAL, ENG
8 **Serdar** Suat, 11. 4. 1997 (1. FSV Mainz 05 2, FC Schalke 04 6) 2017 HUN – 2018 KVX, MEX, IRL, NED – 2019 DEN, AUT, ESP

16 **Serra** Janni, 13. 3. 1998 (Borussia Dortmund 4, VfL Bochum 2, Holstein Kiel 10) 2017 HUN, KVX, AZE, AZE – 2018 ISR, KVX, MEX, NOR, IRL, NED, ITA – 2019 GRE, WAL, ESP, BIH, BEL
4 **Seydel** Aaron, 7. 2. 1996 (Holstein Kiel) 2017 AZE, ISR – 2018 MEX, IRL
1 **Siedschlag** Stefan, 8. 6. 1977 (VfB Lübeck) 1997 UZB
3 **Simmes** Daniel, 12. 8. 1966 (Borussia Dortmund) 1986 SUI, SCO – 1987 NED
9 **Sinkiewicz** Lukas, 9. 10. 1985 (1. FC Köln) 2004 SCG – 2005 ENG, POL – 2006 LVA, ARM, NED, SBM, FRA, POR
9 **Sippel** Tobias, 22. 3. 1988 (1. FC Kaiserslautern) 2008 NIR – 2009 TUR, IRN, SMR, CZE, SVN, NIR, SMR – 2010 ISL
1 **Skarke** Tim, 7. 9. 1996 (1. FC Heidenheim) 2017 HUN
16 **Sobiech** Lasse, 18. 1. 1991 (Borussia Dortmund 5, FC St. Pauli 2, SpVgg Greuther Fürth 9) 2010 CZE, UKR, ENG – 2011 GRE, POR, CYP, BLR – 2012 ARG, BLR, BIH, SUI, SUI, TUR – 2013 ITA, ISR, RUS
1 **Sobotzik** Thomas, 16. 10. 1974 (Eintracht Frankfurt) 1993 LUX
5 **Sorg** Oliver, 29. 5. 1990 (SC Freiburg) 2012 ARG, BIH – 2013 ITA, NED, ESP
4 **Spanring** Martin, 14. 10. 1969 (Fortuna Düsseldorf) 1990 SWE, LUX, SUI – 1991 BUL
6 **Spyrka** Adrian, 1. 8. 1967 (Borussia Dortmund 1, 1. FC Saarbrücken 5) 1988 SUI – 1989 NED, ISL, CSV, ISL, FIN
5 **Stach** Anton, 15. 11. 1998 (SpVgg Greuther Fürth) 2021 NED, ROU, DEN, NED, POR
10 **Stadler** Joachim, 15. 1. 1970 (1. FC Kaiserslautern 4, Borussia Mönchengladbach 6) 1990 SUI – 1991 URS, BEL, BUL, ENG, MAR, BEL, LUX – 1992 SCO, SCO
6 **Stark** Marko, 9. 7. 1981 (1. FC Saarbrücken) 2002 NIR, CZE, RUS, RSA, JPN, ITA
4 **Stark** Mirko, 28. 9. 1973 (1. FC Köln) 1993 LUX – 1994 HUN, TUR, GRE
18 **Stark** Niklas, 14. 4. 1995 (1. FC Nürnberg 3, Hertha BSC 15) 2014 ROU, UKR, NED – 2015 DEN – 2016 FRO, RUS, SVK, FIN, RUS, AUT, TUR, POL – 2017 ENG, POR, CZE, DEN, ITA, ESP
12 **Starke** Tom, 18. 3. 1981 (Bayer Leverkusen 11, Hamburger SV 1) 2002 NIR, CZE, RSA, JPN, ITA, ITA, LTU, NED – 2003 ESP, IRL, SCO – 2004 GRE
1 **Stefaniak** Marvin, 3. 2. 1995 (Dynamo Dresden) 2016 SVK
10 **Steffen** Horst, 3. 3. 1969 (Bayer Uerdingen) 1988 FIN, NED – 1989 NED, ISL, CSV, FIN, CMR, CMR – 1990 FRA, URS
2 **Steiner** Paul, 23. 1. 1957 (1. FC Köln) 1983 TUR, ALB
3 **Steinhöfer** Markus, 7. 3. 1986 (RB Salzburg 1, Eintracht Frankfurt 2) 2007 CIV – 2008 NIR, ITA
1 **Steininger** Franz-Josef, 9. 7. 1960 (MSV Duisburg) 1981 FIN
2 **Stendera** Marc, 10. 12. 1995 (Eintracht Frankfurt) 2015 FRO, AZE
8 **Stenzel** Pascal, 20. 3. 1996 (SC Freiburg) 2017 HUN, NOR, AZE – 2018 MEX, NED, ITA – 2019 FRA, ENG
7 **Sternkopf** Michael, 21. 4. 1970 (Karlsruher SC 5, Bayern München 2) 1989 CSV, ISL – 1990 FRA, URS, URS, SWE, LUX
2 **Steubing** Waldemar, 30. 11. 1959 (Bayer Uerdingen) 1981 AUT, FIN
1 **Stindl** Lars, 26. 8. 1988 (Karlsruher SC) 2009 TUR
7 **Storck** Bernd, 25. 1. 1963 (VfL Bochum 4, Borussia Dortmund 3) 1983 ALG, CHN, BRA, FRA, AUT, TUR, ALB
7 **Strack** Gerhard, 1. 9. 1955, † 21. 5. 2020 (1. FC Köln) 1981 AUT, BUL – 1982 ESP, ESP, URS, URS, ENG
8 **Strehmel** Alexander, 20. 3. 1968 (VfB Stuttgart) 1988 SUI, FIN, NED – 1989 CSV, ISL – 1990 FRA, URS, URS
2 **Strunz** Thomas, 25. 4. 1968 (Bayern München) 1990 FRA, URS
4 **Sturm** Ralf, 18. 10. 1968 (1. FC Köln) 1989 NED, FIN, ISL – 1990 FRA
11 **Süle** Niklas, 3. 9. 1995 (TSG Hoffenheim) 2014 NED, CZE – 2015 DEN, AZE, FIN, FRO, AZE, AUT – 2016 FRO, RUS, RUS
10 **Sukuta-Pasu** Richard, 24. 6. 1990 (Bayer Leverkusen 2, FC St. Pauli 8) 2008 MDA – 2009 SMR – 2010 ISL, ISL, CZE, NIR – 2011 GRE, NED, ITA, POR
14 **Tah** Jonathan, 11. 2. 1996 (Bayer Leverkusen) 2015 DEN, AZE, AUT – 2016 RUS – 2017 HUN, AZE, NOR – 2018 ISR, NOR – 2019 DEN, SRB, AUT, ROU, ESP
1 **Tasci** Serdar, 24. 4. 1987 (VfB Stuttgart) 2007 SCO
5 **Teber** Selim, 7. 3. 1981 (Waldhof Mannheim 4, 1. FC Kaiserslautern 1) 2002 RUS, RSA, ITA, IRL – 2003 LTU
13 **ter Stegen** Marc-André, 30. 4. 1992 (Borussia Mönchengladbach 5, FC Barcelona 8) 2012 GRE – 2013 IRL, MNT, FRO, MNT – 2014 UKR, UKR, NED – 2015 ENG, SER, DEN, CZE, POR
8 **Teuchert** Cedric, 14. 1. 1997 (1. FC Nürnberg 3, FC Schalke 04 5) 2017 AZE, NOR, ISR – 2018 ISR, KVX, MEX, IRL, NOR

2 **Theiss** Klaus, 9. 7. 1963 (Eintracht Frankfurt) 1985 POR – 1986 SUI
7 **Thesker** Stefan, 11. 4. 1991 (TSG Hoffenheim) 2012 ARG, BLR, SUI – 2013 ISR, NED, ESP, RUS
1 **Thiele** Günter, 7. 11. 1961 (Fortuna Düsseldorf) 1983 ALB
3 **Thon** Olaf, 1. 5. 1966 (FC Schalke 04) 1984 SCO, SWE – 1985 POR
24 **Tiffert** Christian, 18. 2. 1982 (VfB Stuttgart) 2002 NIR, CZE, RUS, RSA, JPN, ITA, IRL, BIH, NED – 2003 ESP, SCG, IRL, SCO, RUS, ISL, SCO, ISL, TUR, TUR – 2004 SUI, GEO, GRE, SUI, POR
10 **Timm** Christian, 27. 2. 1979 (1. FC Köln) 1999 FIN, NIR, TUR – 2000 CRO, SUI, GRE, ENG – 2001 BUL, ALB, GRE
18 **Toljan** Jeremy, 8. 8. 1994 (TSG Hoffenheim) 2015 DEN, AZE, FIN, FRO, AZE, AUT – 2016 FRO, RUS, AUT, TUR, POL – 2017 ENG, POR, CZE, DEN, ITA, ENG, ESP
4 **Torunarigha** Jordan, 7. 8. 1997 (Hertha BSC) 2018 KVX, MEX, IRL – 2019 FRA
2 **Tosun** Cenk, 7. 6. 1991 (Eintracht Frankfurt 1, Gaziantepspor 1) 2010 ENG – 2011 GRE
11 **Trapp** Kevin, 8. 7. 1990 (1. FC Kaiserslautern 10, Eintracht Frankfurt 1) 2010 NIR, UKR – 2011 GRE, ITA, POR, CYP, SMR, BLR, BIH, GRE – 2013 ITA
2 **Trares** Bernhard, 18. 8. 1965 (SV Darmstadt 98) 1986 ITA, SCO
4 **Trieb** Martin, 23. 9. 1961 (Eintracht Frankfurt) 1983 ALB, TUR, AUT, HUN
15 **Trochowski** Piotr, 22. 3. 1984 (Bayern München 2, Hamburger SV 13) 2004 AZE, AUT – 2005 POL, AZE, ENG, WAL, AUT, CZE, CZE – 2006 LVA, ARM, NED, NED, NIR, ROU
1 **Tschauner** Philipp, 3. 11. 1985 (TSV München 1860) 2006 NED
6 **Uduokhai** Felix, 9. 9. 1997 (VfL Wolfsburg) 2018 MEX, IRL, NED, ITA – 2019 FRA, ENG
3 **Ulreich** Sven, 3. 8. 1988 (VfB Stuttgart) 2009 IRN, ISR – 2010 ISL
11 **Unger** Lars, 30. 9. 1972 (Werder Bremen) 1992 CSV, NED, TUR, ALB, ESP, ALB – 1993 IRL, IRL, DEN, GRE, DEN
8 **Vagnoman** Josha, 11. 12. 2000 (Hamburger SV) 2019 ESP – 2020 MDA, BEL, SVN – 2021 HUN, NED, ROU, DEN
9 **Villa** Marco, 18. 7. 1978 (Borussia Mönchengladbach) 1997 ISR, UZB, SUI – 1998 ROU, SUI, TUR, MDA – 1999 NIR, SCO
4 **Vitzthum** Michael, 20. 6. 1992 (Karlsruher SC) 2013 FRA, FRO, IRL, FRO
1 **Vlachodimos** Odisseas, 26. 4. 1994 (Panathinaikos Athen) 2017 POR
19 **Völler** Rudolf, 13. 4. 1960 (Kickers Offenbach 8, TSV München 1860 10, Werder Bremen 1) 1979 POL, URS – 1980 SCO, BEL, Prov. Kanton, MEX, ROU, CHN, BUL – 1981 ESP, AUT, FIN, FIN, AUT, BUL – 1982 ESP, URS, URS, ENG
1 **Vogt** Dennis, 20. 5. 1978 (Borussia Dortmund) 1997 UZB
8 **Vogt** Kevin, 23. 9. 1991 (VfL Bochum 5, FC Augsburg 3) 2011 NED, ITA, SMR, BLR, BIH – 2012 TUR – 2013 ITA, ISR
8 **Voigt** Alexander, 13. 4. 1978 (1. FC Köln) 1997 UZB, SUI, BEL – 1998 ROU, SUI – 1999 SCO, NIR, TUR
22 **Volland** Kevin, 30. 7. 1992 (TSV München 1860 1, TSG Hoffenheim 21) 2012 GRE, ARG, BLR, BIH, SUI, TUR – 2013 ISR, NED, ESP, RUS, FRO, IRL, MNT, FRO – 2014 ESP, UKR, UKR – 2015 ITA, SER, DEN, CZE, POR
9 **Vollborn** Rüdiger, 12. 2. 1963 (Bayer Leverkusen) 1982 SUI, CSV – 1983 ALB, TUR, ALG, BRA, FRA, TUR – 1984 BEL
20 **Volz** Moritz, 21. 1. 1983 (FC Fulham) 2003 ISL – 2004 GEO, GRE, SWE, LTU, SCG, AZE, AUT – 2005 WAL, ENG, POL, ENG, AUT, CZE, CZE – 2006 ARM, NED, SBM, FRA, POR
3 **Vorbeck** Marco, 24. 6. 1981 (Hansa Rostock) 2002 LTU, NED – 2003 ESP
14 **Voss** Andreas, 27. 2. 1979 (Bayer Leverkusen) 1998 MDA, NED – 1999 KUW, QAT, BHR, THA, AUT – 2000 TUN, TUN, ROU, ESP, GRE, ENG, DEN
6 **Vukcevic** Boris, 16. 3. 1990 (TSG Hoffenheim) 2010 NIR, UKR, ENG – 2011 NED, ITA – 2012 BIH
11 **Waas** Herbert, 8. 9. 1963 (Bayer Leverkusen) 1983 POR, ALB, TUR – 1984 SWE – 1985 POR, BUL, URS, SWE, POR – 1986 ITA, KOR
1 **Wache** Dimo, 1. 11. 1973 (Borussia Mönchengladbach) 1994 GRE
1 **Wagner** David, 19. 10. 1971 (1. FSV Mainz 05) 1992 TUR
2 **Wagner** Martin, 24. 2. 1968 (1. FC Nürnberg) 1989 BUL, CSV
8 **Wagner** Sandro, 29. 11. 1987 (MSV Duisburg) 2008 ISR, ITA – 2009 IRL, NED, BLR, FIN, ITA, ENG
15 **Waldschmidt** Luca, 19. 5. 1996 (Hamburger SV 3, SC Freiburg 12) 2017 HUN, KVX, AZE – 2018 MEX, NOR, IRL, NED, ITA – 2019 FRA, ENG, DEN, SRB, AUT, ROU, ESP
2 **Walke** Alexander, 6. 6. 1983 (Werder Bremen) 2004 SCG, POL

1 **Weber** Ralf, 31. 5. 1969 (Eintracht Frankfurt) 1989 ISL
12 **Wedau** Markus, 31. 12. 1975 (KFC Uerdingen) 1995 BEL – 1996 DEN, NED, POL, ARM, BUL – 1997 UKR, RUS, ARM, ALB – 1998 CYP, CYP
4 **Wegmann** Jürgen, 31. 3. 1964 (Borussia Dortmund) 1984 URS, GRE, SCO – 1985 POR
3 **Weidenfeller** Roman, 6. 8. 1980 (1. FC Kaiserslautern) 1999 BHR, THA – 2001 NOR
5 **Weigl** Julian, 8. 9. 1995 (Borussia Dortmund) 2015 DEN, AZE, FIN, AUT – 2016 FRO
12 **Weiser** Mitchell, 21. 4. 1994 (Hertha BSC) 2015 AZE – 2016 RUS, SVK, FIN, RUS, TUR, POL – 2017 ENG, CZE, DEN, ITA, ESP
10 **Wellenreuther** Timon, 3. 12. 1995 (RCD Mallorca 8, FC Schalke 04 2) 2015 DEN, AZE, FIN, FRO, AZE, AUT – 2016 FRO, RUS, SVK, POL
1 **Weller** Marco, 4. 8. 1977 (1. FC Köln) 1997 UZB
7 **Werner** Timo, 6. 3. 1996 (VfB Stuttgart 4, RB Leipzig 3) 2015 DEN, AZE, AZE, AUT – 2016 FIN, RUS, TUR
1 **Wessels** Stefan, 28. 2. 1979 (Bayern München) 2000 ENG
2 **Westermann** Heiko, 14. 8. 1983 (SpVgg Greuther Fürth) 2003 LTU – 2004 POL
9 **Wiblishauser** Frank, 18. 10. 1977 (Bayern München) 1997 ISR, UZB, RUS – 1998 CYP, CYP, LIB, ROU, TUR, MDA
13 **Wiese** Tim, 17. 12. 1981 (1. FC Kaiserslautern) 2003 LTU, SCG, RUS, ISL, SCO, ISL, TUR, TUR – 2004 SUI, GEO, SUI, SWE, POR
15 **Willi** Tobias, 14. 12. 1979 (SC Freiburg) 1999 FIN, TUR, AUT – 2000 TUN, TUN, SUI, NOR, GRE, ENG – 2001 BUL, FIN, ALB, NOR, ENG, FIN
2 **Willkomm** Jürgen, 7. 9. 1959 (1. FC Köln) 1979 POL, URS
2 **Winklhofer** Helmut, 27. 8. 1961 (Bayer Leverkusen) 1983 POR, ALB
2 **Wintzheimer** Manuel, 10. 1. 1999 (Hamburger SV) 2020 SVN, WAL
6 **Wirtz** Florian, 3. 5. 2003 (Bayer Leverkusen) 2020 MDA, BIH, WAL – 2021 DEN, NED, POR
9 **Witeczek** Marcel, 18. 10. 1968 (Bayer Uerdingen) 1988 SUI, FIN, NED – 1989 BUL, NED, ISL, CSV, FIN – 1990 URS
16 **Wörns** Christian, 10. 5. 1972 (Waldhof Mannheim 5, Bayer Leverkusen 11) 1990 SWE, LUX – 1991 URS, BEL, BUL, ENG, MAR, BEL, LUX – 1992 SCO, SCO – 1993 IRL, IRL, DEN, DEN, ESP
6 **Wohlfarth** Roland, 11. 1. 1963 (MSV Duisburg) 1982 SUI, CSV – 1983 ALG, CHN, BRA, FRA
2 **Wolf** Dirk, 4. 8. 1972 (Eintracht Frankfurt) 1992 NED, TUR
14 **Wück** Christian, 9. 6. 1973 (1. FC Nürnberg 12, Karlsruher SC 2) 1992 CSV, NED, TUR – 1993 IRL, IRL, DEN, GRE, DEN, LUX – 1994 HUN, TUR, GRE, RUS – 1995 ESP
7 **Wuttke** Wolfram, 17. 11. 1961 (FC Schalke 04 4, Borussia Mönchengladbach 3) 1980 NED – 1981 ESP – 1982 CSV, ENG – 1983 ALB, TUR, AUT
1 **Yalcin** Taner, 18. 2. 1990 (1. FC Köln) 2010 NIR
4 **Yildirim** Özkan, 10. 4. 1993 (Werder Bremen) 2013 FRA, FRO, MNT, ROU
16 **Yilmaz** Mahmut, 6. 10. 1979 (Hamburger SV) 1999 KUW, QAT, BHR, THA – 2000 ROU, SUI, NOR, ESP, DEN – 2001 BUL, ALB, GRE, FIN, ALB, NOR, ENG
18 **Younes** Amin, 6. 8. 1993 (Borussia Mönchengladbach 8, 1. FC Kaiserslautern 10) 2013 FRA, FRO, IRL, MNT, FRO, MNT, ROU – 2014 ESP, IRL, ROU, NED, CZE – 2015 ITA, ENG, SER, DEN, CZE, POR
2 **Zandi** Ferydoon, 26. 4. 1979 (SC Freiburg) 2001 FIN, NOR
4 **Zanter** Peter, 11. 11. 1965 (Bayer Leverkusen) 1986 SCO, DEN – 1987 ENG, DEN
3 **Zechel** Thomas, 25. 1. 1965 (Bayer Leverkusen) 1984 BEL, URS, GRE
13 **Zepek** Michael, 19. 1. 1981 (Karlsruher SC 1, Bayer Leverkusen 8, LR Ahlen 4) 2001 FIN, NOR, ENG, FIN – 2002 NIR, RUS, RSA, JPN, ITA, ITA, LTU, BIH – 2003 LTU
1 **Zetterer** Michael, 12. 7. 1995 (Werder Bremen) 2016 POL
17 **Zickler** Alexander, 28. 2. 1974 (Bayern München) 1993 LUX, ESP – 1994 TUR, RUS, HUN, FIN, MDA – 1995 ESP, GEO, WAL, BUL, BEL, GEO, MDA, WAL, BUL – 1996 POR
12 **Ziege** Christian, 1. 2. 1972 (Bayern München) 1991 BEL, BUL, ENG, MAR, BEL, LUX – 1992 NED, ALB, ESP, ALB – 1993 IRL, DEN
1 **Ziegler** Marc, 13. 6. 1976 (VfB Stuttgart) 1996 NED
1 **Ziegenbein** Björn, 30. 4. 1986 (TSV München 1860) 2007 SUI
1 **Ziegler** Marcus, 10. 8. 1973 (VfB Stuttgart) 1994 TUR
4 **Zietsch** Rainer, 21. 11. 1964 (VfB Stuttgart) 1984 BEL, URS, GRE – 1985 SWE
2 **Zimmer** Jean, 6. 12. 1993 (1. FC Kaiserslautern) 2014 NED – 2015 ITA
5 **Zimmermann** Uwe, 11. 2. 1962 (Waldhof Mannheim) 1982 CSV – 1983 POR, AUT, CHN, ALB
5 **Zinnow** Stefan, 6. 10. 1979 (Eintracht Frankfurt) 1999 QAT, BHR, OMA, THA – 2000 TUN
2 **Zorc** Michael, 25. 8. 1962 (Borussia Dortmund) 1982 SUI – 1983 POR

Alle Torschützen in den Junioren-Länderspielen U 21

Ache	1
Allofs, Th.	2
Amiri	6
Aogo	4
Arnold	5
Auer	15
Badstuber	2
Bäron	3
Baku, R.	2
Balitsch	2
Ballack	7
Bargfrede	1
Baumann, F.	1
Baumgartl	1
Beck	2
Beister	6
Bell	1
Ben-Hatira	1
Berisha	1
Bierhoff	7
Bierofka	7
Bittencourt	3
Blank	2
Blau	1
Boateng, J.	1
Bochtler	1
Bode, M.	2
Brandt	1
Brdaric	3
Breitenreiter	2
Bruns	4
Brzenska	1
Bugera	2
Burkardt	3
Calik	1
Can	1
Castro	3
Choupo-Moting	2
Cichon	1
Dabrowski	1
Da Costa	1
Dahoud	4
Dammeier	1
Daun	3
Dejagah	4
Dickel	2
Didavi	1
Dogan	1
Dorsch	1
Draxler	1
Dusend	1
Ebert	1
Eckstein	4
Effenberg	1
Eggestein, J.	2
Eggestein, M.	1
Ehlers	3
Engels	1
Epp	1
Ernst, F.	3
Esswein	5
Fährmann	2
Falk	1
Fathi	2
Fein	1
Feldhoff	5
Feulner	1
Fleßers	3
Foda	1
Franck	1
Franz	1
Freier	2
Frings	1
Frommer	1
Fuchs, H.	1
Funk	1
Funkel, W.	1
Gaudino	2
Gebhart	1
Gemiti	1
Gerster	2
Ginczek	2
Ginter	1
Glesius	3
Gnabry	3
Gomez	1
Goretzka	1
Großkreutz	1
Gruber	2
Gündogan	1
Haber	2
Haberer	1
Hack	3
Hagner	1
Halfar, D.	2
Hamann, D.	2
Hanke	14
Happe	1
Hartel	4
Heesen von	2
Heintz	1
Heller	3
Helmes	3
Hennings	13
Herbst	2
Herget	3
Herrlich	17
Herrmann, P.	2
Hieronymus	1
Hilbert	3
Hitzlsperger	3
Hochstätter	1
Höwedes	3
Hofmann, J.	5
Hofmann, P.	9
Holtby	14
Hubner	1
Hummels	5
Hunt	3
Jansen	1
Jeremies	1
Jones	3
Jungnickel	1
Kanopa	1
Kaul	1
Kempe	1
Kempf	1
Kern, E.	6
Ketelaer	3
Khedira	5
Kießling	4
Kilian	1
Kimmich	2
Kirchhoff, J.	3
Klauß	3
Klinsmann	3
Klostermann	2
Klotz	2
Knoche, R.	1
Knöll	1
Kohn, S.	1
Kother	1
Kranz	1
Kroos	2
Kroth	1
Krüger	1
Kruse, M.	1
Kruska	2
Kucukovic	1
Kümmerle	1
Kuntz	3
Kuranyi	2
Labbadia	3
Lasogga	4
Lauth	2
Lehmann, M.	2
Lehmann, R.	1
Leifeld	2
Leitner	7
Littbarski	18
Löwen	1
Lottner	1
Ludwig	2
Madlung	1
Maier, A.	1
Malli	1
Marin	1
Masmanidis	1
Mathy	6
Matip	1
Matthäus	2
Metzelder	1
Meyer, M.	7
Michalke	6
Mittelstädt	1
Mlapa	8
Möller, A.	2
Müller, L.	2
Müller, T.	1
Münch	2
Naki	1
Nehrbauer	2
Nerlinger	10
Neuendorf	1
Neuhaus	1
Neumann	1
Neun	1
Nmecha, L.	11
Ochs, Ph.	3
Odonkor	3
Özbek	3
Özcan	1
Özil	5
Öztunali	7
Patschinsky	1
Patzke	1
Platte	1
Polanski	1
Polter	4
Poschner	4
Prömel	1
Quaisser	1
Rafael	5
Rahn, C.	2
Ramelow	2
Rapp	1
Rath, Th.	1
Rau	1
Rausch	1
Reich	2
Reichert	3
Reinders	1
Reinhardt, K.	2
Reuter	2
Ricken	8
Riedle	1
Richter, M.	3
Rösler	2
Rosenthal	2
Rüdiger	1
Rudy	5
Rummenigge, M.	4
Rydlewicz	3
Sabiri	1
Sam	1
Sané, L.	5
Schatzschneider	2
Schieber	5
Schindler	2
Schindzielorz	1
Schlotterbeck, N.	3
Schmäler, N.	1
Schneider, M.	1
Schneider, R.	1
Schön	1
Scholl	3

Schroth	5
Schürrle	3
Schulz, C.	5
Schulz, N.	2
Schwaab	1
Schwabl	1
Schwarz	1
Schweinsteiger	2
Selke	9
Senesie	1
Serdar	2
Serra	2
Seydel	4
Sobiech	2
Stadler	1
Stark, N.	2
Steiner	1
Sternkopf	2
Steubing	1
Strack	2
Süle	1
Sukuta-Pasu	1
Teuchert	8
Thon	2
Tiffert	2
Timm	4
Toljan	1
Tosun	1
Trochowski	2
Uduokhai	1
Unger	1
Villa	1
Völler	10
Voigt	1
Volland	11
Voss	6
Waas	2
Wagner	4
Waldschmidt	10
Wedau	3
Weiser	1
Weller	1
Werner	3
Winklhofer	1
Wintzheimer	1
Wirtz	2
Witeczek	4
Wörns	1
Wohlfarth	1
Wück	3
Wuttke	1
Yilmaz	4
Younes	3
Zepek	2
Zickler	7
Ziege	3
Zinnow	1
Eigentore des Gegners	15

Die besten Torschützen in den Junioren-Länderspielen U 21

18	Littbarski
17	Herrlich
15	Auer
14	Hanke
14	Holtby
13	Hennings
11	Nmecha, L.
11	Volland
10	Nerlinger
10	Völler
10	Waldschmidt
9	Hofmann, P.
9	Selke
8	Mlapa
8	Ricken
7	Ballack
7	Bierhoff
7	Bierofka
7	Leitner
7	Meyer, M.
7	Öztunali
7	Zickler
6	Amiri
6	Beister
6	Kern, E.
6	Mathy
6	Michalke
6	Voss
5	Arnold
5	Esswein
5	Feldhoff
5	Hofmann, J.
5	Hummels
5	Khedira
5	Özil
5	Rafael
5	Rudy
5	Sané L.
5	Schieber
5	Schroth
5	Schulz, C.

Am häufigsten berufen wurden in die U 21

Ernst, F.	31
Öztunali	30
Beck, A.	27
Hanke	26
Aogo	25
Amiri	24
Holtby	24
Leitner	24
Meyer, M.	24
Schwaab	24
Tiffert	24
Arnold	23
Auer	23
Haber	23
Neuendorf	23
Preuß	23
Rudy	23
Bierofka	22
Dahoud	22
Höwedes	22
Klostermann	22
Matip	22
Nerlinger	22
Volland	22
Castro	21
Hennings	21
Hummels	21
Littbarski	21
Mlapa	21
Balitsch	20
Baumgartl	20
Bittencourt	20
Cichon	20
Dejagah	20
Gemiti	20
Herrlich	20
Hitzlsperger	20
Neuer	20
Nmecha, L.	20
Riether	20
Rolff	20
Schroth	20
Volz	20
Ballack	19
Dogan	19
Ehlers	19
Franz	19
Jung, S.	19
Polanski	19
Völler	19
Fathi	18
Ginter	18
Gospodarek	18
Hildebrand	18
Jantschke	18
Kirchhoff	18
Kruska	18
Maier, A.	18
Özbek	18
Poschner	18
Ramelow	18
Rensing	18
Stark	18
Toljan	18
Younes	18
Allofs Th.	17
Baumann, F.	17
Gerhardt	17
Henrichs	17
Hofmann, P.	17
Klos	17
Michalke	17
Neuhaus	17
Nübel	17
Ricken	17
Rosenthal	17
Zickler	17
Bäron	16
Eggestein, M.	16
Falkenmayer	16
Fiedler	16
Kögl	16
Korzynietz	16
Lehmann, M.	16
Özil	16
Otten	16
Rydlewicz	16
Schindzielorz	16
C. Schulz	16
Serra	16
Sobiech	16
Wörns	16
Yilmaz	16
Boateng, J.	15
Borowski	15
Brzenska	15
Enke	15
Funk	15
Gnabry	15
Khedira	15

Kießling	15	Özbek	15	Schäfer	15	Waldschmidt	15
Matthäus	15	Öczan	15	Selke	15	Willi	15
Odonkor	15	Reichert	15	Trochowski	15		

Die erfolgreichsten Vereine (Berufungen/Spieler)

Borussia Dortmund	326 Einsätze/53 Spieler	Werder Bremen	219 Einsätze/38 Spieler
VfB Stuttgart	313 Einsätze/50 Spieler	SC Freiburg	213 Einsätze/25 Spieler
Bayer Leverkusen	304 Einsätze/48 Spieler	1. FC Nürnberg	190 Einsätze/33 Spieler
Bor. M'gladbach	283 Einsätze/44 Spieler	Eintracht Frankfurt	177 Einsätze/40 Spieler
Bayern München	272 Einsätze/40 Spieler	VfL Bochum	151 Einsätze/30 Spieler
Hertha BSC	248 Einsätze/34 Spieler	TSG Hoffenheim	148 Einsätze/14 Spieler
Hamburger SV	235 Einsätze/39 Spieler	1. FSV Mainz 05	144 Einsätze/22 Spieler
1. FC Köln	232 Einsätze/47 Spieler	VfL Wolfsburg	136 Einsätze/17 Spieler
FC Schalke 04	231 Einsätze/31 Spieler	Karlsruher SC	134 Einsätze/23 Spieler
1. FC Kaiserslautern	221 Einsätze/35 Spieler	Hannover 96	127 Einsätze/20 Spieler

KAPITEL 3

DIE DEUTSCHE MEISTERSCHAFT

Ehrentafel

DER DEUTSCHEN MEISTER

1903	VfB Leipzig	1967	Eintracht Braunschweig
1905	Union 92 Berlin	1968	1. FC Nürnberg
1906	VfB Leipzig	1969	Bayern München
1907	Freiburger FC	1970	Borussia Mönchengladbach
1908	Viktoria Berlin	1971	Borussia Mönchengladbach
1909	Phönix Karlsruhe	1972	Bayern München
1910	Karlsruher FV	1973	Bayern München
1911	Viktoria Berlin	1974	Bayern München
1912	Holstein Kiel	1975	Borussia Mönchengladbach
1913	VfB Leipzig	1976	Borussia Mönchengladbach
1914	SpVgg Fürth	1977	Borussia Mönchengladbach
1920	1. FC Nürnberg	1978	1. FC Köln
1921	1. FC Nürnberg	1979	Hamburger SV
1922	kein Meister	1980	Bayern München
1923	Hamburger SV	1981	Bayern München
1924	1. FC Nürnberg	1982	Hamburger SV
1925	1. FC Nürnberg	1983	Hamburger SV
1926	SpVgg Fürth	1984	VfB Stuttgart
1927	1. FC Nürnberg	1985	Bayern München
1928	Hamburger SV	1986	Bayern München
1929	SpVgg Fürth	1987	Bayern München
1930	Hertha BSC	1988	Werder Bremen
1931	Hertha BSC	1989	Bayern München
1932	Bayern München	1990	Bayern München
1933	Fortuna Düsseldorf	1991	1. FC Kaiserslautern
1934	FC Schalke 04	1992	VfB Stuttgart
1935	FC Schalke 04	1993	Werder Bremen
1936	1. FC Nürnberg	1994	Bayern München
1937	FC Schalke 04	1995	Borussia Dortmund
1938	Hannover 96	1996	Borussia Dortmund
1939	FC Schalke 04	1997	Bayern München
1940	FC Schalke 04	1998	1. FC Kaiserslautern
1941	Rapid Wien	1999	Bayern München
1942	FC Schalke 04	2000	Bayern München
1943	Dresdner SC	2001	Bayern München
1944	Dresdner SC	2002	Borussia Dortmund
1948	1. FC Nürnberg	2003	Bayern München
1949	VfR Mannheim	2004	Werder Bremen
1950	VfB Stuttgart	2005	Bayern München
1951	1. FC Kaiserslautern	2006	Bayern München
1952	VfB Stuttgart	2007	VfB Stuttgart
1953	1. FC Kaiserslautern	2008	Bayern München
1954	Hannover 96	2009	VfL Wolfsburg
1955	Rot-Weiss Essen	2010	Bayern München
1956	Borussia Dortmund	2011	Borussia Dortmund
1957	Borussia Dortmund	2012	Borussia Dortmund
1958	FC Schalke 04	2013	Bayern München
1959	Eintracht Frankfurt	2014	Bayern München
1960	Hamburger SV	2015	Bayern München
1961	1. FC Nürnberg	2016	Bayern München
1962	1. FC Köln	2017	Bayern München
1963	Borussia Dortmund	2018	Bayern München
1964	1. FC Köln	2019	Bayern München
1965	Werder Bremen	2020	Bayern München
1966	TSV München 1860	2021	Bayern München

Die Meistermannschaften

1903: VfB Leipzig (gegen DFC Prag 7:2):
Raydt – Schmidt, Werner – Rößler, W. Friedrich, Braune – Steinbeck, Stanischewski, Riso, A. Friedrich, Aßmus – Tore: W. Friedrich, A. Friedrich, H. Riso 3, Stanischewski 2 (Meyer 2) – Altona (heute Hamburg), 31. 5. – Zuschauer: 2000 – SR: Behr (Altona, heute Hamburg).

1905: Union 92 Berlin (gegen Karlsruher FV 2:0):
Krüger – Kähne, A. Bock – Jurga, Heinrich, Reinke – R. Bock, Wagenseil, Fröhde, Herzog, Pisarra – Tore: Wagenseil, Herzog – Köln, 21. 5. – Zuschauer: 3500 – SR: Dr. Westendarp (Hamburg).

1906: VfB Leipzig (gegen 1. FC Pforzheim 2:1):
Schneider – Schmidt, Werner – Steinbeck, Oppermann, Ugi – Uhle, Riso, Blüher, Lässig, A. Friedrich – Tore: Blüher, Riso (Stöhr) – Nürnberg, 27. 5. – Zuschauer: 1100 – SR: Eickhof (Hamburg).

1907: Freiburger FC (gegen Viktoria 89 Berlin 3:1):
von Goldberger – de Villiers, Falschlunger – Bodenweber, Mayer, Hunn – Haase, Sydler, Glaser, Hofherr, Burkart – Tore: Glaser, Burkart 2 (Röpnack) – Mannheim, 19. 5. – Zuschauer: 2000 – SR: Bohne (Bremen).

1908: Viktoria 89 Berlin (gegen Stuttgarter Kickers 3:0):
Scranowitz – Hahn, Fischer – Moeck, Knesebeck, Hunder – Pauke, Dumke, Worpitzky, Röpnack, Bock – Tore: Worpitzky 2, Röpnack – Berlin, 7. 6. – Zuschauer 4000 – SR: Götzel (Hamburg).

1909: Phönix Karlsruhe (gegen Viktoria 89 Berlin 4:2):
Michaelis – Karth, Neumaier – Heger, Beier, Schweinshaut – Wegele, Reiser, Leibold, Noe, Oberle – Tore: Beier, Noe 2, Leipold (Worpitzky, Röpnack) – Breslau, 30. 5. – Zuschauer: 1500 – SR: Hinze (Duisburg).

1910: Karlsruher FV (gegen Holstein Kiel 1:0 n. Verl.):
Dell – Hüber, Hollstein – Ruzek, Breunig, Schwarze – Tscherter, Förderer, Fuchs, Hirsch, Bosch – Tor: Breunig – Köln, 15. 5. – Zuschauer: 5000 – SR: Grafe (Leipzig).

1911: Viktoria 89 Berlin (gegen VfB Leipzig 3:1):
Welkisch – Fischer, Röpnack – Graßmann, Knesebeck, Hunder – Krüger, Dumke, Worpitzky, Kugler, Gasse – Tore: Worpitzky 2, Gasse (A. Friedrich) – Dresden, 4. 6. – Zuschauer: 12 000 – SR: Schröder (München-Gladbach, heute Mönchengladbach).

1912: Holstein Kiel (gegen Karlsruher FV 1:0):
Werner – Homeister, Reese – Dehning, Zincke, Krogmann – Möller, W. Fick, Binder, H. Fick, Bork – Tor: Möller – Hamburg, 26. 5. – Zuschauer: 10 000 – SR: Schröder (München-Gladbach, heute Mönchengladbach).

1913: VfB Leipzig (gegen Duisburger SV 3:1):
Schneider – Völker, Herrmann – Michel, Pendorf („Edy"), Hesse – Richter, Pömpner („Paulsen"), Völkers, Dolge, A. Friedrich – Tore: Pendorf, Pömpner, Eigentor Büschner (H. Fischer) – München, 11. 5. – Zuschauer. 5000 – SR: Knab (Stuttgart).

1914: SpVgg Fürth (gegen VfB Leipzig 3:2 n. Verl.):
Polenski – Burger, Wellhöfer – Seidel, Riebe, Schmidt – Wunderlich, Franz, Weicz, Hirsch, Jacob – Tore: Franz 2, Weicz (Pendorf, Hesse) – Magdeburg, 31. 5. – Zuschauer: 6000 – SR: von Paquet (Berlin).

1920: 1. FC Nürnberg (gegen SpVgg Fürth 2:0):
Stuhlfauth – Bark, Steinlein – Kugler, Kalb, Riegel – Strobel, Popp, Böß, Träg, Szabo – Tore: Popp, Szabo – Frankfurt, 13. 6 – . Zuschauer: 35 000 – SR: Bauwens (Köln).

1921: 1. FC Nürnberg (gegen Vorwärts Berlin 5:0):
Stuhlfauth – Bark, Kugler – Grünerwald, Dr. Kalb, Riegel – Strobel, Popp, Böß, Träg, Sutor – Tore: Popp 3, Träg 2 – Düsseldorf, 12. 6. – Zuschauer: 22 000 – SR: Bauwens (Köln).

1922: kein Meister

Hamburger SV – 1. FC Nürnberg n. V. 2:2 (nach 189 Minuten abgebrochen) – Hamburg: Martens – Beier, Schmerbach – Flohr, Halvorsen, Krohn – Kolzen, Breuel, Harder, Schneider, Rave – Nürnberg: Stuhlfauth – Bark, Grünerwald – Köpplinger, Kugler, Riegel – Strobel, Popp, Böß, Träg, Sutor – Tore: Rave, Flohr (Träg, Popp) – Berlin, 18.6. – Zuschauer: 30 000 – SR: Bauwens (Köln).
Hamburger SV – 1. FC Nürnberg n. V. 1:1 (nach 115 Minuten abgebrochen) – Hamburg: gleiche Mannschaft, nur Agte für Schmerbach – Nürnberg: gleiche Mannschaft, nur Reitzenstein für Grünerwald – Tore: Schneider (Träg) – Leipzig, 6.8. – Zuschauer: 50 000 – SR: Bauwens (Köln).
Der DFB erklärte den HSV nach den beiden Spielen zunächst satzungsgemäß zum Meister. Nach Protest des 1. FC Nürnberg wurde das „Hildesheimer Urteil" wegen falscher Satzungsauslegung wieder aufgehoben und in der Revision in Würzburg beschlossen, dass für 1922 kein Meister ermittelt worden sei. Auf dem Bundestag in Jena im November 1922, auf dem die Meisterfrage nochmals anstand, verzichtete der HSV auf den Titel.

1923: Hamburger SV (gegen Union Oberschöneweide 3:0):

Martens – Beier, Speyer – Carlsson, Halvorsen, Krohn – Kolzen, Breuel, Harder, Schneider, Rave – Tore: Harder, Breuel, Schneider– Berlin, 10. 6. – Zuschauer: 64 000 – SR: Brucker (Stuttgart).

1924: 1. FC Nürnberg (gegen Hamburger SV 2:0):

Stuhlfauth – Bark, Kugler – Schmidt, Kalb, Riegel – Strobel, Hochgesang, Wieder, Träg, Sutor – Tore: Hochgesang, Strobel – Berlin, 9. 6. – Zuschauer: 35 000 – SR: Seiler (Chemnitz).

1925: 1. FC Nürnberg (gegen FSV Frankfurt 1:0 n. Verl.):

Stuhlfauth – Popp, Kugler – Schmidt, Kalb, Riegel – Strobel, Wieder, Hochgesang, Träg, Sutor – Tor: Wieder – Frankfurt, 7. 6. – Zuschauer: 50 000 – Schiedsrichter: Guyenz (Essen).

1926: SpVgg Fürth (gegen Hertha BSC 4:1):

Hörgreen – Müller, Hagen – Kleinlein, Leinberger, H. Krauß, K. Auer, Franz, Seiderer, Ascherl, Kießling – Tore: Seiderer, K. Auer, Eigentor Domscheid, Ascherl (Sobeck) – Frankfurt, 13. 6. – Zuschauer: 40 000 – SR: Spranger (Glauchau).

1927: 1. FC Nürnberg (gegen Hertha BSC 2:0):

Stuhlfauth – Popp, Winter – Köpplinger, Kalb, Schmidt – Reinmann, Hochgesang, Schmitt, Wieder, Träg – Tore: Kalb, Träg – Berlin, 12. 6. – Zuschauer: 50 000 – SR: Guyenz (Essen).

1928: Hamburger SV (gegen Hertha BSC 5:2):

Blunk – Beier, Risse – Lang, Halvorsen, Carlsson – Kolzen, Ziegenspeck, Harder, Horn, Rave – Tore: Harder, Rave, Kolzen 2, Horn (Kirsei, Grenzel) – Altona (heute Hamburg), 29. 7. – Zuschauer: 50 000 – SR: Maul (Nürnberg).

1929: SpVgg Fürth (gegen Hertha BSC 3:2):

Neger – Hagen, H. Krauß – Röschke, Leinberger, K. Krauß – H. Auer, Rupprecht, Franz, Frank, Kießling – Tore: H. Auer, Frank, Rupprecht (Sobeck 2) – Nürnberg, 28. 7. – Zuschauer: 50 000 – SR: Bauwens (Köln).

1930: Hertha BSC (gegen Holstein Kiel 5:4):

Gehlhaar – Völker, Wilhelm – Leuschner, Müller, Radecke – Ruch, Sobeck, Lehmann, Kirsei, Hahn – Tore: Sobeck, Ruch 2, Kirsei, Lehmann (Widmayer, Ritter 2, Ludwig) – Düsseldorf, 22. 6. – Zuschauer: 45 000 – SR: Guyenz (Essen).

1931: Hertha BSC (gegen SV München 1860 3:2):

Gehlhaar – Völker, Wilhelm – Appel, Müller, Stahr – Ruch, Sobeck, Lehmann, Kirsei, Hahn – Tore: Sobeck 2, Kirsei (Oeldenberger, Lachner) – Köln, 14. 6. – Zuschauer: 60 000 – SR: Fissenwerth (Köln).

1932: Bayern München (gegen Eintracht Frankfurt 2:0):

Lechler – Haringer, Heidkamp – Breindl, Goldbrunner, Nagelschmitz – Bergmaier, Krumm, Rohr, Schmid, Welker – Tore: Rohr, Krumm – Nürnberg, 12. 6. – Zuschauer: 55 000 – SR: Birlem (Berlin).

1933: Fortuna Düsseldorf (gegen FC Schalke 04 3:0):
Pesch – Trautwein, Bornefeld – Janes, Bender, Breuer – Mehl, Wigold, Hochgesang, Zwolanowski, Kobierski – Tore Zwolanowski, Mehl, Hochgesang – Köln, 11. 6. – Zuschauer: 60 000 – SR: Birlem (Berlin).

1934: FC Schalke 04 (gegen 1. FC Nürnberg 2:1):
Mellage – Bornemann, Zajons – Tibulski, Szepan, Przybylski („Valentin") – Kalwitzki, Urban, Nattkemper, Kuzorra, Rothardt – Tore: Szepan, Kuzorra (Friedel) – Berlin, 24. 6. – Zuschauer: 45 000 – SR: Birlem (Berlin).

1935: FC Schalke 04 (gegen VfB Stuttgart 6:4):
Mellage – Bornemann, Nattkemper – Tibulski, Szepan, Przybylski („Valentin") – Kalwitzki, Gellesch, Pörtgen, Kuzorra, Urban – Tore: Urban, Pörtgen 3, Gellesch, Kalwitzki (Bökle 2, Koch, Rutz) – Köln, 23. 6. – Zuschauer: 74 000 – SR: Best (Frankfurt).

1936: 1. FC Nürnberg (gegen Fortuna Düsseldorf 2:1 n. Verl.):
Köhl – Billmann, Munkert – H. Uebelein, Carolin, Oehm – Gußner, Eiberger, Friedel, Schmitt, Schwab – Tore: Eiberger, Gußner (Nachtigall) – Berlin, 21. 6. – Zuschauer: 45 000 – SR: Birlem (Berlin).

1937: FC Schalke 04 (gegen 1. FC Nürnberg 2:0):
Klodt – Bornemann, Schweißfurt – Gellesch, Tibulski, Berg – Kalwitzki, Szepan, Pörtgen, Kuzorra, Urban – Tore: Pörtgen, Kalwitzki – Berlin, 20. 6. – Zuschauer: 100 000 – SR: Birlem (Berlin).

1938: Hannover 96 (gegen FC Schalke 04 3:3 n. Verl. und 4:3 n. Verl.):
Pritzer – Sievert, Petzold – Jacobs, Deike, Männer – Malecki, Pöhler, E. Meng, Lay, R. Meng – Tore im 1. Spiel: R. Meng, Eigentor Gellesch, E. Meng (Pörtgen 2, Kalwitzki); im 2. Spiel:: Lay, R. Meng, Jacobs, E. Meng (Kuzorra 2, Szepan) – Berlin, 26. 6. und 3. 7. – Zuschauer: zweimal 100 000 – SR im 1. Spiel: Peters (Berlin); im 2. Spiel: Grabler (Regensburg).

1939: FC Schalke 04 (gegen Admira Wien 9:0):
Klodt – Bornemann, Schweißfurt – Gellesch, Tibulski, Berg – Eppenhoff, Szepan, Kalwitzki, Kuzorra, Urban – Tore: Kalwitzki 5, Urban, Tibulski, Kuzorra, Szepan – Berlin, 18. 6. – Zuschauer: 100 000 – SR: Schulz (Dresden).

1940: FC Schalke 04 (gegen Dresdner SC 1:0):
Klodt – Bornemann, Hinz – Füller, Tibulski, Burdenski – Eppenhoff, Szepan, Kalwitzki, Kuzorra, Schuh – Tor: Kalwitzki – Berlin, 21. 7. – Zuschauer: 95 000 – SR: Stark (München).

1941: Rapid Wien (gegen FC Schalke 04 4:3):
Raftl – S. Wagner, Sperner – F. Wagner, Gernhardt, Skoumal – Fitz, Schors, Binder, Dworacek, Pesser – Tore: Schors, Binder 3 (Hinz 2, Eppenhoff) – Berlin, 22. 6. – Zuschauer: 95 000 – SR: Reinhardt (Stuttgart).

1942: FC Schalke 04 (gegen First Vienna FC 2:0):
Flotho – Hinz, Schweißfurt – Bornemann, Tibulski, Burdenski – Kalwitzki, Szepan, Eppenhoff, Kuzorra, Urban – Tore: Kalwitzki, Szepan – Berlin, 5. 7. – Zuschauer: 90 000 – SR: Boullion (Königsberg).

1943: Dresdner SC (gegen FV Saarbrücken 3:0):
Kreß – Pechan, Hempel – Pohl, Dzur, Schubert – Kugler, Schaffer, Hofmann, Schön, Erdl – Tore: Erdl, Schubert, Kugler – Berlin, 27. 6. – Zuschauer: 80 000 – SR: Raspel (Düsseldorf).

1944: Dresdner SC (gegen LSV Hamburg 4:0):
Kreß – Belger, Hempel – Pohl, Dzur, Schubert – Voigtmann, Schön, Machate, Hofmann, Schaffer – Tore: Schaffer 2, Voigtmann, Schön – Berlin, 18. 6. – Zuschauer: 70 000 – SR: Trompeter (Köln).

1948: 1. FC Nürnberg (gegen 1. FC Kaiserslautern 2:1):
Schaffer – H. Uebelein, Knoll – Bergner, Kennemann, Gebhardt – Herbolsheimer, Morlock, Pöschl, Winterstein, Hagen – Trainer: Josef Schmitt – Tore: Winterstein, Pöschl (Eigentor H. Uebelein) – Köln, 8. 8. – Zuschauer: 75 000 – SR: Burmeister (Hamburg).

1949: VfR Mannheim (gegen Borussia Dortmund 3:2 n. Verl.):
Jöckel – Rößling, Henninger – Maier, Keuerleber, Müller – Bolleyer, Langlotz, Löttke, Stiefvater, de la Vigne – Trainer: Hans Schmidt – Tore: Löttke 2, Langlotz (Erdmann 2) – Stuttgart, 10. 7. – Zuschauer: 92 000 – SR: Zacher (Berlin).

1950: VfB Stuttgart (gegen Kickers Offenbach 2:1):
Schmid – Retter, Steimle – Otterbach, Ledl, Barufka – Läpple, Schlienz, Bühler, Baitinger, Blessing – Trainer: Georg Wurzer– Tore: Läpple, Bühler (Buhtz) – Berlin, 25. 6. – Zuschauer: 96 000 – SR: Kormannshaus (Gohfeld) .

1951: 1. FC Kaiserslautern (gegen Preußen Münster 2:1):
Adam – Rasch, Kohlmeyer – E. Liebrich, W. Liebrich, Jergens – Eckel, F. Walter, O. Walter, Baßler, Fuchs – Trainer: Richard Schneider– Tore: O. Walter 2 (Gerritzen) – Berlin, 30. 6. – Zuschauer: 85 000 – SR: Reinhardt (Stuttgart)

1952: VfB Stuttgart (gegen 1. FC Saarbrücken 3:2):
Bögelein – Krauß, Steimle – Schlienz, Retter, Barufka – Baitinger, Kronenbitter, Wehrle, Krieger, Blessing – Trainer: Georg Wurzer – Tore: Schlienz, Baitinger 2 (Schreiner, Martin) – Ludwigshafen, 22. 6. – Zuschauer: 84 000 – SR: Nettekoven (Bonn).

1953: 1. FC Kaiserslautern (gegen VfB Stuttgart 4:1):
Hölz – E. Liebrich, Kohlmeyer – Eckel, W. Liebrich, Render – Scheffler, F. Walter, O. Walter, Wenzel, Wanger – Trainer: Richard Schneider – Tore: F. Walter, Wanger, Scheffler, Wenzel (Kronenbitter) – Berlin, 21. 6. – Zuschauer: 80 000 – SR: Ternieden (Oberhausen).

1954: Hannover 96 (gegen 1. FC Kaiserslautern 5:1):
Krämer – Geruschke, Kirk – Müller, Bothe, Gehrke – Wewetzer, Paetz, Tkotz, Zielinski, Kruhl – Trainer: Helmut Kronsbein – Tore: Tkotz, Eigentor Kohlmeyer, Wewetzer, Kruhl, Paetz (Eckel) – Hamburg, 23. 5. – Zuschauer: 76 000 – SR: Schmetzer (Mannheim).

1955: Rot-Weiss Essen (gegen 1. FC Kaiserslautern 4:3):
Herkenrath – Jänisch, Köchling – Jahnel, Wewers, Grewer – Rahn, Islacker, Gottschalk, Röhrig, Termath – Trainer: Fritz Szepan – Tore: Islacker 3, Röhrig (Wenzel 2, Baßler) – Hannover, 26. 6. – Zuschauer: 76 000 – SR: Meißner (Nürnberg).

1956: Borussia Dortmund (gegen Karlsruher SC 4:2):
Kwiatkowski – Burgsmüller, Sandmann – Schiebrowski, Michallek, Bracht – Peters, Preißler, Kelbassa, Niepieklo, Kapitulski – Trainer: Helmut Schneider – Tore: Niepieklo, Kelbassa, Preißler, Peters (Kunkel, Eigentor Burgsmüller) – Berlin, 24. 6. – Zuschauer: 75 000 – SR: Dusch (Kaiserslautern).

1957: Borussia Dortmund (gegen Hamburger SV 4:1)
Kwiatkowski – Burgsmüller, Sandmann – Schlebrowski, Michallek, Bracht – Peters, Preißler, Kelbassa, Niepieklo, Kapitulski – Trainer: Helmut Schneider – Tore: Kelbassa 2, Niepieklo 2 (Krug) – Hannover, 23. 6. – Zuschauer: 76 000 – SR: Dusch (Kaiserslautern).

1958: FC Schalke 04 (gegen Hamburger SV 3:0):
Orzessek – Sadlowski, Brocker – Borutta, Laszig, Karnhof – Koslowski, Kördell, Siebert, Kreuz, Klodt – Trainer Edmund Frühwirth – Tore: Klodt 2, Kreuz – Hannover, 18. 5. – Zuschauer: 78 000 – SR: Dusch (Kaiserslautern).

1959: Eintracht Frankfurt (gegen Kickers Offenbach 5:3 n. Verl.):
Loy – Eigenbrodt, Höfer – Stinka, Lutz, Weilbächer – Kreß, Sztani, Feigenspan, Lindner, Pfaff – Trainer: Paul Oßwald – Tore: Sztani 2, Feigenspan 3 (Kraus, Preisendörfer, Gast) – Berlin, 28. 6. – Zuschauer: 75 000 – SR: Asmussen (Flensburg).

1960: Hamburger SV (gegen 1. FC Köln 3:2):
Schnoor – Piechowiak, Krug – Werner, Meinke, D. Seeler – Neisner, Dehn, U. Seeler, Stürmer, Dörfel – Trainer: Günther Mahlmann – Tore: U. Seeler 2, Dörfel (Breuer, Müller) – Frankfurt, 25. 6. – Zuschauer: 71 000 – SR: Kandlbinder (Regensburg).

1961: 1. FC Nürnberg (gegen Borussia Dortmund 3:0):
Wabra – Derbfuß, Hilpert – Zenger, Wenauer, Reisch – Flachenecker, Morlock, Strehl, Müller, Haseneder – Trainer: Herbert Widmayer – Tore: Haseneder, Müller, Strehl – Hannover, 24. 6. – Zuschauer: 82 000 – SR: Schulenburg (Hamburg).

1962: 1. FC Köln (gegen 1. FC Nürnberg 4:0):
Ewert – Pott, Schnellinger – Hemmersbach, Wilden, Sturm – Thielen, Habig, Müller, Schäfer, Breuer – Trainer: Zlatko Cajkovski – Tore: Schäfer, Habig 2, Pott – Berlin, 12. 5. – Zuschauer. 88 000 – SR: Dusch (Kaiserslautern).

1963: Borussia Dortmund (gegen 1. FC Köln 3:1):
Wessel – Burgsmüller, Geisler – Bracht, Paul, Kurrat – Wosab, Schmidt, Schütz, Konietzka, Cyliax – Trainer: Hermann Eppenhoff – Tore: Kurrat, Wosab, Schmidt (Schnellinger) – Stuttgart, 29. 6. – Zuschauer. 75 000 – SR: Tschenscher (Mannheim).

1963 fand das letzte Endspiel um die Deutsche Meisterschaft statt. Seit 1963/64 wird der Meister in einer Bundesliga mit 16 Vereinen (ab 1965/66 mit 18 Vereinen) ermittelt. – Da es keine Endspielmannschaften mehr gibt, werden ab jetzt alle im Verlauf der Saison eingesetzten Spieler der Meisterklubs aufgeführt.

1964: 1. FC Köln
Ewert, Schumacher – Hemmersbach, Pott, Regh – Benthaus, Weber, Sturm, Wilden – Hornig, Müller, Overath, Ripkens, Schäfer, Thielen – Trainer: Georg Knöpfle.

1965: Werder Bremen
Bernard – Bordel, Höttges, Piontek – Jagielski, Lorenz, Schimeczek, Steinmann – Ferner, Hänel, Klöckner, Matischak, Schütz, Schulz, Soya, Thun, Zebrowski – Trainer: Willi Multhaup.

1966: TSV München 1860
Radenkovic – Patzke, Steiner, Wagner – Luttrop, Perusic, Reich, Zeiser – Brunnenmeier, Grosser, Heiß, Kohlars, Konietzka, Küppers, Rebele – Trainer: Max Merkel.

1967: Eintracht Braunschweig
Wolter, Jäcker – Brase, Meyer, Moll – Bäse, Kaack, Matz, Schmidt – Dulz, Gerwien, Grzyb, Krause, Maas, Saborowski, Ulsaß – Trainer: Helmut Johannsen.

1968: 1. FC Nürnberg
Wabra, Toth – Hilpert, Leupold, Popp – Ferschl, L. Müller, Wenauer – Brungs, Cebinac, H. Müller, Schöll, Starek, Strehl, Volkert – Trainer: Max Merkel.

1969: Bayern München
Maier – Kupferschmidt, Pumm – Beckenbauer, Olk, Schmidt, Schwarzenbeck – Brenninger, Jung, G. Müller, Ohlhauser, Roth, Starek – Trainer: Branko Zebec.

1970: Borussia Mönchengladbach
Kleff, Danner – Bleidick, Vogts, Zimmermann – Dietrich, Kracke, L. Müller, Sieloff, Spinnler – Kaiser, Köppel, Laumen, Le Fevre, Meyer, Netzer, Schäfer, Wimmer – Trainer: Hennes Weisweiler.

1971: Borussia Mönchengladbach
Kleff – Bleidick, Vogts, Wittmann – L. Müller, Sieloff, Wimmer – Bonhof, Dietrich, Heynckes, Köppel, Laumen, Le Fevre, Netzer, Wloka – Trainer: Hennes Weisweiler.

1972: Bayern München
Maier, Seifert – Breitner, Hansen, Koppenhöfer, Rybarczyk – Beckenbauer, Roth, Schwarzenbeck – Gerber, U. Hoeneß, Hoffmann, Krauthausen, G. Müller, Schneider, Sühnholz, Zobel – Trainer: Udo Lattek.

1973: Bayern München
Maier – Breitner, Hansen, Rybarczyk, Zimmermann – Beckenbauer, Schwarzenbeck, Rohr, Roth – Dürnberger, U. Hoeneß, Hoffmann, Jörg, Krauthausen, G. Müller, Schneider, Zobel – Trainer: Udo Lattek.

1974: Bayern München
Maier – Breitner, Hansen, Jensen, Kapellmann, Rohr – Beckenbauer, Schwarzenbeck, Roth – Dürnberger, Gersdorff, Hadewicz, U. Hoeneß, Hoffmann, G. Müller, Schneider, Torstensson, Zimmermann, Zobel – Trainer: Udo Lattek.

1975: Borussia Mönchengladbach
Kleff – Klinkhammer, Surau, Schäffer, Vogts – Bonhof, Danner, Posner, Wittkamp – Del'Haye, Heynckes, Hilkes, Jensen, Köppel, Köstner, Kulik, Simonsen, Stielike, Wimmer – Trainer: Hennes Weisweiler.

1976: Borussia Mönchengladbach
Kleff – Klinkhammer, Surau, Vogts – Bonhof, Danner, Ringels, Schäffer, Wittkamp, Wohlers – Del'Haye, Hannes, Heynckes, Jensen, Köppel, Kulik, Simonsen, Stielike, Wimmer – Trainer: Udo Lattek.

1977: Borussia Mönchengladbach
Kneib – Klinkhammer, Ringels, Vogts – Bonhof, Danner, Kulik, Schäffer, Wittkamp – Del'Haye, Hannes, Heidenreich, Heynckes, Köppel, Nielsen, Simonsen, Stielike, Wimmer, Wohlers – Trainer: Udo Lattek.

1978: 1. FC Köln
Schumacher – Hein, Konopka, Nicot, Zimmermann – Cullmann, Gerber, Glowacz, Simmet, Strack – Flohe, Löhr, D. Müller, Neumann, Okudera, Prestin, Van Gool, Willmer – Trainer: Hennes Weisweiler.

1979: Hamburger SV
Kargus – Hidien, Kaltz, Ripp – Beginski, Bertl, Buljan, Memering, Nogly – Hartwig, Hrubesch, Keegan, Magath, Plücken, Reimann, Wehmeyer – Trainer: Branko Zebec.

1980: Bayern München
Junghans, M. Müller – Dremmler, Gruber, Horsmann, Weiner – Aas, Augenthaler, Breitner, Kraus, Niedermayer, Schwarzenbeck – Dürnberger, D. Hoeneß, Janzon, Oblak, Reisinger, K.-H. Rummenigge – Trainer: Pal Csernai.

1981: Bayern München
Junghans, M. Müller – Dremmler, Horsmann – Aas, Augenthaler, Breitner, Dürnberger, Güttler, Kraus, Niedermayer, Röber, Weiner – Del'Haye, D. Hoeneß, Janzon, Mathy, Rautiainen, K.-H. Rummenigge – Trainer: Pal Csernai.

1982: Hamburger SV
Stein – Beckenbauer, Hidien, Hieronymus, Jakobs, Kaltz, Wehmeyer – Djordjevic, Groh, Hartwig, Kramer, Magath, Memering, Milewski, Schröder – Bastrup, Dreßel, von Heesen, Hrubesch – Trainer: Ernst Happel.

1983: Hamburger SV
Stein – Hieronymus, Jakobs, Kaltz, Schröder, Wehmeyer – Groh, Hartwig, von Heesen, Magath, Rolff, Schmidt – Bastrup, Djordjevic, Hansen, Hrubesch, Milewski – Trainer: Ernst Happel.

1984: VfB Stuttgart
Roleder, Jäger – Buchwald, B. Förster, Kh. Förster, Makan, Schäfer – Allgöwer, Kempe, Ohlicher, Niedermayer, Sigurvinsson, Zietsch – Corneliusson, Glückler, Kelsch, Lorch, A. Müller, Reichert – Trainer: Helmut Benthaus.

1985: Bayern München
Pfaff, Aumann – Augenthaler, Beierlorzer, Eder, Dremmler, Dürnberger, Grobe, Martin, Pflügler, Willmer – Lerby, Mathy, Matthäus, Nachtweih – D. Hoeneß, Kögl, M. Rummenigge, Wohlfarth – Trainer: Udo Lattek.

1986: Bayern München
Pfaff, Aumann – Augenthaler, Beierlorzer, Dremmler, Eder, Nachtweih, Pflügler, Winklhofer – Flick, Lerby, Matthäus, Schwabl, Willmer – Mathy, Hartmann, D. Hoeneß, Kögl, M. Rummenigge, Wohlfarth – Trainer: Udo Lattek.

1987: Bayern München
Pfaff – Augenthaler, Bayerschmidt, Eder, Flick, Nachtweih, Pflügler, Willmer, Winklhofer – Brehme, Dorfner, Mathy, Matthäus, M. Rummenigge – Hartmann, D. Hoeneß, Kögl, Lunde, Wohlfarth – Trainer: Udo Lattek.

1988: Werder Bremen
Reck, Burdenski – Bratseth, Kutzop, Otten, Ruländer, Sauer, Schaaf – Borowka, Eilts, Hermann, Meier, Möhlmann, Votava, Wolter – Burgsmüller, Neubarth, Ordenewitz, Riedle – Trainer: Otto Rehhagel.

1989: Bayern München
Aumann – Augenthaler, Flick, Grahammer, Johnsen, Nachtweih, Pflügler, Reuter, Winklhofer – Dorfner, Eck, Kögl, Thon – Ekström, Wegmann, Wohlfarth – Trainer: Josef Heynckes.

1990: Bayern München
Aumann, Scheuer – Augenthaler, Kastenmaier, Kohler, Pflügler, Reuter – Dorfner, Flick, Grahammer, Johnsen, Kögl, Schwabl, Strunz, Thon – Bender, McInally, Mihajlovic, Wohlfarth – Trainer: Josef Heynckes.

1991: 1. FC Kaiserslautern
Ehrmann, Serr – Friedmann, Haber, Kadlec, Lutz, Stumpf – Dooley, Ernst, Goldbaek, Krämer, Kranz, Lelle, Richter, Roos, Scherr, Schupp, Stadler, Zimmermann – Hoffmann, Hotic, Kuntz, Labbadia, Winkler – Trainer: Karlheinz Feldkamp.

1992: VfB Stuttgart
Immel – Buchwald, Dubajic, Frontzeck, Schäfer, N. Schmäler, U. Schneider, Strehmel – Buck, Gaudino, Kögl, Kramny, Mayer, Sammer, Th. Schneider – Kastl, Kienle, Sverrisson, F. Walter – Trainer: Christoph Daum.

1993: Werder Bremen
Reck, Gundelach – Beiersdorfer, Borowka, Bratseth – Bockenfeld, Eilts, Harttgen, Hermann, Legat, Neubarth, Schaaf, Votava, Wolter – K. Allofs, Bode, Herzog, Hobsch, Krohn, van Lent, Rufer – Trainer: Otto Rehhagel.

1994: Bayern München
Aumann, Gospodarek – Helmer, Jorginho, Kreuzer, Matthäus, Münch, Thon, Wouters – Frey, Hamann, Nerlinger, Scholl, Schupp, Zickler, Ziege – Cerny, Labbadia, Mazinho, Sternkopf, Valencia, Witeczek – Trainer: Erich Ribbeck/Franz Beckenbauer.

1995: Borussia Dortmund
Klos – Cesar, Kree, Kutowski, Reuter, Sammer, Schmidt, Zelic – Arnold, Franck, Freund, Kurz, Mallam, Möller, Povlsen, K. Reinhardt, Riethmann, Tanko, Zorc – Chapuisat, Ricken, Riedle, Tretschok – Trainer: Ottmar Hitzfeld.

1996: Borussia Dortmund
Klos, de Beer, Schumacher – Cesar, Kohler, Kree, Kutowski, Sammer, Schmidt – Berger, Heinrich, Franck, Freund, Mallam, Möller, K. Reinhardt, Reuter, Ricken, Sosa, Tretschok, Wolters, Zorc – Chapuisat, Herrlich, L. Müller, Riedle, Tanko – Trainer: Ottmar Hitzfeld.

1997: Bayern München
Kahn, Scheuer – Babbel, Helmer, Kreuzer, Kuffour, Matthäus, Münch, Strunz – Basler, Gerster, Hamann, Nerlinger, Scholl, Ziege – Jancker, Klinsmann, Lakies, Rizzitelli, Witeczek, Zickler – Trainer: Giovanni Trapattoni.

1998: 1. FC Kaiserslautern
Reinke, Szücs – Hrutka, Kadlec, Koch, Lutz, Roos, Schjönberg, Schäfer – Ballack, Brehme, Buck, Greiner, Hristov, Ojigwe, Ratinho, Riedl, Sforza, Wagner – Ertl, Kuka, Marschall, Reich, Rische – Trainer: Otto Rehhagel.

1999: Bayern München
Kahn, Dreher, Scheuer – Babbel, Helmer, Johansson, Kuffour, Linke, Lizarazu, Matthäus, Tarnat – Basler, Effenberg, Fink, Jarolim, Jeremies, Scholl, Strunz – Bugera, Daei, Elber, Göktan, Jancker, Salihamidzic, Zickler – Trainer: Ottmar Hitzfeld.

2000: Bayern München
Kahn, Dreher, Wessels – Andersson, Babbel, Kuffour, Linke, Lizarazu, Matthäus – Basler, Effenberg, Fink, Jeremies, Scholl, Sergio, Strunz, Tarnat, Wiesinger – Elber, Jancker, Salihamidzic, Santa Cruz, Zickler – Trainer: Ottmar Hitzfeld.

2001: Bayern München
Kahn, Dreher, Wessels – Andersson, Kuffour, Linke, Sagnol, Sforza – Effenberg, Fink, Hargreaves, Jeremies, Lizarazu, Salihamidzic, Scholl, Strunz, Tarnat, Wiesinger – Elber, Göktan, Jancker, di Salvo, Santa Cruz, Sergio, Zickler – Trainer: Ottmar Hitzfeld.

2002: Borussia Dortmund
Lehmann, Laux – Kohler, Madouni, Metzelder, Reuter, Wörns – Bugri, Dede, Evanilson, Heinrich, Kehl, Oliseh, Ricken, Rosicky, Stevic – Addo, Amoroso, Bobic, Ewerthon, Herrlich, Koller, Odonkor, Reina, Sörensen– Trainer: Matthias Sammer.

2003: Bayern München
Kahn, Wessels – R. Kovac, Kuffour, Linke, Sagnol – Ballack, Deisler, Feulner, Fink, Hargreaves, Jeremies, N. Kovac, Lizarazu, Salihamidzic, Scholl, Schweinsteiger, Tarnat, Thiam, Zé Roberto – Elber, Misimovic, Pizarro, Santa Cruz, Trochowski, Zickler – Trainer: Ottmar Hitzfeld.

2004: Werder Bremen
Reinke, Borel – Baumann, Friedrich, Ismaël, Krstajic – Banovic, Borowski, Ernst, Lagerblom, Lisztes, Magnin, Micoud, Reich, Schulz, Skripnik, Stalteri, Ümit Davala, Wehlage – Ailton, Charisteas, Daun, Klasnic, Valdez – Trainer: Thomas Schaaf.

2005: Bayern München
Kahn, Rensing – Demichelis, R. Kovac, Kuffour, Linke, Lizarazu, Lucio, Rau, Sagnol – Ballack, Deisler, Frings, Görlitz, Hargreaves, Jeremies, Salihamidzic, Scholl, Schweinsteiger, Zé Roberto – Guerrero, Hashemian, Makaay, Pizarro, Santa Cruz, Zickler – Trainer: Felix Magath.

2006: Bayern München
Kahn, Dreher, Rensing – Demichelis, Lahm, Lizarazu, Lucio, Ottl, Sagnol – Ballack, Deisler, dos Santos, Hargreaves, Ismael, Jeremies, Karimi, Salihamidzic, Scholl, Schweinsteiger, Zé Roberto – Guerrero, Makaay, Pizarro, Santa Cruz – Trainer: Felix Magath.

2007: VfB Stuttgart
Hildebrand, Langer – Babbel, Beck, Boka, Delpierre, Fernando Meira, Magnin, Osorio, Tasci – Bierofka, da Silva, Farnerud, Gentner, Hilbert, Hitzlsperger, Khedira, Meißner, Pardo – Cacau, Gomez, Lauth, Nehrig, Streller, Tomasson – Trainer: Armin Veh.

2008: Bayern München
Kahn, Rensing – Breno, Demichelis, Jansen, Lahm, Lell, Lucio, Sagnol, Van Buyten – Hamit Altintop, Kroos, Ottl, Ribery, Schweinsteiger, Sosa, Van Bommel, Zé Roberto – Klose, Podolski, Schlaudraff, Toni, Wagner – Trainer: Ottmar Hitzfeld.

2009: VfL Wolfsburg
Benaglio, Lenz – Barzagli, Karimow, Madlung, Pekarik, Reiche, Ricardo Costa, Rodrigo Alvim, Schäfer, Simunek, Zaccardo – Dejagah, Gentner, Hasebe, Josué, Krzynowek, Misimovic, Riether, Santana, Schindzielorz – Caiuby, Dzeko, Esswein, Grafite, Okubo, Saglik – Trainer: Felix Magath.

2010: Bayern München
Butt, Rensing – Badstuber, Braafheid, Breno, Contento, Demichelis, Lahm, Van Buyten – Alaba, Hamit Altintop, Baumjohann, Ottl, Pranjic, Ribery, Robben, Schweinsteiger, Sosa, Tymoshchuk, Van Bommel – Gomez, Klose, Th. Müller, Olic, Toni – Trainer: Louis van Gaal.

2011: Borussia Dortmund
Langerak, Weidenfeller – Dede, Felipe Santana, Hummels, Owomoyela, Piszczek, Schmelzer, Subotic – S. Bender, Blaszczykowski, da Silva, Feulner, Götze, Großkreutz, Kagawa, Kehl, Sahin – Barrios, Lewandowski, Rangelov, Stiepermann, Zidan – Trainer: Jürgen Klopp.

2012: Borussia Dortmund
Langerak, Weidenfeller – Felipe Santana, Hummels, Löwe, Owomoyela, Piszczek, Schmelzer, Subotic – S. Bender, Blaszczykowski, da Silva, Götze, Großkreutz, Gündogan, Kagawa, Kehl, Kringe, Leitner, Perisic – Barrios, Lewandowski, Zidan – Trainer: Jürgen Klopp.

2013: Bayern München
Neuer, Starke – Alaba, Badstuber, Boateng, Contento, Dante, Lahm, Rafinha, Van Buyten – Can, Höjbjerg, Javi Martinez, Kroos, Luiz Gustavo, Th. Müller, Ribery, Robben, Schweinsteiger, Shaqiri, Tymoshchuk – Gomez, Mandzukic, Pizarro – Trainer: Jupp Heynckes.

2014: Bayern München

Neuer, Raeder, Starke – Alaba, Boateng, Contento, Dante, Kirchhoff, Lahm, Rafinha, Sallahi, Van Buyten – Götze, Höjbjerg, Javi Martinez, Kroos, Th. Müller, Ribery, Robben, Schweinsteiger, Shaqiri, Thiago, Weiser – Mandzukic, Pizarro – Trainer: Josep Guardiola.

2015: Bayern München

Neuer, Reina – Alaba, Badstuber, Benatia, Boateng, Dante, Javi Martinez, Juan Bernat, Rafinha – Gaudino, Götze, Höjbjerg, Lahm, Th. Müller, Ribery, Robben, Rode, Schweinsteiger, Shaqiri, Strieder, Thiago, Weiser, Xabi Alonso – Görtler, Kurt, Lewandowski, Pizarro – Trainer: Josep Guardiola.

2016: Bayern München

Neuer, Ulreich – Alaba, Badstuber, Benatia, Boateng, Dante, Javi Martinez, Juan Bernat, Lahm, Rafinha, Tasci – Coman, Douglas Costa, Götze, Kimmich, Th. Müller, Ribery, Robben, Rode, Thiago, Vidal, Xabi Alonso – Lewandowski, Pantovic – Trainer: Josep Guardiola.

2017: Bayern München

Neuer, Starke, Ulreich – Alaba, Badstuber, Boateng, Hummels, Javi Martinez, Juan Bernat, Kimmich, Lahm, Rafinha – Coman, Douglas Costa, Th. Müller, Renato Sanches, Ribery, Robben, Thiago, Vidal, Xabi Alonso – Lewandowski – Trainer: Carlo Ancelotti.

2018: Bayern München

Neuer, Starke, Ulreich – Alaba, J. Boateng, Friedl, Hummels, Javi Martinez, Juan Bernat, Kimmich, Mai, Rafinha, Süle – Coman, Dorsch, James, Th. Müller, Ribery, Robben, Rudy, Shabani, Thiago, Tolisso, Vidal – Evina, Lewandowski, Wagner, Wriedt – Trainer: Carlo Ancelotti/Jupp Heynckes.

2019: Bayern München

Neuer, Ulreich – Alaba, Boateng, Hummels, Kimmich, Rafinha, Süle – Coman, Davies, Gnabry, Goretzka, James, Javi Martinez, Jeong, Th. Müller, Renato Sanches, Ribery, Robben, Shabani, Thiago, Tolisso – Lewandowski, Wagner – Trainer: Niko Kovac.

2020: Bayern München

Neuer, Ulreich – Alaba, Boateng, Davies, Hernadez, Odriozola, Pavard, Richards, Süle – Coman, Coutinho, Cuisance, Gnabry, Goretzka, Javi Martinez, Kimmich, Th. Müller, Musiala, Perisic, Renato Sanchez, Singh, Thiago, Tolisso – Batista Meier, Dajaku, Lewandowski, Wriedt, Zirkzee – Trainer: Niko Kovac/Hans-Dieter Flick.

2021: Bayern München

Neuer, Nübel – Alaba, Boateng, Davies, Hernandez, Nianzou, Pavard, Richards, Sarr, Stanisic, Süle – Coman, Cuisance, Douglas Costa, Gnabry, Goretzka, Javi Martinez, Kimmich, Müller, Musiala, Roca, Sané, Scott, Tiago Dantas, Tolisso – Choupo-Moting, Lewandowski, Zirkzee – Trainer: Hans-Dieter Flick.

Die Endrundenspiele von 1903 bis 1963

1903

Vorrunde: Altona 93 – Viktoria Magdeburg 8:1; DFC Prag – Karlsruher FV ausgef. (und fürs Halbfinale erneut angesetzt); Britannia Berlin – VfB Leipzig 1:3.
Halbfinale: VfB Leipzig – Altona 93 6:3; DFC Prag – Karlsruher FV (KFV nicht angetreten).
Endspiel: VfB Leipzig – DFC Prag 7:2.

1904

Vorrunde: Germania Hamburg – ASC Hannover 11:0; Britannia Berlin – Karlsruher FV 6:1; Duisburger SV – Kasseler FV 5:3; VfB Leipzig – Viktoria Magdeburg 1:0.
Halbfinale: Germania Hamburg – Britannia Berlin 1:3; VfB Leipzig – Duisburger SV n. V. 3:2.
Endspiel: VfB Leipzig – Britannia Berlin ausgefallen. Kein Meister!

Der DFB hatte in seiner Ausschreibung die Austragung der Spiele auf neutralen Plätzen angeordnet, sich aber selbst nicht daran gehalten. Dagegen protestierte der Karlsruher FV, der in der 1. Runde in Berlin gegen Britannia antreten musste. Der DFB, der seinen Bundestag anläßlich des Endspiels in

Kassel abhielt, entschied am Vormittag, das Finale ausfallen zu lassen, und erklärte gleichzeitig alle vorangegangenen Endrundenspiele für ungültig.

1905

1. Vorrunde: Schlesien Breslau – Alemannia Cottbus 5:1; Eintracht Braunschweig – Hannover 96 3:2; Schlesien Breslau verzichtete gegen Viktoria Magdeburg.

2. Vorrunde: Eintracht Braunschweig – Viktoria Magdeburg n. V. 2:1.

Viertelfinale: VfB Leipzig verzichtete gegen Eintracht Braunschweig, dafür:Union 92 Berlin – Eintracht Braunschweig 4:1; Karlsruher FV – Duisburger FV 1:0; Dresdner SC – Victoria Hamburg 5:3.

Halbfinale: Union 92 Berlin – Dresdner SC 5:2; Freilos: Karlsruher FV.

Endspiel: Union 92 Berlin – Karlsruher FV 2:0.

1906

Vorrunde: VfB Leipzig – Norden-Nordwest Berlin 9:1; Victoria Hamburg – Union 92 Berlin 1:3; Hertha 92 Berlin – Schlesien Breslau 7:0; 1. FC Pforzheim – Kölner FC 99 n. V. 4:2.

Halbfinale: Hertha 92 Berlin – VfB Leipzig 2:3; 1. FC Pforzheim – Union 92 Berlin 4:0.

Endspiel: VfB Leipzig – 1. FC Pforzheim 2:1.

1907

Vorrunde: Viktoria 89 Berlin – Schlesien Breslau 2:1; Victoria Hamburg – Düsseldorfer FC 99 8:1, Freilose: Freiburger FC, VfB Leipzig.

Halbfinale: Victoria Hamburg – Viktoria 89 Berlin 1:4; Freiburger FC – VfB Leipzig 3:2.

Endspiel: Freiburger FC – Viktoria 89 Berlin 3:1.

1908

Vorrunde: Freiburger FC – Stuttgarter Kickers 1:0 vom DFB annulliert, Wiederholung: 1:5); VfB Königsberg – Viktoria 89 Berlin 0:7; Duisburger SV – Eintracht Braunschweig 1:0; VfR Breslau – Wacker Leipzig 1:3.

Halbfinale: Stuttgarter Kickers – Duisburger SV 5:1; Viktoria 89 Berlin – Wacker Leipzig 4:0.

Endspiel: Viktoria 89 Berlin – Stuttgarter Kickers 3:0.

1909

Vorrunde: Altona 93 – Tasmania Berlin-Rixdorf 4:3; SC Erfurt – Alemannia Cottbus n. V. 4:3; Phönix Karlsruhe – FC M.-Gladbach 5:0; VfB Königsberg – Viktoria 89 Berlin 1:12.

Halbfinale: Viktoria 89 Berlin – Altona 93 7:0; Phönix Karlsruhe – SC Erfurt 9:1.

Endspiel: Phönix Karlsruhe – Viktoria 89 Berlin 4:2.

1910

Qualifikation: Prussia-Samland Königsberg – Tasmania Berlin-Rixdorf 1:5.

Vorrunde: Karlsruher FV – Duisburger SpV 1:0; VfB Leipzig – Phönix Karlsruhe 1.2; Holstein Kiel – Preußen Berlin 4:1; Tasmania Berlin-Rixdorf – VfR Breslau 2:1.

Halbfinale: Holstein Kiel – Tasmania Berlin-Rixdorf 6:0; Karlsruher FV – Phönix Karlsruhe 2:1.

Endspiel: Karlsruher FV – Holstein Kiel n. V. 1:0.

1911

Vorrunde: Lituania Tilsit verzichtete gegen Viktoria 89 Berlin; Karlsruher FV – Tasmania Berlin-Rixdorf 4:0, Holstein Kiel – Duisburger SpV 3:1; VfB Leipzig – Askania Forst 3:2.

Halbfinale: VfB Leipzig – Karlsruher FV 2:0; Viktoria 89 Berlin – Holstein Kiel 4:0.

Endspiel: Viktoria 89 Berlin – VfB Leipzig 3:1.

1912

Vorrunde: SpVgg Leipzig – ATV Liegnitz 3:2; BuEV Danzig – Viktoria 89 Berlin 0:7; Holstein Kiel – Preußen Berlin 2:1; Karlsruher FV – Kölner BC 8:1.

Halbfinale: Karlsruher FV – SpVgg Leipzig 3:1, Viktoria 89 Berlin – Holstein Kiel n. V. 1:2.

Endspiel: Holstein Kiel – Karlsruher FV 1:0.

1913

Vorrunde: Viktoria 89 Berlin – Prussia Samland Königsberg 6:1; Duisburger SV – Stuttgarter Kickers 2:1; VfB Leipzig – Askania Forst 5:1; Eintracht Braunschweig konnte nicht teilnehmen, da der Nordmeister nicht rechtzeitig ermittelt worden war.

Halbfinale: Duisburger SV – Holstein Kiel 2:1; VfB Leipzig – Viktoria 89 Berlin 3:1.

Endspiel: VfB Leipzig – Duisburger SV 3:1.

1914

Vorrunde: Prussia-Samland Königsberg – VfB Leipzig 1:4; Duisburger SV – Altona 93 n. V. 4:1; Berliner BC – Askania Forst 4:0; SpVgg Leipzig – SpVgg Fürth 1:2.
Halbfinale: SpVgg Fürth – Berliner BC n. V. 4:3; VfB Leipzig – Duisburger SV 1:0.
Endspiel: SpVgg Fürth – VfB Leipzig n. V. 3:2.

Von 1915 bis 1919

wurden keine Spiele um die Deutsche Meisterschaft ausgetragen

1920

Vorrunde: Titania Stettin – Arminia Hannover n. V. 2:1; Spf. Breslau – Union Oberschöneweide Berlin 3:1; 1. FC Nürnberg – VfB Leipzig 2:0; SpVgg Fürth – VfTuR (Borussia) M.-Gladbach 7:0.
Halbfinale: SpVgg Fürth – Spfr. Breslau 4:0; 1. FC Nürnberg – Titania Stettin 3:0.
Endspiel: 1. FC Nürnberg – SpVgg Fürth 2:0.

1921

Vorrunde: Spfr. Breslau – Wacker Halle 1:2; Duisburger SV – Hamburger SV n. V. 2:1; Stettiner SC – Vorwärts Berlin 1:2; Freilos: 1. FC Nürnberg.
Halbfinale: Vorwärts Berlin – Duisburger SV n. V. 2:1; 1. FC Nürnberg – Wacker Halle 5:1.
Endspiel: 1. FC Nürnberg – Vorwärts Berlin 5:0.

1922

Vorrunde: Hamburger SV – Titania Stettin 5:0; Norden-Nordwest Berlin – Viktoria Forst 1:0; 1. FC Nürnberg – SpVgg Leipzig 3:0; Wacker München – Arminia Bielefeld 5:0.
Halbfinale: Hamburger SV – Wacker München 4:0; 1. FC Nürnberg – Norden-Nordwest Berlin 1:0.
Endspiel: Hamburger SV – 1. FC Nürnberg n. V. 2:2 und n. V. 1:1 – Der DFB erklärte den Hamburger SV zunächst zum Meister. Nach einem Nürnberger Protest verzichtete der HSV jedoch auf den Titel.

1923

Vorrunde: Arminia Bielefeld – Union Oberschöneweide n. V. 0:0 und n. V. 1:2; Hamburger SV – Guts Muths Dresden 2:0; SpVgg Fürth – Spfr. Breslau 4:0; Freilos: VfB Königsberg.
Halbfinale: Union Oberschöneweide – SpVgg Fürth 2:1; Hamburger SV – VfB Königsberg 3:2.
Endspiel: Hamburger SV – Union Oberschöneweide 3:0.

1924

Vorrunde: Alemannia Berlin – 1. FC Nürnberg 1:6; Spfr. Breslau – Hamburger SV 0:3; SpVgg Leipzig – VfB Königsberg 6:1; Freilos: Duisburger SV.
Halbfinale: 1. FC Nürnberg – Duisburger SV 3:1; Hamburger SV – SpVgg Leipzig 1:0.
Endspiel: 1. FC Nürnberg – Hamburger SV 2:0.

1925

Vorrunde: Alemannia Berlin – Duisburger SV 1:2; SC Breslau 08 – VfB Leipzig 2:1; Viktoria Forst – Schwarz-Weiß Essen 1:2; Hamburger SV – FSV Frankfurt n. V. 1:2; TuRU Düsseldorf – VfR Mannheim 4:1; VfB Königsberg – Hertha BSC n. V. 2:3; 1. FC Nürnberg – 1. SV Jena 2:0; Titania Stettin – Altona 93 2:4.
Viertelfinale: Hertha BSC – TuRU Düsseldorf 4:1; Schwarz-Weiß Essen – FSV Frankfurt 1:3; SC Breslau 08 – 1. FC Nürnberg 1:4; Altona 93 – Duisburger SV 0:2.
Halbfinale: Duisburger SV – 1. FC Nürnberg 0:3; FSV Frankfurt – Hertha BSC n. V. 1:0.
Endspiel: 1. FC Nürnberg – FSV Frankfurt n. V. 1:0.

1926

Vorrunde: Hertha BSC – VfB Königsberg 4:0; SC Breslau 08 – Dresdner SC 1:0; Duisburger SV – Hamburger SV 1:3; FSV Frankfurt – BV Altenessen 2:1; SpVgg Fürth – Viktoria Forst 5:0; Holstein Kiel – Stettiner SC 8:2; Fortuna Leipzig – Bayern München 2:0; VfR Köln – Norden-Nordwest Berlin 1:2.
Viertelfinale: Norden-Nordwest Berlin – Holstein Kiel 0:4; Hamburger SV – Fortuna Leipzig 6:2; SpVgg Fürth – SC Breslau 08 4:0; Hertha BSC – FSV Frankfurt 8:2
Halbfinale: Hertha BSC – Hamburger SV 4:2; SpVgg Fürth – Holstein Kiel 3:1.
Endspiel: SpVgg Fürth – Hertha BSC 4:1.

1927

Vorrunde: Kickers 1900 Berlin – Duisburger SV n. V. 5:4; Spfr. Breslau – SpVgg Fürth 1:3; FC Schalke 04 – SV München 1860 1:3; Fortuna Düsseldorf – Hamburger SV 1:4; 1. FC Nürnberg – Chemnitzer BC 5:1; Holstein Kiel – Titania Stettin 9:1; VfB Königsberg – Hertha BSC n. V. 1:2; VfB Leipzig – FV Breslau 06 3:0.
Viertelfinale: Hertha BSC – Holstein Kiel 4:2; Hamburger SV – 1. FC Nürnberg 1:2; SV München 1860 – VfB Leipzig 3:0; SpVgg Fürth – Kickers 1900 Berlin 9:0.
Halbfinale: Hertha BSC – SpVgg Fürth 2:1; 1. FC Nürnberg – SV München 1860 4:1.
Endspiel: 1. FC Nürnberg – Hertha BSC 2:0.

1928

Vorrunde: Wacker München – Dresdner SC n. V. 1:0; Wacker Halle – Bayern München 0:3; SpVgg Köln-Sülz 07 – Eintracht Frankfurt 3:1; Hertha BSC – Spfr. Breslau 7:0; Preußen Krefeld – Tennis Borussia Berlin 1:3; Hamburger SV – FC Schalke 04 4:2; SC Breslau 08 – VfB Königsberg 2:3; Preußen Stettin – Holstein Kiel 1:4.
Viertelfinale: VfB Königsberg – Hamburger SV 0:4; Holstein Kiel – Hertha BSC 0:4; Bayern München – SpVgg Köln-Sülz 07 5:2; Tennis Borussia Berlin – Wacker München 1:4.
Halbfinale: Hamburger SV – Bayern München 8:2; Hertha BSC – Wacker München 2:1.
Endspiel: Hamburger SV – Hertha BSC 5:2.

1929

Vorrunde: SpVgg Fürth – Fortuna Düsseldorf 5:1; Preußen Hindenburg – Hertha BSC 1:8; Holstein Kiel – 1. FC Nürnberg 1:6; VfB Königsberg – SC Breslau 08 1:2; Bayern München – Dresdner SC 3:0; Wacker Leipzig – FC Schalke 04 1:5; Tennis Borussia Berlin – Titania Stettin n. V. 3:2; Meidericher SV – Hamburger SV 2:3.
Viertelfinale: Hamburger SV – SpVgg Fürth 0:2; FC Schalke 04 – Hertha BSC 1:4; 1. FC Nürnberg – Tennis Borussia Berlin 3:1; SC Breslau 08 – Bayern München n. V. 4:3.
Halbfinale: SpVgg Fürth – SC Breslau 08 6:1; Hertha BSC – 1. FC Nürnberg n. V. 0:0 und 3:2.
Endspiel: SpVgg Fürth – Hertha BSC 3:2.

1930

Vorrunde: Eintracht Frankfurt – VfL Benrath 1:0; SpVgg Fürth – Tennis Borussia Berlin 4:1; Spfr. Breslau – 1. FC Nürnberg 0:7; Hertha BSC – SuSV Beuthen 09 3:2; FC Schalke 04 – Arminia Hannover 6:2; Dresdner SC – VfB Königsberg 8:1; Holstein Kiel – VfB Leipzig 4:3, Titania Stettin – SpVgg Köln-Sülz 07 2:4.
Viertelfinale: Holstein Kiel – Eintracht Frankfurt 4:2; SpVgg Köln-Sülz 07 – Hertha BSC n. V. 1:1 und 1:8; Dresdner SC – SpVgg Fürth n. V. 5:4; 1. FC Nürnberg – FC Schalke 04 6:2.
Halbfinale: Hertha BSC – 1. FC Nürnberg 6:3; Holstein Kiel – Dresdner SC 2:0.
Endspiel: Hertha BSC – Holstein Kiel 5:4.

1931

Vorrunde: VfB Bielefeld – Hertha BSC 2.5; SV München 1860 – Meidericher SV 4:1; SuSV Beuthen 09 – Hamburger SV 0:2; Holstein Kiel – Prussia-Samland Königsberg 3:2; SpVgg Fürth – SpVgg Leipzig 3:0; Tennis Borussia Berlin – VfB Liegnitz 6:1; VfB Königsberg – Dresdner SC 1:8; Fortuna Düsseldorf – Eintracht Frankfurt n. V. 2:3.
Viertelfinale: Hertha BSC – SpVgg Fürth 3:1; SV München 1860 – Tennis Borussia Berlin 1:0; Dresdner SC – Holstein Kiel 3:4; Hamburger SV – Eintracht Frankfurt 2:0.
Halbfinale: Hertha BSC – Hamburger SV n. V. 3:2; SV München 1860 – Holstein Kiel 2:0.
Endspiel: Hertha BSC – SV München 1860 3:2.

1932

Vorrunde: Bayern München – Minerva 93 Berlin 4:2; 1. FC Nürnberg – Borussia Fulda 5:2; Hindenburg Allenstein – Eintracht Frankfurt 0:6; FC Schalke 04 – SuBC Plauen n. V. 5:4; Hamburger SV – VfL Benrath 3:1; Tennis Borussia Berlin – Viktoria Stolp 3:0; SC Breslau 08 – Holstein Kiel 1:4; Polizei Chemnitz – SuSV Beuthen 09 5:1.
Viertelfinale: Polizei Chemnitz – Bayern München 2:3; Holstein Kiel – 1. FC Nürnberg 0:4; Eintracht Frankfurt – Tennis Borussia Berlin 3:1; FC Schalke 04 – Hamburger SV 4:2.
Halbfinale: Bayern München – 1. FC Nürnberg 2:0; Eintracht Frankfurt – FC Schalke 04 2:1.
Endspiel: Bayern München – Eintracht Frankfurt 2:0.

1933

Vorrunde: VfL Benrath – SV München 1860 0:2; Hindenburg Allenstein – Hertha BSC 4:1; SuSV Beuthen 09 – Prussia Samland Königsberg 7:1; FSV Frankfurt – Polizei Chemnitz 6:1; Dresdner SC

– Arminia Hannover n. V. 1:2; Hamburger SV – Eintracht Frankfurt 1:4; Fortuna Düsseldorf – Vorwärts-Rasensport Gleiwitz 9:0; FC Schalke 04 – Viktoria 89 Berlin 4:1.
Viertelfinale: Eintracht Frankfurt – Hindenburg Allenstein 12:2; FC Schalke 04 – FSV Frankfurt 1:0; Arminia Hannover – Fortuna Düsseldorf 0:3; SV München 1860 – SuSV Beuthen 09 3:0.
Halbfinale: Fortuna Düsseldorf – Eintracht Frankfurt 4:0; FC Schalke 04 – SV München 1860 4:0.
Endspiel: Fortuna Düsseldorf – FC Schalke 04 3:0.

1934

Gruppe I: Viktoria 89 Berlin – SuSV Beuthen 09 5:2 und 4:1; Viktoria 89 Berlin – Viktoria Stolp 4:2 und 3:2; Viktoria 89 Berlin – Preußen Danzig 5:2 und 3:0; SuSV Beuthen 09 – Viktoria Stolp 1:1 und 2:1; SuSV Beuthen 09 – Preußen Danzig 2:1 und 4:1; Viktoria Stolp – Preußen Danzig 3:1 und 1:1 – Gruppensieger: Viktoria 89 Berlin.
Gruppe II: FC Schalke 04 – VfL Benrath 0:1 und 2:0; FC Schalke 04 – Werder Bremen 3:0 und 5:2; FC Schalke 04 – Eimsbütteler TV 4:1 und 2:3; VfL Benrath – Werder Bremen 4:1 und 2:2; VfL Benrath – Eimsbütteler TV 4:1 und 1:5, Werder Bremen – Eimsbütteler TV 4:2 und 2:1 – Gruppensieger: FC Schalke 04.
Gruppe III: SV Waldhof – Mülheimer SV 6:1 und 1:1; SV Waldhof – Kickers Offenbach 0:0 und 2:2; SV Waldhof – Union Böckingen 6:0 und 4:2; Mülheimer SV – Kickers Offenbach 4.4 und 3:1; Mülheimer SV – Union Böckingen 2:0 und 2:6; Kickers Offenbach – Union Böckingen 4:1 und 3:6 – Gruppensieger: SV Waldhof.
Gruppe IV: 1. FC Nürnberg – Dresdner SC 1:2 und 1:0; 1. FC Nürnberg – Borussia Fulda 1:1 und 2:1; 1. FC Nürnberg – Wacker Halle 3:0 und 2:0; Dresdner SC – Borussia Fulda 3:1 und 0:0; Dresdner SC – Wacker Halle 7:2 und 4:2; Borussia Fulda – Wacker Halle 3:2 und 1:2 – Gruppensieger: 1. FC Nürnberg
Halbfinale: FC Schalke 04 – SV Waldhof 5:2; 1. FC Nürnberg – Viktoria 89 Berlin 2:1.
Endspiel: FC Schalke 04 – 1. FC Nürnberg 2:1.

1935

Gruppe I: Polizei Chemnitz – Hertha BSC 1:2 und 2:1; Polizei Chemnitz – Yorck Boyen Insterburg 6:1 und 8:1; Polizei Chemnitz – Vorwärts-Rasensport Gleiwitz 2:1 und 3:1; Hertha BSC – Yorck Boyen Insterburg 7:3 und 9:0; Hertha BSC – Vorwärts-Rasensport Gleiwitz 2:0 und 1:2; Yorck Boyen Insterburg – Vorwärts-Rasensport Gleiwitz 1:3 und 2:2 – Gruppensieger: Polizei Chemnitz.
Gruppe II: FC Schalke 04 – Eimsbütteler TV 4:0 und 1:2; FC Schalke 04 – Hannover 96 3:2 und 4:1; FC Schalke 04 – Stettiner SC 9:1 und 6:0; Eimsbütteler TV – Hannover 96 1:3 und 3:9; Eimsbütteler TV – Stettiner SC 3:1 und 2:2; Hannover 96 – Stettiner SC 5:0 und 4:1 – Gruppensieger: FC Schalke 04.
Gruppe III: VfL Benrath – VfR Mannheim 3:2 und 3:2; VfL Benrath – Phönix Ludwigshafen 0:0 und 2:1; VfL Benrath – VfR Köln 5:0 und 4:0; Phönix Ludwigshafen – VfR Mannheim 5:0 und 5:0; Phönix Ludwigshafen – VfR Köln 4:1 und 4:0; VfR Mannheim – VfR Köln 2:3 und 3:2 – Gruppensieger: VfL Benrath.
Gruppe IV: VfB Stuttgart – SpVgg Fürth 3:2 und 4:1; VfB Stuttgart – FC Hanau 93 2:1 und 0:3; VfB Stuttgart – 1. SV Jena 1:2 und 3:2; SpVgg Fürth – FC Hanau 93 0:1 und 5:1; SpVgg Fürth – 1. SV Jena 2:0 und 1:0; FC Hanau 93 – 1. SV Jena 0:1 und 2:0 – Gruppensieger: VfB Stuttgart.
Halbfinale: VfB Stuttgart – VfL Benrath 4:2; FC Schalke 04 – Polizei Chemnitz 3:2.
Endspiel: FC Schalke 04 – VfB Stuttgart 6:4.

1936

Gruppe I: FC Schalke 04 – Polizei Chemnitz 2:3 und 2:1; FC Schalke 04 – Berliner SV 92 4:0 und 3:2; FC Schalke 04 – Hindenburg Allenstein 7:0 und 4:1; Polizei Chemnitz – Berliner SV 92 4:1 und 4:1; Polizei Chemnitz – Hindenburg Allenstein 4:1 und 3:2; Berliner SV 92 – Hindenburg Allenstein 3:1 und 3:1 – Gruppensieger: FC Schalke 04.
Gruppe II: Vorwärts-Rasensport Gleiwitz – Werder Bremen 5:2 und 4:2; Vorwärts-Rasensport Gleiwitz – Eimsbütteler TV 4:1 und 0:3; Vorwärts-Rasensport Gleiwitz – Viktoria Stolp 5:0 und 3:1; Werder Bremen – Eimsbütteler TV 2:0 und 6:1; Werder Bremen – Viktoria Stolp 6:0 und 4:1; Eimsbütteler TV – Viktoria Stolp 2:1 und 0:1 – Gruppensieger: Vorwärts-Rasensport Gleiwitz.
Gruppe III: 1. FC Nürnberg – Wormatia Worms 2:1 und 2:2; 1. FC Nürnberg – 1. SV Jena 3:0 und 5:1; 1. FC Nürnberg – Stuttgarter Kickers 2:0 und 5:0; Wormatia Worms – 1. SV Jena 3:1 und 1:3; Wormatia Worms – Stuttgarter Kickers 6:2 und 2:3; 1. SV Jena – Stuttgarter Kickers 2:0 und 0:1 – Gruppensieger: 1. FC Nürnberg.
Gruppe IV: Fortuna Düsseldorf – FC Hanau 93 3:1 und 1:5; Fortuna Düsseldorf – SV Waldhof 3:1 und 4:0; Fortuna Düsseldorf – CfR Köln 3:0 und 2:0; FC Hanau 93 – SV Waldhof 0:0 und 0:1; FC Hanau 93 – CfR Köln 3:0 und 0:1; SV Waldhof – CfR Köln 2:0 und 2:3. – Gruppensieger: Fortuna Düsseldorf.

Halbfinale: 1. FC Nürnberg – FC Schalke 04 2:0; Fortuna Düsseldorf – Vorwärts Rasensport Gleiwitz 3:1.
Endspiel: 1. FC Nürnberg – Fortuna Düsseldorf n. V. 2:1.
Um den dritten Platz: FC Schalke 04 – Vorwärts-Rasensport Gleiwitz 8:1.

1937

Gruppe I: Hamburger SV – BC Hartha 3:0 und 3:0; Hamburger SV – Hindenburg Allenstein 6:1 und 5:2; Hamburger SV – SuSV Beuthen 09 6:0 und 4:1; BC Hartha – Hindenburg Allenstein 6:2 und 1:1; BC Hartha – SuSV Beuthen 09 2:6 und 4:2; Hindenburg Allenstein – SuSV Beuthen 09 2:1 und 2:2 – Gruppensieger: Hamburger SV.
Gruppe II: FC Schalke 04 – Werder Bremen 5:1 und 2:2; FC Schalke 04 – Hertha BSC 2:1 und 2:1; FC Schalke 04 – Viktoria Stolp 12:0 und 8:0; Werder Bremen – Hertha BSC 5:2 und 3:1; Werder Bremen – Viktoria Stolp 5:0 und 4:0; Hertha BSC – Viktoria Stolp 3;1 und 4:0 – Gruppensieger: FC Schalke 04.
Gruppe III: VfB Stuttgart – Wormatia Worms 0:0 und 1:0; VfB Stuttgart – SV Dessau 05 2:0 und 1:2; VfB Stuttgart – SV Kassel 3:0 und 5:1; Wormatia Worms – SV Dessau 05 1:0 und 4:0; Wormatia Worms – SV Kassel 3:1 und 3:1; SV Dessau 05 – SV Kassel 4:2 und 0:2 – Gruppensieger: VfB Stuttgart.
Gruppe IV: 1. FC Nürnberg – Fortuna Düsseldorf 0:0 und 3:1; 1. FC Nürnberg – SV Waldhof 7:1 und 4:1; 1. FC Nürnberg – VfR Köln 3:1 und 1:0; Fortuna Düsseldorf – SV Waldhof 2:1 und 1:1; Fortuna Düsseldorf – VfR Köln 0:2 und 5:1; SV Waldhof – VfR Köln 1:0 und 1:0 – Gruppensieger: 1. FC Nürnberg.
Halbfinale: FC Schalke 04 – VfB Stuttgart 4:2; 1. FC Nürnberg – Hamburger SV 3:2.
Endspiel: FC Schalke 04 – 1. FC Nürnberg 2:0.
Um den dritten Platz: VfB Stuttgart – Hamburger SV 1:0.

1938

Gruppe I: Hamburger SV – Eintracht Frankfurt 5:0 und 2:3; Hamburger SV – Stettiner SC 2:0 und 3:1; Hamurger SV – Yorck Boyen Insterburg 3:1 und 6:0; Eintracht Frankfurt – Stettiner SC 5:0 und 6:5; Eintracht Frankfurt – Yorck Boyen Insterburg 5:0 und 5:1; Stettiner SC – Yorck Boyen Insterburg 1:0 und 5:2 – Gruppensieger: Hamburger SV.
Gruppe II: FC Schalke 04 – VfR Mannheim 1:2 und 2:2; FC Schalke 04 – Berliner SV 92 3:0 und 1:1; FC Schalke 04 – SV Dessau 05 6:1 und 6:0; VfR Mannheim – Berliner SV 92 3:2 und 1:3; VfR Mannheim – SV Dessau 05 6:1 und 1:1; Berliner SV 92 – SV Dessau 05 2:3 und 0:0 – Gruppensieger: FC Schalke 04.
Gruppe III: Fortuna Düsseldorf – BC Hartha 2:2 und 1:1; Fortuna Düsseldorf – VfB Stuttgart 3:0 und 2:0; Fortuna Düsseldorf – Vorwärts-Rasensport Gleiwitz 3:1 und 3:0; BC Hartha – VfB Stuttgart 2:1 und 1:1; BC Hartha – Vorwärts-Rasensport Gleiwitz 2:2 und 0:5; VfB Stuttgart – Vorwärts-Rasensport Gleiwitz 7:1 und 5:0 – Gruppensieger: Fortuna Düsseldorf.
Gruppe IV: Hannover 96 – 1. FC Nürnberg 2:1 und 2:1; Hannover 96 – Alemannia Aachen 6:1 und 2:1; Hannover 96 – FC Hanau 93 1:0 und 3:1; 1. FC Nürnberg – Alemannia Aachen 4:2 und 3:1; 1. FC Nürnberg – FC Hanau 93 2:1 und 4:1; Alemannia Aachen – FC Hanau 93 2:0 und 4:2 – Gruppensieger: Hannover 96.
Halbfinale: Hannover 96 – Hamburger SV n. V. 3:2; FC Schalke 04 – Fortuna Düsseldorf 1:0.
Endspiel: Hannover 96 – FC Schalke 04 n. V. 3:3 und n. V. 4:3.
Um den dritten Platz: Fortuna Düsseldorf – Hamburger SV n. V. 0:0 und 4:2.

1939

Gruppe I: Hamburger SV – VfL Osnabrück 5:1 und 2:4; Hamburger SV – Hindenburg Allenstein 5:2 und 4:1; Hamburger SV – Blau-Weiß 90 Berlin 3:0 und 3:3; VfL Osnabrück – Hindenburg Allenstein 0:0 und 1:3; VfL Osnabrück – Blau Weiß 90 Berlin 1:1 und 3:1; Hindenburg Allenstein – Blau-Weiß 90 Berlin 1:2 und 3:0 – Gruppensieger: Hamburger SV.
Gruppe IIa: Fortuna Düsseldorf – SpVgg Köln-Sülz 07 3:2 und 3:1; Fortuna Düsseldorf – Viktoria Stolp 1:0 und 0:1; SpVgg Köln-Sülz – Viktoria Stolp 5:0 und 2:0
Gruppe IIb: Dresdner SC – 1. FC Schweinfurt 05 1:0 und 0:1; Dresdner SC – Warnsdorfer FK 3:1 und 5:1; 1. FC Schweinfurt 05 – Warnsdorfer FK 4:2 und 4:1.
Entscheidungsspiele: Dresdner SC – Fortuna Düsseldorf 4:1 und 3:3 – Gruppensieger: Dresdner SC.
Gruppe III: Admira Wien – Stuttgarter Kickers 6:2 und 1:1; Admira Wien – VfR Mannheim 8:3 und 0:3; Admira Wien – SV Dessau 05 5:1 und 0:1; Stuttgarter Kickers – VfR Mannheim 3:2 und 4:1; Stuttgarter Kickers – SV Dessau 05 3:2 und 0:1; VfR Mannheim – SV Dessau 05 0:0 und 3:1 – Gruppensieger: Admira Wien.
Gruppe IV: FC Schalke 04 – Vorwärts-Rasensport Gleiwitz 4:0 und 2:1; FC Schalke 04 – Wormatia Worms 1:2 und 1:0; FC Schalke 04 – CSC 03 Kassel 6:1 und 3:1; Vorwärts-Rasensport Gleiwitz –

Wormatia Worms 5:3 und 2:1; Vorwärts-Rasensport Gleiwitz – CSC 03 Kassel 2:0 und 2:1; Wormatia Worms – CSC 03 Kassel 3:1 und 3:0 – Gruppensieger: FC Schalke 04.
Halbfinale: FC Schalke 04 – Dresdner SC n. V. 3:3 und 2:0, Admira Wien – Hamburger SV 4:1.
Endspiel: FC Schalke 04 – Admira Wien 9:0.
Um den dritten Platz: Dresdner SC – Hamburger SV 3:2.

1940

Gruppe Ia: Union Oberschöneweide – VfB Königsberg 6:3 und 1:3; Union Oberschöneweide – VfL Stettin3:1 und 3:1; VfB Königsberg – VfL Stettin 5:2 und 2:1.
Gruppe Ib: Rapid Wien – Vorwärts-Rasensport Gleiwitz 3:1 und 2:2; Rapid Wien – NSTG Graslitz 7:0 und 7:1; Vorwärts-Rasensport Gleiwitz – NSTG Graslitz 4:2 und 4:4.
Entscheidungsspiele: Rapid Wien – Union Oberschöneweide 3:2 und 3:1 – Gruppensieger: Rapid Wien.
Gruppe II: Dresdner SC – Eimsbütteler TV 0:0 und 3:0; Dresdner SC – VfL Osnabrück 3:0 und 0:0; Dresdner SC – 1. SV Jena 1:0 und 2:0; Eimsbütteler TV – VfL Osnabrück 3:1 und 4:3; Eimsbütteler TV – 1. SV Jena 0:1 und 3:2; VfL Osnabrück – 1. SV Jena 5:2 und 2.2 – Gruppensieger: Dresdner SC.
Gruppe III: FC Schalke 04 – Fortuna Düsseldorf 0:0 und 1:1; FC Schalke 04 – Mülheimer SV 5:0 und 8:2; FC Schalke 04 – CSC 03 Kassel 16:0 und 5:2; Fortuna Düsseldorf – Mülheimer SV 7:1 und 1:2; Fortuna Düsseldorf – CSC 03 Kassel 7:0 und 5:0; Mülheimer SV – CSC 03 Kassel 4:5 und 5:3 – Gruppensieger: FC Schalke 04.
Gruppe IV: SV Waldhof – 1. FC Nürnberg 1:1 und 0:0; SV Waldhof – Stuttgarter Kickers 7:2 und 0:1; SV Waldhof – Kickers Offenbachs 4:0 und 2:1; 1. FC Nürnberg – Stuttgarter Kickers 1:0 und 0:2; 1. FC Nürnberg – Kickers Offenbach 8:0 und 0:1; Stuttgarter Kickers – Kickers Offenbach 4:0 und 0:1 – Gruppensieger SV Waldhof.
Halbfinale: FC Schalke 04 – SV Waldhof 3:1; Rapid Wien – Dresdner SC n. V. 1:2.
Endspiel: FC Schalke 04 – Dresdner SC 1:0.
Um den dritten Platz: Rapid Wien – SV Waldhof n. V. 4:4 und 5:2.

1941

Gruppe Ia: Vorwärts-Rasensport Gleiwitz – LSV Stettin 3:1 und 2:3; Vorwärts-Rasensport Gleiwitz – Preußen Danzig 4:1 und 0:0; LSV Stettin – Preußen Danzig 1:1 und 3:3.
Gruppe Ib: Dresdner SC – Tennis Borussia Berlin 5:2 und 1:0; Dresdner SC – NSTG Prag 4:2 und 1:0; Tennis Borussia Berlin – NSTG Prag 3:1 und 0:0.
Entscheidungsspiele: Dresdner SC – Vorwärts-Rasensport Gleiwitz 3:0 und 3:0. – Gruppensieger: Dresdner SC.
Gruppe IIa: Hamburger SV – 1. SV Jena 2:1 und 2:2; Hamburger SV – VfB Königsberg 3:1 und 2:1; 1. SV Jena – VfB Königsberg 2:4 und 4:0.
Gruppe IIb: FC Schalke 04 – Hannover 96 4:0 und 6:1; FC Schalke 04 – Borussia Fulda 4:0 und 2:1; Hannover 96 – Borussia Fulda 6:1 und 3:4.
Entscheidungsspiele: FC Schalke 04 – Hamburger SV 3:0 und 0:1 – Gruppensieger: FC Schalke 04.
Gruppe III: VfL Köln 99 – Kickers Offenbach 3:1 und 2:2; VfL Köln 99 – TuS Helene Altenessen 3:1 und 1:6; VfL Köln 99 – FC 93 Mülhausen 6:1 und 4:1; Kickers Offenbach – TuS Helene Altenessen 1:1 und 4:0; Kickers Offenbach – FC 93 Mülhausen 5:1 und 6:2; TuS Helene Altenessen – FC 93 Mülhausen 5:2 und 2:2 – Gruppensieger: VfL Köln 99.
Gruppe IV: Rapid Wien – TSV München 1860 2:0 und 1:2; Rapid Wien – Stuttgarter Kickers 1:1 und 5:1; Rapid Wien – VfL Neckarau 8:1 und 7:0; TSV München 1860 – Stuttgarter Kickers 2.1 und 3:3; TSV München 1860 – VfL Neckarau 6:2 und 1:2; Stuttgarter Kickers – VfL Neckarau 2:0 und 3:5 – Gruppensieger: Rapid Wien.
Halbfinale: Rapid Wien – Dresdner SC 2:1; FC Schalke 04 – VfL Köln 99 4:1.
Endspiel: Rapid Wien – FC Schalke 04 4:3.
Um den dritten Platz: Dresdner SC – VfL Köln 99 4:1.

1942

Qualifikation: 1. FC Kaiserslautern – SV Waldhof 7:1; SS Straßburg – Stuttgarter Kickers 2:0; Stadt Düdelingen – FC Schalke 04 0:2; Borussia Fulda – SV Dessau 05 0:2; LSV Olmütz – First Vienna FC 0:1; HUS Marienwerder – VfB Königsberg 1:7; SV Hamborn 07 – Werder Bremen n. V. 1:1 und 1:5; SC Planitz – LSV Boelcke Krakau 5:2; Blau-Weiß 90 Berlin – LSV Pütnitz 3:1; Freilose: SG Orpo Litzmannstadt, Germania Königshütte, SpVgg Breslau 02, Eimsbütteler TV, VfL Köln 99, Kickers Offenbach, 1. FC Schweinfurt 05.
Vorrunde: VfB Königsberg – SG Orpo Litzmannstadt 8:1; SC Planitz – SpVgg Breslau 02 n. V. 2:1; SV Dessau 05 – Blau-Weiß 90 Berlin 0:3; Werder Bremen – Eimsbütteler TV 4:2; FC Schalke 04 –

1. FC Kaiserslautern 9:3; Kickers Offenbach – VfL Köln 99 3:1; SS Straßburg – 1. FC Schweinfurt 05 2:1; First Vienna FC – Germania Königshütte 1:0.
Viertelfinale: Blau-Weiß 90 Berlin – VfB Königsberg 2:1; First Vienna FC – SC Planitz 3:2; FC Schalke 04 – SS Straßburg 6:0; Kickers Offenbach – Werder Bremen 4:3.
Halbfinale: FC Schalke 04 – Kickers Offenbach 6:0; Blau-Weiß Berlin – First Vienna FC 2:3.
Endspiel: FC Schalke 04 – First Vienna FC 2:0.
Um den dritten Platz: Blau-Weiß Berlin – Kickers Offenbach 4:0.

1943

Qualifikation: Holstein Kiel – TSG Rostock 4:0 und 1:1.
Vorrunde: VfB Stuttgart – TSV München 1860 0:3; 1. FC Nürnberg – VfR Mannheim 1:3; FV Saarbrücken – FC 93 Mülhausen 5:1; SV Kassel – FC Schalke 04 1:8; First Vienna FC – MSV Brünn 5:2; TuS Neuendorf – Victoria Köln 0:2; Germania Königshütte – LSV Reinecke Brieg n. V. 3:4; Eintracht Braunschweig – Victoria Hamburg 5:1; DWM Posen – SG Orpo Warschau 1:3; Berliner SV 92 – LSV Pütnitz n. V. 2:2 und 2:0; SV Dessau 05 – Dresdner SC 1:2; VfB Königsberg – SV Neufahrwasser 3:1, Freilose: Holstein Kiel, SpVgg Wilhelmshaven 05, Kickers Offenbach, Westende Hamborn.
Achtelfinale: FC Schalke 04 – SpVgg Wilhelmshaven 05 4:1; TSV München 1860 – Kickers Offenbach 2:0; Dresdner SC – Eintracht Braunschweig 4:0; VfR Mannheim – Westende Hamborn 8:1; Victoria Köln – Saarbrücken 0:5; LSV Reinecke Brieg – First Vienna FC 0:8; SG Orpo Warschau – VfB Königsberg 1:5 (wegen Mitwirkens eines nicht spielberechtigten Spielers wurde der VfB Königsberg ausgeschlossen; an seine Stelle rückte SV Neufahrwasser); Berliner SV 92 – Holstein Kiel 0:2.
Viertelfinale: FV Saarbrücken – VfR Mannheim 3:2; Holstein Kiel – FC Schalke 04 4:1; First Vienna FC – TSV München 1860 2:0; SV Neufahrwasser – Dresdner SC 0:4.
Halbfinale: Dresdner SC – Holstein Kiel 3:1; FV Saarbrücken – First Vienna FC 2:1.
Endspiel: Dresdner SC – FV Saarbrücken 3:0.
Um den dritten Platz: Holstein Kiel – First Vienna FC 4:1.

1944

Vorrunde: NSTG Brüx – 1. FC Nürnberg 0:8; Dresdner SC – Germania Königshütte 9:2; LSV Danzig – Hertha BSC n. V. 0:0 und 1:7; STC Hirschberg – SDW Posen 7:0; HSV Groß-Born – LSV Rerik 6:4; VfR Mannheim – Bayern München n. V. 2:1; FC Schalke 04 – TuS Neuendorf 5:0; LSV Hamburg – WSV Celle 4:0; SV Göppingen – KSG FV/Altenkessel Saarbrücken 3:5; KSG VfL 99/Sülz 07 – KSG SV/48/99 Duisburg 0:2; FC 93 Mülhausen – Kickers Offenbach 4:2; MSV Brünn – First Vienna FC 3:6; Eintracht Braunschweig – SpVgg Wilhelmshaven 05 n. V. 1:2; Holstein Kiel – SV Dessau 05 n. V. 3:2; LSV Mölders Krakau – VfB Königsberg 1:4, Freilos: Borussia Fulda.
Achtelfinale: SpVgg Wilhelmshaven 05 – LSV Hamburg n. V. 1:1 und 2:4; KSG SV/48/99 Duisburg – FC Schalke 04 2:1; 1. FC Nürnberg – VfR Mannheim 3:2; KSG FV/Altenkessel Saarbrücken – FC 93 Mülhausen 5:3; First Vienna FC – STC Hirschberg 5:0; Borussia Fulda – Dresdner SC 2:9; Hertha BSC – Holstein Kiel 4:2; VfB Königsberg – HSV Groß-Born 3:10.
Viertelfinale: LSV Hamburg – KSG SV/48/99 Duisburg 3:0; KSG FV/Altenkessel Saarbrücken – 1. FC Nürnberg 1:5; HSV Groß-Born – Hertha BSC 3:2; Dresdner SC – First Vienna FC 3:2.
Halbfinale: LSV Hamburg – HSV Groß-Born 3:2; Dresdner SC – 1. FC Nürnberg 3:1.
Endspiel: Dresdner SC – LSV Hamburg 4:0.
Um den dritten Platz: HSV Groß-Born verzichtete gegen den 1. FC Nürnberg.

Von 1945 bis 1947

wurden keine Spiele um die Deutsche Meisterschaft ausgetragen

1948

Vorrunde: 1. FC Nürnberg – SG Planitz (Planitz erhielt keine Reisegenehmigung); 1. FC Kaiserslautern – TSV München 1860 5:1; TuS Neuendorf – Hamburger SV 2.1; Union Oberschöneweide – FC St. Pauli 0:7.
Halbfinale: 1. FC Nürnberg – FC St. Pauli n. V. 3:2; 1. FC Kaiserslautern – TuS Neuendorf 5:1.
Endspiel: 1. FC Nürnberg – 1. FC Kaiserslautern 2:1.

1949

Qualifikation: FC St. Pauli – Rot-Weiss Essen 4:1; FC St. Pauli – Bayern München n. V. 1:1 und 2:0.
Vorrunde: Berliner SV 92 – Borussia Dortmund 0:5; Wormatia Worms – Kickers Offenbach n. V. 2:2 und 0:2; VfR Mannheim – Hamburger SV 5:0; FC St. Pauli – 1. FC Kaiserslautern n. V. 1:1 und 1:4.

Halbfinale: VfR Mannheim – Kickers Offenbach 2:1; 1. FC Kaiserslautern – Borussia Dortmund n. V. 0:0 und 1:4.
Endspiel: VfR Mannheim – Borussia Dortmund n. V. 3:2.
Um den dritten Platz: 1. FC Kaiserslautern – Kickers Offenbach n. V. 2:1.

1950

Vorrunde: Kickers Offenbach – Tennis Borussia Berlin 3:1; Hamburger SV – Union 06 Berlin 7:0; FC St. Pauli – TuS Neuendorf 4:0; SpVgg Fürth – STV Horst Emscher 3:2; Borussia Dortmund – VfR Mannheim 1:3; VfL Osnabrück – VfB Stuttgart 1:2; Preußen Dellbrück – SSV Reutlingen n. V. 1:0; 1. FC Kaiserslautern – Rot-Weiss Essen n. V. 2:2 und n. V. 3:2.
Zwischenrunde: Hamburger SV – Kickers Offenbach 2:3; FC St. Pauli – SpVgg Fürth 1:2; VfB Stuttgart – 1. FC Kaiserslautern 5.2, VfR Mannheim – Preußen Dellbrück 1:2.
Halbfinale: VfB Stuttgart – SpVgg Fürth 4:1; Kickers Offenbach – Preußen Dellbrück n. V. 0:0 und 3:0.
Endspiel: VfB Stuttgart – Kickers Offenbach 2:1.

1951

Gruppe I: 1. FC Kaiserslautern – FC Schalke 04 1:0 und 2:3; 1. FC Kaiserslautern – SpVgg Fürth 2:2 und 3:1; 1. FC Kaiserslautern – FC St. Pauli 2:0 und 4:2; FC Schalke 04 – SpVgg Fürth 2:1 und 0:0; FC Schalke 04 – FC St. Pauli 1:2 und 1:0; SpVgg Fürth – FC St. Pauli 4:1 und 0:1 – Gruppensieger: 1. FC Kaiserslautern.
Gruppe II: Preußen Münster – 1. FC Nürnberg 6:4 und 2:1; Preußen Münster – Hamburger SV 3:1 und 1:5; Preußen Münster – Tennis Borussia Berlin 2:3 und 8:2; 1. FC Nürnberg – Hamburger SV 4:1 und 2:1; 1. FC Nürnberg – Tennis Borussia Berlin 3:1 und 3:2; Hamburger SV – Tennis Borussia Berlin 3:2 und 1:0 – Gruppensieger Preußen Münster.
Endspiel: 1. FC Kaiserslautern – Preußen Münster 2:1.

1952

Gruppe I: 1. FC Saarbrücken – 1. FC Nürnberg 3:1 und 2:5; 1. FC Saarbrücken – Hamburger SV 3:0 und 1:4; 1. FC Saarbrücken – FC Schalke 04 4:1 und 4:2; 1. FC Nürnberg – Hamburger SV 4:0 und 2:4; 1. FC Nürnberg – FC Schalke 04 2:2 und 4:2; Hamburger SV – FC Schalke 04 8:2 und 0:3 – Gruppensieger: 1. FC Saarbrücken.
Gruppe II: VfB Stuttgart – Rot-Weiss Essen 5:3 und 2:3; VfB Stuttgart – VfL Osnabrück 3.1 und 0:0; VfB Stuttgart – Tennis Borussia Berlin 3:0 und 1:1; Rot-Weiss Essen – VfL Osnabrück 2:0 und 2:3; Rot-Weiss Essen – Tennis Borussia Berlin 2:4 und 2:1; VfL Osnabrück – Tennis Borussia Berlin 4:0 und 1:2 – Gruppensieger: VfB Stuttgart.
Endspiel: VfB Stuttgart – 1. FC Saarbrücken 3:2.

1953

Gruppe I: 1. FC Kaiserslautern – Eintracht Frankfurt 5:1 und 1:0; 1. FC Kaiserslautern – 1. FC Köln 2:2 und 2:1; 1. FC Kaiserslautern – Holstein Kiel 2:1 und 4:2; Eintracht Frankfurt – 1. FC Köln 2:0 und 0:0; Eintracht Frankfurt – Holstein Kiel 4:1 und 1:0; 1. FC Köln – Holstein Kiel 3:2 und 2:2 – Gruppensieger: 1. FC Kaiserslautern.
Gruppe II: VfB Stuttgart – Borussia Dortmund 2:1 und 1:2; VfB Stuttgart – Hamburger SV 2:1 und 2:1; VfB Stuttgart – Union 06 Berlin 6:0 und 3:1; Borussia Dortmund – Hamburger SV 4:1 und 4:3; Borussia Dortmund – Union 06 Berlin 4:0 und 2:0; Hamburger SV – Union 06 Berlin 3:1 und 2:2 – Gruppensieger: VfB Stuttgart.
Endspiel: 1. FC Kaiserslautern – VfB Stuttgart 4:1.

1954

Gruppe I: 1. FC Kaiserslautern – 1. FC Köln 4:3; 1. FC Kaiserslautern – Eintracht Frankfurt 1:0; 1. FC Köln – Eintracht Frankfurt 3:2 – Gruppensieger: 1. FC Kaiserslautern.
Gruppe II: Hannover 96 – VfB Stuttgart 3:1; Hannover 96 – Berliner SV 92 2:1; VfB Stuttgart – Berliner SV 92 3:0 – Gruppensieger: Hannover 96.
Endspiel: Hannover 96 – 1. FC Kaiserslautern 5:1.

1955

Qualifikation: SV Sodingen – SSV Reutlingen 3:0; TuS Bremerhaven 93 – Wormatia Worms n. V. 3:3 und 3:2; Wormatia Worms – SSV Reutlingen 2:1.
Gruppe I: 1. FC Kaiserslautern – Hamburger SV 2:2 und 2:1; 1. FC Kaiserslautern – SV Sodingen 2:2 und 2:2; 1. FC Kaiserslautern – Viktoria 89 Berlin 10:0 und 2:1; Hamburger SV – SV Sodingen 1:0 und 1:1; Hamburger SV – Viktoria 89 Berlin 1:0 und 2:0; SV Sodingen – Viktoria 89 Berlin 5:1 und 3:2 – Gruppensieger: 1. FC Kaiserslautern.

Gruppe II: Rot-Weiss Essen – TuS Bremerhaven 93 4:0 und 1:1; Rot-Weiss Essen – Kickers Offenbach 4:1 und 3:1; Rot-Weiss Essen – Wormatia Worms 1:1 und 3:1; TuS Bremerhaven 93 – Kickers Offenbach 2:0 und 0:4; TuS Bremerhaven 93 – Wormatia Worms 1:0 und 1:1; Kickers Offenbach – Wormatia Worms 5:2 und 0:1 – Gruppensieger: Rot-Weiss Essen.
Endspiel: Rot-Weiss Essen – 1. FC Kaiserslautern 4:3.

1956

Qualifikation: FC Schalke 04 – Hannover 96 n. V. 2:1; VfB Stuttgart – TuS Neuendorf 8:0; Hannover 96 – TuS Neuendorf n. V. 3:3 und 3:2.
Gruppe I: Karlsruher SC – FC Schalke 04 3:2 und 3:0; Karlsruher SC – 1. FC Kaiserslautern 0:1 und 1:0; Karlsruher SC – Hannover 96 0:0 und 0:2; FC Schalke 04 – 1. FC Kaiserslautern 3:1 und 4:4; FC Schalke 04 – Hannover 96 3:1 und 4:0; 1. FC Kaiserslautern – Hannover 96 5:3 und 5:2 – Gruppensieger: Karlsruher SC.
Gruppe II: Borussia Dortmund – Hamburger SV 5:0 und 1:2; Borussia Dortmund – VfB Stuttgart 4:1 und 2:0; Borussia Dortmund – Viktoria 89 Berlin 1:1 und 6:0; Hamburger SV – VfB Stuttgart 0:0 und 4:2; Hamburger SV – Viktoria 89 Berlin 5:1 und 3:1; VfB Stuttgart – Viktoria 89 Berlin 3:1 und 3:3 – Gruppensieger: Borussia Dortmund.
Endspiel: Borussia Dortmund – Karlsruher SC 4:2.

1957

Qualifikation: Kickers Offenbach – Holstein Kiel n. V. 3:2.
Gruppe I: Hamburger SV – Duisburger SV 1:1; Hamburger SV – 1. FC Nürnberg 2:1; Hamburger SV – 1. FC Saarbrücken 2:1; Duisburger SV – 1. FC Nürnberg 2:2; Duisburger SV – 1. FC Saarbrücken 3:1; 1. FC Nürnberg – 1. FC Saarbrücken 2:2 – Gruppensieger: Hamburger SV.
Gruppe II: Borussia Dortmund – Kickers Offenbach 2:1; Borussia Dortmund – 1. FC Kaiserslautern 3:2; Borussia Dortmund – Hertha BSC 2:1; Kickers Offenbach – 1. FC Kaiserslautern 4:1; Kickers Offenbach – Hertha BSC 3:1; 1. FC Kaiserslautern – Hertha BSC 14:1 – Gruppensieger: Borussia Dortmund.
Endspiel: Borussia Dortmund – Hamburger SV 4:1.

1958

Qualifikation: 1. FC Köln – 1. FC Kaiserslautern n. V. 3:3 und 3:0.
Gruppe I: Hamburger SV – 1. FC Nürnberg 3:1; Hamburger SV – FK Pirmasens 2:1; Hamburger SV – 1. FC Köln 3:1; 1. FC Nürnberg – FK Pirmasens 2:2; 1. FC Nürnberg – 1. FC Köln 4:3; FK Pirmasens – 1. FC Köln 1:1 – Gruppensieger: Hamburger SV.
Gruppe II: FC Schalke 04 – Karlsruher SC 3:0; FC Schalke 04 – Eintracht Braunschweig 4:1; FC Schalke 04 – Tennis Borussia Berlin 9:0; Karlsruher SC – Eintracht Braunschweig 2:1; Karlsruher SC – Tennis Borussia Berlin 1:0; Eintracht Braunschweig – Tennis Borussia Berlin 8:3 – Gruppensieger: FC Schalke 04.
Endspiel: FC Schalke 04 – Hamburger SV 3:0.

1959

Qualifikation: Werder Bremen – Borussia Neunkirchen 6:3.
Gruppe I: Eintracht Frankfurt – 1. FC Köln 2:1 und 4:2; Eintracht Frankfurt – FK Pirmasens 3:2 und 6:2; Eintracht Frankfurt – Werder Bremen 4:2 und 7:2; 1. FC Köln – FK Pirmasens 3:2 und 0:4; 1. FC Köln – Werder Bremen 2:2 und 2:0; FK Pirmasens – Werder Bremen 4:1 und 2:5 – Gruppensieger: Eintracht Frankfurt.
Gruppe II: Kickers Offenbach – Hamburger SV 3:2 und 0:1; Kickers Offenbach – Westfalia Herne 2:1 und 4:1; Kickers Offenbach – Tasmania 1900 Berlin 3:2 und 2:2; Hamburger SV – Westfalia Herne 4:2 und 1:3; Hamburger SV – Tasmania 1900 Berlin 3:0 und 2:0; Westfalia Herne – Tasmania 1900 Berlin 1:0 und 0:2 – Gruppensieger: Kickers Offenbach.
Endspiel: Eintracht Frankfurt – Kickers Offenbach n. V. 5:3.

1960

Qualifikation: Westfalia Herne – Kickers Offenbach 1:0.
Gruppe I: Hamburger SV – Karlsruher SC 3:3 und 3:4; Hamburger SV – Borussia Neunkirchen 6:0 und 4:0; Hamburger SV – Westfalia Herne 2:1 und 4:3; Karlsruher SC – Borussia Neunkirchen 2:4 und 2:2; Karlsruher SC – Westfalia Herne 5:4 und 2:2; Borussia Neunkirchen – Westfalia Herne 2:1 und 1:2 – Gruppensieger: Hamburger SV.

Gruppe II: 1. FC Köln – Werder Bremen 2:5 und 2:1; 1. FC Köln – Tasmania 1900 Berlin 3:0 und 2:1; 1. FC Köln – FK Pirmasens 4:0 und 1:1; Werder Bremen – Tasmania 1900 Berlin 2:1 und 1:2; Werder Bremen – FK Pirmasens 3:1 und 6:4; Tasmania 1900 Berlin – FK Pirmasens 5:2 und 2:1 – Gruppensieger: 1. FC Köln.
Endspiel: Hamburger SV – 1. FC Köln 3:2.

1961

Qualifikation: Eintracht Frankfurt – Borussia Neunkirchen 5:0.
Gruppe I: Borussia Dortmund – Eintracht Frankfurt 0:1 und 2:1; Borussia Dortmund – Hamburger SV 7:2 und 5:2; Borussia Dortmund – 1. FC Saarbrücken 2:2 und 3:4; Eintracht Frankfurt – Hamburger SV 4:2 und 1:2; Eintracht Frankfurt – 1. FC Saarbrücken 1:1 und 5:2; Hamburger SV – 1. FC Saarbrücken 3:0 und 3:2 – Gruppensieger: Borussia Dortmund.
Gruppe II: 1. FC Nürnberg – Werder Bremen 4:0 und 4:2; 1. FC Nürnberg – 1. FC Köln 3:3 und 2:1; 1. FC Nürnberg – Hertha BSC 3:3 und 2:0; Werder Bremen – 1. FC Köln 1:1 und 1:1; Werder Bremen – Hertha BSC 1:0 und 3:1; 1. FC Köln – Hertha BSC 3:4 und 2:1 – Gruppensieger: 1. FC Nürnberg.
Endspiel: 1. FC Nürnberg – Borussia Dortmund 3:0.

1962

Qualifikation: FC Schalke 04 – Werder Bremen n. V. 4:1.
Gruppe I: 1. FC Nürnberg – Tasmania 1900 Berlin 2:1; 1. FC Nürnberg – FC Schalke 04 3:1; 1. FC Nürnberg – Borussia Neunkirchen 3:2; Tasmania 1900 Berlin – FC Schalke 04 1:1; Tasmania 1900 Berlin – Borussia Neunkirchen 1:0; FC Schalke 04 – Borussia Neunkirchen 3:2 – Gruppensieger: 1. FC Nürnberg.
Gruppe II: 1. FC Köln – Eintracht Frankfurt 3:1; 1. FC Köln – Hamburger SV 1:0; 1. FC Köln – FK Pirmasens 10:0; Eintracht Frankfurt – Hamburger SV 2:1; Eintracht Frankfurt – FK Pirmasens 8:1; Hamburger SV – FK Pirmasens 6:3 – Gruppensieger: 1. FC Köln.
Endspiel: 1. FC Köln – 1. FC Nürnberg 4:0.

1963

Qualifikation: 1. FC Nürnberg – Werder Bremen 2:1.
Gruppe I: 1. FC Köln – 1. FC Nürnberg 6:2 und 3:3; 1. FC Köln – Hertha BSC 5:1 und 6:3; 1. FC Köln – 1. FC Kaiserslautern 8:2 und 1:1; 1. FC Nürnberg – Hertha BSC 5:0 und 2:0; 1. FC Nürnberg – 1. FC Kaiserslautern 5:1 und 2:2; Hertha BSC – 1. FC Kaiserslautern 3:0 und 1:1 – Gruppensieger: 1. FC Köln.
Gruppe II: Borussia Dortmund – TSV München 1860 4:0 und 2:3; Borussia Dortmund – Borussia Neunkirchen 0:0 und 5:2; Borussia Dortmund – Hamburger SV 3:2 und 1:0; TSV München 1860 – Borussia Neunkirchen 4:0 und 1:2; TSV München 1860 – Hamburger SV 2:1 und 0:3; Borussia Neunkirchen – Hamburger SV 3:0 und 1:1 – Gruppensieger: Borussia Dortmund.
Endspiel: Borussia Dortmund – 1. FC Köln 3:1.

1963 wurde die Deutsche Meisterschaft zum letzten Male in Endrunde und Endspiel ausgetragen. Ab 1963/64 an wurde der Deutsche Meister in einer Bundesliga mit 16, 18 bzw. 20 Vereinen ermittelt.

Deutscher Meister waren: 31 Mal: Bayern München – 9 Mal: 1. FC Nürnberg – 8 Mal: Borussia Dortmund – 7 Mal: FC Schalke 04 – 6 Mal: Hamburger SV – je 5 Mal: Borussia Mönchengladbach, VfB Stuttgart – je 4 Mal: Werder Bremen, 1. FC Kaiserslautern – je 3 Mal: SpVgg Fürth, 1. FC Köln, VfB Leipzig – je 2 Mal: Hertha BSC, Viktoria 89 Berlin, Dresdner SC, Hannover 96 – je 1 Mal: Union 92 Berlin, Eintracht Braunschweig, Fortuna Düsseldorf, Rot-Weiss Essen, Eintracht Frankfurt, Freiburger FC, Karlsruher FV, Phönix Karlsruhe, Holstein Kiel, VfR Mannheim, TSV München 1860, Rapid Wien, VfL Wolfsburg.

Das Endspiel erreichten (bis 1963): 12 Mal: 1. FC Nürnberg – 10 Mal: FC Schalke 04 – 7 Mal: Hamburger SV – je 6 Mal: Hertha BSC, VfB Leipzig – je 5 Mal: Borussia Dortmund, 1. FC Kaiserslautern – je 4 Mal: Viktoria 89 Berlin, SpVgg Fürth, VfB Stuttgart – je 3 Mal: Dresdner SC, Karlsruher FV, Holstein Kiel, 1. FC Köln – je 2 Mal: Fortuna Düsseldorf, Eintracht Frankfurt, Hannover 96*, Kickers Offenbach, 1. FC (FV) Saarbrücken – je 1 Mal: Britannia Berlin, Union 92 Berlin*, Vorwärts Berlin, Duisburger SV, Rot-Weiss Essen*, FSV Frankfurt, Freiburger FC*, LSV Hamburg, Phönix Karlsruhe*, Karlsruher SC, VfR Mannheim*, Bayern München*, TSV München 1860, Preußen Münster, Union Oberschöneweide, 1. FC Pforzheim, DFC Prag, Stuttgarter Kickers, First Vienna FC, Admira Wien, Rapid Wien* – *) = ungeschlagen.

Das Halbfinale (bis 1950) erreichten: 14 Mal: 1. FC Nürnberg – 11 Mal: FC Schalke 04 – 9 Mal: Hamburger SV – je 8 Mal: Hertha BSC, Holstein Kiel – je 7 Mal: Viktoria 89 Berlin, Dresdner SC, Duisburger SV, SpVgg Fürth, VfB Leipzig – 5 Mal: Karlsruher FV – je 3 Mal: Fortuna Düsseldorf, TSV München 1860, Kickers Offenbach, VfB Stuttgart – je 2 Mal: Altonaer FC 93, Union 92 Berlin, Eintracht Frankfurt, 1. FC Kaiserslautern, Phönix Karlsruhe, SpVgg Leipzig, Waldhof Mannheim, Bayern München, Wacker München, First Vienna FC, Rapid Wien – je 1 Mal: VfL Benrath, Berliner BC, Blau-Weiß 90 Berlin, Britannia Berlin, Norden-Nordwest Berlin, Tasmania 1900 Berlin, Vorwärts Berlin, SC Breslau 08, Spfr. Breslau, Polizei Chemnitz, Preußen Dellbrück, Borussia Dortmund, SC Erfurt, FSV Frankfurt, Freiburger FC, Vorwärts-Rasensport Gleiwitz, HSV Groß-Born, Wacker Halle, Germania Hamburg, LSV Hamburg, Victoria Hamburg, Hannover 96, VfL 99 Köln, VfB Königsberg, Wacker Leipzig, VfR Mannheim, TuS Neuendorf, Union Oberschöneweide, 1. FC Pforzheim, DFC Prag, FV Saarbrücken, FC St. Pauli, Titania Stettin, Stuttgarter Kickers, Admira Wien.

KAPITEL 4

DIE DEUTSCHEN POKALWETTBEWERBE

Ehrentafel

DER VEREINS-POKALSIEGER

1935	1. FC Nürnberg	1983	1. FC Köln
1936	VfB Leipzig	1984	Bayern München
1937	FC Schalke 04	1985	Bayer Uerdingen
1938	Rapid Wien	1986	Bayern München
1939	1. FC Nürnberg	1987	Hamburger SV
1940	Dresdner SC	1988	Eintracht Frankfurt
1941	Dresdner SC	1989	Borussia Dortmund
1942	TSV München 1860	1990	1. FC Kaiserslautern
1943	First Vienna FC	1991	Werder Bremen
1953	Rot-Weiss Essen	1992	Hannover 96
1954	VfB Stuttgart	1993	Bayer Leverkusen
1955	Karlsruher SC	1994	Werder Bremen
1956	Karlsruher SC	1995	Bor. Mönchengladbach
1957	Bayern München	1996	1. FC Kaiserslautern
1958	VfB Stuttgart	1997	VfB Stuttgart
1959	Schwarz-Weiß Essen	1998	Bayern München
1960	Bor. Mönchengladbach	1999	Werder Bremen
1961	Werder Bremen	2000	Bayern München
1962	1. FC Nürnberg	2001	FC Schalke 04
1963	Hamburger SV	2002	FC Schalke 04
1964	TSV München 1860	2003	Bayern München
1965	Borussia Dortmund	2004	Werder Bremen
1966	Bayern München	2005	Bayern München
1967	Bayern München	2006	Bayern München
1968	1. FC Köln	2007	1. FC Nürnberg
1969	Bayern München	2008	Bayern München
1970	Kickers Offenbach	2009	Werder Bremen
1971	Bayern München	2010	Bayern München
1972	FC Schalke 04	2011	FC Schalke 04
1973	Bor. Mönchengladbach	2012	Borussia Dortmund
1974	Eintracht Frankfurt	2013	Bayern München
1975	Eintracht Frankfurt	2014	Bayern München
1976	Hamburger SV	2015	VfL Wolfsburg
1977	1. FC Köln	2016	Bayern München
1978	1. FC Köln	2017	Borussia Dortmund
1979	Fortuna Düsseldorf	2018	Eintracht Frankfurt
1980	Fortuna Düsseldorf	2019	Bayern München
1981	Eintracht Frankfurt	2020	Bayern München
1982	Bayern München	2021	Borussia Dortmund

Die Pokalsieger

1935: 1. FC Nürnberg (gegen FC Schalke 04 2:0 gewonnen):
Köhl – Billmann, Munkert – Uebelein I, Carolin, Oehm – Gußner, Eiberger, Friedel, Schmitt, Spieß – Trainer: Schaffer – Tore: Friedel 2 – Düsseldorf, 8. 12. – Zuschauer: 55 000 – SR: Birlem (Berlin).

1936: VfB Leipzig (gegen FC Schalke 04 2:1 gewonnen):
Wöllner – Dobermann, Grosse – Richter, Thiele, Jähnig – Breidenbach, Schön, May, Reichmann, Gabriel – Trainer: Pfaff – Tore: May, Gabriel (Kalwitzki) – Berlin, 3. 1. 1937 – Zuschauer: 70 000 – SR: Zacher (Berlin).

1937: FC Schalke 04 (gegen Fortuna Düsseldorf 2:1 gewonnen):
Klodt – Sontow, Bornemann – Gellesch, Tibulski, Berg – Kalwitzki, Szepan, Pörtgen, Kuzorra, Urban – Trainer: Faist – Tore: Szepan, Kalwitzki (Janes) – Köln, 9. 1. 1938 – Zuschauer: 72 000 – SR: Grabler (Regensburg).

1938: Rapid Wien (gegen FSV Frankfurt 3:1 gewonnen):
Raftl – Sperner, Schlauf – Wagner I, Hofstätter, Skoumal – Hofer, Schors, Binder, Holec, Pesser. – Trainer: Nitsch – Tore: Schors, Hofstätter, Binder (Dosedzal) – Berlin, 8. 1. 1939 – Zuschauer: 40 000 – SR: Rühle (Merseburg).

1939: 1. FC Nürnberg (gegen SV Waldhof 2:0 gewonnen):
Köhl – Billmann, Uebelein I – Luber, Sold, Carolin – Gußner, Eiberger, Uebelein II, Pfänder, Kund – Trainer: Riemke – Tore: Eiberger 2 – Berlin, 28. 4. 1940 – Zuschauer: 60 000 – SR: Schütz (Düsseldorf).

1940: Dresdner SC (gegen 1. FC Nürnberg 2:1 n. Verl. gewonnen):
Kreß – Miller, Hempel – Pohl, Dzur, Schubert – Boczek, Schaffer, Machate, Schön, Carstens. – Trainer: Köhler – Tore: Schaffer, Machate (Gußner) – Berlin, 1. 12. – Zuschauer: 60 000 – SR: Pennig (Mannheim).

1941: Dresdner SC (gegen FC Schalke 04 2:1 gewonnen):
Kreß Miller, Hempel – Pohl, Dzur, Schubert – Kugler, Schaffer, Hofmann, Schön, Carstens – Trainer: Köhler – Tore: Kugler, Carstens (Kuzorra) – Berlin, 2. 11. – Zuschauer: 65 000 – SR: Fink (Frankfurt).

1942: TSV München 1860 (gegen FC Schalke 04 2:0 gewonnen):
Keis – Pledl, Schmeisser – Rockinger, Bayerer, Kanitz – Schiller, L. Janda, Krückeberg, Willimowski, Schmidhuber – Trainer: Schäfer – Tore: Willimowski, Schmidhuber – Berlin, 15. 11. – Zuschauer: 75 000 – SR: Multer (Landau).

1943: First Vienna FC (gegen LSV Hamburg 3:2 n. Verl. gewonnen):
Schwarzer – Kaller, Bortoli – Gröbel, Sabeditsch, R. Dörfel – Holoschefski, Decker, Fischer, R. Noack, Widhalm – Trainer: Gschweidl – Tore: Noack 2, Decker (Gornick, Heinrich) – Stuttgart, 31. 10. – Zuschauer: 45 000 – SR: Schmetzer (Mannheim).

1953: Rot-Weiss Essen (gegen Alemannia Aachen 2:1 gewonnen):
Herkenrath – Göbel, Köchling – Jahnel, Wewers, Wientjes – Rahn, Islacker, Gottschalk, Abromeit, Termath – Trainer: Hohmann – Tore: Rahn, Islacker (Derwall) – Düsseldorf, 1. 5. –Zuschauer. 40 000 – SR: Reinhardt (Stuttgart).

1954: VfB Stuttgart (gegen 1. FC Köln 1:0 n. Verl. gewonnen):
Bögelein – Retter, Steimle – Krieger, Schlienz, Barufka – Hinterstocker, Baitinger, Bühler, Blessing, Waldner – Trainer: Wurzer – Tor: Waldner – Ludwigshafen, 17 .4. – Zuschauer. 60 000 – SR: Dusch (Kaiserslautern).

1955: Karlsruher SC (gegen FC Schalke 04 3:2 gewonnen):
R. Fischer – M. Fischer, Baureis – Roth, Geesmann, Dannenmeier – Traub, Sommerlatt, Kohn, Kunkel, Strittmatter – Trainer: Patek – Tore: Traub, Kunkel, Sommerlatt (Sadlowski 2) – Braunschweig, 21. 5. – Zuschauer. 25 000 – SR: Treichel (Berlin).

1956: Karlsruher SC (gegen Hamburger SV 3:1 gewonnen):
R. Fischer – Hesse, Baureis – Ruppenstein, Geesmann, Siedl – Traub, Sommerlatt, Kohn, Beck, Termath – Trainer: Janda – Tore: Termath 2, Kohn (U. Seeler) – Karlsruhe, 5. 8. – Zuschauer: 25 000 – SR: Loser (Essen).

1957: Bayern München (gegen Fortuna Düsseldorf 1:0 gewonnen):
Fazekas – Knauer, Bauer – Mayer, Landerer, Manthey – Siedl, Sommerlatt, Velhorn, Jobst, Huber – Trainer: Hahn – Tor: Jobst – Augsburg, 29. 12. – Zuschauer: 42 000 – SR: Dusch (Kaiserslautern).

1958: VfB Stuttgart (gegen Fortuna Düsseldorf 4:3 n. Verl. gewonnen):
Sawitzki – Eisele, Seibold – Hartl, Hoffmann, Schlienz – Waldner, Geiger, Weise, Blessing, Praxl – Trainer: Wurzer – Tore: Praxl 2, Waldner, Weise (Hoffmann, Jansen, Wolffram) – Kassel, 16. 11. – Zuschauer: 25 000 – SR: Treichel (Berlin).

1959: Schwarz-Weiß Essen (gegen Borussia Neunkirchen 5:2 gewonnen):
Merchel – Mozin, Pips – Steinmann, Kasperski, Ingenbold – Trimhold, Schieth, Rummel, Küppers, Klöckner – Trainer: Wendtland – Tore: Rummel 2, Klöckner, Trimhold, Schieth (Emser, Dörrenbächer) – Kassel, 27. 12. – Zuschauer: 21 000 – SR: Schulenburg (Hamburg).

1960: Borussia Mönchengladbach (gegen Karlsruher SC 3:2 gewonnen):
G. Jansen – Pfeiffer, de Lange – A. Jansen, Göbbels, Frontzeck – Brungs, Brülls, Kohn, Mülhausen, Fendel – Trainer: Oles – Tore: Mülhausen, Kohn, Brülls (Herrmann, Schwarz) – Düsseldorf, 5. 10. – Zuschauer: 49 000 – SR: Dusch (Kaiserslautern).

1961: Werder Bremen (gegen 1. FC Kaiserslautern 2:0 gewonnen):
Kokartis – Piontek, Nachtwey – Schimeczek, Schütz, Jagielski – Wilmowius, Schröder, Barth, Soya, Hänel – Trainer: Knöpfle – Tore: Schröder, Jagielski – Gelsenkirchen, 13. 9. – Zuschauer. 18 000 – SR: Sparing (Kassel).

1962: 1. FC Nürnberg (gegen Fortuna Düsseldorf 2:1 n. Verl. gewonnen).
Wabra – Derbfuß, Hilpert – Flachenecker, Wenauer, Reisch – Dachlauer, Haseneder, Strehl, Wild, Albrecht – Trainer: Widmayer – Tore: Haseneder, Wild (Wolffram) – Hannover, 29. 8. – Zuschauer: 41 000 –SR: Seekamp (Bremen).

1963: Hamburger SV (gegen Borussia Dortmund 3:0 gewonnen):
Schnoor – Krug, Kurbjuhn – Giesemann, Stapelfeldt, D. Seeler – Boyens, Wulf, U. Seeler, Kreuz, Dörfel – Trainer: Wilke – Tore: U. Seeler 3 – Hannover, 14. 8. – Zuschauer: 70 000 – SR: Kreitlein (Stuttgart).

1964: TSV München 1860 (gegen Eintracht Frankfurt 2:0 gewonnen):
Radenkovic – Wagner, Steiner – Zeiser, Stemmer, Luttrop – Kraus, Kohlars, Brunnenmeier, Küppers, Heiß – Trainer: Merkel – Tore: Kohlars, Brunnenmeier – Stuttgart, 13. 6. – Zuschauer: 45 000 – SR: Malka (Herten).

1965: Borussia Dortmund (gegen Alemannia Aachen 2:0 gewonnen):
Tilkowski – Cyliax, Redder – Kurrat, Paul, Straschitz – Wosab, W. Sturm, Schmidt, Konietzka, Emmerich – Trainer: Eppenhoff – Tore: Schmidt, Emmerich – Hannover, 22. 5. – Zuschauer: 48 000 – SR: Jakobi (Sandhausen).

1966: Bayern München (gegen Meidericher SV 4:2 gewonnen):
Maier – Nowak, Olk – Rigotti, Beckenbauer, Kupferschmidt – Nafziger, G. Müller, Ohlhauser, Koulmann, Brenninger – Trainer: Cajkovski – Tore: Brenninger 2, Ohlhauser, Beckenbauer (Mielke, Heidemann) – Frankfurt, 4. 6. – Zuschauer: 60 000 – SR: Schulenburg (Hamburg).

1967: Bayern München (gegen Hamburger SV 4:0 gewonnen):
Maier – Kupferschmidt, Schwarzenbeck – Roth, Beckenbauer, Olk – Nafziger, Ohlhauser, G. Müller, Koulmann, Brenninger – Trainer: Cajkovski – Tore: G. Müller 2, Ohlhauser, Brenninger – Stuttgart, 10. 6. – Zuschauer: 68 000 – SR: Niemeyer (Bad Godesberg).

1968: 1. FC Köln (gegen VfL Bochum 4:1 gewonnen):
Soskic – Pott, Hemmersbach – Flohe, Weber, Thielen – Rühl, Simmet, Löhr, Overath, Hornig – Trainer: Multhaup – Tore: Rühl (2), Hornig, Löhr (Böttcher) – Ludwigshafen, 9. 6. – Zuschauer: 60 000 – SR: Riegg (Augsburg).

1969: Bayern München (gegen FC Schalke 04 2:1 gewonnen):
Maier – Olk, Pumm – Schwarzenbeck, Beckenbauer, Schmidt – Roth, Ohlhauser, G. Müller, Starek, Brenninger. – Trainer: Zebec – Tore: G. Müller 2 (Pohlschmidt) – Frankfurt, 14. 6. – Zuschauer: 64 000 – SR: H. Fritz (Oggersheim).

1970: Kickers Offenbach (gegen 1. FC Köln 2:1 gewonnen):
Volz – Weilbächer, H. Kremers – Weida, Reich, H. Schmidt – Gecks, Bechtold (Nerlinger), E. Schmitt, Schäfer, Winkler – Trainer: Schmidt – Tore: Winkler, Gecks (Löhr) – Hannover, 29. 8. – Zuschauer: 50 000 – SR: Schulenburg (Hamburg).

1971: Bayern München (gegen 1. FC Köln 2:1 n. Verl. gewonnen):
Maier – Koppenhöfer, Breitner – Roth (Schneider), Beckenbauer, Schwarzenbeck – Zobel, Mrosko, G. Müller, U. Hoeneß (Hansen), Brenninger – Trainer: Lattek – Tore: Beckenbauer, Schneider (Rupp) – Stuttgart, 19. 6. – Zuschauer: 71 000 – SR: Biwersi (Bliesransbach).

1972: FC Schalke 04 (gegen 1. FC Kaiserslautern 5:0 gewonnen):
Nigbur – Huhse, H. Kremers – Rüssmann, Fichtel, van Haaren – Libuda, Lütkebohmert, Fischer, Scheer, E. Kremers – Trainer: Horvat – Tore: H. Kremers 2, Scheer, Lütkebohmert, Fischer – Hannover, 1. 7. – Zuschauer: 61 000 – SR: Aldinger (Waiblingen).

1973: Borussia Mönchengladbach (gegen 1. FC Köln 2:1 n. Verl. gewonnen):
Kleff – Bonhof, Michallik – Vogts, Sieloff, Danner – Jensen, Wimmer, Rupp (Stielike), Kulik (Netzer), Heynckes – Trainer: Weisweiler – Tore: Wimmer, Netzer (H. Neumann) – Düsseldorf, 23. 6. – Zuschauer: 69 600 – SR: Tschenscher (Mannheim).

1974: Eintracht Frankfurt (gegen Hamburger SV 3:1 n. Verl. gewonnen):
Dr. Kunter – Reichel (Müller), Kalb – Trinklein, Körbel, Beverungen – Nickel, Weidle (Kraus), Hölzenbein, Grabowski, Rohrbach – Trainer: Weise – Tore: Trinklein, Hölzenbein, Kraus (Björnmose) – Düsseldorf, 17. 8. – Zuschauer: 52 800 – SR: Weyland (Oberhausen).

1975: Eintracht Frankfurt (gegen MSV Duisburg 1:0 gewonnen):
Wienhold – Reichel, Neuberger – Körbel, Trinklein, Weidle – Beverungen, Hölzenbein, Grabowski, Nickel, Lorenz. – Trainer: Weise – Tor: Körbel – Hannover, 21. 6. – Zuschauer: 43 000 – SR: Horstmann (Groß-Escherde).

1976: Hamburger SV (gegen 1. FC Kaiserslautern 2:0 gewonnen):
Kargus – Kaltz, Hidien – Blankenburg, Nogly, Memering – Reimann, Zaczyk (Sperlich), Björnmose, Eigl, Volkert – Trainer: Klötzer – Tore: Nogly, Björnmose – Frankfurt, 26. 6. – Zuschauer: 61 000 – SR: Eschweiler (Euskirchen).

1977: 1. FC Köln (gegen Hertha BSC 1:1 n. Verl. und 1:0 gewonnen):
Schumacher – Konopka, Zimmermann – Gerber, Strack, Simmet – van Gool, Flohe, D. Müller, Overath (Neumann, Cullmann), Löhr (Larsen) – Trainer: Weisweiler – Tore: Im 1. Spiel D. Müller (Horr), im 2. Spiel D. Müller – Hannover 28. und 30. 5. – Zuschauer: 57 000 und 35 000 – SR: Frickel (München) und Ohmsen (Hamburg).

1978: 1. FC Köln (gegen Fortuna Düsseldorf 2:0 gewonnen):
Schumacher – Konopka, Zimmermann – Strack, Gerber, Cullmann – van Gool, Neumann, D. Müller, Flohe, Okudera – Trainer: Weisweiler – Tore: Cullmann, van Gool – Gelsenkirchen, 15. 4. – Zuschauer: 70 000 – SR: Redelfs (Hannover).

1979: Fortuna Düsseldorf (gegen Hertha BSC 1:0 n. Verl. gewonnen):
Daniel – Weikl, Zewe, Fanz, Baltes – Köhnen, Schmitz, Bommer, T. Allofs (Dusend) – K. Allofs, Seel – Trainer: Tippenhauer – Tor: Seel – Hannover, 23. 6. – Zuschauer: 56 000 – SR: Linn (Altendiez).

1980: Fortuna Düsseldorf (gegen 1. FC Köln 2:1 gewonnen):
Daniel – Weikl, Zewe, Köhnen, Baltes – Wenzel (Bansemer), Wirtz, Bommer – T. Allofs, K. Allofs, Seel – Trainer: Rehhagel – Tore: Wenzel, T. Allofs (Cullmann) – Gelsenkirchen, 4. 6. – Zuschauer: 55 000 – SR: Aldinger (Waiblingen).

1981: Eintracht Frankfurt (gegen 1. FC Kaiserslautern 3:1 gewonnen):
Pahl – Sziedat, Pezzey, Körbel, Neuberger – Lorant, Nickel, Borchers, Nachtweih – Cha, Hölzenbein – Trainer: Buchmann – Tore: Neuberger, Borchers, Cha (Geye) – Stuttgart, 2. 5. – Zuschauer: 71 000 – SR: Joos (Stuttgart).

1982: Bayern München (gegen 1. FC Nürnberg 4:2 gewonnen):
Müller – Beierlorzer (Niedermayer), Weiner, Augenthaler, Horsmann – Dremmler, Kraus, Breitner, Dürnberger – D. Hoeneß, K.-H. Rummenigge – Trainer: Csernai – Tore: K.-H. Rummenigge, Kraus, Breitner, D. Hoeneß (Hintermaier, Dressel) – Frankfurt, 1. 5. – Zuschauer: 61 000 – SR: Hennig (Duisburg).

1983: 1. FC Köln (gegen Fortuna Köln 1:0 gewonnen):
Schumacher – Prestin, Strack, Steiner, Zimmermann – Konopka (Willmer), Neumann, Engels – Littbarski, Fischer, K. Allofs (Hartmann) – Trainer: Michels – Tor: Littbarski – Köln, 11. 6. – Zuschauer: 61 000 – SR: Engel (Reimsbach).

1984: Bayern München (gegen Borussia Mönchengladbach 1:1 n. Verl., Bayern 7:6-Sieger im Elfmeterschießen)
Pfaff – Martin, Augenthaler, Grobe – Dremmler, Kraus (Mathy), Lerby, Nachtweih, Dürnberger (D. Hoeneß) – M. Rummenigge, K.-H. Rummenigge – Trainer: Lattek – Tore: Dremmler (Mill) – Frankfurt, 31. 5. – Zuschauer: 61 000 – SR: Roth (Salzgitter).

1985: Bayer Uerdingen (gegen Bayern München 2:1 gewonnen):
Vollack – Wöhrlin, Herget, Brinkmann, L. van de Loo – W. Funkel, F. Funkel, Feilzer (Loontiens), Buttgereit – Schäfer, Gudmundsson (Thomas) – Trainer: Feldkamp – Tore: Feilzer, Schäfer (D. Hoeneß). – Berlin, 26. 5. – Zuschauer. 70 398 – SR: Föckler (Weisenheim).

1986: Bayern München (gegen VfB Stuttgart 5:2 gewonnen):
Pfaff – Augenthaler – Nachtweih, Eder, Pflügler – Matthäus, Lerby, M. Rummenigge (Willmer) – Wohlfarth (F. Hartmann), D. Hoeneß, Mathy – Trainer: Lattek – Tore: Wohlfarth 3, M. Rummenigge 2 (Buchwald, Klinsmann) – Berlin, 3. 5. – Zuschauer: 76 000 – SR: Pauly (Rheydt).

1987: Hamburger SV (gegen Stuttgarter Kickers 3:1 gewonnen):
Stein – Jakobs – Kaltz, Beiersdorfer, Homp – Jusufi (Schmöller), Lux, von Heesen, Kroth – Kastl, Okonski – Trainer: Happel – Tore: Beiersdorfer, Kaltz, Eigentor Schlotterbeck (Kurtenbach) – Berlin, 20. 6. – Zuschauer: 76 000 – SR: Gabor (Berlin).

1988: Eintracht Frankfurt (gegen VfL Bochum 1:0 gewonnen):
Stein – Binz – Schlindwein, Körbel – Kostner (Klepper), Sievers, Schulz, Detari, Roth – Friz (Turowski), Smolarek – Trainer: Feldkamp – Tor: Detari – Berlin, 28. 5. – Zuschauer: 76 000 – SR: Heitmann (Drentwede).

1989: Borussia Dortmund (gegen Werder Bremen 4:1 gewonnen):
De Beer – Kroth – Kutowski, McLeod, Helmer, Breitzke (Lusch) – Zorc, Möller, M. Rummenigge – Dickel (Storck), Mill – Trainer: Köppel – Tore: Dickel 2, Mill, Lusch (Riedle) – Berlin, 24. 6. – Zuschauer: 76 500 – SR: Tritschler (Freiburg).

1990: 1. FC Kaiserslautern (gegen Werder Bremen 3:2 gewonnen):
Ehrmann – Foda – Stumpf, Friedmann (Lutz) – Scherr, Schupp (Roos), Hotic, Dooley, Lelle – Labbadia, Kuntz. – Trainer: Feldkamp – Tore: Labbadia 2, Kuntz (Neubarth, Burgsmüller) – Berlin, 19. 5. – Zuschauer: 76 391 – SR: Neuner (Leimen).

1991: Werder Bremen (gegen 1. FC Köln 1:1 n. Verl., Bremen 4:3-Sieger im Elfmeterschießen:
Reck – Bratseth – Votava, Borowka – Wolter, Hermann (Sauer), Eilts, Neubarth (Harttgen), Bode – Rufer, Kl Allofs – Trainer: Rehhagel – Tore: Eilts (Banach) – Berlin, 22. 6. – Zuschauer: 73 000 – SR: Schmidhuber (Ottobrunn).

1992: Hannover 96 (gegen Borussia Mönchengladbach 0:0 n. Verl., Hannover 4:3-Sieger im Elfmeterschießen:
Sievers – Wojcicki – Klütz, Sundermann, Heemsoth (Kuhlmey) – Kretzschmar, Surmann, Freund, Schönberg – Koch (Jursch), Djelmas – Trainer: Lorkowski – Berlin, 23. 5. – Zuschauer: 76 200 – SR: Heynemann (Magdeburg).

1993: Bayer Leverkusen (gegen Hertha BSC Am. 1:0 gewonnen):
Vollborn – Foda – Wörns – Fischer, Lupescu, Kree, Happe – Scholz, Hapal – Thom, Kirsten – Trainer: Stepanovic – Tor: Kirsten – Berlin, 12. 6. – Zuschauer: 76 243 – SR: Merk (Kaiserslautern).

1994: Werder Bremen (gegen Rot-Weiss Essen 3:1 gewonnen):
Reck – Bratseth – Votava, Beiersdorfer – Wolter, Basler (Wiedener), Herzog (Borowka), Eilts, Bode – Hobsch, Rufer – Trainer: Rehhagel – Tore: Beiersdorfer, Herzog, Rufer (Bangoura). – Berlin, 14. 5. – Zuschauer: 76 391 – SR: Amerell (München).

1995: Borussia Mönchengladbach (gegen VfL Wolfsburg 3:0 gewonnen):
Kamps – Kastenmaier, Andersson, Klinkert, Neun – Wynhoff (Stadler), Pflipsen, Effenberg, Hochstätter (Fach) – Dahlin, Herrlich – Trainer: Krauss – Tore: Dahlin, Effenberg, Herrlich – Berlin, 24. 6. – Zuschauer: 75 717 – SR: Strigel (Horb).

1996: 1. FC Kaiserslautern (gegen Karlsruher SC 1:0 gewonnen):
Reinke – Kadlec – Schäfer, Koch – Greiner, Roos (Wegmann), Hengen, Brehme, Wagner – Marschall (Lutz), Kuka (Wollitz) – Trainer: Krautzun – Tor: Wagner – Berlin, 25. 5. – Zuschauer: 75 782 – SR: Krug (Gelsenkirchen).

1997: VfB Stuttgart (gegen Energie Cottbus 2:0 gewonnen):
Wohlfahrt – Verlaat – Haber, Berthold – Hagner (Schneider), Soldo, Poschner, Legat – Balakov – Bobic (Gilewicz), Elber (Schwarz) – Trainer: Löw – Tore: Elber 2 – Berlin, 14. 6. – Zuschauer: 76 436 – SR: Steinborn (Sinzig).

1998: Bayern München (gegen MSV Duisburg 2:1 gewonnen):
Kahn – Matthäus – Babbel, Helmer (Fink) – Basler, Hamann, Nerlinger, Tarnat, Lizarazu (Jancker) – Scholl (Strunz), Elber – Trainer: Trapattoni – Tore: Babbel, Basler (Salou) – Berlin, 16. 5. – Zuschauer: 76 000 – SR: Strampe (Handorf).

1999: Werder Bremen (gegen Bayern München 1:1 n. Verl., Bremen 5:4-Sieger im Elfmeterschießen):
Rost – Trares – Todt, Wicky – Eilts, Dabrowski (Bogdanovic), Maximow, Wiedener – Herzog (Wojtala) – Frings, Bode – Trainer: Schaaf – Tore: Maximow (Jancker) – Berlin, 12. 6. – Zuschauer: 75 841 – SR: Aust (Köln)

2000: Bayern München (gegen Werder Bremen 3:0 gewonnen):
Kahn – Babbel, Andersson, Kuffour, Tarnat – Jeremies, Effenberg (Fink), Salihamidzic, Sergio – Jancker (Santa Cruz), Elber (Scholl) – Trainer: Hitzfeld – Tore: Elber, Sergio, Scholl – Berlin, 6. 5.– Zuschauer: 75 841 – SR: Berg (Konz).

2001: FC Schalke 04 (gegen 1. FC Union Berlin 2:0 gewonnen):
Reck – Hajto, Nemec (Thon), Van Hoogdalem – Asamoah (Latal), Oude Kamphuis, Möller, Böhme, Van Kerckhoven (Büskens) – Sand, Mpenza – Trainer: Stevens – Tore: Böhme 2 – Berlin, 26. 5.– Zuschauer: 73 011 – SR: Albrecht (Kaufbeuren).

2002: FC Schalke 04 (gegen Bayer Leverkusen 4:2 gewonnen):
Reck – Hajto (Oude Kamphuis), Waldoch, Van Kerckhoven – Van Hoogdalem, Nemec – Möller (Wilmots – Asamoah (Vermant), Böhme – Sand, Agali – Trainer: Stevens – Tore: Böhme, Agali, Möller, Sand (Berbatow, Kirsten) – Berlin, 11. 5. – Zuschauer: 70 000 – SR: Dr. Wack (Biberbach)

2003: Bayern München (gegen 1. FC Kaiserslautern 3:1 gewonnen)
Kahn – Kuffour, Linke – Sagnol, Lizarazu (Tarnat) – Jeremies (Fink) – Hargreaves, Ballack, Zé Roberto (Scholl) – Pizarro, Elber – Trainer: Hitzfeld – Tore: Ballack 2, Pizarro (Klose) – Berlin, 31. 5. – Zuschauer: 70 490 – SR: Fröhlich (Berlin)

2004: Werder Bremen (gegen Alemannia Aachen 3:2 gewonnen)
Reinke – Stalteri, Ismaël, Krstajic, Schulz (Skripnik) – Baumann – Borowski (Charisteas), Ernst – Micoud – Ailton, Klasnic (Valdez) – Trainer: Schaaf – Tore: Borowski 2, Klasnic (Blank, Meijer) – Berlin, 29. 5. – Zuschauer: 71 682 – SR: Fandel (Kyllburg).

2005: Bayern München (gegen FC Schalke 04 2:1 gewonnen)
Kahn – Sagnol (Deisler), Lucio, R. Kovac, Lizarazu – Demichelis – Schweinsteiger (Salihamidzic), Zé Roberto (Frings) – Ballack – Pizarro, Makaay – Trainer: Magath – Tore: Makaay, Salihamidzic (Lincoln) – Berlin, 28. 5. – Zuschauer: 74 359 – SR: Meyer (Burgdorf).

2006: Bayern München (gegen Eintracht Frankfurt 1:0 gewonnen)
Kahn – Sagnol, Lucio, Ismael, Lahm – Demichelis – Salihamidzic (Zé Roberto), Hargreaves (Jeremies) – Ballack – Makaay (Scholl), Pizarro – Trainer: Magath – Tor: Pizarro – Berlin, 29. 4. – Zuschauer: 74 349 – SR: Fandel (Kyllburg).

2007: 1. FC Nürnberg (gegen VfB Stuttgart n. V. 3:2 gewonnen)
Schäfer – Reinhardt, Wolf, Nikl (Spiranovic), Pinola (Banovic) – Galasek – Engelhardt – Mintal (Polak) – Kristiansen, Saenko – Schroth – Trainer: Meyer – Tore: Mintal, Engelhardt, Kristiansen (Cacau, Pardo) – Berlin, 26. 5. – Zuschauer: 74 220 (ausverkauft) – SR: Weiner (Giesen).

2008: Bayern München (gegen Borussia Dortmund n. V. 2:1 gewonnen)
Kahn – Lell, Lucio, Demichelis, Lahm – Van Bommel, Zé Roberto (Ottl) – Schweinsteiger (Sagnol), Ribery – Klose (Podolski), Toni – Trainer: Hitzfeld – Tore: Toni 2 (Petric) – Berlin, 19. 4. – Zuschauer: 74 244 (ausverkauft) – SR: Kircher (Rottenburg).

2009: Werder Bremen (gegen Bayer Leverkusen 1:0 gewonnen)
Wiese – Fritz, Prödl, Naldo, Boenisch – Baumann (Niemeyer) – Frings, Özil (Tziolis) – Diego – Pizarro, Hugo Almeida (Rosenberg) – Trainer: Schaaf – Tor: Özil – Berlin, 30. 5. – Zuschauer: 74 244 (ausverkauft) – SR: Dr. Fleischer (Sigmertshausen).

2010: Bayern München (gegen Werder Bremen 4:0 gewonnen)
Butt – Lahm, Van Buyten, Demichelis, Badstuber – Van Bommel, Schweinsteiger – Robben (Hamit Altintop), Ribery – Th. Müller (Tymoshchuk) – Olic (Klose) – Trainer: Van Gaal – Tore: Robben, Olic, Ribery, Schweinsteiger – Berlin, 15. 5. – Zuschauer: 75 420 (ausverkauft) – SR: Kinhöfer (Herne).

2011: FC Schalke 04 (gegen MSV Duisburg 5:0 gewonnen)
Neuer – Höwedes, Papadopoulos, Metzelder, Sarpei (Escudero)- Kluge (Uchida), Jurado – Farfan, Draxler (Matip) – Raul – Huntelaar – Trainer: Rangnick – Tore: Draxler, Huntelaar 2, Höwedes, Jurado – Berlin, 21. 5. – Zuschauer: 75 708 (ausverkauft) – SR: Stark (Ergolding).

2012: Borussia Dortmund (gegen Bayern München 5:2 gewonnen)
Weidenfeller (Langerak) – Piszczek, Subotic, Hummels, Schmelzer – Gündogan, Kehl – Blaszczykowski (Perisic), Kagawa (S. Bender), Großkreutz – Lewandowski – Trainer: Klopp – Tore: Kagawa, Hummels, Lewandowski 3 (Robben, Ribery) – Berlin, 12. 5. – Zuschauer: 75 708 (ausverkauft) – SR: Gagelmann (Bremen).

2013: Bayern München (gegen VfB Stuttgart 3:2 gewonnen)
Neuer – Lahm, Van Buyten, Boateng, Alaba – Javi Martinez, Schweinsteiger – Robben (Tymoshchuk), Th. Müller, Ribery (Shaqiri) – Gomez (Mandzukic) – Trainer: Heynckes – Tore: Th. Müller, Gomez 2 (Harnik 2) – Berlin, 1. 6. – Zuschauer: 75 420 (ausverkauft) – SR: Gräfe (Berlin).

2014: Bayern München (gegen Borussia Dortmund n. V. 2:0 gewonnen)
Neuer – Boateng, Javi Martinez, Dante – Höjbjerg (Van Buyten), Lahm (Ribery, Pizarro), Kroos, Rafinha – Th. Müller, Götze – Robben – Trainer: Guardiola – Tore: Robben, Th. Müller – Berlin, 17. 5. – Zuschauer: 76 197 (ausverkauft) – SR: Meyer (Burgdorf).

2015: VfL Wolfsburg (gegen Borussia Dortmund 3:1 gewonnen)
Benaglio – Vieirinha, Naldo, Klose, Rodriguez – Arnold (Schürrle), Luiz Gustavo – Perisic (Guilavogui), De Bruyne, Caligiuri (Träsch) – Dost – Trainer: Hecking – Tore: Luiz Gustavo, De Bruyne, Dost (Aubameyang) – Berlin, 30. 5. – Zuschauer: 75 815 (ausverkauft) – SR: Dr. Brych (München).

2016: Bayern München (gegen Borussia Dortmund n. V. 0:0, Bayern 4:3-Sieger im Elfmeterschießen)
Neuer – Lahm, Kimmich, Boateng, Alaba – Vidal – Thiago – Th. Müller – Douglas Costa, Ribery (Coman) – Lewandowski – Trainer: Guardiola – Berlin, 21. 5. – Zuschauer: 74 322 (ausverkauft) – SR: Fritz (Korb).

2017: Borussia Dortmund (gegen Eintracht Frankfurt 2:1)
Bürki – Bartra (Durm), Sokratis, Schmelzer (Castro) – Piszczek, Ginter, Guerreiro – O. Dembelé, Kagawa – Aubameyang, Reus (Pulisic) – Trainer: Tuchel – Tore: O. Dembelé, Aubameyang (Rebic) – Berlin, 27. 5. – Zuschauer: 74 322 (ausverkauft) – SR: Aytekin (Oberasbach).

2018: Eintracht Frankfurt (gegen Bayern München 3:1)
Hradecky – da Costa, Abraham, Salcedo, Willems – Hasebe – Mascarell, de Guzman (Russ) – Wolf (Gacinovic), Rebic (Haller) – K.-P. Boateng – Trainer: Kovac – Berlin, 19. 5. – Tore: Rebic 2, Gacinovic (Lewandowski) – Zuschauer: 74 322 (ausverkauft) – SR: Zwayer (Berlin).

2019: Bayern München (gegen RB Leipzig 3:0)
Neuer – Kimmich, Süle, Hummels, Alaba – Javi Martinez (Tolisso), Thiago – Th. Müller – Coman (Ribery), Gnabry (Robben) – Lewandowski – Trainer: Kovac – Tore: Lewandowski 2, Coman – Berlin, 25. 5. – Zuschauer: 74 322 (ausverkauft) – SR: Stieler (Hamburg).

2020: Bayern München (gegen Bayer Leverkusen 4:2)
Neuer – Pavard, Boateng (Hernandez), Alaba, Davies – Kimmich, Goretzka – Gnabry (Coutinho), Th. Müller (Thiago), Coman (Perisic) – Lewandowski – Trainer: Flick – Tore: Alaba, Gnabry, Lewandowski 2 (S. Bender, Havertz) – Berlin, 4. 7. – Zuschauer: keine – SR: Welz (Wiesbaden).

2021: Borussia Dortmund (gegen RB Leipzig 4:1)
Bürki – Piszczek, Akanji, Hummels, Guerreiro – Can – Bellingham (Hazard), Dahoud (Delaney) – Reus (Brandt), Haaland (Reyna), Sancho (Meunier) – Trainer: Terzic – Tore: Sancho 2, Haaland 2 (Dani Olmo) – Berlin, 13. 5. – Zuschauer: keine – SR: Dr. Brych (München).

Die Schlussrunden um den Vereinspokal

1935

1. Runde: Masovia Lyck – SC Tilsit 7:3; VfL Bitterfeld – Hertha BSC 1:2; Stettiner SC – Minerva 93 Berlin 0:1; Vorwärts-Rasensport Gleiwitz – FV Breslau 06 9:1; Vorwärts Breslau – BC Hartha 3:1; Dresdner Spfr. – SV Klettendorf 6:1; SV Merseburg 99 – Polizei Chemnitz 2:4; BC Elsterberg – 1. SV Jena n. V. 4:4 und 2:4; VfB Leipzig – 1. FC Nürnberg 1:2; Hannover 96 – CfR Köln 4:3; Eintracht Braunschweig – Reichsbahn Berlin 6:3; SVG Göttingen 07 – FC Schalke 04 1:5; Werder Bremen – Hamburger SV 4:5; Eimsbütteler TV – HEBC Hamburg 7:3; Victoria Hamburg – Berolina LSC Berlin 1:2; Holstein Kiel – Nordring Stettin 7:1; Union Recklinghausen – VfL Benrath 0:5; SV Hamborn 07 – SpVgg Herten 1:2; Sport-Ring Gevelsberg 08 – VfR Köln 2:5; Fortuna Düsseldorf – VfL 99 Köln 5:0; SV Kassel – Phönix Ludwigshafen 2:1; Germania Fulda – SpVgg Fürth 1:5; FC Hanau 93 – Eintracht Windecken 5:1; Eintracht Bad Kreuznach – SV Waldhof 1:6; VfR Mannheim – FV Homburg/Saar 7:3; Wormatia Worms – FC Egelsbach 3:0; FV Bretten – Freiburger FC 1:3; Karlsruher FV – SV Feuerbach 0:1; VfB Stuttgart – BC Augsburg n. V. 3:4; 1. 1. FC Schweinfurt 05 – SV Steinach 08 4:0; Ulmer FV 94 – Bayern München 5:4; VfB Königsberg (Freilos).
2. Runde: VfB Königsberg – Masovia Lyck 0:1; Berolina LSC Berlin – Vorwärts-Rasensport Gleiwitz 3:2; Dresdner Spfr. – Hertha BSC 1:0; Vorwärts Breslau – Minerva 93 Berlin 2:4; Polizei Chemnitz – 1. 1. FC Schweinfurt 05 4:2; Eintracht Braunschweig – 1. SV Jena 7:0; Hannover 96 – Holstein Kiel 4:3; Hamburger SV – Fortuna Düsseldorf 1:4; FC Schalke 04 – SV Kassel 8:0; SpVgg Herten – FC Hanau 93 1:4; VfL Benrath – Eimsbütteler TV 5:3; VfR Köln – SpVgg Fürth 0:2; SV Waldhof – Wormatia Worms 5:1; Freiburger FC – SV Feuerbach 3:0; 1. FC Nürnberg – Ulmer FV 94 8:0; BC Augsburg – VfR Mannheim 1:4.
Achtelfinale: Hannover 96 – FC Schalke 04 2:6; VfR Mannheim – VfL Benrath 2:3; SpVgg Fürth – Freiburger FC 2:3; FC Hanau 93 – Berolina LSC Berlin 5:1; Fortuna Düsseldorf – SV Waldhof 0:3; Spfr. Dresdner Spfr. – Masovia Lyck 2:1; Minerva 93 Berlin – Eintracht Braunschweig 4:2; Polizei Chemnitz – 1. FC Nürnberg 1:3.

Viertelfinale: FC Schalke 04 – VfL Benrath 4:1; Freiburger FC – FC Hanau 93 2:1; SV Waldhof – Dresdner Spfr. 1:0; 1. FC Nürnberg – Minerva 93 Berlin 4:1.
Halbfinale: FC Schalke 04 – Freiburger FC 6:2; 1. FC Nürnberg – SV Waldhof 1:0.
Endspiel: 1. FC Nürnberg – FC Schalke 04 2:0 (0:0).

1936

1. Runde: SV Algermissen 1911 – Werder Bremen 1:4; VfB Peine – Hannover 96 2:0; Westmark Trier – FV Saarbrücken 3:1; CfR Köln – SSV Köln-Vingst 05 n. V. 0:0 und 3:8; Viktoria 89 Berlin – Wacker Leipzig 2:1; SV Feuerbach – Phönix Karlsruhe 5:2; Wacker Marktredwitz – VfB Stuttgart 0:1; MSV v. d. Goltz Tilsit – Hindenburg Allenstein 0:2; Viktoria Stolp – Preußen Danzig 6:0; Hertha BSC – Eimsbütteler TV 3:2; SuSV Beuthen 09 – Minerva 93 Berlin 3:2; Preußen Langenbielau – Vorwärts-Rasensport Gleiwitz 2:7; Cherusker Görlitz – Berliner SV 92 1:2; BC Hartha – Wacker Halle 8:0; VfB Leipzig – 1. SV Jena 5:0; CSC 03 Kassel – Polizei Chemnitz 1:6; Altonaer FC 93 – Wacker 04 Berlin 3:5; Victoria Hamburg – SV Dessau 05 6:1; Holstein Kiel – Polizei Lübeck n. V. 1:2; SpVgg Röhlinghausen – Arminia Bielefeld 2:1; VfvB Ruhrort – FC Schalke 04 2:5; Fortuna Düsseldorf – SV Klafeld 1:2; VfL Benrath – Rheydter SV 2:0; Rot-Weiß Oberhausen – ASA Atsch 7:0; SV Flörsheim – SV Waldhof 0:1; Wormatia Worms – VfB Friedberg 3:2; 1. FC Pforzheim – FK Pirmasens 7:0; Freiburger FC – Kickers Offenbach 2:0; Stuttgarter Kickers – TSV München 1860 0:1; Bayern München – SSV Ulm 3:4; 1. FC Schweinfurt 05 – FC Hanau 93 4:0; 1. FC Nürnberg – SC Planitz 7:0.
2. Runde: Hindenburg Allenstein – Viktoria Stolp 2:1; Berliner SV 92 – SuSV Beuthen 09 4:1; Wacker 04 Berlin – Victoria Hamburg 5:4; Vorwärts-Rasensport Gleiwitz – VfB Leipzig n. V. 2:2 und 0:3; Polizei Chemnitz – Viktoria 89 Berlin 5:2; Polizei Lübeck – Hertha BSC 1:3; Werder Bremen – Rot-Weiß Oberhausen n. V. 3:2; VfB Peine – BC Hartha 1:0; FC Schalke 04 – SpVgg Röhlinghausen 2:0; Wormatia Worms – SSV Köln-Vingst 05 11:1; SSV Ulm – Freiburger FC 3:0; 1. FC Schweinfurt 05 – SV Feuerbach 5:2; TSV München 1860 – 1. FC Pforzheim n. V. 3:3 und 0:2; Westmark Trier – VfB Stuttgart 0:1; VfL Benrath – 1. FC Nürnberg 3:2; SV Waldhof – SV Klafeld 6:0.
Achtelfinale: VfB Stuttgart – FC Schalke 04 n. V. 0:0 und 0:6; Wacker 04 Berlin – Werder Bremen 1:3; SSV Ulm – 1. FC Schweinfurt 05 2:4; Polizei Chemnitz – SV Waldhof 0:1; 1. FC Pforzheim – Wormatia Worms 1:2; Hertha BSC – VfL Benrath n. V. 1:1 und 2:8; Hindenburg Allenstein – VfB Peine 1:3; VfB Leipzig – Berliner SV 92 2:0.
Viertelfinale: Werder Bremen – FC Schalke 04 2:5; SV Waldhof – 1. FC Schweinfurt 05 1:2; Wormatia Worms – VfL Benrath n. V. 3:3 und 3:2; VfB Peine – VfB Leipzig 2:4.
Halbfinale: FC Schalke 04 – 1. FC Schweinfurt 05 3:2; VfB Leipzig – Wormatia Worms 5:1.
Endspiel: VfB Leipzig – FC Schalke 04 2:1 (2:1).

1937

1. Runde: BuEV Danzig – Hertha BSC n. V. 2:3; Wacker 04 Berlin – Hindenburg Allenstein 6:0; Minerva 93 Berlin – Victoria Hamburg n. V. 0:0 und 0:2; Schlesien Haynau – BC Hartha 0:10; SV Ratibor 03 – Polizei Chemnitz 2:4; SC Planitz – SuSV Beuthen 09 3:1; VfB Sömmerda – Eintracht Braunschweig 0:4; Rasensport Harburg – Werder Bremen 2:5; FC St. Pauli – Rot-Weiß Oberhausen 0:1; Polizei Lübeck – Berliner SV 92 0:1; Sperber Hamburg – Tennis Borussia Berlin 1:3; Borussia Dortmund – Hamburger SV 3:1; TuRU Düsseldorf – Hannover 96 4:7; Homberger SV – Holstein Kiel 0:1; Schwarz-Weiß Wuppertal – SV Dessau 05 5:1; Germania Bochum – VfR Köln 7:4; SpVgg Köln-Sülz 07 – Eintracht Frankfurt 2:0; Alemannia Plaidt – FV Duisburg 08 1:3; Tura Bonn – SV Kassel 4:2; Kickers Frankenthal – FC Schalke 04 1:3; VfR Mannheim – Kickers Offenbach 4:1; VfB Mühlburg – FSV Frankfurt 2:1; Freiburger FC – Wormatia Worms 1:3; FV Zuffenhausen – SpVgg Fürth 0:3; SSV Ulm – 1. FC Nürnberg 4:1; VfB Friedberg – SV Waldhof 0:2; Dunlop Hanau – Eimsbütteler TV 0:2; ASV Nürnberg – VfB Stuttgart n. V. 0:1; Bajuwaren München – Karlsruher FV 1:4; Freilose: Dresdner SC, Fortuna Düsseldorf, FV Breslau 06.
2. Runde: Tennis Borussia Berlin – Dresdner SC n. V. 3:4; Berliner SV 92 – Germania Bochum 3:0; BC Hartha – Wacker 04 Berlin 2:1; Polizei Chemnitz – VfR Mannheim 5:2; Eimsbütteler TV – SpVgg Köln-Sülz 07 2:0; Holstein Kiel – Hertha BSC 5:3; Werder Bremen – Borussia Dortmund n. V. 3:4; Hannover 96 – Victoria Hamburg 3:2; Eintracht Braunschweig – Tura Bonn 2:0; FC Schalke 04 – Rot-Weiß Oberhausen 2:1; FV Duisburg 08 – VfB Mühlburg 1:0; SV Waldhof – Schwarz-Weiß Wuppertal 3:0; Wormatia Worms – SSV Ulm 4:1; Karlsruher FV – Fortuna Düsseldorf 0:2; VfB Stuttgart – SC Planitz 2:0; SpVgg Fürth – FV Breslau 06 7:1.
Achtelfinale: Eintracht Braunschweig – FC Schalke 04 n. V. 0:1; Berliner SV 92 – SpVgg Fürth 1:0; SV Waldhof – Polizei Chemnitz 2:0; Borussia Dortmund – FV Duisburg 08 n. V. 1:1 und 3:1; VfB Stuttgart – Hannover 96 2:1; Dresdner SC – Eimsbütteler TV 3:0; BC Hartha – Wormatia Worms 4:2; Fortuna Düsseldorf – Holstein Kiel 2:1.
Viertelfinale: FC Schalke 04 – Berliner SV 92 3:1; SV Waldhof – Borussia Dortmund 4:3; Dresdner SC – VfB Stuttgart 3:1; Fortuna Düsseldorf – BC Hartha 4:1.
Halbfinale: FC Schalke 04 – SV Waldhof 2:1; Dresdner SC – Fortuna Düsseldorf 2:5.
Endspiel: FC Schalke 04 – Fortuna Düsseldorf 2:1 (0:0).

1938

1. Runde: Hindenburg Allenstein –. Preußen Danzig 2:0; TSV Swinemünde – Blau-Weiß 90 Berlin 1:5; Spfr. Klausberg – BC Hartha 1:4 (in Hartha); Brandenburger SC 05 – MTV Pommerensdorf 3:0; Polizei Berlin – Vorwärts-Rasensport Gleiwitz 2:3; SuSV Beuthen 09 – Berliner SV 92 3:2; Stettiner SC – Yorck Boyen Insterburg n. V. 1:1 (Stettin verzichtetete auf die Wiederholung); Victoria Hamburg – FC Schalke 04 4:3; 1. SV Jena – Hertha BSC 1:2; Preußen Greppin – Dresdner SC 0:13; VfB Peine – Hamburger SV n. V. 2:1; Borussia Dortmund – Phönix Lübeck 1:2; SV Dessau 05 – Bewag Berlin 2:1; SpVgg Röhlinghausen – Werder Bremen 1:2; Westfalia Herne – Spfr. Katernberg 5:1; Arminia Bielefeld – Holstein Kiel 5:1; Polizei Lübeck – Fortuna Düsseldorf 2:4; Rot Weiss Essen – FC St. Pauli 5:1; Opel Rüsselsheim – Alemannia Aachen 2:1; Blau-Weiß Köln – VfR Mannheim 1:7; SV Waldhof – Borussia Fulda 4:0; FC Hanau 93 – VfB Mühlburg 0:4; Freiburger FC – Hannover 96 3:1; VfB Stuttgart – Phönix Karlsruhe 7:1; Bayern München – Union Böckingen 7:0; SSV Ulm – SpVgg Fürth 3:2; Riesaer SV – Wacker 04 Berlin 2:1; CSC 03 Kassel – FSV Frankfurt 0:1; ASV Nürnberg – Stuttgarter Kickers 4:2; SV Kleinsteinheim – 1. FC Nürnberg n. V. 2:3; Grün-Weiß Eschweiler – SSVg Velbert 3:1; Eintracht Frankfurt – TSV München 1860 1:2.
2. Runde: TSV München 1860 – Freiburger FC 3:1; 1. FC Nürnberg – SSV Ulm 2:1; VfB Stuttgart – ASV Nürnberg 2:1; VfR Mannheim – Bayern München 2:1; FSV Frankfurt – BC Hartha 3:1; VfB Mühlberg – VfB Peine 6:1; Grün-Weiß Eschweiler – SV Waldhof 1:2; Fortuna Düsseldorf – Opel Rüsselsheim 7:1; Westfalia Herne – Victoria Hamburg 5:1; Werder Bremen – Rot-Weiss Essen 2:3; Phönix Lübeck – Arminia Bielefeld 3:2; Dresdner SC – SuSV Beuthen 09 10:1; Vorwärts-Rasensport Gleiwitz – SV Dessau 05 2:1; Blau-Weiß 90 Berlin – Riesaer SV 3:1; Hertha BSC – Hindenburg Allenstein (Allenstein verzichtete); Yorck Boyen Insterburg – Brandenburger SC 05 1:4.
Achtelfinale: FSV Frankfurt – Fortuna Düsseldorf 3:1; SV Waldhof – Westfalia Herne 6:0; VfB Mühlburg – VfB Stuttgart 2:1; TSV München 1860 – Dresdner SC. 3:0; Brandenburger SC 05 – Vorwärts-Rasensport Gleiwitz 0:1; 1. FC Nürnberg – VfR Mannheim 1:0; Rot-Weiss Essen – Hertha BSC 3:0; Blau-Weiß 90 Berlin – Phönix Lübeck 1:0.
Viertelfinale: SV Waldhof – Rot-Weiss Essen n. V. 3:2; Blau-Weiß 90 Berlin – TSV München 1860 1:2; FSV Frankfurt – VfB Mühlburg 3:1; Vorwärts-Rasensport Gleiwitz – 1. FC Nürnberg 2:4 – Ausscheidungsrunde der Ostmark: First Vienna FC – Admira Wien 6:0; Rapid Wien – Austro-Fiat Wien 5:1; Wiener SC – Wacker Wien 1:0; Grazer SK – Austria Wien 3:2.
2. **Viertelfinale:** 1. FC Nürnberg – First Vienna FC 3:1; SV Waldhof – Rapid Wien 2:3; TSV München 1860 – FSV Frankfurt n. V. 1:2; Wiener SC – Grazer SK 6:1.
Halbfinale: Rapid Wien – 1. FC Nürnberg 2:0; FSV Frankfurt – Wiener SC 3:2.
Endspiel: Rapid Wien – FSV Frankfurt 3:1 (0:1).

1939

1. Runde: Masovia Lyck – MSV v. d. Goltz Tilsit nicht ausgetragen; 1. SV Jena – 1. SC Göttingen 05 3:4; NSTG Warnsdorf – Spfr. Leipzig 2:3; Polizei Danzig – Viktoria Stolp 2:3; Union Oberschöneweide – Blau-Weiß 90 Berlin 1:2; VfB Coburg – Rapid Wien 1:6; SpVgg Leipzig – Vorwärts-Rasensport Gleiwitz 1:2; Hertha BSC – SC Planitz 6:2; Phönix Karlsruhe – Stuttgarter Kickers 3:5; FC Singen 04 – 1. FC Nürnberg 1:3; First Vienna FC – BC Hartha n. V. 2:3; Borussia Neunkirchen – VfL Benrath 4:1; Vorwärts Hamburg – Fortuna Düsseldorf 1:3; FSV Frankfurt – Mülheimer SV 5:3; Concordia Plauen – Victoria Hamburg 5:3; SV Dessau 05 – Tennis Borussia Berlin 1:2; Kurhessen Kassel – SpVgg Köln-Sülz 07 0:5; VfR Mannheim – Westende Hamborn n. V. 2:3; ASV Blumenthal – Polzei Hamburg n. V. 3:4; SV Hamborn 07 – Hamburger SV 1:3; SV Beuel 06 – Eintracht Frankfurt 0:5; Admira Wien – SV Waldhof 0:1; VfB Alsum – FC Schalke 04 0:13; VfB Bielefeld – VfL Osnabrück 1:3; 1. FC Schweinfurt 05 – Wacker Wien n. V. 2:3; VfB Mühlburg – SpVgg Bad Canstatt 2:0; VfL 99 Köln – Wormatia Worms 9:0; Eimsbütteler TV – Borussia Dortmund 2:3; Neumeyer Nürnberg – CSC 03 Kassel 7:3; VfL Halle 96 – Dresdner SC 0:3; Thüringen Weida – Berliner SV 92 1:2; SV Klettendorf – Minerva 93 Berlin 3:0.
2. Runde: VfL Osnabrück – FC Schalke 04 3:2; Berliner SV 92 – SV Klettendorf 6:1; Tennis Borussia Berlin – Concordia Plauen 4:1; Eintracht Frankfurt – SV Waldhof n. V. 0:1; Borussia Dortmund – VfL 99 Köln 1:6; Viktoria Stolp – Blau-Weiß 90 Berlin 1:3; 1. FC Nürnberg – Stuttgarter Kickers 2:1; Wacker Wien – VfB Mühlburg 4:2; Borussia Neunkirchen – BC Hartha n. V. 1:2; Hamburger SV – Polizei Hamburg 11:2; Dresdner SC – Neumeyer Nürnberg 1:2; Vorwärts-Rasensport Gleiwitz – Hertha BSC 5:2; Spfr. Leipzig – 1. SC Göttingen 05 3:1; Fortuna Düsseldorf – FSV Frankfurt 4:0; SpVgg Köln-Sülz 07 – Westende Hamborn n. V. 1:2; Freilos: Rapid Wien.
Achtelfinale: Blau-Weiß 90 Berlin – Spfr. Leipzig 9:2; BC Hartha – 1. FC Nürnberg 0:1; Neumeyer Nürnberg – Berliner SV 92 2:1; Rapid Wien – Vorwärts-Rasensport Gleiwitz 6:1; VfL 99 Köln – Wacker Wien 1:3; Fortuna Düsseldorf – Tennis Borussia Berlin 8:1; Hamburger SV – Westende Hamborn 2:0; SV Waldhof – VfL Osnabrück 4:0.
Viertelfinale: Blau-Weiß 90 Berlin – Rapid Wien 1:7; 1. FC Nürnberg – Fortuna Düsseldorf 3:1; SV Waldhof – Hamburger SV 6:2; Wacker Wien – Neumeyer Nürnberg 7:4.

Halbfinale: Rapid Wien – 1. FC Nürnberg 0:1; SV Waldhof – Wacker Wien n. V. 1:1, n. V. 2:2 und n. V. 0:0 (Losentscheid für SV Waldhof).
Endspiel: 1. FC Nürnberg – SV Waldhof 2:0 (1:0).

1940

1. Runde: SV Hannover-Linden 07 – Union Oberschöneweide 2:3; Eimsbütteler TV – Spandauer SV 0:3; Blau-Weiß 90 Berlin – Werder Bremen 1:2; VfB Königsberg – Preußen Danzig n. V. 3:2; BuEV Danzig – LSV Stettin 6:2; Hamburger SV – ASV Blumenthal 1:3; NSTG Wittkowitz – Hertha Breslau 6:0; SV Dessau 05 – Kickers Offenbach n. V. 2.2 und 0:4; SV Hildesheim 07 – SG Barmbek n. V. 2:3; SV Steinach 08 – CSC 03 Kassel 4:2; Eintracht Frankfurt – Westfalia Herne 3:2; Germania Mudersbach – Schwarz-Weiß Essen 1:8; VfL Osnabrück – Gelsenguß Gelsenkirchen 2:5; Spfr. Halle – FC Schalke 04 0:7; BC Sport Kassel – TuS Duisburg 48/99 n. V. 4:5; Edelstahl Krefeld – Rot-Weiss Essen 3:4; TuS Neheim – SG Eschweiler 2:3; SV Waldhof – Rot-Weiß Frankfurt n. V. 2:3; 1. FC Kaiserslautern – Fortuna Düsseldorf 2:3; TuS Neuendorf – VfR Mannheim 1:2; Phönix Karlsruhe – FSV Frankfurt 4:2; SpVgg Bad Canstatt – Wacker Wien 0:7; SpVgg Fürth – VfB Stuttgart 3:0; Sturm Graz – 1. FC Nürnberg 1:6; Neumeyer Nürnberg – Rapid Wien n. V. 1.2; Bayern München – Wiener SC 0:1; VfR Schweinfurt – Mülheimer SV n. V. 2:1; 1. SV Jena – Tura Leipzig 0:1; SC Planitz – Vorwärts-Rasensport Gleiwitz 3:1; VfL Stettin – Polizei Chemnitz 3:2; NSTG Graslitz – Dresdner SC 0:4; VfB Waldshut – Stuttgarter Kickers 0:8.
2. Runde: 1. FC Nürnberg – Kickers Offenbach 3:2; FC Schalke 04 – Werder Bremen 5:0; Rapid Wien – VfR Schweinfurt 7:1; Fortuna Düsseldorf – VfR Mannheim 2:0; Wacker Wien – SC Planitz 6:2; Wiener SC – NSTG Wittkowitz 9:1; Dresdner SC – ASV Blumenthal 5:0; SG Barmbek – Schwarz-Weiß Essen 3:10; Rot-Weiss Essen – Eintracht Frankfurt 0:2; Rot-Weiß Frankfurt – Phönix Karlsruhe 1:0; Stuttgarter Kickers – Gelsenguß Gelsenkirchen 9:2; Tura Leipzig – SpVgg Fürth 1:2; VfL Stettin – BuEV Danzig n. V. 0:0 und 1:2; Spandauer SV – VfB Königsberg 3:5; Union Oberschöneweide – SV Steinach 08 5:1; SG Eschweiler – TuS Duisburg 48/99 3:1.
Achtelfinale: Union Oberschöneweide – 1. FC Nürnberg 0:1; SpVgg Fürth – FC Schalke 04 2:1; Stuttgarter Kickers – Rapid Wien 1:5; Eintracht Frankfurt – Fortuna Düsseldorf 2:3; Schwarz-Weiß Essen – SG Eschweiler 5:2; Wacker Wien – Wiener SC 5:6; Dresdner SC – Rot-Weiß Frankfurt 6:0; VfB Königsberg – BuEV Danzig 5:1.
Viertelfinale: 1. FC Nürnberg – Schwarz-Weiß Essen 2:1; Rapid Wien – SpVgg Fürth 6:1; Fortuna Düsseldorf – Wiener SC 2:1; VfB Königsberg – Dresdner SC 0:8.
Halbfinale: Dresdner SC – Rapid Wien 3:1; Fortuna Düsseldorf – 1. FC Nürnberg 0:1.
Endspiel: Dresdner SC – 1. FC Nürnberg 2:1 (1:1, 1:1) n. Verl.

1941

1. Runde: Prussia-Samland Königsberg – Königsberger STV 3:8; VfB Königsberg – Polizei Tilsit kampflos für Königsberg; Preußen Danzig – Viktoria Stolp 2:4; Hubertus Kolberg – LSV Kamp 2:3; LSV Stettin – Tennis Borussia Berlin 0:6; Hertha BSC – Blau-Weiß 90 Berlin 1:2; Vorwärts-Rasensport Gleiwitz – DTSG Krakau 7:2; SpVgg Breslau 02 – Germania Königshütte 3:2; Spfr. Dresden – Polizei Chemnitz 0:2; LSV Wurzen – Dresdner SC 1:4; LSV Nordhausen – 1. SV Jena 2:4; Eimsbütteler TV – Werder Bremen 1:2; Holstein Kiel – Hamburger SV 2:1; Eintracht Braunschweig – Hannover 96 1:3; SV Hannover-Linden 07 – FV Wilhelmsburg 09 n. V. 6:5; Rot-Weiss Essen – FC Schalke 04 n. V. 1.2; Westende Hamborn – TuS Helene Essen n. V. 0:0 und 4:2; TuS Duisburg 48/99 – Schwarz-Weiß Essen 0:1; Victoria Köln – Fortuna Düsseldorf 1:0 abgebr. und 0:4; Rot-Weiß Frankfurt – VfL 99 Köln 1:1 abgebr. und 3:0; Kurhessen Kassel – BC Sport Kassel 0:4; Borussia Fulda – Kickers Offenbach 9:6; FC Rheinfelden – FC 93 Mülhausen 0:2; FV Metz – VfL Neckarau 4:0; SV Waldhof – SpVgg Sandhofen 2:1; Stuttgarter Kickers – VfB Knielingen 17:0; SpVgg Fürth – Stuttgarter SC 7:0; Schwaben Augsburg – 1. FC Nürnberg 0:7; Jahn Regensburg – TSV München 1860 2:6; Austria Wien – Wacker Wien 6:2; FC Wien – Rapid Wien 3:4; NSTG Prag – Admira Wien 1:2.
2. Runde: Königsberger STV – VfB Königsberg 0:8; Viktoria Stolp – LSV Kamp 0:3; Tennis Borussia Berlin – Blau-Weiß 90 Berlin 2:3; Vorwärts-Rasensport Gleiwitz – SpVgg Breslau 02 6:1; Polizei Chemnitz – Dresdner SC 0:3; 1. SV Jena – Borussia Fulda 5:3; Werder Bremen – Holstein Kiel 1:2; Hannover 96 – SV Hannover-Linden 07 5:1; FC Schalke 04 – Fortuna Düsseldorf 4:2; Westende Hamborn – Schwarz-Weiß Essen 1:2; BC Sport Kassel – SV Waldhof 0:3; FV Metz – Rot-Weiß Frankfurt n. V. 0:0 und 2:0; FC 93 Mülhausen – Stuttgarter Kickers 0:4; TSV München 1860 – Austria Wien 2:5; 1. FC Nürnberg – SpVgg Fürth 4:1; Rapid Wien – Admira Wien 3:5.
Achtelfinale: Holstein Kiel – Blau-Weiß 90 Berlin 4:0; LSV Kamp – VfB Königsberg 3:2; Dresdner SC – Hannover 96 9:2; Austria Wien – Vorwärts-Rasensport Gleiwitz 8:0; Stuttgarter Kickers – 1. FC Nürnberg 4:1; SV Waldhof – Admira Wien 0:1; Schwarz-Weiß Essen – FC Schalke 04 1:5; 1. SV Jena – FV Metz 3:0.
Viertelfinale: Holstein Kiel – 1. SV Jena 2:1; FC Schalke 04 – Austria Wien 4:1; Admira Wien – Stuttgarter Kickers 5:0; LSV Kamp – Dresdner SC 1:4.
Halbfinale: FC Schalke 04 – Holstein Kiel 6:0; Dresdner SC – Admira Wien 4:2.
Endspiel: Dresdner SC – FC Schalke 04 2:1 (1:0).

1942

1. Runde: VfB Königsberg – MTV Ponarth 6:0; SV Neufahrwasser – LSV Heiligenbeil n. V. 3:2; HUS Marienwerder – LSV Stettin 1:2; Stettiner SC – LSV Pütnitz 1:2; Blau-Weiß 90 Berlin – Lufthansa Berlin 3:0; Spfr. Halle – Minerva 93 Berlin 1:2; SpVgg Breslau 02 – LSV Görlitz 12:3; LSV Bölcke Krakau – TuS Lipine 2:5; LSV Reinecke Brieg – LSV Olmütz 3:1; Germania Königshütte – LSV Adler Deblin 3:5; NSTG Falkenau – SC Planitz 3:1; Döbelner SC – NSTG Prag 4:1; SV Dessau 05 – Eintracht Braunschweig 2:0; Werder Bremen – Victoria Hamburg 5:1; Hamburger SV – Eimsbütteler TV 6:0; Hannover 96 – Fortuna Leipzig n. V. 3:3 und 2:4; Borussia Fulda – Westende Hamborn 1:6; Schwarz-Weiß Esch – Stadt Düdelingen 2:5; Victoria Köln – SpVgg Köln-Sülz 07 2:3; SV Hamborn 07 – FC Schalke 04 0:2; Arminia Bielefeld – LSV Gütersloh 4:0; Rot-Weiss Essen – VfL 99 Köln 2:5; FC Hanau 93 – 1. FC Schweinfurt 05 2:1; SV Waldhof – VfR Mannheim 3:1; 1. FC Kaiserslautern – Kickers Offenbach 2:3; Borussia Neunkirchen – SS Straßburg 4:5; VfB Stuttgart – TSG 61 Ludwigshafen 6:1; FC 93 Mülhausen – Rasensport Straßburg 2:1; SG Böblingen – Stuttgarter Kickers 2:3; Eintracht Frankfurt – SpVgg Fürth 4:1; TSV München 1860 – Rapid Wien 5:3; Wiener AC – First Vienna FC 1:2.

2. Runde: LSV Stettin – VfB Königsberg 4:1; LSV Pütnitz – SV Neufahrwasser 3:2; TuS Lipine – SpVgg Breslau 02 4:0; LSV Adler Deblin – LSV Reinecke Brieg 7:1; Westende Hamborn – Arminia Bielefeld 1:0; Stadt Düdelingen – SpVgg Köln-Sülz 07 2:0; VfL 99 Köln – Werder Bremen 1:2; FC Schalke 04 – Eintracht Frankfurt 6:0; Kickers Offenbach – FC Hanau 93 3:1; Stuttgarter Kickers – TSV München 1860 1:3; SS Straßburg – SV Waldhof n. V. 5:4; FC 93 Mülhausen – VfB Stuttgart 0:2; NSTG Falkenau – First Vienna FC 4:0; SV Dessau 05 – Döbelner SC 5:3; Hamburger SV – Minerva 93 Berlin 2:0; Fortuna Leipzig – Blau-Weiß 90 Berlin 0:3.

Achtelfinale: LSV Stettin – LSV Pütnitz 4:1; TuS Lipine – LSV Adler Deblin 4:1; Werder Bremen – Kickers Offenbach 6:1; FC Schalke 04 – Westende Hamborn 4:1; TSV München 1860 – SS Straßburg 15:1; VfB Stuttgart – Stadt Düdelingen 0:2; Hamburger SV – SV Dessau 05 3:4; Blau-Weiß 90 Berlin – NSTG Falkenau 4:1.

Viertelfinale: SV Dessau 05 – FC Schalke 04 0:4; Stadt Düdelingen – TSV München 1860 0:7; TuS Lipine – Blau-Weiß 90 Berlin 4:1; Werder Bremen – LSV Stettin 4:1.

Halbfinale: TSV München 1860 – TuS Lipine 6:0; FC Schalke 04 – Werder Bremen 2:0.

Endspiel: TSV München 1860 – FC Schalke 04 2:0 (0:0).

1943

1. Runde: Holstein Kiel – Eintracht Braunschweig 5:4; TSG Rostock – Hertha BSC 1:7; Viktoria Elbing – LSV Pütnitz 0:7; FK Niederkorn – Spfr. Katernberg 0:3; FV Saarbrücken – KSG Mülheimer SV/VfR Köln 8:0; FC 93 Mülhausen – VfR Mannheim 1:4; Dresdner SC – Borussia Fulda 13:1; 1. FC Schweinfurt 05 – 1. FC Nürnberg 2:4; NSTG Brüx – First Vienna FC 0:14; Praga Warschau – MSV Brünn 1:3; SpVgg Breslau 02 – TuS Lipine 5:3; DWM Posen – VfB Königsberg 0:4; BC Augsburg – Bayern München 3:0; LSV Hamburg – SpVgg Wilhelmshaven 05 1:0; SpVgg Erfurt – FC Schalke 04 0:4; Stuttgarter Kickers – Kickers Offenbach 3:5.

Achtelfinale: FC Schalke 04 – Spfr. Katernberg 4:2; VfB Königsberg – Dresdner SC 0:5; First Vienna FC – SpVgg Breslau 02 6:5; Hertha BSC – Holstein Kiel 0:3; Kickers Offenbach – FV Saarbrücken 1:2; LSV Pütnitz – LSV Hamburg 2:3; MSV Brünn – 1. FC Nürnberg 1:5; VfR Mannheim – BC Augsburg 4:2.

Viertelfinale: Holstein Kiel – LSV Hamburg 2:4; FV Saarbrücken – FC Schalke 04 n. V. 1:2; 1. FC Nürnberg – First Vienna FC 2:3; Dresdner SC – VfR Mannheim 5:3.

Halbfinale: First Vienna FC – FC Schalke 04 6:2; LSV Hamburg – Dresdner SC 2:1.

Endspiel: First Vienna FC – LSV Hamburg 3:2 (2:2, 0:1) n. Verl.

1953

1. Runde: VfB Stuttgart – Kickers Offenbach 0:3; Rot-Weiss Essen – Jahn Regensburg 5:0; SV Waldhof – Eintracht Braunschweig 2:1; Eintracht Osnabrück – Preußen Dellbrück 1:2; 1. FC Saarbrücken – FC St. Pauli 1:2; Borussia Neunkirchen – FC Schalke 04 2:1; SpVgg Fürth – VfR Kaiserslautern 6:1; Wacker 04 Berlin – 1. FC Nürnberg 2:6; Concordia Hamburg – Borussia Dortmund 4:3; Hamburger SV – Victoria Hamburg 6:1; Blau-Weiß 90 Berlin – Eintracht Trier 0:1; VfB Mühlburg – Preußen Münster n. V. 5:3; Alemannia Aachen – SC Essen West 81 5:2; SSV Reutlingen – Wormatia Worms n. V. 4:5; SV Hamborn 07 – 1. SC Göttingen 05 n. V. 4:1; VfL Osnabrück – Phönix Ludwigshafen n. V. 2:2 und 2:0.

Achtelfinale: SV Waldhof – SpVgg Fürth 5:2; Concordia Hamburg – VfB Mühlburg 4:3; Preußen Dellbrück – Kickers Offenbach n. V. 2:3; Wormatia Worms – Eintracht Trier 4:1; 1. FC Nürnberg – Alemannia Aachen n. V. 3:3 und 0:2; Hamburger SV – Borussia Neunkirchen 2:0; SV Hamborn 07 – FC St. Pauli n. V. 1:1 und 4:3; Rot-Weiss Essen – VfL Osnabrück 2:0.

Viertelfinale: Rot-Weiss Essen – Hamburger SV 6:1; Kickers Offenbach – Wormatia Worms 1:2; SV Waldhof – Concordia Hamburg 2:1; Alemannia Aachen – SV Hamborn 07 3:1.

Halbfinale: Rot-Weiss Essen – SV Waldhof 3:2; Alemannia Aachen – Wormatia Worms 3:1.

Endspiel: Rot-Weiss Essen – Alemannia Aachen 2:1 (1:0).

1954

Viertelfinale (Die Regionalpokalsieger, die Endspielteilnehmer der Vertragsspieler und der Deutsche Amateurmeister nahmen teil): 1. FC Kaiserslautern – Hamburger SV 2:3; 1. FC Köln – Viktoria 89 Berlin 3:2; TuS Neuendorf – 1. FC Nürnberg 2:1; VfB Stuttgart – SV 09 Berg. Gladbach n. V. 1:1 und 6:0.
Halbfinale: Hamburger SV – 1. FC Köln n. V. 1:3; VfB Stuttgart – TuS Neuendorf n. V. 2:2 und 2:0.
Endspiel: VfB Stuttgart – 1. FC Köln 1:0 (0:0) n. Verl.

1955

1. Runde: FC Schalke 04 – Jahn Regensburg n. V. 1:1 und 6:3; Hamburger SV – Eintracht Trier n. V. 5:3; Kickers Offenbach – Hannover 96 6:3; 1. FC Nürnberg – TSV Marl-Hüls 2:0; Eintracht Frankfurt – FK Pirmasens 1:0; Karlsruher SC – FSV Frankfurt 5:1; TuS Bremerhaven 93 – SpVgg Erkenschwick 5:1; VfB Stuttgart – Arminia Hannover 4:2; SG Düren 99 – 1. FC Kaiserslautern 2:5; Altona 93 – 1. FC Saarbrücken 3:2; 1. FC Köln – STV Horst Emscher 2:1; Tennis Borussia Berlin – 1. FC Schweinfurt 05 2:4; Union Krefeld – Eintracht Braunschweig 4:0; Phönix Ludwigshafen – Alemannia Aachen n. V. 0:0 und 0:4; Tura Ludwigshafen – FC St. Pauli 0:1; Spandauer SV – VfB Lübeck 1:2.
Achtelfinale: FC Schalke 04 – 1. FC Schweinfurt 05 n. V. 1:1 und 1:0; VfB Stuttgart – VfB Lübeck 5:1; Altona 93 – Eintracht Frankfurt 2:1; Karlsruher SC – 1. FC Nürnberg 1:0; TuS Bremerhaven 93 – Hamburger SV 3:1; 1. FC Kaiserslautern – 1. FC Köln 7:0; Alemannia Aachen – Union Krefeld n. V. 4:2; Kickers Offenbach – FC St. Pauli 2:0.
Viertelfinale: Altona 93 – Alemannia Aachen 2:0; VfB Stuttgart – Karlsruher SC 2:5; Kickers Offenbach – 1. FC Kaiserslautern 4:1; FC Schalke 04 – TuS Bremerhaven 93 2:0.
Halbfinale: FC Schalke 04 – Kickers Offenbach 2:1; Altona 93 – Karlsruher SC n. V. 3:3 und 0:3.
Endspiel: Karlsruher SC – FC Schalke 04 3:2 (1:1).

1956

Qualifikation (Es nahmen nur die fünf regionalen Pokalsieger teil): Spandauer SV – FK Pirmasens 0:1.
Halbfinale: Fortuna Düsseldorf – Hamburger SV 1:2; FK Pirmasens – Karlsruher SC 1:5.
Endspiel: Karlsruher SC – Hamburger SV 3:1 (1:1).

1957

Qualifikation: Spandauer SV – Bayern München 1:4.
Halbfinale: Bayern München – 1. FC Saarbrücken n. V. 3:1; Fortuna Düsseldorf – Hamburger SV 1:0.
Endspiel: Bayern München – Fortuna Düsseldorf 1:0 (0:0).

1958

Qualifikation: Tasmania 1900 Berlin – VfL Osnabrück n. V. 1:1 und 3:1.
Halbfinale: Tasmania 1900 Berlin – Fortuna Düsseldorf 1:2; 1. FC Saarbrücken – VfB Stuttgart 1:4.
Endspiel: VfB Stuttgart – Fortuna Düsseldorf 4:3 (3:3, 1:0) n. Verl.

1959

Qualifikation: Hertha BSC – Schwarz-Weiß Essen 3:6.
Halbfinale: Borussia Neunkirchen – VfR Mannheim 2:1; Hamburger SV – Schwarz-Weiß Essen n. V. 1:2.
Endspiel: Schwarz-Weiß Essen – Borussia Neunkirchen 5:2 (1:0).

1960

Qualifikation: Hertha BSC – FK Pirmasens 0:1.
Halbfinale: Borussia Mönchengladbach – Hamburger SV 2:0; Karlsruher SC – FK Pirmasens 3:4, Wiederholung 2:0 (Pirmasens hatte einen nicht spielberechtigten Spieler eingesetzt).
Endspiel: Borussia Mönchengladbach – Karlsruher SC 3:2 (2:1).

1961

Achtelfinale: Eintracht Frankfurt – 1. FC Köln n. V. 2:3; VfV Hildesheim – VfB Stuttgart 1:2; Tasmania 1900 Berlin – Altona 93 4:1; 1. FC Saarbrücken – Werder Bremen 0:1; 1. FC Kaiserslautern – Heider SV 2:0; Spfr. Hamborn 07 – SV Waldhof 3:1; Karlsruher SC – Wuppertaler SV 7:2; FK Pirmasens – VfL Bochum 3:2.
Viertelfinale: VfB Stuttgart – Karlsruher SC 0:1; Werder Bremen – 1. FC Köln 3:2; 1. FC Kaiserslautern – Tasmania 1900 Berlin n. V. 2:1; Spfr. Hamborn 07 – FK Pirmasens n. V. 3:2.
Halbfinale: Spfr. Hamborn 07 – 1. FC Kaiserslautern 1:2; Werder Bremen – Karlsruher SC n. V. 3:2.
Endspiel: Werder Bremen – 1. FC Kaiserslautern 2:0.

1962

Achtelfinale: VfV Hildesheim – Westfalia Herne 3:2; Holstein Kiel – FC Schalke 04 3:4; 1. FSV Mainz 05 – 1. FC Köln 0:5; Fortuna Düsseldorf – Spfr. Lebenstedt 2:1; TSV München 1860 – Hessen Kassel 6:1; 1. FC Saarbrücken – Eintracht Braunschweig 4:1; Saar 05 Saarbrücken – 1. FC Nürnberg 0:3; Eintracht Frankfurt – Tasmania 1900 Berlin 1:0.
Viertelfinale: 1. FC Nürnberg – VfV Hildesheim 11:0; 1. FC Saarbrücken – Fortuna Düsseldorf n. V. 2:2 und 1:2; FC Schalke 04 – TSV München 1860 4:2; 1. FC Köln – Eintracht Frankfurt n. V. 1:2.
Halbfinale: 1. FC Nürnberg – Eintracht Frankfurt 4:2; Fortuna Düsseldorf – FC Schalke 04 3:2.
Endspiel: 1. FC Nürnberg – Fortuna Düsseldorf 2:1 (1:1, 0:0) n. Verl.

1963

Achtelfinale: Borussia Dortmund – Spfr. Saarbrücken 4:2; TSV München 1860 – FC Schalke 04 3:2; Bayern Hof – Hamburger SV 2:5; 1. FC Saarbrücken – VfL Wolfsburg 3:0; Hessen Kassel – Wuppertaler SV n. V. 2:2 und 0:3; 1. FC Nürnberg – Borussia Neunkirchen 1:2; Werder Bremen – VfB Lohberg 4:3; Concordia Hamburg – Tasmania 1900 Berlin 1:3.
Viertelfinale: Borussia Dortmund – TSV München 1860 3:1; Hamburger SV – 1. FC Saarbrücken 1:0; Wuppertaler SV – Borussia Neunkirchen 1:0; Werder Bremen – Tasmania 1900 Berlin 1:0.
Halbfinale: Borussia Dortmund – Werder Bremen 2:0; Wuppertaler SV – Hamburger SV 0:1.
Endspiel: Hamburger SV – Boussia Dortmund 3:0.

1964

1. Runde: Hamburger SV – SpVgg Fürth n. V. 1:1 und n. V. 1:2; Meidericher SV – Hertha BSC n. V. 1:2; VfL Wolfsburg – Eintracht Frankfurt 0:2; Wormatia Worms – Hessen Kassel 2:3; Stuttgarter Kickers – Phönix Ludwigshafen 0:3; Werder Bremen – FC Schalke 04 0:2; 1. FC Köln – 1. FC Nürnberg n. V. 3:2; Eintracht Trier – Hannover 96 n. V. 1:1 und 0:4; Altona 93 – Borussia Mönchengladbach 2:1; Eintracht Gelsenkirchen – Duisburger SV 0:2; Preußen Münster – Karlsruher SC 1:3; 1. FC Saarbrücken – Tennis Borussia Berlin 6:1; Eintracht Braunschweig – VfL Osnabrück 3:0; TSV München 1860 – Borussia Dortmund 2:0; 1. FC Kaiserslautern – Wuppertaler SV 2:0; VfB Stuttgart – SSV Reutlingen n. V. 2:2 und 4:0.
Achtelfinale: Eintracht Frankfurt – Hessen Kassel 6:1; Phönix Ludwigshafen – FC Schalke 04 1:2; Hertha BSC – SpVgg Fürth 4:3; 1. FC Köln – Hannover 96 n. V. 3:0; Altona 93 – Duisburger SV 2:1; 1. FC Saarbrücken – Eintracht Braunschweig n. V. 2:1; TSV München 1860 – 1. FC Kaiserslautern 4:2; Karlsruher SC – VfB Stuttgart 2:1.
Viertelfinale: Eintracht Frankfurt – FC Schalke 04 2:1; Hertha BSC – 1. FC Köln 4:2; Altona 93 – Karlsruher SC 2:1; 1. FC Saarbrücken – TSV München 1860 1:3.
Halbfinale: Eintracht Frankfurt – Hertha BSC 3:1; Altona 93 – TSV München 1860 n. V. 1:4.
Endspiel: TSV München 1860 – Eintracht Frankfurt 2:0 (1:0).

1965

1. Runde: 1. FC Nürnberg – 1. FC Köln 2:0; Rot-Weiß Oberhausen – Ulmer TSG 1846 5:0; 1. FC Kaiserslautern – Karlsruher SC 3:0; Westfalia Herne – Tennis Borussia Berlin n. V. 3:4.; VfR Frankenthal – VfB Stuttgart 0:5; Altona 93 – Hannover 96 0:5; Hertha BSC – Eintracht Braunschweig 1:5; VfL Wolfsburg – TSV München 1860 3:4; Preußen Münster – Borussia Dortmund 0:1; VfL Osnabrück – Alemannia Aachen 1:3; 1. FSV Mainz 05 – Werder Bremen 1:0; Hessen Kassel – Hamburger SV 0:2; SuS Northeim – Meidericher SV n. V. 0:1; Schwaben Augsburg – FC Schalke 04 n. V. 5:7; Eintracht Frankfurt – Borussia Neunkirchen 2:1; Kickers Offenbach – Wormatia Worms 2:4.
Achtelfinale: Eintracht Frankfurt – FC Schalke 04 1:2; 1. FSV Mainz 05 – TSV München 1860 n. V. 2:2 und 2:1; Wormatia Worms – VfB Stuttgart 0:2; 1. FC Nürnberg – Hamburger SV 3:1; 1. FC Kaiserslautern – Hannover 96 1:3; Meidericher SV – Eintracht Braunschweig 0:1; Tennis Borussia Berlin – Borussia Dortmund 1:2; Rot-Weiß Oberhausen – Alemannia Aachen 0:1.
Viertelfinale: Eintracht Braunschweig – Borussia Dortmund 0:2; FC Schalke 04 – VfB Stuttgart 4:2; Alemannia Aachen – Hannover 96 2:1; 1. FSV Mainz 05 – 1. FC Nürnberg 0:3.
Halbfinale: Borussia Dortmund – 1. FC Nürnberg 4:2; Alemannia Aachen – FC Schalke 04 n. V. 4:3.
Endspiel: Borussia Dortmund – Alemannia Aachen 2:0.

1966

Qualifikation: Bayern München – Borussia Dortmund 2:0; Borussia Mönchengladbach – Opel Rüsselsheim 5:1.
1. Runde: Werder Bremen – TSV München 1860 4:0; Bayern München – Eintracht Braunschweig 1:0; 1. FC Köln – Tasmania 1900 Berlin n. V. 1:1 und 2:0; Hannover 96 – Hamburger SV 2:4; Meidericher SV – VfB Stuttgart 2:0; Borussia Mönchengladbach – Borussia Neunkirchen n. V. 0:1; Südwest Ludwigshafen – 1. FC Kaiserslautern 0:1; Eintracht Frankfurt – SV Alsenborn 2:1; FC Schalke 04 – Tennis

Borussia Berlin n. V. 3:1; Karlsruher SC – Preußen Münster 3:0; Schwaben Augsburg – 1. FC Nürnberg 0:1; Fortuna Düsseldorf – Kickers Offenbach 1:2; FC St. Pauli – 1. FC Saarbrücken 4:2; Holstein Kiel – Arminia Bielefeld 3:1; Freiburger FC – Alemannia Aachen 4:3; TuS Haste – Concordia Hamburg 1:2.
Achtelfinale: Hamburger SV – Borussia Neunkirchen 4:0; Meidericher SV – FC Schalke 04 6:0; 1. FC Nürnberg – Eintracht Frankfurt 2:1; Freiburger FC – Karlsruher SC 1:3; 1. FC Kaiserslautern – Holstein Kiel 3:0; Werder Bremen – Concordia Hamburg 2:0; FC St. Pauli – Kickers Offenbach 3:1; Bayern München – 1. FC Köln 2:0.
Viertelfinale: Meidericher SV – Karlsruher SC 1:0; Hamburger SV – Bayern München 1:2; 1. FC Kaiserslautern – Werder Bremen 3:1; FC St. Pauli – 1. FC Nürnberg 0:1.
Halbfinale: 1. FC Nürnberg – Bayern München n. V. 1:2; Meidericher SV – 1. FC Kaiserslautern 4:3.
Endspiel: Bayern München – Meidericher SV 4:2.

1967

Qualifikation: Altona 93 – 1. FC Nürnberg 2:1; Hessen Kassel – Eintracht Frankfurt 6:2.
1. Runde: Borussia Dortmund – 1. FC Köln n. V. 2:2 und 0:1; Eintracht Braunschweig – MSV Duisburg n. V. 2:3; FC Schalke 04 – Borussia Mönchengladbach 4:2; Duisburger FV 08 – Schwarz-Weiß Essen 0:2; Alemannia Aachen – FK Pirmasens n. V. 1:1 und 1:0; Waldhof Mannheim – Fortuna Düsseldorf 1:3; Hessen Kassel – Werder Bremen n. V. 2:2 und n. V. 1:2; Hertha BSC – Bayern München n. V. 2:3; Altona 93 – Hamburger SV 0:6; Rot-Weiss Essen – Karlsruher SC 1:2; VfB Lübeck – Kickers Offenbach n. V. 0:1; Arminia Hannover – TSV München 1860 1:4; 1. FC Saarbrücken – VfB Stuttgart 2:4; SpVg Erkenschwick – Stuttgarter Kickers 1:0; Hannover 96 Am. – Borussia Neunkirchen n. V. 2:2 und 1:2; 1. FC Kaiserslautern – Hannover 96 2:1.
Achtelfinale: 1. FC Köln – Hamburger SV n. V. 0:0 und 0:2; Alemannia Aachen – Karlsruher SC 4:2; Bor. Neunkirchen – Werder Bremen n. V. 1:1 und 2:1; VfB Stuttgart – FC Schalke 04 0:1; 1. FC Kaiserslautern – Kickers Offenbach n. V. 0:0 und n. V. 0:1; Schwarz-Weiß Essen – Fortuna Düsseldorf n. V. 1:1 und 0:1; SpVgg Erkenschwick – Bayern München 1:3; TSV München 1860 – MSV Duisburg 1:0.
Viertelfinale: TSV München 1860 – Fortuna Düsseldorf 2:0; Kickers Offenbach – Hamburger SV n. V. 0:0 und 0:2; Alemannia Aachen – Borussia Neunkirchen 3:1; FC Schalke 04 – Bayern München 2:3.
Halbfinale: Hamburger SV – Alemannia Aachen 3:1; Bayern München – TSV München 1860 3:1.
Endspiel: Bayern München – Hamburger SV 4:0.

1968

1. Runde: Borussia Neunkirchen – Eintracht Braunschweig 2:3; Bayer Leverkusen – 1. FC Nürnberg 0:2; Röchling Völklingen – Werder Bremen 4:2; Hertha BSC – Hamburger SV n. V. 1:0; VfL Bochum – Karlsruher SC 3:2; Preußen Münster – Alemannia Aachen 2:1; FC Homburg/Saar – 1. FC Köln 1:4; Arminia Bielefeld – FC Schalke 04 0:1; Bayern Hof – Borussia Mönchengladbach 0:1; VfB Stuttgart – 1. FC Kaiserslautern 1:0; MSV Duisburg – Hannover 96 4:1; 1. FC Schweinfurt 05 – Eintracht Frankfurt n. V. 1:2; VfB Lübeck – TSV München 1860 0:1; Jahn Regensburg – Bayern München n. V. 1:4; VfB Oldenburg – Borussia Dortmund 2:3; SSV Reutlingen – Itzehoer SV 7:1.
Achtelfinale: Bayern München – MSV Duisburg 3:1; VfL Bochum – VfB Stuttgart 2:1; SSV Reutlingen – Borussia Dortmund 1:3; FC Schalke 04 – Eintracht Braunschweig 2:3; 1. FC Nürnberg – Preußen Münster 4:0; Hertha BSC – Röchling Völklingen 2:1; TSV München 1860 – Borussia Mönchen-gladbach 2:4; 1. FC Köln – Eintracht Frankfurt n. V. 1:1 und 1:0.
Viertelfinale: Bayern München – 1. FC Nürnberg 2:1; Borussia Dortmund – Hertha BSC 2:1; Eintracht Braunschweig – 1. FC Köln n. V. 1:1 und 1:2; VfL Bochum – Borussia Mönchengladbach 2:0.
Halbfinale: 1. FC Köln – Borussia Dortmund 3:0; VfL Bochum – Bayern München 2:1.
Endspiel: 1. FC Köln – VfL Bochum 4:1.

1969

1. Runde: Wormatia Worms – Preußen Münster 2:3; TSV Langenhorn Hamburg – Sperber Hamburg 1:2; Borussia Mönchengladbach – Hertha BSC 5:2; Rot-Weiss Essen – Werder Bremen 1:2; SV Alsenborn – MSV Duisburg 2:1; Eintracht Trier – 1. FC Nürnberg 1:3; Rot-Weiß Oberhausen – FC Schalke 04 n. V. 2:3; VfL Wolfsburg – Hamburger SV 1:2; Jahn Regensburg – Alemannia Aachen 0:1; Freiburger FC – 1. FC Kaiserslautern 0:1; Arminia Hannover – 1. FC Schweinfurt 05 4:0; VfB Stuttgart – 1. FC Köln 1:0; Eintracht Braunschweig – TSV München 1860 1:0; Bayern München – Kickers Offenbach n. V. 0:0 und 1:0; Eintracht Frankfurt – Borussia Dortmund 6:2; Wacker 04 Berlin – Hannover 96 1:4.
Achtelfinale: Hamburger SV – Borussia Mönchengladbach n. V. 2:0; Alemannia Aachen – Preußen Münster 2:0; Bayern München – Arminia Hannover 1:0; FC Schalke 04 – SV Alsenborn 3:1; 1. FC Kaiserslautern – Eintracht Frankfurt 1:0; Werder Bremen – Eintracht Braunschweig 5:0; Hannover 96 – VfB Stuttgart n. V. 2:2 und 1:0; Sperber Hamburg – 1. FC Nürnberg n. V. 0:0 und 0:7.

Viertelfinale: Hamburger SV – Bayern München 0:2; FC Schalke 04 – Alemannia Aachen 2:0; 1. FC Kaiserslautern – Werder Bremen 3:0; 1. FC Nürnberg – Hannover 96 1:0.
Halbfinale: Bayern München – 1. FC Nürnberg 2:0; 1. FC Kaiserslautern – FC Schalke 04 n. V. 1:1 und 1:3.
Endspiel: Bayern München – FC Schalke 04 2:1.

1970

1. Runde: Eintracht Gelsenkirchen – Borussia Mönchengladbach 1:3; 1. FC Nürnberg – VfB Stuttgart 1:0; Kickers Offenbach – TSV München 1860 4:1; Hannover 96 – Rot-Weiß Oberhausen 3:2; Jahn Regensburg – Eintracht Braunschweig 1:0; FC 08 Villingen – Hamburger SV 1:3; Rot-Weiss Essen – 1. FC Köln n. V. 3:3 und 1:5; SG Wattenscheid 09 – Bayern München 1:6; 1. SC Göttingen 05 – MSV Duisburg n. V. 0:1; Wuppertaler SV – 1. FC Kaiserslautern 1:0; VfL Osnabrück – Eintracht Frankfurt n. V. 1:2; SV Alsenborn – FC Schalke 04 1:5; FK Pirmasens – Hertha BSC 1:2; Schwarz-Weiß Essen – Borussia Dortmund 1:2; Tennis Borussia Berlin – Werder Bremen 0:2; Arminia Hannover – Alemannia Aachen 0:3.
Achtelfinale: Bayern München – Jahn Regensburg 4:0; Hannover 96 – Borussia Mönchengladbach 1:3; Eintracht Frankfurt – Hamburger SV 2:0; Wuppertaler SV – 1. FC Nürnberg 0:3; 1. FC Köln – MSV Duisburg 6:1; FC Schalke 04 – Hertha BSC n. V. 0:0 und 0:4; Alemannia Aachen – Werder Bremen n. V. 1:1 und n. V. 1:1, Los für Aachen; Kickers Offenbach – Borussia Dortmund n. V. 2:1.
Viertelfinale: Borussia Mönchengladbach – 1. FC Köln n. V. 2:3; 1. FC Nürnberg – Bayern München 2:1; Eintracht Frankfurt – Kickers Offenbach 0:3; Alemannia Aachen – Hertha BSC 1:0.
Halbfinale: Alemannia Aachen – 1. FC Köln 0:4; Kickers Offenbach – 1. FC Nürnberg n. V. 4:2.
Endspiel: Kickers Offenbach – 1. FC Köln 2:1.

1971

1. Runde: Hessen Kassel – Bayern München n. V. 2:2 und 0:3; TSV Westerland – Borussia Dortmund (in Leck) 0:4; SG Wattenscheid 09 – Hertha BSC 1:2; VfR Heilbronn – Kickers Offenbach 2:0; SV Alsenborn – Borussia Mönchengladbach n. V. 1:1 und 1:3; SSV Reutlingen – 1. FC Köln 2:5; Borussia Neunkirchen – 1. FC Kaiserslautern 0:1; Tasmania 1900 Berlin – Eintracht Braunschweig 1:0; Hannover 96 – Hamburger SV n. V. 2:3; Rot-Weiß Oberhausen – Rot-Weiss Essen 4:3; FC St. Pauli – Eintracht Frankfurt n. V. 2:3; VfL Wolfsburg – FC Schalke 04 n. V. 2:2 und n. V. 1:1, Elfmeterschießen 1:3; Fortuna Düsseldorf – Werder Bremen n. V. 3:1; FC Homburg/Saar – MSV Duisburg n. V. 1:1 und 0:4; Holstein Kiel – VfB Stuttgart 2:1; Wuppertaler SV – Arminia Bielefeld 5:0.
Achtelfinale: 1. FC Kaiserslautern – Bayern München n. V. 1:1 und 0:5; Eintracht Frankfurt – 1. FC Köln 1:4; Hamburger SV – Borussia Dortmund n. V. 3:1; Fortuna Düsseldorf – Wuppertaler SV 4:0; MSV Duisburg – Tasmania 1900 Berlin 2:0; Holstein Kiel – Rot-Weiß Oberhausen n. V. 2:5; Hertha BSC – Borussia Mönchengladbach 1:3; FC Schalke 04 – VfR Heilbronn 4:0.
Viertelfinale: Bayern München – MSV Duisburg 4:0; 1. FC Köln – Hamburger SV 2:0; Fortuna Düsseldorf – Borussia Mönchengladbach 3:1; FC Schalke 04 – Rot-Weiß Oberhausen 1:0.
Halbfinale: Fortuna Düsseldorf – Bayern München 0:1; FC Schalke 04 – 1. FC Köln 2:3.
Endspiel: Bayern München – 1. FC Köln n. V. 2:1.

1972

1972 und 1973 wurden bis auf das Endspiel alle Runden mit Hin- und Rückspielen ausgetragen.
1. Runde: FC St. Pauli – Rot-Weiß Oberhausen 1:1, 1:2; Bayer Leverkusen – Borussia Mönchengladbach 0:3, 2:4; SV Alsenborn – Fortuna Düsseldorf 0:0, 0:3; Tasmania 1900 Berlin – VfL Bochum 2:2, 0:2; VfR Heilbronn – VfB Stuttgart 1:1, 0:4; Kickers Offenbach – Borussia Dortmund 1:1, 3:0; FC Schalke 04 – Hertha BSC 3:1, 0:3 (wegen Einsatzes eines gesperrten Spielers für Hertha als verloren gewertet); Holstein Kiel – Hannover 96 5:4, 1:7; Freiburger FC – Hamburger SV 1:2, 2:2; Essener FV 1912 – 1. FC Köln 1:9, 0:5; Wuppertaler SV – 1. FC Kaiserslautern 2:1, n. V. 2:3, Elfmeterschießen 3:5; Fortuna Köln – Bayern München 2:1, 0:6; Arminia Bielefeld – MSV Duisburg 1:1, 1:3; SpVgg Bad Pyrmont – Werder Bremen 1:4, 0:6; Borussia Neunkirchen – Eintracht Braunschweig 2:4, 0:0; 1. FC Schweinfurt 05 – Eintracht Frankfurt 1:0, 1:6.
Achtelfinale: Borussia Mönchengladbach – Eintracht Frankfurt 4:2, 2:3; Hannover 96 – VfL Bochum 0:0, 4:2; Werder Bremen – Hamburger SV 4:2, 0:1; Fortuna Düsseldorf – FC Schalke 04 1:1, 1:2; VfB Stuttgart – 1. FC Kaiserslautern 4:3, 1:3; MSV Duisburg – Rot-Weiß Oberhausen 2:2, 0:1; Kickers Offenbach – 1. FC Köln 3:1, 0:4; Eintracht Braunschweig – Bayern München 0:0, n. V. 1:3.
Viertelfinale: Bayern München – 1. FC Köln 3:0, 1:5; Borussia Mönchengladbach – FC Schalke 04 2:2, 0:1; Rot-Weiß Oberhausen – 1. FC Kaiserslautern 3:1, n. V. 0:5; Hannover 96 – Werder Bremen 0:2, 1:2.
Halbfinale: 1. FC Kaiserslautern – Werder Bremen 2:1, 2:1; 1. FC Köln – FC Schalke 04 4:1, n. V. 2:5, Elfmeterschießen 5:6.
Endspiel: FC Schalke 04 – 1. FC Kaiserslautern 5:0.

1973

1. Runde: Hannover 96 – Eintracht Frankfurt 1:0, 2:4; VfL Wolfsburg – VfB Stuttgart 2:2, 2:3; OSV Hannover – Hertha BSC 0:6, 0:3; FK Pirmasens – Rot-Weiß Oberhausen 4:1, 0:4; Stuttgarter Kickers – Eintracht Braunschweig 1:1, 1:5; Wacker 04 Berlin – Werder Bremen 1:5, 0:4; Rot-Weiss Essen – Hamburger SV 5:3, n. V. 0:5; FC St. Pauli – Kickers Offenbach 3:1, 0:3; Wormatia Worms – VfL Bochum 4:4, 1:3; Südwest Ludwigshafen – FC Schalke 04 1:3, 1:3; Preußen Münster – MSV Duisburg 2:1, 0:3; HSV Barmbek-Uhlenhorst – Bayern München 1:4, 0:7; Freiburger FC – Borussia Mönchengladbach 3:1, 1:7; SpVgg Bayreuth – 1. FC Kaiserslautern 4:2, 0:4; Fortuna Köln – 1. FC Köln 2:1, n. V. 0:4; Wuppertaler SV – Fortuna Düsseldorf 3:0, 0:2.

Achtelfinale: Eintracht Braunschweig – Eintracht Frankfurt 1:0, 2:2; Wuppertaler SV – Kickers Offenbach 3:2, 0:3; MSV Duisburg – Hertha BSC 1:2, 2:4; FC Schalke 04 – Borussia Mönchengladbach 0:2, 1:1; Hamburger SV – 1. FC Köln 2:2, 1:4; Rot-Weiß Oberhausen – Bayern München 1:2, 1:3; VfL Bochum – Werder Bremen 4:4, 1:2; VfB Stuttgart – 1. FC Kaiserslautern 2:1, n. V. 0:2.

Viertelfinale: Eintracht Braunschweig – 1. FC Köln 0:5, 2:3; Kickers Offenbach – Bayern München 2:2, 4:2; Werder Bremen – Hertha BSC 2:0, 2:2; Borussia Mönchengladbach – 1. FC Kaiserslautern 2:1, 3:1.

Halbfinale: Werder Bremen – Bor. Mönchengladbach 1:3, 2:4; 1. FC Köln – Kickers Offenbach 5:0, 1:1.

Endspiel: Borussia Mönchengladbach – 1. FC Köln n. V. 2:1.

1974

1. Runde: TuS Neuendorf – Wuppertaler SV 0:2; FC Schalke 04 – SG Wattenscheid 09 1:2; Bayern München – MSV Duisburg 3:1; Arminia Bielefeld – Alemannia Aachen 2:1; 1. FC Köln – Eintracht Braunschweig 2:0; Tennis Borussia Berlin – Eintracht Frankfurt 1:8; 1. FC Nürnberg – 1. FSV Mainz 05 4:1; VfB Oldenburg – Borussia Mönchengladbach 0:6; Fortuna Köln – VfB Stuttgart n. V. 3:2; 1. FC Kaiserslautern – Rot-Weiss Essen n. V. 5:3; Hertha BSC – Fortuna Düsseldorf n. V. 2:2 und n. V. 1:1, Elfmeterschießen 4:1; Hamburger SV – SV Darmstadt 98 3:1; Borussia Dortmund – Hannover 96 1:4; Kickers Offenbach – VfR Heilbronn n. V. 2:2 und n. V. 3:2; Hessen Kassel – HSV Barmbek-Uhlenhorst 2:1; VfL Bochum – Werder Bremen n. V. 2:2 und 1:2.

Achtelfinale: 1. FC Köln – Wuppertaler SV 1:0; Werder Bremen – Bayern München 1:2; Arminia Bielefeld – 1. FC Kaiserslautern n. V. 1:1 und 0:3; Hessen Kassel – Eintracht Frankfurt 2:3; Kickers Offenbach – 1. FC Nürnberg 3:2; Fortuna Köln – Hannover 96 n. V. 0:0 und 0:2; Bor. Mönchengladbach – Hamburger SV n. V. 2:2 und n. V. 1:1, Elfmeterschießen 1:3; SG Wattenscheid 09 – Hertha BSC 1:0.

Viertelfinale: Bayern München – Hannover 96 3:2; SG Wattenscheid 09 – Hamburger SV n. V. 0:1; Eintracht Frankfurt – 1. FC Köln n. V. 4:3; KickersOffenbach – 1. FC Kaiserslautern n. V. 2:2 und n. V. 3:2.

Halbfinale: Hamburger SV – Kickers Offenbach 1:0; Eintracht Frankfurt – Bayern München 3:2.

Endspiel: Eintracht Frankfurt – Hamburger SV n. V. 3:1.

1975

1. Runde: Eintracht Braunschweig – Hertha BSC n. V. 4:1; Bayern München – VfB Stuttgart 3:2; 1. FC Schweinfurt 05 – 1. FC Kaiserslautern 3:4; SpVgg Bayreuth – FC Schalke 04 1:2; Arminia Bielefeld – Eintracht Frankfurt 1:3; Preußen Münster – Hamburger SV 0:4; SV Darmstadt 98 – Wuppertaler SV 2:1; Werder Bremen – BSC Grünhöfe 11:1; TV Gültstein – Borussia Mönchengladbach 0:5; Blumenthaler SV – MSV Duisburg 1:3; Fortuna Düsseldorf – ASV Neumarkt 6:0; OSV Hannover – Rot-Weiss Essen 2:5; SC Herford – VfL Bochum 0:3; VfB Oldenburg – 1. FC Köln 2:6; Union Solingen – Kickers Offenbach 2:1; Rheydter SV – Tennis Borussia Berlin 1:2; VfL Osnabrück – Borussia Neunkirchen 0:2; 1. SC Göttingen 05 – Hannover 96 3:2; Karlsruher SC – Bayern Hof 0:1; Schwarz-Weiß Essen – SG Wattenscheid 09 3:0; FC Augsburg – 1. FC Saarbrücken 2:1; Alemannia Aachen – SpVgg Erkenschwick 1:0; Wacker 04 Berlin – 1. FSV Mainz 05 n. V. 0:1; Borussia Dortmund – VfR Heilbronn 3:0; TSV München 1860 – Wormatia Worms n. V. 3:2; VfR Mannheim – Sperber Hamburg 8:0; TuS Bremerhaven 93 – VfL Wolfsburg 1:2; FK Pirmasens – VfR Neumünster 7:1; FV 09 Weinheim – Bayer Uerdingen n. V. 2:4; FC Homburg/Saar – TuS Schwachhausen 3:0; FC St. Pauli – SC Bad Neuenahr 3:0; TSV Weißenburg – SpVgg Fürth 0:5; Viktoria Köln – Stuttgarter Kickers 4:0; 1. FC Nürnberg – Wacker München n. V. 2:2 und 5:2; SpVgg Ludwigsburg – 1. FC Mülheim-Styrum n. V. 2:2 und 1:3; Waldhof Mannheim – Heider SV 4:0; VfB Eppingen – Röchling Völklingen 2:1; HSV Barmbek-Uhlenhorst – Spfr. Siegen 1:2; Spfr. Hamborn 07 – Fortuna Köln 1:3; Olympia Wilhelmshaven – Eintracht Trier 4:1; Rot-Weiß Oberhausen – TuS Langerwehe n. V. 4:2; VfB Homberg – DJK Gütersloh 1:3; FV Lörrach – ASV Landau 1:2; SV Leiwen – 1. FC Pforzheim n. V. 2:2 und n. V. 0:0, Elfmeterschießen 3:5; Holstein Kiel – Rot-Weiß Frankfurt 6:1; FV Eppelborn – Spfr. Eisbachtal 4:2; FV Baden-Oos – Arminia Hannover 1:3; Rapide Wedding – TuS Mayen 3:0; TSV Klein-Linden – Rot-Weiß Lüdenscheid 1:2; SV Sandhausen – FC Wunstorf 3:1; Eintracht Kreuznach II – Bayer Leverkusen 1:3; SB Heidenheim – Hertha Zehlendorf n. V. 2:2 und 0:5; VfB Stuttgart Am. – FC 08 Villingen n. V. 8:4; TuS Ahlen – VfB Theley 1:2; TSV Ersen – VfB Dillingen

n. V. 0:1; Eintracht Nordhorn – Westend 01 Berlin 5:1; SC Jülich 1910 – SV Göppingen 2:1; TSG Usingen – Teutonia Obernau 3:2; ASC Dudweiler – FC Emmendingen 2:1; Victoria Hamburg – Altona 93 n. V. 1:2; VfB Lübeck – Bayern München Am. 3:1; Spandauer SV – Hamburger SV Am. 2:0; Eintracht Kreuznach I – Westfalia Herne 2:0; FC Rodalben – TSV Bleidenstadt n. V. 0:1.

2. Runde: Borussia Mönchengladbach – 1. FC Köln 3:5; MSV Duisburg – 1. FC Nürnberg 3:0; Rot-Weiss Essen – DJK Gütersloh 6:2; Bayern München – Rot-Weiß Oberhausen 2:0; Bayern Hof – VfL Bochum n. V. 2:2 und 0:5; VfL Wolfsburg – Werder Bremen 1:4; Fortuna Düsseldorf – FV Eppelborn 4:1; 1. FC Kaiserslautern – Spandauer SV 7:1; FC Schalke 04 – Hertha Zehlendorf 6:0; Tennis Borussia Berlin – Rapide Wedding 4:0; Rot-Weiß Lüdenscheid – Eintracht Braunschweig 3:5; VfB Eppingen – Hamburger SV 2:1; Union Solingen – Eintracht Frankfurt n. V. 1:2; Alemannia Aachen – Borussia Neunkirchen 2:1; FC St. Pauli – 1. FSV Mainz 05 8:3; SpVgg Fürth – Borussia Dortmund n. V. 1:1 und 0:1; Fortuna Köln – Olympia Wilhelmshaven 7:2; 1. FC Mülheim-Styrum – VfR Mannheim 2:0; Schwarz-Weiß Essen – SV Darmstadt 98 2:0; FK Pirmasens – VfB Lübeck 6:0; Waldhof Mannheim – SV Sandhausen 0:1; Holstein Kiel – Bayer Uerdingen 0:1; ASV Landau – FC Augsburg 0:1; TSV Bleidenstadt – FC Homburg/Saar n. V. 0:0 und n. V. 0:0, Elfmeterschießen 2:0; Eintracht Bad Kreuznach – TSV München 1860 2:4; Spfr. Siegen – 1. SC Göttingen 05 1:0; Viktoria Köln – TSG Usingen n. V. 6:1; VfB Theley – Altona 93 n. V. 2:4; Bayer Leverkusen – Eintracht Nordhorn 2:0; Arminia Hannover – ASC Dudweiler 5:0; VfB Dillingen – SC Jülich 1910 n. V. 2:2 und 0:4; VfB Stuttgart Am. – 1. FC Pforzheim 2:0.

3. Runde: Fortuna Düsseldorf – 1. FC Kaiserslautern n. V. 3:2; Bayern München – MSV Duisburg 2:3; Fortuna Köln – FC Schalke 04 2:0; Bayer Uerdingen – VfL Bochum 0:2; Werder Bremen – FC Augsburg n. V. 2:2 und 2:1; 1. FC Köln – FC St. Pauli 4:1; 1. FC Mülheim-Styrum – Eintracht Frankfurt 0:3; Tennis Borussia Berlin – Alemannia Aachen 1:0; Schwarz-Weiß Essen – Rot-Weiss Essen 1:2; Eintracht Braunschweig – Viktoria Köln 1:2; FK Pirmasens – TSV München 1860 4:2; Borussia Dortmund – Spfr. Siegen 2:1; SV Sandhausen – VfB Eppingen 1:2; VfB Stuttgart Am. – Bayer Leverkusen 2:0; SC Jülich 1910 – TSV Bleidenstadt 4:2; Altona 93 – Arminia Hannover 2:0.

Achtelfinale: Eintracht Frankfurt – VfL Bochum 1:0; Fortuna Düsseldorf – 1. FC Köln 5:2; Rot-Weiss Essen – FK Pirmasens 6:0; MSV Duisburg – Altona 93 7:0; VfB Stuttgart Am. – Tennis Borussia Berlin 2:1; VfB Eppingen – Werder Bremen 0:2; Fortuna. Köln – SC Jülich 1910 n. V. 0:0 und 1:0; Viktoria Köln – Borussia Dortmund n. V. 0:0 und 0:3.

Viertelfinale: Werder Bremen – MSV Duisburg 0:2; Rot-Weiss Essen – Fortuna Düsseldorf 1:0; Eintracht Frankfurt – Fortuna Köln 4:2; VfB Stuttgart Am. – Borussia Dortmund 0:4.

Halbfinale: MSV Duisburg – Bor. Dortmund n. V. 2:1; Eintracht Frankfurt – Rot-Weiss Essen n. V. 3:1.

Endspiel: Eintracht Frankfurt – MSV Duisburg 1:0.

1976

1. Runde: Werder Bremen – Borussia Mönchengladbach 0:3; Bayern München – 1. FC Saarbrücken 3:1; Karlsruher SC – SpVgg Bayreuth 4:2; 1. FC Nürnberg – Rot-Weiss Essen 2:1; FC Augsburg – Fortuna Düsseldorf 0:1; SpVgg Erkenschwick – VfL Bochum 2:3; Schwarz-Weiß Essen – Bayer Uerdingen n. V. 2:1; ASV Landau – Hannover 96 1:7; VfB Oldenburg – FC Schalke 04 0:6; Borussia Neunkirchen – Kickers Offenbach 2:0; Hamburger SV – 1. FC Köln Am. 4:0; 1. FC Köln – Olympia Wilhelmshaven 2:0; Eintracht Frankfurt – Viktoria Köln 6:0; FV 09 Weinheim – Hertha BSC 1:7; 1. FC Kaiserslautern – VfR Mannheim 2:0; MTV Fürth – MSV Duisburg 2:10; SpVgg Freudenstadt – Eintracht Braunschweig 0:7; TSV München 1860 – 1. SC Göttingen 05 2:1; FC St. Pauli – FK Pirmasens n. V. 1:1 und. 2:5; Tennis Borussia Berlin – 1. FC Schweinfurt 05 2:0; FSV Frankfurt – SpVgg Fürth n. V. 1:1 und 0:1; FC Homburg/Saar – Union Solingen 4:0; Wuppertaler SV – Schwarz-Weiß Essen Am. 3:0; Rapide Wedding – VfB Stuttgart 2:9; VfR Bürstadt – Bayern Hof 1:2; SV Darmstadt 98 – VfB Eppingen 4:1; SpVgg Andernach – DJK Gütersloh 0:2; Fortuna Köln – ASV Bergedorf 85 6:1; Waldhof Mannheim – SV Cuxhaven 2:1; SpVgg Ludwigsburg – Borussia Dortmund 0:6; SG Wattenscheid 09 – Condor Hamburg 4:0; SC Jülich 1910 – Wacker 04 Berlin 3:0; Stuttgarter Kickers – Holstein Kiel n. V. 1:1 und 2:1; Röchling Völklingen – Wacker München 5:1; Arminia Bielefeld – SV St. Georg Hamburg 4:0; Westfalia Herne – Freiburger FC 3:1; TSG Thannhausen – Bayer Leverkusen 0:6; Spandauer SV – Rot-Weiß Oberhausen 2:1; 1. FSV Mainz 05 – TSV Osterholz-Tenever 7:2; Preußen Münster – SC Siemensstadt Berlin 7:1; 1. FC Mülheim – SpVgg 06/07 Sterkrade 4:2; VfL Osnabrück – VfL Wolfsburg 3:2; Hessen Kassel – Alemannia Aachen 1:0; SV Hasborn – VfL Neuwied 3:1; VfL Trier – TSV Kücknitz n. V. 3:6; SV Auersmacher – VfB Gaggenau 6:0; FK Clausen – Wormatia Worms 0:2; SpVgg Lindau – Itzehoer SV 3:0; Hassia Bingen – Frisia Husum 7:0; ASV Idar-Oberstein – SG Frankfurt-Höchst 3:2; Spfr. Salzgitter – SV Weiskirchen 0:1; Offenburger FV – FSV Cappel 2:0; SC Freiburg – Victoria Hamburg 2:1; Spfr. Siegen – ATS Kulmbach 4:2; SGO Bremen – 1. FC Herzogenaurach 5:1; TuS Xanten – TS Woltmershausen 0:2; Spfr. Schwäb. Hall – TuS Mayen 5:1; Eintracht Höhr-Grenzhausen – SV Spielberg 4:3; Union Salzgitter – TSV Abbehausen 5:0; VfR Heilbronn – Rot-Weiß Lüdenscheid n. V. 3:2; VfB Stuttgart Am. – HSV Barmbek-Uhlenhorst 1:3; SC Herford – SC Friedrichsthal 3:1; Bünder SV 08/09 – VfR Pforzheim n. V. 2:2 und 2:1; Hertha Zehlendorf – Blumenthaler SV n. V. 0:1.

2. Runde: MSV Duisburg – Karlsruher SC 4:0; Bayer Leverkusen – VfL Bochum 0:2; FC Schalke 04 – Borussia Dortmund 2:1; Hannover 96 – FC Homburg/Saar 1:2; Hertha BSC – VfB Stuttgart 4:2; 1. FC Köln – SC Freiburg 8:2; Borussia Mönchengladbach – SV Hasborn 3:0; Hamburger SV – Union Salzgitter 4:0; Bünder SV 08/09 – Bayern München 0:3; Wormatia Worms – Eintracht Braunschweig 0:3; Offenburger FV – Eintracht Frankfurt 1:5; Hessen Kassel – Fortuna Düsseldorf 2:3; Blumenthaler SV – 1. FC Kaiserslautern 1:5; Preußen Münster – Wuppertaler SV 1:0; 1. FC Nürnberg – Fortuna Köln n. V. 1:0; Waldhof Mannheim – TSV München 1860 4:1; 1. FSV Mainz 05 – Röchling Völklingen 1:2; FK Pirmasens – Spandauer SV 7:1; 1. FC Mülheim – Bayern Hof n. V. 1:3; Arminia Bielefeld – Eintracht Höhr-Grenzhausen 5:1; Schwarz-Weiß Essen – SGO Bremen 3:0; SV Darmstadt 98 – VfR Heilbronn 4:0; Spfr. Schwäb. Hall – Stuttgarter Kickers 0:5; TSV Kücknitz – DJK Gütersloh 0:1; Spfr. Siegen – Tennis Borussia Berlin 1:2; VfL Osnabrück – Bor. Neunkirchen 3:2; SpVgg Fürth – TS Woltmershausen 7:1; SG Wattenscheid 09 – SC Herford 4:0; Westfalia Herne – ASV Idar-Oberstein 4:0; SV Weiskirchen – SV Auersmacher 4:1; SC Jülich 1910 – SpVgg Lindau 5:1; HSV Barmbek-Uhlenhorst – Hassia Bingen n. V. 2:3.
3. Runde: MSV Duisburg – Borussia Mönchengladbach 0:1; FC Schalke 04 – Eintracht Braunschweig 1:2; Fortuna Düsseldorf – VfL Bochum n. V. 4:4 und n. V. 3:1; 1. FC Köln – SpVgg Fürth 3:1; Bayern München – Tennis Borussia. Berlin 3:0; Stuttgarter Kickers – Hertha BSC 1:3; Eintracht Frankfurt – VfL Osnabrück 3:0; Westfalia Herne – 1. FC Kaiserslautern 1:3; Hamburger SV – SC Jülich 1910 4:0; Arminia Bielefeld – DJK Gütersloh 3:2; Preußen Münster – Schwarz-Weiß Essen n. V. 2:2 und 2:3; SV Darmstadt 98 – 1. FC Nürnberg n. V. 3:1; FC Homburg/Saar – Waldhof Mannheim 1:0; SG Wattenscheid 09 – Bayern Hof 2:3; SV Weiskirchen – FK Pirmasens 0:1; Röchling Völklingen – Hassia Bingen 4:1.
Achtelfinale: Bayern Hof – Hamburger SV 0:2; Schwarz-Weiß Essen – 1. FC Köln n. V. 1:1 und n. V. 0:1; FC Homburg/Saar – SV Darmstadt 98 3:0; 1. FC Kaiserslautern – Eintracht Braunschweig 2:0; Fortuna Düsseldorf – Borussia Mönchengladbach 3:2; Hertha BSC – Eintracht Frankfurt n. V. 1:0; FK Pirmasens – Bayern München 0:2; Röchling Völklingen – Arminia Bielefeld 1:0.
Viertelfinale: 1. FC Köln – Bayern München 2:5; FC Homburg/Saar – Hamburger SV 1:2; Hertha BSC – Röchling Völklingen n. V. 1:1 und 2:1; 1. FC Kaiserslautern – Fortuna Düsseldorf 3:0.
Halbfinale: Hamburger SV – Bayern München n. V. 2:2 und 1:0; 1. FC Kaiserslautern – Hertha BSC 4:2.
Endspiel: Hamburger SV – 1. FC Kaiserslautern 2:0.

1977

1. Runde: Borussia Mönchengladbach – Eintracht Braunschweig 0:2; Hannover 96 – MSV Duisburg 0:1; Hamburger SV – Schwarz-Weiß Essen 4:1; Fortuna Düsseldorf – Eintracht Trier 3:1; SV Wiesbaden – FC Schalke 04 1:3; 1. FC Kaiserslautern – VfR Mannheim 1:0; Werder Bremen – Südwest Ludwigshafen 4:0; Karlsruher SC – 1. FC Bocholt 2:0; Preußen Hameln – 1. FC Saarbrücken 0:5; Hertha BSC – TuS Langerwehe 7:3; Borussia Dortmund – Concordia Haaren 10:0; SpVgg Steinhagen – VfL Bochum 0:3; Saar 05 Saarbrücken – Eintracht Frankfurt 1:6; Tennis Borussia Berlin – Sparta Bremerhaven 5:0; SV Meppen – Rot-Weiss Essen n. V. 2:3; Itzehoer SV – 1. FC Köln 0:7; Hannover 96 Am. – Bayern München 0:10; Fortuna Köln – Westfalia Herne 4:1; Kickers Offenbach – SpVgg Bayreuth n. V. 4:4 und 1:4; TSV München 1860 – Wuppertaler SV n. V. 1:0; VfB Stuttgart – SpVgg Fürth 3:0; FK Pirmasens – Preußen Münster 5:1; Bayer Uerdingen – VfB Weidenau 6:0; Bayern Hof – VfB Oldenburg 3:2; VfL Pinneberg – FC Augsburg 0:4; Waldhof Mannheim – Bremer SV 6:0; 1. FC Köln Am. – Röchling Völklingen 1:2; FC Konstanz – Alemannia Aachen 0:2; SG Wattenscheid 09 – Tura Harksheide 5:1; FC Homburg/Saar – SpVgg Erkenschwick 2:1; Arminia Bielefeld – 1. FC Passau n. V. 6:2; Bayer Leverkusen – IF Tönning 4:0; Werder Bremen Am. – 1. FC Nürnberg 0:3; SC Freiburg – Stuttgarter Kickers 1:6; Jahn Regensburg – VfR Heilbronn 3:1; VfL Osnabrück – Union 06 Berlin 12:1; Wacker 04 Berlin – FC 08 Villingen 1:0; Urania Hamburg – FC St. Pauli 1:6; Union Solingen – VfR Frankenthal n. V. 1:1 und n. V. 1:0; SVA Gütersloh – SV Darmstadt 98 n. V. 2:3; Wormatia Worms – 1. SC Göttingen 05 2:1; FV Faurndau – FC Hanau 93 1:4; SSV Dillenburg – Bayern München Am. 1:3; 1. FC Schweinfurt 05 – Hassia Bingen 2:3; Hertha BSC Am. – DJK Gütersloh 0:2; FC Niederembt – Spandauer SV 1:3; VfB Theley – BFC Preußen Berlin 2:0; VfR Pforzheim – Olympia Bocholt 2:3; SV Neckargerach – SSV Ulm 1846 3:1; SpVgg Andernach – 1. FSV Mainz 05 n. V. 1:1 und 0:3; Phönix Lübeck – Eintracht Bad Kreuznach 0:2; Spfr. Salzgitter – Hülser SC 1920 2:1; Lüner SV – SG Ellingen-Bonefeld n. V. 0:1; SVO Germaringen – VfR Laboe 9:0; Hertha Zehlendorf – TuS Mayen 1:0; Victoria Hamburg – FC Ensdorf 1:0; TuS Feuchtwangen – SV Weiskirchen n. V. 4:3; 1. FC Mülheim – SG Egelsbach 0:3; TV Unterboihingen – SG Dielheim 8:2; Spfr. Eisbachtal – TSG Leihgestern n. V. 1:1 und 2:0; VfR Achern – BV Bad Lippspringe 2:0; TSV Güntersleben – SSV Reutlingen n. V. 1:2; TuS Bremerhaven 93 – VfR Neuss 3:0; FSV Frankfurt – SpVgg Freudenstadt 5:0.
2. Runde: Bayern München – Hamburger SV 5:1; Fortuna Düsseldorf – 1. FC Köln n. V. 2:4; 1. FC Saarbrücken – Rot-Weiss Essen 0:3; Hertha BSC – Bayern Hof 3:1; Stuttgarter Kickers – 1. FC Kaiserslautern n. V. 1:1 und 1:3; Werder Bremen – SG Wattenscheid 09 4:1; Alemannia Aachen – Borussia Dortmund n. V. 0:0 und 0:2; Röchling Völklingen – Eintr. Braunschweig 2:1; FC Homburg/Saar –

Karlsruher SC 0:2 (annulliert) und 1:0; Eintracht Frankfurt – Hertha Zehlendorf 10:2; FC Schalke 04 – SG Ellingen-Bonefeld 6:1; VfB Theley – MSV Duisburg 0:4; Tennis Borussia Berlin – Olympia Bocholt n. V. 4:4 und n. V. 1:1, Elfmeterschießen 3:1; Jahn Regensburg – Fortuna Köln n. V. 1:2; TuS Bremerhaven 93 – VfL Bochum 1:3; Bayer Leverkusen – FC St. Pauli n. V. 3:1; VfB Stuttgart – Union Solingen 2:0; Wacker 04 Berlin – 1. FC Nürnberg 0:5; FSV Frankfurt – Eintracht Bad Kreuznach n. V. 2:1; SG Egelsbach – VfL Osnabrück 0:2; Arminia Bielefeld – SVO Germaringen 6:0; FC Hanau 93 – TSV München 1860 1:6; Victoria Hamburg – Waldhof Mannheim 2:5; SV Neckargerach – FK Pirmasens 2:3; SpVgg Bayreuth – SSV Reutlingen 2:1; Spandauer SV – SV Darmstadt 98 2:3; Spfr. Salzgitter – Bayern München Am. 1:2; TuS Feuchtwangen – DJK Gütersloh n. V. 2:3; Spfr. Eisbachtal – Hassia Bingen 0:4; VfR Achern – TV Unterboihingen 1:2; Bayer Uerdingen – Mainz 05 3:0; Wormatia Worms – FC Augsburg 1:2.
3. Runde: Rot-Weiss Essen – VfL Bochum 5:1; 1. FC Köln – Tennis Borussia Berlin 5:1; Bayer Uerdingen – 1. FC Kaiserslautern 3:1; Werder Bremen – Bayer Leverkusen 3:0; SV Darmstadt 98 – Hertha BSC n. V. 0:1; Röchling Völklingen – Eintracht Frankfurt 2:3; FC Schalke 04 – FSV Frankfurt 1:0; VfL Osnabrück – Borussia Dortmund n. V. 3:1; Bayern München – TV Unterboihingen 10:1; FC Augsburg – TSV München 1860 2:1; FK Pirmasens – Arminia Bielefeld 3:4; 1. FC Nürnberg – Waldhof Mannheim 3:2; DJK Gütersloh – FC Homburg/Saar 0:6; Bayern München Am. – VfB Stuttgart 2:1; SpVgg Bayreuth – Hassia Bingen 2:1; MSV Duisburg – Fortuna Köln 4:0.
Achtelfinale: MSV Duisburg – Hertha BSC 1:2; FC Schalke 04 – Eintracht Frankfurt n. V. 2:2 und 3:4; 1. FC Köln – FC Homburg/Saar 7:2; Rot-Weiss Essen – Arminia Bielefeld 2:0; Bayer Uerdingen – Werder Bremen 2:0; Bayern München – Bayern München Am. 5:3; 1. FC Nürnberg – VfL Osnabrück 1:0; SpVgg Bayreuth – FC Augsburg 2:0.
Viertelfinale: Hertha BSC – Bayern München n. V. 4:2; 1. FC Köln – 1. FC Nürnberg 4:2; Bayer Uerdingen – Eintracht Frankfurt n. V. 6:3; SpVgg Bayreuth – Rot-Weiss Essen 1:2.
Halbfinale: Bayer Uerdingen – Hertha BSC 0:1; 1. FC Köln – Rot-Weiss Essen 4:0.
Endspiele: 1. FC Köln – Hertha BSC n. V. 1:1 und 1:0.

1978

1. Runde: 1. FC Saarbrücken – Bayern München 1:2; TSV München 1860 – Arminia Bielefeld 4:2; Kickers Offenbach – 1. FC Köln 0:4; 1. SC Göttingen 05 – FC Schalke 04 0:2; TSV Ofterdingen – Hamburger SV 0:5; Eintracht Braunschweig – Eintracht Nordhorn 10:1; VfB Stuttgart – Eintracht Bremen 10:0; RSV Rehburg – Hertha BSC 1:6; FC Konstanz – Eintracht Frankfurt 1:6; FC St. Wendel – Fortuna Düsseldorf 1:6; Blumenthaler SV – Werder Bremen 1:5; SG Ellingen-Bonefeld – FC St. Pauli 1:6; 1. FC Viersen – Borussia Mönchengladbach 0:8; FSV Oggersheim – 1. FC Kaiserslautern 0:3; TuS Sulzbach-Rosenberg – MSV Duisburg 1:11; VfB Oldenburg – VfL Bochum 0:2; TSV Ottobrunn – Borussia Dortmund 0:9; Rot-Weiss Essen – VfR Bürstadt 3:2; Wuppertaler SV – SC Herford n. V. 2:2 und 0:3; OSC Bremerhaven – Preußen Münster 3:2; KSV Baunatal – Alemannia Aachen 2:3; Karlsruher SC – 1. FC Nürnberg 2:1; Union Solingen – Schwarz-Weiß Essen n. V. 2:2 und 0:2; FC Villingen 08 – SpVgg Bayreuth 0:1; SB Heidenheim – FK Pirmasens 1:2; Waldhof Mannheim – Lüssumer TV 12:0; SG Wattenscheid 09 – TSV Bleidenstadt n. V. 1:2; Bayer Leverkusen – FSV Salmrohr 5:0; FV Würzburg 04 – Jahn Regensburg 1:0; Rendsburger TSV – VfL Osnabrück 0:2; Normannia Gmünd – Fortuna Köln 2:0; Eintracht Trier – Blau-Weiß Wulfen 3:0; Arminia Hannover – FC Augsburg Am. 0:1; Südwest Nürnberg – SV Darmstadt 98 1:3; Hassia Bingen – Stuttgarter Kickers 0:1; BV 08 Lüttringhausen – Freiburger FC 1:2; Concordia Hamburg – Bayern Hof 2:0; OSV Hannover – FSV Frankfurt 2:5; Westfalia Herne – BC Efferen 1920 6:1; SpVgg Bad Homburg – FC Homburg/Saar 1:2; Olympia Kirrlach – Bayer Uerdingen 0:6; Hummelsbütteler SV – TuS Schloß Neuhaus 0:2; BV 04 Düsseldorf – VfL Bad Schwartau 3:0; SV Schleswig 06 – Röchling Völklingen 0:1; VfV Hildesheim – TV Unterboihingen n. V. 4:1; Itzehoer SV – Borussia Brand 2:1; VfL Wolfsburg – FSV Bad Orb 3:1; Saar 05 Saarbrücken – Wacker 04 Berlin n. V. 0:0 und n. V. 1:1, Elfmeterschießen 4:5; Tura Harksheide – SV Ottweiler n. V. 1:1 und 1:2; Horner TV – Alemannia Eggenstein 2:1 (nach Protest vom DFB-Bundesgericht annulliert), 0:8; 1. FSV Mainz 05 – Hertha Zehlendorf 7:1; Viktoria Köln – Eintracht Bad Kreuznach 0:2; SC Gladenbach – SSV Elspe 2:1; Eintracht Glas/Chemie Wirges – DSC Wanne-Eickel 2:3; Viktoria 89 Berlin – BSV Schwenningen n. V. 2:3; FC Tailfingen – SpVgg Neckargemünd 3:2; Bonner SC – Spfr. Eisbachtal 5:1; SV Sandhausen – Traber FC Berlin 3:1; FC Rastatt – TuS Struck 2:1; Lichterfelder SU – Alemannia Plaidt n. V. 2:2 und 1:3; Warendorfer SU – FSV Hemmersdorf 3:1; TuS Langerwehe – VfB Coburg 3:0, FC Augsburg – SpVgg Fürth 1:0, Hannover 96 – Tennis Borussia Berlin 0:2.
2. Runde: Fortuna Düsseldorf – Borussia Dortmund 3:1; MSV Duisburg – VfB Stuttgart 3:0; FC St. Pauli – VfL Bochum 0:3; Waldhof Mannheim – Hertha BSC 1:3; Eintracht Braunschweig – Stuttgarter Kickers 3:1; Bayern München – Eintracht Trier 3:1; 1. FC Kaiserslautern – Wacker 04 Berlin 4:1; BV 04 Düsseldorf – Borussia Mönchengladbach 1:4; TuS Schloß Neuhaus – Eintracht Frankfurt n. V. 2:2 und 0:4; 1. FC Köln – Eintracht Bad Kreuznach 3:1; 1. FSV Mainz 05 – Hamburger SV 1:4; Röchling Völklingen – Werder Bremen 0:4; Karlsruher SC – FK Pirmasens n. V. 4:3; Bayer Uerdingen – FSV Frankfurt 0:3; Tennis Borussia

Berlin – Westfalia Herne 1:3; VfL Osnabrück – SV Darmstadt 98 2:1; FC Homburg/Saar – SC Herford 3:0; OSC Bremerhaven – FC Augsburg 0:1; FC Tailfingen – Rot-Weiss Essen 1:2; Bayer Leverkusen – FC Rastatt 3:1; Schwarz-Weiß Essen – Concordia Hamburg 2:0; Warendorfer SU – Freiburger FC 1:4; TuS Langerwehe – FV Würzburg 04 n. V. 1:0; VfV Hildesheim – Alemannia Aachen 3:0; Itzehoer SV – SpVgg Bayreuth 1:6; Normannia Gmünd – FC Augsburg Am. 1:2; SC Gladenbach – SV Sandhausen 1:5; DSC Wanne-Eickel – VfL Wolfsburg 3:1; Alemannia Plaidt – Bonner SC 1:2; BSV Schwenningen – SV Ottweiler 4:0; FC Schalke 04 – TSV Bleidenstadt 8:1; TSV München 1860 – Horner TV 15:0 (nach Urteil des DFB-Bundesgerichts annulliert, neues Spiel gegen Alemannia Eggenstein 7:1).

3. Runde: MSV Duisburg – 1. FC Kaiserslautern 2:1; FC Schalke 04 – Eintracht Frankfurt 1:0; FC Homburg/Saar – Bayern München 3:1; TSV München 1860 – FC Augsburg 3:0; Fortuna Düsseldorf – Rot-Weiss Essen 4:1; Freiburger FC – VfL Bochum 2:6; FSV Frankfurt – 1. FC Köln 0:3; FC Augsburg Am. – Hertha BSC 0:4; SV Sandhausen – Eintracht Braunschweig 0:4; DSC Wanne-Eickel – Werder Bremen 0:2; Hamburger SV – VfV Hildesheim 6:0; Borussia Mönchengladbach – Bonner SC 3:0; Bayer Leverkusen – Westfalia Herne 1:5; Karlsruher SC – SpVgg Bayreuth 2:0; TuS Langerwehe – VfL Osnabrück 2:0; Schwarz-Weiß Essen – BSV Schwenningen n. V. 2:1.

Achtelfinale: FC Schalke 04 – Hamburger SV 4:2; Werder Bremen – TSV München 1860 2:1; 1. FC Köln – Karlsruher SC 4:0; TuS Langerwehe – MSV Duisburg 1:3; Borussia Mönchengladbach – VfL Bochum 3:0; Fortuna Düsseldorf – Eintracht Braunschweig 3:1; FC Homburg/Saar – Hertha BSC n. V. 1:1 und n. V. 1:4; Schwarz-Weiß Essen – Westfalia Herne n. V. 0:0 und 1:0.

Viertelfinale: 1. FC Köln – Schwarz-Weiß Essen 9:0; MSV Duisburg – Hertha BSC 1:0; Werder Bremen – Borussia Mönchengladbach 2:1; FC Schalke 04 – Fortuna Düsseldorf n. V. 1:1 und 0:1.

Halbfinale: 1. FC Köln – Werder Bremen 1:0; Fortuna Düsseldorf – MSV Duisburg 4:1.

Endspiel: 1. FC Köln – Fortuna Düsseldorf 2:0.

1979

1. Runde: Arminia Bielefeld – Hamburger SV n. V. 2:1; MSV Duisburg – SG Wattenscheid 09 4:3; Fortuna Düsseldorf – Stuttgarter Kickers 7:2; FV Würzburg 04 – Hertha BSC n. V. 0:2; Borussia Mönchen-gladbach – Wuppertaler SV 4:2; TSV München 1860 – FC Schalke 04 0:5; Rot-Weiß Lüdenscheid – 1. FC Köln 1:4; Bayern München – SSV Glött 5:0; Eintracht Braunschweig – Schwarz-Weiß Essen 2:0; VfB Stuttgart – Spandauer SV 12:0; SV Darmstadt 98 – DJK Abenberg 4:1; Werder Bremen – SV Holzwickede 5:0; 1. FC Kaiserslautern – BFC Preußen Berlin 7:0; VfL Bochum – Bünder SV 4:0; SpVgg Bad Pyrmont – Eintracht Frankfurt 1:2; Borussia Dortmund – BSV Schwenningen 14:1; 1. FC Nürnberg – ASV Neumarkt 4:0; 1. FC Saarbrücken – SpVgg Fürth n. V. 1:0; Tennis Borussia Berlin – Union Solingen n. V. 2:0; Fortuna Köln – FC Hanau 93 2:0; SC Freiburg – Rot-Weiss Essen 3:1; Freiburger FC – SpVgg Neckarelz 6:1; Eintracht Trier – SG Fuchsmühl 3:1; DSC Wanne-Eickel – VfR Mannheim 2:1; SC Pfullendorf – FC Homburg/Saar 0:3; Preußen Münster – SV Leiwen 6:0; SSV Dillenburg – FSV Frankfurt 2:4; Waldhof Mannheim – SV Börnsen 5:0; SC Jülich 1910 – Kickers Offenbach 1:10; VfB Schrecksbach – Arminia Hannover 3:5; Karlsruher SC – Eintracht Bad Kreuznach 3:1; FC Augsburg – Offenburger FV 4:2; TSV Nord-Harrislee – Borussia Neunkirchen 0:6; Holstein Kiel – Saar 05 Saarbrücken 5:0; Viktoria Sindlingen – Bayer Leverkusen 0:3; Wormatia Worms – VfB Remscheid 4:2; Union Böckingen – Bayer Uerdingen 2:8; Alemannia Aachen – FC Eislingen 4:1; FC St. Pauli – Bayern Hof n. V. 3:0; KSV Baunatal – Union Essen-Frintrop 5:0; SV Haidlfing – SpVgg Bayreuth 0:5; TuS Hess.-Oldendorf – Westfalia Herne 0:4; TuS Iserlohn – VfL Osnabrück 0:2; OSC Bremerhaven – Hannover 96 0:3; ASV Burglengenfeld – Viktoria Köln 1:4; ESV Ingolstadt – Viktoria Klein-Gladbach 4:0; FC Tailfingen – SV Sandhausen 4:3; Südwest Ludwigshafen – Concordia Hamburg 2:0; SV Memmelsdorf – 1. FC Bocholt 1:8; SVO Germaringen – VfR Bürstadt 1:7; Rot-Weiß Oberhausen – ETSV Landshut n. V. 5:1; SG Bad Soden-Salmünster – VfL Neustadt/W. 1:3; SG Ellingen-Bonefeld – VfB Lübeck 3:1; 1. SC Göttingen 05 – FC Epe 2:0; SC Herford – Kickers Würzburg 2:1; OSV Hannover – TSV Helmstedt 5:1; FC Gütersloh – Eintracht Nordhorn 4:1; 1. FC Kirchheim – Eintracht Glas/Chemie Wirges 1:2; SV Bliesen – FV Melsungen 2:3; Werder Bremen Am. – TuS Neuendorf n. V. 1:1 und 2:5; MTV Gifhorn – FK Pirmasens 0:3; Victoria Hamburg – SSV Ulm 1846 0:6; VfR Heilbronn – TuS Langerwehe 1:0; Blumenthaler SV – Fortuna Düsseldorf Am. n. V. 1:2.

2. Runde: MSV Duisburg – Arminia Bielefeld 3:1; FC Schalke 04 – VfB Stuttgart 3:2; Werder Bremen – Eintracht Frankfurt 2:3; VfL Bochum – DSC Wanne-Eickel n. V. 4:2; Bayern München – VfL Osnabrück 4:5; Borussia Mönchengladbach – Arminia Hannover 6:1; Eintracht Trier – 1. FC Kaiserslautern 0:1; SV Darmstadt 98 – Preußen Münster 2:1; FC Augsburg – 1. FC Nürnberg 1:3; Borussia Neunkirchen – Borussia Dortmund n. V. 0:0 und 0:2; Wormatia Worms – Hertha BSC n. V. 1:1 und 0:2; Westfalia Herne – 1. FC Köln 2:3; Eintracht Braunschweig – SG Ellingen-Bonefeld 1:0; Fortuna Düsseldorf – VfR Heilbronn 3:0; 1. FC Saarbrücken – Bayer Uerdingen 2:3; Hannover 96 – Alemannia Aachen 1:3; Tennis Borussia Berlin – VfR Bürstadt n. V. 3:3 und n. V. 0:0, Elfmeterschießen 4:3; Südwest Ludwigshafen – Viktoria Köln 4:2; SSV Ulm 1846 – FSV Frankfurt 4:2; Kickers Offenbach – ESV Ingolstadt 3:0; SC Herford – Holstein Kiel 0:3; Waldhof Mannheim – VfL Neustadt/W. 7:0; KSV Baunatal – 1. SC Göttingen 05

3:0; FC Homburg/Saar – FK Pirmasens 4:2; SC Freiburg – FC Tailfingen 2:0; OSV Hannover – Bayer Leverkusen 0:3; SpVgg Bayreuth – FV Melsungen 6:0; Eintracht Glas/Chemie Wirges – Fortuna Köln 1:7; FC Gütersloh – Karlsruher SC n. V. 1:1 und 0:3; Rot-Weiß Oberhausen – Fortuna Düsseldorf Am. 3:2, FC St. Pauli – TuS Neuendorf 1:2, Freiburger FC – 1. FC Bocholt n. V. 2:2 und n. V. 2:3.
3. Runde: 1. FC Köln – Eintracht Braunschweig n. V. 3:2; Hertha BSC – Borussia Mönchengladbach 2:0; Tennis Borussia Berlin – 1. FC Nürnberg 0:2; Fortuna Düsseldorf – Alemannia Aachen 2:1; FC Homburg/Saar – VfL Bochum n. V. 0:0 und 0:1; MSV Duisburg – Waldhof Mannheim 2:1; Borussia Dortmund – Kickers Offenbach 6:1; Eintracht Frankfurt – KSV Baunatal 4:1; Bayer Uerdingen – FC Schalke 04 2:1; SV Darmstadt 98 – SSV Ulm 1846 1:5; Südwest Ludwigshafen – 1. FC Kaiserslautern 2:1; Holstein Kiel – Karlsruher SC 5:2; VfL Osnabrück – Fortuna Köln 2:1; Bayer Leverkusen – SpVgg Bayreuth 1:0; Rot-Weiß Oberhausen – SC Freiburg n. V. 1:1 und n. V. 0:0, Elfmeterschießen 3:2; TuS Neuendorf – 1. FC Bocholt n. V. 3:1.
Achtelfinale: MSV Duisburg – Fortuna Düsseldorf 0:1; Hertha BSC – 1. FC Köln n. V. 2:0; Borussia Dortmund – Eintracht Frankfurt 1:3; Südwest Ludwigshafen – SSV Ulm 46 n. V. 1:1 und 1:0; 1. FC Nürnberg – Holstein Kiel 7:1; Bayer Uerdingen – VfL Bochum 4:2; Rot-Weiß Oberhausen – VfL Osnabrück 1:0; TuS Neuendorf – Bayer Leverkusen 1:4.
Viertelfinale: 1. FC Nürnberg – Südwest Ludwigshafen 2:0; Hertha BSC – Bayer Uerdingen 6:1; Fortuna Düsseldorf – Bayer Leverkusen 2:1; Eintracht Frankfurt – Rot-Weiß Oberhausen 2:1.
Halbfinale: Fortuna Düsseldorf – 1. FC Nürnberg n. V. 4:1; Hertha BSC – Eintracht Frankfurt 2:1.
Endspiel: Fortuna Düsseldorf – Hertha BSC n. V. 1:0.

1980

1. Runde: 1. FC Kaiserslautern – MSV Duisburg 2:0; Alemannia Aachen – Werder Bremen 0:1; Eintracht Braunschweig – Preußen Münster 1:0; SB Heidenheim – Hertha BSC 0:4; Hamburger SV – FC Villingen 08 6:0; Eintracht Frankfurt – BSK Neugablonz 6:1; Borussia Mönchengladbach – FV Biberach 2:1; Borussia Dortmund – Bremer SV 7:0; 1. FC Köln – 1. FSV Mainz 05 5:1; Borussia Neunkirchen – Fortuna Düsseldorf 0:4; TSV München 1860 – FC St. Pauli 5:0; TSV Buxtehude – Bayer Uerdingen 0:6; FV Weingarten – VfL Bochum 2:7; MTV Gifhorn – Bayer Leverkusen 1:4; VfL Wolfsburg – VfB Stuttgart 0:3; Spfr. Eisbachtal – FC Schalke 04 0:1; FC Östringen – Bayern München 1:10; Karlsruher SC – SC Freiburg 5:1; Freiburger FC – 1. FC Saarbrücken 2:1; Kickers Offenbach – Hannover 96 3:1; Wuppertaler SV – Wormatia Worms 1:4; Holstein Kiel – OSV Hannover 3:2; Viktoria Köln – Tennis Borussia Berlin 1:0; SG Wattenscheid 09 – MTV Ingolstadt 2:1; VfL Osnabrück – Rot-Weiß Lüdenscheid n. V. 3:2; SpVgg Fürth – BSV Weißenthurm 3:1; Eintracht Trier – Wuppertaler SV Am. 4:2; SpVgg Bayreuth – Preußen Hameln 5:0; Arminia Bielefeld – BFC Preußen Berlin 1:0; Rot-Weiss Essen – 1. FC Köln Am. 2:1; 1. FC Nürnberg – Eintacht. Braunschweig Am. 3:0; FC Vilshofen – FV Würzburg 04 n. V. 2:3, VfB Gießen – FC Homburg/Saar 2:4; Stuttgarter Kickers – TSV Ofterdingen 3:0; SV Geinsheim – DSC Wanne-Eickel 2:4; Union Solingen – VfR Aalen 3:1; SV Heng – Fortuna Köln 0:4; Westfalia Weitmar – SV Darmstadt 98 1:2; TuS Chlodwig Zülpich – ESV Ingolstadt 2:6; FSV Frankfurt – Viktoria Aschaffenburg 2:0; TuS Xanten – Arminia Hannover 2:1; Waldhof Mannheim – TBV Lemgo 5:1; FC Hanau 93 – Wacker 04 Berlin n. V. 2:2 und 1:4; FC Augsburg – FC Wipfeld 7:0; TSV Ampfing – Bramfelder SV n. V. 1:2; FT Geestemünde – SV Zeitlarn 4:1; TSV Battenberg – SV Auersmacher 5:4 n. V.; TuS Schloß Neuhaus – 1. FC Nürnberg Am. 3:2; BV 08 Lüttringhausen – SpVgg Erkenschwick 3:2; VfB Gaggenau – SpVgg Au n. V. 2:2 und 0:5; SV Göppingen – TuS Neuendorf 3:1; SG Ohetal – KSV Baunatal 0:2; Reinickendorfer Füchse – VfB Lübeck 4:2; SV 07 Elversberg – Heider SV 5:2 n. V.; TuS Langerwehe – SV Hasborn 4:2; 1. FC Kaiserslautern Am. – SV Meppen 3:1; Altona 93 – Viktoria Sindlingen 1:0; Westfalia Herne – SG Hagen-Vorhalle 4:0; Union Neumünster – Spfr./DJK Freiburg 0:2; Bonner SC – Salamander Türkheim 4:0; VfB Oldenburg – SC Verl 1:2; 1. FC Bocholt – SV Speicher 8:0; VfL Frohnlach – Alemannia Haibach n. V. 8:4; 1. FC Pforzheim – Phönix Düdelsheim 10:2.
2. Runde: Werder Bremen – Hertha BSC 0:2; Borussia Mönchengladbach – Rot-Weiss Essen 4:0; 1. FC Nürnberg – Bayer Leverkusen 5:2; VfB Stuttgart – SG Wattenscheid 09 10:2; FSV Frankfurt – Borussia Dortmund n. V. 1:3; Eintracht Braunschweig –Holstein Kiel 3:1; Viktoria Köln – Bayern München 1:3; SV Darmstadt 98 – 1. FC Kaiserslautern 4:0; Freiburger FC – Eintracht Frankfurt 1:4; Wormatia Worms – Hamburger SV 0:3; VfL Bochum – SpVgg Fürth 2:1; TSV München 1860 – 1. FC Pforzheim 6:1; Bayer Uerdingen – Reinickendorfer Füchse 5:0; FC Schalke 04 – KSV Baunatal 3:0; Fortuna Düsseldorf – Wacker 04 Berlin 2:0; 1. FC Köln – Altona 93 10:0; DSC Wanne-Eickel – Kickers Offenbach 3:5; FC Homburg/Saar – FV Würzburg 04 5:0; Union Solingen – ESV Ingolstadt 3:0; FC Augsburg – Karlsruher SC n. V. 1:1 und 0:3; SpVgg Bayreuth – SpVgg Au 6:0; Waldhof Mannheim – Spfr./DJK Freiburg 7:2; TuS Xanten – Arminia Bielefeld 1:8; 1. FC Bocholt – VfL Osnabrück n. V. 1:1 und 2:3; Stuttgarter Kickers – VfL Frohnlach 9:0; Eintracht Trier – TuS Langerwehe 0:2; TuS Schloß Neuhaus – Fortuna Köln n. V. 1:2; TSV Battenberg – Bramfelder SV n. V. 2:0; SC Verl – SV 07 Elversberg 3:1; SV Göppingen – FT Geestemünde 3:1; 1. FC Kaiserslautern Am. – Bonner SC n. V. 2:3; Westfalia Herne – BV Lüttringhausen 1:4.

3. Runde: Eintracht Braunschweig – VfB Stuttgart n. V. 2:3; VfL Bochum – 1. FC Köln n. V. 3:3 und 1:2; Eintracht Frankfurt – Waldhof Mannheim 2:0; Borussia Dortmund – Arminia Bielefeld n. V. 3:1; SpVgg Bayreuth – Bayern München 1:0; Karlsruher SC – Borussia Mönchengladbach 1:0 n. V.; Bayer Uerdingen – Union Solingen 2:0; Kickers Offenbach – Hamburger SV 2:0; SV Göppingen – Fortuna Düsseldorf 1:4; Hertha BSC – TuS Langerwehe n. V. 0:0 und 1:2; TSV München 1860 – BV 08 Lüttringhausen 3:0; FC Schalke 04 – Bonner SC 3:1; 1. FC Nürnberg – FC Homburg/Saar 1:2; Darmstadt 98 – Fortuna Köln 7:2; SC Verl – Stuttgarter Kickers 1:7; VfL Osnabrück – TSV Battenberg 4:0.
Achtelfinale: Karlsruher SC – Fortuna Düsseldorf 3:5; VfB Stuttgart – Eintracht Frankfurt 3:2; Borussia Dortmund – Bayer Uerdingen 2:1; FC Homburg/Saar – TSV München 1860 1:0; Stuttgarter Kickers – Kickers Offenbach 2:5; SpVgg Bayreuth – TuS Langerwehe n. V. 5:2; FC Schalke 04 – VfL Osnabrück 2:0; 1. FC Köln – SV Darmstadt 98 3:1.
Viertelfinale: Borussia Dortmund – VfB Stuttgart 3:1; FC Homburg/Saar – 1. FC Köln 1:4; FC Schalke 04 – SpVgg Bayreuth 3:1; Kickers Offenbach – Fortuna Düsseldorf n. V. 2:5.
Halbfinale: FC Schalke 04 – 1. FC Köln 0:2; Fortuna Düsseldorf – Borussia Dortmund 3:1.
Endspiel: Fortuna Düsseldorf – 1. FC Köln 2:1.

1981

1. Runde: Bayern München – Arminia Bielefeld 2:0; VfB Stuttgart Am. – Borussia Dortmund n. V. 2:5; Hannover 96 – Borussia Hannover 8:1; MSV Duisburg – Wacker 04 Berlin 9:0; Concordia Hamburg – Hammer SpVgg n. V. 2:2. und 2:3; SV Darmstadt 98 – FSV Hemmersdorf 10:0; FV Lauda – VfB Oldenburg n. V. 1:2; RSV Würges – FC Ottering 2:0; FC Schalke 04 – Bayer Uerdingen 2:5; Hamburger SV – Wormatia Worms 11:1; VfB Stuttgart – Fortuna Köln 4:0; Borussia Mönchengladbach – OSV Hannover 7:3; VfB Gaggenau – Eintracht Frankfurt 0:3; SpVgg Emsdetten – 1. FC Köln 0:6; Bramfelder SV – Bayer Leverkusen 2:8; VfL Bochum – SV Wilhelmshaven 4:1; Eintracht Trier – Fortuna Düsseldorf 0:1; Hertha BSC – Holstein Kiel 3:1; Werder Bremen – Viktoria Köln n. V. 6:3; Alemannia Aachen – VfB Eppingen 3:0; Rot-Weiss Essen – VfR Neuß 7:2; Blau-Weiß Niederembt – Preußen Münster n. V. 1:4; FSV Frankfurt – Röchling Völklingen 3:1; SC Herford – Eintracht Nordhorn 3:0; Eintracht Braunschweig – SC Fürstenfeldbruck 4:1; SC Freiburg – Bremer SV 4:2; FC Homburg/Saar – SG Limburgerhof 3:0; TuS Neuendorf – SG Egelsbach n. V. 3:4; VfL Klafeld-Geisweid – Rot-Weiß Frankfurt 1:2; Rot-Weiß Niebüll – Eintracht Braunschweig Am. 3:2; Bünder SV – Südwest Ludwigshafen 2:0; TuS Langerwehe – SV Stuttgart-Rot 5:0; SpVgg Ansbach – FSV Pfaffenhofen 1:0; TSV Gersthofen – OSC Bremerhaven 0:1; SG Pirmasens – TSV München 1860 0:8; Borussia Neunkirchen – SpVgg Bayreuth n. V. 1:1 und 1:2; TSV Plön – 1. FC Saarbrücken 0:3; Arminia Hannover – SpVgg Erkenschwick 2:1; Moselfeuer Lehmen – Kickers Offenbach 1:15; Spfr. Eisbachtal – SG Wattenscheid 09 1:3; Buchonia Flieden – ESV Ingolstadt 1:4; VfB Bielefeld – VfB Friedrichshafen 1:3; VfR Heilbronn – 1. FC Kaiserslautern 0:3; TSV Pliezhausen – SSV Ulm 46 0:3; DSC Wanne-Eickel – SpVgg Frechen 1:3; Kickers Würzburg – TSV Hirschaid n. V. 2:1; Waldhof Mannheim – FSV Harburg 8:0; FC Augsburg – Wuppertaler SV 2:0; 1. FC Viersen – Karlsruher SC n. V. 2:2 und 1:2; SpVgg Fürth – 1. FC Nürnberg n. V. 1:1 und 0:3; Schwarz-Weiß Essen – FC Neureut 6:0; ASV Burglengenfeld – VfB Wissen 2:3; Rot-Weiß Oberhausen – Offenburger FV 1:0; TSV Röttenbach – Hessen Kassel 2:4; Freiburger FC – VfB Bottrop 3:1; ASC Dudweiler – FV Würzburg 04 0:1; Blumenthaler SV – SC Pfullendorf 0:2; Atlas Delmenhorst – Blau-Weiß Wesselburen 6:2; SV Siegburg 04 – BFC Preußen Berlin 2:1; VfL Osnabrück – Tennis Borussia Berlin n. V. 2:0; Stuttgarter Kickers – Rot-Weiß Lüdenscheid 2:0; 1. FSV Mainz 05 – MTV Ingolstadt 3:2; VfR Bürstadt – SSV Dillenburg n. V. 4:1; TuS Celle – Union Solingen n. V. 0:0 und 0:5.
2. Runde: Bayer Uerdingen – SG Wattenscheid 09 4:1; Hannover 96 – Werder Bremen n. V. 5:5 und 0:1; Eintracht Braunschweig – Preußen Münster 3:1; Hertha BSC – FV Würzburg 04 4:1; VfL Bochum – Rot-Weiss Essen 5:1; Kickers Offenbach – Bayer Leverkusen 5:2; Rot-Weiß Niebüll – Schwarz-Weiß Essen 0:4; SpVgg Bayreuth – VfB Stuttgart 1:3; Kickers Würzburg – Fortuna Düsseldorf 0:2; TuS Langerwehe – Borussia Mönchengladbach 1:7; FC Homburg/Saar – VfB Oldenburg 0:1; SV Darmstadt 98 – VfR Bürstadt n. V. 4:1; SSV Ulm 46 – SC Herford 1:0; OSC Bremerhaven – RSV Würges 0:2; Bünder SV – SpVgg Frechen 3:1; Borussia Dortmund – TSV München 1860 3:1; 1. FC Köln –SC Freiburg n. V. 1:1 und 1:3; Bayern München – Waldhof Mannheim 4:2; Karlsruher SC – Alemannia Aachen n. V. 1:1 und 0:1; Eintracht Frankfurt – VfB Friedrichshafen 6:0; Stuttgarter Kickers – SpVgg Ansbach 13:0; Union Solingen – Rot-Weiß Frankfurt 1:2; FC Augsburg – 1. FSV Mainz 05 2:0; VfB Wissen – VfL Osnabrück 1:7; SC Pfullendorf – SV Siegburg 04 0:1; Hessen Kassel – Hammer SpVgg 4:0; ESV Ingolstadt – 1. FC Nürnberg 1:3; 1. FC Saarbrücken – Freiburger FC n. V. 2:2 und 1:3; FSV Frankfurt –MSV Duisburg 2:0; Arminia Hannover –Hamburger SV 3:7; SG Egelsbach – 1. FC Kaiserslautern 1:3; Atlas Delmenhorst – Rot-Weiß Oberhausen 1:0.
3. Runde: 1. FC Kaiserslautern – Bayern München 2:1; VfB Stuttgart – 1. FC Nürnberg 2:0; Fortuna Düsseldorf – Borussia Dortmund 3:0; Eintracht Frankfurt – SSV Ulm 46 3:0; Schwarz-Weiß Essen – Bayer Uerdingen 1:2; Bünder SV – Borussia Mönchengladbach 1:7; Hamburger SV – Rot-Weiß Frankfurt 11:0; SC Freiburg – Hessen Kassel n. V. 2:1; Eintracht Braunschweig – Stuttgarter Kickers

3:2; Hertha BSC – SV Darmstadt 98 4:1; Alemannia Aachen – Freiburger FC 5:2; FC Augsburg – Werder Bremen 1:3; SV Siegburg 04 – VfB Oldenburg n. V. 1:2; RSV Würges – VfL Osnabrück 0:1; Kickers Offenbach – Atlas Delmenhorst n. V. 1:1 und 1:2; FSV Frankfurt – VfL Bochum 1:2.

Achtelfinale: Hamburger SV – VfL Bochum 4:1; Fortuna Düsseldorf – Werder Bremen 2:0; VfL Osnabrück – VfB Stuttgart 1:3; VfB Oldenburg – Eintracht Frankfurt 4:5; Borussia Mönchengladbach – Atlas Delmenhorst 6:1; 1. FC Kaiserslautern – Alemannia Aachen 3:0; Hertha BSC – Bayer Uerdingen 5:1; Eintracht Braunschweig – SC Freiburg 1:0.

Viertelfinale: Eintracht Braunschweig – Hamburger SV n. V. 4:3; Hertha BSC – Fortuna Düsseldorf 2:1; 1. FC Kaiserslautern – Borussia Mönchengladbach 3:1; Eintracht Frankfurt – VfB Stuttgart 2:1.

Halbfinale: Eintracht Frankfurt – Hertha BSC 1:0; 1. FC Kaiserslautern – Eintr. Braunschweig 3:2.

Endspiel: Eintracht Frankfurt – 1. FC Kaiserslautern 3:1.

1982

1. Runde: Hertha BSC – Bayer Leverkusen Am. 5:1; VfB Stuttgart – FC Rastatt 5:0; VfL Osnabrück – VfB Bottrop 5:0; Bayern München – SC Jülich 1910 8:0; SV Sandhausen – Arminia Bielefeld 3:6; SpVgg Landshut – Hassia Bingen 2:3; TSV Nördlingen – VfB Oldenburg 0:3; SV Leiwen – SC Herford n. V. 3:2; BFC Preußen Berlin – Schwarz-Weiß Essen 2:0; MSV Duisburg – 1. FC Köln 2:1; Werder Bremen – 1. FC Kaiserslautern 1:0; Stuttgarter Kickers – Hamburger SV 1:5; Karlsruher SC – Union Solingen 3:0; FC Grone 1910 – Borussia Dortmund 0:4; VfL Bochum – 1. FC Paderborn 3:2; Eintracht Frankfurt – BSC Brunsbüttel 6:1; SSV Dillenburg – Borussia Mönchengladbach 2:7; Fortuna Düsseldorf – SSV Überherrn 10:1; FC Eislingen – SV Darmstadt 98 0:3; 1. FC Haßfurt – 1. FC Nürnberg 0:2; Wuppertaler SV – Eintracht Braunschweig 1:0; Hannover 96 – Kickers Offenbach 5:1; SpVgg Bayreuth – Bayer Uerdingen 3:1; Bayern Hof – Waldhof Mannheim 0:2; TuS Lörrach-Stetten – Wormatia Worms 1:2; Freiburger FC – TS Woltmershausen 4:0; Rot-Weiss Essen – OSV Hannover 2:0; 1. FC Saarbrücken – Alemannia Aachen n. V. 0:0 und 1:2; Rasensport Osnabrück – Fortuna Köln 1:2; FC Tailfingen – SV Ruchheim 3:1; ASC Dudweiler – FSV Salmrohr n. V. 0:0 und 1:3; SV Neckargerach – Kickers Würzburg 4:2; FV 09 Weinheim – SpVgg Ludwigsburg n. V. 2:1; Urania Hamburg – VfL Hamm n. V. 6:4; FC Homburg/Saar – 1. FC Kaiserslautern Am. 1:4; Eintracht Trier – FSV Frankfurt II 2:1; FC St. Pauli – 1. FC Bocholt n. V. 1:2; Rendsburger TSV – Viktoria Köln n. V. 1:1 und 0:3; SSV Ulm 46 – 1. FC Nürnberg Am. n. V. 1:1 und 3:1; Union Salzgitter – FC Augsburg 2:0; Borussia Neunkirchen – Preußen Münster 1:0; TuS Oberwinter – FC Rhade 2:0; Holstein Kiel – Hermannia Kassel n. V. 3:2; Offenburger FV – Reinickendorfer Füchse 3:0; TSV Röttenbach – SV 07 Elversberg 1:3; SV Siegburg 04 – FK Pirmasens 0:1; TSV München 1860 – SpVgg Fürth 2:0; TSV Marktl – SC Freiburg 0:4; VfB Eppingen – Hannover 96 Am. 3:1; Tennis Borussia Berlin – Post SV Regensburg 4:3; SpVgg Erkenschwick – Bayer Leverkusen 0:3; SG Wattenscheid 09 – TuS Iserlohn n. V. 2:0; TuS Xanten – 1. SC Göttingen 05 0:1; Viktoria Griesheim – Hamburger SV Am. 8:2; FC Gohfeld – FVgg. Kastel 2:1; Rot-Weiß Oberhausen – Tuspo Ziegenhain 5:3; FSV Frankfurt – VfL Witten 07 2:0; TuS Celle – ESV Ingolstadt 4:2; Rot-Weiß Lüdenscheid – VfL Wolfsburg 1:2; 1. FC Köln Am. – OSC Bremerhaven n. V. 3:2; VfB Stuttgart Am. – VfL Klafeld-Geisweid 4:0; Hessen Kassel – FC Schalke 04 4:1; SC Geislingen – VfR Bürstadt n. V. 1:1 und 0:4; Arminia Hannover – TSV Kappeln 6:1.

2. Runde: Bayern München – SV Neckargerach 5:1; MSV Duisburg – FK Pirmasens 3:0; Alemannia Aachen – SC Freiburg 2:1; Rot-Weiss Essen – SV Leiwen 4:1; Fortuna Düsseldorf – Eintracht Frankfurt 3:1; Arminia Bielefeld – 1. FC Nürnberg 0:1; SV Darmstadt 98 – Hassia Bingen 4:1; FSV Salmrohr – Werder Bremen 0:3; Hamburger SV – Eintracht Trier 2:1; Borussia Mönchengladbach – Arminia Hannover 3:1; Karlsruher SC – Wuppertaler SV 3:0; VfB Stuttgart – TuS Oberwinter 10:1; VfL Bochum – FC Tailfingen 3:1; SV 07 Elversberg – Borussia Dortmund 1:4; SG Wattenscheid 09 – Hannover 96 n. V. 2:2 und 0:6; Hessen Kassel – Fortuna Köln n. V. 1:0; TSV München 1860 – Waldhof Mannheim n. V. 0:1; Freiburger FC – TuS Celle 5:1; FV 09 Weinheim – VfL Osnabrück 1:3; Hertha BSC – Viktoria Griesheim 6:2; Borussia Neunkirchen – Wormatia Worms 1:2; 1. SC Göttingen 05 – Rot-Weiß Oberhausen n. V. 1:0; VfB Eppingen – BFC Preußen Berlin 2:0; FSV Frankfurt – FC Gohfeld 2:0; SSV Ulm 1846 – VfL Wolfsburg 2:1; 1. FC Kaiserslautern Am. – Urania Hamburg 1:3; Viktoria Köln – VfR Bürstadt n. V. 1:1 und n. V. 0:1; VfB Stuttgart Am. – SpVgg Bayreuth 1:2; Tennis Borussia Berlin – VfB Oldenburg 1:2; 1. FC Bocholt – Offenburger FV 2:1; Holstein Kiel – Union Salzgitter 3:2; 1. FC Köln Am. – Bayer Leverkusen n. V. 3:3 und 0:5.

3. Runde: Alemannia Aachen – Hamburger SV 0:3; Hannover 96 – VfL Osnabrück 2:0; Hertha BSC – SSV Ulm 1846 1:2; MSV Duisburg – Karlsruher SC n. V. 1:2; VfB Stuttgart – Borussia Mönchengladbach 0:2; Bayern München – Borussia Dortmund 4:0; SV Darmstadt 98 – Werder Bremen 1:3; Hessen Kassel – VfL Bochum 1:2; Waldhof Mannheim – VfB Eppingen 3:1; Freiburger FC – Holstein Kiel 2:0; Urania Hamburg – 1. SC Göttingen 05 1:3; 1. FC Bocholt – VfR Bürstadt 3:1; Rot-Weiss Essen – Bayer Leverkusen 4:1; 1. FC Nürnberg – Fortuna Düsseldorf 2:0; Wormatia Worms – FSV Frankfurt 0:2; SpVgg Bayreuth – VfB Oldenburg n. V. 2:0.

Achtelfinale: Hannover 96 – 1. FC Nürnberg 1:3; Rot-Weiss Essen – Borussia Mönchengladbach 0:4; Werder Bremen – SpVgg Bayreuth 2:0; Waldhof Mannheim – VfL Bochum n. V. 1:1 und 1:3; 1. FC Bocholt – 1. SC Göttingen 05 n. V. 3:3 und 2:3; SSV Ulm 1846 – FSV Frankfurt 1:0; Freiburger FC – Bayern München 0:3; Hamburger SV – Karlsruher SC 6:1.
Viertelfinale: 1. SC Göttingen 05 – Hamburger SV 2:4; 1. FC Nürnberg – Borussia Mönchengladbach 3:1; Werder Bremen – Bayern München n. V. 1:2; VfL Bochum – SSV Ulm 1846 n. V. 3:1.
Halbfinale: 1. FC Nürnberg – Hamburger SV 2:0; VfL Bochum – Bayern München 1:2.
Endspiel: Bayern München – 1. FC Nürnberg 4:2.

1983

1. Runde: Kickers Offenbach – Fortuna Düsseldorf n. V. 1:3; SG Wattenscheid 09 – Eintracht Braunschweig 0:3; Hannover 96 Am. – Bayer Leverkusen n. V. 2:3; Fortuna Köln – SC Freiburg 2:0; VfL Bochum – Karlsruher SC 3:1; FSV Frankfurt – 1. FC Kaiserslautern 3:2; Waldhof Mannheim – Eintracht Frankfurt 2:0; 1. FC Köln – Bayer Uerdingen 3:1; FC Schalke 04 – Hessen Kassel 1:0; Rot-Weiss Essen – Borussia Dortmund 1:3; VfL Osnabrück – VfB Stuttgart 0:2; VfB Wissen – Borussia Mönchengladbach 0:4; Germania Walsrode – 1. FC Nürnberg 0:3; Hertha Zehlendorf – Hertha BSC n. V. 2:4; Offenburger FV – Werder Bremen 1:4; ASV Bergedorf 85 – Bayern München n. V. 1:5; Bayern Hof – Arminia Bielefeld 0:5; SpVgg Bayreuth – SpVgg Fürth 3:1; FC Ensdorf – Union Solingen 1:3; SSV Ulm 1846 – TuS Schloß Neuhaus 3:1; Wormatia Worms – Alemannia Aachen n. V. 3:1; VfB Stuttgart Am. – Stuttgarter Kickers 1:5; Arminia Hannover – Eintracht Trier n. V. 0:2; Bayern München Am. – Werder Bremen Amat. n. V. 5:3; Freiburger FC – Rot-Weiß Lüdenscheid n. V. 1:1 und 1:2; MSV Duisburg – Hamburger SV n. V. 1:1 und 0:5; Hannover 96 – SV Darmstadt 98 0:4; Bayer Uerdingen Am. – KSV Baunatal 0:3; SVO Germaringen – Hammer SpVgg 1:2; 1. FC Köln Am. – 1. FSV Mainz 05 1:3; SV Sandhausen – Rot-Weiß Oberhausen 1:3; Heider SV – TSV München 1860 n. V. 1:1 und 1:2.
2. Runde: Rot-Weiß Lüdenscheid – SV Darmstadt 98 1:3; 1. FC Köln – Bayer Leverkusen 3:1; Fortuna Düsseldorf – VfB Stuttgart 0:2; Hamburger SV – Werder Bremen 3:2; Arminia Bielefeld – 1. FC Nürnberg 2:0; Eintracht Braunschweig – Bayern München 2:0; Union Solingen – Borussia Mönchengladbach 0:2; 1. FSV Mainz 05 – FC Schalke 04 n. V. 3:6; SpVgg Bayreuth – Hertha BSC 0:1; Rot-Weiß Oberhausen – Borussia Dortmund 0:1; Waldhof Mannheim – FSV Frankfurt 2:0; Eintracht Trier – Stuttgarter Kickers 1:2; Wormatia Worms – KSV Baunatal 2:0; TSV München 1860 – Bayern München Am. 1:0; Hammer SpVgg – VfL Bochum n. V. 1:1 und 1:6; SSV Ulm 1846 – Fortuna Köln n. V. 0:0 und 0:3.
Achtelfinale: Eintracht Braunschweig – Fortuna Köln 1:2; Borussia Dortmund – SV Darmstadt 98 4:2; Borussia Mönchengladbach – Waldhof Mannheim 1:0; Hertha BSC – Hamburger SV 2:1; Wormatia Worms – VfB Stuttgart 0:4; TSV München 1860 – VfL Bochum 1:3; 1. FC Köln – Stuttgarter Kickers 5:1; FC Schalke 04 – Arminia Bielefeld n. V. 2:2 und 1:0.
Viertelfinale: Borussia Mönchengladbach – Fortuna Köln n. V. 2:2 und 1:2; VfB Stuttgart – Hertha BSC 2:0; 1. FC Köln – FC Schalke 04 5:0; Borussia Dortmund – VfL Bochum n. V. 3:1.
Halbfinale: 1. FC Köln – VfB Stuttgart n. V. 3:2; Fortuna Köln – Borussia Dortmund 5:0.
Endspiel: 1. FC Köln – Fortuna Köln 1:0

1984

1. Runde: 1. FSV Mainz 05 – VfB Stuttgart 0:1; VfL Osnabrück – 1. FC Nürnberg 3:1; Alemannia Aachen – VfL Bochum 1:0; FC Schalke 04 – Fortuna Düsseldorf 3:0; SV Heidingsfeld – SV Göppingen 5:1; Hamburger SV – Borussia Dortmund 4:1; Waldhof Mannheim – Bayer Leverkusen 3:1; Hessen Kassel – Bayern München 0:3; Fortuna Köln – Borussia Mönchengladbach 2:3; MSV Duisburg – 1. FC Kaisers-lautern n. V. 1:2; Werder Bremen – SV Darmstadt 98 5:0; SV Sandhausen – Bayer Uerdingen n. V. 0:0 und 0:2; VfR Forst – 1. FC Köln 1:6; SC Pfullendorf – Eintracht Braunschweig 0:7; Rot-Weiss Essen – Hannover 96 3:4; SC Charlottenburg – SG Wattenscheid 09 2:1; SC Freiburg – Union Solingen 3:2; Werder Bremen Am. – Stuttgarter Kickers 1:3; Rot-Weiß Lüdenscheid – SSV Ulm 1846 3:2; FC Homburg/Saar – Hertha BSC 0:6; SC Herford – Karlsruher SC 0:3; 1. FC Köln Am. – FC Gohfeld 2:1; SpVgg Fürth – TuS Lingen n. V. 2:1; ASV Burglengenfeld – KSV Baunatal n. V. 2:1; Arminia Hannover – SpVgg Neu-Isenburg 1:2; SG Ellingen-Bonefeld – Holstein Kiel 2:3; FC Augsburg – SpVgg Bayreuth n. V. 2:1; Hummelsbüttler SV – Kickers Offenbach 1:6; FSV Frankfurt – Arminia Bielefeld 1:3; 1. SC Göttingen 05 – Eintracht Frankfurt 4:2; TuS Schloß Neuhaus – BV 08 Lüttringhausen 2:0; Hassia Bingen – 1. FC Bocholt n. V. 4:4 und 2:3.
2. Runde: FC Augsburg – Bayern München 0:6; Eintracht Braunschweig – VfL Osnabrück 2:1; Alemannia Aachen – Waldhof Mannheim 1:0; SC Charlottenburg – FC Schalke 04 0:3; SV Heidingsfeld – Hannover 96 1:3; Borussia Mönchengladbach – Arminia Bielefeld 3:0; 1. FC Köln – Kickers Offenbach 6:2; SC Freiburg – Hamburger SV 1:4; Karlsruher SC – 1. FC Kaiserslautern n. V. 5:4; ASV Burglengenfeld – Werder Bremen 0:3; Holstein Kiel – Bayer Uerdingen 1:2; 1. FC Bocholt – Stuttgarter Kickers 3:1; TuS

Schloß Neuhaus – Hertha BSC 0:2; SpVgg Fürth – Rot-Weiß Lüdenscheid 1:0; SpVgg Neu-Isenburg – 1. SC Göttingen 05 0:1; 1. FC Köln Am. – VfB Stuttgart 1:8.
Achtelfinale: SpVgg Fürth – Borussia Mönchengladbach 0:6; Hannover 96 – 1. FC Köln 3:2; FC Schalke 04 – Karlsruher SC 2:1; 1. SC Göttingen 05 – Hertha BSC 0:1; 1. FC Bocholt – Eintracht Braunschweig n. V. 3:1; VfB Stuttgart – Hamburger SV n. V. 1:1 und n. V 4:3; Bayer Uerdingen – Bayern München n. V. 0:0 und 0:1; Alemannia Aachen – Werder Bremen n. V. 0:1.
Viertelfinale: Hannover 96 – Borussia Mönchengladbach 0:1; 1. FC Bocholt – Bayern München 1:2; Werder Bremen – VfB Stuttgart 1:0; Hertha BSC – FC Schalke 04 n. V. 3:3 und 0:2.
Halbfinale: Borussia Mönchengladbach – Werder Bremen n. V. 5:4; FC Schalke 04 – Bayern München n. V. 6:6 und 2:3.
Endspiel: Bayern München – Borussia Mönchengladbach n. V. 1:1; Bayern 7:6-Sieger im Elfmeterschießen.

1985

1. Runde: FV 08 Duisburg – Waldhof Mannheim 1:4; VfB Stuttgart – Rot-Weiß Oberhausen 5:4; VfL Osnabrück – Friesen Hänigsen n. V. 2:5; TSV Havelse – VfL Bochum n. V. 2:2 und 0:4; Altona 93 – Eintracht Trier 2:1; Bayer Leverkusen – 1. FC Kaiserslautern 5:0; 1. FC Paderborn – Hannover 96 1:4; 1. FC Köln – Stuttgarter Kickers 8:0; Borussia Mönchengladbach – Blau-Weiß 90 Berlin 4:1; TSV Ofterdingen – VfL Bochum Am. 0:1; Rot-Weiss Essen – 1. FC Saarbrücken 1:2; Olympia Bocholt – FC Schalke 04 1:3; Eintracht Braunschweig – Eintracht Frankfurt 1:3; SpVgg Bayreuth – SV Mettlach 7:0; 1. FC Nürnberg Am. – Südwest Ludwigshafen 1:0; Hertha BSC – Hessen Kassel 1:0; VfL Kellinghusen – Union Solingen 1:4; ASC Dudweiler – Borussia Dortmund 1:5; SV Darmstadt 98 – SC Freiburg 3:0; Arminia Bielefeld – 1. FC Nürnberg n. V. 1:3; SC Geislingen – Hamburger SV 2:0; SC Jülich 1910 – FC Rastatt 04 2:1; VfB Oldenburg – Bayer 05 Uerdingen 1:6; BV 08 Lüttringhausen – Bayern München 0:1; SC Herford – Kickers Offenbach 2:3; SV Schwetzingen – Alemannia Aachen 1:2; Fortuna Köln – MSV Duisburg n. V. 2:2 und n. V. 2:2, Elfmeterschießen 5:3; Eintracht Haiger – CSC 03 Kassel n. V. 2:1; SC Charlottenburg – Karlsruher SC n. V. 1:3; Bayern München Am. – SG Wattenscheid 09 3:5; OSC Bremerhaven – Werder Bremen 0:4; Fortuna Düsseldorf – SSV Ulm 46 2:0.
2. Runde: Borussia Dortmund – FC Schalke 04 n. V. 1:1 und 2:3; Bayer Uerdingen – Fortuna Düsseldorf 2:1; VfL Bochum Am. – VfB Stuttgart 1:2; SpVgg Bayreuth – Union Solingen 1:2; Friesen Hänigsen – Bayern München 0:8; 1. FC Nürnberg Am. – SC Jülich 1910 0:3; SC Geislingen – Kickers Offenbach 4:2; Altona 93 – Bayer Leverkusen 0:3; Eintracht Haiger – Karlsruher SC n. V. 1:0; Hertha BSC – Fortuna Köln n. V. 4:3; SG Wattenscheid 09 – Waldhof Mannheim 0:4; Werder Bremen – SV Darmstadt 98 5:0; 1. FC Saarbrücken – 1. FC Nürnberg 4:1; Borussia Mönchengladbach – Eintracht Frankfurt n. V. 4:2; Alemannia Aachen – VfL Bochum 3:0; Hannover 96 – 1. FC Köln 2:1.
Achtelfinale: Bayern München – Waldhof Mannheim 1:0; SC Jülich 1910 – Werder Bremen 2:4; SC Geislingen – Bayer Uerdingen 0:2; Eintracht Haiger – Union Solingen 0:8; Hannover 96 – FC Schalke 04 1:0; Alemannia Aachen – Borussia Mönchengladbach 0:2; VfB Stuttgart – 1. FC Saarbrücken n. V. 0:0 und n. V. 2:2, Elfmeterschießen 0:3; Hertha BSC – Bayer Leverkusen 0:4.
Viertelfinale: Union Solingen – Borussia Mönchengladbach 1:2; Bayer Leverkusen – Bayern München 1:3; Bayer Uerdingen – Werder Bremen 2:1; 1. FC Saarbrücken – Hannover 96 1:0.
Halbfinale: 1. FC Saarbrücken – Bayer Uerdingen 0:1; Bayern München – Borussia Mönchengladbach n. V. 1:0.
Endspiel: Bayer Uerdingen – Bayern München 2:1.

1986

1. Runde: 1. FC Kaiserslautern – Eintracht Frankfurt 3:1; VfL Bochum – Hamburger SV 3:2; VfB Stuttgart – Eintracht Braunschweig 6:3; Hannover 96 – SC Freiburg 3:1; Hertha BSC – Bayer Leverkusen 2:5; SG Wattenscheid 09 – Borussia Mönchengladbach 2:5; Kickers Offenbach – Bayern München 1:3; SV Weil – Werder Bremen 0:7; SpVgg Ansbach – Waldhof Mannheim 0:3; TSV München 1860 – 1. Köln 2:4; VfR Bürstadt – Bayer Uerdingen 1:3; Altona 93 – Fortuna Düsseldorf n. V. 2:3; Spfr. Eisbachtal – FC Schalke 04 1:2; SC Neukirchen – Borussia Dortmund 2:9; 1. SC Göttingen 05 – 1. FC Saarbrücken 1:6; FV Ebingen – 1. FC Nürnberg 2:7; Blau-Weiß 90 Berlin – Fortuna Köln 3:0; Alemannia Aachen – Tennis Borussia Berlin 1:0; Eintracht Trier – Karlsruher SC 3:0;1. FC Achterberg – VfL Osnabrück 0:2; Wuppertaler SV – Hessen Kassel 2:3; Borussia Neunkirchen – Rot-Weiß Oberhausen 3:2; Bremer SV – MSV Duisburg 1:3; SV Sandhausen – Union Solingen 1:0; FC Wangen – SV Darmstadt 98 2:1; FC St. Pauli – Arminia Bielefeld n. V. 2:0; SpVgg Plattling – Itzehoer SV 2:0; VfR Langelsheim – DSC Wanne-Eickel 2:5; TuS Paderborn-Neuhaus – 1. FC Köln Am. 5:3; VfL Erp – SSV Ulm 1846 1:2; FC Erbach – SC Birkenfeld 2:1; Stuttgarter Kickers – FC Homburg/Saar n. V. 3:3 und 1:4.
2. Runde: 1. FC Nürnberg – VfB Stuttgart 0:1; FC Schalke 04 – Borussia Mönchengladbach 3:1; 1. FC Kaiserslautern – 1. FC Köln n. V. 4:1; 1. FC Saarbrücken – Bayern München 1:3; Waldhof Mannheim

– VfL Osnabrück 4:1; Hannover 96 – Hessen Kassel 2:1; SpVgg Plattling – Bayer Leverkusen 0:2; TuS Paderborn-Neuhaus – Borussia Dortmund 2:4; DSC Wanne-Eickel – Werder Bremen 0:4; Alemannia Aachen – MSV Duisburg n. V. 4:3; FC Erbach – Blau-Weiß 90 Berlin 0:1; Borussia Neunkirchen – FC Homburg/Saar 1:3; SSV Ulm 1846 – FC St. Pauli 5:2; SV Sandhausen – FC Wangen 4:1; Eintracht Trier – Bayer Uerdingen n. V. 0:0 und 3:0; Fortuna Düsseldorf –VfL Bochum n. V. 1:1 und n. V. 2:2, Elfmeterschießen 1:3.

Achtelfinale: Waldhof Mannheim – Hannover 96 5:1; VfB Stuttgart – Werder Bremen 2:0; VfL Bochum – Bayern München n. V. 1:1 und 0:2; FC Homburg – Borussia Dortmund n. V. 1:3; Alemannia Aachen – FC Schalke 04 n. V. 1:2; SSV Ulm 1846 – 1. FC Kaiserslautern n. V. 3:4; Eintracht Trier – Bayer Leverkusen n. V. 1:3; SV Sandhausen – Blau-Weiß 90 Berlin 3:2.

Viertelfinale: Bayer Leverkusen – Waldhof Mannheim 0:1; SV Sandhausen – Borussia Dortmund 1:3; VfB Stuttgart – FC Schalke 04 6:2; 1. FC Kaiserslautern – Bayern München 0:3.

Halbfinale: Waldhof Mannheim – Bayern München 0:2; VfB Stuttgart – Borussia Dortmund 4:1.

Endspiel: Bayern München – VfB Stuttgart 5:2.

1987

1. Runde: SC Charlottenburg – SV Darmstadt 98 0:3; TSG Giengen – Hannover 96 1:3; Werder Bremen – Alemannia Aachen n. V. 0:0 und n. V. 0:0., Elfmeterschießen 6:7; Eintracht Frankfurt – Eintracht Braunschweig 3:1; Hamburger SV – Union Solingen 3:0; Rot-Weiß Lüdenscheid – 1. FC Saarbrücken n. V. 2:4; Tennis Borussia Berlin – Stuttgarter Kickers 0:5; Blau-Weiß Friedrichstadt – Hassia Bingen 1:0; VfL Wolfsburg – Karlsruher SC n. V. 2:2 und 1:4; Hertha BSC – Bayern München 1:2; DSC Wanne-Eickel – Blau-Weiß 90 Berlin 2:4; SV Sandhausen – Fortuna Köln 0:1; Viktoria Köln – SC Freiburg 2:5; Viktoria Goch – FC Homburg/Saar 0:3; 1. FC Amberg – Borussia Mönchengladbach 0:7; VfR Aalen – Fortuna Düsseldorf 0:2; 1. FSV Mainz 05 – FC Schalke 04 1:0; TSV Stelingen – Arminia Bielefeld 1:5; Bayer Uerdingen – VfB Stuttgart n. V. 6:4; SKV Mörfelden – Borussia Neunkirchen 1:3; SV Meppen – MSV Duisburg 1:2; SpVgg Bayreuth – SG Wattenscheid 09 n. V. 0:3; Rot-Weiß Oberhausen – Borussia Dortmund 1:3; FC Emmendingen – 1. FC Köln 0:4; Bayer Leverkusen – VfL Osnabrück 6:0; VfL Hamm – FC Gütersloh n. V. 1:1 und n. V. 2:2, Elfmeterschießen 4:5; TSV München 1860 – FC Augsburg n. V. 1:5; Viktoria Aschaffenburg – Waldhof Mannheim 1:2; VfL Bochum – FC St. Pauli 1:2; Bremer SV – Hessen Kassel n. V. 2:2 und n. V. 1:1, Elfmeterschießen 5:4; BVL 08 Remscheid – 1. FC Kaiserslautern 3:0; FSV Frankfurt – 1. FC Nürnberg 2:8.

2. Runde: FC Augsburg – Hamburger SV 1:2; MSV Duisburg – SG Wattenscheid 09 n. V. 1:1 und 1:2; Fortuna Köln – SC Freiburg n. V. 1:1 und 2:1; Arminia Bielefeld – Karlsruher SC 0:2; Alemannia Aachen – 1. FC Saarbrücken 4:0; Bayer Uerdingen – 1. FC Nürnberg 3:2; FC Homburg/Saar – Bayern München 1:3; FC Gütersloh – Blau-Weiß 90 Berlin 0:5; Fortuna Düsseldorf – Bayer Leverkusen n. V. 2:1; 1. FC Köln – Waldhof Mannheim 3:1; Bremer SV – FC St. Pauli 0:3; Blau-Weiß Friedrichstadt – SV Darmstadt 98 1:2; Borussia Neunkirchen – Stuttgarter Kickers 2:3; 1. FSV Mainz 05 – Eintracht Frankfurt n. V. 0:1; Bor. Mönchengladbach – Borussia Dortmund 6:1; BVL 08 Remscheid – Hannover 96 n. V. 3:3 und 1:2.

Achtelfinale: Fortuna Düsseldorf – Bayern München 3:0; SG Wattenscheid 09 – Eintracht Frankfurt 1:3; Stuttgarter Kickers – Hannover 96 2:0; Hamburger SV – FC St. Pauli 6:0; Blau-Weiß 90 Berlin – Karlsruher SC 1:2; Fortuna Köln – SV Darmstadt 98 n. V. 0:2; Alemannia Aachen – Borussia Mönchengladbach n. V. 0:2; Bayer Uerdingen – 1. FC Köln 3:1.

Viertelfinale: SV Darmstadt 98 – Hamburger SV 0:1; Fortuna Düsseldorf – Karlsruher SC 1:0; Borussia Mönchengladbach – Bayer Uerdingen 9:2; Stuttgarter Kickers – Eintracht Frankfurt 3:1.

Halbfinale: Hamburger SV – Bor. Mönchengladbach 1:0; Stuttgarter Kickers – Fortuna Düsseldorf 3:0.

Endspiel: Hamburger SV – Stuttgarter Kickers 3:1.

1988

1. Runde: Südwest Ludwigshafen – Fortuna Köln 1:6; FC St. Pauli – Blau-Weiß 90 Berlin n. V. 0:3; 1. FC Pforzheim – 1. FC Saarbrücken 3:2; TSV Verden – Werder Bremen 0:4; Eintracht Frankfurt – FC Schalke 04 3:2; VfB Oldenburg – VfL Bochum n. V. 0:0 und 1.4, VfL Wolfsburg – Hannover 96 3:0; 1. FC Kaiserslautern – Waldhof Mannheim n. V. 3:1; Hamburger SV – FC Homburg/Saar 3:0; Borussia Mönchengladbach – Bayer Leverkusen n. V. 2:1; 1. FC Köln – VfB Stuttgart 3:0; Rot-Weiss Essen – Bayern München 1:3; VfR Aachen-Forst – Karlsruher SC 0:5; SV Heidingsfeld – Bayer Uerdingen 1:2; Arminia Bielefeld – SC Freiburg n. V. 1:4; TuS Paderborn-Neuhaus – Stuttgarter Kickers 0:5; RSV Würges – Fortuna Düsseldorf 0:3; TSV Vestenbergsgreuth – SV Darmstadt 98 0:4; SV St. Ingbert – Union Solingen 0:2; Viktoria Aschaffenburg – SG Wattenscheid 09 4:0; VfR Aalen – Alemannia Aachen 1:2; FSV Salmrohr – VfL Osnabrück 2:0; VfL Hamm – Hessen Kassel 2:7; VfB Dillingen – TSG Giengen 0:1; Werder Bremen Am. – MTV Ingolstadt 5:1; Eintracht Braunschweig – 1. FC Nürnberg 2:3; KSV

Baunatal – SSV Ulm 1846 n. V. 1:1 und 1:2; Offenburger FV – Borussia Dortmund n. V. 3:3 und 0:5; Viktoria Köln – Hertha BSC 1:3; VfB Lübeck – Schwarz-Weiß Essen 1:2; Concordia Hamburg – SpVgg Erkenschwick n. V. 3:0; Preußen Münster – Rot-Weiß Oberhausen n. V. 1:1 und 2:0.
2. Runde: 1. FC Kaiserslautern – Blau-Weiß 90 Berlin 4:3; Werder Bremen Am. – Hamburger SV 1:3; Preußen Münster – Alemannia Aachen n. V. 2:2 und 1:0; TSG Giengen – VfL Bochum n. V. 1:2; Hertha BSC – Bayer Uerdingen 1:2;1. FC Pforzheim – Concordia Hamburg 2:0; Viktoria Aschaffenburg – 1. FC Köln 1:0; Eintracht Frankfurt – SSV Ulm 1846 3:0; Hessen Kassel – Stuttgarter Kickers 3:1; Karlsruher SC – 1. FC Nürnberg n. V. 1:1 und 1:2; Fortuna Köln – SC Freiburg 1:0; Union Solingen – Fortuna Düsseldorf 1:2, FSV Salmrohr – Borussia Dortmund 0:1; Schwarz-Weiß Essen – SV Darmstadt 98 1:0; Borussia Mönchengladbach – Bayern München n. V. 2:2 und n. V. 2:3; VfL Wolfsburg – Werder Bremen n. V. 4:5.
Achtelfinale: Fortuna Düsseldorf – Eintracht Frankfurt 0:1; Preußen Münster – Fortuna Köln 2:3; Bayer Uerdingen – Borussia Dortmund n. V. 3:3 und 2:1; 1. FC Pforzheim – Werder Bremen n. V. 1:1 und 1:3; Hessen Kassel – Viktoria Aschaffenburg 0:1; 1. FC Kaiserslautern – Hamburger SV 1:2; Bayern München – 1. FC Nürnberg 3:1; Schwarz-Weiß Essen – VfL Bochum 0:1.
Viertelfinale: Hamburger SV – Bayern München 2:1; Viktoria Aschaffenburg – Werder Bremen 1:3; Eintracht Frankfurt – Bayer Uerdingen 4:2; VfL Bochum – Fortuna Köln 4:1.
Halbfinale: VfL Bochum – Hamburger SV 2:0; Werder Bremen – Eintracht Frankfurt 0:1.
Endspiel: Eintracht Frankfurt – VfL Bochum 1:0.

1989

1. Runde: 1. FC Kaiserslautern – FC St. Pauli 2:1; Werder Bremen – Hannover 96 4:1; Karlsruher SC – Stuttgarter Kickers 2:1; Borussia Dortmund – Eintracht Braunschweig 6:0; 1. FC Köln – SV Darmstadt 98 6:1; Bayern München – Blau-Weiß 90 Berlin 11:2; FC Schalke 04 – Borussia Mönchengladbach n. V. 1:1 und 2:1; SV Meppen – Bayer Uerdingen 1:2; SSV Ulm 1846 – 1. FC Nürnberg 1:4; VfL Wolfsburg – Eintracht Frankfurt n. V. 1:1 und 1:6; SKG Heidelberg – Waldhof Mannheim 1:3; Arminia Bielefeld – VfL Bochum n. V. 0:0 und n. V. 1:4; SV Ottfingen – VfB Stuttgart 0:5; BSC Erlangen – Bayer Leverkusen 0:5; MSV Duisburg – Hamburger SV n. V. 3:5; SG Wattenscheid 09 – VfL Osnabrück n. V. 1:1 und 1:2; Fortuna Köln – Fortuna Düsseldorf 1:0; TSV Verden – Rot-Weiss Essen 1:2; FC Augsburg – Alemannia Aachen 1:4; Germania Dörnigheim – SpVgg Bayreuth 0:5; SG Düren 99 – Kickers Offenbach 1:3; TBV Lemgo – FC Homburg/Saar 0:4; FSV Salmrohr – SC Freiburg 2:0; STV Horst Emscher – Union Solingen n. V. 0:0 und 1:5; Wormatia Worms – 1. FC Saarbrücken 1:3; VfL Kirchheim/Teck – SV Wehen 1:2; TuS Hoisdorf – Rot-Weiß Oberhausen 3:0; SSV Reutlingen – Spfr. Hamborn 07 2:1; Türkiyemspor Berlin – FC Emmendingen 0:2; Meiendorfer SV Hamburg – TSV Osterholz-Tenever 0:1; BVL 08 Remscheid – SpVgg Landshut 2:3; FC Bitburg – Saar 05 Saarbrücken 1:3.
2. Runde: 1. FC Köln – Waldhof Mannheim 1:2;1. FC Nürnberg – Karlsruher SC n. V. 1:1 und 0:1; VfB Stuttgart – VfL Bochum n. V. 3:2; Bayer Uerdingen – Eintracht Frankfurt n. V. 5:4; VfL Osnabrück – Hamburger SV 0:1; Werder Bremen – SpVgg Bayreuth 6:1; 1. FC Kaiserslautern – Kickers Offenbach 5:0; Borussia Dortmund – FC Homburg/Saar 2:1; TuS Hoisdorf – Bayern München 0:4; TSV Osterholz-Tenever – Bayer Leverkusen 0:6; Union Solingen – Fortuna Köln n. V. 2:2 und 2:5; Saar 05 Saarbrücken – FC Schalke 04 n. V. 3:3 und 1:7; SSV Reutlingen – Rot-Weiss Essen n. V. 1:1 und 1:3; SpVgg Landshut – Alemannia Aachen 1:2; FSV Salmrohr – 1. FC Saarbrücken n. V. 0:1; FC Emmendingen – SV Wehen 1:3.
Achtelfinale: FC Schalke 04 – Borussia Dortmund 2:3; Bayer Leverkusen – Waldhof Mannheim 5:2; SV Wehen – 1. FC Kaiserslautern 2:3; Bayern München – Karlsruher SC 3:4; Alemannia Aachen – Bayer Uerdingen 1:4; Werder Bremen – Fortuna Köln n. V. 3:1; Hamburger SV – Rot-Weiss Essen 3:1; VfB Stuttgart – 1. FC Saarbrücken n. V. 2:0.
Viertelfinale: Borussia Dortmund – Karlsruher SC 1:0; Bayer Leverkusen – Bayer Uerdingen 2:0; VfB Stuttgart – 1. FC Kaiserslautern 4:0; Hamburger SV – Werder Bremen 0:1.
Halbfinale: Borussia Dortmund – VfB Stuttgart 2:0; Bayer Leverkusen – Werder Bremen 1:2.
Endspiel: Borussia Dortmund – Werder Bremen 4:1.

1990

1. Runde: VfL Bückeburg – Eintracht Braunschweig 0:2; Rot-Weiß Frankfurt – Waldhof Mannheim 0:1; Arminia Hannover – FC Homburg/Saar 2:1; FC St. Pauli – Werder Bremen 1:2; Kickers Offenbach – Bayer Uerdingen 2:1; VfR Sölde – 1. FC Köln (in Holzwickede) 0:3; Eintracht Frankfurt – Bayern München 0:1; Hamburger SV – MSV Duisburg 2:4; Hannover 96 – Borussia Mönchengladbach 0:3; VfL Wolfsburg – VfB Stuttgart 1:3; Bayer Leverkusen Am. – 1. FC Kaiserslautern 0:1; Hertha Zehlendorf – 1. FC Nürnberg 0:4; SpVgg Plattling – Fortuna Düsseldorf n. V. 1:2; 1. FC Saarbrücken – SV Meppen 3:1; Rot-Weiss Essen – SG Wattenscheid 09 1:2; VfL Osnabrück – FC Schalke 04 n. V. 3:1; SV Langenau – Stuttgarter Kickers 0:6; SC Jülich 1910 – Blau-Weiß 90 Berlin n. V. 2:2 und 0:1; FC Wangen – SV Darmstadt 98 0:3; 1. FC Pforzheim – SpVgg Bayreuth 4:1; 1. FC Schweinfurt 05 – Altona 93 1:0; TSG

Pfeddersheim – VfB Gaggenau 2:0; SC Geislingen – TSV München 1860 0:3; SV Edenkoben – Saar 05 Saarbrücken 1:0; Borussia Dortmund – Fortuna Köln 3:0; SV Wiesbaden – VfL Bochum 0:2; Werder Bremen Am. – Bayer Leverkusen 1:4; Union Solingen – SC Freiburg n. V. 1:3; FC Gütersloh – Hertha BSC n. V. 1:1 und 1:0; FSV Salmrohr – TuS Hoisdorf 1:3; Viktoria Aschaffenburg – Karlsruher SC 2:6; 1. FSV Mainz 05 – Alemannia Aachen 2:0.

2. Runde: Borussia Mönchengladbach – 1. FC Nürnberg 4:1; Bayern München – Waldhof Mannheim 2:0; SC Freiburg – Karlsruher SC 1:2; SV Darmstadt 98 – Bayer Leverkusen 1:0; Stuttgarter Kickers – Werder Bremen 2:3; Borussia Dortmund – Eintracht Braunschweig 2:3; Fortuna Düsseldorf – 1. FC Saarbrücken 4:0; 1. FC Pforzheim – VfL Bochum 1:0; Arminia Hannover – 1. FC Köln 2:4; 1. FSV Mainz 05 – 1. FC Kaiserslautern 1:3; FC Gütersloh – VfB Stuttgart n. V. 0:2; SG Wattenscheid 09 – VfL Osnabrück 0:2; SV Edenkoben – MSV Duisburg n. V. 1:2; 1. FC Schweinfurt 05 – Blau-Weiß 90 Berlin 4:2; TSG Pfeddersheim – Kickers Offenbach 1:3; TuS Hoisdorf – TSV München 1860 0:2.

Achtelfinale: TSV München 1860 – Werder Bremen 1:2; 1. FC Kaiserslautern – 1. FC Köln 2:1; VfB Stuttgart – Bayern München 3:0; Kickers Offenbach – Borussia Mönchengladbach n. V. 1:0; 1. FC Schweinfurt 05 – Eintracht Braunschweig 0:2; 1. FC Pforzheim – Fortuna Düsseldorf 1:3; MSV Duisburg – Darmstadt 98 4:1; VfL Osnabrück – Karlsruher SC 3:2.

Viertelfinale: Werder Bremen – VfB Stuttgart 3:0; 1. FC Kaiserslautern – Fortuna Düsseldorf 3:1; Eintracht Braunschweig – VfL Osnabrück 3:2; Kickers Offenbach – MSV Duisburg n. V. 1:1 und 1:0.

Halbfinale: Werder Bremen – Eintr. Braunschweig 2:0; Kickers Offenbach – 1. FC Kaiserslautern 0:1.

Endspiel: 1. FC Kaiserslautern – Werder Bremen 3:2.

1991

1. Runde: Waldhof Mannheim – VfL Bochum 3:2; Alemannia Aachen – Bayer Uerdingen n. V. 0:1; FV 09 Weinheim – Bayern München 1:0; Eintracht Haiger – Borussia Mönchengladbach 1:2; Kilia Kiel – FC St. Pauli 1:4; VfL Wolfsburg – 1. FC Köln 1:6; Eintracht Trier – VfB Stuttgart 0:1; ASC Schöppingen – Eintracht Frankfurt 1:2; DSC Wanne-Eickel – Hertha BSC 1:3; Werder Bremen Am. – SG Wattenscheid 09 1:3; SpVgg Fürth – Borussia Dortmund 3:1; SpVgg Weiden – Werder Bremen 1:2; Borussia Neunkirchen – Fortuna Düsseldorf n. V. 2:3; Victoria Hamburg – Bayer Leverkusen 0:5; 1. SC Göttingen 05 – Hamburger SV 0:4; SSV Reutlingen – Karlsruher SC n. V. 3:6; Südwest Ludwigshafen – 1. FC Kaiserslautern 1:7; FC Miltach – 1. FC Nürnberg 1:3; Stuttgarter Kickers – SV Darmstadt 98 4:0; SpVgg Unterhaching – FC Schalke 04 0:1; Hessen Kassel – FC Homburg/Saar 1:0; FC Wangen – Rot-Weiss Essen 1:2; FSV Frankfurt – Preußen Münster 3:4 n. V.; Teutonia Waltrop – Eintracht Braunschweig 0:1; Türkiyemspor Berlin – 1. FC Saarbrücken 2:6; SC Pfullendorf – MSV Duisburg 0:2; Viktoria Köln – VfL Osnabrück 2:4; SpVgg Bayreuth – Blau-Weiß 90 Berlin 0:3; SV Hilden-Nord – SC Freiburg n. V. 2:1; TuS Bersenbrück – Hannover 96 0:4; SV Ludweiler – SV Meppen 0:3; FC Remscheid – Fortuna Köln n. V. 3:2.

2. Runde: Werder Bremen – FC St. Pauli 2:0; SpVgg Fürth – 1. FC Saarbrücken 0:1; SV Hilden-Nord – Preußen Münster 0:4; FC Schalke 04 – Eintracht Braunschweig 4:0; Bayer Leverkusen – Bayer Uerdingen 0:1; Eintracht Frankfurt – 1. FC Nürnberg n. V. 0:0 und n. V. 2:0; Karlsruher SC – VfB Stuttgart 0:2; 1. FC Kaiserslautern – 1. FC Köln 1:2; Fortuna Düsseldorf – Blau-Weiß 90 Berlin n. V. 0:0 und 0:1; Hertha BSC – MSV Duisburg 1:2; Hannover 96 – Hamburger SV n. V. 0:0 und 1:2; FV 09 Weinheim – Rot-Weiss Essen 1:3; FC Remscheid – Borussia Mönchengladbach 1:0; Hessen Kassel – Stuttgarter Kickers 3:2; SV Meppen – Waldhof Mannheim 2:0; VfL Osnabrück – SG Wattenscheid 09 n. V. 1:2.

Achtelfinale: Preußen Münster – VfB Stuttgart 0:1; Werder Bremen – FC Schalke 04 3:1; Bayer Uerdingen – Rot-Weiss Essen n. V. 4:2; 1. FC Köln – SV Meppen 1:0; MSV Duisburg – Blau-Weiß 90 Berlin n. V. 3:2; 1. FC Saarbrücken – Eintracht Frankfurt n. V. 0:0 und n. V. 2:3; Hamburger SV – SG Wattenscheid 09 1:2; FC Remscheid – Hessen Kassel n. V. 2:3.

Viertelfinale: Bayer Uerdingen – MSV Duisburg 1:4; Eintracht Frankfurt – SG Wattenscheid 09 3:1; Hessen Kassel – Werder Bremen 0:2;1. FC Köln – VfB Stuttgart n. V. 1:0.

Halbfinale: MSV Duisburg – 1. FC Köln n. V. 0:0 und 0:3; Eintracht Frankfurt – Werder Bremen n. V. 2:2 und 3:6.

Endspiel: Werder Bremen – 1. FC Köln n. V. 1:1, Elfmeterschießen 4:3.

1992

Qualifikation Nordost, 1. Runde: Motor Eberswalde – Stahl Hennigsdorf 5:1; Rot-Weiß Prenzlau – Bergmann-Borsig Berlin 2:8; Victoria Frankfurt/O. – Rotation Berlin 4:2; Aktivist Schwarze Pumpe – Lok/Altmark Stendal 2:1; Greifswalder SC – Post Neubrandenburg 3:1; Stahl Riesa – Anhalt Dessau 5:1; Wismut Aue – 1. FC Markkleeberg 3:0; Soemtron Sömmerda – Wismut Gera 1:2; Kali-Werra Tiefenort – Motor Weimar 1:6; BSV Borna – Stahl Thale 1:4; Energie Cottbus – Wacker Nordhausen 0:2; Fortschritt Bischofswerda (gegen Hafen Rostock), Chemnitzer SV 51 (bei Germania Ilmenau), 1. Suhler SV 06 (bei TSG Meißen) kampflos weiter, da die Gegner nicht antraten; Glückauf Brieske-Senftenberg Freilos, TSV 1860 Stralsund zog zurück.

2. Runde: Bergmann-Borsig Berlin – Wismut Gera 3:1; Motor Eberswalde – Aktivist Schwarze Pumpe n. V. 1:1, Elfmeterschießen 3:4; Stahl Thale – Greifswalder SC n. V. 2:2, Elfmeterschießen 4:5; Wismut Aue – Glückauf Brieske-Senftenberg 2:1; Chemie Guben – Fortschritt Bischofswerda 4:3; Chemnitzer SV 51 – 1. Suhler SV 06 0:1; Stahl Riesa – Motor Weimar 3:1; Wacker Nordhausen kampflos weiter, da Victoria Frankfurt/O. nicht antrat.

3. Runde: Wismut Aue – Aktivist Schwarze Pumpe 4:2; Wacker Nordhausen – Bergmann-Borsig Berlin 2:3; Chemie Guben – 1. Suhler SV 06 2:4; Greifswalder SC – Stahl Riesa n. V. 3:3, Elfmeterschießen 5:3 – Die vier Sieger sind für die 1. Runde qualifiziert.

1. Runde (Freilos: 20 Bundesligisten und 20 Amateurklubs): Viktoria Herxheim – FC St. Pauli n. V. 2:3; Wismut Aue – VfB Leipzig n. V. 2:4; ESV Lok Cottbus – VfB Oldenburg 0:3; 1. FC Schweinfurt 05 – Waldhof Mannheim 1:6; SC Jülich 1910 – Hertha BSC 2:1; Arminia Bielefeld – 1. FSV Mainz 05 1:0; Karlsruher SC Am. – SV Meppen 1:0; SpVgg Fürth – Carl Zeiss Jena 1:0; Greifswalder SC – Stahl Brandenburg n. V. 2:2, Elfmeterschießen 3:2; SV 1910 Kahla – Rot-Weiß Erfurt 1:4; SpVgg Weiden – SV Darmstadt 98 n. V. 1:2; SpVgg Unterhaching – Bayer Uerdingen n. V. 0:0, Elfmeterschießen 1:3; Marathon 02 Berlin – Hannover 96 0:7; SC Neukirchen – Hallescher FC 1:3; Freiburger FC – Chemnitzer FC 3:1; FC Berlin – SC Freiburg 0:2; Eintracht Glas/Chemie Wirges – FC Homburg/Saar 1:6; Blau-Weiß Parchim – Eisenhüttenstädter FC Stahl 1:0; Türkiyemspor Berlin – Blau-Weiß 90 Berlin 2:1; Bremer SV – Fortuna Köln 0:7; Preußen Münster – VfL Osnabrück 1:2; Borussia Dortmund Am. – 1. FC Saarbrücken 2:5; SpVgg Ludwigsburg – Eintr. Braunschweig n. V. 3:2; SpVgg Zschopau – Rot-Weiß Hasborn n. V. 2:3.

2. Runde: Borussia Mönchengladbach – SG Wattenscheid 09 2:0; Greifswalder SC – Dynamo Dresden 0:2; Werder Bremen Am. – VfB Stuttgart 1:5; MSV Duisburg – 1. FC Kaiserslautern n. V. 0:2; Werder Bremen – Hamburger SV 3:1; Bayern München – FC Homburg/Saar n. V. 2:4; Hansa Rostock – SV Darmstadt 98 3:1; Fortuna Düsseldorf – FC St. Pauli 2:1; VfL Bochum – Hannover 96 2:3; Rot-Weiß Erfurt – FC Schalke 04 2:1; Arminia Bielefeld – Borussia Dortmund 0:2; TSV Havelse – 1. FC Nürnberg n. V. 1:1, Elfmeterschießen 4:2; SpVgg Ludwigsburg – Eintracht Frankfurt 1:6; Blau-Gelb Berlin – VfB Leipzig 0:5; Holstein Kiel – Bayer Uerdingen 1:2; Bergmann-Borsig Berlin – SC Freiburg 2:1; SpVgg Brakel – Fortuna Köln 0:3; SpVgg Fürth – Waldhof Mannheim 0:3; Rot-Weiß Hasborn – VfL Osnabrück n. V. 1:1, Elfmeterschießen 5:4; TSG Backnang – 1. Suhler SV 06 1:3; VfL Wolfsburg – Viktoria Aschaffenburg n. V. 4:3; Viktoria Köln – Blau-Weiß Parchim 2:0; Rot-Weiß Wernigerode – 1. FC Köln 0:4; Freiburger FC – Karlsruher SC Am. 3:2; SSV Reutlingen – TSV Krähenwinkel 4:1; Rot-Weiss Essen – Karlsruher SC 0:2; Türkiyemspor Berlin – Stuttgarter Kickers 0:4; Eintracht Trier – Bayer Leverkusen 0:2; FC Remscheid – VfB Oldenburg 2:0; Hamburger SV Am. – Hallescher FC 1:0; SC 08 Bamberg – 1. FC Saarbrücken 4:1; Arminia Hannover – SC Jülich 1910 1:5.

3. Runde: Fortuna Düsseldorf – Werder Bremen 1:3; Bayer Leverkusen – 1. FC Köln 2:0; Eintracht Frankfurt – Karlsruher SC 0:1; Stuttgarter Kickers – VfB Leipzig n. V. 3:1; Borussia Dortmund – Hannover 96 2:3; FC Homburg/Saar – 1. FC Kaiserslautern n. V. 0:0, Elfmeterschießen 1:3; Fortuna Köln – Hansa Rostock n. V. 5:3; 1. Suhler SV 06 – Dynamo Dresden 0:5; VfL Wolfsburg – VfB Stuttgart 1:3; SC Jülich 1910 – Bor. Mönchengladbach 0:1; FC Remscheid – Bayer Uerdingen 1:3; SSV Reutlingen – Rot-Weiß Erfurt 3:1; Freiburger FC – Rot-Weiß Hasborn 1:0; Hamburger SV Am. – Bergmann-Borsig Berlin n. V. 2:2, Elfmeterschießen 6:5; SC 08 Bamberg – TSV Havelse 4:0; Viktoria Köln – Waldhof Mannheim 1:0.

Achtelfinale: SSV Reutlingen – Bayer Leverkusen n. V. 2:3; Werder Bremen – Dynamo Dresden 4:1; Borussia Mönchengladbach – Fortuna Köln 2:0; Hannover 96 – Bayer Uerdingen 1:0; Freiburger FC – VfB Stuttgart 1:6; SC 08 Bamberg – 1. FC Kaiserslautern 0:1; Viktoria Köln – Stuttgarter Kickers n. V. 1:2; Hamburger SV Am. – Karlsruher SC 0:1.

Viertelfinale: Borussia Mönchengladbach – Stuttgarter Kickers 2:0; Bayer Leverkusen – VfB Stuttgart n. V. 1:0; Hannover 96 – Karlsruher SC 1:0; Werder Bremen – 1. FC Kaiserslautern 2:0.

Halbfinale: Hannover 96 – Werder Bremen n. V. 1:1, Elfmeterschießen 6:5; Borussia Mönchengladbach – Bayer Leverkusen n. V. 2:2, Elfmeterschießen 2:0.

Endspiel: Hannover 96 – Borussia Mönchengladbach n. V. 0:0, Elfmeterschießen 4:3.

1993

1. Runde (Freilos: 23 Amateurvereine und 22 Zweitligisten): Stahl Brandenburg – 1. FC Kaiserslautern 0:2; Wacker Nordhausen – 1. FC Köln 0:8; FC Gundelfingen – Bayer Uerdingen 0:1; TSV München 1860 – Dynamo Dresden 1:2; Bayer Leverkusen Am. – Hamburger SV n. V. 2:2, Elfmeterschießen 7:8; OT Bremen – 1. FC Nürnberg 1:7; SV Wehen – Eintracht Frankfurt 2:3 (in Wiesbaden); Kickers Emden – 1. FC Saarbrücken 1:5; Fortuna Düsseldorf Am. – Borussia Mönchengladbach 1:2; Jahn Regensburg – VfB Lübeck 2:1; Hallescher FC – Borussia Dortmund 1:4; SpVgg Fürth – VfL Bochum 0:2; Lüneburger SK – Karlsruher SC 0:3; 1. SC Göttingen 05 – FC Schalke 04 1:3; FSV Salmrohr – SG Wattenscheid

09 2:0; SC Jülich 1910 – Werder Bremen n. V. 1:5; Spfr. Siegen – VfB Stuttgart 0:6; ASV Bergedorf 85 – Bayer Leverkusen 1:3; Borussia Neunkirchen – Bayern München 0:6

2. Runde: Viktoria Aschaffenburg – VfL Osnabrück 0:6; MSV Duisburg – 1. FC Köln n. V. 0:0, Elfmeterschießen 4:3; Karlsruher SC – Hamburger SV 4:2; VfL Bochum – Hannover 96 1:2; Fortuna Köln – SV Meppen 0:1; Bischofswerdaer FV 08 – VfB Oldenburg 3:0; Rot-Weiß Erfurt – Bayer Uerdingen n. V. 0:0, Elfmeterschießen 2:4; SC 08 Bamberg – Eintracht Frankfurt 1:3; Spfr. Ricklingen – SC Verl n. V. 5:4; Freiburger FC – 1. FSV Mainz 05 0:3; Stuttgarter Kickers – Chemnitzer FC 1:2; Wormatia Worms – Fortuna Düsseldorf 2:4; FC St. Pauli – 1. FC Nürnberg n. V. 2:3; Bayer Leverkusen – 1. FC Kaiserslautern 1:0; Werder Bremen Am. – Borussia Mönchengladbach 1:2; Carl Zeiss Jena – 1. FC Saarbrücken 2:1; FC Remscheid – SV Darmstadt 98 2:1; SSV Ulm 1846 – Post Neubrandenburg 2:1; SpVgg Plattling – Jahn Regensburg 2:1; Eisenhüttenstädter FC Stahl – Wuppertaler SV n. V. 1:1, Elfmeterschießen 5:4; SpVgg Beckum – Werder Bremen 0:7; SpVgg Bad Homburg – Eintracht Braunschweig 1:5; Hansa Rostock – VfB Stuttgart n. V. 2:0; TuS Hoppstädten – VfR Heilbronn 0:3; VfR Aalen – FC Homburg/Saar 1:2; Dynamo Dresden – VfB Leipzig, 2:3; Hertha BSC Am. – SGK Heidelberg 3:0; Lok/Altmark Stendal – FSV Salmrohr 0:1; Bor. Dortmund – Bayern München n. V. 2:2, Elfmeterrschießen 5:4; Rot-Weiss Essen – FC Schalke 04 2:0; SC Freiburg – Hertha BSC 2:4; Rot-Weiß Frankfurt – Waldhof Mannheim 3:4.

3. Runde: 1. FC Nürnberg – FC Remscheid n. V. 5:2; VfL Osnabrück – Borussia Mönchengladbach 4:1; Bayer Uerdingen – Hannover 96 0:1; Eintracht Frankfurt – Waldhof Mannheim n. V. 4:1; Werder Bremen – FSV Mainz 05 3:1; SSV Ulm 1846 – Borussia Dortmund 1:3; Bischofswerdaer FV 08 – Karlsruher SC n. V. 0:1; VfR Heilbronn – Bayer Leverkusen 0:2; MSV Duisburg – Eintracht Braunschweig 3:1; Fortuna Düsseldorf – Hansa Rostock n. V. 2:2, Elfmeterschießen 3:0; SV Meppen – Hertha BSC n. V. 2:4; Spfr. Ricklingen – Chemnitzer FC 0:2; SpVgg Plattling – Carl Zeiss Jena 1:3; FSV Salmrohr – FC Homburg/Saar 0:1; Hertha BSC Am. – VfB Leipzig 4:2; Rot-Weiss Essen – Eisenhüttenstädter FC Stahl 3:2.

Achtelfinale: Carl Zeiss Jena – MSV Duisburg n. V. 3:2, FC Homburg/Saar – 1. FC Nürnberg n. V. 0:0, Elfmeterschießen 2:4; Hertha BSC Am. – Hannover 96 4:3; Bayer Leverkusen – Hertha BSC 1:0; Fortuna Düsseldorf – Karlsruher SC 0:1; Eintracht Frankfurt – VfL Osnabrück 3:1; Rot-Weiss Essen – Chemnitzer FC 0:1; Werder Bremen – Borussia Dortmund 2:0.

Viertelfinale: Hertha BSC Am. – 1. FC Nürnberg 2:1; Chemnitzer FC – Werder Bremen n. V. 2:1; Carl Zeiss Jena – Bayer Leverkusen 0:2; Karlsruher SC – Eintr. Frankfurt n. V. 1:1, Elfmeterschießen3:5.

Halbfinale: Eintracht Frankfurt – Bayer Leverkusen 0:3; Hertha BSC Am. – Chemnitzer FC 2:1.

Endspiel: Bayer Leverkusen – Hertha BSC Am. 1:0.

1994

1. Runde (Freilos: 11 Bundesligisten, 14 Zweitligisten, 27 Amateurvereine): Werder Bremen Am. – Bayern München 1:5; SV Sandhausen – Karlsruher SC 1:4; SpVgg Plattling – 1. FSV Mainz 05 4:3; Kilia Kiel – SC Freiburg 0:8; SV Ludweiler – Borussia Dortmund 1:4; Bayern München Am. – FC Homburg/Saar n. V. 2:1; 1. FC Pforzheim – 1. FC Kaiserslautern 0:4; FC Remscheid – Hertha BSC 2:3; SV Böblingen – MSV Duisburg 0:5; FSV Salmrohr – 1. FC Saarbrücken 1:3; VfL Osnabrück – Hannover 96 0:4; SpVgg Erkenschwick – Borussia Mönchengladbach 0:2.

2. Runde: TSV Havelse – Karlsruher SC 0:3; FC Schalke 04 – VfL Bochum n. V. 1:0; TSF Ditzingen – Hansa Rostock 0:2; 1. FC Magdeburg – Wuppertaler SV n. V. 3:3, Elfmeterschießen 5:4; FC Oberneuland – Chemnitzer FC 1:8; ASV Neumarkt – Tennis Borussia Berlin 0:4; SpVgg Plattling – Borussia Mönchengladbach 0:3; Spfr. Ricklingen – MSV Duisburg 0:1; FC Augsburg – Rot-Weiß Lüdenscheid 2:0; SV Darmstadt 98 – Bayern München Am. n. V. 1:2; SC Freiburg – Fortuna Köln 4:1; 1. FC Köln – Waldhof Mannheim 4:1; Hertha BSC – Hamburger SV n. V. 3:5; Alemannia Aachen – 1. FC Saarbrücken 0:3; Borussia Dortmund – Carl Zeiss Jena 0:1; Bayer Uerdingen – VfB Leipzig 1:0; Eisenhüttenstädter FC Stahl – SpVgg Unterhaching 0:2; SV Mettlach – SG Wattenscheid 09 0:2; Sachsen Leipzig – FC St. Pauli n. V. 2:2, Elfmeterschießen 3:4; VfB Gaggenau – Hannover 96 n. V. 1:3; SpVgg Marl – Borussia Fulda 3:2; Greifswalder SC – TSG Pfeddersheim 0:2; Eintracht Haiger – FTSV Elmshorn 3:1; 1. FC Bocholt – Rot-Weiss Essen 2:3; Kickers Offenbach – SV Meppen n. V. 4:2; Werder Bremen – Stuttgarter Kickers n. V. 2:1; Dynamo Dresden – VfL Wolfsburg n. V. 0:0, Elfmeterschießen 4:2; Fortuna Düsseldorf – Eintracht Frankfurt 0:2; Eintracht Braunschweig – VfB Oldenburg 4:3; Bayer Leverkusen – 1. FC Nürnberg 3:0; Carl Zeiss Jena Am. – Bayern München 0:2; VfB Stuttgart – 1. FC Kaiserslautern n. V. 2:6.

3. Runde: Borussia Mönchengladbach – Karlsruher SC n. V. 5:3 (annulliert, da KSC-Torhüter Kahn durch einen Kastanienwurf am Kopf getroffen wurde, Wiederholung in Düsseldorf: 1:0); SC Freiburg – Eintracht Frankfurt n. V. 5:3; FC Schalke 04 – Bayern München n. V. 2:3; Hannover 96 – Dynamo Dresden 2:3; 1. FC Saarbrücken – Hamburger SV 2:4; Chemnitzer FC – SG Wattenscheid 09 n. V. 1:2; 1. FC Magdeburg – Bayer Leverkusen 1:5; Eintracht Haiger – 1. FC Kaiserslautern n. V. 1:3; Bayern München Am. – 1. FC Köln n. V. 0:0, Elfmeterschießen 5:4; TSG Pfeddersheim – MSV Duisburg n. V. 1:3; Kickers Offenbach – Werder Bremen n. V. 1:1, Elfmeterschießen 3:5; Rot-Weiss Essen – FC St.

Pauli n. V. 3:2; Bayer Uerdingen – Carl Zeiss Jena 2:3; SpVgg Unterhaching – Hansa Rostock 1:2; Eintracht Braunschweig – Tennis Borussia Berlin 0:1; FC Augsburg – SpVgg Marl 3:0.
Achtelfinale: SC Freiburg – Hansa Rostock 3:0; FC Augsburg – Bayer Leverkusen n. V. 0:0, Elfmeterschießen 3:4; Carl Zeiss Jena – SG Wattenscheid 09 1:0; Werder Bremen – Hamburger SV 4:2; Rot-Weiss Essen – MSV Duisburg 4:2; Bayern München Am. – Tennis Borussia Berlin n. V. 3:3, Elfmeterschießen 4:5; Dynamo Dresden – Bayern München 2:1; Borussia Mönchengladbach – 1. FC Kaiserslautern 2:3.
Viertelfinale: Carl Zeiss Jena – Rot-Weiss Essen n. V. 0:0, Elfmeterschießen 5:6; SC Freiburg – Tennis Borussia Berlin 0:1; Dynamo Dresden – Bayer Leverkusen n. V. 1:1, Elfmeterschießen 5:4; Werder Bremen – 1. FC Kaiserslautern n. V. 2:2, Elfmeterschießen 4:3.
Halbfinale: Rot-Weiss Essen – Tennis Borussia Berlin 2.0, Dynamo Dresden – Werder Bremen 0:2.
Endspiel: Werder Bremen – Rot-Weiss Essen 3:1.

1995

1. Runde: FSV Salmrohr – VfB Leipzig 2:1; SSV Ulm 1846 – 1. FC Nürnberg n. V. 1:0; Spfr. Oesede Georgsmarienhütte – Karlsruher SC 1:6; Hallescher FC – Bayer Uerdingen 1:4; Kickers Offenbach – Hertha BSC 3:1; BSV Brandenburg – Bayer Leverkusen 0:11; Altona 93 – Borussia Dortmund 0:2; 1. FC Union Berlin – FC St. Pauli 2:3; SC Großrosseln – Hamburger SV 1:5; Stuttgarter Kickers – SC Freiburg 3:1; SV Linx – FC Schalke 04 1:2; Bayern München Am. – Werder Bremen 2:1; Sachsen Leipzig – TSV München 1860 n. V. 0:0, Elfmeterschießen 3:4; Rot-Weiß Erfurt – MSV Duisburg n. V. 0:2; Greifswalder SC – Borussia Mönchengladbach 1:4; SG Egelsbach – 1. FC Kaiserslautern 0:2; 1. SC Göttingen 05 – Eintracht Frankfurt 0:6; Alemannia Aachen – FC Homburg/Saar 0:2; Wuppertaler SV – Fortuna Köln 1:2; FC Schalke 04 Am. – VfL Wolfsburg 0:2; Holstein Kiel – 1. FC Saarbrücken 0:2; SV Edenkoben – Waldhof Mannheim 1:2; SV Meppen – Dynamo Dresden 0:1; FC Remscheid – 1. FC Köln 0:7; Carl Zeiss Jena – VfB Stuttgart 0:2; Tennis Borussia Berlin – Hansa Rostock 2:1; TuS Paderborn-Neuhaus – Chemnitzer FC n. V. 2:2, Elfmeterschießen 4:5; Preußen Münster – Hannover 96 0:5; Werder Bremen Am. – 1. FSV Mainz 05 0:1; Rot-Weiss Essen – VfL Bochum n. V. 0:2; Karlsruher SC Am. – SG Wattenscheid 09 1:3; TSV Vestenbergsgreuth – Bayern München (in Nürnberg) 1:0.
2. Runde: SG Wattenscheid 09 – 1. FC Köln 1:3; TSV München 1860 – Bayer Leverkusen n. V. 1:1, Elfmeterschießen 4:1; Eintracht Frankfurt – VfL Wolfsburg n. V. 0:0, Elfmeterschießen 3:4; SSV Ulm 1846 – VfB Stuttgart 0:1; FC Schalke 04 – Hamburger SV 3:2; Stuttgarter Kickers – FSV Salmrohr 4:0; TSV Vestenbergsgreuth – FC Homburg/Saar 5:1; Tennis Borussia Berlin – FC St. Pauli 3:4; Dynamo Dresden – Bayer Uerdingen 1:0; Fortuna Köln – VfL Bochum n. V. 2:1; Karlsruher SC – Waldhof Mannheim n. V. 1:1, Elfmeterschießen 3:2; Kickers Offenbach – Borussia Mönchengladbach 0:1; Hannover 96 – 1. FC Saarbrücken 0:2; Bayern München Am. – Chemnitzer FC n. V. 2:2, Elfmeterschießen 4:1; MSV Duisburg – FSV Mainz 0:2; 1. FC Kaiserslautern – Borussia Dortmund n. V. 6:3.
Achtelfinale: Borussia Mönchengladbach – FSV Mainz 05 6:4; 1. FC Saarbrücken – FC St. Pauli 1:4; 1. FC Köln – Dynamo Dresden 2:1; TSV München 1860 – FC Schalke 04 n. V. 1:2; TSV Vestenbergsgreuth – VfL Wolfsburg n. V. 1:1, Elfmeterschießen 3:4; Stuttgarter Kickers – Karlsruher SC 0:2; 1. FC Kaiserslautern – Fortuna Köln 7:3; Bayern München Am. – VfB Stuttgart n. V. 2:2, Elfmeterschießen 7:6.
Viertelfinale: 1. FC Kaiserslautern – FC St. Pauli 4:2; Bayern München Am. – VfL Wolfsburg 1:2; 1. FC Köln – Karlsruher SC 2:1; Borussia Mönchengladbach – FC Schalke 04 3:2.
Halbfinale: 1. FC Köln – VfL Wolfsburg 0:1; Bor. Mönchengladbach – 1. FC Kaiserslautern n. V. 1:0.
Endspiel: Borussia Mönchengladbach – VfL Wolfsburg 3:0.

1996

1. Runde: TSG Pfeddersheim – Borussia Dortmund n. V. 1:1, Elfmeterschießen 3:4; Fortuna Köln – 1. FC Kaiserslautern n. V. 3:4; SSV Ulm 1846 – Chemnitzer FC n. V. 2:3; FV Zeulenroda – FSV Zwickau 0:1; Werder Bremen Am. – SpVgg Unterhaching 0:2; SV Mettlach – Hertha BSC 0:4; FC Homburg/Saar – FC St. Pauli n. V. 2:1; 1. FC Nürnberg – Hansa Rostock 2:1; Dynamo Dresden – Fortuna Düsseldorf 1:3; VfL Osnabrück – Waldhof Mannheim n. V. 0:1; FSV Frankfurt – Carl Zeiss Jena 1:3; SpVgg Beckum – 1. FC Köln n. V. 0:0, Elfmeterschießen 4:3; Greifswalder SC – VfB Lübeck 4:1; Heider SV – SC Freiburg 1:6; SSV Vorsfelde – FC Schalke 04 0:5; Rot-Weiss Essen – Hannover 96 2:0; 1. FC Nürnberg Am. – Borussia Mönchengladbach 0:3; SC Neukirchen – 1. FSV Mainz 05 n. V. 2:2, Elfmeterschießen 5:6; 1. SC Norderstedt – SG Wattenscheid 09 0:1; VfB Gaggenau – TSV München 1860 1:6; FSV Salmrohr – VfB Leipzig 0:2; Sachsen Leipzig – VfL Bochum 2:1; Bayern München Am. – Werder Bremen 0:1; Energie Cottbus – SV Meppen 1:2; Tennis Borussia Berlin – Karlsruher SC 1:2; Arminia Bielefeld – Hamburger SV 2:1; MSV Duisburg – Bayer Leverkusen 0:2; 1. FC Saarbrücken – Eintracht Frankfurt n. V. 1:2; Lok/Altmark Stendal – VfL Wolfsburg 1:1 (wegen Dunkelheit abgebrochen), Wiederholung: n. V. 0:0, Elfmeterschießen 4:3; SV Sandhausen – VfB Stuttgart n. V. 2:2, Elfmeterschießen 13:12; 1. FC Köln Am. – KFC Uerdingen 05 0:2; Stuttgarter Kickers – Bayern München 0:1.

2. Runde: Fortuna Düsseldorf – Bayern München 3:1; VfB Leipzig – FC Schalke 04 0:1; SpVgg Beckum – SpVgg Unterhaching 2:3; Borussia Dortmund – KFC Uerdingen 05 3:0; 1. FC Kaiserslautern – SG Wattenscheid 09 3:0; SC Freiburg – Arminia Bielefeld 1:0; 1. FC Nürnberg – SV Meppen 2:1;TSV München 1860 – Eintracht Frankfurt 5:1; Lok/Altmark Stendal – Hertha BSC n. V. 3:2; Greifswalder SC – Rot-Weiss Essen 1:4; Sachsen Leipzig – Karlsruher SC 0:2; SV Sandhausen – FC Homburg/Saar 1:2; Carl Zeiss Jena – Chemnitzer FC 2:5; Bayer Leverkusen – Borussia Mönchengladbach 2:0; FSV Mainz 05 – Werder Bremen 2:3; Waldhof Mannheim – FSV Zwickau 2:0.
Achtelfinale: 1. FC Kaiserslautern – FC Schalke 04 1:0; SC Freiburg – Borussia Dortmund n. V. 0:1; 1. FC Nürnberg – Werder Bremen 3:2; SpVgg Unterhaching – Karlsruher SC 2:3; Fortuna Düsseldorf – Chemnitzer FC 3:1; FC Homburg/Saar – TSV München 1860 2:1; Rot-Weiss Essen – Bayer Leverkusen n. V. 4:4, Elfmeterschießen 1:4; Lok/Altmark Stendal – Waldhof Mannheim n. V. 2:2, Elfmeterschießen 5:4.
Viertelfinale: Lok/Altmark Stendal – Bayer Leverkusen n. V. 0:0, Elfmeterschießen 4:5; Fortuna Düsseldorf – 1. FC Nürnberg 1:0; FC Homburg/Saar – 1. FC Kaiserslautern n. V. 3:4; Borussia Dortmund – Karlsruher SC 1:3.
Halbfinale: 1. FC Kaiserslautern – Bayer Leverkusen 1:0; Karlsruher SC – Fortuna Düsseldorf 2:0.
Endspiel: 1. FC Kaiserslautern – Karlsruher SC 1:0.

1997

1. Runde: 1. FC Nürnberg – 1. FSV Mainz 05 1:0; Hamburger SV Am. – Arminia Bielefeld 1:3; FC Bremerhaven – Karlsruher SC 2:3; 1. FC Schweinfurt 05 – Hansa Rostock 2:5; SV Bonlanden – VfL Bochum n. V. 2:4; Rot-Weiß Oberhausen – FC St. Pauli 1:4; Tennis Borussia Berlin – Bayern München 0:3; FV Donaueschingen – 1. FC Köln 1:3; Bayer Leverkusen Am. – MSV Duisburg n. V. 1:3; SpVgg Greuther Fürth – 1. FC Kaiserslautern 1:0; Kickers Emden – Fortuna Düsseldorf 1:3; VfR Mannheim – Borussia Mönchengladbach 0:2; VfB Stuttgart – Fortuna Köln n. V. 0:0, Elfmeterschießen 4:1; KFC Uerdingen 05 – SC Freiburg 0:2; Greifswalder SC – SpVgg Unterhaching 0:3; Borussia Neunkirchen – VfB Leipzig n. V. 1:1, Elfmeterschießen 5:4; Wacker Nordhausen – TSV München 1860 1:5; Lok/Altmark Stendal – Hertha BSC 1:5; SSV Ulm 1846 – FC Schalke 04 0:2; SG Wattenscheid 09 – Borussia Dortmund n. V. 4:3; TuS Paderborn-Neuhaus – Hamburger SV 1:3; Chemnitzer FC – Waldhof Mannheim 0:1; FSV Salmrohr – VfB Oldenburg 1:3; Hannover 96 – FC Gütersloh 1:0; SV Wehen – VfB Lübeck 1:2; VfB Leipzig Am. – VfL Wolfsburg 0:4; Karlsruher SC Am. – Carl Zeiss Jena 2:0; Holstein Kiel – Eintracht Frankfurt 2:4; TSG Pfeddersheim – FSV Zwickau 1:2; Werder Bremen – Bayer Leverkusen n. V. 1:1, Elfmeterschießen 5:3; TSV Pansdorf – Energie Cottbus 1:4; Reinickendorfer Füchse – SV Meppen 0:2.
2. Runde: Karlsruher SC – Hansa Rostock 2:0; MSV Duisburg – VfB Lübeck n. V. 1:0; Borussia Neunkirchen – FC St. Pauli 1:3; SV Meppen – Eintracht Frankfurt 6:1; Energie Cottbus – VfL Wolfsburg 1:0; SpVgg Greuther Fürth – 1. FC Nürnberg 2:1; FSV Zwickau – 1. FC Köln n. V. 3:1; SG Wattenscheid 09 – Karlsruher SC Am. n. V. 0:0, Elfmeterschießen 2:4; VfB Oldenburg – Werder Bremen 1:2; Arminia Bielefeld – SpVgg Unterhaching 0:1; Fortuna Düsseldorf – Hamburger SV 1:4; FC Schalke 04 – VfL Bochum 2:3; Waldhof Mannheim – SC Freiburg 0:1; Hannover 96 – TSV München 1860 2:4; Hertha BSC – VfB Stuttgart n. V. 1:1, Elfmeterschießen 4:5; Bor. Mönchengladbach – Bayern München 1:2.
Achtelfinale: TSV München 1860 – Hamburger SV 1:2; FC St. Pauli – SpVgg Unterhaching 1:0; SC Freiburg – SV Meppen 2:1; Karlsruher SC Am. – VfL Bochum 0:1; Energie Cottbus – MSV Duisburg n. V. 2:2, Elfmeterschießen 5:4; SpVgg Greuther Fürth – Karlsruher SC (in Nürnberg) 1:3; VfB Stuttgart – FSV Zwickau 2:0; Bayern München – Werder Bremen 3:1.
Viertelfinale: Energie Cottbus – FC St. Pauli n. V. 0:0, Elfmeterschießen 5:4; Hamburger SV – VfL Bochum 2:1; SC Freiburg – VfB Stuttgart n. V. 1:1, Elfmeterschießen 2:4; Karlsruher SC – Bayern München 1:0.
Halbfinale: Energie Cottbus – Karlsruher SC 3:0; VfB Stuttgart – Hamburger SV 2:1.
Endspiel: VfB Stuttgart – Energie Cottbus 2:0.

1998

1. Runde: Hansa Rostock – Bayer Leverkusen 0:2; FSV Zwickau – FC Schalke 04 0:1; Chemnitzer FC – Karlsruher SC 1:3; SV Warnemünde – Borussia Dortmund 0:8; Rot-Weiß Oberhausen – Werder Bremen 0:2; SSV Ulm 1846 – 1. FC Köln 3:1; DJK Waldberg – Bayern München (in Nürnberg) 1:16; Rot-Weiss Essen – MSV Duisburg 1:2; Hamburger SV Am. – VfL Bochum 2:3; Borussia Mönchengladbach Am. – VfB Stuttgart 0:1; Hannover 96 – Borussia Mönchengladbach n. V. 1:1, Elfmeterschießen 5:3; Wacker Nordhausen – Hamburger SV 1:3; 1. FC Kaiserslautern Am. – 1. FC Kaiserslautern 0:5; Werder Bremen Am. – VfL Wolfsburg n. V. 2:3; TuS Celle – TSV München 1860 0:2; SSV Reutlingen – Arminia Bielefeld 0:3; Eisenhüttenstdter FC Stahl – Hertha BSC 0:4; VfB Leipzig – FC Gütersloh 2:1; Carl Zeiss Jena – FC St. Pauli n. V. 1:1, Elfmeterschießen 4:2; Waldhof Mannheim – SG Wattenscheid 09 2:2 n. V., Elfmeterschießen 4:3; TSV Pansdorf – Energie Cottbus 1:4;1. FC Saarbrücken – SC Freiburg 1:0; Alemannia Aachen – 1. FC Nürnberg n. V. 0:0, Elfmeterschießen 4:3; VfR Mannheim – Fortuna

Köln 6:2; Reinickendorfer Füchse – SV Meppen 0:2; VfB Lübeck – Fortuna Düsseldorf 2:1; FC Singen 04 – SpVgg Greuther Fürth 0:2; Preußen Münster – 1. FSV Mainz 05 n. V. 2:2, Elfmeterschießen 6:7; SC Neukirchen – KFC Uerdingen 05 0:2; VfL Halle 96 – Eintracht Frankfurt 0:4; Eintracht Trier – SpVgg Unterhaching 2:1; VfB Oldenburg – Stuttgarter Kickers 2:4.

2. Runde: Eintracht Trier – FC Schalke 04 1:0; Waldhof Mannheim – Energie Cottbus 4:3; Eintracht Frankfurt – Werder Bremen 3:0; Alemannia Aachen – VfB Leipzig n. V. 2:1; MSV Duisburg – VfL Bochum 1:0; VfL Wolfsburg – Bayern München n. V. 3:3, Elfmeterschießen 3:4; Karlsruher SC – Arminia Bielefeld n. V. 2:2, Elfmeterschießen 2:4; Hannover 96 – TSV München 1860 1:0; SSV Ulm 1846 – 1. FSV Mainz 05 4:1; VfB Stuttgart – Hertha BSC 2:0; SV Meppen – Stuttgarter Kickers 4:1; SpVgg Greuther Fürth – Borussia Dortmund (in Nürnberg) 2:4; 1. FC Saarbrücken – 1. FC Kaiserslautern 0:4; VfR Mannheim – Carl Zeiss Jena n. V. 1:1, Elfmeterschießen 3:4; Bayer Leverkusen – Hamburger SV n. V. 2:1; VfB Lübeck – KFC Uerdingen 05 1:4.

Achtelfinale: Eintracht Trier – Borussia Dortmund 2:1; 1. FC Kaiserslautern – Bayern München 1:2; Bayer Leverkusen – Arminia Bielefeld n. V. 1:1, Elfmeterschießen 4:3; MSV Duisburg – Eintracht Frankfurt 1:0; SSV Ulm 1846 – VfB Stuttgart 1:3; SV Meppen – KFC Uerdingen 05 0:2; Hannover 96 – Carl Zeiss Jena n. V. 1:1, Elfmeterschießen 2:4; Alemannia Aachen – Waldhof Mannheim n. V. 1:1, Elfmeterschießen 4:5.

Viertelfinale: KFC Uerdingen 05 – VfB Stuttgart 0:4; Carl Zeiss Jena – MSV Duisburg 1:2; Eintracht Trier – Waldhof Mannheim 1:0; Bayern München – Bayer Leverkusen 2:0.

Halbfinale: Bayern München – VfB Stuttgart 3:0; Eintracht Trier – MSV Duisburg n. V. 1:1, Elfmeterschießen 9:10.

Endspiel: Bayern München – MSV Duisburg 2:1.

1999

1. Runde: Karlsruher SC – VfL Wolfsburg 3:4; 1. FC Köln – Hansa Rostock 0:1; Fortuna Köln – 1. FC Kaiserslautern 1:3; 1. FC Saarbrücken – Borussia Dortmund n. V. 1:1, Elfmeterschießen 1:3; FC St. Paul Am. – Bayer Leverkusen 0:5; Hansa Rostock Am. – MSV Duisburg 0:3; Chemnitzer FC – SC Freiburg 1:2; Bayer Leverkusen Am. – Werder Bremen n. V. 1:2; VfB Lübeck – VfB Stuttgart 1:2; VfB Leipzig – TSV München 1860 n. V. 2:4; FC Denzlingen – Hamburger SV 0:3; Waldhof Mannheim – Borussia Mönchengladbach 1:5; VfB Lichterfelde – FC Schalke 04 0:6; VfL Osnabrück – 1. FC Nürnberg 0:2; FSV Zwickau – VfL Bochum 2:5; Post/Süd Regensburg – Hertha BSC 0:2; Rot-Weiß Erfurt – Eintracht Frankfurt 1:6; LR Ahlen – Bayern München 0:5; Tennis Borussia Berlin – Hannover 96 1:0; SV Schalding-Heining – SpVgg Unterhaching 0:1; Spfr. Eisbachtal – FC Gütersloh n. V. 1:0; Kickers Offenbach – SG Wattenscheid 09 0:1; Energie Cottbus Am. – SpVgg Greuther Fürth 0:1; Werder Bremen Am. – Rot-Weiß Oberhausen 0:1; Spfr. Dorfmerkingen – Stuttgarter Kickers 0:3; SG Hoechst – Energie Cottbus 1:2; SV Straelen – Fortuna Düsseldorf 4:7; Spfr. Siegen – 1. FSV Mainz 05 n. V. 3:1; Carl Zeiss Jena – SSV Ulm 1846 1:0; SC Idar-Oberstein – Arminia Bielefeld 0:1; 1. FC Magdeburg – KFC Uerdingen 05 1:2; SV Meppen – FC St. Paul 0:1.

2. Runde: Hamburger SV – SpVgg Unterhaching 4:0; Energie Cottbus – Borussia Mönchengladbach 2:4; Werder Bremen – Hansa Rostock 3:2; 1. FC Kaiserslautern – VfL Bochum n. V. 1:1, Elfmeterschießen 4:5; Bayer Leverkusen – Hertha BSC n. V. 1:1, Elfmeterschießen 3:4; VfB Stuttgart – Eintracht Frankfurt 3:2; VfL Wolfsburg – 1. FC Nürnberg n. V. 3:0; Borussia Dortmund – FC Schalke 04 n. V. 1:0; Fortuna Düsseldorf – TSV München 1860 2:1; SpVgg Greuther Fürth – Bayern München n. V. 0:0, Elfmeterschießen 3:4; Spfr. Siegen – SC Freiburg 1:0; Carl Zeiss Jena – MSV Duisburg 1:2; Tennis Borussia Berlin – Stuttgarter Kickers 4:2; Arminia Bielefeld – SG Wattenscheid 09 2:1; KFC Uerdingen 05 – FC St. Pauli n. V. 1:1, Elfmeterschießen 5:4; Spfr. Eisbachtal – Rot-Weiß Oberhausen 1:4.

Achtelfinale: Rot-Weiß Oberhausen – Hamburger SV n. V. 3:3, Elfmeterschießen 4:3; VfL Bochum – Borussia Mönchengladbach 0:1; VfB Stuttgart – Borussia Dortmund 3:1; VfL Wolfsburg – Arminia Bielefeld 3:1; Werder Bremen – Fortuna Düsseldorf 3:2; Tennis Borussia Berlin – Hertha BSC 4:2; MSV Duisburg – Bayern München 2:4; Spfr. Siegen – KFC Uerdingen 05 1:0.

Viertelfinale: Bayern München – VfB Stuttgart 3:0; Spfr. Siegen – VfL Wolfsburg 1:3; Rot-Weiß Oberhausen – Borussia Mönchengladbach 2:0; Werder Bremen – Tennis Borussia Berlin n. V. 2:1.

Halbfinale: Rot-Weiß Oberhausen – Bayern München 1:3 (in Gelsenkirchen), VfL Wolfsburg – Werder Bremen 0:1.

Endspiel: Werder Bremen – Bayern München n. V. 1:1, Elfmeterschießen 5:4.

2000

1. Runde (Freilos: alle 18 Bundesligisten, 9 Zweitligisten, 19 Amateurvereine): SC Verl – Borussia Mönchengladbach n. V. 0:0, Elfmeterschießen 6:5; SV Darmstadt 98 – Chemnitzer FC 2:4; Carl Zeiss Jena – SpVgg Greuther Fürth 1:2; VFC Plauen – Alemannia Aachen 1:0; VfL Osnabrück – Energie Cottbus 0:1; VfL Hamm – Stuttgarter Kickers 0:4; FC Singen 04 – Rot-Weiß Oberhausen 3:2; Fortuna Düsseldorf – 1. FC Nürnberg 2:0; Wuppertaler SV – Kickers Offenbach 1:2.

2. Runde (Freilos: die 9 Bundesligisten, die sich für einen internationalen Wettbewerb qualifiziert hatten): SV Babelsberg 03 – SpVgg Unterhaching 1:0; FK Pirmasens – TSV München 1860 0:3; SpVgg Landshut – Hansa Rostock 0:2; Fortuna Düsseldorf – SSV Ulm 1846 0:2; 1. FC Saarbrücken – FC Schalke 04 0:1; 1. FC Pforzheim – SC Freiburg 0:2; SC Verl – Eintracht Frankfurt 0:4; Berliner FC Dynamo – Arminia Bielefeld 0:2; 1. SC Norderstedt – VfB Stuttgart 0:3; Werder Bremen Am. – Fortuna Köln 3:1; Eintracht Trier – Karlsruher SC n. V. 1:1, Elfmeterschießen 5:4; SG Wattenscheid 09 – 1. FC Köln 1:7; KFC Uerdingen 05 – Tennis Borussia Berlin 0:4; FC Gütersloh – Energie Cottbus 0:1; SSV Reutlingen – VfL Bochum 2:3; SV Meppen – Kickers Offenbach 2:1; TSV 1860 Rosenheim – FC St. Pauli 1:2; VFC Plauen – Stuttgarter Kickers 1:2; TuS Langerwehe – Chemnitzer FC 0:6; FC Singen 04 – SpVgg Greuther Fürth 1:3; VfB Lübeck – Hannover 96 0:1; VfL Halle 96 – 1. FSV Mainz 05 1:2; FC Schönberg – Waldhof Mannheim 0:3.
3. Runde: Werder Bremen – 1. FC Kaiserslautern n. V. 2:2, Elfmeterschießen 4:3; Chemnitzer FC – VfL Wolfsburg 2:3; VfL Bochum – MSV Duisburg n. V. 1:1, Elfmeterschießen 6:5; 1. FSV Mainz 05 – Hamburger SV 2:0; Hannover 96 – Arminia Bielefeld 1:2; FC St. Pauli – SSV Ulm 1846 0:2; SpVgg Greuther Fürth – Hansa Rostock 1:3; 1. FC Köln – Eintracht Frankfurt 2:1; Waldhof Mannheim – Bayer Leverkusen n. V. 3:2; Energie Cottbus – FC Schalke 04 n. V. 2:2, Elfmeterschießen 5:4; Stuttgarter Kickers – Borussia Dortmund 3:1; Tennis Borussia Berlin – Hertha BSC n. V. 2:3; SV Babelsberg 03 – SC Freiburg n. V. 2:4, Werder Bremen Am. – VfB Stuttgart 0:1; SV Meppen – Bayern München 1:4; Eintracht Trier – TSV München 1860 2:1.
Achtelfinale: Werder Bremen – SSV Ulm 1846 2:1; Waldhof Mannheim – Bayern München 0:3; SC Freiburg – Energie Cottbus 2:0; 1. FSV Mainz 05 – Hertha BSC n. V. 2:1; VfB Stuttgart – 1. FC Köln 4:0; Stuttgarter Kickers – Arminia Bielefeld n. V. 3:2; VfL Bochum – VfL Wolfsburg 5:4; Eintracht Trier – Hansa Rostock 0:4.
Viertelfinale: Hansa Rostock – VfB Stuttgart 2:1; VfL Bochum – Werder Bremen 1:2; Stuttgarter Kickers – SC Freiburg 1:0; Bayern München – 1. FSV Mainz 05 3:0.
Halbfinale: Werder Bremen – Stuttgarter Kickers n. V. 2:1; Bayern München – Hansa Rostock 3:2.
Endspiel: Bayern München – Werder Bremen 3:0.

2001

1. Runde: SSV Reutlingen – Hertha BSC n. V. 2:3; TuS Dassendorf – SpVgg Unterhaching 0:5; VfB Stuttgart Am. – Eintracht Frankfurt 6:1; Tennis Borussia Berlin II – Werder Bremen 0:2; FC Ismaning – Borussia Dortmund 0:4; FC Schönberg – Bayern München 0:4; Wuppertaler SV – VfB Stuttgart 1:3; Werder Bremen Am. – VfL Wolfsburg 0:1; SV Babelsberg 03 – VfL Bochum 1:6; 1. FC Magdeburg – 1. FC Köln 5:2; TSV Rain/Lech – FC Schalke 04 0:7; VfL Hamm – Energie Cottbus 0:6; Fortuna Köln – Bayer Leverkusen 0:4; TSG Pfeddersheim – TSV München 1860 0:7; SC Pfullendorf – SC Freiburg 1:3; Erzgebirge Aue – Hamburger SV 0:3; SC Paderborn 07 – Hansa Rostock 1:2; Kickers Offenbach – 1. FC Kaiserslautern 0:4; VfL Osnabrück – Hannover 96 0:1; LR Ahlen – Borussia Mönchengladbach 1:2; 1. FC Saarbrücken – SpVgg Greuther Fürth 0:1; Rot-Weiß Erfurt – SSV Ulm 1846 0:2; Karlsruher SC – Chemnitzer FC 2:1; Bayer Leverkusen Am. – FC St. Pauli 1:2; SC Halberg Brebach – 1. FC Nürnberg 0:5; Tennis Borussia Berlin – Arminia Bielefeld 1:3; Kickers Emden – 1. FSV Mainz 05 0:1; Karlsruher SC II – Alemannia Aachen 0:2; SV Wehen – Stuttgarter Kickers 2:1; FC Teningen – MSV Duisburg 0:3; 1. FC Union Berlin – Rot-Weiß Oberhausen 2:0; VfB Lübeck – Waldhof Mannheim 2:2, Elfmeterschießen 3:2.
2. Runde: SC Freiburg – Werder Bremen 1:0; SpVgg Unterhaching – TSV München 1860 n. V. 1:2; VfL Wolfsburg – Hertha BSC 3:1; Arminia Bielefeld – VfL Bochum 0:4; Alemannia Aachen – Bayer Leverkusen 1:2; SSV Ulm 1846 – Energie Cottbus 2:0; Hannover 96 – Hansa Rostock 2:1; Borussia Mönchengladbach – 1. FC Kaiserslautern 5:1; FC St. Pauli – FC Schalke 04 n. V. 1:3; Karlsruher SC – Hamburger SV 1:0; SV Wehen – Boussia Dortmund n. V. 0:1 (in Mainz); VfB Stuttgart Am. – VfB Stuttgart 0:3; 1. FC Magdeburg – Bayern München 1:1, Elfmeterschießen 4:2; 1. FC Nürnberg – 1. FSV Mainz 05 4:0; 1. FC Union Berlin – SpVgg Greuther Fürth 1:0; VfB Lübeck – MSV Duisburg 1:1, Elfmeterschießen 3:5.
Achtelfinale: SC Freiburg – Bayer Leverkusen 3:2; TSV München 1860 – VfL Bochum 0:5; FC Schalke 04 – Borussia Dortmund 2:1; VfL Wolfsburg – MSV Duisburg n. V. 1:1, Elfmeterschießen 3:4; VfB Stuttgart – Hannover 96 2:1; Borussia Mönchengladbach – 1. FC Nürnberg 1:0; 1. FC Union Berlin – SSV Ulm 1846 4:2; 1. FC Magdeburg – Karlsruher SC n. V. 5:3.
Viertelfinale: VfB Stuttgart – SC Freiburg n. V. 2:1; 1. FC Union Berlin – VfL Bochum 1:0; 1. FC Magdeburg – FC Schalke 04 0:1; MSV Duisburg – Borussia Mönchengladbach 0:1.
Halbfinale: 1. FC Union Berlin – Borussia Mönchengladbach n. V. 2:2, Elfmeterschießen 4:2; VfB Stuttgart – FC Schalke 04 0:3.
Endspiel: FC Schalke 04 – 1. FC Union Berlin 2:0.

2002

1. Runde: Rot-Weiß Erfurt – LR Ahlen n.V. 2:2, Elfmeterschießen 9:8; VfB Stuttgart Am. – SpVgg Greuther Fürth 0:1; VfR Mannheim – Hannover 96 1:3; SV Yesilyurt Berlin – SC Freiburg 2:4; SV Babelsberg 03 – Hertha BSC 1:2; FC 08 Homburg – Hamburger SV 2:5; FC St. Pauli Am. – Eintracht Frankfurt n. V. 0:1; KFC Uerdingen 05 – Energie Cottbus 1:0; Würzburger FV – TSV München 1860 0:10; VfR Aalen – Rot-Weiß Oberhausen 0:2; Erzgebirge Aue – 1. FSV Mainz 05 n. V. 1:2; Blau-Weiß Brühl – 1. FC Kaiserslautern 1:4; VfL Osnabrück – Hansa Rostock 2:1; VfB Lübeck – Werder Bremen 2:3; Eintracht Trier – Alemannia Aachen n. V. 2:4; Stuttgarter Kickers – SpVgg Unterhaching 1:5; Karlsruher SC – Waldhof Mannheim 2:5; VfL Wolfsburg Am. – Borussia Dortmund 1:0; SV Darmstadt 98 – FC St. Pauli 3:1; Werder Bremen Am. – 1. FC Saarbrücken 5:0; Energie Cottbus Am. – Arminia Bielefeld 0:4; FC Schüttorf 09 – SSV Reutlingen 1:4; FC Schalke 04 Am. – VfL Bochum 0:1; FC Schönberg – VfB Stuttgart 2:4; Jahn Regensburg – Bayer Leverkusen 0:3; Chemnitzer FC – 1. FC Köln 2:5; 1. FSV Mainz 05 Am. – Borussia Mönchengladbach n.V. 0:0, Elfmeterschießen 2:4; SC Freiburg Am. – FC Schalke 04 0:1; 1. FC Magdeburg – VfL Wolfsburg 1:5; 1. FC Union Berlin – MSV Duisburg 1:0; SSV Ulm 1846 – 1. FC Nürnberg 2:1; SC Paderborn 07 – Bayern München 1:5.

2. Runde: Rot-Weiß Erfurt – Hertha BSC n.V. 1:2; KFC Uerdingen 05 – Werder Bremen n.V. 1:1, Elfmeterschießen 4:3; Arminia Bielefeld – FC Schalke 04 1:2; Hamburger SV – VfB Stuttgart 0:2; 1. FSV Mainz 05 – SpVgg Greuther Fürth 3:2; VfL Wolfsburg – SpVgg Unterhaching 3:0; SV Darmstadt 98 – SC Freiburg n. V. 3:3, Elfmeterschießen 3:1; VfL Wolfsburg Am. – Hannover 96 0:4, SSV Ulm 1846 – 1. FC Union Berlin 0:3, Werder Bremen Am. – Eintracht Frankfurt n. V. 3:3, Elfmeterschießen 2:4; Waldhof Mannheim – 1. FC Kaiserslautern 2:3; Alemannia Aachen – 1. FC Köln 1:2; TSV München 1860 – Borussia Mönchengladbach 4:3; SSV Reutlingen – Rot-Weiß Oberhausen n. V. 2:2, Elfmeterschießen 3:4; VfL Bochum – Bayer Leverkusen 2:3; VfL Osnabrück – Bayern München 0:2.

Achtelfinale: VfB Stuttgart – TSV München 1860 n. V. 2:2, Elfmeterschießen 2:4; 1. FC Union Berlin – Rot-Weiß Oberhausen 1:2; 1. FSV Mainz 05 – 1. FC Kaiserslautern 2:3; Eintracht Frankfurt – Hertha BSC n. V. 1:2; KFC Uerdingen 05 – 1. FC Köln n. V. 1:1, Elfmeterschießen 3:5; SV Darmstadt 98 – FC Schalke 04 n. V. 0:1; Bayern München – VfL Wolfsburg 2:1; Hannover 96 – Bayer Leverkusen 1:2.

Viertelfinale: Hertha BSC – 1. FC Köln n. V. 1:2; FC Schalke 04 – Rot-Weiß Oberhausen 2:0; Bayer Leverkusen – TSV München 1860 3:0; 1. FC Kaiserslautern – Bayern München n. V. 0:0, Elfmeterschießen 3:5.

Halbfinale: Bayer Leverkusen – 1. FC Köln n. V. 3:1, Schalke 04 – Bayern München n. V. 2:0.

Endspiel: FC Schalke 04 – Bayer Leverkusen 4:2.

2003

1. Runde: Eintracht Trier – 1. FC Nürnberg 0:2; Wacker Burghausen – Energie Cottbus 0:2; SC Paderborn 07 – VfB Stuttgart 1:4; Erzgebirge Aue – VfL Bochum 1:3; Werder Bremen Am. – Bayern München 0:3; Eisenhüttenstädter FC Stahl – Werder Bremen 0:1; Concordia Ihrhove – Borussia Dortmund 0:3; FC Schönberg 95 – Hamburger SV 0:6; VfR Aalen – Hannover 96 n.V. 2:3; Bayern München Am. – FC Schalke 04 1:2; Holstein Kiel – Hertha n. V. 1:1, Elfmeterschießen 3:0; Alemannia Aachen Am. – TSV München 1860 0:7; 1. FC Saarbrücken II – Arminia Bielefeld 0:5; USC Paloma Hamburg – 1. FC Kaiserslautern 0:5; 1. FSV Mainz 05 Am. – Hansa Rostock 0:2; SV Babelsberg 03 – Borussia Mönchengladbach 0:1; FSV Salmrohr – VfL Wolfsburg 0:2; Rot-Weiss Essen – Bayer Leverkusen 0:1; VfB Lübeck – MSV Duisburg n.V. 2:3; Eintracht Braunschweig – SSV Reutlingen 1:2; Tennis Borussia Berlin – FC St. Pauli 1:2; 1. FC Saarbrücken – Waldhof Mannheim n. V 1:1, Elfmeterschießen 3:4; SpVgg Unterhaching – 1. FSV Mainz 05 n. V. 1:1, Elfmeterschießen 4:2; 1. 1. FC Schweinfurt 05 – 1. FC Union Berlin n.V. 1:2; TSG Hoffenheim – SpVgg Greuther Fürth 4:1; Jahn Regensburg – LR Ahlen 1:2; VfL Wolfsburg Am. – 1. FC Köln 1:3; Bahlinger SC – Alemannia Aachen 1:0; Kickers Offenbach – Karlsruher SC n.V. 3:1; Hallescher FC – SC Freiburg 1:3; Sportfreunde Siegen – Rot-Weiß Oberhausen n.V. 0:1; Rot-Weiß Erfurt – Eintracht Frankfurt n.V. 2:3.

2. Runde: TSV München 1860 – VfL Wolfsburg n. V. 2:2, Elfmeterschießen 8:7; Bayern München – Hannover 96 2:1; Energie Cottbus – 1. FC Kaiserslautern 0:1; Bayer Leverkusen – VfB Stuttgart 3:0; FC Schalke 04 – Borussia Mönchengladbach 5:0; Hansa Rostock – Eintracht Frankfurt 1:0; Hamburger SV – MSV Duisburg 2:0; SC Freiburg – Borussia Dortmund 3:0; Rot-Weiß Oberhausen – Arminia Bielefeld 1:0; FC St. Pauli – Werder Bremen 0:3; Holstein Kiel – VfL Bochum 1:2; Kickers Offenbach – 1. FC Nürnberg n.V. 2:3; LR Ahlen – SSV Reutlingen 3:1; SpVgg Unterhaching – 1. FC Union Berlin 1:0; TSG Hoffenheim – 1. FC Köln 1:5; Bahlinger SC – Waldhof Mannheim 1:2.

Achtelfinale: Hamburger SV – VfL Bochum 0:1; Bayern München – FC Schalke 04 n. V. 0:0, Elfmeterschießen 5:4; TSV München 1860 – Rot-Weiß Oberhausen 2:1; Bayer Leverkusen – Waldhof Mannheim 2:1; 1. FC Kaiserslautern – SC Freiburg 2:0; 1. FC Nürnberg – 1. FC Köln 0:2; LR Ahlen – Werder Bremen 1:2; SpVgg Unterhaching – Hansa Rostock 3:2.

Viertelfinale: VfL Bochum – 1. FC Kaiserslautern n. V. 2:2, Elfmeterschießen 3:4, TSV München 1860 – Werder Bremen n.V. 1:4; Bayern München – 1. FC Köln 8:0; SpVgg Unterhaching – Bayer Leverkusen n. V. 2:2, Elfmeterschießen 4:5.
Halbfinale: 1. FC Kaiserslautern – Werder Bremen 3:0; Bayern München – Bayer Leverkusen 3:1.
Endspiel: Bayern München – 1. FC Kaiserslautern 3:1.

2004

1. Runde: TSG Hoffenheim – Eintracht Trier n. V. 4:3; VfL Wolfsburg Am. – Energie Cottbus 2:0; Rot-Weiß Erfurt – Alemannia Aachen n. V. 1:1, Elfmeterschießen 3:4; Waldhof Mannheim – 1. FC Union Berlin 0:4; SSV Reutlingen – Hertha BSC 1:6; TSV Gerbrunn – Wacker Burghausen 0:14; 1. FSV Mainz 05 Am. – Karlsruher SC n. V. 1.1, Elfmeterschießen 3:4; Holstein Kiel – Bayer Leverkusen 1:3; Jahn Regensburg – VfL Bochum 2:1; Bayer Leverkusen Am. – VfB Stuttgart 0:4; SpVgg Unterhaching – Rot-Weiß Oberhausen 6:2; Ludwigsfelder FC – Werder Bremen 1:9; Erzgebirge Aue – SpVgg Greuther Fürth 0:3; ASV Bergedorf 85 – VfL Wolfsburg 1:6; FC Emmendingen – SC Freiburg 1:4; TSV Aindling – FC Schalke 04 0:3; Borussia Neunkirchen – Bayern München 0:5; Eintracht Braunschweig – 1. FC Kaiserslautern 4:1; FC Oberneuland – 1. FC Köln n. V. 2:5; VfL Kirchheim/Teck – Hannover 96 0:3; Sportfreunde Siegen – LR Ahlen n. V. 1:2 (Wertung 2:0, da Ahlen verbotenerweise vier Nicht-UEFA-Ausländer gleichzeitig eingesetzt hatte); VfL Osnabrück – Hansa Rostock n. V. 0:0, Elfmeterschießen 4:5; Reinickendorfer Füchse – 1. FC Nürnberg 0:2; BSV Rehden – TSV München 1860 1:5; SSVg Velbert – 1. FSV Mainz 05 n. V. 0:0, Elfmeterschießen 5:3; 1. FC Magdeburg – MSV Duisburg n. V. 0:0, Elfmeterschießen 3:4; Eintracht Glas/Chemie Wirges – Borussia Dortmund 0:3; Eintracht Rheine – VfB Lübeck n. V. 0:2; FC Schönberg – Borussia Mönchengladbach 0:3; Kickers Offenbach – Eintracht Frankfurt n. V. 1.1, Elfmeterschießen 3:4; FC St. Pauli – Arminia Bielefeld n. V. 0:0, Elfmeterschießen 4:3; Dynamo Dresden – Hamburger SV 0:1.
2. Runde: VfL Wolfsburg Am. – 1. FC Köln 2:3; Wacker Burghausen – VfB Stuttgart 0:1; Hansa Rostock – Hertha BSC n. V. 2:2, Elfmeterschießen 3:4; Bayern München – 1. FC Nürnberg n. V. 1:1, Elfmeterschießen 7:6; FC St. Pauli – VfB Lübeck n. V. 2:3; Werder Bremen – VfL Wolfsburg n. V. 3:1; SSVg Velbert – Jahn Regensburg n. V. 1:2, Eintracht Frankfurt – MSV Duisburg n. V. 1:2; SC Freiburg – FC Schalke 04 n. V. 7:3; 1. FC Union Berlin – Bayer Leverkusen 0:5; Alemannia Aachen – TSV München 1860 n. V. 1.1, Elfmeterschießen 5:4; SpVgg Unterhaching – Hamburger SV 2:4; TSG Hoffenheim – Karlsruher SC 4:0; Sportfreunde Siegen – SpVgg Greuther Fürth n. V. 1:2; Eintracht Braunschweig – Hannover 96 2:0; Borussia Mönchengladbach – Borussia Dortmund 2:1.
Achtelfinale: Eintracht Braunschweig – Alemannia Aachen 0:5; TSG Hoffenheim – Bayer Leverkusen 3:2; Jahn Regensburg – MSV Duisburg n. V. 3:3, Elfmeterschießen 2:4; Borussia Mönchengladbach – VfB Stuttgart 4:2; 1. FC Köln – SpVgg Greuther Fürth n. V. 1:1, Elfmeterschießen 1:3; VfB Lübeck – SC Freiburg 1:0; Werder Bremen – Hertha BSC 6:1; Bayern München – Hamburger SV 3:0.
Viertelfinale: SpVgg Greuther Fürth – Werder Bremen 2:3; TSG Hoffenheim – VfB Lübeck 0:1; Borussia Mönchengladbach – MSV Duisburg n. V. 2:2, Elfmeterschießen 4:3; Alemannia Aachen – Bayern München 2:1.
Halbfinale: Werder Bremen – VfB Lübeck n. V. 3:2, Alemannia Aachen – Borussia Mönchengladbach 1:0.
Endspiel: Werder Bremen – Alemannia Aachen 3:2.

2005

1. Runde: Werder Bremen Am. – MSV Duisburg 1:2; FC Teningen – 1. FC Nürnberg 1:2; FC St. Pauli – Energie Cottbus 1:3; Jahn Regensburg II – SpVgg Unterhaching 1:3; Kickers Offenbach – LR Ahlen 1:2; Eintracht Braunschweig – Wacker Burghausen 1:0; 1. FC Saarbrücken – 1. FC Köln 1:4; SC Paderborn 07 – Hamburger SV 4:2; VfL Osnabrück – Erzgebirge Aue 3:2; FC Schönberg – 1. FC Kaiserslautern 0:15; Jahn Regensburg – Werder Bremen 0:2; Hannover 96 Am. – Rot-Weiß Oberhausen 0:3; 1. FC Union Berlin – SC Freiburg 0:4; VfB Lübeck – Borussia Dortmund 0:1; Fortuna Düsseldorf – VfL Bochum 1:3; Rot-Weiß Erfurt – Eintracht Frankfurt 0:1; TSV Völpke – Bayern München 0:6; TuS Mayen – VfB Stuttgart 0:6; Hertha BSC Am. – FC Schalke 04 0:2; TSG Hoffenheim – Hansa Rostock 1:2; 1. FSV Mainz 05 Am. – Bayer Leverkusen 1:3; Carl Zeiss Jena – SpVgg Greuther Fürth n. V. 1:2; Dynamo Dresden – Karlsruher SC 1:2; 1. FC Köln Am. – VfL Wolfsburg 0:3 (Wertung 2:0, da Wolfsburg einen gesperrten Spieler eingesetzt hatte); Germania Schöneiche – TSV München 1860 1:2; Bayern München Am. – Borussia Mönchengladbach n. V. 1:1, Elfmeterschießen 7:6; TSV Aindling – Hertha BSC 0:1; VfR Neumünster – Hannover 96 0:3; SG Wattenscheid 09 – Eintracht Trier 1:3; Rot-Weiss Essen – Alemannia Aachen 0:2; VfR Aalen – 1. FSV Mainz 05 2:5; VFC Plauen – Arminia Bielefeld 1:2.
2. Runde: SC Paderborn 07 – MSV Duisburg 2:1; TSV München 1860 – Eintracht Trier n. V. 0:0, Elfmeterschießen 3:4; 1. FC Nürnberg – LR Ahlen n. V. 2:3; SC Freiburg – VfL Bochum n. V. 3:2; Karlsruher SC – 1. FSV Mainz 05 n. V. 0:0, Elfmeterschießen 3:0; 1. FC Köln Am. – Arminia Bielefeld

2:4; VfL Osnabrück – Bayern München 2:3; Bayern München Am. – Alemannia Aachen 2:1; Eintracht Braunschweig – Hertha BSC 3:2; 1. FC Kaiserslautern – FC Schalke 04 n. V. 4:4, Elfmeterschießen 3:4; Rot-Weiß Oberhausen – VfB Stuttgart 0:2; Energie Cottbus – Hannover 96 n. V. 2:2, Elfmeterschießen 4:5; Eintracht Frankfurt – SpVgg Greuther Fürth n. V. 4:2; 1. FC Köln – Hansa Rostock n. V. 3:3, Elfmeterschießen 2:4; Borussia Dortmund – SpVgg Unterhaching 3:1; Werder Bremen – Bayer Leverkusen 3:2.

Achtelfinale: Werder Bremen – Eintracht Trier n. V. 3:1; Bayern München Am. – Eintracht Braunschweig 3:2; Arminia Bielefeld – Karlsruher SC 4:0; Hannover 96 – Borussia Dortmund 1:0; SC Paderborn 07 – SC Freiburg n. V. 2.2, Elfmeterschießen 1:4; LR Ahlen – Hansa Rostock n. V. 2:3; Eintracht Frankfurt – FC Schalke 04 0:2; Bayern München – VfB Stuttgart 3:0.

Viertelfinale: Arminia Bielefeld – Hansa Rostock 1:0; Bayern München Am. – Werder Bremen 0:3; FC Schalke 04 – Hannover 96 3:1; SC Freiburg – Bayern München 0:7.

Halbfinale: FC Schalke 04 – Werder Bremen n. V. 2:2, Elfmeterschießen 5:4; Arminia Bielefeld – Bayern München 0:2.

Endspiel: Bayern München – FC Schalke 04 2:1

2006

1. Runde: Wuppertaler SV Borussia – TSV München 1860 1:2; Rot-Weiß Oberhausen – Eintracht Frankfurt 1:2; Holstein Kiel – SpVgg Unterhaching 0:2; Rot-Weiss Essen – Energie Cottbus n. V. 2:2, Elfmeterschießen 4:5; 1. FC Köln II – Hannover 96 0:4; VfL Bochum II – Erzgebirge Aue 2:3; 1. 1. FSV Mainz 05 II – Karlsruher SC 0:3; Rot-Weiß Erfurt – LR Ahlen n. V. 2:1; FC St. Pauli – Wacker Burghausen n. V. 3:2; Jahn Regensburg – Alemannia Aachen n. V. 1:3; FC Ingolstadt 04 – 1. FC Saarbrücken n. V. 1:1, Elfmeterschießen 4:5; Kickers Offenbach – 1. FC Köln 3:1; Tennis Borussia Berlin – VfL Bochum 0:6; Stuttgarter Kickers – Hamburger SV 1:5; Eintracht Trier – 1. FC Kaiserslautern 0:3; SC Paderborn 07 – VfL Wolfsburg 0:2; SG Wattenscheid 09 – Werder Bremen 1:3; FC 08 Villingen – Hansa Rostock n. V. 2:5; Rot-Weiß Erfurt II – Bayer Leverkusen 0:8; FC Bremerhaven – FC Schalke 04 0:3; TuS Koblenz – Hertha BSC n. V. 2:3; Sachsen Leipzig – Dynamo Dresden n. V. 1:1, Elfmeterschießen 3:5; TSG Hoffenheim – VfB Stuttgart n. V. 3:4; VfL Osnabrück – SpVgg Greuther Fürth n. V. 2:2, Elfmeterschießen 10:9; Spfr. Siegen – SC Freiburg 0:1; 1. FC Eschborn – 1. FC Nürnberg 0:4 (in Wiesbaden); FC Kutzhof – Borussia Mönchengladbach 0:3; VfL Wolfsburg II – MSV Duisburg 0:1; MSV Neuruppin – Bayern München 0:4 (in Berlin); Hansa Rostock II – 1. 1. FSV Mainz 05 0:3; Preußen Magdeburg – Arminia Bielefeld 0:3; Eintracht Braunschweig – Borussia Dortmund 2:1.

2. Runde: FC St. Pauli – VfL Bochum 4:0; Rot-Weiß Erfurt – 1. FC Kaiserslautern 2:4; SpVgg Unterhaching – 1. FC Saarbrücken n. V. 2:1; Werder Bremen – VfL Wolfsburg n. V. 2:2, Elfmeterschießen 5:4; Eintracht Frankfurt – FC Schalke 04 6:0; 1. FC Nürnberg – Dynamo Dresden 3:0; Alemannia Aachen – Hannover 96 1:2; SC Freiburg – Eintracht Braunschweig 4:1; VfL Osnabrück – 1. 1. FSV Mainz 05 n. V. 2:2, Elfmeterschießen 2:4; Hamburger SV – Bayer Leverkusen 3:2; TSV München 1860 – MSV Duisburg 3:2; Arminia Bielefeld – Energie Cottbus 2:1; Hansa Rostock – VfB Stuttgart 3:2; Kickers Offenbach – Karlsruher SC 2:1; Hertha BSC – Borussia Mönchengladbach 3:0; Erzgebirge Aue – Bayern München 0:1.

Achtelfinale: Arminia Bielefeld – SpVgg Unterhaching 2:0; SC Freiburg – TSV München 1860 n. V. 1:3; 1. FC Kaiserslautern – 1. 1. FSV Mainz 05 n. V. 1:1, Elfmeterschießen 3:4; Eintracht Frankfurt – 1. FC Nürnberg n. V. 1:1, Elfmeterschießen 4:1; Hannover 96 – Werder Bremen 1:4; FC St. Pauli – Hertha BSC n. V. 4:3; Hansa Rostock – Kickers Offenbach n. V. 1:1, Elfmeterschießen 3:4; Bayern München – Hamburger SV n. V. 1:0.

Viertelfinale: Bayern München – 1. FSV Mainz 05 n. V. 3:2; Arminia Bielefeld – Kickers Offenbach n. V. 1.1, Elfmeterschießen 4:2; TSV München 1860 – Eintracht Frankfurt 1:3; FC St. Pauli – Werder Bremen 3:1.

Halbfinale: Eintracht Frankfurt – Arminia Bielefeld 1:0; FC St. Pauli – Bayern München 0:3.

Endspiel: Bayern München – Eintracht Frankfurt 1:0.

2007

1. Runde: SV Sandhausen – SpVgg Greuther Fürth 0:2; VfL Osnabrück – Eintracht Braunschweig 3:1; Westfalia Herne – Erzgebirge Aue 1:2; 1. FC Magdeburg – SC Paderborn 07 n. V. 1:1, Elfmeterschießen 6:7; SpVgg Bayreuth – Kickers Offenbach 0:2; Tennis Borussia Berlin – Karlsruher SC 1:3; Dynamo Dresden – Hannover 96 2:3; Delbrücker SC – SC Freiburg 2:4; Hansa Rostock II – FC Schalke 04 1:9; TSG Thannhausen – Borussia Dortmund 0:3; FK Pirmasens – Werder Bremen n. V. 1:1, Elfmeterschießen 4:2; BV Cloppenburg – 1. FC Nürnberg 0:1; 1. FC Gera – 1. FC Kaiserslautern 0:2; Rot-Weiss Essen – Energie Cottbus 1:0; Stuttgarter Kickers – Hamburger SV n. V. 4:3; TuS Koblenz – Bayer Leverkusen n. V. 2:2; Elfmeterschießen 1:3; FC Augsburg – Wacker Burghausen n. V. 3:4; Alemannia Aachen II – VfB Stuttgart 0:4; Spfr. Siegen – Eintracht Frankfurt 0:2; FC Homburg – VfL

Bochum 1:2; FC St. Pauli – Bayern München n. V. 1:2; SSVg Velbert – SpVgg Unterhaching 0:3; SV Roßbach/Wied – Borussia Mönchengladbach 1:4; Rot-Weiss Ahlen – MSV Duisburg 1:2; SV Babelsberg 03 – Hansa Rostock 2:1; Carl Zeiss Jena – 1. FC Köln 1:2; VfB Lübeck – TSV München 1860 1:0; FC Bremerhaven – VfL Wolfsburg 1:3; 1. FC Saarbrücken – 1. FSV Mainz 05 1:0; Chemnitzer FC – Alemannia Aachen 0:2; SV Darmstadt 98 – Hertha BSC n. V. 0:1; SC Pfullendorf – Arminia Bielefeld 2:1.

2. Runde: SV Babelsberg 03 – VfB Stuttgart 2:4; 1. FC Saarbrücken – SpVgg Greuther Fürth 0:2; FK Pirmasens – SpVgg Unterhaching 0:3; VfB Lübeck – Wacker Burghausen n. V. 0:0, Elfmeterschießen 4:5; VfL Bochum – Karlsruher SC 3:2; VfL Wolfsburg – SC Freiburg 1:0; Borussia Dortmund – Hannover 96 0:1; 1. FC Köln – FC Schalke 04 n. V. 4:2; Alemannia Aachen – Erzgebirge Aue n. V. 4:2; SC Pfullendorf – Kickers Offenbach 0:2; VfL Osnabrück – Borussia Mönchengladbach 2:1; SC Paderborn 07 – 1. FC Nürnberg n. V. 1:2; Rot-Weiss Essen – Eintracht Frankfurt 1:2; MSV Duisburg – Bayer Leverkusen n. V. 3:2; Stuttgarter Kickers – Hertha BSC 0:2 (nach 81 Minuten abgebrochen, Wertung nach Spielstand); Bayern München – 1. FC Kaiserslautern 1:0.

Achtelfinale: VfL Osnabrück – Hertha BSC 0:3; VfL Bochum – VfB Stuttgart 1:4; Eintracht Frankfurt – 1. FC Köln n. V. 3:1; 1. FC Nürnberg – SpVgg Unterhaching n. V. 0:0, Elfmeterschießen 2:1; Kickers Offenbach – Wacker Burghausen 2:1; SpVgg Greuther Fürth – VfL Wolfsburg 1:3; Hannover 96 – MSV Duisburg 1:0; Alemannia Aachen – Bayern München 4:2.

Viertelfinale: 1. FC Nürnberg – Hannover 96 n. V. 0:0, Elfmeterschießen 4:2; VfL Wolfsburg – Alemannia Aachen 2:0; Kickers Offenbach – Eintracht Frankfurt 0:3; VfB Stuttgart – Hertha BSC 2:0.

Halbfinale: 1. FC Nürnberg – Eintracht Frankfurt 4:0; VfL Wolfsburg – VfB Stuttgart 0:1.

Endspiel: 1. FC Nürnberg – VfB Stuttgart n. V. 3:2.

2008

1. Runde: TSG 1899 Hoffenheim – FC Augsburg n. V. 4:2; SV Sandhausen – Kickers Offenbach 0:4; VfL Osnabrück – Borussia Mönchengladbach 0:1; SC Verl – TSV München 1860 0:3; FC St. Pauli – Bayer Leverkusen 1:0; 1. FC Magdeburg – Borussia Dortmund 1:4; SpVgg Unterhaching – Hertha BSC 0:3; Eintracht Braunschweig – Werder Bremen 0:1; Rot-Weiss Ahlen – Hannover 96 1:3; Rot-Weiss Essen – Energie Cottbus n. V. 2:2, Elfmeterschießen 6:5; SV Wilhelmshaven – 1. FC Kaiserslautern 0:4; Rot-Weiß Hasborn-Dautweiler – Hansa Rostock 0:8; SV Wehen Wiesbaden – VfB Stuttgart 1:2; 1. FC Gera 03 – Carl Zeiss Jena 0:3; Wuppertaler SV Borussia – Erzgebirge Aue n. V. 1:1, Elfmeterschießen 4:3; FC 08 Villingen – SC Freiburg 1:3; Victoria Hamburg – 1. FC Nürnberg 0:6; Holstein Kiel – Hamburger SV 0:5; Werder Bremen II – 1. FC Köln n. V. 4:2; 1. FC Union Berlin – Eintracht Frankfurt 1:4; SV Babelsberg 03 – MSV Duisburg 0:4; Bayer Leverkusen II – SC Paderborn 07 0:1; Normannia Gmünd – Alemannia Aachen 0:3; TSG Neustrelitz – Karlsruher SC n. V. 0:2; TSV Havelse – TuS Koblenz 0:3; Dynamo Dresden – VfL Bochum 0:1; SV Seligenporten – Arminia Bielefeld 0:2; Würzburger FV – VfL Wolfsburg 0:4; Eintracht Trier – FC Schalke 04 0:9; Wormatia Worms – 1. FSV Mainz 05 1:6; SV Darmstadt 98 – SpVgg Greuther Fürth 1:3; Wacker Burghausen – Bayern München n. V. 1:1, Elfmeterschießen 4:5.

2. Runde: Werder Bremen II – FC St. Pauli n. V. 2.2, Elfmeterschießen 4:2; Wuppertaler SV Borussia – Hertha BSC 2:0; Alemannia Aachen – VfL Bochum 3:2; Hansa Rostock – Kickers Offenbach 6:0; TSV München 1860 – 1. FSV Mainz 05 2:1; Karlsruher SC – VfL Wolfsburg 0:1; TSG 1899 Hoffenheim – SpVgg Greuther Fürth 2:1; FC Schalke 04 – Hannover 96 n. V. 2:0; Rot-Weiss Essen – 1. FC Kaiserslautern 2:1; VfB Stuttgart – SC Paderborn 07 n. V. 3:2; Hamburger SV – SC Freiburg 3:1; Werder Bremen – MSV Duisburg 4:0; Borussia Dortmund – Eintracht Frankfurt 2:1; TuS Koblenz – Arminia Bielefeld n. V. 1:2; Carl Zeiss Jena – 1. FC Nürnberg n. V. 2:2, Elfmeterschießen 5:4; Bayern München – Borussia Mönchengladbach 3:1.

Achtelfinale: TSG 1899 Hoffenheim – Hansa Rostock 2:1; Alemannia Aachen – TSV München 1860 2:3; Wuppertaler SV Borussia – Bayern München 2:5 (in Gelsenkirchen); Borussia Dortmund – Werder Bremen 2:1; Rot-Weiss Essen – Hamburger SV 0:3; Carl Zeiss Jena – Arminia Bielefeld n. V. 2:1; Werder Bremen II – VfB Stuttgart 2:3; VfL Wolfsburg – FC Schalke 04 n. V. 1:1, Elfmeterschießen 5:3.

Viertelfinale: Borussia Dortmund – TSG 1899 Hoffenheim 3:1; VfB Stuttgart – Carl Zeiss Jena n. V. 2:2, Elfmeterschießen 4:5; VfL Wolfsburg – Hamburger SV n. V. 2:1; Bayern München – TSV München 1860 n. V. 1:0.

Halbfinale: Borussia Dortmund – Carl Zeiss Jena 3:0; Bayern München – VfL Wolfsburg 2:0.

Endspiel: Bayern München – Borussia Dortmund n. V. 2:1.

2009

1. Runde: SV Niederauerbach – 1. FC Köln 1:5 (in Pirmasens); SpVgg Unterhaching – SC Freiburg 0:2; Preußen Münster – VfL Bochum n. V. 0:0, Elfmeterschießen 5:6; Erzgebirge Aue – FC St. Pauli n. V. 0:0, Elfmeterschießen 5:4; Kickers Offenbach – SpVgg Greuther Fürth 1:0; FSV Frankfurt – VfL Osnabrück 2:0; Eintracht Trier – Hertha BSC 1:3; Eintracht Nordhorn – Werder Bremen 3:9; Holstein Kiel – Hansa

Rostock 0:2; SV Babelsberg 03 – 1. FSV Mainz 05 n. V. 1:2; Rot-Weiss Essen – Borussia Dortmund 1:3; Hallescher FC – Hannover 96 0:5; VfB Fichte Bielefeld – Borussia Mönchengladbach 1:8; FC Wegberg-Beeck – Alemannia Aachen 1:4 (in Mönchengladbach); FC Ingolstadt 04 – Hamburger SV 1:3; FC 08 Homburg – FC Schalke 04 0:3; SC Pfullendorf – Eintracht Frankfurt 0:3; Tennis Borussia Berlin – Energie Cottbus 0:3; Carl Zeiss Jena – 1. FC Kaiserslautern 2:1; SC Paderborn 07 – FC Augsburg n. V. 1:1, Elfmeterschießen 1:3; SpVgg Ansbach – Karlsruher SC 0:5; ASV Bergedorf 85 – MSV Duisburg 1:5; TSG Neustrelitz – TSV München 1860 0:2; 1. FC Heidenheim – VfL Wolfsburg 0:3; FC Oberneuland – TuS Koblenz n. V. 1:1, Elfmeterschießen 5:4; ASV Durlach – Arminia Bielefeld 1:2; SV Darmstadt 98 – SV Wehen Wiesbaden 0:2; Rot-Weiß Oberhausen – Bayer Leverkusen n. V. 2:3; Chemnitzer FC – TSG 1899 Hoffenheim 0:1; Hansa Lüneburg – VfB Stuttgart 0:5; Rot-Weiss Ahlen – 1. FC Nürnberg n. V. 0:0, Elfmeterschießen 3:4; Rot-Weiß Erfurt – Bayern München 3:4.

2. Runde: Erzgebirge Aue – Werder Bremen 1:2; Energie Cottbus – Borussia Mönchengladbach 3:0; 1. FSV Mainz 05 – 1. FC Köln 3:1; Eintracht Frankfurt – Hansa Rostock n. V. 1:2; FC Schalke 04 – Hannover 96 2:0; TSV München 1860 – MSV Duisburg n. V. 0:0, Elfmeterschießen 5:4; FC Augsburg – Bayer Leverkusen 0:2; Kickers Offenbach – Karlsruher SC 0:2; FC Oberneuland – VfL Wolfsburg 0:7; SV Wehen Wiesbaden – Alemannia Aachen 1:0; Hamburger SV – VfL Bochum 2:0; Carl Zeiss Jena – FSV Frankfurt 1:0; VfB Stuttgart – Arminia Bielefeld 2:0; Bayern München – 1. FC Nürnberg 2:0; SC Freiburg – TSG 1899 Hoffenheim 3:1; Borussia Dortmund – Herta BSC n. V. 2:1.

Achtelfinale: Hamburger SV – TSV München 1860 3:1; Carl Zeiss Jena – FC Schalke 04 1:4; SC Freiburg – 1. FSV Mainz 05 1:3; VfB Stuttgart – Bayern München 1:5; Bayer Leverkusen – Energie Cottbus 3:1 (in Düsseldorf); Borussia Dortmund – Werder Bremen 1:2; Karlsruher SC – SV Wehen Wiesbaden 0:1; VfL Wolfsburg – Hansa Rostock 5:1.

Viertelfinale: 1. FSV Mainz 05 – FC Schalke 04 1:0; VfL Wolfsburg – Werder Bremen 2:5; Hamburger SV – SV Wehen Wiesbaden 2:1; Bayer Leverkusen – Bayern München 4:2 (in Düsseldorf).

Halbfinale: Bayer Leverkusen – 1. FSV Mainz 05 n. V. 4:1 (in Düsseldorf); Hamburger SV – Werder Bremen n. V. 1:1, Elfmeterschießen 1:3.

Endspiel: Werder Bremen – Bayer Leverkusen 1:0.

2010

1. Runde: VfL Osnabrück – Hansa Rostock 2:1; SV Babelsberg 03 – Bayer Leverkusen 0:1; VfB Lübeck – 1. FSV Mainz 05 n. V. 2:1; FC Ingolstadt 04 – FC Augsburg 1:2; Eintracht Braunschweig – 1. FC Kaiserslautern 0:1; SV Wehen Wiesbaden – VfL Wolfsburg 1:4; Dynamo Dresden – 1. FC Nürnberg 0:3; SG Sonnenhof Großaspach – VfB Stuttgart 1:4 (in Heilbronn); SC Paderborn 07 – TSV München 1860 0:1; SpVgg Weiden – Borussia Dortmund 1:3; SV Elversberg – SC Freiburg 0:2; FSV Frankfurt – Borussia Mönchengladbach 1:2; SpVgg Unterhaching – Arminia Bielefeld 0:3; Kickers Emden – 1. FC Köln 0:3; Germania Windeck – FC Schalke 04 0:4 (in Köln); 1. FC Magdeburg – Energie Cottbus 1:3; Tennis Borussia Berlin – Karlsruher SC 0:2; Wacker Burghausen – Rot Weiss Ahlen n. V. 1:1, Elfmeterschießen 4:5; Preußen Münster – Hertha BSC n. V. 1:3; 1. FC Union Berlin – Werder Bremen 0:5; FC Oberneuland – TSG 1899 Hoffenheim 0:2; FC 08 Villingen – FC St. Pauli n. V. 0:2; Concordia Hamburg – TuS Koblenz 0:4; VfB Speldorf – Rot-Weiß Oberhausen 0:3 (in Duisburg); Rot-Weiß Erfurt – MSV Duisburg 1:2; Wormatia Worms – SpVgg Greuther Fürth n. V. 0:1; Greif Torgelow – Alemannia Aachen 1:4; Eintracht Trier – Hannover 96 3:1; SpVgg Neckarelz – Bayern München 1:3; Kickers Offenbach – Eintracht Frankfurt 0:3; Sportfreunde Lotte – VfL Bochum 0:1; Fortuna Düsseldorf – Hamburger SV n. V. 3:3, Elfmeterschießen 1:4.

2. Runde: Eintracht Trier – Arminia Bielefeld n. V. 4:2; 1. FC Nürnberg – TSG 1899 Hoffenheim 0:1; Bayern München – Rot-Weiß Oberhausen 5:0; Borussia Mönchengladbach – MSV Duisburg 0:1; Rot Weiss Ahlen – SpVgg Greuther Fürth n. V. 2:3; Karlsruher SC – Borussia Dortmund 0:3; VfL Bochum – FC Schalke 04 0:3; TuS Koblenz – Energie Cottbus n. V. 4:2; TSV München 1860 – Hertha BSC n. V. 2:2, Elfmeterschießen 4:1; FC Augsburg – SC Freiburg 1:0; Werder Bremen – FC St. Pauli 2:1; Eintracht Frankfurt – Alemannia Aachen 6:4; VfL Osnabrück – Hamburger SV n. V. 3:3, Elfmeterschießen 4:2; VfB Lübeck – VfB Stuttgart n. V. 1:3; 1. FC Kaiserslautern – Bayer Leverkusen 2:1; 1. FC Köln – VfL Wolfsburg 3:2.

Achtelfinale: SpVgg Greuther Fürth – VfB Stuttgart 1:0; Eintracht Trier – 1. FC Köln 0:3; VfL Osnabrück – Borussia Dortmund 3:2; FC Augsburg – MSV Duisburg 5:0; TSV München 1860 – FC Schalke 04 0:3; Werder Bremen – 1. FC Kaiserslautern 3:0; TSG 1899 Hoffenheim – TuS Koblenz 4:0; Eintracht Frankfurt – Bayern München 0:4.

Viertelfinale: Werder Bremen – TSG 1899 Hoffenheim 2:1; Bayern München – SpVgg Greuther Fürth 6:2; FC Augsburg – 1. FC Köln 2:0; VfL Osnabrück – FC Schalke 04 0:1.

Halbfinale: Werder Bremen – FC Augsburg 2:0; FC Schalke 04 – Bayern München n. V. 0:1.

Endspiel: Bayern München – Werder Bremen 4:0.

2011

1. Runde: SV Wilhelmshaven – Eintracht Frankfurt 0:4; FC Ingolstadt 04 – Karlsruher SC 2:0; VfB Lübeck – MSV Duisburg 0:2; FSV Frankfurt – SC Paderborn 07 2:0; VfL Osnabrück – 1. FC Kaiserslautern n. V. 2:3; Jahn Regensburg – Arminia Bielefeld n. V. 1:1, Elfmeterschießen 5:6; FK Pirmasens – Bayer Leverkusen 1:11; Wacker Burghausen – Borussia Dortmund 0:3; SV Babelsberg 03 – VfB Stuttgart 1:2; FC Oberneuland – SC Freiburg 0:1; SC Pfullendorf – Hertha BSC 0:2; Rot Weiss Ahlen – Werder Bremen 0:4; SC Verl – TSV München 1860 1:2; Hansa Rostock – TSG 1899 Hoffenheim 0:4; Chemnitzer FC – FC St. Pauli 1:0; SV Sandhausen – FC Augsburg n. V. 4:4, Elfmeterschießen 1:3 (in Mannheim); SV Elversberg – Hannover 96 n. V. 0:0, Elfmeterschießen 5:4; Eintracht Braunschweig – SpVgg Greuther Fürth n. V. 1:2; Erzgebirge Aue – Borussia Mönchengladbach 1:3; Schwarz-Weiß Essen – Alemannia Aachen 1:2; TuS Koblenz – Fortuna Düsseldorf 1:0; Victoria Hamburg – Rot-Weiß Oberhausen 1:0; ZFC Meuselwitz – 1. FC Köln 0:2; TuS Heeslingen – Energie Cottbus 1:2; Eintracht Trier – 1. FC Nürnberg 0:2; Berliner AK 07 – 1. FSV Mainz 05 1:2; Hallescher FC – 1. FC Union Berlin 1:0 (in Leipzig); Torgelower SV Greif – Hamburger SV 1:5; Preußen Münster – VfL Wolfsburg 1:2; Kickers Offenbach – VfL Bochum 3:0; Germania Windeck – Bayern München 0:4 (in Köln); VfR Aalen – FC Schalke 04 1:2.
2. Runde: TuS Koblenz – Hertha BSC 2:1; Victoria Hamburg – VfL Wolfsburg 1:3; 1. FC Köln – TSV München 1860 3:0; SpVgg Greuther Fürth – FC Augsburg n. V. 2:4; Energie Cottbus – SC Freiburg 2:1; FSV Frankfurt – FC Schalke 04 0:1; Bayern München – Werder Bremen 2:1; 1. FC Kaiserslautern – Arminia Bielefeld 3:0; Hallescher FC – MSV Duisburg 0:3 (in Leipzig); Eintracht Frankfurt – Hamburger SV 5:2; TSG 1899 Hoffenheim – FC Ingolstadt 04 1:0; Alemannia Aachen – 1. FSV Mainz 05 2:1; Kickers Offenbach – Borussia Dortmund n. V. 0:0, Elfmeterschießen 4:2; SV Elversberg – 1. FC Nürnberg 0:3; Chemnitzer FC – VfB Stuttgart n. V. 1:3; Borussia Mönchengladbach – Bayer Leverkusen n. V. 1:1, Elfmeterschießen 5:4.
Achtelfinale: FC Augsburg – FC Schalke 04 0:1; TSG 1899 Hoffenheim – Borussia Mönchengladbach 2:0; VfL Wolfsburg – Energie Cottbus 1:3; 1. FC Köln – MSV Duisburg 1:2; VfB Stuttgart – Bayern München 3:6; Alemannia Aachen – Eintracht Frankfurt n. V. 1:1, Elfmeterschießen 5:3; Kickers Offenbach – 1. FC Nürnberg 0:2; TuS Koblenz – 1. FC Kaiserslautern 1:4.
Viertelfinale: FC Schalke 04 – 1. FC Nürnberg n. V. 3:2; Energie Cottbus – TSG 1899 Hoffenheim 1:0; MSV Duisburg – 1. FC Kaiserslautern 2:0; Alemannia Aachen – Bayern München 0:4.
Halbfinale: MSV Duisburg – Energie Cottbus 2:1; Bayern München – FC Schalke 04 0:1.
Endspiel: FC Schalke 04 – MSV Duisburg 5:0.

2012

1. Runde: Rot-Weiss Essen – 1. FC Union Berlin n. V. 2:2, Elfmeterschießen 4:3; RB Leipzig – VfL Wolfsburg 3:2; 1. FC Saarbrücken – Erzgebirge Aue n. V. 1:3; Jahn Regensburg – Borussia Mönchengladbach 1:3; SV Wehen Wiesbaden – VfB Stuttgart 1:2; VfL Osnabrück – TSV München 1860 n. V. 2:3; Berliner FC Dynamo – 1. FC Kaiserslautern 0:3; Hallescher FC – Eintracht Frankfurt 0:2; 1. FC Heidenheim – Werder Bremen 2:1; Dynamo Dresden – Bayer Leverkusen n. V. 4:3; Eintracht Trier – FC St. Pauli 2:1; Arminia Bielefeld – 1. FC Nürnberg 1:5; Rot Weiss Ahlen – SC Paderborn 07 0:10; SV Babelsberg 03 – MSV Duisburg 0:2; VfB Oldenburg – Hamburger SV 1:2; Holstein Kiel – Energie Cottbus 3:0; SV Sandhausen – Borussia Dortmund 0:3; Kickers Emden – FSV Frankfurt n. V. 1:5; Hansa Rostock – VfL Bochum n. V. 2:2, Elfmeterschießen 3:5; Rot-Weiß Oberhausen – FC Augsburg n. V. 1:2; FC Oberneuland – FC Ingolstadt 04 1:4; SpVgg Unterhaching – SC Freiburg 3:2; Karlsruher SC – Alemannia Aachen 3:1; Eimsbütteler TV – SpVgg Greuther Fürth 0:10; Anker Wismar – Hannover 96 0:6 (in Lübeck); ZFC Meuselwitz – Hertha BSC 0:4; Germania Windeck – TSG 1899 Hoffenheim n. V. 1:3 (in Köln); FC Teningen – FC Schalke 04 1:11 (in Freiburg); Hessen Kassel – Fortuna Düsseldorf 0:3; SVN Zweibrücken – 1. FSV Mainz 05 n. V. 1:2 (in Homburg); SC Wiedenbrück 2000 – 1. FC Köln 0:3 (in Gütersloh); Eintracht Braunschweig – Bayern München 0:3.
2. Runde: RB Leipzig – FC Augsburg 0:1; SpVgg Unterhaching – VfL Bochum 1:4; 1. FC Heidenheim – Borussia Mönchengladbach n. V. 0:0, Elfmeterschießen 3:4; Fortuna Düsseldorf – TSV München 1860 3:0; Eintracht Trier – Hamburger SV n. V. 1:2; SpVgg Greuther Fürth – SC Paderborn 07 4:0; TSG 1899 Hoffenheim – 1. FC Köln 2:1; Borussia Dortmund – Dynamo Dresden 2:0; Holstein Kiel – MSV Duisburg 2:0; Rot-Weiss Essen – Hertha BSC 0:3; Hannover 96 – 1. FSV Mainz 05 n. V. 0:1; Karlsruher SC – FC Schalke 04 0:2; Erzgebirge Aue – 1. FC Nürnberg1:2; Bayern München – FC Ingolstadt 04 6:0; VfB Stuttgart – FSV Frankfurt 3:0; Eintracht Frankfurt – 1. FC Kaiserslautern n. V. 0:1.
Achtelfinale: VfL Bochum – Bayern München 1:2; 1. FC Nürnberg – SpVgg Greuther Fürth 0:1; TSG 1899 Hoffenheim – FC Augsburg 2:1; Fortuna Düsseldorf – Borussia Dortmund n. V. 0:0, Elfmeterschießen 4:5; Hertha BSC – 1. FC Kaiserslautern 3:1; Holstein Kiel – 1. FSV Mainz 05 2:0; VfB Stuttgart – Hamburger SV 2:1; Borussia Mönchengladbach – FC Schalke 04 3:1.
Viertelfinale: Holstein Kiel – Borussia Dortmund 0:4; TSG 1899 Hoffenheim – SpVgg Greuther Fürth 0:1; Hertha BSC – Borussia Mönchengladbach n. V. 0:2; VfB Stuttgart – Bayern München 0:2.

Halbfinale: SpVgg Greuther Fürth – Borussia Dortmund n. V. 0:1; Borussia Mönchengladbach – Bayern München n. V. 0:0, Elfmeterschießen 2:4.
Endspiel: Borussia Dortmund – Bayern München 5:2.

2013

1. Runde: SG Sonnenhof Großaspach – FSV Frankfurt 1:2; VfB Lübeck – Eintracht Braunschweig 0:3; SV Wilhelmshaven – FC Augsburg 0:2; Hallescher FC – MSV Duisburg 0:1; FC Oberneuland – Borussia Dortmund 0:3; Victoria Hamburg – SC Freiburg 1:2; SpVgg Unterhaching – 1. FC Köln 1:2; SV Falkensee-Finkenkrug – VfB Stuttgart 0:5 (in Babelsberg); Offenburger FV – FC St. Pauli 0:3; Carl Zeiss Jena – Bayer Leverkusen 0:4; Berliner AK 07 – TSG 1899 Hoffenheim 4:0; Alemannia Aachen – Borussia Mönchengladbach 0:2; 1. FC Heidenheim – VfL Bochum 0:2; FC Schönberg 95 – VfL Wolfsburg 0:5 (in Lübeck); Kickers Offenbach – SpVgg Greuther Fürth 2:0; FC Nöttingen – Hannover 96 1:6 (in Reutlingen); Wormatia Worms – Hertha BSC 2:1; Karlsruher SC – Hamburger SV 4:2; TSV Havelse – 1. FC Nürnberg n. V. 3:2; FC Hennef 05 – TSV München 1860 0:6 (in Bonn); VfR Aalen – FC Ingolstadt 04 3:0; Arminia Bielefeld – SC Paderborn 07 3:1; Preußen Münster – Werder Bremen n. V. 4:2; Erzgebirge Aue – Eintracht Frankfurt 3:0; 1. FC Saarbrücken – FC Schalke 04 0:5; Wacker Burghausen – Fortuna Düsseldorf 0:1; Hansa Rostock – 1. FC Kaiserslautern 1:3; SV Roßbach/Verscheid – 1. FSV Mainz 05 0:4 (in Koblenz); Chemnitzer FC – Dynamo Dresden 0:3; Rot-Weiss Essen – 1. FC Union Berlin n. V. 0:1; SV Sandhausen – Energie Cottbus 3:0; Jahn Regensburg – Bayern München 0:4.
2. Runde: Berliner AK 07 – TSV München 1860 0:3; Wormatia Worms – 1. FC Köln n. V. 0:0, Elfmeterschießen 3:4; Preußen Münster – FC Augsburg 0:1; Eintracht Braunschweig – SC Freiburg 0:2; TSV Havelse – VfL Bochum 1:3; FC Schalke 04 – SV Sandhausen 3:0; VfR Aalen – Borussia Dortmund 1:4; 1. FSV Mainz 05 – Erzgebirge Aue 2:0; Karlsruher SC – MSV Duisburg 1:0; Arminia Bielefeld – Bayer Leverkusen n. V. 2:3; Kickers Offenbach – 1. FC Union Berlin 2:0; VfB Stuttgart – FC St. Pauli 3:0; Hannover 96 – Dynamo Dresden n. V. 1:1, Elfmeterschießen 4:3; Bayern München – 1. FC Kaiserslautern 4:0; Fortuna Düsseldorf – Borussia Mönchengladbach n. V. 1:0; VfL Wolfsburg – FSV Frankfurt 2:0.
Achtelfinale: Karlsruher SC – SC Freiburg 0:1; FC Schalke 04 – 1. FSV Mainz 05 1:2; Kickers Offenbach – Fortuna Düsseldorf 2:0; FC Augsburg – Bayern München 0:2; VfL Wolfsburg – Bayer Leverkusen 2:1; VfL Bochum – TSV München 1860 3:0; Borussia Dortmund – Hannover 96 5:1; VfB Stuttgart – 1. FC Köln 2:1.
Viertelfinale: 1. FSV Mainz 05 – SC Freiburg n. V. 2:3; Kickers Offenbach – VfL Wolfsburg 1:2; VfB Stuttgart – VfL Bochum 2:0; Bayern München – Borussia Dortmund 1:0.
Halbfinale: Bayern München – VfL Wolfsburg 6:1; VfB Stuttgart – SC Freiburg 2:1.
Endspiel: Bayern München – VfB Stuttgart 3:2.

2014

1. Runde: VfL Osnabrück – Erzgebirge Aue 3:0; 1. FC Heidenheim – TSV München 1860 n. V. 1:1, Elfmeterschießen 3:4; RB Leipzig – FC Augsburg 0:2; Sportfreunde Baumberg – FC Ingolstadt 04 1:4 (in Leverkusen); SG Aumund-Vegesack – TSG 1899 Hoffenheim 0:9; Neckarsulmer SU – 1. FC Kaiserslautern 0:7 (in Heilbronn); SV Lippstadt 08 – Bayer Leverkusen 1:6; Fortuna Köln – 1. FSV Mainz 05 1:2; TSG Neustrelitz – SC Freiburg n. V. 0:2; 1. FC Magdeburg – Energie Cottbus 0:1; SV Wilhelmshaven – Borussia Dortmund 0:3; Bahlinger SC – VfL Bochum 1:3; TSV 1860 Rosenheim – VfR Aalen 0:2; Eintracht Trier – 1. FC Köln 0:2; Karlsruher SC – VfL Wolfsburg 1:3; TSG Pfeddersheim – SpVgg Greuther Fürth 0:2; 1. FC Saarbrücken – Werder Bremen n. V. 3:1; SV Darmstadt 98 – Borussia Mönchengladbach n. V. 0:0, Elfmeterschießen 5:4; Arminia Bielefeld – Eintracht Braunschweig 2:1; Victoria Hamburg – Hannover 96 0:2; SV Schott Jena – Hamburger SV 0:4; SC Wiedenbrück 2000 – Fortuna Düsseldorf 1:0 (in Gütersloh); Optik Rathenow – FSV Frankfurt n. V. 1:3; Berliner FC Dynamo – VfB Stuttgart 0:2; VfR Neumünster – Hertha BSC n. V. 2:3; FV Illertissen – Eintracht Frankfurt 0:2 (in Augsburg); Preußen Münster – FC St. Pauli 1:0; SV Sandhausen – 1. FC Nürnberg n. V. 1:1, Elfmeterschießen 4:3; MSV Duisburg – SC Paderborn 07 2:3; Jahn Regensburg – 1. FC Union Berlin 1:2; FC Nöttingen – FC Schalke 04 0:2 (in Karlsruhe); BSV Schwarz-Weiß Rehden – Bayern München 0:5 (in Osnabrück).
2. Runde: Preußen Münster – FC Augsburg 0:3; SC Wiedenbrück 2000 – SV Sandhausen 1:3 (in Gütersloh); TSV München 1860 – Borussia Dortmund n. V. 0:2; VfL Wolfsburg – VfR Aalen 2:0; Arminia Bielefeld – Bayer Leverkusen 0:2; Hamburger SV – SpVgg Greuther Fürth 1:0; TSG 1899 Hoffenheim – Energie Cottbus n. V. 3:0; 1. FSV Mainz 05 – 1. FC Köln 0:1; 1. FC Saarbrücken – SC Paderborn 07 2:1; Eintracht Frankfurt – VfL Bochum 2:0; FSV Frankfurt – FC Ingolstadt 04 0:2; 1. FC Kaiserslautern – Hertha BSC 3:1; VfL Osnabrück – 1. FC Union Berlin 0:1; SV Darmstadt 98 – FC Schalke 04 1:3; Bayern München – Hannover 96 4:1; SC Freiburg – VfB Stuttgart 2:1.
Achtelfinale: 1. FC Union Berlin – 1. FC Kaiserslautern 0:3; Hamburger SV – 1. FC Köln 2:1; FC Schalke 04 – TSG 1899 Hoffenheim 1:3; 1. FC Saarbrücken – Borussia Dortmund 0:2; SC Freiburg – Bayer Leverkusen 1:2; VfL Wolfsburg – FC Ingolstadt 04 2:1; Eintracht Frankfurt – SV Sandhausen 4:2; FC Augsburg – Bayern München 0:2.

Viertelfinale: Eintracht Frankfurt – Borussia Dortmund 0:1; TSG 1899 Hoffenheim – VfL Wolfsburg 2:3; Bayer Leverkusen – 1. FC Kaiserslautern n. V. 0:1; Hamburger SV – Bayern München 0:5.
Halbfinale: Borussia Dortmund – VfL Wolfsburg 2:0; Bayern München – 1. FC Kaiserslautern 5:1.
Endspiel: Bayern München – Borussia Dortmund n. V. 2:0.

2015

1. Runde: Chemnitzer FC – 1. FSV Mainz 05 n. V. 5:5, Elfmeterschießen 5:4; Alemannia Waldalgesheim – Bayer Leverkusen 0:6 (in Mainz); MSV Duisburg – 1. FC Nürnberg 1:0; FC Homburg – Borussia Mönchengladbach 1:3; Optik Rathenow – FC St. Pauli 1:3; Bremer SV – Eintracht Braunschweig 0:1; VfL Bochum – VfB Stuttgart 2:0; FC Viktoria Köln – Hertha BSC 2:4; Stuttgarter Kickers – Borussia Dortmund 1:4; FC Astoria Walldorf – Hannover 96 1:3; FT Braunschweig – 1. FC Köln 1:4; SV Waldkirch – SpVgg Greuther Fürth 0:3 (in Bahlingen); SV Wehen Wiesbaden – 1. FC Kaiserslautern n. V. 0:0, Elfmeterschießen 3:5; Viktoria 1889 Berlin – Eintracht Frankfurt 0:2; Sportfreunde Siegen – FSV Frankfurt n. V. 3:3, Elfmeterschießen 4:5; BSV Schwarz-Weiß Rehden – VfR Aalen n. V. 1:1, Elfmeterschießen 3:4 (in Cloppenburg); Holstein Kiel – TSV München 1860 1:2; FV Illertissen – Werder Bremen n. V. 2:3 (in Ulm); Carl Zeiss Jena – Erzgebirge Aue 0:1; USC Paloma Hamburg – TSG 1899 Hoffenheim 0:9; Eintracht Trier – SC Freiburg 0:2; Preußen Münster – Bayern München 1:4; Würzburger Kickers – Fortuna Düsseldorf n. V. 3:2; 1. FC Neubrandenburg – Karlsruher SC 1:3; Arminia Bielefeld – SV Sandhausen 4:1; 1. FC Magdeburg – FC Augsburg 1:0; RB Leipzig – SC Paderborn 07 n. V. 2:1; SV Darmstadt 98 – VfL Wolfsburg n. V. 0:0, Elfmeterschießen 4:5; 1. FC Heidenheim – 1. FC Union Berlin 2:1; Kickers Offenbach – FC Ingolstadt 04 n. V. 0:0, Elfmeterschießen 4:2; Energie Cottbus – Hamburger SV n. V. 2:2, Elfmeterschießen 1:4; Dynamo Dresden – FC Schalke 04 2:1.
2. Runde: Chemnitzer FC – Werder Bremen 0:2; Arminia Bielefeld – Hertha BSC n. V. 0:0, Elfmeterschießen 4:2; Kickers Offenbach – Karlsruher SC 1:0; VfR Aalen – Hannover 96 2:0; Dynamo Dresden – VfL Bochum n. V. 2:1; MSV Duisburg – 1. FC Köln n. V. 0:0, Elfmeterschießen 1:4; 1. FC Kaiserslautern – SpVgg Greuther Fürth 2:0; FC St. Pauli – Borussia Dortmund 0:3; 1. FC Magdeburg – Bayer Leverkusen n. V. 2:2, Elfmeterschießen 4:5; Würzburger Kickers – Eintracht Braunschweig 0:1; TSV München 1860 – SC Freiburg 2:5; RB Leipzig – Erzgebirge Aue n. V. 3:1; Hamburger SV – Bayern München 1:3; TSG 1899 Hoffenheim – FSV Frankfurt 5:1; VfL Wolfsburg – 1. FC Heidenheim 4:1; Eintracht Frankfurt – Borussia Mönchengladbach 1:2.
Achtelfinale: Bayer Leverkusen – 1. FC Kaiserslautern n. V. 2:0; VfR Aalen – TSG 1899 Hoffenheim 0:2; SC Freiburg – 1. FC Köln 2:1; Dynamo Dresden – Borussia Dortmund 0:2; RB Leipzig – VfL Wolfsburg 0:2; Arminia Bielefeld – Werder Bremen 3:1; Kickers Offenbach – Borussia Mönchengladbach 0:2; Bayern München – Eintracht Braunschweig 2:0.
Viertelfinale: VfL Wolfsburg – SC Freiburg 1:0; Borussia Dortmund – TSG 1899 Hoffenheim n. V. 3:2; Arminia Bielefeld – Borussia Mönchengladbach n. V. 1:1, Elfmeterschießen 5:4; Bayer Leverkusen – Bayern München n. V. 0:0, Elfmeterschießen 3:5.
Halbfinale: Bayern München – Borussia Dortmund n. V. 1:1, Elfmeterschießen 0:2; Arminia Bielefeld – VfL Wolfsburg 0:4.
Endspiel: VfL Wolfsburg – Borussia Dortmund 3:1 (3:1).

2016

1. Runde: TuS Erndtebrück – SV Darmstadt 98 0:5; Berliner FC Dynamo – FSV Frankfurt 0:2; SV Elversberg – FC Augsburg n. V. 1:3; FC Viktoria Köln – 1. FC Union Berlin 2:1; SV Meppen – 1. FC Köln 0:4; Hallescher FC – Eintracht Braunschweig 0:1; Stuttgarter Kickers – VfL Wolfsburg 1:4; Sportfreunde Lotte – Bayer Leverkusen 0:3; MSV Duisburg – FC Schalke 04 0:5; Würzburger Kickers – Werder Bremen n. V. 0:2; Erzgebirge Aue – SpVgg Greuther Fürth 1:0; Bremer SV – Eintracht Frankfurt 0:3; TSV München 1860 – TSG 1899 Hoffenheim 2:0; SSV Reutlingen – Karlsruher SC 3:1; Holstein Kiel – VfB Stuttgart 1:2; Carl Zeiss Jena – Hamburger SV n. V. 3:2; Bahlinger SC – SV Sandhausen n. V. 0:0, Elfmeterschießen 3:5; HSV Barmbek-Uhlenhorst – SC Freiburg 0:5; FSV Salmrohr – VfL Bochum 0:5; Chemnitzer FC – Borussia Dortmund 0:2; VfB Lübeck – SC Paderborn 07 1:2; Rot-Weiss Essen – Fortuna Düsseldorf n. V. 0:0, Elfmeterschießen 1:3; FK Pirmasens – 1. FC Heidenheim 1:4 (0:2); SpVgg Unterhaching – FC Ingolstadt 04 2:1; FC Nöttingen – Bayern München 1:3; Hansa Rostock – 1. FC Kaiserslautern n. V. 0:0, Elfmeterschießen 4:5; Hessen Kassel – Hannover 96 0:2; Energie Cottbus – 1. FSV Mainz 05 0:3; Arminia Bielefeld – Hertha BSC 0:2; VfL Osnabrück – RB Leipzig 1:0 abgebrochen (Wertung 0:2); VfR Aalen – 1. FC Nürnberg n. V. 0:0, Elfmeterschießen 1:2; FC St. Pauli – Borussia Mönchengladbach 1:4.
2. Runde: Erzgebirge Aue – Eintracht Frankfurt 1:0; FSV Frankfurt – Hertha BSC n. V. 1:2; 1. FSV Mainz 05 – TSV München 1860 1:2; 1. FC Nürnberg – Fortuna Düsseldorf 5:1; SpVgg Unterhaching – RB Leipzig 3:0; SV Darmstadt 98 – Hannover 96 2:1; VfL Bochum – 1. FC Kaiserslautern 1:0; VfL Wolfsburg – Bayern München 1:3; FC Viktoria Köln – Bayer Leverkusen 0:6; SV Sandhausen – 1. FC Heidenheim

n. V. 0:0, Elfmeterschießen 3:4; Borussia Dortmund – SC Paderborn 07 7:1; SC Freiburg – FC Augsburg 0:3; Carl Zeiss Jena – VfB Stuttgart 0:2; SSV Reutlingen – Eintracht Braunschweig 0:4; FC Schalke 04 – Borussia Mönchengladbach 0:2; Werder Bremen – 1. FC Köln 1:0.
Achtelfinale: SpVgg Unterhaching – Bayer Leverkusen 1:3; Borussia Mönchengladbach – Werder Bremen 3:4; Erzgebirge Aue – 1. FC Heidenheim 0:2; Bayern München – SV Darmstadt 98 1:0; 1. FC Nürnberg – Hertha BSC 0:2; VfB Stuttgart – Eintracht Braunschweig n. V. 3:2; FC Augsburg – Borussia Dortmund 0:2; TSV München 1860 – VfL Bochum 0:2.
Viertelfinale: Bayer Leverkusen – Werder Bremen 1:3; VfB Stuttgart – Borussia Dortmund 1:3; 1. FC Heidenheim – Hertha BSC 2:0; VfL Bochum – Bayern München 0:3.
Halbfinale: Bayern München – Werder Bremen 2:0; Hertha BSC – Borussia Dortmund 0:3.
Endspiel: Bayern München – Borussia Dortmund n. V. 0:0, Elfmeterschießen 4:3.

2017

1. Runde: VfB Lübeck – FC St. Pauli 0:3; FV Ravensburg – FC Augsburg 0:2 (in Pfullendorf); Carl Zeiss Jena – Bayern München 0:5; SV Drochtersen/Assel – Borussia Mönchengladbach 0:1; Würzburger Kickers – Eintracht Braunschweig n. V. 1:0; SV Babelsberg 03 – SC Freiburg 0:4; FC Viktoria Köln – 1. FC Nürnberg n. V. 1:1, Elfmeterschießen 5:6; Rot-Weiss Essen – Arminia Bielefeld n. V. 2:2, Elfmeterschießen 4:5; FC 08 Villingen – FC Schalke 04 1:4 (in Freiburg); Dynamo Dresden – RB Leipzig n. V. 2:2, Elfmeterschießen 5:4; Berliner FC Preussen – 1. FC Köln 0:7; Hallescher FC – 1. FC Kaiserslautern n. V. 4:3; TSV München 1860 – Karlsruher SC 2:1; Hansa Rostock – Fortuna Düsseldorf 0:3; FC 08 Homburg – VfB Stuttgart 0:3; FSV Frankfurt – VfL Wolfsburg 1:2; Sportfreunde Lotte – Werder Bremen 2:1; MSV Duisburg – 1. FC Union Berlin n. V. 1:2; Eintracht Norderstedt – SpVgg Greuther Fürth 1:4; FC-Astoria Walldorf – VfL Bochum n. V. 4:3; 1. FC Magdeburg – Eintracht Frankfurt n. V. 1.1, Elfmeterschießen 3:4; SpVgg Unterhaching – 1. FSV Mainz 05 n. V. 3:3, Elfmeterschießen 2:4; Germania Egestorf/Langreder – TSG 1899 Hoffenheim 0:6; SC Hauenstein – Bayer Leverkusen 1:2 (in Pirmasens); Bremer SV – SV Darmstadt 98 0:7; SG Wattenscheid 09 – 1. FC Heidenheim 1:2; Jahn Regensburg – Hertha BSC n. V. 1:1, Elfmeterschießen 3:5; Erzgebirge Aue – FC Ingolstadt 04 n. V. 0:0, Elfmeterschießen 7:8; Kickers Offenbach – Hannover 96 n. V. 2:3; FSV Zwickau Hamburger SV 0:1; SC Paderborn 07 – SV Sandhausen 1:2; Eintracht Trier – Borussia Dortmund 0:3.
2. Runde: Sportfreunde Lotte – Bayer Leverkusen n. V. 2:2, Elfmeterschießen 4:3; Dynamo Dresden – Arminia Bielefeld 0:1; SC Freiburg – SV Sandhausen n. V. 3:3, Elfmeterschießen 3:4; Würzburger Kickers – TSV München 1860 n. V. 0:0, Elfmeterschießen 3:4; Hallescher FC – Hamburger SV 0:4; Eintracht Frankfurt – FC Ingolstadt 04 n. V. 0:0, Elfmeterschießen 4:1; FC St. Pauli – Hertha BSC 0:2; Borussia Mönchengladbach – VfB Stuttgart 2:0; FC-Astoria Walldorf – SV Darmstadt 98 1:0; Hannover 96 – Fortuna Düsseldorf 6:1; 1. FC Heidenheim – VfL Wolfsburg 0:1; SpVgg Greuther Fürth – 1. FSV Mainz 05 2:1; 1. FC Nürnberg – FC Schalke 04 2:3; 1. FC Köln – TSG 1899 Hoffenheim n. V. 2:1; Bayern München – FC Augsburg 3:1; Borussia Dortmund – 1. FC Union Berlin n. V. 1:1, Elfmeterschießen 3:0.
Achtelfinale: Hamburger SV – 1. FC Köln 2:0; FC-Astoria Walldorf – Arminia Bielefeld n. V. 1:1, Elfmeterschießen 4:5; Bayern München – VfL Wolfsburg 1:0; SpVgg Greuther Fürth – Borussia Mönchengladbach 0:2; Sportfreunde Lotte – TSV München 1860 2:0; SV Sandhausen – FC Schalke 04 1:4; Borussia Dortmund – Hertha BSC n. V. 1:1, Elfmeterschießen 3:2; Hannover 96 – Eintracht Frankfurt 1:2.
Viertelfinale: Eintracht Frankfurt – Arminia Bielefeld 1:0; Hamburger SV – Borussia Mönchengladbach 1:2; Bayern München – FC Schalke 04 3:0; Sportfreunde Lotte – Borussia Dortmund 0:3 (in Osnabrück).
Halbfinale: Borussia Mönchengladbach – Eintracht Frankfurt n. V. 1:1, Elfmeterschießen 6:7; Bayern München – Borussia Dortmund 2:3.
Endspiel: Boussia Dortmund – Eintracht Frankfurt 2:1.

2018

1. Runde: TuS Koblenz – Dynamo Dresden 2:3 (in Zwickau); Rot-Weiss Essen – Borussia Mönchengladbach 1:2; Karlsruher SC – Bayer Leverkusen n. V. 0:3; Holstein Kiel – Eintracht Braunschweig 2:1; Germania Halberstadt – SC Freiburg 1:2; Chemnitzer FC – Bayern München 0:5; Lüneburger SK Hansa – 1. FSV Mainz 05 1:3; Leher TS – 1. FC Köln 0:5; SpVgg Unterhaching – 1. FC Heidenheim 0:4; TuS Erndtebrück – Eintracht Frankfurt 0:3 (in Siegen); 1. FC Rielasingen-Arlen – Borussia Dortmund 0:4 (in Freiburg); SV Eichede – 1. FC Kaiserslautern 0:4 (in Lübeck); Rot-Weiß Erfurt – TSG 1899 Hoffenheim 0:1; Jahn Regensburg – SV Darmstadt 98 3:1; Arminia Bielefeld – Fortuna Düsseldorf n. V. 1:3; Würzburger Kickers – Werder Bremen 0:3 (in Offenbach); TSV München 1860 – FC Ingolstadt 04 1:2; VfL Osnabrück – Hamburger SV 3:1; Bonner SC – Hannover 96 2:6; Sportfreunde Dorfmerkingen – RB Leipzig 0:5 (in Aalen); 1. FC Schweinfurt 05 – SV Sandhausen 2:1; SV Morlautern – SpVgg Greuther Fürth 0:5 (in Pirmasens); 1. FC Saarbrücken – 1. FC Union Berlin n. V. 1:2; FC Nöttingen – VfL Bochum 2:5 (in Karlsruhe); Eintracht Norderstedt – VfL Wolfsburg 0:1; 1. FC Magdeburg – FC Augsburg 2:0; Energie Cottbus – VfB Stuttgart n. V. 2:2, Elfmeterschießen 3:4; SV Wehen Wiesbaden – Erzgebirge

Aue 2:0; MSV Duisburg – 1. FC Nürnberg 1:2; SC Paderborn 07 – FC St. Pauli 2:1; Berliner FC Dynamo – FC Schalke 04 0:2; Hansa Rostock – Hertha BSC 0:2.

2. Runde: SC Paderborn 07 – VfL Bochum 2:0; SV Wehen Wiesbaden – FC Schalke 04 1:3; Fortuna Düsseldorf – Borussia Mönchengladbach 0:1; Bayer Leverkusen – 1. FC Union Berlin 4:1; 1. FSV Mainz 05 – Holstein Kiel n. V. 3:2; 1. FC Magdeburg – Borussia Dortmund 0:5; 1. FC Schweinfurt 05 – Eintracht Frankfurt 0:4; SpVgg Greuther Fürth – FC Ingolstadt 04 1:3; VfL Osnabrück – 1. FC Nürnberg 2:3; Hertha BSC – 1. FC Köln 1:3; VfL Wolfsburg – Hannover 96 1:0; 1. FC Kaiserslautern – VfB Stuttgart 1:3; Jahn Regensburg – 1. FC
Heidenheim 2:5; Werder Bremen – TSG 1899 Hoffenheim 1:0; SC Freiburg – Dynamo Dresden 3:1; RB Leipzig – Bayern München n. V. 1:1, Elfmeterschießen 4:5.

Achtelfinale: 1. FSV Mainz 05 – VfB Stuttgart 3:1; SC Paderborn 07 – FC Ingolstadt 04 1:0; 1. FC Nürnberg – VfL Wolfsburg n. V. 0:2; FC Schalke 04 – 1. FC Köln 1:0; Werder Bremen – SC Freiburg 3:2; Borussia Mönchengladbach – Bayer Leverkusen 0:1; Bayern München – Borussia Dortmund 2:1; 1. FC Heidenheim – Eintracht Frankfurt n. V. 1:2.

Viertelfinale: SC Paderborn 07 – Bayern München 0:6; Bayer Leverkusen – Werder Bremen n. V. 4:2: Eintracht Frankfurt – 1. FSV Mainz 05 3:0; FC Schalke 04 – VfL Wolfsburg 1:0.

Halbfinale: Bayer Leverkusen – Bayern München 2:6; FC Schalke 04 – Eintracht Frankfurt 0:1.

Endspiel: Eintracht Frankfurt – Bayern München 3:1.

2019

1. Runde: SV Wehen Wiesbaden – FC St. Pauli n. V. 3:2; 1. FC Magdeburg – SV Darmstadt 98 0:1; 1. FC Schweinfurt 05 – FC Schalke 04 0:2; SV Linx – 1. FC Nürnberg 1:2 (in Kehl); SV Rödinghausen – Dynamo Dresden n. V. 3:2 (in Lotte); SV Elversberg – VfL Wolfsburg 0:1; TuS Dassendorf – MSV Duisburg 0:1 (in Bergedorf); Wormatia Worms – Werder Bremen 1:6; SV Drochtersen/Assel – Bayern München 0:1; 1. FC Kaiserslautern – TSG 1899 Hoffenheim 1:6; 1. CfR Pforzheim – Bayer Leverkusen 0:1; SSV Ulm 1846 Fußball – Eintracht Frankfurt 2:1; TuS Erndtebrück – Hamburger SV 3:5 (in Siegen); Rot-Weiß Oberhausen – SV Sandhausen 0:6; Erzgebirge Aue – 1. FSV Mainz 05 1:3; Hansa Rostock – VfB Stuttgart 2:0; 1. FC Lok Stendal – Arminia Bielefeld 0:5; TSV Steinbach Haiger – FC Augsburg 1:2; Rot-Weiss Koblenz – Fortuna Düsseldorf 0:5; SC Weiche Flensburg 08 – VfL Bochum 1:0; BSG Chemie Leipzig – Jahn Regensburg 2:1; Berliner FC Dynamo – 1. FC Köln 1:9; SSV Jeddeloh II – 1. FC Heidenheim 2:5 (in Oldenburg); FC Viktoria Köln – RB Leipzig 1:3; Karlsruher SC – Hannover 96 0:6; TSV München 1860 – Holstein Kiel 1:3; Carl Zeiss Jena – 1. FC Union Berlin 2:4; BSC Hastedt – Borussia Mönchengladbach 1:11; SC Paderborn 07 – FC Ingolstadt 04 2:1; Energie Cottbus – SC Freiburg n. V. 2:2, Elfmeterschießen 3:5; Eintracht Braunschweig – Hertha BSC 1:2; SpVgg Greuther Fürth – Borussia Dortmund n. V. 1:2.

2. Runde: BSG Chemie Leipzig – SC Paderborn 07 0:3; SSV Ulm 1846 – Fortuna Düsseldorf 1:5; Hannover 96 – VfL Wolfsburg 0:2; SV Darmstadt 98 – Hertha BSC 0:2; SV Wehen Wiesbaden – Hamburger SV 0:3; SV Rödinghausen – Bayern München 1:2 (in Osnabrück); 1. FC Heidenheim – SV Sandhausen 3:0; FC Augsburg – 1. FSV Mainz 05 n. V. 3:2; Hansa Rostock – 1. FC Nürnberg n. V. 2:2, Elfmeterschießen 2:4; SC Weiche Flensburg 08 – Werder Bremen 1:5 (in Lübeck); 1. FC Köln – FC Schalke 04 n. V. 1:1, Elfmeterschießen 5:6; Borussia Dortmund – 1. FC Union Berlin n. V. 3:2; Holstein Kiel – SC Freiburg 2:1; Arminia Bielefeld – MSV Duisburg 0:3; RB Leipzig – TSG 1899 Hoffenheim 2:0; Borussia Mönchengladbach – Bayer Leverkusen 0:5.

Achtelfinale: 1. FC Heidenheim – Bayer Leverkusen 2:1; Hamburger SV – 1. FC Nürnberg 1:0; MSV Duisburg – SC Paderborn 07 1:3; Borussia Dortmund – Werder Bremen n. V. 3:3, Elfmeterschießen 2:4; Holstein Kiel – FC Augsburg 0:1; RB Leipzig – VfL Wolfsburg 1:0; FC Schalke 04 – Fortuna Düsseldorf 4:1; Hertha BSC – Bayern München n. V: 2:3.

Viertelfinale: SC Paderborn 07 – Hamburger SV 0:2; FC Augsburg – RB Leipzig n. V. 1:2; Bayern München – 1. FC Heidenheim 5:4; FC Schalke 04 – Werder Bremen 0:2.

Halbfinale: Hamburger SV – RB Leipzig 1:3; Werder Bremen – Bayern München 2:3.

Endspiel: Bayern München – RB Leipzig 3:0.

2020

1. Runde: KFC Uerdingen 05 – Borussia Dortmund 0:2 (in Düsseldorf); FC Ingolstadt 04 – 1. FC Nürnberg 0:1; SV Sandhausen – Borussia Mönchengladbach 0:1; 1. FC Kaiserslautern – 1. FSV Mainz 05 2:0; Alemannia Aachen – Bayer Leverkusen 1:4; TuS Dassendorf – Dynamo Dresden 0:3 (in Zwickau); FC 08 Villingen – Fortuna Düsseldorf n. V. 1:3; SV Drochtersen/Assel – FC Schalke 04 0:5; Viktoria 1889 Berlin – Arminia Bielefeld 0:1; SC Verl – FC Augsburg 2:1; Wacker Nordhausen – Erzgebirge Aue 1:4; 1. FC Magdeburg – SC Freiburg n. V. 0:1; Würzburger Kickers – TSG 1899 Hoffenheim n. V. 3:3, Elfmeterschießen 4:5; KSV Baunatal – VfL Bochum 2:3; SSV Ulm 1846 – 1. FC Heidenheim 0:2; Atlas Delmenhorst – Werder Bremen 1:4 (in Bremen); FSV Salmrohr – Holstein Kiel 0:6;

Germania Halberstadt – 1. FC Union Berlin 0:6; SV Rödinghausen – SC Paderborn 07 n. V. 3:3, Elfmeterschießen 2:4; Waldhof Mannheim – Eintracht Frankfurt 3:5; FC Oberneuland – SV Darmstadt 98 1:6; 1. FC Saarbrücken – Jahn Regensburg 3:2 (in Völklingen); VfB Lübeck – FC St. Pauli n. V: 3:3, Elfmeterschießen 3:4; VfB Eichstätt – Hertha BSC 1:5 (in Ingolstadt); VfL Osnabrück – RB Leipzig 2:3; Chemnitzer FC – Hamburger SV n. V. 2:2, Elfmeterschießen 5:6; MSV Duisburg – SpVgg Greuther Fürth 2:0; SV Wehen Wiesbaden – 1. FC Köln n. V. 3:3, Elfmeterschießen 2:3; Hallescher FC – VfL Wolfsburg n. V. 3:5; Karlsruher SC – Hannover 96 2:0; Hansa Rostock – VfB Stuttgart 0:1; Energie Cottbus – Bayern München 1:3.
2. Runde: MSV Duisburg – TSG 1899 Hoffenheim 0:2; 1. FC Saarbrücken – 1. FC Köln 3:2 (in Völklingen); SC Freiburg – 1. FC Union Berlin 1:3; Hamburger SV – VfB Stuttgart n. V. 1:2; VfL Bochum – Bayern München 1:2; SV Darmstadt 98 – Karlsruher SC 0:1; Bayer Leverkusen – SC Paderborn 07 1:0; Arminia Bielefeld – FC Schalke 04 2:3; 1. FC Kaiserslautern – 1. FC Nürnberg n. V. 2:2, Elfmeterschießen 6:5; SC Verl – Holstein Kiel n. V. 1:1, Elfmeterschießen 8:7; VfL Wolfsburg – RB Leipzig 1:6; Werder Bremen – 1. FC Heidenheim 4:1; Fortuna Düsseldorf – Erzgebirge Aue 2:1; Borussia Dortmund – Borussia Mönchengladbach 2:1; Hertha BSC – Dynamo Dresden n. V. 3:3, Elfmeterschießen 5:4; FC St. Pauli – Eintracht Frankfurt 1:2.
Achtelfinale: Eintracht Frankfurt – RB Leipzig 3:1; 1. FC Kaiserslautern – Fortuna Düsseldorf 2:5; FC Schalke 04 – Hertha BSC n. V. 3:2; Werder Bremen – Borussia Dortmund 3:2; Bayer Leverkusen – VfB Stuttgart 2:1; SC Verl – 1. FC Union Berlin 0:1; Bayern München – TSG 1899 Hoffenheim 4:3; 1. FC Saarbrücken – Karlsruher SC n. V. 0:0, Elfmeterschießen 5:3.
Viertelfinale: 1. FC Saarbrücken – Fortuna Düsseldorf n. V. 1:1, Elfmeterschießen 7:6 (in Völklingen); FC Schalke 04 – Bayern München 0:1; Bayer Leverkusen – 1. FC Union Berlin 3:1; Eintracht Frankfurt – Werder Bremen 2:0.
Halbfinale: 1. FC Saarbrücken – Bayer Leverkusen 0:3 (in Völklingen); Bayern München – Eintracht Frankfurt 2:1.
Endspiel: Bayern München – Bayer Leverkusen 4:2.

2021

1. Runde: TSV Havelse – 1. FSV Mainz 05 1:6 (in Mainz); Eintracht Braunschweig – Hertha BSC 5:4; 1. FC Nürnberg – RB Leipzig 0:3; SV Todesfelde – VfL Osnabrück 0:1; TSV München 1860 – Eintracht Frankfurt 1:2; MTV Eintracht Celle – FC Augsburg 0:7 (in Augsburg); FV Engers – VfL Bochum 0:3 (in Bochum); Union Fürstenwalde – VfL Wolfsburg 1:4 (in Wolfsburg); FC Oberneuland – Borussia Mönchengladbach 0:8 (in Mönchengladbach); RSV Meinerzhagen – SpVgg Greuther Fürth n. V. 1:6 (in Fürth); VSG Altglienicke – 1. FC Köln 0:6 (in Köln); SSV Ulm 1846 – Erzgebirge Aue 2:0; FC Ingolstadt 04 – Fortuna Düsseldorf 0:1; Karlsruher SC – 1. FC Union Berlin n. V. 0:1; Carl Zeiss Jena – Werder Bremen 0:2; Chemnitzer FC – TSG 1899 Hoffenheim n. V. 2:2, Elfmeterschießen 2:3; 1. FC Rielasingen-Arlen – Holstein Kiel 1:7 (in Kiel); Hansa Rostock – VfB Stuttgart 0:1; TSV Steinbach Haiger – SV Sandhausen 1:2; SV Elversberg – FC St. Pauli 4:2; Eintracht Norderstedt – Bayer Leverkusen 0:7 (in Leverkusen); 1. FC Kaiserslautern – Jahn Regensburg n. V. 1:1, Elfmeterschießen 3:4; SC Wiedenbrück – SC Paderborn 07 0:5 (in Gütersloh); SV Wehen Wiesbaden – 1. FC Heidenheim 1:0; Waldhof Mannheim – SC Freiburg 1:2; 1. FC Magdeburg – SV Darmstadt 98 n. V. 2:3; Dynamo Dresden – Hamburger SV 4:1; Würzburger Kickers – Hannover 96 2:3; Rot-Weiss Essen – Arminia Bielefeld 1:0; MSV Duisburg – Borussia Dortmund 0:5; 1. FC Düren – Bayern München 0:3 (in München); 1. FC Schweinfurt 05 – FC Schalke 04 1:4 (in Gelsenkirchen).
2. Runde: FC Augsburg – RB Leipzig 0:3: 1. FC Köln – VfL Osnabrück 1:0; TSG 1899 Hoffenheim – SpVgg Greuther Fürth n. V. 2:2, Elfmeterschießen 6:7; SSV Ulm 1846 – FC Schalke 04 1:3 (in Gelsenkirchen); Eintracht Braunschweig – Borussia Dortmund 0:2; 1. FC Union Berlin – SC Paderborn 07 2:3; SV Elversberg – Borussia Mönchengladbach 0:5; Dynamo Dresden – SV Darmstadt 98 0:3; VfL Wolfsburg – SV Sandhausen 4:0; Rot-Weiss Essen – Fortuna Düsseldorf 3:2; VfB Stuttgart – SC Freiburg 1:0; Hannover 96 – Werder Bremen 0:3; 1. FSV Mainz 05 n. V. 2:2, Elfmeterschießen 0:3; SV Wehen Wiesbaden – Jahn Regensburg n. V. 0:0; Bayer Leverkusen – Eintracht Frankfurt 4:1; Holstein Kiel – Bayern München n. V. 2:2, Elfmeterschießen 6:5.
Achtelfinale: Rot-Weiss Essen – Bayer Leverkusen n. V. 2:2; Holstein Kiel – SV Darmstadt 98 n. V. 1:1, Elfmeterschießen 7:6; Werder Bremen – SpVgg Greuther Fürth 2:0; Borussia Dortmund – SC Paderborn 07 n. V. 3:2; VfL Wolfsburg – FC Schalke 04 1:0; RB Leipzig – VfL Bochum 4:0; Jahn Regensburg – 1. FC Köln n. V. 2:2, Elfmeterschießen 4:3; VfB Stuttgart – Borussia Mönchengladbach 1:2.
Viertelfinale: Borussia Mönchengladbach – Borussia Dortmund 0:1; Rot-Weiss Essen – Holstein Kiel 0:3; RB Leipzig – VfL Wolfsburg 2:0; Jahn Regensburg – Werder Bremen 0:1.
Halbfinale: Werder Bremen – RB Leipzig n. V. 1:2; Borussia Dortmund – Holstein Kiel 5:0.
Endspiel: Borussia Dortmund – RB Leipzig 4:1.

* * * * *

Den DFB-Pokal gewannen: 20 Mal: Bayern München – 6 Mal: Werder Bremen – je 5 Mal: Borussia Dortmund, Eintracht Frankfurt, FC Schalke 04 - je 4 Mal: 1. FC Köln, 1. FC Nürnberg - je 3 Mal: Hamburger SV, Borussia Mönchengladbach, VfB Stuttgart - je 2 Mal: Dresdner SC, Fortuna Düsseldorf, 1. FC Kaiserslautern, Karlsruher SC, TSV München 1860 - je 1 Mal: Rot-Weiss Essen, Schwarz-Weiß Essen, Hannover 96, VfB Leipzig, Bayer Leverkusen, Kickers Offenbach, Bayer Uerdingen, First Vienna FC, Rapid Wien, VfL Wolfsburg.

Das Endspiel erreichten: 24 Mal: Bayern München - 12 Mal: FC Schalke 04 – je 10 Mal: Werder Bremen, 1. FC Köln – 10 Mal: Borussia Dortmund – 8 Mal: Eintracht Frankfurt - je 7 Mal: Fortuna Düsseldorf, 1. FC Kaiserslautern – je 6 Mal: Hamburger SV, 1. FC Nürnberg, VfB Stuttgart - je 5 Mal: Borussia Mönchengladbach – je 4 Mal: MSV Duisburg, Karlsruher SC, Bayer Leverkusen - 3 Mal: Alemannia Aachen - je 2 Mal: Hertha BSC, VfL Bochum, Dresdner SC*, Rot-Weiss Essen, RB Leipzig, TSV München 1860*, VfL Wolfsburg - je 1 Mal: Hertha BSC Amateure, 1. FC Union Berlin, Energie Cottbus, Schwarz-Weiß Essen*, FSV Frankfurt, LSV Hamburg, Hannover 96*, Fortuna Köln, VfB Leipzig*, Waldhof Mannheim, Borussia Neunkirchen, Kickers Offenbach*, Stuttgarter Kickers, Bayer Uerdingen*, First Vienna FC*, Rapid Wien* - *) = ungeschlagen.

Das Halbfinale erreichten: 31 Mal: Bayern München - 23 Mal: Werder Bremen - 20 Mal: FC Schalke 04 – je 15 Mal: Borussia Dortmund, Hamburger SV – 14 Mal: Eintracht Frankfurt – 13 Mal: 1. FC Köln – je 12 Mal: Fortuna Düsseldorf, 1. FC Nürnberg – je 11 Mal: 1. FC Kaiserslautern, Borussia Mönchengladbach – 10 Mal: VfB Stuttgart – 9 Mal: Bayer Leverkusen – 7 Mal: VfL Wolfsburg – je 6 Mal: Hertha BSC, MSV Duisburg, Karlsruher SC - je 5 Mal: Alemannia Aachen, Waldhof Mannheim, Kickers Offenbach - je 4 Mal: Dresdner SC, Rot-Weiss Essen, 1. FC Saarbrücken – je 3 Mal: Arminia Bielefeld, VfL Bochum, TSV München 1860, Rapid Wien - je 2 Mal: Altona 93, Eintracht Braunschweig, Energie Cottbus, Holstein Kiel, RB Leipzig, FK Pirmasens, Stuttgarter Kickers, Bayer Uerdingen, Wormatia Worms - je 1 Mal: FC Augsburg, Hertha BSC Amateure, Tasmania 1900 Berlin, Tennis Borussia Berlin, 1. FC Union Berlin, Chemnitzer FC, Dynamo Dresden, Schwarz-Weiß Essen, FSV Frankfurt, Freiburger FC, SC Freiburg, SpVgg Greuther Fürth, SV Hamborn 07, Hannover 96, LSV Hamburg, Carl Zeiss Jena, Fortuna Köln, VfB Leipzig, TuS Lipine, VfB Lübeck, 1. FSV Mainz 05, VfR Mannheim, TuS Neuendorf, Borussia Neunkirchen, Rot-Weiß Oberhausen, Hansa Rostock, FC St. Pauli, 1. FC Schweinfurt 05, Eintracht Trier, First Vienna FC, Admira Wien, Wiener SC, Wacker Wien, Wuppertaler SV.

Die Pokal-Endspiele der DDR

(bis 1990 „FDGB-Pokal", 1990/91 NOFV-Pokal)

1949 **BSG Waggonbau Dessau** (– BSG Gera-Süd 1:0) – 1950 **BSG EHW Thale** (– BSG KWU Erfurt 4:0) – 1951 nicht ausgetragen – 1952 **SG Volkspolizei Dresden** (– BSG Einheit Pankow 3:0) – 1953 nicht ausgetragen – 1954 **ZSK Vorwärts Berlin** (– BSG Motor Zwickau 2:1) – 1955 **SC Wismut Karl-Marx-Stadt** (– SC Empor Rostock 3:2 n. V.) – 1956 **SC Chemie Halle-Leuna** (– ASK Vorwärts Berlin 2:1) – 1957 **SC Lok Leipzig** (– SC Empor Rostock 2:1 n. V.) – 1958 **SC Einheit Dresden** (– SC Lok Leipzig 2:1 n. V.) – 1959 **SC Dynamo Berlin** (– SC Wismut Karl-Marx-Stadt 0:0 n. V. und 3:2) – 1960 **SC Motor Jena** (– SC Empor Rostock 3:2 n. V.) – 1961 nicht ausgetragen – 1962 **SC Chemie Halle** (– SC Dynamo Berlin 3:1) – 1963 **BSG Motor Zwickau** (– BSG Chemie Zeitz 3:0) – 1964 **SC Aufbau Magdeburg** (– SC Leipzig 3:2) – 1965 **SC Aufbau Magdeburg** (– SC Motor Jena 2:1) – 1966 **BSG Chemie Leipzig** (– BSG Lok Stendal 1:0) – 1967 **BSG Motor Zwickau** (– FC Hansa Rostock 3:0) – 1968 **1. FC Union Berlin** (– FC Carl Zeiss Jena 2:1) – 1969 **1. FC Magdeburg** (– FC Karl-Marx-Stadt 4:0) – 1970 **FC Vorwärts Berlin** (– 1. FC Lok Leipzig 4:2) – 1971 **Dynamo Dresden** (– Berliner FC Dynamo 2:1 n. V.) – 1972 **FC Carl Zeiss Jena** (– Dynamo Dresden 2:1) – 1973 **1. FC Magdeburg** (– 1. FC Lok Leipzig 3.2) – 1974 **FC Carl Zeiss Jena** (– Dynamo Dresden 3:1 n. V.) – 1975 **BSG Sachsenring Zwickau** (– Dynamo Dresden 2:2 n. V., Elfmeterschießen 4:3) – 1976 **1. FC Lok Leipzig** (– FC Vorwärts Frankfurt/Oder 3:0) – 1977 **Dynamo Dresden** (– 1. FC Lok Leipzig 3:2) – 1978 **1. FC Magdeburg** (– Dynamo Dresden 1:0) – 1979 **1. FC Magdeburg** (– Berliner FC Dynamo 1:0 n. V.) – 1980 **FC Carl Zeiss Jena** (– FC Rot-Weiß Erfurt 3:1 n. V.) – 1981 **1. FC Lok Leipzig** (– FC Vorwärts Frankfurt/Oder 4:1) – 1982 **Dynamo Dresden** (– Berliner FC Dynamo 1:1 n. V., Elfmeterschießen 5:4) – 1983 **1. FC Magdeburg** (– FC Karl-Marx-Stadt 4:0) – 1984 **Dynamo Dresden** (– Berliner FC Dynamo 2:1) – 1985 **Dynamo Dresden** (– Berliner FC Dynamo 3:2) – 1986 **1. FC Lok Leipzig** (– 1. FC Union Berlin 5:1) – 1987 **1. FC Lok Leipzig** (– FC Hansa Rostock 4:1) – 1988 **Berliner FC Dynamo** (– FC Carl Zeiss Jena 2:0) – 1989 **Berliner FC Dynamo** (– FC Karl-Marx-Stadt 1:0) – 1990 **1. FC Dynamo Dresden** (– PSV Schwerin 2:1) – 1991 **FC Hansa Rostock** (– Eisenhüttenstädter FC Stahl 1:0).

Deutscher Supercup

1977, 1983 sowie 2008 und 2009 private Absprachen zwischen den Klubs; 1987 bis 1996 und wieder seit 2010 offizieller DFB-Wettbewerb.

Die Sieger:

1977 Borussia Mönchengladbach – 1983, 1987 Bayern München – 1988 Werder Bremen – 1989 Borussia Dortmund – 1990 Bayern München – 1991 1. FC Kaiserslautern – 1992 VfB Stuttgart – 1993, 1994 Werder Bremen – 1995, 1996, 2008 Borussia Dortmund – 2009 Werder Bremen – 2010 Bayern München – 2011 FC Schalke 04 – 2012 Bayern München – 2013, 2014 Borussia Dortmund – 2015 VfL Wolfsburg – 2016, 2017, 2018 Bayern München – 2019 Borussia Dortmund – 2020 Bayern München.

1977: Borussia Mönchengladbach

Am 8. 1. 1977 in Hamburg: Borussia Mönchengladbach – Hamburger SV 3:2 (2:0)
Mönchengladbach: Kneib (Kleff) – Bonhof, Wohlers, Schäffer, Klinkhammer – Kulik, Wimmer (Heidenreich), Köppel, Stielike – Simonsen, Hannes – Trainer: Lattek.

1983: Bayern München

Am 2. 4. 1983 in München: Bayern München – Hamburger SV 1:1 (1:0), Elfmeterschießen 4:2
FC Bayern: Müller – Martin, Beierlorzer, Grobe, Horsmann – Kraus (Nachtweih), Pflügler, Dremmler – Del'Haye, D. Hoeneß, K.-H. Rummenigge (M. Rummenigge) – Trainer: Csernai.

1987: Bayern München

Am 28. 7. 1987 in Frankfurt: Bayern München – Hamburger SV 2:1 (0:1)
FC Bayern: Aumann – Nachtweih – Winklhofer, Eder, Pflügler – Brehme (Flick), Matthäus, Dorfner, M. Rummenigge – Wohlfarth, Wegmann – Trainer: Heynckes.

1988: Werder Bremen

Am 20. 7. 1988 in Frankfurt: Werder Bremen – Eintracht Frankfurt 2:0 (1:0)
Bremen: Reck – Sauer – Borowka, Kutzop, Otten (Meier) – Schaaf, Votava, Hermann, Neubarth – Riedle, Ordenewitz (Burgsmüller) – Trainer: Rehhagel.

1989: Borussia Dortmund

Am 25. 7. 1989 in Kaiserslautern: Borussia Dortmund – Bayern München 4:3 (1:2)
Dortmund: de Beer (Meyer) – Kroth – Helmer, Schulz – Breitzke, Zorc, Möller, McLeod (Kutowski), M. Rummenigge – Wegmann, Driller – Trainer: Köppel.

1990: Bayern München

Am 31. 7. 1990 in Karlsruhe: Bayern München – 1. FC Kaiserslautern 4:1 (4:0)
FC Bayern: Aumann – Augenthaler – Grahammer, Kohler, Pflügler – Reuter, Strunz, Bender (Sternkopf), Effenberg – Laudrup (Wohlfarth), Mihajlovic – Trainer: Heynckes.

1991: 1. FC Kaiserslautern

Halbfinale: Hansa Rostock – 1. FC Kaiserslautern 1:2; Eisenhüttenstädter FC Stahl – Werder Bremen 0:1 (in Osnabrück).
Endspiel am 6. 8. 1991 in Hannover: 1. FC Kaiserslautern – Werder Bremen 3:1 (1:0)
Kaiserslautern: Serr – Kuntz – Roos, Schäfer – Lelle, Dooley (W. Funkel), Haber, Hoffmann, Goldbaek (Lutz) – Degen, Winkler – Trainer: Feldkamp.

1992: VfB Stuttgart

Am 11. 8. 1992 in Hannover: VfB Stuttgart – Hannover 96 3:1 (2:1)
Stuttgart: Immel – Dubajic – Schäfer (Schneider), Frontzeck – Strunz, Buchwald, Buck, Gaudino, Kögl – Golke, Walter (Knup) – Trainer: Daum.

1993: Werder Bremen

Am 1. 8. 1993 in Leverkusen: Werder Bremen – Bayer Leverkusen n. V. 2:2 (1:1, 0:0), Elfm. 7:6
Bremen: Reck – Neubarth – Beiersdorfer (Basler), Borowka – Wolter, Bode (Wiedener), Votava, Herzog, Eilts – Hobsch, Rufer – Trainer: Rehhagel.

1994: Werder Bremen

Am 7. 8. 1994 in München: Werder Bremen – Bayern München n. V. 3:1 (1:1, 0:1)
Bremen: Reck – Ramzy – Beiersdorfer, Schulz – Votava, Borowka (Wolter), Eilts – Basler, Herzog, Bode – Bestschastnich (Rufer) – Trainer: Rehhagel.

1995: Borussia Dortmund

Am 5. 8. 1995 in Düsseldorf: Borussia Dortmund – Borussia Mönchengladbach 1:0 (0:0)
Dortmund: Klos – Reuter, Kohler (Schmidt), Cesar, Kree – Freund, Sammer, Berger, Reinhardt (Kurz) – Ricken (Tretschok), Möller – Trainer: Hitzfeld.

1996: Borussia Dortmund

Am 3. 8. 1996 in Mannheim: Borussia Dortmund – 1. FC Kaiserslautern n. V. 1:1 (1:1, 0:0), Elfm. 4:3
Dortmund: Klos – Sammer (Vogt) – Kohler (Kutowski), Heinrich – Wolters, Reuter, Zorc, Möller, Weiland – Chapuisat, Ricken (But) – Trainer: Hitzfeld.

Von 1997 bis 2007 wurde der Ligapokal ausgespielt.

2008: Borussia Dortmund

Am 23.7. 2008 in Dortmund: Borussia Dortmund – Bayern München 2:1 (2:0)
Dortmund: Weidenfeller – Rukavina, Subotic, Hummels, Dede – Hajnal (Federico), Kehl – Blasczykowski (Kruska), Buckley (Kringe) – Valdez (Klimowicz), Petric (Sadrijaj) – Trainer: Klopp.

2009: Werder Bremen

Am 20. 7. 2009 in Wolfsburg: Werder Bremen – VfL Wolfsburg 2:1 (2:0)
Bremen: Wiese – Fritz, Mertesacker, Naldo (Pasanen), Tosic (Boenisch) – Frings, Niemeyer (Harnik) – Bargfrede (Vranjes), Hunt (Özil) – Sanogo, Marcelo Moreno (Futacs) – Trainer: Schaaf.

2010: Bayern München

Am 7. 8. 2010 in Augsburg: Bayern München – FC Schalke 04 2:0 (0:0)
FC Bayern: Kraft – Lahm, Demichelis (Sosa), Badstuber, Contento – Schweinsteiger (Ottl), Pranjic – Olic, Hamit Altintop (Tymoshchuk), T. Müller – Klose – Trainer: Van Gaal.

2011: FC Schalke 04

Am 23. 7. 2011 in Gelsenkirchen: FC Schalke 04 – Borussia Dortmund 0:0, Elfm. 4:3
Schalke: Fährmann – Höger, Höwedes, Papadopoulos, Fuchs – Matip, Holtby – Baumjohann (Edu), Draxler (Jurado) – Raul – Huntelaar (Moravek) – Trainer: Rangnick.

2012: Bayern München

Am 12. 8. 2012 in München: Bayern München – Borussia Dortmund 2:1 (2:0)
FC Bayern: Neuer – Lahm, Dante, Boateng, Can (Badstuber) – Luiz Gustavo, Kroos – Robben (Shaqiri), Müller, Ribery (Tymoshchuk) – Mandzukic – Trainer: Heynckes.

2013: Borussia Dortmund

Am 27. 7. 2013 in Dortmund: Borussia Dortmund – Bayern München 4:2 (1:0)
Dortmund: Weidenfeller – Großkreutz, Subotic, Hummels, Schmelzer – Sahin, S. Bender (Kehl) – Blaszczykowski (Aubameyang), Gündogan (Sokratis), Reus – Lewandowski – Trainer: Klopp.

2014: Borussia Dortmund

Am 13. 8. 2014 in Dortmund: Borussia Dortmund – Bayern München 2:0 (1:0)
Dortmund: Langerak – Piszczek, Sokratis, Ginter, Schmelzer (Durm) – Kehl – Kirch (S. Bender), Mkhitaryan – Hofmann – Aubameyang (Ramos), Immobile – Trainer: Klopp.

2015: VfL Wolfsburg

Am 1. 8. 2015 in Wolfsburg: VfL Wolfsburg – Bayern München 1:1 (0:0), Elfmeterschießen 5:4
Wolfsburg: Casteels – Vieirinha, Naldo, Klose, Rodriguez – Guilavogui, Arnold – Caligiuri (Schürrle), De Bruyne, Perisic (Kruse) – Dost (Bendtner) – Trainer: Hecking.

2016: Bayern München

Am 14. 8. 2016 in Dortmund: Bayern München – Borussia Dortmund 2:0 (0:0)
München: Neuer – Lahm, Hummels, Javi Martinez, Alaba – Xabi Alonso – Thiago, Vidal (Kimmich) – Müller (Rafinha), Ribery (Coman) – Lewandowski – Trainer: Ancelotti.

2017: Bayern München

Am 5. 8. 2017 in Dortmund: Bayern München – Borussia Dortmund 2:2 (1:1), Elfmeterschießen 5:4
München: Ulreich – Kimmich, Javi Martinez (Süle), Hummels, Rafinha – Tolisso (Renato Sanches), Rudy, Vidal – Müller (Coman), Ribery – Lewandowski – Trainer: Ancelotti.

2018: Bayern München

Am 12. 8. 2018 in Frankfurt: Bayern München – Eintracht Frankfurt 5:0 (2:0)
München: Neuer – Kimmich, Süle, Hummels, Alaba – Javi Martinez – Müller (Goretzka), Thiago – Robben (Coman), Ribery – Lewandowski (Wagner) – Trainer: Kovac.

2019: Borussia Dortmund

Am 3. 8. 2019 in Dortmund: Borussia Dortmund – Bayern München 2:0 (0:0)
Dortmund: Hitz – Piszczek (Wolf), Akanji, Toprak, Schulz – Witsel, Weigl – Sancho (Bruun Larsen), Reus, Guerreiro (Hakimi) – Paco Alcacer – Trainer: Favre.

2020: Bayern München

Am 30. 9. 2020 in München: Bayern München – Borussia Dortmnund 3:2 (2:1)
München: Neuer – Pavard (76. Richards), Süle, Hernandez, Davies – Javi Martinez (84. Musiala) – Kimmich, Tolisso – Müller, Lewandowski (83. Zirkzee), Coman (54. Gnabry) – Trainer: Flick.
Dortmund: Hitz – Can, Hummels (76. Piszczek), Akanji – Meunier (67. Schulz), Delaney, Dahoud, Passlack – Reus (72. Reyna), Brandt (76. Bellingham) – Haaland (68. Reinier) – Trainer: Favre.
Tore: 1:0 Tolisso (18.), 2:0 Müller (32.), 2:1 Brandt (39.), 2:2 Haaland (55.), 3:2 Kimmich (82.) – SR: Steinhaus (Langenhagen) – Zuschauer: keine.

Deutscher Ligapokal

Die bisherigen Sieger:

1973 Hamburger SV – 1997, 1998, 1999, 2000 Bayern München – 2001, 2002 Hertha BSC – 2003 Hamburger SV – 2004 Bayern München – 2005 FC Schalke 04 – 2006 Werder Bremen – 2007 Bayern München – seitdem nicht mehr ausgetragen.

1973: Hamburger SV

Vorrunde 1972 zur Überbrückung der Olympischen Spiele in München ausgespielt.

Vorrundensieger (8 Gruppen je 4 Vereine): Eintracht Braunschweig, Hamburger SV, Arminia Bielefeld, FC Schalke 04, Borussia Mönchengladbach, Fortuna Köln, Eintracht Frankfurt, Bayern Hof.

Viertelfinale: Arminia Bielefeld – Borussia Mönchengladbach 0:3 und 3:9; Fortuna Köln – Eintracht Frankfurt 2:3 und 3:3; Eintracht Braunschweig – Hamburger SV 2:1 und 0:2; Bayern Hof – FC Schalke 04 1:1 und 2:7.

Halbfinale: Borussia Mönchengladbach – Eintracht Frankfurt 3:1 und 0:1; FC Schalke 04 – Hamburger SV 1:0 und n. V. 1:4.

Endspiel am 6. 6. 1973 in Hamburg: Hamburger SV – Borussia Mönchengladbach 4:0 (3:0)

Hamburg: Kargus – Kaltz, Nogly, W. Schulz, Hidien (Krobbach) – Zaczyk, Björnmose, Hönig – Memering (Winkler), Heese, Volkert – Trainer: Ochs.

1997: Bayern München

Meister und Pokalsieger automatisch qualifiziert; dazu die vier bestplazierten Klubs der Bundesliga.

Vorrunde: Bayer Leverkusen – Karlsruher SC 2:2, Elfmeterschießen 5:6 (in Aue); Borussia Dortmund – VfL Bochum 1:0 (in Koblenz).

Halbfinale: VfB Stuttgart – Karlsruher SC 3:0 (in Osnabrück), Bayern München – Borussia Dortmund 2:0 (in Augsburg).

Endspiel am 26. 7. 1997 in Leverkusen: Bayern München – VfB Stuttgart 2:0 (0:0)

FC Bayern: Kahn – Matthäus, Babbel, Helmer – D. Hamann (Fink), Strunz, Basler (Scholl), Nerlinger, Lizarazu – Elber, Rizzitelli (Jancker) – Trainer: Trapattoni.

1998: Bayern München

Vorrunde: VfB Stuttgart – FC Schalke 04 2:1 (in Koblenz), Bayer Leverkusen – MSV Duisburg 3:0 (in Lüdenscheid).

Halbfinale: Bayer Leverkusen – Bayern München 0:1 (in Aue), 1. FC Kaiserslautern – VfB Stuttgart 2:3 (in Ludwigshafen).

Endspiel am 8. 8. 1998 in Leverkusen: Bayern München – VfB Stuttgart 4:0 (3:0)

FC Bayern: Kahn – Babbel, Matthäus (Jeremies), Helmer – Strunz, Fink, Effenberg, Tarnat – Basler (Zickler), Salihamidzic – Elber (Jancker) – Trainer: Hitzfeld.

1999: Bayern München

Vorrunde: Bayer Leverkusen – 1. FC Kaiserslautern 3:1 (in Jena), Hertha BSC – Borussia Dortmund 1:2 (in Osnabrück).

Halbfinale: Werder Bremen – Bayer Leverkusen 2:1 (in Aue), Bayern München – Borussia Dortmund 1:0 (in Augsburg).

Endspiel am 17. 7. 1999 in Leverkusen: Bayern München – Werder Bremen 2:1 (2:0)

FC Bayern: Dreher – Andersson, Linke – Babbel, Matthäus (Jarolim), Tarnat – Scholl, Fink – Zickler (Salihamidzic), Jancker, Sergio – Trainer: Hitzfeld.

2000: Bayern München

Vorrunde: Hamburger SV – Hertha BSC 1:3 (in Lübeck), TSV München 1860 – 1. FC Kaiserslautern 0:2 (in Ludwigshafen).

Halbfinale: Bayer Leverkusen – Hertha BSC 1:1, Elfmeterschießen 4:5 (in Dessau), Bayern München – 1. FC Kaiserslautern 4:1 (in Augsburg).

Endspiel am 1. 8. 2000 in Leverkusen: Bayern München – Hertha BSC 5:1 (0:0)

FC Bayern: Kahn – Tarnat (Hargreaves), Linke, Andersson, Salihamidzic – Fink, Wojciechowski, Wiesinger (Scholl), Sforza – Santa Cruz (Jancker), Zickler – Trainer: Hitzfeld.

2001: Hertha BSC

Vorrunde: Borussia Dortmund – SC Freiburg 1:1, Elfmeterschießen 3:1 (in Hoffenheim), Bayer Leverkusen – Hertha BSC 1:2 (in Dessau).
Halbfinale: FC Schalke 04 – Borussia Dortmund 2:1 (in Lüdenscheid), Bayern München – Hertha BSC 0:1 (in Augsburg).
Endspiel am 21. Juli 2001 in Mannheim: Hertha BSC – FC Schalke 04 4:1 (2:1)
Hertha: Kiraly – Rehmer, Konstantinidis, Simunic – Hartmann (Marx), Deisler (Dardai), Beinlich, Marcelinho, Neuendorf – Alex Alves (Goor), Preetz – Trainer: Röber.

2002: Hertha BSC

Vorrunde: Bayer Leverkusen – Werder Bremen 1:0 (in Lübeck), Bayern München – Hertha BSC 2:2, Elfmeterschießen 3:4 (in Aue).
Halbfinale: FC Schalke 04 – Bayer Leverkusen 2:0 (in Meppen); Borussia Dortmund – Hertha BSC 1:2 (in Jena).
Endspiel am 1. August 2002 in Bochum: Hertha BSC – FC Schalke 04 4:1 (2:0)
Hertha: Kiraly – Schmidt (Marx), Friedrich, Simunic, Hartmann – Maas, Neuendorf (Tretschok) – Karwan (Pinto), Marcelinho, Goor – Alex Alves – Trainer: Stevens.

2003: Hamburger SV

Vorrunde: Borussia Dortmund – VfL Bochum 2:1 (in Wattenscheid), Hamburger SV – Hertha BSC 2:1 (in Dessau).
Halbfinale: VfB Stuttgart – Borussia Dortmund 0:1 (in Aalen); Bayern München – Hamburger SV 3:3, Elfmeterschießen 1:4 (in Jena).
Endspiel am 28. Juli 2003 in Mainz: Hamburger SV – Borussia Dortmund 4:2 (3:1)
Hamburg: Pieckenhagen – Jacobsen, Hoogma, Ujfalusi, Rahn – Maltritz, Beinlich (Schlicke) – Cardoso (Wicky) – Mahdavikia, Takahara, Barbarez (Kling) – Trainer: Jara.

2004: Bayern München

Vorrunde: Bayer Leverkusen – Hansa Rostock 1:1, Elfmeterschießen 4:3 (in Jena), VfB Stuttgart – VfL Bochum 3:0 (in Aalen).
Halbfinale: Bayern München – Bayer Leverkusen 3:0 (in Wattenscheid), Werder Bremen – VfB Stuttgart 2:0 (in Meppen).
Endspiel am 2. August 2004 in Mainz: Bayern München – Werder Bremen 3:2 (2:0)
FC Bayern: Kahn – Görlitz, Linke, Demichelis – Salihamidzic, Frings, Ballack, Deisler (Jeremies), Zé Roberto (Lucio) – Makaay (Hashemian), Santa Cruz – Trainer: Magath.

2005: FC Schalke 04

Vorrunde: Werder Bremen – Bayer Leverkusen 1:0 (in Düsseldorf), Hertha BSC – VfB Stuttgart 0:0, Elfmeterschießen 3:4 (in Düsseldorf).
Halbfinale: Bayern München – VfB Stuttgart 1:2 (in München), FC Schalke 04 – Werder Bremen 2:1 (in Gelsenkirchen).
Endspiel am 2. August 2005 in Leipzig: FC Schalke 04 – VfB Stuttgart 1:0 (1:0)
Schalke: Rost – Altintop, Bordon, Krstajic, Kobiashvili – Poulsen – Ernst, Bajramovic – Lincoln – Sand (Asamoah), Kuranyi – Trainer: Rangnick.

2006: Werder Bremen

Vorrunde: Hamburger SV – Hertha BSC 1:0 (in Düsseldorf), FC Schalke 04 – Bayer Leverkusen 1:1, Elfmeterschießen 9:8 (in Düsseldorf).
Halbfinale: Werder Bremen – Hamburger SV 2:1 (in Bremen), Bayern München – FC Schalke 04 0:0, Elfmeterschießen 4:1 (in München).
Endspiel am 5. August 2006 in Leipzig: Werder Bremen – Bayern München 2:0 (1:0)
Bremen: Wiese – Owomoyela, Fahrenhorst, Naldo, Womé – Frings – D. Jensen (Andreasen), Schulz (Vranjes) – Diego – Klasnic, Klose (Hunt) - Trainer: Schaaf.

2007: Bayern München

Vorrunde: FC Schalke 04 – Karlsruher SC 1:0 (in Düsseldorf), Werder Bremen – Bayern München 1:4 (in Düsseldorf).
Halbfinale: 1. FC Nürnberg – FC Schalke 04 2:4 (in Nürnberg), VfB Stuttgart – Bayern München 0:2 (in Stuttgart).
Endspiel am 28. Juli 2007 in Leipzig: Bayern München – FC Schalke 04 1:0 (1:0)
FC Bayern: Kahn – Lahm, Lucio, Demichelis, Jansen – Zé Roberto, Ottl – Lell (Dos Santos), Hamit Altintop, Sosa – Klose (Wagner) – Trainer: Hitzfeld.

Der Länderpokal der Amateure

Die Sieger:

1909–18 Kronprinzenpokal: 1909 Mitteldeutschland – 1910 Süddeutschland – 1911 Norddeutschland – 1912 Süd – 1913 Westdeutschland – 1914, 1917 Nord – 1918 Brandenburg.

1919–35 Bundespokal: 1919 Nord – 1920 West – 1921 Mittel – 1922, 1923, 1924 Süd – 1925 Nord – 1926 Süd – 1927 Mittel – 1928 Südostdeutschland – 1929 Brandenburg – 1930 Nord – 1931 Süd – 1932 Nord – 1933 Süd – 1934 nicht ausgetragen – 1935 Gau Mitte – Außerdem wurde alle vier Jahre der sog. „Kampfspielpokal" ausgetragen. Die Sieger: 1922, 1926 Süd – 1930 Brandenburg – 1934 Gau Südwest.

1936–42 Reichsbundpokal (Gaue): 1936 Sachsen – 1937 Niederrhein – 1938 Nordmark – 1939 Schlesien – 1940 Bayern – 1941 Sachsen – 1942 Niederrhein – Außerdem wurden nach der nationalsozialistischen Machtergreifung zwei weitere Wettbewerbe für Gau-Auswahlmannschaften ausgetragen: 1933 „Adolf-Hitler-Pokal" (Sieger: Bayern) – 1938 „Deutsches Turn- und Sportfest" in Breslau (Sieger: Ostmark).

1950 Länderpokal: Bayern – **1951–96 Amateur-Länderpokal:** 1951 Niederrhein – 1952, 1953, 1954, 1955 Bayern – 1956 Hessen – 1957 Niedersachsen – 1958 Niederrhein – 1959 Hamburg – 1960 Mittelrhein – 1961 Hamburg – 1962 Westfalen – 1963 Bayern – 1964 Mittelrhein – 1965 Bayern – 1966 Westfalen – 1967 Nordbaden – 1968 Bayern – 1969 Baden – 1970, 1971 Bayern – 1972, 1973 Baden – 1974 Mittelrhein – 1975 Südwest – 1976 Niedersachsen – 1977 Bayern – 1978 Westfalen – 1979 Württemberg – 1980 Bayern – 1981, 1982 Südwest – 1983 Hessen – 1984 Bremen – 1985 Rheinland – 1986 Westfalen – 1987 Niedersachsen – 1988 Württemberg – 1989, 1990 Bayern – 1991 Niederrhein – 1992 Hessen – 1993, 1994 Westfalen – 1995 Niederrhein – 1996 Baden – **1997 bis 2001 für U-19-Mannschaften:** 1997, 1998 Westfalen – 1999 Schleswig-Holstein – 2000 Bayern – 2001 Württemberg – 2002 bis 2004 für U-20-Mannschaften: 2002 Mittelrhein – 2003 Südwest – 2004 Mittelrhein – **seit 2005 für U-21-Mannschaften:** 2005 Sachsen – 2006, 2007 Niederrhein – 2008 Südwest – 2009 Württemberg – 2010 Mittelrhein – seitdem nicht mehr ausgetragen.

Die Rekord-Bayern: Neunter Titel in Folge. Der zehnte wäre der 32. der Vereinsgeschichte. Kuriosum: Den ersten holten sie 1932! Zehnmal hintereinander Meister war in Deutschland bislang nur der BFC Dynamo (1979 – 1988).

KAPITEL 5

DER DEUTSCHE LIGAFUSSBALL

Die Bundesliga

1963/64

1.	1. FC Köln	30	78:40	45–15
2.	Meidericher SV	30	60:36	39–21
3.	Eintracht Frankfurt	30	65:41	39–21
4.	Borussia Dortmund (M)	30	73:57	33–27
5.	VfB Stuttgart	30	48:40	33–27
6.	Hamburger SV (P)	30	69:60	32–28
7.	TSV München 1860	30	66:50	31–29
8.	FC Schalke 04	30	51:53	29–31
9.	1. FC Nürnberg	30	45:56	29–31
10.	Werder Bremen	30	53:62	28–32
11.	Eintr. Braunschweig	30	36:49	28–32
12.	1. FC Kaiserslautern	30	48:69	26–34
13.	Karlsruher SC	30	42:55	24–36
14.	Hertha BSC	30	45:65	24–36
15.	Preußen Münster	30	34:52	23–37
16.	1. FC Saarbrücken	30	44:72	17–43

1964/65

1.	Werder Bremen	30	54:29	41–19
2.	1. FC Köln (M)	30	66:45	38–22
3.	Borussia Dortmund	30	67:48	36–24
4.	TSV München 1860 (P)	30	70:50	35–25
5.	Hannover 96 (N)	30	48:42	33–27
6.	1. FC Nürnberg	30	44:38	32–28
7.	Meidericher SV	30	46:48	32–28
8.	Eintracht Frankfurt	30	50:58	29–31
9.	Eintr. Braunschweig	30	42:47	28–32
10.	Borussia Neunkirchen (N)	30	44:48	27–33
11.	Hamburger SV	30	46:56	27–33
12.	VfB Stuttgart	30	46:50	26–34
13.	1. FC Kaiserslautern	30	41:53	25–35
14.	Hertha BSC	30	40:62	25–35
15.	Karlsruher SC	30	47:62	24–36
16.	FC Schalke 04	30	45:60	22–38

Hertha BSC wurde die Lizenz entzogen. Tasmania 1900 nahm aus „Berlin-politischen" Gründen Herthas Platz ein.

1965/66

1.	TSV München 1860	34	80:40	50–18
2.	Borussia Dortmund (P)	34	70:36	47–21
3.	Bayern München (N)	34	71:38	47–21
4.	Werder Bremen (M)	34	76:40	45–23
5.	1. FC Köln	34	74:41	44–24
6.	1. FC Nürnberg	34	54:43	39–29
7.	Eintracht Frankfurt	34	64:46	38–30
8.	Meidericher SV	34	70:48	36–32
9.	Hamburger SV	34	64:52	34–34
10.	Eintr. Braunschweig	34	49:49	34–34
11.	VfB Stuttgart	34	42:48	32–36
12.	Hannover 96	34	59:57	30–38
13.	Bor. M'gladbach (N)	34	57:68	29–39
14.	FC Schalke 04	34	33:55	27–41
15.	1. FC Kaiserslautern	34	42:65	26–42
16.	Karlsruher SC	34	35:71	24–44
17.	Borussia Neunkirchen	34	32:82	22–46
18.	Tasmania 1900 Berlin (N)	34	15:108	8–60

1966/67

1.	Eintr. Braunschweig	34	49:27	43–25
2.	TSV München 1860 (M)	34	60:47	41–27
3.	Borussia Dortmund	34	70:41	39–29
4.	Eintracht Frankfurt	34	66:49	39–29
5.	1. FC Kaiserslautern	34	43:42	38–30
6.	Bayern München (P)	34	62:47	37–31
7.	1. FC Köln	34	48:48	37–31
8.	Bor. Mönchengladbach	34	70:49	34–34
9.	Hannover 96	34	40:46	34–34
10.	1. FC Nürnberg	34	43:50	34–34
11.	MSV Duisburg	34	40:42	33–35
12.	VfB Stuttgart	34	48:54	33–35
13.	Karlsruher SC	34	54:62	31–37
14.	Hamburger SV	34	37:53	30–38
15.	FC Schalke 04	34	37:63	30–38
16.	Werder Bremen	34	49:56	29–39
17.	Fortuna Düsseldorf (N)	34	44:66	25–43
18.	Rot-Weiss Essen (N)	34	35:53	25–43

1967/68

1.	1. FC Nürnberg	34	71:37	47–21
2.	Werder Bremen	34	68:51	44–24
3.	Bor. Mönchengladbach	34	77:45	42–26
4.	1. FC Köln	34	68:52	38–30
5.	Bayern München (P)	34	68:58	38–30
6.	Eintracht Frankfurt	34	58:51	38–30
7.	MSV Duisburg	34	69:58	36–32
8.	VfB Stuttgart	34	65:54	35–33
9.	Eintr. Braunschweig (M)	34	37:39	35–33
10.	Hannover 96	34	48:52	34–34
11.	Alemannia Aachen (N)	34	52:66	34–34
12.	TSV München 1860	34	55:39	33–35
13.	Hamburger SV	34	51:54	33–35
14.	Borussia Dortmund	34	60:59	31–37
15.	FC Schalke 04	34	42:48	30–38
16.	1. FC Kaiserslautern	34	39:67	28–40
17.	Borussia Neunkirchen (N)	34	33:93	19–49
18.	Karlsruher SC	34	32:70	17–51

1968/69

1.	Bayern München	34	61:31	46–22
2.	Alemannia Aachen	34	57:51	38–30
3.	Bor. Mönchengladbach	34	61:46	37–31
4.	Eintr. Braunschweig	34	46:43	37–31
5.	VfB Stuttgart	34	60:54	36–32
6.	Hamburger SV	34	55:55	36–32
7.	FC Schalke 04	34	45:40	35–33
8.	Eintracht Frankfurt	34	46:43	34–34
9.	Werder Bremen	34	59:59	34–34
10.	TSV München 1860	34	44:59	34–34
11.	Hannover 96	34	47:45	32–36
12.	MSV Duisburg	34	33:37	32–36
13.	1. FC Köln (P)	34	47:56	32–36
14.	Hertha BSC (N)	34	31:39	32–36
15.	1. FC Kaiserslautern	34	45:47	30–38
16.	Borussia Dortmund	34	49:54	30–38
17.	1. FC Nürnberg (M)	34	45:55	29–39
18.	Kickers Offenbach (N)	34	42:59	28–40

1969/70

1.	Bor. Mönchengladbach	34	71:29	51–17
2.	Bayern München (M, P)	34	88:37	47–21
3.	Hertha BSC	34	67:41	45–23
4.	1. FC Köln	34	83:38	43–25
5.	Borussia Dortmund	34	60:67	36–32
6.	Hamburger SV	34	57:54	35–33
7.	VfB Stuttgart	34	59:62	35–33
8.	Eintracht Frankfurt	34	54:54	34–34
9.	FC Schalke 04	34	43:54	34–34
10.	1. FC Kaiserslautern	34	44:55	32–36
11.	Werder Bremen	34	38:47	31–37
12.	Rot-Weiss Essen (N)	34	41:54	31–37
13.	Hannover 96	34	49:61	30–38
14.	Rot-Weiß Oberhausen (N)	34	50:62	29–39
15.	MSV Duisburg	34	35:48	29–39
16.	Eintr. Braunschweig	34	40:49	28–40
17.	TSV München 1860	34	41:56	25–43
18.	Alemannia Aachen	34	31:83	17–51

1970/71

1.	Bor. M'gladbach (M)	34	77:35	50–18
2.	Bayern München	34	74:36	48–20
3.	Hertha BSC	34	61:43	41–27
4.	Eintr. Braunschweig	34	52:40	39–29
5.	Hamburger SV	34	54:63	37–31
6.	FC Schalke 04	34	44:40	36–32
7.	MSV Duisburg	34	43:47	35–33
8.	1. FC Kaiserslautern	34	54:57	34–34
9.	Hannover 96	34	53:49	33–35
10.	Werder Bremen	34	41:40	33–35
11.	1. FC Köln	34	46:56	33–35
12.	VfB Stuttgart	34	49:49	30–38
13.	Borussia Dortmund	34	54:60	29–39
14.	Arminia Bielefeld (N)	34	34:53	29–39
15.	Eintracht Frankfurt	34	39:56	28–40
16.	Rot-Weiß Oberhausen	34	54:69	27–41
17.	Kickers Offenbach (N, P)	34	49:65	27–41
18.	Rot-Weiss Essen	34	48:68	23–45

1971/72

1.	Bayern München (P)	34	101:38	55–13
2.	FC Schalke 04	34	76:35	52–16
3.	Bor. M'gladbach (M)	34	82:40	43–25
4.	1. FC Köln	34	64:44	43–25
5.	Eintracht Frankfurt	34	71:61	39–29
6.	Hertha BSC	34	46:55	37–31
7.	1. FC Kaiserslautern	34	59:53	35–33
8.	VfB Stuttgart	34	52:56	35–33
9.	VfL Bochum (N)	34	59:69	34–34
10.	Hamburger SV	34	52:52	33–35
11.	Werder Bremen	34	63:58	31–37
12.	Eintr. Braunschweig	34	43:48	31–37
13.	Fortuna Düsseldorf (N)	34	40:53	30–38
14.	MSV Duisburg	34	36:51	27–41
15.	Rot-Weiß Oberhausen	34	33:66	25–43
16.	Hannover 96	34	54:69	23–45
17.	Borussia Dortmund	34	34:83	20–48
18.	Arminia Bielefeld	34	0:0	0–0
		(34	41:75	19–49)

Arminia Bielefeld wurde die Lizenz entzogen. Alle Spiele für den Verein nicht gewertet.

1972/73

1.	Bayern München (M)	34	93:29	54–14
2.	1. FC Köln	34	66:51	43–25
3.	Fortuna Düsseldorf	34	62:45	42–26
4.	Wuppertaler SV (N)	34	62:49	40–28
5.	Bor. Mönchengladbach	34	82:61	39–29
6.	VfB Stuttgart	34	71:65	37–31
7.	Kickers Offenbach (N)	34	61:60	35–33
8.	Eintracht Frankfurt	34	58:54	34–34
9.	1. FC Kaiserslautern	34	58:68	34–34
10.	MSV Duisburg	34	53:54	33–35
11.	Werder Bremen	34	50:52	31–37
12.	VfL Bochum	34	50:68	31–37
13.	Hertha BSC	34	53:64	30–38
14.	Hamburger SV	34	53:59	28–40
15.	FC Schalke 04 (P)	34	46:61	28–40
16.	Hannover 96	34	49:65	26–42
17.	Eintr. Braunschweig	34	33:56	25–43
18.	Rot-Weiß Oberhausen	34	45:84	22–46

1973/74

1.	Bayern München (M)	34	95:53	49–19
2.	Bor. M'gladbach (P)	34	93:52	48–20
3.	Fortuna Düsseldorf	34	61:47	41–27
4.	Eintracht Frankfurt	34	63:50	41–27
5.	1. FC Köln	34	69:56	39–29
6.	1. FC Kaiserslautern	34	80:69	38–30
7.	FC Schalke 04	34	72:68	37–31
8.	Hertha BSC	34	56:60	33–35
9.	VfB Stuttgart	34	58:57	31–37
10.	Kickers Offenbach	34	56:62	31–37
11.	Werder Bremen	34	48:56	31–37
12.	Hamburger SV	34	53:62	31–37
13.	Rot-Weiss Essen (N)	34	56:70	31–37
14.	VfL Bochum	34	45:57	30–38
15.	MSV Duisburg	34	42:56	29–39
16.	Wuppertaler SV	34	42:65	25–43
17.	Fortuna Köln (N)	34	46:79	25–43
18.	Hannover 96	34	50:66	22–46

1974/75

1.	Bor. Mönchengladbach	34	86:40	50–18
2.	Hertha BSC	34	61:43	44–24
3.	Eintracht Frankfurt (P)	34	89:49	43–25
4.	Hamburger SV	34	55:38	43–25
5.	1. FC Köln	34	77:51	41–27
6.	Fortuna Düsseldorf	34	66:55	41–27
7.	FC Schalke 04	34	52:37	39–29
8.	Kickers Offenbach	34	72:62	38–30
9.	Eintr. Braunschweig (N)	34	52:42	36–32
10.	Bayern München (M)	34	57:63	34–34
11.	VfL Bochum	34	53:53	33–35
12.	Rot-Weiss Essen	34	56:68	32–36
13.	1. FC Kaiserslautern	34	56:55	31–37
14.	MSV Duisburg	34	59:77	30–38
15.	Werder Bremen	34	45:69	25–43
16.	VfB Stuttgart	34	50:79	24–44
17.	Tennis Bor. Berlin (N)	34	38:89	16–52
18.	Wuppertaler SV	34	32:86	12–56

1975/76

1.	Bor. M'gladbach (M)	34	66:37	45–23
2.	Hamburger SV	34	59:32	41–27
3.	Bayern München	34	72:50	40–28
4.	1. FC Köln	34	62:45	39–29
5.	Eintr. Braunschweig	34	52:48	39–29
6.	FC Schalke 04	34	76:55	37–31
7.	1. FC Kaiserslautern	34	66:60	37–31
8.	Rot-Weiss Essen	34	61:67	37–31
9.	Eintracht Frankfurt (P)	34	79:58	36–32
10.	MSV Duisburg	34	55:62	33–35
11.	Hertha BSC	34	59:61	32–36
12.	Fortuna Düsseldorf	34	47:57	30–38
13.	Werder Bremen	34	44:55	30–38
14.	VfL Bochum	34	49:62	30–38
15.	Karlsruher SC (N)	34	46:59	30–38
16.	Hannover 96 (N)	34	48:60	27–41
17.	Kickers Offenbach	34	40:72	27–41
18.	Bayer Uerdingen (N)	34	28:69	22–46

1976/77

1.	Bor. M'gladbach (M)	34	58:34	44–24
2.	FC Schalke 04	34	77:52	43–25
3.	Eintr. Braunschweig	34	56:38	43–25
4.	Eintracht Frankfurt	34	86:57	42–26
5.	1. FC Köln	34	83:61	40–28
6.	Hamburger SV (P)	34	67:56	38–30
7.	Bayern München	34	74:65	37–31
8.	Borussia Dortmund (N)	34	73:64	34–34
9.	MSV Duisburg	34	60:51	34–34
10.	Hertha BSC	34	55:54	34–34
11.	Werder Bremen	34	51:59	33–35
12.	Fortuna Düsseldorf	34	52:54	31–37
13.	1. FC Kaiserslautern	34	53:59	29–39
14.	1. FC Saarbrücken (N)	34	43:55	29–39
15.	VfL Bochum	34	47:62	29–39
16.	Karlsruher SC	34	53:75	28–40
17.	Tennis Bor. Berlin (N)	34	47:85	22–46
18.	Rot-Weiss Essen	34	49:103	22–46

1977/78

1.	1. FC Köln (P)	34	86:41	48–20
2.	Bor. M'gladbach (M)	34	86:44	48–20
3.	Hertha BSC	34	59:48	40–28
4.	VfB Stuttgart (N)	34	58:40	39–29
5.	Fortuna Düsseldorf	34	49:36	39–29
6.	MSV Duisburg	34	62:59	37–31
7.	Eintracht Frankfurt	34	59:52	36–32
8.	1. FC Kaiserslautern	34	64:63	36–32
9.	FC Schalke 04	34	47:52	34–34
10.	Hamburger SV	34	61:67	34–34
11.	Borussia Dortmund	34	57:71	33–35
12.	Bayern München	34	62:64	32–36
13.	Eintr. Braunschweig	34	43:53	32–36
14.	VfL Bochum	34	49:51	31–37
15.	Werder Bremen	34	48:57	31–37
16.	TSV München 1860 (N)	34	41:60	22–46
17.	1. FC Saarbrücken	34	39:70	22–46
18.	FC St. Pauli (N)	34	44:86	18–50

1978/79

1.	Hamburger SV	34	78:32	49–19
2.	VfB Stuttgart	34	73:34	48–20
3.	1. FC Kaiserslautern	34	62:47	43–25
4.	Bayern München	34	69:46	40–28
5.	Eintracht Frankfurt	34	50:49	39–29
6.	1. FC Köln (M, P)	34	55:47	38–30
7.	Fortuna Düsseldorf	34	70:59	37–31
8.	VfL Bochum	34	47:46	33–35
9.	Eintr. Braunschweig	34	50:55	33–35
10.	Bor. Mönchengladbach	34	50:53	32–36
11.	Werder Bremen	34	48:60	31–37
12.	Borussia Dortmund	34	54:70	31–37
13.	MSV Duisburg	34	43:56	30–38
14.	Hertha BSC	34	40:50	29–39
15.	FC Schalke 04	34	55:61	28–40
16.	Arminia Bielefeld (N)	34	43:56	26–42
17.	1. FC Nürnberg (N)	34	36:67	24–44
18.	SV Darmstadt 98 (N)	34	40:75	21–47

1979/80

1.	Bayern München	34	84:33	50–18
2.	Hamburger SV (M)	34	86:35	48–20
3.	VfB Stuttgart	34	75:53	41–27
3.	1. FC Kaiserslautern	34	75:53	41–27
5.	1. FC Köln	34	72:55	37–31
6.	Borussia Dortmund	34	64:56	36–32
7.	Bor. Mönchengladbach	34	61:60	36–32
8.	FC Schalke 04	34	40:51	33–35
9.	Eintracht Frankfurt	34	65:61	32–36
10.	VfL Bochum	34	41:44	32–36
11.	Fortuna Düsseldorf (P)	34	62:72	32–36
12.	Bayer Leverkusen (N)	34	45:61	32–36
13.	TSV München 1860 (N)	34	42:53	30–38
14.	MSV Duisburg	34	43:57	29–39
15.	Bayer Uerdingen (N)	34	43:61	29–39
16.	Hertha BSC	34	41:61	29–39
17.	Werder Bremen	34	52:93	25–43
18.	Eintr. Braunschweig	34	32:64	20–48

1980/81

1.	Bayern München (M)	34	89:41	53–15
2.	Hamburger SV	34	73:43	49–19
3.	VfB Stuttgart	34	70:44	46–22
4.	1. FC Kaiserslautern	34	60:37	44–24
5.	Eintracht Frankfurt	34	61:57	38–30
6.	Bor. Mönchengladbach	34	68:64	37–31
7.	Borussia Dortmund	34	69:59	35–33
8.	1. FC Köln	34	54:55	34–44
9.	VfL Bochum	34	53:45	33–35
10.	Karlsruher SC (N)	34	56:63	32–36
11.	Bayer Leverkusen	34	52:53	30–38
12.	MSV Duisburg	34	45:58	29–39
13.	Fortuna Düsseldorf (P)	34	57:64	28–40
14.	1. FC Nürnberg (N)	34	47:57	28–40
15.	Arminia Bielefeld (N)	34	46:65	26–42
16.	TSV München 1860	34	49:67	25–43
17.	FC Schalke 04	34	43:88	23–45
18.	Bayer Uerdingen	34	47:79	22–46

1981/82

1.	Hamburger SV	34	95:45	48–20
2.	1. FC Köln	34	72:38	45–23
3.	Bayern München (M)	34	77:56	43–25
4.	1. FC Kaiserslautern	34	70:61	42–26
5.	Werder Bremen (N)	34	61:52	42–26
6.	Borussia Dortmund	34	59:40	41–27
7.	Bor. Mönchengladbach	34	61:51	40–28
8.	Eintracht Frankfurt (P)	34	83:72	37–31
9.	VfB Stuttgart	34	62:55	35–33
10.	VfL Bochum	34	52:51	32–36
11.	Eintr. Braunschweig (N)	34	61:66	32–36
12.	Arminia Bielefeld	34	46:50	30–38
13.	1. FC Nürnberg	34	53:72	28–40
14.	Karlsruher SC	34	50:68	27–41
15.	Fortuna Düsseldorf	34	48:73	25–43
16.	Bayer Leverkusen	34	45:72	25–43
17.	SV Darmstadt 98 (N)	34	46:82	21–47
18.	MSV Duisburg	34	40:77	19–49

1982/83

1.	Hamburger SV (M)	34	79:33	52–16
2.	Werder Bremen	34	76:38	52–16
3.	VfB Stuttgart	34	80:47	48–20
4.	Bayern München (P)	34	74:33	44–24
5.	1. FC Köln	34	69:42	43–25
6.	1. FC Kaiserslautern	34	57:44	41–27
7.	Borussia Dortmund	34	78:62	39–29
8.	Arminia Bielefeld	34	46:71	31–37
9.	Fortuna Düsseldorf	34	63:75	30–38
10.	Eintracht Frankfurt	34	48:57	29–39
11.	Bayer Leverkusen	34	43:66	29–39
12.	Bor. Mönchengladbach	34	64:63	28–40
13.	VfL Bochum	34	43:49	28–40
14.	1. FC Nürnberg	34	44:70	28–40
15.	Eintr. Braunschweig	34	42:65	27–41
16.	FC Schalke 04 (N)	34	48:68	22–46
17.	Karlsruher SC	34	39:86	21–47
18.	Hertha BSC (N)	34	43:67	20–48

1983/84

1.	VfB Stuttgart	34	79:33	48–20
2.	Hamburger SV (M)	34	75:36	48–20
3.	Bor. Mönchengladbach	34	81:48	48–20
4.	Bayern München	34	84:41	47–21
5.	Werder Bremen	34	79:46	45–23
6.	1. FC Köln (P)	34	70:57	38–30
7.	Bayer Leverkusen	34	50:50	34–34
8.	Arminia Bielefeld	34	40:49	33–35
9.	Eintr. Braunschweig	34	54:69	32–36
10.	Bayer Uerdingen (N)	34	66:79	31–37
11.	Waldhof Mannheim (N)	34	45:58	31–37
12.	1. FC Kaiserslautern	34	68:69	30–38
13.	Borussia Dortmund	34	54:65	30–38
14.	Fortuna Düsseldorf	34	63:75	29–39
15.	VfL Bochum	34	58:70	28–40
16.	Eintracht Frankfurt	34	45:61	27–41
17.	Kickers Offenbach (N)	34	48:106	19–49
18.	1. FC Nürnberg	34	38:85	14–54

1984/85

1.	Bayern München (P)	34	79:38	50–18
2.	Werder Bremen	34	87:51	46–22
3.	1. FC Köln	34	69:66	40–28
4.	Bor. Mönchengladbach	34	77:53	39–29
5.	Hamburger SV	34	58:49	37–31
6.	Waldhof Mannheim	34	47:50	37–31
7.	Bayer Uerdingen	34	57:52	36–62
8.	FC Schalke 04 (N)	34	63:62	34–34
9.	VfL Bochum	34	52:54	34–34
10.	VfB Stuttgart (M)	34	79:59	33–35
11.	1. FC Kaiserslautern	34	56:60	33–35
12.	Eintracht Frankfurt	34	62:67	32–36
13.	Bayer Leverkusen	34	52:54	31–37
14.	Borussia Dortmund	34	51:65	30–38
15.	Fortuna Düsseldorf	34	53:66	29–39
16.	Arminia Bielefeld	34	46:61	29–39
17.	Karlsruher SC (N)	34	47:88	22–46
18.	Eintr. Braunschweig	34	39:79	20–48

1985/86

1.	Bayern München (M)	34	82:31	49–19
2.	Werder Bremen	34	83:41	49–19
3.	Bayer Uerdingen (P)	34	63:60	45–23
4.	Bor. Mönchengladbach	34	65:51	42–26
5.	VfB Stuttgart	34	69:45	41–21
6.	Bayer Leverkusen	34	63:51	40–28
7.	Hamburger SV	34	52:35	39–29
8.	Waldhof Mannheim	34	41:44	33–35
9.	VfL Bochum	34	55:57	32–36
10.	FC Schalke 04	34	53:58	30–38
11.	1. FC Kaiserslautern	34	49:54	30–38
12.	1. FC Nürnberg (N)	34	51:54	29–39
13.	1. FC Köln	34	46:59	29–39
14.	Fortuna Düsseldorf	34	54:78	29–39
15.	Eintracht Frankfurt	34	35:49	28–40
16.	Borussia Dortmund	34	49:65	28–40
17.	1. FC Saarbrücken (N)	34	39:68	21–47
18.	Hannover 96 (N)	34	43:92	18–50

1986/87

1.	Bayern München (M, P)	34	67:31	53–15
2.	Hamburger SV	34	69:37	47–21
3.	Bor. Mönchengladbach	34	74:44	43–25
4.	Borussia Dortmund	34	70:50	40–28
5.	Werder Bremen	34	65:54	40–28
6.	Bayer Leverkusen	34	56:38	39–29
7.	1. FC Kaiserslautern	34	64:51	37–31
8.	Bayer Uerdingen	34	51:49	35–33
9.	1. FC Nürnberg	34	62:62	35–33
10.	1. FC Köln	34	50:53	35–33
11.	VfL Bochum	34	52:44	32–36
12.	VfB Stuttgart	34	55:49	32–36
13.	FC Schalke 04	34	50:58	32–36
14.	Waldhof Mannheim	34	52:71	28–40
15.	Eintracht Frankfurt	34	42:53	25–43
16.	FC Homburg/Saar (N)	34	33:79	21–47
17.	Fortuna Düsseldorf	34	42:91	20–48
18.	Blau-Weiß 90 Berlin (N)	34	36:76	18–50

1987/88

1.	Werder Bremen	34	61:22	52–16
2.	Bayern München (M)	34	83:45	48–20
3.	1. FC Köln	34	57:28	48–20
4.	VfB Stuttgart	34	69:49	40–28
5.	1. FC Nürnberg	34	44:40	37–31
6.	Hamburger SV (P)	34	63:68	37–31
7.	Bor. Mönchengladbach	34	55:53	33–35
8.	Bayer Leverkusen	34	53:60	32–36
9.	Eintracht Frankfurt	34	51:50	31–37
10.	Hannover 96 (N)	34	59:60	31–37
11.	Bayer Uerdingen	34	59:61	31–37
12.	VfL Bochum	34	47:51	30–38
13.	Borussia Dortmund	34	51:54	29–39
14.	1. FC Kaiserslautern	34	53:62	29–39
15.	Karlsruher SC (N)	34	37:55	29–39
16.	Waldhof Mannheim	34	35:50	28–40
17.	FC Homburg/Saar	34	37:70	24–44
18.	FC Schalke 04	34	48:84	23–45

1988/89

1.	Bayern München	34	67:26	50–18
2.	1. FC Köln	34	58:30	45–23
3.	Werder Bremen (M)	34	55:32	44–24
4.	Hamburger SV	34	60:36	43–25
5.	VfB Stuttgart	34	58:49	39–29
6.	Bor. Mönchengladbach	34	44:43	38–30
7.	Borussia Dortmund	34	56:40	37–31
8.	Bayer Leverkusen	34	45:44	34–34
9.	1. FC Kaiserslautern	34	47:44	33–35
10.	FC St. Pauli (N)	34	41:42	32–36
11.	Karlsruher SC	34	48:51	32–36
12.	Waldhof Mannheim	34	43:52	31–37
13.	Bayer Uerdingen	34	50:60	31–37
14.	1. FC Nürnberg	34	36:54	26–42
15.	VfL Bochum	34	37:57	26–42
16.	Eintracht Frankfurt (P)	34	30:53	26–42
17.	Stuttgarter Kickers (N)	34	41:68	26–42
18.	Hannover 96	34	36:71	19–49

1989/90

1.	Bayern München (M)	34	64:28	49–19
2.	1. FC Köln	34	54:44	43–25
3.	Eintracht Frankfurt	34	61:40	41–27
4.	Borussia Dortmund (P)	34	51:35	41–27
5.	Bayer Leverkusen	34	40:32	39–29
6.	VfB Stuttgart	34	53:47	36–32
7.	Werder Bremen	34	49:41	34–34
8.	1. FC Nürnberg	34	42:46	33–35
9.	Fortuna Düsseldorf (N)	34	41:41	32–36
10.	Karlsruher SC	34	32:39	32–36
11.	Hamburger SV	34	39:46	31–37
12.	1. FC Kaiserslautern	34	42:55	31–37
13.	FC St. Pauli	34	31:46	31–37
14.	Bayer Uerdingen	34	41:48	30–38
15.	Bor. Mönchengladbach	34	37:45	30–38
16.	VfL Bochum	34	44:53	29–39
17.	Waldhof Mannheim	34	36:53	26–42
18.	FC Homburg/Saar (N)	34	33:51	24–44

1990/91

1.	1. FC Kaiserslautern (P)	34	72:45	48–20
2.	Bayern München (M)	34	74:41	45–23
3.	Werder Bremen	34	46:29	42–26
4.	Eintracht Frankfurt	34	63:40	40–28
5.	Hamburger SV	34	60:38	40–28
6.	VfB Stuttgart	34	57:44	38–30
7.	1. FC Köln	34	50:43	37–31
8.	Bayer Leverkusen	34	47:46	35–33
9.	Bor. Mönchengladbach	34	49:54	35–33
10.	Borussia Dortmund	34	46:57	34–34
11.	SG Wattenscheid 09 (N)	34	42:51	33–35
12.	Fortuna Düsseldorf	34	40:49	32–36
13.	Karlsruher SC	34	46:52	31–37
14.	VfL Bochum	34	50:52	29–39
15.	1. FC Nürnberg	34	40:54	29–39
16.	FC St. Pauli	34	33:53	27–41
17.	Bayer Uerdingen	34	34:54	23–45
18.	Hertha BSC (N)	34	37:84	14–54

1991/92

1.	VfB Stuttgart	38	62:32	52–24
2.	Borussia Dortmund	38	66:47	52–24
3.	Eintracht Frankfurt	38	76:41	50–26
4.	1. FC Köln	38	58:41	44–32
5.	1. FC Kaiserslautern (M)	38	58:42	44–32
6.	Bayer Leverkusen	38	53:39	43–33
7.	1. FC Nürnberg	38	54:51	43–33
8.	Karlsruher SC	38	48:50	41–35
9.	Werder Bremen (P)	38	44:45	38–38
10.	Bayern München	38	59:61	36–40
11.	FC Schalke 04 (N)	38	45:45	34–42
12.	Hamburger SV	38	32:43	34–42
13.	Bor. Mönchengladbach	38	37:49	34–42
14.	Dynamo Dresden (N)	38	34:50	34–42
15.	VfL Bochum	38	38:55	33–43
16.	SG Wattenscheid 09	38	50:60	32–44
17.	Stuttgarter Kickers (N)	38	53:64	31–45
18.	Hansa Rostock (N)	38	43:55	31–45
19.	MSV Duisburg (N)	38	43:55	30–46
20.	Fortuna Düsseldorf	38	41:69	24–52

1992/93

1.	Werder Bremen	34	63:30	48–20
2.	Bayern München	34	74:45	47–21
3.	Eintracht Frankfurt	34	56:39	42–26
4.	Borussia Dortmund	34	61:43	41–27
5.	Bayer Leverkusen	34	64:45	40–28
6.	Karlsruher SC	34	60:54	39–29
7.	VfB Stuttgart (M)	34	56:50	36–32
8.	1. FC Kaiserslautern	34	50:40	35–33
9.	Bor. Mönchengladbach	34	59:59	35–33
10.	FC Schalke 04	34	42:43	34–34
11.	Hamburger SV	34	42:44	31–37
12.	1. FC Köln	34	41:51	28–40
13.	1. FC Nürnberg	34	30:47	28–40
14.	SG Wattenscheid 09	34	46:67	28–40
15.	Dynamo Dresden	34	32:49	27–41
16.	VfL Bochum	34	45:52	26–42
17.	Bayer Uerdingen (N)	34	35:64	24–44
18.	1. FC Saarbrücken (N)	34	37:71	23–45

1993/94

1.	Bayern München	34	68:37	44–24
2.	1. FC Kaiserslautern	34	64:36	43–25
3.	Bayer Leverkusen (P)	34	60:47	39–29
4.	Borussia Dortmund	34	49:45	39–29
5.	Eintracht Frankfurt	34	57:41	38–30
6.	Karlsruher SC	34	46:43	38–30
7.	VfB Stuttgart	34	51:43	37–31
8.	Werder Bremen (M)	34	51:44	36–32
9.	MSV Duisburg (N)	34	41:52	36–32
10.	Bor. Mönchengladbach	34	65:59	35–33
11.	1. FC Köln	34	49:51	34–34
12.	Hamburger SV	34	48:52	34–34
13.	Dynamo Dresden*	34	33:44	30–34
14.	FC Schalke 04	34	38:50	29–39
15.	SC Freiburg (N)	34	54:57	28–40
16.	1. FC Nürnberg	34	41:55	28–40
17.	SG Wattenscheid 09	34	48:70	23–45
18.	VfB Leipzig (N)	34	32:69	17–51

*) Dynamo Dresden wurden vier Punkte abgezogen.

1994/95

1.	Borussia Dortmund	34	67:33	49–19
2.	Werder Bremen (P)	34	70:39	48–20
3.	SC Freiburg	34	66:44	46–22
4.	1. FC Kaiserslautern	34	58:41	46–22
5.	Bor. Mönchengladbach	34	66:41	43–25
6.	Bayern München (M)	34	55:41	43–25
7.	Bayer Leverkusen	34	62:51	36–32
8.	Karlsruher SC	34	51:47	36–32
9.	Eintracht Frankfurt	34	41:49	33–35
10.	1. FC Köln	34	54:54	32–36
11.	FC Schalke 04	34	48:54	31–37
12.	VfB Stuttgart	34	52:66	30–38
13.	Hamburger SV	34	43:50	29–39
14.	TSV München 1860 (N)	34	41:57	27–41
15.	Bayer Uerdingen (N)	34	37:52	25–43
16.	VfL Bochum (N)	34	43:67	22–46
17.	MSV Duisburg	34	31:64	20–48
18.	Dynamo Dresden	34	33:68	16–52

1995/96

1.	Borussia Dortmund (M)	34	76:38	68
2.	Bayern München	34	66:46	62
3.	FC Schalke 04	34	45:36	56
4.	Bor. M'gladbach (P)	34	52:51	53
5.	Hamburger SV	34	52:47	50
6.	Hansa Rostock (N)	34	47:43	49
7.	Karlsruher SC	34	53:47	48
8.	TSV München 1860	34	52:46	45
9.	Werder Bremen	34	39:42	44
10.	VfB Stuttgart	34	59:62	43
11.	SC Freiburg	34	30:41	42
12.	1. FC Köln	34	33:35	40
13.	Fortuna Düsseldorf (N)	34	40:47	40
14.	Bayer Leverkusen	34	37:38	38
15.	FC St. Pauli (N)	34	43:51	38
16.	1. FC Kaiserslautern	34	31:37	36
17.	Eintracht Frankfurt	34	43:68	32
18.	KFC Uerdingen 05	34	33:56	26

1996/97

1.	Bayern München	34	68:34	71
2.	Bayer Leverkusen	34	69:41	69
3.	Borussia Dortmund (M)	34	63:41	63
4.	VfB Stuttgart	34	78:40	61
5.	VfL Bochum (N)	34	54:51	53
6.	Karlsruher SC	34	55:44	49
7.	TSV München 1860	34	56:56	49
8.	Werder Bremen	34	53:52	48
9.	MSV Duisburg (N)	34	44:49	45
10.	1. FC Köln	34	62:62	44
11.	Bor. Mönchengladbach	34	46:48	43
12.	FC Schalke 04	34	35:40	43
13.	Hamburger SV	34	46:60	41
14.	Arminia Bielefeld (N)	34	46:54	40
15.	Hansa Rostock	34	35:46	40
16.	Fortuna Düsseldorf	34	26:57	33
17.	SC Freiburg	34	43:67	29
18.	FC St. Pauli	34	32:69	27

1997/98

1.	1. FC Kaiserslautern (N)	34	63:39	68
2.	Bayern München (M)	34	69:37	66
3.	Bayer Leverkusen	34	66:39	55
4.	VfB Stuttgart (P)	34	55:49	52
5.	FC Schalke 04	34	38:32	52
6.	Hansa Rostock	34	54:46	51
7.	Werder Bremen	34	43:47	50
8.	MSV Duisburg	34	43:44	44
9.	Hamburger SV	34	38:46	44
10.	Borussia Dortmund	34	57:55	43
11.	Hertha BSC (N)	34	41:53	43
12.	VfL Bochum	34	41:49	41
13.	TSV München 1860	34	43:54	41
14.	VfL Wolfsburg (N)	34	38:54	39
15.	Bor. Mönchengladbach	34	54:59	38
16.	Karlsruher SC	34	48:60	38
17.	1. FC Köln	34	49:64	36
18.	Arminia Bielefeld	34	43:56	32

1998/99

1.	Bayern München (P)	34	76:28	78
2.	Bayer Leverkusen	34	61:30	63
3.	Hertha BSC	34	59:32	62
4.	Borussia Dortmund	34	48:34	57
5.	1. FC Kaiserslautern (M)	34	51:47	57
6.	VfL Wolfsburg	34	54:49	55
7.	Hamburger SV	34	47:46	50
8.	MSV Duisburg	34	48:45	49
9.	TSV 1860 München	34	49:56	41
10.	Schalke 04	34	41:54	41
11.	VfB Stuttgart	34	41:48	39
12.	SC Freiburg (N)	34	36:44	39
13.	Werder Bremen	34	41:47	38
14.	Hansa Rostock	34	49:58	38
15.	Eintracht Frankfurt (N)	34	44:54	37
16.	1. FC Nürnberg (N)	34	40:50	37
17.	VfL Bochum	34	40:65	29
18.	Bor. Mönchengladbach	34	41:79	21

1999/2000

1.	Bayern München (M)	34	73:28	73
2.	Bayer Leverkusen	34	74:36	73
3.	Hamburger SV	34	63:39	59
4.	TSV München 1860	34	55:48	53
5.	1. FC Kaiserslautern	34	54:59	50
6.	Hertha BSC	34	39:46	50
7.	VfL Wolfsburg	34	51:58	49
8.	VfB Stuttgart	34	44:47	48
9.	Werder Bremen (P)	34	65:52	47
10.	SpVgg Unterhaching (N)	34	40:42	44
11.	Borussia Dortmund	34	41:38	40
12.	SC Freiburg	34	45:50	40
13.	FC Schalke 04	34	42:44	39
14.	Eintracht Frankfurt*	34	42:44	39
15.	Hansa Rostock	34	44:60	38
16.	SSV Ulm 1846 (N)	34	36:62	35
17.	Arminia Bielefeld (N)	34	40:61	30
18.	MSV Duisburg	34	37:71	22

*) Eintracht Frankfurt wurden zwei Punkte abgezogen.

2000/01

1.	Bayern München (M, P)	34	62:37	63
2.	FC Schalke 04	34	65:35	62
3.	Borussia Dortmund	34	62:42	58
4.	Bayer Leverkusen	34	54:40	57
5.	Hertha BSC	34	58:52	56
6.	SC Freiburg	34	54:37	55
7.	Werder Bremen	34	53:48	53
8.	1. FC Kaiserslautern	34	49:54	50
9.	VfL Wolfsburg	34	60:45	47
10.	1. FC Köln (N)	34	59:52	46
11.	TSV München 1860	34	43:55	44
12.	Hansa Rostock	34	34:47	43
13.	Hamburger SV	34	58:58	41
14.	Energie Cottbus (N)	34	38:52	39
15.	VfB Stuttgart	34	42:49	38
16.	SpVgg Unterhaching	34	35:59	35
17.	Eintracht Frankfurt	34	41:68	35
18.	VfL Bochum (N)	34	30:67	27

2001/02

1.	Borussia Dortmund	34	62:33	70
2.	Bayer Leverkusen	34	77:38	69
3.	Bayern München (M)	34	65:25	68
4.	Hertha BSC	34	61:38	61
5.	FC Schalke 04 (P)	34	52:36	61
6.	Werder Bremen	34	54:43	56
7.	1.FC Kaiserslautern	34	62:53	56
8.	VfB Stuttgart	34	47:43	50
9.	TSV München 1860	34	59:59	50
10.	VfL Wolfsburg	34	57:49	46
11.	Hamburger SV	34	51:57	40
12.	Bor. M'gladbach (N)	34	41:53	39
13.	Energie Cottbus	34	36:60	35
14.	Hansa Rostock	34	35:54	34
15.	1.FC Nürnberg (N)	34	34:57	34
16.	SC Freiburg	34	37:64	30
17.	1.FC Köln	34	26:61	29
18.	FC St. Pauli (N)	34	37:70	22

2002/03

1.	Bayern München	34	70:25	75
2.	VfB Stuttgart	34	53:39	59
3.	Borussia Dortmund (M)	34	51:27	58
4.	Hamburger SV	34	46:36	56
5.	Hertha BSC	34	52:43	54
6.	Werder Bremen	34	51:50	52
7.	FC Schalke 04 (P)	34	46:40	49
8.	VfL Wolfsburg	34	39:42	46
9.	VfL Bochum (N)	34	55:56	45
10.	TSV München 1860	34	44:52	45
11.	Hannover 96 (N)	34	47:57	43
12.	Bor. Mönchengladbach	34	43:45	42
13.	Hansa Rostock	34	35:41	41
14.	1. FC Kaiserslautern	34	40:42	40
15.	Bayer Leverkusen	34	47:56	40
16.	Arminia Bielefeld (N)	34	35:46	36
17.	1. FC Nürnberg	34	33:60	30
18.	Energie Cottbus	34	34:64	30

2003/04

1.	Werder Bremen	34	79:38	74
2.	Bayern München (M, P)	34	70:39	68
3.	Bayer Leverkusen	34	73:39	65
4.	VfB Stuttgart	34	52:24	64
5.	VfL Bochum	34	57:39	56
6.	Borussia Dortmund	34	59:48	55
7.	FC Schalke 04	34	49:42	50
8.	Hamburger SV	34	47:60	49
9.	Hansa Rostock	34	55:54	44
10.	VfL Wolfsburg	34	56:61	42
11.	Bor. Mönchengladbach	34	40:49	39
12.	Hertha BSC	34	42:59	39
13.	SC Freiburg (N)	34	42:67	38
14.	Hannover 96	34	49:63	37
15.	1. FC Kaiserslautern *	34	39:62	36
16.	Eintracht Frankfurt (N)	34	36:53	32
17.	TSV München 1860	34	32:55	32
18.	1. FC Köln (N)	34	32:57	23

*) Dem 1. FC Kaiserslautern wurden drei Punkte abgezogen.

2004/05

1.	Bayern München	34	75:33	77
2.	FC Schalke 04	34	56:46	63
3.	Werder Bremen (M, P)	34	68:37	59
4.	Hertha BSC	34	59:31	58
5.	VfB Stuttgart	34	54:40	58
6.	Bayer Leverkusen	34	65:44	57
7.	Borussia Dortmund	34	47:44	55
8.	Hamburger SV	34	55:50	51
9.	VfL Wolfsburg	34	49:51	48
10.	Hannover 96	34	34:36	45
11.	1. FSV Mainz 05 (N)	34	50:55	43
12.	1. FC Kaiserslautern	34	43:52	42
13.	Arminia Bielefeld (N)	34	37:49	40
14.	1. FC Nürnberg (N)	34	55:63	38
15.	Bor. Mönchengladbach	34	35:51	36
16.	VfL Bochum	34	47:68	35
17.	Hansa Rostock	34	31:65	30
18.	SC Freiburg	34	30:75	18

2005/06

1. Bayern München (M, P)	34	67:32	75
2. Werder Bremen	34	79:37	70
3. Hamburger SV	34	53:30	68
4. FC Schalke 04	34	47:31	61
5. Bayer Leverkusen	34	64:49	52
6. Hertha BSC	34	52:48	48
7. Borussia Dortmund	34	45:42	46
8. 1. FC Nürnberg	34	49:51	44
9. VfB Stuttgart	34	37:39	43
10. Bor. Mönchengladbach	34	42:50	42
11. 1. FSV Mainz 05	34	46:47	38
12. Hannover 96	34	43:47	38
13. Arminia Bielefeld	34	32:47	37
14. Eintracht Frankfurt (N)	34	42:51	36
15. VfL Wolfsburg	34	33:55	34
16. 1. FC Kaiserslautern	34	47:71	33
17. 1. FC Köln (N)	34	49:71	30
18. MSV Duisburg (N)	34	34:63	27

2006/07

1. VfB Stuttgart	34	61:37	70
2. FC Schalke 04	34	53:32	68
3. Werder Bremen	34	76:40	66
4. Bayern München (M, P)	34	55:40	60
5. Bayer Leverkusen	34	54:49	51
6. 1. FC Nürnberg	34	43:32	48
7. Hamburger SV	34	43:37	45
8. VfL Bochum (N)	34	49:50	45
9. Borussia Dortmund	34	41:43	44
10. Hertha BSC	34	50:55	44
11. Hannover 96	34	41:50	44
12. Arminia Bielefeld	34	47:49	42
13. Energie Cottbus (N)	34	38:49	41
14. Eintracht Frankfurt	34	46:58	40
15. VfL Wolfsburg	34	37:45	37
16. 1. FSV Mainz 05	34	34:57	34
17. Alemannia Aachen (N)	34	46:70	34
18. Bor. Möchengladbach	34	23:44	26

2007/08

1. Bayern München	34	68:21	76
2. Werder Bremen	34	75:45	66
3. FC Schalke 04	34	55:32	64
4. Hamburger SV	34	47:26	54
5. VfL Wolfsburg	34	58:46	54
6. VfB Stuttgart (M)	34	57:57	52
7. Bayer Leverkusen	34	57:40	51
8. Hannover 96	34	54:56	49
9. Eintracht Frankfurt	34	43:50	46
10. Hertha BSC	34	39:44	44
11. Karlsruher SC (N)	34	38:53	43
12. VfL Bochum	34	48:54	41
13. Borussia Dortmund	34	50:62	40
14. Energie Cottbus	34	35:56	36
15. Arminia Bielefeld	34	35:60	34
16. 1. FC Nürnberg (P)	34	35:51	31
17. Hansa Rostock (N)	34	30:52	30
18. MSV Duisburg (N)	34	36:55	29

2008/09

1. VfL Wolfsburg	34	80:41	69
2. Bayern München (M, P)	34	71:42	67
3. VfB Stuttgart	34	63:43	64
4. Hertha BSC	34	48:41	63
5. Hamburger SV	34	49:47	61
6. Borussia Dortmund	34	60:37	59
7. TSG 1899 Hoffenheim (N)	34	63:49	55
8. FC Schalke 04	34	47:35	50
9. Bayer Leverkusen	34	59:46	49
10. Werder Bremen	34	64:50	45
11. Hannover 96	34	49:69	40
12. 1. FC Köln (N)	34	35:50	39
13. Eintracht Frankfurt	34	39:60	33
14. VfL Bochum	34	39:55	32
15. Bor. M'gladbach (N)	34	39:62	31
16. Energie Cottbus	34	30:57	30
17. Karlsruher SC	34	30:54	29
18. Arminia Bielefeld	34	29:56	28

2009/10

1. Bayern München	34	72:31	70
2. FC Schalke 04	34	53:31	65
3. Werder Bremen (P)	34	71:40	61
4. Bayer Leverkusen	34	65:38	59
5. Borussia Dortmund	34	54:42	57
6. VfB Stuttgart	34	51:41	55
7. Hamburger SV	34	56:41	52
8. VfL Wolfsburg (M)	34	64:58	50
9. 1. FSV Mainz 05 (N)	34	36:42	47
10. Eintracht Frankfurt	34	47:54	46
11. TSG 1899 Hoffenheim	34	44:42	42
12. Bor. Mönchengladbach	34	43:60	39
13. 1. FC Köln	34	33:42	38
14. SC Freiburg (N)	34	35:59	35
15. Hannover 96	34	43:67	33
16. 1. FC Nürnberg (N)	34	32:58	31
17. VfL Bochum	34	33:64	28
18. Hertha BSC	34	34:56	24

2010/11

1. Borussia Dortmund	34	67:22	75
2. Bayer Leverkusen	34	64:44	68
3. Bayern München (M, P)	34	81:40	65
4. Hannover 96	34	49:45	60
5. 1. FSV Mainz 05	34	52:39	58
6. 1. FC Nürnberg	34	47:45	47
7. 1. FC Kaiserslautern (N)	34	48:51	46
8. Hamburger SV	34	46:52	45
9. SC Freiburg	34	41:50	44
10. 1. FC Köln	34	47:62	44
11. TSG 1899 Hoffenheim	34	50:50	43
12. VfB Stuttgart	34	60:59	42
13. Werder Bremen	34	47:61	41
14. FC Schalke 04	34	38:44	40
15. VfL Wolfsburg	34	43:48	38
16. Bor. Mönchengladbach	34	48:65	36
17. Eintracht Frankfurt	34	31:49	34
18. FC St. Pauli (N)	34	35:68	29

2011/12

1. Borussia Dortmund (M)	34	80:25	81
2. Bayern München	34	77:22	73
3. FC Schalke 04 (P)	34	74:44	64
4. Bor. Mönchengladbach	34	49:24	60
5. Bayer Leverkusen	34	52:44	54
6. VfB Stuttgart	34	63:46	53
7. Hannover 96	34	41:45	48
8. VfL Wolfsburg	34	47:60	44
9. Werder Bremen	34	49:58	42
10. 1. FC Nürnberg	34	38:49	42
11. TSG 1899 Hoffenheim	34	41:47	41
12. SC Freiburg	34	45:61	40
13. 1. FSV Mainz 05	34	47:51	39
14. FC Augsburg (N)	34	36:49	38
15. Hamburger SV	34	35:57	36
16. Hertha BSC (N)	34	38:64	31
17. 1. FC Köln	34	39:75	30
18. 1. FC Kaiserslautern	34	24:54	23

2012/13

1. Bayern München	34	98:18	91
2. Borussia Dortmund (M, P)	34	81:42	66
3. Bayer Leverkusen	34	65:39	65
4. FC Schalke 04	34	58:50	55
5. SC Freiburg	34	45:40	51
6. Eintracht Frankfurt (N)	34	49:46	51
7. Hamburger SV	34	42:53	48
8. Bor. Mönchengladbach	34	45:49	47
9. Hannover 96	34	60:62	45
10. 1. FC Nürnberg	34	39:47	44
11. VfL Wolfsburg	34	47:52	43
12. VfB Stuttgart	34	37:55	43
13. 1. FSV Mainz 05	34	42:44	42
14. Werder Bremen	34	50:66	34
15. FC Augsburg	34	33:51	33
16. TSG 1899 Hoffenheim	34	42:67	31
17. Fortuna Düsseldorf (N)	34	39:57	30
18. SpVgg Greuther Fürth (N)	34	26:60	21

2013/14

1. Bayern München (M, P)	34	94:23	90
2. Borussia Dortmund	34	80:38	71
3. FC Schalke 04	34	63:43	64
4. Bayer Leverkusen	34	60:41	61
5. VfL Wolfsburg	34	63:50	60
6. Bor. Mönchengladbach	34	59:43	55
7. 1. FSV Mainz 05	34	52:54	53
8. FC Augsburg	34	47:47	52
9. TSG 1899 Hoffenheim	34	72:70	44
10. Hannover 96	34	46:59	42
11. Hertha BSC (N)	34	40:48	41
12. Werder Bremen	34	42:66	39
13. Eintracht Frankfurt	34	40:57	36
14. SC Freiburg	34	43:61	36
15. VfB Stuttgart	34	49:62	32
16. Hamburger SV	34	51:75	27
17. 1. FC Nürnberg	34	37:70	26
18. Eintr. Braunschweig (N)	34	29:60	25

2014/15

1. Bayern München (M, P)	34	80:18	79
2. VfL Wolfsburg	34	72:38	69
3. Bor. Mönchengladbach	34	53:26	66
4. Bayer Leverkusen	34	62:37	61
5. FC Augsburg	34	43:43	49
6. FC Schalke 04	34	42:40	48
7. Borussia Dortmund	34	47:42	46
8. TSG 1899 Hoffenheim	34	49:55	44
9. Eintracht Frankfurt	34	56:62	43
10. Werder Bremen	34	50:65	43
11. 1. FSV Mainz 05	34	45:47	40
12. 1. FC Köln (N)	34	34:40	40
13. Hannover 96	34	40:56	37
14. VfB Stuttgart	34	42:60	36
15. Hertha BSC	34	36:52	35
16. Hamburger SV	34	25:50	35
17. SC Freiburg	34	36:47	34
18. SC Paderborn 07 (N)	34	31:65	31

2015/16

1. Bayern München (M)	34	80:17	88
2. Borussia Dortmund	34	82:34	78
3. Bayer Leverkusen	34	56:40	60
4. Bor. Mönchengladbach	34	67:50	55
5. FC Schalke 04	34	51:49	52
6. 1. FSV Mainz 05	34	46:42	50
7. Hertha BSC	34	42:42	50
8. VfL Wolfsburg (P)	34	47:49	45
9. 1. FC Köln	34	38:42	43
10. Hamburger SV	34	40:46	41
11. FC Ingolstadt 04 (N)	34	33:42	40
12. FC Augsburg	34	42:52	38
13. Werder Bremen	34	50:65	38
14. SV Darmstadt 98 (N)	34	38:53	38
15. TSG 1899 Hoffenheim	34	39:54	37
16. Eintracht Frankfurt	34	34:52	36
17. VfB Stuttgart	34	50:75	33
18. Hannover 96	34	31:62	25

2016/17

1. Bayern München (M, P)	34	89:22	82
2. RB Leipzig (N)	34	66:39	67
3. Borussia Dortmund	34	72:40	64
4. TSG 1899 Hoffenheim	34	64:37	62
5. 1. FC Köln	34	51:42	49
6. Hertha BSC	34	43:47	49
7. SC Freiburg (N)	34	42:60	48
8. Werder Bremen	34	61:64	45
9. Bor. Mönchengladbach	34	45:49	45
10. FC Schalke 04	34	45:40	43
11. Eintracht Frankfurt	34	36:43	42
12. Bayer Leverkusen	34	53:55	41
13. FC Augsburg	34	35:51	38
14. Hamburger SV	34	33:61	38
15. 1. FSV Mainz 05	34	44:55	37
16. VfL Wolfsburg	34	34:52	37
17. FC Ingolstadt 04	34	36:57	32
18. SV Darmstadt 98	34	28:63	25

2017/18

1. Bayern München (M)	34	92:28	84
2. FC Schalke 04	34	53:37	63
3. TSG 1899 Hoffenheim	34	66:48	55
4. Borussia Dortmund (P)	34	64:47	55
5. Bayer Leverkusen	34	58:44	55
6. RB Leipzig	34	57:53	53
7. VfB Stuttgart (N)	34	36:36	51
8. Eintracht Frankfurt	34	45:45	49
9. Bor. Mönchengladbach	34	47:52	47
10. Hertha BSC	34	43:46	43
11. Werder Bremen	34	37:40	42
12. FC Augsburg	34	43:46	41
13. Hannover 96 (N)	34	44:54	39
14. 1. FSV Mainz 05	34	38:52	36
15. SC Freiburg	34	32:56	36
16. VfL Wolfsburg	34	36:48	33
17. Hamburger SV	34	29:53	31
18. 1. FC Köln	34	35:70	22

2018/19

1. Bayern München (M)	34	88:32	78
2. Borussia Dortmund	34	81:44	76
3. RB Leipzig	34	63:29	66
4. Bayer 04 Leverkusen	34	69:52	58
5. Bor. Mönchengladbach	34	55:42	55
6. VfL Wolfsburg	34	62:50	55
7. Eintracht Frankfurt (P)	34	60:48	54
8. Werder Bremen	34	58:49	53
9. TSG 1899 Hoffenheim	34	70:52	51
10. Fortuna Düsseldorf (N)	34	49:65	44
11. Hertha BSC	34	49:57	43
12. 1. FSV Mainz 05	34	46:57	43
13. SC Freiburg	34	46:61	36
14. FC Schalke 04	34	37:55	33
15. FC Augsburg	34	51:71	32
16. VfB Stuttgart	34	32:70	28
17. Hannover 96	34	31:71	21
18. 1. FC Nürnberg (N)	34	26:68	19

2019/20

1. Bayern München (M, P)	34	100:32	82
2. Borussia Dortmund	34	84:41	68
3. RB Leipzig	34	81:37	66
4. Bor. Mönchengladbach	34	66:40	65
5. Bayer Leverkusen	34	61:44	63
6. TSG 1899 Hoffenheim	34	53:53	52
7. VfL Wolfsburg	34	48:46	49
8. SC Freiburg	34	48:47	48
9. Eintracht Frankfurt	34	59:60	45
10. Hertha BSC	34	48:59	41
11. 1. FC Union Berlin (N)	34	41:58	41
12. FC Schalke 04	34	38:58	39
13. 1. FSV Mainz 05	34	44:65	37
14. 1. FC Köln (N)	34	51:69	36
15. FC Augsburg	34	45:63	36
16. Werder Bremen	34	42:69	31
17. Fortuna Düsseldorf	34	36:67	30
18. SC Paderborn 07 (N)	34	37:74	20

2020/21

1. Bayern München (M, P)	34	99:44	78
2. RB Leipzig	34	60:32	65
3. Borussia Dortmund	34	75:46	64
4. VfL Wolfsburg	34	61:37	61
5. Eintracht Frankfurt	34	69:53	60
6. Bayer Leverkusen	34	53:39	52
7. 1. FC Union Berlin	34	50:43	50
8. Bor. Mönchengladbach	34	64:56	49
9. VfB Stuttgart (N)	34	56:55	45
10. SC Freiburg	34	52:52	45
11. TSG 1899 Hoffenheim	34	52:54	43
12. 1. FSV Mainz 05	34	39:56	39
13. FC Augsburg	34	36:54	36
14. Hertha BSC	34	41:52	35
15. Arminia Bielefeld (N)	34	26:52	35
16. 1. FC Köln	34	34:60	33
17. Werder Bremen	34	36:57	31
18. FC Schalke 04	34	25:86	16

Zwei aus einer Stadt

München: TSV 1860 und der FC Bayern 1965/66, 66/67, 67/68, 68/69, 69/70, 77/78, 79/80, 80/81, 94/95, 95/96, 96/97, 97/98, 98/99, 1999/2000, 2000/01, 01/02, 02/03, 03/04.

Köln: 1. FC und Fortuna 1973/74.

Berlin: Hertha BSC und Tennis Borussia 1974/75, 76/77; Hertha und Union 19/20, 20/21 – Mit Tasmania 1900 1965/66 und Blau-Weiß 90 1986/87 kamen aus Berlin aber fünf Bundesligaklubs.

Hamburg: HSV und FC St. Pauli 1977/78, 88/89, 89/90, 90/91, 95/96, 96/97, 2001/02, 10/11.

Stuttgart: VfB und Kickers 1988/89, 91/92.

Bochum: VfL und Wattenscheid 09 1990/91, 91/92, 92/93.

Mit RB (seit 2016/17) hat Leipzig nach dem VfB (1993/94) nun auch einen zweiten Bundesligisten.

Bundesligisten ohne Heimniederlage

Bayern München: 1970/71, 71/72, 72/73, 73/74, 80/81, 83/84, 88/89, 96/97, 98/99, 2001/02, 07/08, 16/17, 20/21.

Werder Bremen: 1964/65, 82/83, 84/85, 85/86, 92/93.

Hamburger SV: 1963/64, 81/82, 82/83, 95/96.

Borussia Dortmund: 1991/92, 08/09, 15/16, 16/17.

1. FC Kaiserslautern: 1981/82, 91/92, 94/95.

Eintracht Frankfurt: 1971/72, 73/74, 20/21.

Hertha BSC: 1974/75, 77/78.

1. FC Köln: 1972/73, 87/88.

VfL Wolfsburg: 2008/09, 14/15.

TSV München 1860: 1965/66.

Rot-Weiss Essen: 1969/70.

MSV Duisburg: 1970/71.

FC Schalke 04: 1971/72.

Eintracht Braunschweig: 1975/76.

Borussia Mönchengladbach: 1983/84.

Karlsruher SC: 1992/93.

Bayer Leverkusen: 1999/2000.

Hannover 96: 2011/12.

TSG 1899 Hoffenheim: 2016/17.

Zweimal blieb ein Verein auswärts ohne Niederlage:
Bayern München 1986/87, 2012/13.

Bundesliga-Torschützenkönige

1964 Uwe Seeler (Hamburger SV) 30 – 1965 Rudi Brunnenmeier (TSV München 1860) 24 – 1966 Lothar Emmerich (Borussia Dortmund) 31 – 1967 Lothar Emmerich (Borussia Dortmund) und Gerd Müller (Bayern München) je 28 – 1968 Johannes Löhr (1. FC Köln) 27 – 1969 Gerd Müller (Bayern München) 30 – 1970 Gerd Müller (Bayern München) 38 – 1971 Lothar Kobluhn (Rot-Weiß Oberhausen) 24 – 1972 Gerd Müller (Bayern München) 40 – 1973 Gerd Müller (Bayern München) 36 – 1974 Gerd Müller (Bayern München) und Jupp Heynckes (Borussia Mönchengladbach) je 30 – 1975 Jupp Heynckes (Borussia Mönchengladbach) 27 – 1976 Klaus Fischer (FC Schalke 04) 29 – 1977 Dieter Müller (1. FC Köln) 34 – 1978 Dieter Müller (1. FC Köln) und Gerd Müller (Bayern München) je 24 – 1979 Klaus Allofs (Fortuna Düsseldorf) 22 – 1980 Karl-Heinz Rummenigge (Bayern München) 26 – 1981 Karl-Heinz Rummenigge (Bayern München) 29 – 1982 Horst Hrubesch (Hamburger SV) 27 – 1983 Rudi Völler (Werder Bremen) 23 – 1984 Karl-Heinz Rummenigge (Bayern München) 26 – 1985 Klaus Allofs (1. FC Köln) 26 – 1986 Stefan Kuntz (VfL Bochum) 22 – 1987 Uwe Rahn (Borussia Mönchengladbach) 24 – 1988 Jürgen Klinsmann (VfB Stuttgart) 19 – 1989 Thomas Allofs (1. FC Köln) und Roland Wohlfarth (Bayern München) je 17 – 1990 Jörn Andersen (Eintracht Frankfurt) 18 – 1991 Roland Wohlfarth (Bayern München) 21 – 1992 Fritz Walter (VfB Stuttgart) 22 – 1993 Anthony Yeboah (Eintracht Frankfurt) und Ulf Kirsten (Bayer Leverkusen) je 20 – 1994 Anthony Yeboah (Eintracht Frankfurt) und Stefan Kuntz (1. FC Kaiserslautern) je 18 – 1995 Heiko Herrlich (Borussia Mönchengladbach) und Mario Basler (Werder Bremen) je 20 – 1996 Fredi Bobic (VfB Stuttgart) 17 – 1997 Ulf Kirsten (Bayer Leverkusen) 22 – 1998 Ulf Kirsten (Bayer Leverkusen) 22 – 1999 Michael Preetz (Hertha BSC) 23 – 2000 Martin Max (TSV München 1860) 19 – 2001 Sergej Barbarez (Hamburger SV) und Ebbe Sand (FC Schalke 04) je 22 – 2002 Marcio Amoroso (Borussia Dortmund) und Martin Max (TSV München 1860) je 18 – 2003 Thomas Christiansen (VfL Bochum) und Giovane Elber (Bayern München) je 21 – 2004 Ailton (Werder Bremen) 28 – 2005 Marek Mintal (1. FC Nürnberg) 24 – 2006 Miroslav Klose (Werder Bremen) 25 – 2007 Theofanis Gekas (VfL Bochum) 20 – 2008 Luca Toni (Bayern München) 24 – 2009 Grafite (VfL Wolfsburg) 28 – 2010 Edin Dzeko (VfL Wolfsburg) 22 – 2011 Mario Gomez (Bayern München) 28 – 2012 Klaas Jan Huntelaar (FC Schalke 04) 29 – 2013 Stefan Kießling (Bayer Leverkusen) 25 – 2014 Robert Lewandowski (Borussia Dortmund) 20 – 2015 Alexander Meier (Eintracht Frankfurt) 19 – 2016 Robert Lewandowski (Bayern München) 30 – 2017 Pierre-Emerick Aubameyang (Borussia Dortmund) 31 – 2018 Robert Lewandowski (Bayern München) 29 – 2019 Robert Lewandowski (Bayern München) 22 – 2020 Robert Lewandowski (Bayern München) 34 – 2021 Robert Lewandowski (Bayern München) 41.

Der Aufstieg zur Bundesliga

1964

Qualifikation: Wuppertaler SV – FK Pirmasens 0:2 und 1:2.

Gruppe I: Borussia Neunkirchen – Bayern München 0:1 und 2:0; Borussia Neunkirchen – Tasmania 1900 Berlin 1:5 und 1:0; Borussia Neunkirchen – FC St. Pauli 4:1 und 1:0; Bayern München – Tasmania 1900 Berlin 1:1 und 0:3; Bayern München – FC St. Pauli 6:1 und 4:0; Tasmania 1900 Berlin – FC St. Pauli 3:3 und 0:3. – Gruppensieger und Aufsteiger: Borussia Neunkirchen.

Gruppe II: Hannover 96– Hessen Kassel 3:1 und 2:1; Hannover 96– Alemannia Aachen 2:1 und 2:3; Hannover 96– FK Pirmasens 2:0 und 4:0; Hessen Kassel – Alemannia Aachen 2:0 und 2:1; Hessen Kassel – FK Pirmasens 1:4 und 4:2; Alemannia Aachen – FK Pirmasens 5:1 und 0:3. – Gruppensieger und Aufsteiger: Hannover 96.

1965

Qualifikation: FC St. Pauli – SSV Reutlingen 1:0 und 1:4 n. Verl.

Gruppe I: Borussia Mönchengladbach – SSV Reutlingen 7:0 und 1:1; Borussia Mönchengladbach – Holstein Kiel 1:0 und 2:4; Borussia Mönchengladbach – Wormatia Worms 1:1 und 5:1; SSV Reutlingen – Holstein Kiel 1:1 und 1:1; SSV Reutlingen – Wormatia Worms 3:0 und 2:1; Holstein Kiel – Wormatia Worms 3:4 und 3:0. – Gruppensieger und Aufsteiger: Borussia Mönchengladbach.

Gruppe II: Bayern München -1. FC Saarbrücken 5:0 und 0:1; Bayern München – Alemannia Aachen 2:1 und 1:1; Bayern München – Tennis Borussia Berlin 2:0 und 8:0; 1. FC Saarbrücken – Alemannia Aachen 3:1 und 1:2; 1. FC Saarbrücken – Tennis Borussia 5:0 und 2:5; Alemannia Aachen – Tennis Borussia 5:4 und 1:1. – Gruppensieger und Aufsteiger: Bayern München.

1966

Qualifikation: 1. FC Saarbrücken – 1. SC Göttingen 05 4:0 und 3:0.

Gruppe I: Fortuna Düsseldorf – FK Pirmasens 2:0 und 2:3; Fortuna Düsseldorf – Hertha BSC 4:1 und 2:3; Fortuna Düsseldorf – Kickers Offenbach 2:0 und 5:1; FK Pirmasens – Hertha BSC 2:1 und 1:1; FK Pirmasens – Kickers Offenbach 2:0 und 2:2; Hertha BSC – Kickers Offenbach 2:1 und 0:1. – Gruppensieger und Aufsteiger: Fortuna Düsseldorf.

Gruppe II: Rot-Weiss Essen – FC St. Pauli 0:1 und 0:1; Rot-Weiss Essen – 1. FC Saarbrücken 3:2 und 2:1; Rot-Weiss Essen – 1. FC Schweinfurt 05 3:0 und 2:1; FC St. Pauli – 1. FC Saarbrücken 3:2 und 1:3; FC St. Pauli – 1. FC Schweinfurt 05 3:1 und 1:2; 1. FC Saarbrücken – 1. FC Schweinfurt 05 4:2 und 0:0. – Gruppensieger und Aufsteiger: Rot-Weiss Essen.

1967

Gruppe I: Borussia Neunkirchen – Schwarz-Weiß Essen 2:0 und 1:1; Borussia Neunkirchen – Arminia Hannover 2:1 und 4:3; Borussia Neunkirchen – Bayern Hof 4:0 und 2:5; Borussia Neunkirchen – Hertha BSC 0:1 und 2:1; Schwarz-Weiß Essen – Arminia Hannover 2:1 und 4:0; Schwarz-Weiß Essen – Bayern Hof 2:3 und 0:0; Schwarz-Weiß Essen – Hertha BSC 3:2 und 1:0; Arminia Hannover – Bayern Hof 3:0 und 2:1; Arminia Hannover – Hertha BSC 1:1 und 3:0; Bayern Hof – Hertha BSC 2:1 und 0:2. – Gruppensieger und Aufsteiger: Borussia Neunkirchen.

Gruppe II: Alemannia Aachen – Kickers Offenbach 2:1 und 2:3; Alemannia Aachen – 1. FC Saarbrücken 3:0 und 0:3; Alemannia Aachen – 1. SC Göttingen 05 3:1 und 2:1; Alemannia Aachen – Tennis Borussia Berlin 7:2 und 4:3; Kickers Offenbach – 1. FC Saarbrücken 3:4 und 0:0; Kickers Offenbach – 1. SC Göttingen 05 2:0 und 2:2; Kickers Offenbach – Tennis Borussia Berlin 2:0 und 2:0; 1. FC Saarbrücken – 1. SC Göttingen 05 2:2 und 1:1; 1. FC Saarbrücken – Tennis Borussia Berlin 2:4 und 2:2; 1. SC Göttingen 05 – Tennis Borussia Berlin 1:0 und 1:1. – Gruppensieger und Aufsteiger: Alemannia Aachen.

1968

Gruppe I: Kickers Offenbach – Bayer Leverkusen 2:1 und 1:1; Kickers Offenbach – TuS Neuendorf 0:0 und 2:0; Kickers Offenbach – Tennis Borussia Berlin 4:1 und 4:1; Kickers Offenbach – Arminia Hannover 1:0 und 2:3; Bayer Leverkusen – TuS Neuendorf 1:1 und 1:1; Bayer Leverkusen – Tennis Borussia Berlin 4:2 und 4:1; Bayer Leverkusen – Arminia Hannover 1:1 und 4:1; TuS Neuendorf – Tennis Borussia Berlin 1:2 und 1:1; TuS Neuendorf – Arminia Hannover 1:0 und 1:1; Tennis Borussia Berlin – Arminia Hannover 1:0 und 2:1. – Gruppensieger und Aufsteiger: Kickers Offenbach.

Gruppe II: Hertha BSC – Rot-Weiss Essen 2:2 und 2:0; Hertha BSC – SV Alsenborn 1:2 und 1:1; Hertha BSC – 1. SC Göttingen 05 1:0 und 0:0; Hertha BSC – Bayern Hof 2:0 und 3:2; Rot-Weiss Essen – SV Alsenborn 1:1 und 3:2; Rot-Weiss Essen – 1. SC Göttingen 05 1:0 und 0:1; Rot-Weiss Essen – Bayern

Hof 1:0 und 1:1; SV Alsenborn – 1. SC Göttingen 05 0:3 und 3:2; SV Alsenborn – Bayern Hof 1:2 und 2:1; 1. SC Göttingen 05 – Bayern Hof 3:1 und 1:5. – Gruppensieger und Aufsteiger: Hertha BSC.

1969

Gruppe I: Rot-Weiß Oberhausen – Freiburger FC 0:0 und 1:3; Rot-Weiß Oberhausen – SV Alsenborn 4:1 und 4:1; Rot-Weiß Oberhausen – Hertha Zehlendorf 1:0 und 2:3; Rot-Weiß Oberhausen – VfB Lübeck 1:0 und 4:1; Freiburger FC – SV Alsenborn 2:3 und 0:2; Freiburger FC – Hertha Zehlendorf 1:0 und 3:2; Freiburger FC – VfB Lübeck 5:1 und 2:1; SV Alsenborn – Hertha Zehlendorf 4:0 und 0:3; SV Alsenborn – VfL Lübeck 6:2 und 0:0; Hertha Zehlendorf – VfB Lübeck 3:1 und 4:4. – Gruppensieger und Aufsteiger: Rot-Weiß Oberhausen.

Gruppe II: Rot-Weiss Essen – VfL Osnabrück 3:1 und 3:3; Rot-Weiss Essen – Karlsruher SC 5:0 und 2:2; Rot-Weiss Essen – Tasmania 1900 Berlin 3:1 und 3:0; Rot-Weiss Essen – TuS Neuendorf 4:2 und 5:0; VfL Osnabrück – Karlsruher SC 2:1 und 1:1; VfL Osnabrück – Tasmania 1900 Berlin 2:0 und 2:0; VfL Osnabrück – TuS Neuendorf 2:0 und 0:0; Karlsruher SC – Tasmania 1900 Berlin 5:0 und 1:0; Karlsruher SC – TuS Neuendorf 2:4 und 2:1; Tasmania 1900 Berlin – TuS Neuendorf 2:0 und 2:1. – Gruppensieger und Aufsteiger: Rot-Weiss Essen.

1970

Gruppe I: Arminia Bielefeld – Karlsruher SC 3:1 und 0:1; Arminia Bielefeld – SV Alsenborn 3:0 und 1:0; Arminia Bielefeld – Tennis Borussia Berlin 1:1 und 2:0; Arminia Bielefeld – VfL Osnabrück 3:0 und 0:0; Karlsruher SC – SV Alsenborn 2:0 und 3:2; Karlsruher SC – Tennis Borussia Berlin 0:0 und 2:1; Karlsruher SC – VfL Osnabrück 6:0 und 1:2; SV Alsenborn – Tennis Borussia Berlin 5:1 und 1:0; SV Alsenborn – VfL Osnabrück 3:2 und 1:0; Tennis Borussia Berlin – VfL Osnabrück 1:1 und 3:1. – Gruppensieger und Aufsteiger: Arminia Bielefeld.

Gruppe II: Kickers Offenbach – VfL Bochum 2:1 und 1:1; Kickers Offenbach – Hertha Zehlendorf 3:0 und 1:2; Kickers Offenbach – VfL Wolfsburg 2:1 und 3:1; Kickers Offenbach – FK Pirmasens 4:1 und 1:1; VfL Bochum – Hertha Zehlendorf 3:0 und 0:2; VfL Bochum – VfL Wolfsburg 4:0 und 0:1; VfL Bochum – FK Pirmasens 3:1 und 2:0; Hertha Zehlendorf – VfL Wolfsburg 5:1 und 1:3; Hertha Zehlendorf – FK Pirmasens 7:2 und 0:1; VfL Wolfsburg – FK Pirmasens 2:2 und 4:4. – Gruppensieger und Aufsteiger: Kickers Offenbach.

1971

Gruppe I: VfL Bochum – VfL Osnabrück 3:1 und 4:2; VfL Bochum – FK Pirmasens 5:2 und 0:1; VfL Bochum – Karlsruher SC 1:0 und 2:1; VfL Bochum – Tasmania 1900 Berlin 4:2 und 4:2; VfL Osnabrück – FK Pirmasens 1:3 und 1:0; VfL Osnabrück – Karlsruher SC 1:1 und 3:0; VfL Osnabrück – Tasmania 1900 Berlin 1:0 und 1:2; FK Pirmasens – Karlsruher SC 3:1 und 0:1; FK Pirmasens – Tasmania 1900 Berlin 2:2 und 0:3; Karlsruher SC – Tasmania 1900 Berlin 2:1 und 3:1. – Gruppensieger und Aufsteiger: VfL Bochum.

Gruppe II: Fortuna Düsseldorf – Borussia Neunkirchen 2:0 und 2:2; Fortuna Düsseldorf – FC St. Pauli 3:1 und 1:1; Fortuna Düsseldorf – 1. FC Nürnberg 2:1 und 2:0; Fortuna Düsseldorf – Wacker 04 Berlin 3:0 und 4:2; Borussia Neunkirchen – FC St. Pauli 3:0 und 1:2; Borussia Neunkirchen – 1. FC Nürnberg 1:0 und 0:2; Borussia Neunkirchen – Wacker 04 Berlin 2:1 und 2:0; FC St. Pauli – 1. FC Nürnberg 1:1 und 1:5; FC St. Pauli – Wacker 04 Berlin 3:0 und 1:0; 1. FC Nürnberg – Wacker 04 Berlin 3:0 und 2:3. – Gruppensieger und Aufsteiger: Fortuna Düsseldorf.

1972

Gruppe I: Wuppertaler SV – VfL Osnabrück 5:0 und 4:0; Wuppertaler SV – Borussia Neunkirchen 3:2 und 2:0; Wuppertaler SV – Bayern Hof 2:0 und 2:1; Wuppertaler SV – Tasmania 1900 Berlin 5:2 und 3:0; VfL Osnabrück – Borussia Neunkirchen 2:0 und 0:2; VfL Osnabrück – Bayern Hof 4:3 und 1:1; VfL Osnabrück – Tasmania 1900 Berlin 1:0 und 0:0; Borussia Neunkirchen – Bayern Hof 4:3 und 1:3; Borussia Neunkirchen – Tasmania 1900 Berlin 10:0 und 1:3; Bayern Hof – Tasmania 1900 Berlin 6:0 und 1:3. – Gruppensieger und Aufsteiger: Wuppertaler SV (ohne Verlustpunkt!).

Gruppe II: Kickers Offenbach – Rot-Weiss Essen 2:2 und 1:1; Kickers Offenbach – FC St. Pauli 6:0 und 0:0; Kickers Offenbach – Wacker 04 Berlin 4:1 und 6:0; Kickers Offenbach – Röchling Völklingen 7:2 und 3:1; Rot-Weiss Essen – FC St. Pauli 6:1 und 0:0; Rot-Weiss Essen – Wacker 04 Berlin 5:0 und 4:0; Rot-Weiss Essen – Röchling Völklingen 2:1 und 2:1; FC St. Pauli – Wacker 04 Berlin 1:2 und 1:1; FC St. Pauli – Röchling Völklingen 1:0 und 3:1; Wacker 04 Berlin – Röchling Völklingen 1:6 und 3:2. – Gruppensieger und Aufsteiger: Kickers Offenbach.

1973

Gruppe I: Fortuna Köln – FC St. Pauli 2:3 und 2:1; Fortuna Köln – 1. FSV Mainz 05 3:0 und 0:0; Fortuna Köln – Karlsruher SC 6:0 und 2:1; Fortuna Köln – Blau-Weiß 90 Berlin 7:0 und 3:0; FC St. Pauli – 1. FSV Mainz 05 2:2 und 0:3; FC St. Pauli – Karlsruher SC 2:2 und 5:4; FC St. Pauli – Blau-Weiß 90 Berlin 4:1 und 6:2; 1. FSV Mainz 05 – Karlsruher SC 4:1 und 1:1; 1. FSV Mainz 05 – Blau-Weiß 90 Berlin 5:1 und 2:3; Karlsruher SC – Blau-Weiß 90 Berlin 5:1 und 3:2. – Gruppensieger und Aufsteiger: Fortuna Köln
Gruppe II: Rot-Weiss Essen – SV Darmstadt 98 3:1 und 2:2; Rot-Weiss Essen – Röchling Völklingen 3:1 und 4:0; Rot-Weiss Essen – VfL Osnabrück 4:1 und 2:1; Rot-Weiss Essen – Wacker 04 Berlin 3:0 und 2:2; SV Darmstadt 98 – Röchling Völklingen 5:0 und 1:1; SV Darmstadt 98 – VfL Osnabrück 5:3 und 1:2; SV Darmstadt 98– Wacker 04 Berlin 2:2 und 1:1; Röchling Völklingen – VfL Osnabrück 2:0 und 2:1; Röchling Völklingen – Wacker 04 Berlin 3:1 und 1:2; VfL Osnabrück – Wacker 04 Berlin 2:1 und 2:0. – Gruppensieger und Aufsteiger: Rot-Weiss Essen.

1974

Gruppe I: Eintracht Braunschweig – 1. FC Nürnberg 2:0 und 0:1; Eintracht Braunschweig – SG Wattenscheid 09 2:3 und 0:0; Eintracht Braunschweig – Wacker 04 Berlin 2:1 und 3:1; Eintracht Braunschweig – 1. FC Saarbrücken 3:0 und 1:0; 1. FC Nürnberg – SG Wattenscheid 09 1:0 und 2:1; 1. FC Nürnberg – Wacker 04 Berlin 9:1 und 0:5; 1. FC Nürnberg – 1. FC Saarbrücken 3:1 und 2:2; SG Wattenscheid 09 –Wacker 04 Berlin 1:1 und 2:3; SG Wattenscheid 09 –1. FC Saarbrücken 2:1 und 2:1; Wacker 04 Berlin – 1. FC Saarbrücken 0:1 und 1:0. – Gruppensieger und Aufsteiger: Eintracht Braunschweig.
Gruppe II: Tennis Borussia Berlin – FC Augsburg 2:2 und 2:2; Tennis Borussia – Rot-Weiß Oberhausen 3:1 und 0:4; Tennis Borussia – Borussia Neunkirchen 0:0 und 1:1; Tennis Borussia – FC St. Pauli 3:1 und 2:0; FC Augsburg – Rot-Weiß Oberhausen 2:2 und 2:3; FC Augsburg – Borussia Neunkirchen 2:1 und 1:1; FC Augsburg – FC St. Pauli 4:4 und 3:2; Rot-Weiß Oberhausen – Borussia Neunkirchen 1:2 und 1:0; Rot-Weiß Oberhausen – FC St. Pauli 2:1 und 0:3; Borussia Neunkirchen – FC St. Pauli 2:5 und 1:0. – Gruppensieger und Aufsteiger: Tennis Borussia Berlin.

1975

Nach Einführung der 2. Liga stiegen die Sieger der beiden Gruppen Nord und Süd direkt in die Bundesliga auf. Den dritten Aufsteiger ermittelten die beiden Zweiten der Gruppen Nord und Süd.
Meister 2. Liga Nord: Hannover 96, Meister 2. Liga Süd: Karlsruher SC.
Entscheidungsspiele der Gruppenzweiten: FK Pirmasens – Bayer Uerdingen 4:4 und 0:6.

1976

Meister 2. Liga Nord: Tennis Borussia Berlin, Meister 2. Liga Süd: 1. FC Saarbrücken.
1. FC Nürnberg – Borussia Dortmund 0:1 und 2:3.

1977

Meister 2. Liga Nord: FC St. Pauli, Meister 2. Liga Süd: VfB Stuttgart.
Arminia Bielefeld – TSV München 1860 4:0, 0:4, 0:2 (in Frankfurt).

1978

Meister 2. Liga Nord: Arminia Bielefeld, Meister 2. Liga Süd: SV Darmstadt 98.
1. FC Nürnberg – Rot-Weiss Essen 1:0 und 2:2.

1979

Meister 2. Liga Nord: Bayer Leverkusen, Meister 2. Liga Süd: TSV München 1860.
SpVgg Bayreuth – Bayer Uerdingen 1:1 und 1:2.

1980

Meister 2. Liga Nord: Arminia Bielefeld, Meister 2. Liga Süd: 1. FC Nürnberg.
Karlsruher SC – Rot-Weiss Essen 5:1 und 1:3.

1981

Meister 2. Liga Nord: Werder Bremen, Meister 2. Liga Süd: SV Darmstadt 98.
Kickers Offenbach – Eintracht Braunschweig 1:0 und 0:2.

1982

Neuer Modus nach Einführung der eingleisigen 2. Bundesliga. Automatisch stiegen auf: der Meister (FC Schalke 04) und Zweite (Hertha BSC). Der Dritte spielte gegen den 16. der Bundesliga um Aufstieg bzw. Verbleib in der obersten Spielklasse (Relegation):
Kickers Offenbach – Bayer Leverkusen 0:1 und 1:2.

1983

Direktaufsteiger: SV Waldhof Mannheim (Meister) und Kickers Offenbach (Zweiter).
Relegation: Bayer Uerdingen – FC Schalke 04 3:1 und 1:1.

1984

Direktaufsteiger: Karlsruher SC (Meister) und Schalke 04 (Zweiter).
Relegation: MSV Duisburg – Eintracht Frankfurt 0:5 und 1:1.

1985

Direktaufsteiger: 1. FC Nürnberg (Meister) und Hannover 96 (Zweiter).
Relegation: 1. FC Saarbrücken – Arminia Bielefeld 2:0 und 1:1.

1986

Direktaufsteiger: FC Homburg 08 (Meister) und Blau-Weiß 90 Berlin (Zweiter).
Relegation: Fortuna Köln – Borussia Dortmund 2:0, 1:3 und 0:8 (in Düsseldorf).

1987

Direktaufsteiger: Hannover 96 (Meister) und Karlsruher SC (Zweiter).
Relegation: FC Homburg – FC St. Pauli 3:1 und 1:2.

1988

Direktaufsteiger: Stuttgarter Kickers (Meister) und FC St. Pauli Hamburg (Zweiter).
Relegation: SV Darmstadt 98 – SV Waldhof Mannheim 3:2, 1:2 und n. V. 0:0/4:5 im Elfmeterschießen (in Saarbrücken).

1989

Direktaufsteiger: Fortuna Düsseldorf (Meister) und FC 08 Homburg (Zweiter).
Relegation: Eintracht Frankfurt – 1. FC Saarbrücken 2:0 und 1:2.

1990

Direktaufsteiger: Hertha BSC (Meister) und SG Wattenscheid 09 (Zweiter).
Relegation: 1. FC Saarbrücken – VfL Bochum 0:1 und 1:1.

1991

Direktaufsteiger: FC Schalke 04 (Meister) und MSV Duisburg (Zweiter).
Relegation: FC St. Pauli – Stuttgarter Kickers 1:1, 1:1 und 1:3 (in Gelsenkirchen).
Dazu kommen aus der ehem. DDR Hansa Rostock und Dynamo Dresden (1991/92 Bundesliga mit 20 Vereinen).

1992

Direktaufsteiger: Bayer Uerdingen (Meister 2. Bundesliga Nord) und 1. FC Saarbrücken (Meister 2. Bundesliga Süd).
Durch Reduzierung der Bundesliga auf 18 Vereine steigen vier Klubs direkt ab.

1993 bis 2008

Drei feste Absteiger aus und drei feste Aufsteiger in die Bundesliga.

2009

Wie schon zwischen 1982 und 1991 steigen der Meister und Zweite der 2. Bundesliga (SC Freiburg und 1. FSV Mainz 05) direkt auf. Der Dritte der 2. Bundesliga bestreitet Relegationsspiele gegen den Drittletzten der Bundesliga:
Energie Cottbus – 1. FC Nürnberg 0:3 und 0:2.

2010
Direktaufsteiger: 1. FC Kaiserslautern (Meister) und FC St. Pauli (Zweiter).
Relegation: 1. FC Nürnberg – FC Augsburg 1:0 und 2:0.

2011
Direktaufsteiger: Hertha BSC (Meister) und FC Augsburg (Zweiter).
Relegation: Borussia Mönchengladbach – VfL Bochum 1:0 und 1:1.

2012
Direktaufsteiger: SpVgg Greuther Fürth (Meister) und Eintracht Frankfurt (Zweiter).
Relegation: Hertha BSC – Fortuna Düsseldorf 1:2 und 2:2.

2013
Direktaufsteiger: Hertha BSC (Meister) und Eintracht Braunschweig (Zweiter).
Relegation: TSG 1899 Hoffenheim – 1. FC Kaiserslautern 3:1 und 2:1.

2014
Direktaufsteiger: 1. FC Köln (Meister) und SC Paderborn 07 (Zweiter).
Relegation: Hamburger SV – SpVgg Greuther Fürth 0:0 und 1:1.

2015
Direktaufsteiger: FC Ingolstadt 04 (Meister) und SV Darmstadt 98 (Zweiter).
Relegation: Hamburger SV – Karlsruher SC 1:1 und n. V. 2:1.

2016
Direktaufsteiger: SC Freiburg (Meister) und RB Leipzig (Zweiter).
Relegation: Eintracht Frankfurt – 1. FC Nürnberg 1:1 und 1:0.

2017
Direktaufsteiger: VfB Stuttgart (Meister) und Hannover 96 (Zweiter).
Relegation: VfL Wolfsburg – Eintracht Braunschweig 1:0 und 1:0.

2018
Direktaufsteiger: Fortuna Düsseldorf (Meister) und 1. FC Nürnberg (Zweiter).
Relegation: VfL Wolfsburg – Holstein Kiel 3:1 und 1:0.

2019
Direktaufsteiger: 1. FC Köln (Meister) und SC Paderborn 07 (Zweiter).
Relegation: VfB Stuttgart – 1. FC Union Berlin 2:2 und 0:0.

2020
Direktaufsteiger: Arminia Bielefeld (Meister) und VfB Stuttgart (Zweiter).
Relegation: Werder Bremen – 1. FC Heidenheim 0:0 und 2:2.

2021
Direktaufsteiger: VfL Bochum (Meister) und SpVgg Greuther Fürth (Zweiter).
Relegation: 1. FC Köln – Holstein Kiel 0:1 und 5:1.

Bundesliga-Aufstiege:

Je 8: Arminia Bielefeld, 1. FC Nürnberg – **7:** VfL Bochum – **je 6:** Hertha BSC, Fortuna Düsseldorf, Hannover 96, 1. FC Köln – **je 5:** MSV Duisburg, SC Freiburg, Karlsruher SC, FC St. Pauli, Bayer Uerdingen – **je 4:** Eintracht Frankfurt, Kickers Offenbach – **je 3:** Eintracht Braunschweig, SV Darmstadt 98, Rot-Weiss Essen, Borussia Mönchengladbach, TSV München 1860, Hansa Rostock, 1. FC Saarbrücken, FC Schalke 04, VfB Stuttgart – **je 2:** Alemannia Aachen, Tennis Borussia Berlin, Energie Cottbus, SpVgg Greuther Fürth, FC 08 Homburg, 1. FC Kaiserslautern, 1. FSV Mainz 05, Borussia Neunkirchen, SC Paderborn 07, Stuttgarter Kickers – **je 1:** FC Augsburg *, Blau-Weiß 90 Berlin, Tasmania 1900 Berlin (am grünen Tisch), 1. FC Union Berlin *, Werder Bremen, Borussia Dortmund, Dynamo Dresden, TSG 1899 Hoffenheim *, FC Ingolstadt 04, Fortuna Köln, RB Leipzig *, VfB-Leipzig, Bayer Leverkusen *, SV Waldhof Mannheim, Bayern München *, Rot-Weiß Oberhausen, SSV Ulm 1846, SpVgg Unterhaching, SG Wattenscheid 09, VfL Wolfsburg *, Wuppertaler SV – *) = noch nie abgestiegen.

Bundesliga-Abstiege:

9: 1. FC Nürnberg – **7:** Arminia Bielefeld – **je 6:** Hertha BSC (davon einmal am grünen Tisch), VfL Bochum, Fortuna Düsseldorf, MSV Duisburg, Hannover 96, Karlsruher SC, 1. FC Köln – **je 5:** FC St. Pauli, Bayer/KFC Uerdingen – **je 4:** Eintracht Braunschweig, Eintracht Frankfurt, SC Freiburg, TSV München 1860, Kickers Offenbach, 1. FC Saarbrücken, FC Schalke 04 – **je 3:** SV Darmstadt 98, Rot-Weiss Essen, 1. FC Kaiserslautern, Hansa Rostock, VfB Stuttgart – **je 2:** Alemannia Aachen, Tennis Borussia Berlin, Werder Bremen, Energie Cottbus, FC 08 Homburg, Borussia Mönchengladbach, Borussia Neunkirchen, SC Paderborn 07, Stuttgarter Kickers – **je 1:** Blau-Weiß 90 Berlin, Tasmania 1900 Berlin, Borussia Dortmund, Dynamo Dresden, SpVgg Greuther Fürth, Hamburger SV, FC Ingolstadt 04, Fortuna Köln, VfB Leipzig, 1. FSV Mainz 05, SV Waldhof Mannheim, Preußen Münster, Rot-Weiß Oberhausen, SSV Ulm 1846, SpVgg Unterhaching, SG Wattenscheid 09, Wuppertaler SV – 1965 waren der Karlsruher SC und der FC Schalke 04 sportliche Absteiger, bleiben aber nach dem Ausschluss von Hertha BSC und der Aufstockung auf 18 Vereine in der Bundesliga.

Die 2. Bundesliga

Die Meister der zweigleisigen 2. Liga 1974–1981 und 1992*):

Gruppe Nord:

1975 Hannover 96 – 1976 Tennis Borussia Berlin – 1977 FC St. Pauli – 1978 Arminia Bielefeld – 1979 Bayer Leverkusen – 1980 Arminia Bielefeld – 1981 Werder Bremen – 1992 Bayer Uerdingen.

Gruppe Süd:

1975 Karlsruher SC – 1976 1. FC Saarbrücken – 1977 VfB Stuttgart – 1978 SV Darmstadt 98 – 1979 TSV München 1860 – 1980 1. FC Nürnberg – 1981 SV Darmstadt 98 – 1992 1. FC Saarbrücken.

*) Zweigeteilte 2. Bundesliga als Übergangsrunde nach Eingliederung der Vereine der ehemaligen DDR.

Alle Tabellen der zweigeteilten 2. Ligen erschienen letztmals im Almanach 2008.

Meister der eingleisigen 2. Bundesliga waren:

Je 4-Mal: VfL Bochum, SC Freiburg, 1. FC Köln – **je 3-Mal:** Hertha BSC, 1. FC Nürnberg – **je 2-Mal:** Arminia Bielefeld, Fortuna Düsseldorf, Hannover 96, 1. FC Kaiserslautern, Karlsruher SC, FC Schalke 04 – **je 1-Mal:** Eintracht Frankfurt, SpVgg Greuther Fürth, FC Homburg/Saar, FC Ingolstadt 04, SV Waldhof Mannheim, Borussia Mönchengladbach, Hansa Rostock, Stuttgarter Kickers, VfB Stuttgart.

1981/82

1.	FC Schalke 04 (A)	38	70:35	51–25
2.	Hertha BSC	38	84:47	48–28
3.	Kickers Offenbach	38	70:61	46–30
4.	TSV München 1860 (A)*	38	87:56	45–31
5.	Hannover 96	38	72:52	45–31
6.	SV Waldhof Mannheim	38	51:44	44–32
7.	Stuttgarter Kickers	38	76:55	43–33
8.	Hessen Kassel	38	56:46	43–33
9.	Alemannia Aachen	38	47:39	41–35
10.	Fortuna Köln	38	70:72	39–37
11.	Rot-Weiss Essen	38	60:62	38–38
12.	Bayer Uerdingen (A)	38	47:57	38–38
13.	VfL Osnabrück	38	49:59	37–39
14.	SpVgg Fürth	38	61:60	35–41
15.	SC Freiburg	38	49:54	34–42
16.	Union Solingen	38	51:62	33–43
17.	SG Wattenscheid 09	38	41:62	31–45
18.	Wormatia Worms	38	34:74	24–52
19.	Freiburger FC	38	52:88	23–53
20.	SpVgg Bayreuth	38	40:76	22–54

*) TSV München 1860 erhielt für 1982/83 keine Lizenz.

1982/83

1.	SV Waldhof Mannheim	38	83:38	52–24
2.	Kickers Offenbach	38	77:45	50–26
3.	Bayer Uerdingen	38	65:44	48–28
4.	Hessen Kassel	38	69:54	45–31
5.	Stuttgarter Kickers	38	78:51	44–32
6.	Fortuna Köln	38	76:50	43–33
7.	SV Darmstadt 98 (A)	38	77:61	42–34
8.	SC Freiburg	38	50:45	42–34
9.	Alemannia Aachen	38	49:53	40–36
10.	VfL Osnabrück	38	66:65	38–38
11.	MSV Duisburg (A)	38	55:57	37–39
12.	Hannover 96	38	70:72	36–40
13.	BV 08 Lüttringhausen (N)	38	53:76	34–42
14.	Rot-Weiss Essen	38	56:60	33–43
15.	SG Wattenscheid 09	38	59:65	33–43
16.	Union Solingen	38	56:76	32–44
17.	FC Augsburg (N)	38	32:54	32–44
18.	SpVgg Fürth	38	55:75	31–45
19.	FSV Frankfurt (N)	38	50:86	26–50
20.	TuS Schloß Neuhaus (N)	38	43:92	22–54

1983/84

1.	Karlsruher SC (A)	38	94:45	57–19
2.	FC Schalke 04 (A)	38	95:45	55–21
3.	MSV Duisburg	38	69:41	50–26
4.	Hessen Kassel	38	68:39	48–28
5.	Union Solingen	38	70:54	44–32
6.	Alemannia Aachen	38	49:43	44–32
7.	SC Freiburg	38	50:49	43–33
8.	Stuttgarter Kickers	38	54:52	39–37
9.	Fortuna Köln	38	66:65	38–38
10.	1. FC Saarbrücken (N)	38	61:69	38–38
11.	Hertha BSC (A)	38	64:57	37–39
12.	SV Darmstadt 98	38	48:72	35–41
13.	SSV Ulm 1846 (N)	38	58:68	32–44
14.	Hannover 96	38	54:69	32–44
15.	SG Wattenscheid 09	38	58:74	32–44
16.	Rot-Weiß Oberhausen (N)	38	51:62	31–45
17.	Rot-Weiss Essen	38	48:63	29–47
18.	SC Charlottenburg (N)	38	49:68	29–47
19.	VfL Osnabrück	38	46:66	29–47
20.	BV 08 Lüttringhausen	38	36:87	18–58

1984/85

1.	1. FC Nürnberg (A)	38	71:45	50–26
2.	Hannover 96	38	79:58	50–26
3.	1. FC Saarbrücken	38	70:41	49–27
4.	Hessen Kassel	38	72:48	49–27
5.	Alemannia Aachen	38	60:46	43–33
6.	Union Solingen	38	64:70	41–35
7.	Blau-Weiß 90 Berlin (N)	38	66:56	39–37
8.	SC Freiburg	38	45:49	38–38
9.	Stuttgarter Kickers	38	51:49	37–39
10.	SG Wattenscheid 09	38	61:68	36–40
11.	Fortuna Köln	38	58:67	36–40
12.	Rot-Weiß Oberhausen	38	64:70	35–41
13.	MSV Duisburg	38	56:63	35–41
14.	Hertha BSC	38	50:59	35–41
15.	SV Darmstadt 98	38	52:64	35–41
16.	FC Homburg (N)	38	57:58	34–42
17.	FC St. Pauli (N)	38	48:59	33–43
18.	VfR Bürstadt (N)	38	48:56	31–45
19.	Kickers Offenbach (A)*	38	43:56	30–44
20.	SSV Ulm 1846	38	48:81	22–54

*) Kickers Offenbach wurden zwei Punkte abgezogen.

1985/86

1.	FC Homburg	38	75:42	49–27
2.	Blau-Weiß 90 Berlin	38	76:48	47–29
3.	Fortuna Köln	38	64:52	46–30
4.	Arminia Bielefeld (A)	38	60:47	45–31
5.	Hessen Kassel	38	58:47	44–32
6.	Stuttgarter Kickers	38	73:55	43–33
7.	Karlsruher SC (A)	38	64:50	43–33
8.	Alemannia Aachen	38	56:45	43–33
9.	SG Wattenscheid 09	38	63:56	43–33
10.	SV Darmstadt 98	38	63:57	41–35
11.	Rot-Weiß Oberhausen	38	61:60	37–39
12.	Eintr. Braunschweig (A)	38	65:62	36–40
13.	Vikt. Aschaffenburg (N)	38	57:59	35–41
14.	VfL Osnabrück (N)	38	48:57	36–41
15.	Union Solingen	38	48:64	34–42
16.	SC Freiburg	38	54:62	33–44
17.	Hertha BSC	38	50:62	31–45
18.	SpVgg Bayreuth (N)	38	40:73	31–45
19.	Tennis Bor. Berlin (N)	38	48:73	29–47
20.	MSV Duisburg	38	34:86	15–61

1986/87

1.	Hannover 96 (A)	38	86:48	56–20
2.	Karlsruher SC	38	79:49	52–24
3.	FC St. Pauli (N)	38	63:45	49–27
4.	SV Darmstadt 98	38	72:48	47–29
5.	Alemannia Aachen	38	55:36	46–30
6.	VfL Osnabrück	38	69:66	44–32
7.	Stuttgarter Kickers	38	72:55	42–34
8.	SC Freiburg	38	59:56	39–37
9.	Arminia Bielefeld	38	58:55	38–38
10.	Rot-Weiss Essen (N)	38	70:69	38–38
11.	SG Wattenscheid 09	38	59:66	38–38
12.	Union Solingen	38	61:65	35–41
13.	SSV Ulm 1846 (N)	38	55:63	35–41
14.	Fortuna Köln	38	51:66	35–41
15.	1. FC Saarbrücken (A)	38	53:71	34–42
16.	Rot-Weiß Oberhausen	38	52:55	33–43
17.	Eintr. Braunschweig	38	52:47	32–44
18.	Viktoria Aschaffenburg	38	47:72	24–52
19.	Hessen Kassel	38	40:75	22–54
20.	FSV Salmrohr (N)	38	48:94	21–55

1987/88

1.	Stuttgarter Kickers	38	89:49	51–25
2.	FC St. Pauli	38	65:38	49–27
3.	SV Darmstadt 98	38	48:32	47–29
4.	SG Wattenscheid 09	38	62:48	47–29
5.	Fortuna Düsseldorf (A)	38	63:38	46–30
6.	Alemannia Aachen	38	60:45	46–30
7.	Blau-Weiß 90 Berlin (A)	38	65:48	43–33
8.	Kickers Offenbach (N)	38	56:49	39–37
9.	VfL Osnabrück	38	47:47	38–38
10.	SC Freiburg	38	61:63	38–38
11.	Rot-Weiss Essen	38	53:60	34–42
12.	Fortuna Köln	38	58:67	34–42
13.	1. FC Saarbrücken	38	57:67	34–42
14.	SV Meppen (N)	38	55:72	34–42
15.	Union Solingen	38	48:65	34–42
16.	Rot-Weiß Oberhausen *	38	48:54	33–43
17.	SpVgg Bayreuth (N)	38	55:66	33–43
18.	BVL 08 Remscheid (N)	38	54:74	29–47
19.	SSV Ulm 46	38	51:75	29–47
20.	Arminia Bielefeld	38	29:67	22–54

*) Rot-Weiß Oberhausen erhielt für 1988/89 keine Lizenz.

1988/89

1.	Fortuna Düsseldorf	38	85:52	49–27
2.	FC Homburg (A)	38	55:36	47–29
3.	1. FC Saarbrücken	38	53:43	46–30
4.	Fortuna Köln	38	80:57	45–31
5.	SC Freiburg	38	66:52	42–34
6.	SG Wattenscheid 09	38	68:58	42–34
7.	Alemannia Aachen	38	58:55	41–35
8.	Blau-Weiß 90 Berlin	38	56:54	41–35
9.	Eintr. Braunschweig (N)	38	43:43	38–38
10.	SV Meppen	38	55:54	37–39
11.	SV Darmstadt 98	38	56:57	37–39
12.	FC Schalke 04 (A)	38	58:51	36–40
13.	Hertha BSC (N)	38	45:44	36–40
14.	VfL Osnabrück	38	58:66	36–40
15.	Kickers Offenbach *	38	51:53	35–41
16.	Rot-Weiss Essen	38	54:60	35–41
17.	SpVgg Bayreuth	38	52:60	34–42
18.	Vikt. Aschaffenburg (N)	38	47:60	34–42
19.	1. FSV Mainz 05 (N)	38	44:76	29–47
20.	Union Solingen	38	24:77	20–56

*) Kickers Offenbach erhielt für 1989/90 keine Lizenz.

1989/90

1.	Hertha BSC	38	65:39	53–23
2.	SG Wattenscheid 09	38	70:35	51–25
3.	1. FC Saarbrücken	38	58:33	46–30
4.	Stuttgarter Kickers (A)	38	68:48	45–31
5.	FC Schalke 04	38	69:51	43–33
6.	Rot-Weiss Essen	38	49:46	42–34
7.	Eintr. Braunschweig	38	55:51	39–37
8.	Hannover 96 (A)	38	53:43	38–38
9.	Blau-Weiß 90 Berlin	38	46:52	37–39

10.	MSV Duisburg (N)	38	50:58	37–39
11.	SV Meppen	38	47:57	36–40
12.	Preußen Münster (N)	38	45:65	36–40
13.	SC Freiburg	38	53:52	34–42
14.	Fortuna Köln	38	48:60	34–42
15.	VfL Osnabrück	38	58:69	33–43
16.	SV Darmstadt 98	38	43:55	33–43
17.	Hessen Kassel (N)	38	35:64	33–43
18.	SpVgg Bayreuth	38	54:59	31–45
19.	Alemannia Aachen	38	52:63	30–46
20.	SpVgg Unterhaching (N)	38	43:61	29–47

1990/91

1.	FC Schalke 04	38	64:29	57–19
2.	MSV Duisburg	38	70:34	53–23
3.	Stuttgarter Kickers	38	63:32	51–25
4.	FC Homburg (A)	38	42:37	45–31
5.	1. FC Saarbrücken	38	47:30	44–32
6.	Blau-Weiß 90 Berlin	38	55:42	44–32
7.	Waldhof Mannheim (A)	38	60:47	42–34
8.	1. FSV Mainz 05 (N)	38	45:52	41–35
9.	SC Freiburg	38	54:48	40–36
10.	Hannover 96	38	49:49	38–38
11.	Fortuna Köln	38	51:53	37–39
12.	VfB Oldenburg (N)	38	58:53	36–40
13.	Eintr. Braunschweig	38	53:52	35–41
14.	VfL Osnabrück	38	51:55	35–41
15.	Rot-Weiss Essen *	38	49:52	34–42
16.	SV Meppen	38	35:42	34–42
17.	SV Darmstadt 98	38	46:54	33–43
18.	Preußen Münster	38	35:59	29–47
19.	TSV Havelse (N)	38	44:82	19–57
20.	1. FC Schweinfurt 05 (N)	38	26:95	13–63

*) Rot-Weiss Essen erhielt für 1991/92 keine Lizenz.

1991/92

Übergangsweise zweigeteilte 2. Bundesliga zur Eingliederung der Vereine aus der ehem. DDR.

2. Bundesliga Nord

Meisterrunde

1.	Bayer Uerdingen (A)	32	47:29	39–25
2.	VfB Oldenburg	32	56:39	38–26
3.	Hertha BSC (A)	32	46:41	35–29
4.	FC St. Pauli (A)	32	40:38	35–29
5.	Hannover 96	32	34:37	34–30
6.	SV Meppen	32	36:37	30–34

Abstiegsrunde

1.	Eintr. Braunschweig	32	54:48	33–31
2.	FC Remscheid (N)	32	39:38	31–33
3.	VfL Osnabrück	32	45:54	31–33
4.	Blau-Weiß 90 Berlin *	32	41:50	30–34
5.	Fortuna Köln	32	39:50	25–39
6.	Stahl Brandenburg (N)	32	37:53	23–41

*) Blau-Weiß 90 Berlin erhielt für 1992/93 keine Lizenz.

2. Bundesliga Süd

Meisterrunde

1.	1. FC Saarbrücken	32	52:30	42–22
2.	Waldhof Mannheim	32	44:31	38–26
3.	SC Freiburg	32	52:41	37–27
4.	Chemnitzer FC (N)	32	35:30	36–28
5.	Carl Zeiss Jena (N)	32	39:36	33–31
6.	FC Homburg	32	41:36	32–32

Abstiegsrunde

1.	VfB Leipzig (N)	32	42:42	31–33
2.	SV Darmstadt 98	32	41:49	31–33
3.	1. FSV Mainz 05	32	39:38	30–34
4.	TSV München 1860 (N)	32	31:32	30–34
5.	Hallescher FC (N)	32	35:47	27–37
6.	Rot-Weiß Erfurt (N)	32	36:75	17–47

1992/93

1.	SC Freiburg	46	102:57	65–27
2.	MSV Duisburg (A)	46	65:40	60–32
3.	VfB Leipzig	46	66:45	58–34
4.	Waldhof Mannheim	46	66:53	55–37
5.	Hertha BSC	46	82:55	53–39
6.	Fortuna Köln	46	56:44	50–42
7.	Chemnitzer FC	46	64:56	50–42
8.	Carl Zeiss Jena	46	66:59	50–42
9.	Hannover 96 (P)	46	60:60	48–44
10.	SV Meppen	46	41:43	47–45
11.	Hansa Rostock (A)	46	54:52	46–46
12.	1. FSV Mainz 05	46	54:58	46–46
13.	Wuppertaler SV (N)	46	55:50	45–47
14.	VfL Wolfsburg (N)	46	65:69	45–47
15.	Stuttgarter Kickers (A)	46	60:59	43–49
16.	FC Homburg	46	50:53	43–49
17.	FC St. Pauli	46	47:52	43–49
18.	SpVgg Unterhaching (N)	46	58:67	42–50
19.	Eintr. Braunschweig	46	65:73	41–51
20.	VfL Osnabrück	46	63:72	41–51
21.	Fortuna Düsseldorf (A)	46	45:65	34–58
22.	VfB Oldenburg	46	57:90	34–58
23.	FC Remscheid	46	50:83	33–59
24.	SV Darmstadt 98	46	43:79	32–60

1993/94

1.	VfL Bochum (A)	38	56:34	48–28
2.	Bayer Uerdingen (A)	38	49:30	47–29
3.	TSV München 1860 (N)	38	55:38	47–29
4.	FC St. Pauli	38	47:39	45–31
5.	VfL Wolfsburg	38	47:45	40–36
6.	Waldhof Mannheim	38	45:45	40–36
7.	SV Meppen	38	48:52	39–37
8.	Hansa Rostock	38	51:56	39–37
9.	Chemnitzer FC	38	34:44	39–37
10.	FC Homburg	38	53:46	37–39
11.	Hertha BSC	38	48:42	37–39
12.	Hannover 96	38	49:46	37–39
13.	1. FSV Mainz 05	38	46:51	37–39
14.	1. FC Saarbrücken (A)	38	58:69	37–39
15.	Fortuna Köln	38	53:49	36–40
16.	Stuttgarter Kickers	38	42:50	35–41
17.	Carl Zeiss Jena	38	38:41	34–42
18.	Wuppertaler SV	38	44:52	31–45

19.	Tennis Borussia Berlin (N)	38	42:60	26–50
20.	Rot-Weiss Essen (N) *	0	0:0	0:0
		(38	44:60	29:47)

*) Rot-Weiss Essen wurde die Lizenz entzogen; alle Spiele werden nur für den Gegner gewertet.

1994/95

1.	Hansa Rostock	34	66:30	46–22
2.	FC St. Pauli	34	58:33	44–24
3.	Fortuna Düsseldorf (N)	34	51:35	43–25
4.	VfL Wolfsburg	34	51:40	43–25
5.	Waldhof Mannheim	34	48:35	42–26
6.	SV Meppen	34	54:38	41–27
7.	1. FC Saarbrücken *	34	45:43	35–33
8.	Fortuna Köln	34	55:49	34–34
9.	Chemnitzer FC	34	47:50	34–34
10.	SG Wattenscheid 09 (A)	34	50:52	33–35
11.	Hertha BSC	34	41:45	32–36
12.	Hannover 96	34	52:50	31–37
13.	VfB Leipzig (A)	34	44:44	30–38
14.	1. FSV Mainz 05	34	50:55	30–38
15.	1. FC Nürnberg (A)	34	38:47	30–38
16.	FSV Zwickau (N)	34	32:50	29–39
17.	FC Homburg	34	41:63	23–45
18.	FSV Frankfurt (N)	34	39:103	12–56

*) Bundesliga-Absteiger Dynamo Dresden und der 1. FC Saarbrücken erhielten für 1995/96 keine Lizenz.

1995/96

1.	VfL Bochum (A)	34	68:30	69
2.	Arminia Bielefeld (N)	34	55:45	57
3.	MSV Duisburg (A)	34	55:37	56
4.	SpVgg Unterhaching (N)	34	52:38	52
5.	FSV Zwickau	34	39:48	49
6.	Carl Zeiss Jena (N)	34	49:54	48
7.	Waldhof Mannheim	34	49:47	46
8.	Fortuna Köln	34	37:37	46
9.	VfB Leipzig	34	35:49	45
10.	SV Meppen	34	45:43	44
11.	1. FSV Mainz 05	34	37:41	44
12.	VfL Wolfsburg	34	41:46	44
13.	VfB Lübeck (N)	34	40:45	44
14.	Hertha BSC *)	34	37:35	42
15.	Chemnitzer FC	34	43:51	42
16.	Hannover 96	34	38:48	37
17.	1. FC Nürnberg *)	34	33:40	33
18.	SG Wattenscheid 09	34	38:57	31

*) Dem 1. FC Nürnberg wurden sechs, Hertha BSC drei Punkte abgezogen.

1996/97

1.	1. FC Kaiserslautern (A, P)	34	74:28	68
2.	VfL Wolfsburg	34	52:29	58
3.	Hertha BSC	34	57:38	58
4.	1. FSV Mainz 05	34	50:34	54
5.	Stuttgarter Kickers (N)	34	38:27	53
6.	SpVgg Unterhaching	34	35:29	49
7.	Eintracht Frankfurt (A)	34	43:46	48
8.	VfB Leipzig	34	53:54	46
9.	KFC Uerdingen 05 (A)	34	46:44	44
10.	SV Meppen	34	44:48	44
11.	Fortuna Köln	34	52:47	42
12.	Carl Zeiss Jena	34	44:49	42
13.	FC Gütersloh (N)*	34	43:51	42
14.	FSV Zwickau	34	34:48	42
15.	Waldhof Mannheim	34	45:56	40
16.	VfB Lübeck	34	32:53	36
17.	Rot-Weiss Essen (N)	34	47:74	29
18.	VfB Oldenburg (N)	34	33:67	27

*) Dem FC Gütersloh wurden drei Punkte abgezogen.

1997/98

1.	Eintracht Frankfurt	34	50:32	64
2.	SC Freiburg (A)	34	57:36	61
3.	1. FC Nürnberg (N)	34	52:35	59
4.	FC St. Pauli (A)	34	43:31	56
5.	FC Gütersloh	34	43:26	55
6.	Fortuna Köln	34	53:53	46
7.	Fortuna Düsseldorf (A)	34	52:54	46
8.	Energie Cottbus (N)	34	38:36	45
9.	SpVgg Greuther Fürth (N)	34	32:32	45
10.	1. FSV Mainz 05	34	55:48	44
11.	SpVgg Unterhaching	34	41:35	44
12.	Stuttgarter Kickers	34	44:47	44
13.	KFC Uerdingen 05	34	36:40	43
14.	SG Wattenscheid 09 (N)	34	41:41	40
15.	VfB Leipzig	34	31:51	39
16.	Carl Zeiss Jena	34	39:61	33
17.	FSV Zwickau	34	32:55	28
18.	SV Meppen	34	35:61	27

1998/99

1.	Arminia Bielefeld (A)	34	62:32	67
2.	SpVgg Unterhaching	34	47:30	63
3.	SSV Ulm 1846 (N)	34	63:51	58
4.	Hannover 96 (N)	34	52:36	57
5.	Karlsruher SC (A)	34	54:43	56
6.	Tennis Bor. Berlin (N)	34	47:39	54
7.	1. FSV Mainz 05	34	48:44	50
8.	SpVgg Greuther Fürth	34	40:31	49
9.	FC St. Pauli	34	49:46	45
10.	1. FC Köln (A)	34	46:53	45
11.	Energie Cottbus	34	48:42	41
12.	Rot-Weiß Oberhausen (N)	34	40:47	41
13.	Stuttgarter Kickers	34	38:53	41
14.	Fortuna Köln	34	49:55	40
15.	FC Gütersloh	34	39:58	37
16.	KFC Uerdingen 05	34	34:57	31
17.	SG Wattenscheid 09	34	31:46	30
18.	Fortuna Düsseldorf	34	35:59	28

1999/2000

1.	1. FC Köln	34	68:39	65
2.	VfL Bochum (A)	34	67:48	61
3.	Energie Cottbus	34	62:42	58
4.	1. FC Nürnberg (A)	34	54:46	55
5.	Bor. Mönchengladbach (A)	34	60:43	54
6.	Rot-Weiß Oberhausen	34	43:34	49
7.	SpVgg Greuther Fürth	34	40:39	46

8. Alemannia Aachen (N)	34	46:54	46
9. 1. FSV Mainz 05	34	41:42	45
10. Hannover 96	34	56:56	44
11. Chemnitzer FC (N)	34	42:49	43
12. Waldhof Mannheim (N)	34	50:56	42
13. Tennis Borussia Berlin *	34	42:50	40
14. FC St. Pauli	34	37:45	39
15. Stuttgarter Kickers	34	49:58	39
16. Fortuna Köln	34	38:50	35
17. Kickers Offenbach (N)	34	35:58	35
18. Karlsruher SC	34	35:56	27

*) Tennis Borussia Berlin erhielt für 2000/01 keine Lizenz.

2000/01

1. 1. FC Nürnberg	34	58:35	65
2. Bor. Mönchengladbach	34	62:31	62
3. FC St. Pauli	34	70:52	60
4. Waldhof Mannheim	34	57:42	59
5. SpVgg Greuther Fürth	34	55:38	54
6. LR Ahlen (N)	34	61:53	54
7. SSV Reutlingen (N)	34	64:52	53
8. 1. FC Saarbrücken (N)	34	48:59	50
9. Hannover 96	34	52:45	46
10. Alemannia Aachen	34	42:60	46
11. MSV Duisburg (A)	34	46:40	45
12. Rot-Weiß Oberhausen	34	45:50	45
13. Arminia Bielefeld (A)	34	53:46	41
14. 1. FSV Mainz 05	34	37:45	40
15. VfL Osnabrück (N)	34	40:52	37
16. SSV Ulm 1846 (A)	34	42:58	34
17. Stuttgarter Kickers	34	31:51	34
18. Chemnitzer FC	34	24:78	16

2001/02

1. Hannover 96	34	93:37	75
2. Arminia Bielefeld	34	68:38	65
3. VfL Bochum (A)	34	69:49	65
4. 1. FSV Mainz 05	34	66:38	64
5. SpVgg Greuther Fürth	34	62:41	59
6. 1. FC Union Berlin (N)	34	61:41	56
7. Eintracht Frankfurt (A)	34	52:44	54
8. LR Ahlen	34	60:70	48
9. Waldhof Mannheim	34	42:48	45
10. SSV Reutlingen	34	53:57	44
11. MSV Duisburg	34	56:57	43
12. Rot-Weiß Oberhausen	34	55:49	42
13. Karlsruher SC (N)	34	45:51	41
14. Alemannia Aachen	34	41:67	40
15. SpVgg Unterhaching (A)	34	40:49	38
16. 1. FC Saarbrücken	34	30:74	25
17. 1. FC Schweinfurt 05 (N)	34	30:70	24
18. SV Babelsberg 03 (N)	34	39:82	18

2002/03

1. SC Freiburg (A)	34	58:32	67
2. 1. FC Köln (A)	34	63:45	65
3. Eintracht Frankfurt	34	59:33	62
4. 1. FSV Mainz 05	34	64:39	62
5. SpVgg Greuther Fürth	34	55:35	57
6. Alemannia Aachen	34	57:48	51
7. Eintracht Trier (N)	34	53:46	48
8. MSV Duisburg	34	42:47	46
9. 1. FC Union Berlin	34	36:48	45
10. Wacker Burghausen (N)	34	48:41	44
11. VfB Lübeck (N)	34	51:50	44
12. LR Ahlen	34	48:60	40
13. Karlsruher SC	34	35:47	39
14. Rot-Weiß Oberhausen	34	38:48	37
15. Eintr. Braunschweig (N)	34	33:53	34
16. SSV Reutlingen *	34	43:53	33
17. FC St. Pauli (A)	34	48:67	31
18. Waldhof Mannheim	34	32:71	25

*) Dem SSV Reutlingen wurden sechs Punkte abgezogen.

2003/04

1. 1. FC Nürnberg (A)	34	68:45	61
2. Arminia Bielefeld (A)	34	50:37	56
3. 1. FSV Mainz 05	34	49:34	54
4. Energie Cottbus (A)	34	52:44	54
5. Rot-Weiß Oberhausen	34	52:48	53
6. Alemannia Aachen	34	51:51	53
7. MSV Duisburg	34	52:46	48
8. Erzgebirge Aue (N)	34	47:45	48
9. SpVgg Greuther Fürth	34	58:51	45
10. Wacker Burghausen	34	40:39	45
11. Eintracht Trier	34	46:51	45
12. LR Ahlen	34	36:45	44
13. SpVgg Unterhaching (N)	34	41:46	43
14. Karlsruher SC	34	38:44	43
15. VfB Lübeck	34	47:57	39
16. Jahn Regensburg (N)	34	37:51	39
17. 1. FC Union Berlin	34	43:53	33
18. VfL Osnabrück (N)	34	35:55	28

2004/05

1. 1. FC Köln (A)	34	62:33	67
2. MSV Duisburg	34	50:37	62
3. Eintracht Frankfurt (A)	34	65:39	61
4. TSV München 1860 (A)	34	52:39	57
5. SpVgg Greuther Fürth	34	51:42	56
6. Alemannia Aachen	34	60:40	54
7. Erzgebirge Aue	34	49:40	51
8. Dynamo Dresden (N)	34	48:53	49
9. Wacker Burghausen	34	48:55	48
10. SpVgg Unterhaching	34	40:43	45
11. Karlsruher SC	34	46:47	43
12. 1. FC Saarbrücken (N)	34	44:50	40
13. LR Ahlen	34	43:49	39
14. Energie Cottbus	34	35:48	39
15. Eintracht Trier	34	39:53	39
16. Rot-Weiß Oberhausen	34	40:62	34
17. Rot-Weiss Essen (N)	34	35:51	33
18. Rot-Weiß Erfurt (N)	34	34:60	30

2005/06

1. VfL Bochum (A)	34	55:26	66
2. Alemannia Aachen	34	61:36	65
3. Energie Cottbus	34	49:33	58
4. SC Freiburg (A)	34	41:33	56

5.	SpVgg Greuther Fürth	34	51:42	54
6.	Karlsruher SC	34	55:45	53
7.	Erzgebirge Aue	34	38:36	48
8.	Wacker Burghausen	34	45:49	47
9.	SC Paderborn 07 (N)	34	46:40	46
10.	Hansa Rostock (A)	34	44:49	43
11.	Kickers Offenbach (N)	34	42:53	43
12.	Eintr. Braunschweig (N)	34	37:48	43
13.	TSV München 1860	34	41:44	42
14.	SpVgg Unterhaching	34	42:48	42
15.	Dynamo Dresden	34	39:45	41
16.	1. FC Saarbrücken	34	37:63	38
17.	LR Ahlen	34	36:50	35
18.	Sportfreunde Siegen (N)	34	35:54	31

2006/07

1.	Karlsruher SC	34	69:41	70
2.	Hansa Rostock	34	49:30	62
3.	MSV Duisburg (A)	34	66:40	60
4.	SC Freiburg	34	55:39	60
5.	SpVgg Greuther Fürth	34	53:40	54
6.	1. FC Kaiserslautern (A)	34	48:34	53
7.	FC Augsburg (N)	34	43:32	52
8.	TSV München 1860	34	47:49	48
9.	1. FC Köln (A)	34	49:50	46
10.	Erzgebirge Aue	34	46:48	45
11.	SC Paderborn 07	34	32:41	42
12.	TuS Koblenz (N)	34	36:45	41
13.	Carl Zeiss Jena (N)	34	40:56	38
14.	Kickers Offenbach	34	42:59	36
15.	Rot-Weiss Essen (N)	34	34:40	35
16.	SpVgg Unterhaching	34	33:49	35
17.	Wacker Burghausen	34	42:63	32
18.	Eintracht Braunschweig	34	20:48	23

2007/08

1.	Bor. Mönchengladbach (A)	34	71:38	66
2.	TSG 1899 Hoffenheim (N)	34	60:40	60
3.	1. FC Köln	34	62:44	60
4.	1. FSV Mainz 05 (A)	34	62:36	58
5.	SC Freiburg	34	49:44	55
6.	SpVgg Greuther Fürth	34	53:47	52
7.	Alemannia Aachen (A)	34	49:44	51
8.	SV Wehen Wiesbaden (N)	34	47:53	44
9.	FC St. Pauli (N)	34	47:53	42
10.	TuS Koblenz *	34	46:47	41
11.	TSV München 1860	34	42:45	41
12.	VfL Osnabrück (N)	34	43:54	40
13.	1. FC Kaiserslautern	34	37:37	39
14.	FC Augsburg	34	39:51	38
15.	Kickers Offenbach	34	38:60	38
16.	Erzgebirge Aue	34	49:57	32
17.	SC Paderborn 07	34	33:54	31
18.	Carl Zeiss Jena	34	45:68	29

*) TuS Koblenz wurden sechs Punkte abgezogen.

2008/09

1.	SC Freiburg	34	60:36	68
2.	1. FSV Mainz 05	34	62:37	63
3.	1. FC Nürnberg (A)	34	51:29	60
4.	Alemannia Aachen	34	58:38	56
5.	SpVgg Greuther Fürth	34	60:46	56
6.	MSV Duisburg (A)	34	56:36	55
7.	1. FC Kaiserslautern	34	53:48	52
8.	FC St. Pauli	34	52:59	48
9.	Rot-Weiß Oberhausen (N)	34	35:54	42
10.	Rot Weiss Ahlen (N)	34	38:57	41
11.	FC Augsburg	34	43:46	40
12.	TSV München 1860	34	44:46	39
13.	Hansa Rostock (A)	34	52:53	38
14.	TuS Koblenz *	34	47:57	38
15.	FSV Frankfurt (N)	34	34:47	38
16.	VfL Osnabrück	34	41:60	36
17.	FC Ingolstadt 04 (N)	34	38:54	31
18.	SV Wehen Wiesbaden	34	28:49	27

*) TuS Koblenz wurden drei Punkte abgezogen.

2009/10

1.	1. FC Kaiserslautern	34	56:28	67
2.	FC St. Pauli	34	72:37	64
3.	FC Augsburg	34	60:40	62
4.	Fortuna Düsseldorf (N)	34	48:31	59
5.	SC Paderborn 07 (N)	34	49:49	51
6.	MSV Duisburg	34	51:46	50
7.	Arminia Bielefeld (A) *	34	48:41	49
8.	TSV München 1860	34	43:45	48
9.	Energie Cottbus (A)	34	55:49	47
10.	Karlsruher SC (A)	34	43:45	46
11.	SpVgg Greuther Fürth	34	51:50	44
12.	1. FC Union Berlin (N)	34	42:45	44
13.	Alemannia Aachen	34	37:41	43
14.	Rot-Weiß Oberhausen	34	38:52	41
15.	FSV Frankfurt	34	29:50	38
16.	Hansa Rostock	34	33:45	36
17.	TuS Koblenz	34	35:60	31
18.	Rot Weiss Ahlen	34	19:55	22

*) Arminia Bielefeld wurden vier Punkte abgezogen.

2010/11

1.	Hertha BSC (A)	34	69:28	74
2.	FC Augsburg	34	58:27	65
3.	VfL Bochum (A)	34	49:35	65
4.	SpVgg Greuther Fürth	34	47:27	61
5.	Erzgebirge Aue (N)	34	40:37	56
6.	Energie Cottbus	34	65:52	55
7.	Fortuna Düsseldorf	34	49:39	53
8.	MSV Duisburg	34	53:38	52
9.	TSV München 1860 *	34	50:36	50
10.	Alemannia Aachen	34	58:60	48
11.	1. FC Union Berlin	34	39:45	42
12.	SC Paderborn 07	34	32:47	39
13.	FSV Frankfurt	34	42:54	38
14.	FC Ingolstadt 04 (N)	34	40:46	37
15.	Karlsruher SC	34	46:72	33
16.	VfL Osnabrück (N)	34	40:62	31
17.	Rot-Weiß Oberhausen	34	30:65	28
18.	Arminia Bielefeld *	34	28:65	17

*) TSV München 1860 wurden zwei, Arminia Bielefeld drei Punkte abgezogen.

2011/12

1. SpVgg Greuther Fürth	34	73:27	70
2. Eintracht Frankfurt (A)	34	76:33	68
3. Fortuna Düsseldorf	34	64:35	62
4. FC St. Pauli (A)	34	59:34	62
5. SC Paderborn 07	34	51:42	61
6. TSV München 1860	34	62:46	57
7. 1. FC Union Berlin	34	55:58	48
8. Eintr. Braunschweig (N)	34	37:35	45
9. Dynamo Dresden (N)	34	50:52	45
10. MSV Duisburg	34	42:47	39
11. VfL Bochum	34	41:55	37
12. FC Ingolstadt 04	34	43:58	37
13. FSV Frankfurt	34	43:59	35
14. Energie Cottbus	34	30:49	35
15. Erzgebirge Aue	34	31:55	35
16. Karlsruher SC	34	34:60	33
17. Alemannia Aachen	34	30:47	31
18. Hansa Rostock (N)	34	34:63	27

2012/13

1. Hertha BSC (A)	34	65:28	76
2. Eintracht Braunschweig	34	52:34	67
3. 1. FC Kaiserslautern (A)	34	55:33	58
4. FSV Frankfurt	34	55:45	54
5. 1. FC Köln (A)	34	43:33	54
6. TSV München 1860	34	39:31	49
7. 1. FC Union Berlin	34	50:49	49
8. Energie Cottbus	34	41:36	48
9. VfR Aalen (N)	34	40:39	46
10. FC St. Pauli	34	44:47	43
11. MSV Duisburg *	34	37:49	43
12. SC Paderborn 07	34	45:45	42
13. FC Ingolstadt 04	34	36:43	42
14. VfL Bochum	34	40:52	38
15. Erzgebirge Aue	34	39:46	37
16. Dynamo Dresden	34	35:49	37
17. SV Sandhausen (N)	34	38:66	26
18. Jahn Regensburg (N)	34	36:65	19

*) Der MSV Duisburg erhielt für 2013/14 keine Lizenz.

2013/14

1. 1. FC Köln	34	53:20	68
2. SC Paderborn 07	34	63:48	62
3. SpVgg Greuther Fürth (A)	34	64:38	60
4. 1. FC Kaiserslautern	34	55:39	54
5. Karlsruher SC (N)	34	47:34	50
6. Fortuna Düsseldorf (A)	34	45:44	50
7. TSV München 1860	34	38:41	48
8. FC St. Pauli	34	44:49	48
9. 1. FC Union Berlin	34	48:47	44
10. FC Ingolstadt 04	34	34:33	44
11. VfR Aalen	34	36:39	44
12. SV Sandhausen	34	29:35	44
13. FSV Frankfurt	34	46:51	41
14. Erzgebirge Aue	34	42:54	41
15. VfL Bochum	34	30:43	40
16. Arminia Bielefeld (N)	34	40:58	35
17. Dynamo Dresden	34	36:53	32
18. Energie Cottbus	34	35:59	25

2014/15

1. FC Ingolstadt 04	34	53:32	64
2. SV Darmstadt 98 (N)	34	44:26	59
3. Karlsruher SC	34	46:26	58
4. 1. FC Kaiserslautern	34	45:31	56
5. RB Leipzig (N)	34	39:31	50
6. Eintr. Braunschweig (A)	34	44:41	50
7. 1. FC Union Berlin	34	46:51	47
8. 1. FC Heidenheim (N)	34	49:44	46
9. 1. FC Nürnberg (A)	34	42:47	45
10. Fortuna Düsseldorf	34	48:52	44
11. VfL Bochum	34	53:55	42
12. SV Sandhausen *	34	32:37	39
13. FSV Frankfurt	34	41:53	39
14. SpVgg Greuther Fürth	34	34:42	37
15. FC St. Pauli	34	40:51	37
16. TSV München 1860	34	41:51	36
17. Erzgebirge Aue	34	32:47	36
18. VfR Aalen *	34	34:46	31

*) VfR Aalen wurden zwei, SV Sandhausen drei Punkte (und weitere drei 2015/16) abgezogen.

2015/16

1. SC Freiburg (A)	34	75:39	72
2. RB Leipzig	34	54:32	67
3. 1. FC Nürnberg	34	68:41	65
4. FC St. Pauli	34	45:39	53
5. VfL Bochum	34	56:40	51
6. 1. FC Union Berlin	34	56:50	49
7. Karlsruher SC	34	35:37	47
8. Eintracht Braunschweig	34	44:38	46
9. SpVgg Greuther Fürth	34	49:55	46
10. 1. FC Kaiserslautern	34	49:47	45
11. 1. FC Heidenheim	34	42:40	45
12. Arminia Bielefeld (N)	34	38:39	42
13. SV Sandhausen *	34	40:50	40
14. Fortuna Düsseldorf	34	32:47	35
15. TSV München 1860	34	32:46	34
16. MSV Duisburg (N)	34	32:54	32
17. FSV Frankfurt	34	33:59	32
18. SC Paderborn 07 (A)	34	28:55	28

*) SV Sandhausen wurden drei Punkte abgezogen.

2016/17

1. VfB Stuttgart (A)	34	63:37	69
2. Hannover 96 (A)	34	51:32	67
3. Eintracht Braunschweig	34	50:36	66
4. 1. FC Union Berlin	34	51:39	60
5. Dynamo Dresden (N)	34	53:46	50
6. 1. FC Heidenheim	34	43:39	46
7. FC St. Pauli	34	39:35	45
8. SpVgg Greuther Fürth	34	33:40	45
9. VfL Bochum	34	42:47	44
10. SV Sandhausen	34	41:36	42
11. Fortuna Düsseldorf	34	37:39	42
12. 1. FC Nürnberg	34	46:52	42
13. 1. FC Kaiserslautern	34	29:33	41
14. Erzgebirge Aue (N)	34	37:52	39
15. Arminia Bielefeld	34	50:54	37
16. TSV München 1860	34	37:47	36
17. Würzburger Kickers (N)	34	32:41	34
18. Karlsruher SC	34	27:56	25

2017/18

1. Fortuna Düsseldorf	34	57:44	63
2. 1. FC Nürnberg	34	61:39	60
3. Holstein Kiel (N)	34	71:44	56
4. Arminia Bielefeld	34	51:47	48
5. Jahn Regensburg (N)	34	53:53	48
6. VfL Bochum	34	37:40	48
7. MSV Duisburg (N)	34	52:56	48
8. 1. FC Union Berlin	34	54:46	47
9. FC Ingolstadt 04 (A)	34	47:45	45
10. SV Darmstadt 98 (A)	34	47:45	43
11. SV Sandhausen	34	35:33	43
12. FC St. Pauli	34	35:48	43
13. 1. FC Heidenheim	34	50:56	42
14. Dynamo Dresden	34	42:52	41
15. SpVgg Greuther Fürth	34	37:48	40
16. Erzgebirge Aue	34	35:49	40
17. Eintracht Braunschweig	34	37:43	39
18. 1. FC Kaiserslautern	34	42:55	35

2018/19

1. 1. FC Köln (A)	34	84:47	63
2. SC Paderborn 07 (N)	34	76:50	57
3. 1. FC Union Berlin	34	54:33	57
4. Hamburger SV (A)	34	45:42	56
5. 1. FC Heidenheim	34	55:45	55
6. Holstein Kiel	34	60:51	49
7. Arminia Bielefeld	34	52:50	49
8. Jahn Regensburg	34	55:54	49
9. FC St. Pauli	34	46:53	49
10. SV Darmstadt 98	34	45:53	46
11. VfL Bochum	34	49:50	44
12. Dynamo Dresden	34	41:48	42
13. SpVgg Greuther Fürth	34	37:56	42
14. Erzgebirge Aue	34	43:47	40
15. SV Sandhausen	34	45:52	38
16. FC Ingolstadt 04	34	43:55	35
17. 1. FC Magdeburg (N)	34	35:53	31
18. MSV Duisburg	34	39:65	28

2019/20

1. Arminia Bielefeld	34	65:30	68
2. VfB Stuttgart (A)	34	62:41	58
3. 1. FC Heidenheim	34	45:36	55
4. Hamburger SV	34	62:46	54
5. SV Darmstadt 98	34	48:43	52
6. Hannover 96 (A)	34	54:49	48
7. Erzgebirge Aue	34	46:48	47
8. VfL Bochum	34	53:51	46
9. SpVgg Greuther Fürth	34	46:45	44
10. SV Sandhausen	34	43:45	43
11. Holstein Kiel	34	53:56	43
12. Jahn Regensburg	34	50:56	43
13. VfL Osnabrück (N)	34	46:48	40
14. FC St. Pauli	34	41:50	39
15. Karlsruher SC (N)	34	45:56	37
16. 1. FC Nürnberg (A)	34	45:58	37
17. SV Wehen Wiesbaden (N)	34	45:65	34
18. Dynamo Dresden	34	32:58	32

2020/21

1. VfL Bochum	34	66:39	67
2. SpVgg Greuther Fürth	34	69:44	64
3. Holstein Kiel	34	57:35	62
4. Hamburger SV	34	71:44	58
5. Fortuna Düsseldorf (A)	34	55:46	56
6. Karlsruher SC	34	51:44	52
7. SV Darmstadt 98	34	63:55	51
8. 1. FC Heidenheim	34	49:49	51
9. SC Paderborn 07 (A)	34	53:45	47
10. FC St. Pauli	34	51:56	47
11. 1. FC Nürnberg	34	46:51	44
12. Erzgebirge Aue	34	44:53	44
13. Hannover 96	34	53:51	42
14. Jahn Regensburg	34	37:50	38
15. SV Sandhausen	34	41:60	34
16. VfL Osnabrück	34	35:58	33
17. Eintr. Braunschweig (N)	34	30:59	31
18. Würzburger Kickers (N)	34	37:69	25

Torschützenkönige der 2. Bundesliga

2. Liga Nord:

1975 Volker Graul (Arminia Bielefeld) 30 – 1976 Norbert Stolzenburg (Tennis Borussia Berlin) 27 – 1977 Franz Gerber (FC St. Pauli) 27 – 1978 Horst Hrubesch (Rot-Weiss Essen) 41 – 1979 Karl-Heinz Mödrath (Fortuna Köln) 28 – 1980 Christian Sackewitz (Arminia Bielefeld) 35 – 1981 Frank Mill (Rot-Weiss Essen) 40 – 1992 Radek Drulak (VfB Oldenburg) 21.

2. Liga Süd:

1975 Bernd Hoffmann (Karlsruher SC) 25 – 1976 Karl-Heinz Granitza (Röchling Völklingen) 29 – 1977 Lothar Emmerich (1. Würzburger FV 04) 24 – 1978 Emanuel Günther (Karlsruher SC) 27 – 1979 Eduard Kirschner (SpVgg Fürth) 33 – 1980 Emanuel Günther (Karlsruher SC) 29 – 1981 Horst Neumann (SV Darmstadt 98) 27 – 1992 Michael Preetz (1. FC Saarbrücken) 17.

2. Bundesliga:

1982 Rudi Völler (TSV München 1860) 37 – 1983 Dieter Schatzschneider (Fortuna Köln) 31 – 1984 Roland Wohlfarth (MSV Duisburg) und Emanuel Günther (Karlsruher SC) je 30 – 1985 Manfred Burgsmüller (Rot-Weiß Oberhausen) 29 – 1986 Leo Bunk (Blau-Weiß 90 Berlin) 26 – 1987 Siegfried Reich (Hannover 96) 26 – 1988 Souleyman Sane (SC Freiburg) 21 – 1989 Sven Demandt (Fortuna Düsseldorf) 35 – 1990 Maurice Banach (SG Wattenscheid 09) 22 – 1991 Michael Tönnies (MSV Duisburg) 29 – 1992 zweigleisig – 1993 Siegfried Reich (VfL Wolfsburg) 27 – 1994 Uwe Wegmann

(VfL Bochum) 22 – 1995 Jürgen Rische (VfB Leipzig) 17 – 1996 Fritz Walter (Arminia Bielefeld) 21 – 1997 Angelo Vier (Rot-Weiss Essen) 18 – 1998 Angelo Vier (FC Gütersloh) 18 – 1999 Bruno Labbadia (Arminia Bielefeld) 28 – 2000 Tomislav Maric (Stuttgarter Kickers) 21 – 2001 Olivier Djappa (SSV Reutlingen) und Artur Wichniarek (Arminia Bielefeld) je 18 – 2002 Artur Wichniarek (Arminia Bielefeld) 20 – 2003 Andrey Voronin (1. FSV Mainz 05) 20 – 2004 Marek Mintal (1. FC Nürnberg) und Francisco Copado (SpVgg Unterhaching) je 18 – 2005 Lukas Podolski (1. FC Köln) 24 – 2006 Christian Eigler (SpVgg Greuther Fürth) 18 – 2007 Giovanni Federico (Karlsruher SC) 19 – 2008 Milivoje Novakovic (1. FC Köln) 20 – 2009 Benjamin Auer (Alemannia Aachen), Cederick Makiadi (MSV Duisburg) und Marek Mintal (1. FC Nürnberg) je 16 – 2010 Michael Thurk (FC Augsburg) 23 – 2011 Nils Petersen (Energie Cottbus) 25 – 2012 Alexander Meier (Eintracht Frankfurt), Olivier Occean (SpVgg Greuther Fürth) und Nick Proschwitz (SC Paderborn 07) je 17 – 2013 Domi Kumbela (Eintracht Braunschweig) 19 – 2014 Mahir Saglik (SC Paderborn 07) und Jakub Sylvestr (Erzgebirge Aue) je 15 – 2015 Rouwen Hennings (Karlsruher SC) 17 – 2016 Simon Terodde (VfL Bochum) 25. – 2017 Simon Terodde (VfB Stuttgart) 25 – 2018 Marvin Ducksch (Holstein Kiel) 18 – 2019 Simon Terodde (1. FC Köln) 29 – 2020 Fabian Klos (Arminia Bielefeld) 21 – 2021 Serdar Dursun (SV Darmstadt 98) 27.

Der Aufstieg zur 2. Bundesliga

Nach Einführung der 2. Liga 1974 stiegen in der Regel je vier Klubs in die Gruppen Nord und Süd auf. Bis zur flächendeckenden Einführung der Amateur-Oberligen 1978/79 stiegen nur der Bayern- und Hessenmeister direkt auf. Die übrigen sechs Aufsteiger wurden in Aufstiegsrunden ermittelt.

1975

Nord, Gruppe A: Bayer Leverkusen und Union Solingen vor Arminia Hannover – **Nord, Gruppe B:** Westfalia Herne und Spandauer SV vor VfB Oldenburg.

Baden-Württemberg: SSV Reutlingen vor VfR Aalen, Offenburger FV und VfB Eppingen – **Südwest:** Eintracht Bad Kreuznach vor Eintracht Trier und ASC Dudweiler – Jahn Regensburg (Bayern) und FSV Frankfurt (Hessen) Direktaufsteiger.

1976

Nord, Gruppe A: VfL Wolfsburg und Bonner SC vor 1. FC Bocholt – **Nord, Gruppe B:** Arminia Hannover und SC Herford vor Union 06 Berlin.

Baden-Württemberg: BSV Schwenningen vor SpVgg Ludwigsburg, VfR Mannheim und FC 08 Villingen – **Südwest:** Eintracht Trier vor Wormatia Worms und Borussia Neunkirchen – 1. Würzburger FV 04 (nach Verzicht von Bayernmeister Wacker München) und KSV Baunatal (Hessen) Direktaufsteiger.

1977

Nord, Gruppe A: Rot-Weiß Lüdenscheid vor SV Siegburg 04, Union Salzgitter und Holstein Kiel – **Nord, Gruppe B:** TuS Bremerhaven 93 vor dem 1. FC Bocholt, Spandauer SV und SVA Gütersloh – Entscheidungsspiele der Gruppenzweiten: 1. FC Bocholt – SV Siegburg 04 1:0, 1:0.

Baden-Württemberg: Freiburger FC vor dem SSV Reutlingen, SSV Ulm 1846 und SV Neckargerach – **Südwest:** Wormatia Worms vor Borussia Neunkirchen und TuS Neuendorf – Würzburger Kickers (Bayern) und VfR Oli Bürstadt (Hessen) Direktaufsteiger.

1978

Nord, Qualifikation: Holstein Kiel – 1. FC Paderborn 2:2, 2:2, n. V. 1:1, Elfmeterschießen 4:2 – **Nord, Gruppe A:** Viktoria Köln und DSC Wanne-Eickel vor VfL Wolfsburg und 1. SC Göttingen 05 – **Nord, Gruppe B:** Wacker 04 Berlin und Holstein Kiel vor OSV Hannover und Olympia Bocholt.

Baden-Württemberg: SC Freiburg vor SSV Ulm 1846, SSV Reutlingen und FV 09 Weinheim – **Südwest:** Borussia Neunkirchen vor TuS Neuendorf und 1. FSV Mainz 05 – MTV Ingolstadt (Bayern) und FC Hanau 93 (Hessen) Direktaufsteiger.

1979

Direktaufsteiger: OSV Hannover (Nord), Rot-Weiß Oberhausen (Nordrhein), SC Herford (Westfalen), ESV Ingolstadt (Bayern), SSV Ulm 1846 (Baden-Württemberg), VfR Oli Bürstadt (Hessen), Röchling Völklingen (Südwest). **Qualifikation des Nord-Zweiten mit dem Berliner Meister:** Hertha Zehlendorf – OSC Bremerhaven 5:4, 0:1 (Bremerhaven Aufsteiger).

1980

Direktaufsteiger: VfB Oldenburg (Nord), 1. FC Bocholt (Nordrhein), SpVgg Erkenschwick (Westfalen), FC Augsburg (Bayern), VfB Eppingen (Baden-Württemberg), Hessen Kassel (Hessen), Borussia Neunkirchen (Südwest). **Qualifikation des Nord-Zweiten mit dem Berliner Meister:** 1. SC Göttingen 05 – Berliner FC Preußen 1:0, 1:1.

1981

Wegen Einführung der eingleisigen 2. Bundesliga gab es keinen Aufstieg aus dem Amateurbereich in den bezahlten Fußball.

1982

Die acht Oberliga-Meister (ab 1984 auch der Nord-Zweite) ermittelten in zwei Gruppen je zwei Aufsteiger in die 2. Bundesliga.
Gruppe Nord: BV Lüttringhausen und TuS Schloß Neuhaus vor Arminia Hannover und Tennis Borussia Berlin – **Gruppe Süd:** FSV Frankfurt und FC Augsburg vor SSV Ulm 1846 und FC 08 Homburg.

1983

Gruppe Nord: Rot-Weiß Oberhausen und SC Charlottenburg vor SC Eintracht Hamm und FC St. Pauli – **Gruppe Süd:** SSV Ulm 1846 und 1. FC Saarbrücken vor VfR Bürstadt und SpVgg Unterhaching.

1984

Gruppe Nord: Blau-Weiß 90 Berlin und FC St. Pauli vor 1. FC Bocholt, FC Gütersloh und SV Lurup – **Gruppe Süd:** FC 08 Homburg und VfR Bürstadt vor Freiburger FC und TSV München 1860.

1985

Gruppe Nord: VfL Osnabrück und Tennis Borussia Berlin vor Rot-Weiss Essen, SC Eintracht Hamm und Hummelsbütteler SV – **Gruppe Süd:** SpVgg Bayreuth und Viktoria Aschaffenburg vor FSV Salmrohr und SV Sandhausen.

1986

Gruppe Nord: FC St. Pauli und Rot-Weiß Essen vor SC Charlottenburg, VfB Oldenburg und ASC Schöppingen – **Gruppe Süd:** SSV Ulm 1846 und FSV Salmrohr vor Kickers Offenbach und TSV München 1860.

1987

Gruppe Nord: BVL Remscheid und SV Meppen vor Hertha BSC, SpVgg Erkenschwick und Arminia Hannover – **Gruppe Süd:** Kickers Offenbach und SpVgg Bayreuth vor Eintracht Trier und SV Sandhausen.

1988

Gruppe Nord: Hertha BSC und Eintracht Braunschweig vor MSV Duisburg, Preußen Münster und VfL Wolfsburg – **Gruppe Süd:** 1. FSV Mainz 05 und Viktoria Aschaffenburg vor SpVgg Unterhaching und FV 09 Weinheim.

1989

Gruppe Nord: MSV Duisburg und Preußen Münster vor 1. SC Göttingen 05, Reinickendorfer Füchse und TSV Havelse – **Gruppe Süd:** Hessen Kassel und SpVgg Unterhaching vor SSV Reutlingen und SV Edenkoben.

1990

Gruppe Nord: VfB Oldenburg und TSV Havelse vor Arminia Bielefeld, Wuppertaler SV und Reinickendorfer Füchse – **Gruppe Süd:** 1. FSV Mainz 05 und 1. FC Schweinfurt 05 vor SSV Reutlingen und Rot-Weiss Frankfurt.

1991

Gruppe Nord: FC Remscheid vor VfL Wolfsburg, 1. SC Göttingen 05, SC Verl und Tennis Borussia Berlin – **Gruppe Süd:** TSV München 1860 vor Hessen Kassel, 1. FC Pforzheim und Borussia Neunkirchen – Außerdem qualifizierten sich aus der Oberliga Nordost (ehem. DDR) die Klubs auf den Plätzen 3 bis 6 direkt für die 2. Bundesliga (Rot-Weiß Erfurt, Hallescher FC Chemie, Chemnitzer FC und Carl Zeiss Jena). Die

Klubs auf den Plätzen 7 bis 12 sowie die Meister der beiden Liga-Stafeln ermittelten in zwei Gruppen zwei weitere Aufsteiger. **Gruppe 1:** Stahl Brandenburg vor FC Berlin, 1. FC Union Berlin und 1. FC Magdeburg; **Gruppe 2:** 1. FC Lokomotive Leipzig vor Stahl Eisenhüttenstadt, FSV Zwickau und Sachsen Leipzig.

1992

Die zehn Oberliga-Meister spielten in drei Gruppen je einen Aufsteiger aus. **Gruppe 1:** VfL Wolfsburg vor FSV Zwickau, FC Berlin und 1. FC Union Berlin; **Gruppe 2:** Wuppertaler SV vor FSV Salmrohr und Preußen Münster, **Gruppe 3:** SpVgg Unterhaching vor SSV Reutlingen und Viktoria Aschaffenburg. Außerdem gab es eine Relegationsrunde zwischen den beiden Drittletzten der 2. Bundesliga Nord und Süd und dem Zweiten der Oberliga Nord: Fortuna Köln vor TSV München 1860 und TSV Havelse.

1993

Gruppe 1: 1. FC Union Berlin vor Tennis Borussia Berlin und Bischofswerdaer FV 08 (Da Union die Lizenz verweigert wurde, stieg TeBe auf) – **Gruppe 2:** Rot-Weiss Essen vor Preußen Münster, Eintracht Trier und VfL Herzlake – **Gruppe 3:** TSV München 1860 vor SSV Ulm 1846, Kickers Offenbach und 1. SC Norderstedt.

1994

Gruppe 1: FSV Zwickau vor BSV Brandenburg und Energie Cottbus – **Gruppe 2:** FSV Frankfurt vor SSV Ulm 1846, Eintracht Trier und Kickers Emden – **Gruppe 3:** Fortuna Düsseldorf vor Eintracht Braunschweig, TuS Paderborn-Neuhaus und FC Augsburg.

1995

Nach Wiedereinführung der Regionalliga 1994 stiegen zunächst alle vier Meister direkt auf. Da es sich aber nach offizieller DFB-Lesart um eine dreigleisige Regionalliga in vier Gruppen (West/Südwest, Süd sowie Nord und Nordost) handelte, wurden ab 1996 Qualifikationsspiele notwendig. **Direktaufsteiger:** VfB Lübeck (Nord), Carl Zeiss Jena (Nordost), Arminia Bielefeld (West/Südwest) und SpVgg Unterhaching (Süd).

1996

Direktaufsteiger: FC Gütersloh, Rot-Weiss Essen (West/Südwest), Stuttgarter Kickers (Süd). Qualifikation zwischen dem Nord- und Nordost-Meister: Tennis Borussia Berlin – VfB Oldenburg 1:1 und n. V. 1:2.

1997

Direktaufsteiger: SG Wattenscheid 09 (West/Südwest), 1. FC Nürnberg und SpVgg Greuther Fürth (Süd). Qualifikation zwischen dem Nord- und Nordost-Meister: Hannover 96 – Energie Cottbus 0:0 und 1:3.

1998

Direktaufsteiger: Rot-Weiß Oberhausen (West/Südwest), SSV Ulm 1846 (Süd). Qualifikation zwischen dem Nord- und Nordost-Meister: Tennis Borussia Berlin – Hannover 96 2:0 und n. V. 0:2, Elfmeterschießen 1:3 – Tennis Borussia Berlin setzte sich anschließend in der Deutschen Amateur-Meisterschaft gegen Sportfreunde Siegen und Kickers Offenbach durch und stieg als vierter Klub auf.

1999

Direktaufsteiger: Alemannia Aachen (West/Südwest), SV Waldhof Mannheim (Süd). Qualifikation zwischen dem Nord- und Nordost-Meister: VfL Osnabrück – Chemnitzer FC 1:0 und 0:2. Anschließend setzte sich Kickers Offenbach gegen VfL Osnabrück und Eintracht Trier durch und stieg als vierter Klub auf.

2000

Direktaufsteiger: 1. FC Saarbrücken (West/Südwest), SSV Reutlingen (Süd). Qualifikation zwischen dem Nord- und Nordost-Meister: 1. FC Union Berlin – VfL Osnabrück 1:1 und n. V. 1:1, Elfmeterschießen 7:8. Anschließend setzte sich LR Ahlen gegen 1. FC Union Berlin und SC Pfullendorf durch und stieg als vierter Klub auf.

2001 bis 2008

Nach Reduzierung der Regionalliga auf zwei Gruppen Nord und Süd stiegen die beiden Meister und Zweitplatzierten direkt auf. Amateur-/2. Mannschaften von Bundes- und Zweitligisten hatten kein Aufstiegsrecht.

2009

Nach Einführung der 3. Liga steigen der Meister und Zweitplatzierte (1. FC Union Berlin und Fortuna Düsseldorf) direkt auf. Der Dritte der 3. Liga bestreitet Relegationsspiele gegen den Drittletzten der 2. Bundesliga: SC Paderborn 07 – VfL Osnabrück 1:0 und 1:0.

2010

Direktaufsteiger: VfL Osnabrück (Meister) und Erzgebirge Aue (Zweiter).
Relegation: FC Ingolstadt 04 – Hansa Rostock 1:0 und 2:0.

2011

Direktaufsteiger: Eintracht Braunschweig (Meister) und Hansa Rostock (Zweiter).
Relegation: Dynamo Dresden – VfL Osnabrück 1:1 und n. V. 3:1.

2012

Direktaufsteiger: SV Sandhausen (Meister) und VfR Aalen (Zweiter).
Relegation: Jahn Regensburg – Karlsruher SC 1:1 und 2:2.

2013

Direktaufsteiger: Karlsruher SC (Meister) und Arminia Bielefeld (Zweiter).
Relegation: VfL Osnabrück – Dynamo Dresden 1:0 und 0:2.

2014

Direktaufsteiger: 1. FC Heidenheim (Meister) und RB Leipzig (Zweiter).
Relegation: SV Darmstadt 98 – Arminia Bielefeld 1:3 und n. V. 4:2.

2015

Direktaufsteiger: Arminia Bielefeld (Meister) und MSV Duisburg (Zweiter).
Relegation: Holstein Kiel – TSV München 1860 0:0 und 1:2.

2016

Direktaufsteiger: Dynamo Dresden (Meister) und Erzgebirge Aue (Zweiter).
Relegation: Würzburger Kickers – MSV Duisburg 2:0 und 2:1.

2017

Direktaufsteiger: MSV Duisburg (Meister) und Holstein Kiel (Zweiter).
Relegation: Jahn Regensburg – TSV München 1860 1:1 und 2:0.

2018

Direktaufsteiger: 1. FC Magdeburg (Meister) und SC Paderborn 07 (Zweiter).
Relegation: Karlsruher SC – Erzgebirge Aue 0:0 und 1:3.

2019

Direktaufsteiger: VfL Osnabrück (Meister) und Karlsruher SC (Zweiter).
Relegation: SV Wehen Wiesbaden – FC Ingolstadt 04 1:2 und 3:2.

2020

Direktaufsteiger: Würzburger Kickers (Zweiter) und Eintracht Braunschweig (Dritter). Meister Bayern München II war nicht aufstiegsberechtigt.
Relegation: 1. FC Nürnberg – FC Ingolstadt 04 2:0 und 1:3.

2021

Direktaufsteiger: Dynamo Dresden (Meister) und Hansa Rostock (Zweiter).
Relegation: FC Ingolstadt 04 – VfL Osnabrück 3:0 und 1:3.

Die 3. Liga

2008/09

1. 1. FC Union Berlin	38	59:23	78
2. Fortuna Düsseldorf	38	54:33	69
3. SC Paderborn 07 (A)	38	68:38	68
4. SpVgg Unterhaching	38	57:46	67
5. Bayern München II	38	54:38	59
6. Kickers Emden	38	45:44	59
7. Kickers Offenbach (A)	38	40:35	52
8. SV Sandhausen	38	58:52	50
9. Dynamo Dresden	38	46:46	50
10. Rot-Weiß Erfurt	38	46:48	50
11. VfB Stuttgart II	38	61:50	49
12. Erzgebirge Aue (A)	38	43:43	48
13. Eintracht Braunschweig	38	46:51	45
14. Wuppertaler SV Borussia	38	36:45	45
15. Jahn Regensburg	38	37:51	45
16. Carl Zeiss Jena (A)	38	41:59	41
17. Werder Bremen II	38	49:58	40
18. Wacker Burghausen	38	40:65	40
19. VfR Aalen	38	38:60	39
20. Stuttgarter Kickers *	38	38:71	29

*) Den Stuttgarter Kickers wurden drei Punkte abgezogen. Kickers Emden zog sich aus finaziellen Gründen in die Oberliga Niedersachsen West zurück.

2009/10

1. VfL Osnabrück (A)	38	55:37	69
2. Erzgebirge Aue	38	57:41	68
3. FC Ingolstadt 04 (A)	38	72:46	64
4. Eintracht Braunschweig	38	55:37	62
5. Carl Zeiss Jena	38	54:44	60
6. 1. FC Heidenheim (N)	38	66:56	59
7. Kickers Offenbach	38	55:35	57
8. Bayern München II	38	55:65	54
9. Rot-Weiß Erfurt	38	41:41	53
10. VfB Stuttgart II	38	53:50	52
11. SpVgg Unterhaching	38	52:52	50
12. Dynamo Dresden	38	39:46	50
13. Werder Bremen II	38	49:54	47
14. SV Sandhausen	38	54:63	47
15. SV Wehen Wiesbaden (A)	38	52:64	47
16. Jahn Regensburg	38	43:48	46
17. Wacker Burghausen	38	45:64	46
18. Borussia Dortmund II (N)	38	43:58	39
19. Holstein Kiel (N)	38	43:61	38
20. Wuppertaler SV Borussia	38	40:61	38

2010/11

1. Eintracht Braunschweig	38	81:22	85
2. Hansa Rostock (A)	38	70:36	78
3. Dynamo Dresden	38	55:37	65
4. SV Wehen Wiesbaden	38	55:39	64
5. Rot-Weiß Erfurt	38	63:45	61
6. 1. FC Saarbrücken (N)	38	61:51	59
7. Kickers Offenbach	38	52:45	57
8. Jahn Regensburg	38	35:41	52
9. 1. FC Heidenheim	38	59:58	51
10. VfB Stuttgart II	38	48:48	51
11. TuS Koblenz (A)	38	38:46	49
12. SV Sandhausen	38	43:46	46
13. SV Babelsberg 03 (N)	38	39:47	46
14. SpVgg Unterhaching	38	39:55	45
15. Carl Zeiss Jena	38	43:62	44
16. VfR Aalen (N)	38	40:52	41
17. Wacker Burghausen	38	46:66	37
18. Werder Bremen II	38	33:56	36
19. Bayern München II	38	30:54	30
20. Rot Weiss Ahlen (A)*	38	45:69	39

TuS Koblenz stellte für 2011/12 keinen Lizenzantrag für die 3. Liga. Rot Weiss Ahlen wurden drei Punkte abgezogen. Außerdem wurde der Klub nach Saisonende wegen Eröffnung des Insolvenzverfahren auf den letzten Platz zurückgestuft.

2011/12

1. SV Sandhausen	38	57:42	66
2. VfR Aalen	38	50:42	64
3. Jahn Regensburg	38	55:41	61
4. 1. FC Heidenheim	38	48:36	60
5. Rot-Weiß Erfurt	38	54:41	59
6. Wacker Burghausen	38	55:47	57
7. VfL Osnabrück (A)	38	46:35	55
8. Kickers Offenbach	38	49:41	55
9. Chemnitzer FC (N)	38	47:43	55
10. 1. FC Saarbrücken	38	61:51	54
11. VfB Stuttgart II	38	44:47	50
12. Preußen Münster (N)	38	40:44	50
13. Arminia Bielefeld (A)	38	51:57	50
14. SV Darmstadt 98 (N)	38	51:47	49
15. SpVgg Unterhaching	38	63:59	44
16. SV Wehen Wiesbaden	38	40:48	44
17. SV Babelsberg 03	38	44:59	44
18. Carl Zeiss Jena	38	39:59	39
19. RW Oberhausen (A)	38	33:47	38
20. Werder Bremen II	38	29:70	22

2012/13

1. Karlsruher SC (A)	38	69:27	79
2. Arminia Bielefeld	38	59:32	76
3. VfL Osnabrück	38	64:35	73
4. Preußen Münster	38	63:33	72
5. 1. FC Heidenheim	38	69:47	72
6. Chemnitzer FC	38	56:47	55
7. SV Wehen Wiesbaden	38	51:51	51
8. Wacker Burghausen	38	45:45	51
9. SpVgg Unterhaching	38	48:55	51
10. Hallescher FC (N)	38	37:50	46
11. 1. FC Saarbrücken	38	52:62	45
12. Hansa Rostock (A)	38	39:52	44
13. Rot-Weiß Erfurt	38	44:58	44
14. VfB Stuttgart II	38	35:42	43
15. Kickers Offenbach *	38	41:44	42
16. Borussia Dortmund II (N)	38	39:58	41
17. Stuttgarter Kickers (N)	38	39:48	40
18. SV Darmstadt 98	38	32:46	38
19. SV Babelsberg 03	38	32:54	37
20. Alemannia Aachen (A) *	38	40:68	26

*) Kickers Offenbach wurden zwei Punkte abgezogen und die Lizenz für 2013/14 verweigert. Alemannia Aachen wurden insgesamt fünf Punkte abgezogen.

2013/14

1. 1. FC Heidenheim	38	59:25	79
2. RB Leipzig (N)	38	65:34	79
3. SV Darmstadt 98	38	58:29	72
4. SV Wehen Wiesbaden	38	43:44	56
5. VfL Osnabrück	38	50:39	55
6. Preußen Münster	38	55:50	53
7. MSV Duisburg (A)	38	43:43	52
8. Stuttgarter Kickers	38	45:46	51
9. Hallescher FC	38	50:55	51
10. Rot-Weiß Erfurt	38	53:49	50
11. Jahn Regensburg (A)	38	51:51	49
12. Chemnitzer FC	38	43:46	49
13. Hansa Rostock	38	45:55	49
14. Borussia Dortmund II	38	47:55	46
15. VfB Stuttgart II	38	45:54	46
16. Holstein Kiel (N)	38	42:38	45
17. SpVgg Unterhaching	38	50:65	43
18. SV Elversberg (N)	38	32:54	40
19. Wacker Burghausen	38	39:58	37
20. 1. FC Saarbrücken	38	38:63	32

2014/15

1. Arminia Bielefeld (A)	38	75:41	74
2. MSV Duisburg	38	63:40	71
3. Holstein Kiel	38	53:30	67
4. Stuttgarter Kickers	38	61:47	65
5. Chemnitzer FC	38	44:36	59
6. Dynamo Dresden (A)	38	52:48	56
7. Energie Cottbus (A)	38	50:50	56
8. Preußen Münster	38	53:49	54
9. SV Wehen Wiesbaden	38	54:44	53
10. Hallescher FC	38	51:53	53
11. VfL Osnabrück	38	49:51	52
12. Rot-Weiß Erfurt	38	47:54	51
13. VfB Stuttgart II	38	48:57	47
14. Fortuna Köln (N)	38	38:47	46
15. SGS Großaspach (N)	38	39:60	46
16. 1. FSV Mainz 05 II (N)	38	43:52	42
17. Hansa Rostock	38	54:68	41
18. Borussia Dortmund II	38	41:51	39
19. SpVgg Unterhaching *	38	51:67	39
20. Jahn Regensburg	38	44:65	31

*) SpVgg Unterhaching wurden zwei Punkte abgezogen.

2015/16

1. Dynamo Dresden	38	75:35	78
2. Erzgebirge Aue (A)	38	42:21	70
3. Würzburger Kickers (N)	38	43:25	64
4. 1. FC Magdeburg (N)	38	49:37	56
5. VfL Osnabrück	38	46:41	56
6. Chemnitzer FC	38	52:46	55
7. SGS Großaspach	38	58:47	54
8. Rot-Weiß Erfurt	38	47:50	50
9. Preußen Münster	38	43:41	49
10. Hansa Rostock	38	42:48	49
11. Fortuna Köln	38	56:69	49
12. 1. FSV Mainz 05 II	38	48:47	48
13. Hallescher FC	38	48:48	48
14. Holstein Kiel	38	44:47	48
15. VfR Aalen (A)	38	35:40	44
16. SV Wehen Wiesbaden	38	35:48	43
17. Werder Bremen II (N)	38	42:56	43
18. Stuttgarter Kickers	38	38:52	43
19. Energie Cottbus	38	32:52	41
20. VfB Stuttgart II	38	38:63	31

2016/17

1. MSV Duisburg (A)	38	52:32	68
2. Holstein Kiel	38	59:25	67
3. Jahn Regensburg (N)	38	62:50	63
4. 1. FC Magdeburg	38	53:36	61
5. FSV Zwickau (N)	38	47:54	56
6. VfL Osnabrück	38	46:43	54
7. SV Wehen Wiesbaden	38	45:42	53
8. Chemnitzer FC	38	54:51	52
9. Preußen Münster	38	49:43	51
10. SGS Großaspach	38	48:48	51
11. VfR Aalen *	38	52:36	48
12. Sportfreunde Lotte (N)	38	46:47	48
13. Hallescher FC	38	34:39	48
14. Rot-Weiß Erfurt	38	34:47	47
15. Hansa Rostock	38	44:46	46
16. Fortuna Köln	38	37:59	46
17. Werder Bremen II	38	32:48	45
18. SC Paderborn 07 (A)	38	38:57	44
19. 1. FSV Mainz 05 II	38	41:58	40
20. FSV Frankfurt (A) *	38	38:50	25

*) Dem VfR Aalen und FSV Frankfurt wurden wegen eines Insolvenzantrags je neun Punkte abgezogen. – Zweitliga-Absteiger TSV München 1860 erhielt keine Drittliga-Lizenz.

2017/18

1. 1. FC Magdeburg	38	70:32	85
2. SC Paderborn 07	38	90:33	83
3. Karlsruher SC (A)	38	49:29	69
4. SV Wehen Wiesbaden	38	76:39	68
5. Würzburger Kickers (A)	38	53:46	61
6. Hansa Rostock	38	48:34	60
7. SV Meppen (N)	38	50:47	58
8. Fortuna Köln	38	53:48	54
9. SpVgg Unterhaching (N)	38	54:55	54
10. Preußen Münster	38	50:49	52
11. Carl Zeiss Jena (N)	38	49:59	52
12. VfR Aalen	38	48:57	50
13. Hallescher FC	38	52:54	49
14. SGS Großaspach	38	55:60	47
15. FSV Zwickau	38	38:55	41
16. Sportfreunde Lotte	38	43:60	40
17. VfL Osnabrück	38	47:67	37
18. Werder Bremen II	38	39:62	31
19. Chemnitzer FC *	38	48:74	22
20. Rot-Weiß Erfurt *	38	26:78	13

*) Dem Chemnitzer FC und Rot-Weiß Erfurt wurden wegen eines Insolvenzantrags je neun Punkte abgezogen, Erfurt zusätzlich ein Punkt wegen eines Verstoßes gegen die Zulassungsauflagen.

2018/19

1. VfL Osnabrück	38	56:31	76
2. Karlsruher SC	38	64:38	71
3. SV Wehen Wiesbaden	38	71:47	70
4. Hallescher FC	38	47:34	66
5. Würzburger Kickers	38	56:45	57
6. Hansa Rostock	38	47:46	55
7. FSV Zwickau	38	49:47	52
8. Preußen Münster	38	48:50	52
9. 1. FC Kaiserslautern (A)	38	49:51	51
10. SpVgg Unterhaching	38	53:46	48
11. KFC Uerdingen 05 (N)	38	47:62	48
12. TSV München 1860 (N)	38	48:52	47
13. SV Meppen	38	48:53	47
14. Carl Zeiss Jena	38	48:57	46
15. SGS Großaspach	38	38:39	45
16. Eintr. Braunschweig (A)	38	48:54	45
17. Energie Cottbus (N)	38	51:58	45
18. Sportfreunde Lotte	38	31:46	40
19. Fortuna Köln	38	38:64	39
20. VfR Aalen	38	45:62	31

2019/20

1. Bayern München II (N)	38	76:60	65
2. Würzburger Kickers	38	71:60	64
3. Eintracht Braunschweig	38	64:53	64
4. FC Ingolstadt 04 (A)	38	61:40	63
5. MSV Duisburg (A)	38	68:48	62
6. Hansa Rostock	38	54:43	59
7. SV Meppen	38	69:57	58
8. TSV München 1860	38	63:54	58
9. Waldhof Mannheim (N)	38	52:47	56
10. 1. FC Kaiserslautern	38	59:54	55
11. SpVgg Unterhaching	38	50:53	51
12. FC Viktoria Köln (N)	38	65:71	51
13. KFC Uerdingen 05	38	40:54	48
14. 1. FC Magdeburg (A)	38	49:42	47
15. Hallescher FC	38	64:66	46
16. FSV Zwickau	38	56:61	44
17. Chemnitzer FC (N)	38	54:60	44
18. Preußen Münster	38	49:62	40
19. SGS Großaspach	38	33:67	32
20. Carl Zeiss Jena	38	40:85	23

2020/21

1. Dynamo Dresden (A)	38	61:29	75
2. Hansa Rostock	38	52:33	71
3. FC Ingolstadt 04	38	56:40	71
4. TSV München 1860	38	69:35	66
5. 1. FC Saarbrücken (N)	38	66:51	59
6. SV W. Wiesbaden (A)	38	57:53	56
7. SC Verl (N)	38	66:55	55
8. Waldhof Mannheim	38	50:55	52
9. Hallescher FC	38	51:58	52
10. FSV Zwickau	38	46:45	51
11. 1. FC Magdeburg	38	42:45	51
12. FC Viktoria Köln	38	52:59	51
13. Türkgücü München (N)	38	45:55	47
14. 1. FC Kaiserslautern	38	47:52	43
15. MSV Duisburg	38	52:67	43
16. SV Meppen	38	37:61	41
17. Bayern München II (M)	38	47:58	37
18. VfB Lübeck (N)	38	41:57	35
19. SpVgg Unterhaching	38	40:57	32
20. KFC Uerdingen 05 *	38	38:50	41

*) Dem KFC Uerdingen 05 wurden wegen eines Antrags auf Eröffnung eines Insolvenzverfahrens drei Punkte abgezogen. Da der Klub außerdem die geforderten Bedingungen für die Lizenzerteilung nicht erfüllte, wurde er auf den letzten Platz gesetzt.

Meister der 3. Liga waren:

Je 2-Mal: Dynamo Dresden, VfL Osnabrück – **je 1-Mal**: 1. FC Union Berlin, Arminia Bielefeld, Eintracht Braunschweig, MSV Duisburg, 1. FC Heidenheim, Karlsruher SC, 1. FC Magdeburg, Bayern München II, SV Sandhausen.

Torschützenkönige der 3. Liga

2009 Anton Fink (SpVgg Unterhaching) 21 – 2010 Regis Dorn (SV Sandhausen) 22 – 2011 Domi Kumbela (Eintracht Braunschweig) und Patrick Mayer (1. FC Heidenheim) je 19 – 2012 Marcel Reichwein (Rot-Weiß Erfurt) 17 – 2013 Fabian Klos (Arminia Bielefeld) und Anton Fink (Chemnitzer FC) je 20 – 2014 Dominik Stroh-Engel (SV Darmstadt 98) 27 – 2015 Fabian Klos (Arminia Bielefeld) 23 – 2016 Justin Eilers (Dynamo Dresden) 23 – 2017 Christian Beck (1. FC Magdeburg) 17 – 2018 Manuel Schäffler (SV Wehen Wiesbaden) 22 – 2019 Marvin Pourié (Karlsruher SC) 22 – 2020 Kwasi Okyere Wriedt (Bayern München II) 24 – 2021 Sascha Mölders (TSV München 1860) 22.

Der Aufstieg in die 3. Liga

Bis 2012 stiegen die Meister der Regionalligen Nord, West und Süd direkt auf. 2013 gab es erstmals Aufstiegsspiele der Meister der fünf Regionalligen und dem Zweiten der Regionalliga Südwest. Ab 2019 steigen drei Regionalligameister direkt auf, die beiden anderen bestreiten Aufstiegsspiele

2013

RB Leipzig – Sportfreunde Lotte 2:0, n. V. 2:2; Holstein Kiel – Hessen Kassel 2:0, 2:1; SV Elversberg – TSV München 1860 II 3:2, 1:1.

2014

TSG Neustrelitz – 1. FSV Mainz 05 II 0:2, 1:3; SG Sonnenhof Großaspach – VfL Wolfsburg II 0:0, 1:0; Fortuna Köln – Bayern München II 1:0, 1:2.

2015

1. FC Saarbrücken – Würzburger Kickers 0:1, n. V. 1:0, Elfmeterschießen 5:6; 1. FC Magdeburg – Kickers Offenbach 1:0, 3:1; Werder Bremen II – Borussia Mönchengladbach II 0:0, n. V. 2:0.

2016

VfL Wolfsburg II – Jahn Regensburg 1:0, 0:2; SV Elversberg – FSV Zwickau 1:1, 0:1; Sportfreunde Lotte – SV Waldhof Mannheim 0:0, 2:0.

2017

FC Viktoria Köln – Carl Zeiss Jena 2:3, 1:0; SpVgg Unterhaching – SV Elversberg 3:0, 2:2; SV Waldhof Mannheim – SV Meppen 0:0, n. V. 0:0, Elfmeterschießen 3:4.

2018

1. FC Saarbrücken – TSV München 1860 2:3, 2:2; SC Weiche Flensburg 08 – Energie Cottbus 2:3, 0:0; KFC Uerdingen 05 – SV Waldhof Mannheim 1:0, 2:1 abgebrochen (Wertung 2:0).

2019

Direktaufsteiger: Chemnitzer FC, FC Viktoria Köln, SV Waldhof Mannheim.
Aufstiegsspiele: VfL Wolfsburg II – Bayern München II 3:1, 1:4.

2020

Direktaufsteiger: VfB Lübeck, 1. FC Saarbrücken, Türkgücü München.
Aufstiegsspiele: 1. FC Lokomotive Leipzig – SC Verl 2:2, 1:1.

2021

Direktaufsteiger: FC Viktoria 1889 Berlin, Borussia Dortmund II, SC Freiburg II.
Aufstiegsspiele: 1. FC Schweinfurt 05 – TSV Havelse 0:1, 0:1.

Die Regionalliga

(Nach Einführung der Bundesliga 1963 bis 1973/74 die zweithöchste deutsche Spielklasse; 1994 Wiedereinführung als dritthöchste Spielklasse, ab 2000/01 nur noch in zwei Gruppen Nord und Süd; nach Einführung der 3. Liga 2008 vierthöchste Spielklasse in drei Gruppen Nord, West und Süd, seit 2012 in fünf Gruppen Nord, Nordost, West, Südwest und Bayern.)

Die Meister der Regionalligen

Nord:

1964 FC St. Pauli – 1965 Holstein Kiel – 1966 FC St. Pauli – 1967, 1968 Arminia Hannover – 1969, 1970, 1971 VfL Osnabrück – 1972, 1973 FC St. Pauli – 1974 Eintracht Braunschweig – 1995 VfB Lübeck – 1996 VfB Oldenburg – 1997, 1998 Hannover 96 – 1999, 2000 VfL Osnabrück – 2001 1. FC Union Berlin – 2002 VfB Lübeck – 2003 Erzgebirge Aue – 2004 Rot-Weiss Essen – 2005 Eintracht Braunschweig – 2006 Rot-Weiss Essen – 2007 FC St. Pauli – 2008 Rot Weiss Ahlen – 2009 Holstein Kiel – 2010 SV Babelsberg 03 – 2011 Chemnitzer FC – 2012 Hallescher FC – 2013 Holstein Kiel – 2014 VfL Wolfsburg II – 2015 Werder Bremen II – 2016 VfL Wolfsburg II – 2017 SV Meppen – 2018 SC Weiche Flensburg 08 – 2019 VfL Wolfsburg II – 2020 VfB Lübeck (nach Quotientenregelung) – 2021 Nord: SC Weiche Flensburg 08, Süd: Werder Bremen II (beide Quotientenbeste bei Saisonabbruch).

West:

1964 Alemannia Aachen – 1965 Borussia Mönchengladbach – 1966 Fortuna Düsseldorf – 1967 Alemannia Aachen – 1968 Bayer Leverkusen – 1969 Rot-Weiß Oberhausen – 1970, 1971 VfL Bochum – 1972 Wuppertaler SV – 1973 Rot-Weiss Essen – 1974 SG Wattenscheid 09 – 2009 Borussia Dortmund II – 2010 1. FC Saarbrücken – 2011 Rot-Weiss Essen – 2012 Borussia Dortmund II – 2013 Sportfreunde Lotte – 2014 Fortuna Köln – 2015 Borussia Mönchengladbach II – 2016 Sportfreunde Lotte – 2017 FC Viktoria Köln – 2018 KFC Uerdingen 05 – 2019 FC Viktoria Köln – 2020 SV Rödinghausen (nach Quotientenregelung) – 2021 Borussia Dortmund II.

Süd:

1964 Hessen Kassel – 1965 Bayern München – 1966 1. FC Schweinfurt 05 – 1967 Kickers Offenbach – 1968 Bayern Hof – 1969 Karlsruher SC – 1970 Kickers Offenbach – 1971 1. FC Nürnberg – 1972 Kickers Offenbach – 1973 SV Darmstadt 98 – 1974 FC Augsburg – 1995 SpVgg Unterhaching – 1996 Stuttgarter Kickers – 1997 1. FC Nürnberg – 1998 SSV Ulm 1846 – 1999 SV Waldhof Mannheim – 2000 SSV Reutlingen – 2001 Karlsruher SC – 2002 Wacker Burghausen – 2003 SpVgg Unterhaching – 2004 Bayern München Am. – 2005 Kickers Offenbach – 2006 FC Augsburg – 2007 SV Wehen – 2008 FSV Frankfurt – 2009 1. FC Heidenheim – 2010 VfR Aalen – 2011 SV Darmstadt 98 – 2012 Stuttgarter Kickers – ab 2012/13 siehe Regionalliga Südwest und Bayern.

Südwest:

1964 Borussia Neunkirchen – 1965 1. FC Saarbrücken – 1966 FK Pirmasens – 1967 Borussia Neunkirchen – 1968, 1969, 1970 SV Alsenborn – 1971, 1972 Borussia Neunkirchen – 1973 1. FSV Mainz 05 – 1974 Borussia Neunkirchen – 2013 Hessen Kassel – 2014 SG Sonnenhof Großaspach – 2015 Kickers Offenbach – 2016 SV Waldhof Mannheim – 2017 SV Elversberg – 2018 1. FC Saarbrücken – 2019 SV Waldhof Mannheim – 2020 1. FC Saarbrücken (nach Quotientenregelung) – 2021 SC Freiburg II.

West/Südwest:

1995 Arminia Bielefeld – 1996 FC Gütersloh – 1997 SG Wattenscheid 09 – 1998 Rot-Weiß Oberhausen – 1999 Alemannia Aachen – 2000 1. FC Saarbrücken.

Bayern:

2013 TSV München 1860 II – 2014 Bayern München II – 2015 Würzburger Kickers – 2016 Jahn Regensburg – 2017 SpVgg Unterhaching – 2018 TSV München 1860 – 2019 Bayern München II – – 2020 kein Meister (Die Saison sollte bis 2021 fortgesetzt werden; Türkgücü München wurde als Aufsteiger in die 3. Liga gemeldet.) – 2021 1. FC Schweinfurt 05 (Sieger einer Play-off-Runde nach Saisonabbruch).

Berlin:

1964 SC Tasmania 1900 – 1965 Tennis Borussia – 1966, 1967, 1968 Hertha BSC – 1969, 1970 Hertha Zehlendorf – 1971 SC Tasmania 1900 – 1972 SC Wacker 04 – 1973 SV Blau-Weiß 90 – 1974 Tennis Borussia.

Nordost:

1995 Carl Zeiss Jena – 1996 Tennis Borussia Berlin – 1997 Energie Cottbus – 1998 Tennis Borussia Berlin – 1999 Chemnitzer FC – 2000 1. FC Union Berlin – 2013 RB Leipzig – 2014 TSG Neustrelitz – 2015

1. FC Magdeburg – 2016 FSV Zwickau – 2017 Carl Zeiss Jena – 2018 Energie Cottbus – 2019 Chemnitzer FC – – 2020 1. FC Lokomotive Leipzig (nach Quotientenregelung) – 2021 FC Viktoria 1889 Berlin (nach Quotientenregelung bei Saisonabbruch).

Torschützenkönige der Regionalligen

Nord:

1964 Haecks (FC St. Pauli) 36 – 1965 Saborowski (Holstein Kiel) 34 – 1966 Haecks (FC St. Pauli) 26 – 1967 Pröpper (VfL Osnabrück) 25 – 1968 Kemmer (VfL Wolfsburg) 19 – 1969 Kaniber (VfL Osnabrück) 30 – 1970 Kemmer (VfL Wolfsburg) 25 – 1971 Schulz (Holstein Kiel) 21 – 1972 Hußner (FC St. Pauli) 23 – 1973 Segler (VfL Osnabrück) 24 – 1974 Gersdorff (Eintracht Braunschweig) 35 – 1995 C. Claaßen (SV Wilhelmshaven) 26 – 1996 Cengiz (Atlas Delmenhorst) 21 – 1997 Cengiz (VfL Herzlake) 28 – 1998 Erdmann (Arminia Hannover) 34 – 1999 Bärwolf (VfB Lübeck) 26 – 2000 Bärwolf (VfB Lübeck) und Bester (Lüneburger SK) je 25 – 2001 Teixeira (KFC Uerdingen 05/1. FC Union Berlin) 32 – 2002 Teixeira (Eintracht Braunschweig) und Gerov (SC Paderborn 07) je 19 – 2003 Guscinas (Holstein Kiel) 23 – 2004 Feldhoff (KFC Uerdingen 05) 22 – 2005 Kuru (Eintracht Braunschweig) 24 – 2006 Reichenberger (VfL Osnabrück) 17 – 2007 Cannizzaro (Hamburger SV II) und Reichenberger (VfL Osnabrück) je 17 – 2008 Saglik (Wuppertaler SV Borussia) 27 – 2009 Pollok (SV Wilhelmshaven) 22 – 2010 Frahn (SV Babelsberg 03) 29 – 2011 Förster (Chemnitzer FC) 25 – 2012 Frahn (RB Leipzig) 26 – 2013 Krohne (BV Cloppenburg) 24 – 2014 Menga (VfB Oldenburg) 23 – 2015 Arslan (Hamburger SV II) 19 – 2016 Medjedovic (VfL Wolfsburg II) und Wriedt (Lüneburger SK Hansa) je 23 – 2017 Girth (SV Meppen) 20 – 2018 Knöll (Hamburger SV II) 21 – 2019 Hanslik (VfL Wolfsburg II) 19 – 2020 Arslan (VfB Lübeck) 16 (bei Saisonabbruch) – 2021 Dinkci (Werder Bremen II) 7 (bei Saisonabbruch).

West:

1964 Martinelli (Alemannia Aachen) 33 – 1965 Meyer (Fortuna Düsseldorf) und Rupp (Borussia Mönchengladbach) je 25 – 1966 Glenski (Alemannia Aachen) 26 – 1967 Kuster (Arminia Bielefeld) 23 – 1968 Kuster (Arminia Bielefeld) 28 – 1969 Kuster (Arminia Bielefeld) und Lippens (Rot-Weiss Essen) je 23 – 1970 Walitza (VfL Bochum) 31 – 1971 Walitza (VfL Bochum) 28 – 1972 Pröpper (Wuppertaler SV) 52 – 1973 Burgsmüller (Bayer Uerdingen) 29 – 1974 Burgsmüller (Bayer Uerdingen) 29 – 2009 Mölders (Rot-Weiss Essen) 28 – 2010 Aydogmus (Bonner SC) und Knappmann (SC Verl) je 16 – 2011 Mainka (SC Wiedenbrück 2000) 18 – 2012 Knappmann (Wuppertaler SV Borussia) 30 – 2013 Michel (Sportfreunde Siegen/Borussia Mönchengladbach II) 20 – 2014 Bouhaddouz (Bayer Leverkusen II) 24 – 2015 Weißenfels (Sportfreunde Lotte) 20 – 2016 Ritter (Borussia Mönchengladbach II) 23 – 2017 Wunderlich (FC Viktoria Köln) 29 – 2018 Bülter (SV Rödinghausen) und Kramer (Wuppertaler SV) je 20 – 2019 Engelmann (SV Rödinghausen) 19 – 2020 Engelmann (SV Rödinghausen) 26 (bei Saisonabbruch) – 2021 Engelmann (Rot-Weiss Essen) 29.

Süd:

1964 Jendrosch (Hessen Kassel) 34 – 1965 Ohlhauser (Bayern München) 42 – 1966 Mikulasch (ESV Ingolstadt) 29 – 1967 Windhausen (SpVgg Fürth) 32 – 1968 Breuer (Bayern Hof) und Schäffner (VfR Mannheim) je 27 – 1969 Klier (FC 08 Villingen) 23 – 1970 Klier (FC 08 Villingen) 22 – 1971 Bründl (Stuttgarter Kickers) 21 – 1972 Kostedde (Kickers Offenbach) 27 – 1973 Keller (TSV München 1860) 26 – 1974 Obermeier (FC Augsburg) 25 – 1995 Akpoborie (Stuttgarter Kickers) 37 – 1996 Trkulja (SSV Ulm 1846) 25 – 1997 Türr (SpVgg Greuther Fürth) 25 – 1998 Eckstein (FC Augsburg) 21 – 1999 M. Maric (SSV Reutlingen) 23 – 2000 Djappa (SSV Reutlingen) 36 – 2001 Barlecaj (SC Pfullendorf) 18 – 2002 Ben Neticha (SV Wehen) 18 – 2003 Copado (SpVgg Unterhaching) 24 – 2004 Guerrero und Misimovic (beide Bayern München Am.) je 21 – 2005 Helmes (Spfr. Siegen) 21 – 2006 Okpala (FC Augsburg) und Nicu (SV Wehen) je 16 – 2007 Jäger (1. FC Saarbrücken) und Mesic (Stuttgarter Kickers/TSG Hoffenheim) je 17 – 2008 Bauer (Hessen Kassel) 19 – 2009 Bauer (Hessen Kassel) 32 – 2010 Krasniqi (SG Sonnenhof Großaspach) und Tunjic (Stuttgarter Kickers) je 19 – 2011 Herdling (TSG 1899 Hoffenheim II) 19 – 2012 Lappe (FC Ingolstadt 04 II) 18.

Südwest:

1964 Löhr (Spfr. Saarbrücken) 33 – 1965 Poklitar (1. FC Saarbrücken) 27 – 1966 Poklitar (1. FC Saarbrücken) 30 – 1967 Brecht (SpVgg Weisenau) 26 – 1968 Schieck (SV Alsenborn) 30 – 1969 Weinkauf (FK Pirmasens) 26 – 1970 Weinkauf (FK Pirmasens) 22 – 1971 Lenz (SV Alsenborn) 25 – 1972 Lenz 28 (SV Alsenborn) – 1973 Dier (Wormatia Worms), Ludwig (SV Alsenborn) und Klier (1. FSV Mainz 05) je 19 – 1974 Klier (1. FSV Mainz 05) 28 – 2013 Assauer (TuS Koblenz) 20 – 2014 Sliskovic (1. FSV Mainz 05 II) 23 – 2015 Gabriele (SC Freiburg II) 21 – 2016 Tunjic (SV Elversberg) 21 – 2017 Alawie (Eintracht Trier) und P. Schmidt (1. FC Saarbrücken) je 22 – 2018 Lappe (1. FSV Mainz 05 II) 22 – 2019 Koffi (SV Elversberg) 19 – – 2020 Becker (FC-Astoria Walldorf) 20 (bei Saisonabbruch) – 2021 Marquet (TSV Steinbach Haiger) 26.

West/Südwest:
1995 Beyel (SCB Preussen Köln) 21 – 1996 van der Ven (FC Gütersloh) 21 – 1997 Deffke (LR Ahlen) und Feinbier (Alemannia Aachen) je 24 – 1998 Zibert (1. FC Saarbrücken) 20 – 1999 Graf (1. FC Kaiserslautern Am.) 19 – 2000 Ebbers (SG Wattenscheid 09) 23.

Bayern:
2013 Neumeyer (SV Heimstetten) 24 – 2014 Görtler (FC Eintracht Bamberg 2010) 21 – 2015 Stolz (SpVgg Bayreuth) 23 – 2016 Ziereis (Jahn Regensburg) 19 – 2017 Hain (SpVgg Unterhaching) 32 – 2018 Jabiri (1. FC Schweinfurt 05) 28 – 2019 Wriedt (Bayern München II) 24 – 2020 Die Saison wurde unterbrochen und sollte bis 2021 fortgesetzt werden. – 2021 Eberle (VfB Eichstätt) und Riglewski (SV Heimstetten) je 16 (bei Saisonabbruch).

Berlin:
1964 Fischer (Tasmania 1900) 24 – 1965 Fischer (Tasmania 1900) 25 – 1966 Tylinski (Tennis Borussia) 36 – 1967 Krampitz (Hertha BSC) 25 – 1968 Lunenburg (Tennis Borussia) 30 – 1969 Rendant (1. FC Neukölln) 25 – 1970 Faeder (Hertha Zehlendorf) 26 – 1971 Kipp (SC Wacker 04) 38 – 1972 John (Blau-Weiß 90) 39 – 1973 Stolzenburg (Hertha Zehlendorf) 33 – 1974 Stolzenburg (Tennis Borussia) 33.

Nordost:
1995 Adler (Tennis Borussia Berlin) und Markov (1. FC Union Berlin) je 20 – 1996 Irrgang (Energie Cottbus) 24 – 1997 Weißhaupt (Rot-Weiß Erfurt) 22 – 1998 Wiedemann (Altmark Stendal) 25 – 1999 Wiedemann (Altmark Stendal) 19 – 2000 Lau (SV Babelsberg 03) 16 – 2013 Frahn (RB Leipzig) 20 – 2014 Beck (1. FC Magdeburg) 22 — 2015 Beck (1. FC Magdeburg) 18 – 2016 Shala (SV Babelsberg 03), Haufe (FC Schönberg 95), Nietfeld, Zimmermann (beide FSV Zwickau) je 15 – 2017 Palacios Martinez (RB Leipzig II) 22 – 2018 Dadashov (Berliner FC Dynamo) 25 – 2019 Frahn (Chemnitzer FC) 24 – 2020 Kiprit (Hertha BSC II) und Zimmermann (VfB Auerbach) je 16 (bei Saisonabbruch) – 2021 Zimmermann (VfB Auerbach) 11 (bei Saisonabbruch).

Die (Amateur-)Oberliga

Die Meister der deutschen Amateur-Oberligen

(Ab 1978/79 – im Norden ab 1974/75 – dritthöchste, ab 1994/95 vierthöchste, ab 2008/09 fünfthöchste deutsche Spielklasse) – In der Saison 2020/21 wurden alle Oberligen zunächst unter- und dann abgebrochen. Auch wenn es in vielen Fällen keinen „richtigen" Meister gab, sind zumindest die zum Zeitpunkt des Saisonabbruchs quotientenbesten Vereine bzw. Spitzenreiter aufgeführt.

Nord:
1975 VfB Oldenburg – 1976 Arminia Hannover – 1977 OSC Bremerhaven – 1978, 1979 OSV Hannover – 1980 VfB Oldenburg – 1981 FC St. Pauli – 1982 Werder Bremen Am. – 1983 FC St. Pauli – 1984 Werder Bremen Am. – 1985 VfL Osnabrück – 1986 FC St. Pauli – 1987 SV Meppen – 1988 Eintracht Braunschweig – 1989 TSV Havelse – 1990 VfB Oldenburg – 1991, 1992 VfL Wolfsburg – 1993 VfL Herzlake – 1994 Kickers Emden – 1995 bis 2004 siehe Hamburg/Schleswig-Holstein und Niedersachsen/Bremen – 2005 Kickers Emden – 2006 SV Wilhelmshaven – 2007 VfL Wolfsburg II – 2008 Holstein Kiel – 2008 Auflösung der Oberliga Nord. Die bisherigen Verbandsligen Niedersachsen West und Ost, Hamburg, Schleswig-Holstein und Bremen bilden fortan die fünfthöchste Spielklasse.

Hamburg/Schleswig-Holstein:
1995 FC St. Pauli Am. – 1996 Altona 93 – 1997 VfL 93 Hamburg – 1998 Holstein Kiel – 1999 FC St. Pauli Am. – 2000 TuS Felde – 2001 Holstein Kiel – 2002 Hamburger SV Am. – 2003 FC St. Pauli Am. – 2004 Holstein Kiel II.

Niedersachsen/Bremen:
1995 BV Cloppenburg – 1996 Spfr. Ricklingen – 1997 Eintracht Nordhorn – 1998 Lüneburger SK – 1999 SC Göttingen 05 – 2000 Kickers Emden – 2001 1. SC Göttingen 05 – 2002 VfB Oldenburg – 2003 Kickers Emden – 2004 VfL Wolfsburg Am.

Niedersachsen:
2009 West: VfB Oldenburg, Ost: Goslarer SC 08 (Meister) – 2010 West: TSV Havelse, Ost: Eintracht Braunschweig II (Meister) – 2011 SV Meppen – 2012 Goslarer SC 08 – 2013 Eintracht Braunschweig II – 2014 Lüneburger SK Hansa – 2015 SV Drochtersen/Assel – 2016 Lupo Martini Wolfsburg – 2017 SSV Jeddeloh II – 2018 Lupo Martini Wolfsburg – 2019 Hannoverscher SC – 2020 VfV Borussia 06 Hildesheim (nach Quotientenregelung) – 2021 Heeeslinger SC (Quotientenbester bei Saisonabbruch).

Schleswig-Holstein:
2009, 2010 Holstein Kiel II – 2011, 2012 VfR Neumünster – 2013 SV Eichede – 2014 VfB Lübeck – 2015 TSV Schilksee – 2016 SV Eichede – 2017 Eutin 08 – 2018, 2019 NTSV Strand – 2020 SV Todesfelde (nach Quotientenregelung) – 2021 SV Eichede (Quotientenbester bei Saisonabbruch).

Hamburg:
2009, 2010 SC Victoria – 2011 FC St. Pauli II – 2012 SC Victoria – 2013 FC Elmshorn – 2014, 2015, 2016, 2017, 2018 TuS Dassendorf – 2019 Altona 93 – 2020, 2021 TuS Dassendorf (jeweils Quotientenbester bei nach Saisonabbruch).

Bremen:
2009 Brinkumer SV – 2010, 2011 Werder Bremen III – 2012 FC Oberneuland – 2013 Werder Bremen III – 2014, 2015, 2016, 2017 Bremer SV – 2018 Brinkumer SV – 2019 Bremer SV – 2020 FC Oberneuland (2020 nach Quotientenregelung) – 2021 Brinkumer SV und Bremer SV (Quotientenbeste nach Saisonabbruch).

Berlin:
1979 Hertha Zehlendorf – 1980, 1981 BFC Preußen – 1982 Tennis Borussia – 1983 SC Charlottenburg – 1984 SV Blau-Weiß 90 – 1985 Tennis Borussia – 1986 SC Charlottenburg – 1987, 1988 Hertha BSC – 1989, 1990 Reinickendorfer Füchse – 1991 Tennis Borussia – ab 1991/92 zu Oberliga Nordost.

Nordost:
1992 Nord: FC Berlin, Mitte: 1. FC Union Berlin, Süd: FSV Zwickau – 1993 Nord: Tennis Borussia Berlin, Mitte: 1. FC Union Berlin, Süd: Sachsen Leipzig – 1994 Nord: BSV Brandenburg, Mitte: 1. FC Union Berlin, Süd: FSV Zwickau – 1995 Nord: FSV Velten, Süd: Wacker Nordhausen – 1996 Nord: SC Charlottenburg, Süd: VFC Plauen – 1997 Nord: SV Babelsberg 03, Süd: 1. FC Magdeburg – 1998 Nord: SD Croatia Berlin, Süd: Dresdner SC – 1999 Nord: Hertha BSC Am., Süd: VfL Halle 96 – 2000 Nord: Hansa Rostock Am., Süd: FSV Hoyerswerda – 2001 Nord: Berliner FC Dynamo, Süd: 1.FC Magdeburg – 2002 Nord: Hertha BSC Am., Süd: Dynamo Dresden – 2003 Nord: FC Schönberg 95, Süd: Sachsen Leipzig – 2004 Nord: Hertha BSC Am., Süd: VFC Plauen – 2005 Hansa Rostock Am., Süd: Carl Zeiss Jena – 2006 Nord: 1. FC

Union Berlin, Süd: 1. FC Magdeburg – 2007 Nord: SV Babelsberg 03, Süd: Energie Cottbus II – 2008 Nord: Hertha BSC II, Süd: Hallescher FC – 2009 Nord: Tennis Borussia Berlin, Süd: ZFC Meuselwitz– 2010 Nord: Energie Cottbus II, Süd: RB Leipzig – 2011 Nord: Torgelower SV Greif, Süd: Germania Halberstadt – 2012 Nord: Hansa Rostock II, Süd: FSV Zwickau – 2013 Nord: Viktoria 89 Berlin, Süd: Wacker Nordhausen – 2014 Nord: Berliner FC Dynamo, Süd: Budissa Bautzen – 2015 Nord: Optik Rathenow, Süd: RB Leipzig II – 2016 Nord: Union Fürstenwalde, Süd: 1. FC Lokomotive Leipzig– 2017 Nord: VSG Altglienicke, Süd: BSG Chemie Leipzig – 2018 Nord: Optik Rathenow, Süd: Bischofswerdaer FV 08 – 2019 Nord: SV Lichtenberg 47, Süd: BSG Chemie Leipzig – 2020 Nord: Tennis Borussia Berlin, Süd: FSV Luckenwalde (beide nach Quotientenregelung) – 2021 Nord: Tasmania Berlin, Süd: FC Eilenburg (Quotientenbeste nach Saisonabbruch).

Nordrhein:
1979 Rot-Weiß Oberhausen – 1980 1. FC Bocholt – 1981 1. FC Köln Am. – 1982 BV 08 Lüttringhausen – 1983 Rot-Weiß Oberhausen – 1984 1. FC Bocholt – 1985, 1986 Rot-Weiss Essen – 1987 BVL 08 Remscheid – 1988, 1989 MSV Duisburg – 1990 Wuppertaler SV – 1991 FC Remscheid – 1992 Wuppertaler SV – 1993 Rot-Weiss Essen – 1994 Fortuna Düsseldorf – 1995 Rot-Weiß Oberhausen – 1996 Germania Teveren – 1997 Bonner SC – 1998 Bayer Leverkusen Am. – 1999 Rot-Weiss Essen – 2000 Wuppertaler SV – 2001 Bayer Leverkusen Am. – 2002 1. FC Köln Am. – 2003 Wuppertaler SV – 2004 SSVg Velbert – 2005 Bayer Leverkusen Am. – 2006 Borussia Mönchengladbach II – 2007 Rot-Weiß Oberhausen – 2008 Borussia Mönchengladbach II – 2008 Zusammenlegung der Oberligen Nordrhein und Westfalen zur NRW-Liga.

Westfalen:
1979 SC Herford – 1980 SpVgg Erkenschwick – 1981 1. FC Paderborn – 1982 TuS Schloß Neuhaus – 1983 SC Eintracht Hamm – 1984 FC Gütersloh – 1985 SC Eintracht Hamm – 1986 ASC Schöppingen – 1987 SpVgg Erkenschwick – 1988, 1989 Preußen Münster – 1990 Arminia Bielefeld – 1991 SC Verl – 1992, 1993 Preußen Münster – 1994 TuS Paderborn-Neuhaus – 1995 FC Gütersloh – 1996 TuS Ahlen – 1997 Spfr. Siegen – 1998 Borussia Dortmund Am. – 1999 VfL Bochum Am. – 2000 VfB Hüls – 2001 SC Paderborn 07 – 2002 Borussia Dortmund Am. – 2003 FC Schalke 04 Am. – 2004 Arminia Bielefeld Am. – 2005 SG Wattenscheid 09 – 2006 Borussia Dortmund II – 2007 SC Verl – 2008 Preußen Münster – 2008 Zusammenlegung der Oberligen Westfalen und Nordrhein zur NRW-Liga – ab 2012/13 wieder Oberliga Westfalen: 2013 SV Lippstadt 08 – 2014 Arminia Bielefeld II – 2015 TuS Erndtebrück – 2016 Sportfreunde Siegen – 2017 TuS Erndtebrück – 2018 SV Lippstadt 08 – 2019 FC Schalke 04 II – 2020 SC Wiedenbrück (nach Quotientenregelung) – 2021 FC Gütersloh (Spitzenreiter bei Saisonabbruch), Holzwickeder SC (Quotientenbester bei Saisonabbruch).

NRW-Liga:
2009 Bonner SC – 2010 SC Wiedenbrück 2000 – 2011 Rot-Weiss Essen – 2012 FC Viktoria Köln – 2012 Auflösung der NRW-Liga. Die bisherigen Verbandsligen Westfalen, Niederrhein und Mittelrhein bilden fortan die fünfthöchste Spielklasse.

Niederrhein:
2013 KFC Uerdingen 05 – 2014 SV Hönnepel-Niedermörmter – 2015 SSVg Velbert – 2016 Wuppertaler SV – 2017 KFC Uerdingen 05 – 2018 SV Straelen – 2019 VfB Homberg – 2020 SV Straelen (nach Quotientenregelung) – 2021 1. FC Bocholt (Spitzenreiter bei Saisonabbruch).

Mittelrhein:
2013, 2014 FC Hennef 05 – 2015 FC Wegberg-Beeck – 2016 Bonner SC – 2017 FC Wegberg-Beeck – 2018 TV Herkenrath – 2019 SV Bergisch Gladbach 09 – 2020 FC Wegberg-Beeck (nach Quotientenregelung) – 2021 FC Hennef 05 (Spitzenreiter bei Saisonabbruch).

Rheinland-Pfalz/Saar (bis 2012 Südwest):
1979 Röchling Völklingen – 1980 Borussia Neunkirchen – 1981 1. FSV Mainz 05 – 1982 FC Homburg – 1983 1. FC Saarbrücken – 1984 FC Homburg – 1985 FSV Salmrohr – 1986 Wormatia Worms – 1987 Eintracht Trier – 1988 1. FSV Mainz 05 – 1989 SV Edenkoben – 1990 1. FSV Mainz 05 – 1991 Borussia Neunkirchen – 1992 FSV Salmrohr – 1993, 1994 Eintracht Trier – 1995 1. FC Kaiserslautern Am. – 1996 SV Elversberg – 1997 1. FC Kaiserslautern Am. – 1998 SV Elversberg – 1999 FK Pirmasens – 2000 Borussia Neunkirchen – 2001 1. FC Kaiserslautern Am. – 2002 Borussia Neunkirchen – 2003 1. FSV Mainz 05 Am. – 2004 TuS Koblenz – 2005 Borussia Neunkirchen – 2006 FK Pirmasens – 2007 FSV Oggersheim – 2008 1. FSV Mainz 05 II – 2009 1. FC Saarbrücken – 2010 FC Homburg – 2011 SC Idar-Oberstein – 2012 FC Homburg – 2013 SVN Zweibrücken – 2014 FK Pirmasens – 2015 Saar 05 Saarbrücken – 2016 TuS Koblenz – 2017 TSV Schott Mainz – 2018 FC Homburg – 2019 Rot-Weiss Koblenz – 2020 TSV Schott Mainz (nach Quotientenregelung) – 2021 Nord: Eintracht Trier, Süd: Wormatia Worms (jeweils Spitzenreiter bei Saisonabbruch).

Hessen:
1979 VfR Bürstadt – 1980 Hessen Kassel – 1981 Viktoria Griesheim – 1982 FSV Frankfurt – 1983, 1984 VfR Bürstadt – 1985 Viktoria Aschaffenburg – 1986, 1987 Kickers Offenbach – 1988 Viktoria Aschaffenburg – 1989 Hessen Kassel – 1990 Rot-Weiss Frankfurt – 1991 Hessen Kassel – 1992 Viktoria Aschaffenburg – 1993 Kickers Offenbach – 1994 FSV Frankfurt – 1995 SC Neukirchen – 1996 Borussia Fulda – 1997 SV Wehen – 1998 FSV Frankfurt – 1999 SV Darmstadt 98 – 2000 KSV Klein-Karben – 2001 Borussia Fulda – 2002 Eintracht Frankfurt Am. – 2003 1. FC Eschborn – 2004 SV Darmstadt 98 – 2005 1. FC Eschborn – 2006 Hessen Kassel – 2007 FSV Frankfurt – 2008 SV Darmstadt 98 – 2009 SC Waldgirmes – 2010 FSV Frankfurt II – 2011 Bayern Alzenau – 2012 1. FC Eschborn – 2013 KSV Baunatal – 2014 TGM SV Jügesheim – 2015 TSV Steinbach – 2016 Teutonia Watzenborn-Steinberg – 2017, 2018 Hessen Dreieich – 2019 FC Gießen – 2020 Eintracht Stadtallendorf (nach Quotientenregelung) – 2021 SG Barockstadt Fulda-Lehnerz (Spitzenreiter bei Saisonabbruch).

Baden-Württemberg:
1979 SSV Ulm 1846 – 1980 VfB Stuttgart Am. – 1981 SV Sandhausen – 1982, 1983 SSV Ulm 1846 – 1984 Freiburger FC – 1985 SV Sandhausen – 1986 SSV Ulm 1846 – 1987 SV Sandhausen – 1988 FV 09 Weinheim – 1989 SSV Reutlingen – 1990 Karlsruher SC Am. – 1991 1. FC Pforzheim – 1992 SSV Reutlingen – 1993, 1994 SSV Ulm 1846 – 1995 SV Sandhausen – 1996 Karlsruher SC Am. – 1997 VfL Kirchheim/Teck – 1998 VfB Stuttgart Am. – 1999 VfR Aalen – 2000 SV Sandhausen – 2001 TSG 1899 Hoffenheim – 2002 SC Pfullendorf – 2003 VfB Stuttgart Am. – 2004 FC Nöttingen – 2005 Karlsruher SC Am. – 2006 SSV Reutlingen – 2007 SV Sandhausen – 2008 SC Freiburg II – 2009 SG Sonnenhof Großaspach – 2010 TSG 1899 Hoffenheim II – 2011 SV Waldhof Mannheim – 2012 SSV Ulm 1846 – 2013 SpVgg Neckarelz – 2014 FC-Astoria Walldorf – 2015 SV Spielberg – 2016 SSV Ulm 1846 – 2017 SC Freiburg II – 2018 TSG Balingen – 2019 Bahlinger SC – 2020 VfB Stuttgart II (nach Quotientenregelung) – 2021 SGV Freiberg (Spitzenreiter bei Saisonabbruch).

Bayern:
1979 ESV Ingolstadt – 1980 FC Augsburg – 1981 MTV Ingolstadt – 1982 FC Augsburg – 1983 SpVgg Unterhaching – 1984 TSV München 1860 – 1985 SpVgg Bayreuth – 1986 SpVgg Landshut – 1987 SpVgg Bayreuth – 1988, 1989 SpVgg Unterhaching – 1990 1. FC Schweinfurt 05 – 1991 TSV München 1860 – 1992 SpVgg Unterhaching – 1993 TSV München 1860 – 1994 FC Augsburg – 1995 Wacker Burghausen – 1996 SC Weismain – 1997 TSV München 1860 Am. – 1998 1. FC Schweinfurt 05 – 1999 SV Lohhof – 2000 Jahn Regensburg – 2001 SpVgg Ansbach – 2002 FC Augsburg – 2003 1. SC Feucht – 2004 TSV München 1860 Am. – 2005 SpVgg Bayreuth – 2006 FC Ingolstadt 04 – 2007 Jahn Regensburg – 2008 SpVgg Bayreuth – 2009 SpVgg Weiden – 2010 FC Memmingen – 2011 FC Ismaning – 2012 TSV 1860 Rosenheim – 2013 Nord: 1. FC Schweinfurt 05, Süd: SV Schalding-Heining – 2014 Nord: SpVgg Oberfranken Bayreuth, Süd: BC Aichach – 2015 Nord: Viktoria Aschaffenburg, Süd: TSV Rain/Lech – 2016 Nord: SV Seligenporten, Süd: VfR Garching – 2017 Nord: VfB Eichstätt, Süd: SV Pullach – 2018 Nord: Viktoria Aschaffenburg, Süd: SV Heimstetten – 2019 Nord: TSV Aubstadt, Süd: Türkgücü-Ataspor München – – 2020 Die Saison wurde unterbrochen und sollte bis 2021 fortgesetzt werden – 2021 Nord: SC Eltersdorf, Süd: FC Pipinsried (beide Quotientenbeste bei Saisonabbruch).

Die Landes- und Verbandsligameister nach 1945

Die komplette Liste erschien zuletzt im Almanach 2009. Die aktuellen Meister der sechsthöchsten Ligen finden Sie im Kapitel 1 bei den Abschlusstabellen der fünfthöchsten deutschen Spielklassen 2020/21.

Die deutschen Regionalmeister vor 1963

Die Meister der Landes- bzw. Regional-Verbände

(Bis zur Einführung der Bundesliga 1963)

Süddeutschland:
1899 Freiburger FC – 1900 Straßburger FV – 1901, 1902, 1903, 1904, 1905 Karlsruher FV – 1906 1. FC Pforzheim – 1907 Freiburger FC – 1908 Stuttgarter Kickers – 1909 Phönix Karlsruhe – 1910, 1911, 1912 Karlsruher FV – 1913 Stuttgarter Kickers – 1914 SpVgg Fürth – 1916 1. FC Nürnberg – 1917 Stuttgarter Kickers – 1918 1. FC Nürnberg – 1920, 1921 1. FC Nürnberg – 1922 Wacker München – 1923 SpVgg Fürth – 1924 1. FC Nürnberg – 1925 VfR Mannheim – 1926 Bayern München – 1927 1. FC Nürnberg – 1928 Bayern München – 1929 1. FC Nürnberg – 1930 Eintracht Frankfurt – 1931 SpVgg Fürth – 1932 Eintracht Frankfurt – 1933 FSV Frankfurt – (ab 1945/46 Oberliga Süd) – 1946 VfB Stuttgart – 1947, 1948 1. FC Nürnberg – 1949 Kickers Offenbach – 1950 SpVgg Fürth – 1951 1. FC Nürnberg – 1952 VfB Stuttgart – 1953 Eintracht Frankfurt – 1954 VfB Stuttgart – 1955 Kickers Offenbach – 1956 Karlsruher SC – 1957 1. FC Nürnberg – 1958 Karlsruher SC – 1959 Eintracht Frankfurt – 1960 Karlsruher SC – 1961, 1962 1. FC Nürnberg – 1963 TSV München 1860.

Westdeutschland:
1903 SC Köln 99 – 1904, 1905 Duisburger SV – 1906 SC Köln 99 – 1907 Düsseldorfer SC 99 – 1908 Duisburger SV – 1909 FC M.-Gladbach – 1910, 1911 Duisburger SV – 1912 Kölner BC – 1913, 1914 Duisburger SV – 1920 Borussia M.-Gladbach – 1921 Duisburger SV – 1922 Arminia Bielefeld (Vertreter) – 1923 Arminia Bielefeld – 1924 Duisburger SV – 1925 Duisburger SV (ernannt) – 1926 VfR Köln – 1927 Duisburger SV – 1928 SpVgg Köln-Sülz 07 – 1929, 1930 FC Schalke 04 – 1931 Fortuna Düsseldorf – 1932, 1933 FC Schalke 04 – (ab 1947/48 Oberliga West) – 1948, 1949, 1950 Borussia Dortmund – 1951 FC Schalke 04 – 1952 Rot-Weiss Essen – 1953 Borussia Dortmund – 1954 1. FC Köln – 1955 Rot-Weiss Essen – 1956, 1957 Borussia Dortmund – 1958 FC Schalke 04 – 1959 Westfalia Herne – 1960, 1961, 1962, 1963 1. FC Köln.

Norddeutschland:
1906, 1907 Victoria Hamburg – 1908 Eintracht Braunschweig – 1909 Altona 93 – 1910, 1911, 1912 Holstein Kiel – 1913 Eintracht Braunschweig – 1914 Altona 93 – 1917 Borussia Harburg – 1919 Kriegsgem. Victoria/ Hamburger FC 88 – 1920 Arminia Hannover – 1921, 1922, 1923, 1924, 1925 Hamburger SV – 1926, 1927 Holstein Kiel – 1928, 1929 Hamburger SV – 1930 Holstein Kiel – 1931, 1932, 1933 Hamburger SV – (ab 1947/48 Oberliga Nord) – 1948, 1949, 1950, 1951, 1952, 1953 Hamburger SV – 1954 Hannover 96 – 1955, 1956, 1957, 1958, 1959, 1960, 1961, 1962, 1963 Hamburger SV.

Mitteldeutschland:
1902 Wacker Leipzig – 1903, 1904 VfB Leipzig – 1905 Dresdner SC – 1906, 1907 VfB Leipzig – 1908 Wacker Leipzig – 1909 SC Erfurt – 1910, 1911 VfB Leipzig – 1912 SpVgg Leipzig – 1913 VfB Leipzig – 1914 SpVgg Leipzig – 1916 Eintracht Leipzig – 1917 VfL Halle 96 – 1918 VfB Leipzig – 1919 VfL Halle 96 – 1920 VfB Leipzig – 1921 Wacker Halle – 1922 SpVgg Leipzig – 1923 Guts Muths Dresden – 1924 SpVgg Leipzig – 1925 VfB Leipzig – 1926 Dresdner SC – 1927 VfB Leipzig – 1928 Wacker Halle – 1929, 1930, 1931 Dresdner SC – 1932 Polizei Chemnitz – 1933 Dresdner SC.

Brandenburg:
1898 TuFC Britannia – 1899, 1900, 1901 BFC Preußen – 1902 TuFC Viktoria 89 – 1903, 1904 TuFC Britannia – 1905 TuFC Union 92 – 1906 BFC Hertha 92 – 1907, 1908, 1909 TuFC Viktoria 89 – 1910 BFC Preußen – 1911 TuFC Viktoria 89 – 1912 BFC Preußen – 1913 TuFC Viktoria 89 – 1914 Berliner BC – 1915 BFC Hertha 92 – 1916 TuFC Viktoria 89 – 1917, 1918 BFC Hertha 92 – 1919 TuFC Viktoria 89 – 1920 Union Oberschöneweide – 1921 BFC Vorwärts 90 – 1922 FC Norden-Nordwest – 1923 Union Oberschöneweide – 1924 TuFC Alemannia 90 – 1925, 1926, 1927, 1928, 1929, 1930, 1931 Hertha BSC – 1932 Tennis Borussia – 1933 Hertha BSC.

Märkischer Fußball-Verband:
1903 BFC Vorwärts 90 – 1904 FC Weißensee 1900 – 1905 TuFC Alemannia 90 – 1906 SV Norden-Nordwest – 1907 TuFC Alemannia 90 – 1908 FC Norden-Nordwest – 1909, 1910, 1911 SC Tasmania 1900.

Berlin:
(Bis 1950 mit den Vereinen des Ostsektors, ab 1951 nur Westberliner Klubs) – 1946 Wilmersdorf (Berliner SV 92) – 1947 Charlottenburg (Tennis Borussia) – 1948 Union Oberschöneweide – 1949

Berliner SV 92 – 1950, 1951, 1952 Tennis Borussia – 1953 SC Union 06 – 1954 Berliner SV 92 – 1955, 1956 BFC Viktoria 89 – 1957 Hertha BSC – 1958 Tennis Borussia – 1959, 1960 SC Tasmania 1900 – 1961 Hertha BSC – 1962 SC Tasmania 1990 – 1963 Hertha BSC.

Erläuterungen zu den Vereinen:
Britannia jetzt Berliner SV 92; Union 92 und Vorwärts 90 fusionierten zu Blau-Weiß 90; Hertha BSC war eine Fusion von Hertha 92 und Berliner SC (1923–30). Nach der Trennung wurde der Name „Hertha BSC" beibehalten.

Südwestdeutschland:
1946 1. FC Saarbrücken – 1947, 1948, 1949, 1950, 1951 1. FC Kaiserslautern – 1952 1. FC Saarbrücken – 1953, 1954, 1955, 1956, 1957 1. FC Kaiserslautern – 1958, 1959, 1960 FK Pirmasens – 1961 1. FC Saarbrücken – 1962 Borussia Neunkirchen – 1963 1. FC Kaiserslautern.

Baltenverband:[*)]
1908, 1909 VfB Königsberg – 1910 Prussia Samland Königsberg – 1911 Lituania Tilsit – 1912 VfL Danzig – 1913, 1914 Prussia Samland Königsberg – 1920 Titania Stettin – 1921, 1922, 1923, 1924, 1925, 1926 VfB Königsberg – 1927 Titania Stettin – 1928, 1929, 1930 VfB Königsberg – 1931 Prussia Samland Königsberg – 1932 Hindenburg Allenstein – 1933 Prussia Samland Königsberg.

Pommern:
1931 Polizei Stettin – 1932 Viktoria Stolp – 1933 Stettiner SC.

*) Von 1914 bis 1930 mit Einschluss Pommerns, ab 1931 Pommernmeister getrennt.

Südostdeutschland:
1906, 1907 Schlesien Breslau – 1908 VfR Breslau – 1909 Alemannia Cottbus – 1910 VfR Breslau – 1911 Askania Forst – 1912 ATV Liegnitz – 1913, 1914 Askania Forst – 1920, 1921, 1922, 1923, 1924 Spfr. Breslau – 1925 Viktoria Forst – 1926 SC Breslau 08 – 1927 Spfr. Breslau – 1928 SC Breslau 08 – 1929 Preußen Hindenburg – 1930, 1931, 1932, 1933 SuSV Beuthen 09.

Die Gaumeister von 1934–1945

Ostpreußen
1934 Preußen Danzig – 1935 Yorck Boyen Insterburg – 1936, 1937 Hindenburg Allenstein – 1938 Yorck Boyen Insterburg – 1939 Hindenburg Allenstein – 1940, 1941, 1942, 1943, 1944 VfB Königsberg –1945 nicht beendet.

Danzig-Westpreußen (ab 1940/41)
1941 Preußen Danzig – 1942 HUS Marienwerder – 1943 SV Neufahrwasser – 1944 LSV Danzig – 1945 nicht beendet.

Wartheland (ab 1941/42)
1942 Polizei Litzmannstadt – 1943 DMW Posen – 1944 SDW Posen – 1945 nicht beendet.

Generalgouvernement (ab 1941/42)
1942 LSV Boelcke Krakau – 1943 Adler Deblin (Vertreter bei der DM: SG Warschau) – 1944 LSV Mölders Krakau – 1945 nicht beendet.

Pommern
1934 Viktoria Stolp – 1935 Stettiner SC – 1936, 1937 Viktoria Stolp – 1938 Stettiner SC – 1939 Viktoria Stolp – 1940 VfL Stettin – 1941 LSV Stettin – 1942, 1943 LSV Pütnitz – 1944 HSV Groß-Born – 1945 nicht beendet.

Brandenburg
1934 BFC Viktoria 89 – 1935 Hertha BSC – 1936 Berliner SV 92 – 1937 Hertha BSC – 1938 Berliner SV 92 – 1939 SV Blau-Weiß 90 – 1940 Union Oberschöneweide – 1941 Tennis Borussia – 1942 SV Blau-Weiß 90 – 1943 Berliner SV 92 – 1944 Hertha BSC – 1945 nicht beendet.

Schlesien
1934 SuSV Beuthen 09 – 1935, 1936 Vorwärts-Rasensport Gleiwitz – 1937 SuSV Beuthen 09 – 1938, 1939, 1940, 1941 Vorwärts-Rasensport Gleiwitz – danach in die Gaue Ober- und Niederschlesien unterteilt.

Oberschlesien (ab 1941/42)
1942, 1943, 1944 Germania Königshütte – 1945 nicht beendet.

Niederschlesien (ab 1941/42)
1942 SpVgg Breslau 02 – 1943 Reinecke Brieg – 1944 STC Hirschberg – 1945 nicht beendet.

Mitte
1934 Wacker Halle – 1935, 1936 1. SV Jena – 1937, 1938, 1939 SV Dessau 05 – 1940, 1941 1. SV Jena – 1942, 1943, 1944 SV Dessau 05 – 1945 nicht beendet.

Sachsen
1934 Dresdner SC – 1935, 1936 PSV Chemnitz – 1937, 1938 BC Hartha – 1939, 1940, 1941 Dresdner SC – 1942 SC Planitz – 1943, 1944 Dresdner SC – 1945 nicht beendet.

Nordmark
1934, 1935, 1936 Elmsbütteler TV – 1937, 1938, 1939 Hamburger SV – 1940 Elmsbütteler TV – 1941 Hamburger SV – 1942 Elmsbütteler TV – danach in die Gaue Hamburg, Mecklenburg und Schleswig-Holstein unterteilt.

Hamburg (ab 1942/43)
1943 SC Victoria – 1944 LSV Hamburg – 1945 Hamburger SV.

Mecklenburg (ab 1942/43)
1943 TSG Rostock – 1944 LSV Rerick – 1945 nicht beendet.

Schleswig-Holstein (ab 1942/43)
1943, 1944 Holstein Kiel – 1945 nicht beendet.

Niedersachsen
1934 Werder Bremen – 1935 Hannover 96 – 1936, 1937 Werder Bremen – 1938 Hannover 96 – 1939, 1940 VfL Osnabrück – 1941 Hannover 96 – 1942 Werder Bremen – danach in die Gaue Weser-Ems, Südhannover-Braunschweig und Osthannover (ab 1943/44) unterteilt.

Weser-Ems (ab 1942/43)
1943, 1944 SpVgg Wilhelmshaven 05 – 1945 nicht beendet.

Südhannover-Braunschweig (ab 1942/43)
1943, 1944 Eintracht Braunschweig – 1945 nicht beendet.

Osthannover (ab 1943/44)
1944 WSV Celle – 1945 nicht beendet.

Westfalen
1934, 1935, 1936, 1937, 1938, 1939, 1940, 1941, 1942, 1943, 1944 FC Schalke 04 – 1945 nicht beendet.

Niederrhein
1934, 1935 VfL Benrath – 1936, 1937, 1938, 1939, 1940 Fortuna Düsseldorf – 1941 TuS Helene Essen – 1942 SV Hamborn 07 – 1943 Westende Hamborn – 1944 KSG Duisburg – 1945 nicht beendet.

Mittelrhein
1934 Mülheimer SV – 1935 VfR Köln – 1936 CfR Köln – 1937 VfR Köln – 1938 SV Beuel 06*) – 1939 SpVgg Köln-Sülz 07 – 1940 Mülheimer SV – 1941, 1942 VfL 99 Köln – danach in Köln-Aachen umbenannt, ein Teil des Spielgebietes wurde dem Gau Moselland zugeteilt.
*) Nachdem ein Protest von Alemannia Aachen verworfen worden war. Da inzwischen aber die Endrunde um die Deutsche Meisterschaft begonnen hatte, nahm Aachen als Mittelrhein-Teilnehmer daran teil.

Köln-Aachen (ab 1942/43)
1943 Victoria Köln – 1944 VfL 99/Sülz 07 Köln – 1945 nicht beendet.

Moselland (ab 1941/42)
1942 Stade Düdelingen – 1943, 1944 TuS Neuendorf – 1945 nicht beendet.

Hessen
1934 Borussia Fulda – 1935, 1936 FC Hanau 93 – 1937 SV Kassel – 1938 FC Hanau 93 – 1939, 1940 CSC 03 Kassel – 1941 Borussia Fulda – danach in Kurhessen umbenannt, ein Teil des Spielgebietes wurde dem Gau Hessen-Nassau zugeteilt.

Kurhessen (ab 1941/42)
1942 Borussia Fulda – 1943 SV Kassel – 1944 Borussia Fulda – 1945 nicht beendet.

Südwest
1934 Kickers Offenbach – 1935 Phönix Ludwigshafen – 1936, 1937 Wormatia Worms – 1938 Eintracht Frankfurt – 1939 Wormatia Worms – 1940, 1941 Kickers Offenbach – danach aufgeteilt in die Gaue Hessen-Nassau und Westmark.

Hessen-Nassau (ab 1941/42)
1942, 1943, 1944 Kickers Offenbach – 1945 nicht beendet.

Westmark (ab 1941/42)
1942 1. FC Kaiserslautern – 1943 FV Saarbrücken – 1944 KSG Saarbrücken – 1945 nicht beendet.

Baden
1934 SV Waldhof – 1935 VfR Mannheim – 1936, 1937 SV Waldhof – 1938, 1939 VfR Mannheim – 1940 SV Waldhof – 1941 VfL Neckarau 1942 SV Waldhof – 1943, 1944 VfR Mannheim – 1945 SV Waldhof.

Elsaß (ab 1940/41)
1941 FC 93 Mülhausen – 1942 SS Straßburg – 1943, 1944 FC 93 Mülhausen – 1945 nicht beendet.

Württemberg
1934 Union Böckingen – 1935 VfB Stuttgart – 1936 Stuttgarter Kickers – 1937, 1938 VfB Stuttgart – 1939, 1940, 1941, 1942 Stuttgarter Kickers – 1943 VfB Stuttgart und Kickers punkt- und torgleich, beide als Meister anerkannt; VfB Vertreter bei der Deutschen Meisterschaft – 1944 SV Göppingen – 1945 nicht beendet.

Bayern
1934 1. FC Nürnberg – 1935 SpVgg Fürth – 1936, 1937, 1938 1. FC Nürnberg – 1939 1. FC Schweinfurt 05 – 1940 1. FC Nürnberg – 1941 TSV München 1860 – 1942 1. FC Schweinfurt 05 – danach in die Gaue Nord- und Südbayern unterteilt.

Nordbayern (ab 1942/43)
1943, 1944 1. FC Nürnberg – 1945 nicht beendet.

Südbayern (ab 1942/43)
1943 TSV München 1860 – 1944, 1945 Bayern München.

Ostmark (ab 1938/39)
1939 Admira Wien – 1940, 1941 Rapid Wien – 1942, 1943, 1944 First Vienna FC – 1945 nicht beendet.

Sudetenland (ab 1938/39)
1939 FK Warnsdorf – 1940 NSTG Graslitz – 1941 NSTG Prag – 1942 LSV Olmütz – 1943 MSV Brünn – 1944 NSTG Brüx – 1945 nicht beendet.

Böhmen-Mähren (ab 1943/44)
1944 MSV Brünn – 1945 nicht beendet.

Die Meister der „alten“ 2. Ligen

(Bis zur Einführung der Bundesliga 1963 die zweite deutsche Vertragsspielerklasse. Im Norden und Berlin gab es keine 2. Ligen, dort folgte unterhalb der Oberliga gleich die 1. Amateurliga.)

West:
1950 Gr. 1: Rheydter SV, Gr. 2: Spfr. Katernberg – 1951 Gr. 1: Meidericher SV, Gr. 2: Bayer Leverkusen – 1952 Gr. 1. SV Sodingen, Gr. 2: Borussia Mönchengladbach – 1953 VfL Bochum – 1954 Duisburger SV – 1955 Wuppertaler SV – 1956 VfL Bochum – 1957 Spfr. Hamborn 07 – 1958 STV Horst-Emscher – 1959 Spfr. Hamborn 07 – 1960 SV Sodingen – 1961 Schwarz-Weiß Essen – 1962 Bayer Leverkusen – 1963 VfB Bottrop.

Süd:
1951 Stuttgarter Kickers – 1952 TSG Ulm 1846 – 1953 Jahn Regensburg – 1954 Schwaben Augsburg – 1955 TSV München 1860 – 1956 Freiburger FC – 1957 TSV München 1860 – 1958 SV Waldhof – 1959 Stuttgarter Kickers – 1960 SV Waldhof – 1961 BC Augsburg – 1962 Hessen Kassel – 1963 FSV Frankfurt.

Südwest:
1952 VfR Kirn – 1953 ASV Landau – 1954 Spfr. Saarbrücken – 1955 SpVgg Andernach – 1956 Spfr. Saarbrücken – 1957 SV St. Ingbert – 1958 SpVgg Weisenau – 1959 VfR Kaiserslautern – 1960 SV Niederlahnstein – 1961 VfR Kaiserslautern – 1962 SV Niederlahnstein – 1963 Phönix Ludwigshafen.

DDR-Fußball

Die Meister der DDR

(1948 und 1949 Ostzonenmeisterschaft, ab 1949/50 Oberliga, 1990/91 NOFV-Meisterschaft)

1948 SG Planitz – 1949 ZSG Union Halle – 1950 Horch Zwickau – 1951 Chemie Leipzig – 1952 Turbine Halle – 1953 Dynamo Dresden – 1954 Turbine Erfurt – 1955 SC Turbine Erfurt (Übergangsrunde wegen Umstellung auf Kalenderjahr: SC Wismut Karl-Marx-Stadt) – 1956, 1957 SC Wismut Karl-Marx-Stadt – 1958 ASK Vorwärts Berlin – 1959 SC Wismut Karl-Marx-Stadt – 1960, 1962 (Dreifachrunde wegen Rückkehr zum Herbst-Frühjahr-Modus) ASK Vorwärts Berlin – 1963 SC Motor Jena – 1964 Chemie Leipzig – 1965 ASK Vorwärts Berlin – 1966 FC Vorwärts Berlin – 1967 FC Karl-Marx-Stadt – 1968 FC Carl Zeiss Jena – 1969 FC Vorwärts Berlin – 1970 FC Carl Zeiss Jena – 1971 Dynamo Dresden – 1972 1. FC Magdeburg – 1973 Dynamo Dresden – 1974, 1975 1. FC Magdeburg – 1976, 1977, 1978 Dynamo Dresden – 1979, 1980, 1981, 1982, 1983, 1984, 1985, 1986, 1987, 1988 Berliner FC Dynamo – 1989 Dynamo Dresden – 1990 1. FC Dynamo Dresden – 1991 FC Hansa Rostock

Die Meister der DDR-„Liga“

(Von 1950/51 bis 1990/91 zweithöchste Spielklasse der DDR)

1951 Staffel Nord: Volkspolizei Potsdam, Staffel Süd: Zentrag Wismut Aue – 1952 Staffel 1: Empor Lauter, Staffel 2: Motor Jena – 1953 St. 1: Fortschritt Meerane, St. 2: Einheit-Ost Leipzig – 1954 St. 1: Chemie Karl-Marx-Stadt, St. 2: ZSK Vorwärts Berlin – 1955 St. 1: Lokomotive Stendal, St. 2: Fortschritt Weißenfels, St. 3: Motor Dessau (Übergangsrunde wegen Umstellung auf Kalenderjahr: Fortschritt Meerane) – 1956 SC Motor Jena – 1957 SC Dynamo Berlin – 1958 Chemie Zeitz – 1959 SC Chemie Halle – 1960 SC Turbine Erfurt – 1962 (Dreifachrunde wegen Rückkehr zum Herbst-Frühjahr-Modus) Dynamo Dresden – 1963 St. Nord: Lokomotive Stendal, St. Süd: Motor Steinach – 1964 Nord: SC Neubrandenburg, Süd: Dynamo Dresden – 1965 Nord: SC Chemie Halle, Süd: SC Turbine Erfurt – 1966 Nord: 1. FC Union Berlin, Süd: Wismut Gera – 1967: Nord: 1. FC Magdeburg, Süd: FC Rot-Weiß Erfurt – 1968 Nord: Berliner FC Dynamo, Süd: Stahl Riesa – 1969 Nord: Stahl Eisenhüttenstadt, Süd: Dynamo Dresden – 1970 Nord: 1. FC Union Berlin, Süd: 1. FC Lok Leipzig – 1971 Nord: Vorwärts Stralsund, Süd: FC Karl-Marx-Stadt – 1972 St. A: TSG Wismar, St. B: Berliner FC Dynamo II, St. C: Chemie Leipzig, St. D: Motor Werdau, St. E: FC Rot-Weiß Erfurt – 1973 St. A: Vorwärts Stralsund, St. B: Berliner FC Dynamo II, St. C: Vorwärts Leipzig, St. D: Dynamo Dresden II, St. E: Chemie Zeitz – 1974 St. A: Vorwärts Stralsund, St. B: 1. FC Union Berlin, St. C: Hallescher FC Chemie, St. D: Chemie Böhlen, St. E: Wismut Gera – 1975 St. A: Dynamo Schwerin, St. B: 1. FC Union Berlin, St. C: Chemie Leipzig, St. D: Energie Cottbus, St. E: Wismut Gera – 1976 St. A: FC Hansa Rostock, St. B: 1. FC Union Berlin, St. C: Hallescher FC Chemie II, St. D: Motor Werdau, St. E: FC Carl Zeiss Jena II – 1977 St. A: Vorwärts Stralsund, St. B: Stahl Hennigsdorf, St. C: Chemie Leipzig, St. D: Chemie Böhlen, St. E: Wismut Gera – 1978 St. A: FC Hansa Rostock, St. B: Vorwärts Neubrandenburg, St. C: Chemie Leipzig, St. D: FSV Lok Dresden, St. E: Stahl Riesa – 1979 St. A: TSG Bau Rostock, St. B: FC Vorwärts Frankfurt/Oder, St. C: Chemie Leipzig, St. D: Energie Cottbus, St. E: Motor Suhl – 1980 St. A: FC Hansa Rostock, St. B: Dynamo Fürstenwalde, St. C: Chemie Böhlen, St. D: Energie Cottbus, St. E: Wismut Gera – 1981 St. A: Schiffahrt/Hafen Rostock, St. B: 1. FC Union Berlin, St. C: Chemie Buna Schkopau, St. D: Energie Cottbus, St. E: Motor Suhl – 1982 St. A: Vorwärts Stralsund, St. B: 1. FC Union Berlin, St. C: Chemie Böhlen, St. D: Stahl Riesa, St. E: Motor Nordhausen – 1983 St. A: Schiffahrt/Hafen Rostock, St. B: Stahl Brandenburg, St. C: Chemie Leipzig, St. D: Stahl Riesa, St. E: Wismut Gera – 1984 St. A: Vorwärts Neubrandenburg, St. B: Stahl Brandenburg, St. C: Vorwärts Dessau, St. D: Sachsenring Zwickau, St. E: Motor Suhl – 1985 St. A:1. FC Union Berlin, St. B: Sachsenring Zwickau – 1986 St. A: Berliner FC Dynamo II, St. B: Fortschritt Bischofswerda – 1987 St. A: FC Hansa Rostock, St. B: Hallescher FC Chemie – 1988 St. A: Energie Cottbus, St. B: Sachsenring Zwickau – 1989 St. A: Stahl Eisenhüttenstadt, St. B: Fortschritt Bischofswerda – 1990 St. A: FC Vorwärts Frankfurt/Oder, St. B: Chemie Böhlen – 1991 St. A: 1. FC Union Berlin, St. B: FSV Zwickau.

Bunt gemischt

Fußballer des Jahres

1960 Uwe Seeler (Hamburger SV) – 1961 Max Morlock (1. FC Nürnberg) – 1962 Karl-Heinz Schnellinger (1. FC Köln) – 1963 Hans Schäfer (1. FC Köln) – 1964 Uwe Seeler (Hamburger SV) – 1965 Hans Tilkowski (Borussia Dortmund) – 1966 Franz Beckenbauer (Bayern München) – 1967 Gerd Müller (Bayern München) – 1968 Franz Beckenbauer (Bayern München) – 1969 Gerd Müller (Bayern München) – 1970 Uwe Seeler (Hamburger SV) – 1971 Hans-Hubert Vogts (Borussia Mönchengladbach) – 1972 Günter Netzer (Borussia Mönchengladbach) – 1973 Günter Netzer (Borussia Mönchengladbach) – 1974 Franz Beckenbauer (Bayern München) – 1975 Josef Maier (Bayern München) – 1976 Franz Beckenbauer (Bayern München) – 1977, 1978 Josef Maier (Bayern München) – 1979 Hans-Hubert Vogts (Borussia Mönchengladbach) – 1980 Karl-Heinz Rummenigge (Bayern München) – 1981 Paul Breitner (Bayern München) – 1982 Karlheinz Förster (VfB Stuttgart) – 1983 Rudolf Völler (Werder Bremen) – 1984 Harald Schumacher (1. FC Köln) – 1985 Hans-Peter Briegel (Hellas Verona) – 1986 Harald Schumacher (1. FC Köln) – 1987 Uwe Rahn (Borussia Mönchengladbach) – 1988 Jürgen Klinsmann (VfB Stuttgart) – 1989 Thomas Häßler (1. FC Köln) – 1990 Lothar Matthäus (Inter Mailand) – 1991 Stefan Kuntz (1. FC Kaiserslautern) – 1992 Thomas Häßler (AS Rom) – 1993 Andreas Köpke (1. FC Nürnberg) – 1994 Jürgen Klinsmann (AS Monaco) – 1995, 1996 Matthias Sammer (Borussia Dortmund) – 1997 Jürgen Kohler (Borussia Dortmund) – 1998 Oliver Bierhoff (Udinese Calcio) – 1999 Lothar Matthäus (Bayern München) – 2000, 2001 Oliver Kahn (Bayern München) – 2002 Michael Ballack (Bayer Leverkusen) – 2003 Michael Ballack (Bayern München) – 2004 Ailton (Werder Bremen) – 2005 Michael Ballack (Bayern München) – 2006 Miroslav Klose (Werder Bremen) – 2007 Mario Gomez (VfB Stuttgart) – 2008 Franck Ribery (Bayern München) – 2009 Grafite (VfL Wolfsburg) – 2010 Arjen Robben (Bayern München) – 2011 Manuel Neuer (FC Schalke 04). – 2012 Marco Reus (Borussia Mönchengladbach) – 2013 Bastian Schweinsteiger (Bayern München) – 2014 Manuel Neuer (Bayern München) – 2015 Kevin De Bruyne (VfL Wolfsburg) – 2016 Jerome Boateng (Bayern München) – 2017 Philipp Lahm (Bayern München) – 2018 Toni Kroos (Real Madrid) – 2019 Marco Reus (Borussia Dortmund) – 2020, 2021 Robert Lewandowski (Bayern München).

Die Fußballer des Jahres der DDR

1963 Manfred Kaiser (SC Wismut Karl-Marx-Stadt) – 1964 Klaus Urbanczyk (SC Chemie Halle) – 1965 Horst Weigang (SC Leipzig) – 1966 Jürgen Nöldner (FC Vorwärts Berlin) – 1967 Dieter Erler (FC Karl-Marx-Stadt) – 1968 Bernd Bransch (Hallescher FC Chemie) – 1969 Eberhard Vogel (FC Karl-Marx-Stadt) – 1970 Roland Ducke (FC Carl Zeiss Jena) – 1971 Peter Ducke (FC Carl Zeiss Jena) – 1972 Jürgen Croy (Sachsenring Zwickau) – 1973 Hans-Jürgen Kreische (Dynamo Dresden) – 1974 Bernd Bransch (FC Carl Zeiss Jena) – 1975 Jürgen Pommerenke (1. FC Magdeburg) – 1976 Jürgen Croy (Sachsenring Zwickau) – 1977 Hans-Jürgen Dörner (Dynamo Dresden) – 1978 Jürgen Croy (Sachsenring Zwickau) – 1979 Joachim Streich (1. FC Magdeburg) – 1980, 1981 Hans-Ulrich Grapenthin (FC Carl Zeiss Jena) – 1981 Hans-Ulrich Grapenthin (Carl Zeiss Jena) – 1982 Rüdiger Schnuphase (FC Carl Zeiss Jena) – 1983 Joachim Streich (1. FC Magdeburg) – 1984, 1985 Hans-Jürgen Dörner (Dynamo Dresden) – 1986, 1987 René Müller (1. FC Lokomotive Leipzig) – 1988 Andreas Thom (Berliner FC Dynamo) – 1989 Andreas Trautmann (Dynamo Dresden) – 1990 Ulf Kirsten (Dynamo Dresden) – 1991 Torsten Gütschow (Dynamo Dresden).

Schiedsrichter des Jahres

1975 Heinz Aldinger (Waiblingen) – 1976 Ferdinand Biwersi (Bliesransbach) – 1977 Walter Eschweiler (Euskirchen) – 1978 Rudolf Frickel (München) – 1979 Jan Redelfs (Hannover) – 1980 Volker Roth (Salzgitter) – 1981 Klaus Ohmsen (Hamburg) – 1982 Walter Horstmann (Hildesheim) – 1983 Franz-Josef Hontheim (Trier) – 1984 Wolf-Dieter Ahlenfelder (Oberhausen) – 1985 Dieter Pauly (Rheydt) – 1986 Volker Roth (Salzgitter) – 1987 Aron Schmidhuber (Ottobrunn) – 1988 Dieter Pauly (Rheydt) – 1989 Karl-Heinz Tritschler (Gundelfingen) – 1990 Dieter Pauly (Rheydt) – 1991, 1992 Aron Schmidhuber (Ottobrunn) – 1993 Karl-Josef Assenmacher (Hürth) – 1994 Hellmut Krug (Gelsenkirchen) – 1995, 1996 Dr. Markus Merk (Kaiserslautern) – 1997 Alfons Berg (Konz) – 1998 Bernd Heynemann (Magdeburg) – 1999 Hellmut Krug (Gelsenkirchen) – 2000 Dr. Markus Merk (Kaiserslautern) – 2001 Herbert Fandel (Kyllburg) – 2002 Hellmut Krug (Gelsenkirchen) – 2003 Hellmut Krug (Gelsenkirchen) und Dr. Markus Merk (Otterbach) – 2004 Dr. Markus Merk (Otterbach) und Christine Frai (Bremen) – 2005 Herbert Fandel (Kyllburg) und Elke Günthner (Bamberg) – 2006 Dr. Markus Merk (Otterbach) und Christine Beck (Magstadt) – 2007 Herbert Fandel (Kyllburg) und Bibiana Steinhaus (Hannover) – 2008 Dr. Markus Merk

(Otterbach), Herbert Fandel (Kyllburg), Christine Beck (Magstadt) und Bibiana Steinhaus (Hannover) – 2009 Florian Meyer (Burgdorf) und Bibiana Steinhaus (Hannover) – 2010 Wolfgang Stark (Landshut) und Bibiana Steinhaus (Hannover) – 2010 Wolfgang Stark (Landshut) und Bibiana Steinhaus (Hannover) – 2011 Manuel Gräfe (Berlin) und Bibiana Steinhaus (Hannover) – 2012 Knut Kircher (Rottenburg) und Christine Baitinger (Magstadt) – 2013 Dr. Felix Brych (München) und Dr. Riem Hussein (Bad Harzburg) – 2014 Felix Zwayer (Berlin) und Marija Kurtes (Düsseldorf) – 2015 Dr. Felix Brych (München) und Katrin Rafalski (Baunatal) – 2016 Dr. Felix Brych (München) und Dr. Riem Hussein (Bad Harzburg) – 2017 Wolfgang Stark (Landshut) und Bibiana Steinhaus (Langenhagen) – 2018 Dr. Felix Brych (München) und Bibiana Steinhaus (Langenhagen) – 2019 Deniz Aytekin (Oberasbach) und Marina Wozniak (Herne) – 2020 Marco Fritz (Korb) und Dr. Riem Hussein (Bad Harzburg) – 2021 Dr. Felix Brych (München) und Dr. Riem Hussein (Bad Harburg).

Trainer des Jahres

2002 Klaus Toppmöller (Bayer Leverkusen) – 2003 Felix Magath (VfB Stuttgart) – 2004 Thomas Schaaf (Werder Bremen) – 2005 Felix Magath (Bayern München) – 2006 Jürgen Klinsmann (Bundestrainer) – 2007 Armin Veh (VfB Stuttgart) – 2008 Ottmar Hitzfeld (Bayern München) – 2009 Felix Magath (VfL Wolfsburg) – 2010 Louis van Gaal (Bayern München) – 2011, 2012 Jürgen Klopp (Borussia Dortmund) – 2013 Jupp Heynckes (Bayern München) – 2014 Joachim Löw (Bundestrainer) – 2015 Dieter Hecking (VfL Wolfsburg) – 2016 Dirk Schuster (SV Darmstadt 98) – 2017 Julian Nagelsmann (TSG 1899 Hoffenheim)– 2018 Jupp Heynckes (Bayern München) – 2019 Jürgen Klopp (FC Liverpool) – 2020 Hans-Dieter Flick (Bayern München) – 2021 Thomas Tuchel (FC Chelsea).

Bundesliga-Nachwuchsrunde (Adi-Dassler-Pokal) und Reserverunde

1979 **1. FC Kaiserslautern** (– VfB Stuttgart 2:0) – 1980 **1. FC Kaiserslautern** (– MSV Duisburg 2:1) – 1981 **Bayer Leverkusen** (– Karlsruher SC 3:2) – 1982 **SV Waldhof Mannheim** (– Borussia Mönchengladbach 2:0) – 1983 **Borussia Mönchengladbach** (– Eintracht Frankfurt 5:2) – 1984 nicht ausgespielt – ab 1984/85 Adi-Daßler-Pokal – 1985 **Borussia Mönchengladbach** (– Borussia Dortmund 1:0) – 1986 **Borussia Dortmund** (– VfB Stuttgart 4:3 n. V.) – seitdem nicht mehr ausgespielt. – ab 1994/95 Bundesliga-Reserverunde – 1995 **Bayer Leverkusen** (– Dynamo Dresden 6:1) – 1996 Gruppensieger Nord: FC St. Pauli, Süd: SC Freiburg, Südwest: Fortuna Düsseldorf, West: Borussia Dortmund; Gewinner nicht ausgespielt.

Hallen-Masters/DFB-Hallenpokal

1987 (inoffiziell) in Stuttgart: **Hamburger SV** (– VfB Stuttgart 3:1) – 1988 (ab jetzt offiziell unter DFB-Regie) in Frankfurt: **Bayer Uerdingen** (– Eintracht Frankfurt 5:3) – 1989 in Dortmund: **Werder Bremen** (– VfB Stuttgart 6:3) – 1990 in Dortmund: **Borussia Dortmund** (– Bayer Uerdingen 5:3) – 1991 in Dortmund: **Borussia Dortmund** (– Werder Bremen 4:4/4:3 im Neunmeterschießern) – 1992 in München: **Borussia Dortmund** (– VfL Bochum 2:1) – 1993 in München: **1. FC Köln** (– VfB Stuttgart 2:1) – 1994 in Dortmund: **Bayer Leverkusen** (– 1. FC Köln 5:1) – 1995 in München: **Karlsruher SC** (– Bayer Leverkusen 6:3) – 1996 in Dortmund: **TSV München 1860** (– Hamburger SV 6:3) – 1997 in München: **1. FC Kaiserslautern** (– Bayern München 3:1) – 1998 in München: **Hansa Rostock** (– FC Schalke 04 4:3) – 1999 in Dortmund: **Borussia Dortmund** (– VfL Wolfsburg 2:1) – 2000 in München: **SpVgg Greuther Fürth** (– Borussia Mönchengladbach 2:3; 2:0 für Fürth gewertet, weil der Spieler Lanzaat (Mönchengladbach) des Dopings überführt wurde) – 2001 in Dortmund: **SpVgg Unterhaching** (– Werder Bremen 1:1/5:4 im Neunmeterschießen) – seitdem nicht mehr ausgespielt.

DFB-Futsal-Cup

2006 UFC Münster – 2007 FV Eppelborn – 2008 UFC Münster – 2009 Futsal Panthers Köln – 2010, 2011 SD Croatia Berlin – 2012, 2013 Hamburg Panthers – 2014 Nafi Stuttgart – 2015, 2016 Hamburg Panthers – 2017 Jahn Regensburg – 2018 VfL 05 Hohenstein-Ernstthal – 2019 TSV Weilimdorf – 2020 VfL 05 Hohenstein-Ensthal – 2021 TSV Weilimdorf.

Auch sie waren einmal Deutsche Meister

Deutsche Akademiker-Meisterschaft
1911 VfB Marburg – 1912 Holstein Kiel – 1913 VfB Leipzig.

Arbeiter-Turn- und Sport-Bund
1920 TuSpo Fürth – 1921, 1922, 1923 VfL Südost Leipzig Stötteritz – 1924, 1925, 1926, 1927 Dresdner SV 1910 – 1928 Pankower SC Adler 08 Berlin – 1929 SC Lorbeer 06 Hamburg – 1930 TuS Nürnberg-Ost – 1931 SC Lorbeer 06 Hamburg – 1932 TuS Nürnberg-Ost.

Deutsche Jugendkraft
1921, 1924 DJK Essen-Katernberg – 1927, 1932 DJK Sparta Nürnberg.

Deutsche Turnerschaft
1925, 1926 MTV Fürth – 1927 TV 61 Forst – 1928 Harburger TB – 1929 TV 1846 Mannheim – 1930 Kruppsche TG Essen.

KG für Rote Sporteinheit
1931 Dresdner SV 1910 – 1932 FT Jeßnitz.

Fußballmeister des Deutschen Makkabi-Kreises
1929 unbekannt (Laut „Jüdische Rundschau" sollte Bar Kochba Hamburg im Endspiel auf den Sieger Bar Kochba Frankfurt – Bar Kochba Breslau treffen.) – 1934 Bar Kochba-Hakoah Berlin (Vermutlich handelt es sich um die Auswahlmannschaft von Berlin-Brandenburg, die den 1934 ausgespielten Makkabi-Pokal gewann.) – 1936, 1937 Bar Kochba Frankfurt – 1938 Bar Kochba-Hakoah Berlin.

Reichsmeister des Sportbundes Schild
1934 BSG 33 Berlin – 1935, 1936 Schild Frankfurt – 1937 Schild Stuttgart – 1938 Schild Bochum.
Nachdem im Deutschen Makkabi-Kreis offensichtlich bereits 1928/29 eine Reichsmeisterschaft ausgespielt wurde, trug der jüdische Sportbund »Schild« nach der nationalsozialistischen Machtergreifung und dem zwangsweisen Ausschluss jüdischer Sportler aus den Vereinen ab 1934 eine Reichsmeisterschaft aus. Der Deutsche Makkabi-Kreis folgte 1936 mit einer offiziellen Meisterschaft.

Deutsche Amateur-Meisterschaft
1951 ATSV Bremen 1860 – 1952 VfR Schwenningen – 1953 SV Berg. Gladbach 09 – 1954 TSV Marl-Hüls – 1955 Sportfreunde Siegen – 1956 SpVgg Neu-Isenburg – 1957 VfL Benrath – 1958 FV Hombruch 09 – 1959 FC Singen 04 – 1960 Hannover 96 Am. – 1961 Holstein Kiel Am. – 1962 SC Tegel – 1963 VfB Stuttgart Am. – 1964, 1965 Hannover 96 Am. – 1966 Werder Bremen Am. – 1967 STV Horst-Emscher – 1968 Marathon Remscheid – 1969, 1970, 1971 SC Jülich 1910 – 1972 FSV Frankfurt – 1973 SpVgg Bad Homburg – 1974 SSV Reutlingen – 1975 VfR Oli Bürstadt – 1976 SV Holzwickede – 1977 Fortuna Düsseldorf Am. – 1978 SV Sandhausen – 1979 ESV Ingolstadt – 1980 VfB Stuttgart Am. – 1981 1. FC Köln Am. – 1982 1. FSV Mainz 05 – 1983 FC 08 Homburg/Saar – 1984 Offenburger FV – 1985 Werder Bremen Am. – 1986 BVL 08 Remscheid – 1987 MSV Duisburg – 1988, 1989 Eintracht Trier – 1990 FSV Salmrohr – 1991 Werder Bremen Am. – 1992 Rot-Weiss Essen – 1993 SV Sandhausen – 1994 Preußen Münster – 1995 VfL Osnabrück – 1996 SSV Ulm 1846 – 1997 SSV Reutlingen – 1998 Tennis Borussia Berlin – (Die kompletten Ergebnisse der Deutschen Amateur-Meisterschaft erschienen letztmalig im kicker-Almanach 2001.)

KAPITEL 6

DIE 1. BUNDESLIGA

BAYERN MÜNCHEN

Gegründet: 27. Februar 1900 – Vereinsfarben: Rot-Weiß – Vereinsmitglieder: 293 000 – Rechtsform: AG (seit 2002)
Anschrift: Säbener Straße 51-57, 81547 München – Telefon: (0 89) 69 93 10
E-Mail: service@fcbayern.com – Internet: www.fcbayern.com
Deutscher Meister (31): 1932, 1969, 1972, 1973, 1974, 1980, 1981, 1985, 1986, 1987, 1989, 1990, 1994, 1997, 1999, 2000, 2001, 2003, 2005, 2006, 2008, 2010, 2013, 2014, 2015, 2016, 2017, 2018, 2019, 2020, 2021 – Deutscher Pokalsieger (20): 1957, 1966, 1967, 1969, 1971, 1982, 1984, 1986, 1998, 2000, 2003, 2005, 2006, 2008, 2010, 2013, 2014, 2016, 2019, 2020 – Champions-League-Sieger (3): 2001, 2013, 2020 – Europapokalsieger der Landesmeister (3): 1974, 1975, 1976 – Europapokalsieger der Pokalsieger (1): 1967 – UEFA-Pokal-Sieger (1): 1996 – Klub-Weltmeister (2): 2013, 2020 – Weltpokalsieger (2): 1976, 2001 – UEFA-Supercup-Sieger (2): 2013, 2020 – Deutscher Supercupsieger (9): 1983, 1987, 1990, 2010, 2012, 2016, 2017, 2018, 2020 – Ligapokalsieger (6): 1997, 1998, 1999, 2000, 2004, 2007

Vorstand der AG: Oliver Kahn (Vorsitzender), Jan-Christian Dreesen (Finanzen, stv. Vorsitzender), Andreas Jung (Marketing, Sponsoring, Events), Hasan Salihamidzic (Sport), Jörg Wacker (Internationalisierung und Strategie, Merchandising, Lizenzen) – Präsident des e. V., Aufsichtsratsvorsitzender: Herbert Hainer – Direktor Medien, Digital und Kommunikation: Stefan Mennerich – Klubsprecher: Dieter Nickles – Leiter Pressestelle: Hans-Peter Renner
Trainer: Julian Nagelsmann, geb. am 23. 7. 1987, Deutscher, seit 1. 7. 2021 Cheftrainer bei Bayern München – Co-Trainer: Dino Toppmöller, Xaver Zembrod, Benjamin Glück (Videoanalyse) – Torwarttrainer: Toni Tapalovic – Wissenschaftlicher Leiter, Leiter Fitness: Prof. Dr. Holger Broich – Fitness- und Reha-Trainer: Thomas Wilhelmi, Peter Schlösser, Simon Martinello, Soner Mansuroglu (Datenanalyst) – Spielanalyse: Michael Niemeyer (Leitung), Vitus Angerer, Michael Cuper, Maximilian Schwab – Teammanagement: Kathleen Krüger (Leiterin), Bastian Wernscheid – Ärzte-Team: Prof. Dr. Peter Ueblacker, Dr. Jochen Hahne, Prof. Dr. Roland Schmidt (Internist und Kardiologe) – Physiotherapeuten: Helmut Erhard (Leiter), Gerry Hoffmann (stv. Leiter), Gianni Bianchi, Christian Huhn, Stephan Weickert, Florian Brandner, Knut Stamer – Zeugwarte: Thomas Reschke, Lawrence Aimable, Sebastian Pflügler, Frank Jeremies
Stadion: Allianz-Arena, 75 024 überdachte Plätze, davon 54 511 Sitz- und 15 794 Stehplätze, 1374 Logenplätze, 2048 Business-Seats, 104 Plätze für Ehrengäste, 966 für Sponsoren und 227 Behindertenplätze

TOR
36 Christian Früchtl, 39 Ron-Thorben Hoffmann, 1 Manuel Neuer, 26 Sven Ulreich

ABWEHR
19 Alphonso Davies, 21 Lucas Hernandez, 23 Tanguy Nianzou, 5 Benjamin Pavard, 15 Chris Richards, 3 Omar Richards, 20 Bouna Sarr, 4 Niklas Süle, 2 Dayot Upamecano

MITTELFELD
29 Kingsley Coman, 17 Michael Cuisance, 7 Serge Gnabry, 8 Leon Goretzka, 6 Joshua Kimmich, 25 Thomas Müller, 42 Jamal Musiala, 22 Marc Roca, 10 Leroy Sané, 24 Corentin Tolisso

STURM
13 Eric Maxim Choupo-Moting, 9 Robert Lewandowski, 14 Joshua Zirkzee

RB LEIPZIG

Gegründet: 19. Mai 2009 – Vereinsfarben: Rot-Weiß – Vereinsmitglieder: 961 (inklusive Fördermitglieder) – Rechtsform: GmbH (seit 2014)
Anschrift: Cottaweg 3, 04177 Leipzig – Telefon: (03 41) 1 2 47 97 777
E-Mail: service.rbleipzig@redbulls.com – Internet: www.dierotenbullen.com

Vorsitzender der Geschäftsführung: Oliver Mintzlaff – Geschäftsführer Finanzen, Chief Financial Officer: Florian Hopp – Chief Commercial Officer: Matthias Reichwald – Chief Operating Officer: Jens May – Kaufmännischer Leiter Sport, Chief Media Officer: Florian Scholz – Technischer Direktor: Christopher Vivell – Direktor Medizin und Sportwissenschaft: Dr. Helge Riepenhof
Trainer: Jesse Marsch, geb. am 8. 11. 1973, US-Amerikaner, seit 1. 7. 2021 Cheftrainer bei RB Leipzig – Co-Trainer: Achim Beierlorzer, Marco Kurth – Torwarttrainer: Frederik Gößling – Athletiktrainer: Ruwen Faller (Leiter), Daniel Behlau, Kai Kraft – Präventivtrainer: Marc Palmer – Rehatrainer: Elliot Ferguson-Dillon – Datenanalyst: Julius Adam – Videoanalyse: Fabian Friedrich (Leiter), Johannes von Holwede, Matthias Grote, Viktor Bertini – Leiter Sportwissenschaften: Jack Nayler – Leistungsdiagnostiker: Dominik Cegla – Leiter Lizenzspieler: Frank Aehlig – Sportkoordinator: Felix Krüger – Teammanagement: Babacar N'Diaye – Mannschaftsärzte: Dr. Helge Riepenhof, Dr. Robert Percy Marshall, Dr. Frank Striegler, Dr. Ralf Zimmermann – Physiotherapeuten: Nikolaus Schmid, Christopher Weichert, Simeon Unger, Andrew Mitchell – Sportpsychologe: Dr. Maximilian Pelka – Zeugwarte: Claudia Richter, Mike Richter
Stadion: Red-Bull-Arena, 47 069 überdachte Sitzplätze

TOR
1 Peter Gulacsi, 31 Josep Martinez, 13 Philipp Tschauner

ABWEHR
3 Angelino, 32 Josko Gvardiol, 23 Marcel Halstenberg, 39 Benjamin Henrichs, 16 Lukas Klostermann, 22 Nordi Mukiele, 4 Willi Orban, 43 Marcelo Saracchi, 2 Mohamed Simakan

MITTELFELD
14 Tyler Adams, 25 Dani Olmo, 10 Emil Forsberg, 8 Amadou Haidara, 44 Kevin Kampl, 46 Ben Klefisch, 27 Konrad Laimer, 18 Christopher Nkunku, 7 Marcel Sabitzer, 20 Lazar Samardzic, 17 Dominik Szoboszlai, 47 Joscha Wosz

STURM
21 Brian Brobbey, 11 Hee-Chan Hwang, 41 Ademola Lookman, 38 Hugo Novoa, 9 Yussuf Poulsen, 33 André Silva, 19 Alexander Sörloth

BORUSSIA DORTMUND

Gegründet: 19. Dezember 1909 – Vereinsfarben: Schwarz-Gelb – Vereinsmitglieder: 160 000 – Rechtsform: GmbH & Co. KGaA (seit 1999)
Anschrift: Rheinlanddamm 207-209, 44137 Dortmund – Telefon: (02 31) 90 20 0
E-Mail: info@bvb.de – Internet: www.bvb.de
Deutscher Meister (8): 1956, 1957, 1963, 1995, 1996, 2002, 2011, 2012 – Deutscher Pokalsieger (5): 1965, 1989, 2012, 2017, 2020 – Champions-League-Sieger (1): 1997 – Europapokalsieger der Pokalsieger (1): 1966 – Weltpokalsieger (1): 1997 – Deutscher Supercupsieger (7): 1989, 1995, 1996, 2008, 2013, 2014, 2019

Geschäftsführung: Hans-Joachim Watzke (Vorsitzender), Carsten Cramer (Vertrieb, Marketing und Digitalisierung), Thomas Treß (Finanzen) – Präsident des e. V.: Dr. Reinhard Rauball – 2. Vorsitzender: Gerd Pieper – Schatzmeister: Dr. Reinhold Lunow – Direktoren: Michael Zorc (Sport), Dr. Christian Hockenjos (Organisation und Verwaltung), Marcus Knipping (Finanzen und Facilities), Sascha Fligge (Kommunikation), Corinna Borgmann (Personal), Lars Ricken (NLZ), Dr. Robin Steden (Recht/Investor Relations) – Leiter der Lizenzspielerabteilung: Sebastian Kehl – Technischer Direktor: Edin Terzic – Sportlicher Leiter Nachwuchs: Edwin Boekamp
Trainer: Marco Rose, geb. am 11. 9.1976, Deutscher, seit 1. 7. 2021 Cheftrainer bei Borussia Dortmund – Co-Trainer: René Maric, Alexander Zickler – Torwarttrainer: Matthias Kleinsteiber – Fitness- und Athletik-Team: Johannes Wieber (Leitung), Florian Wangler, Dennis Morschel, Matthias Kolodziej, Patrick Eibenberger – Leiter Scouting: Markus Pilawa – Videoanalysten: Serdar Ayar, Frank Rutemöller, Daniel Ackermann – Teammanager: Arne Niehörster – Team-Integrations-Beauftragter: Joel Kunz – Toptalente-Trainer: Otto Addo – Mannschaftsärzte: Dr. Markus Braun, Dr. Lars Lippelt – Sportpsychologe: Dr. Philipp Laux – Physiotherapeuten: Peter Kuhnt, Thomas Zetzmann, Thorben Voeste, Olaf Wehmer – Osteopath: Michael Arndt – Ernährungsberater: Melf Carstensen – Zeugwart: Frank Gräfen
Stadion: Signal-Iduna-Park, 81 365 überdachte Plätze, davon 52 956 Sitz- und 28 337 Stehplätze sowie 72 Plätze für Rollstuhlfahrer

TOR
38 Roman Bürki, 35 Marwin Hitz, 1 Gregor Kobel, 25 Luca Unbehaun

ABWEHR
16 Manuel Akanji, 41 Nnamdi Collins, 4 Soumaila Coulibaly, 13 Raphael Guerreiro, 15 Mats Hummels, 24 Thomas Meunier, 2 Mateu Morey, 30 Felix Passlack, 29 Marcel Schmelzer, 14 Nico Schulz, 5 Dan-Axel Zagadou

MITTELFELD
22 Jude Bellingham, 19 Julian Brandt, 23 Emre Can, 8 Mahmoud Dahoud, 6 Thomas Delaney, 32 Abdoulaye Kamara, 37 Tobias Raschl, 20 Reinier, 11 Marco Reus, 7 Giovanni Reyna, 28 Axel Witsel, 39 Marius Wolf

STURM
9 Erling Haaland, 10 Thorgan Hazard, 36 Ansgar Knauff, 21 Donyell Malen, 18 Youssoufa Moukoko, 27 Steffen Tigges

VfL WOLFSBURG

Gegründet: 12. September 1945 – Vereinsfarben: Grün-Weiß – Vereinsmitglieder: 20 000 – Rechtsform: GmbH (seit 2001)
Anschrift: In den Allerwiesen 1, 38446 Wolfsburg – Telefon: (0 53 61) 89 03 0
E-Mail: fussball@vfl-wolfsburg.de – Internet: www.vfl-wolfsburg.de
Deutscher Meister (1): 2009 – Deutscher Pokalsieger (1): 2015 – Deutscher Supercupsieger (1): 2015

Aufsichtsratsvorsitzender: Frank Witter – Geschäftsführung: Jörg Schmadtke (Sport, Kommunikation), Michael Meeske (Marketing, Vertrieb, Finanzen, Controlling), Dr. Tim Schumacher (Personal, Recht und Compliance, Infrastruktur und Organisation, IT und Servicebereitstellung, Frauenfußball) – Sportdirektor: Marcel Schäfer – Leiterin Sportkommunikation: Barbara Ertel-Leicht – Leiter Club Media: Thorsten Grunow
Trainer: Mark van Bommel, geb. am 22. 4. 1977, Niederländer, seit 1. 7. 2021 Cheftrainer beim VfL Wolfsburg – Co-Trainer: Michael Frontzeck, Kevin Hofland, Vincent Heilmann – Torwarttrainer: Pascal Formann – Fitnesstrainer: Christoph Tebel, Jimmy Lohberg – Rehatrainer: Michele Putaro – Teammanager: Philipp Wegner – Ärzte-Team: Dr. Stephan Bornhardt, Dr. Gunter Wilhelm – Physiotherapeuten/Masseure: Sascha Weiß (Leitung), Steffen Mantai, Patrick Kasprowski, Manfred Kroß – Zeugwarte: Nils Scholz, Ari Mohammad, Jann Pfannschmidt
Stadion: Volkswagen-Arena, 30 000 überdachte Plätze, davon 22 000 Sitz- und 8000 Stehplätze

TOR
1 Koen Casteels, 30 Niklas Klinger, 12 Pavao Pervan

ABWEHR
3 Sebastiaan Bornauw, 25 John Anthony Brooks, 18 Anselmo Garcia MacNulty, 4 Maxence Lacroix, 43 Jannis Lang, 19 Kevin Mbabu, 6 Paulo Otavio, 34 Marin Pongracic, 15 Jerome Roussillon, 2 William

MITTELFELD
27 Maximilian Arnold, 20 Ridle Baku, 7 Josip Brekalo, 31 Yannick Gerhardt, 23 Josuha Guilavogui, 40 Joao Victor, 14 Admir Mehmedi, 22 Felix Nmecha, 17 Maximilian Philipp, 37 Elvis Rexhbecaj, 24 Xaver Schlager, 44 Marvin Stefaniak, 11 Renato Steffen, 8 Aster Vranckx

STURM
21 Bartosz Bialek, 33 Daniel Ginczek, 29 Omar Marmoush, 10 Lukas Nmecha, 9 Wout Weghorst

EINTRACHT FRANKFURT

Gegründet: 8. März 1899 – Vereinsfarben: Rot-Schwarz-Weiß – Vereinsmitglieder: 93 500 – Rechtsform: AG (seit 2000)
Anschrift: Im Herzen von Europa 1, 60528 Frankfurt – Telefon: (08 00) 743 18 99
E-Mail: info@eintrachtfrankfurt.de – Internet: www.eintracht.de
Deutscher Meister (1): 1959 – Deutscher Pokalsieger (5): 1974, 1975, 1981, 1988, 2018 – UEFA-Pokal-Sieger (1): 1980

Vorstand der AG: Axel Hellmann (Marketing, Kommunikation, Vorstandssprecher), Markus Krösche (Sport), Oliver Frankenbach (Finanzen) – Aufsichtsratsvorsitzender der AG: Philip Holzer – Präsident des e. V.: Peter Fischer – Direktor Profifußball: Ben Manga – Leiter der Lizenzspielerabteilung: Timmo Hardung – Referent des Sportvorstands: Ole Siegel – Koordinator Scouting: Sebastian Frank – Bereichsleiter Medien & Kommunikation: Jan Martin Strasheim – Pressesprecher: Bartosz Niedzwiedzki
Trainer: Oliver Glasner, geb. am 28. 8. 1974, Österreicher, seit 1. 7. 2021 Cheftrainer bei Eintracht Frankfurt – Co-Trainer: Michael Angerschmid, Ronald Brunmayr – Torwarttrainer: Jan Zimmermann – Athletiktrainer: Andreas Beck (Leitung), Martin Spohrer, Markus Murrer, Thomas Pitzke – Analyse: Marco Schuster, Marco Russ, Sebastian Saglimbeni, Niklas Lanwehr – Teammanager: Christoph Preuß – Potenzialtrainer: Martin Daxl – Ernährungsberaterin: Anna Lena van der Felden – Ärzte-Team: Prof. Dr. med Florian Pfab MBA (Leitung), Henning Ott – Physiotherapeuten: Christian Haser (Leitung), Winfried Banzer (Wissenschaftlicher Leiter), Benjamin Sommer, Niklas Mazeczek, Patrick Kux, Koichi Kurokawa – Zeugwarte: Franco Lionti, Igor Simonov
Stadion: Deutsche Bank Park, 51 500 überdachte Plätze, davon 42 200 Sitz- und 9300 Stehplätze

TOR
31 Jens Grahl, 40 Diant Ramaj, 1 Kevin Trapp

ABWEHR
22 Timothy Chandler, 24 Danny da Costa, 37 Erik Durm, 20 Makoto Hasebe, 13 Martin Hinteregger, 42 Felix Irorere, 25 Christopher Lenz, 2 Evan Ndicka, 43 Fynn Otto, 18 Almamy Toure, 35 Tuta

MITTELFELD
27 Aymen Barkok, 7 Ajdin Hrustic, 3 Stefan Ilsanker, 15 Daichi Kamada, 10 Filip Kostic, 29 Jesper Lindström, 17 Sebastian Rode, 8 Djibril Sow, 41 Nils Stendera, 32 Amin Younes, 6 Rodrigo Zalazar, 11 Steven Zuber

STURM
21 Ragnar Ache, 30 Ali Akman, 28 Fabio Blanco, 19 Rafael Santos Borré, 38 Enrique Herrero, 16 Dejan Joveljic, 39 Goncalo Paciencia, 45 Martin Pecar

BAYER 04 LEVERKUSEN

Gegründet: 1. Juli 1904 – Vereinsfarben: Rot-Weiß-Schwarz – Vereinsmitglieder: 27 500 – Rechtsform: GmbH (seit 1999)
Anschrift: Bismarckstraße 122-124, 51373 Leverkusen – Telefon: (02 14) 50 00 19 04
E-Mail: info@bayer04.de – Internet: www.bayer04.de
Deutscher Pokalsieger (1): 1993 – UEFA-Pokal-Sieger (1): 1988

Geschäftsführung: Fernando Carro de Prada (Vorsitzender), Rudi Völler (Sport) – Vorsitzender des Gesellschafterausschusses: Werner Wenning – Sportdirektor: Simon Rolfes – Organisation Lizenzspielerabteilung: Stefan Kießling – Direktor Kommunikation: Holger Tromp – Leiter Medien/Stv. Pressesprecher: Christian Schönhals – Pressesprecher Sport: Dirk Mesch – Akkreditierungen/Medienservice: Petra Braun-Hahn – Kaderplanung/Scouting: Tim Steidten (Leitung), Kim Falkenberg (Chefscout)
Trainer: Gerardo Seoane, geb. am 30. 10. 1978, Schweizer, seit 1. 7. 2021 Cheftrainer bei Bayer Leverkusen – Co-Trainer: Patrick Schnarwiler, Alberto Encinas, Marcel Daum (Analyse) – Torwarttrainer: David Thiel – Athletiktrainer: Dr. Malte Krüger (Leiter Sportwissenschaft und Athletik), Schahriar Bigdeli, Daniel Jouvin – Rehatrainer: Carsten Rademacher, Gregor Stumpf – Teamorganisation: Hans-Peter Lehnhoff – Mannschaftsärzte: Dr. Karl-Heinrich Dittmar (Direktor Medizin), Dr. Philipp Ehrenstein, Dr. Burak Yildirim – Physiotherapeuten: Fritz Gard (Leitung), Ill-Han Yu, Manuel Schardt, Tobias Schäuble, Florian Kroder – Betreuer: Christian Beckers, Markus Irmer, Martin Kowatzki
Stadion: BayArena, 30 210 überdachte Plätze, davon 25 710 Sitz- und 4500 Stehplätze

TOR
21 Lennart Grill, 1 Lukas Hradecky, 36 Niklas Lomb, 40 Andrey Lunev

ABWEHR
5 Mitchel Bakker, 24 Timothy Fosu-Mensah, 30 Jeremie Frimpong, 6 Odilon Kossounou, 3 Panagiotis Retsos, 22 Daley Sinkgraven, 4 Jonathan Tah, 12 Edmond Tapsoba, 23 Mitchell Weiser, 18 Wendell

MITTELFELD
11 Nadiem Amiri, 20 Charles Aranguiz, 15 Julian Baumgartlinger, 10 Kerem Demirbay, 25 Exequiel Palacios, 29 Zidan Sertdemir, 27 Florian Wirtz

STURM
13 Lucas Alario, 9 Leon Bailey, 38 Karim Bellarabi, 19 Moussa Diaby, 37 Emrehan Gedikli, 7 Paulinho, 17 Joel Pohjanpalo, 14 Patrik Schick

1. FC UNION BERLIN

Gegründet: 20. Januar 1966 – Vereinsfarben: Rot-Weiß – Vereinsmitglieder: 38 009 – Rechtsform: e. V.
Anschrift: An der Wuhlheide 263, 12555 Berlin – Telefon: (0 30) 65 66 88 100
E-Mail: verein@fc-union-berlin.de – Internet: www.fc-union-berlin.de
FDGB-Pokalsieger (1): 1968

Präsident: Dirk Zingler – Präsidium: Jörg Hinze, Dirk Thieme, Oskar Kosche (Geschäftsführer Lizenzierung), Lutz Munack (Geschäftsführer Nachwuchs-/Amateurfußball) – Geschäftsführer Profifußball: Oliver Ruhnert – Geschäftsführer Finanzen & Vertrieb: Thomas Stäpke – Geschäftsführer Kommunikation: Christian Arbeit

Trainer: Urs Fischer, geb. am 20.2.1966, Schweizer, seit 1. 7. 2018 Cheftrainer beim 1. FC Union Berlin – Co-Trainer: Markus Hoffmann, Sebastian Bönig – Torwarttrainer: Michael Gspurning – Fitness- und Reha-Trainer: Martin Krüger, Christopher Busse – Spielanalyse: Adrian Wittmann (Leitung), Sebastian Podsiadly – Teammanagerin: Susanne Kopplin – Ärzte-Team: Prof Dr. Bernd Wolfarth (Leitung), Dr. Carsten Perka (Leitung), Dr. Clemens Gwinner, Dr. Fabian Plachl, Tobias Gehlen – Physiotherapeuten: Maximilian Perschk (Leitung), Frank Placzek, Robert Kemna, Thomas Riedel (Masseur)
Stadion: An der Alten Försterei, 22 012 überdachte Plätze, davon 3617 Sitz- und 18 395 Stehplätze

TOR
12 Jakob Busk, 1 Andreas Luthe, 10 Frederik Rönnow

ABWEHR
25 Timo Baumgartl, 5 Marvin Friedrich, 23 Niko Gießelmann, 3 Paul Jaeckel, 31 Robin Knoche, 26 Tymoteusz Puchacz, 6 Julian Ryerson, 28 Christopher Trimmel, 4 Rick van Drongelen

MITTELFELD
30 Robert Andrich, 29 Laurenz Dehl, 18 Keita Endo, 33 Sebastian Griesbeck, 24 Genki Haraguchi, 8 Rani Khedira, 7 Levin Öztunali, 21 Grischa Prömel, 35 Fabio Schneider, 15 Pawel Wszolek

STURM
39 Suleiman Abdullahi, 14 Taiwo Awoniyi, 27 Sheraldo Becker, 17 Kevin Behrens, 38 Leon Dajaku, 32 Marcus Ingvartsen, 10 Max Kruse, 36 Cedric Teuchert, 11 Anthony Ujah, 9 Andreas Voglsammer

BORUSSIA MÖNCHENGLADBACH

Gegründet: 1. August 1900 – Vereinsfarben: Schwarz-Weiß-Grün – Vereinsmitglieder: 94 100 – Rechtsform: GmbH (seit 2003)
Anschrift: Hennes-Weisweiler-Allee 1, 41179 Mönchengladbach – Telefon: (0 18 06) 18 19 00
E-Mail: info@borussia.de – Internet: www.borussia.de
Deutscher Meister (5): 1970, 1971, 1975, 1976, 1977 – Deutscher Pokalsieger (3): 1960, 1973, 1995 – UEFA-Pokal-Sieger (2): 1975, 1979 – Deutscher Supercupsieger (1): 1977

Präsident: Rolf Königs – Vizepräsidenten: Rainer Bonhof, Siegfried Söllner – Präsidiumsmitglied: Hans Meyer – Geschäftsführer: Stephan Schippers – Geschäftsführer/Sportdirektor: Max Eberl – Direktor Lizenzfußball und Leitung Scouting: Steffen Korell – Leiter der Lizenzspielerabteilung/ Teammanager: Christofer Heimeroth – Direktor Unternehmenskommunikation: Markus Aretz – Direktor Sponsoring, Catering & Events: Guido Uhle
Trainer: Adi Hütter, geb. am 11. 2. 1970, Österreicher, seit 1. 7. 2021 Cheftrainer bei Borussia Mönchengladbach – Co-Trainer: Christian Peintinger, Armin Reutershahn, Frank Geideck, Oliver Neuville – Torwarttrainer: Uwe Kamps (Leitung), Fabian Otte – Trainer Übergangsbereich/Talente: Eugen Polanski – Athletiktrainer: Quirin Löppert, Alexander Mouhcine, Markus Müller, Jonas Rath – Spielanalyse: Dr. Philipp Schützendorf, Dominik Mews – Leiter Medizin und Prävention: Martin Meichelbeck – Mannschaftsärzte: Dr. Ralf Doyscher (fest angestellt), Dr. Stefan Hertl, Dr. Heribert Ditzel – Physiotherapeuten: Hendrik Schreiber (Leitung), Dirk Müller, Benedikt Bohnen, Ron Rohloff, Adam Szordykowski (Masseur) – Betreuer: Marcus Breuer, Rolf Hülswitt, Christian Rieger
Stadion: Borussia-Park, 54 041 überdachte Plätze, davon 37 892 Sitz- und 16 149 Stehplätze

TOR
46 Jonas Kersken, 41 Jan Olschowsky, 21 Tobias Sippel, 1 Yann Sommer

ABWEHR
25 Ramy Bensebaini, 15 Louis Jordan Beyer, 4 Mamadou Doucouré, 30 Nico Elvedi, 28 Matthias Ginter, 24 Tony Jantschke, 18 Stefan Lainer, 40 Andreas Poulsen, 29 Joe Scally

MITTELFELD

22 Laszlo Benes, 23 Jonas Hofmann, 17 Kouadio Koné, 6 Christoph Kramer, 26 Torben Müsel, 32 Florian Neuhaus, 27 Famana Quizera, 43 Rocco Reitz, 13 Lars Stindl, 11 Hannes Wolf, 8 Denis Zakaria

STURM

37 Keanan Bennetts, 36 Breel Embolo, 7 Patrick Herrmann, 14 Alassane Plea, 10 Marcus Thuram

VfB STUTTGART

Gegründet: 9. September 1893 – Vereinsfarben: Weiß-Rot – Vereinsmitglieder: 72 000 – Rechtsform: AG (seit 2017)
Anschrift: Mercedesstraße 109, 70372 Stuttgart – Telefon: (07 11) 99 33 18 93
E-Mail: service@vfb-stuttgart.de – Internet: www.vfb.de
Deutscher Meister (5): 1950, 1952, 1984, 1992, 2007 – Deutscher Pokalsieger (3): 1954, 1958, 1997 – Deutscher Supercupsieger (1): 1992 – Deutscher Amateurmeister (2): 1963, 1980

Präsident des e. V. und Aufsichtsratsvorsitzender der AG: Claus Vogt – Präsidium des e. V.: Rainer Adrion (Vizepräsident), Christian Riethmüller – Vorstand der AG: Thomas Hitzlsperger (Vorsitzender, Bereiche Sport, Unternehmensstrategie und Kommunikation), Thomas Ignatzi (Finanzen und Verwaltung), Rouven Kasper (Marketing und Vertrieb, ab 1. 1. 2022) – Sportdirektor: Sven Mislintat – Direktor Kommunikation, Fans und Marke: Tobias Kaufmann – Pressesprecher: Tobias Herwerth
Trainer: Pellegrino Matarazzo, geb. am 28. 11. 1977, US-Amerikaner mit italienischem Pass, seit 30. 12. 2019 Cheftrainer beim VfB Stuttgart – Co-Trainer: Peter Perchtold, Michael Wimmer, Michael Kammermeyer (Analyse) – Torwarttrainer: Steffen Krebs – Athletiktrainer: Matthias Schiffers – Leiter Prävention und Rehabilitation: Martin Franz – Spielanalysten: Marcus Fregin, Maximilian Lesser – Leistungsanalyse: Emiel Schulze – Leiter Performance: Oliver Bartlett – Teammanager: Günther Schäfer – Betreuer Lizenzspielermannschaft: Peter Reichert – Mannschaftsärzte: PD Dr. med. habil. Raymond Best, Prof. Dr. Dr. Heiko Striegel, Dr. Mario Bucher – Sportpsychologe: Dino Poimann – Therapeut: Gerhard Wörn – Physiotherapeuten: Matthias Hahn, Manuel Roth – Zeugwarte: Michael Meusch, Thomas Schultheiss, Gordana Markovic-Masala
Stadion: Mercedes-Benz-Arena, 60 441 überdachte Plätze, davon 49 320 Sitz- und 11 121 Stehplätze

TOR

33 Fabian Bredlow, 1 Florian Müller

ABWEHR

2 Waldemar Anton, 37 Hiroki Ito, 16 Atakan Karazor, 4 Marc Oliver Kempf, 36 Luca Mack, 5 Konstantinos Mavropanos, 24 Borna Sosa, 15 Pascal Stenzel

MITTELFELD

32 Naouirou Ahamada, 34 Ömer Beyaz, 19 Darko Churlinov, 29 Momo Cissé, 7 Tanguy Coulibaly, 10 Daniel Didavi, 25 Lilian Egloff, 3 Wataru Endo, 20 Philipp Förster, 22 Chris Führich, 21 Philipp Klement, 31 Mateo Klimowicz, 23 Orel Mangala, 30 Roberto Massimo, 35 Jordan Meyer, 6 Clinton Mola, 28 Nikolas Nartey, 14 Silas, 11 Erik Thommy

STURM

18 Hamadi Al Ghaddioui, 9 Sasa Kalajdzic, 44 Mohamed Sankoh

SC FREIBURG

Gegründet: 1904 – Vereinsfarben: Weiß-Rot – Vereinsmitglieder: 26 500 – Rechtsform: e. V.
Anschrift: Schwarzwaldstraße 193, 79117 Freiburg – Telefon: (07 61) 38 55 10
E-Mail: scf@scfreiburg.com – Internet: www.scfreiburg.com

Vorstand: Oliver Leki (Finanzen, Organisation und Marketing), Jochen Saier (Sport) – Aufsichtsratsvorsitzender: Dr. Heinrich Breit – Sportdirektor und Chefscout: Klemens Hartenbach – Teamkoordinator: Torsten Bauer – Pressesprecher: Sascha Glunk – Leiter Nachwuchsleistungszentrum: Andreas Steiert – Leiterin Frauen- und Mädchenabteilung: Birgit Bauer
Trainer: Christian Streich, geb. am 11. 6. 1965, Deutscher, seit 29. 12. 2011 Cheftrainer beim SC Freiburg – Co-Trainer: Patrick Baier, Florian Bruns, Lars Voßler – Torwarttrainer: Andreas Kronenberg – Athletiktrainer: Daniel Wolf – Vereinsärzte: Dr. Jochen Gruber, Dr. Helge Eberbach, Dr. Markus Wenning – Physiotherapeuten: Markus Behrens, Florian Mack, Torge Schwarz, Uwe Vetter – Zeugwart: Max Beckmann
Stadion: SC-Stadion, 34 700 überdachte Plätze, davon 22 300 Sitz- und 12 400 Stehplätze. Auf seiner Homepage kündigt der Klub jedoch seine Heimspiele 2021/22 weiterhin für das Dreisamstadion (24 000 überdachte Plätze, davon 14 000 Sitz- und 10 000 Stehplätze) an.

TOR
21 Noah Atubolu, 26 Mark Flekken, 1 Benjamin Uphoff

ABWEHR
24 Kimberly Ezekwem, 5 Manuel Gulde, 30 Christian Günter, 23 Dominique Heintz, 17 Lukas Kübler, 3 Philipp Lienhart, 31 Keven Schlotterbeck, 4 Nico Schlotterbeck, 7 Jonathan Schmid, 25 Kiliann Sildillia

MITTELFELD
32 Vincenzo Grifo, 19 Janik Haberer, 27 Nicolas Höfler, 29 Woo-Yeong Jeong, 14 Yannik Keitel, 22 Roland Sallai, 8 Baptiste Santamaria, 33 Noah Weißhaupt

STURM
45 Nishan Burkart, 11 Ermedin Demirovic, 9 Lucas Höler, 18 Nils Petersen, 20 Kevin Schade

TSG 1899 HOFFENHEIM

Gegründet: 1. Juli 1899 – Vereinsfarben: Blau-Weiß – Vereinsmitglieder: 10 275 – Rechtsform: GmbH (seit 2005)
Anschrift: Horrenberger Straße 58, 74939 Zuzenhausen – Telefon: (0 72 61) 94 93 0
E-Mail: info@tsg-hoffenheim.de – Internet: www.tsg-hoffenheim.de

1. Vorsitzender: vakant, derzeit vertretungsberechtigt Kristian Baumgärtner, Frank Engelhardt – Geschäftsführer: Frank Briel (Sport, Finanzen, Organisation, Personal, IT), Denni Strich (Sales & Marketing, Medien und Kommunikation), Prof. Dr. Jan Mayer (Innovation, Wissenschaft, Unternehmensentwicklung) – Direktor Profifußball: Alexander Rosen – Leiter Akademie: Jens Rasiejewski – Direktor Medien/Kommunikation & PR: Christian Frommert – Leiter Medien- und Öffentlichkeitsarbeit/Pressesprecher: Holger Kliem
Trainer: Sebastian Hoeneß, geb. am 12. 5. 1982, Deutscher, seit 27. 7. 2020 Cheftrainer bei der TSG 1899 Hoffenheim – Co-Trainer: David Krecidlo, Matthias Kaltenbach – Torwarttrainer: Michael Rechner – Athletiktrainer: Christian Weigl, Otmar Rösch, Philipp Lussi – Präventivtrainer: Chris-

tian Neitzert – Leiter Scouting: Bastian Huber – Co-Trainer Analyse: Timo Gross – Teammanager: Maximilian Vollmar – Vereinsärzte: Dr. Thomas Frölich, Dr. Ralph Kern – Physiotherapeuten: Peter Geigle, Sören Johannsen, Manuel Kreuzberger, Rüdiger Schuster, Dennis Wöhr – Spielerservice: Cesar Thier, Christoph Kraatz – Betreuer: Heinz Seyfert, Christian Seyfert, Timo Seyfert
Stadion: PreZero-Arena, 30 150 überdachte Plätze, davon 21 000 Sitz- und 9150 Stehplätze

TOR
1 Oliver Baumann, 12 Philipp Pentke, 37 Luca Philipp

ABWEHR
15 Kasim Adams, 25 Kevin Akpoguma, 4 Ermin Bicakcic, 32 Melayro Bogarde, 2 Joshua Brenet, 21 Benjamin Hübner, 30 Marco John, 3 Pavel Kaderabek, 6 Havard Nordtveit, 38 Stefan Posch, 17 David Raum, 22 Kevin Vogt

MITTELFELD
14 Christoph Baumgartner, 20 Mijat Gacinovic, 8 Dennis Geiger, 11 Florian Grillitsch, 16 Sebastian Rudy, 18 Diadie Samassekou, 29 Robert Skov, 13 Angelo Stiller

STURM
23 Sargis Adamyan, 9 Ihlas Bebou, 35 Maximilian Beier, 19 Ishak Belfodil, 7 Jacob Bruun Larsen, 10 Munas Dabbur, 27 Andrej Kramaric, 33 Georginio Rutter

1. FSV MAINZ 05

Gegründet: 16. März 1905 – Vereinsfarben: Rot-Weiß – Vereinsmitglieder: 12 400 – Rechtsform: e. V.
Anschrift: Isaac-Fulda-Allee 5, 55124 Mainz – Telefon: (0 61 31) 37 55 00
E-Mail: info@mainz05.de – Internet: www.mainz05.de
Deutscher Amateurmeister (1): 1982

Vorstandsvorsitzender: Stefan Hofmann – Vorstand: Christian Heidel (Sport, Strategie und Kommunikation), Dr. Jan Lehmann (kaufmännischer Vorstand) – Direktoren: Martin Schmidt (Sport), Christopher Blümlein (Finanzen/Personal), Michael Kammerer (Organisation), Tobias Sparwasser (Kommunikation/Medien), Bernd Legien (Scouting/Analyse) – Pressesprecherin: Silke Bannick – Akkreditierungen: Tobias Rinauer – Bo Svensson, geb. am 4. 8. 1979, Däne, seit 4. 1. 2021 Cheftrainer beim 1. FSV Mainz 05 – Co-Trainer: Babak Keyhanfar, Patrick Kaniuth – Torwarttrainer: Stephan Kuhnert – Leiter Athletik: Sven Herzog – Athletik- und Rehatrainer: Axel Busenkell – Athletiktrainer: Jonas Grünewald – Videoanalyse: Vincent Lorenz, Tijan Njie – Teammanager: Darius Salbert – Ärzte-Team: Dr. Philipp Appelmann, Dr. Stefan Mattyasovszky, Dr. Alexander Tamm, Dr. Simon Diestelmeier – Physiotherapeuten: Christopher Rohrbeck, Stefan Kamilli, Steffen Tröster, Nico Hölzel – Zeugwarte: Walter Notter, Torsten Körner
Stadion: Mewa-Arena, 33 305 überdachte Plätze, davon 22 000 Sitz- und 11 305 Stehplätze

TOR
1 Finn Dahmen, 32 Lasse Rieß, 27 Robin Zentner

ABWEHR
3 Aaron, 16 Stefan Bell, 18 Daniel Brosinski, 42 Alexander Hack, 15 Luca Kilian, 23 Anderson Lucoqui, 17 Jonathan Meier, 34 David Nemeth, 19 Moussa Niakhaté, 4 Jeremiah St. Juste, 30 Silvan Widmer

MITTELFELD
8 Leandro Barreiro, 5 Jean-Paul Boetius, 20 Edimilson Fernandes, 31 Dominik Kohr, 7 Jae-Sung Lee, 26 Paul Nebel, 24 Merveille Papela, 6 Anton Stach, 22 Kevin Stöger, 25 Niklas Tauer

STURM
29 Jonathan Burkardt, 9 Karim Onisiwo, 28 Adam Szalai

FC AUGSBURG

Gegründet: 8. August 1907 (als FC Alemannia, später BC Augsburg, 15. Juli 1969 Fusion mit der Lizenzspielerabteilung des TSV 1847 Schwaben Augsburg und Umbenennung in FC Augsburg) – Vereinsfarben: Rot-Grün-Weiß – Vereinsmitglieder: 19 565 – Rechtsform: GmbH & Co. KGaA (seit 2005)
Anschrift: Bürgermeister-Ulrich-Str. 90, 86199 Augsburg – Telefon: (08 21) 65 04 00
E-Mail: info@fcaugsburg.de – Internet: www.fcaugsburg.de

Vorstandsvorsitzender: Klaus Hofmann – Aufsichtsratsvorsitzende: Thomas Müller (e. V.), Stefan Frederking (GmbH und Co. KGaA) – Geschäftsführer Sport: Stefan Reuter – Kaufmännischer Geschäftsführer: Michael Ströll – Chefscout und Kaderplaner: Timon Pauls – Leitung Lizenzspielerabteilung: Christoph Janker – Leitung Medien- und Öffentlichkeitsarbeit: Dominik Schmitz – Leitung Ticketing: Alexander Titze – Leitung Finanzen und Controlling: Michael Wendling – Leitung Stadionbetrieb und Sicherheit: Dominic Roser – Leitung Marketing und Sales: Franz Hirtreiter
Trainer: Markus Weinzierl, geb. am 28. 12. 1974, Deutscher, seit 26. 4. 2021 Cheftrainer beim FC Augsburg – Co-Trainer: Reiner Maurer, Jonas Scheuermann, Tobias Zellner – Torwarttrainer: Kristian Barbuscak – Leitung medizinische Abteilung: Daniel Müller – Reha- und Athletik-Trainer: Andreas Bäumler, Frank Roßner – Spiel- und Videoanalyst: Benedikt Brust – Mannschaftsärzte: Dr. Andreas Weigel, Dr. Jens-Ulrich Otto, Dr. Karsten Bogner, Thomas Rebele – Physiotherapeuten: Martin Miller, Christoph Sollors, Nikolaus Guschl – Zeugwarte: Salvatore Belardo, Jan Reckord
Stadion: WWK-Arena, 30 660 überdachte Plätze, davon 19 580 Sitz- und 11 034 Stehplätze. Hinzu kommen 46 Plätze für Rollstuhlfahrer

TOR
1 Rafal Gikiewicz, 25 Daniel Klein, 40 Tomas Koubek

ABWEHR
38 Kevin Danso, 32 Raphael Framberger, 6 Jeffrey Gouweleeuw, 2 Robert Gumny, 22 Iago, 36 Reece Oxford, 3 Mads Pedersen, 19 Felix Uduokhai, 26 Frederik Winther

MITTELFELD
20 Daniel Caligiuri, 41 Tim Civeja, 30 Niklas Dorsch, 8 Carlos Gruezo, 29 Lasse Günther, 28 André Hahn, 24 Fredrik Jensen, 14 Jan Moravek, 23 Marco Richter, 17 Noah Joel Sarenren Bazee, 5 Tobias Strobl, 16 Ruben Vargas

STURM
9 Sergio Cordova, 27 Alfred Finnbogason, 11 Michael Gregoritsch, 37 Maurice Malone, 7 Florian Niederlechner

HERTHA BSC

Gegründet: 25. Juli 1892 – Vereinsfarben: Blau-Weiß – Vereinsmitglieder: 38 407 – Rechtsform: GmbH & Co. KGaA (seit 2002)
Anschrift: Hanns-Braun-Straße, Friesenhaus 2, 14053 Berlin – Telefon: (0 30) 30 09 28 0 – E-Mail: info@herthabsc.de – Internet: www.herthabsc.de
Deutscher Meister(2): 1930, 1931 – Ligapokalsieger (2): 2001, 2002

Präsident: Werner Gegenbauer – Vizepräsident: Thorsten Manske – Aufsichtsratsvorsitzender e. V.: Dr. Torsten-Jörn Klein – Vorsitzender der Geschäftsführung GmbH & Co. KGaA: Carsten Schmidt – Geschäftsführer Sport GmbH & Co. KGaA: Fredi Bobic – Geschäftsführer Finanzen der

GmbH & Co. KGaA: Ingo Schiller – Mitglieder der Geschäftsleitung: Thomas E. Herrich, Paul Keuter – Sportdirektor: Arne Friedrich – Kaderplaner: Dirk Dufner – Technischer Direktor Sport: Sebastian Zelichowski – Leiter Analyse und Sporttechnologie: Gabor Ruhr – Leiter Spielkonzeption und Trainerentwicklung: Matthias Borst – Chefscout: Babacar Wane – Sportlicher Leiter der Fußballakademie: Pablo Thiam – Leiter Organisation der Fußballakademie: Benjamin Weber – Medien und Kommunikation: Marcus Jung, Jessica Bork
Trainer: Pal Dardai, geb. am 16. 3. 1976, Ungar, seit 25. 1. 2021 Cheftrainer bei Hertha BSC – Co-Trainer: Andreas Neuendorf, Admir Hamzagic, Dominik Wohlert (Analyse) – Torwarttrainer: Andreas Menger – Fitness- und Athletik-Trainer: Henrik Kuchno, Hendrik Vieth – Athletiktrainer: Markus Hödl – Athletiktrainer und Internat: Andreas Kellner – Teammanagement: Thomas Westphal, Hermann Dörner – Vereinsärzte: Dr. Ulrich Schleicher, Dr. Klaus Neye, Hi-Un Park – Physiotherapeuten: Frederick Syna, Michael Becker, Jürgen Lange – Zeugwarte: Hendrik Herzog, Robert Abramczyk
Stadion: Olympiastadion, 74 475 überdachte Sitzplätze

TOR
22 Rune Jarstein, 12 Nils-Jonathan Körber, 37 Marcel Lotka, 1 Alexander Schwolow

ABWEHR
20 Dedryck Boyata, 31 Marton Dardai, 13 Lukas Klünter, 17 Maximilian Mittelstädt, 32 Luca Netz, 2 Peter Pekarik, 21 Marvin Plattenhardt, 5 Niklas Stark, 25 Jordan Torunarigha, 42 Deyovaisio Zeefuik

MITTELFELD
18 Santiago Ascacibar, 27 Kevin-Prince Boateng, 6 Vladimir Darida, 16 Javairo Dilrosun, 30 Dennis Jastrzembski, 26 Arne Maier, 40 Jonas Michelbrink, 8 Suat Serdar, 29 Lucas Tousart

STURM
15 Stevan Jovetic, 11 Dodi Lukebakio, 10 Matheus Cunha, 9 Krzysztof Piatek, 33 Daishawn Redan, 7 Davie Selke, 36 Ruwen Werthmüller1

ARMINIA BIELEFELD

Gegründet: 3. Mai 1905 – Vereinsfarben: Schwarz-Weiß-Blau – Vereinsmitglieder: 14 436 – Rechtsform: GmbH & Co. KGaA (seit 2001)
Anschrift: Melanchthonstraße 31 a, 33615 Bielefeld – Telefon: (05 21) 96 61 10
E-Mail: info@arminia-bielefeld.de – Internet: www.arminia-bielefeld.de

Vorstand: Rainer Schütte (Präsident), Maurice Eschweiler (Schatzmeister), Olaf Köster (Abteilungen) – Geschäftsführer Sport: Samir Arabi – Kaufmännischer Geschäftsführer: Markus Rejek – Aufsichtsratsvorsitzender: Hartmut Ostrowski – Wirtschaftsratsvorsitzender: Hans-Hermann Soll – Leiter Kommunikation/Reklame: Daniel Mucha – NLZ-Leiter: Finn Holsing
Trainer: Frank Kramer, geb. am 3. 5. 1972, Deutscher, seit 2. 3. 2021 Cheftrainer bei Arminia Bielefeld – Co-Trainer: Ilia Gruev, Sebastian Hille, Stefan Kleineheismann – Torwarttrainer: Marco Kostmann – Athletik- und Rehatrainer: Niklas Klasen – Individualtrainer: Manuel Hornig – Videoanalysten: Rafael Gameiro, Philipp Heithölter, Timur Nakip (auch Scouting) – Teammanagerin: Caroline Klose – Ärzte-Team: Dr. Stefan Budde, Dr. Andreas Elsner, Dr. Günter Neundorf, Dr. Tim Niedergassel – Physiotherapeuten: Mario Bertling, Samuel da Costa (Masseur), Michael Schweika (Osteopath) – Zeugwart/Betreuer: Rainer Schonz – Betreuer und Busfahrer: Juan-Antonio Gonzalez Ruiz
Stadion: Schüco-Arena, 26 515 überdachte Plätze, davon 18 510 Sitzplätze (24 Logen mit 288 Plätzen, 31 Panoramaboxen mit rund 300 Plätzen, 998 Businessseats und 41 Behindertenplätze) und 8005 Stehplätze

TOR
34 Oscar Linner, 1 Stefan Ortega Moreno, 35 Arne Schulz

ABWEHR
27 Cedric Brunner, 15 Nathan de Medina, 5 Jacob Laursen, 4 Joakim Nilsson, 2 Amos Pieper, 3 Guilherme Ramos, 6 Mike van der Hoorn

MITTELFELD
37 Vladislav Cherny, 38 Jomaine Consbruch, 7 Christian Gebauer, 30 Marcel Hartel, 16 Fabian Kunze, 11 Masaya Okugawa, 19 Manuel Prietl, 8 Alessandro Schöpf, 39 Sebastian Vasiliadis

STURM
9 Fabian Klos, 18 Florian Krüger, 10 Bryan Lasme, 13 Sebastian Müller, 23 Janni Serra

1. FC KÖLN

Gegründet: 13. Februar 1948 (Fusion Kölner BC 01 und SpVgg Sülz 07) – Vereinsfarben: Rot-Weiß – Vereinsmitglieder: 111 578 – Rechtsform: GmbH & Co. KGaA (seit 2002)
Anschrift: Geißbockheim, Rhein-Energie-Sportpark, Franz-Kremer-Allee 1-3, 50937 Köln – Telefon: (02 21) 71 61 63 00
E-Mail: service@fc-koeln.de – Internet: www.fc-koeln.de
Deutscher Meister (3): 1962, 1964, 1978 – Deutscher Pokalsieger (4): 1968, 1977, 1978, 1983 – Deutscher Amateurmeister (1): 1981

Geschäftsführung der KGaA: Alexander Wehrle – Präsidium: Dr. Werner Wolf (Präsident), Eckhard Sauren, Dr. Carsten Wettich – Beiratsvorsitzender: Lionel Souque – Aufsichtsratsvorsitzender: Jörn Stobbe – Sportlich Verwantwortlicher: Jörg Jakobs – Sportlicher Leiter der Lizenzspielerabteilung: Thomas Kessler – Leiter Administration Lizenzspielerabteilung: Lukas Berg – Pressesprecherin: Lil Zercher
Trainer: Steffen Baumgart, geb. am 5. 1. 1972, Deutscher, seit 1. 7. 2021 Cheftrainer beim 1. FC Köln – Co-Trainer: Kevin McKenna, André Pawlak, René Wagner – Torwarttrainer: Uwe Gospodarek – Athletiktrainer: Max Weuthen, Leif Frach – Videoanalyst: Hannes Dold – Leiter Scouting: Martin Schulz – Teammanager: Denis Lapaczinski – Vereinsärzte: Dr. Peter Schäferhoff, Dr. Paul Klein, Dr. Bettina Kuper, Dr. Rainer Heinzler – Sportpsychologe: Moritz Anderten – Physiotherapeuten: Christian Osebold (Leiter), Daniel Schütz – Zeugwarte: Kresimir Ban, Frank Almstedt
Stadion: Rhein-Energie-Stadion, 50 000 überdachte Plätze, davon 41 825 Sitz- und 8175 Stehplätze

TOR
1 Timo Horn, 20 Marvin Schwäbe

ABWEHR
38 Jens Castrop, 26 Sava-Arangel Cestic, 5 Rafael Czichos, 19 Kingsley Ehizibue, 23 Jannes Horn, 4 Timo Hübers, Joao Queiros, 22 Jorge Meré, 3 Noah Katterbach, 2 Benno Schmitz

MITTELFELD
18 Ondrej Duda, 36 Niklas Hauptmann, 14 Jonas Hector, 11 Florian Kainz, 37 Vincent Koziello, 25 Tim Lemperle, 15 Dimitrios Limnios, 7 Dejan Ljubicic, 31 Tomas Ostrak, 6 Salih Özcan, 35 Louis Schaub, 34 Kingsley Schindler, 28 Ellyes Skhiri, 29 Jan Thielmann

STURM
9 Sebastian Andersson, 27 Anthony Modeste, 30 Marvin Obuz, 13 Mark Uth

VfL BOCHUM

Gegründet: Gegründet: 14. April 1938 (Fusion aus TV 1848, TuS 08 und Germania Bochum) – Vereinsfarben: Blau-Weiß – Vereinsmitglieder: 16 500 – Rechtsform: GmbH & Co. KGaA (seit 2018)
Anschrift: Castroper Straße 145, 44791 Bochum – Telefon: (02 34) 95 18 48
E-Mail: info@vfl-bochum.de – Internet: www.vfl-bochum.de

Vorstandsvorsitzender GmbH & Co. KGaA, Vorstands- und Präsidiumsvorsitzender e. V.: Hans-Peter Villis – Stv. Vorstandsvorsitzender GmbH & Co. KGaA, stv. Präsidiumsvorsitzender e. V.: Martin Kree – Stellvertretender Präsidiumsvorsitzender e. V.: Martin Volpers –
Geschäftsführung: Ilja Kaenzig (Sprecher der Geschäftsführung), Sebastian Schindzielorz (Geschäftsführer Sport) – Direktoren: Ronald Bauer (Finanzen), Knut Keymer (Organisation), Christoph Wortmann (Marketing & Vertrieb) – Leitung Medien/Kommunikation, Pressesprecher: Jens Fricke – Leitung Club Media: Emily Rosberger – Leitung Content Management: Daniel Cendrowski
Trainer: Thomas Reis, geb. am 4. 10. 1973, Deutscher, seit 6. 9. 2019 Cheftrainer beim VfL Bochum – Co-Trainer: Heiko Butscher (auch U-19-Trainer), Markus Gellhaus, Frank Heinemann – Torwarttrainer: Peter Greiber – Leitung Athletiktraining: Lucas Kern – Leitung Reha & Prävention: Benedikt Oppenhäuser – Leistungsdiagnostik: Rexhep Kushutani –
Videoanalyse: Niklas Honnete – Mannschaftsärzte: Prof. Dr. Karl-Heinz Bauer, Dr. André Schilling – Physiotherapeuten: Jürgen Dolls, Maik Liesbrock, Sascha Zivanovic, Frank Zöllner – Zeugwarte: Andreas Pahl, Markus Eggers
Stadion: Vonovia-Ruhrstadion, 27 599 überdachte Plätze, davon 15 574 Sitz- und 12 025 Stehplätze

TOR
31 Tjark Ernst, 21 Michael Esser, 34 Paul Grave, 1 Manuel Riemann

ABWEHR
37 Armel Bella Kotchap, 11 Herbert Bockhorn, 3 Danilo Soares, 5 Saulo Decarli, 2 Cristian Gamboa, 16 Konstantinos Stafylidis, 24 Vasilios Lampropoulos, 29 Maxim Leitsch, 4 Erhan Masovic

MITTELFELD
22 Christopher Antwi-Adjei, 10 Takuma Asano, 7 Danny Blum, 13 Raman Chibsah, 17 Gerrit Holtmann, 8 Anthony Losilla, 38 Eduard Löwen, 6 Patrick Osterhage, 27 Milos Pantovic, 23 Robert Tesche, 14 Tom Weilandt

STURM
32 Tarsis Bonga, 30 Baris Ekincier, 35 Silvere Ganvoula, 28 Luis Hartwig, 15 Soma Novothny, 9 Simon Zoller

SpVgg GREUTHER FÜRTH

Gegründet: Gegründet: 23. September 1903 (als SpVgg Fürth, nach Beitritt der Fußballabteilung des TSV Vestenbergsgreuth ab 1996 SpVgg Greuther Fürth) – Vereinsfarben: Weiß-Grün – Vereinsmitglieder: 2550 – Rechtsform: GmbH & Co. KGaA (seit 2003)
Anschrift: Kronacher Straße 154, 90765 Fürth – Telefon: (09 11) 97 67 68 0
E-Mail: info@sgf1903.de – Internet: www.sgf1903.de
Deutscher Meister (3): 1914, 1926, 1929

Geschäftsleitung der GmbH & Co. KGaA: Holger Schwiewagner (Geschätsführer), Rachid Azzouzi (Geschäftsführer Sport), Dirk Weißert (Direktor Finanzen, Vizepräsident e. V.) – Aufsichtsratsvorsitzender GmbH & Co. KGaA: Fred Höfler – Direktor Marketing der GmbH & Co. KGaA: Timo Schiller – Präsident des e. V.: Fred Höfler – Vizepräsidenten des e. V.: Volker Heißmann, Günter Gerling – Beratendes Präsidiumsmitglied: Jürgen Schmidt (Archivar) – Sportlicher Leiter der Nachwuchsakademie: Mirko Reichel – Leiter Medien und Kommunikation: Immanuel Kästlen – Medienbeauftragte: Daniela Balda, Markus Ludwig
Trainer: Stefan Leitl, geb. am 29. 8. 1977, Deutscher, seit 5. 2. 2019 Cheftrainer bei der SpVgg Greuther Fürth – Co-Trainer: Andre Mijatovic, Alexander Hahn (Spielanalyse) – Torwarttrainer: Christian Fiedler – Athletiktrainer: Michael Schleinkofer – Mannschaftsärzte: Dr. Pascal Oppel, Dr. Stefan Söllner – Physiotherapeuten: Carsten Klee (Chefphysiotherapeut), Benjamin Ngarambe, Patrick Rutte – Teammanagement: Anja Ruff
(Leitung Organisation Lizenzmannschaft & Teammanagement), Nadine Mikolajetz, Moritz Fischer (Organisation Lizenzmannschaft & Teammanagement), Daniel Wiegand (Teamkoordinator)
Stadion: Sportpark Ronhof I Thomas Sommer, 18 500 überdachte Plätze, davon 9300 Sitz- und 9200 Stehplätze

TOR
30 Sascha Burchert, 1 Marius Funk, 25 Leon Schaffran, 41 Lasse Schulz

ABWEHR
2 Simon Asta, 32 Abdourahmane Barry, 4 Maximilian Bauer, 5 Justin Hoogma, 27 Luca Itter, 23 Gideon Jung, 29 Elias Kratzer, 18 Marco Meyerhöfer

MITTELFELD
13 Max Christiansen, 6 Adrian Fein, 37 Julian Green, 14 Hans Nunoo Sarpei, 33 Paul Seguin, 8 Nils Seufert, 21 Timothy Tillman, 39 Mert-Yusuf Torlak

STURM
11 Dickson Abiama, 9 Emil Berggreen, 10 Branimir Hrgota, 7 Robin Kehr, 40 Jamie Leweling, 17 Jessic Ngankam, 16 Havard Nielsen

Die Bundesligaspieler von Aaron bis Zuber im Porträt

Im Almanach 2009 erschienen zu ersten Mal die Porträts aller aktuellen Bundesligaspieler. Auch im 13. Jahr hat sich am Aufbau wenig geändert: Saison, Verein(e), Spielklasse, Liga-Einsätze und Tore. Für die obersten fünf deutschen Spielklassen gelten weiterhin folgende Abkürzungen: BL = Bundesliga, 2. BL = 2. Bundesliga, 3. L = 3. Liga, RL = Regionalliga, OL = Oberliga. Da sich in einigen Landesverbänden in den letzten Jahren die Bezeichnungen der Spielklassen geändert haben, wird für die sechtshöchte Klasse durchgehend VL (Verbandsliga) und für die siebthöchste LL (Landesliga) verwendet, selbst wenn diese Leistungsstufen inzwischen einen anderen Namen führen. Internationale Spielklassen sind weiterhin durch das Länderkürzel zu erkennen. Eine „1“ dahinter bedeutet oberste Spielklasse, eine „2“ zweithöchste Spielklasse usw. Bei Ligen, in denen sich an eine Doppel- oder Dreifachrunde Play-off-Runden in Ligaformat anschließen (z. B. Belgien, Giechenland, Österreich, Schottland) sind die Einsätze berücksichtigt, Einsätze in Relegations- und Entscheidungsspielen jedoch nicht. In Brasilien werden vor der nationalen Meisterschaft Brasileiro noch Regionalmeisterschaften ausgetragen. „BRA 1“ ist demnach die landesweite oberste Spielklasse, „BRA-R1“ die oberste Spielklasse der Meisterschaft eines Bundesstaates. Trotz sorgfältiger Recherche kann es vorkommen, dass manchmal Einsatz- und/oder Torzahlen fehlen, besonders in unteren Spielklassen und/oder im Ausland. Wenn Sie darüber gesicherte Informationen haben, schicken Sie uns bitte eine Mail mit Ihrer Quelle an almanach@kicker.de, damit wir die Profile vervollständigen können. Stichtag für alle Vereinszugehörigkeiten sowie für Einsätze und Tore in Länderspielen war der 1. August 2021.

AARON
Aaron Martin Caricol
22. 4. 1997, Montmelo/ESP
Abwehr, 1,78 m, 68 kg
2003-2005 Montmelo Unio Esportiva, ab 2005 Espanyol Barcelona

14/15	Espanyol Barcelona B	ESP 3	3	0
15/16	Espanyol Barcelona B	ESP 3	28	1
16/17	Espanyol Barcelona	ESP 1	30	0
	Espanyol Barcelona B	ESP 3	5	0
17/18	Espanyol Barcelona	ESP 1	32	0
Aug 18	1. FSV Mainz 05	BL	33	0
19/20	1. FSV Mainz 05	BL	22	0
20/21	1. FSV Mainz 05	BL	5	0
	Celta Vigo	ESP 1	19	0
21/22	1. FSV Mainz 05	BL		

ABDULLAHI, Suleiman
10.12. 1996, Kaduna/ NGA
Sturm, 1,84 m, 90 kg, D/MAR

2014	EL-Kanemi Warriors	NGA 1		
2015	Viking Stavanger	NOR 1	27	8
2016	Viking Stavanger	NOR 1	13	5
	Espanyol Barcelona B	ESP 3	5	0
16/17	Eintracht Braunschweig	2. BL	13	1
17/18	Eintracht Braunschweig	2. BL	28	7
Aug 18	1. FC Union Berlin	2. BL	19	2
19/20	1. FC Union Berlin	BL	6	1
20/21	Eintracht Braunschweig	2. BL	16	2
21/22	1. FC Union Berlin	BL		

ABIAMA, Dickson
3.11. 1998, Lagos/NGA
Sturm, 1,84 m, 75 kg
2016-2018 SpVgg Mögeldorf 2000

18/19	SG Quelle Fürth	LL	34	13
19/21	SC Eltersdorf	OL	21	17
20/21	SpVgg Greuther Fürth	2. BL	29	7
21/22	SpVgg Greuther Fürth	BL		

ACHE, Ragnar
28. 7. 1998, Frankfurt/D
Sturm, 1,82 m, 81 kg, D/GHA
Bis 2009 SpVgg Neu-Isenburg, ab 2009 Sparta Rotterdam

16/17	Sparta Rotterdam	NED 1	1	0
	Sparta Rotterdam II	NED 3	17	7
17/18	Sparta Rotterdam	NED 1	19	2
	Sparta Rotterdam II	NED 3	14	3
18/19	Sparta Rotterdam	NED 1	11	5
	Sparta Rotterdam II	NED 3	8	1
19/20	Sparta Rotterdam	NED 1	19	5
20/21	Eintracht Frankfurt	BL	7	1
21/22	Eintracht Frankfurt	BL		

ADAMS, Kasim
Kasim Adams Nuhu
22. 6. 1995, Accra/GHA
Abwehr, 1,90 m, 83 kg

12/13	Medeama SC Tarkwa	GHA 1		
13/14	Medeama SC Tarkwa	GHA 1		
Nov 13	CD Leganes	ESP 2	0	0
Jan 14	RCD Mallorca B	ESP 4	0	0
14/15	RCD Mallorca	ESP 2	20	2
	RCD Mallorca B	ESP 3	9	0
15/16	RCD Mallorca	ESP 2	6	0
16/17	Young Boys Bern	SUI 1	18	0
	Young Boys Bern II	SUI 4	1	0
17/18	Young Boys Bern	SUI 1	32	2
18/19	TSG Hoffenheim	BL	13	0
19/20	Fortuna Düsseldorf	BL	13	1
20/21	TSG Hoffenheim	BL	12	0
21/22	TSG Hoffenheim	BL		

14 A (2 Tore) für Ghana

ADAMS, Tyler
14. 2. 1999, Wappingers Falls/USA
Mittelfeld, 1,75 m, 72 kg

2015	New York Red Bulls II	USA 3	11	0
2016	New York Red Bulls II	USA 3	22	0
	New York Red Bulls	USA 1	1	0
2017	New York Red Bulls	USA 1	27	2
2018	New York Red Bulls	USA 1	31	0
Jan 19	RB Leipzig	BL	13	0
19/20	RB Leipzig	BL	14	0
20/21	RB Leipzig	BL	27	1
21/22	RB Leipzig	BL		

14 A (1 Tor) für die USA

ADAMYAN, Sargis
23. 5. 1993, Erewan/ARM
Sturm, 1,84 m, 77 kg
Bis 2009 1. FC Neubrandenburg, ab 2009 Hansa Rostock

12/13	Hansa Rostock II	OL	14	3
	Hansa Rostock	3. L	8	0
13/14	Hansa Rostock II	OL	7	1
Jan 14	TSG Neustrelitz	RL	9	1
14/15	TSG Neustrelitz	RL	24	5
15/16	TSG Neustrelitz	RL	19	7
Jan 16	TSV Steinbach	RL	14	2
16/17	TSV Steinbach	RL	33	16
17/18	Jahn Regensburg	2. BL	33	5
18/19	Jahn Regensburg	2. BL	33	15
19/20	TSG Hoffenheim	BL	15	5
	TSG Hoffenheim II	RL	1	1
20/21	TSG Hoffenheim	BL	18	2
	TSG Hoffenheim II	RL	4	0
21/22	TSG Hoffenheim	BL		

25 A (2 Tore) für Armenien

AHAMADA, Naouirou
29. 3.2002, Marseille/FRA
Mittelfeld, 1,83 m, 73 kg
2016- 2018 FC Istres

18/19	Juventus Turin II	ITA 3	1	0
19/20	Juventus Turin II	ITA 1	0	0
Okt 20	VfB Stuttgart	BL	6	0
	VfB Stuttgart II	RL	6	0
21/22	VfB Stuttgart	BL		

AKANJI, Manuel
19. 7. 1995, Wiesendangen/SUI
Abwehr, 1,87 m, 85 kg
2004-2007 FC Wiesendangen, ab 2007 FC Winterthur

13/14	FC Winterthur II	SUI 4	18	0
	FC Winterthur	SUI 2	2	0
14/15	FC Winterthur	SUI 2	33	1
15/16	FC Basel	SUI 1	8	0
	FC Basel II	SUI 3	3	0
16/17	FC Basel	SUI 1	15	4
	FC Basel II	SUI 3	1	0
17/18	FC Basel	SUI 1	19	1
Jan 18	Borussia Dortmund	BL	11	0
18/19	Borussia Dortmund	BL	25	1
19/20	Borussia Dortmund	BL	29	0
20/21	Borussia Dortmund	BL	28	2
21/22	Borussia Dortmund	BL		

34 A (kein Tor) für die Schweiz

AKMAN, Ali
18. 4. 2002, Bursa/TUR
Sturm, 1,73 m, 66 kg
Bis 2015 Inegölspor, seit 2015 Bursaspor

19/20	Bursaspor	TUR 2	20	2
20/21	Bursaspor	TUR 2	18	10
21/22	Eintracht Frankfurt	BL		

AKPOGUMA, Kevin
19. 4. 1995, Neustadt an der Weinstraße/D
Abwehr, 1,92 m, 85 kg
Bis 2007 Rot-Weiß Speyer, Schwarz-Weiß Speyer, Bavaria Wörth und FC Neureut, ab 2007 Karlsruher SC

12/13	Karlsruher SC	3. L	8	1
13/14	TSG Hoffenheim II	RL	26	1
14/15	TSG Hoffenheim II	RL	29	2
15/16	Fortuna Düsseldorf	2. BL	17	0
	Fortuna Düsseldorf II	RL	5	0
16/17	Fortuna Düsseldorf	BL	28	0
17/18	TSG Hoffenheim	BL	22	0
	TSG Hoffenheim II	RL	4	0
18/19	TSG Hoffenheim	BL	8	0
Jan 19	Hannover 96	BL	4	0
19/20	TSG Hoffenheim	BL	18	0
	TSG Hoffenheim II	RL	1	0
20/21	TSG Hoffenheim	BL	16	1
	TSG Hoffenheim II	RL	2	0
21/22	TSG Hoffenheim	BL		

4 A (0 Tore) für Nigeria

AL GHADDIOUI, Hamadi
22. 9. 1990, Bonn/D
Sturm, 1,93 m, 90 kg
TB Witterschlick, bis 2011 1. Sportfreunde Brüser Berg

11/12	Bayer Leverkusen II	RL	30	3
12/13	Bayer Leverkusen II	RL	32	9
13/14	Bayer Leverkusen II	RL	28	4
14/15	SC Verl	RL	27	12
15/16	SC Verl	RL	33	17
16/17	Borussia Dortmund II	RL	33	19
17/18	Sportfreunde Lotte	3. L	20	7
Jan 18	Jahn Regensburg	2. BL	5	0
18/19	Jahn Regensburg	2. BL	33	11
19/20	VfB Stuttgart	2. BL	28	8
20/21	VfB Stuttgart	BL	6	0
	VfB Stuttgart II	RL	2	1
21/22	VfB Stuttgart	BL		

ALARIO, Lucas
8. 10. 1992, Tostado/ARG
Sturm, 1,85 m, 79 kg

10/11	Colon de Santa Fe	ARG 1	1	0
11/12	Colon de Santa Fe	ARG 1	9	0
12/13	Colon de Santa Fe	ARG 1	2	0
13/14	Colon de Santa Fe	ARG 1	20	3
2014	Colon de Santa Fe	ARG 2	15	6
2015	Colon de Santa Fe	ARG 1	10	3
Jul 15	River Plate BA	ARG 1	6	4
2016	River Plate BA	ARG 1	13	6
16/17	River Plate BA	ARG 1	27	12
17/18	River Plate BA	ARG 1	1	0
Aug 17	Bayer Leverkusen	BL	23	9
18/19	Bayer Leverkusen	BL	27	9

19/20	Bayer Leverkusen	BL	24	7
20/21	Bayer Leverkusen	BL	25	11
21/22	Bayer Leverkusen	BL		

9 A (3 Tor) für Argentinien

AMIRI, Nadiem

27. 10. 1996, Ludwigshafen/D

Mittelfeld, 1,80 m, 73 kg

Bis 2012 Ludwigshafener SC, 1. FC Kaiserslautern und Waldhof Mannheim, ab 2012 TSG Hoffenheim

14/15	TSG Hoffenheim	BL	7	0
	TSG Hoffenheim II	RL	13	2
15/16	TSG Hoffenheim	BL	25	4
	TSG Hoffenheim II	RL	7	2
16/17	TSG Hoffenheim	BL	33	2
	TSG Hoffenheim II	RL	1	0
17/18	TSG Hoffenheim	BL	28	2
18/19	TSG Hoffenheim	BL	13	3
	TSG Hoffenheim II	RL	1	0
19/20	Bayer Leverkusen	BL	30	1
20/21	Bayer Leverkusen	BL	29	2
21/22	Bayer Leverkusen	BL		

5 A (kein Tor) für Deutschland

ANDERSSON, Sebastian

15. 7. 1991, Ängelhom/SWE

Sturm, 1,90 m, 86 kg

1996-2005 Ängelholms FF und Vinslövs IF, 2006-2007 Helsingborgs IF, ab 2008 Ängelholms FF

2010	Ängelholms FF	SWE 2	22	5
2011	Ängelholms FF	SWE 2	28	12
2012	Kalmar FF	SWE 1	25	1
2013	Kalmar FF	SWE 1	15	0
2014	Kalmar FF	SWE 1	12	2
Aug 14	Djurgardens IF	SWE 1	13	6
2015	Djurgardens IF	SWE 1	22	7
2016	IFK Norrköping	SWE 1	30	14
2017	IFK Norrköping	SWE 1	21	6
Aug 17	1. FC Kaiserslautern	2. BL	29	12
18/19	1. FC Union Berlin	2. BL	34	12
19/20	1. FC Union Berlin	BL	33	12
20/21	1. FC Köln	BL	16	3
21/22	1. FC Köln	BL		

9 A (3 Tore) für Schweden

ANDRICH, Robert

22. 9. 1994, Potsdam/D

Mittelfeld, 1,87 m, 83 kg

Bis 2003 Turbine Potsdam, ab 2003 Hertha BSC

12/13	Hertha BSC II	RL	16	1
13/14	Hertha BSC II	RL	22	2
14/15	Hertha BSC II	RL	14	8
Feb 15	Dynamo Dresden	3. L	13	0
15/16	Dynamo Dresden	3. L	8	1
16/17	SV Wehen Wiesbaden	3. L	31	3
17/18	SV Wehen Wiesbaden	3. L	28	4
18/19	1. FC Heidenheim	2. BL	25	4
19/20	1. FC Union Berlin	BL	30	1
20/21	1. FC Union Berlin	BL	29	5
21/22	1. FC Union Berlin	BL		

ANGELINO

José Ángel Esmorís Tasende

4. 1.1997, Coristanco/ESP

Abwehr, 1,71 m, 69 kg

Bis 2013 Deportivo La Coruna, 2013- 2015 Manchester City

2015	New York City FC	USA 1	14	0
15/16	Manchester City	ENG 1	0	0
16/17	Manchester City	ENG 1	0	0
Jan 17	RCD Mallorca	ESP 2	17	0
17/18	NAC Breda	NED 1	34	3
18/19	PSV Eindhoven	NED 1	34	1
19/20	Manchester City	ENG 1	6	0
Jan 20	RB Leipzig	BL	13	1
20/21	RB Leipzig	BL	26	4
21/22	RB Leipzig	BL		

ANTON, Waldemar

20. 7. 1996, Olmaliq/UZB

Abwehr, 1,89 m, 84 kg

Bis 2007 Mühlenberger SV, ab 2007 Hannover 96

15/16	Hannover 96	BL	8	1
	Hannover 96 II	RL	11	1
16/17	Hannover 96	2. BL	31	2
17/18	Hannover 96	BL	27	1
18/19	Hannover 96	BL	34	1
19/20	Hannover 96	2. BL	30	0
20/21	VfB Stuttgart	BL	31	0
21/22	VfB Stuttgart	BL		

ANTWI-ADJEI, Christopher

07. 2.1994, Hagen/D

Mittelfeld, 1,74 m, 72 kg

1999-2001 Fortuna Hagen, 2001-2009 Hasper SV, 2009-2011 MSV Duisburg, 2011/12 TSC Eintracht Dortmund, ab 2012 Westfalia Herne

13/14	Westfalia Herne	OL	31	4
14/15	TSG Sprockhövel	OL	27	4
15/16	TSG Sprockhövel	OL	33	12
16/17	TSG Sprockhövel	RL	19	8
17/18	SC Paderborn 07	3. L	36	8
18/19	SC Paderborn 07	2. BL	31	10
19/20	SC Paderborn 07	BL	34	1
20/21	SC Paderborn 07	2. BL	31	4
21/22	VfL Bochum	BL		

1 Spiel (0 Tore) für Ghana

ARANGUIZ, Charles

Charles Mariano Aranguiz Sandoval

17. 4. 1989, Puente Alto/CHI

Mittelfeld, 1,71 m, 68 kg

Ab 2003 Cobreloa Calama

2006	Cobreloa Calama	CHI 1	33	2
2007	Cobreloa Calama	CHI 1	18	1
Jul 07	Cobresal El Salvador	CHI 1	14	1
2008	Cobreloa Calama	CHI 1	32	4
2009	Cobreloa Calama	CHI 1	12	4
Jul 09	Colo Colo Santiago	CHI 1	23	3
2010	Colo Colo Santiago	CHI 1	9	2
10/11	Quilmes AC	ARG 1	14	0
Jan 11	Universidad de Chile	CHI 1	38	4
2012	Universidad de Chile	CHI 1	31	4
2013	Universidad de Chile	CHI 1	12	5

13/14	Universidad de Chile	CHI 1	13	7
Jan 14	Inter Porto Alegre	BRA-R1	9	3
	Inter Porto Alegre	BRA 1	24	6
2015	Inter Porto Alegre	BRA-R1	5	0
	Inter Porto Alegre	BRA 1	0	0
Aug 15	Bayer Leverkusen	BL	7	2
16/17	Bayer Leverkusen	BL	26	2
17/18	Bayer Leverkusen	BL	27	1
18/19	Bayer Leverkusen	BL	24	2
19/20	Bayer Leverkusen	BL	27	1
20/21	Bayer Leverkusen	BL	21	0
21/22	Bayer Leverkusen	BL		

87 A (7 Tore) für Chile

ARNOLD, Maximilian
27. 5. 1994, Riesa/D
Mittelfeld, 1,84 m, 74 kg

2000-2003 BSV Strehla, 2003-2006 SC Riesa, 2006-2008 Dynamo Dresden, seit 2008 VfL Wolfsburg

11/12	VfL Wolfsburg	BL	2	0
12/13	VfL Wolfsburg	BL	6	3
13/14	VfL Wolfsburg	BL	28	7
	VfL Wolfsburg II	RL	2	0
14/15	VfL Wolfsburg	BL	27	4
15/16	VfL Wolfsburg	BL	31	3
16/17	VfL Wolfsburg	BL	32	2
17/18	VfL Wolfsburg	BL	29	2
18/19	VfL Wolfsburg	BL	33	2
19/20	VfL Wolfsburg	BL	33	4
20/21	VfL Wolfsburg	BL	30	3
21/22	VfL Wolfsburg	BL		

1 A (kein Tor) für Deutschland

ASANO, Takuma
10.11.1994, Komono/JPN
Mittelfeld, 1,73 m, 71 kg

Bis 2006 Perna SC Komono, danach bis 2012 nur Schulfußball

2013	Sanfrecce Hiroshima	JPN 1	1	0
2014	Sanfrecce Hiroshima	JPN 1	11	0
2015	Sanfrecce Hiroshima	JPN 1	32	8
2016	Sanfrecce Hiroshima	JPN 1	14	4
16/17	FC Arsenal	ENG 1	0	0
Aug 16	VfB Stuttgart	2. BL	26	4
17/18	VfB Stuttgart	BL	15	1
	VfB Stuttgart II	RL	2	1
18/19	Hannover 96	BL	13	0
19/20	Partizan Belgrad	SRB 1	23	4
20/21	Partizan Belgrad	SRB 1	33	18
21/22	VfL Bochum	BL		

28 A (6 Tore) für Japan

ASCACIBAR, Santiago
25. 2. 1997, La Plata/ARG
Mittelfeld, 1,68 m, 70 kg

Ab 2006 Estudiantes La Plata

2016	Estudiantes La Plata	ARG 1	17	0
16/17	Estudiantes La Plata	ARG 1	24	0
17/18	Estudiantes La Plata	ARG 1	0	0
Aug 17	VfB Stuttgart	BL	29	0
18/19	VfB Stuttgart	BL	27	0
19/20	VfB Stuttgart	2. BL	13	1
Jan 20	Hertha BSC	BL	8	0
20/21	Hertha BSC	BL	13	1
21/22	Hertha BSC	BL		

3 A (kein Tor) für Argentinien

ASTA, Simon
25. 1. 2001, Augsburg/D
Abwehr, 1,81 m, 78 kg

Bis 2012 TSV Göggingen, seit 2012 FC Augsburg

17/18	FC Augsburg	BL	1	0
18/19	FC Augsburg	BL	1	0
	FC Augsburg II	RL	1	0
19/20	FC Augsburg II	RL	3	0
Okt 20	SpVgg Greuther Fürth	2.BL	5	0
21/22	SpVgg Greuther Fürth	BL		

ATUBOLU, Noah
25. 5. 2002, Freiburg/D
Torwart, 1,90 m, 96 kg

Bis 2015 Eintracht Freiburg und Freiburger FC, seit 2015 SC Freiburg

20/21	SC Freiburg II	RL	25	0
21/22	SC Freiburg	BL		

AWONIYI, Taiwo
12. 8. 1997, Ilorin/NGA
Sturm, 1,83 m, 85 kg

Bis August 2015 Imperial Soccer Academy Lagos, August 2015 bis 2021 FC Liverpool, wurde von dort bis 2020 ausgeliehen an

15/16	FSV Frankfurt	2. BL	13	1
16/17	NEC Nijmegen	NED 1	18	2
17/18	Royal Excel Mouscron	BEL 1	29	9
18/19	KAA Gent	BEL 1	16	0
Jan 19	Royal Excel Mouscron	BEL 1	16	11
19/20	1. FSV Mainz 05	BL	12	1
20/21	1. FC Union Berlin	BL	21	5
21/22	1. FC Union Berlin	BL		

BAILEY, Leon
9. 8. 1997, Kingston/JAM
Sturm, 1,78 m, 75 kg

2011-2012 USK Anif, 2012,13 FC Liefering, 2013-2015 AS Trencin

15/16	KRC Genk	BEL 1	35	6
16/17	KRC Genk	BEL 1	19	2
Jan 17	Bayer Leverkusen	BL	8	0
17/18	Bayer Leverkusen	BL	30	9
18/19	Bayer Leverkusen	BL	29	5
19/20	Bayer Leverkusen	BL	22	5
20/21	Bayer Leverkusen	BL	30	9
21/22	Bayer Leverkusen	BL		

10 A (1 Tor) für Jamaika

BAKKER, Mitchel
20. 6. 2000, Purmerend/NED
Abwehr, 1,85 m, 74 kg

Bis 2010 FC Purmerend, seit 2010 Ajax Amsterdam

17/18	Ajax Amsterdam II	NED 2	16	0
18/19	Ajax Amsterdam II	NED 2	22	0
19/20	Paris Saint-Germain	FRA 1	1	0
20/21	Paris Saint-Germain	FRA 1	26	
021/22	Bayer Leverkusen	BL		

BAKU, Ridle
Bote Nzuzi Baku
8. 4. 1998, Mainz/D
Abwehr, 1,76 m, 72 kg, D/COD
Seit 2007 1. FSV Mainz 05

17/18	1. FSV Mainz 05 II	RL	26	1
	1. FSV Mainz 05	BL	3	2
18/19	1. FSV Mainz 05	BL	15	0
	1. FSV Mainz 05 II	RL	1	0
19/20	1. FSV Mainz 05	BL	30	1
20/21	1. FSV Mainz 05	BL	2	0
20/21	VfL Wolfsburg	BL	32	6
17/18	1. FSV Mainz 05 II	RL	26	1
	1. FSV Mainz 05	BL	3	2
18/19	1. FSV Mainz 05	BL	15	0
	1. FSV Mainz 05 II	RL	1	0
19/20	1. FSV Mainz 05	BL	30	1
20/21	1. FSV Mainz 05	BL	2	0
Sep 20	VfL Wolfsburg	BL	32	6
21/22	VfL Wolfsburg	BL		

1 A (kein Tor) für Deutschland

BARKOK, Aymen
21. 5. 1998, Frankfurt/D
Mittelfeld, 1,89 m, 82 kg, MAR/D
Bis 2009 SG Praunheim, 2009-2011 Rot-Weiss Frankfurt, 2011-2013 Kickers Offenbach, ab 2013 Eintracht Frankfurt

16/17	Eintracht Frankfurt	BL	18	2
17/18	Eintracht Frankfurt	BL	9	0
18/19	Fortuna Düsseldorf	BL	12	0
	Fortuna Düsseldorf II	RL	3	1
19/20	Fortuna Düsseldorf	BL	3	0
	Fortuna Düsseldorf II	RL	6	4
20/21	Eintracht Frankfurt	BL	26	2
21/22	Eintracht Frankfurt	BL		

8 A (kein Tor) für Marokko

BARREIRO, Leandro
Leandro Barreiro Martins
3. 1. 2000, Erpeldange/LUX
Mittelfeld, 1,74 m, 65 kg, LUX/POR
2004-2012 FC Erpeldange, 2012-2015 RFC Union Luxemburg

15/16	FC Erpeldange	LUX 2	9	2
16/17	1. FSV Mainz 05 Jugend			
17/18	1. FSV Mainz 05 Jugend			
18/19	1. FSV Mainz 05 II	RL	5	1
	1. FSV Mainz 05	BL	1	0
19/20	1. FSV Mainz 05	BL	18	0
	1. FSV Mainz 05 II	RL	1	0
20/21	1. FSV Mainz 05	BL	29	2
21/22	1. FSV Mainz 05	BL		

26 A (1 Tor) für Luxemburg

BARRY, Abdourahmane
21. 2. 2000, Courbevoie/FRA
Abwehr, 1,85 m, 80 kg

17/18	Paris Saint-Germain II	FRA 4	4	0
18/19	FC Liefering	AUT 2	14	1
19/20	FC Liefering	AUT 2	0	0
20/21	SpVgg Greuther Fürth	2. BL	9	0
21/22	SpVgg Greuther Fürth	BL		

BAUER, Maximilian
9. 2. 2000, Vilshofen/D
Abwehr, 1,89 m, 82 kg
Bis 2014 SpVgg Grün-Weiß Deggendorf, seit 2014 SpVgg Greuther Fürth

18/19	SpVgg Greuther Fürth	2. BL	7	0
	SpVgg Greuther Fürth II	RL	14	1
19/20	SpVgg Greuther Fürth	2. BL	8	0
	SpVgg Greuther Fürth II	RL	2	0
20/21	SpVgg Greuther Fürth	2. BL	29	2
21/22	SpVgg Greuther Fürth	BL		

BAUMANN, Oliver
2. 6. 1990, Breisach/D
Torwart, 1,87 m, 82 kg
Bis 2000 FC Bad Krozingen, ab 2000 SC Freiburg

09/10	SC Freiburg	BL	1	0
	SC Freiburg II	RL	20	0
10/11	SC Freiburg	BL	30	0
	SC Freiburg II	RL	2	0
11/12	SC Freiburg	BL	33	0
12/13	SC Freiburg	BL	34	0
13/14	SC Freiburg	BL	33	0
14/15	TSG Hoffenheim	BL	34	0
15/16	TSG Hoffenheim	BL	33	0
16/17	TSG Hoffenheim	BL	34	0
17/18	TSG Hoffenheim	BL	34	0
18/19	TSG Hoffenheim	BL	33	0
19/20	TSG Hoffenheim	BL	30	0
20/21	TSG Hoffenheim	BL	31	0
21/22	TSG Hoffenheim	BL		

BAUMGARTL, Timo
4. 3. 1996, Böblingen/D
Abwehr, 1,92 m, 88 kg
Bis 2010 GSV Maichingen, 2010/11 SSV Reutlingen, seit 2011 VfB Stuttgart

13/14	VfB Stuttgart II	3. L	6	1
14/15	VfB Stuttgart II	3. L	16	2
	VfB Stuttgart	BL	20	0
15/16	VfB Stuttgart	BL	19	0
	VfB Stuttgart II	3. L	1	0
16/17	VfB Stuttgart	2. BL	29	1
17/18	VfB Stuttgart	BL	29	0
18/19	VfB Stuttgart	BL	18	1
19/20	PSV Eindhoven	NED 1	13	1
20/21	PSV Eindhoven	NED 1	8	0
21/22	1. FC Union Berlin	BL		

BAUMGARTLINGER, Julian
2. 1. 1988, Salzburg/AUT
Mittelfeld, 1,84 m, 84 kg
1995-2001 USC Mattsee, ab 2001 TSV München 1860

06/07	TSV München 1860 II	RL	10	1
07/08	TSV München 1860	2. BL	5	0
	TSV München 1860 II	RL	17	0
08/09	TSV München 1860	2. BL	8	0
	TSV München 1860 II	RL	10	0
09/10	Austria Wien	AUT 1	30	0
10/11	Austria Wien	AUT 1	31	1
11/12	1. FSV Mainz 05	BL	26	0
12/13	1. FSV Mainz 05	BL	32	0

13/14	1. FSV Mainz 05	BL	9	0
	1. FSV Mainz 05 II	RL	2	1
14/15	1. FSV Mainz 05	BL	26	0
15/16	1. FSV Mainz 05	BL	31	2
16/17	Bayer Leverkusen	BL	22	0
17/18	Bayer Leverkusen	BL	22	1
18/19	Bayer Leverkusen	BL	21	0
19/20	Bayer Leverkusen	BL	27	2
20/21	Bayer Leverkusen	BL	17	2
21/22	Bayer Leverkusen	BL		

84 A (1 Tor) für Österreich

BAUMGARTNER, Christoph
1. 8. 1999, Horn/AUT
Mittelfeld, 1,78 m, 68 kg

2005-2012 SV Horn, 2012-2017 SKN St. Pölten, seit 2017 TSG Hoffenheim

18/19	TSG Hoffenheim II	RL	14	5
	TSG Hoffenheim	BL	2	0
19/20	TSG Hoffenheim	BL	26	7
	TSG Hoffenheim II	RL	4	1
20/21	TSG Hoffenheim	BL	31	6
21/22	TSG Hoffenheim	BL		

14 A (4 Tore) für Österreich

BEBOU, Ihlas
23. 4. 1994, Sokodé/TGO
Sturm, 1,86 m, 78 kg

2004-2009 Garather SV, 2009-2011 VfB Hilden, ab 2011 Fortuna Düsseldorf

12/13	Fortuna Düsseldorf II	RL	7	1
13/14	Fortuna Düsseldorf II	RL	5	4
	Fortuna Düsseldorf	2. BL	1	0
14/15	Fortuna Düsseldorf	2. BL	10	2
	Fortuna Düsseldorf II	RL	2	0
15/16	Fortuna Düsseldorf	2. BL	23	2
	Fortuna Düsseldorf II	RL	4	1
16/17	Fortuna Düsseldorf	2. BL	32	5
17/18	Fortuna Düsseldorf	2. BL	4	2
Aug 17	Hannover 96	BL	30	5
18/19	Hannover 96	BL	12	4
19/20	TSG Hoffenheim	BL	32	6
20/21	TSG Hoffenheim	BL	32	9
21/22	TSG Hoffenheim	BL		

26 A (1 Tor) für Togo

BECKER, Sheraldo
9. 2. 1995, Amsterdam/NED
Sturm, 1,80 m, 70 kg, SUR/NED

Ab 2004 Ajax Amsterdam

13/14	Ajax Amsterdam II	NED 2	14	1
14/15	Ajax Amsterdam II	NED 2	16	4
Jan 15	PEC Zwolle	NED 1	9	1
15/16	PEC Zwolle	NED 1	23	4
16/17	Ajax Amsterdam	NED 1	0	0
Aug 16	ADO Den Haag	NED 1	28	3
17/18	ADO Den Haag	NED 1	27	2
18/19	ADO Den Haag	NED 1	33	7
19/20	1. FC Union Berlin	BL	13	0
20/21	1. FC Union Berlin	BL	18	3
21/22	1. FC Union Berlin	BL		

5 A (2 Tore) für Surinam

BEHRENS, Kevin
3. 2. 1991, Bremen/D
Sturm, 1,83 m, 78 kg

1995-2004 ATS Buntentor, 2004 2008 SC Weyhe, 2008-2011 Werder Bremen

11/12	SV Wilhelmshaven	RL	26	9
12/13	Hannover 96 II	RL	25	8
13/14	Hannover 96 II	RL	14	9
14/15	Alemannia Aachen	RL	28	8
15/16	Rot-Weiss Essen	RL	8	3
Jan 15	1. FC Saarbrücken	RL	13	5
16/17	1. FC Saarbrücken	RL	30	11
17/18	1. FC Saarbrücken	RL	35	19
18/19	SV Sandhausen	2. BL	30	4
19/20	SV Sandhausen	2. BL	32	14
20/21	SV Sandhausen	2. BL	32	13
21/22	1. FC Union Berlin	BL		

BEIER, Maximilian
17. 10. 2002, Brandenburg an der Havel/D
Sturm, 1,83 m, 70 kg

Bis 2015 ESV Kirchmöser, 2015 Brandenburger SC Süd 05, 2015-2018 Energie Cottbus, seit 2018 TSG Hoffenheim

19/20	TSG Hoffenheim	BL	6	0
20/21	TSG Hoffenheim	BL	3	0
	TSG Hoffenheim II	RL	24	9
21/22	TSG Hoffenheim	BL		

BELFODIL, Ishak
12. 1. 1992, Mostaganem/ALG
Sturm, 1,91 m, 86 kg, FRA/ALG

1997-2003 OSC Elancourt, 2003-2005 Trappes Saint-Quentin, 2005/06 Paris Saint-Germain, 2006/07 AC Boulogne-Billancourt, 2007/08 Clermont Foot

08/09	Olympique Lyon II	FRA 4	1	0
09/10	Olympique Lyon II	FRA 4	13	0
	Olympique Lyon	FRA 1	3	0
10/11	Olympique Lyon II	FRA 4	22	5
11/12	Olympique Lyon	FRA 1	7	0
	Olympique Lyon II	FRA 4	4	7
Feb 12	FC Bologna	ITA 1	8	0
12/13	FC Parma	ITA 1	33	8
13/14	Inter Mailand	ITA 1	8	0
Jan 14	AS Livorno	ITA 1	17	0
14/15	FC Parma	ITA 1	23	1
15/16	Baniyas SC	UAE 1	23	11
16/17	Standard Lüttich	BEL 1	25	11
17/18	Standard Lüttich	BEL 1	3	0
Aug 17	Werder Bremen	BL	26	4
18/19	TSG Hoffenheim	BL	28	16
19/20	TSG Hoffenheim	BL	5	0
20/21	TSG Hoffenheim	BL	14	0
21/22	TSG Hoffenheim	BL		

17 A (2 Tore) für Algerien

BELL, Stefan
24. 8. 1991, Andernach/D
Abwehr, 1,92 m, 88 kg

1995-2006 JSG Rieden/Wehr/Volkesfeld, 2006/07 TuS Mayen, ab 2007 1. FSV Mainz 05

09/10	1. FSV Mainz 05 II	RL	3	0
10/11	1. FSV Mainz 05 II	RL	1	0
Aug 10	TSV München 1860	2. BL	24	2

11/12	Eintracht Frankfurt	2. BL	2	0
	Eintracht Frankfurt II	RL	3	0
Jan 12	1. FSV Mainz 05 II	RL	2	0
12/13	1. FSV Mainz 05	BL	8	0
	1. FSV Mainz 05 II	RL	20	3
13/14	1. FSV Mainz 05	BL	27	0
	1. FSV Mainz 05 II	RL	2	0
14/15	1. FSV Mainz 05	BL	31	3
15/16	1. FSV Mainz 05	BL	30	1
16/17	1. FSV Mainz 05	BL	31	5
17/18	1. FSV Mainz 05	BL	25	1
18/19	1. FSV Mainz 05	BL	25	0
19/20	1. FSV Mainz 05	BL	0	0
20/21	1. FSV Mainz 05	BL	16	1
	1. FSV Mainz 05 II	RL	1	0
21/22	1. FSV Mainz 05	BL		

BELLA KOTCHAP, Armel
11. 12. 2001, Paris/FRA
Abwehr, 1,90 m, 87 kg, D/CAM
2005-2009 Rot Weiss Ahlen, 2009-2012 SC Grimlinghausen, 2012-2015 Borussia Mönchengladbach, 2015/16 SG Unterrath, 2016/17 MSV Duisburg, seit 2017 VfL Bochum

18/19	VfL Bochum	2. BL	4	0
19/20	VfL Bochum	2. BL	12	0
20/21	VfL Bochum	2. BL	28	1
21/22	VfL Bochum	BL		

BELLARABI, Karim
8. 4. 1990, Berlin/D
Sturm, 1,84 m, 81 kg, D/MAR
Bis 2001 FC Huchting, 2001-2007 Werder Bremen

07/08	FC Oberneuland	OL	9	3
08/09	Eintracht Braunschweig	3. L	1	0
	Eintracht Braunschweig II	OL	3	1
09/10	Eintracht Braunschweig	3. L	2	0
	Eintracht Braunschweig II	OL	19	10
10/11	Eintracht Braunschweig	3. L	35	8
11/12	Bayer Leverkusen	BL	10	1
	Bayer Leverkusen II	RL	2	0
12/13	Bayer Leverkusen	BL	8	0
13/14	Bayer Leverkusen II	RL	3	0
Aug 13	Eintracht Braunschweig	BL	26	3
14/15	Bayer Leverkusen	BL	33	12
15/16	Bayer Leverkusen	BL	33	6
16/17	Bayer Leverkusen	BL	16	2
17/18	Bayer Leverkusen	BL	24	1
18/19	Bayer Leverkusen	BL	19	5
19/20	Bayer Leverkusen	BL	26	4
20/21	Bayer Leverkusen	BL	22	0
21/22	Bayer Leverkusen	BL		

11 A (1 Tor) für Deutschland

BELLINGHAM, Jude
29. 06. 2003, Stourbridge/ENG
Mittelfeld, 1,86 m, 77 kg
Seit 2010 Birmingham City

19/20	Birmingham City	ENG 2	41	4
20/21	Borussia Dortmund	BL	29	1
21/22	Borussia Dortmund	BL		

7 A (kein Tor) für England

BENES, Laszlo
9. 9. 1997, Dunajska Streda,SVK
Mittelfeld, 1,81 m, 72 kg
Bis 2007 STK Samorin, 2007-2011 DAC Dunajska Streda, ab 2011 Györi ETO

14/15	Györi ETO	HUN 1	1	0
	Györi ETO II	HUN 3	1	0
Jan 15	MSK Zilina	SVK 1	8	0
	MSK Zilina B	SVK 2	6	0
15/16	MSK Zilina	SVK 1	23	2
16/17	Bor. Mönchengladbach	BL	8	1
	Bor. Mönchengladbach II	RL	13	1
17/18	Bor. Mönchengladbach	BL	2	0
	Bor. Mönchengladbach II	RL	1	0
18/19	Bor. Mönchengladbach	BL	1	0
	Bor. Mönchengladbach II	RL	2	0
Jan 19	Holstein Kiel	2. BL	15	2
19/20	Bor. Mönchengladbach	BL	22	0
20/21	Bor. Mönchengladbach	BL	7	0
Feb 21	FC Augsburg	BL	12	1
21/22	Bor. Mönchengladbach	BL		

7 A (ein Tor) für die Slowakei

BENNETTS, Keanan
9. 3. 1999, London/ENG
Sturm, 1,83 m, 73 kg, ENG/D

17/18	Tottenham Hotspur	ENG 1	0	0
18/19	Bor. Mönchengladbach II	RL	22	1
19/20	Bor. Mönchengladbach	BL	1	0
	Bor. Mönchengladbach II	RL	2	1
20/21	Bor. Mönchengladbach II	RL	2	0
20/21	Ipswich Town	ENG 3	28	1
21/22	Bor. Mönchengladbach	BL		

BENSEBAINI, Ramy
16. 04. 1995, Constantine/ALG
Abwehr, 1, 86 m, 75 kg
2005-2007 CS Constantine, 2007-2014 Paradou AC Algier

14/15	Lierse SK	BEL 1	23	1
15/16	Montpellier HSC	FRA 1	22	2
16/17	Stade Rennes	FRA 1	25	0
17/18	Stade Rennes	FRA 1	29	0
18/19	Stade Rennes	FRA 1	25	1
19/20	Bor. Mönchengladbach	BL	19	5
20/21	Bor. Mönchengladbach	BL	25	4
21/22	Bor. Mönchengladbach	BL		

38 A (4) Tore für Algerien

BERGGREEN, Emil
10. 5. 1993, Helsingör/SWE
Sturm, 1,93 m, 89 kg
Bis 2011 Frem Hellebaek und BK Sölleröd-Vedbaek, 2011/12 FC Nordsjaelland

12/13	Brönshöj BK	DEN 2	21	2
13/14	Brönshöj BK	DEN 2	30	11
14/15	Hobro IK	DEN 1	17	3
Feb 15	Eintracht Braunschweig	2. BL	13	5
15/16	Eintracht Braunschweig	2. BL	13	5
Jan 16	1. FSV Mainz 05	BL	0	0
16/17	1. FSV Mainz 05	BL	0	0
17/18	1. FSV Mainz 05	BL	14	4
	1. FSV Mainz 05	RL	3	0
18/19	1. FSV Mainz 05	BL	0	0
19/20	FC Twente Enschede	NED 1	13	1

20/21	SpVgg Greuther Fürth	2. BL	4	0
21/22	SpVgg Greuther Fürth	BL		

BEYAZ, Ömer
29. 8. 2003, Istanbul/TUR
Mittelfeld, 1,71 m, 65 kg
Seit 2013 Fenerbahce Istanbul

19/20	Fenerbahce Istanbul	TUR 1	4	0
20/21	Fenerbahce Istanbul	TUR 1	1	0
21/22	VfB Stuttgart	BL		

BEYER, Louis Jordan
19. 5. 2000, Kempen/D
Abwehr, 1,87 m, 80 kg
Bis 2015 DJK SV Thomasstadt Kempen und Fortuna Düsseldorf, seit 2015 Borussia Mönchengladbach

18/19	Bor. Mönchengladbach	BL	9	0
	Bor. Mönchengladbach II	RL	4	0
19/20	Bor. Mönchengladbach	BL	3	0
	Bor. Mönchengladbach II	RL	3	0
Jan 20	Hamburger SV	2.BL	11	0
20/21	Bor. Mönchengladbach	BL	4	0
	Bor. Mönchengladbach II	RL	6	0
21/22	Bor. Mönchengladbach	BL		

BIALEK, Bartosz
11. 11. 2001, Brzeg/POL
Sturm, 1,91 m, 84 kg
Bis 2011 Stal Brzeg, 2011-2014 MKS Olawa, ab 2014 Zaglebie Lubin

17/18	Zaglebie Lubin II	POL 4	1	0
18/19	Zaglebie Lubin II	POL 4	5	2
19/20	Zaglebie Lubin	POL 1	1	0
20/21	VfL Wolfsburg	BL	19	2
21/22	VfL Wolfsburg	BL		

BICAKCIC, Ermin
24. 1. 1990, Zvornik/YUG
Abwehr, 1,85 m, 85 kg, BIH/D
1995 bis Dezember 2004 SpVgg Mockmühl, Januar 2005 bis 2006 FC Heilbronn, ab 2006 VfB Stuttgart

09/10	VfB Stuttgart II	3. L	12	0
10/11	VfB Stuttgart II	3. L	10	0
	VfB Stuttgart	BL	1	0
11/12	VfB Stuttgart II	3. L	1	0
Jan 12	Eintracht Braunschweig	2. BL	15	1
12/13	Eintracht Braunschweig	2. BL	33	3
13/14	Eintracht Braunschweig	BL	31	1
14/15	TSG Hoffenheim	BL	24	1
15/16	TSG Hoffenheim	BL	21	0
16/17	TSG Hoffenheim	BL	18	1
17/18	TSG Hoffenheim	BL	9	0
18/19	TSG Hoffenheim	BL	25	1
19/20	TSG Hoffenheim	BL	21	2
20/21	TSG Hoffenheim	BL	2	1
21/22	TSG Hoffenheim	BL		

35 A (3 Tore) für Bosnien-Herzegowina

BLANCO, Fabio
Fabio Blanco Gomez
18. 2. 2004, Almeria/ESP
Sturm, 1,79 m, 71 kg
Bis 2021 FC Valencia

21/22	Eintracht Frankfurt	BL		

BLUM, Danny
07. 1.1991, Frankenthal/D
Mittelfeld, 1,84 m, 81 kg
Bis 2004 Rot-Weiß Frankenthal und Waldhof Mannheim, 2004-2007 1. FC Kaiserslautern, 2007-2009 FC Schalke 04, Juli bis Januar 2010 Waldhof Mannheim

Feb 10	SV Sandhausen	3. L	7	0
	SV Sandhausen II	LL		4
10/11	SV Sandhausen	3. L	30	0
	SV Sandhausen II	VL	1	0
11/12	SV Sandhausen	3. L	26	3
	SV Sandhausen II	LL	11	6
12/13	Karlsruher SC	3. L	18	1
	Karlsruher SC II	OL	1	0
13/14	SV Sandhausen	2. BL	19	4
14/15	1. FC Nürnberg	2. BL	12	3
15/16	1. FC Nürnberg	2. BL	29	4
16/17	Eintracht Frankfurt	BL	14	1
17/18	Eintracht Frankfurt	BL	2	1
18/19	Eintracht Frankfurt	BL	1	0
Aug 18	UD Las Palmas	ESP 2	23	1
19/20	VfL Bochum	2. BL	25	9
20/21	VfL Bochum	2. BL	22	4
21/22	VfL Bochum	BL		

BOATENG, Kevin-Prince
6. 3. 1987, Berlin/D
Mittelfeld, 1,86 m, 85 kg. GHA/D
1994/95 Hertha BSC, 1995/96 Reinickendorfer Füchse, ab 1996 Hertha BSC

04/05	Hertha BSC Am.	RL	18	3
05/06	Hertha BSC	BL	21	2
	Hertha BSC II	RL	4	1
06/07	Hertha BSC	BL	21	2
	Hertha BSC II	RL	7	1
07/08	Tottenham Hotspur	ENG 1	13	0
08/09	Tottenham Hotspur	ENG 1	1	0
Jan 09	Borussia Dortmund	BL	10	0
09/10	Tottenham Hotspur	ENG 1	0	0
Aug 09	FC Portsmouth	ENG 1	22	3
10/11	AC Mailand	ITA 1	26	3
11/12	AC Mailand	ITA 1	19	5
12/13	AC Mailand	ITA 1	29	2
13/14	AC Mailand	ITA 1	0	0
Aug 13	FC Schalke 04	BL	28	6
14/15	FC Schalke 04	BL	18	0
15/16	FC Schalke 04	BL		
Jan 16	AC Mailand	ITA 1	11	1
16/17	UD Las Palmas	ESP 1	28	10
Aug 17	Eintracht Frankfurt	BL	31	6
18/19	Sassuolo Calcio	ITA 1	13	4
Jan 19	FC Barcelona	ESP 1	3	0
19/20	AC Florenz	ITA 1	14	1
Jan 20	Besiktas Istanbul	TUR 1	11	3
20/21	AC Monza	ITA 2	24	5
21/22	Hertha BSC	BL		

15 A (2 Tore) für Ghana

BOCKHORN, Herbert
31. 1.1995, Kampala/UGA
Abwehr, 1,77 m, 76 kg
Bis 2006 1. FC Kiel, seit 2006 Werder Bremen

14/15	Werder Bremen II	RL	10	0
15/16	SC Wiedenbrück	RL	28	0
16/17	Borussia Dortmund II	RL	17	0
17/18	Borussia Dortmund II	RL	28	7
18/19	Borussia Dortmund II	RL	26	4
19/20	Huddersfield Town	ENG 2	0	0
20/21	VfL Bochum	2. BL	24	1
21/22	VfL Bochum	BL		

BOETIUS, Jean-Paul
22. 3. 1994, Rotterdam/NED
Mittelfeld, 1,78 m, 76 kg
Bis 2000 HOV/DJSCR Rotterdam, ab 2000 Feyenoord Rotterdam

12/13	Feyenoord Rotterdam	NED 1	20	4
13/14	Feyenoord Rotterdam	NED 1	29	10
14/15	Feyenoord Rotterdam	NED 1	31	4
15/16	FC Basel	SUI 1	12	3
	FC Basel II	SUI 3	1	0
16/17	FC Basel	SUI 1	2	0
	FC Basel II	SUI 3	1	0
Jan 17	KRC Genk	BEL 1	6	0
17/18	Feyenoord Rotterdam	NED 1	28	6
18/19	Feyenoord Rotterdam	NED 1	1	0
Aug 18	1. FSV Mainz 05	BL	30	4
19/20	1. FSV Mainz 05	BL	28	4
20/21	1. FSV Mainz 05	BL	31	2
21/22	1. FSV Mainz 05	BL		

1 A (kein Tor) für die Niederlande

BOGARDE, Melayro
28. 5. 2002, Rotterdam/NED
Abwehr, 1,82 m, 72 kg
Bis 2009 RVV Swift Boys, 2009-2018 Feyenoord Rotterdam, seit 2018 TSG Hoffenheim

19/20	TSG Hoffenheim	BL	2	0
20/21	TSG Hoffenheim	BL	9	0
	TSG Hoffenheim II	RL	9	0
21/22	TSG Hoffenheim	BL		

BONGA, Tarsis
10. 1.1997, Neuwied/D
Sturm, 1,97 m, 93 kg
Bis 2013 TuS Koblenz, 2013-2015 Bonner SC, 2015/16 Bayer Leverkusen

16/17	Fortuna Düsseldorf II	RL	23	0
17/18	Fortuna Düsseldorf II	RL	21	4
18/19	FSV Zwickau	3. L	32	3
19/20	Chemnitzer FC	3. L	37	4
20/21	VfL Bochum	2. BL	11	0
21/22	VfL Bochum	BL		

BORNAUW, Sebastiaan
22. 3. 1999, Wemmel/BEL
Abwehr, 1,91 m, 83 kg
Bis 2008 Wydad Casablanca und HO Merchtem, 2008/09 FCV Dender EH, ab 2009 RSC Anderlecht

18/19	RSC Anderlecht	BEL 1	23	1
19/20	RSC Anderlecht	BEL 1	1	0
Aug 19	1. FC Köln	BL	28	6
20/21	1. FC Köln	BL	24	1
21/22	VfL Wolfsburg	BL		

2 A (kein Tor) für Belgien

BORRÉ, Rafael Santos
Rafael Santos Borré Maury
15. 9.1995, Barranquilla/COL
Sturm, 1,74 m, 70 kg

2013	Deportivo Cali	COL 1	1	0
2014	Deportivo Cali	COL 1	3	1
2015	Deportivo Cali	COL 1	24	11
2016	Deportivo Cali	COL 1	9	5
16/17	FC Villarreal	ESP 2	17	2
17/18	CA River Plate	ARG 1	23	6
18/19	CA River Plate	ARG 1	19	4
19/20	CA River Plate	ARG 1	20	12
2020	CA River Plate	ARG 1	8	2
2021	CA River Plate	ARG 1	13	8
21/22	Eintracht Frankfurt	BL		

8 A (kein Tor) für Kolumbien

BOYATA, Dedryck
28. 11. 1990, Brüssel/BEL
Abwehr, 1,88 m, 84 kg
Bis 2006 RCS Saint-Josse, White Star Brüssel und FC Molenbeek Brüssel, ab 2006 Manchester City

09/10	Manchester City	ENG 1	3	0
10/11	Manchester City	ENG 1	7	0
11/12	Manchester City	ENG 1	0	0
	Bolton Wanderers	ENG 1	14	1
12/13	Manchester City	ENG 1	0	0
Aug 12	FC Twente Enschede	NED 1	5	0
Jan 13	Manchester City	ENG 1	0	0
13/14	Manchester City	ENG 1	1	0
14/15	Manchester City	ENG 1	2	0
15/16	Celtic Glasgow	SCO 1	26	4
16/17	Celtic Glasgow	SCO 1	17	5
17/18	Celtic Glasgow	SCO 1	28	2
18/19	Celtic Glasgow	SCO 1	19	1
19/20	Hertha BSC	BL	28	4
20/21	Hertha BSC	BL	19	1
21/22	Hertha BSC	BL		

25 A (kein Tor) für Belgien

BRANDT, Julian
2. 5. 1996, Bremen/D
Mittelfeld, 1,86 m, 82 kg
2001-2009 SC Borgfeld, 2009-2011 FC Oberneuland, 2001 bis Dezember 2013 VfL Wolfsburg

Jan14	Bayer Leverkusen	BL	12	2
	Bayer Leverkusen II	RL	1	1
14/15	Bayer Leverkusen	BL	25	4
15/16	Bayer Leverkusen	BL	29	9
16/17	Bayer Leverkusen	BL	32	3
17/18	Bayer Leverkusen	BL	34	9
18/19	Bayer Leverkusen	BL	33	7
19/20	Borussia Dortmund	BL	33	3
20/21	Borussia Dortmund	BL	31	3
21/22	Borussia Dortmund	BL		

35 A (3 Tore) für Deutschland

BREDLOW, Fabian
2. 3. 1995, Berlin/D
Torhüter, 1,90 m, 89 kg

1998-2008 BFC Preußen Berlin, 2008-2010 Lichtenrader BC, 2010-2012 Hertha Zehlendorf

12/13	RB Leipzig II	VL	1	0
13/14	RB Leipzig II	VL	1	0
14/15	FC Liefering	AUT 2	29	0
15/16	Hallescher FC	3. L	35	0
16/17	Hallescher FC	3. L	33	0
17/18	1. FC Nürnberg	2. BL	22	0
	1. FC Nürnberg II	RL	1	0
18/19	1. FC Nürnberg	BL	13	0
19/20	VfB Stuttgart	2. BL	4	0
20/21	VfB Stuttgart	BL	1	0
21/22	VfB Stuttgart	BL		

BREKALO, Josip
23. 6. 1998, Zagreb/CRO
Mittelfeld, 1,80 m, 70 kg

Ab 2006 Dinamo Zagreb

15/16	Dinamo Zagreb II	CRO 2	9	0
	Dinamo Zagreb	CRO 1	8	0
16/17	VfL Wolfsburg	BL	4	0
	VfL Wolfsburg II	RL	2	0
Jan 17	VfB Stuttgart	2. BL	11	1
17/18	VfB Stuttgart	BL	14	1
Jan 18	VfL Wolfsburg	BL	13	3
18/19	VfL Wolfsburg	BL	25	3
19/20	VfL Wolfsburg	BL	30	3
20/21	VfL Wolfsburg	BL	29	7
21/22	VfL Wolfsburg	BL		

27 A (4 Tore) für Kroatien

BRENET, Joshua
20. 3. 1994, Kerkrade/NED
Abwehr, 1,81 m, 74 kg

Bis 2006 SV Heerlen und Roda JC Kerkrade, 2006-2008 FC Omniworld Almere, 2008/09 ASC Warerwijk Almere, 2009-2011 AVV Zeeburgia, ab 2011 PSV Eindhoven

12/13	PSV Eindhoven	NED 1	0	0
13/14	PSV Eindhoven	NED 1	12	0
	PSV Eindhoven II	NED 2	9	1
14/15	PSV Eindhoven	NED 1	18	1
	PSV Eindhoven II	NED 2	3	0
15/16	PSV Eindhoven	NED 1	27	0
16/17	PSV Eindhoven	NED 1	20	1
17/19	PSV Eindhoven	NED 1	32	1
18/19	TSG Hoffenheim	BL	14	2
19/20	TSG Hoffenheim	BL	0	0
Jan 20	Vitesse Arnhem	NED 1	4	0
20/21	TSG Hoffenheim	BL	1	0
21/22	TSG Hoffenheim	BL		

2 A (kein Tor) für die Niederlande

BROBBEY, Brian
1. 2. 2002, Amsterdam/NED
Sturm, 1,80 m, 78 kg

Bis 2010 Amsterdamsche FC, seit 2010 Ajax Amsterdam

18/19	Ajax Amsterdam II	NED 2	2	0
19/20	Ajax Amsterdam II	NED 2	13	7
20/21	Ajax Amsterdam	NED 1	12	3
	Ajax Amsterdam II	NED 2	17	9
21/22	RB Leipzig	BL		

BROOKS, John Anthony
28. 1. 1993, Berlin/D
Abwehr, 1,93 m, 78 kg, D/USA

1998-2000 Blau Weiss Berlin, 2000-2003 Lichtenrader BC, 2003-2007 Hertha 03 Zehlendorf, ab 2007 Hertha BSC

10/11	Hertha BSC II	RL	16	0
11/12	Hertha BSC II	RL	15	0
12/13	Hertha BSC	2. BL	29	1
13/14	Hertha BSC	BL	16	2
	Hertha BSC II	RL	3	0
14/15	Hertha BSC	BL	27	1
	Hertha BSC II	RL	2	0
15/16	Hertha BSC	BL	23	1
	Hertha BSC II	RL	1	0
16/17	Hertha BSC	BL	24	2
17/18	VfL Wolfsburg	BL	9	0
18/19	VfL Wolfsburg	BL	29	3
19/20	VfL Wolfsburg	BL	25	0
20/21	VfL Wolfsburg	BL	32	2
21/22	VfL Wolfsburg	BL		

43 A (3 Tore) für die USA

BROSINSKI, Daniel
17. 7. 1988, Karlsruhe/D
Abwehr, 1,78 m, 70 kg

1993 bis Dezember 2001 SG Siemens Karlsruhe, ab Januar 2002 Karlsruher SC

06/07	Karlsruher SC II	RL	3	0
07/08	Karlsruher SC II	RL	28	3
08/09	1. FC Köln	BL	10	1
	1. FC Köln II	RL	3	0
09/10	1. FC Köln	BL	8	0
10/11	1. FC Köln	BL	0	0
Jan 11	SV Wehen Wiesbaden	3. L	19	5
11/12	MSV Duisburg	2. BL	33	5
12/13	MSV Duisburg	2. BL	32	3
13/14	SpVgg Greuther Fürth	2. BL	34	3
14/15	1. FSV Mainz 05	BL	32	0
15/16	1. FSV Mainz 05	BL	30	1
16/17	1. FSV Mainz 05	BL	29	1
17/18	1. FSV Mainz 05	BL	29	1
18/19	1. FSV Mainz 05	BL	26	3
19/20	1. FSV Mainz 05	BL	26	2
20/21	1. FSV Mainz 05	BL	21	2
21/22	1. FSV Mainz 05	BL		

BRUNNER, Cedric
17. 2. 1994, Zollikon/SUI
Abwehr, 1,80 m, 75 kg

Bis 2006 FC Maur, ab 2006 FC Zürich

12/13	FC Zürich II	SUI 3	14	2
13/14	FC Zürich II	SUI 3	21	1
14/15	FC Zürich	SUI	5	0
	FC Zürich II	SUI 3	19	1
15/16	FC Zürich	SUI	23	0
	FC Zürich II	SUI 3	1	0
16/17	FC Zürich	SUI	28	1
17/18	FC Zürich	SUI	25	0
18/19	Arminia Bielefeld	2. BL	23	1
19/20	Arminia Bielefeld	2. BL	27	2

20/21	Arminia Bielefeld	BL	31	0
21/22	Arminia Bielefeld	BL		

BRUUN LARSEN, Jacob

19. 9. 1998, Lyngby/DEN

Mittelfeld, 1,82 m, 72 kg

Bis Dezember 2014 Lyngby BK, ab Januar 2015 Borussia Dortmund

17/18	Borussia Dortmund	BL	1	0
	Borussia Dortmund II	RL	1	0
Jan 18	VfB Stuttgart	BL	4	0
	VfB Stuttgart II	RL	1	0
18/19	Borussia Dortmund	BL	24	2
19/20	Borussia Dortmund	BL	4	0
Jan 20	TSG Hoffenheim	BL	11	0
20/21	TSG Hoffenheim	BL	2	0
Jan 21	RSC Anderlecht	BEL 1	15	2
21/22	TSG Hoffenheim	BL		

1 A (kein Tor) für Dänemark

BURCHERT, Sascha

30. 10. 1989, Berlin/D

Torwart, 1,87 m, 80 kg

1994-2002 Wartenberger SV, seit 2002 Hertha BSC

08/09	Hertha BSC II	RL	8	0
09/10	Hertha BSC	BL	3	0
	Hertha BSC II	RL	13	0
10/11	Hertha BSC	2. BL	3	0
	Hertha BSC II	RL	18	0
11/12	Hertha BSC	BL	2	0
	Hertha BSC II	RL	14	0
12/13	Hertha BSC	2. BL	5	0
	Hertha BSC II	RL	2	0
13/14	Hertha BSC II	RL	9	0
14/15	Hertha BSC	BL	2	0
	Hertha BSC II	RL	1	0
2015	Valerenga Oslo	NOR 1	14	0
Jan 16	Hertha BSC II	RL	2	0
16/17	SpVgg Greuther Fürth	2. BL	2	0
	SpVgg Greuther Fürth II	RL	6	0
17/18	SpVgg Greuther Fürth	2. BL	24	0
	SpVgg Greuther Fürth II	RL	2	0
18/19	SpVgg Greuther Fürth	2. BL	33	0
19/20	SpVgg Greuther Fürth	2. BL	32	0
20/21	SpVgg Greuther Fürth	2. BL	33	0
21/22	SpVgg Greuther Fürth	BL		

BURKARDT, Jonathan

11. 7. 2000, Darmstadt/D

Sturm, 1,81 m, 76 kg

2009-2014 SV Darmstadt 98, seit 2014 1. FSV Mainz 05

18/19	1. FSV Mainz 05	BL	4	0
	1. FSV Mainz 05 II	RL	2	0
19/20	1. FSV Mainz 05	BL	8	1
	1. FSV Mainz 05 II	RL	2	1
20/21	1. FSV Mainz 05	BL	29	2
21/22	1. FSV Mainz 05	BL		

BURKART, Nishan

31. 1. 2000, Aarau/SUI

Sturm, 1,74 m, 70 kg

Bis 2014 FC Zürich, 2014-2019 Manchester United

19/20	SC Freiburg II	RL	17	1
20/21	SC Freiburg	BL	1	0
	SC Freiburg II	RL	36	16
21/22	SC Freiburg	BL		

BÜRKI, Roman

14. 11. 1990, Münsingen/SUI

Torwart, 1,87 m, 85 kg

1999-2005 FC Münsingen, ab 2005 Young Boys Bern

07/08	Young Boys Bern II	SUI 3	21	0
08/09	Young Boys Bern II	SUI 3	24	0
09/10	FC Thun	SUI 2	4	0
Jan 10	FC Schaffhausen	SUI 2	9	0
10/11	Young Boys Bern	SUI 1	2	0
Jan 11	Grassh. Club Zürich	SUI 1	11	0
11/12	Grassh -Club Zürich	SUI 1	31	0
12/13	Grassh. Club Zürich	SUI 1	34	0
13/14	Grassh. Club Zürich	SUI 1	34	0
14/15	SC Freiburg	BL	34	0
15/16	Borussia Dortmund	BL	33	0
16/17	Borussia Dortmund	BL	27	0
17/18	Borussia Dortmund	BL	33	0
18/19	Borussia Dortmund	BL	32	0
19/20	Borussia Dortmund	BL	31	0
20/21	Borussia Dortmund	BL	19	0
21/22	Borussia Dortmund	BL		

9 A (kein Tor) für die Schweiz

BUSK, Jakob

12. 9. 1993, Kopenhagen/DEN

Torwart, 1,89 m, 85 kg

12/13	FC Kopenhagen	DEN 1	1	0
13/14	FC Kopenhagen	DEN 1	3	0
14/15	AC Horsens	DEN 2	17	0
2015	Sandefjord Fotball	NOR 1	14	0
Jan 16	1. FC Union Berlin	2. BL	14	0
16/17	1. FC Union Berlin	2. BL	22	0
17/18	1. FC Union Berlin	2. BL	20	0
18/19	1. FC Union Berlin	2. BL	0	0
19/20	1. FC Union Berlin	BL	0	0
20/21	1. FC Union Berlin	BL	0	0
21/22	1. FC Union Berlin	BL		

CALIGIURI, Daniel

15. 1. 1988, Villingen-Schwenningen/D

Mittelfeld, 1,82 m, 80 kg, D/ITA

Bis 2001 BSV Schwenningen, 2001-2005 SV Zimmern, ab 2005 SC Freiburg

06/07	SC Freiburg II	OL	4	0
07/08	SC Freiburg II	OL	13	2
08/09	SC Freiburg II	RL	32	7
09/10	SC Freiburg	BL	16	0
	SC Freiburg II	RL	19	13
10/11	SC Freiburg	BL	23	0
	SC Freiburg II	RL	1	0
11/12	SC Freiburg	BL	25	6
	SC Freiburg II	RL	2	1
12/13	SC Freiburg	BL	29	5
13/14	VfL Wolfsburg	BL	24	1

14/15	VfL Wolfsburg	BL	28	7
15/16	VfL Wolfsburg	BL	29	2
16/17	VfL Wolfsburg	BL	16	2
Jan 17	FC Schalke 04	BL	16	2
17/18	FC Schalke 04	BL	33	6
18/19	FC Schalke 04	BL	31	7
19/20	FC Schalke 04	BL	28	2
20/21	FC Augsburg	BL	33	6
21/22	FC Augsburg	BL		

CAN, Emre
12. 1. 1994, Frankfurt/D
Mittelfeld, 1,84 m, 82 kg

2000-2006 Blau-Gelb Frankfurt, 2006-2009 Eintracht Frankfurt, ab 2009 Bayern München

11/12	Bayern München II	RL	17	1
12/13	Bayern München	BL	4	1
	Bayern München II	RL	14	2
13/14	Bayer Leverkusen	BL	29	3
14/15	FC Liverpool	ENG 1	27	1
15/16	FC Liverpool	ENG 1	30	1
16/17	FC Liverpool	ENG 1	32	5
17/18	FC Liverpool	ENG 1	26	3
18/19	Juventus Turin	ITA 1	29	4
19/20	Juventus Turin	ITA 1	8	0
Jan 20	Borussia Dortmund	BL	12	2
20/21	Borussia Dortmund	BL	28	1
21/22	Borussia Dortmund	BL		

37 A (1 Tor) für Deutschland

CASTEELS, Koen
25. 6. 1992, Bonheiden/BEL
Torwart, 1,97 m, 86 kg

1996-2008 KAC Betekom, 2008-2011 KRC Genk

11/12	TSG Hoffenheim II	RL	23	0
12/13	TSG Hoffenheim	BL	16	0
	TSG Hoffenheim II	RL	7	0
13/14	TSG Hoffenheim	BL	23	0
14/15	TSG Hoffenheim II	RL	2	0
Jan 15	Werder Bremen	BL	6	0
15/16	VfL Wolfsburg	BL	13	0
16/17	VfL Wolfsburg	BL	20	0
17/18	VfL Wolfsburg	BL	34	0
18/19	VfL Wolfsburg	BL	26	0
19/20	VfL Wolfsburg	BL	26	0
20/21	VfL Wolfsburg	BL	32	0
21/22	VfL Wolfsburg	BL		

1 A (kein Tor) für Belgien

CASTROP, Jens
29. 7. 2003, Düsseldorf,D
Abwehr, 1,77 m, 71 kg

Bis 2015 Fortuna Düsseldorf, seit 2015 1. FC Köln

20/21	1. FC Köln II	RL	6	0
21/22	1. FC Köln	BL		

CESTIC, Sava-Arangel
19. 2. 2001, Offenbach/D
Abwehr, 1,92 m, 87 kg

2006-2011 SG Rosenhöhe Offenbach, 2011-2015 Kickers Offenbach, 2016-2019 FC Schalke 04, seit 2019 1. FC Köln

20/21	1. FC Köln	BL	11	0
	1. FC Köln II	RL	12	2
21/22	1. FC Köln	BL		

2 A (kein Tor) für Serbien

CHANDLER, Timothy
29. 3. 1990, Frankfurt/D
Abwehr, 1,87 m, 84 kg, USA/D

Bis 2001 Sportfreunde Oberau, ab 2001 Eintracht Frankfurt

07/08	Eintracht Frankfurt II	OL	3	0
08/09	Eintracht Frankfurt II	RL	19	2
09/10	Eintracht Frankfurt II	RL	28	6
10/11	1. FC Nürnberg	BL	14	1
	1. FC Nürnberg II	RL	17	4
11/12	1. FC Nürnberg	BL	30	1
12/13	1. FC Nürnberg	BL	30	1
13/14	1. FC Nürnberg	BL	21	1
14/15	Eintracht Frankfurt	BL	29	1
15/16	Eintracht Frankfurt	BL	12	0
16/17	Eintracht Frankfurt	BL	32	0
17/18	Eintracht Frankfurt	BL	24	2
18/19	Eintracht Frankfurt	BL	1	0
19/20	Eintracht Frankfurt	BL	22	5
20/21	Eintracht Frankfurt	BL	15	1
21/22	Eintracht Frankfurt	BL		

29 A (1 Tor) für die USA

CHERNY, Vladislav
21. 6. 2003, Magnitogorsk/RUS
Mittelfeld, 1,72 m, 70 kg

Bis 2016 VfL Theesen, 2016/17 SC Paderborn 07, seit 2017 Arminia Bielefeld

21/22	Arminia Bielefeld	BL		

CHIBSAH, Raman
Yussif Raman Chibsah
10. 3. 1993, Accra/GHA
Mittelfeld, 1,78 m, 78 kg

Bis 2009 Bechem United, 2009-2011 Sassuolo Calcio, 2011/12 Juventus Turin, seit 2012 Sassuolo Calcio

12/13	Sassuolo Calcio	ITA 2	28	2
13/14	Sassuolo Calcio	ITA 1	18	0
14/15	Sassuolo Calcio	ITA 1	8	0
15/16	Frosinone Calcio	ITA 1	22	0
16/17	Benevento Calcio	ITA 2	36	5
17/18	Benevento Calcio	ITA 1	14	0
Jan 18	Frosinone Calcio	ITA 2	16	1
18/19	Frosinone Calcio	ITA 1	32	1
19/20	Gaziantep FK	TUR 1	24	1
20/21	VfL Bochum	2. BL	10	1
21/22	VfL Bochum	BL		

2 A (kein Tor) für Ghana

CHOUPO-MOTING, Eric Maxim
23. 3. 1989, Hamburg/D
Sturm, 1,91 m, 91 kg, D/CMR
Bis 2000 Teutonia Ottensen, 2000-2003 Altona 93, 2003/04 FC St. Pauli, ab 2004 Hamburger SV

06/07	Hamburger SV II	RL	12	1
07/08	Hamburger SV	BL	13	0
	Hamburger SV II	RL	8	0
08/09	Hamburger SV II	RL	2	0
09/10	Hamburger SV II	RL	2	0
Aug 09	1. FC Nürnberg	BL	25	5
10/11	Hamburger SV	BL	10	2
	Hamburger SV II	RL	7	0
11/12	1. FSV Mainz 05	BL	34	10
12/13	1. FSV Mainz 05	BL	8	0
	1. FSV Mainz 05 II	RL	2	0
13/14	1. FSV Mainz 05	BL	32	10
14/15	FC Schalke 04	BL	31	9
15/16	FC Schalke 04	BL	28	6
16/17	FC Schalke 04	BL	23	3
17/18	Stoke City	ENG 1	30	5
18/19	Paris Saint-Germain	FRA 1	22	3
19/20	Paris Saint-Germain	FRA 1	9	3
Sep 20	Bayern München	BL	22	3
21/22	Bayern München	BL		

57 A (15 Tore) für Kamerun

CHRISTIANSEN, Max
25. 9. 1996, Flensburg/D
Mittelfeld, 1,85 m, 82 kg
Bis 2010 SV Adelby und Flensburg 08, 2010/11 Holstein Kiel, ab 2011 Hansa Rostock

13/14	Hansa Rostock	3. L	7	1
14/15	Hansa Rostock	3. L	17	0
Jan 15	FC Ingolstadt 04	2. BL	4	1
	FC Ingolstadt 04 II	RL	2	0
15/16	FC Ingolstadt 04	BL	19	0
	FC Ingolstadt 04 II	RL	3	0
16/17	FC Ingolstadt 04	BL	11	0
	FC Ingolstadt 04 II	RL	2	0
17/18	FC Ingolstadt 04	2. BL	16	0
	FC Ingolstadt 04 II	RL	1	0
18/19	Arminia Bielefeld	2. BL	7	0
19/20	Waldhof Mannheim	3. L	29	2
20/21	Waldhof Mannheim	3. L	25	1
21/22	SpVgg Greuther Fürth	BL		

CHURLINOV, Darko
11. 7. 2000, Skopje/MKD
Mittelfeld, 1,80 m, 73 kg
2003-2010 Forza Skopje, 2010-2012 Rabotnicki Skopje, 2012-2014 Vardar Skopje, 2014,15 Hansa Rostock, 2015,16 1. FC Magdeburg, ab 2016 1. FC Köln

18/19	1. FC Köln II	RL	1	0
19/20	1. FC Köln	BL	1	0
	1. FC Köln II	RL	8	7
Jan 20	VfB Stuttgart	2.BL	6	1
20/21	VfB Stuttgart	BL	14	0
21/22	VfB Stuttgart	BL		

5 A (ein Tor) für Nordmazedonien

CISSÉ, Momo
17. 10. 2002, Conakry/GUI
Mittelfeld, 1,78 m, 64 kg
Bis 2017 Vendee Fontenay Foot und Paris FC, seit 2017 AC Le Havre

18/19	AC Le Havre II	FRA 4	14	0
19/20	AC Le Havre II	FRA 5		
20/21	VfB Stuttgart	BL	5	0
21/22	VfB Stuttgart	BL		

CIVEJA, Tim
4. 1. 2002, München/D
Mittelfeld, 1,80 m, 74 kg
Bis 2015 JFG TaF Glonntal, seit 2015 FC Augsburg

20/21	FC Augsburg	BL	3	0
21/22	FC Augsburg	BL		

COLLINS, Nnamdi
10. 1. 2004, Düsseldorf/D
Abwehr, 1,88 m, 81 kg
Bis 2016 Fortuna Düsseldorf, seit 2016 Borussia Dortmund

21/22	Borussia Dortmund	BL		

COMAN, Kingsley
13. 6. 1996, Paris/FRA
Mittelfeld, 1,79 m, 75 kg
2002-2005 US Senart-Moissy, ab 2005 Paris Saint-Germain

12/13	Paris Saint-Germain	FRA 1	1	0
13/14	Paris Saint-Germain	FRA 1	2	0
	Paris Saint-Germain II	FRA 4	16	0
14/15	Juventus Turin	ITA 1	14	0
15/16	Juventus Turin	ITA 1	1	0
Aug 15	Bayern München	BL	23	4
16/17	Bayern München	BL	19	2
17/18	Bayern München	BL	21	3
18/19	Bayern München	BL	21	6
19/20	Bayern München	BL	24	4
20/21	Bayern München	BL	29	5
21/22	Bayern München	BL		

32 A (5 Tore) für Frankreich

CONSBRUCH, Jomaine
26. 1. 2002, Bielefeld/D
Mittelfeld, 1,74 m, 62 kg
Bis 2012 SV Ubbedissen, seit 2012 Arminia Bielefeld

19/20	Arminia Bielefeld	2. BL	1	0
20/21	Arminia Bielefeld	BL	0	0
21/22	Arminia Bielefeld	BL		

CORDOVA, Sergio
Sergio Duvan Cordova Lezama
9. 8. 1997, Calabozo/VEN
Sturm, 1,88 m, 87 kg
Bis Dezember 2012 Arroceros de Calabozo, ab Januar 2013 FC Caracas

2015	FC Caracas	VEN 1	12	3
2016	FC Caracas	VEN 1	20	1
2017	FC Caracas	VEN 1	4	0
17/18	FC Augsburg	BL	26	2
18/19	FC Augsburg	BL	20	3
19/20	FC Augsburg	BL	16	2

Aug 20	Arminia Bielefeld	BL	23	2
21/22	FC Augsburg	BL		

14 A (kein Tor) für Venezuela

COULIBALY, Soumaila
14.10.2003, Montfermeil/FRA
Abwehr, 1,90 m, 82 kg

2015-2018 FC Montfermeil, 2018-2021 Paris Saint-Germain

21/22	Borussia Dortmund	BL		

COULIBALY, Tanguy
18. 2. 2001, Sevres/FRA
Mittelfeld, 1,75 m, 73 kg

Bis 2019 Paris Saint-Germain

19/20	VfB Stuttgart	2. BL	2	0
	VfB Stuttgart II	OL	8	0
20/21	VfB Stuttgart	BL	31	2
21/22	VfB Stuttgart	BL		

CUISANCE, Michael
16. 8.1999, Straßburg/FRA
Mittelfeld, 1,81 m, 74 kg

2005/06 FC Straßburg Koenigshoffen, 2006/07 AS PTT Straßburg, 2007-2012 Racing Straßburg, 2012-2014 SC Schiltigheim, ab 2014 AS Nancy

15/16	AS Nancy II	FRA 5	1	0
16/17	AS Nancy Jugend			
17/18	Bor. Mönchengladbach	BL	24	0
	Bor. Mönchengladbach II	RL	1	0
18/19	Bor. Mönchengladbach	BL	11	0
	Bor. Mönchengladbach II	RL	1	1
Aug 19	Bayern München	BL	9	1
	Bayern München II	3. L	5	2
20/21	Bayern München	BL	1	0
Okt 20	Olympique Marseille	FRA 1	23	2
21/22	Bayern München	BL		

CZICHOS, Rafael
14 5. 1990, Dschidda/KSA
Abwehr, 1,86 m, 93 kg

Bis 2007 FC Verden 04, ab 2007 TSV Ottersberg

08/09	TSV Ottersberg	OL	31	7
09/10	TSV Ottersberg	OL	31	8
10/11	VfL Wolfsburg II	RL	8	0
11/12	VfL Wolfsburg II	RL	15	1
12/13	Rot-Weiß Erfurt	3. L	30	0
13/14	Rot-Weiß Erfurt	3. L	33	2
	Rot-Weiß Erfurt II	OL	1	0
14/15	Rot-Weiß Erfurt	3. L	37	7
15/16	Holstein Kiel	3. L	34	7
16/17	Holstein Kiel	3. L	34	2
17/18	Holstein Kiel	2. BL	31	2
18/19	1. FC Köln	2. BL	32	2
19/20	1. FC Köln	BL	26	1
20/21	1. FC Köln	BL	28	1
21/22	1. FC Köln	BL		

DA COSTA, Danny
13. 7. 1993, Neuss/D
Abwehr, 1,87 m, 87 kg

Bis 2001 Winfriedia Mülheim, ab 2001 Bayer Leverkusen

11/12	Bayer Leverkusen	BL	6	0
	Bayer Leverkusen II	RL	2	0
12/13	FC Ingolstadt 04	2. BL	27	0
13/14	FC Ingolstadt 04	2. BL	27	0
14/15	FC Ingolstadt 04	2. BL	12	0
15/16	FC Ingolstadt 04	BL	20	0
	FC Ingolstadt 04 II	RL	2	0
16/17	Bayer Leverkusen	BL	3	0
17/18	Eintracht Frankfurt	BL	17	1
18/19	Eintracht Frankfurt	BL	34	2
19/20	Eintracht Frankfurt	BL	19	1
20/21	Eintracht Frankfurt	BL	6	0
Jan 21	1. FSV Mainz 05	BL	16	0
21/22	Eintracht Frankfurt	BL		

DABBUR, Munas
14. 5. 1992, Nazareth/ISR
Sturm, 1,81 m, 74 kg

Ab 2003 Maccabi Ahi Nazareth

09/10	Maccabi Ahi Nazareth	ISR 1	4	0
10/11	Maccabi Tel Aviv	ISR 1	0	0
11/12	Maccabi Tel Aviv	ISR 1	26	8
12/13	Maccabi Tel Aviv	ISR 1	26	10
13/14	Maccabi Tel Aviv	ISR 1	14	4
Feb 14	Grasshoppers Zürich	SUI 1	15	9
14/15	Grasshoppers Zürich	SUI 1	32	13
15/16	Grasshoppers Zürich	SUI 1	35	19
16/17	RB Salzburg	AUT 1	15	2
Feb 17	Grasshoppers Zürich	SUI 1	13	7
17/18	RB Salzburg	AUT 1	32	22
18/19	RB Salzburg	AUT 1	29	20
19/20	FC Sevilla	ESP 1	2	0
Jan 20	TSG Hoffenheim	BL	14	4
20/21	TSG Hoffenheim	BL	22	4
21/22	TSG Hoffenheim	BL		

29 A (8 Tore) für Israel

DAHMEN, Finn
27. 3. 1998, Wiesbaden/D
Torwart, 1,86 m, 80 kg

Bis 2008 FC Bierstadt und Eintracht Frankfurt, seit 2008 1. FSV Mainz 05

17/18	1. FSV Mainz 05 II	RL	27	1
18/19	1. FSV Mainz 05 II	RL	32	0
19/20	1. FSV Mainz 05 II	RL	10	0
20/21	1. FSV Mainz 05	BL	3	0
20/21	1. FSV Mainz 05 II	RL	1	0
17/18	1. FSV Mainz 05 II	RL	27	1
18/19	1. FSV Mainz 05 II	RL	32	0
19/20	1. FSV Mainz 05 II	RL	10	0
20/21	1. FSV Mainz 05	BL	3	0
20/21	1. FSV Mainz 05 II	RL	1	0
21/22	1. FSV Mainz 05	BL		

DAHOUD, Mahmoud
1. 1. 1996, Amouda/SYR
Mittelfeld, 1,77 m, 69 kg, D/SYR
2004-2009 Germania Reusrath, 2009/10 Fortuna Düsseldorf, ab 2010 Borussia Mönchengladbach

14/15	Bor. Mönchengladbach	BL	1	0
	Bor. Mönchengladbach II	RL	14	2
15/16	Bor. Mönchengladbach	BL	32	5
16/17	Bor. Mönchengladbach	BL	28	2
17/18	Borussia Dortmund	BL	23	0
18/19	Borussia Dortmund	BL	14	1
19/20	Borussia Dortmund	BL	12	0
20/21	Borussia Dortmund	BL	21	1
21/22	Borussia Dortmund	BL		

2 A (kein Tor) für Deutschland

DAJAKU, Leon
12. 4. 2001, Waiblingen/D
Sturm, 1,80 m, 72 kg
Bis 2014 SpVgg Rommelshausen und FSV Waiblingen, seit 2014 VfB Stuttgart

18/19	VfB Stuttgart	BL	2	0
	VfB Stuttgart II	RL	1	0
19/20	Bayern München	BL	2	0
	Bayern München II	3. L	29	4
20/21	Bayern München II	3.L	14	3
Jan 21	1. FC Union Berlin	BL	2	0
21/22	1. FC Union Berlin	BL		

DANI OLMO
Daniel Olmo Carvajal
7. 5. 1998, Terrassa/ESP
Mittelfeld, 1,79 m, 68 kg
Bis 2007 Espanyol Barcelona, 2007-2014 FC Barcelona

14/15	Dinamo Zagreb	CRO 1	5	0
	Dinamo Zagreb B	CRO 3	9	3
15/16	Dinamo Zagreb	CRO 1	1	0
	Dinamo Zagreb B	CRO 2	15	1
16/17	Dinamo Zagreb	CRO 1	14	1
	Dinamo Zagreb B	CRO 2	10	2
17/18	Dinamo Zagreb	CRO 1	26	8
18/19	Dinamo Zagreb	CRO 1	25	8
19/20	Dinamo Zagreb	CRO 1	9	3
Jan 20	RB Leipzig	BL	12	3
20/21	RB Leipzig	BL	32	5
21/22	RB Leipzig	BL		

16 A (3 Tore) für Spanien

DANILO SOARES
Danilo Teodoro Soares
29. 10. 1991, Belo Horizonte/BRA
Abwehr, 1,70 m, 73 kg
Bis 2010 Gremio Porto Alegre

10/11	Austria Lustenau	AUT 2	22	1
11/12	Austria Lustenau	AUT 2	30	0
12/13	Austria Lustenau	AUT 2	30	1
13/14	FC Ingolstadt 04	2. BL	27	0
14/15	FC Ingolstadt 04	2. BL	32	1
15/16	FC Ingolstadt 04	BL	1	0
16/17	TSG Hoffenheim	BL	0	0
17/18	VfL Bochum	2. BL	30	0
18/19	VfL Bochum	2. BL	23	0
19/20	VfL Bochum	2. BL	32	1
20/21	VfL Bochum	2. BL	32	2
21/22	VfL Bochum	BL		

DANSO, Kevin
19. 9. 1998, Voitsberg/AUT
Abwehr, 1,90 m, 87 kg
Bis Dezember 2013 Milton Keynes Dons, seit Januar 2014 FC Augsburg

16/17	FC Augsburg	BL	7	0
17/18	FC Augsburg	BL	16	2
	FC Augsburg II	RL	3	0
18/19	FC Augsburg	BL	18	1
19/20	FC Southampton	ENG 1	6	0
20/21	Fortuna Düsseldorf	2. BL	32	2
21/22	FC Augsburg	BL		

6 A (kein Tor) für Österreich

DARDAI, Marton
12. 2. 2002, Berlin/D
Abwehr, 1,88 m, 77 kg, D/HUN
Bis 2011 1. FC Wilmersdorf, seit 2011 Hertha BSC

19/20	Hertha BSC II	RL	3	0
20/21	Hertha BSC	BL	12	0
	Hertha BSC II	RL	3	0
21/22	Hertha BSC	BL		

DARIDA, Vladimir
8. 8. 1990, Pilsen/CZE
Mittelfeld, 1,72 m, 67 kg
Ab 1995 Viktoria Pilsen

09/10	Viktoria Pilsen	CZE 1	3	0
10/11	Viktoria Pilsen	CZE 1	1	0
Jan 11	Banik Sokolov	CZE 2	13	5
11/12	Viktoria Pilsen	CZE 1	22	3
12/13	Viktoria Pilsen	CZE 1	29	6
13/14	Viktoria Pilsen	CZE 1	6	2
Aug 13	SC Freiburg	BL	23	3
14/15	SC Freiburg	BL	31	6
15/16	Hertha BSC	BL	31	5
16/17	Hertha BSC	BL	25	2
17/18	Hertha BSC	BL	21	0
18/19	Hertha BSC	BL	10	0
	Hertha BSC II	RL	2	0
19/20	Hertha BSC	BL	28	3
20/21	Hertha BSC	BL	27	1
21/22	Hertha BSC	BL		

76 A (8 Tore) für Tschechien

DAVIES, Alphonso
2. 11. 2000, Buduburam/GHA
Abwehr, 1,81 m, 72 kg, CAN/LBR
Bis 2005 Edmonton Internationals, 2006-2014 Edmonton Strikers, ab 2015 Vancouver Whitecaps

2016	Vancouver Whitecaps	USA 1	8	0
	Vancouver Whitecaps II	USA 3	11	2
2017	Vancouver Whitecaps	USA 1	27	0
2018	Vancouver Whitecaps	USA 1	31	8
Jan 19	Bayern München	BL	6	1
	Bayern München II	RL	3	0
19/20	Bayern München	BL	29	3
	Bayern München II	3. L	3	0

20/21	Bayern München	BL	23	1
21/22	Bayern München	BL		

24 A (9 Tore) für Kanada

DE MEDINA, Nathan
8. 10. 1997, Etterbeek/BEL
Abwehr, 1,83 m, 80 kg

15/16	RSC Anderlecht	BEL 1	2	0
16/17	Oud-Heverlee Leuven	BEL 2	15	0
Jan 17	RSC Anderlecht	BEL 1	0	0
17/18	Royal Excel Mouscron	BEL 1	18	2
18/19	Royal Excel Mouscron	BEL 1	2	0
19/20	Royal Excel Mouscron	BEL 1	22	1
20/21	Arminia Bielefeld	BL	16	0
21/22	Arminia Bielefeld	BL		

DECARLI, Saulo
04. 2.1992, Locarno/SUI
Abwehr, 1,88 m, 81 kg

1999-2005 Losone Sportiva, 2005-2007 FC Locarno, 2007/08 AC Bellinzona, 2008/09 FC Lugano, 2009/10 AC Bellinzona

10/11	FC Locarno	SUI 2	23	2
11/12	FC Locarno	SUI 2	30	1
12/13	FC Chiasso	SUI 2	10	1
Jan 13	AS Livorno	ITA 2	13	0
13/14	AS Livorno	ITA 1	0	0
Jan 14	US Avellino	ITA 2	10	0
14/15	Eintr. Braunschweig	2. BL	17	0
	Eintr. Braunschweig II	RL	2	0
15/16	Eintr. Braunschweig	2. BL	29	1
16/17	Eintr. Braunschweig	2. BL	28	2
17/18	Eintr. Braunschweig II	RL	1	0
Aug 17	Club Brügge	BEL 1	11	1
18/19	Club Brügge	BEL 1	9	0
19/20	VfL Bochum	2. BL	22	1
20/21	VfL Bochum	2. BL	5	0
21/22	VfL Bochum	BL		

DEHL, Laurenz
12. 12. 2001, Berlin/D
Mittelfeld, 1,80 m, 70 kg

Bis 2011 SV Blau-Gelb Berlin, seit 2011 1. FC Union Berlin

20/21	Hallescher FC	3. L	22	3
21/22	1. FC Union Berlin	BL		

DELANEY, Thomas
3. 9. 1991, Frederiksberg/DEN
Mittelfeld, 1,82 m, 79 kg

1993-2009 KB Kopenhagen

09/10	FC Kopenhagen	DEN 1	9	0
10/11	FC Kopenhagen	DEN 1	16	1
11/12	FC Kopenhagen	DEN 1	19	1
12/13	FC Kopenhagen	DEN 1	21	1
13/14	FC Kopenhagen	DEN 1	32	3
14/15	FC Kopenhagen	DEN 1	27	2
15/16	FC Kopenhagen	DEN 1	29	5
16/17	FC Kopenhagen	DEN 1	19	6
Jan 17	Werder Bremen	BL	13	4
17/18	Werder Bremen	BL	32	3
18/19	Borussia Dortmund	BL	30	3
19/20	Borussia Dortmund	BL	11	0
20/21	Borussia Dortmund	BL	20	1
21/22	Borussia Dortmund	BL		

60 A (6 Tore) für Dänemark

DEMIRBAY, Kerem
3. 7. 1993, Herten/D
Mittelfeld, 1,83 m, 71 kg, D/TUR

September 1999 bis 2007 FC Schalke 04, 2007/08 Borussia Dortmund, 2008-2011 SG Wattenscheid 09, ab 2011 Borussia Dortmund

12/13	Borussia Dortmund II	3. L	28	2
13/14	Hamburger SV	BL	3	0
	Hamburger SV II	RL	5	3
14/15	Hamburger SV II	RL	1	1
Sep 14	1. FC Kaiserslautern	2. BL	22	1
15/16	Hamburger SV	BL	0	0
Aug 15	Fortuna Düsseldorf	2. BL	25	10
16/17	TSG Hoffenheim	BL	28	6
17/18	TSG Hoffenheim	BL	19	2
18/19	TSG Hoffenheim	BL	26	4
19/20	Bayer Leverkusen	BL	25	1
20/21	Bayer Leverkusen	BL	29	4
21/22	Bayer Leverkusen	BL		

2 A (1 Tor) für Deutschland

DEMIROVIC, Ermedin
25. 3. 1998, Sarajevo/BIH
Sturm, 1,85 m, 80 kg, BIH/D

Bis 2014 Hamburger SV, ab 2014 RB Leipzig

16/17	RB Leipzig II	RL	1	1
17/18	Deportivo Alaves	ESP 1	3	1
18/19	FC Sochaux	FRA 2	16	4
Jan 19	UD Almeria	ESP 2	13	0
Sep 20	FC St. Gallen	SUI 1	28	14
20/21	SC Freiburg	BL	30	5
21/22	SC Freiburg	BL		

4 A (kein Tor) für Bosnien-Herzegowina

DIABY, Moussa
7. 7. 1999, Paris/FRA
Sturm, 1,71 m, 68 kg

2009-2013 ES Parisienne, ab 2013 Paris Saint-Germain

16/17	Paris Saint-Germain II	FRA 4	6	0
17/18	Paris Saint-Germain II	FRA 4	8	2
Jan 18	FC Crotone	ITA 1	2	0
18/19	Paris Saint-Germain	FRA 1	25	2
19/20	Bayer Leverkusen	BL	28	5
20/21	Bayer Leverkusen	BL	32	4
21/22	Bayer Leverkusen	BL		

DIDAVI, Daniel
21. 2. 1990, Nürtingen/D
Mittelfeld, 1,80 m, 77 kg

Bis 1998 SPV 05 Nürtingen, 1998-2002 VfB Stuttgart, 2002,03 SPV 05 Nürtingen, ab 2003 VfB Stuttgart

08/09	VfB Stuttgart II	3. L	30	5
09/10	VfB Stuttgart II	3. L	28	5
10/11	VfB Stuttgart	BL	8	0
	VfB Stuttgart II	3. L	2	0
11/12	1. FC Nürnberg	BL	23	9
	1. FC Nürnberg II	RL	2	0
12/13	VfB Stuttgart	BL	3	0
	VfB Stuttgart II	3. L	1	0

13/14	VfB Stuttgart	BL	7	1
	VfB Stuttgart II	3. L	2	0
14/15	VfB Stuttgart	BL	11	4
	VfB Stuttgart II	3. L	2	1
15/16	VfB Stuttgart	BL	31	13
16/17	VfL Wolfsburg	BL	18	4
17/18	VfL Wolfsburg	BL	30	9
18/19	VfB Stuttgart	BL	20	2
19/20	VfB Stuttgart	2. BL	19	6
20/21	VfB Stuttgart	BL	23	4
21/22	VfB Stuttgart	BL		

DILROSUN, Javairo

22. 6. 1998, Amsterdam/NED

Mittelfeld, 1,74 m, 74 kg

16/17	Manchester City	ENG 1	0	0
17/18	Manchester City	ENG 1	0	0
18/19	Hertha BSC	BL	17	2
	Hertha BSC II	RL	4	0
19/20	Hertha BSC	BL	23	4
20/21	Hertha BSC	BL	12	0
21/22	Hertha BSC	BL		

1 A (kein Tor) für die Niederlande

DORSCH, Niklas

15. 1. 1998, Lichtenfels/D

Mittelfeld, 1,78 m, 76 kg

2002-2006 1. FC Baiersdorf, 2006-2009 Deutsch-Tschechische Fußballschule, 2009-2012 1. FC Nürnberg, ab 2012 Bayern München

15/16	Bayern München II	RL	6	0
16/17	Bayern München II	RL	24	3
17/18	Bayern München	BL	1	1
	Bayern München II	RL	31	4
18/19	1. FC Heidenheim	2. BL	30	2
19/20	1. FC Heidenheim	2. BL	32	1
20/21	KAA Gent	BEL 1	33	1
21/22	FC Augsburg	BL		

DOUCOURÉ, Mamadou

21. 5. 1998, Dakar/SEN

Abwehr, 1,83 m, 78 kg

Januar 2006 bis 2011 Paris FC, ab 2011 Paris Saint-Germain

15/16	Paris Saint-Germain II	FRA 4	3	0
16/17	Bor. Mönchengladbach	BL	0	0
17/18	Bor. Mönchengladbach	BL	0	0
18/19	Bor. Mönchengladbach II	RL	2	0
19/20	Bor. Mönchengladbach	BL	2	0
	Bor. Mönchengladbach II	RL	10	0
20/21	Bor. Mönchengladbach II	RL	1	0
21/22	Bor. Mönchengladbach	BL		

DUDA, Ondrej

5. 12. 1994, Snina/SVK

Mittelfeld, 1,81 m, 74 kg

MFK Snina

12/13	MFK Kosice	SVK 1	14	0
13/14	MFK Kosice	SVK 1	19	5
Feb 14	Legia Warschau	POL 1	12	3
14/15	Legia Warschau	POL 1	27	5
15/16	Legia Warschau	POL 1	27	2
16/17	Legia Warschau	POL 1	1	0
Jul 16	Hertha BSC	BL	3	0
17/18	Hertha BSC	BL	17	1
	Hertha BSC II	RL	1	0
18/19	Hertha BSC	BL	32	11
19/20	Hertha BSC	BL	7	0
	Hertha BSC II	RL	1	0
Jan 20	Norwich City	ENG1	10	0
20/21	1. FC Köln	BL	32	7
21/22	1. FC Köln	BL		

48 A (5 Tore) für die Slowakei

DURM, Erik

12. 5. 1992, Pirmasens/D

Abwehr, 1,82 m, 70 kg

1997-2008 SG Rieschweiler, 2008-2010 1. FC Saarbrücken

10/11	1. FSV Mainz 05 II	RL	1	0
11/12	1. FSV Mainz 05 II	RL	32	13
12/13	Borussia Dortmund II	3. L	28	2
13/14	Borussia Dortmund	BL	19	0
	Borussia Dortmund II	3. L	2	0
14/15	Borussia Dortmund	BL	18	1
	Borussia Dortmund II	3. L	2	0
15/16	Borussia Dortmund	BL	14	1
16/17	Borussia Dortmund	BL	13	0
17/18	Borussia Dortmund	BL	0	0
18/19	Huddersfield Town	ENG 1	28	0
19/20	Eintracht Frankfurt	BL	9	0
20/21	Eintracht Frankfurt	BL	21	1
21/22	Eintracht Frankfurt	BL		

7 A (kein Tor) für Deutschland

EGLOFF, Lilian

20. 8. 2002, Heilbronn/D

Mittelfeld, 1,82 m, 81 kg

Bis 2012 TSG Bretzfeld-Rappach, seit 2012 VfB Stuttgart

19/20	VfB Stuttgart	2. BL	3	0
20/21	VfB Stuttgart	BL	2	0
20/21	VfB Stuttgart II	RL	3	1
19/20	VfB Stuttgart	2. BL	3	0
20/21	VfB Stuttgart	BL	2	0
	VfB Stuttgart II	RL	3	1
21/22	VfB Stuttgart	BL		

EHIZIBUE, Kingsley

25. 5. 1995, München/D

Abwehr, 1,89 m, 83 kg, NED/NGA

Bis 2012 CSV 28 Zwolle, ab 2012 PEC Zwolle

14/15	PEC Zwolle	NED 1	2	0
15/16	PEC Zwolle	NED 1	26	4
16/17	PEC Zwolle	NED 1	29	2
17/18	PEC Zwolle	NED 1	33	1
18/19	PEC Zwolle	NED 1	32	1
19/20	1. FC Köln	BL	31	1
20/21	1. FC Köln	BL	21	0
21/22	1. FC Köln	BL		

EKINCIER, Baris

24. 3. 1999, Hemer/D

Sturm, 1,81 m, 73 kg, AZE/TUR

Bis 2015 FC Iserlohn, 2015-2017 Rot-Weiss Essen, seit 2017 VfL Bochum

18/19	VfL Bochum	2. BL	1	0
19/20	Austria Klagenfurt	AUT 2	8	0
20/21	VfL Bochum	2. BL	0	0
21/22	VfL Bochum	BL		

ELVEDI, Nico
30. 9. 1996, Zürich/SUI
Abwehr, 1,89 m, 81 kg
2005/06 FC Greifensee, ab 2006 FC Zürich

13/14	FC Zürich II	SUI 3	19	0
	FC Zürich	SUI 1	2	0
14/15	FC Zürich	SUI 1	16	1
	FC Zürich II	SUI 3	5	0
15/16	Bor. Mönchengladbach	BL	21	0
	Bor. Mönchengladbach II	RL	7	0
16/17	Bor. Mönchengladbach	BL	25	0
	Bor. Mönchengladbach II	RL	1	0
17/18	Bor. Mönchengladbach	BL	33	2
18/19	Bor. Mönchengladbach	BL	30	2
19/20	Bor. Mönchengladbach	BL	32	1
20/21	Bor. Mönchengladbach	BL	29	3
21/22	Bor. Mönchengladbach	BL		

31 A (1 Tor) für die Schweiz

EMBOLO, Breel
14. 2. 1997, Yaoundé/CMR
Sturm, 1,85 m, 88 kg, SUI/CMR
2006-2008 Nordstern Basel, 2008 bis März 2010 Old Boys Basel, 2010/11 FC Basel, Juli bis August 2011 Old Boys Basel, ab August 2011 FC Basel

13/14	FC Basel	SUI 1	7	1
	FC Basel II	SUI 3	6	0
14/15	FC Basel	SUI 1	27	10
	FC Basel II	SUI 3	3	0
15/16	FC Basel	SUI 1	27	10
16/17	FC Schalke 04	BL	7	2
17/18	FC Schalke 04	BL	21	3
	FC Schalke 04 II	OL	2	0
18/19	FC Schalke 04	BL	20	5
19/20	Bor. Mönchengladbach	BL	28	8
20/21	Bor. Mönchengladbach	BL	31	5
21/22	Bor. Mönchengladbach	BL		

48 A (6 Tore) für die Schweiz

ENDO, Keita
22. 11. 1997, Asahi-ku, Yokohama/JPN
Mittelfeld, 1,75 m, 70 kg
Ab 2010 Yokohama F. Marinos

2016	Yokohama F. Marinos	JPN 1	23	0
2017	Yokohama F. Marinos	JPN 1	14	2
2018	Yokohama F. Marinos	JPN 1	27	2
2019	Yokohama F. Marinos	JPN 1	33	7
2020	Yokohama F. Marinos	JPN 1	6	2
20/21	1. FC Union Berlin	BL	16	1
21/22	1. FC Union Berlin	BL		

2 A (kein Tor) für Japan

ENDO, Wataru
9. 2. 1993, Ibaraki/JPN
Mittelfeld, 1,78 m, 76 kg
Ab 2008 Shonan Bellmare

2010	Shonan Bellmare	JPN 1	6	1
2011	Shonan Bellmare	JPN 2	34	1
2012	Shonan Bellmare	JPN 2	32	7
2013	Shonan Bellmare	JPN 1	17	0
2014	Shonan Bellmare	JPN 2	38	7
2015	Shonan Bellmare	JPN 1	31	4
2016	Urawa Red Diamonds	JPN 1	27	0
2017	Urawa Red Diamonds	JPN 1	30	3
2018	Urawa Red Diamonds	JPN 1	16	2
18/19	Sint-Truidense VV	BEL 1	26	2
19/20	Sint-Truidense VV	BEL 1	3	0
Aug 19	VfB Stuttgart	2. BL	21	1
20/21	VfB Stuttgart	BL	33	3
21/22	VfB Stuttgart	BL		

28 A (2 Tore) für Japan

ERNST, Tjark
15. 3. 2003, Stuttgart/D
Torwart, 1,93 m, 84 kg
Bis 2011 DJK Arminia Bochum, seit 2011 VfL Bochum

21/22	VfL Bochum	BL		

ESSER, Michael
22. 11. 1987, Castrop-Rauxel/D
Torwart, 1,98 m, 93 kg
1993-1997 VfR Rauxel, 1997-1999 VfB Habinghorst, 1999-2001 VfL Bochum, 2001-2004 SpVgg Erken-schwick, 2004-2006 VfB Habinghorst, 2006/07 Wacker Obercastrop, 2007/09 SV Sodingen

08/09	VfL Bochum II	RL	1	0
09/10	VfL Bochum II	RL	16	0
10/11	VfL Bochum II	RL	17	0
11/12	VfL Bochum	2. BL	1	0
	VfL Bochum II	RL	6	0
12/13	VfL Bochum	2. BL	3	0
	VfL Bochum II	RL	2	0
13/14	VfL Bochum	2. BL	4	0
	VfL Bochum II	RL	12	0
14/15	VfL Bochum	2. BL	16	0
	VfL Bochum II	RL	1	0
15/16	Sturm Graz	AUT 1	36	0
16/17	SV Darmstadt 98	BL	28	0
17/18	Hannover 96	BL	3	0
18/19	Hannover 96	BL	32	0
19/20	Hannover 96	2. BL	1	0
Jan 20	TSG Hoffenheim	BL	0	0
20/21	Hannover 96	2. BL	29	0
21/22	VfL Bochum	BL		

EZEKWEM, Kimberly
19. 6. 2001, München/D
Abwehr, 1,88 m, 79 kg NGA/D
Bis 2018 Bayern München, seit 2018 SC Freiburg

20/21	SC Freiburg II	RL	37	0
21/22	SC Freiburg	BL		

FEIN, Adrian
18. 3. 1999, München/D
Mittelfeld, 1,87 m, 78 kg
2003-2005 SV Helios Daglfing, 2005/06 TSV München 1860, ab 2006 Bayern München

17/18	Bayern München II	RL	27	1
18/19	Bayern München II	RL	6	1
Aug 18	Jahn Regensburg	2. BL	21	0
19/20	Hamburger SV	2. BL	31	1
20/21	Bayern München II	3. L	1	1
Okt 20	PSV Eindhoven	NED 1	13	1
21/22	SpVgg Greuther Fürth	BL		

FERNANDES, Edimilson
15. 4. 1996, Sion/SUI
Mittelfeld, 1,87 m, 77 kg
Bis 2007 FC Fully, ab 2007 FC Sion

12/13	FC Sion II	SUI 3	8	2
13/14	FC Sion II	SUI 3	18	2
14/15	FC Sion II	SUI 3	16	5
	FC Sion	SUI 1	16	1
15/16	FC Sion	SUI 1	26	1
16/17	FC Sion	SUI 1	5	0
Aug 16	West Ham United	ENG 1	28	0
17/18	West Ham United	ENG 1	14	0
18/19	West Ham United	ENG 1	0	0
Aug 18	AC Florenz	ITA 1	29	2
19/20	1. FSV Mainz 05	BL	24	1
20/21	1. FSV Mainz 05	BL	14	0
21/22	1. FSV Mainz 05	BL		

22 A (2 Tore) für die Schweiz

FINNBOGASON, Alfred
1. 2. 1989, Grindavik/ISL
Sturm, 1,84 m, 80 kg
1995 bis Juni 1999 Fjölnir Reykjavik, Juli 1999 bis Dezember 2000 Hutchison Vale FC Edinburgh, 2001-2004 Fjölnir Reykjavik, 2005 bis Juni 2007 Breidablik Kopavogur

Jul 07	Augnablik Kopavogur	ISL 3	2	0
2008	Breidablik Kopavogur	ISL 1	4	1
2009	Breidablik Kopavogur	ISL 1	18	13
2010	Breidablik Kopavogur	ISL 1	21	14
Jan 11	Sporting Lokeren OV	BEL 1	15	3
11/12	Sporting Lokeren OV	BEL 1	7	1
Mär 12	Helsingborgs IF	SWE 1	17	12
12/13	SC Heerenveen	NED 1	31	24
13/14	SC Heerenveen	NED 1	31	29
14/15	R. Soc. San Sebastian	ESP 1	25	2
15/16	Olympiakos Piräus	GRE 1	7	1
Jan 16	FC Augsburg	BL	14	7
16/17	FC Augsburg	BL	13	3
17/18	FC Augsburg	BL	22	12
18/19	FC Augsburg	BL	18	10
19/20	FC Augsburg	BL	21	3
20/21	FC Augsburg	BL	17	0
21/22	FC Augsburg	BL		

61 A (15 Tore) für Island

FLEKKEN, Mark
13. 6. 1993, Kerkrade/NED
Torwart, 1,94 m, 82 kg
Bis 2009 RKVV WDZ Bocholtz und Roda JC Kerkrade, ab 2009 Alemannia Aachen

12/13	Alemannia Aachen	3. L	15	0
	Alemannia Aachen II	OL	9	0
13/14	SpVgg Greuther Fürth II	RL	14	0
14/15	SpVgg Greuther Fürth	2. BL	2	0
	SpVgg Greuther Fürth II	RL	3	0
15/16	SpVgg Greuther Fürth	2. BL	1	0
	SpVgg Greuther Fürth II	RL	8	0
16/17	MSV Duisburg	3. L	37	1
17/18	MSV Duisburg	2. BL	31	0
18/19	SC Freiburg	BL	1	0
19/20	SC Freiburg	BL	10	0
20/21	SC Freiburg	BL	3	0
	SC Freiburg II	RL	3	0
21/22	SC Freiburg	BL		

FORSBERG, Emil
23. 10. 1991, Sundsvall/SWE
Mittelfeld, 1,77 m, 76 kg
1996-2008 GIF Sundsvall

2009	Medskogsbrons BK	SWE 5	2	2
Mai 09	GIF Sundsvall	SWE 2	19	1
2010	GIF Sundsvall	SWE 2	30	6
2011	GIF Sundsvall	SWE 2	27	11
2012	GIF Sundsvall	SWE 1	21	6
2013	Malmö FF	SWE 1	20	5
2014	Malmö FF	SWE 1	29	14
Jan 15	RB Leipzig	2. BL	14	0
15/16	RB Leipzig	2. BL	32	8
16/17	RB Leipzig	BL	30	8
17/18	RB Leipzig	BL	21	2
18/19	RB Leipzig	BL	20	4
19/20	RB Leipzig	BL	22	5
20/21	RB Leipzig	BL	29	7
21/22	RB Leipzig	BL		

62 A (13 Tore) für Schweden

FÖRSTER, Philipp
04. 2. 1995, Bretten/D
Mittelfeld, 1,88 m, 82 kg
Bis 2010 Karlsruher SC, 2010-2014 VfB Stuttgart

14/15	Waldhof Mannheim	RL	22	4
	Waldhof Mannheim II	VL	2	0
15/16	Waldhof Mannheim	RL	32	6
16/17	Waldhof Mannheim	RL	20	2
Jan 17	1 FC. Nürnberg II	RL	3	0
17/18	SV Sandhausen	2. BL	28	3
	SV Sandhausen II	OL	2	0
18/19	SV Sandhausen	2. BL	29	5
19/20	SV Sandhausen	2. BL	5	1
Sep 20	VfB Stuttgart	2. BL	26	3
20/21	VfB Stuttgart	BL	25	3
21/22	VfB Stuttgart	BL		

FOSU-MENSAH, Timothy
02. 1. 1998, Amsterdam/NED
Abwehr, 1,90 m, 78 kg NED/GHA
2005/06 AVV Zeeburgia, 2006-2014 Ajax Amsterdam, ab 2014 Manchester United

15/16	Manchester United	ENG 1	8	0
16/17	Manchester United	ENG 1	4	0
17/18	Crystal Palace	ENG 1	21	0
18/19	FC Fulham	ENG 1	12	0
19/20	Manchester United	ENG 1	3	0
20/21	Manchester United	ENG 1	1	0
Jan 21	Bayer Leverkusen	BL	6	0
21/22	Bayer Leverkusen	BL		

3 A (kein Tor) für die Niederlande

FRAMBERGER, Raphael
6. 9. 1995, Augsburg/D
Abwehr, 1,79 m, 76 kg
Bis 2004 Cosmos Aystetten, seit 2004 FC Augsburg

14/15	FC Augsburg II	RL	19	1
15/16	FC Augsburg II	RL	15	0
16/17	FC Augsburg	BL	3	0
	FC Augsbug II	RL	2	0
17/18	FC Augsburg	BL	9	0
	FC Augsburg II	RL	2	0

18/19	FC Augsburg	BL	7	0
19/20	FC Augsburg	BL	18	0
20/21	FC Augsburg	BL	21	0
21/22	FC Augsburg	BL		

FRIEDRICH, Marvin
13. 12. 1995, Kassel/D
Abwehr, 1,92 m, 80 kg

2002-2008 FSC Guxhagen, 2008-2010 OSC Vellmar, 2010/11 SC Paderborn 07, ab 2011 FC Schalke 04

14/15	FC Schalke 04	BL	5	0
	FC Schalke 04 II	RL	20	3
15/16	FC Schalke 04	BL	2	0
	FC Schalke 04 II	RL	15	1
16/17	FC Augsburg II	RL	13	0
17/18	FC Augsburg II	RL	13	0
Jan 18	1. FC Union Berlin	2. BL	12	1
18/19	1. FC Union Berlin	2. BL	34	0
19/20	1. FC Union Berlin	BL	31	2
20/21	1. FC Union Berlin	BL	34	5
21/22	1. FC Union Berlin	BL		

FRIMPONG, Jeremie
10. 12.2000, Amsterdam/NED
Abwehr, 1,75 m, 70 kg

2010 bis 2019 Manchester City

Sep 19	Celtic Glasgow	SCO 1	14	2
20/21	Celtic Glasgow	SCO 1	22	1
Jan 21	Bayer Leverkusen	BL	10	0
21/22	Bayer Leverkusen	BL		

FRÜCHTL, Christian
28. 1. 2000, Bischofsmais/D
Torwart, 1,93 m, 84 kg

Bis 2014 SV Bischofsmais und SpVgg Grün-Weiß Deggendorf, seit 2014 Bayern München

17/18	Bayern München II	RL	20	0
18/19	Bayern München II	RL	17	0
19/20	Bayern München II	3. L	27	0
20/21	1. FC Nürnberg	2. BL	0	0
21/22	Bayern München	BL		

FÜHRICH, Chris
09. 1. 1998, Castrop-Rauxel/D
Mittelfeld, 1,80 m, 70 kg

Bis 2006 SG Suderwich, 2006-2013 FC Schalke 04, 2013 bis Dezember 2014 Borussia Dortmund, Januar 2015 bis Juni 2015 VfL Bochum, 2015-2017 Rot-Weiß Oberhausen

17/18	1. FC Köln	BL	2	0
	1. FC Köln II	RL	31	2
18/19	1. FC Köln II	RL	33	5
19/20	Borussia Dortmund II	RL	24	8
20/21	SC Paderborn 07	2. BL	34	13
21/22	VfB Stuttgart	BL		

FUNK, Marius
01. 1. 1996, Aalen/D
Torwart, 1,88 m, 85 kg

2000-2009 SV Unterkochen, 2009/10 1. FC Heidenheim, ab 2010 VfB Stuttgart

15/16	VfB Stuttgart II	3. L	7	0
16/17	SpVgg Greuther Fürth II	RL	19	0
17/18	SpVgg Greuther Fürth	2. BL	1	0
	SpVgg Greuther Fürth II	RL	12	0
18/19	SpVgg Greuther Fürth	2. BL	1	0
	SpVgg Greuther Fürth II	RL	5	0
19/20	SpVgg Greuther Fürth	2. BL	2	0
	SpVgg Greuther Fürth II	RL	3	0
20/21	SpVgg Greuther Fürth	2. BL	1	0
21/22	SpVgg Greuther Fürth	BL		

GACINOVIC, Mijat
8. 2. 1995, Trebinje/BIH
Mittelfeld, 1,75 m, 67 kg, SRB

Bis 2010 Leotar Trebinje, ab 2010 Vojvodina Novi Sad

12/13	Vojvodina Novi Sad	SRB 1	5	1
13/14	Vojvodina Novi Sad	SRB 1	20	0
14/15	Vojvodina Novi Sad	SRB 1	25	11
15/16	Apollon Limassol	CYP 1	0	0
Aug 15	Eintracht Frankfurt	BL	7	0
16/17	Eintracht Frankfurt	BL	28	2
17/18	Eintracht Frankfurt	BL	29	1
18/19	Eintracht Frankfurt	BL	29	0
19/20	Eintracht Frankfurt	BL	23	0
20/21	TSG Hoffenheim	BL	23	0
21/22	TSG Hoffenheim	BL		

23 A (2 Tore) für Serbien

GAMBOA, Cristian
24.10.1989, Liberia/CRC
Abwehr, 1,75 m, 67 kg

06/07	AD Municipal Liberia	CRC 1	16	0
07/08	AD Municipal Liberia	CRC 1	26	0
08/09	AD Municipal Liberia	CRC 1	13	0
09/10	AD Municipal Liberia	CRC 1	13	0
Jul 10	Fredrikstad FK	NOR 1	11	0
2011	Fredrikstad FK	NOR 1	16	0
11/12	FC Kopenhagen	DEN 1	0	0
12/13	FC Kopenhagen	DEN 1	0	0
Aug 12	Rosenborg Trondheim	NOR 1	10	0
2013	Rosenborg Trondheim	NOR 1	28	0
2014	Rosenborg Trondheim	NOR 1	2	0
14/15	West Bromwich Albion	ENG 1	10	0
15/16	West Bromwich Albion	ENG 1	1	0
16/17	Celtic Glasgow	SCO 1	17	0
17/18	Celtic Glasgow	SCO 1	2	0
18/19	Celtic Glasgow	SCO 1	1	0
19/20	VfL Bochum	2. BL	26	1
20/21	VfL Bochum	2. BL	29	0
21/22	VfL Bochum	BL		

79 A (3 Tore) für Costa Rica

GANVOULA, Silvere
29. 6. 1996, Brazzaville/CGO
Sturm, 1,91 m, 90 kg

2008 FC Gothia, 2009-2014 Patronage Sainte-Anne Brazzaville

14/15	Raja Casablanca	MAR 1	4	0
15/16	Elazigspor	TUR 1	16	5
16/17	KVC Westerlo	BEL 1	26	9
17/18	KV Mechelen	BEL 1	9	0
Jan 18	RSC Anderlecht	BEL 1	16	3
18/19	VfL Bochum	2. BL	21	5
19/20	VfL Bochum	2. BL	28	13
20/21	VfL Bochum	2. BL	29	2
21/22	VfL Bochum	BL		

12 A (2 Tore) für den Kongo

GARCIA MACNULTY, Anselmo
19. 2. 2003, Sevilla/ESP
Abwehr, 1,87 m, 86 kg ESP/IRL
Bis 2019 Real Betis Sevilla, seit 2019 VfL Wolfsburg

20/21	VfL Wolfsburg II	RL	3	0
21/22	VfL Wolfsburg	BL		

GEBAUER, Christian
20. 12. 1993, Innsbruck/AUT
Sturm, 1,87 m, 71 kg
2000-2005 SV Matrei, 2005-2011 SV Navis

11/12	SV Matrei	AUT 4	17	0
12/13	SV Matrei	AUT 4	30	5
13/14	SVG Reichenau	AUT 4	28	5
14/15	WSG Wattens	AUT 3	30	7
15/16	WSG Wattens	AUT 3	23	4
16/17	WSG Wattens	AUT 2	36	10
17/18	SCR Altach	AUT 1	36	4
18/19	SCR Altach	AUT 1	31	4
19/20	SCR Altach	AUT 1	31	5
20/21	Arminia Bielefeld	BL	23	1
21/22	Arminia Bielefeld	BL		

GEDIKLI, Emrehan
25. 4. 2003, Oberhausen/D
Sturm, 1,84 m, 77 kg, D/TUR
Bis 2010 1. FC Mülheim, seit 2010 Bayer Leverkusen

20/21	Bayer Leverkusen	BL	1	0
21/22	Bayer Leverkusen	BL		

GEIGER, Dennis
10. 6. 1998, Mosbach,D
Mittelfeld, 1,72 m, 65 kg
Bis 2009 Alemannia Sattelbach, seit 2009 TSG Hoffenheim

16/17	TSG Hoffenheim II	RL	25	5
17/18	TSG Hoffenheim	BL	21	2
18/19	TSG Hoffenheim	BL	4	0
	TSG Hoffenheim II	RL	3	0
19/20	TSG Hoffenheim	BL	21	0
20/21	TSG Hoffenheim	BL	9	1
21/22	TSG Hoffenheim	BL		

GERHARDT, Yannick
13. 3. 1994, Würselen/D
Mittelfeld, 1,84 m, 81 kg
1999-2003 SC Kreuzau, ab 2003 1. FC Köln

12/13	1. FC Köln II	RL	11	0
13/14	1. FC Köln	2. BL	29	3
14/15	1. FC Köln	BL	16	1
	1. FC Köln II	RL	2	0
15/16	1. FC Köln	BL	29	2
16/17	VfL Wolfsburg	BL	27	0
17/18	VfL Wolfsburg	BL	17	1
18/19	VfL Wolfsburg	BL	30	2
19/20	VfL Wolfsburg	BL	18	2
20/21	VfL Wolfsburg	BL	29	2
21/22	VfL Wolfsburg	BL		

1 A (kein Tor) für Deutschland

GIESSELMANN, Niko
26. 9. 1991, Hannover/D
Abwehr, 1,82 m, 76 kg
1995-2005 TSV Godshorn, 2005-2007 SC Langenhagen, ab 2007 Hannover 96

10/11	Hannover 96 II	RL	15	0
11/12	Hannover 96 II	RL	27	5
12/13	Hannover 96 II	RL	32	10
13/14	SpVgg Greuther Fürth	2. BL	32	2
14/15	SpVgg Greuther Fürth	2. BL	31	4
15/16	SpVgg Greuther Fürth	2. BL	31	1
16/17	SpVgg Greuther Fürth	2. BL	31	0
17/18	Fortuna Düsseldorf	2. BL	33	3
18/19	Fortuna Düsseldorf	BL	30	0
19/20	Fortuna Düsseldorf	BL	25	1
20/21	1. FC Union Berlin	BL	13	0
21/22	1. FC Union Berlin	BL		

GIKIEWICZ, Rafal
26. 10. 1987, Olsztyn/POL
Torwart, 1,90 m, 81 kg
Bis 2003 Warmia Olsztyn und Stomil Olsztyn, 200/04 Tempo Olsztyn, 2004 bis Dezember 2005 DKS Dobre Miasto, Januar bis Juli 2006 Sokol Ostroda

06/07	Drweca NM Lubawskie	POL 4		
07/08	Wigry Suwalki	POL 3	28	0
08/09	Jagiellonia Bialystok	POL 1	8	0
09/10	Jagiellonia Bialystok	POL 1	8	0
10/11	OKS Olsztyn	POL 3	11	0
Jan 11	Slask Breslau	POL 1	0	0
11/12	Slask Breslau	POL 1	6	0
12/13	Slask Breslau	POL 1	10	0
13/14	Slask Breslau	POL 1	11	0
14/15	Eintracht Braunschweig	2. BL	33	0
15/16	Eintracht Braunschweig	2. BL	33	0
16/17	SC Freiburg	BL	0	0
17/18	SC Freiburg	BL	2	0
18/19	1. FC Union Berlin	2. BL	34	0
19/20	1. FC Union Berlin	BL	33	0
20/21	FC Augsburg	BL	34	0
21/22	FC Augsburg	BL		

GINCZEK, Daniel
13. 4. 1991, Arnsberg/D
Sturm, 1,90 m, 85 kg
1995-2007 SC Neheim, ab 2007 Borussia Dortmund

08/09	Borussia Dortmund II	RL	16	10
09/10	Borussia Dortmund II	3. L	29	6
10/11	Borussia Dortmund II	RL	21	12
11/12	VfL Bochum	2. BL	29	5
12/13	FC St. Pauli	2. BL	31	18
13/14	1. FC Nürnberg	BL	17	3
	1. FC Nürnberg II	RL	1	0
14/15	VfB Stuttgart	BL	18	7
	VfB Stuttgart II	3. L	5	5
15/16	VfB Stuttgart	BL	7	3
16/17	VfB Stuttgart	2. BL	19	4
17/18	VfB Stuttgart	BL	23	7
18/19	VfL Wolfsburg	BL	24	6
19/20	VfL Wolfsburg	BL	18	3
	VfL Wolfsburg II	RL	1	2
20/21	VfL Wolfsburg	BL	11	0
21/22	VfL Wolfsburg	BL		

GINTER, Matthias
19. 1. 1994, Freiburg/D
Abwehr, 1,91 m, 86 kg
1998-2005 SV March, ab 2005 SC Freiburg

11/12	SC Freiburg	BL	13	1
12/13	SC Freiburg	BL	23	1
13/14	SC Freiburg	BL	34	0
14/15	Borussia Dortmund	BL	14	0
	Borussia Dortmund II	3. L	2	0
15/16	Borussia Dortmund	BL	24	3
16/17	Borussia Dortmund	BL	29	0
17/18	Bor. Mönchengladbach	BL	34	5
18/19	Bor. Mönchengladbach	BL	27	2
19/20	Bor. Mönchengladbach	BL	31	1
20/21	Bor. Mönchengladbach	BL	34	2
21/22	Bor. Mönchengladbach	BL		

44 A (2 Tor) für Deutschland

GNABRY, Serge
14. 7. 1995, Stuttgart/D
Mittelfeld, 1,75 m, 77 kg
1999/00 TSV Weissach, 2000/01 GSV Hemmingen, 2001-2003 TSF Ditzingen, 2003-2005 SpVgg Feuerbach, 2005/06 Stuttgarter Kickers, 2006-2011 VfB Stuttgart, ab 2011 FC Arsenal

12/13	FC Arsenal	ENG 1	1	0
13/14	FC Arsenal	ENG 1	9	1
14/15	FC Arsenal	ENG 1	0	0
15/16	West Bromwich Albion	ENG 1	1	0
Feb 16	FC Arsenal	ENG 1	0	0
16/17	FC Arsenal	ENG 1	0	0
Aug 16	Werder Bremen	BL	27	11
17/18	TSG Hoffenheim	BL	22	10
	TSG Hoffenheim II	RL	1	0
18/19	Bayern München	BL	30	10
19/20	Bayern München	BL	31	12
20/21	Bayern München	BL	27	10
21/22	Bayern München	BL		

26 A (16 Tore) für Deutschland

GORETZKA, Leon
6. 2. 1995, Bochum/D
Mittelfeld, 1,89 m, 82 kg
1999-2001 Werner SV Bochum, ab 2001 VfL Bochum

12/13	VfL Bochum	2. BL	32	4
13/14	FC Schalke 04	BL	25	4
14/15	FC Schalke 04	BL	10	0
	FC Schalke 04 II	RL	1	0
15/16	FC Schalke 04	BL	25	1
16/17	FC Schalke 04	BL	30	5
17/18	FC Schalke 04	BL	26	4
18/19	Bayern München	BL	30	8
19/20	Bayern München	BL	24	6
20/21	Bayern München	BL	24	5
21/22	Bayern München	BL		

35 A (14 Tore) für Deutschland

GOUWELEEUW, Jeffrey
10. 7. 1991, Heemskerk/NED
Abwehr, 1,88 m, 78 kg
Bis 2006 ADO '20 Heemskerk, ab 2006 SC Heerenveen

10/11	SC Heerenveen	NED 1	6	0
11/12	SC Heerenveen	NED 1	30	3
12/13	SC Heerenveen	NED 1	30	1
13/14	AZ Alkmaar	NED 1	33	1
14/15	AZ Alkmaar	NED 1	34	1
15/16	AZ Alkmaar	NED 1	16	2
Jan 16	FC Augsburg	BL	11	0
16/17	FC Augsburg	BL	18	2
17/18	FC Augsburg	BL	27	0
18/19	FC Augsburg	BL	25	0
19/20	FC Augsburg	BL	21	0
20/21	FC Augsburg	BL	32	1
21/22	FC Augsburg	BL		

GRAHL, Jens
22. 9. 1988, Stuttgart/D
Torwart, 1,92 m, 88 kg
Bis 2006 TSV Münster, SpVgg Feuerbach, VfB Stuttgart und Stuttgarter Kickers

06/07	SpVgg Greuther Fürth II	OL	12	0
07/08	SpVgg Greuther Fürth II	OL	31	0
08/09	SpVgg Greuther Fürth II	RL	29	0
09/10	TSG Hoffenheim II	OL	27	0
10/11	TSG Hoffenheim II	RL	26	0
11/12	SC Paderborn 07 II	VL	1	0
12/13	TSG Hoffenheim II	RL	13	0
13/14	TSG Hoffenheim	BL	11	0
	TSG Hoffenheim II	RL	5	0
14/15	TSG Hoffenheim II	RL	3	0
15/16	TSG Hoffenheim	BL	1	0
	TSG Hoffenheim II	RL	4	0
16/17	VfB Stuttgart	2. BL	0	0
17/18	VfB Stuttgart	BL	0	0
18/19	VfB Stuttgart	BL	0	0
19/20	VfB Stuttgart	2. BL	0	0
20/21	VfB Stuttgart	BL	0	0
21/22	Eintracht Frankfurt	BL		

GRAVE, Paul
10. 4. 2001, Borken/D
Torwart, 1,93 m, 94 kg
2006-2014 Westfalia Gemen, seit 2014 VfL Bochum

21/22	VfL Bochum	BL		

GREEN, Julian
6. 6. 1995, Tampa/USA
Mittelfeld, 1,72 m, 70 kg, D/USA
Bis 2006 1. FC Miesbach, 2006-2010 SG Hausham, ab 2010 Bayern München

13/14	Bayern München II	RL	23	15
14/15	Bayern München	BL	0	0
Sep 14	Hamburger SV	BL	5	0
	Hamburger SV II	RL	1	0
15/16	Bayern München II	RL	28	10
16/17	Bayern München	BL	0	0
Jan 17	VfB Stuttgart	2. BL	10	1
17/18	SpVgg Greuther Fürth	2. BL	24	3
18/19	SpVgg Greuther Fürth	2. BL	29	4
19/20	SpVgg Greuther Fürth	2. BL	23	4

20/21	SpVgg Greuther Fürth	2. BL	30	9
21/22	SpVgg Greuther Fürth	BL		

15 A (4 Tor) für die USA

GREGORITSCH, Michael
18. 4. 1994, Graz/AUT
Sturm, 1,93 m, 87 kg

2001-2008 Grazer AK, ab 2008 Kapfenberger SV

09/10	Kapfenberger SV	AUT 1	4	1
	Kapfenberger SV Am.	AUT 4	17	5
10/11	Kapfenberger SV	AUT 1	24	2
	Kapfenberger SV Am.	AUT 4	13	5
11/12	Kapfenberger SV	AUT 1	16	1
	Kapfenberger SV Am.	AUT 3	7	1
12/13	TSG Hoffenheim II	RL	28	11
13/14	FC St. Pauli	2. BL	15	1
	FC St. Pauli II	RL	5	2
14/15	VfL Bochum	2. BL	25	7
15/16	Hamburger SV	BL	25	5
16/17	Hamburger SV	BL	30	5
17/18	FC Augsburg	BL	32	13
18/19	FC Augsburg	BL	32	6
19/20	FC Augsburg	BL	6	0
Jan 20	FC Schalke 04	BL	14	1
20/21	FC Augsburg	BL	24	1
21/22	FC Augsburg	BL		

29 A (5 Tor) für Österreich

GRIESBECK, Sebastian
3. 10. 1990, Ulm/D
Mittelfeld, 1,89 m, 85 kg

1995-2010 TV Wiblingen

10/11	SSV Ulm 1846	RL	10	1
11/12	SSV Ulm 1846	RL	35	2
12/13	1. FC Heidenheim	3. L	37	1
13/14	1. FC Heidenheim	2. BL	31	1
14/15	1. FC Heidenheim	2. BL	31	2
16/17	1. FC Heidenheim	2. BL	33	3
17/18	1. FC Heidenheim	2. BL	28	0
18/19	1. FC Heidenheim	2. BL	32	1
19/20	1. FC Heidenheim	2. BL	29	2
20/21	1. FC Union Berlin	BL	24	0
21/22	1. FC Union Berlin	BL		

GRIFO, Vincenzo
7. 4. 1993, Pforzheim/D
Mittelfeld, 1,80 m, 77 kg, ITA

1996-2006 VfR Pforzheim, 2006-2010 Germania Brötzingen, 2010/11 1. CfR Pforzheim, 2011/12 Karlsruher SC

12/13	TSG Hoffenheim	BL	12	0
	TSG Hoffenheim II	RL	13	5
13/14	TSG Hoffenheim II	RL	8	4
Jan 14	Dynamo Dresden	2. BL	13	1
14/15	FSV Frankfurt	2. BL	33	7
15/16	SC Freiburg	2. BL	31	14
16/17	SC Freiburg	BL	30	6
17/18	Bor. Mönchengladbach	BL	17	0
18/19	TSG Hoffenheim	BL	7	1
Jan 19	SC Freiburg	BL	16	6
19/20	TSG Hoffenheim	BL	1	0
Sep 20	SC Freiburg	BL	26	4
20/21	SC Freiburg	BL	31	9
21/22	SC Freiburg	BL		

6 A (2 Tore) für Italien

GRILL, Lennart
25. 1. 1999, Idar-Oberstein/D
Torwart, 1,92 m, 85 kg

2002-2012 JSG Nahbollenbach, 2012/13 SC Idar-Oberstein, 2013-2016 1. FSV Mainz 05

16/17	1. FC Kaiserslautern II	RL	4	0
17/18	1. FC Kaiserslautern	2. BL	0	0
18/19	1. FC Kaiserslautern	3. L	18	0
19/20	1. FC Kaiserslautern	3. L	33	0
20/21	Bayer Leverkusen	BL	4	0
21/22	Bayer Leverkusen	BL		

GRILLITSCH, Florian
7. 8. 1995, Neunkirchen/AUT
Mittelfeld, 1,87 m, 77 kg

2001-2008 SVSF Pottschach, 2008-2013 SKN St. Pölten

13/14	Werder Bremen II	RL	5	0
14/15	Werder Bremen II	RL	26	9
15/16	Werder Bremen	BL	25	1
	Werder Bremen II	3. L	5	1
16/17	Werder Bremen	BL	23	2
17/18	TSG Hoffenheim	BL	25	1
18/19	TSG Hoffenheim	BL	30	0
19/20	TSG Hoffenheim	BL	31	0
20/21	TSG Hoffenheim	BL	26	2
21/22	TSG Hoffenheim	BL		

26 A (1 Tor) für Österreich

GRUEZO, Carlos
Carlos Armando Gruezo Arboleda
19. 4. 1995, Santo Domingo de los Colorados/ECU
Mittelfeld, 1,71 m, 67 kg

Bis Dezember 2009 LDU Quito, März 2010 bis 2011 Independiente José Teran Sangolqui

2012	Barcelona Guayaquil	ECU 1	39	1
2013	Barcelona Guayaquil	ECU 1	38	2
Jan 14	VfB Stuttgart	BL	8	0
14/15	VfB Stuttgart	BL	8	1
15/16	VfB Stuttgart	BL	2	0
Jan 16	FC Dallas	USA 1	29	0
2017	FC Dallas	USA 1	31	0
2018	FC Dallas	USA 1	32	2
2019	FC Dallas	USA 1	9	1
19/20	FC Augsburg	BL	11	0
20/21	FC Augsburg	BL	28	0
21/22	FC Augsburg	BL		

31 A (1 Tor) für Ecuador

GUERREIRO, Raphael
Raphael Adelino José Guerreiro
22. 12. 1993, Le Blanc-Mesnil/FRA
Abwehr, 1,70 m, 67 kg, FRA/POR

1999-2005 Le Blanc-Mesnil SF, 2005-2008 INF Clairefontaine, ab 2008 SM Caen

10/11	SM Caen II	FRA 4	22	1
11/12	SM Caen II	FRA 4	34	3
12/13	SM Caen	FRA 2	38	1
13/14	FC Lorient	FRA 1	34	0
14/15	FC Lorient	FRA 1	34	7
15/16	FC Lorient	FRA 1	34	3
16/17	Borussia Dortmund	BL	24	6
17/18	Borussia Dortmund	BL	9	1
18/19	Borussia Dortmund	BL	23	2

19/20	Borussia Dortmund	BL	29	8
20/21	Borussia Dortmund	BL	27	5
21/22	Borussia Dortmund	BL		

50 A (3 Tore) für Portugal

GUILAVOGUI, Josuha
19. 9. 1990, Ollioules/FRA
Mittelfeld, 1,88 m, 77 kg, FRA/GUI

1997-2000 USAM Toulon, 2000-2005 Sporting Toulon Var, ab 2005 AS Saint-Etienne

07/08	AS Saint-Etienne II	FRA 4	1	0
08/09	AS Saint-Etienne II	FRA 4	22	0
09/10	AS Saint-Etienne II	FRA 5	16	3
	AS Saint-Etienne	FRA 1	2	0
10/11	AS Saint-Etienne	FRA 1	22	1
	AS Saint-Etienne II	FRA 4	3	0
11/12	AS Saint-Etienne	FRA 1	32	2
	AS Saint-Etienne II	FRA 4	1	0
12/13	AS Saint-Etienne	FRA 1	38	3
13/14	AS Saint-Etienne	FRA 1	2	0
Sep 13	Atletico Madrid	ESP 1	1	0
Jan 14	AS Saint-Etienne	FRA 1	7	0
14/15	VfL Wolfsburg	BL	27	1
15/16	VfL Wolfsburg	BL	30	2
16/17	VfL Wolfsburg	BL	19	0
17/18	VfL Wolfsburg	BL	29	3
18/19	VfL Wolfsburg	BL	19	2
19/20	VfL Wolfsburg	BL	25	0
20/21	VfL Wolfsburg	BL	20	0
21/22	VfL Wolfsburg	BL		

7 A (kein Tor) für Frankreich

GULACSI, Peter
6. 5. 1990, Budapest/HUN
Torwart, 1,91 m, 86 kg

1995-2003 Budapesti VSC, 2003-2007 MTK Budapest, ab 2007 FC Liverpool

08/09	FC Liverpool	ENG 1	0	0
Feb 09	Hereford United	ENG 3	18	0
09/10	FC Liverpool	ENG 1	0	0
Apr 10	Tranmere Rovers	ENG 3	5	0
10/11	FC Liverpool	ENG 1	0	0
Sep 10	Tranmere Rovers	ENG 3	12	0
Jan 11	FC Liverpool	ENG 1	0	0
11/12	Hull City	ENG 2	15	0
Mär 12	FC Liverpool	ENG 1	0	0
12/13	FC Liverpool	ENG 1	0	0
13/14	RB Salzburg	AUT 1	31	0
14/15	RB Salzburg	AUT 1	34	0
15/16	RB Leipzig	2. BL	14	0
	RB Leipzig II	RL	2	0
16/17	RB Leipzig	BL	33	0
17/18	RB Leipzig	BL	33	0
18/19	RB Leipzig	BL	33	0
19/20	RB Leipzig	BL	32	0
20/21	RB Leipzig	BL	33	0
21/22	RB Leipzig	BL		

42 A (kein Tor) für Ungarn

GULDE, Manuel
12. 2. 1991, Mannheim/D
Abwehr, 1,84 m, 83 kg

Bis 2007 SC Pfingstberg-Hochstätt und VfL Neckarau, ab 2007 TSG Hoffenheim

09/10	TSG Hoffenheim	BL	6	0
	TSG Hoffenheim II	OL	1	0
10/11	TSG Hoffenheim	BL	1	0
	TSG Hoffenheim II	RL	7	0
11/12	TSG Hoffenheim II	RL	15	1
12/13	SC Paderborn 07	2. BL	13	1
13/14	Karlsruher SC	2. BL	7	0
	Karlsruher SC II	OL	3	0
14/15	Karlsruher SC	2. BL	32	2
15/16	Karlsruher SC	2. BL	27	2
16/17	SC Freiburg	BL	20	0
17/18	SC Freiburg	BL	17	1
18/19	SC Freiburg	BL	21	1
19/20	SC Freiburg	BL	17	1
	SC Freiburg II	RL	1	0
20/21	SC Freiburg	BL	27	2
21/22	SC Freiburg	BL		

GUMNY, Robert
4. 6. 1998, Posen/POL
Abwehr, 1,77 m, 61 kg

15/16	Lech Posen	POL 1	4	0
16/17	Lech Posen	POL 1	6	0
Jan 17	Podbeskidzie Bielsko-Biala	POL 2	14	2
17/18	Lech Posen	POL	33	0
18/19	Lech Posen	POL 1	19	1
	Lech Posen II	POL 3	1	0
19/20	Lech Posen	POL 1	21	1
	Lech Posen II	POL 4	1	1
20/21	Lech Posen	POL 1	1	0
Sep 20	FC Augsburg	BL	24	1
21/22	FC Augsburg	BL		

1 A (kein Tor) für Polen

GÜNTER, Christian
28. 2. 1993, Villingen-Schwenningen/D
Abwehr, 1,85 m, 87 kg

1997-2007 FV Tennenbronn, seit 2007 SC Freiburg

12/13	SC Freiburg	BL	29	0
	SC Freiburg II	RL	10	0
13/14	SC Freiburg	BL	29	0
	SC Freiburg II	RL	3	0
14/15	SC Freiburg	BL	34	1
15/16	SC Freiburg	2. BL	31	0
16/17	SC Freiburg	BL	31	0
17/18	SC Freiburg	BL	34	1
18/19	SC Freiburg	BL	32	0
19/20	SC Freiburg	BL	34	2
20/21	SC Freiburg	BL	34	3
21/22	SC Freiburg	BL		

3 A (kein Tor) für Deutschland

GÜNTHER, Lasse
21. 3. 2003, München/D
Mittelfeld, 1,83 m, 80 kg

Bis 2016 New York City FC, SpVgg Unterhaching und FC Augsburg, ab 2016 Bayern München

20/21	Bayern München II	3. L	5	0
21/22	FC Augsburg	BL		

GVARDIOL, Josko
23. 1. 2002, Zagreb/CRO
Abwehr, 1,85 m, 80 kg

Bis 2010 Tresnjevka Zagreb, ab 2010 Dinamo Zagreb

19/20	Dinamo Zagreb	CRO 1	11	1
	Dinamo Zagreb	CRO 2	3	0
20/21	Dinamo Zagreb	CRO 1	25	2
	Dinamo Zagreb	CRO 2	1	0
21/22	RB Leipzig	BL		

5 A (kein Tor) für Kroatien

HAALAND, Erling
21. 7. 2000, Leeds/ENG
Sturm, 1,94 m, 87 kg, NOR

2016	Bryne FK	NOR 2	16	0
2017	Molde FK	NOR 1	14	2
2018	Molde FK	NOR 1	25	12
Jan 19	RB Salzburg	AUT 1	2	1
19/20	RB Salzburg	AUT 1	14	16
Jan 20	Borussia Dortmund	BL	15	13
20/21	Borussia Dortmund	BL	28	27
21/22	Borussia Dortmund	BL		

12 A (7 Tore) für Norwegen

HABERER, Janik
2. 4. 1994, Wangen/D
Mittelfeld, 1,86 m, 76 kg

1999-2005 FC Wangen, 2005-2009 FV Ravensburg, 2009 bis Dezember 2010 FC Memmingen, ab Januar 2011 SpVgg Unterhaching

11/12	SpVgg Unterhaching	3. L	3	1
12/13	SpVgg Unterhaching	3. L	15	1
	SpVgg Unterhaching II	OL	7	1
13/14	SpVgg Unterhaching	3. L	35	8
14/15	TSG Hoffenheim II	RL	17	1
15/16	VfL Bochum	2. BL	33	3
16/17	SC Freiburg	BL	32	3
17/18	SC Freiburg	BL	33	3
18/19	SC Freiburg	BL	27	1
19/20	SC Freiburg	BL	26	2
	SC Freiburg II	RL	1	0
20/21	SC Freiburg	BL	14	0
21/22	SC Freiburg	BL		

HACK, Alexander
8. 9. 1993, Memmingen/D
Abwehr, 1,93 m, 88 kg

Bis 2012 TSV Babenhausen, FC Memmingen und TSV München 1860

12/13	FC Memmingen	RL	33	2
13/14	SpVgg Unterhaching	3. L	29	1
	SpVgg Unterhaching II	OL	3	0
14/15	1. FSV Mainz 05 II	3. L	20	0
15/16	1. FSV Mainz 05 II	3. L	17	0
	1. FSV Mainz 05	BL	7	0
16/17	1. FSV Mainz 05	BL	15	0
	1. FSV Mainz 05 II	3. L	6	0
17/18	1. FSV Mainz 05	BL	15	1
18/19	1. FSV Mainz 05	BL	14	1
19/20	1. FSV Mainz 05	BL	14	0
20/21	1. FSV Mainz 05	BL	21	1
21/22	1. FSV Mainz 05	BL		

HAHN, André
13. 8. 1990, Otterndorf/D
Mittelfeld, 1,85 m, 80 kg

Bis 2008 TSV Otterndorf, LTS Bremerhaven, Rot-Weiß Cuxhaven und FC Bremerhaven

08/09	Hamburger SV II	RL	15	1
09/10	Hamburger SV II	RL	24	1
10/11	FC Oberneuland	RL	15	8
Jan 11	TuS Koblenz	3. L	16	2
11/12	Kickers Offenbach	3. L	31	3
12/13	Kickers Offenbach	3. L	11	2
Jan 13	FC Augsburg	BL	16	0
13/14	FC Augsburg	BL	32	12
14/15	Bor. Mönchengladbach	BL	23	3
15/16	Bor. Mönchengladbach	BL	15	8
16/17	Bor. Mönchengladbach	BL	30	3
17/18	Hamburger SV	BL	23	3
18/19	FC Augsburg	BL	28	4
19/20	FC Augsburg	BL	15	1
20/21	FC Augsburg	BL	29	8
21/22	FC Augsburg	BL		

1 A (kein Tor) für Deutschland

HAIDARA, Amadou
31. 1. 1998 Bamako/MLI
Mittelfeld, 1,75 m, 72 kg

Bis Juli 2016 JMG Academy Bamako

16/17	FC Liefering	AUT 2	25	2
	RB Salzburg	AUT 1	5	1
17/18	RB Salzburg	AUT 1	31	3
18/19	RB Salzburg	AUT 1	12	2
Jan 19	RB Leipzig	BL	9	1
19/20	RB Leipzig	BL	19	0
20/21	RB Leipzig	BL	31	3
21/22	RB Leipzig	BL		

19 A (2 Tor) für Mali

HALSTENBERG, Marcel
27. 9. 1991, Laatzen/D
Abwehr, 1,88 m, 87 kg

Bis 1999 Germania Grasdorf, ab 1999 Hannover 96

10/11	Hannover 96 II	RL	19	0
11/12	Borussia Dortmund II	RL	32	3
12/13	Borussia Dortmund II	3. L	36	3
13/14	FC St. Pauli	2. BL	31	1
14/15	FC St. Pauli	2. BL	20	3
	FC St. Pauli II	RL	2	0
15/16	FC St. Pauli	2. BL	3	2
Aug 15	RB Leipzig	2. BL	24	2
16/17	RB Leipzig	BL	30	0
17/18	RB Leipzig	BL	15	2
18/19	RB Leipzig	BL	28	3
19/20	RB Leipzig	BL	29	3
20/21	RB Leipzig	BL	24	2
21/22	RB Leipzig	BL		

9 A (1 Tor) für Deutschland

HARAGUCHI, Genki
9. 5. 1991, Kumagaya/JAP
Mittelfeld, 1,76 m, 70 kg

Ab 2004 Urawa Red Diamonds

2009	Urawa Red Diamonds	JPN 1	32	1
2010	Urawa Red Diamonds	JPN 1	26	2
2011	Urawa Red Diamonds	JPN 1	30	9

2012	Urawa Red Diamonds	JPN 1	32	6
2013	Urawa Red Diamonds	JPN 1	33	11
2014	Urawa Red Diamonds	JPN 1	14	4
14/15	Hertha BSC	BL	21	1
15/16	Hertha BSC	BL	32	2
16/17	Hertha BSC	BL	31	1
17/18	Hertha BSC	BL	7	0
Jan 18	Fortuna Düsseldorf	2. BL	13	1
18/19	Hannover 96	BL	28	0
19/20	Hannover 96	2. BL	32	6
20/21	Hannover 96	2. BL	34	9
21/22	1. FC Union Berlin	BL		

61 A (11 Tore) für Japan

HARTEL, Marcel
19. 1. 1996, Köln,D
Mittelfeld, 1,77 m, 68 kg

Bis 2002 SC West Köln, seit 2002 1. FC Köln

14/15	1. FC Köln II	RL	7	0
15/16	1. FC Köln II	RL	20	4
	1. FC Köln	BL	6	0
16/17	1. FC Köln	BL	2	0
17/18	1. FC Union Berlin	2. BL	28	2
18/19	1. FC Union Berlin	2. BL	16	2
19/20	Arminia Bielefeld	2. BL	33	1
20/21	Arminia Bielefeld	BL	22	0
21/22	Arminia Bielefeld	BL		

HARTWIG, Luis
23. 11. 2002, Witten/D
Sturm, 1,80 m, 76 kg

Bis 2015 SV Bommern 05, seit 2015 VfL Bochum

20/21	VfL Bochum	2. BL	1	0
21/22	VfL Bochum	BL		

HASEBE, Makoto
18. 1. 1984, Fujieda,JPN
Abwehr, 1,80 m, 72 kg

Bis 2002 Fujieda Higashi High School

2003	Urawa Red Diamonds	JPN 1	28	2
2004	Urawa Red Diamonds	JPN 1	27	5
2005	Urawa Red Diamonds	JPN 1	31	2
2006	Urawa Red Diamonds	JPN 1	32	2
2007	Urawa Red Diamonds	JPN 1	31	1
Jan 08	VfL Wolfsburg	BL	16	1
08/09	VfL Wolfsburg	BL	25	0
09/10	VfL Wolfsburg	BL	24	1
10/11	VfL Wolfsburg	BL	23	0
11/12	VfL Wolfsburg	BL	23	1
12/13	VfL Wolfsburg	BL	23	2
13/14	VfL Wolfsburg	BL	1	0
Aug 13	1. FC Nürnberg	BL	14	0
14/15	Eintracht Frankfurt	BL	33	0
15/16	Eintracht Frankfurt	BL	32	1
16/17	Eintracht Frankfurt	BL	22	1
17/18	Eintracht Frankfurt	BL	24	0
18/19	Eintracht Frankfurt	BL	28	0
19/20	Eintracht Frankfurt	BL	23	0
20/21	Eintracht Frankfurt	BL	29	0
21/22	Eintracht Frankfurt	BL		

114 A (2 Tore) für Japan

HAUPTMANN, Niklas
27. 6. 1996, Köln/D
Mittelfeld, 1,76 m, 65 kg

2000/01 DJK Viktoria Frechen, 2001-2008 SC Borea Dresden, ab 2008 Dynamo Dresden

15/16	Dynamo Dresden	3. L	2	0
16/17	Dynamo Dresden	2. BL	29	2
17/18	Dynamo Dresden	2. BL	25	0
18/19	1. FC Köln	2. BL	12	1
	1. FC Köln II	RL	1	0
19/20	1. FC Köln II	RL	5	2
20/21	Holstein Kiel	2. BL	31	0
21/22	1. FC Köln	BL		

HAZARD, Thorgan
29. 3. 1993, La Louviere/BEL
Sturm, 1,74 m, 69 kg

2001-2003 Stade Brainois, 2003-2007 AFC Tubize, ab 2007 Hamburger SV

10/11	RC Lens II	FRA 4	21	2
11/12	RC Lens	FRA 2	14	0
	RC Lens II	FRA 4	13	4
12/13	FC Chelsea	ENG 1	0	0
Aug 12	SV Zulte Waregem	BEL 1	34	4
13/14	SV Zulte Waregem	BEL 1	39	14
14/15	Bor. Mönchengladbach	BL	28	1
15/16	Bor. Mönchengladbach	BL	29	4
16/17	Bor. Mönchengladbach	BL	23	6
17/18	Bor. Mönchengladbach	BL	34	10
18/19	Bor. Mönchengladbach	BL	33	10
19/20	Borussia Dortmund	BL	33	7
20/21	Borussia Dortmund	BL	16	1
21/22	Borussia Dortmund	BL		

39 A (8 Tore) für Belgien

HECTOR, Jonas
27. 5. 1990, Saarbrücken/D
Mittelfeld, 1,85 m, 75 kg

Ab 1998 SV Auersmacher

07/08	SV Auersmacher	VL	11	2
	SV Auersmacher II	A-KL	2	0
08/09	SV Auersmacher	VL	33	15
09/10	SV Auersmacher	OL	34	9
10/11	1. FC Köln II	RL	31	5
11/12	1. FC Köln II	RL	30	0
12/13	1. FC Köln	2. BL	24	0
	1. FC Köln II	RL	2	0
13/14	1. FC Köln	2. BL	33	2
14/15	1. FC Köln	BL	33	2
15/16	1. FC Köln	BL	32	0
16/17	1. FC Köln	BL	33	1
17/18	1. FC Köln	BL	20	2
18/19	1. FC Köln	2. BL	29	6
19/20	1. FC Köln	BL	29	4
20/21	1. FC Köln	BL	19	3
21/22	1. FC Köln	BL		

43 A (3 Tore) für Deutschland

HEINTZ, Dominique
15. 8. 1993, Neustadt an der Weinstraße/D
Abwehr, 1,88 m, 90 kg

Bis 2001 Herta Kirrweiler, ab 2001 1. FC Kaiserslautern

11/12	1. FC Kaiserslautern	BL	1	0
	1. FC Kaiserslautern II	RL	11	0

12/13	1. FC Kaiserslautern	2. BL	28	0
13/14	1. FC Kaiserslautern	2. BL	10	0
	1. FC Kaiserslautern II	RL	1	0
14/15	1. FC Kaiserslautern	2. BL	25	0
	1. FC Kaiserslautern II	RL	1	0
15/16	1. FC Köln	BL	33	2
16/17	1. FC Köln	BL	32	0
17/18	1. FC Köln	BL	31	1
18/19	SC Freiburg	BL	31	1
19/20	SC Freiburg	BL	28	0
20/21	SC Freiburg	BL	21	0
21/22	SC Freiburg	BL		

HENRICHS, Benjamin
23. 2. 1997, Köln/D
Abwehr, 1,83 m, 79 kg, D/GHA
Bis 2004 SpVgg Porz-Gremberghoven, seit 2004 Bayer Leverkusen

15/16	Bayer Leverkusen	BL	9	0
16/17	Bayer Leverkusen	BL	29	0
17/18	Bayer Leverkusen	BL	23	0
18/19	Bayer Leverkusen	BL	1	0
Aug 18	AS Monaco	FRA 1	22	1
19/20	AS Monaco	FRA 1	13	0
20/21	RB Leipzig	BL	13	0
21/22	RB Leipzig	BL		

5 A (kein Tor) für Deutschland

HERNANDEZ, Lucas
Lucas Francois Bernard Hernandez Pi
14. 2. 1996, Marseille/FRA
Abwehr, 1,82 m, 76 kg
Bis 2007 Rayo Majadahonda, ab 2007 Atletico Madrid

13/14	Atletico Madrid B	ESP 3	2	0
14/15	Atletico Madrid B	ESP 3	17	1
	Atletico Madrid	ESP 1	1	0
15/16	Atletico Madrid	ESP 1	10	0
16/17	Atletico Madrid	ESP 1	15	0
17/18	Atletico Madrid	ESP 1	27	0
18/19	Atletico Madrid	ESP 1	14	1
19/20	Bayern München	BL	19	0
20/21	Bayern München	BL	23	0
21/22	Bayern München	BL		

28 A (kein Tor) für Frankreich

HERRERO, Enrique
Juan Enrique Herrero García
28. 1. 2005, Lorqui/ ESP
Sturm, 1,73 m, 67 kg
Bis 2020 CD Roda, 2020/21 FC Villareal

21/22	Eintracht Frankfurt	BL		

HERRMANN, Patrick
12. 2. 1991, Saarbrücken/D
Sturm, 1,79 m, 70 kg
Bis 2004 FC Uchtelfangen, 2004-2008 1. FC Saarbrücken, seit 2008 Borussia Mönchengladbach

09/10	Bor. Mönchengladbach	BL	13	1
	Bor. Mönchengladbach II	RL	11	0
10/11	Bor. Mönchengladbach	BL	24	3
	Bor. Mönchengladbach II	RL	2	0
11/12	Bor. Mönchengladbach	BL	27	6
	Bor. Mönchengladbach II	RL	1	1
12/13	Bor. Mönchengladbach	BL	32	6
13/14	Bor. Mönchengladbach	BL	34	6
14/15	Bor. Mönchengladbach	BL	32	11
15/16	Bor. Mönchengladbach	BL	18	3
16/17	Bor. Mönchengladbach	BL	18	1
17/18	Bor. Mönchengladbach	BL	23	0
18/19	Bor. Mönchengladbach	BL	24	3
19/20	Bor. Mönchengladbach	BL	27	6
20/21	Bor. Mönchengladbach	BL	27	0
21/22	Bor. Mönchengladbach	BL		

2 A (kein Tor) für Deutschland

HINTEREGGER, Martin
7. 9. 1992, St. Veit an der Glan/AUT
Abwehr, 1,86 m, 82 kg
1999-2006 SGA Sirnitz, ab 2006 RB Salzburg

09/10	RB Salzburg Am.	AUT 2	1	0
10/11	RB Salzburg	AUT 1	22	0
	RB Salzburg Am.	AUT 3	12	6
11/12	RB Salzburg	AUT 1	21	0
12/13	RB Salzburg	AUT 1	24	2
13/14	RB Salzburg	AUT 1	32	2
14/15	RB Salzburg	AUT 1	31	1
15/16	RB Salzburg	AUT 1	8	0
Jan 16	Bor. Mönchengladbach	BL	10	0
16/17	RB Salzburg	AUT 1	5	0
Aug 16	FC Augsburg	BL	31	3
17/18	FC Augsburg	BL	30	0
18/19	FC Augsburg	BL	18	2
Jan 19	Eintracht Frankfurt	BL	14	1
19/20	Eintracht Frankfurt	BL	31	8
20/21	Eintracht Frankfurt	BL	29	2
21/22	Eintracht Frankfurt	BL		

59 A (4 Tore) für Österreich

HITZ, Marwin
18. 9. 1987, St. Gallen/SUI
Torwart, 1,93 m, 86 kg

05/06	FC St. Gallen II	SUI 3	26	0
06/07	FC St. Gallen II	SUI 3	17	0
07/08	Yverdon-Sport FC	SUI 2	0	0
Jan 08	FC Winterthur	SUI 2	10	0
	FC Winterthur II	SUI 3	2	0
08/09	FC Winterthur	SUI 2	5	0
Sep 08	VfL Wolfsburg II	RL	6	0
09/10	VfL Wolfsburg	BL	5	0
	VfL Wolfsburg II	RL	29	0
10/11	VfL Wolfsburg	BL	6	0
	VfL Wolfsburg II	RL	10	0
11/12	VfL Wolfsburg	BL	2	0
12/13	VfL Wolfsburg	BL	0	0
13/14	FC Augsburg	BL	19	0
	FC Augsburg II	RL	1	0
14/15	FC Augsburg	BL	25	1
15/16	FC Augsburg	BL	33	0
16/17	FC Augsburg	BL	32	0
17/18	FC Augsburg	BL	32	0
18/19	Borussia Dortmund	BL	2	0
19/20	Borussia Dortmund	BL	4	0
20/21	Borussia Dortmund	BL	16	0
21/22	Borussia Dortmund	BL		

2 A (kein Tor) für die Schweiz

HÖFLER, Nicolas
9. 3. 1990, Überlingen/D
Mittelfeld, 1,81 m, 81 kg
Bis 2001 Herdwanger SV, 2001-2005 SC Pfullendorf, ab 2005 SC Freiburg

08/09	SC Freiburg II	RL	13	2
09/10	SC Freiburg II	RL	32	5
10/11	SC Freiburg II	RL	29	0
11/12	Erzgebirge Aue	2. BL	13	1
	Erzgebirge Aue II	OL	3	0
12/13	Erzgebirge Aue	2. BL	27	0
13/14	SC Freiburg	BL	14	2
	SC Freiburg II	RL	4	1
14/15	SC Freiburg	BL	20	0
15/16	SC Freiburg	2. BL	33	2
16/17	SC Freiburg	BL	28	1
17/18	SC Freiburg	BL	27	1
18/19	SC Freiburg	BL	18	0
	SC Freiburg II	RL	1	0
19/20	SC Freiburg	BL	32	1
20/21	SC Freiburg	BL	31	1
21/22	SC Freiburg	BL		

HOFFMANN, Ron-Thorben
4. 4. 1999, Rostock/D
Torwart, 1,92 m, 84 kg
2005-2009 Hansa Rostock, 2009-2013 Hertha BSC, 2013-2015 RB Leipzig, seit 2015 Bayern München

18/19	Bayern München II	RL	13	0
19/20	Bayern München II	3. L	11	0
20/21	Bayern München II	3. L	25	0
21/22	Bayern München	BL		

HOFMANN, Jonas
14. 7. 1992, Heidelberg/D
Mittelfeld, 1,76 m, 70 kg
Bis 2004 FC Rot, ab 2004 TSG Hoffenheim

10/11	TSG Hoffenheim II	RL	4	1
11/12	Borussia Dortmund II	RL	35	10
12/13	Borussia Dortmund	BL	3	0
	Borussia Dortmund II	3. L	35	5
13/14	Borussia Dortmund	BL	26	2
	Borussia Dortmund II	3. L	1	0
14/15	Borussia Dortmund	BL	2	0
Sep 14	1. FSV Mainz 05	BL	10	3
15/16	Borussia Dortmund	BL	7	1
Jan 16	Bor. Mönchengladbach	BL	8	0
16/17	Bor. Mönchengladbach	BL	21	0
17/18	Bor. Mönchengladbach	BL	23	0
18/19	Bor. Mönchengladbach	BL	27	5
19/20	Bor. Mönchengladbach	BL	24	5
20/21	Bor. Mönchengladbach	BL	24	6
21/22	Bor. Mönchengladbach	BL		

3 A (kein Tor) für Deutschland

HÖLER, Lucas
10. 7.1994, Achim/D
Sturm, 1,84 m, 83 kg
Bis 2011 VSK Osterholz-Scharmbeck, ab 2011 Blumenthaler SV

12/13	Blumenthaler SV	OL	5	2
13/14	VfB Oldenburg	RL	34	9
14/15	1. FSV Mainz 05 II	3. L	26	10
15/16	1. FSV Mainz 05 II	3. L	37	11
16/17	SV Sandhausen	2. BL	32	6
17/18	SV Sandhausen	2. BL	16	7
Jan 18	SC Freiburg	BL	14	1
18/19	SC Freiburg	BL	26	4
19/20	SC Freiburg	BL	34	8
20/21	SC Freiburg	BL	33	4
21/22	SC Freiburg	BL		

HOLTMANN, Gerrit
25. 3. 1995, Bremen/D
Mittelfeld, 1,83 m, 77 kg
Bis 2010 Sparta Bremerhaven, Leher TS und OSC Bremerhaven, 2010-2013 Werder Bremen

13/14	OSC Bremerhaven	OL	1	0
14/15	Eintr. Braunschweig II	RL	27	10
	Eintr. Braunschweig	2. BL	1	0
15/16	Eintr. Braunschweig	2. BL	30	4
	Eintr. Braunschweig II	RL	2	1
16/17	1. FSV Mainz 05	BL	5	0
	1. FSV Mainz 05 II	3. L	6	0
17/18	1. FSV Mainz 05	BL	17	2
	1. FSV Mainz 05 II	RL	1	0
18/19	1. FSV Mainz 05	BL	4	0
	1. FSV Mainz 05 II	RL	2	0
19/20	SC Paderborn 07	BL	24	1
20/21	VfL Bochum	2. BL	30	4
21/22	VfL Bochum	BL		

HOOGMA, Justin
11. 6. 1998, Enschede/NED
Abwehr, 1,90 m, 81 kg
Bis 2008 Quick '20 Oldenzaal, 2008 bis Dezember 2015 FC Twente Enschede

Jan 16	Heracles Almelo	NED 1	2	0
16/17	Heracles Almelo	NED 1	34	0
17/18	TSG Hoffenheim II	RL	18	0
18/19	TSG Hoffenheim	BL		
Jan 19	FC St. Pauli	2. BL	14	0
19/20	FC Utrecht	NED 1	23	1
20/21	FC Utrecht	NED 1	19	1
21/22	SpVgg Greuther Fürth	BL		

HORN, Jannes
6. 2. 1997, Braunschweig/D
Abwehr, 1,86 m, 79 kg
Bis 2008 Rot-Weiß Braunschweig, ab 2008 VfL Wolfsburg

16/17	VfL Wolfsburg	BL	13	0
	VfL Wolfsburg II	RL	4	0
17/18	1. FC Köln	BL	11	0
18/19	1. FC Köln	2. BL	18	0
19/20	1. FC Köln II	RL	1	0
Aug 19	Hannover 96	2.BL	23	0
20/21	1. FC Köln	BL	29	0
21/22	1. FC Köln	BL		

HORN, Timo
12. 5. 1993, Köln/D
Torwart, 1,92 m, 90 kg
1999-2002 SC Rondorf, seit 2002 1. FC Köln

10/11	1. FC Köln II	RL	15	0
11/12	1. FC Köln II	RL	14	0
12/13	1. FC Köln	2. BL	33	0
13/14	1. FC Köln	2. BL	32	0

14/15	1. FC Köln	BL	33	0
15/16	1. FC Köln	BL	33	0
16/17	1. FC Köln	BL	20	0
17/18	1. FC Köln	BL	34	0
18/19	1. FC Köln	2. BL	33	0
19/20	1. FC Köln	BL	34	0
20/21	1. FC Köln	BL	34	0
21/22	1. FC Köln	BL		

HRADECKY, Lukas

24. 11. 1989, Bratislava/SVK

Torwart, 1,92 m, 85 kg, FIN

Bis 2000 Turku PK, 2001-2007 Turku PS

2008	Abo IFK	FIN 3	11	0
Jan 09	Esbjerg fB	DEN 1	0	0
09/10	Esbjerg fB	DEN 1	5	0
10/11	Esbjerg fB	DEN 1	13	0
11/12	Esbjerg fB	DEN 2	23	0
12/13	Esbjerg fB	DEN 1	33	0
13/14	Bröndby IF	DEN 1	33	0
14/15	Bröndby IF	DEN 1	33	0
15/16	Bröndby IF	DEN 1	3	0
Aug 15	Eintracht Frankfurt	BL	34	0
16/17	Eintracht Frankfurt	BL	33	0
17/18	Eintracht Frankfurt	BL	34	0
18/19	Bayer Leverkusen	BL	32	0
19/20	Bayer Leverkusen	BL	34	0
20/21	Bayer Leverkusen	BL	29	0
21/22	Bayer Leverkusen	BL		

68 A (kein Tor) für Finnland

HRGOTA, Branimir

12. 1. 1993, Zenica/BIH

Sturm, 1,85 m, 77 kg

Bis 2007 IK Tord, ab 2008 Jönköpings Södra IF

2011	Jönköpings Södra IF	SWE 2	25	18
2012	Jönköpings Södra IF	SWE 2	14	10
12/13	Bor. Mönchengladbach	BL	13	3
	Bor. Mönchengladbach II	RL	8	2
13/14	Bor. Mönchengladbach	BL	30	2
14/15	Bor. Mönchengladbach	BL	17	2
15/16	Bor. Mönchengladbach	BL	9	0
16/17	Eintracht Frankfurt	BL	28	5
17/18	Eintracht Frankfurt	BL	6	0
18/19	Eintracht Frankfurt	BL	1	0
19/20	SpVgg Greuther Fürth	2. BL	32	10
20/21	SpVgg Greuther Fürth	2. BL	31	16
21/22	SpVgg Greuther Fürth	BL		

3 A (kein Tor) für Schweden

HRUSTIC, Ajdin

5. 7. 1996, Melbourne/AUS

Mittelfeld, 1,83 m, 78 kg

2007-2009 South Melbourne FC, 2009/10 Central United, 2010/11 Nottingham Forest, 2011/12 Austria Wien, 2012-2014 FC Schalke 04, ab 2014 FC Groningen

16/17	FC Groningen	NED 1	5	1
	FC Groningen II	NED 4	26	4
17/18	FC Groningen	NED 1	18	1
	FC Groningen II	NED 4	5	3
18/19	FC Groningen	NED 1	18	0
19/20	FC Groningen	NED 1	25	3
20/21	FC Groningen	NED 1	1	0
Sep 20	Eintracht Frankfurt	BL	11	1
21/22	Eintracht Frankfurt	BL		

7 A (1 Tor) für Australien

HÜBERS, Timo

20. 7. 1996, Hildesheim/D

Abwehr, 1,90 m, 82 kg

Bis 2009 Hildesia Diekholzen, 2009-2015 Hannover 96

15/16	1. FC Köln II	RL	21	1
16/17	Hannover 96 II	RL	2	0
17/18	Hannover 96	BL	5	0
	Hannover 96 II	RL	15	1
18/19	Hannover 96	BL	0	0
19/20	Hannover 96	2. BL	12	1
20/21	Hannover 96	2. BL	20	2
21/22	1. FC Köln	BL		

HÜBNER, Benjamin

4. 7. 1989, Wiesbaden/D

Abwehr, 1,93 m, 86 kg

Ab 1993 SV Wehen

07/08	SV Wehen Wiesbaden	2. BL	1	0
	SV Wehen Wiesbaden II	OL	8	0
08/09	SV Wehen Wiesbaden	2. BL	17	0
	SV Wehen Wiesbaden II	RL	13	1
09/10	SV Wehen Wiesbaden	3. L	34	1
	SV Wehen Wiesbaden II	RL	2	0
10/11	SV Wehen Wiesbaden	3. L	24	0
	SV Wehen Wiesbaden II	RL	4	0
11/12	SV Wehen Wiesbaden	3. L	31	2
	SV Wehen Wiesbaden II	OL	1	0
12/13	VfR Aalen	2. BL	24	2
13/14	VfR Aalen	2. BL	32	2
14/15	FC Ingolstadt 04	2. BL	31	2
15/16	FC Ingolstadt 04	BL	30	1
16/17	TSG Hoffenheim	BL	25	2
17/18	TSG Hoffenheim	BL	27	3
18/19	TSG Hoffenheim	BL	10	0
19/20	TSG Hoffenheim	BL	25	1
20/21	TSG Hoffenheim	BL		
21/22	TSG Hoffenheim	BL		

HUMMELS, Mats

16. 12. 1988, Bergisch Gladbach/D

Abwehr, 1,91 m, 92 kg

Ab Oktober 1995 Bayern München

05/06	Bayern München II	RL	1	0
06/07	Bayern München	BL	1	0
	Bayern München II	RL	31	2
07/08	Bayern München II	RL	10	3
Jan 08	Borussia Dortmund	BL	13	0
08/09	Borussia Dortmund	BL	12	1
09/10	Borussia Dortmund	BL	30	5
10/11	Borussia Dortmund	BL	32	5
11/12	Borussia Dortmund	BL	33	1
12/13	Borussia Dortmund	BL	28	1
13/14	Borussia Dortmund	BL	23	2
14/15	Borussia Dortmund	BL	24	2
15/16	Borussia Dortmund	BL	30	2
16/17	Bayern München	BL	27	1
17/18	Bayern München	BL	26	1
18/19	Bayern München	BL	21	1
19/20	Borussia Dortmund	BL	31	1
20/21	Borussia Dortmund	BL	33	5
21/22	Borussia Dortmund	BL		

76 A (5 Tore) für Deutschland

HWANG, Hee-Chan
26. 1. 1996, Chuncheon/KOR
Sturm, 1,77 m, 77 kg
Bis 2014 Pohang Steelers

Jan 15	FC Liefering	AUT 2	13	2
15/16	RB Salzburg	AUT 1	13	0
	FC Liefering	AUT 2	18	11
16/17	RB Salzburg	AUT 1	26	12
17/18	RB Salzburg	AUT 1	20	5
Aug 18	Hamburger SV	2. BL	20	2
19/20	RB Salzburg	AUT 1	27	11
20/21	RB Leipzig	BL	18	0
21/22	RB Leipzig	BL		

37 A (6 Tore) für Südkorea

IAGO
Iago Amaral Borduchi
23. 3. 1997, Monte Azul/BRA
Abwehr, 1,81 m, 68 kg
Bis 2009 Monte Azul AC, ab 2010 Internacional Porto Alegre

2017	Inter Porto Alegre	BRA 2	2	0
2018	Inter Porto Alegre	BRA-R1	9	1
	Inter Porto Alegre	BRA 1	35	0
2019	Inter Porto Alegre	BRA-R1	11	0
	Inter Porto Alegre	BRA 1	5	0
19/20	FC Augsburg	BL	10	1
20/21	FC Augsburg	BL	18	1
21/22	FC Augsburg	BL		

ILSANKER, Stefan
18. 5. 1989, Hallein/AUT
Mittelfeld, 1,89 m, 85 kg
1996-1998 1. Halleiner SK, 1998-2001 1. FSV Mainz 05, 2001-2004 1. Halleiner SK, 2004/05 FC Hallein 04, ab 2005 RB Salzburg

07/08	RB Salzburg Am.	AUT 2	26	2
08/09	RB Salzburg Am.	AUT 2	23	0
09/10	RB Salzburg Am.	AUT 2	27	2
10/11	SV Mattersburg	AUT 1	26	0
	SV Mattersburg Am.	AUT 3	1	0
11/12	SV Mattersburg	AUT 1	24	0
	SV Mattersburg Am.	AUT 3	1	0
12/13	RB Salzburg	AUT 1	26	0
13/14	RB Salzburg	AUT 1	32	4
14/15	RB Salzburg	AUT 1	31	0
15/16	RB Leipzig	2. BL	26	1
16/17	RB Leipzig	BL	33	0
17/18	RB Leipzig	BL	21	0
18/19	RB Leipzig	BL	19	0
19/20	RB Leipzig	BL	6	0
Jan 20	Eintracht Frankfurt	BL	12	2
20/21	Eintracht Frankfurt	BL	27	1
21/22	Eintracht Frankfurt	BL		

54 A (kein Tor) für Österreich

INGVARTSEN, Marcus
4. 1. 1996, Farum/DEN
Sturm, 1,87 m, 82 kg
Farum BK

13/14	FC Nordsjaelland	DEN 1	2	0
14/15	FC Nordsjaelland	DEN 1	14	2
15/16	FC Nordsjaelland	DEN 1	23	5
16/17	FC Nordsjaelland	DEN 1	35	23
17/18	KRC Genk	BEL 1	22	5
18/19	KRC Genk	BEL 1	8	0
19/20	1. FC Union Berlin	BL	28	5
20/21	1. FC Union Berlin	BL	30	3
21/22	1. FC Union Berlin	BL		

1 A (1 Tor) für Dänemark

IRORERE, Felix
21. 6. 2002, St. Denis/FRA
Abwehr, 1,95 m, 87 kg, D/FRA
Bis 2013 Schwarz Weiß Griesheim, seit 2013 Eintracht Frankfurt

21/22	Eintracht Frankfurt	BL		

ITO, Hiroki
12. 5.1999, Hamamatsu/JAP
Abwehr, 1,88 m, 81 kg

2018	Jubilo Iwata	JAP 1	1	0
2019	Nagoya Grampus Eigjt	JAP 1	2	0
2020	Jubilo Iwata	JAP 2	37	2
2021	Jubilo Iwata	JAP 2	20	2
21/22	VfB Stuttgart	BL		

ITTER, Luca
5. 1. 1999, Gießen/D
Abwehr, 1,83 m, 76 kg
2004-2011 FC Cleeberg, 2011 bis Dezember 2014 Eintracht Frankfurt, ab Januar 2015 VfL Wolfsburg

17/18	VfL Wolfsburg	BL	5	0
	VfL Wolfsburg II	RL	3	1
18/19	VfL Wolfsburg	BL	2	0
	VfL Wolfsburg II	RL	16	0
19/20	SC Freiburg	BL	3	0
	SC Freiburg II	RL	8	0
20/21	SC Freiburg II	RL	2	0
20/21	SpVgg Greuther Fürth	2.BL	8	0
21/22	SpVgg Greuther Fürth	BL		

JAECKEL, Paul
22. 7. 1998, Eisenhüttenstadt/D
Abwehr, 1,89 m, 84 kg
Bis 2011 Eisenhüttenstädter FC Stahl, 2011-2014 Energie Cottbus, seit 2014 VfL Wolfsburg

17/18	VfL Wolfsburg	BL	3	0
	VfL Wolfsburg II	RL	12	0
18/19	VfL Wolfsburg II	RL	3	0
Aug 18	SpVgg Greuther Fürth	2. BL	22	0
	SpVgg Greuther Fürth II	RL	6	1
19/20	SpVgg Greuther Fürth	2. BL	22	1
	SpVgg Greuther Fürth II	RL	1	0
20/21	SpVgg Greuther Fürth	2. BL	23	1
21/22	1. FC Union Berlin	BL		

JANTSCHKE, Tony
7. 4. 1990, Hoyerswerda/D
Abwehr, 1,77 m, 76 kg
1996-2001 Hoyerswerdaer SV Einheit, 2001-2006 FV Dresden-Nord, seit 2006 Borussia Mönchengladbach

08/09	Bor. Mönchengladbach	BL	4	1
	Bor. Mönchengladbach II	RL	6	1
09/10	Bor. Mönchengladbach	BL	6	0
	Bor. Mönchengladbach II	RL	12	1
10/11	Bor. Mönchengladbach	BL	11	0
	Bor. Mönchengladbach II	RL	4	0

11/12	Bor. Mönchengladbach	BL	32	1
12/13	Bor. Mönchengladbach	BL	31	1
13/14	Bor. Mönchengladbach	BL	31	1
14/15	Bor. Mönchengladbach	BL	31	1
15/16	Bor. Mönchengladbach	BL	12	0
16/17	Bor. Mönchengladbach	BL	22	0
17/18	Bor. Mönchengladbach	BL	13	0
18/19	Bor. Mönchengladbach	BL	14	0
19/20	Bor. Mönchengladbach	BL	17	0
20/21	Bor. Mönchengladbach	BL	8	0
21/22	Bor. Mönchengladbach	BL		

JARSTEIN, Rune

29. 9. 1984, Porsgrunn/NOR
Torwart, 1,90 m, 86 kg

Bis 2001 Herkules Skien

2002	Odd Grenland Skien	NOR 1	2	0
2003	Odd Grenland Skien	NOR 1	4	0
2004	Odd Grenland Skien	NOR 1	0	0
2005	Odd Grenland Skien	NOR 1	16	0
2006	Odd Grenland Skien	NOR 1	25	0
2007	Odd Grenland Skien	NOR 1	25	0
2008	Rosenborg Trondheim	NOR 1	23	0
2009	Rosenborg Trondheim	NOR 1	28	0
2010	Viking Stavanger	NOR 1	26	0
2011	Viking Stavanger	NOR 1	30	0
2012	Viking Stavanger	NOR 1	30	0
2013	Viking Stavanger	NOR 1	30	0
Jan 14	Hertha BSC	BL	1	0
14/15	Hertha BSC	BL	1	0
15/16	Hertha BSC	BL	29	0
	Hertha BSC II	RL	1	0
16/17	Hertha BSC	BL	34	0
17/18	Hertha BSC	BL	31	0
18/19	Hertha BSC	BL	31	0
19/20	Hertha BSC	BL	29	0
20/21	Hertha BSC	BL	8	0
21/22	Hertha BSC	BL		

71 A (kein Tor) für Norwegen

JASTRZEMBSKI, Dennis

20. 2. 2000, Rendsburg/D
Mittelfeld, 1,78 m, 81 kg

Bis 2013 TSV Kropp, 2013-2015 Holstein Kiel, ab 2015 Hertha BSC

18/19	Hertha BSC	BL	5	0
	Hertha BSC II	RL	2	0
19/20	Hertha BSC II	RL	11	1
Jan 20	SC Paderborn 07	BL	6	0
20/21	SC Paderborn 07	2. BL	3	0
Jan21	Waldhof Mannheim	3. L	15	1
21/22	Hertha BSC	BL		

JENSEN, Fredrik

9. 9. 1997, Porvoo/FIN
Mittelfeld, 1,83 m, 80 kg

Bis 2007 Futura Porvoo, 2008-2011 FC Honka Espoo, 2012-2013 HJK Helsinki, ab Januar 2014 FC Twente Enschede

16/17	FC Twente Enschede	NED 1	25	4
	FC Twente Enschede II	NED 3	4	1
17/18	FC Twente Enschede	NED 1	30	5
18/19	FC Augsburg	BL	6	0
19/20	FC Augsburg	BL	10	1
20/21	FC Augsburg	BL	13	0
21/22	FC Augsburg	BL		

20 A (7 Tore) für Finnland

JEONG, Woo-Yeong

20. 9. 1999, Incheon/KOR
Mittelfeld, 1,79 m, 70 kg

Bis 2017 Incheon United, ab Januar 2018 Bayern München

18/19	Bayern München II	RL	29	13
	Bayern München	BL	1	0
19/20	SC Freiburg II	RL	6	2
Jan 20	Bayern München II	3. L	15	1
20/21	SC Freiburg	BL	26	4
21/22	SC Freiburg	BL		

1 A (kein Tor) für Südkorea

JOAO QUEIROS

Joao Ricardo Pereira Queiros
22. 4. 1998, Viana do Castelo/POR
Abwehr, 1,90 m, 81 kg

2006-2008 AD Barroselas, 2008-2010 CB Povoa de Lanhoso Vieira do Minho, 2010/11 Benfica Lissabon, 2011/12 Dragon Force Porto, Juli bis Dezember 2012 AD Barroselas, Januar bis Juni 2013 Artur Rego Neiva, Juli bis Dezember 2013 AD Barroselas, Januar bis Juni 2014 Palmeiras Braga, ab 2014 Sporting Braga

16/17	Sporting Braga B	POR 2	1	0
17/18	1. FC Köln II	RL	14	0
18/19	Sporting Braga B	POR 2	0	0
19/20	Willem II Tilburg	NED 1	0	0
20/21	1. FC Köln II	RL	5	0
21/22	1. FC Köln	BL		

JOAO VICTOR

Joao Victor Santos Sa
27. 3. 1994, Sao José dos Campos/BRA
Mittelfeld, 1,78 m, 72 kg

Bis März 2014 Palmeiras Sao Paulo

2014	Sao José d. Campos EC	BRA-R3	17	3
2015	Sao José d. Campos EC	BRA-R3	14	3
15/16	Kapfenberger SV	AUT 2	29	9
16/17	Kapfenberger SV	AUT 2	35	14
17/18	Linzer ASK	AUT 1	20	7
18/19	Linzer ASK	AUT 1	27	13
19/20	VfL Wolfsburg	BL	32	2
20/21	VfL Wolfsburg	BL	21	1
21/22	VfL Wolfsburg	BL		

JOHN, Marco

2. 4. 2002, Bad Friedrichshall/D
Abwehr, 1,82 m, 70 kg

Bis 2013 FC Union Heilbronn, seit 2013 TSG Hoffenheim

20/21	TSG Hoffenheim	BL	14	0
	TSG Hoffenheim II	RL	5	0
21/22	TSG Hoffenheim	BL		

JORGE MERÉ

Jorge Meré Perez
17. 4. 1997, Oviedo/ESP
Abwehr, 1,82 m, 77 kg

Bis 2010 Real Oviedo, ab 2010 Sporting Gijon

13/14	Sporting Gijon B	ESP 3	19	0
14/15	Sporting Gijon B	ESP 3	28	3
	Sporting Gijon	ESP 2	5	0
15/16	Sporting Gijon	ESP 1	25	0
16/17	Sporting Gijon	ESP 1	31	0

17/18	1. FC Köln	BL	22	1
18/19	1. FC Köln	2. BL	26	0
19/20	1. FC Köln	BL	11	1
20/21	1. FC Köln	BL	16	0
21/22	1. FC Köln	BL		

JOVELJIC, Dejan
7. 8. 1999, Bijeljina/YUG
Sturm, 1,82 m, 76 kg, SRB

Bis 2010 Sloga Junajted, ab 2010 Roter Stern Belgrad

17/18	Roter Stern Belgrad	SRB 1	4	3
18/19	Roter Stern Belgrad	SRB 1	17	8
19/20	Eintracht Frankfurt	BL	4	0
Jan 20	RSC Anderlecht	BEL 1	5	0
20/21	Wolfsberger AC	AUT 1	22	11
21/22	Eintracht Frankfurt	BL		

2 A (kein Tor) für Serbien

JOVETIC, Stevan
2. 11. 1989, Titograd/YUG
Sturm, 1,83 m, 79 kg

2000-2003 Mladost Podgorica, ab 2003 Partizan Belgrad

05/06	Partizan Belgrad	SCG 1	2	0
06/07	Partizan Belgrad	SRB 1	21	1
07/08	Partizan Belgrad	SRB 1	27	11
08/09	AC Florenz	ITA 1	29	2
09/10	AC Florenz	ITA 1	29	6
10/11	AC Florenz	ITA 1	0	0
11/12	AC Florenz	ITA 1	27	14
12/13	AC Florenz	ITA 1	31	13
13/14	Manchester City	ENG 1	13	3
14/15	Manchester City	ENG 1	17	5
15/16	Inter Mailand	ITA 1	26	6
16/17	Inter Mailand	ITA 1	5	0
Jan 17	FC Sevilla	ESP 1	21	6
17/18	Inter Mailand	ITA 1	0	0
Aug 17	AS Monaco	FRA 1	15	8
18/19	AS Monaco	FRA 1	8	2
19/20	AS Monaco	FRA 1	9	2
20/21	AS Monaco	FRA 1	29	6
21/22	Hertha BSC	BL		

61 A (31 Tore) für Montenegro

JUNG, Gideon
12. 9. 1994, Düsseldorf/D
Abwehr, 1,89 m, 83 kg

Bis 2012 Sportfreunde Baumberg

12/13	Rot-Weiß Oberhausen II	OL	2	0
13/14	Rot-Weiß Oberhausen	RL	22	1
	Rot-Weiß Oberhausen II	OL	6	0
14/15	Hamburger SV II	RL	23	2
15/16	Hamburger SV	BL	19	0
	Hamburger SV II	RL	5	0
16/17	Hamburger SV	BL	29	0
	Hamburger SV II	RL	1	0
17/18	Hamburger SV	BL	30	1
18/19	Hamburger SV	2. BL	12	0
19/20	Hamburger SV	2. BL	24	1
20/21	Hamburger SV	2. BL	19	0
21/22	SpVgg Greuther Fürth	BL		

KADERABEK, Pavel
25. 4. 1992, Prag/CSV
Mittelfeld, 1,82 m, 81 kg, CZE

09/10	Sparta Prag B	CZE 2	2	0
10/11	Sparta Prag B	CZE 2	20	1
11/12	Sparta Prag B	CZE 2	1	0
Aug 11	Viktoria Zizkov	CZE 1	11	0
Jan 12	Sparta Prag	CZE 1	2	0
	Sparta Prag B	CZE 2	11	1
12/13	Sparta Prag	CZE 1	19	2
13/14	Sparta Prag	CZE 1	30	5
14/15	Sparta Prag	CZE 1	25	3
15/16	TSG Hoffenheim	BL	28	0
16/17	TSG Hoffenheim	BL	23	0
	TSG Hoffenheim II	RL	2	1
17/18	TSG Hoffenheim	BL	28	2
18/19	TSG Hoffenheim	BL	29	3
19/20	TSG Hoffenheim	BL	30	2
20/21	TSG Hoffenheim	BL	20	0
21/22	TSG Hoffenheim	BL		

48 A (3 Tore) für Tschechien

KAINZ, Florian
24. 10. 1992, Graz/AUT
Mittelfeld, 1,76 m, 72 kg

April 1999 bis 2000 FC Stategg, ab 2000 Sturm Graz

08/09	Sturm Graz Am.	AUT 3	4	0
09/10	Sturm Graz Am.	AUT 3	26	3
10/11	Sturm Graz	AUT 1	13	2
	Sturm Graz Am.	AUT 3	9	4
11/12	Sturm Graz	AUT 1	25	3
12/13	Sturm Graz	AUT 1	26	3
13/14	Sturm Graz	AUT 1	33	7
14/15	Sturm Graz	AUT 1	1	0
Jul 14	Rapid Wien	AUT 1	32	4
15/16	Rapid Wien	AUT 1	33	7
16/17	Werder Bremen	BL	14	2
17/18	Werder Bremen	BL	30	3
18/19	Werder Bremen	BL	8	0
Jan 19	1. FC Köln	2. BL	14	0
19/20	1. FC Köln	BL	28	5
20/21	1. FC Köln	BL	8	1
	1. FC Köln II	RL	1	1
21/22	1. FC Köln	BL		

16 A (kein Tor) für Österreich

KALAJDZIC, Sasa
07. 07. 1997, Wien/AUT
Sturm, 2 m, 90 kg

2004-2006 SV Donau Wien, 2006-2010 SR Donaufeld, 2010-2014 First Vienna FC

14/15	SR Donaufeld	AUT 3	2	0
15/16	SR Donaufeld	AUT 4		
16/17	FC Admira Wacker Am.	AUT 3	27	10
17/18	FC Admira Wacker	AUT 1	18	3
	FC Admira Wacker Am.	AUT 3	3	3
18/19	FC Admira Wacker	AUT 1	15	8
	FC Admira Wacker Am.	AUT 3	3	0
19/20	VfB Stuttgart	BL	6	1
20/21	VfB Stuttgart	BL	33	16
21/22	VfB Stuttgart	BL		

11 A (4 Tore) für Österreich

KAMADA, Daichi
5. 8. 1996, Ehime/JPN
Mittelfeld, 1,84 m, 76 kg

2015	Sagan Tosu	JPN 1	21	3
2016	Sagan Tosu	JPN 1	28	7
2017	Sagan Tosu	JPN 1	16	3
17/18	Eintracht Frankfurt	BL	3	0
18/19	Eintracht Frankfurt	BL	0	0
Aug 18	Sint-Truidense VV	BEL 1	34	15
19/20	Eintracht Frankfurt	BL	28	2
20/21	Eintracht Frankfurt	BL	32	5
21/22	Eintracht Frankfurt	BL		

13 A (4 Tore) für Japan

KAMARA, Abdoulaye
6. 11. 2004, GUI
Mittelfeld, GUI/FRA
Bis 2021 Paris Saint-Germain

21/22	Borussia Dortmund	BL		

KAMPL, Kevin
9. 10. 1990, Solingen/D
Mittelfeld, 1,78 m, 66 kg, SVN
1994-1997 VfB Solingen, ab 1997 Bayer Leverkusen

08/09	Bayer Leverkusen II	RL	1	0
09/10	Bayer Leverkusen II	RL	21	1
10/11	SpVgg Greuther Fürth	2. BL	1	0
	SpVgg Greuther Fürth II	RL	7	0
Jan 11	Bayer Leverkusen II	RL	14	4
11/12	VfL Osnabrück	3. L	35	2
12/13	VfR Aalen	2. BL	3	2
Aug 12	RB Salzburg	AUT 1	23	4
13/14	RB Salzburg	AUT 1	33	9
14/15	RB Salzburg	AUT 1	18	5
Jan15	Borussia Dortmund	BL	13	0
15/16	Borussia Dortmund	BL	1	0
Aug 15	Bayer Leverkusen	BL	22	3
16/17	Bayer Leverkusen	BL	30	1
17/18	Bayer Leverkusen	BL	1	0
Aug 17	RB Leipzig	BL	26	1
18/19	RB Leipzig	BL	27	2
19/20	RB Leipzig	BL	11	2
20/21	RB Leipzig	BL	27	0
21/22	RB Leipzig	BL		

28 A (2 Tore) für Slowenien

KARAZOR, Atakan
13. 10. 1996, Essen/D
Abwehr, 1,91 m, 76 kg
Bis 2012 Rot-Weiss Essen, 2012-2015 VfL Bochum

15/16	Borussia Dortmund II	RL	30	1
16/17	Borussia Dortmund II	RL	29	0
17/18	Holstein Kiel	2. BL	4	0
18/19	Holstein Kiel	2. BL	22	2
	Holstein Kiel II	RL	2	1
19/20	VfB Stuttgart	2. BL	23	2
20/21	VfB Stuttgart	BL	19	0
	VfB Stuttgart II	RL	2	0
21/22	VfB Stuttgart	BL		

KATTERBACH, Noah
13. 4. 2001, Simmerath/D
Abwehr, 1,80 m, 74 kg
2004-2008 TuS DJK Dreiborn, seit 2008 1. FC Köln

19/20	1. FC Köln	BL	18	0
	1. FC Köln II	RL	5	0
20/21	1. FC Köln	BL	21	0
	1. FC Köln II	RL	1	0
21/22	1. FC Köln	BL		

KEHR, Robin
22. 2.2000, Pinneberg/D
Sturm, 1,89 m, 83 kg
Bis 2009 VfL Pinneberg und Kummerfelder SV, 2009-2015 FC St. Pauli, 2015- 2019 Borussia Dortmund

19/20	SpVgg Greuther Fürth II	RL	6	3
20/21	SpVgg Greuther Fürth	2. BL	8	2
21/22	SpVgg Greuther Fürth	BL		

KEITEL, Yannik
15. 2. 2000, Breisach/D
Mittelfeld, 1,86 m, 85 kg
Bis 2011 SV Breisach 1922, seit 2011 SC Freiburg

18/19	SC Freiburg II	RL	1	0
19/20	SC Freiburg	BL	3	0
	SC Freiburg II	RL	17	2
20/21	SC Freiburg	BL	12	0
	SC Freiburg II	RL	5	1
21/22	SC Freiburg	BL		

KEMPF, Marc Oliver
28. 1. 1995, Lich/D
Abwehr, 1,86 m, 87 kg
Bis 2007 JSG Bad Nauheim, TSV Dorn-Assenheim und SV Bruchenbrücken, ab 2007 Eintracht Frankfurt

12/13	Eintracht Frankfurt	BL	2	0
13/14	Eintracht Frankfurt	BL	3	0
	Eintracht Frankfurt II	RL	18	3
14/15	SC Freiburg	BL	13	2
	SC Freiburg II	RL	9	0
15/16	SC Freiburg	2. BL	30	5
16/17	SC Freiburg	BL	13	0
	SC Freiburg II	OL	1	0
17/18	SC Freiburg	BL	12	0
18/19	VfB Stuttgart	BL	23	2
19/20	VfB Stuttgart	2. BL	21	2
20/21	VfB Stuttgart	BL	32	2
21/22	VfB Stuttgart	BL		

KERSKEN, Jonas
1. 9. 2000, Düsseldorf/D
Torwart, 1,90 m, 88 kg
Bis 2018 Sportfreunde Baumberg, 2018/19 Rot-Weiss Essen

19/20	Bor. Mönchengladbach II	RL	5	0
20/21	Bor. Mönchengladbach II	RL	11	0
21/22	Bor. Mönchengladbach	BL		

KHEDIRA, Rani
27. 1. 1994, Stuttgart/D
Mittelfeld, 1,88 m, 85 kg, D/TUN
Bis 2005 TV Oeffingen, ab 2005 VfB Stuttgart

11/12	VfB Stuttgart II	3. L	12	0
12/13	VfB Stuttgart II	3. L	32	0
13/14	VfB Stuttgart	BL	9	0
	VfB Stuttgart II	3. L	12	1
14/15	RB Leipzig	2. BL	22	0
	RB Leipzig II	OL	1	0
15/16	RB Leipzig	2. BL	19	0
	RB Leipzig II	RL	2	2
16/17	RB Leipzig	BL	10	0
17/18	FC Augsburg	BL	30	1
18/19	FC Augsburg	BL	30	4
19/20	FC Augsburg	BL	32	0
20/21	FC Augsburg	BL	27	1
21/22	1. FC Union Berlin	BL		

KILIAN, Luca
1. 9. 1999, Witten/D
Abwehr, 1,92 m, 91 kg
Bis 2011 Hombrucher SV, ab 2011 Borussia Dortmund

18/19	Borussia Dortmund II	RL	28	4
19/20	SC Paderborn 07	BL	15	0
20/21	1. FSV Mainz 05	BL	6	0
	1. FSV Mainz 05 II	RL	7	0
21/22	1. FSV Mainz 05	BL		

KIMMICH, Joshua
8. 2. 1995, Rottweil/D
Mittelfeld, 1,77 m, 75 kg
Bis 2007 VfB Bösingen, 2007-2013 VfB Stuttgart

13/14	RB Leipzig	3. L	26	1
	RB Leipzig II	VL	1	0
14/15	RB Leipzig	2. BL	27	2
15/16	Bayern München	BL	23	0
16/17	Bayern München	BL	27	6
17/18	Bayern München	BL	29	1
18/19	Bayern München	BL	34	2
19/20	Bayern München	BL	33	4
20/21	Bayern München	BL	27	4
21/22	Bayern München	BL		

59 A (3 Tore) für Deutschland

KLEFISCH, Ben
2. 6. 2003, Leverkusen/D
Mittelfeld, 1,86 m, 80 kg
Bis 2017 Bayer Leverkusen, seit 2017 RB Leipzig

21/22	RB Leipzig	BL		

KLEIN, Daniel
13. 3. 2001, Heidelberg/D
Torwart, 1,92 m, 87 kg
Bis 2014 VfB St. Leon und FC-Astoria Walldorf, ab 2014 TSG Hoffenheim

20/21	TSG Hoffenheim II	RL	16	0
21/22	FC Augsburg	BL		

KLEMENT, Philipp
9. 9. 1992, Ludwigshafen/D
Mittelfeld, 1,75 m, 71 kg
1995-2004 TuS Wachenheim, 2004-2011 1. FC Kaiserslautern

11/12	1. FC Nürnberg II	RL	18	3
12/13	1. FC Nürnberg II	RL	15	1
Jan 13	Hansa Rostock	3. L	10	1
13/14	1. FC Nürnberg II	RL	28	6
14/15	1. FSV Mainz 05 II	3. L	32	5
15/16	1. FSV Mainz 05 II	3. L	16	6
	1. FSV Mainz 05	BL	2	0
16/17	1. FSV Mainz 05 II	3. L	24	5
17/18	1. FSV Mainz 05 II	RL	1	0
Jan 18	SC Paderborn 07	3. L	16	2
18/19	SC Paderborn 07	2. BL	31	16
19/20	VfB Stuttgart	2. BL	19	0
20/21	VfB Stuttgart	BL	18	1
21/22	VfB Stuttgart	BL		

KLIMOWICZ, Mateo
6. 7. 2000, Cordoba/ARG
Mittelfeld, 1,79 m, 75 kg

16/17	Instituto Cordoba	ARG 2	2	0
17/18	Instituto Cordoba	ARG 2	18	1
18/19	Instituto Cordoba	ARG 2	16	6
19/20	VfB Stuttgart	2. BL	7	0
20/21	VfB Stuttgart	BL	25	1
21/22	VfB Stuttgart	BL		

KLINGER, Niklas
13. 10. 1995, Wolfsburg/D
Torwart, 1,87 m, 85 kg
Bis 2003 SV Reislingen-Neuhaus, seit 2003 VfL Wolfsburg

14/15	VfL Wolfsburg II	RL	2	0
15/16	VfL Wolfsburg II	RL	2	0
16/17	VfL Wolfsburg II	RL	7	0
17/18	VfL Wolfsburg II	RL	12	0
18/19	VfL Wolfsburg II	RL	9	0
19/20	VfL Wolfsburg II	RL	2	0
20/21	VfL Wolfsburg	BL	0	0
21/22	VfL Wolfsburg	BL		

KLOS, Fabian
2. 12. 1987, Gifhorn/D
Sturm, 1,95 m, 93 kg
Bis 2007 SV Meinersen, 2007-2009 MTV Gifhorn

09/10	VfL Wolfsburg II	RL	32	9
10/11	VfL Wolfsburg II	RL	33	13
11/12	Arminia Bielefeld	3. L	33	10
12/13	Arminia Bielefeld	3. L	33	20
13/14	Arminia Bielefeld	2. BL	29	9
14/15	Arminia Bielefeld	3. L	35	23
15/16	Arminia Bielefeld	2. BL	32	12
16/17	Arminia Bielefeld	2. BL	33	13
17/18	Arminia Bielefeld	2. BL	33	7
18/19	Arminia Bielefeld	2. BL	33	17
19/20	Arminia Bielefeld	2. BL	33	21
20/21	Arminia Bielefeld	BL	34	5
21/22	Arminia Bielefeld	BL		

KLOSTERMANN, Lukas
3. 6. 1996, Herdecke/D
Abwehr, 1,87 m, 88 kg

Bis 2001 FSV Gevelsberg, 2001-2010 SSV Hagen, ab 2010 VfL Bochum

13/14	VfL Bochum	2. BL	9	0
	VfL Bochum II	RL	2	0
14/15	VfL Bochum	2. BL	0	0
Aug 14	RB Leipzig	2. BL	13	1
	RB Leipzig II	OL	2	1
15/16	RB Leipzig	2. BL	30	1
16/17	RB Leipzig	BL	1	0
17/18	RB Leipzig	BL	26	1
18/19	RB Leipzig	BL	26	5
19/20	RB Leipzig	BL	31	3
20/21	RB Leipzig	BL	23	1
21/22	RB Leipzig	BL		

13 A (kein Tor) für Deutschland

KLÜNTER, Lukas
26. 5. 1996, Euskirchen/D
Abwehr, 1,84 m, 76 kg

Bis 2013 Schwarz-Weiß Friesheim, SSV Weilerswist und TSC Euskirchen, 2013/14 Bonner SC

14/15	1. FC Köln II	RL	7	0
15/16	1. FC Köln II	RL	24	2
	1. FC Köln	BL	1	0
16/17	1. FC Köln II	RL	17	1
	1. FC Köln	BL	8	1
17/18	1. FC Köln	BL	19	1
	1. FC Köln II	RL	4	0
18/19	Hertha BSC	BL	10	0
	Hertha BSC II	RL	1	0
19/20	Hertha BSC	BL	23	0
20/21	Hertha BSC	BL	11	0
21/22	Hertha BSC	BL		

KNAUFF, Ansgar
10. 1. 2002, Göttingen/D
Sturm, 1,80 m, 73 kg

2006-2015 SVG Göttingen, 2015/16 Hannover 96, seit 2016 Borussia Dortmund

19/20	Borussia Dortmund	BL	4	1
	Borussia Dortmund II	RL	28	9
21/22	Borussia Dortmund	BL		

KNOCHE, Robin
22. 5. 1992, Braunschweig/D
Abwehr, 1,90 m, 78 kg

1996-2002 Germania Lamme, 2002-2005 Olympia Braunschweig, ab 2005 VfL Wolfsburg

10/11	VfL Wolfsburg II	RL	24	0
11/12	VfL Wolfsburg	BL	3	0
	VfL Wolfsburg II	RL	31	1
12/13	VfL Wolfsburg	BL	11	0
	VfL Wolfsburg II	RL	13	1
13/14	VfL Wolfsburg	BL	32	3
14/15	VfL Wolfsburg	BL	27	2
15/16	VfL Wolfsburg	BL	11	1
	VfL Wolfsburg II	RL	1	0
16/17	VfL Wolfsburg	BL	23	1
17/18	VfL Wolfsburg	BL	24	1
18/19	VfL Wolfsburg	BL	31	3
19/20	VfL Wolfsburg	BL	21	1
20/21	1. FC Union Berlin	BL	34	1
21/22	1. FC Union Berlin	BL		

KOBEL, Gregor
6. 12. 1997, Zürich/SUI
Torhüter, 1,95 m, 88 kg

Bis August 2014 FC Zürich und Grasshopper Club Zürich, ab September 2014 TSG Hoffenheim

16/17	TSG Hoffenheim II	RL	26	0
17/18	TSG Hoffenheim II	RL	8	0
18/19	TSG Hoffenheim	BL	1	0
	TSG Hoffenheim II	RL	4	0
Jan 19	FC Augsburg	BL	16	2
19/20	VfB Stuttgart	2. BL	31	0
20/21	VfB Stuttgart	BL	33	0
21/22	Borussia Dortmund	BL		

KOHR, Dominik
31. 1. 1994, Trier/D
Mittelfeld, 1,83 m, 80 kg

2000-2008 TuS Issel, ab 2008 Bayer Leverkusen

11/12	Bayer Leverkusen	BL	2	0
12/13	Bayer Leverkusen	BL	4	0
	Bayer Leverkusen II	RL	27	2
13/14	Bayer Leverkusen	BL	2	0
	Bayer Leverkusen II	RL	6	0
Jan 14	FC Augsburg	BL	8	0
14/15	FC Augsburg	BL	26	1
15/16	FC Augsburg	BL	31	0
16/17	FC Augsburg	BL	26	2
17/18	Bayer Leverkusen	BL	28	1
18/19	Bayer Leverkusen	BL	18	0
19/20	Eintracht Frankfurt	BL	26	0
20/21	Eintracht Frankfurt	BL	7	0
Jan 21	1. FSV Mainz 05	BL	17	1
21/22	1. FSV Mainz 05	BL		

KONÉ, Kouadio
17. 5.2001, Colombes/FRA
Mittelfeld, 1,85 m, 80 kg

2007-2012 AS Villeneuve-la-Garenne, 2012-2015 Paris FC, 2015/16 AC Boulogne-Billancourt, ab 2016 FC Toulouse

18/19	FC Toulouse	FRA 1	1	0
19/20	FC Toulouse	FRA 1	13	0
20/21	FC Toulouse	FRA 2	36	3
21/22	Bor. Mönchengladbach	BL		

KÖRBER, Nils-Jonathan
13. 11. 1996, Berlin/D
Torwart, 1,87 m, 83 kg

Bis 2011 Tennis Borussia Berlin, seit 2011 Hertha BSC

14/15	Hertha BSC II	RL	5	0
15/16	Hertha BSC II	RL	19	0
16/17	Hertha BSC II	RL	15	0
17/18	Preußen Münster	3. L	20	0
18/19	VfL Osnabrück	3. L	34	0
19/20	VfL Osnabrück	2. BL	8	0
20/21	Hertha BSC II	RL	6	0
21/22	Hertha BSC	BL		

KOSSOUNOU, Odilon
4. 1. 2001, Abidjan/CIV
Abwehr, 1,90 m, 78 kg
Bis Januar 2019 ASEC Mimosas Abidjan

Jan 19	Hammarby IF	SWE 1	9	0
19/20	Club Brügge	BEL 1	7	0
20/21	Club Brügge	BEL 1	33	1
21/22	Bayer Leverkusen	BL		

6 A (kein Tor) für die Elfenbeinküste

KOSTIC, Filip
1. 11. 1992, Kragujevac/YUG
Mittelfeld, 1,84 m, 84 kg, SRB

09/10	Radnicki Kragujevac	SRB 3	4	0
10/11	Radnicki Kragujevac	SRB 2	30	2
11/12	Radnicki Kragujevac	SRB 1	27	3
12/13	FC Groningen	NED 1	5	0
13/14	FC Groningen	NED 1	34	9
14/15	FC Groningen	NED 1	0	0
Aug 14	VfB Stuttgart	BL	29	3
15/16	VfB Stuttgart	BL	30	5
16/17	Hamburger SV	BL	31	4
17/18	Hamburger SV	BL	30	5
18/19	Eintracht Frankfurt	BL	34	6
19/20	Eintracht Frankfurt	BL	33	4
20/21	Eintracht Frankfurt	BL	30	4
21/22	Eintracht Frankfurt	BL		

38 A (3 Tore) für Serbien

KOUBEK, Tomas
26. 8. 1992, Hradec Kralove/CZE
Torwart, 1,98 m, 95 kg

10/11	FC Hradec Kralove	CZE 1	2	0
11/12	FC Hradec Kralove	CZE 1	13	0
12/13	FC Hradec Kralove	CZE 1	20	0
13/14	FC Hradec Kralove	CZE 2	13	0
14/15	FC Hradec Kralove	CZE 1	26	0
15/16	Slovan Liberec	CZE 1	25	0
16/17	Sparta Prag	CZE 1	23	0
17/18	Sparta Prag	CZE 1	4	0
Aug 17	Stade Rennes	FRA 1	34	0
18/19	Stade Rennes	FRA 1	33	0
Aug 19	FC Augsburg	BL	24	0
20/21	FC Augsburg	BL	0	0
21/22	FC Augsburg	BL		

11 A (kein Tor) für Tschechien

KOZIELLO, Vincent
28. 10. 1995, Grasse/FRA
Mittelfeld, 1,68 m, 68 kg
2006-2013 AS Cannes

13/14	OGC Nizza II	FRA 4	16	1
14/15	OGC Nizza II	FRA 4	15	1
	OGC NIzza	FRA 1	7	0
15/16	OGC NIzza	FRA 1	35	3
16/17	OGC NIzza	FRA 1	27	1
	OGC Nizza II.	FRA 4	1	0
17/18	OGC NIzza	FRA 1	15	0
Jan 18	1. FC Köln	BL	12	1
18/19	1. FC Köln	2. BL	14	0
19/20	1. FC Köln II	RL	2	0
Jan20	Paris FC	FRA 2	6	0
20/21	Nacional Funchal	POR 1	14	0
21/22	1. FC Köln	BL		

KRAMARIC, Andrej
19. 6. 1991, Zagreb/CRO
Sturm, 1,77 m, 73 kg
Ab 1997 Dinamo Zagreb

08/09	Dinamo Zagreb	CRO 1	1	0
09/10	Dinamo Zagreb	CRO 1	24	7
10/11	Dinamo Zagreb	CRO 1	12	1
11/12	Dinamo Zagreb	CRO 1	1	0
Feb 12	Lokomotiva Zagreb	CRO 1	13	5
12/13	Lokomotiva Zagreb	CRO 1	32	15
13/14	Dinamo Zagreb	CRO 1	4	2
Aug 13	NK Rijeka	CRO 1	24	16
14/15	NK Rijeka	CRO 1	18	21
Jan 15	Leicester City	ENG 1	13	2
15/16	Leicester City	ENG 1	2	0
Jan 16	TSG Hoffenheim	BL	15	5
16/17	TSG Hoffenheim	BL	34	15
17/18	TSG Hoffenheim	BL	34	13
18/19	TSG Hoffenheim	BL	30	17
19/20	TSG Hoffenheim	BL	19	12
20/21	TSG Hoffenheim	BL	28	20
21/22	TSG Hoffenheim	BL		

58 A (14 Tore) für Kroatien

KRAMER, Christoph
19. 2. 1991, Solingen/D
Mittelfeld, 1,91 m, 76 kg
1995-1999 BV Gräfrath, 1999-2006 Bayer Leverkusen, 2006-2008 Fortuna Düsseldorf, ab 2008 Bayer Leverkusen

09/10	Bayer Leverkusen II	RL	1	0
10/11	Bayer Leverkusen II	RL	26	0
11/12	VfL Bochum	2. BL	32	1
12/13	VfL Bochum	2. BL	29	3
	VfL Bochum II	RL	1	0
13/14	Bor. Mönchengladbach	BL	33	3
14/15	Bor. Mönchengladbach	BL	30	2
15/16	Bayer Leverkusen	BL	28	0
16/17	Bor. Mönchengladbach	BL	24	0
17/18	Bor. Mönchengladbach	BL	27	3
18/19	Bor. Mönchengladbach	BL	18	2
19/20	Bor. Mönchengladbach	BL	22	0
20/21	Bor. Mönchengladbach	BL	28	0
21/22	Bor. Mönchengladbach	BL		

12 A (kein Tor) für Deutschland

KRATZER, Elias
8. 1. 2000, München/D
Abwehr, 1,78 m, 69 kg
Bis 2017 Bayern München, seit Januar 2018 SpVgg Greuther Fürth

20/21	SpVgg Greuther Fürth II	RL	14	1
21/22	SpVgg Greuther Fürth	BL		

KRÜGER, Florian
13. 2. 1999, Staßfurt/D
Sturm, 1,86 m, 83 kg
2003-2011 SV 09 Straßfurt, 2011-2015 1.FC Magdeburg, 2015-2018 FC Schalke 04

18/19	Erzgebirge Aue	2. BL	16	2
19/20	Erzgebirge Aue	2. BL	32	7
20/21	Erzgebirge Aue	2. BL	34	11
21/22	Arminia Bielefeld	BL		

KRUSE, Max
19. 3. 1988, Reinbek/D
Angriff, 1,80 m, 76 kg
1992-1998 TSV Reinbek, 1998-2006 SC Vier- und Marschlande

06/07	Werder Bremen II	RL	12	0
07/08	Werder Bremen	BL	1	0
	Werder Bremen II	RL	33	2
08/09	Werder Bremen II	3. L	21	5
09/10	FC St. Pauli	2. BL	29	7
	FC St. Pauli II	RL	1	0
10/11	FC St. Pauli	BL	33	2
	FC St. Pauli II	OL	1	0
11/12	FC St. Pauli	2. BL	34	13
12/13	SC Freiburg	BL	34	11
13/14	Bor. Mönchengladbach	BL	34	12
14/15	Bor. Mönchengladbach	BL	32	11
15/16	VfL Wolfsburg	BL	32	6
16/17	Werder Bremen	BL	23	15
17/18	Werder Bremen	BL	29	6
18/19	Werder Bremen	BL	32	11
19/20	Fenerbahce Istanbul	TUR 1	20	7
20/21	1. FC Union Berlin	BL	22	11
21/22	1. FC Union Berlin	BL		

14 A (4 Tore) für Deutschland

KÜBLER, Lukas
30. 8. 1992, Bonn/D
Abwehr, 1,81 m, 75 kg
Bis 2008 1. FC Köln, 2008/09 Sportfreunde Troisdorf

09/10	Bonner SC	RL	1	0
10/11	Bonner SC II	KL-B	3	0
11/12	1. FC Köln II	RL	27	0
12/13	1. FC Köln II	RL	27	0
	1. FC Köln	2. BL	1	0
13/14	SV Sandhausen	2. BL	2	0
	SV Sandhausen II	VL	3	0
14/15	SV Sandhausen	2. BL	32	0
15/16	SC Freiburg	2. BL	0	0
16/17	SC Freiburg	BL	16	0
	SC Freiburg II	OL	7	0
17/18	SC Freiburg	BL	15	0
18/19	SC Freiburg	BL	16	0
19/20	SC Freiburg	BL	5	0
	SC Freiburg II	RL	2	1
20/21	SC Freiburg	BL	19	0
	SC Freiburg II	RL	1	0
21/22	SC Freiburg	BL		

KUNZE, Fabian
14. 6. 1998, Bielefeld/D
Mittelfeld, 1,90 m, 76 kg
Bis 2014 VfL Theesen, 2014/15 FC Schalke 04

15/16	SV Rödinghausen	RL	8	0
16/17	SV Rödinghausen	RL	26	1
17/18	SV Rödinghausen	RL	30	2
18/19	SV Rödinghausen	RL	28	1
19/20	Arminia Bielefeld	2. BL	15	0
20/21	Arminia Bielefeld	BL	26	0
21/22	Arminia Bielefeld	BL		

LACROIX, Maxence
06. 4. 2000, Villeneuve-Saint-Georges/ FRA
Abwehr, 1,90 m, 88 kg
2012-2015 FC Trelissac, ab 2015 FC Sochaux

18/19	FC Sochaux	FRA 2	7	0
19/20	FC Sochaux	FRA 2	20	0
20/21	VfL Wolfsburg	BL	30	1
21/22	VfL Wolfsburg	BL		

LAIMER, Konrad
27. 5. 1997, Salzburg/AUT
Mittelfeld, 1,80 m, 72 kg
2002-2007 USC Abersee, ab 2007 RB Salzburg

13/14	FC Liefering	AUT 2	3	0
14/15	RB Salzburg	AUT 1	8	0
	FC Liefering	AUT 2	8	0
15/16	RB Salzburg	AUT 1	18	1
	FC Liefering	AUT 2	8	0
16/17	RB Salzburg	AUT 1	31	4
17/18	RB Leipzig	BL	22	0
18/19	RB Leipzig	BL	29	1
19/20	RB Leipzig	BL	29	2
20/21	RB Leipzig	BL	3	0
21/22	RB Leipzig	BL		

13 A (1 Tor) für Österreich

LAINER, Stefan
27. 8. 1992, Salzburg/AUT
Abwehr, 1,75 m, 73 kg
1998-2006 SC Seekirchen, ab 2006 RB Salzburg

09/10	RB Salzburg Am.	AUT 2	3	0
10/11	RB Salzburg Am.	AUT 3	25	2
11/12	SV Grödig	AUT 2	23	3
12/13	FC Liefering	AUT 3	28	2
13/14	FC Liefering	AUT 2	34	1
14/15	SV Ried	AUT 1	34	1
15/16	RB Salzburg	AUT 1	21	1
16/17	RB Salzburg	AUT 1	31	5
17/18	RB Salzburg	AUT 1	33	1
18/19	RB Salzburg	AUT 1	25	1
19/20	Bor. Mönchengladbach	BL	31	1
20/21	Bor. Mönchengladbach	BL	33	2
21/22	Bor. Mönchengladbach	BL		

33 A (2 Tore) für Österreich

LAMPROPOULOS, Vasilios
31. 3. 1990, Pyrgos/GRE
Abwehr, 1,85 m, 86 kg
2004-2006 AE Chalandriou, 2006-2008 Olympiakos Piräus

08/09	Apollon Kalamaria	GRE 2	22	1
09/10	Asteras Tripolis	GRE 1	9	0
10/11	Asteras Tripolis	GRE 1	1	0
Jan 11	GS Ilioupolis	GRE 2	14	2
11/12	Ethnikos Asteras	GRE 2	17	1
12/13	Panionios Athen	GRE 1	9	2
13/14	Panionios Athen	GRE 1	30	1
14/15	AEK Athen	GRE 2	17	2
15/16	AEK Athen	GRE1	19	0
16/17	AEK Athen	GRE1	23	2
17/18	AEK Athen	GRE1	19	0
18/19	AEK Athen	GRE1	8	0
19/20	Deportivo La Coruna	ESP 2	17	0

Jan 20	VfL Bochum	2. BL	10	0
20/21	VfL Bochum	2. BL	9	0
21/22	VfL Bochum	BL		

5 A (kein Tor) für Griechenland

LANG, Jannis

12. 7. 2002, Potsdam/ D
Abwehr, 1,88 m, 83 kg

Bis 2015 SG Geltow und Potsdamer Kickers, 2015-2017 Energie Cottbus, seit 2017 VfL Wolfsburg

20/21	VfL Wolfsburg II	RL	2	0
21/22	VfL Wolfsburg	BL		

LASME, Bryan

14. 11. 1998, Montauban/FRA
Sturm, 1,92 m, 85 kg

2006/07 JE Montalbanais, 2007-2014 FC Montauban, ab 2014 FC Sochaux

16/17	FC Sochaux	FRA 2	1	0
17/18	FC Sochaux	FRA 2	9	1
18/19	FC Sochaux	FRA 2	1	0
Aug 18	SO Cholet	FRA 3	16	0
19/20	FC Sochaux	FRA 2	15	3
20/21	FC Sochaux	FRA 2	32	9
21/22	Arminia Bielefeld	BL		

LAURSEN, Jacob

17. 11. 1994, Arden/DEN
Abwehr, 1,79 m, 74 kg

Bis 2012 Aalborg BK, 2012/13 Juventus Turin

13/14	Odense BK	DEN 1	6	0
14/15	Odense BK	DEN 1	0	0
15/16	Odense BK	DEN 1	12	0
16/17	Odense BK	DEN 1	21	0
17/18	Odense BK	DEN 1	19	2
18/19	Odense BK	DEN 1	30	5
19/20	Odense BK	DEN 1	26	1
20/21	Arminia Bielefeld	BL	16	0
21/22	Arminia Bielefeld	BL		

LEE, Jae-Sung

10. 8. 1992, Ulsan/KOR
Mittelfeld, 1,80 m, 70 kg

2010-2013 Korea University Seoul

2014	Jeonbuk Hyundai	KOR 1	26	4
2015	Jeonbuk Hyundai	KOR 1	34	7
2016	Jeonbuk Hyundai	KOR 1	32	3
2017	Jeonbuk Hyundai	KOR 1	28	8
2018	Jeonbuk Hyundai	KOR 1	17	4
18/19	Holstein Kiel	2. BL	29	5
19/20	Holstein Kiel	2. BL	31	9
20/21	Holstein Kiel	2. BL	33	5
21/22	1. FSV Mainz 05	BL		

53 A (8 Tore) für Südkorea

LEITSCH, Maxim

18. 5. 1998, Essen/D
Abwehr, 1,88 m, 78 kg

2003-2007 Essener SG, 2007/08 SG Wattenscheid 09, seit 2008 VfL Bochum

16/17	VfL Bochum	2. BL	2	0
17/18	VfL Bochum	2. BL	10	0
18/19	VfL Bochum	2. BL	8	0
19/20	VfL Bochum	2. BL	15	1
20/21	VfL Bochum	2. BL	33	0
21/22	VfL Bochum	BL		

LEMPERLE, Tim

5. 2. 2002, Frankfurt/D
Sturm, 1,87 m, 78 kg

Bis 2017 TuS Makkabi Frankfurt, 1. FSV Mainz 05, FSV Frankfurt, seit 2017 1. FC Köln

19/20	1. FC Köln	BL	1	0
20/21	1. FC Köln II	RL	27	10
21/22	1. FC Köln	BL		

LENZ, Christopher

22. 9. 1994, Berlin/D
Abwehr, 1,80 m, 81 kg

1998/99 Stern Marienfelde, 1999-2008 Hertha BSC, 2008/09 Tennis Borussia Berlin, ab 2009 Hertha BSC

11/12	Hertha BSC II	RL	4	0
12/13	Bor. Mönchengladbach II	RL	18	0
13/14	Bor. Mönchengladbach II	RL	29	4
14/15	Bor. Mönchengladbach II	RL	31	3
15/16	Bor. Mönchengladbach II	RL	31	1
16/17	1. FC Union Berlin	2. BL	1	0
Jan 17	Holstein Kiel	3. L	19	2
17/18	Holstein Kiel	2. BL	11	0
18/19	1. FC Union Berlin	2. BL	11	0
19/20	1. FC Union Berlin	BL	26	0
20/21	1. FC Union Berlin	BL	27	0
21/22	Eintracht Frankfurt	BL		

LEWANDOWSKI, Robert

21. 8. 1988, Warschau/POL
Sturm, 1,84 m, 80 kg

1996/97 Partyzant Leszno, 1997 bis Dezember 2004 Varsovia Warschau

Jan 05	Delta Warschau	POL 4	10	4
05/06	Legia Warschau II	POL 3	6	2
06/07	Znicz Pruszkow	POL 3	27	15
07/08	Znicz Pruszkow	POL 2	32	21
08/09	Lech Posen	POL 1	30	14
09/10	Lech Posen	POL 1	28	18
10/11	Borussia Dortmund	BL	33	8
11/12	Borussia Dortmund	BL	34	22
12/13	Borussia Dortmund	BL	31	24
13/14	Borussia Dortmund	BL	33	20
14/15	Bayern München	BL	31	17
15/16	Bayern München	BL	32	30
16/17	Bayern München	BL	33	30
17/18	Bayern München	BL	30	29
18/19	Bayern München	BL	33	22
19/20	Bayern München	BL	31	34
20/21	Bayern München	BL	29	41
21/22	Bayern München	BL		

122 A (69 Tore) für Polen

LEWELING, Jamie

26. 2. 2001, Nürnberg/D
Sturm, 1,84 m, 86 kg

2010-2012 1. SC Feucht, 2012-2017 1. FC Nürnberg, seit 2017 SpVgg Greuther Fürth

19/20	SpVgg Greuther Fürth	2. BL	22	3
20/21	SpVgg Greuther Fürth	2.BL	24	1
21/22	SpVgg Greuther Fürth	BL		

LIENHART, Philipp
11. 7. 1996, Lilienfeld/AUT
Abwehr, 1,89 m, 82 kg
2002-2007 SC Lilienfeld, ab 2007 Rapid Wien

12/13	Rapid Wien Am.	AUT 3	2	0
13/14	Rapid Wien Am.	AUT 3	22	0
14/15	Rapid Wien Am.	AUT 3	4	1
Aug 14	Real Madrid C	ESP 4	3	0
15/16	Real Madrid B	ESP 3	24	1
16/17	Real Madrid B	ESP 3	26	0
17/18	SC Freiburg	BL	11	0
18/19	SC Freiburg	BL	14	0
19/20	SC Freiburg	BL	22	0
20/21	SC Freiburg	BL	34	4
21/22	SC Freiburg	BL		

6 A (kein Tor) für Österreich

LIMNIOS, Dimitrios
27. 5.1998, Volos/GRE
Mittelfeld, 1,80 m, 71 kg
2002-2012 Niki Volou, ab 2012 Atromitos Athen

14/15	Atromitos Athen	GRE 1	1	0
15/16	Atromitos Athen	GRE 1	8	0
16/17	Atromitos Athen	GRE	25	1
17/18	PAOK Saloniki	GRE 1	21	0
18/19	PAOK Saloniki	GRE 1	20	1
19/20	PAOK Saloniki	GRE 1	35	4
Sep 20	1. FC Köln	BL	12	0
21/22	1. FC Köln	BL		

16 A (2 Tore) für Griechenland

LINDSTRÖM, Jesper
29. 2. 2000, Taastrup/DEN
Mittelfeld, 1,82 m, 66 kg
Bis 2009 Taastrup B70, 2009-2012 Vallensbaek IF, ab 2012 Bröndby IF

19/20	Bröndby IF	DEN 1	28	3
20/21	Bröndby IF	DEN 1	29	10
21/22	Eintracht Frankfurt	BL		

1 A (kein Tor) für Dänemark

LINNER, Oscar
23. 2. 1997, Stockholm/SWE
Torwart, 1,99 m, 82 kg
Bis 2014 IF Brommapojkarna und FC Café Opera Djursholm

2015	AIK Solna	SWE 1	2	0
2016	AIK Solna	SWE 1	2	0
2017	AIK Solna	SWE 1	29	0
2018	AIK Solna	SWE 1	21	0
2019	AIK Solna	SWE 1	27	0
Jan 20	Arminia Bielefeld	2. BL	0	0
21/22	Arminia Bielefeld	BL		

1 A (kein Tor) für Schweden

LJUBICIC, Dejan
08.10. 1997, Wien/AUT
Mittelfeld, 1,87 m, 74 kg
2004-2006 Favoritner AC, ab 2006 Rapid Wien

15/16	Rapid Wien II	AUT 3	20	0
16/17	Rapid Wien II	AUT 3	25	3
17/18	1. Wr. Neustädter SC	AUT 2	7	0
Aug 17	Rapid Wien	AUT 1	28	3
18/19	Rapid Wien	AUT 1	27	1
19/20	Rapid Wien	AUT 1	22	2
20/21	Rapid Wien	AUT 1	24	0
21/22	1. FC Köln	BL		

LOMB, Niklas
28. 7. 1993, Köln/D
Torwart, 1,86 m, 83 kg
Bis 2008 SC West Köln, ab 2008 Bayer Leverkusen

12/13	Bayer Leverkusen II	RL	34	0
13/14	Bayer Leverkusen II	RL	28	0
14/15	Bayer Leverkusen	BL	0	0
Jan 15	Hallescher FC	3. L	13	0
15/16	Preußen Münster	3. L	37	0
16/17	Bayer Leverkusen	BL	0	0
17/18	Bayer Leverkusen	BL	0	0
18/19	SV Sandhausen	2. BL	12	0
19/20	Bayer Leverkusen	BL	0	0
20/21	Bayer Leverkusen	BL	2	0
21/22	Bayer Leverkusen	BL		

LOOKMAN, Ademola
20. 10. 1997, Wandsworth/ENG
Sturm, 1,74 m, 71 kg
2008-2014 FC Waterloo, ab 2014 Charlton Athletic

15/16	Charlton Athletic	ENG 2	24	5
16/17	Charlton Athletic	ENG 2	21	5
Jan 17	FC Everton	ENG 1	8	1
17/18	FC Everton	ENG 1	7	0
Jan 18	RB Leipzig	BL	11	5
18/19	FC Everton	ENG 1	21	0
19/20	RB Leipzig	BL	11	0
20/21	FC Fulham	ENG 1	34	4
21/22	RB Leipzig	BL		

LOSILLA, Anthony
10. 3. 1986, Firminy/FRA
Mittelfeld, 1,85 m, 78 kg
1992/93 FC Pont Salomon. 1993/94 Olympique Firminy, 1994-2006 AS Saint-Etienne

06/07	AS Cannes	FRA 3	37	0
07/08	AS Cannes	FRA 3	35	2
08/09	Paris FC	FRA 3	36	3
09/10	Paris FC	FRA 3	34	4
10/11	Stade Laval	FRA 2	34	2
11/12	Stade Laval	FRA 2	36	2
12/13	Dynamo Dresden	2. BL	31	3
13/14	Dynamo Dresden	2. BL	34	0
14/15	VfL Bochum	2. BL	33	1
15/16	VfL Bochum	2. BL	32	1
16/17	VfL Bochum	2. BL	30	2
17/18	VfL Bochum	2. BL	31	0
18/19	VfL Bochum	2. BL	32	2
19/20	VfL Bochum	2. BL	33	5
20/21	VfL Bochum	2. BL	32	4
21/22	VfL Bochum	BL		

LOTKA, Marcel
25. 5. 2001, Duisburg/D
Torwart, 1,91 m, 85 kg
Bis 2014 MSV Duisburg, 2014/15 FC Schalke 04, 2017-2020 Bayer Leverkusen

20/21	Hertha BSC II	RL	3	0
21/22	Hertha BSC	BL		

LÖWEN, Eduard
28. 1. 1997, Idar-Oberstein/D
Mittelfeld, 1,88 m, 91 kg

Bis 2008 SV Hollenbach, 2008-2015 1. FC Kaiserslautern, 2015/16 1. FC Saarbrücken

16/17	1. FC Nürnberg	2. BL	11	0
	1. FC Nürnberg II	RL	14	0
17/18	1. FC Nürnberg	2. BL	32	5
18/19	1. FC Nürnberg	BL	22	3
19/20	Hertha BSC	BL	7	0
	Hertha BSC II	RL	1	0
Jan20	FC Augsburg	BL	16	2
Okt 20	Hertha BSC	BL	7	0
21/22	VfL Bochum	BL		

LUCOQUI, Anderson
6. 7. 1997, Zweibrücken/D
Abwehr, 1,80 m, 79 kg D/AGO

Bis 2004 SSV Lützenkirchen, 2004-2011 Bayer Leverkusen, 2011-2014 1. FC Köln

16/17	Fortuna Düsseldorf	2. BL	3	0
	Fortuna Düsseldorf II	RL	20	0
17/18	Fortuna Düsseldorf II	RL	22	1
18/19	Arminia Bielefeld	2. BL	17	0
19/20	Arminia Bielefeld	2. BL	4	0
20/21	Arminia Bielefeld	BL	21	0
21/22	1. FSV Mainz 05	BL		

1 A (kein Tor) für Angola

LUKEBAKIO, Dodi
Dodi Lukebakio Ngandoli
24. 9. 1997, Asse/BEL
Angriff, 1,87 m, 74 kg, COD/BEL

Bis 2011 FC Asse-Zellik und FC Brüssel, ab 2011 RSC Anderlecht

15/16	RSC Anderlecht	BEL 1	17	1
16/17	RSC Anderlecht	BEL 1	0	0
Aug 16	FC Toulouse	FRA 1	5	0
	FC Toulouse II	FRA 4	6	3
17/18	RSC Charleroi	BEL 1	19	3
Jan 18	FC Watford	ENG 1	1	0
18/19	Fortuna Düsseldorf	BL	31	10
19/20	Hertha BSC	BL	30	7
20/21	Hertha BSC	BL	29	5
21/22	Hertha BSC	BL		

1 A (kein Tor) für DR Kongo
1 A (kein Tor) für Belgien

LUNEV, Andrey
13. 11. 1991, Moskau/RUS
Torwart, 1,93 m, 80 kg

Bis 2011 Topedo Moskau

Jan 12	FK Istra	RUS 3	9	0
12/13	Torpedo Moskau	RUS 2	2	0
13/14	FK Kaluga	RUS 3	28	0
14/15	Saturn Ramenskoje	RUS 3	4	0
15/16	FK Ufa	RUS 1	0	0
16/17	FK Ufa	RUS 1	10	0
Jan 17	Zenit St. Petersburg	RUS 1	10	0
17/18	Zenit St. Petersburg	RUS 1	20	0
18/19	Zenit St. Petersburg	RUS 1	29	0
19/20	Zenit St. Petersburg	RUS 1	19	0
20/21	Zenit St. Petersburg	RUS 1	12	0
21/22	Bayer Leverkusen	BL		

7 A (kein Tor) für Russland

LUTHE, Andreas
10. 3. 1987, Velbert/D
Torwart, 1,95 m, 85 kg

1994-1997 SuS Niederbonsfeld, 1997-2001 Borussia Velbert, ab 2001 VfL Bochum

05/06	VfL Bochum II	OL	2	0
06/07	VfL Bochum II	OL	34	0
07/08	VfL Bochum II	OL	8	0
08/09	VfL Bochum II	RL	21	0
09/10	VfL Bochum	BL	3	0
	VfL Bochum II	RL	9	0
10/11	VfL Bochum	2. BL	30	0
	VfL Bochum II	RL	1	0
11/12	VfL Bochum	2. BL	33	0
12/13	VfL Bochum	2. BL	25	0
13/14	VfL Bochum	2. BL	32	0
14/15	VfL Bochum	2. BL	18	0
	VfL Bochum II	RL	1	0
15/16	VfL Bochum	2. BL	16	0
16/17	FC Augsburg	BL	2	0
	FC Augsburg II	RL	1	0
17/18	FC Augsburg	BL	2	0
18/19	FC Augsburg	BL	15	0
19/20	FC Augsburg	BL	10	0
20/21	1. FC Union Berlin	BL	31	0
21/22	1. FC Union Berlin	BL		

MACK, Luca
25. 5. 2000, Bietigheim-Bissingen/D
Mittelfeld, 1,86 m, 80 kg

Bis 2012 FV Löchgau, seit 2012 VfB Stuttgart

18/19	VfB Stuttgart II	RL	2	0
19/20	VfB Stuttgart	2. BL	1	0
20/21	VfB Stuttgart	BL	1	0
	VfB Stuttgart II	RL	18	0
21/22	VfB Stuttgart	BL		

MAIER, Arne
8. 1. 1999, Ludwigsfelde/D
Mittelfeld, 1,86 m, 82 kg

Bis 2007 Ludwigsfelder FC, seit 2007 Hertha BSC

16/17	Hertha BSC	BL	1	0
	Hertha BSC II	RL	3	0
17/18	Hertha BSC	BL	17	0
	Hertha BSC II	RL	5	0
18/19	Hertha BSC	BL	24	0
19/20	Hertha BSC	BL	14	0
	Hertha BSC II	RL	1	0
20/21	Hertha BSC	BL	2	0
Okt20	Arminia Bielefeld	BL	16	0
21/22	Hertha BSC	BL		

MALEN, Donyell
19. 1. 1999, Wieringen/NED
Sturm, 1,76 m, 68 kg

2004/05 VV Success Hippolytshoef, 2005-2008 HVV Hollandia Hoorn, 2008-2015 Ajax Amsterdam, 2015 bis August 2017 FC Arsenal

17/18	PSV Eindhoven	NED 1	4	0
	PSV Eindhoven II	NED 2	22	13
18/19	PSV Eindhoven	NED 1	31	10
19/20	PSV Eindhoven	NED 1	14	11
20/21	PSV Eindhoven	NED 1	32	19
21/22	Borussia Dortmund	BL		

13 A (2 Tore) für die Niederlande

MALONE, Maurice

17. 8. 2000, Augsburg/D

Sturm, 1,84 m, 86 kg, D/USA

18/19	FC Augsburg II	RL	5	4
19/20	FC Augsburg II	RL	18	9
20/21	SV Wehen Wiesbaden	3. L	25	12
21/22	FC Augsburg	BL		

MANGALA, Orel

18. 3. 1998, Brüssel/BEL

Mittelfeld, 1,78 m, 82 kg

Bis 2016 RSC Anderlecht, 2016/17 Borussia Dortmund

17/18	VfB Stuttgart	BL	20	0
	VfB Stuttgart II	RL	1	0
18/19	Hamburger SV	2. BL	29	0
19/20	VfB Stuttgart	2. BL	29	1
20/21	VfB Stuttgart	BL	24	1
21/22	VfB Stuttgart	BL		

MARMOUSH, Omar

7. 2. 1999, Kairo/EGY

Sturm, 1,77 m, 73 kg

15/16	Wadi Degla SC Kairo	EGY 1	1	0
16/17	Wadi Degla SC Kairo	EGY 1	9	2
17/18	VfL Woflsburg II	RL	14	1
18/19	VfL Woflsburg II	RL	5	0
19/20	VfL Woflsburg	BL	5	0
	VfL Woflsburg II	RL	15	9
20/21	VfL Wolfsburg	BL	1	0
	VfL Wolfsburg II	RL	2	1
Jan 21	FC St. Pauli	2. BL	21	7
21/22	VfL Wolfsburg	BL		

MARTINEZ, Josep

Josep Martinez Riera

27. 05. 1998, Alzira/ESP

Torwart, 1,91 m, 78 kg

Bis 2015 UD Alzira, 2015-2017 FC Barcelona

17/18	UD Las Palmas II	ESP 3	25	0
18/19	UD Las Palmas	ESP 2	7	0
	UD Las Palmas II	ESP 3	30	0
19/20	UD Las Palmas	ESP 2	21	0
20/21	RB Leipzig	BL	1	0
21/22	RB Leipzig	BL		

1 A (kein Tor) für Spanien

MASOVIC, Erhan

22. 11. 1998, Novi Pazar/SRB

Abwehr, 1,89 m, 82 kg

15/16	FK Cukaricki Belgrad	SRB 1	11	0
16/17	FK Cukaricki Belgrad	SRB 1	23	0
17/18	Club Brugge	BEL 1	0	0
18/19	AS Trencín	SVK 1	14	0
19/20	AC Horsens	DEN 2	18	0
20/21	Club Brugge B	BEL 2	1	0
Okt 20	VfL Bochum	2. BL	8	0
21/22	VfL Bochum	BL		

MASSIMO, Roberto

12. 10. 2000, Accra/GHA

Mittelfeld, 1,82 m, 79 kg, D

Bis 2014 SV Lippstadt 08, ab 2014 Arminia Bielefeld

17/18	Arminia Bielefeld	2. BL	7	0
18/19	Arminia Bielefeld	2. BL	4	1
19/20	VfB Stuttgart	2. BL	11	0
	VfB Stuttgart II	OL	7	1
20/21	VfB Stuttgart	BL	18	0
20/21	VfB Stuttgart II	RL	1	0
17/18	Arminia Bielefeld	2. BL	7	0
18/19	Arminia Bielefeld	2. BL	4	1
19/20	VfB Stuttgart	2. BL	11	0
	VfB Stuttgart II	OL	7	1
20/21	VfB Stuttgart	BL	18	0
	VfB Stuttgart II	RL	1	0
21/22	VfB Stuttgart	BL		

MATHEUS CUNHA

Matheus Santos Carneiro da Cunha

27. 5. 1999, Joao Pessoa/BRA

Sturm, 1,83 m, 76 kg

Bis Juni 2017 Coritiba FC

17/18	FC Sion	SUI 1	29	10
	FC Sion II	SUI 3	1	0
18/19	RB Leipzig	BL	25	2
19/20	RB Leipzig	BL	10	0
Jan 20	Hertha BSC	BL	11	5
20/21	Hertha BSC	BL	27	7
21/22	Hertha BSC	BL		

MAVROPANOS, Konstantinos

11. 12. 1997, Athen/GRE

Abwehr, 1,94 m, 89 kg

2008-2016 Apollon Smyrnis

Jan 16	PAS Ioannina	GRE 2	2	0
17/18	PAS Ioannina	GRE 2	14	3
Jan 18	FC Arsenal	ENG 1	3	0
18/19	FC Arsenal	ENG 1	4	0
19/20	FC Arsenal	ENG 1	0	0
Jan 20	1. FC Nürnberg	2. BL	11	0
20/21	VfB Stuttgart	BL	21	0
21/22	VfB Stuttgart	BL		

2 A (kein Tor) für Griechenland

MBABU, Kevin

19. 4. 1995, Chene-Bougeries/SUI

Abwehr, 1,84 m, 83 kg

12/13	Servette Genf	SUI 1	1	0
	Servette Genf II	SUI 5	1	1
Jan 13	Newcastle United	ENG 1	0	0
13/14	Newcastle United	ENG 1	0	0
14/15	Newcastle United	ENG 1	0	0
Feb 15	Glasgow Rangers	SCO 2	0	0
15/16	Newcastle United	ENG 1	3	0
16/17	Newcastle United	ENG 2	0	0
Aug 16	Young Boys Bern	SUI 1	21	1
	Young Boys Bern II	SUI 4	3	0
17/18	Young Boys Bern	SUI 1	32	2
18/19	Young Boys Bern	SUI 1	24	0
19/20	VfL Wolfsburg	BL	20	3
20/21	VfL Wolfsburg	BL	22	0
21/22	VfL Wolfsburg	BL		

17 A (kein Tor) für die Schweiz

MEHMEDI, Admir
16. 3. 1991, Gostivar/YUG
Mittelfeld, 1,83 m, 78 kg, SUI/MKD
Bis 2000 AC Bellinzona, 2000-2006 FC Winterthur, ab 2006 FC Zürich

07/08	FC Zürich II	SUI 3	20	2
08/09	FC Zürich	SUI 1	11	2
	FC Zürich II	SUI 3	7	1
09/10	FC Zürich	SUI 1	22	3
	FC Zürich II	SUI 3	4	4
10/11	FC Zürich	SUI 1	33	10
	FC Zürich II	SUI 3	2	3
11/12	FC Zürich	SUI 1	18	4
Jan 12	Dynamo Kiew	UKR 1	9	1
12/13	Dynamo Kiew	UKR 1	16	0
13/14	SC Freiburg	BL	32	12
14/15	SC Freiburg	BL	28	4
15/16	Bayer Leverkusen	BL	28	2
16/17	Bayer Leverkusen	BL	22	3
17/18	Bayer Leverkusen	BL	12	2
Jan 18	VfL Wolfsburg	BL	5	1
18/19	VfL Wolfsburg	BL	26	6
19/20	VfL Wolfsburg	BL	21	2
20/21	VfL Wolfsburg	BL	18	0
21/22	VfL Wolfsburg	BL		

76 A (10 Tore) für die Schweiz

MEIER, Jonathan
11. 11. 1999, München/D
Abwehr, 1,81 m, 75 kg
Bis 2012 TSV München 1860, ab 2012 Bayern München

18/19	Bayern München II	RL	19	0
19/20	1. FSV Mainz 05 II	RL	11	0
20/21	Dynamo Dresden	3. L	28	0
21/22	1. FSV Mainz 05	BL		

MEUNIER, Thomas
12. 9. 1991, Sainte Ode/BEL
Abwehr, 1,90 m, 88 kg
1996-2002 RUS Sainte-Ode, 2002-2004 RUS Givry, 2004-2006 Standard Lüttich, ab 2006 Royal Excelsior Virton

08/09	Royal Excelsior Virton	BEL 2	5	0
09/10	Royal Excelsior Virton	BEL 2	0	0
10/11	Royal Excelsior Virton	BEL 2	0	0
11/12	Club Brügge	BEL 1	35	3
12/13	Club Brügge	BEL 1	21	4
13/14	Club Brügge	BEL 1	32	3
14/15	Club Brügge	BEL 1	30	2
15/16	Club Brügge	BEL 1	31	3
16/17	Paris Saint-Germain	FRA 1	22	1
17/18	Paris Saint-Germain	FRA 1	24	4
18/19	Paris Saint-Germain	FRA 1	22	3
19/20	Paris Saint-Germain	FRA 1	16	0
20/21	Borussia Dortmund	BL	21	1
21/22	Borussia Dortmund	BL		

52 A (8 Tore) für Belgien

MEYER, Jordan
26. 3. 2002, Stuttgart/
Mittelfeld, 1,81 m, 73 kg
Bis 2014 FSV Waiblingen, seit 2014 VfB Stuttgart

20/21	VfB Stuttgart II	RL	3	0
21/22	VfB Stuttgart	BL		

MEYERHÖFER, Marco
18. 11. 1995, Bad Homburg/D
Abwehr, 1,79 m, 72 kg
2001-2006 FSG Burg-Gräfenrode, 2006-2014 Eintracht Frankfurt

14/15	1. FC Saarbrücken	RL	17	0
15/16	1. FC Saarbrücken	RL	23	2
16/17	1. FC Saarbrücken	RL	6	0
17/18	Waldhof Mannheim	RL	34	0
18/19	Waldhof Mannheim	RL	31	3
19/20	SpVgg Greuther Fürth	2. BL	20	0
20/21	SpVgg Greuther Fürth	2. BL	33	0
21/22	SpVgg Greuther Fürth	BL		

MICHELBRINK, Jonas
23. 6. 2001, Hannover/D
Mittelfeld, 1,81 m, 68 kg
Bis 2014 FSV Berolina Stralau, seit 2014 Hertha BSC

20/21	Hertha BSC	BL	2	0
	Hertha BSC	RL	11	1
21/22	Hertha BSC	BL		

MITTELSTÄDT, Maximilian
18. 3. 1997, Berlin/D
Abwehr, 1,80 m, 71 kg
Bis 2012 SC Staaken und Hertha Zehlendorf, seit 2012 Hertha BSC

15/16	Hertha BSC II	RL	10	2
	Hertha BSC	BL	3	0
16/17	Hertha BSC	BL	12	0
	Hertha BSC II	RL	7	0
17/18	Hertha BSC	BL	11	0
	Hertha BSC II	RL	6	1
18/19	Hertha BSC	BL	25	1
	Hertha BSC II	RL	1	0
19/20	Hertha BSC	BL	26	1
20/21	Hertha BSC	BL	27	0
21/22	Hertha BSC	BL		

MODESTE, Anthony
14. 4. 1988, Cannes/FRA
Sturm, 1,87 m, 84 kg
1994-2003 ES Frejus, ab 2003 OGC Nizza

05/06	OGC Nizza II	FRA 4	3	2
06/07	OGC Nizza II	FRA 4	24	8
07/08	OGC Nizza	FRA 1	20	1
	OGC Nizza II	FRA 4	10	10
08/09	OGC Nizza	FRA 1	22	2
09/10	SCO Angers	FRA 2	37	20
10/11	Girondins Bordeaux	FRA 1	37	10
11/12	Girondins Bordeaux	FRA 1	15	3
	Girondins Bordeaux II	FRA 4	1	0
Jan 12	Blackburn Rovers	ENG 1	9	0
12/13	SC Bastia	FRA 1	36	15
13/14	TSG Hoffenheim	BL	29	12

14/15	TSG Hoffenheim	BL	26	7
15/16	1. FC Köln	BL	34	15
16/17	1. FC Köln	BL	34	25
2017	Tianjin Quanjian	CHN 1	8	7
2018	Tianjin Quanjian	CHN 1	12	4
Nov 18	1. FC Köln	2. BL	10	6
19/20	1. FC Köln	BL	27	4
20/21	1. FC Köln	BL	8	0
Feb 21	AS Saint-Etienne	FRA 1	7	0
21/22	1. FC Köln	BL		

MOLA, Clinton

15. 3. 2001, Camden/ENG
Mittelfeld, 1,84 m, 80 kg
2014-2020 FC Chelsea

Jan 20	VfB Stuttgart	2. BL	8	0
20/21	VfB Stuttgart	BL	0	0
21/22	VfB Stuttgart	BL		

MORAVEK, Jan

1. 11. 1989, Prag/CSV
Mittelfeld, 1,80 m, 77 kg, CZE
Ab 1995 Bohemians Prag

06/07	Bohemians Prag	CZE 2	1	1
07/08	Bohemians Prag	CZE 1	16	3
08/09	Bohemians Prag	CZE 2	25	8
09/10	FC Schalke 04	BL	7	2
10/11	1. FC Kaiserslautern	BL	29	5
11/12	FC Schalke 04	BL	6	0
	FC Schalke 04 II	RL	1	0
Jan 12	FC Augsburg	BL	3	0
12/13	FC Augsburg	BL	21	1
13/14	FC Augsburg	BL	16	0
14/15	FC Augsburg	BL	0	0
15/16	FC Augsburg	BL	11	1
	FC Augsburg II	RL	2	2
16/17	FC Augsburg	BL	13	0
17/18	FC Augsburg	BL	16	0
18/19	FC Augsburg	BL	13	0
19/20	FC Augsburg	BL	11	0
20/21	FC Augsburg	BL	5	0
21/22	FC Augsburg	BL		

3 A (kein Tor) für Tschechien

MOREY, Mateu

2. 3. 2000, Petra/ESP
Abwehr, 1,72 m, 67 kg
Bis 2015 RCD Mallorca, 2015-2019 FC Barcelona

19/20	Borussia Dortmund	BL	5	0
	Borussia Dortmund II	RL	11	0
20/21	Borussia Dortmund	BL	13	0
21/22	Borussia Dortmund	BL		

MOUKOKO, Youssoufa

20. 11. 2004, Yaounde/CMR
Sturm, 1,75 m, 72 kg, D
2014-2016 FC St. Pauli, seit 2016 Borussia Dortmund

20/21	Borussia Dortmund	BL	14	3
21/22	Borussia Dortmund	BL		

MÜLLER, Florian

13. 11. 1997, Saarlouis/D
Torwart, 1,90 m, 88 kg
2001-2010 FV Lebach, 2010-2013 1. FC Saarbrücken, seit 2013 1. FSV Mainz 05

15/16	1. FSV Mainz 05 II	3. L	2	10
16/17	1. FSV Mainz 05 II	3. L	18	0
17/18	1. FSV Mainz 05	BL	5	0
	1. FSV Mainz 05 II	RL	8	0
18/19	1. FSV Mainz 05	BL	24	0
19/20	1. FSV Mainz 05	BL	13	0
	1. FSV Mainz 05 II	RL	1	0
20/21	SC Freiburg	BL	31	0
21/22	VfB Stuttgart	BL		

MÜLLER, Sebastian

23. 1. 2001, Schwalmstadt/D
Sturm, 1,80 m, 76 kg
Bis 2016 TSG Wieseck, 2016-2020 1. FC Köln, seit Januar 2020 Arminia Bielefeld

20/21	Arminia Bielefeld	BL	2	0
Feb 21	VfL Osnabrück	2. BL	8	0
21/22	Arminia Bielefeld	BL		

MÜLLER, Thomas

13. 9. 1989, Weilheim/D
Mittelfeld, 1,86 m, 76 kg
Bis 2000 TSV Pähl, seit 2000 Bayern München

07/08	Bayern München II	RL	3	1
08/09	Bayern München	BL	4	0
	Bayern München II	3. L	32	15
09/10	Bayern München	BL	34	13
10/11	Bayern München	BL	34	12
11/12	Bayern München	BL	34	7
12/13	Bayern München	BL	28	13
13/14	Bayern München	BL	31	13
14/15	Bayern München	BL	32	13
15/16	Bayern München	BL	31	20
16/17	Bayern München	BL	29	5
17/18	Bayern München	BL	29	8
18/19	Bayern München	BL	32	6
19/20	Bayern München	BL	33	8
20/21	Bayern München	BL	32	11
21/22	Bayern München	BL		

106 A (39 Tore) für Deutschland

MÜSEL, Torben

25. 7.1999, Grünstadt/D
Mittelfeld, 1,85 m, 76 kg
Bis 2006 SV Obersülzen, ab 2006 1. FC Kaiserslautern

17/18	1. FC Kaiserslautern	2. BL	9	0
18/19	Bor. Mönchengladbach II	RL	30	8
19/20	Bor. Mönchengladbach	BL	1	0
	Bor. Mönchengladbach II	RL	1	0
20/21	Bor. Mönchengladbach II	RL	1	0
21/22	Bor. Mönchengladbach	BL		

MUKIELE, Nordi

1. 11. 1997, Montreuil/FRA
Abwehr, 1,87 m, 84 kg
2004-2013 Paris FC, ab 2013 Stade Laval

14/15	Stade Laval	FRA 2	2	0
	Stade Laval II	FRA 5	14	1
15/16	Stade Laval	FRA 2	15	2
	Stade Laval II	FRA 5	9	0

16/17	Stade Laval	FRA 2	17	0
	Stade Laval II	FRA 5	1	0
Jan 17	Montpellier HSC	FRA 1	17	0
17/18	Montpellier HSC	FRA 1	33	0
	Montpellier HSC II	FRA 5	1	0
18/19	RB Leipzig	BL	19	1
19/20	RB Leipzig	BL	25	3
20/21	RB Leipzig	BL	28	3
21/22	RB Leipzig	BL		

MUSIALA, Jamal

26. 2. 2003, Stuttgart/D

Mittelfeld, 1,81 m, 65 kg ENG/D

Bis 2011 TSV Lehnerz und FC Southampton, 2011-2019 FC Chelsea

19/20	Bayern München	BL	1	0
	Bayern München II	3. L	8	2
20/21	Bayern München	BL	26	6
	Bayern München II	3. L	2	0
21/22	Bayern München	BL		

5 A (kein Tor) für Deutschland

NARTEY, Nikolas

22. 2. 2000, Bagsvaerd/DEN

Mittelfeld, 1,85 m, 81 kg

2008-2013 Akademisk BK, 2013 bis Dezember 2016 FC Kopenhagen

Jan 17	1. FC Köln II	RL	4	0
17/18	1. FC Köln	BL	1	
	1. FC Köln II	RL	4	0
18/19	1. FC Köln	2. BL	1	0
	1. FC Köln II	RL	17	3
19/20	1. FC Köln II	RL	2	0
Aug 19	Hansa Rostock	3. L	19	1
20/21	SV Sandhausen	2. BL	24	0
21/22	VfB Stuttgart	BL		

NDICKA, Evan

20. 8. 1999, Paris/FRA

Abwehr, 1,92 m, 82 kg

2006-2009 FCA Paris 19eme, 2009-2012 Solitaires Paris-Est, ab 2012 AJ Auxerre

16/17	AJ Auxerre II	FRA 4	16	0
	AJ Auxerre	FRA 2	2	0
17/18	AJ Auxerre	FRA 2	12	0
	AJ Auxerre II	FRA 5	5	0
18/19	Eintracht Frankfurt	BL	27	1
19/20	Eintracht Frankfurt	BL	22	1
20/21	Eintracht Frankfurt	BL	23	3
21/22	Eintracht Frankfurt	BL		

NEBEL, Paul

10. 10. 2002, Bad Nauheim/D

Mittelfeld, 1,69 m, 66 kg

Bis 2012 Germania Nieder-Mockstadt, 2012/13 KSV Klein-Karben, 2014-2016 Kickers Offenbach, seit 2016 1. FSV Mainz 05

20/21	1. FSV Mainz 05	BL	4	0
	1. FSV Mainz 05 II	RL	21	4
21/22	1. FSV Mainz 05	BL		

NEMETH, David

18. 3. 2001, Eisenstadt/AUT

Abwehr, 1,91 m, 89 kg

Bis 2015 UFC St. Georgen, 2015-2018 AKA Burgenland

18/19	SV Mattersburg Am.	AUT 3	10	0
	SV Mattersburg	AUT 1	1	0
19/20	SV Mattersburg Am.	AUT 3	13	0
	SV Mattersburg	AUT 1	12	0
20/21	1. FSV Mainz 05 II	RL	2	0
Okt 20	Sturm Graz	AUT 1	28	2
21/22	1. FSV Mainz 05	BL		

NETZ, Luca

15. 5. 2003, Buch/D

Abwehr, 1,80 m, 74 kg

Bis 2010 FSV Bernau, seit 2010 Hertha BSC

20/21	Hertha BSC	BL	11	1
	Hertha BSC II	RL	4	0
21/22	Hertha BSC	BL		

NEUER, Manuel

27. 3. 1986, Gelsenkirchen/D

Torwart, 1,93 m, 92 kg

Ab März 1991 FC Schalke 04

03/04	FC Schalke 04 Am.	RL	1	0
04/05	FC Schalke 04 Am.	OL	1	0
05/06	FC Schalke 04 II	OL	20	0
06/07	FC Schalke 04	BL	27	0
	FC Schalke 04 II	OL	3	0
07/08	FC Schalke 04	BL	34	0
08/09	FC Schalke 04	BL	27	0
	FC Schalke 04 II	RL	1	0
09/10	FC Schalke 04	BL	34	0
10/11	FC Schalke 04	BL	34	0
11/12	Bayern München	BL	33	0
12/13	Bayern München	BL	31	0
13/14	Bayern München	BL	31	0
14/15	Bayern München	BL	32	0
15/16	Bayern München	BL	34	0
16/17	Bayern München	BL	26	0
17/18	Bayern München	BL	3	0
18/19	Bayern München	BL	26	0
19/20	Bayern München	BL	33	0
20/21	Bayern München	BL	33	0
21/22	Bayern München	BL		

104 A (kein Tor) für Deutschland

NEUHAUS, Florian

16. 3. 1997, Landsberg am Lech/D

Mittelfeld, 1,83 m, 74 kg

Bis 2007 VfL Kaufering, ab 2007 TSV München 1860

16/17	TSV München 1860	2. BL	12	0
	TSV München 1860 II	RL	6	1
17/18	Fortuna Düsseldorf	2. BL	27	6
18/19	Bor. Mönchengladbach	BL	32	3
19/20	Bor. Mönchengladbach	BL	30	4
20/21	Bor. Mönchengladbach	BL	33	6
21/22	Bor. Mönchengladbach	BL		

6 A (2 Tore) für Deutschland

NGANKAM, Jessic

20. 7. 2000, Berlin/D
Sturm, 1,84 m, 84 kg, D/CMR
Bis 2006 Reinickendorfer Füchse, seit 2006 Hertha BSC

19/20	Hertha BSC	BL	4	0
	Hertha BSC II	RL	22	11
20/21	Hertha BSC	BL	15	2
	Hertha BSC II	RL	3	1
21/22	SpVgg Greuther Fürth	BL		

NIAKHATÉ, Moussa

08. 3. 1996, Roubaix/FRA
Abwehr, 1,90 m, 82 kg
2002-04 AMCS Comines, 2004-2011 Lille OSC, 2011/12 ES Wasquehal, 2012/13 US Boulogne

13/14	FC Valenciennes B	FRA 5	13	0
14/15	FC Valenciennes	FRA 2	9	0
	FC Valenciennes B	FRA 5	16	0
15/16	FC Valenciennes	FRA 2	28	0
	FC Valenciennes B	FRA 5	4	0
16/17	FC Valenciennes	FRA 2	35	1
17/18	FC Metz	FRA 1	35	0
18/19	1. FSV Mainz 05	BL	33	1
19/20	1. FSV Mainz 05	BL	33	1
20/21	1. FSV Mainz 05	BL	32	3
21/22	1. FSV Mainz 05	BL		

NIANZOU, Tanguy

Tanguy-Austin Nianzou Kouassi
7. 6. 2002, Paris/FRA
Abwehr, 1,87 m, 83 kg, FRA/CIV
2008-2012 FC Epinay Athlético, 2012/13 US Senart-Moissy, 2013-2016 RC Pays de Fontainebleau, ab 2016 Paris Saint-Germain

19/20	Paris Saint-Germain	FRA 1	6	2
20/21	Bayern München	BL	6	0
21/22	Bayern München	BL		

NIEDERLECHNER, Florian

24. 10. 1990, Ebersberg/D
Sturm, 1,87 m, 86 kg
Bis 2008 SV Hohenlinden, TSV München 1860 und TSV Ebersberg

08/09	Falke Markt Schwaben	LL		12
09/10	Falke Markt Schwaben	LL		11
10/11	FC Ismaning	OL	34	19
11/12	SpVgg Unterhaching	3. L	35	8
	SpVgg Unterhaching	OL	1	0
12/13	SpVgg Unterhaching	3. L	21	8
	SpVgg Unterhaching II	OL	1	0
Jan 13	1. FC Heidenheim	3. L	15	5
13/14	1. FC Heidenheim	3. L	31	7
	1. FC Heidenheim II	OL	1	2
14/15	1. FC Heidenheim	2. BL	33	15
15/16	1. FSV Mainz 05	BL	12	0
Jan 16	SC Freiburg	2. BL	14	8
16/17	SC Freiburg	BL	34	11
17/18	SC Freiburg	BL	10	2
18/19	SC Freiburg	BL	24	4
	SC Freiburg II	RL	1	0
19/20	FC Augsburg	BL	33	13
20/21	FC Augsburg	BL	28	5
21/22	FC Augsburg	BL		

NIELSEN, Havard

15. 7. 1993, Oslo/NOR
Sturm, 1,87 m, 83 kg
2000-2006 Oppsal IL, ab 2007 Valerenga Oslo

2009	Valerenga Oslo	NOR 1	1	0
2010	Valerenga Oslo	NOR 1	1	0
2011	Valerenga Oslo	NOR 1	28	3
2012	Valerenga Oslo	NOR 1	16	6
Jul 12	RB Salzburg	AUT 1	24	3
13/14	RB Salzburg	AUT 1	7	0
Jan 14	Eintracht Braunschweig	BL	16	2
14/15	Eintracht Braunschweig	2. BL	30	8
15/16	RB Salzburg	AUT 1	8	0
Jan 16	SC Freiburg	2. BL	7	0
16/17	SC Freiburg	BL	4	0
17/18	Fortuna Düsseldorf	2. BL	23	0
18/19	Fortuna Düsseldorf II	RL	1	1
Jan 19	MSV Duisburg	2. BL	16	4
19/20	SpVgg Greuther Fürth	2. BL	31	7
20/21	SpVgg Greuther Fürth	2. BL	34	11
21/22	SpVgg Greuther Fürth	BL		

14 A (2 Tore) für Norwegen

NILSSON, Joakim

6. 2. 1994, Härnösand/SWE
Abwehr, 1,85 m, 78 kg
Bis 2010 IF Älgarna, ab 2011 GIF Sundsvall

2013	GIF Sundsvall	SWE 2	2	0
2014	GIF Sundsvall	SWE 2	8	0
2015	GIF Sundsvall	SWE 1	20	2
2016	IF Elfsborg Boras	SWE 1	20	0
2017	IF Elfsborg Boras	SWE 1	27	4
2018	IF Elfsborg Boras	SWE 1	27	1
2019	IF Elfsborg Boras	SWE 1	10	0
19/20	Arminia Bielefeld	2. BL	29	1
20/21	Arminia Bielefeld	BL	25	0
21/22	Arminia Bielefeld	BL		

6 A (kein Tor) für Schweden

NKUNKU, Christopher

14. 11. 1997, Lagny-sur-Marne/FRA
Mittelfeld, 1,79 m, 73 kg
2003-2009 AS Marolles, 2009/10 RC Pays de Fontainebleau, ab 2010 Paris Saint-Germain

15/16	Paris Saint-Germain II	FRA 4	18	2
	Paris Saint-Germain	FRA 1	5	0
16/17	Paris Saint-Germain	FRA 1	8	1
	Paris Saint-Germain II	FRA 4	9	3
17/18	Paris Saint-Germain	FRA 1	20	4
18/19	Paris Saint-Germain	FRA 1	22	3
19/20	RB Leipzig	BL	32	5
20/21	RB Leipzig	BL	28	6
21/22	RB Leipzig	BL		

NMECHA, Felix

10. 10. 2000, Hamburg/D
Mittelfeld, 1,88 m, 73 kg, D/ENG
2008-2021 Manchester City

21/22	VfL Wolfsburg	BL		

NMECHA, Lukas

14. 12. 1998, Hamburg/D
Sturm, 1,85 m, 80 kg
Ab 2008 Manchester City

17/18	Manchester City	ENG 1	2	0

18/19	Preston North End	ENG 2	41	3
19/20	VfL Wolfsburg	BL	6	0
Jan 20	FC Middlesnrough	ENG 2	11	0
20/21	RSC Anderlecht	BEL 1	37	18
21/22	VfL Wolfsburg	BL		

NORDTVEIT, Havard
21. 6. 1990, Vats/NOR
Abwehr, 1,88 m, 83 kg
Bis August 2006 SK Vats 94 und Skjold IL

Aug 06	FK Haugesund	NOR 2	1	0
2007	FK Haugesund	NOR 2	9	0
Jul 07	FC Arsenal Jugend			
Aug 08	UD Salamanca	ESP 2	3	0
Okt 08	FC Arsenal	ENG 1	0	0
Mär 09	Lilleström SK	NOR 1	17	0
09/10	1. FC Nürnberg	BL	19	0
10/11	FC Arsenal	ENG 1	0	0
Jan 11	Bor. Mönchengladbach	BL	16	1
11/12	Bor. Mönchengladbach	BL	31	1
12/13	Bor. Mönchengladbach	BL	31	1
13/14	Bor. Mönchengladbach	BL	21	1
14/15	Bor. Mönchengladbach	BL	22	2
15/16	Bor. Mönchengladbach	BL	31	4
16/17	West Ham United	ENG 1	16	0
17/18	TSG Hoffenheim	BL	15	0
18/19	TSG Hoffenheim	BL	8	0
Jan 19	FC Fulham	ENG 1	5	0
19/20	TSG Hoffenheim	BL	11	0
20/21	TSG Hoffenheim	BL	12	0
21/22	TSG Hoffenheim	BL		

52 A (2 Tore) für Norwegen

NOVOA, Hugo
Hugo Novoa Ramos
24. 1. 2003, Ourense/ESP
Sturm, 1,82 m, 68 kg
2008-2013 Bertamirans FC, 2013-2019 Deportivo La Coruna, seit 2019 RB Leipzig

21/22	RB Leipzig	BL		

NOVOTHNY, Soma
16. 6.1994, Veszprem/HUN
Sturm, 1,85 m, 84 kg

10/11	Veszprem SE	HUN 2	3	1
11/12	Veszprem SE	HUN 2	13	9
Jan 12	SSC Neapel Jugend			
12/13	SSC Neapel Jugend			
13/14	Paganese Calcio	ITA 3	24	2
14/15	AC Mantova	ITA 3	13	0
Jan 15	FC Südtirol	ITA 3	18	4
15/16	Diosgyöri VTK	HUN 1	27	8
16/17	Diosgyöri VTK	HUN 1	23	4
17/18	Ujpest Budapest	HUN 1	31	17
18/19	Ujpest Budapest	HUN 1	23	9
Mär 19	Busan I'Park	KOR 2	27	12
19/20	Ujpest Budapest	HUN 1	17	6
20/21	VfL Bochum	2. BL	14	2
21/22	VfL Bochum	BL		

OBUZ, Marvin
25. 1. 2002, Köln/D
Sturm, 1,83 m, 77 kg
Bis 2009 BC Efferen, seit 2009 1. FC Köln

20/21	1. FC Köln II	RL	23	9
21/22	1. FC Köln	BL		

ÖZCAN, Salih
11. 1. 1998, Köln/D
Mittelfeld, 1,82 m, 75 kg
Bis 2007 SC West Köln, seit 2007 1. FC Köln

15/16	1. FC Köln II	RL	16	3
16/17	1. FC Köln	BL	13	0
	1. FC Köln II	RL	2	0
17/18	1. FC Köln	BL	23	0
	1. FC Köln II	RL	2	0
18/19	1. FC Köln	2. BL	15	1
19/20	1. FC Köln II	RL	2	1
Aug 19	Holstein Kiel	2. BL	28	5
20/21	1. FC Köln	BL	28	0
21/22	1. FC Köln	BL		

ÖZTUNALI, Levin
15. 3. 1996, Hamburg/D
Mittelfeld, 1,84 m, 78 kg
Bis 2006 Eintracht Norderstedt, 2006-2013 Hamburger SV

13/14	Bayer Leverkusen	BL	9	0
	Bayer Leverkusen II	RL	13	1
14/15	Bayer Leverkusen	BL	6	0
Jan 15	Werder Bremen	BL	16	1
15/16	Werder Bremen	BL	25	1
16/17	1. FSV Mainz 05	BL	30	5
17/18	1. FSV Mainz 05	BL	25	0
18/19	1. FSV Mainz 05	BL	15	0
19/20	1. FSV Mainz 05	BL	27	4
20/21	1. FSV Mainz 05	BL	17	1
21/22	1. FC Union Berlin	BL		

OKUGAWA, Masaya
14. 4. 1996, Koka/JAP
Mittelfeld, 1,77 m, 68 kg
Bis 2008 Ayano Boys Club Kyoto, seit 2009 Kyoto Sanga FC

2015	Kyoto Sanga FC	JAP 2	5	1
15/16	FC Liefering	AUT 2	30	3
16/17	FC Liefering	AUT 2	34	5
17/18	SV Mattersburg	AUT 1	27	5
18/19	Holstein Kiel	2. BL	19	5
19/20	RB Salzburg	AUT 1	23	9
20/21	RB Salzburg	AUT 1	7	0
Jan 21	Arminia Bielefeld	BL	13	1
21/22	Arminia Bielefeld	BL		

OLSCHOWSKY, Jan
18. 11. 2001, Neuss/D
Torwart, 1,82 m, 79 kg
Bis 2009 SV Glehn, seit 2009 Borussia Mönchengladbach

18/19	Bor. Mönchengladbach II	RL	2	0
19/20	Bor. Mönchengladbach II	RL	18	0
20/21	Bor. Mönchengladbach II	RL	26	0
21/22	Bor. Mönchengladbach	BL		

ONISIWO, Karim
17. 3. 1992, Wien/AUT
Sturm, 1,88 m, 85 kg

1998 bis Oktober 2001 Favoritner AC, Oktober 2001 bis März 2002 Rapid Wien, März 2002 bis September 2004 Austria Wien, September 2004 bis März 2005 1. Simmeringer SC, März bis September 2005 Austria Wien, September 2005 bis August 2007 Team Wiener Linien, ab August 2007 First Vienna FC

09/10	First Vienna FC Am.	AUT 5	20	1
10/11	First Vienna FC Am.	AUT 5	1	0
Sep 10	SC Ostbahn XI	AUT 3	23	7
11/12	TSV Neumarkt/W.	AUT 3	16	8
Jan 12	SV Straßwalchen	AUT 4	11	7
12/13	Austria Salzburg	AUT 3	25	6
13/14	Austria Salzburg	AUT 3	30	12
14/15	SV Mattersburg	AUT 2	33	18
15/16	SV Mattersburg	AUT 1	18	2
	1. FSV Mainz 05	BL	9	1
16/17	1. FSV Mainz 05	BL	16	1
	1. FSV Mainz 05 II	3. L	1	0
17/18	1. FSV Mainz 05	BL	8	0
18/19	1. FSV Mainz 05	BL	26	7
19/20	1. FSV Mainz 05	BL	32	4
20/21	1. FSV Mainz 05	BL	31	4
21/22	1. FSV Mainz 05	BL		

12 A (1 Tor) für Österreich

ORBAN, Willi
3. 11. 1992, Kaiserslautern/D
Abwehr, 1,86 m, 87 kg, D/HUN

Ab 1997 1. FC Kaiserslautern

11/12	1. FC Kaiserslautern II	RL	23	3
	1. FC Kaiserslautern	BL	2	0
12/13	1. FC Kaiserslautern	2. BL	7	1
	1. FC Kaiserslautern II	RL	12	4
13/14	1. FC Kaiserslautern	2. BL	28	2
14/15	1. FC Kaiserslautern	2. BL	31	4
15/16	RB Leipzig	2. BL	32	1
16/17	RB Leipzig	BL	28	3
17/18	RB Leipzig	BL	26	3
18/19	RB Leipzig	BL	24	4
19/20	RB Leipzig	BL	12	1
20/21	RB Leipzig	BL	29	4
21/22	RB Leipzig	BL		

25 A (5 Tore) für Ungarn

ORTEGA MORENO, Stefan
6. 11. 1992, Calden/D
Torwart, 1,85 m, 88 kg D/ESP

Bis 2007 Jahn Calden, KSV Baunatal und Hessen Kassel, ab 2007 Arminia Bielefeld

10/11	Arminia Bielefeld	RL	6	0
11/12	Arminia Bielefeld	3. L	20	0
12/13	Arminia Bielefeld	3. L	1	0
13/14	Arminia Bielefeld	2. BL	15	0
14/15	TSV München 1860	2. BL	20	0
15/16	TSV München 1860	2. BL	15	0
16/17	TSV München 1860	2. BL	21	0
	TSV München 1860 II	RL	2	0
17/18	Arminia Bielefeld	2. BL	34	0
18/19	Arminia Bielefeld	2. BL	31	0
19/20	Arminia Bielefeld	2. BL	34	0
20/21	Arminia Bielefeld	BL	34	0
21/22	Arminia Bielefeld	BL		

OSTERHAGE, Patrick
1. 2. 2000, Göttingen/D
Mittelfeld, 1,86 m, 80 kg

Bis 2011 SC Marklohe, 2011-2017 Werder Bremen, ab 2017 Borussia Dortmund

20/21	Borussia Dortmund II	RL	8	1
21/22	VfL Bochum	BL		

OSTRAK, Tomas
5. 2. 2000, Frydek-Mistek/CZE
Mittelfeld, 1,76 m, 74 kg

Bis 2016 MFK Frydek Mistek, 2016-2019 1. FC Köln

19/20	TSV Hartberg	AUT 1	11	1
20/21	MFK Karvina	CZE 1	26	1
21/22	1. FC Köln	BL		

OTTO, Fynn
8. 3. 2002, Gießen/D
Abwehr, 1,92 m, 85 kg

Bis 2014 TSV Ostheim und SV Nieder-Weisel, seit 2014 Eintracht Frankfurt

21/22	Eintracht Frankfurt	BL		

OXFORD, Reece
16. 12. 1998, London/ENG
Abwehr, 1,91 m, 78 kg, ENG/JAM

Bis 2011 Tottenham Hotspur, ab 2011 West Ham United

15/16	West Ham United	ENG 1	7	0
16/17	West Ham United	ENG 1	0	0
Jan 17	FC Reading	ENG 2	5	0
17/18	Bor. Mönchengladbach	BL	7	0
Jan 18	West Ham United	ENG 1	1	0
18/19	West Ham United	ENG 1	0	0
Aug 19	FC Augsburg	BL	12	0
20/21	FC Augsburg	BL	24	0
21/22	FC Augsburg	BL		

PACIENCIA, Goncalo
Goncalo Mendes Paciencia
1. 8. 1994, Porto/POR
Sturm, 1,84 m, 81 kg

Ab 2002 FC Porto

13/14	FC Porto B	POR 2	19	5
14/15	FC Porto B	POR 2	16	9
	FC Porto	POR 1	1	0
15/16	Academica Coimbra	POR 1	27	3
16/17	FC Porto	POR 1	0	0
Aug 16	Olympiakos Piräus	GRE 1	1	0
Jan 17	FC Rio Ave	POR 1	15	1
17/18	Vitoria Setubal	POR 1	18	5
Jan 18	FC Porto	POR 1	9	0
18/19	Eintracht Frankfurt	BL	11	3
19/20	Eintracht Frankfurt	BL	23	7
20/21	FC Schalke 04	BL	15	1
21/22	Eintracht Frankfurt	BL		

2 A (1 Tor) für Portugal

PALACIOS, Exequiel Alejandro
5. 10. 1998, Famailla, Tucuman/ARG
Mittelfeld, 1,78 m, 71 kg

2015	CA River Plate	ARG 1	1	0
2016	CA River Plate	ARG 1	1	0
16/17	CA River Plate	ARG 1	8	0

17/18	CA River Plate	ARG 1	9	2
18/19	CA River Plate	ARG 1	14	1
19/20	CA River Plate	ARG 1	15	1
Jan 20	Bayer Leverkusen	BL	3	0
20/21	Bayer Leverkusen	BL	9	0
21/22	Bayer Leverkusen	BL		

12 A (kein Tor) für Argentinien

PANTOVIC, Milos
7. 7. 1996, München/D
Mittelfeld, 1,85 m, 70 kg, D/SRB

Bis 2007 Helios München und Rot-Weiss Oberföhring, ab 2007 Bayern München

14/15	Bayern München II	RL	6	0
15/16	Bayern München	BL	1	0
	Bayern München II	RL	28	7
16/17	Bayern München II	RL	27	15
17/18	Bayern München II	RL	33	12
18/19	VfL Bochum	2. BL	15	1
19/20	VfL Bochum	2. BL	20	0
20/21	VfL Bochum	2. BL	28	3
21/22	VfL Bochum	BL		

PAPELA, Merveille
18. 1. 2001, Mainz/D
Mittelfeld, 1,74 m, 70 kg

Bis 2011 TSV Schott Mainz, seit 2011 1. FSV Mainz 05

20/21	1. FSV Mainz 05	BL	1	0
	1. FSV Mainz 05 II	RL	33	0
21/22	1. FSV Mainz 05	BL		

PASSLACK, Felix
29. 5. 1998, Bottrop/D
Abwehr, 1,70 m, 74 kg

2002-2010 Fortuna Bottrop, 2010-2012 Rot-Weiß Oberhausen, seit 2012 Borussia Dortmund

15/16	Borussia Dortmund	BL	3	0
16/17	Borussia Dortmund	BL	10	0
17/18	Borussia Dortmund	BL	1	0
Aug 18	TSG Hoffenheim	BL	2	0
	TSG Hoffenheim II	RL	12	2
18/19	Norwich City	ENG 1	1	0
19/20	Fortuna Sittard	NED 1	25	2
20/21	Borussia Dortmund	BL	7	1
	Borussia Dortmund II	RL	2	1
21/22	Borussia Dortmund	BL		

PAULINHO
Paulo Henrique Sampaio Filho
15. 7. 2000, Rio de Janeiro/BRA
Sturm, 1,77 m, 77 kg

Ab 2010 Vasco da Gama Rio de Janeiro

2017	Vasco da Gama	BRA 1	18	3
2018	Vasco da Gama	BRA-R1	11	2
	Vasco da Gama	BRA 1	0	0
18/19	Bayer Leverkusen	BL	15	0
19/20	Bayer Leverkusen	BL	13	3
20/21	Bayer Leverkusen	BL	1	0
21/22	Bayer Leverkusen	BL		

PAULO OTAVIO
Paulo Otavio Rosa Silva
23. 11. 1994, Ourinhos/BRA
Abwehr, 1,74 m, 68 kg

Bis 2011 Parana Soccer Technical Center

2012	Atletico Paranaense	BRA-R1	7	0
	Atletico Paranaense	BRA 2	0	0
2013	Coritiba FC Jun.			
2014	Coritiba FC	BRA-R1	0	0
	Coritiba FC	BRA 1	5	0
Jul 14	EC Santo André			
2015	Coritiba FC	BRA-R1		
	Coritiba FC	BRA 1	1	0
Apr 14	Paysandu SC	BRA 2	2	0
2016	Tombense FC	BRA-R1	8	2
16/17	Linzer ASK	AUT 2	28	2
17/18	FC Ingolstadt 04	2. BL	8	0
18/19	FC Ingolstadt 04	2. BL	27	0
19/20	VfL Wolfsburg	BL	5	0
20/21	VfL Wolfsburg	BL	23	0
21/22	VfL Wolfsburg	BL		

PAVARD, Benjamin
28. 3. 1996, Maubeuge/FRA
Abwehr, 1,86 m, 76 kg

2002-2005 US Jeumont, ab 2005 Lille OSC

14/15	Lille OSC	FRA 1	8	0
	Lille OSC II	FRA 4	15	0
15/16	Lille OSC	FRA 1	13	0
	Lille OSC II	FRA 5	4	0
16/17	Lille OSC II	FRA 4	1	1
Aug 16	VfB Stuttgart	2. BL	21	1
17/18	VfB Stuttgart	BL	34	1
18/19	VfB Stuttgart	BL	29	0
19/20	Bayern München	BL	32	4
20/21	Bayern München	BL	24	0
21/22	Bayern München	BL		

38 A (1 Tor) für Frankreich

PECAR, Martin
5. 7. 2002, Izola/SVN
Sturm, 1,75 m, 70 kg

Bis Dezember 2017 FC Koper, Januar 2018 bis Juni 2018 Olimpija Ljubljana, seit Juli 2018 Eintracht Frankfurt

21/22	Eintracht Frankfurt	BL		

PEDERSEN, Mads
1. 9. 1996, Kokkedal/DEN
Abwehr, 1,78 m, 74 kg

Bis 2006 Snekkersten IF und Niva-Kokkedal FK, 2006-2009 Horsholm-Usserod IK, 2009-2015 Farum BK

15/16	FC Nordsjaelland	DEN 1	16	0
16/17	FC Nordsjaelland	DEN 1	25	0
17/18	FC Nordsjaelland	DEN 1	25	3
18/19	FC Nordsjaelland	DEN 1	22	0
19/20	FC Augsburg	BL	2	0
Jan 20	FC Zürich	SUI 1	2	0
20/21	FC Augsburg	BL	15	0
21/22	FC Augsburg	BL		

PEKARIK, Peter
30. 10. 1986, Zilina/CSV
Abwehr, 1,77 m, 73 kg, SVK
Bis 2004 MSK Zilina

04/05	ZTS Dubnica	SVK 1	27	0
05/06	MSK Zilina	SVK 1	27	2
06/07	MSK Zilina	SVK 1	35	0
07/08	MSK Zilina	SVK 1	31	0
08/09	MSK Zilina	SVK 1	18	3
Jan 09	VfL Wolfsburg	BL	16	0
09/10	VfL Wolfsburg	BL	16	0
10/11	VfL Wolfsburg	BL	23	0
11/12	VfL Wolfsburg	BL	0	0
Aug 11	Kayserispor	TUR 1	27	0
12/13	VfL Wolfsburg	BL	0	0
Aug 12	Hertha BSC	2. BL	19	0
13/14	Hertha BSC	BL	31	0
14/15	Hertha BSC	BL	30	0
15/16	Hertha BSC	BL	12	0
16/17	Hertha BSC	BL	31	1
17/18	Hertha BSC	BL	17	0
18/19	Hertha BSC	BL	3	0
	Hertha BSC II	RL	1	0
19/20	Hertha BSC	BL	9	0
	Hertha BSC II	RL	3	0
20/21	Hertha BSC	BL	23	3
21/22	Hertha BSC	BL		

104 A (2 Tore) für die Slowakei

PENTKE, Philipp
1. 5. 1985, Freiberg/D
Torwart, 1,91 m, 84 kg
1994-1998 BSC Freiberg, 1998-2003 Dynamo Dresden, ab 2003 TSV München 1860

04/05	TSV München 1860 Am.	RL	16	0
05/06	TSV München 1860 II	RL	20	0
06/07	TSV München 1860 II	RL	4	0
07/08	FC Augsburg II	LL		
08/09	Energie Cottbus II	RL	30	0
09/10	Energie Cottbus	2. BL	0	0
Aug 09	Chemnitzer FC	RL	26	0
10/11	Chemnitzer FC	RL	21	0
	Chemnitzer FC II	OL	1	0
11/12	Chemnitzer FC	3. L	38	0
12/13	Chemnitzer FC	3. L	31	0
	Chemnitzer FC II	OL	1	0
13/14	Chemnitzer FC	3. L	34	0
14/15	Chemnitzer FC	3. L	33	0
	Chemnitzer FC II	OL	3	0
15/16	Jahn Regensburg	RL	34	0
16/17	Jahn Regensburg	3. L	38	0
17/18	Jahn Regensburg	2. BL	28	0
18/19	Jahn Regensburg	2. BL	30	0
19/20	TSG Hoffenheim	BL	4	0
	TSG Hoffenheim II	RL	1	0
20/21	TSG Hoffenheim	BL	3	0
	TSG Hoffenheim II	RL	2	0
21/22	TSG Hoffenheim	BL		

PERVAN, Pavao
13. 11. 1987, Livno/YUG
Torwart, 1,94 m, 92 kg, AUT
Februar 1997 bis 2000 Favoritner AC, 2000/01 SC Gaswerk,Straßenbahn, 2001 bis Dezember 2004 Team Wiener Linien, ab Januar 2005 SV Schwechat

06/07	SV Schwechat	AUT 3	2	0
07/08	FC Lustenau	AUT 2	21	0
	FC Lustenau Am.	AUT 4	4	0
08/09	FC Lustenau	AUT 2	9	0
	FC Lustenau Am.	AUT 4	8	0
09/10	FC Lustenau Am.	AUT 4	5	0
Jan 10	FCS Pasching	AUT 3	10	0
10/11	LASK Linz	AUT 1	2	0
	LASK Linz Am.	AUT 3	16	0
11/12	LASK Linz	AUT 2	1	0
	LASK Linz Am.	AUT 3	15	0
12/13	LASK Linz	AUT 3	28	0
13/14	LASK Linz	AUT 3	29	0
14/15	LASK Linz	AUT 2	36	0
15/16	LASK Linz	AUT 2	35	0
16/17	LASK Linz	AUT 2	17	0
17/18	Linzer ASK	AUT 1	35	0
18/19	VfL Wolfsburg	BL	9	0
19/20	VfL Wolfsburg	BL	8	0
20/21	VfL Wolfsburg	BL	2	0
21/22	VfL Wolfsburg	BL		

7 A (kein Tor) für Österreich

PETERSEN, Nils
6. 12. 1988, Wernigerode/D
Sturm, 1,88 m, 83 kg
1993/94 Einheit 90 Wernigerode, 1994-2000 1. FC Wernigerode, 2000/01 Einheit Wernigerode, 2001 bis Dezember 2004 Germania Halberstadt, ab Januar 2005 Carl Zeiss Jena

06/07	Carl Zeiss Jena	2. BL	3	0
	Carl Zeiss Jena II	OL	5	1
07/08	Carl Zeiss Jena	2. BL	20	4
	Carl Zeiss Jena II	OL	12	5
08/09	Carl Zeiss Jena	3. L	18	0
	Carl Zeiss Jena II	OL	8	6
Jan 09	Energie Cottbus	BL	1	0
	Energie Cottbus II	RL	13	5
09/10	Energie Cottbus	2. BL	22	10
	Energie Cottbus II	OL	3	3
10/11	Energie Cottbus	2. BL	33	25
11/12	Bayern München	BL	9	2
	Bayern München II	RL	3	2
12/13	Werder Bremen	BL	34	11
13/14	Werder Bremen	BL	28	7
14/15	Werder Bremen	BL	7	0
Jan 15	SC Freiburg	BL	12	9
15/16	SC Freiburg	2. BL	32	21
16/17	SC Freiburg	BL	33	10
17/18	SC Freiburg	BL	32	15
18/19	SC Freiburg	BL	24	10
19/20	SC Freiburg	BL	34	11
20/21	SC Freiburg	BL	32	8
21/22	SC Freiburg	BL		

2 A (kein Tor) für Deutschland

PHILIPP, Luca
28. 11. 2000, Stuttgart/D
Torwart, 1,92 m, 79 kg
Bis 2013 TSV Eltingen und SGV Freiberg Fußball, seit 2013 TSG Hoffenheim

19/20	TSG Hoffenheim II	RL	2	0
20/21	TSG Hoffenheim II	RL	23	0
21/22	TSG Hoffenheim	BL		

PHILIPP, Maximilian
1. 3. 1994, Berlin/D
Mittelfeld, 1,83 m, 76 kg
Bis 2008 Hertha BSC, 2008-2011 Tennis Borussia Berlin

11/12	Energie Cottbus II	RL	1	0
12/13	Energie Cottbus II	RL	2	0
Jan 13	SC Freiburg II	RL	1	0
13/14	SC Freiburg II	RL	29	12
	SC Freiburg	BL	1	0
14/15	SC Freiburg	BL	24	1
	SC Freiburg II	RL	1	0
15/16	SC Freiburg	2. BL	31	8
16/17	SC Freiburg	BL	25	9
17/18	Borussia Dortmund	BL	20	9
18/19	Borussia Dortmund	BL	18	1
19/20	Dynamo Moskau	RUS 1	20	8
20/21	Dynamo Moskau	RUS 1	7	1
Okt 20	VfL Wolfsburg	BL	24	6
21/22	VfL Wolfsburg	BL		

PIATEK, Krzysztof
1. 7. 1995, Dzierzoniow/POL
Sturm, 1,83 m, 77 kg
Bis 2013 Lechia Dzierzoniow, ab Februar 2013 Zaglebie Lubin

13/14	Zaglebie Lubin	POL 1	4	0
14/15	Zaglebie Lubin	POL 2	30	8
15/16	Zaglebie Lubin	POL 1	33	6
16/17	Zaglebie Lubin	POL 1	5	1
Aug 16	Cracovia Krakau	POL 1	27	11
17/18	Cracovia Krakau	POL 1	36	21
18/19	CFC Genua 1893	ITA 1	19	13
Jan 19	AC Mailand	ITA 1	18	9
19/20	AC Mailand	ITA 1	18	4
Jan 20	Hertha BSC	BL	15	4
20/21	Hertha BSC	BL	32	7
21/22	Hertha BSC	BL		

18 A (8 Tore) für Polen

PIEPER, Amos
17. 1. 1998, Lüdinghausen/D
Abwehr, 1,92 m, 86 kg
Bis 2010 SC Union 08 Lüdinghausen, ab 2010 Borussia Dortmund

17/18	Borussia Dortmund II	RL	18	1
18/19	Borussia Dortmund II	RL	16	0
Jan 19	Arminia Bielefeld	2. BL	8	0
19/20	Arminia Bielefeld	2. BL	31	0
20/21	Arminia Bielefeld	BL	30	1
21/22	Arminia Bielefeld	BL		

PLATTENHARDT, Marvin
26. 1. 1992, Filderstadt/D
Abwehr, 1,81 m, 78 kg
1999-2005 1. FC Frickenhausen, 2005/06 FV Nürtingen, 2006-2008 SSV Reutlingen, ab 2008 1. FC Nürnberg

09/10	1. FC Nürnberg II	RL	9	0
10/11	1. FC Nürnberg	BL	9	0
	1. FC Nürnberg II	RL	21	0
11/12	1. FC Nürnberg	BL	9	0
	1. FC Nürnberg II	RL	8	0
12/13	1. FC Nürnberg	BL	14	1
	1. FC Nürnberg II	RL	8	0
13/14	1. FC Nürnberg	BL	31	1
14/15	Hertha BSC	BL	15	0
	Hertha BSC II	RL	2	0
15/16	Hertha BSC	BL	33	2
16/17	Hertha BSC	BL	27	3
17/18	Hertha BSC	BL	33	0
18/19	Hertha BSC	BL	22	1
19/20	Hertha BSC	BL	17	0
20/21	Hertha BSC	BL	16	0
21/22	Hertha BSC	BL		

7 A (kein Tor) für Deutschland

PLEA, Alassane
10. 3. 1993, Lille/FRA
Sturm, 1,81 m, 79 kg
Oktober 2002-2008 US Ascq, 2008/09 ES Wasquehal, ab 2009 Olympique Lyon

10/11	Olympique Lyon II	FRA 4	14	3
11/12	Olympique Lyon II	FRA 4	19	7
12/13	Olympique Lyon II	FRA 4	29	10
	Olympique Lyon	FRA 1	1	0
13/14	Olympique Lyon	FRA 1	6	0
	Olympique Lyon II	FRA 4	4	2
Jan 14	AJ Auxerre	FRA 2	15	3
14/15	Olympique Lyon II	FRA 4	1	1
Aug 14	OGC Nizza	FRA 1	33	3
15/16	OGC Nizza	FRA 1	19	6
16/17	OGC Nizza	FRA 1	25	11
17/18	OGC Nizza	FRA 1	35	16
18/19	Bor. Mönchengladbach	BL	34	12
19/20	Bor. Mönchengladbach	BL	27	10
20/21	Bor. Mönchengladbach	BL	29	6
21/22	Bor. Mönchengladbach	BL		

1 A (kein Tor) für Frankreich

POHJANPALO, Joel
13. 9. 1994, Helsinki/FIN
Sturm, 1,86 m, 84 kg

2010	Klubi 04 Helsinki	FIN 2	1	0
2011	Klubi 04 Helsinki	FIN 3	25	33
	HJK Helsinki	FIN 1	1	0
2012	HJK Helsinki	FIN 1	28	11
2013	HJK Helsinki	FIN 1	21	5
Sep 13	VfR Aalen	2. BL	22	5
14/15	Fortuna Düsseldorf	2. BL	29	11
15/16	Fortuna Düsseldorf	2. BL	26	2
	Fortuna Düsseldorf II	RL	1	0
16/17	Bayer Leverkusen	BL	11	6
17/18	Bayer Leverkusen	BL	7	1
18/19	Bayer Leverkusen	BL	0	0
19/20	Bayer Leverkusen	BL	1	0
Jan 20	Hamburger SV	2.BL	14	9

20/21	Bayer Leverkusen	BL	1	0
Sep 20	1. FC Union Berlin	BL	19	6
21/22	Bayer Leverkusen	BL		

45 A (10 Tore) für Finnland

PONGRACIC, Marin

11. 9. 1997, Landshut/D
Abwehr, 1,90 m, 95 kg, CRO/D

Bis 2013 Bayern München, 2013 2016 FC Ingolstadt 04

16/17	TSV München 1860	2. BL	6	0
	TSV München 1860	RL	17	1
17/18	RB Salzburg	AUT 1	16	0
18/19	RB Salzburg	AUT 1	14	0
19/20	RB Salzburg	AUT 1	5	0
Jan 20	VfL Wolfsbrug	BL	11	2
20/21	VfL Wolfsburg	BL	10	0
21/22	VfL Wolfsburg	BL		

2 A (kein Tor) für Kroatien

POSCH, Stefan

14. 5. 1997, Judenburg/AUT
Abwehr, 1,88 m, 76 kg

September 2004 bis 2008 TuS Kraubath, 2008/09 DSV Leoben, 2009 bis Februar 2010 Grazer AK, Februar bis Juni 2010 AKA Liebenau, 2010 bis März 2011 Sturm Graz, ab März 2011 FC Admira Wacker

13/14	FC Admira Wacker Am.	AUT 3	6	0
14/15	FC Admira Wacker Am.	AUT 3	22	4
15/16	TSG Hoffenheim Jugend			
16/17	TSG Hoffenheim II	RL	30	1
17/18	TSG Hoffenheim	BL	9	0
	TSG Hoffenheim II	RL	4	0
18/19	TSG Hoffenheim	BL	17	0
	TSG Hoffenheim II	RL	4	2
19/20	TSG Hoffenheim	BL	28	0
20/21	TSG Hoffenheim	BL	26	0
21/22	TSG Hoffenheim	BL		

11 A (1 Tor) für Österreich

POULSEN, Andreas

13. 10. 1999, Ikast/DEN
Abwehr, 1,88 m, 80 kg

Ikast KFUM

Jan 20	Austria Wien	AUT 1	5	0
20/21	Bor. Mönchengladbach II	RL	6	0
Feb 21	Austria Wien	AUT 1	4	0
21/22	Bor. Mönchengladbach	BL		

POULSEN, Yussuf

15. 6. 1994, Kopenhagen/DEN
Sturm, 1,92 m, 84 kg

BK Skjold

11/12	Lyngby BK	DEN 1	5	0
12/13	Lyngby BK	DEN 2	30	11
13/14	RB Leipzig	3. L	36	10
14/15	RB Leipzig	2. BL	29	11
15/16	RB Leipzig	2. BL	32	7
16/17	RB Leipzig	BL	29	5
17/18	RB Leipzig	BL	30	4
18/19	RB Leipzig	BL	31	15
19/20	RB Leipzig	BL	22	5
20/21	RB Leipzig	BL	27	5
21/22	RB Leipzig	BL		

59 A (10 Tore) für Dänemark

PRIETL, Manuel

3. 8. 1991, Deutschlandsberg/AUT
Mittelfeld, 1,87 m, 79 kg

1997-2006 SV Gleinstätten, 2006/07 Kapfenberger SV, ab 2007 SV Gleinstätten

09/10	SV Gleinstätten	AUT 4		
10/11	SV Gleinstätten	AUT 3	30	1
11/12	TSV Hartberg	AUT 2	32	0
12/13	SV Mattersburg	AUT 1	33	0
13/14	SV Mattersburg	AUT 2	18	0
14/15	SV Mattersburg	AUT 2	27	0
	SV Mattersburg Am.	AUT 3	3	0
15/16	SV Mattersburg	AUT 1	34	2
16/17	Arminia Bielefeld	2. BL	24	1
17/18	Arminia Bielefeld	2. BL	32	0
18/19	Arminia Bielefeld	2. BL	32	0
19/20	Arminia Bielefeld	2. BL	31	4
20/21	Arminia Bielefeld	BL	28	1
21/22	Arminia Bielefeld	BL		

PRÖMEL, Grischa

9. 1. 1995, Stuttgart/D
Mittelfeld, 1,84 m, 78 kg

Bis 2009 TSV Esslingen, 2009-2013 Stuttgarter Kickers, ab 2013 TSG Hoffenheim

14/15	TSG Hoffenheim II	RL	23	5
15/16	TSG Hoffenheim II	RL	1	0
Aug 15	Karlsruher SC	2. BL	21	2
16/17	Karlsruher SC	2. BL	23	0
17/18	1. FC Union Berlin	2. BL	23	1
18/19	1. FC Union Berlin	2. BL	29	7
19/20	1. FC Union Berlin	BL	16	0
20/21	1. FC Union Berlin	BL	24	3
21/22	1. FC Union Berlin	BL		

PUCHACZ, Tymoteusz

23. 1. 1999, Sulechow/POL
Abwehr, 1,83 m, 78 kg

Bis 2012 Pogon Swiebodzin, 2012/13 UKP Zielona Gora, ab 2013 Lech Posen

15/16	Lech Posen II	POL 4	1	0
16/17	Lech Posen	POL 1	1	0
	Lech Posen II	POL 4	22	2
17/18	Lech Posen II	POL 4	16	0
Jan 18	Zaglebie Sosnowiec	POL 2	15	0
18/19	Zaglebie Sosnowiec	POL 1	2	0
Aug 18	GKS Kattowitz	POL 2	25	4
19/20	Lech Posen	POL 1	35	3
20/21	Lech Posen	POL 1	27	1
21/22	1. FC Union Berlin	BL		

5 A (kein Tor) für Polen

QUIZERA, Famana

25. 4. 2002, Bissau/GNB
Mittelfeld, 1,72 m, 70 kg, GNB/POR

Bis 2018 Benfica Lissabon, seit 2018 Borussia Mönchengladbach

19/20	Bor. Mönchengladbach II	RL	1	0
20/21	Bor. Mönchengladbach II	RL	25	4
21/22	Bor. Mönchengladbach	BL		

RAMAJ, Diant
19. 9. 2001, Stuttgart/D
Torwart, 1,89 m, 81 kg D/KVX
Bis 2015 VfB Stuttgart, 2015-2018 Suttgarter Kickers, 2018-2021 1. FC Heidenheim

21/22	Eintracht Frankfurt	BL		

RAMOS, Guilherme
Guilherme Magro Pires Ramos
11. 8. 1997, Lissabon/POR
Abwehr, 1,91 m, 86 kg
2006-2012 Linda-a-Velha, ab 2012 Sporting Lissabon

16/17	Sporting Lissabon II	POR 2	5	0
17/18	Sporting Lissabon II	POR 2	5	0
18/19	CD Mafra	POR 2	19	1
19/20	CD Feirense	POR 2	15	2
20/21	CD Feirense	POR 2	30	2
21/22	Arminia Bielefeld	BL		

RASCHL, Tobias
21. 2. 2000, Düsseldorf/D
Mittelfeld, 1,77 m, 75 kg
Bis 2011 SG Unterrath, 2011-2013 Borussia Mönchengladbach, 2013-2015 Fortuna Düsseldorf, seit 2015 Borussia Dortmund

19/20	Borussia Dortmund	BL	1	0
	Borussia Dortmund II	RL	15	2
20/21	Borussia Dortmund II	RL	29	8
21/22	Borussia Dortmund	BL		

RAUM, David
22. 4. 1998, Nürnberg/
Abwehr, 1,80 m, 75 kg
2002-2006 Tuspo Nürnberg, ab 2006 SpVgg Greuther Fürth

16/17	SpVgg Greuther Fürth	2. BL	5	0
	SpVgg Greuther Fürth II	RL	5	0
17/18	SpVgg Greuther Fürth	2. BL	20	1
	SpVgg Greuther Fürth II	RL	5	0
18/19	SpVgg Greuther Fürth	2. BL	16	1
	SpVgg Greuther Fürth II	RL	5	1
19/20	SpVgg Greuther Fürth	2. BL	19	1
	SpVgg Greuther Fürth II	RL	1	0
20/21	SpVgg Greuther Fürth	2. BL	34	1
21/22	TSG Hoffenheim	BL		

REDAN, Daishawn
2. 2. 2001, Amsterdam/NED
Sturm, 1,76 m, 76 kg
Bis 2017 ASV de Dijk Amsterdam und Ajax Amsterdam, 2017-2019 FC Chelsea

19/20	Hertha BSC	BL	1	0
	Hertha BSC II	RL	8	4
Jan 20	FC Groningen	NED 1	5	0
20/21	Hertha BSC	BL	7	0
	Hertha BSC II	RL	3	1
21/22	Hertha BSC	BL		

REINIER
Reinier Jesus Carvalho
19. 1. 2002, Brasilia/BRA
Mittelfeld, 1,85 m, 82 kg
Ab 2014 Flamengo Rio de Janeiro

2019	Flamengo Rio de Janeiro	BRA 1	14	6
Jan 20	Real Madrid B	ESP 3	3	2
20/21	Borussia Dortmund	BL	14	1
21/22	Borussia Dortmund	BL		

REITZ, Rocco
29. 5. 2002, Duisburg/D
Mittelfeld, 1,76 m, 75 kg
Bis 2009 TuS Baerl, seit 2009 Borussia Mönchengladbach

20/21	Bor. Mönchengladbach	BL	2	0
	Bor. Mönchengladbach II	RL	6	0
21/22	Bor. Mönchengladbach	BL		

RETSOS, Panagiotis
9. 8. 1998, Johannesburg/RSA
Abwehr, 1,86 m, 80 kg, GRE
Ab 2008 Olympiakos Piräus

16/17	Olympiakos Piräus	GRE 1	18	0
17/18	Olympiakos Piräus	GRE 1	2	0
Aug 17	Bayer Leverkusen	BL	24	1
18/19	Bayer Leverkusen	BL	0	0
19/20	Bayer Leverkusen	BL	3	0
20/21	AS Saint-Etienne	FRA 1	4	0
21/22	Bayer Leverkusen	BL		

5 A (kein Tor) für Griechenland

REUS, Marco
31. 5. 1989, Dortmund/D
Mittelfeld, 1,80 m, 71 kg
Bis 2006 Post SV Dortmund und Borussia Dortmund

06/07	Rot Weiss Ahlen II	OL	5	2
07/08	Rot Weiss Ahlen	RL	16	1
	Rot Weiss Ahlen II	OL	1	1
08/09	Rot Weiss Ahlen	2. BL	27	4
09/10	Bor. Mönchengladbach	BL	33	8
10/11	Bor. Mönchengladbach	BL	32	10
11/12	Bor. Mönchengladbach	BL	32	18
12/13	Borussia Dortmund	BL	32	14
13/14	Borussia Dortmund	BL	30	16
14/15	Borussia Dortmund	BL	20	7
15/16	Borussia Dortmund	BL	26	12
16/17	Borussia Dortmund	BL	17	7
17/18	Borussia Dortmund	BL	11	7
18/19	Borussia Dortmund	BL	27	17
19/20	Borussia Dortmund	BL	19	11
20/21	Borussia Dortmund	BL	32	8
21/22	Borussia Dortmund	BL		

44 A (13 Tore) für Deutschland

REXHBECAJ, Elvis
1. 11. 1997, Gjonaj,YUG
Mittelfeld, 1,82 m, 75 kg, D

16/17	VfL Wolfsburg II	RL	17	1
17/18	VfL Wolfsburg II	RL	24	9
	VfL Wolfsburg	BL	4	0
18/19	VfL Wolfsburg	BL	24	2
	VfL Wolfsburg II	RL	3	1
19/20	VfL Wolfsburg II	RL	3	1

Jan 20	1. FC Köln	BL	13	0
20/21	1. FC Köln	BL	30	5
21/22	VfL Wolfsburg	BL		

REYNA, Giovanni

13. 11. 2002, Sunderland/ENG
Mittelfeld, 1,83 m, 76 kg, USA/POR

Bis 2019 New York City FC

19/20	Borussia Dortmund	BL	15	0
20/21	Borussia Dortmund	BL	32	4
21/22	Borussia Dortmund	BL		

8 A (4 Tore) für die USA

RICHARDS, Chris

28. 3. 2000, Birmingham/USA
Abwehr, 1,88 m, 86 kg

2005-2014 Hoover SC, 2014-2016 Birmingham United SA, 2016/17 Houston Texas, 2017-2018 FC Dallas, seit Juli 2018 FC Bayern München

19/20	Bayern München	BL	1	0
	Bayern München II	3. L	30	4
19/20	Bayern München	BL	1	0
	Bayern München II	3. L	30	4
19/20	Bayern München	BL	1	0
	Bayern München II	3. L	30	4
20/21	Bayern München	BL	3	0
	Bayern München II	3. L	8	0
Feb 21	TSG Hoffenheim	BL	11	0
21/22	Bayern München	BL		

3 A (kein Tor) für die USA

RICHARDS, Omar

15. 2.1998, Lewisham/ENG
Abwehr, 1,74 m, 74 kg

Bis 2013 FC Fulham, ab 2013 FC Reading

17/18	FC Reading	ENG 2	13	2
18/19	FC Reading	ENG 2	10	0
19/20	FC Reading	ENG 2	28	0
20/21	FC Reading	ENG 2	41	0
21/22	Bayern München	BL		

RICHTER, Marco

24. 11. 1997, Friedberg/D
Mittelfeld, 1,76 m, 74 kg

Bis 2004 SV Ried 1951, 2004-2011 Bayern München, seit 2011 FC Augsburg

14/15	FC Augsburg II	RL	1	1
15/16	FC Augsburg II	RL	18	7
16/17	FC Augsburg II	RL	27	24
17/18	FC Augsburg	BL	12	1
	FC Augsburg II	RL	14	9
18/19	FC Augsburg	BL	25	4
19/20	FC Augsburg	BL	31	4
20/21	FC Augsburg	BL	29	3
21/22	FC Augsburg	BL		

RIEMANN, Manuel

9. 9. 1988, Mühldorf am Inn/D
Torwart, 1,86 m, 83 kg

Bis 2003 TSV Ampfing und TSV 1860 Rosenheim, ab 2003 Wacker Burghausen

06/07	Wacker Burghausen	2. BL	1	0
07/08	Wacker Burghausen	RL	32	0
08/09	Wacker Burghausen	3. L	26	0
09/10	Wacker Burghausen	3. L	25	0
10/11	VfL Osnabrück	2. BL	0	0
11/12	VfL Osnabrück	3. L	35	0
12/13	VfL Osnabrück	3. L	31	0
13/14	SV Sandhausen	2. BL	32	0
14/15	SV Sandhausen	2. BL	29	0
15/16	VfL Bochum	2. BL	18	0
16/17	VfL Bochum	2. BL	34	0
17/18	VfL Bochum	2. BL	26	0
18/19	VfL Bochum	2. BL	34	0
19/20	VfL Bochum	2. BL	32	0
20/21	VfL Bochum	2. BL	30	0
21/22	VfL Bochum	BL		

RIESS, Lasse

27. 7. 2001, Münster/D
Torwart, 1,91 m, 88 kg

Bis 2012 FSV Nieder-Olm, seit 2012 1. FSV Mainz 05

20/21	1. FSV Mainz 05 II	RL	21	0
21/22	1. FSV Mainz 05	BL		

ROCA, Marc

Marc Roca Junqué
26. 11. 1996, Vilafranca del Penedes/ESP
Mittelfeld, 1,84 m, 77 kg

14/15	Espanyol Barcelona II	ESP 3	11	1
15/16	Espanyol Barcelona II	ESP 3	34	3
16/17	Espanyol Barcelona	ESP 1	25	0
	Espanyol Barcelona II	ESP 3	6	2
17/18	Espanyol Barcelona	ESP 1	8	0
18/19	Espanyol Barcelona	ESP 1	35	1
19/20	Espanyol Barcelona	ESP 1	35	2
20/21	Espanyol Barcelona	ESP 2	2	1
Okt 20	Bayern München	BL	6	0
21/22	Bayern München	BL		

RODE, Sebastian

11. 10. 1990, Seeheim-Jugenheim/D
Mittelfeld, 1,80 m, 71 kg

1994-1998 SKV Hähnlein, 1998-2002 FC Alsbach, 2002-2004 Viktoria Griesheim, 2004/05 SV Darmstadt 98, ab 2005 Kickers Offenbach

08/09	Kickers Offenbach	3. L	2	0
09/10	Kickers Offenbach	3. L	13	1
10/11	Eintracht Frankfurt	BL	11	2
11/12	Eintracht Frankfurt	2. BL	33	2
12/13	Eintracht Frankfurt	BL	33	0
13/14	Eintracht Frankfurt	BL	17	0
14/15	Bayern München	BL	23	2
15/16	Bayern München	BL	15	1
16/17	Borussia Dortmund	BL	14	1
17/18	Borussia Dortmund	BL	0	0
18/19	Borussia Dortmund II	RL	2	0
Jan 19	Eintracht Frankfurt	BL	12	0
19/20	Eintracht Frankfurt	BL	29	3
20/21	Eintracht Frankfurt	BL	27	1
21/22	Eintracht Frankfurt	BL		

RÖNNOW, Frederik
04. 8. 1992, Horsens/DEN
Torwart, 1,90 m, 81 kg
Bis 2008 Stensballe IK, ab 2008 AC Horsens

11/12	AC Horsens	DEN 1	11	0
12/13	AC Horsens	DEN 1	33	0
13/14	Esbjerg fB	DEN 1	18	0
14/15	AC Horsens	DEN 2	12	0
15/16	Bröndby IF	DEN 1	29	0
16/17	Bröndby IF	DEN 1	34	0
17/18	Bröndby IF	DEN 1	36	0
18/19	Eintracht Frankfurt	BL	2	0
19/20	Eintracht Frankfurt	BL	9	0
20/21	FC Schalke 04	BL	11	0
21/22	1. FC Union Berlin	BL		

8 A (kein Tor) für Dänemark

ROUSSILLON, Jerome
6. 1. 1993, Sarcelles/FRA
Abwehr, 1,75 m, 80 kg
1999-2008 US Saint-Denis, 2008/09 INF Clairefontaine, ab 2009 FC Sochaux

10/11	FC Sochaux II	FRA 4	22	1
11/12	FC Sochaux II	FRA 4	19	2
	FC Sochaux	FRA 1	4	0
12/13	FC Sochaux	FRA 1	25	0
13/14	FC Sochaux	FRA 1	1	0
	FC Sochaux II	FRA 4	3	0
14/15	FC Sochaux	FRA 2	24	0
15/16	Montpellier HSC	FRA 1	33	3
16/17	Montpellier HSC	FRA 1	32	1
17/18	Montpellier HSC	FRA 1	22	3
	Montpellier HSC II	FRA 5	1	0
18/19	VfL Wolfsburg	BL	28	3
19/20	VfL Wolfsburg	BL	29	1
20/21	VfL Wolfsburg	BL	20	0
21/22	VfL Wolfsburg	BL		

RUDY, Sebastian
28. 2. 1990, Villingen-Schwenningen/D
Mittelfeld, 1,80 m, 74 kg
Bis 2001 FC Dietingen, 2001-2003 SV Zimmern, ab 2003 VfB Stuttgart

07/08	VfB Stuttgart II	RL	15	4
08/09	VfB Stuttgart	BL	2	0
	VfB Stuttgart II	3. L	16	7
09/10	VfB Stuttgart	BL	13	0
	VfB Stuttgart II	3. L	6	1
10/11	VfB Stuttgart	BL	0	0
Aug 10	TSG Hoffenheim	BL	32	1
11/12	TSG Hoffenheim	BL	28	0
12/13	TSG Hoffenheim	BL	23	0
13/14	TSG Hoffenheim	BL	27	2
14/15	TSG Hoffenheim	BL	29	4
15/16	TSG Hoffenheim	BL	24	2
16/17	TSG Hoffenheim	BL	32	2
17/18	Bayern München	BL	25	1
18/19	Bayern München	BL	0	0
Aug 18	FC Schalke 04	BL	21	0
19/20	TSG Hoffenheim	BL	32	1
20/21	FC Schalke 04	BL	2	0
Okt 20	TSG Hoffenheim	BL	25	1
21/22	TSG Hoffenheim	BL		

29 A (1 Tor) für Deutschland

RUTTER, Georginio
20. 4. 2002, Vannes/FRA
Sturm, 1,82 m, 77 kg
2007-2014 AS Menimur, 2014-2017 Vannes OC, ab 2017 Stade Rennes

20/21	Stade Rennes	FRA 1	4	0
Feb 21	TSG Hoffenheim	BL	9	1
	TSG Hoffenheim II	RL	6	2
21/22	TSG Hoffenheim	BL		

RYERSON, Julian
17. 11. 1997, Lyngdal/NOR
Abwehr, 1,83 m, 84 kg
Bis Juni 2013 Lyngdal IL, ab Juli 2013 Viking Stavanger

2015	Viking Stavanger	NOR 1	2	0
2016	Viking Stavanger	NOR 1	18	1
2017	Viking Stavanger	NOR 1	28	3
2018	Viking Stavanger	NOR 2	15	3
Jul 18	1. FC Union Berlin	2. BL	8	0
19/20	1. FC Union Berlin	BL	14	0
20/21	1. FC Union Berlin	BL	24	0
21/22	1. FC Union Berlin	BL		

5 A (kein Tor) für Norwegen

SABITZER, Marcel
17. 3. 1994, Graz/AUT
Mittelfeld, 1,78 m, 76 kg
Bis 2001 Villacher SV, 2001-2008 Grazer AK, Juli bis Dezember 2008 1. Wiener Neustäter SC, Januar bis Juni 2009 Austria Wien

09/10	FC Admira Wacker Am.	AUT 3	6	0
10/11	FC Admira Wacker	AUT 2	8	2
	FC Admira Wacker Am.	AUT 3	22	9
11/12	FC Admira Wacker	AUT 1	20	5
	FC Admira Wacker Am.	AUT 3	12	6
12/13	FC Admira Wacker	AUT 1	17	3
Jan 13	Rapid Wien	AUT 1	16	3
13/14	Rapid Wien	AUT 1	29	7
14/15	RB Salzburg	AUT 1	33	19
15/16	RB Leipzig	2. BL	32	8
16/17	RB Leipzig	BL	32	8
17/18	RB Leipzig	BL	22	3
18/19	RB Leipzig	BL	30	4
19/20	RB Leipzig	BL	32	9
20/21	RB Leipzig	BL	27	8
21/22	RB Leipzig	BL		

54 A (8 Tore) für Österreich

SALLAI, Roland
22. 5. 1997, Budapest/HUN
Mittelfeld, 1,82 m, 77 kg
2003-2007 Dyosgyöri VTK, 2007-2009 BFC Siofok, 2009-2014 Videoton Szekesfehervar

14/15	Puskas Akademia	HUN 1	16	2
15/16	Puskas Akademia	HUN 1	31	1
16/17	US Citta di Palermo	ITA 1	21	1
17/18	Puskas Akademia	HUN 1	1	0
Sep 17	APOEL Nikosia	CYP 1	29	9
18/19	APOEL Nikosia	CYP 1	0	0
Aug 18	SC Freiburg	BL	10	2
19/20	SC Freiburg	BL	21	2
20/21	SC Freiburg	BL	28	8
21/22	SC Freiburg	BL		

25 A (4 Tore) für Ungarn

SAMARDZIC, Lazar
24. 2. 2002, Berlin/D
Mittelfeld, 1,84 m, 79 kg
Bis Oktober 2009 FV Blau-Weiß Spandau, DJK Schwarz-Weiß Neukölln und Grün-Weiß Neukölln, ab Oktober 2009 Hertha BSC

19/20	Hertha BSC	BL	3	0
	Hertha BSC II	RL	5	1
20/21	RB Leipzig	BL	7	0
21/22	RB Leipzig	BL		

SAMASSEKOU, Diadie
11. 1. 1996, Bamako/MLI
Mittelfeld, 1,77 m, 68 kg
Bis 2015 Real Bamako

15/16	FC Liefering	AUT 2	25	0
16/17	RB Salzburg	AUT 1	27	0
	FC Liefering	AUT 2	1	0
17/18	RB Salzburg	AUT 1	29	0
18/19	RB Salzburg	AUT 1	26	1
19/20	RB Salzburg	AUT 1	1	0
Aug 19	TSG Hoffenheim	BL	21	0
20/21	TSG Hoffenheim	BL	31	0
21/22	TSG Hoffenheim	BL		

18 A (1 Tor) für Mali

SANÉ, Leroy
11. 1. 1996, Essen/D
Mittelfeld, 1,83 m, 80 kg
2001-2005 SG Wattenscheid 09, 2005-2008 FC Schalke 04, 2008-2011 Bayer Leverkusen, ab 2011 FC Schalke 04

13/14	FC Schalke 04	RL	1	0
14/15	FC Schalke 04	BL	13	3
15/16	FC Schalke 04	BL	33	8
16/17	Manchester City	ENG 1	26	5
17/18	Manchester City	ENG 1	32	10
18/19	Manchester City	ENG 1	31	10
19/20	Manchester City	ENG 1	1	0
20/21	Bayern München	BL	32	6
21/22	Bayern München	BL		

34 A (7 Tore) für Deutschland

SANKOH, Mohamed
16. 10. 2003, Rijswijk/NED
Sturm, 1,78 m, 77 kg
Bis 2013 KRSV Vredenbruch, 2013-2018 Sparta Rotterdam, 2018-2020 Stoke City

20/21	VfB Stuttgart	BL	1	0
	VfB Suttgart	RL	15	9
21/22	VfB Stuttgart	BL		

SANTAMARIA, Baptiste
9. 3. 1995, Saint Doulchard/FRA
Mittelfeld, 1,83 m, 81 kg

13/14	FC Tours	FRA 2	23	3
14/15	FC Tours	FRA 2	35	4
15/16	FC Tours	FRA 2	32	6
16/17	Angers SCO	FRA 1	37	0
17/18	Angers SCO	FRA 1	31	0
18/19	Angers SCO	FRA 1	38	1
19/20	Angers SCO	FRA 1	28	1
20/21	Angers SCO	FRA 1	3	0
Sep 20	SC Freiburg	BL	30	1
21/22	SC Freiburg	BL		

SARACCHI, Marcelo
Marcelo Josemir Saracchi Pinto
23. 4.1998, Paysandu/URU
Abwehr, 1,72 m, 68 kg

15/16	Danubio FC	URU 1	30	1
2016	Danubio FC	URU 1	14	0
2017	Danubio FC	URU 1	10	2
17/18	CA River Plate	ARG 1	19	0
18/19	RB Leipzig	BL	9	0
19/20	RB Leipzig	BL	4	1
Jan 20	Galatasaray Istanbul	TUR 1	14	2
20/21	Galatasaray Istanbul	TUR 1	27	0
21/22	RB Leipzig	BL		

4 A (kein Tor) für Uruguay

SARENREN BAZEE, Noah Joel
21. 8. 1996, Stadthagen/D
Mittelfeld, 1,82 m, 70 kg, NGA/D
Bis 2011 SSV Südwinsen, TuS Celle FC und JFG Allertal, 2011-2013 TSV Havelse, ab 2013 Hannover 96

15/16	Hannover 96 II	RL	15	6
	Hannover 96	BL	5	0
16/17	Hannover 96	2. BL	13	1
	Hannover 96 II	RL	1	0
17/18	Hannover 96	BL	7	0
18/19	Hannover 96	BL	3	0
	Hannover 96 II	RL	3	1
19/20	FC Augsburg	BL	10	1
	FC Augsburg II	RL	2	0
20/21	FC Augsburg	BL	5	0
21/22	FC Augsburg	BL		

SARPEI, Hans Nunoo
22. 8. 1998, Accra/GHA
Mittelfeld, 1,78 m, 76 kg
Bis August 2016 Liberty Professionals Accra

Aug 16	VfB Stuttgart	2. BL	0	0
17/18	VfB Stuttgart	BL	0	0
Sep 17	FK Senica	SVK 1	20	0
18/19	VfB Stuttgart	BL	2	0
Jan 19	SpVgg Greuther Fürth	2 BL	2	0
19/20	SpVgg Greuther Fürth	2. BL	22	0
20/21	SpVgg Greuther Fürth	2. BL	28	1
21/22	SpVgg Greuther Fürth	BL		

SARR, Bouna
31. 1. 1992, Lyon/FRA
Abwehr, 1,77 m, 69 kg
1998-2005 FC Gerland, 2005-2009 Olympique Lyon, ab 2009 FC Metz

10/11	FC Metz II	FRA 4	1	0
11/12	FC Metz	FRA 2	9	1
	FC Metz II	FRA 4	18	6
12/13	FC Metz	FRA 3	29	3
	FC Metz II	FRA 5	4	1
13/14	FC Metz	FRA 2	28	1
14/15	FC Metz	FRA 1	30	2
15/16	Olympique Marseille	FRA 1	25	2
16/17	Olympique Marseille	FRA 1	26	0
17/18	Olympique Marseille	FRA 1	29	0
18/19	Olympique Marseille	FRA 1	29	1
19/20	Olympique Marseille	FRA 1	27	1
20/21	Olympique Marseille	FRA 1	2	0
Okt 20	Bayern München	BL	8	0
21/22	Bayern München	BL		

SCALLY, Joe
31. 12. 2002, Lake Grove/USA
Abwehr, 1,84 m, 80 kg
2015-2020 New York City FC

Jan 21	Bor. Mönchengladbach II	RL	15	1
21/22	Bor. Mönchengladbach	BL		

SCHADE, Kevin
27. 11. 2001, Potsdam/D
Sturm, 1,83 m, 73 kg
2008-2014 SV Babelsberg 03, 2014-2018 Energie Cottbus, seit 2018 SC Freiburg

19/20	SC Freiburg II	RL	4	1
20/21	SC Freiburg II	RL	26	8
21/22	SC Freiburg	BL		

SCHAFFRAN, Leon
31. 7. 1998, Berlin/D
Torwart, 1,86 m, 80 kg
Bis 2012 RSV Eintracht Teltow und SG Blau-Weiß Beelitz, ab 2012 Hertha BSC

15/16	Hertha BSC II	RL	3	0
16/17	Hertha BSC II	RL	5	0
17/18	Hertha BSC II	RL	5	0
18/19	SpVgg Greuther Fürth II	RL	27	0
19/20	SpVgg Greuther Fürth II	RL	19	0
20/21	SpVgg Greuther Fürth	2. BL	0	0
21/22	SpVgg Greuther Fürth	BL		

SCHAUB, Louis
29. 12. 1994, Fulda/D
Mittelfeld, 1,77 m, 72 kg, AUT/D
2001-2007 VfB Admira Wacker Mödling, ab 2007 Rapid Wien

11/12	Rapid Wien Am.	AUT 3	21	4
12/13	Rapid Wien	AUT 1	16	2
	Rapid Wien Am.	AUT 3	7	1
13/14	Rapid Wien	AUT 1	34	3
14/15	Rapid Wien	AUT 1	28	5
	Rapid Wien Am.	AUT 3	1	0
15/16	Rapid Wien	AUT 1	24	5
16/17	Rapid Wien	AUT 1	28	5
17/18	Rapid Wien	AUT 1	30	5
18/19	1. FC Köln	2. BL	27	3
19/20	1. FC Köln	BL	9	1
Jan 20	Hamburger SV	2. BL	12	0
20/21	FC Luzern	SUI 1	32	8
21/22	1. FC Köln	BL		

22 A (6 Tore) für Österreich

SCHICK, Patrik
24. 1. 1996, Prag/CZE
Sturm, 1,86 m, 73 kg
2002/03 TJ Viktoria Vestec, 2003-2007 FS Optimum Sport, ab 2007 Sparta Prag

13/14	Sparta Prag	CZE 1	2	0
14/15	Sparta Prag	CZE 1	2	0
15/16	Bohemians Prag	CZE 1	27	7
16/17	Sampdoria Genua	ITA 1	32	11
17/18	AS Rom	ITA 1	22	2
18/19	AS Rom	ITA 1	24	3
19/20	AS Rom	ITA 1	0	0
Sep 19	RB Leipzig	BL	22	10
20/21	Bayer Leverkusen	BL	29	9
21/22	Bayer Leverkusen	BL		

31 A (16 Tore) für Tschechien

SCHINDLER, Kingsley
12. 7. 1993, Hamburg/D
Mittelfeld, 1,83 m, 77 kg
Bis 2011 Hummelsbütteler SV, SC Alstertal -Langenhorn und Concordia Hamburg, 2011/12 Hannover 96

12/13	TSG Neustrelitz	RL	20	2
13/14	TSG Hoffenheim II	RL	21	8
14/15	TSG Hoffenheim II	RL	26	3
15/16	TSG Hoffenheim II	RL	30	3
16/17	Holstein Kiel	3. L	34	12
17/18	Holstein Kiel	2. BL	33	12
18/19	Holstein Kiel	2. BL	23	6
19/20	1.FC Köln	BL	13	0
20/21	Hannover 96	2. BL	26	0
21/22	1. FC Köln	BL		

SCHLAGER, Xaver
28. 9. 1997, Linz/AUT
Mittelfeld, 1,74 m, 73 kg
2003-2009 SC St. Valentin, ab 2009 RB Salzburg

14/15	FC Liefering	AUT 2	11	1
15/16	FC Liefering	AUT 2	22	3
	RB Salzburg	AUT 1	2	0
16/17	RB Salzburg	AUT 1	13	1
	FC Liefering	AUT 2	11	4
17/18	RB Salzburg	AUT 1	26	1
	FC Liefering	AUT 2	2	0
18/19	RB Salzburg	AUT 1	26	5
19/20	VfL Wolfsburg	BL	23	1
	VfL Wolfsburg II	RL	1	0
20/21	VfL Wolfsburg	BL	32	2
21/22	VfL Wolfsburg	BL		

24 A (1 Tor) für Österreich

SCHLOTTERBECK, Keven
28. 4. 1997, Stuttgart/D
Abwehr, 1,89 m, 85 kg
Bis 2012 Stuttgarter Kickers, 2012-2014 TSG Backnang, 2014/15 VfL Kirchheim

15/16	TSG Backnang	VL	29	3
16/17	TSG Backnang	VL	28	8
	TSG Backnang II	BezL	3	1
17/18	SC Freiburg II	RL	35	3
18/19	SC Freiburg	BL	9	0
	SC Freiburg II	RL	11	0
19/20	1. FC Union Berlin	BL	23	0
20/21	SC Freiburg	BL	24	0
	SC Freiburg II	RL	2	0
21/22	SC Freiburg	BL		

SCHLOTTERBECK, Nico
1. 12. 1999, Waiblingen,D
Abwehr, 1,91 m, 86 kg
Bis 2007 SG Weinstadt, 2007-2014 Stuttgarter Kickers, 2014/15 VfR Aalen, 2015-2017 Karlsruher SC, ab 2017 SC Freiburg

18/19	SC Freiburg	BL	4	0
	SC Freiburg II	RL	23	2
19/20	SC Freiburg	BL	13	0
	SC Freiburg II	RL	1	0
20/21	1. FC Union Berlin	BL	16	1
21/22	SC Freiburg	BL		

SCHMELZER, Marcel
22. 1. 1988, Magdeburg/D
Abwehr, 1,80 m, 74 kg

1997-2001 Fortuna Magdeburg, 2001-2005 1. FC Magdeburg

05/06	Borussia Dortmund II	OL	1	0
06/07	Borussia Dortmund Jugend			
07/08	Borussia Dortmund II	RL	26	0
08/09	Borussia Dortmund	BL	12	0
	Borussia Dortmund II	RL	10	0
09/10	Borussia Dortmund	BL	28	0
	Borussia Dortmund II	3. L	1	0
10/11	Borussia Dortmund	BL	34	0
11/12	Borussia Dortmund	BL	28	1
12/13	Borussia Dortmund	BL	29	0
13/14	Borussia Dortmund	BL	19	1
14/15	Borussia Dortmund	BL	22	0
15/16	Borussia Dortmund	BL	26	0
16/17	Borussia Dortmund	BL	26	0
17/18	Borussia Dortmund	BL	18	0
18/19	Borussia Dortmund	BL	9	0
19/20	Borussia Dortmund	BL	7	1
20/21	Borussia Dortmund	BL	0	0
21/22	Borussia Dortmund	BL		

16 A (kein Tor) für Deutschland

SCHMID, Jonathan
22. 6. 1990, Straßburg/FRA
Abwehr, 1,80 m, 81 kg

1994-2006 Racing Straßburg, 2006/07 Sporting Schiltigheim, Juli bis Dezember 2007 Mars Bischheim, Januar bis Juni 2008 Offenburger FV, ab 2008 SC Freiburg

09/10	SC Freiburg II	RL	18	0
10/11	SC Freiburg	BL	1	0
	SC Freiburg II	RL	31	8
11/12	SC Freiburg	BL	22	1
	SC Freiburg II	RL	12	4
12/13	SC Freiburg	BL	33	11
13/14	SC Freiburg	BL	29	4
14/15	SC Freiburg	BL	33	4
15/16	TSG Hoffenheim	BL	23	4
16/17	FC Augsburg	BL	25	1
17/18	FC Augsburg	BL	25	0
18/19	FC Augsburg	BL	28	3
19/20	SC Freiburg	BL	33	5
20/21	SC Freiburg	BL	31	2
21/22	SC Freiburg	BL		

SCHMITZ, Benno
17. 11. 1994, München/D
Abwehr, 1,82 m, 75 kg

Bis 2001 SV Waldperlach, ab 2001 Bayern München

12/13	Bayern München II	RL	9	0
13/14	Bayern München II	RL	35	3
14/15	FC Liefering	AUT 2	7	0
	RB Salzburg	AUT 1	23	0
15/16	RB Salzburg	AUT 1	24	0
16/17	RB Leipzig	BL	16	0
17/18	RB Leipzig	BL	2	0
18/19	1. FC Köln	2. BL	15	0
	1. FC Köln II	RL	1	0
19/20	1. FC Köln	BL	18	0
	1. FC Köln II	RL	1	0
20/21	1. FC Köln	BL	12	0
21/22	1. FC Köln	BL		

SCHNEIDER, Fabio
31. 7. 2002, Berlin/ D
Mittelfeld, 1,83 m, 78 kg

Bis 2015 TSV Rudow, seit 2015 1. FC Union Berlin

21/22	1. FC Union Berlin	BL		

SCHÖPF, Alessandro
7. 2. 1994 Umhausen/ AUT
Mittelfeld, 1,78 m, 74 kg

1998-2007 SV Längenfeld, 2007-2009 BNZ Tirol, ab 2009 Bayern München

12/13	Bayern München II	RL	29	11
13/14	Bayern München II	RL	34	11
14/15	1. FC Nürnberg	2. BL	32	5
15/16	1. FC Nürnberg	2. BL	19	6
Jan 16	FC Schalke 04	BL	13	3
16/17	FC Schalke 04	BL	28	6
17/18	FC Schalke 04	BL	15	0
	FC Schalke 04 II	OL	1	1
18/19	FC Schalke 04	BL	15	1
19/20	FC Schalke 04	BL	22	0
	FC Schalke 04 II	RL	2	0
20/21	FC Schalke 04	BL	19	0
21/22	Arminia Bielefeld	BL		

28 A (5 Tore) für Österreich

SCHULZ, Arne
23. 3. 2003, Bünde/D
Torwart, 1,90 m, 80 kg

Bis 2015 SV Rödinghausen, seit 2015 Arminia Bielefeld

21/22	Arminia Bielefeld	BL		

SCHULZ, Lasse
29. 3. 2003, Helsinki/FIN
Torwart, 1,99 m, 93 kg, D/FIN

2013-2015 Käpylän Pallo, 2016-2018 HJK Hesinki, 2019 FC Honka Espoo

Jan 20	SpVgg Greuther Fürth II	RL	3	0
21/22	SpVgg Greuther Fürth	BL		

SCHULZ, Nico
1. 4. 1993, Berlin/D
Abwehr, 1,80 m, 83 kg

1997-2000 BSC Rehberge, ab 2000 Hertha BSC

10/11	Hertha BSC	2. BL	21	0
	Hertha BSC II	RL	8	0
11/12	Hertha BSC II	RL	14	0
12/13	Hertha BSC	2. BL	20	1
	Hertha BSC II	RL	1	0
13/14	Hertha BSC	BL	23	0
	Hertha BSC II	RL	1	0
14/15	Hertha BSC	BL	28	1
15/16	Hertha BSC	BL	1	0
Aug 15	Bor. Mönchengladbach	BL	1	0
16/17	Bor. Mönchengladbach	BL	12	1
	Bor. Mönchengladbach II	RL	2	0

17/18	TSG Hoffenheim	BL	27	1
18/19	TSG Hoffenheim	BL	30	1
19/20	Borussia Dortmund	BL	11	1
20/21	Borussia Dortmund	BL	13	0
21/22	Borussia Dortmund	BL		

12 A (2 Tore) für Deutschland

SCHWÄBE, Marvin
25. 4. 1995, Dieburg/D
Torwart, 1,90 m, 87 kg

Bis 2009 Kickers Offenbach und Hassia Dieburg, ab 2009 Eintracht Frankfurt

12/13	Eintracht Frankfurt II	RL	9	0
13/14	TSG Hoffenheim II	RL	17	0
14/15	TSG Hoffenheim II	RL	23	0
15/16	VfL Osnabrück	3. L	38	0
16/17	Dynamo Dresden	2. BL	33	0
17/18	Dynamo Dresden	2. BL	25	0
18/19	Bröndby IF	DEN 1	36	0
19/20	Bröndby IF	DEN 1	36	0
20/21	Bröndby IF	DEN 1	32	0
21/22	1. FC Köln	BL		

SCHWOLOW, Alexander
2. 6. 1992, Wiesbaden/D
Torwart, 1,90 m, 84 kg

Bis 2008 SV Allendorf/Berghausen und SV Wehen Wiesbaden, ab 2008 SC Freiburg

10/11	SC Freiburg II	RL	9	0
11/12	SC Freiburg II	RL	18	0
12/13	SC Freiburg II	RL	14	0
13/14	SC Freiburg	BL	1	0
	SC Freiburg II	RL	10	0
14/15	Arminia Bielefeld	3. L	37	0
15/16	SC Freiburg	2. BL	33	0
16/17	SC Freiburg	BL	34	0
17/18	SC Freiburg	BL	33	0
18/19	SC Freiburg	BL	33	0
19/20	SC Freiburg	BL	24	0
20/21	Hertha BSC	BL	26	0
21/22	Hertha BSC	BL		

SEGUIN, Paul
29. 3. 1995, Magdeburg/D
Mittelfeld, 1,86 m, 79 kg

1999-2007 1. FC Lokomotive Stendal, ab 2007 VfL Wolfsburg

14/15	VfL Wolfsburg II	RL	20	3
15/16	VfL Wolfsburg	BL	4	0
	VfL Wolfsburg II	RL	20	4
16/17	VfL Wolfsburg	BL	22	1
17/18	VfL Wolfsburg II	RL	1	0
Aug 17	Dynamo Dresden	2. BL	23	0
18/19	VfL Wolfsburg	BL	0	0
Jan 19	SpVgg Greuther Fürth	2. BL	12	2
19/20	SpVgg Greuther Fürth	2. BL	32	1
20/21	SpVgg Greuther Fürth	2. BL	33	7
21/22	SpVgg Greuther Fürth	BL		

SELKE, Davie
20. 1. 1995, Schorndorf/D
Sturm, 1,94 m, 84 kg

Bis 2009 FV Weinstadt, SV Fellbach, TSV Schmiden, Stuttgarter Kickers, VfB Stuttgart und Normannia Gmünd, 2009 bis Dezember 2012 TSG Hoffenheim, ab Januar 2013 Werder Bremen

13/14	Werder Bremen	BL	3	0
	Werder Bremen II	RL	26	9
14/15	Werder Bremen	BL	30	9
15/16	RB Leipzig	2. BL	30	10
16/17	RB Leipzig	BL	21	4
17/18	Hertha BSC	BL	27	10
18/19	Hertha BSC	BL	30	3
19/20	Hertha BSC	BL	19	1
Jan 20	Werder Bremen	BL	11	0
20/21	Werder Bremen	BL	23	3
21/22	Hertha BSC	BL		

SERDAR, Suat
11. 4. 1997, Bingen/D
Mittelfeld, 1,84 m, 75 kg, D/TUR

2003-2008 Hassia Bingen, ab 2008 1. FSV Mainz 05

15/16	1. FSV Mainz 05	BL	12	0
	1. FSV Mainz 05 II	3. L	7	0
16/17	1. FSV Mainz 05	BL	8	0
	1. FSV Mainz 05 II	3. L	6	0
17/18	1. FSV Mainz 05	BL	25	2
18/19	FC Schalke 04	BL	26	2
19/20	FC Schalke 04	BL	20	7
20/21	FC Schalke 04	BL	25	1
21/22	Hertha BSC	BL		

4 A (kein Tor) für Deutschland

SERRA, Janni
13. 3. 1998, Hannover/D
Sturm, 1,93 m, 87 kg

Bis 2008 SG Bredenbeck und FC Bennigsen, 2008-2010 Hannover 96, 2010-2013 TSV Havelse, 2013/14 Hannover 96, ab 2014 Borussia Dortmund

17/18	Borussia Dortmund II	RL	13	3
Jan 18	VfL Bochum	2. BL	12	0
18/19	Holstein Kiel	2. BL	30	10
19/20	Holstein Kiel	2. BL	19	7
20/21	Holstein Kiel	2. BL	31	13
21/22	Arminia Bielefeld	BL		

SERTDEMIR, Zidan
4. 2. 2005, DEN
Mittelfeld, 1,83 m, 71 kg

Bis 2017 Bröndby IF, 2017-2021 FC Nordsjaelland

21/22	Bayer Leverkusen	BL		

SEUFERT, Nils
3. 2. 1997, Mannheim/D
Mittelfeld, 1,82 m, 73 kg

Bis 2011 SC Käfertal und Waldhof Mannheim, ab 2011 1. FC Kaiserslautern

15/16	1. FC Kaiserslautern II	RL	16	1
16/17	1. FC Kaiserslautern II	RL	29	4
17/18	1. FC Kaiserslautern	2. BL	20	0
	1. FC Kaiserslautern II	OL	7	2

18/19	Arminia Bielefeld	2. BL	20	0
19/20	Arminia Bielefeld	2. BL	15	0
20/21	Arminia Bielefeld	BL	13	0
21/22	SpVgg Greuther Fürth	BL		

SILAS

Silas Katompa Mvumpa
06. 10. 1998, Kinshasa/COD
Mittelfeld, 1,80 m, 79 kg

2011-2017 Olympic Matete, 2017/18 Olympique Ales

18/19	Paris FC	FRA 2	32	11
19/20	Paris FC	FRA 2	2	0
Aug 19	VfB Stuttgart	2. BL	29	7
20/21	VfB Stuttgart	BL	25	11
21/22	VfB Stuttgart	BL		

SILDILLIA, Kiliann

16. 5. 2002, Montigny-les-Metz/FRA
Abwehr, 1,86 m, 79 kg

2009/10 APM Metz, ab 2010 FC Metz

19/20	FC Metz II	FRA 5	7	0
20/21	SC Freiburg II	RL	36	7
21/22	SC Freiburg	BL		

SILVA, André

André Miguel Valente da Silva
06. 11. 1995, Baguim do Monte/POR
Sturm, 1,85 m, 82 kg

2003-2007 SC Salgueiros, 2007/08 Boavista Porto, 2008-2011 Padroense FC, ab 2011 FC Porto

13/14	FC Porto B	POR 2	21	3
14/15	FC Porto B	POR 2	35	7
15/16	FC Porto	POR 1	9	1
	FC Porto B	POR 2	29	14
16/17	FC Porto	POR 1	32	16
17/18	AC Mailand	ITA 1	24	2
18/19	FC Sevilla	ESP 1	27	9
19/20	AC Mailand	ITA 1	1	0
Sep 19	Eintracht Frankfurt	BL	25	12
20/21	Eintracht Frankfurt	BL	32	28
21/22	RB Leipzig	BL		

42 A (16 Tore) für Portugal

SIMAKAN, Mohamed

3. 5. 2000, Marseille/FRA
Abwehr, 1,87 m, 82 kg

2008-2009 Vivaux Marronniers Sports, 2009/10 FC Bruz, 2010/11 FC Rouguiere, 2011-2014 Olympique Marseille, Januar bis Juni 2015 JO Saint-Gabriel, Juli 2015 -2017 SC Air Bel Marseille

17/18	Racing Straßburg	FRA 5	18	1
18/19	Racing Straßburg	FRA 5	6	0
19/20	Racing Straßburg	FRA 1	19	0
20/21	Racing Straßburg	FRA 1	19	1
21/22	RB Leipzig	BL		

SINKGRAVEN, Daley

4. 7. 1995, Assen/NED
Abwehr, 1,79 m, 67 kg

Bis 2002 VV Beilen, 2002-2008 MVV Alcides, ab 2008 SC Heerenveen

13/14	SC Heerenveen	NED 1	15	0
14/15	SC Heerenveen	NED 1	20	4
Feb 15	Ajax Amsterdam	NED 1	10	0
15/16	Ajax Amsterdam	NED 1	16	0
	Ajax Amsterdam II	NED 2	5	1
16/17	Ajax Amsterdam	NED 1	24	1
17/18	Ajax Amsterdam	NED 1	4	0
	Ajax Amsterdam II	NED 2	4	0
18/19	Ajax Amsterdam	NED 1	9	0
19/20	Bayer Leverkusen	BL	13	0
20/21	Bayer Leverkusen	BL	22	0
21/22	Bayer Leverkusen	BL		

SIPPEL, Tobias

22. 3. 1988, Bad Dürkheim/D
Torwart, 1,83 m, 80 kg

1993-1998 SV Bad Dürkheim, ab 1998 1. FC Kaiserslautern

05/06	1. FC Kaiserslautern II	RL	5	0
06/07	1. FC Kaiserslautern II	RL	3	0
07/08	1. FC Kaiserslautern	2. BL	25	0
	1. FC Kaiserslautern II	OL	9	0
08/09	1. FC Kaiserslautern	2. BL	15	0
09/10	1. FC Kaiserslautern	2. BL	33	0
10/11	1. FC Kaiserslautern	BL	25	0
	1. FC Kaiserslautern II	RL	1	0
11/12	1. FC Kaiserslautern	BL	11	0
12/13	1. FC Kaiserslautern	2. BL	34	0
13/14	1. FC Kaiserslautern	2. BL	33	0
14/15	1. FC Kaiserslautern	2. BL	29	0
15/16	Bor. Mönchengladbach	BL	2	0
16/17	Bor. Mönchengladbach	BL	0	0
17/18	Bor. Mönchengladbach	BL	5	0
18/19	Bor. Mönchengladbach	BL	0	0
19/20	Bor. Mönchengladbach	BL	0	0
20/21	Bor. Mönchengladbach	BL	4	0
21/22	Bor. Mönchengladbach	BL		

SKHIRI, Ellyes

10. 5. 1995, Lunel/FRA
Mittelfeld, 1,85 m, 73 kg, FRA/TUN

1999-2010 Gallia Club Lunel, ab 2010 Montpellier HSC

12/13	Montpellier HSC II	FRA 5	12	1
13/14	Montpellier HSC II	FRA 5	19	0
14/15	Montpellier HSC II	FRA 4	18	2
	Montpellier HSC	FRA 1	2	0
15/16	Montpellier HSC	FRA 1	12	2
	Montpellier HSC II	FRA 5	8	0
16/17	Montpellier HSC	FRA 1	37	1
17/18	Montpellier HSC	FRA 1	35	4
16/17	Montpellier HSC	FRA 1	37	1
18/19	Montpellier HSC	FRA 1	37	3
19/20	1. FC Köln	BL	32	1
20/21	1. FC Köln	BL	32	5
21/22	1. FC Köln	BL		

36 A (1 Tor) für Tunesien

SKOV, Robert
20. 5. 1996, Silkeborg/DEN
Mittelfeld, 1,85 m, 81 kg
Bis 2009 Sejs-Svejbaek IF, ab 2009 Silkeborg IF

12/13	Silkeborg IF	DEN 1	2	0
13/14	Silkeborg IF	DEN 2	1	0
14/15	Silkeborg IF	DEN 1	24	1
15/16	Silkeborg IF	DEN 2	24	6
16/17	Silkeborg IF	DEN 1	27	8
17/18	Silkeborg IF	DEN 1	29	5
Jan 18	FC Kopenhagen	DEN 1	17	1
18/19	FC Kopenhagen	DEN 1	34	31
19/20	FC Kopenhagen	DEN 1	2	0
Jul 19	TSG Hoffenheim	BL	31	4
20/21	TSG Hoffenheim	BL	23	1
21/22	TSG Hoffenheim	BL		

10 A (5 Tore) für Dänemark

SOMMER, Yann
17. 12. 1988, Morges/SUI
Torwart, 1,83 m, 79 kg
1996/97 FC Herrliberg, 1997-2003 Concordia Basel, ab 2003 FC Basel

05/06	FC Basel II	SUI 3	12	0
06/07	FC Basel II	SUI 3	24	0
07/08	FC Vaduz	SUI 2	33	0
08/09	FC Vaduz	SUI 1	17	0
Jan 09	FC Basel	SUI 1	6	0
09/10	Grasshoppers Zürich	SUI 1	33	0
10/11	FC Basel	SUI 1	5	0
	FC Basel II	SUI 3	6	0
11/12	FC Basel	SUI 1	31	0
12/13	FC Basel	SUI 1	36	0
13/14	FC Basel	SUI 1	35	0
14/15	Bor. Mönchengladbach	BL	34	0
15/16	Bor. Mönchengladbach	BL	32	0
16/17	Bor. Mönchengladbach	BL	34	0
17/18	Bor. Mönchengladbach	BL	30	0
18/19	Bor. Mönchengladbach	BL	34	0
19/20	Bor. Mönchengladbach	BL	34	0
20/21	Bor. Mönchengladbach	BL	31	0
21/22	Bor. Mönchengladbach	BL		

66 A (kein Tor) für die Schweiz

SÖRLOTH, Alexander
5. 12. 1995, Trondheim/NOR
Sturm, 1,94 m, 90 kg
Bis 2009 Strindheim IL, ab 2010 Rosenborg Trondheim

2014	Rosenborg Trondheim	NOR 1	6	0
	Rosenborg Trondheim II	NOR 3	12	4
2015	FK Bodö/Glimt	NOR 1	26	13
Jan 16	FC Groningen	NED 1	13	2
16/17	FC Groningen	NED 1	25	3
	FC Groningen II	NED 4	2	0
17/18	FC Midtjylland	DEN 1	19	10
Jan 18	Crystal Palace	ENG 1	4	0
18/19	Crystal Palace	ENG 1	12	0
	KAA Gent	BEL 1	19	4
19/20	Trabzonspor	TUR 1	34	24
20/21	RB Leipzig	BL	29	5
21/22	RB Leipzig	BL		

32 A (11 Tore) für Norwegen

SOSA, Borna
21. 1. 1998, Zagreb/CRO
Abwehr, 1,87 m, 79 kg
Ab 2006 Dinamo Zagreb

14/15	Dinamo Zagreb	CRO 1	1	0
15/16	Dinamo Zagreb	CRO 1	2	0
	Dinamo Zagreb II	CRO 2	6	0
16/17	Dinamo Zagreb	CRO 1	8	0
	Dinamo Zagreb II	CRO 2	5	0
17/18	Dinamo Zagreb	CRO 1	21	0
18/19	VfB Stuttgart	BL	12	0
19/20	VfB Stuttgart	2. BL	12	1
20/21	VfB Stuttgart	BL	26	0
21/22	VfB Stuttgart	BL		

SOW, Djibril
6. 2. 1997, Zürich/SUI
Mittelfeld, 1,84 m, 76 kg
Bis August 2008 BC Albisrieden, September 2008 bis 2015 FC Zürich

15/16	Bor. Mönchengladbach II	RL	15	2
16/17	Bor. Mönchengladbach II	RL	17	4
	Bor. Mönchengladbach	BL	1	0
17/18	Young Boys Bern	SUI 1	27	1
18/19	Young Boys Bern	SUI 1	28	3
19/20	Eintracht Frankfurt	BL	29	1
20/21	Eintracht Frankfurt	BL	28	0
21/22	Eintracht Frankfurt	BL		

18 A (kein Tor) für die Schweiz

ST. JUSTE, Jeremiah
19. 10. 1996, Groningen/NED
Abwehr, 1,84 m, 74 kg, SKN/NED
2002-2007 SV Marum, ab 2007 SC Heerenveen

14/15	SC Heerenveen	NED 1	8	0
15/16	SC Heerenveen	NED 1	28	1
16/17	SC Heerenveen	NED 1	27	2
17/18	Feyenorrd Rotterdam	NED 1	15	2
18/19	Feyenorrd Rotterdam	NED 1	23	3
19/20	Feyenorrd Rotterdam	NED 1	1	0
Aug 19	1. FSV Mainz 05	BL	25	2
20/21	1. FSV Mainz 05	BL	32	0
21/22	1. FSV Mainz 05	BL		

STACH, Anton
15. 11. 1998, Buchholz in der Nordheide/D
Mittelfeld, 1,93 m, 86 kg
Bis 2011 Buchholzer FC, 2011-2015 Werder Bremen, 2015/16 JFV Nordwest

16/17	VfL Osnabrück II	OL	1	0
17/18	SSV Jeddeloh II	RL	14	4
18/19	VfL Wolfsburg II	RL	20	4
19/20	VfL Wolfsburg II	RL	20	2
20/21	SpVgg Greuther Fürth	2. BL	30	1
21/22	1. FSV Mainz 05	BL		

STAFYLIDIS, Konstantinos
02. 12. 1993, Saloniki/GRE
Abwehr, 1,78 m, 72 kg
2000-2006 Aetos Akropotamou, ab 2006 PAOK Saloniki

11/12	PAOK Saloniki	GRE 1	11	0
12/13	PAOK Saloniki	GRE 1	18	1
13/14	Bayer Leverkusen	BL	1	0
	Bayer Leverkusen II	RL	8	1

14/15	FC Fulham	ENG 2	38	0
15/16	Bayer Leverkusen	BL	0	0
Aug 15	FC Augsburg	BL	11	1
16/17	FC Augsburg	BL	27	4
17/18	FC Augsburg	BL	2	0
Jan 18	Stoke City	ENG 1	5	0
18/19	FC Augsburg	BL	12	0
19/20	TSG Hoffenheim	BL	7	1
20/21	TSG Hoffenheim	BL	0	0
21/22	VfL Bochum	BL		

32 A (2 Tore) für Griechenland

STARK, Niklas

14. 4. 1995, Neustadt an der Aisch/D
Abwehr, 1,90 m, 88 kg

1998-2002 FSV Ipsheim, 2002-2004 TSV Neustadt/Aisch, ab 2004 1. FC Nürnberg

12/13	1. FC Nürnberg	BL	3	0
13/14	1. FC Nürnberg	BL	21	0
	1. FC Nürnberg II	RL	2	0
14/15	1. FC Nürnberg	2. BL	26	2
	1. FC Nürnberg II	RL	1	0
15/16	1. FC Nürnberg	2. BL	4	1
Aug 15	Hertha BSC	BL	21	2
16/17	Hertha BSC	BL	27	1
17/18	Hertha BSC	BL	26	1
18/19	Hertha BSC	BL	22	1
19/20	Hertha BSC	BL	21	1
20/21	Hertha BSC	BL	33	0
21/22	Hertha BSC	BL		

2 A (kein Tor) für Deutschland

STEFANIAK, Marvin

3. 2. 1995, Hoyerswerda/D
Mittelfeld, 1,78 m, 76 kg

Bis 2008 FC Lausitz Hoyerswerda und Hoyerswerdaer SV, 2008-2011 SC Borea Dresden, ab 2011 Dynamo Dresden

13/14	Dynamo Dresden	2. BL	8	0
	Dynamo Dresden II	OL	1	0
14/15	Dynamo Dresden	3. L	32	2
	Dynamo Dresden II	OL	2	2
15/16	Dynamo Dresden	3. L	34	4
16/17	Dynamo Dresden	2. BL	26	1
17/18	VfL Wolfsburg II	RL	3	0
Jan 18	1. FC Nürnberg	2. BL	9	1
18/19	VfL Wolfsburg	BL	0	0
19/20	SpVgg Greuther Fürth	2. BL	18	1
20/21	Dynamo Dresden	2. BL	22	0
21/22	VfL Wolfsburg	BL		

STEFFEN, Renato

3. 11. 1991, Aarau/SUI
Mittelfeld, 1,70 m, 65 kg

1998-2004 FC Erlinsbach, 2004-2007 FC Aarau, ab 2007 SC Schöftland

08/09	SC Schöftland	SUI 4	2	1
09/10	SC Schöftland	SUI 4	22	4
10/11	SC Schöftland	SUI 4	21	2
11/12	FC Solothurn	SUI 3	27	8
12/13	FC Thun	SUI 1	19	4
	FC Thun II	SUI 4	5	1
13/14	Young Boys Bern	SUI 1	21	4
	Young Boys Bern	SUI 4	1	1
14/15	Young Boys Bern	SUI 1	34	9
15/16	Young Boys Bern	SUI 1	12	3
	Young Boys Bern II	SUI 4	1	1
Jan 16	FC Basel	SUI 1	16	7
16/17	FC Basel	SUI 1	30	5
17/18	FC Basel	SUI 1	17	3
Jan 18	VfL Wolfsburg	BL	15	0
18/19	VfL Wolfsburg	BL	31	5
19/20	VfL Wolfsburg	BL	27	6
20/21	VfL Wolfsburg	BL	21	5
21/22	VfL Wolfsburg	BL		

14 A (kein Tor) für die Schweiz

STENDERA, Nils

30. 9. 2000, Kassel/D
Mittelfeld, 1,78 m, 69 kg

Bis 2014 Hessen Kassel, seit 2014 Eintracht Frankfurt

19/20	Eintracht Frankfurt	BL	0	0
20/21	1. FC Lok Leipzig	RL	7	0
21/22	Eintracht Frankfurt	BL		

STENZEL, Pascal

20. 3. 1996, Bünde/D
Abwehr, 1,83 m, 74 kg

Bis 2011 Arminia Bielefeld, 2011-2013 VfL Osnabrück, ab 2013 Borussia Dortmund

14/15	Borussia Dortmund II	3. L	1	0
15/16	Borussia Dortmund II	RL	9	0
Jan 16	SC Freiburg	2. BL	11	0
16/17	SC Freiburg	BL	19	1
17/18	SC Freiburg	BL	25	1
18/19	SC Freiburg	BL	21	0
	SC Freiburg II	RL	1	0
19/20	VfB Stuttgart	BL	34	0
20/21	VfB Stuttgart	BL	23	0
21/22	VfB Stuttgart	BL		

STILLER, Angelo

4. 4. 2001, München/D
Mittelfeld, 1,83 m, 75 kg

Bis 2010 TSV Milbertshofen, ab 2010 Bayern München

19/20	Bayern München II	3. L	17	0
20/21	Bayern München II	3. L	33	1
21/22	TSG Hoffenheim	BL		

STINDL, Lars

26. 8. 1988, Speyer/D
Mittelfeld, 1,81 m, 80 kg

Bis 2000 TSV Wiesental, ab 2000 Karlsruher SC

06/07	Karlsruher SC II	RL	12	2
07/08	Karlsruher SC	BL	2	0
	Karlsruher SC II	RL	26	4
08/09	Karlsruher SC	BL	21	4
	Karlsruher SC II	RL	10	5
09/10	Karlsruher SC	2. BL	33	9
	Karlsruher SC II	RL	1	0
10/11	Hannover 96	BL	33	2
11/12	Hannover 96	BL	28	2
12/13	Hannover 96	BL	18	2
13/14	Hannover 96	BL	31	3
14/15	Hannover 96	BL	21	10
15/16	Bor. Mönchengladbach	BL	30	7
16/17	Bor. Mönchengladbach	BL	30	11

17/18	Bor. Mönchengladbach	BL	31	6
18/19	Bor. Mönchengladbach	BL	21	3
19/20	Bor. Mönchengladbach	BL	25	9
20/21	Bor. Mönchengladbach	BL	30	14
21/22	Bor. Mönchengladbach	BL		

11 A (4 Tore) für Deutschland

STÖGER, Kevin

27. 8. 1993, Steyr/AUT
Mittelfeld, 1,75 m, 74 kg

1998-2007 ATSV Steyr, 2007-2009 SV Ried, ab 2009 VfB Stuttgart

10/11	VfB Stuttgart II	3. L	6	0
11/12	VfB Stuttgart II	3. L	23	2
12/13	VfB Stuttgart II	3. L	22	2
13/14	1. FC Kaiserslautern	2. BL	6	1
	1. FC Kaiserslautern II	RL	6	0
14/15	1. FC Kaiserslautern	2. BL	30	2
15/16	SC Paderborn 07	2. BL	25	1
16/17	VfL Bochum	2. BL	7	1
17/18	VfL Bochum	2. BL	30	4
18/19	Fortuna Düsseldorf	BL	25	1
19/20	Fortuna Düsseldorf	BL	17	0
Okt 20	1. FSV Mainz 05	BL	19	3
21/22	1. FSV Mainz 05	BL		

STROBL, Tobias

12. 5. 1990, München/D
Mittelfeld, 1,88 m, 87 kg

1996-2000 SV Aubing, ab 2000 TSV München 1860

08/09	TSV München 1860 II	RL	2	0
09/10	TSV München 1860 II	RL	28	1
10/11	TSV München 1860 II	RL	29	0
11/12	TSG Hoffenheim II	RL	26	5
	TSG Hoffenheim	BL	1	0
12/13	1. FC Köln	2. BL	21	1
	1. FC Köln II	RL	1	0
13/14	TSG Hoffenheim	BL	29	1
14/15	TSG Hoffenheim	BL	30	0
15/16	TSG Hoffenheim	BL	26	0
16/17	Bor. Mönchengladbach	BL	23	0
17/18	Bor. Mönchengladbach	BL	4	0
18/19	Bor. Mönchengladbach	BL	29	0
19/20	Bor. Mönchengladbach	BL	10	0
20/21	FC Augsburg	BL	29	0
21/22	FC Augsburg	BL		

SÜLE, Niklas

3. 9. 1995, Frankfurt/D
Abwehr, 1,95 m, 99 kg

Bis 2009 Rot-Weiß Walldorf und Eintracht Frankfurt, 2009 bis Dezember 2009 SV Darmstadt 98, ab Januar 2010 TSG Hoffenheim

12/13	TSG Hoffenheim	BL	2	0
	TSG Hoffenheim II	RL	4	0
13/14	TSG Hoffenheim	BL	25	4
	TSG Hoffenheim II	RL	2	0
14/15	TSG Hoffenheim	BL	15	1
15/16	TSG Hoffenheim	BL	33	0
16/17	TSG Hoffenheim	BL	33	2
17/18	Bayern München	BL	27	2
18/19	Bayern München	BL	31	2
19/20	Bayern München	BL	8	0
20/21	Bayern München	BL	20	1
21/22	Bayern München	BL		

32 A (1 Tor) für Deutschland

SZALAI, Adam

9. 12. 1987, Budapest/HUN
Sturm, 1,93 m, 93 kg

1994-2003 Honved Budapest, 2003/04 Ujpest Budapest, ab 2004 VfB Stuttgart

06/07	VfB Stuttgart II	RL	33	5
07/08	VfB Stuttgart II	RL	0	0
Aug 07	Real Madrid B	ESP 3	29	4
08/09	Real Madrid B	ESP 3	37	16
09/10	Real Madrid B	ESP 3	13	3
Jan 10	1. FSV Mainz 05	BL	15	1
10/11	1. FSV Mainz 05	BL	20	4
11/12	1. FSV Mainz 05	BL	15	3
12/13	1. FSV Mainz 05	BL	29	13
13/14	FC Schalke 04	BL	28	7
14/15	TSG Hoffenheim	BL	26	4
15/16	TSG Hoffenheim	BL	4	0
Jan 16	Hannover 96	BL	12	0
16/17	TSG Hoffenheim	BL	22	8
17/18	TSG Hoffenheim	BL	18	5
18/19	TSG Hoffenheim	BL	30	6
19/20	1. FSV Mainz 05	BL	27	1
20/21	1. FSV Mainz 05	BL	18	1
21/22	1. FSV Mainz 05	BL		

74 A (24 Tore) für Ungarn

SZOBOSZLAI, Dominik

25. 10. 2000, Szekesfehervar/HUN
Mittelfeld, 1,86 m, 74 kg

2006-2015 Fehervar FC, 2015/16 MTK Budapest, Juli bis Dezember 2016 Fehervar FC, ab Januar 2017 RB Salzburg

17/18	RB Salzburg	AUT 1	1	0
	FC Liefering	AUT 2	33	10
18/19	RB Salzburg	AUT 1	16	3
	FC Liefering	AUT 2	9	6
19/20	RB Salzburg	AUT 1	27	9
20/21	RB Salzburg	AUT 1	12	4
Jan 21	RB Leipzig	BL	0	0
21/22	RB Leipzig	BL		

12 A (3 Tore) für Ungarn

TAH, Jonathan

11. 2. 1996, Hamburg/D
Abwehr, 1,95 m, 97 kg

Bis 2006 Concordia Hamburg, 2006-2009 Altona 93, ab 2009 Hamburger SV

13/14	Hamburger SV	BL	16	0
	Hamburger SV II	RL	6	0
14/15	Hamburger SV II	RL	2	0
Sep 14	Fortuna Düsseldorf	2. BL	23	0
15/16	Bayer Leverkusen	BL	29	0
16/17	Bayer Leverkusen	BL	19	1
17/18	Bayer Leverkusen	BL	28	0
18/19	Bayer Leverkusen	BL	33	3
19/20	Bayer Leverkusen	BL	25	0
20/21	Bayer Leverkusen	BL	27	1
21/22	Bayer Leverkusen	BL		

13 A (kein Tor) für Deutschland

TAPSOBA, Edmond

2. 2. 1999, Ouagadougou/BFA

Abwehr, 1,92 m, 84 kg

Bis 2015 Salitas FC, 2015-2017 US Ouagadougou, 2017/18 Leixoes Matosinhos, ab Januar 2018 Vitoria Guimaraes

18/19	Vitoria Guimaraes B	POR 2	30	7
19/20	Vitoria Guimaraes	POR 1	16	4
Jan 20	Bayer Leverkusen	BL	14	0
20/21	Bayer Leverkusen	BL	31	1
21/22	Bayer Leverkusen	BL		

16 A (kein Tor) für Burkina Faso

TAUER, Niklas

17. 2. 2001, Mainz/D

Mittelfeld, 1,83 m, 72 kg

Bis 2012 SV Mainz-Wiesenau, seit 2012 1. FSV Mainz 05

20/21	1. FSV Mainz 05	BL	5	0
	1. FSV Mainz 05 II	RL	15	1
21/22	1. FSV Mainz 05	BL		

TESCHE, Robert

27. 5. 1987, Wismar/D

Mittelfeld, 1,82 m, 81 kg

1993-2001 Viktoria Mennighüffen, ab 2001 Arminia Bielefeld

05/06	Arminia Bielefeld II	OL	1	0
06/07	Arminia Bielefeld	BL	7	0
	Arminia Bielefeld II	OL	21	4
07/08	Arminia Bielefeld	BL	15	1
08/09	Arminia Bielefeld	BL	26	2
09/10	Hamburger SV	BL	16	2
	Hamburger SV II	RL	1	0
10/11	Hamburger SV	BL	11	0
11/12	Hamburger SV	BL	23	2
12/13	Hamburger SV	BL	4	0
Jan 13	Fortuna Düsseldorf	BL	14	0
13/14	Hamburger SV	BL	9	0
	Hamburger SV II	RL	10	2
14/15	Nottingham Forest	ENG 2	22	2
Mär 15	Birmingham City	ENG 2	12	2
15/16	Nottingham Forest	ENG 2	24	1
16/17	Birmingham City	ENG 2	24	0
17/18	VfL Bochum	2. BL	18	1
18/19	VfL Bochum	2. BL	31	3
19/20	VfL Bochum	2. BL	25	1
20/21	VfL Bochum	2. BL	33	8
21/22	VfL Bochum	BL		

TEUCHERT, Cedric

14. 1. 1997, Coburg/D

Angriff, 1,82 m, 83 kg

2001-2009 DVV Coburg, ab 2009 1. FC Nürnberg

14/15	1. FC Nürnberg	2. BL	1	0
	1. FC Nürnberg II	RL	3	0
15/16	1. FC Nürnberg	2. BL	4	1
	1. FC Nürnberg II	RL	10	5
16/17	1. FC Nürnberg	2. BL	21	4
17/18	1. FC Nürnberg	2. BL	15	6
Jan 18	FC Schalke 04	BL	4	0
18/19	FC Schalke 04	BL	5	0
	FC Schalke 04 II	OL	2	3
19/20	Hannover 96	2. BL	23	6
20/21	1. FC Union Berlin	BL	24	3
21/22	1. FC Union Berlin	BL		

THIELMANN, Jan

26. 5. 2002, Föhren/D

Mittelfeld, 1,78 m, 72 kg

Bis 2015 SV Hetzrath, 2015-2017 Eintracht Trier, seit 2017 1. FC Köln

19/20	1. FC Köln	BL	12	0
20/21	1. FC Köln	BL	24	2
	1. FC Köln II	RL	1	0
21/22	1. FC Köln	BL		

THOMMY, Erik

20. 8. 1994, Ulm/D

Mittelfeld, 1,75 m, 71 kg

Bis 2010 SSV Ulm 1846, ab 2010 FC Augsburg

13/14	FC Augsburg	BL	1	0
	FC Augsburg II	RL	31	18
14/15	FC Augsburg	BL	3	0
	FC Augsburg II	RL	5	1
Jan 15	1. FC Kaiserslautern	2. BL	4	1
	1. FC Kaiserslautern II	RL	2	0
15/16	1. FC Kaiserslautern	2. BL	2	0
	1. FC Kaiserslautern II	RL	2	0
Jan 16	FC Augsburg II	RL	12	3
16/17	Jahn Regensburg	3. L	37	8
17/18	FC Augsburg	BL	6	0
Jan 18	VfB Stuttgart	BL	14	2
18/19	VfB Stuttgart	BL	19	1
	VfB Stuttgart II	RL	1	0
19/20	Fortuna Düsseldorf	BL	34	6
20/21	VfB Stuttgart	BL	8	0
	VfB Stuttgart II	RL	1	1
21/22	VfB Stuttgart	BL		

THURAM, Marcus

6. 8. 1997, Parma/ITA

Sturm, 1,92 m, 88 kg, FRA

2007-2010 Olympique Neuilly, 2010-2012 AC Boulogne-Billancourt, ab 2012 FC Sochaux

13/14	FC Sochaux II	FRA 4	4	0
14/15	FC Sochaux II	FRA 4	19	2
	FC Sochaux	FRA 2	1	0
15/16	FC Sochaux	FRA 2	15	0
	FC Sochaux II	FRA 4	9	0
16/17	FC Sochaux	FRA 2	21	1
17/18	EA Guingamp	FRA 1	32	3
18/19	EA Guingamp	FRA 1	32	9
19/20	Bor. Mönchengladbach	BL	31	10
20/21	Bor. Mönchengladbach	BL	29	8
21/22	Bor. Mönchengladbach	BL		

4 A (kein Tor) für Frankreich

TIGGES, Steffen

31. 7. 1998, Osnabrück/D

Sturm, 1,93 m, 90 kg

Bis 2011 TuS Glane, ab 2011 VfL Osnabrück

15/16	VfL Osnabrück	3. L	12	1
16/17	VfL Osnabrück	3. L	16	0
17/18	VfL Osnabrück	3. L	27	1
18/19	VfL Osnabrück	3. L	25	2
19/20	Borussia Dortmund II	RL	25	9
20/21	Borussia Dortmund	BL	6	0
	Borussia Dortmund II	RL	35	22
21/22	Borussia Dortmund	BL		

TILLMAN, Timothy
4. 1. 1999, Nürnberg/D
Mittelfeld, 1,83 m, 80 kg

Bis 2007 ASV Zirndorf, 2007-2009 1. SC Feucht, 2009-2015 SpVgg Greuther Fürth, ab 2015 Bayern München

17/18	Bayern München II	RL	31	6
18/19	1. FC Nürnberg	BL	6	0
	1. FC Nürnberg II	RL	7	0
19/20	Bayern München	BL	0	0
Jan 20	SpVgg Greuther Fürth	2.BL	12	0
20/21	SpVgg Greuther Fürth	2. BL	24	0
21/22	SpVgg Greuther Fürth	BL		

TOLISSO, Corentin
3. 8. 1994, Tarare/FRA
Mittelfeld, 1,81 m, 81 kg

2000-2004 Stade Amplepuis, 2004-2007 FC du Pays du L'Arbresle, ab 2007 Olympique Lyon

11/12	Olympique Lyon II.	FRA 4	2	0
12/13	Olympique Lyon II.	FRA 4	20	0
13/14	Olympique Lyon.	FRA 1	14	1
	Olympique Lyon II.	FRA 4	8	1
14/15	Olympique Lyon.	FRA 1	38	7
15/16	Olympique Lyon.	FRA 1	33	5
16/17	Olympique Lyon.	FRA 1	31	8
17/18	Bayern München	BL	26	6
18/19	VfL Wolfsburg	BL	2	1
19/20	Bayern München	BL	13	1
20/21	Bayern München	BL	16	1
21/22	Bayern München	BL		

28 A (2 Tor) für Frankreich

TORLAK, Mert-Yusuf
18. 7. 2002, Nürnberg/D
Mittelfeld, 1,73 m, 70 kg

Bis 2010 SG Nürnberg Fürth, seit 2010 SpVgg Greuther Fürth

20/21	SpVgg Greuther Fürth II	RL	1	0
21/22	SpVgg Greuther Fürth	BL		

TORUNARIGHA, Jordan
7. 8. 1997, Chemnitz/D
Abwehr, 1,91 m, 80 kg

Bis 2007 Ludwigsfelder FC, seit 2007 Hertha BSC

15/16	Hertha BSC II	RL	22	2
16/17	Hertha BSC II	RL	10	0
	Hertha BSC	BL	8	1
17/18	Hertha BSC	BL	12	1
	Hertha BSC II	RL	10	1
18/19	Hertha BSC	BL	14	2
	Hertha BSC II	RL	1	0
19/20	Hertha BSC	BL	18	1
	Hertha BSC II	RL	2	0
20/21	Hertha BSC	BL	14	0
21/22	Hertha BSC	BL		

TOURE, Almamy
28. 4. 1996, Bamako/MLI
Abwehr, 1,83 m, 81 kg, FRA/MLI

Bis 2010 FC Bourget, ab 2010 AS Monaco

11/12	AS Monaco II	FRA 4	9	0
12/13	AS Monaco II	FRA 4	12	0
13/14	AS Monaco II	FRA 4	13	0
14/15	AS Monaco II	FRA 4	8	0
	AS Monaco	FRA 1	5	1
15/16	AS Monaco	FRA 1	10	3
	AS Monaco II	FRA 4	3	0
16/17	AS Monaco	FRA 1	15	0
17/18	AS Monaco	FRA 1	20	1
18/19	AS Monaco	FRA 1	4	0
Jan 19	Eintracht Frankfurt	BL	7	0
19/20	Eintracht Frankfurt	BL	19	1
20/21	Eintracht Frankfurt	BL	17	1
21/22	Eintracht Frankfurt	BL		

TOUSART, Lucas
29. 4. 1997, Arras/FRA
Mittelfeld, 1,85 m, 83 kg

2003/04 JS du Pays Rignacois, 2004-2010 US Pays Rignacois, 2010-2013 Rodez AF, ab 2013 FC Valenciennes

14/15	FC Valenciennes	FRA 2	17	0
15/16	FC Valenciennes	FRA 2	1	0
Aug 15	Olympique Lyon	FRA 1	1	0
	Olympique Lyon B	FRA 4	15	1
16/17	Olympique Lyon	FRA 1	22	1
	Olympique Lyon B	FRA 4	2	0
17/18	Olympique Lyon	FRA 1	37	0
18/19	Olympique Lyon	FRA 1	30	0
19/20	Olympique Lyon	FRA 1	24	2
20/21	Hertha BSC	BL	26	1
21/22	Hertha BSC	BL		

TRAPP, Kevin
8. 7. 1990, Merzig/D
Torwart, 1,89 m, 84 kg

1997-2000 FC Brotdorf, 2000-2003 SSV Bachem, 2003-2005 SV Mettlach, ab 2005 1. FC Kaiserslautern

08/09	1. FC Kaiserslautern II	RL	19	0
09/10	1. FC Kaiserslautern II	RL	15	0
10/11	1. FC Kaiserslautern	BL	9	0
	1. FC Kaiserslautern II	RL	4	0
11/12	1. FC Kaiserslautern	BL	23	0
	1. FC Kaiserslautern II	RL	1	0
12/13	Eintracht Frankfurt	BL	26	0
13/14	Eintracht Frankfurt	BL	34	0
14/15	Eintracht Frankfurt	BL	22	0
15/16	Paris Saint-Germain	FRA 1	35	0
16/17	Paris Saint-Germain	FRA 1	24	0
17/18	Paris Saint-Germain	FRA 1	4	0
Aug 18	Eintracht Frankfurt	BL	33	0
19/20	Eintracht Frankfurt	BL	22	0
20/21	Eintracht Frankfurt	BL	33	0
21/22	Eintracht Frankfurt	BL		

5 A (kein Tor) für Deutschland

TRIMMEL, Christopher

24. 2. 1987, Oberpullendorf/AUT
Abwehr, 1,89 m, 82 kg

Ab 1994 UFC Mannersdorf

05/06	UFC Mannersdorf	AUT 5		
06/07	ASK Horitschon	AUT 4		
07/08	ASK Horitschon	AUT 4	15	7
08/09	Rapid Wien Am.	AUT 3	26	10
	Rapid Wien	AUT 1	5	0
09/10	Rapid Wien	AUT 1	24	5
10/11	Rapid Wien	AUT 1	28	1
11/12	Rapid Wien	AUT 1	27	4
12/13	Rapid Wien	AUT 1	31	4
13/14	Rapid Wien	AUT 1	34	4
14/15	1. FC Union Berlin	2. BL	29	0
15/16	1. FC Union Berlin	2. BL	26	1
16/17	1. FC Union Berlin	2. BL	33	0
17/18	1. FC Union Berlin	2. BL	32	1
18/19	1. FC Union Berlin	2. BL	32	0
19/20	1. FC Union Berlin	BL	32	0
20/21	1. FC Union Berlin	BL	31	1
21/22	1. FC Union Berlin	BL		

14 A (kein Tor) für Österreich

TSCHAUNER, Philipp

3. 11. 1985, Schwabach/D
Torwart, 1,96 m, 100 kg

1994/95 TSV Wendelstein, ab 1995 1. FC Nürnberg

04/05	1. FC Nürnberg Am.	OL	24	0
05/06	1. FC Nürnberg II	OL	24	0
	1. FC Nürnberg	BL	1	0
06/07	TSV München 1860 II	RL	27	0
	TSV München 1860	2. BL	5	0
07/08	TSV München 1860	2. BL	16	0
08/09	TSV München 1860	2. BL	26	0
	TSV München 1860 II	RL	4	0
09/10	TSV München 1860	2. BL	1	0
	TSV München 1860 II	RL	9	0
10/11	TSV München 1860	2. BL	1	0
11/12	FC St. Pauli	2. BL	24	0
	FC St. Pauli II	RL	2	0
12/13	FC St. Pauli	2. BL	33	1
13/14	FC St. Pauli	2. BL	32	0
14/15	FC St. Pauli	2. BL	15	0
15/16	Hannover 96	BL	0	0
16/17	Hannover 96	2. BL	32	0
17/18	Hannover 96	BL	31	0
18/19	Hannover 96	BL	1	0
Jan 19	FC Ingolstadt 04	2. BL	16	0
19/20	RB Leipzig	BL	0	0
20/21	RB Leipzig	BL	0	0
21/22	RB Leipzig	BL		

TUTA

Lucas Silva Melo
4. 7. 1999, Sao Paulo/BRA
Abwehr, 1,85 m, 81 kg

Bis Januar 2019 FC Sao Paulo

Jan 19	Eintracht Frankfurt	BL	0	0
Aug 19	KV Kortrijk	BEL 1	14	1
20/21	Eintracht Frankfurt	BL	19	0
21/22	Eintracht Frankfurt	BL		

UDUOKHAI, Felix

9. 9. 1997, Annaberg-Buchholz/D
Abwehr, 1,92 m, 78 kg

Bis 2008 VfB Annaberg und Erzgebirge Aue, ab 2008 TSV München 1860

15/16	TSV München 1860 II	RL	2	0
16/17	TSV München 1860	2. BL	21	1
	TSV München 1860 II	RL	3	0
17/18	VfL Wolfsburg	BL	19	1
18/19	VfL Wolfsburg	BL	11	0
19/20	FC Augsburg	BL	26	0
20/21	FC Augsburg	BL	29	1
21/22	FC Augsburg	BL		

UJAH, Anthony

14. 10. 1990, Ugbokolo/NGA
Sturm, 1,80 m, 85 kg

2002-07 Lucky Stars Ibadan, 2007/08 Abuja FC

08/09	Warri Wolves	NGA 1		
09/10	Warri Wolves	NGA 1		
Feb 10	Lilleström SK	NOR 1	24	14
2011	Lilleström SK	NOR 1	12	13
11/12	1. FSV Mainz 05	BL	12	2
12/13	1. FSV Mainz 05	BL	0	0
Aug 12	1. FC Köln	2. BL	28	13
13/14	1. FC Köln	2. BL	34	11
14/15	1. FC Köln	BL	32	10
15/16	Werder Bremen	BL	32	11
2016	Liaoning Hongyun	CHN 1	15	5
2017	Liaoning Hongyun	CHN 1	24	5
Jan 18	1. FSV Mainz 05	BL	11	0
18/19	1. FSV Mainz 05	BL	22	4
19/20	1. FC Union Berlin	BL	24	3
20/21	1. FC Union Berlin	BL	0	0
21/22	1. FC Union Berlin	BL		

7 A (kein Tor) für Nigeria

ULREICH, Sven

3. 8. 1988, Schorndorf/D
Torwart, 1,92 m, 87 kg

1993/94 TSV Lichtenwald, 1994-1998 TSV Schorndorf, ab 1998 VfB Stuttgart

06/07	VfB Stuttgart II	RL	10	0
07/08	VfB Stuttgart	BL	11	0
	VfB Stuttgart II	RL	19	0
08/09	VfB Stuttgart II	3. L	36	0
09/10	VfB Stuttgart	BL	4	0
	VfB Stuttgart II	3. L	8	0
10/11	VfB Stuttgart	BL	34	0
11/12	VfB Stuttgart	BL	34	0
12/13	VfB Stuttgart	BL	34	0
13/14	VfB Stuttgart	BL	31	0
14/15	VfB Stuttgart	BL	28	0
15/16	Bayern München	BL	1	0
16/17	Bayern München	BL	5	0
17/18	Bayern München	BL	29	0
18/19	Bayern München	BL	9	0
19/20	Bayern München	BL	1	0
20/21	Hamburger SV	2.BL	32	0
21/22	Bayern München	BL		

UNBEHAUN, Luca
27. 2. 2001, Bochum/D
Torwart, 1,86 m, 82 kg
2006-2009 Union Bergen, 2009-2016 VfL Bochum, seit 2016 Borussia Dortmund

19/20	Borussia Dortmund II	RL	5	0
20/21	Borussia Dortmund II	RL	26	0
21/22	Borussia Dortmund	BL		

UPAMECANO, Dayot
27. 10. 1998, Evreux/FRA
Abwehr, 1,86 m, 90 kg
2004 bis Dezember 2007 VS Angers, Januar 2008 bis 2009 FC Prey, 2009-2013 Evreux FC, 2013-2015 FC Valenciennes

15/16	RB Salzburg	AUT 1	2	0
	FC Liefering	AUT 2	16	0
16/17	RB Salzburg	AUT 1	15	0
Jan 17	RB Leipzig	BL	12	0
17/18	RB Leipzig	BL	28	3
18/19	RB Leipzig	BL	15	0
19/20	RB Leipzig	BL	28	0
20/21	RB Leipzig	BL	29	1
21/22	Bayern München	BL		

3 A (1 Tor) für Frankreich

UPHOFF, Benjamin
8. 8. 1993, Burghausen/D
Torwart, 1,91 m, 86 kg
1998-2011 Wacker Burghausen

11/12	1. FC Nürnberg II	RL	11	0
12/13	1. FC Nürnberg II	RL	20	0
13/14	1. FC Nürnberg II	RL	19	0
14/15	1. FC Nürnberg II	RL	6	0
Aug 14	VfB Stuttgart II	3. L	7	0
15/16	1. FC Nürnberg II	RL	7	0
Aug 15	VfB Stuttgart II	3. L	25	0
16/17	VfB Stuttgart II	RL	18	0
17/18	Karlsruher SC	3. L	37	0
18/19	Karlsruher SC	3. L	37	0
19/20	Karlsruher SC	2. BL	34	0
20/21	SC Freiburg	BL	0	0
21/22	SC Freiburg	BL		

UTH, Mark
24. 8. 1991, Köln/D
Sturm, 1,85 m, 72 kg
1996-2004 TuS Langel, 2004-2007 1. FC Köln, 2007-2009 SCB Viktoria Köln

09/10	1. FC Köln II	RL	3	0
10/11	1. FC Köln II	RL	23	7
11/12	1. FC Köln II	RL	15	9
12/13	SC Heerenveen	NED 1	3	0
13/14	SC Heerenveen	NED 1	0	0
Sep 13	Heracles Almelo	NED 1	28	8
14/15	SC Heerenveen	NED 1	32	15
15/16	TSG Hoffenheim	BL	25	8
16/17	TSG Hoffenheim	BL	22	7
17/18	TSG Hoffenheim	BL	31	14
18/19	FC Schalke 04	BL	20	2
19/20	FC Schalke 04	BL	8	0
19/20	FC Schalke 04 II	RL	1	0
Jan 20	1. FC Köln	BL	15	5
20/21	FC Schalke 04	BL	20	3
21/22	1. FC Köln	BL		

1 A (kein Tor) für Deutschland

VAN DER HOORN, Mike
15. 10. 1992, Almere/NED
Abwehr, 1,90 m, 82 kg
Bis 2001 SC Buitenboys Almere, 2001-2006 Almere City, ab 2006 FC Utrecht

10/11	FC Utrecht	NED 1	1	0
11/12	FC Utrecht	NED 1	12	2
12/13	FC Utrecht	NED 1	31	4
13/14	Ajax Amsterdam	NED 1	3	0
	Ajax Amsterdam II	NED 2	12	0
14/15	Ajax Amsterdam	NED 1	15	2
	Ajax Amsterdam II	NED 2	6	0
15/16	Ajax Amsterdam	NED 1	15	1
	Ajax Amsterdam II	NED 2	4	1
16/17	Swansea City	ENG 1	8	1
17/18	Swansea City	ENG 1	24	1
18/19	Swansea City	ENG 2	46	3
19/20	Swansea City	ENG 2	28	1
Sep 20	Arminia Bielefeld	BL	22	0
21/22	Arminia Bielefeld	BL		

VAN DRONGELEN, Rick
20. 12. 1998, Terneuzen/NED
Abwehr, 1,87 m, 82 kg
Bis 2012 JVO Zeeland und FC Axel

15/16	Sparta Rotterdam	NED 2	15	1
16/17	Sparta Rotterdam	NED 1	31	0
17/18	Hamburger SV	BL	18	0
18/19	Hamburger SV	2. BL	34	2
19/20	Hamburger SV	2. BL	32	0
20/21	Hamburger SV	2. BL	4	0
21/22	1. FC Union Berlin	BL		

VARGAS, Ruben
5. 8. 1998, Adligenswil/SUI
Mittelfeld, 1,74 m, 68 kg
2006 bis Dezember 2007 FC Adligenswil, Januar 2008 bis 2014 FC Luzern, 2014/15 SC Kriens

15/16	FC Luzern II	SUI 4	6	3
16/17	FC Luzern II	SUI 4	10	9
17/18	FC Luzern	SUI 1	19	1
	FC Luzern II	SUI 4	9	5
18/19	FC Luzern	SUI 1	31	8
19/20	FC Augsburg	BL	33	6
20/21	FC Augsburg	BL	30	6
21/22	FC Augsburg	BL		

16 A (2 Tor) für die Schweiz

VASILIADIS, Sebastian
04. 10. 1997, Auenwald/D
Mittelfeld, 1,77 m, 73 kg
Bis 2013 TSG Backnang, ab 2013 VfR Aalen

14/15	VfR Aalen II	OL	3	0
15/16	VfR Aalen	3. L	8	0
16/17	VfR Aalen	3. L	28	3
17/18	VfR Aalen	3. L	24	5
18/19	SC Paderborn 07	2. BL	28	6
19/20	SC Paderborn 07	BL	32	1
20/21	SC Paderborn 07	2. BL	19	0
21/22	Arminia Bielefeld	BL		

VOGLSAMMER, Andreas
9. 1. 1992, Rosenheim/D
Sturm, 1,78 m, 85 kg
Bis 2007 TSV Haag, TSV Dorfen und TSV Rosenheim, 2007-2010 Bayern München

10/11	Karlsruher SC	2. BL	1	0
11/12	TSV Rosenheim	VL	32	12
12/13	SpVgg Unterhaching	3. L	38	5
13/14	SpVgg Unterhaching	3. L	35	10
14/15	SpVgg Unterhaching	3. L	22	6
Jan 15	1. FC Heidenheim	2. BL	11	0
15/16	1. FC Heidenheim	2. BL	13	0
Jan 16	Arminia Bielefeld	2. BL	9	0
16/17	Arminia Bielefeld	2. BL	32	8
17/18	Arminia Bielefeld	2. BL	34	13
18/19	Arminia Bielefeld	2. BL	34	13
19/20	Arminia Bielefeld	2. BL	29	12
20/21	Arminia Bielefeld	BL	18	2
21/22	1. FC Union Berlin	BL		

VOGT, Kevin
23. 9. 1991, Witten/D
Abwehr, 1,94 m, 85 kg
1995-2002 VfB Langendreerholz, 2002-2004 Werner SV Bochum, ab 2004 VfL Bochum

08/09	VfL Bochum	BL	1	0
	VfL Bochum II	RL	2	0
09/10	VfL Bochum II	RL	6	1
10/11	VfL Bochum	2. BL	21	0
	VfL Bochum II	RL	11	0
11/12	VfL Bochum	2. BL	16	2
12/13	FC Augsburg	BL	28	1
13/14	FC Augsburg	BL	28	1
14/15	1. FC Köln	BL	32	1
15/16	1. FC Köln	BL	23	0
	1. FC Köln II	RL	1	0
16/17	TSG Hoffenheim	BL	31	0
17/18	TSG Hoffenheim	BL	31	0
18/19	TSG Hoffenheim	BL	28	0
19/20	TSG Hoffenheim	BL	11	0
Jan 20	Werder Bremen	BL	14	0
20/21	TSG Hoffenheim	BL	24	0
21/22	TSG Hoffenheim	BL		

VRANCKX, Aster
04. 10. 2002, Erps-Kwerps/BEL
Mittelfeld, 1,83 m, 78 kg
2009-2011 SC Hoegaarden-Outgaarden, 2011-2014 KVK Tienen, 2014-2016 KV Woluwe-Zaventem, ab 2016 KV Mechelen

19/20	KV Mechelen	BEL 1	9	1
20/20	KV Mechelen	BEL 1	24	4
21/22	VfL Wolfsburg	BL		

WEGHORST, Wout
7. 8. 1992, Borne/NED
Sturm, 1,97 m, 84 kg
Bis 2011 NEO Borne und DETO Twenterand, 2011/12 Willem II Tilburg

12/13	FC Emmen	NED 2	28	8
13/14	FC Emmen	NED 2	34	11
14/15	Heracles Almelo	NED 1	31	8
15/16	Heracles Almelo	NED 1	33	12
16/17	AZ Alkmaar	NED 1	29	13
17/18	AZ Alkmaar	NED 1	31	18
18/19	VfL Wolfsburg	BL	34	17
19/20	VfL Wolfsburg	BL	32	16
20/21	VfL Wolfsburg	BL	34	20
21/22	VfL Wolfsburg	BL		

10 A (2 Tore) für die Niederlande

WEILANDT, Tom
27. 4. 1992, Rostock/D
Mittelfeld, 1,86 m, 77 kg
Ab 1997 Bis 2003 LSG Elmenhorst und SV Warnemünde, ab 2003 Hansa Rostock

10/11	Hansa Rostock	3. L	1	0
11/12	Hansa Rostock	2. BL	24	1
12/13	Hansa Rostock	3. L	34	7
13/14	SpVgg Greuther Fürth	2. BL	23	3
	SpVgg Greuther Fürth II	RL	1	1
14/15	SpVgg Greuther Fürth	2. BL	22	5
15/16	SpVgg Greuther Fürth	2. BL	17	2
16/17	VfL Bochum	2. BL	22	3
17/18	Holstein Kiel	2. BL	18	1
18/19	VfL Bochum	2. BL	27	9
19/20	VfL Bochum	2. BL	22	0
20/21	VfL Bochum	2. BL	0	0
21/22	VfL Bochum	BL		

WEISER, Mitchell
21. 4. 1994, Troisdorf/D
Abwehr, 1,77 m, 71 kg
2000-2005 TVE Veltenhof, ab 2005 1. FC Köln

11/12	1. FC Köln	BL	1	0
	1. FC Köln II	RL	2	0
12/13	Bayern München II	RL	9	0
Jan 13	1. FC Kaiserslautern	2. BL	13	2
13/14	Bayern München	BL	3	0
	Bayern München II	RL	19	3
14/15	Bayern München	BL	13	1
	Bayern München II	RL	7	0
15/16	Hertha BSC	BL	29	2
16/17	Hertha BSC	BL	17	2
17/18	Hertha BSC	BL	24	1
18/19	Bayer Leverkusen	BL	30	1
19/20	Bayer Leverkusen	BL	18	1
20/21	Bayer Leverkusen	BL	5	1
21/22	Bayer Leverkusen	BL		

WEISSHAUPT, Noah
20. 9. 2001, Rostock/D
Mittelfeld, 1,82 m, 74 kg
Bis 2012 SV Kappel und SV Ebnet, seit 2012 SC Freiburg

20/21	SC Freiburg II	RL	31	5
21/22	SC Freiburg	BL		

WENDELL
Wendell Nascimento Borges
20. 7. 1993, Fortaleza/BRA
Abwehr, 1,78 m, 73 kg

2011	Iraty SC	BRA-R1	11	0
2012	Londrina EC	BRA-R1	17	2
Jul 12	Parana Clube Curitiba	BRA 2	15	0
2013	Londrina EC	BRA-R1	23	1
Jun 13	Gremio Porto Alegre	BRA 1	9	0
2014	Gremio Porto Alegre	BRA-R1	13	1
	Gremio Porto Alegre	BRA 1	2	0
14/15	Bayer Leverkusen	BL	26	1

15/16	Bayer Leverkusen	BL	28	0
16/17	Bayer Leverkusen	BL	32	2
17/18	Bayer Leverkusen	BL	26	2
18/19	Bayer Leverkusen	BL	28	2
19/20	Bayer Leverkusen	BL	24	0
20/21	Bayer Leverkusen	BL	22	0
21/22	Bayer Leverkusen	BL		

WERTHMÜLLER, Ruwen

28. 1. 2001, Berlin/D
Sturm, 1,83 m, 73 kg

Bis Januar 2010 SV Empor Berlin, seit Februar 2010 Hertha BSC

20/21	Hertha BSC II	RL	11	3
21/22	Hertha BSC	BL		

WIDMER, Silvan

5. 3. 1993, Aarau/SUI
Abwehr, 1,83 m, 79 kg

2001-2007 SV Würenlos, 2007/08 FC Baden, ab 2008 FC Aarau

10/11	FC Aarau II	SUI 5	10	3
11/12	FC Aarau	SUI 2	29	3
12/13	FC Aarau	SUI 2	34	8
13/14	Udinese Calcio	ITA 1	16	0
14/15	Udinese Calcio	ITA 1	36	2
15/16	Udinese Calcio	ITA 1	27	0
16/17	Udinese Calcio	ITA 1	28	0
17/18	Udinese Calcio	ITA 1	24	3
18/19	FC Basel	SUI 1	31	1
19/20	FC Basel	SUI 1	32	2
20/21	FC Basel	SUI 1	22	0
21/22	1. FSV Mainz 05	BL		

20 A (1 Tor) für die Schweiz

WILLIAM

William de Asevedo Furtado
3. 4. 1995, Pelotas/BRA
Abwehr, 1,76 m, 67 kg

Bis 2011 Juventude Caxias do Sul, ab 2012 Internacional Porto Alegre

2015	Inter Porto Alegre	BRA-R1	8	0
	Inter Porto Alegre	BRA-1	29	0
2016	Inter Porto Alegre	BRA-R1	11	0
	Inter Porto Alegre	BRA-1	32	0
2017	Inter Porto Alegre	BRA-R1	12	0
	Inter Porto Alegre	BRA-2	2	0
17/18	VfL Wolfsburg	BL	22	0
18/19	VfL Wolfsburg	BL	31	2
19/20	VfL Wolfsburg	BL	16	1
20/21	VfL Wolfsburg	BL	2	0
20/21	FC Schalke 04	BL	8	0
2015	Inter Porto Alegre	BRA-R1	8	0
	Inter Porto Alegre	BRA-1	29	0
2016	Inter Porto Alegre	BRA-R1	11	0
	Inter Porto Alegre	BRA-1	32	0
2017	Inter Porto Alegre	BRA-R1	12	0
	Inter Porto Alegre	BRA-2	2	0
17/18	VfL Wolfsburg	BL	22	0
18/19	VfL Wolfsburg	BL	31	2
19/20	VfL Wolfsburg	BL	16	1
20/21	VfL Wolfsburg	BL	2	0
20/21	FC Schalke 04	BL	8	0
21/22	VfL Wolfsburg	BL		

WINTHER, Frederik

4. 1. 2001, Gentofte/DEN
Abwehr, 1,86 m, 77 kg

2007-2014 B 1903 Kopenhagen, ab 2014 Lyngby BK

18/19	Lyngby BK	DEN 2	8	0
19/20	Lyngby BK	DEN 1	28	0
20/21	Lyngby BK	DEN 1	17	1
21/22	FC Augsburg	BL		

WIRTZ, Florian

3. 5. 2003, Pulheim/D
Mittelfeld, 1,76 m, 69 kg

Bis 2010 Grün-Weiß Brauweiler, 2010-2020 1. FC Köln

Jan 20	Bayer Leverkusen	BL	7	1
20/21	Bayer Leverkusen	BL	29	5
21/22	Bayer Leverkusen	BL		

WITSEL, Axel

12. 1. 1989, Lüttich/BEL
Mittelfeld, 1,86 m, 81 kg

1995-1997 RC Vottem, 1997-1999 CS Visé, ab 1999 Standard Lüttich

06/07	Standard Lüttich	BEL 1	16	2
07/08	Standard Lüttich	BEL 1	33	7
08/09	Standard Lüttich	BEL 1	33	7
09/10	Standard Lüttich	BEL 1	27	6
10/11	Standard Lüttich	BEL 1	37	10
11/12	Benfica Lissabon	POR 1	29	1
12/13	Benfica Lissabon	POR 1	3	0
Sep 12	Zenit St. Petersburg	RUS 1	19	4
13/14	Zenit St. Petersburg	RUS 1	30	4
14/15	Zenit St. Petersburg	RUS 1	28	3
15/16	Zenit St. Petersburg	RUS 1	29	3
16/17	Zenit St. Petersburg	RUS 1	16	1
2017	Tianjin Quanjian	CHN 1	27	4
2018	Tianjin Quanjian	CHN 1	9	1
18/19	Borussia Dortmund	BL	33	4
19/20	Borussia Dortmund	BL	28	4
20/21	Borussia Dortmund	BL	15	0
21/22	Borussia Dortmund	BL		

114 A (10 Tore) für Belgien

WOLF, Hannes

16. 4. 1999, Graz/AUT
Mittelfeld, 1,79 m, 69 kg

Bis November 2008 SC Seiersberg, November 2008 bis Februar 2012 SV Gössendorf, Februar bis Juni 2012 SV Vasoldsberg, 2012-2014 JAZ GU Süd Graz, ab 2014 RB Salzburg

15/16	FC Liefering	AUT 2	10	1
16/17	FC Liefering	AUT 2	25	6
	RB Salzburg	AUT 1	3	0
17/18	RB Salzburg	AUT 1	27	8
18/19	RB Salzburg	AUT 1	22	8
19/20	RB Leipzig	BL	5	0
20/21	Bor. Mönchengladbach	BL	32	3
21/22	Bor. Mönchengladbach	BL		

WOLF, Marius
27. 5. 1995, Coburg/D
Mittelfeld, 1,87 m, 81 kg

1998-2004 VfB Einberg, 2004-2006 JFG Rödental, 2007-2012 1. FC Nürnberg, ab 2012 TSV München 1860

14/15	TSV München 1860	2. BL	23	2
	TSV München 1860 II	RL	10	3
15/16	TSV München 1860	2. BL	16	3
Jan 16	Hannover 96	BL	2	0
	Hannover 96 II	RL	6	1
16/17	Hannover 96 II	RL	9	1
Jan 17	Eintracht Frankfurt	BL	3	0
17/18	Eintracht Frankfurt	BL	28	5
18/19	Borussia Dortmund	BL	16	1
Sep 19	Hertha BSC	BL	21	1
20/21	1. FC Köln	BL	31	2
21/22	Borussia Dortmund	BL		

WOSZ, Joscha
20. 7. 2002, Halle (Saale)/D
Mittelfeld, 1,74 m, 75 kg

Bis 2015 Hallescher FC, seit 2015 RB Leipzig

20/21	RB Leipzig	BL	2	0
21/22	RB Leipzig	BL		

WSZOLEK, Pawel
30. 4. 1992, Tczew/POL
Mittelfeld, 1,84 m, 77 kg

2001-2004 Wisla Tczew, 2004/05 Lechia Danzig, 2005-2009 Wisla Tczew, ab 2009 Polonia Warschau

10/11	Polonia Warschau	POL 1	7	0
11/12	Polonia Warschau	POL 1	26	2
12/13	Polonia Warschau	POL 1	27	7
13/14	Sampdoria Genua	ITA 1	19	1
14/15	Sampdoria Genua	ITA 1	6	0
15/16	Sampdoria Genua	ITA 1	2	0
Aug 15	Hellas Verona	ITA 1	26	0
16/17	Queens Park Rangers	ENG 2	29	3
17/18	Queens Park Rangers	ENG 2	36	2
18/19	Queens Park Rangers	ENG 2	38	4
19/20	Legia Warschau	POL 1	25	6
	Legia Warschau	POL 4	1	0
20/21	Legia Warschau	POL 1	24	3
21/22	1. FC Union Berlin	BL		

10 A (2 Tore) für Polen

YOUNES, Amin
6. 8. 1993, Düsseldorf/D
Mittelfeld, 1,68 m, 67 kg

1997-200 SG Unterrath, ab 2000 Borussia Mönchengladbach

10/11	Bor. Mönchengladbach II	RL	6	0
11/12	Bor. Mönchengladbach	BL	1	0
	Bor. Mönchengladbach II	RL	20	3
12/13	Bor. Mönchengladbach	BL	11	1
	Bor. Mönchengladbach II	RL	11	1
13/14	Bor. Mönchengladbach	BL	14	0
14/15	1. FC Kaiserslautern	2. BL	14	2
	1. FC Kaiserslautern II	RL	3	0
15/16	Ajax Amsterdam	NED 1	27	8
	Ajax Amsterdam II	NED 2	4	1
16/17	Ajax Amsterdam	NED 1	29	3
17/18	Ajax Amsterdam	NED 1	13	1
	Ajax Amsterdam II	NED 2	2	1
18/19	SSC Neapel	ITA 1	12	3
19/20	SSC Neapel	ITA 1	9	1
20/21	Eintracht Frankfurt	BL	26	3
21/22	Eintracht Frankfurt	BL		

8 A (2 Tore) für Deutschland

ZAGADOU, Dan-Axel
3. 6. 1999, Creteil/FRA
Abwehr, 1,96 m, 90 kg

2006-2011 US Creteil, ab 2011 Paris Saint-Germain

16/17	Paris Saint-Germain II	FRA 4	9	0
17/18	Borussia Dortmund	BL	11	1
18/19	Borussia Dortmund	BL	17	2
	Borussia Dortmund II	RL	1	0
19/20	Borussia Dortmund	BL	15	1
20/21	Borussia Dortmund	BL	9	0
21/22	Borussia Dortmund	BL		

ZAKARIA, Denis
Denis Lemi Zakaria Lako Lado
20. 11. 1996, Genf/SUI
Mittelfeld, 1,90 m, 80 kg

Ab 2004 Servette Genf

14/15	Servette Genf	SUI 2	6	2
	Servette Genf II	SUI 5	13	1
15/16	Young Boys Bern	SUI 1	27	1
16/17	Young Boys Bern	SUI 1	23	1
17/18	Bor. Mönchengladbach	BL	30	2
18/19	Bor. Mönchengladbach	BL	31	4
19/20	Bor. Mönchengladbach	BL	23	2
20/21	Bor. Mönchengladbach	BL	25	1
21/22	Bor. Mönchengladbach	BL		

34 A (3 Tore) für die Schweiz

ZALAZAR, Rodrigo
Rodrigo Zalazar Martínez
12. 8.1999, Albacete/ESP
Mittelfeld, 1,78 m, 78 kg, URU/ESP

2007-2015 Albacete Balompie, 2015/16 FC Malaga, September 2016 bis Januar 2017 CF San Felix, Februar 2017 bis Juni 2019 FC Malaga

19/20	Korona Kielce	POL 1	8	0
	Korona Kielce II	POL 4	10	3
20/21	FC St. Pauli	2. BL	34	6
21/22	Eintracht Frankfurt	BL		

ZEEFUIK, Deyovaisio
11. 3. 1998, Amsterdam/NED
Abwehr, 1,77 m, 76 kg

Ab 2006 Ajax Amsterdam

16/17	Ajax Amsterdam	NED 1	1	0
	Ajax Amsterdam II	NED 2	27	1
17/18	Ajax Amsterdam	NED 1	5	0
	Ajax Amsterdam II	NED 2	7	0
Jan 18	FC Groningen	NED 1	13	0
18/19	FC Groningen	NED 1	30	1
19/20	FC Groningen	NED 1	26	0
20/21	Hertha BSC	BL	22	1
21/22	Hertha BSC	BL		

ZENTNER, Robin
28. 10. 1994, Rüdesheim/D
Torwart, 1,94 m, 96 kg
Bis 2006 SpVgg Eltville, ab 2006 1. FSV Mainz 05

12/13	1. FSV Mainz 05 II	RL	2	0
13/14	1. FSV Mainz 05 II	RL	13	0
14/15	1. FSV Mainz 05 II	3. L	21	0
15/16	1. FSV Mainz 05	BL	0	0
Aug 15	Holstein Kiel	3. L	25	0
16/17	Holstein Kiel	3. L	1	0
17/18	1. FSV Mainz 05	BL	15	0
18/19	1. FSV Mainz 05	BL	10	0
19/20	1. FSV Mainz 05	BL	22	0
20/21	1. FSV Mainz 05	BL	31	0
21/22	1. FSV Mainz 05	BL		

ZIRKZEE, Joshua
22. 5. 2001, Schiedam/NED
Sturm, 1,93 m, 89 kg
Bis 2010 VV Hekelingen, 2010-2013 Spartaan '20 Rotterdam, 2013-2016 ADO Den Haag, 2016/17 Feyenoord Rotterdam, seit 2017 Bayern München

18/19	Bayern München II	RL	10	4
19/20	Bayern München	BL	9	4
	Bayern München II	3 .L	16	2
20/21	Bayern München	BL	3	0
20/21	Bayern München II	3. L	4	0
20/21	Parma Calcio	ITA 1	4	0
18/19	Bayern München II	RL	10	4
19/20	Bayern München	BL	9	4
	Bayern München II	3 .L	16	2
20/21	Bayern München	BL	3	0
20/21	Bayern München II	3. L	4	0
20/21	Parma Calcio	ITA 1	4	0
21/22	Bayern München	BL		

ZOLLER, Simon
26. 6. 1991, Friedrichshafen/D
Sturm, 1,79 m, 73 kg
Bis 2005 Germania Singen, 1. FC Pforzheim und VfB Friedrichshafen, 2005-2007 VfB Stuttgart, 2007/08 SSV Ulm 1846

08/09	Karlsruher SC II	RL	5	0
09/10	Karlsruher SC II	RL	17	6
10/11	Karlsruher SC	2. BL	7	0
	Karlsruher SC II	RL	19	5
11/12	Karlsruher SC	2. BL	6	1
	Karlsruher SC II	RL	15	7
12/13	VfL Osnabrück	3. L	36	15
13/14	1. FC Kaiserslautern	2. BL	28	13
14/15	1. FC Köln	BL	9	1
Jan 15	1. FC Kaiserslautern	2. BL	13	3
15/16	1. FC Köln	BL	24	6
	1. FC Köln II	RL	1	0
16/17	1. FC Köln	BL	26	2
17/18	1. FC Köln	BL	17	2
18/19	1. FC Köln	2. BL	2	0
	1. FC Köln II	RL	1	0
Jan 19	VfL Bochum	2. BL	8	2
19/20	VfL Bochum	2. BL	23	6
20/21	VfL Bochum	2. BL	32	15
21/22	VfL Bochum	BL		

ZUBER, Steven
17. 8. 1991, Winterthur/SUI
Mittelfeld, 1,82 m, 81 kg
Bis 2001 FC Kollbrunn-Rikon, 2001-2002 FC Turbenthal, 2002-2006 FC Winterthur, ab 2006 Grasshopper Club Zürich

07/08	Grasshoppers Zürich II	SUI 3	6	0
08/09	Grasshoppers Zürich	SUI 1	10	0
	Grasshoppers Zürich II	SUI 3	12	5
09/10	Grasshoppers Zürich	SUI 1	20	5
	Grasshoppers Zürich II	SUI 3	12	3
10/11	Grasshoppers Zürich	SUI 1	34	4
11/12	Grasshoppers Zürich	SUI 1	31	8
12/13	Grasshoppers Zürich	SUI 1	32	6
13/14	ZSKA Moskau	RUS 1	27	1
14/15	ZSKA Moskau	RUS 1	2	0
Aug 14	TSG Hoffenheim	BL	17	0
15/16	TSG Hoffenheim	BL	12	2
	TSG Hoffenheim II	RL	2	3
16/17	TSG Hoffenheim	BL	24	4
	TSG Hoffenheim II	RL	1	3
17/18	TSG Hoffenheim	BL	20	1
18/19	TSG Hoffenheim	BL	9	0
Jan 19	VfB Stuttgart	BL	13	5
19/20	TSG Hoffenheim	BL	14	2
20/21	Eintracht Frankfurt	BL	20	0
21/22	Eintracht Frankfurt	BL		

41 A (8 Tore) für die Schweiz

Fünfter Pokalsieg: In der Bundesliga wurde Dortmund nur Dritter hinter RB Leipzig. Im Pokal-Endspiel liefen die Borussen aber zu großer Form auf und zerlegten die „Roten Bullen“ mit 4:1. Dabei erzielten Sancho und Haaland Doppelpacks.

KAPITEL 7

DIE 2. BUNDESLIGA

WERDER BREMEN

Gegründet: 4. Februar 1899 – Vereinsfarben: Grün-Weiß – Vereinsmitglieder: 40 100 – Rechtsform: GmbH & Co. KGaA (seit 2003)
Anschrift: Franz-Böhmert-Straße 1c, 28205 Bremen – Telefon: (04 21) 43 45 00
E-Mail: info@werder.de – Internet: www.werder.de
Deutscher Meister (4): 1965, 1988, 1993, 2004 – Deutscher Pokalsieger (6): 1961, 1991, 1994, 1999, 2004, 2009 – Europapokalsieger der Pokalsieger (1): 1992 – Deutscher Supercupsieger (4): 1988, 1993, 1994, 2009 – Ligapokalsieger (1): 2006 – Deutscher Amateurmeister (3): 1966, 1985, 1991

Geschäftsführung: Klaus Filbry (Kaufmännischer Geschäftsführer/Vorsitzender), Frank Baumann (Geschäftsführer Fußball), Dr. Hubertus Hess-Grunewald (Geschäftsführer Organisation und Sport) – Aufsichtsratsvorsitzender: Marco Bode – Leiter Profifußball und Scouting: Clemens Fritz – Direktor Leistungszentrum: Björn Schierenbeck – Direktor Kommunikation: Michael Rudolph – Leiter PR & Öffentlichkeitsarbeit: Christoph Pieper – Medienorganisation: Marita Hanke – Medienbeauftragter: Norman Ibenthal
Tore: Markus Anfang, geb. am 12. 6. 1974, Deutscher, seit 1. 7. 2021 Cheftrainer bei Werder Bremen – Co-Trainer: Florian Junge, Tom Cichon, Danijel Zenkovic – Torwarttrainer: Christian Vander – Athletiktrainer: Günther Stoxreiter, Henrik Frach – Rehatrainer: Marcel Abanoz – Kognitionstrainer: Hans-Erik Scharfen – Analyse: Andre Pawlowski,Sören Quittkat – Leitung Spielbetrieb & Teammanagement: Tim Barten – Teammanagement:Dustin Haloschan – Ärzte-Team: Dr. Daniel Hellermann, Dr. Christoph Engelke, Dr. Georg Tsironis – Physiotherapeuten: Claas Bente, Holger Berger, Laura Kersting, Florian Lauerer, Adis Lovic – Zeugwart: Boban Aleric
Stadion: Wohninvest Weserstadion, 42 100 überdachte Plätze, davon 31 500 Sitz- und 10 600 Stehplätze

TOR

38 Dos Santos Haesler, Eduardo, 10.02.1999, D/BRA
18 Kapino, Stefanos, 18.03.1994, GRE, 4/– BL, 18/– 2. BL, 9 A Griechenland
1 Pavlenka, Jiri, 14.04.1992, CZE, 135/– BL, 14 A Tschechien
30 Zetterer, Michael, 12.07.1995, D

ABWEHR

27 Agu, Felix, 27.09.1999, D, 15/1 BL, 28/– 2. BL
5 Augustinsson, Ludwig, 21.04.1994, SWE, 98/2 BL, 36 A Schweden
32 Friedl, Marco, 16.03.1998, AUT, 76/1 BL, 3 A Österreich
36 Groß, Christian, 08.02.1989, D, 37/– BL
3 Jung, Anthony, 03.11.1991, D/ESP, 16/1 BL, 64/– 2. BL
26 Mai, Lars Lukas, 31.03.2000, D, 2/– BL, 29/– 2. BL
25 Park, Kyu-Hyun, 14.04.2001, KOR
21 Toprak, Ömer, 21.07.1989, TUR/D, 263/7 BL, 30/4 2. BL, 27 A Türkei
13 Veljkovic, Milos, 26.09.1995, SRB/SUI, 129/2 BL, 9 A Serbien

MITTELFELD

10 Bittencourt, Leonardo, 19.12.1993, D/BRA, 206/26 BL, 29/2 2. BL
35 Eggestein, Maximilian, 08.12.1996, D, 156/11 BL
28 Gruev, Ilia, 06.05.2000, BUL/D, 1/– BL
34 Mbom, Jean-Manuel, 24.02.2000, D, 21/– BL
6 Möhwald, Kevin, 03.07.1993, D, 51/8 BL, 87/12 2. BL
23 Rapp, Nicolai, 13.12.1996, D, 105/3 2. BL
20 Schmid, Romano, 27.01.2000, AUT, 22/– BL
22 Schmidt, Niklas, 01.03.1998, D, 1/– BL, 47/6 2. BL

STURM

43 Dinkci, Eren, 13.12.2001, D/TUR, 8/1 BL
24 Eggestein, Johannes, 08.05.1998, D, 46/5 BL
11 Füllkrug, Niclas, 09.02.1993, D, 98/28 BL, 102/28 2. BL
8 Osako, Yuya, 18.05.1990, JPN, 181/26 BL, 15/6 2. BL, 49 A Japan
19 Sargent, Joshua, 20.02.2000, USA, 70/11 BL, 16 A USA
29 Woltemade, Nick, 14.02.2002, D, 11/– BL

FC SCHALKE 04

Gegründet: 4. Mai 1904 – Vereinsfarben: Blau-Weiß – Vereinsmitglieder: 158 000 – Rechtsform: e. V.
Anschrift: Ernst-Kuzorra-Weg 1, 45891 Gelsenkirchen – Telefon: (02 09) 3 61 80
E-Mail: post@schalke04.de – Internet: www.schalke04.de
Deutscher Meister (7): 1934, 1935, 1937, 1939, 1940, 1942, 1958 – Deutscher Pokalsieger (5): 1938, 1972, 2001, 2002, 2011 – UEFA-Pokal-Sieger (1): 1997 – Deutscher Supercupsieger (1): 2011 – Ligapokalsieger (1): 2005

Vorstand: Christina Rühl-Hamers (Finanzen, Personal und Recht), Peter Knäbel (Sport undKommunikation) – Sportdirektor: Rouven Schröder – Leiter Lizenz: Gerald Asamoah – Referent Sport: René Grotus – Direktor Knappenschmiede und Entwicklung: Mathias Schober – Aufsichtsratsvorsitzender: Axel Hefer – Pressesprecher: Marc Siekmann – Medienbeauftragte: Pia-Lisa Kienel, Sascha Marx
Trainer: Dimitrios Grammozis, geb. am 8. 7. 1978, Grieche, seit 2. 3. 2021 Cheftrainer beim FC Schalke 04 – Co-Trainer: Mike Büskens, Matthias Kreutzer, Sven Piepenbrock – Torwarttrainer: Wil Coort – Athletiktrainer: Jörn Menger (Leiter), Alexander Storck, Michael Schwerhoff – Spielanalyse: Lars Gerling – Teammanager: Marco Grevelhörster – Ärzte-Team: Dr. Patrick Ingelfinger (Leiter) – Physiotherapeuten: Thomas Kühn (Leiter),Tim Hielscher, Tim Roussis – Zeugwarte: Enrico Heil, Holger Blumenstein
Stadion: Veltins-Arena, 62 271 überdachte Plätze, davon 45 962 Sitz- (rund 4000 Business-Seats inkl. Logen und 98 Rollstuhlplätze, weitere Sitzplätze für Menschen mit Mobilitätseinschränkungen werden nach Bedarf und auf Anfrage vergeben) und 16 309 Stehplätze

TOR

1 Fährmann, Ralf, 27.09.1988, D, 218/– BL
30 Fraisl, Martin, 10.05.1993, AUT, 45/– 2. BL
34 Langer, Michael, 06.01.1985, AUT, 4/– BL, 27/– 2. BL

ABWEHR

31 Becker, Timo, 25.03.1997, D, 30/– BL
19 Kabak, Ozan, 25.03.2000, TUR, 55/6 BL, 12 A Türkei
35 Kaminski, Marcin, 15.01.1992, POL, 55/– BL, 32/1 2. BL, 7 A Polen
5 Nastasic, Matija, 28.03.1993, SRB, 122/1 BL, 28 A Serbien
2 Ouwejan, Thomas, 30.09.1996, NED
26 Sané, Salif, 25.08.1990, SEN/FRA, 159/14 BL, 28/2 2. BL, 38 A Senegal
33 Thiaw, Malick, 08.08.2001, D/FIN, 23/1 BL
15 Wouters, Dries, 28.01.1997, BEL

MITTELFELD

38 Aydin, Mehmet, 09.02.2002, D, 6/– BL
40 Bozdogan, Can, 05.04.2001, D/TUR, 17/– BL
42 Calhanoglu, Kerim, 26.08.2002, D, 4/– BL
24 Drexler, Dominick, 26.05.1990, D, 54/5 BL, 97/23 2. BL
17 Flick, Florian, 01.05.2000, D, 4/1 BL
25 Harit, Amine, 18.06.1997, MAR/FRA, 102/12 BL, 11 A Marokko
36 Idrizi, Blendi, 02.05.1998, KVX/D, 3/1 BL, 2 A Kosovo
8 Latza, Danny, 07.12.1989, D, 156/6 BL, 64/3 2. BL
6 Mascarell, Omar, 02.02.1993, ESP, 98/2 BL
37 Mercan, Münir Levent, 10.12.2000, D, 6/– BL
39 Mikhailov, Yaroslav, 28.04.2003, RUS
4 Palsson, Victor, 30.04.1991, ISL, 67/6 2. BL, 26 A Island
27 Ranftl, Reinhold, 24.01.1992, AUT, 6 A Österreich

STURM

11 Bülter, Marius, 29.03.1993, D, 58/8 BL, 32/4 2. BL
43 Hoppe, Matthew, 13.03.2001, USA, 22/6 BL, 4 A USA
14 Matondo, Rabbi, 09.09.2000, WAL, 30/2 BL, 8 A Wales
21 Pieringer, Marvin, 04.10.1999, D, 20/6 2. BL
9 Terodde, Simon, 02.03.1988, D, 58/10 BL, 253/142 2. BL

HOLSTEIN KIEL

Gegründet: 7. Oktober 1900 – Vereinsfarben: Blau-Weiß-Rot – Vereinsmitglieder: 3100 – Rechtsform: e. V.
Anschrift: Steenbeker Weg 150, 24106 Kiel – Telefon: (04 31) 38 90 24 20 0
E-Mail: info@holstein-kiel.de – Internet: www.holstein-kiel.de
Deutscher Meister (1): 1912 – Deutscher Amateurmeister (1): 1961

Vorstand: Steffen Schneekloth (Präsident), Wolfgang Schwenke (Kaufmännischer Geschäftsführer/Vizepräsident), Uwe Stöver (Geschäftsführer Sport/Vizepräsident) – Aufsichtsratsvorsitzender: Dr. Stefan Tholund – Leiter Medien & Kommunikation: Peer Wellendorf – Pressesprecherin: Maren Schneider
Trainer: Ole Werner, geb. am 4. 5. 1988, Deutscher, seit 16. 9. 2019 Cheftrainer bei Holstein Kiel – Co-Trainer: Dirk Bremser, Fabian Boll, Patrick Kohlmann – Torwarttrainer: Patrik Borger – Fitness- und Reha-Trainer: Timm Sörensen, Dr. André Filipovic – Videoanalyst: Philipp Pelka – Organisatorischer Leiter Lizenzspielerabteilung: Jan Uphues – Leiter Scouting-Abteilung: Dirk Schlegel – Ärzte-Team: Dr. Marco Diekmann, Dr. André Hönig, Dr. Klaus Henningsen – Physiotherapeuten: Tim Höper, Sebastian Süß, Timm Pflügler, Timo Syroka, Maurice Johnson – Teambetreuer: Tim Petersen
Stadion: Holstein-Stadion, 15 034 Plätze (13 996 überdacht), davon 5758 Sitz- (5165 überdacht) und 9276 Stehplätze (8831 überdacht)

TOR
21 Dähne, Thomas, 04.01.1994, D, 10/– 2. BL
1 Gelios, Ioannis, 24.04.1992, GRE/D, 50/– 2. BL
33 Weiner, Timon, 18.01.1999, D

ABWEHR
2 Kirkeskov, Mikkel, 05.09.1991, DEN, 6/– 2. BL
3 Komenda, Marco, 26.11.1996, D/CRO, 13/1 2. BL
23 Korb, Julian, 21.03.1992, D, 116/2 BL, 26/1 2. BL
19 Lorenz, Simon, 30.03.1997, D, 33/2 2. BL
25 Neumann, Phil, 08.07.1997, D, 67/1 2. BL
5 Thesker, Stefan, 11.04.1991, D, 8/– BL, 76/4 2. BL
15 van den Bergh, Johannes, 21.11.1986, D, 86/1 BL, 219/– 2. BL
24 Wahl, Hauke, 15.04.1994, D, 171/8 2. BL

MITTELFELD
7 Arslan, Ahmet, 30.03.1994, D/TUR, 1/– BL, 15/2 2. BL
31 Bartels, Fin, 07.02.1987, D, 170/28 BL, 175/41 2. BL
6 Benger, Marcel, 02.07.1998, D, 1/– BL
4 Erras, Patrick, 21.01.1995, D, 23/– BL, 61/9 2. BL
22 Ignjovski, Aleksandar, 27.01.1991, SRB, 117/1 BL, 101/– 2. BL, 12 A Serbien
29 Mees, Joshua, 15.04.1996, D, 16/– BL, 72/15 2. BL
8 Mühling, Alexander, 05.09.1992, D, 165/33 2. BL
27 Porath, Finn, 23.02.1997, D, 1/– BL, 52/2 2. BL
16 Sander, Philipp, 21.02.1998, D, 5/– 2. BL
14 Skrzybski, Steven, 18.11.1992, D, 36/4 BL, 136/29 2. BL
32 Sterner, Jonas, 13.05.2002, D, 1/– 2. BL

STURM
20 Arp, Fiete, 06.01.2000, D, 18/2 BL, 17/1 2. BL
10 Atanga, David, 25.12.1996, GHA, 54/1 2. BL
28 Awuku, Noah, 09.01.2000, D, 2/– 2. BL
9 Fridjonsson, Holmbert Aron, 19.04.1993, ISL, 6 A Island
18 Lauberbach, Lion, 15.02.1998, D, 24/3 2. BL
11 Reese, Fabian, 29.11.1997, D, 13/– BL, 98/6 2. BL

HAMBURGER SV

Gegründet: 29. September 1887 – Vereinsfarben: Blau-Weiß-Schwarz – Vereinsmitglieder: 85 360 – Rechtsform: AG (seit 2014)
Anschrift: Sylvesterallee 7, 22525 Hamburg – Telefon: (0 40) 41 55 18 87
E-Mail: info@hsv.de – Internet: www.hsv.de
Deutscher Meister (6): 1923, 1928, 1960, 1979, 1982, 1983 (1922 verzichtet) – Deutscher Pokalsieger (3): 1963, 1976, 1987 – Europapokalsieger der Landesmeister (1): 1983 – Europapokalsieger der Pokalsieger (1): 1977 – Ligapokalsieger (2): 1973, 2003

Vorstand der AG: Jonas Boldt (Sport), Frank Wettstein (Finanzen) – Sportdirektor: Michael Mutzel – Aufsichtsratsvorsitzender AG und Präsident e. V.: Marcell Jansen – Direktor Nachwuchs: Horst Hrubesch – Pressesprecher: Philipp Langer
Trainer: Tim Walter, geb. am 8. 11. 1975, Deutscher, seit 1. 7. 2021 Cheftrainer beim Hamburger SV – Co-Trainer: Filip Tapalovic, Julian Hübner, Merlin Polzin – Torwarttrainer: Sven Höh – Athletiktrainer: Daniel Müssig – Rehatrainer: Sebastian Capel – Teammanager: Lennart Coerdt – Mannschaftsärzte: Dr. Götz Welsch, Dr. Wolfgang Schillings – Physiotherapeuten: Mario Reichertz, Andreas Thum, Zacharias Flore, Christian Tambach – Zeugwarte: Miroslav Zadach, Ramiro Guerron
Stadion: Volksparkstadion, 57 000 überdachte Plätze, davon 47 000 Sitz- und 10 000 Stehplätze

TOR

1 Heuer Fernandes, Daniel, 13.11.1992, POR/D, 7/– BL, 105/– 2. BL
12 Mickel, Tom, 19.04.1989, D, 2/– BL, 9/– 2. BL
40 Oppermann, Leo, 28.08.2001, D

ABWEHR

35 Ambrosius, Stephan, 18.12.1998, D, 1/– BL, 27/– 2. BL
Bates, David, 05.10.1996, SCO, 25/1 2. BL, 4 A Schottland
34 David, Jonas, 08.03.2000, D, 6/– 2. BL
2 Gyamerah, Jan, 18.06.1995, D, 108/1 2. BL
3 Heyer, Moritz, 04.04.1995, D, 65/8 2. BL
21 Leibold, Tim, 30.11.1993, D, 32/– BL, 133/13 2. BL
37 Leistner, Toni, 19.08.1990, D, 13/– BL, 154/5 2. BL
28 Muheim, Miro, 24.03.1998, SUI
41 Rohr, Maximilian, 27.06.1995, D
4 Schonlau, Sebastian, 05.08.1994, D, 23/2 BL, 69/2 2. BL
27 Vagnoman, Josha, 11.12.2000, D, 1/– BL, 51/3 2. BL

MITTELFELD

8 Dudziak, Jeremy, 28.08.1995, TUN/D, 3/– BL, 146/9 2. BL, 1 A Tunesien
20 Gjasula, Klaus, 14.12.1989, ALB/D, 29/2 BL, 39/1 2. BL, 11 A Albanien
18 Jatta, Bakery, 06.06.1998, GAM, 16/– BL, 83/13 2. BL
6 Kinsombi, David, 12.12.1995, D/COD, 4/– BL, 128/19 2. BL
10 Kittel, Sonny, 06.01.1993, D, 60/2 BL, 137/43 2. BL
23 Meffert, Jonas, 04.09.1994, D, 1/– BL, 145/7 2. BL
24 Onana, Amadou, 16.08.2001, BEL, 25/2 2. BL
29 Opoku, Aaron, 28.03.1999, D/GHA, 22/1 2. BL
14 Reis, Ludovit, 01.06.2000, NED, 27/1 2. BL
36 Suhonen, Anssi, 14.01.2001, FIN

STURM

9 Glatzel, Robert, 08.01.1994, D, 13/2 BL, 74/21 2. BL
11 Kaufmann, Mikkel, 03.01.2001, DEN
22 Meißner, Robin, 08.10.1999, D, 10/3 2. BL
19 Wintzheimer, Manuel, 10.01.1999, D, 60/9 2. BL

FORTUNA DÜSSELDORF

Gegründet: Gegründet: 5. Mai 1895 – Vereinsfarben: Rot-Weiß – Vereinsmitglieder: 27 500 – Rechtsform: e. V.
Anschrift: Flinger Broich 87, 40235 Düsseldorf – Telefon: (02 11) 23 80 10
E-Mail: service@f95.de – Internet: www.f95.de
Deutscher Meister (1): 1933 – Deutscher Pokalsieger (2): 1979, 1980 – Deutscher Amateurmeister (1): 1977

Vorstand: Thomas Röttgermann (Vorsitzender), Klaus Allofs (Fußball und Entwicklung, Kommunikation und CSR), Uwe Klein (Sport), Christian Koke (Marketing) – Direktor Kommunikation: Kai Niemann – Leiter Sportkommunikation: Tino Polster – Leiter Klub Medien: Markus Heller
Trainer: Christian Preußer, geb. am 23. 1. 1984, Deutscher, seit 1. 7. 2021 Cheftrainer bei Fortuna Düsseldorf – Co-Trainer: Thomas Kleine – Torwarttrainer: Christoph Semmler – Mentaltrainer: Axel Zehle – Athletiktrainer: Andreas Gross – Videoanalysten: Benjamin Fischer, Philipp Grobelny – Teammanager: Sascha Rösler – Mannschaftsarzt: Dr. Ulf Blecker – Physiotherapeuten: Carsten Fiedler, Thomas Gucek, Marcel Verstappen – Betreuer: Nils Kriszio, Oliver Paashaus
Stadion: Merkur Spiel-Arena, 54 600 überdachte Plätze, davon 44 683 Sitz- und 9917 Stehplätze

TOR
21 Gorka, Dennis, 03.04.2002, D
33 Kastenmeier, Florian, 28.06.1997, D, 17/– BL, 33/– 2. BL
1 Wolf, Raphael, 06.06.1988, D, 48/– BL, 33/– 2. BL

ABWEHR
7 Hartherz, Florian, 29.05.1993, D, 20/– BL, 164/5 2. BL
3 Hoffmann, Andre, 28.02.1993, D, 89/4 BL, 85/5 2. BL
5 Klarer, Christoph, 14.06.2000, AUT, 13/– 2. BL
22 Koutris, Leonardo, 23.07.1995, GRE, 15/– 2. BL, 6 A Griechenland
16 Nedelcu, Dragos, 16.02.1997, ROU, 2 A Rumänien
43 Siebert, Jamil, 02.04.2002, D, 2/– 2. BL
36 Touglo, Nikell, 20.11.2001, D
25 Zimmermann, Matthias, 16.06.1992, D, 89/3 BL, 128/4 2. BL

MITTELFELD
23 Appelkamp, Shinta, 01.11.2000, D/JPN, 21/6 2. BL
13 Bodzek, Adam, 07.09.1985, D/POL, 94/3 BL, 270/7 2. BL
11 Klaus, Felix, 13.09.1992, D, 166/15 BL, 84/12 2. BL
20 Narey, Khaled, 23.07.1994, D, 155/20 2. BL
14 Ofori, Kelvin, 27.07.2001, GHA, 2/– BL, 10/– 2. BL
8 Piotrowski, Jakub, 04.10.1997, POL, 13/– 2. BL
18 Pledl, Thomas, 23.05.1994, D, 12/– BL, 165/12 2. BL
6 Prib, Edgar, 15.12.1989, D/RUS, 102/6 BL, 153/13 2. BL
31 Sobottka, Marcel, 25.04.1994, D, 32/– BL, 107/12 2. BL
4 Tanaka, Ao, 10.09.1998, JPN, 2 A für Japan

STURM
28 Hennings, Rouwen, 28.08.1987, D, 77/23 BL, 242/71 2. BL
19 Iyoha, Emmanuel, 11.10.1997, D, 87/12 2. BL
9 Kownacki, Dawid, 14.03.1997, POL, 30/4 BL, 27/7 2. BL, 7 A Polen
47 Lobinger, Lex-Tyger, 22.02.1999, D, 1/– 2. BL
12 Peterson, Kristoffer, 18.11.1994, SWE, 26/7 2. BL, 1 A Schweden
27 Shipnoski, Nicklas, 01.01.1998, D, 23/– 2. BL

KARLSRUHER SC

Gegründet: 6. Juni 1894 (als Karlsruher FC Phönix, am 16. Oktober 1952 Fusion mit dem VfB Mühlburg zum Karlsruher SC) – Vereinsfarben: Blau-Weiß – Vereinsmitglieder: 10 460 – Rechtsform: GmbH & Co. KGaA (seit 2019)
Anschrift: Adenauerring 17, 76131 Karlsruhe – Telefon: (07 21) 9 64 34 50
E-Mail: info@ksc.de – Internet: www.ksc.de
Deutscher Meister (1): 1909 – Deutscher Pokalsieger (2): 1955, 1956

Präsident: Holger Siegmund-Schultze – Vizepräsidenten: Günter Pilarsky, Martin Müller – Geschäftsführer: Michael Becker – Geschäftsführer Sport: Oliver Kreuzer – Pressesprecher/Medienverantwortlicher: Florian Kornprobst
Trainer: Christian Eichner, geb. am 24. 11. 1982, Deutscher, seit 3. 2. 2020 Cheftrainer beim Karlsruher SC – Co-Trainer: Zlatan Bajramovic – Torwarttrainer: Markus Miller – Athletiktrainer: Florian Böckler – Teammanager: Burkhard Reich – Vereinsarzt: Dr. Marcus Schweizer – Physiotherapeuten: Johannes Haberlandt, Matteo Poppert – Zeugwart: Torsten Merkel
Stadion: BBBank Wildpark. Während der Umbauphase bis 2022 hat das Stadion ein Fasssungsvermögen von bis zu 20 000 Plätzen.

TOR

35 Gersbeck, Marius, 20.06.1995, D, 1/– BL, 33/– 2. BL
30 Heeger, Niklas, 07.01.2000, D
1 Kuster, Markus, 22.02.1994, AUT, 1/– 2. BL
28 Löhr, Paul, 14.01.2001, D, 1/– 2. BL

ABWEHR

32 Bormuth, Robin, 19.09.1995, D, 13/– BL, 70/7 2. BL
27 Dinger, Marlon, 16.06.2001, D, 1/– 2. BL
3 Gordon, Daniel, 16.01.1985, JAM/D, 8/– BL, 189/17 2. BL, 5 A Jamaika
16 Heise, Philip, 20.06.1991, D, 5/– BL, 129/8 2. BL
2 Jung, Sebastian, 22.06.1990, D, 155/2 BL, 49/2 2. BL, 1 A Deutschland
22 Kobald, Christoph, 18.08.1997, AUT, 49/2 2. BL
40 Mirkovic, Lazar, 27.07.2002, SRB
34 Rabold, Jannis, 27.03.2001, D, 3/– 2. BL
21 Thiede, Marco, 20.05.1992, D, 135/4 2. BL

MITTELFELD

38 Breithaupt, Tim, 07.02.2002, D, 6/– 2. BL
11 Choi, Kyoung-Rok, 15.03.1995, KOR, 73/10 2. BL
17 Cueto, Lucas, 24.03.1996, D/ESP
4 Fröde, Lukas, 23.01.1995, D, 12/– BL, 116/5 2. BL
8 Gondorf, Jerome, 26.06.1988, D, 110/9 BL, 77/8 2. BL
6 Jensen, Leon, 19.05.1997, D
37 Kaufmann, Fabio, 08.09.1992, D, 78/7 2. BL
7 Lorenz, Marc, 18.07.1988, D, 82/5 2. BL
10 Wanitzek, Marvin, 07.05.1993, D, 1/– BL, 67/11 2. BL

STURM

9 Batmaz, Malik, 17.03.2000, TUR/D, 30/1 2. BL
33 Hofmann, Philipp, 30.03.1993, D, 176/53 2. BL
19 Kother, Dominik, 16.03.2000, D, 30/4 2. BL
24 Schleusener, Fabian, 24.10.1991, D, 73/11 2. BL

SV DARMSTADT 98

Gegründet: 22. Mai 1898 – Vereinsfarben: Blau-Weiß – Vereinsmitglieder: 8000 – Rechtsform: e. V.
Anschrift: Nieder-Ramstädter Straße 170, 64285 Darmstadt – Telefon: (0 61 51) 27 52 398
E-Mail: info@sv98.de – Internet: www.sv98.de

Präsidium: Rüdiger Fritsch (Präsident), Volker Harr (Vizepräsident), Markus Pfitzner (Vizepräsident), Wolfgang Arnold (Amateurabteilungen), Anne Baumann (Finanzen), Uwe Kuhl (NLZ und sportliche Entwicklung), Tom Eilers (Lizenzspielerabteilung) – Sportlicher Leiter: Carsten Wehlmann – Klubsprecher/Kommunikation: Jan Bergholz
Trainer: Torsten Lieberknecht, geb. am 1. 8. 1973, Deutscher, seit 1. 7. 2021 Cheftrainer beim SV Darmstadt 98 – Co-Trainer: Ovid Hajou, Kai Peter Schmitz, Max Hahn (Analyse) – Torwarttrainer: Dimo Wache – Rehatrainer: Florian Bauer – Teammanager: Michael Stegmayer – Ärzte-Team: Dr. Philip Jessen, Dr. Alexander Lesch, Dr. Ingo Schwinnen, Dr. Michael Weingart – Physiotherapeuten: Sebastian Pommer, Björn Rein, Dirk Schmitt – Betreuer: Matthias Neumann, Jonas Nietzel, Michael Richter
Stadion: Merck-Stadion am Böllenfalltor, 14 680 überdachte Plätze, davon 9315 Sitz- und 5365 Stehplätze

TOR

12 Behrens, Morten, 01.04.1997, D
21 Kroll, Steve, 07.05.1997, D
1 Schuhen, Marcel, 13.01.1993, D, 114/– 2. BL

ABWEHR

26 Bader, Matthias, 17.06.1997, D, 1/– BL, 50/1 2. BL
32 Holland, Fabian, 11.07.1990, D, 49/– BL, 169/3 2. BL
3 Isherwood, Thomas, 28.01.1998, SWE/ENG, 1/– 2. BL
19 Karic, Emir, 09.06.1997, AUT
20 Müller, Jannik, 18.01.1994, D, 92/5 2. BL
5 Pfeiffer, Patric, 20.08.1999, D/GHA, 25/1 2. BL
17 Ronstadt, Frank, 21.07.1997, D/GHA, 24/2 2. BL
24 Sobiech, Lasse, 18.01.1991, D, 35/3 BL, 148/16 2. BL

MITTELFELD

43 Celic, Nemanja, 26.04.1999, AUT
7 Goller, Benjamin, 01.01.1999, D, 10/– BL, 27/4 2. BL
18 Honsak, Mathias, 20.12.1996, AUT, 75/10 2. BL
11 Kempe, Tobias, 27.06.1989, D, 31/– BL, 275/55 2. BL
33 Manu, Braydon, 28.03.1997, D, 7/– 2. BL
6 Mehlem, Marvin, 11.09.1997, D, 120/13 2. BL
34 Müller, Leon, 11.08.2000, D, 1/– 2. BL
8 Schnellhardt, Fabian, 12.01.1994, D, 107/2 2. BL
35 Sesay, John Peter, 08.05.2003, D/SLE
27 Skarke, Tim, 07.09.1996, D, 119/11 2. BL
30 Stanilewicz, Adrian, 22.02.2000, POL/D, 8/– 2. BL

STURM

39 Arslan, Ensar, 01.08.2001, D/TUR, 3/– 2. BL
40 Berko, Erich, 06.09.1994, D, 122/13 2. BL
16 Pfeiffer, Luca, 20.08.1996, D, 2/– 2. BL
22 Seydel, Aaron, 07.02.1996, D, 6/1 BL, 54/6 2. BL
9 Tietz, Phillip, 09.07.1997, D, 30/6 2. BL

1. FC HEIDENHEIM

Gegründet: 1. Januar 2007 (Abspaltung der Fußballabteilung vom Heidenheimer SB 1846) – Vereinsfarben: Rot-Blau-Weiß – Vereinsmitglieder: 2830 – Rechtsform: e. V.
Anschrift: Schloßhaustraße 162, 89522 Heidenheim – Telefon: (0 73 21) 9 47 18 00
E-Mail: info@fc-heidenheim.de – Internet: www.fc-heidenheim.de

Vorstand: Holger Sanwald (Vorsitzender), Gerrit Floruß (Finanzen), Petra Saretz (Organisation und Lizenzierung) – Aufsichtsratsvorsitzender: Klaus Mayer – Bereichsleiter Kommunikation: Markus Gamm
Trainer: Frank Schmidt, geb. am 3. 1. 1974, Deutscher, seit 18. 9. 2007 Cheftrainer beim 1. FC Heidenheim – Co-Trainer: Bernhard Raab, Dieter Jarosch – Torwarttrainer: Bernd Wenig – Athletiktrainer: Said Lakhal – Teammanager: Alexander Raaf – Mannschaftsärzte: Andreas Heintzen, Dr. Udo Tiefenbacher – Physiotherapeuten: Johannes Geßler, Marc Weiss – Zeugwart/Betreuer: Manuel Henck
Stadion: Voith-Arena, 15 000 überdachte Plätze, davon 6000 Sitz- und 9000 Stehplätze

TOR

22 Eicher, Vitus, 05.11.1990, D, 39/– 2. BL
1 Müller, Kevin, 15.03.1991, D, 195/– 2. BL
34 Tschernuth, Paul, 20.01.2002, AUT

ABWEHR

2 Busch, Marnon, 08.12.1994, D, 9/1 BL, 116/2 2. BL
19 Föhrenbach, Jonas, 26.01.1996, D, 3/– BL, 82/3 2. BL
5 Hüsing, Oliver, 17.02.1993, D, 3/– BL, 45/2 2. BL
6 Mainka, Patrick, 06.11.1994, D, 98/7 2. BL
18 Rittmüller, Marvin, 07.03.1999, D, 12/– 2. BL
36 Seifert, Tim, 25.06.2002, D
4 Siersleben, Tim, 09.03.2000, D, 1/– BL
30 Theuerkauf, Norman, 24.01.1987, D, 29/– BL, 249/7 2. BL

MITTELFELD

20 Burnic, Dzenis, 22.05.1998, D, 7/– BL, 46/1 2. BL
8 Geipl, Andreas, 21.04.1992, D, 102/1 2. BL
27 Kerschbaumer, Konstantin, 01.07.1992, AUT, 101/15 2. BL
13 Leipertz, Robert, 01.02.1993, D, 6/– BL, 157/34 2. BL
29 Mohr, Tobias, 24.08.1995, D, 78/8 2. BL
17 Pick, Florian, 08.09.1995, D, 28/– 2. BL
28 Ramusovic, Melvin, 19.06.2001, D
3 Schöppner, Jan, 12.06.1999, D, 22/– 2. BL
16 Sessa, Kevin, 06.07.2000, D/ARG, 36/2 2. BL
25 Stark, Julian, 08.03.2001, D, 2/– 2. BL

STURM

10 Kleindienst, Tim, 31.08.1995, D, 26/2 BL, 78/32 2. BL
24 Kühlwetter, Christian, 21.04.1996, D, 33/13 2. BL
38 Mollo, Gianni, 24.02.2001, ITA/D
9 Schimmer, Stefan, 28.04.1994, D, 51/8 2. BL
32 Schmidt, Patrick, 10.09.1993, D, 53/9 2. BL
11 Thomalla, Denis, 16.08.1992, D, 4/– BL, 130/22 2. BL

SC PADERBORN 07

Gegründet: 1. Juni 1985 – (Fusion TuS Schloß Neuhaus und 1. FC Paderborn zum TuS Paderborn-Neuhaus, Umbenennung in SC Paderborn 07 am 30. Juni 1997; Der erste Vorgängerverein Arminia Neuhaus wurde am 14. August 1907 gegründet) – Vereinsfarben: Blau-Schwarz – Vereinsmitglieder: 8178 – Rechtsform: GmbH & Co. KGaA (seit 2018)
Anschrift: Wilfried-Finke-Allee 1, 33104 Paderborn – Telefon: (0 52 51) 8 77 19 07
E-Mail: info@scpaderborn07.de – Internet: www.scp07.de

Geschäftsführer: Martin Hornberger – Geschäftsführer Finanzen: Ralf Huschen – Geschäftsführer Sport: Fabian Wohlgemuth – Präsident: Elmar Volkmann – Vizepräsidenten: Dr. Carsten Linnemann, Dr. Rüdiger Völkel – Aufsichtsratsvorsitzender: Stefan Rees – Leiter Kommunikation/ Pressesprecher: Matthias Hack – Veranstaltungsmanager: Jürgen Lutter
Trainer: Lukas Kwasniok, geb. am 12. 6. 1981, Deutscher, seit 1. 7. 2021 Cheftrainer beim SC Paderborn 07 – Co-Trainer: Frank Fröhling – Torwarttrainer: Nico Burchert – Athletiktrainer: Johannes Thienel – Videoanalyst: Eduard Schmidt – Koordinator Lizenzspielerabteilung: Robin Trost – Mannschaftsärzte: Dr. Hans-Walter Hemmen, Dr. Lutz Mahlke, Dr. Matthias Porsch, Dr. Karl-Friedrich Schünemann – Physiotherapeuten: Jörg Liebeck, Robert Wezorke, Jakob Haunerland
Stadion: Benteler-Arena, 15 000 überdachte Plätze, davon 6100 Sitz- und 8900 Stehplätze

TOR

21 Huth, Jannik, 15.04.1994, D, 13/– BL, 1/– 2. BL
1 Schulze, Moritz, 22.03.2001, D
17 Zingerle, Leopold, 10.04.1994, D, 28/– BL, 67/– 2. BL

ABWEHR

3 Ananou, Frederic, 20.09.1997, D, 33/1 2. BL
28 Carls, Jonas, 25.03.1997, D, 1/– BL
29 Collins, Jamilu, 05.08.1994, NGA, 30/1 BL, 58/– 2. BL, 19 A Nigeria
25 Correia, Marcel, 16.05.1989, POR/D, 19/– BL, 173/4 2. BL
16 Dörfler, Johannes, 23.08.1996, D, 27/1 2. BL
40 Henke, Justus, 05.06.2001, D
24 Heuer, Jannis, 29.07.1999, D
2 Hünemeier, Uwe, 09.01.1986, D, 53/3 BL, 161/15 2. BL
12 Tugbenyo, Jesse, 07.08.2001, D
4 van der Werff, Jasper, 09.12.1998, SUI
13 Yalcin, Robin, 25.01.1994, D, 3/– BL

MITTELFELD

26 Evans, Antony, 23.09.1998, ENG, 6/– BL, 1/– 2. BL
35 Hartmann, Fabrice, 02.03.2001, D
10 Justvan, Julian, 02.04.1998, D, 29/2 2. BL
30 Marseiler, Luca, 18.02.1997, D
5 Mehlem, Marcel, 01.03.1995, D, 4/– 2. BL
14 Oeynhausen, Adrian, 18.01.2002, D
9 Pröger, Kai, 15.05.1992, D, 31/2 BL, 38/6 2. BL
8 Schallenberg, Ron, 06.10.1998, D, 31/1 2. BL
6 Schuster, Marco, 10.10.1995, D
20 Steinwender, Pascal, 02.08.1996, D, 1/– 2. BL
23 Thalhammer, Maximilian, 10.07.1997, D, 46/1 2. BL

STURM

19 Iredale, John, 01.08.1999, AUS
11 Michel, Sven, 15.07.1990, D, 29/5 BL, 64/19 2. BL
7 Owusu, Prince Osei, 07.01.1997, D, 32/– 2. BL
36 Platte, Felix, 11.02.1996, D, 23/2 BL, 65/9 2. BL
18 Srbeny, Dennis, 05.05.1994, D, 17/5 BL, 34/16 2. BL

FC ST. PAULI

Gegründet: 15. Mai 1910 – Vereinsfarben: Braun-Weiß – Vereinsmitglieder: 30 400 – Rechtsform: e. V.
Anschrift: Harald-Stender-Platz 1, 20359 Hamburg – Telefon: (0 40) 31 78 74 0
E-Mail: info@fcstpauli.com – Internet: www.fcstpauli.com

Präsident: Oke Göttlich – Aufsichtsratsvorsitzende: Sandra Schwedler – Vizepräsidenten: Christiane Hollander, Carsten Höltkemeyer, Esin Rager, Jochen Winand – Geschäftsleiter Sport: Andreas Bornemann – Geschäftsleiter Marketing: Martin Drust – Geschäftsleiter Vertrieb: Bernd von Geldern – Geschäftsleiter Amateursport: Thomas Michael – Geschäftsleiter CSR: Michael Thomsen – Geschäftsleiter Operations: Martin Urban – Pressesprecherin: Anne Kunze
Trainer: Timo Schultz, geb. am 26. 8. 1977, Deutscher, seit 12. 7. 2020 Cheftrainer beim FC St. Pauli – Co-Trainer: Loic Favé, Fabian Hürzeler – Torwarttrainer: Mathias Hain – Athletiktrainer: Christoph Hainc Scheller, Karim Rashwan – Spielanalyst: Ole Marschall – Teammanager: Jonas Wömmel – Mannschaftsärzte: Dr. Volker Carrero, Dr. Sebastian Schneider, Niklas Hennecke – Physiotherapeuten: James Morgan, Alexander Blase, Dominik Körner, Ronald Wollmann – Zeugwarte: Siegmar Krahl, Andreas Kreft, Thorge Blöcker
Stadion: Millerntor-Stadion, 29 546 überdachte Plätze, davon 12 606 Sitz- und 16 940 Stehplätze

TOR
1 Smarsch, Dennis, 14.01.1999, D, 2/– BL, 1/– 2. BL
22 Vasilj, Nikola, 02.12.1995, BIH, 2 A Bosnien-Herzegowina

ABWEHR
6 Avevor, Christopher, 11.02.1992, D, 7/– BL, 124/2 2. BL
Bednarczyk, Jakub, 02.01.1999, POL/D, 1/– 2. BL
25 Dzwigala, Adam, 25.09.1995, POL, 13/– 2. BL
3 Lawrence, James, 22.08.1992, WAL/ENG, 33/1 2. BL, 9 A Wales
18 Medic, Jakov, 07.09.1998, CRO, 13/– 2. BL
2 Ohlsson, Sebastian, 26.05.1993, SWE, 47/– 2. BL
23 Paqarada, Leart, 08.10.1994, KVX/D, 182/6 2. BL, 21 A Kosovo
Park, Yi-Young, 29.06.1994, KOR, 25/1 2. BL
21 Ritzka, Lars, 07.05.1998, D
32 Wieckhoff, Jannes, 02.08.2000, D, 7/1 2. BL
19 Zander, Luca-Milan, 09.08.1995, D, 2/– BL, 69/3 2. BL
4 Ziereis, Philipp, 14.03.1993, D, 138/2 2. BL

MITTELFELD
14 Aremu, Afeez, 03.10.1999, NGA, 16/– 2. BL, 1 A Nigeria
20 Becker, Finn Ole, 08.06.2000, D, 63/2 2. BL
26 Benatelli, Rico, 17.03.1992, D, 167/17 2. BL
10 Buchtmann, Christopher, 25.04.1992, D, 2/– BL, 168/17 2. BL
36 Coordes, Luis, 02.01.1999, DOM/D, 13/– 2. BL, 1 A Dominikanische Rep.
13 Daschner, Lukas, 01.10.1998, D, 39/2 2. BL
11 Dittgen, Maximilian, 03.03.1995, D, 75/6 2. BL
7 Irvine, Jackson, 07.03.1993, AUS/SCO, 37 A Australien
5 Knoll, Marvin, 05.12.1990, D, 129/13 2. BL
17 Kyereh, Daniel-Kofi, 08.03.1996, D, 62/15 2. BL
31 Roggow, Franz, 14.07.2002, D
8 Smith, Eric, 08.01.1997, SWE, 5/– 2. BL
29 Viet, Christian, 27.03.1999, D, 7/– 2. BL

STURM
27 Amenyido, Etienne, 01.03.1998, TOG/D, 45/5 2. BL, 1 A Togo
9 Burgstaller, Guido, 29.04.1989, AUT, 95/24 BL, 85/44 2. BL, 25 A Österreich
16 Makienok, Simon, 21.11.1990, DEN, 27/5 2. BL, 6 A Dänemark
34 Matanovic, Igor, 31.03.2003, D/CRO, 18/1 2. BL

1. FC NÜRNBERG

Gegründet: 4. Mai 1900 – Vereinsfarben: Rot-Weiß – Vereinsmitglieder: 24 223 – Rechtsform: e. V.
Anschrift: Valznerweiherstraße 200, 90480 Nürnberg Telefon: (09 11) 94 07 91 00
E-Mail: info@fcn.de – Internet: www.fcn.de
Deutscher Meister (9): 1920, 1921, 1924, 1925, 1927, 1936, 1948, 1961, 1968 – Deutscher Pokalsieger (4): 1935, 1940, 1962, 2007

Vorstand: Dieter Hecking (Sport), Niels Rossow (Marketing, Finanzen, Öffentlichkeitsarbeit und Verwaltung) – Aufsichtsratsvorsitzender: Dr. Thomas Grethlein – Sportdirektor: Olaf Rebbe – NLZ-Leiter: Michael Wiesinger – PR/Öffentlichkeitsarbeit: Christian Bönig, Katharina Fritsch
Trainer: Robert Klauß, geb. am 1. 12. 1984, seit 30. 7. 2020 Cheftrainer beim 1. FC Nürnberg – Co-Trainer: Tobias Schweinsteiger, Frank Steinmetz – Torwarttrainer: Dennis Neudahm – Athletik- und Rehatrainer: Tobias Dippert – Athletiktrainer: Gerald Stürzenhofecker – Videoanalyst: Maurizio Zoccola – Teammanager: Boban Pribanovic – Mannschaftsarzt: Prof. Dr. Werner Krutsch – Physiotherapeuten: Milan Gubov, Sascha Rurainski, Jens Vergers – Zeugwart: Marko Riegel
Stadion: Max-Morlock-Stadion, 50 000 überdachte Plätze, davon 36 771 Sitz- und 13 229 Stehplätze

TOR

1 Klandt, Patric, 29.09.1983, D, 230/– 2. BL
31 Klaus, Carl, 16.01.1994, D, 3/– 2. BL
26 Mathenia, Christian, 31.03.1992, D, 93/– BL, 92/– 2. BL

ABWEHR

2 Fischer, Kilian, 12.10.2000, D
29 Handwerker, Tim, 19.05.1998, D, 11/– BL, 61/2 2. BL
19 Hübner, Florian, 01.03.1991, D, 26/– BL, 108/9 2. BL
35 Knothe, Noel, 05.05.1999, D, 5/– 2. BL
13 Krätschmer, Pius, 16.06.1997, D, 3/– 2. BL
28 Rosenlöcher, Linus, 09.09.2000, D, 5/1 2. BL
16 Schindler, Christopher, 29.04.1990, D, 152/4 2. BL
4 Sörensen, Asger, 05.06.1996, DEN, 107/7 2. BL
33 Suver, Mario, 23.09.1999, CRO/D, 1/– 2. BL
22 Valentini, Enrico, 20.02.1989, ITA/D, 15/– BL, 213/12 2. BL

MITTELFELD

10 Dovedan, Nikola, 06.07.1994, AUT, 120/19 2. BL
8 Duman, Taylan, 30.07.1997, D, 1/– 2. BL
5 Geis, Johannes, 17.08.1993, D, 121/8 BL, 86/8 2. BL
17 Hack, Robin, 27.08.1998, D, 3/1 BL, 54/14 2. BL
14 Krauß, Tom, 22.06.2001, D, 1/– BL, 31/2 2. BL
21 Latteier, Tim, 20.05.2000, D, 9/– 2. BL
24 Möller Daehli, Mats, 02.03.1995, NOR, 4/– BL, 98/6 2. BL, 24 A Norwegen
15 Nürnberger, Fabian, 28.07.1999, D, 45/3 2. BL
6 Tempelmann, Lino, 02.02.1999, D, 11/– BL

STURM

27 Besong, Paul-Philipp, 06.10.2000, D/CMR
18 Borkowski, Dennis, 26.01.2002, D, 3/– BL, 13/3 2. BL
20 Köpke, Pascal, 03.09.1995, D, 11/– BL, 78/22 2. BL
7 Lohkemper, Felix, 26.01.1995, D, 54/10 2. BL
9 Schäffler, Manuel, 06.02.1989, D, 175/44 2. BL
11 Shuranov, Erik, 22.02.2002, UKR/D, 14/5 2. BL

ERZGEBIRGE AUE

Gegründet: 4. März 1946 (SG Aue, ab 24. September 1949 BSG Pneumatik Aue, später Zentra Wismut Aue, BSG Wismut Aue, SC Wismut Karl-Marx-Stadt, BSG Wismut Aue, FC Wismut Aue, seit 1. Januar 1993 FC Erzgebirge Aue) – Vereinsfarben: Lila-Weiß – Vereinsmitglieder: 9173 – Rechtsform: e. V.
Anschrift: Lößnitzer Straße 95, 08280 Aue-Bad Schlema – Telefon: (0 37 71) 59 82 30
E-Mail: info@fc-erzgebirge.de – Internet: www.fc-erzgebirge.de
DDR-Meister (3): 1956, 1957, 1959 – FDGB-Pokalsieger (1): 1955

Präsident e. V.: Helge Leonhardt – Vizepräsident: Joachim Engelmann – Geschäftsführer/Vorstand: Michael Voigt – Vorstandsmitglied (Personal/Recht): Kay Werner – Aufsichtsratsvorsitzender: Bernd Keller – Pressesprecher/Akkreditierungen: Peter Höhne – Webmaster/Social Media: Ronny Graßer
Trainer: Aleksey Shpilevski, geb. am 17. 2. 1988, Belarusse, seit 1. 7. 2021 Cheftrainer bei Erzgebirge Aue – Co-Trainer: Marc Hensel, Tommy Jähnigen – Torwarttrainer: Daniel Haas – Fitness- und Athletiktrainer: Björn Rosemeier – Ärzte-Team: Dipl. med Torsten Seltmann (Leitung) sowie Ärzte-Team Helios Klinikum Aue – Physio-Team: Marie Koch (Leitung) – Teamorganisation/Zeugwart: Thomas Romeyke
Stadion: Erzgebirgsstadion, 15 550 überdachte Plätze, davon 8790 Sitz- und 6640Stehplätze sowie 120 Plätze für Rollstuhlfahrer samt Begleitpersonen

TOR

34 Kips, Tim, 01.11.2000, LUX
25 Klewin, Philipp, 30.09.1993, D, 4/– 2. BL
1 Männel, Martin, 16.03.1988, D, 305/1 2. BL

ABWEHR

6 Ballas, Florian, 08.01.1993, D, 161/7 2. BL
23 Barylla, Anthony, 01.06.1997, D
2 Bussmann, Gaetan, 02.02.1991, FRA, 28/1 BL, 15/1 2. BL
21 Cacutalua, Malcolm, 15.11.1994, D, 101/6 2. BL
3 Carlson, Dirk, 01.04.1998, LUX, 26/– 2. BL, 32 A Luxemburg
40 Ferjani, Ramzi, 11.04.2001, TUN/D
26 Gonther, Sören, 15.12.1986, D, 265/10 2. BL
22 Jeck, Niklas, 18.09.2001, D, 1/– 2. BL
12 Schädlich, Franco, 16.04.2004, D

MITTELFELD

8 Baumgart, Tom, 12.11.1997, D, 48/3 2. BL
5 Fandrich, Clemens, 10.01.1991, D, 187/9 2. BL
33 Gnjatic, Ognjen, 16.10.1991, BIH/CRO, 23/– 2. BL
20 Hache, Felix, 26.07.2003, D
27 Härtel, Sascha, 09.03.1999, D, 6/– 2. BL
7 Hochscheidt, Jan, 04.10.1987, D, 20/4 BL, 277/46 2. BL
9 Jonjic, Antonio, 02.08.1999, D, 11/– 2. BL
13 Majetschak, Erik, 01.03.2000, D, 2/– 2. BL
18 Messeguem, Soufiane, 05.02.2001, D
15 Nowack, Paul, 18.06.2003, D
17 Riese, Philipp, 12.11.1989, D, 161/6 2. BL
30 Schreck, Sam, 29.01.1999, D
19 Sijaric, Omar, 02.11.2001, MNE/D
24 Strauß, John-Patrick, 28.01.1996, PHI/D, 71/3 2. BL, 12 A Philippinen

STURM

11 Kühn, Nicolas, 01.01.2000, D
10 Nazarov, Dimitrij, 04.04.1990, AZE/D, 221/44 2. BL, 43 A Aserbaidschan
31 Zolinski, Ben, 03.05.1992, D, 28/3 BL, 60/7 2. BL
14 Zulechner, Philipp, 12.04.1990, AUT, 9/1 BL, 60/7 2. BL, 1 A Österreich

HANNOVER 96

Gegründet: 12. April 1896 – Vereinsfarben: Schwarz-Weiß-Grün – Vereinsmitglieder: 22 000 – Rechtsform: GmbH & Co. KGaA (seit 1999)
Anschrift: Robert-Enke-Straße 1, 30169 Hannover – Telefon: (05 11) 96 90 0 96
E-Mail: info@hannover96.de – Internet: www.hannover96.de
Deutscher Meister (2): 1938, 1954 – Deutscher Pokalsieger (1): 1992 – Deutscher Amateurmeister (3): 1960, 1964, 1965

Geschäftsführer der KGaA: Martin Kind – Geschäftsführer der KG-Gesellschaften: Robert Schäfer – Aufsichtsratsvorsitzender der KGaA: Thomas R. Fischer – Vorstandsvorsitzender des e. V.: Sebastian Kramer – Sportdirektor: Marcus Mann – Arena- und Veranstaltungsleiter: Christian Katz – Medienchef: Heiko Rehberg – NLZ-Leiter: Michael Tarnat
Trainer: Jan Zimmermann, geb. am 5. 10. 1979, Deutscher, seit 1. 7. 2021 Cheftrainer bei Hannover 96 – Co-Trainer: Jens Jansen, Kai Hesse, Lars Barlemann (Videoanalyse) – Torwarttrainer: Michael Ratajczak – Athletiktrainer: Felix Sunkel, Markus Böker (Datenanalyse) – Teammanager: Fabio Morena – Vereinsarzt: Prof. Dr. Hauke Mommsen – Physiotherapeuten/Masseure: Rick Schaller, Thorsten Klopp – Zeugwarte: Benjamin Hauptmann, Raymond Saka
Stadion: HDI-Arena, 49 000 überdachte Plätze, davon 41 000 Sitz- und 8000 Stehplätze

TOR
1 Hansen, Martin, 15.06.1990, DEN, 23/– BL, 6/– 2. BL
30 Sündermann, Marlon, 16.05.1998, D, 1/– 2. BL
16 Zieler, Ron-Robert, 12.02.1989, D, 254/– BL, 31/– 2. BL, 6 A Deutschland

ABWEHR
25 Dehm, Jannik, 02.05.1996, D, 72/2 2. BL
5 Falette, Simon, 19.02.1992, GUI/FRA, 35/1 BL, 18/– 2. BL, 15 A Guinea
28 Franke, Marcel, 05.04.1993, D, 142/4 2. BL
3 Hult, Niklas, 13.02.1990, SWE, 30/2 2. BL, 8 A Schweden
24 Lamti, Marc, 28.01.2001, TUN/D, 3 A Tunesien
21 Muroya, Sei, 05.04.1994, JPN, 32/– 2. BL, 15 A Japan

MITTELFELD
32 Bokake Bolufe, Grace, 17.01.2002, D/COD
26 Eichhorn, Jan Erik, 15.01.2002, D
10 Ernst, Sebastian, 04.03.1995, D, 119/13 2. BL
18 Evina, Franck, 05.07.2000, CMR/D, 2/– BL, 11/– 2. BL, 1 A Kamerun
8 Frantz, Mike, 14.10.1986, D, 228/14 BL, 60/8 2. BL
13 Kaiser, Dominik, 16.09.1988, D, 45/1 BL, 105/17 2. BL
37 Kerk, Sebastian, 17.04.1994, D, 50/1 BL, 106/18 2. BL
11 Maina, Linton, 23.06.1999, D, 22/1 BL, 42/4 2. BL
35 Muslija, Florent, 06.07.1998, KVX/D, 17/2 BL, 47/6 2. BL, 4 A Kosovo
20 Ochs, Philipp, 17.04.1997, D, 19/– BL, 34/3 2. BL
22 Stolze, Sebastian, 29.01.1995, D, 111/20 2. BL
27 Walbrecht, Tim, 18.09.2001, D

STURM
33 Doumbouya, Moussa, 01.01.1998, GUI, 7/1 2. BL
17 Ducksch, Marvin, 07.03.1994, D, 31/2 BL, 105/50 2. BL
40 Ennali, Lawrence, 07.03.2002, D
38 Gudra, Mick, 01.01.2001, D, 4/1 2. BL
29 Stehle, Simon, 17.09.2001, D, 5/1 2. BL
19 Sulejmani, Valmir, 01.02.1996, KVX/D, 10/– BL, 36/3 2. BL, 3 A Kosovo
7 Twumasi, Patrick, 09.05.1994, GHA, 22/3 2. BL, 3 A für Ghana
9 Weydandt, Hendrik, 16.07.1995, D, 28/6 BL, 57/13 2. BL

JAHN REGENSBURG

Gegründet: Gegründet: 4. Oktober 1907 (Fußballabteilung) – Vereinsfarben: Weiß-Rot – Vereinsmitglieder: 3600 – Rechtsform: GmbH & Co. KGaA (seit 2009)
Anschrift: Franz-Josef-Strauß-Allee 22, 93053 Regensburg – Telefon: (09 41) 69 83 0
E-Mail: info@ssv-jahn.de – Internet: www.ssv-jahn.de

Geschäftsführer Profifußball und Geschäftsführer: Dr. Christian Keller – Vorstand: Hans Rothammer (Vorsitzender), Dr. Christian Keller (Nachwuchsfußball), Philipp Hausner (Marketing), Daniel Lesser (Finanzen und Controlling) – Aufsichtsratsvorsitzender GmbH & Co. KGaA: Hans Rothammer – Aufsichtsratsvorsitzender e. V.: Georg Martin – Medien- und Öffentlichkeitsarbeit: Johannes Liedl – Chefscout: Lennart Strufe
Trainer: Mersad Selimbegovic, geb. am 29. 4. 1982, Bosnier, seit 1. 7. 2019 Cheftrainer bei Jahn Regensburg – Co-Trainer: Sebastian Dreier, Jonas Maier (Videoanalyst) – Torwarttrainer: Ronny Zeiß – Co-Trainer Athletiktraining: Thomas Barth – Co-Trainer Individualtraining: Markus Palionis – Teammanagerin: Katja Schöppl – Mannschaftsarzt: Dr. Andreas Harlass-Neuking – Physiotherapeuten: Tobias Rutzinger, David Knoll, Wolfgang Brummer, Matthias Günther – Zeugwarte/Betreuer: Reinhold Reisinger, Klaus-Dieter Schneider
Stadion: Jahnstadion Regensburg, 15 210 überdachte Plätze, davon 6150 Sitz- und 9060 Stehplätze

TOR

21 Kirschbaum, Thorsten, 20.04.1987, D, 9/– BL, 138/– 2. BL
30 Kunz, Kevin, 22.01.1992, D, 2/– 2. BL
1 Meyer, Alexander, 13.04.1991, D, 64/– 2. BL

ABWEHR

4 Beste, Jan-Niklas, 04.01.1999, D, 16/2 2. BL
23 Breitkreuz, Steve, 18.01.1992, D, 92/1 2. BL
33 Elvedi, Jan, 30.09.1996, SUI, 29/– 2. BL
20 Guwara, Leon, 28.06.1996, GAM/D, 18/– BL, 25/– 2. BL, 2 A Gambia
24 Kennedy, Scott, 31.03.1997, CAN/D, 22/– 2. BL, 3 A Kanada
28 Nachreiner, Sebastian, 23.11.1988, D, 114/– 2. BL
6 Saller, Benedikt, 22.09.1992, D, 16/2 BL, 115/3 2. BL
13 Wekesser, Erik, 03.07.1997, D, 58/3 2. BL

MITTELFELD

7 Besuschkow, Max, 31.05.1997, D, 3/– BL, 65/9 2. BL
22 Boukhalfa, Carlo, 03.05.1999, D
11 Faber, Konrad, 04.11.1997, D
9 George, Jann, 31.07.1992, D/USA, 114/22 2. BL
5 Gimber, Benedikt, 19.02.1997, D, 101/1 2. BL
18 Moritz, Christoph, 27.01.1990, D, 96/3 BL, 112/6 2. BL
15 Singh, Sarpreet, 20.02.1999, NZL, 2/– BL, 11/– 2. BL, 6 A Neuseeland
37 Zempelin, Björn, 07.02.2000, D, 1/– 2. BL

STURM

19 Albers, Andreas, 23.03.1990, DEN, 67/21 2. BL
29 Becker, André, 26.07.1996, D/BRA, 29/– 2. BL
10 Caliskaner, Kaan, 03.11.1999, D, 32/1 2. BL
26 Makridis, Charalambos, 05.07.1996, D/GRE, 22/1 2. BL
14 Otto, David, 03.03.1999, D, 3/– BL, 47/2 2. BL
8 Yildirim, Aygün, 04.04.1995, TUR
27 Zwarts, Joel, 26.04.1999, NED/SUR

SV SANDHAUSEN

Gegründet: 1. August 1916 – Vereinsfarben: Schwarz-Weiß – Vereinsmitglieder: 1085 – Rechtsform: e. V.
Anschrift: Jahnstraße 1, 69207 Sandhausen – Telefon: (0 62 24) 82 79 00 40
E-Mail: info@svs1916.de – Internet: www.svs1916.de
Deutscher Amateurmeister (2): 1978, 1993

Präsident und Sportchef: Jürgen Machmeier – Geschäftsführer: Volker Piegsa – Sportlicher Leiter: Mikayil Kabaca – PR/Öffentlichkeitsarbeit: Markus Beer
Trainer: Gerhard Kleppinger, geb. am 1. 3. 1958, Deutscher, seit 16. 2. 2021 Cheftrainer beim SV Sandhausen – Trainer (neben Lizenzinhaber Gerhard Kleppinger): Stefan Kulovits – Co-Trainer: Sargon Duran – Torwarttrainer: Daniel Ischdonat – Athletik- und Rehatrainer: David Lechner – Videoanalyst: Phil Weimer – Teammanager: Anthony Loviso – Mannschaftsärzte: Dr. Nikolaus Streich, Dr. Falko Frese – Physiotherapeuten: Christian Bieser, Franziska Wickenhäuser – Zeugwart: Muhterem Kocaman
Stadion: BWT-Stadion am Hardtwald, 15 033 Plätze (12 293 überdacht), davon 6293 überdachte Sitz- und 8740 Stehplätze (6000 überdacht)

TOR

1 Drewes, Patrick, 04.02.1993, D, 7/– 2. BL
40 Grawe, Benedikt, 21.02.2000, D
13 Wulle, Rick, 04.06.1994, D, 9/– 2. BL

ABWEHR

19 Ajdini, Bashkim, 10.12.1992, KVX/D, 58/5 2. BL
25 Diakhite, Oumar, 09.12.1993, SEN/POR, 17/– 2. BL
18 Diekmeier, Dennis, 20.10.1989, D, 203/– BL, 97/2 2. BL
15 Höhn, Immanuel, 23.12.1991, D, 54/1 BL, 122/9 2. BL
38 Jung, Felix, 22.05.2003, D
14 Kister, Tim, 30.12.1986, D, 190/5 2. BL
36 Okoroji, Chima, 19.04.1997, ENG/D, 2/– BL, 49/1 2. BL
23 Röseler, Nils, 10.02.1992, D, 23/2 2. BL
27 Sicker, Arne, 17.04.1997, D, 4/– 2. BL
2 Zhirov, Aleksandr, 24.01.1991, RUS, 80/4 2. BL

MITTELFELD

26 Bachmann, Janik, 06.05.1996, D, 16/1 2. BL
10 Biada, Julius, 03.11.1992, D, 78/10 2. BL
39 Franz, Benjamin, 29.05.2003, D
11 Gaudino, Gianluca, 11.11.1996, D, 8/– BL
8 Kinsombi, Christian, 24.08.1999, D/COD
20 Ouahim, Anas, 23.09.1997, MAR/D, 1/– BL, 36/3 2. BL
21 Pena Zauner, Enrique, 04.03.2000, VEN/D, 16/1 2. BL
31 Schwab, Vincent, 10.12.2003, D
5 Sickinger, Carlo, 29.07.1997, D
7 Soukou, Cebio, 02.10.1992, BEN/D, 14/1 BL, 73/11 2. BL, 15 A Benin
17 Zenga, Erik, 18.01.1993, D/RUS, 56/1 2. BL

STURM

30 Esswein, Alexander, 25.03.1990, D, 196/14 BL, 27/2 2. BL
9 Keita-Ruel, Daniel, 21.09.1989, D/FRA, 90/31 2. BL
37 Testroet, Pascal, 26.09.1990, D, 125/37 2. BL

DYNAMO DRESDEN

Gegründet: 12. April 1953 (zuvor0 SG Volkspolizei Dresden) – Vereinsfarben: Schwarz-Gelb – Vereinsmitglieder: 24 029 – Rechtsform: e. V.
Anschrift: Lennéstraße 12, 01069 Dresden – Telefon: (03 51) 43 94 30
E-Mail: verein@dynamo-dresden.de – Internet: www.dynamo-dresden.de
DDR-Meister (8): 1953, 1971, 1973, 1976, 1977, 1978, 1989, 1990 – FDGB-Pokalsieger (7): 1952, 1971, 1977, 1982, 1984, 1985 und 1990

Präsident: Holger Scholze – Präsidium: Ronny Rehn, Michael Bürger – Geschäftsführer: Jürgen Wehlend (kaufmännischer Bereich), Ralf Becker (sportlicher Bereich) – Aufsichtsratsvorsitzender: Jens Heinig – Medienbeauftragter: Henry Buschmann
Trainer: Alexander Schmidt, geb. am 23. 10. 1968, Deutscher, seit 26. 4. 2021 Cheftrainer bei Dynamo Dresden – Co-Trainer: Ferydoon Zandi, Heiko Scholz – Torwarttrainer: David Yelldell – Athletik- und Koordinationstrainer: Matthias Grahé – Teammanagerin: Marie Jenhardt – Mannschaftsärzte: Dr. Onays Al-Sadi, Falko Moritz, Matti Büttner – Physiotherapeuten: Tobias Lange (Leiter Physiotherapie), Korbinian Dötter, Julian Binder – Zeugwart: Kenta Kambara
Stadion: Rudolf-Harbig-Stadion, 32 066 überdachte Plätze, davon 20 989 Sitz-, 11 021 Stehplätze und 56 Plätze für Rollstuhlfahrer

TOR
1 Broll, Kevin, 23.08.1995, D, 33/– 2. BL
22 Mitryushkin, Anton, 08.02.1996, RUS
24 Wiegers, Patrick, 19.04.1990, D, 13/– 2. BL

ABWEHR
23 Aidonis, Antonis, 22.05.2001, D/GRE, 2/– BL
3 Akoto, Michael, 03.10.1997, D
16 Becker, Robin, 18.01.1997, D, 22/– 2. BL
39 Ehlers, Kevin, 23.01.2001, D, 19/– 2. BL
4 Knipping, Tim, 24.11.1992, D, 72/5 2. BL
36 Kulke, Max, 10.11.2000, D, 7/– 2. BL
15 Löwe, Chris, 16.04.1989, D, 7/– BL, 120/4 2. BL
26 Mai, Sebastian, 10.12.1993, D
21 Sollbauer, Michael, 15.05.1990, AUT

MITTELFELD
25 Borrello, Brandon, 25.07.1995, AUS, 7/– BL, 41/4 2. BL, 4 A Australien
11 Diawusie, Agyemang, 12.02.1998, D, 1/– 2. BL
19 Herrmann, Luca, 20.02.1999, D
30 Kade, Julius, 20.05.1999, D, 1/– BL
35 Königsdörffer, Ransford-Yeboah, 13.09.2001, D, 7/– 2. BL
27 Kühn, Jonas, 20.03.2002, D
34 Löwe, Justin, 30.12.1998, D, 5/1 2. BL
8 Mörschel, Heinz, 24.08.1997, D, 8/1 2. BL
17 Schröter, Morris, 20.08.1995, D
20 Seo, Jong-Min, 09.05.2002, KOR
5 Stark, Yannick, 28.10.1990, D, 186/13 2. BL
7 Vlachodimos, Panagiotis, 12.10.1991, GRE/D, 1/– BL
10 Weihrauch, Patrick, 03.03.1994, D, 82/6 2. BL
28 Will, Paul, 01.03.1999, D

STURM
33 Daferner, Christoph, 12.01.1998, D, 1/– BL, 21/1 2. BL
38 Gollnack, Simon, 29.01.2002, D/BLR
14 Hosiner, Philipp, 15.05.1989, AUT, 15/1 BL, 44/8 2. BL, 5 A Österreich
9 Sohm, Pascal, 02.11.1991, D
37 Stor, Luka, 05.07.1998, SVN, 11/– 2. BL

HANSA ROSTOCK

Gegründet: 28. Dezember 1965 – Vereinsfarben: Weiß-Blau – Vereinsmitglieder: 16 200 – Rechtsform: GmbH & Co. KGaA (seit 2016)
Anschrift: Kopernikusstraße 17c, 18057 Rostock – Telefon: (03 81) 49 99 910
E-Mail: info@fc-hansa.de – Internet: www.fc-hansa.de
Meister Oberliga Nordost (1): 1991 – NOFV-Pokalsieger (1): 1991

Geschäftsführung: Robert Marien (Vorsitzender), Martin Pieckenhagen (Sport), Günter Fett (Finanzen und Verwaltung) – Kaderplaner: Kevin Meinhardt – Aufsichtsratsvorsitzender: Rainer Lemmer – Leiterin Medien/Kommunikation: Marit Scholz
Trainer: Jens Härtel, geb. am 7. 6. 1969, Deutscher, seit 9. 1. 2019 Cheftrainer bei Hansa Rostock – Co-Trainer: Ronny Thielemann, Uwe Ehlers – Torwarttrainer: Dirk Orlishausen – Athletiktrainer: Björn Bornholdt – Videoanalyst: Vincent Leifholz – Vereinsärzte: Dr. Christine Kühn, Dr. Frank Bartel, Dr. Holger Strubelt – Physiotherapeuten: Tobias Hamann, Frank Scheller, Denis Hasenbek – Zeugwart: Andreas Thiem
Stadion: Ostseestadion, 29 000 überdachte Plätze, davon 20 000 Sitz- und 9000 Stehplätze

TOR

22 Klatte, Luis, 01.03.2000, D
1 Kolke, Markus, 18.08.1990, D
30 Voll, Ben, 09.12.2000, D

ABWEHR

16 Malone, Ryan, 11.08.1992, USA
25 Meißner, Thomas, 26.03.1991, D, 26/1 2. BL
7 Neidhart, Nico, 27.09.1994, D
3 Riedel, Julian, 10.08.1991, D, 12/– 2. BL
27 Rizzuto, Calogero, 05.01.1992, D/ITA, 134/1 2. BL
4 Roßbach, Damian, 27.02.1993, D, 66/– 2. BL
23 Sonnenberg, Sven, 19.01.1999, D

MITTELFELD

8 Bahn, Bentley Baxter, 28.08.1992, D, 3/– 2. BL
17 Behrens, Hanno, 26.03.1990, D, 30/4 BL, 183/31 2. BL
19 Farrona Pulido, Manuel, 01.05.1993, D/ESP, 7/– 2. BL
14 Ingelsson, Svante, 14.06.1998, SWE, 32/– 2. BL
28 Litka, Maurice, 02.01.1996, D, 19/– 2. BL
24 Löhmannsröben, Jan, 21.04.1991, D
33 Martens, Theo Gunnar, 20.01.2003, D
21 Omladic, Nik, 21.08.1989, SVN, 80/5 2. BL, 6 A Slowenien
5 Rhein, Simon, 18.05.1998, D, 8/– BL, 2/– 2. BL
6 Rother, Björn, 29.07.1996, D, 26/1 2. BL
20 Scherff, Lukas, 14.07.1996, D
29 Schulz, Gian Luca, 14.01.1999, D/ITA
13 Schumacher, Kevin, 24.12.1997, D
38 Schwede, Tobias, 17.03.1994, D, 42/1 2. BL

STURM

39 Breier, Pascal, 02.02.1992, D
11 Mamba, Streli, 17.06.1994, D/COD, 24/5 BL
9 Munsy, Ridge, 09.07.1989, SUI/COD, 43/10 2. BL
18 Verhoek, John, 25.03.1989, NED, 177/36 2. BL

FC INGOLSTADT 04

Gegründet: 5. April 2004 (Fusion der Fußballabteilungen von MTV und ESV Ingolstadt) – Vereinsfarben: Schwarz-Rot – Vereinsmitglieder: 2300 – Rechtsform: GmBH (seit 2007).
Anschrift: Am Sportpark 1b, 85053 Ingolstadt – Telefon: (08 41) 88 55 70
E-Mail: info@fcingolstadt.de – Internet: www.fcingolstadt.de

Vorstandsvorsitzender: Peter Jackwerth – Stellvertretender Vorstandsvorsitzender: Dr. h. c. Andreas Schleef – Aufsichtsratsvorsitzender: Karl Meier – Geschäftsführer: Manuel Sternisa – Technischer Direktor: Florian Zehe – Manager Profifußball: Malte Metzelder – Kaufmännischer Leiter/Prokurist: Florian Günzler – Leiter Medien und Kommunikation: Felix Gärtner
Trainer: Roberto Pätzold, geb. am 18. 7. 1979, Deutscher, seit 1. 7. 2021 Cheftrainer beim FC Ingolstadt 04 – Co-Trainer: Thomas Karg – Torwarttrainer: Robert Wulnikowski – Athletiktrainer: Luca Schuster – Videoanalyst: Christoph Kappel – Leiter Scouting und Analyse: Sebastian Knosp – Chefscout: Thomas Finck – Leitung medizinische Abteilung: Georg Meyer – Physiotherapeuten: Matthias Blaser, Stephan Retzer – Teamkoordinator: Marcel Posselt – Zeugwart: Michael Klattenbacher
Stadion: Audi-Sportpark, 15 200 überdachte Plätze, davon 9200 Sitz- und 6000 Stehplätze

TOR
24 Buntic, Fabijan, 24.02.1997, CRO/D, 4/– 2. BL
1 Jendrusch, Robert, 28.05.1996, D, 9/– 2. BL
39 Schellenberg, Lukas, 02.08.2000, D

ABWEHR
5 Antonitsch, Nico, 30.09.1991, AUT
3 Franke, Dominik, 05.10.1998, D, 10/– 2. BL
19 Gaus, Marcel, 02.08.1989, D, 212/27 2. BL
17 Heinloth, Michael, 09.02.1992, D, 21/– BL, 43/– 2. BL
27 Keller, Thomas, 05.08.1999, D
16 Kurzweg, Peter, 10.02.1994, D, 32/2 2. BL
26 Marx, Jan-Hendrik, 26.04.1995, D
21 Schröck, Tobias, 31.12.1992, D, 62/5 2. BL

MITTELFELD
11 Beister, Maximilian, 06.09.1990, D, 47/8 BL, 67/18 2. BL
28 Ben Balla, Yassin, 24.02.1996, FRA/MAR, 28/2 2. BL
35 Bilbija, Filip, 24.04.2000, D
8 Boujellab, Nassim, 20.06.1999, MAR/D, 30/1 BL, 3 A Marokko
14 Elva, Caniggia, 14.07.1996, LCA/CAN
20 Hawkins, Jalen, 24.01.2001, USA
25 Kotzke, Jonatan, 18.03.1990, D, 31/1 2. BL
23 Linsmayer, Denis, 19.09.1991, D, 249/9 2. BL
6 Preißinger, Rico, 21.07.1996, D, 23/1 2. BL
34 Röhl, Merlin, 05.07.2002, D
10 Stendera, Marc, 10.12.1995, D, 78/5 BL, 17/– 2. BL
37 Sussek, Patrick, 08.02.2000, D

STURM
31 Butler, Justin, 23.03.2001, D
7 Eckert Ayensa, Dennis, 09.01.1997, D/ESP
9 Kaya, Fatih, 13.11.1999, D/TUR, 5/1 2. BL
30 Kutschke, Stefan, 03.11.1988, D, 27/2 BL, 99/26 2. BL
22 Niskanen, Ilmari, 21.10.1997, FIN, 6 A Finnland

Endlich erfolgreich: 2019 verspielte der FC Ingolstadt 04 den Klassenerhalt in der Relegation. 2020 verhinderte ein Gegentor in der Nachspielzeit den Wiederaufstieg. 2021 setzten sich die „Schanzer“ gegen den VfL Osnabrück durch.

KAPITEL 8

DIE 3. LIGA

VfL OSNABRÜCK

Gegründet: 17. April 1899 – Vereinsfarben: Lila-Weiß – Vereinsmitglieder: 3800 – Rechtsform: KGaA (seit 2013)
Anschrift: Scharnhorststraße 50, 49084 Osnabrück – Telefon: (05 41) 77 08 70
E-Mail: info@vfl.de – Internet: www.vfl.de
Deutscher Amateurmeister (1): 1995
Trainer: Daniel Scherning, geb. am 29. 10. 1983, Deutscher, seit 1. 7. 2021
Stadion: Bremer Brücke, 16 000 Plätze (14 328 überdacht), davon 6241 Sitz- und 9759 Stehplätze

TOR
22 Kühn, Philipp, 02.09.1992, D, 62/– 2. BL, 23/– 3. L
1 Wiesner, Tim, 21.11.1996, D, 1/– 2. BL

ABWEHR
33 Beermann, Timo, 10.12.1990, D, 136/6 2. BL, 48/5 3. L
4 Gugganig, Lukas, 14.02.1995, AUT, 123/6 2. BL
24 Haas, Manuel, 07.05.1996, AUT
3 Kleinhansl, Florian, 11.08.2000, D
31 Sprekelmeyer, Luis, 15.04.2002, D
23 Traoré, Omar Haktab, 04.02.1998, D, 19/– 3. L
18 Trapp, Maurice, 31.12.1991, D, 55/– 2. BL, 70/5 3. L

MITTELFELD
16 Bapoh, Ulrich, 29.06.1999, D/CMR, 14/1 2. BL
Bertram, Sören, 05.06.1991, D, 2/– BL, 71/6 2. BL, 161/36 3. L
19 Chorushij, Jan, 19.03.2003, D
29 Itter, Davide-Jerome, 05.01.1999, D
26 Klaas, Sebastian, 30.06.1998, D, 10/– 2. BL, 20/2 3. L
6 Köhler, Sven, 08.11.1996, D, 22/– 2. BL, 13/– 3. L
13 Kunze, Lukas, 14.06.1998, D
28 Möller, Tim, 19.03.1999, D, 3/– 2. BL, 2/– 3. L
8 Taffertshofer, Ulrich, 14.02.1992, D, 58/1 2. BL, 98/2 3. L
10 Wähling, Oliver, 06.09.1999, D

STURM
27 Bertelsmann, Tom, 17.01.2002, D
20 Heider, Marc, 18.05.1986, D/USA, 54/4 2. BL, 242/51 3. L
17 Higl, Felix, 08.01.1997, D
11 Simakala, Ba-Muaka, 28.01.1997, D/CGO, 1/– BL
34 Traoré, Hakim, 27.05.2001, D/TOG
9 Wooten, Andrew, 30.09.1989, USA/D, 7/1 BL, 169/52 2. BL, 1 A USA

EINTRACHT BRAUNSCHWEIG

Gegründet: 15. Dezember 1895 – Vereinsfarben: Blau-Gelb – Vereinsmitglieder: 5335 – Rechtsform: GmbH & Co. KGaA (seit 2008)
Anschrift: Hamburger Straße 210, 38112 Braunschweig – Telefon: (05 31) 23 23 00
E-Mail: eintracht@eintracht.com – Internet: www.eintracht.com
Deutscher Meister (1): 1967
Trainer: Michael Schiele, geb. am 3. 3. 1978, Deutscher, seit 1. 7. 2021
Stadion: Eintracht-Stadion, 23 325 überdachte Plätze, davon 12 650 Sitz- und 10 675 Stehplätze

TOR
1 Bangsow, Yannik, 21.02.1998, D, 3/– 3. L
16 Fejzic, Jasmin, 15.05.1986, BIH, 165/– 2. BL, 76/– 3. L, 1 A Bosnien-Herzegowina
35 Schulze Kökelsum, Lennart, 13.03.2002, D

ABWEHR
30 Behrendt, Brian, 24.10.1991, D, 3/– BL, 124/4 2. BL
14 Görlich, Luis, 01.04.2000, D
27 Kijewski, Niko, 28.03.1996, D, 28/– 2. BL, 69/1 3. L
34 Kleeberg, Jannis, 21.04.2002, D, 1/– 2. BL

4 Nikolaou, Jannis, 31.07.1993, D/GRE, 89/5 2. BL, 99/10 3. L
3 Schlüter, Lasse, 27.04.1992, D, 25/– 2. BL, 41/2 3. L
2 Schultz, Michael, 30.05.1993, D, 5/– 2. BL, 49/7 3. L
23 Wiebe, Danilo, 22.03.1994, D, 25/1 2. BL, 85/3 3. L

MITTELFELD

6 Henning, Bryan, 16.03.1995, D, 53/2 2. BL, 35/5 3. L
10 Kobylanski, Martin, 08.03.1994, POL/D, 8/– BL, 47/7 2. BL, 137/46 3. L
39 Krauße, Robin, 02.04.1994, D, 33/– 2. BL, 156/5 3. L
8 May, Iba, 06.06.1998, D, 6/– 2. BL
7 Multhaup, Maurice, 15.12.1996, D, 5/– BL, 66/4 2. BL
37 Stumpe, Felix, 07.01.2002, D

STURM

9 Girth, Benjamin, 31.01.1992, D, 42/4 2. BL, 52/28 3. L
11 Ihorst, Luc, 07.03.2000, D, 1/– BL, 18/2 2. BL
17 Otto, Yari, 27.05.1999, D, 26/1 2. BL, 46/6 3. L
33 Proschwitz, Nick, 28.11.1986, D, 83/29 2. BL, 56/19 3. L

WÜRZBURGER KICKERS

Gegründet: 17. November 1907 – Vereinsfarben: Rot-Weiß – Vereinsmitglieder: 1400 – Rechtsform: AG (seit 2014)
Anschrift: Mittlerer Dallenbergweg 49, 97082 Würzburg – Telefon: (09 31) 66 08 98 100
E-Mail: presse@wuerzburger-kickers.de – Internet: www.wuerzburger-kickers.de
Trainer: Torsten Ziegner, geb. am 9. 11. 1977, Deutscher, seit 1. 7. 2021
Stadion: Flyeralarm-Arena, 13 090 Plätze, davon 2562 überdachte Sitz- und 10 208 nicht überdachte Stehplätze

TOR

1 Bonmann, Hendrik, 22.01.1994, D, 20/– 2. BL, 30/– 3. L
33 Perez Hintermeier, Maximilian, 03.07.2003, D
24 Richter, Marc, 31.12.1999, D

ABWEHR

14 Breunig, Louis, 14.11.2003, D
4 Dietz, Lars, 07.01.1997, D, 20/4 2. BL, 37/– 3. L
6 Kraulich, Tobias, 24.03.1999, D, 15/– 2. BL, 8/– 3. L
26 Lungwitz, Alexander, 04.08.2000, D, 17/– 3. L
5 Schneider, Leon, 19.06.2000, D, 32/– 3. L
23 Schories, Niklas, 23.06.2002, D
32 Strohdiek, Christian, 22.01.1988, D, 38/1 BL, 174/3 2. BL, 68/4 3. L
2 Waidner, Dennis, 08.02.2001, D, 30/– 3. L

MITTELFELD

37 Adigo, Ryan, 15.04.2001, D/BEN
17 Atmaca, Dildar, 17.10.2002, D
22 Hägele, Daniel, 23.02.1989, D, 28/1 2. BL, 186/8 3. L
21 Heinrich, Moritz, 03.07.1997, D, 107/13 3. L
38 Herrmann, Robert, 10.08.1993, D, 31/2 2. BL, 31/3 3. L
3 Hoffmann, Niklas, 09.04.1997, D, 11/– 2. BL, 14/1 3. L
29 Kopacz, David, 29.05.1999, POL/D, 32/3 2. BL
25 Meisel, Dominik, 29.06.1999, D, 16/– 2. BL, 3/– 3. L
20 Perdedaj, Fanol, 16.07.1991, KVX/D, 8/– BL, 73/3 2. BL, 61/– 3. L, 7 A Kosovo
27 Toko, Nzuzi, 20.11.1990, COD/SUI, 15/– 2. BL, 7 A DR Kongo

ANGRIFF

10 Breunig, Maximilian, 14.08.2000, D, 12/3 3. L
8 Nikolov, Vladimir, 07.02.2001, BUL, 10/– 2. BL
9 Pourié, Marvin, 08.01.1991, D, 34/3 2. BL, 101/39 3. L
11 Sané, Saliou, 19.07.1992, D, 15/1 2. BL, 138/18 3. L

TSV MÜNCHEN 1860

Gegründet: 17. Mai 1860 (Fußballabteilung 25. April 1899) – Vereinsfarben: Grün-Gold (Fußballabteilung Weiß-Blau)– Vereinsmitglieder: 22 7887 – Rechtsform: GmbH & Co. KG (seit 2002)
Anschrift: Grünwalder Straße 114, 81547 München – Telefon: (0 80) 64 27 85 0
E-Mail: info@tsv1860.de – Internet: www.tsv1860.de
Deutscher Meister (1): 1966 – Deutscher Pokalsieger (2): 1942, 1964
Trainer: Michael Köllner, geb. am 29. 12. 1969, Deutscher, seit 9. 11. 2019
Stadion: Stadion an der Grünwalder Straße, 15 000 Plätze, davon 6000 überdachte Sitz- und 9000 nicht überdachte Stehplätze

TOR
1 Hiller, Marco, 20.02.1997, D, 96/– 3. L
40 Kretzschmar, Tom, 19.01.1999, D, 1/– 3. L
12 Szekely, György, 02.06.1995, HUN

ABWEHR
27 Belkahia, Semi, 22.12.1998, D, 26/3 3. L
16 Goden, Kevin, 22.02.1999, D, 5/– BL, 7/– 3. L
32 Gresler, Maxim, 03.06.2003, D, 2/– 3. L
3 Lang, Niklas, 13.06.2002, D, 6/– 3. L
5 Moll, Quirin, 21.01.1991, D, 48/– 2. BL, 161/6 3. L
6 Salger, Stephan, 30.01.1990, D, 5/– BL, 132/2 2. BL, 139/5 3. L
36 Steinhart, Phillipp, 07.07.1992, D, 1/– 2. BL, 136/16 3. L
24 Wicht, Nathan, 20.02.2004, SUI
25 Willsch, Marius, 18.03.1991, D, 148/3 3. L

MITTELFELD
20 Deichmann, Yannick, 13.08.1994, D, 4/– 2. BL, 56/9 3. L
14 Dressel, Dennis, 26.10.1998, D, 72/14 3. L
18 Knöferl, Lorenz, 04.05.2003, D, 9/1 3. L
28 Mannhardt, Marco, 04.07.2002, D, 2/– 3. L
31 Neudecker, Richard, 29.10.1996, D, 50/6 2. BL, 37/7 3. L
23 Staude, Keanu, 26.01.1997, D, 86/6 2. BL, 8/1 3. L
8 Tallig, Erik, 10.01.2000, D, 69/8 3. L
17 Wein, Daniel, 05.02.1994, D, 152/3 3. L

STURM
15 Bär, Marcel, 08.06.1992, D, 30/4 2. BL, 134/28 3. L
19 Biankadi, Merveille, 09.05.1995, COD/D, 6/– 2. BL, 109/16 3. L
30 Cocic, Milos, 05.06.2003, SRB
11 Greilinger, Fabian, 13.09.2000, D, 41/1 3. L
7 Lex, Stefan, 27.11.1989, D, 34/2 BL, 43/9 2. BL, 95/16 3. L
22 Linsbichler, Tim, 14.01.2000, AUT
9 Mölders, Sascha, 20.03.1985, D, 103/18 BL, 82/25 2. BL, 108/45 3. L
21 Ngounou Djayo, Johann, 27.02.2001, D, 9/– 3. L

1. FC SAARBRÜCKEN

Gegründet: 18. April 1903 – Vereinsfarben: Blau-Schwarz – Vereinsmitglieder: 3500 – Rechtsform: e. V.
Anschrift: Berliner Promenade 12, 66111 Saarbrücken – Telefon: (06 81) 97 14 40
E-Mail: presse@fc-saarbruecken.de – Internet: www.fc-saarbruecken.de
Trainer: Uwe Koschinat, geb. am 1. 9. 1971, Deutscher, seit 1. 7. 2021
Stadion: Ludwigsparkstadion, 16 003 Plätze (15 150 überdacht), davon 9927 Sitz- (9927 überdacht) und 6076 überdachte Stehplätze

TOR
1 Batz, Daniel, 12.01.1991, D, 1/– BL, 40/– 3. L
30 Hupe, Jonas, 01.12.1999, D
36 Johnen, Marcel, 11.10.2002, D

ABWEHR
18 Bösel, Sebastian, 24.10.1994, D, 106/1 3. L
6 Bulic, Rasim, 10.12.2000, D, 6/– 3. L
Erdmann, Dennis, 22.11.1990, D, 29/1 2. BL, 174/8 3. L
22 Ernst, Dominik, 08.08.1990, D, 113/3 3. L
3 Galle, Nick, 14.09.1998, D, 2/– 3. L
23 Müller, Mario, 16.01.1992, D, 26/– 3. L
14 Uaferro, Boné, 04.01.1992, D, 2/– 2. BL, 154/5 3. L
5 Zellner, Steven, 14.03.1991, D, 1/– BL, 21/– 2. BL, 28/– 3. L

MITTELFELD

27 Deville, Maurice, 31.07.1992, LUX, 17/4 2. BL, 78/13 3. L, 52 A Luxemburg
26 Gnaase, Dave, 14.12.1996, D, 9/– 2. BL, 99/6 3. L
28 Gouras, Minos, 07.06.1998, D, 26/7 3. L
21 Groiß, Alexander, 01.07.1998, D, 22/– 2. BL, 19/– 3. L
25 Jänicke, Tobias, 16.03.1989, D, 80/9 2. BL, 209/40 3. L
33 Kerber, Luca, 10.03.2002, D, 19/– 3. L
7 Korzuschek, Tim, 26.08.1998, D
10 Scheu, Robin, 16.02.1995, D, 42/3 2. BL, 61/9 3. L
8 Zeitz, Manuel, 01.08.1990, D, 33/2 2. BL, 127/11 3. L

ANGRIFF

39 Grimaldi, Adriano, 05.04.1991, D, 6/– BL, 33/3 2. BL, 190/55 3. L
20 Günther-Schmidt, Julian, 13.09.1994, D, 4/– BL, 1/– 2. BL, 82/22 3. L
24 Jacob, Sebastian, 26.06.1993, D, 24/2 2. BL, 30/10 3. L
32 Köhl, Marius, 31.05.2001, D, 1/– 3. L
19 Steinkötter, Justin, 26.09.1999, D, 2/– 3. L

SV WEHEN WIESBADEN

Gegründet: 1926 (als SV Wehen, seit 2007 SV Wehen Wiesbaden) – Vereinsfarben: Rot-Schwarz-Gold – Vereinsmitglieder: 630 – Rechtsform: GmbH (seit 2008)
Anschrift: Berliner Straße 9, 65189 Wiesbaden – Telefon: (06 11) 50 40 10
E-Mail: info@svww.de – Internet: www.svww.de
Trainer: Rüdiger Rehm, geb. am 22. 11. 1978, Deutscher, seit 13. 2. 2017
Stadion: Brita-Arena, 15 295 überdachte Plätze, davon 9495 Sitz- und 5800 Stehplätze

TOR

38 Becker, Lucas, 10.05.2002, D
1 Boss, Tim, 28.06.1993, D, 1/– 2. BL, 97/– 3. L
31 Lyska, Arthur, 19.05.2000, D, 1/– 3. L
16 Stritzel, Florian, 31.01.1994, D, 9/– 2. BL

ABWEHR

17 Carstens, Florian, 08.11.1998, D, 22/1 2. BL, 29/1 3. L
3 Gürleyen, Ahmet, 26.04.1999, D/TUR, 1/– BL, 10/1 3. L
25 Kempe, Dennis, 24.06.1986, D, 154/5 2. BL, 77/5 3. L
4 Mockenhaupt, Sascha, 10.09.1991, D, 76/1 2. BL, 125/4 3. L
10 Mrowca, Sebastian, 16.01.1994, POL/D, 26/– 2. BL, 122/4 3. L
27 Rieble, Nico, 22.08.1995, D, 21/– 2. BL, 90/– 3. L
20 Stangl, Stefan, 20.10.1991, AUT, 16/– 3. L, 1 A Österreich
15 Stanic, Jozo, 06.04.1999, CRO/D, 1/– BL, 36/1 3. L

MITTELFELD

37 Bischof, Ben, 20.09.2002, D
14 Brumme, Lucas, 25.09.1999, D, 18/– 3. L
6 Fechner, Gino, 05.09.1997, D, 17/– 2. BL, 75/2 3. L
9 Goppel, Thijmen, 16.02.1997, NED
21 Hollerbach, Benedict, 17.05.2001, D, 28/3 3. L
19 Jacobsen, Bjarke, 21.08.1993, DEN
7 Korte, Gianluca, 29.08.1990, D, 2/– BL, 18/2 2. BL, 64/14 3. L
11 Kurt, Mehmet, 09.01.1996, D, 33/1 3. L
18 Lais, Marc, 04.02.1991, D, 1/– BL, 60/3 2. BL, 94/7 3. L
28 Lankford, Kevin, 16.11.1998, D, 51/– 2. BL, 16/2 3. L
24 Prokop, Dominik, 02.06.1997, AUT, 7/2 3. L
5 Taffertshofer, Emanuel, 24.02.1995, D, 76/– 2. BL, 41/1 3. L
22 Thiel, Maximilian, 03.02.1993, D, 86/13 2. BL, 76/14 3. L

STURM

29 Nilsson, Gustaf, 23.05.1997, SWE, 14/3 3. L, 1 A Schweden
8 Wurtz, Johannes, 19.06.1992, D, 2/– BL, 148/18 2. BL, 54/14 3. L

SC VERL

Gegründet: 6. September 1924 – Vereinsfarben: Schwarz-Weiß – Vereinsmitglieder: 1222 – Rechtsform: e. V.
Anschrift: Poststraße 30, 33415 Verl – Telefon: (0 52 46) 92 50 80
E-Mail: info@scverl.de – Internet: www.sportclub-verl.de
Trainer: Guerino Capretti, geb. am 5. 2. 1982, Deutscher, seit 10. 4. 2017
Stadion: Sportpark am Lotter Kreuz in Lotte, 10 059 Plätze, davon 2800 überdachte Sitz- und 7269 Stehplätze (5000 überdacht)

TOR
32 Brüseke, Robin, 14.09.1993, D, 35/– 3. L
40 Thiede, Niclas, 14.04.1999, D, 1/– BL

ABWEHR
5 Baack, Tom, 13.03.1999, D, 9/1 2. BL
3 Ezekwem, Cottrell, 13.05.1999, D
19 Jürgensen, Lasse, 16.02.1998, D, 20/1 3. L
15 Lach, Frederik, 18.03.1997, D, 2/– 3. L
24 Lannert, Christopher, 08.06.1998, D, 28/1 3. L
4 Mikic, Daniel, 06.07.1992, D, 30/– 3. L
11 Ochojski, Nico, 09.01.1999, D, 1/– 3. L
17 Schmeling, Migel-Max, 17.02.2000, D, 8/– 3. L
20 Stellwagen, Luca, 10.12.1998, D, 13/– 3. L

MITTELFELD
27 Corboz, Mael, 06.09.1994, USA/FRA, 20/2 3. L
26 Mirchev, Emanuel, 09.02.2002, BUL
6 Pernot, Barne, 11.06.1999, D, 13/1 3. L
21 Petkov, Lukas, 01.11.2000, D, 1/– BL
25 Sapina, Vinko, 29.06.1995, CRO
8 Schwermann, Julian, 08.07.1999, D, 31/– 3. L

ANGRIFF
14 Akono, Cyrill, 29.02.2000, CMR/D, 33/8 3. L
7 Berlinski, Ron, 08.08.1994, D
29 Franke, Maximilian, 24.03.2002, D
10 Grodowski, Joel, 30.11.1997, D, 15/1 3. L
18 Mustafa, Valdrin, 11.03.1998, KVX/ALB
34 Putaro, Leandro, 07.01.1997, D, 4/– BL, 36/2 2. BL, 50/3 3. L
9 Rabihic, Kasim, 24.02.1993, D, 36/7 3. L
28 Saglik, Mahir, 18.01.1983, TUR/D, 26/2 BL, 150/43 2. BL
30 Schikowski, Patrick, 20.06.1992, D, 26/3 3. L
16 Schmitt, Oliver, 04.06.2000, D

SV WALDHOF MANNHEIM

Gegründet: 11. April 1907 – Vereinsfarben: Blau-Schwarz – Vereinsmitglieder: 2259 – Rechtsform: GmbH (seit 2017)
Anschrift: Theodor-Heuss-Anlage 25, 68165 Mannheim – Telefon: (06 21) 41 09 00
E-Mail: frontoffice@svwm.de – Internet: www.svw07.de
Trainer: Patrick Glöckner, geb. am 18. 11. 1976, Deutscher, seit 20. 7. 2020
Stadion: Carl-Benz-Stadion, 24 302 überdachte Plätze, davon 12 894 Sitz- und 11 408 Stehplätze

TOR
23 Bartels, Jan-Christoph, 13.01.1999, D, 1/– 2. BL, 16/– 3. L
Hawryluk, Lucien, 05.10.2000, D
1 Königsmann, Timo, 05.04.1997, D, 50/– 3. L

ABWEHR
27 Gohlke, Gerrit, 12.03.1999, D, 36/1 3. L
24 Gottschling, Marcel, 14.05.1994, D, 74/– 3. L
22 Just, Jan, 14.09.1996, D, 20/1 3. L
3 Kouadio, Kan Leonce, 27.12.1998, CIV/D, 3/– 3. L
Rossipal, Alexander, 06.06.1996, D, 12/1 2. BL, 22/– 3. L

5 Seegert, Marcel, 29.04.1994, D, 11/– 2. BL, 56/4 3. L
2 Sommer, Niklas-Wilson, 02.04.1998, D, 23/– 3. L
4 Verlaat, Jesper, 04.06.1996, NED, 32/– 2. BL, 101/4 3. L

MITTELFELD

9 Boyamba, Joseph, 29.07.1996, D, 33/9 3. L
17 Costly, Marcel, 20.11.1995, D, 28/1 2. BL, 131/12 3. L
19 Donkor, Anton-Leander, 11.11.1997, D, 70/7 3. L
16 Garcia, Rafael, 27.09.1993, D/ESP, 68/11 3. L
18 Gouaida, Mohamed, 15.05.1993, TUN/FRA, 12/– BL, 20/– 2. BL, 43/1 3. L, 3 A Tunesien
34 Lee, Shinhyung, 02.03.2001, KOR, 2/– 3. L
6 Russo, Stefano, 29.06.2000, D/ITA, 5/1 3. L
35 Saghiri, Hamza, 18.02.1997, D, 59/2 3. L
13 Schnatterer, Marc, 18.11.1985, D, 224/48 2. BL, 176/57 3. L
7 Ünlücifci, Onur, 24.04.1997, D, 34/– 3. L
8 Wagner, Fridolin, 23.09.1997, D, 84/5 3. L

STURM

29 Jurcher, Gillian Timothy, 09.04.1997, D, 15/1 3. L
11 Martinovic, Dominik, 25.03.1997, D/CRO, 73/19 3. L
14 Roczen, Anthony, 16.08.1999, D, 25/1 3. L

HALLESCHER FC

Gegründet: 26. Januar 1966 (davor u. a. HFC und SC Chemie, BSG Turbine, ZSG Union, SG Freiimfelde Halle) – Vereinsfarben: Rot-Weiß – Vereinsmitglieder: 2150 – Rechtsform: e. V.
Anschrift: Merseburger Straße 97, 06112 Halle (Saale) – Telefon: (03 45) 27 95 55 20
E-Mail: club@hallescherfc.de – Internet: www.hallescherfc.de
Ostzonenmeister (1): 1949 (als ZSG Union) – DDR-Meister (1): 1952 (als BSG Turbine) – FDGB-Pokalsieger (2): 1956, 1962 (als SC Chemie)
Trainer: Florian Schnorrenberg, geb. am 16. 4. 1977, Deutscher, seit 8. 6. 2020
Stadion: Leuna Chemie-Stadion, 15 057 überdachte Plätze, davon 6155 Sitz- und 8850 Stehplätze

TOR

1 Müller, Sven, 16.02.1996, D, 1/– BL, 27/– 3. L
18 Schreiber, Tim, 24.04.2002, D, 2/– 3. L

ABWEHR

17 Griebsch, Lukas Sebastian, 28.10.2003, D
3 Kastenhofer, Niklas, 08.01.1999, D, 29/1 3. L
8 Kreuzer, Niklas, 20.02.1993, D, 90/4 2. BL, 85/2 3. L
31 Landgraf, Niklas, 01.03.1996, D, 1/– 2. BL, 119/– 3. L
21 Menig, Fabian, 26.02.1994, D, 151/5 3. L
33 Nietfeld, Jonas, 15.01.1994, D, 48/5 2. BL, 138/18 3. L
25 Reddemann, Sören, 16.05.1996, D, 100/4 3. L
22 Sternberg, Janek, 19.10.1992, D, 25/– BL, 80/1 3. L
5 Vollert, Jannes, 21.01.1998, D, 78/2 3. L

MITTELFELD

7 Derstroff, Julian, 05.01.1992, D, 12/1 BL, 50/2 2. BL, 116/28 3. L
24 Guttau, Julian, 29.10.1999, D, 74/5 3. L
23 Herzog, Aaron, 30.01.1998, D, 13/– 3. L
6 Lindenhahn, Toni, 15.11.1990, D, 203/11 3. L
27 Samson, Louis, 03.07.1995, D, 96/– 2. BL, 33/1 3. L
26 Titsch Rivero, Marcel, 02.11.1989, D, 2/– BL, 133/2 2. BL, 99/7 3. L
30 Zimmerschied, Tom, 22.09.1998, D

ANGRIFF

15 Bierschenk, Tom, 13.07.2002, D, 1/– 3. L
13 Boyd, Terrence, 16.02.1991, USA/D, 7/1 BL, 42/6 2. BL, 68/32 3. L, 14 A USA
10 Eberwein, Michael, 11.03.1996, D, 2/– 2. BL, 74/10 3. L
9 Eilers, Justin, 13.06.1988, D, 119/52 3. L
11 Shcherbakovski, Jan, 24.03.2001, BLR, 16/1 3. L

FSV ZWICKAU

Gegründet: 28. August 1912 (als Planitzer SC, später u. a. ZSG Horch, BSG Motor und BSG Sachsenring, seit 1. Januar 1990 FSV Zwickau) – Vereinsfarben: Rot-Weiß – Vereinsmitglieder: 2566 – Rechtsform: GmbH (seit 2020)
Anschrift: Stadionallee 1, 08066 Zwickau – Telefon: (03 75) 21 19 55 0
E-Mail: kontakt@fsv-zwickau.de – Internet: www.fsv-zwickau.de
DDR-Meister (1): 1950 (als ZSG Horch) – FDGB-Pokalsieger (3): 1963, 1967 (als BSG Motor), 1975 (als BSG Sachsenring)
Trainer: Joe Enochs, geb. am 1. 9. 1971, US-Amerikaner, seit 1. 7. 2018
Stadion: GGZ-Arena, 10 134 überdachte Plätze, davon 6363 Sitz- und 3771 Stehplätze

TOR
29 Kamenz, Matti, 09.08.1998, D, 7/– 3. L
26 Sprang, Max, 04.07.2000, D
1 Brinkies, Johannes, 20.06.1993, D, 221/– 3. L

ABWEHR
2 Brand, Felix, 15.02.2001, D
16 Butzen, Nils, 02.04.1993, D, 18/– 2. BL, 151/3 3. L
19 Frick, Davy, 05.04.1990, D, 169/10 3. L
25 Nkansah, Steffen, 07.04.1996, D, 7/– 2. BL, 80/4 3. L
14 Reinthaler, Max, 22.03.1995, ITA, 33/– 3. L
21 Schikora, Marco, 20.09.1994, D, 32/4 3. L
17 Susac, Adam, 20.05.1989, CRO, 41/1 2. BL, 101/1 3. L

MITTELFELD
22 Coskun, Can, 26.03.1998, TUR/D, 45/– 3. L
31 Göbel, Patrick, 08.07.1993, D, 196/20 3. L
18 Gomez, Johan, 23.07.2001, USA
23 Hauptmann, Marius, 14.09.1999, D, 1/– 2. BL, 35/2 3. L
20 Horn, Luca, 19.12.1998, D, 1/– BL, 8/– 3. L
13 Könnecke, Mike, 23.08.1988, D, 73/2 2. BL, 158/6 3. L
27 Möker, Yannik, 27.07.1999, D, 18/– 3. L
10 Starke, Manfred, 21.02.1991, NAM/D, 5/– 2. BL, 170/21 3. L, 6 A Namibia
7 Voigt, Yannic, 27.10.2002, D

STURM
28 Baumann, Dominic, 24.04.1995, D, 34/2 2. BL, 117/17 3. L
15 König, Ronny, 02.06.1983, D, 220/43 2. BL, 211/56 3. L
9 Lokotsch, Lars, 17.05.1996, D, 18/3 3. L
11 Willms, Dustin, 30.06.1999, D, 28/2 3. L

1. FC MAGDEBURG

Gegründet: 22. Dezember 1965 (Herauslösung der Fußballabteilung aus dem SC Aufbau Magdeburg) – Vereinsfarben: Blau-Weiß – Vereinsmitglieder: 9478 – Rechtsform: GmbH (seit 2017)
Anschrift: Friedrich-Ebert-Straße 62, 39114 Magdeburg – Telefon: (03 91) 99 02 90
E-Mail: info@fc-magdeburg.de – Internet: https://1.fc-magdeburg.de
DDR-Meister (3): 1972, 1974, 1975 – FDGB-Pokalsieger (7): 1964, 1965, 1969, 1973, 1977, 1978, 1983 – Europapokalsieger der Pokalsieger (1): 1974
Trainer: Christian Titz, geb. am 1. 4. 1971, Deutscher, seit 12. 2. 2021
Stadion: MDCC-Arena, 30 098 überdachte Plätze, beim FCM-Heimspielen 28 000, davon 15 000 Sitz- und 13 000 Stehplätze

TOR
39 Leneis, Benjamin, 08.03.1999, D
1 Reimann, Dominik, 18.06.1997, D, 15/– 2. BL
12 Schlitter, Tom, 17.05.2002, D

ABWEHR
24 Bittroff, Alexander, 19.09.1988, D, 167/4 2. BL, 110/– 3. L
27 Burger, Korbinian, 27.04.1995, D, 74/1 3. L
2 Knost, Tobias, 08.05.2000, D

5 Müller, Tobias, 08.07.1994, D, 29/– 2. BL, 94/4 3. L
20 Rieckmann, Julian, 01.08.2000, D
15 Rorig, Henry, 03.03.2000, D, 15/– 3. L
33 Schmökel, Leon, 09.06.2002, D, 1/– 3. L
22 Sechelmann, Tim, 15.01.1999, D

MITTELFELD

23 Atik, Baris, 09.01.1995, TUR/D, 3/– BL, 66/6 2. BL, 15/7 3. L
19 Bell Bell, Leon, 06.09.1996, D, 35/2 3. L
21 Ceka, Jason, 10.11.1999, D
29 Condé, Amara, 06.01.1997, D, 6/– 2. BL
31 Granatowski, Nico, 03.06.1991, D, 4/– 2. BL, 109/9 3. L
32 Hoch, Ole, 06.05.2002, D
8 Jakubiak, Sebastian, 21.06.1993, D, 17/1 3. L
18 Kath, Florian, 21.10.1994, D, 25/1 BL, 4/– 2. BL, 29/3 3. L
13 Krempicki, Connor, 14.09.1994, D, 78/4 3. L
6 Malachowski, Adrian, 10.03.1998, POL, 24/– 3. L
16 Müller, Andreas, 20.07.2000, D, 33/5 3. L
28 Obermair, Raphael, 01.04.1996, D, 65/6 3. L

ANGRIFF

9 Brünker, Kai, 10.06.1994, D, 72/12 3. L
17 Conteh, Sirlord, 09.07.1996, D, 41/4 3. L
14 Franzke, Maximilian, 05.03.1999, D, 5/– 2. BL, 9/1 3. L
26 Schuler, Luca, 22.03.1999, D, 2/– BL
7 Sliskovic, Luka, 04.04.1995, AUT, 17/– 3. L

FC VIKTORIA KÖLN

Gegründet: 22. Juni 2010 (Nachfolgeverein des insolventen SCB Viktoria Köln) – Vereinsfarben: Schwarz-Weiß-Rot – Vereinsmitglieder: 623 – Rechtsform: GmbH (seit 2015)
Anschrift: Günter-Kuxdorf-Weg 1, 51103 Köln – Telefon: (02 21) 99 57 95 15
E-Mail: info@viktoria1904.de – Internet: www.viktoria1904.de
Trainer: Olaf Janßen, geb. am 8. 10. 1966, Deutscher, seit 1. 2. 2021
Stadion: Sportpark Höhenberg, 10 001 Plätze, davon 3187 Sitz- (3000 überdacht) und 6814 Stehplätze

TOR

25 Bördner, Elias, 18.02.2002, D, 1/– BL
1 Mielitz, Sebastian, 18.07.1989, D, 62/– BL, 33/– 2. BL, 75/– 3. L
22 Nicolas, Moritz, 21.10.1997, D, 1/– BL, 1/– 2. BL

ABWEHR

36 Altuntas, Ilhan, 06.01.2003, D/TUR
Berzel, Aaron, 29.05.1992, D, 3/– 2. BL, 125/4 3. L
5 Buballa, Daniel, 11.05.1990, D, 255/4 2. BL
21 de Vita, Dario, 12.02.2000, D, 9/– 3. L
15 Greger, Christoph, 14.01.1997, D, 132/9 3. L
2 Höck, Alexander, 30.03.2002, D, 2/1 3. L
28 Koronkiewicz, Patrick, 13.03.1991, D, 48/1 3. L
3 Rossmann, Maximilian, 06.05.1995, D, 70/4 3. L
29 Zimmermann, Phil, 03.03.2003, D

MITTELFELD

27 Amyn, Youssef, 21.08.2003, D, 3/– 3. L
23 Fritz, Moritz, 15.07.1993, D, 70/4 3. L
7 Handle, Simon, 25.01.1993, D, 3/– 2. BL, 93/11 3. L
17 Heister, Florian, 02.03.1997, D, 19/– 2. BL
34 Hemcke, Benjamin, 14.02.2003, D
35 Hompesch, Ben, 24.04.2003, D
18 Klefisch, Kai, 03.12.1999, D, 62/4 3. L
4 Lorch, Jeremias, 02.12.1995, D, 20/1 2. BL, 108/5 3. L
37 May, Niklas, 10.04.2002, D, 1/– 3. L
11 Palacios, Federico, 09.04.1995, D/ESP, 19/2 BL, 21/1 2. BL, 24/3 3. L
31 Risse, Marcel, 17.12.1989, D, 176/15 BL, 64/10 2. BL, 29/4 3. L
6 Sontheimer, Patrick, 03.07.1998, D, 57/2 2. BL, 48/4 3. L

STURM

12 Bunjaku, Albert, 29.11.1983, KVX/SUI, 48/13 BL, 71/16 2. BL, 76/32 3. L, 6 A Schweiz, 3 A Kosovo
38 Hong, Seokju, 07.05.2003, KOR
Möller, Nikolaj, 20.07.2002, D
10 Philipp, David, 10.04.2000, D
9 Thiele, Timmy, 31.07.1991, D, 180/44 3. L

TÜRKGÜCÜ MÜNCHEN

Gegründet: 1975 (als Türk Gücü München, 2001 Neugründung Türkischer SV München, 2009 Fusion zu Türkgücü-Ataspor München, seit 2019 Türkgücü München) – Vereinsfarben: Rot-Weiß – Vereinsmitglieder: nicht bekannt – Rechtsform: GmbH (seit 2019)
Anschrift: Heinrich-Wieland-Str. 100, 81735 München – Telefon: (01 71) 64 74 62 5
E-Mail: info@turkgucu.de – Internet: www.turkgucu.de
Trainer: Petr Ruman, geb. am 2. 11. 1976, Tscheche, seit 1. 7. 2021
Stadion: Stadion an der Grünwalder Straße, 15 000 Plätze, davon 6000 überdachte Sitz- und 9000 nicht überdachte Stehplätze; Ausweichstadion: Olympiastadion (69 250 Plätze)

TOR
26 Flückiger, Franco, 01.03.1991, D
1 Vollath, René, 20.03.1990, D, 38/– 2. BL, 186/– 3. L
12 Wagner, Michael, 26.07.2000, D, 3/– 3. L

ABWEHR
19 Hertner, Sebastian, 02.05.1991, D, 95/– 2. BL, 116/3 3. L
23 Kuhn, Moritz, 01.08.1991, D, 60/2 2. BL, 93/6 3. L
36 Kusic, Filip, 03.06.1996, SRB/D, 1/– BL, 20/– 2. BL, 28/– 3. L
5 Mavraj, Mergim, 09.06.1986, ALB/D, 158/1 BL, 140/3 2. BL, 50 A Albanien
3 Römling, Moritz, 30.04.2001, D, 4/– 2. BL
13 Sorge, Alexander, 21.04.1993, D, 49/2 3. L
35 Zorba, Furkan, 25.02.1998, D, 16/– 3. L

MITTELFELD
18 Barry, Boubacar, 15.04.1996, D, 34/1 2. BL, 59/1 3. L
15 Chato, Paterson, 01.12.1996, D, 26/1 2. BL, 65/6 3. L
37 Gorzel, Nico, 29.07.1998, D, 26/1 3. L
6 Irving, Andy, 13.05.2000, SCO
16 Jakobi, Luis, 15.12.2001, D
22 Karweina, Sinan, 29.03.1999, D, 55/7 3. L
33 Kehl-Gomez, Marco, 01.05.1992, SUI, 37/1 3. L
11 Maier, Sebastian, 18.09.1993, D, 10/– BL, 136/11 2. BL, 15/– 3. L
7 Mickels, Leroy-Jacques, 25.06.1995, D, 53/6 3. L
17 Rieder, Tim, 03.09.1993, D, 5/– BL, 15/– 2. BL, 61/3 3. L
10 Sararer, Sercan, 27.11.1989, TUR/ESP, 35/1 BL, 129/23 2. BL, 48/10 3. L, 12 A Türkei
8 Tosun, Ünal, 05.10.1992, D, 26/– 3. L
20 Türpitz, Philip, 23.08.1991, D, 59/10 2. BL, 147/34 3. L
9 Vrenezi, Albion, 04.10.1993, KVX, 51/4 2. BL, 32/5 3. L

STURM
24 Hottmann, Eric, 08.02.2000, D, 23/– 3. L
29 Kupusovic, Njegos, 22.02.2001, SRB, 9/1 2. BL
14 Scintu, Yomi, 20.05.1997, COD
25 Sliskovic, Petar, 21.02.1991, CRO, 15/2 BL, 18/– 2. BL, 123/36 3. L

1. FC KAISERSLAUTERN

Gegründet: 2. Juni 1900 – Vereinsfarben: Rot-Weiß – Vereinsmitglieder: 16 500 – Rechtsform: GmbH & Co. KGaA (seit 2018)
Anschrift: Fritz-Walter-Straße 1, 67663 Kaiserslautern – Telefon: (06 31) 31 88 0
E-Mail: info@fck.de – Internet: www.fck.de
Deutscher Meister (4): 1951, 1953, 1991, 1998 – Deutscher Pokalsieger (2): 1990, 1996 – Deutscher Supercupsieger (1): 1991
Trainer: Marco Antwerpen, geb. am 5. 10. 1971, Deutscher, seit 1. 2. 2021
Stadion: Fritz-Walter-Stadion, 49 850 überdachte Plätze, davon 33 Sitz- und 16 685 Stehplätze

TOR
31 Otto, Lorenz, 24.01.2001, D
40 Raab, Matheo, 18.12.1998, D, 4/– 3. L
1 Spahic, Avdo, 12.02.1997, BIH, 70/– 3. L

ABWEHR
38 Gibs, Neal, 01.01.2002, D
23 Hercher, Philipp, 21.03.1996, D, 3/– 2. BL, 99/12 3. L

5 Kraus, Kevin, 12.08.1992, D, 1/– BL, 97/6 2. BL, 113/10 3. L
20 Schad, Dominik, 04.03.1997, D, 11/– 2. BL, 69/1 3. L
3 Senger, Marvin, 06.01.2000, D, 3/– 2. BL, 15/1 3. L
2 Tomiak, Boris, 11.09.1998, D
4 Winkler, Alexander, 26.01.1992, D, 111/4 3. L

MITTELFELD
36 Bakhat, Anas, 02.04.2000, D, 23/– 3. L
6 Ciftci, Hikmet, 10.03.1998, TUR, 1/– 2. BL, 36/1 3. L
24 Götze, Felix, 11.02.1998, D, 6/1 BL, 11/1 3. L
27 Gözütok, Anil, 27.10.2000, D, 10/– 3. L
22 Kleinsorge, Marius, 30.10.1995, D, 103/18 3. L
17 Klingenburg, René, 29.12.1993, D, 25/– 2. BL, 53/10 3. L
16 Niehues, Julian, 17.04.2001, D
11 Redondo, Kenny Prince, 29.08.1994, D/ESP, 98/7 2. BL, 64/8 3. L
7 Ritter, Marlon, 15.10.1994, D, 11/– BL, 24/2 2. BL, 63/16 3. L
10 Sessa, Nicolas, 23.03.1996, D, 2/– 2. BL, 41/6 3. L
28 Wunderlich, Mike, 25.03.1986, D, 28/5 2. BL, 67/28 3. L
8 Zimmer, Jean, 06.12.1993, D, 35/1 BL, 114/6 2. BL, 19/– 3. L
21 Zuck, Hendrick, 21.07.1990, D, 2/– BL, 106/8 2. BL, 74/9 3. L

ANGRIFF
19 Hanslik, Daniel, 06.10.1996, D/POL, 1/– 2. BL, 44/10 3. L
32 Huth, Elias, 10.02.1997, D, 1/– 2. BL, 124/26 3. L
9 Kiprit, Muhammed, 09.07.1999, TUR/D, 36/8 3. L
14 Röser, Lucas, 28.12.1993, D, 53/13 2. BL, 84/21 3. L

MSV DUISBURG

Gegründet: 2. Juni 1902 – Vereinsfarben: Blau-Weiß – Vereinsmitglieder: 8439 – Rechtsform: GmbH & Co. KGaA (seit 2001)
Anschrift: Margaretenstraße 5–7, 47055 Duisburg – Telefon: (02 03) 93 10 0
E-Mail: info@msv-duisburg.de – Internet: www.msv-duisburg.de
Deutscher Amateurmeister (1): 1987
Trainer: Pavel Dotchev, geb. am 28. 9. 1965, Bulgaren, seit 2. 2. 2021
Stadion: Schauinsland-Reisen-Arena, 31 500 überdachte Plätze, davon 24 500 Sitz- und 7000 Stehplätze

TOR
30 Coppens, Jo, 21.12.1990, BEL, 90/1 3. L
25 Schabbing, Roman, 06.02.2002, D
1 Weinkauf, Leo, 07.07.1996, D, 76/– 3. L

ABWEHR
27 Bretschneider, Niko, 10.08.1999, D, 7/– 3. L
21 Feltscher, Rolf, 06.10.1990, VEN/SUI, 46/2 2. BL, 26/– 3. L, 27 A Venezuela
15 Fleckstein, Tobias, 24.04.1999, D, 25/1 3. L
26 Gembalies, Vincent, 18.01.2000, D, 3/– 2. BL, 44/– 3. L
5 Kwadwo, Leroy, 15.08.1996, D, 4/– 2. BL, 37/1 3. L
2 Sauer, Maximilian, 15.05.1994, D, 96/1 2. BL, 31/1 3. L
3 Schmidt, Dominik, 01.07.1987, D, 12/– BL, 85/1 2. BL, 224/14 3. L
28 Steurer, Oliver, 06.01.1995, D, 19/– 2. BL, 21/– 3. L
14 Velkov, Stefan, 12.12.1996, BUL, 8/– 3. L, 1 A Bulgarien
4 Volkmer, Dominic, 27.04.1996, D, 2/– 2. BL, 109/1 3. L

MITTELFELD
20 Ajani, Marvin, 04.10.1993, D/NGA, 21/– 2. BL, 127/14 3. L
6 Bakalorz, Marvin, 13.09.1989, D, 85/2 BL, 95/4 2. BL, 31/6 3. L
9 Bakir, Alaa, 15.01.2001, JOR
37 Frey, Marlon, 24.03.1996, D, 9/– BL, 36/– 2. BL, 19/– 3. L
8 Ghindovean, Darius, 01.11.2001, ROU, 18/1 3. L
22 Ndualu, Rudolf Dovn, 22.07.1999, COD

7 Pusch, Kolja, 12.02.1993, D, 24/1 2. BL, 102/13 3. L
23 Stierlin, Niclas, 22.01.2000, D, 49/2 3. L
10 Stoppelkamp, Moritz, 11.12.1986, D, 71/4 BL, 223/43 2. BL, 65/25 3. L
11 Bouhaddouz, Aziz, 30.03.1987, MAR/D, 186/44 2. BL, 52/10 3. L, 17 A Marokko
19 Ekene, Chinedu, 09.07.1999, D
13 Hettwer, Julian, 15.08.2003, D, 9/1 3. L

STURM

29 Ademi, Orhan, 28.10.1991, SUI, 25/1 BL, 65/8 2. BL, 104/27 3. L

SV MEPPEN

Gegründet: 29. November 1912 (als Amisia Meppen) – Vereinsfarben: Blau-Weiß – Vereinsmitglieder: 1859 – Rechtsform: e. V.
Anschrift: Lathener Straße 15a, 49716 Meppen – Telefon: (0 59 31) 93 01 0
E-Mail: info@svmeppen.de – Internet: www.svmeppen.de
Trainer: Rico Schmitt, geb. am 27. 9. 1968, Deutscher, seit 20. 4. 2021
Stadion: Hänsch-Arena, 13 241 Plätze, davon 4340 Sitz- (4164 überdacht) und 9334 Stehplätze (1434 überdacht)

TOR

32 Domaschke, Erik, 11.11.1985, D, 186/– 3. L
1 Frommann, Constantin, 27.05.1998, D, 8/– 3. L
12 Harsman, Matthis, 04.10.1999, D, 8/– 3. L

ABWEHR

25 Al-Hazaimeh, Jeron, 13.02.1992, D, 136/8 3. L
15 Ballmert, Markus, 27.11.1993, D, 4/– 2. BL, 104/3 3. L
19 Bünning, Lars, 27.02.1998, D, 53/3 3. L
30 Dombrowka, Max, 24.03.1992, D, 149/2 3. L
5 Fedl, Jonas, 05.02.1999, D
28 Hinnenkamp, Moritz, 21.05.2002, D
3 Jesgarzewski, Janik, 26.01.1994, D, 77/1 3. L
29 Klöpper, Joe, 06.03.2002, D
4 Osee, Yannick, 13.06.1997, D, 46/1 3. L
22 Puttkammer, Steffen, 30.09.1988, D, 134/9 3. L

MITTELFELD

31 Blacha, David, 22.10.1990, POL/D, 77/4 2. BL, 257/27 3. L
16 Egerer, Florian, 17.02.1998, D, 73/2 3. L
14 Evseev, Willi, 14.02.1992, D, 3/– BL, 1/– 2. BL, 87/6 3. L
6 Käuper, Ole, 09.01.1997, D, 1/– BL, 4/– 2. BL, 79/7 3. L
8 Leugers, Thilo, 09.01.1991, D, 89/8 3. L
7 Piossek, Marcus, 21.07.1989, POL/D, 9/2 2. BL, 284/46 3. L
10 Tankulic, Luka, 21.06.1991, D, 16/– 2. BL, 139/18 3. L

ANGRIFF

21 Ametov, Beyhan, 07.11.1998, D
34 Dombrowa, Tobias, 24.07.1999, D
11 Faßbender, Morgan, 18.10.1998, D
18 Guder, René, 06.09.1994, D, 103/11 3. L
17 Hemlein, Christoph, 16.12.1990, D, 3/– BL, 86/4 2. BL, 174/25 3. L
9 Koruk, Serhat, 04.05.1996, TUR, 14/– 3. L
23 Krüger, Lukas, 20.01.2000, D, 23/1 3. L
27 Rama, Valdet, 20.11.1987, ALB/D, 15/– BL, 102/8 2. BL, 49/9 3. L, 15 A Albanien

FC VIKTORIA 1889 BERLIN

Gegründet: 6. Juni 1889 (2013 Fusion mit Lichterfelder FC zum FC Viktoria 1889) – Vereinsfarben: Hellblau-Weiß – Vereinsmitglieder: 1600 – Rechtsform: GmbH (seit 2018)
Anschrift: Krahmerstraße 15, 12207 Berlin – Telefon: (0 30) 75 44 48 98 0
E-Mail: info@viktoria.berlin – Internet: www.viktoria.berlin
Deutscher Meister (2): 1908, 1911
Trainer: Benedetto Muzzicato, geb. am 27. 9. 1978, Italiener, seit 1. 7. 2019
Stadion: Friedrich-Ludwig-Jahn-Sportpark, ursprünglich 19 708 Sitzplätze (15 000 überdacht), aktuell für 10 490 zugelassen

TOR
32 Kinzig, Maximilian, 04.12.2003, D
13 Krahl, Julian, 22.01.2000, D
1 Sprint, Philip, 27.06.1993, D, 2/– 2.

ABWEHR
19 Gunte, Tobias, 11.04.1997, D
24 Hahn, Alexander, 20.01.1993, D, 23/1 3. L
16 Kapp, Patrick, 20.07.1997, D
4 Lewald, Jakob, 26.02.1999, D
29 Pinckert, Lukas, 22.01.2000, D

MITTELFELD
22 Becker, Yannis, 12.01.1991, D, 16/1 3. L
26 Beyreuther, Deji, 06.09.1999, D
14 Cigerci, Tolcay, 24.01.1995, TUR/D, 1/– BL, 10/– 2. BL
15 Heimur, Yazid, 18.11.2002, D
25 Jopek, Björn, 24.08.1993, D, 59/5 2. BL, 92/7 3. L
Kayo, Bryang, 27.07.2002, USA
10 Küc, Enes, 28.11.1996, D, 17/– 3. L
30 Menz, Christoph, 22.12.1988, D, 106/1 2. BL, 162/9 3. L
18 Muschkowski, Till, 06.05.2001, D
6 Nehrig, Bernd, 28.09.1986, D, 27/1 BL, 258/32 2. BL, 32/1 3. L
28 Ogbaidze, Shalva, 01.08.2002, GEO
23 Seiffert, Moritz, 04.11.2000, D
20 Sucsuz, Firat, 27.06.1996, TUR/D, 40/2 3. L
8 Theisen, Christopher, 13.06.1993, D, 38/1 3. L
27 Yamada, Shinji, 24.02.1994, JPN
7 Yilmaz, Erhan, 16.08.1994, D

STURM
21 Gumaneh, Matteo, 05.09.2002, D
34 Hovi, Kimmo, 31.05.1994, FIN
11 Lucas Falcao, 21.10.1999, BRA
17 Verkamp, Pasqual, 13.10.1997, D

BORUSSIA DORTMUND II

Gegründet: 19. Dezember 1909 – Vereinsfarben: Schwarz-Gelb – Vereinsmitglieder: 160 000 – Rechtsform: Teil der Borussia Dortmund GmbH & Co. KGaA
Anschrift: Rheinlanddamm 207-209, 44137 Dortmund – Telefon: (02 31) 90 20 0
E-Mail: info@bvb.de – Internet: www.bvb.de
Trainer: Enrico Maaßen, geb. am 10. 3. 1984, Deutscher, seit 1. 7. 2020
Stadion: Rote Erde, 9999 Plätze, davon 3000 überdachte Sitz- und 6999 unüberdachte Stehplätze

TOR
40 Drljaca, Stefan, 20.04.1999, D
35 Klußmann, Leon, 18.08.2002, D
1 Reckert, Jan Pascal, 06.02.1997, D

ABWEHR
2 Bah-Traore, Haymenn, 12.06.1997, D
30 Dams, Niklas, 28.05.1990, D, 27/1 2. BL, 107/5 3. L
20 Finnsson, Kolbeinn Birgir, 25.08.1999, ISL, 2 A Island
5 Hippe, Maximilian, 06.05.1998, D
4 Maloney, Lennard, 08.10.1999, D/USA, 1/– 2. BL, 8/– 3. L
16 Thaqi, Albin, 28.03.2002, D

MITTELFELD
22 Amedick, Maik, 21.05.2002, D
13 Bafounta Ortega, Kamal, 08.01.2002, FRA

6 Ercan, Aday, 24.08.2000, D
8 Hober, Marco, 09.09.1995, D, 18/– 3. L
24 Krebs, Florian, 04.02.1999, D, 6/– 3. L
27 Makreckis, Cebrails, 10.05.2000, D
18 Papadopoulos, Antonios, 10.09.1999, D, 71/3 3. L
23 Pfanne, Franz, 10.12.1994, D, 1/– 3. L
28 Pherai, Immanuel, 25.04.2001, NED
Pohlmann, Ole, 05.04.2001, D

ANGRIFF

17 Bornemann, Timo, 01.12.2000, D
33 Broschinski, Moritz, 23.09.2000, D, 10/– 3. L
7 Pasalic, Marco, 14.09.2000, D
11 Tachie, Richmond, 21.04.1999, D, 4/1 3. L
9 Tattermusch, Ted, 08.05.2001, D, 14/1 3. L
10 Taz, Berkan, 19.12.1998, D, 1/– 2. BL, 18/4 3. L

SC FREIBURG II

Gegründet: 1904 – Vereinsfarben: Weiß-Rot – Vereinsmitglieder: 26 500 – Rechtsform: Teil des SC Freiburg e. V.
Anschrift: Schwarzwaldstraße 193, 79117 Freiburg – Telefon: (07 61) 38 55 10
E-Mail: scf@scfreiburg.com – Internet: www.scfreiburg.com
Trainer: Thomas Stamm, geb. am 19. 2. 1983, Schweizer, seit 1. 7. 2021
Stadion: Dreisamstadion, 24 000 überdachte Plätze, davon 14 000 Sitz- und 10 000 Stehplätze

TOR

25 Hunn, Lars, 25.05.1999, SUI
35 Mellack, Sebastian, 20.04.2001, D
40 Sauter, Niklas, 06.04.2003, D

ABWEHR

27 Barbosa, André, 27.08.2000, SUI
29 Bazdrigiannis, Alexander, 18.02.2002, D
6 Braun-Schumacher, Sandrino, 04.07.1988, D, 197/12 3. L
21 Dietz, Maximilian, 09.02.2002, USA/D
3 Engel, Jacob, 13.01.2001, D
37 Ilic, Stefan, 06.07.2002, D
5 Kammerknecht, Claudio, 07.07.1999, D
28 Risch, Sascha, 13.04.2000, D
16 Rosenfelder, Max, 10.02.2003, D
20 Schmidt, Kenneth, 03.06.2002, D
2 Treu, Philipp, 03.12.2000, D

MITTELFELD

11 Assibey-Mensah, Raphael, 31.08.1999, D
18 Engelhardt, Yannik, 07.02.2001, D
14 Flum, Johannes, 14.12.1987, D, 131/10 BL, 108/5 2. BL
31 Kammerbauer, Patrick, 11.02.1997, D, 1/– BL, 60/1 2. BL, 23/– 3. L
15 Kehl, Lars, 08.04.2002, D
8 Leopold, Enzo, 23.07.2000, D
34 Makengo, Jordy, 03.08.2001, FRA
30 Ontuzans, Daniels, 07.03.2000, LVA/D, 4/– 3. L
30 Ontuzans, Daniels, 07.03.2000, LVA/D, 4/– 3. L, 5 A Lettland
12 Tauriainen, Julius, 18.04.2001, FIN
39 Wagner, Robert, 14.07.2003, D

STURM

7 Furrer, Guillaume, 28.01.2001, SUI
23 Kehrer, Emilio, 20.03.2002, D
9 Vermeij, Vincent, 09.08.1994, NED, 56/22 3. L

TSV HAVELSE

Gegründet: 5. August 1912 – Vereinsfarben: Rot-Weiß – Vereinsmitglieder: 871 – Rechtsform: e. V. (Ausgliederung in eine GmbH geplant)
Anschrift: Hannoversche Straße 90-92, 30823 Garbsen – Telefon: (05 13 1) 44 56 91 1
E-Mail: info@tsv-havelse.de – Internet: www.tsv-havelse.de
Trainer: Rüdiger Ziehl, geb. 26. 10. 1977, Deutscher, seit 1. 7. 2021
Stadion: HDI-Arena in Hannover, 49 000 überdachte Plätze, davon 41 000 Sitz- und 8000 Stehplätze

TOR
35 Dlugaiczyk, Alexander, 17.02.1983, D
1 Quindt, Norman, 02.11.1996, D

ABWEHR
19 Arkenberg, Fynn, 04.03.1996, D, 2/– BL, 1/– 2. BL, 17/– 3. L
20 Fölster, Tobias, 30.01.1994, D
2 Henschel, Erik, 04.10.1996, D, 1/– 3. L
21 Kina, Denis, 08.11.1992, D
3 Schleef, Marco, 15.01.1999, D
5 Sonnenberg, Jonas, 23.06.1993, D
26 Tasky, Niklas, 11.02.1991, D
13 Teichgräber, Niklas, 07.02.1996, D

MITTELFELD
10 Cicek, Deniz, 19.10.1992, D
25 Daedlow, Oliver, 29.06.2000, D, 19/– 3. L
16 Engelking, TORben, 28.06.1996, D
8 Langfeld, Julius, 18.02.1995, D
7 Meien, Vico, 15.03.1998, D
23 Meyer, Linus, 07.01.1992, D
6 Piwernetz, Nils, 03.04.2000, D
24 Plume, Noah, 18.08.1996, D, 1/– 3. L
28 Rufidis, Julian, 06.07.2000, D

ANGRIFF
9 Düker, Julius, 04.01.1996, D, 23/1 2. BL, 99/14 3. L
11 Jaeschke, Yannik, 20.10.1993, D
4 Lakenmacher, Fynn, 10.05.2000, D
17 Qela, Ilir, 03.01.2001, D

Den Ausgleich auf dem Fuß: Im Achtelfinale von Wembley setzte Thomas Müller die Kugel knapp am Tor vorbei. England machte es besser, erhöhte auf 2:0 und gewann erstmals seit dem WM-Finale 1966 ein K.-o.-Spiel gegen Deutschland.

KAPITEL 9

DIE FUSSBALL-WELTMEISTERSCHAFT

DIE FUSSBALL-WELTMEISTER

1930	URUGUAY	1982	ITALIEN
1934	ITALIEN	1986	ARGENTINIEN
1938	ITALIEN	1990	DEUTSCHLAND
1950	URUGUAY	1994	BRASILIEN
1954	DEUTSCHLAND	1998	FRANKREICH
1958	BRASILIEN	2002	BRASILIEN
1962	BRASILIEN	2006	ITALIEN
1966	ENGLAND	2010	SPANIEN
1970	BRASILIEN	2014	DEUTSCHLAND
1974	DEUTSCHLAND	2018	FRANKREICH
1978	ARGENTINIEN		

1930: Uruguay (Trainer: Suppici)

Endrunde vom 13. bis 30. Juli 1930 in Montevideo/Uruguay

Gruppe I: Argentinien. Frankreich – Mexiko 4:1, Argentinien – Chile 3:1, Frankreich – Chile 0:1, Mexiko – Argentinien 3:6, Frankreich – Argentinien 0:1, Mexiko – Chile 0:3.
Gruppe II: Jugoslawien. Jugoslawien – Brasilien 2:1, Jugoslawien – Bolivien 4:0, Brasilien – Bolivien 4:0.
Gruppe III: Uruguay. Rumänien – Peru 3:1, Uruguay – Peru 1:0, Uruguay – Rumänien 4:0.
Gruppe IV: USA. USA – Belgien 3:0, USA – Paraguay 3:0, Paraguay – Belgien 1:0.
Halbfinale: Argentinien – USA 6:1, Uruguay – Jugoslawien 6:1.

Endspiel am 30. Juli 1930 in Montevideo: Uruguay – Argentinien 4:2 (1:2)
Uruguay: Ballesteros; Mascheroni, Nasazzi; Andrade, Fernandez, Gestido, Dorado, Scarone, Castro, Cea, Iriarte.
Argentinien: Botasso; Della Torre, Paternoster; Je Evaristo, Monti, Suarez, Peucelle, Varallo, Stabile, Ferreira, M. Evaristo.
Tore: Dorado, Cea, Iriarte, Castro (Peucelle, Stabile) – Zuschauer: 80 000 – SR.: Langenus (Belgien).

1934: Italien (Trainer: Pozzo)

Qualifikation (Titelverteidiger Uruguay nahm nicht teil. Veranstalter Italien musste in die Qualifikation):
Gruppe I: Schweden. Schweden – Estland 6:2, Litauen – Schweden 0:2.
Gruppe II: Spanien. Spanien – Portugal 9:0, 2:1.
Gruppe III: Italien. Italien – Griechenland 4:0, Griechenland verzichtete auf das zweite Spiel.
Gruppe IV: Ungarn und Österreich. Bulgarien – Ungarn 1:4, 1:4; Österreich – Bulgarien 6:1.
Gruppe V: Tschechoslowakei. Polen – Tschechoslowakei 1:2, 0:2 (Wertung, Polen trat nicht an).
Gruppe VI: Rumänien und Schweiz. Jugoslawien – Schweiz 2:2, Schweiz – Rumänien 2:2 (für Schweiz mit 2:0 als gewonnen gewertet), Rumänien – Jugoslawien 2:1.
Gruppe VII: Niederlande und Belgien. Irland – Belgien 4:4, Niederlande – Irland 5:2, Belgien – Niederlande 2:4.
Gruppe VIII: Deutschland und Frankreich. Luxemburg – Deutschland 1:9, Luxemburg – Frankreich 1:6.
Gruppe IX: Brasilien. Peru trat nicht an.
Gruppe X: Argentinien. Chile trat nicht an.
Gruppe XI: Mexiko. Haiti – Kuba 1:3, 1:1, 0:6; Mexiko – Kuba 3:2, 5:0, 4:1.
Gruppe XII: Ägypten. Ägypten – Palästina 7:1, 4:1; die Türkei verzichtete.

Endrunde vom 27. Mai bis 10. Juni 1934 in Italien

Qualifikationsspiel in Rom (24.5.1934): USA – Mexiko 4:2.

Achtelfinale: Österreich – Frankreich n. V. 3:2 (Turin), Ungarn – Ägypten 4:2 (Neapel), Brasilien – Spanien 1:3 (Genua), Italien – USA 7:1 (Rom), Deutschland – Belgien 5:2 (Florenz), Argentinien – Schweden 2:3 (Bologna), Niederlande – Schweiz 2:3 (Mailand), Tschechoslowakei – Rumänien 2:1 (Triest).
Viertelfinale: Österreich – Ungarn 2:1 (Bologna), Spanien – Italien 1:1 n. V. und 0:1 (Florenz), Deutschland – Schweden 2:1 (Mailand), Schweiz – Tschechoslowakei 2:3 (Turin).
Halbfinale: Österreich – Italien 0:1 (Mailand), Deutschland – Tschechoslowakei 1:3 (Rom).
Um den dritten Platz: Deutschland – Österreich 3:2 (Neapel).

Endspiel am 10. Juni 1934 in Rom: Italien – Tschechoslowakei 2:1 (1:1, 0:0) n. V.
Italien: Combi, Monzeglio, Allemandi; Ferraris IV, Monti, Bertolini; Guaita, Meazza, Schiavio, Ferrari, Orsi.
Tschechoslowakei: Planicka; Zenicek, Ctyroky; Kostalek, Cambal, Krcil; Junek, Svoboda, Sobotka, Nejedly, Puc.
Tore: Orsi, Schiavio (Puc) – Zuschauer: 40 000 – SR.: Eklind (Schweden).

1938: Italien (Trainer: Pozzo)

Qualifikation:

Gruppe I: Deutschland und Schweden. Deutschland – Schweden 5:0, Deutschland – Estland 4:1, Finnland – Deutschland 0:2, Schweden – Estland 7:2, Schweden – Finnland 4:0, Finnland – Estland 0:1.
Gruppe II: Norwegen. Norwegen – Irland 3:2, 3:3.
Gruppe III: Polen. Polen – Jugoslawien 4:0, 0:1.
Gruppe IV: Rumänien. Ägypten trat nicht an.
Gruppe V: Schweiz. Schweiz – Portugal 2:1 in Mailand.
Gruppe VI: Ungarn. Palästina – Griechenland 1:3, 0:1; Ungarn – Griechenland 11:1.
Gruppe VII: Tschechoslowakei. Bulgarien – Tschechoslowakei 1:1, 0:6.
Gruppe VIII: Österreich. Lettland – Litauen 4:2, 5:1; Österreich – Lettland 2:1 (nach dem Anschluss Österreichs ans Deutsche Reich blieb der Startplatz unbesetzt).
Gruppe IX: Niederlande und Belgien. Belgien – Niederlande 1:1, Niederlande – Luxemburg 4:0, Luxemburg – Belgien 2:3.
Gruppe X: Brasilien. Argentinien trat nicht an (Bolivien und Uruguay verzichteten noch vor der Gruppeneinteilung ebenso wie in Europa Spanien wegen des Bürgerkriegs).
Gruppe XI: Kuba. USA, Kolumbien, Costa Rica, Mexiko, El Salvador und Niederländisch Guayana traten nicht an.
Gruppe XII: Niederländisch-Indien. Japan trat nicht an.
Frankreich als Veranstalter und Italien als Weltmeister direkt qualifiziert.

Endrunde vom 4. bis 19. Juni 1938 in Frankreich

Achtelfinale: Italien – Norwegen n. V. 2:1 (Marseille), Frankreich – Belgien 3:1 (Paris), Brasilien – Polen n. V. 6:5 (Straßburg), Tschechoslowakei – Niederlande n. V. 3:0 (Le Havre), Deutschland – Schweiz n. V. 1:1 und 2:4 (Paris), Ungarn – Niederländisch-Indien 6:0 (Reims), Kuba – Rumänien n. V. 3:3 und 2:1 (Toulouse), Österreich – Schweden fand wegen des „Anschlusses" nicht statt.
Viertelfinale: Frankreich – Italien 1:3 (Paris), Brasilien – Tschechoslowakei n. V. 1:1 und 2:1 (Bordeaux), Schweiz – Ungarn 0:2 (Lille), Schweden – Kuba 8:0 (Antibes).
Halbfinale: Italien – Brasilien 2:1 (Marseille), Ungarn – Schweden 5:1 (Paris).
Um den dritten Platz: Brasilien – Schweden 4:2 (Bordeaux).

Endspiel am 19. Juni 1938 in Paris: Italien – Ungarn 4:2 (3:1).
Italien: Olivieri; Foni, Rava; Serantoni, Andreolo, Locatelli; Biavati, Meazza, Piola, Ferrari, Colaussi.
Ungarn: Szabo, Polgar, Biro, Szalay, Szücs, Lazar; Sas, Vincze. Dr. Sarosi, Zsengeller, Titkos.
Tore: Colaussi 2, Piola 2 (Titkos, Dr. Sarosi) – Zuschauer: 60 000 – SR: Capdeville (Frankreich).

1950: Uruguay (Trainer: Lopez)

Qualifikation:

Gruppe I: England. Schottland – England 0:1, England – Nordirland 9:2, Wales – England 1:4, Nordirland – Schottland 2:8, Schottland – Wales 2:0, Wales – Nordirland 0:0. Schottland und das daraufhin genannte Frankreich verzichteten.
Gruppe II: Kein Teilnehmer: Türkei – Syrien 7:0; Österreich trat nicht gegen die Türkei an. Als auch die Türkei verzichtete, erhielt Portugal die Chance, in Brasilien zu spielen. Es lehnte ebenfalls ab.
Gruppe III: Jugoslawien. Jugoslawien – Israel 6:0, 5:2; Frankreich – Jugoslawien 1:1, 1:1, 2:3 n. V (in Florenz).
Gruppe IV: Schweiz. Schweiz – Luxemburg 5:2, 3:2. Belgien verzichtete gegen die Schweiz.

Gruppe V: Schweden. Irland – Finnland 3:0, 1:1; Schweden – Irland 3:1, 3:1; Schweden – Finnland 8:1. Finnland verzichtete auf das Rückspiel und wurde von der FIFA aus der Wertung genommen.
Gruppe VI: Spanien. Spanien – Portugal 5:1, 2:2.
Gruppe VII: Chile und Bolivien. Argentinien trat nicht an.
Gruppe VIII: Uruguay und Paraguay. Ecuador und Peru traten nicht an.
Gruppe IX: USA und Mexiko. Mexiko – USA 6:0, 6:2, Mexiko – Kuba 3:0, 2:0, USA – Kuba 1:1, 5:2. (Turnier in Mexico City).
Gruppe X: Burma und Philippinen verzichteten gegen Indien; Indien verzichtete später ebenfalls.
Brasilien als Veranstalter und Italien als Weltmeister direkt qualifiziert.

Endrunde vom 24. Juni bis 16. Juli 1950 in Brasilien

Gruppe 1: Brasilien. Brasilien – Mexiko 4:0 (Rio de Janeiro), Jugoslawien – Schweiz 3:0 (Belo Horizonte), Brasilien – Schweiz 2:2 (Sao Paulo), Mexiko – Jugoslawien 1:4 (Porto Alegre), Brasilien – Jugoslawien 2:0 (Rio de Janeiro), Mexiko – Schweiz 1:2 (Porto Alegre).
Gruppe 2: Spanien. Chile – England 0:2 (Rio de Janeiro), USA – Spanien 1:3 (Curitiba), USA – England 1:0 (Belo Horizonte), Chile – Spanien 0:2 (Rio de Janeiro), England – Spanien 0:1 (Rio de Janeiro), Chile – USA 5:2 (Recife).
Gruppe 3: Schweden. Schweden – Italien 3:2 (Sao Paulo), Paraguay – Schweden 2:2 (Curitiba), Paraguay – Italien 0:2 (Sao Paulo).
Gruppe 4: Uruguay. Uruguay – Bolivien 8:0 (Belo Horizonte).
Endrunde der Gruppensieger: Brasilien – Schweden 7:1 (Rio de Janeiro), Uruguay – Spanien 2:2 (Sao Paulo), Brasilien – Spanien 6:1 (Rio de Janeiro), Uruguay – Schweden 3:2 (Sao Paulo), Schweden – Spanien 3:1 (Sao Paulo), Brasilien – Uruguay 1:2 (Rio de Janeiro).
Uruguay: Maspoli; M. Gonzales, Tejera; Gambetta, Varela, Andrade; Ghiggia, Perez, Miguez, Schiaffino, Moran.
Brasilien: Barbosa; Augusto, Juvenal; Bauer, Danilo, Bigode; Friaca, Zizinho, Ademir, Jair, Chico.
Schweden: K. Svensson; Samuelsson, Nilsson; Andersson, Johansson, Gaerd; Jonsson, Mellberg, Jepsson, Palmer, Sundqvist.
Spanien: Ramallets; Alonso, J. Gonzalvo; M. Gonzalvo, Parra, Puchades; Basora, Igos, Zarra, Panizo, Gainza.

1954: Deutschland (Trainer: Herberger)

Qualifikation:

Gruppe I: Deutschland: Deutschland – Saarland 3:0, 3:1; Deutschland – Norwegen 5:1, 1:1; Saarland – Norwegen 0:0, 3:2.
Gruppe II: Belgien. Belgien – Schweden 2:0, 3:2; Belgien – Finnland 2:2, 4:2; Schweden – Finnland 4:0, 3:3.
Gruppe III: England und Schottland. Nordirland – Schottland 1:3, Wales – England 1:4, Schottland – Wales 3:3, England – Nordirland 3:1, Wales – Nordirland 1:2, Schottland – England 2:4.
Gruppe IV: Frankreich. Frankreich – Irland 1:0, 5:3; Frankreich – Luxemburg 8:0, 6:1, Irland – Luxemburg 4:0, 1:0.
Gruppe V: Österreich. Österreich – Portugal 9:1; 0:0.
Gruppe VI: Türkei. Türkei – Spanien 1:0, 1:4, 2:2 n. V. (in Rom), Losentscheid zugunsten der Türkei.
Gruppe VII: Ungarn. Polen trat nicht an.
Gruppe VIII: Tschechoslowakei. Tschechoslowakei – Rumänien 2:0, 1:0, Tschechoslowakei – Bulgarien 0:0, 2:1; Rumänien – Bulgarien 3:1, 2:1.
Gruppe IX: Italien. Italien – Ägypten 5:1, 2:1.
Gruppe X: Jugoslawien. Jugoslawien – Griechenland 1:0, 1:0; Jugoslawien – Israel 1:0, 1:0; Griechenland – Israel 1:0, 2:0.
Gruppe XI: Brasilien. Brasilien – Paraguay 4:1, 1:0; Brasilien – Chile 1:0, 2:0; Paraguay – Chile 4:0, 3:1.
Gruppe XII: Mexiko. Mexiko – USA 3:1, 4:0 (beide Spiele in Mexico City); Mexiko – Haiti 8:0, 4:0; USA – Haiti 3:2, 3:0 (beide Spiele in Port-au-Prince).
Gruppe XIII: Südkorea. Japan – Südkorea 1:5, 2:2 (beide Spiele in Tokio). Taiwan verzichtete.
Schweiz als Veranstalter und Uruguay als Weltmeister direkt qualifiziert.

Endrunde vom 16. Juni bis 4. Juli 1954 in der Schweiz

Gruppe 1: Brasilien und Jugoslawien. Jugoslawien – Frankreich 1:0 (Lausanne), Brasilien – Mexiko 5:0 (Genf), Frankreich – Mexiko 3:2 (Genf), Brasilien – Jugoslawien n. V. 1:1 (Lausanne).

Gruppe 2: Ungarn und Deutschland. Ungarn – Südkorea 9:0 (Zürich), Deutschland – Türkei 4:1 (Bern), Ungarn – Deutschland 8:3 (Basel), Türkei – Südkorea 7:0 (Genf) – Entscheidungsspiel: Deutschland – Türkei 7:2 (Zürich).
Gruppe 3: Uruguay und Österreich. Uruguay – Tschechoslowakei 2:0 (Bern), Österreich – Schottland 1:0 (Zürich), Uruguay – Schottland 7:0 (Basel), Österreich – Tschechoslowakei 5:0 (Zürich).
Gruppe 4: England und Schweiz. England – Belgien n. V. 4:4 (Basel), Schweiz – Italien 2:1 (Lausanne), Schweiz – England 0:2 (Bern), Italien – Belgien 4:1 (Lugano) – Entscheidungsspiel: Schweiz – Italien 4:1 (Basel).
Viertelfinale: Uruguay – England 4:2 (Basel), Schweiz – Österreich 5:7 (Lausanne), Deutschland – Jugoslawien 2:0 (Genf), Ungarn – Brasilien 4:2 (Bern).
Halbfinale: Deutschland – Österreich 6:1 (Basel), Ungarn – Uruguay n. V. 4:2 (Lausanne).
Um den dritten Platz: Österreich – Uruguay 3:1 (Zürich).

Endspiel am 4. Juli 1954 in Bern: Deutschland – Ungarn 3:2 (2:2)
Deutschland: Turek – Posipal, Kohlmeyer – Eckel, Liebrich, Mai – Rahn, Morlock, O. Walter, F. Walter, Schäfer.
Ungarn: Grosics – Buzansky, Lantos – Bozsik, Lorant, Zakarias – Czibor, Kocsis, Hidegkuti, Puskas, M. Toth.
Tore: Morlock, Rahn 2 (Puskas, Czibor) – Zuschauer: 65 000 – SR: Ling (England).

1958: Brasilien (Trainer: Feola)

Qualifikationsspiele:

Europa I: England. England – Irland 5:1, 1:1; England – Dänemark 5:2, 4:1; Irland – Dänemark 2:1, 2:0.
Europa II: Frankreich. Frankreich – Belgien 6:3, 0:0; Frankreich – Island 8:0, 5:1; Belgien – Island 8:3, 5:2.
Europa III: Ungarn. Ungarn – Bulgarien 4:1, 2:1; Ungarn – Norwegen 5:0, 1:2; Bulgarien – Norwegen 7:0, 2:1.
Europa IV: Tschechoslowakei. Tschechoslowakei – Wales 2:0, 0:1; Tschechoslowakei – DDR 3:1, 4:1; Wales – DDR 4:1, 1:2.
Europa V: Österreich. Österreich – Niederlande 3:2, 1:1; Österreich – Luxemburg 7:0, 3:0; Niederlande – Luxemburg 4:1, 5:2 (beide Spiele in Rotterdam).
Europa VI: Sowjetunion. Sowjetunion – Polen 3:0, 1:2; Sowjetunion – Finnland 2:1, 10:0; Polen – Finnland 4:0, 3:1; Entscheidungsspiel: Sowjetunion – Polen 2:0 (in Leipzig).
Europa VII: Jugoslawien. Jugoslawien – Rumänien 2:0, 1:1; Jugoslawien – Griechenland 4:1, 0:0; Griechenland – Rumänien 1:2, 0:3.
Europa VIII: Nordirland. Nordirland – Italien 2:1, 0:1; Nordirland – Portugal 3:0, 1:1; Italien – Portugal 3:0, 0:3.
Europa IX: Schottland. Schottland – Spanien 4:2, 1:4; Schottland – Schweiz 3:2, 2:1; Schweiz – Spanien 1:4, 2:2.
Südamerika I: Brasilien. Brasilien – Peru 1:0, 1:1. Venezuela verzichtete.
Südamerika II: Argentinien. Argentinien – Bolivien 4:0, 0:2; Argentinien – Chile 4:0, 2:0; Bolivien – Chile 1:2, 3:0.
Südamerika III: Paraguay. Paraguay – Uruguay 5:0, 0:2; Paraguay – Kolumbien 3:0, 3:2; Uruguay – Kolumbien 1:0, 1:1.
Mittel- und Nordamerika I: Costa Rica – Niederländische Antillen 4:0, 2:1; Costa Rica – Guatemala 3:1 abgebrochen (Wertung nach Spielstand), 6:2; Guatemala – Niederländische Antillen 1:3, Guatemala trat zum Rückspiel nicht an.
Mittel- und Nordamerika II: Mexiko – Kanada 3:0,2:0 (beide Spiele in Mexiko); Mexiko – USA 6:0, 7:2; Kanada – USA 5:1, 3:2.
Entscheidungsspiele der Gruppensieger: Mexiko. Mexiko – Costa Rica 2:0, 1:1.

Asien/Afrika: Wales (nach Entscheidungsspielen gegen Israel)
Vorrunde, Gruppe 1: Taiwan verzichtete gegen Indonesien. Indonesien – China 2:0, 3:4, 0:0 n. V. (in Rangoon); Indonesien durch besseres Torverhältnis Gruppensieger.
Vorrunde, Gruppe 2: Türkei trat gegen Israel nicht an.
Vorrunde, Gruppe 3: Zypern erhielt von den britischen Behörden keine Reiseerlaubnis für die Spiele gegen Ägypten.
Vorrunde, Gruppe 4: Sudan – Syrien 1:0, 1:1.
2. Runde: Indonesien trat gegen Israel, Ägypten gegen den Sudan nicht an.
Endrunde: Sudan trat gegen Israel nicht an.

Entscheidungsspiele: Israel – Wales (durch Los aus den europäischen Gruppenzweiten ermittelt) 0:2, 0:2.
Schweden als Veranstalter und Deutschland als Weltmeister direkt qualifiziert.

Endrunden vom 8. bis 29. Juni 1958 in Schweden

Gruppe 1: Deutschland und Nordirland. Deutschland – Argentinien 3:1 (Malmö), Deutschland – Tschechoslowakei 2:2 (Helsingborg), Deutschland – Nordirland 2:2 (Malmö), Nordirland – Tschechoslowakei 1:0 (Halmstad), Nordirland – Argentinien 1:3 (Halmstad), Tschechoslowakei – Argentinien 6:1 (Helsingborg) – Entscheidungsspiel: Nordirland – Tschechoslowakei n. V. 2:1 (Malmö).
Gruppe 2: Frankreich und Jugoslawien. Frankreich – Jugoslawien 2:3 (Västeras), Frankreich – Paraguay 7:3 (Norrköping), Frankreich – Schottland 2:1 (Örebro), Jugoslawien – Paraguay 3:3 (Eskilstuna), Jugoslawien – Schottland 1:1 (Västeras), Paraguay – Schottland 3:2 (Norrköping).
Gruppe 3: Schweden und Wales. Schweden – Wales 0:0 (Stockholm), Schweden – Ungarn 2:1 (Stockholm), Schweden – Mexiko 3:0 (Stockholm), Wales – Ungarn 1:1 (Sandviken), Wales – Mexiko 1:1 (Stockholm), Ungarn – Mexiko 4:0 (Sandviken) – Entscheidungsspiel: Wales – Ungarn 2:1 (Stockholm).
Gruppe 4: Brasilien und Sowjetunion. Brasilien – Sowjetunion 2:0 (Göteborg), Brasilien – England 0:0 (Göteborg), Brasilien – Österreich 3:0 (Uddevalla), Sowjetunion – England 2:2 (Göteborg), Sowjetunion – Österreich 2:0 (Boras), England – Österreich 2:2 (Boras) – Entscheidungsspiel: Sowjetunion – England 1:0 (Göteborg).
Viertelfinale: Deutschland – Jugoslawien 1:0 (Malmö), Schweden – Sowjetunion 2:0 (Stockholm), Frankreich – Nordirland 4:0 (Norrköping), Brasilien – Wales 1:0 (Göteborg).
Halbfinale: Schweden – Deutschland 3:1 (Göteborg), Brasilien – Frankreich 5:2 (Stockholm).
Um den dritten Platz: Frankreich – Deutschland 6:3 (Göteborg).

Endspiel am 29. Juni 1958 in Stockholm: Brasilien – Schweden 5:2 (2:1)

Brasilien: Gilmar – D. Santos, N. Santos – Zito, Bellini, Orlando – Garrincha, Didi, Vava, Pele, Zagalo.
Schweden: K. Svensson – Bergmark, Axbom – Börjesson, Gustavsson, Parling – Hamrin, Gren, Simonsson, Liedholm, Skoglund.
Tore: Vava 2, Pelé 2, Zagalo (Liedholm, Simonsson) – Zuschauer: 50 000 – SR: Guigue (Frankreich).

1962: Brasilien (Trainer: Moreira)

Qualifikation:

Europa I: Schweiz. Schweden – Schweiz 4:0, 2:3; Schweden – Belgien 2:0, 2:0; Schweiz – Belgien 2:1, 4:2, Entscheidungsspiel: Schweiz – Schweden (in Berlin) 2:1.
Europa II: Bulgarien. Bulgarien – Frankreich 1:0, 0:3; Bulgarien – Finnland 3:1, 2:0; Frankreich – Finnland 5:1, 2:1, Entscheidungsspiel: Bulgarien – Frankreich (in Mailand) 1:0.
Europa III: Deutschland. Deutschland – Nordirland 2:1, 4:3; Deutschland – Griechenland 2:1, 3:0; Nordirland – Griechenland 2:0, 1:2.
Europa IV: Ungarn. Ungarn – Niederlande 3:3, 3:0; Ungarn – DDR 2:0, 3:2; DDR – Niederlande 1:1, das Rückspiel fiel wegen Visumschwierigkeiten aus.
Europa V: Sowjetunion. Sowjetunion – Türkei 1:0, 2:1; Sowjetunion – Norwegen 5:2, 3:0; Türkei – Norwegen 2:1, 1:0.
Europa VI: England. England – Portugal 2:0; 1:1; England – Luxemburg 4:1, 9:0; Portugal – Luxemburg 6:0, 2:4.
Europa VII/Naher Osten: Italien. Rumänien trat gegen Italien nicht an. Zypern – Israel 1:1, 1:6, Israel – Äthiopien 1:0, 3:2 (beide Spiele in Israel). Israel – Italien 2:4, 0:6.
Europa VIII: Tschechoslowakei. Tschechoslowakei – Schottland 4:0, 2:3; Tschechoslowakei – Irland 7:1, 3:1; Schottland – Irland 4:1, 3:0. Entscheidungsspiel: Tschechoslowakei – Schottland (in Brüssel) 4:2 n. V.
Europa IX/Afrika: Spanien. Wales – Spanien 1:2, 1:1; Marokko – Spanien 0:1, 2:3.
Europa X/Asien: Jugoslawien. Jugoslawien – Polen 2:1, 1:1; Jugoslawien – Südkorea 5:1, 3:1.
Südamerika I: Argentinien. Argentinien – Ecuador 5:0, 6:3.
Südamerika II: Uruguay. Uruguay – Bolivien 2:1, 1:1.
Südamerika III: Kolumbien. Kolumbien – Peru 1:0, 1:1.
Südamerika IV: Mexiko. Mexiko – Paraguay 1:0, 0:0.
Nord- und Mittelamerika, Gruppe 1: USA – Mexiko 3:3, 0:3. Kanada verzichtete.
Nord- und Mittelamerika, Gruppe 2: Costa Rica – Honduras 5:0, 1:2; Costa Rica – Guatemala 3:2, 4:4, Honduras – Guatemala 1:1, 2:0 (abgebrochen); Entscheidungsspiel in Guatemala: Costa Rica – Honduras 1:0.
Nord- und Mittelamerika, Gruppe 3: Surinam – Niederländische Antillen 1:2, 0:0.

Nord- und Mittelamerika, Endrunde: Mexiko – Costa Rica 4:1, 0:1; Mexiko – Niederländische Antillen 7:0, 0:0; Costa Rica – Niederländische Antillen 6:0, 0:2. Mexiko musste als Sieger noch gegen Paraguay antreten (1:0, 0:0).
Afrika, Gruppe 1: Sudan und Ägypten zogen ihre Meldungen zurück.
Afrika, Gruppe 2: Marokko – Tunesien 2:1, 1:2, 1:1 n. V. (in Palermo). Los für Marokko.
Afrika, Gruppe 3: Ghana – Nigeria 4:1, 2:2.
Afrika, Endrunde: Ghana – Marokko 0:0, 0:1. Marokko musste als Sieger noch gegen Spanien antreten (0:1, 2:3).
Asien: Südkorea – Japan 2:1, 2:0. Indonesien verzichtete. Südkorea musste als Sieger noch gegen Jugoslawien antreten (1:3, 1:5).
Chile als Veranstalter und Brasilien als Weltmeister direkt qualifiziert.

Endrunde vom 30. Mai bis 17. Juni 1962 in Chile

Gruppe A (in Arica): Sowjetunion und Jugoslawien. Uruguay – Kolumbien 2:1, Sowjetunion – Jugoslawien 2:0, Uruguay – Jugoslawien 1:3, Kolumbien – Sowjetunion 4:4, Uruguay – Sowjetunion 1:2, Kolumbien – Jugoslawien 0:5.
Gruppe B (in Santiago): Deutschland und Chile. Chile – Schweiz 3:1, Deutschland – Italien 0:0, Chile – Italien 2:0, Deutschland – Schweiz 2:1, Deutschland – Chile 2:0, Schweiz – Italien 0:3.
Gruppe C (in Vina del Mar): Brasilien und Tschechoslowakei. Brasilien – Mexiko 2:0, Spanien – Tschechoslowakei 0:1, Brasilien – Tschechoslowakei 0:0, Mexiko – Spanien 0:1, Brasilien – Spanien 2:1, Mexiko – Tschechoslowakei 3:1.
Gruppe D (in Rancagua): Ungarn und England. Argentinien – Bulgarien 1:0, Ungarn – England 2:1, Argentinien – England 1:3, Bulgarien – Ungarn 1:6, Argentinien – Ungarn 0:0, Bulgarien – England 0:0.
Viertelfinale: Chile – Sowjetunion 2:1 (Arica), Deutschland – Jugoslawien 0:1 (Santiago), Brasilien – England 3:1 (Vina del Mar), Ungarn – Tschechoslowakei 0:1 (Rancagua).
Halbfinale: Chile – Brasilien 2:4 (Santiago), Tschechoslowakei – Jugoslawien 3:1 (Vina del Mar).
Um den dritten Platz: Chile – Jugoslawien 1:0 (Santiago).

Endspiel am 17. Juni 1962 in Santiago de Chile: Brasilien – Tschechoslowakei 3:1 (1:1)
Brasilien: Gilmar – Djalma Santos, Nilton Santos – Zito, Mauro, Zozimo – Garrincha, Didi, Vava, Amarildo, Zagalo.
Tschechoslowakei: Schrojf – Tichy, Novak – Masopust, Popluhar, Pluskal – Pospichal, Scherer, Kadraba, Kvasnak, Jelinek.
Tore: Amarildo, Zito, Vava (Masopust) – Zuschauer: 68 679 – SR: Latyschew (Sowjetunion).

1966: England (Trainer: Ramsey)

Qualifikation:

Europa I: Bulgarien. Belgien – Bulgarien 5:0, 0:3; Belgien – Israel 1:0, 5:0; Bulgarien – Israel 4:0, 2:1; Entscheidungsspiel in Florenz: Bulgarien – Belgien 2:1.
Europa II: Deutschland. Deutschland – Schweden 1:1, 2:1; Deutschland – Zypern 5:0, 6:0; Schweden – Zypern 3:0, 5:0.
Europa III: Frankreich. Frankreich – Norwegen 1:0, 1:0; Frankreich – Jugoslawien 1:0, 0:1; Frankreich – Luxemburg 4:1, 2:0; Norwegen – Jugoslawien 3:0, 1:1; Norwegen – Luxemburg 4:2, 2:0; Jugoslawien – Luxemburg 3:1, 5:2.
Europa IV: Portugal. Portugal – Tschechoslowakei 0:0, 1:0; Portugal – Rumänien 2:1, 0:2; Portugal – Türkei 5:1, 1:0, Tschechoslowakei – Rumänien 3:1, 0:1; Tschechoslowakei – Türkei 3:1, 6:0; Rumänien – Türkei 3:0, 1:2.
Europa V: Schweiz. Schweiz – Nordirland 2:1, 0:1; Schweiz – Niederlande 2:1, 0:0; Schweiz – Albanien 1:0, 2:0; Nordirland – Niederlande 2:1, 0:0; Nordirland – Albanien 4:1, 1:1; Niederlande – Albanien 2:0, 2:0.
Europa VI: Ungarn. Ungarn – DDR 3:2, 1:1; Ungarn – Österreich 3:0, 1:0; DDR – Österreich 1:0, 1:1.
Europa VII: Sowjetunion. Sowjetunion – Wales 2:1, 1:2; Sowjetunion – Griechenland 3:1, 4:1; Sowjetunion – Dänemark 6:0, 3:1; Wales – Griechenland 4:1, 0:2; Wales – Dänemark 4:2, 0:1, Griechenland – Dänemark 4:2, 1:1.
Europa VIII: Italien. Italien – Schottland 3:0, 0:1; Italien – Polen 6:1, 0:0; Italien – Finnland 6:1, 2:0; Schottland – Polen 1:2, 1:1; Schottland – Finnland 3:1, 2:1; Polen – Finnland 7:0, 0:2.
Europa IX: Spanien. Irland – Spanien 1:0, Spanien – Irland 4:1; Entscheidungsspiel in Paris: Spanien – Irland 1:0. (Syrien trat nicht an).
Südamerika I: Uruguay. Uruguay – Peru 2:1, 1:0; Uruguay – Venezuela 5:0, 3:1; Peru – Venezuela 1:0, 6:3.

Südamerika II: Chile. Chile – Ecuador 3:1, 2:2; Chile – Kolumbien 7:2, 0:2; Ecuador – Kolumbien 2:0, 1:0; Entscheidungsspiel in Lima: Chile – Ecuador 2:1.
Südamerika III: Argentinien. Argentinien – Paraguay 3:0, 0:0; Argentinien – Bolivien 4:1, 2:1; Paraguay – Bolivien 2:0, 1:2.
Nord- und Mittelamerika:
Gruppe 1: Jamaica – Niederländische Antillen 2:0, 0:0 (in Havanna); Jamaica – Kuba 2:0, 1:2; Niederländische Antillen – Kuba 1:1 (in Kingston), 1:0.
Gruppe 2: Costa Rica – Surinam 1:0, 3:1; Costa Rica – Trinidad 4:0, 1:0; Surinam – Trinidad 6:1, 1:4.
Gruppe 3: Mexiko – USA 2:0, 2:2; Mexiko – Honduras 3:0, 1:0; USA – Honduras 1:1 (in Tegucigalpa), 1:0.
Nord- und Mittelamerika, Endrunde: Mexiko. Mexiko – Costa Rica 1:0, 0:0; Mexiko – Jamaica 8:0, 3:2, Costa Rica – Jamaica 7:0, 1:1.
Asien/Afrika: Nordkorea
Siebzehn Verbände zogen ihre Meldungen zurück, Südafrika wurde von der FIFA suspendiert.
Die beiden verbliebenen Länder, Nordkorea und Australien, ermittelten in zwei Spielen auf neutralem Boden in Pnom Penh (Kambodscha) den Vertreter der Gruppe Asien/Afrika. Nordkorea gewann beide Spiele mit 6:1 und 3:1.
England als Veranstalter und Brasilien als Weltmeister direkt qualifiziert.

Endrunde vom 11 bis 30. Juli 1966 in England

Gruppe A: England und Uruguay. England – Uruguay 0:0 (London Wembley), Frankreich – Mexiko 1:1 (Wembley), Uruguay – Frankreich 2:1 (London White City), England – Mexiko 2:0 (Wembley), Mexiko – Uruguay 0:0 (Wembley), England – Frankreich 2:0 (Wembley).
Gruppe B: Deutschland und Argentinien. Deutschland – Schweiz 5:0 (Sheffield), Argentinien – Spanien 2:1 (Birmingham), Spanien – Schweiz 2:1 (Sheffield), Argentinien – Deutschland 0:0 (Birmingham), Argentinien – Schweiz 2:0 (Sheffield), Deutschland – Spanien 2:1 (Birmingham).
Gruppe C: Portugal und Ungarn. Brasilien – Bulgarien 2:0 (Liverpool), Portugal – Ungarn 3:1 (Manchester), Ungarn – Brasilien 3:1 (Liverpool), Portugal – Bulgarien 3:0 (Manchester), Portugal – Brasilien 3:1 (Liverpool), Ungarn – Bulgarien 3:1 (Manchester).
Gruppe D: Sowjetunion und Nordkorea. Sowjetunion – Nordkorea 3:0 (Middlesbrough), Italien – Chile 2:0 (Sunderland), Nordkorea – Chile 1:1 (Middlesbrough), Sowjetunion – Italien 1:0 (Sunderland), Nordkorea – Italien 1:0 (Middlesbrough), Sowjetunion – Chile 2:1 (Sunderland).
Viertelfinale: England – Argentinien 1:0 (Wembley), Deutschland – Uruguay 4:0 (Sheffield), Portugal – Nordkorea 5:3 (Liverpool), Sowjetunion – Ungarn 2:1 (Sunderland).
Halbfinale: Deutschland – Sowjetunion 2:1 (Liverpool), England – Portugal 2:1 (Wembley).
Um den dritten Platz: Portugal – Sowjetunion 2:1 (Wembley).

Endspiel am 30. Juli 1966 in London: England – Deutschland 4:2 (2:2, 1:1) n. V.
England: Banks – Cohen, J. Charlton, Moore, Wilson – Stiles, R. Charlton, Peters – Ball, Hunt, Hurst.
Deutschland: Tilkowski – Höttges, Schulz, Weber, Schnellinger – Beckenbauer, Overath – Haller, Seeler, Held, Emmerich.
Tore: Hurst 3, Peters (Haller, Weber) – Zuschauer: 97 000 – SR: Dienst (Schweiz).

1970: Brasilien (Trainer: Zagalo)

Qualifikation:

Europa I: Rumänien. Rumänien – Griechenland 1:1, 2:2; Rumänien – Schweiz 2:0, 1:0; Rumänien – Portugal 1:0, 0:3; Griechenland – Schweiz 4:1, 0:1; Griechenland – Portugal 4:2, 2:2; Schweiz – Portugal 1:1, 2:0.
Europa II: Tschechoslowakei. Tschechoslowakei – Ungarn 3:3, 0:2; Tschechoslowakei – Dänemark 1:0, 3:0; Tschechoslowakei – Irland 3:0, 2:1; Ungarn – Dänemark 3:0, 2:3; Ungarn – Irland 4:0, 2:1; Dänemark – Irland 2:0, 1:1 – Entscheidungsspiel in Marseille: Tschechoslowakei – Ungarn 4:1.
Europa III: Italien. Italien – DDR 3:0, 2:2; Italien – Wales 4:1, 1:0; DDR – Wales 2:1, 3:1.
Europa IV: Sowjetunion. Sowjetunion – Nordirland 2:0, 0:0; Sowjetunion – Türkei 3:0, 3:1; Nordirland – Türkei 4:1, 3:0.
Europa V: Schweden. Schweden – Frankreich 2:0, 0:3; Schweden – Norwegen 5:0, 5:2; Frankreich – Norwegen 0:1, 3:1.
Europa VI: Belgien. Belgien – Jugoslawien 3:0, 0:4; Belgien – Spanien 2:1, 1:1; Belgien – Finnland 6:1, 2:1; Jugoslawien – Spanien 0:0, 1:2; Jugoslawien – Finnland 9:1, 5:1; Spanien – Finnland 6:0, 0:2.
Europa VII: Deutschland. Deutschland – Schottland 3:2, 1:1; Deutschland – Österreich 1:0, 2:0; Deutschland – Zypern 12:0, 1:0; Schottland – Österreich 2:1, 0:2; Schottland – Zypern 8:0, 5:0; Österreich – Zypern 7:1, 2:1.

Europa VIII: Bulgarien. Bulgarien – Polen 4:1, 0:3; Bulgarien – Niederlande 2:0, 1:1; Bulgarien – Luxemburg 2:1, 3:1; Polen – Niederlande 2:1, 0:1; Polen – Luxemburg 8:1, 5:1; Niederlande – Luxemburg 4:0, 2:0 (in Rotterdam).
Südamerika I: Peru. Peru – Bolivien 3:0, 1:2; Peru – Argentinien 1:0, 2:2; Bolivien – Argentinien 3:1, 0:1.
Südamerika II: Brasilien. Brasilien – Paraguay 1:0, 3:0; Brasilien – Kolumbien 6:2, 2:0; Brasilien – Venezuela 6:0, 5:0; Paraguay – Kolumbien 2:1, 1:0; Paraguay – Venezuela 1:0, 2:0; Kolumbien – Venezuela 3:0, 1:1.
Südamerika III: Uruguay. Uruguay – Chile 2:0, 0:0; Uruguay – Ecuador 1:0, 2:0; Chile – Ecuador 4:1, 1:1.

Zentral – und Nordamerika: El Salvador
Untergruppe A: Honduras. Honduras – Costa Rica 1:0, 1:1; Honduras – Jamaika 3:1, 2:0 (in Tegucigalpa); Costa Rica – Jamaika 3:0, 3:1 (in San José).
Untergruppe B: Haiti. Haiti – Guatemala 2:0, 1:1; Haiti – Trinidad & Tobago 2:4, 4:0 (in Port-au-Prince); Guatemala – Trinidad & Tobago 4:0, 0:0 (in Guatemala City).
Untergruppe C: El Salvador. El Salvador – Surinam 6:0, 1:4; El Salvador – Niederl. Antillen 1:0, 2:1 (beide Spiele in El Salvador); Surinam – Niederl. Antillen 6:0, 0:2.
Untergruppe D: USA. USA – Kanada 1:0, 2:4; USA – Bermuda 6:2, 2:0; Kanada – Bermuda 4:0, 0:0.
Halbfinale: Haiti – USA 2:0, 1:0; Honduras – El Salvador 1:0, 0:3, Entscheidungsspiel in Mexiko City: El Salvador – Honduras n. V. 3:2.
Endspiele: Haiti – El Salvador 1:2, 3:0; Entscheidungsspiel in Kingston/Jamaika: El Salvador – Haiti n. V. 1:0.

Asien und Ozeanien: Israel
Turnier in Seoul: Australien.Australien – Südkorea 2:1, 1:1; Australien – Japan 3:1, 1:1; Südkorea – Japan 2:2, 2:0.
Qualifikation in Laurenco Marques: Australien – Rhodesien 1:1, 0:0 , 3:1.
Turnier in Tel Aviv: Israel. Israel – Neuseeland 4:0, 2:0; Nordkorea gegen Israel nicht angetreten.
Endspiele: Israel – Australien 1:0, 1:1.

Afrika: Marokko
1. Runde: Algerien – Tunesien 1:2, 0:0; Marokko – Senegal 1:0, 1:2, Entscheidungsspiel in Las Palmas (weil der Schiedsrichter entgegen dem Reglement das zweite Spiel nicht verlängern ließ): Marokko – Senegal 2:0; Libyen – Äthiopien 2:0, 1:5; Sambia – Sudan 4:2 und n. V. 2:4 (Sudan qualifiziert, weil es im zweiten Spiel mehr Tore erzielte); Nigeria – Kamerun 1:1, 3:2; Ghana (Freilos).
Halbfinale: Tunesien – Marokko 0:0, 0:0, Entscheidungsspiel in Marseille: n. V. 2:2, Los für Marokko; Äthiopien – Sudan 1:1, 1:3; Nigeria – Ghana 2:1, 1:1.
Endrunde: Marokko. Marokko – Nigeria 2:1, 0:2; Marokko – Sudan 3:0, 0:0; Nigeria – Sudan 2:2, 3:3.
Mexiko als Veranstalter und England als Weltmeister direkt qualifiziert.

Endrunde vom 31. Mai bis 21. Juni 1970 in Mexiko

Gruppe I: UdSSR und Mexiko. UdSSR – Mexiko 0:0, Belgien – El Salvador 3:0, UdSSR – Belgien 4:1, Mexiko – El Salvador 4:0, UdSSR – El Salvador 2:0, Mexiko – Belgien 1:0 (alle Spiele in Mexiko City).
Gruppe II: Italien und Uruguay. Uruguay – Israel 2:0 (Puebla), Italien – Schweden 1:0 (Toluca), Uruguay – Italien 0:0 (Puebla), Schweden – Israel 1:1 (Toluca), Uruguay – Schweden 0:1 (Puebla), Italien – Israel 0:0 (Toluca).
Gruppe III: Brasilien und England. Rumänien – England 0:1, CSSR – Brasilien 1:4, Rumänien – CSSR 2:1, England – Brasilien 0:1, Rumänien – Brasilien 2:3, England – CSSR 1:0 (alle Spiele in Guadalajara).
Gruppe IV: Deutschland und Peru. Peru – Bulgarien 3:2, Marokko – Deutschland 1:2, Peru – Marokko 3:0, Bulgarien – Deutschland 2:5, Peru – Deutschland 1:3, Bulgarien – Marokko 1:1 (alle Spiele in Leon).
Viertelfinale: Sowjetunion – Uruguay n. V. 0:1 (Mexiko City), Italien – Mexiko 4:1 (Toluca), Brasilien – Peru 4:2 (Guadalajara), Deutschland – England n. V. 3:2 (Leon).
Halbfinale: Deutschland – Italien n. V. 3:4 (Mexiko City), Brasilien – Uruguay 3:1 (Guadalajara).
Um den dritten Platz: Deutschland – Uruguay 1:0 (Mexiko City).

Endspiel am 21. Juni 1970 in Mexiko City: Brasilien – Italien 4:1 (1:1)

Brasilien: Felix – Carlos Alberto, Brito, Piazza, Everaldo – Clodoaldo, Gerson – Jairzinho, Tostao, Pele, Rivelino.
Italien: Albertosi – Burgnich, Cera, Bertini (Juliano), Rosato, Facchetti – Domenghini, De Sisti, Mazzola – Boninsegna (Rivera), Riva.
Tore: Pele, Gerson, Jairzinho, Carlos Alberto (Boninsegna) – Zuschauer: 107 000 – SR: Glöckner (DDR).

1974: Deutschland (Trainer: Schön)

Qualifikation:

Europa I: Schweden. Schweden – Österreich 3:2, 0:2; Schweden – Ungarn 0:0, 3:3; Schweden – Malta 7:0, 2:1; Österreich – Ungarn 2:2, 2:2; Österreich – Malta 4:0, 2:0; Ungarn – Malta 3:0, 2:0 – Entscheidungsspiel in Gelsenkirchen: Schweden – Österreich 2:1.

Europa II: Italien. Italien – Türkei 0:0, 1:0; Italien – Schweiz 2:0, 0:0; Italien – Luxemburg 5:0, 4:0; Türkei – Schweiz 2:0, 0:0; Türkei – Luxemburg 3:0, 0:2; Schweiz – Luxemburg 1:0, 1:0.

Europa III: Niederlande. Niederlande – Belgien 0:0, 0:0; Niederlande – Norwegen 9:0, 2:1; Niederlande – Island 8:1, 5:0 (in Amsterdam); Belgien – Norwegen 2:0, 2:0; Belgien – Island 4:0, 4:0 (in Brügge); Norwegen – Island 4:1, 4:0.

Europa IV: DDR. DDR – Rumänien 2:0, 0:1; DDR – Finnland 5:0, 5:1; DDR – Albanien 2:0, 4:1; Rumänien – Finnland 9:0, 1:1; Rumänien – Albanien 2:0, 4:1; Finnland – Albanien 1:0, 0:1.

Europa V: Polen. Polen – England 2:0, 1:1; Polen – Wales 3:0, 0:2; England – Wales 1:1, 1:0.

Europa VI: Bulgarien. Bulgarien – Portugal 2:1, 2:2; Bulgarien – Nordirland 3:0, 0:0 (in Sheffield); Bulgarien – Zypern 2:0, 4:0; Portugal – Nordirland 1:1, 1:1 (in Coventry); Nordirland – Zypern 3:0 (in London), 0:1.

Europa VII: Jugoslawien. Jugoslawien – Spanien 0:0, 2:2; Jugoslawien – Griechenland 1:0, 4:2; Spanien – Griechenland 3:1, 3:2 – Entscheidungsspiel in Frankfurt: Jugoslawien – Spanien 1:0.

Europa VIII: Schottland. Schottland – Tschechoslowakei 2:1, 0:1; Schottland – Dänemark 2:0, 4:1; Tschechoslowakei – Dänemark 6:0, 1:1.

Europa IX: Sowjetunion. Sowjetunion – Irland 1:0, 2:1; Sowjetunion – Frankreich 2:0, 0:1; Irland – Frankreich 2:1, 1:1.

Entscheidungsspiele Europa IX – Südamerika III. Sowjetunion – Chile 0:0, zum Rückspiel in Santiago trat die Sowjetunion nicht an, daher Chile für die Endrunde qualifiziert).

Südamerika I: Uruguay. Uruguay – Kolumbien 0:1, 0:0; Uruguay – Ecuador 4:0, 2:1; Kolumbien – Ecuador 1:1, 1:1.

Südamerika II: Argentinien. Argentinien – Paraguay 3:1, 1:1; Argentinien – Bolivien 4:0, 1:0; Paraguay – Bolivien 4:0, 2:1.

Südamerika III: Chile. Chile – Peru 2:0, 0:2 – Entscheidungsspiel in Montevideo: Chile – Peru 2:1. Venezuela verzichtete.

Zentral- und Nordamerika: Haiti

Untergruppe 1: Mexiko. Mexiko – Kanada 2:1, 1:0; Mexiko – USA 3:1, 2:1; Kanada – USA 3:2, 2:2.

Untergruppe 2: Guatemala. Guatemala – El Salvador 1:0, 1:0.

Untergruppe 3: Honduras. Honduras – Costa Rica 2:1, 3:3.

Untergruppe 4: Niederländische Antillen. (Jamaika verzichtete.)

Untergruppe 5: Haiti. Haiti – Puerto Rico 7:0, 5:0.

Untergruppe 6: Trinidad & Tobago. Trinidad & Tobago – Surinam 1:1, 2:1 (in Paramaibo), Trinidad & Tobago – Antigua 11:1, 2:1 (in Port of Spain); Surinam – Antigua 3:1 (in St. John's), 6:0.

Endrunde in Port-au-Prince/Haiti: Haiti. Honduras – Trinidad & Tobago 2:1, Mexiko – Guatemala 0:0, Haiti – Niederländisch Antillen 3:0, Honduras – Mexiko 1:1, Haiti – Trinidad & Tobago 2:1, Niederländisch Antillen – Guatemala 2:2, Haiti – Honduras 1:0, Mexiko – Niederländisch Antillen 8:0, Trinidad & Tobago – Guatemala 1:0, Honduras – Niederländisch Antillen 2:2, Haiti – Guatemala 2:1, Trinidad & Tobago – Mexiko 4:0, Honduras – Guatemala 1:1, Trinidad & Tobago – Niederländisch Antillen 4:0, Haiti – Mexiko 0:1.

Asien und Ozeanien: Australien

Vorrundenturnier in Seoul: Südvietnam – Thailand 1:0, Israel – Japan 2:1, Hongkong – Malaysia 1:0. Südkorea Freilos, die Philippinen verzichteten.

Untergruppe A/1: Hongkong und Japan. Turnier in Seoul: Japan – Südvietnam 4:0, Hongkong – Japan 1:0, Hongkong – Südvietnam 1:0.

Untergruppe A/2: Israel und Südkorea. Turnier in Seoul: Südkorea – Thailand 4:0, Israel – Malaysia 3:0, Südkorea – Malaysia 0:0, Israel – Thailand 6:0, Südkorea – Israel 0:0, Malaysia – Thailand 2:0.

Halbfinale: Südkorea – Hongkong 3:1, Israel – Japan n. V. 1:0 (in Seoul).

Endspiel Untergruppe A: Südkorea – Israel n. V. 1:0.

Untergruppe B/1: Australien. Australien – Irak 3:1, 0:0 (in Melbourne); Australien – Indonesien 2:1, 6:0 (in Sydney); Australien – Neuseeland 3:3, 1:1; Irak – Indonesien 1:1, 3:2 (beide Spiele in Sydney), Irak – Neuseeland 2:0, 4:0 (beide Spiele in Sydney); Indonesien – Neuseeland 1:1, 1:0 (beide Spiele in Sydney). Sri Lanka verzichtete.

Untergruppe B/2: Iran. Turnier in Teheran: Iran – Syrien 1:0, 0:1; Iran – Nordkorea 0:0, 2:1; Iran – Kuwait 2:1, 2:0; Syrien – Nordkorea 1:1, 0:3; Syrien – Kuwait 2:1, 2:0; Nordkorea – Kuwait 0:0, 0:2. Indien verzichtete.
Endspiele Untergruppe B: Australien – Iran 3:0, 0:2.
Endspiele: Australien – Südkorea 0:0, 2:2, Entscheidungsspiel in Hongkong: Australien – Südkorea 1:0.

Afrika: Zaire
Vorrunde: Marokko – Senegal 0:0, 2:1; Algerien – Guinea 1:0, 1:5; Ägypten – Tunesien 2:1, 0:2; Sierra Leone – Elfenbeinküste 0:1, 0:2; Kenia – Sudan 2:0, 0:1; Madagaskar verzichtete gegen Mauritius; Äthiopien – Tansania 0:0, 1:1, 3:0 (in Addis Abeba); Lesotho – Sambia 0:0, 1:6; Nigeria – Kongo 2:1, 1:1; Dahomey – Ghana 0:5, 1:5; Togo – Zaire 0:0, 0:4; Gabun verzichtete gegen Kamerun.
Zwischenrunde: Guinea – Marokko 1:1, 0:2; Tunesien – Elfenbeinküste 1:1, 1:2; Mauritius – Kenia 1:3, 2:2; Äthiopien – Sambia 0:0, 2:4; Nigeria – Ghana 2:3 abgebrochen (Wertung 2:0 für Ghana), 0:0; Kamerun – Zaire 0:1, 1:0, 0:2 (in Kinshasa).
Halbfinale: Elfenbeinküste – Marokko 1:1, 1:4; Sambia – Kenia 2:0, 2:2; Ghana – Zaire 1:0, 1:4.
Endrunde: Zaire. Zaire – Sambia 2:1, 2:0; Zaire – Marokko 3:0, Rückspiel nicht ausgetragen (Wertung 2:0 für Zaire); Sambia – Marokko 4:0, 0:2.

Deutschland als Veranstalter und Brasilien als Weltmeister direkt qualifiziert.

Endrunde vom 13. Juni bis 7. Juli 1974 in Deutschland

1. Finalrunde:
Gruppe I: DDR und Deutschland. Deutschland – Chile 1:0 (Berlin), DDR – Australien 2:0 (Hamburg), Chile – DDR 1:1 (Berlin), Australien – Deutschland 0:3 (Hamburg), Australien – Chile 0:0 (Berlin), DDR – Deutschland 1:0 (Hamburg).
Gruppe II: Jugoslawien und Brasilien. Brasilien – Jugoslawien 0:0 (Frankfurt), Zaire – Schottland 0:2 (Dortmund), Jugoslawien – Zaire 9:0 (Gelsenkirchen), Schottland – Brasilien 0:0 (Frankfurt), Zaire – Brasilien 0:3 (Gelsenkirchen), Schottland – Jugoslawien 1:1 (Frankfurt).
Gruppe III: Niederlande und Schweden. Schweden – Bulgarien 0:0 (Düsseldorf), Uruguay – Niederlande 0:2 (Hannover), Niederlande – Schweden 0:0 (Dortmund), Bulgarien – Uruguay 1:1 (Hannover), Bulgarien – Niederlande 1:4 (Dortmund), Schweden – Uruguay 3:0 (Düsseldorf).
Gruppe IV: Polen und Argentinien. Italien – Haiti 3:1 (München), Polen – Argentinien 3:2 (Stuttgart), Haiti – Polen 0:7 (München), Argentinien – Italien 1:1 (Stuttgart), Argentinien – Haiti 4:1 (München), Polen – Italien 2:1 (Stuttgart).

2. Finalrunde:
Gruppe A: Niederlande. Niederlande – Argentinien 4:0 (Gelsenkirchen), Brasilien – DDR 1:0 (Hannover), DDR – Niederlande 0:2 (Gelsenkirchen), Argentinien – Brasilien 1:2 (Hannover), Niederlande – Brasilien 2:0 (Dortmund), Argentinien – DDR 1:1 (Gelsenkirchen).
Gruppe B: Deutschland. Jugoslawien – Deutschland 0:2 (Düsseldorf), Schweden – Polen 0:1 (Stuttgart), Polen – Jugoslawien 2:1 (Frankfurt), Deutschland – Schweden 4:2 (Düsseldorf), Polen – Deutschland 0:1 (Frankfurt), Schweden – Jugoslawien 2:1 (Düsseldorf).

Um den dritten Platz: Polen – Brasilien 1:0 (München).

Endspiel am 7. Juli 1974 in München: Deutschland – Niederlande 2:1 (2:1)
Deutschland: Maier – Vogts, Beckenbauer, Schwarzenbeck, Breitner – Hoeneß, Bonhof, Overath – Grabowski, Müller, Hölzenbein.
Niederlande: Jongbloed – Suurbier, Rijsbergen (de Jong), Haan, Krol – Jansen, Neeskens, van Hanegem – Rep, Cruyff, Rensenbrink (René van de Kerkhof).
Tore: Breitner, Müller (Neeskens) – Zuschauer 80 000 – SR: Taylor (England).

1978: Argentinien (Trainer: Menotti)

Qualifikation:
Europa I: Polen. Polen – Portugal 1:1, 2:0; Polen – Dänemark 4:1, 2:1; Polen – Zypern 5:0, 3:1; Portugal – Dänemark 1:0, 4:2; Portugal – Zypern 4:0, 2:1; Dänemark – Zypern 5:0, 5:1.
Europa II: Italien. Italien – England 2:0, 0:2; Italien – Finnland 6:1, 3:0; Italien – Luxemburg 3:0, 4:1; England – Finnland 2:1, 4:1; England – Luxemburg 5:0, 2:0; Finnland – Luxemburg 7:1, 1:0.
Europa III: Österreich. Österreich – DDR 1:1, 1:1; Österreich – Türkei 1:0, 1:0; Österreich – Malta 9:0, 1:0; DDR – Türkei 1:1, 2:1; DDR – Malta 9:0, 1:0; Türkei – Malta 4:0, 3:0.

Europa IV: Niederlande. Niederlande – Belgien 1:0, 2:0; Niederlande – Nordirland 2:2, 1:0; Niederlande – Island 4:1, 1:0; Belgien – Nordirland 2:0, 0:3; Belgien – Island 4:0, 1:0; Nordirland – Island 2:0, 0:1.
Europa V: Frankreich. Frankreich – Bulgarien 3:1, 2:2; Frankreich – Irland 2:0, 0:1, Bulgarien – Irland 2:1, 0:0.
Europa VI: Schweden. Schweden – Norwegen 2:0, 1:2; Schweden – Schweiz 2:1, 2:1; Norwegen – Schweiz 1:0, 0:1.
Europa VII: Schottland. Schottland – Tschechoslowakei 3:1, 0:2; Schottland – Wales 1:0, 2:0 (in Liverpool); Tschechoslowakei – Wales 1:0, 0:3.
Europa VIII: Spanien. Spanien – Jugoslawien 1:0, 1:0; Spanien – Rumänien 2:0, 0:1, Jugoslawien – Rumänien 0:2, 6:4.
Europa IX: Ungarn. Ungarn – Sowjetunion 2:1, 0:2; Ungarn – Griechenland 3:0, 1:1; Sowjetunion – Griechenland 2:0, 0:1.
Entscheidungsspiele Europa IX – Dritter Südamerika: Ungarn – Bolivien 6:0, 3:2.

Südamerika I: Brasilien. Brasilien – Paraguay 1:1, 1:0; Brasilien – Kolumbien 6:0, 0:0; Paraguay – Kolumbien 1:1, 1:0.
Südamerika II: Bolivien. Bolivien – Uruguay 1:0; 2:2; Bolivien – Venezuela 2:0, 3:1; Uruguay – Venezuela 2:0, 1:1.
Südamerika III: Peru. Peru – Chile 2:0, 1:1; Peru – Ecuador 4:0, 1:1; Chile – Ecuador 3:0,1:0.
Südamerika, Endrunde in Cali/Kolumbien: Brasilien und Peru. Brasilien – Peru 1:0, Brasilien – Bolivien 8:0, Peru – Bolivien 5:0.

Nord-/Zentralamerika/Karibik: Mexiko
Gruppe 1 (Nordamerika): Mexiko und Kanada. Mexiko – USA 3:0, 0:0; Mexiko – Kanada 0:0, 0:1; USA – Kanada 2:0, 1:1 – Entscheidungsspiel um Platz 2 in Haiti: Kanada – USA 3:0.
Gruppe 2 (Zentralamerika): Guatemala und El Salvador. Guatemala – El Salvador 3:1, 0:2; Guatemala – Costa Rica 1:1, 0:0; Guatemala – Panama 7:0, 4:2; El Salvador – Costa Rica 1:1, 1:1; El Salvador – Panama 4:1, 1:1; Costa Rica – Panama 3:0, 2:3. Honduras verzichtete.
Gruppe 3 (Karibik): Haiti und Surinam
Vorrunde: Dominikanische Republik – Haiti 0:3, 0:3.
1. Runde: Guyana – Surinam 2:0, 0:3; Barbados – Trinidad & Tobago 2:1, 0:1, 1:3 (in Port of Spain); Niederl. Antillen – Haiti 1:2, 0:7; Jamaika – Kuba 1:3, 0:2.
2. Runde: Surinam – Trinidad 1:1, 2:2, n. V. 3:2 (in Cayenne); Kuba – Haiti 1:1, 1:1, 0:2 (in Panama.)
Endrunde in Mexiko: Mexiko. Guatemala – Surinam 3:2, El Salvador – Kanada 2:1, Mexiko – Haiti 4:1, Mexiko – El Salvador 3:1, Kanada – Surinam 2:1, Haiti – Guatemala 2:1, Mexiko – Surinam 8:1, Haiti – El Salvador 1:0, Kanada – Guatemala 2:1, Mexiko – Guatemala 2:1, El Salvador – Surinam 3:2, Kanada – Haiti 1:1, Mexiko – Kanada 3:1, Haiti – Surinam 1:0, Guatemala – El Salvador 2:2.

Asien und Ozeanien: Iran
Asien, Gruppe 1: Hongkong. Turnier in Singapur: Singapur – Thailand 2:0, Hongkong – Indonesien 4:1, Malaysia – Thailand 6:4, Singapur – Hongkong 2:2, Indonesien – Malaysia 0:0, Hongkong – Thailand 2:1, Singapur – Malaysia 1:0, Thailand – Indonesien 3:2, Hongkong – Malaysia 1:1, Singapur – Indonesien 0:4 – Entscheidungsspiel Erster – Zweiter: Hongkong – Singapur 1:0. Sri Lanka verzichtete.
Asien, Gruppe 2: Südkorea. Südkorea – Israel 3:1, 0:0; Südkorea – Japan 1:0, 0:0; Israel – Japan 2:0, 2:0 (in Tel Aviv). Nordkorea verzichtete.
Asien, Gruppe 3: Iran. Iran – Saudi-Arabien 2:0, 3:0; Iran – Syrien (Wertung 2:0,; Syrien nicht angetreten), 1:0; Saudi-Arabien – Syrien 2:0, 1:2. Irak verzichtete.
Asien, Gruppe 4 Kuwait. Turnier in Katar: Kuwait – Katar 2:0, 4:1; Kuwait – Bahrain 2:0, 2:1; Katar – Bahrain 2:0, 0:3. Die Vereinigten Arabischen Emirate verzichteten.
Ozeanien: Australien. Australien – Neuseeland 3:1, 1:1; Australien – Taiwan 3:0, 2:1 (beide Spiele in Suva/Fidschi); Neuseeland – Taiwan 6:0, 6:0 (beide Spiele in Wellington).
Endrunde: Iran. Iran – Südkora 2:2, 0:0; Iran – Kuwait 1:0, 2:1; Iran – Australien 1:0, 1:0; Iran – Hongkong 3:0, 2:0; Südkorea – Kuwait 1:0, 2:2; Südkorea – Australien 0:0, 1:2; Südkorea – Hongkong 5:2, 1:0; Kuwait – Australien 1:0, 2:1; Kuwait – Hongkong 4:0, 3:1; Australien – Hongkong 3:0, 5:2.

Afrika: Tunesien
Vorrunde: Sierra Leone – Niger 5:1, 1:2; Obervolta – Mauretanien 1:1, 2:0.
1. Runde: Algerien – Libyen 1:0, 0:0; Marokko – Tunesien 1:1, n. V. 1:1/Elfmeterschießen 2:4; Togo – Senegal 1:0, 1:1; Ghana – Guinea 2:1, 1:2, 0:2 (in Lome); Zentralafrikanische Republik verzichtete gegen Zaire; Sierra Leone – Nigeria 0:0, 2:6; Kongo – Kamerun 2:2, 2:1 abgebrochen (Wertung 2:0 für Kongo); Obervolta – Elfenbeinküste 1:1, 0:2; Ägypten – Äthiopien 3:0, 2:1; Sudan verzichtete gegen Kenia; Tansania verzichtete gegen Uganda; Sambia – Malawi 4:0, 1:0.

2. Runde: Tunesien – Algerien 2:0, 1:1; Togo – Guinea 0:2, 1:2; Zaire verzichtete gegen Nigeria; Elfenbeinküste – Kongo 3:2, 3:1; Kenia – Ägypten 0:0, 0:1; Uganda – Sambia 1:0, n. V. 2:4.
3. Runde: Guinea – Tunesien 1:0, 1:3; Nigeria – Elfenbeinküste 4:0, 2:2; Ägypten – Sambia 2:0, 0:0.
Endrunde: Tunesien. Tunesien – Ägypten 4:1, 2:3; Tunesien – Nigeria 0:0, 1:0; Ägypten – Nigeria 3:1, 0:4.
Argentinien als Veranstalter und Deutschland als Weltmeister direkt qualifiziert.

Endrunde vom 1. bis 25. Juni 1978 in Argentinien

1. Finalrunde:
Gruppe I: Italien und Argentinien. Italien – Frankreich 2:1 (Mar del Plata), Argentinien – Ungarn 2:1 (Buenos Aires), Italien – Ungarn 3:1 (Mar del Plata), Argentinien – Frankreich 2:1 (Buenos Aires), Frankreich – Ungarn 3:1 (Mar del Plata), Argentinien – Italien 0:1 (Buenos Aires).
Gruppe II: Polen und Deutschland. Deutschland – Polen 0:0 (Buenos Aires), Tunesien – Mexiko 3:1 (Rosario), Polen – Tunesien 1:0 (Rosario), Deutschland – Mexiko 6:0 (Cordoba), Polen – Mexiko 3:1 (Rosario), Deutschland – Tunesien 0:0 (Cordoba).
Gruppe III: Österreich und Brasilien. Österreich – Spanien 2:1 (Buenos Aires), Brasilien – Schweden 1:1 (Mar del Plata), Österreich – Schweden 1:0 (Buenos Aires), Brasilien – Spanien 0:0 (Mar del Plata), Spanien – Schweden 1:0 (Buenos Aires), Brasilien – Österreich 1:0 (Mar del Plata).
Gruppe IV: Peru und Niederlande. Peru – Schottland 3:1 (Cordoba), Niederlande – Iran 3:0 (Mendoza), Schottland – Iran 1:1 (Cordoba), Peru – Niederlande 0:0 (Mendoza), Peru – Iran 4:1 (Cordoba), Schottland – Niederlande 3:2 (Mendoza).

2. Finalrunde:
Gruppe A: Niederlande. Deutschland – Italien 0:0 (Buenos Aires), Niederlande – Österreich 5:1 (Cordoba), Deutschland – Niederlande 2:2 (Cordoba), Italien – Österreich 1:0 (Buenos Aires), Niederlande – Italien 2:1 (Buenos Aires), Österreich – Deutschland 3:2 (Cordoba).
Gruppe B: Argentinien. Brasilien – Peru 3:0 (Mendoza), Argentinien – Polen 2:0 (Rosario), Polen – Peru 1:0 (Mendoza), Argentinien – Brasilien 0:0 (Rosario), Brasilien – Polen 3:1 (Mendoza), Argentinien – Peru 6:0 (Rosario).

Um den dritten Platz: Brasilien – Italien 2:1 (Buenos Aires).

Endspiel am 25. Juni 1978 in Buenos Aires: Argentinien – Niederlande 3:1 (1:1, 1:0) n. Verl.
Argentinien: Fillol – Olguin, Luis Galvan, Passarella, Tarantini – Ardiles (Larossa), Gallego, Kempes – Bertoni, Luque, Ortis (Houseman).
Niederlande: Jongbloed – Poortvliet, Krol, Brandts, Jansen (Suurbier) – Neeskens, Haan, Willy van de Kerkhof – Rene van de Kerkhof, Rep (Nanninga), Rensenbrink.
Tore: Kempes (2), Bertoni (Nanninga) – Zuschauer 78 000 – SR: Gonella (Italien)

1982: Italien (Trainer: Bearzot)

Qualifikation:
Europa I: Deutschland und Österreich. Deutschland – Österreich 2:0, 3:1; Deutschland – Bulgarien 4:0, 3:1; Deutschland – Albanien 8:0, 2:0; Deutschland – Finnland 7:1, 4:0; Österreich – Bulgarien 2:0, 0:0; Österreich – Albanien 5:0, 1:0; Österreich – Finnland 5:1, 2:0; Bulgarien – Albanien 2:1, 2:0; Bulgarien – Finnland 4:0, 2:0; Albanien – Finnland 2:0, 1:2.
Europa II: Belgien und Frankreich. Belgien – Frankreich 2:0, 2:3; Belgien – Irland 1:0, 1:1; Belgien – Niederlande 1:0, 0:3; Belgien – Zypern 3:2, 2:0; Frankreich – Irland 2:0, 2:3; Frankreich – Niederlande 2:0, 0:1; Frankreich – Zypern 4:0, 7:0; Irland – Niederlande 2:1, 2:2; Irland – Zypern 6:0, 3:2; Niederlande – Zypern 3:0, 1:0.
Europa III: Sowjetunion und Tschechoslowakei. Sowjetunion – Tschechoslowakei 2:0, 1:1; Sowjetunion – Wales 3:0, 0:0; Sowjetunion – Island 5:0, 2:1; Sowjetunion – Türkei 4:0, 3:0; Tschechoslowakei – Wales 2:0, 0:1; Tschechoslowakei – Island 6:1, 1:1; Tschechoslowakei – Türkei 2:0, 3:0; Wales – Island 2:2, 4:0; Wales – Türkei 4:0, 1:0; Island – Türkei 2:0, 3:1.
Europa IV: Ungarn und England. Ungarn – England 1:3, 0:1, Ungarn – Rumänien 1:0, 0:0; Ungarn – Schweiz 3:0, 2:2; Ungarn – Norwegen 4:1, 2:1; England – Rumänien 0:0, 1:2; England – Schweiz 2:1, 1:2; England – Norwegen 4:0, 1:2; Rumänien – Schweiz 1:2, 0:0; Rumänien – Norwegen 1:0, 1:1; Schweiz – Norwegen 1:2, 1:1.
Europa V: Jugoslawien und Italien. Jugoslawien – Italien 1:1, 0:2; Jugoslawien – Dänemark 2:1, 2:1; Jugoslawien – Griechenland 5:1, 2:1; Jugoslawien – Luxemburg 5:0, 5:0; Italien – Dänemark 2:0, 1:3; Italien – Griechenland 1:1, 2:0; Italien – Luxemburg 1:0, 2:0; Dänemark – Griechenland 0:1, 3:2; Dänemark – Luxemburg 4:0, 2:1; Griechenland – Luxemburg 2:0, 2:0.

Europa VI: Schottland und Nordirland. Schottland – Nordirland 1:1, 0:0; Schottland – Schweden 2:0, 1:0; Schottland – Portugal 0:0, 1:2; Schottland – Israel 3:1, 1:0; Nordirland Schweden 3:0, 0:1; Nordirland – Portugal 1:0, 0:1; Nordirland – Israel 1:0, 0:0; Schweden – Portugal 3:0, 2:1; Schweden – Israel 1:1, 0:0; Portugal – Israel 3:0, 1:4.
Europa VII: Polen. Polen – DDR 1:0, 3:2; Polen – Malta 6:0, 2:0 abgebrochen (Wertung 2:0); DDR – Malta 5:1, 2:1.

Spanien als Veranstalterland automatisch qualifiziert.

Südamerika I: Brasilien. Brasilien – Bolivien 3:1, 2:1, Brasilien – Venezuela 5:0, 1:0; Bolivien – Venezuela 3:0, 0:1.
Südamerika II: Peru. Kolumbien – Peru 1:1, Uruguay – Kolumbien 3:2, Peru – Kolumbien 2:0, Uruguay – Peru 1:2, Peru – Uruguay 0:0, Kolumbien – Uruguay 1:1.
Südamerika III: Chile. Chile – Ecuador 2:0, 0:0, Chile – Paraguay 3:0, 1:0; Ecuador – Paraguay 1:0, 1:3.
Argentinien als Weltmeister automatisch qualifiziert.

Nord-/Mittelamerika: Honduras und El Salvador:
Zone Nord: Kanada und Mexiko. Kanada – Mexiko 1:1, 1:1; Kanada – USA 2:1, 0:0; Mexiko – USA 5:1, 1:2.
Karibikzone: Kuba und Haiti
Vorrunde: Guyana – Grenada 5:2 , 3:2.
Gruppe A: Kuba. Kuba – Surinam 3:0, 0:0; Kuba – Guyana 1:0, 3:0; Surinam – Guyana 4:0, 1:0.
Gruppe B: Haiti. Haiti – Trinidad & Tobago 2:0, 0:1; Haiti – Niederl. Antillen 1:0, 1:1; Trinidad & Tobago – Niederl. Antillen 0:0, 0:0.
Zentralzone: Honduras und El Salvador. Honduras – El Salvador 2:0, 1:2; Honduras – Guatemala 0:0, 1:0; Honduras – Costa Rica 1:1, 3:2; Honduras – Panama 5:0, 2:0; El Salvador – Guatemala 1:0, 0:0; El Salvador – Costa Rica 2:0 (Wertung, Costa Rica nicht angetreten), 0:0; El Salvador – Panama 4:1, 3:1; Guatemala – Costa Rica 0:0, 3:0; Guatemala – Panama 5:0, 2:0; Costa Rica – Panama 2:0, 1:1.
Endrunde: Honduras und El Salvador. Turnier in Tegucigalpa/Honduras: Honduras – El Salvador 0:0, Honduras – Mexiko 0:0, Honduras – Kanada 2:1, Honduras – Kuba 2:0, Honduras – Haiti 4:0, El Salvador – Mexiko 1:0, El Salvador – Kanada 0:1, El Salvador – Kuba 0:0, El Salvador – Haiti 1:0, Mexiko – Kanada 1:1, Mexiko – Kuba 4:0, Mexiko – Haiti 1:1, Kanada – Kuba 2:2, Kanada – Haiti 1:1, Kuba – Haiti 2:0.

Afrika: Algerien und Kamerun
1. Runde: Libyen – Gambia 2:1, 0:0; Äthiopien – Sambia 0:0, 0:4; Sierra Leone – Algerien 2:2, 1:3; Senegal – Marokko 0:1, 0:0; Guinea – Lesotho 3:1, 1:1; Kamerun – Malawi 3:0, 1:1; Tunesien – Nigeria 2:0, n. V. 0:2/Elfmeterschießen 3:4; Kenia – Tansania 3:1, 0:5; Zaire – Mosambik 5:2, 2:1; Niger – Somalia 0:0, 1:1; Ghana verzichtete gegen Ägypten; Uganda verzichtete gegen Madagaskar; Freilose: Sudan, Liberia, Togo und Zimbabwe, Zentralafrikanische Republik verzichtete.
2. Runde: Kamerun – Zimbabwe 2:0, 0:1; Marokko – Sambia 2:0, 0:2/Elfmeterschießen 5:4; Madagaskar – Zaire 1:1, 2:3; Nigeria – Tansania 1:1, 2:0; Liberia – Guinea 0:0, 0:1; Algerien – Sudan 2:0, 1:1; Niger – Togo 0:1, 2:1; Libyen verzichtete gegen Ägypten.
3. Runde: Algerien – Niger 4:0, 0:1; Guinea – Nigeria 1:1, 0:1; Marokko – Ägypten 1:0, 0:0; Zaire – Kamerun 1:0, 1:6.
Endspiele: Nigeria – Algerien 0:2, 1:2; Marokko – Kamerun 0:2, 1:2.
Asien/Ozeanien: Kuwait, Neuseeland
Gruppe 1: Neuseeland. Neuseeland – Australien 3:3, 2:0; Neuseeland – Indonesien 5:0, 2:0; Neuseeland – Taiwan 2:0, 0:0; Neuseeland – Fidschi 13:0, 4:0; Australien – Fidschi 10:0, 4:1; Australien – Taiwan 3:2, 0:0; Australien – Indonesien 2:0, 0:1; Indonesien – Taiwan 1:0, 0:2; Indonesien – Fidschi 3:3, 0:0; Taiwan – Fidschi 0:0, 1:2.
Gruppe 2: Saudi-Arabien. Turnier in Saudi-Arabien: Katar – Irak 0:1, Syrien – Bahrain 0:1, Irak – Saudi-Arabien 0:1, Katar – Bahrain 3:0, Syrien – Saudi-Arabien 0:2, Irak – Bahrain 2:0, Katar – Syrien 2:1, Bahrain – Saudi-Arabien 0:1, Irak – Syrien 2:1, Katar – Saudi-Arabien 0:1.
Gruppe 3: Kuwait. Turnier in Kuwait: Malaysia – Südkorea 1:2, Kuwait – Thailand 6:0, Südkorea – Thailand 5:1, Kuwait – Malaysia 4:0, Malaysia – Thailand 2:2, Kuwait – Südkorea 2:0. Iran verzichtete.
Gruppe 4: China. Turnier in Hongkong: **Qualifikation:** Hongkong – China 0:1, Nordkorea – Macao 3:0, Singapur – Japan 0:1 – **Gruppe A:** China – Macao 3:0, China – Japan 1:0, Japan – Macao 3:0 – **Gruppe B:** Hongkong – Singapur 1:1, Hongkong – Nordkorea 2:2, Nordkorea – Singapur 1:0 – **Halbfinale:** China – Hongkong n. V. 0:0/Elfmeterschießen 5:4, Nordkorea – Japan n. V. 1:0 – **Endspiel:** China – Nordkorea n. V. 4:2.

Endrunde: Kuwait und Neuseeland. Kuwait – Neuseeland 2:2, 2:1; Kuwait – China 1:0, 0:3; Kuwait – Saudi-Arabien 2:0, 1:0; Neuseeland – China 1:0, 0:0; Neuseeland – Saudi-Arabien 2:2, 5:0; China – Saudi-Arabien 2:0, 4:2 (beide Spiele in Kuala Lumpur) – Entscheidungsspiel in Singapur: Neuseeland – China 2:1.

Endrunde vom 13. Juni bis 11. Juli 1982 in Spanien

1. Finalrunde:

Gruppe 1: Polen und Italien. Italien – Polen 0:0 (Vigo), Peru – Kamerun 0:0 (La Coruna), Polen – Kamerun 0:0 (La Coruna), Italien – Peru 1:1 (Vigo), Polen – Peru 5:1 (La Coruna), Italien – Kamerun 1:1 (Vigo).

Gruppe 2: Deutschland und Österreich. Deutschland – Algerien 1:2 (Gijon), Chile – Österreich 0:1 (Oviedo), Deutschland – Chile 4:1 (Gijon), Algerien – Österreich 0:2 (Oviedo), Algerien – Chile 3:2 (Oviedo), Deutschland – Österreich 1:0 (Gijon).

Gruppe 3: Belgien und Argentinien. Argentinien – Belgien 0:1 (Barcelona), Ungarn – El Salvador 10:1 (Elche), Argentinien – Ungarn 4:1 (Alicante), Belgien – El Salvador 1:0 (Elche), Belgien – Ungarn 1:1 (Elche), Argentinien – El Salvador 2:0 (Alicante).

Gruppe 4: England und Frankreich. England – Frankreich 3:1 (Bilbao), Tschechoslowakei – Kuwait 1:1 (Valladolid), England – Tschechoslowakei 2:0 (Bilbao), Frankreich – Kuwait 4:1 (Valladolid), Frankreich – Tschechoslowakei 1:1 (Valladolid), England – Kuwait 1:0 (Bilbao).

Gruppe 5: Nordirland und Spanien. Spanien – Honduras 1:1 (Valencia), Jugoslawien – Nordirland 0:0 (Saragossa), Spanien – Jugoslawien 2:1 (Valencia), Honduras – Nordirland 1:1 (Saragossa), Honduras – Jugoslawien 0:1 (Saragossa), Spanien – Nordirland 0:1 (Valencia).

Gruppe 6: Brasilien und Sowjetunion. Brasilien – Sowjetunion 2:1 (Sevilla), Schottland – Neuseeland 5:2 (Malaga), Brasilien – Schottland 4:1 (Sevilla), Sowjetunion – Neuseeland 3:0 (Malaga), Sowjetunion – Schottland 2:2 (Malaga), Brasilien – Neuseeland 4:0 (Sevilla).

2. Finalrunde:

Gruppe A: Polen. Polen – Belgien 3:0, Belgien – Sowjetunion 0:1, Polen – Sowjetunion 0:0 (alle Spiele im Estadio Nou Camp, Barcelona).

Gruppe B: Deutschland. Deutschland – England 0:0, Deutschland – Spanien 2:1, England – Spanien 0:0 (alle Spiele im Estadio Bernabeu, Madrid).

Gruppe C: Italien. Italien – Argentinien 2:1, Brasilien – Argentinien 3:1, Italien – Brasilien 3:2 (alle Spiele im Estadio Sarria, Barcelona).

Gruppe D: Frankreich. Österreich – Frankreich 0:1, Nordirland – Österreich 2:2, Nordirland – Frankreich 1:4 (alle Spiele im Estadio Vicente Calderon, Madrid).

Halbfinale: Polen – Italien 0:2 (Barcelona), Deutschland – Frankreich n. V. 3:3/Elfmeterschießen 5:4 (Sevilla).

Um den dritten Platz: Polen – Frankreich 3:2 (Alicante).

Endspiel am 11. Juli 1982 in Madrid: Italien – Deutschland 3:1 (0:0)

Italien: Zoff – Gentile, Scirea, Collovati, Bergomi – Cabrini, Oriali, Tardelli, Conti – Graziani (Altobelli, Causio), Rossi.

Deutschland: Schumacher – Kaltz, Stielike, Kh. Förster, B. Förster – Dremmler (Hrubesch), Breitner, Rummenigge (H. Müller), Briegel – Littbarski, Fischer.

Tore: Rossi, Tardelli, Altobelli (Breitner) – Zuschauer 90 000 – SR: Coelho (Brasilien).

1986: Argentinien (Trainer: Dr. Bilardo)

Qualifikation:

Europa I: Polen und Belgien. Polen – Belgien 0:0, 0:2; Polen – Albanien 2:2, 1:0; Polen – Griechenland 3:1, 4:1; Belgien – Albanien 3:1, 0:2; Belgien – Griechenland 2:0, 0:0; Albanien – Griechenland 1:1, 0:2.

Europa II: Deutschland und Portugal. Deutschland – Portugal 0:1, 2:1; Deutschland – Schweden 2:0, 2:2; Deutschland – Tschechoslowakei 2:2, 5:1; Deutschland – Malta 6:0, 3:2; Portugal – Schweden 1:3, 1:0; Portugal – Tschechoslowakei 2:1, 0:1; Portugal – Malta 3:2, 3:1; Schweden – Tschechoslowakei 2:0, 1:2; Schweden – Malta 4:0, 2:1; Tschechoslowakei – Malta 4:0, 0:0.

Europa III: England und Nordirland. England – Nordirland 0:0, 1:0; England – Rumänien 1:1, 0:0; England – Finnland 5:0, 1:1; England – Türkei 5:0, 8:0; Nordirland – Rumänien 3:2, 1:0; Nordirland – Finnland 2:1, 0:1; Nordirland – Türkei 2:0, 0:0; Rumänien – Finnland 2:0, 1:1; Rumänien – Türkei 3:0, 3:1; Finnland – Türkei 1:0, 2:1.

Europa IV: Frankreich und Bulgarien. Frankreich – Bulgarien 1:0, 0:2; Frankreich – DDR 2:0, 0:2; Frankreich – Jugoslawien 2:0, 0:0; Frankreich – Luxemburg 6:0, 4:0; Bulgarien – DDR 1:0, 1:2; Bulgarien – Jugoslawien 2:1, 0:0; Bulgarien – Luxemburg 4:0, 3:1 DDR Jugoslawien 2:3, 2:1; DDR – Luxemburg 3:1, 5:0; Jugoslawien – Luxemburg 1:0, 1:0.
Europa V: Ungarn. Ungarn – Niederlande 0:1, 2:1; Ungarn – Österreich 3:1, 3:0; Ungarn – Zypern 2:0, 2:1; Niederlande – Österreich 1:1, 0:1; Niederlande – Zypern 7:1, 1:0; Österreich – Zypern 4:0, 2:1.
Europa VI: Dänemark und Sowjetunion. Dänemark – Sowjetunion 4:2, 0:1; Dänemark – Schweiz 0:0, 0:1; Dänemark – Irland 3:0, 4:1; Dänemark – Norwegen 1:0, 5:1; Sowjetunion – Schweiz 4:0, 2:2; Sowjetunion – Irland 2:0, 0:1; Sowjetunion – Norwegen 1:0, 1:1; Schweiz – Irland 0:0, 0:3; Schweiz – Norwegen 1:1, 1:0; Irland Norwegen 0:0, 0:1.
Europa VII: Spanien und Schottland. Spanien – Schottland 1:0, 1:3; Spanien – Wales 3:0, 0:3; Spanien – Island 2:1, 2:1; Schottland – Wales 0:1, 1:1; Schottland – Island 3:0, 1:0; Wales – Island 2:1, 0:1.
Zusatz-Qualifikation: Belgien (Zweiter Europa I) – Niederlande (Zweiter Europa V) 1:0, 1:2; Schottland (Zweiter Europa VII) – Australien (Sieger Ozeanien) 2:0, 0:0.

Italien als Weltmeister ist automatisch qualifiziert.

Ozeanien: Australien. Australien – Israel 1:1, 2:1; Australien – Neuseeland 2:0, 0:0; Australien – Taiwan 7:0, 8:0; Israel – Neuseeland 3:0, 1:3; Israel – Taiwan 6:0, 5:0; Neuseeland – Taiwan 5:1, 5:0 – Taiwan verzichtete auf sein Heimrecht und spielte beim jeweiligen Gegner.

Südamerika I: Argentinien. Argentinien – Peru 2:2, 0:1; Argentinien – Kolumbien 1:0, 3:1; Argentinien – Venezuela 3:0, 3:2; Peru – Kolumbien 0:0, 0:1; Peru – Venezuela 4:1, 1:0; Kolumbien – Venezuela 2:0, 2:2.
Südamerika II: Uruguay. Uruguay – Chile 2:1, 0:2; Uruguay – Ecuador 2:1, 2:0; Chile – Ecuador 6:2, 1:1.
Südamerika III: Brasilien. Brasilien – Paraguay 1:1, 2:0; Brasilien – Bolivien 1:1, 2:0 Paraguay – Bolivien 3:0, 1:1.
Zusatz-Qualifikation: Paraguay. Paraguay – Kolumbien 3:0, 1:2; Chile – Peru 4:2, 1:0; Endspiele: Paraguay – Chile 3:0, 2:2.

Nord-/Mittelamerika: Kanada und Mexiko (als Veranstalter direkt qualifiziert)
1. Runde: El Salvador – Puerto Rico 5:0, 3:0; USA – Niederl. Antillen 4:0, 0:0; Honduras – Panama 1:0, 3:0; Haiti – Antigua 1:2, 4:0 (beide Spiele in Port-au-Prince); Surinam – Guyana 1:0, 1:1; Jamaika verzichtete gegen Kanada; Grenada verzichtete gegen Trinidad & Tobago; Barbados verzichtete gegen Costa Rica; Guatemala (Freilos).
2. Runde:
Gruppe 1: Honduras. Honduras – El Salvador 0:0, 2:1; Honduras – Surinam 2:1, 1:1 (beide Spiele in Tegucigalpa); El Salvador – Surinam 3:0, 3:0 (beide Spiele in San Salvador).
Gruppe 2: Kanada. Kanada – Guatemala 2:1, 1:1; Kanada – Haiti 2:0, 2:0; Guatemala – Haiti 4:0, 1:0.
Gruppe 3: Costa Rica. Costa Rica – USA 1:1, 1:0; Costa Rica – Trinidad & Tobago 1:1, 3:0 (beide Spiele in San José); USA – Trinidad & Tobago 1:0, 2:1 (in St. Louis).
Endrunde: Kanada. Kanada – Honduras 2:1.1:0; Kanada – Costa Rica 1:1, 0:0; Honduras – Costa Rica 3:1, 2:2.

Afrika: Marokko und Algerien
1. Runde: Ägypten – Simbabwe 1:0, 1:1; Kenia – Äthiopien 2:1, 3:3; Mauritius – Malawi 0:1, 0:4; Sambia – Uganda 3:0, 0:1; Tansania – Sudan 1:1, 0:0; Sierra Leone – Marokko 0:1, 0:4; Benin – Tunesien 0:2, 0:4; Elfenbeinküste – Gambia 4:0, 2:3; Nigeria – Liberia 3:0, 1:0; Angola – Senegal 1:0, n. V. 0:1/Elfmeterschießen 4:3; Lesotho verzichtete gegen Madagaskar; Niger verzichtete gegen Libyen; Togo verzichtete gegen Guinea; Freilose: Algerien, Kamerun, Ghana.
2. Runde: Sambia – Kamerun 4:1, 1:1; Marokko – Malawi 2:0, 0:0; Angola – Algerien 0:0, 2:3; Kenia – Nigeria 0:3, 1:3; Ägypten – Madagaskar 1:0, n. V. 0:1/Elfmeterschießen 4:2; Guinea – Tunesien 1:0, 0:2; Sudan – Libyen 0:0, 0:4; Elfenbeinküste – Ghana 0:0, 0:2.
3. Runde: Algerien – Sambia 2:0, 1:0; Nigeria – Tunesien 1:0, 0:2; Ghana – Libyen 0:0, 0:2; Ägypten – Marokko 0:0, 0:2.
Endspiele: Tunesien – Algerien 1:4, 0:3; Marokko – Libyen 3:0, 0:1.

Asien: Südkorea und Irak
1. Runde:
Untergruppe 1A: Vereinigte Arabische Emirate. Saudi-Arabien – Vereinigte Arabische Emirate 0:0, 0:1; Oman verzichtete.
Untergruppe 1B: Irak. Irak – Katar 2:1 (in Kalkutta), 0:3; Irak – Jordanien 2:0 (in Kuwait), 3:2; Katar – Jordanien 2:0, 0:1; Libanon zog nach 0:6, 0:6 gegen Irak und 0:8, 0:7 gegen Katar zurück.

Untergruppe 2A: Syrien. Syrien – Kuwait 1:0, 0:0; Syrien – Nordjemen 3:0, 1:0; Kuwait – Nordjemen 5:0,3:1.
Untergruppe 2B: Bahrain. Südjemen – Bahrain 1:4, 3:3. Iran wurde wegen der Weigerung, seine Heimspiele auf neutralen Plätzen auszutragen, disqualifiziert.
Untergruppe 3A: Südkorea. Südkorea – Malaysia 2:0, 0:1; Südkorea – Nepal 4:0, 2:0; Malaysia – Nepal 5:0, 0:0.
Untergruppe 3B: Indonesien. Indonesien – Indien 2:1, 1:1; Indonesien – Thailand 1:0, 1:0; Indonesien – Bangladesch 2:0, 1:2; Indien – Thailand 1:1, 0:0; Indien – Bangladesch 2:1, 2:1; Thailand – Bangladesch 3:0, 0:1.
Untergruppe 4A: Hongkong. Hongkong – China 0:0, 2:1; Hongkong – Macao 2:0, 2:0; Hongkong – Brunei 8:0, 5:1; China – Macao 6:0, 4:0; China – Brunei 8:0 (in Macao), 4:0 (in Hongkong); Macao – Brunei 2:0, 2:1.
Untergruppe 4B: Japan. Japan – Nordkorea 1:0, 0:0; Japan – Singapur 5:0, 3:1; Nordkorea – Singapur 2:0, 1:1.
2. Runde: Vereinigte Arabische Emirate – Irak 2:3, 2:1 (in Taif); Bahrain – Syrien 1:1, 0:1; Südkorea – Indonesien 2:0, 4:1; Japan – Hongkong 3:0, 2:1.
Endspiele: Syrien – Irak 0:0, 1:3 (in Taif); Japan – Südkorea 1:2, 0:1.

Endrunde vom 31. Mai bis 29. Juni 1986 in Mexiko

1. Finalrunde:
Es qualifizierten sich die beiden Gruppenersten sowie die vier besten Gruppen-Dritten.
Gruppe A: Argentinien, Italien, Bulgarien. Bulgarien – Italien 1:1 (in Mexiko City), Argentinien – Südkorea 3:1 (in Mexiko City), Italien – Argentinien 1:1 (Puebla), Südkorea – Bulgarien 1:1 (Mexiko City), Südkorea – Italien 2:3 (Puebla), Argentinien Bulgarien 2:0 (Mexiko City).
Gruppe B: Mexiko, Paraguay, Belgien. Belgien – Mexiko 1:2 (Mexiko City), Paraguay – Irak 1:0 (Toluca), Mexiko – Paraguay 1:1 (Mexiko City), Irak – Belgien 1:2 (Toluca), Irak – Mexiko 0:1 (Mexiko City), Paraguay – Belgien 2:2 (Toluca).
Gruppe C: Sowjetunion, Frankreich. Kanada – Frankreich 0:1 (Leon), Sowjetunion – Ungarn 6:0 (Irapuato), Frankreich – Sowjetunion 1:1 (Leon), Ungarn – Kanada 2:0 (Irapuato), Ungarn – Frankreich 0:3 (Leon), Sowjetunion – Kanada 2:0 (Irapuato).
Gruppe D: Brasilien, Spanien. Spanien – Brasilien 0:1 (Guadalajara), Algerien – Nordirland 1:1 (Guadalajara), Brasilien – Algerien 1:0 (Guadalajara), Nordirland – Spanien 1:2 (Guadalajara), Nordirland – Brasilien 0:3 (Guadalajara), Algerien – Spanien 0:3 (Monterrey).
Gruppe E: Dänemark, Deutschland, Uruguay. Uruguay – Deutschland 1:1 (Queretaro), Schottland – Dänemark 0:1 (Nezahualcoyotl), Deutschland – Schottland 2:1 (Queretaro), Dänemark – Uruguay 6:1 (Nezahualcoyotl), Dänemark – Deutschland 2:0 (Queretaro), Schottland – Uruguay 0:0 (Nezahualcoyotl).
Gruppe F: Marokko, England, Polen. Marokko – Polen 0:0 (Monterrey), Portugal – England 1:0 (Monterrey), England – Marokko 0:0 (Monterrey), Polen – Portugal 1:0 (Monterrey), Portugal – Marokko 1:3 (Guadalajara), England – Polen 3:0 (Monterrey).

Achtelfinale: Mexiko – Bulgarien 2:0 (Mexiko City), Sowjetunion – Belgien n. V. 3:4 (Leon), Brasilien – Polen 4:0 (Guadalajara), Argentinien – Uruguay 1:0 (Puebla), Italien – Frankreich 0:2 (Mexiko City), Marokko – Deutschland 0:1 (Monterrey), England – Paraguay 3:0 (Mexiko City), Dänemark – Spanien 1:5 (Queretaro).

Viertelfinale: Brasilien – Frankreich n. V. 1:1/Elfmeterschießen 3:4 (Guadalajara), Deutschland – Mexiko n. V. 0:0/Elfmeterschießen 4:1 (Monterrey), Argentinien – England 2:1 (Mexiko City), Spanien – Belgien n. V. 1:1/Elfmeterschießen 4:5 (Puebla).

Halbfinale: Frankreich – Deutschland 0:2 (Guadalajara), Argentinien – Belgien 2:0 (Mexiko City).

Um den dritten Platz: Frankreich – Belgien n. V. 4:2 (Puebla).

Endspiel am 29. Juni 1986 in Mexiko City: Argentinien – Deutschland 3:2 (1:0)

Argentinien: Pumpido – Brown – Cuciuffo, Ruggeri, Olarticoechea – Giusti, Batista, Maradona, Enrique – Burruchaga (Trobbiani), Valdano.
Deutschland: Schumacher – Jakobs – Berthold, Kh. Förster, Briegel – Matthäus, Brehme, Magath (D. Hoeneß), Eder – K. H. Rummenigge, Kl. Allofs (Völler).
Tore: Brown, Valdano, Burruchaga (K. H. Rummenigge, Völler) – Zuschauer: 114 800 – SR: Arppi Filho (Brasilien).

1990: Deutschland (Trainer: Beckenbauer)

Qualifikation:

Europa I: Rumänien. Rumänien – Dänemark 3:1, 0:3; Rumänien – Griechenland 3:0, 0:0; Rumänien – Bulgarien 1:0, 3:1; Dänemark – Griechenland 7:1, 1:1; Dänemark – Bulgarien 1:1, 2:0; Griechenland – Bulgarien 1:0, 0:4.

Europa II: Schweden und England. Schweden – England 0:0, 0:0; Schweden – Polen 2:1, 2:0; Schweden – Albanien 3:1, 2:1; England – Polen 3:0, 0:0; England – Albanien 5:0, 2:0; Polen – Albanien 1:0, 2:1.

Europa III: Sowjetunion und Österreich. Sowjetunion – Österreich 2:0, 0:0; Sowjetunion – Türkei 2:0, 1:0; Sowjetunion – DDR 3:0, 1:2; Sowjetunion – Island 1:1, 1:1; Österreich – Türkei 3:2, 0:3; Österreich – DDR 3:0, 1:1; Österreich – Island 2:1, 0:0; Türkei – DDR 3:1, 2:0; Türkei – Island 1:1, 1:2; DDR – Island 2:0, 3:0.

Europa IV: Niederlande und Deutschland. Niederlande – Deutschland 1:1, 0:0; Niederlande – Finnland 3:0, 1:0; Niederlande – Wales 1:0, 2:1; Deutschland – Finnland 6:1, 4:0; Deutschland – Wales 2:1, 0:0; Finnland – Wales 1:0, 2:2.

Europa V: Jugoslawien und Schottland. Jugoslawien – Schottland 3:1, 1:1; Jugoslawien – Frankreich 3:2, 0:0; Jugoslawien – Norwegen 1:0, 2:1; Jugoslawien – Zypern 4:0, 2:1 (in Athen); Schottland – Frankreich 2:0, 0.3~ Schottland – Norwegen 1:1, 2:1; Schottland – Zypern 2:1, 3:2; Frankreich – Norwegen 1:0, 1:1; Frankreich – Zypern 2:0, 1:1; Norwegen – Zypern 3:1, 3:0.

Europa VI. Spanien und Irland. Spanien – Irland 2:0, 0:1; Spanien – Ungarn 4:0, 2:2; Spanien – Nordirland 4:0, 2:0; Spanien – Malta 4:0, 2:0; Irland – Ungarn 2:0, 0:0; Irland – Nordirland 3:0, 0:0; Irland – Malta 2:0, 2:0; Ungarn – Nordirland 1:0, 2:1; Ungarn – Malta 1:1, 2:2; Nordirland – Malta 3:0, 2:0.

Europa VII: Belgien, Tschechoslowakei. Belgien – Tschechoslowakei 2:1, 0:0; Belgien – Portugal 3:0, 1:1; Belgien – Schweiz 1:0, 2:2; Belgien – Luxemburg 1:1, 5:0 (in Lille); Tschechoslowakei – Portugal 2:1, 0:0; Tschechoslowakei – Schweiz 3:0, 1:0; Tschechoslowakei – Luxemburg 4:0, 2:0; Portugal – Schweiz 3:1, 2:1; Portugal – Luxemburg 1:0, 3:0 (in Saarbrücken); Schweiz – Luxemburg 2:1, 4:1.

Italien als Veranstalter automatisch qualifiziert.

Südamerika I: Uruguay. Uruguay – Bolivien 2:0, 1:2; Uruguay – Peru 2:0, 2:0; Bolivien – Peru 2:1, 2:1.

Südamerika II: Kolumbien. Kolumbien – Paraguay 2:1, 1:2; Kolumbien – Ecuador 2:0, 0:0; Paraguay – Ecuador 2:1, 1:3.

Südamerika III: Brasilien. Brasilien – Chile 1:0 abgebrochen, Wertung 2:0, 1:1 Brasilien – Venezuela 6:0, 4:0, Chile – Venezuela 5:0 (in Mendoza), 3:1.

Argentinien als Weltmeister direkt qualifiziert.

Zusatz-Qualifikation: Kolumbien – Israel (Sieger Ozeanien) 1:0, 0:0.

Ozeanien: 1. Runde: Neuseeland – Taiwan 4:1, 4:0 (beide Spiele in Neuseeland). Australien – Fidschi 5:1, 0:1; Israel Freilos.

Endrunde: Israel – Australien 1:1, 1:1; Israel – Neuseeland 1:0, 2:2; Australien – Neuseeland 4:1, 0:2.

Nord-/Mittelamerika: Costa Rica und USA

1. Runde: Guyana – Trinidad & Tobago 0:4, 0:1; Kuba – Guatemala 0:1, 1:1; Jamaika – Puerto Rico 1:0, 2:1; Antigua – Niederl. Antillen 0:1, n. V. 1:0, Elfmeterschießen 1:3; Costa Rica – Panama 1:1, 2:0 – Freilose: Kanada, Honduras, El Salvador, USA. Mexiko von der FIFA ausgeschlossen.

2. Runde: Jamaika – USA 0:0, 1:5; Guatemala – Kanada 1:0, 2:3; Niederl. Antillen – El Salvador 0:1, 0:5; Trinidad & Tobago – Honduras 0:0, 1:1; Freilos: Costa Rica.

Endrunde: Costa Rica – USA 1:0, 0:1; Costa Rica – Trinidad & Tobago 1:0, 1:1; Costa Rica – Guatemala 2:1, 0:1; Costa Rica – El Salvador 1:0, 4:2 abgebrochen (Wertung nach Spielstand); USA – Trinidad & Tobago 1:1, 1:0; USA – Guatemala 2:1, 0:0; USA – El Salvador 0:0, 1:0 (in Tegucigalpa); Trinidad & Tobago – Guatemala 2:1, 1:0; Trinidad & Tobago – El Salvador 2:0, 0:0 (in Tegucigalpa); Guatemala – El Salvador nicht mehr gespielt worden.

Afrika: Ägypten und Kamerun

1. Runde: Angola – Sudan 0:0, 2:1; Lesotho verzichtete gegen Zimbabwe; Ruanda verzichtete gegen Sambia; Malawi – Uganda 3:1, 0:1; Libyen – Burkina Faso 3:0, 0:2; Liberia – Ghana 2:0, 0:0; Tunesien – Guinea 5:0, 0:3; Togo verzichtete gegen Gabun. Freilose: Algerien, Kamerun, Ägypten, Kenia, Marokko, Elfenbeinküste, Nigeria, Zaire.

2. Runde (Gruppe A): Algerien. Algerien – Elfenbeinküste 1:0, 0:0; Algerien – Zimbabwe 3:0, 2:1; Elfenbeinküste – Zimbabwe 5:0, 0:0; Libyen zog nach einem 0:1 bei der Elfenbeinküste zurück.

2. Runde (Gruppe B): Ägypten. Ägypten – Liberia 2:0, 0:1; Ägypten – Malawi 1:0, 1:1; Ägypten – Kenia 2:0, 0:0; Liberia – Malawi 1:0, 0:0; Liberia – Kenia 0:0, 0:1; Malawi – Kenia 1:0, 1:1.
2. Runde (Gruppe C): Kamerun. Kamerun – Nigeria 1:0, 0:2; Kamerun – Angola 1:1, 2:1; Kamerun – Gabun 2:1, 3:1; Nigeria – Angola 1:0, 2:2; Nigeria – Gabun 1:0, 1:2; Angola – Gabun 2:0, 0:1.
2. Runde (Gruppe D): Tunesien. Tunesien – Sambia 1:0, 0:1; Tunesien – Zaire 1:0, 1:3; Tunesien – Marokko 2:1, 0:0; Sambia – Zaire 4:2, 0:1; Sambia – Marokko 2:1, 0:1; Zaire – Marokko 0:0, 1:1.
Endrunde: Ägypten – Algerien 1:0, 0:0; Kamerun – Tunesien 2:0, 1:0.

Asien: Südkorea und Vereinigte Arabische Emirate
Gruppe 1: Katar. Katar – Irak 1:0, 2:2; Katar – Jordanien 1:0, 1:1; Katar – Oman 3:0, 0:0; Irak – Jordanien 4:0, 1:0; Irak – Oman 3:1, 1:1; Jordanien – Oman 2:0, 2:0.
Gruppe 2: Saudi-Arabien. Saudi-Arabien – Syrien 5:4, 0:0; Saudi-Arabien – Nordjemen 1:0, 1:0; Syrien – Nordjemen 2:0, 1:0. Bahrain verzichtete.
Gruppe 3: Vereinigte Arabische Emirate. Vereinigte Arabische Emirate – Kuwait 1:0, 2:3; Vereinigte Arabische Emirate – Pakistan 5:0, 4:1; Kuwait – Pakistan 2:0, 1:0; VR Jemen verzichtete.
Gruppe 4: Südkorea. Südkorea – Malaysia 3:0, 3:0; Südkorea – Singapur 3:0, 3:0; Südkorea – Nepal 9:0, 4:0; Malaysia – Singapur 1:0, 2:2; Malaysia – Nepal 2:0, 3:0; Singapur – Nepal 3:0, 7:0. Das jeweils zuerst genannte Resultat wurde bei einem Turnier in Südkorea gespielt, das zweite bei einem Turnier in Singapur. Indien verzichtete.
Gruppe 5: China. China – Iran 2:0, 2:3; China – Bangladesch 2:0, 2:0; China – Thailand 2:0, 3:0; Iran – Bangladesch 1:0, 2:1; Iran – Thailand 3:0, 3:0; Bangladesch – Thailand 3:1, 0:1.
Gruppe 6: Nordkorea. Nordkorea – Japan 2:0, 1:2; Nordkorea – Indonesien 2:1, 0:0; Nordkorea – Hongkong 4:1, 2:1; Japan – Indonesien 5:0, 0:0; Japan – Hongkong 0:0, 0:0; Indonesien – Hongkong 3:2, 1:1.
Endrunde: Südkorea und Vereinigte Arabische Emirate. Turnier in Singapur: Südkorea – Vereinigte Arabische Emirate 1:1 (in Kuala Lumpur); Südkorea – Katar 0:0; Südkorea – China 1:0; Südkorea – Saudi-Arabien 2:0; Südkorea – Nordkorea 1:0; Vereinigte Arabische Emirate – Katar 1:1; Vereinigte Arabische Emirate – China 2:1; Vereinigte Arabische Emirate – Saudi-Arabien 0:0; Vereinigte Arabische Emirate – Nordkorea 0:0; Katar – China 2:1; Katar – Saudi-Arabien 1:1; Katar – Nordkorea 0:2; China – Saudi-Arabien 2:1; China – Nordkorea 1:0; Saudi-Arabien – Nordkorea 2:0 (in Kuantan).

Endrunde vom 8. Juni bis 8. Juli 1990 in Italien

1. Finalrunde:
Es qualifizierten sich die beiden Gruppenersten sowie die vier besten Gruppen-Dritten.
Gruppe A: Italien, Tschechoslowakei. USA – Tschechoslowakei 1:5 (Florenz), Italien – Österreich 1:0 (Rom), Italien – USA 1:0 (Rom), Österreich – Tschechoslowakei 0:1 (Florenz), Italien – Tschechoslowakei 2:0 (Rom), Österreich – USA 2:1 (Florenz).
Gruppe B: Kamerun, Rumänien, Argentinien. Argentinien – Kamerun 0:1 (Mailand), Sowjetunion – Rumänien 0:2 (Bari), Argentinien – Sowjetunion 2:0 (Neapel), Kamerun – Rumänien 2:1 (Bari), Argentinien – Rumänien 1:1 (Neapel), Kamerun – Sowjetunion 0:4 (Bari).
Gruppe C: Brasilien, Costa Rica. Brasilien – Schweden 2:1 (Turin), Costa Rica – Schottland 1:0 (Genua), Brasilien – Costa Rica 1:0 (Turin), Schweden – Schottland 1:2 (Genua), Brasilien – Schottland 1:0 (Turin), Schweden – Costa Rica 1:2 (Genua).
Gruppe D: Deutschland, Jugoslawien, Kolumbien. Vereinigte Arabische Emirate – Kolumbien 0:2 (Bologna), Deutschland – Jugoslawien 4:1 (Mailand), Jugoslawien – Kolumbien 1:0 (Bologna), Deutschland – Vereinigte Arabische Emirate 5:1 (Mailand), Deutschland – Kolumbien 1:1 (Mailand), Jugoslawien – Vereinigte Arabische Emirate 4:1 (Bologna).
Gruppe E: Spanien, Belgien, Uruguay. Belgien – Südkorea 2:0 (Verona), Uruguay – Spanien 0:0 (Udine), Belgien – Uruguay 3:1 (Verona), Südkorea – Spanien 1:3 (Udine), Belgien – Spanien 1:2 (Verona), Südkorea – Uruguay 0:1 (Udine).
Gruppe F: England, Irland, Niederlande. England – Irland 1:1 (Cagliari), Niederlande – Ägypten 1:1 (Palermo), England – Niederlande 0:0 (Cagliari), Irland – Ägypten 0:0 (Palermo), Irland – Niederlande 1:1 (Palermo), England – Ägypten 1:0 (Cagliari). Irland durch Losentschied Gruppenzweiter.

Achtelfinale: Kamerun – Kolumbien n. V. 2:1 (Neapel), Tschechoslowakei – Costa Rica 4:1 (Bari), Brasilien – Argentinien 0:1 (Turin), Deutschland – Niederlande 2:1 (Mailand), Irland – Rumänien n. V. 0:0/Elfmeterschießen 5:4 (Genua), Italien – Uruguay 2:0 (Rom), Spanien – Jugoslawien n. V. 1:2 (Verona), England – Belgien n. V. 1:0 (Bologna).
Viertelfinale: Tschechoslowakei – Deutschland 0:1 (Mailand), Kamerun – England n. V. 2:3 (Neapel), Irland – Italien 0:1 (Rom), Argentinien – Jugoslawien n. V. 0:0/Elfmeterschießen 3:2 (Florenz).

Halbfinale: Deutschland – England n. V. 1:1/Elfmeterschießen 4:3 (Turin), Argentinien – Italien n. V. 1:1/Elfmeterschießen 4:3 (Neapel).
Um den dritten Platz: Italien – England 2:1 (Bari).

Endspiel am 8. Juli 1990 in Rom: Deutschland – Argentinien 1:0 (0:0)
Deutschland: Illgner – Augenthaler – Berthold (Reuter), Kohler, Buchwald, Brehme – Häßler, Matthäus, Littbarski – Klinsmann, Völler.
Argentinien: Goycoechea – Simon – Serrizuela, Ruggeri (Monzon) – Troglio, Sensini, Burruchaga (Caldoron), Basualdo, Lorenzo – Dezotti, Maradona,
Tor: Brehme – Zuschauer: 73 607 – SR: Codesal Mendez (Mexiko).

1994: Brasilien (Trainer: Parreira)

Qualifikation:

Europa I: Italien und Schweiz. Italien – Schweiz 2:2, 0:1; Italien – Portugal 1:0, 3:1; Italien – Schottland 3:1, 0:0; Italien – Malta 6:1, 2:1; Italien – Estland 2:0, 3:0; Schweiz – Portugal 1:1, 0:1; Schweiz – Schottland 3:1, 1:1; Schweiz – Malta 3:0, 2:0; Schweiz – Estland 4:0, 6:0; Portugal – Schottland 5:0, 0:0; Portugal – Malta 4 0, 1:0; Portugal – Estland 3:0, 2:0; Schottland – Malta 3:0, 2:0; Schottland – Estland 3:1, 3:0, Malta – Estland 0:0, 1:0.
Europa II: Norwegen und Niederlande. Norwegen – Niederlande 2:1, 0:0 Norwegen – England 2:0, 1:1; Norwegen – Polen 1:0, 3:0; Norwegen – Türkei 3:1, 1:2; Norwegen – San Marino 10:0, 2:0; Niederlande – England 2:0, 2:2; Niederlande – Polen 2:2, 3:1; Niederlande – Türkei 3:1, 3:1; Niederlande – San Marino 6:0, 7:0; England – Polen 3:0, 1:1; England – Türkei 4:0, 2:0; England – San Marino 6:0, 7:1; Polen – Türkei 1:0, 1:2; Polen – San Marino 1:0, 3:0; Türkei – San Marino 4:1, 0:0.
Europa III: Spanien und Irland. Spanien – Irland 0:0, 3:1; Spanien – Dänemark 1:0, 0:1; Spanien – Nordirland 3:1, 0:0; Spanien – Litauen 5:0, 2:0; Spanien – Lettland 5:0, 0:0; Spanien – Albanien 3:0, 5:1; Irland – Dänemark 1:1, 0:0; Irland – Nordirland 3:0, 1:1; Irland – Litauen 2:0, 1:0; Irland – Lettland 4:0, 2:0; Irland – Albanien 2:0, 2:1; Dänemark – Nordirland 1:0, 1:0; Dänemark – Litauen 4:0, 0:0; Dänemark – Lettland 2:0, 0:0; Dänemark – Albanien 4:0, 1:0; Nordirland – Litauen 2:2, 1:0; Nordirland – Lettland 2:0, 2:1; Nordirland – Albanien 3:0, 2:1; Litauen – Lettland 1:1, 2:1; Litauen – Albanien 3:1, 0:1; Lettland – Albanien 0:0, 1:1.
Europa IV: Rumänien und Belgien. Rumänien – Belgien 2:1, 0:1; Rumänien – RCS (Representation of Czechs and Slovaks) 1:1, 2:5; Rumänien – Wales 5:1, 2:1; Rumänien – Zypern 2:1, 4:1; Rumänien – Färöer 7:0, 4:0; Belgien – RCS 0:0, 2:1; Belgien – Wales 2:0, 0:2, Belgien – Zypern 1:0, 3:0; Belgien – Färöer 3:0, 3:0; RCS – Wales 1:1, 2:2; RCS – Zypern 3:0, 1:1; RCS – Färöer 4:0, 3:0; Wales – Zypern 2:0, 1:0; Wales – Färöer 6:0, 3:0; Zypern – Färöer 3:1, 2:0.
Europa V: Griechenland und Russland. Griechenland – Russland 1:0, 1:1; Griechenland – Island 1:0, 1:0; Griechenland – Ungarn 0:0, 1:0; Griechenland – Luxemburg 2:0, 3:1; Russland – Island 1:0, 1:1; Russland – Ungarn 3:0, 3:1; Russland – Luxemburg 2:0, 4:0; Island – Ungarn 2:0, 2:1; Island – Luxemburg 1:0, 1:1 Ungarn – Luxemburg 1:0, 3:0; Jugoslawien wurde ausgeschlossen.
Europa VI: Schweden und Bulgarien. Schweden – Bulgarien 2:0, 1:1; Schweden – Frankreich 1:1, 1:2; Schweden – Österreich 1:0, 1:1; Schweden – Finnland 3:2, 1:0; Schweden – Israel 5:0, 3:1; Bulgarien – Frankreich 2:0, 2:1; Bulgarien – Österreich 4:1, 1:3; Bulgarien – Finnland 2:0, 3:0; Bulgarien – Israel 2:2, 2:0; Frankreich – Österreich 2:0, 1:0; Frankreich – Finnland 2:1, 2:0; Frankreich – Israel 2:3, 4:0; Österreich – Finnland 3:0, 1:3; Österreich – Israel 5:2, 1:1; Finnland – Israel 0:0, 3:1.

Deutschland als Weltmeister automatisch qualifiziert.

Südamerika I: Kolumbien und Argentinien. Kolumbien – Argentinien 2:1, 5:0; Kolumbien – Paraguay 0:0, 1:1; Kolumbien – Peru 4:0, 1:0; Argentinien – Paraguay 0:0, 3:1; Argentinien – Peru 2:1, 1:0; Paraguay – Peru 2:1, 2:2. Chile von der FIFA gesperrt.
Südamerika II: Brasilien und Bolivien. Brasilien – Bolivien 6:0, 0:2; Brasilien – Uruguay 2:0, 1:1; Brasilien – Ecuador 2:0, 0:0; Brasilien – Venezuela 4:0, 5:1; Bolivien – Uruguay 3:1, 1:2; Bolivien – Ecuador 1:0, 1:1; Bolivien – Venezuela 7:0, 7:1; Uruguay – Ecuador 0:0, 1:0; Uruguay – Venezuela 4:0, 1:0; Ecuador – Venezuela 5:0, 1:2.
Entscheidungsspiel: Argentinien (Zweiter Südamerika I) – Australien (Sieger Ausscheidung Ozeanien/Zweiter Nord-/Zentralamerika) 1:0, 1:1.

Ozeanien: Gruppe 1: Australien – Tahiti 2:0, 3:0; Australien – Solomonen 6:1, 2:1; Tahiti – Solomonen 4:2, 1:1; Westsamoa verzichtete.
Gruppe 2: Neuseeland – Fidschi 3:0, 0:0; Neuseeland – Vanuatu 8:0, 4:1; Fidschi – Vanuatu 3:0, 3:0.
Endspiele: Neuseeland – Australien 0:1, 0:3.

Zusatzqualifikation: Kanada (Zweiter Nord-/Mittelamerika) – Australien 2:1, n. V. 1:2/Elfmeterschießen 1:4.

Nord-/Mittelamerika: Mexiko
Vorqualifikation: Santa Lucia – St. Vincent 1:0, 1:3; Dominikanische Republik – Puerto Rico 1:2, 1:1.
Vorrunde: Bermuda – Haiti 1:0, 1:2; Jamaika – Puerto Rico 2:1, 1:0; Niederl. Antillen – Antigua 1:1, 0:3; Guyana – Surinam 1:2, 1:1; Barbados – Trinidad & Tobago 1:2, 0:3; Kuba verzichtete gegen St. Vincent.
1. Runde, Zentral-Zone: Guatemala – Honduras 0:0, 0:2; Panama – Costa Rica 1:0, 1:5; Nicaragua – El Salvador 0:5, 1:5 – **Karibik-Zone:** Surinam – St. Vincent 0:0, 1:2; Antigua – Bermuda 0:3, 1:2; Trinidad & Tobago – Jamaika 1:2, 1:1. Freilose: Mexiko, Kanada.
2. Runde, Gruppe A: Mexiko. Mexiko – Honduras 2:0, 1:1; Mexiko – Costa Rica 4:0, 0:2; Mexiko – St. Vincent 11:0, 4:0; Honduras – Costa Rica 2:1, 3:2; Honduras – St. Vincent 4:0, 4:0; Costa Rica – St. Vincent 5:0, 1:0.
2. Runde, Gruppe B: El Salvador: El Salvador – Kanada 1:1, 3:2; El Salvador – Jamaika 2:1, 2:0; El Salvador – Bermuda 4:1, 0:1; Kanada – Jamaika 1:0, 1:1; Kanada – Bermuda 4:2, 0:0; Jamaika – Bermuda 3:2, 1:1.
Endrunde: Mexiko. Mexiko – Kanada 4:0, 2:1; Mexiko – El Salvador 3:1, 1:2; Mexiko – Honduras 3:0, 4:1; Kanada – El Salvador 2:0, 2:1; Kanada – Honduras 3:1, 2:2; El Salvador – Honduras 2:1, 0:2.
Zusatzqualifikation: Kanada – Australien (Sieger Ozeanien) 2:1, n. V. 1:2/Elfmeterschießen 1:4.
USA als Veranstalter automatisch qualifiziert.

Afrika: Nigeria, Marokko und Kamerun
Gruppe A: Algerien. Algerien – Ghana 2:1, 0:2; Algerien – Burundi 3:1, 0:0; Ghana – Burundi 1:0, 0:1. Uganda verzichtete.
Gruppe B: Kamerun. Kamerun – Swasiland 5:0, 0:0; Kamerun – Zaire 0:0, 2:1; Swasiland – Zaire 1:0 (2. Spiel nicht ausgetragen); Liberia nach 2:4 in Zaire zurückgezogen.
Gruppe C: Zimbabwe. Zimbabwe – Ägypten 2:1, 1:2 (wegen Zuschauerausschreitungen annulliert; Wiederholung in Lyon 0:0); Zimbabwe – Angola 2:1, 1:1; Zimbabwe – Togo 1:0, 2:1; Ägypten – Angola 1:0, 0:0; Ägypten – Togo 3:0, 4:1; Angola – Togo (nicht ausgetragen), 1:0. Sierra Leone verzichtete.
Gruppe D: Nigeria. Nigeria – Südafrika 4:0, 0:0; Nigeria – Kongo 2:0, 1:0; Südafrika – Kongo 1:0, 1:0. Libyen und Sao Tome e Prinzipe verzichteten, dafür Südafrika nachgemeldet.
Gruppe E: Elfenbeinküste. Elfenbeinküste – Niger 1:0, 0:0; Elfenbeinküste – Botswana 6:0, 0:0; Niger – Botswana 2:1, 1:0; Sudan verzichtete.
Gruppe F: Marokko. Marokko – Tunesien 0:0, 1:1; Marokko – Äthiopien 5:0 abgebrochen (Wertung nach Spielstand), 1:0; Marokko – Benin 5:0, 1:0; Tunesien – Äthiopien 3:0, 0:0; Tunesien – Benin 5:1, 5:0; Äthiopien – Benin 3:1, 0:1. Malawi verzichtete. Benin nachgemeldet.
Gruppe G: Senegal. Senegal – Gabun 1:0, 2:3; Senegal – Mosambik 6:1, 1:0; Gabun – Mosambik 3:1, 1:1; Mauretanien verzichtete.
Gruppe H: Sambia. Sambia – Madagaskar 3:1, 0:2; Sambia – Namibia 4:0, 4:0; Madagaskar – Namibia 3:0, 1:0; Tansania zog sich nach vier Spielen zurück. Burkina Faso verzichtete. Namibia nachgemeldet.
Gruppe I: Guinea. Guinea – Kenia 4:0, 0:2; Gambia und Mali verzichteten.
Endrunde, Gruppe A: Nigeria. Nigeria – Elfenbeinküste 4:1, 1:2; Nigeria– Algerien 4:1, 1:1; Elfenbeinküste – Algerien 1:0, 1:1.
Endrunde, Gruppe B: Marokko. Marokko – Sambia 1:0, 1:2; Marokko – Senegal 1:0, 3:1; Sambia – Senegal 4:0, 0:0 (in Abidjan/Elfenbeinküste).
Endrunde, Gruppe C: Kamerun. Kamerun – Zimbabwe 3:1, 0:1; Kamerun – Guinea 3:1, 1:0; Zimbabwe – Guinea 1:0, 0:3.

Asien: Saudi-Arabien und Südkorea
Gruppe A: Irak. Turniere in Jordanien und China: Irak – China 1:0, 1:2; Irak – Jemen 6:1, 3:0; Irak – Jordanien 1:1, 4:0; Irak – Pakistan 8:0, 4:0; Jemen – China 1:0, 0:1; Jemen – Jordanien 1:1, 1:1; Jemen – Pakistan 5:1, 3:0; China – Jordanien 3:0, 4:1; China – Pakistan 5:0, 3:0; Jordanien – Pakistan 3:1, 5:0.
Gruppe B: Iran. Turniere im Iran und Syrien: Iran – Syrien 1:1, 1:1; Iran – Oman 0:0, 1:0; Iran – Taiwan 6:0, 6:0; Syrien – Oman 0:0, 2:1; Syrien – Taiwan 2:0, 8:1; Oman – Taiwan 2:1, 7:1. Burma verzichtete.
Gruppe C: Nordkorea. Turniere in Katar und Singapur: Nordkorea – Katar 2:1, 2:2; Nordkorea – Singapur 2:1, 3:1; Nordkorea – Indonesien 4:0, 2:1; Nordkorea – Vietnam 3:0, 1:0; Katar – Singapur 4:1, 0:1; Katar – Indonesien 3:1, 4:1; Katar – Vietnam 4:0, 4:0; Singapur – Indonesien 2:0, 2:1; Singapur – Vietnam 3:2, 1:0; Indonesien – Vietnam 0:1, 2:1.
Gruppe D: Südkorea. Turniere im Libanon und Südkorea: Südkorea – Bahrain 0:0, 3:0; Südkorea – Libanon 1:0, 2:0; Südkorea – Hongkong 3:0, 4:1; Südkorea – Indien 3:0, 7:0; Bahrain – Libanon 0:0, 0:0; Bahrain – Hongkong 1:2, 3:0; Bahrain – Indien 2:1, 3:0; Libanon – Hongkong 2:2, 2:1; Libanon – Indien 2:2, 2:1; Hongkong – Indien 2:1, 1:3.
Gruppe E: Saudi-Arabien. Turniere in Malaysia und Saudi-Arabien: Saudi-Arabien – Kuwait 0:0, 2:0; Saudi-Arabien – Malaysia 1:1, 3:0; Saudi-Arabien – Macao 6:0, 8:0; Kuwait – Malaysia 1:1, 2:0; Kuwait – Macao 10:1, 8:0; Malaysia – Macao 9:0, 5:0.

Gruppe F: Japan. Turniere in Japan und den Vereinigten Arabischen Emirate: Japan – Vereinigte Arabische Emirate 2:0, 1:1; Japan – Thailand 1:0, 1:0; Japan – Bangladesch 8:0, 4:1; Japan – Sri Lanka 5:0, 6:0; Vereinigte Arabische Emirate – Thailand 1:0, 2:1; Vereinigte Arabische Emirate – Bangladesch 1:0, 7:0; Vereinigte Arabische Emirate – Sri Lanka 4:0, 3:0; Thailand – Bangladesch 4:1, 4:1 Thailand – Sri Lanka 1:0, 3:0; Bangladesch – Sri Lanka 1:0, 3:0.

Endrunde: Saudi-Arabien und Südkorea. Turnier in Katar: Saudi-Arabien – Südkorea 1:1; Saudi-Arabien – Japan 0:0; Saudi-Arabien – Irak 1:1; Saudi-Arabien – Iran 4:3; Saudi-Arabien – Nordkorea 2:1; Südkorea – Japan 0:1; Südkorea – Irak 2:2; Südkorea – Iran 3:0; Südkorea – Nordkorea 3:0; Japan – Irak 2:2; Japan – Iran 1:2; Japan – Nordkorea 3:0; Irak – Iran 2:1; Irak – Nordkorea 2:3; Iran – Nordkorea 2:1.

Endrunde vom 17. Juni bis 17. Juli 1994 in den USA

1. Finalrunde:

Es qualifizierten sich die beiden Gruppenersten sowie die vier besten Gruppendritten.

Gruppe A: Rumänien, Schweiz, USA. USA – Schweiz 1:1 (Detroit), Kolumbien – Rumänien 1:3 (Los Angeles), Rumänien – Schweiz 1:4 (Detroit), USA – Kolumbien 2:1 (Los Angeles), USA – Rumänien 0:1 (Los Angeles), Schweiz – Kolumbien 0:2 (San Francisco).

Gruppe B: Brasilien, Schweden. Kamerun – Schweden 2:2 (Los Angeles), Brasilien – Russland 2:0 (San Francisco), Brasilien – Kamerun 3:0 (San Francisco), Schweden – Russland 3:1 (Detroit), Russland – Kamerun 6:1 (San Francisco), Brasilien – Schweden 1:1 (Detroit).

Gruppe C: Deutschland, Spanien: Deutschland – Bolivien 1:0 (Chicago), Spanien – Südkorea 2:2 (Dallas), Deutschland – Spanien 1:1 (Chicago), Südkorea – Bolivien 0:0 (Boston), Bolivien – Spanien 1:3 (Chicago), Deutschland – Südkorea 3:2 (Dallas).

Gruppe D: Nigeria, Bulgarien, Argentinien. Argentinien – Griechenland 4:0 (Boston), Nigeria – Bulgarien 3:0 (Dallas), Argentinien – Nigeria 2:1 (Boston), Bulgarien – Griechenland 4:0 (Chicago), Griechenland – Nigeria 0:2 (Boston), Argentinien – Bulgarien 0:2 (Dallas).

Gruppe E: Mexiko, Irland, Italien. Italien – Irland 0:1 (New York), Norwegen – Mexiko 1:0 (Washington), Italien – Norwegen 1:0 (New York), Mexiko – Irland 2:1 (Orlando), Irland – Norwegen 0:0 (New York), Italien – Mexiko 1:1 (Washington).

Gruppe F: Niederlande, Saudi-Arabien, Belgien. Belgien – Marokko 1:0 (Orlando), Niederlande – Saudi-Arabien 2:1 (Washington), Belgien – Niederlande 1:0 (Orlando), Saudi-Arabien – Marokko 2:1 (New York), Marokko – Niederlande 1:2 (Orlando), Belgien – Saudi-Arabien 0:1 (Washington).

Achtelfinale: Deutschland – Belgien 3:2 (Chicago). Schweiz – Spanien 0:3 (Washington), Saudi-Arabien – Schweden 1:3 (Dallas), Rumänien – Argentinien 3:2 (Los Angeles), Niederlande – Irland 2:0 (Orlando), Brasilien – USA 1:0 (San Francisco), Nigeria – Italien n. V. 1:2 (Boston), Mexiko – Bulgarien n. V. 1:1/Elfmeterschießen 1:3 (New York).

Viertelfinale: Italien – Spanien 2:1 (Boston), Niederlande – Brasilien 2:3 (Dallas), Bulgarien – Deutschland 2:1 (New York), Rumänien – Schweden n. V. 2:2/Elfmeterschießen 4:5 (San Francisco).

Halbfinale: Bulgarien – Italien 1:2 (New York), Schweden – Brasilien 0:1 (Los Angeles).

Um den dritten Platz: Schweden – Bulgarien 4:0 (Los Angeles).

Endspiel am 17. Juli 1994 in Los Angeles: Brasilien – Italien n. V. 0:0/Elfmeterschießen 3.2

Brasilien: Taffarel – Aldair, Marcio Santos, Mauro Silva – Jorginho (Cafu), Dunga, Branco, Mazinho, Zinho (Viola) – Bebeto, Romario.

Italien: Pagliuca – Mussi (Apolloni), Maldini, Baresi, Benarrivo – Donadoni, Albertini, Dino Baggio (Evani), Berti – Roberto Baggio, Massaro.

Elfmeterschießen: Baresi (verschossen), Marcio Santos (gehalten), Albertini 0:1, Romario 1.1, Evani 1:2, Branco 2:2, Massaro (gehalten), Dunga 3:2, R. Baggio (verschossen) – Zuschauer: 94 949 – SR: Puhl (Ungarn).

1998: Frankreich (Trainer: Jacquet)

Qualifikation:

Europa I: Dänemark und Kroatien. Dänemark – Kroatien 3:1, 1:1; Dänemark – Griechenland 2:1, 0:0; Dänemark – Bosnien-Herzegowina 2:0, 0:3; Dänemark – Slowenien 4:0, 2:0; Kroatien – Griechenland 1:1, 1:0; Kroatien – Bosnien-Herzegowina 3:2, 4:1 (in Bologna); Kroatien – Slowenien 3:3, 3:1; Griechenland – Bosnien-Herzegowina 3:0, 1:0; Griechenland – Slowenien 2:0, 3:0; Bosnien-Herzegowina – Slowenien 1:0, 2:1.

Europa II: England und Italien. England – Italien 0:1, 0:0; England – Polen 2:1, 2:0; England – Georgien 2:0, 2:0; England – Moldawien 4:0, 3:0; Italien – Polen 3:0, 0:0; Italien – Georgien 1:0, 0:0; Italien – Moldawien 3:0, 3:1; Polen – Georgien 4:1, 0:3; Polen – Moldawien 2:1, 3:0; Georgien – Moldawien 2:0, 1:0.

Europa III: Norwegen. Norwegen – Ungarn 3:0, 1:1; Norwegen – Finnland 1:1, 4:0; Norwegen – Schweiz 5:0, 1:0; Norwegen – Aserbaidschan 5:0, 1:0; Ungarn – Finnland 1:0, 1:1, Ungarn – Schweiz 1:1, 0:1; Ungarn – Aserbaidschan 3:1, 3:0; Finnland – Schweiz 2:3, 2:1; Finnland – Aserbaidschan 3:0, 2:1; Schweiz – Aserbaidschan 5:0, 0:1.

Europa IV: Österreich und Schottland. Österreich – Schottland 0:0, 0:2; Österreich – Schweden 1:0, 1:0; Österreich – Lettland 2:1, 3:1; Österreich – Estland 2:0, 3:0; Österreich – Weißrussland 4:0, 1:0; Schottland – Schweden 1:0, 1:2; Schottland – Lettland 2:0, 2:0; Schottland – Estland 2:0, 0:0 (in Monaco); Schottland – Weißrussland 4:1, 1:0; Schweden – Lettland 1:0, 2:1; Schweden – Estland 1:0, 3:2; Schweden – Weißrussland 5:1, 2:1; Lettland – Estland 1:0, 3:1; Lettland – Weißrussland 2:0, 1:1; Estland – Weißrussland 1:0, 0:1.

Europa V: Bulgarien. Bulgarien – Russland 1:0, 2:4; Bulgarien – Israel 1:0, 1:2; Bulgarien – Zypern 4:1, 3:1; Bulgarien – Luxemburg 4:0; 2:1; Russland – Israel 2:0, 1:1; Russland – Zypern 4:0, 1:1; Russland – Luxemburg 3:0, 4:0; Israel – Zypern 2:0, 0:2; Israel – Luxemburg 1:0, 3:0; Zypern – Luxemburg 2:0, 3:1.

Europa VI: Spanien und Jugoslawien. Spanien – Jugoslawien 2:0, 1:1; Spanien – Tschechien 1:0, 0:0; Spanien – Slowakei 4:1, 2:1; Spanien – Färöer 3:1, 6:2; Spanien – Malta 4:0, 3:0; Jugoslawien – Tschechien 1:0, 2:1; Jugoslawien – Slowakei 2:0, 1:1; Jugoslawien – Färöer 3:1, 8:1; Jugoslawien – Malta 6:0, 5:0; Slowakei – Tschechien 2:1, 0:3; Slowakei – Färöer 3:0, 2:1; Slowakei – Malta 6:0, 2:0; Tschechien – Färöer 2:0, 2:0; Tschechien – Malta 6:0, 1:0; Färöer – Malta 2:1, 2:1.

Europa VII: Niederlande und Belgien. Niederlande – Belgien 3:1, 3:0; Niederlande – Türkei 0:0, 0:1; Niederlande – Wales 7:1, 3:1; Niederlande – San Marino 4:0, 6:0, Belgien – Türkei 2:1, 3:1; Belgien – Wales 3:2, 2:1; Belgien – San Marino 6:0, 3:0; Türkei – Wales 6:4, 0:0; Türkei – San Marino 7:0, 5:0; Wales – San Marino 6:0, 5:0.

Europa VIII: Rumänien. Rumänien – Irland 1:0, 1:1; Rumänien – Litauen 3:0, 1:0; Rumänien – Mazedonien 4:2, 3:0; Rumänien – Island 4:0, 4:0; Rumänien – Liechtenstein 8:0, 8:1; Irland – Litauen 0:0, 2:1; Irland – Mazedonien 3:0, 2:3; Irland – Island 0:0, 4:2; Irland – Liechtenstein 5:0, 5:0; Litauen – Mazedonien 2:0, 2:1; Litauen – Island 2:0, 0:0; Litauen – Liechtenstein 2:1, 2:0; Mazedonien – Island 1:0, 1:1, Mazedonien – Liechtenstein 3:0, 11:1; Island – Liechtenstein 4:0, 4:0.

Europa IX: Deutschland. Deutschland – Ukraine 2:0, 0:0; Deutschland – Portugal 1:1, 0:0; Deutschland – Armenien 4:0, 5:1; Deutschland – Nordirland 1:1, 3:1; Deutschland – Albanien 4:3, 3:2 (in Granada); Ukraine – Portugal 2:1, 0:1; Ukraine – Armenien 1:1, 2:0; Ukraine – Nordirland 2:1, 1:0; Ukraine – Albanien 1:0, 1:0 (in Granada); Portugal – Armenien 3:1, 0:0; Portugal – Nordirland 1:0, 0:0; Portugal – Albanien 2:0, 3:0, Armenien – Nordirland 0:0, 1:1; Armenien – Albanien 3:0, 1:1; Nordirland – Albanien 2:0, 0:1 (in Zürich).

Europa: Qualifikation der Gruppenzweiten. Schottland als bester Gruppenzweiter direkt qualifiziert. Kroatien – Ukraine 2:0, 1:1; Russland – Italien 1:1, 0:1; Ungarn – Jugoslawien 1:7, 0:5; Irland – Belgien 1:1, 1:2.

Frankreich als Veranstalter automatisch qualifiziert.

Südamerika: Argentinien, Paraguay, Kolumbien und Chile. Argentinien – Paraguay 1:1, 2:1; Argentinien – Kolumbien 1:1, 1:0; Argentinien – Chile 1:1, 2:1; Argentinien – Peru 2:0, 0:0; Argentinien – Ecuador 2:1, 0:2; Argentinien – Uruguay 0:0, 0:0; Argentinien – Bolivien 3:1, 1:2; Argentinien – Venezuela 2:0, 5:2; Paraguay – Kolumbien 2:1, 0:1; Paraguay – Chile 2:1, 1:2; Paraguay – Peru 2:1, 0:1; Paraguay – Ecuador 1:0, 1:2; Paraguay – Uruguay 3:1, 2:0; Paraguay – Bolivien 2:1, 0:0; Paraguay – Venezuela 1:0, 2:0; Kolumbien – Chile 4:1, 1:4; Kolumbien – Peru 0:1, 1:1; Kolumbien – Ecuador 1:0, 1:0; Kolumbien – Uruguay 3:1, 1:1; Kolumbien – Bolivien 3:0, 2:2; Kolumbien – Venezuela 1:0, 2:0; Chile – Peru 4:0, 1:2; Chile – Ecuador 4:1, 1:1; Chile – Uruguay 1:0, 0:1; Chile – Bolivien 3:0, 1:1; Chile – Venezuela 6:0, 1:1; Peru – Ecuador 1:1, 1:4; Peru – Uruguay 2:1, 0:2; Peru – Bolivien 2:1, 0:0; Peru – Venezuela 4:1, 3:0; Ecuador – Uruguay 4:0, 3:5; Ecuador – Bolivien 1:0, 0:2; Ecuador – Venezuela 1:0, 1:1; Uruguay – Bolivien 1:0, 0:1; Uruguay – Venezuela 3:1, 2:0; Bolivien – Venezuela 6:1, 1:1.

Brasilien als Weltmeister automatisch qualifiziert.

Nord – und Mittelamerika: Mexiko, USA und Jamaika

Karibik, 1. Runde: Dominica – Antigua 3:3, 3:1; Dominikanische Republik – Aruba 3:2, 3:1; Guyana – Grenada 1:2, 0:6; Bahamas verzichteten gegen St. Kitts-Nevis.

Karibik, 2. Runde: Surinam – Jamaika 0:1, 0:1; Puerto Rico – St. Vincent and the Grenadines 1:2, 0:7; Dominikanische Republik – Niederl. Antillen 2:1, 0:0; St. Kitts-Nevis – St. Lucia 5:1, 1:0; Cayman Islands – Kuba 0:1, 0:5 (beide Spiele auf den Cayman Islands); Haiti – Grenada 6:1, 1:0; Dominica – Barbados 0:1, 0:1; Bermuda verzichtete gegen Trinidad & Tobago.

Karibik, 3. Runde: Kuba – Haiti 6:1 (in Trinidad), 1:1; Dominikanische Republik – Trinidad & Tobago 1:4, 0:8; St. Kitts-Nevis – St. Vincent and the Grenadines 2:2. 0:0; Barbados – Jamaika 0:1, 0:2.

Zentral-Zone: Nicaragua – Guatemala 0:1, 1:2; Belize – Panama 1:2, 1:4.

Halbfinale, Gruppe 1: USA und Costa Rica. USA – Costa Rica 2:1, 1:2; USA – Guatemala 2:0, 2:2 (in El Salvador); USA – Trinidad & Tobago 2:0, 1:0; Costa Rica – Guatemala 3:0, 0:1 (in den USA); Costa Rica – Trinidad & Tobago 2:1, 1:0; Guatemala – Trinidad & Tobago 2:1 (in den USA), 1:1.
Halbfinale, Gruppe 2: Kanada und El Salvador. Kanada – El Salvador 1:0, 2:0; Kanada – Panama 3:1, 0:0; Kanada – Kuba 2:0, 2:0; El Salvador – Panama 3:2, 1:1; El Salvador – Kuba 3:0, 5:0; Panama – Kuba 3:1, 1:3. Kuba trug alle Heimspiele im Land des Gegners aus.
Halbfinale, Gruppe 3: Jamaika, Mexiko. Jamaika – Mexiko 1:0, 1:2; Jamaika – Honduras 3:0, 0:0; Jamaika – St. Vincent and the Grenadines 5:0, 2:1; Mexiko – Honduras 3:1, 1:2; Mexiko – St. Vincent and the Grenadines 5:1, 3:0; Honduras – St. Vincent and the Grenadines 11:3, 4:1.
Endrunde: Mexiko, USA, Jamaika: Mexiko – USA 0:0, 2:2; Mexiko – Jamaika 6:0, 0:0; Mexiko – El Salvador 5:0, 1:0; Mexiko – Costa Rica 3:3, 0:0; Mexiko – Kanada 4:0, 2:2; USA – Jamaika 1:1, 0:0; USA – El Salvador 4:2, 1:1; USA – Costa Rica 1:0, 2:3; USA – Kanada 3:0, 3:0; Jamaika – El Salvador 1:0, 2:2; Jamaika – Costa Rica 1:0, 1:3; Jamaika – Kanada 1:0, 0:0; El Salvador – Costa Rica 2:1, 0:0; El Salvador – Kanada 4:1, 0:0; Costa Rica – Kanada 3:1, 0:1.

Afrika: Nigeria, Tunesien, Südafrika, Kamerun, Marokko
1. Runde: Mauretanien – Burkina Faso 0:0, 0:2; Gambia – Liberia 2:1, 0:4 (in Ghana); Malawi – Südafrika 0:1, 0:3; Uganda – Angola 0:2, 1.3; Guinea-Bissau – Guinea 3:2, 1:3; Namibia – Mosambik 2:0, 1:1; Burundi – Sierra Leone 1:0, 1:0 (Burundi verzichtete anschließend wegen des Bürgerkriegs im Land zugunsten von Sierra Leone); Kongo – Elfenbeinküste 2:0, 1:1; Kenia – Algerien 3:1, 0:1; Madagaskar – Zimbabwe 1:2, 2:2; Mauritius – Zaire 1:5, 0:2; Ruanda – Tunesien 1:3, 0:2; Sudan – Sambia 2:0, 0:3; Swasiland – Gabun 0:1, 0:2; Togo – Senegal 2:1, 1:1; Tansania – Ghana 0:0, 1:2. Freilose: Nigeria, Kamerun, Marokko, Ägypten.
Endrunde, Gruppe 1: Nigeria. Nigeria – Guinea 2:1, 0:1; Nigeria – Kenia 3:0, 1:1; Nigeria – Burkina Faso 2:0, 2:1; Guinea – Kenia 3:1, 0:1; Guinea – Burkina Faso 3:1, 2:0; Kenia – Burkina Faso 4:3, 4:2.
Endrunde, Gruppe 2: Tunesien. Tunesien – Ägypten 1:0, 0:0; Tunesien – Liberia 2:0, 1:0 (in Ghana); Tunesien – Namibia 4:0, 2:1; Ägypten – Liberia 5:0, 0:1 (in Ghana); Ägypten – Namibia 7:1, 3:2; Liberia – Namibia 1:2 (in Ghana), 0:0.
Endrunde, Gruppe 3: Südafrika. Südafrika – Kongo 1:0, 0:2; Südafrika – Sambia 3:0, 0:0; Südafrika – DR Kongo 1:0, 2:1 (in Togo); Kongo – Sambia 1:0, 0:3; Kongo – DR Kongo 1:0, 1:1; Sambia – DR Kongo 2:0, 2:2 (in Zimbabwe). (DR Kongo hieß bis Mai 1997 Zaire.)
Endrunde, Gruppe 4: Kamerun. Kamerun – Angola 0:0, 1:1; Kamerun – Zimbabwe 1:0, 2:1; Kamerun – Togo 2:0, 4:2; Angola – Zimbabwe 2:1, 0:0; Angola – Togo 3:1, 1:1; Zimbabwe – Togo 3:0, 1:2.
Endrunde, Gruppe 5: Marokko. Marokko – Ghana 1:0, 2:2; Marokko – Sierra Leone 4:0, 1:0; Marokko – Gabun 2:0, 4:0; Ghana – Sierra Leone 0:2, 1:1; Ghana – Gabun 3:0, 1:1; Sierra Leone – Gabun 1:0, Rückspiel nicht mehr ausgetragen.

Asien: Saudi-Arabien, Südkorea, Japan und Iran
Gruppe 1: Saudi-Arabien. Turniere in Malaysia und Saudi-Arabien: Saudi-Arabien – Malaysia 0:0, 3:0; Saudi-Arabien – Taiwan 2:0, 6:0; Saudi-Arabien – Bangladesch 4:1, 3:0; Malaysia – Taiwan 2:0, 0:0; Malaysia – Bangladesch 2:0, 1:0; Taiwan – Bangladesch 3:1, 1:2.
Gruppe 2: Iran. Turniere in Syrien und Iran: Iran – Kirgistan 7:0, 3:1; Iran – Syrien 1:0, 2:2; Iran – Malediven 17:0, 9:0; Kirgistan – Syrien erstes Spiel nicht ausgetragen; 2:1; Kirgistan – Malediven 3:0, 6:0; Syrien – Malediven 12:0, 12:0.
Gruppe 3: Vereinigte Arabische Emirate. Turnier in Bahrain und den Vereinigten Arabischen Emiraten: Vereinigte Arabische Emirate – Jordanien 0:0, 2:0; Vereinigte Arabische Emirate – Bahrain 2:1, 3:0; Jordanien – Bahrain 0:1, 4:1.
Gruppe 4: Japan. Turniere in Oman und Japan: Japan – Oman 1:0, 1:1; Japan – Macao 10:0, 10:0; Japan – Nepal 6:0, 3:0; Oman – Macao 4:0, 2:0; Oman – Nepal 1:0, 6:0; Macao – Nepal 1:1, 2:1.
Gruppe 5: Usbekistan. Usbekistan – Jemen 5:1, 1:0; Usbekistan – Indonesien 3:0, 1:1; Usbekistan – Kambodscha 6:0, 4:1; Jemen – Indonesien 1:1, 0:0; Jemen – Kambodscha 7:0, 1:0; Indonesien – Kambodscha 8:0, 1:1.
Gruppe 6: Hongkong. Südkorea – Thailand 0:0, 3:1; Südkorea – Hongkong 4:0, 2:0; Thailand – Hongkong 2:0, 2:3.
Gruppe 7: Kuwait. Kuwait – Libanon 2:0, 3:1; Kuwait – Singapur 4:0, 1:0; Libanon – Singapur 1:1, 2:1.
Gruppe 8. China. China – Tadschikistan 0:0, 1:0; China – Turkmenistan 1:0, 4:1; China – Vietnam 4:0, 3:1; Tadschikistan – Turkmenistan 5:0, 2:1; Tadschikistan – Vietnam 4:0, 4:0; Turkmenistan – Vietnam 2:1, 4:0.
Gruppe 9: Ksachstan. Kasachstan – Irak 3:1, 2:1; Kasachstan – Pakistan 3:0, 7:0; Irak – Pakistan 6:1, 6:2.
Gruppe 10: Katar. Turnier in Katar: Katar – Sri Lanka 3:0; Katar – Indien 6:0; Katar – Philippinen 5:0; Sri Lanka – Indien 1:1; Sri Lanka – Philippinen 3:0; Indien – Philippinen 2:0.
Endrunde, Gruppe A: Saudi-Arabien. Saudi-Arabien – Iran 1:0, 1:1; Saudi-Arabien – China 1:1, 0:1; Saudi-Arabien – Katar 1:0, 1:0; Saudi-Arabien – Kuwait 2:1, 1:2; Iran – China 4:1, 4:2; Iran – Katar 3:0, 0:2; Iran – Kuwait 0:0, 1:1; China – Katar 2:3, 1:1; China – Kuwait 1:0, 2:1; Katar – Kuwait 0:2, 1:0.

Endrunde, Gruppe B: Südkorea. Südkorea – Japan 0:2, 2:1; Südkorea – Vereinigte Arabische Emirate 3:0, 3:1; Südkorea – Usbekistan 2:1, 5:1; Südkorea – Kasachstan 3:0, 1:1; Japan – Vereinigte Arabische Emirate 1:1, 0:0; Japan – Usbekistan 6:3, 1:1; Japan – Kasachstan 5:1, 1:1; Vereinigte Arabische Emirate – Usbekistan 0:0, 3:2; Vereinigte Arabische Emirate – Kasachstan 4:0, 0:3; Usbekistan – Kasachstan 4:0, 1:1.
Entscheidungsspiel der Gruppenzweiten: Japan – Iran i. V. 3:2 („Golden Goal") (in Malaysia).

Ozeanien:
1. Runde, Gruppe Melanesien: Papua-Neuguinea. Turnier in Papua-Neuguinea: Papua-Neuguinea – Solomonen 1:1; Solomonen – Vanuatu 1:1; Papua-Neuguinea – Vanuatu 2:1.
1. Runde, Gruppe Polynesien: Tonga. Turnier in Tonga: Tonga – Cook Islands 2:0; Westsamoa – Cook Islands 2:1; Tonga – Westsamoa 1:0.
Entscheidungsspiele: Tonga – Solomonen 0:4, 0:9.
2. Runde, Gruppe 1: Australien. Turnier in Australien: Australien – Solomonen 13:0, 6:2; Australien – Tahiti 5:0, 2:0; Solomonen – Tahiti 4:1, 1:1.
2. Runde, Gruppe 2: Neuseeland. Neuseeland – Fidschi 5:0, 1:0; Neuseeland – Papua-Neuguinea 7:0, 0:1; Fidschi – Papua-Neuguinea 3:1, 1:0.
Endspiele: Neuseeland – Australien 0:3, 0:2.
Entscheidungsspiele gegen den Asien-Vierten: Iran – Australien 1:1, 2:2.

Endrunde vom 10. Juni bis 12. Juli 1998 in Frankreich

1. Finalrunde: (Es qualifizierten sich die Gruppenersten und -zweiten).
Gruppe A: Brasilien und Norwegen. Brasilien – Schottland 2:1 (Paris St. Denis), Marokko – Norwegen 2:2 (Montpellier), Schottland – Norwegen 1:1 (Bordeaux), Brasilien – Marokko 3:0 (Nantes), Schottland – Marokko 0:3 (St. Etienne), Brasilien – Norwegen 1:2 (Marseille).
Gruppe B: Italien und Chile. Italien – Chile 2:2 (Bordeaux), Kamerun – Österreich 1:1 (Toulouse), Chile – Österreich 1:1 (St. Etienne), Italien – Kamerun 3:0 (Montpellier), Italien – Österreich 2:1 (St. Denis), Chile – Kamerun 1:1 (Nantes).
Gruppe C: Frankreich und Dänemark. Saudi-Arabien – Dänemark 0:1 (Lens), Frankreich – Südafrika 3:0 (Marseille), Südafrika – Dänemark 1:1 (Toulouse), Frankreich – Saudi-Arabien 4:0 (St. Denis), Frankreich – Dänemark 2:1 (Lyon), Südafrika – Saudi-Arabien 2:2 (Bordeaux).
Gruppe D: Nigeria und Paraguay. Paraguay – Bulgarien 0:0 (Montpellier), Spanien – Nigeria 2:3 (Nantes), Nigeria – Bulgarien 1:0 (Paris Prinzenpark), Spanien – Paraguay 0:0 (St. Etienne), Spanien – Bulgarien 6:1 (Lens), Nigeria – Paraguay 1:3 (Toulouse).
Gruppe E: Niederlande und Mexiko. Südkorea – Mexiko 1:3 (Lyon), Niederlande – Belgien 0:0 (St. Denis), Belgien – Mexiko 2:2 (Bordeaux), Niederlande – Südkorea 5:0 (Marseille), Belgien – Südkorea 1:1 (Prinzenpark), Niederlande – Mexiko 2:2 (St. Etienne).
Gruppe F: Deutschland und Jugoslawien. Jugoslawien – Iran 1:0 (St. Etienne), Deutschland – USA 2:0 (Prinzenpark), Deutschland – Jugoslawien 2:2 (Lens), USA – Iran 1:2 (Lyon), Deutschland – Iran 2:0 (Montpellier), USA – Jugoslawien 0:1 (Nantes).
Gruppe G: Rumänien und England. England – Tunesien 2:0 (Marseille), Rumänien – Kolumbien 1:0 (Lyon), Kolumbien – Tunesien 1:0 (Montpellier), Rumänien – England 2:1 (Toulouse), Rumänien – Tunesien 1:1 (St. Denis), Kolumbien – England 0:2 (Lens).
Gruppe H: Argentinien und Kroatien. Argentinien – Japan 1:0 (Toulouse), Jamaika – Kroatien 1:3 (Lens), Japan – Kroatien 0:1 (Nantes), Argentinien – Jamaika 5:0 (Prinzenpark), Japan – Jamaika 1:2 (Lyon), Argentinien – Kroatien 1:0 (Bordeaux).

Achtelfinale: Deutschland – Mexiko 2:1 (Montpellier),Niederlande – Jugoslawien 2:1 (Toulouse), Rumänien – Kroatien 0:1 (Bordeaux), Italien – Norwegen 1:0 (Marseille), Brasilien – Chile 4:1 (Prinzenpark), Frankreich – Paraguay i. V. 1:0 („Golden Goal") (Lens), Nigeria – Dänemark 1:4 (St. Denis), Argentinien – England n. V. 2:2/Elfmeterschießen 4:3 (St. Etienne).
Viertelfinale: Deutschland – Kroatien 0:3 (Lyon), Niederlande – Argentinien 2:1 (Marseille), Brasilien – Dänemark 3:2 (Nantes), Italien – Frankreich n. V. 0:0/Elfmeterschießen 3:4 (St. Denis).
Halbfinale: Brasilien – Niederlande n. V. 1:1/Elfmeterschießen 4:2 (Marseille), Frankreich – Kroatien 2:1 (St. Denis).
Um den dritten Platz: Kroatien – Niederlande 2:1 (Paris Prinzenpark).

Endspiel am 12. Juli 1998 in Paris St. Denis: Frankreich – Brasilien 3:0 (2:0)
Frankreich: Barthez – Thuram, Desailly, Leboeuf, Lizarazu – Karembeu (Boghossian), Deschamps, Petit – Zidane, Djorkaeff (Vieira) – Guivarc'h (Dugarry).
Brasilien: Taffarei – Cafu, Aldair, Balano, Roberto Carlos – Sampaio (Edmundo), Dunga, Leonardo (Denilson), Rivaldo – Bebeto, Ronaldo.
Tore: Zidane 2, Petit – Zuschauer: 80 000 – SR: Belqola (Marokko)

2002: Brasilien (Trainer: Scolari)

Qualifikationsspiele:

Europa, Gruppe 1: Russland und Slowenien

Russland – Slowenien 1:1, 1:2; Russland – Jugoslawien 1:1, 1:0; Russland – Schweiz 4:0, 1:0; Russland – Färöer 1:0, 3:0; Russland – Luxemburg 3:0, 2:1; Slowenien – Jugoslawien 1:1, 1:1; Slowenien – Schweiz 2:2, 1:0; Slowenien – Färöer 3:0, 2:2; Slowenien – Luxemburg 2:0, 2:1; Jugoslawien – Schweiz 1:1, 2:1; Jugoslawien – Färöer 2:0, 6:0, Jugoslawien – Luxemburg 6:2, 2:0; Schweiz – Färöer 5:1, 1:0; Schweiz – Luxemburg 5.0, 3:0; Färöer – Luxemburg 1:0, 2:0.

Gruppe 2: Portugal und Irland

Portugal – Irland 1:1, 1:1; Portugal – Niederlande 2:2, 2:0; Portugal – Estland 5:0, 3:1; Portugal – Zypern 6:0, 3:1; Portugal – Andorra 3:0, 7:1 (in Lleida); Irland – Niederlande 1:0, 2:2; Irland – Estland 2:0, 2:0; Irland – Zypern 4:0, 4:0; Irland – Andorra 3:1, 3:0 (in Barcelona); Niederlande – Estland 5:0, 4:2; Niederlande – Zypern 4:0, 4:0; Niederlande – Andorra 4:0, 5:0 (in Barcelona); Estland – Zypern 2:2, 2:2; Estland – Andorra 1:0, 2:1; Zypern – Andorra 5:0, 3:2.

Gruppe 3: Dänemark und Tschechien

Dänemark – Tschechien 2:1, 0:0; Dänemark – Bulgarien 1:1, 2:0; Dänemark – Island 6:0, 2:1; Dänemark – Nordirland 1:1, 1:1; Dänemark – Malta 2:1, 5:0; Tschechien – Bulgarien 6:0, 1:0; Tschechien – Island 4:0, 1:3; Tschechien – Nordirland 3:1, 1:0; Tschechien – Malta 3:2, 0:0; Bulgarien – Island 2:1, 1:1; Bulgarien – Nordirland 4:3, 1:0; Bulgarien – Malta 3:0, 2:0; Island – Nordirland 1:0, 0:3; Island – Malta 3:0, 4:1; Nordirland – Malta 1:0, 1:0.

Gruppe 4: Schweden und Türkei

Schweden – Türkei 1:1, 2:1; Schweden – Slowakei 2:0, 0:0; Schweden – Mazedonien 1:0, 2:1; Schweden – Moldawien 6:0, 2:0; Schweden – Aserbaidschan 3:0, 1:0; Türkei – Slowakei 1:1, 1:0; Türkei – Mazedonien 3:3, 2:1; Türkei – Moldawien 2:0, 3:0; Türkei – Aserbaidschan 3:0, 1:0; Slowakei – Mazedonien 2:0, 5:0; Slowakei – Moldawien 4:2, 1:0; Slowakei – Aserbaidschan 3:1, 0:2; Mazedonien – Moldawien 2:2, 0:0; Mazedonien – Aserbaidschan 3:0, 1:1; Moldawien – Aserbaidschan 2:0, 0:0.

Gruppe 5: Polen und Ukraine

Polen – Ukraine 1:1, 3:1; Polen – Weißrussland 3:1, 1:4; Polen – Norwegen 3:0, 3:2; Polen – Wales 0:0, 2:1; Polen – Armenien 4:0, 1:1; Ukraine – Weißrussland 0:0, 2:0; Ukraine – Norwegen 0:0, 1:0; Ukraine – Wales 1:1, 1:1; Ukraine – Armenien 3:0, 3:2; ; Weißrussland – Norwegen 2:1, 1:1; Weißrussland – Wales 2:1, 0:1; Weißrussland – Armenien 2:1, 0:0; Norwegen – Wales 3:2, 1:1; Norwegen – Armenien 0:0; 4:1; Wales – Armenien 0:0, 2:2.

Gruppe 6: Kroatien und Belgien

Kroatien – Belgien 1:0, 0:0; Kroatien – Schottland 1:1, 0:0; Kroatien – Lettland 4:1, 1:0; Kroatien – San Marino 4:0, 4:0; Belgien – Schottland 2:0, 2:2; Belgien – Lettland 3:1, 4:0; Belgien – San Marino 10:1, 4:1; Schottland – Lettland 2:1, 1:0; Schottland – San Marino 4:0, 2:0; Lettland – San Marino 1:1, 1:0.

Gruppe 7: Spanien und Österreich

Spanien – Österreich 4:0, 1:1; Spanien – Israel 2:0, 1:1; Spanien – Bosnien-Herzegowina 4:1, 2:1; Spanien – Liechtenstein 5:0, 2:0; Österreich – Israel 2:1, 1:1; Österreich – Bosnien-Herzegowina 2:0, 1:1; Österreich – Liechtenstein 2:0, 1:0; Israel – Bosnien-Herzegowina 3:1, 0:0; Israel – Liechtenstein 2:0, 3:0; Bosnien-Herzegowina – Liechtenstein 5:0, 3:0.

Gruppe 8: Italien und Rumänien

Italien – Rumänien 3:0, 2:0; Italien – Georgien 2:0, 2:1; Italien – Ungarn 1:0, 2:2; Italien – Litauen 4:0, 0:0; Rumänien – Georgien 1:1, 2:0; Rumänien – Ungarn 2:0, 2:0; Rumänien – Litauen 1:0, 2:1; Georgien – Ungarn 3:1, 1:4; Georgien – Litauen 2:0, 4:0; Ungarn – Litauen 1:1, 6:1.

Gruppe 9: England und Deutschland

England – Deutschland 0:1, 5:1; England – Finnland 2:1, 0:0; England – Griechenland 2:2, 2:0; England – Albanien 2:0, 3:1; Deutschland – Finnland 0:0, 2:2; Deutschland – Griechenland 2:0, 4:2; Deutschland – Albanien 2:1, 2:0; Finnland – Griechenland 5:1, 0:1; Finnland – Albanien 2:1, 2:0; Griechenland – Albanien 1:0, 0:2.

Europa: Qualifikation der Gruppenzweiten

Ukraine – Deutschland 1:1, 1:4; Slowenien – Rumänien 2:1; 1:1; Belgien – Tschechien 1:0, 1:0; Österreich – Türkei 0:1, 0:5; Irland – Iran 2:0, 0:1.

Frankreich als Weltmeister automatisch qualifiziert.

Asien: Japan und Südkorea als Veranstalter direkt qualifiziert;

1. Runde, Gruppe 1: Oman. Oman – Syrien 2:0, 3:3; Oman – Laos 12:0, 7:0 (beide Spiele in Oman); Oman – Philippinen 7:0, 2:0 (beide Spiele in Oman); Syrien – Laos 11:0, 9:0 (beide Spiele in Syrien); Syrien – Philippinen 12:0, 5:1 (beide Spiele in Syrien); Laos – Philippinen 2:0, 1:1.

Gruppe 2: Iran. Turnier im Iran. Iran – Tadschikistan 2:0; Iran – Guam 19:0; Tadschikistan – Guam 16:0; Myanmar hat zurückgezogen.

Gruppe 3: Katar. Turniere in Hongkong und Katar: Katar – Palästina 2:1, 2:1; Katar – Malaysia 5:1, 0:0; Katar – Hongkong 2:0, 3:0; Palästina – Malaysia 1:0, 3:4; Palästina – Hongkong 1:1, 1:0; Malaysia – Hongkong 2:0, 1:2.
Gruppe 4: Bahrain. Turniere in Singapur und Kuwait: Bahrain – Kuwait 1:2, 1:0; Bahrain – Kirgistan 1:0, 2:1; Bahrain – Singapur 2:1, 2:0; Kuwait – Kirgistan 3:0, 2:0; Kuwait – Singapur 1:1, 1:0; Kirgistan – Singapur 1:0, 1:1.
Gruppe 5: Thailand. Turniere in Libanon und Thailand: Thailand – Libanon 2:1, 2:2; Thailand – Sri Lanka 4:2, 3:0; Thailand – Pakistan 3:0, 6:0; Libanon – Sri Lanka 4:0, 5:0; Libanon – Pakistan 6:0, 8:1; Sri Lanka – Pakistan 3:3, 3:1.
Gruppe 6: Irak. Turniere in Irak und Kasachstan: Irak – Kasachstan 1:1, 1:1; Irak – Nepal 9:1, 4:2; Irak – Macao 8:0, 5:0; Kasachstan – Nepal 6:0, 4:0; Kasachstan – Macao 3:0, 5:0; Nepal – Macao 4:1, 6:1.
Gruppe 7: Usbekistan. Turniere in Usbekistan und Jordanien: Usbekistan – Turkmenistan 1:0, 5:2; Usbekistan – Jordanien 2:2, 1:1; Usbekistan – Taiwan 7:0, 4:0; Turkmenistan – Jordanien 2:0, 2:1; Turkmenistan – Taiwan 5:0, 1:0; Jordanien – Taiwan 2:0, 6:0.
Gruppe 8: Vereinigte Arabische Emirate. Vereinigte Arabische Emirate – Jemen 3:2, 1:2; Vereinigte Arabische Emirate – Indien 1:0, 0:1; Vereinigte Arabische Emirate – Brunei 4:0, 12:0; Jemen – Indien 3:3, 1:1; Jemen – Brunei 1:0, 5:0; Indien – Brunei 5:0, 1:0.
Gruppe 9: China. China – Indonesien 5:1, 2:0; China – Malediven 10:1, 1:0; China – Kambodscha 3:1, 4:0; Indonesien – Malediven 5:0, 2:0; Indonesien – Kambodscha 6:0, 2:0; Malediven – Kambodscha 6:0, 1:1.
Gruppe 10: Saudi-Arabien. Turnier in Saudi-Arabien: Saudi-Arabien – Vietnam 5:0, 4:0; Saudi-Arabien – Bangladesch 6:0, 3:0; Saudi-Arabien – Mongolei 6:0, 6:0; Vietnam – Bangladesch 0:0, 4:0; Vietnam – Mongolei 4:0, 1:0; Bangladesch – Mongolei 2:2, 3:0.

2. Runde, Gruppe A: Saudi-Arabien.
Saudi-Arabien – Iran 2:2, 0:2; Saudi-Arabien – Bahrain 1:1, 4:0; Saudi-Arabien – Irak 1:0 (in Bahrain), 2:1 (in Jordanien); Saudi-Arabien – Thailand 4:1, 3:1; Iran – Bahrain 0:0, 1:3; Iran – Irak 2:1, 2:1; Iran – Thailand 1:0, 0:0; Bahrain – Irak 2:0, 0:1; Bahrain – Thailand 1:1, 1:1; Irak – Thailand 4:0, 1:1.

2. Runde, Gruppe B: China.
China – Vereinigte Arabische Emirate 3:0, 1:0; China – Usbekistan 2:0, 0:1; China – Katar 3:0, 1:1; China – Oman 1:0, 2:0; Vereinigte Arabische Emirate – Usbekistan 4:1, 1:0; Vereinigte Arabische Emirate – Katar 0:2, 2:1; Vereinigte Arabische Emirate – Oman 2:2, 1:1; Usbekistan – Katar 2:1, 2:2; Usbekistan – Oman 5:0, 2:4; Katar – Oman 0:0, 3:0.

Asien: Qualifikation der Gruppenzweiten
Iran – Vereinigte Arabische Emirate 1:0, 3:0. Play-off Irland – Iran siehe Europa.

Südamerika: Argentinien, Ecuador, Brasilien, Paraguay, Uruguay.
Argentinien – Ecuador 2:0, 2:0; Argentinien – Brasilien 2:1, 1:3; Argentinien – Paraguay 1:1, 2:2; Argentinien – Uruguay 2:1, 1:1; Argentinien – Kolumbien 3:0, 3:1; Argentinien – Bolivien 1:0, 3:3; Argentinien – Peru 2:0, 2:1; Argentinien – Venezuela 5:0, 4:0; Argentinien – Chile 4:1, 2:0; Ecuador – Brasilien 1:0, 2:3; Ecuador – Paraguay 2:1, 1:3; Ecuador – Uruguay 1:1, 0:4; Ecuador – Kolumbien 0:0, 0:0; Ecuador – Bolivien 2:0, 5:1; Ecuador – Peru 2:1, 2:1; Ecuador – Venezuela 2:0, 2:1; Ecuador – Chile 1:0, 0:0; Brasilien – Paraguay 2:0, 1:2; Brasilien – Uruguay 1:1, 0:1; Brasilien – Kolumbien 1:0, 0:0; Brasilien – Bolivien 5:0, 1:3; Brasilien – Peru 1:1, 1:0; Brasilien – Venezuela 3:0, 6:0; Brasilien – Chile 2:0, 0:3; Paraguay – Uruguay 1:0, 1:0; Paraguay – Kolumbien 0:4, 2:0; Paraguay – Bolivien 5:1, 0:0; Paraguay – Peru 5:1, 0:2; Paraguay – Venezuela 3:0, 1:3; Paraguay – Chile 1:0, 1:3; Uruguay – Kolumbien 1:1, 0:1; Uruguay – Bolivien 1:0, 0:0; Uruguay – Peru 0:0, 2:0; Uruguay – Venezuela 3:1, 0:2; Uruguay – Chile 2:1, 1:0; Kolumbien – Bolivien 2:0, 1:1; Kolumbien – Peru 0:1, 1:0; Kolumbien – Venezuela 3:0, 2:2; Kolumbien – Chile 3:1, 1:0; Bolivien – Peru 1:0, 1:1; Bolivien – Venezuela 5:0, 2:4; Bolivien – Chile 1:0, 2:2; Peru – Venezuela 1:0, 0:3; Peru – Chile 3:1, 1:1; Venezuela – Chile 0:2, 2:0.

Ozeanien: Australien
Gruppe 1: Turnier in Australien: Australien – Fidschi 2:0, Australien – Tonga 22:0, Australien – Westsamoa 11:0, Australien – Amerikanisch Samoa 31:0; Fidschi – Tonga 8:1, Fidschi – Westsamoa 6:1, Fidschi – Amerikanisch Samoa 13:0, Tonga – Westsamoa 1:0, Tonga – Amerikanisch Samoa 5:0, Westsamoa – Amerikanisch Samoa 8:0.
Gruppe 2: Turnier in Neuseeland: Neuseeland – Tahiti 5:0, Neuseeland – Salomonen 5:1, Neusseland – Vanuatu 7:0, Neuseeland – Cook Inseln 2:0, Tahiti – Salomonen 2:0, Tahiti – Vanuatu 6:1, Tahiti – Cook Inseln 6:0, Salomonen – Vanuatu 7:2, Salomonen – Cook Inseln 9:1, Vanuatu – Cook Inseln 8:1.
Endspiele: Australien – Neuseeland 4:1, 2:0.
Qualifikation Ozeanien/Südamerika 5: Australien – Uruguay 1:0, 0:3.

Nord- und Mittelamerika:
Zentral-Zone:
Gruppe A: El Salvador. El Salvador – Guatemala 1:1, 1:0; El Salvador – Belize 5:0, 3:1; Guatemala – Belize 0:0, 2:1 (beide Spiele in Honduras).

Gruppe B: Panama. Panama – Honduras 1:0, 1:3; Panama – Nicaragua 4:0, 2:0; Honduras – Nicaragua 3:0, 1:0.

Karibik-Zone:

Gruppe 1: Barbados. Kuba – Cayman Islands 4:0, 0:0; St. Lucia – Surinam 1:0, n. V. 0:1 (Surinam 3:1-Sieger im Elfmeterschießen); Barbados – Grenada 2:2, n. V. 3:2; Aruba – Puerto Rico 4:2, 2:2; Aruba – Barbados 1:3, 0:4; Kuba – Surinam 1:0, 0:0; Kuba – Barbados 1:1, n. V. 1:1 (Barbados 5:4-Sieger im Elfmeterschießen).

Gruppe 2: St. Vincent. St. Vincent – US Jungfern-Inseln 9:0, 5:1; Britische Jungfern-Inseln – Bermuda 1:5, 0:9; St. Kitts/Nevis – Turks & Caicos Inseln 8:0, 6:0; Guyana – Antigua/Barbuda (Guyana von der FIFA suspendiert); St. Vincent – St. Kitts/Nevis 1:0, 2:1; Antigua/Barburda – Bermuda 0:0, 1:1; Antigua/ Barbuda – St. Vincent 2:1, 0:4.

Gruppe 3: Trinidad/Tobago. Trinidad/Tobago – Niederländische Antillen 5:0, 1:1; Dominikanische Republik – Montserrat 3:0, 3:1; Anguilla – Bahamas 1:3, 1:2; Haiti – Dominica 4:0, 3:1; Trinidad/ Tobago – Dominikanische Republik 3:0, 1:0; Haiti – Bahamas 9:0, 4:0; Trinidad/Tobago – Haiti 3:1, 1:1.

Interzonen-Qualifikation: Honduras – Haiti 4:0, 3:1; Kuba – Kanada 0:1, 0:0; Antigua/Barbuda – Guatemala 0:1, 1:8.

Halbfinale:

Gruppe C: Trinidad/Tobago und Mexiko. Trinidad/Tobago – Mexiko 1:0, 0:7; Trinidad/Tobago – Kanada 4:0, 2:0; Trinidad/Tobago – Panama 6:0, 1:0; Mexiko – Kanada 2:0, 0:0; Mexiko – Panama 7:1, 1:0; Kanada – Panama 1:0, 0:0.

Gruppe D: Honduras und Jamaika. Honduras – Jamaika 1:0, 1:3; Honduras – El Salvador 5:0, 5:2; Honduras – St. Vincent 6:0, 7:0; Jamaika – El Salvador 1:0, 0:2; Jamaika – St. Vincent 2:0, 1:0; El Salvador – St. Vincent 7:1, 2:1.

Gruppe E: USA und Costa Rica. USA – Costa Rica 0:0, 1:2; USA – Guatemala 1:0, 1:1; USA – Barbados 7:0, 4:0; Costa Rica – Guatemala 2:1, 1:2; Costa Rica – Barbados 3:0, 1:2; Guatemala – Barbados 2:0, 3:1 – Entscheidungsspiel in Miami/USA: Costa Rica – Guatemala 5:2.

Endrunde: Costa Rica, Mexiko und USA. Costa Rica – Mexiko 0:0, 2:1; Costa Rica – USA 2:0, 0:1; Costa Rica – Honduras 2:2, 3:2; Costa Rica – Jamaika 2:1, 1:0; Costa Rica – Trinidad/Tobago 3:0, 2:0; Mexiko – USA 1:0, 0:2; Mexiko – Honduras 3:0, 1:3; Mexiko – Jamaika 4:0, 2:1; Mexiko –Trinidad/ Tobago 3:0, 1:1; USA – Honduras 2:3, 2:1; USA – Jamaika 2:1, 0:0; USA – Trinidad/Tobago 2:0, 0:0; Honduras – Jamaika 1:0, 1:1; Honduras – Trinidad/Tobago 0:1, 4:2; Jamaika – Trinidad/Tobago 1:0, 2:1.

Afrika: Kamerun, Nigeria, Senegal, Tunesien, Südafrika.

1. Runde: Mauretanien – Tunesien 1:2, 0:3; Guinea-Bissau – Togo 0:0, 0:3; Benin – Senegal 1:1, 0:1; Gambia – Marokko 0:1, 0:2; Kap Verde – Algerien 0:0, 0:2; Botswana – Sambia 0:1, 0:1; Madagaskar – Gabun 2:0, 0:1; Sudan – Mosambik 1:0, 1:2; Lesotho – Südafrika 0:2, 0:1; Swasiland – Angola 0:1, 1:7; Sao Tomé – Sierra Leone 2:0, 0:4; Ruanda – Elfenbeinküste 2:2, 0:2; Libyen – Mali 3:0, 1:3; Zentralafrikanische Republik – Simbabwe 0:1, 1:3; Äquatorial-Guinea – Kongo 1:3, 1:2; Dschibuti – Demokratische Republik Kongo 1:1, 1:9; Seychellen – Namibia 1:1, 0:3; Eritrea – Nigeria 0:0, 0:4; Somalia – Kamerun 0:3, 0:3 (beide Spele in Kamerun); Mauritius – Ägypten 0:2, 2:4 (beide Spiele in Ägypten); Malawi – Kenia 2:0, 0:0; Tansania – Ghana 0:1, 2:3; Uganda – Guinea 4:4, 0:3; Tschad – Liberia 0:1, 0:0; Äthiopien – Burkina Faso 2:1, 0:3.

2. Runde Gruppe A: Kamerun. Kamerun – Angola 3:0, 0:2; Kamerun – Sambia 1:0, 2:2; Kamerun – Togo 2:0, 2:0; Kamerun – Libyen 1:0, 3:0; Angola – Sambia 2:1, 1:1; Angola – Togo 1:1, 1:1; Angola – Libyen 3:1, 1:1; Sambia – Togo 2:0, 2:3; Sambia – Libyen 2:0, 4:2; Togo – Libyen 2:0, 3:3.

Gruppe B: Nigeria. Nigeria – Liberia 2:0, 1:2; Nigeria – Sudan 3:0, 4:0; Nigeria – Ghana 3:0, 0:0; Nigeria – Sierra Leone 2:0, 0:1; Liberia – Sudan 2:0, 0:2; Liberia – Ghana 1:2, 3:1; Liberia – Sierra Leone 1:0, 1:0; Sudan – Ghana 1:0, 0:1; Sudan – Sierra Leone 3:0, 2:0; Ghana – Sierra Leone 5:0, 1:1.

Gruppe C: Senegal. Senegal – Marokko 1:0, 0:0; Senegal – Ägypten 0:0, 0:1; Senegal – Algerien 3:0, 1:1; Senegal – Namibia 4:0, 5:0; Marokko – Ägypten 1:0, 0:0; Marokko – Algerien 2:1, 2:1; Marokko – Namibia 3:0, 0:0; Ägypten – Algerien 5:2, 1:1; Ägypten – Namibia 8:2, 1:1; Algerien – Namibia 1:0, 4:0.

Gruppe D: Tunesien. Tunesien – Elfenbeinküste 1:1, 2:2; Tunesien – Demokratische Republik Kongo 6:0, 3:0; Tunesien – Republik Kongo 6:0, 2:1; Tunesien – Madagaskar 1:0, 2:0; Elfenbeinküste – Demokratische Republik Kongo 1:2, 2:1; Elfenbeinküste – Republik Kongo 2:0, 1:1; Elfenbeinküste – Madagaskar 6:0, 3:1; Demokratische Republik Kongo – Republik Kongo 2:0, 1:1; Demokratische Republik Kongo – Madagaskar 1:0, 0:3; Republik Kongo – Madagaskar 2:0, 0:1.

Gruppe E: Südafrika. Südafrika – Simbabwe 2:1, 2:0 abgebrochen (Wertung nach Spielstand); Südafrika – Burkina Faso 1:0, 1:1; Südafrika – Malawi 2:0, 2:1; Simbabwe – Burkina Faso 1:0, 2:1; Simbabwe – Malawi 2:0, 1:0; Burkina Faso – Malawi 4:2, 1:1. Guinea wurde nach drei Spielen von der FIFA ausgeschlossen.

Endrunde vom 31. Mai bis 30. Juni 2002 in Südkorea (Gruppen A bis D) und Japan (Gruppen E bis H)

1. Finalrunde: Es qualifizierten sich die Gruppenersten und -zweiten.

Gruppe A: Dänemark, Senegal
Frankreich – Senegal 0:1 (Seoul), Uruguay – Dänemark 1:2 (Ulsan), Frankreich – Uruguay 0:0 (Busan), Dänemark – Senegal 1:1 (Daegu), Dänemark – Frankreich 2:0 (Incheon), Senegal – Uruguay 3:3 (Suwon).

Gruppe B: Spanien, Paraguay
Paraguay – Südafrika 2:2 (Busan), Spanien – Slowenien 3:1 (Gwangju), Spanien – Paraguay 3:1 (Jeonju), Südafrika – Slowenien 1:0 (Daegu), Südafrika – Spanien 2:3 (Daejeon), Slowenien – Paraguay 1:3 (Seogwipo).

Gruppe C: Brasilien, Türkei
Brasilien – Türkei 2:1 (Ulsan), China – Costa Rica 0:2 (Gwangju), Brasilien – China 4:0 (Seogwipo), Costa Rica – Türkei 1:1 (Incheon), Costa Rica – Brasilien 2:5 (Suwon), Türkei – China 3:0 (Seoul).

Gruppe D: Südkorea, USA
Südkorea – Polen 2:0 (Busan), USA – Portugal 3:2 (Suwon), Südkorea – USA 1:1 (Daegu), Portugal – Polen 4:0 (Jeonju), Portugal – Südkorea 0:1 (Incheon), Polen – USA 3:1 (Daejeon).

Gruppe E: Deutschland, Irland
Irland – Kamerun 1:1 (Niigata), Deutschland – Saudi-Arabien 8:0 (Sapporo), Deutschland – Irland 1:1 (Ibaraki), Kamerun – Saudi Arabien 1:0 (Saitama), Kamerun – Deutschland 0:2 (Shizuoka), Saudi Arabien – Irland 0:3 (Yokohama).

Gruppe F: Schweden, England
England – Schweden 1:1 (Saitama), Argentinien – Nigeria 1:0 (Ibaraki), Schweden – Nigeria 2:1 (Kobe), Argentinien – England 0:1 (Sapporo), Schweden – Argentinien 1:1 (Miyagi), Nigeria – England 0:0 (Osaka).

Gruppe G: Mexiko, Italien
Kroatien – Mexiko 0:1 (Niigata), Italien – Ekuador 2:0 (Sapporo), Italien – Kroatien 1:2 (Ibaraki), Mexiko – Ekuador 2:1 (Miyagi), Mexiko – Italien 1:1 (Oita), Ekuador – Kroatien 1:0 (Yokohama).

Gruppe H: Japan, Belgien
Japan – Belgien 2:2 (Saitama), Russland – Tunesien 2:0 (Kobe), Japan – Russland 1:0 (Yokohama), Tunesien – Belgien 1:1 (Oita), Tunesien – Japan 0:2 (Osaka), Belgien – Russland 3:2 (Shizuoka).

Achtelfinale: Deutschland – Paraguay 1:0 (Seogwipo), Dänemark – England 0:3 (Niigata), Schweden – Senegal i.V. 1:2 (Oita), Spanien – Irland n. V. 1:1/Elfmeterschießen 3:2 (Suwon), Mexiko – USA 0:2 (Jeonju), Brasilien – Belgien 2:0 (Kobe), Japan – Türkei 0:1 (Miyagi), Südkorea – Italien i. V. 2:1 (Daejeon).

Viertelfinale: Deutschland – USA 1:0 (Ulsan), England – Brasilien 1:2 (Shizuoka), Spanien – Südkorea n. V. 0:0/Elfmeterschießen 3:5 (Gwangju), Senegal – Türkei i. V. 0:1 (Osaka).

Halbfinale: Deutschland – Südkorea 1:0 (Seoul), Brasilien – Türkei 1:0 (Saitama)

Um den dritten Platz: Türkei – Südkorea 3:2 (Daegu)

Endspiel am 30. Juni 2002 in Yokohama: Brasilien – Deutschland 2:0 (0:0)

Brasilien: Marcos – Lucio, Edmilson, Roque Junior – Cafu, Gilberto Silva, Kleberson, Roberto Carlos – Ronaldinho (Juninho Paulista), Ronaldo (Denilson), Rivaldo.

Deutschland: Kahn – Frings, Linke, Ramelow, Metzelder – Schneider, Jeremies (Asamoah), Hamann, Bode (Ziege) – Neuville, Klose (Bierhoff)

Tore: Ronaldo 2 – Zuschauer: 70 564 – SR: Collina (Italien)

2006: Italien (Trainer: Lippi)

Qualifikation:

Europa, Gruppe 1: Niederlande und Tschechien
Niederlande – Tschechien 2:0, 2:0; Niederlande – Rumänien 2:0, 2:0; Niederlande – Finnland 3:1, 4:0; Niederlande – Mazedonien 0:0, 2:2; Niederlande – Armenien 2:0, 1:0; Niederlande – Andorra 4:0, 3:0 (in Spanien); Tschechien – Rumänien 1:0, 0:2; Tschechien – Finnland 4:3, 3:0; Tschechien – Mazedonien 6:1, 2:0; Tschechien – Armenien 4:1, 3:0; Tschechien – Andorra 8:1, 4:0; Rumänien – Finnland 2:1, 1:0; Rumänien – Mazedonien 2:1, 2.1; Rumänien – Armenien 3:0, 1:1; Rumänien – Andorra 2:0, 5:1; Finnland – Mazedonien 5:1, 3:0; Finnland – Armenien 3:1, 2:0; Finnland – Andorra 3:0, 0:0; Mazedonien – Armenien 3:0, 2:1; Mazedonien – Andorra 0:0, 0:1; Armenien – Andorra 2:1, 3:0.

Europa, Gruppe 2: Ukraine und Türkei
Ukraine – Türkei 0:1, 3:0; Ukraine – Dänemark 1:0, 1:1; Ukraine – Griechenland 1:1, 1:0; Ukraine – Albanien 2:2, 2:0; Ukraine – Georgien 2:0, 1:1; Ukraine – Kasachstan 2:0, 2:1; Türkei – Dänemark 2:2, 1:1; Türkei – Griechenland 0:0, 0:0; Türkei – Albanien 2:0, 1:0; Türkei – Georgien 1:1, 5:2; Türkei – Kasachstan 4:0, 6:0; Dänemark – Griechenland 1:0, 1:2; Dänemark – Albanien 3:1, 2:0; Dänemark –

Georgien 6:1, 2:2; Dänemark – Kasachstan 3:0, 2:1; Griechenland – Albanien 2:0, 1:2; Griechenland – Georgien 1:0, 3:1; Griechenland – Kasachstan 3:1, 2:1; Albanien – Georgien 3:2, 0:2; Albanien – Kasachstan 2:1, 1:0; Georgien – Kasachstan 0:0, 2:1.

Europa, Gruppe 3: Portugal und Slowakei

Portugal – Slowakei 2:0, 1:1; Portugal – Russland 7:1, 0:0; Portugal – Estland 4:0, 1:0; Portugal – Lettland 3:0, 2:0; Portugal – Liechtenstein 2:1, 2:2; Portugal – Luxemburg 6:0, 5:0; Slowakei – Russland 0:0, 1:1; Slowakei – Estland 1:0, 2:1; Slowakei – Lettland 4:1, 1:1; Slowakei – Liechtenstein 7:0, 0:0; Slowakei – Luxomburg 3:1, 4:0; Russland – Estland 4:0, 1:1; Russland – Lettland 2:0, 1:1; Russland – Liechtenstein 2:0, 2:1; Russland – Luxemburg 5:1, 4:0; Estland – Lettland 2:1, 2:2; Estland – Liechtenstein 2:0, 2:1; Estland – Luxemburg 4:0, 2:0; Lettland – Liechtenstein 1:0, 3:1; Lettland – Luxemburg 4:0, 4:3; Liechtenstein – Luxemburg 3:0, 4:0.

Europa, Gruppe 4: Frankreich und Schweiz

Frankreich – Schweiz 0:0, 1:1; Frankreich – Israel 0:0, 1:1; Frankreich – Irland 0:0, 1:0; Frankreich – Zypern 4:0, 2:0; Frankreich – Färöer 3:0, 2:0; Schweiz – Israel 1:1, 2:2; Schweiz – Irland 1:1, 0:0; Schweiz – Zypern 1:0, 3:1; Schweiz – Färöer 6:0, 3:1; Israel – Irland 1:1, 2:2; Israel – Zypern 2:1, 2:1; Israel – Färöer 2:1, 2:0; Irland – Zypern 3:0, 1:0; Irland – Färöer 2:0, 2:0; Zypern – Färöer 2:2, 3:0.

Europa, Gruppe 5: Italien und Norwegen

Italien – Norwegen 2:1, 0:0; Italien – Schottland 2:0, 1:1; Italien – Slowenien 1:0, 0:1; Italien – Weißrussland 4:3, 4:1; Italien – Moldawien 2:1, 1:0; Norwegen – Schottland 1:2; 1:0; Norwegen – Slowenien 3:0, 3:2; Norwegen – Weißrussland 1:1, 1:0; Norwegen – Moldawien 1:0, 0:0; Schottland – Slowenien 0:0, 3:0; Schottland – Weißrussland 0:1, 0:0; Schottland – Moldawien 2:0, 1:1; Slowenien – Weißrussland 1:1, 1:1; Slowenien – Moldawien 3:0, 2:1; Weißrussland – Moldawien 4:0, 0:2.

Europa, Gruppe 6: England und Polen

England – Polen 2:1, 2:1; England – Österreich 1:0, 2:2; England – Nordirland 4:0, 0:1; England – Wales 2:0, 1:0; England – Aserbaidschan 2:0, 1:0; Polen – Österreich 3:2, 3:1; Polen – Nordirland 1:0, 3:0; Polen – Wales 1:0, 3:2; Polen – Aserbaidschan 8:0, 3:0; Österreich – Nordirland 2:0, 3:3; Österreich – Wales 1:0, 2:0; Österreich – Aserbaidschan 2:0, 0:0; Nordirland – Wales 2:3, 2:2; Nordirland – Aserbaidschan 2:0, 0:0; Wales – Aserbaidschan 2:0, 1:1.

Europa, Gruppe 7: Serbien & Montenegro und Spanien

Serbien & Montenegro – Spanien 0:0, 1:1; Serbien & Montenegro – Bosnien-Herzegowina 1:0, 0:0; Serbien & Montenegro – Belgien 0:0, 2:0; Serbien & Montenegro – Litauen 2:0, 2:0; Serbien & Montenegro – San Marino 5:0, 3:0; Spanien – Bosnien-Herzegowina 1:1, 1:1; Spanien – Belgien 2:0, 2:0; Spanien – Litauen 1:0, 0:0; Spanien – San Marino 5:0, 6:0; Bosnien-Herzegowina – Belgien 1:0, 1:4; Bosnien-Herzegowina – Litauen 1:1, 1:0; Bosnien-Herzegowina – San Marino 3:0, 3:1; Belgien – Litauen 1:1, 1:1; Belgien – San Marino 8:0, 2:1; Litauen – San Marino 4:0, 1:0.

Europa, Gruppe 8: Kroatien und Schweden

Kroatien – Schweden 1:0, 1:0; Kroatien – Bulgarien 2:2, 3:1; Kroatien – Ungarn 3:0, 0:0; Kroatien – Island 4:0, 3:1; Kroatien – Malta 3:0, 1:1; Schweden – Bulgarien 3:0, 3:0; Schweden – Ungarn 3:0, 1:0; Schweden – Island 3:1, 4:1; Schweden – Malta 6:0, 7:0; Bulgarien – Ungarn 2:0, 1:1; Bulgarien – Island 3:2, 3:1; Bulgarien – Malta 4:1, 1:1; Ungarn – Island 3:2, 3:2; Ungarn – Malta 4:0, 2:0; Island – Malta 4:1, 0:0.

Europa, Qualifikation der Gruppenzweiten: Schweden und Polen als beste Gruppenzweite direkt qualifiziert. Norwegen – Tschechien 0:1, 0:1; Schweiz – Türkei 2:0, 2:4; Spanien – Slowakei 5:1, 1:1.

Deutschland als Veranstalter automatisch qualifiziert.

Afrika: Togo, Ghana, Elfenbeinküste, Angola und Tunesien

Vorrunde: Guinea-Bissau – Mali 1:2, 0:2; Niger – Algerien 0:1, 0:6; Tansania – Kenia 0:0, 0:3; Seychellen – Sambia 0:4, 1:1; Uganda – Mauritius 3:0, i. V. 1:3; Madagaskar – Benin 1:1, 2:3; Äquatorial-Guinea – Togo 1:0, 0:2; Sao Tome e Principe – Libyen 0:1, 0:8; Botswana – Lesotho 4:1, 0:0; Simbabwe – Mauretanien 3:0, 1:2; Äthiopien – Malawi 1:3, 0:0; Burundi – Gabun 0:0, 1:4; Ruanda – Namibia 3:0, 1:1; Kongo – Sierra Leone 1:0, 1:1; Gambia – Liberia 2:0, 0:3; Sudan – Eritrea 3:0, 0:0; Tschad – Angola 3:1, 0:2; Guinea – Mosambik 1:0, 4:3; Swasiland – Kap Verde 1:1, 0:3; Somalia – Ghana 0:5, 0:2 (beide Spiele in Ghana); Die Zentralafrikanische Republik verzichtete gegen Burkina Faso; Freilose: Ägypten, Elfenbeinküste, Kamerun, DR Kongo, Marokko, Nigeria, Senegal, Südafrika, Tunesien.

Gruppe 1: Togo

Togo – Senegal 3:1, 2:2; Togo – Sambia 4:1, 0:1; Togo – Kongo 2:0, 3:2; Togo – Mali 1:0, 2:1; Togo – Liberia 3:0, 0:0; Senegal – Sambia 1:0, 1:0; Senegal – Kongo 2:0, 0:0; Senegal – Mali 3:0, 2:2; Senegal – Liberia 6:1, 3:0; Sambia – Kongo 2:0, 3:2; Sambia – Mali 2:1, 1:1; Sambia – Liberia 1:0, 5.0; Kongo – Mali 1:0, 0:2; Kongo – Liberia 3:0, 2:0; Mali – Liberia 4:1, 0:1.

Gruppe 2: Ghana

Ghana – DR Kongo 0:0, 1:1; Ghana – Südafrika 3:0, 2:0; Ghana – Burkina Faso 2:1, 0:1; Ghana – Kap Verde 2:0, 4:0; Ghana – Uganda 2:0, 1:1; DR Kongo – Südafrika 1:0, 2:2; DR Kongo – Burkina Faso

3:2, 0:2; DR Kongo – Kap Verde 2:1, 1:1; DR Kongo – Uganda 4:0, 0:1; Südafrika – Burkina Faso 2:0, 1:3; Südafrika – Kap Verde 2:1, 2:1; Südafrika – Uganda 2:1, 1:0; Burkina Faso – Kap Verde 1:2, 0:1; Burkina Faso – Uganda 2:0, 2:2; Kap Verde – Uganda 1:0, 0:1.

Gruppe 3: Elfenbeinküste

Elfenbeinküste – Kamerun 2:3, 0:2; Elfenbeinküste – Ägypten 2:0, 2:1; Elfenbeinküste – Libyen 2:0, 0:0; Elfenbeinküste – Sudan 5:0, 3:1; Elfenbeinküste – Benin 3:0, 1:0; Kamerun – Ägypten 1:1, 2:3; Kamerun – Libyen 1:0, 0:0; Kamerun – Sudan 2:1, 1:1; Kamerun – Benin 2:1, 4:1; Ägypten – Libyen 4:1, 1:2; Ägypten – Sudan 6:1, 3:0; Ägypten – Benin 4:1, 3:3, Libyen – Sudan 0:0, 1:0; Libyen – Benin 4:1, 0:1; Sudan – Benin 1:0, 1:1.

Gruppe 4: Angola

Angola – Nigeria 1:0, 1:1; Angola – Simbabwe 1:0, 0:2; Angola – Gabun 3:0, 2:2; Angola – Algerien 2:1, 0:0; Angola – Ruanda 1:0, 1:0; Nigeria – Simbabwe 5:1, 3:0; Nigeria – Gabun 2:0, 1:1; Nigeria – Algerien 1:0, 5:2; Nigeria – Ruanda 2:0, 1:1; Simbabwe – Gabun 1:0, 1:1, Simbabwe – Algerien 1:1, 2:2; Simbabwe – Ruanda 3:1, 2:0; Gabun – Algerien 0:0, 3:0; Gabun – Ruanda 3:0, 1:3; Algerien – Ruanda 1:0, 1:1.

Gruppe 5: Tunesien

Tunesien – Marokko 2:2, 1:1; Tunesien – Guinea 2:0, 1:2; Tunesien – Kenia 1:0, 2:0; Tunesien – Botswana 4:1, 3:1; Tunesien – Malawi 7:0, 2:2; Marokko – Guinea 1:0, 1:1; Marokko – Kenia 5:1, 0:0; Marokko – Botswana 1:0, 1:0; Marokko – Malawi 4:1, 1:1; Guinea – Kenia 1:0, 1:2; Guinea – Botswana 4:0, 2:1; Guinea – Malawi 3:1, 1:1; Kenia – Botswana 1:0, 1:2; Kenia – Malawi 3:2, 0:3; Botswana – Malawi 2:0, 3:1.

Südamerika: Brasilien (der Titelverteidiger ist nicht mehr länger automatisch qualifiziert), Argentinien, Ecuador, Paraguay und Uruguay

Brasilien – Argentinien 3:1, 1:3; Brasilien – Ecuador 1:0, 0:1; Brasilien – Paraguay 4:1, 0:0; Brasilien – Uruguay 3:3, 1:1; Brasilien – Kolumbien 0:0, 2:1; Brasilien – Chile 5:0, 1:1; Brasilien – Venezuela 3:0, 5:2; Brasilien – Peru 1:0, 1:1; Brasilien – Bolivien 3:1, 1:1; Argentinien – Ecuador 1:0, 0:2; Argentinien – Paraguay 0:0, 0:1; Argentinien – Uruguay 4:2, 0:1; Argentinien – Kolumbien 1:0, 1:1; Argentinien – Chile 2:2, 0:0; Argentinien – Venezuela 3:2, 3:0; Argentinien – Peru 2:0, 3:1; Argentinien – Bolivien 3:0, 2:1; Ecuador – Uruguay 0:0, 0:1; Ecuador – Paraguay 5:2, 1:2; Ecuador – Kolumbien 2:1, 0:3; Ecuador – Chile 2:0, 0:0; Ecuador – Venezuela 2:0, 1:3; Ecuador – Peru 0:0, 2:2; Ecuador – Bolivien 3:2, 2:1; Paraguay – Uruguay 4:1, 0:1; Paraguay – Kolumbien 0:1, 1:1; Paraguay – Chile 2:1, 1:0; Paraguay – Venezuela 1:0, 1:0; Paraguay – Peru 1:1, 1:4; Paraguay – Bolivien 4:1, 1:2; Uruguay – Kolumbien 3:2, 0:5; Uruguay – Chile 2:1, 1:1; Uruguay – Venezuela 0:3, 1:1; Uruguay – Peru 1:3, 0:0; Uruguay – Bolivien 5:0, 0:0; Kolumbien – Chile 1:1, 0:0; Kolumbien – Venezuela 0:1, 0:0; Kolumbien – Peru 5:0, 2:0; Kolumbien – Bolivien 1:0, 0:4; Chile – Peru 2:1, 1:2; Chile – Venezuela 2:1, 1:0; Chile – Bolivien 3:1, 2:0; Venezuela – Peru 4:1, 0:0; Venezuela – Bolivien 2:1, 1:3; Peru – Bolivien 4:1, 0:1.

Entscheidungsspiele gegen den Ozeanien-Sieger: Uruguay – Australien 1:0, n. V. 0:1 (Elfmeterschießen 2:4).

Ozeanien: Australien

1. Runde, Gruppe 1 (Turnier auf den Salomonen): Salomonen und Tahiti. Salomonen – Tahiti 1:1; Salomonen – Neukaledonien 2:0; Salomonen – Tonga 6:0; Salomonen – Cook-Inseln 5:0; Tahiti – Neukaledonien 0:0; Tahiti – Tonga 2:0; Tahiti – Cook-Inseln 2:0; Neukaledonien – Tonga 8:0; Neukaledonien – Cook-Inseln 8:0; Tonga – Cook-Inseln 2:1.

1. Runde, Gruppe 2 (Turnier auf Samoa): Vanuatu und Fidschi. Vanuatu – Fidschi 3:0; Vanuatu – Papua-Neuguinea 1:1; Vanuatu – Samoa 3:0; Vanuatu – Amerikanisch-Samoa 9:1; Fidschi – Papua-Neuguinea 4:2; Fidschi – Samoa 4:0; Fidschi – Amerikanisch-Samoa 11:0; Papua-Neuguinea – Samoa 4:1; Papua-Neuguinea – Amerikanisch-Samoa 10:0; Samoa – Amerikanisch-Samoa 4:0.

Australien und Neuseeland hatten in der 1. Runde ein Freilos.

2. Runde (Turnier in Australien): Australien und Salomonen. Australien – Salomonen 2:2; Australien – Neuseeland 1:0; Australien – Fidschi 6:1; Australien – Tahiti 9:0; Australien – Vanuatu 3:0; Salomonen – Neuseeland 0:3; Salomonen – Fidschi 2:1; Salomonen – Tahiti 4:0; Salomonen – Vanuatu 1:0; Neuseeland – Fidschi 2:0; Neuseeland – Tahiti 10:0; Neuseeland – Vanuatu 2:4; Fidschi – Tahiti 0:0; Fidschi – Vanuatu 1:0; Tahiti – Vanuatu 2:1.

Endspiele: Australien – Salomonen 7:0, 2:1.

Entscheidungsspiele gegen den Südamerika-Fünften: Uruguay – Australien 1:0, n. V. 0:1 (Elfmeterschießen 2:4).

Nord- und Mittelamerika: USA, Mexiko, Costa Rica und Trinidad & Tobago

1. Runde, Gruppe 1: USA. Grenada – Guyana 5:0, 3:1; USA – Grenada 3:0, 3:2.

1. Runde, Gruppe 2: El Salvador. Bermuda – Montserrat 13:0, 7:0; El Salvador – Bermuda 2:1, 2:2.

1. Runde, Gruppe 3: Jamaika. Haiti – Turks & Caicos-Inseln 5:0, 2:0 (beide Spiele in den USA); Haiti – Jamaika 1:1 (in den USA), 0:3.

1. Runde, Gruppe 4: Panama. Brit. Jungfern-Inseln – St. Lucia 0:1, 0:9; Panama – St. Lucia 4:0,3:0.

1. Runde, Gruppe 5: Costa Rica. Cayman-Inseln – Kuba 1:2, 0:3; Kuba – Costa Rica 2:2, 1:1.

1. Runde, Gruppe 6: Guatemala. Aruba – Surinam 1:2, 1:8; Surinam – Guatemala 1:1, 1:3.

1. Runde, Gruppe 7: Honduras. Antigua & Barbuda – Niederl. Antillen 2:0, 0:3; Niederl. Antillen – Honduras 1:2, 0:4.

1. Runde, Gruppe 8: Kanada. Kanada – Belize 4:0, 4:0 (beide Spiele in Kanada).

1. Runde, Gruppe 9: Mexiko. Dominica – Bahamas 1:1, 3:1 (beide Spiele auf den Bahamas); Dominica – Mexiko 0:10 (in den USA), 0:8.

1. Runde, Gruppe 10: St. Kitts & Nevis. US-Jungfern-Inseln – St. Kitts & Nevis 0:4, 0:7; Barbados – St. Kitts & Nevis 0:2, 2:3..

1. Runde, Gruppe 11: Trinidad & Tobago. Dominikanische Rep. – Anguilla 0:0, 6:0 (beide Spiele in der Dominikanischen Rep.); Dominikanische Rep. – Trinidad & Tobago 0:2, 0:4.

1. Runde, Gruppe 12: St.Vincent and the Grenadines. Nicaragua – St. Vincent and the Grenadines 2:2, 1:4.

2. Runde, Gruppe A: USA und Panama. USA – Panama 6:0, 1:1; USA – Jamaika 1:1, 1:1; USA – El Salvador 2:0, 2:0; Panama – Jamaika 1:1, 2:1; Panama – El Salvador 3:0, 1:2; Jamaika – El Salvador 0:0, 3:0.

2. Runde, Gruppe B: Costa Rica und Guatemala. Costa Rica – Honduras 2:5, 0:0; Costa Rica – Guatemala 5:0, 1:2; Costa Rica – Kanada 1:0, 3:1; Guatemala – Honduras 1:0, 2:2; Guatemala – Kanada 0:1, 2:0; Honduras – Kanada 1:1, 1:1.

2. Runde, Gruppe C: Mexiko und Trinidad & Tobago. Mexiko – Trinidad & Tobago 3:0, 3:1; Mexiko – St. Vincent and the Grenadines 7:0, 1:0; Mexiko – St. Kitts & Nevis 8:0, 5:0 (in den USA); Trinidad & Tobago – St. Vincent and the Grenadines 2:1, 2:0; Trinidad & Tobago – St. Kitts & Nevis 5:1, 2:1; St. Vincent and the Grenadines – St. Kitts & Nevis 1:0, 3:0.

Endrunde: USA, Mexiko, Costa Rica und Trinidad & Tobago

USA – Mexiko 2:0, 1:2; USA – Costa Rica 3:0, 0:3; USA – Trinidad & Tobago 1:0, 2:1; USA – Guatemala 2:0, 0:0; USA – Panama 2:0, 3:0; Mexiko – Costa Rica 2:0, 2:1; Mexiko – Trinidad & Tobago 2:0, 1:2; Mexiko – Guatemala 5:2, 2:0; Mexiko – Panama 5:0, 1:1; Costa Rica – Trinidad & Tobago 2:0, 0:0; Costa Rica – Guatemala 3:2, 1:3; Costa Rica – Panama 2:1, 3:1; Trinidad & Tobago – Guatemala 3:2, 1:5; Trinidad & Tobago – Panama 2:0, 1:0; Guatemala – Panama 2:1, 0:0.

Entscheidungsspiele gegen den Asien-Fünften: Trinidad & Tobago – Bahrain 1:1, 1:0.

Asien: Saudi-Arabien, Südkorea, Japan und Iran

Vorrunde: Turkmenistan – Afghanistan 11:0, 2:0, Taiwan – Macao 3:0, 3:1; Bangladesch – Tadschikistan 0:2, 0:2; Laos – Sri Lanka 0:0, 0:3; Mongolei – Malediven 0:1, 0:12; Pakistan – Kirgistan 0:2, 0:4; da Nepal und Guam zurückzogen, kam Laos als „Lucky Loser“ in die 1. Runde.

1. Runde, Gruppe 1: Iran. Iran – Jordanien 0:1, 2:0; Iran – Katar 3:1, 3:2; Iran – Laos 7:0, 7:0; Jordanien – Katar 1:0, 0:2; Jordanien – Laos 5:0, 3:2; Katar – Laos 5:0, 6:1.

1. Runde, Gruppe 2: Usbekistan. Usbekistan – Irak 1:1, 2:1 (in Jordanien); Usbekistan – Palästina 3:0, 3:0 (in Katar); Usbekistan – Taiwan 6:1, 1:0; Irak – Palästina 4:1, 1:1 (beide Spiele in Katar); Irak – Taiwan 6:1 (in Jordanien), 4:1; Palästina – Taiwan 8:0 (in Katar), 1:0.

1. Runde, Gruppe 3: Japan. Japan – Oman 1:0, 1:0; Japan – Indien 7:0, 4:0; Japan – Singapur 1:0, 2:1; Oman – Indien 0:0, 5:1; Oman – Singapur 7:0, 2:0; Indien – Singapur 1:0, 0:2.

1. Runde, Gruppe 4: Kuwait. Kuwait – China 1:0, 0:1; Kuwait – Hongkong 4:0, 2:0; Kuwait – Malaysia 6:1, 2:0; China – Hongkong 7:0, 1:0; China – Malaysia 4:0, 1:0; Hongkong – Malaysia 2:0, 3:1.

1. Runde, Gruppe 5: Nordkorea. Nordkorea – Vereinigte Arabische Emirate 0:0, 0:1; Nordkorea – Thailand 4:1, 4:1; Nordkorea – Jemen 2:1, 1:1; Vereinigte Arabische Emirate – Thailand 1:0, 0:3; Vereinigte Arabische Emirate – Jemen 3:0, 1:3; Thailand – Jemen 1:1, 3:0.

1. Runde, Gruppe 6: Bahrain. Bahrain – Syrien 2:1, 2:2; Bahrain – Tadschikistan 4:0, 0:0; Bahrain – Kirgistan 5:0, 2:1; Syrien – Tadschikistan 2:1, 1:0; Syrien – Kirgistan 0:1, 1:1; Tadschikistan – Kirgistan 2:1, 2:1.

1. Runde, Gruppe 7: Südkorea. Südkorea – Libanon 2:0, 1:1; Südkorea – Vietnam 2:0, 2:1; Südkorea – Malediven 2:0, 0:0; Libanon – Vietnam 0:0, 2:0; Libanon – Malediven 3:0, 5:2; Vietnam – Malediven 4:0, 0:3.

1. Runde, Gruppe 8: Saudi-Arabien. Saudi-Arabien – Turkmenistan 3:0, 1:0; Saudi-Arabien – Indonesien 3:0, 3:1; Saudi-Arabien – Sri Lanka 3:0, 1:0; Turkmenistan – Indonesien 3:1, 1:3; Turkmenistan – Sri Lanka 2:0, 2:2; Indonesien – Sri Lanka 1:0, 2:2.

2. Runde, Gruppe A: Saudi-Arabien, Südkorea und Usbekistan

Saudi-Arabien – Südkorea 2:0, 1:0; Saudi-Arabien – Usbekistan 3:0, 1:1; Saudi-Arabien – Kuwait 3:0, 0:0; Südkorea – Usbekistan 2:1, 1:1; Südkorea – Kuwait 2:0, 4:0; Usbekistan – Kuwait 3:2, 1:2.

2. Runde, Gruppe B: Japan, Iran und Bahrain

Japan – Iran 2:1, 1:2; Japan – Bahrain 1:0, 1:0; Japan – Nordkorea 2:1, 2:0 (in Thailand); Iran – Bahrain 1:0, 0:0; Iran – Nordkorea 1:0, 2:0; Bahrain – Nordkorea 2:3, 2:1.

Entscheidungsspiele der Gruppendritten: Usbekistan – Bahrain 1:0 (nach einem Regelverstoß des Schiedsrichters annulliert, Wiederholung 1:1), 0:0.

Entscheidungsspiele gegen den Nord- und Mittelamerika-Vierten: Trinidad & Tobago – Bahrain 1:1, 1:0.

Endrunde vom 9. Juni bis 9. Juli 2006 in Deutschland

1. Finalrunde: Es qualifizierten sich die Gruppenersten und -zweiten.

Gruppe A: Deutschland, Ecuador

Deutschland – Costa Rica 4:2 (München), Polen – Ecuador 0:2 (Gelsenkirchen), Deutschland – Polen 1:0 (Dortmund), Ecuador – Costa Rica 3:0 (Hamburg), Ecuador – Deutschland 0:3 (Berlin), Costa Rica – Polen 1:2 (Hannover).

Gruppe B: England, Schweden

England – Paraguay 1:0 (Frankfurt), Trinidad & Tobago – Schweden 0:0 (Dortmund), England – Trinidad & Tobago 2:0 (Nürnberg), Schweden – Paraguay 1:0 (Berlin), Schweden – England 2:2 (Köln), Paraguay – Trinidad & Tobago 2:0 (Kaiserslautern).

Gruppe C: Argentinien, Niederlande

Argentinien – Elfenbeinküste 2:1 (Hamburg), Serbien & Montenegro – Niederlande 0:1 (Leipzig), Argentinien – Serbien & Montenegro 6:0 (Gelsenkirchen), Niederlande – Elfenbeinküste 2:1 (Stuttgart), Niederlande – Argentinien 0:0 (Frankfurt), Elfenbeinküste – Serbien & Montenegro 3:2 (München).

Gruppe D: Portugal, Mexiko

Mexiko – Iran 3:1 (Nürnberg), Angola – Portugal 0:1 (Köln), Mexiko – Angola 0:0 (Hannover), Portugal – Iran 2:0 (Frankfurt), Portugal – Mexiko 2:1 (Gelsenkirchen), Iran – Angola 1:1 (Leipzig).

Gruppe E: Italien, Ghana

USA – Tschechien 0:3 (Gelsenkirchen), Italien – Ghana 2:0 (Hannover), Tschechien – Ghana 0:2 (Köln), Italien – USA 1:1 (Kaiserslautern), Tschechien – Italien 0:2 (Hamburg), Ghana – USA 2:1 (Nürnberg).

Gruppe F: Brasilien, Australien

Australien – Japan 3:1 (Kaiserslautern), Brasilien – Kroatien 1:0 (Berlin), Japan – Kroatien 0:0 (Nürnberg), Brasilien – Australien 2:0 (München), Japan – Brasilien 1:4 (Dortmund), Kroatien – Australien 2:2 (Stuttgart).

Gruppe G: Schweiz, Frankreich

Südkorea – Togo 2:1 (Frankfurt), Frankreich – Schweiz 0:0 (Stuttgart), Frankreich – Südkorea 1:1 (Leipzig), Togo – Schweiz 0:2 (Dortmund), Togo – Frankreich 0:2 (Köln), Schweiz – Südkorea 2:0 (Hannover).

Gruppe H: Spanien, Ukraine

Spanien – Ukraine 4:0 (Leipzig), Tunesien – Saudi-Arabien 2:2 (München), Saudi-Arabien – Ukraine 0:4 (Hamburg), Spanien – Tunesien 3:1 (Stuttgart), Saudi-Arabien – Spanien 0:1 (Kaiserslautern), Ukraine – Tunesien 1:0 (Berlin).

Achtelfinale: Deutschland – Schweden 2:0 (München), Argentinien – Mexiko n. V. 2:1 (Leipzig), Italien – Australien 1:0 (Kaiserslautern), Schweiz – Ukraine n. V. 0:0/Elfmeterschießen 0:3 (Köln), England – Ecuador 1:0 (Stuttgart), Portugal – Niederlande 1:0 (Nürnberg), Brasilien – Ghana 3:0 (Dortmund), Spanien – Frankreich 1:3 (Hannover).

Viertelfinale: Deutschland – Argentinien n. V. 1:1/Elfmeterschießen 4:2 (Berlin), Italien – Ukraine 3:0 (Hamburg), England – Portugal n. V. 0:0/Elfmeterschießen 1:3 (Gelsenkirchen), Brasilien – Frankreich 0:1 (Frankfurt).

Halbfinale: Deutschland – Italien n. V. 0:2 (Dortmund), Portugal – Frankreich 0:1 (München).

Um den dritten Platz: Deutschland – Portugal 3:1 (Stuttgart).

Endspiel am 9. Juli 2006 in Berlin: Italien – Frankreich n. V. 1:1 (1:1, 1:1)/ Elfmeterschießen 5:3

Italien: Buffon – Zambrotta, Cannavaro, Materazzi, Grosso – Camoranesi (Del Piero), Gattuso, Pirlo, Perrotta (Iaquinta) – Totti (De Rossi) – Toni.

Frankreich: Barthez – Sagnol, Thuram, Gallas, Abidal – Makelele, Vieira (Diarra) – Ribéry (Trezeguet), Zidane, Malouda – Henry (Wiltord).

Tore: Materazzi (Zidane) – Elfmeterschießen: Pirlo 1:0, Wiltord 1:1, Materazzi 2:1, Trezeguet (Latte), De Rossi 3:1, Abidal 3:2, Del Piero 4:2, Sagnol 4:3, Grosso 5:3 – Zuschauer: 69 000 – SR: Elizondo (Argentinien).

2010: Spanien (Trainer: Del Bosque)

Qualifikation:

Europa, Gruppe 1: Dänemark und Portugal
Dänemark – Portugal 1:1, 3:2; Dänemark – Schweden 1:0, 1:0; Dänemark – Ungarn 0:1, 0:0; Dänemark – Albanien 3:0, 1:1; Dänemark – Malta 3:0, 3:0; Portugal – Schweden 0:0, 0:0; Portugal – Ungarn 3:0, 1:0; Portugal – Albanien 0:0, 2:1; Portugal – Malta 4:0, 4:0; Schweden – Ungarn 2:1, 2:1; Schweden – Albanien 4:1, 0:0; Schweden – Malta 4:0, 1:0; Ungarn – Albanien 2:0, 1:0; Ungarn – Malta 3:0, 1:0; Albanien – Malta 3:0, 0:0.

Europa, Gruppe 2: Schweiz und Griechenland
Schweiz – Griechenland 2:0, 2:1; Schweiz – Lettland 2:1, 2:2; Schweiz – Israel 0:0, 2:2; Schweiz – Luxemburg 1:2, 3:0; Schweiz – Moldawien 2:0, 2:0; Griechenland – Lettland 5:2, 2:0; Griechenland – Israel 2:1, 1:1; Griechenland – Luxemburg 2:1, 3:0; Griechenland – Moldawien 3:0, 1:1; Lettland – Israel 1:1, 1:0; Lettland – Luxemburg 2:0, 4:0; Lettland – Moldawien 3:2, 2:1; Israel – Luxemburg 7:0, 3:1; Israel – Moldawien 3:1, 2:1; Luxemburg – Moldawien 0:0, 0:0.

Europa, Gruppe 3: Slowakei und Slowenien
Slowakei – Slowenien 0:2, 1:2; Slowakei – Tschechien 2:2, 2:1; Slowakei – Nordirland 2:1, 2:0; Slowakei – Polen 2:1, 1:0; Slowakei – San Marino 7:0, 3:1; Slowenien – Tschechien 0:0, 0:1; Slowenien – Nordirland 2:0, 0:1; Slowenien – Polen 3:0, 1:1; Slowenien – San Marino 5:0, 3:0; Tschechien – Nordirland 0:0, 0:0; Tschechien – Polen 2:0, 1:2; Tschechien – San Marino 7:0, 3:0; Nordirland – Polen 3:2, 1:1; Nordirland – San Marino 4:0, 3:0; Polen – San Marino 10:0, 2:0.

Europa, Gruppe 4: Deutschland und Russland
Deutschland – Russland 2:1, 1:0; Deutschland – Finnland 1:1, 3:3; Deutschland – Wales 1:0, 2:0; Deutschland – Aserbaidschan 4:0, 2:0; Deutschland – Liechtenstein 4:0, 6:0; Russland – Finnland 3:0, 3:0; Russland – Wales 2:1, 3:1; Russland – Aserbaidschan 2:0, 1:1; Russland – Liechtenstein 3:0, 1:0; Finnland – Wales 2:1, 2:0; Finnland – Aserbaidschan 1:0, 2:1; Finnland – Liechtenstein 2:1, 1:1; Wales – Aserbaidschan 1:0, 1:0; Wales – Liechtenstein 2:0, 2:0; Aserbaidschan – Liechtenstein 0:0, 2:0.

Europa, Gruppe 5: Spanien und Bosnien-Herzegowina
Spanien – Bosnien-Herzegowina 1:0, 5:2; Spanien – Türkei 1:0, 2:1; Spanien – Belgien 5:0, 2:1; Spanien – Estland 3:0, 3:0; Spanien – Armenien 4:0, 2:1; Bosnien-Herzegowina – Türkei 1:1, 1:2; Bosnien-Herzegowina – Belgien 2:1, 4:2; Bosnien-Herzegowina – Estland 7:0, 2:0; Bosnien-Herzegowina – Armenien 4:1, 2:0; Türkei – Belgien 1:1, 0:2; Türkei – Estland 4:2, 0:0; Türkei – Armenien 2:0, 2:0; Belgien – Estland 3:2, 0:2; Belgien – Armenien 2:0, 1:2; Estland – Armenien 1:0, 2:2.

Europa, Gruppe 6: England und Ukraine
England – Ukraine 2:1, 0:1; England – Kroatien 5:1, 4:1; England – Weißrussland 3:0, 3:1; England – Kasachstan 5:1, 4:0; England – Andorra 6:0, 2:0 (in Barcelona); Ukraine – Kroatien 0:0, 2:2; Ukraine – Weißrussland 1:0, 0:0; Ukraine – Kasachstan 2:1, 3:1; Ukraine – Andorra 5:0, 6:0; Kroatien – Weißrussland 1:0, 3:1; Kroatien – Kasachstan 3:0, 2:1; Kroatien – Andorra 4:0, 2:0; Weißrussland – Kasachstan 4:0, 5:1; Weißrussland – Andorra 5:1, 3:1; Kasachstan – Andorra 3:0, 3:1.

Europa, Gruppe 7: Serbien und Frankreich
Serbien – Frankreich 1:1, 1:2; Serbien – Österreich 1:0, 3:1; Serbien – Litauen 3:0, 1:2; Serbien – Rumänien 5:0, 3:2; Serbien – Färöer 2:0, 2:0; Frankreich – Österreich 3:1, 1:3; Frankreich – Litauen 1:0, 1:0; Frankreich – Rumänien 1:1, 2:2; Frankreich – Färöer 5:0, 1:0; Österreich – Litauen 2:1, 0:2; Österreich – Rumänien 2:1, 1:1; Österreich – Färöer 3:1, 1:1; Litauen – Rumänien 0:1, 3:0; Litauen – Färöer 1:0, 1:2; Rumänien – Färöer 3:1, 1:0.

Europa, Gruppe 8: Italien und Irland
Italien – Irland 1:1, 2:2; Italien – Bulgarien 2:0, 0:0; Italien – Zypern 3:2, 2:1; Italien – Montenegro 2:1, 2:0; Italien – Georgien 2:0, 2:0; Irland – Bulgarien 1:1, 1:1; Irland – Zypern 1:0, 2:1; Irland – Montenegro 0:0, 0:0; Irland – Georgien 2:1, 2:1; Bulgarien – Zypern 2:0, 1:4; Bulgarien – Montenegro 4:1, 2:2; Bulgarien – Georgien 6:2, 0:0; Zypern – Montenegro 2:2, 1:1; Zypern – Georgien 2:1, 1:1; Montenegro – Georgien 2:1, 0:0.

Europa, Gruppe 9: Niederlande und Norwegen
Niederlande – Norwegen 2:0, 1:0; Niederlande – Schottland 3:0, 1:0; Niederlande – Mazedonien 4:0, 2:1; Niederlande – Island 2:0, 2:1; Norwegen – Schottland 4:0, 0:0; Norwegen – Mazedonien 2:1, 0:0; Norwegen – Island 2:2, 1:1; Schottland – Mazedonien 2:0, 0:1; Schottland – Island 2:1, 2:1; Mazedonien – Island 2:0, 0:1.

Europa, Qualifikation der Gruppenzweiten: Norwegen als schlechtester Gruppenzweiter ausgeschieden. Russland – Slowenien 2:1, 0:1; Griechenland – Ukraine 0:0, 1:0; Irland – Frankreich 0:1, n. V. 1:1; Portugal – Bosnien-Herzegowina 1:0, 1:0.

Afrika: Kamerun, Nigeria, Algerien, Ghana und Elfenbeinküste
Vorrunde: Madagaskar – Komoren 6:2, 4:0; Sierra Leone – Guinea-Bissau 1:0, 0:0; Dschibuti – Somalia 1:0 (nur ein Spiel).
2. Runde, Gruppe 1: Kamerun. Kamerun – Kap Verde 2:0, 2:1; Kamerun – Tansania 2:1, 0:0; Kamerun – Mauritius 5:0, 3:0; Kap Verde – Tansania 1:0, 1:3; Kap Verde – Mauritius 3:1, 1:0; Tansania – Mauritius 1:1, 4:1.
2. Runde, Gruppe 2: Guinea und Kenia. Guinea – Kenia 3:2, 0:2; Guinea – Simbabwe 0:0, 0:0; Guinea – Namibia 4:0, 2:1; Kenia – Simbabwe 2:0, 0:0; Kenia – Namibia 1:0, 1:2; Simbabwe – Namibia 2:0, 2:4.
2. Runde, Gruppe 3: Benin. Benin – Angola 3:2, 0:3; Benin – Uganda 4:1, 1:2; Benin – Niger 2:0, 2:0; Angola – Uganda 0:0, 1:3; Angola – Niger 3:1, 2:1; Uganda – Niger 1:0, 1:3.
2, Runde, Gruppe 4: Nigeria. Nigeria – Südafrika 2:0, 1:0; Nigeria – Sierra Leone 4:1, 1:0; Nigeria – Äquatorial-Guinea 2:0, 1:0; Südafrika – Sierra Leone 0:0, 0:1; Südafrika – Äquatorial-Guinea 4:1, 1:0: Sierra Leone – Äquatorial-Guinea 2:1, 0:2 (Da die WM-Qualifikation gleichzeitig auch als Qualifikation für die Afrika-Meisterschaft 2010 in Angola zählte, nahm auch WM-Gastgeber Südafrika daran teil.).
2. Runde, Gruppe 5: Ghana und Gabun. Ghana – Gabun 2:0, 0:2; Ghana – Libyen 3:0, 0:1; Ghana – Lesotho 3:0, 3:2; Gabun – Libyen 1:0, 0:1; Gabun – Lesotho 2:0, 3:0; Libyen – Lesotho 4:0, 1:0.
2. Runde, Gruppe 6: Algerien. Algerien – Gambia 1:0, 0:1; Algerien – Senegal 3:2, 0:1; Algerien – Liberia 3:0, 0:0; Gambia – Senegal 0:0, 1:1; Gambia – Liberia 3:0, 1:1; Senegal – Liberia 3:1, 2:2.
2. Runde, Gruppe 7: Elfenbeinküste und Mosambik. Elfenbeinküste – Mosambik 1:0, 1:1; Elfenbeinküste – Madagaskar 3:0, 0:0; Elfenbeinküste – Botsuana 4:0, 1:1; Mosambik – Madagaskar 3:0, 1:1; Mosambik – Botsuana 1:2, 1:0; Madagaskar – Botsuana 1:0, 0:0.
2. Runde, Gruppe 8: Marokko und Ruanda. Marokko – Ruanda2:0, 1:3; Marokko – Mauretanien 4:1, 4:1; Ruanda – Mauretanien 3:0, 1:0. Äthiopien wurde im September 2008 von der FIFA aus der Qualifikation ausgeschlossen. Die bereits ausgetragenen Spiele in Marokko (0:3), gegen Ruanda (1:2) und Mauretanien (6:1, 1:0) wurden aus der Wertung genommen.
2. Runde, Gruppe 9: Burkina Faso und Tunesien. Burkina Faso – Tunesien 0:0, 2:1; Burkina Faso – Burundi 2:0, 3:1; Burkina Faso – Seychellen 4:1, 3:2; Tunesien – Burundi 2:1, 1:0; Tunesien – Seychellen 5:0, 2:0; Burundi – Seychellen 1:0, 2:1.
2. Runde, Gruppe 10: Mali und Sudan. Mali – Sudan 3:0, 2:3; Mali – Kongo 4:2, 0:1; Mali – Tschad 2:1, 2:1; Sudan – Kongo 2:0, 0:1; Sudan – Tschad 1:2, 3:1 (beide Spiele in Ägypten); Kongo – Tschad 2:0, 1:2.
2. Runde, Gruppe 11: Sambia und Togo. Sambia – Togo 1:0, 0:1; Sambia – Swasiland 1:0, 0:0; Togo – Swasiland 6:0, 1:2. Eritrea zog vor Beginn der Gruppenspiele zurück.
2. Runde, Gruppe 12: Ägypten und Malawi. Ägypten – Malawi 2:0, 0:1; Ägypten – DR Kongo 2:1, 1:0; Ägypten – Dschibuti 4:0, 4:0; Malawi – DR Kongo 2:1, 0:1; Malawi – Dschibuti 8:1, 3:0; DR Kongo – Dschibuti 5:1, 6:0.
3. Runde, Gruppe A: Kamerun
Kamerun – Gabun 2:1, 2:0; Kamerun – Togo 3:0, 0:1 (in Ghana); Kamerun – Marokko 0:0, 2:0; Gabun – Togo 3:0, 0:1; Gabun – Marokko 3:1, 2:1; Togo – Marokko 1:1, 0:0.
3. Runde, Gruppe B: Nigeria
Nigeria – Tunesien 2:2, 0:0; Nigeria – Mosambik 1:0, 0:0; Nigeria – Kenia 3:0, 3:2; Tunesien – Mosambik 2:0, 0:1; Tunesien – Kenia 1:0, 2:1; Mosambik – Kenia 1:0, 1:2.
3. Runde, Gruppe C: Algerien
Algerien – Ägypten 3:1, 0:2; Algerien Sambia 1:0, 2:0; Algerien – Ruanda 3:1, 0:0; Ägypten – Sambia 1:1, 1:0; Ägypten – Ruanda 3:0, 1:0; Sambia – Ruanda 1:0, 0:0 – Entscheidungsspiel im Sudan: Algerien – Ägypten 1:0.
3. Runde, Gruppe D: Ghana
Ghana – Benin 1:0, 0:1; Ghana – Mali 2:2, 2:0; Ghana – Sudan 2:0, 2:0; Benin – Mali 1:1, 1:3; Benin – Sudan 1:0, 2:1; Mali – Sudan 1:0, 1:1.
3. Runde, Gruppe E: Elfenbeinküste
Elfenbeinküste – Burkina Faso 5:0, 3:2; Elfenbeinküste – Malawi 5:0, 1:1; Elfenbeinküste – Guinea 3:0, 2:1; Burkina Faso – Malawi 1:0, 1:0; Burkina Faso – Guinea 4:2, 2:1 (in Ghana); Malawi – Guinea 2:1, 1:2.

Südamerika: Brasilien, Chile, Paraguay, Argentinien Uruguay
Brasilien – Chile 4:2, 3:0; Brasilien – Paraguay 2:1, 0:2; Brasilien – Argentinien 0:0, 3:1, Brasilien – Uruguay 2:1, 4:0; Brasilien – Ecuador 5:0, 1:1; Brasilien – Kolumbien 0:0, 0:0; Brasilien – Venezuela 0:0, 4:0; Brasilien – Bolivien 0:0, 1:2; Brasilien – Peru 3:0, 1:1; Chile – Paraguay 0:3, 2:0; Chile – Argentinien 1:0, 0:2; Chile – Uruguay 0:0, 2:2; Chile – Ecuador 1:0, 0:1; Chile – Kolumbien 4:0, 4:2; Chile – Venezuela 2:2, 3:2; Chile – Bolivien 4:0, 2:0; Chile – Peru 2:0, 3:1; Paraguay – Argentinien

1:0, 1:1; Paraguay – Uruguay 1:0, 0;2; Paraguay – Ecuador 5:1, 1:1; Paraguay – Kolumbien 0:2, 1:0; Paraguay – Venezuela 2:0, 2:1; Paraguay – Bolivien 1:0, 2:4; Paraguay – Peru 1:0, 0:0; Argentinien – Uruguay 2:1, 1:0; Argentinien – Ecuador 1:1, 0:2; Argentinien – Kolumbien 1:0, 1:2; Argentinien – Venezuela 4:0, 2:0; Argentinien – Bolivien 3:0, 1:6; Argentinien – Peru 2:1, 1:1; Uruguay – Ecuador 0:0, 2:1; Uruguay – Kolumbien 3:1, 1:0; Uruguay – Venezuela 1:1, 2:2; Uruguay – Bolivien 5:0, 2:2; Uruguay – Peru 6:0, 0:1; Ecuador – Kolumbien 0:0, 0:2, Ecuador – Venezuela 0:1, 1:3; Ecuador – Bolivien 3:1, 3:1; Ecuador – Peru 5:1, 2:1; Kolumbien – Venezuela 1:0, 0:2; Kolumbien – Bolivien 2:0, 0:0; Kolumbien – Peru 1:0, 1:1; Venezuela – Bolivien 5:3, 1:0; Venezuela – Peru 3:1, 0:1; Bolivien – Peru 3:0, 0:1.

Entscheidungsspiele gegen den Nord-/Mittelamerika-Vierten: Costa Rica – Uruguay 0:1, 1:1.

Nord- und Mittelamerika: USA, Mexiko, und Honduras

1. Runde, Gruppe 1A: USA. Dominica – Barbados 1:1, 0:1; USA – Barbados 8:0, 1:0.

1. Runde, Gruppe 1B: Guatemala. Turks- & Caicos-Inseln – St. Lucia 2:1, 0:2; Guatemala – St. Lucia 6:0, 3:1 (in den USA).

1. Runde, Gruppe 1C: Trinidad & Tobago. Bermuda – Cayman-Inseln 1:1, 3:1; Trinidad & Tobago – Bermuda 1:2, 2:0.

1. Runde, Gruppe 1D: Kuba. Aruba – Antigua und Barbuda 0:3, 0:1; Antigua und Barbuda – Kuba 3:4, 0:4.

1. Runde, Gruppe 2A: Mexiko. Belize – St. Kitts und Nevis 3:1, 1:1; Belize – Mexiko 0:2, 0:7.

1. Runde, Gruppe 2B: Jamaika. Bahamas – Brit. Jungferninseln 1:1, 2:2 (beide Spiele auf den Bahamas); Jamaika – Bahamas 7:0, 6:0.

1. Runde, Gruppe 2C: Honduras. Puerto Rico – Dominikanische Republik n. V. 1:0; Honduras – Puerto Rico 4:0, 2:2.

1. Runde, Gruppe 2D: Kanada. St. Vincent & the Grenadines – Kanada 0:3, 1:4.

1. Runde, Gruppe 3A: Costa Rica. Grenada – US-Jungferninseln 10:0; Grenada – Costa Rica 2:2, 0:3.

1. Runde, Gruppe 3B: Surinam. Montserrat – Surina, 1:7; Surinam – Guyana 1:0, 2:1.

1. Runde, Gruppe 3C: El Salvador. El Salvador – Anguilla 12:0, 4:0 (in den USA); Panama – El Salvador 1:0, 1:3.

1. Runde, Gruppe 3D: Haiti. Nicaragua – Niederländische Antillen 0:1, 0:2; Haiti – Niederländische Antillen 0:0, 1:0.

2. Runde, Gruppe A: USA und Tinidad & Tobago. USA – Trinidad & Tobago 3:0, 1:2; USA – Guatemala 2:0, 1:0; USA – Kuba 6:1, 1:0; Trinidad & Tobago – Guatemala 1:1, 0:0; Trinidad & Tobago – Kuba 3:0, 3:1; Guatemala – Kuba 4:1, 1:2.

2. Runde, Gruppe B: Honduras und Mexiko. Honduras – Mexiko 1:0, 1:2; Honduras – Jamaika 2:0, 0:1; Honduras – Kanada 3:1, 2:1; Mexiko – Jamaika 3:0, 0:1; Mexiko – Kanada 2:1, 2:2; Jamaika – Kanada 3:0, 1:1.

2. Runde, Gruppe C: Costa Rica und El Salvador. Costa Rica – El Salvador 1:0, 3:1; Costa Rica – Haiti 2:0, 3:1; Costa Rica – Surinam 7:0, 4:1; El Salvador – Haiti 5:0, 0:0; El Salvador – Surinam 3:0, 2:0; Haiti – Surinam 2:2, 1:1.

Endrunde: USA, Mexiko und Honduras

USA – Mexiko 2:0, 1:2; USA – Honduras 2:1, 3:2; USA – Costa Rica 2:2, 1:3; USA – El Salvador 2:1, 2:2; USA – Trinidad & Tobago 3:0, 1:0; Mexiko – Honduras 1:0, 1:3; Mexiko – Costa Rica 2:0, 3:0; Mexiko – El Salvador 4:1, 1:2; Mexiko – Trinidad & Tobago 2:1, 2:2; Honduras – Costa Rica 4:0, 0:2; Honduras – El Salvador 1:0, 1:0; Honduras – Trinidad & Tobago 4:1, 1:1; Costa Rica – El Salvador 1:0, 0:1; Costa Rica – Trinidad & Tobago 4:0, 3:2; El Salvador – Trinidad & Tobago 2:2, 0:1.

Entscheidungsspiele gegen den Südamerika-Fünften: Costa Rica – Uruguay 0:1, 1:1.

Asien: Australien, Japan, Südkorea und Nordkorea

1. Runde: Bangladesch – Tadschikistan 1:1, 0:5; Thailand – Macau 6:1, 7:1; Libanon – Indien 4:1, 2:2; Vietnam – Vereinigte Arabische Emirate 0:1, 0:5; Syrien – Afghanistan 3:0, 2:1 (in Tadschikistan); Palästina – Singapur 0:4 (in Katar), 0:3 Wertung (Palästina nicht angetreten); Oman – Nepal 2:0, 2:0; Jemen – Malediven 3:0, 0:2; Kambodscha – Turkmenistan 0:1, 1:4; Usbekistan – Taiwan 9:0, 2:0; Kirgistan – Jordanien 2:0, n. V. 0:2, Elfmeterschießen 6:5; Mongolei – Nordkorea 1:4, 1:5; Ost-Timor – Hongkong 2:3 (in Indonesien), 1:8; Sri Lanka – Katar 0:1, 0:5; Bahrain – Malaysia 4:1, 0:0; China – Myanmar 7:0, 4:0 (in Malaysia); Pakistan – Irak 0:7, 0:0 (in Syrien); Bhutan verzichtete gegen Kuwait, Guam gegen Indonesien.

2. Runde: Jemen – Thailand 1:1, 0:1; Singapur – Tadschikistan 2:0, 1:1; Indonesien – Syrien 1:4, 0:7; Hongkong – Turkmenistan 0:0, 0:3 – Freilose: Bahrain, China, Irak, Jordanien, Katar, Libanon, Nordkorea, Oman, Usbekistan, Vereinigte Arabische Emirate. Die WM-Teilnehmer 2006 Australien, Iran, Japan, Saudi-Arabien und Südkorea hatten bis zur 3. Runde ein Freilos.

3. Runde, Gruppe 1: Australien und Katar. Australien – Katar 3:0, 3:1; Australien – Irak 1:0, 0:1; Australien – China 0:1, 0;0; Katar – Irak 2:0, 1:0; Katar – China 0:0, 1:0; Irak – China 1:1, 2:1 (Der Irak trug seine Heimspiele in den Vereinigten Arabischen Emiraten aus.).
3. Runde, Gruppe 2: Japan und Bahrain. Japan – Bahrain 1:0, 0:1; Japan – Oman 3:0, 1:1; Japan – Thailand 4:1, 3:0; Bahrain – Oman 1:1, 1:0; Bahrain – Thailand 1:1, 3:2; Oman – Thailand 2:1, 1:0.
3. Runde, Gruppe 3: Südkorea und Nordkorea. Südkorea – Nordkorea 0:0, 0:0 (in China); Südkorea – Jordanien 2:2, 1:0; Südkorea – Turkmenistan 4:0, 3:1; Nordkorea – Jordanien 2:0, 1:0; Nordkorea – Turkmenistan 1:0, 0:0; Jordanien – Turkmenistan 2:0, 2:0.
3. Runde, Gruppe 4: Saudi-Arabien und Usbekistan. Saudi-Arabien – Usbekistan 4:0, 0:3; Saudi-Arabien – Singapur 2:0, 2:0; Saudi-Arabien – Libanon 4:1, 2:1; Usbekistan – Singapur 1:0, 7:3; Usbekistan – Libanon 3:0, 1:0.
3. Runde, Gruppe 5: Iran und Vereinigte Arabische Emirate: Iran – Vereinigte Arabische Emirate 0:0, 1:0; Iran – Syrien 0:0, 2:0; Iran – Kuwait 2:0, 2:2; Vereinigte Arabische Emirate – Syrien 1:3, 1:1; Vereinigte Arabische Emirate – Kuwait 2:0, 3:2; Syrien – Kuwait 1:0, 2:4.
Endrunde, Gruppe A: Australien, Japan und Bahrain. Australien – Japan 2:1, 0:0; Australien – Bahrain 2:0, 1:0; Australien – Katar 4:0, 0:0; Australien – Usbekistan 2:0, 1:0; Japan – Bahrain 1:0, 3:2; Japan – Katar 1:1, 3:0; Japan – Usbekistan 1:1, 1:0; Bahrain – Katar 1:0, 1:1; Bahrain – Usbekistan 1:0, 1:0; Katar – Usbekistan 3:0, 0:4.
Endrunde, Gruppe B: Südkorea, Nordkorea und Saudi-Arabien. Südkorea – Nordkorea 1:0, 1:1 (in China); Südkorea – Saudi-Arabien 0:0, 2:0; Südkorea – Iran 1:1, 1:1; Südkorea – Vereinigte Arabische Emirate 4:1, 2:0; Nordkorea – Saudi-Arabien 1:0, 0:0; Nordkorea – Iran 0:0, 1:2; Nordkorea – Vereinigte Arabische Emirate 2:0, 2:1; Saudi-Arabien – Iran 1:1, 2:1; Saudi-Arabien – Vereinigte Arabische Emirate 3:2, 2:1; Iran – Vereinigte Arabische Emirate 1:0, 1:1.
Entscheidungsspiele der Gruppendritten: Bahrain – Saudi-Arabien 0:0, 2:2.
Entscheidungsspiele gegen den Ozeanien-Sieger: Bahrain – Neuseeland 0:0, 0:1.

Ozeanien: Neuseeland
1. Runde im Rahmen der Südpazifik-Meisterschaft auf Samoa
Gruppe A: Fidschi und Neukaledonien. Fidschi – Neukaledonien 1:1; Fidschi – Tahiti 4:0; Fidschi – Cook-Inseln 4:0; Fidschi – Tuvalu 16:0; Neukaledonien – Tahiti 1:0, Neukaledonien – Cook-Inseln 3:0; Neukaledonien – Tuvalu 1:0; Tahiti – Cook-Inseln 1:0; Tahiti – Tuvalu 1:1; Cook-Inseln – Tuvalu 4:1.
Gruppe B: Salomonen und Vanuatu. Salomonen – Vanuatu 2:0; Salomonen – Samoa 3:0; Salomonen – Tonga 4:0; Salomonen – Amerikanisch-Samoa 12:1; Vanuatu – Samoa 4:0; Vanuatu – Tonga 4:1; Vanuatu – Amerikanisch-Samoa 15:0; Samoa – Tonga 2:1; Samoa – Amerikanisch-Samoa 7:0; Tonga – Amerikanisch-Samoa 4:0.
Halbfinale: Fidschi – Vanuatu 3:0, Salomonen – Neukaledonien 2:3.
Spiel um den 3. Platz: Vanuatu – Salomonen 2:0.
Endspiel: Neukaledonien – Fidschi 1:0.
Endrunde im Rahmen der Ozeanien-Meisterschaft (Neuseeland gesetzt): Neuseeland. Neuseeland – Neukaledonien 3:0, 3:1; Neuseeland – Fidschi 0:2, 2:0 (beide Spiele auf Fidschi); Neuseeland – Vanuatu 4:1, 2:1; Neukaledonien – Fidschi 4:0, 3:3; Neukaledonien – Vanuatu 3:0, 1:1.
Entscheidungsspiele gegen den Asien-Fünften: Bahrain – Neuseeland 0:0, 0:1.

Endrunde vom 11. Juni bis 11. Juli 2010 in Südafrika

1. Finalrunde: Es qualifizierten sich die Gruppenersten und -zweiten.

Gruppe A: Uruguay, Mexiko

Südafrika – Mexiko 1:1 (Johannesburg Soccer City), Uruguay – Frankreich 0:0 (Kapstadt), Südafrika – Uruguay 0:3 (Tshwane/Pretoria), Frankreich – Mexiko 0:2 (Polokwane), Mexiko – Uruguay 0:1 (Rustenburg), Frankreich – Südafrika 1:2 (Mangaung/Bloemfontein).

Gruppe B: Argentinien, Südkorea

Südkorea – Griechenland 2:0 (Port Elizabeth), Argentinien – Nigeria 1:0 (Johannesburg Ellis Park), Argentinien – Südkorea 4:1 (Johannesburg Soccer City), Griechenland – Nigeria 2:1 (Mangaung/Bloemfontein), Griechenland – Argentinien 0:2 (Polokwane), Nigeria – Südkorea 2:2 (Durban).

Gruppe C: USA, England

England – USA 1:1 (Rustenburg), Algerien – Slowenien 0:1 (Polokwane), Slowenien – USA 2:2 (Johannesburg Ellis Park), England – Algerien 0:0 (Kapstadt), Slowenien – England 0:1 (Port Elizabeth), USA – Algerien 1:0 (Tshwane/Pretoria).

Gruppe D: Deutschland, Ghana

Serbien – Ghana 0:1 (Tshwane/Pretoria), Deutschland – Australien 4:0 (Durban), Deutschland – Serbien 0:1 (Port Elizabeth), Ghana – Australien 1:1 (Rustenburg), Ghana – Deutschland 0:1 (Johannesburg Soccer City), Australien – Serbien 2:1 (Nelspruit).

Gruppe E: Niederlande, Japan
Niederlande – Dänemark 2:0 (Johannesburg Soccer City), Japan – Kamerun 1:0 (Mangaung/Bloemfontein), Niederlande – Japan 1:0 (Durban), Kamerun – Dänemark 1:2 (Tshwane/Pretoria), Dänemark – Japan 1:3 (Rustenburg), Kamerun – Niederlande 1:2 (Kapstadt).
Gruppe F: Paraguay, Slowakei
Italien – Paraguay 1:1 (Kapstadt), Neuseeland – Slowakei 1:1 (Rustenburg), Slowakei – Paraguay 0:2 (Mangaung/Bloemfontein), Italien – Neuseeland 1:1 (Nelspruit), Slowakei – Italien 3:2 (Johannesburg Ellis Park), Paraguay – Neuseeland 0:0 (Polokwane).
Gruppe G: Brasilien, Portugal
Elfenbeinküste – Portugal 0:0 (Port Elizabeth), Brasilien – Nordkorea 2:1 (Johannesburg Ellis Park), Brasilien – Elfenbeinküste 3:1 (Johannesburg Soccer City), Portugal – Nordkorea 7:0 (Kapstadt), Portugal – Brasilien 0:0 (Durban), Nordkorea – Elfenbeinküste 0:3 (Nelspruit).
Gruppe H: Spanien, Chile
Honduras – Chile 0:1 (Nelspruit), Spanien – Schweiz 0:1 (Durban), Chile – Schweiz 1:0 (Port Elizabeth), Spanien – Honduras 2:0 (Johannesburg Ellis Park), Chile – Spanien 1:2 (Tshwane/Pretoria), Schweiz – Honduras 0:0 (Mangaung/Bloemfontein).
Achtelfinale: Uruguay – Südkorea 2:1 (Port Elizabeth), USA – Ghana n. V. 1:2 (Rustenburg), Deutschland – England 4:1 (Mangaung/Bloemfontein), Argentinien – Mexiko 3:1 (Johannesburg Soccer City), Niederlande – Slowakei 2:1 (Durban), Brasilien – Chile 3:0 (Johannesburg Ellis Park), Paraguay – Japan n. V. 0:0/Elfmeterschießen 5:3 (Tshwane/Pretoria), Spanien – Portugal 1:0 (Kapstadt).
Viertelfinale: Niederlande – Brasilien 2:1 (Port Elizabeth), Uruguay – Ghana n. V. 1:1/Elfmeterschießen 4:2 (Johannesburg Soccer City), Argentinien – Deutschland 0:4 (Kapstadt), Paraguay – Spanien 0:1 (Johannesburg Ellis park).
Halbfinale: Uruguay – Niederlande 2:3 (Kapstadt), Deutschland – Spanien 0:1 (Durban).
Um den dritten Platz: Deutschland – Uruguay 3:2 (Port Elizabeth).

Endspiel am 11. Juli 2010 in Johannesburg: Spanien – Niederlande n. V. 1:0 (0:0, 0:0)
Spanien: Casillas – Sergio Ramos, Piqué, Puyol, Capdevila – Busquets, Xabi Alonso (Fabregas) – Xavi, Iniesta – Pedro (Jesus Navas) – Villa (Fernando Torres).
Niederlande: Stekelenburg – Van der Wiel, Heitinga, Mathijsen, Van Bronckhorst (Braafheid) – Van Bommel, De Jong (Van der Vaart) – Robben, Sneijder, Kuijt (Elia) – Van Persie.
Tor: Iniesta – Zuschauer: 84 490 – SR: Webb (England).

2014: Deutschland (Trainer: Löw)

Qualifikation:
Europa, Gruppe A: Belgien und Kroatien
Belgien – Kroatien 1:1, 2:1; Belgien – Serbien 2:1, 3:0; Belgien – Schottland 2:0, 2:0; Belgien – Wales 1:1, 2:0; Belgien – Mazedonien 1:0, 2:0; Kroatien – Serbien 2:0, 1:1; Kroatien – Schottland 0:1, 0:2; Kroatien – Wales 2:0, 2:1; Kroatien – Mazedonien 1:0, 2:1; Serbien – Schottland 2:0, 0:0; Serbien – Wales 6:1, 3:0; Serbien – Mazedonien 5:1, 0:1; Schottland – Wales 1:2; 1:2; Schottland – Mazedonien 1:1, 2:1; Wales – Mazedonien 1:0, 1:2.
Europa, Gruppe B: Italien
Italien – Dänemark 3:1, 2:2; Italien – Tschechien 2:1, 0:0; Italien – Bulgarien 1:0, 2:2; Italien – Armenien 2:2, 3:1; Italien – Malta 2:0, 2:0; Dänemark – Tschechien 0:0, 3:0; Dänemark – Bulgarien 1:1, 1:1; Dänemark – Armenien 0:4, 1:0; Dänemark – Malta 6:0, 2:1; Tschechien – Bulgarien 0:0, 1:0; Tschechien – Armenien 1:2, 3:0; Tschechien – Malta 3:1, 4:1; Bulgarien – Armenien 1:0, 1:2; Bulgarien – Malta 6:0, 2:1; Armenien – Malta 0:1, 1:0.
Europa, Gruppe C: Deutschland und Schweden
Deutschland – Schweden 4:4, 5:3; Deutschland – Österreich 3:0, 2:1; Deutschland – Irland 3:0, 6:1; Deutschland – Kasachstan 4:1, 3:0; Deutschland – Färöer 3:0, 3:0; Schweden – Österreich 2:1, 1:2; Schweden – Irland 0:0, 2:1; Schweden – Kasachstan 2:0, 1:0; Schweden – Färöer 2:0, 2:1; Österreich – Irland 1:0, 2:2; Österreich – Kasachstan 4:0, 0:0; Österreich – Färöer 6:0, 3:0; Irland – Kasachstan 3:1, 2:1; Irland – Färöer 3:0, 4:1; Kasachstan – Färöer 2:1, 1:1.
Europa, Gruppe D: Niederlande und Rumänien
Niederlande – Rumänien 4:0, 4:1; Niederlande – Ungarn 8:1, 4:1; Niederlande – Türkei 2:0, 2:0; Niederlande – Estland 3:0, 2:2; Niederlande – Andorra 3:0, 2:0; Rumänien – Ungarn 3:0, 2:2; Rumänien – Türkei 0:2, 1:0; Rumänien – Estland 2:0, 2:0; Rumänien – Andorra 4:0, 4:0; Ungarn – Türkei 3:1, 1:1; Ungarn – Estland 5:1, 1:0; Ungarn – Andorra 2:0, 5:0; Türkei – Estland 3:0, 2:0; Türkei – Andorra 5:0, 2:0; Estland – Andorra 2:0, 1:0.

Europa, Gruppe E: Schweiz und Island
Schweiz – Island 4:4, 2:0; Schweiz – Slowenien 1:0, 2:0; Schweiz – Norwegen 1:1, 2:0; Schweiz – Albanien 2:0, 2:1; Schweiz – Zypern 1:0, 0:0; Island – Slowenien 2:4, 2:1; Island – Norwegen 2:0, 1:1;Island – Albanien 2:1, 2:1; Island – Zypern 2:0, 0:1; Slowenien – Norwegen 3:0, 1:2; Slowenien – Albanien 1:0, 0:1; Slowenien – Zypern 2:1, 2:0; Norwegen – Albanien 0:1, 1:1; Norwegen – Zypern 2:0, 3:1; Albanien – Zypern 3:1, 0:0.
Europa, Gruppe F: Russland und Portugal
Russland – Portugal 1:0, 0:1; Russland – Israel 3:1, 4:0; Russland – Aserbaidschan 1:0, 1:1; Russland – Nordirland 2:0, 0:1; Russland – Luxemburg 4:1, 4:0; Portugal – Israel 1:1, 3:3; Portugal – Aserbaidschan 3:0, 2:0; Portugal – Nordirland 1:1, 4:2; Portugal – Luxemburg 3:0, 2:1; Israel – Aserbaidschan 1:1, 1:1; Israel – Nordirland 1:1, 2:0; Israel – Luxemburg 3:0, 6:0; Aserbaidschan – Nordirland 2:0, 1:1; Aserbaidschan – Luxemburg 1:1, 0:0; Nordirland – Luxemburg 1:1, 2:3.
Europa, Gruppe G: Bosnien-Herzegowina und Griechenland
Bosnien-Herzegowina – Griechenland 3:1, 0:0; Bosnien-Herzegowina – Slowakei 0:1, 2:1; Bosnien-Herzegowina – Litauen 3:0, 1:0; Bosnien-Herzegowina – Lettland 4:1, 5:0; Bosnien-Herzegowina – Liechtenstein 4:1, 8:1; Griechenland – Slowakei 1:0, 1:0; Griechenland – Litauen 2:0, 1:0; Griechenland – Lettland 1:0, 2:1; Griechenland – Liechtenstein 2:0, 1:0; Slowakei – Litauen 1:1, 1:1; Slowakei – Lettland 2:1, 2:2; Slowakei – Liechtenstein 2:0, 1:1; Litauen – Lettland 2:0, 1:2; Litauen – Liechtenstein 2:0, 2:0; Lettland – Liechtenstein 2:0, 1:1.
Europa, Gruppe H: England und Ukraine
England – Ukraine 1:1, 0:0; England – Montenegro 4:1, 1:1; England – Polen 2:0, 1:1; England – Moldawien 4:0, 5:0; England – San Marino 5:0, 8:0; Ukraine – Montenegro 0:1, 4:0; Ukraine – Polen 1:0, 3:1; Ukraine – Moldawien 2:1, 0:0; Ukraine – San Marino 9:0, 8:0; Montenegro – Polen 2:2, 1:1; Montenegro – Moldawien 2:5, 1:0; Montenegro – San Marino 3:0, 6:0; Polen – Moldawien 2:0, 1:1; Polen – San Marino 5:0, 5:1; Moldawien – San Marino 3:0, 2:0.
Europa, Gruppe I: Spanien und Frankreich
Spanien – Frankreich 1:1, 1:0; Spanien – Finnland 1:1, 2:0; Spanien – Georgien 2:0, 1:0; Spanien – Weißrussland 2:1, 4:0; Frankreich – Finnland 3:0, 1:0; Frankreich – Georgien 3:1, 0:0; Frankreich – Weißrussland 3:1, 4:2; Finnland – Georgien 1:1, 1:0; Finnland – Weißrussland 1:0, 1:1; Georgien – Weißrussland 1:0, 0:2.
Europa, Play-offs der Gruppenzweiten: Dänemark als schlechtester Gruppenzweiter ausgeschieden. Island – Kroatien 0:0, 0:2; Portugal – Schweden 1:0, 3:2; Ukraine – Frankreich 2:0, 0:3; Griechenland – Rumänien 3:1, 1:1.

Afrika: Algerien, Elfenbeinküste, Nigeria, Kamerun und Ghana
1. Runde: Dschibuti – Namibia 0:4, 0:4; Komoren – Mosambik 0:1, 1:4; Eritrea – Ruanda 1:1, 1:3; Seychellen – Kenia 0:3, 0:4; Swasiland – DR Kongo 1:3, 1:5; Tschad – Tansania 1:2, 1:0; Äquatorial-Guinea – Madagaskar 2:0, 1:2; Sao Tomé und Príncipe – Kongo 0:5, 1:1; Guinea-Bissau – Togo 1:1, 0:1; Lesotho – Burundi 1:0, 2:2; Somalia – Äthiopien 0:0 (in Dschibuti), 0:5; Mauritius verzichtete gegen Liberia.
2. Runde, Gruppe A: Äthiopien. Äthiopien – Südafrika 2:1, 1:1; Äthiopien – Zentralafrikanische Republik 2:0, 2:1 (in Kongo); Äthiopien – Botsuana 1:0, 2:1 (Wertung 0:3); Südafrika – Botsuana 4:1, 1:1; Südafrika – Zentralafrikanische Republik 2:0, 3:0 (in Kamerun); Botsuana – Zentralafrikanische Republik 3:2, 0:2.
2. Runde, Gruppe B: Tunesien. Tunesien – Kap Verde 0:2 (Wertung 3:0), 2:1; Tunesien – Sierra Leone 2:1, 2:2; Tunesien – Äquatorial-Guinea 3:1, 1:1; Kap Verde – Sierra Leone 1:0, 1:2; Kap Verde – Äquatorial-Guinea 2:1 (Wertung 3:0), 3:4 (Wertung 3:0); Sierra Leone – Äquatorial-Guinea 3:2, 2:2.
2. Runde, Gruppe C: Elfenbeinküste. Elfenbeinküste – Marokko 1:1, 2:2; Elfenbeinküste – Tansania 2:0, 4:2; Elfenbeinküste – Gambia 3:0, 3:0; Marokko – Tansania 2:1, 1:3; Marokko – Gambia 2:0, 1:1; Tansania – Gambia 2:1, 0:2.
2. Runde, Gruppe D: Ghana. Ghana – Sambia 2:1, 0:1; Ghana – Lesotho 7:0, 2:0; Ghana – Sudan 4:0, 3:1; Sambia – Lesotho 4:0, 1:1; Sambia – Sudan 1:1, 0:2 (Wertung 3:0), Lesotho – Sudan 0:0, 3:2.
2. Runde, Gruppe E: Burkina Faso. Burkina Faso – Kongo 0:0 (Wertung 0:3), 1:0; Burkina Faso – Gabun 1:0, 0:1; Burkina Faso – Niger 4:0, 1:0; Kongo – Gabun 1:0, 0:0; Kongo – Niger 1:0, 2:2; Gabun – Niger 4:1, 0:0 (Wertung 0:3).
2. Runde, Gruppe F: Nigeria. Nigeria – Malawi 2:0, 1:1; Nigeria – Kenia 1:1, 1:0; Nigeria – Namibia 1:0, 1:1; Malawi – Kenia 2:2, 0:0; Malawi – Namibia 0:0, 1:0; Kenia – Namibia 1:0, 0:1.
2. Runde, Gruppe G: Ägypten. Ägypten – Guinea 4:2, 3:2; Ägypten – Mosambik 2:0, 1:0; Ägypten

– Simbabwe 2:1, 4:2; Guinea – Mosambik 6:1, 0:0; Guinea – Simbabwe 1:0, 1:0; Mosambik – Simbabwe 0:0, 1:1.

2. Runde, Gruppe H: Algerien. Algerien – Mali 1:0, 1:2 (in Burkina Faso); Algerien – Benin 3:1, 3:1; Algerien – Ruanda 4:0, 1:0; Mali – Benin 2:2, 0:1; Mali – Ruanda 1:1, 2:1; Benin – Ruanda 2:0, 1:1.

2. Runde, Gruppe I: Kamerun. Kamerun – Libyen 1:0, 1:2 (in Tunesien); Kamerun – DR Kongo 1:0, 0:0; Kamerun – Togo 2:1, 0:2 (Wertung 3:0); Libyen – DR Kongo 0:0, 0:0; Libyen – Togo 2:0, 1:1; DR Kongo – Togo 2:0, 1:2.

2. Runde, Gruppe J: Senegal. Senegal – Uganda 1:0 (in Marokko), 1:1; Senegal – Angola 1:1 (in Guinea), 1:1; Senegal – Liberia 3:1, 2:0; Uganda – Angola 2:1, 1:1; Uganda – Liberia 1:0, 0:2; Angola – Liberia 4:1, 0:0.

Endrunde: Algerien, Elfenbeinküste, Nigeria, Kamerun und Ghana
Burkina Faso – Algerien 3:2, 0:1; Elfenbeinküste – Senegal 3:1, 1:1 (in Marokko); Äthiopien – Nigeria 1:2, 0:2; Tunesien – Kamerun 0:0, 1:4; Ghana – Ägypten 6:1, 1:2.

Südamerika: Argentinien, Kolumbien, Chile, Ecuador und Uruguay
Argentinien – Kolumbien 0:0, 2:1; Argentinien – Chile 4:1, 2:1; Argentinien – Ecuador 4:0, 1:1; Argentinien – Uruguay 3:0, 2:3; Argentinien – Venezuela 3:0, 0:1; Argentinien – Peru 3:1, 1:1; Argentinien – Bolivien 1:1, 1:1; Argentinien – Paraguay 3:1, 5:2; Kolumbien – Chile 3:3, 3:1; Kolumbien – Ecuador 1:0, 0:1; Kolumbien – Uruguay 4:0, 0:2; Kolumbien – Venezuela 1:1, 0:1; Kolumbien – Peru 2:0, 1:0; Kolumbien – Bolivien 5:0, 2:1; Kolumbien – Paraguay 2:0, 2:1; Chile – Ecuador 2:1, 1:3; Chile – Uruguay 2:0, 0:4; Chile – Venezuela 3:0, 2:0; Chile – Peru 4:2, 0:1; Chile – Bolivien 3:1, 2:0; Chile – Paraguay 2:0, 2:1; Ecuador – Uruguay 1:0, 1:1; Ecuador – Venezuela 2:0, 1:1; Ecuador – Peru 2:0, 0:1; Ecuador – Bolivien 1:0, 1:1; Ecuador – Paraguay 4:1, 1:2; Uruguay – Venezuela 1:1, 1:0; Uruguay – Peru 4:2, 2:1; Uruguay – Bolivien 4:2, 1:4; Uruguay – Paraguay 1:1, 1:1; Venezuela – Peru 3:2, 1:2; Venezuela – Bolivien 1:0, 1:1; Venezuela – Paraguay 1:1, 2:0; Peru – Bolivien 1:1, 1:1; Peru – Paraguay 2:0, 0:1; Bolivien – Paraguay 3:1, 0:4.

Play-offs gegen den Asien-Fünften: Jordanien – Uruguay 0:5, 0:0.

Nord- und Mittelamerika: USA, Costa Rica, Honduras und Mexiko
1. Runde. Montserrat – Belize 2:5 (in Trinidad & Tobago), 1:3 (in Honduras); Turks- & Caicos-Inseln – Bahamas 0:4, 0:6; US-Jungferninseln – Brit. Jungferninseln 2:0, 2:1; Anguilla – Dominikanische Republik 0:2, 0:4 (beide Spiele in der Dominikanischen Republik); Aruba – St. Lucia 4:2, n. V. 2:4, Elfmeterschießen 4:5.

2. Runde, Gruppe A: El Salvador und Dominikanische Republik. El Salvador – Dominikanische Republik 3:2, 2:1; El Salvador – Surinam 4:0, 3:1; El Salvador – Cayman-Inseln 4:0, 4:1; Dominikanische Republik – Surinam 1:1, 3:1; Dominikanische Republik – Cayman-Inseln 4:0, 1:1; Surinam – Cayman-Inseln 1:0, 1:0.

2. Runde, Gruppe B: Guyana und Trinidad & Tobago. Guyana – Trinidad & Tobago 2:1, 0:2 (Wertung 0:3); Guyana – Bermuda 2:1, 1:1; Guyana – Barbados 2:0, 2:0; Trinidad & Tobago – Bermuda 1:0, 1:2; Trinidad & Tobago – Barbados 4:0, 2:0; Bermuda – Barbados 2:1, 2:1 (beide Spiele in Bermuda).

2. Runde, Gruppe C: Panama und Nicaragua. Panama – Nicaragua 5:1, 2:1; Panama – Dominica 3:0, 5:0; Nicaragua – Dominica 1:0, 2:0. Die Bahamas zogen nach der Auslosung zurück.

2. Runde, Gruppe D: Kanada und Puerto Rico. Kanada – Puerto Rico 0:0, 3:0; Kanada – St. Kitts & Nevis 4:0, 0:0; Kanada – St. Lucia 4:1, 7:0; Puerto Rico – St. Kitts & Nevis 1:1, 0:0; Puerto Rico – St. Lucia 3:0, 4:0 (beide Spiele in Puerto Rico); St. Kitts & Nevis – St. Lucia 1:1, 4:2.

2. Runde, Gruppe E: Guatemala und Belize. Guatemala – Belize 3:1, 2:1; Guatemala – St. Vincent & the Grenadines 4:0, 3:0; Guatemala – Grenada 3:0, 4:1; Belize – St. Vincent & the Grenadines 1:1, 2:0; Belize – Grenada 1:4, 3:0; St. Vincent & the Grenadines – Grenada 2:1, 1:1.

2. Runde, Gruppe F: Antigua & Barbuda und Haiti. Antigua & Barbuda – Haiti 1:0, 1:2; Antigua & Barbuda – Curacao 5:2, 1:0 (Wertung 3:0); Antigua & Barbuda – US-Jungferninseln 10:0, 8:1; Haiti – Curacao 2:2, 4:2; Haiti – US-Jungferninseln 6:0, 7:0; Curacao – US-Jungferninseln 6:1, 3:0.

3. Runde, Gruppe 1: USA und Jamaika. USA – Jamaika 1:0, 1:2; USA – Guatemala 3:1, 1:1; USA – Antigua & Barbuda 3:1, 2:1; Jamaika – Guatemala 2:1, 1:2; Jamaika – Antigua & Barbuda 4:1, 0:0; Guatemala – Antigua & Barbuda 3:1, 1:0.

3. Runde, Gruppe 2: Mexiko und Costa Rica. Mexiko – Costa Rica 1:0, 2:0; Mexiko – El Salvador 2:0, 2:1; Mexiko – Guyana 3:1, 5:0 (in den USA); Costa Rica – El Salvador 2:2, 1:0; Costa Rica – Guyana 7:0, 4:0; El Salvador – Guyana 2:2, 3:2.

3. Runde, Gruppe 3: Honduras und Panama. Honduras – Panama 0:2, 0:0; Honduras – Kanada 8:1, 0:0; Honduras – Kuba 1:0, 3:0; Panama – Kanada 2:0, 0:1; Panama – Kuba 1:0, 1:1; Kanada – Kuba 3:0, 1:0.

Endrunde: USA, Costa Rica, Honduras und Mexiko
USA – Costa Rica 1:0, 1:3; USA – Honduras 1:0, 1:2; USA – Mexiko 2:0, 0:0; USA – Panama 2:0, 3:2; USA – Jamaika 2:0, 2:1; Costa Rica – Honduras 1:0, 0:1; Costa Rica – Mexiko 2:1, 0:0; Costa Rica – Panama 2:0, 2:2; Costa Rica – Jamaika 2:0, 1:1; Honduras – Mexiko 2:2, 2:1; Honduras – Panama 2:2, 0:2; Honduras – Jamaika 2:0, 2:2; Mexiko – Panama 2:1, 0:0; Mexiko – Jamaika 0:0, 1:0; Panama – Jamaika 0:0, 1:1.
Play-offs gegen den Ozeanien-Sieger: Mexiko – Neuseeland 5:1, 4:2.

Asien: Iran, Südkorea, Japan und Australien
1. Runde: Kambodscha – Laos 4:2, n. V. 2:6; Nepal – Osttimor 2:1, 5:0 (beide Spiele in Nepal); Sri Lanka – Philippinen 1:1, 0:4; Mongolei – Myanmar 1:0, 0:2; Afghanistan – Palästina 0:2 (in Tadschikistan), 1:1; Bangladesch – Pakistan 3:0, 0:0; Vietnam – Macau 6:0, 7:1; Malaysia – Taiwan 2:1, 2:3.
2. Runde: China – Laos 7:2, 6:1; Thailand – Palästina 1:0, 2:2; Singapur – Malaysia 5:3, 1:1; Turkmenistan – Indonesien 1:1, 3:4; Usbekistan – Kirgisien 4:0, 3:0; Libanon – Bangladesch 4:0, 0:2; Iran – Malediven 4:0, 1:0; Oman – Myanmar 2:0, 2:0; Jordanien – Nepal 9:0, 1:1; Vereinigte Arabische Emirate – Indien 3:0, 2:2; Irak – Jemen 2:0, 0:0 (in den Vereinigten Arabischen Emiraten); Syrien – Tadschikistan 2:1 (in Jordanien, Wertung 0:3), 4:0 (Wertung 0:3); Katar – Vietnam 3:0, 1:2; Kuwait – Philippinen 3:0, 2:1; Saudi-Arabien – Hongkong 3:0, 5:0. Die WM-Teilnehmer 2010 Australien, Japan, Nordkorea und Südkorea sowie Bahrain hatten bis zur 3. Runde ein Freilos.
3. Runde, Gruppe A: Irak und Jordanien. Irak – Jordanien 0:2, 3:1; Irak – China 1:0 (in Katar), 1:0; Irak – Singapur 7:1 (in Katar), 2:0; Jordanien – China 2:1, 1:3; Jordanien – Singapur 2:0, 3:0; China – Singapur 2:1, 4:0.
3. Runde, Gruppe B: Südkorea und Libanon. Südkorea – Libanon 6:0, 1:2; Südkorea – Kuwait 2:0, 1:1; Südkorea – Vereinigte Arabische Emirate 2:1, 2:0; Libanon – Kuwait 2:2, 1:0; Libanon – Vereinigte Arabische Emirate 3:1, 2:4; Kuwait – Vereinigte Arabische Emirate 2:1; 3:2.
3. Runde, Gruppe C: Usbekistan und Japan. Usbekistan – Japan 1:1, 1:0; Usbekistan – Nordkorea 1:0, 1:0; Usbekistan – Tadschikistan 3:0, 1:0; Japan – Nordkorea 1:0, 0:1; Japan – Tadschikistan 8:0, 4:0; Nordkorea – Tadschikistan 1:0, 1:1.
3. Runde, Gruppe D: Australien und Oman. Australien – Oman 3:0, 0:1; Australien – Saudi-Arabien 4:2, 3:1; Australien – Thailand 2:1, 1:0; Oman – Saudi-Arabien 0:0, 0:0; Oman – Thailand 2:0, 0:3; Saudi-Arabien – Thailand 3:0, 0:0.
3. Runde, Gruppe E: Iran und Katar: Iran – Katar 2:2, 1:1; Iran – Bahrain 6:0, 1:1; Iran – Indonesien 3:0, 4:1; Katar – Bahrain 0:0, 0:0; Katar – Indonesien 4:0, 3:2; Bahrain – Indonesien 10:0, 2:0.
Endrunde, Gruppe 1: Iran, Südkorea und Usbekistan
Iran – Südkorea 1:0, 1:0; Iran – Usbekistan 0:1, 1:0; Iran – Katar 0:0, 1:0; Iran – Libanon 4:0, 0:1; Südkorea – Usbekistan 1:0, 2:2; Südkorea – Katar 2:1, 4:1; Südkorea – Libanon 3:0, 1:1; Usbekistan – Katar 5:1, 1:0; Usbekistan – Libanon 1:0, 1:1; Katar – Libanon 1:0, 1:0.
Endrunde, Gruppe 2: Japan, Australien und Jordanien
Japan – Australien 1:1, 1:1; Japan – Jordanien 6:0, 1:2; Japan – Oman 3:0, 2:1; Japan – Irak 1:0, 1:0; Australien – Jordanien 4:0, 1:2; Australien – Oman 2:2, 0:0; Australien – Irak 1:0, 2:1; Jordanien – Oman 1:0, 1:2; Jordanien – Irak 1:1, 0:1; Oman – Irak 1:0, 1:1. Der Irak trug alle Heimspiele in Katar aus.
Play-offs zur Ermittlung des Asien-Fünften: Jordanien – Usbekistan 1:1, n. V. 1:1, Elfmeterschießen 9:8.
Play-offs gegen den Südamerika-Fünften: Jordanien – Uruguay 0:5, 0:0.

Ozeanien: Neuseeland
1. Runde: Samoa (Turnier auf Samoa). Samoa – Tonga 1:1; Samoa – Amerikanisch-Samoa 1:0; Samoa – Cook-Inseln 3:2; Tonga – Amerikanisch-Samoa 1:2; Tonga – Cook-Inseln 2:1; Amerikanisch-Samoa – Cook-Inseln 1:1.
2. Runde im Rahmen der Ozeanienmeisterschaft 2012 auf den Salomonen
Gruppe A: Tahiti und Neukaledonien. Tahiti – Neukaledonien 4:3; Tahiti – Vanuatu 4:1; Tahiti – Samoa 10:1; Neukaledonien – Vanuatu 5:2; Neukaledonien – Samoa 9:0; Vanuatu – Samoa 5:0.
Gruppe B: Neuseeland und Salomonen. Neuseeland – Salomonen 1:1; Neuseeland – Fidschi 1:0; Neuseeland – Papua-Neuguinea 2:1; Salomonen – Fidschi 0:0; Salomonen – Papua-Neuguinea 1:0; Fidschi – Papua-Neuguinea 1:1.
Halbfinale: Tahiti – Salomonen 1:0; Neuseeland – Neukaledonien 0:2.
Spiel um den 3. Platz: Neuseeland – Salomonen 4:3.
Endspiel: Tahiti – Neukaledonien 1:0.

Endrunde: Neuseeland
Neuseeland – Neukaledonien 2:1, 2:0; Neuseeland – Tahiti 3:0, 2:0; Neuseeland – Salomonen 6:1, 2:0; Neukaledonien – Tahiti 1:0, 4:0; Neukaledonien – Salomonen 5:0, 6:2; Tahiti – Salomonen 2:0; 0:2.
Play-offs gegen den Vierten aus Nord-/Mittelamerika: Mexiko – Neuseeland 5:1, 4:2.

Endrunde vom 12. Juni bis 13. Juli 2014 in Brasilien

1. Finalrunde: Es qualifizierten sich die Gruppenersten und -zweiten.
Gruppe A: Brasilien, Mexiko
Brasilien – Kroatien 3:1 (Sao Paulo); Mexiko – Kamerun 1:0 (Natal); Brasilien – Mexiko 0:0 (Fortaleza); Kamerun – Kroatien 0:4 (Manaus); Kamerun – Brasilien 1:4 (Brasilia); Kroatien – Mexiko 1:3 (Recife).
Gruppe B: Niederlande, Chile
Spanien – Niederlande 1:5 (Salvador); Chile – Australien 3:1 (Cuiaba); Australien – Niederlande 2:3 (Porto Alegre); Spanien – Chile 0:2 (Rio de Janeiro); Australien – Spanien 0:3 (Curitiba); Niederlande – Chile 2:0 (Sao Paulo).
Gruppe C: Kolumbien, Griechenland
Kolumbien – Griechenland 3:0 (Belo Horizonte); Elfenbeinküste – Japan 2:1 (Recife); Kolumbien – Elfenbeinküste 2:1 (Brasilia); Japan – Griechenland 0:0 (Natal); Japan – Kolumbien 1:4 (Cuiaba); Griechenland – Elfenbeinküste 2:1 (Fortaleza).
Gruppe D: Costa Rica, Uruguay
Uruguay – Costa Rica 1:3 (Fortaleza); England – Italien 1:2 (Manaus); Uruguay – England 2:1 (Sao Paulo); Italien – Costa Rica 0:1 (Recife); Italien – Uruguay 0:1 (Natal); Costa Rica – England 0:0 (Belo Horizonte).
Gruppe E: Frankreich, Schweiz
Schweiz – Ecuador 2:1 (Brasilia); Frankreich – Honduras 3:0 (Porto Alegre); Schweiz – Frankreich 2:5 (Salvador); Honduras – Ecuador 1:2 (Curitiba); Honduras – Schweiz 0:3 (Manaus); Ecuador – Frankreich 0:0 (Rio de Janeiro).
Gruppe F: Argentinien, Nigeria
Argentinien – Bosnien-Herzegowina 2:1 (Rio de Janeiro); Iran – Nigeria 0:0 (Curitiba); Argentinien – Iran 1:0 (Belo Horizonte); Nigeria – Bosnien-Herzegowina 1:0 (Cuiaba); Nigeria – Argentinien 2:3 (Porto Alegre); Bosnien-Herzegowina – Iran 3:1 (Salvador).
Gruppe G: Deutschland, USA
Deutschland – Portugal 4:0 (Salvador); Ghana – USA 1:2 (Natal); Deutschland – Ghana 2:2 (Fortaleza); USA – Portugal 2:2 (Manaus); Portugal – Ghana 2:1 (Brasilia); USA – Deutschland 0:1 (Recife).
Gruppe H: Belgien, Algerien
Belgien – Algerien 2:1 (Belo Horizonte); Russland – Südkorea 1:1 (Cuiaba); Belgien – Russland 1:0 (Rio de Janeiro); Südkorea – Algerien 2:4 (Porto Alegre); Südkorea – Belgien 0:1 (Sao Paulo); Algerien – Russland 1:1 (Curitiba).
Achtelfinale: Brasilien – Chile n. v. 1:1, Elfmeterschießen 3:2 (Belo Horizonte); Kolumbien – Uruguay 2:0 (Rio de Janeiro); Niederlande – Mexiko 2:1 (Fortaleza); Costa Rica – Griechenland n. V. 1:1, Elfmeterschießen 5:3 (Recife); Frankreich – Nigeria 2:0 (Brasilia); Deutschland – Algerien n. V. 2:1 (Porto Alegre); Argentinien – Schweiz n. V. 1:0 (Sao Paulo); Belgien – USA n. V. 2:1 (Salvador).
Viertelfinale: Frankreich – Deutschland 0:1 (Rio de Janeiro); Brasilien – Kolumbien 2:1 (Fortaleza); Argentinien – Belgien 1:0 (Brasilia); Niederlande – Costa Rica n. V. 0:0, Elfmeterschießen 4:3 (Salvador).
Halbfinale: Brasilien – Deutschland 1:7 (Belo Horizonte); Niederlande – Argentinien n. V. 0:0, Elfmeterschießen 2:4 (Sao Paulo).
Um den dritten Platz: Niederlande – Brasilien 3:0 (Brasilia).

Endspiel am 13. Juli 2014 in Rio de Janeiro: Deutschland – Argentinien n. V. 1:0 (0:0, 0:0)
Deutschland: Neuer – Lahm, Boateng, Hummels, Höwedes – Schweinsteiger – Kramer (Schürrle), Kroos – Müller, Özil (Mertesacker) – Klose (Götze).
Argentinien: Romero – Zabaleta, Demichelis, Garay, Rojo – Biglia, Mascherano – Lavezzi (Aguero), Perez (Gago) – Messi, Higuain (Palacio).
Tor: Götze – Zuschauer: 74 738 – SR: Rizzoli (Italien).

2018: Frankreich (Trainer: Deschamps)

Qualifikation:

Europa, Gruppe A: Frankreich und Schweden

Frankreich – Schweden 2:1, 1:2; Frankreich – Niederlande 4:0, 1:0; Frankreich – Bulgarien 4:1, 1:0; Frankreich – Luxemburg 0:0, 3:1; Frankreich – Weißrussland 2:1, 0:0; Schweden – Niederlande 1:1, 0:2; Schweden – Bulgarien 3:0, 2:3; Schweden – Luxemburg 8:0, 1:0; Schweden – Weißrussland 4:0, 4:0; Niederlande – Bulgarien 3:1, 0:2; Niederlande – Luxemburg 5:0, 3:1; Niederlande – Weißrussland 4:1, 3:1; Bulgarien – Luxemburg 4:3, 1:1; Bulgarien – Weißrussland 1:0, 1:2; Luxemburg – Weißrussland 1:0, 1:1.

Europa, Gruppe B: Portugal und Schweiz

Portugal – Schweiz 2:0, 0:2; Portugal – Ungarn 3:0, 1:0; Portugal – Färöer 5:1, 6:0; Portugal – Lettland 4:1, 3:0; Portugal – Andorra 6:0, 2:0; Schweiz – Ungarn 5:2, 3:2; Schweiz – Färöer 2:0, 2:0; Schweiz – Lettland 1:0, 3:0; Schweiz – Andorra 3:0, 2:1; Ungarn – Färöer 1:0, 0:0; Ungarn – Lettland 3:1, 2:0; Ungarn – Andorra 4:0, 0:1; Färöer – Lettland 0:0, 2:0; Färöer – Andorra 1:0, 0:0; Lettland – Andorra 4:0, 1:0.

Europa, Gruppe C: Deutschland und Nordirland

Deutschland – Nordirland 2:0, 3:1; Deutschland – Tschechien 3:0, 2:1; Deutschland – Norwegen 6:0, 3:0; Deutschland – Aserbaidschan 5:1, 4:1; Deutschland – San Marino 7:0, 8:0; Nordirland – Tschechien 2:0, 0:0; Nordirland – Norwegen 2:0, 0:1; Nordirland – Aserbaidschan 4:0, 1:0; Nordirland – San Marino 4:0, 3:0; Tschechien – Norwegen 2:1, 1:1; Tschechien – Aserbaidschan 0:0, 2:1; Tschechien – San Marino 5:0, 6:0; Norwegen – Aserbaidschan 2:0, 0:1; Norwegen – San Marino 4:1, 8:0; Aserbaidschan – San Marino 5:1, 1:0.

Europa, Gruppe D: Serbien und Irland

Serbien – Irland 2:2, 1:0; Serbien – Wales 1:1, 1:1; Serbien – Österreich 3:2, 2:3; Serbien – Georgien 1:0, 3:1; Serbien – Moldawien 3:0, 3:0; Irland – Wales 0:0, 1:0; Irland – Österreich 1:1, 1:0; Irland – Georgien 1:0, 1:1; Irland – Moldawien 2:0, 3:1; Wales – Österreich 1:0, 2:2; Wales – Georgien 1:1, 1:0; Wales – Moldawien 4:0, 2:0; Österreich – Georgien 1:1, 2:1; Österreich – Moldawien 2:0, 1:0; Georgien – Moldawien 1:1, 2:2.

Europa, Gruppe E: Polen und Dänemark

Polen – Dänemark 3:2, 0:4; Polen – Montenegro 4:2, 2:1; Polen – Rumänien 3:1, 3:0; Polen – Armenien 2:1, 6:1; Polen – Kasachstan 3:0, 2:2; Dänemark – Montenegro 0:1, 1:0; Dänemark – Rumänien 1:1, 0:0; Dänemark – Armenien 1:0, 4:1; Dänemark – Kasachstan 4:1, 3:1; Montenegro – Rumänien 1:0, 1:1; Montenegro – Armenien 4:1, 2:3; Montenegro – Kasachstan 5:0, 3:0; Rumänien – Armenien 1:0, 5:0; Rumänien – Kasachstan 3:1, 0:0; Armenien – Kasachstan 2:0, 1:1.

Europa, Gruppe F: England

England – Slowakei 2:1, 1:0; England – Schottland 3:0, 2:2; England – Slowenien 1:0, 0:0; England – Litauen 2:0, 1:0; England – Malta 2:0, 4:0; Slowakei – Schottland 3:0, 0:1; Slowakei – Slowenien 1:0, 0:1; Slowakei – Litauen 4:0, 2:1; Slowakei – Malta 3:0, 3:1; Schottland – Slowenien 1:0, 2:2; Schottland – Litauen 1:1, 3:0; Schottland – Malta 2:0, 5:1; Slowenien – Litauen 4:0, 2:2; Slowenien – Malta 2:0, 1:0; Litauen – Malta 2:0, 1:1.

Europa, Gruppe G: Spanien und Italien

Spanien – Italien 3:0, 1:1; Spanien – Albanien 3:0, 2:0; Spanien – Israel 4:1, 1:0; Spanien – Mazedonien 4:0, 2:1; Spanien – Liechtenstein 8:0, 8:0; Italien – Albanien 2:0, 1:0; Italien – Israel 1:0, 3:1; Italien – Mazedonien 1:1, 3:2; Italien – Liechtenstein 5:0, 4:0; Albanien – Israel 0:3, 3:0; Albanien – Mazedonien 2:1, 1:1; Albanien – Liechtenstein 2:0, 2:0; Israel – Mazedonien 0:1, 2:1; Israel – Liechtenstein 2:1, 1:0; Mazedonien – Liechtenstein 4:0, 3:0.

Europa, Gruppe H: Belgien und Griechenland

Belgien – Griechenland 1:1, 2:1; Belgien – Bosnien-Herzegowina 4:0, 4:3; Belgien – Estland 8:1, 2:0; Belgien – Zypern 4:0, 3:0; Belgien – Gibraltar 9:0, 6:0; Griechenland – Bosnien-Herzegowina 1:1, 0:0; Griechenland – Estland 0:0, 2:0; Griechenland – Zypern 2:0, 2:1; Griechenland – Gibraltar 4:0, 4:1; Bosnien-Herzegowina – Estland 5:0, 2:1; Bosnien-Herzegowina – Zypern 2:0, 2:3; Bosnien-Herzegowina – Gibraltar 5:0, 4:0; Estland – Zypern 1:0, 0:0; Estland – Gibraltar 4:0, 6:0; Zypern – Gibraltar 3:1, 2:1 – Gibraltar trug seine Heimspiele in Faro/Loulé (Portugal) aus.

Europa, Gruppe I: Island und Kroatien

Island – Kroatien 1:0, 0:2; Island – Ukraine 2:0, 1:1; Island – Türkei 2:0, 3:0; Island – Finnland 3:2, 0:1; Island – Kosovo 2:0, 2:1; Kroatien – Ukraine 1:0, 2:0; Kroatien – Türkei 1:1, 0:1; Kroatien – Finnland 1:1, 1:0; Kroatien – Kosovo 1:0, 6:0; Ukraine – Türkei 2:0, 2:2; Ukraine – Finnland 1:0, 2:1; Ukraine – Kosovo 3:0 (in Krakau/Polen), 2:0; Türkei – Finnland 2:0, 2:2; Türkei – Kosovo 2:0, 4:1; Finnland – Kosovo 1:1, 1:0 – Kosovo trug seine Heimspiele in Shkodra (Albanien) aus.

Europa, Play-offs der Gruppenzweiten: Slowakei als schlechtester Gruppenzweiter ausgeschieden. Nordirland – Schweiz 0:1, 0:0; Kroatien – Griechenland 4:1, 0:0; Schweden – Italien 1:0, 0:0; Dänemark – Irland 0:0, 5:1.

Afrika: Tunesien, Nigeria, Marokko, Senegal und Ägypten
1. Runde: Komoren – Lesotho 0:0, 1:1; Seychellen – Burundi 0:1, 0:2; Tansania – Malawi 2:0, 0:1; Mauritius – Kenia 2:5, 0:0; Südsudan – Mauretanien 1:1, 0:4; Sao Tome e Principe – Äthiopien 1:0, 0:3; Liberia – Guinea-Bissau 1:1, 3:1; Somalia – Niger 0:2 (in Äthiopien), 0:4; Dschibuti – Swasiland 0:6, 1:2; Gambia – Namibia 1:1, 1:2; Zentralafrikanische Republik – Madagaskar 0:3, 2:2 (beide Spiele in Madagaskar); Eritrea – Botsuana 0:2, 1:3; Tschad – Sierra Leone 1:0, 1:2 (in Nigeria).
2. Runde: Sudan – Sambia 0:1, 0:2; Mosambik – Gabun 1:0, n. V. 0:1, Elfmeterschießen 3:4; Burundi – DR Kongo 2:3, 2:2 (Wertung 0:3); Namibia – Guinea 0:1, 0:2 (in Marokko); Benin – Burkina Faso 2:1, 0:2; Togo – Uganda 0:1, 0:3; Marokko – Äquatorialguinea 2:0, 0:1; Madagaskar – Senegal 2:2, 0:3; Komoren – Ghana 0:0, 0:2; Kenia – Kap Verde 1:0, 0:2; Libyen – Ruanda 1:0 (in Tunesien), 3:1; Angola – Südafrika 1:3, 0:1; Niger – Kamerun 0:3, 0:0; Liberia – Elfenbeinküste 0:1, 0:3; Mauretanien – Tunesien 1:2, 1:2; Swasiland – Nigeria 0:0, 0:2; Äthiopien – Kongo 3:4, 1:2; Tansania – Algerien 2:2, 0:7; Tschad – Ägypten 1:0, 0:4; Botsuana – Mali 2:1, 0:2.
3. Runde, Gruppe A: Tunesien. Tunesien – DR Kongo 2:1, 2:2; Tunesien – Libyen 0:0, 1:0 (in Algerien); Tunesien – Guinea 2:0, 4:1; DR Kongo – Libyen 4:0, 2:1 (in Tunesien); DR Kongo – Guinea 3:1, 2:1; Libyen – Guinea 1:0 (in Tunesien), 2:3.
3. Runde, Gruppe B: Nigeria. Nigeria – Sambia 1:0, 2:1; Nigeria – Kamerun 4:0, 1:1; Nigeria – Algerien 3:1, 1:1 (Wertung 0:3); Sambia – Kamerun 2:2, 1:1; Sambia – Algerien 3:1, 1:0; Kamerun – Algerien 2:0, 1:1.
3. Runde, Gruppe C: Marokko. Marokko – Elfenbeinküste 0:0, 2:0; Marokko – Gabun 3:0, 0:0; Marokko – Mali 6:0, 0:0; Elfenbeinküste – Gabun 1:2, 3:0; Elfenbeinküste – Mali 3:1, 0:0; Gabun – Mali 0:0, 0:0;.
3. Runde, Gruppe D: Senegal. Senegal – Burkina Faso 0:0, 2:2; Senegal – Kap Verde 2:0, 2:0; Senegal – Südafrika 2:1, 2:0; Burkina Faso – Kap Verde 4:0, 2:0; Burkina Faso – Südafrika 1:1, 1:3; Kap Verde – Südafrika 2:1, 2:1.
3. Runde, Gruppe E: Ägypten. Ägypten – Uganda 1:0, 0:1; Ägypten – Ghana 2:0, 1:1; Ägypten – Kongo 2:1, 2:1; Uganda – Ghana 0:0, 0:0; Uganda – Kongo 1:0, 1:1; Ghana – Kongo 1:1, 5:1.

Südamerika: Brasilien, Uruguay, Argentinien, Kolumbien und Peru
Brasilien – Uruguay 2:2, 4:1; Brasilien – Argentinien 3:0, 1:1; Brasilien – Kolumbien 2:1, 1:1; Brasilien – Peru 3:0, 2:0; Brasilien – Chile 3:0, 0:2; Brasilien – Paraguay 3:0, 2:2; Brasilien – Ecuador 2:0, 3:0; Brasilien – Bolivien 5:0, 0:0; Brasilien – Venezuela 3:1, 2:0; Uruguay – Argentinien 0:0, 0:1; Uruguay – Kolumbien 3:0, 2:2; Uruguay – Peru 1:0, 1:2; Uruguay – Chile 3:0, 1:3; Uruguay – Paraguay 4:0, 2:1; Uruguay – Ecuador 2:1, 1:2; Uruguay – Bolivien 4:2, 2:0; Uruguay – Venezuela 3:0, 0:0; Argentinien – Kolumbien 3:0, 1:0; Argentinien – Peru 0:0, 2:2; Argentinien – Chile 1:0, 2:1; Argentinien – Paraguay 0:1, 0:0; Argentinien – Ecuador 0:2, 3:1; Argentinien – Bolivien 2:0, 0:2; Argentinien – Venezuela 1:1, 2:2; Kolumbien – Peru 2:0, 1:1; Kolumbien – Chile 0:0, 1:1; Kolumbien – Paraguay 1:2, 1:0; Kolumbien – Ecuador 3:1, 2:0; Kolumbien – Bolivien 1:0, 3:2; Kolumbien – Venezuela 2:0, 0:0; Peru – Chile 3:4, 1:2; Peru – Paraguay 1:0, 4:1; Peru – Ecuador 2:1, 2:1; Peru – Bolivien 2:1, 0:2 (Wertung 3:0); Peru – Venezuela 2:2, 2:2; Chile – Paraguay 0:3, 1:2; Chile – Ecuador 2:1, 0:3; Chile – Bolivien 0:0 (Wertung 3:0), 0:1; Chile – Venezuela 3:1, 4:1; Paraguay – Ecuador 2:1, 2:2; Paraguay – Bolivien 2:1, 0:1; Paraguay – Venezuela 0:1, 1:0; Ecuador – Bolivien 2:0, 2:2; Ecuador – Venezuela 3:0, 3:1; Bolivien – Venezuela 4:2, 0:5.
Play-offs gegen den Ozeanien-Sieger: Neuseeland – Peru 0:0, 0:2.

Nord- und Mittelamerika: Mexiko, Costa Rica, Panama
1. Runde: Barbados – Amerikanische Jungferninseln 0:1, 4:0; Nicaragua – Anguilla 5:0, 3:0; St. Kitts & Nevis – Turks- & Caicos-Inseln 6:2, 6:2; Bahamas – Bermuda 0:5, 0:3; Belize – Cayman-Inseln 0:0, 1:1; Brit. Jungferninseln – Dominica 2:3, 0:0 (beide Spiele in Dominica); Curacao – Montserrat 2:1, 2:2.
2. Runde: Nicaragua – Surinam 1:0, 3:1; St. Vincent & the Grenadines – Guyana 2:2, 4:4; Antigua & Barbuda – St. Lucia 1:3, 4:1 (beide Spiele in Antigua & Barbuda); Curacao – Kuba 0:0, 1:1; Aruba – Barbados 0:2, Wertung 3:0; Dominikanische Republik – Belize 1:2, 0:3; Dominica – Kanada 0:2, 0:4; St. Kitts & Nevis – El Salvador 2:2, 1:4; Puerto Rico – Grenada 1:0, 0:2; Guatemala – Bermuda 0:0, 1:0.

3. Runde: St. Vincent & the Grenadines – Aruba 2:0, 1:2; Grenada – Haiti 1:3, 0:3; Curacao – El Salvador 0:1, 0:1; Kanada – Belize 3:0, 1:1; Antigua & Barbuda – Guatemala 1:0, 0:2; Jamaika – Nicaragua 2:3, 2:0.

4. Runde, Gruppe A: Mexiko und Honduras. Mexiko – Honduras 0:0, 2:0; Mexiko – Kanada 2:0, 3:0; Mexiko – El Salvador 3:0, 3:1; Honduras – Kanada 2:1, 0:1; Honduras – El Salvador 2:0, 2:2; Kanada – El Salvador 3:1, 0:0.

4. Runde, Gruppe B: Costa Rica und Panama. Costa Rica – Panama 3:1, 2:1; Costa Rica – Haiti 1:0, 1:0; Costa Rica – Jamaika 3:0, 1:1; Panama – Haiti 1:0, 0:0; Panama – Jamaika 2:0, 2:0; Haiti – Jamaika 0:1, 2:0.

4. Runde, Gruppe C: USA und Trinidad & Tobago. USA – Trinidad & Tobago 4:0, 0:0; USA – Guatemala 4:0, 0:2; USA – St. Vincent & the Grenadines 6:1, 6:0; Trinidad & Tobago – Guatemala 2:2, 2:1; Trinidad & Tobago – St. Vincent & the Grenadines 6:0, 3:2; Guatemala – St. Vincent & the Grenadines 9:3, 4:0.

Endrunde: Mexiko, Costa Rica, Panama und Honduras. Mexiko – Costa Rica 2:0, 1:1; Mexiko – Panama 1:0, 0:0; Mexiko – Honduras 3:0, 2:3; Mexiko – USA 1:1, 2:1; Mexiko – Trinidad & Tobago 3:1, 1:0; Costa Rica – Panama 0:0, 1:2; Costa Rica – Honduras 1:1, 1:1; Costa Rica – USA 4:0, 2:0; Costa Rica – Trinidad & Tobago 2:1, 2:0; Panama – Honduras 2:2, 1:0; Panama – USA 1:1, 0:4; Panama – Trinidad & Tobago 3:0, 0:1; Honduras – USA 1:1, 0:6; Honduras – Trinidad & Tobago 3:1, 2:1; USA – Trinidad & Tobago 2:0, 1:2.

Play-offs gegen den Asien-Fünften: Honduras – Australien 0:0, 1:3.

Asien: Iran, Südkorea, Japan, Saudi-Arabien und Australien

1. Runde: Osttimor – Mongolei 4:1 (in Thailand), 1:0 (beide Spiele wurden nachträglich mit 3:0 für die Osttimor Mongolei gewertet, doch zu diesem Zeitpunkt war die 2. Runde bereits ausgetragen, an der Osttimor teilgenommen hatte.) war; Kambodscha – Macau 3:0, 1:1; Sri Lanka – Bhutan 0:1, 1:2; Taiwan – Brunei 0:1, 2:0; Indien – Nepal 2:0, 0:0; Jemen – Pakistan 3:1 (in Katar), 0:0 (in Bahrain).

2. Runde, Gruppe A: Saudi-Arabien und Vereinigte Arabische Emirate. Saudi Arabien – Vereinigte Arabische Emirate 2:1, 1:1; Saudi Arabien – Palästina 3:2, 0:0 (in Jordanien); Saudi Arabien – Malaysia 2:0, 2:1 abgebrochen (Wertung 3:0); Saudi Arabien – Osttimor 7:0, 10:0; Vereinigte Arabische Emirate – Palästina 2:0, 0:0; Vereinigte Arabische Emirate – Malaysia 10:0, 2:1; Vereinigte Arabische Emirate – Osttimor 8:0, 1:0 (in Malaysia/Wertung 3:0); Palästina – Malaysia 6:0 (in Jordanien), 6:0; Palästina – Osttimor 7:0, 1:1 (Wertung 3:0); Malaysia – Osttimor 1:1 (Wertung 3:0), 1:0 (Wertung 3:0).

2. Runde, Gruppe B: Australien. Australien – Jordanien 5:1, 0:2; Australien – Kirgisien 3:0, 2:1; Australien – Tadschikistan 7:0, 3:0; Australien – Bangladesch 5:0, 4:0; Jordanien – Kirgisien 0:0, 0:1; Jordanien – Tadschikistan 3:0, 3:1; Jordanien – Bangladesch 8:0, 4:0; Kirgisien – Tadschikistan 2:2, 1:0; Kirgisien – Bangladesch 2:0, 3:1; Tadschikistan – Bangladesch 5:0, 1:1.

2. Runde, Gruppe C: Katar und China. Katar – China 1:0, 0:2; Katar – Hongkong 2:0, 3:2; Katar – Malediven 4:0, 1:0; Katar – Bhutan 15:0, 3:0; China – Hongkong 0:0, 0:0; China – Malediven 4:0, 3:0 (beide Spiele in China); China – Bhutan 12:0, 6:0; Hongkong – Malediven 2:0, 1:0; Hongkong – Bhutan 7:0, 1:0; Malediven – Bhutan 4:2, 4:3.

2. Runde, Gruppe D: Iran. Iran – Oman 2:0, 1:1; Iran – Turkmenistan 3:1, 1:1; Iran – Guam 6:0, 6:0; Iran – Indien 4:0, 3:0 (Wertung 3:0); Oman – Turkmenistan 3:1, 1:2; Oman – Guam 1:0, 0:0; Oman – Indien 3:0, 2:1; Turkmenistan – Guam 1:0, 0:1; Turkmenistan – Indien 2:1, 2:1; Guam – Indien 2:1, 0:1.

2. Runde, Gruppe E: Japan und Syrien: Japan – Syrien 5:0, 3:0; Japan – Singapur 0:0, 3:0; Japan – Afghanistan 5:0, 6:0; Japan – Kambodscha 3:0, 2:0; Syrien – Singapur 1:0: 2:1; Syrien – Afghanistan 5:2, 6:0; Syrien – Kambodscha 6:0, 6:0; Singapur – Afghanistan 1:0, 1:2; Singapur – Kambodscha 2:1, 4:0; Afghanistan – Kambodscha 3:0, 1:0 – Afghanistan trug seine Heimspiele im Iran, Syrien im Oman aus.

2. Runde, Gruppe F: Thailand und Irak. Thailand – Irak 2:2, 2:2; Thailand – Vietnam 1:0, 3:0; Thailand – Taiwan 4:2, 2:0; Irak – Vietnam 1:0, 1:1; Irak – Taiwan 5:1, 2:0; Vietnam – Taiwan 4:1, 2:1 – Der Irak trug seine Heimspiele im Iran aus. Indonesien wurde ausgeschlossen.

2. Runde, Gruppe G: Südkorea. Südkorea – Libanon 1:0, 3:0; Südkorea – Kuwait nicht ausgetragen (Wertung 3:0), 1:0; Südkorea – Myanmar 4:0, 2:0; Südkorea – Laos 8:0, 5:0; Libanon – Kuwait 0:1, 0:0; Libanon – Myanmar 1:1, 2:0; Libanon – Laos 7:0, 2:0; Kuwait – Myanmar 9:0 (in Katar), nicht ausgetragen (Wertung 0:3); Kuwait – Laos nicht ausgetragen (Wertung 0:3), 2:0; Myanmar – Laos 3:1, 2:2 – Myanmar trug seine Heimspiele wegen einer Platzsperre in Thailand aus. Kuwait konnte drei Spiele wegen einer FIFA-Suspension nicht austragen.

2. Runde, Gruppe H: Usbekistan. Usbekistan – Nordkorea 3:1, 2:4; Usbekistan – Philippinen 1:0, 5:1; Usbekistan – Bahrain 1:0, 4:0; Usbekistan – Jemen 1:0, 3:1; Nordkorea – Philippinen 0:0, 2:3; Nordkorea – Bahrain 2:0, 1:0; Nordkorea – Jemen 1:0, 1:0 (Wertung 3:0); Philippinen – Bahrain 2:1, 0:2; Philippinen – Jemen 0:1, 2:0; Bahrain – Jemen 3:0, 4:0 – Der Jemen trau seine Heimspiele in Katar aus.
Endrunde, Gruppe A: Iran, Südkorea und Syrien. Iran – Südkorea 1:0, 0:0; Iran – Syrien 2:2, 0:0; Iran – Usbekistan 2:0, 1:0; Iran – China 1:0, 0:0; Iran – Katar 2:0, 1:0; Südkorea – Syrien 1:0, 0:0; Südkorea – Usbekistan 2:1, 0:0; Südkorea – China 3:2, 0:1; Südkorea – Katar 3:2, 2:3; Syrien – Usbekistan 1:0, 0:1; Syrien – China 2:2, 1:0; Syrien – Katar 3:1, 0:1; Usbekistan – China 2:0, 0:1; Usbekistan – Katar 1:0, 1:0; China – Katar 0:0, 2:1 – Syrien trug seine Heimspiele in Malaysia aus.
Endrunde, Gruppe B: Japan, Saudi-Arabien und Australien. Japan – Saudi-Arabien 2:1, 0:1; Japan – Australien 2:0, 1:1; Japan – Vereinigte Arabische Emirate 1:2, 2:0; Japan – Irak 2:1, 1:1 (im Iran); Japan – Thailand 4:0, 2:0; Saudi-Arabien – Australien 2:2, 2:3; Saudi-Arabien – Vereinigte Arabische Emirate 3:0, 1:2; Saudi-Arabien – Irak 1:0, 2:1 (in Malaysia); Saudi-Arabien – Thailand 1:0, 3:0; Australien – Vereinigte Arabische Emirate 2:0, 1:0; Australien – Irak 2:0, 1:1 (im Iran); Australien – Thailand 2:1, 2:2; Vereinigte Arabische Emirate – Irak 2:0, 0:1 (in Jordanien); Vereinigte Arabische Emirate – Thailand 3:1, 1:1; Irak – Thailand 4:0 (im Iran), 2:1.
Play-offs zur Ermittlung des Asien-Fünften: Syrien – Australien 1:1 (in Malaysia), n. V. 1:2.
Play-offs gegen den Vierten aus Nord- und Mittelamerika: Honduras – Australien 0:0, 1:3.

Ozeanien: Neuseeland
1. Runde: Samoa (Turnier auf Tonga). Samoa – Amerikanisch-Samoa 3:2; Samoa – Cook-Inseln 0:1; Samoa – Tonga 3:0; Amerikanisch-Samoa – Cook-Inseln 2:0; Amerikanisch-Samoa – Tonga 2:1; Cook-Inseln – Tonga 3:0.
2. Runde im Rahmen der Ozeanienmeisterschaft 2016 in Papua-Neuguinea
Gruppe A: Papua-Neuguinea, Neukaledonien und Tahiti. Papua-Neuguinea – Neukaledonien 1:1; Papua-Neuguinea – Tahiti 2:2; Papua-Neuguinea – Samoa 8:0; Neukaledonien – Tahiti 1:1; Neukaledonien – Samoa 7:0; Tahiti – Samoa 4:0.
Gruppe B: Neuseeland, Salomonen und Fidschi. Neuseeland – Salomonen 1:0; Neuseeland – Fidschi 3:1; Neuseeland – Vanuatu 5:0; Salomonen – Fidschi 0:1; Salomonen – Vanuatu 1:0; Fidschi – Vanuatu 2:3.
Halbfinale: Neuseeland – Neukaledonien 1:0; Papua-Neuguinea – Salomonen 2:1.
Endspiel: Neuseeland – Papua-Neuguinea n. V. 0:0, Elfmeterschießen 4:2.
3. Runde, Gruppe A: Neuseeland. Neuseeland – Neukaledonien 2:0, 0:0; Neuseeland – Fidschi 2:0, 2:0; Neukaledonien – Fidschi 2:1, 2:2.
3. Runde, Gruppe B: Salomonen. Salomonen – Tahiti 1:0, 0:3; Salomonen – Papua-Neuguinea 3:2, 2:1; Tahiti – Papua-Neuguinea 1:2, 3:1.
Endspiele: Neuseeland – Salomonen 6:1, 2:2.
Play-offs gegen den Südamerika-Fünften: Neuseeland – Peru 0:0, 0:2.

Endrunde vom 14. Juni bis 15. Juli in Russland
1. Finalrunde: Es qualifizierten sich die Gruppenersten und –zweiten.
Gruppe A: Uruguay, Russland
Russland – Saudi-Arabien 5:0 (Moskau); Ägypten – Uruguay 0:1 (Jekaterinburg; Russland – Ägypten 3:1 (St. Petersburg); Uruguay – Saudi-Arabien 1:0 (Rostow); Uruguay – Russland 3:0 (Samara); Saudi-Arabien – Ägypten 2:1 (Wolgograd).
Gruppe B: Spanien, Portugal
Marokko – Iran 0:1 (St. Petersburg); Portugal – Spanien 3:3 (Sotschi); Portugal – Marokko 1:0 (Moskau); Iran – Spanien 0:1 (Kasan); Spanien – Marokko 2:2 (Kaliningrad); Iran – Portugal 1:1 (Saransk).
Gruppe C: Frankreich, Dänemark
Frankreich – Australien 2:1 (Kasan); Peru – Dänemark 0:1 (Saransk); Dänemark – Australien 1:1 (Samara); Frankreich – Peru 1:0 (Jekaterinburg); Dänemark – Frankreich 0:0 (Moskau); Australien – Peru 0:2 (Sotschi).
Gruppe D: Kroatien, Argentinien
Argentinien – Island 1:1 (Moskau); Kroatien – Nigeria 2:0 (Kaliningrad); Argentinien – Kroatien 0:3 (Nischni Nowgorod); Nigeria – Island 2:0 (Wolgograd), Island – Kroatien 1:2 (Rostow); Nigeria – Argentinien 1:2 (St. Petersburg).

Gruppe E: Brasilien, Schweiz
Costa Rica – Serbien 0:1 (Samara); Brasilien – Schweiz 1:1 (Rostow); Brasilien – Costa Rica 2:0 (St. Petersburg); Serbien – Schweiz 1:2 (Kaliningrad); Serbien – Brasilien 0:2 (Moskau); Schweiz – Costa Rica 2:2 (Nischni Nowgorod).
Gruppe F: Schweden, Mexiko
Deutschland – Mexiko 0:1 (Moskau); Schweden – Südkorea 1:0 (Nischni Nowgorod); Südkorea – Mexiko 1:2 (Rostow); Deutschland – Schweden 2:1 (Sotschi); Mexiko – Schweden 0:3 (Jekaterinburg); Südkorea – Deutschland 2:0 (Kasan).
Gruppe G: Belgien, England
Belgien – Panama 3:0 (Sotschi); Tunesien – England 1:2 (Wolgograd); Belgien – Tunesien 5:2 (Moskau); England – Panama 6:1 (Nischni Nowgorod); England – Belgien 0:1 (Kaliningrad); Panama – Tunesien 1:2 (Saransk).
Gruppe H: Kolumbien, Japan
Kolumbien – Japan 1:2 (Saransk); Polen – Senegal 1:2 (Moskau); Japan – Senegal 2:2 (Jekaterinburg); Polen – Kolumbien 0:3 (Kasan); Senegal – Kolumbien 0:1 (Samara); Japan – Polen 0:1 (Wolgograd).
Achtelfinale: Frankreich – Argentinien 4:3 (Kasan); Uruguay – Portugal 2:1 (Sotschi); Spanien – Russland n. V. 1:1, Elfmeterschießen 3:4 (Moskau); Kroatien – Dänemark n. V. 1:1, Elfmeterschießen 3:2 (Nischni Nowgorod); Brasilien – Mexiko 2:0 (Samara); Belgien – Japan 3:2 (Rostow); Schweden – Schweiz 1:0 (St. Petersburg); Kolumbien – England n. V. 1:1; Elfmeterschießen 3:4 (Moskau).
Viertelfinale: Uruguay – Frankreich 0:2 (Nischni Nowgorod); Brasilien – Belgien 1:2 (Kasan); Schweden – England 0:2 (Samara); Russland – Kroatien n. V. 2:2, Elfmeterschießen 3:4 (Sotschi).
Halbfinale: Frankreich – Belgien 1:0 (St. Petersburg); Kroatien – England n. V. 2:1 (Moskau).
Um den dritten Platz: Belgien – England 2:0 (St. Petersburg).

Endspiel am 15. Juli 2018 in Moskau: Frankreich – Kroatien 4:2 (2:1)
Frankreich: Lloris – Pavard, Varane, Umtiti, Lucas – Pogba, Kanté (N'Zonzi) – Mbappé, Matuidi (Tolisso) – Griezmann – Giroud (Fekir).
Kroatien: Subasic – Vrsaljko, Lovren, Vida, Strinic (Pjaca) – Brozovic – Rakitic – Rebic (Kramaric), Modric, Perisic – Mandzukic.
Tore: Eigentor Mandzukic, Griezmann, Pogba, Mbappé (Perisic, Mandzukic) – Zuschauer: 78 011 – SR: Pitana (Argentinien).

WM-Torschützenkönige

1930	Stabile (Argentinien)	8
1934	Nejedly (Tschechoslowakei)	5
1938	Leonidas (Brasilien)	7
1950	Ademir (Brasilien)	8
1954	Kocsis (Ungarn)	11
1958	Fontaine (Frankreich)	13
1962	Garrincha, Vava (Brasilien), Sanchez (Chile), Iwanow (UdSSR), Albert (Ungarn), Jerkovic (Jugoslawien)	je 4
1966	Eusebio (Portugal)	9
1970	Gerd Müller (Deutschland)	10
1974	Lato (Polen)	7
1978	Kempes (Argentinien)	6
1982	Rossi (Italien)	6
1986	Lineker (England)	6
1990	Schillaci (Italien)	6
1994	Salenko (Russland), Stoitchkov (Bulgarien)	je 6
1998	Suker (Kroatien)	6
2002	Ronaldo (Brasilien)	8
2006	Klose (Deutschland)	5
2010	Thomas Müller (Deutschland) (auf Grund weniger gespielten Minuten und mehr Vorlagen gegenüber Forlan (Uruguay), Sneijder (Niederlande) und Villa (Spanien).	5
2014	James (Kolumbien)	6
2018	Kane (England)	6

Die deutschen Weltmeisterschafts-Aufgebote (alphabetisch)

1934: Eingesetzt: Bender, Busch, Conen, Gramlich, Haringer, Heidemann, Hohmann, Jakob, Janes, Kobierski, Kreß, Lehner, Münzenberg, Noack, Schwartz, Siffling, Szepan, Zielinski – Nicht eingesetzt: Albrecht – Auf Abruf: Buchloh, Dienert, Streb.

1938: Eingesetzt: Gauchel, Gellesch, Goldbrunner, Hahnemann, Janes, Kitzinger, Kupfer, Lehner, Mock, Neumer, Pesser, Raftl, Schmaus, Skoumal, Streitle, Stroh, Szepan – Nicht eingesetzt: Buchloh, Jakob, Münzenberg, Siffling, Wagner.

1954: Eingesetzt: Bauer, Eckel, R. Herrmann, B. Klodt, Kohlmeyer, Kwiatkowski, Laband, Liebrich, Mai, Mebus, Morlock, Pfaff, Posipal, Rahn, Schäfer, Turek, F. Walter, O. Walter – Nicht eingesetzt: Biesinger, Erhardt, Kubsch, Metzner.

1958: Eingesetzt: Cieslarczyk, Eckel, Erhardt, Herkenrath, Juskowiak, Kelbassa, B. Klodt, Kwiatkowski, Rahn, Schäfer, A. Schmidt, Schnellinger, Uwe Seeler, Stollenwerk, Sturm, Szymaniak, F. Walter, Wewers – Auf Abruf: R. Hoffmann, Nuber, Peters, Sawitzki.

1962: Eingesetzt: Brülls, Erhardt, Fahrian, Giesemann, Haller, Kraus, Koslowski, Nowak, Schäfer, Schnellinger, W. Schulz, Uwe Seeler, Sturm, Szymaniak – Nicht eingesetzt: G. Herrmann, Kurbjuhn, Sawitzki, Strehl, Tilkowski, Vollmar, Werner, Wilden.

1966: Eingesetzt: Beckenbauer, Brülls, Emmerich, Haller, Held, Höttges, Krämer, Lutz, Overath, Schnellinger, W. Schulz, Uwe Seeler, Tilkowski, Weber – Nicht eingesetzt: Bernard, Grabowski, Hornig, Lorenz, Maier, Patzke, Paul, Sieloff.

1970: Eingesetzt: Beckenbauer, Fichtel, Grabowski, Haller, Held, Höttges, Libuda, Löhr, Lorenz, Maier, G. Müller, Overath, Patzke, Schnellinger, W. Schulz, Uwe Seeler, Vogts, Weber, Wolter – Nicht eingesetzt: Dietrich, Manglitz, Sieloff.

1974: Eingesetzt: Beckenbauer, Bonhof, Breitner, Cullmann, Flohe, Grabowski, Herzog, Heynckes, U. Hoeneß, Hölzenbein, Höttges, Maier, G. Müller, Netzer, Overath, Schwarzenbeck, Vogts, Wimmer – Nicht eingesetzt: Kapellmann, Kleff, H. Kremers, Nigbur.

1978: Eingesetzt: Abramczik, Beer, Bonhof, Dietz, Fischer, Flohe, Hölzenbein, Kaltz, Konopka, Maier, Dieter Müller, Hans Müller, K. H. Rummenigge, Rüßmann, Vogts, Herbert Zimmermann – Nicht eingesetzt: Burdenski, Cullmann, Kargus, Schwarzenbeck, Worm, Zewe.

1982: Eingesetzt: Breitner, Briegel, Dremmler, Fischer, B. Förster, Kh. Förster, Hrubesch, Kaltz, Littbarski, Magath, Matthäus, Hans Müller, Reinders, K. H. Rummenigge, Schumacher, Stielike – Nicht eingesetzt: Franke, Hannes, Immel – Auf Abruf: T. Allofs, Engels, Hieronymus.

1986: Eingesetzt: Kl. Allofs, Augenthaler, Berthold, Brehme, Briegel, Eder, Kh. Förster, Herget, D. Hoeneß, Jakobs, Littbarski, Magath, Matthäus, Rolff, K. H. Rummenigge, Schumacher, Völler – Nicht eingesetzt: Allgöwer, Immel, Rahn, Stein, Thon.

1990: Eingesetzt: Augenthaler. Bein, Berthold, Brehme, Buchwald, Häßler, Illgner, Klinsmann, Kohler, Littbarski, Matthäus, Möller, Pflügler, Reuter, Riedle, Thon, Völler – Nicht eingesetzt: Aumann, Hermann, Köpke, Mill, Steiner.

1994: Eingesetzt: Basler, Berthold, Brehme, Buchwald, Effenberg, Häßler, Helmer, Illgner, Klinsmann, Kohler, Kuntz, Matthäus, Möller, Riedle, Sammer, Strunz, Völler, Wagner – Nicht eingesetzt: Gaudino, Kahn, Kirsten, Köpke.

1998: Eingesetzt: Babbel, Bierhoff, Hamann, Häßler, Helmer, Heinrich, Jeremies, Kirsten, Klinsmann, Kohler, Köpke, Marschall, Matthäus, Möller, Reuter, Tarnat, Thon, Wörns, Ziege – Nicht eingesetzt: Freund, Kahn, Lehmann.

2002: Eingesetzt:Asamoah, Ballack, Baumann, Bierhoff, Bode, Frings, Hamann, Jancker, Jeremies, Kahn, Kehl, Klose, Linke, Metzelder, Neuville, Ramelow, Rehmer, Schneider, Ziege, – Nicht eingesetzt: Lehmann, Butt, Böhme, Ricken.

2006: Eingesetzt: Asamoah, Ballack, Borowski, Friedrich, Frings, Hanke, Hitzlsperger, Huth, Jansen, Kahn, Kehl, Klose, Lahm, Lehmann, Mertesacker, Metzelder, Neuville, Nowotny, Odonkor, Podolski, Schneider, Schweinsteiger – Nicht eingesetzt: Hildebrand.

2010: Eingesetzt: Aogo, Badstuber, Boateng, Butt, Cacau, Friedrich, Gomez, Jansen, Khedira, Kießling, Klose, Kroos, Lahm, Marin, Mertesacker, Th. Müller, Neuer, Özil, Podolski, Schweinsteiger, Tasci, Trochowski – Nicht eingesetzt: Wiese.

2014: Eingesetzt: Boateng, Draxler, Götze, Höwedes, Hummels, Khedira, Klose, Kramer, Kroos, Lahm, Mertesacker, Th. Müller, Mustafi, Neuer, Özil, Podolski, Schürrle, Schweinsteiger – Nicht eingesetzt: Durm, Ginter, Großkreutz, Weidenfeller, Zieler.

2018: Eingesetzt: Boateng, Brandt, Draxler, Gomez, Goretzka, Gündogan, Hector, Hummels, Khedira, Kimmich, Kroos, Th. Müller, Neuer, Özil, Plattenhardt, Reus, Rudy, Rüdiger, Süle, Werner – Nicht eingesetzt: Ginter, ter Stegen, Trapp.

FIFA Confederations Cup

Die bisherigen Sieger (1992 und 1995 „King Fahd Trophy", seit 1997 unter FIFA-Regie):
1992 Argentinien – 1995 Dänemark – 1997 Brasilien – 1999 Mexiko – 2001, 2003 Frankreich – 2005, 2009, 2013 Brasilien – 2017 Deutschland

1992: Argentinien (Trainer: Basile)

Turnier vom 15. bis 20. Oktober 1992 in Riad/Saudi-Arabien

Teilnehmer: Saudi-Arabien (Ausrichter und Asienmeister 1988), Argentinien (Südamerikameister 1991), Elfenbeinküste (Afrikameister 1992), USA (Sieger CONCACAF Gold Cup 1991).

Halbfinale: Argentinien – Elfenbeinküste 4:0; Saudi-Arabien – USA 3:0.

Um den 3. Platz: USA – Elfenbeinküste 5:2.

Endspiel am 20. Oktober 1992 in Riad: Argentinien – Saudi-Arabien 3:1 (2:0)
Argentinien: Goycochea – Vazquez, Altamirano, Basualdo, Ruggeri, Redondo, Villareal (Cagna), Simeone, Rodriguez (Acosta), Caniggia, Batistuta.
Tore: Rodriguez, Caniggia, Simeone (Owairan) – Zuschauer: 75 000 – SR: Chong (Mauritius).

1995: Dänemark (Trainer: Möller-Nielsen)

Turnier vom 6. bis 13. Januar 1995 in Riad/Saudi-Arabien

Teilnehmer: Saudi-Arabien (Ausrichter), Argentinien (Titelverteidiger und Südamerikameister 1993), Dänemark (Europameister 1992), Japan (Asienmeister 1992), Mexiko (Sieger CONCACAF Gold Cup 1993), Nigeria (Afrikameister 1994).

Gruppe A: Dänemark. Saudi-Arabien – Mexiko 0:2; Saudi-Arabien – Dänemark 0:2; Mexiko – Dänemark 1:1, Elfmeterschießen 2:4.
Gruppe B: Argentinien. Japan – Nigeria 0:3; Japan – Argentinien 1:5; Argentinien – Nigeria 0:0.

Um den 3. Platz: Mexiko – Nigeria 1:1, Elfmeterschießen 5:4.

Endspiel am 13. Januar 1995 in Riad: Dänemark – Argentinien 2:0 (1:0)
Dänemark: Krogh – Hansen, Rieper, Jes Hogh, Schjonberg – Steen Nielsen, M. Laudrup (Wieghorst), B. Laudrup – Laursen (Risager), Kristensen, Rasmussen.
Tore: M. Laudrup, Rasmussen – Zuschauer: 35 000 – SR: Bujsaim (Vereinigte Arabische Emirate).

1997: Brasilien (Trainer: Zagalo)

Turnier vom 12. bis 21. Dezember 1997 in Riad/Saudi-Arabien

Teilnehmer: Saudi-Arabien (Ausrichter und Asienmeister 1996), Australien (Ozeanienmeister 1996), Brasilien (Weltmeister 1994), Mexiko (Sieger CONCACAF Gold Cup 1996), Südafrika (Afrikameister 1996), Tschechien (Zweiter der EM 1996, Europameister Deutschland verzichtete), Uruguay (Südamerikameister 1995), Vereinigte Arabische Emirate (Zweiter der Asienmeisterschaft 1996).

Gruppe A: Brasilien und Australien. Saudi-Arabien – Brasilien 0:3; Australien – Mexiko 3:1; Saudi-Arabien – Mexiko 0:5; Brasilien – Australien 0:0; Saudi-Arabien – Australien 1:0; Mexiko – Brasilien 2:3.
Gruppe B: Uruguay und Tschechien. Vereinigte Arabische Emirate – Uruguay 0:2; Tschechien – Südafrika 2:2; Vereinigte Arabische Emirate – Südafrika 1:0; Uruguay – Tschechien 2:1; Vereinigte Arabische Emirate – Tschechien 1:6; Südafrika – Uruguay 3:4.

Halbfinale: Brasilien – Tschechien 2:0; Uruguay – Australien i. V. 0:1 („Golden Goal").
Um den 3. Platz: Tschechien – Uruguay 1:0.

Endspiel am 21. Dezember 1997 in Riad: Brasilien – Australien 6:0 (3:0)
Brasilien: Dida – Cafu, Junior Baiano, Aldair, Roberto Carlos – Dunga, Cesar Sampaio, Juninho Paulista, Denilson – Ronaldo, Romario.
Tore: Ronaldo 3, Romario 3 – Zuschauer: 45 000 – SR: Praset (Thailand).

1999: Mexiko (Trainer: Lapuente)

Turnier vom 24. Juli bis 4. August 1999 in Mexiko

Teilnehmer: Mexiko (Ausrichter und Sieger CONCACAF Gold Cup 1998), Ägypten (Afrikameister 1998), Bolivien (Zweiter der Südamerikameisterschaft 1997), Brasilien (Titelverteidiger und Südamerikameister 1997), Deutschland (Europameister 1996, Weltmeister Frankreich verzichtete), Neuseeland (Ozeanienmeister 1998), Saudi-Arabien (Asienmeister 1996), USA (Zweiter CONCACAF Gold Cup 1998)

Gruppe A (in Mexiko City): Mexiko und Saudi-Arabien. Mexiko – Saudi-Arabien 5:1; Bolivien – Ägypten 2:2; Saudi-Arabien – Bolivien 0:0; Mexiko – Ägypten 2:2; Ägypten – Saudi-Arabien 1:5; Bolivien – Mexiko 0:1.
Gruppe B (in Guadalajara): Brasilien und USA. Brasilien – Deutschland 4:0; Neuseeland – USA 1:2; Deutschland – Neuseeland 2:0; Brasilien – USA 1:0; USA – Deutschland 2:0; Neuseeland – Brasilien 0:2.

Halbfinale: Brasilien – Saudi-Arabien 8:2 (Guadalajara); Mexiko – USA i. V. 1:0 („Golden Goal"/Mexiko City).

Um den 3. Platz: USA – Saudi-Arabien 2:0 (Guadalajara)

Endspiel am 4. August 1999 in Mexiko City: Mexiko – Brasilien 4:3 (2:1)
Mexiko: Jorge Campos – Carmona, Suarez, Marquez, Villa – Pardo, Palencia (Terrazas), Zepeda (Arellano), Ramirez – Abundis, Blanco.
Tore: Zepeda 2, Abundis, Blanco (Serginho, Roni, Ze Roberto) – Zuschauer: 110 000 – SR: Frisk (Schweden).

Das deutsche Aufgebot: Ballack, Dogan, Gerber, Heinrich, Heldt, Lehmann, Linke, Marschall, Matthäus, Maul, Neuville, Preetz, Ricken, Rink, Schneider, Scholl, Wörns, Wosz – Nicht eingesetzt: Baumann, Enke.

2001: Frankreich (Trainer: Lemerre)

Turnier vom 30. Mai bis 10. Juni 2001 in Südkorea (Gruppe A) und Japan (Gruppe B)

Teilnehmer: Japan (Ausrichter und Asienmeister 2001), Südkorea (Ausrichter), Australien (Ozeanienmeister 2000), Brasilien (Südamerikameister 1999), Frankreich (Weltmeister 1998 und Europameister 2000), Kamerun (Afrikameister 2000), Kanada (Sieger CONCACAF Gold Cup 2000), Mexiko (Titelverteidiger).

Gruppe A: Frankreich und Australien. Frankreich – Südkorea 5:0 (Taegu); Mexiko – Australien 0:2 (Suwon); Australien – Frankreich 1:0 (Taegu); Südkorea – Mexiko 2:1 (Ulsan); Frankreich – Mexiko 4:0 (Ulsan); Südkorea – Australien 1:0 (Suwon).
Gruppe B: Japan und Brasilien. Brasilien – Kamerun 2:0 (Ibaraki); Japan – Kanada 3:0 (Niigata); Kanada – Brasilien 0:0 (Ibaraki); Kamerun – Japan 0:2 (Niigata); Brasilien – Japan 0:0 (Ibraki); Kamerun – Kanada 2:0 (Niigata).

Halbfinale: Japan – Australien 1:0 (Yokohama); Frankreich – Brasilien 2:1 (Suwon).
Um den 3. Platz: Australien – Brasilien 1:0 (Ulsan).

Endspiel am 10. Juni 2001 in Yokohama: Frankreich – Japan 1:0 (1:0)
Frankreich: Rame – Karembeu, Desailly, Leboeuf, Lizarazu – Vieira, Pires, Wiltord, Djorkaeff (Carriere) – Marlet (Robert), Anelka.
Tor: Vieira – Zuschauer: 65 335 – SR: Bujsaim (Vereinigte Arabische Emirate).

2003: Frankreich (Trainer: Santini)

Turnier vom 18. bis 29. Juni 2003 in Frankreich

Teilnehmer: Frankreich (Ausrichter, Europameister 2000, Titelverteidiger), Brasilien (Weltmeister 2002), Japan (Asienmeister 2000), Kamerun (Afrikameister 2002), Kolumbien (Südamerikameister 2001), Neuseeland (Ozeanienmeister 2002), Türkei (Dritter der WM 2002, Deutschland/WM-Zweiter

2002, Italien/EM-Zweiter 2000 und Spanien/Zweitplatzierter der FIFA-Weltrangliste verzichteten), USA (Sieger CONCACAF Gold Cup 2002).

Gruppe A: Frankreich und Kolumbien. Neuseeland – Japan 0:3 (St. Etienne); Frankreich – Kolumbien 1:0 (Lyon); Kolumbien – Neuseeland 3:1 (Lyon); Frankreich – Japan 2:1 (St. Etienne); Frankreich – Neuseeland 5:0 (Paris St. Denis); Japan – Kolumbien 0:1 (St. Etienne).
Gruppe B: Kamerun und Türkei. Türkei – USA 2:1 (St. Etienne); Brasilien – Kamerun 0:1 (Paris St. Denis); Kamerun – Türkei 1:0 (Paris St. Denis); Brasilien – USA 1:0 (Lyon); Brasilien – Türkei 2:2 (St. Etienne); USA – Kamerun 0:0 (Lyon).

Halbfinale: Kamerun – Kolumbien 1:0 (Lyon); Frankreich – Türkei 3:2 (Paris St. Denis).
Um den 3. Platz: Türkei – Kolumbien 2:1 (St. Etienne).

Endspiel am 29. Juni 2003 in Paris St. Denis: Frankreich – Kamerun i. V. 1:0 (0:0, 0:0) („Golden Goal")
Frankreich: Barthez – Sagnol (Thuram), Desailly, Gallas, Lizarazu – Giuly, Pedretti, Dacourt (Kapo), Wiltord (Pires) – Cisse, Henry.
Tor: Henry – Zuschauer: 51 985 – SR: Ivanov (Russland).

2005: Brasilien (Trainer: Parreira)

Turnier vom 15. bis 29. Juni 2005 in Deutschland

Teilnehmer: Deutschland (Ausrichter), Argentinien (Zweiter der Südamerikameisterschaft 2004), Australien (Ozeanienmeister 2004), Brasilien (Weltmeister 2002 und Südamerikameister 2004), Griechenland (Europameister 2004), Japan (Asienmeister 2004), Mexiko (Sieger CONCACAF Gold Cup 2003), Tunesien (Afrikameister 2004).

Gruppe A: Deutschland und Argentinien. Argentinien – Tunesien 2:1 (Köln); Deutschland – Australien 4:3 (Frankfurt); Tunesien – Deutschland 0:3 (Köln); Australien – Argentinien 2:4 (Nürnberg); Australien – Tunesien 0:2 (Leipzig); Argentinien – Deutschland 2:2 (Nürnberg).
Gruppe B: Mexiko und Brasilien. Japan – Mexiko 1:2 (Hannover); Brasilien – Griechenland 3:0 (Leipzig); Griechenland – Japan 0:1 (Frankfurt); Mexiko – Brasilien 1:0 (Hannover); Griechenland – Mexiko 0:0 (Frankfurt); Japan – Brasilien 2:2 (Köln).

Halbfinale: Deutschland – Brasilien 2:3 (Nürnberg); Mexiko – Argentnien n. V. 1:1, Elfmeterschießen 5:6 (Hannover).
Um den 3. Platz: Deutschland – Mexiko n. V. 4:3 (Leipzig).

Endspiel am 29. Juni 2005 in Frankfurt: Brasilien – Argentinien 4:1 (2:0)
Brasilien: Dida – Cicinho (Maicon), Lucio, Roque Junior, Gilberto – Emerson, Zé Roberto – Kaka (Renato), Ronaldinho – Robinho (Juninho), Adriano.
Tore: Adriano 2, Kaka, Ronaldinho (Aimar) – Zuschauer: 45 591 – SR: Michel (Slowakei).

Das deutsche Aufgebot: Asamoah, Ballack, Borowski, Deisler, Engelhardt, Ernst, A. Friedrich, Frings, Hanke, Hildebrand, Hinkel, Hitzlsperger, Huth, Kahn, Kuranyi, Lehmann, Mertesacker, Podolski, Schneider, Schweinsteiger – Nicht eingesetzt: Brdaric, Owomoyela.

2009: Brasilien (Trainer: Dunga)

Turnier vom 14. bis 28. Juni 2009 in Südafrika

Teilnehmer: Südafrika (Ausrichter), Ägypten (Afrikameister 2008), Brasilien (Südamerikameister 2007 und Titelverteidiger), Irak (Asienmeister 2007), Italien (Weltmeister 2006), Neuseeland (Ozeanienmeister 2008), Spanien (Europameister 2008), USA (Sieger CONCACAF Gold Cup 2007).

Gruppe A: Spanien und Südafrika. Südafrika – Irak 0:0 (Johannesburg); Neuseeland – Spanien 0:5 (Rustenburg); Spanien – Irak 1:0 (Mangaung/Bloemfontein); Südafrika – Neuseeland 2:0 (Rustenburg); Irak – Neuseeland 0:0 (Johannesburg); Spanien – Südafrika 2:0 (Mangaung/Bloemfontein).
Gruppe B: Brasilien und USA. Brasilien – Ägypten 4:3 (Mangaung/Bloemfontein); USA – Italien 1:3 (Tshwane/Pretoria); USA – Brasilien 0:3 (Tshwane/Pretoria); Ägypten – Italien 1:0 (Johannesburg); Italien – Brasilien 0:3 (Tshwane/Pretoria); Ägypten – USA 0:3 (Rustenburg).

Halbfinale: Spanien – USA 0:2 (Mangaung/Bloemfontein); Brasilien – Südafrika 1:0 (Johannesburg).
Um den 3. Platz: Spanien – Südafrika n. V. 3:2 (Rustenburg).

Endspiel am 28. Juni 2009 in Johannesburg: Brasilien – USA 3:2 (0:2)
Brasilien: Julio Cesar – Maicon – Lucio, Luisao, Andre Santos (Daniel Alves) – Gilberto Silva, Felipe Melo – Ramires (Elano), Kaka – Robinho, Luis Fabiano.
Tore: Luis Fabiano 2, Lucio (Dempsey, Donovan) – Zuschauer: 52 291 – SR: Hansson (Schweden).

2013: Brasilien (Trainer: Scolari)

Turnier vom 15. Juni bis 1. Juli 2013 in Brasilien

Teilnehmer: Brasilien (Ausrichter und Titelverteidiger), Italien (EM-Finalist 2012), Japan (Asienmeister 2011), Mexiko (Sieger CONCACAF Gold Cup 2011), Spanien (Weltmeister 2010 und Europameister 2012), Tahiti (Ozeanienmeister 2012), Uruguay (Südamerikameister 2011), Nigeria (Afrikameister 2013).

Gruppe A: Brasilien und Italien. Brasilien – Japan 3:0 (Brasilia); Mexiko – Italien 1:2 (Rio de Janeiro); Brasilien – Mexiko 2:0 (Fortaleza); Italien – Japan 4:3 (Recife); Japan – Mexiko 1:2 (Belo Horizonte); Italien – Brasilien 2:4 (Salvador).
Gruppe B: Spanien und Uruguay. Spanien – Uruguay 2:1 (Recife); Tahiti – Nigeria 1:6 (Belo Horizonte); Spanien – Tahiti 10:0 (Rio de Janeiro); Nigeria – Uruguay 1:2 (Salvador); Nigeria – Spanien 0:3 (Fortaleza); Uruguay – Tahiti 8:0 (Recife).

Halbfinale: Brasilien – Uruguay 2:1 (Belo Horizonte); Spanien – Italien n. V. 0:0, Elfmeterschießen 7:6 (Fortaleza).
Um den 3. Platz: Italien – Uruguay n. V. 2:2, Elfmeterschießen 3:2 (Salvador).

Endspiel am 1. Juli 2013 in Rio de Janeiro: Brasilien – Spanien 3:0 (2:0)
Brasilien: Julio Cesar – Dani Alves, Thiago Silva, David Luiz, Marcelo – Luiz Gustavo – Paulinho (Hernanes), Oscar – Hulk (Jadson), Neymar – Fred (Jo).
Tore: Fred 2, Neymar – Zuschauer: 73 531 – SR: Kuipers (Niederlande).

2017: Deutschland (Trainer: Löw)

Turnier vom 15. Juni bis 1. Juli 2013 in Russland

Teilnehmer: Russland (Ausrichter), Australien (Asienmeister 2015), Chile (Südamerikameister 2015), Deutschland (Weltmeister 2014), Kamerun (Afrikameister 2017), Mexiko (Sieger CONCACAF Gold Cup 2015), Neuseeland (Ozeanienmeister 2016), Portugal (Europameister 2016).

Gruppe A: Portugal und Mexiko. Russland – Neuseeland 2:0 (St. Petersburg); Portugal – Mexiko 2:2 (Kasan); Russland – Portugal 0:1 (Moskau); Mexiko – Neuseeland 2:1 (Sotschi); Mexiko – Russland 2:1 (Kasan); Neuseeland – Portugal 0:4 (St. Petersburg).
Gruppe B: Deutschland und Chile. Kamerun – Chile 0:2 (Moskau); Australien – Deutschland 2:3 (Sotschi); Kamerun – Australien 1:1 (St. Petersburg); Deutschland – Chile 1:1 (Kasan); Deutschland – Kamerun 3:1 (Sotschi); Chile – Australien 1:1 (Moskau).

Halbfinale: Portugal – Chile n. V. 0:0, Elfmeterschießen 0:3 (Kasan); Deutschland – Mexiko 4:1 (Sotschi).
Um den 3. Platz: Portugal – Mexiko n. V. 2:1.

Endspiel am 2. Juli 2017 in St. Petersburg: Deutschland – Chile 1:0 (1:0)
Deutschland: ter Stegen – Ginter, Mustafi, Rüdiger – Kimmich, Goretzka (Süle), Rudy, Hector – Stindl, Draxler – Werner (Can).
Tor: Stindl – Zuschauer: 57 268 – SR: Mazic (Serbien).

Das deutsche Aufgebot: Brandt, Can, Demirbay, Draxler, Ginter, Goretzka, Hector, Henrichs, Kimmich, Leno, Mustafi, Plattenhardt, Rudy, Rüdiger, Stindl, Süle, ter Stegen, Wagner, Werner, Younes – nicht eingesetzt: Trapp.

Die Torschützenkönige des Confederation Cups

1992	Batistuta (Argentinien), Murray (USA)	je 2
1995	Garcia (Mexiko)	3
1997	Romario (Brasilien)	7
1999	Al-Otaibi (Saudi-Arabien), Blanco (Mexiko), Ronaldinho (Brasilien)	je 6
2001	Carriere, Pires, Vieira, Wiltord (Frankreich), Hwang (Südkorea), Murphy (Australien), Suzuki (Japan)	je 2
2003	Henry (Frankreich)	4
2005	Adriano (Brasilien)	5
2009	Luis Fabiano (Brasilien)	5
2013	Fernando Torres (Spanien) (auf Grund mehr Vorlagen gegenüber Fred (Brasilien).	5
2017	Werner (Deutschland) (auf Grund mehr Vorlagen gegenüber Stindl und Goretzka (beide Deutschland)).	3

Junioren-Weltmeisterschaft U 20

Die bisherigen Sieger (bis 1979 unter der Bezeichnung „Jugend-Weltturnier"):

1977 Sowjetunion – 1979 Argentinien – 1981 Deutschland – 1983, 1985 Brasilien – 1987 Jugoslawien – 1989, 1991 Portugal – 1993 Brasilien – 1995, 1997 Argentinien – 1999 Spanien – 2001 Argentinien – 2003 Brasilien – 2005, 2007 Argentinien – 2009 Ghana – 2011 Brasilien – 2013 Frankreich – 2015 Serbien – 2017 England – 2019 Ukraine – 2021 (auf 2023 verlegt).

1977: Sowjetunion

Vom 27. Juni bis 10. Juli 1977 in Tunesien

Gruppe A: Mexiko. Frankreich – Spanien 1:2, Mexiko – Tunesien 6:0, Spanien – Mexiko 1:1, Tunesien – Frankreich 0:1, Frankreich – Mexiko 1:1, Spanien – Tunesien 0:1.
Gruppe B: Uruguay. Marokko – Honduras 0:1, Uruguay – Ungarn 2:1, Honduras – Uruguay 0:1, Ungarn – Marokko 2:0, Ungarn – Honduras 0:2, Uruguay – Marokko 3:0.
Gruppe C: Brasilien. Italien – Elfenbeinküste 1:1, Brasilien – Iran 5:1, Iran – Italien 0:0, Elfenbeinküste – Brasilien 1:1, Iran – Elfenbeinküste, 3:0, Brasilien – Italien 2:0.
Gruppe D: Sowjetunion. Sowjetunion – Irak 3:1, Paraguay – Österreich 1:0, Irak – Österreich 5:1, Paraguay – Sowjetunion 1:2, Paraguay – Irak 4:0, Österreich – Sowjetunion 0:0.

Halbfinale: Mexiko – Brasilien 1:1/Elfmeterschießen 5:3, Uruguay – Sowjetunion 0:0/Elfmeterschießen 3:4.
Um den dritten Platz: Brasilien – Uruguay 4:0.

Endspiel am 10. Juli 1977 in Tunis: Sowjetunion – Mexiko n. V. 2:2 (2.2, 0:0)/Elfmeterschießen 7:6
Sowjetunion: Nowikow – Kriachka, Baltacha, Kaplun, Iljim – Bal, Bessonow, Khidiatullin – Bychkow, Bodrow, Sopko – Tore: Iljim, Bessonow (Garduno, Manzo) – Zuschauer: 22 000 – SR.: Vautrot (Frankreich).

1979: Argentinien

Vom 25. August bis 7. September 1979 in Japan

Gruppe A: Spanien und Algerien. Japan – Spanien 0:1, Mexiko – Algerien 1:1, Spanien – Mexiko 2:1, Algerien – Japan 0:0, Japan – Mexiko 1:1, Spanien – Algerien 0:1.
Gruppe B: Argentinien und Polen. Polen – Jugoslawien 2:0, Argentinien – Indonesien 5:0, Jugoslawien – Argentinien 0:1, Indonesien – Polen 0:6, Polen – Argentinien 1:4, Jugoslawien – Indonesien 5:0.
Gruppe C: Paraguay und Portugal. Kanada – Portugal 2:1, Paraguay – Südkorea 3:0, Portugal – Paraguay 1:0, Südkorea – Kanada 1:0, Kanada – Paraguay 0:3, Portugal – Südkorea 0:0.
Gruppe D: Uruguay und Sowjetunion. Ungarn – Uruguay 0:2, Guinea – Sowjetunion 0:3, Sowjetunion – Ungarn 5:1, Uruguay – Guinea 5:0, Sowjetunion – Uruguay 0:1, Ungarn – Guinea 2:0.

Viertelfinale: Argentinien – Algerien 5:0, Uruguay – Portugal n. V. 1:0, Polen – Spanien n. V. 0:0/Elfmeterschießen 4:3, Sowjetunion – Paraguay n. V. 2:2/Elfmeterschießen 4:3.
Halbfinale: Argentinien – Uruguay 2:0, Sowjetunion – Polen 1:0.
Um den dritten Platz: Uruguay – Polen n. V. 1:1/Elfmeterschießen 5:3.

Endspiel am 7. September 1979 in Tokio: Argentinien – Sowjetunion 3:1 (0:0)
Argentinien: Garcia – Simon, Carabelli, Rossi, Alves – Barbas, Rinaldi (Mezza), Maradona – Escudero, Diaz, Calderon – Tore: Alves, Diaz, Maradona (Ponomarew) – Zuschauer: 52 000 – SR.: Wright (Brasilien).

1981: Deutschland

Vom 3. bis 18. Oktober 1981 in Australien

Gruppe A: Uruguay und Katar. Polen – Katar 0:1, USA – Uruguay 0:3, USA – Katar 1:1, Uruguay – Polen 1:0, Katar – Uruguay 0:1, USA – Polen 0:4.
Gruppe B: Brasilien und Rumänien. Italien – Südkorea 1:4, Rumänien – Brasilien 1:1, Italien – Brasilien 0:1, Südkorea – Rumänien 0:1, Südkorea – Brasilien 0:3, Italien – Rumänien 0:1.
Gruppe C: Deutschland und Ägypten. Deutschland – Mexiko 1:0, Spanien – Ägypten 2:2, Deutschland – Ägypten 1:2, Spanien – Mexiko 1:1, Deutschland – Spanien 4:2, Mexiko – Ägypten 3:3.
Gruppe D: England und Australien. England – Kamerun 2:0, Australien – Argentinien 2:1, Australien – Kamerun 3:3, England – Argentinien 1:1, Kamerun – Argentinien 0:1, England – Australien 1:1.

Viertelfinale: Deutschland – Australien 1:0, Uruguay – Rumänien 1:2, Brasilien – Katar 2:3, England – Ägypten 4:2.
Halbfinale: Deutschland – Rumänien n. V. 1:0, Katar – England 2:1.
Um den dritten Platz: Rumänien – England 1:0.
Endspiel am 18. Oktober 1981 in Sydney: Deutschland – Katar 4:0 (2:0)
Deutschland: Vollborn – Winklhofer, Zorc, Schmidkunz, Trieb – Sievers (Brunner). Schön, Loose – Anthes, Wohlfarth, Brummer (Herbst) – Im Verlauf des Turniers noch eingesetzt: Hermann, Nushöhr – Tore: Loose 2, Wohlfarth, Anthes – Zuschauer: 18 500 – SR: Coelho (Brasilien).

1983: Brasilien

Vom 5. bis 19. Juni 1983 in Mexiko

Gruppe A: Schottland und Südkorea. Mexiko – Australien 1:1, Schottland – Südkorea 2:0, Mexiko – Südkorea 1:2, Australien – Schottland 2:1, Mexiko – Schottland 0:1, Australien – Südkorea 1:2.
Gruppe B: Uruguay und Polen. Uruguay – USA 3:2, Polen – Elfenbeinküste 7:2, USA – Elfenbeinküste 1:0, Uruguay – Polen 3:1, USA – Polen 0:2, Uruguay – Elfenbeinküste 0:0.
Gruppe C: Argentinien und Tschechoslowakei. Tschechoslowakei – Österreich 4:0, Argentinien – China 5:0, Argentinien – Österreich 3:0, Tschechoslowakei – China 3:2, Argentinien – Tschechoslowakei 2:0, China – Österreich 3:0.
Gruppe D: Brasilien und Niederlande. Brasilien – Niederlande 1:1, Nigeria – Sowjetunion 1:0, Brasilien – Nigeria 3:0, Niederlande – Sowjetunion 3:2, Brasilien – Sowjetunion 2:1, Niederlande – Nigeria 0:0.

Viertelfinale: Schottland – Polen 0:1, Uruguay – Südkorea n. V. 1:2, Argentinien – Niederlande 2:1, Brasilien – Tschechoslowakei4:1.
Halbfinale: Brasilien – Südkorea 2:1, Argentinien – Polen 1:0.
Um den dritten Platz: Polen – Südkorea n. V. 2:1.

Endspiel am 19. Juni 1983 in Mexiko City: Brasilien – Argentinien 1:0 (1:0)
Brasilien: Hugo – Heitor, Guto, Boni, Jorginho – Dunga, Gillmar (Demetrio), Geovani – Maurizinho, Marinho (Bebeto), Paulinho – Tor: Geovani – Zuschauer: 100 000 – SR.: Biguet (Frankreich).

1985: Brasilien

Vom 24. August bis 7. September 1985 in der Sowjetunion

Gruppe A: Bulgarien und Kolumbien (durch Los). Ungarn – Kolumbien 2:2, Tunesien – Bulgarien 0:2, Ungarn Tunesien 2:1, Kolumbien – Bulgarien 1:1, Ungarn – Bulgarien 1:1, Kolumbien – Tunesien 2:1.
Gruppe B: Brasilien und Spanien. Irland – Brasilien 1:2, Saudi-Arabien – Spanien 0:0, Irland – Saudi-Arabien 0:1, Brasilien – Spanien 2:0, Irland – Spanien 2:4, Brasilien – Saudi-Arabien 1:0.
Gruppe C: Sowjetunion und Nigeria. Sowjetunion – Australien 0:0, Nigeria – Kanada 2:0, Sowjetunion – Nigeria 2:1, Australien – Kanada 0:0, Sowjetunion – Kanada 5:0, Australien – Nigeria 2:3.
Gruppe D: Mexiko und China. England – Paraguay 2:2, China – Mexiko 1:3, England – China 0:2, Paraguay – Mexiko 0:2, England – Mexiko 0:1, Paraguay – China 1:2.

Viertelfinale: Bulgarien – Spanien 1:2, Brasilien – Kolumbien 6:0, Sowjetunion – China 1:0, Mexiko – Nigeria 1:2.
Halbfinale: Sowjetunion – Spanien n. V. 2:2/Elfmeterschießen 3:4, Brasilien – Nigeria 2:0.
Um den dritten Platz: Nigeria – Sowjetunion n. V. 0:0/Elfmeterschießen 3:1.

Endspiel am 7. September 1985 in Moskau: Brasilien – Spanien n. V. 1:0 (0:0, 0:0)
Brasilien: Taffarel – Luciano, Luis Carlos, Joao, Henrique – Dida, Silas (Marcal), Tosin, Gerson (Antonio Carlos) – Müller, Balalo – Tor: Henrique – Zuschauer: 41 000 – SR: Syme (Schottland).

1987: Jugoslawien

Vom 10. bis 25. Oktober 1987 in Chile

Gruppe A: Jugoslawien und Chile. Chile – Jugoslawien 2:4, Togo – Australien 0:2, Chile – Togo 3:0, Jugoslawien – Australien 4:0, Chile – Australien 2:0, Jugoslawien – Togo 4:1.
Gruppe B: Italien und Brasilien. Brasilien – Nigeria 4:0, Italien – Kanada 2:2, Brasilien – Italien 0:1, Nigeria – Kanada 2:0, Brasilien – Kanada 1:0, Nigeria – Italien 0:2.
Gruppe C: DDR und Schottland. DDR – Schottland 1:2, Kolumbien – Bahrein 1:0, DDR – Kolumbien 3:1, Schottland – Bahrein 1:1, DDR – Bahrein 2:0, Schottland – Kolumbien 2:2.

Gruppe D: Deutschland und Bulgarien. USA – Bulgarien 0:1, Deutschland – Saudi-Arabien 3:0, USA – Saudi-Arabien 1:0, Deutschland – Bulgarien 3:0, Deutschland – USA 2:1, Bulgarien – Saudi-Arabien 2:0.
Viertelfinale: Jugoslawien – Brasilien 2:1, Italien – Chile 0:1, DDR – Bulgarien 2:0, Deutschland – Schottland n. V. 1:1/Elfmeterschießen 4:3.
Halbfinale: Jugoslawien – DDR 2:1, Chile – Deutschland 0:4.
Um den dritten Platz: DDR – Chile n. V. 1:1/Elfmeterschießen 3:1.
Endspiel am 25. Oktober 1987 in Santiago: Jugoslawien – Deutschland n. V. 1:1 (1:1, 0:0)/Elfm. 5:4
Jugoslawien: Levkovic – Jankovic – Brnovic, Jarni – Boban, Pavlicic, Pavlovic (Zirojevic), Petric, Skoric – Mijucic, Suker.
Deutschland: Brunn – Luginger – Strehmel, Metz – Dammeier (H. J. Heidenreich), Spyrka, Möller, Schneider, K. Reinhardt – Eichenauer (Epp), Witeczek (im weiteren Turnierverlauf eingesetzt: Clauss, Würzburger, Praetz, Klinkert, Claasen).
Tore: Boban (Witeczek) – Elfmeterschießen: Pavlicic, Suker, Brnovic, Zirojevic, Boban (Witeczek verschossen, Metz, Luginger, Spyrka, K. Reinhardt) – Zuschauer: 65 000 – SR: Loustau (Argentinien).

1989: Portugal

Vom 17. Februar bis 3. März 1989 in Saudi-Arabien

Gruppe A: Portugal und Nigeria. Nigeria – Saudi-Arabien 2:1, Portugal – Tschechoslowakei 1:0, Tschechoslowakei – Saudi-Arabien 1:0, Portugal – Nigeria 1:0, Saudi-Arabien – Portugal 3:0, Nigeria – Tschechoslowakei 1:1.
Gruppe B: Sowjetunion und Kolumbien. Costa Rica – Kolumbien 1:0, Sowjetunion – Syrien 3:1, Sowjetunion – Costa Rica 1:0, Kolumbien – Syrien 2:0, Costa Rica – Syrien 1:3, Kolumbien – Sowjetunion 1:3.
Gruppe C: Brasilien und USA. Brasilien – DDR 2:0, USA – Mali 1:1, Brasilien – Mali 5:0, DDR – USA 0:2, Brasilien – USA 3:1, DDR – Mali 3:0.
Gruppe D: Irak und Argentinien. Irak – Norwegen 1:0, Spanien – Argentinien 2:1, Argentinien – Norwegen 2:0, Spanien – Irak 0:2, Norwegen – Spanien 4:2, Irak – Argentinien 1:0.

Viertelfinale: Portugal – Kolumbien 1:0, Nigeria – Sowjetunion n. V. 4:4/Elfmeterschießen 5:4, USA – Irak 2:1, Brasilien – Argentinien 1:0.
Halbfinale: Brasilien – Portugal 0:1, Nigeria – USA 2:1.
Um den dritten Platz: Brasilien – USA 2:0.
Endspiel am 3. März 1989 in Riad: Portugal – Nigeria 2:0 (1:0)
Portugal: Bizarro – Valido – Silva-Abel, Paulo Madeira, Morgado – Helio, Tozé, Filipe, Jorge Couto – Amarai (Paulo Alves), Joao Pinto (Folha) – Tore: Silva, Couto – Zuschauer: 70 000 – SR: Schmidhuber (Deutschland).

1991: Portugal

Vom 14. bis 30, August 1991 in Portugal

Gruppe A: Portugal und Korea: Portugal – Irland 2:0, Korea – Argentinien 1:0, Irland – Korea 1:1, Portugal – Argentinien 3:0, Irland – Argentinien 2:2, Portugal – Korea 1:0. (Korea trat mit einer gemeinsamen Mannschaft aus Nord- und Südkorea an.)
Gruppe B: Brasilien und Mexiko. Mexiko – Schweden 3:0, Brasilien – Elfenbeinküste 2:1, Brasilien – Mexiko 2:2, Schweden – Elfenbeinküste 4:1, Elfenbeinküste – Mexiko 1:1, Brasilien – Schweden 2:0.
Gruppe C: Australien und Sowjetunion. Australien – Trinidad & Tobago 2:0, Sowjetunion – Ägypten 1:0, Ägypten – Trinidad & Tobago 6:0, Australien – Sowjetunion 1:0, Australien – Ägypten 1:0, Sowjetunion – Trinidad & Tobago 4:0.
Gruppe D: Spanien und Syrien. Spanien – England 1:0, Syrien – Uruguay 1:0, Spanien – Uruguay 6:0, England – Syrien 3:3, Spanien – Syrien 0:0, England – Uruguay 0:0.

Viertelfinale: Portugal – Mexiko n. V. 2:1, Brasilien – Korea 5:1, Australien – Syrien n. V. 1:1/Elfmeterschießen 5:4, Spanien – Sowjetunion 1:3.
Halbfinale: Brasilien – Sowjetunion 3:0, Portugal – Australien 1:0.
Um den 3. Platz: Sowjetunion – Australien n. V. 1:1/Elfmeterschießen 5:4

Endspiel am 30. August 1991 in Lissabon: Portugal – Brasilien n. V. 0:0/Elfmeterschießen 4:2
Portugal: Brassard – Nelson (Tulipa, Capucho), Jorge Costa, Rui Bento, Paulo Torres – Peixe, Rui Costa, Figo, Joao Pinto I – Gil, Toni – Zuschauer: 120 000 – SR: Lamolina (Argentinien).

1993: Brasilien

Vom 5. bis 20. März 1993 in Australien

Gruppe A: Russland und Australien. Australien – Kolumbien 2:1, Russland – Kamerun 2:0, Kolumbien – Kamerun 3:2, Australien – Russland 3:1, Kolumbien – Russland 1:3, Australien – Kamerun 0:2.
Gruppe B: Uruguay und Ghana. Portugal – Deutschland 0:1, Uruguay – Ghana 1:1, Deutschland – Ghana 2:2, Portugal – Uruguay 1:2, Deutschland – Uruguay 1:2, Portugal – Ghana 0:2.
Gruppe C: England und USA. Südkorea – England 1:1, Türkei – USA 0:6, England – USA 1:0, Südkorea – Türkei 1:1 England – Türkei 1:0, Südkorea – USA 2:2.
Gruppe D: Brasilien und Mexiko. Mexiko – Norwegen 3:0, Brasilien – Saudi-Arabien 0:0, Norwegen – Saudi-Arabien 0:0, Mexiko – Brasilien 1:2, Norwegen – Brasilien 0:2, Mexiko – Saudi-Arabien 2:1.

Viertelfinale: Australien – Uruguay n. V. 2:1, Ghana – Russland 3:0, England – Mexiko n. V. 0:0/ Elfmeterschießen 4:3, Brasilien – USA 3:0.
Halbfinale: Australien – Brasilien 0:2, England – Ghana 1:2
Um den dritten Platz: England – Australien 2:1.

Endspiel am 20. März 1993 in Sydney: Brasilien – Ghana 2:1 (0:1)
Brasilien: Dida – Bruno, Gelson, Juarez, Marcelinho – Cate, Pereira (Caico), Gian, Adriano (Argel) – Yan, Hermes – Tore: Yan, Gian (Duah) – Zuschauer: 40 000 – SR.: Cakar (Türkei).

1995: Argentinien

Vom 13. bis 28. April 1995 in Katar

Gruppe A: Brasilien und Russland: Katar – Rußland 1:1, Syrien – Brasilien 0:6, Katar – Syrien 0:1, Rußland – Brasilien 0:0, Katar – Brasilien 0:2, Rußland – Syrien 2:0.
Gruppe B: Spanien und Japan. Burundi – Spanien 1:5, Chile – Japan 2:2, Burundi – Chile 1:1, Spanien – Japan 2:1, Japan – Burundi 2:0, Spanien – Chile 6:3.
Gruppe C: Portugal und Argentinien. Niederlande – Argentinien 0:1, Honduras – Portugal 2:3, Niederlande – Honduras 7:1, Argentinien – Portugal 0:1, Portugal – Niederlande 3:0, Argentinien – Honduras 4:2.
Gruppe D: Kamerun und Australien. Australien – Costa Rica 2:0, Kamerun – Deutschland 1:1, Australien – Kamerun 2:3, Costa Rica – Deutschland 2:1, Deutschland – Australien 1:1, Costa Rica – Kamerun 1:3.

Viertelfinale: Brasilien – Japan 2:1, Spanien – Russland 4:1, Portugal – Australien n. V. 2:1, Kamerun – Argentinien 0:2.
Halbfinale: Brasilien – Portugal 1:0, Argentinien – Spanien 3:0.
Um den dritten Platz: Portugal – Spanien 3:2.
Endspiel am 28. April 1995 in Doha: Argentinien – Brasilien 2:0 (1:0)
Argentinien: Irigoytia (Pezutti) – Pena, Dominquez, Lombardi, Juan, Sorin, Larossa, Ibagaza, Biagini (Guerrero), Coyette, Chaparro (Arangio) – Tore: Blagini, Guerrero – Zuschauer: 49 000 – SR.: Gallagher (England).

1997: Argentinien

Vom 16. Juni bis 5. Juli 1997 in Malaysia

Gruppe A: Uruguay, Marokko und Belgien. Malaysia – Marokko 1 3, Uruguay – Belgien 3:0, Malaysia – Uruguay 1:3, Marokko – Belgien 1:1, Malaysia – Belgien 0:3, Marokko – Uruguay 0:0.
Gruppe B: Brasilien und Frankreich. Südkorea – Südafrika 0:0, Brasilien – Frankreich 3:0, Frankreich – Südkorea 4:2, Brasilien – Südafrika 2:0, Brasilien – Südkorea 10:3, Frankreich – Südafrika 4:2.
Gruppe C: Ghana, Irland und USA. Ghana – Irland 2:1, USA – China 1:0, Ghana – China 1:1, Irland – USA 2:1, Ghana – USA 1:0, Irland – China 1:1.
Gruppe D: Spanien und Japan. Spanien – Japan 2:1, Costa Rica – Paraguay 1:1, Japan – Costa Rica 6:2, Spanien – Paraguay 2:1, Spanien – Costa Rica 4:0, Paraguay – Japan 3:3.
Gruppe E: Australien, Argentinien und Kanada. Argentinien – Ungarn 3:0, Australien – Kanada 0:0, Australien – Ungarn 1:0, Argentinien – Kanada 2:1, Argentinien – Australien 3:4, Ungarn – Kanada 1:2.
Gruppe F: England, Mexiko und Vereinigte Arabische Emirate. Mexiko – Vereinigte Arabische Emirate 5:0, England – Elfenbeinküste 2:1, Mexiko – Elfenbeinküste 1:1, England – Vereinigte Arabische Emirate 5:0, England – Mexiko 1:0, Vereinigte Arabische Emirate – Elfenbeinküste 2:0.

Achtelfinale: Uruguay – USA 3:0, Irland – Marokko n. V. 2:1, Brasilien – Belgien 10:0, Mexiko – Frankreich 0:1, Ghana – Vereinigte Arabische Emirate 3:0, Spanien – Kanada 2:0, Japan – Australien 1:0, Argentinien – England 2:1.
Viertelfinale: Uruguay – Frankreich n. V. 1:1/Elfmeterschießen 7:6, Spanien – Irland 0:1, Argentinien – Brasilien 2:0, Ghana – Japan n. V. 2:1.

Halbfinale: Uruguay – Ghana n. V. 3:2, Irland – Argentinien 0:1.
Um den dritten Platz: Irland – Ghana 2:1.

Endspiel am 5. Juli 1997 in Sah Alam: Argentinien – Uruguay 2:1 (2:1)
Argentinien: Franco – Cufre, Samuel, Serrizuela, Cambiasso – Romeo, Scaloni (Rodriguez), Quintana (Almar), Riquelme (Perezlindo) – Cubero, Placente – Tore: Cambiasso, Quintana (Garcia Perez) – Zuschauer: 62 000 – SR: Manei (Kuwait).

1999: Spanien

Vom 4. bis 24. April 1999 in Nigeria

Gruppe A: Paraguay, Nigeria und Costa Rica. Nigeria – Costa Rica 1:1, Deutschland – Paraguay 4:0, Nigeria – Deutschland 2:0, Costa Rica – Paraguay 1:3, Nigeria – Paraguay 1:2, Costa Rica – Deutschland 2:1.
Gruppe B: Ghana, Kroatien und Argentinien. Ghana – Kroatien 1:1, Argentinien – Kasachstan 1:0, Ghana – Argentinien 1:0, Kroatien – Kasachstan 5:1, Ghana – Kasachstan 3:0, Kroatien – Argentinien 0:0.
Gruppe C: Mexiko und Irland. Australien – Saudi-Arabien 3:1, Mexiko – Irland 1:0, Australien – Mexiko 1:3, Saudi-Arabien – Irland 0:2, Australien – Irland 0:4, Saudi-Arabien – Mexiko 1:1.
Gruppe D: Mali, Portugal und Uruguay. Uruguay – Mali 1:2, Südkorea – Portugal 1:3, Uruguay – Südkorea 1:0, Mali – Portugal 2:1, Mali – Südkorea 2:4, Uruguay – Portugal 0:0.
Gruppe E: Japan, USA und Kamerun. Kamerun – Japan 2:1, England – USA 0:1, Kamerun – England 1:0, Japan – USA 3:1, Kamerun – USA 1:3, Japan – England 2:0.
Gruppe F: Spanien und Brasilien. Sambia – Honduras 4:3, Spanien – Brasilien 2:0, Sambia – Spanien 0:0, Honduras – Brasilien 0:3, Sambia – Brasilien 1:5, Honduras – Spanien 1:3.

Achtelfinale: Irland – Nigeria n. V. 1:1/Elfmeterschießen 3:5, Ghana – Costa Rica 2:0, Paraguay – Uruguay n. V. 2:2/Elfmeterschießen 9:10, Brasilien – Kroatien 4:0, Japan – Portugal n. V. 1:1/Elfmeterschießen 5:4, Spanien – USA 3:2, Mexiko – Argentinien 4:1, Mali – Kamerun n. V. 5:4
Viertelfinale: Uruguay – Brasilien 2:1, Mali – Nigeria 3:1, Japan – Mexiko 2:0, Spanien – Ghana n. V. 1:1/Elfmeterschießen 8:7.
Halbfinale: Mali – Spanien 1:3, Uruguay – Japan 1:2.
Um den dritten Platz: Mali – Uruguay 1:0.

Endspiel am 24. April 1999 in Lagos: Spanien – Japan 4:0 (1:0)
Spanien: Aranzubia – Coira, Bermudo, Jusue, Orbaiz, Marchena, Gabri (Colsa), Xavi, Pablo, Varela (Ruben), Barkero (Aganzo) – Tore: Pablo 2, Barkero, Gabri – Zuschauer: 38 000 – SR: Sanchez (Argentinien).

2001: Argentinien

Vom 17. Juni bis 8. Juli 2001 in Argentinien

Gruppe A: Argentinien und Ägypten. Argentinien – Finnland 2:0, Ägypten – Jamaika 0:0, Jamaika – Finnland 0:1, Ägypten – Argentinien 1:7, Argentinien – Jamaika 5:1, Finnland – Ägypten 1:2.
Gruppe B: Brasilien und Deutschland. Brasilien – Deutschland 2:0, Irak – Kanada 3:0, Kanada – Deutschland 0:4, Irak – Brasilien 1:6, Brasilien – kanada 2:0, Deutschland – Irak 3:1.
Gruppe C: Ukraine, USA und China. USA – China 0:1, Chile – Ukraine 2:4, Ukraine – China 0:0, Chile – USA 1:4, USA – Ukraine 1:1, China – Chile 0:1.
Gruppe D: Angola, Tschechien und Australien. Angola – Tschechien 0:0, Japan – Australien 0:2, Australien – Tschechien 0:3, Japan – Angola 1:2, Angola – Australien 1:1, Tschechien – Japan 0:3.
Gruppe E: Costa Rica, Ecuador und Niederlande. Ecuador – Äthiopien 2:1, Niederlande – Costa Rica 1:3, Costa Rica – Äthiopien 3:1, Niederlande – Ecuador 1:1, Ecuador – Costa Rica 0:1, Äthiopien – Niederlande 2:3.
Gruppe F: Ghana, Frankreich und Paraguay. Ghana – Paraguay 2:1, Iran – Frankreich 0:5, Frankreich – Paraguay 2:2, Iran – Ghana 0:1, Ghana – Frankreich 0:0, Paraguay – Iran 2:0.

Achtelfinale: USA – Ägypten 0:2, Argentinien – China 2:1, Frankreich – Deutschland 3:2, Brasilien – Australien 4:0, Ukraine – Paraguay 1:2, Angola – Niederlande 0:2, Costa Rica – Tschechien 1:2, Ghana – Ecuador 1:0.
Viertelfinale: Argentinien – Frankreich 3:1, Ghana – Brasilien n. V. 2:1,Tschechien – Paraguay 0:1, Niederlande – Ägypten 1:2.
Halbfinale: Ägypten – Ghana 0:2, Argentinien – Paraguay 5:0.
Um den dritten Platz: Ägypten – Paraguay 1:0.

Endspiel am 8. Juli 2001 in Buenos Aires: Argentinien – Ghana 3:0 (2:0)
Argentinien: Caballero – Burdisso, Arca, Cetto, Medina (Seltzer), Saviola, Romagnoli (Rosales), Rodriguez, Colotto,Ponzio, D'Alessandro (Herrera) – Tore: Colotto, Saviola, Rodriguez – Zuschauer: 32 000 – SR: Mejuto Gonzalez (Spanien)

2003: Brasilien

Vom 27. November bis 19. Dezember 2003 in den Vereinigten Arabischen Emiraten

Gruppe A: Burkina Faso, Slowakei und Vereinigte Arabische Emirate. Vereinigte Arabische Emirate – Slowakei 1:4, Panama – Burkina Faso 0:1, Burkina Faso – Slowakei 1:0, Panama – Vereinigte Arabische Emirate 1:2, Vereinigte Arabische Emirate – Burkina Faso 0:0, Slowakei – Panama 1:0.
Gruppe B: Argentinien und Spanien. Argentinien – Spanien 2:1, Usbekistan – Mali 2:3, Mali – Spanien 0:2, Usbekistan – Argentinien 1:2, Argentinien – Mali 3:1, Spanien – Usbekistan 1:0.
Gruppe C: Australien, Brasilien und Kanada. Brasilien – Kanada 2:0, Tschechien – Australien 1:1, Australien – Kanada 2:1, Tschechien – Brasilien 1:1, Brasilien – Australien 2:3, Kanada – Tschechien 1:0.
Gruppe D: Japan, Kolumbien und Ägypten. Kolumbien – Ägypten 0:0, Japan – England 1:0, England – Ägypten 0:1, Japan – Kolumbien 1:4, Kolumbien – England 0:0, Ägypten – Japan 0:1.
Gruppe E: Irland und Elfenbeinküste. Saudi-Arabien – Irland 1:2, Mexiko – Elfenbeinküste 1:2, Elfenbeinküste – Irland 2:2, Mexiko – Saudi-Arabien 1:1, Saudi-Arabien – Elfenbeinküste 0:0, Irland – Mexiko 2:0.
Gruppe F: USA, Paraguay und Südkorea. Paraguay – USA 1:3, Südkorea – Deutschland 2:0, Deutschland – USA 3:1, Südkorea – Paraguay 0:1, Paraguay – Deutschland 2:0, USA – Südkorea 2:0.

Achtelfinale: Japan – Südkorea i. V. 2:1, Burkina Faso – Kanada 0:1, Argentinien – Ägypten i. V. 2:1, USA – Elfenbeinküste 2:0, Brasilien – Slowakei i. V. 2:1, Australien – Vereinigte Arabische Emirate 0:1, Paraguay – Spanien 0:1, Irland – Kolumbien i. V. 2:3.
Viertelfinale: Kanada – Spanien i. V. 1:2, USA – Argentinien i. V. 1:2, Kolumbien – Vereinigte Arabische Emirate 1:0, Japan – Brasilien 1:5.
Halbfinale: Brasilien – Argentinien 1:0, Spanien – Kolumbien 1:0.
Um den dritten Platz: Kolumbien – Argentinien 2:1.

Endspiel am 19. Dezember 2003 in Abu Dhabi: Brasilien – Spanien 1:0 (0:0)
Brasilien: Jefferson – Daniel, Alcides, Adailton, Adriano; Jardel, Dudu Cearense, Juninho (Fernandinho); Daniel Carvalho (Andrezinho), Nilmar (Dagoberto), Kleber.
Tor: Fernandinho – Zuschauer: 60 000 – SR: Rosetti (Italien).

2005: Argentinien

Vom 10. Juni bis 2. Juli 2005 in den Niederlanden

Gruppe A: Niederlande und Japan. Benin – Australien 1:1; Niederlande – Japan 2:1; Japan – Benin 1:1; Australien – Niederlande 0:3; Japan – Australien 1:1; Niederlande – Benin 1:0.
Gruppe B: China, Ukraine und Türkei. Türkei – China 1:2; Ukraine – Panama 3:1; China – Ukraine 3:2; Panama – Türkei 0:1; Türkei – Ukraine 2:2; China – Panama 4:1.
Gruppe C: Spanien, Marokko und Chile. Spanien – Marokko 3:1; Honduras – Chile 0:7; Marokko – Honduras 5:0; Chile – Spanien 0:7; Spanien – Honduras 3:0; Marokko – Chile 1:0.
Gruppe D: USA, Argentinien und Deutschland. Argentinien – USA 0:1; Deutschland – Ägypten 2:0; Ägypten – Argentinien 0:2; USA – Deutschland 0:0; Argentinien – Deutschland 1:0; USA – Ägypten 1:0.
Gruppe E: Kolumbien, Syrien und Italien. Kolumbien – Italien 2:0; Syrien – Kanada 1:1; Kanada – Kolumbien 0:2; Italien – Syrien 1:2; Italien – Kanada 4:1; Kolumbien – Syrien 2:0.
Gruppe F: Brasilien und Nigeria. Brasilien – Nigeria 0:0; Südkorea – Schweiz 1:2; Schweiz – Brasilien 0:1; Nigeria – Südkorea 1:2; Brasilien – Südkorea 2:0; Nigeria – Schweiz 3:0.

Achtelfinale: USA – Italien 1:3; Marokko – Japan 1:0; Brasilien – Syrien 1:0; China – Deutschland 2:3; Nigeria – Ukraine 1:0; Niederlande – Chile 3:0; Kolumbien – Argentinien 1:2; Spanien – Türkei 3:0.
Viertelfinale: Marokko – Italien n. V 2:2, Elfmeterschießen 4:2; Deutschland – Brasilien n. V. 1:2; Nigeria – Niederlande n. V. 1:1, Elfmeterschießen 10:9; Argentinien – Spanien 3:1.
Halbfinale: Brasilien – Argentinien 1:2; Marokko – Nigeria 0:3.
Um den dritten Platz: Brasilien – Marokko 2:1.

Endspiel am 2. Juli 2005 in Utrecht: Argentinien – Nigeria 2:1 (1:0)
Argentinien: Ustari – Barroso, Garay, Paletta, Formica – Torres – Zabaleta, Gago (Biglia), Archubi (Armenteros) – Oberman (Aguero), Messi.
Tore: Messi 2 (Ogbuke) – Zuschauer: 24 500 – SR: Hauge (Norwegen).

2007: Argentinien

Vom 30. Juni bis 22. Juli 2007 in Kanada

Gruppe A: Chile, Österreich und Kongo. Kanada – Chile 0:3; Kongo – Österreich 1:1; Österreich – Kanada 1:0; Chile – Kongo 3:0; Kanada – Kongo 0:2; Chile – Österreich 0:0.
Gruppe B: Spanien, Sambia und Uruguay. Jordanien – Sambia 1:1; Spanien – Uruguay 2:2; Uruguay – Jordanien 1:0; Sambia – Spanien 1:2; Spanien – Jordanien 4:2; Uruguay – Sambia 0:2.
Gruppe C: Mexiko, Gambia und Portugal. Portugal – Neuseeland 2:0 ; Gambia – Mexiko 0:3; Neuseeland – Gambia 0:1; Mexiko – Portugal 2:1; Portugal – Gambia 1:2; Neuseeland – Mexiko 1:2.
Gruppe D: USA, Polen und Brasilien. Polen – Brasilien 1:0; Südkorea – USA 1:1; USA – Polen 6:1; Brasilien – Südkorea 3:2; Polen – Südkorea 1:1; Brasilien – USA 1:2.
Gruppe E: Argentinien und Tschechien. Nordkorea – Panama 0:0; Argentinien – Tschechien 0:0; Tschechien – Nordkorea 2:2; Panama – Argentinien 0:6; Argentinien – Nordkorea 1:0; Tschechien – Panama 2:1.
Gruppe F: Japan und Nigeria. Japan – Schottland 3:1; Nigeria – Costa Rica 1:0; Costa Rica – Japan 0:1; Schottland – Nigeria 0:2; Japan – Nigeria 0:0; Schottland – Costa Rica 1:2.

Achtelfinale: Österreich – Gambia 2:1; USA – Uruguay n. V. 2:1; Japan – Tschechien n. V. 2:2, Elfmeterschießen 3:4; Spanien – Brasilien n. V. 4:2; Argentinien – Polen 3:1; Sambia – Nigeria 1:2; Chile – Portugal 1:0; Mexiko – Kongo 3:0.
Viertelfinale: Österreich – USA n. V. 2:1; Spanien – Tschechien n. V. 1:1, Elfmeterschießen 3:4; Chile – Nigeria n. V. 4:0; Argentinien – Mexiko 1:0.
Halbfinale: Österreich – Tschechien 0:2; Chile – Argentinien 0:3.
Um den dritten Platz: Chile – Österreich 1:0.

Endspiel am 22. Juli 2007 in Toronto: Argentinien – Tschechien 2:1 (0:0)
Argentinien: Romero – Sigali, Fazio, Mercado, Insua – Sanchez, Banega, Piatti (Acosta), Moralez (Cabral) – Aguero, Zarate.
Tore: Aguero, Zarate (Fenin) – Zuschauer: 19 526 – SR: Undiano Mallenco (Spanien).

2009: Ghana

Vom 24. September bis 16. Oktober 2009 in Ägypten

Gruppe A: Ägypten, Paraguay, Italien. Ägypten – Trinidad & Tobago 4:1; Paraguay – Italien 0:0; Italien – Trinidad & Tobago 2:1; Ägypten – Paraguay 1:2; Trinidad & Tobago – Paraguay 0:0; Italien – Ägypten 2:4.
Gruppe B: Spanien, Venezuela, Nigeria. Nigeria – Venezuela 0:1; Spanien – Tahiti 8:0; Nigeria – Spanien 0:2; Tahiti – Venezuela 0:8; Venezuela – Spanien 0:3; Tahiti – Nigeria 0:5.
Gruppe C: Deutschland, Südkorea. USA – Deutschland 0:3; Kamerun – Südkorea 2:0; Südkorea – Deutschland 1:1; USA – Kamerun 4:1; Deutschland – Kamerun 3:0; Südkorea – USA 3:0.
Gruppe D: Ghana, Uruguay. Ghana – Usbekistan 2:1; England – Uruguay 0:1; Uruguay – Usbekistan 3:0; Ghana – England 4:0; Uruguay – Ghana 2:2; Usbekistan – England 1:1.
Gruppe E: Brasilien, Tschechien, Costa Rica. Brasilien – Costa Rica 5:0; Tschechien – Australien 2:1; Australien – Costa Rica 0:3; Brasilien – Tschechien 0:0; Costa Rica – Tschechien 2:3; Australien – Brasilien 1:3.
Gruppe F: Ungarn, Vereinigte Arabische Emirate, Südafrika. Vereinigte Arabische Emirate – Südafrika 2:2; Honduras – Ungarn 3:0; Ungarn – Südafrika 4:0; Vereinigte Arabische Emirate – Honduras 1:0; Südafrika – Honduras 2:0; Ungarn – Vereinigte Arabische Emirate 2:0.

Achtelfinale: Spanien – Italien 1:3; Paraguay – Südkorea 0:3; Ghana – Südafrika n. V. 2:1; Ägypten – Costa Rica 0:2; Ungarn – Tschechien n. V. 2:2, Elfmeterschießen 4:3; Brasilien – Uruguay 3:1; Venezuela – Vereinigte Arabische Emirate 1:2; Deutschland – Nigeria 3:2.
Viertelfinale: Südkorea – Ghana 2:3; Italien – Ungarn n. V. 2:3; Brasilien – Deutschland n. V. 2:1; Vereinigte Arabische Emirate – Costa Rica n. V. 1:2.
Halbfinale: Ghana – Ungarn 3:2; Brasilien – Costa Rica 1:0.
Um den dritten Platz: Ungarn – Costa Rica n. V. 1:1, Elfmeterschießen 2:0.

Endspiel am 16. Oktober 2009 in Kairo: Ghana – Brasilien n. V. 0:0, Elfmeterschießen 4:3
Ghana: Agyei – Inkoom, Addy, Mensah, D. Addo – Agyemang-Badu, Quansah (Opoku Agyemang), Rabiu (Addae) – Adiyiah, R. Osei (Ghandi), Ayew.
Tore im Elfmeterschießen: Ayew, Inkoom, Adiyiah, Agyemang-Badu (Kardec, Giuliano, Douglas Costa) – Zuschauer: 67 814 – SR: De Bleeckere (Belgien).

2011: Brasilien

Vom 29. Juli bis 20. August 2011 in Kolumbien

Gruppe A: Kolumbien, Frankreich und Südkorea. Mali – Südkorea 0:2; Kolumbien – Frankreich 4:1; Frankreich – Südkorea 3:1; Kolumbien – Mali 2:0; Frankreich – Mali 2:0; Kolumbien – Südkorea 1:0.
Gruppe B: Portugal und Kamerun. Kamerun – Neuseeland 1:1; Portugal – Uruguay 0:0; Uruguay – Neuseeland 1:1; Portugal – Kamerun 1:0; Portugal – Neuseeland 1:0; Uruguay – Kamerun 0:1.
Gruppe C: Spanien, Ecuador und Costa Rica. Costa Rica – Spanien 1:4; Australien – Ecuador 1:1; Ecuador – Spanien 0:2; Australien – Costa Rica 2:3; Ecuador – Costa Rica 3:0; Australien – Spanien 1:5.
Gruppe D: Nigeria, Saudi-Arabien und Guatemala. Nigeria – Guatemala 5:0; Kroatien – Saudi-Arabien 0:2; Saudi-Arabien – Guatemala 6:0; Kroatien – Nigeria 2:5; Saudi-Arabien – Nigeria 0:2; Kroatien – Guatemala 0:1.
Gruppe E: Brasilien und Ägypten. Österreich – Panama 0:0; Brasilien – Ägypten 1:1; Ägypten – Panama 1:0; Brasilien – Österreich 3:0; Brasilien – Panama 4:0; Ägypten – Österreich 4:0.
Gruppe F: Argentinien, Mexiko und England. England – Nordkorea 0:0; Argentinien – Mexiko 1:0; Mexiko – Nordkorea 3:0; Argentinien – England 0:0; Mexiko – England 0:0; Argentinien – Nordkorea 3:0.

Achtelfinale: Portugal – Guatemala 1:0; Argentinien – Ägypten 2:1; Kamerun – Mexiko n. V. 1:1, Elfmeterschießen 0:3; Kolumbien – Costa Rica 3:2; Nigeria – England 1:0; Spanien – Südkorea n. V. 0:0, Elfmeterschießen 7:6; Brasilien – Saudi-Arabien 3:0; Frankreich – Ecuador 1:0.
Viertelfinale: Portugal – Argentinien n. V. 0:0, Elfmeterschießen 5:4; Mexiko – Kolumbien 3:1; Frankreich – Nigeria n. V. 3:2; Brasilien – Spanien n. V. 2:2, Elfmeterschießen 4:2.
Halbfinale: Frankreich – Portugal 0:2; Brasilien – Mexiko 2:0.
Um den dritten Platz: Mexiko – Frankreich 3:1.

Endspiel am 20. August 2011 in Bogota: Brasilien – Portugal n. V. 3:2 (2:2, 1:1)
Brasilien: Gabriel – Danilo, Bruno Uvini, Juan Jesus, Gabriel Silva (Negueba) – Fernando, Casemiro, Philippe Coutinho (Dudu), Oscar – Willian (Allan), Henrique.
Tore: Oscar 3 (Alex, Nelson Oliveira) – Zuschauer: 36 058 – SR: Geiger (USA).

2013: Frankreich

Vom 21. Juni bis 13. Juli 2013 in der Türkei

Gruppe A: Spanien, Frankreich und Ghana. Frankreich – Ghana 3:1; USA – Spanien 1:4; Frankreich – USA 1:1; Spanien – Ghana 1:0; Spanien – Frankreich 2:1; Ghana – USA 4:1.
Gruppe B: Portugal, Nigeria und Südkorea. Kuba – Südkorea 1:2; Nigeria – Portugal 2:3; Kuba – Nigeria 0:3; Portugal – Südkorea 2:2; Südkorea – Nigeria 0:1; Portugal – Kuba 5:0.
Gruppe C: Kolumbien und Türkei. Kolumbien – Australien 1:1; Türkei – El Salvador 3:0; Australien – El Salvador 1:2; Türkei – Kolumbien 0:1; Australien – Türkei 1:2; El Salvador – Kolumbien 0:3.
Gruppe D: Griechenland, Paraguay und Mexiko. Mexiko – Griechenland 1:2; Paraguay – Mali 1:1; Mexiko – Paraguay 0:1; Mali – Griechenland 0:0; Griechenland – Paraguay 1:1; Mali – Mexiko 1:4.
Gruppe E: Irak und Chile. Chile – Ägypten 2:1; England – Irak 2:2; Chile – England 1:1; Irak – Ägypten 2:1; Irak – Chile 2:1; Ägypten – England 2:0.
Gruppe F: Kroatien, Uruguay und Usbekistan. Neuseeland – Usbekistan 0:3; Uruguay – Kroatien 0:1; Neuseeland – Uruguay 0:2; Kroatien – Usbekistan 1:1; Usbekistan – Uruguay 0:4; Kroatien – Neuseeland 2:1.

Achtelfinale: Spanien – Mexiko 2:1; Griechenland – Usbekistan 1:3; Nigeria – Uruguay 1:2; Frankreich – Türkei 4:1; Portugal – Ghana 2:3; Kroatien – Chile 0:2; Kolumbien – Südkorea n. V. 1:1, Elfmeterschießen 7:8; Irak – Paraguay n. V. 1:0.
Viertelfinale: Frankreich – Usbekistan 4:0; Uruguay – Spanien n. V. 1:0; Irak – Südkorea n. V. 3:3, Elfmeterschießen 5:4; Ghana – Chile n. V. 4:3.
Halbfinale: Frankreich – Ghana 2:1; Irak – Uruguay n. V. 1:1, Elfmeterschießen 6:7.
Um den dritten Platz: Ghana – Irak 3:0.

Endspiel am 13. Juli 2013 in Istanbul: Frankreich – Uruguay n. V. 0:0, Elfmeterschießen 4:1
Frankreich: Areola – Foulquier, Zouma, Sarr, Digne (Polomat) – Pogba, Veretout, Kondogbia – Thauvin, Sanogo, Bahebeck (Bosetti, Ngando Elessa).
Tore im Elfmeterschießen: Pogba, Veretout, Ngando, Foulquier (Olaza) – Zuschauer: 20 601 – SR: Garcia (Mexiko).

2015: Serbien

Vom 30. Mai bis 20. Juni 2015 in Neuseeland

Gruppe A: Ukraine, USA und Neuseeland. Neuseeland – Ukraine 0:0; USA – Myanmar 2:1; Myanmar – Ukraine 0:6; Neuseeland – USA 0:4; Myanmar – Neuseeland 1:5; Ukraine – USA 3:0.
Gruppe B: Ghana und Österreich. Argentinien – Panama 2:2; Ghana – Österreich 1:1; Österreich – Panama 2:1; Argentinien – Ghana 2:3; Österreich – Argentinien 0:0; Panama – Ghana 0:1.
Gruppe C: Portugal, Kolumbien und Senegal. Katar – Kolumbien 0:1; Portugal – Senegal 3:0; Katar – Portugal 0:4; Senegal – Kolumbien 1:1; Kolumbien – Portugal 1:3; Senegal – Katar 2:1.
Gruppe D: Serbien, Uruguay und Mali. Mexiko – Mali 0:2; Uruguay – Serbien 1:0; Mexiko – Uruguay 2:1; Serbien – Mali 2:0; Serbien – Mexiko 2:0; Mali – Uruguay 1:1.
Gruppe E: Brasilien, Nigeria und Ungarn. Nigeria – Brasilien 2:4; Nordkorea – Ungarn 1:5; Nigeria – Nordkorea 4:0; Ungarn – Brasilien 1:2; Ungarn – Nigeria 0:2: Brasilien – Nordkorea 3:0.
Gruppe F: Deutschland und Usbekistan. Deutschland – Fidschi 8:1; Usbekistan – Honduras 3:4; Honduras – Fidschi 0:3; Deutschland – Usbekistan 3:0; Honduras – Deutschland 1:5; Fidschi – Usbekistan 0:3.

Achtelfinale: Ghana – Mali 0:3; Serbien – Ungarn n. V. 2:1; USA – Kolumbien 1:0; Ukraine – Senegal n. V. 1:1, Elfmeterschießen 1:3; Österreich – Usbekistan 0:2; Deutschland – Nigeria 1:0; Portugal – Neuseeland 2:1; Brasilien – Uruguay n. V. 0:0, Elfmeterschießen 5:4.
Viertelfinale: Mali – Deutschland n. V. 1:1, Elfmeterschießen 4:3; Brasilien – Portugal n. V. 0:0, Elfmeterschießen 3:1; Usbekistan – Senegal 0:1; USA – Serbien n. V. 0:0, Elfmeterschießen 5:6.
Halbfinale: Brasilien – Senegal 5:0; Serbien – Mali n. V. 2:1.
Um den dritten Platz: Mali – Senegal 3:1.

Endspiel am 20. Juni 2015 in Auckland: Serbien – Brasilien n. V. 2:1 (1:1, 0:0)
Serbien: Rajkovic – Gajic, Veljkovic, Babic, Antonov – Zdjelar, Maksimovic – Zivkovic, Milinkovic-Savic (Jovanovic), Saponjic (S. Ilic) – Mandic (Gacinovic).
Tore: Mandic, Maksimovic (Pereira) – Zuschauer: 25 317 – SR: Al Mirdasi (Saudi-Arabien).

2017: England

Vom 20. Mai bis 11. Juni 2017 in Südkorea

Gruppe A: England und Südkorea. Argentinien – England 0:3; Südkorea – Guinea 3:0; England – Guinea 1:1; Südkorea – Argentinien 2:1; England – Südkorea 1:0; Guinea – Argentinien 0:5.
Gruppe B: Venezuela, Mexiko und Deutschland. Venezuela – Deutschland 2:0; Vanuatu – Mexiko 2:3; Venezuela – Vanuatu 7:0; Mexiko – Deutschland 0:0; Mexiko – Venezuela 0:1; Deutschland – Vanuatu 3:2.
Gruppe C: Sambia, Portugal und Costa Rica. Sambia – Portugal 2:1; Iran – Costa Rica 1:0; Sambia – Iran 4:2; Costa Rica – Portugal 1:1; Costa Rica – Sambia 1:0; Portugal – Iran 2:1.
Gruppe D: Uruguay, Italien und Japan. Südafrika – Japan 1:2; Italien – Uruguay 0:1; Südafrika – Italien 0:2; Uruguay – Japan 2:0; Uruguay – Südafrika 0:0; Japan – Italien 2:2.
Gruppe E: Frankreich und Neuseeland. Frankreich – Honduras 3:0; Vietnam – Neuseeland 0:0; Frankreich – Vietnam 4:0; Neuseeland – Honduras 3:1; Neuseeland – Frankreich 0:2; Honduras – Vietnam 2:0.
Gruppe F: USA, Senegal und Saudi-Arabien. Ecuador – USA 3:3; Saudi-Arabien – Senegal 0:2; Ecuador – Saudi-Arabien 1:2; Senegal – USA 0:1; Senegal – Ecuador 0:0; USA – Saudi-Arabien 1:1.

Achtelfinale: Venezuela – Japan n. V. 1:0; Südkorea – Portugal 1:3; Uruguay – Saudi-Arabien 1:0; England – Costa Rica 2:1; Sambia – Deutschland n. V. 4:3; Mexiko – Senegal 1:0; Frankreich – Italien 1:2; USA – Neuseeland 6:0.
Viertelfinale: Venezuela – USA n. V. 2:1; Portugal – Uruguay n. V. 2:2; Elfmeterschießen 4:5; Italien – Sambia n. V. 3:2; Mexiko – England 0:1.
Halbfinale: Uruguay – Venezuela n. V. 1:1, Elfmeterschießen 3:4; Italien – England 1:3.
Um den dritten Platz: Italien – Uruguay 0:0, Elfmeterschießen 4:1.

Endspiel am 11. Juni 2017 in Suwon: England – Venezuela 1:0 (1:0)
England: Woodman – Kenny, Tomori, Clarke-Salter, Walker-Peters – Cook, Onomah – Dowell (Ojo), Solanke, Lookman (Maitland-Niles) – Calvert-Lewin.
Tor: Calvert-Lewin – Zuschauer: 30 346 – SR: Kuipers (Niederlande).

2019: Ukraine

Vom 23. Mai bis 15. Juni 2019 in Polen

Gruppe A: Senegal, Kolumbien und Polen. Tahiti – Senegal 0:3; Polen – Kolumbien 0:2; Senegal – Kolumbien 2:0; Polen – Tahiti 5:0; Senegal – Polen 0:0; Kolumbien – Tahiti 6:0.
Gruppe B: Italien, Japan und Ecuador. Mexiko – Italien 1:2; Japan – Ecuador 1:1; Mexiko – Japan 0:3; Ecuador – Italien 0:1; Ecuador – Mexiko 1:0; Italien – Japan 0:0.
Gruppe C: Uruguay und Neuseeland. Honduras – Neuseeland 0:5; Uruguay – Norwegen 3:1; Honduras – Uruguay 0:2; Norwegen – Neuseeland 0:2; Norwegen – Honduras 12:0; Neuseeland – Uruguay 0:2.
Gruppe D: Ukraine, USA und Nigeria. Katar – Nigeria 0:4; Ukraine – USA 2:1; Katar – Ukraine 0:1; USA – Nigeria 2:0; USA – Katar 1:0; Nigeria – Ukraine 1:1.
Gruppe E: Frankreich, Mali und Panama. Panama – Mali 1:1; Frankreich – Saudi-Arabien 2:0; Panama – Frankreich 0:2; Saudi-Arabien – Mali 3:4; Saudi-Arabien – Panama 1:2; Mali – Frankreich 2:3.
Gruppe F: Argentinien und Südkorea. Portugal – Südkorea 1:0; Argentinien – Südafrika 5:2; Portugal – Argentinien 0:2; Südafrika – Südkorea 0:1; Südafrika – Portugal 1:1; Südkorea – Argentinien 2:1.

Achtelfinale: Italien – Polen 1:0; Kolumbien – Neuseeland n. V. 1:1, Elfmeterschießen 5:4; Uruguay – Ecuador 1:3; Ukraine – Panama 4:1; Senegal – Nigeria 2:1; Japan – Südkorea 0:1; Frankreich – USA 2:3; Argentinien – Mali n. V. 2:2, Elfmeterschießen 4:5.
Viertelfinale: Kolumbien – Ukraine 0:1; Italien – Mali 4:2; USA – Ecuador 1:2; Südkorea – Senegal n. V. 3:3, Elfmeterschießen 3:2.
Halbfinale: Ukraine – Italien 1:0; Ecuador – Südkorea 0:1.
Um den dritten Platz: Ecuador – Italien n. V. 1:0.

Endspiel am 15. Juni 2019 in Lodz: Ukraine – Südkorea 3:1 (1:1)
Ukraine: Lunin – Konoplia, Safronov, Bondar, Beskorovainyi, Korniyenko – Tsitaishvili, Khakhlyov (Chekh), Dryshlyuk, Buletsa (Kashchuk) – Supriaga (Sikan).
Tore: Supriaga 2 (K.-I. Lee) – Zuschauer: 16 344 – SR: Elfath (USA).

Junioren-Weltmeisterschaft U 17

Die bisherigen Sieger (Bis 1989 „Weltturnier U16-Junioren“):
1985 Nigeria – 1987 Sowjetunion – 1989 Saudi-Arabien – 1991 Ghana – 1993 Nigeria – 1995 Ghana – 1997, 1999 Brasilien – 2001 Frankreich – 2003 Brasilien – 2005 Mexiko – 2007 Nigeria – 2009 Schweiz – 2011 Mexiko – 2013, 2015 Nigeria – 2017 England – 2019 Brasilien – 2021 (auf 2023 verlegt).

1985: Nigeria

Vom 31. Juli bis 11. August 1985 in China

Gruppe A: China und Guinea. China – Bolivien 1:1, Guinea – USA 1:0, China – Guinea 2:1, USA – Bolivien 2:1, China – USA 3:1, Guinea – Bolivien 3:0.
Gruppe B: Australien und Deutschland. Deutschland – Kongo 4:1, Australien – Argentinien 1:0, Deutschland – Argentinien 1:1, Australien – Kongo 2:1, Deutschland – Australien 0:1, Argentinien – Kongo 4:2.
Gruppe C: Saudi-Arabien und Nigeria. Saudi-Arabien – Costa Rica 4:1, Nigeria – Italien 1:0, Saudi-Arabien – Nigeria 0:0, Italien – Costa Rica 1:0, Saudi-Arabien – Italien 3:1, Nigeria – Costa Rica 3:0.
Gruppe D: Ungarn und Brasilien. Brasilien – Katar 2:1, Ungarn – Mexiko 0:0, Brasilien – Ungarn 0:0, Mexiko – Katar 3:1, Ungarn – Katar 3:0, Brasilien – Mexiko, 2:0.

Viertelfinale: China – Deutschland 2:4, Brasilien – Saudi-Arabien 2:1, Nigeria – Ungarn 3:1, Guinea – Australien n. V. 0:0/Elfmeterschießen 4:2.
Halbfinale: Deutschland – Brasilien 4:3, Nigeria – Guinea 5:3.
Um den dritten Platz: Brasilien – Guinea 4:1.

Endspiel am 11. August 1985 in Peking: Nigeria – Deutschland 2:0 (1:0)
Nigeria: Agbonsevafe – Duere, Ugbade, Atere, Numa – Aikhionbore, Babatunde, Adamu – Akpoborie (Nakade), Igbinoba, Momoh.
Deutschland: Ogrinc – Lewe, Schneider, Konerding, Gabriel – Gartmann, Jester, Dammeier – Schlichting (Mirwald), Witeczek, Radojewski (Simon).
Tore: Akpoborie, Igbinoba – Zuschauer: 65 000 – SR: Bambridge (Australien).

1987: Sowjetunion

Vom 12. bis 25. Juli 1987 in Kanada

Gruppe A: Italien und Katar. Italien – Kanada 3:0, Katar – Ägypten 1:0, Italien – Katar 1:1. Ägypten – Kanada 3:0, Italien – Ägypten 1:0, Katar – Kanada 2:1.
Gruppe B: Elfenbeinküste und Südkorea. Elfenbeinküste – Südkorea 1:1, USA – Ecuador 1:0, Elfenbeinküste – USA 1:0, Ecuador – Südkorea 1:0, Elfenbeinküste – Ecuador 1:0, Südkorea – USA 4:2.
Gruppe C: Australien und Frankreich. Frankreich – Brasilien 0:0, Australien – Saudi-Arabien 1:0, Frankreich – Australien 4:1, Saudi-Arabien – Brasilien 0:0, Australien – Brasilien 1:0, Saudi-Arabien – Frankreich 2:0.
Gruppe D: Sowjetunion und Nigeria. Sowjetunion – Nigeria 1:1, Mexiko – Bolivien 2:2, Sowjetunion – Mexiko 7:0, Nigeria – Bolivien 3:2, Sowjetunion – Bolivien 4:2, Mexiko – Nigeria 1:0

Viertelfinale: Sowjetunion – Frankreich 3:2, Elfenbeinküste – Katar 3:0, Nigeria – Australien 1:0, Italien – Südkorea 2:0.
Halbfinale: Sowjetunion – Elfenbeinküste 5:1, Nigeria – Italien 1:0.
Um den dritten Platz: Elfenbeinküste – Italien 2:1.

Endspiel am 25. Juli 1987 in Toronto: Sowjetunion – Nigeria n. V. 1:1 (1:1, 1:1)/Elfm. 3:1
Sowjetunion: Okroschidse – Assadow, Mokrizki, Bejenar, Moros – Wisokos (Kadirow), Matwejew, Muschinka, Kasimow – Nikiforow, Arutunjan (Russin).
Tore: Nikiforow (Osundo) – Zuschauer: 15 000 – SR: Ramiz Wright (Brasilien).

1989: Saudi-Arabien

Vom 10. bis 24. Juni 1989 in Schottland

Gruppe A: Bahrain und Schottland. Schottland – Ghana 0:0, Kuba – Bahrain 0:3, Schottland – Kuba 3:0, Ghana – Bahrain 0:1, Schottland – Bahrain 1:1, Ghana – Kuba 2:2.
Gruppe B: DDR und Brasilien. DDR – Australien 1:0, USA – Brasilien 1:0, DDR – USA 5:2, Australien – Brasilien 1:3, Brasilien – DDR 2:1, Australien – USA 2:2.

Gruppe C: Nigeria und Argentinien. Argentinien – China 0:0, Nigeria – Kanada 4:0, Argentinien – Nigeria 0:0, China – Kanada 1:0, Argentinien – Kanada 4:1, Nigeria – China 3:0.
Gruppe D: Portugal und Saudi-Arabien. Guinea – Kolumbien 1:1, Saudi-Arabien – Portugal 2:2, Guinea – Saudi-Arabien 2:2, Kolumbien – Portugal 2:3, Guinea – Portugal 1:1, Saudi-Arabien – Kolumbien 1:0.

Viertelfinale: Bahrain – Brasilien n. V. 0:0/Elfmeterschießen 4:1), DDR – Schottland 0:1, Nigeria – Saudi-Arabien n. V. 0:0/Elfmeterschießen 0:2, Portugal – Argentinien 2:1.
Halbfinale: Bahrain – Saudi-Arabien 0:1, Schottland – Portugal 1:0.
Um den dritten Platz: Portugal – Bahrain 3:0.

Endspiel am 24. Juni 1989 in Glasgow: Saudi-Arabien – Schottland n. V. 2:2 (2:2, 0:2)/Elfm. 5:4
Saudi-Arabien: Al-Deayea – Al-Reshoudi, Abdulshkor, Al-Rushd, Al-Hambi, Al-Roaihi (Al-Mosa), Al-Hammali, Al-Shamrani, Al-Tereir, Al-Alwi, Al-Theneyan.
Tore: Al-Reshoudi, Al-Tereir (Downie, Dickov) – Zuschauer: 51 674 – SR: Escobar (Guatemala).

1991: Ghana

Vom 16. bis 31. August 1991 in Italien

Gruppe A: USA und Argentinien. Italien – USA 0:1, China – Argentinien 1:2, Italien – China 2:2, USA – Argentinien 1:0, USA – China 3:1, Italien – Argentinien 0:0.
Gruppe B: Australien und Katar. Kongo – Katar 0:0, Australien – Mexiko 4:3, Kongo – Australien 0:2, Katar – Mexiko 0:1, Kongo – Mexiko 2:1, Katar – Australien 1:0.
Gruppe C: Brasilien und Deutschland. Sudan – Vereinigte Arabische Emirate 4:1, Deutschland – Brasilien 0:2, Deutschland – Sudan 3:1, Vereinigte Arabische Emirate – Brasilien 0:4, Sudan – Brasilien 0:1, Deutschland – Vereinigte Arabische Emirate 2:2.
Gruppe D: Spanien und Ghana. Ghana – Kuba 2:1, Uruguay – Spanien 0:1, Ghana – Uruguay 2:0, Kuba – Spanien 2:7, Ghana – Spanien 1:1, Kuba – Uruguay 0:1.

Viertelfinale: Spanien – Deutschland 3:1, Katar – USA n. V. 1:1/Elfmeterschießen 4:3, Argentinien – Australien 2:1, Brasilien – Ghana 1:2.
Halbfinale: Katar – Ghana n. V. 0:0/Elfmeterschießen 2:4, Argentinien – Spanien 0:1.
Um den dritten Platz: Argentinien – Katar n. V. 1:1/Elfmeterschießen 4:1.

Endspiel am 31. August 1991 in Florenz: Ghana – Spanien 1:0 (0.0)
Ghana: Owu – Nimo – Barnes, Asara, Kuffour – Addo, Gargo, Opoku, Duah – Lamptey, Preko (Brown).
Tor: Duah – Zuschauer: 8000 – SR: Sundell (Schweden).

1993: Nigeria

Vom 21. August bis 4. September 1993 in Japan

Gruppe A: Ghana und Japan. Japan – Ghana 0:1, Italien – Mexiko 1:2, Ghana – Mexiko 4:1, Japan – Italien 0:0, Ghana – Italien 4:0, Japan – Mexiko 2:1.
Gruppe B: Nigeria und Australien. Australien – Kanada 5:0, Argentinien – Nigeria 0:4, Australien – Argentinien 2:2, Kanada – Nigeria 0:8, Australien – Nigeria 0:2, Argentinien – Kanada 5:0.
Gruppe C: RCS und USA. Kolumbien – Katar 0:2, USA – RCS (Tschechien und Slowakei) 2:2, Katar – RCS 0:2, Kolumbien – USA 2:1, Kolumbien – RCS 1:3, Katar – USA 1:5.
Gruppe D: Polen und Chile. Chile – China 2:2, Tunesien – Polen 1:3, Chile – Tunesien 2:0, China – Polen 0:2, Chile – Polen 3:3, China – Tunesien 0:1.

Viertelfinale: Ghana – Australien 1:0, Nigeria – Japan 2:1, RCS – Chile 1:4, Polen – USA 3:0.
Halbfinale: Ghana – Chile 3:0, Nigeria – Polen 2:1.
Um den dritten Platz: Chile – Polen 1:1/Elfmeterschießen 4:2.

Endspiel am 4. September 1993 in Tokio: Nigeria – Ghana 2:1 (1:0)
Nigeria: Okhenoboh – Oparaku, Babayaro, Okonedo, Anyanwu – Ojlgwe, Oruma – Kanu, Odini (Ogbebor), Chojl (Okougha), Anosike.
Tore: Oruma, Anosike (Fameyeh) – Zuschauer: 25 000 – SR: Castrilli (Argentinien).

1995: Ghana

Vom 3. August bis 20. August 1995 in Ecuador

Gruppe A: Ghana und Ecuador. Ghana – Japan 1:0, Ecuador – USA 2:0, USA – Japan 1:2, Ecuador – Ghana 1:2, USA – Ghana 0:2, Ecuador – Japan 0:0.
Gruppe B: Argentinien und Portugal. Argentinien – Portugal 3:0, Costa Rica – Guinea 2:0, Guinea – Portugal 3:2, Argentinien – Costa Rica 2:0, Portugal – Costa Rica 3:0, Argentinien – Guinea 2:0.

Gruppe C: Nigeria und Australien. Nigeria – Australien 2:0, Spanien – Katar 1:0, Nigeria – Katar 1:1, Australien – Spanien 2:2, Nigeria – Spanien 2:1, Katar – Australien 0:3.
Gruppe D: Brasilien und Oman. Brasilien – Deutschland 3:0, Oman – Kanada 2:1, Deutschland – Kanada 3:0, Brasilien – Oman 0:0, Brasilien – Kanada 2:0, Deutschland – Oman 0:3.

Viertelfinale: Ghana – Portugal 2:0, Oman – Nigeria 2:1, Argentinien – Ecuador 3:1, Brasilien – Australien 3:1.
Halbfinale: Ghana – Oman 3:1, Argentinien – Brasilien 0:3.
Um den dritten Platz: Argentinien – Oman 2:0

Endspiel am 20. August 1995 in Guayaquil: Ghana – Brasilien 3:2 (2:0)
Ghana: Abu – Allotey, Amanianpong, Camara, Ansah, Idrisu, Bentil, Amoako, Issaka, Gyan, Sule
Tore: Bentile 2, Idrisu (Marco Antonio, Juan Santos) – Zuschauer: 27 000 – SR: Irvine (Nordirland).

1997: Brasilien

Vom 4. bis 21. September 1997 in Ägypten

Gruppe A: Deutschland und Ägypten. Ägypten – Thailand 3:2, Chile – Deutschland 0:1, Ägypten – Chile 1:1, Thailand – Deutschland 0:3, Ägypten – Deutschland 1:1, Thailand – Chile 2:6.
Gruppe B: Spanien und Mali. Neuseeland – Mali 0:4, Mexiko – Spanien 0:3, Mali – Spanien 0:1, Neuseeland – Mexiko 0:5, Neuseeland – Spanien 0:13, Mali – Mexiko 3:1.
Gruppe C: Brasilien und Oman. Oman – USA 4:0, Österreich – Brasilien 0:7, USA – Brasilien 0:3, Oman Österreich 3:1, Oman – Brasilien 1:3, USA – Österreich 4:0.
Gruppe D: Ghana und Argentinien. Argentinien – Ghana 0:0, Costa Rica – Bahrein 1:3, Ghana – Bahrein 5:1, Argentinien – Costa Rica 1:0, Argentinien – Bahrein 2:0, Ghana – Costa Rica 2:0.

Viertelfinale: Brasilien – Argentinien 2:0, Deutschland – Mali n. V. 0:0/Elfmeterschießen 4:3, Ghana – Oman 4:1, Spanien – Ägypten 2:1.
Halbfinale: Brasilien – Deutschland 4:0, Ghana – Spanien 2:1.
Um den dritten Platz: Spanien – Deutschland 2:1.

Endspiel am 21. September 1997 in Kairo: Brasilien – Ghana 2:1 (0:1)
Brasilien: Fabio – Andrey (Henrique), Fernando, Gaviao, Abel, Jorginho, Diogo (Geovanni), Ferrugem, Fabio Pinto, Ronaldo, Matuzalem (Rogerio).
Tore: Matuzalem, Andrey (Afriyie) – Zuschauer: 35 000 – SR: Hauge (Norwegen).

1999: Brasilien

Vom 10. bis 27. September 1999 in Neuseeland

Gruppe A: USA und Uruguay. Neuseeland – USA 1:2, Uruguay – Polen 1:1, Neuseeland – Uruguay 0:5, USA – Polen 1:1, Polen – Neuseeland 1:2. USA – Uruguay 1:0.
Gruppe B: Ghana und Mexiko. Ghana – Spanien 1:1, Mexiko – Thailand 4:0, Spanien – Thailand 6:0, Ghana – Mexiko 4:0, Thailand – Ghana 1:7, Spanien – Mexiko 0:1.
Gruppe C: Australien und Brasilien. Brasilien – Australien 2:1, Mali – Deutschland 0:0, Australien – Deutschland 2:1, Brasilien – Mali 0:0, Deutschland – Brasilien 0:0, Australien – Mali 1:0.
Gruppe D: Paraguay und Katar. Jamaika – Burkina Faso 0:1, Paraguay – Katar 2:0, Burkina Faso – Katar 1:2, Jamaika – Paraguay 0:5, Katar – Jamaika 4:0, Burkina Faso – Paraguay 2:2.

Viertelfinale: USA – Mexiko 3:2, Ghana – Uruguay n. V. 3:2, Australien – Katar 1:0, Paraguay – Brasilien 1:4.
Halbfinale: USA – Australien n. V. 2:2/Elfmeterschießen 6:7, Ghana – Brasilien n. V. 2:2/Elfmeterschießen 2:4 .
Um den dritten Platz: Ghana – USA 2:0.

Endspiel am 27. September 1999 in Auckland: Brasilien – Australien n. V. 0:0/Elfm. 8:7
Brasilien: Rubinho – Bruno Leite, Marquinhos, Ricardo, Eduardo – Anderson, Leo, Walker – Caca (Wellington), Leonardo, Adriano (Souza).
Zuschauer: 22 859 – SR: Vassaras (Griechenland).

2001: Frankreich

Vom 13. bis 30. September 2001 in Trinidad & Tobago

Gruppe A: Brasilien und Australien. Trinidad & Tobago – Kroatien 1:2, Australien – Brasilien 0:1, Trinidad & Tobago – Australien 0:1, Kroatien – Brasilien 1:3, Brasilien – Trinidad & Tobago 6:1, Kroatien – Australien 0:4.

Gruppe B: Nigeria und Frankreich. USA – Japan 0:1, Frankreich – Nigeria 1:2, Japan – Nigeria 0:4, USA – Frankreich 3:5, Nigeria – USA 2:0, Japan – Frankreich 1:5.

Gruppe C: Argentinien und Burkina Faso. Oman – Spanien 1:2, Argentinien – Burkina Faso 2:2, Spanien – Burkina Faso 0:1, Oman – Argentinien 0:3, Burkina Faso – Oman 1:1, Spanien – Argentinien 2:4.

Gruppe D: Costa Rica und Mali. Mali – Paraguay 1:2, Iran – Costa Rica 0:2, Paraguay – Costa Rica 0:3, Mali – Iran 1:0, Costa Rica – Mali 0:2, Paraguay – Iran 3:2.

Viertelfinale: Brasilien – Frankreich 1:2, Nigeria – Australien 5:1, Argentinien – Mali n. V. 2:1, Costa Rica – Burkina Faso 0:2.

Halbfinale: Frankreich – Argentinien 2:1, Nigeria – Burkina Faso 1:0.

Spiel um den dritten Platz: Burkina Faso – Argentinien 2:0.

Endspiel am 30. September in Port of Spain: Frankreich – Nigeria 3:0 (1:0)

Frankreich: Chaigneau – Colombo, Faty, Berthod – Drouin (Debris), Yebda, Fae, Jacmot – Meghni (Pietre) – Sinama-Pongolle, Le Tallec (Mohellebi).

Tore: Sinama-Pongolle, Le Tallec, Pietre – Zuschauer: 20 790 – SR: Cardoso Cortez Batista (Portugal).

2003: Brasilien

Vom 13. bis 30. August 2003 in Finnland

Gruppe A: Kolumbien und Mexiko. Finnland – China 2:1, Mexiko – Kolumbien 0:0, China – Kolumbien 1:2, Finnland – Mexiko 0:2, China – Mexiko 3:3, Kolumbien – Finnland 9:1.

Gruppe B: Argentinien und Costa Rica. Argentinien – Australien 2:0, Costa Rica – Nigeria 1:1, Australien – Nigeria 1:2, Argentinien – Costa Rica 2:0, Nigeria – Argentinien 0:1, Australien – Costa Rica 0:2.

Gruppe C: Brasilien und Portugal. Jemen – Portugal 3:4, Kamerun – Brasilien 1:1, Portugal – Brasilien 0:5, Jemen – Kamerun 1:1, Brasilien – Jemen 3:0, Portugal – Kamerun 5:5.

Gruppe D: Spanien und USA. Südkorea – USA 1:6, Spanien – Sierra Leone 3:3, USA – Sierra Leone 2:1, Südkorea – Spanien 2:3, Sierra Leone – Südkorea 2:3, USA – Spanien 0:2.

Viertelfinale: Kolumbien – Costa Rica 2:0, Argentinien – Mexiko 2:0, Brasilien – USA 3:0, Spanien – Portugal 5:2.

Halbfinale: Kolumbien – Brasilien 0:2, Argentinien – Spanien i. V. 2:3.

Um den dritten Platz: Argentinien – Kolumbien 1:1, Elfmeterschießen 5:4.

Endspiel am 30. August 2003 in Helsinki: Brasilien – Spanien 1:0 (1:0)

Brasilien: Bruno – Leo, Joao, Leonardo, Sandro – Junior, Jonathan, Arouca, Ederson (Juliano) – Evandro (Felipe), Abuda (Hugo).

Tor: Leonardo – Zuschauer: 10 452 – SR: Braamhaar (Niederlande).

2005: Mexiko

Vom 16. September bis 2. Oktober 2005 in Peru

Gruppe A: Costa Rica und China. China – Costa Rica 1:1; Peru – Ghana 1:1; Ghana – Costa Rica 1:1; Peru – China 0:1; Costa Rica – Peru 2:0; Ghana – China 1:1.

Gruppe B: Türkei und Mexiko. Uruguay – Mexiko 0:2; Türkei – Australien 1:0; Mexiko – Australien 3:0; Uruguay – Türkei 2:3; Australien – Uruguay 2:1; Mexiko – Türkei 1:2.

Gruppe C: USA und Nordkorea. Elfenbeinküste – Italien 3:4; Nordkorea – USA 2:3; Italien – USA 1:3; Elfenbeinküste – Nordkorea 0:3; USA – Elfenbeinküste 1:1; Italien – Nordkorea 1:1.

Gruppe D: Brasilien und Niederlande. Niederlande – Katar 5:3; Brasilien – Gambia 1:3; Katar – Gambia 1:3; Niederlande – Brasilien 1:2; Gambia – Niederlande 0:2; Katar – Brasilien 0:6.

Viertelfinale: Costa Rica – Mexiko n. V. 1:3; Türkei – China 5:1; USA – Niederlande 0:2; Brasilien – Nordkorea n. V. 3:1.
Halbfinale: Mexiko – Niederlande 4:0; Türkei – Brasilien 3:4.
Um den dritten Platz: Niederlande – Türkei 2:1.

Endspiel am 2. Oktober 2005 in Lima: Mexiko – Brasilien 3:0 (2:0)
Mexiko: Arias – Araujo, Valdez, Sanchez, Moreno (Valverde) – Esparza, Hernandez, Aldrete, Villaluz – Dos Santos (Guzman), Vela (Silva).
Tore: Vela, Esparza, Guzman – Zuschauer: 40 000 – SR: De Bleeckere (Belgien)

2007: Nigeria

Vom 18. August bis 9. September 2007 in Südkorea

Gruppe A: Peru und Costa Rica. Costa Rica – Togo 1:1; Südkorea – Peru 0:1; Togo – Peru 0:0; Costa Rica – Südkorea 2:0; Südkorea – Togo 2:1; Peru – Costa Rica 1:0.
Gruppe B: England, Brasilien und Nordkorea. Nordkorea – England 1:1; Brasilien – Neuseeland 7:0; Neuseeland – England 0:5; Brasilien – Nordkorea 6:1; Nordkorea – Neuseeland 1:0; England – Brasilien 2:1.
Gruppe C: Spanien, Argentinien und Syrien. Honduras – Spanien 2:4; Argentinien – Syrien 0:0; Syrien – Spanien 1:2; Argentinien – Honduras 4:1; Honduras – Syrien 0:2; Spanien – Argentinien 1:1.
Gruppe D: Nigeria und Frankreich. Nigeria – Frankreich 2:1; Japan – Haiti 3:1; Haiti – Frankreich 1:1; Japan – Nigeria 0:3; Nigeria – Haiti 4:1; Frankreich – Japan 2:1.
Gruppe E: Tunesien, USA und Tadschikistan. Belgien – Tunesien 2:4; Tadschikistan – USA 4:3; USA – Tunesien 1:3; Tadschikistan – Belgien 0:1; Belgien – USA 0:2; Tunesien – Tadschikistan 1:0.
Gruppe F: Deutschland, Ghana und Kolumbien. Kolumbien – Deutschland 3:3; Trinidad & Tobago – Ghana 1:4; Ghana – Deutschland 2:3; Trinidad & Tobago – Kolumbien 0:5; Kolumbien – Ghana 1:2; Deutschland – Trinidad & Tobago 5:0.

Achtelfinale: Spanien – Nordkorea 3:0; Tunesien – Frankreich n. V. 1:3; Peru – Tadschikistan n. V. 1:1, Elfmeterschießen 5:4; Ghana – Brasilien 1:0; Argentinien – Costa Rica 2:0; Nigeria – Kolumbien 2:1; England – Syrien 3:1; Deutschland – USA 2:1.
Viertelfinale: Frankreich – Spanien n. V. 1:1, Elfmeterschießen 4:5; Ghana – Peru 2:0; Argentinien – Nigeria 0:2; England – Deutschland 1:4.
Halbfinale: Spanien – Ghana n. V. 2:1; Nigeria – Deutschland 3:1.
Um den dritten Platz: Deutschland – Ghana 2:1.

Endspiel am 9. September 2007 in Seoul: Nigeria – Spanien n. V. 0:0, Elfmeterschießen 3:0
Nigeria: Ajiboye – M. Ibrahim, Udoh, Alfa (Abdulkarim), Edile – Rafeal (Isa), Joshua, R. Ibrahim, Osanga (Akinsola), Chrisantus, Oseni.
Tore im Elfmeterschießen: Edile, Joshua, Oseni – Zuschauer: 36 125 – SR: Nishimura (Japan).

2009: Schweiz

Vom 24. Oktober bis 15. November 2009 in Nigeria

Gruppe A: Nigeria, Argentinien, Deutschland. Honduras – Argentinien 0:1; Nigeria – Deutschland 3:3; Argentinien – Deutschland 2:1; Nigeria – Honduras 1:0; Deutschland – Honduras 3:1; Argentinien – Nigeria 1:2.
Gruppe B: Schweiz, Mexiko. Mexiko – Schweiz 0:2; Brasilien – Japan 3:2; Schweiz – Japan 4:3; Brasilien – Mexiko 0:1; Schweiz – Brasilien 1:0; Japan – Mexiko 0:2.
Gruppe C: Iran, Kolumbien. Iran – Gambia 2:0; Kolumbien – Niederlande 2:1; Niederlande – Gambia 2:1; Iran – Kolumbien 0:0; Gambia – Kolumbien 2:2; Niederlande – Iran 0:1.
Gruppe D: Türkei, Burkina Faso, Neuseeland. Türkei – Burkina Faso 1:0; Costa Rica – Neuseeland 1:1; Neuseeland – Burkina Faso 1:1; Türkei – Costa Rica 4:1; Burkina Faso – Costa Rica 4:1; Neuseeland – Türkei 1:1.
Gruppe E: Spanien, USA, Vereinigte Arabische Emirate. Vereinigte Arabische Emirate – Malawi 2:0; Spanien – USA 2:1; USA – Malawi 1:0; Vereinigte Arabische Emirate – Spanien 1:3; Malawi – Spanien 1:4; USA – Vereinigte Arabische Emirate 1:0.
Gruppe F: Italien, Südkorea, Uruguay. Uruguay – Südkorea 1:3; Algerien – Italien 0:1; Italien – Südkorea 2:1; Uruguay – Algerien 2:0; Italien – Uruguay 0:0; Südkorea – Algerien 2:0.

Achtelfinale: Argentinien – Kolumbien 2:3; Italien – USA 2:1; Türkei – Vereinigte Arabische Emirate 2:0; Schweiz – Deutschland n. V. 4:3; Spanien – Burkina Faso 4:1; Mexiko – Südkorea n. V. 1:1, Elfmeterschießen 3:5; Iran – Uruguay n. V. 1:2; Nigeria – Neuseeland 5:0.

Viertelfinale: Kolumbien – Türkei n. V. 1:1, Elfmeterschießen 5:3; Schweiz – Italien 2:1; Spanien – Uruguay n. V. 3:3, Elfmeterschießen 4:2; Südkorea – Nigeria 1:3.
Halbfinale: Kolumbien – Schweiz 0:4; Spanien – Nigeria 1:3.
Um den dritten Platz: Spanien – Kolumbien 1:0.

Endspiel am 15. November 2009 in Abuja: Schweiz – Nigeria 1:0 (0:0)
Schweiz: Siegrist – Martignoni (Goncalves), Chappuis, Veseli (Hajrovic), Rodriguez – Xhaka (Nimeley), Buff, Kasami, Kamber – Ben Khalifa, Seferovic.
Tor: Seferovic – Zuschauer: 60 000 – SR: Vazquez Martin (Uruguay).

2011: Mexiko

Vom 18. Juni bis 10. Juli 2011 in Mexiko

Gruppe A: Mexiko, Kongo. Kongo – Niederlande 1:0; Mexiko – Nordkorea 3:1; Nordkorea – Niederlande 1:1; Mexiko – Kongo 2:1; Nordkorea – Kongo 1:1; Mexiko – Niederlande 3:2.
Gruppe B: Japan, Frankreich, Argentinien. Frankreich – Argentinien 3:0; Ja-pan – Jamaika 1:0; Japan – Frankreich 1:1; Jamaika – Argentinien 1:2; Japan – Argentinien 3:1; Jamaika – Frankreich 1:1.
Gruppe C: England, Uruguay. Ruanda – England 0:2; Uruguay – Kanada 3:0; Uruguay – Ruanda 1:0; Kanada – England 2:2; Uruguay – England 0:2; Kanada – Ruanda 0:0.
Gruppe D: Usbekistan, USA, Neuseeland. Usbekistan – Neuseeland 1:4; USA – Tschechien 3:0; USA – Usbekistan 1:2; Tschechien – Neuseeland 1:0; USA – Neuseeland 0:0; Tschechien – Usbekistan 1:2.
Gruppe E: Deutschland, Ecuador, Panama. Deutschland – Ecuador 6:1; Burkina Faso – Panama 0:1; Burkina Faso – Deutschland 0:3; Panama – Ecuador 1:2; Burkina Faso – Ecuador 0:2; Panama – Deutschland 0:2.
Gruppe F: Brasilien, Elfenbeinküste, Australien. Brasilien – Dänemark 3:0; Australien – Elfenbeinküste 2:1; Australien – Brasilien 0:1; Elfenbeinküste – Dänemark 4:2; Australien – Dänemark 1:1; Elfenbeinküste – Brasilien 3:3.

Achtelfinale: Usbekistan – Australien 4:0; Brasilien – Ecuador 2:0; Kongo – Uruguay 1:2; Japan – Neuseeland 6:0; Deutschland – USA 4:0; England – Ar-gentinien n. V. 1:1, Elfmeterschießen 4:2; Frankreich – Elfenbeinküste 3:2; Mexiko – Panama 2:0.
Viertelfinale: Uruguay – Usbekistan 2:0; Japan – Brasilien 2:3; Deutschland – England 3:2; Frankreich – Mexiko 1:2.
Halbfinale: Uruguay – Brasilien 3:0; Deutschland – Mexiko 2:3.
Um den dritten Platz: Deutschland – Brasilien 4:3.

Endspiel am 10. Juli 2011 in Mexiko City: Mexiko – Uruguay 2:0 (1:0)
Mexiko: Sanchez – Flores, Guzman, Briseno, Caballero – Escamilla, Esperi-cueta, Tostado (Gomez), Gonzales – Bueno (Gracia), Fierro (Casillas).
Tore: Briseno, Casillas – Zuschauer: 98 943 – SR: Moen (Norwegen).

2013: Nigeria

Vom 17. Oktober bis 8. November 2013 in den Vereinigten Arabischen Emiraten

Gruppe A: Brasilien, Honduras und Slowakei. Brasilien – Slowakei 6:1; Vereinigte Arabische Emirate – Honduras 1:2; Slowakei – Honduras 2:2; Vereinigte Arabische Emirate – Brasilien 1:6; Slowakei – Vereinigte Arabische Emirate 2:0; Honduras – Brasilien 0:3.
Gruppe B: Uruguay, Italien und Elfenbeinküste. Uruguay – Neuseeland 7:0; Elfenbeinküste – Italien 0:1; Uruguay – Elfenbeinküste 1:1; Italien – Neuseeland 1:0; Neuseeland – Elfenbeinküste 0:3; Italien – Uruguay 1:2.
Gruppe C: Marokko und Usbekistan. Kroatien – Marokko 1:3; Panama – Usbekistan 0:2; Kroatien – Panama 1:0; Usbekistan – Marokko 0:0; Usbekistan – Kroatien 2:1; Marokko – Panama 4:2.
Gruppe D: Japan, Tunesien und Russland. Tunesien – Venezuela 2:1; Russland – Japan 0:1; Tunesien – Russland 1:0; Japan – Venezuela 3:1; Venezuela – Russland 0:4; Japan – Tunesien 2:1.
Gruppe E: Argentinien und Iran. Kanada – Österreich 2:2; Iran – Argentinien 1:1; Kanada – Iran 1:1; Argentinien – Österreich 3:2; Argentinien – Kanada 3:0; Österreich- Iran 0:1.
Gruppe F: Nigeria, Mexiko und Schweden. Mexiko – Nigeria 1:6; Irak – Schweden 1:4; Mexiko – Irak 3:1; Schweden – Nigeria 3:3; Nigeria – Irak 5:0; Schweden – Mexiko 0:1.

Achtelfinale: Italien – Mexiko 0:2; Japan – Schweden 1:2; Brasilien – Russland 3:1; Honduras – Usbekistan 1:0; Uruguay – Slowakei 4:2; Marokko – Elfenbeinküste 1:2; Argentinien – Tunesien 3:1; Nigeria – Iran 4:1.

Viertelfinale: Brasilien – Mexiko 1:1, Elfmeterschießen 10:11; Honduras – Schweden 1:2; Uruguay – Nigeria 0:2; Argentinien – Elfenbeinküste 2:1.
Halbfinale: Schweden – Nigeria 0:3; Argentinien – Mexiko 0:3.
Um den dritten Platz: Schweden – Argentinien 4:1.

Endspiel am 8. November 2013 in Abu Dhabi: Nigeria – Mexiko 3:0 (1:0)
Nigeria: Alampasu – Muhammed, Idowu, Abubakar, Okon – Nwakali, Bello – Iheanacho, Alfa (Ezeh), Yahaya – Awoniyi.
Tore: Eigentor Aguirre, Iheanacho, Muhammed – Zuschauer: 20 018 – SR: Thomson (Schottland).

2015: Nigeria

Vom 17. Oktober bis 8. November 2015 in Chile

Gruppe A: Nigeria, Kroatien und Chile. Nigeria – USA 2:0; Chile – Kroatien 1:1; USA – Kroatien 2:2; Chile – Nigeria 1:5; USA – Chile 1:4; Kroatien – Nigeria 2:1.
Gruppe B: Südkorea und Brasilien. England – Guinea 1:1; Brasilien – Südkorea 0:1: England – Brasilien 0:1; Südkorea – Guinea 1:0; Südkorea – England 0:0; Guinea – Brasilien 1:3.
Gruppe C: Mexiko, Deutschland und Australien. Australien – Deutschland 1:4; Mexiko – Argentinien 2:0; Australien – Mexiko 0:0; Argentinien – Deutschland 0:4; Argentinien – Australien 1:2; Deutschland – Mexiko 1:2.
Gruppe D: Mali, Ecuador und Belgien. Belgien – Mali 0:0; Honduras – Ecuador 1:3; Belgien – Honduras 2:1; Ecuador – Mali 1:2; Ecuador – Belgien 2:0; Mali – Honduras 3:0.
Gruppe E: Russland, Costa Rica und Nordkorea. Südafrika – Costa Rica 1:2; Nordkorea – Russland 0:2; Südafrika – Nordkorea 1:1; Russland – Costa Rica 1:1; Russland – Südafrika 2:0; Costa Rica – Nordkorea 1:2.
Gruppe F: Frankreich und Neuseeland. Neuseeland – Frankreich 1:6; Syrien – Paraguay 1:4; Neuseeland – Syrien 0:0; Paraguay – Frankreich 3:4; Paraguay – Neuseeland 1:2; Frankreich – Syrien 4:0.

Achtelfinale: Brasilien – Neuseeland 1:0; Mexiko – Chile 4:1; Nigeria – Australien 6:0; Südkorea – Belgien 0:2; Kroatien – Deutschland 2:0; Mali – Nordkorea 3:0; Russland – Ecuador 1:4; Frankreich – Costa Rica 0:0, Elfmeterschießen 3:5.
Viertelfinale: Brasilien – Nigeria 0:3; Kroatien – Mali 0:1; Ecuador – Mexiko 0:2; Belgien – Costa Rica 1:0.
Halbfinale: Mali – Belgien 3:1; Mexiko – Nigeria 2:4.
Um den dritten Platz: Belgien – Mexiko 3:2.

Endspiel am 8. November 2015 in Vina del Mar: Nigeria – Mali 2:0 (0:0)
Nigeria: Udoh – Lazarus, Zakari, Ikwu, Anumudu – Nwakali, Ebere (Madueke), Enoglea – Chukwueze (Okwonkwo), Osimhen, Bamgboye (Alimi).
Tore: Osimhen, Bamgboye – Zuschauer: 15 235 – SR: Oliver (England).

2017: England

Vom 6. bis 28. Oktober 2017 in Indien

Gruppe A: Ghana, Kolumbien und USA. Kolumbien – Ghana 0:1; Indien – USA 0:3; Ghana – USA 0:1; Indien – Kolumbien 1:2; Ghana – Indien 4:0; USA – Kolumbien 1:3.
Gruppe B: Paraguay und Mali. Neuseeland – Türkei 1:1; Paraguay – Mali 3:2; Türkei – Mali 0:3; Paraguay – Neuseeland 4:2; Türkei – Paraguay 1:3; Mali – Neuseeland 3:1.
Gruppe C: Iran und Deutschland. Deutschland – Costa Rica 2:1; Iran – Guinea 3:1; Costa Rica – Guinea 2:2; Iran – Deutschland 4:0; Costa Rica – Iran 0:3; Guinea – Deutschland 1:3.
Gruppe D: Brasilien, Spanien und Niger. Brasilien – Spanien 2:1; Nordkorea – Niger 0:1; Spanien – Niger 4:0; Nordkorea – Brasilien 0:2; Spanien – Nordkorea 2:0; Niger – Brasilien 0:2.
Gruppe E: Frankreich, Japan und Honduras. Neukaledonien – Frankreich 1:7; Honduras – Japan 1:6; Frankreich – Japan 2:1; Honduras – Neukaledonien 5:0; Frankreich – Honduras 5:1; Japan – Neukaledonien 1:1.
Gruppe F: England, Irak und Mexiko. Chile – England 0:4; Irak – Mexiko 1:1; England – Mexiko 3:2; Irak – Chile 3:0; England – Irak 4:0; Mexiko – Chile 0:0.
Achtelfinale: Kolumbien – Deutschland 0:4; Paraguay – USA 0:5; Iran – Mexiko 2:1; Frankreich – Spanien 1:2; England – Japan 0:0, Elfmeterschießen 5:3; Mali – Irak 5:1; Ghana – Niger 2:0; Brasilien – Honduras 3:0.

Viertelfinale: Mali – Ghana 2:1; USA – England 1:4; Spanien – Iran 3:1; Deutschland – Brasilien 1:2.
Halbfinale: Brasilien – England 1:3; Mali – Spanien 1:3.
Um den dritten Platz: Brasilien – Mali 2:0.

Endspiel am 28. Oktober 2017 in Kolkata: England – Spanien 5:2 (1:2)
England: Anderson – Sessegnon, Guehi, Latibeaudiere, Panzo – McEachran (Gallagher), Oakley-Boothe (Gomes) – Foden, Gibbs White (Kirby), Hudson-Odoi – Brewster.
Tore: Brewster, Gibbs-White, Foden 2, Guehi (S. Gomez 2) – Zuschauer: 66 684 – SR: Caceres (Paraguay).

2019: Brasilien

Vom 26. Oktober bis 17. November 2019 in Brasilien

Gruppe A: Brasilen und Angola. Brasilien – Kanada 4:1; Neuseeland – Angola 1:2; Angola – Kanada 2:1; Brasilien – Neuseeland 3:0; Angola – Brasilien 0:2; Kanada – Neuseeland 0:1.
Gruppe B: Nigeria, Ecuador und Australien. Nigeria – Ungarn 4:2; Ecuador – Australien 2:1; Nigeria – Ecuador 3:2; Australien – Ungarn 2:2; Australien – Nigeria 2:1; Ungarn – Ecuador 2:3.
Gruppe C: Frankreich, Südkorea und Chile. Frankreich – Chile 2:0; Südkorea – Haiti 2:1; Südkorea – Frankreich 1:3; Chile – Haiti 4:2; Chile – Südkorea 1:2; Haiti – Frankreich 0:2.
Gruppe D: Japan, Senegal und Niederlande. USA – Senegal 1:4; Japan – Nie-derlande 3:0; Niederlande – Senegal 1:3; USA – Japan 0:0; Niederlande – USA 4:0; Senegal – Japan 0:1.
Gruppe E: Spanien und Argentinien. Spanien – Argentinien 0:0; Tadschikistan – Kamerun 1:0; Spanien – Tadschikistan 5:1; Kamerun – Argentinien 1:3; Ka-merun – Spanien 0:2; Argentinien – Tadschikistan 3:1.
Gruppe F: Paraguay, Italien und Mexiko. Salomonen – Italien 0:5; Paraguay – Mexiko 0:0; Salomonen – Paraguay 0:7; Mexiko – Italien 1:2; Mexiko – Salo-monen 8:0; Italien – Paraguay 1:2.

Achtelfinale: Angola – Südkorea 0:1; Nigeria – Niederlande 1:3; Spanien – Senegal 2:1; Japan – Mexiko 0:2; Brasilien – Chile 3:2; Frankreich – Aust-ralien 4:0; Ecuador – Italien 0:1; Paraguay – Argentinien 3:2.
Viertelfinale: Niederlande – Paraguay 4:1; Südkorea – Mexiko 0:1; Spanien – Frankreich 1:6; Italien – Brasilien 0:2.
Halbfinale: Mexiko – Niederlande 1:1, Elfmeterschießen 4:3; Frankreich – Brasilien 2:3.
Um den dritten Platz: Frankreich – Niederlande 3:1.

Endspiel am 17. November 2019 in Gama: Brasilien – Mexiko 2:1 (0:0)
Brasilien: Matheus Donelli – Yan Couto (Garcia), Henri, Luan Patrick, Patryck - Diego, Daniel Cabral, Pedro Lucas (Matheus Araujo) - Veron, Kaio Jorge, Peglow (Lazaro).
Tore: Kaio Jorge, Lazaro (Gonzalez) – Zuschauer: 13 843 – SR: Treimanis (Lettland).

„Futsal"-Weltmeisterschaft

Die bisherigen Sieger:

1989 **Brasilien** (2:1 gegen die Niederlande) – 1992 **Brasilien** (4:1 gegen die USA) – 1996 **Brasilien** (6:4 gegen Spanien) – 2000 **Spanien** (4:3 gegen Brasilien) – 2004 **Spanien** (2:1 gegen Italien) – 2008 **Brasilien** (n. V. 2:2, Penaltyschießen 4:3 gegen Spanien) – 2012 **Brasilien** (n. V. 3:2 gegen Spanien) – 2016 **Argentinien** (5:4 gegen Russland) – 2020 (auf September 2021 verlegt).

Beach-Soccer-Weltmeisterschaft

Die bisherigen Sieger:

2005 **Frankreich** (3:3, Penaltyschießen 1:0 gegen Portugal) – 2006 **Brasilien** (4:1 gegen Uruguay) – 2007 **Brasilien** (8:2 gegen Mexiko) – 2008 **Brasilien** (5:3 gegen Italien) – 2009 **Brasilien** (10:5 gegen die Schweiz) – 2011 **Russland** (12:8 gegen Brasilien) – 2013 **Russland** (5:1 gegen Spanien) – 2015 **Portugal** (5:3 gegen Tahiti) – 2017 **Brasilien** (6:0 gegen Tahiti)) – 2019 **Portugal** (6:4 gegen Italien).

Aller guten Dinge sind drei: Die von Stefan Kuntz betreute U 21 wurde durch ein 1:0 über Portugal zum dritten Mal nach 2009 und 2017 Europameister. Von der siegreichen Mannschaft fuhren aber nur vier Akteure zum Olympia-Turnier nach Tokio.

KAPITEL 10

DIE OLYMPISCHEN FUSSBALLTURNIERE

DIE FUSSBALL-OLYMPIASIEGER

1908	GROSSBRITANNIEN	1976	DDR
1912	GROSSBRITANNIEN	1980	TSCHECHOSLOWAKEI
1920	BELGIEN	1984	FRANKREICH
1924	URUGUAY	1988	SOWJETUNION
1928	URUGUAY	1992	SPANIEN
1936	ITALIEN	1996	NIGERIA
1948	SCHWEDEN	2000	KAMERUN
1952	UNGARN	2004	ARGENTINIEN
1956	SOWJETUNION	2008	ARGENTINIEN
1960	JUGOSLAWIEN	2012	MEXIKO
1964	UNGARN	2016	BRASILIEN
1968	UNGARN	2021	BRASILIEN
1972	POLEN		

Nach Demonstrationswettbewerben bei den Olympischen Spielen 1900 in Paris, 1904 in St. Louis und den Zwischenspielen 1906 in Athen mit Vereins- und Auswahlteams wurde Fußball 1908 in London erstmals Bestandteil des olympischen Programms, bei dem sich Nationalmannschaften gegenüberstanden. Lediglich 1932 in Los Angeles gab es kein Olympisches Fußballturnier. Offiziell verzichtete das IOC wegen Streitigkeiten um den Amateurstatus auf das Turnier. Es gibt aber auch Stimmen, dass die amerikanischen Veranstalter kein Interesse am „europäischen" Fußball hatten. Bis einschließlich 1952 gab es keine Beschränkungen für das Olympische Fußball-Turnier. Ausscheidungsspiele fanden vor Ort statt. Für Melbourne 1956 wurden erstmals Qualifikationsrunden ausgetragen, um eine Teilnehmerzahl von 16 zu erreichen. Nachdem das Turnier bis 1980 viel von seiner einstigen Bedeutung verloren hatte, durften 1984 in Los Angeles erstmals Profis teilnehmen, allerdings mit der Beschränkung, dass europäische und südamerikanische Mannschaften keine Spieler aufstellen durften, die schon einmal bei einer Fußball-WM mitgewirkt hatten. Ausnahmen gab es für Spieler aus Afrika und Asien. Seit Barcelona 1992 ist die Teilnahme am Olympischen Fußball-Turnier auf Spieler unter 23 Jahren beschränkt. Allerdings ist der Einsatz von drei älteren Akteuren pro Team gestattet. Seitdem findet die Qualifikation in Europa im Rahmen der U-21-Europameisterschaft statt.

1900 in Paris: (Demonstrationswettbewerb)
Upton Park FC (London) – Auswahl USFSA (Frankreich) 4:0; Auswahl USFSA (Frankreich) – Club Universitaire (Brüssel) 6:2.

1904 in St. Louis: (Demonstrationswettbewerb)
Galt FC (Kanada) – Christian Brothers College (St. Louis) 7:0; Galt FC (Kanada) – St. Rose Parish (St. Louis) 4:0; St. Rose Parish (St. Louis) – Christian Brothers College (St. Louis) 0:0; St. Rose Parish (St. Louis) – Christian Brothers College (St. Louis) 0:0; St. Rose Parish (St. Louis) – Christian Brothers College (St. Louis) 0:2.
Die teilnehmenden Klubs erhielten vom IOC nachträglich Gold- (Galt FC), Silber- (Christian Brothers College) und Bronzemedaillen (St. Rose Parish) zuerkannt.

1906 in Athen (Demonstrationswettbewerb): Auswahl Dänemark
Halbfinale: Auswahl Dänemark – Auswahl Smyrna 5:1; Auswahl Athen – Auswahl Thessaloniki 6:0.

Endspiel am 24. April in Athen:

Auswahl Dänemark – Auswahl Athen 9:0 (bei Halbzeit abgebrochen)
Auswahl Dänemark: V. Andersen – P. Petersen, Buchwald – Ferslev, Rasmussen, A. Andersen – O. Nielsen, C. Pedersen, Frederiksen, Lindgren, Rambusch.

Die Auswahl von Athen kehrte wegen des uneinholbaren Rückstandes nach der Pause nicht mehr auf das Spielfeld zurück. Nach Ablehnung eines Angebots von Seiten des IOC, an einem Spiel um den zweiten Platz teilzunehmen, wurde die Athener Auswahl auf den letzten Platz gesetzt. Daraufhin bestritten die beiden Mannschaften aus dem Osmanischen Reich das Spiel um Platz 2: Auswahl Smyrna – Auswahl Thessaloniki 3:0.

1908 in London: Großbritannien

Vorrunde: Niederlande – Ungarn (Ungarn zog seine Mannschaft vor Beginn des Turniers aus finanziellen Gründen zurück); Dänemark – Frankreich B 9:0; Frankreich A – Böhmen (Böhmen musste nach Verlust seiner FIFA-Mitgliedschaft ausscheiden); Großbritannien – Schweden 12:1 (beide Spiele in London).
Halbfinale: Großbritannien – Niederlande 4:0; Dänemark – Frankreich A 17:1 (beide Spiele in London).
Spiel um den 3. Platz: Niederlande – Schweden 2:0 (London). Nachdem die Franzosen ihre erste Mannschaft nach dem Debakel gegen Dänemark aus dem Turnier genommen hatten, durfte Schweden um Bronze spielen.

Endspiel am 24. Oktober in London:

Großbritannien – Dänemark 2:0 (1:0)

Großbritannien: Bailey – Corbett, H. Smith – Hunt, Chapman, Hawkes – Berry, Woodward, Stapley. Purnell, Hardman.
Tore: Chapman, Woodward – Zuschauer: 8000 – SR: Lewis (Großbritannien).

1912 in Stockholm: Großbritannien

Deutschland nahm erstmals teil.
Vorrunde: Deutschland – Österreich 1:5; Finnland – Italien n. V. 3:2; Schweden – Niederlande n. V. 3:4 (alle Spiele in Stockholm).
Viertelfinale: Finnland – Russland 2:1; Großbritannien – Ungarn 7:0; Niederlande – Österreich 3:1; Dänemark – Norwegen 7:0 (alle Spiele in Stockholm).
Trostrunde: Deutschland – Russland 16:0; Italien – Schweden 1:0; Österreich – Norwegen 1:0; Ungarn mit Freilos; Ungarn – Deutschland 3:1; Österreich – Italien 5:1; Ungarn – Österreich 3:0 (alle Spiele in Stockholm).
Halbfinale: Finnland – Großbritannien 0:4; Dänemark – Niederlande 4:1 (beide Spiele in Stockholm).
Spiel um den 3. Platz: Niederlande – Finnland 9:0 (Stockholm).

Endspiel am 4. Juli in Stockholm:

Großbritannien – Dänemark 4:2 (4:1)

Großbritannien: Brebner – Burn, Knight – Littleworth, McWhirter, Dines – Berry, Woodward, Waiden, Hoare, Sharpe.
Tore: Waiden, Hoare 2, Berry (Olsen 2) – Zuschauer: 25 000 – SR: Groothoof (Niederlande).

1920 in Antwerpen: Belgien

Deutschland war zu den Olympischen Spielen nicht zugelassen.
Vorrunde: Spanien – Dänemark 1:0 (Brüssel); Niederlande – Luxemburg 3:0 (Brüssel); Schweden – Griechenland 9:0 (Antwerpen); Italien – Ägypten 2:1 (Gent); Norwegen – Großbritannien 3:1 (Antwerpen); Tschechoslowakei – Jugoslawien 7:0 (Antwerpen).
Viertelfinale: Belgien – Spanien 3:1; Niederlande – Schweden n. V. 5:4; Frankreich – Italien 3:1 (alle Spiele in Antwerpen); Tschechoslowakei – Norwegen 4:0 (Brüssel).
Halbfinale: Belgien – Niederlande 3:0; Tschechoslowakei – Frankreich 4:1 (beide Spiele in Antwerpen).
Trostrunde: Italien – Norwegen n. V. 2:1; Spanien – Schweden 2:1; Ägypten – Jugoslawien 4:2 (alle Spiele in Antwerpen).

Endspiel am 5. September in Antwerpen:

Belgien – Tschechoslowakei 2:0 abgebrochen

(Die Tschechoslowakei verließ nach 40 Minuten aus Protest gegen den Schiedsrichter den Platz und wurde disqualifiziert.)
Belgien: De Bie – Swartenbroeks, Verbeeck – Musch, Hanse, Fierens – Van Hage, Larnoe, Bragard, Coppee, Bastin.
Tore: Coppee, Larnoe – Zuschauer: 35 000 – SR: Lewis (Großbritannien).

Entscheidungsspiele um den 2. und Platz: Nach dem Ausschluss der Tschechoslowakei erhielten die Verlierer der Viertel- und Halbfinals die Chance, um die Medaillen zu spielen. Dabei setzte sich Spanien mit 2:0 gegen Italien durch. Da die Franzosen bereits abgereist waren, spielten die Niederlande und Spanien um Silber und Bronze: Spanien – Niederlande 3:1 (beide Spiele in Antwerpen).

1924 in Paris: Uruguay

Deutschland nahm nicht teil.
Qualifikation: Italien – Spanien 1:0; Tschechoslowakei – Türkei 5:0; Schweiz – Litauen 9:0; USA – Estland 1:0; Uruguay – Jugoslawien 7:0; Ungarn – Polen 5:0; (alle Spiele in Paris).
Achtelfinale: Frankreich – Lettland 7:0 (St. Quentin, alle anderen Spiele in Paris); Niederlande – Rumänien 6:0; Schweiz – Tschechoslowakei n. V. 1:1 und 1:0; Irland – Bulgarien 1:0; Italien – Luxemburg 2:0; Schweden – Belgien 8:1; Ägypten – Ungarn 3:0; Uruguay – USA 3:0.
Viertelfinale: Uruguay – Frankreich 5:1; Schweden – Ägypten 5:0; Niederlande – Irland n. V. 2:1; Schweiz – Italien 2:1 (alle Spiele in Paris).
Halbfinale: Uruguay – Niederlande 2:1; Schweiz – Schweden 2:1 (beide Spiele in Paris).
Spiel um den 3. Platz: Schweden – Niederlande n. V. 1:1 und 3:1 (beide Spiele in Paris).

Endspiel am 9. Juni in Paris:

Uruguay – Schweiz 3:0 (1:0)

Uruguay: Mazali – Nasazzi, Arispe – Andrade, Vidal, Ghierra – Urdinaran, Scarone, Petrone, Cea, Romano.
Tore: Petrone, Cea, Romano – Zuschauer: 40 522 – SR: Slawik (Frankreich).

1928 in Amsterdam: Uruguay

Qualifikation: Portugal – Chile 4:2 (Amsterdam).
Achtelfinale: Belgien – Luxemburg 5:3; Deutschland – Schweiz 4:0; Ägypten – Türkei 7:1; Italien – Frankreich 4:3; Portugal – Jugoslawien 2:1; Spanien – Mexiko 7:1; Uruguay – Niederlande 2:0; Argentinien – USA 11:2 (alle Spiele in Amsterdam).
Viertelfinale: Italien – Spanien n. V. 1:1 und 7:1; Argentinien – Belgien 6:3; Ägypten – Portugal 2:1; Uruguay – Deutschland 4:1 (alle Spiele in Amsterdam).
Trostrunde: Niederlande – Belgien 3:1 (Rotterdam); Chile – Mexiko 3:1 (Arnheim); Niederlande – Chile n. V. 2:2, Los für die Niederlande (Rotterdam).
Halbfinale: Argentinien – Ägypten 6:0; Uruguay – Italien 3:2 (beide Spiele in Amsterdam).
Spiel um den 3. Platz: Italien – Ägypten 11:3 (Amsterdam).

Endspiele am 10. und 13. Juni in Amsterdam:

Uruguay – Argentinien n. V. 1:1 (1:1, 1:0) und 2:1 (1:1)

Uruguay: Mazali – Nasazzi, Arispe – Andrade, Fernandez (2. Spiel Piriz), Gestido – Urdinaran (2. Spiel Arremun), Castro (2. Spiel Scarone), Petrone (2. Spiel Borjas), Cea, Campolo (2. Spiel Figueroa).
Tore erstes Spiel: Petrone (Ferreira); zweites Spiel: Figueroa, Scarone (Monti) – Zuschauer: 28 253/28 113 – Schiedsrichter: Mutters(Niederlande/beide Spiele).

1932 in Los Angeles: kein olympisches Fußballturnier

1936 in Berlin: Italien

Achtelfinale: Italien – USA 1:0; Norwegen – Türkei 4:0; Japan – Schweden 3:2; Polen – Ungarn 3:0; Deutschland – Luxemburg 9:0; Österreich – Ägypten 3:1; Peru – Finnland 7:3; Großbritannien – China 2:0 (alle Spiele in Berlin).
Viertelfinale: Italien – Japan 8:0; Norwegen – Deutschland 2:0; Polen – Großbritannien 5:4; Österreich – Peru n. V. 2:4 (Nach einem Einspruch Österreichs wurde das Spiel neu angesetzt. Da Peru nicht antrat, kam Österreich kampflos weiter) (alle Spiele in Berlin).
Halbfinale: Italien – Norwegen n. V. 2:1; Österreich – Polen 3:1 (beide Spiele in Berlin).
Spiel um den 3. Platz: Norwegen – Polen 3:2 (Berlin).

Endspiel am 16. August in Berlin:

Italien – Österreich n. V. 2:1 (1:1, 0:0)

Italien: Venturini – Foni, Rava – Baldo, Piccini, Locatelli – Frossi, Mancini, Bertoni, Biagi, Gabriotti.
Tore: Frossi 2 (Kainberger) – Zuschauer: 90 000 – SR: Bauwens (Deutschland).

1948 in London: Schweden

Deutschland erhielt keine Einladung zu den Olympischen Spielen.
Qualifikation: Luxemburg – Afghanistan 6:0 (Brighton); Niederlande – Irland 3:1 (Portsmouth).
Achtelfinale: Jugoslawien – Luxemburg 6:1; Dänemark – Ägypten 3:1; Großbritannien – Niederlande n. V. 4:3; Frankreich – Indien 2:1; Türkei – China 4:0; Schweden – Österreich 3:0; Korea – Mexiko 5:3; Italien – USA 9:0 (alle Spiele in London).
Viertelfinale: Jugoslawien – Türkei 3:1; Schweden – Korea 12:0; Großbritannien – Frankreich 1:0; Dänemark – Italien 5:3 (alle Spiele in London).
Halbfinale: Schweden – Dänemark 4:2; Jugoslawien – Großbritannien 3:1 (beide Spiele in London).
Spiel um den 3. Platz: Dänemark – Großbritannien 5:3 (London).

Endspiel am 13. August in London:

Schweden – Jugoslawien 3:1 (1:1)

Schweden: Lindberg – K. Nordahl, Nilsson – Rosengren, B. Nordahl, Andersson – Rosen, Gren, G. Nordahl, Carlsson, Liedholm.
Tore: Gren 2, G. Nordahl (Bobek) – Zuschauer: 60 000 – SR: Ling (England).

1952 in Helsinki: Ungarn

Das IOC bestand auf der Bildung einer gesamtdeutschen Mannschaft. Da eine Einigung beider deutschen NOKs nicht zustande kam, nahm die Amateur-Nationalmannschaft des DFB am Olympia-Turnier teil.
Qualifikation: Polen – Frankreich 2:1 (Lahti); Ungarn – Rumänien 2:1 (Turku); Jugoslawien – Indien 10:1 (Helsinki); Dänemark – Griechenland 2:1 (Tampere); Sowjetunion – Bulgarien n. V. 2:1 (Kotka); Italien – USA 8:0 (Tampere); Brasilien – Niederlande 5:1 (Turku); Luxemburg – Großbritannien n. V. 5:3 (Lahti); Ägypten – Chile 5:4 (Kotka).
Achtelfinale: Österreich – Finnland 4:3 (Helsinki); Brasilien – Luxemburg 2:1 (Kotka); Jugoslawien – Sowjetunion n. V. 5:5 (Tampere) und 3:1 (Tampere); Deutschland – Ägypten 3:1 (Turku); Dänemark – Polen 2:0 (Turku); Schweden – Norwegen 4:1 (Tampere); Ungarn – Italien 3:0 (Helsinki); Türkei – Niederländische Antillen 2:1 (Lahti).
Viertelfinale: Schweden – Österreich 3:1 (Helsinki); Deutschland – Brasilien n. V. 4:2 (Helsinki); Ungarn – Türkei 7:1 (Kotka); Jugoslawien – Dänemark 5:3 (Helsinki).
Halbfinale: Ungarn – Schweden 6:0; Jugoslawien – Deutschland 3:1 (beide Spiele in Helsinki).
Spiel um den 3. Platz: Schweden – Deutschland 2:0 (Helsinki).

Endspiel am 2. August in Helsinki:

Ungarn – Jugoslawien 2:0 (0:0)

Ungarn: Grosics – Buzanszky, Lantos – Bozsik, Lorant, Zakarias – Hidegkuti, Kocsis, Palotas, Puskas, Czibor
Tore: Puskas, Czibor- Zuschauer: 60 000 – SR: Ellis (England).

1956 in Melbourne: Sowjetunion

Zur Bildung einer gesamtdeutschen Fußballmannschaft waren zwei Ausscheidungsspiele für den 3. und 10. Oktober 1956 angesetzt. Nachdem die DDR diese aus Termingründen abgesagt hatte, nahm die Amateur-Nationalmannschaft des DFB an den Spielen in Melbourne teil.
Achtelfinale: Ägypten, China, die Türkei und Vietnam sagten ihre Teilnahme ab. Polen wurde durch Großbritannien ersetzt, das in der Qualifikation an Bulgarien gescheitert war. Für Ungarn, das nach der Niederschlagung des Volksaufstands ebenfalls zurückzog, wurde Südkorea eingeladen, verzichtete aber ebenfalls, so dass nur elf Teams am Olympia-Turnier 1956 teilnahmen.
Sowjetunion – Deutschland 2:1; Großbritannien – Thailand 9:0; Australien – Japan 2:0 (alle Spiele in Melbourne).
Viertelfinale: Jugoslawien – USA 9:1; Sowjetunion – Indonesien n. V. 0:0 und 4:0; Bulgarien – Großbritannien 6:1, Indien – Australien 4:2 (alle Spiele in Melbourne).
Halbfinale: Jugoslawien – Indien 4:1; Sowjetunion – Bulgarien 2:1 (beide Spiele in Melbourne).
Spiel um den 3. Platz: Bulgarien – Indien 3:0 (Melbourne).

Endspiel am 8. Dezember in Melbourne:

Sowjetunion – Jugoslawien 1:0 (0:0)

Sowjetunion: Yashin – Kuznetsov, Bashashkin, Ogonikov – Netto – Maslenkin – Tatushin, Isaev, Simonian, Salnikov, Ilyin.
Tor: Ilyjin – Zuschauer: 102 000 – SR: Wright (Australien).

1960 in Rom: Jugoslawien

Zur Bildung einer gesamtdeutschen Fußballmannschaft fanden am 16. und 23. September 1959 zwei Ausscheidungsspiele unter Ausschluss der Öffentlichkeit statt. Die Olympia-Auswahl des DFB gewann beide Spiele, das erste in Berlin mit 2:0, das zweite in Düsseldorf mit 2:1. In der anschließenden Qualifikation belegte die DFB-Auswahl nur den zweiten Platz hinter Polen (0:3, 1:3) und vor Finnland (2:1, 2:3).

Gruppe A: Jugoslawien. Bulgarien – Türkei 3:0 (Grosseto); Jugoslawien – Ägypten 6:1 (Pescara); Bulgarien – Ägypten 2:0 (L'Aquila); Türkei – Jugoslawien 0:4 (Florenz); Türkei – Ägypten 3:3 (Livorno); Jugoslawien – Bulgarien 3:3 (Rom).

Gruppe B: Italien. Großbritannien – Brasilien 3:4 (Livorno); Italien – Taiwan 4:1 (Neapel); Brasilien – Taiwan 5:0 (Rom); Italien – Großbritannien 2:2 (Rom); Großbritannien – Taiwan 3:2 (Grosseto); Italien – Brasilien 3:1 (Florenz).

Gruppe C: Dänemark. Dänemark – Argentinien 3:2 (Rom); Polen – Tunesien 6:1 (Rom); Dänemark – Polen 2:1 (Livorno); Tunesien – Argentinien 1:2 (Pescara); Polen – Argentinien 0:2 (Neapel); Dänemark – Tunesien 3:1 (L'Aquila).

Gruppe D: Ungarn. Ungarn – Indien 2:1 (L'Aquila); Frankreich – Peru 2:1 (Florenz); Ungarn – Peru 6:2 (Neapel); Frankreich – Indien 1:1 (Grosseto); Indien – Peru 1:3 (Pescara); Ungarn – Frankreich 7:0 (Rom).

Halbfinale: Italien – Jugoslawien n. V. 1:1, Los für Jugoslawien (Neapel); Dänemark – Ungarn 2:0 (Rom).

Spiel um den 3. Platz: Ungarn – Italien 2:1 (Rom).

Endspiel am 10. September in Rom:

Jugoslawien – Dänemark 3:1 (2:0)

Jugoslawien: Vidinic – Roganovic, Jusufi – Perusic, Durkovic, Zanetic – Ankovic, Matous, Galic, Knez, Kostic.

Tore: Galic, Matous, Kostic (F. Nielsen) – Zuschauer: 40 000 – SR: Lo Bello (Italien).

1964 in Tokio: Ungarn

Zur Bildung einer gesamtdeutschen Fußballmannschaft fanden am 15. und 22. September 1963 zwei Ausscheidungsspiele statt. Die DDR gewann das erste Spiel vor 55 000 Zuschauern in Karl-Marx-Stadt mit 3:0, die DFB-Auswahl das zweite vor 20 000 Zuschauern in Hannover mit 2:1. In der anschließenden Qualifikation setzte sich die DDR mit 3:1 und 1:0 gegen die Niederlande und anschließend in drei Spielen gegen die Sowjetunion (1:1, 1:1, 4:1 in Warschau) durch und vertrat somit Deutschland beim Olympia-Turnier in Tokio.

Gruppe A: Deutschland und Rumänien. Deutschland – Iran 4:0 (Yokohama); Rumänien – Mexiko 3:1 (Tokio); Deutschland – Rumänien 1:1 (Tokio); Iran – Mexiko 1:1 (Tokio); Deutschland – Mexiko 2:0 (Yokohama); Rumänien – Iran 1:0 (Tokio).

Gruppe B: Ungarn und Jugoslawien. Ungarn – Marokko 6:0 (Tokio); Jugoslawien – Marokko 3:1 (Yokohama); Ungarn – Jugoslawien 6:5 (Tokio). Nordkorea zog seine Mannschaft zurück.

Gruppe C: Tschechoslowakei und Ägypten. Tschechoslowakei – Südkorea 6:1 (Tokio); Brasilien – Ägypten 1:1 (Tokio); Tschechoslowakei – Ägypten 5:1 (Tokio); Brasilien – Südkorea 4:0 (Yokohama); Tschechoslowakei – Brasilien 1:0 (Tokio); Ägypten – Südkorea 10:0 (Tokio).

Gruppe D: Ghana und Japan. Argentinien – Ghana 1:1 (Yokohama); Japan – Argentinien 3:2 (Tokio); Ghana – Japan 3:2 (Tokio). Italien zog seine Mannschaft zurück, weil nicht alle Spieler Amateure waren.

Viertelfinale: Deutschland – Jugoslawien 1:0 (Tokio); Ungarn – Rumänien 2:0 (Yokohama); Ägypten – Ghana 5:1 (Tokio); Tschechoslowakei – Japan 4:0 (Tokio).

Trostrunde um den 5. Platz: Japan – Jugoslawien 1:6 (Osaka); Rumänien – Ghana 4:2 (Kyoto); Rumänien – Jugoslawien 3:0 (Osaka).

Halbfinale: Tschechoslowakei – Deutschland 2:1; Ungarn – Ägypten 6:0 (beide Spiele in Tokio).

Spiel um den 3. Platz: Deutschland – Ägypten 3:1 (in Tokio).

Endspiel am 23. Oktober in Tokio:

Ungarn – Tschechoslowakei 2:1 (0:0)

Ungarn: Szentimihalyi (Gelei) – Novak, Ihasz – Szepesi (Palotai), Orban, Nogradi – Farkas, Csernai, Bene, Komora, Katona.

Tore: Eigentor Weiss, Bene (Brumowsky) – Zuschauer: 75 000 – SR: Ashkenazi (Israel).

1968 in Mexiko: Ungarn

Zum ersten Male durfte die DDR mit einer eigenen Mannschaft an den Olympischen Spielen teilnehmen. In der Qualifikation schaltete die DDR Griechenland (5:0, 5:0) und Rumänien (1:0, 1:0) aus, scheiterte dann aber an Bulgarien (3:2, 1:4). Die Amateur-Nationalmannschaft des DFB schied gegen Großbritannien aus (0:2, 1:0).

Gruppe A: Frankreich und Mexiko. Mexiko – Kolumbien 1:0 (Mexiko City); Frankreich – Guinea 3:1 (Puebla); Mexiko – Frankreich 1:4 (Mexiko City); Guinea – Kolumbien 3:2 (Puebla); Mexiko – Guinea 4:0 (Mexiko City); Kolumbien – Frankreich 2:1 (Puebla).
Gruppe B: Spanien und Japan. Japan – Nigeria 3:1 (Puebla); Spanien – Brasilien 1:0 (Mexiko City); Japan – Brasilien 1:1 (Puebla); Spanien – Nigeria 3:0 (Mexiko City); Brasilien – Nigeria 3:3 (Puebla); Japan – Spanien 0:0 (Mexiko City).
Gruppe C: Ungarn und Israel. Ungarn – El Salvador 4:0 (Guadalajara); Israel – Ghana 5:3 (Leon); Israel – El Salvador 3:1 (Leon); Ungarn – Ghana 2:2 (Guadalajara); Ungarn – Israel 2:0 (Guadalajara); El Salvador – Ghana 1:1 (Leon). Ghana ersetzte Marokko, das sich weigerte, gegen Israel anzutreten.
Gruppe D: Bulgarien und Guatemala. Guatemala – Tschechoslowakei 1:0 (Guadalajara); Bulgarien – Thailand 7:0 (Leon); Tschechoslowakei – Bulgarien 2:2 (Guadalajara); Guatemala – Thailand 4:1 (Leon); Tschechoslowakei – Thailand 8:0 (Guadalajara); Bulgarien – Guatemala 2:1 (Leon).
Viertelfinale: Japan – Frankreich 3:1 (Mexiko City); Mexiko – Spanien 2:0 (Puebla); Ungarn – Guatemala 4:0 (Guadalajara); Bulgarien Israel n. V. 1:1, Los für Bulgarien (Leon).
Halbfinale: Ungarn – Japan 5:0 (Mexiko City); Bulgarien – Mexiko 3:2 (Guadalajara).
Spiel um den 3. Platz: Japan – Mexiko 2:0 (Mexiko City).

Endspiel am 26. Oktober in Mexiko City:

Ungarn – Bulgarien 4:1 (2:1)

Ungarn: Fater – Novak, L. Dunai, Pancsics, Menczel – Szücs, Fazekas – A. Dunai, Nagy, Nosko, Juhasi.
Tore: Menczel, A. Dunai 2, Juhasz (Dimitrov) – Zuschauer: 75 000 – SR: De Leo (Mexiko).

1972 in München: Polen

Die Amateur-Nationalmannschaft des DFB war als Veranstalter automatisch beim Olympischen Fußball-Turnier dabei. Die DDR qualifizierte sich gegen Italien (4:0, 1:0) und Jugoslawien (2:0, 0:0).
Vorrunde:
Gruppe A: Deutschland und Marokko. Deutschland – Malaysia 3:0 (München); Marokko – USA 0:0 (Augsburg); Deutschland – Marokko 3:0 (Passau); Malaysia – USA 3:0 (Ingolstadt); Deutschland – USA 7:0 (München); Marokko – Malaysia 6:0 (Ingolstadt).
Gruppe B: Sowjetunion und Mexiko. Sowjetunion – Burma 1:0 (Regensburg); Mexiko – Sudan 1:0 (Nürnberg), Sowjetunion – Sudan 2:1 (München); Mexiko – Burma 1:0 (Nürnberg); Sowjetunion – Mexiko 4:1 (Regensburg); Burma – Sudan 2:0 (Passau).
Gruppe C: Ungarn und Dänemark. Ungarn – Iran 5:0 (Nürnberg); Dänemark – Brasilien 3:2 (Passau); Dänemark – Iran 4:0 (Augsburg); Ungarn – Brasilien 2:2 (München); Iran – Brasilien 1:0 (Regensburg); Ungarn – Dänemark 2:0 (Augsburg).
Gruppe D: Polen und DDR. DDR – Ghana 4:0 (München); Polen – Kolumbien 5:1 (Ingolstadt); DDR – Kolumbien 6:1 (Passau); Polen – Ghana 4:0 (Regensburg); Polen – DDR 2:1 (Nürnberg); Kolumbien – Ghana 3:1 (München).
Zwischenrunde:
Gruppe A: Ungarn und DDR. Deutschland – Mexiko 1:1 (Nürnberg); Ungarn – DDR 2:0 (Passau); DDR – Mexiko 7:0 (Ingolstadt); Ungarn – Deutschland 4:1 (München); Ungarn – Mexiko 2:0 (Regensburg); DDR – Deutschland 3:2 (München).
Gruppe B: Polen und Sowjetunion. Sowjetunion – Marokko 3:0 (München); Polen – Dänemark 1:1 (Regensburg); Dänemark – Marokko 3:1 (Passau); Polen – Sowjetunion 2:1 (Augsburg); Polen – Marokko 5:0 (Nürnberg); Sowjetunion – Dänemark 4:0 (Augsburg).
Spiel um den 3. Platz: Sowjetunion – DDR n. V. 2:2 (München). Beide Mannschaften bekamen die Bronzemedaille.

Endspiel am 10. September in München:

Polen – Ungarn 2:1 (0:1)

Polen: Kostka – Gut, Cmikiewicz, Gorgon, Anczok – Szoltysik, Deyna (Szymczak), Kraska – Maszczyk, Lubanski, Gadocha.
Tore: Deyna 2 (Varadi) – Zuschauer: 80 000 – SR: Tschenscher (Deutschland).

1976 in Montreal: DDR

Die Amateur-Nationalmannschaft des DFB schied in der Qualifikation gegen Spanien aus (0:0, 2:3). Die DDR setzte sich zunächst gegen Griechenland durch (4:0, 1:0) und qualifizierte sich anschließend als Gruppensieger vor der Tschechoslowakei (0:0, 1:1) und Österreich (1:0, 2:0).
Vorrunde:
Gruppe A: Brasilien und DDR. Brasilien – DDR 0:0 (Toronto); Brasilien – Spanien 2:1 (Montreal); DDR – Spanien 1:0 (Montreal). Nigeria schloss sich dem Boykott afrikanischer Staaten wegen der Olympia-Teilnahme Südafrikas an.

Gruppe B: Frankreich und Israel. Frankreich – Mexiko 4:1 (Ottawa); Israel – Guatemala 0:0 (Toronto); Mexiko – Israel 2:2 (Montreal); Frankreich – Guatemala 4:1 (Sherbrooke); Mexiko – Guatemala 1:1 (Sherbrooke); Frankreich – Israel 1:1 (Montreal).
Gruppe C: Polen und Iran. Polen – Kuba 0:0 (Ottawa); Iran – Kuba 1:0 (Ottawa); Polen – Iran 3:2 (Montreal). Ghana schloss sich dem Boykott afrikanischer Staaten wegen der Olympia-Teilnahme Südafrikas an.
Gruppe D: Sowjetunion und Nordkorea. Sowjetunion – Kanada 2:1 (Montreal); Nordkorea – Kanada 3:1 (Toronto); Sowjetunion – Nordkorea 3:0 (Ottawa). Sambia schloss sich dem Boykott afrikanischer Staaten wegen der Olympia-Teilnahme Südafrikas an.
Viertelfinale: Brasilien – Israel 4:1 (Toronto); Sowjetunion – Iran 2:1 (Sherbrooke); DDR – Frankreich 4:0 (Ottawa); Polen – Nordkorea 5:0 (Montreal).
Halbfinale: DDR – Sowjetunion 2:1 (Montreal); Polen – Brasilien 2:0 (Toronto).
Spiel um den 3. Platz: Sowjetunion – Brasilien 2:0 (Montreal).

Endspiel am 31. Juli in Montreal:

DDR – Polen 3:1 (2:0)

DDR: Croy – Lauck, Weise, Dörner, Kurbjuweit – Kische, Schade, Riediger (Bransch) – Häfner, Löwe (Grobner), Hoffmann.
Tore: Schade, Hoffmann, Häfner (Lato) – Zuschauer: 71 617 – SR: Barreto (Uruguay).

1980 in Moskau: Tschechoslowakei

Die DDR war als Olympiasieger 1976 automatisch qualifiziert. Die Amateur-Nationalmannschaft des DFB belegte in der Qualifikation den zweiten Platz hinter Norwegen (0:1, 0:2) und vor Finnland (2:0, 0:0). Wegen des sowjetischen Einmarsches in Afghanistan wurden die Olympischen Spiele von einer Reihe westlicher Länder boykottiert. Zu ihnen gehörten sowohl Norwegen als auch Deutschland, so dass Finnland zum Olympia-Turnier nach Moskau fuhr.
Vorrunde:
Gruppe A: Sowjetunion und Kuba. Sowjetunion – Venezuela 4:0 (Moskau); Kuba – Sambia 1:0 (Leningrad); Sowjetunion – Sambia 3:1 (Moskau); Kuba – Venezuela 2:1 (Leningrad); Sowjetunion – Kuba 8:0 (Moskau); Venezuela – Sambia 2:1 (Leningrad). Kuba ersetzte die USA, Venezuela Argentinien und Sambia Ägypten.
Gruppe B: Tschechoslowakei und Kuwait. Kuwait – Nigeria 3:1 (Moskau); Tschechoslowakei – Kolumbien 3:0 (Leningrad); Tschechoslowakei – Nigeria 1:1 (Leningrad); Kuwait – Kolumbien 1:1 (Moskau); Tschechoslowakei – Kuwait 0:0 (Leningrad); Kolumbien – Nigeria 1:0 (Moskau). Nigeria ersetzte Ghana.
Gruppe C: DDR und Algerien. DDR – Spanien 1:1 (Kiew); Algerien – Syrien 3:0 (Minsk); DDR – Algerien 1:0 (Kiew); Spanien – Syrien 0:0 (Minsk); DDR – Syrien 5:0 (Kiew); Algerien – Spanien 1:1 (Minsk). Syrien ersetzte den Iran.
Gruppe D: Jugoslawien und Irak. Jugoslawien – Finnland 2:0 (Minsk); Irak – Costa Rica 3:0 (Kiew); Jugoslawien – Costa Rica 3:2 (Minsk); Irak – Finnland 0:0 (Kiew); Jugoslawien – Irak 1:1 (Minsk); Finnland – Costa Rica 3:0 (Kiew). Der Irak ersetzte Malaysia.
Viertelfinale: Sowjetunion – Kuwait 2:1 (Moskau); Tschechoslowakei – Kuba 3:0 (Leningrad); DDR – Irak 4:0 (Kiew); Jugoslawien – Algerien 3:0 (Minsk).
Halbfinale: DDR – Sowjetunion 1:0, Tschechoslowakei – Jugoslawien 2:0 (beide Spiele in Moskau).
Spiel um den 3. Platz: Sowjetunion – Jugoslawien 2:0 (Moskau).

Endspiel am 2. August in Moskau:

Tschechoslowakei – DDR 1:0 (0:0)

Tschechoslowakei: Seman – Mazura, Macela, Radimec, Rygel – Rott, Berger, Stambachr – Vizek (Svoboda), Licka, Pokluda (Nemec).
DDR: Rudwaleit – Trieloff, Müller, Hause (Liebers), Ullrich – Schnuphase, Terletzki, Baum – Netz, Kuhn (Peter), Steinbach.
Tor: Svoboda – Zuschauer: 70 000 – SR: Zade (Sowjetunion).

1984 in Los Angeles: Frankreich

Die Olympia-Auswahl des DFB setzte sich in der Qualifikation zunächst gegen Portugal (3:0, 1:3) und Israel (2:0, 1:0) durch, zog dann aber gegen Frankreich den Kürzeren (0:1, 1:1). Nachdem die Sowjetunion aber die Teilnahme an den Olympischen Spielen in Los Angeles abgesagt hatte, wurde Deutschland nachnominiert. Die DDR qualifizierte sich als Gruppensieger vor Polen (3:1, 1:2), Norwegen (1:0, 1:1), Dänemark (4:0, 2:1) und Finnland (1:0, 1:0) direkt für Olympia 1984, schloss sich dann aber dem Boykott der Ostblockstaaten an und verzichtete aus „Sorge um die Sicherheit ihrer Athleten" auf die Olympia-Teilnahme. Da Polen ebenfalls verzichtete, fuhr Norwegen als Drittplatzierter nach Los Angeles.

Vorrunde:
Gruppe A: Frankreich und Chile. Chile – Norwegen 0:0 (Allston); Frankreich – Katar 2:2 (Annapolis); Frankreich – Norwegen 2:1 (Allston); Chile – Katar 1:0 (Annapolis); Norwegen – Katar 2:0 (Allston); Frankreich – Chile 1:1 (Annapolis).
Gruppe B: Jugoslawien und Kanada. Kanada – Irak 1:1 (Allston); Jugoslawien – Kamerun 2:1 (Annapolis); Kamerun – Irak l:0 (Allston); Jugoslawien – Kanada 1:0 (Annapolis); Kanada – Kamerun 3:1 (Allston); Jugoslawien – Irak 4:2 (Annapolis).
Gruppe C: Brasilien und Deutschland. Deutschland – Marokko 2:0 (Palo Alto); Brasilien – Saudi-Arabien 3:1 (Los Angeles); Brasilien – Deutschland 1:0 (Palo Alto); Marokko – Saudi-Arabien 1:0 (Los Angeles); Deutschland – Saudi-Arabien 6:0 (Palo Alto); Brasilien – Marokko 2:0 (Los Angeles).
Gruppe D: Italien und Ägypten. USA – Costa Rica 3:0 (Palo Alto); Italien – Ägypten 1:0 (Los Angeles); Ägypten – Costa Rica 4:1 (Palo Alto); Italien – USA 1:0 (Los Angeles); Ägypten – USA 1:1 (Palo Alto); Costa Rica – Italien 1:0 (Los Angeles). Italien rückte für Titelverteidiger Tschechoslowakei nach, der sich dem Boykott der Ostblockstaaten anschloss.
Viertelfinale: Italien – Chile n. V. 1:0 (Palo Alto); Frankreich – Ägypten 2:0 (Los Angeles); Brasilien – Kanada n. V. 1:1, Elfmeterschießen 4:2 (Palo Alto); Jugoslawien – Deutschland 5:2 (Los Angeles).
Halbfinale: Frankreich – Jugoslawien n. V. (Los Angeles); Brasilien – Italien n. V. 2:1 (Palo Alto).
Spiel um den 3. Platz: Jugoslawien – Italien 2:1 (Los Angeles).

Endspiel am 11. August in Los Angeles:
Frankreich – Brasilien 2:0 (0:0)
Frankreich: Rust – Ayache, Bibard, Jeannol, Zanon – Lemoult, Rohr, Lacombe – Bijotat, Xuereb (Cubaynes), Brisson (Garande).
Tore: Brisson, Xuereb – Zuschauer: 101 799 – SR: Keizer (Niederlande).

1988 in Seoul: Sowjetunion
Die Olympia-Auswahl des DFB qualifizierte sich als Gruppensieger vor Dänemark (1:1, 1:0), Polen (5:1, 1:1), Rumänien (3:0, 0:1) und Griechenland (3:0, 2:0) für das Olympische Fußball-Turnier. Die DDR belegte den zweiten Platz hinter Italien (0:0, 1:1) und vor Portugal (3:0, 0:0), den Niederlanden (4:2, 1:0) und Island (3:0, 0:2).
Vorrunde:
Gruppe A: Schweden und Deutschland. Deutschland – China 3:0 (Busan); Schweden – Tunesien 2:2 (Daegu); Deutschland – Tunesien 4:1 (Busan); Schweden – China 2:0 (Daegu); Tunesien – China 0:0 (Busan); Schweden – Deutschland 2:1 (Daegu).
Gruppe B: Sambia und Italien. Sambia – Irak 2:2 (Daejeon); Italien – Guatemala 5:2 (Gwangju); Sambia – Italien 4:0 (Gwangju); Irak – Guatemala 3:0 (Daejeon); Sambia – Guatemala 4:0 (Gwangju); Italien – Irak 2:0 (Seoul).
Gruppe C: Sowjetunion und Argentinien. Südkorea – Sowjetunion 0:0 (Busan); USA – Argentinien 1:1 (Daegu); Südkorea – USA 0:0 (Busan); Sowjetunion – Argentinien 2:1 (Daegu); Argentinien – Südkorea 2:1 (Busan); Sowjetunion – USA 4:2 (Daegu).
Gruppe D: Brasilien und Australien. Australien – Jugoslawien 1:0 (Gwangju); Brasilien – Nigeria 4:0 (Daegu); Jugoslawien – Nigeria 3:1 (Daegu); Brasilien – Australien 3:0 (Daegu); Brasilien – Jugoslawien 2:1 (Daegu); Australien – Nigeria 1:0 (Seoul).
Viertelfinale: Schweden – Italien n. V. 1:2 (Daegu); Sambia – Deutschland 0:4 (Gwangju); Sowjetunion – Australien 3:0 (Busan); Brasilien – Argentinien 1:0 (Seoul).
Halbfinale: Brasilien – Deutschland n. V. 1:1, Elfmeterschießen 3:2 (Seoul); Sowjetunion – Italien n. V. 3:2 (Busan).
Spiel um den 3. Platz: Deutschland – Italien 3:0 (Seoul).

Endspiel am 1. Oktober in Seoul:
Sowjetunion – Brasilien n. V. 2:1 (1:1, 0:1)
Sowjetunion: Kharin – Ketashvili, Yarovenko, Gorlukowich, Losev – Kusnetsov, Dobrovolski, Mikhailichenko, Tatarchuk – Liuti (Skliyarov), Narbekovas (Savitchev).
Tore: Dobrovolski, Savichev (Romario) – Zuschauer: 75 000 – SR: Bignet (Frankreich).

1992 in Barcelona: Spanien
Deutschland scheiterte im Viertelfinale der U-21-Europameisterschaft 1990/92 an Schottland (1:1, 3:4). Siehe Kapitel 11.
Vorrunde:
Gruppe A: Polen und Italien. Italien – USA 2:1 (Barcelona); Polen – Kuwait 2:0 (Saragossa); USA – Kuwait 3:1 (Saragossa); Italien – Polen 0:3 (Barcelona); USA – Polen 2:2 (Saragossa); Italien – Kuwait 1:0 (Barcelona).

Gruppe B: Spanien und Katar. Spanien – Kolumbien 4:0 (Valencia); Ägypten – Katar 0:1 (Sabadell); Spanien – Ägypten 2:0 (Valencia); Kolumbien – Katar 1:1 (Sabadell); Spanien – Katar 2:0 (Valencia); Kolumbien – Ägypten 3:4 (Sabadell).
Gruppe C: Schweden und Paraguay. Schweden – Paraguay 0:0 (Barcelona); Marokko – Südkorea 1:1 (Valencia); Schweden – Marokko 4:0 (Sabadell); Paraguay – Südkorea 0:0 (Valencia); Schweden – Südkorea 1:1 (Barcelona); Paraguay – Marokko 3:1 (Valencia).
Gruppe D: Ghana und Australien. Dänemark – Mexiko 1:1 (Saragossa); Ghana – Australien 3:1 (Sabadell); Dänemark – Ghana 0:0 (Saragossa); Mexiko – Australien 1:1 (Barcelona); Dänemark – Australien 0:3 (Saragossa); Mexiko – Ghana 1:1 (Sabadell).
Viertelfinale: Spanien – Italien 1:0 (Valencia); Polen – Katar 2:0 (Barcelona); Ghana – Paraguay n. V. 4:2 (Saragossa); Schweden – Australien 1:2 (Barcelona).
Halbfinale: Spanien – Ghana 2:0 (Valencia); Polen – Australien 6:1 (Barcelona).
Spiel um den 3. Platz: Ghana – Australien 1:0 (Barcelona).

Endspiel am 8. August in Barcelona:

Spanien – Polen 3:2 (0:1)

Spanien: Toni – Abelardo, Lopez, Solozabal, Ferrer – Guardiola, Berges, Lasa (Amavisca) – Luis Enrique, Alfonso, Quico.
Tore: Abelardo, Quico 2 (Kowalczyk, Staniek) – Zuschauer: 95 000 – SR: Torres Cadena (Kolumbien).

1996 in Atlanta: Nigeria

Deutschland scheiterte im Viertelfinale der U-21-Europameisterschaft 1994/96 an Frankreich (0:0, 1:4). Siehe Kapitel 11.
Vorrunde:
Gruppe A: Argentinien und Portugal. Portugal – Tunesien 2:0 (Washington); USA – Argentinien 1:3 (Birmingham); Argentinien – Portugal 1:1 (Washington); USA – Tunesien 2:0 (Birmingham); Argentinien – Tunesien 1:1 (Birmingham); USA – Portugal 1:1 (Washington).
Gruppe B: Frankreich und Spanien. Spanien – Saudi-Arabien 1:0 (Orlando); Frankreich – Australien 2:0 (Miami); Spanien – Frankreich 1:1 (Orlando); Saudi-Arabien – Australien 1:2 (Miami); Spanien – Australien 3:2 (Orlando); Saudi-Arabien – Frankreich 1:2 (Miami).
Gruppe C: Mexiko und Ghana. Ghana – Südkorea 0:1 (Washington); Italien – Mexiko 0:1 (Birmingham); Südkorea – Mexiko 0:0 (Birmingham); Ghana – Italien 3:2 (Washington); Ghana – Mexiko 1:1 (Washington); Südkorea – Italien 1:2 (Birmingham).
Gruppe D: Brasilien und Nigeria. Brasilien – Japan 0:1 (Miami); Ungarn – Nigeria 0:1 (Orlando); Brasilien – Ungarn 3:1 (Miami); Japan – Nigeria 0:2 (Orlando); Brasilien – Nigeria 1:0 (Miami); Japan – Ungarn 3:2 (Orlando).
Viertelfinale: Portugal – Frankreich n. V. 2:1 (Miami); Argentinien – Spanien 4:0 (Birmingham); Nigeria – Mexiko 2:0 (Birmingham); Brasilien – Ghana 4:2 (Miami).
Halbfinale: Argentinien – Portugal 2:0 (Athens); Nigeria – Brasilien n. V. 4:3 (Athens).
Spiel um den 3. Platz: Brasilien – Portugal 5:0 (Athens).

Endspiel am 3. August in Atlanta:

Nigeria – Argentinien 3:2 (1:1)

Nigeria: Dosu – Obaraku (Oruma), West, Okechukwu, Babayaro – Oliseh, Ikpeba (Amunike), Okocha (Lawal) – Babangida, Kanu, Amokachi.
Tore: Babayaro, Amokachi, Amunike (Lopez, Crespo) – Zuschauer: 86 117 – SR: Collina (Italien).

2000 in Sydney: Kamerun

Deutschland wurde in den Gruppenspielen der U-21-Europameisterschaft 1998/2000 nur Zweiter hinter der Türkei. Siehe Kapitel 11.
Vorrunde:
Gruppe A: Italien und Nigeria. Australien – Italien 0:1 (Melbourne); Nigeria – Honduras 3:3 (Adelaide); Australien – Nigeria 2:3 (Sydney); Italien – Honduras 3:1 (Adelaide); Australien – Honduras 1:2 (Sydney); Italien – Nigeria 1:1 (Adelaide).
Gruppe B: Chile und Spanien. Südkorea – Spanien 0:3 (Adelaide); Marokko – Chile 1:4 (Melbourne); Südkorea – Marokko 1:0 (Adelaide); Spanien – Chile 1:3 (Melbourne); Südkorea – Chile 1:0 (Adelaide); Spanien – Marokko 2:0 (Melbourne).
Gruppe C: USA und Kamerun. USA – Tschechien 2:2 (Canberra); Kamerun – Kuwait 3:2 (Brisbane); USA – Kamerun 1:1 (Canberra); Tschechien – Kuwait 2:3 (Brisbane); USA – Kuwait 3:1 (Melbourne); Tschechien – Kamerun 1:1 (Brisbane).

Gruppe D: Brasilien und Japan. Brasilien – Slowakei 3:1 (Brisbane); Südafrika – Japan 1:2 (Canberra); Brasilien – Südafrika 1:3 (Brisbane); Slowakei – Japan 1:2 (Canberra); Brasilien – Japan 1:0 (Brisbane); Slowakei – Südafrika 2:1 (Canberra).
Viertelfinale: USA – Japan n. V. 2:2, Elfmeterschießen 5:4 (Adelaide); Brasilien – Kamerun i. V. 1:2 (Brisbane); Italien – Spanien 0:1 (Sydney); Chile – Nigeria 4:1 (Melbourne).
Halbfinale: Spanien – USA 3:1 (Sydney); Chile – Kamerun 1:2 (Melbourne).
Spiel um den 3. Platz: Chile – USA 2:0 (Sydney).

Endspiel am 30. September in Sydney:

Kamerun – Spanien n. V. 2:2 (2:2, 0:2), Elmeterschießen 5:3

Kamerun: Kameni – Wome, Abanda, Nguimbat (Ngom Kome) – Branco (Epalle), Lauren, Geremi, Alnoudji (Meyong Ze)- Mimpo, M'Boma, Eto'o.
Tore: Eigentor Amaya, Eto'o (Xavi, Gabri) – Tore im Elfmeterschießen: M'Boma, Eto'o, Geremi, Lauren, Wome (Xavi, Capdevila, Albelda) – Zuschauer: 104 000 – SR: Rizo (Mexiko).

2004 in Athen: Argentinien

Deutschland wurde bei der Endrunde der U-21-Europameisterschaft nur Gruppendritter hinter Schweden und Portugal. Siehe Kapitel 11.
Vorrunde:
Gruppe A: Mali und Südkorea. Griechenland – Südkorea 2:2 (Thessaloniki); Mali – Mexiko 0:0 (Volos); Südkorea – Mexiko 1:0 (Piräus); Griechenland – Mali 0:2 (Thessaloniki); Südkorea – Mali 3:3 (Thessaloniki); Griechenland – Mexiko 2:3 (Volos).
Gruppe B: Paraguay und Italien. Paraguay – Japan 4:3 (Thessaloniki); Ghana – Italien 2:2 (Volos); Paraguay – Ghana 1:2 (Thessaloniki); Japan – Italien 2:3 (Volos); Paraguay – Italien 1:0 (Piräus); Japan – Ghana 1:0 (Volos).
Gruppe C: Argentinien und Australien. Tunesien – Australien 1:1 (Heraklion); Argentinien – Serbien und Montenegro 6:0 (Patras); Serbien und Montenegro – Australien 1:5 (Heraklion); Argentinien – Tunesien 2:0 (Patras); Argentinien – Australien 1:0 (Piräus); Serbien und Montenegro – Tunesien 2:3 (Patras).
Gruppe D: Irak und Costa Rica. Costa Rica – Marokko 0:0 (Heraklion); Irak – Portugal 4:2 (Patras); Costa Rica – Irak 0:2 (Piräus); Marokko – Portugal 1:2 (Heraklion); Costa Rica – Portugal 4:2 (Heraklion); Marokko – Irak 2:1 (Patras).
Viertelfinale: Mali – Italien n. V. 0:1 (Piräus); Irak – Australien 1:0 (Heraklion); Argentinien – Costa Rica 4:0 (Patras); Paraguay – Südkorea 3:2 (Thessaloniki).
Halbfinale: Italien – Argentinien 0:3 (Piräus); Irak – Paraguay 1:3 (Thessaloniki).
Spiel um den 3. Platz: Italien – Irak 1:0 (Thessaloniki).

Endspiel am 28. August in Athen:

Argentinien – Paraguay 1:0 (1:0)

Argentinien: Lux – Coloccini, Ayala, Mascherano, Heinze – Rosales, Luis Gonzales – Delgado (Rodriguez) – D'Alessandro, Tevez, Kily Gonzalez.
Tor: Tevez – Zuschauer: 41 116 – SR: Vassaras (Griechenland).

2008 in Peking: Argentinien

Deutschland scheiterte im Achtelfinale der U-21-Europameisterschaft 2006/07 an England (0:2, 0:1). Siehe Kapitel 11.
Vorrunde:
Gruppe A: Argentinien und Elfenbeinküste. Australien – Serbien 1:1 (Shanghai); Elfenbeinküste – Argentinien 1:2 (Shanghai); Argentinien – Australien 1:0 (Shanghai); Serbien – Elfenbeinküste 2:4 (Shanghai); Elfenbeinküste – Australien 1:0 (Tianjin); Argentinien – Serbien 2:0 (Peking).
Gruppe B: Nigeria und Niederlande. Japan – USA 0:1 (Tianjin); Niederlande – Nigeria 0:0 (Tianjin); Nigeria – Japan 2:1 (Tianjin); USA – Niederlande 2:2 (Tianjin); Niederlande – Japan 1:0 (Shenyang); Nigeria – USA 2:1 (Peking).
Gruppe C: Brasilien und Belgien. Brasilien – Belgien 1:0 (Shenyang); China – Neuseeland 1:1 (Shenyang); Neuseeland – Brasilien 0:5 (Shenyang); Belgien – China 2:0 (Shenyang); China – Brasilien 0:3 (Qinhuangdao); Neuseeland – Belgien 0:1 (Shanghai).
Gruppe D: Italien und Kamerun. Honduras – Italien 0:3 (Qinhuangdao); Südkorea – Kamerun 1:1 (Qinhuangdao); Kamerun – Honduras 1:0 (Qinhuangdao); Italien – Südkorea 3:0 (Qinhuangdao); Südkorea – Honduras 1:0 (Shanghai); Kamerun – Italien 0:0 (Tianjin).

Viertelfinale: Brasilien – Kamerun n. V. 2:0 (Shenyang); Italien – Belgien 2:3 (Peking); Argentinien – Niederlande n. V. 2:1 (Shanghai); Nigeria – Elfenbeinküste 2:0 (Qinhuangdao).
Halbfinale: Nigeria – Belgien 4:1 (Shanghai); Argentinien – Brasilien 3:0 (Peking).
Spiel um den 3. Platz: Brasilien – Belgien 3:0 (Shanghai).

Endspiel am 23. August in Peking:

Argentinien – Nigeria 1:0 (0:0)

Argentinien: Romero – Zabaleta, Pareja, Garay, Monzon – Gago, Mascherano – Riquelme – Messi (Lavezzo), Di Maria (Banego) – Aguero (Sosa).
Tor: Di Maria – Zuschauer: 89 102 – SR: Kassai (Ungarn).

2012 in London: Mexiko

Deutschland scheiterte im Rahmen der U-21-Europameisterschaft 2009/11 in der Qualifikation an Tschechien (1:2, 1:1), Island (2:2, 1:4), Nordirland (3:0, 1:1) und San Marino (6:0, 11:0). Siehe Kapitel 11.
Vorrunde:
Gruppe A: Großbritannien und Senegal. Vereinigte Arabische Emirate – Uruguay 1:2 (Manchester); Großbritannien – Senegal 1:1 (Manchester); Senegal – Uruguay 2:0 (London); Großbritannien – Vereinigte Arabische Emirate 3:1 (London); Senegal – Vereinigte Arabische Emirate 1:1 (Coventry); Großbritannien – Uruguay 1:0 (Cardiff).
Gruppe B: Mexiko und Südkorea. Mexiko – Südkorea 0:0 (Newcastle); Gabun – Schweiz 1:1 (Newcastle); Mexiko – Gabun 2:0 (Coventry); Südkorea – Schweiz 2:1 (Coventry); Mexiko – Schweiz 1:0 (Cardiff); Südkorea – Gabun 0:0 (London).
Gruppe C: Brasilien und Ägypten. Brasilien – Ägypten 3:2 (Cardiff); Weißrussland – Neuseeland 1:0 (Coventry); Brasilien – Weißrussland 3:1 (Manchester); Ägypten – Neuseeland 1:1 (Manchester); Brasilien – Neuseeland 3:0 (Newcastle); Ägypten – Weißrussland 3:1 (Glasgow).
Gruppe D: Japan und Honduras. Spanien – Japan 0:1 (Glasgow); Honduras – Marokko 2:2 (Glasgow); Spanien – Honduras 0:1 (Newcastle); Japan – Marokko 1:0 (Newcastle); Japan – Honduras 0:0 (Coventry); Spanien – Marokko 0:0 (Manchester).
Viertelfinale: Japan – Ägypten 3:0 (Manchester); Mexiko – Senegal n. V. 4:2 (London); Brasilien – Honduras 3:2 (Newcastle); Großbritannien – Südkorea n. V. 1:1, Elfmeterschießen 4:5 (Cardiff).
Halbfinale: Mexiko – Japan 3:1 (London); Südkorea – Brasilien 0:3 (Manchester).
Spiel um den 3. Platz: Südkorea – Japan 2:0 (Cardiff).

Endspiel am 7. August in London: Mexiko – Brasilien 2:1 (1:0)
Mexiko: Corona – Israel Jimenez (Vidrio), Mier, Reyes, Chavez – Enriquez, Salcido – Aquino (Ponce), Herrera, Fabian – Peralta (Raul Jimenez).
Tore: Peralta 2 (Hulk) – Zuschauer: 86 162 – SR: Clattenburg (Großbritannien).

2016 in Rio de Janeiro: Brasilien

Deutschland qualifizierte sich durch das Erreichen des Halbfinales bei der U-21-Europameisterschaft 2013/15. Siehe Kapitel 11.
Vorrunde:
Gruppe A: Brasilien und Dänemark. Irak – Dänemark 0:0 (Brasilia); Brasilien – Südafrika 0:0 (Brasília); Dänemark – Südafrika 1:0 (Brasília); Brasilien – Irak 0:0 (Brasília); Dänemark – Brasilien 0:4 (Salvador); Südafrika – Irak 1:1 (Sao Paulo).
Gruppe B: Nigeria und Kolumbien. Schweden – Kolumbien 2:2 (Manaus); Nigeria – Japan 5:4 (Manaus); Schweden – Nigeria 0:1 (Manaus); Japan – Kolumbien 2:2 (Manaus); Japan – Schweden 1:0 (Salvador); Kolumbien – Nigeria 2:0 (Sao Paulo).
Gruppe C: Südkorea und Deutschland. Mexiko – Deutschland 2:2 (Salvador); Fidschi – Südkorea 0:8 (Salvador); Fidschi – Mexiko 1:5 (Salvador); Deutschland – Südkorea 3:3 (Salvador); Deutschland – Fidschi 10:0 (Belo Horizonte); Südkorea – Mexiko 1:0 (Brasilia).
Gruppe D: Portugal und Honduras. Honduras – Algerien 3:2 (Rio de Janeiro); Portugal – Argentinien 2:0 (Rio de Janeiro); Honduras – Portugal 1:2 (Rio de Janeiro); Argentinien – Algerien 2:1 (Rio de Janeiro); Algerien – Portugal 1:1 (Belo Horizonte); Argentinien – Honduras 1:1 (Brasilia).
Viertelfinale: Portugal – Deutschland 0:4 (Brasilia); Nigeria – Dänemark 2:0 (Salvador); Südkorea – Honduras 0:1 (Belo Horizonte); Brasilien – Kolumbien 2:0 (Sao Paulo).
Halbfinale: Brasilien Honduras 6:0 (Rio de Janeiro); Nigeria – Deutschland 0:2 (Sao Paulo).
Spiel um den 3. Platz: Nigeria – Honduras 3:2 (Belo Horizonte).
Endspiel am 20. August in Rio de Janeiro: Brasilien – Deutschland n. V. 1:1 (1:1, 1:0), Elfmeterschießen 5:4

Brasilien: Weverton – Zeca, Marquinhos, Rodrigo Caio, Douglas Santos – Walace, Renato Augusto, Neymar – Gabriel Jesus (Rafinha), Gabriel Barbosa (Felipe Anderson), Luan.
Tore: Neymar (Meyer) – Elfmeterschießen: Renato Augusto, Marquinhos, Rafinha, Luan, Neymar (Ginter, Gnabry, Brandt, Süle) – Zuschauer: 63 707 – SR: Faghani (Iran).

2021 in Tokio: Brasilien
Deutschland qualifizierte sich durch das Erreichen des Endspiels bei der U-21-Europameisterschaft 2017/19. Siehe Kapitel 11. – Die Olympischen Spiele wurden wegen der Coronavirus-Pandemie um ein Jahr auf 2021 verschoben.
Vorrunde:
Gruppe A: Japan und Mexiko. Mexiko – Frankreich 4:1 (Chofu); Japan – Südafrika 1:0 (Chofu); Frankreich – Südafrika 4:3 (Saitama); Japan – Mexiko 2:1 (Saitama); Südafrika – Mexiko 0:3 (Sapporo); Frankreich – Japan 0:4 (Yokohama).
Gruppe B: Südkorea und Neuseeland. Neuseeland – Südkorea 1:0 (Kashima); Honduras – Rumänien 0:1 (Kashima); Neuseeland – Honduras 2:3 (Kashima); Rumänien – Südkorea 0:4 (Kashima); Rumänien – Neuseeland 0:0 (Sapporo); Südkorea – Honduras 6:0)Yokohama).
Gruppe C: Spanien und Ägypten. Ägypten – Spanien 0:0 (Sapporo); Argentinien – Australien 0:2 (Sapporo); Ägypten – Argentinien 0:1 (Sapporo); Australien – Spanien 0:1 (Sapporo); Australien – Ägypten 0:2 (Saitama); Spanien – Argentinien 1:1 (Rifu).
Gruppe D: Brasilien und Elfenbeinküste. Brasilien – Deutschland 4:2 (Yokohama); Elfenbeinküste – Saudi-Arabien 2:1 (Yokohama); Brasilien – Elfenbeinküste 0:0 (Yokohama); Saudi-Arabien – Deutschland 2:3 (Yokohama); Saudi-Arabien – Brasilien 1:3 (Saitama); Deutschland – Elfenbeinküste 1:1 (Rifu).
Viertelfinale: Spanien – Elfenbeinküste n. V. 5:2 (Rifu); Japan – Neuseeland n. V. 0:0, Elfmeterschießen 4:2 (Kashima); Brasilien – Ägypten 1:0 (Saitama); Südkorea – Mexiko 3:6 (Yokohama).
Halbfinale: Mexiko – Brasilien n. V. 0:0, Elfmeterschießen 1:4 (Kashima); Japan – Spanien n. V. 0:1 (Saitama).
Spiel um den 3. Platz: Mexiko – Japan 3:1.

Endspiel am 7. August in Yokohama: Brasilien – Spanien n. V. 2:1 (1:1, 1:0)
Brasilien: Santos – Dani Alves, Nino, Diego Carlos, Guilherme Arana – Douglas Luiz, Bruno Guimaraes – Antony (Gabriel Menino), Claudinho (Reinier) – Matheus Cunha (Malcom), Richarlison (Paulinho).
Tore: Matheus Cunha, Malcom (Oyarzabal) – Zuschauer: keine – SR: Beath (Australien).

Der Medaillenspiegel beim Olympischen Fußball-Turnier

	Gold	Silber	Bronze	Total
1. Ungarn	3	1	1	5
2. Brasilien	2	3	2	7
3. Argentinien	2	2		4
4. Sowjetunion	2		3	5
5. Großbritannien	2			2
Uruguay	2			2
7. Jugoslawien	1	3	1	5
8. Spanien	1	3		4
9. Polen	1	2		3
10. DDR	1	1	2*	4
11. Nigeria	1	1	1	3
12. Tschechoslowakei	1	1		2
13. Italien	1		2	3
Schweden	1		2	3
15. Mexiko	1		1	2
16. Belgien	1			1
Frankreich	1			1
Kamerun	1			1
19. Dänemark		3	1	4

20. Bulgarien	1	1	2
Deutschland	1	1	2
22. Österreich	1		1
Paraguay	1		1
Schweiz	1		1
25. Niederlande		3	3
26. Chile		1	1
Ghana		1	1
Japan		1	1
4. Norwegen		1	1
4. Südkorea		1	1

*) Die gesamtdeutsche Mannschaft 1964 bestand nur aus Spielern der DDR.

Die Torschützenkönige der Olympischen Fußball-Turniere

1908	S. Nielsen (Dänemark)	11
1912	Fuchs (Deutschland)	10
1916	Walden (Großbritannien)	11
1920	H. Carlsson (Schweden)	7
1924	Petrone (Uruguay)	8
1928	Tarasconi (Argentinien)	9
1936	Frossi (Italien)	7
1948	Nordahl (Schweden), J. Hansen (Dänemark)	je 7
1952	Zebec (Jugoslawien)	7
1956	Veselinovic (Jugoslawien), Milanov (Bulgarien) und D'Souza (Indien)	je 4
1960	Galic (Jugoslawien)	7
1964	Bene (Ungarn)	12
1968	Yamamoto (Japan)	7
1972	Deyna (Polen)	9
1976	Szarmach (Polen)	6
1980	Andreev (Sowjetunion)	5
1984	Cvetkovic, Devenic (beide Jugoslawien), Xuereb (Frankreich)	je 5
1988	Romario (Brasilien)	7
1992	Juskowiak (Polen)	7
1996	Bebeto (Brasilien) und Crespo (Argentinien)	je 6
2000	Zamorano (Chile)	6
2004	Tevez (Argentinien)	8
2008	G. Rossi (Italien)	4
2012	Leandro Damiao (Brasilien)	6
2016	Gnabry und Petersen (beide Deutschland	je 6
2021	Richarlison (Brasilien)	5

Die deutschen Olympia-Aufgebote (alphabetisch)

1912: Bosch, Breunig, Burger, Förderer, Fuchs, Dr. Glaser, Hempel, Hirsch, Hollstein, A. Jäger, Kipp, Krogmann, Oberle, Reese, Röpnack, Thiel, Ugi, Uhle, A. Weber, Wegele, A. Werner, Worpitzky – kein Trainer.
1928: E. Albrecht, Beier, L. Hofmann, R. Hofmann, Hornauer, H. Kalb, Knöpfle, Leinberger, Pöttinger, Stuhlfauth, H. Weber – nicht eingesetzt: Gehlhaar, Gruber, Heidkamp, Horn, Kutterer, Kuzorra, J. Müller, Nagelschmitz, Reinmann, J. Schmitt, Wentorf – Trainer: Otto Nerz.
1936: R. Bernard, Buchloh, Ditgens, Elbern, Gauchel, Goldbrunner, Gramlich, Hohmann, Jakob, Lehner, Lenz, Mehl, Münzenberg, Siffling, Simetsreiter, Urban – Trainer: Otto Nerz.
1952 (DFB): Eberle, Ehrmann, Gleixner, Hinterstocker, H. Jäger, Klug, Mauritz, Post, Herbert Schäfer, Schönbeck, W. Schröder, Sommerlatt, Stollenwerk, Zeitler – nicht eingesetzt: Bensch, Wittig – Trainer: Sepp Herberger.
1956 (DFB): Geiger, Gerdau, Albert Görtz, Habig, Höfer, K. Hoffmann, R. Hoffmann, Mauritz, Herbert Schäfer, Semmelmann, Zeitler – nicht eingesetzt: Brülls, Eglin, G. Jäger, Schwall – Trainer: Sepp Herberger.
1964 (DDR): Barthels, Bauchspieß, Engelhardt, Fräßdorf, Frenzel, Geisler, Heinsch, Körner, Lisiewicz, Nöldner, Pankau, Rock, Seehaus, Stöcker, Unger, Urbanczyk, Vogel, M. Walter, Weigang – nicht eingesetzt: Backhaus – Trainer: Karoly Soos/Hans Studener.
1972 (DFB): Baltes, Bitz, Bleidick, Bradler, Haebermann, Hammes, Hitzfeld, U. Hoeneß, Hollmann, J. Kalb, Kaltz, Mietz, B. Nickel, E. Schmitt, Seliger, Wienhold, Worm, Wunder – nicht eingesetzt: Seelmann – Trainer: Jupp Derwall.

1972 (DDR): Bransch, Croy, P. Ducke, Ganzera, Häfner, Irmscher, Kreische, Kurbjuweit, Pommerenke, Schulenberg, Seguin, Sparwasser, Streich, Vogel, Wätzlich, Weise, M. Zapf – nicht eingesetzt: D. Schneider, Tyll – Trainer: Georg Buschner.

1976 (DDR): Bransch, Croy, Dörner, Grapenthin, Gröbner, Häfner, Heidler, M. Hoffmann, Kische, Kurbjuweit, Lauck, Löwe, Riedel, Riediger, Schade, G. Weber, Weise – Trainer: Georg Buschner.

1980 (DDR): Bähringer, Baum, Hause, Jakubowski, Kühn, Liebers, M. Müller, Netz, Peter, Rudwaleit, Schnuphase, Steinbach, Terletzki, Trautmann, Trieloff, Uhlig, Ullrich – Trainer: Rudolf Krause.

1984 (DFB): Bast, Bockenfeld, Bommer, Brehme, Buchwald, Dickgießer, Franke, Groh, Lux, Mill, U. Rahn, Schatzschneider, A. Schön, Schreier, Wehmeyer – nicht eingesetzt: Junghans, Schlindwein – Trainer: Erich Ribbeck.

1988 (DFB): Bommer, Fach, W. Funkel, Armin Görtz, Grahammer, Häßler, Hörster, Janssen, Kamps, Kleppinger, Klinsmann, Mill, Riedle, Schreier, M. Schulz, Sievers, F. Walter, Wuttke – nicht eingesetzt: Reck, Sauer – Trainer: Hannes Löhr.

2016: Bauer, L. Bender, S. Bender, Brandt, Christiansen, Ginter, Gnabry, Goretzka, Horn, Klostermann, Max, Meyer, Petersen, Prömel, Selke, Süle, Toljan – nicht eingesetzt: Huth – Trainer: Horst Hrubesch.

2021: Ache, Amiri, Arnold, Henrichs, Kruse, Löwen, Maier, F. Müller, Pieper, Raum, Richter, K. Schlotterbeck, Stach, Teuchert, Torunarigha, Uduokhai – nicht eingesetzt: Brodersen, Plogmann – Trainer: Stefan Kuntz.

Die Bilanz der 52 Spiele der Olympia-Mannschaft

Gegner	Spiele	Siege	Unentsch.	Niederl.	Tore	11-m-Sch.
Brasilien	5	–	2	3	5:10	2:3, 4:5
China	3	2	1	–	10:3	
Dänemark	2	1	1	–	2:1	
Elfenbeinküste	1	–	1	–	1:1	
Fidschi	1	1	–	–	10:0	
Frankreich	2	–	1	1	1:2	
Griechenland	2	2	–	–	5:0	
Israel	4	3	1	–	6:2	
Italien	1	1	–	–	3:0	
Jugoslawien	2	–	–	2	4:8	
Marokko	2	2	–	–	3:0	
Mexiko	1	–	1	–	2:2	
Niederlande	2	–	2	–	1:1	
Nigeria	2	2	–	–	4:1	
Polen	4	2	2	–	9:4	
Portugal	5	2	1	2	9:5	
Rumänien	2	1	–	1	3:1	
Sambia	1	1	–	–	4:0	
Saudi-Arabien	2	2	–	–	9:2	
Schweden	1	–	–	1	1:2	
Schweiz	1	1	–	–	2:1	
Spanien	1	–	–	1	0:2	
Südkorea	1	–	1	–	3:3	
Tschechoslowakei	3	–	–	3	0:5	
Tunesien	1	1	–	–	4:1	
Gesamt	52	24	14	14	101:57	

Die Spiele der Olympia-Mannschaft von 1982 bis 2021

16. 11. 1982 gegen die **Niederlande** in Emmen	0:0
29. 3. 1983 gegen **Polen** in Wuppertal	1:1 (0:1)
24. 4. 1983 gegen **Portugal** in Lissabon (Olympia-Qualifikation)	1:3 (0:1)
8. 6. 1983 gegen **Israel** in Wuppertal (Olympia-Qualifikation)	2:0 (1:0)
20. 9. 1983 gegen die **Tschechoslowakei** in Hof	0:1 (0:0)
4. 10. 1983 gegen **Portugal** in Osnabrück (Olympia-Qualifikation)	3:0 (1:0)
25. 10. 1983 gegen **Jugoslawien** in Maribor	2:3 (1:0)
20. 11. 1983 gegen **Israel** in Tel Aviv (Olympia-Qualifikation)	1:0 (1:0)
27. 3. 1984 gegen **Frankreich** in Paris (Olympia-Qualifikation)	1:1 (0:1)
17. 4. 1984 gegen **Frankreich** in Bochum (Olympia-Qualifikation)	0:1 (0:0)
17. 7. 1984 gegen **China** in Koblenz	6:2 (4:1)
30. 7. 1984 gegen **Marokko** in Palo Alto (Olympia-Gruppenspiel)	2:0 (1:0)
1. 8. 1984 gegen **Brasilien** in Palo Alto (Olympia-Gruppenspiel)	0:1 (0:0)
3. 8. 1984 gegen **Saudi-Arabien** in Palo Alto (Olympia-Gruppenspiel)	6:0 (4:0)
5. 8. 1984 gegen **Jugoslawien** in Pasadena (Olympia-Viertelfinale)	2:5 (2:2)
25. 3. 1987 gegen **Israel B** in Tel Aviv	2:1 (1:1)
18. 4. 1987 gegen **Rumänien** in Cluj-Napoca (Olympia-Qualifikation)	0:1 (0:1)
10. 8. 1987 gegen die **Tschechoslowakei** in Aschaffenburg	0:1 (0:0)
8. 9. 1987 gegen die **Niederlande** in Maastricht	1:1 (0:1)
22. 9. 1987 gegen **Griechenland** in Offenbach (Olympia-Qualifikation)	3:0 (1:0)
13. 10. 1987 gegen **Polen** in Osnabrück (Olympia-Qualifikation)	5:1 (4:1)
18. 11. 1987 gegen **Dänemark** in Aarhus (Olympia-Qualifikation)	1:0 (0:0)
12. 12. 1987 gegen **Griechenland** in Larissa (Olympia-Qualifikation)	2:0 (2:0)
30. 3. 1988 gegen **Dänemark** in Osnabrück (Olympia-Qualifikation)	1:1 (0:0)
27. 4. 1988 gegen **Polen** in Chorzow (Olympia-Qualifikation)	1:1 (0:0)
31. 5. 1988 gegen **Rumänien** in Dortmund (Olympia-Qualifikation)	3:0 (1:0)
30. 8. 1988 gegen **Nigeria** in Siegen	2:1 (2:1)
17. 9. 1988 gegen **China** in Busan (Olympia-Gruppenspiel)	3:0 (1:0)
19. 9. 1988 gegen **Tunesien** in Busan (Olympia-Gruppenspiel)	4:1 (1:1)
21. 9. 1988 gegen **Schweden** in Daegu (Olympia-Gruppenspiel)	1:2 (0:0)
25. 9. 1988 gegen **Sambia** in Gwangju (Olympia-Viertelfinale)	4:0 (3:0)
27. 9. 1988 gegen **Brasilien** in Seoul (Olympia-Halbfinale)	n. V. 1:1 (1:1, 0:0), Elfmeterschießen 2:3
30. 9. 1988 gegen **Italien** in Seoul (Olympia, Spiel um Platz 3)	3:0 (2:0)
15. 5. 1990 gegen die **Schweiz** in Muri	2:1 (0:0)
18. 5. 1990 gegen die **Tschechoslowakei** in Würzburg	0:3 (0:2)
28. 8. 1990 gegen **Portugal** in Amadora	1:1 (0:1)
18. 2. 1992 gegen **Spanien** in Sabadell	0:2 (0:1)
25. 2. 1992 gegen **Polen** in Troisdorf	2:1 (1:1)
4. 3. 1998 gegen **Marokko** in Casablanca	1:0 (0:0)
14. 4. 1998 gegen **Israel** in Darmstadt	1:1 (0:0)
15. 5. 1998 gegen **China** in Toulon (Turnier von Toulon)	1:1 (1:1)
17. 5. 1998 gegen **Brasilien** in Arles (Turnier von Toulon)	1:3 (0:1)
19. 5. 1998 gegen **Portugal** in Mallemort (Turnier von Toulon)	0:1 (0:1)

Alle Aufstellungen der Olympia-Mannschaft von 1982 bis 1998 wurden letztmals im kicker-Almanach 2006 veröffentlicht.

2021: 3 Spiele, 1 Sieg, 1 Unentschieden, 1 Niederlage

50 **Brasilien**, 22. 7., Yokohama, 2:4 verloren (Olympia-Gruppenspiel): F. Müller – Henrichs, Pieper (Torunarigha), Uduokhai, Raum – Arnold – Maier, Stach (K. Schlotterbeck – Richter (Ache (1)), Kruse (Löwen), Amiri (1) (Teuchert) – K.: Arnold/Kruse/Maier – SR: Barton (El Salvador).

51 **Saudi-Arabien**, 25. 7., Yokohama, 3:2 gewonnen (Olympia-Gruppenspiel): F. Müller – Henrichs, Pieper, Uduokhai (1), Raum – Maier (Stach), Löwen – Teuchert (Torunarigha), Kruse, Amiri (1) (K. Schlotterbeck) – Ache (1) (Richter) – K.: Kruse – SR: Gomes (Südafrika).

52 **Elfenbeinküste**, 28. 7., Rifu, 1:1 unentschieden (Olympia-Gruppenspiel): F. Müller – Henrichs, Torunarigha, Uduokhai, Raum – Arnold (Löwen (1)), Maier (Stach) – Richter (Teuchert), Kruse, Amiri (K. Schlotterbeck) – Ache – K.: Arnold/Kruse – SR: Gonzalez (Uruguay).

Zur Geschichte der deutschen Olympia-Mannschaften

An den Olympischen Fußball-Turnieren 1912, 1928 und 1936 nahm die deutsche A-Nationalmannschaft teil, da seinerzeit in Deutschland noch kein Profifußball gespielt wurde. Mit Einführung des Vertragsspielerstatuts in der Bundesrepublik ab 1948 änderte sich das. Daher nahm von 1952 bis 1980 die Amateur-Nationalmannschaft des DFB an den Qualifikations- und Endrundenspielen der Olympischen Spiele teil. Da die DDR das Vertragsspielerstatut 1950 abgelehnt hatte, galten ihre Spieler offiziell weiter als Amateure. Die Ausscheidungsspiele der DDR gegen die Bundesrepublik für die Olympischen Spiele 1960 in Rom tauchen allerdings in keiner offiziellen DDR-Statistik auf. Ab 1963 gab es auch eine DDR-Olympia-Auswahl. Spiele gegen A-Nationalmannschaften anderer Länder wurden dabei gleichzeitig auch als A-Länderspiele gewertet, so 1972 in München beim Spiel um Bronze gegen die UdSSR, 1976 in Montreal beim Olympiasieg gegen Polen oder 1980 in Moskau bei der Endspielniederlage gegen die Tschechoslowakei. Der DFB führte für die Olympischen Spiele 1972 in München den sog. „Olympia-Amateur" ein, um eine möglichst starke Mannschaft ins Rennen zu schicken. In dieser standen gestandene Bundesliga-Profis wie Uli Hoeneß, der 1972 bereits mit der A-Nationalmannschaft Europameister geworden war.
Obwohl die Qualifikation fürs Olympische Fußballturnier in Europa seit 1992 im Rahmen der U-21-EM ausgetragen wurde, gab es weiterhin eine DFB-Olympia-Auswahl, die ihren letzten internationalen Auftritt 1998 beim Junioren-Turnier in Toulon hatte. Für das Olympische Fußballturnier 2016 in Rio de Janeiro wurde die Olympia-Auswahl wiederbelebt. Man sah dies auch äußerlich, denn die Spieler trugen nicht das DFB-Wappen auf dem Trikot sondern den Bundesadler. 2021 in Japan waren „Team D" und die Olympischen Ringe zu sehen.

Cool vom Punkt: Nachdem die Italiener schon im Halbfinale gegen Spanien bessere Nerven hatten, setzten sie sich auch im Finale von Wembley gegen England im Elfmeterschießen durch und wurden zum zweiten Mal nach 1968 Europameister.

KAPITEL 11

DIE EUROPAMEISTERSCHAFT

DIE FUSSBALL-EUROPAMEISTER

1960	SOWJETUNION	1992	DÄNEMARK
1964	SPANIEN	1996	DEUTSCHLAND
1968	ITALIEN	2000	FRANKREICH
1972	DEUTSCHLAND	2004	GRIECHENLAND
1976	TSCHECHOSLOWAKEI	2008	SPANIEN
1980	DEUTSCHLAND	2012	SPANIEN
1984	FRANKREICH	2016	PORTUGAL
1988	NIEDERLANDE	2021	ITALIEN

Dieser Wettbewerb wurde zunächst 1958/60 und 1962/64 unter der Bezeichnung „Europapokal der Länder" durchgeführt. Ab 1967/68 trägt er auch offiziell den Namen „Europameisterschaft".

1959/60: Sowjetunion (Trainer: Katschin)

Qualifikation: Irland – Tschechoslowakei 2:0, 0:4.

Achtelfinale: Sowjetunion – Ungarn 3:1, 1:0; Spanien – Polen 4:2, 3:0; Rumänien – Türkei 3:0, 0:2; Tschechoslowakei – Dänemark 2:2, 5:1; Portugal – DDR 2:0, 3:2; Jugoslawien – Bulgarien 2:0, 1:1; Frankreich – Griechenland 7:1, 1:1; Österreich – Norwegen 1:0, 5:2.

Viertelfinale: Tschechoslowakei – Rumänien 2:0, 3:0; Jugoslawien – Portugal 1:2, 5:1; Frankreich – Österreich 5:2, 4:2; Spanien verzichtete gegen die Sowjetunion.

Endrunde vom 6. bis 10. Juli 1960 in Frankreich

Halbfinale: Sowjetunion – Tschechoslowakei 3:0 (Marseille); Jugoslawien – Frankreich 5:4 (Paris).

Um den dritten Platz: Tschechoslowakei – Frankreich 2:0 (Marseille).

Endspiel am 10. Juli 1960 in Paris: Sowjetunion – Jugoslawien n. V. 2:1 (1:1, 0:1)

Sowjetunion: Jaschin – Tschocheli, Krutikow – Woinow, Masljonkin, Netto – Metreweli, Iwanow, Ponedjelnik, Bubukin, Mes'chi.

Tore: Metreweli, Ponedjelnik (Galic) – Zuschauer: 18 000 – SR: Ellis (England) .

1963/64: Spanien (Trainer: Villalonga/Munoz)

Vorrunde: Norwegen – Schweden 0:2, 1:1; Dänemark – Malta 6:1, 3:1; Irland – Island 4:2, 1:1; England – Frankreich 1:1, 2:5; Polen – Nordirland 0:2, 0:2; Spanien – Rumänien 6:0, 1:3; Jugoslawien – Belgien 3:2, 1:0; Ungarn – Wales 3:1, 1:1; Bulgarien – Portugal 3:1, 1:3, 1:0 (in Rom); Niederlande – Schweiz 3:1, 1:1; DDR – Tschechoslowakei 2:1, 1:1; Italien – Türkei 6:0, 1:0; Griechenland gegen Albanien nicht angetreten.

Achtelfinale: Spanien – Nordirland 1:1, 1:0; Jugoslawien – Schweden 0:0, 2:3; Dänemark – Albanien 4:0, 0:1; Österreich – Irland 0:0 2:3; Luxemburg – Niederlande 1:1, 2:1 (beide Spiele in den Niederlanden); Bulgarien – Frankreich 1:0, 1:3; Sowjetunion – Italien 2:0, 1:1; DDR – Ungarn 1:2, 3:3.

Viertelfinale: Luxemburg – Dänemark 3:3, 2:2, 0:1 (in Amsterdam); Spanien – Irland 5:1, 2:0; Frankreich – Ungarn 1:3, 1:2; Schweden – Sowjetunion 1:1, 1:3.

Endrunde vom 17. bis 21. Juni in Spanien

Halbfinale: Spanien – Ungarn n. V. 2:1 (Madrid); Sowjetunion – Dänemark 3:0 (Barcelona).

Um den dritten Platz: Ungarn – Dänemark n. V. 3:1 (Barcelona).

Endspiel am 21. Juni 1964 in Madrid: Spanien – Sowjetunion 2:1 (1:1)

Spanien: Iribar – Rivilla, Calleja – Zocco, Olivella, Fuste – Amancio, Pereda, Marcelino, Suarez, Lapetra.

Tore: Pereda, Marcelino (Chusainow) – Zuschauer: 105 000 – SR: Holland (England).

1966/68: Italien (Trainer: Valcareggi)

Gruppe I: Spanien. Spanien – Tschechoslowakei 2:1, 0:1; Spanien – Irland 2:0, 0:0; Spanien – Türkei 2:0, 0:0; Tschechoslowakei – Irland 2:0, 1:2; Tschechoslowakei – Türkei – 3:0, 0:0; Irland – Türkei 2:1, 1:2.

Gruppe II: Bulgarien. Bulgarien – Portugal 1:0, 0:0; Bulgarien – Schweden 3:0, 2:0; Bulgarien – Norwegen 4:2, 0:0; Portugal – Schweden 1:2, 1:1; Portugal – Norwegen 2:1, 2:1; Schweden – Norwegen 5:2, 1:3.

Gruppe III: Sowjetunion. Sowjetunion – Griechenland 4:0, 1:0; Sowjetunion – Österreich 4:3, 0:1; Sowjetunion – Finnland 2:0, 5:2; Griechenland – Österreich 4:1, 1:1 abgebrochen (nicht gewertet); Griechenland – Finnland 2:1, 1:1 Österreich – Finnland 2:1, 0:0.
Gruppe IV: Jugoslawien. Jugoslawien – Deutschland 1:0, 1:3; Jugoslawien – Albanien 4:0, 2:0; Deutschland – Albanien 6:0, 0:0.
Gruppe V: Ungarn. Ungarn – DDR 3:1, 0:1; Ungarn – Niederlande 2:1, 2:2; Ungarn – Dänemark 6:0, 2:0; DDR – Niederlande 4:3, 0:1; DDR – Dänemark 3:2, 1:1; Niederlande – Dänemark 2:0, 2:3.
Gruppe VI: Italien. Italien – Rumänien 3:1, 1:0; Italien – Schweiz 4:0, 2:2; Italien – Zypern 5:0, 2:0; Rumänien – Schweiz 4:2, 1:7; Rumänien – Zypern 7:0, 5:1; Schweiz – Zypern 5:0, 1:2.
Gruppe VII: Frankreich. Frankreich – Belgien 1:1, 1:2; Frankreich – Polen 2:1, 4:1; Frankreich – Luxemburg 3:1, 3:0; Belgien – Polen 2:4, 1:3; Belgien – Luxemburg 3:0, 5:0; Polen – Luxemburg 4:0, 0:0.
Gruppe VIII: England. England – Schottland 2:3, 1:1; England – Wales 5:1, 3:0; England – Nordirland 2:0, 2:0; Schottland – Wales 3:2, 1:1; Schottland – Nordirland 2:1, 0:1; Wales – Nordirland 2:0, 0:0.
Viertelfinale: Frankreich – Jugoslawien 1:1, 1:5; Bulgarien – Italien 3:2, 0:2; Ungarn – Sowjetunion 2:0, 0:3; England – Spanien 1:0, 2:1.

Endrunde vom 5. bis 10. Juni 1968 in Italien
Halbfinale: Italien – Sowjetunion n. V. 0:0, Los für Italien (Neapel); Jugoslawien – England 1:0 (Florenz).
Spiel um den dritten Platz: England – Sowjetunion 2:0 (Rom).

Endspiel am 8. Juni 1968 in Rom: Italien – Jugoslawien n. V. 1:1 (1:1, 0:1)
Italien: Zoff – Burgnich, Guarneri, Castano, Facchetti – Ferrini, Juliano, Lodetti – Domenghini, Anastasi, Riva – **Jugoslawien:** Pantelic – Fazlagic, Paunovic, Holcer, Damjanovic – Pavlovic, Acimovic, Trivic – Petkovic, Musemic, Dzajic.
Tore: Domenghini (Dzajic) – Zuschauer: 80 000 – SR: Dienst (Schweiz).

Endspiel-Wiederholung am 10. Juni1968 in Rom: Italien – Jugoslawien 2:0 (2:0)
Italien: Zoff – Burgnich, Guarneri, Rosato, Facchetti – De Sisti, Mazzola, Salvadore – Domenghini, Anastasi, Riva.
Tore: Riva, Anastasi – Zuschauer: 55 000 – SR: De Mendibil (Spanien).

1970/72: Deutschland (Trainer: Schön)

Gruppe 1: Rumänien. Rumänien – Tschechoslowakei 2:1, 0:1; Rumänien – Wales 2:0, 0:0; Rumänien – Finnland 3:0, 4:0; Tschechoslowakei – Wales 1:0, 3:1; Tschechoslowakei – Finnland 1:1, 4:0; Wales – Finnland 3:0, 1:0.
Gruppe 2: Ungarn. Ungarn – Bulgarien 2:0, 0:3; Ungarn – Frankreich 1:1, 2:0; Ungarn – Norwegen 4:0, 3:1; Bulgarien – Frankreich 2:1, 1:2; Bulgarien – Norwegen 1:1, 4:1; Frankreich – Norwegen 3:1, 3:1.
Gruppe 3: England. England – Schweiz 1:1, 3:2; England – Griechenland 3:0, 2:0; England – Malta 5:0, 1:0; Schweiz – Griechenland 1:0, 1:0; Schweiz – Malta 5:0, 2:1; Griechenland – Malta 2:0, 1:1.
Gruppe 4: Sowjetunion. Sowjetunion – Spanien 2:1, 0:0; Sowjetunion – Nordirland 1:0, 1:1; Sowjetunion – Zypern 6:1, 3:1; Spanien – Nordirland 3:0, 1:1; Spanien – Zypern 7:0, 2:0; Nordirland – Zypern 5:0, 3:0.
Gruppe 5: Belgien. Belgien – Portugal 3:0, 1:1; Belgien – Schottland 3:0, 0:1; Belgien – Dänemark 2:0, 2:1; Portugal – Schottland 2:0, 1:2; Portugal – Dänemark 5:0, 1:0; Schottland – Dänemark 1:0, 0:1.
Gruppe 6: Italien. Italien – Österreich 2:2, 2:1; Italien – Schweden 3:0, 0:0; Italien – Irland 3:0, 2:1; Österreich – Schweden 1:0, 0:1; Österreich – Irland 6:0, 4:1; Schweden – Irland 1:0, 1:1.
Gruppe 7: Jugoslawien. Jugoslawien – Niederlande 2:0, 1:1; Jugoslawien – DDR 0:0, 2:1; Jugoslawien – Luxemburg 0:0, 2:0; Niederlande – DDR 3:2, 0:1; Niederlande – Luxemburg 6:0, 8:0; DDR – Luxemburg 2:1, 5:0.
Gruppe 8: Deutschland. Deutschland – Polen 0:0, 3:1; Deutschland – Türkei 1:1, 3:0; Deutschland – Albanien 2:0, 1:0; Polen – Türkei 5:1, 0:1; Polen – Albanien 3:0, 1:1; Türkei – Albanien 2:1, 0:3.
Viertelfinale: England – Deutschland 1:3, 0:0; Italien – Belgien 0:0, 1:2; Jugoslawien – Sowjetunion 0:0, 0:3; Ungarn – Rumänien 1:1, 2:2, 2:1 (in Belgrad).

Endrunde vom 14. bis 18. Juni 1972 in Belgien
Halbfinale: Sowjetunion – Ungarn 1:0 (Brüssel); Belgien – Deutschland 1:2 (Antwerpen).
Spiel um den dritten Platz: Belgien – Ungarn 2:1 (Lüttich).

Endspiel am 18. Juni 1972 in Brüssel: Deutschland – Sowjetunion 3:0 (1:0)
Deutschland: Maier – Höttges, Schwarzenbeck, Beckenbauer, Breitner – Hoeneß, Netzer, Wimmer – Heynckes, G. Müller, E. Kremers.
Tore: G. Müller 2, Wimmer – Zuschauer: 40 000 – SR: Marschall (Österreich).

1974/76: Tschechoslowakei (Trainer: Jezek)

Gruppe 1: Tschechoslowakei. Tschechoslowakei – England 2:1, 0:3; Tschechoslowakei – Portugal 5:0, 1:1; Tschechoslowakei – Zypern 4:0, 3:0; England – Portugal 0:0, 1:1; England – Zypern 5:0, 1:0; Portugal – Zypern 1:0, 2:0.
Gruppe 2: Wales. Wales – Ungarn 2:0, 2:1; Wales – Österreich 1:0, 1:2; Wales – Luxemburg 5:0, 3:1; Ungarn – Österreich 2:1, 0:0; Ungarn – Luxemburg 8:1, 4:2; Österreich – Luxemburg 6:2, 2:1.
Gruppe 3: Jugoslawien. Jugoslawien – Nordirland 1:0, 0:1; Jugoslawien – Schweden 3:0, 2:1; Jugoslawien – Norwegen 3:1, 3:1; Nordirland – Schweden 1:2, 2:0; Nordirland – Norwegen 3:0, 1:2; Schweden – Norwegen 3:1, 2:0.
Gruppe 4: Spanien. Spanien – Rumänien 1:1, 2:2; Spanien – Schottland 1:1, 2:1; Spanien – Dänemark 2:0, 2:1; Rumänien – Schottland 1:1, 1:1; Rumänien – Dänemark 6:1, 0:0; Schottland – Dänemark 3:1, 1:0.
Gruppe 5: Niederlande. Niederlande – Polen 3:0, 1:4; Niederlande – Italien 3:1, 0:1; Niederlande – Finnland 4:1, 3:1; Polen – Italien 0:0, 0:0; Polen – Finnland 3:0, 2:1; Italien – Finnland 0:0, 1:0.
Gruppe 6: Sowjetunion. Sowjetunion – Irland 2:1, 0:3; Sowjetunion – Türkei 3:0, 0:1; Sowjetunion – Schweiz 4:1, 1:0; Irland – Türkei 4:0, 1:1; Irland – Schweiz 2:1, 0:1; Türkei – Schweiz 2:1, 1:1.
Gruppe 7: Belgien. Belgien – DDR 1:2, 0:0; Belgien – Frankreich 2:1, 0:0; Belgien – Island 1:0, 2:0; DDR – Frankreich 2:1, 2:2; DDR – Island 1:1, 1:2; Frankreich – Island 3:0, 0:0.
Gruppe 8: Deutschland. Deutschland – Griechenland 1:1, 2:2; Deutschland – Bulgarien 1:0, 1:1; Deutschland – Malta 8:0, 1:0; Griechenland – Bulgarien 2:1, 3:3; Griechenland – Malta 4:0, 0:2; Bulgarien – Malta 5:0, 2:0.
Viertelfinale: Spanien – Deutschland 1:1, 0:2; Niederlande – Belgien 5:0, 2:1; Jugoslawien – Wales 2:0, 1:1; Tschechoslowakei – Sowjetunion 2:0, 2:2.

Endrunde vom 16. bis 20. Juni 1976 in Jugoslawien
Halbfinale: Tschechoslowakei – Niederlande n. V. 3:1 (Zagreb); Jugoslawien – Deutschland n. V. 2:4 (Belgrad)
Spiel um den dritten Platz: Niederlande – Jugoslawien n. V. 3:2 (Zagreb).

Endspiel am 20. Juni 1976 in Belgrad: Tschechoslowakei – Deutschland n. V. 2:2 (2:2, 2:1), Elfm. 5:3
Tschechoslowakei: Viktor – Pivarnik, Ondrus, Capkovic, Gögh – Dobias (Vesely), Panenka, Modr – Masny, Svehlik (Jurkemik), Nehoda.
Deutschland: Maier – Vogts, Beckenbauer, Schwarzenbeck, Dietz – Wimmer (Flohe), Bonhof, Beer (Bongartz) – Hoeneß, D. Müller, Hölzenbein.
Tore: Svehlik, Dobias (D. Müller, Hölzenbein) – Elfmeterschießen: 1:0 Masny, 1:1 Bonhof, 2:1 Nehoda, 2:2 Flohe, 3:2 Ondrus, 3:3 Bongartz, 4:3 Jurkemik, Hoeneß verschossen, 5:3 Panenka – Zuschauer: 35 000 – SR: Gonella (Italien).

1978/80: Deutschland (Trainer: Derwall)

Gruppe 1: England. England – Nordirland 4:0, 5:1; England – Irland 2:0, 1:1; England – Bulgarien 2:0, 3:0; England – Dänemark 1:0, 4:3; Nordirland – Irland 1:0, 0:0; Nordirland – Bulgarien 2:0, 2:0; Nordirland – Dänemark 2:1, 0:4; Irland – Bulgarien 3:0, 0:1; Irland – Dänemark 2:0, 3:3; Bulgarien – Dänemark 3:0, 2:2.
Gruppe 2: Belgien. Belgien – Österreich 1:1, 0:0; Belgien – Portugal 2:0, 1:1; Belgien – Schottland 2:0, 3:1; Belgien – Norwegen 1:1, 2:1; Österreich – Portugal 1:2, 2:1; Österreich – Schottland 3:2, 1:1; Österreich – Norwegen 4:0, 2:0; Portugal – Schottland 1:0, 1:4; Portugal – Norwegen 3:1, 1:0; Schottland – Norwegen 3:2, 4:0.
Gruppe 3: Spanien. Spanien – Jugoslawien 0:1, 2:1; Spanien – Rumänien 1:0, 2:2; Spanien – Zypern 5:0, 3:1; Jugoslawien – Rumänien 2:1, 2:3; Jugoslawien – Zypern 5:0, 3:0; Rumänien – Zypern 2:0, 1:1.
Gruppe 4: Niederlande. Niederlande – Polen 1:1, 0:2; Niederlande – DDR 3:0, 3:2; Niederlande – Schweiz 3:0, 3:1; Niederlande – Island 3:0, 4:0; Polen – DDR 1:1, 1:2; Polen –Schweiz 2:0, 2:0; Polen – Island 2:0, 2:0; DDR – Schweiz 5:2, 2:0; DDR – Island 3:1, 3:0; Schweiz – Island 2:0, 2:1.
Gruppe 5: Tschechoslowakei. Tschechoslowakei – Frankreich 2:0, 1:2; Tschechoslowakei – Schweden 4:1, 3:1; Tschechoslowakei – Luxemburg 4:0, 3:0; Frankreich – Schweden 2:2, 3:1; Schweden – Luxemburg 3:0, 1:1; Frankreich – Luxemburg 3:0, 3:1.
Gruppe 6: Griechenland. Griechenland – Ungarn 4:1, 0:0; Griechenland – Finnland 8:1, 0:3; Griechenland – Sowjetunion 1:0, 0:2; Ungarn – Finnland 3:1, 1:2; Ungarn – Sowjetunion 2:0, 2:2; Finnland – UdSSR 1:1, 2:2.
Gruppe 7: Deutschland. Deutschland – Türkei 2:0, 0:0; Deutschland – Wales 5:1, 2:0; Deutschland – Malta 8:0, 0:0; Türkei – Wales 1:0, 0:1; Türkei – Malta 2:1, 2:1; Wales – Malta 7:0, 2:0.
Italien als Veranstalter automatisch qualifiziert.

Endrunde vom 11. bis 22. Juni 1980 in Italien
Gruppe 1: Deutschland. Deutschland – Tschechoslowakei 1:0 (Rom), Griechenland – Niederlande 0:1 (Neapel), Deutschland – Niederlande 3:2 (Neapel), Tschechoslowakei – Griechenland 3:1 (Rom), Deutschland – Griechenland 0:0 (Turin), Tschechoslowakei – Niederlande 1:1 (Mailand).
Gruppe 2: Belgien. Belgien – England 1:1 (Turin), Spanien – Italien 0:0 (Mailand), Spanien – Belgien 1:2 (Mailand), Italien – England 1:0 (Turin), Spanien – England 1:2 (Neapel), Italien – Belgien 0:0 (Rom).
Spiel um den dritten Platz: Tschechoslowakei – Italien n. V. 1:1, Elfmeterschießen 9:8.

Endspiel am 22. Juni 1980 in Rom: Deutschland – Belgien 2:1 (1:0)
Deutschland: Schumacher – Kaltz, Stielike, Kh. Förster, Dietz – Schuster, Briegel (Cullmann), H. Müller – Rummenigge, Hrubesch, Kl. Allofs.
Tore: Hrubesch 2 (Vandereycken) – Zuschauer: 47 800 – SR: Rainea (Rumänien).

1982/84: Frankreich (Trainer: Hidalgo)
Gruppe 1: Belgien. Belgien – Schweiz 3:0, 1:3; Belgien – DDR 2:1, 2:1; Belgien – Schottland 3:2, 1:1; Schweiz – DDR 0:0, 0:3; Schweiz – Schottland 2:0, 2:2; DDR – Schottland 2:1, 0:2.
Gruppe 2: Portugal. Portugal – Sowjetunion 1:0, 0:5; Portugal – Polen 2:1, 1:0; Portugal – Finnland 5:0, 2:0; Sowjetunion – Finnland 2:0, 1:0; Sowjetunion – Polen 2:0, 1:1; Polen – Finnland 1:1, 3:2.
Gruppe 3: Dänemark. Dänemark – England 2:2, 1:0; Dänemark – Griechenland 1:0, 2:0; Dänemark – Ungarn 3:1, 0:1; Dänemark – Luxemburg 6:0, 2:1; England – Griechenland 0:0, 3:0; England – Ungarn 2:0, 3:0; England – Luxemburg 9:0, 4:0; Griechenland – Ungarn 2:2, 3:2; Griechenland – Luxemburg 1:0, 2:0 ; Ungarn – Luxemburg 6:2, 6:2.
Gruppe 4: Jugoslawien. Jugoslawien – Wales 4:4, 1:1; Jugoslawien – Bulgarien 3:2, 1:0; Jugoslawien – Norwegen 2:1, 1:3; Wales – Bulgarien 1:0, 0:1; Wales – Norwegen 1:0, 0:0; Bulgarien – Norwegen 2:2, 2:1.
Gruppe 5: Rumänien. Rumänien – Schweden 2:0, 1:0; Rumänien – Tschechoslowakei 0:1, 1:1; Rumänien – Italien 1:0, 0:0; Rumänien – Zypern 3:1, 1:0; Schweden – Tschechoslowakei 1:0, 2:2; Schweden – Italien 2:0, 3:0; Schweden – Zypern 5:0, 1:0; Tschechoslowakei – Italien 2:0, 2:2; Tschechoslowakei – Zypern 6:0, 1:1; Italien – Zypern 3:1, 1:1.
Gruppe 6: Deutschland. Deutschland – Nordirland 0:1, 0:1; Deutschland – Österreich 3:0, 0:0; Deutschland – Türkei 5:1, 3:0; Deutschland – Albanien 2:1, 2:1; Nordirland – Österreich 3:1, 0:2; Nordirland – Türkei 2:1, 0:1; Nordirland – Albanien 1:0, 0:0; Österreich – Türkei 4:0, 1:3; Österreich – Albanien 5:0, 2:1; Türkei – Albanien 1:0, 1:1.
Gruppe 7: Spanien. Spanien – Niederlande 1:0, 1:2; Spanien – Irland 2:0, 3:3; Spanien – Island 1:0, 1:0; Spanien – Malta 12:1, 3:2; Niederlande – Irland 2:1, 3:2; Niederlande – Island 3:0, 1:1; Niederlande – Malta 5:0, 6:0; Irland – Island 2:0, 3:0; Irland – Malta 8:0, 1:0; Island – Malta 1:0, 1:2.
Frankreich als Veranstalter automatisch qualifiziert.

Endrunde vom 12. bis 27. Juni 1984 in Frankreich
Gruppe 1: Frankreich und Dänemark. Frankreich – Dänemark 1:0 (Paris); Belgien – Jugoslawien 2:0 (Lens); Frankreich – Belgien 5:0 (Nantes), Dänemark – Jugoslawien 5:0 (Lyon), Frankreich – Jugoslawien 3:2 (St. Etienne), Dänemark – Belgien 3:2 (Straßburg).
Gruppe 2: Spanien und Portugal. Deutschland – Portugal 0:0 (Straßburg), Rumänien – Spanien 1:1 (St. Etienne), Deutschland – Rumänien 2:1 (Lens), Portugal – Spanien 1:1 (Marseille), Deutschland – Spanien 0:1 (Paris), Portugal – Rumänien 1:0 (Nantes).
Halbfinale: Frankreich – Portugal n. V. 3:2 (Marseille), Spanien – Dänemark n. V. 1:1, Elfmeterschießen 5:4 (Lyon).

Endspiel am 27. Juni 1984 in Paris: Frankreich – Spanien 2:0 (0:0)
Frankreich: Bats – Battiston (Amoros), Bossis, Le Roux, Domergue – Tigana, Giresse, Platini, Fernandez – Lacombe (Ghengini), Bellone.
Tore: Platini, Bellone – Zuschauer: 47 368 – SR: Christov (Tschechoslowakei).

1986/88: Niederlande (Trainer: Michels)
Gruppe 1: Spanien. Spanien – Rumänien 1:0, 1:3; Spanien – Österreich 2:0, 3:2; Spanien – Albanien 5:0, 2:1; Rumänien – Österreich 4:0, 0:0; Rumänien – Albanien 5:1, 1:0; Österreich – Albanien 3:0, 1:0.
Gruppe 2: Italien. Italien – Schweden 2:1, 0:1; Italien – Portugal 3:0, 1:0; Italien – Schweiz 3:2, 0:0; Italien – Malta 5:0, 2:0; Schweden – Portugal 0:1, 1:1; Schweden – Schweiz 2:0, 1:1; Schweden – Malta 1:0, 5:0; Portugal – Schweiz 0:0, 1:1; Portugal – Malta 2:2, 1:0; Schweiz – Malta 4:1, 1:1; .
Gruppe 3: Sowjetunion. Sowjetunion – DDR 2:0, 1:1; Sowjetunion – Frankreich 1:1, 2:0; Sowjetunion – Island 2:0, 1:1; Sowjetunion – Norwegen 4:0, 1:0; DDR – Frankreich 0:0, 1:0; DDR – Island 2:0, 6:0;

DDR – Norwegen 3:1, 0:0; Frankreich – Island 2:0, 0:0; Frankreich – Norwegen 1:1, 0:2; Island – Norwegen 2:1, 1:0.
Gruppe 4: England. England – Jugoslawien – 2:0, 4:1; England – Nordirland 2:0, 3:0; England – Türkei 8:0, 0:0; Jugoslawien – Nordirland 3:0, 2:1; Jugoslawien – Türkei 4:0, 3:2; Nordirland – Türkei 1:0, 0:0.
Gruppe 5: Niederlande. Niederlande – Griechenland 1:1, 3:0; Niederlande – Ungarn 2:0, 1:0; Niederlande – Polen 0:0, 2:0; Niederlande – Zypern 4:0 (8:0 wegen Zuschauerausschreitungen annulliert), 2:0; Griechenland – Ungarn 2:1, 0:3; Griechenland – Polen 1:0, 1:2; Griechenland – Zypern 3:1, 4:2; Ungarn – Polen 5:3, 2:3; Ungarn – Zypern 1:0, 1:0; Polen – Zypern 0:0, 1:0.
Gruppe 6: Dänemark. Dänemark – Tschechoslowakei 1:1, 0:0; Dänemark – Wales 1:0, 0:1; Dänemark – Finnland 1:0, 1:0; Tschechoslowakei – Wales 2:0, 1:1; Tschechoslowakei – Finnland 3:0, 0:3; Wales – Finnland 4:0, 1:1.
Gruppe 7: Irland. Irland – Bulgarien 2:0, 1:2; Irland – Belgien 0:0, 2:2; Irland – Schottland 0:0, 1:0; Irland – Luxemburg 2:1, 2:0; Bulgarien – Belgien 2:0, 1:1; Bulgarien – Schottland 0:1, 0:0; Bulgarien – Luxemburg 3:0, 4:1; Belgien – Schottland 4:1, 0:2; Belgien – Luxemburg 3:0, 6:0; Schottland – Luxemburg 3:0, 0:0.
Deutschland als Veranstalter automatisch qualifiziert.

Endrunde vom 10. bis 25. Juni 1988 in Deutschland
Gruppe 1: Deutschland und Italien. Deutschland – Italien 1:1 (Düsseldorf), Dänemark – Spanien 2:3 (Hannover), Deutschland – Dänemark 2:0 (Gelsenkirchen), Italien – Spanien 1:0 (Frankfurt), Deutschland – Spanien 2:0 (München), Italien – Dänemark 2:0 (Köln).
Gruppe 2: Sowjetunion und Niederlande. England – Irland 0:1 (Stuttgart), Niederlande – Sowjetunion 0:1 (Köln), England – Niederlande 1:3 (Düsseldorf), Irland – Sowjetunion 1:1 (Hannover), England – Sowjetunion 1:3 (Frankfurt), Irland – Niederlande 0:1 (Gelsenkirchen).
Halbfinale: Deutschland – Niederlande 1:2, Sowjetunion – Italien 2:0 (Stuttgart).

Endspiel am 25. Juni 1988 in München: Niederlande – Sowjetunion 2:0 (1:0)
Niederlande: Van Breukelen – Van Aerle, R. Koeman, Rijkaard, Van Tiggelen – Wouters, Gullit, A. Mühren, E. Koeman – Vanenburg, Van Basten.
Tore: Gullit, Van Basten – Zuschauer: 77 000 – SR: Vautrot (Frankreich).

1990/92: Dänemark (Trainer: Möller-Nielsen)

Gruppe 1: Frankreich. Frankreich – Tschechoslowakei 2:1, 2:1; Frankreich – Spanien 3:1, 2:1; Frankreich – Island 3:1, 2:1; Frankreich – Albanien 5:0, 1:0; Tschechoslowakei – Spanien 3:2, 1:2; Tschechoslowakei – Island 1:0, 1:0; Tschechoslowakei – Albanien 2:1, 2:0; Spanien – Island 2:1, 0:2; Spanien – Albanien 9:0, Rückspiel nicht ausgetragen; Island – Albanien 2:0, 0:1.
Gruppe 2: Schottland. Schottland – Schweiz 2:1, 2:2; Schottland – Rumänien 2:1, 0:1; Schottland – Bulgarien 1:1, 1:1; Schottland – San Marino 4:0, 2:0; Schweiz – Rumänien 0:0, 0:1; Schweiz – Bulgarien 2:0, 3:2; Schweiz – San Marino 7:0, 4:0; Rumänien – Bulgarien 0:3, 1:1; Rumänien – San Marino 6:0, 3:1; Bulgarien – San Marino – 4:0, 3:0.
Gruppe 3: Sowjetunion *). Sowjetunion – Italien 0:0, 0:0; Sowjetunion – Norwegen 2:0, 1:0; Sowjetunion – Ungarn 2:2, 1:0; Sowjetunion – Zypern 4:0, 3:0; Italien – Norwegen 1:1, 1:2; Italien – Ungarn 3:1, 1:1 ; Italien – Zypern 2:0, 4:0; Norwegen – Ungarn 0:0, 0:0; Norwegen – Zypern 3:0, 3:0; Ungarn – Zypern 4:2, 2:0 – *) = Nach der Auflösung der Sowjetunion Ende 1991 trat die Mannschaft bei der Endrunde unter der Bezeichnung „GUS" (Gemeinschaft Unabhängiger Staaten) an.
Gruppe 4: Jugoslawien *). Jugoslawien – Dänemark 1:2, 2:0; Jugoslawien – Nordirland 4:1, 2:0; Jugoslawien – Österreich 4:1, 2:0; Jugoslawien – Färöer 7:0, 2:0; Dänemark – Nordirland 2:1, 1:1; Dänemark – Österreich 2:1, 3:0 ; Dänemark – Färöer 4:1, 4:0; Nordirland – Österreich 2:1, 0:0 ; Nordirland – Färöer 1:1, 5:0; Österreich – Färöer 3:0, 0:1 (Färöer bestritt sämtliche Heimspiele im schwedischen Landskrona) – *) = Wegen des Bosnien-Krieges und der daraufhin verhängten UN-Sanktionen wurde Jugoslawien von der EM ausgeschlossen. Dafür rückte der Gruppenzweite Dänemark nach.
Gruppe 5: Deutschland. Deutschland – Wales 4:1, 0:1; Deutschland – Belgien 1:0, 1:0; Deutschland – Luxemburg 4:0, 3:2; Wales – Belgien 3:1, 1:1; Wales – Luxemburg 1:0, 1:0; Belgien – Luxemburg 3:0, 2:0.
Gruppe 6: Niederlande. Niederlande – Portugal 1:0, 0:1; Niederlande – Griechenland 2:0, 2:0; Niederlande – Finnland 2:0, 1:1; Niederlande – Malta 1:0, 8:0; Portugal – Griechenland 1:0, 2:3; Portugal – Finnland 1:0, 0:0; Portugal – Malta 5:0, 1:0; Griechenland – Finnland 2:0, 1:1; Griechenland – Malta 4:0, 1:1; Finnland – Malta 2:0, 1:1.
Gruppe 7: England. England – Irland 1:1, 1:1; England – Polen 2:0, 1:1; England – Türkei 1:0, 1:0; Irland – Polen 0:0, 3:3; Irland – Türkei 5:0, 3:1; Polen – Türkei 3:0, 1:0.
Schweden als Veranstalter automatisch qualifiziert.

Endrunde vom 10. bis 26. Juni 1992 in Schweden
Gruppe 1: Schweden und Dänemark. Schweden – Frankreich 1:1 (Stockholm), Dänemark – England 0:0 (Malmö), Frankreich – England 0:0 (Malmö), Schweden – Dänemark 1:0 (Stockholm), Schweden – England 2:1 (Stockholm), Frankreich – Dänemark 1:2 (Malmö).
Gruppe 2: Niederlande und Deutschland. GUS – Deutschland 1:1 (Norrköping), Niederlande – Schottland 1:0 (Göteborg), Schottland – Deutschland 0:2 (Norrköping), Niederlande – GUS 0:0 (Göteborg), Niederlande – Deutschland 3:1 (Göteborg), Schottland – GUS 3:0 (Norrköping).
Halbfinale: Schweden – Deutschland 2:3 (Stockholm); Dänemark – Niederlande n. V. 2:2, Elfmeterschießen 5:4.

Endspiel am 26. Juni 1992 in Göteborg: Dänemark – Deutschland 2:0 (1:0)
Dänemark: Schmeichel – Lars Olsen – Piechnik, K. Nielsen – Sivebaek (Christiansen), Vilfort, Jensen, Christoffe, H. Larsen – Povlsen, B. Laudrup.
Deutschland: Illgner – Helmer – Kohler, Buchwald – Reuter, Häßler, Effenberg (Thom), Sammer (Doll), Brehme – Klinsmann, Riedle.
Tore: Jensen, Vilfort – Zuschauer: 37 725 – SR: Galler (Schweiz).

1994/96: Deutschland (Trainer: Vogts)

Gruppe 1: Rumänien und Frankreich. Rumänien – Frankreich 1:3, 0:0; Rumänien – Slowakei 3:2, 2:0; Rumänien – Polen 2:1, 0:0; Rumänien – Israel 2:1, 1:1; Rumänien – Aserbaidschan 3:0, 4:1; Frankreich – Slowakei 4:0, 0:0; Frankreich – Polen 1:1, 0:0; Frankreich – Israel 2:0, 0:0; Frankreich – Aserbaidschan 10:0, 2:0; Slowakei – Polen 4:1, 0:5; Slowakei – Israel 1:0, 2:2; Slowakei – Aserbaidschan 4:1, 1:0; Polen – Israel 4:3, 1:2; Polen – Aserbaidschan 1:0, 0:0; Israel – Aserbaidschan 2:0, 2:0 (Aserbaidschan bestritt sämtliche Heimspiele im türkischen Trabzon).
Gruppe 2: Spanien und Dänemark. Spanien – Dänemark 3:0, 1:1; Spanien – Belgien 1:1, 4:1; Spanien – Mazedonien 3:0, 2:0; Spanien – Zypern 6:0, 2:1; Spanien – Armenien 1:0, 2:0; Dänemark – Belgien 3:1, 3:1; Dänemark – Mazedonien 1:0, 1:1; Dänemark – Zypern 4:0, 1:1; Dänemark – Armenien 3:1, 2:0; Belgien – Mazedonien 1:1, 5:0; Belgien – Zypern 2:0, 1:1; Belgien – Armenien 2:0, 2:0; Mazedonien – Zypern 3:0, 1:1; Mazedonien – Armenien 1:2, 2:2; Zypern – Armenien 2:0, 0:0.
Gruppe 3: Schweiz und Türkei. Schweiz – Türkei 1:2, 2:1; Schweiz – Schweden 4:2, 0:0; Schweiz – Ungarn 3:0, 2:2; Schweiz – Island 1:0, 2:0; Türkei – Schweden 2:1, 2:2; Türkei – Ungarn 2:0, 2:2; Türkei – Island 5:0, 0:0; Schweden – Ungarn 2:0, 0:1; Schweden – Island 1:1, 1:0; Ungarn – Island 1:0, 1:2.
Gruppe 4: Kroatien und Italien. Kroatien – Italien 1:1, 2:1; Kroatien – Litauen 2:0, 0:0; Kroatien – Ukraine 4:0, 0:1; Kroatien – Slowenien 2:0, 2:1; Kroatien – Estland 7:1, 2:0; Italien – Litauen 4:0, 1:0; Italien – Ukraine 3:1, 2:0; Italien – Slowenien 1:0, 1:1; Italien – Estland 4:1, 2:0; Litauen – Ukraine 1:3, 2:0; Litauen – Slowenien 2:1, 2:1; Litauen – Estland 5:0, 1:0; Ukraine – Slowenien 0:0, 2:3; Ukraine – Estland 3:0, 1:0; Slowenien – Estland 3:0, 3:1.
Gruppe 5: Tschechien und Niederlande. Tschechien – Niederlande 3:1, 0:0; Tschechien – Norwegen 2:0, 1:1; Tschechien – Weißrussland 4:2, 2:0; Tschechien – Luxemburg 3:0, 0:1; Tschechien – Malta 6:1, 0:0; Niederlande – Norwegen 3:0, 1:1; Niederlande – Weißrussland 1:0, 0:1; Niederlande – Luxemburg 5:0, 4:0; Niederlande – Malta 4:0, 4:0; Norwegen – Weißrussland 1:0, 4:0; Norwegen – Luxemburg 5:0, 2:0; Norwegen – Malta 2:0, 1:0; Weißrussland – Luxemburg 2:0, 0:0; Weißrussland – Malta 1:1, 2:0;Luxemburg – Malta 1:0, 1:0.
Gruppe 6: Portugal. Portugal – Irland 3:0, 0:1; Portugal – Nordirland 1:1, 2:1; Portugal – Österreich 1:0, 1:1; Portugal – Lettland 3:2, 3:1; Portugal – Liechtenstein 8:0, 7:0; Irland – Nordirland 1:1, 4:0; Irland – Österreich 1:3, 1:3; Irland – Lettland 2:1, 3:0; Irland – Liechtenstein 4:0, 0:0; Nordirland – Österreich 5:3, 2:1; Nordirland – Lettland 1:2, 1:0; Nordirland – Liechtenstein 4:1, 4:0; Österreich – Lettland 5:0, 2:3; Österreich – Liechtenstein 7:0, 4:0; Lettland – Liechtenstein 1:0, 1:0.
Gruppe 7: Deutschland und Bulgarien. Deutschland – Bulgarien 3:1, 2:3; Deutschland – Georgien 4:1, 2:0; Deutschland – Moldawien 6:1, 3:0; Deutschland – Wales 1:1, 2:1; Deutschland – Albanien 2:1, 2:1; Bulgarien – Georgien 2:0, 1:2; Bulgarien – Moldawien 4:1, 3:0; Bulgarien – Wales 3:1, 3:0; Bulgarien – Albanien 3:0, 1:1; Georgien – Moldawien 0:1, 2:3; Georgien – Wales 5:0, 1:0; Georgien – Albanien 2:0, 1:0; Moldawien – Wales 3:2, 0:1; Moldawien – Albanien 2:3, 0:3; Wales – Albanien 2:0, 1:1.
Gruppe 8: Russland und Schottland. Russland – Schottland 0:0, 1:1; Russland – Griechenland 2:1, 3:0; Russland – Finnland 3:1, 6:0; Russland – Färöer 3:0, 5:2; Russland – San Marino 4:0, 7:0; Schottland – Griechenland 1:0, 0:1; Schottland – Finnland 1:0, 2:0; Schottland – Färöer 5:1, 2:0; Schottland – San Marino 5:0, 2:0; Griechenland – Finnland 4:0, 1:2; Griechenland – Färöer 5:0, 5:1; Griechenland – San Marino 2:0, 4:0; Finnland – Färöer 5:0, 4:0; Finnland – San Marino 4:1, 2:0; Färöer – San Marino 3:0, 3:1.
Entscheidungsspiel der schlechtesten Gruppenzweiten: Niederlande – Irland 2:0 (in Liverpool).
England als Veranstalter automatisch qualifiziert.

Endrunde vom 8. bis 30. Juni 1996 in England

Gruppe A: England und Niederlande. England – Schweiz 1:1 (London), Niederlande – Schottland 0:0 (Birmingham), Schweiz – Niederlande 0:2 (Birmingham), Schottland – England 0:2 (London), Schottland – Schweiz 1:0 (Birmingham), Niederlande – England 1:4 (London).

Gruppe B: Frankreich und Spanien. Spanien – Bulgarien 1:1 (Leeds), Rumänien – Frankreich 0:1 (Newcastle), Bulgarien – Rumänien 1:0 (Newcastle), Frankreich – Spanien 1:1 (Leeds), Frankreich – Bulgarien 3:1 (Newcastle), Rumänien – Spanien 1:2 (Leeds).

Gruppe C: Deutschland und Tschechien. Italien – Russland 2:1 (Liverpool), Deutschland – Tschechien 2:0 (Manchester), Tschechien – Italien 2:1 (Liverpool), Russland – Deutschland 0:3 (Manchester), Russland – Tschechien 3:3 (Liverpool), Italien – Deutschland 0:0 (Manchester).

Gruppe D: Portugal und Kroatien. Dänemark – Portugal 1:1 (Sheffield), Türkei – Kroatien 0:1 (Nottingham), Portugal – Türkei 1:0 (Nottingham), Kroatien – Dänemark 3:0 (Sheffield), Kroatien – Portugal 0:3 (Nottingham), Türkei – Dänemark 0:3 (Sheffield).

Viertelfinale: Frankreich – Niederlande n. V. 0:0, Elfmeterschießen 5:4 (Liverpool), Spanien – England n. V. 0:0, Elfmeterschießen 2:4 (London), Deutschland – Kroatien 2:1 (Manchester), Tschechien – Portugal 1:0 (Birmingham).

Halbfinale: Deutschland – England n. V. 1:1, Elfmeterschießen 6:5 (London), Tschechien – Frankreich n. V. 0:0, Elfmeterschießen 6:5 (Manchester).

Endspiel am 30. Juni 1996 in London: Deutschland – Tschechien i. V. („Golden Goal") 2:1 (1:1, 0:0)
Deutschland: Köpke – Sammer – Strunz, Babbel, Helmer, Ziege – Eilts (Bode), Scholl (Bierhoff), Häßler – Klinsmann, Kuntz.
Tore: Bierhoff 2 (Berger) – Zuschauer: 76 000 – SR: Pairetto (Italien).

1998/2000: Frankreich (Trainer: Lemerre)

Gruppe 1: Italien und Dänemark. Italien – Dänemark 2:3, 2:1; Italien – Schweiz 2:0, 0:0; Italien – Wales 4:0, 2:0; Italien – Weißrussland 1:1, 0:0; Dänemark – Schweiz 2:1, 1:1; Dänemark – Wales 1:2, 2:0 (in Liverpool); Dänemark – Weißrussland 1:0, 0:0; Schweiz – Wales 2:0, 2:0; Schweiz – Weißrussland 2:0, 1:0; Wales – Weißrussland 3:2, 2:1.

Gruppe 2: Norwegen und Slowenien. Norwegen – Slowenien 4:0, 2:1; Norwegen – Griechenland 1:0, 2:0; Norwegen – Lettland 1:3, 2:1; Norwegen – Albanien 2:2, 2:1; Norwegen – Georgien 1:0, 4:1; Slowenien – Griechenland 0:3, 2:2; Slowenien – Lettland 1:0, 2:1; Slowenien – Albanien 2:0, 1:0; Slowenien – Georgien 2:1, 1:1; Griechenland – Lettland 1:2, 0:0; Griechenland – Albanien 2:0, 0:0; Griechenland – Georgien 3:0, 2:1; Lettland – Albanien 0:0, 3:3; Lettland – Georgien 1:0, 2:2; Albanien – Georgien 2:1, 0:1.

Gruppe 3: Deutschland und Türkei. Deutschland – Türkei 0:0, 0:1; Deutschland – Finnland 2:0, 2:1; Deutschland – Nordirland 4:0, 3:0; Deutschland – Moldawien 6:1, 3:1;Türkei – Finnland 1:3, 4:2; Türkei – Nordirland 3:0, 3:0; Türkei – Moldawien 2:0, 1:1; Finnland – Nordirland 4:1, 0:1; Finnland – Moldawien 3:2, 0:0; Nordirland – Moldawien 2:2, 0:0.

Gruppe 4: Frankreich. Frankreich – Ukraine 0:0, 0:0; Frankreich – Russland 2:3, 3:2; Frankreich – Island 3:2, 1:1; Frankreich – Armenien 2:0, 3:2; Frankreich – Andorra 2:0, 1:0 (in Barcelona); Ukraine – Russland 3:2, 1:1; Ukraine – Island 1:1, 1:0; Ukraine – Armenien 2:0, 0:0; Ukraine – Andorra 4:0, 2:0; Russland – Island 1:0, 0:1; Russland – Armenien 2:0, 3:0; Russland – Andorra 6:1, 2:1; Island – Armenien 2:0, 0:0; Island – Andorra 3:0, 2:0; Armenien – Andorra 3:1, 3:0.

Gruppe 5: Schweden und England. Schweden – England 2:1, 0:0; Schweden – Polen 2:0, 1:0; Schweden – Bulgarien 1:0, 1:0; Schweden – Luxemburg 2:0, 1:0; England – Polen 3:1, 0:0; England – Bulgarien 0:0, 1:1; England – Luxemburg 6:0, 3:0; Polen – Bulgarien 2:0, 3:0; Polen – Luxemburg 3:0, 3:2; Bulgarien – Luxemburg 3:0, 2:0.

Gruppe 6: Spanien. Spanien – Israel 3:0, 2:1; Spanien – Österreich 9:0, 3:1; Spanien – Zypern 8:0, 2:3; Spanien – San Marino 9:0, 6:0; Israel – Österreich 5:0, 1:1; Israel – Zypern 3:0, 2:3; Israel – San Marino8:0, 5:0; Österreich – Zypern 3:1, 3:0; Österreich – San Marino 7:0, 4:1; Zypern – San Marino 4:0, 1:0.

Gruppe 7: Rumänien und Portugal. Rumänien – Portugal 1:1, 1:0; Rumänien – Slowakei 0:0, 5:1; Rumänien – Ungarn 2:0, 1:1; Rumänien – Aserbaidschan 4:0, 1:0; Rumänien – Liechtenstein 7:0, 3:0; Portugal – Slowakei 1:0, 3:0; Portugal – Ungarn 3:0, 3:1; Portugal – Aserbaidschan 7:0, 1:1; Portugal – Liechtenstein 8:0, 5:0; Slowakei – Ungarn 0:0, 1:0; Slowakei – Aserbaidschan 3:0, 1:0; Slowakei – Liechtenstein 2:0, 4:0; Ungarn – Aserbaidschan 3:0, 4:0; Ungarn – Liechtenstein 5:0, 0:0; Aserbaidschan – Liechtenstein 4:0, 1:2.

Gruppe 8: Jugoslawien. Jugoslawien – Irland 1:0, 1:2; Jugoslawien – Kroatien 0:0, 2:2; Jugoslawien – Mazedonien 3:1, 4:2; Jugoslawien – Malta 4:1 (in Saloniki), 3:0; Irland – Kroatien 2:0, 0:1; Irland – Mazedonien 1:0, 1:1; Irland – Malta 5:0, 3:2; Kroatien – Mazedonien 3:2, 1:1; Kroatien – Malta 2:1, 4:1; Mazedonien – Malta 4:0, 2:1.

Gruppe 9: Tschechien. Tschechien – Schottland 3:2, 2:1; Tschechien – Bosnien-Herzegowina 3:0, 3:1; Tschechien – Litauen 2:0, 4:0; Tschechien – Estland 4:1, 2:0; Tschechien – Färöer 2:0, 1:0; Schottland – Bosnien-Herzegowina 1:0, 2:1; Schottland – Litauen 3:0, 0:0; Schottland – Estland 3:2, 0:0; Schottland – Färöer 2:1, 1:1; Bosnien-Herzegowina – Litauen 2:0, 2:4; Bosnien-Herzegowina – Estland 1:1, 4:1; Bosnien-Herzegowina – Färöer 1:0, 2:2; Litauen – Estland 1:2, 2:1; Litauen – Färöer 0:0, 1:0; Estland – Färöer 5:0, 2:0.

Entscheidungsspiele der Gruppenzweiten: Irland – Türkei1:1, 0:0; Israel – Dänemark 0:5, 0:3; Schottland – England 0:2, 1:0; Slowenien – Ukraine 2:1, 1:1, Portugal als bester Gruppenzweiter direkt qualifiziert.

Niederlande und **Belgien** als Veranstalter automatisch qualifiziert.

Endrunde vom 10. Juni bis 2. Juli 2000 in den Niederlanden und Belgien

Gruppe A: Portugal und Rumänien. Deutschland – Rumänien 1:1 (Lüttich), Portugal – England 3:2 (Eindhoven), Rumänien – Portugal 0:1 (Arnheim), England – Deutschland 1:0 (Charleroi), Portugal – Deutschland 3:0 (Rotterdam), England – Rumänien 2:3 (Charleroi).

Gruppe B: Italien und Türkei. Belgien – Schweden 2:1 (Brüssel), Türkei – Italien 1:2 (Arnheim), Italien – Belgien 2:0 (Brüssel), Schweden – Türkei 0:0 (Eindhoven), Türkei – Belgien 2:0 (Brüssel), Italien – Schweden 2:1 (Eindhoven).

Gruppe C: Spanien und Jugoslawien. Spanien – Norwegen 0:1 (Rotterdam), Jugoslawien – Slowenien 3:3 (Charleroi), Slowenien – Spanien 1:2 (Amsterdam), Norwegen – Jugoslawien 0:1 (Lüttich), Slowenien – Norwegen 0:0 (Arnheim), Jugoslawien – Spanien 3:4 (Brügge).

Gruppe D: Niederlande und Frankreich. Frankreich – Dänemark 3:0 (Brügge), Niederlande – Tschechien 1:0 (Amsterdam), Tschechien – Frankreich 1:2 (Brügge), Dänemark – Niederlande 0:3 (Rotterdam), Dänemark – Tschechien 0:2 (Lüttich), Frankreich – Niederlande 2:3 (Amsterdam).

Viertelfinale: Türkei – Portugal 0:2 (Amsterdam) , Italien – Rumänien 2:0 (Brüssel); Niederlande – Jugoslawien 6:1 (Rotterdam) , Spanien – Frankreich 1:2 (Brügge).

Halbfinale: Frankreich – Portugal i. V. 2:1 (Brüssel); Italien – Niederlande n. V. 0:0, Elfmeterschießen 3:1 (Amsterdam) .

Endspiel am 2. Juli 2000 in Rotterdam: Frankreich – Italien i. V. („Golden Goal") 2:1 (1:1, 0:0)

Frankreich: Barthez – Thuram, Blanc, Desailly, Lizarazu (Pires) – Vieira, Deschamps – Djorkaeff (Trezeguet), Zidane, Dugarry (Wiltord) – Henry.

Tore: Wiltord, Trezeguet (Delvecchio) – Zuschauer: 48 200 – SR: Frisk (Schweden).

2002/04: Griechenland (Trainer: Rehhagel)

Gruppe 1: Frankreich. Frankreich – Slowenien 5:0, 2:0; Frankreich – Israel 3:0, 2:1 (in Palermo); Frankreich – Zypern 5:0, 2:1; Frankreich – Malta 6:0, 4:0; Slowenien – Israel 3:1, 0:0 (in Antalya); Slowenien – Zypern 4:1, 2:2; Slowenien – Malta 3:0, 3:1; Israel – Zypern 2:0 (in Palermo), 1:1; Israel – Malta 2:2 (in Antalya), 2:0; Zypern – Malta 2:1, 2:1.

Gruppe 2: Dänemark. Dänemark – Norwegen 1:0, 2:2; Dänemark – Rumänien 2:2, 5:2; Dänemark – Bosnien-Herzegowina 0:2, 1:1; Dänemark – Luxemburg 2:0, 2:0; Norwegen – Rumänien 1:1, 1:0; Norwegen – Bosnien-Herzegowina 2:0, 0:1; Norwegen – Luxemburg 1:0, 2:0; Rumänien – Bosnien-Herzegowina 2:0, 3:0; Rumänien – Luxemburg 4:0, 7:0; Bosnien-Herzegowina – Luxemburg 2:0, 1:0.

Gruppe 3: Tschechien und Niederlande. Tschechien – Niederlande 3:1, 1:1; Tschechien – Österreich 4:0, 3:2; Tschechien – Moldawien 5:0, 2:0; Tschechien – Weißrussland 2:0, 3:1; Niederlande – Österreich 3:1, 3:0; Niederlande – Moldawien 5:0, 2:1; Niederlande – Weißrussland 3:0, 2:0; Österreich – Moldawien 2:0, 0:1; Österreich – Weißrussland 5:0, 2:0, Moldawien – Weißrussland 2:1, 1:2.

Gruppe 4: Schweden und Lettland. Schweden – Lettland 0:1, 0:0; Schweden – Polen 3:0, 2:0; Schweden – Ungarn 1:1, 2.1; Schweden – San Marino 5:0, 6:0; Lettland – Polen 0:2, 1:0; Lettland – Ungarn 3:1, 1:3; Lettland – San Marino 3:0, 1:0; Polen – Ungarn 0:0, 2:1; Polen – San Marino 5:0, 2:0; Ungarn – San Marino 3:0, 5:0.

Gruppe 5: Deutschland. Deutschland – Schottland 2:1, 1:1; Deutschland – Island 3:0, 0:0; Deutschland – Litauen 1:1, 2:0; Deutschland – Färöer 2:1, 2:0; Schottland – Island 2:1, 2:0; Schottland – Litauen 1:0, 0:1; Schottland – Färöer 3:1, 2:2; Island – Litauen 3:0, 3:0; Island – Färöer 2:1, 2:1; Litauen – Färöer 2:0, 3:1.

Gruppe 6: Griechenland und Spanien. Griechenland – Spanien 0:2, 1:0; Griechenland – Ukraine 1:0, 0:2; Griechenland – Armenien 2:0, 1:0; Griechenland – Nordirland 1:0, 2:0; Spanien – Ukraine 2:1, 2:2; Spanien – Armenien 3:0, 4:0; Spanien – Nordirland 3:0, 0:0; Ukraine – Armenien 4:3, 2:2; Ukraine – Nordirland 0:0, 0:0; Armenien – Nordirland 1:0, 1:0.

Gruppe 7: England. England – Türkei 2:0, 0:0; England – Slowakei 2:1, 2.1; England – Mazedonien 2:2, 2.1; England – Liechtenstein 2:0, 2:0; Türkei – Slowakei 3:0, 1:0; Türkei – Mazedonien 3:2, 2.1; Türkei – Liechtenstein 5:0, 3:0; Slowakei – Mazedonien 1:1, 2:0; Slowakei – Liechtenstein 4:0, 2:0; Mazedonien – Liechtenstein 3:1, 1:1.

Gruppe 8: Bulgarien und Kroatien. Bulgarien – Kroatien 2:0, 0:1; Bulgarien – Belgien 2.2, 2:0; Bulgarien – Estland 2:0, 0:0, Bulgarien – Andorra 2.1, 3:0; Kroatien – Belgien 4:0, 1:2; Kroatien – Estland 0:0, 1:0; Kroatien – Andorra 2:0, 3:0; Belgien – Estland 2:0, 1:0; Belgien – Andorra 3:0, 1:0; Estland – Andorra 2:0, 2:0.

Gruppe 9: Italien. Italien – Wales 4:0, 1:2; Italien – Serbien und Montenegro (bis Februar 2003 Jugoslawien) 1:1, 1:1; Italien – Finnland 2:0, 2:0; Italien – Aserbaidschan 4:0, 2:0; Wales – Serbien und Montenegro 2:3, 0:1; Wales – Finnland 1.1, 2:0; Wales – Aserbaidschan 4:0, 2:0; Serbien und Montenegro – Finnland 2:0, 0:3; Serbien und Montenegro – Aserbaidschan 2.2, 1.2; Finnland – Aserbaidschan 3:0, 2:1.

Gruppe 10: Schweiz und Russland. Schweiz – Russland 2:2, 1:4; Schweiz – Irland 2:0, 2:1; Schweiz – Albanien 3:2, 1:1; Schweiz – Georgien 4:1, 0:0; Russland – Irland 4:2, 1:1; Russland – Albanien 4:1, 1:3; Russland – Georgien 3:1, 0:1; Irland – Albanien 2;1, 0:0; Irland – Georgien 2:0, 2:1; Albanien – Georgien 3:1, 0:3.

Entscheidungsspiele der Gruppenzweiten: Lettland – Türkei 1:0, 2:2; Schottland – Niederlande 1:0, 0:6; Kroatien – Slowenien 1:1, 1:0; Russland – Wales 0:0, 1:0; Spanien – Norwegen 2.1, 3:0.

Portugal als Veranstalter automatisch qualifiziert.

Endrunde vom 12. Juni bis 4. Juli 2004 in Portugal

Gruppe A: Portugal und Griechenland. Portugal – Griechenland 1:2 (Porto); Spanien – Russland 1:0 (Faro/Loulé); Griechenland – Spanien 1:1 (Porto); Russland – Portugal 0:2 (Lissabon); Spanien – Portugal 0:1 (Lissabon); Russland – Griechenland 2:1 (Faro/Loulé).

Gruppe B: Frankreich und England. Schweiz – Kroatien 0:0 (Leiria); Frankreich – England 2:1 (Lissabon); England – Schweiz 3:0 (Coimbra); Kroatien – Frankreich 2:2 (Leiria); Schweiz – Frankreich 1:3 (Coimbra); Kroatien – England 2:4 (Lissabon).

Gruppe C: Schweden und Dänemark. Dänemark – Italien 0:0 (Guimarães); Schweden – Bulgarien 5:0 (Lissabon); Bulgarien – Dänemark 0:2 (Braga); Italien – Schweden 1:1 (Porto); Italien – Bulgarien 2:1 (Guimarães); Dänemark – Schweden 2:2 (Porto).

Gruppe D: Tschechien und Niederlande. Tschechien – Lettland 2:1 (Aveiro); Deutschland – Niederlande 1:1 (Porto); Lettland – Deutschland 0:0 (Porto); Niederlande – Tschechien 2:3 (Aveiro); Niederlande – Lettland 3:0 (Braga); Deutschland – Tschechien 1:2 (Lissabon).

Viertelfinale: Portugal – England n. V. 2:2, Elfmeterschießen 6:5 (Lissabon); Frankreich – Griechenland 0:1 (Lissabon); Schweden – Niederlande n. V. 0:0, Elfmeterschießen 4:5 (Faro/Loulé); Tschechien – Dänemark 3:0 (Porto).

Halbfinale : Portugal – Niederlande 2:1 (Lissabon); Griechenland – Tschechien i. V. 1:0 (Porto).

Endspiel am 4. Juli 2004 in Lissabon: Griechenland – Portugal 1:0 (0:0)

Griechenland: Nikopolidis – Dellas – Seitaridis, Kapsis, Fyssas – Katsouranis – Zagorakis, Basinas – Charisteas, Giannakopulos (Venetidis) – Vryzas (Papadopoulos).

Tor: Charisteas – Zuschauer: 62 865 – SR: Dr. Merk (Deutschland).

2006/08: Spanien (Trainer: Aragones)

Gruppe A: Polen und Portugal. Polen – Portugal 2:1, 2 :2; Polen – Serbien 1:1, 2.2; Polen – Finnland 1:3, 0:0; Polen – Belgien 2:0, 1:0; Polen – Kasachstan 3:1, 1:0; Polen – Armenien 1:0, 0:1; Polen – Aserbaidschan 5:0, 3:1; Portugal – Serbien 1:1, 1:1; Portugal – Finnland 0:0, 1:1; Portugal – Belgien 4:0, 2:1; Portugal – Kasachstan 3:0, 2:1; Portugal – Armenien 1:0, 1:1; Portugal – Aserbaidschan 3:0, 2:0; Serbien – Finnland 0:0, 2:0; Serbien – Belgien 1:0. 2:3; Serbien – Kasachstan 1:0, 1:2; Serbien – Armenien 3:0, 0:0; Serbien – Aserbaidschan 1:0, 6:1; Finnland – Belgien 2:0, 0:0; Finnland – Kasachstan 2:1, 2:0; Finnland – Armenien 1:0, 0:0; Finnland – Aserbaidschan 2:1, 0:1; Belgien – Kasachstan 0:0, 2:2; Belgien – Armenien 3:0, 1:0; Belgien – Aserbaidschan 3:0, 1:0; Kasachstan – Armenien 1:2, 1:0; Kasachstan – Aserbaidschan 1:1, 1:1; die Spiele zwischen Armenien und Aserbaidschan wurden aus politischen Gründen nicht ausgetragen.

Gruppe B: Italien und Frankreich. Italien – Frankreich 0:0, 1:3; Italien – Schottland 2:0, 2:1; Italien – Ukraine 2:0, 2:1; Italien – Litauen 1:1, 2:0; Italien – Georgien 2:0, 3:1; Italien – Färöer 3:1, 2:1; Frankreich – Schottland 0:1, 0:1; Frankreich – Ukraine 2:0, 2:2; Frankreich – Litauen 2:0, 1:0; Frankreich – Georgien 1:0, 3:0; Frankreich – Färöer 5:0, 6:0; Schottland – Ukraine 3:1, 0:2; Schottland – Litauen

3:1, 2:1; Schottland – Georgien 2:1, 0:2; Schottland – Färöer 6:0, 2:0; Ukraine – Georgien 3:2, 1:1; Ukraine – Litauen 1:0, 0:2; Ukraine – Färöer 5:0, 2:0; Litauen – Georgien 1:0, 2:0; Litauen – Färöer 2:1, 1:0; Georgien – Färöer 3:1, 6:0.

Gruppe C: Griechenland und Türkei. Griechenland – Türkei 1:4, 1:0; Griechenland – Norwegen 1:0, 2:2; Griechenland – Bosnien-Herzegowina 3:2, 4:0; Griechenland – Moldawien 2:1, 1:0; Griechenland – Ungarn 2:0, 2:1; Griechenland – Malta 5:0, 1:0; Türkei – Norwegen 2:2 (in Frankfurt), 2:1; Türkei – Bosnien-Herzegowina 1:0, 2:3; Türkei – Moldawien 5:0 (in Frankfurt), 1:1; Türkei – Ungarn 3:0, 1:0; Türkei – Malta 2:0, 2:2; Norwegen – Bosnien-Herzegowina 1:2, 2:0; Norwegen – Moldawien 2:0, 1:0; Norwegen – Ungarn 4:0, 4:1; Norwegen – Malta 4:0, 4:1; Bosnien-Herzegowina – Moldawien 0:1, 2:2; Bosnien-Herzegowina – Ungarn 1:3, 0:1; Bosnien-Herzegowina – Malta 1:0, 5:2; Moldawien – Ungarn 3:0, 0:2; Moldawien – Malta 1:1, 3:2; Ungarn – Malta 2:0, 1:2.

Gruppe D: Tschechien und Deutschland. Tschechien – Deutschland 1:2, 3:0; Tschechien – Irland 1:0, 1:1; Tschechien – Slowakei 3:1, 3:0; Tschechien – Wales 2:1, 0:0; Tschechien – Zypern 1:0, 2:0; Tschechien – San Marino 7:0, 3:0; Deutschland – Irland 1:0, 0:0; Deutschland – Slowakei 2:1, 4:1; Deutschland – Wales 0:0, 2:0; Deutschland – Zypern 4:0, 1:1; Deutschland – San Marino 6:0, 13:0; Irland – Slowakei 1:0, 2:2; Irland – Wales 1:0, 2:2; Irland – Zypern 1:1, 2:5; Irland – San Marino 5:0, 2:1; Slowakei – Wales 2:5, 5:1; Slowakei – Zypern 6:1, 3:1; Slowakei – San Marino 7:0, 5:0; Wales – Zypern 3:1, 1:3; Wales – San Marino 3:0, 2:1; Zypern – San Marino 3:0, 1:0.

Gruppe E: Kroatien und Russland. Kroatien – Russland 0:0, 0:0; Kroatien – England 2:0, 3:2; Kroatien – Israel 1:0, 4:3; Kroatien – Mazedonien 2:1, 0:2; Kroatien – Estland 2:0, 1:0; Kroatien – Andorra 7:0, 6:0; Russland – England 2:1, 0:3; Russland – Israel 1:1, 1:2; Russland – Mazedonien 3:0, 2:0; Russland – Estland 2:0, 2:0; Russland – Andorra 4:0, 1:0; England – Israel 3:0, 0:0; England – Mazedonien 0:0, 1:0; England – Estland 3:0, 3:0; England – Andorra 5:0, 3:0 (in Barcelona); Israel – Mazedonien 1:0, 2:1; Israel – Estland 4:0, 1:0; Israel – Andorra 4:1 (in Nimwegen), 2:0; Mazedonien – Estland 1:1, 1:0; Mazedonien – Andorra 3:0, 3:0; Estland – Andorra 2:1, 2:0.

Gruppe F: Spanien und Schweden. Spanien – Schweden 3:0, 0:2; Spanien – Nordirland 1:0, 2:3; Spanien – Dänemark 2:1, 3:1; Spanien – Lettland 2:0, 2:0; Spanien – Island 1:0, 1:1; Spanien – Liechtenstein 4:0, 2:0; Schweden – Nordirland 1:1, 1:2; Schweden – Dänemark 0:0, 3:0 (Wertung, nachdem das Spiel beim Stand von 3:3 wegen eines tätlichen Angriffs eines Zuschauer auf der Schiedsrichter in der 89. Minute abgebrochen wurde); Schweden – Lettland 2:1, 1:0; Schweden – Island 5:0, 2:1; Schweden – Liechtenstein 3:1, 3:0; Nordirland – Dänemark 2:1, 0:0; Nordirland – Lettland 1:0, 0:1; Nordirland – Island 0:3, 1:2; Nordirland – Liechtenstein 3:1, 4:1; Dänemark – Lettland 3:1, 2:0; Dänemark – Island 3:0, 2:0; Dänemark – Liechtenstein 4:0, 4:0; Lettland – Island 4:0, 4:2; Lettland – Liechtenstein 4:1, 0:1; Island – Liechtenstein 1:1, 0:3.

Gruppe G: Rumänien und Niederlande. Rumänien – Niederlande 1:0, 0:0; Rumänien – Bulgarien 2:2, 0:1; Rumänien – Weißrussland 3:1, 3:1; Rumänien – Albanien 6:1, 2:0; Rumänien – Slowenien 2:0, 2:1; Rumänien – Luxemburg 3:0, 2:0; Niederlande – Bulgarien 2:0, 1:1; Niederlande – Weißrussland 3:0, 1:2; Niederlande – Albanien 2:1, 1:0; Niederlande – Slowenien 2:0, 1:0; Niederlande – Luxemburg 1:0, 1:0; Bulgarien – Weißrussland 2:1, 2:0; Bulgarien – Albanien 0:0, 1:1; Bulgarien – Slowenien 3:0, 2:0; Bulgarien – Luxemburg 3:0, 1:0; Weißrussland – Albanien 2:2, 4:2; Weißrussland – Slowenien 4:2, 0:1; Weißrussland – Luxemburg 0:1, 2:1; Albanien – Slowenien 0:0, 0:0; Albanien – Luxemburg 2:0, 3:0; Slowenien – Luxemburg 2:0, 3:0.

Österreich und die **Schweiz** als Veranstalter automatisch qualifiziert.

Endrunde vom 7. bis 29. Juni 2008 in Österreich und der Schweiz

Gruppe A: Portugal und Türkei. Schweiz – Tschechien 0:1 (Basel); Portugal – Türkei 2:0 (Genf) ; Tschechien – Portugal 1:3 (Genf); Schweiz – Türkei 1:2 (Basel); Schweiz – Portugal 2:0 (Basel); Türkei – Tschechien 3:2 (Genf).

Gruppe B: Kroatien und Deutschland. Österreich – Kroatien 0:1 (Wien); Deutschland – Polen 2:0 (Klagenfurt); Kroatien – Deutschland 2:1 (Klagenfurt); Österreich – Polen 1:1 (Wien); Österreich – Deutschland 0:1 (Wien); Polen – Kroatien 0:1 (Klagenfurt).

Gruppe C: Niederlande und Italien. Rumänien – Frankreich 0:0 (Zürich); Niederlande – Italien 3:0 (Bern); Italien – Rumänien 1:1 (Zürich); Niederlande – Frankreich 4:1 (Bern); Frankreich – Italien 0:2 (Zürich); Niederlande – Rumänien 2:0 (Bern).

Gruppe D: Spanien und Russland. Spanien – Russland 4:1 (Innsbruck); Griechenland – Schweden 0:2 (Salzburg); Schweden – Spanien 1:2 (Innsbruck); Griechenland – Russland 0:1 (Salzburg); Griechenland – Spanien 1:2 (Salzburg); Russland – Schweden 2:0 (Innsbruck).

Viertelfinale: Portugal – Deutschland 2:3 (Basel); Kroatien – Türkei n. V. 1:1, Elfmeterschießen 1:3 (Wien); Niederlande – Russland n. V. 1:3 (Basel); Spanien – Italien n. V. 0:0, Elfmeterschießen 4:2 (Wien).

Halbfinale: Deutschland – Türkei 3:2 (Basel); Russland – Spanien 0:3 (Wien).
Endspiel am 29. Juni 2008 in Wien: Spanien – Deutschland 1:0 (1:0)
Spanien: Casillas – Sergio Ramos, Puyol, Marchena, Capdevila – Marcos Senna – Silva (Santi Cazorla), Xavi, Iniesta – Fabregas (Xabi Alonso) – Fernando Torres (Guiza).
Deutschland: Lehmann – A. Friedrich, Mertesacker, Metzelder, Lahm (Jansen) – Frings, Hitzlsperger (Kuranyi) – Schweinsteiger, Ballack, Podolski – Klose (Gomez).
Tor: Fernando Torres – Zuschauer: 51 428 – SR: Rosetti (Italien).

2010/12: Spanien (Trainer: del Bosque)

Gruppe A: Deutschland. Deutschland – Türkei 3:0, 3:1; Deutschland – Belgien 3:1, 1:0; Deutschland – Österreich 6:2, 2:1; Deutschland – Aserbaidschan 6:1, 3:1; Deutschland – Kasachstan 4:0, 3:0; Türkei – Belgien 3:2, 1:1; Türkei – Österreich 2:0, 0:0; Türkei – Aserbaidschan 1:0, 0:1; Türkei – Kasachstan 2:1, 3:0; Belgien – Österreich 4:4, 2:0; Belgien – Aserbaidschan 4:1, 1:1; Belgien – Kasachstan 4:1, 2:0; Österreich – Aserbaidschan 3:0, 4:1; Österreich – Kasachstan 2:0, 0:0; Aserbaidschan – Kasachstan 3:2, 1:2.

Gruppe B: Russland und Irland. Russland – Irland 0:0, 3:2; Russland – Armenien 3:1, 0:0; Russland – Slowakei 0:1, 1:0; Russland – Mazedonien 1:0, 1:0; Russland – Andorra 6:0, 2:0; Irland – Armenien 2:1, 1:0; Irland – Slowakei 0:0, 1:1; Irland – Mazedonien 2:1, 2:0; Irland – Andorra 3:1, 2:0; Armenien – Slowakei 3:1, 4:0; Armenien – Mazedonien 4:1, 2:2; Armenien – Andorra 4:0, 3:0; Slowakei – Mazedonien 1:0, 1:1; Slowakei – Andorra 1:0, 1:0; Mazedonien – Andorra 1:0, 2:0.

Gruppe C: Italien. Italien – Estland 3:0, 2:1; Italien – Serbien 3:0 (Wertung. Das Spiel war nach Ausschreitungen serbischer Fans beim Stand von 0:0 nach 7 Minuten abgebrochen worden), 1:1; Italien – Slowenien 1:0, 1:0; Italien – Nordirland 3:0, 0:0; Italien – Färöer 5:0, 1:0; Estland – Serbien 1:1, 3:1; Estland – Slowenien 0:1, 2:1; Estland – Nordirland 4:1, 2:1; Estland – Färöer 2:1, 0:2; Serbien – Slowenien 1:1, 0:1; Serbien – Nordirland 2:1, 1:0; Serbien – Färöer 3:1, 3:0; Slowenien – Nordirland 0:1, 0:0; Slowenien – Färöer 5:1, 2:0; Nordirland – Färöer 4:0, 1:1.

Gruppe D: Frankreich. Frankreich – Bosnien-Herzegowina 1:1, 2:0; Frankreich – Rumänien 2:0, 0:0; Frankreich – Weißrussland 0:1, 1:1; Frankreich – Albanien 3:0, 2:1; Frankreich – Luxemburg 2:0, 2:0; Bosnien-Herzegowina – Rumänien 2:1, 0:3; Bosnien-Herzegowina – Weißrussland 1:0, 2:0; Bosnien-Herzegowina – Albanien 2:0, 1:1; Bosnien-Herzegowina – Luxemburg 5:0, 3:0; Rumänien – Weißrussland 2:2, 0:0; Rumänien – Albanien 1:1, 1:1; Rumänien – Luxemburg 3:1, 2:0; Weißrussland – Albanien 2:0, 0:1; Weißrussland – Luxemburg 2:0, 0:0; Albanien – Luxemburg 1:0, 1:2.

Gruppe E: Niederlande und Schweden. Niederlande – Schweden 4:1, 2:3; Niederlande – Ungarn 5:3, 4:0; Niederlande – Finnland 2:1, 2:0; Niederlande – Moldawien 1:0, 1:0; Niederlande – San Marino 11:0, 5:0; Schweden – Ungarn 2:0, 1:2; Schweden – Finnland 5:0, 2:1; Schweden – Moldawien 2:1, 4:1; Schweden – San Marino 6:0, 5:0; Ungarn – Finnland 0:0, 2:1; Ungarn – Moldawien 2:1, 2:0; Ungarn – San Marino 8:0, 3:0; Finnland – Moldawien 4:1, 0:2; Finnland – San Marino 8:0, 1:0; Moldawien – San Marino 4:0, 2:0.

Gruppe F: Griechenland und Kroatien. Griechenland – Kroatien 2:0, 0:0; Griechenland – Israel 2:1, 1:0; Griechenland – Lettland 1:0, 1:1; Griechenland – Georgien 1:1, 2:1; Griechenland – Malta 3:1, 1:0; Kroatien – Israel 3:1, 2:1; Kroatien – Lettland 2:0, 3:0; Kroatien – Georgien 2:1, 0:1; Kroatien – Malta 3:0, 3:1; Israel – Lettland 2:1, 2:1; Israel – Georgien 1:0, 0:0; Israel – Malta 3:1, 2:0; Lettland – Georgien 1:1, 1:0; Lettland – Malta 2:0, 2:0; Georgien – Malta 1:0, 1:1.

Gruppe G: England. England – Montenegro 0:0, 2:2; England – Schweiz 2:2, 3:1; England – Wales 1:0, 2:0; England – Bulgarien 4:0, 3:0; Montenegro – Schweiz 1:0, 0:2; Montenegro – Wales 1:0, 1:2; Montenegro – Bulgarien 1:1, 1:0; Schweiz – Wales 4:1, 0:2; Schweiz – Bulgarien 3:1, 0:0; Wales – Bulgarien 0:1, 1:0.

Gruppe H: Dänemark und Portugal. Dänemark – Portugal 2:1, 1:3; Dänemark – Norwegen 2:0, 1:1; Dänemark – Island 1:0, 2:0; Dänemark – Zypern 2:0, 4:1; Portugal – Norwegen 1:0, 0:1; Portugal – Island 5:3, 3:1; Portugal – Zypern 4:4, 4:0; Norwegen – Island 1:0, 2:1; Norwegen – Zypern 3:1, 2:1; Island – Zypern 1:0, 0:0.

Gruppe I: Spanien und Tschechien. Spanien – Tschechien 2:1, 2:0; Spanien – Schottland 3:1, 3:2; Spanien – Litauen 3:1, 3:1; Spanien – Liechtenstein 6:0, 4:0; Tschechien – Schottland 1:0, 2:2; Tschechien – Litauen 0:1, 4:1; Tschechien – Liechtenstein 2:0, 2:0; Schottland – Litauen 1:0, 0:0; Schottland – Liechtenstein 2:1, 1:0; Litauen – Liechtenstein 0:0, 0:2.

Play-offs der Gruppenzweiten: Schweden als bester Gruppenzweiter direkt für die Endrunde qualifiziert. Bosnien-Herzegowina – Portugal 0:0, 2:6; Türkei – Kroatien 0:3, 0:0; Tschechien – Montenegro 2:0, 1:0; Estland – Irland 0:4, 1:1.

Endrunde vom 8. Juni bis 1. Juli 2012 in Polen und der Ukraine
Gruppe A: Tschechien und Griechenland. Polen – Griechenland 1:1 (Warschau); Russland – Tschechien 4:1 (Wroclaw); Griechenland – Tschechien 1:2 (Wroclaw); Polen – Russland 1:1 (Warschau); Tschechien – Polen 1:0 (Wroclaw); Griechenland – Russland 1:0 (Warschau).
Gruppe B: Deutschland und Portugal. Niederlande – Dänemark 0:1 (Charkiw); Deutschland – Portugal 1:0 (Lwiw); Dänemark – Portugal 2:3 (Lwiw); Niederlande – Deutschland 1:2 (Charkiw); Portugal – Niederlande 2:1 (Charkiw); Dänemark – Deutschland 1:2 (Lwiw).
Gruppe C: Spanien und Italien. Spanien – Italien 1:1 (Gdansk); Irland – Kroatien 1:3 (Poznan); Italien – Kroatien 1:1 (Poznan); Spanien – Irland 4:0 (Gdansk); Kroatien – Spanien 0:1 (Gdansk); Italien – Irland 2:0 (Poznan).
Gruppe D: England und Frankreich. Frankreich – England 1:1 (Donezk); Ukraine – Schweden 2:1 (Kiew); Ukraine – Frankreich 0:2 (Donezk); Schweden – England 2:3 (Kiew); England – Ukraine 1:0 (Donezk); Schweden – Frankreich 2:0 (Kiew).

Viertelfinale: Tschechien – Portugal 0:1 (Warschau); Deutschland – Griechenland 4:2 (Gdansk); Spanien – Frankreich 2:0 (Donezk); England – Italien n. V. 0:0, Elfmeterschießen 2:4 (Kiew).
Halbfinale: Portugal – Spanien n. V. 0:0, Elfmeterschießen 2:4 (Donezk); Deutschland – Italien 1:2 (Warschau).

Endspiel am 1. Juli 2012 in Kiew: Spanien – Italien 4:0 (2:0)
Spanien: Casillas – Arbeloa, Piqué, Sergio Ramos, Jordi Alba – Xavi, Busquets, Xabi Alonso – Silva (Pedro), Fabregas (Fernando Torres), Iniesta (Mata).
Tore: Silva, Jordi Alba, Fernando Torres, Mata – Zuschauer: 63 170 – SR: Proenca (Portugal).

2014/16: Portugal (Trainer: Fernando Santos)
Gruppe A: Tschechien, Island und Türkei. Tschechien – Island 2:1, 1:2; Tschechien – Türkei 0:2, 2:1; Tschechien – Niederlande 2:1, 3:2; Tschechien – Kasachstan 2:1, 4:2; Tschechien – Lettland 1:1, 2:1; Island – Türkei 3:0, 0:1; Island – Niederlande 2:0, 1:0; Island – Kasachstan 0:0, 3:0; Island – Lettland 2:2, 3:0; Türkei – Niederlande 3:0, 1:1; Türkei – Kasachstan 3:1, 1:0; Türkei – Lettland 1:1, 1:1; Niederlande – Kasachstan 3:1, 2:1; Niederlande – Lettland 6:0, 2:0; Kasachstan – Lettland 0:0, 1:0.
Gruppe B: Belgien und Wales. Belgien – Wales 0:0, 0:1; Belgien – Bosnien-Herzegowina 3:1, 1:1; Belgien – Israel 3:1, 1:0; Belgien – Zypern 5:0, 1:0; Belgien – Andorra 6:0, 4:1; Wales – Bosnien-Herzegowina 0:0, 0:2; Wales – Israel 0:0, 3:0; Wales – Zypern 2:1, 1:0; Wales – Andorra 2:0, 2:1; Bosnien-Herzegowina – Israel 3:1, 0:3; Bosnien-Herzegowina – Zypern 1:2, 3:2; Bosnien-Herzegowina – Andorra 3:0, 3:0; Israel – Zypern 1:2, 2:1; Israel – Andorra 4:0, 4:1; Zypern – Andorra 5:0, 3:1.
Gruppe C: Spanien, Slowakei und Ukraine. Spanien – Slowakei 2:0, 1:2; Spanien – Ukraine 1:0, 1:0; Spanien – Weißrussland 3:0, 1:0; Spanien – Luxemburg 4:0, 4:0; Spanien – Mazedonien 5:1, 1:0; Slowakei – Ukraine 0:0, 1:0; Slowakei – Weißrussland 0:1, 3:1; Slowakei – Luxemburg 3:0, 4:2; Slowakei – Mazedonien 2:1, 2:0; Ukraine – Weißrussland 3:1, 2:0; Ukraine – Luxemburg 3:0, 3:0; Ukraine – Mazedonien 1:0, 2:0; Weißrussland – Luxemburg 2:0, 1:1; Weißrussland – Mazedonien 0:0, 2:1; Luxemburg – Mazedonien 1:0, 2:3.
Gruppe D: Deutschland, Polen und Irland. Deutschland – Polen 3:1, 0:2; Deutschland – Irland 1:1, 0:1; Deutschland – Schottland 2:1, 3:2; Deutschland – Georgien 2:1, 2:0; Deutschland – Gibraltar 4:0, 7:0; Polen – Irland 2:1, 1:1; Polen – Schottland 2:2, 2:2; Polen – Georgien 4:0, 4:0; Polen – Gibraltar 8:1, 7:0; Irland – Schottland 1:1, 0:1; Irland – Georgien 1:0, 2:1; Irland – Gibraltar 7:0, 4:0; Schottland – Georgien 1:0, 0:1; Schottland – Gibraltar 6:1, 6:0; Georgien – Gibraltar 4:0, 3:0. Gibraltar trug alle Heimspiele im portugiesischen Faro aus.
Gruppe E: England und Schweiz. England – Schweiz 2:0, 2:0; England – Slowenien 3:1, 3:2; England – Estland 2:0, 1:0; England – Litauen 4:0, 3:0; England – San Marino 5:0, 6:0; Schweiz – Slowenien 3:2, 0:1; Schweiz – Estland 3:0, 1:0; Schweiz – Litauen 4:0, 2:1; Schweiz – San Marino 7:0, 4:0; Slowenien – Estland 1:0, 0:1; Slowenien – Litauen 1:1, 2:0; Slowenien – San Marino 6:0, 2:0; Estland – Litauen 1:0, 0:1; Estland – San Marino 2:0, 0:0; Litauen – San Marino 2:1, 2:0.
Gruppe F: Nordirland, Rumänien und Ungarn. Nordirland – Rumänien 0:0, 0:2; Nordirland – Ungarn 1:1, 2:1; Nordirland – Finnland 2:1, 1:1; Nordirland – Färöer 2:0, 3:1; Nordirland – Griechenland 3:1, 2:0; Rumänien – Ungarn 1:1, 0:0; Rumänien – Finnland 1:1, 2:0; Rumänien – Färöer 1:0, 3:0; Rumänien – Griechenland 0:0, 1:0; Ungarn – Finnland 1:0, 1:0; Ungarn – Färöer 2:1, 1:0; Ungarn – Griechenland 0:0, 3:4; Finnland – Färöer 1:0, 3:1; Finnland – Griechenland 1:1, 1:0; Färöer – Griechenland 2:1, 1:0.

Gruppe G: Österreich, Russland und Schweden. Österreich – Russland 1:0, 1:0; Österreich – Schweden 1:1, 4:1; Österreich – Montenegro 1:0, 3:2; Österreich – Liechtenstein 3:0, 5:0; Österreich – Moldawien 1:0, 2:1; Russland – Schweden 1:0, 1:1; Russland – Montenegro 2:0, 0:0 abgebrochen (Wertung 3:0); Russland – Liechtenstein 4:0, 7:0; Russland – Moldawien 1:1, 2:1; Schweden – Montenegro 3:1, 1:1; Schweden – Liechtenstein 2:0, 2:0; Schweden – Moldawien 2:0, 2:0; Montenegro – Liechtenstein 2:0, 0:0; Montenegro – Moldawien 2:0, 2:0; Liechtenstein – Moldawien 1:1, 1:0.

Gruppe H: Italien und Kroatien. Italien – Kroatien 1:1, 1:1 (Kroatien wurde der Punkt abgezogen.); Italien – Norwegen 2:1, 2:0; Italien – Bulgarien 1:0, 2:2; Italien – Aserbaidschan 2:1, 3:1; Italien – Malta 1:0, 1:0; Kroatien – Norwegen 5:1, 0:2; Kroatien – Bulgarien 3:0, 1:0; Kroatien – Aserbaidschan 6:0, 0:0; Kroatien – Malta 2:0, 1:0; Norwegen – Bulgarien 2:1, 1:0; Norwegen – Aserbaidschan 0:0, 1:0; Norwegen – Malta 2:0, 3:0; Bulgarien – Aserbaidschan 2:0, 2:1; Bulgarien – Malta 1:1, 1:0; Aserbaidschan – Malta 2:0, 2:2.

Gruppe I: Portugal und Albanien. Portugal – Albanien 0:1, 1:0; Portugal – Dänemark 1:0, 1:0; Portugal – Serbien 2:1, 2:1; Portugal – Armenien 1:0, 3:2; Albanien – Dänemark 1:1, 0:0; Albanien – Serbien 0:2, 0:0 abgebrochen (Wertung 3:0, Serbien wurden außerdem drei Punkte abgezogen.); Albanien – Armenien 2:1, 3:0; Dänemark – Serbien 2:0, 3:1; Dänemark – Armenien 2:1, 0:0; Serbien – Armenien 2:0, 1:1.

Play-offs der Gruppendritten: Türkei als bester Gruppendritter direkt für die Endrunde qualifiziert. Norwegen – Ungarn 0:1, 1:2; Bosnien-Herzegowina – Irland 1:1, 0:2; Ukraine – Slowenien 2:0, 1:1; Schweden – Dänemark 2:1, 2:2.

Endrunde vom 10. Juni bis 10. Juli 2016 in Frankreich

Gruppe A: Frankreich und Schweiz. Frankreich – Rumänien 2:1 (Paris Saint-Denis); Albanien – Schweiz 0:1 (Lens); Rumänien – Schweiz 1:1 (Paris Prinzenpark); Frankreich – Albanien 2:0 (Marseille); Schweiz – Frankreich 0:0 (Lille); Rumänien – Albanien 0:1 (Lyon).

Gruppe B: Wales, England und Slowakei. Wales – Slowakei 2:1 (Bordeaux); England – Russland 1:1 (Marseille); Russland – Slowakei 1:2 (Lille); England – Wales 2:1 (Lens); Slowakei – England 0:0 (Saint-Etienne); Russland – Wales 0:3 (Toulouse).

Gruppe C: Deutschland, Polen und Nordirland. Polen – Nordirland 1:0 (Nizza); Deutschland – Ukraine 2:0 (Lille); Ukraine – Nordirland 0:2 (Lyon); Deutschland – Polen 0:0 (Paris Saint-Denis); Ukraine – Polen 0:1 (Marseille); Nordirland – Deutschland 0:1 (Paris Prinzenpark).

Gruppe D: Kroatien und Spanien. Türkei – Kroatien 0:1 (Paris Prinzenpark); Spanien – Tschechien 1:0 (Toulouse); Tschechien – Kroatien 2:2 (Saint-Etienne); Spanien – Türkei 3:0 (Nizza); Kroatien – Spanien 2:1 (Bordeaux); Tschechien – Türkei 0:2 (Lens).

Gruppe E: Italien, Belgien und Irland. Irland – Schweden 1:1 (Paris Saint-Denis); Belgien – Italien 0:2 (Lyon); Italien – Schweden 1:0 (Toulouse); Belgien – Irland 3:0 (Bordeaux); Italien – Irland 0:1 (Lille); Schweden – Belgien 0:1 (Nizza).

Gruppe F: Ungarn, Island und Portugal. Österreich – Ungarn 0:2 (Bordeaux); Portugal – Island 1:1 (Saint-Etienne); Island – Ungarn 1:1 (Marseille); Portugal – Österreich 0:0 (Paris Prinzenpark); Ungarn – Portugal 3:3 (Lyon); Island – Österreich 2:1 (Paris Saint-Denis).

Achtelfinale: Schweiz – Polen n. V. 1:1, Elfmeterschießen 4:5 (Saint-Etienne); Wales – Nordirland 1:0 (Paris Prinzenpark); Kroatien – Portugal n. V. 0:1 (Lens); Frankreich – Irland 2:1 (Lyon); Deutschland – Slowakei 3:0 (Lille); Ungarn – Belgien 0:4 (Toulouse); Italien – Spanien 2:0 (Paris Saint-Denis); England – Island 1:2 (Nizza).

Viertelfinale: Polen – Portugal n. V. 1:1, Elfmeterschießen 3:5 (Marseille); Wales – Belgien 3:1 (Lille); Deutschland – Italien n. V. 1:1, Elfmeterschießen 6:5 (Bordeaux); Frankreich – Island 5:2 (Paris Saint-Denis).

Halbfinale: Portugal – Wales 2:0 (Lyon); Deutschland – Frankreich 0:2 (Marseille).

Endspiel am 10. Juli 2016 in Paris Saint-Denis: Portugal – Frankreich n. V. 1:0 (0:0, 0:0)

Portugal: Rui Patricio – Cedric, Pepe, José Fonte, Guerreiro – William Carvalho – Renato Sanches (Eder), Adrien Silva (Joao Moutinho), Joao Mario – Nani, Cristiano Ronaldo (Ricardo Quaresma). Tor: Eder – Zuschauer: 75 868 – SR: Clattenburg (England).

2018/21: Italien (Trainer: Mancini)

Gruppe A: England und Tschechien. England – Tschechien 5:0, 1:2; England – Kosovo 5:3, 4:0; England – Bulgarien 4:0, 6:0; England – Montenegro 7:0, 5:1; Tschechien – Kosovo 2:1, 1:2; Tschechien – Bulgarien 2:1, 0:1; Tschechien – Montenegro 3:0, 3:0; Kosovo – Bulgarien 1:1, 3:2; Kosovo – Montenegro 2:0, 1:1; Bulgarien – Montenegro 1:1, 0:0.

Gruppe B: Ukraine und Portugal. Ukraine – Portugal 2:1, 0:0; Ukraine – Serbien 5:0, 2:2; Ukraine – Luxemburg 1:0, 2:1; Ukraine – Litauen 2:0, 3:0;
Portugal – Serbien 1:1, 4:2; Portugal – Luxemburg 3:0, 2:0; Portugal – Litauen 6:0, 5:1; Serbien – Luxemburg 3:2, 3:1; Serbien – Litauen 4:1, 2:1; Luxemburg – Litauen 2:1, 1:1.

Gruppe C: Deutschland und Niederlande. Deutschland – Niederlande 2:4, 3:2; Deutschland – Nordirland 6:1, 2:0; Deutschland – Belarus 4:0, 2:0; Deutschland – Estland 8:0, 3:0; Niederlande – Nordirland 3:1, 0:0; Niederlande – Belarus 4:0, 2:1; Niederlande – Estland 5:0, 4:0; Nordirland – Belarus 2:1, 1:0; Nordirland – Estland 2:0, 2:1; Belarus – Estland 0:0, 2:1.

Gruppe D: Schweiz und Dänemark. Schweiz – Dänemark 3:3, 0:1; Schweiz – Irland 2:0, 1:1; Schweiz – Georgien 1:0, 2:0; Schweiz – Gibraltar 4:0, 6:1; Dänemark – Irland 1:1, 1:1; Dänemark – Georgien 5:1, 0:0; Dänemark – Gibraltar 6:0, 6:0; Irland – Georgien 1:0, 0:0; Irland – Gibraltar 2:0, 1:0; Georgien – Gibraltar 3:0, 3:2.

Gruppe E: Kroatien und Wales. Kroatien – Wales 2:1, 1:1; Kroatien – Slowakei 3:1, 4:0; Kroatien – Ungarn 3:0, 1:2; Kroatien – Aserbaidschan 2:1, 1:1; Wales – Slowakei 1:0, 1:1; Wales – Ungarn 2:0, 0:1; Wales – Aserbaidschan 2:1, 2:0; Slowakei – Ungarn 2:0, 2:1; Slowakei – Aserbaidschan 2:0, 5:1; Ungarn – Aserbaidschan 1:0, 3:1.

Gruppe F: Spanien und Schweden. Spanien – Schweden 3:0, 1:1; Spanien – Norwegen 2:1, 1:1; Spanien – Rumänien 5:0, 2:1; Spanien – Färöer 4:0, 4:1; Spanien – Malta 7:0, 2:0; Schweden – Norwegen 1:1, 3:3; Schweden – Rumänien 2:1, 2:0; Schweden – Färöer 3:0, 4:0; Schweden – Malta 3:0, 4:0; Norwegen – Rumänien 2:2, 1:1; Norwegen – Färöer 4:0, 2:0; Norwegen – Malta 2:0, 2:1; Rumänien – Färöer 4:1, 3:0; Rumänien – Malta 1:0, 4:0; Färöer – Malta 1:0, 1:2.

Gruppe G: Polen und Österreich. Polen – Österreich 0:0, 1:0; Polen – Nordmazedonien 2:0, 1:0; Polen – Slowenien 3:2, 0:2; Polen – Israel 4:0, 2:1; Polen – Lettland 2:0, 3:0; Österreich – Nordmazedonien 2:1, 4:1; Österreich – Slowenien 1:0, 1:0; Österreich – Israel 3:1, 2:4; Österreich – Lettland 6:0, 0:1; Nordmazedonien – Slowenien 2:1, 1:1; Nordmazedonien – Israel 1:0, 1:1; Nordmazedonien – Lettland 3:1, 2:0; Slowenien – Israel 3:2, 1:1; Slowenien – Lettland 1:0, 5:0; Israel – Lettland 3:1, 3:0.

Gruppe H: Frankreich und Türkei. Frankreich – Türkei 1:1, 0:2; Frankreich – Island 4:0, 1:0; Frankreich – Albanien 4:1, 2:0; Frankreich – Andorra 3:0, 4:0; Frankreich – Republik Moldau 2:1, 4:1; Türkei – Island 0:0, 1:2; Türkei – Albanien 1:0, 2:0; Türkei – Andorra 1:0, 2:0; Türkei – Republik Moldau 4:0, 4:0; Island – Albanien 1:0, 2:4; Island – Andorra 2:0, 2:0; Island – Republik Moldau 3:0, 2:1; Albanien – Andorra 2:2, 3:0; Albanien – Republik Moldau 2:0, 4:0; Andorra – Republik Moldau 1:0, 0:1.

Gruppe I: Belgien und Russland. Belgien – Russland 3:1, 4:1; Belgien – Schottland 3:0, 4:0; Belgien – Zypern 6:1, 2:0; Belgien – Kasachstan 3:0, 2:0; Belgien – San Marino 9:0, 4:0; Russland – Schottland 4:0, 2:1; Russland – Zypern 1:0, 5:0; Russland – Kasachstan 1:0, 4:0; Russland – San Marino 9:0, 5:0; Schottland – Zypern 2:1, 2:1; Schottland – Kasachstan 3:1, 0:3; Schottland – San Marino 6:0, 2:0; Zypern – Kasachstan 1:1, 2:1; Zypern – San Marino 5:0, 4:0; Kasachstan – San Marino 4:0, 3:1.

Gruppe J: Italien und Finnland. Italien – Finnland 2:0, 2:1; Italien – Griechenland 2:0, 3:0; Italien – Bosnien-Herzegowina 2:1, 3:0; Italien – Armenien 9:1, 3:1; Italien – Liechtenstein 6:0, 5:0; Finnland – Griechenland 1:0, 1:2; Finnland – Bosnien-Herzegowina 2:0, 1:4; Finnland – Armenien 3:0, 2:0; Finnland – Liechtenstein 3:0, 2:0; Griechenland – Bosnien-Herzegowina 2:1, 2:2; Griechenland – Armenien 2:3, 1:0; Griechenland – Liechtenstein 1:1, 2:0; Bosnien-Herzegowina – Armenien 2:1, 2:4; Bosnien-Herzegowina – Liechtenstein 5:0, 3:0; Armenien – Liechtenstein 3:0, 1:1.

Die zehn Gruppensieger und –zweiten qualifizierten sich direkt für die EM-Endrunde. Vier weitere Plätze wurden in Play-offs über die Platzierungen in der Nations League ermittelt.

Play-offs, Weg A: Ungarn. Island – Rumänien 2:1; Bulgarien – Ungarn 1:3; Ungarn – Island 2:1.

Play-offs, Weg B: Slowakei. Bosnien-Herzegowina – Nordirland n. V. 1:1, Elfmeterschießen 3:4; Slowakei – Irland n. V. 0:0, Elfmeterschießen 4:2; Nordirland – Slowakei n. V. 1:2.

Play-offs, Weg C: Schottland. Schottland – Israel n. V. 0:0, Elfmeterschießen 5:3; Norwegen – Serbien n. V. 1:2; Serbien – Schottland n. V. 1:1, Elfmeterschießen 4:5.

Play-offs, Weg D: Nordmazedonien. Georgien – Belarus 1:0; Nordmazedonien – Kosovo 2:1; Georgien – Nordmazedonien 0:1.

Die für Juni/Juli 2020 geplante Endrunde in Aserbaidschan, Dänemark, Deutschland, England, Irland, Italien, den Niederlanden, Rumänien, Russland, Schottland, Spanien und Ungarn wurde am 17. März 2020 auf den Zeitraum 11. Juni bis 11. Juli 2021 verschoben. Die irische Hauptstadt Dublin schied aus dem Kreis der Spielorte aus. Statt Bilbao kam Sevilla zum Zug.

Gruppe A: Italien, Wales und Schweiz. Türkei – Italien 0:3 (Rom); Wales – Schweiz 1:1 (Baku); Türkei – Wales 0:2 (Baku); Italien – Schweiz 3:0 (Rom); Schweiz – Türkei 3:1 (Baku); Italien – Wales 1:0 (Rom).
Gruppe B: Belgien und Dänemark. Dänemark – Finnland 0:1 (Kopenhagen); Belgien – Russland 3:0 (St. Petersburg); Finnland – Russland 0:1 (St. Petersburg); Dänemark – Belgien 1:2 (Kopenhagen); Russland – Dänemark 1:4 (Kopenhagen); Finnland – Belgien 0:2 (St. Petersburg).
Gruppe C: Niederlande, Österreich und Ukraine. Österreich – Nordmazedonien 3:1 (Bukarest); Niederlande – Ukraine 3:2 (Amsterdam); Ukraine – Nordmazedonien 2:1 (Bukarest); Niederlande – Österreich 2:0 (Amsterdam); Nordmazedonien – Niederlande 0:3 (Amsterdam); Ukraine – Österreich 0:1 (Bukarest).
Gruppe D: England, Kroatien und Tschechien. England – Kroatien 1:0 (London); Schottland – Tschechien 0:2 (Glasgow); Kroatien – Tschechien 1:1 (Glasgow); England – Schottland 0:0 (London); Kroatien – Schottland 3:1 (Glasgow); Tschechien – England 0:1 (London).
Gruppe E: Schweden und Spanien. Polen – Slowakei 1:2 (St. Petersburg); Spanien – Schweden 0:0 (Sevilla); Schweden – Slowakei 1:0 (St. Petersburg); Spanien – Polen 1:1 (Sevilla); Slowakei – Spanien 0:5 (Sevilla); Schweden – Polen 3:2 (St. Petersburg).
Gruppe F: Frankreich, Deutschland und Portugal. Ungarn – Portugal 0:3 (Budapest); Frankreich – Deutschland 1:0 (München); Ungarn – Frankreich 1:1 (Budapest); Portugal – Deutschland 2:4 (München); Portugal – Frankreich 2:2 (Budapest); Deutschland – Ungarn 2:2 (München).

Achtelfinale: Wales – Dänemark 0:4 (Amsterdam); Italien – Österreich n. V. 2:1 (London); Niederlande – Tschechien 0:2 (Budapest); Belgien – Portugal 1:0 (Sevilla); Kroatien – Spanien n. V. 3:5 (Kopenhagen); Frankreich – Schweiz n. V. 3:3, Elfmeterschießen 4:5 (Bukarest); England – Deutschland 2:0 (London); Schweden – Ukraine n. V. 1:2 (Glasgow).
Viertelfinale: Schweiz – Spanien n. V. 1:1, Elfmeterschießen 1:3 (St. Petersburg); Belgien – Italien 1:2 (München); Tschechien – Dänemark 1:2 (Baku); Ukraine – England 0:4 (Rom).
Halbfinale: Italien – Spanien n. V. 1:1, Elfmeterschießen 4:2; England – Dänemark n. V. 2:1 (beide Spiele in London).

Endspiel am 11. Juli 2021 in London: Italien – England n. V. 1:1 (1:1, 0:1), Elfmeterschießen 3:2
Italien: G. Donnarumma – di Lorenzo, Bonucci, Chiellini, Emerson (Florenzi) – Jorginho – Barella (Cristante), Verratti (Locatelli) – Chiesa (Bernardeschi), Insigne (Belotti) – Immobile (Berardi)
Tore: Bonucci – Shaw – Elfmeterschießen: 1:0 Barardi, 1:1 Kane, Belotti gehalten, 1:2 Maguire, 2:2 Bonucci, Rashford Pfosten, 3:2 Bernardeschi, Sancho gehalten, Jorginho gehalten, Saka gehalten – Zuschauer: 67 173 – SR: Kuipers (Niederlande).

Die deutschen EM-Aufgebote

1972: Maier, Höttges, Beckenbauer, Schwarzenbeck, Breitner, U. Hoeneß, Netzer, Wimmer, Heynckes, G. Müller, E. Kremers, Grabowski. – Nicht eingesetzt: Kleff, Bella, Köppel, Löhr, Bonhof, Vogts.
1976: Maier, Beckenbauer, Schwarzenbeck, U. Hoeneß, Wimmer, Vogts, Bonhof, Dietz, Beer, Danner, Hölzenbein, Flohe, D. Müller, Bongartz. – Nicht eingesetzt: Kargus, Kaltz, Nogly, Worm.
1980: Schumacher, Kaltz, Dietz, Cullmann, Kh. Förster, B. Förster, Briegel, Schuster, H. Müller, Stielike, Magath, Matthäus, Memering, Votava, Rummenigge, Kl. Allofs, Hrubesch, Del'Haye. – Nicht eingesetzt: Junghans, Immel, H. Zimmermann, Bonhof fuhr wegen Verletzung nicht mit.
1984: Schumacher, Briegel, B. Förster, Kh. Förster, Stielike, Brehme, Buchwald, Matthäus, Meier, Rolff, Allofs, Bommer, Littbarski, Rummenigge, Völler. – Nicht eingesetzt: Burdenski, Roleder, Bruns, Strack, Falkenmayer.
1988: Immel, Herget, Kohler, Buchwald, Berthold, Matthäus, Littbarski, Brehme, Borowka, Thon, Klinsmann, Völler, Eckstein, Rolff, Mill, Wuttke, Pflügler. – Nicht eingesetzt: Illgner, Dorfner, Sauer.
1992: Illgner, Binz, Helmer, Reuter, Kohler, Buchwald, Brehme, Frontzeck, Schulz, Häßler, Effenberg, Sammer, Möller, Doll, Klinsmann, Völler, Riedle, Thom. – Nicht eingesetzt: Köpke, Wörns.
1996: Köpke, Babbel, Helmer, Kohler, Reuter, Sammer, Bode, Eilts, Freund, Häßler, Möller, Scholl, Strunz, Ziege, Klinsmann, Kuntz, Bierhoff, Bobic. – Nicht eingesetzt: Basler, Kahn, Reck, Schneider.

– Nachnominiert: Todt. – Auf Abruf: Albertz, Bäron, Beinlich, Eigenrauch, Heinrich, Lehmann, Riedle, Wörns, Zickler.
2000: Kahn, Babbel, Linke, Matthäus, Nowotny, Rehmer, Ballack, Deisler, Hamann, Häßler, Jeremies, Scholl, Ziege, Bierhoff, Bode, Jancker, Kirsten, Rink. – Nicht eingesetzt: Butt, Lehmann, Ramelow, Wosz.
2004: Kahn, Baumann, Friedrich, Lahm, Nowotny, Wörns, Ballack, Ernst, Frings, Hamann, Jeremies, Schneider, Schweinsteiger, Bobic, Brdaric, Klose, Kuranyi, Podolski – Nicht eingesetzt: Hildebrand, Lehmann, Hinkel, Ziege, Kehl.
2008: Lehmann, A. Friedrich, Fritz, Jansen, Lahm, Mertesacker, Metzelder, Ballack, Borowski, Frings, Hitzlsperger, Odonkor, Rolfes, Schweinsteiger, Gomez, Klose, Kuranyi, Neuville, Podolski – Nicht eingesetzt: Adler, Enke, Westermann, Trochowski.
2012: Neuer, Badstuber, Boateng, Hummels, Lahm, L. Bender, Götze, Khedira, Kroos, T. Müller, Özil, Podolski, Reus, Schürrle, Schweinsteiger, Gomez, Klose – Nicht eingesetzt: Wiese, Zieler, Höwedes, Mertesacker, Schmelzer, Gündogan.
2016: Neuer, Boateng, Can, Draxler, Hector, Gomez, Götze, Höwedes, Hummels, Khedira, Kimmich, Kroos, T. Müller, Mustafi, Özil, Podolski, Sané, Schürrle, Schweinsteiger – Nicht eingesetzt: Leno, ter Stegen, Tah, Weigl.
2021: Neuer, Can, Ginter, Gnabry, Goretzka, Gosens, Gündogan, Halstenberg, Havertz, Hummels, Kimmich, Kroos, T. Müller, Musiala, Rüdiger, Sané, Süle, Volland, Werner – Nicht eingesetzt: Leno, Trapp, Günter, Hofmann, Klostermann, Koch, Neuhaus.

EM-Torschützenkönige (nur Endturniere)

1960	Iwanow, Ponedjelnik (beide UdSSR), Heutte (Frankreich), Jerkovic, Galic (beide Jugoslawien)	je 2
1964	Pereda (Spanien), Novak (Ungarn)	je 2
1968	Dzajic (Jugoslawien)	2
1972	G. Müller (Deutschland)	4
1976	D. Müller (Deutschland)	4
1980	K. Allofs (Deutschland)	3
1984	Platini (Frankreich)	9
1988	Van Basten (Niederlande)	5
1992	Riedle (Deutschland), Brolin (Schweden), Larsen (Dänemark), Bergkamp (Niederlande)	je 3
1996	Shearer (England)	5
2000	Kluivert (Niederlande), Milosevic (Jugoslawien)	je 5
2004	Baros (Tschechien)	5
2008	Villa (Spanien)	4
2012	Fernando Torres (Spanien) (auf Grund weniger gespielter Minuten bei gleicher Anzahl von Vorlagen gegenüber Gomez (Deutschland)	3
2016	Antoine Griezmann (Frankreich)	6
2021	Cristiano Ronaldo (Portugal) (auf Grund mehr Vorlagen gegenüber Schick (Tschechien))	5

UEFA Nations League

Die bisherigen Sieger:
2019 Portugal – 2021 noch nicht ermittelt.

2018/19: Portugal (Trainer: Fernando Santos)

Auf der Sitzung des UEFA-Exekutivkomitees wurde im September 2019 die Aufstockung der Ligen A, B und C auf jeweils 16 Teams beschlossen, so dass der Aufstieg ausgesetzt wurde.

Gruppe A1: Niederlande. Niederlande – Frankreich 2:0, 1:2; Niederlande – Deutschland 3:0, 2:2; Frankreich – Deutschland 2:1, 0:0.
Gruppe A2: Schweiz. Schweiz – Belgien 5:2, 1:2; Schweiz – Island 6:0, 2:1; Belgien – Island 2:0, 3:0.
Gruppe A3: Portugal. Portugal – Italien 1:0, 0:0; Portugal – Polen 1:1, 3:2; Italien – Polen 1:1, 1:0.
Gruppe A4: England. England – Spanien 1:2, 3:2; England – Kroatien 2:1, 0:0; Spanien – Kroatien 6:0, 2:3.

Gruppe B1: Ukraine. Ukraine – Tschechien 1:0, 2:1; Ukraine – Slowakei 1:0, 1:4; Tschechien – Slowakei 1:0, 2:1.
Gruppe B2: Schweden. Schweden – Russland 2:0, 0:0; Schweden – Türkei 2:3, 1:0; Russland – Türkei 2:0, 2:1.
Gruppe B3: Bosnien-Herzegowina. Bosnien-Herzegowina – Österreich 1:0, 0:0; Bosnien-Herzegowina – Nordirland 2:0, 2:1; Österreich – Nordirland 1:0, 2:1.
Gruppe B4: Dänemark. Dänemark – Wales 2:0, 2:1; Dänemark – Irland 0:0, 0:0; Wales – Irland 4:1, 1:0.

Gruppe C1: Schottland und Israel. Schottland – Israel 3:2, 1:2; Schottland – Albanien 2:0, 4:0; Israel – Albanien 2:0, 0:1.
Gruppe C2: Finnland und Ungarn. Finnland – Ungarn 1:0, 0:2; Finnland – Griechenland 2:0, 0:1; Finnland – Estland 1:0, 1:0; Ungarn – Griechenland 2:1, 0:1; Ungarn – Estland 2:0, 3:3; Griechenland – Estland 0:1, 1:0.
Gruppe C3: Norwegen und Bulgarien. Norwegen – Bulgarien 1:0, 0:1; Norwegen – Zypern 2:0, 2:0; Norwegen – Slowenien 1:0, 1:1; Bulgarien – Zypern 2:1, 1:1; Bulgarien – Slowenien 1:1, 2:1; Zypern – Slowenien 2:1, 1:1.
Gruppe C4: Serbien und Rumänien. Serbien – Rumänien 2:2, 0:0; Serbien – Montenegro 2:1, 2:0; Serbien – Litauen 4:1, 1:0; Rumänien – Montenegro 0:0, 1:0; Rumänien – Litauen 3:0, 2:1; Montenegro – Litauen 2:0, 4:1.

Gruppe D1: Georgien und Kasachstan. Georgien – Kasachstan 2:1, 2:0; Georgien – Lettland 1:0, 3:0; Georgien – Andorra 3:0, 1:1; Kasachstan – Lettland 1:1, 1:1; Kasachstan – Andorra 4:0, 1:1; Lettland – Andorra 0:0, 0:0.
Gruppe D2: Belarus, Luxemburg und Republik Moldau. Belarus – Luxemburg 1:0, 2:0; Belarus – Republik Moldau 0:0, 0:0; Belarus – San Marino 5:0, 2:0; Luxemburg – Republik Moldau 4:0, 1:1; Luxemburg – San Marino 3:0, 3:0; Republik Moldau – San Marino 2:0, 1:0.
Gruppe D3: Kosovo und Aserbaidschan. Kosovo – Aserbaidschan 4:0, 0:0; Kosovo – Färöer 2:0, 1:1; Kosovo – Malta 3.1, 5:0; Aserbaidschan – Färöer 2:0, 3:0; Aserbaidschan – Malta 1:1, 1:1; Färöer – Malta 3:1, 1:1.
Gruppe D4: Mazedonien (seit 2019 Nordmazedonien) und Armenien. Mazedonien – Armenien 2:0, 0:4; Mazedonien – Gibraltar 4:0, 2:0; Mazedonien – Liechtenstein 4:1, 2:0; Armenien – Gibraltar 0:1, 6:2; Armenien – Liechtenstein 2:1, 2:2; Gibraltar – Liechtenstein 2:1, 0:2.

Endrunde vom 5. bis 9. Juni 2019 in Portugal
Halbfinale: Portugal – Schweiz 3:1 (in Porto); Niederlande – England n. V. 3:1 (in Guimaraes).
Spiel um den 3. Platz: England – Schweiz n. V. 0:0, Elfmeterschießen 6:5 (in Guimaraes).

Endspiel am 9. Juni 2019 in Porto: Portugal – Niederlande 1:0 (0:0)
Portugal: Rui Patricio – Nelson Semedo, José Fonte, Ruben Dias, Raphael Guerreiro – Bruno Fernandes (Joao Moutinho), William Carvalho (Ruben Neves), Danilo Pereira – Bernardo Silva, Goncalo Guedes (Rafa Silva), Cristiano Ronaldo.
Tor: Guedes – Zuschauer: 43 199 – SR: Undiano Mallenco (Spanien).

2020/21: noch nicht ermittelt

Gruppe A1: Italien. Italien – Niederlande 1:1, 1:0; Italien – Polen 2:0, 0:0; Italien – Bosnien-Herzegowina 1:1, 2:0; Niederlande – Polen 1:0, 2:1; Niederlande – Bosnien und Herzegowina 3:1, 0:0; Polen – Bosnien und Herzegowina 3:0, 2:1 – Absteiger in die Liga B: Bosnien und Herzegowina.
Gruppe A2: Belgien. Belgien – Dänemark 4:2, 2:0; Belgien – England 2:0, 1:2; Belgien – Island 5:1, 2:1; Dänemark – England 0:0, 1:0; Dänemark – Island 2:1, 3:0; England – Island 4:0, 1:0 – Absteiger in die Liga B: Island.
Gruppe A3: Frankreich. Frankreich – Portugal 0:0, 1:0; Frankreich – Kroatien 4:2, 2:1; Frankreich – Schweden 4:2, 1:0; Portugal – Kroatien 4:1, 3:2; Portugal – Schweden 3:0, 2:0; Kroatien – Schweden 2:1, 1:2 – Absteiger in die Liga B: Schweden.
Gruppe A4: Spanien. Spanien – Deutschland 6:0, 1:1; Spanien – Schweiz 1:0, 1:1; Spanien – Ukraine 4:0, 0:1; Deutschland – Schweiz 3:3, 1:1; Deutschland – Ukraine 3:1, 2:1; Schweiz – Ukraine 3:0 (Wertung), 1:2 – Absteiger in die Liga B: Ukraine.

Gruppe B1: Österreich. Österreich – Norwegen 1:1, 2:1; Österreich – Rumänien 2:3, 1:0; Österreich – Nordirland 2:1, 1:0; Norwegen – Rumänien 4:0, 0:3 (Wertung); Norwegen – Nordirland 1:0, 5:1; Rumänien – Nordirland 1:1, 1:1 – Absteiger in die Liga C: Nordirland.
Gruppe B2: Tschechien. Tschechien – Schottland 1:2, 0:1; Tschechien – Israel 1:0, 2:1; Tschechien – Slowakei 2:0, 3:1; Schottland – Israel 1:1, 0:1; Schottland – Slowakei 1:0, 0:1; Israel – Slowakei 1:1, 3:2 – Absteiger in die Liga C: Slowakei.
Gruppe B3: Ungarn. Ungarn – Russland 2:3, 0:0; Ungarn – Serbien 1:1, 1:0; Ungarn – Türkei 2:0, 1:0; Russland – Serbien 3:1, 0:5; Russland – Türkei 1:1, 2:3; Serbien – Türkei 0:0, 2:2 – Absteiger in die Liga C: Türkei.
Gruppe B4: Wales. Wales – Finnland 3:1, 1:0; Wales – Irland 1:0, 0:0; Wales – Bulgarien 1:0, 1:0; Finnland – Irland :, 1:0; Finnland – Bulgarien 2:0, 2:1; Irland – Bulgarien 0:0, 1:1 – Absteiger in die Liga C: Bulgarien.

Gruppe C1: Montenegro. Montenegro – Luxemburg 1:2, 1:0; Montenegro – Aserbaidschan 2:0, 0:0 (in Kroatien); Montenegro – Zypern 4:0, 2:0; Luxemburg – Aserbaidschan 0:0, 2:1; Luxemburg – Zypern 2:0, 1:2; Aserbaidschan – Zypern 0:0 (in Albanien), 1:0 – Möglicher Absteiger in die Liga D: Zypern.
Gruppe C2: Armenien. Armenien – Nordmazedonien 1:0 (in Zypern), 1:2; Armenien – Georgien 2:2 (in Polen), 2:1; Armenien – Estland 2:0, 1:1; Nordmazedonien – Georgien 1:1, 1:1; Nordmazedonien – Estland 2:1, 3:3; Georgien – Estland 0:0, 1:0 – Möglicher Absteiger in die Liga D: Estland.
Gruppe C3: Slowenien. Slowenien – Griechenland 0:0, 0:0; Slowenien – Kosovo 2:1, 1:0; Slowenien – Republik Moldau 1:0, 4:0; Griechenland – Kosovo 0:0, 2:1; Griechenland – Republik Moldau 2:0, 2:0; Kosovo – Republik Moldau 1:0, 1:1 (in Italien) – Möglicher Absteiger in die Liga D: Republik Moldau.
Gruppe C4: Albanien. Albanien – Belarus 3:2, 2:0; Albanien – Litauen 0:1, 0:0; Albanien – Kasachstan 3:1, 0:0; Belarus – Litauen 2:0, 2:2; Belarus – Kasachstan 2:0, 2:1; Litauen – Kasachstan 0:2, 2:1 – Möglicher Absteiger in die Liga D: Kasachstan.
Liga C, Abstiegs-Play-outs: Republik Moldau – Kasachstan; Estland – Zypern. (im März 2022).

Gruppe D1: Färöer. Färöer – Malta 3:2, 1:1; Färöer – Lettland 1:1, 1:1; Färöer – Andorra 2:0, 1:0; Malta – Lettland 1:1, 1:0; Malta – Andorra 3:1, 0:0; Lettland – Andorra 0:0, 5:0.
Gruppe D2: Gibraltar. Gibraltar – Liechtenstein 1:1, 1:0; Gibraltar – San Marino 1:0, 0:0; Liechtenstein – San Marino 0:0, 2:0 (in Italien).

Endrunde vom 6. bis 10. Oktober 2021 in Italien
Halbfinale: Italien – Spanien (in Mailand); Belgien – Frankreich (in Turin).
Spiel um den 3. Platz: Verlierer der Halbfinals (in Turin).

Endspiel am 10. Oktober 2021 in Mailand

Junioren-Europameisterschaft U 21/U 23

Die bisherigen Sieger (bis 1976 als „U23"-Wettbewerb):
1972 Tschechoslowakei – 1974 Ungarn – 1976 Sowjetunion – 1978 Jugoslawien – 1980 Sowjetunion – 1982, 1984 England – 1986 Spanien – 1988 Frankreich – 1990 Sowjetunion – 1992, 1994, 1996 Italien – 1998 Spanien – 2000 Italien – 2002 Tschechien – 2004 Italien – 2006, 2007 Niederlande – 2009 Deutschland – 2011, 2013 Spanien – 2015 Schweden – 2017 Deutschland – 2019 Spanien – 2021 Deutschland.

1970/72: Tschechoslowakei

Qualifikation: Deutschland qualifizierte sich gegen Polen (1:0, 1:1), Albanien (2:0, 2:0) und die Türkei (3:0, 2:0); die DDR scheiterte gegen die Niederlande (3:1, 1:2) und Jugoslawien (0:1, 1:3).
Viertelfinale: Dänemark – Griechenland 2:0, 0:5; Bulgarien – Niederlande 2:2, 0:0, 2:0; Schweden – Tschechoslowakei 0:1, 1:3; Sowjetunion – Deutschland 3:1, 0:0.
Halbfinale: Tschechoslowakei – Griechenland 2:0, 2:1; Sowjetunion – Bulgarien 4:0, 3:3.

1. Endspiel am 22. 6. 1972 in Moskau: Sowjetunion – Tschechoslowakei 2:2 (0:0)
2. Endspiel am 30. 6. 1972 in Ostrau: Tschechoslowakei – Sowjetunion 3:1 (2:0)
Tschechoslowakei: Keketi (Stovcik) – Suchanek, Samek, Dvorak, Koubek, Melichar, Bicovsky, Gajdusek, Masima, Nehoda (Pekarik), Albrecht (Herda).

1972/74: Ungarn

Qualifikation: Deutschland scheiterte gegen Polen (2:3, 0:0) und Dänemark (3:0, 2:0); die DDR qualifizierte sich gegen Rumänien (2:1, 2:1) und Albanien (6:0, 0:1).
Viertelfinale: Ungarn – Holland 3:1, 1:2; DDR – Italien 2:1, 1:0; Polen – Bulgarien 0:0, 2:1; Sowjetunion – Tschechoslowakei 6:0, 1:2.
Halbfinale: Sowjetunion – Ungarn 2:0, n. V. 0:2, Elfmeterschießen 3:4; DDR – Polen 0:0, 2:2.

1. Endspiel am 15. 5. 1974 in Dresden: DDR – Ungarn 3:2 (1:2)
2. Endspiel am 28. 5. 1974 in Budapest: Ungarn – DDR 4:0 (1:0)
Ungarn: Meszaros – Harsany, Török, Horvath, Kantor, Toth (Kunszt), Ede Dunai, Laszlo Nagy, Fekete, Kiss, Becsei (Varadi).
DDR: Boden – Dörner, Kische (Enge, Krebs), Helm (J. Müller), Sekora, Häfner, Terletzki, Moldt (Decker), Riedel, Richter (Kotte), Heidler.

1974/76: Sowjetunion

Qualifikation: Deutschland nahm nicht teil. Die DDR scheiterte gegen Frankreich (1:1, 2:1), und Belgien (1:2, 0:0).
Viertelfinale: Ungarn – England 3:0, 1:3; Niederlande – Schottland 2:0, n. V. 0:2, Elfmeterschießen 4:3; Bulgarien – Jugoslawien 2:3, 1:2; Frankreich – Sowjetunion 2:1, n. V. 1:2, Elfmeterschießen 2:4.
Halbfinale: Ungarn – Jugoslawien 3:2, 1:1; Sowjetunion – Niederlande 3:0, 0:1.

1. Endspiel am 19. 6. 1976 in Budapest: Ungarn – Sowjetunion 1:1 (1:0)
2. Endspiel am 22. 6. 1976 in Moskau: Sowjetunion – Ungarn 2:1 (2:0)
Sowjetunion: Radajew – Kruglow, Swistsow, Gorbunow, Wisokin – An, Adzhem, Minajew – (Schwezow) – Gusajew, Kiplani, Slobodian (Fedorow, Pentrenko).

1976/78: Jugoslawien

Qualifikation: Deutschland nahm nicht teil. Die DDR qualifizierte sich gegen die Türkei (4:0, 1:1) und Österreich (2:1, 6:1).
Viertelfinale: Tschechoslowakei – DDR 3:1, 2:5; Jugoslawien – Ungarn 0:1, 2:0; Dänemark – Bulgarien 4:1, 0:3; England – Italien 2:1, 0:0.
Halbfinale: Bulgarien – DDR 2:1, 1:3; Jugoslawien – England 2:1, 1:1.

1. Endspiel am 17. 5. 1978 in Halle: DDR – Jugoslawien 0:1 (0:0)
2. Endspiel am 31. 5. 1978 in Mostar: Jugoslawien – DDR 4:4 (3:4)
Jugoslawien: Stojanovic – Vujkov, Hrstic, Krmpotic (Obradovic), Zajec, Stojkovic, Bogdan, Bosnjak (Savic), Halilhodzic, Klincarski, Senica (Sliskovic, Starcevic, Verlasevic).
DDR: Heyne – Hause (Pingel), Brauer, Uhlig, Roth, Weber, Terletzki (Schnuphase), Eigendorf (Mischinger, Töpfer), Riediger, Kotte, Kühn.

1978/80 Sowjetunion

Qualifikation: Deutschland nahm nicht teil. Die DDR qualifizierte sich gegen die Niederlande (2:0, 1:1) und Polen (4:1, 1:1).
Viertelfinale: Tschechoslowakei – Jugoslawien 1:1, 1:2; Sowjetunion – Italien 3:1, 0:0; England – Schottland 2:1, 0:0; Ungarn – DDR 2:0, 0:3.
Halbfinale: Sowjetunion – Jugoslawien 3:0, 1:0; England – DDR 1:2, 0:1.

1. Endspiel am 7. 5. 1980 in Rostock: DDR – Sowjetunion 0:0
2. Endspiel am 20. 5. 1980 in Moskau: Sowjetunion – DDR 1:0 (0:0)
Sowjetunion: Tschanow (Nowikow) – Kaplun, Baltatscha, Shurawijow, Demjanenko – Darasseljia (Dumanski), Chatschatrjan, Susloparow, Bal – Chapsalis (Petrakow), Schengelija (Prudikow, Gassajew).
DDR: R. Müller – Uteß, Dennstedt, A. Ullrich, Troppa, Sträßer, Kurbjuweit, Kreer (Stahmann), B. Schulz (Pastor, Riediger), Töpfer.

1980/82: England

Qualifikation: Deutschland qualifizierte sich gegen Bulgarien (4:1, 0:1), Österreich (4:0, 1:0) und Finnland (4:2, 2:1); die DDR scheiterte gegen Polen (2:3, 1:3) und Norwegen (0:4, 1:1).
Viertelfinale: Frankreich – Sowjetunion 0:0, 2:4; Spanien – Deutschland 1:0, 0:2; Polen – England 1:2, 2:2; Italien – Schottland 0:1, 0:0.
Halbfinale: Sowjetunion – Deutschland 3:4, 0:5; Schottland – England 0:1, 1:1.

1. Endspiel am 21. 9. 1982 in Sheffield: England – Deutschland 3:1 (1:0)
2. Endspiel am 12. 10. 1982 in Bremen: Deutschland – England 3:2 (0:0)
England: Hesford – Thomas, Caton, Duxbury, Fenwick – Lee, Owen, McCall (Heath) – Goddard, Hodgson (Fashanu), Shaw (Ranson).
Deutschland: Immel – Geils, Strack (Möhlmann), Reinhardt, Otten – Rolff (Geiger, Dittus), Kempe (Kroth, von Heesen), Engels – Wuttke, Th. Allofs (Reichert), Völler (Littbarski).

1982/84: England

Qualifikation: Deutschland scheiterte gegen Albanien (1:1, 1:1), die Türkei (7:0, 1:0) und Österreich (2:1, 1:1); die DDR scheiterte gegen Schottland (1:1, 0:2), Belgien (2:1, 2:4) und die Schweiz (2:1, 6:5).
Viertelfinale: England – Frankreich 6:1, 1:0; Schottland – Jugoslawien 2:1, n. V. 1:3; Albanien – Italien 0:1, 0:1; Polen – Spanien 2:2, 1:4.
Halbfinale: England – Italien 3:1, 0:1; Jugoslawien – Spanien 0:1, 0:2.

1. Endspiel am 18. 5. 1984 in Sevilla: Spanien – England 0:1 (0:0)
2. Endspiel am 24. 5. 1984 in Sheffield: England – Spanien 2:0 (0:0)
England: Hucker (Bailey) – Sterland Bracewell, Watson, Thomas, Stevens, Gayle, Hodge, Chamberlain – Hateley (D'Avray), Brock (Mountfield, Pickering, Callaghan).

1984/86: Spanien

Qualifikation: Deutschland scheiterte gegen Schweden (1:0, 1:2), die Tschechoslowakei (3:1, 1:1) und Portugal (2:0, 1:2); die DDR scheiterte gegen Frankreich (1:1, 1:1), Bulgarien (1:1, 2:3) und Jugoslawien (1:1, 3:2).
Viertelfinale: Schweden – Italien 1:1, 1:2; Dänemark – England 0:1, 1:1; Polen – Ungarn 1:0, 0:5; Spanien – Frankreich 3:1, 3:1.
Halbfinale: Italien – England 2:0, 1:1; Ungarn – Spanien 3:1, 1:4.

1. Endspiel am 15. 10. 1986 in Rom. Italien – Spanien 2:1 (0:1)
2. Endspiel am 29. 10. 1986 in Valladolid: Spanien – Italien n. V. 2:1 (2:1, 1:1), Elfmeterschießen 3:0
Spanien: Ablanedo – Solana, Quique – Sanchis, Andriuna, Calderé – Llorente, Eusebio, Pineda (Pardeza), Roberto, Bustingorri (im 2. Spiel noch Eloy, Gallego, Gabino, Ramon Vaquez, J. Carlos).

1986/88: Frankreich

Qualifikation: Deutschland scheiterte gegen die Niederlande (0:2, 1:3), Bulgarien (2:0, 1:2) und Luxemburg (4:1, 4:1); die DDR scheiterte an Frankreich (1:0, 2:2), der UdSSR (5:1, 1:2) und Norwegen (1:1, 0:0).
Viertelfinale: Frankreich – Italien 2:1, 2:2; Griechenland – Tschechoslowakei 1:1, 2:2; Spanien – Niederlande 0:1, n. V. 1:2, Schottland – England 0:1, 0:1.
Halbfinale: Frankreich – England 4:2, 2:2; Griechenland – Niederlande 5:0, 0:2.

1. Endspiel am 25. 5. 1988 in Athen: Griechenland – Frankreich 0:0
2. Endspiel am 12. 10. 1988 in Besancon: Frankreich – Griechenland 3:0 (0:0)

Frankreich: Martini – Reuzeau, Silvestre, Roche (F. Passi), Galtier – Blanc, Dogon, Sauzée, Guérin – Paille, Lada (Zitelli). Im ersten Spiel noch eingesetzt: Barrabe, Buisine, Despayroux, Cantona.

1988/90: Sowjetunion

Qualifikation: Deutschland qualifizierte sich gegen Island (1:1; 1:1), die Niederlande (2:0, 1:0) und Finnland (2:0, 3:0); die DDR scheiterte gegen die UdSSR (3:2, 0:1), Österreich (2:0, 1:0) und die Türkei (0:0, 2:3).
Viertelfinale: Jugoslawien – Bulgarien 2:0, 1:0; Sowjetunion – Deutschland 1:1, n. V. 2:1; Tschechoslowakei – Schweden 1:2, 0:4; Italien – Spanien 3:1, 0:1.
Halbfinale: Italien – Jugoslawien 0:0, 2:2; Sowjetunion – Schweden 1:1, 2:0.

1. Endspiel am 5. 9. 1990 in Sarajevo: Jugoslawien – Sowjetunion 2:4 (1:2)
2. Endspiel am 17. 10. 1990 in Simferopol: Sowjetunion – Jugoslawien 3:1 (1:0)
Sowjetunion: Eriomin – Mostowoi, Sidelnikow – Smatowalenko, Pozdneikow (Juran), Cernischew – Koncelenis, Schalimow, Kobelew, Dobrowolski, Koliwanow.

1990/92: Italien

Qualifikation: Deutschland qualifizierte sich gegen Belgien (3:1, 3:0) und Luxemburg (3:0, 3:0).
Viertelfinale: Dänemark – Polen 5:0, 1:1; Niederlande – Schweden 2:1, 0:1; Deutschland – Schottland 1:1, 3:4; Tschechoslowakei – Italien 1:2, 0:2.
Halbfinale: Schweden – Schottland 1:0, 0:0; Dänemark – Italien 0:1, 0:2.

1. Endspiel am 28. 5. 1992 in Ferrara: Italien – Schweden 2:0 (0:0)
2. Endspiel am 3. 6. 1992 ib Växjö: Schweden – Italien 1:0 (0:0)
Italien: Antonioli – Bonomi, Favalli (Rossini) – D. Baggio (Taccola), Matrecano, Verga (Albertini) – Melli (Muzzi), Marcolin, Buso, Corini, Sordo.

1992/94: Italien

Qualifikation: Deutschland scheiterte gegen Spanien (1:2, 1:3), Irland (8:0, 1:0) und Dänemark (0:1, 4:1).
Viertelfinale: Spanien – Griechenland 0:0, 4:2; Polen – Portugal 1:3, 0:2; Frankreich – Russland 2:0, 1:0; Italien – RCS 3:0, 0:1.

Endrunde vom 15. bis 20. 4. 1994 in Frankreich
Halbfinale: Frankreich – Italien n. V. 0:0, Elfmeterschießen 3:5, Portugal – Spanien 2:0.
Um den dritten Platz: Spanien – Frankreich 2:1.

Endspiel am 20. April 1994 in Montpellier: Italien – Portugal n. V. 1:0 (0.0, 0:0)
Italien: Toldo – Cannavaro, Colonnete, Panucci, Berretta, Cherubini, Inzaghi (83. Orlandini), Marcolin, Starchilli, Carbone, Muzzi.
Tor: Orlandini – Zuschauer: 8000 – SR: Muhmenthaler (Schweiz) .

1994/96: Italien

Qualifikation: Deutschland qualifizierte sich gegen Bulgarien (7:0, 0:2), Wales (1:0, 5:1), Georgien (3:0, 2:0) und Moldawien (3:1, 1:1).
Viertelfinale: Deutschland – Frankreich 0:0, 1:4; Portugal – Italien 1:0, 0:2; Ungarn – Schottland 0:1, 1:3; Spanien – Tschechien 2:1 2:1.

Endrunde vom 28. bis 31. Mai 1996 in Barcelona
Halbfinale: Spanien – Schottland 2:1, Italien – Frankreich 1:0.
Um den 3. Platz: Frankreich – Schottland 1:0.

Endspiel am 31. Mai in Barcelona: Italien – Spanien n. V. 1:1 (1:1, 1:1), Elfmeterschießen 4:2
Italien: Pagotto – Panucci, Cannavaro, Fresi, Galante (Pistone), Nesta – Ametrano, Tommasi (Tacchinardi), Brambilla – Amoruso, Totti (Morfeo).
Tore: Eigentor Idiakez (Raul) – Zuschauer: 25 000 – SR: Benko (Österreich).

1996/98: Spanien

Qualifikation: Deutschland qualifizierte sich gegen Armenien (1:0, 7:0), Portugal (2:1, 1:1), Albanien (4:0, 2:0) und die Ukraine (2:0, 1:1).

Endrunde vom 23. bis 31. Mai 1998 in Rumänien:
Viertelfinale: Deutschland – Griechenland 0:1, Niederlande – Rumänien 2:1, Spanien – Russland 1:0, Norwegen – Schweden 1:0.
Platzierungsspiele: Rumänien – Deutschland i. V. 0:1 („Golden Goal"), Russland – Schweden 0:2.
Um den 5. Platz: Deutschland – Schweden 2:1
Um den 7. Platz: Russland – Rumänien 2:1.

Halbfinale: Niederlande – Griechenland 0:3, Norwegen – Spanien n. V. 0:1.
Um den 3. Platz: Norwegen – Niederlande 2:0.

Endspiel am 31. Mai 1998 in Bukarest: Spanien – Griechenland 1:0 (0:0)
Spanien: Arnau – Lopez Rekarte, Guerrero, Garcia Calvo, Roger (Guti) – Vales, Felipe, Ito, Benjamin (Angub) – Valeron (Victor), Ivan Perez.
Tor: Ivan Perez – Zuschauer: 10 000 – SR: Michel (Slowakei).

1998/2000: Italien

Qualifikation: Deutschland scheiterte gegen die Türkei (1:1, 0:2), Finnland (2:0, 1:3), Nordirland (1:0, 0:1) und Moldawien (2:0, 2:0).
Achtelfinale: Polen – Türkei 2:1, 0:1; Norwegen – Spanien 1:3, 0:4; Russland – Slowakei 0:1, 1:3; Tschechien – Griechenland 3:0, 0:1; Niederlande – Belgien 2:2, 2:0; Portugal – Kroatien 2:0, n. V. 0:3; Frankreich – Italien 1:1, n. V. 1:2; England – Jugoslawien 3:0 (nur ein Spiel in Barcelona).

Endrunde vom 27. 5. bis 4. 6. 2000 in der Slowakei
Gruppe A: Tschechien. Spanien – Tschechien 1:1; Kroatien – Niederlande 1:2; Spanien – Kroatien 0:0; Tschechien – Niederlande 3:1; Niederlande – Spanien 0:1; Tschechien – Kroatien 4:3.
Gruppe B: Italien. Italien – England 2:0; Slowakei – Türkei 2:1; Italien – Slowakei 1:1; England – Türkei 6:0; Türkei – Italien 1:3; England – Slowakei 0:2.
Um den 3. Platz: Spanien – Slowakei 1:0

Endspiel am 4. Juni 2000 in Bratislava: Italien – Tschechien 2:1 (1:0)
Italien: Abbiati – Grandoni, Zanchi, Gattuso – Comandini (Ventola), Baronio, Pirlo, Coco – Cirillo, Zanetti (Firmani), Spinesi (Vanucchi)
Tore: Pirlo 2 (Dosek) – Zuschauer: 9170 – SR: Nilsson (Schweden).

2000/02: Tschechien

Qualifikation: Deutschland scheiterte gegen England (1:2, 1:1), Griechenland (2:1, 0:2), Albanien (8:0, 1:0) und Finnland (2:0, 3:1).
Achtelfinale: Polen – Italien 2:5, 0:0; Kroatien – Tschechien 1:1, 0:0; Schweden – Belgien 3:2, 0:2; Griechenland – Türkei 3:0, 1:2; Rumänien – Frankreich 0:1, 0:4; Niederlande – England 2:2, 0:1; Spanien – Portugal 2:1, 0:1; Ukraine – Schweiz 1:2, 1:2.

Endrunde vom 16. bis 28. 5. 2002 in der Schweiz
Gruppe A: Italien und Schweiz. England – Schweiz 2:1, Italien – Portugal 1:1, Portugal – Schweiz 0:2, Italien – England 2:1, Schweiz – Italien 0:0, Portugal – England 3:1.
Gruppe B: Frankreich und Tschechien. Frankreich – Tschechien 2:0, Griechenland – Belgien 1:2, Belgien – Tschechien 0:1, Griechenland – Frankreich 1:3, Tschechien – Griechenland 1:1, Belgien – Frankreich 0:2.
Halbfinale: Frankreich – Schweiz 2:0, Tschechien – Italien 3:2.

Endspiel am 28. Mai 2002 in Basel: Tschechien – Frankreich n. V. 0:0, Elfmeterschießen 3:1
Tschechien: Cech – Hübschmann, Jiranek (Kovac), Rozehnal, Grygera – Zelenka (Polak), Vorisek – Pitak, Skacel – Baros (Pospisil), Vachousek
Zuschauer: 20 400 – SR: Ovrebo (Norwegen).

2002/04: Italien

Qualifikation: Deutschland qualifizierte sich gegen Schottland (0:1, 2:2), Litauen (1:0, 4:1) und Island (1:0, 3:1).
Achtelfinale: Deutschland – Türkei 1:0, 1:1; Serbien-Montenegro – Norwegen 5:1, 0:3; Portugal – Frankreich 1:2, n. V. 2:1, Elfmeterschießen 4:1; Dänemark – Italien 1:1, 0:0; Schweden – Spanien 2:0, 1:1, Schweiz – Tschechien 1:2, n. V. 2:1, Elfmeterschießen 4:3; Kroatien – Schottland 2:0, 0:1.
Endrunde vom 27. Mai bis 8. Juni 2004 in Deutschland
Gruppe A: Italien und Serbien-Montenegro. Italien – Weißrussland 1:2; Serbien und Montenegro – Kroatien 3:2; Weißrussland – Kroatien 1:1; Italien – Serbien und Montenegro 2:1; Italien – Kroatien 1:0; Weißrussland – Serbien und Montenegro 1:2.
Gruppe B: Schweden und Portugal. Schweden – Portugal 3:1; Deutschland – Schweiz 2:1; Schweiz – Portugal 2:2; Deutschland – Schweden 1:2; Schweiz – Schweden 1:3; Deutschland – Portugal 1:2.
Halbfinale: Schweden – Serbien und Montenegro n. V. 1:1, Elfmeterschießen 5:6; Italien – Portugal 3:1.
Spiel um den 3. Platz: Portugal – Schweden n. V. 3:2.

Endspiel am 8. Juni 2004 in Bochum: Italien – Serbien und Montenegro 3:0 (1:0)

Italien: Amelia – Bonera (Zaccardo), Barzagli, Bovo, Moretti – Mesto, De Rossi, Donadel (Brighi), Palombo – Gilardino, Sculli (Del Nero).
Tore: De Rossi, Bovo, Gilardino – Zuschauer: 15 000 – SR: Medina Cantalejo (Spanien).

2004/06: Niederlande

Qualifikation: Deutschland qualifizierte sich gegen England (1:1, 2:2), Polen (1:1, 3:1), Österreich (2:0, 3:0), Wales (4:0, 4:0) und Aserbaidschan (2:0, 2:0).
Achtelfinale: Tschechien – Deutschland 0:2, 0:1; Ungarn – Italien 1:1, 0:1; England – Frankreich 1:1, 1:2; Serbien & Montenegro – Kroatien 3:1, 2:1; Ukraine – Belgien 2:3, 2:1; Russland – Dänemark 0:1, 1:3; Schweiz – Portugal 1:1, 1:2; Slowenien – Niederlande 0:0, 0:2.

Endrunde vom 23. Mai bis 4. Juni 2006 in Portugal
Gruppe A: Frankreich und Serbien & Montenegro. Serbien & Montenegro – Deutschland 0:1, Portugal – Frankreich 0:1, Frankreich – Deutschland 3:0, Portugal – Serbien & Montenegro 0:2, Deutschland – Portugal 0:1, Frankreich – Serbien & Montenegro 2:0.
Gruppe B: Ukraine und Niederlande. Ukraine – Niederlande 2:1, Italien – Dänemark 3:3, Dänemark – Niederlande 1:1, Italien – Ukraine 1:0, Niederlande – Italien 1:0, Dänemark – Ukraine 1.2.
Halbfinale: Frankreich – Niederlande n. V. 2:3; Ukraine – Serbien & Montenegro n. V. 0:0, Elfmeterschießen 5:4.

Endspiel am 4. Juni 2006 in Porto: Niederlande – Ukraine 3:0 (2:0)
Niederlande: Vermeer – Tiendalli, Vlaar, Luirink, Emanuelson – Aissati (Zomer), De Zeeuw, Schaars – Hofs, Huntelaar, Castelen (De Ridder).
Tore: Huntelaar 2, Hofs – Zuschauer: 22 146 – SR: Hansson (Schweden).

2006/07: Niederlande

Qualifikation: Deutschland qualifizierte sich gegen Nordirland (3:2) und Rumänien (5:1).
Achtelfinale: Serbien – Schweden 0:3, 5:0; Tschechien – Bosnien-Herzegowina 2:1, 1:1; Russland – Portugal 4:1, 0:3; England – Deutschland 1:0, 2:0; Italien – Spanien 0:0, 2:1; Belgien – Bulgarien 1:1, 4:1; Frankreich – Israel 1:1, 0:1.

Endrunde vom 10. bis 23. Juni 2007 in den Niederlanden
Gruppe A: Niederlande und Belgien. Niederlande – Israel 1:0; Portugal – Belgien 0:0; Niederlande – Portugal 2:1; Israel – Belgien 0:1; Belgien – Niederlande 2:2; Israel – Portugal 0:4.
Gruppe B: Serbien und England. Tschechien – England 0:0; Serbien – Italien 1:0; Tschechien – Serbien 0:1; England – Italien 2:2; Italien – Tschechien 3:1; England – Serbien 2:0.
Halbfinale: Niederlande – England n. V. 1:1, Elfmeterschießen 13:12; Serbien – Belgien 2:0.
Um den 5. Platz: Italien – Portugal n. V. 0:0, Elfmeterschießen 4:3 (Italien für Olympia 2008 qualifiziert).

Endspiel am 23. Juni 2007 in Groningen: Niederlande – Serbien 4:1 (1:0)
Niederlande: Waterman – Zuiverloon, Donk, Kruiswijk, Pieters (Jong-A-Pin) – De Ridder, Maduro, Bakkal, Drenthe (Beerens) – Babel, Rigters (Bruins).
Tore: Bakkal, Babel, Rigters, Bruins, (Mrdja) – Zuschauer: 19 814 – SR: Skomina (Slowenien).

2007/09: Deutschland

Qualifikation: Deutschland qualifizierte sich gegen Israel (0:0, 2:2), Nordirland (3:0, 3:0), Moldawien (3:0, 0:1) und Luxemburg (6:0, 7:0).
Achtelfinale: Österreich – Finnland 2:1, n. V. 1:2, Elfmeterschießen 2:4; Türkei – Weißrussland 1:0, 0:2; Deutschland – Frankreich 1:1, 1:0; Wales – England 2:3, 2:2; Italien – Israel 0:0, 3:1; Dänemark – Serbien 0:1, 0:1; Schweiz – Spanien 2:1, n. V. 1:3.

Endrunde vom 15. bis 29. Juni 2009 in Schweden
Gruppe A: Italien und Schweden. Schweden – Weißrussland 5:1; Italien – Serbien 0:0; Schweden – Italien 1:2; Weißrussland – Serbien 0:0; Serbien – Schweden 1:3; Weißrussland – Italien 1:2.
Gruppe B: England und Deutschland. England – Finnland 2:1; Spanien – Deutschland 0:0; Deutschland – Finnland 2:0; Spanien – England 0:2; Finnland – Spanien 0:2; Deutschland – England 1:1.
Halbfinale: England – Schweden n. V. 3:3, Elfmeterschießen 5:4; Italien – Deutschland 0:1.

Endspiel am 29. Juni 2009 in Malmö: Deutschland – England 4:0 (1:0)
Deutschland: Neuer – Beck, J. Boateng, Höwedes, Boenisch – Hummels (Aogo) – Johnson (Schwaab), Castro, Khedira, Özil (Schmelzer) – Wagner.
Tore: Castro, Özil, Wagner 2 – Zuschauer: 20 000 – SR: Kuipers (Niederlande).

2009/11: Spanien

Qualifikation: Deutschland scheiterte an Tschechien (1:2, 1:1), Island (2:2, 1:4), Nordirland (3:0, 1:1) und San Marino (6:0, 11:0).
Achtelfinale: Island – Schottland 2:1, 2:1; Schweiz – Schweden 4:1, 1:1; Tschechien – Griechenland 3:0, 2:0; England – Rumänien 2:1, 0:0; Italien – Weißrussland 2:0, n. V. 0:3; Niederlande – Ukraine 1:3, 2:0; Spanien – Kroatien 2:1, 3:0.

Endrunde vom 11. bis 25. Juni 2011 in Dänemark
Gruppe A: Schweiz und Weißrussland. Weißrussland – Island 2:0; Dänemark – Schweiz 0:1; Schweiz – Island 2:0; Dänemark – Weißrussland 2:1; Island – Dänemark 3:1; Schweiz – Weißrussland 3:0.
Gruppe B: Spanien und Tschechien. Tschechien – Ukraine 2:1; Spanien – England 1:1; Tschechien – Spanien 0:2; Ukraine – England 0:0; England – Tschechien 1:2; Ukraine – Spanien 0:3.
Halbfinale: Spanien – Weißrussland 3:1; Schweiz – Tschechien 1:0.
Spiel um den 3. Platz (Olympia-Qualifikation): Weißrussland – Tschechien 1:0.

Endspiel am 25. Juni 2011 in Aarhus: Spanien – Schweiz 2:0 (1:0)
Spanien: De Gea – Montoya, Botia, Alvaro Dominguez, Didac – Javi Martinez, Thiago Alcantara – Ander (Capel), Mata, Iker Muniain (Parejo) – Adrian (Jeffren).
Tore: Ander, Thiago Alcantara – Zuschauer: 16 100 – SR: Tagliavento (Italien).

2011/13: Spanien

Qualifikation: Deutschland qualifizierte sich gegen Bosnien-Herzegowina (3:0, 4:4), Griechenland (1:0, 5:4), Weißrussland (3:0, 1:0), Zypern (4:1, 3:0) und San Marino (7:0, 8:0).
Achtelfinale: Slowakei – Niederlande 0:2, 0:2; Spanien – Dänemark 5:0, 3:1; Tschechien – Russland 0:2, 2:2; Deutschland – Schweiz 1:1, 3:1; Frankreich – Norwegen 1:0, 3:5; England – Serbien 1:0, 1:0; Italien – Schweden 1:0, 3:2.

Endrunde vom 5. bis 18. Juni 2013 in Israel
Gruppe A: Italien und Norwegen. Israel – Norwegen 2:2; England – Italien 0:1; England – Norwegen 1:3; Italien – Israel 4:0; Israel – England 1:0; Norwegen – Italien 1:1.
Gruppe B: Spanien und Niederlande. Spanien – Russland 1:0; Niederlande – Deutschland 3:2; Niederlande – Russland 5:1; Deutschland – Spanien 0:1; Spanien – Niederlande 3:0; Russland – Deutschland 1:2.
Halbfinale: Spanien – Norwegen 3:0; Italien – Niederlande 1:0.

Endspiel am 18. Juni 2013 in Jerusalem: Spanien – Italien 4:2 (3:1)
Spanien: De Gea – Montoya, Bartra, Inigo Martinez, Alberto – Illarramendi – Koke (Camacho), Thiago Alcantara – Tello (Iker Muniain), Isco – Morata (Rodrigo).
Tore: Thiago Alcantara 3, Isco (Immobile, Borini) – Zuschauer: 29 300 – SR: Jug (Slowenien).

2013/15: Schweden

Qualifikation: Deutschland qualifizierte sich gegen Rumänien (8:0, 2:2), Montenegro (2:0, 1:1), Irland (3:0, 4:0) und Färöer (3.2, 3:0.
Achtelfinale: Niederlande – Portugal 0:2, 4:5; Slowakei – Italien 1:1, 1:3; Serbien – Spanien 0:0, 2:1; Ukraine – Deutschland 0:3, 0:2; Dänemark – Island 0:0, 1:1; Frankreich – Schweden 2:0, 1:4; England – Kroatien 2:1, 2:1.

Endrunde vom 17. bis 30. Juni 2015 in Tschechien
Gruppe A: Dänemark und Deutschland. Tschechien – Dänemark 1:2; Deutschland – Serbien 1:1; Serbien – Tschechien 0:4; Deutschland – Dänemark 3:0; Dänemark – Serbien 2:0; Tschechien – Deutschland 1:1.
Gruppe B: Portugal und Schweden. Italien – Schweden 1:2; England – Portugal 0:1; Schweden – England 0:1; Italien – Portugal 0:0; England – Italien 1:3; Portugal – Schweden 1:1.
Halbfinale: Portugal – Deutschland 5:0; Dänemark – Schweden 1:4.

Endspiel am 30. Juni 2015 in Prag: Schweden – Portugal n. V. 0:0, Elfmeterschießen 4:3
Schweden: Carlgren – Lindelöf, Milosevic, Helander (Baffo), Augustinsson – Hiljemark, Lewicki – Khalili, Tibbling (Quaison) – Guidetti, Kiese Thelin.
Tore im Elfmeterschießen: Guidetti, Kiese Thelin, Augustinsson, Lindelöf (Paciencia, Tozé, Joao Mario) – Zuschauer: 18 867 – SR: Marciniak (Polen).

2015/17: Deutschland

Qualifikation: Deutschland qualifizierte sich gegen Österreich (4:2, 4:1), Finnland (4:0, 1:0), Aserbaidschan (3:1 ,3:0), Russland (4:3, 2:0) und Färöer (4:1, 6:0).

Endrunde vom 16. bis 30. Juni 2017 in Polen
Gruppe A: England. Schweden – England 0:0; Polen – Slowakei 1:2; Slowakei – England 1:2; Polen – Schweden 2:2; England – Polen 3:0; Slowakei – Schweden 3:0.
Gruppe B: Spanien. Portugal – Serbien 2:0; Spanien – Mazedonien 5:0; Serbien – Mazedonien 2:2; Portugal – Spanien 1:3; Mazedonien – Portugal 2:4; Serbien – Spanien 0:1.
Gruppe C: Italien und Deutschland: Deutschland – Tschechien 2:0; Dänemark – Italien 0:2; Tschechien – Italien 3:1; Deutschland – Dänemark 3:0; Italien – Deutschland 1:0:Tschechien – Dänemark 2:4.
Halbfinale: England – Deutschland n. V. 2:2, Elfmeterschießen 3:4; Spanien – Italien 3:1.

Endspiel am 30. Juni 2017 in Krakau: Deutschland – Spanien 1:0 (1:0)
Deutschland: Pollersbeck – Toljan, Stark, Kempf, Gerhardt – Haberer (Kohr) – Arnold – Weiser, M. Meyer, Gnabry (Amiri) – Philipp (Öztunali).
Tor: Weiser – Zuschauer: 14 059 – SR: Bastien (Frankreich).

2017/19: Spanien

Qualifikation: Deutschland qualifizierte sich gegen Norwegen (2:1, 1:3), Irland (2:0, 6:0), Israel (3:0, 5:2), Kosovo (1:0, 0:0) und Aserbaidschan (6:1, 7:0).

Endrunde vom 16. bis 30. Juni 2019 in Italien und San Marino
Gruppe A: Spanien. Polen – Belgien 3:2; Italien – Spanien 3:1; Spanien – Belgien 2:1; Italien – Polen 0:1; Belgien – Italien 1:3; Spanien – Polen 5:0.
Gruppe B: Deutschland. Serbien – Österreich 0:2; Deutschland – Dänemark 3:1; Dänemark – Österreich 3:1; Deutschland – Serbien 6:1; Österreich – Deutschland 1:1; Dänemark – Serbien 2:0.
Gruppe C: Rumänien und Frankreich. Rumänien – Kroatien 4:1; England – Frankreich 1:2; England – Rumänien 2:4; Frankreich – Kroatien 1:0; Kroatien – England 3:3; Frankreich – Rumänien 0:0.
Halbfinale: Deutschland – Rumänien 4:2; Spanien – Frankreich 4:1.

Endspiel am 30. Juni 2019 in Udine: Spanien – Deutschland 2:1 (1:0)
Spanien: Sivera – Martin, Vallejo, Nunez, Junior – Fabian (Merino), Marc Roca – Dani Olmo, Dani Ceballos, Pablo Fornals (Mayorale) – Oyarzabal (Carlos Soler).
Deutschland: Nübel – Klostermann, Tah, Baumgartl, Henrichs – M. Eggestein (Nmecha) – Serdar (Neuhaus), Dahoud – Öztunali (Richter), Amiri – Waldschmidt.
Tore: Fabian, Dani Olmo (Amiri) – Zuschauer: 23 232 – SR: Jovanovic (Serbien).

2019/21: Deutschland

Qualifikation: Deutschland qualifizierte sich gegen Belgien (2:3, 1:4), Bosnien-Herzegowina (1:0, 2:0), Wales (2:1, 5:1) und die Rep. Moldau (4:1, 5:0).

Wegen der Coronavirus-Pandemie wurde die Endrunde in eine Gruppen- und K.-o.-Phase aufgeteilt.

Gruppenphase vom 24. bis 31. März 2021 in Ungarn und Slowenien
Gruppe A: Niederlande und Deutschland. Rumänien – Niederlande 1:1; Ungarn – Deutschland 0:3; Ungarn – Rumänien 1:2; Deutschland – Niederlande 1:1; Niederlande – Ungarn 6:1; Deutschland – Rumänien 0:0.
Gruppe B: Spanien und Italien. Slowenien – Spanien 0:3; Tschechien – Italien 1:1; Spanien – Italien 0:0; Slowenien – Tschechien 1:1; Italien – Slowenien 4:0; Spanien – Tschechien 2:0.
Gruppe C: Dänemark und Frankreich. Russland – Island 4:1; Frankreich – Dänemark 0:1; Russland – Frankreich 0:2; Island – Dänemark 0:2; Dänemark – Russland 3:0; Island – Frankreich 0:2.
Gruppe D: Portugal und Kroatien. Portugal – Kroatien 1:0; England – Schweiz 0:1; Portugal – England 2:0; Kroatien – Schweiz 3:2; Schweiz – Portugal 0:3; Kroatien – England 1:2.

K.-o-Runde vom 31. Mai bis 6. Juni in Ungarn und Slowenien
Viertelfinale: Niederlande – Frankreich 2:1; Spanien – Kroatien n. V. 2:1; Dänemark – Deutschland n. V. 2:2, Elfmeterschießen 5:6; Portugal – Italien n. V. 5:3.
Halbfinale: Spanien – Portugal 0:1; Niederlande – Deutschland 1:2.

Endspiel am 6. Juni 2021 in Ljubljana: Deutschland – Portugal 1:0 (0:0)
Deutschland: Dahmen – R. Baku, Pieper, Schlotterbeck, Raum – Dorsch (Janelt) – Maier, Özcan (Stach) – Wirtz (Burkardt), Berisha (Adeyemi) – Nmecha (Jakobs).
Tor: Nmecha – Zuschauer: 4883 – SR: Kruashvili (Georgien).

Junioren-Europameisterschaft U 18/U 19

Seit 1948 führte die FIFA bzw. ab 1955 die UEFA ein internationales Turnier für Junioren durch. Teilnahmeberechtigt sind Spieler bis zum vollendeten 18. Lebensjahr. 1981 erhielt das bisherige UEFA-Juniorenturnier die Bezeichnung „Junioren-Europameisterschaft"; ab 2001/02 als „U19 EM".

Die Sieger der FIFA/UEFA-Juniorenturniere:
1948 England – 1949 Frankreich – 1950 Österreich – 1951 Jugoslawien – 1952 Spanien – 1953 Ungarn – 1954 Spanien – 1955, 1956 nur Gruppensieger ermittelt – 1957 Österreich – 1958 Italien – 1959 Bulgarien – 1960 Ungarn – 1961 Portugal – 1962 Rumänien – 1963, 1964 England – 1965 DDR – 1966 Sowjetunion/Italien gemeinsam – 1967 Sowjetunion – 1968 Tschechoslowakei – 1969 Bulgarien – 1970 DDR – 1971, 1972, 1973 England – 1974 Bulgarien – 1975 England – 1976 Sowjetunion – 1977 Belgien – 1978 Sowjetunion – 1979 Jugoslawien – 1980 England.

Die bisherigen Europameister:
1981 Deutschland – 1982 Schottland – 1983 Frankreich – 1984 Ungarn – 1986 DDR – 1988, 1990 Sowjetunion – 1992 Türkei – 1993 England – 1994 Portugal – 1995 Spanien – 1996, 1997 Frankreich – 1998 Irland – 1999 Portugal – 2000 Frankreich – 2001 Polen – 2002 Spanien – 2003 Italien – 2004 Spanien – 2005 Frankreich – 2006, 2007 Spanien – 2008 Deutschland – 2009 Ukraine – 2010 Frankreich – 2011, 2012 Spanien – 2013 Serbien – 2014 Deutschland – 2015 Spanien – 2016 Frankreich – 2017 England – 2018 Portugal – – 2019 Spanien – 2020, 2021 abgesagt.

1981: Deutschland
Qualifikation: Deutschland als Ausrichter automatisch qualifiziert; die DDR scheiterte gegen Polen (1:2, 0:2).

Endrunde vom 25. 5. bis 3. 6. 1981 in Deutschland:
Gruppe A: Deutschland. Deutschland – Wales 5:0, Belgien – Griechenland 2:0, Deutschland – Belgien 3:2, Griechenland – Wales 0:1, Deutschland – Griechenland 1:0, Belgien – Wales 0:3.
Gruppe B: Polen. Polen – Schweden 1:1, Rumänien – Tschechoslowakei 3:2, Polen – Rumänien 3:1, Schweden – Tschechoslowakei 1:1, Polen –Tschechoslowakei 3:1, Schweden – Rumänien 1:1.
Gruppe C: Frankreich. Italien – Frankreich 0:0, Bulgarien – Dänemark 2:2, Italien – Bulgarien 1:0, Frankreich – Dänemark 2:1, Italien – Dänemark 1:2, Frankreich – Bulgarien 3:0.
Gruppe D: Spanien. Österreich – Schottland 0:1, Spanien – England 2:1, Österreich – Spanien 0:3, Schottland – England 1:0, Österreich – England 0:7, Schottland – Spanien 1:1.
Halbfinale: Deutschland – Frankreich 1:1, Elfmeterschießen 4:3, Polen – Spanien 0:0, Elfmeterschießen 6:5.
Um den 3. Platz: Frankreich – Spanien 1:1, Elfmeterschießen 2:0.

Endspiel am 3. Juni 1981 in Düsseldorf: Deutschland – Polen 1:0 (0:0)
Deutschland: Vollborn – Quaisser (Goldstein), Theiss, Schmidkunz, Falkenmayer – Aulbach, Brunner, Loose – Anthes, Herbst, Wohlfarth.
Tor: Anthes – Zuschauer: 56 000 – SR: Mathias (Österreich).

1982: Schottland
Qualifikation: Deutschland qualifizierte sich gegen Luxemburg (3:0, 5:0) und Frankreich (2:0, 1:0); die DDR nahm nicht teil.

Endrunde vom 21. bis 30. 5. 1982 in Finnland:
Gruppe A: Sowjetunion. Österreich – Sowjetunion 1:4, Deutschland – Irland 1:0, Österreich – Deutschland 4:1, Sowjetunion – Irland 2:0, Irland – Österreich 2:4, Sowjetunion – Deutschland 1:0.

Gruppe B: Polen. Spanien – Bulgarien 1:2, Polen – Belgien 1:0, Spanien – Polen 0:1, Bulgarien – Belgien 0:1, Spanien – Belgien 1:3, Bulgarien – Polen 0:0.
Gruppe C: Tschechoslowakei. Portugal – Ungarn 2:1, Tschechoslowakei – Finnland 2:1, Ungarn – Finnland 2:3, Portugal – Tschechoslowakei 1:1, Portugal – Finnland 1:1, Ungarn – Tschechoslowakei 0:2.
Gruppe D: Schottland. Schottland – Albanien 3:0, Türkei – Niederlande 1:3, Schottland – Türkei 2:0, Albanien – Niederlande 1:3, Schottland – Niederlande 1:1, Albanien – Türkei 1:1.
Halbfinale: Sowjetunion – Tschechoslowakei 0:1, Polen – Schottland 0:2.
Um den 3. Platz: Sowjetunion – Polen 3:1.

Endspiel am 30. 5. 1982 in Helsinki: Schottland – Tschechoslowakei 3:1 (1:0)
Schottland: Rase – Beaumont, Bowman, Dick, McGinnis, McStay, Mackay, Nevinx, Philliben, Rennie, Rica.
Tore: Philliben, Nevinx, Mackay (Kula) – Zuschauer: 2500 – SR: Tritschler (Deutschland).

1983: Frankreich

Qualifikation: Deutschland qualifizierte sich gegen die Schweiz (2:0, 1:1); die DDR scheiterte gegen die Tschechoslowakei (0:1, 1:2).

Endrunde vom 13. bis 22. Mai 1983 in England:
Gruppe A: Tschechoslowakei. Tschechoslowakei – Deutschland 3:1, Bulgarien – Schweden 1:0, Tschechoslowakei – Bulgarien 0:0, Deutschland – Schweden 1:0, Tschechoslowakei – Schweden 1:1, Deutschland – Bulgarien 3:1.
Gruppe B: Italien. Jugoslawien – Rumänien 2:0, Italien – Türkei 1:1, Jugoslawien – Italien 0:2, Rumänien – Türkei 6:0, Jugoslawien – Türkei 3:1, Rumänien – Italien 0:2.
Gruppe C: England. England – Spanien 1:0, Schottland – Sowjetunion 3:0, England – Schottland 4:2, Spanien – Sowjetunion 1:0, England – Sowjetunion 0:2, Spanien – Schottland 1:1.
Gruppe D: Frankreich. Finnland – Frankreich 1:3, Irland – Belgien 1:0, Finnland – Irland 0:0, Frankreich – Belgien 3:1, Finnland – Belgien 4:0, Frankreich – Irland 1:1.
Halbfinale: Tschechoslowakei – England 1:1, Elfmeterschießen 4:2; Italien – Frankreich 0:1.
Um den 3. Platz: England – Italien 1:1, Elfmeterschießen 4:2.

Endspiel am 22. Mai 1983 in London: Frankreich – Tschechoslowakei 1:0 (1:0)
Frankreich: Sabonniere – Reuzeau, Prisette, Degrave, Hely – Ribar, Fournier, Frechet (Fernier), Thomas – Paille, Guion (Fourrier).
Tor: Reuzeau – Zuschauer: 4593 – SR: Petrovic (Jugoslawien).

1984: Ungarn

Qualifikation: Deutschland scheiterte gegen Italien (0:3, 0:0) und Österreich (1:1, 1:0); die DDR qualifizierte sich gegen Schweden (3:1, 2:1).

Endrunde vom 25.5. bis 3.6.1984 in der Sowjetunion:
Gruppe A: Irland. Irland – Schottland 3:0, Portugal – Griechenland 3:1, Irland – Griechenland 1:1, Schottland – Portugal 3:1, Griechenland – Schottland 1:1, Irland – Portugal 3:2.
Gruppe B: Polen. Bulgarien – Dänemark 2:2, Polen – Italien 1:0, Italien – Dänemark 3:0, Polen – Bulgarien 1:0, Bulgarien – Italien 1:0, Polen – Dänemark 1:0.
Gruppe C: Sowjetunion. Sowjetunion – Luxemburg 5:0, DDR – England 1:1, Sowjetunion – England 1:1, DDR – Luxemburg 4:0, Sowjetunion – DDR 1:0, England – Luxemburg 2:0.
Gruppe D: Ungarn. Ungarn – Tschechoslowakei 3:0, Spanien – Schweiz 2:1, Tschechoslowakei – Schweiz 2:1, Ungarn – Spanien 2:1, Spanien – Tschechoslowakei 1:1, Ungarn – Schweiz 1:0.
Halbfinale: Sowjetunion – Irland 2:1; Ungarn – Polen 2:0.
Um den 3. Platz: Polen – Irland 2:1.

Endspiel am 3. Juni 1984 in Moskau: Ungarn – Sowjetunion n. V. 0:0, Elfmeterschießen 3:2
Ungarn: Petry – Pinter, Haaz, Szelpal, Keller – Deak, E. Kovacs, Oravecz (Zsivoczky) – Vincze, K. Kovacs, Zsinka.
Tore aus dem Elfmeterschießen: Pinter, Zsivoczky, E. Kovacs (Chudoshilow, Iwanauskas) – Zuschauer: 75 000 – SR: Dos Santos (Portugal).

• Ab 1984 wird die U18-EM über zwei Jahre ausgetragen.

1984/86: DDR

Qualifikation: Deutschland qualifizierte sich gegen die Schweiz (2:0, 2:0), Dänemark (3:1, 3:1) und Polen (3:0, 2:0); die DDR qualifizierte sich gegen Norwegen (1:0, 1:1), Schweden (2:1, 0:0) und Finnland (2:0, 1:0).

Endrunde vom 9. bis 16. Oktober 1986 in Jugoslawien:
Viertelfinale: Deutschland – Rumänien 3:0; DDR – Jugoslawien 2:0; Italien – Belgien 2:1; Schottland – Bulgarien 1:0.
Halbfinale: Deutschland – DDR 0:1; Italien – Schottland 1:0.
Qualifikation für die U20-WM: Jugoslawien – Rumänien 5:0; Bulgarien – Belgien 1:0
Um den 3. Platz: Deutschland – Schottland 1:0.

Endspiel am 15. Oktober 1986 in Subotica: DDR – Italien 3:1 (2:1):
DDR: Hiemann – Neitzel – Barylla, Ritter – Schuster, Prasse (Herzog), Steinmann, Köller, Minkwitz – Sammer, Kruse (Jähnig).
Tore: Kruse, Sammer, Köller (Impallomeni) – Zuschauer: 1000 – SR: Nemeth (Ungarn).

Für die U20-WM 1987 in Chile qualifiziert: DDR, Italien, Deutschland, Schottland, Jugoslawien, Bulgarien.

1986/88: Sowjetunion

Qualifikation: Deutschland scheiterte gegen Portugal (3:3, 0:0), Frankreich (1:0, 1:2) und der Schweiz (3:0, 3:1); die DDR qualifizierte sich gegen Schweden (4:1, 2:2), Finnland (0:0, 3:0) und Irland (4:0, 0:0).

Endrunde vom 22. bis 27. Juli 1988 in der Tschechoslowakei:
Viertelfinale: Tschechoslowakei – Spanien 0:1; Sowjetunion – Norwegen 4:2; DDR – Dänemark 2:0; Niederlande – Portugal 0:3.
Halbfinale: Spanien – Portugal 0:2; DDR – Sowjetunion 0:3.
Qualifikation für die U20-WM: Norwegen – Dänemark 1:1, Elfmeterschießen 5:4; Tschechoslowakei – Niederlande 1:0.
Um den 3. Platz: DDR – Spanien 2:0.

Endspiel am 27. Juli 1988 in Frydek-Mistek: Sowjetunion – Portugal n. V. 3:1 (1:1, 0:0)
Sowjetunion: Stautsche – Bejenar, Benko, Tabunow, Asadow, Muschtschinka (Teiradse), Popowitsch, Kassimow, Timoschenko, Salenko, Kirijakow (Nikiforow).
Tore: Timoschenko, Nikiforow, Salenko (Joao Pinto) – Zuschauer: 5000 – SR: Libich (Polen).

Für die U20-WM 1989 in Saudi-Arabien qualifiziert: Sowjetunion, Portugal, DDR, Spanien, Norwegen, Tschechoslowakei.

1988/90: Sowjetunion

Qualifikation: Deutschland scheiterte gegen Schweden (2:1, 0:4), Polen (0:0, 0:1) und Schottland (1:0, 2:1); die DDR scheiterte gegen Belgien (0:2, 1:1), Jugoslawien (0:1, 2:1) und Wales (0:0, 1:1).

Endrunde vom 24. bis 29. Juli 1990 in Ungarn:
Viertelfinale: Schweden – Sowjetunion 0:3; Irland – Spanien 0:3; Belgien – England n. V. 1:1, Elfmeterschießen 4:5; Portugal – Ungarn n. V. 1:1, Elfmeterschießen 3:1.
Halbfinale: Sowjetunion – England 3:1; Spanien – Portugal 1:2.
Qualifikation für die U20-WM: Irland – Ungarn 1:0; Schweden – Belgien 6:0.
Um den 3. Platz: Spanien – England 1:0.

Endspiel am 29. Juli 1990 in Bekescsaba: Sowjetunion – Portugal n. V. 0:0, Elfmeterschießen 4:2
Sowjetunion: Pomazun – Krbasjan, Busmanow, Minko, Mamcsur – Guscsin (Pohlabejew), Grisin, Csaran – Mandreko (Kandurow), Lukin, Scherbakow
Zuschauer: 1500 – SR: Kapl (Österreich).

Für die U20-WM in Portugal qualifiziert: Sowjetunion, Portugal, Spanien, England, Irland, Schweden.

1990/92: Türkei

Qualifikation: Deutschland qualifizierte sich gegen Malta (4:0, 1:0), Spanien (3:0, 3:1) und Italien (0:0, 2:2).

Endrunde vom 19. bis 28. Juli 1992 in Deutschland:
Viertelfinale: Deutschland – Portugal 0:4; England – Polen 3:1; Türkei – Ungarn 3:0; GUS – Norwegen n. V. 4:4, Elfmeterschießen 1:3.
Halbfinale: Portugal – England 1:1, Elfmeterschießen 12:11; Türkei – Norwegen 2:1.

Qualifikation für die U20-WM: Deutschland – Polen 3:2, GUS – Ungarn 3:1.
Um den 3. Platz: Norwegen – England 1:1, Elfmeterschießen 8:7.

Endspiel am 25. Juli 1992 in Bayreuth: Türkei – Portugal i. V. („Golden Goal") 2:1 (1:1, 1:1)
Türkei: Yetkin – Kapacu Bülent – Emre, Sinan – Yakup, Ilhami, Turan (Tarkan), Seyfettin – Yilmaz Bülent (Aygün), Oktay, Mustafa.
Tore: Y. Bülent, Tarkan (Cardoso) – Zuschauer: 6000 – SR: Craciunescu (Rumänien) .

Für die U20-WM 1993 in Australien qualifiziert: Türkei, Portugal, Norwegen, England, Deutschland, GUS.

• Die U18-EM wird künftig wieder jährlich ausgetragen.

1993: England

Qualifikation: Deutschland qualifizierte sich gegen Norwegen (1:1, 3:2).

Zwischenrunde: Niederlande – Dänemark 2:1, 3:1; Portugal – Russland 2:1, 0:0; Italien – Ungarn 0:2, 1:0; Türkei – Schweiz 2:1, 1:0; Finnland – Frankreich 3:4, 2:2; Rumänien – Island 0:0, 1:0; Deutschland – Spanien 0:0, 2:5 – England als Veranstalter automatisch qualifiziert.

Endrunde vom 18. bis 26. Juli 1993 in England:
Gruppe A: Türkei vor Portugal. Portugal – Rumänien 0:0, Ungarn – Türkei 1:1, Portugal – Ungarn 2:0, Türkei – Rumänien 3:0, Türkei – Portugal 2:0, Ungarn – Rumänien 1:0.
Gruppe B: England vor Spanien. England – Frankreich 2:0, Spanien – Niederlande 3:2, England – Niederlande 4:1, Spanien – Frankreich 4:1, England – Spanien 5:1, Frankreich – Niederlande 1:1.
Um den 3. Platz: Spanien – Portugal 2:1.

Endspiel am 25. Juli 1993 in Nottingham: England – Türkei 1:0 (0:0)
England: Day – G. Neville, Caskey, Casper, Sharp, Campbell, Tinkler, Gallen (Whelan), Scholes, Fowler, Joachim.
Tor: Caskey – Zuschauer: 23 381 – SR: Olsen (Norwegen).

1994: Portugal

Qualifikation: Deutschland qualifizierte sich gegen Griechenland (4:2, 2:2).
Zwischenrunde: Island – Portugal 0:7, 1:3; Russland – Italien 2:0, 1:0; Ungarn – Weißrussland 1:2, 0:0; Schweden – Schweiz 0:0, 2:1; Deutschland – Belgien 0:0, 0:0, Elfmeterschießen 4:2.); Ukraine – Niederlande 2:2, 0:0; Kroatien – Frankreich 0:0, 0:3 – Spanien als Veranstalter automatisch qualifiziert.

Endrunde vom 24. bis 31. Juli 1994 in Spanien:
Gruppe A: Portugal vor Niederlande und Frankreich: Frankreich – Portugal 1:3, Niederlande – Schweden 1:1, Portugal – Schweden 2:0, Frankreich – Niederlande 2:3, Schweden – Frankreich 1:3, Portugal – Niederlande 1:0.
Gruppe B: Deutschland vor Spanien und Russland. Spanien – Russland 4:2, Deutschland – Weißrussland 3:0, Deutschland – Russland 1:2, Spanien – Weißrussland 4:1, Deutschland – Spanien 3:1, Rußland – Weißrussland 3:2.
Um den 5. Platz: Russland – Frankreich 2:0.
Um den 3. Platz: Spanien – Niederlande 5:2.

Endspiel am 31. Juli 1994 in Merida: Portugal – Deutschland n. V. 1:1 (1:1, 1:0), Elfmeterschießen 4:1
Portugal: Silva Sampao – Madureira, Viana, Cruz (Magalhaes), Mendonca, D'Aqua (Lopes), Boia Lopes, Teixeira, Ferreira, Soares, Deus.
Deutschland: Jentzsch – Hahn – Dogan, Fensch – Wedau, Hinz, Gerster, Bochtler – Ricken – Küntzel (Schuster), Michalke (Regenbogen).
Tore: Viana (Gerster) – Zuschauer: 6000 – SR: Vad (Ungarn).

Für die U20-WM 1995 in Katar qualifiziert: Portugal, Deutschland, Spanien, Niederlande, Russland.

1995: Spanien

Qualifikation: Deutschland scheiterte gegen Nordirland (0:1) und Färöer (8:0).
Zwischenrunde: Spanien (vor Ukraine und Rumänien), Nordirland – Norwegen 0:5, 0:1; Türkei – Russland 3:1, 1:0; Dänemark – Slowakei 1:3, 3:4; Ungarn – England 0:1, 2:0; Frankreich – Niederlande 0:1, 2:2; Bulgarien – Italien 1:1, 0–1 – Griechenland als Veranstalter automatisch qualifiziert.

Endrunde vom 15. bis 22. Juli 1995 in Griechenland:
Gruppe A: Italien vor Griechenland. Griechenland – Italien 1:4, Slowakei – Norwegen 1:3, Griechenland – Slowakei 5:1, Italien – Norwegen 2:1, Norwegen – Griechenland 1:1, Italien – Slowakei 0:1.

Gruppe B: Spanien vor Niederlande. Spanien – Ungarn 2:1, Türkei – Niederlande 1:4, Spanien – Türkei 3:0, Ungarn – Niederlande 3:5, Spanien – Niederlande 2:1, Ungarn – Türkei 2:1.
Um den 3. Platz: Griechenland – Niederlande 5:0.

Endspiel am 22. Juli 1995 in Katerini: Spanien – Italien 4:1 (2:0)
Spanien: Criado (Eneko) – Rodriquez, Domingo, Redondo, Moreno, Curro, Ismael, Carlos (Roa), Ribera, Gutierrez, Rufete.
Tore: Carlos 3, Gutierrez (Totti) – Zuschauer: 1100 – SR: Ouzounov (Bulgarien).

1996: Frankreich

Qualifikation: Deutschland qualifizierte sich gegen Rumänien (1:0) und Kroatien (1:1, Elfmeterschießen 3:1).
Zwischenrunde: Italien (vor Griechenland und Österreich); Russland – Ungarn 2:4, 0:1; Deutschland – Belgien 0:0, 1:2; Portugal – Niederlande 4:1, 0:2; Spanien – Norwegen 3:1, 4:0; Schottland – England 0:3, 0:3; Irland – Island 2:1, 1:1 – Frankreich als Veranstalter automatisch qualifiziert.

Endrunde vom 23. bis 30. Juli 1996 in Frankreich:
Gruppe A: Frankreich vor Belgien und Ungarn. Frankreich – Ungarn 2:1, Belgien – Portugal 2:2, Portugal – Frankreich 0:1, Belgien – Ungarn 2:1, Frankreich – Belgien 1:1, Ungarn – Portugal 3:0.
Gruppe B: Spanien vor England und Irland. England – Spanien 0:0, Italien – Irland 1:1, Italien – England 1:1, Irland – Spanien 0:0, Spanien – Italien 3:0, England – Irland 1:0.
Um den 3. Platz: England – Belgien n. V. 3:2.

Endspiel am 30. Juli 1996 in Besancon: Frankreich – Spanien 1:0 (1:0)
Frankreich: Maqua – Bigné, Gallas, Silvestre, Jaurès – Javary, Leroy – Moret (Gonzales), Agboh, Henry (Enoyers) – Trézeguét.
Tor: Henry – Zuschauer: 7200 – SR: Temmink (Niederlande) .

Für die U20-WM 1997 in Malaysia qualifiziert: Frankreich, Spanien, England, Belgien, Ungarn, Irland.

1997: Frankreich

Qualifikation: Deutschland scheiterte gegen Portugal (2:1, 1:5), Belgien (2:1, 4:1) und die Türkei (2:4, 2:0).
Zwischenrunde: Niederlande – Frankreich 0:3, 0:3; Norwegen – Irland 1:2, 0:3; England – Portugal 2:1, 0:3; Kroatien – Schweiz 0:1, 0:0; Tschechien – Spanien 1:2, 0:0; Jugoslawien – Israel 3:2, 0:2; Ungarn – Bulgarien 1:0, 3:1 – Island als Veranstalter automatisch qualifiziert.

Endrunde vom 21. Juli bis 1. August 1997 in Island:
Gruppe A: Portugal vor Spanien. Portugal – Island 1:0, Spanien – Ungarn 2:1, Island – Spanien 1:1, Portugal – Ungarn 2:0, Ungarn – Island 2:2, Portugal – Spanien 2:0.
Gruppe B: Frankreich vor Irland. Irland – Schweiz 1:0, Frankreich – Israel 2:0, Schweiz – Israel 3:0, Frankreich – Irland 3:2, Irland – Israel 1:1, Frankreich – Schweiz 1:0.
Um den 3. Platz: Spanien – Irland 2:1.

Endspiel am 31. Juli 1997 in Reykjavik: Frankreich – Portugal i. V. („Golden Goal") 1:0 (0:0, 0:0)
Frankreich: Hiaumet – Kelban, Christanval, Rodriguez, Bertrand – Mauel, Piocelle, Proment – Touré, Saha, Hellebuyck – Tor: Saha – SR: Treossi (Italien) – Zuschauer 500.

1998: Irland

Qualifikation: Deutschland qualifizierte sich gegen Estland (4:1) und Färöer (7:0).
Zwischenrunde: Polen – Deutschland 2:1, 0:1; Portugal – Armenien 2:1, 2:0; Griechenland – Irland 0:1, 0:2; England – Frankreich 3:0, 0:1; Schweiz – Kroatien 0:0, 0:2; Israel – Spanien 0:2, 2:1; Litauen – Türkei 3:0, 0:2 – Zypern als Veranstalter automatisch qualifiziert.

Endrunde vom 19. bis 26. Juli 1998 in Zypern:
Gruppe A: Deutschland vor Portugal und Spanien. Portugal – Spanien 1:2, Litauen – Deutschland 1:7, Portugal – Litauen 2:0, Spanien – Deutschland 1:4, Deutschland – Portugal 0:2, Spanien – Litauen 2:1.
Gruppe B: Irland vor Kroatien und England. Kroatien – Irland 2:5, Zypern – England 1:2, Kroatien – Zypern 3:0, Irland – England 0:1, England – Kroatien 0:3, Irland – Zypern 3:0.
Um den 3. Platz: Kroatien – Portugal n. V. 0:0, Elfmeterschießen 5:4.

Endspiel am 26. Juli 1998 in Larnaca: Irland – Deutschland n. V. 1:1 (1:1, 0:0), Elfmeterschießen 4:3
Irland: O'Reilly – Heary, Doyle, Dunne, Gavin – McPhail (Donnolly), Barry Quinn, Crosslay (Alan Quinn) – George, Keane, Partridge (Casey).
Deutschland: Hildebrand – Ernst – Rapp, Lechner – Timm, Voss, Deisler (Schäper), Schramm, Kehl – Gensler, Kern (Majunke).
Tore: Alan Quinn (Gensler) – Tore im Elfmeterschießen: Casey, Donnolly, Barry Quinn, George (Timm, Majunke, Schramm) – Zuschauer: 4000 – SR: Romain (Belgien).

Für die U20-WM 1999 in Nigeria qualifiziert: Irland, Deutschland, Kroatien, Portugal, Spanien, England.

1999: Portugal

Qualifikation: Deutschland scheiterte gegen Norwegen (2:3) und Estland (3:0).
Zwischenrunde: Spanien – Norwegen 0:0, 1:1; Nordirland – Irland 1:2, 1:2; Niederlande – Italien 0:1, n. V. 1:0, Elfmeterschießen 4:5; Kroatien – Frankreich 0:4, 2:1; Portugal – Bosnien-Herzegowina 2:1, 4:1; Tschechien – Georgien 2:2, 1:2; Schottland – Griechenland 0:0, 0:1 – Schweden als Veranstalter automatisch qualifiziert.

Endrunde vom 18. bis 26. Juli 1999 in Schweden:
Gruppe A: Portugal vor Griechenland. Portugal – Griechenland 0:0, Schweden – Frankreich 0:0, Frankreich – Griechenland 1:1, Schweden – Portugal 1:3, Frankreich – Portugal 0:1, Schweden – Griechenland 1:1.
Gruppe B: Italien vor Irland. Italien – Georgien 2:0, Spanien – Irland 0:1, Irland – Georgien 3:3, Spanien – Italien 3:3, Georgien – Spanien 1:4, Irland – Italien 0:2.
Um den 3. Platz: Irland – Griechenland 1:0.

Endspiel am 26. Juli 1999 in Norrköping: Portugal – Italien 1:0 (1:0)
Portugal: Albergaria – Costa Pedro, Costa Ricardo (Cruz), Teixeira Vasco – Ribeiro (Brunhoso), Valente, Teixeira Filipe, Semedo, Mota – Filipe, Moreira.
Tor: Ribeiro – Zuschauer: 4000 – SR: Kapitanis Costa (Zypern).

2000: Frankreich

Qualifikation: Deutschland als Ausrichter automatisch qualifiziert.
Zwischenrunde: Ukraine – Nordirland 1:0, 2:2; Spanien – Russland 0:0, 1:2; Slowakei – Finnland 2:1; 1:2, Elfmeterschießen 4:5; Tschechien – Italien 2:1, 1:0; Österreich – Kroatien 1:2, 0:2; Norwegen – Holland 0:1, 2:2; Frankreich – Irland 0:0, 2:0 – Deutschland als Veranstalter automatisch qualifiziert.

Endrunde vom 17. bis 24. Juli 2000 in Deutschland
Gruppe A: Ukraine vor Deutschland und Niederlande. Deutschland – Ukraine 0:1, Niederlande – Kroatien 3:0, Deutschland – Niederlande 3:0, Ukraine – Kroatien 2:1, Kroatien – Deutschland 2:3, Niederlande – Ukraine 0:0.
Gruppe B: Frankreich vor Tschechien und Finnland. Tschechien – Russland 1:1, Frankreich – Finnland 1:2, Tschechien – Frankreich 0:1, Russland – Finnland 1:1, Finnland – Tschechien 2:3, Russland – Frankreich 0:2.
Um den 3. Platz: Deutschland – Tschechien 3:1.

Endspiel am 24. Juli 2000 in Nürnberg: Frankreich – Ukraine 1:0 (1:0)
Frankreich: Penneteau – Vignal, Givet, Cheyrou – Ahamada, Mathis, Mendy, Pele – Danic (Roudet), Dorothee, Cisse (Bugnet).
Tor: Buguet – Zuschauer: 32 000 – SR: Erdemir (Türkei).

Für die U20-WM 2001 in Argentinien qualifiziert: Frankreich, Ukraine, Deutschland, Tschechien, Niederlande, Finnland.

2001: Polen

Qualifikation: Deutschland scheiterte gegen die Niederlande (2:4, 1:0), und Frankreich (3:1, 2:4).
Achtelfinale: Griechenland – Ukraine 1:1, 0:1; Belgien – Israel 4:1, 0:2; England – Polen 0:1, 0:0; Österreich – Tschechien 0:2, 0:2; Niederlande – Dänemark 1:1, 2:3; Slowakei – Jugoslawien 1:1, 1:4; Spanien – Portugal 0:0, 3:1– Finnland als Veranstalter automatisch qualifiziert.

Endrunde vom 21. bis 29. Juli 2001 in Finnland
Gruppe A: Tschechien vor Jugoslawien: Finnland – Ukraine 1:1, Tschechien – Jugoslawien 1:0, Finnland – Tschechien 1:4, Ukraine – Jugoslawien 1:2, Jugoslawien – Finnland 8:4, Ukraine – Tschechien 2:3.

Gruppe B: Polen vor Spanien: Polen – Spanien 4:1, Belgien – Dänemark 2:0, Polen – Belgien 1:1, Spanien – Dänemark 1:0, Dänemark – Polen 2:3, Spanien – Belgien 3:1.
Um den 3. Platz: Spanien – Jugoslawien 6:2.

Endspiel am 29. Juli 2001 in Helsinki: Polen – Tschechien 3:1 (1:1)
Polen: Kapsa – Napierala, Golanski, Mila, Sierant, Zawadzki, Madej, Mierzejewski (Lobodzinski), Grzelak (Kazmierczak), Brozek, Nawotczynski.
Tore: Nawotczynski, Madej, Lobodzinski (Trojan) – Zuschauer: 1870 – SR: Poulat (Frankreich).

2002: Spanien

Qualifikation: Deutschland qualifizierte sich gegen die Türkei (2:1, 2:2) und Schweden (3:1, 4:0).
Achtelfinale: Deutschland – Polen 0:0, 2:2; Litauen – England 1:1, 1:2; Mazedonien – Spanien 1:3, 0:4; Tschechien – Bulgarien 1:1, 3:1; Slowakei – Portugal 1:1, 1:0; Belgien – Griechenland 4:1, 2:1; Niederlande – Irland 1:2, 0:0 – Norwegen als Veranstalter automatisch qualifiziert.

Endrunde vom 21. bis 28. Juli 2002 in Norwegen
Gruppe A: Spanien vor der Slowakei und Tschechien: Norwegen – Slowakei 1:5, Spanien – Tschechien 1:1, Norwegen – Spanien 0:3, Slowakei – Tschechien 5:2, Tschechien – Norwegen 1:0, Slowakei – Spanien 1:3.
Gruppe B: Deutschland vor Irland und England: England – Deutschland 3:3, Belgien – Irland 1:2, England – Belgien 1:1, Deutschland – Irland 3:0, Irland – England 3:2, Deutschland – Belgien 2:1.
Um den 3. Platz: Slowakei – Irland 2:1.

Endspiel am 28. Juli 2002 in Oslo: Spanien – Deutschland 1:0 (0:0)
Spanien: Moya – Pena, Murillo, Jarque, Zubiaurre – Solabarrieta, Iniesta (Melli), Sergio (Jonan), Reyes (Carmelo) – Pina, Fernado Torres.
Deutschland: Haas – Volz (Odonkor), Crone (Lahm), Fathi, Meyer – Riether, Lehmann, Wingerter – Trochowski, Masmanidis (Schied) – Hanke.
Tor: Fernando Torres – Zuschauer: 20 000 – SR: Ceferin (Slowenien).

Für die U20-WM 2003 in den Vereinigten Arabischen Emiraten qualifiziert: Spanien, Deutschland, Slowakei, Irland, Tschechien, England.

2003: Italien

Qualifikation: Deutschland setzte sich in der 1. Runde gegen Israel (4:1), San Marino (10:0) und Aserbaidschan (7:0) durch, scheiterte in der 2. Runde gegen Tschechien (1:2), Belgien (2:2) und die Slowakei (8:4).

Endrunde vom 16. bis 26. Juli 2003 in Liechtenstein
Gruppe A: Italien und Portugal. Liechtenstein – Portugal 0:5, Norwegen – Italien 0:1, Liechtenstein – Norwegen 1:2, Portugal – Italien 1:1, Italien – Liechtenstein 5:1, Portugal – Norwegen 2:2.
Gruppe B: Österreich und Tschechien. Frankreich – Tschechien 3:3, England – Österreich 1:2, Frankreich – England 0:2, Tschechien – Österreich 1:4, Österreich – Frankreich 1:1, Tschechien – England 3:0.
Halbfinale: Italien – Tschechien 1:0, Österreich – Portugal n. V. 3:6.

Endspiel am 26. Juli 2003 in Vaduz: Italien – Portugal 2:0 (2:0)
Italien: Paoloni – Ferrnetti, Mantovani, Belotti, Chiellini – D'Astolfo (Stefani), Aquilani, Padoin, Pazzini – Potenza, Della Rocca.
Tore: Della Rocca, Pazzini – Zuschauer: 4500 – SR: Dereli (Türkei).

2004: Spanien

Qualifikation: Deutschland setzte sich in der 1. Runde gegen Dänemark (2:2), Malta (9:1) und Luxemburg (6:1) durch, in der 2. Runde gegen die Slowakei (2:1), Portugal (1:0) und Armenien (5:0).

Endrunde vom 13. bis 24. Juli 2004 in der Schweiz:
Gruppe A: Schweiz vor der Ukraine und Italien. Belgien – Ukraine 0:0; Schweiz – Italien 1:1; Italien – Ukraine 0:1; Schweiz – Belgien 2:0; Ukraine – Schweiz 0:0; Italien – Belgien 4:0.
Gruppe B: Spanien vor der Türkei und Deutschland. Deutschland – Spanien 0:3; Polen – Türkei 3:4; Deutschland – Polen 3:1; Spanien – Türkei 3:2; Türkei – Deutschland 1:1; Spanien – Polen 4:1.
Halbfinale: Schweiz – Türkei n. V. 2:3; Spanien – Ukraine n. V. 2:2, Elfmeterschießen 4:1

Endspiel am 24. Juli 2004 in Nyon: Spanien – Türkei 1:0 (0:0)
Spanien: Ribas – Sergio Ramos, Alexis, Robusté, Garrido – Markel, Albiol – Juanfran (Joan Tomás), Víctor (Borja), Silva (Gavilán) – Soldado
Tor: Borja – Zuschauer: 4000 – SR: Proenca (Portugal).

Für die U20-WM 2005 in den Niederlanden qualifiziert: Niederlande (Veranstalter), Spanien, Türkei, Schweiz, Ukraine, Deutschland, Italien.

2005: Frankreich

Qualifikation: Deutschland setzte sich in der 1. Runde gegen Serbien-Montenegro (1:1), Slowenien (3:0) und Lettland (1:1) durch, in der 2. Runde gegen Tschechien (2:1), die Niederlande (2:0) und Kroatien (3:0).

Endrunde vom 18. bis 29. Juli 2005 in Nordirland:
Gruppe A: Serbien-Montenegro und Deutschland. Serbien-Montenegro – Deutschland 4:2; Nordirland – Griechenland 0:1; Griechenland – Deutschland 0:3; Nordirland – Serbien-Montenegro 0:1; Griechenland – Serbien-Montenegro 0:3; Deutschland – Nordirland 2:1.
Gruppe B: Frankreich und England. Frankreich – England 1:1; Norwegen – Armenien 2:0; Armenien – England 1:1; Norwegen – Frankreich 1:3; Armenien – Frankreich 0:1; England – Norwegen 3:2.
Halbfinale: Serbien-Montenegro – England 1:3; Frankreich – Deutschland 3:2.

Endspiel am 29. Juli 2005 in Belfast: Frankreich – England 3:1 (0:1)
Frankreich: Lloris – Moutaouakil, Kaboul, Marange – Gourcuff, Digard (Abdoun), Cabaye, Diaby – Dja Djedje (Gouffran), Baldé.

Tore: Chakouri, Baldé, Gouffran (Holmes) – Zuschauer: 5000 – SR: Vink (Niederlande).

2006: Spanien

Qualifikation: Deutschland setzte sich in der 1. Runde gegen Weißrussland (6:2), Griechenland (3:2) und die Niederlande (2:2) durch, scheiterte in der 2. Runde gegen Spanien (1:3), Schweden (2:1) und Zypern (6:0).

Endrunde vom 16. bis 29. Juli 2006 in Polen
Gruppe A: Tschechien, Österreich und Polen. Belgien – Tschechien 4:2, Polen – Österreich 0:1, Österreich – Tschechien 1:3, Polen – Belgien 4:1, Tschechien – Polen 2:0, Österreich – Belgien 4:1.
Gruppe B: Spanien, Schottland und Portugal. Spanien – Türkei 5:3, Schottland – Portugal 2:2, Schottland – Spanien 0:4, Portugal – Türkei 4:4, Portugal – Spanien 1:1, Türkei – Schottland 2:3.
Halbfinale: Tschechien – Schottland 0:1, Spanien – Österreich 5:0.

Endspiel am 29. Juli 2006 in Posen: Spanien – Schottland 2:1 (0:0)
Spanien: Adan – Barragan, Marc Valente, Pique, Canella – Javi Garcia, Mario Suarez, Toni (Jeffren), Capel (Granero) – Mata, Bueno.
Tore: Bueno 2 (Dorrans – Zuschauer: 5000 – SR: Jakobsson (Island).

Für die U20-WM 2007 in Kanada qualifiziert: Spanien, Schottland, Tschechien, Österreich, Polen und Portugal.

2007: Spanien

Qualifikation: Deutschland setzte sich in der 1. Runde gegen Schottland (0:1), Estland (7:2) und Bosnien-Herzegowina (5:0) durch, in der 2. Runde gegen Irland (1:0), Ungarn (0:0) und Bulgarien (2:0).

Endrunde vom 16. bis 27. Juli 2007 in Österreich
Gruppe A: Spanien und Griechenland. Griechenland – Portugal 1:0; Österreich – Spanien 0:2; Spanien – Portugal 1:1; Österreich – Griechenland 1:1; Spanien – Griechenland 0:0; Portugal – Österreich 2:0.
Gruppe B: Deutschland und Frankreich. Frankreich – Serbien 5:2; Deutschland – Russland 3:2; Russland – Serbien 2:6; Deutschland – Frankreich 1:1; Deutschland – Serbien 3:2; Russland – Frankreich 0:0.
Halbfinale: Spanien – Frankreich n. V. 0:0, Elfmeterschießen 4:2; Deutschland – Griechenland 2:3.

Endspiel am 27. Juli 2007 in Linz: Spanien – Griechenland 1:0 (1:0)
Spanien: Sergio Asenjo – Diaz, Echaide, Pablo Gil, Cantero – Coto (Zamora), Azpilicueta, Sanjoseé, Parejo (Berrocal) – Aaron, Emilio Nsue (Carletes).
Tor: Parejo – Zuschauer: 7200 – SR: Circhetta (Schweiz).

2008: Deutschland

Qualifikation: Deutschland setzte sich in der 1. Runde gegen Russland (2:3), Bosnien-Herzegowina (8:1) und Estland (5:1) durch, in der 2. Runde gegen Kroatien (2:2), die Slowakei (5:2) und Albanien (2:0).

Endrunde vom 14. bis 26. Juli 2008 in Tschechien
Gruppe A: Deutschland und Ungarn. Bulgarien – Ungarn 0:1; Deutschland – Spanien 2:1; Spanien – Ungarn 0:1; Deutschland – Bulgarien 3:0; Ungarn – Deutschland 1:2; Spanien – Bulgarien 4:0.
Gruppe B: Italien und Tschechien. Tschechien – England 2:0; Griechenland – Italien 1:1; Tschechien – Griechenland 0:0; England – Italien 0:0; Italien – Tschechien 4:3; England – Griechenland 3:0.
Halbfinale: Italien – Ungarn 1:0; Deutschland – Tschechien n. V. 2:1.

Endspiel am 26. Juli 2008 in Jablonec: Deutschland – Italien 3:1 (1:0)
Deutschland: Zieler – Diekmeier, Jungwirth, Reinartz, Kopplin – Risse (Latza), S. Bender, L. Bender (Toprak), Naki (Oczipka) – Gebhart, Sukuta-Pasu – Gelb-Rote Karte: Jungwirth.
Tore: L. Bender, Sukuta-Pasu, Gebhart (Raggio Garibaldi) – Zuschauer: 2000 – SR: Collum (Schottland).

Für die U20-WM 2009 in Ägypten qualifiziert: Deutschland, Italien, Ungarn, Tschechien, Spanien und England.

2009: Ukraine

Qualifikation: Deutschland setzte sich in der 1. Runde gegen die Niederlande (2:1), Litauen (5:0) und Luxemburg (3:0) durch, scheiterte in der 2. Runde gegen Spanien (0:1), Tschechien (1:0) und Estland (5:0).

Endrunde vom 21. Juli bis 2. August 2009 in der Ukraine
Gruppe A: England und Ukraine. Ukraine – Slowenien 0:0; England – Schweiz 1:1; Ukraine – England 2:2; Slowenien – Schweiz 1:2; Schweiz – Ukraine 0:1; Slowenien – England 1:7.
Gruppe B: Serbien und Frankreich. Frankreich – Serbien 1:1; Türkei – Spanien 1:2; Frankreich – Türkei 1:1; Serbien – Spanien 2:1; Spanien – Frankreich 0:1; Serbien – Türkei 1:0.
Halbfinale: England – Frankreich n. V. 3:1, Serbien – Ukraine 1:3.

Endspiel am 2. August 2009 in Donezk: Ukraine – England 2:0 (1:0)
Ukraine: Levchenko – Chaykovskiy, Partsvaniya, Kryvtsov, Kushnirov – Petrov (Yeremenko), Rybalka, Shakhov, Korkishko – Kaverin (Shevchuk), Garmash.
Tore: Garmash, Korkishko – Zuschauer: 25 100 – SR: Jech (Tschechien).

2010: Frankreich

Qualifikation: Deutschland setzte sich in der 1. Runde gegen die Türkei (1:2), Moldawien (5:0) und Luxemburg (3:0) durch, scheiterte in der 2. Runde gegen die Niederlande (0:3), die Slowakei (1:2) und Polen (4:1).

Endrunde vom 18. bis 30. Juli 2010 in Frankreich
Gruppe A: Frankreich und England. Österreich – England 2:3; Frankreich – Niederlande 4:1; Niederlande – England 1:0; Frankreich – Österreich 5:0; England – Frankreich 1:1; Niederlande – Österreich 0:1.
Gruppe B: Spanien und Kroatien. Kroatien – Spanien 1:2; Italien – Portugal 0:2; Spanien – Portugal 2:1; Kroatien – Italien 0:0; Spanien – Italien 3:0; Portugal – Kroatien 0:5.
Halbfinale: Spanien – England 3:1; Frankreich – Kroatien 2:1.
Endspiel am 30. Juli in Caen: Frankreich – Spanien 2:1 (0:1)
Frankreich: Diallo – Nego, Faure, Mavinga, Kolodzeiejczak – Fofana, Coquelin – Sunu (Lacazette), Kakuta, Griezmann (Tafer) – Bakambu.
Tore: Sunu, Lacazette (Rodrigo) – Zuschauer: 20 000 – SR: Studer (Schweiz).

Für die U20-WM 2011 in Kolumbien qualifiziert: Frankreich, Spanien, England, Kroatien, Österreich und Portugal.

2011: Spanien

Qualifikation: Deutschland setzte sich in der 1. Runde gegen die Schweiz (2:2), Nordirland (2:1) und Andorra (10:0) durch, scheiterte in der 2. Runde an der Türkei (0:1), Ungarn (3:0) und Mazedonien (5:0).

Endrunde vom 20. Juli bis 1. August 2011 in Rumänien
Gruppe A: Tschechien und Irland. Rumänien – Tschechien 1:3; Griechenland Irland 1:2; Tschechien – Irland 2:1; Rumänien – Griechenland 0:1; Irland – Rumänien 0:0; Tschechien – Griechenland 1:0.
Gruppe B: Spanien und Serbien. Serbien – Türkei 2:0; Spanien – Belgien 4:1; Türkei – Belgien 1:1; Serbien – Spanien 0:4; Belgien – Serbien 1:1; Türkei – Spanien 3:0.
Halbfinale: Tschechien – Serbien 4:2; Spanien – Irland 5:0.

Endspiel am 1. August in Chiajna: Spanien – Tschechien n. V. 3:2 (1:1, 0:0)
Spanien: Badaa – Blazquez, Miquel, Sergi Gomez, Aurtenetxe – Álex Fernandez (Campana), Ruben Pardo, Deulofeu, Sarabia (Muniz), Juanmi (Alcácer) – Morata.
Tore: Aurtenetxe, Alcácer 2 (Krejci, Lacha) – Zuschauer: 5000 – SR: Attwell (England).

2012: Spanien

Deutschland setzte sich in der 1. Runde gegen Nordirland (5:1), Montenegro (2:0) und Weißrussland (3:3) durch, scheiterte in der 2. Runde an Serbien (2:2), Rumänien (1:1) und Ungarn (3:0).

Endrunde vom 3. bis 15. Juli 2012 in Estland
Gruppe A: Spanien und Griechenland. Griechenland – Spanien 1:2; Estland – Portugal 0:3; Estland – Griechenland 1:4; Portugal – Spanien 3:3; Spanien – Estland 2:0; Portugal – Griechenland 2:3.
Gruppe B: England und Frankreich. England – Kroatien 1:1; Serbien – Frankreich 0:3; Frankreich – Kroatien 1:0; Serbien – England 1:2; Kroatien – Serbien 3:0; Frankreich – England 1:2.
Halbfinale: England – Griechenland n. V. 1:2; Spanien – Frankreich n. V. 3:3, Elfmeterschießen 4:2.

Endspiel am 15. Juli in Tallinn: Spanien – Griechenland 1:0 (0:0)
Spanien: Kepa – Joni, Ramalho, Osede, Grimaldo – Campana, Suso (Denis Suarez) – Jesé (Bernat), Oliver Torres, Deulofeu (Juanmi) – Alcacer.
Tor: Jesé – Zuschauer: 7864 – SR: Makkelie (Niederlande).

Für die U20-Weltmeisterschaft 2013 in der Türkei qualifiziert: Türkei (Veranstalter), Spanien, Griechenland, Frankreich, England, Portugal, Kroatien.

2013: Serbien

Qualifikation: Deutschland setzte sich in der 1. Runde gegen Irland (2:2), Mazedonien (5:0) und Luxemburg (5:0) durch, scheiterte in der 2. Runde gegen die Niederlande (0:1), Norwegen (1:3) und Zypern (3:1).

Endrunde vom 20. Juli bis 1. August 2013 in Litauen
Gruppe A: Spanien und Portugal. Litauen – Niederlande 2:3; Spanien – Portugal 1:0; Niederlande – Portugal 1:4; Litauen – Spanien 0:2; Portugal – Litauen 4:2; Niederlande – Spanien 2:3.
Gruppe B: Serbien und Frankreich. Serbien – Türkei 2:1; Georgien – Frankreich 0:0; Serbien – Georgien 1:0; Türkei – Frankreich 1:2; Frankreich – Serbien 1:1; Türkei – Georgien 4:2.
Halbfinale: Serbien – Portugal n. V. 2:2, Elfmeterschießen 3:2, Spanien – Frankreich 1:2.

Endspiel am 1. August in Marijampole: Serbien – Frankreich 1:0 (0:0)
Serbien: Rajkovic – Golubovic, Veljkovic, Filipovic, Antic – Milinkovic-Savic, Maksimovic – Djurdjevic (Ozegovic), Pavlovski (Urosevic), Lukovic (Meleg) – Mitrovic.
Tor: Lukovic – Zuschauer: 3000 – SR: Kulbakov (Weißrussland).

2014: Deutschland

Qualifikation: Deutschland setzte sich in der 1. Runde gegen Schottland (1:1, Lettland (5:0) und Weißrussland (2:1) durch, in der 2. Runde gegen Spanien (3:1), Dänemark (4:0) und Litauen (2:0).

Endrunde vom 19. bis 31. Juli 2014 in Ungarn
Gruppe A: Portugal und Österreich. Portugal – Israel 3:0; Ungarn – Österreich 1:3; Österreich – Israel 3:0; Ungarn – Portugal 1:6; Österreich – Portugal 1:2; Israel – Ungarn 1:2.

Gruppe B: Deutschland und Serbien. Ukraine – Serbien 1:1; Bulgarien – Deutschland 0:3; Deutschland – Serbien 2:2; Bulgarien – Ukraine 0:1; Deutschland – Ukraine 2:0; Serbien – Bulgarien 1:0.
Halbfinale: Deutschland – Österreich 4:0; Portugal – Serbien n. v. 0:0, Elfmeterschießen 4:3.
Endspiel am 31. Juli in Budapest: Deutschland – Portugal 1:0 (1:0)
Deutschland: Schnitzler – Akpoguma, Stark, Kempf, Holthaus – Öztunali, Kimmich – Brandt, Stendera (Lohkemper), Mukhtar (Syhre) – Selke.
Tor: Mukhtar – Zuschauer: 8343 – SR: Estrada (Spanien).

Für die U20-Weltmeisterschaft 2015 in der Neuseeland qualifiziert: Deutschland, Portugal, Österreich, Serbien, Ungarn, Ukraine.

2015: Spanien

Qualifikation: Deutschland setzte sich in der 1. Runde gegen Kasachstan (6:0), Lettland (3:0) und Österreich (1:5) durch, in der 2. Runde gegen die Slowakei (1:1), Irland (3:2) und Tschechien (6:0).

Endrunde vom 6. bis 19. Juli 2015 in Griechenland
Gruppe A: Frankreich und Griechenland. Griechenland – Ukraine 2:0; Österreich – Frankreich 0:1; Ukraine – Frankreich 1:3; Griechenland – Österreich 0:0; Ukraine – Österreich 2:2; Frankreich – Griechenland 2:0.
Gruppe B: Russland und Spanien. Niederlande – Russland 1:0; Deutschland – Spanien 0:3; Spanien – Russland 1:3; Deutschland – Niederlande 1:0; Russland – Deutschland 2:2; Spanien – Niederlande 1:1.
Halbfinale: Russland – Griechenland 4:0; Frankreich – Spanien 0:2.
Endspiel am 19. Juli 2015 in Katerini: Spanien – Russland 2:0 (1:0)
Spanien: Sivera – Borja (Marin), Vallejo, Meré, Caricol – Hernandez, Merino – Asensio, Dani Ceballos, Pedraza (Matias Nahuel) – Mayoral (Carlos Fernandez).
Tore: Mayoral, Nahuel – Zuschauer: 4149 – SR: Taylor (England).

2016: Frankreich

Qualifikation: Deutschland als Gastgeber automatisch qualifiziert.

Endrunde vom 11. bis 24. Juli 2016 in Deutschland
Gruppe A: Portugal und Italien. Deutschland – Italien 0:1; Portugal – Österreich 1:1; Italien – Österreich 1:1; Deutschland – Portugal 3:4; Österreich – Deutschland 0:3; Italien – Portugal 1:1.
Gruppe B: England und Frankreich. Kroatien – Niederlande 1:3; Frankreich – England 1:2; Niederlande – England 1:2; Kroatien – Frankreich 0:2; England – Kroatien 2:1; Niederlande – Frankreich 1:5.
Spiel um den 5. Platz: Deutschland – Niederlande n. V. 3:3, Elfmeterschießen 5:4.
Halbfinale: England – Italien 1:2; Portugal – Frankreich 1:3.
Endspiel am 24. Juli 2016 in Sinsheim: Frankreich – Italien 4:0 (2:0)
Frankreich: Bernardoni – Michelin, Onguene, Diop, Maouassa – Tousart – Poha (Thuram), Harit (Fuchs) – Blas (Gelin), Mbappe Lottin – Augustin.
Tore: Augustin, Blas, Tousart, Diop – Zuschauer: 25 100 – SR: Aghayev (Aserbaidschan).

Für die U-20-Weltmeisterschaft 2017 in Südkorea qualifiziert: Frankreich, Italien, England, Portugal und Deutschland.

2017: England

Qualifikation: Deutschland setzte sich in der 1. Runde gegen Irland (4:0), Albanien (3:2) und Gibraltar (5:0) durch, in der 2. Runde gegen Serbien (2:0), die Slowakei (4:0) und Zypern (2:1).

Endrunde vom 2. bis 15. Juli 2017 in Georgien
Gruppe A: Portugal und Tschechien. Schweden – Tschechien 1:2; Georgien – Portugal 0:1; Georgien – Schweden 2:1; Tschechien – Portugal 1:2; Tschechien – Georgien 2:0; Portugal – Schweden 2:2.
Gruppe B: England und Niederlande. Bulgarien – England 0:2; Deutschland – Niederlande 1:4; England – Niederlande 1:0; Deutschland – Bulgarien 3:0; England – Deutschland 4:1; Niederlande – Bulgarien 1:1.
Halbfinale: Portugal – Niederlande 1:0; England – Tschechien 1:0.
Endspiel am 15. Juli 2017 in Tiflis: England – Portugal 2:1 (0:0)

England: Ramsdale – Sterling, Johnson, Suliman, J. DaSilva – Buckley-Ricketts (Edwards), Dozzell (P. Da Silva), Edun, Sessegnon – Mount – Nmecha (Brereton).
Tore: Suliman, Nmecha (ET Sterling) – Zuschauer: 4100 – SR: Jovanovic (Serbien).

2018: Portugal

Qualifikation: Deutschland setzte sich in der 1. Runde gegen Weißrussland (5:1), Nordirland (7:1) und Polen (2:0) durch, scheiterte in der 2. Runde jedoch gegen Schottland (3:0), Norwegen (2:5) und die Niederlande (4:1).

Endrunde vom 16. bis 29. Juli 2018 in Finnland
Gruppe A: Italien und Portugal. Norwegen – Portugal 1:3; Finnland – Italien 0:1; Finnland – Norwegen 2:3; Portugal – Italien 2:3; Italien – Norwegen 1:1; Portugal – Finnland 3:0.
Gruppe B: Ukraine und Frankreich. Türkei – England 2:3; Frankreich – Ukraine 1:2; Ukraine – England 1:1; Türkei – Frankreich 0:5; England – Frankreich 0:5; Ukraine – Türkei 1:0.
Spiel um den 5. Platz: Norwegen – England 3:0.
Halbfinale: Ukraine – Portugal 0:5; Italien – Frankreich 2:0.
Endspiel am 29. Juli 2018 in Seinäjoki: Portugal – Italien n. V. 4:3 (2:2, 1:0)
Portugal: Joao Virginia – Thierry Correia, Romain Correia, Carmo, Ruben Vinagre – Nunes, Florentino, Quina (Nuno Santos) – Trincao (Pedro Correia), José Gomes (Mesaque Dju), Joao Filipe (Pedro Correia).
Tore: Joao Filipe 2, Trincao, Pedro Correia (Kean 2, Scamacca) – Zuschauer: 5018 – SR: Munuera (Spanien).

Für die U-20-Weltmeisterschaft 2019 in Polen qualifiziert: Portugal, Italien, Ukraine, Frankreich und Norwegen.

2019: Spanien

Qualifikation: Nach einem Freilos in der 1. Runde scheiterte Deutschland in der 2. Runde gegen Norwegen (0:1), Kroatien (2:1) und Ungarn (3:0).

Endrunde vom 14. bis 27. Juli 2019 in Armenien
Gruppe A: Portugal und Spanien. Armenien – Spanien 1:4; Italien – Portugal 0:3; Portugal – Spanien 1:1; Armenien – Italien 0:4; Portugal – Armenien 4:0; Spanien – Italien 2:1.
Gruppe B: Frankreich und Irland. Norwegen – Irland 1:1; Tschechien – Frankreich 0:3; Tschechien – Norwegen 0:0; Irland – Frankreich 0:1; Frankreich – Norwegen 1:0; Irland – Tschechien 2:1.
Halbfinale: Portugal – Irland 4:0; Frankreich – Spanien 0:0, Elfmeterschießen 3:4.

Endspiel am 27. Juli 2019 in Erewan: Spanien – Portugal 2:0 (1:0)
Spanien: Tenas – V. Gomez, Garcia, Guillamon, Miranda – Moha (Mollejo), Blanco, S. Gomez (Barrenetxea) – Ferran Torres (Chust), Ruiz (Marques), Bryan Gil (Jandro Orellana).
Tore: Ferran Torres 2 – Zuschauer: 7150 – SR: Peljto (Bosnien-Herzegowina).

2020: abgesagt

Qualifikation: Deutschland hatte sich in der 2. Runde hinter Schottland (0:1) und vor Belarus (9:2) und Andorra (3:0) für die 2. Runde qualifiziert. Diese sowie die **Endrunde in Nordirland** wurden wegen der Coronavirus-Pandemie abgesagt.

2021: abgesagt

Die Qualifikationsspiele sowie die **Endrunde in Rumänien** wurden wegen der Coronavirus-Pandemie abgesagt.

Junioren-Europameisterschaft U 16/U 17

Die bisherigen Gewinner (bis 1998 UEFA-Wettbewerb U 16, ab 1999 offiziell als Europameisterschaft, ab 2002 als U17-EM): 1982 Italien – 1984 Deutschland – 1985 Sowjetunion – 1986 Spanien – 1987 Titel vakant – 1988 Spanien – 1989 Portugal – 1990 Tschechoslowakei – 1991 Spanien – 1992 Deutschland – 1993 Polen – 1994 Türkei – 1995, 1996 Portugal – 1997 Spanien – 1998 Irland – 1999 Spanien – 2000 Portugal – 2001 Spanien – 2002 Schweiz – 2003 Portugal – 2004 Frankreich – 2005 Türkei – 2006 Russland – 2007, 2008 Spanien – 2009 Deutschland – 2010 England – 2011, 2012 Niederlande – 2013 Russland – 2014 England – 2015 Frankreich – 2016 Portugal – 2017 Spanien – 2018, 2019 Niederlande – 2020, 2021 abgesagt.

1980/82: Italien

Qualifikation: Deutschland qualifizierte sich gegen Luxemburg (7:0, 5:0), Belgien (3:0, 0:0) und die Niederlande (3:0, 4:1); die DDR qualifizierte sich gegen Österreich (0:0, 1:0), die Tschechoslowakei (2:1, 1:1) und Polen (1:0, 1:1).
Viertelfinale: DDR – Deutschland 1:1, 2:3; Frankreich – Italien 2:2, 0:3; Sowjetunion – Jugoslawien 2:0, 0:2, Elfmeterschießen 2:4; Finnland – Schottland 1:2, 2:0.

Endrunde vom 5. bis 7. Mai 1982 in Italien
Halbfinale: Finnland – Italien 1:1, Elfmeterschießen 2:4; Deutschland – Jugoslawien 2:1.
Spiel um den 3. Platz: Jugoslawien – Finnland 0:0, Elfmeterschießen 4:2.

Endspiel am 7.5.1982 in Falconara: Italien – Deutschland 1:0 (1:0)
Italien: Rosin – Galbagini, Carannante, Lucci, Olmi, Righetti, Monti, Giannini, Macina (Freggia), Simonetta (Pampaloni), Zagaria.
Deutschland: Nagel – Karp, Drehsen, Zietsch, Schröder – Wöber, Pomp, Klepper (Kurtenbach) – Koy, Glaß, Zechel (Wolff).
Tor: Macina – Zuschauer: 7500 – SR: Nyffenegger (Schweiz).

1982/84: Deutschland

Qualifikation: Deutschland qualifizierte sich gegen die DDR (5:0, 1:0), Schweden (2:0, 1:0) und Norwegen (4:3, 2:0); die DDR spielte gegen Schweden 0:0, 0:1 und gegen Norwegen 5:1, 2:2.
Viertelfinale: Niederlande – Deutschland 0:4, 2:2; England – Frankreich 4:0, 1:1; Italien – Jugoslawien 1:1, 0:1; Bulgarien – Sowjetunion 1:0, 0:3.

Endrunde vom 1. bis 6. Mai 1984 in Deutschland
Halbfinale: Deutschland – Jugoslawien 5:1; Sowjetunion – England 2:0.
Spiel um den 3. Platz: England – Jugoslawien 1:0.

Endspiel am 6. Mai1984 in Ulm: Deutschland – Sowjetunion 2:0 (1:0)
Deutschland: Illgner – Eichin, Strich, Hahn, Hafner – Fritz (Reuter), Knäbel, Drews – Simmes, Janßen, Ostermann (Krümpelmann).
Tore: Simmes, Janßen – Zuschauer: 10 000 – SR: Nemeth (Ungarn).

• Die U16-EM wird künftig jährlich ausgetragen.

1985: Sowjetunion

Qualifikation: Deutschland qualifizierte sich gegen Schweden (5:1, 0:0) und Polen (5:0, 6:0); die DDR qualifizierte sich gegen Österreich (2:1, 2:1).

Endrunde vom 15. bis 27. Mai 1985 in Ungarn:
Gruppe A: Sowjetunion. Ungarn – Sowjetunion 0:2, Deutschland – Portugal 1:1, Deutschland – Sowjetunion 1:2, Ungarn – Portugal 2:0, Sowjetunion – Portugal 2:0, Ungarn – Deutschland 0:1.
Gruppe B: Spanien. Italien – Jugoslawien 0:1, Spanien – Schweden 4:0, Italien – Spanien 0:0, Jugoslawien – Schweden 1:3, Italien – Schweden 2:5, Jugoslawien – Spanien 0:0.
Gruppe C: DDR. Bulgarien – Norwegen 0:1, DDR – Niederlande 1:1, Bulgarien – DDR 0:1, Norwegen – Niederlande 0:0, Bulgarien – Niederlande 4:2, Norwegen – DDR 0:0.
Gruppe D: Griechenland. Island – Schottland 0:2, Frankreich – Griechenland 0:2, Island – Frankreich 0:4, Schottland – Griechenland 1:2, Island – Griechenland 0:4, Schottland – Frankreich 0:3.
Halbfinale: Spanien – Griechenland 0:0, Elfmeterschießen 3:4; Sowjetunion – DDR 5:3.
Um den 3. Platz: Spanien – DDR 1:0.

Endspiel am 26. Mai 1985 in Budapest: Sowjetunion – Griechenland 4:0 (2:0)
Sowjetunion: Harin – Kaszumow, Baltuskinas, Bednij (Piszkunow), Kulumbekow – Litvinyenko, Kobeljow, Mjaszyikow, Revisvili (Markoszjan) – Mikashavidze, Pancsulija.
Tore: Pancsulija 2, Kobeljow, Kaszumow – Zuschauer: 500 – SR: Illjevski (Jugoslawien).

1986: Spanien

Qualifikation: Deutschland scheiterte gegen Italien (1:4, 3:1); die DDR qualifizierte sich gegen Ungarn (1:0, 1:0) und die Tschechoslowakei (2:0, 2:1).

Endrunde vom 28. April bis 12. Mai1986 in Griechenland:
Gruppe A: Italien. Schottland – Portugal 5:1, Italien – Griechenland 3:0, Italien – Schottland 1:0, Portugal – Griechenland 3:0, Italien – Portugal 0:0, Schottland – Griechenland 1:0.
Gruppe B: Spanien. Bulgarien – Schweden 1:0, Spanien – Norwegen 2:0, Bulgarien – Spanien 0:0, Schweden – Norwegen 0:0, Spanien – Schweden 3:0, Norwegen – Bulgarien 1:1.
Gruppe C: DDR. DDR – Österreich 1:1, Dänemark – Tschechoslowakei 1:1, Dänemark – DDR 1:2, Österreich – Tschechoslowakei 0:4, DDR – Tschechoslowakei 2:0, Dänemark – Österreich 2:0.
Gruppe D: Sowjetunion. Sowjetunion – Niederlande 3:1, Frankreich – Rumänien 2:1, Niederlande – Frankreich 1:0, Sowjetunion – Rumänien 3:1, Frankreich – Sowjetunion 1:4, Rumänien – Niederlande 1:0.
Halbfinale: Italien – DDR 2:2, Elfmeterschießen 4:2; Spanien – Sowjetunion 2:1.
Um den 3. Platz: Sowjetunion – DDR 1:1, Elfmeterschießen 8:7.

Endspiel am 10. Mai 1986 in Athen: Spanien – Italien 2:1 (1:0)
Die Spanien: Ruiz – Lopez Mateo, Zaballos – Biazquez, Machero, Baeza – Criado (Vidal Nova), Prieto, Herrera, Ballester Menguez, Salvador (Caseres Benito).
Tore: Menguez, Eigentor Flamigni (Cappellini) – Zuschauer: 600 – SR: Karlsson (Schweden).

1987: Titel vakant*)

Qualifikation: Deutschland qualifizierte sich gegen Spanien (2:0, 2:2); die DDR qualifizierte sich gegen Island (1:1, 2:1).

Endrunde vom 25. Mai bis 3. Juni 1987 in Frankreich:
Gruppe A: Türkei. Israel – Dänemark 1:1, Türkei – Griechenland 0:0, Türkei – Israel 1:0, Griechenland – Dänemark 1:1, Türkei – Dänemark 1:0, Griechenland – Israel 0:0.
Gruppe B: Frankreich. Frankreich – Portugal 2:1, Schottland – DDR 2:2, Frankreich – Schottland 1:1, Portugal – DDR 1:0, Schottland – Portugal 1:3, DDR – Frankreich 0:3.
Gruppe C: Italien (durch Losentschied vor Deutschland). Deutschland – Nordirland 2:1, Italien – Tschechoslowakei 2:1, Tschechoslowakei – Deutschland 1:1, Italien – Nordirland 1:1, Nordirland – Tschechoslowakei 0:0, Deutschland – Italien 2:2.
Gruppe D: Sowjetunion. Sowjetunion – Jugoslawien 4:0, Norwegen – Österreich 0:0, Sowjetunion – Österreich 1:0, Norwegen – Jugoslawien 2:0, Jugoslawien – Österreich 1:1, Sowjetunion – Norwegen 4:1.
Halbfinale: Italien – Türkei 1:0; Sowjetunion – Frankreich n. V. 0:0, Elfmeterschießen 3:0.
Um den 3. Platz: Frankreich – Türkei 3:0.

Endspiel am 3. Juni 1987 in Paris: Italien – Sowjetunion 1:0 (1:0) *
Die Siegermannschaft: Lafuenti – Di Rocco, Gasparini – Secci, Stafico, Melli – Brunetti, Pessotto, Gallo, Bianchi, Cappellini.
Tor: Gallo – Zuschauer: 10 000 – SR: Ziller (DDR).

*) Wegen nichtberechtigten Mitwirkens des Spielers Secci wurde Italien der Titel aberkannt. Zur WM in Kanada durfte Italien lt. FIFA-Beschluss trotzdem fahren.

1988: Spanien

Qualifikation: Deutschland qualifizierte sich gegen Schottland (1:1, 1:0); die DDR qualifizierte sich gegen Zypern (3:0, 0:1).

Endrunde vom 9. bis 22. Mai 1988 in Spanien:
Gruppe A: Deutschland. Finnland – Österreich 1:0, Deutschland – Norwegen 1:1, Norwegen – Finnland 2:0, Deutschland – Österreich 3:0, Deutschland – Finnland 2:1, Österreich – Norwegen 1:0.
Gruppe B: DDR. DDR – Rumänien 1:1, Schweden – Jugoslawien 1:0, Rumänien – Schweden 1:1, DDR – Jugoslawien 1:0, DDR – Schweden 1:1, Elfmeterschießen 5:4, Rumänien – Jugoslawien 1:1.

Gruppe C: Spanien. Spanien – Ungarn 0:0, Frankreich – Türkei 1:0, Ungarn – Türkei 1:0, Spanien – Frankreich 1:0, Spanien – Türkei 4:2, Ungarn – Frankreich 1:1.
Gruppe D: Portugal. Irland – Portugal 0:0, Belgien – Schweiz 2:1, Irland – Schweiz 2:2, Portugal – Belgien 1:0, Irland – Belgien 1:0, Portugal – Schweiz 1:0.
Halbfinale: Spanien – Deutschland 3:0; Portugal – DDR 4:0.
Um den 3. Platz: DDR – Deutschland n. V. 0:0, Elfmeterschießen 5:4.

Endspiel am 21. Juni 1988 in Madrid: Spanien – Portugal n. V. 0:0, Elfmeterschießen 4:2
Spanien: Iglesias – Martinez, Elizondo, Dadie, Gallardo, Calvo, Cuellar (Porro), Torre (Lopez), Urzaiz, Lasa, Delgado.
Zuschauer: 15 000 – SR: Girard (Frankreich).

1989: Portugal

Qualifikation: Deutschland scheiterte gegen die UdSSR (0:1, 0:2); die DDR qualifizierte sich gegen Nordirland (3:0, 0:0).

Endrunde vom 4. bis 14. Mai 1989 in Dänemark:
Gruppe A: Portugal. Portugal – Schweiz 2:0, Norwegen – Rumänien 0:1, Portugal – Norwegen 3:0, Schweiz – Rumänien 0:0, Portugal – Rumänien 4:0, Schweiz – Norwegen 4:1.
Gruppe B: Frankreich. Frankreich – Jugoslawien 0:0, Österreich – Dänemark 3:9, Frankreich – Österreich 3:2, Jugoslawien – Dänemark 2:0, Frankreich – Dänemark 3:1, Jugoslawien – Österreich 1:0.
Gruppe C: Spanien. Bulgarien – Griechenland 1:1, Spanien – Niederlande 2:0, Bulgarien – Spanien 0:2, Griechenland – Niederlande 3:3, Bulgarien – Niederlande 0:1, Griechenland – Spanien 0:1.
Gruppe D: DDR. Schottland – Sowjetunion 1:2, DDR – Italien 1:0, Schottland – DDR 2:2, Sowjetunion – Italien 1:1, Schottland – Italien 1:1, Sowjetunion – DDR 1:1, Elfmeterschießen 5:6.
Halbfinale: Portugal – Spanien 2:1; Frankreich – DDR 0:3.
Um den 3. Platz: Frankreich – Spanien 3:2.

Endspiel am 14. Mai in Velle: Portugal – DDR 4:1 (1:0)
Portugal: Santos (Fonseca) – Cruz, Figo, Peixe, Xavier, Simao, Sousa, Lemos (Lourenco), Macaes, Gregorio, Gomes.
Tore: Figo, Simao, Lemos, Gomes (Kampf) – Zuschauer: 1000 – SR: Uilenberg (Niederlande).

1990: Tschechoslowakei

Qualifikation: Deutschland qualifizierte sich gegen Luxemburg (3:0, 5:1); die DDR war als Ausrichter automatisch qualifiziert.

Endrunde vom 15. bis 27. Mai 1990 in der DDR:
Gruppe A: Portugal. Nordirland – Portugal 1:2, Dänemark – Türkei 3:0, Nordirland – Dänemark 0:6, Portugal – Türkei 2:2, Nordirland – Türkei 2:0, Portugal – Dänemark 3:1.
Gruppe B: Polen. Polen – Zypern 3:0, Schweden – Ungarn 2:2, Polen – Schweden 1:1, Zypern – Ungarn 2:0, Polen – Ungarn 2:0, Zypern – Schweden 0:3.
Gruppe C: Tschechoslowakei. Tschechoslowakei – Deutschland 0:0, Frankreich – Schottland 1:1, Tschechoslowakei – Frankreich 2:0, Deutschland – Schottland 5:1, Tschechoslowakei – Schottland 3:0, Deutschland – Frankreich 1:1.
Gruppe D: Jugoslawien. Spanien – DDR 3:1, Belgien – Jugoslawien 0:2, Spanien – Belgien 1:0, DDR – Jugoslawien 0:1, Spanien – Jugoslawien 0:1, DDR – Belgien 1:1.
Halbfinale: Jugoslawien – Polen 4:1, Tschechoslowakei – Portugal n. V. 0:0, Elfmeterschießen 5:3.
Um den 3. Platz: Polen – Portugal 3:2.

Endspiel am 27. Mai in Erfurt: Tschechoslowakei – Jugoslawien n. V. 3:2 (2:2, 0:1)
Tschechoslowakei: Hyll – Kowar, Sulek, Repka, Cieslar, Vomacka (Roub), Votava, Berger, Cizek, Penska, Matejka (Ungvölgyi).
Tore: Penksa, Berger, Ckzek (Pantelic, Stanojevic) – Zuschauer: 500 – SR: Varga (Ungarn).

1991: Spanien

Qualifikation: Deutschland qualifizierte sich gegen Nordirland (3:0, 1:0).

Endrunde vom 6. bis 19. Mai 1991 in der Schweiz:
Gruppe A: Deutschland. Deutschland – Österreich 1:3, Bulgarien – Schweden 0:1, Deutschland – Schweden 1:0, Bulgarien – Österreich 0:1, Deutschland – Bulgarien 5:0, Schweden – Österreich 1:0.

Gruppe B: Griechenland. Portugal – Schweiz 2:0, Griechenland – Polen 1:0, Portugal – Griechenland 1:1, Schweiz – Polen 1:1, Schweiz – Griechenland 0:4, Portugal – Polen 1:0.
Gruppe C: Frankreich. Rumänien – Dänemark 1:1, Frankreich – Finnland 0:0, Frankreich – Rumänien 3:0, Finnland – Dänemark 1:1, Finnland – Rumänien 1:2, Frankreich – Dänemark 4:1.
Gruppe D: Spanien: Jugoslawien – Island 1:2, Sowjetunion – Spanien 1:4, Jugoslawien – Sowjetunion 1:2, Island – Spanien 1:2, Jugoslawien – Spanien 3:2, Island – Sowjetunion 0:2.
Halbfinale: Deutschland – Frankreich 1:1, Elfmeterschießen 5:4; Spanien – Griechenland 1:0.
Um den 3. Platz: Griechenland – Frankreich 1:1, Elfmeterschießen 5:4.

Endspiel am 18. Mai 1991 in Bern: Spanien – Deutschland 2:0 (2:0)
Spanien: Javier (Redomdo) – Palacios – Castao, Exposito, Medina – Gerardo, Fontenas, Sandro, Emilio – Murqui (Daniel), Robaina.
Deutschland: Fiedler – Schenk – Schiersand, Rasijewski – Bähr, Günther, Lutz (Licht), Schwab (Carl) – Sarna, Jancker, Babatz.
Tore: Robaina (2) – Zuschauer: 2000 – SR: Frisk (Schweden).

1992: Deutschland

Qualifikation: Deutschland qualifizierte sich gegen Albanien (8:1, Rückspiel wegen politischer Unruhen nicht ausgetragen).

Endrunde vom 7. bis 17. Mai 1992 in Zypern:
Gruppe A: Italien. Dänemark – Finnland 1:0, Italien – Jugoslawien 4:0, Italien – Dänemark 2:0, Jugoslawien – Finnland 2:0, Italien – Finnland 1:2, Dänemark – Jugoslawien 1:2.
Gruppe B: Spanien. Spanien – Rumänien 3:1, Niederlande – Irland 2:0, Spanien – Niederlande 2:0, Rumänien – Irland 0:0, Spanien – Irland 1:1, Rumänien – Niederlande 0:4.
Gruppe C: Deutschland. Deutschland – Nordirland 3:1, Schottland – Zypern 3:0, Deutschland – Schottland 1:0, Nordirland – Zypern 0:0, Deutschland – Zypern 2:1, Schottland – Nordirland 3:1.
Gruppe D: Portugal. Israel – Ungarn 3:2, Portugal – Frankreich 2:1, Portugal – Ungarn 1:1, Frankreich – Israel 0:0, Portugal – Israel 1:0, Frankreich – Ungarn 0:1.
Halbfinale: Deutschland – Italien 0:0, Elfmeterschießen 6:5; Spanien – Portugal 3:1.
Um den 3. Platz: Italien – Portugal 1:0.

Endspiel am 17. Mai 1992 in Nicosia: Deutschland – Spanien 2:1 (1:1)
Deutschland: Wieland – Hahn – Fensch, Dawitschek – Bochtler, Lehmann, Hinz, Ratkowski, Ricken – Michalke (Gehring), Bettenstaedt (Wedau).
Tore: Bettenstaedt, Hinz (Munoz) – Zuschauer: 1500 – SR: Mottram (Schottland).

1993: Polen

Qualifikation: Deutschland scheiterte gegen Spanien (1:0, 1:3).

Endrunde vom 1. bis 8. Mai 1993 in der Türkei:
Gruppe A: Polen und Schweiz. Polen – Schweiz 1:1, Island – Nordirland 6:2, Polen – Island 2:0, Schweiz – Nordirland 1:1, Polen – Nordirland 1:0, Schweiz – Island 1:0.
Gruppe B: Ungarn und Spanien. Ungarn – Griechenland 2:0, Türkei – Spanien 0:1, Ungarn – Türkei 0:1, Griechenland – Spanien 0:1, Ungarn – Spanien 2:1, Griechenland – Türkei 2:2.
Gruppe C: RCS und Belgien. Belgien – England 1:1, RCS – Irland 2:1, Belgien – RCS 0:0, England – Irland 1:0, Belgien – Irland 2:1, England – RCS 0:2.
Gruppe D: Italien und Frankreich. Frankreich – Rußland 1:1, Portugal – Italien 1:2, Frankreich – Portugal 3:1, Rußland – Italien 1:2, Frankreich – Italien 1:1, Rußland – Portugal 1:1.
Viertelfinale: Polen – Belgien n. V. 0:0, Elfmeterschießen 2:0; Ungarn – Frankreich 0:3; RCS – Schweiz 3:0; Italien – Spanien n. V. 0:0, Elfmeterschießen 6:5.
Halbfinale: Italien – RCS n. V. 0:0, Elfmeterschießen 5:4; Frankreich – Polen n. V. 1:2.
Um den 3. Platz: RCS – Frankreich 2:1.

Endspiel am 8. Mai 1993 in Istanbul: Polen – Italien 1:0 (1:0)
Polen: Bladzewski – Kukielka, Drajer – Magiera, Kowalczyck (Janouski), Szulik – Rajtar, Terlecki, Andrujczack, Wyczalkouski, Koistounuski (Bielak).
Tor: Szulik – Zuschauer: 750 – SR: Kelly (Irland).

1994: Türkei

Qualifikation: Deutschland qualifizierte sich gegen Zypern (6:2, 0:1).

Endrunde vom 26. April bis 8. Mai1994 in Irland:
Gruppe A: Österreich und Weißrussland. Österreich – Albanien 1:0, Spanien – Weißrussland 0:1, Spanien – Österreich 1:1, Weißrussland – Albanien 1:1, Albanien – Spanien 0:4, Weißrussland – Österreich 1:1, Elfmeterschießen 4:3.
Gruppe B: England und Portugal. RCS – Irland 1:0, Portugal – England 0:1, England – Irland 1:1, Portugal – RCS 2:0, England – RCS 2:1, Irland – Portugal 0:3.
Gruppe C: Russland und Dänemark. Deutschland – Russland 0:2, Schweiz – Dänemark 3:4, Dänemark – Russland 3:2, Schweiz – Deutschland 1:5, Dänemark – Deutschland 3:4, Russland – Schweiz 5:1.
Gruppe D: Türkei und Ukraine. Türkei – Island 2:1, Ukraine – Belgien 2:1, Island – Belgien 1:2, Türkei – Ukraine 1:1, Belgien – Türkei 0:4, Island – Ukraine 1:2.
Viertelfinale: Weißrussland – Dänemark 1:3; Russland – Österreich 0:2; England – Ukraine 2:2, Elfmeterschießen 6:7; Türkei – Portugal 0:0, Elfmeterschießen 5:3.
Halbfinale: Dänemark – Ukraine 2:2, Elfmeterschießen 5:3; Österreich – Türkei 0:1.
Um den 3. Platz: Ukraine – Österreich 2:0.

Endspiel am 8. Mai 1994 in Dublin: Türkei – Dänemark 1:0 (0:0)
Türkei: Tuncay – Caliskan, Seletli, Özke, Habiboglu, Terke, Bayhan, Meric, Önür, Saglam, Aydin.
Tor: Meric – Zuschauer: 2500 – SR: Albrecht (Deutschland).

1995: Portugal

Qualifikation: Deutschland qualifizierte sich gegen die Ukraine (4:2) und Israel (3:1).

Endrunde vom 12. April bis 7. Mai 1995 in Belgien:
Gruppe A: Tschechien und Schweden. Italien – Schweden 1:1, Tschechien – Polen 2:1, Polen – Schweden 0:1, Tschechien – Italien 1:0, Italien – Polen 0:0, Tschechien – Schweden 4:1.
Gruppe B: Belgien und Frankreich. Belgien – Frankreich 4:1, Österreich – Norwegen 1:0, Belgien – Norwegen 3:0, Frankreich – Österreich 1:0, Österreich – Belgien 0:0, Frankreich – Norwegen4:0.
Gruppe C: Spanien und Deutschland. Spanien – Deutschland 3:0, Türkei – Slowenien 2:0, Deutschland – Slowenien 3:0, Türkei – Spanien 0:2, Spanien – Slowenien 3:1, Türkei – Deutschland 1:4.
Gruppe D: England und Portugal. Portugal – Slowakei 4:0, England – Schottland 1:1, England – Slowakei 2:1, Schottland – Portugal 1:3, Slowakei – Schottland 2:1, England – Portugal 3:1.
Viertelfinale: Deutschland – Tschechien 2:0; Belgien – Portugal 0:1; England – Frankreich n. V. 0:1, Spanien – Schweden 1:0.
Halbfinale: Deutschland – Portugal 1:3; Spanien – Frankreich 2:0.
Um den 3. Platz: Deutschland – Frankreich n. V. 2:1.

Endspiel am 6. Mai 1995 in Brüssel: Portugal – Spanien 2:0 (0:0)
Portugal: Santos – Aires, da Costa, Caneira, M. Costa, Leal, Cordeiro, Hipolito, Vieira (Rodrigues) – Soares, Vargas (Silva).
Tore: Soares, Pereira – Zuschauer: 2500 – SR: Meese (Belgien).

1996: Portugal

Qualifikation: Deutschland qualifizierte sich gegen die Niederlande (3:0, 3:3) und Zypern (3:2, 2:2).

Endrunde vom 29. April bis 11. Mai 1996 in Österreich:
Gruppe A: Portugal und Irland. Irland – Österreich 1:0, Portugal – Polen 3:0, Österreich – Polen 0:0, Irland – Portugal 0:2, Polen – Irland 0:1, Österreich – Portugal 2:2.
Gruppe B: Griechenland und Deutschland. Rumänien – Ukraine 0:1, Griechenland – Deutschland 2:1, Rumänien – Griechenland 0:1, Ukraine – Deutschland 1:6, Deutschland – Rumänien 4:1, Ukraine – Griechenland 1:1.
Gruppe C: Frankreich und Kroatien. Frankreich – Kroatien 2:0, Spanien – Schweiz 4:1, Frankreich – Spanien 3:0, Kroatien – Schweiz 2:1, Schweiz – Frankreich 0:1, Kroatien – Spanien 1:0.
Gruppe D: Israel und England. England – Slowakei 2:0, Türkei – Israel 3:0, England – Türkei 2:1, Slowakei – Israel 0:2, Israel – England 2:1, Slowakei – Türkei 2:0.
Viertelfinale: Portugal – Kroatien 5:1; Griechenland – England 1:0; Israel – Deutschland n. V. 3:2; Frankreich – Irland n. V. 0:0, Elfmeterschießen 5:4.
Halbfinale: Portugal – Griechenland 3:0; Frankreich – Israel 1:0.
Um den 3. Platz: Israel – Griechenland 3:2.

Endspiel am 11. Mai 1996 in Wien: Portugal – Frankreich 1:0 (0:0)
Portugal: Sergio – Valenta, Nuno Gomes, Flores, Fredy – Leal (Esteves), Ednilson, Celso Lopes – Paulo Costa (Cruz), Simao, Petit (Edgar).
Tor: Petit – Zuschauer: 5000 – SR: Plautz (Österreich).

1997: Spanien

Qualifikation: Deutschland als Ausrichter automatisch qualifiziert.

Endrunde vom 28. April bis 10. Mai 1997 in Deutschland:
Gruppe A: Deutschland und Schweiz. Deutschland – Israel 3:0, Schweiz 2:0, Nordirland 1:0, Schweiz – Nordirland 2:1, Israel 3:2, Israel – Nordirland 1:2.
Gruppe B: Spanien und Österreich. Polen – Österreich 0:4, Spanien 1:2, Ukraine 3:2, Spanien – Ukraine 6:1, Österreich 2:0, Österreich – Ukraine 0:2.
Gruppe C: Belgien und Ungarn. Ungarn – Georgien 6:3, Belgien 0:1, Italien 2:1, Belgien – Italien 1:0, Georgien 5:1, Georgien – Italien 3:5.
Gruppe D: Türkei und Slowakei. Türkei – Slowenien 2:0, Island 4:0, Slowakei 1:0, Slowakei – Island 1:0, Slowenien 2:2, Slowenien – Island 0:2.
Viertelfinale: Deutschland – Ungarn 3:1; Belgien – Schweiz n. V. 0:0, Elfmeterschießen 4:5; Spanien – Slowakei 3:1; Türkei – Österreich 0:3.
Halbfinale: Deutschland – Spanien 1:2; Österreich – Schweiz n. V. 0:0, Elfmeterschießen 6:5.
Um den 3. Platz: Deutschland – Schweiz 3:1.

Endspiel am 10. Mai in Celle: Spanien – Österreich n. V. 0:0, Elfmeterschießen 5:4
Spanien: Casillas – Aranceta, Gurruchaga, Sanchez – Blas (Lopez), Garcia, Guillen, Mateos (Garro), Camacho – Rodriguez-Fraile, Cuartero (Sanchez).
Zuschauer: 4000 – SR: Corpodean (Rumänien).

1998: Irland

Qualifikation: Deutschland scheiterte gegen Israel (0:1), die Schweiz (1:0) und Moldawien (7:0).

Endrunde vom 26. April bis 8. Mai 1998 in Schottland:
Gruppe A: Griechenland und Dänemark. Dänemark – Schweden 1:1, Griechenland – Island 2:0, Dänemark – Griechenland 0:0, Schweden – Island 1:1, Island – Dänemark 0:1, Schweden – Griechenland 0:2.
Gruppe B: Italien und Portugal. Liechtenstein – Norwegen 0:5, Portugal – Italien 1:1, Liechtenstein – Portugal 0:1, Norwegen – Italien 1:4, Italien – Liechtenstein 2:0, Norwegen – Portugal 1:2.
Gruppe C: Irland und Spanien. Schottland – Irland 0:0, Spanien – Finnland 1:0, Schottland – Spanien 1:1, Irland – Finnland 2:0, Finnland – Schottland 2:0, Irland – Spanien 1:0.
Gruppe D: Israel und Kroatien. Russland – Israel 1:1, Kroatien – Ukraine 2:0, Russland – Kroatien 0:0, Israel – Ukraine 1:1, Ukraine – Russland 2:1, Israel – Kroatien 2:0.
Viertelfinale: Italien – Kroatien 1:0; Spanien – Griechenland 2:1; Portugal – Israel 4:1; Irland – Dänemark 2:0.
Halbfinale: Italien – Spanien 2:1; Irland – Portugal 2:0
Um den 3. Platz: Spanien – Portugal 2:1.

Endspiel am 8. Mai 1998 in Perth: Irland – Italien 2:1 (1:0)
Irland: Murphy – Thompson, O'Shea, Goodwin, Foy – McGill, Miller, Barrett, Byrne, Reid – McMahon.
Tore: Foy, McMahon (Pelanti) – Zuschauer: 2000 – SR: McCurry (Schottland).

1999: Spanien

Qualifikation: Deutschland qualifizierte sich gegen die Ukraine (1:1, 2:0) und Jugoslawien (2:0, 1:1).

Endrunde vom 23. April bis 7. Mai 1999 in Tschechien
Gruppe A: Portugal und Israel. Israel – Finnland 3:2, Portugal – Schweiz 2:2, Finnland – Schweiz 1:4, Israel – Portugal 1:2, Finnland – Portugal 2:3, Schweiz – Israel 1:3.
Gruppe B: England und Slowakei. Ungarn – England 1:1, Slowakei – Schweden 2:0, Ungarn – Slowakei 1:2, England – Schweden 2:1, England – Slowakei 3:1, Schweden – Ungarn 2:1.
Gruppe C: Spanien und Polen. Russland – Polen 1:2, Spanien – Kroatien 2:0, Kroatien – Polen 1:1, Spanien – Russland 1:0, Kroatien – Russland 0:1, Polen – Spanien 0:3.
Gruppe D: Deutschland und Tschechien. Dänemark – Griechenland 0:1, Tschechien – Deutschland 0:1, Deutschland – Griechenland 2:0, Tschechien – Dänemark 1:0, Griechenland – Tschechien 0:2, Deutschland – Dänemark 0:2.

Viertelfinale: Spanien – Israel 5:1; Portugal – Polen 1:2; England – Tschechien 0:1; Deutschland – Slowakei 6:0.
Halbfinale: Polen – Tschechien 3:2; Spanien – Deutschland 4:0.
Um den 3. Platz: Deutschland – Tschechien 2:1 (0:0).

Endspiel am 7. Mai 1999 in Olmütz: Spanien – Polen 4:1 (1:1)
Spanien: Reina – Duque, Corrales, Arteta, Alvarez, Gonzales, Macedo (Molina), Aspas (Crusat), Parri, Perona (Sancet), Gomez Aitor.
Tore: Perona, Alvarez, Molina, Gomez, Sanchez (Grzelak) – Zuschauer: 4100 – SR: Poulat (Frankreich).

2000: Portugal

Qualifikation: Deutschland qualifizierte sich gegen Bosnien-Herzegowina (3:0), Moldawien (2:0) und Italien (0:0).

Endrunde vom 1. bis 14. Mai 2000 in Israel
Gruppe A: Russland und Portugal. England – Russland 2:3, Portugal – Irland 1:0, England – Portugal 1:2, Russland – Irland 3:0, Irland – England 2:1, Russland – Portugal 2:1.
Gruppe B: Tschechien und Slowakei. Tschechien – Dänemark 3:1, Slowakei – Finnland 2:2, Tschechien – Slowakei 2:2, Dänemark – Finnland 5:2, Dänemark – Slowakei 1:2, Finnland – Tschechien 3:7.
Gruppe C: Deutschland und Niederlande. Ungarn – Deutschland 1:4, Israel – Niederlande 0:2, Israel – Ungarn 1:3, Niederlande – Deutschland 0:1, Deutschland – Israel 2:2, Niederlande – Ungarn 2:0.
Gruppe D: Griechenland und Spanien. Rumänien – Griechenland 0:1, Spanien – Polen 7:2, Polen – Griechenland 3:3, Spanien – Rumänien 1:0, Griechenland – Spanien 2:1, Polen – Rumänien 3:0.
Viertelfinale: Russland – Niederlande 0:3; Deutschland – Portugal n. V. 1:1, Elfmeterschießen 5:6; Tschechien – Spanien 2:0; Griechenland – Slowakei 2:2, Elfmeterschießen 4:2.
Halbfinale: Niederlande – Tschechien 1:2; Portugal – Griechenland 2:1.
Um den 3. Platz: Niederlande – Griechenland 5:0.
Endspiel am 14. Mai 2000 in Tel Aviv: Portugal – Tschechien n. V. 2:1 (1:1, 0:1)
Portugal: Vale – Batista, Ribeiro, Cardoso, Meireles – Castro (Afonso), Paiva (Silva), Viana – Marques, Nunes, Bernardo.
Tore: Bernardo 2 (Jun) – Zuschauer: 500 – SR: Ishchenko (Ukraine).

2001: Spanien

Qualifikation: Deutschland qualifizierte sich gegen gegen Armenien (2:1), Moldawien (3:1) und Israel (1:3).

Endrunde vom 22. April bis 6. Mai 2001 in England
Gruppe A: Spanien und Deutschland. Rumänien – Spanien 0:3; Deutschland – Belgien 1:2, Rumänien – Deutschland 2:8, Spanien – Belgien 5:0, Belgien – Rumänien 2:0, Spanien – Deutschland 0:2.
Gruppe B: Türkei und Russland. Niederlande – Türkei 0:1, Polen – Russland 0:0, Niederlande – Polen 2:0, Türkei – Russland 0:1, Russland – Niederlande 0:0, Türkei – Polen 2:1.
Gruppe C: England und Italien. Schweiz – Ungarn 2:1, England – Italien 1.3, England – Schweiz 2:0, Italien – Ungarn 3:4, Ungarn – England 0:1, Italien – Schweiz 1:1.
Gruppe D: Frankreich und Kroatien. Frankreich – Schottland 3:0, Kroatien – Finnland 2:0, Frankreich – Kroatien 3:0, Schottland – Finnland 3:1, Finnland – Frankreich 0:5, Schottland – Kroatien 0:1.
Viertelfinale: Spanien – Italien 1:1, Elfmeterschießen 4:3; England – Deutschland 1:1, Elfmeterschießen 5:3; Türkei – Kroatien 0:2; Frankreich – Russland 2:0.
Halbfinale: Spanien – Kroatien 3:0; England – Frankreich 0:4.
Um Platz 3: Kroatien – England 4:1.

Endspiel am 6. Mai 2001 in Sunderland: Spanien – Frankreich 1:0 (0:0)
Spanien: Moya – Jesus, Carlos, Flano, Tarantino – Diego Leon (Berto), Melli, Busy (Pepe) Gavilan – F. Torres, S. Torres.
Tor: F. Torres – Zuschauer: 29 100 – SR: D'Urso (England).

2002: Schweiz

Qualifikation: Deutschland qualifizierte sich gegen Russland (2:1, 5:1) und Nordirland (2:1, 2:0).

Endrunde vom 27. April bis 10. Mai 2002 in Dänemark
Gruppe A: England und Dänemark. Dänemark – Niederlande 4:4, Finnland – England 2:3, Niederlande – England 0:2, Dänemark – Finnland 6:0, England – Dänemark 0:0, Niederlande – Finnland 6:1.

Gruppe B: Schweiz und Frankreich. Portugal – Frankreich 0:2, Schweiz – Ukraine 3:1, Schweiz – Portugal 1:0, Ukraine – Frankreich 0:0, Frankreich – Schweiz 1:2, Ukraine – Portugal 1:2.
Gruppe C: Spanien und Jugoslawien. Spanien – Tschechien 4:1, Moldawien – Jugoslawien 3:6, Spanien – Moldawien 4:2, Tschechien – Jugoslawien 1:3, Tschechien – Moldawien 3:2, Jugoslawien – Spanien 1:5.
Gruppe D: Deutschland und Georgien. Deutschland – Georgien 1:1, Ungarn – Polen 1:3, Georgien – Polen 1:1, Deutschland – Ungarn 6:2, Georgien – Ungarn 2:1, Polen – Deutschland 0:1.
Viertelfinale: England – Jugoslawien 1:0; Spanien – Dänemark 2:2, Elfmeterschießen 4:3; Schweiz – Georgien 3:0; Deutschland – Frankreich 1:1, Elfmeterschießen 2:4.
Halbfinale: England – Schweiz 0:3; Spanien – Frankreich 1:1, Elfmeterschießen 3:4.
Um Platz 3: England – Spanien 4:1.

Endspiel am 10. Mai 2002 in Farum: Schweiz – Frankreich 0:0, Elfmeterschießen 4:2
Schweiz: König – Barnetta, Siqueira, Senderos, Bühler – Milosavac (Ziegler), Bürki, Iten, Schlauri, Maksimovic (Preisig) – Schneuwly (Antic).
Zuschauer: 1214 – SR: Rosetti (Italien).

2003: Portugal

Qualifikation: Deutschland setzte sich in der 1. Runde gegen Frankreich (0:0), Slowenien (3:1) und Irland (3:0) durch, scheiterte in der 2. Runde gegen Italien (1:1), Belgien (1:2) und Aserbaidschan (3:0).

Endrunde vom 7. bis 17. Mai 2003 in Portugal
Gruppe A: Portugal und Österreich. Portugal – Dänemark 3:2, Österreich – Ungarn 1:0, Portugal – Österreich 1:0, Dänemark – Ungarn 2:0, Dänemark – Österreich 0:2, Ungarn – Portugal 0:2.
Gruppe B: Spanien und England. Israel – England 1:2, Spanien – Italien 2:0, Israel – Spanien 0:3, England – Italien 0:0, England – Spanien 2:2, Italien – Israel 4:0.
Halbfinale: Portugal – England n. V. 2:2, Elfmeterschießen 3:2; Spanien – Österreich 5:2.
Um Platz 3: Österreich – England 1:0.

Endspiel am 17. Mai 2003 in Viseu: Portugal – Spanien 2:1 (1:0)
Portugal: Felgueiras – Dias, Gomes, Paulo Ricardo, Veloso – Coimbra (Curto), Vinha, Marcio Sousa (Moutinho), Machado – Joao Pedro (Gama), Saleiro.
Tore: Marcio Sousa 2 (David) – Zuschauer: 14 300 – SR: Panic (Bosnien-Herzegowina).

2004: Frankreich

Qualifikation: Deutschland setzte sich in der 1. Runde gegen Portugal (0:2), Slowenien (3:0) und Schweden (1:0) durch, scheiterte in der 2. Runde gegen die Ukraine (0:2), Dänemark (3:0) und die Slowakei (2:1).

Endrunde vom 1. bis 31. Mai 2004 in Frankreich:
Gruppe A: Frankreich und Spanien. Spanien – Türkei 1:0; Frankreich – Nordirland 3:0; Nordirland – Türkei 2:5; Frankreich – Spanien 1:0; Türkei – Frankreich 1:2; Nordirland – Spanien 1:4.
Gruppe B: England und Portugal. Ukraine – England 0:2; Österreich – Portugal 0:0; Ukraine – Österreich 1:2; England – Portugal 3:1; Portugal – Ukraine 4:0; England – Österreich 1:0.
Halbfinale: Frankreich – Portugal 3:1; England – Spanien 1:2.
Um Platz 3: Portugal – England n. V. 4 :4, Elfmeterschießen 3 :2.

Endspiel am 15. Mai 2004 in Chateauroux: Frankreich – Spanien 2:1 (1:0)
Frankreich: Costil – Mangani, El-Mourabet, Thicot, Akakpo – Yahiaoui, Ducasse, Constant (Songo'o) – Nasri, Ben Arfa, Menez.
Tore: Constant, Nasri (Piqué Bernabeu) – Zuschauer: 12 000 – SR: Zografos (Griechenland).

2005: Türkei

Qualifikation: Deutschland setzte sich in der 1. Runde gegen Irland (1:1), Island (1:0) und Litauen (4:0) durch, scheiterte in der 2. Runde gegen die Niederlande (2:3), Tschechien (2:1) und Lettland (4:0).

Endrunde vom 3. bis 14. Mai 2005 in Italien:
Gruppe A: Türkei und Italien. Weißrussland – England 0:4; Italien – Türkei 1:0; Italien – Weißrussland 0:1; Türkei – England 3:2; England – Italien 0:1; Türkei – Weißrussland 5:1.
Gruppe B: Kroatien und Niederlande. Israel – Schweiz 0:3; Kroatien – Niederlande 2:2; Schweiz – Niederlande 0:0; Israel – Kroatien 2:4; Niederlande – Israel 2:1; Schweiz – Kroatien 2:5.
Halbfinale: Italien – Niederlande n. V. 0:1; Kroatien – Türkei 1:3.
Um Platz 3: Italien – Kroatien n. V. 2:1.

Endspiel am 14. Mai 2005 in Pontedera: Türkei – Niederlande 2:0 (0:0)
Türkei: Babacan – Kesci, Ferin, Mehmet Yilmaz, Karadas – Bikmaz, Erkin (Tasdemir), Sahin – Özcan, Köse (Duruer), Deniz Yilmaz (Ali Atam).
Tore: Deniz Yilmaz, Köse – Zuschauer: 2000 – SR: Gonzales Vazquez (Spanien).

2006: Russland

Qualifikation: Deutschland setzte sich in der 1. Runde gegen Portugal (2:0), Färöer (4:0) und San Marino (10:0) durch, in der 2. Runde gegen die Niederlande (1:1), Nordirland (4:0) und Finnland (4:0).

Endrunde vom 3. bis 14. Mai 2006 in Luxemburg
Gruppe A: Spanien und Russland. Ungarn – Russland 0:1, Luxemburg – Spanien 1:7, Spanien – Russland 3:0, Luxemburg – Ungarn 0:4, Russland – Luxemburg 2:0, Spanien – Ungarn 2:0.
Gruppe B: Deutschland und Tschechien. Belgien – Deutschland 0:4, Serbien & Montenegro – Tschechien 1:2, Belgien – Serbien & Montenegro 1:1, Deutschland – Tschechien 0:0, Deutschland – Serbien & Montenegro 4:0, Tschechien – Belgien 3:1.
Halbfinale: Deutschland – Russland 0:1, Spanien – Tschechien 0:2.
Um Platz 3: Spanien – Deutschland n. V. 1:1, Elfmeterschießen 3:2.

Endspiel am 14. Mai 2006 in Luxemburg: Russland – Tschechien n. V. 2:2 (1:1, 0:0)/Elfmeterschießen 5:3
Russland: Pomazan – Samsonov, Bobrovskij, Morozov, Amirhanov – Gaglojev, Mochalin, Kasev (Korotajev), Gorbatenko (Scerbak) – Ryzov (Marenich), Prudnikov.
Tore: Prudnikov, Marenich (Pekhart, Necid) – Tore im Elfmeterschießen: Scerbak 1:0, Vacha 1:1, Gaglojev 2:1, Wojnar gehalten, Prudnikov 3:1, Holek 3:2, Amirhanov 4:2, Necid 4:3, Korotajev 5:3 – Zuschauer: 2750 – SR: Kuipers (Niederlande).

2007: Spanien

Qualifikation: Deutschland setzte sich in der 1. Runde gegen Russland (3:1), Georgien (1:0) und Mazedonien (7:1) durch, in der 2. Runde gegen Irland (3:0), Schottland (4:1) und Griechenland (4:1).

Endrunde vom 2. bis 13. Mai 2007 in Belgien
Gruppe A: Spanien, Frankreich und Deutschland. Frankreich – Spanien 0:2; Deutschland – Ukraine 2:0; Spanien – Ukraine 3:1; Frankreich – Deutschland 2:1; Ukraine – Frankreich 2:2; Spanien – Deutschland 0:0.
Gruppe B: England, Belgien und die Niederlande. Island – England 0:2; Niederlande – Belgien 2:2; Belgien – England 1:1; Niederlande – Island 3:0; England – Niederlande 4:2; Belgien – Island 5:1.
Halbfinale: Spanien – Belgien n. V. 1:1, Elfmeterschießen 7:6; England – Frankreich 1:0.
Um Platz 5 (Qualifikation für die U-17-WM): Deutschland – Niederlande 3:2.

Endspiel am 13. Mai 2007 in Tournai: Spanien – England 1:0 (0:0)
Spanien: De Gea – Moises, Sergio Rodriguez, Rochela, Morgado – Camacho, Ximo (David Gonzalez) – Lucas Porcar, Fran Merida, Iago Falque (Isma) – Krkic.
Tor: Krkic – Zuschauer: 1100 – SR: Filipovic (Serbien).

2008: Spanien

Qualifikation: Deutschland setzte sich in der 1. Runde gegen Rumänien (1:1), Schweden (1:1) und Färöer (8:0) durch, scheiterte in der 2. Runde gegen Irland (1:1), Portugal (0:2) und Griechenland (2:0).

Endrunde vom 4. bis 16. Mai 2008 in der Türkei
Gruppe A: Türkei und Niederlande. Schottland – Serbien 0:2; Türkei – Niederlande 3:0; Türkei – Schottland 1: 0; Niederlande – Serbien 1:0; Serbien – Türkei 0:0; Niederlande – Schottland 2:0.
Gruppe B: Spanien und Frankreich. Frankreich – Irland 2:1; Spanien – Schweiz 2:0; Irland – Schweiz 0:1; Frankreich – Spanien 3:3; Schweiz – Frankreich 0:2; Irland – Spanien 1:3.
Halbfinale: Spanien – Niederlande n. V. 2:1; Türkei – Frankreich n. V. 1:1, Elfmeterschießen 3:4.
Endspiel am 16. Mai 2008 in Antalya: Spanien – Frankreich 4:0 (1:0)
Spanien: Alex – Montoya, Pulido, Gaztanaga, Planas – Sielva, Alvaro – Keko, Thiago (Canales), Carmona (Gavilan) – Sergi (Rochina).
Tore: Gontan, Garcia, Alcantara, Gavilan – Zuschauer: 500 – SR: Kovarik (Tschechien).

2009: Deutschland

Qualifikation: Deutschland als Ausrichter automatisch qualifiziert1.

Endrunde vom 6. bis 18. Mai 2009 in Deutschland
Gruppe A: Schweiz und Italien. Spanien – Italien 0:0; Frankreich – Schweiz 1:1; Spanien – Frankreich 0:0; Italien – Schweiz 1:3; Schweiz – Spanien 0:0; Italien – Frankreich 2:1.
Gruppe B: Deutschland und Niederlande. England – Niederlande 1:1; Deutschland – Türkei 3:1; Deutschland – England 4:0; Türkei – Niederlande 1:2; Niederlande – Deutschland 0:2; Türkei – England 1:0.
Halbfinale: Schweiz – Niederlande 1:2; Deutschland – Italien 2:0.

Endspiel am 18. Mai 2009 in Magdeburg: Deutschland – Niederlande n. V. 2:1 (1:1, 0:1)
Deutschland: ter Stegen – Basala-Mazana, Mustafi, Labus, Plattenhardt – Zimmermann, Yabo, Buchtmann (Janzer) – Götze, Thy (Nauber), Scheidhauer (Trinks).
Tore: Thy, Trinks (Castaignos) – Zuschauer: 24 000 – SR: Besborodow (Russland).

2010: England

Qualifikation: Deutschland setzte sich in der 1. Runde gegen die Türkei (2:1), Finnland (0:1) und Mazedonien (2:0) durch, scheiterte in der 2. Runde gegen die Schweiz (0:1), Serbien (4:1) und Ungarn (1:0).

Endrunde vom 18. bis 30. Mai 2010 in Liechtenstein
Gruppe A: Spanien und Frankreich. Frankreich – Spanien 1:2; Portugal – Schweiz 3:0; Spanien – Schweiz 4:0; Frankreich – Portugal 1:0; Schweiz – Frankreich 1:3, Spanien – Portugal 2:0.
Gruppe B: England und Türkei. Griechenland – Türkei 1:3; England – Tschechien 3:1; Türkei – Tschechien 1:1; Griechenland – England 0:1; Tschechien – Griechenland 0:0; Türkei – England 1:2.
Halbfinale: England – Frankreich 2:1; Spanien – Türkei 3:1.

Endspiel am 30. Mai 2010 in Vaduz: England – Spanien 2:1 (1:1)
England: Butland – Chalobah, Garbutt, Pilatos, Wisdom – Coady, Keane (Thorne), McEachran (Thorpe), Barkley – Afobe (Hall), Wickham.
Tore: Wisdom, Wickham (Gerard) – Zuschauer: 3990 – SR: Munukka (Finnland).

2011: Niederlande

Qualifikation: Deutschland setzte sich in der 1. Runde gegen Österreich (2:1), Bosnien-Herzegowina (6:1) und Estland (5:0) durch, in der 2. Runde gegen die Türkei (2:0), die Schweiz (2:0) und die Ukraine (2:0).

Endrunde vom 3. bis 15. Mai 2011 in Serbien
Gruppe A: Dänemark und England. Serbien – Dänemark 2:3; Frankreich – England 2:2; Serbien – Frankreich 1:1; Dänemark – England 2:0; England – Serbien 3:0; Dänemark – Frankreich 1:0.
Gruppe B: Niederlande und Deutschland. Deutschland – Niederlande 0:2; Tschechien – Rumänien 1:1; Deutschland – Tschechien 1:1; Niederlande – Rumänien 1:0; Rumänien – Deutschland 0:1; Niederlande – Tschechien 0:0.
Halbfinale: Niederlande – England 1:0; Dänemark – Deutschland 0:2.

Endspiel am 15. Mai 2011 in Novi Sad: Niederlande – Deutschland 5:2 (2:2)
Niederlande: De Jong – Disveld, Kongolo, Rekik, Willems – Ebecilio, Ayoub – Trindade de Vilhena – Depay (Gravenberch), Achahbar, De Bondt (Aké).
Tore: Trinidade de Vilhena 2, Depay, Kongolo, Ebecilio (Yesil, Aydin) – Zuschauer: 6000 – SR: Tohver (Estland).

2012: Niederlande

Qualifikation: Deutschland setzte sich in der 1. Runde gegen Estland (5:0), Albanien (1:0) und die Slowakei (2:0) durch, in der 2. Runde gegen die Türkei (4:0), Bulgarien (2:1) und Portugal (0:0).

Endrunde vom 4. bis 16. Mai 2012 in Slowenien
Gruppe A: Deutschland und Georgien. Georgien – Deutschland 0:1; Frankreich – Island 2:2; Frankreich – Georgien 1:1; Island – Deutschland 0:1; Deutschland – Frankreich 3:0; Island – Georgien 0:1.
Gruppe B: Niederlande und Polen. Polen – Belgien 1:0; Slowenien – Niederlande 1:3; Niederlande – Belgien 0:0; Slowenien – Polen 1:1; Belgien – Slowenien 3:1; Niederlande – Polen 0:0.
Halbfinale: Deutschland – Polen 1:0; Niederlande – Georgien 2:0.

Endspiel am 16. Mai 2011 in Ljubljana: Niederlande – Deutschland 1:1 (0:0), Elfmeterschießen 5:4
Niederlande: Olij – Anderson (Van den Boomen), Bazoer, Hendrix, Voest – Haye, Ake, De Vilhena, Menig – Vloet (Huser), Lumu (Acolatse).
Tore: Acolatse (Goretzka) – Elfmeterschießen: Huser, Ake, Acolatse, Hendrix, de Vilhena (Sarr, Werner, Itter, Stendera vergeben, Kempf) – Zuschauer: 11 674 – SR: Kruzliak (Slowakei).

2013: Russland

Qualifikation: Deutschland setzte sich in der 1. Runde gegen Finnland (8:1), San Marino (5:0) und Andorra (10:1) durch, scheiterte in der 2. Runde gegen die Ukraine (0:1), Bulgarien (5:2) und Estland (6:0).

Endrunde vom 5. bis 17. Mai 2013 in der Slowakei
Gruppe A: Slowakei und Schweden. Slowakei – Österreich 1:0; Schweiz – Schweden 0:1; Österreich – Schweden 1:1; Slowakei – Schweiz 2:2; Schweden – Slowakei 0:0; Österreich – Schweiz 2:1.
Gruppe B: Russland und Italien. Russland – Ukraine 3:0; Kroatien – Italien 0:0; Russland – Kroatien 0:0; Ukraine – Italien 1:2; Italien – Russland 1:1; Ukraine – Kroatien 1:2.
Halbfinale: Slowakei – Italien 0:2; Russland – Schweden 0:0, Elfmeterschießen 10:9.

Endspiel am 17. Mai 2013 in Zilina: Russland – Italien 0:0, Elfmeterschießen 5:4
Russland: Mitryushkin – Parshikov, Likhachev, Khodzhaniyazov, Yakuba – Golovin (Buranov), S. Makarov, Barinov – Zhemaletdinov (A. Makarov), Sheydaev, Zuev (Gasilin).
Tore im Elfmeterschießen: Sheydaev, Khodzhaniyazov, Buranov, A. Makarov, S. Makarov (Cerri, Capradossi, Dimarco, Parigini) – Zuschauer: 4312 – SR: Sidiropoulos (Griechenland).

2014: England

Qualifikation: Deutschland setzte sich gegen Serbien (1:1), Irland (3:0) und Georgien (4:0) durch.

Endrunde vom 9. bis 21. Mai 2014 in Malta
Gruppe A: Niederlande und England. Niederlande – Türkei 3:2; Malta – England 0:3; England – Türkei 4:1; Malta – Niederlande 2:5: Türkei – Malta 4:0; England – Niederlande 0:2.
Gruppe B: Portugal und Schottland. Deutschland – Schweiz 1:1; Schottland – Portugal 0:2; Schweiz – Portugal 0:1; Deutschland – Schottland 0:1; Portugal – Deutschland 1:0; Schweiz – Schottland 1:3.
Halbfinale: Portugal – England 0:2; Niederlande – Schottland 5:0.

Endspiel am 21. Mai 2014 in Ta'Qali: England – Niederlande 1:1 (1:1), Elfmeterschießen 4:1
England: Woodman – Kenny, Gomez, Taylor Moore, Tafari Moore – Brown, Ledson, Cook (Cooke), Roberts – Onomah – Solanke.
Tore: Solanke (Schuurman), Elfmeterschießen: Ledson, Taylor Moore, Cooke, Kenny (Schuurman) – Zuschauer: 9600 – SR: Ekberg (Schweden).

2015: Frankreich

Qualifikation: Deutschland setzte sich gegen die Slowakei (3:0), Ukraine (3:0) und Italien (2:2) durch.

Endrunde vom 6. bis 22. Mai 2015 in Bulgarien
Gruppe A: Kroatien und Spanien. Spanien – Österreich 1:1; Bulgarien – Kroatien 0:2; Kroatien – Österreich 1:0; Bulgarien – Spanien 1:2; Österreich – Bulgarien 1:1; Kroatien – Spanien 0:0.
Gruppe B: Deutschland und Belgien. Tschechien – Slowenien 1:0; Belgien – Deutschland 0:2; Tschechien – Belgien 0:3; Slowenien – Deutschland 0:1; Deutschland – Tschechien 4:0; Slowenien – Belgien 0:1.
Gruppe C: Frankreich und Russland. Griechenland – Russland 2:2; Schottland – Frankreich 0:5; Russland – Frankreich 0:1; Griechenland – Schottland 1:0; Russland – Schottland 2:0; Frankreich – Griechenland 1:0.
Gruppe D: England und Italien. Irland – Niederlande 0:0; Italien – England 0:1; Irland – Italien 0:2; Niederlande – England 1:1; England – Irland 1:0;
Niederlande – Italien 1:1.
Viertelfinale: Kroatien – Belgien 1:1, Elfmeterschießen 3:5; Deutschland – Spanien 0:0, Elfmeterschießen 4:2; England – Russland 0:1; Frankreich – Italien 3:0.

WM-Qualifikation: Kroatien – Italien 1:0; Spanien – England 0:0, Elfmeterschießen 3:5.
Halbfinale: Belgien – Frankreich 1:1, Elfmeterschießen 1:2; Deutschland – Russland 1:0.
Endspiel am 22. Mai 2015 in Burgas: Frankreich – Deutschland 4:1 (1:0)
Frankreich: Zidane – Georgen, Upamecano, Doucoure, Maouassa – Cognat (Callegari), Makengo – Adelaide (Pelican), Boutobba, Ikone – Edouard (Samba).
Tore: Edouard 3, Eigentor Gül (J. Eggestein) – Zuschauer: 14 680 – SR: Raczkowski (Polen).

2016: Portugal

Qualifikation: Deutschland setzte sich gegen die Niederlande (1:0), Slowakei (5:1) und Bulgarien (1:1) durch.

Endrunde vom 5. bis 21. Mai 2016 in Aserbaidschan
Gruppe A: Portugal und Belgien. Belgien – Schottland 2:0; Aserbaidschan – Portugal 0:5; Portugal – Schottland 2:0; Aserbaidschan – Belgien 1:1; Schottland – Aserbaidschan 0:1; Portugal – Belgien 0:0.
Gruppe B: Deutschland und Österreich. Österreich – Bosnien-Herzegowina 2:0; Ukraine – Deutschland 2:2; Ukraine – Österreich 0:2; Deutschland – Bosnien-Herzegowina 3:1; Bosnien-Herzegowina – Ukraine 2:1; Deutschland – Österreich 4:0.
Gruppe C: Schweden und England. England – Schweden 1:2; Frankreich – Dänemark 0:0; Dänemark – Schweden 1:0; Frankreich – England 0:2; Schweden – Frankreich 1:0; Dänemark – England 1:3.
Gruppe D: Spanien und Niederlande. Italien – Serbien 2:1; Niederlande – Spanien 0:2: Serbien – Spanien 1:1; Italien – Niederlande 0:1; Spanien – Italien 4:2; Serbien – Niederlande 0:2.
Viertelfinale: Portugal – Österreich 5:0; Deutschland – Belgien 1:0; Schweden – Niederlande 0:1; Spanien – England 1:0.
Halbfinale: Portugal – Niederlande 2:0; Deutschland – Spanien 1:2.
Endspiel am 21. Mai 2016 in Baku: Portugal – Spanien 1:1 (1:1), Elfmeterschießen 5:4
Portugal: Diogo Costa – Diogo Dalot, Diogo Leite, Diogo Queiros, Ruben Vinagre – Gedson Fernandes, Domingos Quina (Rafael Leao), Florentino – Joao Filipe, Mesaque Dju (Miguel Luis), José Gomes.
Tore: Diogo Dalot (Diaz) – Elfmeterschießen: José Gomes, Joao Felipe, Diogo Leite, Diogo Dalot, Gedson Fernandes (Ruiz, Busquets, Bransariz, Diaz) – Zuschauer: 7253 – SR: Ardeleanu (Tschechien).

2017: Spanien

Qualifikation: Deutschland setzte sich gegen die Türkei (3:1), Finnland (6:2) und Armenien (10:1) durch.

Endrunde vom 3. bis 19. Mai 2017 in Kroatien
Gruppe A: Spanien und Türkei. Türkei – Spanien 2:3; Kroatien – Italien 0:1; Kroatien – Türkei 1:4; Spanien – Italien 3:1; Spanien – Kroatien 1:1; Italien – Türkei 1:2.
Gruppe B: Ungarn und Frankreich. Schottland – Färöer 2:0; Ungarn – Frankreich 3:2; Frankreich – Färöer 7:0; Schottland – Ungarn 1:1; Frankreich – Schottland 2:1; Färöer – Ungarn 0:4.
Gruppe C: Deutschland und Irland. Deutschland – Bosnien-Herzegowina 5:0; Serbien – Irland 1:0; Deutschland – Serbien 3:1; Irland – Bosnien-Herzegowina 2:1; Irland – Deutschland 0:7; Bosnien-Herzegowina – Serbien 1:0.
Gruppe D: England und Niederlande. Niederlande – Ukraine 1:0; Norwegen – England 1:3; England – Ukraine 4:0; Niederlande – Norwegen 2:2; England – Niederlande 3:0; Ukraine – Norwegen 2:0.
Viertelfinale: Ungarn – Türkei 0:1; Spanien – Frankreich 3:1; England – Irland 1:0; Deutschland – Niederlande 2:1.
WM-Qualifikation: Frankreich – Ungarn 1:0.
Halbfinale: Türkei – England 1:2; Spanien – Deutschland 0:0, Elfmeterschießen 4:2.
Endspiel am 19. Mai 2017 in Varazdin: Spanien – England 2:2 (1:1), Elfmeterschießen 4:1
Spanien: Fernandez – Miranda, Chust, Guillamon, Morey – Sergio Gomez, Moha (Díaz), Blanco (Jose Alonso) – Orellana (Beitia), Ruiz, Torres.
Tore: Morey, Diaz (Hudson-Odoi, Foden) – Elfmeterschießen: Ruiz, Morey, Gomez, Chus (Barlow) – Zuschauer: 8918 – SR: Maae (Dänemark).

2018: Niederlande

Qualifikation: Deutschland setzte sich gegen Norwegen (2:2), Griechenland (3:0) und Schottland (0:1) durch.

Endrunde vom 4. bis 20. Mai 2018 in England

Gruppe A: Italien und England. Italien – Schweiz 2:0; England – Israel 2:1; Schweiz – Israel 3:0; England – Italien 2:1; Schweiz – England 1:0; Israel – Italien 0:2.

Gruppe B: Norwegen und Schweden. Portugal – Norwegen 0:0; Slowenien – Schweden 0:2; Norwegen – Schweden 2:1; Slowenien – Portugal 0:4; Norwegen – Slowenien 2:0; Schweden – Portugal 1:0.

Gruppe C: Belgien und Irland. Dänemark – Bosnien-Herzegowina 2:3; Irland – Belgien 0:2; Irland – Dänemark 1:0; Bosnien-Herzegowina – Belgien 0:4; Bosnien-Herzegowina – Irland 0:2; Belgien – Dänemark 1:0.

Gruppe D: Niederlande und Spanien. Deutschland – Niederlande 0:3; Serbien – Spanien 0:1; Serbien – Deutschland 0:3; Niederlande – Spanien 2:0; Niederlande – Serbien 2:0; Spanien – Deutschland 5:1.

Viertelfinale: Italien – Schweden 1:0; Norwegen – England 0:2; Belgien – Spanien 2:1; Niederlande – Irland 1:1, Elfmeterschießen 5:4.

Halbfinale: Italien – Belgien 2:1; England – Niederlande 0:0, Elfmeterschießen 5:6.

Endspiel am 20. Mai 2018 in Rotherham: Niederlande – Italien 2:2 (0:0), Elfmeterschießen 4:1

Niederlande: Koorevaar – J. Maduro, Van Gelderen, Mamengi, Hendriks – Q. Maduro, Gravenberch (Bobbery), Burger – Ihattaren, Redan, Tavsan (Summerville).

Tore: J. Maduro, Brobbery (Ricci, Riccradi) – Elfmeterschießen: Burger, Ihattaren, J. Maduro, Hendriks (Greco) – Zuschauer: 4612 – SR: Meler (Türkei).

2019: Niederlande

Qualifikation: Deutschland setzte sich gegen Island (3:3), Weißrussland (1:1) und Slowenien (1:0) durch.

Endrunde vom 3 bis 19. Mai 2019 in Irland

Gruppe A: Belgien und Tschechien. Tschechien – Belgien 1:1; Irland – Griechenland 1:1; Belgien – Griechenland 3:0; Irland – Tschechien 1:1; Belgien – Irland 1:1; Griechenland – Tschechien 0:2.

Gruppe B: Frankreich und Niederlande. Niederlande – Schweden 2:0; England – Frankreich 1:1; Niederlande – England 5:2; Frankreich – Schweden 4:2; Frankreich – Niederlande 2:0; Schweden – England 1:3.

Gruppe C: Ungarn und Portugal. Island – Russland 3:2; Ungarn – Portugal 1:0; Island – Ungarn 1:2; Portugal – Russland 2:1; Portugal – Island 4:2; Russland – Ungarn 2:3.

Gruppe D: Italien und Spanien. Spanien – Österreich 3:0; Deutschland – Italien 1:3; Spanien – Deutschland 1:0; Italien – Österreich 2:1; Italien – Spanien 4:1; Österreich – Deutschland 1:3.

Viertelfinale: Frankreich – Tschechien 6:1; Belgien – Niederlande 0:3; Italien – Portugal 1:0; Ungarn – Spanien 1:1, Elfmeterschießen 4:5.

WM-Qualifikation: Ungarn – Belgien 1:1, Elfmeterschießen 5:4.

Halbfinale: Niederlande – Spanien 1:0; Frankreich – Italien 1:2.

Endspiel am 19. Mai 2019 in Dublin: Niederlande – Italien 4:2 (3:0)

Niederlande: Ratsie – Hoever (de Schutter), Bogarde, Rensch, Salah-Eddine (Kasanwirjo) – Maatsen, Taylor – Taabouni (Proper) – Hansen (Ünüvar), Bannis (Allouch), Brobbey.

Tore: Hansen, Bannis, Maatsen, Ünüvar (Colombo 2) – Zuschauer: 5951 – SR: Eskas (Norwegen).

2020: abgesagt

Qualifikation: Deutschland hatte sich in der 1. Runde als Gruppenzweiter hinter Griechenland (0:2) und vor Kasachstan (5:0) und Aserbaidschan (2:0) für die 2. Runde qualifiziert. Diese sowie die **Endrunde in Estland** wurden wegen der Coronavirus-Pandemie abgesagt.

2021: abgesagt

Die Qualifikationsspiele sowie die **Endrunde in Zypern** wurden wegen der Coronavirus-Pandemie abgesagt.

Amateur-Wettbewerbe der UEFA

Die Sieger der Amateur-Europameisterschaft:
1967 **Österreich** (2:1 gegen Schottland) – 1970 **Spanien** (n. V. 1:1, Elfmeterschießen 2:1 gegen Niederlande) – 1974 **Deutschland** und **Jugoslawien** gemeinsam (das Endspiel wurde wegen Unbespielbarkeit des Platzes nicht ausgetragen) – 1978 **Jugoslawien** (2:1 gegen Griechenland).
Die Sieger des „UEFA Regions Cup“:
1999 **Venetien/ITA** (3:2 gegen Madrid/ESP) – 2001 **Zentral-Mähren/CZE** (n. V. 2:2, Elfmeterschießen 4:2 gegen Braga/POR) – 2003 **Piemont-Aostatal/ITA** (2:1 gegen Maine/FRA) – 2005 **Baskenland/ESP** (1:0 gegen Südwest-Sofia/BUL) – 2007 **Niederschlesien/POL** (n. V. 2:1 gegen Südost-Region/BUL) – 2009 **Kastilien-Leon/ESP** (2:1 gegen Oltenien/ROU) – 2011 **Braga/POR** (2:1 gegen Leinster & Munster/IRL) – 2013 **Venetien/ITA** (n. V. 0:0, Elfmeterschießen 5:4 gegen Katalonien/ESP) – 2015 **Eastern Region/IRL** (1:0 gegen Zagreb/CRO) – 2017 **Zagreb/CRO** (1:0 gegen Munster/Connacht/IRL) – 2019 **Niederschlesien/POL** (3:2 gegen Bayern) – 2021 abgesagt.

„Futsal“-Europameisterschaft

Die bisherigen Sieger:
1996 **Spanien** (5:3 gegen Russland/inoffiziell) – 1999 **Russland** (n. V. 3:3, Penaltyschießen 4:2 gegen Spanien) – 2001 **Spanien** (2:1 gegen die Ukraine) – 2003 **Italien** (1:0 gegen die Ukraine) – 2005 **Spanien** (2:1 gegen Russland) – 2007 **Spanien** (3:1 gegen Italien) – 2010 **Spanien** (4:2 gegen Portugal) – 2012 **Spanien** (n. V. 3:1 gegen Russland) – 2014 **Italien** (n. V. 3:1 gegen Russland) – 2016 **Spanien** (7:3 gegen Russland) – 2018 **Portugal** (n. V. 3:2 gegen Spanien).

UEFA Futsal Champions League

Die bisherigen Sieger (bis 2018 UEFA Futsal Cup):
2002 **Playas Castellon/ESP** (5:1 gegen Action 21 Charleroi/BEL) – 2003 **Playas Castellon/ESP** (6:4, 1:1 gegen Action 21 Charleroi/BEL) – 2004 **Boomerang Interviu Madrid/ESP** (4:1, 3:4 gegen Benfica Lissabon/POR) – 2005 **Action 21 Charleroi/BEL** (4:3, n. V. 6:6 gegen Dynamo Moskau) – 2006 **Boomerang Interviu Madrid/ESP** (6:3, 3:4 gegen Dynamo Moskau/RUS) – 2007 **Dynamo Moskau/RUS** (2:1 gegen Boomerang Interviu Madrid/ESP) – 2008 **MFK Viz-Sinara Ekaterinburg/RUS** (n. V. 4:4, Penaltyschießen 3:2 gegen El Pozo Murcia/ESP) – 2009 **Inter Movistar (Interviu FS) Madrid/ESP** (5:1 gegen MFK Viz-Sinara Ekaterinburg/RUS) – 2010 **Benfica Lissabon/POR** (n. V. 3:2 gegen Inter Movistar (Interviu FS) Madrid/ESP) – 2011 **ASD Citta di Montesilvano/ITA** (5:2 gegen Sporting Lissabon/POR) – 2012 **FC Barcelona/ESP** (3:1 gegen Dynamo Moskau/RUS) – 2013 **Kairat Almaty/KAZ** (4:3 gegen Dynamo Moskau/RUS) – 2014 **FC Barcelona/ESP** (n. V. 5:2 gegen Dynamo Moskau/RUS) – 2015 **Qairat Almaty/KAZ** (3:2 gegen FC Barcelona/ESP) – 2016 **TTG-Ugra Jugorsk/RUS** (4:3 gegen Inter FS Torrejon de Ardoz/ESP) – 2018 **Portugal** (n. V. 3:3 Spanien) – 2017 **Inter FS Torrejon de Ardoz/ESP** (7:0 gegen Sporting Lissabon/POR) – 2018 **Inter FS Torrejon de Ardoz/ESP** (5:2 gegen Sporting Lissabon/POR) – 2019 **Sporting Lissabon/POR** (2:1 gegen Qairat Almaty/KAZ) – 2020 **FC Barcelona/ESP** (2:1 gegen El Pozo Murcia/ESP) – 2021 **Sporting Lissabon/POR** (- FC Barcelona/ESP 4:3).

2020: FC Barcelona

Der deutsche Titelträger TSV Weilimdorf setzte sich in der Vorrunde gegen 1. FC Allstars Wiener Neustadt/AUT (8:5), RFC Union Luxemburg/LUX (D9:3) und Sparta Belfast/NIR (5:1) durch, schied dann aber in der 2. Runde als Gruppendritter hinter ASD Pesaro/ITA (3:5), Georgians Tiflis/GEO (2:6(und vor IFK Uddevalla (4:0) aus.

Endturnier vom 9. bis 11. Oktober 2020 in Barcelona
Halbfinale: El Pozo Murcia/ESP – MFK Tjumen/RUS 2:1; FC Barcelona/ESP – KPRF Moskau/RUS n. v. 3:2, Penaltyschießen 5:4.
Um den 3. Platz: KPFR Moskau – MFK Tjumen 2:2, Penaltyschießen 3:1.
Endspiel: FC Barcelona – El Pozo Murcia 2:1.

2021: Sporting Lissabon

Der deutsche Titelträger VfL 05 Hohenstein-Ernstthal setzte sich in der 1. Runde Vorrunde gegen Piyalepasa Istanbul/TUR (6:2) durch, schied aber in der 2. Runde gegen Vytis Kaunas/LTU (0:2) aus.

Endturnier vom 28. April bis 3. Mai 2021 in Zadar

Viertelfinale: Qairat Almaty/KAZ – Benfica Lissabon/POR n. V. 6:2; FC Barcelona/ESP – Dobovec Rogatec/SVN 2:0; Inter FS Torrejon de Ardoz/ESP – Gazprom-Ugra Jugorsk/RUS 3:0; Sporting Lissabon/POR – KPRF Moskau/RUS 3:2.

Halbfinale: Inter FS Torrejon de Ardoz – Sporting Lissabon 2:5; FC Barcelona – Qairat Almaty 3:2.

Endspiel: Sporting Lissabon – FC Barcelona 4:3.

Kings of Europe: Durch ein Tor von Kai Havertz siegte der von Thomas Tuchel betreute FC Chelsea im Finale von Porto mit 1:0 gegen Manchester City und gewann zum zweiten Mal nach 2012 die Champions League.

KAPITEL 12

DIE EUROPAPOKALE

EUROPAPOKAL DER MEISTER/CHAMPIONS LEAGUE

1956	REAL MADRID	1989	AC MAILAND
1957	REAL MADRID	1990	AC MAILAND
1958	REAL MADRID	1991	ROTER STERN BELGRAD
1959	REAL MADRID	1992	FC BARCELONA
1960	REAL MADRID	1993	OLYMPIQUE MARSEILLE
1961	BENFICA LISSABON	1994	AC MAILAND
1962	BENFICA LISSABON	1995	AJAX AMSTERDAM
1963	AC MAILAND	1996	JUVENTUS TURIN
1964	INTER MAILAND	1997	BORUSSIA DORTMUND
1965	INTER MAILAND	1998	REAL MADRID
1966	REAL MADRID	1999	MANCHESTER UNITED
1967	CELTIC GLASGOW	2000	REAL MADRID
1968	MANCHESTER UNITED	2001	BAYERN MÜNCHEN
1969	AC MAILAND	2002	REAL MADRID
1970	FEYENOORD ROTTERDAM	2003	AC MAILAND
1971	AJAX AMSTERDAM	2004	FC PORTO
1972	AJAX AMSTERDAM	2005	FC LIVERPOOL
1973	AJAX AMSTERDAM	2006	FC BARCELONA
1974	BAYERN MÜNCHEN	2007	AC MAILAND
1975	BAYERN MÜNCHEN	2008	MANCHESTER UNITED
1976	BAYERN MÜNCHEN	2009	FC BARCELONA
1977	FC LIVERPOOL	2010	INTER MAILAND
1978	FC LIVERPOOL	2011	FC BARCELONA
1979	NOTTINGHAM FOREST	2012	FC CHELSEA
1980	NOTTINGHAM FOREST	2013	BAYERN MÜNCHEN
1981	FC LIVERPOOL	2014	REAL MADRID
1982	ASTON VILLA	2015	FC BARCELONA
1983	HAMBURGER SV	2016	REAL MADRID
1984	FC LIVERPOOL	2017	REAL MADRID
1985	JUVENTUS TURIN	2018	REAL MADRID
1986	STEAUA BUKAREST	2019	FC LIVERPOOL
1987	FC PORTO	2020	BAYERN MÜNCHEN
1988	PSV EINDHOVEN	2021	FC CHELSEA

Nachdem der Europapokal der Landesmeister bis 1991 ein reiner K.-o.-Wettbewerb war, wurden 1991/92 nach dem Achtelfinale erstmals zwei Vierergruppen gebildet, in denen die beiden Finalisten ausgespielt wurden. Seit der Saison 1992/93 heißt der Wettbewerb offiziell „Champions League“. Seit 1997/98 nehmen an dem Wettbewerb auch nicht mehr ausschließlich Landesmeister, sondern bis zu drei weitere Teams je Land teil.

1955/56: Real Madrid

Achtelfinale: Rot-Weiss Essen – Hibernian Edinburgh 0:4,1:1; Sporting Lissabon – Partizan Belgrad 3:3, 2:5; MTK (Vörös Lobogo) Budapest – Anderlecht Brüssel 6:3, 4:1; Servette Genf – Real Madrid 0:2, 0:5; Aarhus GF – Stade de Reims 0:2, 2:2; Rapid Wien – PSV Eindhoven 6:1, 0:1; Djurgarden Stockholm – Gwardia Warschau 0:0,4:1; AC Mailand – 1. FC Saarbrücken 3:4, 4:1.
Viertelfinale: Djurgarden Stockholm – Hibernian Edinburgh 1:3, 0:1; Stade de Reims – MTK (Vörös Lobogo) Budapest 4:2, 4:4; Real Madrid – Partizan Belgrad 4:0, 0:3; Rapid Wien – AC Mailand 1:1, 2:7.
Halbfinale: Stade de Reims – Hibernian Edinburgh 2:0, 1:0; Real Madrid – AC Mailand 4:2, 1:2.

Endspiel am 13.6.1956 in Paris:

Real Madrid – Stade Reims 4:3 (2:2)

Real Madrid: Alonso – Atienza, Marquitos, Lesmes – Munoz, Zarraga – Joseito, Marchal, Di Stefano, Rial, Gento.
Tore: Rial (2), Di Stefano, Marquitos (Leblond, Templin, Hidalgo für Reims); SR: Ellis (England). – Zuschauer: 38 000.

1956/57: Real Madrid

1. Runde: Borussia Dortmund – Spora Luxemburg 4:3, 1:2, 7:0; Dinamo Bukarest – Galatasaray Istanbul 3:1, 1:2; Slovan Bratislava – CWKS (Legia) Warschau 4:0, 0:2; RSC Anderlecht – Manchester United 0:2, 0:10; Aarhus GF – OGC Nizza 1:1, 1:5; FC Porto – Atletico Bilbao 1:2, 2:3.
Achtelfinale: Manchester United – Borussia Dortmund 3:2, 0:0; CDNA Sofia – Dinamo Bukarest 8:1, 2:3; Slovan Bratislava – Grasshoppers Zürich 1:0, 0:2; Glasgow Rangers – OGC Nizza 2:1, 1:2, 1:3; Real Madrid – Rapid Wien 4:2, 1:3, 2:0; Rapid JC Heerlen – Roter Stern Belgrad 3:4, 0:2; AC Florenz – IFK Norrköping 1:1, 1:0; Atletico Bilbao – Honved Budapest 3:2, 3:3.
Viertelfinale: Atletico Bilbao – Manchester United 5:3, 0:3; AC Florenz – Grasshoppers Zürich 3:1, 2:2; Roter Stern Belgrad – CDNA Sofia 3:1, 1:2; Real Madrid – OGC Nizza 3:0, 3:2.
Halbfinale: Roter Stern Belgrad – AC Florenz 0:1, 0:0; Real Madrid – Manchester United 3:1, 2:2.

Endspiel am 30. Mai 1957 in Madrid:

Real Madrid – AC Florenz 2:0 (0:0)

Real Madrid: Alonso – Torres, Marquitos, Lesmes – Munoz, Zarraga – Kopa, Mateos, Di Stefano, Rial, Gento.
Tore: Di Stefano, Gento – SR: Horn (Holland). – Zuschauer: 125 000.

1957/58: Real Madrid

1. Runde: Gwardia Warschau – Wismut Karl-Marx-Stadt 3:1, 1:3 (in Aue), 1:1 n. V. (in Berlin,Los für Karl-Marx-Stadt); CDNA Sofia – Vasas Budapest 2:1, 1:6; Glasgow Rangers – AS Saint-Etienne 3:1, 1:2; Stade Düdelingen – Roter Stern Belgrad 0:5, 1:9; Aarhus GF – FC Glenavon Belfast 0:0; 3:0; FC Sevilla – Benfica Lissabon 3:1, 0:0; Shamrock Rovers – Manchester United 0:6, 2:3; AC Mailand – Rapid Wien 4:1, 2:5, 4:2 (in Zürich). – Freilose für: Borussia Dortmund, Real Madrid, FC Antwerpen, Ajax Amsterdam, Young Boys Bern, Dukla Prag, IFK Norrköping und CCA Bukarest.
Achtelfinale: Borussia Dortmund – Armeeklub Bukarest 4:2, 1:3, 3:1 (in Bologna); Wismut Karl-Marx-Stadt – Ajax Amsterdam 1:3 (in Aue), 0:1; FC Antwerpen – Real Madrid 1:2, 0:6; IFK Norrköping – Roter Stern Belgrad 2:2, 1:2; Manchester United – Dukla Prag 3:0, 0:1; Young Boys Bern – Vasas Budapest 1:1 (in Genf), 1:2; Glasgow Rangers – AC Mailand 1:4, 0:2; FC Sevilla – Aarhus GF 4:0, 0:2.
Viertelfinale: Borussia Dortmund – AC Mailand 1:1, 1:4; Manchester United – Roter Stern Belgrad 2:1, 3:3; Real Madrid – FC Sevilla 8:0, 2:2; Ajax Amsterdam – Vasas Budapest 2:2, 0:4.
Halbfinale: Real Madrid – Vasas Budapest 4:0, 0:2; Manchester United – AC Mailand 2:1, 0:4.

Endspiel am 29. Mai 1958 in Brüssel:

Real Madrid – AC Mailand 3:2 nach Verl. (2:2, 0:0)

Real Madrid: Alonso – Atienza, Santamaria, Lesmes – Santisteban, Zarraga – Kopa, Joseito, Di Stefano, Rial, Gento.
Tore: Di Stefano, Rial, Gento (Schiaffino, Grillo für Mailand). – SR: Alsteen (Belgien). – Zuschauer: 67 000.

1958/59: Real Madrid

1. Runde: KB Kopenhagen – FC Schalke 04 3:0, 2:5, 1:3 (in Enschede); Wismut Karl-Marx-Stadt – Petrolul Ploesti 4:2 (in Aue), 0:2, 4:0 (in Kiew); Standard Lüttich – Heart of Midlothian Edinburgh 5:1 1:2; Jeunesse Esch – IFK Göteborg 1:2, 1:0, 1:5 (in Göteborg); Atletico Madrid – Drumcondra Dublin 8:0, 5:1; FC Ards Newtonards – Stade Reims 1:4, 2:6; Polonia Beuthen – MTK Budapest 0:3, 0:3; Juventus Turin – Wiener Sport-Club 3:1, 0:7; Dinamo Zagreb – Dukla Prag 2:2, 1:2; DOS Utrecht – Sporting Lissabon 3:4, 1:2; Olympiakos Piräus verzichtete gegen Besiktas Istanbul, Manchester United verzichtete gegen Young Boys Bern. – Freilose für: Real Madrid, Wolverhampton Wanderers, CDNA Sofia und HPS Helsinki.
Achtelfinale: Wolverhampton Wanderers – FC Schalke 04 2:2, 1:2; IFK Göteborg – Wismut Karl-Marx-Stadt 2:2, 0:4 (in Aue); Sporting Lissabon – Standard Lüttich 2:3, 0:3; Atletico Madrid – CDNA Sofia 2:1, 0:1, 3:1 n. V. (in Genf); MTK Budapest – Young Boys Bern 1:2, 1:4; Wiener Sport-Club – Dukla Prag 3:1, 0:1; Stade Reims – HPS Helsinki 4:0, 3:0 (in Rouen); Real Madrid – Besiktas Istanbul 2:0, 1:1.

Viertelfinale: Atletico Madrid – Schalke 04 3:0, 1:1; Young Boys Bern – Wismut Karl-Marx-Stadt 2:2, 0:0 (in Aue), 2:1 (in Amsterdam), Standard Lüttich – Stade Reims 2:0, 0:3; Wiener Sport-Club – Real Madrid 0:0, 1:7.

Halbfinale: Young Boys Bern – Stade de Reims 1:0, 0:3 (in Paris); Real Madrid – Atletico Madrid 2:1, 0:1, 2:1 (in Saragossa).

Endspiel am 3. Juni 1959 in Stuttgart:

Real Madrid – Stade Reims 2:0 (1:0)

Real Madrid: Dominguez – Marquitos, Santamaria, Zarraga – Santisteban, Ruiz – Kopa, Mateos, Di Stefano, Rial, Gento.

Tore: Mateos, Di Stefano. – SR: Dusch (Deutschland). – Zuschauer: 80 000.

1959/60: Real Madrid

1. Runde: ASK Vorwärts Berlin – Wolverhampton Wanderers 2:1, 0:2; OGC Nizza – Shamrock Rovers 3:2, 1:1; CDNA Sofia – FC Barcelona 2:2, 2:6; Wiener Sport-Club – Petrolul Ploesti 0:0, 2:1; Jeunesse Esch – LKS Lodz 5:0, 1:2; FC Linfield Belfast – IFK Göteborg 2:1, 1:6; Roter Stern Bratislava – FC Porto 2:1, 2:0; Olympiakos Piräus – AC Mailand 2:2, 1:3; Fenerbahce Istanbul – SC Csepel 1:1, 3:2; Glasgow Rangers – RSC Anderlecht 5:2, 2:0; Kuopio PS verzichtete gegen Eintracht Frankfurt. – Freilose für: Real Madrid, Roter Stern Belgrad, Sparta Rotterdam, B 1909 Odense und Young Boys Bern.

Achtelfinale: Young Boys Bern – Eintracht Frankfurt 1:4, 1:1; B 1909 Odense – Wiener Sport-Club 0:3, 2:2; Real Madrid – Jeunesse Esch 7:0, 5:2; Sparta Rotterdam – Göteborg IFK 3:1, 1:3, 3:1 (in Bremen); AC Mailand – FC Barcelona 0:2, 1:5; Roter Stern Belgrad – Wolverhampton Wanderers 1:1, 0:3; Glasgow Rangers – Roter Stern Bratislava 4:3, 1:1; Fenerbahce Istanbul – OGC Nizza 2:1, 1:2, 1:5 (in Genf).

Viertelfinale: Eintracht Frankfurt – Wiener Sport-Club 2:1, 1:1; OGC Nizza – Real Madrid 3:2, 0:4; FC Barcelona – Wolverhampton Wanderers 4:0, 5:2; Sparta Rotterdam – Glasgow Rangers 2:3, 1:0, 2:3 (in London).

Halbfinale: Eintracht Frankfurt – Glasgow Rangers 6:1, 6:3; Real Madrid – FC Barcelona 3:1, 3:1.

Endspiel am 18. Mai 1960 in Glasgow:

Real Madrid – Eintracht Frankfurt 7:3 (3:1)

Real Madrid: Dominguez – Marquitos, Santamaria, Pachin – Vidal, Zarraga – Canario, Del Sol, Di Stefano, Puskas, Gento.

Eintracht Frankfurt: Loy – Lutz, Eigenbrodt, Höfer – Weilbächer, Stinka – Kreß, Lindner, Stein, Pfaff, Meier.

Tore: Puskas (4), Di Stefano (3) – Stein (2), Kreß. – SR: Mowatt (Schottland) – Zuschauer: 135 000.

1960/61: Benfica Lissabon

1. Runde: FC Limerick – Young Boys Bern 0:5, 2:4; Fredrikstad FK – Ajax Amsterdam 4:3, 0:0; HIFK Helsinki – IFK Malmö 1:3, 1:2; Stade Reims – Jeneusse Esch 6:1, 5:0; Rapid Wien – Besiktas Istanbul 4:0, 0:1; Aarhus GF – Legia Warschau 3:0, 0:1; FC Barcelona – Lierse SK 2:0, 3:0; Roter Stern Belgrad – Ujpest Budapest 1:2, 0:3; Heart of Midlothian Edinburgh – Benfica Lissabon 1:2, 0:3; Juventus Turin – CDNA Sofia 2:0, 1:4; CCA Bukarest verzichtete gegen Spartak Hradec Kralove und Glenavon Belfast verzichtete gegen Wismut Karl-Marx-Stadt. Freilose für: Hamburger SV, FC Burnley, Panathinaikos Athen und Real Madrid.

Achtelfinale: Young Boys Bern – Hamburger SV 0:5, 3:3 Rapid Wien – Wismut Karl-Marx-Stadt 3:1, 0:2, 1:0 (in Basel); Aarhus GF – Fredrikstad FK 3:0, 1:0 (in Oslo); IFK Malmö – CDNA Sofia 1:0, 1:1; Spartak Hradec Kralove – Panathinaikos Athen 1:0, 0:0; Benfica Lissabon – Ujpest Budapest 6:2, 1:2; Real Madrid – FC Barcelona 2:2, 1:2; FC Burnley – Stade Reims 2:0, 2:3 (in Paris).

Viertelfinale: FC Burnley – Hamburger SV 3:1, 1:4; FC Barcelona – Spartak Hradec Kralove 4:0, 1:1; Benfica Lissabon – Aarhus GF 3:1, 4:1; Rapid Wien – IFK Malmö 2:0, 2:0.

Halbfinale: FC Barcelona – Hamburger SV 1:0, 1:2, 1:0 (in Brüssel); Benfica Lissabon – Rapid Wien 3:0, 1:1 (abgebrochen).

Endspiel am 31. Mai 1961 in Bern:

Benfica Lissabon – FC Barcelona 3:2 (2:1)

Benfica Lissabon: Costa Pereira – Joao, Germano, Angelo – Neto, Cruz – Augusto, Santana, Aguas, Coluna, Cavem.

Tore: Aguas, Coluna (Kocsis, Czibor für Barcelona, dazu ein Eigentor von Ramallets). – SR: Dienst (Schweiz). – Zuschauer: 28 000.

1961/62: Benfica Lissabon

1. Runde: 1. FC Nürnberg – Drumcondra Dublin 5:0, 4:1; ASK Vorwärts Berlin – FC Linfield Belfast 3:0, Linfield verzichtete auf Rückspiel; AS Monaco – Glasgow Rangers 2:3, 2:3; IFK Göteborg – Feyenoord Rotterdam 0:3, 2:8; CDNA Sofia – Dukla Prag 4:4, 1:2; Vasas Budapest – Real Madrid 0:2, 1:3; Servette Genf – Hibernians Paola 5:0, 2:1; Standard Lüttich – Fredrikstad FK 2:1, 2:0 (in Oslo); Spora Luxemburg – B 1913 Odense 0:6, 2:9; Gornik Zabrze – Tottenham Hotspur 4:2 (in Chorzow), 1:8; Sporting Lissabon – Partizan Belgrad 1:1, 0:2; Panathinaikos Athen – Juventus Turin 1:1, 1:2; CCA Bukarest – Austria Wien 0:0, 0:2. Freilose für: Benfica Lissabon, Fenerbahce Istanbul und Haka Valkeakoski.

Achtelfinale: Fenerbahce Istanbul – 1. FC Nürnberg 1:2, 0:1; ASK Vorwärts Berlin – Glasgow Rangers 1:2, 1:4 (in Malmö); B 1913 Odense – Real Madrid 0:3, 0:9; Standard Lüttich – Haka Valkeakoski 5:1, 2:0; Austria Wien – Benfica Lissabon 1:1, 1:5; Feyenoord Rotterdam – Tottenham Hotspur 1:3, 1:1; Servette Genf – Dukla Prag 4:3, 0:2; Partizan Belgrad – Juventus Turin 1:2, 0:5.

Viertelfinale: 1. FC Nürnberg – Benfica Lissabon 3:1, 0:6; Standard Lüttich – Glasgow Rangers 4:1, 0:2; Dukla Prag – Tottenham Hotspur 1:0, 1:4; Juventus Turin – Real Madrid 0:1, 1:0, 1:3 (in Paris).

Halbfinale: Benfica Lissabon – Tottenham Hotspur 3:1, 1:2; Real Madrid – Standard Lüttich 4:0, 2:0.

Endspiel am 2. Mai 1962 in Amsterdam:

Benfica Lissabon – Real Madrid 5:3 (2:3)

Benfica Lissabon: Costa Pereira – Joao, Germano, Angelo – Cavem, Cruz – Jose Augusto, Eusebio, Aguas, Coluna, Simoes.

Tore: Eusebio (2), Aguas, Cavem, Coluna (Puskas (3) für Madrid). – SR: Horn (Holland). – Zuschauer: 65 000.

1962/63: AC Mailand

1. Runde: FC Dundee – 1. FC Köln 8:1, 0:4; ASK Vorwärts Berlin – Dukla Prag 0:3, 0:1; IFK Norrköping – Partizani Tirana 2:0, 1:1; Fredrikstad FK – Vasas Budapest 1:4, 0:7; FC Linfield Belfast – Esbjerg FB 1:2, 0:0; Austria Wien – HIFK Helsinki 5:3, 2:0; Real Madrid – RSC Anderlecht 3:3, 0:1; Dinamo Bukarest – Galatasaray Istanbul 1:1, 0:3; AC Mailand – Union Luxemburg 8:0, 6:0; Polonia Beuthen – Panathinaikos Athen 2:1 (in Chorzow), 4:1; Servette Genf – Feyenoord Rotterdam 1:3, 3:1, 1:3 n. V. (in Düsseldorf); FC Floriana – Ipswich Town 1#

:4, 0:10; CDNA Sofia – Partizan Belgrad 2:1, 4:1; FC Shelbourne – Sporting Lissabon 0:2, 1:5. – Freilose für: Stade Reims und Benfica Lissabon.

Achtelfinale: Austria Wien – Stade Reims 3:2, 0:5 (in Paris); CDNA Sofia – RSC Anderlecht 2:2, 0:2; Sporting Lissabon – FC Dundee 1:0, 1:4; IFK Norrköping – Benfica Lissabon 1:1, 1:5; Galatasaray Istanbul – Polonia Beuthen 4:1, 0:1 (in Chorzow); Esbjerg FB – Dukla Prag 0:0 (in Vejle), 0:5; Feyenoord Rotterdam – Vasas Budapest 1:1, 2:2, 1:0 (in Antwerpen); AC Mailand – Ipswich Town 3:0, 1:2.

Viertelfinale: Galatasaray Istanbul – AC Mailand 1:3, 0:5; RSC Anderlecht – FC Dundee 1:4, 1:2; Benfica Lissabon – Dukla Prag 2:1, 0:0; Stade Reims – Feyenoord Rotterdam 0:1, 1:1.

Halbfinale: Feyenoord Rotterdam – Benfica Lissabon 0:0, 1:3; AC Mailand – FC Dundee 5:1, 0:1.

Endspiel am 22. Mai 1963 in London:

AC Mailand – Benfica Lissabon 2:1 (0:1)

AC Mailand: Ghezzi – David, Maldini, Trebbi – Benitez, Trapattoni – Pivatelli, Sani, Altafini, Rivera, Mora.

Tore: Altafini (2), (Eusebio für Benfica). – SR: Holland (England). – Zuschauer: 45 000.

1963/64: Inter Mailand

1. Runde: Lyn Oslo – Borussia Dortmund 2:4, 1:3; Dinamo Bukarest – SC Motor Jena 2:0, 1:0; FC Dundalk – FC Zürich 0:3, 2:1; Partizan Belgrad – Anorthosis Famagusta 3:0, 3:1; Partizani Tirana – Spartak Plovdiv 1:0, 1:3; Galatasaray Istanbul – Ferencvaros Budapest 4:0, 0:2; Dukla Prag – FC Valetta 6:0, 2:0; FC Everton – Inter Mailand 0:0, 0:1; Gornik Zabrze – Austria Wien 1:0 (in Chorzow), 0:1, 2:1 (in Wien); AS Monaco – AEK Athen 7:2 (in Nizza), 1:1; Distillery Belfast – Benfica Lissabon 3:3, 0:5:, Standard Lüttich – IFK Norrköping 1:0, 0:2; Haka Valkeakoski – Jeunesse Esch 4:1, 0:4; Esbjerg FB – PSV Eindhoven 3:4, 1:7; Glasgow Rangers – Real Madrid 0:1, 0:6. _ Freilos für: AC Mailand.

Achtelfinale: Benfica Lissabon – Borussia Dortmund 2:1, 0:5; Dinamo Bukarest – Real Madrid 1:3, 3:5; Gornik Zabrze – Dukla Prag 2:0 (in Chorzow), 1:4; Spartak Plovdiv – PSV Eindhoven 0:1, 0:0; FC Zürich – Galatasaray Istanbul 2:0, 0:2, 2:2 n. Verl. (in Rom, Los für Zürich); Jeunesse Esch – Partizan Belgrad 2:1, 2:6; Inter Mailand – AS Monaco 1:0, 3:1 (in Marseille); IFK Norrköping – AC Mailand 1:1, 2:5.

Viertelfinale: Real Madrid – AC Mailand 4:1, 0:2; Partizan Belgrad – Inter Mailand 0:2, 1:2; PSV – FC Zürich 1:0, 1:3; Dukla Prag – Borussia Dortmund 0:4, 3:1.
Halbfinale: Borussia Dortmund – Inter Mailand 2:2, 0:2; FC Zürich – Real Madrid 1:2, 0:6.

Endspiel am 27. Mai 1964 in Wien:

Inter Mailand – Real Madrid 3:1 (1:0)

Mailand: Sarti – Burgnich, Guarneri, Facchetti – Tagnin, Picchi – Jair, Mazzola, Milani, Suarez, Corso.
Tore: Mazzola (2), Milani (Felo für Real). – SR: Stoll (Österreich). – Zuschauer: 72 000.

1964/65: Inter Mailand

1. Runde: Partizani Tirana – 1. FC Köln 0:0, 0:2; Chemie Leipzig – ETO Györ 0:2, 2:4; Glentoran Belfast – Panathinaikos Athen 2:2, 2:3; KR Reykjavik – FC Liverpool 0:5, 1:6; RSC Anderlecht – FC Bologna 1:0, 1:2, 0:0 n. Verl. (in Barcelona, Los für Anderlecht); Sliema Wanderers – Dinamo Bukarest 0:2, 0:5; Rapid Wien – Shamrock Rovers 3:0, 2:0; Glasgow Rangers – Roter Stern Belgrad 3:1, 2:4, 3:1 (in London); AS Saint-Etienne – FC La Chaux-de-Fonds 2:2, 1:2; Aris Bonneweg – Benfica Lissabon 1:5, 1:5; B 1909 Odense – Real Madrid 2:5, 0:4; Dukla Prag – Gornik Zabrze 4:1, 0:3, 0:0 n. V. (in Duisburg, Los für Prag); Lokomotive Sofia – Malmö FF 8:3, 0:2; DWS Amsterdam – Fenerbahce Istanbul 3:1, 1:0; Reipas Lahti – Lyn Oslo 2:1, 0:3. – Freilos für: Inter Mailand
Achtelfinale: Panathinaikos Athen – 1. FC Köln 1:1, 1:2; FC Liverpool – RSC Anderlecht 3:0, 1:0; Inter Mailand – Dinamo Bukarest 6:0, 1:0; Glasgow Rangers – Rapid Wien 1:0, 2:0; FC La Chaux-de-Fonds – Benfica Lissabon 1:1, 0:5; Real Madrid – Dukla Prag 4:0, 2:2; ETO Györ – Lokomotive Sofia 5:3, 3:4; DWS Amsterdam – Lyn Oslo 5:0, 3:1.
Viertelfinale: 1. FC Köln – FC Liverpool 0:0, 0:0, 2:2 n. Verl. (in Rotterdam, Los für Liverpool); Inter Mailand – Glasgow Rangers 3:1, 0:1; Benfica Lissabon – Real Madrid 5:1, 1:2; DWS Amsterdam – ETO Györ 1:1, 0:1.
Halbfinale: FC Liverpool – Inter Mailand 3:1, 0:3; ETO Györ – Benfica Lissabon 0:1 (in Budapest), 0:4.

Endspiel am 27. Mai 1965 in Mailand:

Inter Mailand – Benfica Lissabon 1:0 (1:0)

Inter Mailand: Sarti – Burgnich, Guarneri, Facchetti – Bedin, Picchi – Jair, Mazzola, Peiro, Suarez, Corso.
Tor: Jair – SR: Dienst (Schweiz) – Zuschauer: 85 000.

1965/66: Real Madrid

1. Runde: APOEL Nikosia – Werder Bremen 0:5 (in Hamburg), 0:5; Drumcondra Dublin – ASK Vorwärts Berlin 1:0, 0:3; Feyenoord Rotterdam – Real Madrid 2:1, 0:5; 17 Nentori Tirana – FC Kilmarnock 0:0, 0:1; Fenerbahce Istanbul – RSC Anderlecht 0:0, 1:5; Lyn Oslo – Derry City 5:3, 1:5; Dinamo Bukarest – B 1909 Odense 4:0, 3:2; IB Keflavik – Ferencvaros Budapest 1:4, 1:9; Panathinaikos Athen – Sliema Wanderers 4:1, 0:1; Partizan Belgrad – FC Nantes 2:0, 2:2; Lausanne-Sports – Sparta Prag 0:0, 0:4; Linzer ASK – Gornik Zabrze 1:3, 1:2; HJK Helsinki – Manchester United 2:3, 0:6; Stade Düdelingen – Benfica Lissabon 0:8, 0:10; Djurgarden Stockholm – Levski Sofia 2:1, 0:6; Freilos für: Inter Mailand.
Achtelfinale: Partizan Belgrad – Werder Bremen 3:0, 0:1; ASK Vorwärts Berlin – Manchester United 0:2, 1:3; FC Kilmarnock – Real Madrid 2:2, 1:5; RSC Anderlecht – Derry City 9:0 (Derry City verzichtete auf 2. Spiel); Dinamo Bukarest – Inter Mailand 2:1, 0:2; Ferencvaros Budapest – Panathinaikos Athen 0:0, 3:1; Sparta Prag – Gornik Zabrze 3:0, 2:1 (in Chorzow); Levski Sofia – Benfica Lissabon 2:2, 2:3.
Viertelfinale: RSC Anderlecht – Real Madrid 1:0, 2:4; Inter Mailand – Ferencvaros Budapest 4:0, 1:1; Sparta Prag – Partizan Belgrad 4:1, 0:5; Manchester United – Benfica Lissabon 3:2, 5:1.
Halbfinale: Real Madrid – Inter Mailand 1:0, 1:1; Partizan Belgrad – Manchester United 2:0, 0:1.

Endspiel am 11. Mai 1966 in Brüssel:

Real Madrid – Partizan Belgrad 2:1 (0:0)

Real Madrid: Araquistain – Pachin, De Felipe, Zoco – Sanchis – Pirri, Velazquez – Serena, Amancio, Grosso, Gento.
Tore: Amancio, Serena (Vasovic für Belgrad). – SR: Kreitlein (Deutschland). – Zuschauer: 55 000.

1966/67: Celtic Glasgow

Qualifikation: FC Waterford – ASK Vorwärts Berlin 1:6, 0:6; Sliema Wanderers – ZSKA Sofia 1:2, 0:4.
1. Runde: TSV München 1860 – Omonia Nikosia 8:0, 2:1 (in Pocking); Haka Valkeakoski – RSC Anderlecht 1:10, 0:2; Admira Wien – Vojvodina Novi Sad 0:1, 0:0; Aris Bonneweg – FC Linfield Belfast 3:3, 1:6; KR Reykjavik – FC Nantes 2:3, 2:5; Celtic Glasgow – FC Zürich 2:0, 3:0; Ajax Amsterdam – Besiktas Istanbul 2:0, 2:1; ZSKA Sofia – Olympiakos Piräus 3:1, 0:1; Esbjerg FB – Dukla Prag 0:2, 0:4; Vasas Budapest –

Sporting Lissabon 5:0, 2:0; Inter Mailand – Torpedo Moskau 1:0, 0:0; Malmö FF – Atletico Madrid 0:2, 1:3; FC Liverpool – Petrolul Ploesti 2:0, 1:3, 2:0 (in Brüssel); Gornik Zabrze – ASK Vorwärts Berlin 2:1, 1:2, 3:1 (in Budapest); 17 Nentori Tirana verzichtete gegen Valerengen Oslo. Freilos für: Real Madrid.

Achtelfinale: TSV München 1860 – Real Madrid 1:0, 1:3; FC Nantes – Celtic Glasgow 1:3, 1:3; Dukla Prag – RSC Anderlecht 4:1, 2:1; Inter Mailand – Vasas Budapest 2:1, 2:0; Valerengen Oslo – FC Linfield Belfast 1:4, 1:1; ZSKA Sofia – Gornik Zabrze 4:0, 0:3; Ajax Amsterdam – FC Liverpool 5:1, 2:2; Vojvodina Novi Sad – Atletico Madrid 3:1, 0:2, n. V. 3:2 (in Madrid).

Viertelfinale: Inter Mailand – Real Madrid 1:0, 2:0; FC Linfield – ZSKA Sofia 2:2, 0:1; Vojvodina Novi Sad – Celtic Glasgow 1:0, 0:2; Ajax Amsterdam – Dukla Prag 1:1, 1:2.

Halbfinale: Celtic Glasgow – Dukla Prag 3:1, 0:0; Inter Mailand – ZSKA Sofia 1:1, 1:1, 1:0 (in Bologna).

Endspiel am 25. Mai 1967 in Lissabon:

Celtic Glasgow – Inter Mailand 2:1 (0:1)

Celtic Glasgow: Simpson – Craig, McNeill, Gemmell – Murdoch,Clark, – Auld, Johnstone, Wallace, Chalmers, Lennox.

Tore: Gemmell, Chalmers (Mazzola für Mailand). – SR: Tschenscher (Deutschland). – Zuschauer: 54 000.

1967/68: Manchester United

1. Runde: Manchester United – Hibernians Paola 4:0, 0:0; Olympiakos Nikosia – FK Sarajewo 2:2, 1:3; Gornik Zabrze – Djurgarden Stockholm 3:0, 1:0; Celtic Glasgow – Dynamo Kiew 1:2, 1:1; Skeid Oslo – Sparta Prag 0:1, 1:1; FC Karl-Marx-Stadt – RSC Anderlecht 1:3, 1:2; Ajax Amsterdam – Real Madrid 1:1, 1:2 n. V.; FC Basel – Hvidovre Kopenhagen 1:2, 3:3; Glentoran Belfast – Benfica Lissabon 1:1, 0:0; Valur Reykjavik – Jeunesse Esch 1:1, 3:3 n. V. (Los für Reykjavik); FC Dundalk – Vasas Budapest 0:1, 1:8; AS Saint-Etienne – Kuopio PS 2:0, 3:0; Besiktas Istanbul – Rapid Wien 0:1, 0:3; Olympiakos Piräus – Juventus Turin 0:0, 0:2; Trakia Plovdiv – Rapid Bukarest 2:0, 0:3 n. V. – Dinamo Tirana verzichtete gegen Eintracht Braunschweig.

Achtelfinale: Rapid Wien – Eintracht Braunschweig 1:0, 0:2; FK Sarajewo – Manchester United 0:0, 1:2; Dynamo Kiew – Gornik Zabrze 1:2, 1:1 (in Chorzow); Sparta Prag – RSC Anderlecht 3:2, 3:3; Hvidovre Kopenhagen – Real Madrid 2:2, 1:4; Vasas Budapest – Valur Reykjavik 6:0, 5:1 (in Varpalota), Benfica Lissabon – AS Saint-Etienne 2:0, 0:1; Juventus Turin – Rapid Bukarest 1:0, 0:0.

Viertelfinale: Manchester United – Gornik Zabrze 2:0, 0:1; Real Madrid – Sparta Prag 3:0, 1:2; Vasas Budapest – Benfica Lissabon 0:0, 0:3; Eintracht Braunschweig – Juventus Turin 3:2, 0:1, 0:1 (in Bern).

Halbfinale: Manchester United – Real Madrid 1:0, 3:3; Benfica Lissabon – Juventus Turin 2:0, 1:0.

Endspiel am 29. Mai 1968 in London:

Manchester United – Benfica Lissabon 4:1 n. Verl. (1:1, 0:0)

Manchester United: Stepney – Brennan, Foulkes, Stiles, Dunne – Crerand, B. Charlton, Sadler – Best, Kidd, Aston.

Tore: Charlton (2), Best, Kidd (Graca für Lissabon). – SR: Lo Bello (Italien). – Zuschauer: 100 000.

1968/69: AC Mailand

1. Runde: 1. FC Nürnberg – Ajax Amsterdam 1:1, 0:4; Malmö FF – AC Mailand 2:1, 1:4; FC Zürich – Akademisk BK Kopenhagen 1:3, 2:1; RSC Anderlecht – Glentoran Belfast 3:0, 2:2; AS Saint-Etienne – Celtic Glasgow 2:0, 0:4; AEK Athen – Jeunesse Esch 3:0, 2:3; AFC Waterford – Manchester United 1:3 (in Dublin), 1:7; Rosenborg Trondheim – Rapid Wien 1:3, 3:3; FC Floriana – Reipas Lahti 1:1 (in Gzira), 0:2 (in Helsinki); Valur Reykjavik – Benfica Lissabon 0:0, 1:8; Real Madrid – AEL Limassol 6:0, 6:0 (beide Spiele in Madrid), Manchester City – Fenerbahce Istanbul 0:0, 1:2; Steaua Bukarest – Spartak Trnava 3:1, 0:4; FC Carl Zeiss Jena verzichtete gegen Roter Stern Belgrad; Levski Sofia, Ferencvaros Budapest, Dynamo Kiew und Ruch Chorzow verzichteten.

Achtelfinale: Ajax Amsterdam – Fenerbahce Istanbul 2:0, 2:0; Manchester United – RSC Anderlecht 3:0, 1:3; Celtic Glasgow – Roter Stern Belgrad 5:1, 1:1; AEK Athen – Akademisk BK Kopenhagen 0:0, 2:0; Rapid Wien – Real Madrid 1:0, 1:2; Reipas Lahti – Spartak Trnava 1:9 (in Wien), 1:7; Freilose für: AC Mailand und Benfica Lissabon.

Viertelfinale: AC Mailand – Celtic Glasgow 0:0, 1:0; Ajax Amsterdam – Benfica Lissabon 1:3, 3:1, 3:0 n. V. (in Paris); Manchester United – Rapid Wien 3:0, 0:0; Spartak Trnava – AEK Athen 2:1, 1:1.

Halbfinale: AC Mailand – Manchester United 2:0, 0:1; Ajax Amsterdam – Spartak Trnava 3:0, 0:2.

Endspiel am 28. Mai 1969 in Madrid:

AC Mailand – Ajax Amsterdam 4:1 (2:0)

AC Mailand: Cudicini – Anquiletti, Schnellinger – Rosato, Malatrasi, Trapattoni – Lodetti, Rivera – Hamrin, Sormani, Prati.

Tore: Prati (3), Sormani (Vasovic für Amsterdam). – SR: de Mendibil (Spanien). – Zuschauer: 32 000.

1969/70: Feyenoord Rotterdam

Qualifikation: Turku PS – KB Kopenhagen 0:1, 0:4.

1. Runde: FC Bayern München – AS Saint-Etienne 2:0, 0:3; ASK Vorwärts Berlin – Panathinaikos Athen 2:0, 1:1; Austria Wien – Dynamo Kiew 1:2, 1:3; FC Basel – Celtic Glasgow 0:0, 0:2; Feyenoord Rotterdam – KR Reykjavik 12:2, 4:0 (beide Spiele in Rotterdam); Hibernians Paola – Spartak Trnava 2:2 (in Gzira), 0:4; Benfica Lissabon – KB Kopenhagen 2:0, 3:2; ZSKA Sofia – Ferencvaros Budapest 2:1, 1:4; AC Florenz – Östers IF Växjö 1:0, 2:1; Standard Lüttich – 17 Nentori Tirana 3:0, 1:1; Real Madrid – Olympiakos Nikosia 8:0, 6:1 (beide Spiele in Madrid); AC Mailand – Avenir Beggen 5:0, 3:0 (in Luxemburg); Leeds United – Lyn Oslo 10:0, 6:0; Roter Stern Belgrad – FC Linfield Belfast 8:0, 4:2; UT Arad – Legia Warschau 1:2, 0:8; Galatasaray Istanbul – AFC Waterford 2:0, 3:2.

Achtelfinale: ASK Vorwärts Berlin – Roter Stern Belgrad 2:1, 2:3; Dynamo Kiew – AC Florenz 1:2, 0:0; Leeds United – Ferencvaros Budapest 3:0, 3:0; AC Mailand – Feyenoord Rotterdam 1:0, 0:2; Spartak Trnava – Galatasaray Istanbul 1:0, 0:1 n. Verl., Los für Istanbul; Celtic Glasgow – Benfica Lissabon 3:0, 0:3 n. Verl., Los für Glasgow; Legia Warschau – AS Saint-Etienne 2:1, 1:0; Standard Lüttich – Real Madrid 1:0, 3:2.

Viertelfinale: ASK Vorwärts Berlin – Feyenoord Rotterdam 1:0, 0:2; Standard Lüttich – Leeds United 0:1, 0:1; Celtic Glasgow – AC Florenz 3:0, 0:1; Galatasaray Istanbul – Legia Warschau 1:1, 0:2.

Halbfinale: Leeds United – Celtic Glasgow 0:1, 1:2; Legia Warschau – Feyenoord Rotterdam 0:0, 0:2.

Endspiel am 6. Mai 1970 in Mailand:

Feyenoord Rotterdam – Celtic Glasgow 2:1 (1:1, 1:1) n. Verl.

Feyenoord: Pieters Graafland – Romeijn (Haak), Laseroms, Israel, Van Duivenbode – Jansen, Hasil – Van Hanegem, Wery, Kindvall, Moulijn.

Tore: Israel, Kindvall (Gemmel für Glasgow). – SR: Lo Bello (Italien). – Zuschauer: 54 000.

1970/71: Ajax Amsterdam

Qualifikation: Levski/Spartak Sofia – Austria Wien 3:1, 0:3.

1. Runde: EPA Larnaka – Borussia Mönchengladbach 0:6 (in Augsburg), 0:10; Fenerbahce Istanbul – FC Carl Zeiss Jena 0:4, 0:1; 17 Nentori Tirana – Ajax Amsterdam 2:2, 0:2; Jeunesse Esch – Panathinaikos Athen 1:2, 0:5; Spartak Moskau – FC Basel 3:2, 1:2; Atletico Madrid – Austria Wien 2:0, 2:1; Rosenborg Trondheim – Standard Lüttich 0:2, 0:5; Sporting Lissabon – FC Floriana 5:0, 4:0; Slovan Bratislava – BK 1903 Kopenhagen 2:1, 2:2; Feyenoord Rotterdam – UT Arad 1:1, 0:0; FC Everton – IB Keflavik 6:2, 3:0 (in Reykjavik); IFK Göteborg – Legia Warschau 0:4, 1:2; Ujpest Budapest – Roter Stern Belgrad 2:0, 0:4; Cagliari Calcio – AS Saint-Etienne 3:0, 0:1; Celtic Glasgow – Kokkola PV 9:0, 5:0; Glentoran Belfast – AFC Waterford 1:3, 0:1.

Achtelfinale: FC Carl Zeiss Jena – Sporting Lissabon 2:1, 2:1; Borussia Mönchengladbach – FC Everton 1:1, 1:1 n. Verl. (Everton 4:3-Sieger nach Elfmeterschießen); Ajax Amsterdam – FC Basel 3:0, 2:1; Panathinaikos Athen – Slovan Bratislava 3:0, 1:2; Roter Stern Belgrad – UT Arad 3:0, 3:1; AFC Waterford – Celtic Glasgow 0:7, 2:3; Standard Lüttich – Legia Warschau 1:0, 0:2; Cagliari Calcio – Atletico Madrid 2:1, 0:3.

Viertelfinale: Ajax Amsterdam – Celtic Glasgow 3:0, 0:1; FC Everton – Panathinaikos Athen 1:1, 0:0; FC Carl Zeiss Jena – Roter Stern Belgrad 3:2, 0:4; Atletico Madrid – Legia Warschau 1:0, 1:2.

Halbfinale: Atletico Madrid – Ajax Amsterdam 1:0, 0:3; Roter Stern Belgrad – Panathinaikos Athen 4:1, 0:3.

Endspiel am 2. Juni 1971 in London:

Ajax Amsterdam – Panathinaikos Athen 2:0 (1:0)

Ajax: Stuy – Neeskens, Hulshoff, Vasovic, Suurbier – Rijnders (Blankenburg), Mühren – Swart (Haan), Cruyff, Van Dijk, Keizer.

Tore: van Dijk, Haan. – SR: Taylor (England). – Zuschauer: 84 000.

1971/72: Ajax Amsterdam

Qualifikation: FC Valencia – Union Luxemburg 3:1; 1:0.

1. Runde: Cork Hibernians – Borussia Mönchengladbach 0:5, 1:2; Ajax Amsterdam – Dynamo Dresden 2:0, 0:0; Wacker Innsbruck – Benfica Lissabon 0:4, 1:3; Reipas Lahti – Grasshoppers Zürich 1:1, 0:8; Galatasaray Istanbul – ZSKA Moskau 1:1, 0:3; Standard Lüttich – FC Linfield Belfast 2:0, 3:2; B 1903 Kopenhagen – Celtic Glasgow 2:1, 0:3; Feyenoord Rotterdam – Olympiakos Nikosia 8:0, 9:0 (beide

Spiele in Rotterdam); Dinamo Bukarest – Spartak Trnava 0:0, 2:2; Inter Mailand – AEK Athen 4:1, 2:3; Ujpest Budapest – Malmö FF 4:0, 0:1; Olympique Marseille – Gornik Zabrze 2:1, 1:1 (in Kattowitz); ZSKA Sofia – Partisani Tirana 3:0, 1:0; FC Valencia – Hajduk Split 0:0, 1:1; IA Akranes – Sliema Wanderers 0:4, 0:0 (beide Spiele in Malta); Strömsgodset Drammen – FC Arsenal 1:3 (in Oslo), 0:4.

Achtelfinale: Borussia Mönchengladbach – Inter Mailand 7:1 (annulliert wegen eines Büchsenwurfs gegen einen Interspieler), 2:4, 0:0 (in Berlin); Grasshoppers Zürich – Arsenal London 0:2, 0:3; Olympique Marseille – Ajax Amsterdam 1:2, 1:4; Dinamo Bukarest – Feyenoord Rotterdam 0:3, 0:2; Celtic Glasgow – Sliema Wanderers 5:0, 2:1; ZSKA Moskau – Standard Lüttich 1:0, 0:2; FC Valencia – Ujpest Budapest 0:1, 1:2; Benfica Lissabon – ZSKA Sophia 2:1, 0:0.

Viertelfinale: Ujpest Budapest – Celtic Glasgow 1:2, 1:1; Feyenoord Rotterdam – Benfica Lissabon 1:0, 1:5; Ajax Amsterdam – FC Arsenal 2:1, 1:0; Inter Mailand – Standard Lüttich 1:0, 1:2.

Halbfinale: Inter Mailand – Celtic Glasgow 0:0, 0:0 n. Verl. (Inter 5:4-Sieger nach Elfmeterschießen); Ajax Amsterdam – Benfica Lissabon 1:0, 0:0.

Endspiel am 31. Mai 1972 in Rotterdam:

Ajax Amsterdam – Inter Mailand 2:0 (0:0)

Ajax: Stuy – Suurbier, Hulshoff, Blankenburg, Krol – Neeskens, G. Mühren, Haan – Swart, Crujff, Keizer.

Tore: Cruyff (2). – SR: Helies (Frankreich). – Zuschauer: 62 000.

1972/73: Ajax Amsterdam

1. Runde: Galatasaray Istanbul – Bayern München 1:1, 0:6; 1. FC Magdeburg – Turku PS 6:0, 3:1; Real Madrid – IB Keflavik 3:0, 1:0 (in Reykjavik); RSC Anderlecht – Vejle BK 4:2, 3:0; Ujpest Budapest – FC Basel 2:0, 2:3; Celtic Glasgow – Rosenborg Trondheim 2:1, 3:1; Olympique Marseille – Juventus Turin 1:0 (in Lyon), 0:3; Malmö FF – Benfica Lissabon 1:0, 1:4; Wacker Innsbruck – Dynamo Kiew 0:1, 0:2; Sliema Wanderers – Gornik Zabrze 0:5, 0:5; Aris Bonneweg – FC Arges Pitesti 0:2 (in Luxemburg) 0:4; Derby County – Zeljeznicar Sarajewo 2:0, 2:1; AFC Waterford – Omonia Nikosia 2:1, 0:2; ZSKA Sofia – Panathinaikos Athen 2:1, 2:0. – Freilose für: Ajax Amsterdam und Spartak Trnava.

Achtelfinale: Bayern München – Omonia Nikosia 9:0, 4:0 (in Augsburg); Juventus Turin – 1. FC Magdeburg 1:0, 1:0; Spartak Trnava – RSC Anderlecht 1:0, 1:0; Derby County – Benfica Lissabon 3:0, 0:0; Celtic Glasgow – Ujpest Budapest 2:1, 0:3; Dynamo Kiew – Gornik Zabrze 2:0, 1:2; FC Arges Pitesti – Real Madrid 2:1, 1:3; ZSKA Sofia – Ajax Amsterdam 1:3, 0:3.

Viertelfinale: Ajax Amsterdam – Bayern München 4:0, 1:2; Juventus Turin – Ujpest Budapest 0:0, 2:2; Dynamo Kiew – Real Madrid 0:0 (in Odessa), 0:3; Spartak Trnava – Derby County 1:0, 0:2.

Halbfinale: Ajax Amsterdam – Real Madrid 2:1, 1:0; Juventus Turin – Derby County 3:1, 0:0.

Endspiel am 30. Mai 1973 in Belgrad:

Ajax Amsterdam – Juventus Turin 1:0 (1:0)

Ajax: Stuy – Suurbier, Hulshoff, Blankenburg, Krol – Neeskens, Mühren, Haan – Rep, Cruyff, Keizer.

Tor: Rep. – SR: Gugulovic (Jugoslawien). – Zuschauer: 90 000.

1973/74: Bayern München

1. Runde: Bayern München – Atvidabergs FF 3:1, 1:3 n. V. (Bayern 4:3-Sieger nach Elfmeterschießen), Dynamo Dresden – Juventus Turin 2:0, 2:3; ZSKA Sofia – Wacker Innsbruck 3:0, 1:0 (in Olten); FC Basel – Fram Reykjavik 5:0, 6:2 (in Olten), Jeunesse Esch – FC Liverpool 1:1, 0:2; Viking Stavanger – Spartak Trnava 1:2, 0:1; AFC Waterford – Ujpest Budapest 2:3, 0:3; Benfica Lissabon – Olympiakos Piräus 1:0, 1:0; Turku PS – Celtic Glasgow 1:6, 0:3; Zarja Woroschilowgrad – APOEL Nikosia 2:0, 1:0; Roter Stern Belgrad – Stal Mielec 2:1, 1:0 (in Krakau); Club Brügge – FC Floriana 8:0, 2:0; Atletico Madrid – Galatasaray Istanbul 0:0, 1:0 n. V.; Vejle BK – FC Nantes 2:2, 1:0; Crusaders Belfast – Dinamo Bukarest 0:1, 0:11. – Freilos für: Ajax Amsterdam.

Achtelfinale: Bayern München – Dynamo Dresden 4:3, 3:3; Club Brügge – FC Basel 2:1, 4:6; Ajax Amsterdam – ZSKA Sofia 1:0, 0:2 n. V.; Roter Stern Belgrad – FC Liverpool 2:1, 2:1; Spartak Trnava – Zarja Woroschilowgrad 0:0, 1:0; Dinamo Bukarest – Atletico Madrid 0:2, 2:2; Celtic Glasgow – Vejle BK 0:0, 1:0; Benfica Lissabon – Ujpest Budapest 1:1, 0:2.

Viertelfinale: Bayern München – ZSKA Sofia 4:1, 1:2; FC Basel – Celtic Glasgow 3:2, 2:4 n. V.; Roter Stern Belgrad – Atletico Madrid 0:2, 0:0; Spartak Trnava – Ujpest Budapest 1:1, 1:1 n. V. (Budapest 4:3-Sieger nach Elfmeterschießen).

Halbfinale: Ujpest Budapest – Bayern München 1:1, 0:3; Celtic Glasgow – Atletico Madrid 0:0, 0:2.

Endspiele am 15. Mai in Brüssel und 17. Mai in Brüssel:

Bayern München – Atletico Madrid n. V. 1:1 (0:0) und 4:0 (1:0)

Bayern München: Maier – Hansen, Schwarzenbeck, Beckenbauer, Breitner – Roth, Hoeneß, Zobel – Kapellmann, Müller, Torstensson (Dürnberger).

Tore im ersten Spiel: Luis Aragones/Schwarzenbeck. – SR: Loraux (Belgien). – Zuschauer: 49 000.

Tore im zweiten Spiel: Hoeneß (2), Müller (2). – SR: Delcourt (Belgien). – Zuschauer: 24 000.

1974/75: Bayern München

1. Runde: Levski/Spartak Sofia – Ujpest Budapest 0:3, 1:4; Hajduk Split – IB Keflavik 7:1, 2:0 (beide Spiele in Split); Feyenoord Rotterdam – FC Coleraine 7:0, 4:1; Viking Stavanger – Ararat Erewan 0:2, 2:4; Hvidovre Kopenhagen – Ruch Chorzow 0:0, 1:2; Celtic Glasgow – Olympiakos Piräus 1:1, 0:2; AS Saint-Etienne – Sporting Lissabon 2:0, 1:1; Leeds United – FC Zürich 4:1, 1:2; Slovan Bratislava – RSC Anderlecht 4:2, 1:3; FC Valetta – HJK Helsinki 1:0, 1:4; Universitatea Craiova – Atvidabergs FF 2:1, 1:3; Jeunesse Esch – Fenerbahce Istanbul 2:3, 0:2; VÖEST Linz – FC Barcelona 0:0, 0:5; Omonia Nikosia verzichtete gegen Cork Celtic. – Freilose für: Bayern München und 1. FC Magdeburg. Aufgrund der Ausschreitungen im Spiel Lazios gegen Ipswich im UEFA-Pokal der 2. Runde im Herbst 1973 wurde Lazio als Italienmeister '74 für ein Jahr gesperrt.

Achtelfinale: Bayern München – 1. FC Magdeburg 3:2, 2:1; Feyenoord Rotterdam – FC Barcelona 0:0 0:3; RSC Anderlecht – Olympiakos Piräus 5:1, 0:3 (in Patras); Ruch Chorzow – Fenerbahce Istanbul 2:1, 2:0; Ujpest Budapest – Leeds United 1:2, 0:3; HJK Helsinki – Atvidabergs FF 0:3, 0:1; Hajduk Split – AS Saint-Etienne 4:1, 1:5 n. V.; Cork Celtic – Ararat Erewan 1:2, 0:5.

Viertelfinale: Bayern München – Ararat Erewan 2:0, 0:1; Ruch Chorzow – AS Saint-Etienne 3:2, 0:2; Leeds United – RSC Anderlecht 3:0, 1:0; FC Barcelona – Atvidabergs FF 2:0, 3:0 (beide Spiele in Barcelona).

Halbfinale: AS Saint-Etienne – Bayern München 0:0, 0:2; Leeds United – FC Barcelona 2:1, 1:1.

Endspiel am 28. Mai 1975 in Paris:

Bayern München – Leeds United 2:0 (0:0)

Bayern München: Maier – Beckenbauer, Schwarzenbeck, Dürnberger, Andersson (Josef Weiß) – Zobel, Roth, Kapellmann – Hoeneß (Wunder), Müller, Torstensson.

Tore: Roth, Müller. – SR: Kitabdjan (Frankreich). – Zuschauer: 50 000.

1975/76: Bayern München

1. Runde: Jeunesse Esch – Bayern München 0:5 (in Luxemburg), 1:3; Borussia Mönchengladbach – Wacker Innsbruck 1:1, 6:1; Malmö FF – 1. FC Magdeburg 2:1, 1:2 n. V. (Malmö 2:1-Sieger nach Elfmeterschießen); Real Madrid – Dinamo Bukarest 4:1, 0:1; RWD Molenbeek – Viking Stavanger 3:2, 1:0; FC Floriana – Hajduk Split 0:5 (in Gzira), 0:3; Ujpest Budapest – FC Zürich 4:0, 1:5; FC Linfield Belfast – PSV Eindhoven 1:2, 0:8; ZSKA Sofia– Juventus Turin 2:1, 0:2; Ruch Chorzow – Kuopio PS 5:0, 2:2 (in Mikkeli); KB Kopenhagen – AS Saint-Etienne 0:2, 1:3; Olympiakos Piräus – Dynamo Kiew 2:2 (in Saloniki), 0:1; Glasgow Rangers – Bohemians Dublin 4:1, 1:1; Slovan Bratislava – Derby County 1:0, 0:3; Benfica Lissabon – Fenerbahce Istanbul 7:0, 0:1 (in Izmir); Omonia Nikosia – IA Akranes 2:1, 0:4 (in Reykjavik).

Achtelfinale: Malmö FF – Bayern München 1:0, 0:2; Borussia Mönchengladbach – Juventus Turin 2:0, 2:2; Dynamo Kiew – IA Akranes 3:0, 2:0; Ruch Chorzow – PSV Eindhoven 1:3, 0:4; Hajduk Split – RWD Molenbeek 4:0, 3:2; Derby County – Real Madrid 4:1, 1:5 n. V.; AS Saint-Etienne – Glasgow Rangers 2:0, 2:1; Benfica Lissabon – Ujpest Budapest 5:2, 1:3.

Viertelfinale: Benfica Lissabon – Bayern München 0:0, 1:5; Borussia Mönchengladbach – Real Madrid 2:2 (in Düsseldorf), 1:1; Dynamo Kiew – AS Saint-Etienne 2:0 (in Simferopol), 0:3 n. V., Hajduk Split – PSV Eindhoven 2:0, 0:3 n. V.

Halbfinale: Real Madrid – Bayern München 1:1, 0:2; AS Saint-Etienne – PSV Eindhoven 1:0, 0:0.

Endspiel am 12. Mai in Glasgow:

Bayern München – AS Saint-Etienne 1:0 (0:0)

Bayern München: Maier – Hansen, Beckenbauer, Schwarzenbeck, Horsmann – Roth, Dürnberger, Kapellmann – Hoeneß, Müller, Rummenigge.

Tor: Roth. – SR: Palotai (Ungarn). – Zuschauer: 54 864.

1976/77: FC Liverpool

1. Runde: Köge BK – Bayern München 0:5 (in Kopenhagen), 1:2; Austria/WAC Wien – Borussia Mönchengladbach 1:0, 0:3; Dynamo Dresden – Benfica Lissabon 2:0, 0:0; FC Liverpool – Crusaders

Belfast 2:0, 5:0; Sliema Wanderers – Turku PS 2:1 (in Gzira), 0:1; Ferencvaros Budapest – Jeunesse Esch 5:1, 6:2; ZSKA Sofia – AS Saint-Etienne 0:0, 0:1; FC Dundalk – PSV Eindhoven 1:1, 0:6; Stal Mielec – Real Madrid 1:2, 0:1 (in Valencia); Dynamo Kiew – Partizan Belgrad 3:0, 2:0; Glasgow Rangers – FC Zürich 1:1, 0:1; Club Brügge – Steaua Bukarest 2:1, 1:1; Omonia Nikosia – PAOK Saloniki 0:2, 1:1; AC Turin – Malmö FF 2:1, 1:1; IA Akranes – Trabzonspor 1:3 (in Reykjavik), 2:3; Viking Stavanger – Banik Ostrava 2:1, 0:2.

Achtelfinale: Banik Ostrava – Bayern München 2:1, 0:5; AC Turin – Borussia Mönchengladbach 1:2, 0:0 (in Düsseldorf); Ferencvaros Budapest – Dynamo Dresden 1:0, 0:4; Real Madrid – Club Brügge 0:0 (in Malaga), 0:2; Trabzonspor – FC Liverpool 1:0, 0:3; AS Saint-Etienne – PSV Eindhoven 1:0, 0:0; Dynamo Kiew – PAOK Saloniki 4:0, 2:0; FC Zürich – Turku PS 2:0, 1:0.

Viertelfinale: Bayern München – Dynamo Kiew 1:0, 0:2; Borussia Mönchengladbach – Club Brügge 2:2 (in Düsseldorf), 1:0; AS Saint Etienne – FC Liverpool 1:0, 1:3; FC Zürich – Dynamo Dresden 2:1, 2:3.

Halbfinale: Dynamo Kiew – Borussia Mönchengladbach 1:0, 0:2 (in Düsseldorf); FC Zürich – FC Liverpool 1:3, 0:3.

Endspiel am 25. Mai in Rom:

FC Liverpool – Borussia Mönchengladbach 3:1 (1:0)

FC Liverpool: Clemence – Neal, Smith, Hughes, Jones – Case, McDermott, Kennedy – Keegan, Callaghan, Heighway.

Gladbach: Kneib – Vogts, Wittkamp, Schäffer, Klinkhammer – Bonhof, Wohlers (Hannes), Stielike, Wimmer (Kulik) – Simonsen, Heynckes.

Tore: McDermott, Smith, Neal (Simonsen für Mönchengladbach). – SR: Wurtz (Frankreich). – Zuschauer: 57 000.

1977/78: FC Liverpool

1. Runde: Vasas Budapest – Borussia Mönchengladbach 0:3, 1:1; Dynamo Dresden – Halmstads BK 2:0, 1:2; FC Basel – Wacker Innsbruck 1:3, 1:0 (in Salzburg); Omonia Nikosia – Juventus Turin 0:3, 0:2; Kuopio PS – Club Brügge 0:4, 2:5; Celtic Glasgow – Jeunesse Esch 5:0, 6:1; Roter Stern Belgrad – Sligo Rovers 3:0, 3:0; Dinamo Bukarest – Atletico Madrid 2:1, 0:2; Lilleström SK – Ajax Amsterdam 2:0 (in Oslo), 0:4; Trabzonspor – B 1903 Kopenhagen 1:0, 0:2; Dukla Prag – FC Nantes 1:1, 0:0; Levski/Spartak Sofia – Slask Wroclaw 3:0, 2:2; FC Floriana – Panathinaikos Athen 1:1 (in Gzira), 0:4; Benfica Lissabon – Torpedo Moskau 0:0, 0:0 n. V. (Benfica 4:1-Sieger nach Elfmeterschießen); Valur Reykjavik – Glentoran Belfast 1:0, 0:2. – Freilos für: FC Liverpool.

Achtelfinale: Roter Stern Belgrad – Borussia Mönchengladbach 0:3, 1:5; Celtic Glasgow – Wacker Innsbruck 2:1, 0:3 (in Salzburg); FC Liverpool – Dynamo Dresden 5:1, 1:2; Levski/Spartak Sofia – Ajax Amsterdam 1:2, 1:2; Club Brügge – Panathinaikos Athen 2:0, 0:1; Benfica Lissabon – B 1903 Kopenhagen 1:0, 1:0; Glentoran Belfast – Juventus Turin 0:1, 0:5; FC Nantes – Atletico Madrid 1:1, 1:2.

Viertelfinale: Wacker Innsbruck – Borussia Mönchengladbach 3:1, 0:2; Ajax Amsterdam – Juventus Turin 1:1, 1:1 n. V. (Juventus 3:0-Sieger nach Elfmeterschießen); Club Brügge – Atletico Madrid 2:0, 2:3; Benfica Lissabon – FC Liverpool 1:2, 1:4.

Halbfinale: Borussia Mönchengladbach – FC Liverpool 2:1 (in Düsseldorf), 0:3; Juventus Turin – Club Brügge 1:0, 0:2 n. V.

Endspiel am 10. Mai 1978 in London:

FC Liverpool – Club Brügge 1:0 (0:0)

FC Liverpool: Clemence – Neal, Thompson, Hansen, Hughes – Case (Heighway), McDermott, Souness, Kennedy – Dalglish, Fairclough.

Tor: Dalglish. – SR: Corver (Holland). – Zuschauer: 92 500.

1978/79: Nottingham Forest

Qualifikation: AS Monaco – Steaua Bukarest 3:0, 0:2.

1. Runde: 1. FC Köln – IA Akranes 4:1, 1:1 (in Reykjavik); Partizan Belgrad – Dynamo Dresden 2:0, 0:2 n. V. (Dresden 5:4-Sieger nach Elfmeterschießen); Vllaznia Shkoder – Austria Wien 2:0, 1:4; Grasshoppers Zürich – FC Valetta 8:0, 5:3; Club Brügge – Wisla Krakau 2:1, 1:3; Fenerbahce Istanbul – PSV Eindhoven 2:1, 1:6; Real Madrid – Progres Niederkorn 5:0, 7:0 (in Differdingen); Juventus Turin – Glasgow Rangers 1:0, 0:2; Zbrojovka Brünn – Ujpest Budapest 2:2, 2:0; Nottingham Forest – FC Liverpool 2:0, 0:0; Haka Valkeakoski – Dynamo Kiew 0:1 (in Tampere), 1:3 (in Charkow); FC Linfield Belfast – Lilleström SK 0:0, 0:1 (in Oslo); Odense BK – Lokomotive Sofia 2:2, 1:2; Omonia Nikosia – Bohemians Dublin 2:1, 0:1 (in Cork); Malmö FF – AS Monaco 0:0, 1:0; AEK Athen – FC Porto 6:1, 1:4.

Achtelfinale: Lokomotive Sofia – 1. FC Köln 0:1, 0:4; AEK Athen – Nottingham Forest 1:2, 1:5; Glasgow Rangers – PSV Eindhoven 0:0, 3:2; Dynamo Kiew – Malmö FF 0:0 (in Charkow), 0:2; Real Madrid –

Grasshoppers Zürich 3:1, 0:2; Bohemians Dublin – Dynamo Dresden 0:0 (in Dundalk), 0:6; Zbrojovka Brünn – Wisla Krakau 2:2, 1:1; Austria Wien – Lilleström SK 4:1, 0:0 (in Oslo).

Viertelfinale: 1. FC Köln – Glasgow Rangers 1:0, 1:1; Austria Wien – Dynamo Dresden 3:1, 0:1, Wisla Krakau – Malmö FF 2:1, 1:4; Nottingham Forest – Grasshoppers Zürich 4:1, 1:1.

Halbfinale: Nottingham Forest – 1. FC Köln 3:3, 1:0; Austria Wien – Malmö FF 0:0, 0:1.

Endspiel am 30. Mai in München:

Nottingham Forest – Malmö FF 1:0 (1:0)

Nottingham: Shilton – Anderson, Burns, Lloyd, Clark – McGovern, Bowyer, Francis – Birtles, Woodcock, Robertson.

Tor: Francis. – SR: Linemayr (Österreich). – Zuschauer: 57 000.

1979/80: Nottingham Forest

Qualifikation: FC Dundalk – FC Linfield 1:1, 2:0 (in Haarlem).

1. Runde: Valur Reykjavik – Hamburger SV 0:3, 1:2; Dynamo Berlin – Ruch Chorzow 4:1, 0:0; FC Liverpool – Dynamo Tiflis 2:1, 0:3; Arges Pitesti – AEK Athen 3:0, 0:2; Servette Genf – SK Beveren 3:1, 1:1; Levski/Spartak Sofia – Real Madrid 0:1, 0:2; Vejle BK – Austria Wien 3:2, 1:1; Nottingham Forest – Östers Växjö 2:0, 1:1; FC Porto – AC Mailand 0:0, 1:0; Red Boys Differdingen – Omonia Nikosia 2:1, 1:6; Hajduk Split – Trabzonspor 1:0, 1:0; FC Dundalk – Hibernians Paola 2:0, 0:1; Start Kristiansand – Racing Straßburg 1:2, 0:4; Partizani Tirana – Celtic Glasgow 1:0, 1:4; HJK Helsinki – Ajax Amsterdam 1:8, 1:8; Ujpest Budapest – Dukla Prag 3:2, 0:2.

Achtelfinale: Hamburger SV – Dynamo Tiflis 3:1, 3:2; Dynamo Berlin – Servette Genf 2:1, 2:2; Celtic Glasgow – FC Dundalk 3:2, 0:0; FC Porto – Real Madrid 2:1, 0:1; Vejle BK – Hajduk Split 0:3, 2:1; Ajax Amsterdam – Omonia Nikosia 10:0, 0:4; Dukla Prag – Racing Straßburg 1:0, 0:2 n. V.; Nottingham Forest – Arges Pitesti 2:0, 2:1.

Viertelfinale: Hamburger SV – Hajduk Split 1:0, 2:3; Nottingham Forest – Dynamo Berlin 0:1, 3:1; Racing Straßburg – Ajax Amsterdam 0:0, 0:4; Celtic Glasgow – Real Madrid 2:0, 0:3.

Halbfinale: Real Madrid – Hamburger SV 2:0, 1:5; Nottingham Forest – Ajax Amsterdam 2:0, 0:1.

Endspiel am 28. Mai in Madrid:

Nottingham Forest – Hamburger SV 1:0 (1:0)

Nottingham: Shilton – Anderson, Burns, Lloyd, Gray (Gunn) – McGovern, O'Neill, Bowyer, Mills (O'Hare) – Robertson, Birtles.

HSV: Kargus – Kaltz, Nogly, Buljan, Jakobs – Hieronymus (Hrubesch), Magath, Memering – Keegan, Reimann, Milewski.

Tor: Robertson. – SR: Garrido (Portugal). – Zuschauer: 50 000.

1980/81: FC Liverpool

Qualifikation: Honved Budapest – FC Valetta 8:0, 3:0.

1. Runde: Olympiakos Piräus – Bayern München 2:4, 0:3; Dynamo Berlin – APOEL Nikosia 3:0, 1:2; FC Linfield Belfast – FC Nantes 0:1 (in Haarlem), 0:2; FC Aberdeen – Austria Wien 1:0, 0:0; IB Vestmannaeyar – Banik Ostrau 1:1, 0:1; Dinamo Tirana – Ajax Amsterdam 0:2, 0:1; Club Brügge – FC Basel 0:1, 1:4; ZSKA Sofia – Nottingham Forest 1:0, 1:0; Oulu PS – FC Liverpool 1:1, 1:10; Viking Stavanger – Roter Stern Belgrad 2:3, 1:4; Limerick United – Real Madrid 1:2, 1:5; Halmstads BK – Esbjerg FB 0:0, 2:3; Trabzonspor – Szombierki Beuthen 2:1, 0:3; Jeunesse Esch – Spartak Moskau 0:5, 0:4; Inter Mailand – Universitatea Craiova 2:0, 1:1; Sporting Lissabon – Honved Budapest 0:2, 0:1.

Achtelfinale: Bayern München – Ajax Amsterdam 5:1, 1:2; Banik Ostrau – Dynamo Berlin 0:0, 1:1; FC Basel – Roter Stern Belgrad 1:0, 0:2; FC Aberdeen – FC Liverpool 0:1, 0:4; ZSKA Sofia – Szombierki Beuthen 4:0, 1:0; FC Nantes – Inter Mailand 1:2, 1:1; Spartak Moskau – Esbjerg FB 3:0, 0:2; Real Madrid – Honved Budapest 1:0, 2:0.

Viertelfinale: Bayern München – Banik Ostrau 2:0, 4:2; Spartak Moskau – Real Madrid 0:0 (in Tiflis), 0:2; FC Liverpool – ZSKA Sofia 5:1, 1:0; Inter Mailand – Roter Stern Belgrad 1:1, 1:0.

Halbfinale: FC Liverpool – Bayern München 0:0, 1:1; Real Madrid – Inter Mailand 2:0, 0:1.

Endspiel am 27. Mai in Paris:

FC Liverpool – Real Madrid 1:0 (0:0)

Liverpool: Clemence – Neal, Hansen, Thompson, A. Kennedy – McDermott, Souness, Lee, R. Kennedy – Johnson, Dalglish (Case).

Tor: A. Kennedy. – SR: Palotai (Ungarn). – Zuschauer: 48 360.

1981/82: Aston Villa

Qualifikation: AS Saint-Etienne – Dynamo Berlin 1:1, 0:2.

1. Runde: Östers Växjö – Bayern München 0:1, 0:5; Dynamo Berlin – FC Zürich 2:0, 1:3; Austria Wien – Partizani Tirana 3:1, 0:1; Start Kristiansand – AZ 67 Alkmaar 1:3, 0:1; Widzew Lodz – RSC Anderlecht 1:4, 1:2; Progres Niederkorn – Glentoran Belfast 1:1, 0:4; Hibernians Paola – Roter Stern Belgrad 1:2, 1:8; Dynamo Kiew – Trabzonspor 1:0, 1:1; Ferencvaros Budapest – Banik Ostrau 3:2, 0:3; KB Kopenhagen – Athlone Town 1:1, 2:2; ZSKA Sofia – Real San Sebastian 1:0, 0:0; Universitatea Craiova – Olympiakos Piräus 3:0, 0:2; Oulu PS – FC Liverpool 0:1, 0:7; Celtic Glasgow – Juventus Turin 1:0, 0:2; Aston Villa – Valur Reykjavik 5:0, 2:0; Benfica Lissabon – Omonia Nikosia 3:0, 1:0.

Achtelfinale: Benfica Lissabon – Bayern München 0:0, 1:4; Dynamo Berlin – Aston Villa 1:2, 1:0; Austria Wien – Dynamo Kiew 0:1, 1:1; RSC Anderlecht – Juventus Turin 3:1, 1:1; Banik Ostrau – Roter Stern Belgrad 3:1, 0:3; AZ 67 Alkmaar – FC Liverpool 2:2, 2:3; ZSKA Sofia – Glentoran Belfast 2:0, 1:2 n. V.; KB Kopenhagen – Universitatea Craiova 1:0, 1:4.

Viertelfinale: Universitatea. Craiova – Bayern München 0:2, 1:1; Dynamo Kiew – Aston Villa 0:0 (in Simferopol), 0:2; FC Liverpool – ZSKA Sofia 1:0, 0:2 n. V.; RSC Anderlecht – Roter Stern Belgrad 2:1, 2:1.

Halbfinale: ZSKA Sofia – Bayern München 4:3, 0:4; Aston Villa – RSC Anderlecht 1:0, 0:0.

Endspiel am 26. Mai in Rotterdam:

Aston Villa – Bayern München 1:0 (0:0)

Aston Villa: Rimmer (Spink) – Swain, Evans, McNaught, Williams – Bremner, Mortimer, Cowans – Shaw, Withe, Morley.

Bayern: Müller – Dremmler, Weiner, Augenthaler, Horsmann – Mathy (Güttler), Kraus (Niedermayer), Breitner, Dürnberger – D. Hoeneß, Rummenigge.

Tor: Withe. – SR: Konrath (Frankreich). – Zuschauer: 45 000.

1982/83: Hamburger SV

Qualifikation: Dinamo Bukarest – Valerengen Oslo 3:1, 1:2.

1. Runde: Dynamo Berlin – Hamburger SV 1:1, 0:2; Standard Lüttich – Raba ETO Györ 5:0, 0:3; Grasshoppers Zürich – Dynamo Kiew 0:1, 0:3; FC Dundalk – FC Liverpool 1:4, 0:1; AS Monaco – ZSKA Sofia 0:0 (in Nizza), 0:2 n. V.; Aston Villa – Besiktas Istanbul 3:1, 0:0; Omonia Nikosia – HJK Helsinki 2:0, 0:3; Hvidovre Kopenhagen – Juventus Turin 1:4, 3:3; Vikingur Reykjavik – Real Sociedad San Sebastian 0:1, 2:3; Avenir Beggen – Rapid Wien 0:5, 0:8; Hibernians Paola – Widzew Lodz 1:4, 1:3; 17 Nentori Tirana – FC Linfield Belfast 1:0, 1:2; Olympiakos Piräus – Östers Växjö 2:0, 0:1; Dinamo Zagreb – Sporting Lissabon 1:0, 0:3; Celtic Glasgow – Ajax Amsterdam 2:2, 2:1; Dinamo Bukarest – Dukla Prag 2:0, 1:2 n. V.

Achtelfinale: Standard Lüttich – Juventus Turin 1:1, 0:2; HJK Helsinki – FC Liverpool 1:0, 0:5; Dinamo Bukarest – Aston Villa 0:2, 2:4; Real Sociedad San Sebastian – Celtic Glasgow 2:0, 1:2; Hamburger SV – Olympiakos Piräus 1:0, 4:0; Rapid Wien – Widzew Lodz 2:1, 3:5; ZSKA Sofia – Sporting Lissabon 2:2, 0:0; 17 Nentori Tirana verzichtete gegen Dynamo Kiew.

Viertelfinale: Dynamo Kiew – Hamburger SV 0:3 (in Tiflis), 2:1; Widzew Lodz – FC Liverpool 2:0, 2:3; Aston Villa – Juventus Turin 1:2, 1:3; Sporting Lissabon – Real Sociedad San Sebastian 1:0, 0:2.

Halbfinale: Real Sociedad San Sebastian – Hamburger SV 1:1, 1:2; Juventus Turin – Widzew Lodz 2:0, 2:2.

Endspiel am 25. Mai in Athen:

Hamburger SV – Juventus Turin 1:0 (1:0)

Hamburger SV: Stein – Kaltz, Hieronymus, Jakobs, Wehmeyer – Rolff, Groh, Magath, Milewski – Hrubesch, Bastrup (von Heesen).

Tor: Magath. – SR: Rainea (Rumänien). – Zuschauer. 75 000.

1983/84: FC Liverpool

1. Runde: Dynamo Berlin – Jeunesse Esch 4:1, 2:0; Partizan Belgrad – Viking Stavanger 5:1, 0:0; Kuusysi Lahti – Dinamo Bukarest 0:1, 0:3; Dynamo Minsk – Grasshoppers Zürich 1:0, 2:2; Raba ETO Györ – Vikingur Reykjavik 2:1, 2:0; Lech Posen – Athletic Bilbao 2:0, 0:4; Fenerbahce Istanbul – Bohemians Prag 0:1, 0:4; Rapid Wien – FC Nantes 3:0, 1:3; ZSKA Sofia – Omonia Nikosia 3:0, 1:4; Odense BK – FC Liverpool 0:1, 0:5; Benfica Lissabon – FC Linfield Belfast 3:0, 3:2; Hamrun Spartans – Dundee United 0:3, 0:3; AS Rom – IFK Göteborg 3:0, 1:2; Athlone Town – Standard Lüttich 2:3, 2:8; Ajax Amsterdam – Olympiakos Piräus 0:0, 0:2 n. V.; Vllaznia Shkoder verzichtete gegen Hamburger SV.

Achtelfinale: Dinamo Bukarest – Hamburger SV 3:0, 2:3; Dynamo Berlin – Partizan Belgrad 2:0, 0:1; Bohemians Prag – Rapid Wien 2:1, 0:1; ZSKA Sofia – AS Rom 0:1, 0:1; FC Liverpool – Athletic Bilbao 0:0,

1:0; Raba ETO Györ – Dynamo Minsk 3:6, 1:3; Standard Lüttich – Dundee United 0:0, 0:4; Olympiakos Piräus – Benfica Lissabon 1:0, 0:3.
Viertelfinale: Rapid Wien – Dundee United 2:1, 0:1; Dynamo Minsk – Dinamo Bukarest 1:1 (in Tiflis), 0:1; AS Rom – Dynamo Berlin 3:0, 1:2; FC Liverpool – Benfica Lissabon 1:0, 4:1.
Halbfinale: Dundee United – AS Rom 2:0, 0:3; FC Liverpool – Dinamo Bukarest 1:0, 2:1.

Endspiel am 30. Mai in Rom:

AS Rom – FC Liverpool 1:1 (1:1, 1:1) n. V./2:4 Elfmeterschießen.

Liverpool: Grobbelaar – Neal, Hansen, Lawrenson, A. Kennedy – Lee, Johnston (Nicol), Souness, Whelan – Rush, Dalglish (Robinson).
Tore: Neal (Pruzzo für Rom). – SR: Fredriksson (Schweden). – Zuschauer: 69 693.
Tore aus dem Elfmeterschießen: Neal, Souness, Rush, Kennedy für Liverpool (Nicol vergab); Di Bartolomei, Righetti für Rom (Conti, Graziani vergaben).

1984/85: Juventus Turin

1. Runde: Levski/Spartak Sofia – VfB Stuttgart 1:1, 2:2; FC Aberdeen – Dynamo Berlin 2:1, 1:2 n. V., 4:5 nach Elfmeterschießen; Austria Wien – FC Valetta 4:0, 4:0; Avenir Beggen – IFK Göteborg 0:8 (in Luxemburg), 0:9; Lech Posen – FC Liverpool 0:1, 0:4; Dinamo Bukarest – Omonia Nikosia 4:1, 1:2; Ilves Tampere – Juventus Turin 0:4, 1:2; Roter Stern Belgrad – Benfica Lissabon 3:2, 0:2; Valerengen Oslo – Sparta Prag 3:3, 0:2; Trabzonspor – Dnjepr Dnjepropetrowsk 1:0, 0:3 (in Krivoj Rog); IA Akranes – SK Beveren 2:2 (in Reykjavik), 0:5; Labinoti Elbasan – Lyngby BK 0:3, 0:3; Grasshopper Zürich – Honved Budapest 3:1, 1:2; Feyenoord Rotterdam – Panathinaikos Athen 0:0, 1:2; Girondins Bordeaux – Athletic Bilbao 3:2, 0:0; FC Linfield Belfast – Shamrock Rovers 0:0, 1:1.
Achtelfinale: Dynamo Berlin – Austria Wien 3:3, 1:2; Levski/Spartak Sofia – Dnjepr Dnjepropetrowsk 3:1, 0:2 (in Krivoj Rog); Panathinaikos Athen – FC Linfield Belfast 2:1, 3:3; Sparta Prag – Lyngby BK 0:0, 2:1; FC Liverpool – Benfica Lissabon 3:1, 0:1; Girondins Bordeaux – Dinamo Bukarest 1:0, 1:1 n. V.; IFK Göteborg – SK Beveren 1:0, 1:2 n. V.; Juventus Turin – Grasshopper Zürich 2:0, 4:2.
Viertelfinale: Austria Wien – FC Liverpool 1:1, 1:4; Juventus Turin – Sparta Prag 3:0, 0:1; Girondins Bordeaux – Dnjepr Dnjepropetrowsk 1:1, 1:1 n. V./5:3 nach Elfmeterschießen (in Krivoj Rog); IFK Göteborg – Panathinaikos Athen 0:1, 2:2.
Halbfinale: FC Liverpool – Panathinaikos Athen 4:0, 1:0; Juventus Turin – Girondins Bordeaux 3:0, 0:2.

Endspiel am 29. Mai in Brüssel:

FC Liverpool – Juventus Turin 0:1 (0:0)

Juventus: Tacconi – Favero, Scirea, Brio, Cabrini – Bonini, Platini, Tardelli, Boniek – Rossi (Vignola), Briaschi (Prandelli).
Tor: Platini. – SR: Daina (Schweiz). – Zuschauer: 60 000.

1985/86: Steaua Bukarest

1. Runde: Gornik Zabrze – Bayern München 1:2 (in Chorzow), 1:4;Dynamo Berlin – Austria Wien 0:2, 1:2; IFK Göteborg – Trakia Plovdiv 3:2, 2:1; Girondins Bordeaux – Fenerbahce Istanbul 2:3, 0:0; FC Porto – Ajax Amsterdam 2:0, 0:0; Sparta Prag – FC Barcelona 1:2, 1:0; Jeunesse Esch – Juventus Turin 0:5 (in Luxemburg), 1:4; IA Akranes – FC Aberdeen 1:3 (in Reykjavik), 1:4; FC Linfield Belfast – Servette Genf 2:2, 1:2; Zenit Leningrad – Valerengen Oslo 2:0, 2:0; Vejle BK – Steaua Bukarest 1:1, 1:4; Rabat Ajax – Omonia Nikosia 0:5 (in Valetta), 0:5; Kuusysi Lahti – FK Sarajevo 2:1, 2:1; Honved Budapest – Shamrock Rovers 2:0, 3:1; Hellas Verona – PAOK Saloniki 3:1, 2:1; Freilos für: RSC Anderlecht.
Achtelfinale: Bayern München – Austria Wien 4:2, 3:3; RSC Anderlecht – Omonia Nikosia 1:0, 3:1; FC Barcelona – FC Porto 2:0, 1:3; Honved Budapest – Steaua Bukarest 1:0, 1:4; IFK Göteborg – Fenerbahce Istanbul 4:0, 1:2; Hellas Verona – Juventus Turin 0:0, 0:2; Zenit Leningrad – Kuusysi Lahti 2:1, 1:3 n. V.; Servette Genf – FC Aberdeen 0:0, 0:1.
Viertelfinale: Bayern München – RSC Anderlecht 2:1, 0:2; Steaua Bukarest – Kuusysi Lahti 0:0, 1:0 (in Helsinki); FC Aberdeen – IFK Göteborg 2:2, 0:0; FC Barcelona – Juventus Turin 1:0, 1:1.
Halbfinale: IFK Göteborg – FC Barcelona 3:0, 0:3 n. V./4:5 nach Elfmeterschießen; RSC Anderlecht – Steaua Bukarest 1:0, 0:3.

Endspiel am 7. Mai in Sevilla:

Steaua Bukarest – FC Barcelona 0:0 n. V./ 2:0 nach Elfmeterschießen

Steaua: Duckadam – Belodedici – Iovan, Bumbescu, Barbulescu – Balint, Balan (Iordanescu), Majearu, Bölöni – Lacatus, Piturca (Radu).
SR: Vautrot (Frankreich). – Zuschauer: 70 000.
Tore aus dem Elfmeterschießen: Alexanko, Majaru, Pedraza, Bölöni, Alonso (alle gehalten), Lacatus 1:0, Marcos (gehalten), Balint 2:0.

1986/87: FC Porto

1. Runde: PSV Eindhoven – Bayern München 0:2, 0:0, Örgryte Göteborg – Dynamo Berlin 2:3, 1:4; Avenir Beggen – Austria Wien 0:3 (in Luxemburg), 0:3 (in Salzburg); FC Porto – Rabat Ajax 9:0, 1:0; Juventus Turin – Valur Reykjavik 7:0, 4:0; Roter Stern Belgrad – Panathinaikos Athen 3:0, 1:2; Beroe Stara Zagora – Dynamo Kiew 1:1, 0:2; Young Boys Bern – Real Madrid 1:0, 0:5; RSC Anderlecht – Gornik Zabrze 2:0, 1:1; Bröndby IF – Honved Budapest 4:1, 2:2; Besiktas Istanbul – Dinamo Tirana 2:0, 1:0; APOEL Nikosia – HJK Helsinki 1:0, 2:3; Rosenborg Trondheim – FC Linfield Belfast 1:0, 1:1; Shamrock Rovers – Celtic Glasgow 0:1, 0:2; Paris Saint-Germain – TJ Vitkovice 2:2, 0:1; Freilos für: Steaua Bukarest.

Achtelfinale: Bayern München – Austria Wien 2:0, 1:1; Bröndby IF – Dynamo Berlin 2:1, 1:1; Real Madrid – Juventus Turin 1:0, 0:1 n. V., 3:1 nach Elfmeterschießen; TJ Vitkovice – FC Porto 1:0, 0:3; Rosenborg Trondheim – Roter Stern Belgrad 0:3, 1:4; RSC Anderlecht – Steaua Bukarest 3:0, 0:1; Celtic Glasgow – Dynamo Kiew 1:1, 1:3; APOEL Nikosia verzichtete gegen Besiktas Istanbul.

Viertelfinale: Bayern München – RSC Anderlecht 5:0, 2:2; Roter Stern Belgrad – Real Madrid 4:2, 0:2; FC Porto – Bröndby IF 1:0, 1:1; Besiktas Istanbul – Dynamo Kiew 0:5 (in Izmir), 0:2.

Halbfinale: Bayern München – Real Madrid 4:1, 0:1; FC Porto – Dynamo Kiew 2:1, 2:1.

Endspiel am 27. Mai in Wien

FC Porto – Bayern München 2:1 (0:1)

FC Porto: Mlynarczyk – Joao Pinto, Eduardo Luis, Celso, Inacio (Frasco) – Andre, Magalhaes, Quim (Juary), Sousa – Futre, Madjer.

Bayern München: Pfaff – Nachtweih – Winklhofer, Eder, Pflügler – Flick (Lunde), Matthäus, Brehme, M. Rummenigge – D. Hoeneß, Kögl.

Tore: Madjer, Juary (Kögl für München). – SR: Ponnet (Belgien). – Zuschauer: 58 000.

1987/88: PSV Eindhoven

1. Runde: Bayern München – ZFKA Sredez Sofia 4:0, 1:0; Girondins Bordeaux – Dynamo Berlin 2:0, 2:0; Real Madrid – SSC Neapel 2:0, 1:1; Dynamo Kiew – Glasgow Rangers 1:0, 0:2; FC Porto – Vardar Skopje 3:0, 3:0; Rapid Wien – Hamrun Spartans 6:0, 1:0; Benfica Lissabon – Partizan Tirana 4:0, Partizan wegen tätlicher Angriffe auf den SR. disqualifiziert; Steaua Bukarest – MTK/VM Budapest 4:0, 0:2; Malmö FF – RSC Anderlecht 0:1, 1:1; Neuchatel Xamax – Kuusysi Lahti 5:0, 1:2; PSV Eindhoven – Galatasaray Istanbul 3:0, 0:2; Fram Reykjavik – Sparta Prag 0:2, 0:8; Olympiakos Piräus – Gornik Zabrze 1:1, 1:2; Shamrock Rovers – Omonia Nikosia 0:1, 0:0; Aarhus GF – Jeunesse Esch 4:1, 0:1; Lilleström SK – FC Linfield Belfast 1:1, 4:2.

Achtelfinale: Neuchatel Xamax – Bayern München 2:1, 0:2; Real Madrid – FC Porto 2:1 (in Valencia), 2:1; Lilleström SK – Girondins Bordeaux 0:0, 0:1; Aarhus GF – Benfica Lissabon 0:0, 0:1; Glasgow Rangers – Gornik Zabzre 3:1, 1:1; Sparta Prag – RSC Anderlecht 1:2, 0:1; Rapid Wien – PSV Eindhoven 1:2, 0:2; Steaua Bukarest – Omonia Nikosia 3:1, 2:0.

Viertelfinale: Bayern München – Real Madrid 3:2, 0:2; Girondins Bordeaux – PSV Eindhoven 1:1, 0:0; Steaua Bukarest – Glasgow Rangers 2:0, 1:2; Benfica Lissabon – RSC Anderlecht 2:0, 0:1.

Halbfinale: Real Madrid – PSV Eindhoven 1:1, 0:0; Steaua Bukarest – Benfica Lissabon 0:0, 0:2.

Endspiel am 25. Mai in Stuttgart

PSV Eindhoven – Benfica Lissabon 0:0 n. V./ 6:5 nach Elfmeterschießen

PSV Eindhoven: van Breukelen – R. Koeman – Gerets, Nielsen, Heintze – Vanenburg, Linskens, Lerby, van Aerle – Gillhaus (Janssen), Kieft.

SR: Agnolin (Italien). – Zuschauer: 70 000.

Elfmeterschießen: 1:0 Koeman, 1:1 Elzo, 2:1 Kieft, 2:2 Dito, 3:2 Nielsen, 3:3 Hajiri, 4:3 Vanenburg, 4:4 Pacheco, 5:4 Lerby, 5:5 Moser, 6:5 Janssen, Veloso gehalten.

1988/89: AC Mailand

1. Runde: Dynamo Berlin – Werder Bremen 3:0, 0:5; Valur Reykjavik – AS Monaco 1:0, 0:2; Pezoporikos Larnaka – IFK Göteborg 1:2, 1:5; FC Larissa – Neuchatel Xamax 2:1, 1:2 n. V./0:3im Elfmeterschießen; Hamrun Spartans – 17 Nentori Tirana 2:1, 0:2; Sparta Prag – Steaua Bukarest 1:5, 2:2; Spartak Moskau – FC Glentoran 2:0, 1:1; Gornik Zabrze – Jeunesse Esch 3:0, 4:1; Honved Budapest – Celtic Glasgow 1:0, 0:4; Rapid Wien – Galatasaray Istanbul 2:1, 0:2; Vitoscha Sofia – AC Mailand 0:2, 2:5; Club Brügge – Bröndby IF 1:0, 1:2; FC Dundalk – Roter Stern Belgrad 0:5, 0:3; Real Madrid – Moss FK 3:0, 1:0; FC Porto – HJK Helsinki 3:0, 0:2; Freilos für: PSV Eindhoven.

Achtelfinale: Celtic Glasgow – Werder Bremen 0:1, 0:0; AC Mailand – Roter Stern Belgrad 1:1, 1:1 n. V./4:2 nach Elfmeterschießen; Neuchatel Xamax – Galatasaray Istanbul 3:0, 0:5; PSV Eindhoven – FC Porto 5:0, 0:2; Steaua Bukarest – Spartak Moskau 3:0, 2:1; 17 Nentori Tirana – IFK Göteborg 0:3, 0:1; Club Brügge – AS Monaco 1:0, 1:6; Gornik Zabrze – Real Madrid 0:1, 2:3.

Viertelfinale: Werder Bremen – AC Mailand 0:0, 0:1; IFK Göteborg – Steaua Bukarest 1:0, 1:5; PSV Eindhoven – Real Madrid 1:1, 1:2 n. V.; AS Monaco – Galatasaray Istanbul 0:1, 1:1.

Halbfinale: Steaua Bukarest – Galatasaray Istanbul 4:0, 1:1 (in Izmir); Real Madrid – AC Mailand 1:1, 0:5.

Endspiel am 24. Mai in Barcelona:

AC Mailand – Steaua Bukarest 4:0 (3:0)

Mailand: G. Galli – Baresi – Tassotti, Costacurta (F. Galli), Maldini – Colombo, Rijkaard, Ancelotti, Donadoni – van Basten, Gullit (Virdis).

Tore: Gullit (2), van Basten (2). – SR: Tritschler (Deutschland). – Zuschauer: 97 000.

1989/90: AC Mailand

1. Runde: Glasgow Rangers – Bayern München 1:3, 0:0; Dynamo Dresden – AEK Athen 1:0, 3:5; Spora Luxemburg – Real Madrid 0:3 (in Saarbrücken), 0:6; Steaua Bukarest – Fram Reykjavik 4:0, 1:0; Ruch Chorzow – ZSKA Sofia 1:1, 1:5; PSV Eindhoven – FC Luzern 3:0, 2:0; Derry City – Benfica Lissabon 1:2, 0:4; Malmö FF – Inter Mailand 1:0, 1:1; Rosenborg Trondheim – KV Mechelen 0:0, 0:5; AC Mailand – HJK Helsinki 4:0, 1:0; FC Tirol – Omonia Nikosia 6:0, 3:2; Olympique Marseille – Bröndby IF 3:0, 1:1; Sparta Prag – Fenerbahce Istanbul 3:1, 2:1; FC Linfield Belfast – Dnjepr Dnjepropetrowsk 1:2 (in Wrexham), 0:1; Sliema Wanderers – 17 Nentori Tirana 1:0, 0:5; Honved Budapest – Vojvodina Novi Sad 1:0, 1:2.

Achtelfinale: Bayern München – 17 Nentori Tirana 3:1, 3:0; Dnjepr Dnjepropetrowsk – FC Tirol 2:0, 2:2; Malmö FF – KV Mechelen 0:0, 1:4; Olympique Marseille – AEK Athen 2:0, 1:1; Sparta Prag – ZSKA Sofia 2:2 (in Trnava), 0:3; AC Mailand – Real Madrid 2:0, 0:1; Steaua Bukarest – PSV Eindhoven 1:0, 1:5; Honved Budapest – Benfica Lissabon 0:2, 0:7.

Viertelfinale: Bayern München – PSV Eindhoven 2:1, 1:0; KV Mechelen – AC Mailand 0:0 (in Brüssel), 0:2 n. V.; Benfica Lissabon – Dnjepr Dnjepropetrowsk 1:0, 3:0; ZSKA Sofia – Olympique Marseille 0:1, 1:3.

Halbfinale: AC Mailand – Bayern München 1:0, 1:2 n. V., Olympique Marseille – Benfica Lissabon 2:1, 0:1.

Endspiel am 23. Mai in Wien:

AC Mailand – Benfica Lissabon 1:0 (0:0)

Mailand: G. Galli – Baresi – Tassotti, Costacurta, Maldini – Ancelotti (Massaro), Colombo (F. Galli), Rijkaard, Evani – van Basten, Gullit.

Tor: Rijkaard. – SR: Kohl (Österreich). – Zuschauer: 57 500.

1990/91: Roter Stern Belgrad

1. Runde: APOEL Nikosia – Bayern München 2:3, 0:4; Union Luxemburg – Dynamo Dresden 1:3, 0:3; Roter Stern Belgrad – Grasshoppers Zürich 1:1, 4:1; Olympique Marseille – Dinamo Tirana 5:1, 0:0; FC Tirol Innsbruck – Kuusysi Lahti 5:0, 2:1; Lilleström SK – Club Brügge 1:1, 0:2; Sparta Prag – Spartak Moskau 0:2, 0:2; SSC Neapel – Ujpest Budapest 3:0, 2:0; Malmö FF – Besiktas Istanbul 3:2, 2:2; Dinamo Bukarest – St. Patrick's Athletic 4:0, 1:1; FC Porto – FC Portadown 5:0 (in Setubal), 8:1; Odense BK – Real Madrid 1:4, 0:6; Lech Posen – Panathinaikos Athen 3:0, 2:1; FC Valetta – Glasgow Rangers 0:4, 0:6; KA Akureyri – ZSKA Sofia 1:0, 0:3; Freilos für: AC Mailand.

Achtelfinale: Bayern München – ZSKA Sofia 4:0, 3:0; Dynamo Dresden – Malmö FF 1:1, 1:1 n. V./5:4 nach Elfmeterschießen; Roter Stern Belgrad – Glasgow Rangers 3:0, 1:1; Dinamo Bukarest – FC Porto 0:0, 0:4; Real Madrid – FC Tirol Innsbruck 9:1, 2:2; Lech Posen – Olympique Marseille 3:2, 1:6; SSC Neapel – Spartak Moskau 0:0, 0:0 n. V./3:5 nach Elfmeterschießen; AC Mailand – Club Brügge 0:0, 1:0.

Viertelfinale: Bayern München – FC Porto 1:1, 2:0; Roter Stern Belgrad – Dynamo Dresden 3:0, 2:1 abgebrochen (mit 3:0 gewertet); AC Mailand – Olympique Marseille 1:1, 0:1 abgebrochen (mit 0:3 gewertet); Spartak Moskau – Real Madrid 0:0, 3:1.

Halbfinale: Bayern München – Roter Stern Belgrad 1:2, 2:2; Spartak Moskau – Olympique Marseille 1:3, 1:2.

Endspiel am 29. Mai in Bari:

Roter Stern Belgrad – Olympique Marseille 0:0 n. V./5:3 nach Elfmeterschießen

Roter Stern: Stojanovic – Belodedici – Marovic, Najdoski – Sabanadzovic, Savicevic (Stosic), Jugovic, Prosinecki, Mihajlovic – Binic, Pancev.

SR: Lanese (Italien). – Zuschauer: 51 000.

Tore aus dem Elfmeterschießen: Prosinecki, Binic, Belodedic, Mihajlovic, Pancev – Casoni, Papin, Mozer (Amoros verschoss).

1991/92: FC Barcelona

1. Runde: 1. FC Kaiserslautern – Etar Veliko Tarnovo 2:0, 1:1; FC Barcelona – Hansa Rostock 3:0, 0:1; Roter Stern Belgrad – FC Portadown 4:0 (in Szeged), 4:0; Hamrun Spartans – Benfica Lissabon 0:6, 0:4; Universitatea Craiova – Apollon Limassol 2:0, 0:3; Fram Reykjavik – Panathinaikos Athen 2:2, 0:0; Besiktas Istanbul – PSV Eindhoven 1:1, 1:2; Bröndby IF – Zaglebie Lubin 3:0, 1:2; Kispest-Honved Budapest – FC Dundalk 1:1, 2:0; IFK Göteborg – Flamurtari Vlora 0:0, 1:1; Sparta Prag – Glasgow Rangers 1:0, 1:2 n. V.; HJK Helsinki – Dynamo Kiew 0:1, 0:3; RSC Anderlecht – Grasshoppers Zürich 1:1, 3:0 (in Bern); FC Arsenal – Austria Wien 6:1, 0:1; Union Luxemburg – Olympique Marseille 0:5, 0:5; Sampdoria Genua – Rosenborg Trondheim 5:0, 2:1.

Achtelfinale: FC Barcelona – 1. FC Kaiserslautern 2:0, 1:3; Roter Stern Belgrad – Apollon Limassol 3:1 (in Szeged), 2:0; Panathinaikos Athen – IFK Göteborg 2:0, 2:2; PSV Eindhoven – RSC Anderlecht 0:0, 0:2; Kispest–Honved Budapest – Sampdoria Genua 2:1, 1:3; Dynamo Kiew – Bröndby IF 1:1, 1:0; Olympique Marseille – Sparta Prag 3:2, 1:2; Benfica Lissabon – Arsenal London 1:1, 3:1 n. V.

Finalrunde

Gruppe 1: Sampdoria Genua – Roter Stern Belgrad 2:0, 3:1 (in Sofia), Sampdoria Genua – RSC Anderlecht 2:0, 2:3; Sampdoria Genua – Panathinaikos Athen 1:1, 0:0; Roter Stern Belgrad – RSC Anderlecht 3:2 (in Budapest), 2:3; Roter Stern Belgrad – Panathinaikos Athen 2:0, 1:0 (in Sofia); RSC Anderlecht – Panathinaikos Athen 0:0, 0:0. – 1. Sampdoria Genua 10:5, 8–4; 2. Roter Stern Belgrad 9:10, 6–6; 3. RSC Anderlecht 8:9, 6–6; 4. Panathinaikos Athen 1:4, 4–8.

Gruppe 2: FC Barcelona – Sparta Prag 3:2, 0:1; FC Barcelona – Benfica Lissabon 2:1, 0:0; FC Barcelona – Dynamo Kiew 3:0, 2:0; Sparta Prag – Benfica Lissabon 1:1, 1:1; Sparta Prag – Dynamo Kiew 2:1, 0:1; Benfica Lissabon – Dynamo Kiew 5:0, 0:1. – 1. FC Barcelona 10:4, 9–3; 2. Sparta Prag 7:7, 6–6; 3. Benfica Lissabon 8:5, 5–7; 4. Dynamo Kiew 3:12, 4–8.

Endspiel am 20. Mai in London:

FC Barcelona – Sampdoria Genua 1:0 n. V.

Barcelona: Zubizarreta – R. Koeman – Ferrer, Nando – Eusebio, Guardiola (Alexanko), Juan Carlos – M. Laudrup, Baquero – Salinas (Goikoetxea), Stoitschkow.

Tor: Koeman. – SR: Schmidhuber (Deutschland). – Zuschauer: 70 827.

1992/93: Olympique Marseille

Qualifikation: FC Shelbourne – Tavria Simferopol 0:0, 1:2; FC Valetta – Maccabi Tel Aviv 1:2, 0:1; KI Klaksvik – Skonto Riga 1:3, 0:3; Olimpija Ljubljana – Norma Tallinn 3:0, 2:0.

1. Runde: VfB Stuttgart – Leeds United 3:0, 1:4 (gewertet 0:3), 1:2 (in Barcelona); Slovan Bratislava – Ferencvaros Budapest 4:1, 0:0; Maccabi Tel Aviv – Club Brügge 0:1, 0:3; IFK Göteborg – Besiktas Istanbul 2:0, 1:2; Lech Posen – Skonto Riga 2:0, 0:0; Kuusysi Lahti – Dinamo Bukarest 1:0, 0:2 n. V.; Austria Wien – ZSKA Sofia 3:1, 2:3; FC Sion – Tavria Simferopol 4:1, 3:1; PSV Eindhoven – Zalgiris Wilna 6:0, 2:0; AEK Athen – APOEL Nikosia 1:1, 2:2; Vikingur Reykjavik – ZSKA Moskau 0:1, 2:4; Union Luxemburg – FC Porto 1:4, 0:5; FC Glentoran – Olympique Marseille 0:5, 0:3; Glasgow Rangers – Lyngby BK 2:0, 1:0; AC Mailand – Olimpija Ljubljana 4:0, 3:0; FC Barcelona – Viking Stavanger 1:0, 0:0.

Achtelfinale: Glasgow Rangers – Leeds United 2:1, 2:1; IFK Göteborg – Lech Posen 1:0, 3:0; Slovan Bratislava – AC Mailand 0:1, 0:4; Dinamo Bukarest – Olympique Marseille 0:0, 0:2; AEK Athen – PSV Eindhoven 1:0, 0:3; ZSKA Moskau – FC Barcelona 1:1, 3:2; Club Brügge – Austria Wien 2:0, 1:3; FC Sion – FC Porto 2:2, 0:4.

Champions League

Gruppe 1: Olympique Marseille – Glasgow Rangers 1:1, 2:2; Olympique Marseille – Club Brügge 3:0, 1:0; Olympique Marseille – ZSKA Moskau 6:0 (in Berlin), 1:1; Glasgow Rangers – Club Brügge 2:1, 1:1; Glasgow Rangers – ZSKA Moskau 0:0, 1:0 (in Bochum); Club Brügge – ZSKA Moskau 1:0, 2:1 (in Berlin) – 1. Olympique Marseille 14:4, 9–3; 2. Glasgow Rangers 7:5, 8–4; 3. Club Brügge 5:8, 5–7; 4. ZSKA Moskau 2:11, 2–10.

Gruppe 2: AC Mailand – IFK Göteborg 4:0, 1:0, AC Mailand – FC Porto 1:0, 1:0; AC Mailand – PSV Eindhoven 2:0, 2:1; IFK Göteborg – FC Porto 1:0, 0:2; IFK Göteborg – PSV Eindhoven 3:0, 3:1; FC

Porto – PSV Eindhoven 2:2, 1:0. – 1. AC Mailand 11:1, 12–0; 2. IFK Göteborg 7:8, 6–6; 3. FC Porto 5:5, 5–7; 4. PSV Eindhoven 4:13, 1–11.

Endspiel am 26. Mai in München:

Olympique Marseille – AC Mailand 1:0 (1:0)

Marseille: Barthez – Angloma (Durand), Boli, Desailly – Eydelie, Di Meco – Pelè, Sauzee, Deschamps – Boksic, Völler (Thomas).

Tor: Boli. – SR: Röthlisberger (Schweiz). – Zuschauer: 64 400.

1993/94: AC Mailand

Qualifikation: HJK Helsinki – Norma Tallinn 1:1, 1:0; Ekranas Panevezys – FC Floriana 0:1, 0:1; B68 Toftir – Croatia Zagreb 0:5, 0:6; Skonto Riga – Olimpija Ljubljana 0:1, 1:0 n. V./11:10 nach Elfmeterschießen; Cwmbran Town – Cork City 3:2, 1:2; Dynamo Tiflis – FC Linfield Belfast 2:1, 1:1, Dynamo Tiflis wurde disqualifiziert; Avenir Beggen – Rosenborg Trondheim 0:2, 0:1; Partizani Tirana – IA Akranes 0:0, 0:3; Omonia Nikosia – FC Aarau 2:1, 0:2; Zimbru Chisinau – Beitar Jerusalem 1:1, 0:2.

1. Runde: Werder Bremen – Dynamo Minsk 5:2, 1:1; Galatasaray Istanbul – Cork City 2:1, 1:0; Dynamo Kiew – FC Barcelona 3:1, 1:4; AS Monaco – AEK Athen 1:0, 1:1; Kispest-Honved Budapest – Manchester United 2:3, 1:2; Glasgow Rangers – Levski Sofia 3:2, 1:2; AIK Stockholm – Sparta Prag 1:0, 0:2; FC Linfield Belfast – FC Kopenhagen 3:0, n. V. 0:4; HJK Helsinki – RSC Anderlecht 0:3, 0:3; IA Akranes – Feyenoord Rotterdam 1:0, 0:3; Steaua Bukarest – Croatia Zagreb 1:2, 3:2 (in Ljubljana); Rosenborg Trondheim – Austria Wien 3:1, 1:4; FC Porto – FC Floriana 2:0, 0:0; Skonto Riga – Spartak Moskau 0:5, 0:4; FC Aarau – AC Mailand 0:1, 0:0; Lech Posen – Beitar Jerusalem 3:0, 4:2.

Achtelfinale: Levski Sofia – Werder Bremen 2:2, 0:1; Sparta Prag – RSC Anderlecht 0:1, 2:4; Lech Posen – Spartak Moskau 1:5, 1:2; Manchester United – Galatasaray Istanbul 3:3, 0:0; FC Kopenhagen – AC Mailand 0:6, 0:1; AS Monaco – Steaua Bukarest 4:1, 0:1; FC Barcelona – Austria Wien 3:0, 2:1; FC Porto – Feyenoord Rotterdam 1:0, 0:0.

Champions League

Gruppe A: FC Barcelona – AS Monaco 2:0, 1:0; FC Barcelona – Spartak Moskau 5:1, 2:2; FC Barcelona – Galatasaray Istanbul 3:0, 0:0; AS Monaco – Spartak Moskau 4:1, 0:0; AS Monaco – Galatasaray Istanbul 3:0, 2:0; Spartak Moskau – Galatasaray Istanbul 0:0, 2:1. – 1. FC Barcelona 13:3, 10–2; 2. AS Monaco 9:4, 7–5; 3. Spartak Moskau 6:12, 5–7; 4. Galatasaray Istanbul 1:10, 2–10.

Gruppe B: AC Mailand – FC Porto 3:0, 0:0; AC Mailand – Werder Bremen 2:1, 1:1; AC Mailand – RSC Anderlecht 0:0, 0:0; FC Porto – Werder Bremen 3:2, 5:0; FC Porto – RSC Anderlecht 2:0, 0:1; Werder Bremen – RSC Anderlecht 5:3, 2:1. – 1. AC Mailand 6:2, 8–4; 2. FC Porto 10:6, 7–5; 3. Werder Bremen 11:15, 5–7; 4. RSC Anderlecht 5:9, 4–8.

Halbfinale: FC Barcelona – FC Porto 3:0; AC Mailand – AS Monaco 3:0.

Endspiel am 18. Mai in Athen:

AC Mailand – FC Barcelona 4:0 (2:0)

AC Mailand: Rossi – Tassotti, Maldini (Nava), Galli, Panucci – Boban, Desailly, Albertini, Donadoni – Massaro, Savicevic.

Tore: Massaro (2), Savicevic, Desailly. – SR: Don (England). – Zuschauer: 65 000.

1994/95: Ajax Amsterdam

Qualifikation: Maccabi Haifa – Austria Salzburg 1:2, 1:3; Sparta Prag – IFK Göteborg 1:0 (in Jablonec), 0:2; Steaua Bukarest – Servette Genf 4:1, 1:1; AEK Athen – Glasgow Rangers 2:0, 1:0; Silkeborg IF – Dynamo Kiew 0:0, 1:3; Legia Warschau – Hajduk Split 0:1, 0:4; Paris Saint-Germain – FC Vac 3:0, 2:1 (in Budapest); Avenir Beggen – Galatasaray Istanbul 1:5, 0:4 (in Izmir).

Champions League

Gruppe A: IFK Göteborg – FC Barcelona 2:1, 1:1; IFK Göteborg – Manchester United 3:1, 2:4; IFK Göteborg – Galatasaray Istanbul 1:0, 1:0; FC Barcelona – Manchester United 4:0, 2:2; FC Barcelona – Galatasaray Istanbul 2:1, 1:2; Manchester United – Galatasaray Istanbul 4:0, 0:0. – 1. IFK Göteborg 10:7, 9–3; 2. FC Barcelona 11:8, 6–6; 3. Manchester United 11:11, 6–6; 4. Galatasaray Istanbul 3:9, 3–9.

Gruppe B: Paris Saint-Germain – Bayern München 2:0, 1:0; Paris Saint-Germain – Spartak Moskau 4:1, 2:1; Paris Saint-Germain – Dynamo Kiew 1:0, 2:1; Bayern München – Spartak Moskau 2:2, 1:1; Bayern München – Dynamo Kiew 1:0, 4:1; Spartak Moskau – Dynamo Kiew 1:0, 2:3. – 1. Paris Saint-Germain 12:3, 12–0; 2. Bayern München 8:7, 6–6; 3. Spartak Moskau 8:12, 4–8, 4. Dynamo Kiew 5:11, 2–10.

Gruppe C: Benfica Lissabon – Hajduk Split 2:1, 0:0; Benfica Lissabon – Steaua Bukarest 2:1, 1:1; Benfica Lissabon – RSC Anderlecht 3:1, 1:1; Hajduk Split – Steaua Bukarest 1:4, 1:0; Hajduk Split –

RSC Anderlecht 2:1, 0:0; Steaua Bukarest – RSC Anderlecht 1:1, 0:0. – 1. Benfica Lissabon 9:5, 9:3; 2. Hajduk Split 5:7, 6–6; 3. Steaua Bukarest 7:6, 5–7; 4. RSC Anderlecht 4:7, 4–8.

Gruppe D: Ajax Amsterdam – AC Mailand 2:0, 2:0 (in Triest); Ajax Amsterdam – Austria Salzburg; 1:1, 0:0 (in Wien); Ajax Amsterdam – AEK Athen 2:0, 2:1; AC Mailand – Austria Salzburg 3:0, 1:0 (in Wien); AC Mailand – AEK Athen 2:1 (in Triest), 0:0; Austria Salzburg – AEK Athen 0:0 (in Wien), 3:1. – 1. Ajax Amsterdam 9:2, 10–2; 2. AC Mailand 6:6, 5–5*; 3. Austria Salzburg 4:6, 5–7; 4. AEK Athen 3:9, 2–10.
*AC Mailand wurden zwei Punkte abgezogen.

Viertelfinale: Bayern München – IFK Göteborg 0:0, 2:2; Hajduk Split – Ajax Amsterdam 0:0, 0:3; AC Mailand – Benfica Lissabon 2:0, 0:0; FC Barcelona – Paris Saint-Germain 1:1, 1:2.

Halbfinale: Bayern München – Ajax Amsterdam 0:0, 2:5; Paris Saint-Germain – AC Mailand 0:1, 0:2.

Endspiel am 24. Mai in Wien:

Ajax Amsterdam – AC Mailand 1:0 (0:0)

Ajax: Van der Sar – Reiziger, Blind, F. de Boer, Rijkaard – Seedorf (Kanu), Davids – Litmanen (Kluivert) – Finidi, R. de Boer, Overmars.

Tor: Kluivert. – Schiedsrichter Craciunescu (Rumänien). – Zuschauer. 49 730.

1995/96: Juventus Turin

Vorrunde: Grasshoppers Zürich – Maccabi Tel Aviv 1:1, 1:0; Glasgow Rangers – Anorthosis Famagusta 1:0, 0:0; Legia Warschau – IFK Göteborg 1:0, 2:1; Austria Salzburg – Steaua Bukarest 0:0, 0:1; Dynamo Kiew – Aalborg BK 1:0, 3:1*; Rosenborg Trondheim – Besiktas Istanbul 3:0, 1:3; RSC Anderlecht – Ferencvaros Budapest 0:1, 1:1 (in Szeged); Panathinaikos Athen – Hajduk Split 0:0, 1:1 (in Rijeka).

*) Dynamo Kiew wurde nach dem 1. Spiel der Champions League gegen Panathinaikos Athen (1:0) wegen versuchter Schiedsrichterbestechung disqualifiziert. Aalborg BK nimmt als Verlierer des Vorrundenspiels den Platz von Kiew in der Champions League ein.

Champions League

Gruppe A: Panathinaikos Athen– FC Nantes 3:1, 0:0; Panathinaikos Athen – FC Porto 0:0, 1:0; Panathinaikos Athen – Aalborg BK 2:0, 1:2; FC Nantes – FC Porto 0:0, 2:2; FC Nantes – Aalborg BK 3:1, 2:0; FC Porto – Aalborg BK 2:0, 2:2. – 1. Panathinaikos Athen 7:3, 11; 2. FC Nantes 8:6, 9; 3. FC Porto 6:5, 7; 4. Aalborg BK 5:12, 4.

Gruppe B: Spartak Moskau – Legia Warschau 2:1, 1:0; Spartak Moskau – Rosenborg Trondheim 4:1, 4:2; Spartak Moskau – Blackburn Rovers 3:0, 1:0; Legia Warschau – Rosenborg Trondheim 3:1, 0:4; Legia Warschau – Blackburn Rovers 1:0, 0:0; Rosenborg Trondheim – Blackburn Rovers 2:1, 1:4. – 1. Spartak Moskau 15:4, 18; 2. Legia Warschau 5:8, 7; 3. Rosenborg Trondheim 11:16, 6; 4. Blackburn Rovers 5:8, 4.

Gruppe C: Juventus Turin – Borussia Dortmund 1:2, 3:1; Juventus Turin – Steaua Bukarest 3:0, 0:0; Juventus Turin – Glasgow Rangers 4:1, 4:0; Borussia Dortmund – Steaua Bukarest 1:0, 0:0; Borussia Dortmund – Glasgow Rangers 2:2, 2:2; Steaua Bukarest – Glasgow Rangers 1:0, 1:1. – 1. Juventus Turin 15:4, 13; 2. Borussia Dortmund 8:8, 9; 3. Steaua Bukarest 2:5, 6; 4. Glasgow Rangers 6:14, 3.

Gruppe D: Ajax Amsterdam – Real Madrid 1:0, 2:0, Ajax Amsterdam – Ferencvaros Budapest 4:0, 5:1; Ajax Amsterdam – Grasshoppers Zürich 3:0, 0:0; Real Madrid – Ferencvaros Budapest 6:1, 1:1; Real Madrid – Grasshoppers Zürich 2:0, 2:0; Ferencvaros Budapest – Grasshoppers Zürich 3:3, 3:0. – 1. Ajax Amsterdam 15:1, 16; 2. Real Madrid 11:5, 10; 3. Ferencvaros Budapest 9:19, 5; 4. Grasshoppers Zürich 3:13, 2.

Viertelfinale: Borussia Dortmund – Ajax Amsterdam 0:2, 0:1; Legia Warschau – Panathinaikos Athen 0:0, 0:3; FC Nantes – Spartak Moskau 2:0, 2:2; Real Madrid – Juventus Turin 1:0, 0:2.

Halbfinale: Juventus Turin – FC Nantes 2:0, 2:3 Ajax Amsterdam – Panathinaikos Athen 0:1, 3:0.

Endspiel am 22. Mai in Rom:

Juventus Turin – Ajax Amsterdam 1:1 n. V. (1:1, 1:1)/4:2 nach Elfmeterschießen

Juventus: Peruzzi – Torricelli, Ferrara, Vierchowod, Pessotto – Conte (Jugovic), Paulo Sousa (Di Livio), Deschamps – Ravanelli (Padovano), Vialli, Del Piero.

Tore: Ravanelli (Litmanen für Amsterdam). – SR: Diaz Vega (Spanien). – Zuschauer: 80 000.

Tore aus dem Elfmeterschießen: Ferrara, Pessotto, Padovano, Jugovic. – Litmanen, Scholten (Davids und Silooy gehalten).

1996/97: Borussia Dortmund

Vorrunde: Grasshoppers Zürich – Slavia Prag 5:0, 1:0; Maccabi Tel Aviv – Fenerbahce Istanbul 0:1, 1:1; IFK Göteborg – Ferencvaros Budapest 3:0, 1:1; Widzew Lodz – Bröndby IF 2:1, 2:3; Panathinaikos Athen – Rosenborg Trondheim 1:0, 0:3 n. V.; Rapid Wien – Dynamo Kiew 2:0, 4:2; Glasgow Rangers – Alania Wladikawkas 3:1, 7:2; Club Brügge – Steaua Bukarest 2:2, 0:3.

Champions League

Gruppe A: AJ Auxerre – Ajax Amsterdam 0:1, 2:1; AJ Auxerre – Grasshoppers Zürich 1:0, 1:3; AJ Auxerre – Glasgow Rangers 2:1, 2:1; Ajax Amsterdam – Grasshoppers Zürich 0:1, 1:0; Ajax Amsterdam – Glasgow Rangers 4:1, 1:0; Grasshoppers Zürich – Glasgow Rangers 3:0, 1:2. – 1. AJ Auxerre 8:7, 12; 2. Ajax Amsterdam 8:4, 12; 3. Grasshoppers Zürich 8:5, 9; 4. Glasgow Rangers 5:13, 3.

Gruppe B: Atletico Madrid – Borussia Dortmund 0:1, 2:1; Atletico Madrid – Widzew Lodz 1:0, 4:1; Atletico Madrid – Steaua Bukarest 4:0, 1:1; Borussia Dortmund – Widzew Lodz 2:1, 2:2; Borussia Dortmund – Steaua Bukarest 5:3, 3:0; Widzew Lodz – Steaua Bukarest 2:0, 0:1. – 1. Atletico Madrid 12:4, 13; 2. Borussia Dortmund 14:8, 13; 3. Widzew Lodz 6:10, 4; 4. Steaua Bukarest 5:15, 4.

Gruppe C: Juventus Turin – Manchester United 1:0, 1:0; Juventus Turin – Fenerbahce Istanbul 2:0, 1:0; Juventus Turin – Rapid Wien 5:0, 1:1; Manchester United – Fenerbahce Istanbul 0:1, 2:0; Manchester United – Rapid Wien 2:0, 2:0; Fenerbahce Istanbul – Rapid Wien 1:0, 1:1. – 1. Juventus Turin 11:1, 16; 2. Manchester United 6:3, 9; 3. Fenerbahce Istanbul 3:6, 7; 4. Rapid Wien 2:12, 2.

Gruppe D: FC Porto – Rosenborg Trondheim 3:0, 1:0; FC Porto – AC Mailand 1:1, 3:2; FC Porto – IFK Göteborg 2:1, 2:0; Rosenborg Trondheim – AC Mailand 1:4, 2:1; Rosenborg Trondheim – IFK Göteborg 1:0 3:2; AC Mailand – IFK Göteborg 4:2, 1:2. – 1. FC Porto 12:4, 16; 2. Rosenborg Trondheim 7:11, 9; 3. AC Mailand 13:11, 7; 4. IFK Göteborg 7:13, 3.

Viertelfinale: Borussia Dortmund – AJ Auxerre 3:1, 1:0; Manchester United – FC Porto 4:0, 0:0; Ajax Amsterdam – Atletico Madrid 1:1, 3:2 n. V.; Rosenborg Trondheim – Juventus Turin 1:1, 0:2.

Halbfinale: Borussia Dortmund – Manchester United 1:0, 1:0; Ajax Amsterdam – Juventus Turin 1:2, 1:4.

Endspiel am 28. Mai in München:

Borussia Dortmund – Juventus Turin 3:1 (2:0)

Dortmund: Klos – Kohler, Sammer, Kree – Reuter, Lambert, Paulo Sousa, Heinrich – Riedle (Herrlich), Möller (Zorc), Chapuisat (Ricken).

Tore: Riedle (2), Ricken (Del Piero für Turin). – SR: Sandor Puhl (Ungarn). – Zuschauer: 58 000.

1997/98: Real Madrid

Qualifikation, 1. Runde: Derry City – Maribor Teatanic 0:2, 0:1; 1. FC Kosice – IA Akranes 3:0, 1:0; Partizan Belgrad – Croatia Zagreb 1:0, 0:5; FC Valetta – Skonto Riga 1:0, 0:2; Piounik Erewan – MTK Budapest 0:2, 3:4; Crusaders Belfast – Dynamo Tiflis 1:3, 1:5; Sileks Kratovo – Beitar Jerusalem 1:0, 0:3; Steaua Bukarest – ZSKA Sofia 3:3, 2:0; Constructorul Chisinau – MPKZ Mozyr 1:1, 2:3; Lantana Tallinn – FC Jazz Pori 0:2, 0:1; GI Götu – Glasgow Rangers 0:5, 0:6; Neftschi Baku – Widzew Lodz 0:2, 0:8; Dynamo Kiew – AFC Barry Town 2:0, 4:0; FC Sion – Jeunesse Esch 4:0, 1:0; Anorthosis Famagusta – Kareda Siauliai 3:0, 1:1.

Qualifikation, 2. Runde: Bayer Leverkusen – Dynamo Tiflis 6:1, 0:1; 1. FC Kosice – Spartak Moskau 2:1, 0:0; MTK Budapest – Rosenborg Trondheim 0:1, 1:3; Besiktas Istanbul – Maribor Teatanic 0:0, 3:1; FC Sion – Galatasaray Istanbul 1:4, 1:4; Olympiakos Piräus – MPKZ Mozyr 5:0, 2:2; Austria Salzburg – Sparta Prag 0:0, 0:3; IFK Göteborg – Glasgow Rangers 3:0, 1:1; FC Barcelona – Skonto Riga 3:2, 1:0; Bröndby IF – Dynamo Kiew 2:4, 1:0; Newcastle United – Croatia Zagreb 2:1, 2:2 n. V.; Feyenoord Rotterdam – FC Jazz Pori 6:2, 2:1; Steaua Bukarest – Paris Saint-Germain 3:2 (3:0 gewertet wegen Einsatz eines gesperrten Spielers von Paris), 0:5; Widzew Lodz – AC Parma 1:3, 0:4; Beitar Jerusalem – Sporting Lissabon 0:0, 0:3; Anorthosis Famagusta – Lierse SK 2:0, 0:3.

Gruppe A: Borussia Dortmund – AC Parma 2:0, 0:1; Borussia Dortmund – Sparta Prag 4:1, 3:0; Borussia Dortmund – Galatasaray Istanbul 4:1, 1:0; AC Parma – Sparta Prag 2:2, 0:0; AC Parma – Galatasaray Istanbul 2:0, 1:1; Sparta Prag – Galatasaray Istanbul 3:0, 0:2. – 1. Borussia Dortmund 14:3, 15; 2. AC Parma 6:5, 9; 3. Sparta Prag 6:11, 5; 4. Galatasaray Istanbul 4:11, 4.

Gruppe B: Manchester United – Juventus Turin 3:2, 0:1; Manchester United – Feyenoord Rotterdam 2:1, 3:1; Manchester United – 1. FC Kosice 3:0, 3:0; Juventus Turin – Feyenoord Rotterdam 5:1, 0:2; Juventus Turin – 1. FC Kosice 3:2, 1:0; Feyenoord Rotterdam – 1. FC Kosice 2:0, 1:0. – 1. Manchester United 14:5, 15; 2. Juventus Turin 12:8, 12; 3. Feyenoord Rotterdam 8:10, 9; 4. 1. FC Kosice 2:13, 0.

Gruppe C: Dynamo Kiew – PSV Eindhoven 1:1, 3:1; Dynamo Kiew – Newcastle United 2:2, 0:2; Dynamo Kiew – FC Barcelona 3:0, 4:0; PSV Eindhoven – Newcastle United 1:0, 2:0; PSV Eindhoven – Barcelona 2:2, 2:2; Newcastle United – Barcelona 3:2, 0:1. – 1. Dynamo Kiew 13:6, 11; 2. PSV Eindhoven 9:8, 9; 3. Newcastle United 7:8, 7; 4. FC Barcelona 7:14, 5.

Gruppe D: Real Madrid – Rosenborg Trondheim 4:1, 0:2; Real Madrid – Olympiakos Piräus 5:1, 0:0; Real Madrid – FC Porto 4:0, 2:0; Rosenborg Trondheim – Olympiakos Piräus 5:1, 2:2; Rosenborg Trondheim – FC Porto 2:0, 1:1; Olympiakos Piräus – FC Porto 1:0, 1:2. – 1. Real Madrid 15:4, 13, 2. Rosenborg Trondheim 13:8, 11; 3. Olympiakos Piräus 6:14, 5, 4. FC Porto 3:11, 4.

Gruppe E: Bayern München – Paris Saint-Germain 5:1, 1:3; Bayern München – Besiktas Istanbul 2:0, 2:0; Bayern München – IFK Göteborg 0:1, 3:1; Paris Saint-Germain – Besiktas Istanbul 2:1, 1:3; Paris

Saint-Germain – IFK Göteborg 3:0, 1:0; Besiktas Istanbul – IFK Göteborg 1:0, 1:2. – 1. Bayern München 13:6, 12; 2. Paris Saint-Germain 11:10, 12; 3. Besiktas Istanbul 6:9, 6; 4. IFK Göteborg 4:9, 6.

Gruppe F: AS Monaco – Bayer Leverkusen 4:0, 2:2; AS Monaco – Sporting Lissabon 3:2, 0:3; AS Monaco – Lierse SK 5:1, 1:0; Bayer Leverkusen – Sporting Lissabon 4:1, 2:0; Bayer Leverkusen – Lierse SK 1:0, 2:0; Sporting Lissabon – Lierse SK 2:1, 1:1. – 1. AS Monaco 15:8, 13; 2. Bayer Leverkusen 11:7, 13; 3. Sporting Lissabon 9:11, 7; 4. Lierse SK 3:12, 1.

Viertelfinale: Bayern München – Borussia Dortmund 0:0, 0:1 n. V.; Bayer Leverkusen – Real Madrid 1:1, 0:3; Juventus Turin – Dynamo Kiew 1:1, 4:1; AS Monaco – Manchester United 0:0, 1:1.

Halbfinale: Real Madrid – Borussia Dortmund 2:0, 0:0; Juventus Turin – AS Monaco 4:1, 2:3.

Endspiel am 20. Mai in Amsterdam:

Real Madrid – Juventus Turin 1:0 (0:0)

Real: Illgner – Panucci, Hierro, Sanchis, Roberto Carlos – Seedorf, Karambeu, Redondo – Raúl (Amavisca) – Mijatovic (Suker), Morientes (Jaime).

Tor: 1:0 Mijatovic. – SR: Krug (Deutschland). – Zuschauer: 50 000.

1998/99: Manchester United

Qualifikation, 1. Runde: Celtic Glasgow – St. Patrick's Athletic 0:0, 2:0; Obilic Belgrad – IB Vestmannaeyjar 2:0, 2:1; HJK Helsinki – FK Erewan 2:0, 3:0; Liteks Lovetsch – Halmstads BK 2:0, 1:2; Steaua Bukarest – Flora Tallinn 4:1, 1:3; LKS Lodz – Kapaz Ganja 4:1, 3:1; Kareda Siauliai – Maribor Teatanic 0:3, 0:1; Dynamo Tiflis – Vllaznia Shkoder 3:0, 1:3; FC Valetta – Anorthosis Famagusta 0:2, 0:6; Zimbru Chisinau – Ujpest Budapest 1:0, 1:3; Grasshoppers Zürich – Jeunesse Esch 6:0, 2:0; Dynamo Kiew – AFC Barry Town 8:0, 2:1; Sileks Kratovo – Club Brügge 0:0, 1:2; Beitar Jerusalem – B36 Torshavn 4:1, 1:0; FC Cliftonville – 1. FC Kosice 1:5, 0:8; Skonto Riga – Dynamo Minsk 0:0, 2:1.

Qualifikation, 2. Runde: Bayern München – Obilic 4:0, 1:1; Rosenborg Trondheim – Club Brügge 2:0, 2:4; Manchester United – LKS Lodz 2:0, 0:0; Liteks Lovetsch – Spartak Moskau 0:5, 2:6; Galatasaray Istanbul – Grasshopper Zürich 2:1, 3:2; Celtic Glasgow – Croatia Zagreb 1:0, 0:3; Maribor Teatanic – PSV Eindhoven 2:1, n. V. 1:4; Dynamo Kiew – Sparta Prag 0:1, n. V. 1:0/ 3:1 nach Elfmeterschießen); 1. FC Kosice – Bröndby IF 0:2, 1:0; Inter Mailand – Skonto Riga 4:0, 3:1; Olympiakos Piräus – Anorthosis Famagusta 2:1, 4:2; Benfica Lissabon – Beitar Jerusalem 6:0, 2:4; Dynamo Tiflis – Athletic Bilbao 2:1, 0:1; HJK Helsinki – FC Metz 1:0, 1:1; Sturm Graz – Ujpest Budapest 4:0, 3:2; Steaua Bukarest – Panathinaikos Athen 2:2, 3:6.

Gruppe A: Olympiakos Piräus – Croatia Zagreb 2:0, 1:1; Olympiakos Piräus – FC Porto 2:1, 2:2; Olympiakos Piräus – Ajax Amsterdam 1:0, 0:2; Croatia Zagreb – FC Porto 3:1, 0:3; Croatia Zagreb – Ajax Amsterdam 0:0, 1:0; FC Porto – Ajax Amsterdam 3:0, 1:2 – 1. Olympiakos Piräus 8:6, 11; 2. Croatia Zagreb 5:7, 8; 3. FC Porto 11:9, 7; 4. Ajax Amsterdam 4:6, 7.

Gruppe B: Juventus Turin – Galatasaray Istanbul 2:2, 1:1; Juventus Turin – Rosenborg Trondheim 2:0, 1:1; Juventus Turin – Athletic Bilbao 1:1, 0:0; Galatasaray Istanbul – Rosenborg; Trondheim 3:0, 0:3; Galatasaray Istanbul – Athletic Bilbao 2:1, 0:1; Rosenborg Trondheim – Athletic Bilbao 2:1, 1:1. – 1. Juventus Turin 7:5, 8; 2. Galatasaray Istanbul 8:8, 8; 3. Rosenborg Trondheim 7:8, 8; 4. Athletic Bilbao 5:6, 6.

Gruppe C: Inter Mailand – Real Madrid 3:1, 0:2 (in Sevilla); Inter Mailand – Spartak Moskau 2:1, 1:1; Inter Mailand – Sturm Graz 1:0, 2:0; Real Madrid – Spartak Moskau 2:1, 1:2; Real Madrid – Sturm Graz 6:1, 5:1; Spartak Moskau – Sturm Graz 0:0, 2:0. – 1. Inter Mailand 9:5, 13; 2. Real Madrid 17:8, 12; 3. Spartak Moskau 7:6, 8; 4. Sturm Graz 2:16, 1.

Gruppe D: Bayern München – Manchester United 2:2, 1:1; Bayern München – FC Barcelona 1:0, 2:1; Bayern München – Bröndby IF 2:0, 1:2; Manchester United – FC Barcelona 3:3, 3:3; Manchester United – Bröndby IF 5:0, 6:2; FC Barcelona – Bröndby IF 2:0, 2:0. – 1. Bayern München 9:6, 11; 2. Manchester United 20:11, 10; 3. FC Barcelona 11:9, 8; 4. Bröndby IF 4:18, 3.

Gruppe E: Dynamo Kiew – RC Lens 1:1, 3:1; DynamoKiew – FC Arsenal 3:1, 1:1; Dynamo Kiew – Panathinaikos Athen 2:1, 1:2; RC Lens – FC Arsenal 1:1, 1:0; RC Lens – Panathinaikos Athen 1:0, 0:1; FC Arsenal – Panathinaikos Athen 2:1, 3:1. – 1. Dynamo Kiew 11:7, 11; 2. RC Lens 5:6, 8; 3. FC Arsenal 8:8, 8; 4. Panathinaikos Athen 6:9, 6.

Gruppe F: 1. FC Kaiserslautern – Benfica Lissabon 1:0, 1:2; 1. FC Kaiserslautern – PSV Eindhoven 3:1, 2:1; 1. FC Kaiserslautern – HJK Helsinki 5:2, 0:0; Benfica Lissabon – PSV Eindhoven 2:1, 2:2; Benfica Lissabon – HJK Helsinki 2:2, 0:2; PSV Eindhoven – HJK Helsinki 2:1, 3:1. – 1. 1. FC Kaiserslautern 12:6, 13; 2. Benfica Lissabon 8:9, 8; 3. PSV Eindhoven 10:11, 7; 4. HJK Helsinki 8:12, 5.

Viertelfinale: Bayern München – 1. FC Kaiserslautern 2:0, 4:0; Real Madrid – Dynamo Kiew 1:1, 0:2; Manchester United – Inter Mailand 2:0, 1:1; Juventus Turin – Olympiakos Piräus 2:1, 1:1.

Halbfinale: Dynamo Kiew – Bayern München 3:3, 0:1; Manchester United – Juventus Turin 1:1, 3:2.

Endspiel am 26. Mai 1999 in Barcelona:

Bayern München – Manchester United 1:2 (1:0)

Manchester: Schmeichel – G. Neville, Stam, Johnsen, Irwin – Giggs, Beckham, Butt, Blomqvist (Sheringham) – Cole (Solskjaer), Yorke.

Bayern: Kahn – Matthäus (Fink) – Kuffour, Linke – Babbel, Jeremies, Effenberg, Tarnat – Basler (Salihamidzic), Jancker, Zickler (Scholl).

Tore: Sheringham, Solskjaer (Basler für München). – SR: Collina (Italien). – Zuschauer: 90 000.

1999/2000: Real Madrid

Qualifikation, 1. Runde: Sloga Skopje – Kapaz Ganja 1:0, 1:2; St. Patrick's Athletic – Zimbru Chisinau 0:5, 0:5; Jeunesse Esch – Skonto Riga 0:2, 0:8; AFC Barry Town – FC Valletta 0:0, 2:3; Partizan Belgrad – Flora Tallinn 6:0, 4:1; HB Torshavn – Haka Valkeakoski 1:1, 0:6; FK Lovetsch – Glentoran Belfast 3:0, 2:0; Zalgiris Wilna – Zement Ararat 2:0, 3:0; IB Vestmannaeyjar – SK Tirana 1:0, 2:1.

Qualifikation, 2. Runde: Besiktas Istanbul – Hapoel Haifa 1:1, 0:0; Rapid Wien – FC Valetta 3:0, 2:0; ZSKA Moskau – Molde FK 2:0, 0:4; NK Maribor – RC Genk 5:1, 0:3 (in Lüttich); Dynamo Kiew – Zalgiris Wilna 2:0, 1:0; Dynamo Tiflis – Zimbru Chisinau 2:1, 0:2; Haka Valkeakoski – Glasgow Rangers 1:4, 0:3; Anorthosis Famagusta – Slovan Bratislava 2:1, 1:1; Dnjepr Mogilew – AIK Stockholm 0:1, 0:2; Rapid Bukarest – Skonto Riga 3:3, 1:2; FK Lovetsch – Widzew Lodz 4:1, n. V. 1:4/2:3 nach Elfmeterschießen); Partizan Belgrad – NK Rijeka 3:1, 3:0; Sloga Skopje – Bröndby IF 0:1, 0:1; IB Vestmannaeyjar – MTK Budapest 0:2, 1:3.

Qualifikation, 3. Runde: Hertha BSC – Anorthosis Famagusta 2:0, 0:0; FK Teplitz – Borussia Dortmund 0:1, 0:1; FC Chelsea – Skonto Riga 3:0, 0:0; Rapid Wien – Galatasaray Istanbul 0:3, 0:1; AC Florenz – Widzew Lodz 3:1, 2:0; Aalborg BK – Dynamo Kiew 1:2, 2:2; Molde FK – RCD Mallorca 0:0, 1:1; Olympique Lyon – NK Maribor 0:1, 0:2; Croatia Zagreb – MTK Budapest 0:0, 2:0; Glasgow Rangers – AC Parma 2:0, 0:1; Bröndby IF – Boavista Porto 1:2, n. V., 2:4; AEK Athen – AIK Stockholm 0:0, 0:1; Hapoel Haifa – FC Valencia 0:2, 0:2; Zimbru Chisinau – PSV Eindhoven 0:0, 0:2; Spartak Moskau – Partizan Belgrad 2:0, 3:1; Sturm Graz – Servette Genf 2:1, 2:2.

Vorrunde Gruppe A: Lazio Rom – Dynamo Kiew 2:1, 1:0; Lazio Rom – Bayer Leverkusen 1:1, 1:1; Lazio Rom – NK Maribor 4:0, 4:0; Dynamo Kiew – Bayer Leverkusen 4:2, 1:1; Dynamo Kiew – NK Maribor 0:1, 2:1; Bayer Leverkusen – NK Maribor 2:0, 0:0. – 1. Lazio Rom 13:3, 14; 2. Dynamo Kiew 8:8, 7; 3. Bayer Leverkusen 7:7, 7; 4. NK Maribor 2:12, 4.

Gruppe B: FC Barcelona – AC Florenz 4:2, 3:3; FC Barcelona – Arsenal London 1:1, 4:2; FC Barcelona – AIK Stockholm 5:0, 2:1; AC Florenz – Arsenal London 0:0, 1:0; AC Florenz – AIK Stockholm 3:0, 0:0; Arsenal London – AIK Stockholm 3:1, 3:2. – 1. FC Barcelona 19:9, 14; 2. AC Florenz 9:7, 9; 3. Arsenal London 9:9, 8; 4. AIK Stockholm 4:16, 1.

Gruppe C: Rosenborg Trondheim – Feyenoord Rotterdam 2:2, 0:1; Rosenborg Trondheim – Borussia Dortmund 2:2, 3:0; Rosenborg Trondheim – Boavista Porto 2:0, 3:0; Feyenoord Rotterdam – Borussia Dortmund 1:1, 1:1; Feyenoord Rotterdam – Boavista Porto 1:1, 1:1; Borussia Dortmund – Boavista Porto 3:1, 0:1. – 1. Rosenborg Trondheim 12:5, 11; 2. Feyenoord Rotterdam 7:6, 8; 3. Borussia Dortmund 7:9, 6; 4. Boavista Porto 4:10, 5.

Gruppe D: Manchester United – Olympique Marseille 2:1, 0:1; Manchester United – Sturm Graz 2:1, 3:0; Manchester United – Croatia Zagreb 0:0, 2:1; Olympique Marseille – Sturm Graz 2:0, 2:3; Olympique Marseille – Croatia Zagreb 2:2, 2:1; Sturm Graz – Croatia Zagreb 1:0, 0:3. – 1. Manchester United 9:4, 13; 2. Olympique Marseille 10:8, 10; 3. Sturm Graz 5:12, 6; 4. Croatia Zagreb 7:7, 5.

Gruppe E: Real Madrid – FC Porto 3:1, 1:2; Real Madrid – Olympiakos Piräus 3:0, 3:3; Real Madrid – Molde FK 4:1, 1:0; FC Porto – Olympiakos Piräus 2:0, 0:1; FC Porto – Molde FK 3:1, 1:0; Olympiakos Piräus – Molde FK 3:1, 2:3 – 1. Real Madrid 15:7, 13; 2. FC Porto 9:6, 12; 3. Olympiakos Piräus 9:12, 7; 4. Molde FK 6:14, 3.

Gruppe F: FC Valencia – Bayern München 1:1, 1:1; FC Valencia – Glasgow Rangers 2:0, 2:1; FC Valencia – PSV Eindhoven 1:0, 1:1; Bayern München – Glasgow Rangers 1:0, 1:1; Bayern München – PSV Eindhoven 2:1, 1:2; Glasgow Rangers – PSV Eindhoven 4:1, 1:0. – 1. FC Valencia 8:4, 12; 2. Bayern München 7:6, 9; 3. Glasgow Rangers 7:7, 7; 4. PSV Eindhoven 5:10, 4.

Gruppe G: Sparta Prag – Girondins Bordeaux 0:0, 0:0; Sparta Prag – Spartak Moskau 5:2, 1:1; Sparta Prag – Willem II Tilburg 4:0, 4:3; Girondins Bordeaux – Spartak Moskau 2:1, 2:1; Girondins Bordeaux – Willem II Tilburg 3:2, 0:0; Spartak Moskau – Willem II Tilburg 1:1, 3:1. – 1. Sparta Prag 14:6, 12; 2. Girondins Bordeaux 7:4, 12; 3. Spartak Moskau 9:12, 5; 4. Willem II Tilburg 7:15, 2.

Gruppe H: FC Chelsea – Hertha BSC 2:0, 1:2; FC Chelsea – Galatasaray Istanbul 1:0, 5:0; FC Chelsea – AC Mailand 0:0, 1:1; Hertha BSC – Galatasaray Istanbul 1:4, 2:2; Hertha BSC – AC Mailand 1:0, 1:1; Galatasaray Istanbul – AC Mailand 3:2, 1:2. – 1. FC Chelsea 10:3, 11; 2. Hertha BSC 7:10, 8; 3. Galatasaray Istanbul 10:13, 7; 4. AC Mailand 6:7, 6.

Zwischenrunde – Gruppe A: FC Barcelona – FC Porto 4:2, 2:0; FC Barcelona – Sparta Prag 5:0, 2:1; FC Barcelona – Hertha BSC 3:1, 1:1; FC Porto – Sparta Prag 2:2, 2:0; FC Porto – Hertha BSC 1:0, 1:0; Sparta Prag – Hertha BSC 1:0, 1:1 – 1. FC Barcelona 17:5, 16; 2. FC Porto 8:8, 10; 3. Sparta Prag 5:12, 5; 4. Hertha BSC 3:8, 2.

Gruppe B: Manchester United – FC Valencia 3:0, 0:0; Manchester United – AC Florenz 3:1, 0:2; Manchester United – Girondins Bordeaux 2:0, 2:1; FC Valencia – AC Florenz 2:0, 0:1; FC Valencia – Girondins Bordeaux 3:0, 4:1; AC Florenz – Girondins Bordeaux 3:3, 0:0; – 1. Manchester United 10:4, 13; 2. FC Valencia 9:5, 10; 3. AC Florenz 7:8, 8; 4. Girondins Bordeaux 5:14, 2.

Gruppe C: Bayern München – Real Madrid 4:1, 4:2; Bayern München – Dynamo Kiew 2:1, 0:2; Bayern München – Rosenborg Trondheim 2:1, 1:1; Real Madrid – Dynamo Kiew 2:2, 2:1; Real Madrid – Rosenborg Trondheim 3:1, 1:0; Dynamo Kiew – Rosenborg Trondheim 2:1, 2:1 – 1. Bayern München 13:8, 13; 2. Real Madrid 11:12, 10; 3. Dynamo Kiew 10:8, 10; 4. Rosenborg Trondheim 5:11, 1.

Gruppe D: Lazio Rom – FC Chelsea 0:0, 2:1; Lazio Rom – Feyenoord Rotterdam 1:2, 0:0; Lazio Rom – Olympique Marseille 5:1, 2:0; FC Chelsea – Feyenoord Rotterdam 3:1, 3:1; FC Chelsea – Olympique Marseille 1:0, 0:1; Feyenoord Rotterdam – Olympique Marseille 3:0, 0:0; – 1. Lazio Rom 10:4, 11; 2. FC Chelsea 8:5, 10; 3. Feyenoord Rotterdam 7:7, 8; 4. Olympique Marseille 2:11, 4.

Viertelfinale: FC Porto – Bayern München 1:1, 1:2; Real Madrid – Manchester United 0:0, 3:2; FC Valencia – Lazio Rom 5:2, 0:1; FC Chelsea – FC Barcelona 3:1, n. V. 1:5.

Halbfinale: Real Madrid – Bayern München 2:0, 1:2; FC Valencia – FC Barcelona 4:1, 1:2.

Endspiel am 24. Mai in Paris:

Real Madrid – FC Valencia 3:0 (1:0)

Real Madrid: Casillas – Salgado (Hierro), Karanka, Campo, Roberto Carlos – Helguera, Redondo, – McManaman, Raul – Morientes (Savio), Anelka (Sanchis).

Tore: Morientes, McManaman, Raúl. – SR: Braschi (Italien). – Zuschauer: 73 000.

2000/01: Bayern München

Qualifikation, 1. Runde: FC Birkirkara – KR Reykjavik 1:2 (in Ta' Qali), 1:4; F 91 Düdelingen – Levski Sofia 0:4 (in Luxemburg), 0:2; Haka Valkeakoski – FC Linfield 1:0, 1:2; KI Klaksvik – Roter Stern Belgrad 0:3 (in Toftir), 0:2; FC Llansantffraid – FC Levadia Maardu 2:2 (in Wrexham), 0:4 (in Tallinn); Shirak Gyumri – BATE Borisov 1:1, 1:2; Skonto Riga – FK Shamkir 2:1, 1:4 n. V. (in Baku); Sloga Skopje – FC Shelbourne 0:1, 1:1; SK Tirana – Zimbru Chisinau 2:3, 2:3 in (Speia); Zalgiris Kaunas – Brotnjo Citluk 4:0, 0:3.

Qualifikation, 2. Runde: RSC Anderlecht – Anorthosis Famagusta 4:2, 0:0 (in Nikosia); Besiktas Istanbul – Levski Sofia 1:0, 1:1; Bröndby IF – KR Reykjavìk 3:1, 0:0; Dinamo Bukarest – Polonia Warschau 3:4, 1:3 (in Plock); Glasgow Rangers – Zalgiris Kaunas 4:1, 0:0; Haka Valkeakoski – Inter Bratislava 0:0, 0:1 n. V.; Helsingborg IF – BATE Borisov 0:0, 3:0 (in Minsk); Roter Stern Belgrad – Torpedo Kutaissi 4:0, 0:2; Schachtar Donezk – FC Levadia Maardu 4:1, 5:1 (in Tallinn); Slavia Prag – FK Shamkir – 1:0, 4:1 (in Baku); FC Shelbourne – Rosenborg Trondheim 1:3, 1:1; Sturm Graz – Hapoel Tel Aviv 3:0, 2:1; Zimbru Chisinau – NK Maribor 2:0 (in Speia), 0:1; Hajduk Split – Dunaferr Dunaujvaros 0:2, 2:2 (in Györ).

Qualifikation, 3. Runde: Leeds United – TSV München 1860 2:1, 1:0; Bröndby IF – Hamburger SV 0:2, 0:0; FC Tirol Innsbruck – FC Valencia 0:0, 1:4; Zimbru Chisinau – Sparta Prag 0:1 (in Speia), 0:1; Helsingborg IF – Inter Mailand 1:0, 0:0; Besiktas Istanbul – Lokomotive Moskau 3:0, 3:1; Inter Bratislava – Olympique Lyon 1:2, 1:2; RSC Anderlecht – FC Porto 1:0, 0:0; Herfölge BK – Glasgow Rangers 0:3, 0:3; Dynamo Kiew – Roter Stern Belgrad 0:0, 1:1; Polonia Warschau – Panathinaikos Athen 2:2 (in Plock), 1:2; Sturm Graz – Feyenoord Rotterdam 2:1, 1:1; Dunaferr Dunaujvaros – Rosenborg Trondheim 2:2 (in Györ), 1:2; FC St. Gallen – Galatasaray Istanbul 1:2 (in Zürich), 2:2; AC Mailand – Dinamo Zagreb 3:1, 3:0; Schachtar Donezk – Slavia Praha 0:1, 2:0 n. V.

Vorrunde – Gruppe A: Real Madrid – Spartak Moskau 1:0, 0:1; Real Madrid – Bayer Leverkusen 5:3, 3:2; Real Madrid – Sporting Lissabon 4:0, 2:2; Spartak Moskau – Bayer Leverkusen 2:0, 0:1; Spartak Moskau – Sporting Lissabon 3:1, 3:0; Bayer Leverkusen – Sporting Lissabon 3:2, 0:0. – 1. Real Madrid 15:8, 13; 2. Spartak Moskau 9:3, 12; 3. Bayer Leverkusen 9:12, 7; 4. Sporting Lissabon 5:15, 2.

Gruppe B: FC Arsenal – Lazio Rom 2:0, 1:1; FC Arsenal – Schachtar Donezk 3:2, 0:3; FC Arsenal – Sparta Prag 4:2, 1:0; Lazio Rom – Schachtar Donezk 5:1, 3:0; Lazio Rom – Sparta Prag 3:0, 1:0; Schachtar Donezk – Sparta Prag 2:1, 2:3. – 1. FC Arsenal 11:8, 13; 2. Lazio Rom 13:4, 13; 3. Schachtar Donezk 10:15, 6; 4. Sparta Prag 6:13, 3.

Gruppe C: FC Valencia – Olympique Lyon 1:0, 2:1; FC Valencia – Olympiakos Piräus 2:1, 0:1; FC Valencia – SC Heerenveen 1:1, 1:0; Olympique Lyon – Olympiakos Piräus 1:0, 1:2; Olympique Lyon – SC Heerenveen 3:1, 2:0; Olympiakos Piräus – SC Heerenveen 2:0, 0:1. – 1. FC Valencia 7:4, 13; Olympique Lyon 8:6, 9; 3. Olympiakos Piräus 6:5, 9; 4. SC Heerenveen 3:9, 4.

Gruppe D: Sturm Graz – Galatasaray Istanbul 3:0, 2:2; Sturm Graz – Glasgow Rangers 2:0, 0:5; Sturm Graz – AS Monaco 2:0, 0:5; Galatasaray Istanbul – Glasgow Rangers 3:2, 0:0; Galatasaray Istanbul – AS Monaco 3:2, 2:4; Glasgow Rangers – AS Monaco 2:2, 1:0. – 1. Sturm Graz 9:12, 10; 2. Galatasaray Istanbul 10:13, 8; 3. Glasgow Rangers 10:7, 8; 4. AS Monaco 13:10, 7.

Gruppe E: Deportivo La Coruna – Panathinaikos Athen 1:0, 1:1; Deportivo La Coruna – Hamburger SV 2:1, 1:1; Deportivo La Coruna – Juventus Turin 1:1, 0:0; Panathinaikos Athen – Hamburger SV 0:0, 1:0; Panathinaikos Athen – Juventus Turin 3:1, 1:2; Hamburger SV – Juventus Turin 4:4; 3:1. – 1. Deportivo La Coruna 6:4, 10; 2. Panathinaikos Athen 6:5, 8; 3. Hamburger SV 9:9, 6; 4. Juventus Turin 9:12, 6.

Gruppe F: Bayern München – Paris Saint-Germain 2:0, 0:1; Bayern München – Rosenborg Trondheim 3:1, 1:1; Bayern München – Helsingborg IF 0:0, 3:1; Paris Saint-Germain – Rosenborg Trondheim 7:2, 1:3; Paris Saint-Germain – Helsingborg IF 4:1, 1:1; Rosenborg Trondheim – Helsingborg IF 6:1, 0:2. – 1. Bayern München 9:4, 11; Paris Saint-Germain 14:9,10; 3. Rosenborg Trondheim 13:15, 7; 4. Helsingborg IF 6:14, 5.

Gruppe G: RSC Anderlecht – Manchester United 2:1, 1:5; RSC Anderlecht – PSV Eindhoven 1:0, 3:2; RSC Anderlecht – Dynamo Kiew 4:2, 0:4; Manchester United – PSV Eindhoven 3:1, 1:3; Manchester United – Dynamo Kiew 1:0, 0:0; PSV Eindhoven – Dynamo Kiew 2:1, 1:0. – 1. RSC Anderlecht 11:14, 12; 2. Manchester United 11:7, 10; 3. PSV Eindhoven 9:9, 9; 4. Dynamo Kiew 7:8, 4.

Gruppe H: AC Mailand – Leeds United 1:1, 0:1; AC Mailand – FC Barcelona 3:3, 2:0; AC Mailand – Besiktas Istanbul 4:1, 2:0; Leeds United – FC Barcelona 1:1, 0:4; Leeds United – Besiktas Istanbul 6:0, 0:0; FC Barcelona – Besiktas Istanbul 5:0, 0:3. – 1. AC Mailand 12:6, 11; 2. Leeds United 9:6, 9; 3. FC Barcelona 13:9, 8; 4. Besiktas Istanbul 4:17, 4.

Zwischenrunde – Gruppe A: FC Valencia – Manchester United 0:0, 1:1; FC Valencia – Sturm Graz 2:0, 5:0; FC Valencia – Panathinaikos Athen 2:1, 0:0; Manchester United – Sturm Graz 3:0, 2:0; Manchester United – Panathinaikos Athen 3:1, 1:1; Sturm Graz – Panathinaikos Athen 2:0, 2:1. – 1. FC Valencia 10:2, 12; 2. Manchester United 10:3, 12; 3. Sturm Graz 4:13, 6; 4. Panathinaikos Athen 4:10, 2.

Gruppe B: Deportivo La Coruna – Galatasaray Istanbul 2:0, 0:1; Deportivo La Coruna – AC Mailand 0:1, 1:1; Deportivo La Coruna – Paris Saint-Germain 4:3, 3:1; Galatasaray Istanbul – AC Mailand 2:0, 2:2; Galatasaray Istanbul – Paris Saint-Germain 1:0, 0:2; AC Mailand – Paris Saint-Germain 1:1, 1:1. – 1. Deportivo La Coruna 10:7, 10; 2. Galatasaray Istanbul 6:6, 10; 3. AC Mailand 6:7, 7; 4. Paris Saint-Germain 8:10, 5.

Gruppe C: Bayern München – FC Arsenal 1:0, 2:2; Bayern München – Olympique Lyon 1:0, 0:3; Bayern München – Spartak Moskau 1:0, 3:0; FC Arsenal – Olympique Lyon 1:1, 1:0; FC Arsenal – Spartak Moskau 1:0, 1:4; Olympique Lyon – Spartak Moskau 3:0, 1:1. – 1. Bayern München 8:5, 13; 2. FC Arsenal 6:8, 8; 3. Olympique Lyon 8:4, 8; 4. Spartak Moskau 5:10, 4.

Gruppe D: Real Madrid – Leeds United 3:2, 2:0; Real Madrid – RSC Anderlecht 4:1, 0:2; Real Madrid – Lazio Rom 3:2, 2:2; Leeds United – RSC Anderlecht 2:1, 4:1; Leeds United – Lazio Rom 3:3, 1:0; RSC Anderlecht – Lazio Rom 1:0, 1:2. – 1. Real Madrid 14:9, 13; 2. Leeds United 12:10, 10; 3. RSC Anderlecht 7:12, 6; 4. Lazio Rom 9:11, 5.

Viertelfinale: Manchester United – Bayern München 0:1, 1:2; Galatasaray Istanbul – Real Madrid 3:2, 0:3; FC Arsenal – FC Valencia 2:1, 0:1; Leeds United – Deportivo La Coruna 3:0, 0:2.

Halbfinale: Real Madrid – Bayern München 0:1, 1:2; Leeds United – FC Valencia 0:0; 0:3.

Endspiel am 23. 5. in Mailand:

Bayern München – FC Valencia n. V. 1:1 (1:1, 0:1), 5:4 nach Elfmeterschießen

Bayern München: Kahn – Kuffour, Andersson, Linke – Sagnol (Jancker), Lizarazu, Hargreaves, Effenberg – Scholl (Sergio), Salihamidzic, Elber (Zickler).

Tore: Effenberg (Mendieta für Valencia). – SR: Jol (Niederlande). – Zuschauer: 74 500.

Tore aus dem Elfmeterschießen: Salihamidzic, Zickler, Effenberg, Lizarazu, Linke (Sergio verschießt, Andersson gehalten). – Mendieta, Carew, Baraja, Kily Gonzalez (Zahovic, Carboni und Pellegrino gehalten).

2001/02: Real Madrid

Qualifikation, 1. Runde: Levski Sofia – Zeljeznicar Sarajevo 4:0, 0:0; FC Linfield – Torpedo Kutaissi 0:0, 0:1; KR Reykjavik – Vllaznia Shkoder 2:1, 0:1; Sloga Skopje – FBK Kaunas 0:0, 1:1; VB Vagur – Slavia Mozyr 0:0, 0:5; Bohemians Dublin – Levadia Maardu 3:0, 0:0; AFC Barry Town – FK Shamkir 2:0, 1:0; FC Valletta – Haka Valkeakoski 0:0, 0:5; F ,91 Düdelingen – Skonto Riga 1:6, 1:0; Araks Ararat – Serif Tiraspol 0:1, 0:2.

Qualifikation, 2. Runde: RSC Anderlecht – Serif Tiraspol 4:0, 2:1; Schachtar Donezk – FC Lugano 3:0, 1:2; Ferencvaros Budapest – Hajduk Split 0:0, 0:0 (Split 5:4-Sieger im Elfmeterschießen); Bohemians Dublin – Halmstads BK 1:2, 0:2; Torpedo Kutaissi – FC Kopenhagen 1:1, 1:3; Omonia Nikosia – Roter Stern Belgrad 1:1, 1:2; Haka Valkeakoski – Maccabi Haifa 0:1, 0:4 (3:0 gewertet wegen des Einsatzes eines gesperrten Spielers); Levski Sofia – Brann Bergen 0:0, 1:1; Galatasaray Istanbul – Vllaznia Shkoder 2:0, 4:1; FC Porto – AFC Barry Town 8:0, 1:3; Steaua Bukarest – Sloga Skopje 3:0, 2:1;

Skonto Riga – Wisla Krakow 1:2, 0:1; Slavia Mozyr – Inter Bratislava 0:1, 0:1; NK Maribor – Glasgow Rangers 0:3, 1:3.

Qualifikation, 3. Runde: Shachtjor Donezk – Borussia Dortmund 0:2, 1:3; Roter Stern Belgrad – Bayer Leverkusen 0:0, 0:3; Galatasaray Istanbul – Levski Sofia 2:1, 1:1; Ajax Amsterdam – Celtic Glasgow 1:3, 1:0; Wisla Krakow – FC Barcelona 3:4, 0:1; Halmstads BK – RSC Anderlecht 2:3, 1:1; FC Porto – Grasshoppers Zürich 2:2, 3:2; Lokomotive Moskau – FC Tirol Innsbruck 3:1, 1:0 (Wiederholungsspiel 0:1); Glasgow Rangers – Fenerbahce Istanbul 0:0, 1:2; Inter Bratislava – Rosenborg Trondheim 3:3, 0:4; Slavia Prag – Panathinaikos Athen 1:2, 0:1; AC Parma – OSC Lille 0:2, 1:0; Steaua Bukarest – Dynamo Kiew 2:4, 1:1; FC Kopenhagen – Lazio Rom 2:1, 1:4; Haka Valkeakoski – FC Liverpool 0:5, 1:4; Hajduk Split – RCD Mallorca 1:0, n. V. 0:2.

Vorrunde – Gruppe A: Real Madrid – AS Rom 1:1, 2:1; Real Madrid – Lokomotive Moskau 4:0, 0:2; Real Madrid – RSC Anderlecht 4:1, 2:0; AS Rom – Lokomotive Moskau 2:1, 1:0; AS Rom – RSC Anderlecht 1:1, 0:0; Lokomotive Moskau – RSC Anderlecht 1:1; 5:1. – 1. Real Madrid 13:5, 13; 2. AS Rom 6:5, 9; 3. Lokomotive Moskau 9:9, 7; 4. RSC Anderlecht 4:13, 3.

Gruppe B: FC Liverpool – Boavista Porto 1:1, 1:1; FC Liverpool – Borussia Dortmund 2:0, 0:0; FC Liverpool – Dynamo Kiew 1:0, 2:1; Boavista Porto – Borussia Dortmund 2:1, 1:2; Boavista Porto – Dynamo Kiew 3:1, 0:1; Borussia Dortmund – Dynamo Kiew 1:0, 2:2. – 1. FC Liverpool 7:3, 12; 2. Boavista Porto 8:7, 8; 3. Borussia Dortmund 6:7, 8; 4. Dynamo Kiew 5:9, 4.

Gruppe C: Panathinaikos Athen – FC Arsenal 1:0, 1:2; Panathinaikos Athen – RCD Mallorca 2:0, 0:1; Panathinaikos Athen – FC Schalke 04 2:0, 2:0; FC Arsenal – RCD Mallorca 3:1, 0:1; FC Arsenal – FC Schalke 04 3:2, 1:3; RCD Mallorca – FC Schalke 04 0:4, 1:0. – 1. Panathinaikos Athen 8:3, 12; 2. FC Arsenal 9:9; 9; 3. RCD Mallorca 4:9, 9; 4. FC Schalke 04 9:9, 6.

Gruppe D: FC Nantes – Galatasaray Istanbul 0:1, 0:0; FC Nantes – PSV Eindhoven 4:1, 0:0; FC Nantes – Lazio Rom 1:0, 3:1; Galatasaray Istanbul – PSV Eindhoven 2:0, 1:3; Galatasaray Istanbul – Lazio Rom 1:0, 0:1; PSV Eindhoven – Lazio Rom 1:0, 1:2. – 1. FC Nantes 8:3, 11; 2. Galatasaray Istanbul 5:4, 10; 3. PSV Eindhoven 6:9, 7; 4. Lazio Rom 4:7, 6.

Gruppe E: Juventus Turin – FC Porto 3:1, 0:0; Juventus Turin – Celtic Glasgow 3:2, 3:4; Juventus Turin – Rosenborg Trondheim 1:0, 1:1; FC Porto – Celtic Glasgow 3:0, 0:1; FC Porto – Rosenborg Trondheim 1:0, 2:1; Celtic Glasgow – Rosenborg Trondheim 1:0, 0:2. – 1. Juventus Turin 11:8, 11; 2. FC Porto 7:5, 10; 3. Celtic Glasgow 8:11, 9; 4. Rosenborg Trondheim 4:6, 4.

Gruppe F: FC Barcelona – Bayer Leverkusen 2:1, 1:2; FC Barcelona – Olympique Lyon 2:0, 3:2; FC Barcelona – Fenerbahce Istanbul 1:0, 3:0; Bayer Leverkusen – Olympique Lyon 2:4, 1:0; Bayer Leverkusen – Fenerbahce Istanbul 2:1, 2:1; Olympique Lyon – Fenerbahce Istanbul 3:1, 1:0. – 1. FC Barcelona 12:5, 15; 2. Bayer Leverkusen 10:9, 12; 3. Olympique Lyon 10:9, 9; 4. Fenerbahce Istanbul 3:12, 0.

Gruppe G: Deportivo La Coruna – Manchester United 2:1, 3:2; Deportivo La Coruna – OSC Lille 1:1, 1:1; Deportivo La Coruna – Olympiakos Piräus 2:2, 1:1; Manchester United – OSC Lille 1:0, 1:1; Manchester United – Olympiakos Piräus 3:0, 2:0; OSC Lille – Olympiakos Piräus 3:1; 1:2. – 1. Deportivo La Coruna 10:8, 10; 2. Manchester United 10:6, 10; 3. OSC Lille 7:7, 6; 4. Olympiakos Piräus 6:12, 5.

Gruppe H: Bayern München – Sparta Prag 0:0, 1:0; Bayern München – Feyenoord Rotterdam 3:1, 2:2; Bayern München – Spartak Moskau 5:1, 3:1; Sparta Prag – Feyenoord Rotterdam 4:0, 2:0; Sparta Prag – Spartak Moskau 2:0; 2:2; Feyenoord Rotterdam – Spartak Moskau 2:1, 2:2. – 1. Bayern München 14:5, 14; 2. Sparta Prag 10:3, 11; 3. Feyenoord Rotterdam 7:14, 5; 4. Spartak Moskau 7:16, 2.

Zwischenrunde – Gruppe A: Manchester United – Bayern München 0:0, 1:1; Manchester United – Boavista Porto 3:0, 3:0; Manchester United – FC Nantes 5:1, 1:1; Bayern München – Boavista Porto 1:0, 0:0; Bayern München – FC Nantes 2:1, 1:0; Boavista Porto – FC Nantes 1:0, 1:1. – 1. Manchester United 13:3, 12; 2. Bayern München 5:2, 12; 3. Boavista Porto 2:8, 5; 4. FC Nantes 4:11, 2.

Gruppe B: FC Barcelona – FC Liverpool 0:0, 3:1; FC Barcelona – AS Rom 1:1, 0:3; FC Barcelona – Galatasaray Istanbul 2:2, 1:0; FC Liverpool – AS Rom 2:0, 0:0; FC Liverpool – Galatasaray Istanbul 0:0, 1:1; AS Rom – Galatasaray Istanbul 1:1, 1:1. – 1. FC Barcelona 7:7, 9; 2. FC Liverpool 4:4, 7; 3. AS Rom 6:5, 7; 4. Galatasaray Istanbul 5:6, 5.

Gruppe C: Real Madrid – Panathinaikos Athen 3:0, 2:2; Real Madrid – Sparta Prag 3:0, 3:2; Real Madrid – FC Porto 1:0, 2:1; Panathinaikos Athen – Sparta Prag 2:1, 2:0; Panathinaikos Athen – FC Porto 0:0, 1:2; Sparta Prag – FC Porto 2:0, 1:0. – 1. Real Madrid 14:5, 16; 2. Panathinaikos Athen 7:8, 8; 3. Sparta Prag 6:10, 6; 4. FC Porto 3:7, 4.

Gruppe D: Bayer Leverkusen – Deportivo La Coruna 3:0, 3:1; Bayer Leverkusen – FC Arsenal 1:1, 1:4; Bayer Leverkusen – Juventus Turin 3:1, 0:4; Deportivo La Coruna – FC Arsenal 2:0, 2:0; Deportivo La Coruna – Juventus Turin 2:0, 0:0; FC Arsenal – Juventus Turin 3:1, 0:1. – 1. Bayer Leverkusen 11:11, 10; 2. Deportivo La Coruna 7:6, 10; 3. FC Arsenal 8:8, 7; 4. Juventus Turin 7:8, 7.

Viertelfinale: FC Liverpool – Bayer Leverkusen 1:0, 2:4; Bayern München – Real Madrid 2:1, 0:2; Deportivo La Coruna – Manchester United 0:2, 2:3; Panathinaikos Athen – FC Barcelona 1:0, 1:3.

Halbfinale: Manchester United – Bayer Leverkusen 2:2, 1:1; FC Barcelona – Real Madrid 0:2, 1:1.

Endspiel am 15. 5. in Glasgow:

Bayer Leverkusen – Real Madrid 1:2 (1:2)

Leverkusen: Butt – Zivkovic, Lucio (Babic) – Sebescen (Kirsten), Placente – Ramelow – Schneider, Ballack – Bastürk – Brdaric (Berbatov), Neuville.

Madrid: Cesar (Casillas) – Salgado, Hierro, Helguera, Roberto Carlos – Makelele (Flavio Conceicao), Solari – Luis Figo (McManaman), Zidane – Raul, Morientes.

Tore: Raul, Zidane (Lucio für Leverkusen) – SR: Meier (Schweiz) – Zuschauer: 51 567.

2002/03: AC Mailand

Qualifikation, 1. Runde: Tampere United – Piunik Erewan 0:4, 0:2; Skonto Riga – AFC Barry Town 5:0, 1:0; FC Portadown – Belshina Bobruisk 0:0, 2:3 (in Borissow); F'91 Düdelingen – Vardar Skopje 1:1 (in Luxemburg), 0:3; FBK Kaunas – Dinamo Tirana 2:3, 0:0; Flora Tallinn – APOEL Nikosia 0:0, 0:1; Zeljeznicar Sarajevo – IA Akranes 3:0, 1:0; Hibernians Paola – FC Shelbourne 2:2, 1:0; Torpedo Kutaissi – B 36 Tórshavn 5:2, 1:0; Serif Tiraspol – Zhenis Astana 2:1, 2:3.

Qualifikation, 2. Runde: TE Zalaegerszeg – NK Zagreb 1:0 (in Budapest), 1:2; Club Brügge – Dinamo Bukarest 3:1, 1:0; MSK Zilina – FC Basel 1:1, 0:3; Skonto Riga – Levski Sofia 0:0, 0:2; Dynamo Kiew – Piunik Erewan 4:0, 2:2; Bröndby IF – Dinamo Tirana 1:0, 4:0; NK Maribor – APOEL Nikosia 2:1, 2:4; Vardar Skopje – Legia Warschau 1:3, 1:1; Boavista Porto – Hibernians Paola 4:0, 3:3; Maccabi Haifa – Belshina Bobruisk 4:0 (in Nikosia), 1:0 (in Borissow); Lilleström SK – Zeljeznicar Sarajevo 0:1, 0:1; Hammarby IF – Partizan Belgrad 1:1 (in Solna), 0:4; Sparta Prag – Torpedo Kutaissi 3:0, 2:1; Serif Tiraspol Grazer AK 1:4, 0:2.

Qualifikation, 3. Runde: Partizan Belgrad – Bayern München 0:3, 1:3; Sporting Lissabon – Inter Mailand 0:0, 0:2; AC Mailand – Slovan Liberec 1:0, 1:2; Rosenborg Trondheim – Bröndby IF 1:0, 3:2; Schachtar Donezk – Club Brügge 1:1, n. V. 1:1 (Brügge 4:1-Sieger im Elfmeterschießen); APOEL Nikosia – AEK Athen 2:3, 0:1; FC Barcelona – Legia Warschau 3:0, 1:0; Levski Sofia – Dynamo Kiew 0:1, 0:1; Zeljeznicar Sarajevo – Newcastle United 0:1, 0:4; RC Genk – Sparta Prag 2:0, 2:4; Maccabi Haifa – Sturm Graz 2:0, 3:3; Celtic Glasgow – FC Basel 3:1, 0:2; Feyenoord Rotterdam – Fenerbahce Istanbul 1:0, 2:0; TE Zalaegerszeg – Manchester United 1:0 (in Budapest), 0:5; Boavista Porto – AJ Auxerre 0:1, 0:0; Grazer AK – Lokomotive Moskau 0:2, 3:3.

Vorrunde – Gruppe A: FC Arsenal – Borussia Dortmund 2:0, 1:2; FC Arsenal – AJ Auxerre 1:2, 1:0; FC Arsenal – PSV Eindhoven 4:0, 0:0; Borussia Dortmund – AJ Auxerre 2:1, 0:1; Borussia Dortmund – PSV Eindhoven 1:1, 3:1; PSV Eindhoven – AJ Auxerre 3:0, 0:0. – 1. FC Arsenal 9:4, 10; 2. Borussia Dortmund 8:7, 10; 3. AJ Auxerre 4:7, 7; 4. PSV Eindhoven 5:8, 6.

Gruppe B: FC Valencia – FC Basel 6:2, 2:2; FC Valencia – FC Liverpool 2:0, 1:0; FC Valencia – Spartak Moskau 3:0, 3:0; FC Basel – FC Liverpool 3:3, 1:1; FC Basel – Spartak Moskau 2:0, 2:0; FC Liverpool – Spartak Moskau 5:0, 3:1. – 1. FC Valencia 17:4, 16; 2. FC Basel 12:12, 9; 3. FC Liverpool 12:8, 8; 4. Spartak Moskau 1:18; 0.

Gruppe C: Real Madrid – AS Rom 0:1, 3:0; Real Madrid – AEK Athen 2:2, 3:3; Real Madrid – KRC Genk 6:0, 1:1; AS Rom – AEK Athen 1:1, 0:0; AS Rom – KRC Genk 0:0, 1:0; AEK Athen – KRC Genk 1:1, 0:0. – 1. Real Madrid 15:7, 9; 2. AS Rom 3:4, 9; 3. AEK Athen 7:7, 6; 4. KRC Genk 2:9, 4.

Gruppe D: Inter Mailand – Ajax Amsterdam 1:0, 2:1; Inter Mailand – Olympique Lyon 1:2, 3:3; Inter Mailand – Rosenborg Trondheim 3:0, 2:2; Ajax Amsterdam – Olympique Lyon 2:1, 2:0; Ajax Amsterdam – Rosenborg Trondheim 1:1, 0:0; Olympique Lyon – Rosenborg Trondheim 5:0, 1:1. – 1. Inter Mailand 12:8, 11; 2. Ajax Amsterdam 6:5, 8; 3. Olympique Lyon 12:9, 8; 4. Rosenborg Trondheim 4:12, 4.

Gruppe E: Juventus Turin – Newcastle United 2:0, 0:1; Juventus Turin – Dynamo Kiew 5:0, 2:1; Juventus Turin – Feyenoord Rotterdam 2:0, 1:1; Newcastle United – Dynamo Kiew 2:1, 0:2; Newcastle United – Feyenoord Rotterdam 0:1, 3:2; Dynamo Kiew – Feyenoord Rotterdam 2:0, 0:0. – 1. Juventus Turin 12:3, 13; 2. Newcastle United 6:8, 9; 3. Dynamo Kiew 6:9, 7; 4. Feyenoord Rotterdam 4:8, 5.

Gruppe F: Manchester United – Bayer Leverkusen 2:0, 2:1; Manchester United – Maccabi Haifa 5:2, 0:3; Manchester United – Olympiakos Piräus 4:0, 3:2, Bayer Leverkusen – Maccabi Haifa 2:1, 2:0; Bayer Leverkusen – Olympiakos Piräus 2:0, 2:6; Maccabi Haifa – Olympiakos Piräus 3:0, 3:3. – 1. Manchester United 16:8, 15; 2. Bayer Leverkusen 9:11, 9; 3. Maccabi Haifa 12:12, 7; 4. Olympiakos Piräus 11:17, 4.

Gruppe G: AC Mailand – Deportivo La Coruña 1:2, 4:0; AC Mailand – RC Lens 2:1, 1:2; AC Mailand – Bayern München 2:1, 2:1; Deportivo La Coruña – RC Lens 3:1, 1:3; Deportivo La Coruña – Bayern München 2:1, 3:2; RC Lens – Bayern München 1:1, 3:3. – 1. AC Mailand 12:7, 12; 2. Deportivo La Coruña 11:12, 12; 3. RC Lens 11:11, 8; 4. Bayern München 9:13, 2.

Gruppe H: FC Barcelona – Lokomotive Moskau 1:0, 3:1; FC Barcelona – Club Brügge 3:2, 1:0; FC Barcelona – Galatasaray Istanbul 3:1, 2:0; Lokomotive Moskau – Club Brügge 2:0, 0:0; Lokomotive Moskau – Galatasaray Istanbul 0:2, 2:1; Club Brügge – Galatasaray Istanbul 3:1, 0:0. – 1. FC Barcelona 13:4, 18; 2. Lokomotive Moskau 5:7, 7; 3. Club Brügge 5:7, 5; 4. Galatasaray Istanbul 5:10, 4.

Zwischenrunde – Gruppe A: FC Barcelona – Inter Mailand 3:0, 0:0; FC Barcelona – Newcastle United 3:1, 2:0; FC Barcelona – Bayer Leverkusen 2:0, 2:1; Inter Mailand – Newcastle United 2:2, 4:1; Inter Mailand – Bayer Leverkusen 3:2, 2:0; Newcastle United – Bayer Leverkusen 3:1, 3:1. – 1. FC Barcelona 12:2, 16; 2. Inter Mailand 11:8, 11; 3. Newcastle United 10:13, 7; 4. Bayer Leverkusen 5:15, 0.

Gruppe B: Valencia – Ajax Amsterdam 1:1, 1:1; FC Valencia – FC Arsenal 2:1, 0:0; FC Valencia – AS Rom 0:3, 1:0; Ajax Amsterdam – FC Arsenal 0:0, 1:1; Ajax Amsterdam – AS Rom 2:1, 1:1, Arsenal – AS Rom 1:1, 3:1. – 1. FC Valencia 5:6, 9; 2. Ajax Amsterdam 6:5, 8; 3. FC Arsenal 6:5, 7; 4. AS Rom 7:8, 5.

Gruppe C: AC Mailand – Real Madrid 1:0, 1:3; AC Mailand – Borussia Dortmund 0:1, 1:0; AC Mailand – Lokomotive Moskau 1:0, 1:0; Real Madrid – Borussia Dortmund 2:1, 1:1, Real Madrid – Lokomotive Moskau 2:2, 1:0; Borussia Dortmund – Lokomotive Moskau 3:0, 2:1. – 1. AC Mailand 5:4, 12; 2. Real Madrid 9:6, 11; 3. Borussia Dortmund 8:5, 10; 4. Lokomotive Moskau 3:10, 1.

Gruppe D: Manchester United – Juventus Turin 2:1, 3:0; Manchester United – FC Basel 1:1, 3:1; Manchester United – Deportivo La Coruña 2:0, 0:2; Juventus Turin – FC Basel 4:0, 1:2; Juventus Turin – Deportivo La Coruña 3:2, 2:2, FC Basel – Deportivo La Coruña 1:0, 0:1. – 1. Manchester United 11:5, 13; 2. Juventus Turin 11:11, 7; 3. FC Basel 5:10, 7; 4. Deportivo La Coruña 7:8, 7.

Viertelfinale: Ajax Amsterdam – AC Mailand 0:0, 2:3; Real Madrid – Manchester United 3:1, 3:4; Inter Mailand – FC Valencia 1:0, 1:2; Juventus Turin – FC Barcelona 1:1, n. V. 2:1.

Halbfinale: AC Mailand – Inter Mailand 0:0, 1:1; Real Madrid – Juventus Turin 2:1, 1:3.

Endspiel am 28. 5. in Manchester:

Juventus Turin – AC Mailand n. V. 0:0, 2:3 im Elfmeterschießen

Mailand: Dida – Costacurta (Roque Junior), Nesta, Maldini, Kaladze – Gattuso, Pirlo (Serginho), Seedorf – Rui Costa (Ambrosini) – Schewtschenko, Inzaghi.

Tore im Elfmeterschießen: Serginho, Nesta, Schewtschenko (Seedorf, Kaladze gehalten) – Birindelli, Del Piero (Trezeguet, Zalayeta, Montero gehalten). – SR: Merk (Deutschland) – Zuschauer: 63 215.

2003/04: FC Porto

Qualifikation, 1. Runde: Pyunik Erevan – KR Reykjavík 1:0, 1:1; Sheriff Tiraspol – Flora Tallinn 1:0, 1:1; HB Tórshavn – FBK Kaunas 0:1, 1:4; BATE Borissow -Bohemians Dublin 1:0, 0:3; Vardar Skopje -AFC Barry Town 3:0, 1:2; CS Grevenmacher -Leotar Trebinje 0:0, 0:2; FC Glentoran – HJK Helsinki 0:0, 0:1; Sliema Wanderers – Skonto Riga 2:0, 1:3; Omonia Nikosia -Irtysh Pavlodar 0:0, 2:1; Dynamo Tbilisi – SK Tirana 3:0, 0:3 (Tirana 4:2-Sieger im Elfmeterschießen).

Qualifikation, 2. Runde: MTK Budapest – HJK Helsinki 3:1, 0:1; Pyunik Erevan – ZSKA Sofia 0:2, 0:1; FBK Kaunas – Celtic Glasgow 0:4, 0:1; Leotar Trebinje – Slavia Prag 1:2, 0:2; Sheriff Tiraspol – Schachtar Donezk 0:0, 0:2; MSK Zilina – Maccabi Tel Aviv 1:0, 1:1; Bohemians Dublin – Rosenborg Trondheim 0:1, 0:4; NK Maribor – Dinamo Zagreb 1:1, 1:2; ZSKA Moskau – Vardar Skopje 1:2, 1:1; Rapid Bukarest – RSC Anderlecht 0:0, 2:3; Partizan Belgrad – Djurgårdens IF 1:1, 2:2; Wisla Kraków – Omonia Nikosia 5:2, 2:2; FC Kopenhagen – Sliema Wanderers 4:1, 6:0; SK Tirana – Grazer AK 1:5, 1:2.

Qualifikation, 3. Runde: Club Brügge – Borussia Dortmund 2:1, 1:2 (Brügge 4:2-Sieger im Elfmeterschießen); Dynamo Kiew – Dinamo Zagreb 3:1, 2:0; Celta Vigo – Slavia Prag 3:0, 0:2; Grazer AK – Ajax Amsterdam 1:1, i. V. 1:2; MSK Zilina – FC Chelsea 0:2, 0:3; RSC Anderlecht – Wisla Kraków 3:1, 1:0; Rosenborg Trondheim – Deportivo La Coruña 0:0, 0:1; Vardar Skopje – Sparta Prag 2:3, 2:2; MTK Budapest – Celtic Glasgow 0:4, 0:1; Glasgow Rangers – FC Kopenhagen 1:1, 2:1; Austria Wien – Olympique Marseille 0:1, 0:0; Schachtar Donezk – Lokomotive Moskau 1:0, 1:3; Lazio Rom – Benfica Lissabon 3:1, 1:0; Grasshoppers Zürich – AEK Athen 1:0, 1:3; Partizan Belgrad – Newcastle United 0:1, 1:0 (Belgrad 4:3-Sieger im Elfmeterschießen); Galatasaray Istanbul – ZSKA Sofia 3:0, 3:0.

Gruppenphase, Gruppe A: Olympique Lyon – Bayern München 1:1, 2:1; Olympique Lyon – Celtic Glasgow 3:2, 0:2; Olympique Lyon – RSC Anderlecht 1:0, 0:1; Bayern München – Celtic Glasgow 2:1, 0:0; Bayern München – RSC Anderlecht 1:0, 1:1; Celtic Glasgow – RSC Anderlecht 3:1, 0:1. – 1. Olympique Lyon 7:7, 10; 2. Bayern München 6:5, 9; 3. Celtic Glasgow 8:7, 7; 4. RSC Anderlecht 4:6, 7.

Gruppe B: FC Arsenal – Lokomotive Moskau 2:0, 0:0; FC Arsenal – Inter Mailand 0:3, 5:1; FC Arsenal – Dynamo Kiew 1:0, 1:2; Lokomotive Moskau – Inter Mailand 3:0, 1:1; Lokomotive Moskau – Dynamo Kiew 3:2, 0:2; Inter Mailand – Dynamo Kiew 2:1, 1:1. – 1. FC Arsenal 9:6, 10; 2. Lokomotive Moskau 7:7, 8; 3. Inter Mailand 8:11, 8; 4. Dynamo Kiew 8:8, 7.

Gruppe C: AS Monaco – Deportivo La Coruña 8:3, 0:1; AS Monaco – PSV Eindhoven 1:1, 2:1; AS Monaco – AEK Athen 4:0, 0:0; Deportivo La Coruña – PSV Eindhoven 2:0, 2:3; Deportivo La Coruña – AEK Athen 3:0, 1:1; PSV Eindhoven – AEK Athen 2:0, 1:0. – 1. AS Monaco 15:6, 11; 2. Deportivo La Coruña 12:12, 10; 3. PSV Eindhoven 8:7, 10; 4. AEK Athen 1:11, 2.

Gruppe D: Juventus Turin – Real Sociedad San Sebastian 4:2, 0:0; Juventus Turin – Galatasaray Istanbul 2:1, 0:2 (in Dortmund); Juventus Turin – Olympiakos Piräus 7:0; 2:1; Real Sociedad San Sebastian – Galatasaray Istanbul 1:1, 2:1; Real Sociedad San Sebastian – Olympiakos Piräus 1:0, 2:2; Galatasaray Istanbul – Olympiakos Piräus 1:0, 0:3. – 1. Juventus Turin 15:6, 13; 2. Real Sociedad San Sebastian 8:8, 9; 3. Galatasaray Istanbul 6:8, 7; 4. Olympiakos Piräus 6:13, 4.

Gruppe E: Manchester United – VfB Stuttgart 2:0, 1:2; Manchester United – Panathinaikos Athen 5:0, 1:0; Manchester United – Glasgow Rangers 3:0, 1:0; VfB Stuttgart – Panathinaikos Athen 2:0, 3:1; VfB Stuttgart – Glasgow Rangers 1:0, 1:2; Panathinaikos Athen – Glasgow Rangers 1:1, 3:1. – 1. Manchester United 13:2, 15; 2. VfB Stuttgart 9:6, 12; 3. Panathinaikos Athen 5:13, 4; 4. Glasgow Rangers 4:10, 4.

Gruppe F: Real Madrid – FC Porto 1:1, 3:1; Real Madrid – Olympique Marseille 4:2, 2:1; Real Madrid – Partizan Belgrad 1:0, 0:0; FC Porto – Olympique Marseille 1:0, 3:2; FC Porto – Partizan Belgrad 2:1, 1:1; Olympique Marseille – Partizan Belgrad 3:0, 1:1. – 1. Real Madrid 11:5, 14; 2. FC Porto 9:8, 11; 3. Olympique Marseille 9:11, 4; 4. Partizan Belgrad 3:8; 3.

Gruppe G: FC Chelsea – Sparta Prag 0:0, 1:0; FC Chelsea – Besiktas Istanbul 0:2, 2:0 (in Gelsenkirchen); FC Chelsea – Lazio Rom 2:1, 4:0; Sparta Prag – Besiktas Istanbul 2:1, 0:1; Sparta Prag – Lazio Rom 1:0, 2:2; Besiktas Istanbul – Lazio Rom 0:2, 1:1. – 1. FC Chelsea 9:3, 13; 2. Sparta Prag 5:5, 8; 3. Besiktas Istanbul 5:7, 7; 4. Lazio Rom 6:10, 5.

Gruppe H: AC Mailand – Celta Vigo 1:2; 0:0; AC Mailand – Club Brügge 0:1, 1:0; AC Mailand – Ajax Amsterdam 1:0, 1:0; Celta Vigo – Club Brügge 1:1, 1:1; Celta Vigo – Ajax Amsterdam 3:2, 0:1; Club Brügge – Ajax Amsterdam 2:1, 0:2. – 1. AC Mailand 4:3, 10; 2. Celta Vigo 7:6, 9; 3. Club Brügge 5:6, 8; 4. Ajax Amsterdam 6:7, 6.

Achtelfinale: VfB Stuttgart – FC Chelsea 0:1, 0:0; Bayern München – Real Madrid 1:1, 0:1; FC Porto – Manchester United 2:1, 1:1; Real Sociedad San Sebastian – Olympique Lyon 0:1, 0:1; Celta Vigo – FC Arsenal 2:3, 0:2; Sparta Prag – AC Mailand 0:0, 1:4; Deportivo La Coruña – Juventus Turin 1:0, 1:0; Lokomotive Moskau – AS Monaco 2:1, 0:1.

Viertelfinale: AC Mailand – Deportivo La Coruña 4:1, 0:4; FC Porto – Olympique Lyon 2:0, 2:2; FC Chelsea – FC Arsenal 1:1, 2:1; Real Madrid – AS Monaco 4:2, 1:3.

Halbfinale: AS Monaco – FC Chelsea 3:1, 2:2; FC Porto – Deportivo La Coruña 0:0, 1:0.

Endspiel am 26. 5. in Gelsenkirchen:

AS Monaco – FC Porto 0:3 (0:1)

Porto: Vitor Baia – Paulo Ferreira, Jorge Costa, Ricardo Carvalho, Nuno Valente – Costinha – Pedro Mendes, Maniche – Deco (Pedro Emanuel) – Derlei (McCarthy), Carlos Alberto (Alenichev).

Tore: Carlos Alberto, Deco, Alenichev. – SR: Nielsen (Dänemark) – Zuschauer: 53 000

2004/05: FC Liverpool

Qualifikation, 1. Runde: KR Reykjavík – FC Shelbourne 2:2, 0:0; Skonto Riga – Rhyl FC 4:0, 3:1; Flora Tallinn – ND Gorica 2:4, 1:3; FC Linfield – HJK Helsinki 0:1, 0:1; Pobeda Prilep – Piunik Erewan 1:3, 1:1; Serif Tiraspol – Jeunesse Esch 2:0, 0:1; WIT Georgia Tiflis – HB Torshavn 5:0, 0:3; Sliema Wanderers – FBK Kaunas 0:2, 1:4; Siroki Brijeg – Neftschi Baku 2:1, 0:1; FK Gomel – SK Tirana 0:2, 1:0.
Qualifikation, 2. Runde: Piunik Erewan – Schachtar Donezk 1:3, 0:1; APOEL Nicosia – Sparta Prag 2:2, 1:2; Rosenborg Trondheim – Serif Tiraspol 2:1, 2:0; Young Boys Bern – Roter Stern Belgrad 2:2, 0:3; ND Gorica – FC Kopenhagen 1:2, 5:0; Neftschi Baku – ZSKA Moskau 0:0, 0:2; MSK Zilina – Dinamo Bukarest 0:1, 0:1; HJK Helsinki – Maccabi Tel Aviv 0:0, 0:1; Skonto Riga – Trabzonspor 1:1, 0:3; Club Brügge – Lokomotive Plovdiv 2:0, 4:0; SK Tirana – Ferencvaros Budapest 2:3, 1:0; Hajduk Split – FC Shelbourne 3:2, 0:2; Djurgardens IF – FBK Kaunas 0:0, 2:0; WIT Georgia Tiflis – Wisla Krakau 2:8, 0:3.
Qualifikation, 3. Runde: Bayer Leverkusen – Banik Ostrau 5:0, 1:2; Grazer AK – FC Liverpool 0:2, 1:0; Juventus Turin – Djurgardens IF 2:2, 4:1; Ferencvaros Budapest – Sparta Prag 1:0, n. V. 0:2; Rosenborg Trondheim – Maccabi Haifa 2:1, n. V. 3:2; ZSKA Moskau – Glasgow Rangers 2:1, 1:1; Schachtar Donezk – Club Brügge 4:1, 2:2; Dynamo Kiew – Trabzonspor 1:2, 2:0; Roter Stern Belgrad – PSV Eindhoven 3:2, 0:5; Dinamo Bukarest – Manchester United 1:2, 0:3; FC Basel – Inter Mailand 1:1, 1:4; Benfica Lissabon

– RSC Anderlecht 1:0, 0:3; FC Shelbourne – Deportivo La Coruna 0:0, 0:3; PAOK Saloniki – Maccabi Tel Aviv 1:2 (Wertung 0:3), 0:1; ND Gorica – AS Monaco 0:3, 0:6; Wisla Krakau – Real Madrid 0:2, 1:3.
Gruppenphase, Gruppe A: AS Monaco – FC Liverpool 1:0, 0:2; AS Monaco – Olympiakos Piräus 2:1, 0:1; AS Monaco – Deportivo La Coruna 2:0, 5:0; FC Liverpool – Olympiakos Piräus 3:1, 0:1; FC Liverpool – Deportivo La Coruna 0:0, 1:0; Olympiakos Piräus – Deportivo La Coruna 1:0, 0:0 – 1. AS Monaco 10:4, 12; 2. FC Liverpool 6:3, 10; 3. Olympiakos Piräus 5:5, 10; 4. Deportivo La Coruna 0:9, 2.
Gruppe B: Bayer Leverkusen – Real Madrid 3:0, 1:1; Bayer Leverkusen – Dynamo Kiew 3:0, 2:4; Bayer Leverkusen – AS Rom 3:1, 1:1; Real Madrid – Dynamo Kiew 1:0, 2:2; Real Madrid – AS Rom 4:2, 3:0; Dynamo Kiew – AS Rom 2:0, 0:0 abgebr. (Wertung 3:0) – 1. Bayer Leverkusen 13:7, 11; 2. Real Madrid 11:8, 11; 3. Dynamo Kiew 11:8, 10; 4. AS Rom 4:16, 1.
Gruppe C: Juventus Turin – Bayern München 1:0, 1:0; Juventus Turin – Ajax Amsterdam 1:0, 1:0; Juventus Turin – Maccabi Tel Aviv 1:0, 1:1; Bayern München – Ajax Amsterdam 4:0, 2:2; Bayern München – Maccabi Tel Aviv 5:1, 1:0; Ajax Amsterdam – Maccabi Tel Aviv 3:0, 1:2 – 1. Juventus Turin 6:1, 16; 2. Bayern München 12:5, 10; 3. Ajax Amsterdam 6:10, 4; 4. Maccabi Tel Aviv 4:12, 4.
Gruppe D: Olympique Lyon – Manchester United 2:2, 1:2; Olympique Lyon – Fenerbahce Istanbul 4:2, 3:1; Olympique Lyon – Sparta Prag 5:0, 2:1; Manchester United – Fenerbahce Istanbul 6:2, 0:3; Manchester United – Sparta Prag 4:1, 0:0; Fenerbahce Istanbul – Sparta Prag 1:0, 1:0 – 1. Olympique Lyon 17:8, 13; 2. Manchester United 14:9, 11; 3. Fenerbahce Istanbul 10:13, 9; 4. Sparta Prag 2:13, 1.
Gruppe E: FC Arsenal – PSV Eindhoven 1:0, 1:1; FC Arsenal – Panathinaikos Athen 1:1, 2:2; FC Arsenal – Rosenborg Trondheim 5:1, 1:1; PSV Eindhoven – Panathinaikos Athen 1:0, 1:4; PSV Eindhoven – Rosenborg Trondheim 1:0, 2:1; Panathinaikos Athen – Rosenborg Trondheim 2:1, 2:2 – 1. FC Arsenal 11:6, 10; 2. PSV Eindhoven 6:7, 10; 3. Panathinaikos Athen 11:8, 9; 4. Rosenborg Trondheim 6:13, 2.
Gruppe F: AC Mailand – FC Barcelona 1:0, 1:2; AC Mailand – Schachtar Donezk 4:0, 1:0; AC Mailand – Celtic Glasgow 3:1, 0:0; FC Barcelona – Schachtar Donezk 3:0, 0:2; FC Barcelona – Celtic Glasgow 1:1, 3:1; Schachtar Donezk – Celtic Glasgow 3:0, 0:1 – 1. AC Mailand 10:3, 13; 2. FC Barcelona 9:6, 10; 3. Schachtar Donezk 5:9, 6; 4. Celtic Glasgow 4:10; 5.
Gruppe G: Inter Mailand – Werder Bremen 2:0, 1:1; Inter Mailand – FC Valencia 0:0, 5:1; Inter Mailand – RSC Anderlecht 3:0, 3:1; Werder Bremen – FC Valencia 2:1, 2:0; Werder Bremen – RSC Anderlecht 5:1, 2:1; FC Valencia – RSC Anderlecht 2:0, 2:1 – 1. Inter Mailand 14:3, 14; 2. Werder Bremen 12:6, 13; 3. FC Valencia 6:10, 7; 4. RSC Anderlecht 4:17, 0.
Gruppe H: FC Chelsea – FC Porto 3:1, 1:2; FC Chelsea – ZSKA Moskau 2:0, 1:0; FC Chelsea – Paris St. Germain 0:0, 3:0; FC Porto – ZSKA Moskau 0:0, 1:0; FC Porto – Paris St. Germain 0:0, 0:2; ZSKA Moskau – Paris St. Germain 2:0, 3:1 – 1. FC Chelsea 10:3, 13; 2. FC Porto 4:6, 8; 3. ZSKA Moskau 5:5, 7; 4. Paris St. Germain 3:8, 5.
Achtelfinale: Real Madrid – Juventus Turin 1:0, n. V. 0:2; FC Liverpool – Bayer Leverkusen 3:1, 3:1; PSV Eindhoven – AS Monaco 1:0, 2:0; Bayern München – FC Arsenal 3:1, 0:1; FC Barcelona – FC Chelsea 2:1, 2:4; Werder Bremen – Olympique Lyon 0:3, 2:7; Manchester United – AC Mailand 0:1, 0:1; FC Porto – Inter Mailand 1:1, 1:3.
Viertelfinale: FC Liverpool – Juventus Turin 2:1, 0:0; Olympique Lyon – PSV Eindhoven 1:1, n. V. 1:1, Elfmeterschießen 2:4; AC Mailand – Inter Mailand 2:0, Wertung 3:0; FC Chelsea – Bayern München 4:2, 2:3.
Halbfinale: FC Chelsea – FC Liverpool 0:0, 0:1; AC Mailand – PSV Eindhoven 2:0, 1:3.

Endspiel am 25. 5. in Istanbul:
AC Mailand – FC Liverpool n. V. 3:3 (3:0), 2:3 im Elfmeterschießen
Liverpool: Dudek – Finnan (Hamann), Carragher, Hyypiä, Traore – Gerrard – Luis Garcia, Xabi Alonso, Riise – Baros (Cissé), Kewell (Smicer).
Tore: Gerrard, Smicer, Xabi Alonso (Maldini, Crespo 2) – Tore im Elfmeterschießen: Hamann, Cissé, Smicer (Riise gehalten) – Tomasson, Kaka (Serginho verschieß, Pirlo und Shevchenko gehalten). – SR: Mejuto Gonzalez (Spanien) – Zuschauer: 69 000.

2005/06: FC Barcelona
Qualifikation, 1. Runde: Dynamo Minsk – Anorthosis Famagusta 1:1, 0:1; Kairat Almaty – Artmedia Bratislava 2:0, n. V. 1:4; Levadia Tallinn – Dinamo Tiflis 1:0, 0:2; Neftchi Baku – FH Hafnarfjördur 2:0, 2:1; Rabotnicki Skopje – Skonto Riga 6:0, 0:1; Sliema Wanderers – Sheriff Tiraspol 1:4, 0:2; F91 Düdelingen – Zrinjski Mostar 0:1, n. V. 4:0; FC Glentoran – FC Shelbourne 1:2, 1:4; FC Liverpool – TNS Llansantffraid 3:0, 3:0; Haka Valkeakoski – Pyunik Eriwan 1:0, 2:2; HB Torshavn – FBK Kaunas 2:4, 0:4; ND Gorica – SK Tirana 2:0, 0:3.

Qualifikation, 2. Runde: Anorthosis Famagusta – Trabzonspor 3:1, 0:1; Dinamo Tiflis – Bröndby IF 0:2, 1:3; Dynamo Kiew – FC Thun 2:2, 0:1; FBK Kaunas – FC Liverpool 1:3, 0:2; RSC Anderlecht – Neftchi Baku 5:0, 0:1; Valerenga IF – Haka Valkeakoski 1:0, 4:1; Artmedia Bratislava – Celtic Glasgow 5:0, 0:4; F91 Düdelingen – Rapid Wien 1:6, 2:3; FC Shelbourne – Steaua Bukarest 0:0, 1:4; SK Tirana – ZSKA Sofia 0:2, 0:2; Malmö FF – Maccabi Haifa 3:2, 2:2; Partizan Belgrad – Sheriff Tiraspol 1:0, 1:0; Rabotnicki Skopje – Lokomotive Moskau 1:1, 0:2; Debreceni VSC – Hajduk Split 3:0, 5:0.

Qualifikation, 3. Runde: Anorthosis Famagusta – Glasgow Rangers 1:2, 0:2; FC Everton – FC Villarreal 1:2, 1:2; Manchester United – Debreceni VSC 3:0, 3:0; Real Betis Sevilla – AS Monaco 1:0, 2:2; Valerenga IF – Club Brügge 1:0, n. V. 0:1, Elfmeterschießen 3:4; Wisla Krakow – Panathinaikos Athen 3:1, n. V. 1:4; Artmedia Bratislava – Partizan Belgrad 0:0, n. V. 0:0, Elfmeterschießen 4:3; Bröndby IF – Ajax Amsterdam 2:2, 1:3; FC Basel – Werder Bremen 2:1, 0:3; Malmö FF – FC Thun 0:1, 0:3; Rapid Wien – Lokomotive Moskau 1:1, 1:0; RSC Anderlecht – Slavia Prag 2:1, 2:0; Schachtar Donezk – Inter Mailand 0:2, 1:1, Sporting Lissabon – Udinese Calcio 0:1, 2:3; Steaua Bukarest – Rosenborg Trondheim 1:1, 2:3; ZSKA Sofia – FC Liverpool 1:3, 1:0.

Gruppenphase, Gruppe A: Juventus Turin – Bayern München 2:1, 1:2; Juventus Turin – Club Brügge 1:0, 2:1; Juventus Turin – Rapid Wien 3:0, 3:1; Bayern München – Club Brügge 1:0, 1:1; Bayern München – Rapid Wien 4:0, 1:0; Club Brügge – Rapid Wien 3:2, 1:0 – 1. Juventus Turin 12:5, 15; 2. Bayern München 10:4, 13; 3. Club Brügge 6:7, 7; 4. Rapid Wien 3:15, 0.

Gruppe B: FC Arsenal – Ajax Amsterdam 0:0, 2:1; FC Arsenal – FC Thun 2:1, 1:0; FC Arsenal – Sparta Prag 3:0, 2:0; Ajax Amsterdam – FC Thun 2:0, 4:2; Ajax Amsterdam – Sparta Prag 2:1, 1:1; FC Thun – Sparta Prag 1:0, 0:0 – 1. FC Arsenal 10:2, 16; 2. Ajax Amsterdam 10:6, 11; 3. FC Thun 4:9, 4; 4. Sparta Prag 2:9, 2.

Gruppe C: FC Barcelona – Werder Bremen 3:1, 2:0; FC Barcelona – Udinese Calcio 4:1, 2:0; FC Barcelona – Panathinaikos Athen 5:0, 0:0; Werder Bremen – Udinese Calcio 4:3, 1:1; Werder Bremen – Panathinaikos Athen 5:1, 1:2; Udinese Calcio – Panathinaikos Athen 3:0, 2:1 – 1. FC Barcelona 16:2, 16; 2. Werder Bremen 12:12, 7; 3. Udinese Calcio 10:12, 7; 4. Panathinaikos Athen 4:16, 4.

Gruppe D: FC Villarreal – Benfica Lissabon 1:1, 1:0; FC Villarreal – OSC Lille 1:0, 0:0; FC Villarreal – Manchester United 0:0, 0:0; Benfica Lissabon – OSC Lille 1:0, 0:0; Benfica Lissabon – Manchester Utd. 2:1, 1:2; OSC Lille – Manchester United 1:0, 0:0 – 1. FC Villarreal 3:1, 10; 2. Benfica Lissabon 5:5, 8; 3. OSC Lille 1:2, 6; 4. Manchester United 3:4, 6.

Gruppe E: AC Mailand – PSV Eindhoven 0:0, 0:1; AC Mailand – FC Schalke 04 3:2, 2:2; AC Mailand – Fenerbahce Istanbul 3:1, 4:0; PSV Eindhoven – FC Schalke 04 1:0, 0:3; PSV Eindhoven – Fenerbahce Istanbul 2:0, 0:3; FC Schalke 04 – Fenerbahce Istanbul 2:0, 3:3 – 1. AC Mailand 12:6, 11; 2. PSV Eindhoven 4:6, 10; 3. FC Schalke 04 12:9, 8; 4. Fenerbahce Istanbul 7:14, 4.

Gruppe F: Olympique Lyon – Real Madrid 3:0, 1:1; Olympique Lyon – Rosenborg Trondheim 2:1, 1:0; Olympique Lyon – Olympiakos Piräus 2:1, 4:1; Real Madrid – Rosenborg Trondheim 4:1, 2:0; Real Madrid – Olympiakos Piräus 2:1, 1:2; Rosenborg Trondheim – Olympiakos Piräus 1:1, 3:1 – 1. Olympique Lyon 13:4, 16; 2. Real Madrid 10:8, 10; 3. Rosenborg Trondheim 6:11, 4; 4. Olympiakos Piräus 7:13; 4.

Gruppe G: FC Liverpool – FC Chelsea 0:0, 0:0; FC Liverpool – Real Betis Sevilla 0:0, 2:1; FC Liverpool – RSC Anderlecht 3:0, 1:0; FC Chelsea – Real Betis Sevilla 4:0, 0:1; FC Chelsea – RSC Anderlecht 1:0, 2:0; Real Betis Sevilla – RSC Anderlecht 0:1, 1:0 – 1. FC Liverpool 6:1, 12; 2. FC Chelsea 7:1, 11; 3. Real Betis Sevilla 3:7, 7; 4. RSC Anderlecht 1:8, 3.

Gruppe H: Inter Mailand – Glasgow Rangers 1:0, 1:1; Inter Mailand – Artmedia Bratislava 4:0, 1:0; Inter Mailand – FC Porto 2:1, 0:2; Glasgow Rangers – Artmedia Bratislava 0:0, 2:2; Glasgow Rangers – FC Porto 3:2, 1:1; Artmedia Bratislava – FC Porto 0:0, 3:2 – 1. Inter Mailand 9:4, 13; 2. Glasgow Rangers 7:7, 7; 3. Artmedia Bratislava 5:9, 6; 4. FC Porto 8:9, 5.

Achtelfinale: Bayern München – AC Mailand 1:1, 1:4; Werder Bremen – Juventus Turin 3:2, 1:2; Benfica Lissabon – FC Liverpool 1:0, 2:0; Real Madrid – FC Arsenal 0:1, 0:0; PSV Eindhoven – Olympique Lyon 0:1, 0:4; FC Chelsea – FC Barcelona 1:2, 1:1; Glasgow Rangers – FC Villarreal 2:2, 1:1; Ajax Amsterdam – Inter Mailand 2:2, 0:1.

Viertelfinale: FC Arsenal – Juventus Turin 2:0, 0:0; Benfica Lissabon – FC Barcelona 0:0, 0:2; Olympique Lyon – AC Mailand 0:0, 1:3; Inter Mailand – FC Villarreal 2:1, 0:1.

Halbfinale: AC Mailand – FC Barcelona 0:1, 0:0; FC Arsenal – FC Villarreal 1:0, 0:0.

Endspiel am 17.5. in Paris:

FC Barcelona – FC Arsenal 2:1 (0:1)

Barcelona: Victor Valdes – Oleguer (Belletti), Marquez, Puyol, Van Bronckhorst – Edmilson (Iniesta) – Deco, Van Bommel (Larsson) – Giuly, Eto'o – Ronaldinho.

Tore: Eto'o, Belletti (Campbell) – Rote Karte: Lehmann (19.) – SR: Hauge (Norwegen) – Zuschauer: 77 000.

2006/07: AC Mailand

Qualifikation, 1. Runde: Pyunik Erewan – Sheriff Tiraspol 0:0, 0:2; Sioni Bolnissi – FK Baku 2:0, 0:1; Tallinna VMK – FH Hafnarfjördur 2:3, 1:1; KS Elbasani – Ekranas Panevezys 1:0, 0:3; FC Birkirkara – B36 Torshavn 0:3, 2:2; F91 Düdelingen – Rabotnicki Skopje 0:1, 0:0; FC Linfield – ND Gorica 1:3, 2:2; MyPa Anjalankoski – TNS Llansantffraid 1:0, 1:0; Metalurgs Liepaja – FK Aktobe-Lento 1:0, 1:1; Schachtjor Saligorsk – Siroki Brijeg 0:1, 0:1; Cork City – Apollon Limassol 1:0, 1:1.

Qualifikation, 2. Runde: Ekranas Panevezys – Dinamo Zagreb 1:4, 2:5; Metalurgs Liepaja – Dynamo Kiew 1:4, 0:4; Sheriff Tiraspol – Spartak Moskau 1:1, 0:0; Levski Sofia – Sioni Bolnissi 2:0, 2:0; Djurgardens IF – MFK Ruzomberok 1:0, 1:3; Fenerbahce Istanbul – B36 Torshavn 4:0, 5:0; FC Zürich – RB Salzburg 2:1, 0:2; FH Hafnarfjördur – Legia Warschau 0:1, 0:2; Cork City – Roter Stern Belgrad 0:1, 0:3; FC Kopenhagen – MyPa Anjalankoski 2:0, 2:2; FK Mlada Boleslav – Valerenga IF 3:1, 2:2; Heart of Midlothian – Siroki Brijeg 3:0, 0:0; Debreceni VSC – Rabotnicki Skopje 1:1, 1:4; ND Gorica – Steaua Bukarest 0:2, 0:3.

Qualifikation, 3. Runde: Austria Wien – Benfica Lissabon 1:1, 0:3; Dinamo Zagreb – FC Arsenal 0:3, 1:2; Dynamo Kiew – Fenerbahce Istanbul 3:1, 2:2; OSC Lille – Rabotnicki Skopje 3:0, 1:0; ZSKA Moskau – MFK Ruzomberok 3:0, 2:0; Schachtar Donezk – Legia Warschau 1:0, 3:2; Galatasaray Istanbul – FK Mlada Boleslav 5:2, 1:1; Levski Sofia – AC Chievo Verona 2:0, 2:2; Slovan Liberec – Spartak Moskau 0:0, 1:2; FC Kopenhagen – Ajax Amsterdam 1:2, 2:0; Hamburger SV – CA Osasuna 0:0, 1:1; Standard Lüttich – Steaua Bukarest 2:2, 1:2; AC Mailand – Roter Stern Belgrad 1:0, 2:1; Heart of Midlothian – AEK Athen 1:2, 0:3; RB Salzburg – FC Valencia 1:0, 0:3; FC Liverpool – Maccabi Haifa 2:1, 1:1.

Gruppenphase, Gruppe A: FC Chelsea – FC Barcelona 1:0, 2:2; FC Chelsea – Werder Bremen 2:0, 0:1; FC Chelsea – Levski Sofia 2:0, 3:1; FC Barcelona – Werder Bremen 2:0, 1:1; FC Barcelona – Levski Sofia 5:0, 2:0; Werder Bremen – Levski Sofia 2:0, 3:0 – 1. FC Chelsea 10:4, 13; 2. FC Barcelona 12:4, 11; 3. Werder Bremen 7:5, 10; 4. Levski Sofia 1:17, 0.

Gruppe B: Bayern München – Inter Mailand 1:1, 2:0; Bayern München – Spartak Moskau 4:0, 2:2; Bayern München – Sporting Lissabon 0:0, 1:0; Inter Mailand – Spartak Moskau 2:1, 1:0; Inter Mailand – Sporting Lissabon 1:0, 0:1; Spartak Moskau – Sporting Lissabon 1:1, 3:1 – 1. Bayern München 10:3, 12; 2. Inter Mailand 5:5, 10; 3. Spartak Moskau 7:11, 5; 4. Sporting Lissabon 3:6, 5.

Gruppe C: FC Liverpool – PSV Eindhoven 2:0, 0:0; FC Liverpool – Girondins Bordeaux 3:0, 1:0; FC Liverpool – Galatasaray Istanbul 3:2, 2:3; PSV Eindhoven – Girondins Bordeaux 1:3, 1:0; PSV Eindhoven – Galatasaray Istanbul 2:0, 2:1; Girondins Bordeaux – Galatasaray Istanbul 3:1, 0:0 – 1. FC Liverpool 11:5, 13; 2. PSV Eindhoven 6:6, 10; 3. Girondins Bordeaux 6:7, 7; 4. Galatasaray Istanbul 7:12, 4.

Gruppe D: FC Valencia – AS Rom 2:1, 0:1; FC Valencia – Schachtar Donezk 2:0, 2:2; FC Valencia – Olympiakos Piräus 2:0, 4:2; AS Rom – Schachtar Donezk 4:0, 0:1; AS Rom – Olympiakos Piräus 1:1, 1:0; Schachtar Donezk – Olympiakos Piräus 2:2, 1:1 – 1. FC Valencia 12:6, 13; 2. AS Rom 8:4, 10; 3. Schachtar Donezk 6:11, 6; 4. Olympiakos Piräus 6:11, 3.

Gruppe E: Olympique Lyon – Real Madrid 2:0, 2:2; Olympique Lyon – Steaua Bukarest 1:1, 3:0; Olympique Lyon – Dynamo Kiew 1:0, 3:0; Real Madrid – Steaua Bukarest 1:0, 4:1; Real Madrid – Dynamo Kiew 5:1, 2:2; Steaua Bukarest – Dynamo Kiew 1:1, 4:1 – 1. Olympique Lyon 12:3 14; 2. Real Madrid 14:8, 11; 3. Steaua Bukarest 7:11, 5; 4. Dynamo Kiew 5:16, 2.

Gruppe F: Manchester United – Celtic Glasgow 3:2, 0:1; Manchester United – Benfica Lissabon 3:1, 1:0; Manchester United – FC Kopenhagen 3:0, 0:1; Celtic Glasgow – Benfica Lissabon 3:0, 0:3; Celtic Glasgow – FC Kopenhagen 1:0, 1:3; Benfica Lissabon – FC Kopenhagen 3:1, 0:0 – 1. Manchester United 10:5, 12; 2. Celtic Glasgow 8:9, 9; 3. Benfica Lissabon 7:8, 7; 4. FC Kopenhagen 5:8; 7.

Gruppe G: FC Arsenal – FC Porto 2:0, 0:0; FC Arsenal – ZSKA Moskau 0:0, 0:1; FC Arsenal – Hamburger SV 3:1, 2:1; FC Porto – ZSKA Moskau 0:0, 2:0; FC Porto – Hamburger SV 4:1, 3:1; ZSKA Moskau – Hamburger SV 1:0, 2:3 – 1. FC Arsenal 7:3, 11; 2. FC Porto 9:4, 11; 3. ZSKA Moskau 4:5, 8; 4. Hamburger SV 7:15, 3.

Gruppe H: AC Mailand – Lille OSC 0:2, 0:0; AC Mailand – AEK Athen 3:0, 0:1; AC Mailand – RSC Anderlecht 4:1, 1:0; Lille OSC – AEK Athen 3:1, 0:1; Lille OSC – RSC Anderlecht 2:2, 1:1; AEK Athen – RSC Anderlecht 1:1, 2:2 – 1. AC Mailand 8:4, 10; 2. Lille OSC 8:5, 9; 3. AEK Athen 6:9, 8; 4. RSC Anderlecht 7:11, 4.

Achtelfinale: Real Madrid – Bayern München 3:2, 1:2; Celtic Glasgow – AC Mailand 0:0, n. V. 0:1; PSV Eindhoven – FC Arsenal 1:0, 1:1; Lille OSC – Manchester United 0:1, 0:1; AS Rom – Olympique Lyon 0:0, 2:0; FC Barcelona – FC Liverpool 1:2, 1:0; Inter Mailand – FC Valencia 2:2, 0:0; FC Porto – FC Chelsea 1:1, 1:2.

Viertelfinale: AC Mailand – Bayern München 2:2, 2:0; PSV Eindhoven – FC Liverpool 0:3, 0:1; AS Rom – Manchester United 2:1, 1:7; FC Chelsea – FC Valencia 1:1, 2:1.

Halbfinale: Manchester United – AC Mailand 3:2, 0:3; FC Chelsea – FC Liverpool 1:0, n. V. 0:1 (Elfmeterschießen 1:4).

Endspiel am 23. Mai in Athen:

AC Mailand – FC Liverpool 2:1 (1:0)

Mailand: Dida – Oddo, Nesta, Maldini, Jankulovski (Kaladze) – Gattuso, Pirlo, Ambrosini, Seedorf (Favalli) – Kaka – Inzaghi (Gilardino).

Tore: Inzaghi 2 (Kuyt) – SR: Fandel (Deutschland) – Zuschauer: 63 000.

2007/08: Manchester United

Qualifikation, 1. Runde: Olimpi Rustavi – Zhenis Astana 0:0, 0:3; Khazar Lankaran – Dinamo Zagreb 1:1, n. V. 1:3; APOEL Nikosia – BATE Borissow 2:0, n. V. 0:3; TNS Llansantffraid – FK Ventspils 3:2, 1:2; Zeta Golubovci – FBK Kaunas 3:1, 2:3; FC Linfield – IF Elfsborg Boras 0:0, 0:1; SS Murata – Tampere United 1:2, 0:2; Pobeda Prilep – Levadia Tallinn 0:1, 0:0; Sheriff Tiraspol – Ranger's Venecia 2:0, 3:0; F91 Düdelingen – MSK Zilina 1:2, 4:5; FC Marsaxlokk – FK Sarajevo 0:6, 1:3; NK Domzale – KF Tirana 1:0, 2:1; Derry City – Piunik Erewan 0:0, 0:2; FH Hafnarfjördur – HB Torshavn 4:1, 0:0.

Qualifikation, 2. Runde: Piunik Erewan – Schachtar Donezk 0:2, 1:2; Tampere United – Levski Sofia 1:0, 1:0; FC Kopenhagen – Beitar Jerusalem 1:0, n. V. 1:1; KRC Genk – FK Sarajevo 1:2, 1:0; Debreceni VSC – IF Elfsborg Boras 0:1, 0:0; Zaglebie Lubin – Steaua Bukarest 0:1, 1:2; Glasgow Rangers – Zeta Golubovci 2:0, 1:0; Zhenis Astana – Rosenborg Trondheim 1:3, 1:7; FK Ventspils – RB Salzburg 0:3, 0:4; MSK Zilina – Slavia Prag 0:0, n. V. 0:0, Elfmeterschießen 3:4; Besiktas Istanbul – Sheriff Tiraspol 1:0, 3:0; Roter Stern Belgrad – Levadia Tallinn 1:0, 1:2; NK Domzale – Dinamo Zagreb 1:2, 1:3; FH Hafnarfjördur – BATE Borissow 1:3, 1:1.

Qualifikation, 3. Runde: Werder Bremen – Dinamo Zagreb 2:1, 3:2; Lazio Rom – Dinamo Bukarest 1:1, 3:1; Glasgow Rangers – Roter Stern Belgrad 1:0, 0:0; Benfica Lissabon – FC Kopenhagen 2:1, 1:0; FC Valencia – IF Elfsborg Boras 3:0, 2:1; FC Toulouse – FC Liverpool 0:1, 0:4; Tampere United – Rosenborg Trondheim 0:3, 0:2; Spartak Moskau – Celtic Glasgow 1:1, n. V. 1:1, Elfmeterschießen 3:4; BATE Borissow – Steaua Bukarest 2:2, 0:2; FK Sarajevo – Dynamo Kiew 0:1, 0:3; Fenerbahce Istanbul – RSC Anderlecht 1:0, 2:0; FC Zürich – Besiktas Istanbul 1:1, 0:2; RB Salzburg – Schachtar Donezk 1:0, 1:3; Ajax Amsterdam – Slavia Prag 0:1, 1:2; Sparta Prag – FC Arsenal 0:2, 0:3; FC Sevilla – AEK Athen 2:0, 4:1.

Gruppenphase, Gruppe A: FC Porto – FC Liverpool 1:1, 1:4; FC Porto – Olympique Marseille 2:1, 1:1; FC Porto – Besiktas Istanbul 2:0, 1:0; FC Liverpool – Olympique Marseille 0:1, 4:0; FC Liverpool – Besiktas Istanbul 8:0, 1:2; Olympique Marseille – Besiktas Istanbul 2:0, 1:2 – 1. FC Porto 8:7, 11; 2. FC Liverpool 18:5, 10; 3. Olympique Marseille 6:9, 7; 4. Besiktas Istanbul 4:15, 6.

Gruppe B: FC Chelsea – FC Schalke 04 2:0, 0:0; FC Chelsea – Rosenborg Trondheim 1:1, 4:0; FC Chelsea – FC Valencia 0:0, 2:1; FC Schalke 04 – Rosenborg Trondheim 3:1, 2:0; FC Schalke 04 – FC Valencia 0:1, 0:0; Rosenborg Trondheim – FC Valencia 2:0, 2:0 – 1. FC Chelsea 9:2, 12; 2. FC Schalke 04 5:4, 8; 3. Rosenborg Trondheim 6:10, 7; 4. FC Valencia 2:6, 5.

Gruppe C: Real Madrid – Olympiakos Piräus 4:2, 0:0; Real Madrid – Werder Bremen 2:1, 2:3; Real Madrid – Lazio Rom 3:1, 2:2; Olympiakos Piräus – Werder Bremen 3:0, 3:1; Olympiakos Piräus – Lazio Rom 1:1, 2:1; Werder Bremen – Lazio Rom 2:1, 1:2 – 1. Real Madrid 13:9, 11; 2. Olympiakos Piräus 11:7, 11; 3. Werder Bremen 8:13, 6; 4. Lazio Rom 8:11, 5.

Gruppe D: AC Mailand – Celtic Glasgow 1:0, 1:2; AC Mailand – Benfica Lissabon 2:1, 1:1; AC Mailand – Schachtar Donezk 4:1, 3:0; Celtic Glasgow – Benfica Lissabon 1:0, 0:1; Celtic Glasgow – Schachtar Donezk 2:1, 0:2; Benfica Lissabon – Schachtar Donezk 0:1, 2:1 – 1. AC Mailand 12:5, 13; 2. Celtic Glasgow 5:6, 9; 3. Benfica Lissabon 5:6, 7; 4. Schachtar Donezk 6:11, 6.

Gruppe E: FC Barcelona – Olympique Lyon 3:0, 2:2; FC Barcelona – Glasgow Rangers 2:0, 0:0; FC Barcelona – VfB Stuttgart 3:1, 2:0; Olympique Lyon – Glasgow Rangers 0:3, 3:0; Olympique Lyon – VfB Stuttgart 4:2, 2:0; Glasgow Rangers – VfB Stuttgart 2:1, 2:3 – 1. FC Barcelona 12:3 14; 2. Olympique Lyon 11:10, 10; 3. Glasgow Rangers 7:9, 7; 4. VfB Stuttgart 7:15, 3.

Gruppe F: Manchester United – AS Rom 1:0, 1:1; Manchester United – Sporting Lissabon 2:1, 1:0; Manchester United – Dynamo Kiew 4:0, 4:2; AS Rom – Sporting Lissabon 2:1, 2:2; AS Rom – Dynamo Kiew 2:0, 4:1; Sporting Lissabon – Dynamo Kiew 3:0, 2:1 – 1. Manchester United 13:4, 16; 2. AS Rom 11:6, 11; 3. Sporting Lissabon 7:8, 7; 4. Dynamo Kiew 4:19; 0.

Gruppe G: Inter Mailand – Fenerbahce Istanbul 3:0, 0:1; Inter Mailand – PSV Eindhoven 2:0, 1:0; Inter Mailand – ZSKA Moskau 4:2, 2:1; Fenerbahce Istanbul – PSV Eindhoven 2:0, 0:0; Fenerbahce Istanbul – ZSKA Moskau 3:1, 2:2; PSV Eindhoven – ZSKA Moskau 2:1, 1:0 – 1. Inter Mailand 12:4, 15; 2. Fenerbahce Istanbul 8:6, 11; 3. PSV Eindhoven 3:6, 7; 4. ZSKA Moskau 7:14, 1.

Gruppe H: FC Sevilla – FC Arsenal 3:1, 0:3; FC Sevilla – Slavia Prag 4:2, 3:0; FC Sevilla – Steaua Bukarest 2:1, 2:0; FC Arsenal – Slavia Prag 7:0, 0:0; FC Arsenal – Steaua Bukarest 2:1, 1:0; Slavia

Prag – Steaua Bukarest 2:1, 1:1 – 1. FC Sevilla 14:7, 15; 2. FC Arsenal 14:4, 13; 3. Slavia Prag 5:16, 5; 4. Steaua Bukarest 4:10, 1.

Achtelfinale: FC Schalke 04 – FC Porto 1:0, n. V. 0:1, Elfmeterschießen 4:1; FC Liverpool – Inter Mailand 2:0, 1:0; AS Rom – Real Madrid 2:1, 2:1; Olympiakos Piräus – FC Chelsea 0:0, 0:3; Celtic Glasgow – FC Barcelona 2:3, 0:1; Olympique Lyon – Manchester United 1:1, 0:1; FC Arsenal – AC Mailand 0:0, 2:0; Fenerbahce Istanbul – FC Sevilla 3:2, n. V. 2:3, Elfmeter-schießen 3:2.

Viertelfinale: FC Schalke 04 – FC Barcelona 0:1, 0:1; AS Rom – Manchester United 0:2, 0:1; FC Arsenal – FC Liverpool 1:1, 2:4; Fenerbahce Istanbul – FC Chelsea 2:1, 0:2.

Halbfinale: FC Liverpool – FC Chelsea 1:1, n. V. 2:3; FC Barcelona – Manchester United 0:0, 0:1.

Endspiel am 21. Mai in Moskau:

Manchester United – FC Chelsea n. V. 1:1 (1:1, 1:1), 6:5 im Elfmeterschießen

Manchester: Van der Sar – Brown (Anderson), Ferdinand, Vidic, Evra – Carrick, Scholes (Giggs) – Hargreaves, Cristiano Ronaldo – Rooney (Nani), Tevez.

Tore: Cristiano Ronaldo (Lampard) – Tore im Elfmeterschießen: Tevez, Carrick, Hargreaves, Nani, Anderson, Giggs (Cristiano Ronaldo gehalten) – Ballack, Belletti, Lampard, A. Cole, Kalou (Terry Pfosten, Anelka gehalten) – SR: Michel (Slowakei) – Rote Karte: Drogba – Zuschauer: 69 500.

2008/09: FC Barcelona

Qualifikation, 1. Runde: Inter Baku – Rabotnicki Skopje 0:0, 1:1; Tampere United – Buducnost Podgorica 2:1, 1:1; BATE Borissow – Valur Reykjavik 2:0, 1:0; Anorthosis Famagusta – Piunik Erewan 1:0, 2:0; F91 Düdelingen – NK Domzale 0:1, 0:2; Llanelli AFC – FK Ventspils 1:0, 0:4; FC Valletta – Artmedia Petrzalka 0:2, 0:1; Dinamo Tirana – Modrica Maksima 0:2, 1:2; Santa Coloma – FBK Kaunas 1:4, 1:3; SS Murata – IFK Göteborg 0:5, 0:4; Dinamo Tiflis – NSI Runavik 3:0, 0:1; FK Aktobe – Sheriff Tiraspol 1:0, 0:4; FC Linfield – Dinamo Zagreb 0:2, 1:1; Drogheda United – Levadia Tallinn 2:1, 1:0.

Qualifikation, 2. Runde: Inter Baku – Partizan Belgrad 1:1, 0:2; Brann Bergen – FK Ventspils 1:0, 1:2; Drogheda United – Dynamo Kiew 1:2, 2:2; Tampere United – Artmedia Petrzalka 1:3, 2:4; Sheriff Tiraspol – Sparta Prag 0:1, 0:2; Aalborg BK – Modrica Maksima 5:0, 2:1; Beitar Jerusalem – Wisla Krakau 2:1, 0:5; Fenerbahce Istanbul – MTK Budapest 2:0, 5:0; IFK Göteborg – FC Basel 1:1, 2:4; Anorthosis Famagusta – Rapid Wien 3:0, 1:3; RSC Anderlecht – BATE Borissow 1:2, 2:2; Glasgow Rangers – FBK Kaunas 0:0, 1:2; NK Domzale – Dinamo Zagreb 0:3, 2:3; Panathinaikos Athen – Dinamo Tiflis 3:0, 0:0.

Qualifikation, 3. Runde: FC Schalke 04 – Atletico Madrid 1:0, 0:4; AC Florenz – Slavia Prag 2:0, 0:0; Spartak Moskau – Dynamo Kiew 1:4, 1:4; Schachtar Donezk – Dinamo Zagreb 2:0, 3:1; Levski Sofia – BATE Borissow 0:1, 1:1; Anorthosis Famagusta – Olympiakos Piräus 3:0, 0:1; Aalborg BK – FBK Kaunas 2:0, 2:0; Galatasaray Istanbul – Steaua Bukarest 2:2, 0:1; FC Twente Enschede – FC Arsenal 0:2, 0:4; Juventus Turin – Artmedia Petrzalka 4:0, 1:1; Brann Bergen – Olympique Marseille 0:1, 1:2; Sparta Prag – Panathinaikos Athen 1:2, 0:1; Partizan Belgrad – Fenerbahce Istanbul 2:2, 1:2; Standard Lüttich – FC Liverpool 0:0, n. V. 0:1; Vitoria Guimaraes – FC Basel 0:0, 1:2; FC Barcelona – Wisla Krakau 4:0, 0:1.

Gruppenphase, Gruppe A: FC Chelsea – AS Rom 1:0, 1:3; Girondins Bordeaux – AS Rom 1:3, 0:2; AS Rom – CFR Cluj 1:2, 3:1; FC Chelsea – Girondins Bordeaux 4:0, 1:1; CFR Cluj – FC Chelsea 0:0, 2:1; Girondins Bordeaux – CFR Cluj 1:0, 2:1 – 1. AS Rom 12:6, 12; 2. FC Chelsea 9:5, 11; 3. Girondins Bordeaux 5:11, 7; 4. CFR Cluj 5:9, 4.

Gruppe B: Panathinaikos Athen – Inter Mailand 0:2, 1:0; Panathinaikos Athen – Werder Bremen 2:2, 3:0; Anorthosis Famagusta – Panathinaikos Athen 3:1, 0:1; Inter Mailand – Werder Bremen 1:1, 1:2; Inter Mailand – Anorthosis Famagusta 1:0, 3:3; Werder Bremen – Anorthosis Famagusta 0:0, 2:2 – 1. Panathinaikos Athen 8:7, 10; 2. Inter Mailand 8:7, 8; 3. Werder Bremen 7:9, 7; 4. Anorthosis Famagusta 8:8, 6.

Gruppe C: FC Barcelona – Sporting Lissabon 3:1, 5:2; Schachtar Donezk – FC Barcelona 1:2, 3:2; FC Basel – FC Barcelona 0:5, 1:1; Schachtar Donezk – Sporting Lissabon 0:1, 0:1; Sporting Lissabon – FC Basel 2:0, 1:0; FC Basel – Schachtar Donezk 1:2, 0:5 – 1. FC Barcelona 18:8, 13; 2. Sporting Lissabon 8:8, 12; 3. Schachtar Donezk 11:7, 9; 4. FC Basel 2:16, 1.

Gruppe D: Atletico Madrid – FC Liverpool 1:1, 1:1; Olympique Marseille – FC Liverpool 1:2, 0:1; FC Liverpool – PSV Eindhoven 3:1, 3:1; Atletico Madrid – Olympique Marseille 2:1, 0:0; PSV Eindhoven – Atletico Madrid 0:3, 1:2; PSV Eindhoven – Olympique Marseille 2:0, 0:3 – 1. FC Liverpool 11:5, 14; 2. Atletico Madrid 9:4, 12; 3. Olympique Marseille 5:7, 4; 4. PSV Eindhoven 5:14, 3.

Gruppe E: Manchester United – FC Villarreal 0:0, 0:0; Aalborg BK – Manchester United 0:3, 2:2; Manchester United – Celtic Glasgow 3:0, 1:1; FC Villarreal – Aalborg BK 6:3, 2:2; FC Villarreal – Celtic Glasgow 1:0, 0:2; Celtic Glasgow – Aalborg BK 0:0, 1:2 – 1. Manchester United 9:3 10; 2. FC Villarreal 9:7, 9; 3. Aalborg BK 9:14, 6; 4. Celtic Glasgow 4:7, 5.

Gruppe F: Bayern München – Olympique Lyon 1:1, 3:2; Bayern München – AC Florenz 3:0, 1:1; Steaua Bukarest – Bayern München 0:1, 0:3; Olympique Lyon – AC Florenz 2:2, 2:1; Steaua Bukarest – Olympique Lyon 3:5, 0:2; AC Florenz – Steaua Bukarest 0:0, 1:0 – 1. Bayern München 12:4, 14; 2. Olympique Lyon 14:10, 11; 3. AC Florenz 5:8, 6; 4. Steaua Bukarest 3:12, 1.

Gruppe G: FC Arsenal – FC Porto 4:0, 0:2; FC Porto – Dynamo Kiew 0:1, 2:1; FC Porto – Fenerbahce Istanbul 3:1, 2:1; Dynamo Kiew – FC Arsenal 1:1, 0:1; Fenerbahce Istanbul – FC Arsenal 2:5, 0:0; Fenerbahce Istanbul – Dynamo Kiew 0:0, 0:1 – 1. FC Porto 9:8, 12; 2. FC Arsenal 11:5, 11; 3. Dynamo Kiew 4:4, 8; 4. Fenerbahçe Istanbul 4:11, 2.

Gruppe H: Juventus Turin – Real Madrid 2:1, 2:0; Juventus Turin – Zenit St. Petersburg 1:0, 0:0; BATE Borissow – Juventus Turin 2:2, 0:0; Zenit St. Petersburg – Real Madrid 1:2, 0:3; Real Madrid – BATE Borissow 2:0, 1:0; Zenit St. Petersburg – BATE Borissow 1:1, 2:0 – 1. Juventus Turin 7:3, 12; 2. Real Madrid 9:5, 12; 3. Zenit St. Petersburg 4:7, 5; 4. BATE Borissow 3:8, 3.

Achtelfinale: Sporting Lissabon – Bayern München 0:5, 1:7; Atletico Madrid – FC Porto 2:2, 0:0; Olympique Lyon – FC Barcelona 1:1 2:5; FC Arsenal – AS Rom 1:0, n. V. 0:1, Elfmeterschießen 7:6; Inter Mailand – Manchester United 0:0, 0:2; FC Villarreal – Panathinaikos Athen 1:1, 2:1; Real Madrid – FC Liverpool 0:1, 0:4; FC Chelsea – Juventus Turin 1:0, 2:2.

Viertelfinale: FC Barcelona – Bayern München 4:0, 1:1; FC Liverpool – FC Chelsea 1:3, 4:4; Manchester United – FC Porto 2:2, 1:0; FC Villarreal – FC Arsenal 1:1, 0:3.

Halbfinale: FC Barcelona – FC Chelsea 0:0, 1:1; Manchester United – FC Arsenal 1:0, 3:1.

Endspiel am 27. Mai in Rom:
FC Barcelona – Manchester United 2:0 (1:0)

Barcelona: Victor Valdes – Puyol, Pique, Y. Touré, Sylvinho – Sergi Busquets – Xavi, Iniesta (Pedro) – Eto'o, Messi, Henry (S. Keita).

Tore: Eto'o, Messi – SR: Busacca (Schweiz) – Zuschauer: 62 467.

2009/10: Inter Mailand

Qualifikation, 1. Runde: Hibernians Paola – Mogren Budva 0:2, 0:4; Tre Fiori Fiorentino – UE Sant Julia 1:1, n. V. 1:1, Elfmeterschießen 4:5.

Qualifikation, 2. Runde: Makedonija Skopje – BATE Borissow 0:2, 0:2; Piunik Erewan – Dinamo Zagreb 0:0, 0:3; EB/Streymur Eidi – APOEL Nikosia 0:2, 0:3; Ekranas Panevezys – FK Baku 2:2, 2:4; Rhyl FC – Partizan Belgrad 0:4, 0:8; FK Ventspils – F91 Düdelingen 3:0, 3:1; Inter Turku – Sheriff Tiraspol 0:1, 0:1; WIT Georgia Tiflis – NK Maribor 0:0, 1:3; Levski Sofia – UE Sant Julia 4:0, 5:0; Maccabi Haifa – FC Glentoran 6:0, 4:0; KF Tirana – Stabaek IF 1:1, 0:4; Debreceni VSC – Kalmar FF 2:0, 1:3; FC Kopenhagen – Mogren Budva 6:0, 6:0; RB Salzburg – Bohemian FC 1:1, 1:0; Zrinjski Mostar – Slovan Bratislava 1:0, 0:4; Wisla Krakau – Levadia Tallinn 1:1, 0:1; FH Hafnarfjördur – FK Aktobe 0:4, 0:2.

Qualifikation, 3. Runde (Meister): FK Baku – Levski Sofia 0:0, 0:2; FK Aktobe – Maccabi Haifa 0:0, 3:4: FK Ventspils – BATE Borissow 1:0, 1:2; Levadia Tallinn – Debreceni VSC 0:1, 0:1; APOEL Nikosia – Partizan Belgrad 2:0, 0:1; Sheriff Tiraspol – Slavia Prag 0:0, 1:1; Slovan Bratislava – Olympiakos Piräus 0:2, 0:2; FC Zürich – NK Maribor 2:3, 3:0; FC Kopenhagen – Stabaek IF 3:1, 0:0; RB Salzburg – Dinamo Zagreb 1:1, 2:1 – (Bestplatzierte): Sparta Prag – Panathinaikos Athen 3:1, 0:3; Schachtar Donezk – FC Timisoara 2:2, 0:0; Sporting Lissabon – FC Twente Enschede 0:0, 1:1; Celtic Glasgow – Dynamo Moskau 0:1, 2:0; RSC Anderlecht – Sivasspor 5:0, 1:3.

Play-offs (Meister): RB Salzburg – Maccabi Haifa 1:2, 0:3; FK Ventspils – FC Zürich 0:3, 1:2; Levski Sofia – Debreceni VSC 1:2, 0:2; Sheriff Tiraspol – Olympiakos Piräus 0:2, 0:1; FC Kopenhagen – APOEL Nikosia 1:0, 1:3 – (Bestplatzierte): Olympique Lyon – RSC Anderlecht 5:1, 3:1; Panathinaikos Athen – Atletico Madrid 2:3, 0:2; FC Timisoara – VfB Stuttgart 0:2, 0:0; Celtic Glasgow – FC Arsenal 0:2, 1:3; Sporting Lissabon – AC Florenz 2:2, 1:1.

Gruppenphase, Gruppe A: Girondins Bordeaux – Bayern München 2:1, 2:0; Juventus Turin – Girondins Bordeaux 1:1, 0:2; Girondins Bordeaux – Maccabi Haifa 1:0, 1:0; Bayern München – Juventus Turin 0:0, 4:1; Maccabi Haifa – Bayern München 0:3, 0:1; Juventus Turin – Maccabi Haifa 1:0, 1:0 – 1. Girondins Bordeaux 9:2, 16; 2. Bayern München 9:5, 10; 3. Juventus Turin 4:7, 8; 4. Maccabi Haifa 0:8, 0.

Gruppe B: ZSKA Moskau – Manchester United 0:1, 3:3; Manchester United – VfL Wolfsburg 2:1, 3:1; Besiktas Istanbul – Manchester United 0:1, 1:0; VfL Wolfsburg – ZSKA Moskau 3:1, 1:2; ZSKA Moskau – Besiktas Istanbul 2:1, 2:1; VfL Wolfsburg – Besiktas Istanbul 0:0, 3:0 – 1. Manchester United 10:6, 13; 2. ZSKA Moskau 10:10, 10; 3. VfL Wolfsburg 9:8, 7; 4. Besiktas Istanbul 3:8, 4.

Gruppe C: Real Madrid – AC Mailand 2:3, 1:1; Real Madrid – Olympique Marseille 3:0, 3:1; FC Zürich – Real Madrid 2:5, 0:1; Olympique Marseille – AC Mailand 1:2, 1:1; AC Mailand – FC Zürich 0:1, 1:1; FC Zürich – Olympique Marseille 0:1, 1:6 – 1. Real Madrid 15:7, 13; 2. AC Mailand 8:7, 9; 3. Olympique Marseille 10:10, 7; 4. FC Zürich 5:14, 4.

Gruppe D: FC Chelsea – FC Porto 1:0, 1:0; FC Chelsea – Atletico Madrid 4:0, 2:2; APOEL Nikosia – FC Chelsea 0:1, 2:2; FC Porto – Atletico Madrid 2:0, 3:0; FC Porto – APOEL Nikosia 2:1, 1:0; Atletico Madrid – APOEL Nikosia 0:0, 1:1 – 1. FC Chelsea 11:4, 14; 2. FC Porto 8:3, 12; 3. Atletico Madrid 3:12, 3; 4. APOEL Nikosia 4:7, 3.
Gruppe E: Olympique Lyon – AC Florenz 1:0, 0:1; AC Florenz – FC Liverpool 2:0, 2:1; Debreceni VSC – AC Florenz 3:4, 2:5; FC Liverpool – Olympique Lyon 1:2, 1:1; Debreceni VSC – Olympique Lyon 0:4, 0:4; FC Liverpool – Debreceni VSC 1:0, 1:0 – 1. AC Florenz 14:7, 15; 2. Olympique Lyon 12:3, 13; 3. FC Liverpool 5:7, 7; 4. Debreceni VSC 5:19, 0.
Gruppe F: Inter Mailand – FC Barcelona 0:0, 0:2; FC Barcelona – Rubin Kasan 1:2, 0:0; FC Barcelona – Dynamo Kiew 2:0, 2:1; Rubin Kasan – Inter Mailand 1:1, 0:2; Inter Mailand – Dynamo Kiew 2:2, 2:1; Dynamo Kiew – Rubin Kasan 3:1, 0:0 – 1. FC Barcelona 7:3, 11; 2. Inter Mailand 7:6, 9; 3. Rubin Kasan 4:7, 6; 4. Dynamo Kiew 7:9, 5.
Gruppe G: VfB Stuttgart – FC Sevilla 1:3, 1:1; FC Sevilla – Unirea Urziceni 2:0, 0:1; Glasgow Rangers – FC Sevilla 1:4, 0:1; Unirea Urziceni – VfB Stuttgart 1:1, 1:3; VfB Stuttgart – Glasgow Rangers 1:1, 2:0; Glasgow Rangers – Unirea Urziceni 1:4, 1:1 – 1. FC Sevilla 11:4, 13; 2. VfB Stuttgart 9:7, 9; 3. Unirea Urziceni 8:8, 8; 4. Glasgow Rangers 4:13, 2.
Gruppe H: FC Arsenal – Olympiakos Piräus 2:0, 0:1; Standard Lüttich – FC Arsenal 2:3, 0:2; AZ Alkmaar – FC Arsenal 1:1, 1:4; Olympiakos Piräus – Standard Lüttich 2:1, 0:2; Olympiakos Piräus – AZ Alkmaar 1:0, 0:0; AZ Alkmaar – Standard Lüttich 1:1, 1:1 – 1. FC Arsenal 12:5, 13; 2. Olympiakos Piräus 4:5, 10; 3. Standard Lüttich 7:9, 5; 4. AZ Alkmaar 4:8, 4.
Achtelfinale: VfB Stuttgart – FC Barcelona 1:1, 0:4; Bayern München – AC Florenz 2:1, 2:3; Olympique Lyon – Real Madrid 1:0, 1:1; FC Porto – FC Arsenal 2:1, 0:5; AC Mailand – Manchester United 2:3, 0:4; Olympiakos Piräus – Girondins Bordeaux 0:1, 1:2; Inter Mailand – FC Chelsea 2:1, 1:0; ZSKA Moskau – FC Sevilla 1:1, 2:1.
Viertelfinale: Bayern München – Manchester United 2:1, 2:3; Olympique Lyon – Girondins Bordeaux 3:1, 0:1; FC Arsenal – FC Barcelona 2:2, 1:4; Inter Mailand – ZSKA Moskau 2:1, 1:0.
Halbfinale: Bayern München – Olympique Lyon 1:0, 3:0; Inter Mailand – FC Barcelona 3:1, 0:1.

Endspiel am 22. Mai in Madrid:
Inter Mailand – Bayern München 2:0 (1:0)
Inter: Julio Cesar – Maicon, Lucio, Samuel, Chivu (Stankovic) – Zanetti, Cambiasso – Snejder – Eto'o, Pandev (Muntari) – Milito (Materazzi).
Bayern: Butt – Lahm, Van Buyten, Demichelis, Badstuber – Van Bommel, Schweinsteiger – Robben, Hamit Altintop (Klose) – Müller – Olic (Gomez).
Tore: Milito (2) – SR: Webb (England) – Zuschauer: 74 954.

2010/11: FC Barcelona

Qualifikation, 1. Runde: Santa Coloma – Birkirkara FC 0:3, 3:4; Tre Fiori Fiorentino – Rudar Pljevlja 0:3, 1:4.
Qualifikation, 2. Runde: Inter Baku – Lech Posen 0:1, n. V. 1:0, Elfmeterschießen 8:9; Metalurgs Liepaja – Sparta Prag 0:3, 0:2; Levadia Tallinn – Debreceni VSC 1:1, 2:3; Birkirkara FC – MSK Zilina 1:0, 0:3; RB Salzburg – HB Torshavn 5:0, 0:1; Litex Lovetsch – Rudar Pljevlja 1:0, 4:0; Omonia Nikosia – Renova Dzepciste 3:0, 2:0; AIK Solna – Jeunesse Esch 1:0, 0:0; Hapoel Tel Aviv – Zeljeznicar Sarajevo 5:0, 1:0; Dinamo Zagreb – FC Koper 5:1, 0:3; Bohemian FC – The New Saints 1:0, 0:4; FK Aqtöbe – Olimpi Rustawi 2:0, 1:1; BATE Baryssau – FH Hafnarfjördur 5:1, 1:0; Ekranas Panevezys – HJK Helsinki 1:0, n. V. 0:2; Sheriff Tiraspol – Dinamo Tirana 3:1, 0:1; Partizan Belgrad – Piunik Erewan 3:1, 1:0; FC Linfield – Rosenborg Trondheim 0:0, 0:2.
Qualifikation, 3. Runde (Meister): Omonia Nikosia – RB Salzburg 1:1, 1:4;
Litex Lovetsch – MSK Zilina 1:1, 1:3; Sparta Prag – Lech Posen 1:0, 1:0; The New Saints – RSC Anderlecht 1:3, 0:3; FK Aqtöbe – Hapoel Tel Aviv 1:0, 1:3; BATE Baryssau – FC Kopenhagen 0:0, 2:3; Sheriff Tiraspol – Dinamo Zagreb 1:1, n. V. 1:1, Elfmeterschießen 6:5; Debreceni VSC – FC Basel 0:2, 1:3; AIK Solna – Rosenborg Trondheim 0:1, 0:3; Partizan Belgrad – HJK Helsinki 3:0, 2:1.
(Bestplatzierte): Dynamo Kiew – KAA Gent 3:0, 3:1; Unirea Urziceni – Zenit St. Petersburg 0:0, 0:1; Young Boys Bern – Fenerbahce Istanbul 2:2, 1:0; Ajax Amsterdam – PAOK Saloniki 1:1, 3:3; Sporting Braga – Celtic Glasgow 3:0, 1:2.
Play-offs (Meister): Rosenborg Trondheim – FC Kopenhagen 2:1, 0:1; Sparta Prag – MSK Zilina 0:2, 0:1; RB Salzburg – Hapoel Tel Aviv 2:3, 1:1; FC Basel – Sheriff Tiraspol 1:0, 3:0; Partizan Belgrad – RSC Anderlecht 2:2, n. V. 2:2, Elfmeterschießen 3:2.
(Bestplatzierte): Werder Bremen – Sampdoria Genua 3:1, n. V. 2:3; Young Boys Bern – Tottenham Hotspur 3:2, 0:4; Zenit St. Petersburg – AJ Auxerre 1:0, 0:2; Dynamo Kiew – Ajax Amsterdam 1:1, 1:2; Sporting Braga – FC Sevilla 1:0, 4:3.

Gruppenphase, Gruppe A: Inter Mailand – Tottenham Hotspur 4:3, 1:3; Tottenham Hotspur – Twente Enschede 4:1, 3:3; Werder Bremen – Tottenham Hotspur 2:2, 0:3; Twente Enschede – Inter Mailand 2:2, 0:1; Inter Mailand – Werder Bremen 4:0, 0:3; Twente Enschede – Werder Bremen 1:1, 2:0 – 1. Tottenham Hotspur 18:11, 11; 2. Inter Mailand 12:11, 10; 3. Twente Enschede 9:11, 6; 4. Werder Bremen 6:12, 5.
Gruppe B: Olympique Lyon – FC Schalke 04 1:0, 0:3; FC Schalke 04 – Benfica Lissabon 2:0, 2:1; FC Schalke 04 – Hapoel Tel Aviv 3:1, 0:0; Olympique Lyon – Benfica Lissabon 2:0, 3:4; Hapoel Tel Aviv – Olympique Lyon 1:3, 2:2; Benfica Lissabon – Hapoel Tel Aviv 2:0, 0:3 – 1. FC Schalke 04 10:3, 13; 2. Olympique Lyon 11:10, 10; 3. Benfica Lissabon 7:12, 6; 4. Hapoel Tel Aviv 7:10, 5.
Gruppe C: FC Valencia – Manchester United 0:1, 1:1; Manchester United – Glasgow Rangers 0:0, 1:0; Manchester United – Bursaspor 1:0, 3:0; Glasgow Rangers – FC Valencia 1:1, 0:3; Bursaspor – FC Valencia 0:4, 1:6; Glasgow Rangers – Bursaspor 1:0, 1:1 – 1. Manchester United 7:1, 14; 2. FC Valencia 15:4, 11; 3. Glasgow Rangers 3:6, 6; 4. Bursaspor 2:16, 1.
Gruppe D: FC Barcelona – FC Kopenhagen 2:0, 1:1; Rubin Kasan – FC Barcelona 1:1, 0:2; FC Barcelona – Panathinaikos Athen 5:1, 3:0; FC Kopenhagen – Rubin Kasan 1:0, 0:1; Panathinaikos Athen – FC Kopenhagen 0:2, 1:3; Panathinaikos Athen – Rubin Kasan 0:0, 0:0 – 1. FC Barcelona 14:3, 14; 2. FC Kopenhagen 7:5, 10; 3. Rubin Kasan 2:4, 6; 4. Panathinaikos Athen 2:13, 2.
Gruppe E: Bayern München – AS Rom 2:0, 2:3; FC Basel – Bayern München 1:2, 0:3; Bayern München – CFR Cluj 3:2, 4:0; AS Rom – FC Basel 1:3, 3:2; AS Rom – CFR Cluj 2:1, 1:1; CFR Cluj – FC Basel 2:1, 0:1 – 1. Bayern München 16:6, 15; 2. AS Rom 10:11, 10; 3. FC Basel 8:11, 6; 4. CFR Cluj 6:12, 4.
Gruppe F: FC Chelsea – Olympique Marseille 2:0, 0:1; Spartak Moskau – FC Chelsea 0:2, 1:4; MSK Zilina – FC Chelsea 1:4, 1:2; Olympique Marseille – Spartak Moskau 0:1, 3:0; Olympique Marseille – MSK Zilina 1:0, 7:0; Spartak Moskau – MSK Zilina 3:0, 2:1 – 1. FC Chelsea 14:4, 15; 2. Olympique Marseille 12:3, 12; 3. Spartak Moskau 7:10, 9; 4. MSK Zilina 3:19, 0.
Gruppe G: Real Madrid – AC Mailand 2:0, 2:2; Real Madrid – Ajax Amsterdam 2:0, 4:0; AJ Auxerre – Real Madrid 0:1, 0:4; Ajax Amsterdam – AC Mailand 1:1, 2:0; AC Mailand – AJ Auxerre 2:0, 2:0; Ajax Amsterdam – AJ Auxerre 2:1, 1:2 – 1. Real Madrid 15:2, 16; 2. AC Mailand 7:7, 8; 3. Ajax Amsterdam 6:10, 7; 4. AJ Auxerre 3:12, 3.
Gruppe H: FC Arsenal – Schachtar Donezk 5:1, 1:2; Sporting Braga – Schachtar Donezk 0:3, 0:2; Schachtar Donezk – Partizan Belgrad 1:0, 3:0; FC Arsenal – Sporting Braga 6:0, 0:2; Partizan Belgrad – FC Arsenal 1:3, 1:3; Sporting Braga – Partizan Belgrad 2:0, 1:0 – 1. Schachtar Donezk 12:6, 15; 2. FC Arsenal 18:7, 12; 3. Sporting Braga 5:11, 9; 4. Partizan Belgrad 2:13, 0.
Achtelfinale: FC Valencia – FC Schalke 04 1:1, 1:3; Inter Mailand – Bayern München 0:1, 3:2; AS Rom – Schachtar Donezk 2:3, 0:3; AC Mailand – Tottenham Hotspur 0:1, 0:0; Olympique Lyon – Real Madrid 1:1, 0:3; FC Arsenal – FC Barcelona 2:1, 1:3; Olympique Marseille – Manchester United 0:0, 1:2; FC Kopenhagen – FC Chelsea 0:2, 0:0.
Viertelfinale: Inter Mailand – FC Schalke 04 2:5, 1:2; Real Madrid – Tottenham Hotspur 4:0, 1:0; FC Chelsea – Manchester United 0:1, 1:2; FC Barcelona – Schachtar Donezk 5:1, 1:0.
Halbfinale: FC Schalke 04 – Manchester United 0:2, 1:4; Real Madrid – FC Barcelona 0:2, 1:1.

Endspiel am 28. Mai in London:
FC Barcelona – Manchester United 3:1 (1:1)
Barcelona: Victor Valdes – Dani Alves (Puyol), Mascherano, Pique, Abidal – Busquets – Xavi, Iniesta – Villa (Keita), Messi, Pedro (Afellay).
Tore: Pedro, Messi, Villa (Rooney) – SR: Kassai (Ungarn) – Zuschauer: 87 695.

2011/12: FC Chelsea

Qualifikation, 1. Runde: FC Santa Coloma – F91 Düdelingen 0:2, 0:2; Tre Fiori Fiorentino – FC Valletta 0:3, 1:2.
Qualifikation, 2. Runde: Pjunik Erewan – Viktoria Plzen 0:4, 1:5; FC Valletta – Ekranas Panevezys 2:3, 0:1; Mogren Budva – Litex Lovetsch 1:2, 0:3; NK Maribor – F91 Düdelingen 2:0, 3:1; Slovan Bratislava – Tobol Qostanai 2:0, 1:1; Shamrock Rovers – Flora Tallinn 1:0, 0:0; FK Sestaponi – Dacia Chisinau 3:0, 0:2; Maccabi Haifa – Borac Banja Luka 5:1, 2:3; Malmö FF – HB Torshavn 2:0, 1:1; Bangor City – HJK Helsinki 0:3, 0:10; Skenderbeu Korce – APOEL Nikosia 0:2, 0:4; Dinamo Zagreb – Neftci Baku 3:0, 0:0; Sturm Graz – Videoton FC Szekesfehervar 2:0, 2:3; Skonto Riga – Wisla Krakau 0:1, 0:2; Partizan Belgrad – Shkendija Tetovo 4:0, 1:0; Rosenborg Trondheim – UMF Breidablik 5:0, 0:2; FC Linfield – BATE Baryssau 1:1, 0:2.
Qualifikation, 3. Runde (Meister): FK Sestaponi – Sturm Graz 1:1, 0:1; Ekranas Panevezys – BATE Baryssau 0:0, 1:3; APOEL Nikosia – Slovan Bratislava 0:0, 2:0; Litex Lovetsch – Wisla Krakau 1:2, 1:3; KRC Genk – Partizan Belgrad 2:1, 1:1; Glasgow Rangers – Malmö FF 0:1, 1:1; HJK Helsinki – Dinamo Zagreb 1:2, 0:1; FC Kopenhagen – Shamrock Rovers 1:0, 2:0; Maccabi Haifa – NK Maribor 2:1, 1:1; Rosenborg Trondheim – Viktoria Plzen 0:1, 2:3.

(Bestplatzierte): Odense BK – Panathinaikos Athen 1:1, 4:3; Dynamo Kiew – Rubin Kasan 0:2, 1:2; FC Twente Enschede – FC Vaslui 2:0, 0:0; Standard Lüttich – FC Zürich 1:1, 0:1; Benfica Lissabon – Trabzonspor 2:0, 1:1 (Wegen Manipulationsvorwürfen zog der türkische Verband Meister Fenerbahce Istanbul aus der Champions League zurück. Die UEFA bestimmte stattdessen den türkischen Vizemeister Trabzonspor als Nachrücker).

Play-offs (Meister): FC Kopenhagen – Viktoria Plzen 1:3, 1:2; BATE Baryssau – Sturm Graz 1:1, 2:0; Wisla Krakau – APOEL Nikosia 1:0, 1:3; Maccabi Haifa – KRC Genk 2:1, n. V. 1:2, Elfmeterschießen 1:4; Dinamo Zagreb – Malmö FF 4:1, 0:2

(Bestplatzierte): Bayern München – FC Zürich 2:0, 1:0; FC Twente Enschede – Benfica Lissabon 2:2, 1:3; FC Arsenal – Udinese Calcio 1:0, 2:1; Olympique Lyon – Rubin Kasan 3:1, 1:1; Odense BK – FC Villarreal 1:0, 0:3.

Gruppenphase, Gruppe A: SSC Neapel – Bayern München 1:1, 2:3; Bayern München – Manchester City 2:0, 0:2; FC Villarreal – Bayern München 0:2, 1:3; Manchester City – SSC Neapel 1:1, 1:2; SSC Neapel – FC Villarreal 2:0, 2:0; Manchester City – FC Villarreal 2:1, 3:0 – 1. Bayern München 11:6, 13; 2. SSC Neapel 10:6, 11; 3. Manchester City 9:6, 10; 4. FC Villarreal 2:14, 0.

Gruppe B: ZSKA Moskau – Inter Mailand 2:3, 2:1; Inter Mailand – Trabzonspor 0:1, 1:1; Lille OSC – Inter Mailand 0:1, 1:2; ZSKA Moskau – Trabzonspor 3:0, 0:0; Lille OSC – ZSKA Moskau 2:2, 2:0; Trabzonspor – Lille OSC 1:1, 0:0 – 1. Inter Mailand 8:7, 10; 2. ZSKA Moskau 9:8, 8; 3. Trabzonspor 3:5, 7; 4. Lille OSC 6:6, 6.

Gruppe C: FC Basel – Benfica Lissabon 0:2, 1:1; Benfica Lissabon – Manchester United 1:1, 2:2; Otelul Galati – Benfica Lissabon 0:1, 0:1; Manchester United – FC Basel 3:3, 1:2; FC Basel – Otelul Galati 2:1, 3:2; Otelul Galati – Manchester United 0:2, 0:2 – 1. Benfica Lissabon 8:4, 12; 2. FC Basel 11:10, 11; 3. Manchester United 11:8, 9; 4. Otelul Galati 3:11, 0.

Gruppe D: Real Madrid – Olympique Lyon 4:0, 2:0; Real Madrid – Ajax Amsterdam 3:0, 3:0; Dinamo Zagreb – Real Madrid 0:1, 2:6; Ajax Amsterdam – Olympique Lyon 0:0, 0:0; Olympique Lyon – Dinamo Zagreb 2:0, 7:1; Dinamo Zagreb – Ajax Amsterdam 0:2, 0:4 – 1. Real Madrid 19:2, 18; 2. Olympique Lyon 9:7, 8; 3. Ajax Amsterdam 6:6, 8; 4. Dinamo Zagreb 3:22, 0.

Gruppe E: FC Chelsea – Bayer Leverkusen 2:0, 1:2; FC Valencia – FC Chelsea 1:1, 0:3; FC Chelsea – KRC Genk 5:0, 1:1; Bayer Leverkusen – FC Valencia 2:1, 1:3; Bayer Leverkusen – KRC Genk 2:0, 1:1; KRC Genk – FC Valencia 0:0, 0:7 – 1. FC Chelsea 13:4, 11; 2. Bayer Leverkusen 8:8, 10; 3. FC Valencia 12:7, 8; 4. KRC Genk 2:16, 3.

Gruppe F: Olympique Marseille – FC Arsenal 0:1, 0:0; FC Arsenal – Olympiakos Piräus 2:1, 1:3; Borussia Dortmund – FC Arsenal 1:1, 1:2; Olympiakos Piräus – Olympique Marseille 0:1, 1:0; Olympique Marseille – Borussia Dortmund 3:0, 3:2; Olympiakos Piräus – Borussia Dortmund 3:1, 0:1 – 1. FC Arsenal 7:6, 11; 2. Olympique Marseille 7:4, 10; 3. Olympiakos Piräus 8:6, 9; 4. Borussia Dortmund 6:12, 4.

Gruppe G: APOEL Nikosia – Zenit St. Petersburg 2:1, 0:0; FC Porto – APOEL Nikosia 1:1, 1:2; Schachtar Donezk – APOEL Nikosia 1:1, 2:0; Zenit St. Petersburg – FC Porto 3:1, 0:0; Schachtar Donezk – Zenit St. Petersburg 2:2, 0:1; FC Porto – Schachtar Donezk 2:1, 2:0 – 1. APOEL Nikosia 6:6, 9; 2. Zenit St. Petersburg 7:5, 9; 3. FC Porto 7:7, 8; 4. Schachtar Donezk 6:8, 5.

Gruppe H: FC Barcelona – AC Mailand 2:2, 3:2; FC Barcelona – Viktoria Plzen 2:0, 4:0; BATE Baryssau – FC Barcelona 0:5, 0:4; AC Mailand – Viktoria Plzen 2:0, 2:2; AC Mailand – BATE Baryssau 2:0, 1:1; Viktoria Plzen – BATE Baryssau 1:1, 1:0 – 1. FC Barcelona 20:4, 16; 2. AC Mailand 11:8, 9; 3. Viktoria Plzen 4:11, 5; 4. BATE Baryssau 2:14, 2.

Achtelfinale: Bayer Leverkusen – FC Barcelona 1:3, 1:7; FC Basel – Bayern München 1:0, 0:7; Olympique Lyon – APOEL Nikosia 1:0, n. V. 0:1, Elfmeterschießen 3:4; Zenit St. Petersburg – Benfica Lissabon 3:2, 0:2; AC Mailand – FC Arsenal 4:0, 0:3; ZSKA Moskau – Real Madrid 1:1, 1:4; SSC Neapel – FC Chelsea 3:1, n. V. 1:4; Olympique Marseille – Inter Mailand 1:0, 1:2.

Viertelfinale: Olympique Marseille – Bayern München 0:2, 0:2; APOEL Nikosia – Real Madrid 0:3, 2:5; Benfica Lissabon – FC Chelsea 0:1, 1:2; AC Mailand – FC Barcelona 0:0, 1:3.

Halbfinale: Bayern München – Real Madrid 2:1, n. V. 1:2, Elfmeterschießen 3:1; FC Chelsea – FC Barcelona 1:0, 2:2.

Endspiel am 19. Mai in München:

Bayern München – FC Chelsea n. V. 1:1 (1:1, 0:0), 3:4 im Elfmeterschießen

Chelsea: Cech – Bosingwa, David Luiz, Cahill, A. Cole – Mikel, Lampard – Kalou (Fernando Torres), Mata, Bertrand (Malouda) – Drogba.

Bayern: Neuer – Lahm, Tymoshchuk, Boateng, Contento – Schweinsteiger, Kroos – Robben, Müller (Van Buyten), Ribery (Olic) – Gomez.

Tore: Drogba (T. Müller) – Tore im Elfmeterschießen: David Luiz, Lampard, A. Cole, Drogba (Lahm, Gomez, Neuer) – SR: Proenca (Portugal) – Zuschauer: 62 500.

2012/13: Bayern München

Qualifikation, 1. Runde: F91 Dudelange – Tre Penne Galazzano 7:0, 4:0; FC Valletta – FC Lusitans 8:0, 1:0; FC Linfield – B36 Torshavn 0:0, n. V. 0:0, Elfmeterschießen 4:3.
Qualifikation, 2. Runde: Ulisses Erewan – Sheriff Tiraspol 0:1, 0:1; Flora Tallinn – FC Basel 0:2, 0:3; HJK Helsinki – KR Reykjavik 7:0, 2:1; Neftci Baku – FK Sestaponi 3:0, 2:2; F91 Dudelange – RB Salzburg 1:0, 3:4; Slovan Liberec – Schachtjor Karaganda 1:0, n. V. 1:1; MSK Zilina – Ironi Kiryat Shmona 1:0, 0:2; The New Saints – Helsingborgs IF 0:0, 0:3; Skenderbeu Korce – Debreceni VSC 1:0, 0:3; FC Valletta – Partizan Belgrad 1:4, 1:3; Shamrock Rovers – Ekranas Panevezys 0:0, 1:2; BATE Baryssau – Vardar Skopje 3:2, 0:0; AEL Limassol – FC Linfield 3:0, 0:0; NK Maribor – Zeljeznicar Sarajevo 4:1, 2:1; Ludogorez Rasgrad – Dinamo Zagreb 1:1, 2:3; Buducnost Podgorica – Slask Wroclaw 0:2, 1:0; Molde FK – FK Ventspils 3:0, 1:1.
Qualifikation, 3. Runde (Meister): BATE Baryssau – Debreceni VSC 1:1, 2:0; Ironi Kiryat Shmona – Neftci Baku 4:0, 2:2; Sheriff Tiraspol – Dinamo Zagreb 0:1, 0:4; Molde FK – FC Basel 0:1, 1:1; AEL Limassol – Partizan Belgrad 1:0, 1:0; NK Maribor – F91 Dudelange 4:1, 1:0; RSC Anderlecht – Ekranas Panevezys 5:0, 6:0; CFR Cluj – Slovan Liberec 1:0, 2:1; Slask Wroclaw – Helsingborgs IF 0:3, 1:3; Celtic Glasgow – HJK Helsinki 2:1, 2:0.
(Bestplatzierte): FC Motherwell – Panathinaikos Athen 0:2, 0:3; Fenerbahce Istanbul – FC Vaslui 1:1, 4:1; FC Kopenhagen – Club Brügge 0:0, 3:2; Dynamo Kiew – Feyenoord Rotterdam 2:1, 1:0.
Play-offs (Meister): FC Basel – CFR Cluj 1:2, 0:1; Helsingborgs IF – Celtic Glasgow 0:2, 0:2; BATE Baryssau – Ironi Kiryat Shmona 2:0, 1:1; AEL Limassol – RSC Anderlecht 2:1, 0:2; Dinamo Zagreb – NK Maribor 2:1, 1:0.
(Bestplatzierte): Borussia Mönchengladbach – Dynamo Kiew 1:3, 2:1; Spartak Moskau – Fenerbahce Istanbul 2:1, 1:1; FC Kopenhagen – Lille OSC 1:0, n. V. 0:2; Sporting Braga – Udinese Calcio 1:1, n. V. 1:1 Elfmeterschießen 5:4; FC Malaga – Panathinaikos Athen 2:0, 0:0.
Gruppenphase, Gruppe A: FC Porto – Paris Saint-Germain 1:0, 1:2; Paris Saint-Germain – Dynamo Kiew 4:1, 2:0; Dinamo Zagreb – Paris Saint-Germain 0:2, 0:4; FC Porto – Dynamo Kiew 3:2, 0:0; Dinamo Zagreb – FC Porto 0:2, 0:3; Dynamo Kiew – Dinamo Zagreb 2:0, 1:1 – 1. Paris Saint Germain 14:3, 15; 2. FC Porto 10:4, 13; 3. Dynamo Kiew 6:10, 5; 4. Dinamo Zagreb 1:14, 1.
Gruppe B: FC Arsenal – FC Schalke 04 0:2, 2:2; Olympiakos Piräus – FC Schalke 04 1:2, 0:1; FC Schalke 04 – Montpellier HSC 2:2, 1:1; FC Arsenal – Olympiakos Piräus 3:1, 1:2; Montpellier HSC – FC Arsenal 1:2, 0:2; Montpellier HSC – Olympiakos Piräus 1:2, 1:3 – 1. FC Schalke 04 10:6, 12; 2. FC Arsenal 10:8, 10; 3. Olympiakos Piräus 9:9, 9; 4. Montpellier HSC 6:12, 2.
Gruppe C: FC Malaga – AC Mailand 1:0, 1:1; FC Malaga – Zenit St. Petersburg 3:0, 2:2; RSC Anderlecht – FC Malaga 0:3, 2:2; Zenit St. Petersburg – AC Mailand 2:3, 1:0; AC Mailand – RSC Anderlecht 0:0, 3:1; Zenit St. Petersburg – RSC Anderlecht 1:0, 0:1 – 1. FC Malaga 12:5, 12; 2. AC Mailand 7:6, 8; 3. Zenit St. Petersburg 6:9, 7; 4. RSC Anderlecht 4:9, 5.
Gruppe D: Borussia Dortmund – Real Madrid 2:1, 2:2; Borussia Dortmund – Ajax Amsterdam 1:0, 4:1; Manchester City – Borussia Dortmund 1:1, 0:1; Ajax Amsterdam – Real Madrid 1:4, 1:4; Real Madrid – Manchester City 3:2, 1:1; Ajax Amsterdam – Manchester City 3:1, 2:2 – 1. Borussia Dortmund 11:5, 14; 2. Real Madrid 15:9, 11; 3. Ajax Amsterdam 8:16, 4; 4. Manchester City 7:11, 3.
Gruppe E: Juventus Turin – Schachtar Donezk 1:1, 1:0; FC Chelsea – Juventus Turin 2:2, 0:3; FC Nordsjaelland – Juventus Turin 1:1, 0:4; Schachtar Donezk – FC Chelsea 2:1, 2:3; Schachtar Donezk – FC Nordsjaelland 2:0, 5:2; FC Nordsjaelland – FC Chelsea 0:4, 1:6 – 1. Juventus Turin 12:4, 12; 2. Schachtar Donezk 12:8, 10; 3. FC Chelsea 16:10, 10; 4. FC Nordsjaelland 4:22, 1.
Gruppe F: Bayern München – FC Valencia 2:1, 1:1; BATE Baryssau – Bayern München 3:1, 1:4; Lille OSC – Bayern München 0:1, 1:6; BATE Baryssau – FC Valencia 0:3, 2:4; FC Valencia – Lille OSC 2:0, 1:0; Lille OSC – BATE Baryssau 1:3, 2:0 – 1. Bayern München 15:7, 13; 2. FC Valencia 12:5, 13; 3. BATE Baryssau 9:15, 6; 4. Lille OSC 4:13, 3.
Gruppe G: FC Barcelona – Celtic Glasgow 2:1, 1:2; Benfica Lissabon – FC Barcelona 0:2, 0:0; FC Barcelona – Spartak Moskau 3:2, 3:0; Celtic Glasgow – Benfica Lissabon 0:0, 1:2; Spartak Moskau – Celtic Glasgow 2:3, 1:2; Spartak Moskau – Benfica Lissabon 2:1, 0:2 – 1. FC Barcelona 11:5, 13; 2. Celtic Glasgow 9:8, 10; 3. Benfica Lissabon 5:5, 8; 4. Spartak Moskau 7:14, 3.
Gruppe H: Manchester United – Galatasaray Istanbul 1:0, 0:1; CFR Cluj – Manchester United 1:2, 1:0; Manchester United – Sporting Braga 3:2, 3:1; Galatasaray Istanbul – CFR Cluj 1:1, 3:1; Galatasaray Istanbul – Sporting Braga 0:2, 2:1; Sporting Braga – CFR Cluj 0:2, 1:3 – 1. Manchester United 9:6, 12; 2. Galatasaray Istanbul 7:6, 10; 3. CFR Cluj 9:7, 10; 4. Sporting Braga 7:13, 3.
Achtelfinale: Schachtar Donezk – Borussia Dortmund 2:2, 0:3; FC Arsenal – Bayern München 1:3, 2:0; Galatasaray Istanbul – FC Schalke 04 1:1, 3:2; Celtic Glasgow – Juventus Turin 0:3, 0:2; FC Valencia – Paris Saint-Germain 1:2, 1:1; Real Madrid – Manchester United 1:1, 2:1; FC Porto – FC Malaga 1:0, 0:2; AC Mailand – FC Barcelona 2:0, 0:4.

Viertelfinale: Bayern München – Juventus Turin 2:0, 2:0; FC Malaga – Borussia Dortmund 0:0, 2:3; Paris Saint-Germain – FC Barcelona 2:2, 1:1; Real Madrid – Galatasaray Istanbul 3:0, 2:3.
Halbfinale: Bayern München – FC Barcelona 4:0, 3:0; Borussia Dortmund – Real Madrid 4:1, 0:2.

Endspiel am 25. Mai in London:
Borussia Dortmund – Bayern München 1:2 (0:0)
Dortmund: Weidenfeller – Piszczek, Subotic, Hummels, Schmelzer – Bender (Sahin), Gündogan – Blaszczykowski (Schieber), Reus, Großkreutz – Lewandowski.
München: Neuer – Lahm, Boateng, Dante, Alaba – Javi Martinez, Schweinsteiger – Robben, T. Müller, Ribery (Luiz Gustavo) – Mandzukic (Gomez).
Tore: Mandzukic, Robben (Gündogan) – SR: Rizzoli (Italien) – Zuschauer: 86 298.

2013/14: Real Madrid

Qualifikation, 1. Runde: Schirak Gjumri – Tre Penne Galazzano 3:0, 0:1; FC Lusitans – EB/Streymur 2:2, 1:5.
Qualifikation, 2. Runde: Viktoria Pilsen – Zeljeznicar Sarajevo 4:3, 2:1; BATE Baryssau – Schachter Qaraghandy 0:1, 0:1; Dinamo Tiflis – EB/Streymur 6:1, 3:1; Sheriff Tiraspol – Sutjeska Niksic 1:1, 5:0; Ekranas Panevezys – FH Hafnarfjördur 0:1, 1:2; FC Birkirkara – NK Maribor 0:0, 0:2; Fola Esch – Dinamo Zagreb 0:5, 0:1; Steaua Bukarest – Vardar Skopje 3:0, 2:1; Schirak Gjumri – Partizan Belgrad 1:1, 0:0; HJK Helsinki – JK Nomme Kalju 0:0, 1:2; Neftci Baku – Skenderbeu Korce 0:0, n. V. 0:1; Sligo Rovers – Molde FK 0:1, 0:2; IF Elfsborg Boras – Daugava Daugavpils 7:1, 4:0; The New Saints – Legia Warschau 1:3, 0:1; Slovan Bratislava – Ludogorez Rasgrad 2:1, 0:3; Györi ETO FC – Maccabi Tel Aviv 0:2, 1:2; FC Cliftonville – Celtic Glasgow 0:3, 0:2.
Qualifikation, 3. Runde (Meister): Schachter Qaraghandy – Skenderbeu Korce 3:0, 2:3; Dinamo Tiflis – Steaua Bukarest 0:2, 1:1; Austria Wien – FH Hafnarfjördur 1:0, 0:0; JK Nomme Kalju – Viktoria Pilsen 0:4, 2:6; FC Basel – Maccabi Tel Aviv 1:0, 3:3; Dinamo Zagreb – Sheriff Tiraspol 1:0, 3:0; Molde FK – Legia Warschau 1:1, 0:0; APOEL Nikosia – NK Maribor 1:1, 0:0;
Ludogorez Rasgrad – Partizan Belgrad 2:1, 1:0; Celtic Glasgow – IF Elfsborg Boras 1:0, 0:0.
(Bestplatzierte): FC Nordsjaelland – Zenit St. Petersburg 0:1, 0:5; PAOK Saloniki – Metalist Charkiw * 0:2, 1:1; PSV Eindhoven – SV Zulte Waregem 2:0, 3:0; Olympique Lyon – Grasshopper-Club Zürich 1:0, 1:0; RB Salzburg – Fenerbahce Istanbul 1:1, 1:3.
Play-offs (Meister): Schachter Qaraghandy – Celtic Glasgow 2:0, 0:3; Viktoria Pilsen – NK Maribor 3:1, 1:0; Dinamo Zagreb – Austria Wien 0:2, 3:2; Ludogorez Rasgrad – FC Basel 2:4, 0:2; Steaua Bukarest – Legia Warschau 1:1, 2:2.
(Bestplatzierte): FC Schalke 04 – PAOK Saloniki 1:1, 3:2; Olympique Lyon – Real Sociedad San Sebastian 0:2, 0:2; FC Pacos de Ferreira – Zenit St. Petersburg 1:4, 2:4; PSV Eindhoven – AC Mailand 1:1, 0:3; Fenerbahce Istanbul * – FC Arsenal 0:3, 0:2. *) Metalist Charkiw und Fenerbahce Istanbul wurden wegen Verwicklung in einen Manipulationsskandal von der UEFA disqualifiziert.
Gruppenphase, Gruppe A: Manchester United – Bayer 04 Leverkusen 4:2, 5:0; Schachtar Donezk – Manchester United 1:1, 0:1; Manchester United – Real Sociedad San Sebastian 1:0, 0:0; Bayer 04 Leverkusen – Schachtar Donezk 4:0, 0:0; Bayer 04 Leverkusen – Real Sociedad San Sebastian 2:1, 1:0; Real Sociedad San Sebastian – Schachtar Donezk 0:2, 0:4 – 1. Manchester United 12:3, 14; 2. Bayer Leverkusen 9:10, 10; 3. Schachtar Donezk 7:6, 8; 4. Real Sociedad San Sebastian 1:10, 1.
Gruppe B: Galatasaray Istanbul – Real Madrid 1:6, 1:4; Real Madrid – Juventus Turin 2:1, 2:2; Real Madrid – FC Kopenhagen 4:0, 2:0; Juventus Turin – Galatasaray Istanbul 2:2, 0:1; Galatasaray Istanbul – FC Kopenhagen 3:1, 0:1; FC Kopenhagen – Juventus Turin 1:1, 1:3 – 1. Real Madrid 20:5, 16; 2. Galatasaray Istanbul 8:14, 7; 3. Juventus Turin 9:9, 6; 4. FC Kopenhagen 4:13, 4.
Gruppe C: Olympiakos Piräus – Paris Saint-Germain 1:4, 1:2; Paris Saint-Germain – Benfica Lissabon 3:0, 1:2; RSC Anderlecht – Paris Saint-Germain 0:5, 1:1; Benfica Lissabon – Olympiakos Piräus 1:1, 0:1; RSC Anderlecht – Olympiakos Piräus 0:3, 1:3; Benfica Lissabon – RSC Anderlecht 2:0, 3:2 – 1. Paris Saint-Germain 16:5, 13; 2. Olympiakos Piräus 10:8, 10; 3. Benfica Lissabon 8:8, 10; 4. RSC Anderlecht 4:17, 1.
Gruppe D: Manchester City – Bayern München 1:3, 3:2; Bayern München – Viktoria Pilsen 5:0, 1:0; Bayern München – ZSKA Moskau 3:0, 3:1; Viktoria Pilsen – Manchester City 0:3, 2:4; ZSKA Moskau – Manchester City 1:2, 2:5; ZSKA Moskau – Viktoria Pilsen 3:2, 1:2 – 1. Bayern München 17:5, 15; 2. Manchester City 18:10, 15; 3. Viktoria Pilsen 6:17, 3; 4. ZSKA Moskau 8:17, 3.
Gruppe E: FC Schalke 04 – FC Chelsea 0:3, 0:3; FC Chelsea – FC Basel 1:2, 0:1; Steaua Bukarest – FC Chelsea 0:4, 0:1; FC Basel – FC Schalke 04 0:1, 0:2; FC Schalke 04 – Steaua Bukarest 3:0, 0:0; Steaua Bukarest – FC Basel 1:1, 1:1 – 1. FC Chelsea 12:3, 12; 2. FC Schalke 04 6:6, 10; 3. FC Basel 5:6, 8; 4. Steaua Bukarest 2:10, 3.

Gruppe F: FC Arsenal – Borussia Dortmund 1:2, 1:0; SSC Neapel – Borussia Dortmund 2:1, 1:3; Borussia Dortmund – Olympique Marseille 3:0, 2:1; FC Arsenal – SSC Neapel 2:0, 0:2; Olympique Marseille – FC Arsenal 1:2, 0:2; Olympique Marseille – SSC Neapel 1:2, 2:3 – 1. Borussia Dortmund 11:6, 12; 2. FC Arsenal 8:5, 12; 3. SSC Neapel 10:9, 12; 4. Olympique Marseille 5:14, 0.
Gruppe G: Atletico Madrid – Zenit St. Petersburg 3:1, 1:1; FC Porto – Atletico Madrid 1:2, 0:2; Austria Wien – Atletico Madrid 0:3, 0:4; FC Porto – Zenit St. Petersburg 0:1, 1:1; Zenit St. Petersburg – Austria Wien 0:0, 1:4; Austria Wien – FC Porto 0:1, 1:1 – 1. Atletico Madrid 15:3, 16; 2. Zenit St. Petersburg 5:9, 6; 3. FC Porto 4:7, 5; 4. Austria Wien 5:10, 5.
Gruppe H: AC Mailand – FC Barcelona 1:1, 1:3; FC Barcelona – Ajax Amsterdam 4:0, 1:2; Celtic Glasgow – FC Barcelona 0:1, 1:6; Ajax Amsterdam – AC Mailand 1:1, 0:0; AC Mailand – Celtic Glasgow 2:0, 3:0; Celtic Glasgow – Ajax Amsterdam 2:1, 0:1 – 1. FC Barcelona 16:5, 13; 2. AC Mailand 8:5, 9; 3. Ajax Amsterdam 5:8, 8; 4. Celtic Glasgow 3:14, 3.
Achtelfinale: Bayer 04 Leverkusen – Paris Saint-Germain 0:4, 1:2; FC Arsenal – Bayern München 0:2, 1:1; Zenit St. Petersburg – Borussia Dortmund 2:4, 2:1; FC Schalke 04 – Real Madrid 1:6, 1:3; Manchester City – FC Barcelona 0:2, 1:2; AC Mailand – Atletico Madrid 0:1, 1:4; Olympiakos Piräus – Manchester United 2:0, 0:3; Galatasaray Istanbul – FC Chelsea 1:1, 0:2.
Viertelfinale: Manchester United – Bayern München 1:1, 1:3; Real Madrid – Borussia Dortmund 3:0, 0:2; FC Barcelona – Atletico Madrid 1:1, 0:1; Paris Saint-Germain – FC Chelsea 3:1, 0:2.
Halbfinale: Atletico Madrid – FC Chelsea 0:0, 3:1; Real Madrid – Bayern München 1:0, 4:0.

Endspiel am 24. Mai in Lissabon:
Real Madrid – Atletico Madrid n. V. 4:1 (1:1, 0:1)
Real: Casillas – Carvajal, Varane, Sergio Ramos, Fabio Coentrao (Marcelo) – Khedira (Isco) – Modric, di Maria – Bale, Cristiano Ronaldo – Benzema (Morata).
Tore: Sergio Ramos, Bale, Marcelo, Cristiano Ronaldo (Godin) – SR: Kuipers (Niederlande) – Zuschauer: 60 976.

2014/15: FC Barcelona

Qualifikation, 1. Runde: FC Santa Coloma – Banants Erewan 1:0, 2:3; SP La Fiorita – Levadia Tallinn 0:1, 0:7; Lincoln Red Imps FC – HB Torshavn 1:1, 2:5.
Qualifikation, 2. Runde: FC Valletta – Qarabag Agdam 0:1, 0:4; Slovan Bratislava – The New Saints 1:0, 2:0; BATE Baryssau – Skenderbeu Korce 0:0, 1:1; Sheriff Tiraspol – Sutjeska Niksic 2:0, 3:0; Zrinjski Mostar – NK Maribor 0:0, 0:2; Rabotnicki Skopje – HJK Helsinki 0:0, 1:2; FC Santa Coloma – Maccabi Tel Aviv 0:1, 0:2; FC Cliftonville – Debreceni VSC 0:0, 0:2; Dinamo Zagreb – Zalgiris Vilnius 2:0, 2:0; Sparta Prag – Levadia Tallinn 7:0, 1:1; Partizan Belgrad – HB Torshavn 3:0, 3:1; KR Reykjavik – Celtic Glasgow 0:1, 0:4; Ludogorez Rasgrad – F91 Dudelange 4:0, 1:1; Dinamo Tiflis – FK Aqtöbe 0:1, 0:3; Malmö FF – FK Ventspils 0:0, 1:0; Strömsgodset IF Drammen – Steaua Bukarest 0:1, 0:2; Legia Warschau – St. Patrick's Athletic 1:1, 5:0.
Qualifikation, 3. Runde (Meister): Sparta Prag – Malmö FF 4:2, 0:2; Slovan Bratislava – Sheriff Tiraspol 2:1, 0:0; Debreceni VSC – BATE Baryssau 1:0, 1:3; FK Aqtöbe – Steaua Bukarest 2:2, 1:2; Qarabag Agdam – RB Salzburg 2:1, 0:2; HJK Helsinki – APOEL Nikosia 2:2, 0:2; Ludogorez Rasgrad – Partizan Belgrad 0:0, 2:2; Aalborg BK – Dinamo Zagreb 0:1, 2:0: NK Maribor – Maccabi Tel Aviv 1:0, 2:2; Legia Warschau – Celtic Glasgow 4:1, 0:3.
(Bestplatzierte): AEL Limassol – Zenit St. Petersburg 1:0, 0:3; Dnipro Dnipropetrowsk – FC Kopenhagen 0:0, 0:2; Grasshopper-Club Zürich – Lille OSC 0:2, 1:1; Feyenoord Rotterdam – Besiktas Istanbul 1:2, 1:3; Standard Lüttich – Panathinaikos Athen 0:0, 2:1.
Play-offs (Meister): RB Salzburg – Malmö FF 2:1, 0:3; Steaua Bukarest – Ludogorez Rasgrad 1:0, n. V. 0:1, Elfmeterschießen 5:6; NK Maribor – Celtic Glasgow 1:1, 1:0; Aalborg BK – APOEL Nikosia 1:1, 0:4; Slovan Bratislava – BATE Baryssau 1:1, 0:3.
(Bestplatzierte): FC Kopenhagen – Bayer 04 Leverkusen 2:3, 0:4; Besiktas Istanbul – FC Arsenal 0:0, 0:1; SSC Neapel – Athletic Bilbao 1:1, 1:3; Standard Lüttich – Zenit St. Petersburg 0:1, 0:3; Lille OSC – FC Porto 0:1, 0:2.
Gruppenphase, Gruppe A: Atletico Madrid – Juventus Turin 1:0, 0:0; Olympiakos Piräus – Atletico Madrid 3:2, 0:4; Atletico Madrid – Malmö FF 5:0, 2:0; Olympiakos Piräus – Juventus Turin 1:0, 2:3; Juventus Turin – Malmö FF 2:0, 2:0; Malmö FF – Olympiakos Piräus 2:0, 2:4 – 1. Atletico Madrid 14:3, 13; 2. Juventus Turin 7:4, 10; 3. Olympiakos Piräus 10:13, 9; 4. Malmö FF 4:15, 3.
Gruppe B: Real Madrid – FC Basel 5:1, 1:0; FC Liverpool – Real Madrid 0:3, 0:1; Ludogorez Rasgrad – Real Madrid 1:2, 0:4; FC Basel – FC Liverpool 1:0, 1:1; Ludogorez Rasgrad – FC Basel 1:0, 0:4; FC Liverpool – Ludogorez Rasgrad 2:1, 2:2 – 1. Real Madrid 16:2, 18; 2. FC Basel 7:8, 7; 3. FC Liverpool 5:9, 5; 4. Ludogorez Rasgrad 5:14, 4.

Gruppe C: AS Monaco – Bayer 04 Leverkusen 1:0, 1:0; Zenit St. Petersburg – AS Monaco 0:0, 0:2; AS Monaco – Benfica Lissabon 0:0, 0:1; Bayer 04 Leverkusen – Zenit St. Petersburg 2:0, 2:1; Bayer 04 Leverkusen – Benfica Lissabon 3:1, 0:0; Benfica Lissabon – Zenit St. Petersburg 0:2, 0:1 – 1. AS Monaco 4:1, 11; 2. Bayer 04 Leverkusen 7:4, 10; 3. Zenit St. Petersburg 4:6, 7; 4. Benfica Lissabon 2:6, 5.

Gruppe D: Borussia Dortmund – FC Arsenal 2:0, 0:2; RSC Anderlecht – Borussia Dortmund 0:3, 1:1; Galatasaray Istanbul – Borussia Dortmund 0:4, 1:4; RSC Anderlecht – FC Arsenal 1:2, 3:3; FC Arsenal – Galatasaray Istanbul 4:1, 4:1; Galatasaray Istanbul – RSC Anderlecht 1:1, 0:2 – 1. Borussia Dortmund 14:4, 13; 2. FC Arsenal 15:8, 13; 3. RSC Anderlecht 8:10, 6; 4. Galatasaray Istanbul 4:19, 1.

Gruppe E: Bayern München – Manchester City 1:0, 2:3; AS Rom – Bayern München 1:7, 0:2; ZSKA Moskau – Bayern München 0:1, 0:3; Manchester City – AS Rom 1:1, 2:0; ZSKA Moskau – Manchester City 2:2, 2:1; AS Rom – ZSKA Moskau 5:1, 1:1 – 1. Bayern München 16:4, 15; 2. Manchester City 9:8, 8; 3. AS Rom 8:14, 5; 4. ZSKA Moskau 6:13, 5.

Gruppe F: Paris Saint-Germain – FC Barcelona 3:2, 1:3; FC Barcelona – Ajax Amsterdam 3:1, 2:0; FC Barcelona – APOEL Nikosia 1:0, 4:0; Ajax Amsterdam – Paris Saint-Germain 1:1, 1:3; APOEL Nikosia – Paris Saint-Germain 0:1, 0:1; APOEL Nikosia – Ajax Amsterdam 1:1, 0:4 – 1. FC Barcelona 15:5, 15; 2. Paris Saint-Germain 10:7, 13; 3. Ajax Amsterdam 8:10, 5; 4. APOEL Nikosia 1:12, 1.

Gruppe G: FC Chelsea – FC Schalke 04 1:1, 5:0; Sporting Lissabon – FC Chelsea 0:1, 1:3; FC Chelsea – NK Maribor 6:0, 1:1; FC Schalke 04 – Sporting Lissabon 4:3, 2:4; FC Schalke 04 – NK Maribor 1:1, 1:0; NK Maribor – Sporting Lissabon 1:1, 1:3 – 1. FC Chelsea 17:3, 14; 2. FC Schalke 04 9:14, 8; 3. Sporting Lissabon 12:12, 7; 4. NK Maribor 4:13, 3.

Gruppe H: Schachtar Donezk – FC Porto 2:2, 1:1; FC Porto – Athletic Bilbao 2:1, 2:0; FC Porto – BATE Baryssau 6:0, 3:0; Athletic Bilbao – Schachtar Donezk 0:0, 1:0; BATE Baryssau – Schachtar Donezk 0:7, 0:5; BATE Baryssau – Athletic Bilbao 2:1, 0:2 – 1. FC Porto 16:4, 14; 2. Schachtar Donezk 15:4, 9; 3. Athletic Bilbao 5:6, 7; 4. BATE Baryssau 2:24, 3.

Achtelfinale: Schachtar Donezk – Bayern München 0:0, 0:7; FC Schalke 04 – Real Madrid 0:2, 4:3; Juventus Turin – Borussia Dortmund 2:1, 3:0; Bayer 04 Leverkusen – Atletico Madrid 1:0, n. V. 0:1, Elfmeterschießen 2:3; Paris Saint-Germain – FC Chelsea 1:1, n. V. 2:2; FC Basel – FC Porto 1:1, 0:4; Manchester City – FC Barcelona 1:2, 0:1; FC Arsenal – AS Monaco 1:3, 2:0.

Viertelfinale: FC Porto – Bayern München 3:1, 1:6; Atletico Madrid – Real Madrid 0:0, 0:1; Juventus Turin – AS Monaco 1:0, 0:0; Paris Saint-Germain – FC Barcelona 1:3, 0:2.

Halbfinale FC Barcelona – Bayern München 3:0, 2:3; Juventus Turin – Real Madrid 2:1, 1:1.

Endspiel am 6. Juni in Berlin:

Juventus Turin – FC Barcelona 1:3 (0:1)

Barcelona: ter Stegen – Dani Alves, Pique, Mascherano, Jordi Alba – Busquets – Rakitic (Mathieu), Iniesta (Xavi) – Messi, Neymar – Suarez (Pedro).

Tore: Rakitic, Suarez, Neymar (Morata für Juventus) – SR: Cakir (Türkei) – Zuschauer: 70 442.

2015/16: Real Madrid

Qualifikation, 1. Runde: Pjunik Erewan – SS Folgore/Falciano 2:1, 2:1; Lincoln Red Imps FC – FC Santa Coloma 0:0, 2:1; FC Crusaders – Levadia Tallinn 0:0, 1:1; B36 Torshavn – The New Saints 1:2, 1:4.

Qualifikation, 2. Runde: FK Ventspils – HJK Helsinki 1:3, 0:1; APOEL Nikosia – Vardar Skopje 0:0, 1:1; FC Midtjylland – Lincoln Red Imps FC 1:0, 2:0; Ludogorez Rasgrad – Milsami Orhei 0:1, 1:2; Molde FK – Pjunik Erewan 5:0, 0:1; Skenderbeu Korce – FC Crusaders 4:1, 2:3; The New Saints – Videoton FC 0:1, n. V. 1:1; Hibernians Paola – Maccabi Tel Aviv 2:1, 1:5; AS Trencin – Steaua Bukarest 0:2, 3:2; NK Maribor – FC Astana 1:0, 1:3; Partizan Belgrad – Dila Gori 1:0, 2:0; FK Sarajevo – Lech Posen 0:2, 0:1; Qarabag Agdam – Rudar Pljevlja 0:0, 1:0; Malmö FF – Zalgiris Vilnius 0:0, 1:0; BATE Baryssau – FC Dundalk 2:1, 0:0; Celtic Glasgow – Stjarnan Gardabaer 2:0, 4:1; Dinamo Zagreb – CS Fola Esch 1:1, 3:0.

Qualifikation, 3. Runde (Meister): Milsami Orhei – Skenderbeu Korce 0:2, 0:2; FC Midtjylland – APOEL Nikosia 1:2, 1:0; Maccabi Tel Aviv – Viktoria Pilsen 1:2, 2:0; Videoton FC – BATE Baryssau 1:1, 0:1; Dinamo Zagreb – Molde FK 1:1, 3:3; HJK Helsinki – FC Astana 0:0, 3:4; RB Salzburg – Malmö FF 2:0, 0:3; Steaua Bukarest – Partizan Belgrad 1:1, 2:4; Lech Posen – FC Basel 1:3, 0:1; Celtic Glasgow – Qarabag Agdam 1:0, 0:0.

(Bestplatzierte): Rapid Wien – Ajax Amsterdam 2:2, 3:2; Young Boys Bern – AS Monaco 1:3, 0:4; ZSKA Moskau – Sparta Prag 2:2, 3:2; Panathinaikos Athen – Club Brügge 2:1, 0:3; Fenerbahce Istanbul – Schachtar Donezk 0:0, 0:3.

Play-offs (Meister): FC Astana – APOEL Nikosia 1:0, 1:1; BATE Baryssau – Partizan Belgrad 1:0, 1:2; Skenderbeu Korce – Dinamo Zagreb 1:2, 1:4; Celtic Glasgow – Malmö FF 3:2, 0:2; FC Basel – Maccabi Tel Aviv 2:2, 1:1.
(Bestplatzierte): Lazio Rom – Bayer 04 Leverkusen 1:0, 0:3; Rapid Wien – Schachtar Donezk 0:1, 2:2; FC Valencia – AS Monaco 3:1, 1:2; Manchester United – Club Brügge 3:1, 4:0; Sporting Lissabon – ZSKA Moskau 2:1, 1:3.
Gruppenphase, Gruppe A: Paris Saint-Germain – Real Madrid 0:0, 0:1; Real Madrid – Schachtar Donezk 4:0, 4:3; Malmö FF – Real Madrid 0:2, 0:8; Schachtar Donezk – Paris Saint-Germain 0:3, 0:2; Paris Saint-Germain – Malmö FF 2:0, 5:0; Malmö FF – Schachtar Donezk 1:0, 0:4 – 1. Real Madrid 19:3, 16; 2. Paris Saint-Germain 12:1, 13; 3. Schachtar Donezk 7:14, 3; 4. Malmö FF 1:21, 3.
Gruppe B: VfL Wolfsburg – PSV Eindhoven 2:0, 0:2; Manchester United – VfL Wolfsburg 2:1, 2:3; VfL Wolfsburg – ZSKA Moskau 1:0, 2:0; PSV Eindhoven – Manchester United 2:1, 0:0; ZSKA Moskau – PSV Eindhoven 3:2, 1:2; ZSKA Moskau – Manchester United 1:1, 0:1 – 1. VfL Wolfsburg 9:6, 12; 2. PSV Eindhoven 8:7, 10; 3. Manchester United 7:7, 8; 4. ZSKA Moskau 5:9, 4.
Gruppe C: Atletico Madrid – Benfica Lissabon 1:2, 2:1; Galatasaray Istanbul – Atletico Madrid 0:2, 0:2; Atletico Madrid – FC Astana 4:0, 0:0; Galatasaray Istanbul – Benfica Lissabon 2:1, 1:2; Benfica Lissabon – FC Astana 2:0, 2:2; FC Astana – Galatasaray Istanbul 2:2, 1:1 – 1. Atletico Madrid 11:3, 13; 2. Benfica Lissabon 10:8, 10; 3. Galatasaray Istanbul 6:10, 5; 4. FC Astana 5:11, 4.
Gruppe D: Manchester City – Juventus Turin 1:2, 0:1; Manchester City – FC Sevilla 2:1, 3:1; Borussia Mönchengladbach – Manchester City 1:2, 2:4; Juventus Turin – FC Sevilla 2:0, 0:1; Juventus Turin – Borussia Mönchengladbach 0:0, 1:1; FC Sevilla – Borussia Mönchengladbach 3:0, 2:4 – 1. Manchester City 12:8, 12; 2. Juventus Turin 6:3, 11; 3. FC Sevilla 8:11, 6; 4. Borussia Mönchengladbach 8:12, 5.
Gruppe E: AS Rom – FC Barcelona 1:1, 1:6; FC Barcelona – Bayer 04 Leverkusen 2:1, 1:1; BATE Baryssau – FC Barcelona 0:2, 0:3; Bayer 04 Leverkusen – AS Rom 4:4, 2:3; BATE Baryssau – AS Rom 3:2, 0:0; Bayer 04 Leverkusen – BATE Baryssau 4:1, 1:1 – 1. FC Barcelona 15:4, 14; 2. AS Rom 11:16, 6; 3. Bayer 04 Leverkusen 13:12, 6; 4. BATE Baryssau 5:12, 5.
Gruppe F: FC Arsenal – Bayern München 2:0, 1:5; Olympiakos Piräus – Bayern München 0:3, 0:4; Bayern München – Dinamo Zagreb 5:0, 2:0; FC Arsenal – Olympiakos Piräus 2:3, 3:0; Dinamo Zagreb – FC Arsenal 2:1, 0:3, Dinamo Zagreb – Olympiakos Piräus 0:1, 1:2 – 1. Bayern München 19:3, 15; 2. FC Arsenal 12:10, 9; 3. Olympiakos Piräus 6:13, 9; 4. Dinamo Zagreb 3:14, 3.
Gruppe G: Dynamo Kiew – FC Chelsea 0:0, 1:2; FC Porto – FC Chelsea 2:1, 0:2; FC Chelsea – Maccabi Tel Aviv 4:0, 4:0; Dynamo Kiew – FC Porto 2:2, 2:0; Maccabi Tel Aviv – Dynamo Kiew 0:2, 0:1; FC Porto – Maccabi Tel Aviv 2:0, 3:1 – 1. FC Chelsea 13:3, 13; 2. Dynamo Kiew 8:4, 11; 3. FC Porto 9:8, 10; 4. Maccabi Tel Aviv 1:16, 0.
Gruppe H: Zenit St. Petersburg – KAA Gent 2:1, 1:2; FC Valencia – Zenit St. Petersburg 2:3, 0:2; Zenit St. Petersburg – Olympique Lyon 3:1, 2:0; FC Valencia – KAA Gent 2:1, 0:1; KAA Gent – Olympique Lyon 1:1, 2:1; Olympique Lyon – FC Valencia 0:1, 2:0 – 1. Zenit St. Petersburg 13:6, 15; 2. KAA Gent 8:7, 10; 3. FC Valencia 5:9, 6; 4. Olympique Lyon 5:9, 4.
Achtelfinale: KAA Gent – VfL Wolfsburg 2:3, 0:1; Juventus Turin – Bayern München 2:2, n. V. 2:4; Paris Saint-Germain – FC Chelsea 2:1, 2:1; Benfica Lissabon – Zenit St. Petersburg 1:0, 2:1; AS Rom – Real Madrid 0:2, 0:2; FC Arsenal – FC Barcelona 0:2, 1:3; PSV Eindhoven – Atletico Madrid 0:0, n. V. 0:0, Elfmeterschießen 7:8; Dynamo Kiew – Manchester City 1:3, 0:0.
Viertelfinale: Bayern München – Benfica Lissabon 1:0, 2:2; VfL Wolfsburg – Real Madrid 2:0, 0:3; FC Barcelona – Atletico Madrid 2:1, 0:2; Paris Saint-Germain – Manchester City 2:2, 0:1.
Halbfinale: Atletico Madrid – Bayern München 1:0, 1:2; Manchester City – Real Madrid 0:0, 0:1.

Endspiel am 28. Mai in Mailand:
Real Madrid – Atletico Madrid n. V. 1:1 (1:1, 1:0), 5:3 im Elfmeterschießen
Real: Navas – Carvajal (Danilo), Pepe, Sergio Ramos, Marcelo – Casemiro – Modric, Kroos (Isco) – Bale, Benzema (Vazquez), Cristiano Ronaldo.
Tore: Sergio Ramos (Ferreira Carrasco für Atletico) – Tore im Elfmeterschießen: Vazquez, Marcelo, Bale, Sergio Ramos, Cristiano Ronaldo (Griezmann, Gabi, Saul Niguez) – SR: Clattenburg (England) – Zuschauer: 71 942.

2016/17: Real Madrid

Qualifikation, 1. Runde: Flora Tallinn – Lincoln Red Imps FC 2:1, 0:2; FC Valletta – B36 Torshavn 1:0, 1:2; The New Saints – Tre Penne Galazzano 2:1, 3:0; FC Santa Coloma – Alashkert Martuni 0:0, 0:3.

Qualifikation, 2. Runde: Zrinjski Mostar – Legia Warschau 1:1, 0:2; Qarabag Agdam – F91 Dudelange 2:0, 1:1; Dinamo Tiflis – Alashkert Martuni 2:0, 1:1; Hapoel Beer Sheva – Sheriff Tiraspol 3:2, 0:0; BATE Baryssau – SJK Seinäjoki 2:0, 2:2; Lincoln Red Imps FC – Celtic Glasgow 1:0, 0:3; FC Valletta – Roter Stern Belgrad 1:2, 1:2; The New Saints – APOEL Nikosia 0:0, 0:3; RB Salzburg – FK Liepaja 1:0, 2:0; Vardar Skopje – Dinamo Zagreb 1:2, 2:3; Zalgiris Vilnius – FC Astana 0:0, 1:2; Rosenborg Trondheim – IFK Norrköping 3:1, 2:3; Ludogorez Rasgrad – Mladost Podgorica 2:0, 3:0; FC Crusaders – FC Kopenhagen 0:3, 0:6; Partizani Tirana – Ferencvaros Budapest 1:1, n. V. 1:1, Elfmeterschießen 3:1; Olimpija Ljubljana – AS Trencin 3:4, 3:2; FC Dundalk – FH Hafnarfjördur 1:1, 2:2.

Qualifikation, 3. Runde (Meister): BATE Baryssau – FC Dundalk 1:0, 0:3; Ludogorez Rasgrad – Roter Stern Belgrad 2:2, n. V. 4:2; Viktoria Pilsen – Qarabag Agdam 0:0, 1:1; Partizani Tirana – RB Salzburg 0:1, 0:2; Dinamo Zagreb – Dinamo Tiflis 2:0, 1:0; FC Astana – Celtic Glasgow 1:1, 1:2; Rosenborg Trondheim – APOEL Nikosia 2:1, 0:3; Astra Giurgiu – FC Kopenhagen 1:1, 0:3; AS Trencin – Legia Warschau 0:1, 0:0; Olympiakos Piräus – Hapoel Beer Sheva 0:0, 0:1.

(**Bestplatzierte)**: Sparta Prag – Steaua Bukarest 1:1, 0:2; FK Rostow – RSC Anderlecht 2:2, 2:0; Ajax Amsterdam – PAOK Saloniki 1:1, 2:1; Schachtar Donezk – Young Boys Bern 2:0, n. V. 0:2, Elfmeterschießen 2:4; Fenerbahce Istanbul – AS Monaco 2:1, 1:3; .

Play-offs (Meister): FC Kopenhagen – APOEL Nikosia 1:0, 1:1; Dinamo Zagreb – RB Salzburg 1:1, n. V. 2:1; Ludogorez Rasgrad – Viktoria Pilsen 2:0, 2:2; Celtic Glasgow – Hapoel Beer Sheva 5:2, 0:2; FC Dundalk – Legia Warschau 0:2, 1:1.

(**Bestplatzierte)**: Young Boys Bern – Bor. Mönchengladbach 1:3, 1:6; Steaua Bukarest – Manchester City 0:5, 0:1; Ajax Amsterdam – FK Rostow 1:1, 1:4; FC Porto – AS Rom 1:1, 3:0; FC Villarreal – AS Monaco 1:2, 0:1.

Gruppenphase, Gruppe A: Paris Saint-Germain – FC Arsenal 1:1, 2:2; FC Arsenal – Ludogorez Rasgrad 6:0, 3:2; FC Arsenal – FC Basel 2:0, 4:1; Ludogorez Rasgrad – Paris Saint-Germain 1:3, 2:2; Paris Saint-Germain – FC Basel 3:0, 2:1; FC Basel – Ludogorez Rasgrad 1:1, 0:0 – 1. FC Arsenal 18:6, 14; 2. Paris Saint-Germain 13:7, 12; 3. Ludogorez Rasgrad 6:15, 3; 4. FC Basel 3:12, 2.

Gruppe B: SSC Neapel – Benfica Lissabon 4:2, 2:1, SSC Neapel – Besiktas Istanbul 2:3, 1:1; Dynamo Kiew – SSC Neapel 1:2, 0:0; Benfica Lissabon – Besiktas Istanbul 1:1, 3:3; Dynamo Kiew – Benfica Lissabon 0:2, 0:1; Besiktas Istanbul – Dynamo Kiew 1:1, 0:6 – 1. SSC Neapel 11:8, 11; 2. Benfica Lissabon 10:10, 8; 3. Besiktas Istanbul 9:14, 7; 4. Dynamo Kiew 8:6, 5.

Gruppe C: FC Barcelona – Manchester City 4:0, 1:3; Borussia Mönchengladbach – FC Barcelona 1:2, 0:4; FC Barcelona – Celtic Glasgow 7:0, 2:0; Manchester City – Borussia Mönchengladbach 4:0, 1:1; Celtic Glasgow – Manchester City 3:3, 1:1; Celtic Glasgow – Borussia Mönchengladbach 0:2, 1:1 – 1. FC Barcelona 20:4, 15; 2. Manchester City 12:10, 9; 3. Borussia Mönchengladbach 5:12, 5; 4. Celtic Glasgow 5:16, 3.

Gruppe D: Atletico Madrid – Bayern München 1:0, 0:1; FK Rostow – Atletico Madrid 0:1, 1:2; PSV Eindhoven – Atletico Madrid 0:1, 0:2; Bayern München – FK Rostow 5:0, 2:3; Bayern München – PSV Eindhoven 4:1, 2:1; FK Rostow – PSV Eindhoven 2:2, 0:0 – 1. Atletico Madrid 6 7:2 15; 2. Bayern München 14:6, 12; 3. FK Rostow 6:12, 5; 4. PSV Eindhoven 4:11, 2.

Gruppe E: AS Monaco – Bayer 04 Leverkusen 1:1, 0:3; Tottenham Hotspur – AS Monaco 1:2, 1:2; ZSKA Moskau – AS Monaco 1:1, 0:3; Bayer 04 Leverkusen – Tottenham Hotspur 0:0, 1:0; Bayer 04 Leverkusen – ZSKA Moskau 2:2, 1:1; ZSKA Moskau – Tottenham Hotspur 0:1, 1:3 – 1. AS Monaco 9:7, 11; 2. Bayer 04 Leverkusen 8:4, 10; 3. Tottenham Hotspur 6:6, 7; 4. ZSKA Moskau 5:11, 3.

Gruppe F: Borussia Dortmund – Real Madrid 2:2, 2:2; Legia Warschau – Borussia Dortmund 0:6, 4:8; Sporting Lissabon – Borussia Dortmund 1:2, 0:1; Real Madrid – Legia Warschau 5:1, 3:3; Real Madrid – Sporting Lissabon 2:1, 2:1; Sporting Lissabon – Legia Warschau 2:0, 0:1 – 1. Borussia Dortmund 21:9, 14; 2. Real Madrid 16:10, 12; 3. Legia Warschau 9:24, 4; 4. Sporting Lissabon 5:8, 3.

Gruppe G: Leicester City – FC Porto 1:0, 0:5; Leicester City – FC Kopenhagen 1:0, 0:0; Club Brügge – Leicester City 0:3, 1:2; FC Porto – FC Kopenhagen 1:1, 0:0; Club Brügge – FC Porto 1:2, 0:1; FC Kopenhagen – Club Brügge 4:0, 2:0 – 1. Leicester City 7:6, 13; 2. FC Porto 9:3, 11; 3. FC Kopenhagen 7:2, 9; 4. Club Brügge 2:14, 0.

Gruppe H: Juventus Turin – FC Sevilla 0:0, 3:1, Olympique Lyon – Juventus Turin 0:1, 1:1; Dinamo Zagreb – Juventus Turin 0:4, 0:2; FC Sevilla – Olympique Lyon 1:0, 0:0; Dinamo Zagreb – FC Sevilla 0:1, 0:4; Olympique Lyon – Dinamo Zagreb 3:0, 1:0 – 1. Juventus Turin 11:2, 14; 2. FC Sevilla 7:3, 11; 3. Olympique Lyon 5:3, 8; 4. Dinamo Zagreb 0:15, 0.

Achtelfinale: Benfica Lissabon – Borussia Dortmund 1:0, 0:4; Bayern München – FC Arsenal 5:1, 5:1; Bayer 04 Leverkusen – Atletico Madrid 2:4, 0:0; Paris Saint-Germain – FC Barcelona 4:0, 1:6; Real Madrid – SSC Neapel 3:1, 3:1; Manchester City – AS Monaco 5:3, 1:3; FC Porto – Juventus Turin 0:2, 0:1; FC Sevilla – Leicester City 2:1, 0:2.
Viertelfinale: Borussia Dortmund – AS Monaco 2:3, 1:3; Bayern München – Real Madrid 1:2, n. V. 2:4; Juventus Turin – FC Barcelona 3:0, 0:0; Atletico Madrid – Leicester City 1:0, 1:1.
Halbfinale: Real Madrid – Atletico Madrid 3:0, 1:2: AS Monaco – Juventus Turin 0:2, 1:2.

Endspiel am 3. Juni in Cardiff:
Juventus Turin – Real Madrid 1:4 (1:1),
Real: Navas – Carvajal, Varane, Sergio Ramos, Marcelo – Casemiro – Modric, Kroos (Morata) – Isco (Asensio) – Benzema (Bale), Cristiano Ronaldo.
Tore: Cristiano Ronaldo 2, Casemiro, Asensio (Mandzukic für Juventus) – SR: Brych (Deutschland) – Zuschauer: 65 842.

2017/18: Real Madrid

Qualifikation, 1. Runde: Alashkert Martuni – FC Santa Coloma 1:0, 1:1, Vikingur Göta – Trepca '89 Mitrovica 2:1, 4:1; Hibernians Paola – Infonet Tallinn 2:0, 1:0; The New Saints – Europa FC 1:2, n. V. 3:1; FC Linfield – SP La Fiorita 1:0, 0:0.
Qualifikation, 2. Runde: Qarabag Agdam – FK Samtredia 5:0, 1:0; Hibernians Paola – RB Salzburg 0:3, 0:3; Partizan Belgrad – Buducnost Podgorica 2:0, 0:0; HNK Rijeka – The New Saints 2:0, 5:1; Spartaks Jurmala – FC Astana 0:1, 1:1; APOEL Nikosia – F91 Dudelange 1:0, 1:0; Sheriff Tiraspol – KS Kukesi 1:0, 1:2; Hapoel Beer Sheva – Honved Budapest 2:1, 3:2; Zrinjski Mostar – NK Maribor 1:2, 1:1; Malmö FF – Vardar Skopje 1:1, 1:3; BATE Baryssau – Alashkert Martuni 1:1, 3:1; Zalgiris Vilnius – Ludogorez Rasgrad 2:1, 1:4; IFK Mariehamn – Legia Warschau 0:3, 0:6; MSK Zilina – FC Kopenhagen 1:3, 2:1; FC Dundalk – Rosenborg Trondheim 1:1, n. V. 1:2; FH Hafnarfjördur – Vikingur Göta 1:1, 2:0; FC Linfield – Celtic Glasgow 0:2, 0:4.
Qualifikation, 3. Runde (Meister): Slavia Prag – BATE Baryssau 1:0, 1:2; Qarabag Agdam – Sheriff Tiraspol 0:0, 2:1; Vardar Skopje – FC Kopenhagen 1:0, 1:4; Partizan Belgrad – Olympiakos Piräus 1:3, 2:2; FC Astana – Legia Warschau 3:1, 0:1; RB Salzburg – HNK Rijeka 1:1, 0:0; Hapoel Beer Sheva – Ludogorez Rasgrad 2:0, 1:3; Viitorul Constanta – APOEL Nikosia 1:0, n. V. 0:4; NK Maribor – FH Hafnarfjördur 1:0, 1:0; Celtic Glasgow – Rosenborg Trondheim 0:0, 1:0.
(Bestplatzierte): AEK Athen – ZSKA Moskau 0:2, 0:1; FCSB Bukarest – Viktoria Pilsen 2:2, 4:1; Dynamo Kiew – Young Boys Bern 3:1, 0:2; OGC Nizza – Ajax Amsterdam 1:1, 2:2; Club Brügge – Istanbul Basaksehir FK 3:3, 0:2.
Play-offs (Meister): Qarabag Agdam – FC Kopenhagen 1:0, 1:2; APOEL Nikosia – Slavia Prag 2:0, 0:0; Olympiakos Piräus – HNK Rijeka 2:1, 1:0; Celtic Glasgow – FC Astana 5:0, 3:4; Hapoel Beer Sheva – NK Maribor 2:1, 0:1.
(Bestplatzierte): TSG Hoffenheim – FC Liverpool 1:2, 2:4; Sporting Lissabon – FCSB Bukarest 0:0, 5:1; Young Boys Bern – ZSKA Moskau 0:1, 0:2; Istanbul Basaksehir FK – FC Sevilla 1:2, 2:2; SSC Neapel – OGC Nizza 2:0, 2:0.
Gruppenphase, Gruppe A: Manchester United – FC Basel 3:0, 0:1; ZSKA Moskau – Manchester United 1:4, 1:2; Benfica Lissabon – Manchester United 0:1, 0:2; ZSKA Moskau – FC Basel 0:2, 2:1; FC Basel – Benfica Lissabon 5:0, 2:0; Benfica Lissabon – ZSKA Moskau 1:2, 0:2 – 1. Manchester United 12:3, 15; 2. FC Basel 11:5, 12; 3. ZSKA Moskau 8:10, 9; 4. Benfica Lissabon 1:14, 0.
Gruppe B: Paris Saint-Germain – Bayern München 3:0, 1:3; Celtic Glasgow – Paris Saint-Germain 0:5, 1:7; RSC Anderlecht – Paris Saint-Germain 0:4, 0:5; Bayern München – Celtic Glasgow 3:0, 2:1; Bayern München – RSC Anderlecht 3:0, 2:1; RSC Anderlecht – Celtic Glasgow 0:3, 1:0 – 1. Paris Saint-Germain 25:4, 15; 2. Bayern München 13:6, 15; 3. Celtic Glasgow 5:18, 3; 4. RSC Anderlecht 2:17, 3.
Gruppe C: FC Chelsea – AS Rom 3:3, 0:3; AS Rom – Atletico Madrid 0:0, 0:2; Qarabag Agdam – AS Rom 1:2, 0:1; Atletico Madrid – FC Chelsea 1:2, 1:1; FC Chelsea – Qarabag Agdam 6:0, 4:0; Qarabag Agdam – Atletico Madrid 0:0, 1:1 – 1. AS Rom 9:6, 11; 2. FC Chelsea 16:8, 11; 3. Atletico Madrid 5:4, 7; 4. Qarabag Agdam 2:14, 2.
Gruppe D: FC Barcelona – Juventus Turin 3:0, 0:0; Sporting Lissabon – FC Barcelona 0:1, 0:2; FC Barcelona – Olympiakos Piräus 3:1, 0:0; Juventus Turin – Sporting Lissabon 2:1, 1:1; Juventus Turin – Olympiakos Piräus 2:0, 2:0; Olympiakos Piräus – Sporting Lissabon 2:3, 1:3 – 1. FC Barcelona 9:1, 14; 2. Juventus Turin 7:5, 11; 3. Sporting Lissabon 8:9, 7; 4. Olympiakos Piräus 4:13, 1.
Gruppe E: FC Liverpool – FC Sevilla 2:2, 3:3; Spartak Moskau – FC Liverpool 1:1, 0:7; NK Maribor – FC Liverpool 0:7, 0:3; Spartak Moskau – FC Sevilla 5:1, 1:2; FC Sevilla – NK Maribor 3:0, 1:1; NK

Maribor – Spartak Moskau 1:1, 1:1 – 1. FC Liverpool 23:6, 12; 2. FC Sevilla 12:12, 9; 3. Spartak Moskau 9:13, 6; 4. NK Maribor 3:16, 3.

Gruppe F: Manchester City – Schachtar Donezk 2:0, 1:2; Manchester City – SSC Neapel 2:1, 4:2; Feyenoord Rotterdam – Manchester City 0:4, 0:1; Schachtar Donezk – SSC Neapel 2:1, 0:3; Feyenoord Rotterdam – Schachtar Donezk 1:2, 1:3; SSC Neapel – Feyenoord Rotterdam 3:1, 1:2 – 1. Manchester City 14:5, 15; 2. Schachtar Donezk 9:9, 12; 3. SSC Neapel 11:11, 6; 4. Feyenoord Rotterdam 5:14, 3.

Gruppe G: FC Porto – Besiktas Istanbul 1:3, 1:1; Besiktas Istanbul – RB Leipzig 2:0, 2:1; AS Monaco – Besiktas Istanbul 1:2, 1:1; RB Leipzig – FC Porto 3:2, 1:3; AS Monaco – FC Porto 0:3, 2:5; RB Leipzig – AS Monaco 1:1, 4:1 – 1. Besiktas Istanbul 11:5, 14; 2. FC Porto 15:10, 10; 3. RB Leipzig 10:11, 7; 4. AS Monaco 6:16, 2.

Gruppe H: Real Madrid – Tottenham Hotspur 1:1, 1:3; Tottenham Hotspur – Borussia Dortmund 3:1, 2:1; APOEL Nikosia – Tottenham Hotspur 0:3, 0:3; Borussia Dortmund – Real Madrid 1:3, 2:3; Real Madrid – APOEL Nikosia 3:0, 6:0; APOEL Nikosia – Borussia Dortmund 1:1, 1:1 – 1. Tottenham Hotspur 15:4, 16; 2. Real Madrid 17:7, 13; 3. Borussia Dortmund 7:13, 2; 4. APOEL Nikosia 2:17, 2.

Achtelfinale: Bayern München – Besiktas Istanbul 5:0, 3:1; Juventus Turin – Tottenham Hotspur 2:2, 2:1; FC Basel – Manchester City 0:4, 2:1; FC Porto – FC Liverpool 0:5, 0:0; Real Madrid – Paris Saint-Germain 3:1, 2:1; FC Chelsea – FC Barcelona 1:1, 0:3; FC Sevilla – Manchester United 0:0, 2:1; Schachtar Donezk – AS Rom 2:1, 0:1.

Viertelfinale: FC Sevilla – Bayern München 1:2, 0:0; Juventus Turin – Real Madrid 0:3, 3:1; FC Barcelona – AS Rom 4:1, 0:3; FC Liverpool – Manchester City 3:0, 2:1.

Halbfinale: Bayern München – Real Madrid 1:2, 2:2; FC Liverpool – AS Rom 5:2, 2:4.

Endspiel am 26. Mai in Kiew:

Real Madrid – FC Liverpool 3:1 (0:0)

Real: Navas – Carvajal (Nacho), Varane, Sergio Ramos, Marcelo – Casemiro – Modric, Kroos – Isco (Bale) – Benzema (Asensio), Cristiano Ronaldo.

Tore: Bale 2, Benzema (S. Mané für Liverpool) – SR: Mazic (Serbien) – Zuschauer: 61 561.

2018/19: FC Liverpool

Vorqualifikation: FC Santa Coloma – KF Drita n. V. 0:2; SP La Fiorita – Lincoln Red Imps 0:2; Lincoln Red Imps – KF Drita n. V. 1:4.

Qualifikation, 1. Runde: Torpedo Kutaisi – Sheriff Tiraspol 2:1, 0:3; Flora Tallinn – Hapoel Beer Sheva 1:4, 1:3; F91 Dudelange – Vidi FC 1:1, 1:2; Alashkert Martuni – Celtic Glasgow 0:3, 0:3; Vikingur Göta – HJK Helsinki 1:2, 1:3; Shkendija Tetovo – The New Saints 5:0, 0:4; Drita Gjilan – Malmö FF 0:3, 0:2; Cork City – Legia Warschau 0:1, 0:3; FC Astana – Sutjeska Niksic 1:0, 2:0; Suduva Marijampole – APOEL Nikosia 3:1, 0:1; Spartaks Jurmala – Roter Stern Belgrad 0:0, 0:2; Spartak Trnava – Zrinjski Mostar 1:0, 1:1; Ludogorez Rasgrad – FC Crusaders 7:0, 2:0; FK Kukesi – FC Valletta 0:0, 1:1; Olimpija Ljubljana – Qarabag Agdam 0:1, 0:0; Valur Reykjavik – Rosenborg Trondheim 1:0, 1:3.

Qualifikation, 2. Runde (Meister): FC Astana – FC Midtjylland 2:1, 0:0; CFR Cluj – Malmö FF 0:1, 1:1; Dinamo Zagreb – Hapoel Beer Sheva 5:0, 2:2; Shkendija Tetovo – Sheriff Tiraspol 1:0, 0:0; Roter Stern Belgrad – Suduva Marijampole 3:0, 2:0; Legia Warschau – Spartak Trnava 0:2, 1:0; Ludogorez Rasgrad – Vidi FC 0:0, 0:1; FK Kukesi – Qarabag Agdam 0:0, 0:3; BATE Baryssau – HJK Helsinki 0:0, 2:1; Celtic Glasgow – Rosenborg Trondheim 3:1, 0:0 – **(Bestplatzierte):** PAOK Saloniki – FC Basel 2:1, 3:0; Ajax Amsterdam – Sturm Graz 2:0, 3:1.

Qualifikation, 3. Runde (Meister): FC Astana – Dinamo Zagreb 0:2, 0:1; Qarabag Agdam – BATE Baryssau 0:1, 1:1; Malmö FF – Vidi FC 1:1, 0:0;
Roter Stern Belgrad – Spartak Trnava 1:1, n. V. 2:1; RB Salzburg – Shkendija Tetovo 3:0, 1:0; Celtic Glasgow – AEK Athen 1:1, 1:2 – **(Bestplatzierte):** Standard Lüttich – Ajax Amsterdam 2:2, 0:3; Benfica Lissabon – Fenerbahce Istanbul 1:0, 1:1; Slavia Prag – Dynamo Kiew 1:1, 0:2; PAOK Saloniki – Spartak Moskau 3:2, 0:0.

Play-offs (Meister): Roter Stern Belgrad – RB Salzburg 0:0, 2:2; BATE Baryssau – PSV Eindhoven 2:3, 0:3; Young Boys Bern – Dinamo Zagreb 1:1, 2:1; Vidi FC – AEK Athen 1:2, 1:1 – **(Bestplatzierte):** Benfica Lissabon – PAOK Saloniki 1:1, 4:1; Ajax Amsterdam – Dynamo Kiew 3:1, 0:0.

Gruppenphase, Gruppe A: Borussia Dortmund – Atletico Madrid 4:0, 0:2; Club Brügge – Borussia Dortmund 0:1, 0:0; Borussia Dortmund – AS Monaco 3:0, 2:0; Atletico Madrid – Club Brügge 3:1, 0:0; AS Monaco – Atletico Madrid 1:2, 0:2; Club Brügge – AS Monaco 1:1, 4:0 – 1. Borussia Dortmund 10:2, 13; 2. Atletico Madrid 9:6, 13; 3. Club Brügge 6:5, 6; 4. AS Monaco 2:14, 1.

Gruppe B: Tottenham Hotspur – FC Barcelona 2:4, 1:1; FC Barcelona – Inter Mailand 2:0, 1:1; FC Barcelona – PSV Eindhoven 4:0, 2:1; Inter Mailand – Tottenham Hotspur 2:1, 0:1; PSV Eindhoven –

Tottenham Hotspur 2:2, 1:2 PSV Eindhoven – Inter Mailand 1:2, 1:1 – 1. FC Barcelona 14:5, 14; 2. Tottenham Hotspur 9:10, 8; 3. Inter Mailand 6:7, 8; 4. PSV Eindhoven 6:13, 2.

Gruppe C: FC Liverpool – Paris Saint-Germain 3:2, 1:2; Paris Saint-Germain – SSC Neapel 2:2, 1:1; Paris Saint-Germain – Roter Stern Belgrad 6:1, 4:1

SSC Neapel – FC Liverpool 1:0, 0:1; FC Liverpool – Roter Stern Belgrad 4:0, 0:2; Roter Stern Belgrad – SSC Neapel 0:0, 1:3; – 1. Paris Saint-Germain 17:9, 11; 2. FC Liverpool 9:7, 9; 3. SSC Neapel 7:5, 9; 4. Roter Stern Belgrad 5:17, 4.

Gruppe D: FC Schalke 04 – FC Porto 1:1, 1:3, FC Porto – Galatasaray Istanbul 1:0, 3:2; Lokomotive Moskau – FC Porto 1:3, 1:4; Galatasaray Istanbul – FC Schalke 04 0:0, 0:2; Lokomotive Moskau – FC Schalke 04 0:1, 0:1; Galatasaray Istanbul – Lokomotive Moskau 3:0, 0:2 – 1. FC Porto 15:6, 16; 2. FC Schalke 04 6:4, 11; 3. Galatasaray Istanbul 5:8, 4; 4. Lokomotive Moskau 4:12, 3.

Gruppe E: Bayern München – Ajax Amsterdam 1:1, 3:3; Benfica Lissabon – Bayern München 0:2, 1:5; AEK Athen – Bayern München 0:2, 0:2; Ajax Amsterdam – Benfica Lissabon 1:0, 1:1; Ajax Amsterdam – AEK Athen 3:0, 2:0; AEK Athen – Benfica Lissabon 2:3, 0:1 – 1. Bayern München 15:5, 14; 2. Ajax Amsterdam 11:5, 12; 3. Benfica Lissabon 6:11, 7; 4. AEK Athen 2:13, 0.

Gruppe F: Manchester City – Olympique Lyon 1:2, 2:2; Schachtar Donezk – Manchester City 0:3, 0:6; TSG Hoffenheim – Manchester City 1:2, 1:2; Olympique Lyon – Schachtar Donezk 2:2, 1:1; TSG Hoffenheim – Olympique Lyon 3:3, 2:2; Schachtar Donezk – TSG Hoffenheim 2:2, 3:2 – 1. Manchester City 16:6, 13; 2. Olympique Lyon 12:11, 8; 3. Schachtar Donezk 8:16, 6; 4. TSG Hoffenheim 11:14, 3.

Gruppe G: Real Madrid – AS Rom 3:0, 2:0; Real Madrid – Viktoria Pilsen 2:1, 5:0; ZSKA Moskau – Real Madrid 1:0, 3:0; AS Rom – Viktoria Pilsen 5:0, 1:2; AS Rom – ZSKA Moskau 3:0, 2:1; Viktoria Pilsen – ZSKA Moskau 2:2, 2:1 – 1. Real Madrid 12:5, 12; 2. AS Rom 11:8, 9; 3. Viktoria Pilsen 7:16, 7; 4. ZSKA Moskau 8:9, 7.

Gruppe H: Manchester United – Juventus Turin 0:1, 2:1; FC Valencia – Juventus Turin 0:2, 0:1; Juventus Turin – Young Boys Bern 3:0, 1:2; Manchester United – FC Valencia 0:0, 1:2; Young Boys Bern – Manchester United 0:3, 0:1; Young Boys Bern – FC Valencia 1:1, 1:3 – 1. Juventus Turin 9:4, 12; 2. Manchester United 7:4, 10; 3. FC Valencia 6:6, 8; 4. Young Boys Bern 4:12, 4.

Achtelfinale: Tottenham Hotspur – Borussia Dortmund 3:0, 1:0; FC Liverpool – Bayern München 0:0, 3:1; FC Schalke 04 – Manchester City 2:3, 0:7; Manchester United – Paris Saint-Germain 0:2, 3:1; AS Rom – FC Porto 2:1, n. V. 1:3; Ajax Amsterdam – Real Madrid 1:2, 4:1; Olympique Lyon – FC Barcelona 0:0, 1:5; Atletico Madrid – Juventus Turin 2:0, 0:3.

Viertelfinale: FC Liverpool – FC Porto 2:0, 4:1; Tottenham Hotspur – Manchester City 1:0, 3:4; Ajax Amsterdam – Juventus Turin 1:1, 2:1; Manchester United – FC Barcelona 0:1, 0:3.

Halbfinale: Tottenham Hotspur – Ajax Amsterdam 0:1, 3:2; FC Barcelona – FC Liverpool 3:0, 0:4.

Endspiel am 1. Juni in Madrid:

Tottenham Hotspur – FC Liverpool 0:2 (0:1)

Liverpool: Allison – Alexander-Arnold, Matip, van Dijk, Robertson – Henderson, Fabinho, Wijnaldum (Milner) – Salah, Roberto Firmino (Origi), Mané (Gomez).

Tore: Salah, Origi – SR: Skomina (Slowenien) – Zuschauer: 63 272.

2019/20: Bayern München

Vorqualifikation in Pristina (Kosovo): Tre Penne Galazzano – FC Santa Coloma 0:1, Feronikeli Glogovac – Lincoln Red Imps 1:0; Feronikeli Glogovac – FC Santa Coloma 2:1.

Qualifikation, 1. Runde: FC Astana – CFR Cluj 1:0, 1:3; Ararat-Armenia Erewan – AIK Solna 2:1, 1:3; Nomme Kalju – Shkendija Tetovo 0:1, 2:1; HJK Helsinki – HB Torshavn 3:0, 2:2; FK Sarajevo – Celtic Glasgow 1:3, 1:2; Suduva Marijampole – Roter Stern Belgrad 0:0, 1:2; F91 Dudelange – FC Valletta 2:2, 1:1; The New Saints – Feronikeli Glogovac 2:2, 1:0; Partizani Tirana – Qarabag Agdam 0:0, 0:2; Sheriff Tiraspol – Saburtalo Tiflis 0:3, 3:1; BATE Baryssau – Piast Gleiwitz 1:1, 2:1; Ferencvaros Budapest – Ludogorez Rasgrad 2:1, 3:2; Slovan Bratislava – Sutjeska Niksic 1:1, n. V. 1:1, Elfmeterschießen 2:3; FC Linfield – Rosenborg Trondheim 0:2, 0:4; FC Dundalk – Riga FC 0:0, n. V. 0:0, Elfmeterschießen 5:4; Valur Reykjavik – NK Maribor 0:3, 0:2.

Qualifikation, 2. Runde (Meister): Saburtalo Tiflis – Dinamo Zagreb 0:2, 0:3; The New Saints – FC Kopenhagen 0:2, 0:1; Sutjeska Niksic – APOEL Nikosia 0:1, 0:3; BATE Baryssau – Rosenborg Trondheim 2:1, 0:2; CFR Cluj – Maccabi Tel Aviv 1:0, 2:2; Ferencvaros Budapest – FC Valletta 3:1, 1:1; NK Maribor – AIK Solna 2:1, n. V. 2:3; FC Dundalk – Qarabag Agdam 1:1, 0:3; Celtic Glasgow – Nomme Kalju 5:0, 2:0; Roter Stern Belgrad – HJK Helsinki 2:0, 1:2 – **(Bestplatzierte):** Viktoria Pilsen – Olympiakos Piräus 0:0, 0:4; PSV Eindhoven – FC Basel 3:2, 1:2.

Qualifikation, 3. Runde (Meister): PAOK Saloniki – Ajax Amsterdam 2:2, 2:3; APOEL Nikosia – Qarabag Agdam 1:2, 2:0; Dinamo Zagreb – Ferencvaros Budapest 1:1, 4:0; Roter Stern Belgrad – FC Kopenhagen 1:1, n. V. 1:1, Elfmeterschießen 7:6; CFR Cluj – Celtic Glasgow 1:1, 4:3; NK Maribor – Rosenborg Trondheim 1:3, 1:3 – **(Bestplatzierte)**: Club Brügge – Dynamo Kiew 1:0, 3:3; FK Krasnodar – FC Porto 0:1, 3:2; Istanbul Basaksehir – Olympiakos Piräus 0:1, 0:2; FC Basel – Linzer ASK 1:2, 1:3.
Play-offs (Meister): CFR Cluj – Slavia Prag 0:1, 0:1; APOEL Nikosia – Ajax Amsterdam 0:0, 0:2; Dinamo Zagreb – Rosenborg Trondheim 2:0, 1:1; Young Boys Bern – Roter Stern Belgrad 2:2, 1:1 – **(Bestplatzierte):** Linzer ASK – Club Brügge 0:1, 1:2; Olympiakos Piräus – FK Krasnodar 4:0, 2:1.
Gruppenphase, Gruppe A: Paris Saint-Germain – Real Madrid 3:0, 2:2; Club Brügge – Galatasaray Istanbul 0:0, 1:1; Real Madrid – Club Brügge 2:2, 3:1;
Galatasaray Istanbul – Paris Saint-Germain 0:1, 0:5; Club Brügge – Paris Saint-Germain 0:5, 0:1; Galatasaray Istanbul – Real Madrid 0:1, 0:6 – 1. Paris Saint-Germain 17:2, 16; 2. Real Madrid 14:8, 11; 3. Club Brügge 4:12, 3; Galatasaray Istanbul 1:14, 2.
Gruppe B: Bayern München – Roter Stern Belgrad 3:0, 6:0; Olympiakos Piräus – Tottenham Hotspur 2:2, 2:4; Tottenham Hotspur – Bayern München 2:7, 1:3; Roter Stern Belgrad – Olympiakos Piräus 3:1, 0:1; Tottenham Hotspur – Roter Stern Belgrad 5:0, 4:0; Olympiakos Piräus – Bayern München 2:3, 0:2 – 1. Bayern München 24:5, 18; 2. Tottenham Hotspur 18:14, 10; 3. Olympiakos Piräus 8:14, 4; 4. Roter Stern Belgrad 3:20, 3.
Gruppe C: Schachtar Donezk – Manchester City 0:3, 1:1; Dinamo Zagreb – Atalanta Bergamo 4:0, 0:2; Manchester City – Dinamo Zagreb 2:0, 4:1; Atalanta Bergamo – Schachtar Donezk 1:2, 3:0; Manchester City – Atalanta Bergamo 5:1, 1:1; Schachtar Donezk – Dinamo Zagreb 2:2, 3:3 – 1. Manchester City 16:4, 14; 2. Atalanta Bergamo 8:12, 7; 3. Schachtar Donezk 8:13, 6; 4. Dinamo Zagreb 10:13, 5 – Atalanata Bergamo trug seine Heimspiele in Mailand, Dynamo Kiew in Kiew aus.
Gruppe D: Atletico Madrid – Juventus Turin 2:2, 0:1; Bayer Leverkusen – Lokomotive Moskau 1:2, 2:0; Juventus Turin – Bayer Leverkusen 3:0, 2:0; Lokomotive Moskau – Atletico Madrid 0:2, 0:2; Juventus Turin – Lokomotive Moskau 2:1, 2:1; Atletico Madrid – Bayer Leverkusen 1:0, 1:2 – 1. Juventus Turin 12:4, 16; 2. Atletico Madrid 8:5, 10; 3. Bayer Leverkusen 5:9, 6; 4. Lokomotive Moskau 4:11, 3.
Gruppe E: SSC Neapel – FC Liverpool 2:0, 1:1; RB Salzburg – KRC Genk 6:2, 4:1; FC Liverpool – RB Salzburg 4:3, 2:0; KRC Genk – SSC Neapel 0:0, 0:4; RB Salzburg – SSC Neapel 2:3, 1:1; KRC Genk – FC Liverpool 1:4, 1:2 – 1. FC Liverpool 13:8, 13; 2. SSC Neapel 11:4, 12; 3. RB Salzburg 16:13, 7; 4. KRC Genk 5:20, 1.
Gruppe F: Borussia Dortmund – FC Barcelona 0:0, 1:3; Inter Mailand – Slavia Prag 1:1, 3:1; FC Barcelona – Inter Mailand 2:1, 2:1; Slavia Prag – Borussia Dortmund 0:2, 1:2; Inter Mailand – Borussia Dortmund 2:0, 2:3; Slavia Prag – FC Barcelona 1:2, 0:0 – 1. FC Barcelona 9:4, 14; 2. Borussia Dortmund 8:8, 10; 3. Inter Mailand 10:9, 7; 4. Slavia Prag 4:10, 2.
Gruppe G: Benfica Lissabon – RB Leipzig 1:2, 2:2; Olympique Lyon – Zenit St. Petersburg 1:1, 0:2; Zenit St. Petersburg – Benfica Lissabon 3:1, 0:3; RB Leipzig – Olympique Lyon 0:2, 2:2; Benfica Lissabon – Olympique Lyon 2:1, 1:3; RB Leipzig – Zenit St. Petersburg 2:1, 2:0 – 1. RB Leipzig 10:8, 11; 2. Olympique Lyon 9:8, 8; 3. Benfica Lissabon 10:11, 7; 4. Zenit St. Petersburg 7:9, 7.
Gruppe H: FC Chelsea – FC Valencia 0:1, 2:2; Ajax Amsterdam – Lille OSC 3:0, 2:0; FC Valencia – Ajax Amsterdam 0:3, 1:0; Lille OSC – FC Chelsea 1:2, 1:2; Ajax Amsterdam – FC Chelsea 0:1, 4:4; Lille OSC – FC Valencia 1:1, 1:4 – 1. FC Valencia 9:7, 11; 2. FC Chelsea 11:9, 11; 3. Ajax Amsterdam 12:6, 10; 4. Lille OSC 4:14, 1.

Wegen der Coronavirus-Pandemie wurde der Wettbewerb im März unterbrochen. Die Achtelfinal-Rückspiele in München, Barcelona, Manchester und Turin fanden erst im August statt. Die restlichen Spiele wurden anschließend in Turnierform in Lissabon ausgetragen.

Achtelfinale: Borussia Dortmund – Paris Saint-Germain 2:1, 0:2; Tottenham Hotspur – RB Leipzig 0:1, 0:3; Atletico Madrid – FC Liverpool 1:0, n. V. 3:2; Atalanta Bergamo – FC Valencia 4:1 (in Mailand), 4:3; FC Chelsea – Bayern München 0:3, 1:4; SSC Neapel – FC Barcelona 1:1, 1:3; Real Madrid – Manchester City 1:2, 1:2; Olympique Lyon – Juventus Turin 1:0, 1:2.
Viertelfinale: Atalanta Bergamo – Paris Saint-Germain 1:2; RB Leipzig – Atletico Madrid 2:1; FC Barcelona – Bayern München 2:8; Manchester City – Olympique Lyon 1:3.
Halbfinale: RB Leipzig – Paris Saint-Germain 0:3; Olympique Lyon – Bayern München 0:3.

Endspiel am 23. August in Lissabon:
Bayern München – Paris Saint-Germain 1:0 (0:0)
München: Neuer – Kimmich, Boateng (Süle), Alaba, Davies – Thiago (Tolisso), Goretzka – Gnabry (Coutinho), Müller, Coman (Perisic) – Lewandowski – Trainer: Flick.
Tor: Coman – SR: Orsato (Italien) – Zuschauer: keine.

2020/21: FC Chelsea

Vorqualifikation in Nyon (Schweiz): Tre Fiori Fiorentino – FC Linfield 0:2, Drita Gjilan – Inter Escaldes 2:1; Drita Gjilan – FC Linfield 0:3 (Wertung).

Wegen der durch die Coronavirus-Pandemie bedingten Terminschwierigkeiten wurde die Qualifikation bis auf die Play-offs nur in einem Spiel bestritten.

Qualifikation, 1. Runde: Qarabag Agdam – Sileks Kratovo 4:0; Legia Warschau – FC Linfield 1:0; Dinamo Brest – FC Astana 6:3; Celtic Glasgow – KR Reykjavik 6:0; Roter Stern Belgrad – Europa FC 5:0; Ararat-Armenia Erewan – Omonia Nikosia n. V. 0:1; Molde FK – Kuopion PS 5:0; Flora Tallinn – Suduva Marijampole n. V. 1:1, Elfmeterschießen 2:4; Ferencvaros Budapest – Djurgardens IF 2:0; Maccabi Tel Aviv – Riga FC 2:0; Dinamo Tiflis – KF Tirana 0:2; NK Celje – FC Dundalk 3:0 (in Budapest); Sheriff Tiraspol – Fola Esch 2:0; Connah's Quay Nomads – FK Sarajevo 0:2 (in Cardiff); Buducnost Podgorica – Ludogorez Rasgrad 1:3; FC Floriana – CFR Cluj 0:2; KI Klaskvik – Slovan Bratislava 3:0 (Wertung).

Qualifikation, 2. Runde (Meister): KF Tirana – Roter Stern Belgrad 0:1; Suduva Marijampole – Maccabi Tel Aviv 0:3; NK Celje – Molde FK 1:2; Qarabag Agdam – Sheriff Tiraspol 2:1; Ludogorez Rasgrad – FC Midtjylland 0:1; CFR Cluj – Dinamo Zagreb n. V. 2:2, Elfmeterschießen 5:6; Legia Warschau – Omonia Nikosia n. V. 0:2; Dinamo Brest – FK Sarajevo 2:1; Young Boys Bern – KI Klaksvik 3:1; Celtic Glasgow – Ferencvaros Budapest 1:2 – **(Bestplatzierte):** PAOK Saloniki – Besiktas Istanbul 3:1; AZ Alkmaar – Viktoria Pilsen n. V. 3:1; Lokomotiva Zagreb – Rapid Wien 0:1.

Qualifikation, 3. Runde (Meister): Omonia Nikosia – Roter Stern Belgrad n. V. 1:1, Elfmeterschießen 4:2; Ferencvaros Budapest – Dinamo Zagreb 2:1; Qarabag Agdam – Molde FK n. V. 0:0, Elfmeterschießen 5:6; Maccabi Tel Aviv – Dinamo Brest 1:0; FC Midtjylland – Young Boys Bern 3:0 – **(Bestplatzierte):** PAOK Saloniki – Benfica Lissabon 2:1; Dynamo Kiew – AZ Alkmaar 2:0; KAA Gent – Rapid Wien 2:1.

Play-offs (Meister): Slavia Prag – FC Midtjylland 0:0, 1:4; Maccabi Tel Aviv – RB Salzburg 1:2, 1:3; Olympiakos Piräus – Omonia Nikosia 2:0, 0:0; Molde FK – Ferencvaros Budapest 3:3, 0:0 – **(Bestplatzierte):** FK Krasnodar – PAOK Saloniki 2:1, 2:1; KAA Gent – Dynamo Kiew 1:2, 0:3.

Gruppenphase, Gruppe A: Bayern München – Atletico Madrid 4:0, 1:1; RB Salzburg – Lokomotive Moskau 2:2, 3:1; Atletico Madrid – RB Salzburg 3:2, 2:0; Lokomotive Moskau – Bayern München 1:2, 0:2; RB Salzburg – Bayern München 2:6, 1:3; Lokomotive Moskau – Atletico Madrid 1:1, 0:0 – 1. Bayern München 18:5, 16; 2. Atletico Madrid 7:8, 9; 3. RB Salzburg 10:17, 4; 4. Lokomotive Moskau 5:10; 3.

Gruppe B: Real Madrid – Schachtar Donezk 2:3, 0:2; Inter Mailand – Borussia Mönchengladbach 2:2, 3:2; Schachtar Donezk – Inter Mailand 0:0, 0:0; Borussia Mönchengladbach – Real Madrid 2:2, 0:2; Real Madrid – Inter Mailand 3:2, 2:0; Schachtar Donezk – Borussia Mönchengladbach 0:6, 0:4 – 1. Real Madrid 11:9, 10; 2. Borussia Mönchengladbach 16:9, 8; 3. Schachtar Donezk 5:12, 8; 4. Inter Mailand 7:9, 6 – Schachtar Donezk trug seine Heimspiele in Kiew aus.

Gruppe C: Manchester City – FC Porto 3:1, 0:0; Olympiakos Piräus – Olympique Marseille 1:0, 1:2; FC Porto – Olympiakos Piräus 2:0, 2:0; Olympique Marseille – Manchester City 0:3, 0:3; FC Porto – Olympique Marseille 3:0, 2:0; Manchester City – Olympiakos Piräus 3:0, 1:0 – 1. Manchester City 13:1, 16; 2. FC Porto 10:3, 13; 3. Olympiakos Piräus 2:10, 3; 4. Olympique Marseille 2:13, 3.

Gruppe D: Ajax Amsterdam – FC Liverpool 0:1, 0:1; FC Midtjylland – Atalanta Bergamo 0:4, 1:1; FC Liverpool – FC Midtjylland 2:0, 1:1; Atalanta Bergamo – Ajax Amsterdam 2:2, 1:0; Atalanta Bergamo – FC Liverpool 0:5, 2:0; FC Midtjylland – Ajax Amsterdam 1:2, 1:3 – 1. FC Liverpool 10:3, 13; 2. Atalanta Bergamo 10:8, 11; 3. Ajax Amsterdam 7:7, 7; 4. FC Midtjylland 4:13, 2.

Gruppe E: FC Chelsea – FC Sevilla 0:0, 4:0; Stade Rennes – FK Krasnodar 1:1, 0:1; FC Sevilla – Stade Rennes 1:0, 3:1; FK Krasnodar – FC Chelsea 0:4, 1:1; FC Sevilla – FK Krasnodar 3:2, 2:1; FC Chelsea – Stade Rennes 3:0, 2:1 – 1. FC Chelsea 14:2, 14; 2. FC Sevilla 9:8, 13; 3. FK Krasnodar 6:11, 5; 4. Stade Rennes 3:11, 1.

Gruppe F: Zenit St. Petersburg – Club Brügge 1:2, 0:3; Lazio Rom – Borussia Dortmund 3:1, 1:1; Borussia Dortmund – Zenit St. Petersburg 2:0, 2:1; Club Brügge – Lazio Rom 1:1, 2:2; Zenit St. Petersburg – Lazio Rom 1:1, 1:3; Club Brügge – Borussia Dortmund 0:3, 0:3 – 1. Borussia Dortmund 12:5, 13; 2. Lazio Rom 11:7, 10; 3. Club Brügge 8:10, 8; 4. Zenit St. Petersburg 4:13, 1.

Gruppe G: FC Barcelona – Ferencvaros Budapest 5:1, 3:0; Dynamo Kiew – Juventus Turin 0:2, 0:3; Juventus Turin – FC Barcelona 0:2, 3:0; Ferencvaros Budapest – Dynamo Kiew 2:2, 0:1; FC Barcelona – Dynamo Kiew 2:1, 4:0; Ferencvaros Budapest – Juventus Turin 1:4, 1:2 – 1. Juventus Turin 14:4, 15; 2. FC Barcelona 16:5, 15; 3. Dynamo Kiew 4:13, 4; 4. Ferencvaros Budapest 5:17, 1.

Gruppe H: Paris Saint-Germain – Manchester United 1:2, 3:1; RB Leipzig – Istanbul Basaksehir 2:0, 4:3; Manchester United – RB Leipzig 5:0, 2:3; Istanbul Basaksehir – Paris Saint-Germain 0:2, 1:5; RB Leipzig – Paris Saint-Germain 2:1, 0:1; Istanbul Basaksehir – Manchester United 2:1, 1:4 –

1. Paris Saint-Germain 13:6, 12; 2. RB Leipzig 11:12, 12; 3. Manchester United 15:10, 9; 4. Istanbul Basaksehir 7:18, 3.

Achtelfinale: RB Leipzig – FC Liverpool 0:2, 0:2 (beide Spiele in Budapest); FC Sevilla – Borussia Dortmund 2:3, 2:2; Lazio Rom – Bayern München 1:4, 1:2; Borussia Mönchengladbach – Manchester City 0:2, 0:2 (beide Spiele in Budapest); FC Barcelona – Paris Saint-Germain 1:4, 1:1; FC Porto – Juventus Turin 2:1, n. V. 2:3; Atletico Madrid – FC Chelsea 0:1 (in Bukarest), 0:2; Atalanta Bergamo – Real Madrid 0:1, 1:3.

Viertelfinale: Manchester City – Borussia Dortmund 2:1, 2:1; Bayern München – Paris Saint-Germain 2:3, 1:0; Real Madrid – FC Liverpool 3:1, 0:0; FC Porto – FC Chelsea 0:2, 1:0 (beide Spiele in Sevilla).

Halbfinale: Real Madrid – FC Chelsea 1:1, 0:2; Paris Saint-Germain – Manchester City 1:2, 0:2.

Endspiel am 29. Mai in Porto: FC Chelsea – Manchester City 1:0 (0:0)

Chelsea: Mendy – Azpilicueta, Thiago Silva (Christensen), Rüdiger – James, Kanté, Jorginho, Chilwell – Havertz, Mount (Kovacic) – Werner (Pulisic) – Trainer: Tuchel.

Tor: Havertz – SR: Mateu Lahoz (Spanien) – Zuschauer: 14 110.

EUROPAPOKAL DER POKALSIEGER

1961	AC FLORENZ	1981	DYNAMO TIFLIS
1962	ATLETICO MADRID	1982	FC BARCELONA
1963	TOTTENHAM HOTSPUR	1983	FC ABERDEEN
1964	SPORTING LISSABON	1984	JUVENTUS TURIN
1965	WEST HAM UNITED	1985	FC EVERTON
1966	BORUSSIA DORTMUND	1986	DYNAMO KIEW
1967	BAYERN MÜNCHEN	1987	AJAX AMSTERDAM
1968	AC MAILAND	1988	KV MECHELEN
1969	SLOVAN BRATISLAVA	1989	FC BARCELONA
1970	MANCHESTER CITY	1990	SAMPDORIA GENUA
1971	FC CHELSEA	1991	MANCHESTER UNITED
1972	GLASGOW RANGERS	1992	WERDER BREMEN
1973	AC MAILAND	1993	AC PARMA
1974	1. FC MAGDEBURG	1994	FC ARSENAL
1975	DYNAMO KIEW	1995	REAL SARAGOSSA
1976	RSC ANDERLECHT	1996	PARIS ST. GERMAIN FC
1977	HAMBURGER SV	1997	FC BARCELONA
1978	RSC ANDERLECHT	1998	FC CHELSEA
1979	FC BARCELONA	1999	LAZIO ROM
1980	FC VALENCIA		

1960/61: AC Florenz

Endspiele am 11. Mai in Glasgow und 27. Mai 1961 in Florenz:

AC Florenz – Glasgow Rangers 2:0 und 2:1

AC Florenz: Albertosi – Robotti, Castelletti – Gonfiantini, Orzan, Rimbaldo – Hamrin, Micheli, Da Costa, Milani, Petris.

Tore: im ersten Spiel Milan (2). – SR: Steiner (Österreich), Tore im zweiten Spiel: Milan, Hamrin (Scott für Glasgow). – SR: Hernadi (Ungarn). – Zuschauer: 1. Spiel 80 000; 2. Spiel 50 000.

1961/62: Atletico Madrid

Endspiele am 10. Mai in Glasgow und 5. September 1962 in Stuttgart

Atletico Madrid – AC Florenz 1:1 n. V. und 3:0.

Atletico Madrid: Madinabeytia – Rivilla, Calleja – Ramirez, Griffa, Glaria – Jones, Adelardo, Mendonca, Peiro, Collar.

Tore im ersten Spiel: Peiro (Hamrin für Florenz). – SR: Wharton (Schottland).

Tore im zweiten Spiel: Jones, Mendonca, Peiro. – SR: Tschenscher (Deutschland). – Zuschauer: 1. Spiel 27 000; 2. Spiel 39 000.

1962/63: Tottenham Hotspur

Endspiel am 15. Mai 1963 in Rotterdam:

Tottenham Hotspur – Atletico Madrid 5:1 (2:0)

Tottenham: Brown – Baker, Norman, Hendry – Blanchflower, Marchi – Jones, White, Smith, Greaves, Dyson.

Tore: Greaves (2), Dyson (2), White (Collar für Madrid). – SR: van Leuwen (Holland). – Zuschauer: 50 000.

1963/64: Sporting Lissabon

Endspiele am 13. Mai in Brüssel und 15. Mai 1964 in Antwerpen:

Sporting Lissabon – MTK Budapest 3:3 n. V. (3:3, 1:1) und 1:0 (1:0)

Sporting Lissabon: Carvalho – Gomes, Carlos – Peridis, Baptista, Mendes – Osvaldo – Mascarenhas, Figueiredo, Geo, Morais (Geraldo, Bocaleri).

Tore im ersten Spiel: Figueiredo (2), Mascaranhas (Kuti 2, Sandor für Budapest)

Tore im zweiten Spiel: Morais – 1. Spiel: SR: van Nuffel (Belgien), Zuschauer: 4000 – 2. Spiel: SR: Versyp (Belgien), Zuschauer: 19 000.

1964/65: West Ham United

Endspiel am 19. Mai 1965 in London:

West Ham United – TSV München 1860 2:0 (0:0)

West Ham United: Standen – Kirkup, Burkett, Moore – Peters, Brown – Sealey, Boyce, Hurst, Dear, Sissons.

München 1860: Radenkovic – Wagner, Reich, Kohlars – Bena, Luttrop – Grosser, Heiß, Küppers, Brunnenmeier, Rebele.

Tore: Sealey (2). – SR: Zsolt (Ungarn). – Zuschauer: 98 000.

1965/66: Borussia Dortmund

Endspiel am 5. Mai 1966 in Glasgow:

Borussia Dortmund – FC Liverpool 2:1 n. V. (1:1, 0:0)

Borussia Dortmund: Tilkowski – Cyliax, Paul, Redder – Kurrat, Assauer – Libuda, Schmidt, Held, Sturm, Emmerich.

Tore: Held, Libuda (Hunt für Liverpool). – SR: Schwinte (Frankreich). – Zuschauer: 42 000.

1966/67: Bayern München

Endspiel am 31. Mai 1967 in Nürnberg:

Bayern München – Glasgow Rangers 1:0 n. V.

Bayern München: Maier – Nowak, Beckenbauer, Olk, Kupferschmidt – Roth, Koulmann – Nafziger, Ohlhauser, Müller, Brenninger.

Tor: Roth. – SR: Lo Bello (Italien). – Zuschauer: 70 000.

1967/68: AC Mailand

Endspiel am 23. Mai 1968 in Rotterdam:

AC Mailand – Hamburger SV 2:0 (2:0)

AC Mailand: Cudicini – Anquiletti, Schnellinger, Rosato, Scala – Trapattoni, Lodetti – Rivera, Hamrin, Sormani, Prati.

Hamburger SV: Özcan – Sandmann, W. Schulz, Horst, Kurbjuhn – Dieckmann, Krämer – B. Dörfel, Seeler, Hönig, G. Dörfel.

Tore: Hamrin (2). – SR: De Mendibil (Spanien). – Zuschauer: 53 000.

1968/69: Slovan Bratislava

Endspiel am 21. Mai 1969 in Basel:

Slovan Bratislava – FC Barcelona 3:2 (3:1)

Slovan Bratislava: Vencel – Filo, Hrivnak, Horvath – Zlocha, Hrdlicka, Joszef Capkovic – Cvetler, Moder (Hatar), Jokl, Jan Capkovic.

Tore: Cvetler, Hrivnak, Jan Capkovic (Zaldua, Rexach für Barcelona). – SR: Van Ravens (Holland). – Zuschauer: 19 478.

1969/70: Manchester City

Endspiel am 29. April 1970 in Wien:

Manchester City – Gornik Zabrze 2:1 (2:0)

Manchester City: Corrigan – Book, Booth, Heslop, Pardoe – Doyle (Bowyer), Towers, Oakes – Bell, Lee, Young.

Tore: Young, Lee (Oslizlo für Zabrze). – SR: Schiller (Österreich). – Zuschauer: 10 000.

1970/71: FC Chelsea

Endspiele am 19. Mai und 21. Mai 1971 in Athen:

FC Chelsea – Real Madrid 1:1 n. V. (1:1, 0:1) und 2:1 (2:0)

Chelsea: Bonetti – Boyle, Dempsey, Webb, Harris – Hollins (Mulligan), Weller – Hudson, Osgood (Baldwin/2. Spiel Smethurst), Cooke, Houseman.

Tore: 1. Spiel Osgood (Zoco für Madrid), 2. Spiel Dempsey, Osgood (Fleitas für Madrid). – SR: Scheurer (Schweiz) im ersten, Bucheli (Schweiz) im zweiten Spiel. – Zuschauer: 42 000 (1. Spiel), 35 000 (2. Spiel).

1971/72: Glasgow Rangers

Endspiel am 24. Mai 1972 in Barcelona:

Glasgow Rangers – Dynamo Moskau 3:2 (2:0)

Glasgow Rangers: McCloy – Jardine, D. Smith, Johnstone, Mathieson – Greig, McDonald, Conn – McLean, Stein, Johnston.

Tore: Stein, Johnston (2), (Estrekow, Machowikow für Moskau). – SR: de Mendibil (Spanien). – Zuschauer: 35 000.

1972/73: AC Mailand

Endspiel am 16. Mai 1973 in Saloniki:

AC Mailand – Leeds United 1:0 (1:0)

AC Mailand: Vecchi – Sabadini, Anquiletti, Turone, Zignoli – Rosato (Dolci), Benetti, Rivera – Sogliano, Bigon, Chiarugi.

Tor: Chiarugi. – SR: Michas (Griechenland). – Zuschauer: 45 000.

1973/74: 1. FC Magdeburg

Endspiel am 8. Mai in Rotterdam:

1. FC Magdeburg – AC Mailand 2:0 (1:0)

1. FC Magdeburg: Schulze, – Enge, Zapf, Abraham, Tyll – Gaube, Pommerenke, Seguin, – Raugust, Sparwasser, Hoffmann.

Tore: Lanzi (Eigentor), Seguin. – SR: van Gemert (Holland). – Zuschauer: 4000.

1974/75: Dynamo Kiew

Endspiel am 14. Mai in Basel:

Dynamo Kiew – Ferencvaros Budapest 3:0 (2:0)

Dynamo Kiew: Rudakow – Troschkin, Fomenko, Reschko, Matwienko – Konkow, Muntian, Burjak – Onischtschenko, Kolotow, Blochin.

Tore: Onischtschenko (2), Blochin. – SR: Davidson (Schottland) – Zuschauer: 12 000.

1975/76: RSC Anderlecht

Endspiel am 5. Mai in Brüssel:

RSC Anderlecht – West Ham United 4:2 (1:1)

Anderlecht: Ruiter – Lomme, Van Binst, Broos, Thissen – Dockx, Van der Elst, Haan – Ressel, Coeck (Vercauteren), Rensenbrink.

Tore: Rensenbrink (2), Van der Elst (2), (Holland, Robson für West Ham). – SR: Wurtz (Frankreich). – Zuschauer: 58 000.

1976/77: Hamburger SV

Endspiel am 11. Mai in Amsterdam:

Hamburger SV – RSC Anderlecht 2:0 (0:0)

HSV: Kargus – Kaltz, Ripp, Nogly, Hidien – Memering, Magath – Steffenhagen, Reimann, Keller, Volkert.

Tore: Volkert, Magath. – SR: Partridge (England). – Zuschauer: 66 000.

1977/78: RSC Anderlecht

Endspiel am 3. Mai in Paris:

RSC Anderlecht – Austria Wien 4:0 (3:0)

RSC Anderlecht: de Bree – van Binst, Bross, Dusbaba, Thissen – Haan, Coeck, Vercauteren (Dockx) – Nielsen, van der Elst, Rensenbrink.

Tore: Rensenbrink (2), van Binst (2). – SR: Aldinger (Deutschland). – Zuschauer: 48 679.

1978/79: FC Barcelona

Endspiel am 16. Mai in Basel:

FC Barcelona – Fortuna Düsseldorf 4:3 (2:2, 2:2) n. V.

Barcelona: Artola – Zuviria, Costas (Martinez), Migueli, Albaladejo (de la Cruz) – Neeskens, Asensi, Sanchez – Rexach, Krankl, Carrasco.

Fortuna Düsseldorf: Daniel – Baltes, Zewe, Zimmermann (Lund), Köhnen – Brei (Weikl), Schmitz, Bommer, Th. Allofs – Kl. Allofs, Seel.

Tore: Sanchez, Rexach, Krankl, Asensi, (Seel (2), Th. Allofs für Düsseldorf). – SR: Palotai (Ungarn). – Zuschauer: 58 000.

1979/80: FC Valencia

Endspiel am 14. Mai in Brüssel:

FC Valencia – FC Arsenal 0:0 n. V.; 5:4 nach Elfmeterschießen

Valencia: Pereira – Carrette, Arias, Tendillo, Botubot – Solsona, Bonhof, Subirates (Castellanos) – Saura, Kempes, Pablo.

Tore aus dem Elfmeterschießen: Solsona, Stapleton, Pablo, Sunderland, Castellanos, Talbot, Bonhof, Hollins, Arias (Pereira hielt Elfmeter von Brady und Rix, Jennings von Kempes). – SR: Christov (CSSR). – Zuschauer: 36 000.

1980/81: Dynamo Tiflis

Endspiel am 13. Mai in Düsseldorf:

Dynamo Tiflis – Carl Zeiss Jena 2:1 (0:0)

Tiflis: Gabelija – Kostawa, Tschiwadse, Chisanischwili, Tawadse – Darasselija, Swanadse (Kakilaschwili), Sulakwelidse – Guzajew, Kipiani, Schengelija.

Jena: Grapenthin – Brauer, Schnuphase, Krause, Schilling – Kurbjuweit, Hoppe (Oevermann), Lindemann – Bielau (Töpfer), Raab, Vogel.

Tore: Guzajew, Darasselija (Hoppe für Jena). – SR: Lattanzi (Italien) – Zuschauer: 9000.

1981/82: FC Barcelona

Endspiel am 12. Mai in Barcelona:

FC Barcelona – Standard Lüttich 2:1 (1:1)

FC Barcelona: Urruti – Gerardo, Alesanco, Migueli, Manolo – Sanchez, Esteban, Moratalla – Simonsen, Quini, Carrasco.

Tore: Simonsen, Quini (Vandersmissen). – SR: Eschweiler (Deutschland). – Zuschauer: 100 000.

1982/83: FC Aberdeen

Endspiel am 11. Mai in Göteborg:

Real Madrid – FC Aberdeen 1:2 (1:1, 1:1) n. V.

FC Aberdeen: Leighton – Rougvie, Miller, McLeish, McMaster – Cooper, Simpson, Strachan – McGhee, Black (Hewitt), Weir.

Tore: Black, Hewitt (Juanito für Madrid). – SR: Menegalli (Italien). – Zuschauer: 17 804.

1983/84: Juventus Turin

Endspiel am 16. Mai in Basel:

Juventus Turin – FC Porto 2:1 (2:1)

Juventus: Tacconi – Gentile, Scirea, Brio, Cabrini – Bonini, Tardelli, Platini, Vignola (Caricola) – Rossi, Boniek.

Tore: Vignola, Boniek (Sousa für Porto). – SR: Prokop (DDR). – Zuschauer: 60 000.

1984/85: FC Everton

Endspiel am 15. Mai in Rotterdam:

FC Everton – Rapid Wien 3:1 (0:0)

Everton: Southall – Stevens, Mountfield, Ratcliffe – van den Hauwe, Reid, Steven, Bracewell, Sheedy – Gray, Sharp.

Tore: Gray, Steven, Sheedy (Krankl für Wien). – SR: Casarin (Italien). – Zuschauer: 5 0 000.

1985/86: Dynamo Kiew

Endspiel am 2. Mai in Lyon:

Dynamo Kiew – Atletico Madrid 3:0 (1:0)

Dynamo: Tschanow – Bessonow – Baltatscha (Bal), Kusnezow – Demjanenko, Jaremtschuk, Raz, Jakowenko, Sawarow (Jewtuschenko) – Belanow, Blochin.

Tore: Sawarow, Blochin, Jewtuschenko. – SR: Wöhrer (Österreich). – Zuschauer: 39 000.

1986/87: Ajax Amsterdam

Endspiel am 13. Mai in Athen:

Ajax Amsterdam – Lokomotive Leipzig 1:0 (1:0)

Ajax: Menzo – Silooy, Verlaat, Boeve – Wouters, Winter, Rijkaard, A. Mühren (Scholten) – van't Schip, van Basten, Witschge (Bergkamp).

Lokomotive: Müller – Kreer, Baum, Lindner, Zötsche – Scholz, Liebers (Kühn), Bredow, Marschall – Richter, Edmond (Leitzke).

Tor: Van Basten. – SR: Agnolin (Italien). – Zuschauer: 35 000.

1987/88: KV Mechelen

Endspiel am 11. Mai in Straßburg:

KV Mechelen – Ajax Amsterdam 1:0 (0:0)

KV Mechelen: Preud'homme – Clijsters – Sanders, Rutjes, Deferm – Emmers, E. Koeman, De Wilde (Demesmaeker), Hofkens (Theunis) – Ohana, den Boer.

Tor: den Boer. – SR: Pauly (Deutschland). – Zuschauer: 39 440.

1988/89: FC Barcelona

Endspiel am 10. Mai in Bern:

FC Barcelona – Sampdoria Genua 2:0 (1:0)

FC Barcelona: Zubizarreta – Aloisio, Alesanco, Urbano – Milla (Soler), Amor, Eusebio, Roberto – Lineker, Salinas, Beguiristain (Lopez-Rekarte).

Tore: Salinas, Lopez-Rekarte. – SR: Courtney (England). – Zuschauer: 45 000.

1989/90: Sampdoria Genua

Endspiel am 9. Mai in Göteborg:

Sampdoria Genua – RSC Anderlecht 2:0 (0:0, 0:0) n. V.

Sampdoria: Pagliuca – Pellegrini – Mannini, Vierchowod, Carboni – Invernizzi (Lombardo), Pari, Katanec (Salsano), Dossena – Vialli, Mancini.

Tore: Vialli (2). – Schiedsrichter Galler (Schweiz). – Zuschauer: 20 103.

1990/91: Manchester United

Endspiel am 15. Mai in Rotterdam:

Manchester United – FC Barcelona 2:1 (0:0)

Manchester: Sealey – Irwin, Bruce, Pallister, Blackmore – Phelan, Robson, Ince, McClair – Hughes, Sharpe.

Tore: Hughes (2) (Koeman für Barcelona). – SR: Karlsson (Schweden). – Zuschauer: 45 000.

1991/92: Werder Bremen

Endspiel am 6. Mai in Lissabon:

Werder Bremen – AS Monaco 2:0 (1:0)

Werder Bremen: Rollmann – Bratseth – Wolter (Schaaf), Borowka – Bockenfeld, Votava, Eilts, Neubarth (Kohn), Bode – Rufer, Allofs.

Tore: Allofs, Rufer. – SR: Pietro D'Elia (Italien). – Zuschauer: 15 000.

1992/93: AC Parma

Endspiel am 12. Mai in London:

AC Parma – FC Antwerpen 3:1 (2:1)

AC Parma: Ballotta – Minotti – Benarrivo, Apolloni, Di Chiara – Zoratto (Pin), Grün, Cuoghi, Brolin – Melli, Osio (Pizzi).

Tore: Minotti, Melli, Cuoghi (Severeyns für Antwerpen). – SR: Assenmacher (Deutschland). – Zuschauer: 37 393.

1993/94: FC Arsenal

Endspiel am 4. Mai in Kopenhagen:

FC Arsenal – AC Parma 1:0 (1:0)

Arsenal: Seaman – Dixon, Bould, Adams, Davis – Morrow, Campbell, Merson (McGoldrick), Winterburn – Smith, Selley.

Tor: Smith. – SR: Krondl (Tschechien). – Zuschauer: 34 000.

1994/95: Real Saragossa

Endspiel am 10. Mai in Paris:

Real Saragossa – FC Arsenal 2:1 (0:0, 1:1) n. V.

Saragossa: Cedrun – Belsue, Caceres, Aguado, Solana – Nayim, Pardeza, Aragon, Higuera (Sanjuan, Geli), Poyet – Esnaider.

Tore: Esnaider, Nayim (Hartson für Arsenal). – SR: Ceccarini (Italien). – Zuschauer: 42 424.

1995/96: Paris Saint-Germain

Endspiel am 8. Mai in Brüssel:

Paris Saint-Germain – Rapid Wien 1:0 (1:0)

Paris: Lama – Le Guen – N'Gotty, Roche – Fournier (Llacer), Bravo, Guerin, Djorkaeff, Colleter – Rai (Dely Valdez), Loko.

Tor: N'Gotty. – SR: Pairetto (Italien). – Zuschauer: 37 500.

1996/97: FC Barcelona

Endspiel am 14. Mai in Rotterdam:

FC Barcelona – Paris Saint-Germain 1:0 (1:0)

Barcelona: Vitor Baia – Ferrer, Fernando Couto, Abelardo, Sergi – Popescu (Amor), Guardiola – Figo, De la Pena (Stoitchkov), Luis Enrique (Pizzi) – Ronaldo.

Tor: Ronaldo. – SR: Dr. Merk (Deutschland). – Zuschauer: 51 000.

1997/98: FC Chelsea

Endspiel am 13. Mai in Stockholm:

FC Chelsea – VfB Stuttgart 1:0 (0:0)

Chelsea: De Goey – Clarke, Dubbery, Lebœuf, Granville – Petrescu, Wise, Di Matteo, Poyet (Newton) – Flo (Zola) – Vialli.

VfB Stuttgart: Wohlfahrt – Schneider (Endreß), Yakin, Berthold – Haber (Djordjevic), Soldo, Poschner, Hagner (Ristic) – Balakov – Bobic, Akpoborie.

Tor: Zola. – SR: Braschi (Italien). – Zuschauer: 30 216.

1998/99: Lazio Rom

Endspiel am 19. Mai in Birmingham:

RCD Mallorca – Lazio Rom 1:2 (1:1)

Lazio: Marchegiani – Pancaro, Mihajlovic, Nesta, Favalli – Stankovic (Sergio Conceicao), Almeyda, Mancini (Couto), Nedved (Lombardo) – Vieri, Salas.

Tore: Vieri, Nedved (Dani für Mallorca). – SR: Benkö (Österreich). – Zuschauer: 33 021.

Die Ergebnisse des Europapokals der Pokalsieger erschienen zum letzten mal im Almanach 2004

MESSEPOKAL/UEFA-POKAL/EUROPA LEAGUE

1958	FC BARCELONA	1991	INTER MAILAND
1960	FC BARCELONA	1992	AJAX AMSTERDAM
1961	AS ROM	1993	JUVENTUS TURIN
1962	FC VALENCIA	1994	INTER MAILAND
1963	FC VALENCIA	1995	AC PARMA
1964	REAL SARAGOSSA	1996	BAYERN MÜNCHEN
1965	FERENCVAROS BUDAPEST	1997	FC SCHALKE 04
1966	FC BARCELONA	1998	INTER MAILAND
1967	DINAMO ZAGREB	1999	AC PARMA
1968	LEEDS UNITED	2000	GALATASARAY ISTANBUL
1969	NEWCASTLE UNITED	2001	FC LIVERPOOL
1970	FC ARSENAL	2002	FEYENOORD ROTTERDAM
1971	LEEDS UNITED	2003	FC PORTO
1972	TOTTENHAM HOTSPUR	2004	FC VALENCIA
1973	FC LIVERPOOL	2005	ZSKA MOSKAU
1974	FEYENOORD ROTTERDAM	2006	FC SEVILLA
1975	BORUSSIA M'GLADBACH	2007	FC SEVILLA
1976	FC LIVERPOOL	2008	ZENIT ST. PETERSBURG
1977	JUVENTUS TURIN	2009	SCHACHTAR DONEZK
1978	PSV EINDHOVEN	2010	ATLETICO MADRID
1979	BORUSSIA M'GLADBACH	2011	FC PORTO
1980	EINTRACHT FRANKFURT	2012	ATLETICO MADRID
1981	IPSWICH TOWN	2013	FC CHELSEA
1982	IFK GÖTEBORG	2014	FC SEVILLA
1983	RSC ANDERLECHT	2015	FC SEVILLA
1984	TOTTENHAM HOTSPUR	2016	FC SEVILLA
1985	REAL MADRID	2017	MANCHESTER UNITED
1986	REAL MADRID	2018	ATLETICO MADRID
1987	IFK GÖTEBORG	2019	FC CHELSEA
1988	BAYER LEVERKUSEN	2020	FC SEVILLA
1989	SSC NEAPEL	2021	FC VILLARREAL
1990	JUVENTUS TURIN		

Ein 1955 begründeter Wettbewerb, der ursprünglich den europäischen Stadtmannschaften der „klassischen" europäischen Messestädte vorbehalten war. Aber noch im ersten Wettbewerb 1955/56 übernahmen verschiedene Klubmannschaften die Vertretung ihrer Städte. Ab 1963 nahmen nur noch Klubmannschaften teil. Ursprünglich erstreckte sich jeder Wettbewerb über drei Jahre, ab 1960 wurde der Messepokal alljährlich ausgespielt und der Teilnehmerkreis vergrößert. Ab 1971/72 steht der Wettbewerb unter Leitung der UEFA und hieß bis 2008/09 UEFA-Pokal, ab 2009/10 Europa League.

1955/58: FC Barcelona

Gruppe 1: FC Barcelona – Kopenhagen 6:2, 1:1; Wien verzichtete; **Gruppe 2:** Inter Mailand – Birmingham City 0:0, 1:2; Zagreb – Birmingham City 0:1, 0:3; Zagreb – Inter Mailand 0:1, 0:4; **Gruppe 3:** Leipzig – Lausanne-Sports 6:3, 3:7; **Gruppe 4:** Basel – London 0:5, 0:1; London – Frankfurt 3:2, 0:1; Frankfurt – Basel 5:1, 2:6; .

Halbfinale: Lausanne-Sports – London 2:1, 0:2; Birmingham City – FC Barcelona 4:3, 0:1, 1:2 (in Basel).

Endspiele: London – FC Barcelona 2:2 und 0:6.

Barcelona: Estrems (Ramallets); Olivella, Segarra; Gensana, Gracia, (Verges), Ribelles (Brugue); Basora, Evaristo, Martinez, Villaverde (Suarez), Tejada.
Tore: Greaves, Langley/Tejada, Martinez (1. Spiel), Suarez 2, Evaristo 2, Martinez, Verges (2. Spiel). – SR: Dusch (Deutschland, beide Spiele) – Zuschauer: 45 000/60 000 – 5.3. und 1.5.

1958/60: FC Barcelona

Gruppe 1: Basel – FC Barcelona – Basel 1:2, 2:5; Inter Mailand – Olympique Lyon 7:0, 1:1; Belgrad – Lausanne Sports 6:1, 5:3; Frem Kopenhagen – FC Chelsea 1:3, 1:4.
Gruppe 2: Union St. Gilloise Brüssel – Leipzig 6:1, 0:1; Hannover 96 – AS Rom 1:3, 1:1; Zagreb – Ujpest Budapest 4:2, 0:1; Köln – Birmingham City 2:2, 0:2.
Viertelfinale: FC Barcelona – Inter Mailand 4:0, 4:2; Chelsea London – Belgrad 1:0, 1:4; Union St. Gilloise Brüssel – AS Rom 2:0, 1:1; Birmingham City – Zagreb 1:0, 3:3.
Halbfinale: Belgrad – FC Barcelona 1:1, 1:3; Union St. Gilloise Brüssel – Birmingham City 2:4, 2:4.

Endspiele: Birmingham City – FC Barcelona 0:0 und 1:4.

Barcelona: Ramallets; Olivella; Garcia; Gensana (Verges), Rodri, Segarra; Coll, Ribelles, Martinez (Kubala, Czibor), Kocsis.
Tore: Czibor 2, Martinez, Coll (Hooper für Birmingham) – SR: Van Nuffel (Belgien, beide) – Zuschauer: 41 000/70 000 – 29.3. und 4.5.

1960/61: AS Rom

Gruppe 1: Dinamo Zagreb – FC Barcelona 1:1, 3:4; Olympique Lyon – Köln 1:3, 2:1; Union St. Gilloise Brüssel – AS Rom 0:0, 1:4; Lausanne-Sports – Hibernian Edinburgh 0:2 (gewertet), Lausanne verzichtete auf Rückspiel.
Gruppe 2: KB Kopenhagen – Basel 8:1, 3:3; Birmingham City – Ujpest Budapest 3:2, 2:1; Inter Mailand – Hannover 96 8:2, 6:1; Leipzig – Belgrad 5:2, 1:4; 0:2 (in Budapest).
Viertelfinale: Köln – AS Rom 0:2, 2:0, 1:4 (in Rom); FC Barcelona – Hibernian Edinburgh 4:4, 2:3; Inter Mailand – Belgrad 5:0, 0:1; KB Kopenhagen – Birmingham City 4:4, 0:5.
Halbfinale: Hibernian Edinburgh – AS Rom 2:2, 3:3,0:6 (in Rom), Inter Mailand – Birmingham City 1:2, 1:2.

Endspiele: Birmingham City – AS Rom 2:2, 0:2.

AS Rom: Cudicini; Fontana, Corsini; Guiliano (Pestrin), Losi, Carpanesi; Orlando, Da Costa (Lojacono), Manfredini, Angelillo, Menichelli.
Tore: (Hellawell, Oritt für Birmingham im 1. Spiel), Manfredini 2; Pestrin, Farmer (Eigentor) im 2. Spiel – SR: Davidson (Schottland)/Schwinte (Frankreich) – Zuschauer: 21 000/60 000 – 27.9. und 11.10.

1961/62: FC Valencia

Gruppe 1: Spartak KPS Brünn – Leipzig 2:2, 1:4; Racing Straßburg – MTK Budapest 1:3, 2:10; AC Mailand – Novi Sad 0:0, 0:2. Freilos für: Iraklis Saloniki.
Gruppe 2: Kopenhagen – Dinamo Zagreb 2:7, 2:2; Berlin (West) – FC Barcelona 1:0, 0:3; Olympique Lyon – Sheffield Wednesday 4:2, 2:5. Freilos für: AS Rom.
Gruppe 3: Hannover 96 – Espanol Barcelona 0:1, 0:2; Basel – Roter Stern Belgrad 1:1, 1:4; Hibernian Edinburgh – Belenenses Lissabon 3:3, 3:1. Freilos für: Birmingham City.
Gruppe 4: Union St. Gilloise Brüssel – Heart of Midlothian 1:3, 0:2; 1. FC Köln – Inter Mailand 4:2, 0:2, 3:5 (in Mailand); FC Valencia – Nottingham Forest 2:0, 5:1. Freilos für: Lausanne-Sports.
Achtelfinale: MTK Budapest – Leipzig 3:0, 0:3, 2:0 (in Bratislava); Iraklis Saloniki – Novi Sad 2:1, 1:9; FC Barcelona – Dinamo Zagreb 5:1, 2:2; Sheffield Wednesday – AS Rom 4:0, 0:1; Roter Stern Belgrad – Hibernian Edinburgh 4:0, 1:0; Espanol Barcelona – Birmingham City 5:2, 0:1; Heart of Midlothian Edinburgh – Inter Mailand 0:1, 0:4; FC Valencia – Lausanne-Sports 4:3 (nur ein Spiel).
Viertelfinale: Novi Sad – MTK Budapest 1:4, 1:2; Sheffield Wednesday – FC Barcelona 3:2, 0:2, Roter Espanol Barcelona – Stern Belgrad 2:1, 0:5; FC Valencia – Inter Mailand 2:0, 3:3.
Halbfinale: FC Valencia – MTK Budapest 3:0, 7:3; Roter Stern Belgrad – FC Barcelona 0:2, 1:4.

Endspiele: FC Valencia – FC Barcelona 6:2, 1:1.

FC Valencia: Zamora; Piquer, Mestre; Sastre, Quincoces, Chicao; Nunez, Ribelles (Urtiaga), Waldo, Guillot, Yosu.
Tore: Yosu 2, Gullot 3, Nunez (Kocsis 2 für Barcelona) im 1. Spiel; Guillot, (Kocsis für Barcelona) im 2. Spiel – SR: Barberan (Frankreich)/Campanati (Italien) – Zuschauer: 65 000/60 000 – 8.9. und 12.9.

1962/63: FC Valencia

Gruppe 1: Utrecht – Tasmania 1900 Berlin 3:2, 2:1; Hibernian Edinburgh – Kopenhagen 4:0, 3:2.
Gruppe 2: Belenenses Lissabon – FC Barcelona 1:1, 1:1, 2:3; Rapid Wien – Roter Stern Belgrad 1:1, 0:1.
Gruppe 3: FC Basel – Bayern München 0:3 (nur ein Spiel); Drumcondra Dublin – Odense 4:1, 2:4.
Gruppe 4: Altay Izmir – AS Rom 2:3 (in Izmir), 1:10; Glentoran Belfast – Real Saragossa 0:2, 2:6.
Gruppe 5: Viktoria Köln – Ferencvaros Budapest 4:3, 1:4; Sampdoria Genua – Aris Bonneweg 1:0, 2:0.
Gruppe 6: FC Porto – Dinamo Zagreb 1:2, 0:0; Olympique Marseille – Union St. Gilloise Brüssel 1:0, 2:4.
Gruppe 7: FC Everton – Dunfermline 1:0, 0:2; FC Valencia – Celtic Glasgow 4:2, 2:2.
Gruppe 8: Vojvodina Novi Sad – Leipzig 1:0, 0:2; Petrolul Ploesti – Spartak Brünn 4:0, 1:0.
Achtelfinale: Utrecht – Hibernian Edinburgh 0:1, 1:2; Roter Stern Belgrad – FC Barcelona 3:2, 0:1, 1:0 (in Nizza); Bayern München – Drumcondra Dublin 6:0, 0:1; Real Saragossa – AS Rom 2:4, 2:1; Sampdoria Genua – Ferencvaros Budapest 1:0, 0:6; Dinamo Zagreb – Union St. Gilloise Brüssel 2:1, 0:1, 3:2 (in Linz); FC Valencia – Dunfermline 4:0, 2:6, 1:0 (in Lissabon); Petrolul Ploesti – Leipzig 1:0, 0:1 1:0 (in Budapest).
Viertelfinale: Bayern München – Dinamo Zagreb 1:4, 0:0; Ferencvaros Budapest – Petrolul Ploesti 2:0, 0:1; AS Rom – Roter Stern Belgrad 3:0, 0:2; FC Valencia – Hibernian Edinburgh 5:0, 1:2.
Halbfinale: FC Valencia – AS Rom 3:0, 0:1; Ferencvaros Budapest – Dinamo Zagreb 1:2, 0:1.

Endspiele: Dinamo Zagreb – FC Valencia 1:2, 0:2.

FC Valencia: Zamora; Piquer, Chiaco; Paquito, Quincoces, Sastre; Mano, Sanchez-Lage, Waldo, Ribelles, Urtiaga (Nunez).
Tore: Waldo, Urtiaga (Zambata für Zagreb im 1. Spiel; Mano, Nunez im 2. Spiel – SR: Adami (Italien)/ Howley (England) – Zuschauer: 40 000/55 000 – 12. und 26.6.

1963/64: Real Saragossa

Gruppe 1: 1. FC Köln – AA Gent 3:1, 1:1; DOS Utrecht – Sheffield Wednesday 1:4, 1:4.
Gruppe 2: Spartak Brünn – Servette Genf 5:0, 2:1; Glentoran Belfast – Partick Thistle 1:4, 0:3.
Gruppe 3: Kopenhagen – FC Arsenal 1:7, 3:2; Aris Bonneweg – FC Lüttich 0:2, 0:0.
Gruppe 4: Lausanne-Sports – Heart of Midlothian Edinburgh 2:2, 2:2, 3:2 n. V. (in Lausanne); Iraklis Saloniki – Real Saragossa 0:3, 1:6.
Gruppe 5: Atletico Madrid – FC Porto 2:1, 0:0; Juventus Turin – OFK Belgrad 2:1, 1:2, 1:0 (in Triest).
Gruppe 6: Shamrock Rovers – FC Valencia 0:1, 2:2; Rapid Wien – Racing Paris 1:0, 3:2.
Gruppe 7: Hertha BSC – AS Rom 1:3, 0:2; Tresnjevka Zagreb – Belenenses Lissabon 0:2, 1:2.
Gruppe 8: SC Leipzig – Ujpest Budapest 0:0, 2:3; Steagul Rosu Brasov – Lokomotive Plovdiv 1:3, 1:2.
Achtelfinale: 1. FC Köln – Sheffield Wednesday 3:2, 2:1; Partick Thistle – Spartak Brünn 3:2, 0:4; FC Arsenal London – FC Lüttich 1:1, 1:3; Lausanne Sports – Real Saragossa 1:2, 0:3; Juventus Turin – Atletico Madrid 1:0, 2:1; Rapid Wien – FC Valencia 0:0, 2:3; AS Rom – Belenenses Lissabon 2:1, 1:0; Ujpest Budapest – Lokomotive Plovdiv 0:0, 3:1.
Viertelfinale: AS Rom – 1. FC Köln 3:1, 0:4; FC Valencia – Ujpest Budapest 5:2, 1:3; Real Saragossa – Juventus Turin 3:2, 0:0; FC Lüttich – Spartak Brünn 2:0, 0:2, 1:0 (in Lüttich).
Halbfinale: FC Valencia – 1. FC Köln 4:1, 0:2; FC Lüttich – Real Saragossa 1:0, 1:2, 0:2 (in Saragossa).

Endspiel: Real Saragossa – FC Valencia 2:1 in Barcelona.

Real Saragossa: Yarza; Cortizo, Reija, Isasi; Santamaria, Pais; Canario, Duca, Marcelino, Villa, Lapetra.
Tore: Villa, Marcelino (Urtiaga für Valencia) – SR: Campos (Portugal) – Zuschauer: 50 000 – 25.6.

1964/65: Ferencvaros Budapest

Gruppe 1: Eintracht Frankfurt – FC Kilmarnock 3:0, 1:5; Valerengen Oslo – FC Everton 2:5, 2:4; FC Kilmarnock – FC Everton 0:2, 1:4.
Gruppe 2: Borussia Dortmund – Girondins Bordeaux 4:1, 0:2; Djurgarden Stockholm – Manchester United 1:1, 1:6; Borussia Dortmund – Manchester United 1:6, 0:4.
Gruppe 3: Leixoes Porto – Celtic Glasgow 1:1, 0:3; FC Barcelona – AC Florenz 0:1, 2:0; FC Barcelona – Celtic Glasgow 3:1, 0:0.
Gruppe 4: Racing Straßburg – AC Mailand 2:0, 0:1; FC Basel – Spora Luxemburg 2:0, 0:1; FC Basel – Racing Straßburg 0:1, 2:5.
Gruppe 5: Ferencvaros Budapest – Spartak Brünn 2:0, 0:1; Wiener Sport Klub – SC Leipzig 2:1, 1:0; Wiener Sport Klub – Ferencvaros Budapest 1:0, 1:2, 0:2 (in Budapest).
Gruppe 6: Belenenses Lissabon – Shelbourne Dublin 1:1, 0:0, 1:2 (in Dublin); Servette Genf – Atletico Madrid 2:2, 1:6; Shelbourne Dublin – Atletico Madrid 0:1, 0:1.

Gruppe 7: Vojvodina Novi Sad – Lokomotive Plovdiv 1:1, 1:1, 0:2 (in Sofia); Göztepe Izmir – Petrolul Ploesti 0:1, 1:2; Petrolul Ploesti – Lokomotive Plovdiv 1:0, 0:2.
Gruppe 8: KB Kopenhagen – DOS Utrecht 3:4, 1:2; FC Valencia – FC Lüttich 1:1, 1:3; DOS Utrecht – FC Lüttich 0:2, 0:2.
Gruppe 9: B 1913 Odense – VfB Stuttgart 1:3, 0:1; Dunfermline Athletic – Örgryte Göteborg 4:2, 0:0; Dunfermline Athletic – VfB Stuttgart 1:0, 0:0.
Gruppe 10: Atletico Bilbao – OFK Belgrad 2:2, 2:0; Hertha BSC – FC Antwerpen 2:1, 0:2; Atletico Bilbao – FC Antwerpen 2:0, 1:0.
Gruppe 11: Betis Sevilla – Stade Français Paris 1:1, 0:2; Union St. Gilloise Brüssel – Juventus Turin 0:1, 0:1; Stade Français Paris – Juventus Turin 0:0, 0:1.
Gruppe 12: Aris Saloniki – AS Rom 0:0, 0:3; NK Zagreb – Grazer AK 3:2, 6:0; NK Zagreb – AS Rom 1:1, 0:1.
Achtelfinale: AS Rom – Ferencvaros Budapest 1:2, 0:1; Atletico Bilbao – Dunfermline 1:0, 0:1, 2:1 (in Bilbao); Manchester United – FC Everton 1:1, 2:1; Racing Straßburg – FC Barcelona 0:0, 2:2, 0:0 n. V., Los für Straßburg (in Barcelona); Juventus Turin – Lokomotive Plovdiv 1:1, 1:1, 2:1 (in Turin); FC Lüttich – Atletico Madrid 1:0, 0:2.
Viertelfinale: Racing Straßburg – Manchester United 0:5, 0:0; Ferencvaros Budapest – Atletico Bilbao 1:0, 1:2, 3:0 (in Budapest); Freilose für: Atletico Madrid und Juventus Turin.
Halbfinale: Atletico Madrid – Juventus Turin 3:1, 1:3, 1:3 (in Turin); Manchester United – Ferencvaros Budapest 3:2, 0:1, 1:2 (in Budapest).

Endspiel: Ferencvaros Budapest – Juventus Turin 1:0 (in Turin).

Ferencvaros Budapest: Geczi; Novak, Matrai; Horvath, Juhasz, Orosz; Karaba, Varga, Albert, Rakosi, Fenyvesi.
Tor: Fenyvesi – SR: Dienst (Schweiz) – Zuschauer: 25 000 – 23.6.

1965/66: FC Barcelona

1. Runde: 1. FC Nürnberg – FC Everton 1:1, 0:1; US Luxemburg – 1. FC Köln 0:4, 0:13; DOS Utrecht – FC Barcelona 0:0, 1:7; FC Lüttich – NK Zagreb 1:0, 0:2; AC Mailand – Racing Straßburg 1:0, 1:2, n. V. 1:1 Los für Mailand, (in Mailand); FC Chelsea – AS Rom 4:1, 0:0; Hibernian Edinburgh – FC Valencia 2:0, 0:2, 0:3 (in Valencia); Stade Francais Paris – FC Porto 0:0, 0:1; Daring Club Brüssel – AIK Stockholm 1:3, 0:0; Malmö FF – TSV München 1860 0:3, 0:4; Leeds United – AC Turin 2:1, 0:0; PAOK Saloniki – Wiener SC 2:1, 0:6; Spartak Brünn – Lokomotive Plovdiv 2:0, 0:1; Girondins Bordeaux – Sporting Lissabon 0:4, 1:6; Roter Stern Belgrad – AC Florenz 0:4, 1:3; FC Antwerpen – FC Glentoran 1:0, 3:3. Freilose für: Hannover 96, Espanol Barcelona, Steagul Rosu Brasov, Göztepe Izmir, Servette Genf, CUF Barreiro, SC Leipzig, FC Basel, Aris Saloniki, Ujpest Budapest, Dunfermline Athletic, B 1903 Kopenhagen, Heart of Midlothian, Valerengen Oslo, Shamrock Rovers und Real Saragossa.
2. Runde: SC Leipzig – Leeds United 1:2, 0:0; Aris Saloniki – 1. FC Köln 2:1, 0:2; Göztepe Izmir – TSV München 1860 2:1, 1:9; Hannover 96 – FC Porto 5:0, 1:2; CUF Barreiro – AC Mailand 2:0, 0:2, 0:1 (in Mailand); Wiener SC – FC Chelsea 1:0, 0:2; Sporting Lissabon – Espanol Barcelona 2:1, 3:4, 1:2 (in Barcelona); Ujpest Budapest – FC Everton 3:0, 1:2; Heart of Midlothian – Valerengen Oslo 1:0, 3:1; FC Antwerpen – FC Barcelona 2:1, 0:2; Dunfermline Athletic – B 1903 Kopenhagen 5:0, 4:2; FC Basel – FC Valencia 1:3, 1:5; NK Zagreb – Steagul Rosu Brasov 2:2, 0:1; AIK Stockholm – Servette Genf 2:1, 1:4; AC Florenz – Spartak Brünn 2:0, 0:4; Shamrock Rovers – Real Saragossa 1:1, 1:2.
Achtelfinale: 1. FC Köln – Ujpest Budapest 3:2, 0:4; Servette Genf – TSV München 1860 1:1, 1:4; Hannover 96 – FC Barcelona 2:1, 0:1, n. V. 1:1, Los für Barcelona (in Hannover); AC Mailand – FC Chelsea 2:1, 1:2, n. V. 1:1, Los für Chelsea (in Mailand); Dunfermline Athletic – Spartak Brünn 2:0, 0:0; Espanol Barcelona – Steagul Rosu Brasov 3:1, 2:4, 1:0 (in Brasov); Leeds United – FC Valencia 1:1, 1:0; Heart of Midlothian – Real Saragossa 3:3, 2:2, 0:1 (in Saragossa).
Viertelfinale: TSV München 1860 – FC Chelsea 2:2, 0:1; Leeds United – Ujpest Budapest 4:1, 1:1; FC Barcelona – Espanol Barcelona 1:0, 1:0; Dunfermline Athletic – Real Saragossa 1:0, n. V. 2:4.
Halbfinale: FC Barcelona – FC Chelsea 2:0, 0:2, 5:0 (in Barcelona); Real Saragossa – Leeds United 1:0, 1:2, 3:1 (in Saragossa).

Endspiele: FC Barcelona – Real Saragossa 0:1, n. V. 4:2

FC Barcelona: Sadurni – Benitez (Foncho), Eladio – Montesinos, Gallego, Torres –Zaballa, Muller (Mas), Zaldua, Fuste, Vidal (Pujol).
Tore: (Canario für Saragossa im 1. Spiel); Pujol 2, Zaballa, Torres (Villa, Marcelino für Saragossa) im 2. Spiel) – SR: Zsolt (Ungarn)/Lo Bello (Italien) – Zuschauer: 70 000/35 000 – 14. 9. und 21. 9.

1966/67: Dinamo Zagreb

1. Runde: Drumcondra Dublin – Eintracht Frankfurt 0:2, 1:6; 1. FC Nürnberg – FC Valencia 1:2, 0:2; VfB Stuttgart – FC Burnley 1:1, 0:2; Djurgarden Stockholm – 1. FC Lok Leipzig 1:3, 1:2; Frigg Oslo – Dunfermline Athletic 1:3, 1:3; DOS Utrecht – FC Basel 2:1, 2:2; Roter Stern Belgrad – Atletico Bilbao 5:0, 0:2; US Luxemburg – FC Antwerpen 0:1, 0:1; OGC Nizza – Örgryte Göteborg 2:2, 1:2; Olimpija Ljubljana – Ferencvaros Budapest 3:3, 0:3; Spartak Brünn – Dinamo Zagreb 2:0, 0:2 (Los für Zagreb); Wiener SC – SSC Neapel 1:2, 1:3; Dinamo Pitesti – FC Sevilla 2:0, 2:2; Aris Saloniki – Juventus Turin 0:2, 0:5; Göztepe Izmir – FC Bologna 1:2, 1:3; FC Porto – Girondins Bordeaux 2:1, 1:2 (Los für Bordeaux). Freilose für: FC Toulouse, Dundee United, FC Barcelona, Vitoria Setubal, B 1909 Odense, Lausanne-Sports, Hvidovre Kopenhagen, AA Gent, FC Kilmarnock, Spartak Plovdiv, Benfica Lissabon, FC Lüttich, Sparta Prag, West Bromwich Albion, DWS Amsterdam und Leeds United.

2. Runde: Eintracht Frankfurt – Hvidovre Kopenhagen 5:1, 2:2; 1. FC Lok Leipzig – FC Lüttich 0:0, 2:1; DWS Amsterdam – Leeds United 1:3, 1:5; FC Antwerpen – FC Kilmarnock 0:1, 2:7; AA Gent – Girondins Bordeaux 1:0, 0:0; DOS Utrecht – West Bromwich Albion 1:1, 2:5; FC Barcelona – Dundee United 1:2, 0:2; FC Toulouse – Dinamo Pitesti 3:0, 1:5; FC Valencia – Roter Stern Belgrad 1:0, 2:1; B 1909 Odense – SSC Neapel 1:4, 1:2; Lausanne-Sports – FC Burnley 1:3, 0:5; Sparta Prag – FC Bologna 2:2, 1:2; Dunfermline Athletic – Dinamo Zagreb 4:2, 0:2; Juventus Turin – Vitoria Setubal 3:1, 2:0; Örgryte Göteborg – Ferencvaros Budapest 0:0, 1:7; Spartak Plovdiv – Benfica Lissabon 1:1, 0:3.

Achtelfinale: Eintracht Frankfurt – Ferencvaros Budapest 4:1, 1:2, 1. FC Lok Leipzig – Benfica Lissabon 3:1, 1:2; Juventus Turin – Dundee United 3:0, 0:1; Leeds United – FC Valencia 1:1, 2:0; FC Burnley – SSC Neapel 3:0, 0:0; FC Bologna – West Bromwich Albion 3:0, 3:1; FC Kilmarnock – AA Gent 1:0, n. V. 2:1; Dinamo Pitesti – Dinamo Zagreb 0:1, 0:0.

Viertelfinale: Eintracht Frankfurt – FC Burnley 1:1, 2:1; 1. FC Lok Leipzig – FC Kilmarnock 1:0, 0:2; Juventus Turin – Dinamo Zagreb 2:2, 0:3; FC Bologna – Leeds United 1:0, n. V. 0:1 (Los für Leeds).

Halbfinale: Eintracht Frankfurt – Dinamo Zagreb 3:0, n. V. 0:4; Leeds United – FC Kilmarnock 4:2, 0:0.

Endspiele: Dinamo Zagreb – Leeds United 2:0, 0:0.

Dinamo Zagreb: Skoric – Gracanin, Brncic, Belin, Ramljak – Blaskovic, Cercek – Piric, Zambata, Gucmirtl, Rora.

Tore: Cercek, Rora – SR: Perales (Spanien)/Sbardella(Italien) – Zuschauer: 40 000/35 000 – 30. 8. und 7. 9.

1967/68: Leeds United

1. Runde: Eintracht Frankfurt – Nottingham Forest 0:1, 0:4; Servette Genf – TSV München 1860 2:2, 0:4; SSC Neapel – Hannover 96 4:0, 1:1; 1. FC Köln – Slavia Prag 2:0, 2:2; Dynamo Dresden – Glasgow Rangers 1:1, 1:2; 1. FC Lok Leipzig – FC Linfield 5:1, 0:1; Malmö FF – FC Liverpool 0:2, 1:2; FC Bologna – Lyn Oslo 2:0, 0:0; OGC Nizza – AC Florenz 0:1, 0:4 ; Hibernian Edinburgh – FC Porto 3:0, 1:3; Club Brügge – Sporting Lissabon 0:0, 1:2; St. Patrick's Athletic – Girondins Bordeaux 1:3, 3:6; Spora Luxemburg – Leeds United 0:9, 0:7; Wiener SC – Atletico Madrid 2:5, 1:2; Vojvodina Novi Sad – CUF Barreiro 1:0, 3:1; Frem Kopenhagen – Atletico Bilbao 0:1, 2:3; DWS Amsterdam – FC Dundee 2:1, 0:3; FC Zürich – FC Barcelona 3:1, 0:1; PAOK Saloniki – FC Lüttich 0:2, 2:3; Dinamo Zagreb – Petrolul Ploesti 5:0, 0:2; FC Antwerpen – Göztepe Izmir 1:2, 0:0; DOS Utrecht – Real Saragossa 3:2, 1:3; Dinamo Pitesti – Ferencvaros Budapest 3:1, 0:4; Partizan Belgrad – Lokomotive Plovdiv 5:1, 1:1.

2. Runde: FC Liverpool – TSV München 1860 8:0, 1:2; Glasgow Rangers – 1. FC Köln 3:0, n. V. 1:3; Vojvodina Novi Sad – 1. FC Lok Leipzig 0:0, 2:0; Nottingham Forest – FC Zürich 2:1, 0:1; SSC Neapel – Hibernian Edinburgh 4:1, 0:5; FC Dundee – FC Lüttich 3:1, 4:1; FC Bologna – Dinamo Zagreb 0:0, 2:1; Real Saragossa – Ferencvaros Budapest 2:1, 0:3; Sporting Lissabon – AC Florenz 2:1, 1:1; Girondins Bordeaux – Atletico Bilbao 1:3, 0:1; Partizan Belgrad – Leeds United 1:2, 1:1; Atletico Madrid – Göztepe Izmir 2:0, 0:3.

Achtelfinale: Ferencvaros Budapest – FC Liverpool 1:0, 1:0; FC Zürich – Sporting Lissabon 3:0, 0:1; Leeds United – Hibernian Edinburgh 1:0, 1:1; Vojvodina Novi Sad – Göztepe Izmir 1:0, 1:0; Freilose für: FC Dundee, Atletico Bilbao, Glasgow Rangers und FC Bologna.

Viertelfinale: Glasgow Rangers – Leeds United 0:0, 0:2; Ferencvaros Budapest – Atletico Bilbao 2:1, 2:1; FC Bologna – Vojvodina Novi Sad 0:0, 2:0; FC Dundee – FC Zürich 1:0, 1:0.

Halbfinale: Ferencvaros Budapest – FC Bologna 3:2, 2:2; FC Dundee – Leeds United 1:1, 0:1.

Endspiele: Leeds United – Ferencvaros Budapest 1:0, 0:0

Leeds United: Sprake – Reaney. Cooper, J. Charlton, Lorimer – Bremner, Hunter – Madeley, Jones (Belfitt), Giles (Greenhoff), Gray (Hibbit, Bates).

Tor: Jones – SR: Scheurer (Schweiz)/Schulenburg (Deutschland) – Zuschauer: 26 000/76 000 – 7. 8. und 11. 9.

1968/69: Newcastle United

1. Runde: Hannover 96 – B 1909 Odense 3:2, 1:0; FC Metz – Hamburger SV 1:4, 2:3; Wacker Innsbruck – Eintracht Frankfurt 2:2, 0:3; Legia Warschau – TSV München 1860 6:0, 3:2; Hansa Rostock – OGC Nizza 3:0, 1:2; Atletico Bilbao – FC Liverpool 2:1, n. V. 1:2 (Los für Bilbao); Daring Brüssel – Panathinaikos Athen 2:1, 0:2; Slavia Sofia – FC Aberdeen 0:0, 0:2; Sporting Lissabon – FC Valencia 4:0, 1:4; Standard Lüttich – Leeds United 0:0, 2:3; Trakia Plovdiv – Real Saragossa 3:1, 0:2; Aris Saloniki – Hibernians Paola 1:0, 6:0; FC Bologna – FC Basel 4:1, 2:1; Dinamo Zagreb – AC Florenz 1:1, 1:2; SSC Neapel – Grasshoppers Zürich 3:1, 0:1; Lausanne-Sports – Juventus Turin 0:2, 0:2; FC Chelsea – Greenock Morton 5:0, 4:3; DOS Utrecht – FC Dundalk 1:1, n. V. 1:2; Skeid Oslo – AIK Stockholm 1:1, 1:2; Atletico Madrid – SV Waregem 2:1, 0:1; Leixoes Porto – Arges Pitesti 1:1, 0:0; Beerschot VAV – DWS Amsterdam 1:1, 1:2; Olimpija Ljubljana – Hibernian Edinburgh 0:3, 1:2; Vitoria Setubal – FC Linfield 3:0, 3:1; Newcastle United – Feyenoord Rotterdam 4:0, 0:2; Rapid Bukarest – OFK Belgrad 3:1, n. V. 1:6; Göztepe Izmir – Olympique Marseille 2:0, n.V 0:2 (Los für Göztepe); Wiener SC – Slavia Prag 1:0, 0:5; Glasgow Rangers – Vojvodina Novi Sad 2:0, 0:1; Olympique Lyon – Academica Coimbra 1:0, n. V. 0:1 (Los für Lyon); KB Kopenhagen und US Luxemburg verzichteten gegen 1. FC Lok Leipzig und Ujpest Budapest.

2. Runde: AIK Stockholm – Hannover 96 4:2, 2:5; Hamburger SV – Slavia Prag 4:1, 1:3; Juventus Turin – Eintracht Frankfurt 0:0, n. V. 0:1; Hibernian Edinburgh – 1. FC Lok Leipzig 3:1, 1:0; Hansa Rostock – AC Florenz 3:2, 1:2; OFK Belgrad – FC Bologna 1:0, 1:1; Leeds United – SSC Neapel 2:0, n. V. 0:2 (Los für Leeds); FC Aberdeen – Real Saragossa 2:1, 0:3; FC Chelsea – DWS Amsterdam 0:0, n. V. 0:0 (Los für Amsterdam); Göztepe Izmir – Arges Pitesti 3:0, 2:3; Vitoria Setubal – Olympique Lyon 5:0, 2:1; Glasgow Rangers – FC Dundalk 6:1, 3:0; Sporting Lissabon – Newcastle United 1:1, 0:1; Aris Saloniki – Ujpest Budapest 1:2, 1:9; SV Waregem – Legia Warschau 1:0, 0:2; Panathinaikos Athen – Atletico Bilbao 0:0, 0:1.

Achtelfinale: Hamburger SV – Hibernian Edinburgh 1:0, 1:2; Leeds United – Hannover 96 5:1, 2:1; Atletico Bilbao – Eintracht Frankfurt 1:0, 1:1; Vitoria Setubal – AC Florenz 3:0, 1:2; Real Saragossa – Newcastle United 3:2, 1:2; DWS Amsterdam – Glasgow Rangers 0:2, 1:2; OFK Belgrad – Göztepe Izmir 3:1, 0:2; Legia Warschau – Ujpest Budapest 0:1, 2:2.

Viertelfinale: Leeds United – Ujpest Budapest 0:1, 0:2; Newcastle United – Vitoria Setubal 5:1, 1:3 (in Lissabon); Glasgow Rangers – Atletico Bilbao 4:1, 0:2; Hamburger SV verzichtete gegen Göztepe Izmir.

Halbfinale: Göztepe Izmir – Ujpest Budapest 1:4, 0:4; Glasgow Rangers – Newcastle United 0:0, 0:2.

Endspiele: Newcastle United – Ujpest Budapest 3:0, 3:2

Newcastle United: McFaul – Craig, Clark, Gibb, Burton, Moncur – Scott (Foggon) – Robson, Davies, Arentoft, Sinclair.

Tore: Moncur 2, Scott im 1. Spiel; Moncur, Arentoft, Scott (Bene, Göröcs für Budapest) im 2. Spiel – SR: Hannot (Frankreich)/Heymann (Schweiz) – Zuschauer: 60 000/37 000 – 29. 5. und 11. 6.

1969/70: FC Arsenal

1. Runde: VfB Stuttgart – Malmö FF 3:0, 1:1; UD Las Palmas – Hertha BSC 0:0, 0:1; TSV München 1860 – Skeid Oslo 2:2, 1:2; Hannover 96 – Ajax Amsterdam 2:1, 0:3; Carl Zeiss Jena – Altay Izmir 1:0, 0:0; Hansa Rostock – Panionios Athen 3:0, 0:2; Wiener SC – Ruch Chorzow 4:2, 1:4; Sporting Lissabon – Linzer ASK 4:0, 2:2; Lausanne-Sports – Raba ETO Györ 1:2, 1:2; FC Zürich – FC Kilmarnock 3:2, 1:3; FC Rouen – Twente Enschede 2:0, 0:1; FC Metz – SSC Neapel 1:1, 1:2; Jeunesse Esch – FC Coleraine 3:2, 0:4; SC Charleroi – NK Zagreb 2:1, 3:1; FC Liverpool – FC Dundalk 10:0, 4:0; Hvidovre Kopenhagen – FC Porto 1:2, 0:2; FC Arsenal – FC Glentoran 3:0, 0:1; RSC Anderlecht – Valur Reykjavik 6:0, 2:0 (in Gent); Dunfermline Athletic – Girondins Bordeaux 4:0, 0:2; FC Barcelona – B 1913 Odense 4:0, 2:0; Rosenborg Trondheim – FC Southampton 1:0, 0:2; CE Sabadell – Club Brügge 2:0, 1:5; Dinamo Bacau – FC Floriana 6:0, 1:0; Partizan Belgrad – Ujpest Budapest 2:1, 0:2; Vitoria Setubal – Rapid Bukarest 3:1, 4:1; Dundee United – Newcastle United 1:2, 0:1; Inter Mailand – Sparta Prag 3:0, 1:0; Juventus Turin – Lokomotive Plovdiv 3:1, 2:1; Vojvodina Novi Sad – Gwardia Warschau 1:1, 0:1; Aris Saloniki – US Cagliari 1:1, 0:3 (abgebrochen); Vitoria Guimaraes – Banik Ostrau 1:0, 1:1; Slavia Sofia – FC Valencia 2:0, 1:1.

2.Runde: Hertha BSC – Juventus Turin 3:1, 0:0; VfB Stuttgart – SSC Neapel 0:0, 0:1; Carl Zeiss Jena – US Carliari 2:0, 1:0; Hansa Rostock – Inter Mailand 2:1, 0:3; Ajax Amsterdam – Ruch Chorzow 7:0, 2:1; RSC Anderlecht – FC Coleraine 6:1, 7:3; Sporting Lissabon – FC Arsenal 0:0, 0:3; Skeid Oslo – Dinamo Bacau 0:0, 0:2; Vitoria Setubal – FC Liverpool 1:0, 2:3; SC Charleroi – FC Rouen 3:1, 0:2; FC Porto – Newcastle United 0:0, 0:1; Club Brügge – Ujpest Budapest 5:2, 0:3; Dunfermline Athletic – Gwardia Warschau 2:1, 1:0; Vitoria Guimaraes – FC Southampton 3:3, 1:5; FC Kilmarnock – Slavia Sofia 4:1, 0:2; Raba ETO Györ – FC Barcelona 2:3, 0:2.

Achtelfinale: Vitoria Setubal – Hertha BSC 1:1, 0:1; Carl Zeiss Jena – Ujpest Budapest 1:0, 3:0; FC Kilmarnock – Dinamo Bacau 1:1, 0:2; FC Rouen – FC Arsanal 0:0, 0:1; SSC Neapel – Ajax Amsterdam 1:0, n. V. 0:4; RSC Anderlecht – Dunfermline Athletic 1:0, 2:3; Newcastle United – FC Southampton 0:0,

1:1; FC Barcelona – Inter Mailand 1:2, 1:1.
Viertelfinale: Hertha BSC – Inter Mailand 1:0, 0:2; Carl Zeiss Jena – Ajax Amsterdam 3:1, 1:5; RSC Anderlecht – Newcastle United 2:0, 1:3; Dinamo Bacau – FC Arsenal 0:2, 1:7.
Halbfinale: FC Arsenal – Ajax Amsterdam 3:0, 0:1; RSC Anderlecht – Inter Mailand 0:1, 2:0.

Endspiele: RSC Anderlecht – FC Arsenal 3:1, 0:3

FC Arsenal: Wilson – Storey, McLintock, McNab, Simpson – Kelly, Sammels, Graham – Armstrong, Radford, George (Kennedy).
Tore: (Mulder 2, Devrindt für Anderlecht), Kennedy im 1. Spiel; Kelly, Radford, Sammels im 2. Spiel – SR: Scheurer (Schweiz)/Kunze (DDR) – Zuschauer: 37 000/51 612 – 22. 4. und 28. 4.

1970/71: Leeds United

1. Runde: AA Gent – Hamburger SV 0:1, 1:7; 1. FC Köln – CS Sedan 5:1, 0:1; Bayern München – Glasgow Rangers 1:0, 1:1; B 1901 Nykøbing – Hertha BSC 2:4, 1:4; Partizan Belgrad – Dynamo Dresden 0:0, 0:6; Sarpsborg FK – Leeds United 0:1, 0:5; GKS Kattowitz – FC Barcelona 0:1, 2:3; FC Sevilla – Eskisehirspor 1:0, 1:3; AEK Athen – Twente Enschede 0:1, 0:3; Zeljeznicar Sarajevo – RSC Anderlecht 3:4, 4:5; Lausanne-Sports – Vitoria Setubal 0:2, 1:2; FC Liverpool – Ferencvaros Budapest 1:0, 1:1; FC Coleraine – FC Kilmarnock 1:1, 3:2; Akademisk Kopenhagen – Sliema Wanderers 7:0, 3:2; Wiener SC – SK Beveren 0:2, 0:3; FC Barreirense – Dinamo Zagreb 2:0, 1:6; Spartak Trnava – Olympique Marseille 2:0, n. V. 0:2 (Trnava 4:3-Sieger nach Elfmeterschießen); Hibernian Edinburgh – Malmö FF 6:0, 3:2; Ilves-Kissat Tampere – Sturm Graz 4:2, 0:3; Trakia Plovdiv – Coventry City 1:4, 0:2; Universitatea Craiova – Pecsi Dosza 2:1, 0:3; Lazio Rom – FC Arsenal 2:2, 0:2; Juventus Turin – US Rümelingen 7:0, 4:0; Dinamo Bukarest – PAOK Saloniki 5:0, 0:1; Hajduk Split – Slavia Sofia 3:0, 0:1; Cork Hibernians – FC Valencia 0:3, 1:3; Dundee United – Grasshoppers Zürich 3:2, 0:0; Sparta Rotterdam – IA Akranes 6:0, 9:0 (in Den Haag); Inter Mailand – Newcastle United 1:1, 0:2; Sparta Prag – Atletico Bilbao 2:0, 1:1; Vitoria Guimaraes – AS Angoulême 3:0, 1:3; Ruch Chorzow – AC Florenz 1:1, 0:2.
2. Runde: Dinamo Zagreb – Hamburger SV 4:0, 0:1; AC Florenz – 1. FC Köln 1:2, 0:1; Bayern München – Coventry City 6:1, 1:2; Hertha BSC – Spartak Trnava 1:0, 1:3; Leeds United – Dynamo Dresden 1:0, 1:2; FC Barcelona – Juventus Turin 1:2, 1:2; Sparta Prag – Dundee United 3:1, 0:1; Hibernian Edinburgh – Vitoria Guimaraes 2:0, 1:2; Sparta Rotterdam – FC Coleraine 2:0, 2:1; Vitoria Setubal – Hajduk Split 2:0, 1:2; Sturm Graz – FC Arsenal 1:0, 0:2; FC Liverpool – Dinamo Bukarest 3:0, 1:1; Akademisk Kopenhagen – RSC Anderlecht 1:3, 0:4; Newcastle United – Pecsi Dozsa 2:0, n. V. 0:2 (Pecs 5:3-Sieger nach Elfmeterschießen); FC Valencia – SK Beveren 0:1, 1:1; Eskisehirspor – Twente Enschede 3:2, 1:6.
Achtelfinale: Bayern München – Sparta Rotterdam 2:1, 3:1; Spartak Trnava – 1. FC Köln 0:1, 0:3; Leeds United – Sparta Prag 6:0, 3:2; Pecsi Dozsa – Juventus Turin 0:1, 0:2; FC Arsenal – SK Beveren 4:0, 0:0; Dinamo Zagreb – Twente Enschede 2:2, 0:1; RSC Anderlecht – Vitoria Setubal 2:1, n. V. 1:3; Hibernian Edinburgh – FC Liverpool 0:1, 0:2.
Viertelfinale: FC Arsenal – 1. FC Köln 2:1, 0:1; FC Liverpool – Bayern München 3:0, 1:1, Leeds United – Vitoria Setubal 2:1, 1:1; Juventus Turin – Twente Enschede 2:0, n. V. 2:2.
Halbfinale: FC Liverpool – Leeds United 0:1, 0:0; 1. FC Köln – Juventus Turin 1:1, 0:2.

Endspiele: Juventus Turin – Leeds United 2:2, 1:1.

Leeds United: Sprake – Reaney, Cooper, Bremner, J. Charlton, Hunter, Lorimer, Clarke, Jones (Bates), Giles, Madeley.
Tore: (Bettega, Capello für Turin), Madeley, Bates im 1. Spiel; (Anastasi für Turin), Clarke im 2. Spiel – SR: van Ravens (Holland)/Glöckner (DDR) – Zuschauer: 65 000/42 483 – 28. 5. und 3. 6.

1971/72: Tottenham Hotspur

1. Runde: Hertha BSC – Elfsborg Boras 3:1, 4:1; Hamburger SV – FC St. Johnstone 2:1, 0:3; AS Saint-Etienne – 1. FC Köln 1:1, 1:2; FC Glentoran – Eintracht Braunschweig 0:1, 1:6; Carl Zeiss Jena – Lokomotive Plovdiv 3:0, 1:3; Chemie Halle – PSV Eindhoven 0:0, (Halle verzichtet auf Rückspiel wegen Brandkatastrophe); Lierse SK – Leeds United 0:2, 4:0; Rosenborg Trondheim – HIFK Helsinki 3:0, 1:0; Vasas Budapest – FC Shelbourne 1:0, 1:1; IB Keflavik – Tottenham Hotspur 1:6 (in Reykjavik), 0:9; Celta Vigo – FC Aberdeen 0:2, 0:1; FC Den Haag – Aris Bonneweg 5:0, 2:2; Wolverhampton Wanderers – Academica Coimbra 3:0, 4:1; FC Lugano – Legia Warschau 1:3, 0:0; FC Porto – FC Nantes 0:2, 1:1; FC Southampton – Athletic Bilbao 2:1, 0:2; SSC Neapel – Rapid Bukarest 1:0, 0:2; FC Bologna – RSC Anderlecht 1:1, 2:0; Vitoria Setubal – Olympique Nimes 1:0, 1:2; Atletico Madrid – Panionios Athen 2:1, 0:1; FC Basel – Real Madrid 1:2, 1:2; FC Marsa – Juventus Turin 0:6, 0:5; Dinamo Zagreb – Botev Vratza 6:1, 2:1; UT Arad – Austria Salzburg 4:1, 1:3; Fenerbahce Istanbul – Ferencvaros Budapest 1:1, 1:3;

AC Mailand – Digenis Akritas Morphou 4:0 3:0; Spartak Moskau – VSS Kosice 2:0, 1:2; OFK Belgrad – Djurgarden Stockholm 4:1, 2:2; Zeljeznicar Sarajevo – Club Brügge 3:0, 1:3; Zaglebie Walbrzych – Union Teplice 1:0, 3:2; FC Dundee – Akademisk BK Kopenhagen 4:2, 1:0; Vllaznija Shkoder verzichtete gegen Rapid Wien.

2. Runde: 1. FC Köln – FC Dundee 2:1, 2:4; Eintracht Braunschweig – Athletic Bilbao 2:1, 2:2; AC Mailand – Hertha BSC 4:2, 1:2; OFK Belgrad – Carl Zeiss Jena 1:1, 0:4; FC Den Haag – Wolverhampton Wanderers 1:3, 0:4; Real Madrid – PSV Eindhoven 3:1, 0:2 (in Den Bosch); Spartak Moskau – Vitoria Setubal 0:0, 0:4; Zaglebie Walbrzych – UT Arad 1:1, 1:2; Rosenborg Trondheim – Lierse SK 4:1, 0:3; FC St. Johnstone – Vasas Budapest 2:0, 0:1; Juventus Turin – FC Aberdeen 2:0, 1:1; Rapid Bukarest – Legia Warschau 4:0, 0:2; Zeljeznicar Sarajevo – FC Bologna 1:1, 2:2; FC Nantes – Tottenham Hotspur 0:0, 0:1; Ferencvaros Budapest – Panionios Athen 6:0, (Athen wegen unsportlichen Auftretens ausgeschlossen); Dinamo Zagreb – Rapid Wien 2:2, 0:0.

Achtelfinale: Eintracht Braunschweig – Ferencvaros Budapest 1:1, 2:5; Carl Zeiss Jena – Wolverhampton Wanderers 0:1, 0:3; AC Mailand – FC Dundee 3:0, 0:2; FC St. Johnstone – Zeljeznicar Sarajevo 1:0, 1:5; UT Arad – Vitoria Setubal 3:0, 0:1; Rapid Wien – Juventus Turin 0:1, 1:4; PSV Eindhoven – Lierse SK 1:0, 0:4; Tottenham Hotspur – Rapid Bukarest 3:0, 2:0.

Viertelfinale: AC Mailand – Lierse SK 2:0, 1:1; Juventus Turin – Wolverhampton Wanderers 1:1, 1:2; UT Arad – Tottenham Hotspur 0:2, 1:1; Ferencvaros Budapest – Zeljeznicar Sarajevo 1:2, n. V. 2:1 (Ferencvaros 5:4-Sieger nach Elfmeterschießen).

Halbfinale: Tottenham Hotspur – AC Mailand 2:1, 1:1; Ferencvaros Budapest – Wolverhampton Wanderers 2:2, 1:2.

Endspiele: Wolverhampton Wanderers – Tottenham Hotspur 1:2, 1:1.

Tottenham Hotspur: Jennings – Kinnear, England, Beal, Knowles – Mullery, Perryman, Coates (Pratt), Peters, Gilzean, Chivers.

Tore: (McCalliog für Wolverhampton), Chivers 2 im 1. Spiel; (Wagstaffe für Wolverhampton), Mullery im 2. Spiel – SR: Bachramow (UdSSR)/van Ravens (Holland) – Zuschauer: 45 000/54 303 – 3. 5. und 17. 5.

1972/73: FC Liverpool

1. Runde: FC Aberdeen – Borussia Mönchengladbach 2:3, 3:6 (in Nürnberg); 1. FC Köln – Bohemians Dublin 2:1, 3:0; Stoke City – 1. FC Kaiserslautern 3:1, 0:4; FC Liverpool – Eintracht Frankfurt 2:0, 0:0; Dynamo Dresden – VÖEST Linz 2:0, 2:2; SCO Angers – Dynamo Berlin 1:1, 1:2; Atvidabergs FF – Club Brügge 3:5, 2:1; Lyn Oslo – Tottenham Hotspur 3:6, 0:6; Manchester City – FC Valencia 2:2, 1:2; Honved Budapest – Patrick Thistle 1:0, 3:0; Viking Stavanger – IB Vestmannaejar 1:0, 0:0 (in Reykjavik); Feyenoord Rotterdam – US Rümelingen 9:0, 12:0; Olympique Nimes – Grasshoppers Zürich 1:2, 1:2; Vitoria Setubal – Zaglebie Sosnowitz 6:1, 0:1; Racing White Brüssel – CUF Barreiro 0:1, 0:2; Turin Calcio – UD Las Palmas 2:0, 0:4; FC Sochaux – Frem Kopenhagen 1:3, 1:2; Olympiakos Piräus – US Cagliari 2:1, 1:0; FC Porto – FC Barcelona 3:1, 1:0; Universitatea Cluj – Levski/Spartak Sofia 4:1, 1:5; Roter Stern Belgrad – Lausanne-Sports 5:1, 2:3; Inter Mailand – FC Valletta 6:1, 1:0; Beroe Stara Zagora – Austria Wien 7:0, 3:1; UT Arad – IFK Norrköping 1:2, 0:2; EPA Larnaca – Ararat Erewan 0:1, 0:1; AEK Athen – BTC Salgotarjan 3:1, 1:1; Eskisehirspor – AC Florenz 1:2 , 0:3; Dukla Prag – OFK Belgrad 2:2, 1:3; Slovan Bratislava – Vojvodina Novi Sad 6:0, 2:1; Dynamo Tiflis – Twente Enschede 3:2, 0:2; Ruch Chorzow – Fenerbahce Istanbul 3:0, 0:1; HIFK Helsinki verzichtete gegen Hvidovre Kopenhagen.

2. Runde: Borussia Mönchengladbach – Hvidovre Kopenhagen 3:0 (in Nürnberg), 3:1; Viking Stavanger – 1. FC Köln 1:0, 1:9; CUF Barreiro – 1. FC Kaiserslautern 1:3, 1:0; Dynamo Berlin – Levski/Spartak Sofia 3:0, 0:2; Ruch Chorzow – Dynamo Dresden 0:1, 0:3; FC Porto – Club Brügge 3:0, 2:3; Roter Stern Belgrad – FC Valencia 3:1, 1:0; Inter Mailand – IFK Norrköping 2:2, 2:0; Beroe Stara Zagora – Honved Budapest 3:0, 0:1; Feyenoord Rotterdam – OFK Belgrad 4:3, 1:2; FC Liverpool – AEK Athen 3:0, 3:1; Vitoria Setubal – AC Florenz 1:0, 1:2; Grasshoppers Zürich – Ararat Erewan 1:3, 2:4; UD Las Palmas – Slovan Bratislava 2:2, 1:0; Frem Kopenhagen – Twente Enschede 0:5, 0:4; Tottenham Hotspur – Olympiakos Piräus 4:0, 0:1.

Achtelfinale: 1. FC Köln – Borussia Mönchengladbach 0:0, 0:5; Ararat Erewan – 1. FC Kaiserslautern 2:0, n. V. 0:2 (Kaiserslautern 5:4-Sieger nach Elfmeterschießen); FC Porto – Dynamo Dresden 1:2, 0:1; Dynamo Berlin – FC Liverpool 0:0, 1:3; Tottenham Hotspur – Roter Stern Belgrad 2:0, 0:1; Twente Enschede – Union Las Palmas 3:0, 1:2; OFK Belgrad – Beroe Stara Zagora 0:0, 3:1; Vitoria Setubal – Inter Mailand 2:0, 0:1.

Viertelfinale: 1. FC Kaiserslautern – Borussia Mönchengladbach 1:2, 1:7; FC Liverpool – Dynamo Dresden 2:0, 1:0; OKF Belgrad – Twente Enschede 3:2, 0:2; Tottenham Hotspur – Vitoria Setubal 1:0, 1:2.

Halbfinale: Borussia Mönchengladbach – Twente Enschede 3:0, 2:1; FC Liverpool – Tottenham Hotspur 1:0,1:2.

Endspiele: FC Liverpool – Borussia Mönchengladbach 3:0, 0:2.
FC Liverpool: Clemence – Lawler, Smith, Lloyd, Lindsay – Hughes, Cormack, Callaghan – Keegan, Toshack, Heighway (Hall, Boersma).
Borussia Mönchengladbach: Kleff – Michallik (Surau), Netzer, Bonhof, Vogts – Wimmer, Danner, Kulik – Jensen, Rupp (Simonsen), Heynckes.
Tore: Keegan 2, Lloyd im 1. Spiel; (Heynckes 2 für Mönchengladbach) im 2. Spiel – SR: Linemayr (Österreich)/Kasakow (UdSSR) – Zuschauer: 41 169/35 000 – 10. 5. und 23. 5.

1973/74: Feyenoord Rotterdam

1. Runde: VfB Stuttgart – Olympiakos Nikosia 9:0, 4:0 (in Biberach); Fortuna Düsseldorf – Naestved IF 1:0, 2:2; Eskisehirspor – 1. FC Köln 0:0, 0:2; Ruch Chorzow – Wuppertaler SV 4:1 (in Kattowitz), 4:5; Turin Calcio – 1. FC Lok Leipzig 1:2, 1:2; Carl Zeiss Jena – Mikkeli MP 3:0, 3:0; FC Admira/Wacker – Inter Mailand 1:0, n. V. 1:2; Panachaiki Patras – Grazer AK 2:1, 1:0; Grasshoppers Zürich – Tottenham Hotspur 1:5, 1:4; Lazio Rom – FC Sion 3:0, 1:3; Union Luxemburg – Olympique Marseille 0:5, 1:7; Östers Växjö – Feyenoord Rotterdam 1:3, 1:2; FC Dundee – Twente Enschede 1:3, 2:4; FC Ards Newtownards – Standard Lüttich 3:2, 1:6; Espanol Barcelona – RWD Molenbeek 0:3, 2:1; Tatran Presov – Velez Mostar 4:2, 1:1; VSS Kosice – Honved Budapest 1:0, 2:5; OGC Nizza – FC Barcelona 3:0, 0:2; Vitoria Setubal – VAV Beerschot 2:0, 2:0; FC Aberdeen – Finn Harps 4:1, 3:1; Hibernian Edinburgh – IB Keflavik 2:0, 1:1 (in Reykjavik); Belenenses Lissabon – Wolverhampton Wanderers 0:2, 1:2; Ipswich Town – Real Madrid 1:0, 0:0; Strömsgodset Drammen – Leeds United 1:1, 1:6; B 1903 Kopenhagen – AIK Stockholm 2:1, 1:1; Sliema Wanderers – Lokomotive Plovdiv 0:2, 0:1; AC Florenz – Universitatea Craiova 0:0, 0:1; Ferencvaros Budapest – Gwardia Warschau 0:1, 1:2; Dynamo Tiflis – Slavia Sofia 4:1, 0:2; Panathinaikos Athen – OFK Belgrad 1:2, 1:0; Fenerbahce Istanbul – Arges Pitesti 5:1, 1:1; FK Fredikstad – Dynamo Kiew 0:1, 0:4.
2. Runde: Olympique Marseille – 1. FC Köln 2:0, 0:6; VfB Stuttgart – Tatran Presov 3:1, n. V. 5:3; FC Admira/Wacker – Fortuna Düsseldorf 2:1, 0:3; 1. FC Lok Leipzig – Wolverhampton Wanderers 3:0, 1:4; Ruch Chorzow – Carl Zeiss Jena 3:0, 0:1; Vitoria Setubal – RWD Molenbeek 1:0, 1:2; Panachaiki Patras – Twente Enschede 1:1, 0:7; Ipswich Town – Lazio Rom 4:0, 2:4; Dynamo Kiew – B 1903 Kopenhagen 1:0, 2:1; Lokomotive Plovdiv – Honved Budapest 3:4, 2:3; Leeds United – Hibernian Edinburgh 0:0, n. V. 0:0 (Leeds 5:4-Sieger nach Elfmeterschießen); Feyenoord Rotterdam – Gwardia Warschau 3:1, 0:1; Standard Lüttich – Universitatea Craiova 2:0, 1:1; FC Aberdeen – Tottenham Hotspur 1:1, 1:4; Dynamo Tiflis – OFK Belgrad 3:0, 5:1; OGC Nizza – Fenerbahce Istanbul 4:0, 0:2.
Achtelfinale: Fortuna Düsseldorf – 1. FC Lok Leipzig 2:1, 0:3; OGC Nizza – 1. FC Köln 1:0, 0:4; Dynamo Kiew – VfB Stuttgart 2:0, 0:3; Standard Lüttich – Feyenoord Rotterdam 3:1, 0:2; Honved Budapest – Ruch Chorzow 2:0, 0:5; Dynamo Tiflis – Tottenham Hotspur 1:1, 1:5; Ipswich Town – Twente Enschede 1:0, 2:1; Leeds United – Vitoria Setubal 1:0, 1:3.
Viertelfinale: VfB Stuttgart – Vitoria Setubal 1:0, 2:2; 1. FC Köln – Tottenham Hotspur 1:2, 0:3; Ipswich Town – 1. FC Lok Leipzig 1:0, n. V. 0:1 (Leipzig 4:3-Sieger nach Elfmeterschießen); Ruch Chorzow – Feyenoord Rotterdam 1:1, n. V. 1:3.
Halbfinale: Feyenoord Rotterdam – VfB Stuttgart 2:1, 2:2; 1. FC Lok Leipzig – Tottenham Hotspur 1:2, 0:2.

Endspiele: Tottenham Hotspur – Feyenoord Rotterdam 2:2, 0:2.
Feyenoord Rotterdam: Treytel – Rijsbergen, Israel, van Daele, Vos – Jansen, de Jong, van Hanegem (Ramljak), Ressel – Schoemaker, Kristensen (Wery, Boskamp).
Tore: (England, van Daele (Eigentor) für Tottenham), van Hanegem, de Jong im 1. Spiel; Rijsbergen, Ressel im 2. Spiel) – SR: Scheurer (Schweiz)/Lo Bello (Italien) – Zuschauer: 46 281/59 000 – 21.5. und 29. 5.

1974/75: Borussia Mönchengladbach

1. Runde: 1. FC Köln – Kokkola PV 5:1, 4:1; Hamburger SV – Bohemians Dublin 3:0, 1:0; Wacker Innsbruck – Borussia Mönchengladbach 2:1, 0:3; Turin Calcio – Fortuna Düsseldorf 1:1, 1:3; Randers Freja – Dynamo Dresden 1:1, 0:0; Vorwärts Frankfurt/Oder – Juventus Turin 2:1, 0:3; Rapid Wien – Aris Saloniki 3:1, 0:1; Sturm Graz – FC Antwerpen 2:1, 0:1; Derby County – Servette Genf 4:1, 2:1; Ipswich Town – Twente Enschede 2:2, 1:1; Stoke City – Ajax Amsterdam 1:1, 0:0; FC Nantes – Legia Warschau 2:2, 1:0; Östers Växjö – Dynamo Moskau 3:2, 1:2; RWD Molenbeek – FC Dundee 1:0, 4:2; Valur Reykjavik – FC Portadown 0:0, 1:2; Start Kristiansand – Djurgarden Stockholm 1:2, 0:5; KB Kopenhagen – Atletico Madrid 3:2, 0:4; Rosenborg Trondheim – Hibernian Edinburgh 2:3, 1:9; Olympique Lyon – Red Boys Differdingen 7:0, 4:1; Vitoria Setubal – Real Saragossa 1:1, 0:4; FC Porto – Wolverhampton Wanderers 4:1, 1:3; Etar Veliko Tarnovo – Inter Mailand 0:0, 0:3; FC Amsterdam – Hibernians Paola 5:0, 7:0 (in Amsterdam); Real Sociedad San Sebastian – Banik Ostrau 0:1, 0:4; Lokomotive Plovdiv – Raba ETO Györ 3:1, n. V. 1:3 (Györ 5:4-Sieger nach Elfmeterschießen); Gornik Zabrze – Partizan Belgrad

2:2, 0:3; Besiktas Istanbul – Steagul Rosu Brasov 2:0, 0:3; Spartak Moskau – Velez Mostar 3:1, 0:2; SSC Neapell – Videoton Szekesfehervar 2:0, 1:1; Grasshoppers Zürich – Panathinaikos Athen 2:0, 1:2; Boluspor – Dinamo Bukarest 0:1, 0:3; Pezoporikos Larnaca verzichtete gegen Dukla Prag.

2. Runde : Borussia Mönchengladbach – Olympique Lyon 1:0, 5:2; Hamburger SV – Steagul Rosu Brasov 8:0, 2:1; Dinamo Bukarest – 1. FC Köln 1:1, 2:3; Raba ETO Györ – Fortuna Düsseldorf 2:0, 0:3; Dynamo Dresden – Dynamo Moskau 1:0, n. V. 0:1 (Dresden 4:3-Sieger nach Elfmeterschießen); Inter Mailand – FC Amsterdam 1:2, 0:0; FC Nantes – Banik Ostrau 1:0, n. V. 0:2; Djurgarden Stockholm – Dukla Prag 0:2, 1:3; Partizan Belgrad – FC Portadown 5:0, 1:1; Twente Enschede – RWD Molenbeek 2:1, 1:0; Rapid Wien – Velez Mostar 1:1, 0:1; Derby County – Atletico Madrid 2:2, n. V. 2:2 (Derby 7:6-Sieger nach Elfmeterschießen); Hibernian Edinburgh – Juventus Turin 2:4, 0:4; SSC Neapel – FC Porto 1:0, 1:0; Grasshoppers Zürich – Real Saragossa 2:1, 0:5; Ajax Amsterdam – FC Antwerpen 1:0, 1:2.

Achtelfinale: Hamburger SV – Dynamo Dresden 4:1, 2:2; Borussia Mönchengladbach – Real Saragossa 5:0, 4:2; Partizan Belgrad – 1. FC Köln 1:0, 1:5; FC Amsterdam – Fortuna Düsseldorf 3:0, 2:1; Dukla Prag – Twente Enschede 3:1, 0:5; SSC Neapel – Banik Ostrau 0:2, 1:1; Derby County – Velez Mostar 3:1, 1:4; Juventus Turin – Ajax Amsterdam 1:0, 1:2.

Viertelfinale: Banik Ostrau – Borussia Mönchengladbach 0:1, 1:3; 1. FC Köln – FC Amsterdam 5:1, 3:2; Juventus Turin – Hamburger SV 2:0, 0:0; Velez Mostar – Twente Enschede 1:0, 0:2.

Halbfinale: 1. FC Köln – Borussia Mönchengladbach 1:3, 0:1; Twente Enschede – Juventus Turin 3:1, 1:0.

Endspiele: Borussia Mönchengladbach – Twente Enschede 0:0 (in Düsseldorf), 5:1.

Borussia Mönchengladbach: Kleff – Vogts, Stielike (Klinkhammer), Wittkamp, Surau (Schäffer), – Bonhof, Wimmer (Köppel), Danner (Del'Haye), Kulik – Simonsen, Jensen (Heynckes).

Tore: Heynckes 3, Simonsen 2, (Drost für Enschede) – SR: Palotai (Ungarn)/Schiller(Österreich) – Zuschauer: 42 000/21 000 – 7. 5. und 21. 5.

1975/76: FC Liverpool

1. Runde: MSV Duisburg – EN Paralimni 7:1, 3:2 (in Oberhausen); Hertha BSC – HJK Helsinki 4:1, 2:1; 1. FC Köln – B 1903 Kopenhagen 2:0, n. V. 3:2; Young Boys Bern – Hamburger SV 0:0, 2:4; Carl Zeiss Jena – Olympique Marseille 3:0, 1:0; FC Glentoran – Ajax Amsterdam 1:6, 0:8; Grasshoppers Zürich – Real Sociedad San Sebatian 3:3, 1:1; PAOK Saloniki – FC Barcelona 1:0, 1:6; ASA Tirgu Mures – Dynamo Dresden 2:2, 1:4; Molde FK – Östers Växjö 1:0, 0:6; Universitatea Craiova – Roter Stern Belgrad 1:3, 1:1; Bohemians Prag – Honved Budapest 1:2, 1:1; Tschernomorez Odessa – Lazio Rom 1:0, 0:3; Torpedo Moskau – SSC Neapel 4:1, 1:1; Vojvodina Novi Sad – AEK Athen 0:0, 1:3; AIK Stockholm – Spartak Moskau 1:1, 0:1; GAIS Göteborg – Slask Breslau 2:1, 2:4; VÖEST Linz – Vasas Budapest 2:0, 0:4; Holbaek B&IF – Stal Mielec 0:1, 1:2; Rapid Wien – Galatasaray Istanbul 1:0, 1:3; AS Rom – Dunav Russe 2:0, 0:1; Hibernian Edinburgh – FC Liverpool 1:0, 1:3; FC Everton – AC Mailand 0:0, 0:1; FC Antwerpen – Aston Villa 4:1, 1:0; Olympique Lyon – Club Brügge 4:3, 0:3; FC Porto – Avenir Beggen 7:0, 3:0; Feyenoord Rotterdam – Ipswich Town 1:2, 0:2; Levski/Spartak Sofia – Eskisehirspor 3:0, 4:1; Athlone Town – Valerengen Oslo 3:1, 1:1; Inter Bratislava – Real Saragossa 5:0, 3:2; IB Keflavik – Dundee United 0:2 (in Reykjavik), 0:4; Sliema Wanderers – Sporting Lissabon 1:2, 1:3.

2. Runde: MSV Duisburg – Levski/Spartak Sofia 3:2, 1:2; Hertha BSC – Ajax Amsterdam 1:0, 1:4; Roter Stern Belgrad – Hamburger SV 1:1, 0:4; Spartak Moskau – 1. FC Köln 2:0, 1:0; Carl Zeiss Jena – Stal Mielec 1:0, n. V. 0:1 (Mielec 3:2-Sieger nach Elfmeterschießen); Honved Budapest – Dynamo Dresden 2:2, 0:1; Athlone Town – AC Mailand 0:0, 0:3; Lazio Rom – FC Barcelona 0:3 (gewertet), 0:4; Inter Bratislava – AEK Athen 2:0, 1:3; Slask Breslau – FC Antwerpen 1:1, 2:1; Östers Växjö – AS Rom 1:0, 0:2; Vasas Budapest – Sporting Lissabon 3:1, 1:2; Galatasaray Istanbul – Torpedo Moskau 2:4, 0:3; Ipswich Town – Club Brügge 3:0, 0:4; Dundee United – FC Porto 1:2, 1:1; Real Sociedad San Sebastian – FC Liverpool 1:3, 0:6.

Achtelfinale: Hamburger SV – FC Porto 2:0, 1:2; Dynamo Dresden – Torpedo Moskau 3:0, 1:3 (in Simferopol); Slask Breslau – FC Liverpool 1:2, 0:3; Inter Bratislava – Stal Mielec 1:0, 0:2; AC Mailand – Spartak Moskau 4:0, 0:2 (in Sotschi); FC Barcelona – Vasas Budapest 3:1, 1:0; Club Brügge – AS Rom 1:0, 1:0; Ajax Amsterdam – Levski/Spartak Sofia 2:1, n. V. 1:2 (Sofia 5:3-Sieger nach Elfmeterschießen).

Viertelfinale: Hamburger SV – Stal Mielec 1:1, 1:0; Dynamo Dresden – FC Liverpool 0:0, 1:2; Club Brügge – AC Mailand 2:0, 1:2; FC Barcelona – Levski/Spartak Sofia 4:0, 4:5.

Halbfinale: Hamburger SV – Club Brügge 1:1, 0:1; FC Barcelona – FC Liverpool 0:1, 1:1.

Endspiele: FC Liverpool – Club Brügge 3:2, 1:1

FC Liverpool: Clemence – Smith, Thompson, Hughes, Neal – Callaghan, Kennedy, Keegan – Fairclough (Case), Toshack, Heighway.

Tore: Keegan, Kennedy, Case, (Lambert, Cools für Brügge) im 1. Spiel; Keegan (Lambert für Brügge) im 2. Spiel – SR: Biwersi (Deutschland)/Glöckner (DDR) – Zuschauer: 56 000/32 000 – 28. 4. und 19. 5.

1976/77: Juventus Turin

1. Runde: FC Porto – FC Schalke 04 2:2 (in Lissabon), 2:3; 1. FC Köln – GKS Tychy 2:0, 1:1 (in Kattowitz); EN Paralimni – 1. FC Kaiserslautern 1:3, 0:8; Eintracht Braunschweig – Holbaek B&IF 7:0, 0:1; Schachtar Donezk – Dynamo Berlin 3:0, 1:1; 1. FC Magdeburg – AC Cesena 3:0, 1:3; FC Glentoran – FC Basel 3:2, 0:3; Fram Reykjavik – Slovan Bratislava 0:3, 0:5; Queen's Park Rangers – Brann Bergen 4:0, 7:0; Naestved IF – RWD Molenbeek 0:3, 0:4; Kuopio PS – Östers Växjö 3:2, 0:2; Feyenoord Rotterdam – Djurgarden Stockholm 3:0, 1:2; Celtic Glasgow – Wisla Krakau 2:2, 0:2; Derby County – Finn Harps 12:0, 4:1; Wacker Innsbruck – Start Kristiansand 2:1, 5:0; Ajax Amsterdam – Manchester United 1:0, 0:2; Belenenses Lissabon – FC Barcelona 2:2, 2:3; Hibernian Edinburgh – FC Sochaux 1:0, 0:0; Red Boys Differdingen – SC Lokeren 0:3, 1:3; Manchester City – Juventus Turin 1:0, 0:2; Espanol Barcelona – OGC Nizza 3:1, 1:2; Grasshoppers Zürich – Hibernians Paola 7:0, 2:0; Ujpest Budapest – Athletic Bilbao 1:0, 0:5; Dinamo Bukarest – AC Mailand 0:0, 1:2; Slavia Prag – Akademik Sofia 2:0, n. V. 0:3; AEK Athen – Dynamo Moskau 2:0, n. V. 1:2; Fenerbahce Istanbul – Videoton Szekesfehervar 2:1, 0:4; ASA Tirgu Mures – Dinamo Zagreb 0:1, 0:3; Inter Mailand – Honved Budapest 0:1, 1:1; Austria Salzburg – Adanaspor 5:0, 0:2; Sportul Studentesc Bukarest – Olympiakos Piräus 3:0, 1:2; Lokomotive Plovdiv – Roter Stern Belgrad 2:1, 1:4.

2. Runde: 1. FC Köln – Grasshoppers Zürich 2:0, 3:2; 1. FC Kaiserslautern – Feyenoord Rotterdam 2:2, 0:5; Eintracht Braunschweig – Espanol Barcelona 2:1, 0:2; Sportul Studentesc Bukarest – FC Schalke 04 0:1, 0:4; 1. FC Magdeburg – Dinamo Zagreb 2:0, 2:2; Schachtar Donezk – Honved Budapest 3:0, 3:2; Wisla Krakau – RWD Molenbeek 1:1, n. V. 1:1 (Molenbeek 5:4-Sieger nach Elfmeterschießen); Hibernian Edinburgh – Östers Växjö 2:0, 1:4; Akademik Sofia – AC Mailand 4:3, 0:2; Slovan Bratislava – Queen's Park Rangers 3:3, 2:5; FC Basel – Athletic Bilbao 1:1, 1:3; AEK Athen – Derby County 2:0, 3:2; Wacker Innsbruck – Videoton Szekesfehervar 1:1, 0:1; Austria Salzburg – Roter Stern Belgrad 2:1, 0:1; FC Barcelona – SC Lokeren 2:0, 1:2; Manchester United – Juventus Turin 1:0, 0:3.

Achtelfinale: RWD Molenbeek – FC Schalke 04 1:0, 1:1; Queen's Park Rangers – 1. FC Köln 3:0, 1:4; 1. FC Magdeburg – Videoton Szekesfehervar 5:0, 0:1; AEK Athen – Roter Stern Belgrad 2:0, 1:3; Östers Växjö – FC Barcelona 0:3, 1:5; Espanol Barcelona – Feyenoord Rotterdam 0:1, 0:2; Athletic Bilbao – AC Mailand 4:1, 1:3; Juventus Turin – Schachtar Donezk 3:0, 0:1.

Viertelfinale: 1. FC Magdeburg – Juventus Turin 1:3, 0:1; Feyenoord Rotterdam – RWD Molenbeek 0:0, 1:2; Athletic Bilbao – FC Barcelona 2:1, 2:2; Queen's Park Rangers – AEK Athen 3:0, n. V. 0:3 (AEK 7:6-Sieger nach Elfmeterschießen).

Halbfinale: RWD Molenbeek – Athletic Bilbao 1:1, 0:0; Juventus Turin – AEK Athen 4:1, 1:0.

Endspiele: Juventus Turin – Athletic Bilbao 1:0, 1:2

Juventus Turin: Zoff – Cuccureddu, Gentile, Scirea, Morini – Tardelli, Furino, Benetti – Causio, Boninsegna (Spinosi, Gori), Bettega.

Tore: Tardelli im 1. Spiel; Bettega, (Irureta, Carlos Ruiz für Bilbao) im 2. Spiel – SR: Corver (Holland)/ Linemayr (Österreich) – Zuschauer: 75 000/43 000 – 4. 5. und 18. 5.

1977/78: PSV Eindhoven

1. Runde: AC Florenz – FC Schalke 04 0:0 (mit 0:3 gewertet), 1:2; Eintracht Frankfurt – Sliema Wanderers 5:0, 0:0 (in Gzira); Dynamo Kiew – Eintracht Braunschweig 1:1, 0:0; Bayern München – Mjöndalen IF 8:0, 4:0 (in Oslo); Odra Oppeln – 1. FC Magdeburg 1:2, 1:1; Carl Zeiss Jena – Altay Izmir 5:1, 1:4; Rapid Wien – Inter Bratislava 1:0, 0:3; Servette Genf – Athletic Bilbao 1:0, 0:2; Frem Kopenhagen – Grasshoppers Zürich 0:2, 1:6; FC Zürich – ZSKA Sofia 1:0, n. V. 1:1; SEC Bastia – Sporting Lissabon 3:2, 2:1; Bohemians Dublin – Newcastle United 0:0, 0:4; AZ ,67 Alkmaar – Red Boys Differdingen 11:1, 5:0; FC Barcelona – Steaua Bukarest 5:1, 3:1; Marek Stanke Dimitrov – Ferenvcaros Budapest 3:0, 0:2; Boavista Porto – Lazio Rom 1:0, 0:5; UD Las Palmas – Sloboda Tuzla 5:0, 3:4; Aston Villa – Fenerbahce Istanbul 4:0, 2:0; Dundee United – KB Kopenhagen 1:0, 0:3; Gornik Zabrze – Haka Valkeakoski 5:3, 0:0; RC Lens – Malmö FF 4:1, 0:2; RWD Molenbeek – FC Aberdeen 0:0, 2:1; Manchester City – Widzew Lodz 2:2, 0:0; FC Glenavon – PSV Eindhoven 2:6, 0:5; Landskrona BoIS – IpswichTown 0:1, 0:5; Start Kristiansand – Fram Reykjavik 6:0, 2:0; ASA Tirgu Mures – AEK Athen 1:0, 0:3; Turin Calcio – APOEL Nikosia 3:0, 1:1; Standard Lüttich – Slavia Prag 1:0, 2:3; Inter Mailand – Dynamo Tiflis 0:1, 0:0; Olympiakos Piräus – Dinamo Zagreb 3:1, 1:5; Linzer ASK – Ujpest Budapest 3:2, 0:7.

2. Runde: FC Zürich – Eintracht Frankfurt 0:3, 3:4; 1. FC Magdeburg – FC Schalke 04 4:2, 3:1; Start Kristiansand – Eintracht Braunschweig 1:0, 0:4; Bayern München – Marek Stanke Dimitrov 3:0, 0:2; RWD Molenbeek – Carl Zeiss Jena 1:1, n. V. 1:1 (Jena 6:5-Sieger nach Elfmeterschießen); Widzew Lodz – PSV Eindhoven 3:5, 0:1; Inter Bratislava – Grasshoppers Zürich 1:0, 1:5; AEK Athen – Standard Lüttich 2:2, 1:4; Turin Calcio – Dinamo Zagreb 3:1, 0:1; SEC Bastia – Newcastle United 2:1, 3:1; KB Kopenhagen – Dynamo Tiflis 1:4, 1:2; Aston Villa – Gornik Zabrze 2:0, 1:1; Lazio Rom – RC Lens 2:0,

n. V. 0:6; Ipswich Town – UD Las Palmas 1:0, 3:3; Ujpest Budapest – Athletic Bilbao 2:0, n. V. 0:3; AZ ,67 Alkmaar – FC Barcelona 1:1, n. V. 1:1 (Barcelona 5:4-Sieger nach Elfmeterschießen).
Achtelfinale: Eintracht Frankfurt – Bayern München 4:0, 2:1; PSV Eindhoven – Eintracht Braunschweig 2:0, 2:1; 1. FC Magdeburg – RC Lens 4:0, 0:2; Carl Zeiss Jena – Standard Lüttich 2:0, 2:1; Dynamo Tiflis – Grasshoppers Zürich 1:0, 0:4; SEC Bastia – Turin Calcio 2:1, 3:2; Aston Villa – Athletic Bilbao 2:0, 1:1; Ipswich Town – FC Barcelona 3:0, n. V. 0:3 (Barcelona 3:1-Sieger nach Elfmeterschießen).
Viertelfinale: Eintracht Frankfurt – Grasshoppers Zürich 3:2, 0:1; 1. FC Magdeburg – PSV Eindhoven 1:0, 2:4; SEC Bastia – Carl Zeiss Jena 7:2, 2:4; Aston Villa – FC Barcelona 2:2, 1:2.
Halbfinale: Grasshoppers Zürich – SEC Bastia 3:2, 0:1; PSV Eindhoven – FC Barcelona 3:0, 1:3

Endspiele: SEC Bastia – PSV Eindhoven 0:0, 0:3

PSV Eindhoven: van Beveren – Krijgh, van Kraay (Deacy), Brandts, Stevens – W. van de Kerkhof, van der Kuylen, Poortvliet – R. van de Kerkhof, Deijkers, Lubse.
Tore: W. van de Kerkhof, Deijkers, van der Kuylen im 2. Spiel – SR: Maksimovic (Jugoslavien)/Rainea (Rumänien) – Zuschauer: 15 000/27 000 – 26. 4. und 9. 5.

1978/79: Borussia Mönchengladbach

1. Runde: Hertha BSC – Trakia Plovdiv 0:0, 2:1; MSV Duisburg – Lech Posen 5:0, 5:2; Borussia Mönchengladbach – Sturm Graz 5:1, 2:1; FC Basel – VfB Stuttgart 2:3, 1:4; Dynamo Berlin – Roter Stern Belgrad 5:2, 1:4; Carl Zeiss Jena – Lierse SK 1:0, 2:2; FC Arsenal – 1. FC Lok Leipzig 3:0, 4:1; Hajduk Split – Rapid Wien 2:0, 1:2; Jeunesse Esch – Lausanne-Sports 0:0, 0:2; Standard Lüttich – Dundee United 1:0 (in Gent), 0:0; Twente Enschede – Manchester City 1:1, 2:3; Dynamo Tiflis – SSC Neapel 2:0, 1:1; Honved Budapest – Adanaspor 6:0, 2:2; Dukla Prag – Lanerossi Vicenza 1:0, 1:1; Arges Pitesti – Panathinaikos Athen 3:0, 2:1; ZSKA Sofia – FC Valencia 2:1, 1:4; Athletic Bilbao – Ajax Amsterdam 2:0, 0:3; Finn Harps – FC Everton 0:5, 0:5; FC Nantes – Benfica Lissabon 0:2, 0:0; Sporting Gijon – Turin Calcio 3:0, 0:1; Sporting Braga – Hibernians Paola 5:0, 2:3; Galatasaray Istanbul – West Bromwich Albion 1:3 (in Izmir), 1:3; Hibernian Edinburgh – IFK Norrköping 3:2, 0:0; Politehnica Timisoara – MTK/VM Budapest 2:0, 1:2; Pezoporikos Larnaca – Slask Breslau 2:2, 1:5; Olympiakos Piräus – Levski/Spartak Sofia 2:1, n. V. 1:3; AC Mailand – Lokomotive Kosice 1:0, n. V. 0:1 (Mailand 8:7-Sieger nach Elfmeterschießen); Kuopio PS – B 1903 Kopenhagen 2:1, 4:4; Torpedo Moskau – Molde FK 4:0, 3:3; Elfsborg Boras – Racing Straßburg 2:0, 1:4; Start Kristiansand – Esbjerg FB 0:0, 0:1; IB Vestmannaeyjar – FC Glentoran 0:0 (in Reykjavik), 1:1.
2. Runde: Carl Zeiss Jena – MSV Duisburg 0:0, n. V. 0:3; Torpedo Moskau – VfB Stuttgart 2:1, 0:2; Hertha BSC – Dynamo Tiflis 2:0, 0:1; Benfica Lissabon – Borussia Mönchengladbach 0:0, n. V. 0:2; Honved Budapest – Politehnica Timisoara 4:0, 0:2; FC Everton – Dukla Prag 2:1, 0:1; Arges Pitesti – FC Valencia 2:1, 2:5; Ajax Amsterdam – Lausanne-Sports 1:0, 4:0; Sporting Braga – West Bromwich Albion 0:2, 0:1; Racing Straßburg – Hibernian Edinburgh 2:0, 0:1; Sporting Gijon – Roter Stern Belgrad 0:1, 1:1; Kuopio PS – Esbjerg FB 0:2 (in Mikkeli), 1:4; IB Vestmannaeyjar – Slask Breslau 0:2 (in Reykjavik), 1:2; Manchester City – Standard Lüttich 4:0, 0:2; Hajduk Split – FC Arsenal 2:1, 0:1; Levski/Spartak Sofia – AC Mailand 1:1, 0:3.
Achtelfinale: Esbjerg FB – Hertha BSC 2:1, 0:4; Borussia Mönchengladbach – Slask Breslau 1:1, 4:2; VfB Stuttgart – Dukla Prag 4:1, 0:4; Racing Straßburg – MSV Duisburg 0:0, 0:4; Honved Budapest – Ajax Amsterdam 4:1, 0:2; AC Mailand – Manchester City 2:2, 0:3; FC Valencia – West Bromwich Albion 1:1, 0:2; Roter Stern Belgrad – FC Arsenal 1:0, 1:1.
Viertelfinale: Hertha BSC – Dukla Prag 1:1, 2:1; Honved Budapest – MSV Duisburg 2:3, 2:1; Manchester City – Borussia Mönchengladbach 1:1, 1:3; Roter Stern Belgrad – West Bromwich Albion 1:0, 1:1.
Halbfinale: MSV Duisburg – Borussia Mönchengladbach 2:2, 1:4; Roter Stern Belgrad – Hertha BSC 1:0, 1:2.

Endspiele: Roter Stern Belgrad – Borussia Mönchengladbach 1:1, 0:1 (in Düsseldorf)

Borussia Mönchengladbach: Kneib – Ringels, Vogts, Schäffer, Hannes – Wohlers (Gores), Kulik (Köppel), Schäfer, Nielsen (Danner) – Simonsen, Lienen.
Tore: (Sestic für Belgrad), Jurisic (Eigentor) im 1. Spiel; Simonsen im 2. Spiel) – SR: Foote (Schottland)/Michelotti (Italien) – Zuschauer: 87 500/45 000 – 9. 5. und 23. 5.

1979/80: Eintracht Frankfurt

1. Runde: Borussia Mönchengladbach – Viking Stavanger 3:0, 1:1; FC Aberdeen – Eintracht Frankfurt 1:1, 0:1; VfB Stuttgart – Turin Calcio 1:0, n. V. 1:2; FC Zürich – 1. FC Kaiserslautern 1:3, 1:5; Bohemians Prag – Bayern München 0:2, 2:2; Atletico Madrid – Dynamo Dresden 1:2, 0:3; Carl Zeiss Jena – West Bromwich Albion 2:0, 2:1; Sporting Gijon – PSV Eindhoven 0:0, 0:1; Sporting Lissabon – Bohemians

Dublin 2:0, 0:0; Zbrojovka Brünn – Esbjerg FB 6:0, 1:1; Galatasaray Istanbul – Roter Stern Belgrad 0:0, 1:3; Rapid Wien – VTK Diosgyör 0:1, 2:3; Inter Mailand – Real Sociedad San Sebastian 3:0, 0:2; Aris Saloniki – Benfica Lissabon 3:1, 1:2; Widzew Lodz – AS Saint Etienne 2:1, 0:3; Skeid Oslo – Ipswich Town 1:3, 0:7; Kalmar FF – IB Keflavik 2:1, 0:1 (in Reykjavik); Dundee United – RSC Anderlecht 0:0, 1:1; Aarhus GF – Stal Mielec 1:1, 1:0; Kuopio PT – Malmö FF 1:2, 0:2; Feyenoord Rotterdam – FC Everton 1:0, 1:0; FC Glenavon Lurgan – Standard Lüttich 0:1, 0:1; Lokomotive Sofia – Ferencvaros Budapest 3:0, 0:2; SSC Neapel – Olympiakos Piräus 2:0, 0:1; Schachtar Donezk – AS Monaco 2:1, 0:2; Dinamo Bukarest – Alki Larnaca 3:0, 9:0; Dynamo Kiew – ZSKA Sofia 2:1, 1:1; AC Perugia – Dinamo Zagreb 1:0, 0:0; Orduspor – Banik Ostrau 2:0, 0:6; FC Valletta – Leeds United 0:4, 0:3; Wiener SC – Universitatea Craiova 0:0, 1:3; Progres Niederkorn – Grasshoppers Zürich 0:2, 0:4.

2. Runde: Borussia Mönchengladbach – Inter Mailand 1:1, n. V. 3:2; Aarhus GF – Bayern München 1:2, 1:3; Sporting Lissabon – 1. FC Kaiserslautern 1:1, 0:2; Dinamo Bukarest – Eintracht Frankfurt 2:0, n. V. 0:3; Dynamo Dresden – VfB Stuttgart 1:1, 0:0; Roter Stern Belgrad – Carl Zeiss Jena 3:2, 3:2; Grasshoppers Zürich – Ipswich Town 0:0, 1:1; Dundee United – VTK Diosgyör 0:1, 1:3; Zbrojovka Brünn – IB Keflavik 3:1, 2:1 (in Reykjavik); PSV Eindhoven – AS Saint Etienne 2:0, 0:6; Aris Saloniki – AC Perugia 1:1, 3:0; Universitatea Craiova – Leeds United 2:0, 2:0; Banik Ostrau – Dynamo Kiew 1:0, 0:2; Lokomotive Sofia – AS Monaco 4:2, 1:2; Standard Lüttich – SSC Neapel 2:1, 1:1; Feyenoord Rotterdam – Malmö FF 4:0, 1:1.

Achtelfinale: VTK Diosgyör – 1. FC Kaiserslautern 0:2, 1:6; Grasshoppers Zürich – VfB Stuttgart 0:2, 0:3; Borussia Mönchengladbach – Universitatea Craiova 2:0, 0:1; Eintracht Frankfurt – Feyenoord Rotterdam 4:1, 0:1; Bayern München – Roter Stern Belgrad 2:0, 2:3; Lokomotive Sofia – Dynamo Kiew 1:0, 1:2; AS Saint-Etienne – Aris Saloniki 4:1, 3:3; Standard Lüttich – Zbrojovka Brünn 1:2, 2:3.

Viertelfinale: AS Saint-Etienne – Borussia Mönchengladbach 1:4, 0:2; 1. FC Kaiserslautern – Bayern München 1:0, 1:4; VfB Stuttgart – Lokomotive Sofia 3:1, 1:0; Eintracht Frankfurt – Zbrojovka Brünn 4:1, 2:3.

Halbfinale: VfB Stuttgart – Borussia Mönchengladbach 2:1, 0:2; Bayern München – Eintracht Frankfurt 2:0, n. V. 1:5.

Endspiele: Borussia Mönchengladbach – Eintracht Frankfurt 3:2, 0:1

Eintracht Frankfurt: Pahl – Neuberger, Pezzey, Körbel, Ehrmanntraut – Lorant, Borchers, B. Nickel, Hölzenbein (Nachtweih) – Karger (Trapp), Cha (Schaub).

Borussia Mönchengladbach: Kneib – Bödeker (Schäffer), Hannes, Schäfer, Ringels – Matthäus (Thychosen), Fleer, Kulik, Nielsen (Del'Haye) – H. Nickel, Lienen.

Tore: (Kulik 2, Matthäus für Mönchengladbach); Karger, Hölzenbein im 1. Spiel; Schaub im 2. Spiel – SR: Guruceta (Spanien)/Ponnet (Belgien) – Zuschauer: 25 000/59 000 – 7. 5. und 21. 5.

1980/81: Ipswich Town

1. Runde: Hamburger SV – FK Sarajevo 4:2, 3:3; IA Akranes – 1. FC Köln 0:4 (in Reykjavik), 0:6; 1. FC Kaiserslautern – RSC Anderlecht 1:0, 2:3; VfB Stuttgart – Pezoporikos Larnaca 6:0, 4:1; Schachtar Donezk – Eintracht Frankfurt 1:0, 0:3; Ballymena United – Vorwärts Frankfurt/Oder 2:1, 0:3; 1. FC Magdeburg – Moss FK 2:1, 3:2; Dynamo Dresden – Napredak Krusevac 1:0, 1:0; RWD Molenbeek – Turin Calcio 1:2, n. V. 2:2; Ujpest Budapest – Real Sociedad San Sebastian 1:1, 0:1; Zbrojovka Brünn -VÖEST Linz 3:1, 2:0; Grasshoppers Zürich – KB Kopenhagen 3:1, 5:2; AZ ,67 Alkmaar – Red Boys Differdingen 6:0, 4:0; Bohemians Prag – Sporting Gijon 3:1, 1:2; FC Porto – FC Dundalk 1:0, 0:0; Juventus Turin – Panathinaikos Athen 4:0, 2:4; Sliema Wanderers – FC Barcelona 0:2, 0:1; Vasas Budapest – Boavista Porto 0:2, 1:0; Twente Enschede – IFK Göteborg 5:1, 0:2; Manchester United – Widzew Lodz 1:1, 0:0; FC Sochaux – Servette Genf 2:0, 1:2; SC Lokeren – Dynamo Moskau 1:1, 1:0; PSV Eindhoven – Wolverhampton Wanderers 3:1, 0:1; Slask Breslau – Dundee United 0:0, 2:7; Fenerbahce Istanbul – Beroe Stara Zagora 0:1, 1:2; Arges Pitesti – FC Utrecht 0:0, 0:2; Linzer ASK – Radnicki Nisch 1:2, 1:4; Elfsborg Boras – FC St. Mirren 1:2, 0:0; Dynamo Kiew – Levski/Spartak Sofia 1:1, 0:0; Standard Lüttich – Steaua Bukarest 1:1, 2:1; Ipswich Town – Aris Saloniki 5:1, 1:3; Kuopio PS – AS Saint-Etienne 0:7, 0:7.

2. Runde: PSV Eindhoven – Hamburger SV 1:1, 1:2; 1. FC Köln – FC Barcelona 0:1, 4:0, 1. FC Kaiserslautern – Standard Lüttich 1:2, 1:2; FC Utrecht – Eintracht Frankfurt 2:1, 1:3; VfB Stuttgart – Vorwärts Frankfurt/Oder 5:1, 2:1; Turin Calcio – 1. FC Magdeburg 3:1, 0:1; Twente Enschede – Dynamo Dresden 1:1, 0:0; Dundee United – SC Lokeren 1:1, 0:0; Zbrojovka Brünn – Real Sociedad San Sebastian 1:1, 1:2; FC Sochaux – Boavista Porto 2:2, 1:0; Widzew Lodz – Juventus Turin 3:1, n. V. 1:3 (Lodz 4:1-Sieger nach Elfmeterschießen); FC Porto – Grasshoppers Zürich 2:0, n. V. 0:3; Ipswich Town – Bohemians Prag 3:0, 0:2; Levski/Spartak Sofia – AZ ,67 Alkmaar 1:1, 0:5; Beroe Stara Zagora – Radnicki Nisch 0:1, 1:2; FC St. Mirren – AS Saint-Etienne 0:0, 0:2.

Achtelfinale: Hamburger SV – AS Saint Etienne 0:5, 0:1; Eintracht Frankfurt – FC Sochaux 4:2, 0:2; VfB Stuttgart – 1. FC Köln 3:1, n. V. 1:4; Ipswich Town – Widzew Lodz 5:0, 0:1; Standard Lüttich – Dynamo Dresden 1:1, 4:1; SC Lokeren – Real Sociedad San Sebastian 1:0, 2:2; Radnicki Nisch – AZ ,67 Alkmaar 2:2, 0:5; Grasshoppers Zürich – Turin Calcio 2:1, n. V. 1:2 (Grasshoppers 4:3-Sieger nach Elfmeterschießen).
Viertelfinale: Standard Lüttich – 1. FC Köln 0:0, 2:3; Grasshoppers Zürich – FC Sochaux 0:0, 1:2; AS Saint-Etienne – Ipswich Town 1:4, 1:3; AZ ,67 Alkmaar – SC Lokeren 2:0, 0:1.
Halbfinale: Ipswich Town – 1. FC Köln 1:0, 1:0; FC Sochaux – AZ ,67 Alkmaar 1:1, 2:3.

Endspiele: Ipswich Town – AZ ,67 Alkmaar 3:0, 2:4 (in Amsterdam)

Ipswich Town: Cooper – Mills, Osman, Butcher, McCall – Thijssen, A. Mühren, Wark – Gates, Mariner, Brazil.
Tore: Wark, Mariner, Thijssen im 1. Spiel; (Welzl, Metgod, Tol, Jonker für Alkmaar), Thijssen, Wark im 2. Spiel – SR: Prokop (DDR)/Eschweiler (Deutschland) – Zuschauer: 27 532/28 500 – 6. 5. und 20. 5.

1981/82: IFK Göteborg

1. Runde: Hamburger SV – FC Utrecht 0:1, 6:3 (in Arnheim); Hajduk Split – VfB Stuttgart 3:1, 2:2; 1. FC Kaiserslautern – Akademik Sofia 1:0, 2:1; 1. FC Magdeburg – Borussia Mönchengladbach 3:1, 0:2; Dinamo Tirana – Carl Zeiss Jena 1:0, 0:4; Zenit Leningrad – Dynamo Dresden 1:2, 1:4; Rapid Wien – Videoton Szekesfehervar 2:2, 2:0; Sturm Graz – ZSKA Moskau 1:0, 1:2; Neuchâtel Xamax – Sparta Prag 4:0, 2:3; Grasshoppers Zürich – West Bromwich Albion 1:0, 3:1; Bohemians Prag – FC Valencia 0:1, 0:1; FC Nantes – SC Lokeren 1:1, 2:4; PSV Eindhoven – Naestved IF 7:0, 1:2; Boavista Porto – Atletico Madrid 4:1, 1:3; SSC Neapel – Radnicki Nisch 2:2, 0:0; Banyasz Tatabanya – Real Madrid 2:1, 0:1; Aris Saloniki – Sliema Wanderers 4:0, 4:2; Malmö FF – Wisla Krakau 2:0, 3:1; Feyenoord Rotterdam – Szombierki Beuthen 2:0, 1:1; Ipswich Town – FC Aberdeen 1:1, 1:3; SK Beveren – FC Linfield 3:0, 5:0; AS Monaco – Dundee United 2:5, 2:1; Panathinaikos Athen – FC Arsenal 0:2, 0:1; Spartak Moskau – Club Brügge 3:1, 3:1; APOEL Nikosia – Arges Pitesti 1:1, 0:4; Adanaspor – Inter Mailand 1:3, 1:4; Dinamo Bukarest – Levski/Spartak Sofia 3:0, 1:2; Limerick United – FC Southampton 0:3, 1:1; Sporting Lissabon – Red Boys Differdingen 4:0, 7:0; Bryne IL – FC Winterslag 0:2, 2:1; Haka Valkeakoski – IFK Göteborg 2:3, 0:4; Vikingur Reykjavik – Girondins Bordeaux 0:4, 0:4.
2. Runde: Girondins Bordeaux – Hamburger SV 2:1, 0:2; Spartak Moskau – 1. FC Kaiserslautern 2:1, 0:4; Borussia Mönchengladbach – Dundee United 2:0, 0:5; Real Madrid – Carl Zeiss Jena 3:2, 0:0; Feyenoord Rotterdam – Dynamo Dresden 2:1, 1:1; Rapid Wien – PSV Eindhoven 1:0, 1:2; Sturm Graz – IFK Göteborg 2:2, 2:3; Grasshoppers Zürich – Radnicki Nisch 2:0, n. V. 0:2 (Nisch 3:0-Sieger nach Elfmeterschießen); Malmö FF – Neuchâtel Xamax 0:1, 0:1; FC Winterslag – FC Arsenal 1:0, 1:2; SK Beveren – Hajduk Split 2:3, 2:1; Aris Saloniki – SC Lokeren 1:1, 0:4; FC Southampton – Sporting Lissabon 2:4, 0:0; FC Valencia – Boavista Porto 2:0, 0:1; FC Aberdeen – Arges Pitesti 3:0, 2:2; Inter Mailand – Dinamo Bukarest 1:1, n. V. 2:3.
Achtelfinale: FC Aberdeen – Hamburger SV 3:2, 1:3; SC Lokeren – 1. FC Kaiserslautern 1:0, 1:4; Radnicki Nisch – Feyenoord Rotterdam 2:0, 0:1; Rapid Wien – Real Madrid 0:1, 0:0; IFK Göteborg – Dinamo Bukarest 3:1, 1:0; Sporting Lissabon – Neuchâtel Xamax 0:0, 0:1; FC Valencia – Hajduk Split 5:1, 1:4; FC Winterslag – Dundee United 0:0, 0:5.
Viertelfinale: Real Madrid – 1. FC Kaiserslautern 3:1, 0:5; Hamburger SV – Neuchâtel Xamax 3:2, 0:0, FC Valencia – IFK Göteborg 2:2, 0:2; Dundee United – Radnicki Nisch 2:0, 0:3.
Halbfinale: 1. FC Kaiserslautern – IFK Göteborg 1:1, n. V. 1:2; Radnicki Nisch – Hamburger SV 2:1, 1:5.

Endspiele: IFK Göteborg – Hamburger SV 1:0, 3:0

IFK Göteborg: Wernersson – Svensson, Hysen, C. Karlsson, Frederiksson – Tord Holmgren, Strömberg, J. Karlsson – Corneliusson, Nilsson (Sandberg), Tommy Holmgren (Schiller).
Hamburger SV: Stein – Kaltz (Hidien), Hieronymus, Jakobs, Groh – Wehmeyer, Hartwig, Magath, von Heesen (Memering) – Hrubesch, Bastrup.
Tore: Tord Holmgren im 1. Spiel; Corneliusson, Nilsson, Frederiksson im 2. Spiel – SR: Carpenter (Irland)/Courtney (England) – Zuschauer: 42 548/60 000 – 5. 5. und 19. 5.

1982/83: RSC Anderlecht

1. Runde: AEK Athen – 1. FC Köln 0:1, 0:5; Borussia Dortmund – Glasgow Rangers 0:0, 0:2; 1. FC Kaiserslautern – Trabzonspor 3:0, 3:0; Vorwärts Frankfurt/Oder – Werder Bremen 1:3, 2:0; Viking Stavanger – 1. FC Lok Leipzig 1:0, 2:3; Carl Zeiss Jena – Girondins Bordeaux 3:1, 0:5; Manchester United – FC Valencia 0:0, 1:2; FC Glentoran – Banik Ostrau 1:3, 0:1; FC Utrecht – FC Porto 0:1 (in Groningen), 0:2 (in Lissabon); Progres Niederkorn – Servette Genf 0:1, 0:3; Benfica Lissabon – Real Betis Sevilla 2:1, 2:1; FC Haarlem – AA Gent 2:1, 3:3; AS Saint-Etienne – Banyasz Tatabanya 4:1, 0:0; Bohemians Prag – Admira/Wacker Wien 5:0, 2:1; AS Rom – Ipswich Town 3:0, 1:3; Ferencvaros

Budapest – Athletic Bilbao 2:1, 1:1; FC Zurrieq – Hajduk Split 1:4, 0:4; RSC Anderlecht – Kuopio PT 3:0, 3:1; Slask Breslau – Dynamo Moskau 2:2, 1:0; Lyngby BK – Brage IK Borlänge 1:2, 2:2; Dundee United – PSV Eindhoven 1:1, 2:0; Spartak Moskau – FC Arsenal 3:2, 5:2; Stal Mielec – SC Lokeren 1:1, 0:0; Fram Reykjavik – Shamrock Rovers 0:3, 0:4; FC Southampton – IFK Norrköping 2:2, 0:0; PAOK Saloniki – FC Sochaux 1:0, n. V. 1:2; Universitatea Craiova – AC Florenz 3:1, 0:1; FC Sevilla – Levski/Spartak Sofia 3:1, 3:0; Pezoporikos Larnaca – FC Zürich 2:2, 0:1; Dynamo Tiflis – SSC Neapel 2:1, 0:1; Slavia Sofia – FK Sarajevo 2:2, 2:4; Grazer AK – Corvinul Hunedoara 1:1, 0:3.

2. Runde: Werder Bremen – Brage IK Borlänge 2:0, 6:2; Glasgow Rangers – 1. FC Köln 2:1, 0:5; SSC Neapel – 1. FC Kaiserslautern 1:2, 0:2; Slask Breslau – Servette Genf 0:2, 1:5; RSC Anderlecht – FC Porto 4:0, 2:3; FC Valencia – Banik Ostrau 1:0, 0:0; Spartak Moskau – FC Haarlem 2:0, 3:1; Benfica Lissabon – SC Lokeren 2:0, 2:1; AS Saint-Etienne – Bohemians Prag 0:0, 0:4; AS Rom – IFK Norrköping 1:0, n. V. 0:1 (Rom 4:2-Sieger nach Elfmeterschießen); Hajduk Split – Girondins Bordeaux 4:1, 0:4; Shamrock Rovers – Universitatea Craiova 0:2, 0:3; Ferencvaros Budapest – FC Zürich 1:1, 0:1; PAOK Saloniki – FC Sevilla 2:0, 0:4; Corvinul Hunedoara – FK Sarajevo 4:4, 0:4; Viking Stavanger – Dundee United 1:3, 0:0.

Achtelfinale: FC Sevilla – 1. FC Kaiserslautern 1:0, 0:4; 1. FC Köln – AS Rom 1:0, 0:2; Dundee United – Werder Bremen 2:1, 1:1; Servette Genf – Bohemians Prag 2:2, 1:2; RSC Anderlecht – FK Sarajevo 6:1, 0:1; FC Zürich – Benfica Lissabon 1:1, 0:4; Girondins Bordeaux – Universitatea Craiova 1:0, n. V. 0:2; Spartak Moskau – FC Valencia 0:0, 0:2.

Viertelfinale: 1. FC Kaiserslautern – Universitatea Craiova 3:2, 0:1; Bohemians Prag – Dundee United 1:0, 0:0; AS Rom – Benfica Lissabon 1:2, 1:1; FC Valencia – RSC Anderlecht 1:2, 1:3.

Halbfinale: Bohemians Prag – RSC Anderlecht 0:1, 1:3; Benfica Lissabon – Universitatea Craiova 0:0, 1:1.

Endspiele: RSC Anderlecht – Benfica Lissabon 1:0, 1:1

RSC Anderlecht: Munaron – Hofkens, Olsen, Peruzovic, De Groote – Frimann, Coeck, Vercauteren, Lozano – Vandenbergh (Czerniatynski), Brylle (De Greef, Broos).

Tore: Brylle im 1. Spiel; Lozano (Sheu für Lissabon) im 2. Spiel – SR: Dotschev (Bulgarien)/Corver (Holland) – Zuschauer: 55 000/80 000 – 4. 5. und 18. 5.

1983/84: Tottenham Hotspur

1. Runde: 1. FC Kaiserslautern – FC Watford 3:1, 0:3; Anorthosis Famagusta – Bayern München 0:1 (in Limassol), 0:10; VfB Stuttgart – Levski/Spartak Sofia 1:1, 0:1; Werder Bremen – Malmö FF 1:1, 2:1; IB Vestmannaeyjar – Carl Zeiss Jena 0:0, 0:3; Nottingham Forest – Vorwärts Frankfurt/Oder 2:0, 1:0; Girondins Bordeaux – 1. FC Lok Leipzig 2:3, 0:4; Vitoria Guimaraes – Aston Villa 1:0, 0:5; Sparta Prag – Real Madrid 3:2, 1:1; FC Zürich – FC Antwerpen 1:4, 2:4; Sparta Rotterdam – FC Coleraine 4:0, 1:1; Banik Ostrau – B 1903 Kopenhagen 5:0, 1:1; Aris Bonneweg – Austria Wien 0:5, 0:10; FC Sevilla – Sporting Lissabon 1:1, 2:3; PSV Eindhoven – Ferencvaros Budapest 4:2, 2:0; Hellas Verona – Roter Stern Belgrad 1:0, 3:2; Atletico Madrid – FC Groningen 2:1, 0:3; FC Larissa – Honved Budapest 2:0, n. V. 0:3; Widzew Lodz – Elfsborg Boras 0:0 (in Bialystok), 2:2; Spartak Moskau – HJK Helsinki 2:0, 5:0; AA Gent – RC Lens 1:1, n. V. 1:2; Bryne IL – RSC Anderlecht 0:3, 1:1; Celtic Glasgow – Aarhus GF 1:0, 4:1; Dynamo Kiew – Stade Laval 0:0, 0:1; Drogheda United – Tottenham Hotspur 0:6, 0:8; FC St. Mirren – Feyenoord Rotterdam 0:1, 0:2; Radnicki Nisch – FC St. Gallen 3:0, 2:1; Sportul Studentesc Bukarest – Sturm Graz 1:2, 0:0; Lokomotive Plovdiv – PAOK Saloniki 1:2, 1:3; Universitatea Craiova – Hajduk Split 1:0 n. V. 0:1 (Split 3:1-Sieger nach Elfmeterschießen); Trabzonspor – Inter Mailand 1:0, 0:2 (in Cesena); Rabat Ajax – Inter Bratislava 0:10, 0:6.

2. Runde: 1. FC Lok Leipzig – Werder Bremen 1:0, 1:1; PAOK Saloniki – Bayern München 0:0, n. V. 0:0 (München 9:8-Sieger nach Elfmeterschießen); Sparta Rotterdam – Carl Zeiss Jena 3:2, 1:1; Austria Wien – Stade Laval 2:0, 3:3; Hellas Verona – Sturm Graz 2:2, 0:0; Widzew Lodz – Sparta Prag 1:0 (in Bialystok), 0:3; RSC Anderlecht – Banik Ostrau 2:0, 2:2; RC Lens – FC Antwerpen 2:2, 3:2; PSV Eindhoven – Nottingham Forest 1:2, 0:1; Sporting Lissabon – Celtic Glasgow 2:0, 0:5; Honved Budapest – Hajduk Split 3:2, 0:3; Tottenham Hotspur – Feyenoord Rotterdam 4:2, 2:0; FC Watford – Levski/Spartak Sofia 1:1, n. V. 3:1; FC Groningen – Inter Mailand 2:0, 1:5 (in Bari); Spartak Moskau – Aston Villa 2:2, 2:1; Radnicki Nisch – Inter Bratislava 4:0, 2:3.

Achtelfinale: Bayern München – Tottenham Hotspur 1:0, 0:2; Sturm Graz – 1. FC Lok Leipzig 2:0, 0:1; Radnicki Nisch – Hajduk Split 0:2, 0:2; Austria Wien – Inter Mailand 2:1, 1:1; Sparta Rotterdam – Spartak Moskau 1:1, 0:2; RC Lens – RSC Anderlecht 1:1, 0:1; FC Watford – Sparta Prag 2:3, 0:4; Nottingham Forest – Celtic Glasgow 0:0, 2:1.

Viertelfinale: Sparta Prag – Hajduk Split 1:0, n. V. 0:2; RSC Anderlecht – Spartak Moskau 4:2, 0:1; Tottenham Hotspur – Austria Wien 2:0, 2:2; Nottingham Forest – Sturm Graz 1:0, n. V. 1:1.

Halbfinale: Hajduk Split – Tottenham Hotspur 2:1, 0:1; Nottingham Forest – RSC Anderlecht 2:0, 0:3.

Endspiele: RSC Anderlecht – Tottenham Hotspur 1:1, n. V. 1:1 (Tottenham 4:3-Sieger nach Elfmeterschießen)

Tottenham Hotspur: Parks – Thomas, Miller (Ardiles), Hughton, Roberts – Perryman, Stevens (Marbutt, Dick), Hazard, Galvin – Archibald, Falco.

Tore: Miller (Olsen für Anderlecht) im 1. Spiel; Roberts (Czerniatynski für Anderlecht) im 2. Spiel – Tore aus dem Elfmeterschießen: Roberts, Falco, Stevens, Archibald (Thomas verschoss)/Brylle, Scifo, Vercauteren (Olsen, Gudjohnsen verschossen) – SR: Galler (Schweiz)/ Roth (Deutschland) – Zuschauer: 40 000/46 205 – 9. 5. und 23. 5.

1984/85: Real Madrid

1. Runde: Dukla Banska Bystrica – Borussia Mönchengladbach 2:3, 1:4; RSC Anderlecht – Werder Bremen 1:0, 1:2; 1. FC Köln- Pogon Stettin 2:1, 1:0; FC Southampton – Hamburger SV 0:0, 0:2; 1. FC Lok Leipzig – Lilleström SK 7:0, 0:3; Vorwärts Frankfurt/Oder – PSV Eindhoven 2:0, 0:3; Östers Växjö – Linzer ASK 0:1, 0:1; Real Madrid – Wacker Innsbruck 5:0, 0:2; FC Sion – Atletico Madrid 1:0, 3:2; Olympiakos Piräus – Neuchâtel Xamax 1:0 (in Athen), 2:2; Nottingham Forest – Club Brügge 0:0, 0:1; Odense BK – Spartak Moskau 1:5, 1:2; Bohemians Dublin – Glasgow Rangers 3:2, 0:2; FC Sliven – Zeljeznicar Sarajevo 1:0, 1:5; Real Betis Sevilla – Universitatea Craiova 1:0, n. V. 0:1 (Craiova 5:3-Sieger nach Elfmeterschießen); Bohemians Prag – Apollon Limassol 6:1, 2:2; AS Monaco – ZSKA Sofia 2:2, 1:2; Fenerbahce Istanbul – AC Florenz 0:1, 0:2; Rabat Ajax – Partizan Belgrad 0:2, 0:2; Sporting Braga – Tottenham Hotspur 0:3, 0:6; FC Glentoran – Standard Lüttich 1:1, 0:2; Red Boys Differdingen – Ajax Amsterdam 0:0, 0:14; Videoton Szekesfehervar – Dukla Prag 1:0, 0:0; Sporting Lissabon – AJ Auxerre 2:0, n. V. 2:2; Manchester United – Raba ETO Györ 3:0, 2:2; Real Valladolid – NK Rijeka 1:0, 1:4; Paris Saint-Germain – Heart of Midlothian 4:0, 2:2; AIK Stockholm – Dundee United 1:0, 0:3; KR Reykjavik – Queen's Park Rangers 0:3, 0:4; Dynamo Minsk – HJK Helsinki 4:0, 6:0; Widzew Lodz – Aarhus GF 2:0, 0:1; Sportul Studentesc Bukarest – Inter Mailand 1:0, 0:2.

2. Runde: Standard Lüttich – 1. FC Köln 0:2, 1:2; Borussia Mönchengladbach – Widzew Lodz 3:2, 0:1; Hamburger SV – ZSKA Sofia 4:0, 2:1; 1. FC Lok Leipzig – Spartak Moskau 1:1, 0:2; Queen's Park Rangers – Partizan Belgrad 6:2, 0:4; Inter Mailand – Glasgow Rangers 3:0, 1:3; Paris Saint-Germain – Videoton Szekesfehervar 2:4, 0:1; Linzer ASK – Dundee United 1:2, 1:5; PSV Eindhoven – Manchester United 0:0, n. V. 0:1; Zeljeznicar Sarajevo – FC Sion 2:1, 1:1; Universitatea Craiova – Olympiakos Piräus 1:0, 1:0; AC Florenz – RSC Anderlecht 1:1, 2:6; Club Brügge – Tottenham Hotspur 2:1, 0:3; Sporting Lissabon – Dinamo Minsk 2:0, n. V. 0:2 (Minsk 5:3-Sieger nach Elfmeterschießen); Ajax Amsterdam – Bohemians Prag 1:0, n. V. 0:1 (Prag 4:2-Sieger nach Elfmeterschießen); NK Rijeka – Real Madrid 3:1, 0:3.

Achtelfinale: Spartak Moskau – 1. FC Köln1:0 (in Tiflis), 0:2; Hamburger SV – Inter Mailand 2:1, 0:1; RSC Anderlecht – Real Madrid 3:0, 1:6; Universitatea Craiova – Zeljeznicar Sarajevo 2:0, 0:4; Widzew Lodz – Dynamo Minsk 0:2, 1:0 (in Tiflis); Tottenham Hotspur – Bohemians Prag 2:0, 1:1; Manchester United – Dundee United 2:2, 3:2; Videoton Szekesfehervar – Partizan Belgrad 5:0, 0:2.

Viertelfinale: Inter Mailand – 1. FC Köln1:0, 3:1; Tottenham Hotspur – Real Madrid 0:1, 0:0; Manchester United – Videoton Szekesfehervar 1:0, n. V. 0:1 (Videoton 5:4-Sieger nach Elfmeterschießen); Zeljeznicar Sarajevo – Dynamo Minsk 2:0, 1:1.

Halbfinale: Inter Mailand – Real Madrid 2:0, 0:3; Videoton Szekesfehervar – Zeljeznicar Sarajevo 3:1, 1:2.

Endspiele: Videoton Szekesfehervar – Real Madrid 0:3, 1:0

Real Madrid: Miguel Angel – Chendo, Stielike, Sanchis, Camacho – San José, Gallego, Michel – Butragueno (Juanito), Santillana (Salguero), Valdano.

Tore: Michel, Santillana, Valdano im 1. Spiel; (Majer für Szekesfehervar) im 2. Spiel – SR: Vautrot (Frankreich)/Ponnet (Belgien) – Zuschauer: 30 000/90 000 – 8. 5. und 22. 5.

1985/86: Real Madrid

1. Runde: 1. FC Köln- Sporting Gijon 0:0, 2:1; Tschernomoretz Odessa – Werder Bremen 2:1, 2:3; Borussia Mönchengladbach – Lech Posen 1:1, 2:0; Sparta Rotterdam – Hamburger SV 2:0, n. V. 0:2 (Rotterdam 4:3-Sieger nach Elfmeterschießen); Wismut Aue – Dnjepr Dnjepropetrowsk 1:3, 1:2 (in Krivoj Rog); FC Coleraine – 1. FC Lok Leipzig 1:1, 0:5; Sporting Lissabon – Feyenoord Rotterdam 3:1, 1:2; Glasgow Rangers – Atletico Osasuna 1:0, 0:2; Valur Reykjavik – FC Nantes 2:1, 0:3; Raba ETO Györ – Bohemians Prag 3:1, n. V. 1:4 (in Bratislava); Boavista Porto – Club Brügge 4:3, 1:3; Avenir Beggen – PSV Eindhoven 0:2, 0:4; Videoton Szekesfehervar – Malmö FF 1:0, 2:3; AJ Auxerre – AC Mailand 3:1, 0:3; Slavia Prag – FC St. Mirren 1:0, n. V. 0:3; Spartak Moskau – Turku PS 1:0, 3:1; Bohemians Dublin – Dundee United 2:5, 2:2; Pirin Blagoevgrad – Hammarby IF 1:3, 0:4; Legia Warschau – Viking Stavanger 3:0, 1:1; SV Waregem – Aarhus GF 5:2, 1:0; Inter Mailand – FC St. Gallen 5:1, 0:0; AEK Athen – Real Madrid 1:0, 0:5; Dinamo Tirana – Hamrun Spartans 1:0, 0:0; SC Portimonense – Partizan Belgrad 1:0, 0:4; Dinamo Bukarest – Vardar Skoplje 2:1, 0:1; Turin Calcio – Panathinaikos Athen 2:1, 1:1; APOEL

Nikosia – Lokomotive Sofia 2:2, n. V. 2:4; Linzer ASK – Banik Ostrau 2:0, 1:0; Hajduk Split – FC Metz 5:1, 2:2; Neuchâtel Xamax – Sportul Studentesc Bukarest 3:0, 4:4; Athletic Bilbao – Besiktas Istanbul 4:1, 1:0; FC Lüttich – Wacker Innsbruck 1:0, 3:1.

2. Runde: 1. FC Köln- Bohemians Prag 4:0, 4:2; Sparta Rotterdam – Borussia Mönchengladbach 1:1, 1:5; AC Mailand – 1. FC Lok Leipzig 2:0, 1:3; PSV Eindhoven – Dnjepr Dnjepropetrowsk 2:2, 0:1 (in Krivoj Rog); SV Waregem – Atletico Osasuna 2:0, 1:2; Partizan Belgrad – FC Nantes 1:1, 0:4; Dundee United – Vardar Skoplje 2:0, 1:1; Linzer ASK – Inter Mailand 1:0, 0:4; Spartak Moskau – Club Brügge 1:0, 3:1; Videoton Szekesfehervar – Legia Warschau 0:1, 1:1; Hammarby IF – FC St. Mirren 3:3, 2:1; Lokomotive Sofia – Neuchâtel Xamax 1:1, 0:0; FC Lüttich – Athletic Bilbao 0:1, 1:3; Turin Calcio – Hajduk Split 1:1, 1:3; Dinamo Tirana – Sporting Lissabon 0:0, 0:1; Real Madrid – Tschernomoretz Odessa 2:1, 0:0.

Achtelfinale: Hammarby IF – 1. FC Köln2:1, 1:3; Borussia Mönchengladbach – Real Madrid 5:1 (in Düsseldorf), 0:4; Athletic Bilbao – Sporting Lissabon 2:1, 0:3; Dundee United – Neuchâtel Xamax 2:1, n. V. 1:3; Inter Mailand – Legia Warschau 0:0, n. V. 1:0; Spartak Moskau – FC Nantes 0:1 (in Tiflis), 1:1; Dnjepr Dnjepropetrowsk – Hajduk Split 0:1 (in Krivoj Rog), 0:2; SV Waregem – AC Mailand 1:1, 2:1.

Viertelfinale: Sporting Lissabon – 1. FC Köln1:1, 0:2; Real Madrid – Neuchâtel Xamax 3:0, 0:2; Hajduk Split – SV Waregem 1:0, n. V. 0:1 (Waregem 5:4-Sieger nach Elfmeterschießen); Inter Mailand – FC Nantes 3:0, 3:3.

Halbfinale: 1. FC Köln- SV Waregem 4:0, 3:3; Inter Mailand – Real Madrid 3:1, n. V. 1:5.

Endspiele: Real Madrid – 1. FC Köln 5:1, 0:2 (in Berlin)

Real Madrid: Agustin – Salguero (Maceda) – Solana, Camacho – Vasquez (Chendo), Michel, Juanito (Gallego), Gordillo – Butragueno, Sanchez (Santillana), Valdano.

1. FC Köln: Schumacher – Gielchen – Steiner, Prestin, Geils (Schmitz) – Geilenkirchen, Hönerbach, Bein (Häßler), Janssen (Pisanti) – Littbarski (Dickel), Kl. Allofs.

Tore: Valdano 2, Sanchez, Gordillo, Santillana (Kl. Allofs für Köln) im 1. Spiel; (Bein, Geilenkirchen) im 2. Spiel – SR: Courtney (England)/Valentine (Schottland) – Zuschauer: 85 000/21 185 – 30. 4. und 6. 5.

1986/87: IFK Göteborg

1. Runde: Atletico Madrid – Werder Bremen 2:0, n. V. 1:2; Kalmar FF – Bayer Leverkusen 1:4, 0:3; Bayer Uerdingen – Carl Zeiss Jena 3:0, 4:0; Borussia Mönchengladbach – Partizan Belgrad 1:0, 3:1; Athletic Bilbao – 1. FC Magdeburg 2:0, 0:1; FC Coleraine – Stahl Brandenburg 1:1, 0:1; RC Lens – Dundee United 1:0, 0:2; FC Groningen – Galway United 5:1, 3:1; IA Akranes – Sporting Lissabon 0:9 (in Reykjavik), 0:6; Jeunesse Esch – AA Gent 1:2, 1:1; MSC Pecs – Feyenoord Rotterdam 1:0, 0:2; Sparta Prag – Vitoria Guimaraes 1:1, 1:2; Heart of Midlothian – Dukla Prag 3:2, 0:1; FC Nantes – Turin Calcio 0:4, 1:1; Dynamo Minsk – Raba ETO Györ 2:4, 1:0; Sigma Ölmütz – IFK Göteborg 1:1, 0:4; Glasgow Rangers – Ilves Tampere 4:0, 0:2; Legia Warschau – Dnjepr Dnjepropetrowsk 0:0, 1:0 (in Krivoj Rog); Linzer ASK – Widzew Lodz 1:1, 0:1; Neuchâtel Xamax – Lyngby BK 2:0, 3:1; SK Beveren – Valerengen Oslo 1:0, 0:0; OFI Kreta – Hajduk Split 1:0, 0:4; Flamurtari Vlora – FC Barcelona 1:1, 0:0; AC Florenz – Boavista Porto 1:0, n. V. 0:1 (Porto 3:1-Sieger nach Elfmeterschießen); Hibernians Paola – Trakia Plovdiv 0:2, 0:8; FC Tirol – Sredec Sofia 3:0, 0:2; Inter Mailand – AEK Athen 2:0, 1:0; Sportul Studentesc Bukarest – Omonia Nikosia 1:0, 1:1; NK Rijeka – Standard Lüttich 0:1, 1:1; Universitatea Craiova – Galatasaray Istanbul 2:0, 1:2; SSC Neapel – FC Toulouse 1:0, n. V. 0:1 (Toulouse 4:3-Sieger nach Elfmeterschießen); Spartak Moskau – FC Luzern 0:0, 1:0.

2. Runde: Widzew Lodz – Bayer Uerdingen 0:0, 0:2; Borussia Mönchengladbach – Feyenoord Rotterdam 5:1, 2:0; Dukla Prag – Bayer Leverkusen 0:0, 1:1; IFK Göteborg – Stahl Brandenburg 2:0, 1:1; FC Groningen – Neuchâtel Xamax 0:0, 1:1; SK Beveren – Athletic Bilbao 3:1, 1:2; Glasgow Rangers – Boavista Porto 2:1, 1:0; Legia Warschau – Inter Mailand 3:2, 0:1; Vitoria Guimaraes – Atletico Madrid 2:0, 0:1; Sportul Studentesc Bukarest – AA Gent 0:3, 1:1; Turin Calcio – Raba ETO Györ 4:0, 1:1; FC Barcelona – Sporting Lissabon 1:0, 1:2; Hajduk Split – Trakia Plovdiv 3:1, 2:2; FC Tirol Innsbruck – Standard Lüttich 2:1, 2:3; FC Toulouse – Spartak Moskau 3:1, 1:5; Dundee United – Universitatea Craiova 3:0, 0:1.

Achtelfinale: Bayer Uerdingen – FC Barcelona 0:2, 0:2; Glasgow Rangers – Borussia Mönchengladbach 1:1, 0:0; Spartak Moskau – FC Tirol Innsbruck 1:0 (in Simferopol), 0:2; Dundee United – Hajduk Split 2:0, 0:0; AA Gent – IFK Göteborg 0:1, 0:4; FC Groningen – Vitoria Guimaraes 1:0, 0:3; Dukla Prag – Inter Mailand 0:1, 0:0; Turin Calcio – SK Beveren 2:1, 1:0.

Viertelfinale: Borussia Mönchengladbach – Vitoria Guimaraes 3:0, 2:2; Turin Calcio – FC Tirol Innsbruck 0:0, 1:2; Dundee United – FC Barcelona 1:0, 2:1; IFK Göteborg – Inter Mailand 0:0, 1:1.

Halbfinale: Dundee United – Borussia Mönchengladbach 0:0, 2:0; IFK Göteborg – FC Tirol Innsbruck 4:1, 1:0.

Endspiele: IFK Göteborg – Dundee United 1:0, 1:1

IFK Göteborg: Wernersson – Larsson – Carlsson, Hysen, Frederiksson – Johansson (R. Nilsson), Tord Holmgren (Zetterlund), Andersson, Tommy Holmgren (Mordt), Petersson, L. Nilsson.

Tore: Petersson im 1. Spiel; L. Nilssson (Clark für Dundee im 2. Spiel – SR: Kirschen (DDR)/Igna (Rumänien) – Zuschauer: 50 023/20 911 – 6. 5. und 20. 5.

1987/88: Bayer Leverkusen

1. Runde: Borussia Mönchengladbach – Espanol Barcelona 0:1, 1:4; Celtic Glasgow – Borussia Dortmund 2:1, 0:2; Mjöndalen IF – Werder Bremen 0:5, 1:0; Austria Wien – Bayer Leverkusen 0:0, 1:5; Spartak Moskau – Dynamo Dresden 3:0, 0:1; Wismut Aue – Valur Reykjavik 0:0, 1:1; SK Beveren – Bohemians Prag 2:0, 0:1; Feyenoord Rotterdam – Spora Luxemburg 5:0, 5:2; Banyasz Tatabanya – Vitoria Guimaraes 1:1, 0:1; Grasshoppers Zürich – Dynamo Moskau 0:4, 0:1; Pogon Stettin – Hellas Verona 1:1, 1:3; Honved Budapest – SC Lokeren 1:0, 0:0; Bröndby IF Kopenhagen – IFK Göteborg 2:1, 0:0; Zenit Leningrad – Club Brügge 2:0, 0:5; Sportul Studentesc Bukarest – GKS Kattowitz 1:0, 2:1 (in Chorzow); Panathinaikos Athen – AJ Auxerre 2:0, 2:3; EPA Larnaca – Victoria Bukarest 0:1, 0:3; Flamurtari Vlora – Partizan Belgrad 2:0, 1:2; Sporting Gijon – AC Mailand 1:0, 0:3 (in Lecce); FC Coleraine – Dundee United 0:1, 1:3; TJ Vitkovice – AIK Stockholm 1:1 (in Ostrau), 2:0; Besiktas Istanbul – Inter Mailand 0:0, 1:3; Turku PS – FC Admira/Wacker 0:1, 2:0; Lokomotive Sofia – Dynamo Tiflis 3:1, 0:3; Velez Mostar – FC Sion 5:0, 0:3; Bohemians Dublin – FC Aberdeen 0:0, 0:1; FC Barcelona – Belenenses Lissabon 2:0, 0:1; Linzer ASK – FC Utrecht 0:0, 0:2; FC Valetta – Juventus Turin 0:4, 0:3; Universitatea Craiova – GD Chaves 3:2, 1:2; Roter Stern Belgrad – Trakia Plovdiv 3:0, 2:2; FC Toulouse – Panionios Athen 5:1, 1:0.

2. Runde: Borussia Dortmund – Velez Mostar 2:0, 1:2; Spartak Moskau – Werder Bremen 4:1, n. V. 2:6; FC Toulouse – Bayer Leverkusen 1:1, 0:1; Wismut Aue – Flamurtari Vlora 1:0, 0:2; Vitoria Guimaraes – SK Beveren 1:0, n. V. 0:1 (Guimaraes 5:4-Sieger nach Elfmeterschießen); AC Mailand – Espanol Barcelona 0:2 (in Lecce), 0:0; FC Aberdeen – Feyenoord Rotterdam 2:1, 0:1; GD Chaves – Honved Budapest 1:2, 1:3; FC Utrecht – Hellas Verona 1:1, 1:2; FC Barcelona – Dynamo Moskau 2:0, 0:0; Dundee United – TJ Vitkovice 1:2, 1:1 (in Ostrau); Bröndby IF Kopenhagen – Sportul Studentesc Bukarest 3:0, n. V. 0:3 (Bukarest 3:0-Sieger nach Elfmeterschießen); Inter Mailand – Turku PS 0:1, 2:0; Panathinaikos Athen – Juventus Turin 1:0, 2:3; Roter Stern Belgrad – Club Brügge 3:1, 0:4; Victoria Bukarest – Dynamo Tiflis 1:2, 0:0.

Achtelfinale: Feyenoord Rotterdam – Bayer Leverkusen 2:2, 0:1 (in Köln); Werder Bremen – Dynamo Tiflis 2:1, 1:1; Borussia Dortmund – Club Brügge 3:0, n. V. 0:5; Honved Budapest – Panathinaikos Athen 5:2, 1:5; FC Barcelona – Flamurtari Vlora 4:1, 0:1; Vitoria Guimaraes – TJ Vitkovice 2:0, n. V. 0:2 (Vitkovice 5:4-Sieger nach Elfmeterschießen); Inter Mailand – Espanol Barcelona 1:1, 0:1; Hellas Verona – Sportul Studentesc Bukarest 3:1, 1:0.

Viertelfinale: Bayer Leverkusen – FC Barcelona 0:0 (in Köln), 1:0; Hellas Verona – Werder Bremen 0:1, 1:1; Panathinaikos Athen – Club Brügge 2:2, 0:1; Espanol Barcelona – TJ Vitkovice 2:0, 0:0.

Halbfinale: Bayer Leverkusen – Werder Bremen 1:0, 0:0; Club Brügge – Espanol Barcelona 2:0, n. V. 0:3.

Endspiele: Espanol Barcelona – Bayer Leverkusen 3:0, n. V. 0:3 (Leverkusen 3:2-Sieger nach Elfmeterschießen)

Bayer Leverkusen: Vollborn – Rolff – de Kayser (Seckler), A. Reinhardt, Hinterberger, (Schreier) – Cha (Götz), Tita, Buncol, Falkenmayer, (K. Reinhardt) – Waas, Täuber.

Tore: (Losada 2, Soler) im 1. Spiel; Tita, Götz, Cha im 2. Spiel – Tore nach Elfmeterschießen: 0:1 Alonso, Falkenmayer (N'Kono hält), 0:2 Job, 1:2 Rolff, Urkiaga (Lattenschuß), 2:2 Waas, Zusillaga (Vollborn hält), 3:2 Täuber, Losado (über das Tor) – SR: Krchnak (Tschechoslowakei)/Keizer (Holland) – Zuschauer: 42 000/22 000 – 4. 5. und 18. 5.

1988/89: SSC Neapel

1. Runde: FC Antwerpen – 1. FC Köln 2:4, 1:2; AS Rom – 1. FC Nürnberg 1:2, n. V. 3:1; Bayer Leverkusen – Belenenses Lissabon 0:1, 0:1; VfB Stuttgart – Banyasz Tatabanya 2:0, 1:2; Bayern München – Legia Warschau 3:1, 7:3; FC Aarau – 1. FC Lok Leipzig 0:3, 0:4; FC Aberdeen – Dynamo Dresden 0:0, 0:2; Sliema Wanderers – Victoria Bukarest 0:2, 1:6; US Luxemburg – FC Lüttich 1:7, 0:4; Vienna Wien – Ikast FS 1:0, 1:2; Besiktas Istanbul – Dinamo Zagreb 1:0, 0:2; Otelul Galati – Juventus Turin 1:0, 0:5; Trakia Plovdiv – Dynamo Minsk 1:2, 0:0; Zalgiris Wilna – Austria Wien 2:0, 2:5; Dnjepr Dnjepropetrowsk – Girondins Bordeaux 1:1, 1:2; Turku PS – FC Linfield 0:0, 1:1 (in Wrexham); Molde FK – SV Waregem 0:0, 1:5; Partizan Belgrad – Slavia Sofia 5:0, 5:0; Östers Växjö – DAC Dunajska Streda 2:0, 0:6; Malmö FF – Torpedo Moskau 2:0, n. V. 1:2; FC Groningen – Atletico Madrid 1:0, 1:2; St. Patrick's Athletic – Heart of Midlothian 0:2, 0:2; Velez Mostar – APOEL Nikosia 1:0, 5:2; AEK Athen – Athletic Bilbao 1:0, 0:2; Servette Genf – Sturm Graz 1:0, 0:0; Real Sociedad San Sebastian – Dukla

Prag 2:1, 2:3; Inter Mailand – Brage IK Borlänge 2:1, 2:1; Glasgow Rangers – GKS Kattowitz 1:0, 4:2; SC Montpellier – Benfica Lissabon 0:3, 1:3; SSC Neapel – PAOK Saloniki 1:0, 1:1; Sporting Lissabon – Ajax Amsterdam 4:2, 2:1; IA Akranes – Ujpest Budapest 0:0 (in Reykjavik), 1:2.

2. Runde: Bayern München – DAC Dunajska Streda 3:1, 2:0; Dinamo Zagreb – VfB Stuttgart 1:3, 1:1; 1. FC Köln – Glasgow Rangers 2:0, 1:1; 1. FC Lok Leipzig – SSC Neapel 1:1, 0:2; Dynamo Dresden – SV Waregem 4:1, 1:2; Partizan Belgrad – AS Rom 4:2, 0:2; Velez Mostar – Belenenses Lissabon 0:0, n. V. 0:0 (Mostar 4:3-Sieger nach Elfmeterschießen); Sporting Lissabon – Real Sociedad San Sebastian 1:2, 0:0; Heart of Midlothian – Austria Wien 0:0, 1:0; Ujpest Budapest – Girondins Bordeaux 0:1, 0:1; Juventus Turin – Athletic Bilbao 5:1, 2:3; Vienna Wien – Turku PS 2:1, 0:1; Malmö FF – Inter Mailand 0:1, 1:1; FC Lüttich – Benfica Lissabon 2:1, 1:1; FC Groningen – Servette Genf 2:0, 1:1; Dynamo Minsk – Victoria Bukarest 2:1, 0:1.

Achtelfinale: Real Sociedad San Sebastian – 1. FC Köln 1:0, 2:2; Bayern München – Inter Mailand 0:2, 3:1; FC Groningen – VfB Stuttgart 1:3, 0:2; Dynamo Dresden – AS Rom 2:0, 2:0; Girondins Bordeaux – SSC Neapel 0:1, 0:0; Heart of Midlothian – Velez Mostar 3:0, 1:2; Victoria Bukarest – Turku PS 1:0, 2:3; FC Lüttich – Juventus Turin 0:1, 0:1.

Viertelfinale: VfB Stuttgart – Real Sociedad San Sebastian 1:0, n. V. 0:1 (Stuttgart 4:2-Sieger nach Elfmeterschießen); Heart of Midlothian – Bayern München 1:0, 0:2; Victoria Bukarest – Dynamo Dresden 1:1, 0:4; Juventus Turin – SSC Neapel 2:0, n. V. 0:3.

Halbfinale: SSC Neapel – Bayern München 2:0, 2:2; VfB Stuttgart – Dynamo Dresden 1:0, 1:1.

Endspiele: SSC Neapel – VfB Stuttgart 2:1, 3:3

SSC Neapel: Giuliani – Renica – Ferrara, Corradini (Crippa) – de Napoli, Alemao (Carranante), Fusi, Francini – Careca (Bigliardi), Maradona, Carnevale.

VfB Stuttgart: Immel – Allgöwer – N. Schmäler, Hartmann, Buchwald – Schäfer, Katanec, Sigurvinsson, Schröder – Gaudino, Walter (Zietsch, O. Schmäler, Klinsmann).

Tore: Maradona, Careca (Gaudino für Stuttgart) im 1. Spiel; Alemao, Ferrara, Careca (Klinsmann, Eigentor De Napoli, O. Schmäler für Stuttgart) im 2. Spiel – SR: Germanakos (Griechenland)/Sanchez (Spanien) – Zuschauer: 81 093/66 800 – 3. 5. und 17. 5.

1989/90: Juventus Turin

Qualifikation: AJ Auxerre – Dinamo Zagreb 0:1, 3:1.

1. Runde: VfB Stuttgart – Feyenoord Rotterdam 2:0, 1:2; 1. FC Köln – Plastika Nitra 4:1, 1:0; Örgryte Göteborg – Hamburger SV 1:2, 1:5; Lilleström SK – Werder Bremen 1:3, 0:2; FC Karl-Marx-Stadt – Boavista Porto 1:0, n. V. 2:2; Hansa Rostock – Banik Ostrau 2:3, 0:4; FC Aberdeen – Rapid Wien 2:1, 0:1; Dynamo Kiew – MTK/VM Budapest 4:0, 2:1; FC Wettingen – FC Dundalk 3:0, 2:0; Twente Enschede – Club Brügge 0:0, 1:4; FC Sochaux – Jeunesse Esch 7:0, 5:0; Gornik Zabrze – Juventus Turin 0:1, 2:4; Hibernian Edinburgh – Videoton Szekesfehervar 1:0, 3:0; IA Akranes – FC Lüttich 0:2, 1:4; Zalgiris Wilna – IFK Göteborg 2:0, 0:1; FC Glentoran – Dundee United 1:3, 0:2; Kuusysi Lahti – Paris Saint-Germain 0:0, 2:3; Austria Wien – Ajax Amsterdam 1:0, 1:1 in Verl. abgebrochen (Wertung 3:0); Rovaniemi PS – GKS Kattowitz 1:1, 1:0; Zenit Leningrad – Naestved IF 3:1, 0:0; Apollon Limassol – Real Saragossa 0:3, 1:1; Atalanta Bergamo – Spartak Moskau 0:0, 0:2; FK Rad Belgrad – Olympiakos Piräus 2:1, 0:2; Vitoscha Sofia – FC Antwerpen 0:0, 3:4; FC Porto – Flacara Moreni 2:0, 2:1; Atletico Madrid – AC Florenz 1:0, n. V. 0:1 (Florenz 3:1-Sieger nach Elfmeterschießen, in Perugia); Iraklis Saloniki – FC Sion 1:0, 0:2; AJ Auxerre – Apolonia Fier 5:0, 3:0 (in Vlora); Sporting Lissabon – SSC Neapel 0:0, n. V. 0:0 (Neapel 4:3-Sieger nach Elfmeterschießen); Galatasaray Istanbul – Roter Stern Belgrad 1:1, 0:2; FC Valencia – Victoria Bukarest 3:1, 1:1; FC Valetta – Vienna Wien 1:4 (in Solo), 0:3.

2. Runde: 1. FC Köln – Spartak Moskau 3:1, 0:0; Zenit Leningrad – VfB Stuttgart 0:1, 0:5; Real Saragossa – Hamburger SV 1:0, n. V. 0:2; Werder Bremen – Austria Wien 5:0, 0:2; FC Sion – FC Karl-Marx-Stadt 2:1, 1:4; Club Brügge – Rapid Wien 1:2, 3:4; AC Florenz – FC Sochaux 0:0 (in Perugia), 1:1; Paris Saint-Germain – Juventus Turin 0:1, 1:2; Roter Stern Belgrad – Zalgiris Wilna 4:1, 1:0; Hibernian Edinburgh – FC Lüttich 0:0, n. V. 0:1; FC Antwerpen – Dundee United 4:0, 2:3; Dynamo Kiew – Banik Ostrau 3:0, 1:1; Rovaniemi PS – AJ Auxerre 0:5, 0:3; FC Wettingen – SSC Neapel 0:0 (in Zürich), 1:2; FC Porto – FC Valencia 3:1, 2:3; Vienna Wien – Olympiakos Piräus 2:2, 1:1.

Achtelfinale: Roter Stern Belgrad – 1. FC Köln 2:0, 0:3; FC Antwerpen – VfB Stuttgart 1:0, 1:1; SSC Neapel – Werder Bremen 2:3, 1:5; Hamburger SV – FC Porto 1:0, 1:2; Juventus Turin – FC Karl-Marx-Stadt 2:1, 1:0; Rapid Wien – FC Lüttich 1:0, 1:3; Olympiakos Piräus – AJ Auxerre 1:1, 0:0; AC Florenz – Dynamo Kiew 1:0 (in Perugia), 0:0.

Viertelfinale: 1. FC Köln – FC Antwerpen 2:0, 0:0; FC Lüttich – Werder Bremen 1:4, 2:0; Hamburger SV – Juventus Turin 0:2, 2:1; AC Florenz – AJ Auxerre 1:0 (in Perugia), 1:0.

Halbfinale: Juventus Turin – 1. FC Köln 3:2, 0:0; Werder Bremen – AC Florenz 1:1, 0:0 (in Perugia).

Endspiele: Juventus Turin – AC Florenz 3:1, 0:0 (in Avellino)
Juventus Turin: Tacconi – Bonetti – Napoli (Alessio), De Agostini – Galia, Aleijnikow, Rui Barros, Marocchi – Casiraghi, Schillaci (Rosa, Avallone), Bruno.
Tore: Galia, Casiraghi, De Agostini (Buso für Florenz) – SR: Aladren (Spanien)/Schmidhuber (Deutschland) – Zuschauer: 46 000/32 000 – 2. 5. und 16. 5.

1990/91: Inter Mailand

1. Runde: Bröndby IF Kopenhagen – Eintracht Frankfurt 5:0, 1:4; Borussia Dortmund – Chemnitzer FC 2:0, 2:0; IFK Norrköping – 1. FC Köln 0:0, 1:3; Bayer Leverkusen – Twente Enschede 1:0, n. V. 1:1; 1. FC Magdeburg – Rovaniemi PS 0:0, 1:0; Dnjepr Dnjepropetrowsk – Heart of Midlothian 1:1, 1:3; Derry City – Vitesse Arnheim 0:1, 0:0; MTK/VM Budapest – FC Luzern 1:1, 1:2; Sporting Lissabon – KV Mechelen 1:0, 2:2; Lausanne-Sports – Real Sociedad San Sebastian 3:2, 0:1; Avenir Beggen – Inter Bratislava 2:1, 0:5; FH Hafnarfjördur – Dundee United 1:3, 2:2; FC Antwerpen – Ferencvaros Budapest 0:0, n. V. 1:3 (in Zalaegerszeg); Zaglebie Lubin – FC Bologna 0:1, 0:1; FC Glenavon Lurgan– Girondins Bordeaux 0:0, 0:2; Torpedo Moskau – GAIS Göteborg 4:1, 1:1; Aston Villa – Banik Ostrau 3:1, 2:1; Vejle BK – Admira/Wacker Wien 0:1, 0:3; Tschernomoretz Odessa – Rosenborg Trondheim 3:1, 1:2; GKS Kattowitz – Turku PS 3:0, 1:0; Iraklis Saloniki – FC Valencia 0:0, n. V. 0:2; RSC Anderlecht – Petrolul Ploiesti 2:0, 2:0; Atalanta Bergamo – Dinamo Zagreb 0:0, 1:1; Slavia Sofia – Omonia Nikosia 2:1, n. V. 2:4; AS Rom – Benfica Lissabon 1:0, 1:0; Roda JC Kerkrade – AS Monaco 1:3, 1:3; Partizani Tirana – Universitatea Craiova 0:1, 0:1; FC Sevilla – PAOK Saloniki 0:0, n. V. 0:0 (Sevilla 4:3-Sieger nach Elfmeterschießen); Politehnica Timisoara – Atletico Madrid 2:0, 0:1; Rapid Wien – Inter Mailand 2:1, n. V. 1:3 (in Verona); Fenerbahce Istanbul – Vitoria Guimaraes 3:0, 3:2; Hibernians Paola – Partizan Belgrad 0:3, 0:2.
2. Runde: GKS Kattowitz – Bayer Leverkusen 1:2, 0:4; 1. FC Köln – Inter Bratislava 0:1, 2:0; Universitatea Craiova – Borussia Dortmund 0:3, 0:1; 1. FC Magdeburg – Girondins Bordeaux 0:1, 0:1; FC Luzern – Admira/Wacker Wien0:1, 1:1; Bröndby IF Kopenhagen – Ferencvaros Budapest 3:0, 1:0; Heart of Midlothian – FC Bologna 3:1, 0:3; Fenerbahce Istanbul – Atalanta Bergamo 0:1, 1:4; Sporting Lissabon – Politehnica Timisoara 7:0, 0:2; Real Sociedad San Sebastian – Partizan Belgrad 1:0, n. V. 0:1 (Belgrad 5:4-Sieger nach Elfmeterschießen); FC Valencia – AS Rom 1:1, 1:2; Tschernomoretz Odessa – AS Monaco 0:0, 0:1; Omonia Nikosia – RSC Anderlecht 1:1, 0:3; Vitesse Arnheim – Dundee United 1:0, 4:0; Aston Villa – Inter Mailand 2:0, 0:3; Torpedo Moskau – FC Sevilla 3:1, 1:2.
Achtelfinale: Bröndby IF Kopenhagen – Bayer Leverkusen 3:0, 0:0; RSC Anderlecht – Borussia Dortmund 1:0, 1:2; 1. FC Köln – Atalanta Bergamo 1:1, 0:1; Inter Mailand – Partizan Belgrad 3:0, 1:1; AS Rom – Girondins Bordeaux 5:0, 2:0; Admira/Wacker Wien– FC Bologna 3:0, n. V. 0:3 (Bologna 6:5-Sieger nach Elfmeterschießen); Vitesse Arnheim – Sporting Lissabon 0:2, 1:2; Torpedo Moskau – AS Monaco 2:1, 2:1.
Viertelfinale: FC Bologna – Sporting Lissabon 1:1, 0:2; Bröndby IF Kopenhagen – Torpedo Moskau 1:0, n. V. 0:1 (Bröndby 4:2-Sieger nach Elfmeterschießen); Atalanta Bergamo – Inter Mailand 0:0, 0:2; AS Rom – RSC Anderlecht 3:0, 3:2.
Halbfinale: Bröndby IF Kopenhagen – AS Rom 0:0, 1:2; Sporting Lissabon – Inter Mailand 0:0, 0:2.

Endspiele: Inter Mailand – AS Rom 2:0, 0:1
Inter Mailand: Zenga – Bergomi – Paganin (Baresi), Ferri – Bianchi, Battistini, Matthäus, Berti, Brehme – Serena (Pizzi, Mandorlini), Klinsmann.
Tore: Matthäus, Berti im 1. Spiel; (Rizzitelli für Rom) im 2. Spiel – SR: Spirin (UdSSR)/Quiniou (Frankreich) – Zuschauer: 68 887/70 901 – 8. 5. und 22. 5.

1991/92: Ajax Amsterdam

1. Runde: Hamburger SV – Gornik Zabrze 1:1, 3:0; Cork City – Bayern München 1:1, 0:2; Eintracht Frankfurt – Spora Luxemburg 6:1, 5:0; VfB Stuttgart – MSC Pecs 4:1, 2:2; Hallescher FC – Torpedo Moskau 2:1, 0:3; FC Groningen – Rot-Weiß Erfurt 0:1, 0:1; Gradjanski Zagreb – Trabzonspor 2:3 (in Klagenfurt), 1:1; Ikast FS – AJ Auxerre 0:1, 1:5; AA Gent – Lausanne-Sports 0:1, n. V. 1:0 (Gent 4:1-Sieger nach Elfmeterschießen); Anorthosis Famagusta – Steaua Bukarest 1:2, n. V. 2:2; Neuchâtel Xamax – FC Floriana 2:0, 0:0; Slavia Sofia – Atletico Osasuna 1:0, 0:4; MTE Izzo Vac – Dynamo Moskau 1:0, 1:4; Vllaznia Shkoder – AEK Athen 0:1, 0:2; FC Bangor – Sigma Olmütz 0:3, 0:3; Slovan Bratislava – Real Madrid 1:2, 1:1; Mikkeli MP – Spartak Moskau 0:2, 1:3; FC Aberdeen – B 1903 Kopenhagen 0:1, 0:2; Sturm Graz – FC Utrecht 0:1, 1:3; Celtic Glasgow – Germinal Ekeren 2:0, 1:1; FC Tirol Innsbruck – Tromsö IL 2:1, 1:1; Olympique Lyon – Östers Växjö 1:0, 1:1; Ajax Amsterdam – Örebro SK 3:0 (in Düsseldorf), 1:0; FC Liverpool – Kuusysi Lahti 6:1, 0:1; PAOK Saloniki – KV Mechelen 1:1, 1:0; Sporting Gijon – Partizan Belgrad 2:0, n. V. 0:2 (Gijon 3:2-Sieger nach Elfmeterschießen, in Istanbul); Sporting Lissabon – Dinamo Bukarest 1:0, n. V. 0:2; Boavista Porto – Inter Mailand 2:1, 0:0; ZSKA Sofia – AC

Parma 0:0, 1:1; SC Salgueiros – AS Cannes 1:0, n. V. 0:1 (Cannes 4:2-Sieger nach Elfmeterschießen); KR Reykjavik – Turin Calcio 0:2, 1:6; Real Oviedo – FC Genua ,93 1:0, 1:3.
2. Runde: B 1903 Kopenhagen – Bayern München 6:2, 0:1; AA Gent – Eintracht Frankfurt 0:0, 1:0; Hamburger SV – ZSKA Sofia 2:0, 4:1; Atletico Osasuna – VfB Stuttgart 0:0, 3:2; Rot-Weiß Erfurt – Ajax Amsterdam 1:2, 0:3 (in Düsseldorf); Neuchâtel Xamax – Celtic Glasgow 5:1, 0:1; AS Cannes – Dynamo Moskau 0:1, 1:1; FC Utrecht – Real Madrid 1:3, 0:1; PAOK Saloniki – FC Tirol Innsbruck 0:2, 0:2; AJ Auxerre – FC Liverpool 2:0, 0:3; Sigma Olmütz – Torpedo Moskau 2:0, 0:0; Spartak Moskau – AEK Athen 0:0, 1:2; FC Genua ,93 – Dinamo Bukarest 3:1, 2:2; Olympique Lyon – Trabzonspor 3:4, 1:4; Sporting Gijon – Steaua Bukarest 2:2, 0:1; Turin Calcio – Boavista Porto 2:0, 0:0.
Achtelfinale: Hamburger SV – Sigma Olmütz 1:2, 1:4; B 1903 Kopenhagen – Trabzonspor 1:0, 1:1; FC Tirol Innsbruck – FC Liverpool 0:2, 0:4; AA Gent – Dynamo Moskau 2:0, 0:0 (in Simferopol); Steaua Bukarest – FC Genua ,93 0:1, 0:1; AEK Athen – Turin Calcio 2:2, 0:1; Neuchâtel Xamax – Real Madrid 1:0, 0:4; Atletico Osasuna – Ajax Amsterdam 0:1, 0:1 (in Düsseldorf).
Viertelfinale: B 1903 Kopenhagen – Turin Calcio 0:2, 0:1; Sigma Olmütz – Real Madrid 1:1, 0:1; AA Gent – Ajax Amsterdam 0:0, 0:3; FC Genua ,93 – FC Liverpool 2:0, 2:1.
Halbfinale: FC Genua ,93 – Ajax Amsterdam 2:3, 1:1; Real Madrid – Turin Calcio 2:1, 0:2.

Endspiele: Turin Calcio – Ajax Amsterdam 2:2, 0:0

Ajax Amsterdam: Menzo – Blind – Silooy, Jonk, De Boer – Van ,t Schip, Winter (Alflen), Kreek (Vink), Bergkamp – Petersson, Roy (Van Loen, Groenendijk).
Tore: Jonk, Petersson (Casagrande 2 für Turin) – SR: Worrall (England)/Petrovic (Jugoslawien) – Zuschauer: 65 377/42 000 – 29. 4. und 13. 5.

1992/93: Juventus Turin

1. Runde: Fram Reykjavik – 1. FC Kaiserslautern 0:3, 0:4; FC Floriana – Borussia Dortmund 0:1, 2:7; 1. FC Köln – Celtic Glasgow 2:0, 0:3; Widzew Lodz – Eintracht Frankfurt 2:2, 0:9; Hibernian Edinburgh – RSC Anderlecht 2:2, 1:1; Neuchâtel Xamax – Frem Kopenhagen 2:2, 1:4; SM Caen – Real Saragossa 3:2, 0:2; FC Vac – FC Groningen 1:0, 1:1; Fenerbahce Istanbul – Botev Plovdiv 3:1, 2:2; Electroputere Craiova – Panathinaikos Athen 0:6, 0:4; Lokomotive Plovdiv – AJ Auxerre 2:2, 1:7; Politehnica Timisoara – Real Madrid 1:1, 0:4; Slavia Prag – Heart of Midlothian 1:0, 2:4; IFK Norrköping – Turin Calcio 1:0, 0:3; Juventus Turin – Anorthosis Famagusta 6:1, 4:0; Dynamo Moskau – Rosenborg Trondheim 5:1, 0:2; Dynamo Kiew – Rapid Wien 1:0, 2:3; Austria Salzburg – Ajax Amsterdam 0:3, 1:3; KV Mechelen – Örebro SK 2:1, 0:0; FC Kopenhagen – Mikkeli MP 5:0, 5:1; Grasshoppers Zürich – Sporting Lissabon 1:2, n. V. 3:1; GKS Kattowitz – Galatasaray Istanbul 0:0, 1:2; Vitesse Arnheim – Derry City 3:0, 2:1; Standard Lüttich – FC Portadown 5:0, 0:0; Wacker Innsbruck – AS Rom 1:4, 0:1; Sheffield Wednesday – Spora Luxemburg 8:1, 2:1; Manchester United – Torpedo Moskau 0:0, n. V. 0:0 (Moskau 4:3-Sieger nach Elfmeterschießen); Benfica Lissabon – Belvedur Izola 3:0, 5:0; FC Valencia – SSC Neapel 1:5, 0:1; Paris Saint-Germain – PAOK Saloniki 2:0, 2:0 abgebrochen (Wertung 3:0); Vitoria Guimaraes – Real Sociedad San Sebastian 3:0, 0:2; Sigma Olmütz – Universitatea Craiova 1:0, 2:1.
2. Runde: Borussia Dortmund – Celtic Glasgow 1:0, 2:1; 1. FC Kaiserslautern – Sheffield Wednesday 3:1, 2:2; Eintracht Frankfurt – Galatasaray Istanbul 0:0, 0:1; Panathinaikos Athen – Juventus Turin 0:1, 0:0; AS Rom – Grasshoppers Zürich 3:0, 3:4; Fenerbahce Istanbul – Sigma Olmütz 1:0, 1:7; Vitesse Arnheim – KV Mechelen 1:0, 1:0; RSC Anderlecht – Dynamo Kiew 4:2, 3:0; Vitoria Guimaraes – Ajax Amsterdam 0:3, 1:2; SSC Neapel – Paris Saint-Germain 0:2, 0:0; Heart of Midlothian – Standard Lüttich 0:1, 0:1; AJ Auxerre – FC Kopenhagen 5:0, 2:0; Real Madrid – Torpedo Moskau 5:2, 2:3; Benfica Lissabon – FC Vac 5:1, 1:0; Frem Kopenhagen – Real Saragossa 0:1, 1:5; Turin Calcio – Dynamo Moskau 1:2, 0:0.
Achtelfinale: Ajax Amsterdam – 1. FC Kaiserslautern 2:0, 1:0; Borussia Dortmund – Real Saragossa 3:1, 1:2; Paris Saint-Germain – RSC Anderlecht 0:0, 1:1; Standard Lüttich – AJ Auxerre 2:2, 1:2; Sigma Olmütz – Juventus Turin 1:2, 0:5; Dynamo Moskau – Benfica Lissabon 2:2, 0:2; AS Rom – Galatasaray Istanbul 3:1, 2:3; Vitesse Arnheim – Real Madrid 0:1, 0:1.
Viertelfinale: AS Rom – Borussia Dortmund 1:0, 0:2; Real Madrid – Paris Saint-Germain 3:1, 1:4; AJ Auxerre – Ajax Amsterdam 4:2, 0:1; Benfica Lissabon – Juventus Turin 2:1, 0:3.
Halbfinale: Borussia Dortmund – AJ Auxerre 2:0, n. V. 0:2 (Dortmund 6:5-Sieger nach Elfmeterschießen); Juventus Turin – Paris Saint-Germain 2:1, 1:0.

Endspiele: Borussia Dortmund – Juventus Turin 1:3, 0:3.

Juventus Turin: Peruzzi – Julio Cesar – Carrera, Kohler, De Marchi – Conte (Toricelli), D. Baggio, R. Baggio, (Di Canio), Marocchi – Möller, (Galia), Vialli, (Ravanelli).
Borussia Dortmund: Klos – Grauer – Schmidt, Reuter – Lusch, Zorc (Karl), Franck (Mill), Poschner, Reinhardt – Rummenigge, Chapuisat (Sippel).
Tore: (Rummenigge) D. Baggio, R. Baggio 2 im 1. Spiel; D. Baggio 2, Möller im 2. Spiel – SR: Puhl (Ungarn)/Blankenstein (Holland) – Zuschauer: 37 000/62 781 – 5. 5. und 19. 5.

1993/94: Inter Mailand

1. Runde: Twente Enschede – Bayern München 3:4, 0:3; Karlsruher SC – PSV Eindhoven 2:1, 0:0; Dynamo Moskau – Eintracht Frankfurt 0:6, 2:1; Borussia Dortmund – Spartak Wladikawkas 0:0, 1:0; Bohemians Dublin – Girondins Bordeaux 0:1, 0:5; Young Boys Bern – Celtic Glasgow 0:0, n. V. 0:1; Aalborg BK – Deportivo La Coruna 1:0, 0:5; Norwich City – Vitesse Arnheim 3:0, 0:0; Heart of Midlothian – Atletico Madrid 2:1, 0:3; Slavia Prag – OFI Kreta 1:1, 0:1; US Luxemburg – Boavista Porto 0:1, 0:4; IFK Norrköping – KV Mechelen 0:1, n. V. 1:1; FC Nantes – FC Valencia 1:1, n. V. 1:3; KR Reykjavik – MTK Budapest 1:2, 0:0; Kuusysi Lahti – SV Waregem 4:0, 2:1; Crusaders Belfast – Servette Genf 0:0, 0:4; Bröndby IF Kopenhagen – Dundee United 2:0, n. V. 1:3; Slovan Bratislava – Aston Villa 0:0, 1:2; Lazio Rom – Lokomotive Plovdiv 2:0, 2:0; Östers Växjö – Kongsvinger IL 1:3, 1:4; Dnjepr Dnjepropetrowsk – Admira/Wacker Wien 1:0, 3:2; Inter Mailand – Rapid Bukarest 3:1, 2:0; Botev Plovdiv – Olympiakos Piräus 2:3, 1:5; FC Vac – Apollon Limassol 2:0, n. V. 0:4; Kocaelispor – Sporting Lissabon 0:0, 0:2; Juventus Turin – Lokomotive Moskau 3:0, 1:0; Austria Salzburg – DAC Dunajska Streda 2:0, 2:0; Gloria Bistrita – Branik Maribor 0:0, 0:2; CD Teneriffa – AJ Auxerre 2:2, 1:0; FC Antwerpen – Maritimo Funchal 2:0, 2:2; Trabzonspor – FC Valletta 3:1, 3:1; Dinamo Bukarest – Cagliari Calcio 3:2, 0:2.

2. Runde: Eintracht Frankfurt – Dnjepr Dnjepropetrowsk 2:0, 0:1; Bayern München – Norwich City 1:2, 1:1; Branik Maribor – Borussia Dortmund 0:0, 1:2; FC Valencia – Karlsruher SC 3:1, 0:7; Austria Salzburg – FC Antwerpen 1:0, 1:0; Kuusysi Lahti – Bröndby IF Kopenhagen 1:4, 1:3; Atletico Madrid – OFI Kreta 1:0, 0:2; Girondins Bordeaux – Servette Genf 2:1, 1:0; CD Teneriffa – Olympiakos Piräus 2:1, 3:4; Deportivo La Coruna – Aston Villa 1:1, 1:0; Trabzonspor – Cagliari Calcio 1:1, 0:0; Celtic Glasgow – Sporting Lissabon 1:0, 0:2; Kongsvinger IL – Juventus Turin 1:1, 0:2; KV Mechelen – MTK Budapest 5:0, 1:1; Lazio Rom – Boavista Porto 1:0, 0:2; Inter Mailand – Apollon Limassol 1:0, 3:3.

Achtelfinale: Eintracht Frankfurt – Deportivo La Coruna 1:0, 1:0; Girondins Bordeaux – Karlsruher SC 1:0, 0:3; Bröndby IF Kopenhagen – Borussia Dortmund 1:1, 0:1; OFI Kreta – Boavista Porto 1:4, 0:2; Sporting Lissabon – Austria Salzburg 2:0, n. V. 0:3; Norwich City – Inter Mailand 0:1, 0:1; Juventus Turin – CD Teneriffa 3:0, 1:2; KV Mechelen – Cagliari Calcio 1:3, 0:2.

Viertelfinale: Borussia Dortmund – Inter Mailand 1:3, 2:1; Boavista Porto – Karlsruher SC 1:1, 0:1; Austria Salzburg – Eintracht Frankfurt 1:0 (in Wien), n. V. 0:1 (Salzburg 5:4-Sieger nach Elfmeterschießen); Cagliari Calcio – Juventus Turin 1:0, 2:1.

Halbfinale: Austria Salzburg – Karlsruher SC 0:0 (in Wien), 1:1; Cagliari Calcio – Inter Mailand 3:2, 0:3.

Endspiele: Austria Salzburg – Inter Mailand 0:1, 0:1

Inter Mailabd: Zenga – Battistini – Bergomi, A. Paganin – Bianchi, Manicone, Fontolan (Ferri), Jonk, Berti, Orlando – Bergkamp (Dell' Anno, M. Paganin), Sosa.

Tore: Berti im 1. Spiel; Jonk im 2. Spiel – SR: Milton-Nielsen (Dänemark)/McCluskey (Schottland) – Zuschauer: 48 000/80 350 – 26. 4. und 11. 5.

1994/95: AC Parma

Qualifikation: Teuta Durres – Apollon Limassol 1:4, 2:4; Slavia Prag – Cork City 2:0, 4:0; Dynamo Minsk – Hibernians Paola 3:1, n. V. 3:4; Skonto Riga – FC Aberdeen 0:0, 1:1; ROMAR Mazeikiai – AIK Stockholm 0:2, 0:2; Dynamo Tiflis – Universitatea Craiova 2:0, 2:1; Inter Bratislava – MyPa Anjalankoski 0:3, 1:0; Gornik Zabrze – Shamrock Rovers 7:0, 1:0; ZSKA Sofia – Ararat Erewan 3:0, 0:0; Odense BK – Flora Tallin 3:0, 3:0; Vardar Skopje – EFC Bekescsaba 1:1, 0:1; CS Grevenmacher – Rosenborg Trondheim 1:2, 0:6; Lilleström SK – Schachtar Donezk 4:1, 0:2; FC Kopenhagen – FC Jazz Pori 0:1, 4:0; Fenerbahce Istanbul – Turan Tauz 5:0, 2:0; Kispest-Honved Budapest – Zimbru Chisinau 4:1, 1:0; FC Valletta – Rapid Bukarest 2:6, 1:1; FC Motherwell – HB Torshavn 3:0, 4:1; Bangor City – IA Akranes 1:2, 0:2; FC Aarau – Mura Murska Sobota 1:0, 1:0; FH Hafnarfjördur – FC Linfield 1:0, 1:3; Aris Saloniki – Hapoel Beer Sheva 3:1, 2:1; GI Götu – Trelleborgs FF 0:1, 2:3; Olimpija Ljubljana – Levski Sofia 3:2, 2:1; FC Portadown – Slovan Bratislava 0:2, 0:3; Inter Cardiff – GKS Kattowitz 0:2, 0:6; Anorthosis Famagusta – FC Schumen 2:0, 2:1.

1. Runde: IA Akranes – 1. FC Kaiserslautern 0:4 (in Reykjavik) 1:4; Bayer Leverkusen – PSV Eindhoven 5:4, 0:0; Borussia Dortmund – FC Motherwell 1:0, 2:0; Olimpija Ljubljana – Eintracht Frankfurt 1:1, 0:2; Anorthosis Famagusta – Athletic Bilbao 2:0, 0:3; ZSKA Sofia – Juventus Turin 3:2 (0:3) gewertet, 1:5; GKS Kattowitz – Aris Saloniki 1:0, n. V. 0:1 (Kattowitz 4:3-Sieger nach Elfmeterschießen); FC Aarau – Maritimo Funchal 0:0, 0:1; Olympiakos Piräus – Olympique Marseille 1:2, 0:3; Rosenborg Trondheim – Deportivo La Coruna 1:0, n. V. 1:4; Apollon Limassol – FC Sion 1:3, n. V. 3:2; Twente Enschede – Kispest-Honved Budapest 1:4, 3:1; FC Antwerpen – Newcastle United 0:5, 2:5; FC Linfield – Odense BK 1:1, 0:5; Inter Mailand – Aston Villa 1:0, n. V. 0:1 (Aston Villa 4:3-Sieger nach Elfmeterschießen); FC Seraing – Dynamo Moskau 3:4, 1:0; AIK Stockholm – Slavia Prag 0:0, 2:2; Vitesse Arnheim – AC Parma 1:0, 0:2; Dynamo Minsk – Lazio Rom 0:0, 1:4, Boavista Porto – MyPa Anjalankoski 2:1, 1:1; Admira/Wacker Wien – Gornik Zabrze 5:2, 1:1; SSC Neapel – Skonto Riga 2:0,

1:0; Slovan Bratislava – FC Kopenhagen 1:0, 1:1; Trabzonspor – Dinamo Bukarest 2:1, 3:3; Real Madrid – Sporting Lissabon 1:0, 1:2; AS Cannes – Fenerbahce Istanbul 4:0, 5:1; Rapid Bukarest – SC Charleroi 2:0, 1:2; Dynamo Tiflis – FC Tirol Innsbruck 1:0, 1:5; Rotor Wolgograd – FC Nantes 3:2, 0:3; Girondins Bordeaux – Lilleström SK 3:1, 2:0; Blackburn Rovers – Trelleborgs FF 0:1, 2:2; Textilschik Kamyschin – EFC Bekescsaba 6:1 (in Moskau), 0:1.

2. Runde: Kispest-Honved Budapest – Bayer Leverkusen 0:2, 0:5; 1. FC Kaiserslautern – Odense BK 1:1, 0:0; Rapid Bukarest – Eintracht Frankfurt 2:1, 0:5; Slovan Bratislava – Borussia Dortmund 2:1, 0:3; FC Nantes – Textilschik Kamyschin 2:0, 2:1 (in Moskau); FC Tirol Innsbruck – Deportivo La Coruna 2:0, 0:4; Boavista Porto – SSC Neapel 1:1, 1:2; AIK Stockholm – AC Parma 0:1, 0:2; Admira/Wacker Wien – AS Cannes 1:1, 4:2; Dynamo Moskau – Real Madrid 2:2, 0:4; Trabzonspor – Aston Villa 1:0, 1:2; Trelleborgs FF – Lazio Rom 0:0, 0:1; FC Sion – Olympique Marseille 2:0, 1:3, Newcastle United – Athletic Bilbao 3:2, 0:1; GKS Kattowitz – Girondins Bordeaux 1:0, 1:1; Maritimo Funchal – Juventus Turin 0:1, 1:2.

Achtelfinale: GKS Kattowitz – Bayer Leverkusen 1:4, 0:4; Deportivo La Coruna – Borussia Dortmund 1:0, n. V. 1:3; Eintracht Frankfurt – SSC Neapel 1:0, 1:0, Trabzonspor – Lazio Rom 1:2, 1:2; Admira/Wacker Wien – Juventus Turin 1:3, 1:2; FC Nantes – FC Sion 4:0, 2:2; Odense BK – Real Madrid 2:3, 2:0; Athletic Bilbao – AC Parma 1:0, 2:4.

Viertelfinale: Eintracht Frankfurt – Juventus Turin 1:1, 0:3; Lazio Rom – Borussia Dortmund 1:0, 0:2; Bayer Leverkusen – FC Nantes 5:1, 0:0; AC Parma – Odense BK 1:0, 0:0.

Halbfinale: Bayer Leverkusen – AC Parma 1:2, 0:3; Juventus Turin – Borussia Dortmund 2:2 (in Mailand), 2:1.

Endspiele: AC Parma – Juventus Turin 1:0, 1:1

AC Parma: Bucci – Minotti – Benarrivo (Mussi), Apolloni (Susic), Fernando Couto, Di Chiara (Castellini) – Pin, D. Baggio, Sensini (Crippa) – Zola (Fiore), Asprilla.

Tore: D. Baggio im 1. Spiel; D. Baggio (Vialli für Turin) im 2. Spiel – SR: Lopez-Nieto (Spanien)/Van den Wijngaert (Belgien) – Zuschauer: 22 062/80 754 – 3. 5. und 17. 5.

1995/96: Bayern München

Vorrunde: Karlsruher SC – Girondins Bordeaux 0:2, 2:2; FC Tirol Innsbruck – Racing Straßburg 1:1, 1:6 (beide Begegnungen UI-Cup-Finalspiele) – Örebro SK – Avenir Beggen 0:0, 1:1 (0:3 gewertet); Tampere PV – Viking Stavanger 0:4, 1:3; Bangor City – Widzew Lodz 0:4, 0:1; FC Shelbourne – IA Akranes 0:3, 0:3; FC Glenavon Lurgan – FH Hafnarfjördur 0:0, 1:0; Bröndby IF Kopenhagen – Inkaras-Grifas Kaunas 3:0, 3:0; Lilleström SK – Flora Tallinn 4:0, 0:1; FC Motherwell – MyPa Anjalankoski 1:3, 2:0; Skonto Riga – Maribor Branik 1:0, 0:2; Sturm Graz – Slavia Prag 0:1, 1:1; Jeunesse Esch – FC Lugano 0:0, 0:4; Slovan Bratislava – NK Osijek 4:0, 2:0 (in Zagreb); FC Dundalk – Malmö FF 0:2 (in Drogheda), 0:2; Crusaders Belfast – Silkeborg IF 1:2, 0:4; Afan Lido – RAF Jelgava 1:2, 0:0; Raith Rovers – GI Götu 4:0, 2:2; Slavia Sofia – Olympiakos Piräus 0:2, 0:1; Zimbru Chisinau – Hapoel Tel Aviv 2:0, 0:0; Sparta Prag – Galatasaray Istanbul 3:1, 1:1; Omonia Nicosia – Sliema Wanderers 3:0, 2:1; 1. FC Kosice – Ujpest Budapest 0:1, 1:2; Universitatea Craiova – Dynamo Minsk 0:0, n. V. 0:0 (Minsk 3:1-Sieger nach Elfmeterschießen); Fenerbahce Istanbul – Partizani Tirana 2:0, 4:0; Vardar Skopje – FC Samtredia 1:0, 2:0; Botev Plovdiv – Dynamo Tiflis 1:0, 1:0; Apollon Athen – Olimpija Ljubljana 1:0, 1:3; Roter Stern Belgrad – Neuchâtel Xamax 0:1, 0:0; Hibernians Paola – Tschernomoretz Odessa 2:5, 0:2; Kapaz Ganya – Austria Wien 0:4, 1:5; FK Tirana – Hapoel Beer Sheva 0:1, 0:2; Dinamo Bukarest – Levski Sofia 0:1, n. V. 1:1; Zaglebie Lubin – Shirak Giumri 0:0, 1:0.

1. Runde: Bayern München – Lokomotive Moskau 0:1, 5:0; SC Freiburg – Slavia Prag 1:2, 0:0; Slovan Bratislava – 1. FC Kaiserslautern 2:1, 0:3; FC Glenavon Lurgan – Werder Bremen 0:2, 0:5; Olympiakos Piräus – Branik Maribor 2:0, 3:1; Hapoel Beer Sheva – FC Barcelona 0:7, 0:5; Lazio Rom – Omonia Nicosia 5:0, 2:1; Racing Straßburg – Ujpest Budapest 3:0, 2:0; AC Mailand – Zaglebie Lubin 4:0, 4:1; Vardar Skopje – Girondins Bordeaux 0:2, 1:1; Vitoria Guimaraes – Standard Lüttich 3:1, 0:0; Fenerbahce Istanbul – Real Betis Sevilla 1:2, 0:2; Rotor Wolgograd – Manchester United 0:0, 2:2; MyPa Anjalankoski – PSV Eindhoven 1:1 (in Lahti), 1:7; RC Lens – Avenir Beggen 6:0, 7:0; Sparta Prag – Silkeborg IF 0:1, 2:1; Lierse SK – Benfica Lissabon 1:3, 1:2; Neuchâtel Xamax – AS Rom 1:1, 0:4; FC Sevilla – Botev Plovdiv 2:0, 1:1; Roda JC Kerkrade – Olimpija Ljubljana 5:0, 0:2; Austria Wien – Dynamo Minsk 1:2, 0:1; Malmö FF – Nottingham Forest 2:1, 0:1; Tschernomoretz Odessa – Widzew Lodz 1:0, n. V. 0:1 (Odessa 6:5-Sieger nach Elfmeterschießen); AS Monaco – Leeds United 0:3, 1:0; Bröndby IF Kopenhagen – Lilleström SK 3:0, 0:0; Raith Rovers – IA Akranes 3:1, 0:1; FC Lugano – Inter Mailand 1:1, 1:0; SC Farense – Olympique Lyon 0:1, 0:1; Levski Sofia – Eendracht Aalst 1:2, 0:1; Viking Stavanger – AJ Auxerre 1:1, 0:1; Spartak-Alania Wladikawkas – FC Liverpool 1:2, 0:0; Zimbru Chisinau – RAF Jelgava 1:0, 2:1.

2. Runde: Raith Rovers – Bayern München 0:2 (in Edinburgh), 1:2; 1. FC Kaiserslautern – Real Betis Sevilla 1:3, 0:1; Werder Bremen – Dynamo Minsk 5:0, 1:2; AJ Auxerre – Nottingham Forest 0:1, 0:0; FC Barcelona – Vitoria Guimaraes 3:0, 4:0; AS Rom – Eendracht Aalst 4:0, 0:0; FC Lugano – Slavia Prag 1:2, 0:1; Tschernomoretz Odessa – RC Lens 0:0, 0:4; Bröndby IF Kopenhagen – FC Liverpool 0:0, 1:0; Benfica Lissabon – Roda JC Kerkrade 1:0, 2:2; Sparta Prag – Zimbru Chisinau 4:3, 2:0; Girondins Bordeaux – Rotor Wolgograd 2:1, 1:0; Leeds United – PSV Eindhoven 3:5, 0:3; FC Sevilla – Olympiakos Piräus 1:0, n. V. 1:2; Olympique Lyon – Lazio Rom 2:1, 2:0; Racing Straßburg – AC Mailand 0:1, 1:2.
Achtelfinale: PSV Eindhoven – Werder Bremen 2:1, 0:0; Bayern München – Benfica Lissabon 4:1, 3:1; Slavia Prag – RC Lens 0:0, n. V. 1:0; Girondins Bordeaux – Real Betis Sevilla 2:0, 1:2; Bröndby IF Kopenhagen – AS Rom 2:1, 1:3; Nottingham Forest – Olympique Lyon 1:0, 0:0; FC Sevilla – FC Barcelona 1:1, 1:3; AC Mailand – Sparta Prag 2:0, 0:0.
Viertelfinale: Bayern München – Nottingham Forest 2:1, 5:1; AC Mailand – Girondins Bordeaux 2:0, 0:3; FC Barcelona – PSV Eindhoven 2:2, 3:2; Slavia Prag – AS Rom 2:0, n. V. 1:3.
Halbfinale: Bayern München – FC Barcelona 2:2, 2:1; Slavia Prag – Girondins Bordeaux 0:1, 0:1.

Endspiele: Bayern München – Girondins Bordeaux 2:0, 3:1

Bayern München: Kahn – Matthäus (Frey/Zickler) – Kreuzer (Strunz), Helmer – Babbel, Hamann, Sforza, Ziege – Scholl – Papin (Witeczek), Klinsmann (Kostadinov).
Tore: Helmer, Scholl im 1. Spiel; Scholl, Kostadinov, Klinsmann (Dutuel für Bordeaux) im 2. Spiel – SR: Muhmenthaler (Schweiz)/Zhuk (Weißrussland) – Zuschauer: 63 000/36 000 – 1. 5. und 15. 5.

1996/97: FC Schalke 04

Vorrunde: Lierse SK – Karlsruher SC 2:3, 0:3; Segesta Sisak – Örebro SK 4:0, 1:4; Linzer ASK – Rotor Wolgograd 2:2, 0:5; Kamas-Nabereschnije Tschelny – EA Guingamp 2:0, n. V. 0:4; Standard Lüttich – FC Nantes 2:1; 1:0; Uralmasch Ekaterinburg – Silkeborg IF 1:2, 1:0; (alle Begegnungen UI-Cup-Halbfinalspiele) – Jeunesse Esch – Legia Warschau 2:4, 0:3; Lantana Tallinn – IB Vestmannaeyjar 2:1, 0:0; FK Becej – Mura Murska Sobota 0:0, 0:2; Zalgiris Vilnius – Crusaders Belfast 2:0, 1:2; AFC Newtown – Skonto Riga 1:4, 0:3; Dynamo-93 Minsk – Tiligul Tiraspol 3:1, 1:1; Hutnik Krakau – Chazri Buzovna 9:0, 2:2; FC Portadown – Vojvodina Novi Sad 0:1, 1:4; FC Jazz Pori – GI Götu 3:1, 1:0; IA Akranes – Sileks Kratovo 2:0, 0:1; Bohemians Dublin – Dynamo Minsk 1:1, 0:0; Haka Valkeakoski – Flora Tallinn 2:2, 1:0; AFC Barry Town – Dinaburg Daugavpils 0:0, 2:1; Dynamo Tiflis – CS Grevenmacher 4:0, 2:2; Maccabi Haifa – Partizan Belgrad 0:1, 1:3; HIT Nova Gorica – Vardar Skopje 0:1, 1:2; Croatia Zagreb – FK Tirana 4:0, 6:2; Beitar Jerusalem – FC Floriana 3:1, 5:1; Piounik Erewan – HJK Helsinki 3:1, n. V. 2:5; B71 Sandur – APOEL Nicosia 1:5, 2:4; Neftschi Baku – Lokomotive Sofia 2:1, 0:6; Zimbru Chisinau – Hajduk Split 0:4, 1:2; Anorthosis Famagusta – Schirak Giumri 4:0, 2:2; Sliema Wanderers – Margweti Sestaponi 1:3, 3:0; Slavia Sofia – Inkaras-Grifas Kaunas 4:3, 1:1; St. Patrick's Athletic – Slovan Bratislava 3:4, 0:1; Teuta Durres – 1. FC Kosice 1:4, 1:2.
Qualifikation: Standard Lüttich – Karlsruher SC 1:0, 1:3; Rotor Wolgograd – EA Guingamp 2:1, 0:1; Segesta Sisak – Silkeborg IF 1:2, 1:0 (alle Begegnungen UI-Cup-Finalspiele) – 1. FC Kosice – Celtic Glasgow 0:0, 0:1; Legia Warschau – Haka Valkeakoski 3:0, 1:1; Rapid Bukarest – Lokomotive Sofia 1:0, 1:0; Sliema Wanderers – Odense BK 0:2, 1:7; Iraklis Saloniki – APOEL Nicosia 0:1, 1:2; Croatia Zagreb – Spartak Moskau 3:1, 0:2; Partizan Belgrad – National Bukarest 0:0, 0:1; Dynamo Tiflis – Molde FK 2:1, 0:0; Lyngby FC – Mura Murska Sobota 0:0, 2:0; Halmstad BK – Vardar Skopje 0:0, 1:0; Dynamo Moskau – FC Jazz Pori 1:1, 3:1; Zalgiris Vilnius – FC Aberdeen 1:4, 3:1; BVSC Budapest – AFC Barry Town 3:1, n. V. 1:3 (Barry 4:2-Sieger nach Elfmeterschießen); Helsingborg IF – Dynamo-93 Minsk 1:1, 3:0; Hajduk Split – Torpedo Moskau 1:0, 0:2; FC Aarau – Lantana Tallinn 4:0, 0:2; Dynamo Minsk – Besiktas Istanbul 2:1 (in Molodeschno), 0:2; HJK Helsinki – Tschernomoretz Odessa 2:2, 0:2; Grazer AK – Vojvodina Novi Sad 2:0 (in Kapfenberg), 5:1; Anorthosis Famagusta – Neuchâtel Xamax 1:2, 0:4; Sigma Olmütz – Hutnik Krakau 1:0, 1:3; IA Akranes – ZSKA Moskau 0:2, 1:4; Slavia Sofia – FC Tirol Innsbruck 1:1, 1:4; Slovan Bratislava – Trabzonspor 2:1, 1:4; Skonto Riga – Malmö FF 0:3, 1:1; Beitar Jerusalem – FK Bodö/Glimt 1:5, 1:2.
1. Runde: FC Valencia – Bayern München 3:0, 0:1; Rapid Bukarest – Karlsruher SC 1:0, 1:4; FC Arsenal – Borussia Mönchengladbach 2:3, 2:3 (in Köln); Celtic Glasgow – Hamburger SV 0:2, 0:2; FC Schalke 04 – Roda JC Kerkrade 3:0, 2:2; AC Parma – Vitoria Guimaraes 2:1, 0:2; Alania Wladikawskas – RSC Anderlecht 2:1, 0:4; FC Tirol Innsbruck – FC Metz 0:0, 0:1; SC Montpellier – Sporting Lissabon 1:1, 0:1; Dynamo Kiew – Neuchâtel Xamax 0:0, 1:2; RWD Molenbeek – Besiktas Istanbul 0:0, 0:3; RC Lens – Lazio Rom 0:1, 1:1; Spartak Moskau – Silkeborg IF 3:2, 2:1; Malmö FF – Slavia Prag 1:2, 1:3; Germinal Ekeren – Grazer AK 3:1, 0:2 (in Kapfenberg); FK Bodö/Glimt – Trabzonspor 1:2, 1:3; Club Brügge – Lyngby FC 1:1, 2:0; Aston Villa – Helsingborg IF 1:1, 0:0; Panathinaikos Athen – Legia Warschau 4:2, 0:2; Tschernomoretz Odessa – National Bukarest 0:0, 0 :2; Torpedo Moskau – Dynamo Tiflis 0:1, 1:1; Hutnik Krakau – AS Monaco 0:1, 1:3; AS Rom – Dynamo Moskau 3:0, 3:1; CD Teneriffa – Maccabi Tel Aviv 3:2, 1:1; Odense BK – Boavista Porto 2:3, 2:1 (in Lissabon); Ferencvaros Budapest – Olympiakos

Piräus 3:1, 2:2; Newcastle United – Halmstad BK 4:0, 1:2; FC Aberdeen – AFC Barry Town 3:1, 3:3; Bröndby IF Kopenhagen – FC Aarau 5:0, 2:0; ZSKA Moskau – Feyenoord Rotterdam 0:1, 1:1; APOEL Nicosia – Espanyol Barcelona 2:2, 0:1; EA Guingamp – Inter Mailand 0:3, 1:1.

2. Runde: Hamburger SV – Spartak Moskau 3:0, 2:2; Karlsruher SC – AS Rom 3:0, 1:2; Borussia Mönchengladbach – AS Monaco 2:4, 1:0; FC Schalke 04 – Trabzonspor 1:0, 3:3; Dynamo Tiflis – Boavista Porto 1:0, 0:5; Legia Warschau – Besiktas Istanbul 1:1, 1:2; Slavia Prag – FC Valencia 0:1, 0:0; Vitoria Guimaraes – RSC Anderlecht 1:1, 0:0; Helsingborg IF – Neuchâtel Xamax 2:0, 1:1; Espanyol Barcelona – Feyenoord Rotterdam 0:3, 1:0; Club Brügge – National Bukarest 2:0, 1:1; Inter Mailand – Grazer AK 1:0, n. V. 0:1 (Mailand 5:4-Sieger nach Elfmeterschießen, in Kapfenberg); FC Aberdeen – Bröndby IF Kopenhagen 0:2, 0:0; FC Metz – Sporting Lissabon 2:0, 1:2; Ferencvaros Budapest – Newcastle United 3:2, 0:4; Lazio Rom – CD Teneriffa 1:0, 3:5.

Achtelfinale: AS Monaco – Hamburger SV 3:0, 2:0; Bröndby IF Kopenhagen – Karlsruher SC 1:3, 5:0; Club Brügge – FC Schalke 04 2:1, 0:2; CD Teneriffa – Feyenoord Rotterdam 0:0, 4:2; Helsingborg IF – RSC Anderlecht 0:0, 0:1; FC Metz – Newcastle United 1:1, 0:2; Inter Mailand – Boavista Porto 5:1, 2:0; FC Valencia – Besiktas Istanbul 3:1, 2:2.

Viertelfinale: FC Schalke 04 – FC Valencia 2:0, 1:1; CD Teneriffa – Bröndby IF Kopenhagen 0:1, n. V. 2:0; RSC Anderlecht – Inter Mailand 1:1, 1:2; Newcastle United – AS Monaco 0:1, 0:3.

Halbfinale: CD Teneriffa – FC Schalke 04 1:0, n. V. 0:2; Inter Mailand – AS Monaco 3:1, 0:1.

Endspiele: FC Schalke 04 – Inter Mailand 1:0, n. V. 0:1 (Schalke 4:1-Sieger nach Elfmeterschießen)

FC Schalke 04: Lehmann – Thon – De Kock, Linke – Eigenrauch, Müller, Büskens – Nemec, Anderbrügge – Latal (Held), Wilmots (Max).

Tore: Wilmots im 1. Spiel; (Zamorano für Mailand im 2. Spiel) – Tore aus dem Elfmeterschießen: 1:0 Anderbrügge, Zamorano (Lehmann hält), 2:0 Thon, 2:1 Djorkaeff, 3:1 Max, Winter (verschossen), 4:1 Wilmots – SR: Batta (Frankreich)/Garcia Aranda (Spanien) – Zuschauer: 56 824/ 81 875 – 7. 5. und 21. 5.

1997/98: Inter Mailand

Vorrunde: 1. FC Köln – SC Montpellier 2:1, 0:1; Hamburger SV – SC Bastia 0:1, n. V. 1:1; Dynamo Moskau – MSV Duisburg 2:2, 1:3; AJ Auxerre – Torpedo Moskau 3:0, 1:4; Lokomptive Nischni-Novgorod – Halmstads BK 0:0, 0:1; Istanbulspor – Olympique Lyon 2:1, 0:2 (alle Spiele UI-Cup Halbfinal-Begegnungen) – Dynamo Minsk – Kolcheti Poti 1:0, 1:2; Hapoel Petach Tikva – Flora Tallinn 1:0, 2:1; Dnjepr Dnjepropetrowsk – FC Erevan 6:1, 2:0; Inkaras-Grifas Kaunas FC – Boby Brünn 3:1,1:6; MyPa Anjalankoski – Apollon Limassol 1:1, 0:3; Inter Cardiff – Celtic Glasgow 0:3,0:5; Neuchâtel Xamax – Tiligul Tiraspol 7:0, 3:1; CS Grevenmacher – Hajduk Split 1:4, 0:2; Grasshoppers Zürich – FC Coleraine 3:0, 7:1; Vojvodina Novi Sad – Viking Stavanger 0:2, n. V. 2:0 (Stavanger 5:4-Sieger nach Elfmeterschießen); KR Reykjavik – Dinamo Bukarest 2:0, 2:1; Bohemians Dublin – Ferencvaros Budapest 0:1, 0:5; FK Jablonec – Karabach Agdam 5:0, 3:0; FC Birkirkara – Spartak Trnava 0:1, 1:3; Odra Wodzislaw – Pobeda Prilep 3:0,1:2; Daugava Riga – Vorskla Poltava 1:3,1:2; Brann Bergen – Neftochimik Burgas 2:1, 2:3; CE Principat – Dundee United 0:8, 0:9; HIT Nova Gorica – Otelul Galati 2:0, 2:4; Ujpest Budapest – KI Klaksvik 6:0, 3:2.

Qualifikation: MSV Duisburg – AJ Auxerre 0:0, 0:2; Halmstads BK – SC Bastia 0:1, n. V. 1:1; SC Montpellier – Olympique Lyon 0:1, 2:3 (alle Spiele UI-Cup Final-Begegnungen) – Hajduk Split – Malmö FF 3:2, 2:0; RSC Anderlecht – Vorskla Poltava 2:0, 2:0; Neuchâtel Xamax – Viking Stavanger 3:0, 1:2; Rotor Wolgograd – Odra Wodzislaw 2:0, 4:3; Trabzonspor – Dundee United 1:0, 1:1; Rapid Wien – Boby Brünn 6:1, 0:2; Tirol Innsbruck – Celtic Glasgow 2:1, 3:6; Helsingborg IF – Ferencvaros Budapest 0:1, n. V. 1:0 (Budapest 4:3-Sieger nach Elfmeterschießen); Vejle BK – Hapoel Petach Tikva 0:0, 0:1; Grasshoppers Zürich – Brann Bergen 3:0, 0:2; HIT Nova Gorica – Club Brügge 3:5, 0:3; PAOK Saloniki – Spartak Trnava 5:3, 1:0; KR Reykjavik – OFI Kreta 0:0, 1:3; FK Jablonec – Örebrö SK 1:1, 0:0; Apollon Limassol – Excelsior Mouscron 0:0, 0:3 (in Villeneuve d'Ascq, Frankreich); Dynamo Minsk – Lilleström SK – 0:2, 0:1; Ujpesti Budapest -Aarhus GF 0:0, 2:3; Alania Wladikawkas – Dnjepr Dnjepropetrowsk 2:1, 4:1.

1. Runde: Karlsruher SC – Anorthosis Famagusta 2:1,1:1; Jazz Pori – TSV München 1860 0:1,1:6; FC Schalke 04 – Hajduk Split 2:0, 3:2; Trabzonspor – VfL Bochum 2:1, 3:5; Deportivo La Coruna – AJ Auxerre 1:2, 0:0; Austria Salzburg – RSC Anderlecht 4:3, 2:4; PAOK Saloniki – FC Arsenal 1:0, 1:1; Widzew Lodz – Udinese Calcio 1:0, 0:3; Maribor Branik – Ajax Amsterdam 1:1, 1:9; Olympique Lyon – Bröndby IF Kopenhagen 4:1, 3:2; MPKZ Mozyr – Dynamo Tiflis 1:1, 0:1; Real Valladolid – Skonto Riga 2:0, 0:1; Vitoria Guimaraes – Lazio Rom 0:4, 1:2; Racing Straßburg – Glasgow Rangers 2:1, 2:1; MTK Budapest – Alania Wladikawkas 3:0, 1:1; SC Bastia – Benfica Lissabon 1:0, 0:0; FC Sion – Spartak Moskau 0:1, (2:2, annuliert), 1:5; OFI Kreta – Ferencvaros Budapest 3:0, 1:2; Sampdoria Genua – Athletic Bilbao 1:2, 0:2; Girondins Bordeaux – Aston Villa 0:0, n. V. 0:1; Steaua Bukarest – Fenerbahce

Istanbul 0:0, 2:1; Rotor Wolgograd – Örebro SK 2:0, 4:1; Croatia Zagreb – Grasshoppers Zürich 4:4, 5:0; Vitesse Arnheim – Sporting Braga 2:1, 0:2; Rapid Wien – Hapoel Petach Tikva 1:0, 1:1; Inter Mailand – Neuchâtel Xamax 2:0, 2:0; Celtic Glasgow – FC Liverpool 2:2, 0:0; Excelsior Mouscron – FC Metz – 0:2, 1:4; Twente Enschede – Lilleström SK 0:1, 2:1; Beitar Jerusalem – Club Brügge 2:1, 0:3; Atletico Madrid – Leicester City 2:1, 2:0; Aarhus GF – FC Nantes 2:2, 1:0.

2. Runde: FC Schalke 04 – RSC Anderlecht 1:0, 2:1; Club Brügge – – VfL Bochum 1:0,1:4; FC Metz – Karlsruher SC 0:2, 1:1; Rapid Wien -TSV München 1860 3:0, 1:2; Spartak Moskau – Real Valladolid 2:0, 2:1; Rotor Wolgograd – Lazio Rom 0:0, 0:3; Sporting Braga – Dynamo Tiflis 4:0, 1:0 (in Moskau); Ajax Amsterdam – Udinese Calcio 1:0, 1:2; Racing Straßburg – FC Liverpool 3:0, 0:2; Inter Mailand – Olympique Lyon 1:2, 3:1; MTK Budapest – Croatia Zagreb 1:0, 0:2; Aarhus GF – Twente Enschede 1:1, 0:0; Athletic Bilbao – Aston Villa 0:0, 1:2; AJ Auxerre – OFI Kreta 3:1, 2:3; Steaua Bukarest – SC Bastia 1:0, 2:3; Atletico Madrid – PAOK Saloniki 5:2, 4:4.

Achtelfinale: Karlsruher SC – Spartak Moskau 0:0, n. V. 0:1; Ajax Amsterdam – VfL Bochum 4:2, 2:2; Sporting Braga – FC Schalke 04 0:0, 0:2; Rapid Wien – Lazio Rom 0:2, 0:1; Twente Enschede – AJ Auxerre 0:1, 0:2; Croatia Zagreb – Atletico Madrid 1:1, 0:1; Racing Straßburg – Inter Mailand 2:0, 0:3; Steaua Bukarest – Aston Villa 2:1, 0:2.

Viertelfinale: Inter Mailand – FC Schalke 04 1:0, n. V. 1:1; Ajax Amsterdam – Spartak Moskau 1:3, 0:1; Lazio Rom – AJ Auxerre 1:0, 2:2; Atletico Madrid – Aston Villa 1:0, 1:2.

Halbfinale: Atletico Madrid – Lazio Rom 0:1, 0:0; Inter Mailand – Spartak Moskau 2:1, 2:1.

Endspiel am 6. Mai in Paris: Inter Mailand – Lazio Rom 3:0 (1:0)

Inter Mailand: Pagliuca – Fresi – Colonnese, West, Zanetti – Winter (Cauet), Zé Elias, Simone – Djorkaeff (Moriero) – Ronaldo, Zamorano (Sartor).

Tore: Zamorano, Zanetti, Ronaldo. – SR: Lopez-Nieto (Spanien). – Zuschauer: 45 000.

1998/99: AC Parma

Vorrunde: Werder Bremen – Samsunspor 3:0 (in Oldenburg), 3:0; SEC Bastia – Vojvodina Novi Sad 2:0, 0:4; FC Bologna – Sampdoria Genua 3:1, 0:1; Fortuna Sittard – Austria Salzburg 2:1, 1:3; Ruch Chorzow – VSC Debrecen 1:0, 3:0; Espanyol Barcelona- FC Valencia 0:1, 0:2; (alle Spiele UI-Cup Halbfinal-Begegnungen) – Arges Pitesti – Dinamo Baku 5:1, 2:0; Belshina Bobruisk – ZSKA Sofia 0:0,1:3; Omonia Nicosia – FC Linfield 5:1, 3:5; Schachtar Donezk – FC Birkirkara 2:1, 4:0; Kolcheti Poti – Roter Stern Belgrad 0:4, 0:7; Inter Bratislava – FK Tirana 2:0, 2:0; Sadam Tallinn – Polonia Warschau 0:2, 1:3; HB Torshavn – Vaasa PS 2:0, 0:4; Zeljeznicar Sarajevo – FC Kilmarnock 1:1, 0:1; Mura Murska Sobota – Daugava Riga 6:1, 2:1; IA Akranes – Zalgiris Vilnius 3:2, 0:1; Hapoel Tel Aviv – FinnPa Helsinki 3:1, 3:1; Schirak Giumri – Malmö FF 0:2, 0:5; Germinal Ekeren – FC Sarajevo 4:1, 0:0; FC Shelbourne – Glasgow Rangers 3:5 (in Birkenhead, England), 0:2; Otelul Galati – Sloga Skopje 3:0, 1:1; US Luxembourg – IFK Göteborg 0:3, 0:4, Ferencvaros Budapest – CE Principat 6:0, 8:1; Tiligul Tiraspol – RSC Anderlecht 0:1, 0:5; AFC Newtown – Wisla Krakau 0:0, 0:7.

Qualifikation: Werder Bremen – Vojvodina Novi Sad 1:0,1:1; Austria Salzburg – FC Valencia 0:2, 1:2; FC Bologna – Ruch Chorzow 1:0, 2:0 (Alle Spiele UI-Cup Final-Begegnungen) – Roter Stern Belgrad – Rotor Wolgograd 2:1,2:1; Ferencvaros Budapest – AEK Athen 4:2, 0:4; Germinal Ekeren – Servette Genf 1:4, 2:1; Arges Pitesti – Istanbulspor 2:0, 2:4; Molde FK – ZSKA Sofia 0:0, 0:2; IFK Göteborg – Fenerbahce Istanbul 2:1, 0:1; Mura Murska Sobota – Silkeborg IF 0:0, 0:2; Glasgow Rangers – PAOK Saloniki 2:0, 0:0; Slavia Prag – Inter Bratislava 4:0, 0:2; FC Zürich – Schachtar Donezk 4:0, 2:3; Brann Bergen – Zalgiris Vilnius 1:0, 0:0; Wisla Krakau – Trabzonspor 5:1, 2:1; Vejle BK – Otelul Galati 3:0, 3:0; Hapoel Tel Aviv – Strömsgodset Drammen 1:0, 0:1 (Drammen 4:2-Sieger nach Elfmeterschießen);NK Osijek – RSC Anderlecht 3:1, 0:2; Omonia Nicosia – Rapid Wien 3:1, 0:2; Vaasa PS – Grazer AK 0:0, 0:3; Polonia Warschau – Dynamo Moskau 0:1, 0:1; Hajduk Split – Malmö FF – 1:1, 2:1; Sigma Olmütz – FC Kilmarnock 2:0, 2:0.

1. Runde: VfB Stuttgart – Feyenoord Rotterdam 1:3, 3:0; Udinese Calcio – Bayer Leverkusen 1:1, 0:1; Brann Bergen – Werder Bremen 2:0, n. V. 0:4; FC Schalke 04 – Slavia Prag 1:0, n. V. 0:1 (Prag 5:4-Sieger nach Elfmeterschießen); Sparta Prag – Real Sociedad San Sebastian 2:4, 0:1; Fenerbahce Istanbul – AC Parma 1:0, 1:3; Blackburn Rovers – Olympique Lyon 0:1, 2:2; Dynamo Moskau – Skonto Riga 2:2, 3:2; Vitoria Guimaraes – Celtic Glasgow 1:2, 1:2; Arges Pitesti – Celta Vigo 0:1, 0:7; Silkeborg IF – AS Rom 0:2, 0:1; LKS Lodz – AS Monaco 1:3, 0:0; Liteks Lovetsch – Grazer AK 1:1 (in Burgas), 0:2; RSC Anderlecht – Grasshoppers Zürich 0:2, 0:0; AC Florenz – Hajduk Split 2:1 (in Bari), 0:0; Aston Villa – Strömsgodset Drammen 3:2, 3:0; Servette Genf – ZSKA Sofia 2:1, 0:1; Roter Stern Belgrad – FC Metz 2:1, n. V. 1:2 (Belgrad 4:3-Sieger nach Elfmeterschießen); 1. FC Kosice – FC Liverpool 0:3, 0:5; Sporting Lissabon – FC Bologna 0:2, 1:2; Maribor Teatanic – Wisla Krakau 0:2, 0:3; Vejle BK – Betis Sevilla 1:0 (in Odense), 0:5; Girondins Bordeaux – Rapid Wien 1:1, 2:1; Atletico Madrid – FK Obilic Belgrad 2:0, 1:0; Beitar Jerusalem – Glasgow Rangers 1:1, 2:4; Leeds United – Maritimo Funchal 1:0,

n. V. 0:1 (Leeds 4:1-Sieger nach Elfmeterschießen); Steaua Bukarest – FC Valencia 3:4, 0:3; Willem II Tilburg – Dynamo Tiflis 3:0, 3:0; FC Zürich – Anorthosis Famagusta 4:0, 3:2; Ujpest Budapest – Club Brügge 0:5, 2:2; Vitesse Arnheim – AEK Athen 3:0, 3:3; Sigma Olmütz – Olympique Marseille 2:2, 0:4.
2. Runde: Werder Bremen – Olympique Marseille 1:1, 2:3; Bayer Leverkusen – Glasgow Rangers 1:2, 1:1; VfB Stuttgart – Club Brügge 1:1, n. V. 2:3; Dynamo Moskau – Real Sociedad San Sebastian 2:3, 0:3; AS Rom – Leeds United 1:0, 0:0; FC Liverpool – FC Valencia 0:0, 2:2; Celta Vigo – Aston Villa 0:1, 3:1; Celtic Glasgow – FC Zürich 1:1, 2:4; Vitesse Arnheim – Girondins Bordeaux 0:1, 1:2; Grasshoppers Zürich – AC Florenz 0:2, 1:2 (zweites Spiel in Salerno beim Stande von 1:2 zur Halbzeit wegen Verletzung des Schiedsrichters durch Feuerwerkskörper abgebrochen; AC Florenz vom Turnier ausgeschlossen); Roter Stern Belgrad – Olympique Lyon 1:2 (in Bukarest), 2:3; FC Bologna – Slavia Prag 2:1, 2:0; Wisla Krakau – AC Parma 1:1, 1:2; Grazer AK – AS Monaco 3:3, 0:4; Willem II Tilburg – Real Betis Sevilla 1:1, 0:3; ZSKA Sofia – Atletico Madrid 2:4, 0:1.
Achtelfinale: AS Roma – FC Zürich 1:0, 2:2; AS Monaco – Olympique Marseille 2:2, 0:1; Grasshoppers Zürich – Girondins Bordeaux 3:3, 0:0; Real Sociedad San Sebastian – Atletico Madrid 2:1, n. V. 1:4; Olympique Lyon – Club Brügge 1:0, 4:3; Glasgow Rangers – AC Parma 1:1, 1:3; Celta Vigo – FC Liverpool 3:1, 1:0; FC Bologna – Real Betis Sevilla 4:1, 0:1.
Viertelfinale: Olympique Marseille – Celta Vigo 2:1, 0:0; FC Bologna – Olympique Lyon 3:0, 0:2; Girondins Bordeaux – AC Parma 2:1, 0:6; Atletico Madrid – AS Rom 2:1, 2:1.
Halbfinale: Olympique Marseille – FC Bologna 0:0, 1:1; Atletico Madrid – AC Parma 1:3,1:2.

Endspiel am 12. Mai in Moskau: AC Parma – Olympique Marseille 3:0 (2:0)
AC Parma: Buffon – Thuram, Sensini, Cannavaro – Vanoli, Boghossian, D. Baggio, Fuser – Veron (Fiore) – Chiesa (Balbo), Crespo (Asprilla).
Tore: Crespo, Vanoli, Chiesa. – SR: Dallas (Schottland). – Zuschauer: 61 000.

1999/2000: Galatasaray Istanbul
Qualifikation: Schachtar Donezk – Sileks Kratovo 3:1, 1:2; HJK Helsinki – Schirak Giumri 2:0, 0:1; Lokomotive Tiflis – FC Linfield 1:0, 1:1; Serif Tiraspol – Sigma Olmütz 1:1, 0:0; FK Erewan – Hapoel Tel Aviv 0:2, 1:2; Neftchi Baku – Roter Stern Belgrad 2:3, 0:1; Vllaznia Shkoder – Spartak Trnava 1:1, 0:2; BATE Borisow – Lokomotive Moskau 1:7, 0:5; Lantana Tallinn – Torpedo Kutaisi 0:5, 2:4; Metalurgs Liepaja – Lech Posen 3:2, 1:3; HIT Nova Gorica – Inter Cardiff 2:0, 0:1; Vojvodina Novi Sad – Ujpest Budapest 4:0, 1:1; Tulevik Viljandi – Club Brügge 0:3, 0:2; Belshina Bobruisk – Omonia Nicosia 1:5, 0:3; Krivbas Krivoj Rog – FC Shamkir 3:0, 2:0; KI Klaksvik – Grazer AK 0:5, 0:4; FK Riga – Helsingborgs IF 0:0, 0:5; Vaasa PS – FC St. Johnstone 1:1, 0:2; Inter Bratislava – Bylis Balish 3:1, 2:0; FK Bodö/Glimt – FC Vaduz 1:0, 2:1; Viking Stavanger – CE Principat 7:0; 11:0; Maccabi Tel Aviv – FBK Kaunus 3:1, 1:2; Steaua Bukarest – Levadia Maardu 3:0, 4:1; Lyngby FC – FC Birkirkara 7:0, 0:0; Ankaragücü – B 36 Torshavn 1:0, 1:0; Sliema Wanderers – FC Zürich 0:3, 0:1; Grasshoppers Zürich – Bray Wanderers 4:0, 4:0; IFK Göteborg – Cork City 3:0, 0:1; FC Monnerich – Dynamo Bukarest 2:6, 0:7; Vardar Skopje – Legia Warschau 0:5, 0:4; APOEL Nicosia – Levski Sofia 0:0, 0:2; RSC Anderlecht – Leiftur Olafsfjördur 6:1, 3:0; Olimpija Ljubljana – Kareda Siauliai 1:1, 2:2; Hajduk Split – F ,91 Düdelingen 5:0, 1:1; Cwmbran Town – Celtic Glasgow 0:6, 0:4; FC Portadown – ZSKA Sofia 0:3, 0:5; Ferencvaros Budapest – Constructorul Chisinau 3:1, 1:1; KR Reykjavik – FC Kilmarnock 1:0, n. V. 0:2.
1. Runde: 1. FC Kaiserslautern – FC Kilmarnock 3:0, 2:0; FK Bodö/Glimt – Werder Bremen 0:5 (in Trondheim), 1:1; VfL Wolfsburg – Debreceni VSC 2:0,1:2; Roter Stern Belgrad – SC Montpellier 0:1, 2:2; Partizan Belgrad – Leeds United 1:3, 0:1 (in Heerenveen); Udinese Calcio – Aalborg BK 1:0, 2:1; Stabaek IF – Deportivo La Coruna 1:0, 0:2; Steaua Bukarest – LASK Linz 2:0, 3:2; HJK Helsinki – Olympique Lyon 0:1, 1:5; Vojvodina Novi Sad – Slavia Prag 0:0, 2:3; Maccabi Tel Aviv – Racing Lens 2:2, 1:2; HIT Nova Gorica – Panathinaikos Athen 0:1, 0:2; Sigma Olmütz – RCD Mallorca 1:3, 0:0; Torpedo Kutaisi – AEK Athen 0:1, 1:6; Hajduk Split – Levski Sofia 0:0, 0:3; Skonto Riga – Widzew Lodz 1:0, 0:2; Inter Bratislava – Rapid Wien 1:0, 2:1; Lyngby FC – Lokomotive Moskau 1:2, 0:3; Roda JC Kerkrade – Schachtar Donezk 2:0, 3:1; Helsingborgs IF – Karpaty Lwow 1:1, n. V. 1:1 (Helsingborg 4:2-Sieger nach Elfmeterschießen); Lokomotivie Tiflis – PAOK Saloniki 0:7, 0:2; Lech Posen – IFK Göteborg 1:2, 0:0; AC Parma – Krivbas Krivoj Rog 3:2, 3:0; FK Teplitz – Ferencvaros Budapest 3:1, 1:1; Celtic Glasgow – Hapoel Tel Aviv 2:0, 1:0; Viking Stavanger – Sporting Lissabon 3:0, 0:1; West Ham United – NK Osijek 3:0, 3:1; FC Zürich – Lierse SK 1:0, 4:3; RSC Anderlecht – Olimpija Ljubljana 3:1, 3:0; Tottenham Hotspur – Zimbru Chisinau 3:0, 0:0; Zenit Sankt Petersburg – FC Bologna 0:3, 2:2; Anorthosis Famagusta – Legia Warschau 1:0, 0:2; Lausanne-Sports – Celta Vigo 3:2, 0:4; Hapoel Haifa – Club Brügge 3:1, 2:4; Ajax Amsterdam – Dukla Banska Bystrica 6:1, 3:1; MTK Budapest – Fenerbahce Istanbul 0:0, 2:0; Akademisk BK Kopenhagen – Grasshoppers Zürich 0:2, 1:1; Ionikos Nikea – FC Nantes 1:3, 0:1; SC Beira Mar – Vitesse Arnheim 1:2, 0:0; Grazer AK – Spartak Trnava 3:0, 1:2; AS Monaco – FC Saint Johnstone 3:0, 3:3; ZSKA Sofia – Newcastle United 0:2, 2:2; Amica

Wronki – Bröndby IF Kopenhagen 2:0, 3:4; Omonia Nicosia – Juventus Turin 2:5, 0:5 (in Palermo); Aris Saloniki – Servette Genf 1:1, 2:1; Benfica Lissabon – Dynamo Bukarest 0:1, 2:0; Atletico Madrid – Ankaragücü 3:0, 0:1; AS Rom – Vitoria Setubal 7:0, 0:1.

2. Runde: Tottenham Hotspur – 1. FC Kaiserslautern 1:0, 0:2; Werder Bremen – Viking Stavanger 0:0, 2:2; Roda JC Kerkrade – VfL Wolfsburg 0:0, 0:1; Deportivo La Coruna – SC Montpellier 3:1, 2:0; Aris Saloniki – Celta Vigo 2:2, 0:2; Udinese Calcio – Legia Warschau 1:0, 1:1; Steaua Bukarest – West Ham United 2:0, 0:0; MTK Budapest – AEK Athen 2:1, 0:1; Levski Sofia – Juventus Turin 1:3, 1:1; Leeds United – Lokomotive Moskau 4:1, 3:0; Hapoel Haifa – Ajax Amsterdam 0:3, 1:0; AC Parma – Helsingborgs IF 1:0, 3:1; Inter Bratislava – FC Nantes 0:3, 0:4; FC Zürich – Newcastle United 1:2, 1:3; Grazer AK – Panathinaikos Athen 2:1, 0:1; Atletico Madrid – Amica Wronki 1:0, 4:1; RSC Anderlecht – FC Bologna 2:1, 0:3; Slavia Prag – Grasshoppers Zürich 3:1, 0:1; PAOK Saloniki – Benfica Lissabon 1:2, n. V. 2:1 (Lissabon 4:1-Sieger nach Elfmeterschießen); Widzew Lodz – AS Monaco 1:1, 0:2; IFK Göteborg – AS Rom 0:2, 0:1; FK Teplitz – RCD Mallorca 1:2, 0:3; Olympique Lyon – Celtic Glasgow 1:0, 1:0; RC Lens – Vitesse Arnheim 4:1, 1:1.

3. Runde: VfL Wolfsburg – Atletico Madrid 2:3, 1:2; RC Lens – 1. FC Kaiserslautern 1:2, 4:1; Glasgow Rangers – Borussia Dortmund 2:0, n. V. 0:2 (Dortmund 3:1-Sieger nach Elfmeterschießen); Udinese Calcio – Bayer Leverkusen 0:1, 2:1; Olympique Lyon – Werder Bremen 3:0, 0:4; AC Parma – Sturm Graz 2:1, n. V. 3:3; Deportivo La Coruna – Panathinaikos Athen 4:2, 1:1; FC Bologna – Galatasaray Istanbul 1:1, 1:2; Spartak Moskau – Leeds United 2:1 (in Sofia) ,0:1; Ajax Amsterdam – RCD Mallorca 0:1, 0:2; AS Rom – Newcastle United 1:0, 0:0; AEK Athen – AS Monaco 2:2, 0:1; Celta Vigo – Benfica Lissabon 7:0,1:1; Olympiakos Piräus – Juventus Turin 1:3, 2:1 (in Palermo); FC Arsenal – FC Nantes 3:0, 3:3; Slavia Prag – Steaua Bukarest 4:1, 1:1.

Achtelfinale: Borussia Dortmund – Galatasaray Istanbul 0:2, 0:0; AC Parma – Werder Bremen 1:0, 1:3; Slavia Prag – Udinese Calcio 1:0,1:2; Juventus Turin – Celta Vigo 1:0, 0:4; AS Rom – Leeds United 0:0, 0:1; RCD Mallorca – AS Monaco 4:1, 0:1; Atletico Madrid – RC Lens 2:2, 2:4; FC Arsenal – Deportivo La Coruna 5:1, 1:2.

Viertelfinale: FC Arsenal – Werder Bremen 2:0, 4:2; RCD Mallorca – Galatasaray Istanbul 1:4, 1:2; Celta Vigo – RC Lens 0:0, 1:2; Leeds United – Slavia Prag 3:0,1:2.

Halbfinale: Galatasaray Istanbul – Leeds United 2:0, 2:2; FC Arsenal – RC Lens 1:0, 2:1.

Endspiel am 17. Mai in Kopenhagen: Galatasaray Istanbul – FC Arsenal n. V. 0:0, i. E. 4:1

Galatasaray Istanbul: Taffarel – Capone, Popescu, Bülent – Ergün, Ümit, Hagi, Suat (Ahmet Yildirim), Okan (Hakan Ünsal) – Hakan Sükür, Arif (Hasan Sas).

Tore im Elfmeterschießen: Ergün, Hakan Sükür, Ümit, Popescu (Parlour für Arsenal) – SR: Lopez Nieto (Spanien) – Zuschauer: 38 000.

2000/01: FC Liverpool

Qualifikation: Universitatea Craiova – Pobeda Prilep 1:1, 0:1; Folgore Falciano – FC Basel 1:5 (in Serravalle), 0:7 (in Zürich); Neftchi Baku – HIT Nova Gorica 1:0, 1:3; Rapid Wien – Teuta Durres 2:0, 4:0 (in Tirana); Club Brügge – Flora Tallinn 4:1, 2:0; IBV Vestmannaeyjar – Heart of Midlothian 0:2, 0:3; Akademisk BK Kopenhagen – B36 Torshavn 8:0, 1:0; FC Coleraine – Örgryte IS Göteborg 1:2, 0:1; Ararat Erewan – 1. FC Kosice 2:3 (in Giumri), 1:1 (in Bratislava); Napredak Krusevac – Tulevik Viljandi 5:1, 1:1 (in Valga); MTK Budapest – Jokerit Helsinki 1:0, 4:2; Vorskla Poltava – Rabotnicki Skopje 2:0, 2:0; IA Akranes – AA Gent 0:3 (in Reykjavik), 2:3; Bangor City – Halmstad BK 0:7 (in Wrexham), 0:4; FK Ventspils – Vasas Budapest 2:1, 1:3 n. V.; Jeunesse Esch – Celtic Glasgow 0:4 (in Luxemburg), 0:7; FK Drnovice – Buducnost Banovici 3:0, 1:0; Tomori Berat – APOEL Nikosia 2:3 (in Tirana), 0:2; Rapid Bukarest – MIKA Ashtarak 3:0, 0:1 (in Giumri); WIT Georgia Tiflis – Beitar Jerusalem 0:3, 1:1; Omonia Nikosia – Neftochimik Burgas 0:0, 1:2; Zeljeznicar Sarajevo – Wisla Krakau 0:0, 1:3; Serif Tiraspol – Olimpija Ljubljana 0:0, 0:3; Kapaz Ganja – Antalyaspor 0:2 (in Baku), 0:5; Zalgiris Vilnius – Ruch Chorzow 2:1, 0:6; FC Aberdeen – Bohemians Dublin 1:2, 1:0; GI Götu – IFK Norrköping 0:2 (in Torshavn), 1:2; Metalurgs Liepaja – Brann Bergen 1:1, 0:1; Slavia Mozyr – Maccabi Haifa 1:1, 0:0; Slovan Bratislava – Lokomotivi Tiflis 2:0, 2:0; Sliema Wanderers – Partizan Belgrad 2:1 (in Ta' Qali), 1:4; Constructorul Chisinau – ZSKA Sofia 2:3 (in Speia), 0:8; AIK Stockholm – FK Gomel 1:0, 2:0 (in Minsk); HJK Helsinki – CS Grevenmacher 4:1 (in Vantaa), 0:2 (in Luxemburg); Glentoran Belfast – Lilleström SK 0:3, 0:1; Ekranas Panevezys – Lierse SK 0:3, 0:4 (in Westerlo); Boavista Porto – AFC Barry Town 2:0, 3:0; Constellacio Esportiva – Rayo Vallecano 0:10, 0:6; Lausanne-Sports – Cork City 1:0, 1:0; NK Rijeka – FC Valletta 3:2, 5:4 n. V. (in Ta' Qali); Amica Wronki – FC Vaduz 3:0, 3:3.

1. Runde: Bohemians Dublin – 1. FC Kaiserslautern 1:3, 1:0; FK Drnovice – TSV München 1860 0:0, 0:1; Zimbru Chisinau – Hertha BSC 1:2, 0:2; Antalyaspor – Werder Bremen 2:0; 0:6; VfB Stuttgart – Heart

of Midlothian 1:0, 2:3; 1. FC Kosice – Grazer AK 2:3, 0:0; IFK Norrköping – Slovan Liberec 2:2, 1:2; Rapid Wien – Örgryte IS Göteborg 3:0, 1:1; FC Basel – Brann Bergen 3:2 (in Zürich), 4:4; AA Gent – Ajax Amsterdam 0:6, 0:3; Lierse SK – Girondins Bordeaux 0:0, 1:5; Vasas Budapest – AEK Athen 2:2, 0:2; HIT Nova Gorica – AS Rom 1:4, 0:7; Alania Wladikawkas – Amica Wronki 0:3, 0:2; Napredak Krusevac – OFI Kreta 0:0, 0:6; Lokomotive Moskau – Neftochimik Burgas 4:2, 0:0; Lilleström SK – Dynamo Moskau 3:1, 1:2; Olimpija Ljubljana – Espanyol Barcelona 2:1, 0:2; Vorskla Poltava – Boavista Porto 1:2, 1:2; ZSKA Moskau – Viborg FF 0:0, n. V. 0:1 (in Silkeborg); FC Gueugnon – Iraklis Saloniki 0:0, 0:1; Slovan Bratislava – Dinamo Zagreb 0:3, 1:1; ZSKA Sofia – MTK Budapest 1:2, 1:0; Roda JC Kerkrade – Inter Bratislava 0:2, 1:2; Lausanne-Sports – Torpedo Moskau 3:2, 2:0; Polonia Warschau – Udinese Calcio 0:1 (in Plock), 0:2; AIK Stockholm – Herfölge BK 0:1, n. V. 1:1; Vitesse Arnheim – Maccabi Haifa 3:0, 1:2; FC Zürich – RC Genk 1:2, 0:2; Molde FK – Rayo Vallecano 0:1, 1:1; Club Brügge – APOEL Nikosia 2:0, 1:0; Krivbas Kriwoj Rog – FC Nantes 0:1, 0:5; PAOK Saloniki – Beitar Jerusalem 3:1, 3:3; Pobeda Prilep – AC Parma 0:2 (in Skopje), 0:4; Halmstad BK – Benfica Lissabon 2:1, 2:2; Rapid Bukarest – FC Liverpool 0:1, 0:0; Bröndby IF Kopenhagen – NK Osijek 1:2, 0:0; FC Tirol Innsbruck – AC Florenz 3:1, 2:2; CD Alaves – Gaziantepspor 0:0, 4:3; Partizan Belgrad – FC Porto 1:1, 0:1; Leicester City – Roter Stern Belgrad 1:1, 1:3 (in Wien); FC Chelsea – FC St. Gallen 1:0, 0:2 (in Zürich); Dunaferr Dunaujvaros – Feyenoord Rotterdam 0:1 (in Györ), 1:3; Slavia Prag – Akademisk BK Kopenhagen 3:0, 2:0; Celtic Glasgow – HJK Helsinki 2:0, 1:2 n. V.; Ruch Chorzow – Inter Mailand 0:3, 1:4; Celta Vigo – NK Rijeka 0:0, n. V. 1:0; Real Saragossa – Wisla Krakau 4:1, n. V. 1:4 (Krakau 4:3-Sieger nach Elfmeterschießen).
2. Runde: Iraklis Saloniki – 1. FC Kaiserslautern 1:3, 3:2; Werder Bremen – RC Genk 4:1, 5:2; FC Tirol Innsbruck – VfB Stuttgart 1:0, 1:3; Hertha BSC – Amica Wronki 3:1, 1:1; Halmstad BK – TSV München 1860 3:2, 1:3; Udinese Calcio – PAOK Saloniki 1:0, n. V. 0:3; NK Osijek – Rapid Wien 2:1, 2:0; Wisla Krakau – FC Porto 0:0, 0:3; Lokomotive Moskau – Inter Bratislava 1:0, 2:1; Lilleström SK – CD Alaves 1:3, 2:2; FC Nantes – MTK Budapest 2:1, 1:0; Lausanne-Sports – Ajax Amsterdam 1:0, 2:2; AC Parma – Dinamo Zagreb 2:0, 0:1; AEK Athen – Herfölge BK 5:0, 1:2; OFI Kreta – Slavia Prag 2:2, 1:4; Club Brügge – FC St. Gallen 2:1, 1:1; Roter Stern Belgrad – Celta Vigo 1:0, 5:3 (0:3 gewertet, weil Belgrad zwei gesperrte Spieler eingesetzt hatte); Girondins Bordeaux – Celtic Glasgow 1:1, n. V. 2:1; Inter Mailand – Vitesse Arnheim 0:0, 1:1; Rayo Vallecano – Viborg FF 1:0, 1:2; FC Liverpool – Slovan Liberec 1:0, 3:2; FC Basel – Feyenoord Rotterdam 1:2, 0:1; Espanyol Barcelona – Grazer AK 4:0, 0:1; Boavista Porto – AS Rom 0:1, 1:1.
3. Runde: Hertha BSC – Inter Mailand 0:0, 1:2; Glasgow Rangers – 1. FC Kaiserslautern 1:0, 0:3; AC Parma – TSV München 1860 2:2, 2:0; Bayer Leverkusen – AEK Athen 4:4, 0:2; Feyenoord Rotterdam – VfB Stuttgart 2:2, 1:2; AS Rom – Hamburger SV 1:0, 3:0; Girondins Bordeaux – Werder Bremen 4:1, 0:0; Lokomotive Moskau – Rayo Vallecano 0:0, 0:2; NK Osijek – Slavia Prag 2:0, 1:5; Schachtar Donezk – Celta Vigo 0:0, 0:1; FC Nantes – Lausanne-Sports 4:3, 3:1; PSV Eindhoven – PAOK Saloniki 3:0, 1:0; Olympiakos Piräus – FC Liverpool 2:2, 0:2; CD Alaves – Rosenborg Trondheim 1:1, 3:1; Club Brügge – FC Barcelona 0:2, 1:1; Espanyol Barcelona – FC Porto 0:2, 0:0.
Achtelfinale: Slavia Prag – 1. FC Kaiserslautern 0:0, 0:1; VfB Stuttgart – Celta Vigo 0:0, 1:2; CD Alaves – Inter Mailand 3:3, 2:0; PSV Eindhoven – AC Parma 2:1, 2:3; AEK Athen – FC Barcelona 0:1, 0:5; Rayo Vallecano – Girondins Bordeaux 4:1, 2:1; AS Rom – FC Liverpool 0:2, 1:0; FC Porto – FC Nantes 3:1, 1:2.
Viertelfinale: 1. FC Kaiserslautern – PSV Eindhoven 1:0, 1:0; FC Barcelona – Celta Vigo 2:1, 2:3; CD Alaves – Rayo Vallecano 3:0, 1:2; FC Porto – FC Liverpool 0:0, 0:2.
Halbfinale: CD Alaves – 1. FC Kaiserslautern 5:1, 4:1; FC Barcelona – FC Liverpool 0:0, 0:1.

Endspiel am 16. Mai in Dortmund: FC Liverpool – CD Alaves i. V. 5:4 (3:1, 4:4)

FC Liverpool: Westerveld – Babbel, Henchoz (Smicer), Hyypiä, Carragher – Gerrard, Hamann, McAllister, Murphy – Heskey (Fowler), Owen (Berger).
Tore: Babbel, Gerrard, McAllister, Fowler, dazu ein Eigentor von Geli (Ivan, Moreno (2), Cruyff für Alaves) – SR: Veissière (Frankreich). – Zuschauer: 50 000.

2001/02: Feyenoord Rotterdam

Qualifikation: Cosmos Falciano – Rapid Wien 0:1, 0:2; Pelister Bitola – FC St. Gallen 0:2, 3:2; Dinamo Bukarest – Dinamo Tirana 1:0, 3:1; Olimpija Ljubljana – Schafa Baku 4:0, 3:0; FC Midtjylland – Glentoran Belfast 1:1, 4:0; Trans Narva – Elfsborg Boras 1:3 (3:0 gewertet wegen des Einsatzes eines nicht spielberechtigten Spielers), 0:5; Club Brügge – IA Akranes 4:0, 6:1; Obilic Belgrad – GI Götu 4:0, 1:1; FC Brasov – MIKA Ashtarak 5:1, 2:0; Viking Stavanger – Brotnjo Citluk 1:0, 1:1; ZSKA Kiew – Jokerit Helsinki 2:0, 2:0; Vardar Skopje – Standard Lüttich 0:3, 1:3; HJK Helsinki – FK Ventspils 2:1, 1:0; Cwmbran Town – Slovan Bratislava 0:4, 0:1; Maritimo Funchal – FK Sarajevo 1:0, 1:0; Fylkir Reykjavík – Pogon Stettin 2:1, 1:1; Dinamo Zagreb – Flora Tallinn 1:0, 1:0; FC Glenavon – FC Kilmarnock 0:1, 0:1; SK Tirana – Apollon Limassol 3:2, 1:3; Ararat Erewan – Hapoel Tel Aviv 0:2, 0:3; Etzella Ettelbrück – Legia Warschau 0:4, 1:2; Zimbru Chisinau – Gaziantepspor 0:0, 1:4; Dinaburg Daugavpils – NK Osijek 2:1, 0:1; Neftchi Baku

– HIT Nova Gorica 0:0, 0:1; HB Torshavn – Grazer AK 2:2, 0:4; Atlantas Klaipeda – Rapid Bukarest 0:4, 0:8; Matador Puchov – Sliema Wanderers 3:0, 1:2; Longford Town – Litex Lovetsch 1:1, 0:2; Bröndby IF – FC Shelbourne 2:0, 3:0; FC Santa Coloma – Partizan Belgrad 0:1, 1:7; Maccabi Tel Aviv – Zalgiris Wilna 6:0, 1:0; Schachtyor Soligorsk – ZSKA Sofia 1:2, 1:3; MyPa Anjalankoski – Helsingborgs IF 1:3, 1:2; Dynamo Tiflis – BATE Borisow 2:1, 0:4; Debreceni VSC – Nistru Otaci 3:0, 0:1; Polonia Warschau – TNS Llansantffraid 4:0, 2:0; FC Birkirkara – Lokomotive Tiflis 0:0, 1:1; AEK Athen – CS Grevenmacher 6:0, 2:0; SCP Ruzomberok – Belshina Bobruisk 3:1, 0:0; Olympiakos Nikosia – Dunaferr SE 2:2, 4:2; FC Vaduz – Varteks Varazdin 3:3, 1:6.

1. Runde: VC Westerlo – Hertha BSC 0:2, 0:1; FC Haka Valkeakoski – 1. FC Union Berlin 1:1, 0:3; Matador Puchov – SC Freiburg 0:0, 1:2; Viktoria Zizkov – FC Tirol Innsbruck 0:0, 0:1; HIT Nova Gorica – NK Osijek 1:2, 0:1; ES Troyes – SCP Ruzomberok 6:1, 0:1; Roda JC Kerkrade – Fylkir Reykjavik 3:0, 3:1; Paris St. Germain – Rapid Bukarest 0:0, 3:0 (gewertet); Tschernomorez Novorossisk – FC Valencia 0:1, 0:5; Legia Warschau – Elfsborg Boras 4:1, 6:1; Marila Príbram – CS Sedan 4:0, 1:3; Dinamo Bukarest – Grasshoppers Zürich 1:3, 1:3; BATE Borisow – AC Mailand 0:2, 0:4; Slovan Liberec – Slovan Bratislava 2:0, 0:1; Dinamo Zagreb – Maccabi Tel Aviv 2:2, 1:1; Partizan Belgrad – Rapid Wien 1:0, 1:5; Polonia Warschau – Twente Enschede 1:2, 0:2; Inter Bratislava – Litex Lovetsch 1:0, 0:3; AC Parma – HJK Helsinki 1:0, 2:0; FC Midtjylland – Sporting Lissabon 0:3, 2:3; ZSKA Kiew – Roter Stern Belgrad 3:2, 0:0; ZSKA Sofia – Schachtar Donezk 3:0, 1:2; Genclerbirligi Ankara – Halmstads BK 1:1, 0:1; Aston Villa – Varteks Varazdin 2:3, 1:0; FC Kilmarnock – Viking Stavanger 1:1, 0:2; FC Chelsea – Levski Sofia 3:0, 2:0; Dynamo Moskau – FC Birkirkara 1:0, 0:0; Odd Grenland – Helsingborgs IF 2:2, 1:1; Olimpija Ljubljana – Bröndby IF 2:4, 0:0; Olympiakos Nikosia – Club Brügge 2:2, 1:7; FC St. Gallen – Steaua Bukarest 2:1, 1:1; Standard Lüttich – Racing Strasbourg 2:0, 2:2; Ipswich Town – Torpedo Moskau 1:1, 2:1; Servette Genf – Slavia Prag 1:0, 1:1; FC Utrecht – Grazer AK 3:0, 3:3; Dnjepr Dnjepropetrovsk – AC Florenz 0:0, 1:2; Hajduk Split – Wisla Krakau 2:2, 0:1; PAOK Saloniki – FC Kärnten 0:0, 4:0; Ajax Amsterdam – Apollon Limassol 2:0, 3:0; FC Kopenhagen – FK Obilic Belgrad 2:0, 2:2; Girondins Bordeaux – Debreceni VSC 5:1, 1:3; Hapoel Tel Aviv – Gaziantepspor 1:0, 1:1; Inter Mailand – FC Brasov 3:0, 3:0; Real Saragossa – Silkeborg IF 3:0, 2:1; AEK Athen – Hibernian Edinburgh 2:0, n. V. 2:3; Celta Vigo – Sigma Olomouc 4:0, 3:4; Maritimo Funchal – Leeds United 1:0, 0:3; Anji Machatschkala – Glasgow Rangers 0:1 (nur ein Spiel, in Warschau).

2. Runde: Viking Stavanger – Hertha BSC 0:1, 0:2; SC Freiburg – FC St. Gallen 0:1, 4:1; 1. FC Union Berlin – Litex Lovetsch 0:2, 0:0; Roda JC Kerkrade – Maccabi Tel Aviv 4:1, 1:2; NK Osijek – AEK Athen 1:2 2:3; FC Kopenhagen – Ajax Amsterdam 0:0, 1:0; ZSKA Kiew – Club Brügge 0:2, 0:5; Girondins Bordeaux – Standard Lüttich 2:0, 2:0; Legia Warschau – FC Valencia 1:1, 1:6; Grasshoppers Zürich – FC Twente Enschede 4:1, 2:4; Halmstads BK – Sporting Lissabon 0:1, 1:6; Leeds United – ES Troyes 4:2, 2:3; Glasgow Rangers – Dynamo Moskau 3:1, 4:1; Ipswich Town – Helsingborgs IF 0:0, 3:1; Hapoel Tel Aviv – FC Chelsea 2:0, 1:1; AC Florenz – FC Tirol Innsbruck 2:0, 2:2; AC Mailand – ZSKA Sofia 2:0, 1:0; FC Utrecht – AC Parma 1:3, 0:0; Varteks Varazdin – Bröndby IF 3:1, 0:5; Inter Mailand – Wisla Krakow 2:0, 0:1; PAOK Saloniki – Marila Príbram 6:1, 2:2; Paris St. Germain – Rapid Wien 4:0, 2:2; Real Saragossa – Servette Genf 0:0, 0:1; Celta Vigo – Slovan Liberec 3:1, 0:3.

3. Runde: FC Kopenhagen – Borussia Dortmund 0:1, 0:1; Feyenoord Rotterdam – SC Freiburg 1:0, 2:2; Servette Genf – Hertha BSC 0:0, 3:0; PAOK Saloniki – PSV Eindhoven 3:2, 1:4; AC Florenz – OSC Lille 0:1, 0:2; FC Valencia – Celtic Glasgow 1:0, n. V. 0:1 (Valencia 5:4-Sieger im Elfmeterschießen); Ipswich Town – Inter Mailand 1:0, 1:4; Glasgow Rangers – Paris St. Germain 0:0, n. V. 0:0 (Glasgow 4:3-Sieger im Elfmeterschießen); AEK Athen – Litex Lovetsch 3:2, 1:1; Grasshoppers Zürich – Leeds United 1:2, 2:2; AC Parma – Bröndby IF 1:1, 3:0; Girondins Bordeaux – Roda JC Kerkrade 1:0, 0:2; Slovan Liberec – RCD Mallorca 3:1, 2:1; Hapoel Tel Aviv – Lokomotive Moskau 2:1, 1:0; AC Mailand – Sporting Lissabon 2:0, 1:1; Club Brügge – Olympique Lyon 4:1, 0:3.

Achtelfinale: OSC Lille – Borussia Dortmund 1:1, 0:0; FC Valencia – Servette Genf 3:0, 2:2; Roda JC Kerkrade – AC Mailand 0:1, n. V. 1:0 (Mailand 3:2-Sieger im Elfmeterschießen); Hapoel Tel Aviv – AC Parma 0:0, 2:1; PSV Eindhoven – Leeds United 0:0, 1:0; Olympique Lyon – Slovan Liberec 1:1, 1:4; Inter Mailand – AEK Athen 3:1, 2:2; Glasgow Rangers – Feyenoord Rotterdam 1:1, 2:3.

Viertelfinale: Slovan Liberec – Borussia Dortmund 0:0, 0:4; Hapoel Tel Aviv – AC Mailand 1:0, 0:2; PSV Eindhoven – Feyenoord Rotterdam 1:1, n. V. 1:1 (Rotterdam 5:4-Sieger im Elfmeterschießen); Inter Mailand – FC Valencia 1:1, 1:0.

Halbfinale: Borussia Dortmund – AC Mailand 4:0, 1:3; Inter Mailand – Feyenoord Rotterdam 0:1, 2:2.

Endspiel am 8. Mai in Rotterdam: Feyenoord Rotterdam – Borussia Dortmund 3:2 (2:0)

Rotterdam: Zoetebier – Gyan, Van Wonderen, Paauwe, Rzasa – Bosvelt, Ono (De Haan) – Tomasson – Kalou (Elmander), van Persie (Leonardo) – van Hooijdonk.

Dortmund: Lehmann – Wörns, Kohler – Evanilson, Dede – Ricken (Heinrich), Reuter – Rosicky – Ewerthon (Addo), Amoroso – Koller.

Tore: van Hooijdonk 2, Tomasson (Amoroso, Koller für Dortmund). – SR: Melo Pereira (Portugal) – Zuschauer: 46 000.

2002/03: FC Porto

Qualifikation: Litex Lovetsch – Atlantas Klaipeda 5:0, 3:1; FC Encamp Dicoansa – Zenit St. Petersburg 0:5 (in Andorra La Vella), 0:8; FK Atyrau – Matador Puchov 0:0, 0:2; FC Glentoran – Wisla Krakow 0:2, 0:4; Pobeda Prilep – FC Midtjylland 2:0, n. V. 0:3; Primorje Ajdovscina – Zvartnots Erewan 6:1, 0:2; FK Ventspils – FC Lugano 3:0, 0:1; Hapoel Tel Aviv – Partizani Tirana 1:0 (in Sofia), 4:1; Ferencváros Budapest – AEL Limassol 4:0, 1:2; Hajduk Split – GI Götu 3:0, 8:0 (in Tórshavn); Brann Bergen – Suduva Marijampole 2:3, 2:3; Amica Wronki – TNS Llansantffraid 5:0, 7:2 (in Newtown); FC Kopenhagen – Lokomotivi Tbilisi 3:1, 4:1; Metalurgs Liepaja – FC Kärnten 0:2, 2:4; FC Vaduz – FC Livingston 1:1, 0:0; Sliema Wanderers – Polonia Warschau 1:3, 0:2; Anorthosis Famagusta – CS Grevenmacher 3:0, 0:2; Levadia Tallinn – Maccabi Tel Aviv 0:2, 0:2 (in Sofia); Leixões Porto – Belasica Strumica 2:2, 2:1; Stabæk IF – FC Linfield 4:0, 1:1; Sigma Olomouc – FK Sarajevo 2:1, n. V. 1:2 (Sarajevo 5:3-Sieger im Elfmeterschießen); Zimbru Chisinau – IFK Göteborg 3:1, 2:2; KI Klaksvík – Újpest Budapest 2:2 (in Töftir), 0:1; MyPa Anjalankoski – Odense BK 1:0, 0:2; Dynamo Minsk – ZSKA Sofia 1:4, 0:1; Dinamo Tbilisi – Tallinna VMK 4:1, 1:0; Spartak Erewan – Servette Genf 0:2, 0:3; Shamrock Rovers – Djurgardens IF 1:3, 0:2 (in Solna); Varteks Varazdin – FC Dundalk 5:0, 4:0 (in Dublin); FK Gomel – HJK Helsinki 1:0 (in Mozyr), 4:0; FC Aberdeen – Nistru Otaci 1:0, 0:0 (in Chisinau); AIK Solna – IB Vestmannaeyjar 2:0, 3:1; Rapid Bukarest – HIT Nova Gorica 2:0, 3:1; SP Domagnano – Viktoria Zizkov 0:2, 0:3; Kairat Almaty – Roter Stern Belgrad 0:2, 0:3; Metalurg Saporoschje – FC Birkirkara 3:0 (in Dnjepropetrowsk), 0:0; Bangor City – Sartid Smederevo 1:0 (in Wrexham), 0:2; KOBA Senec – Siroki Brijeg 1:2, 0:3 (in Bratislava); SK Tirana – National Bukarest 0:1, 2:2; Avenir Beggen – Ipswich Town 0:1, 1:8; Fylkir Reykjavik – Excelsior Mouscron 1:1, 1:3.

1. Runde: FK Gomel – FC Schalke 04 1:4 (in Minsk), 0:4; Metalurg Donezk – Werder Bremen 2:2, 0:8; VfB Stuttgart – FK Ventspils 4:1, 4:1; FC Aberdeen – Hertha BSC 0:0, 0:1; Paris St. Germain – Ujpest Budapest 3:0, 1:0; Sporting Lissabon – Partizan Belgrad 1:3, n. V. 3:3; Legia Warschau – FC Utrecht 4:1, 3:1; Zimbru Chisinau – Betis Sevilla 0:2, 1:2; Besiktas Istanbul – FK Sarajevo 2:2, 5:0; ZSKA Moskau – AC Parma 1:1 (in Ramenskoje), 2:3; Levski Sofia – Bröndby IF 4:1, 1:1; RSC Anderlecht – Stabaek IF 0:1, 2:1; National Bukarest – SC Heerenveen 3:0, 0:2; Lazio Rom – Skoda Xanthi 4:0, 0:0; Ipswich Town – Sartid Smederevo 1:1, 1:0; Maccabi Tel Aviv – Boavista Porto 1:0 (in Sofia), 1:4; AIK Solna – Fenerbahce Istanbul 3:3, 1:3; Sparta Prag – Siroki Brijeg 3:0, 1:0; Austria Wien – Schachtar Donezk 5:1, 0:1; Denizlispor – FC Lorient 2:0, 1:3; FC Chelsea – Viking Stavanger 2:1, 2:4; FC Kärnten – Hapoel Tel Aviv 0:4, 1:0; Dinamo Zagreb – TE Zalaegerszeg 6:0, 3:1; FC Kopenhagen – Djurgardens IF 0:0, 1:3; Viktoria Zizkov – Glasgow Rangers 2:0, n. V. 1:3; Vitesse Arnheim – Rapid Bukarest 1:1, 1:0; Leeds United – Metalurg Saporoschje 1:0, 1:1; Servette Genf – Amica Wronki 2:3, 2:1; Sturm Graz – FC Livingston 5:2, 3:4; Ferencvaros Budapest – Kocaelispor 4:0, 1:0; Zeljeznicar Sarajevo – FC Málaga 0:0; 0:1; Girondins Bordeaux – Matador Puchov 6:0, 4:1; Slovan Liberec – Dinamo Tbilisi 3:2, 1:0; Leixões Porto – PAOK Saloniki 2:1, 1:4; Litex Lovetsch – Panathinaikos Athen 0:1, n. V. 1:2; Roter Stern Belgrad – AC Chievo 0:0, 2:0; Hajduk Split – FC Fulham 0:1, 2:2; Primorje Ajdovscina – Wisla Krakow 0:2, 1:6; APOEL Nikosia – Grazer AK 2:0, 1:1; Celta Vigo – Odense BK 2:0, 0:1; Celtic Glasgow – Suduva Marijampole 8:1, 2:0; FC Porto – Polonia Warschau 6:0, 0:2; Grasshoppers Zürich – Zenit St. Petersburg 3:1, 1:2; MKE Ankaragücü – CD Alavés 1:2, 0:3; Iraklis Saloniki – Anorthosis Famagusta 4:2, 1:3; FC Midtjylland – Varteks Varazdin 1:0 (in Silkeborg), 1:1; Blackburn Rovers – ZSKA Sofia 1:1, 3:3; Excelsior Mouscron – Slavia Prag 2:2, 1:5.

2. Runde: APOEL Nikosia – Hertha BSC 0:1, 0:4; Ferencvaros Budapest – VfB Stuttgart 0:0, 0:2; Legia Warschau – FC Schalke 04 2:3, 0:0; Vitesse Arnheim – Werder Bremen 2:1; 3:3; Fenerbahce Istanbul – Panathinaikos Athen 1:1, 1:4; FC Málaga – Amica Wronki 2:1, 2:1; Lazio Rom – Roter Stern Belgrad 1:0, 1:1; Ipswich Town – Slovan Liberec 1:0, n. V. 0:1 (Liberec 4:2-Sieger im Elfmeterschießen); Boavista Porto – Anorthosis Famagusta 2:1, 1:0; Dinamo Zagreb – FC Fulham 0:3, 1:2; AC Parma – Wisla Krakow 2:1, n. V. 1:4; RSC Anderlecht – FC Midtjylland 3:1, 3:0 (in Silkeborg); Partizan Belgrad – Slavia Prag 3:1, n. V. 1:5; CD Alaves – Besiktas Istanbul 1:1, 0:1; Sturm Graz – Levski Sofia 1:0, n. V. 0:1 (Graz 8:7-Sieger im Elfmeterschießen); PAOK Saloniki – Grasshoppers Zürich 2:1, 1:1; Djurgardens IF – Girondins Bordeaux 0:1 (in Solna), 1:2; Viktoria Zizkov – Betis Sevilla 0:1, 0:3; Leeds United – Hapoel Tel Aviv 1:0, 4:1 (in Florenz); Austria Wien – FC Porto 0:1, 0:2; Sparta Prag – Denizlispor 1:0, 0:2; National Bukarest – Paris St. Germain 0:2, 0:1; Celtic Glasgow – Blackburn Rovers 1:0, 2:0; Celta Vigo – Viking Stavanger 3:0, 1:1.

3. Runde: Club Brügge – VfB Stuttgart 1:2, 0:1; Hertha BSC – FC Fulham 2:1, 0:0; Wisla Krakow – FC Schalke 04 1:1, 4:1; Sturm Graz – Lazio Rom 1:3, 1:0; Betis Sevilla – AJ Auxerre 1:0, 0:2; Besiktas Istanbul – Dynamo Kiew 3:1, 0:0; Paris St. Germain – Boavista Porto 2:1, 0:1; Vitesse Arnheim – FC Liverpool 0:1, 0:1; Slovan Liberec – Panathinaikos Athen 2:2, 0:1; Denizlispor – Olympique Lyon 0:0, 1:0; Girondins Bordeaux – RSC Anderlecht 0:2, 2:2; FC Málaga – Leeds United 0:0, 2:1; PAOK Saloniki

– Slavia Prag 1:0, 0:4; AEK Athen – Maccabi Haifa 4:0, 4:1 (in Nikosia); FC Porto – RC Lens 3:0, 0:1; Celtic Glasgow – Celta Vigo 1:0, 1:2.
Achtelfinale: Hertha BSC – Boavista Porto 3:2, 0:1; Celtic Glasgow – VfB Stuttgart 3:1, 2:3; Slavia Prag – Besiktas Istanbul 1:0, 2:4; FC Málaga – AEK Athen 0:0, 1:0; Lazio Rom – Wisla Krakow 3:3, 2:1; Panathinaikos Athen – RSC Anderlecht 3:0, 0:2; FC Porto – Denizlispor 6:1, 2:2; AJ Auxerre – FC Liverpool 0:1, 0:2.
Viertelfinale: Lazio Rom – Besiktas Istanbul 1:0, 2:1; Celtic Glasgow – FC Liverpool 1:1, 2:0; FC Malaga – Boavista Porto 1:0, n. V. 0:1 (Porto 4:1-Sieger im Elfmeterschießen); FC Porto – Panathinaikos Athen 0:1, n. V. 2:0
Halbfinale: Celtic Glasgow – Boavista Porto 1:1, 1:0; FC Porto – Lazio Rom 4:1, 0:0.

Endspiel am 21. Mai in Sevilla: Celtic Glasgow – FC Porto n. V. 2:3 (2:2, 0:1)
Porto: Vitor Baia – Paulo Ferreira, Jorge Costa, Ricardo Carvalho, Nuno Valente – Costinha, Maniche – Capucho, Alejnitschew, Deco – Derlei.
Tore: Derlei 2, Alejnitschew (Larsson 2 für Celtic) – SR: Michel (Slowakei) – Gelb-Rote Karten: Balde – Nuno Valente – Zuschauer: 52 972.

2003/04 FC Valencia

Qualifikation: FK Sarajevo – Sartid Smederevo 1:1, 0:3; Haka Valkeakoski – Hajduk Split 2:1, 0:1; FC Valletta – Neuchâtel Xamax 0:2, 0:2; FK Ventspils – Wisla Plock 1:1, 2:2; Viktoria Zizkov – Zhenis Astana 3:0, 3:1; Groclin Grodzisk – Atlantas Klaipeda 2:0, 4:1; Dinamo Tirana – SC Lokeren 0:4, 1:3; Cwmbran Town – Maccabi Haifa 0:3, 0:3; Publikum Celje – Belasica Strumica 7:2, 5:0; Cementarnica Skopje – GKS Katowice 0:0, 1:1; Matador Púchov – Sioni Bolnissi 3:0, 3:0; Roter Stern Belgrad – Nistru Otaci 5:0, 3:2; Ekranas Panevezys – Debreceni VSC 1:1, 1:2; FC Birkirkara – Ferencváros Budapest 0:5, 0:1; Torpedo Moskau – SP Domagnano 5:0, 4:0; FK Atyrau – Levski Sofia 1:4, 0:2; Olimpija Ljubljana – FC Shelbourne 1:0, 3:2; RC Lens – Torpedo Kutaissi 3:0, 2:0; FC Nordsjælland – Shirak Giumri 4:0, 2:0; Artmedia Petrzalka – F'91 Düdelingen 1:0, 1:0; NSÍ Runavík – Lyn Oslo 1:3, 0:6; APOEL Nikosia – Derry City 2:1, 3:0; Litex Lovech – Zimbru Chisinau 0:0, 0:2; Neman Grodno – Steaua Bukarest 1:1, 0:0; Etzella Ettelbrück – Kamen Ingrad Velika 1:2, 0:7; Manchester City – TNS Llansantfraid 5:0, 2:0; Molde FK – KÍ Klaksvík 2:0, 4:0; Odense BK – TVMK Tallinn 1:1, 3:0; AIK Solna – Fylkir Reykjavík 1:0, 0:0; Vllaznia Skhoder – FC Dundee 0:2, 0:4; Levadia Maardu – Varteks Varazdin 1:3, 2:3; Esbjerg fB – FC Santa Coloma 5:0, 4:1; Zeljeznicar Sarajevo – Anorthosis Famagusta 1:0, 3:1; Hapoel Tel Aviv – Banants Erevan 1:1, 2:1; Brøndby IF – Dynamo Minsk 3:0, 2:0; Malmö FF – FC Portadown 4:0, 2:0; Dinamo Bukarest – Metalurgs Liepaja 5:2, 1:1; FC Kärnten – UMF Grindavík 2:1, 1:1; MyPa Anjalankoski – Young Boys Bern 3:2, 2:2; FC Vaduz – Dnjepr Dnjepropetrovsk 0:1, 0:1; FC Coleraine – União Leiria 2:1, 0:5.
1. Runde: Kamen Ingrad Velika – FC Schalke 04 0:0, 0:1; Austria Wien – Borussia Dortmund 1:2 0:1; Hamburger SV – Dnjepr Dnjepropetrovsk 2:1, 0:3;Hertha BSC – Groclin Grodzisk 0:0, 0:1; 1. FC Kaiserslautern – FK Teplice 1:2, 0:1; AIK Solna – FC Valencia 0:1, 0:1; Dinamo Bukarest – Schachtar Donezk 2:0, 3:2; Maccabi Haifa – Publikum Celje 2:1 (in Izmir), 2:2; ZSKA Sofia – Torpedo Moskau 1:1, 1:1 (Moskau 3:2-Sieger im Elfmeterschießen); FC Dundee – AC Perugia 1:2, 0:1; Cementarnica 55 Skopje – RC Lens 0:1, 0:5; Newcastle United – NAC Breda 5:0, 1:0; AA La Louvière – Benfica Lissabon 1:1 (in Charleroi), 0:1;Panionios Athen – FC Nordsjælland 2:1, 1:0; Heart of Midlothian – Zeljeznicar Sarajevo 2:0, 0:0; Austria Salzburg – Udinese Calcio 0:1 (in Linz), 2:1; Gençlerbirligi Ankara – Blackburn Rovers 3:1, 1:1; Matador Púchov – FC Barcelona 1:1 (in Trnava), 0:8; Dinamo Zagreb – MTK Budapest 3:1, 0:0; Hapoel Ramat Gan – Levski Sofia 0:1 (in Dunajská Streda), 0:4; Sartid Smederovo – Slavia Prag 1:2, 1:2; FC Villarreal – Trabzonspor 0:0, 3:2; Grasshoppers Zürich – Hajduk Split 1:1, 0:0; Olimpija Ljubljana – FC Liverpool 1:1, 0:3; Vålerenga Oslo – Grazer AK 0:0, 1:1; Zimbru Chisinau – Aris Saloniki – 1:1, 1:2; Ferencváros Budapest – FC Kopenhagen 1:1, 1:1 (Kopenhagen 3:2-Sieger im Elfmeterschießen); Varteks Varazdin – Debreceni VSC 1:3, 2:3; Girondins Bordeaux – Artmedia Petrzalka 2:1, 1:1; AS Rom – Vardar Skopje 4:0, 1:1; Manchester City – SC Lokeren 3:2, 1:0; Spartak Moskau – Esbjerg fB 2:0, 1:1 (in Aarhus); Wisla Kraków – NEC Nijmegen 2:1, 2:1; União Leiria – Molde FK 1:0 (in Marinha Grande), 1:3; AJ Auxerre – Neuchâtel Xamax 1:0, 1:0; FK Ventspils – Rosenborg Trondheim 1:4 (in Liepaja), 0:6; Gaziantepspor – Hapoel Tel Aviv 1:0, 0:0 (in Rotterdam); Odense BK – Roter Stern Belgrad 2:2, 3:4; Sporting Lissabon – Malmö FF 2:0, 1:0; FC Utrecht – MSK Zilina 2:0, 4:0; Metalurg Donezk – AC Parma 1:1, 0:3; MyPa Anjalankoski – FC Sochaux 0:1, 0:2; APOEL Nikosia – RCD Mallorca 1:2, 2:4; FC Southampton – Steaua Bukarest 1:1, 0:1; Feyenoord Rotterdam – FC Kärnten 2:1, 1:0; PAOK Saloniki – Lyn Oslo 0:1, 3:0; Malatyaspor – FC Basel 0:2, i. V. 2:1; Brøndby IF – Viktoria Zizkov 1:0, 1:0.

2. Runde: Borussia Dortmund – FC Sochaux 2:2, 0:4; FC Schalke 04 – Brøndby IF 2:1, 1:2 (Brøndby 3:1-Sieger im Elfmeterschießen);Dinamo Zagreb – Dnjepr Dnjepropetrovsk 0:2, 1:1; Manchester City – Groclin Grodzisk 1:1, 0:0; Panionios Athen – FC Barcelona 0:3, 0:2; Benfica Lissabon – Molde FK 3:1, 2:0; Slavia Prag – Levski Sofia 2:2, 0:0; Rosenborg Trondheim – Roter Stern Belgrad 0:0, 1:0; FC Valencia – Maccabi Haifa 0:0, 4:0 (in Rotterdam); Spartak Moskau – Dinamo Bukarest 4:0, 1:3; Gaziantepspor – RC Lens 3:0, 3:1; AC Perugia – Aris Saloniki 2:0, 1:1; FC Utrecht – AJ Auxerre 0:0, 0:4; Steaua Bukarest – FC Liverpool 1:1, 0:1; Vålerenga Oslo – Wisla Kraków 0:0, 0:0 (Oslo 4:3-Sieger im Elfmeterschießen); PAOK Saloniki – Debreceni VSC 1:1, 0:0; FC Kopenhagen – RCD Mallorca 1:2, 1:1; Austria Salzburg – AC Parma 0:4 (in Linz), 0:5; FC Basel – Newcastle United 2:3, 0:1; AS Rom – Hajduk Split 1:0, 1:1; Gençlerbirligi Ankara – Sporting Lissabon 1:1, 3:0; FC Villarreal – Torpedo Moskau 2:0, 0:1; Feyenoord Rotterdam – FK Teplice 0:2, 1:1; Girondins Bordeaux – Heart of Midlothian 0:1, 2:0.

3. Runde: Brøndby IF – FC Barcelona 0:1, 1:2; AC Parma – Gençlerbirligi Ankara 0:1, 0:3; Benfica Lissabon – Rosenborg Trondheim 1:0, 1:2; Olympique Marseille – Dnjepr Dnjepropetrovsk 1:0, 0:0; Celtic Glasgow – FK Teplice 3:0, 0:1; AC Perugia – PSV Eindhoven 0:0, 1:3; Groclin Grodzisk – Girondins Bordeaux 0:1, 1:4; FC Valencia – Besiktas Istanbul 3:2, 2:0; Galatasaray Istanbul – FC Villarreal 2:2, 0:3; Club Brügge – Debreceni VSC 1:0, 0:0; FC Sochaux – Inter Mailand 2:2, 0:0; FC Liverpool – Levski Sofia 2:0, 4:2; Spartak Moskau – RCD Mallorca 0:3, 1:0; Gaziantepspor – AS Rom 1:0, 0:2; AJ Auxerre – Panathinaikos Athen 0:0, 1:0; Vålerenga Oslo – Newcastle United 1:1, 1:3.

Achtelfinale: Girondins Bordeaux – Club Brügge 3:1, 1:0; Genclerbirligi Ankara – FC Valencia 1:0, n.V. 0:2; AJ Auxerre – PSV Eindhoven 1:1, 0:3; Newcastle United – RCD Mallorca 4:1, 3:0; Benfica Lissabon – Inter Mailand 0:0, 3:4; Celtic Glasgow – FC Barcelona 1:0, 0:0; FC Liverpool – Olympique Marseille 1:1, 1:2; FC Villarreal – AS Rom 2:0, 1:2.

Viertelfinale: Girondins Bordeaux – FC Valencia 1:2, 1:2; PSV Eindhoven – Newcastle United 1:1, 1:2; Olympique Marseille – Inter Mailand 1:0, 1:0; Celtic Glasgow – FC Villarreal 1:1, 0:2.

Halbfinale: Newcastle United – Olympique Marseille 0:0, 0:2; FC Villarreal – FC Valencia 0:0, 0:1.

Endspiel am 19. Mai in Göteborg: FC Valencia – Olympique Marseille 2:0 (1:0)

Valencia: Canizares – Curro Torres, Ayala, Marchena (Pellegrino), Carboni – Albelda, Baraja, Vicente, Angulo (Sissoko), Rufete (Aimar) – Mista.

Tore: 1:0 Vicente (45./+2., Foulelfmeter), 2:0 Mista (58.) – SR: Collina (Italien) – Rote Karte: Barthez – Zuschauer: 43 000

2004/05 ZSKA Moskau

Qualifikation, 1. Runde: MIKA Ashtarak – Honved Budapest 0:1, 1:1; Shirak Giumri – FC Tiraspol 1:2, 0:2; FC Tiflis – FK Shamkir 1:0. 4:1; Dukla Banska Bystrica – Karabach Agdam 3:0, 1:0; Ekranas Panevezys – F91 Düdelingen 1:0, 2:1; BATE Borisov – Dinamo Tiflis 2:3, 0:1; Partizani Tirana – FC Birkirkara 4:2, 1:2; Nistru-Unisport Otaci – Schachtjor Soligorsk 1:1, 2:1; Levadia Tallinn – Bohemians Dublin 0:0, 3:1; Haka Valkeakoski – Etzella Ettelbrück 2:1, 3:1; Ilyichivets Mariupol – Banants Erevan 2:0, 2:0; Otelul Galati – Dinamo Tirana 4:0, 4:1; Omonia Nicosia – Sloga Jugomagnat Skopje 4:0, 4:1; Östers IF Växjö – TNS Llansantffraid 2:0, 2:1; FC Santa Coloma – Modrica Maxima 0:1, 0:3; FC Vaduz – Longford Town 1:0, 3:2; Sileks Kratovo – NK Maribor 0:1, 1:1; FC Marsaxlokk – Primorje Ajdovscina 0:1, 0:2; FC Portadown – Zalgiris Vilnius 2:2, 0:2; B68 Töftir – FK Ventspils 0:3, 0:8; B36 Torshavn – Metalurgs Liepaja 1:3, 1:8; Haverfordwest County – FH Hafnarfjördur 0:1, 1:3; SS Pennarossa – Zeljeznicar Sarajevo 1:5, 0:4; FC Glentoran – AC Allianssi 2:2, 2:1; IA Akranes – Tallinna VMK 4:2, 2:1.

Qualifikation, 2. Runde: SV Pasching – Zenit St. Petersburg 3:1, 0:2; Omonia Nicosia – ZSKA Sofia 1:1, n. V. 1:3; Buducnost Banatski Dvor – NK Maribor 1:2, 1:0; FH Hafnarfjördur – Dunfermline Athletic 2:2, 2:1; Hammarby IF – IA Akranes 2:0, 2:1; Rapid Wien – Rubin Kasan 0:2, 3:0; Zalgiris Vilnius – Aalborg BK 1:3, 0:0; SK Beveren – FC Vaduz 3:1, 2:1; FC Glentoran – Elfsborg Boras 0:1, 1:2; Amica Wronki – Honved Budapest 1:0, n. V. 0:1, Elfmeterschießen 5:4; Ujpest Budapest – Servette Genf 3:1, 2:0; FK Bodö/Glimt – Levadia Tallinn 2:1, n. V. 1:2, Elfmeterschießen 8:7; Hapoel Bnei Sachnin – Partizani Tirana 3:0, 3:1; Genclerbirligi Ankara – NK Rijeka 1:0, 1:2; Odd Grenland – Ekranas Panevezys 3:1, 1:2; AEK Larnaka – Maccabi Petah Tikva 3:0, 0:4; Otelul Galati – Partizan Belgrad 0:0, 0:1; Slavia Prag – Dinamo Tiflis 3:1, 0:2; Levski Sofia – Modrica Maxima 5:0, 3:0; Dinamo Zagreb – Primorje Ajdovscina 4:0, 0:2; Östers IF Växjö – Metalurgs Liepaja 2:2, 1:1; Stabaek IF – Haka Valkeakoski 3:1, 3:1; FK Ventspils – Bröndby IF 0:0, 1:1; Metalurg Donezk – FC Tiraspol 3:0, 2:1; Terek Grozny – Lech Posen 1:0, 1:0; Ilyichivets Mariupol – Austria Wien 0:0, 0:3; Artmedia Bratislava – Dnjepr Dnjepropetrovsk 0:3, 1:1; Zeljeznicar Sarajevo – Liteks Lovech 1:2, 0:7; Dukla Banska Bystrica – FC Wil 3:1, 1:1; Nistru-Unisport Otaci – Sigma Olmütz 1:2, 0:4; FC Tiflis – Legia Warschau 0:1, 0:6; Zeleznik Belgrad – Steaua Bukarest 2:4, 2:1.

1. Runde: FH Hafnarfjördur – Alemannia Aachen 1:5, 0:0 (in Köln); Standard Lüttich – VfL Bochum 0:0, 1:1; FC Schalke 04 – Metalurgs Liepaja 5:1, 4:0; Ujpest Budapest – VfB Stuttgart 1:3, 0:4; Aalborg BK – AJ Auxerre 1:1, 0:2; FC Parma – NK Maribor 3:2, 0:0; Austria Wien – Legia Warschau 1:0, 3:1;

FK Bodö/Glimt – Besiktas Istanbul 1:1, 0:1; Dinamo Zagreb – Elfsborg Boras 2:0, 0:0; Dukla Banska Bystrica – Benfica Lissabon 0:3, 0:2; Aigaleo Athen – Genclerbirligi Ankara 1:0, 1:1; Club Brügge – LB Chateauroux 4:0, 2:1; Metalurg Donezk – Lazio Rom 0:3, 0:3; FC Middlesbrough – Banik Ostrava 3:0, 1:1; FC Millwall – Ferencvaros Budapest 1:1, 1:3; FC Sevilla – Nacional Funchal 2:0, 2:1; FC Sochaux – Stabaek IF 4:0, 5:0; FC Utrecht – Djurgardens IF 4:0, 0:3; Zenit St. Petersburg – Roter Stern Belgrad 4:0, 2:1; FK Ventspils – Amica Wronki 1:1, 0:1; Grazer AK – Liteks Lovech 5:0, 0:1; Hammarby IF – FC Villarreal 1:2, 0:3; Heart of Midlothian – Sporting Braga 3:1, 2:2; ND Gorica – AEK Athen 1:1, 0:1; Levski Sofia – SK Beveren 1:1, 0:1; Maccabi Haifa – Dnjepr Dnjepropetrovsk 1:0, 0:2; Glasgow Rangers – Marítimo Funchal 1:0, n. V. 0:1, Elfmeterschießen 4:2; Newcastle United – Hapoel Bnei Sachnin 2:0, 5:1; Odd Grenland – Feyenoord Rotterdam 0:1, 1:4; Panionios Athen – Udinese Calcio 3:1, 0:1; PAOK Saloniki – AZ Alkmaar 2:3, 1:2; Partizan Belgrad – Dinamo Bukarest 3:1, 0:0; Real Saragossa – Sigma Olmütz 1:0, 3:2; FC Shelbourne – OSC Lille 2:2, 0:2; Sporting Lissabon – Rapid Wien 2:0, 0:0; Steaua Bukarest – ZSKA Sofia 2:1, 2:2; Terek Grozny – FC Basel 1:1, 0:2; Trabzonspor – Athletic Bilbao 3:2, 0:2; Wisla Krakow – Dinamo Tiflis 4:3, 1:2; SC Heerenveen – Maccabi Petah Tikva 5:0 (nur ein Spiel).

2. Runde (Gruppenphase): **Gruppe A**: Feyenoord Rotterdam – FC Schalke 04 2:1; FC Basel – Feyenoord Rotterdam 1:0; Ferencvaros Budapest – Feyenoord Rotterdam 1:1; Feyenoord Rotterdam – Heart of Midlothian 3:0; FC Schalke 04 – FC Basel 1:1; FC Schalke 04 – Ferencvaros Budapest 2:0; Heart of Midlothian – FC Schalke 04 0:1; Ferencvaros Budapest – FC Basel 1:2; FC Basel – Heart of Midlothian 1:2; Heart of Midlothian – Ferencvaros Budapest 0:1 – 1. Feyenoord Rotterdam 6:3, 7; 2. FC Schalke 04 5:3, 7; 3. FC Basel 5:4, 7; 4. Ferencvaros Budapest 3:5, 4; 5. Heart of Midlothian 2:6, 3.

Gruppe B: Athletic Bilbao – Steaua Bukarest 1:0; Athletic Bilbao – FC Parma 2:0; Besiktas Istanbul – Athletic Bilbao 3:1; Standard Lüttich – Athletic Bilbao 1:7; FC Parma – Steaua Bukarest 1:0; Steaua Bukarest – Besiktas Istanbul 2:1; Steaua Bukarest – Standard Lüttich 2:0; FC Parma – Besiktas Istanbul 3:2; Standard Lüttich – FC Parma 2:1; Besiktas Istanbul – Standard Lüttich 1:1 – 1. Athletic Bilbao 11:4, 9; 2. Steaua Bukarest 4:3, 6; 3. FC Parma 5:6, 6; 4. Besiktas Istanbul 7:7, 4; 5. Standard Lüttich 4:11, 4.

Gruppe C: Real Saragossa – Dnjepr Dnjepropetrovsk 2:1; Dnjepr Dnjepropetrovsk – Austria Wien 1:0; Dnjepr Dnjepropetrovsk – Club Brügge 3:2; FC Utrecht – Dnjepr Dnjepropetrovsk 1:2; Austria Wien – Real Saragossa 1:0; Club Brügge – Real Saragossa 1:1; Real Saragossa – FC Utrecht 2:0; Austria Wien – Club Brügge 1:1; FC Utrecht – Austria Wien 1:2; Club Brügge – FC Utrecht 1:0 – 1. Dnjepr Dnjepropetrovsk 7:5, 9; 2. Real Saragossa 5:3, 7; 3. Austria Wien 4:3, 7; 4. Club Brügge 5:5, 5; 5. FC Utrecht 2:7, 0.

Gruppe D: FC Sochaux – Newcastle United 0:4; Newcastle United – Sporting Lissabon 1:1; Panionios Athen – Newcastle United 0:1; Newcastle United – Dinamo Tiflis 2:0; Sporting Lissabon – FC Sochaux 0:1; FC Sochaux – Panionios Athen 1:0; Dinamo Tiflis – FC Sochaux 0:2; Sporting Lissabon – Panionios Athen 4:1; Dinamo Tiflis – Sporting Lissabon 0:4; Panionios Athen – Dinamo Tiflis 5:2 – 1. Newcastle United 8:1, 10; 2. FC Sochaux 4:4, 9; 3. Sporting Lissabon 9:3, 7; 4. Panionios Athen 6:8, 3; 5. Dinamo Tiflis 2:13, 0.

Gruppe E: FC Villarreal – FC Middlesbrough 2:0; FC Middlesbrough – Partizan Belgrad 3:0; FC Middlesbrough – Lazio Rom 2:0; Aigaleo Athen – FC Middlesbrough 0:1; Partizan Belgrad – FC Villarreal 1:1; Lazio Rom – FC Villarreal 1:1; FC Villarreal – Aigaleo Athen 4:0; Lazio Rom – Partizan Belgrad 2:2; Partizan Belgrad – Aigaleo Athen 4:0; Aigaleo Athen – Lazio Rom 2:2 – 1. FC Middlesbrough 6:2, 9; 2. FC Villarreal 8:2, 8; 3. Partizan Belgrad 7:6, 5; 4. Lazio Rom 5:7, 3; 5. Aigaleo Athen 2:11, 1.

Gruppe F: AZ Alkmaar – AJ Auxerre 2:0; Grazer AK – AZ Alkmaar 2:0; AZ Alkmaar – Glasgow Rangers 1:0; Amica Wronki – AZ Alkmaar 1:3; AJ Auxerre – Grazer AK 0:0; Glasgow Rangers – AJ Auxerre 0:2; AJ Auxerre – Amica Wronki 5:1; Glasgow Rangers – Grazer AK 3:0; Grazer AK – Amica Wronki 3:1; Amica Wronki – Glasgow Rangers 0:5 – 1. AZ Alkmaar 6:3, 9; 2. AJ Auxerre 7:3, 7; 3. Grazer AK 5:4, 7; 4. Glasgow Rangers 8:3, 6; 5. Amica Wronki 3:16, 0.

Gruppe G: VfB Stuttgart – Benfica Lissabon 3:0; SC Heerenveen – VfB Stuttgart 1:0; VfB Stuttgart – Dinamo Zagreb 2:1; SK Beveren – VfB Stuttgart 1:5; Benfica Lissabon – SC Heerenveen 4:2; Benfica Lissabon – Dinamo Zagreb 2:0; SK Beveren – Benfica Lissabon 0:3; Dinamo Zagreb – SC Heerenveen 2:2; SC Heerenveen – SK Beveren 1:0; Dinamo Zagreb – SK Beveren 6:1 – 1. VfB Stuttgart 10:3, 9; 2. Benfica Lissabon 9:5, 9; 3. SC Heerenveen 6:6, 7; 4. Dinamo Zagreb 9:7, 4; 5. SK Beveren 2:15, 0.

Gruppe H: OSC Lille – FC Sevilla 1:0; Alemannia Aachen – OSC Lille 1:0; OSC Lille – Zenit St. Petersburg 2:1; AEK Athen – OSC Lille 1:2; FC Sevilla – Alemannia Aachen 2:0; Zenit St. Petersburg – FC Sevilla 1:1; FC Sevilla – AEK Athen 3:2; Alemannia Aachen – Zenit St. Petersburg 2:2; AEK Athen – Alemannia Aachen 0:2; Zenit St. Petersburg – AEK Athen 5:1 – 1. OSC Lille 5:3, 9; 2. FC Sevilla 6:4, 7; 3. Alemannia Aachen 5:4, 7; 4. Zenit St. Petersburg 9:6, 5; 5. AEK Athen 4:12, 0.

Zwischenrunde: FC Parma – VfB Stuttgart 0:0, n. V. 2:0; Schachtar Donezk – FC Schalke 04 1:1, 1:0; Alemannia Aachen – AZ Alkmaar 0:0, 1:2; Grazer AK – FC Middlesbrough 2:2, 1:2; SC Heerenveen – Newcastle United 1:2, 1:2; FC Basel – OSC Lille 0:0, 0:2; Sporting Lissabon – Feyenoord Rotterdam 2:1, 2:1; Austria Wien – Athletic Bilbao 0:0, 2:1; Partizan Belgrad – Dnjepr Dnjepropetrovsk 2:2, 1:0; FC Valencia – Steaua Bukarest 2:0, n. V. 0:2, Elfmeterschießen 3:4; Ajax Amsterdam – AJ Auxerre 1:0, 1:3; ZSKA Moskau – Benfica Lissabon 2:0, 1:1; Fenerbahçe Istanbul – Real Saragossa 0:1, 1:2; Panathinaikos Athen – FC Sevilla 1:0, 0:2; Olympiakos Piräus – FC Sochaux 1:0, 1:0; Dynamo Kiew – FC Villarreal 0:0, 0:2.

Achtelfinale: FC Middlesbrough – Sporting Lissabon 2:3, 0:1; FC Sevilla – FC Parma 0:0, 0:1; Steaua Bukarest – FC Villarreal 0:0, 0:2; OSC Lille – AJ Auxerre 0:1, 0:0; Olympiakos Piräus – Newcastle United 1:3, 0:4; Schachtar Donezk – AZ Alkmaar 1:3, 1:2; Partizan Belgrad – ZSKA Moskau 1:1, 0:2; Austria Wien – Real Saragossa 1:1, 2:2.

Viertelfinale: FC Villarreal – AZ Alkmaar 1:2, 1:1; ZSKA Moskau – AJ Auxerre 4:0, 0:2; Newcastle United – Sporting Lissabon 1:0, 1:4; Austria Wien – FC Parma 1:1, 0:0.

Halbfinale: FC Parma – ZSKA Moskau 0:0, 0:3; Sporting Lissabon – AZ Alkmaar 2:1, n. V. 2:3.

Endspiel am 18. Mai in Lissabon: Sporting Lissabon – ZSKA Moskau 1:3 (0:1)

ZSKA: Akinfeev – V. Berezutskiy, Ignashevich, A. Berezutskiy – Odiah, Aldonin (Gusev), Rahimic, Zhirkov – Daniel Carvalho (Semberas) – Olic (Krasic), Vagner Love.

Tore: A. Berezutskiy, Zhirkov, Vagner Love (Rogerio) – SR: Poll (England) – Zuschauer: 48 000.

2005/06 FC Sevilla

Qualifikation, 1. Runde: 1. FSV Mainz 05 – Mika Aschtarak 4:0, 0:0; AC Allianssi Vantaa – CS Pétange 3:0, 1:1; Banants Eriwan – Lokomotiwi Tiflis 2:3, 2:0; Bashkimi Kumanovo – NK Zepce 3:0, 1:1; Birkirkara FC – APOEL Nikosia 0:2, 0:4; Ekranas Panevezys – Cork City 0:2, 1:0; Esbjerg fB – Flora Tallinn 1:2, 6:0; Etzella Ettelbrück – IB Keflavik 0:4, 0:2; FC Linfield – FK Ventspils 1:0, 1:2; FC Portadown – Viking Stavanger 1:2, 0:1; FC Vaduz – Dacia Chisinau 2:0, 0:1; Ferencvaros Budapest – MTZ-Ripo Minsk 0:2, 2:1; FK Baku – MSK Zilina 1:0, 1:3; IB Vestmannaeyjar – B36 Torshavn 1:1, 1:2; KS Elbasani – Vardar Skopje 1:1, 0:0; Longford Town – Carmarthen Town 2:0, 1:5; Nistru Otaci – Hazar Lankaran 3:1, 2:1; NSI Runavik – Metalurgs Liepaja 0:3, 0:3; Omonia Nikosia – Hibernians FC Paola 3:0, 3:0; Rhyl FC – Atlantas Klaipeda 2:1, 2:3; SP Domagnano – NK Domzale 0:5, 0:3; Teuta Durres – Siroki Brijeg 3:1, 0:3; Torpedo Kutaisi – BATE Borisov 0:1, 0:5; TVMK Tallinn – MyPa Anjalankoski 1:1, 0:1; UE Sant Julia – Rapid Bukarest 0:5, 0:5.

Qualifikation, 2. Runde: 1. FSV Mainz 05 – IB Keflavik 2:0, 2:0; APOEL Nikosia – Maccabi Tel Aviv 1:0, n. V. 2:2, Banants Eriwan – Dnjepr Dnjepropetrovsk 2:4, 0:4; Bashkimi Kumanovo – Maccabi Petah Tikva 0:5, 0:6; Brann Bergen – AC Allianssi Vantaa 0:0, 2:0; Dinamo Bukarest – Omonia Nikosia 3:1, 1:2; Djurgardens IF – Cork City 1:1, 0:0; Esbjerg fB – Tromsö IL 0:1, n. V. 1:O, Elfmeterschießen 2:3; FC Kopenhagen – Carmarthen Town FC 2:0, 2:0; FC Midtjylland – B36 Torshavn 2:1, 2:2; FC Sopron – Metalurg Donezk 0:3, 1:2; FC Vaduz – Besiktas Istanbul 0:1, 1:5; Grasshopper-Club Zürich – Wisla Plock 1:0, 2:3; Groclin Dyskobolia Grodzisk – Dukla Banska Bystrica 4:1, 0:0; Halmstads BK – FC Linfield 1:1, 4:2; Inter Zapresic – Roter Stern Belgrad 1:3, 0:4; Krylia Sowjetow Samara – BATE Borisov 2:0, 2:0; Legia Warschau – FC Zürich 0:1, 1:4; Litex Lovech – NK Rijeka 1:0, 1:2; Metalurgs Liepaja – KRC Genk 2:3, 0:3; MSK Zilina – Austria Wien 1:2, 2:2; MTZ-Ripo Minsk – FK Teplice 1:1, 1:2; MyPa Anjalankoski – Dundee United 0:0, 2:2; Nistru Otaci – Grazer AK 0:2, 0:1; OFK Belgrad – Lokomotive Plovdiv 2:1, 0:1; Pasching – Zenit St. Petersburg 2:2, 1:1; Publikum Celje – Levski Sofia 1:0, 0:3; Rapid Bukarest – Vardar Skopje 3:0, 1:1; Rhyl FC – Viking Stavanger 0:1, 1:2; SC Ashdod – NK Domzale 2:2, 1:1; Zeta Golubovci – Siroki Brijeg 0:1, 2:4.

1. Runde: Hamburger SV – FC Kopenhagen 1:1, 1:0; Bayer Leverkusen – ZSKA Sofia 0:1, 0:1; FC Sevilla – 1. FSV Mainz 05 0:0, 2:0; VfB Stuttgart – NK Domzale 2:0, 0:1; APOEL Nicosia – Hertha BSC 0:1, 1:3; AJ Auxerre – Levski Sofia 2:1, 0:1; Slavia Prag – Cork City 2:0, 2:1; PAOK Saloniki – Metalurg Donezk 1:1, 2:2; Dinamo Bukarest – FC Everton 5:1, 0:1; Grasshopper-Club Zürich – MyPa Anjalankoski 1:1, 3:0; Roter Stern Belgrad – Sporting Braga 0:0, 1:1; GB Antwerpen – Olympique Marseille 0:0, n.V. 0:0, Elfmeterschießen 1:4; ZSKA Moskau – FC Midtjylland 3:1, 3:1; Vitoria Setubal – Sampdoria Genua 1:1, 0:1; FC Basel – Siroki Brijeg 5:0, 1:0; Feyenoord Rotterdam – Rapid Bukarest 1:1, 0:1; Hibernian Edinburgh – Dnjepr Dnjepropetrowsk 0:0, 1:5; Stade Rennes – CA Osasuna 3:1, 0:0; Vitoria Guimaraes – Wisla Krakau 3:0, 1:0; Krylia Sowjetow Samara – AZ Alkmaar 5:3, 1:3; Valerenga IF – Steaua Bukarest 0:3, 1:3; Grazer AK – Racing Straßburg 0:2, 0:5; Brann Bergen – Lokomotive Moskau 1:2, 2:3; US Citta di Palermo – Anorthosis Famagusta 2:1, 4:0; Halmstads BK – Sporting Lissabon 1:2, n.V. 3:2; FC Middlesbrough – Skoda Xanthi 2:0, 0:0; Maccabi Petah Tikva – Partizan Belgrad 0:2, 5:2; AS Rom – Aris Saloniki 5:1, 0:0; Besiktas Istanbul – Malmö FF 0:1, 4:1; Litex Lovetsch – KRC Genk 2:2, 1:0; Banik Ostrau – SC Heerenveen 2:0, 0:5; FK Teplice – Espanyol Barcelona 1:1, 0:2; AS Monaco – Willem II Tilburg 2:0, 3:1; Viking Stavanger – Austria Wien 1:0, 1:2; Bröndby IF – FC Zürich 2:0, 1:2; RC Lens – Groclin Dyskobolia Grodzisk 1:1, 4:2; Tromsö IL – Galatasaray Istanbul 1:0, 1:1; Bolton Wanderers – Lokomotive Plovdiv 2:1, 2:1; Schachtar Donezk – Debreceni VSC 4:1, 2:0; Zenit St. Petersburg – AEK Athen 0:0, 1:0.

2. Runde (Gruppenphase): **Gruppe A**: AS Monaco – Hamburger SV 2:0; Slavia Prag – AS Monaco 0:2; Viking Stavanger – AS Monaco 1:0; AS Monaco – ZSKA Sofia 2:1; Hamburger SV – Slavia Prag

2:0; Hamburger SV – Viking Stavanger 2:0; ZSKA Sofia – Hamburger SV 0:1; Viking Stavanger – Slavia Prag 2:2; Slavia Prag – ZSKA Sofia 4:2; ZSKA Sofia – Viking Stavanger 2:0 – 1. AS Monaco 6:2, 9; 2. Hamburger SV 5:2, 9; 3. Slavia Prag 6:8, 4; 4. Viking Stavanger 3:6, 4; 5. ZSKA Sofia 5:7, 3.

Gruppe B: Espanyol Barcelona – US Citta di Palermo 1:1; US Citta di Palermo – Lokomotive Moskau 0:0; US Citta di Palermo – Bröndby IF 3:0; Maccabi Petah Tikva – US Citta di Palermo 1:2; Lokomotive Moskau – Espanyol Barcelona 0:1; Bröndby IF – Espanyol Barcelona 1:1; Espanyol Barcelona – Maccabi Petah Tikva 1:0; Lokomotive Moskau – Bröndby IF 4:2; Maccabi Petah Tikva – Lokomotive Moskau 0:4; Bröndby IF – Maccabi Petah Tikva 2:0 – 1. US Citta di Palermo 6:2, 8; 2. Espanyol Barcelona 4:2, 8; 3. Lokomotive Moskau 8:3, 7; 4. Bröndby IF 5:8, 4; 5. Maccabi Petah Tikva 1:9, 0.

Gruppe C: Steaua Bukarest – RC Lens 4:0; Hertha BSC – Steaua Bukarest 0:0; Sampdoria Genua – Steaua Bukarest 0:0; Steaua Bukarest – Halmstads BK 3:0; Hertha BSC – RC Lens 0:0; RC Lens – Sampdoria Genua 2:1; RC Lens – Halmstads BK 5:0; Sampdoria Genua – Hertha BSC 0:0; Halmstads BK – Hertha BSC 0:1; Halmstads BK – Sampdoria Genua 1:3 – 1. Steaua Bukarest 7:0, 8; 2. RC Lens 7:5, 7; 3. Hertha BSC 1:0, 6; 4. Sampdoria Genua 4:3, 5; 5. Halmstads BK 1:12, 0.

Gruppe D: AZ Alkmaar – FC Middlesbrough 0:0; FC Middlesbrough – Litex Lovetsch 2:0; FC Middlesbrough – Dnjepr Dnjepropetrowsk 3:0; Grasshopper-Club Zürich – FC Middlesbrough 0:1; Litex Lovetsch – AZ Alkmaar 0:2; Dnjepr Dnjepropetrowsk – AZ Alkmaar 1:2; AZ Alkmaar – Grasshopper-Club Zürich 1:0; Dnjepr Dnjepropetrowsk – Litex Lovetsch 0:2; Litex Lovetsch – Grasshopper-Club Zürich 2:1; Grasshopper-Club Zürich – Dnjepr Dnjepropetrowsk 2:3 – 1. FC Middlesbrough 6:0, 10; 2. AZ Alkmaar 5:1, 10; 3. Litex Lovetsch 4:5, 6; 4. Dnjepr Dnjepropetrowsk 4:9, 3; 5. Grasshopper-Club Zürich 3:7, 0.

Gruppe E: AS Rom – Racing Straßburg 1:1; FC Basel – Racing Straßburg 0:2; Racing Straßburg – Roter Stern Belgrad 2:2; Racing Straßburg – Tromsö IL 2:0; AS Rom – FC Basel 3:1; Roter Stern Belgrad – AS Rom 3:1; Tromsö IL – AS Rom 1:2; Roter Stern Belgrad – FC Basel 1:2; FC Basel – Tromsö IL 4:3; Tromsö IL – Roter Stern Belgrad 3:1 – 1. Racing Straßburg 7:3, 8; 2. AS Rom 7:6, 7; 3. FC Basel 7:9, 6; 4. Roter Stern Belgrad 7:8, 4; 5. Tromsö IL 7:9, 3.

Gruppe F: Levski Sofia – Olympique Marseille 1:0; Olympique Marseille – SC Heerenveen 1:0; ZSKA Moskau – Olympique Marseille 1:2; Olympique Marseille – Dinamo Bukarest 2:1; SC Heerenveen – Levski Sofia 2:1; ZSKA Moskau – Levski Sofia 2:1; Levski Sofia – Dinamo Bukarest 1:0; SC Heerenveen – ZSKA Moskau 0:0; Dinamo Bukarest – SC Heerenveen 0:0; Dinamo Bukarest – ZSKA Moskau 1:0 – 1. Olympique Marseille 5:3, 9; 2. Levski Sofia 4:4, 6; 3. SC Heerenveen 2:2, 5; 4. ZSKA Moskau 3:4, 4; 5. Dinamo Bukarest 2:3, 4.

Gruppe G: Schachtar Donezk – Rapid Bukarest 0:1; VfB Stuttgart – Rapid Bukarest 2:1; Rapid Bukarest – PAOK Saloniki 1:0; Rapid Bukarest – Stade Rennes 2:0; VfB Stuttgart – Schachtar Donezk 0:2; Schachtar Donezk – PAOK Saloniki 1:0; Stade Rennes – Schachtar Donezk 0:1; PAOK Saloniki – VfB Stuttgart 1:2; Stade Rennes – VfB Stuttgart 0:2; PAOK Saloniki – Stade Rennes 5:1 – 1. Rapid Bukarest 5:2, 9; 2. Schachtar Donezk 4:1, 9; 3. VfB Stuttgart 6:4, 9; 4. PAOK Saloniki 6:5, 3; 5. Stade Rennes 1:10, 0.

Gruppe H: Zenit St. Petersburg – FC Sevilla 2:1; Bolton Wanderers – FC Sevilla 1:1; FC Sevilla – Besiktas Istanbul 3:0; FC Sevilla – Vitoria Guimaraes 3:1; Bolton Wanderers – Zenit St. Petersburg 1:0; Besiktas Istanbul – Zenit St. Petersburg 1:1; Zenit St. Petersburg – Vitoria Guimaraes 2:1; Besiktas Istanbul – Bolton Wanderers 1:1; Vitoria Guimaraes – Bolton Wanderers 1:1; Vitoria Guimaraes – Besiktas Istanbul 1:3 – 1. FC Sevilla 8:4, 7; 2. Zenit St. Petersburg 5:4, 7; 3. Bolton Wanderers 4:3, 6; 4. Besiktas Istanbul 5:6, 5; 5. Vitoria Guimaraes 4:9, 1.

Zwischenrunde: Hertha BSC – Rapid Bukarest 0:1, 0:2; FC Schalke 04 – Espanyol Barcelona 2:1, 3:0; FC Thun – Hamburger SV 1:0, 0:2; VfB Stuttgart – FC Middlesbrough 1:2, 1:0; Litex Lovetsch – Racing Straßburg 0:2, 0:0; Lokomotive Moskau – FC Sevilla 0:1, 0:2; Artmedia Bratislava – Levski Sofia 0:1, 0:2; FC Basel – AS Monaco 1:0, 1:1; OSC Lille – Schachtar Donezk 3:2, 0:0; SC Heerenveen – Steaua Bukarest 1:3, 1:0; Rosenborg Trondheim – Zenit St. Petersburg 0:2, 1:2; Udinese Calcio – RC Lens 3:0, 0:1; Bolton Wanderers – Olympique Marseille 0:0, 1:2; Club Brügge – AS Rom 1:2, 1:2; Real Betis Sevilla – AZ Alkmaar 2:0, n. V. 1:2; Slavia Prag – US Citta di Palermo 2:1, 0:1.

Achtelfinale: Rapid Bukarest – Hamburger SV 2:0, 1:3; US Citta di Palermo – FC Schalke 04 1:0, 0:3; FC Basel – Racing Straßburg 2:0, 2:2; FC Middlesbrough – AS Rom 1:0, 1:2; Steaua Bukarest – Real Betis Sevilla 0:0, 3:0; Olympique Marseille – Zenit St. Petersburg 0:1, 1:1; Udinese Calcio – Levski Sofia 0:0, 1:2; OSC Lille – FC Sevilla 1:0, 0:2.

Viertelfinale: Levski Sofia – FC Schalke 04 1:3, 1:1; FC Basel – FC Middlesbrough 2:0, 1:4; Rapid Bukarest – Steaua Bukarest 1:1, 0:0; FC Sevilla – Zenit St. Petersburg 4:1, 1:1.

Halbfinale: FC Schalke 04 – FC Sevilla 0:0, n. V. 0:1; Steaua Bukarest – FC Middlesbrough 1:0, 2:4.

Endspiel am 10. Mai in Eindhoven: FC Middlesbrough – FC Sevilla 0:4 (0:1)
Sevilla: Palop – Daniel Alves, Javi Navarro, Escudé, David – Jesus Navas, Marti, Maresca, Adriano (Puerta) – Saviola (Kanouté), Luis Fabiano (Renato).
Tore: Luis Fabiano, Maresca 2, Kanouté – SR: Fandel (Deutschland) – Zuschauer: 31 000.

2006/07 FC Sevilla

Qualifikation, 1. Runde: Karvan Evlakh – Spartak Trnava 1:0, 1:0; NK Orasje – NK Domzale 0:2, 0:5; MIKA Aschtarak – Young Boys Bern 1:3, 0:1; Dinamo Tirana – ZSKA Sofia 0:1, 1:4; FK Ventspils – GI Götu 2:1, 2:0; Levadia Tallinn – Haka Valkeakoski 2:0, 0:1; Zaglebie Lubin – Dynamo Minsk 1:1, 0:0; Ameri Tiflis – Banants Erewan 0:1, 2:1; Artmedia Bratislava – WIT Georgia Tiflis 2:0, 1:2; BATE Borissow – Nistru Otaci 2:0, 1:0; FK Sarajevo – FC Ranger's 3:0, 2:0; HJK Helsinki – Drogheda United 1:1, n. V. 1:3; Jeunesse Esch – Skonto Riga 0:2, 0:3; Vardar Skopje – SV Roeselare 1:2, 1:5; Varteks Varazdin – KF Tirana 1:1, 0:2; APOEL Nikosia – SS Murata 3:1, 4:0; Gefle IF – AFC Llanelli 1:2, 0:0; IFK Göteborg – Derry City 0:1, 0:1; Lyn Oslo – Flora Tallinn 1:1, 0:0; Randers FC – IA Akranes 1:0, 1:2; Ujpest Budapest – FC Vaduz 0:4, 1:0; Zimbru Chisinau – Karabakh Agdam 1:1, n. V. 2:1; Lokomotive Sofia – Makedonija Skopje 2:0, 1:1; Rapid Bukarest – Sliema Wanderers 5:0, 1:0; Atvidabergs FF – Etzella Ettelbrück 4:0, 3:0; FC Basel – Tobol Kostanai 3:1, 0:0; FC Fehervar – Kairat Almaty 1:0, 1:2; NK Koper – Litex Lovetsch 0:1, 0:5; Skala IF – Start Kristiansand 0:1, 0:3; FC Glentoran – Brann Bergen 0:1, 0:1; FC Portadown – FBK Kaunas 1:3, 0:1; FC Rhyl – Suduva Marijampole 0:0, 1:2; Bröndby IF – Valur Reykjavik 3:1, 0:0; NK Rijeka – Omonia Nikosia 2:2, 1:2; Hibernians Paola – Dinamo Bukarest 0:4, 1:5.
Qualifikation, 2. Runde: OFK Belgrad – AJ Auxerre 1:0, 1:5; Omonia Nikosia – Litex Lovetsch 0:0, 1:2; Tschernomorez Odessa – Wisla Plock 0:0, 1:1; Karvan Evlakh – Slavia Prag 0:2, 0:0; Rubin Kasan – BATE Borissow 3:0, 2:0; Artmedia Bratislava – Dynamo Minsk 2:1, 3:2; KF Tirana – Kayserispor 0:2, 1:3; Bnei Yehuda Tel Aviv – Lokomotive Sofia 0:2, 0:4; SV Roeselare – Ethnikos Achnas 2:1, 0:5; SV Ried – FC Sion 0:0, 0:1; ZSKA Sofia – Hajduk Kula 0:0, 1:1; Brann Bergen – Atvidabergs FF 3:3, 1:1; Hapoel Tel Aviv – NK Domzale 1:2, 3:0; Hertha BSC – Ameri Tiflis 1:0, 2:2; Molde FK – Skonto Riga 0:0, 2:1; Odense BK – AFC Llanelli 1:0, 5:1; Randers FC – FBK Kaunas 3:1, 0:1; Start Kristiansand – Drogheda United 1:0, n. V. 0:1 (Elfmeterschießen 11:10); Zimbru Chisinau – Metalurg Saporoschje 0:0, 0:3; FC Twente Enschede – Levadia Tallinn 1:1, 0:1; Young Boys Bern – Olympique Marseille 3:3, 0:0; FK Ventspils – Newcastle United 0:1, 0:0; APOEL Nikosia – Trabzonspor 1:1, 0:1; Dinamo Bukarest – Beitar Jerusalem 1:0, 1:1; FC Basel – FC Vaduz 1:0, 1:2; FC Fehervar – Grasshopper-Club Zürich 1:1, 0:2; FK Sarajevo – Rapid Bukarest 1:0, 0:2; Flora Tallinn – Bröndby IF 0:0, 0:4; Partizan Belgrad – NK Maribor 2:1, 1:1; Suduva Marijampole – Club Brügge 0:2, 2:5; FC Gretna – Derry City 1:5, 2:2; SV Mattersburg – Wisla Krakau 1:1, 0:1.
1. Runde: Hertha BSC – Odense BK 2:2, 0:1; FC Schalke 04 – AS Nancy 1:0, 1:3; Eintracht Frankfurt – Bröndby IF 4:0, 2:2; FC Sion – Bayer Leverkusen 0:0, 1:3; Tschernomorez Odessa – Hapoel Tel Aviv 0:1, 1:3; Sporting Braga – AC Chievo Verona 2:0, n. V. 1:2; Levadia Tallinn – Newcastle United 0:1, 1:2; Molde FK – Glasgow Rangers 0:0, 0:2; Standard Lüttich – Celta Vigo 0:1, 0:3; Maccabi Haifa – Litex Lovetsch 1:1, 3:1; Derry City – Paris St. Germain 0:0, 0:2; Legia Warschau – Austria Wien 1:1, 0:1; Panathinaikos Athen – Metalurg Saporoschje 1:1, 1:0; Lokomotive Moskau – SV Zulte-Waregem 2:1, 0:2; Heart of Midlothian – Sparta Prag 0:2, 0:0; Fenerbahce Istanbul – Randers FC 2:1, 3:0; RB Salzburg – Blackburn Rovers 2:2, 0:2; Ethnikos Achnas – RC Lens 0:0, 1:3; Slovan Liberec – Roter Stern Belgrad 2:0, 2:1; AZ Alkmaar – Kayserispor 3:2, 1:1; Rubin Kasan – FC Parma 0:1, 0:1; Atromitos Chalkidona – FC Sevilla 1:2, 0:4; Besiktas Istanbul – ZSKA Sofia 2:0, n. V. 2:2; Vitoria Setubal – SC Heerenveen 0:3, 0:0; Olympique Marseille – FK Mlada Boleslav 1:0, 2:4; Atvidabergs FF – Grasshopper-Club Zürich 0:3, 0:5; Rapid Bukarest – Nacional Funchal 1:0, n. V. 2:1; Trabzonspor – CA Osasuna 2:2, 0:0; FC Basel – Rabotnicki Skopje 6:2, 1:0; West Ham United – US Palermo 0:1, 0:3; Lokomotive Sofia – Feyenoord Rotterdam 2:2, 0:0; MFK Ruzomberok – Club Brügge 0:1, 1:1; Partizan Belgrad – FC Groningen 4:2, 0:1; Skoda Xanthi – Dinamo Bukarest 3:4, 1:4; Slavia Prag – Tottenham Hotspur 0:1, 0:1; Start Kristiansand – Ajax Amsterdam 2:5, 0:4; Artmedia Bratislava – Espanyol Barcelona 2:2, 1:3; Wisla Krakau – Iraklis Saloniki 0:1, n. V. 2:0; AS Livorno – FCS Pasching 2:0, 1:0; Dinamo Zagreb – AJ Auxerre 1:2, 1:3.
2. Runde (Gruppenphase): **Gruppe A**: Glasgow Rangers – Maccabi Haifa 2:0; AS Livorno – Glasgow Rangers 2:3; AJ Auxerre – Glasgow Rangers 2:2; Glasgow Rangers – Partizan Belgrad 1:0; AS Livorno – Maccabi Haifa 1:1; Maccabi Haifa – AJ Auxerre 3:1; Maccabi Haifa – Partizan Belgrad 1:0; AJ Auxerre – AS Livorno 0:1; Partizan Belgrad – AS Livorno 1:1; Partizan Belgrad – AJ Auxerre 1:4 – 1. Glasgow Rangers 8:4, 10; 2. Maccabi Haifa 5:4, 7; 3. AS Livorno 5:5, 5; 4. AJ Auxerre 7:7, 4; 5. Partizan Belgrad 2:7, 1.
Gruppe B: Tottenham Hotspur – Dinamo Bukarest 3:1; Bayer Leverkusen – Tottenham Hotspur 0:1; Besiktas Istanbul – Tottenham Hotspur 0:2; Tottenham Hotspur – Club Brügge 3:1; Dinamo Bukarest – Bayer Leverkusen 2:1; Dinamo Bukarest – Besiktas Istanbul 2:1; Club Brügge – Dinamo Bukarest 1:1;

Bayer Leverkusen – Besiktas Istanbul 2:1; Club Brügge – Bayer Leverkusen 1:1; Besiktas Istanbul – Club Brügge 2:1 – 1. Tottenham Hotspur 9:2, 12; 2. Dinamo Bukarest 6:6, 7; 3. Bayer Leverkusen 4:5, 4; 4. Besiktas Istanbul 4:7, 3; 5. Club Brügge 4:7, 2.

Gruppe C: FC Sevilla – AZ Alkmaar 1:2; AZ Alkmaar – Sporting Braga 3:0; AZ Alkmaar – Slovan Liberec 2:2; Grasshoppper-Club Zürich – AZ Alkmaar 2:5; FC Sevilla – Sporting Braga 2:0; Slovan Liberec – FC Sevilla 0:0; Grasshoppper-Club Zürich – FC Sevilla 0:4; Sporting Braga – Slovan Liberec 4:0; Sporting Braga – Grasshoppper-Club Zürich 2:0; Slovan Liberec – Grasshoppper-Club Zürich 4:1 – 1. AZ Alkmaar 12:5, 10; 2. FC Sevilla 7:2, 7; 3. Sporting Braga 6:5, 6; 4. Slovan Liberec 6:7, 5; 5. Grasshoppper-Club Zürich 3:15, 0.

Gruppe D: FC Parma – CA Osasuna 0:3; RC Lens – FC Parma 1:2; Odense BK – FC Parma 1:2; FC Parma – SC Heerenveen 2:1; RC Lens – CA Osasuna 3:1; CA Osasuna – Odense BK 3:1; CA Osasuna – SC Heerenveen 0:0; Odense BK – RC Lens 1:1; SC Heerenveen – RC Lens 1:0; SC Heerenveen – Odense BK 0:2 – 1. FC Parma 6:6, 9; 2. CA Osasuna 7:4, 7; 3. RC Lens 5:5, 4; 4. Odense BK 5:6, 4; 5. SC Heerenveen 2:4, 4.

Gruppe E: Blackburn Rovers – AS Nancy 1:0; Feyenoord Rotterdam – Blackburn Rovers 0:0; Wisla Krakau – Blackburn Rovers 1:2; Blackburn Rovers – FC Basel 3:0; AS Nancy – Feyenoord Rotterdam 3:0; AS Nancy – Wisla Krakau 2:1; FC Basel – AS Nancy 2:2; Feyenoord Rotterdam – Wisla Krakau 3:1; FC Basel – Feyenoord Rotterdam 1:1; Wisla Krakau – FC Basel 3:1 – 1. Blackburn Rovers 6:1, 10; 2. AS Nancy 7:4, 7; 3. Feyenoord Rotterdam 4:5, 5; 4. Wisla Krakau 6:8, 3; 5. FC Basel 4:9, 2.

Gruppe F: Ajax Amsterdam – Espanyol Barcelona 0:2; Espanyol Barcelona – SV Zulte-Waregem 6:2; Sparta Prag – Espanyol Barcelona 0:2; Espanyol Barcelona – Austria Wien 1:0; SV Zulte-Waregem – Ajax Amsterdam 0:3; Sparta Prag – Ajax Amsterdam 0:0; Ajax Amsterdam – Austria Wien 3:0; SV Zulte-Waregem – Sparta Prag 3:1; Austria Wien – SV Zulte-Waregem 1:4; Austria Wien – Sparta Prag 0:1 – 1. Espanyol Barcelona 11:2, 12; 2. Ajax Amsterdam 6:2, 7; 3. SV Zulte-Waregem 9:11, 6; 4. Sparta Prag 2:5, 4; 5. Austria Wien 1:9, 0.

Gruppe G: Paris St. Germain – Panathinaikos Athen 4:0; Panathinaikos Athen – Hapoel Tel Aviv 2:0; Panathinaikos Athen – Rapid Bukarest 0:0; FK Mlada Boleslav – Panathinaikos Athen 0:1; Paris St. Germain – Hapoel Tel Aviv 2:4; Rapid Bukarest – Paris St. Germain 0:0; FK Mlada Boleslav – Paris St. Germain 0:0; Hapoel Tel Aviv – Rapid Bukarest 2:2; Hapoel Tel Aviv – FK Mlada Boleslav 1:1; Rapid Bukarest – FK Mlada Boleslav 1:1 – 1. Panathinaikos Athen 3:4, 7; 2. Paris St. Germain 6:4, 5; 3. Hapoel Tel Aviv 7:7, 5; 4. Rapid Bukarest 3:3, 4; 5. FK Mlada Boleslav 2:3, 3.

Gruppe H: Newcastle United – Celta Vigo 2:1; Newcastle United – Fenerbahce Istanbul 1:0; US Palermo – Newcastle United 0:1; Eintracht Frankfurt – Newcastle United 0:0; Celta Vigo – Fenerbahçe Istanbul 1:0; US Palermo – Celta Vigo 1:1; Celta Vigo – Eintracht Frankfurt 1:1; Fenerbahce Istanbul – US Palermo 3:0; Fenerbahce Istanbul – Eintracht Frankfurt 2:2; Eintracht Frankfurt – US Palermo 1:2 – 1. Newcastle United 4:1, 10; 2. Celta Vigo 4:4, 5; 3. Fenerbahce Istanbul 5:4, 4; 4. US Palermo 3:6, 4; 5. Eintracht Frankfurt 4:5, 3.

Zwischenrunde: Werder Bremen – Ajax Amsterdam 3:0, 1:3; Bayer Leverkusen – Blackburn Rovers 3:2, 0:0; SV Zulte-Waregem – Newcastle United 1:3, 0:1; Sporting Braga – FC Parma 1:0, 1:0; RC Lens – Panathinaikos Athen 3:1, 0:0; Hapoel Tel Aviv – Glasgow Rangers 2:1, 0:4; AS Livorno – Espanyol Barcelona 1:2, 0:2; Fenerbahce Istanbul – AZ Alkmaar 3:3, 2:2; Spartak Moskau – Celta Vigo 1:1, 1:2; ZSKA Moskau – Maccabi Haifa 0:0, 0:1; AEK Athen – Paris St. Germain 0:2, 0:2; Benfica Lissabon – Dinamo Bukarest 1:0, 2:1; Steaua Bukarest – FC Sevilla 0:2, 0:1; Schachtar Donezk – AS Nancy 1:1, 1:0; Girondins Bordeaux – CA Osasuna 0:0, n. V. 0:1; Tottenham Hotspur (Freilos, da Feyenoord Rotterdam wegen Zuschauerausschreitungen aus dem Wettbewerb ausgeschlossen wurde).

Achtelfinale: RC Lens – Bayer Leverkusen 2:1, 0:3; Celta Vigo – Werder Bremen 0:1, 0:2; Newcastle United – AZ Alkmaar 4:2, 0:2; Maccabi Haifa – Espanyol Barcelona 0:0, 0:4; Glasgow Rangers – CA Osasuna 1:1, 0:1; Sporting Braga – Tottenham Hotspur 2:3, 2:3; FC Sevilla – Schachtar Donezk 2:2, n. V. 3:2; Paris St. Germain – Benfica Lissabon 2:1, 1:3.

Viertelfinale: AZ Alkmaar – Werder Bremen 0:0, 1:4; Bayer Leverkusen – CA Osasuna 0:3, 0:1; FC Sevilla – Tottenham Hotspur 2:1, 2:2; Espanyol Barcelona – Benfica Lissabon 3:2, 0:0.

Halbfinale: Espanyol Barcelona – Werder Bremen 3:0, 2:1; CA Osasuna – FC Sevilla 1:0, 0:2.

Endspiel am 16. Mai in Glasgow: Espanyol Barcelona – FC Sevilla n. V. 2:2 (2:2, 1:1), i. E. 1:3

Sevilla: Palop – Daniel Alves, Javi Navarro, Dragutinovic, Puerta – Poulsen – Marti, Maresca (Jesus Navas), Adriano (Renato) – Kanouté, Luis Fabiano (Kerschakow).

Tore: Adriano, Kanouté (Riera, Jonatas) – **Tore im Elfmeterschießen**: Kanouté, Dragutinovic, Puerta (Pandiani für Espanyol) – SR: Busacca (Schweiz) – Zuschauer: 48 000.

2007/08 Zenit St. Petersburg

Qualifikation, 1. Runde: Banants Erewan – Young Boys Bern 1:1, 0:4; Dinamo Tiflis – FC Vaduz 2:0, 0:0; MKT Araz Imishli – Dyskobolia Groclin Grodzisk 0:0, 0:1; FC Santa Coloma – Maccabi Tel Aviv 1:0, 0:4; FC Zlate Moravce – FK Almaty 3:1, 1:1; Vojvodina Novi Sad – Hibernians Paola 5:1, 2:0; Slaven Belupo Koprivnica – Teuta Durres 6:2, 2:2; Flora Tallinn – Valerenga Oslo 0:1, 0:1; FK Bezanija – Besa Kavaje 2:2, 0:0; Nistru Otaci – Honved Budapest 1:1, n. V. 1:1, Elfmeterschießen 4:5; MyPa Anjalankoski – EB/Streymur Eidi 1:0, 1:1; HJK Helsinki – Etzella Ettelbrück 2:0, 1:0; FK Aktobe-Lento – SV Mattersburg 1:0, 2:4; Metalurgs Liepaja – Dinamo Brest 1:1, 2:1; Skonto Riga – Dinamo Minsk 1:1, 0:2; Omonia Nikosia – Rudar Pljevlja 2:0, 2:0; B36 Torshavn – Ekranas Panevezys 1:3, 2:3; Lilleström SK – UN Käerjeng 2:1, 0:1; Helsingborgs IF – JK Trans Narva 6:0, 3:0; Sliema Wanderers – Litex Lovetsch 0:3, 0:4; ND Gorica – Rabotnicki Skopje 1:2, 1:2; Artmedia Petrzalka – Zimbru Chisinau 1:1, 2:2; Carmarthen Town – Brann Bergen 0:8, 3:6; BK Häcken Göteborg – KR Reykjavik 1:1, 1:0; Vardar Skopje – Anorthosis Famagusta 0:1, 0:1; Zrinjski Mostar – Partizan Belgrad 1:6, 0:5 (Nach Fan-Ausschreitungen im Hinspiel wurde Partizan Belgrad ausgeschlossen.); Buducnost Podgorica – Hajduk Split 1:1, 0:1; MTK Budapest – MIKA Ashtarak 2:1, 0:1; SV Ried – Neftchi Baku 3:1, 1:2; Rhyl FC – Haka Valkeakoski 3:1, 0:2; GKS Belchatow – Ameri Tiflis 2:0, n. V. 0:2, Elfmeterschießen 4:2; Dungannon Swifts – Suduva Marijampole 1:0, 0:4; St. Patrick's Athletic – Odense BK 0:0, 0:5; FC Glentoran – AIK Solna 0:5, 0:4; Siroki Brijeg – FC Koper 3:1, 3:2; Libertas Borgo Maggiore – Drogheda United 1:1, 0:3; IB Keflavik – FC Midtjylland 3:2, 1:2.

Qualifikation, 2. Runde: Honved Budapest – Hamburger SV 0:0, 0:4; Tobol Kostanai – Dyskobolia Groclin Grodzisk 0:1, 0:2; MIKA Ashtarak – Artmedia Petrzalka 2:1, 0:2; Dinamo Tiflis – Rapid Wien 0:3, 0:5; MyPa Anjalankoski – Blackburn Rovers 0:1, 0:2; Besa Kavaje – Litex Lovetsch 0:3, 0:3; FC Zlate Moravce – Zenit St. Petersburg 0:2, 0:3; Ekranas Panevezys – Valerenga Oslo 1:1, 0:6; SV Ried – FC Sion 1:1, 0:3; HJK Helsinki – Aalborg BK 2:1, 0:3; Haka Valkeakoski – FC Midtjylland 1:2, 2:5; Dinamo Minsk – Odense BK 1:1, 0:4; Slaven Belupo Koprivnica – Galatasaray Istanbul 1:2, 1:2; Maccabi Tel Aviv – Kayseri Erciyesspor 1:1, 1:3; Metalurgs Liepaja – AIK Solna 3:2, 0:2; Omonia Nikosia – ZSKA Sofia 1:1, 1:2; Brann Bergen – Suduva Marijampole 2:1, 4:3; Dnjepr Dnjepropetrowsk – GKS Belchatow 1:1, 4:2; Lokomotive Sofia – Otelul Galati 3:1, 0:0; CFR Cluj – Anorthosis Famagusta 1:3, 0:0; Young Boys Bern – RC Lens 1:1, 1:5; Rabotnicki Skopje – Zrinjski Mostar 0:0, 2:1; Siroki Brijeg – Hapoel Tel Aviv 0:3, 0:3; UN Käerjeng – Standard Lüttich 0:3, 0:1; Hammarby IF – Fredrikstad FK 2:1, 1:1; FC Basel – SV Mattersburg 2:1, 4:0; Austria Wien – FK Jablonec 4:3, 1:1; Uniao Leiria – Maccabi Netanja 0:0, 1:0; Hajduk Split – Sampdoria Genua 0:1, 1:1; Drogheda United – Helsingborgs IF 1:1, 0:3; Dunfermline Athletic – BK Häcken Göteborg 1:1, 0:1; Atletico Madrid – Vojvodina Novi Sad 3:0, 2:1.

1. Runde: 1. FC Nürnberg – Rapid Bukarest 0:0, 2:2; Bayer Leverkusen – Uniao Leiria 3:1, 2:3; Bayern München – Belenenses Lissabon 1:0, 2:0; Litex Lovetsch – Hamburger SV 0:1, 1:3; FC Midtjylland – Lokomotive Moskau 1:3, 0:2; FC Groningen – AC Florenz 1:1, n. V. 1:1, Elfmeterschießen 3:4; Rabotnicki Skopje – Bolton Wanderers 1:1, 0:1; AEK Athen – RB Salzburg 3:0, 0:1; FC Everton – Metalist Charkow 1:1, 3:2; Zenit St. Petersburg – Standard Lüttich 3:0, 1:1; FC Villarreal – BATE Borissow 4:1, 2:0; FC Sion – Galatasaray Istanbul 3:2, 1:5; Atletico Madrid – Kayseri Erciyesspor 4:0, 5:0; Tampere United – Girondins Bordeaux 2:3, 1:1; Artmedia Petrzalka – Panathinaikos Athen 1:2, 0:3; Sparta Prag – Odense BK 0:0, n. V. 0:0, Elfmeterschießen 4:3; FC Empoli – FC Zürich 2:1, 0:3; FC Sochaux – Panionios Athen 0:2, 1:0; RSC Anderlecht – Rapid Wien 1:1, 1:0; FC Pacos de Ferreira – AZ Alkmaar 0:1, 0:0; Sampdoria Genua – Aalborg BK 2:2, 0:0; Spartak Moskau – BK Häcken Göteborg 5:0, 3:1; Hammarby IF – Sporting Braga 2:1, 0:4; AE Larisa – Blackburn Rovers 2:0, 1:2; FK Mlada Boleslav – US Palermo 0:1, n. V. 1:0, Elfmeterschießen 4:2; Dinamo Zagreb – Ajax Amsterdam 0:1, n. V. 3:2; Lokomotive Sofia – Stade Rennes 1:3, 2:1; Brann Bergen – Club Brügge 0:1, 2:1; FC Aberdeen – Dnjepr Dnjepropetrowsk 0:0, 1:1; SC Heerenveen – Helsingborgs IF 5:3, 1:5; FC Toulouse – ZSKA Sofia 0:0, 1:1; FK Sarajevo – FC Basel 1:2, 0:6; Austria Wien – Valerenga Oslo 2:0, 2:2; Hapoel Tel Aviv – AIK Solna 0:0, 1:0; Aris Saloniki – Real Saragossa 1:0, 1:2; Dinamo Bukarest – IF Elfsborg Boras 1:2, 1:0; Tottenham Hotspur – Anorthosis Famagusta 6:1, 1:1; RC Lens – FC Kopenhagen 1:1, n. V. 1:2; FC Getafe – FC Twente Enschede 1:0, n. V. 2:3; Dyskobolia Groclin Grodzisk – Roter Stern Belgrad 0:1, 0:1.

2. Runde (Gruppenphase): **Gruppe A**: 1. FC Nürnberg – FC Everton 0:2; FC Everton – Zenit St. Petersburg 1:0; AZ Alkmaar – FC Everton 2:3; FC Everton – AE Larisa 3:1; Zenit St. Petersburg – 1. FC Nürnberg 2:2; 1. FC Nürnberg – AZ Alkmaar 2:1; AE Larisa – 1. FC Nürnberg 1:3; Zenit St. Petersburg – AZ Alkmaar 1:1; AE Larisa – Zenit St. Petersburg 2:3; AZ Alkmaar – AE Larisa 1:0 – 1. FC Everton 9:3, 12; 2. 1. FC Nürnberg 7:6, 7; 3. Zenit St. Petersburg 6:6, 5; 4. AZ Alkmaar 5:6, 4; 5. AE Larisa 4:10, 0.

Gruppe B: Atletico Madrid – Panathinaikos Athen 2:1; Atletico Madrid – FC Aberdeen 2:0; FC Kopenhagen – Atletico Madrid 0:2; Lokomotive Moskau – Atletico Madrid 3:3; Panathinaikos Athen – FC Aberdeen 3:0; FC Kopenhagen – Panathinaikos Athen 0:1; Panathinaikos Athen – Lokomotive Moskau 2:0; FC Aberdeen – FC Kopenhagen 4:0; FC Aberdeen – Lokomotive Moskau 1:1; Lokomotive Moskau – FC Kopenhagen 0:1 – 1. Atletico Madrid 9:4, 10; 2. Panathinaikos Athen 7:2, 9; 3. FC Aberdeen 5:6, 4; 4. FC Kopenhagen 1:7, 3; 5. Lokomotive Moskau 4:7, 2.

Gruppe C: FC Villarreal – AC Florenz 1:1; AEK Athen – FC Villarreal 1:2; FK Mlada Boleslav – FC Villarreal 1:2; FC Villarreal – IF Elfsborg Boras 2:0; AEK Athen – AC Florenz 1:1; AC Florenz – FK Mlada Boleslav 2:1; AC Florenz – IF Elfsborg Boras 6:1; FK Mlada Boleslav – AEK Athen 0:1; IF Elfsborg Boras – AEK Athen 1:1; IF Elfsborg Boras – FK Mlada Boleslav 1:3 – 1. FC Villarreal 7:3, 10; 2. AC Florenz 10:4, 8; 3. AEK Athen 4:4, 5; 4. FK Mlada Boleslav 5:6, 3; 5. IF Elfsborg Boras 3:12, 1.

Gruppe D: Hamburger SV – FC Basel 1:1; Brann Bergen – Hamburger SV 0:1; Dinamo Zagreb – Hamburger SV 0:2; Hamburger SV – Stade Rennes 3:0; FC Basel – Brann Bergen 1:0; Dinamo Zagreb – FC Basel 0:0; FC Basel – Stade Rennes 1:0; Brann Bergen – Dinamo Zagreb 2:1; Stade Rennes – Brann Bergen 1:1; Stade Rennes – Dinamo Zagreb 1:1 – 1. Hamburger SV 7:1, 10; 2. FC Basel 3:1, 8; 3. Brann Bergen 3:4, 4; 4. Dinamo Zagreb 2:5, 2; 5. Stade Rennes 2:6, 2.

Gruppe E: Spartak Moskau – Bayer Leverkusen 2:1; FC Zürich – Bayer Leverkusen 0:5; Bayer Leverkusen – Sparta Prag 1:0; Bayer Leverkusen – FC Toulouse 1:0; Spartak Moskau – FC Zürich 1:0; Sparta Prag – Spartak Moskau 0:0; FC Toulouse – Spartak Moskau 2:1; Sparta Prag – FC Zürich 1:2; FC Zürich – FC Toulouse 2:0; FC Toulouse – Sparta Prag 2:3 – 1. Bayer Leverkusen 8:2, 9; 2. Spartak Moskau 4:3, 7; 3. FC Zürich 4:7, 6; 4. Sparta Prag 4:5, 4; 5. FC Toulouse 4:7, 3.

Gruppe F: Sporting Braga – Bayern München 1:1; Bayern München – Bolton Wanderers 2:2; Bayern München – Aris Saloniki 6:0; Roter Stern Belgrad – Bayern München 2:3; Bolton Wanderers – Sporting Braga 1:1; Aris Saloniki – Sporting Braga 1:1; Sporting Braga – Roter Stern Belgrad 2:0; Bolton Wanderers – Aris Saloniki 1:1; Roter Stern Belgrad – Bolton Wanderers 0:1; Aris Saloniki – Roter Stern Belgrad 3:0 – 1. Bayern München 12:5, 8; 2. Sporting Braga 5:3, 6; 3. Bolton Wanderers 5:4, 6; 4. Aris Saloniki 5:8, 5; 5. Roter Stern Belgrad 2:9, 0.

Gruppe G: Tottenham Hotspur – FC Getafe 1:2; FC Getafe – RSC Anderlecht 2:1; Aalborg BK – FC Getafe 1:2; FC Getafe – Hapoel Tel Aviv 1:2; RSC Anderlecht – Tottenham Hotspur 1:1; Tottenham Hotspur – Aalborg BK 3:2; Hapoel Tel Aviv – Tottenham Hotspur 0:2; Aalborg BK – RSC Anderlecht 1:1; RSC Anderlecht – Hapoel Tel Aviv 2:0; Hapoel Tel Aviv – Aalborg BK 1:3 – 1. FC Getafe 7:5, 9; 2. Tottenham Hotspur 7:5, 7; 3. RSC Anderlecht 5:4, 5; 4. Aalborg BK 7:7, 4; 5. Hapoel Tel Aviv 3:8, 3.

Gruppe H: Girondins Bordeaux – Helsingborgs IF 2:1; Girondins Bordeaux – Galatasaray Istanbul 2:1; Panionios Athen – Girondins Bordeaux 2:3; Austria Wien – Girondins Bordeaux 1:2; Galatasaray Istanbul – Helsingborgs IF 2:3; Helsingborgs IF – Panionios Athen 1:1; Helsingborgs IF – Austria Wien 3:0; Panionios Athen – Galatasaray Istanbul 0:3; Galatasaray Istanbul – Austria 0:0; Austria Wien – Panionios Athen 0:1 – 1. Girondins Bordeaux 9:5, 12; 2. Helsingborgs IF 8:5, 7; 3. Galatasaray Istanbul 6:5, 4; 4. Panionios Athen 4:7, 4; 5. Austria Wien 1:6, 1.

Zwischenrunde: FC Aberdeen – Bayern München 2:2, 1:5; Galatasaray Istanbul – Bayer Leverkusen 0:0, 1:5; FC Zürich – Hamburger SV 1:3, 0:0; Werder Bremen – Sporting Braga 3:0, 1:0; Benfica Lissabon – 1. FC Nürnberg 1:0, 2:2; AEK Athen – FC Getafe 1:1, 0:3; Bolton Wanderers – Atletico Madrid 1:0, 0:0; Zenit St. Petersburg – FC Villarreal 1:0, 1:2; RSC Anderlecht – Girondins Bordeaux 2:1, 1:1; Brann Bergen – FC Everton 0:2, 1:6; Glasgow Rangers – Panathinaikos Athen 0:0, 1:1; PSV Eindhoven – Helsingborgs IF 2:0, 2:1; Slavia Prag – Tottenham Hotspur 1:2, 1:1; Rosenborg Trondheim – AC Florenz 0:1, 1:2; Sporting Lissabon – FC Basel 2:0, 3:0; Olympique Marseille – Spartak Moskau 3:0, 0:2.

Achtelfinale: RSC Anderlecht – Bayern München 0:5, 2:1; Glasgow Rangers – Werder Bremen 2:0, 0:1; Bayer Leverkusen – Hamburger SV 1:0, 2:3; Bolton Wanderers – Sporting Lissabon 1:1, 0:1; Benfica Lissabon – FC Getafe 1:2, 0:1; AC Florenz – FC Everton 2:0, n. V. 0:2, Elfmeterschießen 4:2; Tottenham Hotspur – PSV Eindhoven 0:1, n. V. 1:0, Elfmeterschießen 5:6; Olympique Marseille – Zenit St. Petersburg 3:1, 0:2.

Viertelfinale: Bayer Leverkusen – Zenit St. Petersburg 1:4, 1:0; Bayern München – FC Getafe 1:1, n. V. 3:3; Glasgow Rangers – Sporting Lissabon 0:0, 2:0; AC Florenz – PSV Eindhoven 1:1, 2:0.

Halbfinale: Bayern München – Zenit St. Petersburg 1:1, 0:4; Glasgow Rangers – AC Florenz 0:0, n. V. 0:0, Elfmeterschießen 4:2.

Endspiel am 14. Mai in Manchester: Zenit St. Petersburg – Glasgow Rangers 2:0 (0:0)

St. Petersburg: Malafeev – Anyukov, Krizanac, Shirokov, Sirl – Denisov, Tymoshchuk, Zyryanov – Fayzulin (Kim), Arshavin – Tekke.

Tore: Denisov, Zyryanov – SR: Fröjdfeldt (Schweden) – Zuschauer: 47 726.

2008/09 Schachtar Donezk

Qualifikation, 1. Runde: Hertha BSC – Nistru Otaci 8:1, 0:0; Schachtjor Karaganda – Debreceni VSC 1:1, 0:1; Ararat Erewan – AC Bellinzona 0:1, 1:3; Tobol Kostanai – Austria Wien 1:0, 0:2; Olimps Riga – St. Patrick's Athletic 0:1, 0:2; MTZ-RIPO Minsk – MSK Zilina 2:2, 0:1; Honka Espoo – IA Akranes 3:0, 1:2; Tallinna VMK – FC Nordsjaelland 0:3, 0:5; Pelister Bitola – APOEL Nikosia 0:0, 0:1; Hapoel Ironi Kiryat Shmona – Mogren Budva 1:1, 3:0; Hapoel Tel Aviv – AC Juvenes/Dogana 3:0, 2:0; Vetra Vilnius – Viking

Stavanger 1:0, 0:2; Suduva Marijampole – TNS Llansantffraid 1:0, 1:0; Vojvodina Novi Sad – Olimpik Baku 1:0, 1:1; Hazar Lenkoran – Lech Posen 0:1, 1:4; Omonia Nikosia – Milano Kumanovo 2:0, 2:1; Djurgardens IF – Flora Tallinn 0:0, 2:2; Dacia Chisinau – Borac Cacak 1:1, 1:3; Tscherno More Varna – UE Sant Julia 4:0, 5:0; RFC Union Luxemburg – Kalmar FF 0:3, 1:7; FC Vaduz – Zrinjski Mostar 1:2, 0:3; FC Marsaxlokk – Slaven Belupo Koprivnica 0:4, 0:4; Bröndby IF – B36 Torshavn 1:0, 2:0; EB/Streymur Eidi – Manchester City 0:2, 0:2; FC ETO Györ – FK Zestafoni 1:1, 2:1; NK Siroki Brijeg – Partizani Tirana 0:0, 3:1; Spartak Trnava – WIT Georgia Tiflis 2:2, 0:1; FC Koper – Vllaznia Shkoder 1:2, 0:0; Zeta Golubovci – Interblock Ljubljana 1:1, 0:1; Bangor City – FC Midtjylland 1:6, 0:4; RB Salzburg – Banants Erewan 7:0, 3:0; FC Glentoran – Metalurgs Liepaja 1:1, 0:2; FC Cliftonville – FC Kopenhagen 0:4, 0:7; Cork City – Haka Valkeakoski 2:2, 0:4; Legia Warschau – FK Gomel 0:0, 4:1; Hajduk Split – FC Birkirkara 4:0, 3:0; FH Hafnarfjördur – CS Grevenmacher 3:2, 5:1.

Qualifikation, 2. Runde: VfB Stuttgart – FC ETO Györ 2:1, 4:1; Interblock Ljubljana – Hertha BSC 0:2, 0:1; Metalurgs Liepaja – FC Vaslui 0:2, 1:3; Borac Cacak – Lokomotive Sofia 1:0, 1:1; Vojvodina Novi Sad – Hapoel Tel Aviv 0:0, 0:3; Honka Espoo – Viking Stavanger 0:0, 2:1; Legia Warschau – FK Moskau 1:2, 0:2; Haka Valkeakoski – Bröndby IF 0:4, 0:2; Litex Lovetsch – Hapoel Ironi Kiryat Shmona 0:0, 2:1; APOEL Nikosia – Roter Stern Belgrad 2:2, n. V. 3:3; Suduva Marijampole – RB Salzburg 1:4, 1:0; Djurgardens IF – Rosenborg Trondheim 2:1, 0:5; Stabaek IF – Stade Rennes 2:1, 0:2; IF Elfsborg – St. Patrick's Athletic 2:2, 1:2; Young Boys Bern – Debreceni VSC 4:1, 3:2; Aris Saloniki – Slaven Belupo Koprivnica 1:0, 0:2; Slovan Liberec – MSK Zilina 1:2, 1:2; Dnjepr Dnjepropetrowsk – AC Bellinzona 3:2, 1:2; KAA Gent – Kalmar FF 2:1, 0:4; FC Kopenhagen – Lilleström SK 3:1, 4:2; FH Hafnarfjördur – Aston Villa 1:4, 1:1; Maccabi Netanja – Tscherno More Varna 1:1, 0:2; FC Zürich – Sturm Graz 1:1, n. V. 1:1 Elfmeterschießen 4:2; NK Siroki Brijeg – Besiktas Istanbul 1:2, 0:4; Vllaznia Shkoder – SSC Neapel 0:3, 0:5; AEK Athen – Omonia Nikosia 0:1, 2:2; Sporting Braga – Zrinjski Mostar 1:0, 2:0; Lech Posen – Grasshopper-Club Zürich 6:0, 0:0; Queen of the South – FC Nordsjaelland 1:2, 1:2; Manchester City – FC Midtjylland 0:1, n. V. 1:0, Elfmeterschießen 4:2; Deportivo La Coruna – Hajduk Split 0:0, 2:0; WIT Georgia Tiflis – Austria Wien 0:2 (wegen der politischen Situation in Georgien wurde nur das Rückspiel in Wien ausgetragen).

1. Runde: Hertha BSC – St. Patrick's Athletic 2:0, 0:0; APOEL Nikosia – FC Schalke 04 1:4, 1:1; Tscherno More Varna – VfB Stuttgart 1:2, 2:2; VfL Wolfsburg – Rapid Bukarest 1:0, 1:1; Hamburger SV – Unirea Urziceni 0:0, 2:0; Borussia Dortmund – Udinese Calcio 0:2, n. V. 2:0, Elfmeterschießen 3:4; FC Nordsjaelland – Olympiakos Piräus 0:2, 0:5; FK Moskau – FC Kopenhagen 1:2, 1:1; Litex Lovetsch – Aston Villa 1:3, 1:1; Slaven Belupo Koprivnica – ZSKA Moskau 1:2, 0:1; Hapoel Tel Aviv – AS St. Etienne 1:2, 1:2; Banik Ostrau – Spartak Moskau 0:1, 1:1; FC Portsmouth – Vitoria Guimaraes 2:0, n. V. 2:2; Omonia Nikosia – Manchester City 1:2, 1:2; AS Nancy – FC Motherwell 1:0, 2:0; Brann Bergen – Deportivo La Coruna 2:0, n. V. 0:2, Elfmeterschießen 2:3; Feyenoord Rotterdam – Kalmar FF 0:1, 2:1; Slavia Prag – FC Vaslui 0:0, 1:1; Besiktas Istanbul – Metalist Charkow 1:0, 1:4; Austria Wien – Lech Posen 2:1, n. V. 2:4; MSK Zilina – Levski Sofia 1:1, 1:0; FC Timisoara – Partizan Belgrad 1:2, 0:1; NEC Nijmegen – Dinamo Bukarest 1:0, 0:0; Kayserispor – Paris Saint-Germain 1:2, 0:0; Young Boys Bern – Club Brügge 2:2, 0:2; AC Bellinzona – Galatasaray Istanbul 3:4, 1:2; Racing Santander – Honka Espoo 1:0, 1:0; AC Mailand – FC Zürich 3:1, 1:0; FC Sevilla – RB Salzburg 2:0, 2:0; Sampdoria Genua – FBK Kaunas 5:0, 2:1; Dinamo Zagreb – Sparta Prag 0:0, 3:3; Bröndby IF – Rosenborg Trondheim 1:2, 2:3; Stade Rennes – FC Twente Enschede 2:1, 0:1; SSC Neapel – Benfica Lissabon 3:2, 0:2; Borac Cacak – Ajax Amsterdam 1:4, 0:2; FC Everton – Standard Lüttich 2:2, 1:2; Tottenham Hotspur – Wisla Krakau 2:1, 1:1; Sporting Braga – Artmedia Petrzalka 4:0, 2:0; Maritimo Funchal – FC Valencia 0:1, 1:2; Vitoria Setubal – SC Heerenveen 1:1, 2:5.

2. Runde (Gruppenphase): **Gruppe A**: Manchester City – FC Twente Enschede 3:2; Manchester City – Paris St. Germain 0:0; Racing Santander – Manchester City 3:1; FC Schalke 04 – Manchester City 0:2; Paris St. Germain – FC Twente Enschede 4:0; FC Twente Enschede – Racing Santander 1:0; FC Twente Enschede – FC Schalke 04 2:1; Paris St. Germain – Racing Santander 2:2; FC Schalke 04 – Paris St. Germain 3:1; Racing Santander – FC Schalke 04 1:1 – 1. Manchester City 6:5, 7; 2. FC Twente Enschede 5:8, 6; 3. Paris St. Germain 7:5, 5; 4. Racing Santander 6:5, 5; 5. FC Schalke 04 5:6, 4.

Gruppe B: Galatasaray Istanbul – Metalist Charkow 0:1; Metalist Charkow – Olympiakos Piräus 1:0; Metalist Charkow – Hertha BSC 0:0; Benfica Lissabon – Metalist Charkow 0:1; Galatasaray Istanbul – Olympiakos Piräus 1:0; Hertha BSC – Galatasaray Istanbul 0:1; Benfica Lissabon – Galatasaray Istanbul 0:2; Olympiakos Piräus – Hertha BSC 4:0; Olympiakos Piräus – Benfica Lissabon 5:1; Hertha BSC – Benfica Lissabon 1:1 – 1. Metalist Charkow 3:0, 10; 2. Galatasaray Istanbul 4:1, 9; 3. Olympiakos Piräus 9:3, 6; 4. Hertha BSC 1:6, 2; 5. Benfica Lissabon 2:9, 1.

Gruppe C: VfB Stuttgart – Standard Lüttich 3:0; Standard Lüttich – Sampdoria Genua 3:0; Standard Lüttich – FC Sevilla 1:0; Partizan Belgrad – Standard Lüttich 0:1; Sampdoria Genua – VfB Stuttgart 1:1; FC Sevilla – VfB Stuttgart 2:0; VfB Stuttgart – Partizan Belgrad 2:0; Sampdoria Genua – FC Sevilla 1:0; Partizan Belgrad – Sampdoria Genua 1:2; FC Sevilla – Partizan Belgrad 3:0 – 1. Standard Lüttich 5:3, 9; 2. VfB Stuttgart 6:3, 7; 3. Sampdoria Genua 4:5, 7; 4. FC Sevilla 5:2, 6; 5. Partizan Belgrad 1:8, 0.

Gruppe D: Udinese Calcio – Tottenham Hotspur 2:0; NEC Nijmegen – Udinese Calcio 2:0; Spartak Moskau – Udinese Calcio 1:2; Udinese Calcio – Dinamo Zagreb 2:1; NEC Nijmegen – Tottenham Hotspur 0:1; Tottenham Hotspur – Spartak Moskau 2:2; Tottenham Hotspur – Dinamo Zagreb 4:0; Spartak Moskau – NEC Nijmegen 1:2; Dinamo Zagreb – NEC Nijmegen 3:2; Dinamo Zagreb – Spartak Moskau 0:1 – 1. Udinese Calcio 6:4, 9; 2. Tottenham Hotspur 7:4, 7; 3. NEC Nijmegen 6:5, 6; 4. Spartak Moskau 5:6, 4; 5. Dinamo Zagreb 4:9, 3.

Gruppe E: AC Mailand – VfL Wolfsburg 2:2; Sporting Braga – VfL Wolfsburg 2:3; VfL Wolfsburg – FC Portsmouth 3:2; VfL Wolfsburg – SC Heerenveen 5:1; AC Mailand – Sporting Braga 1:0; FC Portsmouth – AC Mailand 2:2; SC Heerenveen – AC Mailand 1:3; Sporting Braga – FC Portsmouth 3:0; SC Heerenveen – Sporting Braga 1:2; FC Portsmouth – SC Heerenveen 3:0 – 1. VfL Wolfsburg 13:7, 10; 2. AC Mailand 8:5, 8; 3. Sporting Braga 7:5, 6; 4. FC Portsmouth 7:8, 4; 5. SC Heerenveen 3:13, 0.

Gruppe F: Hamburger SV – Ajax Amsterdam 0:1; Hamburger SV – Aston Villa 3:1; MSK Zilina – Hamburger SV 1:2; Slavia Prag – Hamburger SV 0:2; Aston Villa – Ajax Amsterdam 2:1; Ajax Amsterdam – MSK Zilina 1:0; Ajax Amsterdam – Slavia Prag 2:2; Aston Villa – MSK Zilina 1:2; Slavia Prag – Aston Villa 0:1; MSK Zilina – Slavia Prag 0:0 – 1. Hamburger SV 7:3, 9; 2. Ajax Amsterdam 5:4, 7; 3. Aston Villa 5:6, 6; 4. MSK Zilina 3:4, 4; 5. Slavia Prag 2:5, 2.

Gruppe G: AS St. Etienne – FC Valencia 2:2; FC Kopenhagen – AS St. Etienne 1:3; Club Brügge – AS St. Etienne 1:1; AS St. Etienne – Rosenborg Trondheim 3:0; FC Valencia – FC Kopenhagen 1:1; FC Valencia – Club Brügge 1:1; Rosenborg Trondheim – FC Valencia 0:4; Club Brügge – FC Kopenhagen 0:1; FC Kopenhagen – Rosenborg Trondheim 1:1; Rosenborg Trondheim – Club Brügge 0:0 – 1. AS St. Etienne 9:4, 8; 2. FC Valencia 8:4, 6; 3. FC Kopenhagen 4:5, 5; 4. Club Brügge 2:3, 3; 5. Rosenborg Trondheim 1:8, 2.

Gruppe H: ZSKA Moskau – Deportivo La Coruna 3:0; ZSKA Moskau – Lech Posen 2:1; AS Nancy – ZSKA Moskau 3:4; Feyenoord Rotterdam – ZSKA Moskau 1:3; Lech Posen – Deportivo La Coruna 1:1; Deportivo La Coruna – AS Nancy 1:0; Deportivo La Coruna – Feyenoord Rotterdam 3:0; Lech Posen – AS Nancy 2:2; Feyenoord Rotterdam – Lech Posen 0:1; AS Nancy – Feyenoord Rotterdam 3:0 – 1. ZSKA Moskau 12:5, 12; 2. Deportivo La Coruna 5:4, 7; 3. Lech Posen 5:5, 5; 4. AS Nancy 8:7, 4; 5. Feyenoord Rotterdam 1:10, 0.

Zwischenrunde: Paris St. Germain – VfL Wolfsburg 2:0, 3:1; NEC Nijmegen – Hamburger SV 0:3, 0:1; Werder Bremen – AC Mailand 1:1, 2:2; Zenit St. Petersburg – VfB Stuttgart 2:1, 2:1; FC Kopenhagen – Manchester City 2:2, 1:2; Sampdoria Genua – Metalist Charkow 0:1, 0:2; Sporting Braga – Standard Lüttich 3:0, 1:1; Aston Villa – ZSKA Moskau 1:1, 0:2; Lech Posen – Udinese Calcio 2:2, 1:2; Olympiakos Piräus – AS St. Etienne 1:3, 1:2; AC Florenz – Ajax Amsterdam 0:1, 1:1; Aalborg BK – Deportivo La Coruna 3:0, 3:1; Girondins Bordeaux – Galatasaray Istanbul 0:0, 3:4; Dynamo Kiew – FC Valencia 1:1, 2:2; Olympique Marseille – FC Twente Enschede 0:1, n. V. 1:0, Elfmeterschießen 7:6; Schachtar Donezk – Tottenham Hotspur 2:0, 1:1.

Achtelfinale: Werder Bremen – AS St. Etienne 1:0, 2:2; Hamburger SV – Galatasaray Istanbul 1:1, 3:2; ZSKA Moskau – Schachtar Donezk 1:0, 0:2; Udinese Calcio – Zenit St. Petersburg 2:0, 0:1; Paris St. Germain – Sporting Braga 0:0, 1:0; Dynamo Kiew – Metalist Charkow 1:0, 2:3; Manchester City – Aalborg BK 2:0, n. V. 0:2, Elfmeterschießen 4:3; Olympique Marseille – Ajax Amsterdam 2:1, n. V. 2:2.

Viertelfinale: Hamburger SV – Manchester City 3:1, 1:2; Werder Bremen – Udinese Calcio 3:1, 3:3; Paris St. Germain – Dynamo Kiew 0:0, 0:3; Schachtar Donezk – Olympique Marseille 2:0, 2:1.

Halbfinale: Werder Bremen – Hamburger SV 0:1, 3:2; Dynamo Kiew – Schachtar Donezk 1:1, 1:2.

Endspiel am 20. Mai in Istanbul: Schachtar Donezk – Werder Bremen n. V. 2:1 (1:1, 1:1)

Donezk: Pyatov – Srna, Kucher, Chygrynskyy, Rat – Fernandinho, Lewandowski – Ilsinho (Gai), Jadson (Duljaj), Willian – Luiz Adriano (Gladkyy).

Bremen: Wiese – Fritz (Pasanen), Prödl, Naldo, Boenisch – Niemeyer (Tziolis), Baumann – Frings, Özil – Rosenberg (Hunt), Pizarro.

Tore: Luiz Adriano, Jadson (Naldo) – SR: Cantalejo (Spanien) – Zuschauer: 37 357.

2009/10 Atletico Madrid

Qualifikation, 1. Runde: Olimpi Rustavi – B36 Torshavn 2:0, 2:0; Dinaburg Daugavpils – JK Nömme Kalju 2:1, 0:0; Banants Erewan – NK Siroki Brijeg 0:2, 1:0; Simurk Zakatala – Bnei Yehuda Tel Aviv 0:1, 0:3; Sutjeska Niksic – MTZ-RIPO Minsk 1:1, n. V. 1:2; FC Lahti – Dinamo Tirana 4:1, 0:2; FC Valletta – IB Keflavik 3:0, 2:2; Zimbru Chisinau – Oqjetpes Kokschetau 1:2, 2:0; JK Trans Narva – Rudar Velenje 0:3, 1:3; Dinamo Minsk – Renova Cepciste 2:1, 1:1; CS Grevenmacher – Vetra Vilnius 0:3, 0:3; Haladas Szombathely – Irtysch Pawlodar 1:0, 1:2; Anorthosis Famagusta – UN Käerjeng 5:0, 2:1; Slaven Belupo Koprivnica – FC Birkirkara 1:0, 0:0; Spartak Trnava – Inter Baku 2:1, 3:1; Randers FC – FC Linfield 4:0,

3:0; NSI Runavik – Rosenborg Trondheim 0:3, 1:3; Sligo Rovers – Vllaznia Shkoder 1:2, 1:1; Buducnost Podgorica – Polonia Warschau 0:2, 1:0; Lisburn Distillery – FK Zestafoni 1:5, 0:6; Helsingborgs IF – MIKA Ashtarak 3:1, 1:1; Fram Reykjavik – TNS Llansantffraid 2:1, 2:1; FC Motherwell – Llanelli AFC 0:1, 3:0.
Qualifikation, 2. Runde: Sliema Wanderers – Maccabi Netanja 0:0, 0:3; FC Crusaders – Rabotnicki Skopje 1:1, 2:4; FK Zestafoni – Helsingborgs IF 1:2, n. V. 2:2; Naftan Novopolozk – KAA Gent 2:1, 0:1; Milano Kumanovo – Slaven Belupo Koprivnica 0:4, 2:8; MSK Zilina – Dacia Chisinau 2:0, 1:0; Flamurtari Vlore – FC Motherwell 1:0, 1:8; Honka Espoo – Bangor City 2:0, 1:0; Metalurgs Liepaja – Dinamo Tiflis 2:1, 1:3; Dinamo Minsk – Tromsö IL 0:0, 1:4; Metalurg Donezk – MTZ-RIPO Minsk 3:0, 2:1; FK Sevojno – FBK Kaunas 0:0, 1:1; Zimbru Chisinau – Pacos de Ferreira 0:0, 0:1; Tobol Kostanai – Galatasaray Istanbul 1:1, 0:2; Skonto Riga – Derry City 1:1, 0:1; Rosenborg Trondheim – Karabakh Agdam 0:0, 0:1; Anorthosis Famagusta – OFK Petrovac 2:1, n. V. 1:3; Sigma Olomouc – Fram Reykjavik 1:1, 2:0; Elfsborg Boras – Haladas Szombathely 3:0, 0:0; Suduva Marijampole – Randers FC 0:1, 1:1; Vetra Vilnius – HJK Helsinki 0:1, 3:1; Bnei Yehuda Tel Aviv – Dinaburg Daugavpils 4:0, 1:0; Tscherno More Varna – Iskra-Stali Ribnita 1:0, 3:0; Sturm Graz – NK Siroki Brijeg 2:1, 1:1; Rapid Wien – Vllaznia Shkoder 5:0, 3:0; FC Basel – Santa Coloma 3:0, 4:1; Omonia Nikosia – HB Torshavn 4:0, 4:1; Aalborg BK – Slavija Sarajevo 0:0, 1:3; Steaua Bukarest – Ujpest Budapest 2:0, 2:1 ND Gorica – FC Lahti 1:0, 0:2; Legia Warschau – Olimpi Rustavi 3:0, 1:0; FC Differdingen 03 – NK Rijeka 1:0, 0:3; Rudar Velenje – Roter Stern Belgrad 0:1, 0:4; Bröndby IF – Flora Tallinn 0:1, 4:1; FK Sarajevo – Spartak Trnava 1:0, 1:1; Juvenes/Dogana – Polonia Warschau 0:1, 0:4; FC Falkirk – FC Vaduz 1:0, n. V. 0:2; St. Patrick's Athletic – FC Valletta 1:1, 1:0; NAC Breda – Gandzasar Kapan 6:0, 2:0; KR Reykjavik – AE Larisa 2:0, 1:1.
Qualifikation, 3. Runde: Randers FC – Hamburger SV 0:4, 1:0; Bnei Yehuda Tel Aviv – Pacos de Ferreira 1:0, 1:0; Dinamo Tiflis – Roter Stern Belgrad 2:0, 2:5; Rabotnicki Skopje – Odense BK 3:4, 0:3; OFK Petrovac – Sturm Graz 1:2, 0:5; Honka Espoo – Karabakh Agdam 0:1, 1:2; Maccabi Netanja – Galatasaray Istanbul 1:4, 0:6; Fredrikstad FK – Lech Posen 1:6, 2:1; IFK Göteborg – Hapoel Tel Aviv 1:3, 1:1; Metalurg Donezk – Interblock Ljubljana 2:0, 3:0; Valerenga Oslo – PAOK Saloniki 1:2, 1:0; Tromsö IL – Slaven Belupo Koprivnica 2:1, 2:0; Bröndby IF – Legia Warschau 1:1, 2:2; ZSKA Sofia – Derry City 1:0, 1:1; Vetra Vilnius – FC Fulham 0:3, 0:3; Rapid Wien – APOP Kinyras 2:1, n. V. 2:2; Vojvodina Novi Sad – Austria Wien 1:1, 2:4; FC Vaduz – Slovan Liberec 0:1, 0:2; MSK Zilina – Hajduk Split 1:1, 1:0; Steaua Bukarest – FC Motherwell 3:0, 3:1; FC Vaslui – Omonia Nikosia 2:0, 1:1; Polonia Warschau – NAC Breda 0:1, 1:3; Slavija Sarajevo – MFK Kosice 0:2, 1:3; Club Brügge – FC Lahti 3:2, 1:1; Helsingborgs IF – FK Sarajevo 2:1, n. V. 1:2, Elfmeterschießen 4:5; AS Rom – AA Gent 3:1, 7:1; PSV Eindhoven – Tscherno More Varna 1:0, 1:0: St. Patrick's Athletic – Krylia Sowjetow Samara 1:0, 2:3; FC Aberdeen – Sigma Olomouc 1:5, 0:3; FK Sevojno – OSC Lille 0:2, 0:2; Fenerbahce Istanbul – Honved Budapest 5:1, 1:1; NK Rijeka – Metalist Charkow 1:2, 0:2; KR Reykjavik – FC Basel 2:2, 1:3; Athletic Bilbao – Young Boys Bern 0:1, 2:1; Sporting Braga – Elfsborg Boras 1:2, 0:2.
Play-offs: Bröndby IF – Hertha BSC 2:1, 1:3; Werder Bremen – FK Aktobe 6:3, 2:0; EA Guingamp – Hamburger SV 1:5, 1:3; MFK Kosice – AS Rom 3:3, 1:7; FK Baku – FC Basel 1:3, 1:5; BATE Borissow – Litex Lovetsch 0:1, n. V. 4:0; FK Teplice – Hapoel Tel Aviv 1:2, 1:1; Bnei Yehuda Tel Aviv – PSV Eindhoven 0:1, 0:1; Trabzonspor – FC Toulouse 1:3, 1:0; PAOK Saloniki – SC Heerenveen 1:1, 0:0; NAC Breda – FC Villarreal 1:3, 1:6; ZSKA Sofia – Dynamo Moskau 0:0, 2:1; Metalurg Donezk – Austria Wien 2:2, n. V. 2:3; Rapid Wien – Aston Villa 1:0, 1:2; Sturm Graz – Metalist Charkow 1:1, 1:0; Steaua Bukarest – St. Patrick's Athletic 3:0, 2:1; Dinamo Bukarest – Slovan Liberec 0:3, n. V. 3:0, Elfmeterschießen 9:8; FC Twente Enschede – Karabakh Agdam 3:1, 0:0; Sivasspor – Schachtar Donezk 0:3, 0:2; Slavia Prag – Roter Stern Belgrad 3:0, 1:2; FC Vaslui – AEK Athen 2:1, 0:3; Partizan Belgrad – MSK Zilina 1:1, 2:0; FK Sarajevo – CFR Cluj 1:1, 1:2; Lech Posen – Club Brügge 1:0, n. V. 0:1, Elfmeterschießen 3:4; FC Sion – Fenerbahce Istanbul 0:2, 2:2; Galatasaray Istanbul – Levadia Tallinn 5:0, 1:1; KRC Genk – OSC Lille 1:2, 2:4; Lazio Rom – Elfsborg Boras 3:0, 0:1; Ajax Amsterdam – Slovan Bratislava 5:0, 2:1; NK Maribor – Sparta Prag 0:2, 0:1; CFC Genua 1893 – Odense BK 3:1, 1:1; Benfica Lissabon – Worskla Poltawa 4:0, 1:2; Dinamo Zagreb – Heart of Midlothian 4:0, 0:2; FC Everton – Sigma Olomouc 4:0, 1:1; FC Fulham – Amkar Perm 3:1, 0:1; Stabaek IF – FC Valencia 0:3, 1:4; Nacional Funchal – Zenit St. Petersburg 4:3, 1:1; Athletic Bilbao – Tromsö IL 3:2, 1:1.
Gruppenphase, Gruppe A: RSC Anderlecht – Ajax Amsterdam 1:1, 3:1; Dinamo Zagreb – RSC Anderlecht 0:2, 1:0; FC Timisoara – RSC Anderlecht 0:0, 1:3; Ajax Amsterdam – Dinamo Zagreb 2:1, 2:0; Ajax Amsterdam – FC Timisoara 0:0, 2:1; FC Timisoara – Dinamo Zagreb 0:3, 2:1 – 1. RSC Anderlecht 9:4, 11; 2. Ajax Amsterdam 8:6, 11; 3. Dinamo Zagreb 6:8, 6; 4. FC Timisoara 4:9, 5.
Gruppe B: OSC Lille – FC Valencia 1:1, 1:3; FC Valencia – CFC Genua 1893 3:2, 2:1; FC Valencia – Slavia Prag 1:1, 2:2; OSC Lille – CFC Genua 1893 3:0, 2:3; Slavia Prag – OSC Lille 1:5, 1:3; CFC Genua 1893 – Slavia Prag 2:0, 0:0 – 1. FC Valencia 12:8,12; 2. OSC Lille 15:9, 10; 3. CFC Genua 1893 8:10, 7; 4. Slavia Prag 5:13, 3.
Gruppe C: Hamburger SV – Hapoel Tel Aviv 4:2, 0:1; Hapoel Tel Aviv – Celtic Glasgow 2:1, 0:2; Hapoel Tel Aviv – Rapid Wien 5:1, 3:0; Celtic Glasgow – Hamburger SV 0:1, 0:0; Rapid Wien – Hamburger SV

3:0, 0:2; Celtic Glasgow – Rapid Wien 1:1, 3:3 – 1. Hapoel Tel Aviv 13:8, 12; 2. Hamburger SV 7:6, 10; 3. Celtic Glasgow 7:7, 6; 4. Rapid Wien 8:14, 5.

Gruppe D: Sporting Lissabon – Hertha BSC 1:0, 0:1; SC Heerenveen – Sporting Lissabon 2:3, 1:1; FK Ventspils – Sporting Lissabon 1:2, 1:1; Hertha BSC – SC Heerenveen 0:1, 3:2; Hertha BSC – FK Ventspils 1:1, 1:0; FK Ventspils – SC Heerenveen 0:0, 0:5 – 1. Sporting Lissabon 8:6, 11; 2. Hertha BSC 6:5, 10; 3. SC Heerenveen 11:7, 8; 4. FK Ventspils 3:10, 3.

Gruppe E: FC Fulham – AS Rom 1:1, 1:2; FC Basel – AS Rom 2:0, 1:2; AS Rom – ZSKA Sofia 2:0, 3:0; FC Fulham – FC Basel 1:0, 3:2; ZSKA Sofia – FC Fulham 1:1, 0:1; ZSKA Sofia – FC Basel 0:2, 1:3 – 1. AS Rom 10:5, 13; 2. FC Fulham 8:6, 11; 3. FC Basel 10:7, 9; 4. ZSKA Sofia 2:12, 1.

Gruppe F: Panathinaikos Athen – Galatasaray Istanbul 1:3, 0:1; Galatasaray Istanbul – Dinamo Bukarest 4:1, 3:0; Galatasaray Istanbul – Sturm Graz 1:1, 0:1; Dinamo Bukarest – Panathinaikos Athen 0:1, 0:3; Panathinaikos Athen – Sturm Graz 1:0, 1:0; Sturm Graz – Dinamo Bukarest 0:1, 1:2 – 1. Galatasaray Istanbul 12:4, 13; 2. Panathinaikos Athen 7:4, 12; 3. Dinamo Bukarest 4:12, 6; 4. Sturm Graz 3:6, 4.

Gruppe G: RB Salzburg – FC Villarreal 2:0, 1:0; Lazio Rom – RB Salzburg 1:2, 1:2; RB Salzburg – Levski Sofia 1:0, 1:0; Lazio Rom – FC Villarreal 2:1, 1:4; FC Villarreal – Levski Sofia 1:0, 2:0; Levski Sofia – Lazio Rom 0:4, 1:0 – 1. RB Salzburg 9:2, 18; 2. Lazio Rom 8:6, 9; 3. FC Villarreal 9:10, 6; 4. Levski Sofia 1:9, 3.

Gruppe H: Fenerbahce Istanbul – FC Twente Enschede 1:2, 1:0; Sheriff Tiraspol – Fenerbahce Istanbul 0:1, 0:1; Steaua Bukarest – Fenerbahce Istanbul 0:1, 1:3; Sheriff Tiraspol – FC Twente Enschede 2:0, 1:2; FC Twente Enschede – Steaua Bukarest 0:0, 1:1; Steaua Bukarest – Sheriff Tiraspol 0:0, 1:1 – 1. Fenerbahce Istanbul 8:3, 15; 2. FC Twente Enschede 5:6, 8; 3. Sheriff Tiraspol 4:5, 5; 4. Steaua Bukarest 3:6, 4.

Gruppe I: Benfica Lissabon – FC Everton 5:0, 2:0; Benfica Lissabon – BATE Borissow 2:0, 2:1; AEK Athen – Benfica Lissabon 1:0, 1:2; BATE Borissow – FC Everton 1:2, 1:0; FC Everton – AEK Athen 4:0, 1:0; BATE Borissow – AEK Athen 2:1, 2:2 – 1. Benfica Lissabon 13:3, 15; 2. FC Everton 7:9, 9; 3. BATE Borissow 7:9, 7; 4. AEK Athen 5:11, 4.

Gruppe J: Club Brügge – Schachtar Donezk 1:4, 0:0; Schachtar Donezk – FC Toulouse 4:0, 2:0; Schachtar Donezk – Partizan Belgrad 4:1, 0:1; FC Toulouse – Club Brügge 2:2, 0:1; Club Brügge – Partizan Belgrad 2:0, 4:2; Partizan Belgrad – FC Toulouse 2:3, 0:1 – 1. Schachtar Donezk 14:3, 13; 2. Club Brügge 10:8, 11; 3. FC Toulouse 6:11, 7; 4. Partizan Belgrad 6:14, 3.

Gruppe K: PSV Eindhoven – FC Kopenhagen 1:0, 1:1; Sparta Prag – PSV Eindhoven 2:2, 0:1; PSV Eindhoven – CFR Cluj 1:0, 2:0; FC Kopenhagen – Sparta Prag 1:0, 3:0; CFR Cluj – FC Kopenhagen 2:0, 0:2; Sparta Prag – CFR Cluj 2:0, 3:2 – 1. PSV Eindhoven 8:3, 14; 2. FC Kopenhagen 7:4, 10; 3. Sparta Prag 7:9, 7; 4. CFR Cluj 4:10, 3.

Gruppe L: Werder Bremen – Athletic Bilbao 3:1, 3:0; Nacional Funchal – Werder Bremen 2:3, 1:4; Austria Wien – Werder Bremen 2:2, 0:2; Athletic Bilbao – Nacional Funchal 2:1, 1:1; Athletic Bilbao – Austria Wien 3:0, 3:0; Austria Wien – Nacional Funchal 1:1, 1:5 – 1. Werder Bremen 17:6, 16; 2. Athletic Bilbao 10:8, 10; 3. Nacional Funchal 11:12, 5; 4. Austria Wien 4:16, 2.

Zwischenrunde: Hamburger SV – PSV Eindhoven 1:0, 2:3; FC Villarreal – VfL Wolfsburg 2:2, 1:4; FC Twente Enschede – Werder Bremen 1:0, 1:4; Hertha BSC – Benfica Lissabon 1:1, 0:4; Rubin Kasan – Hapoel Tel Aviv 3:0, 0:0; Athletic Bilbao – RSC Anderlecht 1:1, 0:4; FC Kopenhagen – Olympique Marseille 1:3, 1:3; Panathinaikos Athen – AS Rom 3:2, 3:2; Atletico Madrid – Galatasaray Istanbul 1:1, 2:1; Ajax Amsterdam – Juventus Turin 1:2, 0:0; Club Brügge – FC Valencia 1:0, n. V. 0:3; FC Fulham – Schachtar Donezk 2:1, 1:1; FC Liverpool – Unirea Urziceni 1:0, 3:1; Standard Lüttich – RB Salzburg 3:2, 0:0; OSC Lille – Fenerbahce Istanbul 2:1, 1:1; FC Everton – Sporting Lissabon 2:1, 0:3.

Achtelfinale: Rubin Kasan – VfL Wolfsburg 1:1, n. V. 1:2; FC Valencia – Werder Bremen 1:1, 4:4; Hamburger SV – RSC Anderlecht 3:1, 3:4; Benfica Lissabon – Olympique Marseille 1:1, 2:1; Atletico Madrid – Sporting Lissabon 0:0, 2:2; Panathinaikos Athen – Standard Lüttich 1:3, 0:1; OSC Lille – FC Liverpool 1:0, 0:3; Juventus Turin – FC Fulham 3:1, 1:4.

Viertelfinale: FC Fulham – VfL Wolfsburg 2:1, 1:0; Hamburger SV – Standard Lüttich 2:1, 3:1; FC Valencia – Atletico Madrid 2:2, 0:0; Benfica Lissabon – FC Liverpool 2:1, 1:4.

Halbfinale: Hamburger SV – FC Fulham 0:0, 1:2; Atletico Madrid – FC Liverpool 1:0, n. V. 1:2.

Endspiel am 12. Mai in Hamburg: Atletico Madrid – FC Fulham n. V. 2:1 (1:1, 1:1)

Madrid: De Gea – Ujfalusi, Perea, Alvaro Dominguez, Antonio Lopez – Paulo Assuncao, Raul Garcia – Reyes (Salvio), Simao (Jurado) – Forlan, Aguero (Valera).

Tore: Forlan 2 (S. Davies) – SR: Rizzoli (Italien) – Zuschauer: 49 000.

2010/11 FC Porto

Qualifikation, 1. Runde: Tobol Qostanai – Zrinjski Mostar 1:2, 1:2; Ulisses Erewan – Bnei Yehuda Tel Aviv 0:0, 0:1; Dinamo Tiflis – Flora Tallinn 2:1, 0:0; KF Laci – Dnjapro Mahiljou 1:1, 1:7; Rabotnicki Skopje – FC Lusitans 5:0, 6:0; Schachtjor Karaganda – Ruch Chorzow 1:2, 0:1; JK Trans Narva – MyPa Anjalankoski 0:2, 0:5; KF Tirana – Zalaegerszegi TE 0:0, n. V. 1:0; Torpedo Schodsina – Fylkir Reykjavik 3:0, 3:1; Zeta Golubovci – Dacia Chisinau 1:1, 0:0; Olimpia Balti – Xäzär Länkäran 0:0, 1:1; FC Sestaponi – SC Faetano 5:0, 0:0; Turku PS – Port Talbot Town 3:1, 4:0; FC Nitra – Györi ETO FC 2:2, 1:3; Qarabag Agdam – Metalurg Skopje 4:1, 1:1; NK Sibenik – Sliema Wanderers FC 0:0, 3:0; Anorthosis Famagusta – Banants Erewan 3:0, 1:0; UE Escale Santa Coloma – Mogren Budva 0:3, 0:2; Randers FC – F91 Düdelingen 6:1, 1:2; FC Portadown – Skonto Riga 1:1, 1:0; CS Grevenmacher – FC Dundalk 3:3, 1:2; NSI Runavik – Gefle IF 0:2, 1:2; Llanelli AFC – Tauras Taurage 2:2, n. V. 2:3; Olimpija Ljubljana – NK Siroki Brijeg 0:2, 0:3; Kalmar FF – EB/Streymur Eidi 1:0, 3:0; KR Reykjavik – FC Glentoran 3:0, 2:2.
Qualifikation, 2. Runde: WIT Georgia Tiflis – Banik Ostrava 0:6, 0:0; FK Atyrau – Györi ETO FC 0:3, 0:2; Tauras Taurage – APOEL Nikosia 0:3, 1:3 Valletta FC – Ruch Chorzow 1:1, 0:0; Rabotnicki Skopje – Mika Ashtarak 1:0, 0:0; OFK Belgrad – Torpedo Schodsina 2:2, 1:0; FK Ventspils – Teteks Tetovo 0:0, 1:3; Honka Espoo – Bangor City 1:1, 1:2; FK Baku – Buducnost Podgorica 0:3, 2:1; Austria Wien – NK Siroki Brijeg 2:2, 1:0; ND Gorica – Randers FC 0:3, 1:1; Olimpia Balti – Dinamo Bukarest 0:2, 1:5; MyPa Anjalankoski – UE Sant Julia 3:0, 5:0; Elfsborg Boras – Iskra-Stal Ribnita 2:1, 1:0; Dinamo Minsk – JK Kalev Sillamäe 5:1, 5:0; FC Sestaponi – Dukla Banska Bystrica 3:0, 0:1; Stabaek IF – Dnjapro Mahiljou 2:2, 1:1; Anorthosis Famagusta – NK Sibenik 0:2, n. V. 3:0; Gefle IF – Dinamo Tiflis 1:2, 1:2; Molde FK – FK Jelgava 1:0, 1:2; Kalmar FF – Dacia Chisinau 0:0, 2:0; FC Differdingen 03 – Spartak Zlatibor Voda Subotica 3:3, 0:2; Lausanne-Sport – Borac Banja Luka 1:0, 1:1; Cercle Brügge – Turku PS 0:1, 2:1; Levski Sofia – FC Dundalk 6:0, 2:0; Bröndby IF – FC Vaduz 3:0, 0:0; Maccabi Tel Aviv – Mogren Budva 2:0, 1:2; FC Utrecht – KF Tirana 4:0, 1:1; Zrinjski Mostar – Tre Penne Galazzano 4:1, 9:2; Besiktas Istanbul – Vikingur Göta 3:0, 4:0; KFK Siauliai – Wisla Krakau 0:2, 0:5; Suduva Marijampole – Rapid Wien 0:2, 2:4; Videoton FC Szekesfehervar – NK Maribor 1:1, 0:2; Besa Kavaje – Olympiakos Piräus 0:5, 1:6; FC Portadown – Qarabag Agdam 1:2, 1:1; FC Motherwell – UMF Breidablik Kopavogur 1:0, 1:0; Maritimo Funchal – Sporting Fingal 3:2, 3:2; FC Cliftonville – Cibalia Vinkovci 1:0, 0:0; Shamrock Rovers – Bnei Yehuda Tel Aviv 1:1, 1:0; KR Reykjavik – Karpaty Lwiw 0:3, 2:3.
Qualifikation, 3. Runde: Molde FK – VfB Stuttgart 2:3, 2:2; ZSKA Sofia – FC Cliftonville 3:0, 2:1; Sibir Nowosibirsk – Apollon Limassol 1:0, 1:2; Spartak Zlatibor Voda Subotica – Dnipro Dnipropetrowsk 2:1, 0:2; Dnjapro Mahiljou – Banik Ostrava 1:0, 2:1; Beroe Stara Zagora – Rapid Wien 1:1, 0:3; MyPa Anjalankoski – FC Timisoara 1:2, 3:3; Inter Turku – KRC Genk 1:5, 2:3; Ruch Chorzow – Austria Wien 1:3, 0:3; Karpaty Lwiw – FC Sestaponi 1:0, 1:0; Elfsborg Boras – Teteks Tetovo 5:0, 2:1; FC Utrecht – FC Luzern 1:0, 3:1; Randers FC – Lausanne-Sport 2:3, 1:1; Aalesunds FK – FC Motherwell 1:1, 0:3; APOEL Nikosia – FK Jablonec 1:0, 3:1; Odense BK – Zrinjski Mostar 5:3, 0:0; Kalmar FF – Levski Sofia 1:1, 2:5; Maccabi Haifa – Dinamo Minsk 1:0, 1:3; Wisla Krakau – Qarabag Agdam 0:1, 2:3; Cercle Brügge – Anorthosis Famagusta 1:0, 1:3; Dinamo Bukarest – Hajduk Split 3:1, 0:3; Galatasaray Istanbul – OFK Belgrad 2:2, 5:1; FC Nordsjaelland – Sporting Lissabon 0:1, 1:2; NK Maribor – Hibernian Edinburgh 3:0, 3:2; Roter Stern Belgrad – Slovan Bratislava 1:2, 1:1; Viktoria Plzen – Besiktas Istanbul 1:1, 0:3; Olympiakos Piräus – Maccabi Tel Aviv 2:1, 0:1; Sturm Graz – Dinamo Tiflis 2:0, 1:1; Györi ETO FC – SC Montpellier 0:1, n. V. 1:0, Elfmeterschießen 4:3; Rabotnicki Skopje – FC Liverpool 0:2, 0:2; Maritimo Funchal – Bangor City 8:2, 2:1; Shamrock Rovers – Juventus Turin 0:2, 0:1; AZ Alkmaar – IFK Göteborg 2:0, 0:1; Jagiellonia Bialystok – Aris Saloniki 1:2, 2:2; Buducnost Podgorica – Bröndby IF 1:2, 0:1.
Play-offs: Bayer Leverkusen – Tawrija Simferopol 3:0, 3:1; Borussia Dortmund – Qarabag Agdam 4:0, 1:0; Slovan Bratislava – VfB Stuttgart 0:1, 2:2; Paris Saint-Germain – Maccabi Tel Aviv 2:0, 3:4; ZSKA Moskau – Anorthosis Famagusta 4:0, 2:1; Hajduk Split – Unirea Urziceni 4:1, 1:1; Feyenoord Rotterdam – KAA Gent 1:0, 0:2; KRC Genk – FC Porto 0:3, 2:4; Debreceni VSC – Litex Lovetsch 2:0, 2:1; Aris Saloniki – Austria Wien 1:0, 1:1; Galatasaray Istanbul – Karpaty Lwiw 2:2, 1:1; US Palermo – NK Maribor 3:0, 2:3; Club Brügge – Dinamo Minsk 2:1, 3:2; Omonia Nikosia – Metalist Charkiw 0:1, 2:2; FC Vaslui – OSC Lille 0:0, 0:2; SSC Neapel – IF Elfsborg 1:0, 2:0; Sporting Lissabon – Bröndby IF 0:2, 3:0; Steaua Bukarest – Grasshopper-Club Zürich 1:0, n. V. 0:1, Elfmeterschießen 4:3; FC Liverpool – Trabzonspor 1:0, 2:1; Celtic Glasgow – FC Utrecht 2:0, 0:4; AIK Solna – Levski Sofia 0:0, 1:2; Sturm Graz – Juventus Turin 1:2, 0:1; FC Getafe – APOEL Nikosia 1:0, n. V. 1:1; Dundee United – AEK Athen 0:1, 1:1; AZ Alkmaar – FK Aqtöbe 2:0, 1:2; Dnipro Dnipropetrowsk – Lech Posen 0:1, 0:0; Rapid Wien – Aston Villa 1:1, 3:2; ZSKA Sofia – The New Saints 3:0, 2:2; Besiktas Istanbul – HJK Helsinki 2:0, 4:0; Sibir Nowosibirsk – PSV Eindhoven 1:0, 0:5; BATE Baryssau – Maritimo Funchal 3:0, 2:1; Lausanne-Sport – Lokomotive Moskau 1:1, n. V. 1:1, Elfmeterschießen 4:3; Györi ETO FC – Dinamo Zagreb 0:2, 1:2; Odense BK – FC Motherwell 2:1, 1:0; PAOK Saloniki – Fenerbahce Istanbul 1:0, n. V. 1:1; FC Villarreal – Dnjapro Mahiljou 5:0, 2:1; FC Timisoara – Manchester City 0:1, 0:2.

Gruppenphase, Gruppe A: Manchester City – Lech Posen 3:1, 1:3; Manchester City – Juventus Turin 1:1, 1:1; RB Salzburg – Manchester City 0:2, 0:3; Juventus Turin – Lech Posen 3:3, 1:1; Lech Posen – RB Salzburg 2:0, 1:0; RB Salzburg – Juventus Turin 1:1, 0:0 – 1. Manchester City 11:6, 11; 2. Lech Posen 11:8, 11; 3. Juventus Turin 7:7, 6; 4. RB Salzburg 1:9, 2.

Gruppe B: Aris Saloniki – Bayer Leverkusen 0:0, 0:1; Atletico Madrid – Bayer Leverkusen 1:1, 1:1; Bayer Leverkusen – Rosenborg Trondheim 4:0, 1:0; Aris Saloniki – Atletico Madrid 1:0, 3:2; Rosenborg Trondheim – Aris Saloniki 2:1, 0:2; Atletico Madrid – Rosenborg Trondheim 3:0, 2:1 – 1. Bayer Leverkusen 8:2, 12; 2. Aris Saloniki 7:5, 10; 3. Atletico Madrid 9:7, 8; 4. Rosenborg Trondheim 3:13, 3.

Gruppe C: Lille OSC – Sporting Lissabon 1:2, 0:1; Sporting Lissabon – KAA Gent 5:1, 1:3; Sporting Lissabon – Levski Sofia 5:0, 0:1; KAA Gent – Lille OSC 1:1, 0:3; Lille OSC – Levski Sofia 1:0, 2:2; Levski Sofia – KAA Gent 3:2, 0:1 – 1. Sporting Lissabon 14:6, 12; 2. Lille OSC 8:6, 8; 3. KAA Gent 8:13, 7; 4. Levski Sofia 6:11, 7.

Gruppe D: FC Villarreal – PAOK Saloniki 1:0, 0:1; Dinamo Zagreb – FC Villarreal 2:0, 0:3; FC Villarreal – Club Brügge 2:1, 2:1; PAOK Saloniki – Dinamo Zagreb 1:0, 1:0; Club Brügge – PAOK Saloniki 1:1, 1:1; Dinamo Zagreb – Club Brügge 0:0, 2:0 – 1. FC Villarreal 8:5, 12; 2. PAOK Saloniki 5:3, 11; 3. Dinamo Zagreb 4:5, 7; 4. Club Brügge 4:8, 3.

Gruppe E: Dynamo Kiew – BATE Baryssau 2:2, 4:1; AZ Alkmaar – Dynamo Kiew 1:2, 0:2; Sheriff Tiraspol – Dynamo Kiew 2:0, 0:0; BATE Baryssau – AZ Alkmaar 4:1, 0:3; Sheriff Tiraspol – BATE Baryssau 0:1, 1:3; AZ Alkmaar – Sheriff Tiraspol 2:1, 1:1 – 1. Dynamo Kiew 10:6, 11; 2. BATE Baryssau 11:11, 10; 3. AZ Alkmaar 8:10, 7; 4. Sheriff Tiraspol 5:7, 5.

Gruppe F: ZSKA Moskau – Sparta Prag 3:0, 1:1; US Palermo – ZSKA Moskau 0:3, 1:3; Lausanne-Sport – ZSKA Moskau 0:3, 1:5; Sparta Prag – US Palermo 3:2, 2:2; Sparta Prag – Lausanne-Sport 3:3, 3:1; US Palermo – Lausanne-Sport 1:0, 1:0 – 1. ZSKA Moskau 18:3, 16; 2. Sparta Prag 12:12, 9; 3. US Palermo 7:11, 7; 4. Lausanne-Sport 5:16, 1.

Gruppe G: RSC Anderlecht – Zenit St. Petersburg 1:3, 1:3; Zenit St. Petersburg – AEK Athen 4:2, 3:0; Zenit St. Petersburg – Hajduk Split 2:0, 3:2; RSC Anderlecht – AEK Athen 3:0, 1:1; Hajduk Split – RSC Anderlecht 1:0, 0:2; AEK Athen – Hajduk Split 3:1, 3:1 – 1. Zenit St. Petersburg 18:6, 18; 2. RSC Anderlecht 8:8, 7; 3. AEK Athen 9:13, 7; 4. Hajduk Split 5:13, 3.

Gruppe H: VfB Stuttgart – Young Boys Bern 3:0, 2:4; VfB Stuttgart – FC Getafe 1:0, 3:0; Odense BK – VfB Stuttgart 1:2, 1:5; Young Boys Bern – FC Getafe 2:0, 0:1; Young Boys Bern – Odense BK 4:2, 0:2; FC Getafe – Odense BK 2:1, 1:1 – 1. VfB Stuttgart 16:6, 15; 2. Young Boys Bern 10:10, 9; 3. FC Getafe 4:8, 7; 4. Odense BK 8:14, 4.

Gruppe I: Metalist Charkiw – PSV Eindhoven 0:2, 0:0; PSV Eindhoven – Sampdoria Genua 1:1, 2:1; Debreceni VSC – PSV Eindhoven 1:2, 0:3; Metalist Charkiw – Sampdoria Genua 2:1, 0:0; Debreceni VSC – Metalist Charkiw 0:5, 1:2; Sampdoria Genua – Debreceni VSC 1:0, 0:2 – 1. PSV Eindhoven 10:3, 14; 2. Metalist Charkiw 9:4, 11; 3. Sampdoria Genua 4:7, 5; 4. Debreceni VSC 4:13, 3.

Gruppe J: FC Sevilla – Paris Saint-Germain 0:1, 2:4; Borussia Dortmund – Paris Saint-Germain 1:1, 0:0; Paris Saint-Germain – Karpaty Lwiw 2:0, 1:1; Borussia Dortmund – FC Sevilla 0:1, 2:2; Karpaty Lwiw – FC Sevilla 0:1, 0:4; Karpaty Lwiw – Borussia Dortmund 3:4, 0:3 – 1. Paris Saint-Germain 9:4, 12; 2. FC Sevilla 10:7, 10; 3. Borussia Dortmund 10:7, 9; 4. Karpaty Lwiw 4:15, 1.

Gruppe K: SSC Neapel – FC Liverpool 0:0, 1:3; FC Liverpool – Steaua Bukarest 4:1, 1:1; FC Utrecht – FC Liverpool 0:0, 0:0; Steaua Bukarest – SSC Neapel 3:3, 0:1; SSC Neapel – FC Utrecht 0:0, 3:3; FC Utrecht – Steaua Bukarest 1:1, 1:3 – 1. FC Liverpool 8:3, 10; 2. SSC Neapel 8:9, 7; 3. Steaua Bukarest 9:11, 6; 4. FC Utrecht 5:7, 5.

Gruppe L: Besiktas Istanbul – FC Porto 1:3, 1:1; FC Porto – Rapid Wien 3:0, 3:1; ZSKA Sofia – FC Porto 0:1, 1:3; Rapid Wien – Besiktas Istanbul 1:2, 0:2; Besiktas Istanbul – ZSKA Sofia 1:0, 2:1; ZSKA Sofia – Rapid Wien 0:2, 2:1 – 1. FC Porto 14:4, 16; 2. Besiktas Istanbul 9:6, 13; 3. Rapid Wien 5:12, 3; 4. ZSKA Sofia 4:10, 3.

Zwischenrunde: Benfica Lissabon – VfB Stuttgart 2:1, 2:0; Metalist Charkiw – Bayer Leverkusen 0:4, 0:2; Aris Saloniki – Manchester City 0:0, 0:3; SSC Neapel – FC Villarreal 0:0, 1:2; Glasgow Rangers – Sporting Lissabon 1:1, 2:2; Sparta Prag – FC Liverpool 0:0, 0:1; RSC Anderlecht – Ajax Amsterdam 0:3, 0:2; Lech Posen – Sporting Braga 1:0, 0:2; Besiktas Istanbul – Dynamo Kiew 1:4, 0:4; FC Basel – Spartak Moskau 2:3, 1:1; Young Boys Bern – Zenit St. Petersburg 2:1, 1:3; PAOK Saloniki – ZSKA Moskau 0:1, 1:1; FC Sevilla – FC Porto 1:2, 1:0; Rubin Kasan – Twente Enschede 0:2, 2:2; Lille OSC – PSV Eindhoven 2:2, 1:3; BATE Baryssau – Paris Saint-Germain 2:2, 0:0.

Achtelfinale: Bayer Leverkusen – FC Villarreal 2:3, 1:2; Benfica Lissabon – Paris Saint-Germain 2:1, 1:1; Dynamo Kiew – Manchester City 2:0, 0:1; Twente Enschede – Zenit St. Petersburg 3:0, 0:2; ZSKA Moskau – FC Porto 0:1, 1:2; PSV Eindhoven – Glasgow Rangers 0:0, 1:0; Ajax Amsterdam – Spartak Moskau 0:1, 0:3; Sporting Braga – FC Liverpool 1:0, 0:0.

Viertelfinale: FC Porto – Spartak Moskau 5:1, 5:2; Benfica Lissabon – PSV Eindhoven 4:1, 2:2; FC Villarreal – Twente Enschede 5:1, 3:1; Dynamo Kiew – Sporting Braga 1:1, 0:0.
Halbfinale: Benfica Lissabon – Sporting Braga 2:1, 0:1; FC Porto – FC Villarreal 5:1, 2:3.

Endspiel am 18. Mai in Dublin: FC Porto – Sporting Braga 1:0 (1:0)

Porto: Helton – Sapunaru, Rolando, Otamendi, Alvaro Pereira – Fernando – Guarin (Belluschi), Joao Moutinho – Hulk, Varela (Rodriguez) – Falcao.
Tor: Falcao – SR: Velasco Carballo (Spanien) – Zuschauer: 45 391.

2011/12 Atletico Madrid

Qualifikation, 1. Runde: AZAL Baku – FK Minsk 1:1, 1:2; Banants Erewan – Olimpi Rustawi 0:1, 1:1; Banga Gargzdai – Qarabag Agdam 0:4, 0:3; JK Trans Narva – Rabotnicki Skopje 1:4, 0:3; FK Rad Belgrad – Tre Penne Galazzano 6:0, 3:1; Daugava Daugavpils – Tromsö IL 0:5, 1:2; Elfsborg Boras – CS Fola Esch 4:0, 1:1; Honka Espoo – JK Nomme Kalju 0:0, 2:0; Aalesunds FK – FC Neath 4:1, 2:0; UE Escale Santa Coloma – Paksi SE 0:1, 0:4; Ferencvaros Budapest – Ulisses Erewan 3:0, 2:0; Dinamo Tiflis – Milsami Orhei 2:0, 3:1 NK Varazdin – FC Lusitans 5:1, 1:0; Spartak Trnava – Zeta Golubovci 3:0, 1:2; IF Fuglafjördur – KR Reykjavik 1:3, 1:5; IB Vestmannaeyjar – St. Patrick's Athletic 1:0, 0:2; UN Käerjeng – BK Häcken Göteborg 1:1, 1:5; The New Saints – FC Cliftonville 1:1, 1:0; FC Fulham – NSI Runavik 3:0, 0:0 Renova Dzepciste – FC Glentoran 2:1, n. V. 1:2, Elfmeterschießen 2:3; Jagiellonia Bialystok – Irtysch Pawlodar 1:0, 0:2; FC Birkirkara – Vllaznia Shkoder 0:1, 1:1; FC Koper – Schachtjor Karaganda 1:1, 1:2; NK Siroki Brijeg – Olimpija Ljubljana 0:0, 0:3; Buducnost Podgorica – Flamurtari Vlore 1:3, 2:1.
Qualifikation, 2. Runde: Schachtjor Karaganda – St. Patrick's Athletic 2:1, 0:2; Olimpi Rustawi – Irtysch Pawlodar 1:1, 2:0; Slask Wroclaw – Dundee United 1:0, 2:3; FK Rad Belgrad – Olympiakos Volou 0:1, 1:1; Kuopio PS – Gaz Metan Medias 1:0, 0:2; Flamurtari Vlore – FK Jablonec 0:2, 1:5; Iskra-Stal Ribnita – NK Varazdin 1:1, 1:3; Tauras Taurage – ADO Den Haag 2:3, 0:2; Rudar Pljevlja – Austria Wien 0:3, 0:2; Turku PS – KVC Westerlo 0:1, 0:0; UE Sant Julia – Bnei Yehuda Tel Aviv 0:2, 0:2; FK Minsk – Gaziantepspor 1:1, 1:4; Örebro SK – FK Sarajevo 0:0, 0:2; Schachzjor Salihorsk – FK Ventspils 0:1, 2:3; Valerenga Oslo – Mika Aschtarak 1:0, 1:0; Ferencvaros Budapest – Aalesunds FK 2:1, n. V. 1:3; BK Häcken Göteborg – Honka Espoo 1:0, 2:0; Anorthosis Famagusta – FK Gagra 3:0, 0:2; FC Floriana – AEK Larnaka 0:8, 0:1; Maccabi Tel Aviv – Xäzär Länkäran 3:1, 0:0; AFC Llanelli – Dinamo Tiflis 2:1, 0:5; Suduva Marijampole – Elfsborg Boras 1:1, 0:3; Olimpija Ljubljana – Bohemian FC 2:0, 1:1; FC Differdingen 03 – Levadia Tallinn 0:0, 1:0; KF Tirana – Spartak Trnava 0:0, 1:3; The New Saints – FC Midtjylland 1:3, 2:5; FC Vaduz – Vojvodina Novi Sad 0:2, 3:1; EB/Streymur Eidi – Qarabag Agdam 1:1, 0:0; Paksi SE – Tromsö IL 1:1, 3:0; Kecskemeti TE – FK Aqtöbe 1:1, 0:0; Zeljeznicar Sarajevo – Sheriff Tiraspol 1:0, 0:0; Juvenes/Dogana – Rabotnicki Skopje 0:1, 0:3; Metalurgs Liepaja – RB Salzburg 1:4, 0:0; Vllaznia Shkoder – FC Thun 0:0, 1:2; Metalurg Skopje – Lokomotive Sofia 0:0, 2:3; FC Glentoran – Worskla Poltawa 0:2, 0:3; FC Crusaders – FC Fulham 1:3, 0:4; NK Domzale – RNK Split 1:2, 1:3; KR Reykjavik – MSK Zilina 3:0, 0:2; FH Hafnarfjördur – Nacional Funchal 1:1, 0:2.
Qualifikation, 3. Runde: 1. FSV Mainz 05 – Gaz Metan Medias 1:1, n. V. 1:1, Elfmeterschießen 3:4; Bnei Yehuda Tel Aviv – Helsingborgs IF 1:0, 0:3; Slask Wroclaw – Lokomotive Sofia 0:0, n. V. 0:0, Elfmeterschießen 4:3; AEK Larnaka – FK Mlada Boleslav 3:0, 2:2; FK Ventspils – Roter Stern Belgrad 1:2, 0:7; Alania Wladikawkas – FK Aqtöbe 1:1, n. V. 1:1, Elfmeterschießen 4:2; Karpaty Lwiw – St. Patrick's Athletic 2:0, 3:1; Olimpija Ljubljana – Austria Wien 1:1, 2:3; Aalesunds FK – Elfsborg Boras 4:0, 1:1; Olimpi Rustawi – Stade Rennes 2:5, 0:2; RB Salzburg – FK Senica 1:0, 3:0; Anorthosis Famagusta – Rabotnicki Skopje 0:2, 2:1; Sparta Prag – FK Sarajevo 5:0, 2:0; Worskla Poltawa – Sligo Rovers 0:0, 2:0; Valerenga Oslo – PAOK Saloniki 0:2, 0:3; Young Boys Bern – KVC Westerlo 3:1, 2:0; Bursaspor – FK Homel 2:1, 3:1; Hapoel Tel Aviv – FC Vaduz 4:0, 1:2; Omonia Nikosia – ADO Den Haag 3:0, 0:1; RNK Split – FC Fulham 0:0, 0:2; Levski Sofia – Spartak Trnava 2:1, n. V., 1:2, Elfmeterschießen 4:5; AZ Alkmaar – FK Jablonec 2:0, 1:1; Gaziantepspor – Legia Warschau 0:1, 0:0; Dinamo Bukarest – NK Varazdin 2:2, 2:1; Paksi SE – Heart of Midlothian 1:1, 1:4; Zeljeznicar Sarajevo – Maccabi Tel Aviv 0:2, 0:6; Club Brügge – Qarabag Agdam 4:1, 0:1; US Palermo – FC Thun 2:2, 1:1; Stoke City – Hajduk Split 1:0, 1:0; Nacional Funchal – BK Häcken Göteborg 3:0, 1:2; Atletico Madrid – Strömsgodset Drammen 2:1, 2:0; FC Midtjylland – Vitoria Guimaraes 0:0, 1:2; SV Ried – Bröndby IF 2:0, 2:4; KR Reykjavik – Dinamo Tiflis 1:4, 0:2; FC Differdingen 03 – Olympiakos Volou 0:3, 0:3 (Volou wurde aus dem Wettbewerb ausgeschlossen).
Play-offs: HJK Helsinki – FC Schalke 04 2:0, 1:6; Hannover 96 – FC Sevilla 2:1, 1:1; Legia Warschau – Spartak Moskau 2:2, 3:2; Ekranas Panevezys – Hapoel Tel Aviv 1:0, 0:4; Lokomotive Moskau – Spartak Trnava 2:0, 1:1; FC Vaslui – Sparta Prag 2:0, 0:1; FK Sestaponi – Club Brügge 3:3, 0:2; Litex Lovetsch – Dynamo Kiew 1:2, 0:1; Worskla Poltawa – Dinamo Bukarest 2:1, 3:2; Aalesunds FK – AZ Alkmaar 2:1,

0:6; Omonia Nikosia – RB Salzburg 2:1, 0:1; Austria Wien – Gaz Metan Medias 3:1, 0:1; Maccabi Tel Aviv – Panathinaikos Athen 3:0, 1:2; Steaua Bukarest – ZSKA Sofia 2:0, 1:1; FC Thun – Stoke City 0:1, 1:4; Besiktas Istanbul – Alania Wladikawkas 3:0, 0:2; Bursaspor – RSC Anderlecht 1:2, 2:2; PAOK Saloniki – Karpaty Lwiw 2:0, 1:1; FC Nordsjaelland – Sporting Lissabon 0:0, 1:2; Slask Wroclaw – Rapid Bukarest 1:3, 1:1; Standard Lüttich – Helsingborgs IF 1:0, 3:1; Metalist Charkiw – FC Sochaux 0:0, 4:0; FC Fulham – Dnipro Dnipropetrowsk 3:0, 0:1; Roter Stern Belgrad – Stade Rennes 1:2, 0:4; Shamrock Rovers – Partizan Belgrad 1:1, n. V. 2:1; Rosenborg Trondheim – AEK Larnaka 0:0, 1:2; Slovan Bratislava – AS Rom 1:0, 1:1; FC Differdingen 03 – Paris Saint-Germain 0:4, 0:2; Heart of Midlothian – Tottenham Hotspur 0:5, 0:0; NK Maribor – Glasgow Rangers 2:1, 1:1; Nacional Funchal – Birmingham City 0:0, 0:3; AEK Athen – Dinamo Tiflis 1:0, n. V. 1:1; Lazio Rom – Rabotnicki Skopje 6:0, 3:1; Celtic Glasgow – FC Sion 3:0, 3:0; SV Ried – PSV Eindhoven 0:0, 0:5; Atletico Madrid – Vitoria Guimaraes 2:0, 4:0; Sporting Braga – Young Boys Bern 0:0, 2:2; Athletic Bilbao – Trabzonspor 0:0 (Rückspiel nicht ausgetragen, da Trabzonspor nachträglich in die Champions League aufrückte. Bilbao somit automatisch in der Gruppenphase).

Gruppenphase, Gruppe A: Rubin Kasan – PAOK Saloniki 2:2, 1:1; PAOK Saloniki – Tottenham Hotspur 0:0, 2:1; PAOK Saloniki – Shamrock Rovers 2:1, 3:1; Tottenham Hotspur – Rubin Kasan 1:0, 0:1; Shamrock Rovers – Rubin Kasan 0:3, 1:4; Tottenham Hotspur – Shamrock Rovers 3:1, 4:0 – 1. PAOK Saloniki 10:6, 12; 2. Rubin Kasan 11:5, 11; 3. Tottenham Hotspur 9:4, 10; 4. Shamrock Rovers 4:19, 0.

Gruppe B: Hannover 96 – Standard Lüttich 0:0, 0:2; Standard Lüttich – FC Kopenhagen 3:0, 1:0; Standard Lüttich – Worskla Poltawa 0:0, 3:1; Hannover 96 – FC Kopenhagen 2:2, 2:1; Worskla Poltawa – Hannover 96 1:2, 1:3; FC Kopenhagen – Worskla Poltawa 1:0, 1:1 – 1. Standard Lüttich 9:1, 14; 2. Hannover 96 9:7, 11; 3. FC Kopenhagen 5:9, 5; 4. Worskla Poltawa 4:10, 2.

Gruppe C: PSV Eindhoven – Legia Warschau 1:0, 3:0; Hapoel Tel Aviv – PSV Eindhoven 0:1, 3:3; Rapid Bukarest – PSV Eindhoven 1:3, 1:2; Legia Warschau – Hapoel Tel Aviv 3:2, 0:2; Rapid Bukarest – Legia Warschau 0:1, 1:3; Hapoel Tel Aviv – Rapid Bukarest 0:1, 3:1 – 1. PSV Eindhoven 13:5, 16; 2. Legia Warschau 7:9, 9; 3. Hapoel Tel Aviv 10:9, 7; 4. Rapid Bukarest 5:12, 3.

Gruppe D: Sporting Lissabon – Lazio Rom 2:1, 0:2; Sporting Lissabon – FC Vaslui 2:0, 0:1; FC Zürich – Sporting Lissabon 0:2, 0:2; Lazio Rom – FC Vaslui 2:2, 0:0; FC Zürich – Lazio Rom 1:1, 0:1; FC Vaslui – FC Zürich 2:2, 0:2 – 1. Sporting Lissabon 8:4, 12; 2. Lazio Rom 7:5, 9; 3. FC Vaslui 5:8, 6; 4. FC Zürich 5:8, 5.

Gruppe E: Stoke City – Besiktas Istanbul 2:1, 1:3; Dynamo Kiew – Besiktas Istanbul 1:0, 0:1; Besiktas Istanbul – Maccabi Tel Aviv 5:1, 3:2; Dynamo Kiew – Stoke City 1:1, 1:1; Stoke City – Maccabi Tel Aviv 3:0, 2:1; Maccabi Tel Aviv – Dynamo Kiew 1:1, 3:3 – 1. Besiktas Istanbul 13:7, 12; 2. Stoke City 10:7, 11; 3. Dynamo Kiew 7:7, 7; 4. Maccabi Tel Aviv 8:17, 2.

Gruppe F: Athletic Bilbao – RB Salzburg 2:2, 1:0; Athletic Bilbao – Paris Saint-Germain 2:0, 2:4; Slovan Bratislava – Athletic Bilbao 1:2, 1:2; Paris Saint-Germain – RB Salzburg 3:1, 0:2; RB Salzburg – Slovan Bratislava 3:0, 3:2; Slovan Bratislava – Paris Saint-Germain 0:0, 0:1 – 1. Athletic Bilbao 11:8, 13; 2. RB Salzburg 11:8, 10; 3. Paris Saint-Germain 8:7, 10; 4. Slovan Bratislava 4:11, 1.

Gruppe G: Metalist Charkiw – AZ Alkmaar 1:1, 1:1; Austria Wien – Metalist Charkiw 1:2, 1:4; Malmö FF – Metalist Charkiw 1:4, 1:3; AZ Alkmaar – Austria Wien 2:2, 2:2; AZ Alkmaar – Malmö FF 4:1, 0:0; Malmö FF – Austria Wien 1:2, 0:2 – 1. Metalist Charkiw 15:6, 14; 2. AZ Alkmaar 10:7, 8; 3. Austria Wien 10:11, 8; 4. Malmö FF 4:15, 1.

Gruppe H: Sporting Braga – Club Brügge 1:2, 1:1; Club Brügge – Birmingham City 1:2, 2:2; Club Brügge – NK Maribor 2:0, 4:3; Birmingham City – Sporting Braga 1:3, 0:1; NK Maribor – Sporting Braga 1:1, 1:5; NK Maribor – Birmingham City 1:2, 0:1 – 1. Club Brügge 12:9, 11; 2. Sporting Braga 12:6, 11; 3. Birmingham City 8:8, 10; 4. NK Maribor 6:15, 1.

Gruppe I: Udinese Calcio – Atletico Madrid 2:0, 0:4; Atletico Madrid – Celtic Glasgow 2:0, 1:0; Stade Rennes – Atletico Madrid 1:1, 1:3; Celtic Glasgow – Udinese Calcio 1:1, 1:1; Udinese Calcio – Stade Rennes 2:1, 0:0 Stade Rennes – Celtic Glasgow 1:1, 1:3 – 1. Atletico Madrid 11:4, 13; 2. Udinese Calcio 6:7, 9; 3. Celtic Glasgow 6:7, 6; 4. Stade Rennes 5:10, 3.

Gruppe J: Steaua Bukarest – FC Schalke 04 0:0, 1:2; FC Schalke 04 – Maccabi Haifa 3:1, 3:0; AEK Larnaka – FC Schalke 04 0:5, 0:0; Maccabi Haifa – Steaua Bukarest 5:0, 2:4; AEK Larnaka – Steaua Bukarest 1:1, 1:3; Maccabi Haifa – AEK Larnaka 1:0, 1:2 – 1. FC Schalke 04 13:2, 14; 2. Steaua Bukarest 9:11, 8; 3. Maccabi Haifa 10:12, 6; 4. AEK Larnaka 4:11, 5.

Gruppe K: FC Twente Enschede – Wisla Krakau 4:1, 1:2; FC Fulham – FC Twente Enschede 1:1, 0:1; Odense BK – FC Twente Enschede 1:4, 2:3; Wisla Krakau – FC Fulham 1:0, 1:4; Wisla Krakau – Odense BK 1:3, 2:1; Odense BK – FC Fulham 0:2, 2:2 – 1. FC Twente Enschede 14:7, 13; 2. Wisla Krakau 8:13, 9; 3. FC Fulham 9:6, 8; 4. Odense BK 9:14, 4.

Gruppe L: Lokomotive Moskau – RSC Anderlecht 0:2, 3:5; RSC Anderlecht – AEK Athen 4:1, 2:1; Sturm Graz – RSC Anderlecht 0:2, 0:3; Lokomotive Moskau – AEK Athen 3:1, 3:1; Sturm Graz – Lokomotive

Moskau 1:2, 1:3; AEK Athen – Sturm Graz 1:2, 3:1 – 1. RSC Anderlecht 18:5, 18; 2. Lokomotive Moskau 14:11, 12; 3. AEK Athen 8:15, 3; 4. Sturm Graz 5:14, 3.

Zwischenrunde: Viktoria Plzen – FC Schalke 04 1:1, n. V. 1:3; Hannover 96 – Club Brügge 2:1, 1:0; Rubin Kasan – Olympiakos Piräus 0:1, 0:1; Sporting Braga – Besiktas Istanbul 0:2, 1:0; Lokomotive Moskau – Athletic Bilbao 2:1, 0:1; Ajax Amsterdam – Manchester United 0:2, 2:1; RB Salzburg – Metalist Charkiw 0:4, 1:4; AZ Alkmaar – RSC Anderlecht 1:0, 1:0; Lazio Rom – Atletico Madrid 1:3, 0:1; Legia Warschau – Sporting Lissabon 2:2, 0:1; FC Porto – Manchester City 1:2, 0:4; Stoke City – FC Valencia 0:1, 0:1; Steaua Bukarest – FC Twente Enschede 0:1, 0:1; Wisla Krakau – Standard Lüttich 1:1, 0:0; Udinese Calcio – PAOK Saloniki 0:0, 3:0; Trabzonspor – PSV Eindhoven 1:2, 1:4.

Achtelfinale: FC Twente Enschede – FC Schalke 04 1:0, 1:4; Standard Lüttich – Hannover 96 2:2, 0:4; Metalist Charkiw – Olympiakos Piräus 0:1, 2:1; Sporting Lissabon – Manchester City 1:0, 2:3; Atletico Madrid – Besiktas Istanbul 3:1, 3:0; FC Valencia – PSV Eindhoven 4:2, 1:1; AZ Alkmaar – Udinese Calcio 2:0, 1:2; Manchester United – Athletic Bilbao 2:3, 1:2.

Viertelfinale: FC Schalke 04 – Athletic Bilbao 2:4, 2:2; Atletico Madrid – Hannover 96 2:1, 2:1; AZ Alkmaar – FC Valencia 2:1, 0:4; Sporting Lissabon – Metalist Charkiw 2:1, 1:1.

Halbfinale: Atletico Madrid – FC Valencia 4:2, 1:0; Sporting Lissabon – Athletic Bilbao 2:1, 1:3.

Endspiel am 9. Mai in Bukarest: Atletico Madrid – Athletic Bilbao 3:0 (2:0)

Madrid: Courtois – Juanfran, Miranda, Godin, Filipe – Gabi, Mario Suarez – Adrian (Salvio), Diego (Koke), Arda Turan (Alvaro Dominguez) – Falcao.

Tore: Falcao (2), Diego – SR: Stark (Deutschland) – Zuschauer: 52 347.

2012/13 FC Chelsea

Qualifikation, 1. Runde: Shkendija Tetovo – FC Portadown 0:0, 1:2; Vikingur Göta – FK Homel 0:6, 0:4; Xäzär Länkäran – JK Nomme Kalju 2:2, 2:0; Kuopio PS – AFC Llanelli 2:1, 1:1; FK Jagodina – Ordabassy Schymkent 0:1, 0:0; JK Trans Narva – Inter Baku 0:5, 0:2; Renova Dzepciste – Libertas Borgo Maggiore 4:0, 4:0; Levadia Tallinn – FK Siauliai 1:0, 1:2; JJK Jyväskylä – Stabaek IF 2:0, 2:3; Pjunik Erewan – Zeta Golubovci 0:3, 2:1; Rudar Pljevlja – Schirak Gjumri 0:1, 1:1; IF Elfsborg Boras – FC Floriana 8:0, 4:0; FK Baku – ND Mura 05 0:0, 0:2; Suduva Marijampole – Daugava Daugavpils 0:1, 3:2; Dacia Chisinau – NK Celje 1:0, 1:0; FC Differdange 03 – NSI Runavik 3:0, 3:0; FC Birkirkara – Metalurg Skopje 2:2, 0:0; Torpedo Kutaisi – FK Aqtöbe 1:1, 0:1; KF Tirana – CS Grevenmacher 2:0, 0:0; FK Sarajevo – Hibernians Paola 5:2, 4:4; FC Santa Coloma – NK Osijek 0:1, 1:3; FC Twente Enschede – UE Santa Coloma 6:0, 3:0; EB/Streymur – Gandzasar Kapan 3:1, 0:2; Olimpija Ljubljana – Jeunesse Esch 3:0, 3:0; Lech Posen – Schetisu Taldykorghan 2:0, 1:1; MTK Budapest – FK Senica 1:1, 1:2; SP La Fiorita – Metalurgs Liepaja 0:2, 0:4; Teuta Durres – Metalurgi Rustawi 0:3, 1:6; Flamurtari Vlore – Honved Budapest 0:1, 0:2; Cefn Druids – MyPa Anjalankoski 0:0, 0:5; Bangor City – Zimbru Chisinau 0:0, 1:2; St. Patrick's Athletic – IB Vestmannaeyjar 1:0, n. V. 1:2; FC Cliftonville – Kalmar FF 1:0, 0:4; Bohemians Dublin – Thor Akureyri 0:0, 1:5; FC Crusaders – Rosenborg Trondheim 0:3, 0:1; Borac Banja Luka – Celik Niksic 2:2, 1:1 FH Hafnarfjördur – USV Eschen-Mauren 2:1, 1:0.

Qualifikation, 2. Runde: Metalurgs Liepaja – Legia Warschau 2:2, 1:5; Anschi Machatschkala – Honved Budapest 1:0, 4:0; Milsami Orhei – FK Aqtöbe 4:2, 0:3; Naftan Nawapolazk – Roter Stern Belgrad 3:4, 3:3; Xäzär Länkäran – Lech Posen 1:1, 0:1; Lokomotive Plovdiv – Vitesse Arnhem 4:4, 1:3; Renova Dzepciste – FK Homel 0:2, 1:0; Levadia Tallinn – Anorthosis Famagusta 1:3, 0:3; Olimpija Ljubljana – Tromsö IL 0:0, n. V. 0:1; Inter Baku – Asteras Tripolis 1:1, n. V. 1:1, Elfmeterschießen 2:4; Metalurgi Rustawi – Viktoria Plzen 1:3, 0:2; JJK Jyväskylä – Zeta Golubovci 3:2, 0:1; Schachzjor Salihorsk – SV Ried 1:1, 0:0; FC Differdange 03 – KAA Gent 0:1, 2:3; Aarhus GF – Dila Gori 1:2, 1:3; Ruch Chorzow – Metalurg Skopje 3:1, 3:0; APOEL Nikosia – FK Senica 2:0, 1:0; Spartak Trnava – Sligo Rovers 3:1, 1:1; Rosenborg Trondheim – Ordabassy Schymkent 2:2, 2:1; Bnei Yehuda Tel Aviv – Schirak Gjumri 2:0, 1:0; Levski Sofia – FK Sarajevo 1:0, 1:3; Slaven Belupo Koprivnica – FC Portadown 6:0, 4:2; FK Mlada Boleslav – Thor Akureyri 3:0, 1:0; Metalurh Donezk – Celik Niksic 7:0, 4:2; KF Tirana – Aalesunds FK 1:1, 0:5; AIK Solna – FH Hafnarfjördur 1:1, 1:0; Eskisehirspor – FC St. Johnstone 2:0, 1:1; Dacia Chisinau – Elfsborg Boras 1:0, 0:2; Rapid Bukarest – MyPa Anjalankoski 3:1, 2:0; Zalgiris Vilnius – FC Admira 1:1, 1:5; Young Boys Bern – Zimbru Chisinau 1:0, n. V. 0:1, Elfmeterschießen 4:1; FC Twente Enschede – Inter Turku 1:1, 5:0; Servette Genf – Gandzasar Kapan 2:0, 3:1; ND Mura 05 – ZSKA Sofia 0:0, 1:1; NK Osijek – Kalmar FF 1:3, 0:3; Maccabi Netanja – Kuopio PS 1:2, 1:0; Slovan Bratislava – Videoton Szekesfehervar 1:1, 0:0; Vojvodina Novi Sad – Suduva Marijampole 1:1, 4:0; Hajduk Split – Skonto Riga 2:0, 0:1; NK Siroki Brijeg – St. Patrick's Athletic 1:1, n. V. 1:2.

Qualifikation, 3. Runde: St. Patrick's Athletic – Hannover 96 0:3, 0:2; Anschi Machatschkala – Vitesse Arnhem 2:0, 2:0; Kuopio PS – Bursaspor 1:0, 0:6; Arsenal Kiew – ND Mura 05 0:3, 2:0; Dila Gori – Anorthosis Famagusta 0:1, 3:0; Kalmar FF – Young Boys Bern 1:0, 0:3; SV Ried – Legia Warschau 2:1,

1:3; Tromsö IL – Metalurh Donezk 1:1, 1:0; Bnei Yehuda Tel Aviv – PAOK Saloniki 0:2, 1:4; AIK Solna – Lech Posen 3:0, 0:1; Ruch Chorzow – Viktoria Plzen 0:2, 0:5; APOEL Nikosia – Aalesunds FK 2:1, 1:0; SC Heerenveen – Rapid Bukarest 4:0, 0:1; Servette Genf – Rosenborg Trondheim 1:1, 0:0; FC Twente Enschede – FK Mlada Boleslav 2:0, 2:0; Steaua Bukarest – Spartak Trnava 0:1, 3:0; Asteras Tripolis – Maritimo Funchal 1:1, 0:0; KRC Genk – FK Aqtöbe 2:1, 2:1; FK Homel – FC Liverpool 0:1, 0:3; AC Horsens – Elfsborg Boras 1:1, 3:2; Videoton Szekesfehervar – AA Gent 1:0, 3:0; Roter Stern Belgrad – Omonia Nikosia 0:0, n. V. 0:0, Elfmeterschießen 6:5; Eskisehirspor – Olympique Marseille 1:1, 0:3; Hajduk Split – Inter Mailand 0:3, 2:0; Dundee United – Dynamo Moskau 2:2, 0:5; Athletic Bilbao – Slaven Belupo Koprivnica 3:1, 1:2; Vojvodina Novi Sad – Rapid Wien 2:1, 0:2; FK Sarajevo – Zeta Golubovci 2:1, 0:1; FC Admira – Sparta Prag 0:2, 2:2.

Play-offs: VfB Stuttgart – Dynamo Moskau 2:0, 1:1; Slask Wroclaw – Hannover 96 3:5, 1:5; Anschi Machatschkala – AZ Alkmaar 1:0, 5:0; Neftci Baku – APOEL Nikosia 1:1, 3:1; Tromsö IL – Partizan Belgrad 3:2, 0:1; Ekranas Panevezys – Steaua Bukarest 0:2, 0:3; Atromitos Athen – Newcastle United 1:1, 0:1; Slovan Liberec – Dnipro Dnipropetrowsk 2:2, 2:4; Sheriff Tiraspol – Olympique Marseille 1:2, 0:0; Molde FK – SC Heerenveen 2:0, 2:1; Legia Warschau – Rosenborg Trondheim 1:1, 1:2; AIK Solna – ZSKA Moskau 0:1, 2:0; FC Luzern – KRC Genk 2:1, 0:2; Bursaspor – FC Twente Enschede 3:1, n. V. 1:4; Dinamo Bukarest – Metalist Charkiw 0:2, 1:2; Trabzonspor – Videoton Szekesfehervar 0:0, n. V. 0:0, Elfmeterschießen 2:4; F91 Dudelange – Hapoel Tel Aviv 1:3, 0:4; Feyenoord Rotterdam – Sparta Prag 2:2, 0:2; FC Midtjylland – Young Boys Bern 0:3, 2:0; PAOK Saloniki – Rapid Wien 2:1, 0:3; SC Lokeren OV – Viktoria Plzen 2:1, 0:1; Debreceni VSC – Club Brügge 0:3, 1:4; FC Vaslui – Inter Mailand 0:2, 2:2; Heart of Midlothian – FC Liverpool 0:1, 1:1; FC Motherwell – UD Levante 0:2, 0:1; Zeta Golubovci – PSV Eindhoven 0:5, 0:9; AC Horsens – Sporting Lissabon 1:1, 0:5; Athletic Bilbao – HJK Helsinki 6:0, 3:3; ND Mura 05 – Lazio Rom 0:2, 1:3; Roter Stern Belgrad – Girondins Bordeaux 0:0, 2:3; Maritimo Funchal – Dila Gori 1:0, 2:0.

Gruppenphase, Gruppe A: FC Liverpool – Anschi Machatschkala 1:0, 0:1; Young Boys Bern – FC Liverpool 3:5, 2:2; FC Liverpool – Udinese Calcio 2:3, 1:0; Anschi Machatschkala – Young Boys Bern 2:0, 1:3; Udinese Calcio – Anschi Machatschkala 1:1, 0:2; Young Boys Bern – Udinese Calcio 3:1, 3:2 – 1. FC Liverpool 11:9, 10; 2. Anschi Machatschkala 7:5, 10; 3. Young Boys Bern 14:13, 10; 4. Udinese Calcio 7:12, 4.

Gruppe B: Atletico Madrid – Viktoria Plzen 1:0, 0:1; Viktoria Plzen – Academica Coimbra 3:1, 1:1; Hapoel Tel Aviv – Viktoria Plzen 1:2, 0:4; Atletico Madrid – Academica Coimbra 2:1, 0:2; Hapoel Tel Aviv – Atletico Madrid 0:3, 0:1; Academica Coimbra – Hapoel Tel Aviv 1:1, 0:2 – 1. Viktoria Plzen 11:4, 13; 2. Atletico Madrid 7:4, 12; 3. Academica Coimbra 6:9, 5; 4. Hapoel Tel Aviv 4:11, 4.

Gruppe C: Borussia Mönchengladbach – Fenerbahce Istanbul 2:4, 3:0; Fenerbahce Istanbul – Olympique Marseille 2:2, 1:0; AEL Limassol – Fenerbahce Istanbul 0:1, 0:2; Borussia Mönchengladbach – Olympique Marseille 2:0, 2:2; AEL Limassol – Borussia Mönchengladbach 0:0, 0:2; Olympique Marseille – AEL Limassol 5:1, 0:3 – 1. Fenerbahce Istanbul 10:7, 13; 2. Borussia Mönchengladbach 11:6, 11; 3. Olympique Marseille 9:11, 5; 4. AEL Limassol 4:10, 4.

Gruppe D: Newcastle United – Girondins Bordeaux 3:0, 0:2; Maritimo Funchal – Girondins Bordeaux 1:1, 0:1; Girondins Bordeaux – Club Brügge 4:0, 2:1; Maritimo Funchal – Newcastle United 0:0, 1:1; Newcastle United – Club Brügge 1:0, 2:2; Club Brügge – Maritimo Funchal 2:0, 1:2 – 1. Girondins Bordeaux 10:5, 13; 2. Newcastle United 7:5, 9; 3. Maritimo Funchal 4:6, 6; 4. Club Brügge 6:11, 4.

Gruppe E: VfB Stuttgart – Steaua Bukarest 2:2, 5:1; Steaua Bukarest – FC Kopenhagen 1:0, 1:1; Steaua Bukarest – Molde FK 2:0, 2:1; VfB Stuttgart – FC Kopenhagen 0:0, 2:0; Molde FK – VfB Stuttgart 2:0, 1:0; FC Kopenhagen – Molde FK 2:1, 2:1 – 1. Steaua Bukarest 9:9, 11; 2. VfB Stuttgart 9:6, 8; 3. FC Kopenhagen 5:6, 8; 4. Molde FK 6:8, 6.

Gruppe F: Dnipro Dnipropetrowsk – SSC Neapel 3:1, 2:4; Dnipro Dnipropetrowsk – PSV Eindhoven 2:0, 2:1; AIK Solna – Dnipro Dnipropetrowsk 2:3, 0:4; PSV Eindhoven – SSC Neapel 3:0, 3:1; SSC Neapel – AIK Solna 4:0, 2:1; PSV Eindhoven – AIK Solna 1:1, 0:1 – 1. Dnipro Dnipropetrowsk 16:8, 15; 2. SSC Neapel 12:12, 9; 3. PSV Eindhoven 8:7, 7; 4. AIK Solna 5:14, 4.

Gruppe G: FC Basel – KRC Genk 2:2, 0:0; KRC Genk – Videoton Szekesfehervar 3:0, 1:0; KRC Genk – Sporting Lissabon 2:1, 1:1; Videoton Szekesfehervar – FC Basel 2:1, 0:1; Sporting Lissabon – FC Basel 0:0, 0:3; Videoton Szekesfehervar – Sporting Lissabon 3:0, 1:2 – 1. KRC Genk 9:4, 12; 2. FC Basel 7:4, 9; 3. Videoton Szekesfehervar 6:8, 6; 4. Sporting Lissabon 4:10, 5.

Gruppe H: Inter Mailand – Rubin Kasan 2:2, 0:3; Rubin Kasan – Partizan Belgrad 2:0, 1:1; Rubin Kasan – Neftci Baku 1:0, 1:0; Inter Mailand – Partizan Belgrad 1:0, 3:1; Neftci Baku – Inter Mailand 1:3, 2:2; Partizan Belgrad – Neftci Baku 0:0, 1:1 – 1. Rubin Kasan 10:3, 14; 2. Inter Mailand 11:9, 11; 3. Partizan Belgrad 3:8, 3; 4. Neftci Baku 4:8, 3.

Gruppe I: Olympique Lyon – Sparta Prag 2:1, 1:1; Olympique Lyon – Athletic Bilbao 2:1, 3:2; Ironi Kiryat Shmona – Olympique Lyon 3:4, 0:2; Sparta Prag – Athletic Bilbao 3:1, 0:0; Sparta Prag – Ironi Kiryat

Shmona 3:1, 1:1; Athletic Bilbao – Ironi Kiryat Shmona 1:1, 2:0 – 1. Olympique Lyon 14:8, 16; 2. Sparta Prag 9:6, 9; 3. Athletic Bilbao 7:9, 5; 4. Ironi Kiryat Shmona 6:13, 2.
Gruppe J: Tottenham Hotspur – Lazio Rom 0:0, 0:0; Panathinaikos Athen – Lazio Rom 1:1, 0:3; Lazio Rom – NK Maribor 1:0, 4:1; Panathinaikos Athen – Tottenham Hotspur 1:1, 1:3; NK Maribor – Tottenham Hotspur 1:1, 1:3; NK Maribor – Panathinaikos Athen 3:0, 0:1 – 1. Lazio Rom 9:2, 12; 2. Tottenham Hotspur 8:4, 10; 3. Panathinaikos Athen 4:11, 5; 4. NK Maribor 6:10, 4.
Gruppe K: Bayer Leverkusen – Metalist Charkiw 0:0, 0:2; Rosenborg Trondheim – Metalist Charkiw 1:2, 1:3; Metalist Charkiw – Rapid Wien 2:0, 0:1; Rosenborg Trondheim – Bayer Leverkusen 0:1, 0:1; Rapid Wien – Bayer Leverkusen 0:4, 0:3; Rapid Wien – Rosenborg Trondheim 1:2, 2:3 – 1. Metalist Charkiw 9:3, 13; 2. Bayer Leverkusen 9:2, 13; 3. Rosenborg Trondheim 7:10, 6; 4. Rapid Wien 4:14, 3.
Gruppe L: Hannover 96 – UD Levante 2:1, 2:2; Helsingborgs IF – Hannover 96 1:2, 2:3; FC Twente Enschede – Hannover 96 2:2, 0:0; UD Levante – Helsingborgs IF 1:0, 3:1; UD Levante – FC Twente Enschede 3:0, 0:0; Helsingborgs IF – FC Twente Enschede 2:2, 3:1 – 1. Hannover 96 11:8, 12; 2. UD Levante 10:5, 11; 3. Helsingborgs IF 9:12, 4; 4. FC Twente Enschede 5:10, 4.
Zwischenrunde: Anschi Machatschkala – Hannover 96 3:1, 1:1; Bayer Leverkusen – Benfica Lissabon 0:1, 1:2; Bor. Mönchengladbach – Lazio Rom 3:3, 0:2; VfB Stuttgart – KRC Genk 1:1, 2:0; Zenit St. Petersburg – FC Liverpool 2:0, 1:3; SSC Neapel – Viktoria Plzen 0:3, 0:2; Sparta Prag – FC Chelsea 0:1, 1:1; Ajax Amsterdam – Steaua Bukarest 2:0, n. V. 0:2, Elfmeterschießen 2:4; Dynamo Kiew – Girondins Bordeaux 1:1, 0:1; UD Levante – Olympiakos Piräus 3:0, 1:0; BATE Baryssau – Fenerbahce Istanbul 0:0, 0:1; Tottenham Hotspur – Olympique Lyon 2:1, 1:1; FC Basel – Dnipro Dnipropetrowsk 2:0, 1:1; Atletico Madrid – Rubin Kasan 0:2, 1:0; Newcastle United – Metalist Charkiw 0:0, 1:0; Inter Mailand – CFR Cluj 2:0, 3:0.
Achtelfinale: VfB Stuttgart – Lazio Rom 0:2, 1:3; Anschi Machatschkala – Newcastle United 0:0, 0:1; Viktoria Plzen – Fenerbahce Istanbul 0:1, 1:1;
Steaua Bukarest – FC Chelsea 1:0, 1:3; Benfica Lissabon – Girondins Bordeaux 1:0, 3:2; Tottenham Hotspur – Inter Mailand 3:0, n. V. 1:4;
UD Levante – Rubin Kasan 0:0, n. V. 0:2; FC Basel – Zenit St. Petersburg 2:0, 0:1.
Viertelfinale: FC Chelsea – Rubin Kasan 3:1, 2:3; Tottenham Hotspur – FC Basel 2:2, n. V. 2:2, Elfmeterschießen 1:4; Fenerbahce Istanbul – Lazio Rom 2:0, 1:1; Benfica Lissabon – Newcastle United 3:1, 1:1.
Halbfinale: Fenerbahce Istanbul – Benfica Lissabon 1:0, 1:3; FC Basel – FC Chelsea 1:2, 1:3.

Endspiel am 15. Mai in Amsterdam: Benfica Lissabon – FC Chelsea 1:2 (0:0)
Chelsea: Cech – Azpilicueta, Cahill, Ivanovic, Cole – David Luiz, Lampard – Ramires, Mata, Oscar – Fernando Torres.
Tore: Fernando Torres, Ivanovic (Cardozo für Benfica) – SR: Kujpers (Niederlande) – Zuschauer: 46 163.

2013/14 FC Sevilla
Qualifikation, 1. Runde: Metalurg Skopje – Qarabag Agdam 0:1, 0:1; Sliema Wanderers – Xäzär Länkäran 1:1, 0:1; JK Trans Narva – Gefle IF 0:3, 1:5; Bala Town – Levadia Tallinn 1:0, 1:3; IF Fuglafjördur – FC Linfield 0:2, 0:3; FK Astana – Botev Plovdiv 0:1, 0:5; Tschichura Satschchere – FC Vaduz 0:0, 1:1; Milsami Orhei – F91 Dudelange 1:0, 0:0; Gandzasar Kapan – FK Aqtöbe 1:2, 1:2; Celik Niksic – Honvéd Budapest 1:4, 0:9; UE Santa Coloma – Zrinjski Mostar 1:3, 0:1; Teteks Tetovo – Pjunik Erewan 1:1, 0:1; Kruoja Pakruojis – Dinamo Minsk 0:3, 0:5; Inter Baku – IFK Mariehamn 1:1, 2:0; Jeunesse Esch – Turku PS 2:0, 1:2; Hibernians Paola – Vojvodina Novi Sad 1:4, 2:3; Flora Tallinn – KS Kukesi 1:1, 0:0; Suduva Marijampole – FK Turnovo 2:2, n. V. 2:2, Elfmeterschießen 4:5; KF Laci – FC Differdange 03 0:1, 1:2; FC Tiraspol – Skonto Riga 0:1, n. V. 1:0, Elfmeterschießen 2:4; Tromsö IL – NK Celje 1:2, 2:0; Torpedo Kutaisi – MSK Zilina 0:3, 3:3; Vikingur Göta – Inter Turku 1:1, 1:0; Airbus UK Broughton – FK Ventspils 1:1, 0:0; Levski Sofia – Irtysch Pawlodar 0:0, 0:2; Teuta Durres – Dacia Chisinau 3:1, 0:2; Prestatyn Town – Metalurgs Liepaja 1:2, n. V. 2:1, Elfmeterschießen 4:3; Zalgiris Vilnius – St. Patrick's Athletic 2:2, 2:1; Videoton Szekesfehervar – Mladost Podgorica 2:1, 0:1; FK Sarajevo – Libertas Borgo Maggiore 1:0, 2:1; Rudar Pljevlja – Mika Aschtarak 1:0, 1:1; NK Domzale – Astra Giurgiu 0:1, 0:2; FC Crusaders – Rosenborg Trondheim 1:2, 2:7; Drogheda United – Malmö FF 0:0, 0:2; SP La Fiorita – FC Valletta 0:3, 0:1; KR Reykjavik – FC Glentoran 0:0, 3:0; UMF Breidablik Kopavogur – FC Santa Coloma 4:0, 0:0; IB Vestmannaeyjar – HB Torshavn 1:1, 1:0.
Qualifikation, 2. Runde: Levadia Tallinn – Pandurii Targu Jiu 0:0, 0:4; Dila Gori – Aalborg BK 3:0, 0:0; Irtysch Pawlodar – NK Siroki Brijeg 3:2, 0:2; FK Ventspils – Jeunesse Esch 1:0, 4:1; Mladost Podgorica – FK Senica 2:2, 1:0; FC Honka Espoo – Lech Posen 1:3, 1:2; Schachzjor Salihorsk – Milsami Orhei 1:1, n. V. 1:1, Elfmeterschießen 2:4; Dinamo Minsk – Lokomotiva Zagreb 1:2, 3:2;

Qarabag Agdam – Piast Gliwice 2:1, n. V. 2:2; Skonto Riga – Slovan Liberec 2:1, 0:1; Beroe Stara Sagora – Hapoel Tel Aviv 1:4, 2:2; Zrinjski Mostar – Botev Plovdiv 1:1, 0:2; Maccabi Haifa – Xäzär Länkäran 2:0, 8:0; Malmö FF – Hibernian Edinburgh 2:0, 7:0; Strömsgodset Drammen – Debreceni VSC 2:2, 3:0; Petrolul Ploiesti – Vikingur Göta 3:0, 4:0; IL Hödd – FK Aqtöbe 1:0, 0:2; Tromsö IL – Inter Baku 2:0, 0:1; Tschornomorez Odessa – Dacia Chisinau 2:0, 1:2; IFK Göteborg – AS Trencin 0:0, 1:2; Rosenborg Trondheim – FC St. Johnstone 0:1, 1:1; Anorthosis Famagusta – Gefle IF 3:0, 0:4; FC Thun – Tschichura Satschchere 2:0, 3:1; KS Kukesi – FK Sarajevo 3:2, 0:0; FC Differdange 03 – FC Utrecht 2:1, 3:3; FC Valletta – FK Minsk 1:1, 0:2; FK Jagodina – Rubin Kasan 2:3, 0:1; Zalgiris Vilnius – Pjunik Erewan 2:0, 1:1; Sparta Prag – BK Häcken Göteborg 2:2, 0:1; Skoda Xanthi – FC Linfield 0:1, n. V. 2:1; Hajduk Split – FK Turnovo 2:1, 1:1; Astra Giurgiu – Omonia Nikosia 1:1, 2:1; Roter Stern Belgrad – IB Vestmannaeyjar 2:0, 0:0; Vojvodina Novi Sad – Honvéd Budapest 2:0, 3:1; Trabzonspor – Derry City 4:2, 3:0; Slask Wroclaw – Rudar Pljevlja 4:0, 2:2; Olimpija Ljubljana – MSK Zilina 3:1, 0:2; HNK Rijeka – Prestatyn Town 5:0, 3:0; KR Reykjavik – Standard Lüttich 1:3, 1:3; UMF Breidablik Kopavogur – Sturm Graz 0:0, 1:0.

Qualifikation, 3. Runde: Botev Plovdiv – VfB Stuttgart 1:1, 0:0; AS Trencin – Astra Giurgiu 1:3, 2:2; FK Minsk – FC St. Johnstone 0:1, n. V. 1:0, Elfmeterschießen 3:2; Petrolul Ploiesti – Vitesse Arnhem 1:1, 2:1; FK Jablonec – Strömsgodset Drammen 2:1, 3:1; Dinamo Minsk – Trabzonspor 0:1, 0:0; FK Aqtöbe – UMF Breidablik Kopavogur 1:0, n. V. 0:1, Elfmeterschießen 2:1; FK Ventspils – Maccabi Haifa 0:0, 0:3; Qarabag Agdam – Gefle IF 1:0, 2:0; Tschornomorez Odessa – Roter Stern Belgrad 3:1, 0:0; Randers FC – Rubin Kasan 1:2, 0:2; Zalgiris Vilnius – Lech Posen 1:0, 1:2; BK Häcken Göteborg – FC Thun 1:2, 0:1; HNK Rijeka – MSK Zilina 2:1, 1:1; Tromsö IL – FC Differdange 03 1:0, n. V. 0:1, Elfmeterschießen 4:3; KS Kukesi – Metalurh Donezk 2:0, 0:1; Vojvodina Novi Sad – Bursaspor 2:2, 3:0; Pandurii Targu Jiu – Hapoel Tel Aviv 1:1, 2:1; Slovan Liberec – FC Zürich 2:1, 2:1; Skoda Xanthi – Standard Lüttich 1:2, 1:2; AS St. Etienne – Milsami Orhei 3:0, 3:0; Asteras Tripolis – Rapid Wien 1:1, 1:3; NK Siroki Brijeg – Udinese Calcio 1:3, 0:4; Swansea City – Malmö FF 4:0, 0:0; Slask Wroclaw – Club Brügge 1:0, 3:3; FC Motherwell – Kuban Krasnodar 0:2, 0:1; GD Estoril Praia – Hapoel Ramat-Gan 0:0, 1:0; Hajduk Split – Dila Gori 0:1, 0:1; FC Sevilla – Mladost Podgorica 3:0, 6:1.

Play-offs: Qarabag Agdam – Eintracht Frankfurt 0:2, 1:2; HNK Rijeka – VfB Stuttgart 2:1, 2:2; Maccabi Tel Aviv (Freilos *); FK Aqtöbe – Dynamo Kiew 2:3, 1:5; Kuban Krasnodar – Feyenoord Rotterdam 1:0, 2:1; FK Jablonec – Real Betis Sevilla 1:2, 0:6; Dinamo Tiflis – Tottenham Hotspur 0:5, 0:3; Atromitos Athen – AZ Alkmaar 1:3, 2:0; FK Minsk – Standard Lüttich 0:2, 1:3; Maccabi Haifa – Astra Giurgiu 2:0, 1:1; Molde FK – Rubin Kasan 0:2, 0:3; RB Salzburg – Zalgiris Vilnius 5:0, 2:0; Esbjerg fB – AS St. Etienne 4:3, 1:0; FC St. Gallen – Spartak Moskau 1:1, 4:2; JK Nomme Kalju – Dnipro Dnipropetrowsk 1:3, 0:2; KS Kukesi – Trabzonspor 0:2, 1:3; Apollon Limassol – OGC Nizza 2:0, 0:1; IF Elfsborg Boras – FC Nordsjaelland 1:1, 1:0; Tromsö IL – Besiktas Istanbul * 2:1, 0:2; Pandurii Targu Jiu – Sporting Braga 0:1, n. V. 2:0; FH Hafnarfjördur – KRC Genk 0:2, 2:5; Swansea City – Petrolul Ploiesti 5:1, 1:2; Vojvodina Novi Sad – Sheriff Tiraspol 1:1, 1:2; Tschornomorez Odessa – Skenderbeu Korce 1:0, n. V. 0:1, Elfmeterschießen 7:6; Partizan Belgrad – FC Thun 1:0, 0:3; SV Zulte Waregem – APOEL Nikosia * 1:1, 2:1; Udinese Calcio – Slovan Liberec 1:3, 1:1; Grasshopper-Club Zürich – AC Florenz 1:2, 1:0; Rapid Wien – Dila Gori 1:0, 3:0; FC Sevilla – Slask Wroclaw 4:1, 5:0; GD Estoril Praia – FC Pasching 2:0, 2:1. *) Nach dem Ausschluss von Metalist Charkiw aus den Champions-League-Play-offs rückte PAOK Saloniki in diese nach. Maccabi Tel Aviv war somit kampflos für die Gruppenphase der Europa League qualifiziert. Durch den Ausschluss von Fenerbahce und Besiktas Istanbul rückten APOEL Nikosia (durch Losentscheid) und Tromsö IL in die Gruppenphase der Europa League nach.

Gruppenphase, Gruppe A: FC Valencia – Swansea City 0:3, 1:0; Kuban Krasnodar – FC Valencia 0:2, 1:1; FC Valencia – FC St. Gallen 5:1, 3:2; Swansea City – Kuban Krasnodar 1:1, 1:1; Swansea City – FC St. Gallen 1:0, 0:1; FC St. Gallen – Kuban Krasnodar 2:0, 0:4 – 1. FC Valencia 12:7, 13; 2. Swansea City 6:4, 8; 3. Kuban Krasnodar 7:7, 6; 4. FC St. Gallen 6:13, 6.

Gruppe B: Tschornomorez Odessa – Ludogorez Rasgrad 0:1, 1:1; PSV Eindhoven – Ludogorez Rasgrad 0:2, 0:2; Ludogorez Rasgrad – Dinamo Zagreb 3:0, 2:1; Tschornomorez Odessa – PSV Eindhoven 0:2, 1:0; Dinamo Zagreb – Tschornomorez Odessa 1:2, 1:2; Dinamo Zagreb – PSV Eindhoven 0:0, 0:2 – 1. Ludogorez Rasgrad 11:2, 16; 2. Tschornomorez Odessa 6:6, 10; 3. PSV Eindhoven 4:5, 7; 4. Dinamo Zagreb 3:11, 1.

Gruppe C: Esbjerg fB – RB Salzburg 1:2, 0:3; RB Salzburg – IF Elfsborg Boras 4:0, 1:0; RB Salzburg – Standard Lüttich 2:1, 3:1; IF Elfsborg Boras – Esbjerg fB 1:2, 0:1; Standard Lüttich – Esbjerg fB 1:2, 1:2; IF Elfsborg Boras – Standard Lüttich 1:1, 3:1 – 1. RB Salzburg 15:3, 18; 2. Esbjerg fB 8:8, 12; 3. IF Elfsborg Boras 5:10, 4; 4. Standard Lüttich 6:13, 1.

Gruppe D: NK Maribor – Rubin Kasan 2:5, 1:1; Rubin Kasan – SV Zulte Waregem 4:0, 2:0; Wigan Athletic – Rubin Kasan 1:1, 0:1; SV Zulte Waregem – NK Maribor 1:3, 1:0; Wigan Athletic – NK

Maribor 3:1, 1:2; SV Zulte Waregem – Wigan Athletic 0:0, 2:1 – 1. Rubin Kasan 14:4, 14; 2. NK Maribor 9:12, 7; 3. SV Zulte Waregem 4:10, 7; 4. Wigan Athletic 6:7, 5.

Gruppe E: Dnipro Dnipropetrowsk – AC Florenz 1:2, 1:2; AC Florenz – FC Pacos de Ferreira 3:0, 0:0; AC Florenz – Pandurii Targu Jiu 3:0, 2:1; FC Pacos de Ferreira – Dnipro Dnipropetrowsk 0:2, 0:2; Pandurii Targu Jiu – Dnipro Dnipropetrowsk 0:1, 1:4; FC Pacos de Ferreira – Pandurii Targu Jiu 1:1, 0:0 – 1. AC Florenz 12:3, 16; 2. Dnipro Dnipropetrowsk 11:5, 12; 3. FC Pacos de Ferreira 1:8, 3; 4. Pandurii Targu Jiu 3:11, 2.

Gruppe F: Eintracht Frankfurt – Maccabi Tel Aviv 2:0, 2:4; APOEL Nikosia – Eintracht Frankfurt 0:3, 0:2; Eintracht Frankfurt – Girondins Bordeaux 3:0, 1:0; Maccabi Tel Aviv – APOEL Nikosia 0:0, 0:0; Girondins Bordeaux – Maccabi Tel Aviv 1:2, 0:1; Girondins Bordeaux – APOEL Nikosia 2:1, 1:2 – 1. Eintracht Frankfurt 13:4, 15; 2. Maccabi Tel Aviv 7:5, 11; 3. APOEL Nikosia 3:8, 5; 4. Girondins Bordeaux 4:10, 3.

Gruppe G: Dynamo Kiew – KRC Genk 0:1, 1:3; KRC Genk – Rapid Wien 1:1, 2:2; KRC Genk – FC Thun 2:1, 1:0; Rapid Wien – Dynamo Kiew 2:2, 1:3; Dynamo Kiew – FC Thun 3:0, 2:0; FC Thun – Rapid Wien 1:0, 1:2 – 1. KRC Genk 10:5, 14; 2. Dynamo Kiew 11:7, 10; 3. Rapid Wien 8:10, 6; 4. FC Thun 3:10, 3.

Gruppe H: Slovan Liberec – FC Sevilla 1:1, 1:1; FC Sevilla – SC Freiburg 2:0, 2:0; GD Estoril Praia – FC Sevilla 1:2, 1:1; SC Freiburg – Slovan Liberec 2:2, 2:1; Slovan Liberec – GD Estoril Praia 2:1, 2:1; SC Freiburg – GD Estoril Praia 1:1, 0:0 – 1. FC Sevilla 9:4, 12; 2. Slovan Liberec 9:8, 9; 3. SC Freiburg 5:8, 6; 4. GD Estoril Praia 5:8, 3.

Gruppe I: Real Betis Sevilla – Olympique Lyon 0:0, 0:1; Olympique Lyon – Vitoria Guimaraes 1:1, 2:1; Olympique Lyon – HNK Rijeka 1:0, 1:1; Real Betis Sevilla – Vitoria Guimaraes 1:0, 1:0; HNK Rijeka – Real Betis Sevilla 1:1, 0:0; Vitoria Guimaraes – HNK Rijeka 4:0, 0:0 – 1. Olympique Lyon 6:3, 12; 2. Real Betis Sevilla 3:2, 9; 3. Vitoria Guimaraes 6:5, 5; 4. HNK Rijeka 2:7, 4.

Gruppe J: Trabzonspor – Lazio Rom 3:3, 0:0; Apollon Limassol – Trabzonspor 1:2, 2:4; Trabzonspor – Legia Warschau 2:0, 2:0; Apollon Limassol – Lazio Rom 0:0, 1:2; Lazio Rom – Legia Warschau 1:0, 2:0; Legia Warschau – Apollon Limassol 0:1, 2:0 – 1. Trabzonspor 13:6, 14; 2. Lazio Rom 8:4, 12; 3. Apollon Limassol 5:10, 4; 4. Legia Warschau 2:8, 3.

Gruppe K: Anschi Machatschkala – Tottenham Hotspur 0:2, 1:4; Sheriff Tiraspol – Tottenham Hotspur 0:2, 1:2; Tottenham Hotspur – Tromsö IL 3:0, 2:0; Sheriff Tiraspol – Anschi Machatschkala 0:0, 1:1; Anschi Machatschkala – Tromsö IL 1:0, 1:0; Tromsö IL – Sheriff Tiraspol 1:1, 0:2 – 1. Tottenham Hotspur 15:2, 18; 2. Anschi Machatschkala 4:7, 8; 3. Sheriff Tiraspol 5:6, 6; 4. Tromsö IL 1:10, 1.

Gruppe L: AZ Alkmaar – PAOK Saloniki 1:1, 2:2; Maccabi Haifa – AZ Alkmaar 0:1, 0:2; Schachter Qaraghandy – AZ Alkmaar 1:1, 0:1; PAOK Saloniki – Maccabi Haifa 3:2, 0:0; PAOK Saloniki – Schachter Qaraghandy 2:1, 2:0; Schachter Qaraghandy – Maccabi Haifa 2:2, 1:2 – 1. AZ Alkmaar 8:4, 12; 2. PAOK Saloniki 10:6, 12; 3. Maccabi Haifa 6:9, 5; 4. Schachter Qaraghandy 5:10, 2.

Zwischenrunde: FC Porto – Eintracht Frankfurt 2:2, 3:3; Anschi Machatschkala – KRC Genk 0:0, 2:0; Dnipro Dnipropetrowsk – Tottenham Hotspur 1:0, 1:3; Juventus Turin – Trabzonspor 2:0, 2:0; Tschornomorez Odessa – Olympique Lyon 0:0, 0:1; Esbjerg fB – AC Florenz 1:3, 1:1; Dynamo Kiew – FC Valencia 0:2, 0:0; PAOK Saloniki – Benfica Lissabon 0:1, 0:3; Slovan Liberec – AZ Alkmaar 0:1, 1:1; Real Betis Sevilla – Rubin Kasan 1:1, 2:0; Swansea City – SSC Neapel 0:0, 1:3; NK Maribor – FC Sevilla 2:2, 1:2; Viktoria Pilsen – Schachtar Donezk 1:1, 2:1; Lazio Rom – Ludogorez Rasgrad 0:1, 3:3; Ajax Amsterdam – RB Salzburg 0:3, 1:3; Maccabi Tel Aviv – FC Basel 0:0, 0:3.

Achtelfinale: Ludogorez Rasgrad – FC Valencia 0:3, 0:1; FC Porto – SSC Neapel 1:0, 2:2; FC Basel – RB Salzburg 0:0, 2:1; AZ Alkmaar – Anschi Machatschkala 1:0, 0:0; Olympique Lyon – Viktoria Pilsen 4:1, 1:2; FC Sevilla – Real Betis Sevilla 0:2, n. V. 2:0, Elfmeterschießen 4:3; Tottenham Hotspur – Benfica Lissabon 1:3, 2:2; Juventus Turin – AC Florenz 1:1, 1:0.

Viertelfinale: AZ Alkmaar – Benfica Lissabon 0:1, 0:2; Olympique Lyon – Juventus Turin 0:1, 1:2; FC Basel – FC Valencia 3:0, n. V. 0:5; FC Porto – FC Sevilla 1:0, 1:4.

Halbfinale: FC Sevilla – FC Valencia 2:0, 1:3; Benfica Lissabon – Juventus Turin 2:1, 0:0.

Endspiel am 14. Mai in Turin: FC Sevilla – Benfica Lissabon n. V. 0:0, i. E. 4:2

Sevilla: Beto – Coke, Pareja, Fazio, Alberto Moreno – Mbia, Daniel Carrico – Reyes (Marin/Gameiro), Rakitic, Vitolo (Diogo Figueiras) – Bacca.

Tore im Elfmeterschießen: Bacca, Mbia, Coke, Gameiro (Lima, Luisao) – SR: Brych (Deutschland) – Zuschauer: 33 120.

2014/15 FC Sevilla

Qualifikation, 1. Runde: Sliema Wanderers – Ferencvaros Budapest 1:1, 1:2; Jeunesse Esch – FC Dundalk 0:2, 1:3; Shkendija Tetovo – Zimbru Chisinau 2:1, 0:2; Schirak Gjumri – Schachter Qaraghandy 1:2, 0:4; Qairat Almaty – KS Kukesi 1:0, 0:0; Pjunik Erewan – FK Astana 1:4, 0:2; Veris Chisinau – Litex Lovetsch 0:0, 0:3; FK Qäbälä – NK Siroki Brijeg 0:2, 0:3; Santos Tartu – Tromsö IL 0:7, 1:6; Banga Gargzdai – Sligo Rovers 0:0, 0:4; Celik Niksic – FC Koper 0:5, 0:4; MyPa Anjalankoski – IF Fuglafjördur 1:0, 0:0; Kalev Sillamäe – Honka Espoo 2:1, n. V. 2:3; FK Turnovo – Tschichura Satschchere 0:1, 1:3; UE Santa Coloma – Metalurg Skopje 0:3, 0:2; Vaasa PS – IF Brommapojkarna 2:1, 0:2; Botev Plovdiv – Libertas Borgo Maggiore 4:0, 2:0; Sioni Bolnisi – Flamurtari Vlore 2:3, 2:1; FC Tiraspol – Inter Baku 2:3, 1:3; FC Vaduz – College Europa 3:0, 1:0; Rosenborg Trondheim – FK Jelgava 4:0, 2:0; IFK Göteborg – Fola Esch 0:0, 2:0; FC Differdange – Atlantas Klaipeda 1:0, 1:3; Airbus UK Broughton – FK Haugesund 1:1, 1:2; Hibernians Paola – Spartak Trnava 2:4, 0:5; Cukaricki Belgrad – UE Sant Julia 4:0, 0:0; RNK Split – Mika Aschtarak 2:0, 1:1; Rudar Velenje – KF Laci 1:1, n. V. 1:1, Elfmeterschießen 2:3; B36 Torshavn – FC Linfield 1:2, 1:1; Vikingur Göta – Daugava Daugavpils 2:1, 1:1; Diosgyöri VTK – FC Birkirkara 2:1, 4:1; SS Folgore/Falciano – Buducnost Podgorica 1:2, 0:3; Derry City – Aberystwyth Town 4:0, 5:0; FC Aberdeen – Daugava 90 Riga 5:0, 3:0; FC Crusaders – Ekranas Panevezys 3:1, 2:1; Zeljeznicar Sarajevo – Lovcen Cetinje 0:0, 1:0; Fram Reykjavik – JK Nomme Kalju 0:1, 2:2; Stjarnan Gardabaer – Bangor City 4:0, 4:0; FH Hafnarfjördur – FC Glenavon 3:0, 3:2.

Qualifikation, 2. Runde: FK Astana – Hapoel Tel Aviv 3:0, 0:1; Qairat Almaty – Esbjerg fB 1:1, 0:1; MFK Kosice – Slovan Liberec 0:1, 0:3; Neftci Baku – FC Koper 1:2, 2:0; KF Laci – Sorja Luhansk 0:3, 1:2; Dinamo Minsk – MyPa Anjalankoski 3:0, 0:0; Buducnost Podgorica – Omonia Nikosia 0:2, 0:0; AS Trencin – Vojvodina Novi Sad 4:0, 0:3; JK Nomme Kalju – Lech Posen 1:0, 0:3; FK Sestaponi – Spartak Trnava 0:0, 0:3; Atlantas Klaipeda – Schachter Qaraghandy 0:0, 0:3; Ruch Chorzow – FC Vaduz 3:2, 0:0; Rovaniemi PS – Asteras Tripolis 1:1, 2:4; Elfsborg Boras – Inter Baku 0:1, n. V. 1:0, Elfmeterschießen 4:3; Petrolul Ploiesti – Flamurtari Vlore 2:0, 3:1; Botev Plovdiv – SKN St. Pölten 2:1, 0:2; Njoman Hrodna – FH Hafnarfjördur 1:1, 0:2; IF Brommapojkarna – FC Crusaders 4:0, 1:1; FK Mlada Boleslav – NK Siroki Brijeg 2:1, 4:0; Rosenborg Trondheim – Sligo Rovers 1:2, 3:1; CFR Cluj – FK Jagodina 0:0, 1:0; FC Luzern – FC St. Johnstone 1:1, n. V. 1:1, Elfmeterschießen 4:5; ZSKA Sofia – Zimbru Chisinau 1:1, 0:0; Litex Lovetsch – Diosgyöri VTK 0:2, 2:1; Györi ETO FC – IFK Göteborg 0:3, 1:0; Vikingur Göta – Tromsö IL 0:0, 2:1; SV Zulte Waregem – Zawisza Bydgoszcz 2:1, 3:1; Molde FK – ND Gorica 4:1, 1:1; Metalurg Skopje – Zeljeznicar Sarajevo 0:0, 2:2; RNK Split – Hapoel Beer Sheva 2:1, 0:0; Bursaspor – Tschichura Satschchere 0:0, n. V. 0:0, Elfmeterschießen 1:4; HNK Rijeka – Ferencvaros Budapest 1:0, 2:1; Kalev Sillamäe – FK Krasnodar 0:4, 0:5; FC Motherwell – Stjarnan Gardabaer 2:2, n. V. 2:3; FC Aberdeen – FC Groningen 0:0, 2:1; FC Linfield – AIK Solna 1:0, 0:2; Derry City – Schachzjor Salihorsk 0:1, 1:5; FC Dundalk – Hajduk Split 0:2, 2:1; FK Sarajevo – FK Haugesund 0:1, 3:1; Cukaricki Belgrad – SV Grödig 0:4, 2:1.

Qualifikation, 3. Runde: 1. FSV Mainz 05 – Asteras Tripolis 1:0, 1:3; Schachter Qaraghandy – Hajduk Split 4:2, 0:3; FK Astana – AIK Solna 1:1, 3:0; Neftci Baku – Tschichura Satschchere 0:0, 3:2; Astra Giurgiu – Slovan Liberec 3:0, 3:2; Omonia Nikosia – Metalurg Skopje 3:0, 1:0; Dynamo Moskau – Hapoel Ironi Kiryat Shmona 1:1, 2:1; Elfsborg Boras – FH Hafnarfjördur 4:1, 1:2; Ruch Chorzow – Esbjerg fB 0:0, 2:2; Dinamo Minsk – CFR Cluj 1:0, 2:0; IFK Göteborg – FC Rio Ave 0:1, 0:0; FK Mlada Boleslav – Olympique Lyon 1:4, 1:2; IF Brommapojkarna – FC Turin 0:3, 0:4; PSV Eindhoven – SKN St. Pölten 1:0, 3:2; AS Trencin – Hull City 0:0, 1:2; Kardemir Karabükspor – Rosenborg Trondheim 0:0, 1:1; Sorja Luhansk – Molde FK 1:1, 2:1; Young Boys Bern – Ermis Aradippou 1:0, 2:0; Vikingur Göta – HNK Rijeka 1:5, 0:4; RNK Split – Tschornomorez Odessa 2:0, 0:0; SV Zulte Waregem – Schachzjor Salihorsk 2:5, 2:2; Petrolul Ploiesti – Viktoria Pilsen 1:1, 4:1; Club Brügge – Bröndby IF 3:0, 2:0; Real Sociedad San Sebastian – FC Aberdeen 2:0, 3:2; Diosgyöri VTK – FK Krasnodar 1:5, 0:3; Stjarnan Gardabaer – Lech Posen 1:0, 0:0; FK Sarajevo – Atromitos Athen 1:2, n. V. 3:1; FC St. Johnstone – Spartak Trnava 1:2, 1:1; SV Grödig – Zimbru Chisinau 1:2, 1:0.

Play-offs: FK Sarajevo – Borussia Mönchengladbach 2:3, 0:7; Dnipro Dnipropetrowsk – Hajduk Split 2:1, 0:0; Stjarnan Gardabaer – Inter Mailand 0:3, 0:6; FK Astana – FC Villarreal 0:3, 0:4; FK Aqtöbe – Legia Warschau 0:1, 0:2; Dynamo Moskau – Omonia Nikosia 2:2, 2:1; Qarabag Agdam – FC Twente Enschede 0:0, 1:1; Ruch Chorzow – Metalist Charkiw 0:0, n. V. 0:1; AEL Limassol – Tottenham Hotspur 1:2, 0:3; HJK Helsinki – Rapid Wien 2:1, 3:3; PSV Eindhoven – Schachzjor Salihorsk 1:0, 2:0; Elfsborg Boras – FC Rio Ave 2:1, 0:1; Dinamo Minsk – Nacional Funchal 2:0, 3:2; Kardemir Karabükspor – AS St. Etienne 1:0, n. V. 0:1, Elfmeterschießen 3:4; Petrolul Ploiesti – Dinamo Zagreb 1:3, 1:2; Apollon Limassol – Lokomotive Moskau 1:1, 4:1; Young Boys Bern – Debreceni VSC 3:1, 0:0; Sorja Luhansk – Feyenoord Rotterdam 1:1, 3:4; Trabzonspor – FK Rostow 2:0, 0:0; PEC Zwolle – Sparta Prag 1:1, 1:3; Panathinaikos Athen – FC Midtjylland 4:1, 2:1; Zimbru Chisinau – PAOK Saloniki 1:0, 0:4; Spartak Trnava – FC Zürich 1:3, 1:1; Partizan Belgrad – Neftci Baku 3:2, 2:1;

Asteras Tripolis – Maccabi Tel Aviv 2:0, 1:3; Grasshopper-Club Zürich – Club Brügge 1:2, 0:1; RNK Split – FC Turin 0:0, 0:1; Olympique Lyon – Astra Giurgiu 1:2, 1:0; KSC Lokeren OV – Hull City 1:0, 1:2; Real Sociedad San Sebastian – FK Krasnodar 1:0, 0:3; HNK Rijeka – Sheriff Tiraspol 1:0, 3:0.

Gruppenphase, Gruppe A: Borussia Mönchengladbach – FC Villarreal 1:1, 2:2; FC Zürich – Borussia Mönchengladbach 1:1, 0:3; Borussia Mönchengladbach – Apollon Limassol 5:0, 2:0; FC Villarreal – FC Zürich 4:1, 2:3; FC Villarreal – Apollon Limassol 4:0, 2:0; Apollon Limassol – FC Zürich 3:2, 1:3 – 1. Borussia Mönchengladbach 14:4, 12; 2. FC Villarreal 15:7, 11; 3. FC Zürich 10:14, 7; 4. Apollon Limassol 4:18, 3.

Gruppe B: Club Brügge – FC Turin 0:0, 0:0; HJK Helsinki – Club Brügge 0:3, 1:2; Club Brügge – FC Kopenhagen 1:1, 4:0; FC Turin – HJK Helsinki 2:0, 1:2; FC Turin – FC Kopenhagen 1:0, 5:1; FC Kopenhagen – HJK Helsinki 2:0, 1:2 – 1. Club Brügge 10:2, 12; 2. FC Turin 9:3, 11; 3. HJK Helsinki 5:11, 6; 4. FC Kopenhagen 5:13, 4.

Gruppe C: Tottenham Hotspur – Besiktas Istanbul 1:1, 0:1; Besiktas Istanbul – Asteras Tripolis 1:1, 2:2; Partizan Belgrad – Besiktas Istanbul 0:4, 1:2; Tottenham Hotspur – Asteras Tripolis 5:1, 2:1; Partizan Belgrad – Tottenham Hotspur 0:0, 0:1; Asteras Tripolis – Partizan Belgrad 2:0, 0:0 – 1. Besiktas Istanbul 11:5, 12; 2. Tottenham Hotspur 9:4, 11; 3. Asteras Tripolis 7:10, 6; 4. Partizan Belgrad 1:9, 2.

Gruppe D: RB Salzburg – Celtic Glasgow 2:2, 3:1; RB Salzburg – Dinamo Zagreb 4:2, 5:1; Astra Giurgiu – RB Salzburg 1:2, 1:5; Celtic Glasgow – Dinamo Zagreb 1:0, 3:4; Celtic Glasgow – Astra Giurgiu 2:1, 1:1; Dinamo Zagreb – Astra Giurgiu 5:1, 0:1 – 1. RB Salzburg 21:8, 16; 2. Celtic Glasgow 10:11, 8; 3. Dinamo Zagreb 12:15, 6; 4. Astra Giurgiu 6:15, 4.

Gruppe E: Dynamo Moskau – PSV Eindhoven 1:0, 1:0; Estoril Praia – Dynamo Moskau 1:2, 0:1; Panathinaikos Athen – Dynamo Moskau 1:2, 1:2; PSV Eindhoven – Estoril Praia 1:0, 3:3; PSV Eindhoven – Panathinaikos Athen 1:1, 3:2; Estoril Praia – Panathinaikos Athen 2:0, 1:1 – 1. Dynamo Moskau 9:3, 18; 2. PSV Eindhoven 8:8, 8; 3. Estoril Praia 7:8, 5; 4. Panathinaikos Athen 6:11, 2.

Gruppe F: Dnipro Dnipropetrowsk – Inter Mailand 0:1, 1:2; Inter Mailand – Qarabag Agdam 2:0, 0:0; Inter Mailand – AS St. Etienne 0:0, 1:1; Dnipro Dnipropetrowsk – Qarabag Agdam 0:1, 2:1; AS St. Etienne – Dnipro Dnipropetrowsk 0:0, 0:1; Qarabag Agdam – AS St. Etienne 0:0, 1:1 – 1. Inter Mailand 6:2, 12; 2. Dnipro Dnipropetrowsk 4:5, 7; 3. Qarabag Agdam 3:5, 6; 4. AS St. Etienne 2:3, 5.

Gruppe G: FC Sevilla – Feyenoord Rotterdam 2:0, 0:2; HNK Rijeka – Feyenoord Rotterdam 3:1, 0:2; Feyenoord Rotterdam – Standard Lüttich 2:1, 3:0; HNK Rijeka – FC Sevilla 2:2, 0:1; Standard Lüttich – FC Sevilla 0:0, 1:3; Standard Lüttich – HNK Rijeka 2:0, 0:2 – 1. Feyenoord Rotterdam 10:6, 12; 2. FC Sevilla 8:5, 11; 3. HNK Rijeka 7:8, 7; 4. Standard Lüttich 4:10, 4.

Gruppe H: FC Everton – VfL Wolfsburg 4:1, 2:0; FK Krasnodar – FC Everton 1:1, 1:0; Lille OSC – FC Everton 0:0, 0:3; FK Krasnodar – VfL Wolfsburg 2:4, 1:5; VfL Wolfsburg – Lille OSC 1:1, 3:0; Lille OSC – FK Krasnodar 1:1, 1:1 – 1. FC Everton 10:3, 11; 2. VfL Wolfsburg 14:10, 10; 3. FK Krasnodar 7:12, 6; 4. Lille OSC 3:9, 4.

Gruppe I: Young Boys Bern – SSC Neapel 2:0, 0:3; SSC Neapel – Sparta Prag 3:1, 0:0; Slovan Bratislava – SSC Neapel 0:2, 0:3; Sparta Prag – Young Boys Bern 3:1, 0:2; Young Boys Bern – Slovan Bratislava 5:0, 3:1; Slovan Bratislava – Sparta Prag 0:3, 0:4 – 1. SSC Neapel 11:3, 13; 2. Young Boys Bern 13:7, 12; 3. Sparta Prag 11:6, 10; 4. Slovan Bratislava 1:20, 0.

Gruppe J: Aalborg BK – Dynamo Kiew 3:0, 0:2; Dynamo Kiew – Steaua Bukarest 3:1, 2:0; FC Rio Ave – Dynamo Kiew 0:3, 0:2; Steaua Bukarest – Aalborg BK 6:0, 0:1; Aalborg BK – FC Rio Ave 1:0, 0:2; Steaua Bukarest – FC Rio Ave 2:1, 2:2 – 1. Dynamo Kiew 12:4, 15; 2. Aalborg BK 5:10, 9; 3. Steaua Bukarest 11:9, 7; 4. FC Rio Ave 5:10, 4.

Gruppe K: AC Florenz – EA Guingamp 3:0, 2:1; PAOK Saloniki – AC Florenz 0:1, 1:1; Dinamo Minsk – AC Florenz 0:3, 2:1; EA Guingamp – PAOK Saloniki 2:0, 2:1; Dinamo Minsk – EA Guingamp 0:0, 0:2; PAOK Saloniki – Dinamo Minsk 6:1, 2:0 – 1. AC Florenz 11:4, 13; 2. EA Guingamp 7:6, 10; 3. PAOK Saloniki 10:7, 7; 4. Dinamo Minsk 3:14, 4.

Gruppe L: Trabzonspor – Legia Warschau 0:1, 0:2; Legia Warschau – KSC Lokeren OV 1:0, 0:1; Metalist Charkiw – Legia Warschau 0:1, 1:2; Trabzonspor – KSC Lokeren OV 2:0, 1:1; Metalist Charkiw – Trabzonspor 1:2, 1:3; KSC Lokeren OV – Metalist Charkiw 1:0, 1:0 – 1. Legia Warschau 7:2, 15; 2. Trabzonspor 8:6, 10; 3. KSC Lokeren OV 4:4, 10; 4. Metalist Charkiw 3:10, 0.

Zwischenrunde: VfL Wolfsburg – Sporting Lissabon 2:0, 0:0; FC Sevilla – Bor. Mönchengladbach 1:0, 3:2; Young Boys Bern – FC Everton 1:4, 1:3; FC Turin – Athletic Bilbao 2:2, 3:2; Aalborg BK – Club Brügge 1:3, 0:3; Dnipro Dnipropetrowsk – Olympiakos Piräus 2:0, 2:2; Trabzonspor – SSC Neapel 0:4, 0:1; AS Rom – Feyenoord Rotterdam 1:1, 2:1; PSV Eindhoven – Zenit St. Petersburg 0:1, 0:3; Ajax Amsterdam – Legia Warschau 1:0, 3:0; RSC Anderlecht – Dynamo Moskau 0:0, 1:3; EA Guingamp – Dynamo Kiew 2:1, 1:3; FC Villarreal – RB Salzburg 2:1, 3:1; FC Liverpool – Besiktas Istanbul 1:0, n. V. 0:1, Elfmeterschießen 4:5; Tottenham Hotspur – AC Florenz 1:1, 0:2; Celtic Glasgow – Inter Mailand 3:3, 0:1.

Achtelfinale: VfL Wolfsburg – Inter Mailand 3:1, 2:1; Zenit St. Petersburg – FC Turin 2:0, 0:1; Dnipro Dnipropetrowsk – Ajax Amsterdam 1:0, n. V. 1:2; Club Brügge – Besiktas Istanbul 2:1, 3:1; FC Everton – Dynamo Kiew 2:1, 2:5; FC Villarreal – FC Sevilla 1:3, 1:2; SSC Neapel – Dynamo Moskau 3:1, 0:0; AC Florenz – AS Rom 1:1, 3:0.
Viertelfinale: VfL Wolfsburg – SSC Neapel 1:4, 2:2; FC Sevilla – Zenit St. Petersburg 2:1, 2:2; Club Brügge – Dnipro Dnipropetrowsk 0:0, 0:1; Dynamo Kiew – AC Florenz 1:1, 0:2.
Halbfinale: SSC Neapel – Dnipro Dnipropetrowsk 1:1, 0:1; FC Sevilla – AC Florenz 3:0, 2:0.

Endspiel am 27. Mai in Warschau: Dnipro Dnipropetrowsk – FC Sevilla 2:3 (2:2)
Sevilla: Sergio Rico – Vidal, Daniel Carrico, Kolodziejczak, Tremoulinas – Mbia, Krychowiak – Reyes (Coke), Banega (Iborra), Vitolo – Bacca (Gameiro).
Tore: Bacca 2, Krychowiak (Kalinic, Rotan für Dnipro) – SR: Atkinson (England) – Zuschauer: 45 000.

2015/16 FC Sevilla

Qualifikation, 1. Runde: Balzan Youths – Zeljeznicar Sarajevo 0:2, 0:1; Progres Niedercorn – Shamrock Rovers 0:0, 0:3; Renova Dzepciste – Dacia Chisinau 0:1, 1:4; Ordabassy Schymkent – Beitar Jerusalem 0:0, 1:2; Schirak Gjumri – Zrinjski Mostar 2:0, 1:2; Alashkert Martuni – FC St. Johnstone 1:0, 1:2; Kruoja Pakruojis – Jagiellonia Bialystok 0:1, 0:8; KF Laci – Inter Baku 1:1, 0:0; Olimpik Sarajevo – Spartak Trnava 1:1, 0:0; Skonto Riga – St. Patrick's Athletic 2:1, 2:0; UE Sant Julia – Randers FC 0:1, 0:3; SJK Seinäjoki – FH Hafnarfjördur 0:1, 0:1; FC Lahti – Elfsborg Boras 2:2, 0:5; Atlantas Klaipeda – Beroe Stara Sagora 0:2, 1:3; Vaasan PS – AIK Solna 2:2, 0:4; Neftci Baku – Mladost Podgorica 2:2, 1:1; KS Kukesi – Torpedo Schodsina 2:0, 0:0; FK Jelgava – Litex Lovetsch 1:1, 2:2; Dinamo Tiflis – FK Qäbälä 2:1, 0:2; FK Aqtöbe – JK Nomme Kalju 0:1, 0:0; Flora Tallinn – Rabotnicki Skopje 1:0, 0:2; Dinamo Batumi – Omonia Nikosia 1:0, 0:2; Debreceni VSC – Sutjeska Niksic 3:0, 0:2; Kalev Sillamäe – Hajduk Split 1:1, 2:6; Strömsgodset Drammen – Partizani Tirana 3:1, 1:0; Bröndby IF – AC Juvenes/Dogana 9:0, 2:0; FC Botosani – FC Zchinwali 1:1, 3:1; Sheriff Tiraspol – Odds BK Skien 0:3, 0:0; FC Differdange 03 – Bala Town 3:1, 1:2; FK Trakai – HB Torshavn 3:0, 4:1; Saxan Ceadir Lunga – Apollon Limassol 0:2, 0:2; College Europa – Slovan Bratislava 0:6, 0:3; Airbus UK Broughton – Lokomotiva Zagreb 1:3, 2:2; Vikingur Göta – Rosenborg Trondheim 0:2, 0:0; NK Domzale – Cukaricki Belgrad 0:1, 0:0; NK Celje – Slask Breslau 0:1, 1:3; Go Ahead Eagles – Ferencvaros Budapest 1:1, 1:4; AFC Newtown – FC Valletta 2:1, 2:1; MTK Budapest – Vojvodina Novi Sad 0:0, 1:3; Buducnost Podgorica – Spartaks Jurmala 1:3, 0:0; SP La Fiorita – FC Vaduz 0:5, 1:5; FC Linfield – NSI Runavik 2:0, 3:4; UC Dublin – F91 Dudelange 1:0, 1:2; FC Birkirkara – Ulisses Erewan 0:0, 3:1; FC Glenavon – Schachzjor Salihorsk 1:2, 0:3; West Ham United – FC Lusitanos 3:0, 1:0; Roter Stern Belgrad – Qairat Almaty 0:2, 1:2; Cork City – KR Reykjavik 1:1, n. V. 1:2; FC Glentoran – MSK Zilina 1:4, 0:3; Shkendija Tetovo – FC Aberdeen 1:1, 0:0; Vikingur Reykjavik – FC Koper 0:1, 2:2.
Qualifikation, 2. Runde: Qairat Almaty – Alashkert Martuni 3:0, 1:2; FK Jelgava – Rabotnicki Skopje 1:0, 0:2; Dacia Chisinau – MSK Zilina 1:2, 2:4; Skonto Riga – Debreceni VSC 2:2, 2:9; Randers FC – Elfsborg Boras 0:0, n. V. 0:1; Schachzjor Salihorsk – Wolfsberger AC 0:1, 0:2; Beroe Stara Sagora – Bröndby IF 0:1, 0:0; Hapoel Beer Sheva – FC Thun 1:1, 1:2; AIK Solna – Schirak Gjumri 2:0, 2:0; FK Mlada Boleslav – Strömsgodset Drammen 1:2, 1:0; Tscherno More Varna – Dinamo Minsk 1:1, 0:4; Apollon Limassol – FK Trakai 4:0, 0:0; FC Koper – Hajduk Split 3:2, 1:4; KS Kukesi – Mladost Podgorica 0:1, 4:2; RSC Charleroi – Beitar Jerusalem 5:1, 4:1; FC Vaduz – JK Nomme Kalju 3:1, 2:0; FC Kopenhagen – AFC Newtown 2:0, 3:1; Lokomotiva Zagreb – PAOK Saloniki 2:1, 0:6; Trabzonspor – FC Differdange 03 1:0, 2:1; Spartak Trnava – FC Linfield 2:1, 3:1; Slovan Bratislava – UC Dublin 1:0, 5:1; Ferencvaros Budapest – Zeljeznicar Sarajevo 0:1, 0:2; Vojvodina Novi Sad – Spartaks Jurmala 3:0, 1:1; Jagiellonia Bialystok – Omonia Nikosia 0:0, 0:1; Cukaricki Belgrad – FK Qäbälä 1:0, 0:2; Slask Breslau – IFK Göteborg 0:0, 0:2; West Ham United – FC Birkirkara 1:0, n. V. 0:1, Elfmeterschießen 5:3; Inverness CT – Astra Giurgiu 0:1, 0:0; Shamrock Rovers – Odds BK Skien 0:2, 1:2; Legia Warschau – FC Botosani 1:0, 3:0; HNK Rijeka – FC Aberdeen 0:3, 2:2; KR Reykjavik – Rosenborg Trondheim 0:1, 0:3; FH Hafnarfjördur – Inter Baku 1:2, n. V. 2:2.
Qualifikation, 3. Runde: Wolfsberger AC – Borussia Dortmund 0:1, 0:5; FK Jablonec – FC Kopenhagen 0:1, 3:2; Qairat Almaty – FC Aberdeen 2:1, 1:1; Elfsborg Boras – Odds BK Skien 2:1, 0:2; PAOK Saloniki – Spartak Trnava 1:0, 1:1; Slovan Liberec – Hapoel Ironi Kiryat Shmona 2:1, 3:0; Apollon Limassol – FK Qäbälä 1:1, 0:1; Sturm Graz – Rubin Kasan 2:3, 1:1; SCR Altach – Vitoria Guimaraes 2:1, 4:1; FK Krasnodar – Slovan Bratislava 2:0, 3:3; AIK Solna – Atromitos Athen 1:3, 0:1; FC Zürich – Dinamo Minsk 0:1, n. V. 1:1; MSK Zilina – Worskla Poltawa 2:0, n. V. 1:3; AZ Alkmaar –

Istanbul Basaksehir 2:0, 2:1; FC Thun – FC Vaduz 0:0, 2:2; ASA Targu-Mures – AS St. Etienne 0:3, 2:1; KS Kukesi – Legia Warschau 0:3, 0:1; Rabotnicki Skopje – Trabzonspor 1:0, n. V. 1:1; Debreceni VSC – Rosenborg Trondheim 2:3, 1:3; Bröndby IF – Omonia Nikosia 0:0, 2:2; Girondins Bordeaux – AEK Larnaka 3:0, 1:0; RSC Charleroi – Sorja Luhansk 0:2, 0:3; Standard Lüttich – Zeljeznicar Sarajevo 2:1, 1:0; Athletic Bilbao – Inter Baku 2:0, 0:0; West Ham United – Astra Giurgiu 2:2, 1:2; Sampdoria Genua – Vojvodina Novi Sad 0:4, 2:0; Hajduk Split – Strömsgodset Drammen 2:0, 2:0; CF Belenenses – IFK Göteborg 2:1, 0:0; FC Southampton – Vitesse Arnhem 3:0, 2:0.
Play-offs: Odds BK Skien – Borussia Dortmund 3:4, 2:7; FK Qäbälä – Panathinaikos Athen 0:0, 2:2; Dinamo Minsk – RB Salzburg 2:0, n. V. 0:2, Elfmeterschießen 3:2; Astra Giurgiu – AZ Alkmaar 3:2, 0:2; Ajax Amsterdam – FK Jablonec 1:0, 0:0; Sorja Luhansk – Legia Warschau 0:1, 2:3; Molde FK – Standard Lüttich 2:0, 1:3; PAOK Saloniki – Bröndby IF 5:0, 1:1; Slovan Liberec – Hajduk Split 1:0, 1:0; FK Krasnodar – HJK Helsinki 5:1, 0:0; Sparta Prag – FC Thun 3:1, 3:3; Milsami Orhei – AS St. Etienne 1:1, 0:1; Steaua Bukarest – Rosenborg Trondheim 0:3, 1:0; Young Boys Bern – Qarabaq Agdam 0:1, 0:3; Rabotnicki Skopje – Rubin Kasan 1:1, 0:1; Atromitos Athen – Fenerbahce Istanbul 0:1, 0:3; MSK Zilina – Athletic Bilbao 3:2, 0:1; SCR Altach – CF Belenenses 0:1, 0:0; Girondins Bordeaux – Qairat Almaty 1:0, 1:2; Viktoria Pilsen – Vojvodina Novi Sad 3:0, 2:0; Lech Posen – Videoton FC 3:0, 1:0; FC Southampton – FC Midtjylland 1:1, 0:1.
Gruppenphase, Gruppe A: Fenerbahce Istanbul – Molde FK 1:3, 2:0; Molde FK – Ajax Amsterdam 1:1, 1:1; Molde FK – Celtic Glasgow 3:1, 2:1; Fenerbahce Istanbul – Ajax Amsterdam 1:0, 0:0; Celtic Glasgow – Fenerbahce Istanbul 2:2, 1:1; Ajax Amsterdam – Celtic Glasgow 2:2, 2:1 – 1. Molde FK 10:7, 11; 2. Fenerbahce Istanbul 7:6, 9; 3. Ajax Amsterdam 6:6, 7; 4. Celtic Glasgow 8:12, 3.
Gruppe B: FC Liverpool – FC Sion 1:1, 0:0; FC Liverpool – Rubin Kasan 1:1, 1:0; Girondins Bordeaux – FC Liverpool 1:1, 1:2; FC Sion – Rubin Kasan 2:1, 0:2; Girondins Bordeaux – FC Sion 0:1, 1:1; Rubin Kasan – Girondins Bordeaux 0:0, 2:2 – 1. FC Liverpool 6:4, 10; 2. FC Sion 5:5, 9; 3. Rubin Kasan 6:6, 6; 4. Girondins Bordeaux 5:7, 4.
Gruppe C: Borussia Dortmund – FK Krasnodar 2:1, 0:1; PAOK Saloniki – FK Krasnodar 0:0, 1:2; FK Krasnodar – FK Qäbälä 2:1, 3:0; PAOK Saloniki – Borussia Dortmund 1:1, 1:0; FK Qäbälä – Borussia Dortmund 1:3, 0:4; FK Qäbälä – PAOK Saloniki 0:0, 0:0 – 1. FK Krasnodar 9:4, 13; 2. Borussia Dortmund 10:5, 10; 3. PAOK Saloniki 3:3, 7; 4. FK Qäbälä 2:12, 2.
Gruppe D: FC Midtjylland – SSC Neapel 1:4, 0:5; SSC Neapel – Club Brügge 5:0, 1:0; Legia Warschau – SSC Neapel 0:2, 2:5; Club Brügge – FC Midtjylland 1:3, 1:1; FC Midtjylland – Legia Warschau 1:0, 0:1; Legia Warschau – Club Brügge 1:1, 0:1 – 1. SSC Neapel 22:3, 18; 2. FC Midtjylland 6:12, 7; 3. Club Brügge 4:11, 5; 4. Legia Warschau 4:10, 4.
Gruppe E: Rapid Wien – FC Villarreal 2:1, 0:1; Rapid Wien – Viktoria Pilsen 3:2, 2:1; Dinamo Minsk – Rapid Wien 0:1, 1:2; FC Villarreal – Viktoria Pilsen 1:0, 3:3; FC Villarreal – Dinamo Minsk 4:0, 2:1; Viktoria Pilsen – Dinamo Minsk 2:0, 0:1 – 1. Rapid Wien 10:6, 15; 2. FC Villarreal 12:6, 13; 3. Viktoria Pilsen 8:10, 4; 4. Dinamo Minsk 3:11, 3.
Gruppe F: Sporting Braga – Olympique Marseille 3:2, 0:1; Slovan Liberec – Sporting Braga 0:1, 1:2; Sporting Braga – FC Groningen 1:0, 0:0; Olympique Marseille – Slovan Liberec 0:1, 4:2; FC Groningen – Olympique Marseille 0:3, 1:2; Slovan Liberec – FC Groningen 1:1, 1:0 – 1. Sporting Braga 7:4, 13; 2. Olympique Marseille 12:7, 12; 3. Slovan Liberec 6:8, 7; 4. FC Groningen 2:8, 2.
Gruppe G: Lazio Rom – AS St. Etienne 3:2, 1:1; Dnipro Dnipropetrowsk – Lazio Rom 1:1, 1:3; Lazio Rom – Rosenborg Trondheim 3:1, 2:0; Dnipro Dnipropetrowsk – AS St. Etienne 0:1, 0:3; AS St. Etienne – Rosenborg Trondheim 2:2, 1:1; Rosenborg Trondheim – Dnipro Dnipropetrowsk 0:1, 0:3 – 1. Lazio Rom 13:6, 14; 2. AS St. Etienne 10:7, 9; 3. Dnipro Dnipropetrowsk 6:8, 7; 4. Rosenborg Trondheim 4:12, 2.
Gruppe H: Sporting Lissabon – Lokomotive Moskau 1:3, 4:2; Lokomotive Moskau – Besiktas Istanbul 1:1, 1:1; Lokomotive Moskau – Skenderbeu Korce 2:0, 3:0; Besiktas Istanbul – Sporting Lissabon 1:1, 1:3; Sporting Lissabon – Skenderbeu Korce 5:1, 0:3; Skenderbeu Korce – Besiktas Istanbul 0:1, 0:2 – 1. Lokomotive Moskau 12:7, 11; 2. Sporting Lissabon 14:11, 10; 3. Besiktas Istanbul 7:6, 9; 4. Skenderbeu Korce 4:13, 3.
Gruppe I: AC Florenz – FC Basel 1:2, 2:2; FC Basel – Lech Posen 2:0, 1:0; FC Basel – CF Belenenses 1:2, 2:0; AC Florenz – Lech Posen 1:2, 2:0; CF Belenenses – AC Florenz 0:4, 0:1; Lech Posen – CF Belenenses 0:0, 0:0 – 1. FC Basel 10:5, 13; 2. AC Florenz 11:6, 10; 3. Lech Posen 2:6, 5; 4. CF Belenenses 2:8, 5.
Gruppe J: RSC Anderlecht – Tottenham Hotspur 2:1, 1:2; AS Monaco – Tottenham Hotspur 1:1, 1:4; Tottenham Hotspur – Qarabag Agdam 3:1, 1:0;
RSC Anderlecht – AS Monaco 1:1, 2:0; Qarabag Agdam – RSC Anderlecht 1:0, 1:2; AS Monaco – Qarabag Agdam 1:0, 1:1 – 1. Tottenham Hotspur 12:6, 13; 2. RSC Anderlecht 8:6, 10; 3. AS Monaco 5:9, 6; 4. Qarabag Agdam 4:8, 4.
Gruppe K: FC Schalke 04 – Sparta Prag 2:2, 1:1; FC Schalke 04 – Asteras Tripolis 4:0, 4:0; APOEL

Nikosia – FC Schalke 04 0:3, 0:1; Asteras Tripolis – Sparta Prag 1:1, 0:1; Sparta Prag – APOEL Nikosia 2:0, 3:1; APOEL Nikosia – Asteras Tripolis 2:1, 0:2 – 1. FC Schalke 04 15:3, 14; 2. Sparta Prag 10:5, 12; 3. Asteras Tripolis 4:12, 4; 4. APOEL Nikosia 3:12, 3.
Gruppe L: Athletic Bilbao – FC Augsburg 3:1, 3:2; Partizan Belgrad – Athletic Bilbao 0:2, 1:5; AZ Alkmaar – Athletic Bilbao 2:1, 2:2; FC Augsburg – Partizan Belgrad 1:3, 3:1; AZ Alkmaar – FC Augsburg 0:1, 1:4; Partizan Belgrad – AZ Alkmaar 3:2, 2:1 – 1. Athletic Bilbao 16:8, 13; 2. FC Augsburg 12:11, 9; 3. Partizan Belgrad 10:14, 9; 4. AZ Alkmaar 8:13, 4.
Zwischenrunde: Borussia Dortmund – FC Porto 2:0, 1:0; FC Augsburg – FC Liverpool 0:0, 0:1; Schachtar Donezk – FC Schalke 04 0:0, 3:0; Sporting Lissabon – Bayer 04 Leverkusen 0:1, 1:3; Fenerbahce Istanbul – Lokomotive Moskau 2:0, 1:1; AC Florenz – Tottenham Hotspur 1:1, 0:3; RSC Anderlecht – Olympiakos Piräus 1:0, n. V. 2:1; FC Midtjylland – Manchester United 2:1, 1:5; FC Sevilla – Molde FK 3:0, 0:1; FC Villarreal – SSC Neapel 1:0, 1:1; AS St. Etienne – FC Basel 3:2, 1:2; FC Valencia – Rapid Wien 6:0, 4:0; Sparta Prag – FK Krasnodar 1:0, 3:0; Galatasaray Istanbul – Lazio Rom 1:1, 1:3; FC Sion – Sporting Braga 1:2, 2:2; Olympique Marseille – Athletic Bilbao 0:1, 1:1.
Achtelfinale: Borussia Dortmund – Tottenham Hotspur 3:0, 2:1; FC Villarreal – Bayer 04 Leverkusen 2:0, 0:0; Schachtar Donezk – RSC Anderlecht 3:1, 1:0; FC Basel – FC Sevilla 0:0, 0:3; Fenerbahce Istanbul – Sporting Braga 1:0, 1:4; Athletic Bilbao – FC Valencia 1:0, 1:2; FC Liverpool – Manchester United 2:0, 1:1; Sparta Prag – Lazio Rom 1:1, 3:0.
Viertelfinale: Borussia Dortmund – FC Liverpool 1:1, 3:4; Sporting Braga – Schachtar Donezk 1:2, 0:4; FC Villarreal – Sparta Prag 2:1, 4:2; Athletic Bilbao – FC Sevilla 1:2, n. V. 2:1, Elfmeterschießen 4:5.
Halbfinale: Schachtar Donezk – FC Sevilla 2:2, 1:3; FC Villarreal – FC Liverpool 1:0, 0:3.

Endspiel am 18. Mai in Basel: FC Liverpool – FC Sevilla 1:3 (1:0)
Sevilla: Soria – Mariano, Rami (Kolodziejczak), Daniel Carrico, – Krychowiak, Nzonzi – Coke, Banega (Cristoforo), Vitolo – Gameiro (Iborra)
Tore: Coke 2, Gameiro (Sturridge für Liverpool) – SR: Eriksson (Schweden) – Zuschauer: 35 000.

2016/17 Manchester United
Qualifikation, 1. Runde: Rabotnicki Skopje – Buducnost Podgorica 1:1, 0:1; Partizani Tirana – Slovan Bratislava 0:0, -:- (Rückspiel nicht ausgetragen, Partizani rückte für Skenderbeu Korce in die Champions-League-Qualifikation auf); Kapaz Gäncä – Dacia Chisinau 0:0, 1:0; St. Patrick's Athletic – Jeunesse Esch 1:0, 1:2; Dila Gori – Schirak Gjumri 1:0, n. V. 0:1, Elfmeterschießen 1:4; FK Aqtöbe – MTK Budapest 1:1, 0:2; UE Santa Coloma – Lokomotiva Zagreb 1:3, 1:4; FC Admira Wacker – Spartak Myjava 1:1, 3:2; FK Ventspils – Vikingur Göta 2:0, 2:0; Bokelj Kotor – Vojvodina Novi Sad 1:1, 0:5; Atlantas Klaipeda – HJK Helsinki 0:2, 1:1; Sloboda Tuzla – Beitar Jerusalem 0:0, 0:1; Dinamo Minsk – Spartaks Jurmala 2:1, 2:0; Videoton Szekesfehervsr – Zaria Balti 3:0, 0:2; Balzan Youths – Neftci Baku 0:2, 2:1; Banants Erewan – Omonia Nikosia 0:1, n. V. 1:4; FK Trakai – Nomme Kalju 2:1, 1:4; Levadia Tallinn – HB Torshavn 1:1, 2:0; IFK Göteborg – Llandudno FC 5:0, 2:1; AIK Solna – Bala Town 2:0, 2:0; Europa FC – Pjunik Erewan 2:0, 1:2; Slavia Sofia – Zaglebie Lubin 1:0, 0:3; AEK Larnaka – SS Folgore/Falciano 3:0, 3:1; KS Kukesi – Rudar Pljevlja 1:1, 1:0; FC Vaduz – Sileks Kratovo 3:1, 2:1; Odds BK Skien – IFK Mariehamn 2:0, 1:1; NK Siroki Brijeg – FC Birkirkara 1:1, 0:2; FK Qäbälä – FK Samtredia 5:1, 1:2; Zimbru Chisinau – Tschichura Satschchere 0:1, 3:2; FC Differdange 03 – FC Cliftonville 1:1, 0:2; FC Midtjylland – Suduva Marijampole 1:0, 1:0; Maccabi Tel Aviv – ND Gorica 3:0, 1:0
Beroe Stara Sagora – Radnik Bijeljina 0:0, 2:0; NSI Runavik – Schachzjor Salihorsk 0:2, 0:5; Teuta Durres – Qairat Almaty 0:1, 0:5; NK Domzale – FC Lusitanos 3:1, 2:1; Connah's Quay FC – Stabaek IF 0:0, 1:0; Spartak Trnava – Hibernians Paola 3:0, 3:0; SP La Fiorita – Debreceni VSC 0:5, 0:2; Cukaricki Belgrad – Ordabassy Schymkent 3:0, 3:3; FC Aberdeen – Fola Esch 3:1, 0:1; FC Linfield – Cork City 0:1, 1:1; Heart of Midlothian – Infonet Tallinn 2:1, 4:2; Shamrock Rovers – Rovaniemen PS 0:2, 1:1; Shkendija Tetovo – Cracovia Krakau 2:0, 2:1; KR Reykjavik – FC Glenavon 2:1, 6:0; UMF Breidablik Kopavogur – FK Jelgava 2:3, 2:2; Valur Reykjavik – Bröndby IF 1:4, 0:6.
Qualifikation, 2. Runde: Schirak Gjumri – Spartak Trnava 1:1, 0:2; Qairat Almaty – Maccabi Tel Aviv 1:1, 1:2; Dinamo Minsk – St. Patrick's Athletic 1:1, 1:0; Rovaniemen PS – Lokomotiva Zagreb 1:1, 0:3; Neftci Baku – Shkendija Tetovo 0:0, 0:1; Levadia Tallinn – Slavia Prag 3:1, 0:2; FC Midtjylland – FC Vaduz 3:0, 2:2; Debreceni VSC – Torpedo Schodsina 1:2, 0:1; Zimbru Chisinau – Osmanlispor 2:2, 0:5; Beitar Jerusalem – Omonia Nikosia 1:0, 2:3; FC Admira Wacker – Kapaz Gäncä 1:0, 2:0; BK Häcken – Cork City 1:1, 0:1; AIK Solna – Europa FC 1:0, 1:0; Sönderjysk Elitesport – Strömsgodset

Drammen 2:1, n. V. 2:2; Maccabi Haifa – Nomme Kalju 1:1, n. V. 1:1, Elfmeterschießen 3:5; Schachzjor Salihorsk – NK Domzale 1:1, 1:2; Beroe Stara Sagora – HJK Helsinki 1:1, 0:1; Vojvodina Novi Sad – Connah's Quay FC 1:0, 2:1; NK Maribor – Levski Sofia 0:0, 1:1; PAS Ioannina – Odds BK Skien 3:0, n. V. 1:3; C.S.M.P. Iasi – Hajduk Split 2:2, 1:2; KRC Genk – Buducnost Podgorica 2:0, n. V. 0:2, Elfmeterschießen 4:2; Partizan Belgrad – Zaglebie Lubin 0:0, n. V. 0:0, Elfmeterschießen 3:4; Slovan Bratislava – FK Jelgava 0:0, 0:3; MTK Budapest – FK Qäbälä 1:2, 0:2; FC Birkirkara – Heart of Midlothian 0:0, 2:1; Videoton Szekesfehervar – Cukaricki Belgrad 2:0, 1:1; Hibernian Edinburgh – Bröndby IF 0:1, n. V. 1:0, Elfmeterschießen 3:5; Piast Gleiwitz – IFK Göteborg 0:3, 0:0; FC Aberdeen – FK Ventspils 3:0, 1:0; FC Cliftonville – AEK Larnaka 2:3, 0:2; Austria Wien – KS Kukesi 1:0, 4:1; KR Reykjavik – Grasshopper Club Zürich 3:3, 1:2.

Qualifikation, 3. Runde: Hertha BSC – Bröndby IF 1:0, 1:3; AEK Larnaka – Spartak Moskau 1:1, 1:0; PFK Oleksandrija – Hajduk Split 0:3, 1:3; Heracles Almelo – FC Arouca 1:1, 0:0; Lokomotiva Zagreb – Worskla Poltawa 0:0, 3:2; Zaglebie Lubin – Sönderjysk Elitesport 1:2, 1:1; Austria Wien – Spartak Trnava 0:1, n. V. 1:0, Elfmeterschießen 5:4; Slavia Prag – FC Rio Ave 0:0, 1:1; IFK Göteborg – HJK Helsinki 1:2, 2:0; Torpedo Schodsina – Rapid Wien 0:0, 0:3; Lille OSC – FK Qäbälä 1:1, 0:1; FK Jelgava – Beitar Jerusalem 1:1, 0:3; Istanbul Basaksehir – HNK Rijeka 0:0, 2:2; FC Birkirkara – FK Krasnodar 0:3, 1:3; FC Luzern – Sassuolo Calcio 1:1, 0:3; Grasshopper Club Zürich – Apollon Limassol 2:1, n. V. 3:3; Pandurii Targu Jiu – Maccabi Tel Aviv 1:3, 1:2; Vojvodina Novi Sad – Dinamo Minsk 1:1, 2:0; Panathinaikos Athen – AIK Solna 1:0, 2:0; Osmanlispor – Nomme Kalju 1:0, 2:0; KRC Genk – Cork City 1:0, 2:1; Shkendija Tetovo – FK Mlada Boleslav 2:0, 0:1; Videoton Szekesfehervar – FC Midtjylland 0:1, n. V. 1:1; KAA Gent – Viitorul Constanta 5:0, 0:0; NK Domzale – West Ham United 2:1, 0:3; FC Aberdeen – NK Maribor 1:1, 0:1; AZ Alkmaar – PAS Ioannina 1:0, 2:1; AS Saint-Etienne – AEK Athen 0:0, 1:0; FC Admira Wacker – Slovan Liberec 1:2, 0:2.

Play-offs: Beitar Jerusalem – AS Saint-Etienne 1:2, 0:0; FC Astana – BATE Baryssau 2:0, 2:2; Dinamo Tiflis – PAOK Saloniki 0:3, 0:2; Sönderjysk Elitesport – Sparta Prag 0:0, 2:3; FC Midtjylland – Osmanlispor 0:1, 0:2; FK Krasnodar – Partizani Tirana 4:0, 0:0; AEK Larnaka – Slovan Liberec 0:1, 0:3; Austria Wien – Rosenborg Trondheim 2:1, 2:1; FK Qäbälä – NK Maribor 3:1, 0:1; Slavia Prag – RSC Anderlecht 0:3, 0:3; IFK Göteborg – Qarabag Agdam 1:0, 0:3; Maccabi Tel Aviv – Hajduk Split 2:1, n. V. 1:2, Elfmeterschießen 4:3; Istanbul Basaksehir – Schachtar Donezk 1:2, 0:2; Lokomotiva Zagreb – KRC Genk 2:2, 0:2; Vojvodina Novi Sad – AZ Alkmaar 0:3, 0:0; Fenerbahce Istanbul – Grasshopper Club Zürich 3:0, 2:0; Panathinaikos Athen – Bröndby IF 3:0, 1:1; Astra Giurgiu – West Ham United 1:1, 1:0; KAA Gent – Shkendija Tetovo 2:1, 4:0; Sassuolo Calcio – Roter Stern Belgrad 3:0, 1:1; FC Arouca – Olympiakos Piräus 0:1, n. V. 1:2; AS Trencin – Rapid Wien 0:4, 2:0.

Gruppenphase, Gruppe A: Manchester United – Fenerbahce Istanbul 4:1, 1:2; Fenerbahce Istanbul – Feyenoord Rotterdam 1:0, 1:0; Sorja Luhansk – Fenerbahce Istanbul 1:1, 0:2; Feyenoord Rotterdam – Manchester United 1:0, 0:4; Manchester United – Sorja Luhansk 1:0, 2:0; Feyenoord Rotterdam – Sorja Luhansk 1:0, 1:1 – 1. Fenerbahce Istanbul 8:6, 13; 2. Manchester United 12:4, 12; 3. Feyenoord Rotterdam 3:7, 7; 4. Sorja Luhansk 2:8, 2.

Gruppe B: Olympiakos Piräus – APOEL Nikosia 0:1, 0:2; Young Boys Bern – APOEL Nikosia 3:1, 0:1; APOEL Nikosia – FC Astana 2:1, 1:2; Young Boys Bern – Olympiakos Piräus 0:1, 1:1; Olympiakos Piräus – FC Astana 4:1, 1:1; FC Astana – Young Boys Bern 0:0, 0:3 – 1. APOEL Nikosia 8:6, 12; 2. Olympiakos Piräus 7:6, 8; 3. Young Boys Bern 7:4, 8; 4. FC Astana 5:11, 5.

Gruppe C: AS Saint-Etienne – RSC Anderlecht 1:1, 3:2; 1. FSV Mainz 05 – AS Saint-Etienne 1:1, 0:0; AS Saint-Etienne – FK Qäbälä 1:0, 2:1; 1. FSV Mainz 05 – RSC Anderlecht 1:1, 1:6; RSC Anderlecht – FK Qäbälä 3:1, 3:1; FK Qäbälä – 1. FSV Mainz 05 2:3, 0:2 – 1. AS Saint-Etienne 8:5, 12; 2. RSC Anderlecht 16:8, 11; 3. 1. FSV Mainz 05 8:10, 9; 4. FK Qäbälä 5:14, 0.

Gruppe D: Zenit St. Petersburg – AZ Alkmaar 5:0, 2:3; Maccabi Tel Aviv – Zenit St. Petersburg 3:4, 0:2; FC Dundalk – Zenit St. Petersburg 1:2, 1:2; AZ Alkmaar – Maccabi Tel Aviv 1:2, 0:0; AZ Alkmaar – FC Dundalk 1:1, 1:0; FC Dundalk – Maccabi Tel Aviv 1:0, 1:2 – 1. Zenit St. Petersburg 17:8, 15; 2. AZ Alkmaar 6:10, 8; 3. Maccabi Tel Aviv 7:9, 7; 4. FC Dundalk 5:8, 4.

Gruppe E: AS Rom – Astra Giurgiu 4:0, 0:0; Viktoria Pilsen – AS Rom 1:1, 1:4; AS Rom – Austria Wien 3:3, 4:2; Viktoria Pilsen – Astra Giurgiu 1:2, 1:1; Astra Giurgiu – Austria Wien 2:3, 2:1; Austria Wien – Viktoria Pilsen 0:0, 2:3 – 1. AS Rom 16:7, 12; 2. Astra Giurgiu 7:10, 8; 3. Viktoria Pilsen 7:10, 6; 4. Austria Wien 11:14, 5.

Gruppe F: KRC Genk – Athletic Bilbao 2:0, 3:5; Rapid Wien – KRC Genk 3:2, 0:1; KRC Genk – Sassuolo Calcio 3:1, 2:0; Athletic Bilbao – Rapid Wien 1:0, 1:1; Sassuolo Calcio – Athletic Bilbao 3:0, 2:3; Rapid Wien – Sassuolo Calcio 1:1, 2:2 – 1. KRC Genk 13:9, 12; 2. Athletic Bilbao 10:11, 10; 3. Rapid Wien 7:8, 6; 4. Sassuolo Calcio 9:11, 5.

Gruppe G: Celta Vigo – Ajax Amsterdam 2:2, 2:3; Ajax Amsterdam – Standard Lüttich 1:0, 1:1; Panathinaikos Athen – Ajax Amsterdam 1:2, 0:2; Standard Lüttich – Celta Vigo 1:1, 1:1; Celta Vigo – Panathinaikos Athen 2:0, 2:0

Standard Lüttich – Panathinaikos Athen 2:2, 3:0 – 1. Ajax Amsterdam 11:6, 14; 2. Celta Vigo 10:7, 9; 3. Standard Lüttich 8:6, 7; 4. Panathinaikos Athen 3:13, 1.

Gruppe H: Schachtar Donezk – KAA Gent 5:0, 5:3; Schachtar Donezk – Sporting Braga 2:0, 4:2; Konyaspor – Schachtar Donezk 0:1, 0:4; Sporting Braga – KAA Gent 1:1, 2:2; KAA Gent – Konyaspor 2:0, 1:0; Konyaspor – Sporting Braga 1:1, 1:3 – 1. Schachtar Donezk 21:5, 18; 2. KAA Gent 9:13, 8; 3. Sporting Braga 9:11, 6; 4. Konyaspor 2:12, 1.

Gruppe I: FK Krasnodar – FC Schalke 04 0:1, 0:2; FC Schalke 04 – RB Salzburg 3:1, 0:2; OGC Nizza – FC Schalke 04 0:1, 0:2; RB Salzburg – FK Krasnodar 0:1, 1:1; FK Krasnodar – OGC Nizza 5:2, 1:2; RB Salzburg – OGC Nizza 0:1, 2:0 – 1. FC Schalke 04 9:3, 15; 2. FK Krasnodar 8:8, 7; 3. RB Salzburg 6:6, 7; 4. OGC Nizza 5:11, 6.

Gruppe J: PAOK Saloniki – AC Florenz 0:0, 3:2; AC Florenz – Qarabag Agdam 5:1, 2:1; Slovan Liberec – AC Florenz 1:3, 0:3; Qarabag Agdam – PAOK Saloniki 2:0, 1:0; Slovan Liberec – PAOK Saloniki 1:2, 0:2; Qarabag Agdam – Slovan Liberec 2:2, 0:3 – 1. AC Florenz 15:6, 13; 2. PAOK Saloniki 7:6, 10; 3. Qarabag Agdam 7:12, 7; 4. Slovan Liberec 7:12, 4.

Gruppe K: Hapoel Beer Sheva – Sparta Prag 0:1, 0:2; FC Southampton – Sparta Prag 3:0, 0:1; Sparta Prag – Inter Mailand 3:1, 1:2; Hapoel Beer Sheva – FC Southampton 0:0, 1:1; Inter Mailand – Hapoel Beer Sheva 0:2, 2:3; Inter Mailand – FC Southampton 1:0, 1:2 – 1. Sparta Prag 8:6, 12; 2. Hapoel Beer Sheva 6:6, 8; 3. FC Southampton 6:4, 8; 4. Inter Mailand 7:11, 6.

Gruppe L: Osmanlispor – FC Villarreal 2:2, 2:1; FC Zürich – Osmanlispor 2:1, 0:2; Osmanlispor – Steaua Bukarest 2:0, 1:2; FC Villarreal – FC Zürich 2:1, 1:1; Steaua Bukarest – FC Villarreal 1:1, 1:2; Steaua Bukarest – FC Zürich 1:1, 0:0 – 1. Osmanlispor 10:7, 10; 2. FC Villarreal 9:8, 9; 3. FC Zürich 5:7, 6; 4. Steaua Bukarest 5:7, 6.

Zwischenrunde: Borussia Mönchengladbach – AC Florenz 0:1, 4:2; PAOK Saloniki – FC Schalke 04 0:3, 1:1; FK Krasnodar – Fenerbahce Istanbul 1:0, 1:1; Astra Giurgiu – KRC Genk 2:2, 0:1; Ludogorez Rasgrad – FC Kopenhagen 1:2, 0:0; Celta Vigo – Schachtar Donezk 0:1, n. V. 2:0; Olympiakos Piräus – Osmanlispor FK 0:0, 3:0; KAA Gent – Tottenham Hotspur 1:0, 2:2; FK Rostow – Sparta Prag 4:0, 1:1; AZ Alkmaar – Olympique Lyon 1:4, 1:7; Athletic Bilbao – APOEL Nikosia 3:2, 0:2; Legia Warschau – Ajax Amsterdam 0:0, 0:1; RSC Anderlecht – Zenit St. Petersburg 2:0, 1:3; Manchester United – AS Saint-Etienne 3:0, 1:0; FC Villarreal – AS Rom 0:4, 1:0; Hapoel Beer Sheva – Besiktas Istanbul 1:3, 1:2.

Achtelfinale: FC Schalke 04 – Boru8ssia Mönchengladbach 1:1, 2:2; APOEL Nikosia – RSC Anderlecht 0:1, 0:1; FK Rostow – Manchester United 1:1, 0:1; FC Kopenhagen – Ajax Amsterdam 2:1, 0:2; Celta Vigo – FK Krasnodar 2:1, 2:0; Olympique Lyon – AS Rom 4:2, 1:2; Olympiakos Piräus – Besiktas Istanbul 1:1, 1:4; KAA Gent – KRC Genk 2:5, 1:1.

Viertelfinale: Ajax Amsterdam – FC Schalke 04 2:0, n. V. 2:3; RSC Anderlecht – Manchester United 1:1, n. V. 1:2; Celta Vigo – KRC Genk 3:2, 1:1; Olympique Lyon – Besiktas Istanbul 2:1, n. V. 1:2, Elfmeterschießen 7:6.

Halbfinale: Celta Vigo – Manchester United 0:1, 1:1: Ajax Amsterdam – Olympique Lyon 4:1, 1:3.

Endspiel am 24. Mai in Solna: Ajax Amsterdam – Manchester United 0:2 (0:1)

Manchester: Romero – Valencia, Smalling, Blind, Damian – Ander Herrera – Mata (Rooney), Fellaini, Pogba, Mkhitaryan (Lingard) – Rashford (Martial).

Tore: Pogba, Mkhitaryan – SR: Skomina (Slowenien) – Zuschauer: 46 961.

2017/18 Atletico Madrid

Qualifikation, 1. Runde: Schirak Gjumri – ND Gorica 0:2, 2:2; Irtysch Pawlodar – Dunav Ruse 1:0, 2:0; Qairat Almaty – Atlantas Klaipeda 6:0, 2:1; FK Ventspils – Valur Reykjavik 0:0, 0:1; Partizani Tirana – Botev Plovdiv 1:3, 0:1; Pjunik Erewan – Slovan Bratislava 1:4, 0:5; AS Trencin – Torpedo Kutaisi 5:1, 3:0; Levadia Tallinn – Cork City 0:2, 2:4; Dinamo Minsk – NSI Runavik 2:1, 2:0; Schachzjor Salihorsk – Suduva Marijampole 0:0, 1:2; Tschichura Satschchere – SCR Altach 0:1, 1:1; Vaasan PS – Olimpija Ljubljana 1:0, 1:0; Shkendija Tetovo – Dacia Chisinau 3:0, 4:0; Dinamo Batumi – Jagiellonia Bialystok 0:1, 0:4; JK Nomme Kalju – B36 Torshavn 2:1, 2:1; Lyngby BK – Bangor City 1:0, 3:0; Beitar Jerusalem – Vasas Budapest 4:3, 3:0; Ferencvaros Budapest – FK Jelgava 2:0, 1:0; Levski Sofia – Sutjeska Niksic 3:1, 0:0; Odds BK Skien – Ballymena United 3:0, 2:0; Zaria Balti – FK Sarajevo 2:1, n. V. 1:2 (Elfmeterschießen 6:5); UE Santa Coloma – NK Osijek 0:2, 0:4; FK Zira – FC Differdange 03 2:0, 2:1; AEK Larnaka – Lincoln Red Imps 5:0, 1:1; FK Haugesund – FC Coleraine 7:0, 0:0; Fola Esch – Milsami Orhei 2:1, 1:1; Maccabi Tel Aviv – KF Tirana 2:0, 3:0; Connah's Quay Nomads – HJK Helsinki 1:0, 0:3; Bala Town – FC Vaduz 1:2, 0:3; Vojvodina Novi Sad – MFK Ruzomberok 2:1, 0:2; FC Midtjylland – Derry City 6:1, 4:1; KI Klaksvik – AIK Solna 0:0, 0:5; IFK Norrköping – KF Pristina

5:0, 1:0; Skenderbeu Korce – UE Sant Julia 1:0, 5:0; Roter Stern Belgrad – FC Floriana 3:0, 3:3; NK Siroki Brijeg – Ordabassy Schymkent 2:0, 0:0; Mladost Lucani – Keshla FK 0:3, 0:2; Tre Penne Galazzano – Rabotnicki Skopje 0:1, 0:6; NK Domzale – Flora Tallinn 2:0, 3:2; Mladost Podgorica – Gandzasar Kapan 1:0, 3:0; FC St. Johnstone – FK Trakai 1:2, 0:1; FC Valletta – SS Folgore/Falciano 2:0, 1:0; Glasgow Rangers – Progres Niederkorn 1:0, 0:2; FC Crusaders – FK Liepaja 3:1, 0:2; Zeljeznicar Sarajevo – Zeta Golubovci 1:0, 2:2; St. Joseph's FC – AEL Limassol 0:4, 0:6; Videoton Szekesfehervar – Balzan Youths 2:0, 3:3; Lech Posen – Pelister Bitola 4:0, 3:0; KR Reykjavik – SJK Seinäjoki 0:0, 2:0; UMF Stjarnan Gardabaer – Shamrock Rovers 0:1, 0:1.

Qualifikation, 2. Runde: Keshla FK – Fola Esch 1:0, 1:4; Irtysch Pawlodar – Roter Stern Belgrad 1:1, 0:2; Qairat Almaty – Skenderbeu Korce 1:1, 0:2; Maccabi Tel Aviv – KR Reykjavik 3:1, 2:0; Rabotnicki Skopje – Dinamo Minsk 1:1, 0:3; Shkendija Tetovo – HJK Helsinki 3:1, 1:1; MFK Ruzomberok – Brann Bergen 0:1, 2:0; JK Nomme Kalju – Videoton Szekesfehervar 0:3, 1:1; Bröndby IF – Vaasan PS 2:0, 1:2; SCR Altach – Dinamo Brest 1:1, 3:0; FK Liepaja – Suduva Marijampole 0:2, 1:0; FK Haugesund – Lech Posen 3:2, 0:2; Apollon Limassol – Zaria Balti 3:0, 2:1; FC Vaduz – Odds BK Skien 0:1, 0:1; FK Qäbälä – Jagiellonia Bialystok 1:1, 2:0; Östersunds FK – Galatasaray Istanbul 2:0, 1:1; Astra Giurgiu – FK Zira 3:1, 0:0; FC Valletta – FC Utrecht 0:0, 1:3; Progres Niederkorn – AEL Limassol 0:1, 1:2; Beitar Jerusalem – Botev Plovdiv 1:1, 0:4; IFK Norrköping – FK Trakai 2:1, n. V. 1:2 (Elfmeterschießen 3:5); Slovan Bratislava – Lyngby BK 0:1, 1:2; AS Trencin – Bnei Yehuda Tel Aviv 1:1, 0:2; Hajduk Split – Levski Sofia 1:0, 2:1; Sturm Graz – Mladost Podgorica 0:1, 3:0; Zeljeznicar Sarajevo – AIK Solna 0:0, 0:2; Cork City – AEK Larnaka 0:1, 0:1; NK Osijek – FC Luzern 2:0, 1:2; FC Aberdeen – NK Siroki Brijeg 1:1, 2:0; Shamrock Rovers – FK Mlada Boleslav 2:3, 0:2; Ferencvaros Budapest – FC Midtjylland 2:4, 1:3; Panionios Athen – ND Gorica 2:0, 3:2; Valur Reykjavik – NK Domzale 1:2, 2:3.

Qualifikation, 3. Runde: SC Freiburg – NK Domzale 1:0, 0:2; FK Mlada Boleslav – Skenderbeu Korce 2:1, n. V. 1:2 (Elfmeterschießen 2:4); FK Trakai – Shkendija Tetovo 2:1, 0:3; Olimpik Donezk – PAOK Saloniki 1:1, 0:2; Maccabi Tel Aviv – Panionios Athen 1:0, 1:0; PSV Eindhoven – NK Osijek 0:1, 0:1; FK Krasnodar – Lyngby BK 2:1, 3:1; Sturm Graz – Fenerbahce Istanbul 1:2, 1:1; Östersunds FK – Fola Esch 1:0, 2:1; FC Utrecht – Lech Posen 0:0, 2:2; AEK Larnaka – Dinamo Minsk 2:0, 1:1; AIK Solna – Sporting Braga 1:1, n. V. 1:2; Suduva Marijampole – FC Sion 3:0, 1:1; Bnei Yehuda Tel Aviv – Zenit St. Petersburg 0:2, 1:0; Astra Giurgiu – PFK Oleksandrija 0:0, 0:1; Dinamo Bukarest – Athletic Bilbao 1:1, 0:3; Botev Plovdiv – Maritimo Funchal 0:0, 0:2; Universitatea Craiova – AC Mailand 0:1, 0:2; Arka Gdingen – FC Midtjylland 3:2, 1:2; Bröndby IF – Hajduk Split 0:0, 0:2; Panathinaikos Athen – FK Qäbälä 1:0, 2:1; KAA Gent – SCR Altach 1:1, 1:3; Girondins Bordeaux – Videoton Szekesfehervar 2:1, 0:1; Roter Stern Belgrad – Sparta Prag 2:0, 1:0; Olympique Marseille – KV Oostende 4:2, 0:0; Dinamo Zagreb – Odds BK Skien 2:1, 0:0; FC Aberdeen – Apollon Limassol 2:1, 0:2; Austria Wien – AEL Limassol 0:0, 2:1; FC Everton – MFK Ruzomberok 1:0, 1:0.

Play-offs: FC Utrecht – Zenit St. Petersburg 1:0, n. V. 0:2; Apollon Limassol – FC Midtjylland 3:2, 1:1; FK Krasnodar – Roter Stern Belgrad 3:2, 1:2; BATE Baryssau – PFK Oleksandrija 1:1, 2:1; Dinamo Zagreb – Skenderbeu Korce 1:1, 0:0; FH Hafnarfjördur – Sporting Braga 1:2, 2:3; Vardar Skopje – Fenerbahce Istanbul 2:0, 2:1; PAOK Saloniki – Östersunds FK 3:1, 0:2; Viktoria Pilsen – AEK Larnaka 3:1, 0:0; Panathinaikos Athen – Athletic Bilbao 2:3, 0:1; SCR Altach – Maccabi Tel Aviv 0:1, 2:2; Ludogorez Rasgrad – Suduva Marijampole 2:0, 0:0; AC Mailand – Shkendija Tetovo 6:0, 1:0; NK Osijek – Austria Wien 1:2, 1:0; Club Brügge – AEK Athen 0:0, 0:3; Viitorul Constanta – RB Salzburg 1:3, 0:4; NK Domzale – Olympique Marseille 1:1, 0:3 Ajax Amsterdam – Rosenborg Trondheim 0:1, 2:3; Legia Warschau – Sheriff Tiraspol 1:1, 0:0; Partizan Belgrad – Videoton Szekesfehervar 0:0, 4:0; FC Everton – Hajduk Split 2:0, 1:1; Maritimo Funchal – Dynamo Kiew 0:0, 1:3.

Gruppenphase, Gruppe A: FC Villarreal – FC Astana 3:1, 3:2; FC Villarreal – Slavia Prag 2:2, 2:0; Maccabi Tel Aviv – FC Villarreal 0:0, 1:0; FC Astana – Slavia Prag 1:1, 1:0; FC Astana – Maccabi Tel Aviv 4:0, 1:0; Slavia Prag – Maccabi Tel Aviv 1:0, 2:0 – 1. FC Villarreal 10:6, 11; 2. FC Astana 10:7, 10; 3. Slavia Prag 6:6, 8; 4. Maccabi Tel Aviv 1:8, 4.

Gruppe B: Partizan Belgrad – Dynamo Kiew 2:3, 1:4; Dynamo Kiew – Young Boys Bern 2:2, 1:0; Dynamo Kiew – Skenderbeu Korce 3:1, 2:3; Young Boys Bern – Partizan Belgrad 1:1, 1:2; Skenderbeu Korce – Partizan Belgrad 0:0, 0:2; Skenderbeu Korce – Young Boys Bern 1:1, 1:2 – 1. Dynamo Kiew 15:9, 13; 2. Partizan Belgrad 8:9, 8; 3. Young Boys Bern 7:8, 6; 4. Skenderbeu Korce 6:10, 5.

Gruppe C: Sporting Braga – Ludogorez Rasgrad 0:2, 1:1; Sporting Braga – Istanbul Basaksehir FK 2:1, 1:2; TSG Hoffenheim – Sporting Braga 1:2, 1:3; Istanbul Basaksehir FK – Ludogorez Rasgrad 0:0, 2:1; Ludogorez Rasgrad – TSG Hoffenheim 2:1, 1:1; TSG Hoffenheim – Istanbul Basaksehir FK 3:1, 1:1 – 1. Sporting Braga 9:8, 10; 2. Ludogorez Rasgrad 7:5, 9; 3. Istanbul Basaksehir FK 7:8, 8; 4. TSG Hoffenheim 8:10, 5.

Gruppe D: AC Mailand – AEK Athen 0:0, 0:0; AC Mailand – HNK Rijeka 3:2, 0:2; Austria Wien – AC

Mailand 1:5, 1:5; HNK Rijeka – AEK Athen 1:2, 2:2; AEK Athen – Austria Wien 2:2, 0:0; Austria Wien – HNK Rijeka 1:3, 4:1 – 1. AC Mailand 13:6, 11; 2. AEK Athen 6:5, 8; 3. HNK Rijeka 11:12, 7; 4. Austria Wien 9:16, 5.

Gruppe E: Olympique Lyon – Atalanta Bergamo 1:1, 0:1; Atalanta Bergamo – FC Everton 3:0, 5:1; Atalanta Bergamo – Apollon Limassol 3:1, 1:1; FC Everton – Olympique Lyon 1:2, 0:3; Apollon Limassol – Olympique Lyon 1:1, 0:4; FC Everton – Apollon Limassol 2:2, 3:0 – 1. Atalanta Bergamo 14:4, 14; 2. Olympique Lyon 11:4, 11; 3. FC Everton 7:15, 4; 4. Apollon Limassol 5:14, 3.

Gruppe F: FC Kopenhagen – Lokomotive Moskau 0:0, 1:2; Sheriff Tiraspol – Lokomotive Moskau 1:1, 2:1; Lokomotive Moskau – FK Zlin 3:0, 2:0; Sheriff Tiraspol – FC Kopenhagen 0:0, 0:2; FK Zlin – FC Kopenhagen 1:1, 0:3; FK Zlin – Sheriff Tiraspol 0:0, 0:1 – 1. Lokomotive Moskau 9:4, 11; 2. FC Kopenhagen 7:3, 9; 3. Sheriff Tiraspol 4:4, 9; 4. FK Zlin 1:10, 2.

Gruppe G: FCSB Bukarest – Viktoria Pilsen 3:0; 0:2, FC Lugano – Viktoria Pilsen 3:2, 1:4; Viktoria Pilsen – Hapoel Beer Sheva 3:1, 2:0; FC Lugano – FCSB Bukarest 1:2, 2:1; Hapoel Beer Sheva – FCSB Bukarest 1:2, 1:1; Hapoel Beer Sheva – FC Lugano 2:1, 0:1 – 1. Viktoria Pilsen 13:8, 12; 2. FCSB Bukarest 9:7, 10; 3. FC Lugano 9:11, 9; 4. Hapoel Beer Sheva 5:10, 4.

Gruppe H: Roter Stern Belgrad – FC Arsenal 0:1, 0:0; FC Arsenal – 1. FC Köln 3:1, 0:1; BATE Baryssau – FC Arsenal 2:4, 0:6; 1. FC Köln – Roter Stern Belgrad 0:1, 0:1; Roter Stern Belgrad – BATE Baryssau 1:1, 0:0; BATE Baryssau – 1. FC Köln 1:0, 2:5 – 1. FC Arsenal 14:4, 13; 2. Roter Stern Belgrad 3:2, 9; 3. 1. FC Köln 7:8, 6; 4. BATE Baryssau 6:16, 5.

Gruppe I: RB Salzburg – Olympique Marseille 1:0, 0:0; Konyaspor – RB Salzburg 0:2, 0:0; Vitoria Guimaraes – RB Salzburg 1:1, 0:3; Olympique Marseille – Konyaspor 1:0, 1:1; Olympique Marseille – Vitoria Guimaraes 2:1, 0:1; Konyaspor – Vitoria Guimaraes 2:1, 1:1 – 1. RB Salzburg 7:1, 12; 2. Olympique Marseille 4:4, 8; 3. Konyaspor 4:6, 6; 4. Vitoria Guimaraes 5:9, 5.

Gruppe J: Östersunds FK – Athletic Bilbao 2:2, 0:1; Athletic Bilbao – Sorja Luhansk 0:1, 2:0; Hertha BSC – Athletic Bilbao 0:0, 2:3; Sorja Luhansk – Östersunds FK 0:2, 0:2; Östersunds FK – Hertha BSC 1:0, 1:1; Sorja Luhansk – Hertha BSC 2:1, 0:2 – 1. Athletic Bilbao 8:5, 11; 2. Östersunds FK 8:4, 11; 3. Sorja Luhansk 3:9, 6; 4. Hertha BSC 6:7, 5.

Gruppe K: OGC Nizza – Lazio Rom 1:3, 0:1; Lazio Rom – SV Zulte Waregem 2:0, 2:3; Vitesse Arnhem – Lazio Rom 2:3, 1:1; SV Zulte Waregem – OGC Nizza 1:5, 1:3; OGC Nizza – Vitesse Arnhem 3:0, 0:1; SV Zulte Waregem – Vitesse Arnhem 1:1, 2:0 – 1. Lazio Rom 12:7, 13; 2. OGC Nizza 12:7, 9; 3. SV Zulte Waregem 8:13, 7; 4. Vitesse Arnhem 5:10, 5.

Gruppe L: Zenit St. Petersburg – Real Sociedad San Sebastian 3:1, 3:1; Zenit St. Petersburg – Rosenborg Trondheim 3:1, 1:1; Vardar Skopje – Zenit St. Petersburg 0:5, 1:2; Real Sociedad San Sebastian – Rosenborg Trondheim 4:0, 1:0; Vardar Skopje – Real Sociedad San Sebastian 0:6, 0:3; Rosenborg Trondheim – Vardar Skopje 3:1, 1:1 – 1. Zenit St. Petersburg 17:5, 16; 2. Real Sociedad San Sebastian 16:6, 12; 3. Rosenborg Trondheim 6:11, 5; 4. Vardar Skopje 3:20, 1.

Zwischenrunde: Borussia Dortmund – Atalanta Bergamo 3:2, 1:1; SSC Neapel – RB Leipzig 1:3, 2:0; Roter Stern Belgrad – ZSKA Moskau 0:0, 0:1; FC Astana – Sporting Lissabon 1:3, 3:3; OGC Nizza – Lokomotive Moskau 2:3, 0:1; Spartak Moskau – Athletic Bilbao 1:3, 2:1; Real Sociedad San Sebastian – RB Salzburg 2:2, 1:2; Ludogorez Rasgrad – AC Mailand 0:3, 0:1; Östersunds FK – FC Arsenal 0:3, 2:1; Olympique Marseille – Sporting Braga 3:0, 0:1; FC Kopenhagen – Atletico Madrid 1:4, 0:1; AEK Athen – Dynamo Kiew 1:1, 0:0; Celtic Glasgow – Zenit St. Petersburg 1:0, 0:3; Olympique Lyon – FC Villarreal 3:1, 1:0; Partizan Belgrad – Viktoria Pilsen 1:1, 0:2; FCSB Bukarest – Lazio Rom 1:0, 1:5.

Achtelfinale: Borussia Dortmund – RB Salzburg 1:2, 0:0; RB Leipzig – Zenit St. Petersburg 2:1, 1:1; Atletico Madrid – Lokomotive Moskau 3:0, 5:1; ZSKA Moskau – Olympique Lyon 0:1, 3:2; AC Mailand – FC Arsenal 0:2, 1:3; Lazio Rom – Dynamo Kiew 2:2, 2:0; Olympique Marseille – Athletic Bilbao 3:1, 2:1; Sporting Lissabon – Viktoria Pilsen 2:0, n. V. 1:2.

Viertelfinale: RB Leipzig – Olympique Marseille 1:0, 2:5; FC Arsenal – ZSKA Moskau 4:1, 2:2; Atletico Madrid – Sporting Lissabon 2:0, 0:1; Lazio Rom – RB Salzburg 4:2, 1:4.

Halbfinale: Olympique Marseille – RB Salzburg 2:0, n. V. 1:2; FC Arsenal – Atletico Madrid 1:1, 0:1.

Endspiel am 16. Mai in Lyon: Olympique Marseille – Atletico Madrid 0:3 (0:1)

Atletico: Oblak – Vrsaljko (Juanfran), Gimenez, Godin, Lucas – Gabi, Saul Niguez – Correa (Thomas), Koke – Griezmann (Fernando Torres), Diego Costa.

Tore: Griezmann (2), Gabi – SR: Kuipers (Niederlande) – Zuschauer: 55 768.

2018/19 FC Chelsea

Vorqualifikation: UE Sant Julia – Gzira United 0:2, 1:2; Europa FC – KF Pristina 1:1, 0:5; FC Birkirkara – KI Klaksvik 1:1, 1:2; UE Engordany – SS Folgore/Falciano 2:1, 1:1; B36 Torshavn – St. Joseph's FC 1:1, n. V. 1:1, Elfmeterschießen 4:2; Cefn Druids – FK Trakai 1:1, 0:1; Tre Fiori Fiorentino – Bala Town 3:0, 0:1.

Qualifikation, 1. Runde: FK Samtredia – Tobol Qostanai 0:1, 0:2; Banants Erewan – FK Sarajevo 1:2, 0:3; Rabotnicki Skopje – Honved Budapest 2:1, 0:4; FC Vaduz – Levski Sofia 1:0, 2:3; KI Klaksvik – Zalgiris Vilnius 1:2, 1:1; Fola Esch – KF Pristina 0:0, n. V. 0:0, Elfmeterschießen 5:4; FC Glenavon – Molde FK 2:1, 1:5; Pjunik Erewan – Vardar Skopje 1:0, 2:0; FK Ventspils – Luftetari Gjirokaster 5:0, 3:3; Tschichura Satschchere – Beitar Jerusalem 0:0, 2:1; Partizani Tirana – NK Maribor 0:1, 0:2; Rudar Velenje – Tre Fiori Fiorentino 7:0, 3:0; Balzan Youths – Keshla FK 4:1, 1:2; Tampereen Ilves – Slavia Sofia 0:1, 1:2; FC Lahti – FH Hafnarfjördur 0:3, 0:0; FK Qäbälä – Progres Niederkorn 0:2, 1:0; Levadia Tallinn – FC Dundalk 0:1, 1:2; Trans Narva – Zeljeznicar Sarajevo 0:2, 1:3; Kuopion PS – FC Kopenhagen 0:1, 1:1; FK Trakai – Irtysch Pawlodar 0:0, 1:0 ; FK Liepaja – BK Häcken Göteborg 0:3, 2:1; Derry City – Dinamo Minsk 0:2, 2:1; Stumbras Kaunas – Apollon Limassol 1:0, 0:2; Connah's Quay Nomads – Schachzjor Salihorsk 1:3, 0:2; Petrocub Hincesti – NK Osijek 1:1, 1:2; Anorthosis Famagusta – KF Laci 2:1, 0:1; Ferencvaros Budapest – Maccabi Tel Aviv 1:1, 0:1; Milsami Orhei – Slovan Bratislava 2:4, 0:5; Neftci Baku – Ujpest Budapest 3:1, 0:4; ZSKA-Sofia – Riga FC 1:0, n. V. 0:1, Elfmeterschießen 5:3; RFC Union Luxemburg – Viitorul Constanta 0:2, 0:0; B36 Torshavn – OFK Titograd 0:0, 2:1; UE Engordany – Qairat Almaty 0:3, 1:7; NK Siroki Brijeg – NK Domzale 2:2, 1:1; Gornik Zabrze – Zaria Balti 1:0, 1:1; IB Vestmannaeyjar – Sarpsborg 08 FF 0:4, 0:2; Shamrock Rovers – AIK Solna 0:1, n. V. 1:1; Rudar Pljevlja – Partizan Belgrad 0:3, 0:3; Buducnost Podgorica – AS Trencin 0:2, 1:1; Glasgow Rangers – Shkupi 1927 2:0, 0:0; Spartak Subotica – FC Coleraine 1:1, 2:0; FC Cliftonville – FC Nordsjaelland 0:1, 1:2; Hibernian Edinburgh – NSI Runavik 6:1, 6:4; Lech Posen – Gandzasar Kapan 2:0, 1:2; DAC Dunajska Streda – Dinamo Tiflis 1:1, 2:1; Radnicki Nis – Gzira United 4:0, 1:0; Stjarnan Gardabaer – Nomme Kalju 3:0, 0:1.

Qualifikation, 2. Runde (Meister): The New Saints – Lincoln Red Imps 2:1, 1:1; Torpedo Kutaisi – Vikingur Göta 3:0, 4:0; Zrinjski Mostar – FC Valletta 1:1, 2:1; FC Santa Coloma – Valur Reykjavik 1:0, 0:3; F91 Dudelange – Drita Gjilan 2:1, 1:1; Sutjeska Niksic – Alashkert Martuni 0:1, 0:0; Spartaks Jurmala – SP La Fiorita 6:0, 3:0; APOEL Nikosia – Flora Tallinn 5:0, 0:2; Olimpija Ljubljana – FC Crusaders 5:1, 1:1.

Freilos: Cork City

(Bestplatzierte): RB Leipzig – BK Häcken Göteborg 4:0, 1:1; FK Ufa – NK Domzale 0:0, 1:1; FK Ventspils – Girondins Bordeaux 0:1, 1:2; Qairat Almaty – AZ Alkmaar 2:0, 1:2; Tobol Qostanai – Pjunik Erewan 2:1, 0:1; Viitorul Constanta – Vitesse Arnhem 2:2, 1:3; Rudar Velenje – FCSB Bukarest 0:2, 0:4; Balzan Youths – Slovan Bratislava 2:1, 1:3; Hapoel Haifa – FH Hafnarfjördur 1:1, 1:0; Tschichura Satschchere – NK Maribor 0:0, 0:2; Molde FK – KF Laci 3:0, 2:0; Honved Budapest – Progres Niederkorn 1:0, 0:2; Zalgiris Vilnius – FC Vaduz 1:0, 1:1; Maccabi Tel Aviv – Radnicki Nis 2:0, 2:2; ZSKA-Sofia – FC Admira Wacker 3:0, 3:1; Djurgardens IF – FC Mariupol 1:1, n. V. 1:2; Jagiellonia Bialystok – FC Rio Ave 1:0, 4:4; Schachzjor Salihorsk – Lech Posen 1:1, n. V. 1:3; Linzer ASK – Lilleström SK 4:0, 2:1; FC Nordsjaelland – AIK Solna 1:0, 1:0; Dinamo Brest – Atromitos Athen 4:3, 1:1; Gornik Zabrze – AS Trencin 0:1, 1:4; B36 Torshavn – Besiktas Istanbul 0:2, 0:6; KRC Genk – Fola Esch 5:0, 4:1; Hajduk Split – Slavia Sofia 1:0, 3:2; FC St. Gallen – Sarpsborg 08 FF 2:1, 0:1; Partizan Belgrad – FK Trakai 1:0, 1:1; Atalanta Bergamo – FK Sarajevo 2:2, 8:0; Zeljeznicar Sarajevo – Apollon Limassol 1:2, 1:3; FC Dundalk – AEK Larnaka 0:0, 0:4; NK Osijek – Glasgow Rangers 0:1, 1:1; FC Aberdeen – FC Burnley 1:1, n. V. 1:3; Spartak Subotica – Sparta Prag 2:0, 1:2; Hibernian Edinburgh – Asteras Tripolis 3:2, 1:1; Stjarnan Gardabaer – FC Kopenhagen 0:2, 0:5; DAC Dunajska Streda – Dinamo Minsk 1:3, 1:4; FC Sevilla – Ujpest Budapest 4:0, 3:1.

Qualifikation, 3. Runde (Meister): Alashkert Martuni – CFR Cluj 0:2, 0:5; Spartaks Jurmala – Suduva Marijampole 0:1, 0:0; Ludogorez Rasgrad – Zrinjski Mostar 1:0, 1:1; Sheriff Tiraspol – Valur Reykjavik 1:0, 1:2; Hapoel Beer Sheva – APOEL Nikosia 2:2, 1:3; Torpedo Kutaisi – FK Kukesi 5:2, 0:2; Olimpija Ljubljana – HJK Helsinki 3:0, 4:1; The New Saints – FC Midtjylland 0:2, 1:3; Cork City – Rosenborg Trondheim 0:2, 0:3; Legia Warschau – F91 Dudelange 1:2, 2:2.

(Bestplatzierte): RB Leipzig – Universitatea Craiova 3:1, 1:1; Pjunik Erewan – Maccabi Tel Aviv 0:0, 1:2; FK Ufa – Progres Niederkorn 2:1, 2:2; Hapoel Haifa – Atalanta Bergamo 1:4, 0:2; Sturm Graz – AEK Larnaka 0:2, 0:5; Dinamo Minsk – Zenit St. Petersburg 4:0, n. V. 1:8; Apollon Limassol – Dinamo Brest 4:0, 0:1; FC Mariupol – Girondins Bordeaux 1:3, 1:2; Sigma Olmütz – Qairat Almaty 2:0, 2:1; AS Trencin – Feyenoord Rotterdam 4:0, 1:1; Jagiellonia Bialystok – KAA Gent 0:1, 1:3; ZSKA-Sofia – FC Kopenhagen 1:2, 1:2; FC Nordsjaelland – Partizan Belgrad 1:2, 2:3; KRC Genk – Lech Posen 2:0, 2:1; Olympiakos Piräus – FC Luzern 4:0, 3:1; Besiktas Istanbul – Linzer ASK 1:0, 1:2; Istanbul Basaksehir – FC Burnley 0:0, n. V. 0:1; Vitesse Arnhem – FC Basel 0:1, 0:1; Sorja Luhansk – Sporting

Braga 1:1, 2:2; Hajduk Split – FCSB Bukarest 0:0, 1:2; Glasgow Rangers – NK Maribor 3:1, 0:0; Spartak Subotica – Bröndby IF 0:2, 1:2; Sarpsborg 08 FF – HNK Rijeka 1:1, 1:0; Hibernian Edinburgh – Molde FK 0:0, 0:3; Slovan Bratislava – Rapid Wien 2:1, 0:4; FC Sevilla – Zalgiris Vilnius 1:0, 5:0. Play-offs (Meister): Olimpija Ljubljana – Spartak Trnava 0:2, 1:1; APOEL Nikosia – FC Astana 1:0, n. V. 0:1, Elfmeterschießen 1:2; Rosenborg Trondheim – Shkendija Tetovo 3:1, 2:0; F91 Dudelange – CFR Cluj 2:0, 3:2; Suduva Marijampole – Celtic Glasgow 1:1, 0:3; Sheriff Tiraspol – Qarabag Agdam 1:0, 0:3; Malmö FF – FC Midtjylland 2:2, 2:0; Torpedo Kutaisi – Ludogorez Rasgrad 0:1, 0:4.

(Bestplatzierte): Sorja Luhansk – RB Leipzig 0:0, 2:3; Zenit St. Petersburg – Molde FK 3:1, 1:2; AS Trencin – AEK Larnaka 1:1, 0:3; Sigma Olmütz – FC Sevilla 0:1, 0:3; Sarpsborg 08 FF – Maccabi Tel Aviv 3:1, 1:2; FC Basel – Apollon Limassol 3:2, 0:1; Atalanta Bergamo – FC Kopenhagen 0:0, n. V. 0:0, Elfmeterschießen 3:4; Olympiakos Piräus – FC Burnley 3:1, 1:1; Partizan Belgrad – Besiktas Istanbul 1:1, 0:3; Rapid Wien – FCSB Bukarest 3:1, 1:2; KRC Genk – Bröndby IF 5:2, 4:2; KAA Gent – Girondins Bordeaux 0:0, 0:2; Glasgow Rangers – FK Ufa 1:0, 1:1.

Gruppenphase, Gruppe A: FC Zürich – Bayer 04 Leverkusen 3:2, 0:1¸Bayer 04 Leverkusen – AEK Larnaka 4:2, 5:1¸Ludogorez Rasgrad – Bayer 04 Leverkusen 2:3, 1:1¸AEK Larnaka – FC Zürich 0:1, 2:1¸FC Zürich – Ludogorez Rasgrad 1:0, 1:1¸AEK Larnaka – Ludogorez Rasgrad 1:1, 0:0 – 1. Bayer 04 Leverkusen 16:9, 13; 2. FC Zürich 7:6, 10; 3. AEK Larnaka 6:12, 5; 4. Ludogorez Rasgrad 5:7, 4.

Gruppe B: RB Salzburg – Celtic Glasgow 3:1, 2:1; RB Leipzig – RB Salzburg 2:3, 0:1; RB Salzburg – Rosenborg Trondheim 3:0, 5:2; RB Leipzig – Celtic Glasgow 2:0, 1:2; Celtic Glasgow – Rosenborg Trondheim 1:0, 1:0; Rosenborg Trondheim – RB Leipzig 1:3, 1:1 – 1. RB Salzburg 17:6, 18; 2. Celtic Glasgow 6:8, 9; 3. RB Leipzig 9:8, 7; 4. Rosenborg Trondheim 4:14, 1.

Gruppe C: Zenit St. Petersburg – Slavia Prag 1:0, 0:2; Zenit St. Petersburg – Girondins Bordeaux 2:1, 1:1¸ FC Kopenhagen – Zenit St. Petersburg 1:1, 0:1; Slavia Prag – Girondins Bordeaux 1:0, 0:2; FC Kopenhagen – Slavia Prag 0:1, 0:0; Girondins Bordeaux – FC Kopenhagen 1:2, 1:0 – 1. Zenit St. Petersburg 6:5, 11; 2. Slavia Prag 4:3, 10; 3. Girondins Bordeaux 6:6, 7; 4. FC Kopenhagen 3:5, 5.

Gruppe D: Dinamo Zagreb – Fenerbahce Istanbul 4:1, 0:0¸ Spartak Trnava – Dinamo Zagreb 1:2, 1:3; RSC Anderlecht – Dinamo Zagreb 0:2, 0:0; Fenerbahce Istanbul – Spartak Trnava 2:0, 0:1; RSC Anderlecht – Fenerbahce Istanbul 2:2, 0:2; Spartak Trnava – RSC Anderlecht 1:0, 0:0 – 1. Dinamo Zagreb 11:3, 14; 2. Fenerbahce Istanbul 7:7, 8; 3. Spartak Trnava 4:7, 7; 4. RSC Anderlecht 2:7, 3.

Gruppe E: Sporting Lissabon – FC Arsenal 0:1, 0:0; FC Arsenal – Worskla Poltawa 4:2, 3:0; Qarabag Agdam – FC Arsenal 0:3, 0:1; Worskla Poltawa – Sporting Lissabon 1:2, 0:3; Sporting Lissabon – Qarabag Agdam 2:0, 6:1; Qarabag Agdam – Worskla Poltawa 0:1, 1:0 – 1. FC Arsenal 12:2, 16; 2. Sporting Lissabon 13:3, 13; 3. Worskla Poltawa 4:13, 3; 4. Qarabag Agdam 2:13, 3.

Gruppe F: Olympiakos Piräus – Real Betis Sevilla 0:0, 0:1¸AC Mailand – Real Betis Sevilla 1:2, 1:1; Real Betis Sevilla – F91 Dudelange 3:0, 0:0; AC Mailand – Olympiakos Piräus 3:1, 1:3; F91 Dudelange – Olympiakos Piräus 0:2, 1:5; F91 Dudelange – AC Mailand 0:1, 2:5 – 1. Real Betis Sevilla 7:2, 12; 2. Olympiakos Piräus 11:6, 10; 3. AC Mailand 12:9, 10; 4. F91 Dudelange 3:16, 1.

Gruppe G: FC Villarreal – Rapid Wien 5:0, 0:0; FC Villarreal – Glasgow Rangers 2:2, 0:0; Spartak Moskau – FC Villarreal 3:3, 0:2; Glasgow Rangers – Rapid Wien 3:1, 0:1; Rapid Wien – Spartak Moskau 2:0, 2:1; Glasgow Rangers – Spartak Moskau 0:0, 3:4 – 1. FC Villarreal 12:5, 10; 2. Rapid Wien 6:9, 10; 3. Glasgow Rangers 8:8, 6; 4. Spartak Moskau 8:12, 5.

Gruppe H: Eintracht Frankfurt – Lazio Rom 4:1, 2:1¸Eintracht Frankfurt – Apollon Limassol 2:0, 3:2; Olympique Marseille – Eintracht Frankfurt 1:2, 0:4; Lazio Rom – Apollon Limassol 2:1, 0:2; Olympique Marseille – Lazio Rom 1:3, 1:2; Apollon Limassol – Olympique Marseille 2:2, 3:1 – 1. Eintracht Frankfurt 17:5, 18; 2. Lazio Rom 9:11, 9; 3. Apollon Limassol 10:10, 7; 4. Olympique Marseille 6:16, 1.

Gruppe I: KRC Genk – Malmö FF 2:0, 2:2; Besiktas Istanbul – KRC Genk 2:4, 1:1; Sarpsborg 08 FF – KRC Genk 3:1, 0:4; Malmö FF – Besiktas Istanbul 2:0, 1:0; Sarpsborg 08 FF – Malmö FF 1:1, 1:1; Besiktas Istanbul – Sarpsborg 08 FF 3:1, 3:2 – 1. KRC Genk 14:8, 11; 2. Malmö FF 7:6, 9; 3. Besiktas Istanbul 9:11, 7; 4. Sarpsborg 08 FF 8:13, 5.

Gruppe J: FK Krasnodar – FC Sevilla 2:1, 0:3; FC Sevilla – Standard Lüttich 5:1, 0:1; FC Sevilla – Akhisar Belediyespor 6:0, 3:2; Standard Lüttich – FK Krasnodar 2:1, 1:2; Akhisar Belediyespor – FK Krasnodar 0:1, 1:2; Standard Lüttich – Akhisar Belediyespor 2:1, 0:0 – 1. FC Sevilla 18:6, 12; 2. FK Krasnodar 8:8, 12; 3. Standard Lüttich 7:9, 10; 4. Akhisar Belediyespor 4:14, 1.

Gruppe K: Stade Rennes – Dynamo Kiew 1:2, 1:3; Dynamo Kiew – FC Astana 2:2, 1:0; FK Jablonec – Dynamo Kiew 2:2, 1:0; FC Astana – Stade Rennes 2:0, 0:2; Stade Rennes – FK Jablonec 2:1, 1:0; FK Jablonec – FC Astana 1:1, 1:2 – 1. Dynamo Kiew 10:7, 11; 2. Stade Rennes 7:8, 9; 3. FC Astana 7:7, 8; 4. FK Jablonec 6:8, 5.

Gruppe L: FC Chelsea – BATE Baryssau 3:1, 1:0; FC Chelsea – Vidi FC 1:0, 2:2; PAOK Saloniki – FC Chelsea 0:1, 0:4; Vidi FC – BATE Baryssau 0:2, 0:2; BATE Baryssau – PAOK Saloniki 1:4, 3:1;

PAOK Saloniki – Vidi FC 0:2, 0:1 – 1. FC Chelsea 12:3, 16; 2. BATE Baryssau 9:9, 9; 3. Vidi FC 5:7, 7; 4. PAOK Saloniki 5:12, 3.

Zwischenrunde: FK Krasnodar – Bayer 04 Leverkusen 0:0, 1:1; Schachtar Donezk – Eintracht Frankfurt 2:2, 1:4; Fenerbahce Istanbul – Zenit St. Petersburg 1:0, 1:3; Rapid Wien – Inter Mailand 0:1, 0:4; Slavia Prag – KRC Genk 0:0, 4:1; Stade Rennes – Real Betis Sevilla 3:3, 3:1; Olympiakos Piräus – Dynamo Kiew 2:2, 0:1; Lazio Rom – FC Sevilla 0:1, 0:2; BATE Baryssau – FC Arsenal 1:0, 0:3; Galatasaray Istanbul – Benfica Lissabon 1:2, 0:0; Viktoria Pilsen – Dinamo Zagreb 2:1, 0:3; Club Brügge – RB Salzburg 2:1, 0:4; FC Zürich – SSC Neapel 1:3, 0:2; Malmö FF – FC Chelsea 1:2, 0:3; Celtic Glasgow – FC Valencia 0:2, 0:1; Sporting Lissabon – FC Villarreal 0:1, 1:1.

Achtelfinale: Eintracht Frankfurt – Inter Mailand 0:0, 1:0; Dinamo Zagreb – Benfica Lissabon 1:0, n. V. 0:3; FC Sevilla – Slavia Prag 2:2, n. V. 3:4; Stade Rennes – FC Arsenal 3:1, 0:3; Zenit St. Petersburg – FC Villarreal 1:3, 1:2; FC Chelsea – Dynamo Kiew 3:0, 5:0; SSC Neapel – RB Salzburg 3:0, 1:3; FC Valencia – FK Krasnodar 2:1, 1:1.

Viertelfinale: Benfica Lissabon – Eintracht Frankfurt 4:2, 0:2; FC Arsenal – SSC Neapel 2:0, 1:0; FC Villarreal – FC Valencia 1:3, 0:2; Slavia Prag – FC Chelsea 0:1, 3:4.

Halbfinale: Eintracht Frankfurt – FC Chelsea 1:1, n. V. 1:1, Elfmeterschießen 3:4; FC Arsenal – FC Valencia 3:1, 4:2.

Endspiel am 29. Mai in Baku: FC Chelsea – FC Arsenal 4:1 (0:0)

Chelsea: Kepa – Azpilicueta, Christensen, David Luiz, Emerson – Jorginho – Kanté, Kovacic (Barkley) – Pedro (Willian), Giroud, Hazard (Zappacosta).

Tore: Hazard (2), Giroud, Pedro (Iwobi für Arsenal) – SR: Rocchi (Italien) – Zuschauer: 51 370.

2019/20: FC Sevilla

Vorqualifikation: Progres Niederkorn – Cardiff Metropolitan University 1:0, 1:2; Barry Town – FC Cliftonville 0:0, 0:4; UE Sant Julia – Europa FC 3:2, 0:4; KI Klaksvik – Tre Fiori Fiorentino 5:1, 4:0; SP La Fiorita – UE Engordany 0:1, 1:2; Ballymena United – NSI Runavik 2:0, 0:0; KF Pristina – St. Joseph's FC 1:1, 0:2.

Qualifikation, 1. Runde: St. Joseph's FC – Glasgow Rangers 0:4, 0:6; Gzira United – Hajduk Split 0:2, 3:1; ZSKA-Sofia – OFK Titograd 4:0, 0:0; Jeunesse Esch – Tobol Qostanai 0:0, 1:1; Pjunik Erewan – Shkupi 1927 3:3, 2:1; Ordabassy Schymkent – Torpedo Kutaisi 1:0, 2:0; FK Ventspils – Teuta Durres 3:0, 0:1; Alashkert Martuni – Makedonija Gjorce Petrov 3:1, 3:0; KF Laci – Hapoel Beer Sheva 1:1, 0:1; Narva Trans – Buducnost Podgorica 0:2, 1:4; AEK Larnaka – Petrocub Hincesti 1:0, 1:0; Kuopion PS – FK Wizebsk 2:0, 1:1; Flora Tallinn – Radnicki Nis 2:0, 2:2; FC Sebail – Universitatea Craiova 2:3, 2:3; MFK Ruzomberok – Levski Sofia 0:2, 0:2; Riteriai Vilnius – KI Klaksvik 1:1, 0:0; Balzan FC – NK Domzale 3:4, 0:1; Malmö FF – Ballymena United 7:0, 4:0; Maccabi Haifa – Mura Murska Sobota 2:0, 3:2; FC Crusaders – B36 Torshavn 2:0, 3:2; Dinamo Tiflis – UE Engordany 6:0, 1:0;

Debreceni VSC – FK Kukesi 3:0, 1:1; Bröndby IF – Inter Turku 4:1, 0:2; Akademija Pandev – Zrinjski Mostar 0:3, 0:3; Molde FK – KR Reykjavik 7:1, 0:0; Speranta Nisporeni – Neftci Baku 0:3, 0:6; Radnik Bijeljina – Spartak Trnava 2:0, n. V. 0:2, Elfmeterschießen 2:3; Kauno Zalgiris – Apollon Limassol 0:2, 0:4; Brann Bergen – Shamrock Rovers 2:2, 1:2; Schachzjor Salihorsk – Hibernians Paola 1:0, 1:0; FK Liepaja – Dinamo Minsk 1:1, 2:1;

Fola Esch – Tschichura Satschchere 1:2, 1:2; Olimpija Ljubljana – Rigas Futbola Skola 2:3, 2:0; Connah's Quay Nomads – FC Kilmarnock 1:2, 2:0; Europa FC – Legia Warschau 0:0, 0:3; Cukaricki Belgrad – Urartu Erewan 3:0, 5:0; DAC Dunajska Streda – Cracovia Krakau 1:1, n. V. 2:2; Zeta Golubovci – Fehervar FC 1:5, 0:0; FCSB Bukarest – Milsami Orhei 2:0, 2:1; Cork City – Progres Niederkorn 0:2, 2:1; FC Cliftonville – FK Haugesund 0:1, 1:5; St. Patrick's Athletic – IFK Norrköping 0:2, 1:2; FC Aberdeen – Rovaniemen PS 2:1, 2:1; Honved Budapest – Zalgiris Vilnius 3:1, 1:1; NK Siroki Brijeg – Qairat Almaty 1:2, 1:2; Breidablik Kopavogur – FC Vaduz 0:0, 1:2; Stjarnan Gardabaer – FCI Levadia Tallinn 2:1, n. V. 2:3.

Qualifikation, 2. Runde (Meister): Ararat-Armenia Erewan – Lincoln Red Imps FC 2:0, 2:1; HB Torshavn – FC Linfield 2:2, 0:1; Shkendija Tetovo – F91 Dudelange 1:2, 1:1; FC Santa Coloma – FC Astana 0:0, 1:4; Tre Penne Galazzano – Suduva Marijampole 0:5, 0:5; Slovan Bratislava – Feronikeli Glogovac 2:1, 2:0; Partizani Tirana – Sheriff Tiraspol 0:1, 1:1; Piast Gleiwitz – Riga FC 3:2, 1:2; Valur Reykjavik – Ludogorez Rasgrad 1:1, 0:4 – **(Bestplatzierte)**: Flora Tallinn – Eintracht Frankfurt 1:2, 1:2; Pjunik Erewan – FK Jablonec 2:1, 0:0; FK Ventspils – Gzira United 4:0, 2:2; FK Qäbälä – Dinamo Tiflis 0:2, 0:3; AEK Larnaka – Levski Sofia 3:0, 4:0; FC Utrecht – Zrinjski Mostar 1:1, n. V. 1:2; Tschichura Satschchere – FC Aberdeen 1:1, 0:5; Honved Budapest – Universitatea Craiova 0:0, n. V. 0:0, Elfmeterschießen 1:3; Yeni Malatyaspor – Olimpija Ljubljana 2:2, 1:0; Arsenal Tula – Neftci Baku 0:1, 0:3; FK Haugesund – Sturm Graz 2:0, 1:2; Lechia Danzig – Bröndby IF 2:1, n. V. 1:4; Molde FK

– Cukaricki Belgrad 0:0, 3:1; FK Mlada Boleslav – Ordabassy Schymkent 1:1, 3:2; Alashkert Martuni – FCSB Bukarest 0:3, 3:2; Schachzjor Salihorsk – Esbjerg fB 2:0, 0:0; ZSKA-Sofia – NK Osijek 1:0, n. V. 0:1, Elfmeterschießen 4:3; Hapoel Beer Sheva – Qairat Almaty 2:0, 1:1; Lokomotive Plovdiv – Spartak Trnava 2:0, 1:3; Connah's Quay Nomads – Partizan Belgrad 0:1, 0:3; IFK Norrköping – FK Liepaja 2:0, 1:0; Fehervar FC – FC Vaduz 1:0, n. V. 0:2; FC Luzern – KI Klaksvik 1:0, 1:0; DAC Dunajska Streda – Atromitos Athen 1:2, 2:3; KAA Gent – FC Viitorul Constanta 6:3, 1:2; AZ Alkmaar – BK Häcken Göteborg 0:0, 3:0; Aris Saloniki – AEL Limassol 0:0, 1:0; Jeunesse Esch – Vitoria Guimaraes 0:1, 0:4; Buducnost Podgorica – Sorja Luhansk 1:3, 0:1; Glasgow Rangers – Progres Niederkorn 2:0, 0:0; NK Domzale – Malmö FF 2:2, 2:3; Racing Straßburg – Maccabi Haifa 3:1, 1:2; Wolverhampton Wanderers – FC Crusaders 2:0, 4:1; Espanyol Barcelona – Stjarnan Gardabaer 4:0, 3:1; Legia Warschau – Kuopion PS 1:0, 0:0; FC Turin – Debreceni VSC 3:0, 4:1; Shamrock Rovers – Apollon Limassol 2:1, n. V. 1:3.

Qualifikation, 3. Runde (Meister): Ararat-Armenia Erewan – Saburtalo Tiflis 1:2, 2:0; Riga FC – HJK Helsinki 1:1, 2:2; Sutjeska Niksic – FC Linfield 1:2, 2:3; Slovan Bratislava – FC Dundalk 1:0, 3:1; FC Astana – FC Valletta 5:1, 4:0; Sheriff Tiraspol – AIK Solna 1:2, 1:1; Maccabi Tel Aviv – Suduva Marijampole 1:2, 1:2; Ludogorez Rasgrad – The New Saints 5:0, 4:0; FK Sarajevo – BATE Baryssau 1:2, 0:0; F91 Dudelange – JK Nomme Kalju 3:1, 1:0 – **(Bestplatzierte)**: FC Vaduz – Eintracht Frankfurt 0:5, 0:1; AEK Larnaka – KAA Gent 1:1, 0:3; Pjunik Erewan – Wolverhampton Wanderers 0:4, 0:4; Universitatea Craiova – AEK Athen 0:2, 1:1; Bröndby IF – Sporting Braga 2:4, 1:3; FK Ventspils – Vitoria Guimaraes 0:3, 0:6; FC Thun – Spartak Moskau 2:3, 1:2; Malmö FF – Zrinjski Mostar 3:0, 0:1; FK Haugesund – PSV Eindhoven 0:1, 0:0; Neftci Baku – Bnei Yehuda Tel Aviv 2:2, 1:2; Molde FK – Aris Saloniki 3:0, n. V. 1:3; FC Mariupol – AZ Alkmaar 0:0, 0:4; ZSKA-Sofia – Sorja Luhansk 1:1, 0:1; Royal Antwerp FC – Viktoria Pilsen 1:0, n. V. 1:2; Lokomotive Plovdiv – Racing Straßburg 0:1, 0:1; Feyenoord Rotterdam – Dinamo Tiflis 4:0, 1:1; IFK Norrköping – Hapoel Beer Sheva 1:1, 1:3; FC Midtjylland – Glasgow Rangers 2:4, 1:3; HNK Rijeka – FC Aberdeen 2:0, 2:0; Austria Wien – Apollon Limassol 1:2, 1:3; FCSB Bukarest – FK Mlada Boleslav 0:0, 1:0; FC Turin – Schachzjor Salihorsk 5:0, 1:1; FC Luzern – Espanyol Barcelona 0:3, 0:3; Legia Warschau – Atromitos Athen 0:0, 2:0; Partizan Belgrad – Yeni Malatyaspor 3:1, 0:1.

Play-offs (Meister): FC Astana – BATE Baryssau 3:0, 0:2; Ararat-Armenia Erewan – F91 Dudelange 2:1, n. V. 1:2, Elfmeterschießen 4:5; Suduva Marijampole – Ferencvaros Budapest 0:0, 2:4; Ludogorez Rasgrad – NK Maribor 0:0, 2:2; FC Kopenhagen – Riga FC 3:1, 0:1; Celtic Glasgow – AIK Solna 2:0, 4:1; FC Linfield – Qarabag Agdam 3:2, 1:2; Slovan Bratislava – PAOK Saloniki 1:0, 2:3 – **(Bestplatzierte)**: Racing Straßburg – Eintracht Frankfurt 1:0, 0:3; Malmö FF – Bnei Yehuda Tel Aviv 3:0, 1:0; Feyenoord Rotterdam – Hapoel Beer Sheva 3:0, 3:0; AEK Athen – Trabzonspor 1:3, 2:0; Legia Warschau – Glasgow Rangers 0:0, 0:1; FCSB Bukarest – Vitoria Guimaraes 0:0, 0:1; KAA Gent – HNK Rijeka 2:1, 1:1; PSV Eindhoven – Apollon Limassol 3:0, 4:0; AZ Alkmaar – Royal Antwerp FC 1:1, n. V. 4:1; Sporting Braga – Spartak Moskau 1:0, 2:1; FC Turin – Wolverhampton Wanderers 2:3, 1:2; Espanyol Barcelona – Sorja Luhansk 3:1, 2:2; Partizan Belgrad – Molde FK 2:1, 1:1.

Gruppenphase, Gruppe A: APOEL Nikosia – F91 Dudelange 3:4, 2:0; Qarabag Agdam – FC Sevilla 0:3, 0:2; FC Sevilla – APOEL Nikosia 1:0, 0:1; F91 Dudelange – Qarabag Agdam 1:4, 1:1; FC Sevilla – F91 Dudelange 3:0, 5:2;
Qarabag Agdam – APOEL Nikosia 2:2, 1:2 – 1. FC Sevilla 14:3, 15; 2. APOEL Nikosia 10:8, 10; 3. Qarabag Agdam 8:11, 5; 4. F91 Dudelange 8:18, 4.

Gruppe B: Dynamo Kiew – Malmö FF 1:0, 3:4; FC Kopenhagen – FC Lugano 1:0, 1:0; Malmö FF – FC Kopenhagen 1:1, 1:0; FC Lugano – Dynamo Kiew 0:0, 1:1; Dynamo Kiew – FC Kopenhagen 1:1, 1:1; Malmö FF – FC Lugano 2:1, 0:0 – 1. Malmö FF 8:6, 11; 2. FC Kopenhagen 5:4, 9; 3. Dynamo Kiew 7:7, 7; 4. FC Lugano 2:5, 3 – Der FC Lugano trug seine Heimspiele in St. Gallen aus.

Gruppe C: FC Basel – FK Krasnodar 5:0, 0:1; FC Getafe – Trabzonspor 1:0, 1:0; FK Krasnodar – FC Getafe 1:2, 0:3; Trabzonspor – FC Basel 2:2, 0:2;
FC Getafe – FC Basel 0:1, 1:2; Trabzonspor – FK Krasnodar 0:2, 1:3 – 1. FC Basel 12:4, 13; 2. FC Getafe 8:4, 12; 3. FK Krasnodar 7:11, 9; 4. Trabzonspor 3:11, 1.

Gruppe D: PSV Eindhoven – Sporting Lissabon 3:2, 0:4; Linzer ASK – Rosenborg Trondheim 1:0, 2:1; Sporting Lissabon – Linzer ASK 2:1, 0:3; Rosenborg Trondheim – PSV Eindhoven 1:4, 1:1; Sporting Lissabon – Rosenborg Trondheim 1:0, 2:0; PSV Eindhoven – Linzer ASK 0:0, 1:4 – 1. Linzer ASK 11:4, 13; 2. Sporting Lissabon 11:7, 12; 3. PSV Eindhoven 9:12, 8; 4. Rosenborg Trondheim 3:11, 1.

Gruppe E: Stade Rennes – Celtic Glasgow 1:1, 1:3; CFR Cluj – Lazio Rom 2:1, 0:1; Lazio Rom – Stade Rennes 2:1, 0:2; Celtic Glasgow – CFR Cluj 2:0, 0:2;
Celtic Glasgow – Lazio Rom 2:1, 2:1; Stade Rennes – CFR Cluj 0:1, 0:1 – 1. Celtic Glasgow 10:6, 13; 2. CFR Cluj 6:4, 12; 3. Lazio Rom 6:9, 6; 4. Stade Rennes 5:8, 4.

Gruppe F: Eintracht Frankfurt – FC Arsenal 0:3, 2:1; Standard Lüttich – Vitoria Guimaraes 2:0, 1:1; FC Arsenal – Standard Lüttich 4:0, 2:2; Vitoria Guimaraes – Eintracht Frankfurt 0:1, 3:2; FC Arsenal – Vitoria Guimaraes 3:2, 1:1; Eintracht Frankfurt – Standard Lüttich 2:1, 1:2 – 1. FC Arsenal 14:7, 11; 2. Eintracht Frankfurt 8:10, 9; 3. Standard Lüttich 8:10, 8; 4. Vitoria Guimaraes 7:10, 5.
Gruppe G: FC Porto – Young Boys Bern 2:1, 2:1; Glasgow Rangers – Feyenoord Rotterdam 1:0, 2:2; Young Boys Bern – Glasgow Rangers 2:1, 1:1; Feyenoord Rotterdam – FC Porto 2:0, 2:3; FC Porto – Glasgow Rangers 1:1, 0:2; Young Boys Bern – Feyenoord Rotterdam 2:0, 1:1 – 1. FC Porto 8:9, 10; 2. Glasgow Rangers 8:6, 9; 3. Young Boys Bern 8:7, 8; 4. Feyenoord Rotterdam 7:9, 5.
Gruppe H: Ludogorez Rasgrad – ZSKA Moskau 5:1, 1:1; Espanyol Barcelona – Ferencvaros Budapest 1:1, 2:2; ZSKA Moskau – Espanyol Barcelona 0:2, 1:0; Ferencvaros Budapest – Ludogorez Rasgrad 0:3, 1:1; ZSKA Moskau – Ferencvaros Budapest 0:1, 0:0; Ludogorez Rasgrad – Espanyol Barcelona 0:1, 0:6 – 1. Espanyol Barcelona 12:4, 11; 2. Ludogorez Rasgrad 10:10, 8; 3. Ferencvaros Budapest 5:7, 7; 4. ZSKA Moskau 3:9, 5.
Gruppe I: VfL Wolfsburg – PFK Oleksandrija 3:1, 1:0; KAA Gent – AS Saint-Etienne 3:2, 0:0; AS Saint-Etienne – VfL Wolfsburg 1:1, 0:1; PFK Oleksandrija – KAA Gent 1:1, 1:2; KAA Gent – VfL Wolfsburg 2:2, 3:1; AS Saint-Etienne – PFK Oleksandrija 1:1, 2:2 – 1. KAA Gent 11:7, 12; 2. VfL Wolfsburg 9:7, 11; 3. AS Saint-Etienne 6:8, 4; 4. PFK Oleksandrija 6:10, 3.
Gruppe J: AS Rom – Istanbul Basaksehir 4:0, 3:0; Borussia Mönchengladbach – Wolfsberger AC 0:4, 1:0; Istanbul Basaksehir – Borussia Mönchengladbach 1:1, 2:1; Wolfsberger AC – AS Rom 1:1, 2:2; AS Rom – Borussia Mönchengladbach 1:1, 1:2; Istanbul Basaksehir – Wolfsberger AC 1:0, 3:0 – 1. Istanbul Basaksehir 7:9, 10; 2. AS Rom 12:6, 9; 3. Borussia Mönchengladbach 6:9, 8; 4. Wolfsberger AC 7:8, 5 – Der Wolfsberger AC trug seine Heimspiele in Graz aus.
Gruppe K: Wolverhampton Wanderers – Sporting Braga 0:1, 3:3; Slovan Bratislava – Besiktas Istanbul 4:2, 1:2; Besiktas Istanbul – Wolverhampton Wanderers 0:1, 0:4; Sporting Braga – Slovan Bratislava 2:2, 4:2; Besiktas Istanbul – Sporting Braga 1:2, 1:3; Slovan Bratislava – Wolverhampton Wanderers 1:2, 0:1 – 1. Sporting Braga 15:9, 14; 2. Wolverhampton Wanderers 11:5, 13; 3. Slovan Bratislava 10:13, 4; 4. Besiktas Istanbul 6:15, 3.
Gruppe L: Manchester United – FC Astana 1:0, 1:2; Partizan Belgrad – AZ Alkmaar 2:2, 2:2; FC Astana – Partizan Belgrad 1:2, 1:4; AZ Alkmaar – Manchester United 0:0, 0:4; Partizan Belgrad – Manchester United 0:1, 0:3; AZ Alkmaar – FC Astana 6:0, 5:0 – 1. Manchester United 10:2, 13; 2. AZ Alkmaar 15:8, 9; 3. Partizan Belgrad 10:10, 8; 4. FC Astana 4:19, 3 – AZ Alkmaar trug seine Heimspiele in Den Haag aus.
Zwischenrunde: Eintracht Frankfurt – RB Salzburg 4:1, 2:2; Bayer Leverkusen – FC Porto 2:1, 3:1; VfL Wolfsburg – Malmö FF 2:1, 3:0; Sporting Lissabon – Istanbul Basaksehir 3:1, n. V. 1:4; FC Getafe – Ajax Amsterdam 2:0, 1:2; FC Kopenhagen – Celtic Glasgow 1:1, 3:1; CFR Cluj – FC Sevilla 1:1, 0:0; Club Brügge – Manchester United 1:1, 0:5; Ludogorez Rasgrad – Inter Mailand 0:2, 1:2; Schachtar Donezk – Benfica Lissabon 2:1 (in Charkiw), 3:3; Wolverhampton Wanderers – Espanyol Barcelona 4:0, 2:3; APOEL Nikosia – FC Basel 0:3, 0:1; Olympiakos Piräus – FC Arsenal 0:1, n. V. 2:1; AZ Alkmaar – Linzer ASK 1:1, 0:2; AS Rom – KAA Gent 1:0, 1:1; Glasgow Rangers – Sporting Braga 3:2, 1:0.

Wegen der Coronavirus-Pandemie wurde der Wettbewerb im März unterbrochen. Die Achtelfinal-Rückspiele fanden erst im August statt. Die Spiele Inter Mailand – FC Getafe und FC Sevilla – AS Rom wurden nur in einem Spiel auf neutralem Platz entschieden. Die restlichen Spiele wurden anschließend in Turnierform in Nordrhein-Westfalen ausgetragen.

Achtelfinale: Eintracht Frankfurt – FC Basel 0:3, 0:1; Glasgow Rangers – Bayer Leverkusen 1:3, 0:1; VfL Wolfsburg – Schachtar Donezk 1:2, 0:3 (in Kiew); Istanbul Basaksehir – FC Kopenhagen 1:0, 0:3; Linzer ASK – Manchester United 0:5, 1:2; Olympiakos Piräus – Wolverhampton Wanderers 1:1, 0:1; Inter Mailand – FC Getafe 2:0 (in Gelsenkirchen); FC Sevilla – AS Rom 2:0 (in Duisburg).
Viertelfinale: Manchester United – FC Kopenhagen n. V. 1:0 (in Köln); Inter Mailand – Bayer Leverkusen 2:1 (in Düsseldorf); Schachtar Donezk – FC Basel 4:1 (in Gelsenkirchen); Wolverhampton Wanderers – FC Sevilla 0:1 (in Duisburg).
Halbfinale: FC Sevilla – Manchester United 2:1 (in Köln); Inter Mailand – Schachtar Donezk 5:0 (in Düsseldorf).

Endspiel am 21. August in Köln: FC Sevilla – Inter Mailand 3:2 (2:2)

Sevilla: Bono – Jesus Navas, Koundé, Diego Carlos (Gudelj), Reguilon – Fernando – Jordan, Banega – Suso (Vazquez), de Jong (En-Nesyri), Ocampos (Munir).
Tore: de Jong 2, Eigentor Lukaku (Lukaku, Godin) – SR: Makkelie (Niederlande) – Zuschauer: keine.

2020/21: FC Villarreal

Wegen der durch die Coronavirus-Pandemie bedingten Terminschwierigkeiten wurde die Qualifikation nur in einem Spiel bestritten.

Vorqualifikation: UE Engordany – Zeta Golubovci 1:3; St. Joseph's FC – B36 Torshavn 1:2; NSI Runavik – Barry Town United 5:1; FC Santa Coloma – Iskra Danilovgrad n. V. 0:0, Elfmeterschießen 3:4; FC Glentoran – HB Torshavn 1:0; FC Coleraine – La Fiorita Montegiardano 1:0; Tre Penne Galazzano – SC Gjilani 1:3; Lincol Red Imps – KF Pristina 3:0 (Wertung).

Qualifikation, 1. Runde: FK Riteriai – Derry City n. V. 3:2; Progres Niederkorn – Zeta Golubovci 3:0 (in Differdingen); FK Ventspils – Dinamo-Auto Tiraspol 2:1; Ordabassy Schymkent – FC Botosani 1:2; Qairat Almaty – Noah Erewan 4:1; Teuta Durres – Beitar Jerusalem 2:0; Borac Banja Luka – Sutjeska Niksic 1:0; Dinamo Minsk – Piast Gleiwitz 0:2; Lincoln Red Imps – Union Titus Petange 2:0; Neftci Baku – Shkupi 1927 2:1; Apollon Limassol – Saburtalo Tiflis 5:1 (in Nicosia); FK Bodö/Glimt – Kauno Zalgiris 6:1; Alashkert Martuni – Renova Dzepciste 0:1; Sumqayit FK – Shkendija Tetovo 0:2; Olimpija Ljubljana – Vikingur Reykjavik n. V. 2:1; Fehervar FC – Bohemians Dublin n. V. 1:1, Elfmeterschießen 4:2; Rosenborg Trondheim – Breidablik Kopavogur 4:2; Hammarby IF – Puskas Akademia 3:0; Aarhus GF – Honka Espoo 5:2; Zalgiris Vilnius – Paide Linnameeskond 2:0; Malmö FF – Cracovia Krakau 2:0; FC Vaduz – Hibernians Paola 0:2; Keshla FK – KF Laci n. V. 0:0, Elfmeterschießen 4:5 (in Baku); ZSKA-Sofia – Sirens FC 2:1; Lokomotivi Tiflis – Universitatea Craiova 2:1; SC Gjilani – APOEL Nikosia n. V. 0:2 (in Pristina); FH Hafnarfjördur – DAC Dunajska Streda 0:2; The New Saints – MSK Zilina n. V. 3:1; Schachzjor Salihorsk – Sfintul Gheorghe Suruceni n. V. 0:0, Elfmeterschießen 1:4; Hapoel Beer Sheva – Dinamo Batumi 3:0 (in Petah Tikva); Zrinjski Mostar – FC Differdange 03 3:0; FC Valletta – Bala Town 0:1; B36 Torshavn – FCI Levadia Tallinn n. V. 4:3; FK Kukesi – Slavia Sofia 2:1 (in Tirana); Petrocub Hincesti – TSC Backa Topola 0:2 (in Chisinau); Iskra Danilovgrad – Lokomotive Plovdiv 0:1 (in Podgorica); Servette Genf – MFK Ruzomberok 3:0; FCSB Bukarest – Schirak Gjumri 3:0; NK Maribor – FC Coleraine n. V. 1:1, Elfmeterschießen 4:5; FC Aberdeen – NSI Runavik 6:0; FC Motherwell – FC Glentoran 5:1; Partizan Belgrad – Rigas Futbola Skola 1:0; Shamrock Rovers – Tampereen Ilves n. V. 2:2, Elfmeterschießen 12:11; Lech Posen – FK Valmiera 3:0; Honved Budapest – Inter Turku n. V. 2:1; Maccabi Haifa – Zeljeznicar Sarajevo 3:1; Nomme Kalju – NS Mura 0:4 (in Budapest).

Qualifikation, 2. Runde (Meister): FC Astana – Buducnost Podgorica 0:1 (in Almaty); Ararat-Armenia Erewan – CS Fola Esch n. V. 4:3; Kuopion PS – Slovan Bratislava n. V. 1:1, Elfmeterschießen 4:3; Flora Tallinn – KR Reykjavik 2:1; Djurgardens IF – Europa FC 2:1; Connah's Quay Nomads – Dinamo Tiflis 0:1 (in Wrexham); Inter Escaldes – FC Dundalk 0:1; Sileks Kratovo – KF Drita Gjilan 0:2 (in Skopje); FC Linfield – FC Floriana 0:1; Riga FC – Tre Fiori Fiorentino 1:0 – **(Bestplatzierte):** KS Kukesi – VfL Wolfsburg 0:4 (in Tirana); Progres Niederkorn – Willem II Tilburg 0:5 (in Differdingen); Hammarby IF – Lech Posen 0:3; B36 Torshavn – The New Saints n. V. 2:2, Elfmeterschießen 5:4; Qaisar Qysylorda – APOEL Nikosia 1:4 (in Schymkent); FK Ventspils – Rosenborg Trondheim 1:5; Renova Dzepciste – Hajduk Split 0:1 (in Skopje); Teuta Durres – FC Granada 0:4; Lincoln Red Imps – Glasgow Rangers 0:5; FC Botosani – Shkendija Tetovo 0:1; Neftci Baku – Galatasaray Istanbul 1:3; IFK Göteborg – FC Kopenhagen 1:2; FK Riteriai – Slovan Liberec 1:5; FK Bodö/Glimt – Zalgiris Vilnius 3:1; Lokomotive Plovdiv – Tottenham Hotspur 1:2; Olimpija Ljubljana – Zrinjski Mostar n. V. 2:3; Lokomotivi Tiflis – Dynamo Moskau 2:1; OF Iraklion – Apollon Limassol 0:1; Maccabi Haifa – Qairat Almaty 2:1; ZSKA-Sofia – BATE Baryssau 2:0; KF Laci – Hapoel Beer Sheva 1:2 (in Elbasan); Hibernians Paola – Fehervar FC 0:1; Sfintul Gheorghe Suruceni – Partizan Belgrad n. V. 0:1 (in Chisinau); Shamrock Rovers – AC Mailand 0:2; Standard Lüttich – Bala Town 2:0; Aris Saloniki – Kolos Kowaliwka 1:2; Borac Banja Luka – FC Rio Ave 0:2; Piast Gleiwitz – TSV Hartberg 3:2; Mura Murska Sobota – Aarhus GF 3:0; FC Coleraine – FC Motherwell n. V. 2:2, Elfmeterschießen 0:3; Viking Stavanger – FC Aberdeen 0:2; NK Osijek – FC Basel 1:2; Servette Genf – Stade Reims 0:1; DAC Dunajska Streda – FK Jablonec n. V. 5:3; TSC Backa Topola – FCSB Bukarest n. V. 6:6, Elfmeterschießen 4:5 (in Senta); Honved Budapest – Malmö FF 0:2.

Qualifikation, 3. Runde (Meister): Ararat-Armenia Erewan – NK Celje n. V. 1:0; Kuopion PS – Suduva Marijampole 2:0; Riga FC – Celtic Glasgow 0:1; Djurgardens IF – CFR Cluj 0:1; FC Floriana – Flora Tallinn n. V. 0:0, Elfmeterschießen 2:4; KI Klaksvik – Dinamo Tiflis 6:1; FK Sarajevo – Buducnost Podgorica 2:1 (in Zenica); Sheriff Tiraspol – FC Dundalk n. V. 1:1, Elfmeterschießen 3:5; Legia Warschau – Drita Gjilan 2:0; Freilose: Ludogorez Rasgrad, KF Tirana – **(Bestplatzierte):** VfL Wolfsburg – Desna Tschernihiw 2:0; Apollon Limassol – Lech Posen 0:5 (in Nikosia); Fehervar FC – Stade Reims n. V. 0:0, Elfmeterschießen 4:1; Viktoria Pilsen – Sönderjysk Elitesport 3:0; FK Rostow – Maccabi Haifa 1:2; Mura Murska Sobota – PSV Eindhoven 1:5; RSC Charleroi – Partizan Belgrad n. V. 2:1; Besiktas Istanbul – FC Rio Ave n. V. 1:1, Elfmeterschießen 2:4; ZSKA-Sofia – B36 Torshavn 3:1; Malmö FF – Lokomotiva Zagreb 5:0; Rosenborg Trondheim – Alanyaspor 1:0; Hapoel Beer Sheva – FC Motherwell 3:0 (in Petah Tikva); FCSB Bukarest – Slovan Liberec 0:2

(in Giurgiu); Shkendija Tetovo – Tottenham Hotspur 1:3 (in Skopje); FC Kopenhagen – Piast Gleiwitz 3:0; APOEL Nikosia – Zrinjski Mostar n. V. 2:2, Elfmeterschießen 4:2; FC Granada – Lokomotive Tiflis 2:0; Standard Lüttich – Vojvodina Novi Sad n. V. 2:1; Galatasaray Istanbul – Hajduk Split 2:0; FC St. Gallen – AEK Athen 0:1; AC Mailand – FK Bodö/Glimt 3:2; FC Basel – Anorthosis Famagusta 3:2; Linzer ASK – DAC Dunajska Streda 7:0; HNK Rijeka – Kolos Kowaliwka n. V. 2:0; Willem II Tilburg – Glasgow Rangers 0:4; Sporting Lissabon – FC Aberdeen 1:0.

Play-offs (Meister): CFR Cluj – Kuopion PS 3:1; Ararat-Armenia Erewan – Roter Stern Belgrad 1:2 (in Nikosia); Dinamo Zagreb – Flora Tallinn 3:1; Dinamo Brest – Ludogorez Rasgrad 0:2 (in Minsk); FK Sarajevo – Celtic Glasgow 0:1 (in Zenica); Legia Waschau – Qarabag Agdam 0:3; FC Dundalk – KI Klaksvik 3:1 (in Dublin); Young Boys Bern – KF Tirana 3:0 – **(Bestplatzierte):** AEK Athen – VfL Wolfsburg 2:1; Rosenborg Trondheim – PSV Eindhoven 0:2; RSC Charleroi – Lech Posen 1:2; Malmö FF – FC Granada 1:3; Slovan Liberec – APOEL Nikosia 1:0; Hapoel Beer Sheva – Viktoria Pilsen 1:0 (in Petah Tikva); Standard Lüttich – Fehervar FC 3:1; FC Kopenhagen – HNK Rijeka 0:1; FC Basel – ZSKA-Sofia 1:3; Glasgow Rangers – Galatasaray SK 2:1; Sporting Lissabon – Linzer ASK 1:4; FC Rio Ave – AC Mailand n. V. 2:2, Elfmeterschießen 8:9; Tottenham Hotspur – Maccabi Haifa 7:2.

Gruppenphase, Gruppe A: Young Boys Bern – AS Rom 1:2, 1:3; ZSKA-Sofia – CFR Cluj 0:2, 0:0; AS Rom – ZSKA-Sofia 0:0, 1:3; CFR Cluj – Young Boys Bern 1:1, 1:2; AS Rom – CFR Cluj 5:0, 2:0; Young Boys Bern – ZSKA-Sofia 3:0, 1:0 – 1. AS Rom 13:5, 13; 2. Young Boys Bern 9:7, 10; 3. CFR Cluj 4:10, 5; 4. ZSKA-Sofia 3:7, 5.

Gruppe B: Rapid Wien – FC Arsenal 1:2, 1:4; FC Dundalk – Molde FK 1:2, 1:3; FC Arsenal – FC Dundalk 3:0, 4:2; Molde FK – Rapid Wien 1:0, 2:2; FC Arsenal – Molde FK 4:1, 3:0; Rapid Wien – FC Dundalk 4:3, 3:1 – 1. FC Arsenal 20:5, 18; 2. Molde FK 9:11, 10; 3. Rapid Wien 11:13, 7; 4. FC Dundalk 8:19, 0 – Der FC Dundalk trug seine Heimspiele in Dublin aus.

Gruppe C: Bayer Leverkusen – OGC Nizza 6:2, 3:2; Hapoel Beer Sheva – Slavia Prag 3:1, 0:3; Slavia Prag – Bayer Leverkusen 1:0, 0:4; OGC Nizza – Hapoel Beer Sheva 1:0, 0:1; Slavia Prag – OGC Nizza 3:2, 3:1; Hapoel Beer Sheva – Bayer 04 Leverkusen 2:4, 1:4 – 1. Bayer Leverkusen 21:8, 15; 2. Slavia Prag 11:10, 12; 3. Hapoel Beer Sheva 7:13, 6; 4. OGC Nizza 8:16, 3 – Hapoel Beer Sheva trug seine Heimspiele in Petah Tikva aus.

Gruppe D: Standard Lüttich – Glasgow Rangers 0:2, 2:3; Lech Posen – Benfica Lissabon 2:4, 0:4; Benfica Lissabon – Standard Lüttich 3:0, 2:2; Glasgow Rangers – Lech Posen 1:0, 2:0; Benfica Lissabon – Glasgow Rangers 3:3, 2:2; Lech Posen – Standard Lüttich 3:1, 1:2 – 1. Glasgow Rangers 13:7, 14; 2. Benfica Lissabon 18:9, 12; 3. Standard Lüttich 7:14, 4; 4. Lech Posen 6:14, 3.

Gruppe E: PSV Eindhoven – FC Granada 1:2, 1:0; PAOK Saloniki – Omonia Nikosia 1:1, 1:2; FC Granada – PAOK Saloniki 0:0, 0:0; Omonia Nikosia – PSV Eindhoven 1:2, 0:4; PAOK Saloniki – PSV Eindhoven 4:1, 2:3; Omonia Nikosia – FC Granada 0:2, 1:2 – 1. PSV Eindhoven 12:9, 12; 2. FC Granada 6:3, 11; 3. PAOK Saloniki 8:7, 6; 4. Omonia Nikosia 5:12, 4.

Gruppe F: SSC Neapel – AZ Alkmaar 0:1, 1:1; HNK Rijeka – Real Sociedad San Sebastian 0:1, 2:2; Real Sociedad San Sebastian – SSC Neapel 0:1, 1:1; AZ Alkmaar – HNK Rijeka 4:1, 1:2; Real Sociedad San Sebastian – AZ Alkmaar 1:0, 0:0; HNK Rijeka – SSC Neapel 1:2, 0:2 – 1. SSC Neapel 7:4, 11; 2. Real Sociedad San Sebastian 5:4, 9; 3. AZ Alkmaar 7:5, 8; 4. HNK Rijeka 6:12, 4.

Gruppe G: Sporting Braga – AEK Athen 3:0, 4:2; Leicester City – Sorja Luhansk 3:0, 0:1; AEK Athen – Leicester City 1:2, 0:2; Sorja Luhansk – Sporting Braga 1:2, 0:2; Leicester City – Sporting Braga 4:0, 3:3; Sorja Luhansk – AEK Athen 1:4, 3:0 – 1. Leicester City 14:5, 13; 2. Sporting Braga 14:10, 13; 3. Sorja Luhansk 6:11, 6; 4. AEK Athen 7:15, 3 – Sorja Luhansk trug seine Heimspiele in Saporischschja aus.

Gruppe H: Celtic Glasgow – AC Mailand 1:3, 2:4; Sparta Prag – Lille OSC 1:4, 1:2; AC Mailand – Sparta Prag 3:0, 1:0; Lille OSC – Celtic Glasgow 2:2, 2:3; Celtic Glasgow – Sparta Prag 1:4, 1:4; AC Mailand – Lille OSC 0:3, 1:1 – 1. AC Mailand 12:7, 13; 2. Lille OSC 14:8, 11; 3. Sparta Prag 10:12, 6; 4. Celtic Glasgow 10:19, 4.

Gruppe I: FC Villarreal – Sivasspor 5:3, 1:0; Maccabi Tel Aviv – Qarabag Agdam 1:0, 1:1; Qarabag Agdam – FC Villarreal 1:3, 0:3; Sivasspor – Maccabi Tel Aviv 1:2, 0:1; FC Villarreal – Maccabi Tel Aviv 4:0, 1:1; Sivasspor – Qarabag Agdam 2:0, 3:2 – 1. FC Villarreal 17:5, 16; 2. Maccabi Tel Aviv 6:7, 11; 3. Sivasspor 9:11, 6; 4. Qarabag Agdam 4:13, 1 – Qarabag Agdam trug seine Heimspiele in Istanbul aus.

Gruppe J: Tottenham Hotspur – Linzer ASK 3:0, 3:3; Ludogorez Rasgrad – Royal Antwerp FC 1:2, 1:3; Linzer ASK – Ludogorez Rasgrad 4:3, 3:1; Royal Antwerp FC – Tottenham Hotspur 1:0, 0:2; Ludogorez Rasgrad – Tottenham Hotspur 1:3, 0:4; Royal Antwerp FC – Linzer ASK 0:1, 2:0 – 1. Tottenham Hotspur 15:5, 13; 2. Royal Antwerp FC 8:5, 12; 3. Linzer ASK 11:12, 10; 4. Ludogorez Rasgrad 7:19, 0.

Gruppe K: Dinamo Zagreb – Feyenoord Rotterdam 0:0, 2:0; Wolfsberger AC – ZSKA Moskau 1:1, 1:0; ZSKA Moskau – Dinamo Zagreb 0:0, 1:3; Feyenoord Rotterdam – Wolfsberger AC 1:4, 0:1; Dinamo Zagreb – Wolfsberger AC 1:0, 3:0; Feyenoord Rotterdam – ZSKA Moskau 3:1, 0:0 – 1. Dinamo Zagreb 9:1, 14; 2. Wolfsberger AC 7:6, 10; 3. Feyenoord Rotterdam 4:8, 5; 4. ZSKA Moskau 3:8, 3 – Der Wolfsberger AC trug seine Heimspiele in Klagenfurt aus.

Gruppe L: TSG 1899 Hoffenheim – Roter Stern Belgrad 2:0, 0:0; Slovan Liberec – KAA Gent 1:0, 2:1; KAA Gent – TSG 1899 Hoffenheim 1:4, 1:4; Roter Stern Belgrad – Slovan Liberec 5:1, 0:0; Roter Stern Belgrad – KAA Gent 2:1, 2:0; TSG 1899 Hoffenheim – Slovan Liberec 5:0, 2:0 – 1. TSG 1899 Hoffenheim 17:2, 16; 2. Roter Stern Belgrad 9:4, 11; 3. Slovan Liberec 4:13, 7; 4. KAA Gent 4:15, 0.

Zwischenrunde: Young Boys Bern – Bayer Leverkusen 4:3, 2:0; Molde FK – TSG 1899 Hoffenheim 3:3 (in Villarreal), 2:0; Dynamo Kiew – Club Brügge 1:1, 1:0; Wolfsberger AC – Tottenham Hotspur 1:4 (in Budapest), 0:4; Real Sociedad San Sebastian – Manchester United 0:4 (in Turin), 0:0; Roter Stern Belgrad – AC Mailand 2:2, 1:1; Slavia Prag – Leicester City 0:0, 2:0; Sporting Braga – AS Rom 0:2, 1:3; FK Krasnodar – Dinamo Zagreb 2:3, 0:1; Olympiakos Piräus – PSV Eindhoven 4:2, 1:2; Benfica Lissabon – FC Arsenal 1:1 (in Rom), 2:3 (in Piräus); Royal Antwerp FC – Glasgow Rangers 3:4, 2:5; RB Salzburg – FC Villarreal 0:2, 1:2; FC Granada – SSC Neapel 2:0, 1:2; Maccabi Tel Aviv – Schachtar Donezk 0:2, 0:1 (in Kiew); Lille OSC – Ajax Amsterdam 1:2, 1:2.

Achtelfinale: Ajax Amsterdam – Young Boys Bern 3:0, 2:0; Dynamo Kiew – FC Villarreal 0:2, 0:2; Manchester United – AC Mailand 1:1, 1:0; Slavia Prag – Glasgow Rangers 1:1, 2:0; AS Rom – Schachtar Donezk 3:0, 2:1 (in Kiew); Olympiakos Piräus – FC Arsenal 1:3, 1:0; Tottenham Hotspur – Dinamo Zagreb 2:0, n. V. 0:3; FC Granada – Molde FK 2:0, 1:2 (in Budapest).

Viertelfinale: FC Granada – Manchester United 0:2, 0:2; FC Arsenal – Slavia Prag 1:1, 4:0; Ajax Amsterdam – AS Rom 1:2, 1:1; Dinamo Zagreb – FC Villarreal 0:1, 1:2.

Halbfinale: Manchester United – AS Rom 6:2, 2:3; FC Villarreal – FC Arsenal 2:1, 0:0.

Endspiel am 26. Mai in Danzig: FC Villarreal – Manchester United n. V. 1:1 (1:1, 1:0), i.E. 11:10

Villarreal: Rulli – Foyth (Mario Gaspar), Raul Albiol, Pau, Alfonso Pedraza (Alberto Moreno) – Pino (Paco Alcacer), Capoue (Dani Raba), Parejo, Manu Trigueros (Moi Gomez) – Gerard, Bacca (Coquelin).

Tore: Gerard (Cavani) – Tore im Elfmeterschießen: Gerard, Raba, Alcacer, Alberto Moreno, Parejo, Moi Gomez, Raul Albiol, Coquelin, Mario Gaspar, Pau, Rulli (Mata, Alex Telles, Bruno Fernandes, Rashford, Cavani, Fred, James, Shaw, Tuanzebe, Lindelöf) – SR: Turpin (Frankreich) – Zuschauer: 9500.

Rangliste der Sieger in den europäischen Pokalwettbewerben

Verein	EC 1	EC 2	EC 3	ges. (im Finale)
Real Madrid	13	–	2	15 (20x)
FC Barcelona	5	4	3	12 (18x)
AC Mailand	7	2	–	9 (14x)
FC Liverpool	6	–	3	9 (14x)
Bayern München	6	1	1	8 (13x)
Ajax Amsterdam	4	1	1	6 (10x)
Inter Mailand	3	–	3	6 (10x)
FC Chelsea	2	2	2	6 (7x)
Juventus Turin	2	1	3	6 (16x)
FC Sevilla	–	–	6	6 (6x)
Manchester United	3	1	1	5 (8x)
FC Porto	2	–	2	4 (5x)
Atletico Madrid	–	1	3	4 (9x)
FC Valencia	–	1	3	4 (7x)
Feyenoord Rotterdam	1	–	2	3 (3x)
RSC Anderlecht	–	2	1	3 (7x)
Tottenham Hotspur	–	1	2	3 (5x)
AC Parma	–	1	2	3 (4x)
Benfica Lissabon	2	–	–	2 (10x)
Nottingham Forest	2	–	–	2 (2x)
Borussia Dortmund	1	1	–	2 (5x)
Hamburger SV	1	1	–	2 (5x)
PSV Eindhoven	1	–	1	2 (2x)
Dynamo Kiew	–	2	–	2 (2x)
FC Arsenal	–	1	1	2 (7x)
Real Saragossa	–	1	1	2 (3x)
IFK Göteborg	–	–	2	2 (2x)
Leeds United	–	–	2	2 (5x)
Borussia Mönchengladbach	–	–	2	2 (5x)
Aston Villa	1	–	–	1 (1x)
Roter Stern Belgrad	1	–	–	1 (2x)
Werder Bremen	–	1	–	1 (2x)
Steaua Bukarest	1	–	–	1 (2x)
Celtic Glasgow	1	–	–	1 (3x)
Olympique Marseille	1	–	–	1 (5x)
FC Aberdeen	–	1	–	1 (1x)
Slovan Bratislava	–	1	–	1 (1x)
FC Everton	–	1	–	1 (1x)
AC Florenz	–	1	–	1 (4x)
Glasgow Rangers	–	1	–	1 (4x)
Sampdoria Genua	–	1	–	1 (3x)
Sporting Lissabon	–	1	–	1 (2x)
Manchester City	–	1	–	1 (2x)
1. FC Magdeburg	–	1	–	1 (1x)
KV Mechelen	–	1	–	1 (1x)
Paris Saint-Germain	–	1	–	1 (3x)
Lazio Rom	–	1	–	1 (2x)
Dynamo Tiflis	–	1	–	1 (1x)
West Ham United	–	1	–	1 (2x)
Ferencvaros Budapest	–	–	1	1 (3x)
AS Rom	–	–	1	1 (3x)
Eintracht Frankfurt	–	–	1	1 (2x)
Bayer Leverkusen	–	–	1	1 (2x)
Dinamo Zagreb	–	–	1	1 (2x)
Ipswich Town	–	–	1	1 (1x)
Galatasaray Istanbul	–	–	1	1 (1x)
ZSKA Moskau	–	–	1	1 (1x)
SSC Neapel	–	–	1	1 (1x)

Verein	EC 1	EC 2	EC 3	ges. (im Finale)
Newcastle United	–	–	1	1 (1x)
FC Schalke 04	–	–	1	1 (1x)
Zenit St. Petersburg	–	–	1	1 (1x)
Schachtar Donezk	–	–	1	1 (1x)
FC Villarreal	–	–	1	1 (1x)
Espanyol Barcelona	–	–	–	– (2x)
Athletic Bilbao	–	–	–	– (2x)
Birmingham City	–	–	–	– (2x)
Club Brügge	–	–	–	– (2x)
AS Monaco	–	–	–	– (2x)
Stade Reims	–	–	–	– (2x)
VfB Stuttgart	–	–	–	– (2x)
Rapid Wien	–	–	–	– (2x)
CD Alaves	–	–	–	– (1x)
AZ 67 Alkmaar	–	–	–	– (1x)
FC Antwerpen	–	–	–	– (1x)
Panathinaikos Athen	–	–	–	– (1x)
SEC Bastia	–	–	–	– (1x)
Partizan Belgrad	–	–	–	– (1x)
Girondins Bordeaux	–	–	–	– (1x)
Sporting Braga	–	–	–	– (1x)
MTK Budapest	–	–	–	– (1x)
Ujpest Dozsa Budapest	–	–	–	– (1x)
Dnipro Dnipropetrowsk	–	–	–	– (1x)
Fortuna Düsseldorf	–	–	–	– (1x)
Dundee United	–	–	–	– (1x)
FC Twente Enschede	–	–	–	– (1x)
FC Fulham	–	–	–	– (1x)
FC Carl Zeiss Jena	–	–	–	– (1x)
1. FC Köln	–	–	–	– (1x)
1. FC Lok Leipzig	–	–	–	– (1x)
Stadtmannschaft London	–	–	–	– (1x)
Standard Lüttich	–	–	–	– (1x)
RCD Mallorca	–	–	–	– (1x)
Malmö FF	–	–	–	– (1x)
FC Middlesbrough	–	–	–	– (1x)
Dynamo Moskau	–	–	–	– (1x)
TSV München 1860	–	–	–	– (1x)
AS Saint-Etienne	–	–	–	– (1x)
Austria Salzburg	–	–	–	– (1x)
Videoton Szekesfehervar	–	–	–	– (1x)
Turin Calcio	–	–	–	– (1x)
Austria Wien	–	–	–	– (1x)
Wolverhampton Wanderers	–	–	–	– (1x)
Gornik Zabrze	–	–	–	– (1x)

Nationenwertung nach Anzahl der Titel und Finalteilnahmen

Nation	EC 1	EC 2	EC 3	ges. (im Finale)
Spanien	18	7	19	44 (69x)
England	14	8	13	35 (62x)
Italien	12	7	10	29 (58x)
Deutschland	8	4	6	18 (40x)
Niederlande	6	1	4	11 (17x)
Portugal	4	1	2	7 (18x)
Russland (UdSSR)	–	3	2	5 (6x)

Nation	EC 1	EC 2	EC 3	ges. (im Finale)
Belgien	–	3	1	4 (12x)
Schottland	1	2	–	3 (9x)
Frankreich	1	1	–	2 (15x)
Jugoslawien	1	–	1	2 (5x)
Schweden	–	–	2	2 (3x)
Rumänien	1	–	–	1 (2x)
DDR	–	1	–	1 (3x)
Tschechoslowakei	–	1	–	1 (1x)
Ungarn	–	–	1	1 (6x)
Ukraine	–	–	1	1 (2x)
Türkei	–	–	1	1 (1x)
Österreich	–	–	–	– (4x)
Griechenland	–	–	–	– (1x)
Polen	–	–	–	– (1x)

Juventus Turin, Ajax Amsterdam, der FC Barcelona, Bayern München, der FC Chelsea und Manchester United sind die einzigen Vereine, die alle drei Pokalwettbewerbe gewonnen haben. Der Hamburger SV und Borussia Dortmund haben in allen drei Endspielen gestanden, aber nur zweimal gesiegt (jeweils E1 und E2)..

Europapokal-Bilanzen der deutschen Klubs und Städte

	Spiele	S	U	N	Tore	Punkte
Bayern München	482	278	103	101	994:493	937
Borussia Dortmund	266	133	50	83	447:315	459
Hamburger SV	211	113	36	62	385:241	375
Bayer Leverkusen	230	101	52	77	374:294	355
Borussia Mönchengladbach	177	93	42	42	377:218	321
FC Schalke 04	191	91	46	54	300:226	319
VfB Stuttgart	184	86	42	56	310:215	300
Werder Bremen	186	84	41	61	348:252	293
1. FC Köln	166	86	29	51	317:194	287
Eintracht Frankfurt	151	81	29	41	295:170	272
Hertha BSC	110	48	29	33	134:109	173
1. FC Kaiserslautern	94	48	9	37	164:120	153
Dynamo Dresden	98	42	25	31	155:122	151
Carl Zeiss Jena	87	39	17	31	139:114	134
1. FC Magdeburg	72	32	15	25	115:86	111
1. FC Lok Leipzig	77	31	16	30	107:91	109
VfL Wolfsburg	61	30	11	20	103:80	101
Berliner FC Dynamo	60	23	18	19	87:80	87
Hannover 96	49	21	11	17	84:86	74
TSV München 1860	42	20	8	14	88:58	68
RB Leipzig	42	20	8	14	67:62	68
Vorwärts Frankfurt/Oder	42	16	3	23	54:63	51
1. FC Nürnberg	28	12	7	9	44:38	43
Fortuna Düsseldorf	29	11	8	10	45:36	41
Karlsruher SC	24	9	8	7	35:25	35
MSV Duisburg	16	8	4	4	39:25	28
Eintracht Braunschweig	21	8	4	9	34:25	28
TSG 1899 Hoffenheim	22	6	7	9	42:37	25
1. FSV Mainz 05	16	6	7	3	20:17	25
Wismut Aue/Karl-Marx-Stadt	22	6	6	10	30:31	24
Bayer Uerdingen	14	7	2	5	33:14	23
SC Freiburg	16	4	6	6	15:18	18
Sachsenring Zwickau	12	4	3	5	6:10	15

	Spiele	S	U	N	Tore	
Punkte						
Hansa Rostock	12	5	0	7	16:22	15
Alemannia Aachen	8	3	3	2	11:7	12
FC Augsburg	8	3	1	4	12:12	10
VfL Bochum	8	2	3	3	15:14	9
Chemie Leipzig	6	2	1	3	9:10	7
Chemnitzer FC	10	2	1	7	11:17	7
Rot-Weiß Erfurt	4	2	0	2	3:5	6
1. FC Union Berlin	4	1	2	1	4:3	5
Stahl Brandenburg	4	1	2	1	3:4	5
Hallescher FC	5	1	2	2	5:9	5
Kickers Offenbach	2	1	0	1	2:3	3
Wuppertaler SV	2	1	0	1	6:8	3
1. FC Saarbrücken	2	1	0	1	5:7	3
Viktoria Köln	2	1	0	1	5:7	3
PSV Schwerin	2	0	1	1	0:2	1
Rot-Weiss Essen	2	0	1	1	1:5	1
Tasmania 1900 Berlin	2	0	0	2	3:5	0
Eisenhüttenstädter FC Stahl	2	0	0	2	1:5	0
als Stadtmannschaften						
Auswahl Leipzig	17	7	1	9	29:35	22
Auswahl Köln	7	2	1	4	9:13	7
Auswahl Frankfurt/Main	4	2	0	2	10:10	6
Auswahl Berlin	2	1	0	1	1:3	3

Anmerkung: Alle Ergebnisse wurden nach der heute gültigen 3-Punkte-Regel umgerechnet.

UEFA Youth League

Teilnahmeberechtigt sind die U19-Teams der 32 für die Gruppenphase der Champions League qualifizierten Klubs und seit 2015/16 auch die Jugendmeister der 32 besten UEFA-Verbände.

Die bisherigen Gewinner: 2014 FC Barcelona – 2015, 2016 FC Chelsea – 2017 RB Salzburg – 2018 FC Barcelona – 2019 FC Porto – 2020 Real Madrid – 2021 nicht ausgetragen.

2021: nicht ausgetragen

Wegen der Coronavirus-Pandemie entfiel die Gruppenphase mit den 32 Nachwuchsmannschaften der Champions-League-Teilnehmer. Stattdessen sollten ab März 2021 alle 64 teilnehmenden Mannschaften in einer K.-o.-Runde spielen. Im Champions-League-Weg wäre es zu folgenden Begegnungen mit deutscher Beteiligung gekommen: Inter Mailand – Bayern München, Juventus Turin – Borussia Dortmund, Atalanta Bergamo – RB Leipzig und Borussia Mönchengladbach – Lazio Rom. Im Meisterweg hätte der 1. FC Köln (per Los mit Werder Bremen und Bayern München ermittelt) bei den Glasgow Rangers antreten müssen. Auf Grund der weiter kritischen Lage und europaweiter Reisebeschränkungen wurde der Wettbewerb 2020/21 im Februar von der UEFA abgesagt.

Der Held von Danzig: Zuerst traf Villarreal-Keeper Geronimo Rulli im Elfmeterschießen, dann parierte er gegen seinen Landsmann David de Gea. Der Gewinn der Europa League ist der erste große Erfolg für den Klub aus der Region Valencia.

KAPITEL 13

DER JUGENDFUSSBALL

Die Bilanz der 222 Junioren-Länderspiele U 19/U 20

Gegner	Spiele	Siege	Unentsch.	Niederl.	Tore	11-m-Sch.
Ägypten	3	2	–	1	4:2	
Argentinien	2	–	–	2	0:2	
Australien	2	1	1	–	2:1	
Brasilien	5	1	–	4	6:10	
Bulgarien	1	1	–	–	3:0	
Chile	3	2	–	1	8:3	
China	2	1	1	–	5:4	
Costa Rica	2	–	–	2	2:4	
Dänemark	4	–	2	2	3:5	
DDR	1	–	–	1	0:1	
England	8	2	1	5	9:13	
Fidschi	1	1	–	–	8:1	
Finnland	1	1	–	–	2:1	
Frankreich	2	–	1	1	4:5	
Ghana	2	–	2	–	3:3	
Honduras	1	1	–	–	5:1	
Irak	1	1	–	–	3:1	
Italien	34	16	6	12	54:43	
Japan	1	–	–	1	0:4	
Jugoslawien	1	–	1	–	1:1	4:5
Kamerun	2	1	1	–	4:1	
Kanada	2	2	–	–	5:0	
Kasachstan	1	1	–	–	8:0	
Katar	2	2	–	–	6:1	
Litauen	1	1	–	–	3:0	
Mali	1	–	1	–	1:1	3:4
Mexiko	4	1	2	1	3:3	
Niederlande	9	5	3	1	16:9	2:4
Nigeria	4	2	1	1	6:6	
Österreich	12	7	2	3	22:14	
Paraguay	2	1	–	1	4:2	
Polen	19	10	3	6	36:21	
Portugal	8	5	1	2	9:6	5:3
Rumänien	2	2	–	–	4:0	
Russland	1	–	1	–	1:1	
Sambia	1	–	–	1	3:4	
Saudi-Arabien	3	2	1	–	5:1	
Schottland	3	2	1	–	5:3	4:3
Schweiz	36	19	10	7	65:45	
Slowakei	1	–	1	–	2:2	
Spanien	7	1	1	5	9:14	
Südafrika	1	1	–	–	6:1	
Südkorea	2	–	1	1	1:3	
Thailand	1	1	–	–	6:0	
Tschechien	6	3	2	1	14:11	
Türkei	5	3	2	–	8:3	
Uruguay	1	–	–	1	1:2	
USA	5	4	1	–	9:2	
Usbekistan	1	1	–	–	3:0	
Vanuatu	1	1	–	–	3:2	
Venezuela	1	–	–	1	0:2	
Gesamt:	**222**	**208**	**50**	**64**	**389:265**	

Anmerkung: Im Jahr 2007 wurden die Spiele gegen Italien (0:0), Österreich (5:2) und die Schweiz (4:0) aus der Bilanz genommen, da sie der DFB auch als U-21-Länderspiele führt. Die Spiele fanden zwar im Rahmen der U-20-Spielrunde statt, galten aber dem Neuaufbau der künftigen U 21.

Die Nationalmannschaften der Junioren U 19/U 20

1981: 6 Spiele: 5 Siege, 1 Niederlage

1 **Mexiko**, 3. 10., Adelaide, 1:0 gewonnen (U20-WM-Gruppenspiel): Vollborn – Winklhofer, Zorc, Schmidkunz – Sievers, Brunner, Loose (1), Schön – Anthes, Herbst, Wohlfarth (Hermann) – Kapitän: Loose – Schiedsrichter: Valentine (Schottland).

2 **Ägypten**, 6. 10., Adelaide, 1:2 verloren (U20-WM-Gruppenspiel): Vollborn – Winklhofer, Zorc, Schmidkunz, Nushöhr (Trieb) – Sievers, Brunner, Loose (1) – Anthes, Herbst, Wohlfahrth (Brummer) – K.: Loose – SR: Mendez (Guatemala).

3 **Spanien**, 8. 10., Canberra, 4:2 gewonnen (U20-WM-Gruppenspiel): Vollborn – Winklhofer, Zorc, Schmidkunz – Trieb (1), Sievers, Loose, Schön (Brunner) – Anthes (1) (Brummer), Herbst, Wohlfarth (2) – K.: Loose – SR: Coelho (Brasilien).

4 **Australien**, 11. 10., Canberra, 1:0 gewonnen (U20-WM-Viertelfinale): Vollborn – Winklhofer, Zorc, Schmidkunz – Trieb, Sievers, Loose (Brunner), Schön – Anthes, Herbst, Wohlfarth (1) – K.: Loose/Brunner – SR: Sörensen (Dänemark).

5 **Rumänien**, 14. 10., Melbourne, 1:0 n.V. gewonnen (U20-WM-Halbfinale): Vollborn – Winklhofer, Zorc, Schmidkunz, Trieb – Schön (1), Sievers, Loose – Anthes (Brunner), Herbst (Brummer), Wohlfarth – K.: Loose – SR: Valentine (Schottland).

6 **Katar**, 18. 10., Sydney, 4:0 gewonnen (U20-WM-Enspiel): Vollborn – Winklhofer, Zorc, Schmidkunz, Trieb – Sievers (Brunner), Schön, Loose (2) – Anthes (1), Wohlfarth (1), Brummer (Herbst) – K.: Loose – SR: Coelho (Brasilien).

1986: 4 Spiele: 3 Siege, 1 Niederlage

7 **Schottland**, 9. 9., Paisley, 3:2 gewonnen: Brunn – Luginger – Strehmel, Claasen (K. Reinhardt), Prus (1) – Metz (Witeczek), Spyrka, Wörsdorfer, Möller (1) – Banach (Patzschke), Bierhoff (1) – K.: Luginger – SR: Gunn (England).

8 **Rumänien**, 11. 10., Kula, 3:0 gewonnen (EM-Viertelfinale U18): Brunn – Luginger – Metz, Strehmel, Haun – Heidenreich (1), Wörsdorfer (Schneider), Spyrka, Dammeier – Bierhoff (1), Eichenauer (1) – K.: Luginger – SR: van den Wijngaert (Belgien).

9 **DDR**, 13. 10., Sombor, 0:1 verloren (EM-Halbfinale U18): Brunn – Luginger – Metz (Wörsdorfer, Banach), Strehmel, Haun – Heidenreich, Spyrka, Schneider, Laubinger – Bierhoff, Eichenauer – K.: Luginger – SR: Hope (Schottland).

10 **Schottland**, 15. 10., Subotica, 1:0 gewonnen (um den 3. Platz EM U18): Brunn – Luginger – Strehmel, Wichterich – Heidenreich, Haun, Schneider, Spyrka (Bierhoff) – Dammeier (1), Laubinger, Banach (Eichenauer) – K.: Luginger – SR: Kohl (Österreich).

Die Spiele zur U18-EM wurden bereits von der Juniorenauswahl U19 bestritten, weil die Endrunde in den Herbst gelegt wurde. In den Statistiken werden Spiele und Spieler daher der U19 hinzugerechnet.

1987: 9 Spiele: 6 Siege, 3 Unentschieden

11 **Chile**, 6. 5., Solingen, 2:0 gewonnen: Ernst – Spyrka – H. J. Heidenreich, Metz, Gabriel (Strehmel) – Haun (Kostner (1)), K. Reinhardt (Walz), Legat, Luginger – Banach, Eichenauer (1) (Preetz) – K.: Luginger – SR: Ahlenfelder (Deutschland).

12 **Dänemark**, 19. 8., Einbeck, 1:1 unentschieden: Brunn – Klinkert (1), Spyrka (Schneider) – Metz – H. J. Heidenreich, Luginger, Möller, K. Reinhardt (Eichenauer), Vorholt (Haun) – Banach (Witeczek), Epp (Preetz). – K.: Luginger. – SR.: Wiesel (Deutschland).

13 **Kanada**, 16. 9., Neuss, 1:0 gewonnen: Brunn (Rekers) – Klinkert, Spyrka, Strehmel (Prus) – Schneider, Hägele, Steffen (Würzburger), Vorholt – Dammeier, Epp (1), Eichenauer (Witeczek) – K.: Spyrka – SR: Assenmacher (Deutschland).

14 **Saudi-Arabien**, 12. 10., Antofagasta, 3:0 gewonnen (U20-WM-Gruppenspiel): Brunn – Luginger – H. J. Heidenreich, Strehmel (1), Metz – Spyrka, Möller, Schneider, Dammeier (1) – Witeczek (1) (Preetz), Epp (1) (Eichenauer) – K.: Luginger – SR: Longhi (Italien).

15 **Bulgarien**, 15. 10., Antofagasta, 3:0 gewonnen (U20-WM-Gruppenspiel): Clauss – Strehmel – Klinkert, Metz – Luginger, Spyrka, Schneider, Möller (H. J. Heidenreich), Dammeier (K. Reinhardt (1)) – Witeczek (2), Epp – K: Luginger – SR: Marin (Chile).

16 **USA**, 17. 10., Antofagasta, 2:1 gewonnen (U20-WM-Gruppenspiel): Brunn – Spyrka – Claasen, Strehmel, H. J. Heidenreich – Möller (1), Schneider, K. Reinhardt – Würzburger (Dammeier), Preetz (Eichenauer), Witeczek (1) – K.: Möller – SR: Sano (Japan).

17 **Schottland**, 21. 10., Antofagasta, 1:1 n. V., Elfmeterschießen 4:3 (U20-WM-Viertelfinale): Brunn – Luginger – Strehmel, Metz, H. J. Heidenreich – Spyrka, Schneider, Möller, K. Reinhardt (1) – Epp (Dammeier), Witeczek – K.: Luginger – SR: Loustau (Argentinien) – Tore im Elfmeterschießen: Witeczek, Metz, Luginger, Spyrka.

18 **Chile**, 23. 10., Concepcion, 4:0 gewonnen (U20-WM-Halbfinale): Brunn – Luginger – Strehmel, Metz – Dammeier (1), Spyrka, Möller (Preetz), Schneider, K. Reinhardt – Eichenauer (1), Witeczek (2) – K.: Luginger – SR: Bouillet (Frankreich).

19 **Jugoslawien**, 25. 10., Santiago, 1:1 n. V., Elfmeterschießen 4:5 (U20-WM-Finale): Brunn – Luginger – Strehmel, Metz – Dammeier (H. J. Heidenreich), Spyrka, Möller, Schneider, K. Reinhardt – Eichenauer (Epp), Witeczek (1) – K.: Luginger – SR: Loustau (Argentinien) – Tore im Elfmeterschießen: Metz, Luginger, Spyrka, K. Reinhardt.

1990: 3 Spiele: 1 Sieg, 2 Unentschieden

20 **Brasilien**, 11. 2., Maspalomas, 2:0 gewonnen: Heinen – Haber – Ewen, Wörns, Strube – Schneider, Becker (Kramny), Zetzmann, Franck (1) – Herrlich (1), Klauß – K.: Klauß – SR: Carmello (Spanien).

21 **Spanien**, 14. 2. Maspalomas, 1:1 unentschieden: Heinen – Wörns (1), Schneider, Haber, Strube – Oßwald (Kramny), Ewen, Franck (Spieler), Zetzmann – Herrlich, Klauß – K.: Klauß – SR: Gonzales (Spanien).

22 **Frankreich**, 16. 2. Maspalomas, 2:2 unentschieden: Heinen – Oßwald (Kramny), Wörns (1), Haber, Strube – Zetzmann, Schneider (Spieler), Franck, Ewen – Weiland (1), Klauß – K.: Klauß – SR: Saavedre (Spanien).

1991: 2 Spiele: 1 Sieg, 1 Niederlage

23 **Portugal**, 29. 1., Maspalomas, 3:0 gewonnen: Klos – Th. Schneider – Frey, Babbel, Witossek – Münch, Unger (1), Haber – Peschel, Herrlich (2), Hutwelker – K.: Haber – SR: Moreno (Spanien).

24 **Spanien**, 1. 2., Las Palmas, 1:2 verloren: Klos – Th. Schneider – Frey (Trenner (1)), Babbel, Witossek – Münch, Unger, Haber – Peschel, Herrlich, Hutwelker – K.: Haber – SR: Gonzalez (Spanien).

1992: 2 Spiele: 1 Unentschieden, 1 Niederlage

25 **Mexiko**, 20. 10., Rheydt, 1:1 unentschieden: Wache (Gospodarek) – Schwiderowski – Lieberknecht, Nowotny, Meißner (Thiele) – Ramelow, Protzel, Eberl, Lenhart (Hager) – Breitenreiter (Parrotta), Dengel (1) – K.: Nowotny – SR: Weber (Deutschland).

26 **Dänemark**, 8. 12., Krefeld, 1:2 verloren: Gospodarek (Wache) – Schwiderowski – Lieberknecht, Protzel – Eberl, Thiele (Elbracht), Nowotny (Burghartswieser), Jörres (Lenhart), Hager (Reis) – Dengel, Breitenreiter (1) – K.: Nowotny/Schwiderowsky – SR: Aust (Deutschland).

1993: 7 Spiele: 2 Siege, 4 Unentschieden, 1 Niederlage

27 **Türkei**, 13. 1., Isparta, 2:2 unentschieden: Gospodarek – Schwiderowski – Stark, Meißner, Eberl, Jörres, Lenhart (Burghartswieser), Reis, Hamann (1), – Jancker, Baich (Parrotta) – Eigentor Türkei – K.: Schwiderowski – SR: Buyukaelci (Türkei).

28 **Türkei**, 16. 1., Antalya, 1:1 unentschieden: Wache – Schwiderowski – Stark, Meißner – Eberl (Burghartswieser), Jörres, Protzel (1), Reis (Lenhart), Hamann – Jancker, Baich (Parotta) – K.: Schwiderowski – SR: Kaplan (Türkei).

29 **Saudi-Arabien**, 7. 2., Riad, 2:1 gewonnen: Wache – Schwiderowski – Stark, Meißner – Eberl, Protzel, Ramelow, Burghartswieser (Neumann), Reis – Jancker (2) (Baich), Lenhart – K.: Schwiderowski – SR: Al Novel (Saudi Arabien).

30 **Saudi-Arabien**, 9. 2., Riad, 0:0 unentschieden: Wache – Schwiderowski – Stark, Meißner (Baich) – Protzel, Eberl, Neumann, Ramelow, Reis – Jancker (Parrotta), Lenhart – K.: Schwiderowski – SR: Al Hamdan (Saudi Arabien).

31 **Portugal**, 6. 3., Brisbane, 1:0 gewonnen (U 20-WM-Gruppenspiel): Wache – Schwiderowski – Stark, Eberl – Burghartswieser, Meißner, Hamann, Jörres (Ramelow), Protzel – Breitenreiter, Jancker (1) (Schmidt) – K.: Schwiderowski – SR: Harrel (Frankreich).

32 **Ghana**, 9. 3., Brisbane, 2:2 unentschieden (U20-WM-Gruppenspiel): Wache – Schwiderowski – Stark, Eberl – Protzel, Ramelow, Meißner, Hamann, Burghartswieser – Breitenreiter (1), Jancker (1) (Schmidt) – K.: Schwiderowski – SR: Kathiriraveloo (Malaysia).

33 **Uruguay**, 11. 3., Brisbane, 1:2 verloren (U 20-WM-Gruppenspiel): Wache – Schwiderowski – Stark, Meißner – Lieberknecht, Ramelow, Hamann, Burghartswieser, Protzel (Lenhart) – Breitenreiter (1), Schmidt – K.: Schwiderowski – SR: Cakar (Türkei).

1994: 1 Spiel: 1 Unentschieden

34 **Nigeria**, 13. 12., Leipzig, 2:2 unentschieden: Jentzsch – Seb. Hahn – Dogen, Egler – Wedau, Hinz, Ricken (1), Gerster (Küntzel), Sumelka – Rath, Michalke (1) – K.: Hinz – SR: Müller (Dresden).

1995: 5 Spiele: 2 Unentschieden, 3 Niederlagen

35 **Portugal**, 23. 1., Maspalomas, 1:3 verloren: Wieland – Seb. Hahn – Fensch, Dogan – Ratkowski, Hinz, Gerster (Frey (1)), Sumelka – Wedau – Küntzel, Rath – K.: Hinz – SR: Carvalho (Portugal).

36 **Spanien**, 25. 1., Maspalomas, 1:3 verloren: Ischdonat – Seb. Hahn – Fensch, Dogan – Riethmann, Hinz, Gerster, Sumelka – Egler (Riedl) – Wedau, Rath (Frey (1)) – K.: Hinz – SR: Martel (Spanien).

37 **Kamerun**, 14. 4., Doha, 1:1 unentschieden (U20-WM-Gruppenspiel): Jentzsch – Hinz (1) – Dogan, Egler – Riethmann, Büttner, Gerster (Fischer), Fährmann (Küntzel), Chylla – Helbig (Sumelka), Rath – K.: Hinz – SR: Castrilli (Argentinien).

38 **Costa Rica**, 17. 4., Doha, 1:2 verloren (U20-WM-Gruppenspiel): Jentzsch – Hinz – Sumelka (Walle (1)), Dogan – Riethmann (Bettenstaedt), Büttner, Gerster, Chylla, Helbig – Küntzel, Fischer – K.: Hinz – SR: Sars (Frankreich).

39 **Australien**, 20. 4., Doha, 1:1 unentschieden (U20-WM-Gruppenspiel): Jentzsch – Hinz – Büttner, Dogan – Riethmann, Stern (Bettenstaedt), Gerster, Walle, Chylla (Sumelka) – Küntzel, Rath (1) – K.: Hinz – SR: Freitas (Brasilien).

1998: 1 Spiel: 1 Sieg

40 **Polen**, 25. 11., Leipzig, 2:0 gewonnen: Hildebrand – Schramm – Lechner, Rapp – Pätz (Fritsche), Voss, Schindzielorz (Korzynietz), Schäper (1) – Timm (1), Kern (Lüring), Majunke (Benthin) – K.: Schramm – SR: Weber (Eisenach).

1999: 8 Spiele: 3 Siege, 2 Unentschieden, 3 Niederlagen

41 **Portugal**, 26. 1., Maspalomas, n. V. 0:0 unentschieden, Elfmeterschießen 5:3: Wessels – Rosen – Lechner (Benthin), Schramm, Rapp – Korzynietz, Rothholz (Rodrigues), Schäper, Schröter (Forkel) – Gerber (Lühring), Kern – Tore im Elfmeterschießen: Rosen, Forkel, Kern, Lühring, Schramm – K.: Schramm – SR: Suarez (Spanien).

42 **Spanien**, 28. 1., Vencindario, 1:2 n. V. verloren: Hildebrand – Benthin, Schramm (Lechner), Rosen, Rapp – Korzynietz, Schäper (1), Rodrigues (Pätz), Gerber (Yilmaz), Lühring (Schröter), Kern – K.: Schramm/Rapp/Kern – SR: Perez (Spanien).

43 **England**, 24. 2., Stoke, 2:2 unentschieden: Hildebrand – Rosen – Schramm, Lechner – Stuckmann (1), Voss (Rothholz), Schäper (Kaul), Kehl – Timm (Kern), Yilmaz (1), Schröter – K.: Schramm – SR.: Matnigson (Schottland).

44 **Kasachstan**, 23. 3., Leverkusen, 8:0 gewonnen: Hildebrand – Rosen (Lechner) – Schramm, Rapp – Korzynietz (Stuckmann), Voss (Kaul (1)), Rothholz (Forkel), Schäper – Falk (1) – Kern (3), Timm (2) (Gensler (1)) – K.: Schramm – SR: Gettke (Deutschland).

45 **Mexiko**, 29. 3., Heusenstamm, 1:2 verloren: Wessels – Schramm – Lechner, Rapp – Korzynietz (Kaul), Voss (Stuckmann), Rothholz (Yilmaz), Schäper (Forkel), Falk – Timm (Gensler (1)), Kern – K.: Schramm – SR: Hufgard (Deutschland).

46 **Paraguay**, 4. 4., Lagos, 4:0 gewonnen (U20-WM-Gruppenspiel): Hildebrand – Schramm – Rapp, Lechner – Rosen, Voss (Forkel), Rothholz (Stuckmann), Schäper – Falk (1) – Kern (3), Timm (Yilmaz) – K.: Schramm – SR: Guezzaz (Marokko).

47 **Nigeria**, 7. 4., Lagos, 0:2 verloren (U20-WM-Gruppenspiel): Hildebrand – Schramm – Rapp, Lechner (Stuckmann), Rosen – Voss, Falk (Mutzel), Rothholz, Schäper – Yilmaz (Gensler), Timm – K.: Schramm – SR: Sanchez (Argentinien).

48 **Costa Rica**, 10. 4., Lagos, 1:2 verloren (U20-WM-Gruppenspiel): Hildebrand – Schramm – Rapp, Stuckmann – Rosen (Kaul), Voss, Falk (Forkel), Rothholz, Schäper – Kern (Gensler), Timm (1) – K.: Schramm – SR: Sanchez (Argentinien).

2000: 3 Spiele: 2 Siege, 1 Niederlage

49 **Polen**, 8. 11., Königs Wusterhausen, 4:1 gewonnen: Ochs (Loboué) – Preuß (1), Zepek, Kling (Fickert) – Siegert, Balitsch (Laubinger), Mikolajczak, Gemiti – Teber (Lauth) – Auer (2) (Fischer (1)), Jungnickel (Burkhardt) – K.: Zepek – SR: Koop (Deutschland).

50 **Finnland**, 16. 12., La Plata, 2:1 gewonnen: Ochs – Preuß, Zepek (1) (Stark), Kling – Siegert, Teber (Laubinger), Balitsch, Burkhardt (Wolf), Fickert (Käfer-Ewertz) – Jones (Schüßler), Jungnickel (1) (Kügler) – K.: Zepek/Kling.

51 **Argentinien**, 20. 12., Buenos Aires, 0:1 verloren: Starke – Preuß, Zepek (Fischer), Kling – Siegert (Laubinger), Stark, Balitsch (Fickert), Gemiti – Teber (Jungnickel) – Jones, Burkhardt (Schüßler) – K.: Zepek/Kling – SR: Viera Bernardet (Uruguay).

2001: 14 Spiele: 6 Siege, 2 Unentschieden, 6 Niederlagen

52 **Spanien**, 9. 2., Las Palmas, n. V. 1:2 verloren: Starke – Wolf, Kling, Fickert – Siegert (Hinkel), Balitsch (1), Gemiti – Teber (Schächter), Dogan, Burkhardt (Käfer-Ewertz) – Fischer (Jones).

53 **Portugal,** 27. 2., Madeira, 0:3 verloren: Schlösser – Siegert, Zepek, Kling, Gemiti – Teber, Balitsch (Marx), Rau (Schüßler), Burkhardt (Mikolajzak) – Auer, Jungnickel (Fischer).

54 **Italien,** 1. 3., Madeira, 2:0 gewonnen: Starke – Wolf, Balitsch, Rau (Kling) – Siegert (Burkhardt), Schüßler (1), Marx, Dogan (Teber), Mikolajczak (Gemiti) – Fischer (1), Jungnickel (Auer).

55 **Tschechien,** 30. 5., Liberec, 4:1 gewonnen: Haas – Preuß (Hinkel), Stark (lapaczinski), Balitsch (Kling), Mikolajczak (Jungnickel 2) – Gemiti (Burkhardt), Teber, Dogan (Tiffert), Zepek – Jones, Auer (dazu ein Egentor Tschechiens).

56 **Ghana,** 10. 6., Groß-Gerau, 1:1 unentschieden: Schlösser (Stuckmann) – Preuß, Lapaczinski (Hinkel), Zepek (Fickert), Kling – Balitsch (Stark), Mikolajczak (Gemiti), Tiffert (Dogan), Burkhardt (Jones) – Auer (Teber), Jungnickel (1).

57 **Brasilien,** 17. 6., Cordoba, 0:2 verloren (U20-WM-Gruppenspiel): Starke – Zepek, Lapaczinski, Kling – Preuß, Balitsch (Dogan), Teber (Tiffert), Mikolajczak, Gemiti – Auer, Jungnickel (Jones), – SR: Statt (USA).

58 **Kanada,** 20. 6., Cordoba, 4:0 gewonnen (U20-WM-Gruppenspiel): Starke – Zepek (Hinkel), Lapaczinski, Kling – Preuß (1), Balitsch, Dogan (Tiffert), Mikolajczak, Gemiti – Auer (3), Jones (Teber), – SR: Tessema (Äthiopien).

59 **Irak,** 23. 6., Cordoba, 3:1 gewonnen (U20-WM-Gruppenspiel): Starke – Zepek (Hinkel), Lapaczinski, Kling – Preuß (1), Balitsch, Tiffert (Teber), Mikolajczak, Gemiti – Auer (1), Jones (Burkhardt) – (dazu ein Eigentor des Irak), – SP: Guirat (Tunesien).

60 **Frankreich,** 27. 6., Cordoba, 2:3 verloren (U20-WM-Viertelfinale): Starke – Zepek, Lapaczinski, Kling – Preuß, Balitsch, Teber (Jones), Mikolajczak, Gemiti (Burkhardt 1) – Auer (1) (Jungnickel), Tiffert – SR: Aros Alyarado (Chile).

61 **Schweiz,** 29. 8., Zofingen, 1:1unentschieden: Eilhoff – Hinkel, Göttlicher, Wolf, Rolfes – Görlitz (El Kasmi), Feulner, Fink (Backhaus), Hitzlsperger – Männer (Puscher (1)), Heller (Kuranyi).

62 **Niederlande,** 2. 9., Wegberg-Beeck, 2:1 gewonnen: Schlösser – Koch, Rolfes, Göttlicher, Wolf Feulner, Backhaus (Görlitz), Hinkel, Hitzlsberger (Beckert) – Kuranyi (2) (Wersching), Männer (Heller).

63 **Italien,** 7. 11., Herxheim, 1:0 gewonnen: Schlösser – Koch, Wolf, Zepek, Kling (Bonimeier) – Siegert (Görlitz), Mikolajczak, Rolfes, Hitzlsperger (1) – Männer (Kuranyi), Tiffert.

64 **Niederlande,** 12. 11., Helmond, 1:2 verloren: Ochs – Wolf, Zepek, Gemiti – Mikolajczak (Braun), Fink (1), Tiffert, Siegert (Görlitz) – Männer, Kuranyi.

65 **Italien,** 5. 12., Senigallia, 1:4 verloren: Eilhoff – Koch (Nuhs), Fink, Wolf, Weigelt – Görlitz (Reuter), Feulner (1), Rolfes (Wimmer), Hitzlsperger – Schwehr, Männer (Kuranyi).

2002: 5 Spiele: 1 Unentschieden, 4 Niederlagen

66 **Schweiz,** 16. 4., Pfullendorf, 1:2 verloren: Schlösser (Eilhoff) – Koch, Wolf, Thorwart, Weigelt (Kurbjuweit) – Görlitz, Beckert, Rolfes, Mutschler (Kringe) – Schwehr (1), Heller (Braun, Fink).

67 **Schweiz,** 21. 8., Fribourg, 1:3 verloren: Görrissen – Weber, Stoll (Gunesch), Leschinski, Pander – Mahr (Hacker), Kruse – Schlaudraff, Kiral (Meier), Radtke (1), Patschinsky (Mathes).

68 **Slowakei,** 18. 9., Dubnica, 2:2 unentschieden: Haas – Meyer (Gunesch), Fathi, Leschinski, Chahed – Trochowski, Schulz (Radtke (1)), Wingerter, Meier (Schlaudraff) – Hanke (1), Patschinsky (Lehmann).

69 **England,** 23. 10., Dessau, 1:2 verloren: Haas – Lehmann, Leschinski, Fathi, Meyer (Kruse) – Riether (Chahed), Wingerter, Schulz (Schied) – Meier (Schlaudraff) – Radtke (1), Hanke.

70 **Italien,** 11. 12., Torre Annunziata, 1:2 verloren: Haas – Rundio (1), Wingerter (Leschinski), Fathi – Volz (Kruse), Lehmann, Lahm (Husterer), Meyer – Trochowski – Kneißl (Odonkor), Patschinsky.

2003: 17 Spiele: 7 Siege, 1 Unentschieden, 9 Niederlagen

71 **Katar**, 13. 1., Doha, 2:1 gewonnen: Platins – Husterer, Leschinski, Fathi – Chahed, Ma. Lehmann, Schulz (Wingerter), Meyer (Radtke} – Trochowski (1), Kiral – Kneißl (1) (Kruse).

72 Schweiz, 15. 1., Doha, 3:2 gewonnen: Haas – Leschinski (Ma. Lehmann), Wingerter, Fathi – Chahed (Volz), Lahm, Schulz, Kruse (Husterer), Kiral (Hanke (1)) – Trochowski (1), Radtke (1) (Kneißl).

73 **Thailand**, 17. 1., Doha, 6:0 gewonnen: Walke – Volz (Leschinski), Rundio (1), Husterer, Meyer – Ma. Lehmann, Lahm (Wingerter (1)), Kruse, Kiral (Schulz) – Kneißl (1) (Radtke), Hanke (2) (Trochowski (1)).

74 **Japan**, 19. 1., Doha, 0:4 verloren: Haas – Volz , Rundio, Leschinski (Kruse), Meyer – Schulz (Lahm), Wingerter – Trochowski, Kiral (Radtke) – Hanke, Kneißl.

75 **Brasilien**, 24. 1., Doha, 2:4 verloren: Walke – Husterer, Wingerter (Leschinski), Rundio – Meyer, Ma. Lehmann, Lahm (Schulz), Volz (1) (Radtke) – Kiral (Kneißl), Trochowski – Hanke (1).

76 **England**, 6. 2., Reading, 1:2 verloren: Walke (Haas) – Fathi, Rundio, Husterer – Meyer, Schulz, Schlaudraff (Trochowski), Chahed (Kruse) – Schied (Radtke), Hanke (1), Odonkor.

77 **Italien**, 19. 3., Trier, 3:4 verloren: Haas – Husterer, Leschinski, Fathi – Weber (Chahed) – Ma. Lehmann, Kruse (Westermann) – Schlaudraff (Ludwig), Kiral – Meier (1) (Schied), Hanke (2).

78 **Spanien**, 23. 4., Oberhausen, 0:2 verloren: Haas – Ma. Lehmann, Westermann (Leschinski) Schulz, Meyer – Schlaudraff (Chahed), Wingerter (Cozza), Meier, Kiral (Radtke) – Hanke, Krontiris.

79 **Schweiz**, 28. 5., Freiburg, 1:1 unentschieden: Haas – Volz, Husterer, Rundio, Meyer (Wingerter) – Riether, Lahm (Kolm), Cozza (Ma. Lehmann), Schulz – Meier (1) (Radtke), Krontiris.

80 **Schweiz**, 27. 8., Schaffhausen, 5:1 gewonnen: Grünberger – Dick, Lell, Idrissi, Milchraum (Reinhardt) – Baier (1) (Baltes), Jarosch (1) (Hoffmann), Caligiuri (Michael Lehmann), Ludwig (1) (Eigler) – Stier (2), Kilicaslan.

81 **Ägypten**, 1. 10., Kleve, 1:0 gewonnen: Walke – Ma. Lehmann, Husterer, Fathi, Pander – Ludwig (1), Cozza (Wingerter), Schulz, Bührer (Masmanidis) – Kneißl (Leschinski), Patschinsky (Crone).

82 **Tschechien**, 5. 11., Regensburg, 0:3 verloren: Walke (Haas) – Lell (Radtke), Husterer (Chahed), Fathi, Pander (Meyer) – Wingerter, Masmanidis (Cozza), Schulz – Ludwig, Kneißl, Bührer (Kiral).

83 **Österreich**, 12. 11., Ried, 1:0 gewonnen: Grünberger – Dick, Reinhardt, Idrissi, Paul (Heun) – Ochs, Fischer (Wittke), Haller (Jarosch), Milchraum (1) (Mertesacker) – Stier, Kilicaslan.

84 **Südkorea**, 29. 11., Abu Dhabi (U20-WM-Gruppenspiel), 0:2 verloren: Walke – Ma. Lehmann, Huth, Fathi, Meyer – Wingerter (Lell), Trochowski, Schulz – Ludwig (Patschinsky, Kilicaslan), Kneißl, Masmanidis.

85 **USA**, 2. 12., Abu Dhabi (U20-WM-Gruppenspiel), 3:1 gewonnen: Walke – Ma. Lehmann, Huth (1), Fathi (Rundio), Meyer (Milchraum) – Wingerter, Trochowski (1), Schulz – Lell (Ludwig), Kneißl (1), Masmanidis.

86 **Paraguay**, 5. 12., Abu Dhabi (U20-WM-Gruppenspiel), 0:2 verloren: Walke – Ma. Lehmann, Huth, Rundio, Meyer (Pander) – Ludwig (Lell), Wingerter, Schulz, Milchraum (Kilicaslan) – Kneißl, Trochowski.

87 **Italien**, 10. 12., Latina, 0:3 verloren: Hörrlein – Mertesacker, Jarosch, Callsen-Bracker – Ochs (Ebeling), Baltes, Caligiuri, Wittke, Haller – Stier (Fischer), Lewejohann (Müller).

2004: 6 Spiele: 4 Siege, 2 Unentschieden

88 **Italien**, 18. 2., Düsseldorf, 2:1 gewonnen: Haas (Rensing) – Dick, Lell (Idrissi), Huth, Milchraum – Ma. Lehmann (Baier), Trochowski (1)(Stoll), Schulz – Odonkor (1), Schied, Ludwig (Meier).

89 **Österreich**, 31. 3., Burghausen, 1:0 gewonnen: Rensing – Demirtas (Jarosch), Huth, Mi. Lehmann, Meyer – Odonkor (Filinger), Ma. Lehmann (Geißler), Schulz (1), Ludwig (Baier) – Trochowski – Schied (Patschinski).

90 **Schweiz**, 21. 4., Singen, 1:1 unentschieden: Grünberger – Dick (Idrissi), Westermann, Stoll, Meyer – Odonkor (Milchraum), Reinhardt, Schulz, Ludwig – Kilicaslan (1), Kießling (Fillinger).

91 **Schweiz**, 1. 9., Frauenfeld, 3:0 gewonnen: Tschauner – Bauer (Stegmayer), Job-Matip, Banecki (Kokocinski), Thomik (Janker) – Jansen (Tekkan), Gentner (Hampel), Ottl (1), Delura (2) – Senesie, Gomez (Bork).

92 **Österreich**, 6. 10., Fürth, 2:0 gewonnen: R. Adler – Thomik, Hoogland, Schaschko, Reinhard – Hampel, Gentner, Ottl (Banecki (1)) – Delura (Freis (1)), Bröker (Gomez), Jansen (Bauer).

93 **Italien**, 8. 12., Prato, 0:0 unentschieden: Tschauner – Janker (Cozza), Hoogland, Schaschko (Bauer), Stegmayer (Mauersberger) – Delura, Ottl, Gentner (Röttger), Hampel – Gomez (Thomik), Senesie (N. Adler).

2005: 14 Spiele: 5 Siege, 4 Unentschieden, 5 Niederlagen

94 **Italien**, 16. 2., Wattenscheid, 1:0 gewonnen: Tschauner – Heitmeier, Job-Matip, Compper, Janker (Huber) – Banecki (N. Adler), Cimen – Ottl (1) – Röttger (Bauer), Bröker (Bork), Hampel (Cozza).

95 **Österreich**, 23. 3., Weiz, 1:0 gewonnen: Tschauner – Schuon, Mauersberger (Huber), Janker, Stegmayer – Schnitzler (Röttger), Ottl (Reinhard), Gentner (Thomik) – Delura, N. Adler (Cimen), Gomez (1).

96 **Schweiz**, 13. 4., Pfullendorf, 2:2 unentschieden: Domaschke (Pirson) – Janker (Thomik), Hoogland, Compper (Mauersberger), Stegmayer – Cimen, Delura, Heitmeier (Ottl) – Senesie (1) – N. Adler (1) (Bröker), Freis (Schnitzler).

97 **China**, 11. 5., Schweinfurt, 2:2 unentschieden: Tschauner – Schuon (Janker), Sinkiewicz, Matip, Compper (Röttger) – Delura (Gentner (1)), Hampel (Banecki), Ottl, Thomik – Gomez (Schnitzler), N. Adler (1).

98 **Chile**, 1. 6., Kleve, 2:3 verloren: R. Adler – Compper (Matip), Janker, Schuon, Huber (Thomik) – Cimen (Senesie), Hampel (Ottl), Gentner (1) – Delura, Freis (1), Gomez (N. Adler).

99 **Russland** U21, 7. 6., Münster, 1:1 unentschieden: R. Adler – Jansen (Compper), Schuon, Matip, Janker – Cimen (Huber), Gentner, Thomik – Senesie (Delura) – N. Adler (Hampel), Freis (1) (Bröker).

100 **Ägypten**, 11. 6., Kerkrade, 2:0 gewonnen (U20-WM-Gruppenspiel): R. Adler – Janker, Schuon, Matip (1), Jansen – Cimen, Gentner – Senesie (Hampel) – Delura, Freis (N. Adler (1)), Thomik (Reinhard).

101 **USA**, 14. 6., Enschede, 0:0 unentschieden (U20-WM-Gruppenspiel): R. Adler – Janker, Schuon, Matip, Jansen – Ottl (Banecki), Cimen, Reinhard – Gentner – Delura, N. Adler (Senesie).

102 **Argentinien**, 18. 6., Emmen, 0:1 verloren (U20-WM-Gruppenspiel): R. Adler – Huber, Janker, Matip, Jansen (Compper) – Thomik, Ottl, Cimen, Reinhard – Senesie (Banecki), Freis (Delura).

103 **China**, 21. 6., Tilburg, 3:2 gewonnen (U20-WM-Achtelfinale): R. Adler – Janker, Schuon, Matip (1), Reinhard (Compper) – Thomik, Cimen – Gentner (1) – Delura (Banecki), N. Adler (1) (Senesie), Jansen.

104 **Brasilien**, 24. 6., Tilburg, 1:2 n. V. verloren (U20-WM-Viertelfinale): R. Adler – Janker (Huber (1)), Schuon, Matip, Compper – Thomik (Ottl), Cimen – Gentner – Delura, N. Adler (Bröker), Jansen.

105 **Schweiz**, 14. 9., Biel, 1:2 verloren: Fromlowitz (Neuer) – Polenz (Epstein), Klinger, Bungert, Bieler (R. Müller) – Karl (Calik (1)) – Schröck, F. Müller, Schutzbach – Pagenburg, Grote.

106 **Litauen U21**, 1. 11., Norderstedt, 3:0 gewonnen: Fromlowitz – Huber, Cimen, Zinke, Bieler (Schöneberg) – Delura (1) (Langen), Dejagah, Alushi, Heppke (Schröck) – Senesie (1), Kucukovic (1) (Adler).

107 **Italien**, 7. 12., Isernia, 0:2 verloren: Tschauner – Huber, Zinke (Klinger), Bieler, Compper – Adler (Schöneberg), Cimen, Alushi (Zimmermann), Langen (Grote) – Kucukovic, Dejagah.

2006: 7 Spiele: 3 Siege, 2 Unentschieden, 2 Niederlagen

108 **Italien**, 22. 2., Burghausen, 1:1 unentschieden: Tschauner – Huber, Müller, Bieler, Compper (Schöneberg) – Schuon, Alushi, Cimen (1) – Nehrig (Schaschko), Delura, Senesie (Ziemer).

109 **Österreich**, 22. 3., Traun, 3:2 gewonnen: Neuer – Ottl (Schöneberg), Cimen, Bieler (1), Reinhard (Compper) – Delura, Gentner, Alushi, Grote (Thomik (1)) – Gomez, Dejagah (Epstein (1)).

110 **Schweiz**, 26. 4., Hoffenheim, 1:1 unentschieden: Tschauner – Schöneberg, Callsen-Bracker, Zinke, Compper (Langen) – Gentner, Book, Epstein, Grote (Thomik) – Delura (Kucukovic), Gomez (1).

111 **Österreich**, 16. 5., Bautzen, 2:3 verloren: Tschauner – Russ, Cimen, Callsen-Bracker – Huber (Lerchl), Delura, Epstein (Zinke), Gentner, Langen (Compper) – Nehrig (Schöneberg), Kucukovic (2).

112 **Schweiz**, 30. 8., Wohlen, 1:0 gewonnen: Fromlowitz (Neuer) – Johnson, Tasci (Adlung), R. Müller, Langen – Flessers, Aogo (1), K. Boateng, Epstein – Ede (Heppke), Dejagah (Nehrig).

113 **Österreich**, 14. 11., Celle, 4:1 gewonnen: Neuer (Birkenbach) – Beck, Joneleit, Bertram (Fleßers), Boenisch – Ziegenbein, Kruska (Ebert), K. Boateng (Johnson), Khedira (1) (Artmann) – Dejagah (2), Heller (1) (Ede).

114 **Italien**, 6. 12., Pistoia, 0:1 verloren: Fromlowitz (Birkenbach) – Boenisch, R. Müller, Joneleit, Johnson (Bülow) – Özbek (Grote), Judt, Aogo, Kunert (Ziegenbein) – Adlung (Daghfous), Calik (Polenz).

2007: 3 Spiele: 2 Siege, 1 Niederlage

115 **Österreich**, 5. 9., Kaufbeuren, 0:1 verloren: Männel (Kirschbaum) – Falkenberg, Kotysch, Höwedes, Feick (Hessel) – Konrad, Kruse (Brosinski) – Schindler (Schütz), Ben-Hatira, Johnson (Stindl) – Petersen.

116 **Schweiz**, 21. 11., Liestal, 2:1 gewonnen: Fährmann (Männel) – Falkenberg, Kotysch, Haas (Bertram), Halfar (Feick) – Reinert (Brosinski (1)), Konrad, Ben-Hatira, Sauter (Kruse) – Sam (Lamidi), Tyrala (1).

117 **Italien**, 5. 12., Cuneo, 1:0 gewonnen: Männel (Fährmann) – Falkenberg (Haas), Bertram, Kotysch (1) (Sauter), Feick (Andersen) – Reinert, Konrad, Ben-Hatira (Kruse), Adlung (Lamidi) – Sam, Tyrala (Petersen).

2008: 6 Spiele: 3 Siege, 2 Unentschieden, 1 Niederlage

118 **Österreich**, 6. 2., Pasching, 1:1 unentschieden: Fährmann (Männel) – Jaissle (Evljuskin), Haas, Bertram, Feick (1) – Adlung, Konrad, Ben-Hatira, Kruse (Andersen) – Lamidi (Stindl), Brosinski (Fetsch).

119 **Italien**, 9. 4., Friedrichshafen, 0:0 unentschieden: Männel (Fährmann) – Feick, Haas (Neustädter), Eberlein, Falkenberg (Evljuskin) – Sauter (Kruse), Ben-Hatira, Konrad, Sam (Schindler) – Petersen (Flum), Tyrala (Lamidi).

120 **Schweiz**, 22. 4., Pfullendorf, 3:1 gewonnen: Fährmann (Männel) – Feick, Kotysch, Eberlein (Neustädter (1)), Haas (Brosinski) – Flum, Kruse (1), Konrad, Glockner (Stindl) – Ben-Hatira (Sauter), Sam (Lamidi (1)).

121 **Österreich**, 3. 9., Gütersloh, 4:2 gewonnen: Mickel – Petersch (Badstuber), Jungwirth, Schorch, Oczipka – Th. Müller (1), Latza (1), Vrancic (1), Nsereko (Aydilek) – Naki (1), Soyudogru (Schäffler).

122 **Schweiz**, 8. 10., Ulm: 3:2 gewonnen: Mickel – Diekmeier, Reinartz, Schorch, Oczipka – Risse, Latza (Vrancic), Pezzoni (Badstuber), Perthel – Naki, Schahin (1) (Huke (2)).

123 **Österreich**, 12. 10., Altach , 1:2 verloren: Mielitz – Perthel (Rodenberg), Badstuber, Reinartz, Diekmeier – Kempe (1), Pezzoni (Oczipka), Latza (Vrancic/Huke), Risse (Kegel) – Naki, Schahin.

2009: 12 Spiele: 7 Siege, 2 unentschieden, 3 Niederlage

124 **Schweiz**, 28. 3., Lugano, 0:2 verloren: Burchert – Diekmeier, Jungwirth, Reinartz, Oczipka – Vrancic, Latza – Naki, Gebhart (Großkreutz), Nsereko (Kempe) – Schäffler.

125 **Italien**, 22. 4., Chemnitz, 5:0 gewonnen: Burchert – Kopplin, Schorch, Pezzoni (Vrancic), Oczipka – Risse (1), Jungwirth, Reinartz (Latza), Perthel (2) – Naki (2) (Choupo-Moting), Schahin (1).

126 **Italien**, 19. 5., Biella, 1:0 gewonnen: Mickel (Amsif) – Kopplin, Jungwirth, Eberlein, Rodenberg – Risse (Petersch), Latza (Choupo-Moting), Pezzoni, Feick (Haeder) – Schahin (1), Naki (Neumann).

127 **Südafrika**, 5. 9., Pirmasens, 6:1 gewonnen: Mielitz (Zieler) – Jung, Jungwirth (1), L. Bender (1), Vrzogic (Rodenberg) – Rode, S. Bender (2) (Schulz), Vrancic (1), Aydilek (Schahin) – Sukuta-Pasu (Schäffler (1)), Holtby.

128 **USA**, 26. 9., Suez, 3:0 gewonnen (U20-WM-Gruppenspiel): Zieler – Jung, Jungwirth (1), L. Bender, Kopplin – Funk – Kempe (Schäffler (1)), Holtby (Kaptan), Vrancic, Aydilek (1) (Vrzogic) – Sukuta-Pasu.

129 **Südkorea**, 29. 8., Suez, 1:1 unentschieden (U20-WM-Gruppenspiel: Zieler – Jung, Jungwirth, L. Bender, Kopplin – Funk – Schahin (Vrgozic), Vrancic (Schäffler), Holtby, Aydilek (Kaptan) – Sukuta-Pasu (1).

130 **Kamerun**, 2. 10., Ismailia, 3:0 gewonnen (U20-WM-Gruppenspiel): Mielitz – Jung, Jungwirth, L. Bender, Kopplin – Funk (Schulz) – Holtby (1), Vrancic (Kempe), Aydilek (1) – Schäffler (Schahin), Sukuta-Pasu (1).

131 **Nigeria**, 7. 10., Suez, 3:2 gewonnen (U20-WM-Achtelfinale): Zieler – Jung, Jungwirth, L. Bender, Kopplin (2) – Funk (Vrancic (1)) – Holtby (Kaptan), S. Bender, Vrzogic – Sukuta-Pasu, Kempe.

132 **Schweiz**, 9. 10., Solothurn, 2:3 verloren: Amsif (Vollath) – Strifler (Bäcker), Teixeira, Jantschke, Contento – Ekici, Gündogan, Yalcin (1) (Piossek) – Bigalke (Vukcevic), Testroet (Soyudogru), Beister (1).

133 **Brasilien**, 10. 10., Kairo, 1:2 n. V. verloren (U20-WM-Viertelfinale): Zieler – Jung, Jungwirth, L. Bender, Kopplin – Funk – Holtby (1) (Schäffler), S. Bender (Schahin), Vrancic, Aydilek (Kaptan) – Sukuta-Pasu.

134 **Österreich**, 13. 11., Hoffenheim, 2:2 unentschieden: Vollath (Wiedwald) – Jung (Strifler), Koch, Teixeira (Erb), Jantschke (Contento) – Yalcin (Schürf), Funk – Moritz (1), Ekici, Beister (1) (Bäcker) – Testroet (Esswein).

135 **Italien**, 8. 12., Taranto, 4:1 gewonnen: Amsif (Vollath) – Jung (Schürf), Koch, Teixeira (Latza), Contento (Jantschke) – Bigalke (1), Moritz, Yalcin, Beister (1) (Bäcker (1)) – Schürrle (1) (Testroet), Ekici (Strifler).

2010: 6 Spiele: 5 Siege, 1 Unentschieden

136 **Schweiz**, 3. 3., Berlin, 1:1 unentschieden: Amsif (Baumann) – Jung (Strifler), Jungwirth, Schorch (Koch), Contento – Vukcevic (Bigalke), Ekici (1), Jantschke (Funk), Nsereko (Beister) – Gündogan (Esswein), Bäcker.

137 **Italien**, 7. 4., Hamburg, 4:0 gewonnen: Baumann (Amsif) – Dettmann (Haas), Wollscheid (Schulz), Teixeira, Jantschke – Latza (2) (Groß), Moritz, Holland – Kammlott (Jänicke), Schahin, Beister (1) (Bäcker (1)).

138 **Schweiz**, 6. 9., Schaffhausen, 3:2 gewonnen: Bussmann (Müller) – Koch (Koronkiewicz), Neumann, Erb (Schneider), Cincotta (Salger) – Knoll, Perdedaj – Beister (1) (Stiepermann), Didavi (Geyer), Quaner (1) (Clemens (1)) – Tosun (Uth).

139 **Schweiz**, 7. 10., Heidenheim, 2:0 gewonnen: Heimann (Unnerstall) – Teixeira, Gulde, Hornschuh, Cincotta (Bertram (1)) – Zeitz (Bickel), Knoll – Beister (Radjabali-Fardi), Groß (Bellarabi (1)), Terrazzino (Alvarez) – Tosun.

140 **Polen**, 10. 10., Wloclawek, 1:0 gewonnen: Unnerstall (Müller) – Teixeira, Neupert, Schneider, Radjabali-Fardi – Bickel, Knoll – Bertram (Beister), Groß (Zeitz), Bellarabi (Terrazino) – Alvarez (Tosun (1)).

141 **Italien**, 17. 11., Figline Valdarno, 2:1 gewonnen: Giefer – Teixeira (Geyer), Hübner (Endres), Erb (Neupert), Radjabali-Fardi (Cincotta) – Knoll, Bickel (Groß) – Stiepermann (1), Rupp (Testroet), Terrazzino (1) (Kramer) – Brandstetter (Müller) – Gelb-Rot: Kramer – Rot: Giefer.

2011: 7 Spiele, 5 Sieg, 1 Unentschieden, 1 Niederlage

142 **Italien**, Oberhausen, 9. 2., 3:1 gewonnen: Heimann (Bussmann) – Teixeira (Brown Forbes), Geyer (Hübner), Erb (Neupert), Radjabali-Fardi (Blum) – Perdedaj (Cincotta), Vogt (Wolze) – Stiepermann (Bertram), Rupp (Groß), Bellarabi (Terrazzino) – Esswein (3) (Testroet).

143 **Polen**, 24. 3., Cottbus: 1:1 unentschieden: Müller (Heimann) – Teixeira (Koronkiewicz), Geyer (Endres), Erb (Neupert), Cincotta (Blum) – Kramer (1) (Wolze), Knoll – Beister (Bertram), Rupp (Arslan), Bellarabi (Terrazino) – Brandstetter (Exslager).

144 **Polen**, 31. 8., Offenburg, 4:2 gewonnen: Müller – Schilk, Bell (Avevor), Mustafi, Plattenhardt (Lorenzoni) – Kramer (Cigerci), Yabo – Volland (1) (Klaus (1)), Trinks (Wießmeier), Herrmann (1) (Clemens (1)) – Thy.

145 **Schweiz**, 4. 9., Wohlen, 2:1 gewonnen: Schwolow – Basala-Mazana (Schilk), Avevor, Jensen (1) (Mustafi), Lorenzoni (Plattenhardt) – Cigerci (Perdedaj), Yabo – Volland (Klaus), Trinks (Wießmeier (1)), Clemens (Herrmann) – Thy.

146 **Italien**, 5. 10., Reutlingen, 3:2 gewonnen: Heimann – Schilk, Mustafi (1), Bauer (1), Radjabali-Fardi – Zellner (Perdedaj), Rupp (Kachunga) – Buchtmann (1) (Kargbo) Trinks, Herrmann (Wießmeier) – Thy (Yabo).

147 **Schweiz**, 9. 10., Pfullendorf, 4:1 gewonnen: Müller – Zimmermann, Mustafi, Geyer (Schoppenhauer), Lorenzoni (Radjabali-Fardi) – Perdedaj (Trinks), Yabo – Buchtmann (Wießmeier (1)), Rupp, Herrmann (2) – Kargbo (Thy (1)).

148 **Polen**, 12. 11., Brzeg, 0:1 verloren: Schwolow (Düker) – Zimmermann (Schilk), Mustafi, Bauer (Thoelke), Jung – Yabo (Zellner), Merkel – Blum (Bertram), Trinks (Rupp), Wießmeier (Durm) – Thy.

2012: 4 Spiele, 1 Sieg, 1 Unentschieden, 2 Niederlagen

149 **Italien**, 29. 2., Foggia, 3:4 verloren: Müller (Schwolow) – Zimmermann, Mustafi (1), Thoelke, Plattenhardt (Jung) – Kramer (Avevor), Rupp (Zellner) – Bertram (Kargbo), Malli (Wießmeier), Terrazzino (Thy) – Polter (2).

150 **Polen**, 9. 9., Großaspach, 2:2 unentschieden: Horn (Schwolow) – Vieira da Costa, Mustafi (Kolasinac), Rüdiger, Plattenhardt – Trybull, Bittencourt (Klement) – Derstroff (Füllkrug), Parker (1) (Knoche), Kachunga (Klaus) – Hofmann (1) (Younes).

151 **Italien**, 10. 10., Aachen, 4:1 gewonnen: Schwolow (Horn) – Kreuzer (Vieira da Costa), Mustafi (1), Rüdiger, Plattenhardt (Hartherz) – Knoche, Yabo – Buchtmann (Derstroff), Wurtz (Kittel), Bittencourt (1) (Geis) – Hofmann (Parker (1)) – Dazu kommt ein Eigentor von Sabelli.

152 **Polen**, 14. 11., Gliwice, 1:2 verloren: Rakovsky (Karius) – Vieira da Costa (Kreuzer), Mustafi, Brooks (Hoffmann), Hartherz – Knoche (Geis), Yabo – Füllkrug, Wurtz (Klement), Kittel (Derstroff) – Hofmann (1)

2013: 10 Spiele, 7 Siege, 2 Unentschieden, 1 Niederlage

153 **Italien**, 6. 2., Barletta, 2:0 gewonnen: Schwolow (Rakovsky) – Vieira da Costa, Mustafi, Kolasinac (1), Hartherz – Knoche (Trybull), Yabo – Kittel (Thy), Wurtz (Yildirim), Bittencourt (1) – Hofmann (Parker).

154 **Schweiz**, 22. 3., Köln, 2:1 gewonnen: Schwolow – Zimmermann, Hoffmann, Knoche, Plattenhardt – Yabo, Leitner (1) (Trybull) – Mendler (Derstroff), Younes (Wurtz), Bittencourt (Schilk) – Parker (Hofmann) – Dazu kommt ein Eigentor von Djimsiti.

155 **Schweiz**, 26. 3., Baden, 3:2 gewonnen: Rakovsky – Schilk, Jensen (Knoche), Hoffmann, Hartherz (Plattenhardt) – Trybull (Wurtz), Yabo – Derstroff (1) (Mendler), Leitner (1), Bittencourt – Hofmann (1) – Gelb-Rote Karte: Schilk.

156 **Polen**, 6. 9., Pfullendorf, 2:0 gewonnen: Rakovsky (Dähne) – Schmitz, K. Günter, Cacutalua (Hack), Schorr (Bandowski) – Zenga (Andrich), Gerhardt (Sobottka) – Thiel (Pledl), Kerk, Weiser (Haberer) – Arnold (1) – Rote Karte: Koj (Polen).

157 **Schweiz**, 10. 9., Wohlen, 0:1 verloren: Zingerle (Rakovsky) – Toljan, K. Günter, Perrey (Cacutalua), Bandowski (Schmitz) – Zenga, Gerhardt (Andrich) – Müller (Thiel), Arnold, Pledl (Kerk) – Haberer (Aycicek).

158 **Türkei**, 10. 10., Gemert, 3:0 gewonnen: Müller – Schmitz, Cacutalua, Hack (Sama), Leibold – Zenga, Gerhardt – Thiel (1) (Gümüs), Arnold (Schnellhardt (1)), Weiser (Pledl) – Haberer (Füllkrug (1)).

159 **Niederlande**, 12. 10., Gemert, 4:0 gewonnen: Vlachodimos – Toljan, Sama, Heintz (Cacutalua), C. Günter (Leibold) – Kohr (Gerhardt), Moehwald (Zenga) – Gümüs (1) (Thiel (1)), Schnellhardt (1) (Arnold), Pledl (1) (Weiser) – Füllkrug.

160 **Tschechien**, 14. 10., Gemert, 1:1 unentschieden: Dähne – Schmitz (Toljan), Cacutalua (Sama), Hack (Heintz), Leibold (C. Günter) – Zenga (Kohr), Gerhardt (Moehwald) – Thiel (1) (Gümüs), Arnold (Schnellhardt), Weiser (Pledl) – Haberer (Füllkrug).

161 **Italien**, 14. 11., Rovereto, 1:1 unentschieden: Vlachodimos – Schmitz, K. Günter (Sama), Cacutalua, Leibold – Zenga, Gerhardt – Kerk (1) (Thiel), Arnold (Schnellhardt), Pledl (Rankovic) – Füllkrug.

162 **Polen**, 19. 11., Leczna, 1:0 gewonnen: Dähne (Müller) – Schmitz, Sama (Cacutalua), Heintz, C. Günter (Leibold) – Zenga, Gerhardt – Kerk (Thiel (1)), Schnellhardt (Haberer), Rankovic (Pledl) – Füllkrug (Kohr).

2014: 9 Spiele, 3 Siege, 3 Unentschieden, 3 Niederlagen

163 **Schweiz,** 5. 3., Pirmasens, 3:2 gewonnen: Vlachodimos (Müller) – Schmitz, K. Günter (Heintz), Cacutalua (1), C. Günter (Toljan) – Zenga, Kohr (Yalcin) – Thiel (Haberer), Kerk, Pledl (Eisfeld) – Füllkrug (2).

164 **Italien,** 15. 4., Offenbach, 0:3 verloren: Dähne – Schmitz (Kohr), Cacutalua, Toljan, Schorr (Hack) – Zenga, Gerhardt – Thiel (Schnellhardt), Kerk, Pledl (Füllkrug) – Haberer (Weiser) – Gelb-Rote Karte: Ricci (Italien).

165 **Italien,** 3. 9., Elversberg, 0:1 verloren: Schwäbe – Pachonik (Köpke), Cacutalua, Kempf (Akpoguma), Hagn – Öztunali (Weigl), Gerhardt – Trümner (Stolze), Stendera (Philipp), Lohkemper (Pledl) – Kleindienst.

166 **Schweiz,** 7. 9., Zürich, 0:0 unentschieden: Zetterer (Mesenhöler) – Weippert (Pachonik), Akpoguma, Sarr (Weigl), Güll (Hagn) – Mukhtar, Gerhardt – Philipp (Kleindienst), Öztunali, Stolze (Pledl) – Köpke (Lohkemper).

167 **England,** 9. 10., Heerenveen, 0:1 verloren: Mesenhöler – Pachonik, Süle, Hagn, Wittek – Weigl, Gerhardt – Kerk, Öztunali, Haberer – Kleindienst.

168 **Türkei,** 11. 10., Harkema, 1:0 gewonnen: Bredlow – Schmitz (Pachonik), Akpoguma, Sarr, Holthaus (Wittek) – Mukhtar (1) (Gerhardt), Haberer – Kohr (Öztunali), Kerk, Stefaniak (Harder) – Köpke.

169 **Niederlande,** 13. 10., Harkema, 1:1 unentschieden: Schnitzler – Pachonik, Akpoguma, Sarr (Hagn), Holthaus (Wittek) – Mukhtar (Gerhardt), Öztunali (Harder) – Weigl (1) (Kohr), Kerk (Schmitz), Stefaniak (Köpke) – Kleindienst (Haberer).

170 **Schweiz,** 14. 11., Potsdam, 1:1 unentschieden: Mesenhöler (Zetterer) – Pachonik, Akpoguma, Cacutalua, Holthaus (Wittek) – Gerhardt (1), Weigl – Kerk, Mukhtar (Haberer), Stefaniak (Lohkemper) – Kleindienst (Selke).

171 **Polen,** 18. 11., Stettin, 2:0 gewonnen: Schwäbe – Pachonik (Cacutalua), Syhre, Hagn, Wittek (Holthaus) – Weigl, Gerhardt (Brandenburger) – Dittgen (Kerk (1)), Mukhtar (Kleindienst), Lohkemper (Stefaniak) – Selke (1) – Gelb-Rote Karte: Selke.

2015: 14 Spiele, 8 Siege, 2 Unentschieden, 4 Niederlagen

172 **Polen,** 27. 3., Jena, 1:2 verloren: Schwäbe – Pachonik (Bauer), Akpoguma, Kempf, Wittek – Weigl, Stark (Prömel) – Dittgen (Trümmer), Stendera (1), Stolze (Brandt) – Kleindienst.

173 **Italien,** 21. 4., Frosinone, 1:2 verloren: Zetterer (Wellenreuther) – Prömel (Pachonik), Hagn (Brandenburger), Akpoguma, Stark (Dittgen) – Steinmann (Stefaniak), Dudziak, Mukhtar (1), Selke – Stendera, Öztunali.

174 **Fidschi,** 1. 6., Christchurch, 8:1 gewonnen (U20-WM-Gruppenspiel): Schwäbe – Prömel (1), Akpoguma (Hagn), Stark (2), Kempf – Steinmann, Stendera (1), Mukhtar (3), Bauer – Brandt (Stefaniak (1)), Öztunali (Lohkemper).

175 **Usbekistan,** 4. 6., Christchurch, 3:0 gewonnen (U20-WM-Gruppenspiel): Schwäbe – Prömel, Akpoguma (1), Stark, Öztunali – Steinmann, Stendera (2) (Syhre), Brandt (Dudziak), Kempf – Bauer, Mukhtar (Köpke).

176 **Honduras,** 7. 6., Christchurch, 5:1 gewonnen (U20-WM-Gruppenspiel): Schwäbe – Akpoguma, Stark (1), Kempf, Wittek (Bauer) – Weigl, Stendera (1) (Dudziak) – Prömel (1), Öztunali, Brandt (1) – Mukhtar (1) (Köpke) – Gelb-Rote Karte: Paz (Honduras).

177 **Nigeria,** 11. 6., Christchurch, 1:0 gewonnen (WM-Achtelfinale): Schwäbe – Prömel, Akpoguma, Stark, Weigl – Stendera (Dudziak), Kempf – Öztunali (1), Brandt (Stefaniak), Bauer – Mukhtar (Steinmann).

178 **Mali,** 14. 6., Christchurch, n. V. 1:1 unentschieden, Elfmeterschießen 3:4 (U-20-Viertelfinale): Schwäbe – Prömel, Akpoguma, Stark, Weigl – Kempf, Brandt (1) – Stendera (Dudziak, Lohkemper), Öztunali, Bauer – Mukhtar (Steinmann) – Tore im Elfmeterschießen: Akpoguma, Öztunali, Steinmann.

179 **Italien**, 3. 9., Lucca, 2:0 gewonnen: Bredlow – Pachonik, Schulz, Sprenger, Wittek – Prömel (Öztürk), Stenzel (Dahoud) – Dittgen (Stolze), Waldschmidt (Eggestein (1)) – Stefaniak (1) (Christiansen) – Mees (Amiri).

180 **Polen,** 7. 9., Wloclawek, 1:2 verloren: Gersbeck (Brunst-Zöllner) – Klünter, Christiansen (Sprenger), Schulz, Wittek – Prömel, Dahoud (Waldschmidt) – Öztürk (Barry), Eggestein (Mees), Amiri – Stolze (1) (Stenzel).

181 **Türkei**, 7. 10., Ulm, 1:0 gewonnen (Elite Cup): Schwäbe – Zander, Sprenger, Schulz (Kehrer), Wittek (Guwara) – Christiansen, Bauer – Dittgen (1) (Holtmann), Eggestein (Barry), Amiri (Stefaniak) – Waldschmidt (Rizzo).

182 **Niederlande**, 10. 10., Aalen, 2:1 gewonnen (Elite Cup): Zetterer – Klünter, Friedrich, Kehrer (1), Guwara – Stenzel (Bauer), Prömel (Christiansen) – Holtmann (Amiri), Stefaniak (Dittgen), Barry (1) – Rizzo (Eggestein).

183 **England**, 13. 10., Heidenheim, 1:0 gewonnen (Elite Cup): Bredlow – Zander (Klünter), Sprenger, Wittek (Friedrich), Kehrer – Bauer (Christiansen), Prömel (Stenzel) – Stefaniak, Dittgen (1) (Guwara), Waldschmidt (Amiri) – Barry (Holtmann).

184 **Italien**, 12. 11., Osnabrück, 0:2 verloren: Schwäbe – Klünter (Prömel), Schulz, Kehrer, Guwara (Wittek) – Christiansen (Dahoud), Stenzel (Bauer) – Dittgen (Eggestein), Mukhtar, Amiri (Wolf) – Waldschmidt (Holtmann).

185 **Polen**, 16. 11., Münster, 0:0 unentschieden: Zetterer (Bredlow) – Prömel (Klünter), Friedrich (Guwara), Schulz, Wittek – Dahoud, Mukhtar (Stenzel) – Bauer, Holtmann (Dittgen), Eggestein (Waldschmidt) – Amiri.

2016: 9 Spiele, 3 Siege, 3 Unentschieden, 3 Niederlagen

186 **Schweiz,** 23. 3., Freiburg, 1:1 unentschieden: Mesenhöler – Akpoguma (Klünter), Schulz, Kehrer, Wittek – Bauer, Gaudino (Prömel) – Stolze (Cueto), Mukhtar (1), Dittgen (Barry) – Kleindienst (Platte).

187 **Schweiz,** 26. 3., Delémont, 1:1 unentschieden: Bredlow – Friedrich, Akpoguma, Kehrer (Schulz) – Klünter (Dittgen), Prömel (Bauer), Stenzel (Wittek), Guwara, Barry (1) (Kleindienst) – Mukhtar, Cueto (Platte).

188 **Italien,** 1. 9., Lübeck, 0:1 verloren: Nicolas – Becker (Bitter), Ananou, Uduokhai (Dietz), Schad – Ndenge (Staude), Sauerland – Bunjaki (Kader), Heinrich (Neuhaus), Donkor – Iyoha (Thalhammer).

189 **Polen,** 6. 9., Swinoujscie, 0:3 verloren: Königsmann (Brodersen) – Ananou, Dietz – Bitter (Sauerland), Schumacher (Schad) – Neuhaus (Kader), Ndenge – Thalhammer, Heinrich (Donkor) – Iyoha (Bunjaki), Putaro (Staude).

190 **USA,** 5. 10., Leigh, 1:0 gewonnen (Vier-Nationen-Turnier): F. Müller – Neumann, Fechner, Gimber, Horn (Schad) – Iyoha (Donkor), Ochs (1) (Sauerland) – Ndenge (Dietz), Condé, Mittelstädt (Becker) – Reese (Arweiler).

191 **England,** 7. 10., Huddersfield, 1:3 verloren (Vier-Nationen-Turnier): F. Müller – Becker (Badu), Dietz, Gimber, Horn (Schad) – Sauerland (Arweiler), Fechner (Condé), Thalhammer (Ndenge) – Donkor (Mittelstädt), Reese, Ochs (1).

192 **Niederlande,** 10. 10., Leigh, 2:2 unentschieden, Elfmeterschießen 2:4 (Vier-Nationen-Turnier): Rehnen – Neumann, Fechner, Gimber, Schad – Dietz, Condé – Badu (1) (Thalhammer), Ochs (1), Mittelstädt (Reese) – Tietz (Arweiler) – Tore im Elfmeterschießen: Ochs, Arweiler.

193 **Italien,** 10. 11., Forli, 1:0 gewonnen: F. Müller – Neumann, Mühl, Dietz (Torunarigha) – Bader (Schad), Kammerbauer, Condé, Mittelstädt – Reese (Neuhaus), Teuchert (1) (Arweiler), Ochs (Ferati).

194 **Polen,** 14. 11., Zwickau, 4:0 gewonnen: F. Müller – Neumann, Gimber (1), Mühl (Dietz) – Schad (Thalhammer), Fechner (Reese (1)), Kammerbauer (Bunjaki), Mittelstädt (1) (Bader) – Condé (Lucoqui), Teuchert (Putaro), Ochs (1).

2017: 11 Spiele, 5 Siege, 3 Unentschieden, 3 Niederlagen

195 **Schweiz,** 23. 3., Elversberg, 1:0 gewonnen: Reimann – Ananou (Kammerbauer), Mühl, Gimber – Schad, Jacobsen (Möbius) – Neuhaus (Condé), Serdar (Fechner) – Ochs (Uduokhai), Reese (1) (Iyoha), Mittelstädt.

196 **Schweiz,** 27. 3., Biel, 1:2 verloren: Rehnen – Fechner, Uduokhai (Ananou), Torunarigha – Schad, Neuhaus (Knöll), Condé, Jacobsen – Ochs (Ferati (1)), Iyoha (Käuper), Serdar (Badu).

197 **Venezuela,** 20. 5., Daejeon, 0:2 verloren (WM-Gruppenspiel): Reimann – Neumann, Schad (Bader), Ananou, Gimber – Condé, Ochs – Fechner (Badu), Serdar (Knöll), Mittelstädt – Rees.

198 **Mexiko,** 23. 5., Daejeon, 0:0 unentschieden (WM-Gruppenspiel): Brodersen – Neumann, Gimber, Torunarigha – Condé, Serdar – Bader (Schad), Mittelstädt (Ananou) – Fechner – Reese (Arweiler), Ochs.

199 **Vanuatu,** 26. 5., Suwon, 3:2 gewonnen (WM-Gruppenspiel): Brodersen – Schad, Gimber, Torunarigha – Condé (Mittelstädt), Serdar – Badu (1) (Knöll), Ochs – Fechner – Iyoha (1), Reese (1) (Arweiler).

200 **Sambia,** 31. 5., Seogwipo, n. V. 3:4 verloren (WM-Achtelfinale): Brodersen – Neumann, Gimber, Torunarigha – Serdar (1), Fechner (Arweiler (1) – Bader, Schad (Condé) – Ochs (1) – Iyoha (Badu), Reese (Knöll).

201 **Tschechien**, 4. 9., Prag, 2:2 unentschieden: Schubert – Becker (Behounek), Gül, Torunarigha (Awoudja), Lucoqui (D. Franke) – Kammerbauer, Özcan – St. Tigges (Raum), Saglam (Mayer), Ochs (Ametov) – Amenyido (Hack (1)) – Dazu kommt ein Eigentor von Stepanek.

202 **Niederlande**, 5. 10., Hardenberg, 1:0 gewonnen: Frommann – Becker, Ananou, Torunarigha, Lucoqui – Löwen, Burnic – Barkok, Saglam (1) (St. Tigges), Ametov (D. Franke) – Amenyido (Mühl).

203 **Schweiz**, 9. 10., Norderstedt, 2:1 gewonnen: Bansen – Ananou (Becker), Mühl, Chabot (Torunarigha), D. Franke (Lucoqui) – Burnic, Löwen (1) – Barkok, Saglam (1), Tomic (Raum) – Amenyido (St. Tigges).

204 **Italien**, 9. 11., Chemnitz, 2:2 unentschieden: Schubert (Frommann) – Passlack, Ananou, Chabot, Mittelstädt (Lucoqui) – Burnic (Friede (1)), Serdar (Ndenge) – Barkok, Saglam (Richter), Hack (1) (Raum) – J. Eggestein (Daferner).

205 **England**, 14. 11., Zwickau, 2:1 gewonnen: Nicolas – Passlack, Ananou, Neumann, Mittelstädt – Serdar, Friede – Hack (Barkok), Saglam (Ndenge), Raum (St. Tigges) – J. Eggestein (2) (Lucoqui).

2018: 7 Spiele, 4 Siege, 2 Unentschieden, 1 Niederlage

206 **Portugal**, 22. 3., Coimbra, 1:0 gewonnen: Schubert – Passlack, Mühl, Gimber (Ananou), Lucoqui – Burnic, Friede – Hack (1) (Neumann), Barkok, Mittelstädt (Saglam) – J. Eggestein (Raum).

207 **Polen**, 27. 3., Gütersloh, 3:0 gewonnen: Menzel – Passlack, Mühl, Ananou (Neumann), Mittelstädt (Lucoqui) – Kammerbauer (1) (Saglam), Friede – Hack (1) (Shipnoski), Burnic, Barkok (Raum) – J. Eggestein (Daferner) – Dazu kommt ein Eigentor von Jonczy.

208 **Tschechien**, 7. 9., Elversberg, 3:2 gewonnen: Dahmen (Frommann) – Baak (1), Burnic, G.-L. Itter (1) – Amade (D.-J. Itter), Dardai (Beste), R. Baku (Gürleyen), Özcan (1), Maina (Muslija)– Daferner (1) (Goller), Wintzheimer (Will).

209 **Niederlande**, 12. 10., Meppen, 1:1 unentschieden: Dahmen – Amade, Baak, Baack, G.-L. Itter – Dorsch – Fein (Muslija), Shabani – Özcan – Y. Otto (Hack), Wintzheimer (Schreck).

210 **Schweiz**, 16. 10., Emden, 3:2 gewonnen: Bartels (Weiner) – D.-J. Itter (Amade), Schlotterbeck, Götze, Beste – Will (Dorsch), Dardai (Baack), Schreck (1) (Y. Otto) – Hack (1) (G.-L. Itter), Müsel (Wintzheimer), Muslija (1) (Özcan).

211 **Italien**, 15. 11., Sassuolo, 3:3 unentschieden: Dahmen – Götze (Baack), Schlotterbeck, Gürleyen (1) – Czyborra (1) (G.-L. Itter), Burnic, Muslija (Dorsch), D. Otto (Wintzheimer), J. Eggestein (M. Baku) – Özcan, Y. Otto (1) (Amade).

212 **England**, 19. 11., Colchester, 0:2 verloren: Schubert – Amade, Baack, Schlotterbeck, G.-L. Itter – Dorsch (Muslija), Burnic – Goller (Y. Otto), Özcan, Shabani (M. Baku)– Wintzheimer (J. Eggestein).

2019: 7 Spiele, 6 Siege, 1 Niederlage

213 **Portugal**, 22. 3., Sandhausen, 1:0 gewonnen: Schubert – Amade, Kilian, Janelt (Jaeckel), G.-L. Itter – Dorsch, Burnic (1) (D. Otto) – R. Baku (Czyborra), Özcan, Köhlert – Wintzheimer.

214 **Polen**, 26. 3., Bielsko-Biala, 2:0 gewonnen: Bartels (Thiede) – D.-J. Itter, Jaeckel, Kilian, Czyborra (G.-L. Itter) – Dorsch (Friede (1)), Opoku (R. Baku) – Köhlert (Goller), Özcan (Wintzheimer), Burnic – D. Otto (1) (Krüger).

215 **Tschechien**, 5. 9., Halle, 4:2 gewonnen: Früchtl – Ludewig (Amade), David (Baack), Keller (Mack), Czyborra – Mbom (Becker), Tempelmann (Siersleben) – Yeboah (Burkardt), Kühn, Opoku (Krüger (1)) – Wintzheimer (1) (D. Otto (2)).

216 **Niederlande**, 8. 9., Uden, 2:1 gewonnen: Thiede – Baack, David, Keller – Amade (1) (Ludewig), Becker, Tempelmann (Mbom), Vagnoman – Krüger (Kühn (1)), D. Otto (Wintzheimer), Burkardt (Opoku).

217 **Polen**, 10. 10., Norderstedt, 3:4 verloren: Früchtl – Ludewig (Amade), David, Keller, Czyborra (G.-L. Itter) – Becker, Tempelmann – Yeboah (1) (Goller), Kühn (Krüger), Opoku (D. Otto) – Wintzheimer (2) (Burkardt).

218 **Schweiz**, 13. 10., Biel, 1:0 gewonnen: Mantl – Amade, David, Siersleben, G.-L. Itter – Mbom (Mercan), Baack – Opoku (Yeboah (1)), Krüger (Wintzheimer), Goller (Burkardt) – D. Otto (Keller).

219 **Portugal**, 18. 11., Aveiro, 2:0 gewonnen: Früchtl – Ludewig (1), Mai, Beyer, Czyborra – Mercan (Becker), Baack (Mbom) – Yeboah (Goller), Kühn (1) (Wintzheimer), Burkardt (Opoku) – D. Otto (Krüger).

2020: 3 Spiele, 1 Sieg, 1 Unentschieden, 1 Niederlage

220 **Dänemark**, 3. 9., Norderstedt, 1:2 verloren: Ramaj – Kurt (Asta) , Aidonis, Ehlers (Tauer), Papela (Voloder) – Stiller (Jastremski), Krauß (Engelhardt), Weißhaupt (Dinkci) – Leweling (1), Moukoko, Schade (Samerdzic).

221 **Dänemark**, 6. 9., Steinburg, 0:0 unentschieden: Unbehaun (Olschowsky) – Papela (Asta), Schröder, Aidonis, Voloder – Tauer, Weißhaupt (S. Müller), Leweling (Schade), Engelhardt – Jastremski (Moukoko), Dinkci (Samardzic).

222 **Schweiz**, 7. 10., Lörrach, 3:1 gewonnen: Ramaj (Unbehaun) – Kurt (Talabidi (1)), Aidonis (1), Tauer, Messeguem (Katterbach) – Engelhardt, Samardzic (1) – Leweling (Bozdogan), Batista Meier (S. Müller), Dinkci (Bella Kotchap) – Schade (Weißhaupt).

U-20-Spielrunde

Bisherige Sieger: 2002, 2003 Italien – 2004, 2005 Deutschland – 2006 Italien – 2007, 2008 Deutschland – 2009 Schweiz – 2010, 2011, 2012, 2013, 2014 Deutschland – 2015 Polen – 2016 Italien – 2017 Polen – 2018 Deutschland – 2019 Niederlande – 2020, 2021 abgebrochen.

Die Bilanz der 1058 A1-/A2-Junioren-Länderspiele U19/U18 (bis 2001 U18/U17)

Gegner	Spiele	Siege	Unentsch.	Niederl.	Tore	11-m-Sch.
Ägypten	11	6	1	4	17:9	
Albanien	2	2	–	–	5:2	
Algerien	2	2	–	–	9:0	
Andorra	2	2	–	–	13:0	
Argentinien	2	1	1	–	4:3	
Armenien	2	2	–	–	12:0	
Aserbaidschan	1	1	–	–	7:0	
Australien	3	–	1	2	3:5	
Belarus	7	6	1	–	31:9	
Belgien	35	19	13	3	68:32	4:1, 4:2
Bosnien-Herzegowina	2	2	–	–	13:1	
Brasilien	7	1	2	4	6:15	
Bulgarien	17	12	1	4	40:15	
Burkina Faso	1	–	1	–	1:1	
Chile	1	1	–	–	1:0	
China	8	4	1	3	16:12	
Costa Rica	1	1	–	–	4:0	
Dänemark	30	17	8	5	72:38	
DDR	10	4	5	1	19:12	3:2
England	29	10	6	13	41:46	
Estland	6	6	–	–	27:4	
Färöer	3	3	–	–	19:0	
Finnland	24	19	4	1	68:22	
Frankreich	115	39	32	44	160:170	4:3
Georgien	1	1	–	–	2:0	
Ghana	1	–	–	1	1:5	
Gibraltar	1	1	–	–	5:0	
Griechenland	22	12	3	7	44:33	
Iran	2	–	–	2	0:3	
Irland	21	11	7	3	42:22	3:4
Island	2	1	1	–	6:1	
Israel	28	18	6	4	60:24	
Italien	36	15	11	10	52:41	3:4
Japan	6	3	–	3	10:10	
Kanada	3	2	1	–	5:1	
Kasachstan	1	1	–	–	6:0	
Katar	3	2	1	–	9:3	
Kongo	1	1	–	–	4:1	
Kroatien	8	5	3	–	19:7	3:1
Lettland	6	5	1	–	18:1	
Liechtenstein	2	2	–	–	15:1	
Litauen	5	4	1	–	18:3	
Luxemburg	14	13	–	1	66:8	
Mali	2	–	2	–	0:0	4:3
Malta	6	6	–	–	24:1	
Mazedonien	2	2	–	–	10:0	
Mexiko	2	1	–	1	3:3	
Rep. Moldau	2	2	–	–	8:1	
Montenegro	1	1	–	–	2:0	
Namibia	2	–	2	–	1:1	4:2
Niederlande	52	30	8	14	100:70	5:4
Nigeria	1	–	–	1	0:2	
Nordirland	12	8	2	2	32:12	
Norwegen	19	9	3	7	35:27	
Oman	3	1	–	2	6:6	
Österreich	30	19	5	6	63:30	
Polen	35	21	9	5	60:27	
Portugal	27	10	7	10	35:39	1:4

Ruanda	**1**	**1**	**–**	**–**	**3:1**	
Rumänien	**12**	**4**	**4**	**4**	**8:10**	
Russland (UdSSR/GUS)	**41**	**14**	**10**	**17**	**51:60**	
Saarland	**1**	**1**	**–**	**–**	**6:1**	
San Marino	**1**	**1**	**–**	**–**	**10:0**	
Saudi-Arabien	**1**	**1**	**–**	**–**	**3:0**	
Schottland	**28**	**12**	**10**	**6**	**32:22**	**3:0**
Schweden	**28**	**18**	**8**	**2**	**50:26**	
Schweiz	**28**	**21**	**6**	**1**	**62:25**	
Serbien	**32**	**15**	**9**	**8**	**53:36**	
(Serbien-Montenegro, Jugoslawien)						
Slowakei	**14**	**10**	**1**	**3**	**37:22**	
Slowenien	**1**	**1**	**–**	**–**	**3:0**	
Spanien	**42**	**14**	**7**	**21**	**52:77**	**5:3**
Sudan	**1**	**1**	**–**	**–**	**3:1**	
Südkorea	**4**	**2**	**1**	**1**	**5:5**	
Thailand	**2**	**2**	**–**	**–**	**9:0**	
Trinidad & Tobago	**2**	**2**	**–**	**–**	**9:0**	
Tschechien	**23**	**10**	**6**	**7**	**42:31**	
Tschechoslowakei	**15**	**7**	**2**	**6**	**18:20**	
Türkei	**25**	**14**	**6**	**5**	**45:25**	
Tunesien	**1**	**1**	**–**	**–**	**5:2**	
Ukraine	**14**	**9**	**1**	**4**	**23:13**	
Ungarn	**29**	**19**	**6**	**4**	**68:31**	
USA	**16**	**11**	**3**	**2**	**39:13**	
Ver. Arab. Emirate	**3**	**2**	**1**	**–**	**7:3**	
Wales	**6**	**6**	**–**	**–**	**20:5**	
Zypern	**7**	**6**	**1**	**–**	**17:3**	
Gesamt:	**1058**	**572**	**232**	**254**	**2097:1211**	

2020: 3 Spiele, 2 Unentschieden, 1 Niederlage

1056 **Polen**, 3. 9., Kalisz, 1:1 unentschieden: Atubolu – Atemona (Lang), M. Dardai (Röhl/ Nankishi), K. Schmidt (Beifus) – Lemperle (Knauff/Pereira), Calhanoglu (John), Martel (Civeja), Dirkner (Aydin (1)) – Thielmann (Scott), Nebel (Obuz), Kehrer (Hartwig/Borkowski).

1057 **Dänemark**, 4. 9., Leipzig, 1:3 verloren: Ernst (Lord) – Semic (Kostka), Aliu (1), Suver – Kesik (Uhlmann), Castrop (Lütke-Frie), Rhein – Günther (Calhanoglu), Klefisch (Rölke) – Matanovic (Gedikli), Sieb (Herold).

1058 **Dänemark**, 7. 9., Leipzig, 5:5 unentschieden: Urbig (Schulze) – Rosenfelder, Uhlmann (Aliu), Suver – Kostka (Kraft), Klefisch (Castrop (1)), Lütke-Frie (Kesik), Herold (Sieb) – Calhanoglu (Semic), Matanovic (2) (Reuther), Günther (Rölke 2).

Belgien U20, 8. 9., Genk, 0:1 verloren. Das Spiel wird vom DFB nicht als offizielles Länderspiel gewertet, da über 4 x 30 Minuten gespielt wurde.

Die A-Jugend-Länderspiele (U 18, U 17) finden Sie im KICKER-Almanach von 1989, die dann folgenden nur noch von Saison zu Saison im jeweiligen Almanach danach.

Die Bilanz der 593 B 1-Junioren-Länderspiele U 17 (bis 2001 U16)

Gegner	Spiele	Siege	Unentsch.	Niederl.	Tore	11-m-Sch.
Ägypten	2	2	–	–	3:1	
Albanien	2	2	–	–	9:1	
Andorra	1	1	–	–	10:1	
Argentinien	2	1	–	1	5:2	
Armenien	2	2	–	–	12:2	
Aserbaidschan	5	5	–	–	14:1	
Australien	1	1	–	–	4:1	
Belarus	1	–	1	–	1:1	
Belgien	15	7	4	4	21:12	
Bosnien-Herzegowina	4	4	–	–	17:2	
Brasilien	3	1	–	2	6:7	
Bulgarien	11	8	3	–	24:8	
Burkina Faso	1	1	–	–	3:0	
Costa Rica	1	1	–	–	2:1	
Dänemark	17	9	4	4	36:24	
DDR	3	2	1	–	6:0	4:5
Ecuador	1	1	–	–	6:1	
England	23	12	6	5	52:42	3:5
Estland	3	3	–	–	16:0	
Färöer	2	2	–	–	12:0	
Finnland	8	6	–	2	24:7	
Frankreich	23	9	5	9	31:27	6:5, 2:4
Georgien	8	7	1	–	19:2	
Ghana	2	2	–	–	5:3	
Griechenland	12	7	1	4	22:14	
Guinea	1	1	–	–	3:1	
Honduras	1	1	–	–	3:1	
Iran	1	–	–	1	0:4	
Irland	9	7	2	–	26:4	
Island	9	8	1	–	27:10	
Israel	26	16	4	6	65:22	
Italien	37	11	16	10	55:53	1:3, 6:5, 5:4
Japan	2	1	–	1	4:4	
Kasachstan	1	1	–	–	5:0	
Katar	2	2	–	–	11:0	
Kolumbien	2	1	1	–	7:3	
Kroatien	3	–	–	2	4:7	
Kuwait	1	1	–	–	3:0	
Lettland	1	1	–	–	4:0	
Liechtenstein	1	1	–	–	7:0	
Litauen	1	1	–	–	4:0	
Luxemburg	5	5	–	–	20:2	
Malta	3	3	–	–	21:0	
Mazedonien	2	2	–	–	9:1	
Mexiko	2	–	–	2	3:5	
Rep. Moldau	3	3	–	–	12:1	
Niederlande	35	19	9	7	63:47	4:5
Nigeria	2	–	2	1	4:6	
Nordirland	12	12	–	–	32:4	
Norwegen	5	3	2	–	14:4	
Österreich	23	13	3	7	59:36	
Oman	1	–	–	1	0:1	
Panama	1	1	–	–	2:0	
Polen	6	4	1	1	16:4	
Portugal	24	4	9	11	23:32	5:6
Rumänien	7	5	2	–	20:6	
Russland (UdSSR/GUS)	19	7	3	9	24:19	
San Marino	2	2	–	–	15:0	

Schottland	**16**	**10**	**3**	**3**	**26:10**	
Schweden	**15**	**10**	**4**	**1**	**33:15**	**3:1**
Schweiz	**20**	**11**	**3**	**6**	**32:24**	
Serbien (-Montenegro, Jugoslawien)	**9**	**6**	**2**	**1**	**19:5**	
Slowakei	**7**	**6**	**1**	**–**	**20:2**	
Slowenien	**6**	**6**	**–**	**–**	**15:1**	
Spanien	**31**	**5**	**8**	**18**	**24:50**	**2:3, 4:2, 2:4**
Südkorea	**1**	**1**	**–**	**–**	**8:2**	
Togo	**1**	**1**	**–**	**–**	**2:0**	
Trinidad & Tobago	**1**	**1**	**–**	**–**	**5:0**	
Tschechien	**14**	**7**	**5**	**2**	**19:10**	
Tschechoslowakei	**5**	**1**	**4**	**–**	**4:2**	
Türkei	**23**	**9**	**6**	**8**	**33:23**	
Ukraine	**15**	**10**	**3**	**2**	**33:12**	
Ungarn	**9**	**5**	**1**	**3**	**20:14**	
USA	**6**	**4**	**–**	**2**	**13:10**	
Ver. Arab. Emirate	**1**	**–**	**–**	**1**	**0:2**	
Wales	**1**	**1**	**–**	**–**	**1:0**	
Zypern	**8**	**6**	**1**	**1**	**22:8**	
Gesamt:	**593**	**333**	**122**	**138**	**1256:628**	

2020: 4 Spiele, 2 Siege, 1 Unentschieden, 1 Niederlage

590 **Spanien**, 8. 2., Albufeira, 2:1 gewonnen (Algrave Cup): Ernst – Aliu (Uhlmann), Arrey-Mbi, Suver – Semic (Kraft), Rhein, Kesik, Lütke-Frie (Castrop), Netz (Calhanoglu) – Wirtz (Sieb), Matanovic (1) (Gedikli (1)).

591 **Portugal**, 10. 2., Lagos, 0:2 verloren (Algarve Cup): Urbig – Kraft (Netz), Uhlmann (Aliu), Arrey-Mbi, Lütke-Frie – Rhein, Sieb – Castrop (Kesik), Semic (Matanovic), Calhanoglu (Wirtz) – Gedikli.

592 **Südkorea**, 12. 2., Lagos, 8:2 gewonnen (Algarve Cup): Lord – Semic (1), Aliu, Suver, Netz (Kraft) – Kesik (Lütke-Frie), Castrop – Calhanoglu (2), Wirtz (Uhlmann), Sieb (3) – Matanovic (1) (Gedikli (1)).

593 **Dänemark**, 9. 10., Apenrade, 2:2 unentschieden: Feller – Voigt, Collins (Engels), Janitzek, Ullrich – Yildirim, Walz, Tohumcu – Hadziavdic (1), Schwarz (Paula (1)), Bamba (Kade).

Die B-Jugend-Länderspiele (U 17) finden Sie im KICKER-Almanach von 1989, die dann folgenden nur noch von Saison zu Saison im jeweiligen Almanach danach.

Die Bilanz der 500 B 2-Junioren-Länderspiele U 16 (Schüler) (bis 2001 U15)

Gegner	Spiele	Siege	Unentsch.	Niederl.	Tore	11-m-Sch.
Ägypten	1	1	–	–	2:1	
Argentinien	3	2	–	1	7:4	
Australien	1	1	–	–	5:1	
Belgien	25	16	3	6	68:30	
Brasilien	3	1	1	1	5:6	
Chile	1	–	–	1	0:1	
Dänemark	16	9	2	5	32:21	
Elfenbeinküste	3	–	3	–	4:4	3:5, 5:3
England	78	30	17	31	122:121	1:2
Estland	1	1	–	–	5:1	
Finnland	3	3	–	–	6:2	
Frankreich	91	31	24	36	140:147	6:5
Griechenland	2	1	1	–	5:3	
Irland	15	11	2	2	24:8	
Israel	2	1	1	–	6:1	
Italien	18	8	4	6	30:20	1:3
Japan	3	1	–	2	3:6	
Jugoslawien	1	–	–	1	1:2	
Kamerun	2	1	1	–	5:1	3:4
Kolumbien	1	1	–	–	4:1	
Lettland	1	1	–	–	5:0	
Liechtenstein	1	1	–	–	7:0	
Luxemburg	1	1	–	–	1:0	
Mali	1	1	–	–	2:0	
Malta	2	1	1	–	5:0	
Mazedonien	3	3	–	–	10:3	
Mexiko	1	1	–	–	3:0	
Niederlande	38	23	8	7	83:36	3:1, 1:3, 4:2
Nordirland	13	11	–	2	43:17	
Norwegen	1	1	–	–	2:0	
Österreich	17	11	3	3	43:20	
Polen	3	3	–	–	10:1	
Portugal	13	3	6	4	21:18	7:6, 4:5, 4:5
Rumänien	3	3	–	–	17:1	
Russland (UdSSR)	13	9	2	2	32:12	
Schottland	8	6	1	1	23:13	
Schweden	4	–	1	3	1:6	
Schweiz	19	13	6	–	53:11	
Slowakei	4	4	–	–	15:1	
Spanien	8	2	3	3	8:12	
Südkorea	1	1	–	–	5:0	
Tschechien	19	13	3	3	53:18	
Türkei	10	5	3	2	17:12	
Tunesien	4	3	1	–	6:1	
Ukraine	4	3	–	1	14:4	
Ungarn	9	4	1	4	16:9	
Uruguay	1	1	–	–	1:0	
USA	4	3	–	1	9:5	
Wales	15	11	4	–	36:11	
Zypern	9	8	–	1	34:6	
Gesamt:	500	269	102	129	1049:598	

2020: 5 Spiele, 2 Siege, 3 Niederlagen

496 **Niederlande**, 6. 2., Vila Real de Santo Antonio, 0:2 verloren (UEFA-Turnier): Backhaus – Kolbe, Collins, Gechter, Abankwa Ceesay – Bunk (Aydin), Yildirim – Loune (Tohumcu), Dell'Erba (Lore) – Bamba (Kojic), Wagner (Diehl).

497 **Kolumbien**, 8. 2., Vila Real de Santo Antonio, 4:1 gewonnen (UEFA-Turnier): Backhaus – Cisse, Gechter (Collins), Engels – Aydin – Anubodem (Kolbe), Dell'Erba (1) (Abankwa Ceesay) – Tohumcu (1) (Loune), Lore (Yildirim) – Kojic (1) (Bamba), Diehl (1) (Wagner).

498 **Portugal**, 11. 2., Vila Real de Santo Antonio, 2:3 verloren (UEFA-Turnier): Koch – Collins, Gechter (Abankwa Ceesay), Engels – Anubodem, Tohumcu, Yildirim (Aydin), Bunk (1) (Loune), Kolbe (Diehl) – Bamba (Wagner), Kojic (1).

499 **Dänemark**, 9. 10., Duisburg, 0:2 verloren: Seimen (Goller) – Ketterer (Fritschi), Pauli (Buchmann), Drexler (Garcia Posadas), Korzynietz (Nogueira Azevedo) – Onofrietti (Ivelj), Lubach (Schulz), Bischof (Raebiger), Ulrich (Weiper) – Popp (Ibrahimovic), Pejcinovic (Wagner).

500 **Dänemark**, 12. 10., Duisburg, 5:4 gewonnen: Podlech (Brühl) – Ketterer (Fuchs), Garcia Posadas, Fritschi, Korzynietz (Nogueira Azevedo) – Bischof (1) (Ibrahimovic), Raebiger – Ulrich (Ivelj), Schulz (1) (Buchmann), Popp (1) (Lubach) – Pejcinovic (2) (Wagner).

Die B-Jugend-Länderspiele (U 16) finden Sie im KICKER-Almanach von 1989, die dann folgenden nur noch von Saison zu Saison im jeweiligen Almanach danach.

Die Bilanz der 39 C-Junioren-Länderspiele U 15

Gegner	Spiele	Siege	Unentsch.	Niederl.	Tore	11-m-Sch.
Estland	**1**	**1**	**–**	**–**	**6:2**	
Italien	**1**	**–**	**–**	**1**	**1:3**	
Niederlande	**16**	**8**	**1**	**7**	**26:20**	
Polen	**9**	**5**	**2**	**2**	**24:15**	
Portugal	**2**	**2**	**–**	**–**	**7:1**	
Russland	**1**	**1**	**–**	**–**	**1:0**	
Schweiz	**1**	**1**	**–**	**–**	**4:1**	
Schottland	**1**	**1**	**–**	**–**	**2:0**	
Südkorea	**4**	**3**	**1**	**–**	**7:3**	
USA	**1**	**1**	**–**	**–**	**2:0**	
Zypern	**2**	**2**	**–**	**–**	**10:3**	
Gesamt:	**39**	**25**	**4**	**10**	**90:48**	

Wegen der Coronavirus-Pandemie wurden seit Mai 2019 keine U-15-Länderspiele mehr ausgetragen.

Die C-Jugend-Länderspiele (U 15) finden Sie im KICKER-Almanach von 2012, die dann folgenden nur noch von Saison zu Saison im jeweiligen Almanach danach.

Deutsche Meisterschaft A-Junioren U18/U19

Die bisherigen Meister (bis 2001 U18, ab 2002 U19):

1969 VfL Bochum – 1970 Hertha Zehlendorf – 1971 1. FC Köln – 1972 MSV Duisburg – 1973 VfB Stuttgart – 1974 1. FC Nürnberg – 1975 VfB Stuttgart – 1976 FC Schalke 04 – 1977, 1978 MSV Duisburg – 1979 Stuttgarter Kickers – 1980 SV Waldhof Mannheim – 1981 VfB Stuttgart – 1982, 1983 Eintracht Frankfurt – 1984 VfB Stuttgart – 1985 Eintracht Frankfurt – 1986 Bayer Leverkusen – 1987 Bayer Uerdingen – 1988, 1989, 1990, 1991 VfB Stuttgart – 1992 1. FC Kaiserslautern – 1993 FC Augsburg – 1994, 1995, 1996, 1997, 1998 Borussia Dortmund – 1999 Werder Bremen – 2000 Bayer Leverkusen – 2001, 2002 Bayern München – 2003 VfB Stuttgart – 2004 Bayern München – 2005 VfB Stuttgart – 2006 FC Schalke 04 – 2007 Bayer Leverkusen – 2008 SC Freiburg – 2009 1. FSV Mainz 05 – 2010 Hansa Rostock – 2011 VfL Wolfsburg – 2012 FC Schalke 04 – 2013 VfL Wolfsburg – 2014 TSG 1899 Hoffenheim – 2015 FC Schalke 04 – 2016, 2017 Borussia Dortmund – 2018 Hertha BSC – 2019 Borussia Dortmund – 2020, 2021 nicht ausgetragen.

1969

Qualifikation: Karlsruher SC – Hertha BSC 0:3.
Halbfinale: VfL Bochum – Hertha BSC 2:0, 1. FC Saarbrücken – VfL Wolfsburg 5:3.
Um den 3. Platz: Hertha BSC – VfL Wolfsburg 3:2.
Endspiel am 13. Juli 1969 in Saarbrücken: VfL Bochum – 1. FC Saarbrücken 5:3 (0:3)
Bochum: Daniel – Strehlke (Paschke), Pommerin (1) – Böhmer (Berns), Mosch (1), Halstenberg – Böckmann (1), Kerkemeier, Köper, Etterich (2), Kandula – Trainer: Attern.

1970

Qualifikation: Concordia Hamburg – TuS Altrip 0:3.
Halbfinale: Hertha Zehlendorf – Eintracht Frankfurt n. V. 0:0 (Losentscheid für Zehlendorf), VfL Bochum – TuS Altrip 0:1.
Um den 3. Platz: Eintracht Frankfurt – VfL Bochum 6:1.
Endspiel am 12. Juli 1970 in Bochum: Hertha Zehlendorf – TuS Altrip 3:2 (1:2)
Zehlendorf: Hartfiel – Ludwig, Rieger, Hochheim, Kullak (Biermann) – Hanisch, Bertz (Boenke) – Winker, Stolzenburg (1), Pfisterer, Kunert (2) – Trainer: Bialek.

1971

Qualifikation: BFC Preußen Berlin – 1. FC Köln 0:2.
Halbfinale: 1. FC Köln – Ludwigshafener SC 6:0, 1. FC Nürnberg – Eintracht Braunschweig 3:0.
Um den 3. Platz: Eintracht Braunschweig – Ludwigshafener SC 6:1.
Endspiel am 11. Juli 1971 in Fürth: 1. FC Köln – 1. FC Nürnberg 3:1 (2:0)
Köln: Szczepanski – Liebig, Zock, Konopka (2), Nicot – Bläser, Neumann (1), Hein – Evers, Glowacz, Bosbach– Trainer: Röhrig.

1972

Vorrundengruppe Lörrach: FV Lörrach – Dornbreite Lübeck 4:2; MSV Duisburg – SV Fraulautern 2:1; Dornbreite Lübeck – SV Fraulautern n. V. 1:1, Elfmeterschießen 2:4; FV Lörrach – MSV Duisburg 1:3.
Vorrundengruppe Bremerhaven: TuS Bremerhaven 93 – Karlsruher SC 3:5; Eintracht. Trier – Bayern München 1:4; TuS Bremerhaven 93 – Eintracht Trier 3:4; Bayern München – Karlsruher SC 5:0.
Vorrundengruppe Bonn: Bonner SC – Blau-Weiß 90 Berlin 3:2; Kickers Offenbach – Hamburger SV 3:2; Hamburger SV – Blau-Weiß 90 Berlin 6:1; Bonner SC – Kickers Offenbach 2:3.
Vorrundengruppe Kaiserslautern: 1. FC Kaiserslautern – VfB Stuttgart 0:1; Hannover 96 – Borussia Dortmund 6:2; 1. FC Kaiserslautern – Borussia Dortmund 2:3; VfB Stuttgart – Hannover 96 2:1.
Halbfinale in Stuttgart: MSV Duisburg – Kickers Offenbach n. V. 0:0, Elfmeterschießen 5:4; VfB Stuttgart – Bayern München 3:1.
Um den 3. Platz: Kickers Offenbach – Bayern München 5:0.
Endspiel am 2. Juli 1972 in Stuttgart: MSV Duisburg – VfB Stuttgart 2:0 (0:0).
Duisburg: Edelhoff – Häming, Taubenbach, Bruckmann, Schwope – Savkovic, Baake (1), L. Schneider – W. Schneider (1), Worm, Sobbe (Moersdorf, Killich) – Trainer: Kremer.

1973

Vorrundengruppe Saarbrücken: FC Schalke 04 – Saar 05 Saarbrücken 5:1; Hamburger SV – FV Lörrach 3:1; FV Lörrach – Saar 05 Saarbrücken 6:5; FC Schalke 04 – Hamburger SV 2:0.
Vorrundengruppe Andernach: VfB Stuttgart – SpVgg Andernach 5:0; Alemannia Aachen – Werder Bremen 5:2; Werder Bremen – SpVgg Andernach 6:2; VfB Stuttgart – Alemannia Aachen 6:0.
Vorrundengruppe Offenbach: Blau-Weiß 90 Berlin – Heider SV 2:0; Kickers Offenbach – Fortuna Düsseldorf 5:1; Fortuna Düsseldorf – Heider SV 8:4; Kickers Offenbach – Blau-Weiß 90 Berlin 3:2.

Vorrundengruppe Karlsruhe: Bayern München – Karlsruher SC 6:0; Eintracht Braunschweig – 1. FSV Mainz 05 6:1; Karlsruher SC – 1. FSV Mainz 05 9:2; Bayern München – Eintracht Braunschweig 5:2.
Halbfinale in München: VfB Stuttgart – Bayern München 3:2; Kickers Offenbach – FC Schalke 04 1:1, Elfmeterschießen 5:4.
Um den 3. Platz: FC Schalke 04 – Bayern München 5:1.
Endspiel am 8. Juli 1973 in München: VfB Stuttgart – Kickers Offenbach 3:1 (2:1)
VfB Stuttgart: Dreher – Hangstorfer, Schmid, Schäfer, Götz – Martin (1), Hägele, W. Günther – Peters, Salzinger (1), Tochtermann (ein Offenbacher Eigentor) – Trainer: Bögelein.

1974

Vorrundengruppe Hannover: Hannover 96 – Hertha Zehlendorf 2:3; 1. FSV Mainz 05 – 1. FC Nürnberg 0:0, Elfmeterschießen 0:3; Hannover 96 – 1. FSV Mainz 05 4:1; Hertha Zehlendorf – 1. FC Nürnberg 2:5.
Vorrundengruppe Duisburg: MSV Duisburg – FC Schalke 04 2:3; Borussia Neunkirchen – Kickers Offenbach 2:3; MSV Duisburg – Borussia Neunkirchen 0:1; FC Schalke 04 – Kickers Offenbach 2:2, Elfmeterschießen 2:3.
Vorrundengruppe Hamburg: Hamburger SV – Sportfreunde Eisbachtal 4:0; Werder Bremen – Freiburger FC 1:3; Sportfreunde Eisbachtal – Werder Bremen 1:1, Elfmeterschießen 4:2; Hamburger SV – Freiburger FC 2:0.
Vorrundengruppe Kiel: Holstein Kiel – VfB Stuttgart 2:6; 1. FC Köln – Karlsruher SC 1:0; Holstein Kiel – Karlsruher SC 5:1; VfB Stuttgart – 1. FC Köln 1:2.
Halbfinale in Stade: 1. FC Nürnberg – Hamburger SV 3:1; 1. FC Köln – Kickers Offenbach 0:0, Elfmeterschießen 3:2.
Um den 3. Platz: Hamburger SV – Kickers Offenbach 2:2, Elfmeterschießen 2:1.
Endspiel am 9. Juni 1974 in Stade: 1. FC Nürnberg – 1. FC Köln 1:0 (0:0)
Nürnberg: Müller – Lindner, Dämpfling (1), Kraus, Kosian – Weyerich, Reichenbach, Steuerwald – Suffel, Sommer, Dorok – Trainer: Kreißel.

1975

Vorrunde: VfB Lübeck – FC Schalke 04 1:3, 0:6; SV Bliesen – SpVgg Andernach 3:1, 1:7; FC Singen 04 – OSC Bremerhaven 2:2, 0:3; 1. FC Nürnberg – Kickers Offenbach 0:2, 0:2; 1. FC Köln – 1. FSV Mainz 05 2:0, 2:1; VfB Stuttgart – Borussia Mönchengladbach 0:2, 4:1; Hamburger SV – Atlas Delmenhorst 3:2, 5:2; Rapide Wedding – SV Chio Waldhof 0:6, 3:7.
Viertelfinale: SpVgg Andernach – FC Schalke 04 1:1, 1:3; OSC Bremerhaven – Kickers Offenbach 0:1, 0:3; 1. FC Köln – VfB Stuttgart 0:6, 2:6; SV Chio Waldhof – Hamburger SV 6:1, 5:1.
Halbfinale: VfB Stuttgart – SV Chio Waldhof 5:2, 3:2; FC Schalke 04 – Kickers Offenbach 2:0, 1:2.
Endspiel am 12. Juli 1975 in Marburg: VfB Stuttgart – Schalke 04 4:0 (1:0)
Stuttgart: Höck – Fleischmann, Jost, Günther, Lang – Wörn, Müller, Jakob (1) – Klitz, Beck (3), Frick – Trainer: Hartl.

1976

Vorrunde: Werder Bremen – VfB Lübeck 0:0, 2:1; VfR Mannheim – 1. FC Nürnberg 0:2, 1:1; SpVgg Andernach – Rot-Weiss Essen 1:3, 0:5; 1. FC Köln – ASV Idar-Oberstein 3:3, 1:1, Elfmeterschießen 5:4; Eintracht Frankfurt – FC St. Pauli 5:2, 5:2; VfB Stuttgart – Freiburger FC 4:2, 1:0; SC Saarlouis-Roden – Eintracht Braunschweig 2:3, 4:0; Blau-Weiß 90 Berlin – FC Schalke 04 0:1, 0:5.
Viertelfinale: Rot-Weiss Essen – 1. FC Köln 3:1, 2:3; Eintracht Frankfurt – VfB Stuttgart 2:2, 1:3; SC Saarlouis-Roden – FC Schalke 04 1:5, 0:10; Werder Bremen – 1. FC Nürnberg 1:5, 2:1.
Halbfinale: FC Schalke 04 – 1. FC Nürnberg 2:0, 4:3; Rot-Weiss Essen – VfB Stuttgart 4:3, 2:0.
Endspiel am 24. Juli 1976 in Herne: FC Schalke 04 – Rot-Weiss Essen 5:1 (2:1)
Schalke: Sandhofe – Gorka, Dörmann, Köster (Reichel), Schipper – Santanius (Feldmann), Bittcher (1), Lander (1) – Mentzel, Höfer (2), Schütte (dazu ein Eigentor von Holznagel) – Trainer: Maslo.

1977

Vorrunde: Röchling Völklingen – 1. FSV Mainz 05 2:5, 2:4; Eintracht Braunschweig – Freiburger FC 1:4, 3:6; MSV Duisburg – Werder Bremen 2:0, 3:1; Alemannia Aachen – 1. FC Nürnberg 1:6, 0:8; SV Mehring – FC St. Pauli 1:1, 1:4; FC Schalke 04 – SC Staaken 3:0, 7:0; VfB Stuttgart – Itzehoer SV 1:0, 1:1; Karlsruher SC – FC Burgsolms 3:1, 6:0.
Viertelfinale: MSV Duisburg – 1. FC Nürnberg 3:2, 5:2; VfB Stuttgart – Karlsruher SC 2:3, 3:0; FC St. Pauli – FC Schalke 04 1:7, 2:5; 1. 1. FSV Mainz 05 – Freiburger FC 2:1, 3:4, Elfmeterschießen 9:8.
Halbfinale: 1. FSV Mainz 05 – MSV Duisburg 4:1, 0:4; FC Schalke 04 – VfB Stuttgart 4:5, 0:2.
Endspiel am 23. Juli 1977 in Mannheim: MSV Duisburg – VfB Stuttgart 2:1 (0:0)
Duisburg: Strozyk – Hörstgen, Brocker, Fenten, Jakobs – Quabeck, Klein, Ulitzka (2), Vengels – Jasinek, Schrafen, Buttgereit (Wuschka) – Trainer: Schafstall.

1978

Vorrunde: Hamburger SV – Hertha Zehlendorf 1:7, 2:0; Arminia Hannover – 1. FC Köln 2:2, 1:2; Freiburger FC – 1. FC Saarbrücken 6:0, 2:3; Stuttgarter Kickers – OSC Bremerhaven 0:2, 1:0; FC Augsburg – MSV Duisburg 1:2, 3:3; 1. 1. FSV Mainz 05 – Glas/Chemie Wirges 2:2, 1:1, Elfmeterschießen 4:5; Borussia Dortmund – SV Waldhof Mannheim 2:2, 0:1; Eintracht Frankfurt – VfB Lübeck 2:0, 4:2.
Viertelfinale: Hertha Zehlendorf – 1. FC Köln 3:0, 4:2; Freiburger FC – OSC Bremerhaven 4:2, 3:1; MSV Duisburg – Glas/Chemie Wirges 2:1, 1:1; SV Waldhof Mannheim – Eintracht Frankfurt 2:3, 0:5.
Halbfinale: MSV Duisburg – Eintracht Frankfurt 1:1, 2:1; Hertha Zehlendorf – Freiburger FC 3:2, 1:2, Elfmeterschießen 3:2.
Endspiel am 15. Juli 1978 in Essen: MSV Duisburg – Hertha Zehlendorf 5:2 (2:2)
Duisburg: Fuchs – Jasinek, Gebauer, Blum, Brings – Piepenburg, Wuschka (1), Steininger (Schmidt) – Weecks (1), Ulitzka (1), Kowalzik (2) (Meyer) – Trainer: Wenzlaff.

1979

Vorrunde: SV Waldhof Mannheim – SFL Bremerhaven 2:0, 4:0; 1. FC Köln – Kickers Offenbach 1:1, 2:3; Holstein Kiel – VfR Sölde 0:2, 1:3; Eintracht Braunschweig – 1. FC Nürnberg 2:2, 2:4; Fortuna Düsseldorf – SC Staaken 2:1, 4:0; Stuttgarter Kickers – Concordia Hamburg 5:2, 3:1; Borussia Neunkirchen – 1. FC Kaiserslautern 2:2, 0:3; FC Emmendingen – TuS Neuendorf 1:2, 2:3.
Viertelfinale: SV Waldhof Mannheim – Kickers Offenbach 4:0, 1:5, Elfmeterschießen 4:3; VfR Sölde – 1. FC Nürnberg 1:3, 0:3; Fortuna Düsseldorf – Stuttgarter Kickers 0:5, 1:7; 1. FC Kaiserslautern – TuS Neuendorf 7:0, 5:0.
Halbfinale: SV Waldhof Mannheim – 1. FC Nürnberg 0:0, 0:2; Stuttgarter Kickers – 1. FC Kaiserslautern 7:2, 3:3.
Endspiel am 29. Juli 1979 in Karlsruhe: Stuttgarter Kickers – 1. FC Nürnberg 2:1 (2:0)
Stuttgart: Rauscher – Stadtmüller, Müller (1), Schröck, Steinbach – Hägele (Kaiser), Bazien, Schulz – Kurbos (1), Buchwald (Eblen), Dienelt – Trainer: Philipp.

1980

Vorrunde: Werder Bremen – 1. FC Nürnberg 1:1, 2:2, Elfmeterschießen 1:3; Concordia Hamburg – 1. FC Saarbrücken 1:0, 0:0; 1. FC Kaiserslautern – Kickers Offenbach 1:1, 4:2; Arminia Hannover – Rot-Weiss Essen 2:1, 3:2; Eintracht Segeberg – TuS Neuendorf 1:5, 0:5; Blau-Weiß 90 Berlin – SSV Ulm 1846 2:0, 1:2; Bayer Leverkusen – SV Waldhof Mannheim 2:3, 2:5; FC Emmendingen – FC Schalke 04 2:5, 1:3.
Viertelfinale: SV Waldhof Mannheim – 1. FC Kaiserslautern 3:1, 1:1; TuS Neuendorf – FC Schalke 04 1:1, 0:2; Arminia Hannover – Blau-Weiß 90 Berlin 1:1, 2:0, Concordia Hamburg – 1. FC Nürnberg 0:7, 0:6.
Halbfinale: Arminia Hannover – Schalke 04 1:2, 0:7; SV Waldhof Mannheim – 1. FC Nürnberg 3:2, 1:1.
Endspiel am 12. Juli 1980 in Oberhausen: SV Waldhof Mannheim – FC Schalke 04 2:1 (1:0)
Mannheim: U. Zimmermann – P. Tsionanis, Pennese, D. Tsionanis, Quaisser – Rühl (Weixler), Rahn (1), Schön – Kispert (Weißenseel), Emig, E. Zimmermann (1) – Trainer: Kobberger.

1981

Vorrunde: Freiburger FC – Werder Bremen 1:0, 2:1; VfB Stuttgart – VfB Lübeck 7:0, 4:0; FC St. Pauli – Bayer Leverkusen 0:2, 3:1, Elfmeterschießen 3:1; 1. FC Saarbrücken – SpVgg Andernach 3:3, 4:1; Blau-Weiß 90 Berlin – VfL Wolfsburg 4:1, 1:2; Karlsruher SC – Borussia Mönchengladbach 1:1, 2:2, Elfmeterschießen 3:4; Bayern München – 1. FC Kaiserslautern 0:0, 0:1; FC Schalke 04 – Eintracht Frankfurt 3:1, 3:1.
Viertelfinale: Borussia Mönchengladbach – VfB Stuttgart 0:5, 0:0; 1. FC Kaiserslautern – FC St. Pauli 1:1, 1:0; Blau-Weiß 90 Berlin – Freiburger FC 0:0, 3:0; FC Schalke 04 – 1. FC Saarbrücken 3:0, 5:0.
Halbfinale: VfB Stuttgart – 1. FC Kaiserslautern 2:0, 2:1; Blau-Weiß 90 Berlin – FC Schalke 04 4:4, 0:4.
Endspiel am 25. Juli 1981 in Karlsruhe: VfB Stuttgart – FC Schalke 04 4:0 (1:0)
Stuttgart: Jäger – Beital, Rath, Stadler, Flad – Jeske (1), Müller, Secker – Tochtermann (1), Bialon (1), Zimmermann (1) – Trainer: Arnold.

1982

Vorrunde: VfB Stuttgart – 1. FC Saarbrücken 2:0, 1:0; SG Wattenscheid 09 – VfR Mannheim 3:1, 1:1; 1. FC Kaiserslautern – BFC Preußen Berlin 7:1, 0:0; Bayer Leverkusen – TSV München 1860 3:2, 0:3; Eintracht Frankfurt – Glas/Chemie Wirges 9:0, 1:1; Hamburger SV – SC Freiburg 3:0, 4:0; MSV Duisburg – Eintracht Braunschweig 2:0, 0:5; Werder Bremen – VfL Lübeck 3:1, 1:1.
Viertelfinale: VfB Stuttgart – SG Wattenscheid 09 1:0, 2:2; 1. FC Kaiserslautern – TSV München 1860 2:0, 1:2; Eintracht Frankfurt – Hamburger SV 3:1, 4:0; Eintracht Braunschweig – Werder Bremen 4:2, 3:6.
Halbfinale: VfB Stuttgart – 1. FC Kaiserslautern 5:0, 4:1; Eintracht Frankfurt – Werder Bremen 5:4, 7:2.

Endspiel am 17. Juli in Karlsruhe: Eintracht Frankfurt – VfB Stuttgart 2:0 (2:0)
Eintracht: Gundelach – Boy, Hofmann, Kahlhofen, Ernst – Kühn, Gabriel, Wöber – Kramer (2), Müller, Rieth (Berthold) – Trainer: Mank.

1983

Vorrunde: FC Schalke 04 – SV Sandhausen 2:0, 2:2; TSV München 1860 – Eintracht Frankfurt 3:2, 0:4; Borussia Mönchengladbach – VfB Stuttgart 0:5, 2:5; Freiburger FC – VfL Osnabrück 0:2, 1:5; Tus Mayen – VfB Lübeck 2:2, 1:2; BFC Preußen Berlin – 1. FC Kaiserslautern 1:2, 1:2; TuS Wulsdorf – 1. FC Köln 4:6, 1:12; Hamburger SV – Borussia Neunkirchen 3:0, 1:2.
Viertelfinale: FC Schalke 04 – Eintracht Frankfurt 4:4, 2:5; VfB Stuttgart – VfL Osnabrück 2:1, 2:1; VfB Lübeck – 1. FC Kaiserslautern 1:3, 0:9; 1. FC Köln – Hamburger SV 6:1, 2:1.
Halbfinale: Eintracht Frankfurt – VfB Stuttgart 5:1, 1:2; 1. FC Kaiserslautern – 1. FC Köln 1:3, 3:2.
Endspiel am 16. Juli 1983 in Marburg: Eintracht Frankfurt – 1. FC Köln 2:0 (1:0).
Frankfurt: Hollenbach – Klepper, Trares, Borkenhagen, Kraaz – Piesker, Binz (Conrad), Rieth, Heider, Wöber (Völker) – Fritz (2) – Trainer: Mank.

1984

Vorrunde: 1. FC Kaiserslautern – Freiburger FC 5:0, 8:0; 1. FC Nürnberg – VfL Marburg 1:0, 2:1; 1. FC Saarbrücken – Concordia Hamburg 1:1, 0:4; TSV Havelse – TSB Flensburg 3:0, 6:1; Eintracht Trier – Bayer Uerdingen 1:0, 0:5; VfB Stuttgart – SV Waldhof Mannheim 1:0, 2:2; Hertha Zehlendorf – 1. FC Köln 1:0, 1:2, Elfmeterschießen 4:3; Werder Bremen – VfL Bochum 0:3, 0:3.
Viertelfinale: 1. FC Kaiserslautern – 1. FC Nürnberg 4:0, 1:2; Concordia Hamburg – TSV Havelse 4:2, 4:5; Bayer Uerdingen – VfB Stuttgart 1:3, 1:4; Hertha Zehlendorf – VfL Bochum 4:2, 0:1.
Halbfinale: 1. FC Kaiserslautern – Concordia Hamburg 5:2, 2:2; VfB Stuttgart – Hertha Zehlendorf 8:0, 1:2.
Endspiel am 28. Juli 1984 in Heilbronn: VfB Stuttgart – 1. FC Kaiserslautern n. V. 3:1 (1:1, 1:0)
Stuttgart: Weber – Rothfuß (Skultety), Pfiz, Scheiffele, Szichta – Cyklarz (1), Waldner, Fritz – Lorch, Peukert (2), Kipper (Hertfelder) – Trainer: Güntner.

1985

Vorrunde: Bayer Uerdingen – Borussia Dortmund 1:4, 1:3; 1. FC Kaiserslautern – Bayer Leverkusen 1:1, 0:1; Borussia Neunkirchen – Werder Bremen 2:1, 0:3; Bayern München – Karlsruher SC 2:2, 0:5; Glas/Chemie Wirges – VfB Stuttgart 0:5, 0:2; FC Konstanz – Eintracht Braunschweig 1:4, 0:5; Reinikkendorfer Füchse – TSV Rendsburg 1:1, 3:1; Eintracht Frankfurt – TSV Reinbek/Hamburg 3:1, 5:2.
Viertelfinale: Borussia Dortmund – Bayer Leverkusen 0:4, 3:2; Werder Bremen – Karlsruher SC 1:1, 0:4; VfB Stuttgart – Eintracht Braunschweig 0:0, 3:1; Reinickendorfer Füchse – Eintracht Frankfurt 2:7, 0:8.
Halbfinale: Bayer Leverkusen – Karlsruher SC 1:0, 2:2; VfB Stuttgart – Eintracht Frankfurt 3:0, 0:4.
Endspiel am 12. Juli 1985 in Mannheim: Eintracht Frankfurt – Bayer Leverkusen 4:2 (1:0).
Frankfurt: Rogowski – Conrad, Reussing (Pistauer), Iglesias (1) – Vucak, Möller, Völker (Gruner), Hestermann, Dembowski (1) – Walz, Reubold (2) – Trainer: Gerster.

1986

Vorrunde: SC Freiburg – Hamburger SV 1:0, 0:2; Fortuna Düsseldorf – TSB Flensburg 2:2, 5:0; Reinikkendorfer Füchse – 1. FC Nürnberg 2:2, 0:3; Germania Metternich – Werder Bremen 1:1, 4:7; FC Homburg – Karlsruher SC 1:2, 0:5; Borussia Dortmund – Bayer Leverkusen 1:1, 0:2; 1. FC Kaiserslautern – Eintracht Braunschweig 3:0, 2:2; SSV Reutlingen – Eintracht Frankfurt 1:3, 1:4.
Viertelfinale: Hamburger SV – Fortuna Düsseldorf 0:2, 1:2; 1. FC Nürnberg – Werder Bremen 8:0, 3:2; Karlsruher SC – Bayer Leverkusen 0:0, 0:6; 1. FC Kaiserslautern – Eintracht Frankfurt 2:1, 0:1, Elfmeterschießen 7:8.
Halbfinale: Fortuna Düsseldorf – 1. FC Nürnberg 1:0, 0:1, Elfmeterschießen 2:4; Bayer Leverkusen – Eintracht Frankfurt 5:4, 3:0.
Endspiel am 11. Juli 1986 in Leverkusen: Bayer Leverkusen – 1. FC Nürnberg 2:0 (1:0)
Leverkusen: Deus – Job – Kühn, Nicolic, Gerhards – Drysdl (Hübner), Schwarz, Reinhardt, Wörsdörfer – Rehbein (2), Legerlotz (Petersen) – Trainer: Reschke.

1987

Vorrunde: Karlsruher SC – Bayer Leverkusen 2:1, 0:3; VfB Stuttgart – Bayern München 3:0, 0:3, Elfmeterschießen 3:4; Werder Bremen – Hannover 96 1:2, 2:1, Elfmeterschießen 2:4; Eintracht Frankfurt – Olympia Neumünster 5:0 , 1:1; SpVgg. Andernach – VfL Bochum 0:3, 0:2; Hamburger TS 1816 – Reinickendorfer Füchse 1:2, 2:0; 1. FC Kaiserslautern – Bayer Uerdingen 2:2, 1:3; ASC Dudweiler – FV Donaueschingen 0:0, 3:3, Elfmeterschießen 4:2.

Viertelfinale: Bayer Leverkusen – Bayern München 3:0, 2:1; Hannover 96 – Eintracht Frankfurt 3:2, 0:5; VfL Bochum – Hamburger TS 1816 2:1, 4:0; Bayer Uerdingen – ASC Dudweiler 2:1, 4:2.
Halbfinale: VfL Bochum – Bayer Uerdingen 1:2, 2:2; Bayer Leverkusen – Eintracht Frankfurt 2:1, 1:2, Elfmeterschießen 3:4.
Endspiel am 17. Juli 1987 in Krefeld: Bayer Uerdingen – Eintracht Frankfurt 2:1 (0:0)
Uerdingen : Teroede – Kempkens – Titgens (Schroers), Brinkmann – Hofschen, Jörißen, Steffen, Fallak – Dondera, Wolff (1), Witeczek (1) – Trainer: Rangs.

1988

Vorrunde: Hannover 96 – SV Kuppenheim 3:0, 1:0; Werder Bremen – Tennis Borussia Berlin 2:1, 3:2; TSV München 1860 – 1. FC Saarbrücken 0:0, 3:0; VfB Stuttgart – TuS Paderborn-Neuhaus 2:0, 9:0; Eintracht Frankfurt – VfB Kiel 2:1, 4:1; Bayer Uerdingen – 1. FC Kaiserslautern 0:1, 1:0, Elfmeterschießen 5:4; Bayer Leverkusen – Eintracht Trier 2:0, 6:0; Hamburger SV – Karlsruher SC 1:1, 2:3.
Viertelfinale: Hannover 96 – Werder Bremen 1:4, 2:2; TSV München 1860 – VfB Stuttgart 2:1, 0:2; Eintracht Frankfurt – Bayer Uerdingen 2:0, 3:5, Elfmeterschießen 3:1; Bayer Leverkusen – Karlsruher SC 4:0, 1:1.
Halbfinale: Werder Bremen – VfB Stuttgart 1:1, 2:2, Elfmeterschießen 3:4; Eintracht Frankfurt – Bayer Leverkusen 2:0, 0:3.
Endspiel am 15. Juli 1988 in Stuttgart: VfB Stuttgart – Bayer Leverkusen 4:1 (1:1)
Stuttgart: Welz – Gradwohl – Lang, Fritz, Mayer (1), Keller, Bufka, Marche (Seitz), Richter (1) – Latifovic (1), Terzic (1) – Trainer: Güntner.

1989

Vorrunde: SV Auersmacher – Bayer Uerdingen 0:5, 0:6; Werder Bremen – Borussia Dortmund 1:1, 0:4; 1. FC Nürnberg – Kehler FV 3:0, 7:0; 1. FC Kaiserslautern – Bayer Leverkusen 2:2, 0:3; SG Betzdorf – Holstein Kiel 0:0, 1:3; Hertha Zehlendorf – Hamburger SV 2:1, 1:2, Elfmeterschießen 3:4; SV Waldhof Mannheim – Hannover 96 5:1, 0:3; VfB Stuttgart – VfL Marburg 6:0, 7:0.
Viertelfinale: 1. FC Nürnberg – Bayer Leverkusen 3:3, 2:1; Holstein Kiel – Hamburger SV 0:6, 1:5; SV Waldhof Mannheim – VfB Stuttgart 1:0, 0:1, Elfmeterschießen 8:9; Bayer Uerdingen – Borussia Dortmund 2:1, 0:1, Elfmeterschießen 5:3.
Halbfinale: Hamburger SV – VfB Stuttgart 0:2, 0:2; Bayer Uerdingen – 1. FC Nürnberg 1:2, 1:2.
Endspiel am 14. Juli 1989 in Stuttgart: VfB Stuttgart – 1. FC Nürnberg 3:2 (1:2)
Stuttgart: Strotbek – Richter – Schneider, Latifovic – Santelli (Dense 1), Mayer, Keller, Gradwohl, Kramny (1) – Beierle (1), Terzic (Chatzikiriakos) – Trainer: Philipp.

1990

Vorrunde: Hertha Zehlendorf – Hamburger SV 2:0, 2:1; VfB Kiel – Hannover 96 1:0, 4:5, Elfmeterschießen 5:4; Werder Bremen – Bayer Leverkusen 0:2, 1:2; Eintracht Trier – Borussia Dortmund 0:2, 1:3; SV Waldhof Mannheim – Eintracht Frankfurt 0:0, 1:1, Elfmeterschießen 3:5; FC Homburg – VfB Stuttgart 0:6, 3:6; Bayer Uerdingen – 1. FC Kaiserslautern 1:0, 1:2, Elfmeterschießen 2:4; SC Freiburg – FC Augsburg 0:1, 0:3.
Viertelfinale: Hertha Zehlendorf – VfB Kiel 8:2, 5:0; Bayer Leverkusen – Borussia Dortmund 1:0, 0:1; Elfmeterschießen 3:5; Eintracht Frankfurt – VfB Stuttgart 2:5, 0:4; 1. FC Kaiserslautern – FC Augsburg 2:0, 2:1.
Halbfinale: Hertha Zehlendorf – Borussia Dortmund 3:0, 0:3, Elfmeterschießen 4:3; VfB Stuttgart – 1. FC Kaiserslautern 3:1, 3:0.
Endspiel am 6. Juli 1990 in Berlin: VfB Stuttgart – Hertha Zehlendorf 5:1 (3:1)
Stuttgart: Sick – Santelli – Papadopoulos, Posch – Endreß (Th. Schneider), Obeida, Otto, Trunkl, Krinke (2) – Kosztovics (Kienle 1), Beierle (1) (Dazu ein Eigentor von Rolbuch) – Trainer: Philipp.

1991

Vorrunde: Bayer Uerdingen – Altonaer FC 93 2:0, 4:0; 1. FC Saarbrücken – SC Freiburg 3:3, 0:1; Bayer Leverkusen – VfB Kiel 4:0, 2:1; VfB Stuttgart – Bayern München 3:1, 1:3, Elfmeterschießen 4:2; Kickers Offenbach – Eintracht Braunschweig 2:2, 0:0, Elfmeterschießen 1:3; VfL Bochum – SC Siemensstadt Berlin 1:2, 2:1, Elfmeterschießen 3:4; Werder Bremen – SV Schwetzingen 2:1, 0:3; Glas/Chemie Wirges – 1. FC Kaiserslautern 1:3, 1:5.
Viertelfinale: Bayer Uerdingen – SC Freiburg 0:0, 2:1; Bayer Leverkusen – VfB Stuttgart 3:2, 0:4; Eintracht Braunschweig – SC Siemensstadt 3:0, 2:1; SV Schwetzingen – 1. FC Kaiserslautern 1:1, 1:2.
Halbfinale: Bayer Uerdingen – VfB Stuttgart 1:1, 4:7; Eintracht Braunschweig – 1. FC Kaiserslautern 1:1, 0:1.

Endspiel am 30. Juni 1991 in Heilbronn: VfB Stuttgart – 1. FC Kaiserslautern 4:1 (1:1)
Stuttgart: Rentel – Endreß (1) – Posch, Reich – Schneider (1), Keckeisen, Otto (1), Remmler, Lenhart (Bittmann) – Kienle, Seifert (Ziegler 1) – Trainer: Rangnick.

1992

Qualifikation: Hamburger SV – Eintracht Frankfurt 0:0, 1:1, Elfmeterschießen 2:3; Energie Cottbus – Bayern München 2:8, 1:6; Werder Bremen – Phönix Lübeck 4:0, 4:0; Carl Zeiss Jena – Hannover 96 0:1, 6:2; Hertha BSC – 1. FC Saarbrücken 2:1, 2:1.
Vorrunde: SV Waldhof Mannheim – Bayer Uerdingen 3:1, 1:0; Dynamo Dresden – Hertha BSC 0:2, 1:2; Sportfreunde Eisbachtal – Carl Zeiss Jena 2:13, 1:6; Bayern München – Werder Bremen 1:1 und 4:1; Borussia Dortmund – Hansa Rostock 3:0, 1:1; 1. FC Magdeburg – 1. FC Köln 1:5, 1:4; Eintracht Frankfurt – VfB Stuttgart 1:0, 1:5; SC Freiburg – 1. FC Kaiserslautern 0:1, 0:2.
Viertelfinale: SV Waldhof Mannheim – Hertha BSC 0:1, 0:4; Carl Zeiss Jena – 1. FC Kaiserslautern 1:3, 0:3; Bayern München – Borussia Dortmund 3:1, 3:0; VfB Stuttgart – 1. FC Köln 1:2, 1:2.
Halbfinale: Hertha BSC – 1. FC Kaiserslautern 2:1, 0:1, Elfmeterschießen 1:3; Bayern München – 1. FC Köln 0:2, 1:2.
Endspiel am 5. Juli 1992 in Köln: 1. FC Kaiserslautern – 1. FC Köln 5:1 (3:0)
Kaiserslautern: Bitzer – Hengen – Simon, Lieberknecht – Leipold, Fetzer, Neumann, Gensel (1), Müller – Dittgen (1) (Brill), Dengel (3) – Trainer: Diehl.

1993

Qualifikation: 1. FC Kaiserslautern – Hallescher FC 3:0, 1:1; VfB Stuttgart – Fortuna Düsseldorf 2:0, 3:0; FC Konstanz – Borussia Dortmund 1:3, 2:7; VfB Leipzig – 1. FC Köln 2:1, 1:3; Hansa Rostock – Karlsruher SC 1:1, 1:2.
Vorrunde: Hannover 96 – Werder Bremen 0:2, 2:3; Phönix Lübeck – Eintracht Frankfurt 0:4, 0:12; Viktoria Frankfurt/O. – 1. FC Köln 1:3, 0:9; FC Augsburg – Hertha Zehlendorf 4:3, 3:1; Eintracht Trier – VfB Stuttgart 1:5, 1:14; Karlsruher SC – 1. FC Saarbrücken 3:0, 3:1; Carl Zeiss Jena – Hamburger SV 2:1, 1:2, Elfmeterschießen 5:3; Borussia Dortmund – 1. FC Kaiserslautern 1:0, 1:4.
Viertelfinale: Werder Bremen – Eintracht Frankfurt 0:0, 3:2; 1. FC Köln – FC Augsburg 0:2, 5:4; VfB Stuttgart – Karlsruher SC 4:1, 1:1; Carl Zeiss Jena – 1. FC Kaiserslautern 2:2, 1:1, Elfmeterschießen 6:7.
Halbfinale: Werder Bremen – FC Augsburg 6:4, 0:2, Elfmeterschießen 4:5; VfB Stuttgart – 1. FC Kaiserslautern 2:3, 0:2.
Endspiel am 4. Juli 1993 in Augsburg: FC Augsburg – 1. FC Kaiserslautern 3:1 (0:0)
Augsburg: Fuchs – Meier – Meggle (1), Neumann – Dobler, Gerster (1), Bachthaler, Rösele (1), Böhringer (Schwalle) – Söhner, Berkant, Oral (Luichtl) – Trainer: Schuhmann.

1994

Qualifikation: TSV Büdelsdorf – Bayern München 1:2, 0:3; Werder Bremen – Tennis Borussia Berlin 5:3, 2:1; Hannover 96 – Carl Zeiss Jena 3:2, 1:0; Eintracht Frankfurt – BSV Brandenburg 7:0, 4:1; Hamburger SV – 1. FC Saarbrücken 3:0, 4:1.
Achtelfinale: Bayer Leverkusen – Chemnitzer FC 3:2, 1:1; VfB Stuttgart – Greifswalder SC 5:1, 5:2; Karlsruher SC – Hannover 96 1:2, 2:0; Werder Bremen – Hallescher FC 5:0, 2:0, Bayern München – 1. FC Kaiserslautern 2:1, 0:2; Bayer Uerdingen – Hamburger SV 1:0, 1:2, Elfmeterschießen 5:4; Sportfreunde Eisbachtal – Borussia Dortmund 1:8, 0:4; Eintracht Frankfurt – SC Freiburg 0:0, 2:2, Elfmeterschießen 4:5.
Viertelfinale: Bayer Leverkusen – VfB Stuttgart 1:5, 4:6; Karlsruher SC – Werder Bremen 1:1, 0:3; 1. FC Kaiserslautern – Bayer Uerdingen 1:2, 1:1; Borussia Dortmund – SC Freiburg 4:0, 4:1.
Halbfinale: VfB Stuttgart – Werder Bremen 1:1, 1:1, Elfmeterschießen 3:4; Bayer Uerdingen – Borussia Dortmund 1:2, 1:3.
Endspiel am 3. Juli 1994 in Delmenhorst: Borussia Dortmund – Werder Bremen 3:2 (2:1)
Dortmund: Malonek – Mehnert – Hundshagen (Zachin), Brücker – Pagels, Wennmann, Ricken (1), Hinz, Sauerland – Grad (Riethmann), Tanko (2) (Danielzyk) – Trainer: Boekamp.

1995

Viertelfinale: Bayern München – Borussia Dortmund 1:1, 0:2; Werder Bremen – 1. FC Kaiserslautern 1:1, 0:1; Hansa Rostock – VfB Stuttgart 1:3, 4:4; Bayer Leverkusen – VfB Leipzig 1:0, 4:1.
Halbfinale: Borussia Dortmund – 1. FC Kaiserslautern 2:0, 9:0; VfB Stuttgart – Bayer Leverkusen 0:0, 1:4.

Endspiel am 2. Juli 1995 in Lüdenscheid: Borussia Dortmund – Bayer Leverkusen 2:0 (1:0)
Dortmund: Melka – Mehnert – Sahin, Brücker – Hundshagen, But (1) (Kalayci), Möller (1) (Horz), Vogt, Sauerland – Grad (Güner), Pagels (Karayildiz) – Trainer: Skibbe.

1996

Viertelfinale: VfB Stuttgart – 1. FC Kaiserslautern 2:0, 2:1; Borussia Mönchengladbach – Borussia Dortmund 1:2 und 1:1; Werder Bremen – Hannover 96 1:0, 2:0; Carl Zeiss Jena – SV Waldhof Mannheim 0:0, 0:2.
Halbfinale: VfB Stuttgart – Borussia Dortmund 1:1, 0:7; WerderBremen – SV Waldhof Mannheim 1:1, 1:1, Elfmeterschießen 5:6.
Endspiel am 7. Juli 1996 in Mannheim: Borussia Dortmund – SV Waldhof Mannheim 2:0 (1:0)
Dortmund: Kleinsteiber – Kalayci – Knoche (1), Sahin (1) – Volke (Hunger), Eraslan, Timm, But, Vogt (Savvidis) – Grad (Cichon), Güner (Piorunek) – Trainer: Skibbe.

1997

Viertelfinale: Borussia Dortmund – Reinickendorfer Füchse 4:1, 4:0; Borussia Mönchengladbach – VfB Stuttgart 3:2, 0:6; 1. FC Kaiserslautern – TSV München 1860 3:2, 0:2; Carl Zeiss Jena – Hamburger SV 0:1, 2:2.
Halbfinale: Borussia Dortmund – VfB Stuttgart 1:0, 3:2; TSV München 1860 – Hamburger SV 4:2, 3:0.
Endspiel am 6. Juli 1997 in Augsburg: Borussia Dortmund – TSV München 1860 2:1 (1:0)
Dortmund : Kuschmann – Sasy – Knoche, Savvidis – Volke, Öztürk, Dahan (Akcay 1), Ballout, Schäper (Rothholz) – Piorunek (Lindner), Bugri (1) – Trainer: Skibbe.

1998

Viertelfinale: 1. FC Kaiserslautern – FC. St. Pauli 2:2, 1:1, Elfmeterschießen 2:4; Hannover 96 – Borussia Dortmund 1:5, 3:4; Tennis Borussia Berlin – FC Augsburg 3:1, 0:2, Elfmeterschießen 1:3; Bayern München – 1. 1. FSV Mainz 05 4:1, 7:0.
Halbfinale: FC St. Pauli – Borussia Dortmund 1:3, 1:5; FC Augsburg – Bayern München 0:2, 1:4.
Endspiel am 5. Juli 1998 in Dortmund: Borussia Dortmund – Bayern München n. V. 2:2 (2:2, 0:0), Elfmeterschießen 2:1
Dortmund: Kuschmann – Rothholz – Heese, Ballout – Dahan (Abdulai), Rios (Lindner), Schäper, Öztürk (Stock) – Bugri (Beckmann 1), Akcay (1), Timm – Trainer: Boekamp.

1999

Viertelfinale: Karlsruher SC – Reinickendorfer Füchse 0:2, 1:0; KFC Uerdingen 05 – Werder Bremen 3:3, 0:2; 1. FC Kaiserslautern – Hertha BSC 2:1, 1:1; VfB Stuttgart – Bayer Leverkusen 2:1, 2:3, Elfmeterschießen 7:6.
Halbfinale: 1. FC Kaiserslautern – VfB Stuttgart 0:2, 3:3; Reinickendorfer Füchse – Werder Bremen 1:1, 1:5.
Endspiel am 4. Juli 1999 in Stuttgart: Werder Bremen – VfB Stuttgart 4:1 (3:1)
Bremen: Özkul – Schmedes (Kuhl), Krösche (1), Votava, Meyerdierks – Siasia, Borowski (1), Yrievich (Kum) – Greb (Titz), Alexandrovich (1), Di'Iorio (1) – Trainer: Plaat.

2000

Viertelfinale: 1. FC Kaiserslautern – Tennis Borussia Berlin 1:1, 1.3; VfB Stuttgart – Bayer Leverkusen 0:0, 0:2; FC Schalke 04 – Bayern München 2:0, 0:3; Hannover 96 – Werder Bremen 1:5, 1:4.
Halbfinale: Tennis Borussia Berlin – Bayer Leverkusen 1:1, 1:4; Bayern München – Werder Bremen 1:1, 2:3.
Endspiel am 2. Juli 2000 in Leverkusen: Bayer Leverkusen – Werder Bremen 4:2 (3:1)
Leverkusen: Starke – Lazarevic, Bozic, Reckert, Coupek (Bungart) – El Kasmi (1) (Donovan), Habljak, Jerat – Dogan (1), Burkhardt (2) (Käfer-Ewertz) – Bably – Trainer: Hörster.

2001

Viertelfinale: Borussia Dortmund – Werder Bremen 2:1, 0:3; 1. FC Kaiserslautern – Bayer Leverkusen 1:2, 2:4; Bayern München – VfL Wolfsburg 4:1, 3:2; SC Freiburg – Hertha BSC 1:1, 1:0.
Halbfinale: Werder Bremen – Bayer Leverkusen 1:1, 1:1, Elfmeterschießen 3:4; Bayern München – SC Freiburg 5:1, 3:1.

Endspiel am 1. Juli 2001 in Leverkusen: Bayern München – Bayer Leverkusen 3:2 (0:0)
München: Heerwagen – Haas (1), Husterer, Endres (Rietzler) – Contento, Thomik (Barut), Feulner, Lahm, Misimovic (1) – Trochowski (1), Heller (Karayün) – Trainer: Grill.

2002

Viertelfinale: Werder Bremen – FC Schalke 04 2:4, 2:2; Hertha BSC – VfB Stuttgart 1:2, 0:2; 1. FC Kaiserslautern – Bayern München 1:1, 0:4; Hamburger SV – Borussia Dortmund 0:0, 0:3.
Halbfinale: FC Schalke 04 – VfB Stuttgart 0:1, 2:2; Bayern München – Borussia Dortmund 2:3, 2:1, Elfmeterschießen 4:3.
Endspiel am 7. Juli 2002 in Unterhaching: Bayern München – VfB Stuttgart 4:0 (2:0)
München: Rensing – Haas (Aischmann), Ottl, Barut, Stegmayer – Lell (Thomik), Schweinsteiger, Lahm (1) – Trochowski (2), Kilicaslan (1), Atak (Endres) – Trainer: Niedermayer.

2003

Viertelfinale: Hansa Rostock – VfB Stuttgart 2:3, 1:3; VfL Bochum – 1. FC Kaiserslautern 1:1, 5:3; TSV München 1860 – Hannover 96 1:0, 1:2, Elfmeterschießen 5:3; Bayer Leverkusen – VfL Wolfsburg 5:2, 0:2.
Halbfinale: VfB Stuttgart – VfL Bochum 4:2, 2:4, Elfmeterschießen 5:4; TSV München 1860 – Bayer Leverkusen 2:1, 1:6.
Endspiel am 6. Juli 2003 in Leverkusen: VfB Stuttgart – Bayer Leverkusen 5:2 (1:1)
Stuttgart: Bonertz – Aslantas, Caligiuri (1), Schaschko, Franz – Jarosch (1), Gentner, Ricciardi, Mamajev (Walter) – G. Müller (2), Gomez (1) – Trainer: Kleitsch.

2004

Halbfinale: Bayern München – Hannover 96 1:0, 2:1; VfL Bochum – SpVgg Greuther Fürth 3:0, 4:3.
Endspiel am 27. Juni 2004 in Unterhaching: Bayern München – VfL Bochum 3:0 (2:0)
München: Höcker – Rehm, Niedermeier, Mauersberger, Stegmayer – Heinze, Ottl (1) (Storhas), Steinhöfer (Holjevic) – Ortiz (Müller) – Semler (1) (Heidinger), Thomik (1) – Trainer: Niedermayer.

2005

Halbfinale: VfB Stuttgart – SpVgg Greuther Fürth 1:1, 3:3, Elfmeterschießen 3:1; VfL Bochum – Hertha BSC 2:1, 1:2, Elfmeterschießen 3:1.
Endspiel am 25. Juni 2005 in Celle: VfB Stuttgart – VfL Bochum 1:0 (0:0)
Stuttgart: Baum – Pelipetz, Pisot, Tasci, Sauter – Nehrig (Prediger), Demir (Aupperle), Gridnev, Schill – Szalai (1) (Leschinski), Galm – Trainer: Kleitsch.

2006

Halbfinale: Hertha BSC – FC Schalke 04 2:0, 0:3; Bayern München – SC Freiburg 2:1, 1:0.
Endspiel am 4. Juni 2006 in Gelsenkirchen: FC Schalke 04 – Bayern München 2:1 (2:1)
Schalke: Fährmann – Hasanbegovic, Höwedes, Grembowietz, Boenisch (1) – Kunert (Altenbeck), A. Kilian, Altin – Özil – Pisano (1) (Öztürk), Pektürk (Lisyna) – Trainer: Elgert.

2007

Halbfinale: Werder Bremen – Bayern München 2:2, 2:4; Bayer Leverkusen – 1. FC Kaiserslautern 4:1, 2:0.
Endspiel am 24. Juni 2007 in Leverkusen: Bayer Leverkusen – Bayern München n.V. 2:1 (1:1, 0:1)
Leverkusen: Hohs – Petersch (Kaptan), Reinartz, Falkenberg, Oczipka (1) – Selmani – Hegeler (Hettich (1)), Naki – Risse, Schmidt, Schauerte (Sukuta-Paso, Nowak) – Trainer: Hörster.

2008

Halbfinale: VfB Stuttgart – VfL Wolfsburg 1:2, 2:2; SC Freiburg – 1. FC Köln 3:1, 2:2.
Endspiel am 23. Juni 2008 in Wolfsburg: SC Freiburg – VfL Wolfsburg 2:0 (1:0)
Freiburg: Baumann – Klossek, Schlieter, Toprak, Bettmer – Höfler, Bektasi (1) (Sorg), Targamadze (Üner), Gallus (Brud) – Williams – Soyudogru (1) – Trainer: Streich.

2009

Halbfinale: Borussia Dortmund – SC Freiburg 3:3, 3:1; 1. FSV Mainz 05 – Werder Bremen 0:1, 3:0.
Endspiel am 29. Juni 2009 in Mainz: 1. FSV Mainz 05 – Borussia Dortmund 2:1 (1:1)
Mainz: Tekin – Schneider, Rudolf, Kirchhoff (Velemir), Fliess – Ludwig (Wilk), Fring – Gopko (1), Schürrle, Sauter (Oesterreich) – Sliskovic (Mertinitz (1) – Trainer: Tuchel.

2010

Halbfinale: Hansa Rostock – 1. FSV Mainz 05 1:0, 2:2; VfB Stuttgart – Bayer Leverkusen 2:0, 0:4.
Endspiel am 27. Juni 2010 in Leverkusen: Hansa Rostock – Bayer Leverkusen 1:0 (0:0)
Rostock: Müller – Trybull, Grupe, Bremer, Steinfeldt – Pannewitz (V. Cekirdek), Starke – Weilandt (Jordanov), H. Cekirdek – Albrecht (1), Fikic (Quaschner) – Trainer: Hartmann.

2011

Halbfinale: Bayer Leverkusen – VfL Wolfsburg 0:2, 2:5; 1. FC Kaiserslautern – TSV München 1860 0:1, 2:0.
Endspiel am 19. Juni 2011 in Wolfsburg: VfL Wolfsburg – 1. FC Kaiserslautern 4:2 (1:0)
Wolfsburg: Sauss – Schulze, Berzel, Thoelke, Hartherz – Arnold (Millemaci), Chamorro, Knoche, Gogia (1) (Winter) – Scheidhauer (3), Cigerci – Trainer: Schmidt.

2012

Halbfinale: VfL Wolfsburg – FC Schalke 04 2:2, 2:2, Elfmeterschießen 4:2; Bayern München – Hertha BSC 3:1, 1:1.
Endspiel am 17. Juni 2012 in Erkenschwick: FC Schalke 04 – Bayern München 2:1 (0:0)
Schalke: Raeder – Korczowski, Ayhan, Kolasinac, Borgmann – Baus, Klingenburg (1), Balci (Babic), Zander – Max (Meyer, Harder), Hofmann (1) – Trainer: Elgert.

2013

Halbfinale: Bayern München – Hansa Rostock 0:2, 1:1; VfL Wolfsburg – FC Schalke 04 2:0; 2:0.
Endspiel am 23. Juni 2013 in Rostock: VfL Wolfsburg – Hansa Rostock n. V. 3:1 (0:0, 0:0)
Wolfsburg: Klaus – Sauer, Sprenger, Hansen, Kleihs – Strompen – Palacios-Martinez (1) (Borowski), Arnold (1), Brandt (Seguin) – Müller (Uzan (1)) – Avdijaj (Zawada) – Trainer: Kunert.

2014

Halbfinale: Hannover 96 – VfL Wolfsburg 1:1, 2:2, Elfmeterschießen 4:2; FC Schalke 04 – TSG 1899 Hoffenheim 0:1, 0:0.
Endspiel am 22. Juni 2014 in Hannover: TSG 1899 Hoffenheim – Hannover 96 5:0 (1:0)
Hoffenheim: Schwäbe – Weippert, Rapp, Nkansah, Canouse – Özkan (1) (Gimber), Prömel, Amiri (2) (Sessa) – Trümner (Ochs (1)), Atik (1), Mees (Öztürk) – Trainer: Nagelsmann.

2015

Halbfinale: Karlsruher SC – FC Schalke 04 1:2, 1:1; RB Leipzig – TSG 1899 Hoffenheim 2:3, 2:3.
Endspiel am 25. Mai 2015 in Wattenscheid: FC Schalke 04 – TSG 1899 Hoffenheim 3:1 (1:1)
Schalke: Schilder – Koseler, Neubauer, Rasmussen, Kehrer – Köhler (Sané) – Sivodedov (1), Stieber – Lohmar (Reese) – Platte (Neumann), Schröter (2) (Schley) – Trainer: Elgert.

2016

Halbfinale: TSG 1899 Hoffenheim – Werder Bremen 3:1, 2:0; Borussia Dortmund – TSV München 1860 1:2, 2:0.
Endspiel am 29. Mai 2016 in Sinsheim: Borussia Dortmund – TSG 1899 Hoffenheim 5:3 (1:1)
Dortmund: Reimann – Pieper, Schumacher, El-Bouazzati (Binias) – Larsen (Sauerland), Dietz, Burnic, Scuderi – Passlack (1), Serra (2) – Arweiler (2) (Güner, Aydogan) – Trainer: Wolf.

2017

Halbfinale: VfL Wolfsburg – Borussia Dortmund 2:3, 2:1; Bayern München – FC Schalke 04 1:3, 4:2, Elfmeterschießen 4:5.
Endspiel am 22. Mai 2017 in Dortmund: Borussia Dortmund – Bayern München n. V. 0:0, Elfmeterschießen 8:7
Dortmund: Bansen – Passlack (Schulte), Kilian, Pieper, Beste – Schwermann (Baxmann) – Laukart, Burnic – Kopacz, Wanner (Bulut) – Amenyido (Serra) – Trainer: Hoffmann.

2018

Halbfinale: TSG 1899 Hoffenheim – FC Schalke 04 0:1, 2:4; Hertha BSC – Borussia Dortmund 4:0, 1:3.
Endspiel am 27. Mai 2018 in Oberhausen: Hertha BSC – FC Schalke 04 3:1 (2:0)
Berlin: Smarsch – Mulack, Kastrati (Gurschke), Ernesto (1), Hummrich – Kade, Krebs (1) – Dardai, Maier (1), Zografakis (Jastrzembski, Ngankam) – Kiprit (Albrecht) – Trainer: Hartmann.

2019

Halbfinale: VfB Stuttgart – VfL Wolfsburg 0:0, 1:1, Elfmeterschießen 3:2; FC Schalke 04 – Borussia Dortmund 2:2, 0:2.
Endspiel am 2. Mai 2019 in Aspach: Borussia Dortmund – VfB Stuttgart 5:3 (1:3)
Dortmund: Hawryluk – Terzi (Khadra), Ferjani, Knoop (Schell), Missner (Göckan) – Raschl – Osterhage, Pherai (1) – Pena-Zauner (1), Kehr – Aydinel (Besong (2)) – Dazu kommt ein Eigentor von Kopf. – Trainer: Hoffmann.

2020

Wegen der Coronvirus-Pandemie beschloss der Außerordentliche DFB-Bundestag am 25. Mai 2020 in Frankfurt den Abbruch aller Junioren-Wettbewerbe.

2021

Wegen der Coronvirus-Pandemie beschloss der DFB-Vorstand am 23. April 2021 den Abbruch aller Junioren-Wettbewerbe.

Deutsche Meisterschaft B-Junioren U16/U17

Die bisherigen Meister (bis 2001 U16, ab 2002 U17):

1977 Eintracht Frankfurt – 1978 FC Schalke 04 – 1979 Blau-Weiß 90 Berlin – 1980 Eintracht Frankfurt – 1981 Borussia Mönchengladbach – 1982 SG Wattenscheid 09 – 1983 1. FC Kaiserslautern – 1984 Borussia Dortmund – 1985 VfL Bochum – 1986 VfB Stuttgart – 1987 Bayer Uerdingen – 1988 Hertha Zehlendorf – 1989 Bayern München – 1990 1. FC Köln – 1991 Eintracht Frankfurt – 1992 Bayer Leverkusen – 1993 Borussia Dortmund – 1994, 1995 VfB Stuttgart – 1996 Borussia Dortmund – 1997 Bayern München – 1998 Borussia Dortmund – 1999 VfB Stuttgart – 2000 Hertha BSC – 2001 Bayern München – 2002 FC Schalke 04 – 2003 Hertha BSC – 2004 VfB Stuttgart – 2005 Hertha BSC – 2006 TSV München 1860 – 2007 Bayern München – 2008 TSG 1899 Hoffenheim – 2009 VfB Stuttgart – 2010 Eintracht Frankfurt – 2011 1. FC Köln – 2012 Hertha BSC – 2013 VfB Stuttgart – 2014, 2015 Borussia Dortmund – 2016 Bayer Leverkusen – 2017 Bayern München – 2018 Borussia Dortmund – 2019 1. FC Köln – 2020, 2021 nicht ausgetragen.

1977

Qualifikation: Hamburger SV – SC Staaken 1:3.
Halbfinale in Daxlanden: FC Schalke 04 – 1. 1. FSV Mainz 05 5:2; Eintracht Frankfurt – SC Staaken 2:1.
Um den 3. Platz: SC Staaken – 1. FSV Mainz 05 2:1.
Endspiel am 3. Juli 1977 in Niefern: Eintracht Frankfurt – Schalke 04 2:1 (0:1)
Frankfurt: Raps – Wörner, Koch, Kura, Werner, Castellano (1), Hohmann, Strauß, Sarraoca, Müller, Schaub (1) – Trainer: Eigenbrodt.

1978

Qualifikation: VfR Mannheim – 1. FSV Mainz 05 0:2.
Halbfinale in Menden: FC Schalke 04 – 1. FSV Mainz 05 3:1, Concordia Hamburg – Hertha Zehlendorf 2:3.
Um den 3. Platz: 1. FSV Mainz 05 – Concordia Hamburg 2:1.
Endspiel am 2. Juli 1978 in Hamm: FC Schalke 04 – Hertha Zehlendorf 6:0 (1:0)
Schalke: Vogel (Schwarz) – Keiner, Hause, Siewert, Draxler (1) – Opitz, Trompeter, Kügler (2) (Kreuz) – Wuttke (1), Schröder, Falzer (2) – Trainer: van Haaren.

1979

Vorrunde: Werder Bremen – Borussia Dortmund 0:1, 2:2; Arminia Hannover – Fortuna Düsseldorf 0:0, 2:2, Elfmeterschießen 4:3; VfB Lübeck – Blau-Weiß 90 Berlin 0:4, 1:1; FC St. Pauli – 1. FC Köln 1:1, 2:0; 1. FSV Mainz 05 – Kickers Offenbach 0:0, 2:1; Freiburger FC – Saar 05 Saarbrücken 5:0, 1:0; Stuttgarter Kickers – SpVgg Andernach 4:0, 3:1; FC Augsburg – VfR Mannheim 2:1, 3:0.
Viertelfinale: Borussia Dortmund – Arminia Hannover 1:2, 0:6; Blau-Weiß 90 Berlin – FC. St. Pauli 0:1, 2:0; 1. 1. FSV Mainz 05 – Freiburger FC 1:2, 5:2; Stuttgarter Kickers – FC Augsburg 1:2, 1:1.
Halbfinale: Arminia Hannover – Blau-Weiß 90 Berlin 1:2, 2:2; 1. 1. FSV Mainz 05 – FC Augsburg 1:2, 0:5.
Endspiel am 29. Juli 1979 in Berlin: Blau-Weiß 90 Berlin – FC Augsburg n. V. 1:1 (1:1, 0:0), Elfm. 5:4
Berlin: Vollborn – Rießler, Paulitz, Collack, Olschewski, Brandenburger, Schröder (Schubert), Schulze – Schmidt (1), Klatt (Pagels), Geesdorf – Trainer: Helfrich.

1980

Vorrunde: Fortuna Düsseldorf – Werder Bremen 1:0, 1:2, Elfmeterschießen 3:2; 1. FC Köln – Holstein Kiel 5:0, 3:2; Blau-Weiß 90 Berlin – FC Schalke 04 3:1, 1:6; SpVgg Andernach – SV Waldhof Mannheim 0:3, 1:1; Eintracht Frankfurt – FC Tailfingen 3:0, 5:0; TSV München 1860 – 1. FC Kaiserslautern 1:1, 0:1; Offenburger FV – SV Merchweiler 1:2, 2:1, Elfmeterschießen 2:4 2:4; Concordia Hamburg – Arminia Hannover 2:2, 2:3.
Viertelfinale: Fortuna Düsseldorf – Arminia Hannover 2:1, 4:3; 1. FC Köln – FC Schalke 04 1:2, 2:3; SV Waldhof Mannheim – Eintracht Frankfurt 0:2, 1:5; 1. FC Kaiserslautern – SV Merchweiler 2:2, 1:0.
Halbfinale: Fortuna Düsseldorf – FC Schalke 04 3:2, 1:3; Eintracht Frankfurt – 1. FC Kaiserslautern 2:1, 1:0.
Endspiel am 13. Juli 1980 in Gelsenkirchen: Eintracht Frankfurt – FC Schalke 04 2:1 (1:0)
Frankfurt: Gundelach – Boy, Ernst, Kühn, Hofmann (1) – Gabriel, Kramp (Schmidt), Rudel – Berthold, Krämer (Lenz), Müller (1) – Trainer: Mank.

1981

Vorrunde: FC 08 Villingen – 1. FC Kaiserslautern 0:7, 2:6; VfL Bochum – Hamburger SV 2:1, 0:1, Elfmeterschießen 4:3; VfR Neumünster – TSV Osterholz-Tenever 1:2, 1:3; Borussia Mönchengladbach – 1. FC Köln 1:3 , 2:0, Elfmeterschießen 7:6; FC Ensdorf – SpVgg Andernach 2:0, 5:0; FC Augsburg – Eintracht Frankfurt 1:3, 0:4; Spandauer SV – Hannover 96 0:2, 1:2; VfB Stuttgart – Karlsruher SC 1:0, 4:0.
Viertelfinale: VfL Bochum – Hannover 96 1:0, 4:2; TSV Osterholz-Tenever – Borussia Mönchengladbach 1:2, 1:3; FC Ensdorf – Eintracht Frankfurt 0:3, 0:6; VfB Stuttgart – 1. FC Kaiserslautern 0:5, 2:2.
Halbfinale: VfL Bochum – Borussia Mönchengladbach 3:3, 1:2; Eintracht Frankfurt – 1. FC Kaiserslautern 5:3, 2:2.
Endspiel am 26. Juli 1981 in Rheydt: Borussia Mönchengladbach – Eintracht Frankfurt 1:0 (1:0)
Mönchengladbach: Zimmermann – Kühn, Drehsen, Thomessen, Nelles – Meusen, Naumann (1), Dohrmann – Krahen, Kopp, Völl – Trainer: Schmitz.

1982

Vorrunde: Borussia Mönchengladbach – Concordia Hamburg 3:4, 1:2; TSV Osterholz-Tenever – 1. FC Köln 2:2, 0:7; SG Wattenscheid 09 – Hertha Zehlendorf 3:1, 2:3; VfR Neumünster – Arminia Hannover 2:1, 0:0; SV Weil – Eintracht Frankfurt 0:3, 0:7; FC Ensdorf – SV Waldhof Mannheim 0:3, 3:2; 1. FC Nürnberg – TuS Koblenz 3:0, 4:0; 1. FC Kaiserslautern – VfB Stuttgart 4:2, 0:1.
Viertelfinale: Concordia Hamburg – 1. FC Köln 3:3, 1:1, Elfmeterschießen 5:3; SG Wattenscheid 09 – VfR Neumünster 3:2, 6:0; Eintracht Frankfurt – SV Waldhof Mannheim 3:0, 5:4; 1. FC Kaiserslautern – 1. FC Nürnberg 3:0, 1:0.
Halbfinale: Concordia Hamburg – SG Wattenscheid 09 1:2, 0:6; Eintracht Frankfurt – 1. FC Kaiserslautern 0:0, 3:0.
Endspiel am 18. Juli 1982 in Wattenscheid: SG Wattenscheid 09 – Eintracht Frankfurt 3:1 (2:1)
Wattenscheid: Hildebrand – Zander, Skibbe (2), Appel, Heinke – Löring (Drews), Schmies, Yavuz (Linnemann), Kontny (1) – Schmidt, Hilligloh – Trainer: Busch.

1983

Vorrunde: Hannover 96 – Rot-Weiss Essen 3:2, 1:2, Elfmeterschießen 5:4; Borussia Dortmund – Werder Bremen 1:2, 0:0; TSV Rendsburg – Spandauer SV 0:0, 2:1; TSV Reinbek – Bayer Leverkusen 0:1, 1:2; Röchling Völklingen – Bayern München 0:8, 2:4; 1. SV Moersch – Kickers Offenbach 0:4, 1:4; 1. FC Kaiserslautern – SV Waldhof Mannheim 1:0, 3:1; TuS Koblenz – SSV Ulm 1846 0:1, 0:1.
Viertelfinale: Hannover 96 – Werder Bremen 1:2, 1:5; TSV Rendsburg – Bayer Leverkusen 1:3, 0:4; Bayern München – 1. FC Kaiserslautern 0:2, 2:4; Kickers Offenbach – SSV Ulm 1846 3:0, 2:1.

Halbfinale: Werder Bremen – Bayer Leverkusen 1:1, 2:0; 1. FC Kaiserslautern – Kickers Offenbach 0:0, 2:2, Elfmeterschießen 3:1.
Endspiel am 17. Juli 1983 in Kaiserslautern: 1. FC Kaiserslautern – Werder Bremen 2:1 (1:0)
Kaiserslautern: Bertram – Wetz, Strich, Schultheiß, Brenner – Kimmel, Denger, Kunz (2) – Gerstner (Hirschfeld), Kauf, Auschill – Trainer: Diehl.

1984

Vorrunde: TSV Osterholz-Tenever – Bramfelder SV 3:7, 1:6; BFC Preußen Berlin – Hannover 96 2:2, 1:1, Elfmeterschießen 5:3; MSV Duisburg – Bayer Leverkusen 1:1, 0:0, Elfmeterschießen 2:4; VfB Lübeck – Borussia Dortmund 1:3, 2:4; VfB Stuttgart – 1. FC Kaiserslautern 1:1, 2:1; TSV München 1860 – Eintracht Frankfurt 1:2, 3:2, Elfmeterschießen 4:2; Glas/Chemie Wirges – SC Freiburg 1:2, 3:3; FC Ensdorf – SV Waldhof Mannheim 0:4, 0:5.
Viertelfinale: VfB Stuttgart – TSV München 1860 0:1, 0:7; SC Freiburg – SV Waldhof Mannheim 0:3, 0:9; Bayer Leverkusen – Borussia Dortmund 1:5, 0:4; Bramfelder SV – BFC Preußen Berlin 2:3, 3:1.
Halbfinale: TSV München 1860 – SV Waldhof Mannheim 3:2, 2:2; Bramfelder SV – Borussia Dortmund 1:0, 0:2.
Endspiel am 29. Juli 1984 in Dortmund: Borussia Dortmund – TSV München 1860 1:0 (1:0)
Dortmund: Dildey – Gläß, Spyrka (1), Schacht, Germann – Fink (Hill), Mielke, Imming, Wisse – Bolst (Stüwe), Banach – Trainer: Trawinski.

1985

Vorrunde: Sportfreunde Eisbachtal – 1. FC Kaiserslautern 0:3, 1:3; Bayern München – ASC Dudweiler 4:1, 1:1; Hamburger SV – OSC Bremerhaven 4:0, 2:2; VfB Stuttgart – Kickers Offenbach 1:3, 2:1; SV Waldhof Mannheim – Offenburger FV 0:0, 2:1; Fortuna Düsseldorf – Hertha Zehlendorf 1:1, 1:1, Elfmeterschießen 4:5; Vfl Bochum – Bayer Leverkusen 2:0, 3:2; Eintracht Braunschweig – Holstein Kiel 1:2, 2:1, Elfmeterschießen 2:3.
Viertelfinale: 1. FC Kaiserslautern – Bayern München 1:3, 2:4; Kickers Offenbach – SV Waldhof Mannheim 2:0, 1:1; Hamburger SV – Hertha Zehlendorf 2:0, 3:4; VfL Bochum – Holstein Kiel 5:0, 5:1.
Halbfinale: Bayern München – Kickers Offenbach 0:2, 2:0, Elfmeterschießen 2:3; Hamburger SV – VfL Bochum 0:1, 1:4.
Endspiel am 14. Juli 1986 in Offenbach: VfL Bochum – Kickers Offenbach 3:0 (1:0)
Bochum: Dorny – Wisniewski, Urban, Broos – Tasewski (Felber), Dressel, Liese, Poll, Legat – Trioani (Sieweke 1), Kirschke (2) – Trainer: Schiller.

1986

Vorrunde: TuS Paderborn-Neuhaus – VfB Kiel 4:0, 5:2; West Elmsbüttel Hamburg – Werder Bremen 2:0, 2:2, Hannover 96 – Schwarz-Weiß Essen 0:1, 3:2, Elfmeterschießen 4:5; Bayer Leverkusen – Hertha Zehlendorf 0:2, 0:2; VfB Stuttgart – Sportfreunde Eisbachtal 8:0, 5:0; SC Freiburg – Borussia Neunkirchen 5:1, 1:3; Bayern München – 1. FC Kaiserslautern 1:1, 1:2; SV Waldhof Mannheim – Eintracht Frankfurt 2:2, 0:2.
Viertelfinale: TuS Paderborn-Neuhaus – West Elmsbüttel Hamburg 5:2, 2:3; Schwarz-Weiß Essen – Hertha Zehlendorf 0:3, 5:1; VfB Stuttgart – SC Freiburg 6:0, 4:0; 1. FC Kaiserslautern – Eintracht Frankfurt 3:2, 1:3.
Halbfinale: TuS Paderborn-Neuhaus – Schwarz-Weiß Essen 4:1, 0:3, Elfmeterschießen 3:4; VfB Stuttgart – Eintracht Frankfurt 1:1, 3:1.
Endspiel am 13. Juli 1986 in Essen: VfB Stuttgart – Schwarz-Weiß Essen 5:0 (0:0)
Stuttgart: Welz – Weippert – Fritz, Bufka – Lang, Kihn, Edelmann (1) (Bollian), Poschner (1) – Latifovic (1) (Schneider), Ueding (2), Nickel – Trainer: Mosthaf.

1987

Vorrunde: Olympia Neumünster – 1. FC Köln 2:2, 1:1, Elfmeterschießen 8:9; VfL Bochum – Tennis Borussia Berlin 0:1, 1:2; OSC Bremerhaven – Bayer Uerdingen 1:3, 1:2; Hamburger SV – Hannover 96 0:1, 7:2; Karlsruher SC – SV Auersmacher 3:0, 1:2; SV Wittlich – 1. FC Nürnberg 0:3, 0:5; Freiburger FC – Eintracht Frankfurt 0:3, 0:4; VfB Stuttgart – 1. FC Kaiserslautern 1:0, 2:0.
Viertelfinale: 1. FC Köln – Tennis Borussia Berlin 0:0, 1:1, Elfmeterschießen 2:4; Bayer Uerdingen – Hamburger SV 3:0, 2:1; Karlsruher SC – 1. FC Nürnberg 0:2, 1:1; Eintracht Frankfurt – VfB Stuttgart 0:1, 1:4.

Halbfinale: Tennis Borussia Berlin – Bayer Uerdingen 0:1, 0:0; 1. FC Nürnberg – VfB Stuttgart 1:2, 3:1.
Endspiel am 8. Juli 1987 in Nürnberg: Bayer Uerdingen – 1. FC Nürnberg 4:0 (2:0)
Uerdingen: Schonz – Schoots – Welzing, McConner, Neber, Paßlack – Lewitzky (1) (Borgmann), Lanzafame, Bayertz (2) – Trienekens (Herrmann), Klauß (2) – Trainer: Maes.

1988

Vorrunde: SV Waldhof Mannheim – SC Freiburg 3:1, 3:1; 1. FC Kaiserslautern – SpVgg Andernach 6:1, 2:1; Eintracht Frankfurt – 1. FC Saarbrücken 5:0, 5:4; VfB Stuttgart – Bayern München 2:0, 1:1; Hamburger SV – Itzehoer SV 2:1, 2:0; Hertha Zehlendorf – Werder Bremen 3:1, 1:1; Bayer Leverkusen – TSV Havelse 2:1, 0:0; Eintracht Dortmund – Fortuna Düsseldorf 4:0, 3:2.
Viertelfinale: SV Waldhof Mannheim – 1. FC Kaiserslautern 1:1, 1:2; Eintracht Frankfurt – VfB Stuttgart 0:4, 1:5; Hamburger SV – Hertha Zehlendorf 0:3, 0:2; Bayer Leverkusen – Eintracht Dortmund 0:1, 0:1.
Halbfinale: 1. FC Kaiserslautern – VfB Stuttgart 2:3, 1:4; Hertha Zehlendorf – Eintracht Dortmund 2:1, 3:1.
Endspiel am 17. Juli 1988 in Berlin: Hertha Zehlendorf – VfB Stuttgart 2:1 (0:1)
Zehlendorf: Sommer – Kolbuch – Kremer, Gattl, Polat – Schleite, Block (1), Ziege, Braun (Fulmek) – Gehrwald, Lehmann (1) – Trainer: Przesdzing.

1989

Vorrunde: 1. FC Köln – Hertha Zehlendorf 0:0, 0:0, Elfmeterschießen 3:5; Hannover 96 – Concordia Hamburg 5:1, 4:2; FC Schalke 04 – VfB Kiel 4:1, 1:0; Schwarz-Weiß Essen – Werder Bremen 2:0, 1:1; Eintracht Frankfurt – 1. FC Kaiserslautern 1:0, 2:0; SC Freiburg – VfB Stuttgart 1:6, 1:3; Bayern München – FC Homburg 7:0, 9:0; SpVgg Andernach – SV Waldhof Mannheim 0:0, 2:8.
Viertelfinale: Hertha Zehlendorf – Hannover 96 2:0, 3:1; FC Schalke 04 – Schwarz-Weiß Essen 0:0, 3:0; Eintracht Frankfurt – VfB Stuttgart 0:0, 1:1, Elfmeterschießen 5:4; Bayern München – SV Waldhof Mannheim 4:1, 4:1.
Halbfinale: Hertha Zehlendorf – FC Schalke 04 1:0, 0:1, Elfmeterschießen 4:3; Eintracht Frankfurt – Bayern München 1:2, 1:3.
Endspiel am 16. Juli 1989 in München: Bayern München – Hertha Zehlendorf n. V. 1:1 (1:1, 0:0), Elfmeterschießen 5:4
München: Schöttl – Babbel – Punzelt (Karaula), Schönberger – Roth, Schmidt, Nerlinger (1), Eberl, Gehann – Tripp (Bauer), Papachristous – Trainer: Reupold.

1990

Vorrunde: Bramfelder SV – Bayer Uerdingen 1:1, 1:2; VfB Kiel – SC Siemensstadt Berlin 0:4, 0:2; Borussia Dortmund – Werder Bremen 2:2, 0:5; FC 08 Homburg – 1. FC Nürnberg 0:5, 0:8; KSV Baunatal – SV Waldhof Mannheim 1:2, 1:2; Offenburger FV – Sportfreunde Eisbachtal 1:0, 2:0; 1. FC Köln – Hannover 96 3:0, 0:0; VfB Stuttgart – 1. FC Kaiserslautern 1:1, 3:1.
Viertelfinale: 1. FC Köln – Bayer Uerdingen 3:1, 1:3, Elfmeterschießen 8:7; SC Siemensstadt – Werder Bremen 0:0, 3:2; 1. FC Nürnberg – SV Waldhof Mannheim 6:1, 1:0; Offenburger FV – VfB Stuttgart 1:9, 1:7.
Halbfinale: 1. FC Nürnberg – VfB Stuttgart 1:1, 1:2; 1. FC Köln – SC Siemensstadt 3:0, 0:1.
Endspiel am 22. Juli 1990 in Köln: 1. FC Köln – VfB Stuttgart 2:1 (0:0)
Köln: Sömezoglu – Ploeger – Chang, Schmitt – Carl, Bodelier (1), Jöres, Jores (Kötting), Koob (Biechmann) – Thiam, Lenhart (1) – Trainer: Schaefer.

1991

Vorrunde: Eintracht Frankfurt – 1. FC Nürnberg 5:2, 5:2; Karlsruher SC – TuS Koblenz 6:0, 1:1; SC Freiburg – FC 08 Homburg 1:1, 3:0; 1. FC Kaiserslautern – SSV Reutlingen 1:0, 3:0; Phönix Lübeck – Hamburger SV 0:2, 1:1; Werder Bremen – FC Schalke 04 2:0, 0:3; Hertha BSC – Hannover 96 5:0, 5:4; 1. FC Köln – Bayer Uerdingen 1:2, 1:2.
Viertelfinale: Eintracht Frankfurt – Karlsruher SC 5:1, 1:1; SC Freiburg – 1. FC Kaiserslautern 1:1, 2:2, Elfmeterschießen 4:5; Hamburger SV – FC Schalke 04 1:4, 1:9; Hertha BSC – Bayer Uerdingen 3:0, 2:5, Elfmeterschießen 3:1.
Halbfinale: Eintracht Frankfurt – 1. FC Kaiserslautern 1:1, 2:1; FC Schalke 04 – Hertha BSC 0:4, 1:7.
Endspiel am 14. Juli 1991 in Frankfurt: Eintracht Frankfurt – Hertha BSC n. V. 8:4 (2:2, 1:0)
Frankfurt: Nulle – Wilde – Akkus, Orf – Leuschner, Lense (3) (Buch 2), Niesner, Groh (1), Kresovic (Gessner) – Hagner (2), Anicic – Trainer: Lutz.

1992

Qualifikation: 1. FC Magdeburg – Hamburger SV 1:4, 0:7; Hansa Rostock – Stahl Brandenburg 3:0, 2:0; VfL Stade – Borussia Mönchengladbach 3:7, 3:6; 1. FC Saarbrücken – Rot-Weiß Erfurt 3:2, 2:2; Eintracht Trier – 1. FC Kaiserslautern 0:1, 0:4.
Vorrunde: Borussia Mönchengladbach – Hansa Rostock 1:1, 2:1; Werder Bremen – Bayer Leverkusen 1:4, 1:6; FC Schalke 04 – Phönix Lübeck 4:0, 9:1; Hamburger SV – Hertha Zehlendorf 0:0, 3:4; VfB Stuttgart – Kickers Offenbach 1:1, 3:2; SC Freiburg – 1. FC Saarbrücken 1:0, 1:0; Karlsruher SC – Dynamo Dresden 4:1, 1:2; 1. FC Kaiserslautern – 1. FC Nürnberg 2:1, 0:0.
Viertelfinale: Borussia Mönchengladbach – Bayer Leverkusen 1:1, 2:2, Elfmeterschießen 6:7; FC Schalke 04 – Hertha Zehlendorf 5:1, 5:3; VfB Stuttgart – SC Freiburg 6:1, 1:0; Karlsruher SC – 1. FC Kaiserslautern 0:1, 0:4.
Halbfinale: Bayer Leverkusen – FC Schalke 04 2:0, 2:1; VfB Stuttgart – 1. FC Kaiserslautern 0:2, 0:2.
Endspiel am 26. Juli 1992 in Leverkusen: Bayer Leverkusen – 1. FC Kaiserslautern 2:1 (0:0)
Leverkusen: Ischdonat – Addo – Dawitschek, Chicon – Hahn, Volke, Brcvak (1), Chylla, Poppelreuther (Nguyen) – Skamrahl (1) (Stalmach), Barnes – Trainer: Voigt.

1993

Qualifikation: Holstein Kiel – Bayer Leverkusen 0:2, 1:5; Werder Bremen – Hertha Zehlendorf 4:0, 0:3; Dynamo Dresden – Kehler FV 4:1, 7:3; Eintracht Frankfurt – VfB Stuttgart 1:1, 1:5; Bayern München – Karlsruher SC 3:1, 4:1.
Vorrunde: 1. FC Saarbrücken – SpVgg Andernach 2:1, 2:4; Bayer Uerdingen – Post Neubrandenburg 5:2, 1:0; Hannover 96 – Borussia Dortmund 2:1, 1:7; 1. FC Magdeburg – Carl Zeiss Jena 1:2, 0:7; VfB Stuttgart – 1. FC Kaiserslautern 5:0, 1:2; Bayer Leverkusen – Werder Bremen 3:0, 0:1; FC St. Pauli – Energie Cottbus 2:1, 2:0; Bayern München – Dynamo Dresden 0:1, 0:2.
Viertelfinale: Bayer Leverkusen – FC St. Pauli 1:1, 1:1, Elfmeterschießen 6:7; Bayer Uerdingen – Borussia Dortmund 1:1, 1:2; VfB Stuttgart – Carl Zeiss Jena 1:0, 1:3; Dynamo Dresden – SpVgg Andernach 5:0, 3:0.
Halbfinale: Carl Zeiss Jena – Dynamo Dresden 3:0, 3:2; FC St. Pauli – Borussia Dortmund 1:4, 0:3.
Endspiel am 25. Juli 1993 in Jena: Borussia Dortmund – Carl Zeiss Jena 5:1 (3:0)
Dortmund: Kleinsteiber – Mehnert – Brücker (1), Hancer – Braslan, Hundshagen, Sauerland (Sabin), Danielzyk, Möller (1) – Pagels (1), Grad (2) (Spitzer) – Trainer: Wongrowitz.

1994

Qualifikation: Hansa Rostock – Hamburger SV 0:4, 1:2; Wuppertaler SV – Hannover 96 1:3, 0:3; Energie Cottbus – Hallescher FC 1:2, 0:4; Rot-Weiß Erfurt – 1. FC Saarbrücken 1:1, 1:0; Sportfreunde Eisbachtal – 1. FC Kaiserslautern 1:4, 1:9.
Achtelfinale: 1. FC Kaiserslautern – Kickers Offenbach 4:1, 0:2; Werder Bremen – Bayer Leverkusen 0:4, 1:1; Hertha Zehlendorf – Hallescher FC 2:3, 3:2, Elfmeterschießen 3:0; Hamburger SV – Holstein Kiel 2:0, 4:2; Hannover 96 – Borussia Dortmund 0:0, 4:0; Erzgebirge Aue – Bayern München 0:3, 0:4; Rot-Weiß Erfurt – VfB Stuttgart 0:10, 0:7; Karlsruher SC – SC Freiburg 4:0, 4:1.
Viertelfinale: Bayer Leverkusen – Hertha Zehlendorf 2:1, 3:1; Hamburger SV – Hannover 96 3:4, 2:4; Bayern München – 1. FC Kaiserslautern 0:2, 5:6; VfB Stuttgart – Karlsruher SC 6:1, 2:0.
Halbfinale: Bayer Leverkusen – Hannover 96 0:1, 3:4; 1. FC Kaiserslautern – VfB Stuttgart 2:2, 0:2.
Endspiel am 17. Juli 1994 in Hannover: VfB Stuttgart – Hannover 96 3:0 (0:0)
Stuttgart: Behrendt – Moroff – Lechner, Oswald, Siopidis – Holzhauer (Bicer), Woldeab, Majunke (2), Iseli (Balle) – Catizone (Nuffer), Carnevale (1) – Trainer: Geiger.

1995

Qualifikation: Hannover 96 – Fortuna Düsseldorf 4:1; Reinickendorfer Füchse – Hamburger SV n. V. 0:0, Elfmeterschießen 5:4; Holstein Kiel – Werder Bremen 0:3; Carl Zeiss Jena – VfB Leipzig n. V. 2:2, Elfmeterschießen 6:5; SpVgg Andernach – 1. FC Kaiserslautern 1:2.
Achtelfinale: Hallescher FC – Hannover 96 2:4; Borussia Dortmund – Werder Bremen 2:0; Energie Cottbus – Hansa Rostock 1:5; Reinickendorfer Füchse – Bayer Leverkusen 2:0; FC Augsburg – 1. FC Kaiserslautern 1:3; 1. FC Saarbrücken – Karlsruher SC 1:4; VfB Stuttgart – Eintracht Frankfurt 2:1; Carl Zeiss Jena – Offenburger FV 6:0.
Viertelfinale: Hannover 96 – Borussia Dortmund 1:0; Reinickendorfer Füchse – Hansa Rostock 4:0; 1. FC Kaiserslautern – Karlsruher SC 0:1; Carl Zeiss Jena – VfB Stuttgart 1:2.
Halbfinale: Reinickendorfer Füchse – Hannover 96 3:4; Karlsruher SC – VfB Stuttgart 1:3.
Endspiel am 16. Juli 1995 in Heilbronn: VfB Stuttgart – Hannover 96 3:1 (2:1)
Stuttgart: Reber – Danglmayr – Pinto, Barton, Schwendemann (Grimaudo) – Deligiannidis (1), Hecke (1) (Scaglione), Iseli, Streit (1) (Dale) – Mayer-Vorfelder, Majunke – Trainer: Hocke.

1996

Qualifikation: Holstein Kiel – Tennis Borussia Berlin 1:3; Borussia Dortmund – MSV Duisburg n. V. 2:2, Elfmeterschießen 5:4; VfB Leipzig – VfB Stuttgart n. V. 2:3; Sportfreunde Eisbachtal – 1. FC Kaiserslautern n. V. 2:1; Eintracht Frankfurt – Carl Zeiss Jena 2:1.
Achtelfinale: Borussia Dortmund – Werder Bremen n. V. 2:2, Elfmeterschießen 3:1; Eintracht Frankfurt – VfB Stuttgartn. V. 4:4, Elfmeterschießen 4:1; Energie Cottbus – VfL Wolfsburg 3:2; Tennis Borussia Berlin – Greifswalder SC 3:0; FC. St. Pauli – 1. FC Köln 2:4; 1. FC Saarbrücken – SC Freiburg n. V. 1:1, Elfmeterschießen 4:2; Sportfreunde Eisbachtal – Hallescher FC 2:1; 1. FC Nürnberg – Karlsruher SC 0:2.
Viertelfinale: Sportfreunde Eisbachtal – Karlsruher SC 0:3; Borussia Dortmund – 1. FC Köln 4:1; Energie Cottbus – Tennis Borussia Berlin 2:3; 1. FC Saarbrücken – Eintracht Frankfurt n. V. 5:4.
Halbfinale: Tennis Borussia Berlin – Borussia Dortmund 2:4; 1. FC Saarbrücken – Karlsruher SC 1:0.
Endspiel am 21. Juli 1996 in Dortmund: Borussia Dortmund – 1. FC Saarbrücken 6:1 (2:0)
Dortmund: Kuschmann (Brocca) – Hesse – Ballout, Stehger – Rothholz (Woidtke), Bugri, Schäper, Öztürk (1), Vitt (Hoffmann) – Knop (3), Dabovic (1) (Brune) (dazu ein eigentor von Ganster)– Trainer: Wongrowitz.

1997

Qualifikation: Werder Bremen – KFC Uerdingen 05 n. V. 2:2, Elfmeterschießen 4:1; 1. FC Magdeburg – 1. FC Köln 1:2; Hertha Zehlendorf – Hamburger SV n. V. 1:1, Elfmeterschießen 5:4; Dynamo Dresden – 1. FC Kaiserslautern 1:2; Sportfreunde Eisbachtal – Carl Zeiss Jena 0:3.
Achtelfinale: Hertha Zehlendorf – VfL Bochum 1:2; Energie Cottbus – 1. FC Köln 0:7; Werder Bremen – Hansa Rostock 8:0; Hannover 96 – Holstein Kiel 8:0; 1. FC Kaiserslautern – Karlsruher SC 1:2; VfB Stuttgart – Carl Zeiss Jena 8:1; Eintracht Frankfurt – SC Freiburg 6:2; 1. FC Saarbrücken – Bayern München 2:6.
Viertelfinale: VfL Bochum – 1. FC Köln 1:0; Hannover 96 – Werder Bremen 2:3; Karlsruher SC – VfB Stuttgart 2:3; Eintracht Frankfurt – Bayern München 0:4.
Halbfinale: VfB Stuttgart – Bayern München 0:3; VfL Bochum – Werder Bremen 2:3.
Endspiel am 20. Juli 1997 in Unterhaching: Bayern München – Werder Bremen 3:0 (2:0)
München: Küfner – Mamzer, Kling, Bürgermeier, Kelletshofer, Backer, Schöckel, Hofmann (1) (Bönig), Misimovic (2) (Jungwirth), Mölzl (Hitzlsperger), Aydemir (Reinisch) – Trainer: Bassemir.

1998

Qualifikation: Hertha Zehlendorf – Holstein Kiel n. V. 3:5; 1. FC Köln – Hamburger SV 7:1; 1. FC Saarbrücken – Sportfreunde Eisbachtal 5:1; SC Freiburg – Carl-Zeiss Jena 1:0; FV Dresden-Nord – VfB Stuttgart 2:5.
Achtelfinale: Borussia Dortmund – Energie Cottbus 5:0; Hansa Rostock – Borussia Mönchengladbach n. V. 4:4, Elfmeterschießen 4:3; Hannover 96 – 1. FC Köln 1:4; Holstein Kiel – Werder Bremen 0:4; SV Waldhof Mannheim – SC Freiburg 1:2; 1. FC Saarbrücken – 1. FC Magdeburg n. V. 1:2; VfB Stuttgart – Eintracht Frankfurt 3:0; 1. FC Kaiserslautern – Bayern München 1:7.
Viertelfinale: Borussia Dortmund – Hansa Rostock 6:2; 1. FC Köln – Werder Bremen 2:1; 1. FC Magdeburg – SC Freiburg 2:1; VfB Stuttgart – Bayern München n. V. 4:4, Elfmeterschießen 4:2.
Halbfinale: Borussia Dortmund – 1. FC Köln 5:2; 1. FC Magdeburg – VfB Stuttgart 1:2.
Endspiel am 19. Juli 1998 in Dortmund: Borussia Dortmund – VfB Stuttgart n. V. 2:2 (2:2, 1:1), Elfm. 5:4
Dortmund: Ritz – Kozole (Placzek 1) – Boutagrat (Konya), Thorwart – Kügler, Kringe (Wurm), Bendowsky, Löring – Wersching (Kaya), Bogdanov (1), Woidtke – Trainer: Wingrowitz.

1999

Qualifikation: Bayer Leverkusen – Hertha BSC n. V. 0:2; 1. FC Magdeburg – Eintracht Braunschweig n. V. 3:4; Holstein Kiel – Energie Cottbus n. V. 1:2; 1. FC Saarbrücken – 1. FC Kaiserslautern 1:6; 1. FC Nürnberg – Karlsruher SC 2:0.
Achtelfinale: Eintracht Schwerin – Hamburger SV 2:1; Borussia Dortmund – Energie Cottbus 6:1; Werder Bremen – Hertha BSC 3:2; Eintracht Braunschweig – Borussia Mönchengladbach 2:4; SV Wittlich – 1. FC Nürnberg 0:2; VfB Leipzig – VfB Stuttgart 0:4; Carl Zeiss Jena – SC Freiburg 3:2; 1. FC Kaiserslautern – Eintracht Frankfurt 0:1.
Viertelfinale: Eintracht Schwerin – Borussia Dortmund 1:4; Werder Bremen – Borussia Mönchengladbach 4:0; 1. FC Nürnberg – VfB Stuttgart 1:2; Carl Zeiss Jena – Eintracht Frankfurt 0:3.
Halbfinale: Borussia Dortmund – Werder Bremen 3:0; VfB Stuttgart – Eintracht Frankfurt 2:1.
Endspiel am 21. Juli 1999 in Stuttgart: VfB Stuttgart – Borussia Dortmund 3:1 (1:0)
Stuttgart: Miller – Nakas, Fischer, Fink, Rathgeb (1) – Braun, Hinkel, Berger (Rundio) – Lutz (1), Smolcic (Villani 1), Hoeneß (Kuranyi) – Trainer: Kleitsch.

2000

Viertelfinale: Werder Bremen – 1. FC Saarbrücken 1:1, 2:1; Hertha BSC – Eintracht Trier 6:0, 0:1; Bayern München – 1. FC Köln 2:1, n. V. 2:3; Elfmeterschießen 6:5; Borussia Dortmund – VfB Stuttgart 0:2, 1:3.
Halbfinale: Werder Bremen – Hertha BSC 2:0, 0:3; Bayern München – VfB Stuttgart 2:0, n. V. 1:3, Elfmeterschießen 3:2.
Endspiel am 1. Juli 2000 in Berlin: Hertha BSC – Bayern München 1:0 (1:0)
Berlin: Ritter – Chahed (1) – Mamesa, Marszolik (Bahjat) Ulbricht, Kellner, Balta (Mohra), Penk, Kara – Soner (Dejagah), Doguran (Radosavljevic) – Trainer: Wolf.

2001

Viertelfinale: Bayern München – Hamburger SV 2:3, 3:0; VfB Stuttgart – Bayer Leverkusen 2:1, 2:1; Tennis Borussia Berlin – Borussia Dortmund 1:2, 1:1; Werder Bremen – 1. FC Kaiserslautern 0:1, 2:4.
Halbfinale: Bayern München – VfB Stuttgart 2:4, 4:0; Borussia Dortmund – 1. FC Kaiserslautern 3:0, 1:2.
Endspiel am 30. Juni 2001 in München: Bayern München – Borussia Dortmund 4:0 (2:0)
München: Rensing (Grünberger) – Balck, Brode, Lell, Stegmann – Ottl, Oguz, (Schulz) – Schweinsteiger (1) – Thomik (Contento), Kilicaslan (1), Atak (1) (Rakaric) – Trainer: Beckenbauer.

2002

Viertelfinale: Eintracht Frankfurt – Hannover 96 2:1, 1:0; Hertha BSC – FC Schalke 04 3:2, 1:5; 1. FC Kaiserslautern – Hamburger SV 1:0, 1:4; 1. FC Köln – VfB Stuttgart 2:3, 1:5.
Halbfinale: Eintracht Frankfurt – FC Schalke 04 3:2, 0:1, Elfmeterschießen 3:4; Hamburger SV – VfB Stuttgart 2:2, 1:3.
Endspiel am 6. Juli 2002 in Gelsenkirchen: FC Schalke 04 – VfB Stuttgart n. V. 3:1 (1:1, 1:0)
Schalke: Grothuysen – Hoogland – Seiffert, Talarek, Kamba – Nachtigall (Walter), Anton, Aziz – Hesse – Westerhoff (2), Delura (1) – Trainer: Dubski.

2003

Viertelfinale: Hannover 96 – Bayer Leverkusen 1:3, 2:3; Borussia Dortmund – Hertha BSC 1:6, 2:3; VfB Stuttgart – Werder Bremen 3:0, 1:0; TSV München 1860 – 1. FC Kaiserslautern 1:2, 1:0, Elfmeterschießen 4:1.
Halbfinale: Bayer Leverkusen – Hertha BSC 0:4, 0:0; VfB Stuttgart – TSV München 1860 3:1, 2:1.
Endspiel am 5. Juli 2003 in Stuttgart: Hertha BSC – VfB Stuttgart 4:1 (1:1)
Hertha: Lennard – Binder (1), Müller, Bieler – Thomas (Ebert), Cankaya, Boateng, Altin (Hinze), Cubukcu – Dejagah (1) (El-Kadi), Schrödter (2) (Steinwarth) – Trainer: Kunert.

2004

Viertelfinale: Eintracht Frankfurt – VfL Wolfsburg 2:0, 1:1; 1. FC Kaiserslautern – Energie Cottbus 1:0, 0:1, Elfmeterschießen 3:0; VfB Stuttgart – 1. FSV Mainz 05 2:0, 3:0; Hertha BSC – Borussia Dortmund 1:1, 4:2.
Halbfinale: Eintracht Frankfurt – Energie Cottbus 1:1, 2:2, Elfmeterschießen 2:4; VfB Stuttgart – Hertha BSC 2:2, 2:2, Elfmeterschießen 5:4.
Endspiel am 4. Juli 2004 in Cottbus: VfB Stuttgart – Energie Cottbus 2:1 (1:0)
Stuttgart: Baum – Beck, Pisot, Tasci, Katins, Mayer (Berenyi) – Khedira (1), Ikeng (Schmiedel), Sauter (Prediger) – Demir (Papadopoulos), Hess (1) – Trainer: Leicht.

2005

Viertelfinale: TSV München 1860 – VfB Stuttgart 1:1, 1:1, Elfmeterschießen 4:5; Hansa Rostock – VfL Wolfsburg 1:0, 1:2, Elfmeterschießen 4:2; 1. FC Saarbrücken – Hertha BSC 0:4, 0:4; Borussia Dortmund – 1. FSV Mainz 05 3:0, 0:3, Elfmeterschießen 11:10.
Halbfinale: VfB Stuttgart – Hansa Rostock 1:2, 1:1; Hertha BSC – Borussia Dortmund 5:1, 0:4, Elfmeterschießen 4:3.
Endspiel am 3. Juli 2005 in Rostock: Hertha BSC – Hansa Rostock 2:0 (1:0)
Berlin: Burchert – Schmiedebach, Morack, Schorch, Boateng – Reiss (Vogler), Bigalke, Pech, Knoll (Huke (1)) – Lemke, Moschko (1) – Trainer: Kunert.

2006

Viertelfinale: Hansa Rostock – Borussia Dortmund n. V. 1:1, Elfmeterschießen 2:4; Hertha BSC – SC Freiburg 1:0; 1. FC Kaiserslautern – Borussia Mönchengladbach n. V. 1:1, Elfmeterschießen 5:3; TSV München 1860 – VfL Wolfsburg 1:0.

Halbfinale: 1. FC Kaiserslautern – TSV München 1860 0:2; Borussia Dortmund – Hertha BSC 1:0.
Endspiel am 3. Juni 2006 in Hamm: TSV München 1860 – Borussia Dortmund 2:0 (1:0)
München: Rösch – Thomas, Wittek, Jungwirth, Alschinger – S. Bender, Kaiser (Ibrahim), L. Bender, Gebhart (1) (Mayr) – Schäffler (1) (Rudnik), Knauer – Trainer: Schellenberg.

2007

Viertelfinale: 1. FC Kaiserslautern – Bayern München 3:4, 0:4; Eintracht Frankfurt – Tennis Borussia Berlin 1:0, 0:3; Borussia Dortmund – Borussia Mönchengladbach 4:1, 0:1; Hamburger SV – Hertha BSC 2:1, 2:3, Elfmeterschießen 2:4.
Halbfinale: Tennis Borussia Berlin – Borussia Dortmund 0:3, 1:3; Hertha BSC – Bayern München 1:2, 1:2.
Endspiel am 30. Juni 2007 in Dortmund: Bayern München – Borussia Dortmund 1:0 (0:0)
München: Oswald – Schlotter, Herberth, Haas, Schapfl – Erb (Simari) – Soriano (Hummels), Contento – Ekici (Trkulja) – Boenig, Kakoko (1) (Elender) – Trainer: Beckenbauer.

2008

Halbfinale: Hertha BSC – TSG 1899 Hoffenheim 1:6, 3:1; 1. FC Kaiserslautern – Borussia Dortmund 1:3, 1:0.
Endspiel am 21. Juni 2008 in Hoffenheim: TSG 1899 Hoffenheim – Borussia Dortmund 6:4 (4:2)
Hoffenheim: Strähle – Gruber, Gulde (1), Loviso (Atmaca), Grassel (1) – Neupert – Schäfer, Szarka (1) – Groß (1) – Suworow (Bellanave), Terrazzino (2) (Schmidt) – Trainer: Streichsbier.

2009

Halbfinale: Bayern München – VfL Wolfsburg 3:0, 0:1; VfB Stuttgart – Borussia Mönchengladbach 2:1, 1:1.
Endspiel am 28. Juni 2009 in Aschheim: VfB Stuttgart – Bayern München n. V. 3:1 (1:1, 1:1)
Stuttgart: Leno – Halder (Lang), Bauer, Maurer, Hegen – Kiefer, Ribeiro-Pals – Halili (Schaplewski), Janzer (1) (De Benedictis) – Weiß (Jedrzejczyk), Breier (2) – Trainer: Kienle.

2010

Halbfinale: VfB Stuttgart – Bayer Leverkusen 1:2, 0:1; Eintracht Frankfurt – Hertha BSC 2:1, 3:1.
Endspiel am 26. Juni 2010 in Frankfurt: Eintracht Frankfurt – Bayer Leverkusen n. V. 1:0 (0:0, 0:0)
Frankfurt: Özer – Söder, Dudda, Schorr, Wille (Bartheld) – Goncalves (1), Kittel, Hien, Demuth - Asta (Ehlert), Derici (Müller) – Trainer: Schur.

2011

Halbfinale: VfB Stuttgart – Werder Bremen n. V. 2:2, Elfmeterschießen 6:7; 1. FC Köln – TSG 1899 Hoffenheim 3:2.
Endspiel am 5. Juni 2011 in Bremen: 1. FC Köln – Werder Bremen n. V. 3:2 (2:2, 2:1)
Köln: Mesenhöler – Engelke (1), Schell (Rolke), Müller, Berg (Schäfer) – Wiebe, Gerhardt – Schnellhardt, Weiser – Ban (Scepanik (1)), la Monica (1) (Budimbu) – Trainer: Schommers.

2012

Halbfinale: 1. FC Köln – Hertha BSC 1:2, 2:1, Elfmeterschießen 2:3; VfB Stuttgart – 1. FC Nürnberg 0:2, 4:1.
Endspiel am 16. Juni 2012 in Berlin: Hertha BSC – VfB Stuttgart 2:0 (1:0)
Berlin: Gersbeck – Rohloff, Syhre, Regäsel, Mannsfeld – Samson, Kohls – Owusu (Kamarieh), Mukhtar (Malik), Ebot-Etchi – Ademi (1) (Rabiega (1)) – Trainer: Thom.

2013

Halbfinale: FC Schalke 04 – Hertha BSC 0:1, 2:2; Werder Bremen – VfB Stuttgart 1:7, 0:4.
Endspiel am 15. Juni 2013 in Berlin: VfB Stuttgart – Hertha BSC 2:0 (1:0)
Stuttgart: Funk – Ristl, Baumgartl, Jäger, Celik – Besuschkow, Kranitz – Trochalos (Blaser), Öztürk (Martinovic) – Grbic (1) (Bitzer), Ferati – Trainer: Schneider.

2014

Halbfinale: Borussia Dortmund – Hertha BSC 1:2, 4:0; 1. FSV Mainz 05 – RB Leipzig 1:1, 1:2.
Endspiel am 27. Juni 2014 in Leipzig: Borussia Dortmund – RB Leipzig 2:1 (1:0)
Dortmund: Reckert – Passlack (Yerli), El-Bouazzati, Sahin, Schumacher – Kösecik, Fritsch, Burnic – Alici (Nebihi), Arweiler (Kurt), Sauerland (2) (Erhardt) – Trainer: Wolf.

2015

Halbfinale: VfB Stuttgart – Hannover 96 2:0, 1:1; Borussia Dortmund – RB Leipzig 2:0, 2:1.
Endspiel am 14. Juni 2015 in Aspach: Borussia Dortmund – VfB Stuttgart 4:0 (0:0)
Dortmund: Bansen – Sewing (Kösecik), Pieper (Ogrzall), Fritsch (1), Beste – Passlack (1), Burnic, Schwermann, Bruun Larsen (Güner) – Scuderi (Serra (2)), Pulisic – Trainer: Wolf.

2016

Halbfinale: VfB Stuttgart – Borussia Dortmund 2:3, 1:5; Bayer Leverkusen – VfL Wolfsburg 2:2, 3:2.
Endspiel am 19. Juni 2016 in Dortmund: Bayer Leverkusen – Borussia Dortmund 2:0 (0:0)
Leverkusen: Prinz – Popovic, Boller, Shala, Stanilewicz – Akkaynak, Grym (Songue) – Havertz (1), Ekene (Spellerberg), Bednarczyk (1) – Yalcin – Trainer: Anfang.

2017

Halbfinale: Bayern München – FC Schalke 04 3:0, 0:1; Werder Bremen – Borussia Dortmund 1:1, 3:0.
Endspiel am 18. Juni 2017 in München: Bayern München – Werder Bremen 2:0 (0:0)
München: Wagner – Rausch, Nitzl, Mai, Daniliuc – Jelisic, Zylla (1) – Pudic (Heiland), Karatas (Hollerbach (1)), Batista-Meier (Brugger) – Evina (Maloku) – Trainer: Walter.

2018

Halbfinale: Bayern München – RB Leipzig 3:0, 2:0; Bayer Leverkusen – Borussia Dortmund 1:1, 0:2.
Endspiel am 17. Juni 2018 in München: Borussia Dortmund – Bayern München 3:2 (1:1)
Dortmund: Schönnenbeck – Terzi, Ferjani, Lübke, Göckan – Pherai (2), Schlüsselburg – Bakir, Hetemi (Örs), Wengerowski (Pakia) – Moukoko (1) – Trainer: Geppert.

2019

Halbfinale: Bayern München – 1. FC Köln 0:1, 0:4; Borussia Dortmund – VfL Wolfsburg 4:1, 2:0.
Endspiel am 16. Juni 2019 in Dortmund: 1. FC Köln – Borussia Dortmund 3:2 (2:2)
Köln: Adamczyk – Sponsel (1) (Ksiouar), Örnek, Dahmen, Lanser (Özden) – Papalia, Schwirten (Schmid) – Thielmann, Wirtz, Obuz – J. A. Jansen (2) (Castrop) – Trainer: Heck.

2020

Wegen der Coronvirus-Pandemie beschloss der Außerordentliche DFB-Bundestag am 25. Mai 2020 in Frankfurt den Abbruch aller Junioren-Wettbewerbe.

2021

Wegen der Coronvirus-Pandemie beschloss der DFB-Vorstand am 23. April 2021 den Abbruch aller Junioren-Wettbewerbe.

DFB-Junioren-Vereinspokal der U18/U19

Die bisherigen Sieger (bis 2001 U18, ab 2002 U19 – bis 2003 DFB-jugendkicker-Pokal):

1987, 1988 1. FC Nürnberg – 1989 VfL Bochum – 1990 Stuttgarter Kickers – 1991, 1992 FC Augsburg – 1993 1. FC Nürnberg – 1994, 1995 FC Augsburg – 1996 VfR Heilbronn – 1997 VfB Stuttgart II – 1998 KFC Uerdingen 05 – 1999 1. FC Magdeburg – 2000 TSV München 1860 – 2001 VfB Stuttgart – 2002 FC Schalke 04 – 2003 1. FC Kaiserslautern – 2004 Hertha BSC – 2005 FC Schalke 04 – 2006 SC Freiburg – 2007 TSV München 1860 – 2008 Bayer Leverkusen – 2009 SC Freiburg – 2010 TSG 1899 Hoffenheim – 2011, 2012 SC Freiburg – 2013 1. FC Köln – 2014 SC Freiburg – 2015 Hertha BSC – 2016 Hannover 96 – 2017 Eintracht Braunschweig – 2018 SC Freiburg – 2019 VfB Stuttgart – 2020, 2021 nicht beendet.

1987

Vorrunde: Borussia Mönchengladbach – Blau-Weiß 90 Berlin 7:0; FC Schalke 04 – Eintracht Braunschweig n. V. 2:1; TSB Flensburg – TSV Osterholz-Tenever 2:0; Alemannia Aachen – Hamburger SV 3:2; SV Darmstadt 98 – 1. FC Nürnberg n. V. 1:2; Germania Metternich – TSB Schwäbisch Gmünd n. V. 2:0; Borussia Neunkirchen – FV Kuppenheim 4:3; FK Pirmasens – SV Waldhof Mannheim 2:1.
Viertelfinale: Borussia Mönchengladbach – FC Schalke 04 3:1; TSB Flensburg – Alemannia Aachen 1:4; 1. FC Nürnberg – Germania Metternich 2:0; Borussia Neunkirchen – FK Pirmasens 5:2.
Halbfinale: Borussia Mönchengladbach – Alemannia Aachen 1:0; 1. FC Nürnberg – Borussia Neunkirchen 1:0.
Endspiel am 4. Juli 1987 in Rheydt: 1. FC Nürnberg – Borussia Mönchengladbach 2:1 (0:0)
Nürnberg: Romeis – Lang – Kaptan, Grimm, Schilling (Stirnweiß) – Meyer, Frauenknecht, Röhrer (1), Ziemer – Sentürk (1), Schleicher – Trainer: Rüsing.

1988

Vorrunde: SC Pfullendorf – Eintracht Koblenz 3:2; 1. FC Nürnberg – SC Großrosseln 7:2; Stuttgarter Kickers – SV Waldhof Mannheim n. V. 2:2, Elfmeterschießen 6:7; MTV 1817 Mainz – SG Hoechst 3:1; Blau-Weiß 90 Berlin – TuRa Bremen 5:1; VfL Osnabrück – Hamburger SV 1:2; TuS Höhenhaus – Holstein Kiel 0:1; VfL Bochum – Borussia Mönchengladbach 2:6.
Viertelfinale: SC Pfullendorf – 1. FC Nürnberg 1:7; SV Waldhof Mannheim – MTV 1817 Mainz n. V. 0:1; Hamburger SV – Blau-Weiß 90 Berlin 1:0; Holstein Kiel – Borussia Mönchengladbach 1:5.
Halbfinale: 1. FC Nürnberg – MTV 1817 Mainz n. V. 3: 2; Borussia Mönchengladbach – Hamburger SV 3:0.
Endspiel am 8. Juli 1988 in Fürth: 1. FC Nürnberg – Borussia Mönchengladbach 1:0 (0:0)
Nürnberg: Beims – Meyer – Messingschlager, Stirnweiß – Baumgartl, Thomas, Plößner, Ziemer (Herion 1), Bernhardt (Schneider) – Sentürk, Türr – Trainer: Lieberwirth.

1989

Vorrunde: 1. FC Saarbrücken – FC Augsburg 0:3; VfL Bochum – 1. SC Norderstedt 9:0; Tasmania 73 Berlin – VfL Wolfsburg 0:2; Borussia Mönchengladbach – VfB Kiel 4:2; 1. FC Köln – Tura Bremen 5:1; TV 1817 Mainz – SC Geislingen 2:0; CSC 03 Kassel – Glas/Chemie Wirges 1:3; Karlsruher SC – Freiburger FC 4:0.
Viertelfinale: VfL Wolfsburg – VfL Bochum 0:2; Glas/Chemie Wirges – TV 1817 Mainz 0:4; FC Augsburg – Karlsruher SC 2:4; Borussia Mönchengladbach – 1. FC Köln 4:1.
Halbfinale: VfL Bochum – Borussia Mönchengladbach 3:1; TV 1817 Mainz – Karlsruher SC 2:6.
Endspiel am 7. Juli 1989 in Bochum: VfL Bochum – Karlsruher SC 4:1 (2:0)
Bochum: Roch – Schmugge – Guder, Renkhoff – Golicki, Kusch (2), Vogelgesang, Bredenböcker (Zahlmann), Kreielkamp – Yacizi (Schröder), Kotthaus (2) – Trainer: Wittkamp.

1990

Vorrunde: Rheydter SV – TuS Schwachhausen 2:3; VfL Bochum – Viktoria Köln 10:1; Itzehoer SV – Lüneburger SK 0:3; Stuttgarter Kickers – SpVgg Andernach 2:1; TSV München 1860 – SV Sandhausen n. V. 2:2, Elfmeterschießen 2:4; SC Siemensstadt Berlin – SpVgg Blankenese n. V. 0:0, Elfmeterschießen 1:3; SV Darmstadt 98 – FC 08 Villingen n. V. 0:0, Elfmeterschießen 3:4; SV Fraulautern – Wormatia Worms 1:2.
Viertelfinale: TuS Schwachhausen – VfL Bochum 0:3; SpVgg Blankenese – Lüneburger SK 0:1; FC 08 Villingen – Stuttgarter Kickers 1:2; SV Sandhausen – Wormatia Worms 5:1.
Halbfinale: VfL Bochum – Lüneburger SK n. V. 1:1, Elfmeterschießen 5:6; Stuttgarter Kickers – SV Sandhausen 5:0.

Endspiel am 29. Juni 1990 in Stuttgart: Stuttgarter Kickers – Lüneburger SK 3:0 (1:0)
Stuttgart: Kukulinus – Kleyer – Straubmüller, Straube – Lösch (1), Skibowski (1), Ziller (1), Hübner, Ströbel – Kolb, Bobic (Intemperante) – Trainer: Rommel.

1991

Vorrunde: Hamburger SV – Hannover 96 0:2; FC Ensdorf – Karlsruher SC 0:4; SSV Ulm 1846 – Hessen Kassel 3:0; 1. FSV Mainz 05 – FC Augsburg 1:5; FC Schalke 04 – VfB Lübeck 2:1; 1. FC Köln – Borussia Mönchengladbach 7:0; Hertha Zehlendorf – TSV Leeste 5:0; SV Wittlich kampflos weiter, da Südbaden verzichtete.
Viertelfinale: Karlsruher SC – SSV Ulm 1846 2:0; FC Augsburg – SV Wittlich 3:1; Hannover 96 – FC Schalke 04 2:1; 1. FC Köln – Hertha Zehlendorf 2:1.
Halbfinale: Karlsruher SC – FC Augsburg 1:2; Hannover 96 – 1. FC Köln 1:4.
Endspiel am 26. Juni 1991 in Köln: FC Augsburg – 1. FC Köln 3:2 (1:2)
Augsburg: Müller – Tuchel – Niedermair, Rappl – Geneci, Gfreiter, Frey (1), Hoffmann, Bardak – Arslan, Bleicher (2) – Trainer: Schuhmann.

1992

Qualifikation: FC St. Pauli – FC Berlin 2:3 (annulliert, da Berlin drei Spieler auswechselte); Phönix Lübeck – TuS Paderborn-Neuhaus 1:3; OSC Bremerhaven – VfL Rostock 0:1; FC Nalbach – FC Augsburg 0:7; SpVgg Andernach – SV Sandhausen 0:4.
Achtelfinale: FC St. Pauli – Bayer Leverkusen 1:4; TuS Paderborn-Neuhaus – Hallescher FC 2:0; VfL Rostock – Borussia Mönchengladbach 0:3; Eintracht Braunschweig – Stahl Brandenburg 4:2; SV Sandhausen – Eintracht Bad Kreuznach 4:3; VfR Heilbronn – SV Altenburg 10:1; SV Darmstadt 98 – Chemnitzer FC 1:2; FC Augsburg – FC Konstanz 7:0.
Viertelfinale: Bayer Leverkusen – TuS Paderborn-Neuhaus 5:0; Borussia Mönchengladbach – Eintracht Braunschweig 2:3; VfR Heilbronn – SV Sandhausen n. V. 2:2, Elfmeterschießen 6:5; Chemnitzer FC – FC Augsburg 1:2.
Halbfinale: Eintracht Braunschweig – Bayer Leverkusen n. V. 4:2; FC Augsburg – VfR Heilbronn 8:2.
Endspiel am 27. Juni 1992 in Augsburg: FC Augsburg – Eintracht Braunschweig n. V. 1:1 (1:1, 0:0), Eldfmeterschießen 6:5
Augsburg: Fuchs – Tuchel – Geneci, Heberle – Stiller, Hammerl, Söhner (1) (Mair), Gfreiter, Rösele – Hanoglu, Stegmayer – Trainer: Schuhmann.

1993

Qualifikation: Borussia Mönchenggladbach – Bayer Leverkusen 3:2; Energie Cottbus – VfL Wolfsburg 3:6; 1. FSV Mainz 05 – VfL Sindelfingen 1:2; Freiburger FC – Dynamo Dresden 3:2; Germania Wernigerode – Rot-Weiß Erfurt 1:6.
Achtelfinale: OSC Bremerhaven – FC St. Pauli 7:2; VfL Wolfsburg – SV Teterow 3:0; Hertha BSC – Borussia Mönchengladbach n. V. 2:2, Elfmeterschießen 3:1; TSB Flensburg – FC Schalke 04 1:5; Freiburger FC – Rot-Weiß Frankfurt 3:1; Karlsruher FV – Rot-Weiß Erfurt n. V. 4:3; 1. FC Nürnberg – Sportfreunde Eisbachtal 5:0; VfL Sindelfingen – FC 08 Homburg 1:0.
Viertelfinale: VfL Wolfsburg – OSC Bremerhaven 0:2; FC Schalke 04 – Hertha BSC 2:0: Karlsruher FV – Freiburger FC 6:2; VfL Sindelfingen – 1. FC Nürnberg 0:4.
Halbfinale: OSC Bremerhaven – FC Schalke 04 1:6; 1. FC Nürnberg – Karlsruher FV 3:0.
Endspiel am 2. Juli 1993 in Gelsenkirchen: 1. FC Nürnberg – FC Schalke 04 2:1 (1:0)
Nürnberg: Müller – Seitz – Führling, Brandt – Jenkner (Tioutius), Licht, Herzog, Skurka, Maus – Oezkan (1), Parastatidis (1) (Herzig) – Trainer: Gebele.

1994

Qualifikation: Hansa Rostock – FC Vahr 5:1; Reinickendorfer Füchse – TSB Flensburg 9:2; Sportfreunde Oestrich-Iserlohn – Concordia Hamburg 2:0; FC 08 Homburg – TuS Koblenz 1:0; SV Sandhausen – FC Augsburg 0:2.
Achtelfinale: Wuppertaler SV – Energie Cottbus 5:2; Magdeburger SV – 1. FC Köln 0:5; Sportfreunde Oestrich-Iserlohn – SV Meppen 4:2; Hansa Rostock – Reinickendorfer Füchse 1:1, Elfmeterschießen 5:4; Stuttgarter Kickers – Rot-Weiß Frankfurt 1:0; Rot-Weiß Erfurt – Dynamo Dresden 1:4; 1. FSV Mainz 05 – FC 08 Homburg 0:2; SC Pfullendorf – FC Augsburg 0:5.
Viertelfinale: FC Augsburg – FC 08 Homburg 5:2; 1. FC Köln – Wuppertaler SV 3:0; Hansa Rostock – Sportfreunde Oestrich-Iserlohn 1:2; Dynamo Dresden – Stuttgarter Kickers 3:1.
Halbfinale: FC Augsburg – Dynamo Dresden 3:1; Sportfreunde Oestrich-Iserlohn – 1. FC Köln 1:1, Elfmeterschießen 1:2.

Endspiel am 26. Juni 1994 in Augsburg: FC Augsburg – 1. FC Köln 2:1 (1:0)
Augsburg: Kampa – Sengewald – Neumann (Harb), Kröger – Anspacher, Krzyzanowski, di Santo, Gerster, Osswald (Galun) – Mansiz, Oral (2) (Lichtl) – Trainer: Schuhmann.

1995

Qualifikation: Motor Eberswalde – VfL Wolfsburg 1:2; Alemannia Aachen – Hamburger SV 0:1; Hallescher FC – Chemnitzer FC 0:4; FC Konstanz – SpVgg Durlach – Erzgebirge Aue n. V. 4:5: VfB Marburg – Stuttgarter Kickers 2:6.
Achtelfinale: Schweriner SC – Hamburger SV 2:5; Rot-Weiss Essen – SC Bremen-Vahr 3:4; FC Berlin – VfL Wolfsburg 3:2; TSV Büdelsdorf – FC Schalke 04 n. V. 1:1, Elfmeterschießen 9:8; TuS Koblenz – SpVgg Durlach 2:1; Rot-Weiß Erfurt – Chemnitzer FC 1:3; Stuttgarter Kickers – 1. FSV Mainz 05 1:0; VfB Theley – FC Augsburg 0:3.
Viertelfinale: SC Bremen-Vahr – Hamburger SV 3:4; FC Berlin – TSV Büdelsdorf 5:1; TuS Koblenz – Chemnitzer FC 0:2; Stuttgarter Kickers – FC Augsburg 1:4.
Halbfinale: FC Berlin – Hamburger SV 3:2; FC Augsburg – Chemnitzer FC 1:0.
Endspiel am 10. Juli 1995 in Berlin: FC Augsburg – FC Berlin 4:2 (2:0)
Augsburg: Kampa – Vujanovic – Kaiser, Merkle – Harb (Eberl 1), Graf, di Santo (Menicanin), Krzyzanowski, Osswald (1) – Lichtl, Oguz (2) – Trainer: Schuhmann.

1996

Qualifikation: FC Burgsolms – Karlsruher SC 3:5; VfR Heilbronn – SC Pfullendorf n. V. 3:2; Energie Cottbus – Hertha Zehlendorf n. V. 4:3; SCB Preussen Köln – FC St. Pauli 2:3; Eintracht Braunschweig – 1. FC Magdeburg 0:3.
Achtelfinale: Arminia Bielefeld – FC St. Pauli 2:1; OSC Bremerhaven – Fortuna Düsseldorf 1:0; Energie Cottbus – 1. FC Magdeburg 2:1; VfR Heilbronn – Karlsruher SC 1:0; 1. FSV Mainz 05 – Chemnitzer FC 1:3; FC 08 Homburg – TSV München 1860 0:5 – Greifswalder SC und SV Jenaer Glas kampflos weiter, da Holstein Kiel und die Sportfreunde Eisbachtal verzichteten.
Viertelfinale: OSC Bremerhaven – Arminia Bielefeld n. V. 2:2, Elfmeterschießen 4:5; Greifswalder SC – Energie Cottbus 0:1; VfR Heilbronn – SV Jenaer Glas 9:0; Chemnitzer FC – TSV München 1860 1:2.
Halbfinale: Energie Cottbus – Arminia Bielefeld 3:0; VfR Heilbronn – TSV München 1860 3:1.
Endspiel am 14. Juli 1996 in Heilbronn: VfR Heilbronn – Energie Cottbus 6:1 (4:0)
Heilbronn: Seeg (Beck) – Schwarz – Leyer, Mucha (Heintzmann) – Gruber, Wenczel (1), Kern (1) (Schmid), Rehm (1), Wagner (1) – Bielohoubeck (1), Baumgart (1) (Celik) – Trainer: Frey.

1997

Vorrunde: SG Wattenscheid 09 – FC. St. Pauli 3:1; Holstein Kiel – VfL Bochum 1:3; Tennis Borussia Berlin – FC Schalke 04 n. V. 2:2, Elfmeterschießen 2:4; Concordia Hamburg – KFC Uerdingen 05 0:2; Eintracht Braunschweig – Bayer Leverkusen 1:2; Energie Cottbus – Greifswalder SC n. V. 1:0; Hertha Zehlendorf – VfL Wolfsburg 1:2; 1. FC Magdeburg – Werder Bremen 1:8; FSV Oggersheim – TuS Koblenz 2:3; 1. FC Nürnberg – Kehler SV 9:1; Dynamo Dresden – SV Jenaer Glas n. V. 2:2, Elfmeterschießen 4:3; Karlsruher SC – SC Freiburg n. V. 4:2; SpVgg Andernach – VfR Heilbronn 0:2; 1. FC Saarbrücken – VfB Stuttgart II 0:1; Bayern München – VfB Leipzig 3:2; 1. FSV Mainz 05 – Eintracht Frankfurt 0:5.
Achtelfinale: Energie Cottbus – Bayer Leverkusen 1:3; Bayern München – Eintracht Frankfurt 1:0; SG Wattenscheid 09 – VfL Bochum n. V. 2:2, Elfmeterschießen 1:4; FC Schalke 04 – KFC Uerdingen 05 n. V. 0:0, Elfmeterschießen 5:4; VfL Wolfsburg – Werder Bremen 1:7; TuS Koblenz – 1. FC Nürnberg 2:1; Dynamo Dresden – Karlsruher SC 2:3; VfR Heilbronn – VfB Stuttgart II 1:3.
Viertelfinale: VfL Bochum – FC Schalke 04 n. V. 1:1, Elfmeterschießen 4:5; Bayer Leverkusen – Werder Bremen 2:4; TuS Koblenz – Karlsruher SC 1:5; VfB Stuttgart II – Bayern München 3:1.
Halbfinale: FC Schalke 04 – Werder Bremen n. V. 5:3; Karlsruher SC – VfB Stuttgart II 2:3.
Endspiel am 5. Juli 1997 in Menden: VfB Stuttgart II – FC Schalke 04 3:1 (1:0)
Stuttgart: Romero – Morazzo (Koschmieder), Morena, Schwendemann, Straub – Pezzulla (D'Andrea), Zivic, Scaglione (Kehrer 1), Rodrigues – Perrino (Hillebrand), Sarajlic (2) – Trainer: Kleitsch.

1998

Vorrunde: VfB Oldenburg – Fortuna Düsseldorf 0:4; Bayer Leverkusen – Energie Cottbus n. V. 3:1; Vorwärts/Wacker Billstedt – Eintracht Braunschweig 3:7; Hertha BSC – FC Schalke 04 n. V. 2:4; KFC Uerdingen 05 – Hamburger SV 2:0; Reinickendorfer Füchse – Werder Bremen 3:5; Holstein Kiel – Borussia Mönchengladbach 0:4; Eintracht Schwerin II – 1. FC Magdeburg 2:6; Chemnitzer FC –

Eintracht Frankfurt 0:3; TuS Koblenz – VfB Stuttgart 1:6; 1. FC Saarbrücken – VfB Stuttgart II n. V. 4:4, Elfmeterschießen 2:4; SpVgg Bayreuth – Carl Zeiss Jena n. V. 2:2, Elfmeterschießen 2:4; Dynamo Dresden – TSV München 1860 2:3; FSV Salmrohr – SC Hauenstein 0:2; SV Waldhof Mannheim – Karlsruher SC n. V. 3:3, Elfmeterschießen 2:1; SpVgg Andernach – SC Freiburg 0:3.

Achtelfinale: Bayer Leverkusen – Fortuna Düsseldorf 8:0; Eintracht Braunschweig – FC Schalke n. V. 2:2, Elfmeterschießen 4:5; KFC Uerdingen 05 – Werder Bremen 3:2; 1. FC Magdeburg – Borussia Mönchengladbach 1:3; Eintracht Frankfurt – VfB Stuttgart 6:3; VfB Stuttgart II – Carl Zeiss Jena 2:0; SC Hauenstein – TSV München 1860 1:4; SV Waldhof Mannheim – SC Freiburg 0:3.

Viertelfinale: Bayer Leverkusen – FC Schalke 04 0:3; KFC Uerdingen 05 – Borussia Mönchengladbach 2:0; Eintracht Frankfurt – VfB Stuttgart II 1:0; TSV München 1860 – SC Freiburg 3:5.

Halbfinale: FC Schalke 04 – KFC Uerdingen 05 n. V. 1:1, Elfmeterschießen 3:4; Eintracht Frankfurt – SC Freiburg 4:3.

Endspiel am 3. Juli 1998 in Rüsselsheim: KFC Uerdingen 05 – Eintracht Frankfurt n. V. 1:1 (1:1, 0:0), Elfmeterschießen 4:3

Uerdingen: Vander – Roethmanns – Gebhardt (Wilms), Taleb-Karimi – Seifert (Manns), Passerschröer, Bradasch (1), König (Bahr), Kaul – Flore, Velardi (Hüsing) – Trainer: Maes.

1999

Vorrunde: SC Vahr – Tennis Borussia Berlin 0:6; SG Wattenscheid 09 – FC Schalke 04 3:1; VfL Bochum – Hannover 96 2:3; Fortuna Düsseldorf – 1. FC Köln 2:5; VfB Leipzig – Hamburger SV 3:0; Holstein Kiel – 1. FC Magdeburg n. V. 2:4; VfL Osnabrück – VfL Wolfsburg 4:2; Hansa Rostock – Energie Cottbus 0:3; SC Freiburg – Eintracht Frankfurt 7:1; Rot-Weiß Erfurt – FSV Salmrohr n. V. 2:3; FV Dresden-Nord – FC 08 Homburg 7:1; Dynamo Dresden – 1. FSV Mainz 05 4:0; Freiburger FC – FC Augsburg 0:4; FK Pirmasens – SG Hoechst n. V. 1:1, Elfmeterschießen 5:3; 1. FC Saarbrücken – SV Waldhof Mannheim 3:0; SV Darmstadt 98 – Stuttgarter Kickers 3:2.

Achtelfinale: Tennis Borussia Berlin – SG Wattenscheid 09 n. V. 2:1; Hannover 96 – 1. FC Köln 3:1; VfB Leipzig – 1. FC Magdeburg n. V. 1:2; VfL Osnabrück – Energie Cottbus 0:3; FSV Salmrohr – SC Freiburg 1:7; FV Dresden-Nord – Dynamo Dresden n. V. 0:0, Elfmeterschießen 4:1; FC Augsburg – FK Pirmasens n. V. 1:1, Elfmeterschießen 5:4; 1. FC Saarbrücken – SV Darmstadt 98 5:0.

Viertelfinale: Tennis Borussia Berlin – Hannover 96 4:6; 1. FC Magdeburg – Energie Cottbus 3:1; FV Dresden-Nord – SC Freiburg 2:3; FC Augsburg – 1. FC Saarbrücken 1:2.

Halbfinale: 1. FC Magdeburg – Hannover 96 1:0; 1. FC Saarbrücken – SC Freiburg 1:0.

Endspiel am 3. Juli 1999 in Magdeburg: 1. FC Magdeburg – 1. FC Saarbrücken 6:1 (3:1)

Magdeburg: Beer – Prest (1) – Lücke, Gröger – Stary, Buchholz, Franz (Uffrecht), Garlipp, Hartmann (Menzel) – Scholze (1), Schüßler (3) (Rasche 1) – Trainer: Pape.

2000

Vorrunde: Fortuna Düsseldorf – Hamburger SV n. V. 1:1, Elfmeterschießen 3:5; Blumenthaler SV – Hansa Rostock 0:10; Borussia Dortmund – Fortuna Köln 2:1; 1. FC Magdeburg – VfL Osnabrück 5:2; Borussia Mönchengladbach – Energie Cottbus 4:1; VfB Oldenburg – VfL Wolfsburg 4:1; Holstein Kiel – Reinickendorfer Füchse 0:2; 1. FC Köln – Hertha BSC 3:1; 1. FC Saarbrücken – 1. FSV Mainz 05 2:4; FC Augsburg – FK Pirmasens 2:0; DJK Donaueschingen – TSV München 1860 0:6; Rot-Weiß Hasborn – SSV Ulm 1846 n. V. 0:0, Elfmeterschießen 10:11; FV Dresden-Nord – Karlsruher SC 1:3; 1. FC Nürnberg – Eintracht Frankfurt 2:6; Dynamo Dresden – Rot-Weiß Erfurt 0:1; SV Steiningen – SV Darmstadt 98 1:7.

Achtelfinale: Hamburger SV – Hansa Rostock 6:3; 1. FC Magdeburg – Borussia Dortmund 0:3; VfB Oldenburg – Borussia Mönchengladbach 0:4; Reinickendorfer Füchse – 1. FC Köln n. V. 2:4; FC Augsburg – 1. FSV Mainz 05 2:3; SV Darmstadt 98 – TSV München 1860 0:3; SSV Ulm 1846 – Karlsruher SC 1:0; Rot-Weiß Erfurt – Eintracht Frankfurt 1:4.

Viertelfinale: .Hamburger SV – Borussia Dortmund n. V. 4:3; Borussia Mönchengladbach – 1. FC Köln n. V. 1:1, Elfmeterschießen 3:4, 1. FSV Mainz 05 – TSV München 1860 3:4; SSV Ulm 1846 – Eintracht Frankfurt 3:4.

Halbfinale: Hamburger SV – 1. FC Köln 4:0; TSV München 1860 – Eintracht Frankfurt 2:0.

Endspiel am 30. Juni 2000 in Vaterstetten: TSV München 1860 – Hamburger SV 2:1 (1:0)

München: Eberherr – Schmitt, Crone, Rappel, Atilgan – Görlitz, Lauth (1) (Kasparek), Heckenberger (Heimpel) – Okeke, Schiessl, Sahin (Mayr 1) – Trainer: Herold.

2001

Qualifikation: Reinickendorfer Füchse – VfB Stuttgart 1:4 – In diesem Jahr nahmen nur die Regional-Pokalsieger teil.

Halbfinale: Hamburger SV – VfB Stuttgart 0:3; FK Pirmasens – Arminia Bielefeld 2:1.

Endspiel am 24. Juni 2001 in Rottenburg: VfB Stuttgart – FK Pirmasens 5:1 (2:1)
Stuttgart: Ercetin – Ilg, Fink, Rundio, Kocholl – Di Biccari (1) (Heilemann 1), Bölstler (2), Rathgeb, Colon (Berger) – Kuranyi (Calamita), Luz (V. Hleb 1) – Trainer: Starzmann.

2002

1. Runde: VfB Lübeck – 1. FC Saarbrücken 3:0; VfL Halle 96 – SV Sandhausen 5:1; Hertha BSC – Energie Cottbus 6:1; VfL Hamm – Eintracht Frankfurt 0:4; Werder Bremen – Hansa Rostock 0:1.
Achtelfinale: Chemnitzer FC – SC Pfullendorf 1:3; Viktoria Aschaffenburg – VfB Stuttgart 1:5; Hansa Rostock – Hamburger SV n. V. 1:2; FK Pirmasens – FC Schalke 04 0:2; Carl Zeiss Jena – Borussia Mönchengladbach 1:2; VfL Halle 96 – Bayer Leverkusen n. V. 4:4, Elfmeterschießen 2:3; Hannover 96 – Eintracht Frankfurt n. V. 2:3; VfB Lübeck – Hertha BSC 0:5.
Viertelfinale: VfB Stuttgart – Borussia Mönchengladbach 2:0; SC Pfullendorf – Eintracht Frankfurt 1:6; Hertha BSC – FC Schalke 04 1:3; Hamburger SV – Bayer Leverkusen 0:3.
Halbfinale: Eintracht Frankfurt – FC Schalke 04 1:4; Bayer Leverkusen – VfB Stuttgart 1:4.
Endspiel am 10. Mai 2002 in Berlin: FC Schalke 04 – VfB Stuttgart n. V. 1:1 (1:1, 1:0), Elfm. 4:3
Schalke: Ünlü – Lamotte, Petereit, Leschinski, Pander (1) – C. Gündogan – Salmutter (Haufe), Holtheuer, Kiral (Dede)– Takyi (Düzgün), Hanke – Trainer: Elgert.

2003

1. Runde: Carl Zeiss Jena – Waldhof Mannheim 2:1; Fortuna Düsseldorf – 1. FC Kaiserslautern 0:2; FC Schalke 04 – VfL Wolfsburg n. V. 2:3; 1.FC Saarbrücken – Niendorfer TSV n. V. 3:3, Elfmeterschießen 4:3; SC Freiburg – Werder Bremen 3:1.
Achtelfinale: Bayer Leverkusen – Hansa Rostock 3:0; 1.FC Saarbrücken – VfB Stuttgart 1:3; Glas/Chemie Wirges – Carl Zeiss Jena 0:1; SC Freiburg – Energie Cottbus 4:0; 1.FC Magdeburg – VfL Wolfsburg n. V. 3:3, Elfmeterschießen 5:6; Holstein Kiel – Hertha BSC 0:6; FV Dresden-Nord – Eintracht Frankfurt 0:1; FC Augsburg – 1.FC Kaiserslautern n. V. 1:1, Elfmeterschießen 1:4.
Viertelfinale: Eintracht Frankfurt – VfB Stuttgart 0:2; Carl Zeiss Jena – Hertha BSC 2:1; 1.FC Kaiserslautern – VfL Wolfsburg n. V. 2:1; Bayer Leverkusen – SC Freiburg n. V. 0:0, Elfmeterschießen 3:1.
Halbfinale: Carl Zeiss Jena – 1.FC Kaiserslautern n. V. 0:0, Elfmeterschießen 4:5; Bayer Leverkusen – VfB Stuttgart 2:0.
Endspiel am 30. Mai 2003 in Berlin: 1. FC Kaiserslautern – Bayer Leverkusen n. V. 4:1 (1:1, 0:0)
Kaiserslautern: Fromlowitz – Schunck, Henn, J. Müller, Garlinski – Lehmann – Gaebler (Angel), Bzducha – Akten (1) (Roth), Moritz (Wischang (2)), Kumbela (1) (Nazarov) – Trainer: Dusek.

2004

1. Runde: Hertha BSC – Energie Cottbus 4:0; Werder Bremen – 1. FC Kaiserslautern n. V. 3:2; Spfr. Saarbrücken — SGV Freiberg/Neckar 1:8; SC Freiburg – 1. FC Köln 0:2; Borussia Mönchengladbach – FC Schalke 04 2:0.
Achtelfinale: 1. FC Magdeburg – Hansa Rostock n. V. 1:1, Elfmeterschießen 5:6; Karlsruher SC – VfL Wolfsburg 2:1; HSV Barmbek-Uhlenhorst – 1. FC Köln 0:5; Borussia Mönchengladbach – Hertha BSC 2:4; SGV Freiberg/Neckar — VfB Leipzig n. V. 3:3, Elfmeterschießen 4:2; Holstein Kiel – Werder Bremen 0:6; TuS Koblenz – Eintracht Frankfurt 0:3; Carl Zeiss Jena – FC Memmingen 2:1.
Viertelfinale: Carl Zeiss Jena – Werder Bremen 0:3; 1. FC Köln – Eintracht Frankfurt 0:1; Hansa Rostock – Hertha BSC 0:2; SGV Freiberg/Neckar – Karlsruher SC 2:0.
Halbfinale: Hertha BSC – Eintracht Frankfurt 5:0; SGV Freiberg/Neckar – Werder Bremen 2:1.
Endspiel am 28. Mai 2004 in Berlin: Hertha BSC – SGV Freiberg/Neckar 5:0 (2:0)
Berlin: Pellatz – Wallschläger, Müller, Gellner (Ackermann) – Ebert (Röhr), Altin (1), Cubukcu, Steinwarth (1) – Boateng – Schrödter (2), Stachnik (1) (Bozkurt) – Trainer: Schlegel.

2005

1. Runde: Kickers Offenbach – Tennis Borussia Berlin 0:1; Borussia Mönchengladbach – Hamburger SV n. V. 0:0, Elfmeterschießen 1:3; 1. FC Magdeburg – SC Freiburg 1:4; TuS Mayen – VfB Lübeck 1:5; Waldhof Mannheim – Werder Bremen 2:5.
Achtelfinale: Carl Zeiss Jena – 1. FC Kaiserslautern 1:4; Hamburger SV – SC Freiburg 0:3; VfB Lübeck – Energie Cottbus 1:2; Eintracht Bamberg – Bayer Leverkusen 1:5; SGV Freiberg/Neckar – Werder Bremen 1:2; Tennis Borussia Berlin – 1. FC Saarbrücken 6:1; Hannover 96 – FC Schalke 04 0:2; Dynamo Dresden – Hansa Rostock 0:4.
Viertelfinale: Tennis Borussia Berlin – Energie Cottbus 2:0; Hansa Rostock – 1. FC Kaiserslautern 3:1; Werder Bremen – SC Freiburg n. V. 3:4; FC Schalke 04 – Bayer Leverkusen 2:0.
Halbfinale: SC Freiburg – FC Schalke 04 n. V. 1:1, Elfmeterschießen 2:4; Tennis Borussia Berlin – Hansa Rostock n. V. 2:1.

Endspiel am 27. Mai 2005 in Berlin: FC Schalke 04 – Tennis Borussia Berlin 3:1 (0:1)
Schalke: Neuer – Bayram (Kamba), Klinger, Bungert, Kilian – Baumjohann (Grembowitz), Durmaz (Boenisch), Kisyna – Altin, Öztürk (2), Heppke (1) (Perras) – Trainer: Elgert.

2006

1. Runde: FV Engers – Stuttgarter Kickers 2:3; Rot-Weiss Essen – Hansa Rostock 3:1; Bayer Leverkusen – Energie Cottbus 0:1; Hannover 96 – Hamburger SV 4:0; 1. FC Magdeburg – VfL Bochum 0:4.
Achtelfinale: Carl Zeiss Jena – Tasmania 73 Berlin 4:1; Stuttgarter Kickers – SC Freiburg 0:2; KSV Baunatal – 1. FC Nürnberg 0:7; Büdelsdorfer TSV – 1. FC Saarbrücken 2:1; FV Dresden-Nord – Hannover 96 0:3; Energie Cottbus – VfL Bochum 1:0; 1. 1. FSV Mainz 05 – Karlsruher SC 3:4; Rot-Weiss Essen – Werder Bremen n. V. 2:2, Elfmeterschießen 4:2.
Viertelfinale: Carl Zeiss Jena – Hannover 96 0:1; Rot-Weiss Essen – Karlsruher SC 0:1; SC Freiburg – Energie Cottbus n. V. 2:1; Büdelsdorfer TSV – 1. FC Nürnberg 0:5.
Halbfinale: SC Freiburg – 1. FC Nürnberg 2:0; Karlsruher SC – Hannover 96 n. V. 1:1, Elfmeterschießen 4:2.
Endspiel am 28. April 2006 in Berlin: SC Freiburg – Karlsruher SC 4:1 (2:0)
Freiburg: Solic – Flum (1), Braun, Mollet, Schwaab – Dell'Era (1) (Decortes), Konrad, Schuler (1) (Karkoschka), Pavlovic (1) (Caligiuri) – Roth, Waslikowski (Baillargeault) – Trainer: Streich.

2007

1. Runde: Holstein Kiel – SC Freiburg 2:3; SV Darmstadt 98 – MSV Duisburg 2:1; 1. FC Magdeburg – VfB Stuttgart 1:0; 1. FC Saarbrücken – Werder Bremen 1:6; Karlsruher SC – FC Schalke 04 0:2.
Achtelfinale: Rot-Weiß Erfurt – SC Vier- und Marschlande 2:4; SV Darmstadt 98 – VfL Wolfsburg 1:2; 1. FC Magdeburg – TuS Mayen 7:0; Energie Cottbus – 1. FC Kaiserslautern n. V. 0:1; TSV München 1860 – Werder Bremen 2:0; SC Freiburg – Hansa Rostock 3:6; Chemnitzer FC – Hertha BSC 1:0; FC Schalke 04 – 1. FC Köln 2:0.
Viertelfinale: Chemnitzer FC – FC Schalke 04 n. V. 1:1, Elfmeterschießen 3:2; TSV München 1860 – 1. FC Kaiserslautern 4:1; SC Vier- und Marschlande – Hansa Rostock 1:7; 1. FC Magdeburg – VfL Wolfsburg 2:3.
Halbfinale: Hansa Rostock – TSV München 1860 0:2; Chemnitzer FC – VfL Wolfsburg 0:3.
Endspiel am 25. Mai 2007 in Berlin: TSV München 1860 – VfL Wolfsburg 2:1 (0:1)
München: Mayr – Wittek (Klamt), Jungwirth, Schick – Steiner (Alschinger), Stahl, Eberlein (1), Kaiser – Lechthaler, Hosiner (1) – Trainer: Schromm.

2008

1. Runde: TSG 1899 Hoffenheim – Hansa Rostock n. V. 2:2, Elfmeterschießen 3:4; Energie Cottbus – Werder Bremen 0:3; VfR Horst – TSV München 1860 0:7; FSV Salmrohr – 1. FSV Mainz 05 1:3; VfB Stuttgart – SC Freiburg n. V. 1:1, Elfmeterschießen 3:5.
Achtelfinale: VfB 1900 Gießen – Hansa Rostock n. V. 4:3; Werder Bremen – Bayer Leverkusen 1:2; 1. FC Saarbrücken – Hertha BSC 2:3; SC Vier- und Marschlande – Borussia Dortmund 0:2; Chemnitzer FC – Borussia Mönchengladbach 0:4; TSV München 1860 – 1. FSV Mainz 05 n. V. 1:0; VfL Wolfsburg – Carl Zeiss Jena 1:2; Hallescher FC – SC Freiburg 1:4.
Viertelfinale: Borussia Mönchengladbach – Carl Zeiss Jena 4:1; SC Freiburg – Borussia Dortmund n. V. 1:1, Elfmeterschießen 9:10; Hertha BSC – TSV München 1860 2:1; VfB 1900 Gießen – Bayer Leverkusen 0:2.
Halbfinale: Hertha BSC – Borussia Mönchengladbach n. V. 1:1, Elfmeterschießen 3:4; Borussia Dortmund – Bayer Leverkusen 1:3.
Endspiel am 18. April 2008 in Potsdam: Bayer Leverkusen – Borussia Mönchengladbach 3:0 (0:0)
Leverkusen: Giefer – Petersch, Teixeira, Reinartz, Oczipka – Risse, Selmani, Kaptan, Drexler (Kampl) – Naki (1) – Sukuta-Pasu – Dazu kommen zwei Eigentore von Klitzsch – Trainer: Lewandowski.

2009

1. Runde: VfL Wolfsburg – Borussia Dortmund 1:5; Türkiyemspor Berlin – Karlsruher SC 2:1; 1. FC Köln – SC Freiburg 1:3; MSV Duisburg – Hansa Rostock 1:0; Holstein Kiel – Eintracht Frankfurt n. V. 2:2, Elfmeterschießen 5:4.
Achtelfinale: Borussia Dortmund – 1. FSV Mainz 05 5:3; 1. FC Magdeburg – VfB Stuttgart 2:1; Holstein Kiel – Türkiyemspor Berlin n. V. 0:0, Elfmeterschießen 2:4; SC Freiburg – Hamburger SV 3:2; Dynamo Dresden – Carl Zeiss Jena 0:1; TuS Koblenz – MSV Duisburg n. V. 4:3; 1. FC Saarbrücken – Werder Bremen 5:1; SV Babelsberg 03 – 1. FC Nürnberg 0:4.
Viertelfinale: 1. FC Saarbrücken – Türkiyemspor Berlin n. V. 1:1, Elfmeterschießen 5:3; SC Freiburg – 1. FC Nürnberg 1:0; 1. FC Magdeburg – Carl Zeiss Jena 1:2; Borussia Dortmund – TuS Koblenz 6:1.
Halbfinale: Carl Zeiss Jena – SC Freiburg n. V. 0:2; 1. FC Saarbrücken – Borussia Dortmund 2:3.

Endspiel am 29. Mai 2009 in Potsdam: SC Freiburg – Borussia Dortmund n. V. 2:2 (1:1, 0:0), Elfmeterschießen 6:5
Freiburg: Baumann – Sorg, Lais, Endres, Klein (1) – Ginter (1) (Durak), Höfler, Schmid (Schwär) – Vogler (Zangl), Bickel (Sautner), Bektasi – Trainer: Streich.

2010

1. Runde: Energie Cottbus – Rot-Weiß Erfurt 3:0; Hansa Rostock – SC Freiburg 6:3; FC Augsburg – TSG 1899 Hoffenheim 0:1; Hallescher FC – Concordia Hamburg n. V. 2:3; SV Eichede – 1. FC Saarbrücken 0:4.
Achtelfinale: 1. FC Saarbrücken – 1. FSV Mainz 05 1:3; Stuttgarter Kickers – Hansa Rostock 3:2; 1. FC Köln – TuS Koblenz 3:0; Dynamo Dresden – Energie Cottbus 0:3; TSG 1899 Hoffenheim – Eintracht Frankfurt 5:1; Fortuna Düsseldorf – VfL Bochum n. V. 2:2, Elfmeterschießen 3:4; Eintracht Braunschweig – Werder Bremen 0:6; Concordia Hamburg – Hertha BSC 3:4.
Viertelfinale: VfL Bochum – 1. FSV Mainz 05 n. V. 3:1; 1. FC Köln – Energie Cottbus 2:3; Stuttgarter Kickers – TSG 1899 Hoffenheim 0:5; Werder Bremen – Hertha BSC 1:5.
Halbfinale: TSG 1899 Hoffenheim – Energie Cottbus 3:1; Hertha BSC – VfL Bochum 6:0.
Endspiel am 15. Mai 2010 in Berlin: TSG 1899 Hoffenheim – Hertha BSC 2:1 (2:1)
Hoffenheim: Lück – Lensch (Hirsch), Gulde, Neupert, Szarka – Groß, Schäfer – Bellanave (Alex), Ammann – Thomalla (2), Terrazino (Sökler) – Trainer: Streichsbier.

2011

1. Runde: Hansa Rostock – 1. FSV Mainz 05 1:0; Carl Zeiss Jena – Eintracht Frankfurt 2:0; Borussia Dortmund – Energie Cottbus 2:1; 1. FC Union Berlin – Werder Bremen 0:2; VfL Wolfsburg – 1. FC Köln n. V. 2:0.
Achtelfinale: Borussia Mönchengladbach – VfB Stuttgart 3:0; Carl Zeiss Jena – Hallescher FC 2:0; 1. FC Lokomotive Leipzig – Werder Bremen 0:3; Hansa Rostock – SpVgg Greuther Fürth 1:0; TuS Mayen – TSG 1899 Hoffenheim 1:3; SC Freiburg – Hamburger SV 1:0; Holstein Kiel – VfL Wolfsburg 0:3; 1. FC Saarbrücken – Borussia Dortmund n. V. 1:1, Elfmeterschießen 4:3.
Viertelfinale: SC Freiburg – Borussia Mönchengladbach 2:1; TSG 1899 Hoffenheim – VfL Wolfsburg 0:3; Carl Zeiss Jena – Werder Bremen 1:6; 1. FC Saarbrücken – Hansa Rostock 1:2.
Halbfinale: VfL Wolfsburg – SC Freiburg n. V. 1:1, Elfmeterschießen 3:4; Hansa Rostock – Werder Bremen n. V. 2:1.
Endspiel am 21. Mai 2011 in Berlin: SC Freiburg – Hansa Rostock n. V. 2:2 (2:2, 1:0), Elfmeterschießen 5:3
Freiburg: Schwolow – Schulz (Göppert), Günter, Albutat, Hezel (1) – Gujahr, Lorenzoni, Ginter, Lienhard – Tasli (Falahen (1), Kerk), Knab – Trainer: Streich.

2012

1. Runde: Carl Zeiss Jena – 1. FC Saarbrücken n. V. 1:1, Elfmeterschießen 4:1; Hallescher FC – Hertha BSC 2:7; FC Schalke 04 – VfB Stuttgart 0:2; Chemnitzer FC – 1. FC Kaiserslautern n. V. 2:2, Elfmeterschießen 8:7; TSV Lägerdorf – 1. FC Nürnberg 1:16.
Achtelfinale: Hertha BSC – Energie Cottbus 5:0; Hamburger SV – Werder Bremen n. V. 2:1; Chemnitzer FC – Bonner SC 3:2; Carl Zeiss Jena – TuS Mayen 3:2; VfL Wolfsburg – Hansa Rostock 0:2; Rot-Weiss Essen – VfB Stuttgart 2:0; SC Freiburg – Eintracht Frankfurt n. V. 4:2; 1. FC Nürnberg – TSG 1899 Hoffenheim 2:1.
Viertelfinale: Hamburger SV – Hansa Rostock 2:0; Rot-Weiss Essen – 1. FC Nürnberg n. V. 1:1, Elfmeterschießen 4:5; Chemnitzer FC – SC Freiburg n. V. 1:1, Elfmeterschießen 3:5; Carl Zeiss Jena – Hertha BSC 1:3.
Halbfinale: SC Freiburg – Hamburger SV n. V. 3:1; 1. FC Nürnberg – Hertha BSC n. V. 1:1, Elfmeterschießen 1:4.
Endspiel am 12. Mai 2012 in Berlin: SC Freiburg – Hertha BSC 2:1 (2:1)
Freiburg: Bergdorf – Göppert (Ehret), Ginter, Schulz (Menig), Günter – Stanko, Gutjahr – Kerk, Knab (Tasli), Gouaida – Gabriele (2) (Falahen) – Trainer: Schweizer.

2013

1. Runde: Eintracht Trier – Hamburger SV 0:2; Hansa Rostock – Eintracht Frankfurt n. V. 1:5; Hallescher FC – Hertha BSC 0:2; Werder Bremen – 1. FC Nürnberg 3:0; RB Leipzig – Energie Cottbus n. V. 1:1, Elfmeterschießen 3:4.
Achtelfinale: 1. FC Kaiserslautern – Hertha BSC 2:0; SC Freiburg – VfB Stuttgart 3:1; VfB Lübeck – VfL Wolfsburg 1:4; Karlsruher SC – Hamburger SV 1:0; 1. FC Saarbrücken – Rot-Weiß Erfurt n. V. 1:2;

Eintracht Frankfurt – Borussia Mönchengladbach 2:3; 1. FC Köln – Energie Cottbus 4:0; Borussia Dortmund – Werder Bremen 0:1.
Viertelfinale: Karlsruher SC – SC Freiburg 2:0; Borussia Mönchengladbach – VfL Wolfsburg 4:3; Rot-Weiß Erfurt – 1. FC Köln 1:2; 1. FC Kaiserslautern – Werder Bremen 5:1.
Halbfinale: Karlsruher SC – 1. FC Köln 0:1; Borussia Mönchengladbach – 1. FC Kaiserslautern n. V. 2:2, Elfmeterschießen 1:4.
Endspiel am 1. Juni 2013 in Berlin: 1. FC Köln – 1. FC Kaiserslautern 1:0 (0:0)
Köln: Mesenhöler – Schäfer, Müller (Engelke), Tuncer, Wallenborn – Wiebe, Gerhardt – La Monica, Oliveira-Souza (Tobias Berg), Jesic – Ban (1) (Scepanik) – Trainer: Schadt.

2014

1. Runde: SV Elversberg – Holstein Kiel 1:3; Energie Cottbus – 1. FC Kaiserslautern n. V. 1:5; Rot-Weiß Erfurt – Werder Bremen 0:1; 1. FC Magdeburg – Wacker Burghausen 0:4; TuS Koblenz – SC Freiburg 1:4.
Achtelfinale: FC Schalke 04 – Borussia Mönchengladbach 4:0; SV Waldhof Mannheim – Bayer Leverkusen 0:2; 1. FC Kaiserslautern – Eintracht Frankfurt 2:3; Hansa Rostock – VfB Stuttgart 1:6; Hertha Zehlendorf – SC Freiburg 0:2; Niendorfer TSV – Hannover 96 0:6; RB Leipzig – Wacker Burghausen 3:0; Holstein Kiel – Werder Bremen 0:3.
Viertelfinale: SC Freiburg – Eintracht Frankfurt n. V. 2:0; RB Leipzig – FC Schalke 04 n. V. 0:0, Elfmeterschießen 3:4; Hannover 96 – VfB Stuttgart 3:2; Bayer Leverkusen – Werder Bremen n. V. 3:2.
Halbfinale: SC Freiburg – Bayer Leverkusen 2:0; Hannover 96 – FC Schalke 04 n. V. 2:2, Elfmeterschießen 6:7.
Endspiel am 17. Mai 2014 in Berlin: SC Freiburg – FC Schalke 04 n. V. 1:1 (0:0, 0:0), Elfmeterschießen 7:6
Freiburg: Eisele – Schöttgen, Gbadamassi, Föhrenbach, Faller – Hofgärtner, Lickert – Dräger, Dorn (1) (Sattelberger, Rodas Steeg), Bergmann (Sick) – Daouri – Trainer: Gunkel.

2015

1. Runde: Energie Cottbus – Eintracht Frankfurt 5:1; Chemnitzer FC – FC Schalke 04 0:3; SV Elversberg – TSV München 1860 1:4; Hertha BSC – SC Freiburg 2:0; Waldhof Mannheim – VfR Aalen 1:3.
Achtelfinale: Energie Cottbus – Hansa Rostock 2:0; Flensburg 08 – FC Schalke 04 0:9; 1. FC Mönchengladbach – Hertha BSC 0:1; Eintracht Trier – FC St. Pauli 0:5; VfL Wolfsburg – VfR Aalen 4:1; Hallescher FC – SV Gonsenheim 1:2; Carl Zeiss Jena – TSV München 1860 0:1; Werder Bremen – 1. FC Köln 2:3.
Viertelfinale: 1. FC Köln – FC Schalke 04 0:2; FC St. Pauli – Hertha BSC 0:1; Energie Cottbus – TSV München 1860 3:1; SV Gonsenheim – VfL Wolfsburg 0:2.
Halbfinale: Energie Cottbus – VfL Wolfsburg n. V. 2:2, Elfmeterschießen 4:3; FC Schalke 04 – Hertha BSC 1:2.
Endspiel am 30. Mai 2015 in Berlin: Hertha BSC – Energie Cottbus 1:0 (0:0)
Berlin: Körber – Regäsel, Beyer (1), Torunarigha, Mittelstädt – Bektic – Pelivan (Klehr) – Kauter (Rausch), Jensen (Hasse), Abderrahmane (Kraeft) – Brömer – Trainer: Hartmann.

2016

1. Runde: Hansa Rostock – Hertha BSC 0:2; Borussia Dortmund – 1. FSV Mainz 05 2:0; 1. FC Saarbrücken – FC St. Pauli 3:1; 1. FC Magdeburg – Fortuna Düsseldorf 0:3; Hannover 96 – VfB Stuttgart 3:1.
Achtelfinale: 1. FC Saarbrücken – Hannover 96 2:4; Holstein Kiel – FSV Zwickau 4:3; Fortuna Düsseldorf – Bayer Leverkusen 2:3; Carl Zeiss Jena – SV Waldhof Mannheim 1:0; SpVgg Greuther Fürth – SC Freiburg 0:3; TuS Koblenz – Hertha BSC 1:5; Energie Cottbus – Borussia Dortmund 0:3; SV Wehen Wiesbaden – Werder Bremen 1:2.
Viertelfinale: Holstein Kiel – Borussia Dortmund 0:4; Bayer Leverkusen – Werder Bremen n. V. 1:1, Elfmeterschießen 2:4; Hannover 96 – SC Freiburg 1:0; Carl Zeiss Jena – Hertha BSC 2:3.
Halbfinale: Werder Bremen – Hertha BSC 4:5; Hannover 96 – Borussia Dortmund 2:0.
Endspiel am 21. Mai 2016 in Berlin: Hannover 96 – Hertha BSC 4:2 (2:2)
Hannover: Neubauer – Morison, Witte, Springfeld, Ritzka (1) – Zentler (Baar), Langer – Epale-Otto, Demir – Huth (1) (Riegel), Darwish (2) – Trainer: Stendel.

2017

1. Runde: TSG Balingen – FC Ingolstadt 04 1:3; RB Leipzig – Eintracht Braunschweig n. V. 0:3; Hansa Rostock – Werder Bremen 0:4; Eintracht Trier – 1. FC Saarbrücken 1:0; SV Wehen Wiesbaden – SC Freiburg 0:2.

Achtelfinale: Holstein Kiel – Hallescher FC 3:0; 1. FC Köln – Werder Bremen 3:2; VfL Bochum – 1. FC Kaiserslautern 0:3; Energie Cottbus – 1. FC Union Berlin 4:0; Carl Zeiss Jena – SC Freiburg n. V. 1:0; FC St. Pauli – FC Ingolstadt 04 n. V. 1:1, Elfmeterschießen 6:7; Eintracht Trier – MSV Duisburg 0:2; FC-Astoria Walldorf – Eintracht Braunschweig 0:3.
Viertelfinale: Carl Zeiss Jena – Energie Cottbus 2:1; MSV Duisburg – Eintracht Braunschweig n. V. 1:1, Elfmeterschießen 4:5; Holstein Kiel – 1. FC Köln 1:2; FC Ingolstadt 04 – 1. FC Kaiserslautern 2:4.
Halbfinale: 1. FC Köln – Eintracht Braunschweig n. V. 1:1, Elfmeterschießen 4:5; Carl Zeiss Jena – 1. FC Kaiserslautern 2:1.
Endspiel am 27. Mai 2017 in Berlin: Eintracht Braunschweig – Carl Zeiss Jena 3:0 (0:0)
Braunschweig: Konert – Mema, Panourgias (Mittelstädt), Kolgeci, Wand – Bürger (Schleef), Canbaz (1) (Blyszko) – Fleischmann (Traore), Güner – Voitenko (1), Adetula (1) – Trainer: Leopold.

2018

1. Runde: Carl Zeiss Jena – TSG 1899 Hoffenheim 0:2; Hertha Zehlendorf – Hertha BSC 0:4; Dynamo Dresden – Bayer Leverkusen 3:2; Hansa Rostock – 1. FC Kaiserslautern 0:2; Eintracht Trier – FC Ingolstadt 04 0:2; RB Leipzig – Eintracht Frankfurt n. V. 3:1; 1. FC Köln – SV Sandhausen 1:3; VfL Wolfsburg – 1. FC Heidenheim 1:2; Energie Cottbus – VfL Bochum 1:3; SV Lippstadt 08 – Hannover 96 0:3; FC St. Pauli – Werder Bremen 0:1; FC Schalke 04 – Eintracht Braunschweig 2:1; 1. FC Magdeburg – 1. FSV Mainz 05 1:0; Bayern München – Borussia Dortmund 1:0; Holstein Kiel – SC Freiburg 0:1; 1. FC Saarbrücken – Borussia Mönchengladbach 1:2.
Achtelfinale: SC Freiburg – VfL Bochum n. V. 0:0, Elfmeterschießen 3:2; FC Ingolstadt 04 – SV Sandhausen n. V. 2:2, Elfmeterschießen 3:4; Dynamo Dresden – Borussia Mönchengladbach n. V. 1:2; TSG 1899 Hoffenheim – Hannover 96 3:2; 1. FC Magdeburg – Hertha BSC 2:1; Werder Bremen – 1. FC Heidenheim 5:0; RB Leipzig – FC Schalke 04 1:3; 1. FC Kaiserslautern – Bayern München 3:2.
Viertelfinale: 1. FC Magdeburg – SC Freiburg 1:2; TSG 1899 Hoffenheim – FC Schalke 04 2:0; 1. FC Kaiserslautern – Werder Bremen n. V. 0:0; Elfmeterschießen 14:13; Borussia Mönchengladbach – SV Sandhausen 2:0.
Halbfinale: 1. FC Kaiserslautern – TSG 1899 Hoffenheim 5:0; SC Freiburg – Borussia Mönchengladbach 2:0.
Endspiel am 19. Mai 2018 in Berlin: SC Freiburg – 1. FC Kaiserslautern 2:1 (0:0)
Freiburg: Kovac – Treu, Kammerknecht, Schlotterbeck, Risch – L. Herrmann, Keitel – Leopold (1), Boukhalfa (1) (Bühl), Bruno (Estifanos) – Schmid (Hermes) – Stamm.

2019

1. Runde: Hansa Rostock – Werder Bremen 0:4; 1. FC Kaiserslautern – FC Augsburg 1:4; TuS Komet Arsten – Hertha BSC 0:5; 1. FC Saarbrücken – 1. FC Magdeburg 0:1; SG Andernach – RB Leipzig 0:8; FC Viktoria Köln – VfB Stuttgart 0:3; Rot-Weiß Erfurt – FC Schalke 04 0:1; Tennis Borussia Berlin – Borussia Dortmund 0:1; VfL Bochum – Holstein Kiel 6:2; Hamburger SV – SC Freiburg 1:2; TSG 1899 Hoffenheim – Bayern München 1:3; FSV Frankfurt – FC St. Pauli 2:3; Offenburger FV – SV Sandhausen 2:4; Energie Cottbus – SC Paderborn 07 0:2; Wuppertaler SV – 1. FC Nürnberg 2:1; Dynamo Dresden – VfL Wolfsburg 0:2.
Achtelfinale: 1. FC Magdeburg – Werder Bremen 2:1; Bayern München – VfB Stuttgart 1:3; Borussia Dortmund – FC Augsburg 2:0; SC Paderborn 07 – SC Freiburg 2:4; VfL Bochum – VfL Wolfsburg 0:1; Hertha BSC – FC St. Pauli 0:3; FC Schalke 04 – RB Leipzig 1:2; Wuppertaler SV – SV Sandhausen 1:0.
Viertelfinale: FC St. Pauli – RB Leipzig 0:2; SC Freiburg – VfL Wolfsburg 3:1; 1. FC Magdeburg – Borussia Dortmund 1:2; Wuppertaler SV – VfB Stuttgart 1:2.
Halbfinale: VfB Stuttgart – SC Freiburg 4:0; RB Leipzig – Borussia Dortmund n. V. 1:1, Elfmeterschießen 9:8.
Endspiel am 24. Mai 2019 in Potsdam: VfB Stuttgart – RB Leipzig 2:1 (0:0)
Stuttgart: Hornung – Aidonis, Mack, Kopf – Reutter, Lockl, Bätzner, Günes (Kleinhansl) – Egloff (2) (Münst) – Hottmann, Dajaku (Cetinkaya) – Interimstrainer: Teufel.

2020

1. Runde: FK Pirmasens – VfL Bochum 1:5; Hallescher FC – FC St. Pauli 0:1; SC Borgfeld – Bayer Leverkusen 0:6; FC Ingolstadt 04 – SC Freiburg 2:0; Kickers Offenbach – Borussia Mönchengladbach 1:3; Hansa Rostock – Jahn Regensburg 2:3; 1. FC Köln – 1. FSV Mainz 05 1:2; Fortuna Düsseldorf – Hannover 96 n. V. 2:2, Elfmeterschießen 1:4; Borussia Dortmund – RB Leipzig 1:2; SSV Ulm 1846 – TSG 1899 Hoffenheim n. V. 4:2; Energie Cottbus – Hertha BSC 3:2; Holstein Kiel – Werder Bremen 1:2; SV Elversberg – VfB Stuttgart 0:3; VfL Wolfsburg – Bayern München 2:3; Rot-Weiß Erfurt – FC Schalke 04 1:2; SG Mülheim-Kärlich – Dynamo Dresden 0:0.

Achtelfinale: Energie Cottbus – Bayern München 3:2; Jahn Regensburg – Dynamo Dresden 0:2; Borussia Mönchengladbach – Werder Bremen n. V. 1:1, Elfmeterschießen 6:7; Hannover 96 – 1. FSV Mainz 05 n. V. 1:2; RB Leipzig – VfB Stuttgart 2:5; VfL Bochum – FC St. Pauli 2:1; FC Ingolstadt 04 – FC Schalke 04 0:3; SSV Ulm 1846 – Bayer Leverkusen 1:3.
Viertelfinale: VfB Stuttgart – VfL Bochum 2:0; Energie Cottbus – Werder Bremen 0:2; 1. FSV Mainz 05 – FC Schalke 04 1:0; Dynamo Dresden – Bayer Leverkusen 4:1.
Halbfinale: VfB Stuttgart – 1. FSV Mainz 05; Dynamo Dresden – Werder Bremen. Beide für den 21. März 2020 terminierten Spiele wurden abgesagt.
Wegen der Coronvirus-Pandemie beschloss der Außerordentliche DFB-Bundestag am 25. Mai 2020 in Frankfurt den Abbruch aller Junioren-Wettbewerbe.

2021

1. Runde: SV Wehen Wiesbaden – Borussia Dortmund 0:3; Dynamo Dresden – VfL Wolfsburg 2:3; FC Viktoria 1889 Berlin – Borussia Mönchengladbach n. V. 0:1; Hansa Rostock – Werder Bremen 6:2; Energie Cottbus – VfB Stuttgart 5:2; 1. FC Magdeburg – FC Schalke 04 1:3; Bayer Leverkusen – 1. FC Köln 0:4; Hannover 96 – 1. FC Heidenheim n. V. 1:2; Bayern München – FC St. Pauli 8:0; 1. FC Nürnberg – TSG 1899 Hoffenheim n. V. 3:1; Carl Zeiss Jena – Hertha BSC 2:1; FC Oberneuland – Holstein Kiel 1:3; TSV Schott Mainz – SC Freiburg 0:2; 1. FC Union Berlin – Fortuna Düsseldorf 0:3; SV Elversberg – RB Leipzig 0:4; TuS Koblenz – 1. FSV Mainz 05 1:5.

Wegen der Coronvirus-Pandemie beschloss der DFB-Vorstand am 23. April 2021 den Abbruch aller Junioren-Wettbewerbe.

Junioren-Länderpokal

Von 1953 bis 1973 A-Junioren-Länderpokal der Regionalverbände; von 1974 bis 1983 A-Junioren der 16 Landesverbände; 1984 bis 1990 B1-Junioren (U16) der 16 Landesverbände; 1991 B2-Junioren (U15) der Regionalverbände; ab 1992 B2-Junioren der Landesverbände.

Die bisherigen Sieger:

1953 Nord – 1954, 1955, 1956 West – 1957 Süd – 1958 Nord – 1959 West – 1960 Nord – 1961, 1962, 1963 West – 1964 Südwest – 1965 West – 1966 Süd – 1967 Südwest und West (nach einem 2:2 wurden beide zum Sieger 2:2 erklärt) – 1968 Berlin – 1969 West – 1970 Süd – 1971 West – 1972 Nord – 1973 West – 1974 Niederrhein – 1975 Südwest – 1976 Westfalen – 1977, 1978 Bayern – 1979 Hessen – 1980 Mittelrhein – 1981 Niedersachsen – 1982 Bayern – 1983 Niedersachsen – 1984 Niederrhein – 1985 Westfalen – 1986 Mittelrhein – 1987, 1988, 1989 Württemberg – 1990 Hessen – 1991 West – 1992 Berlin – 1993 Sachsen – 1994 Mittelrhein – 1995 Hessen – 1996 Mittelrhein – 1997 Niedersachsen – 1998 Württemberg – 1999 Bayern – 2000 Bremen – 2001 Württemberg – 2002 Mittelrhein – 2003 Berlin – 2004 Würrtemberg – 2005 Bayern – 2006 Südwest – 2007 Württemberg – 2008 Westfalen – 2009 Mittelrhein – ab 2010 siehe Sichtungsturniere.

U18-Sichtungsturnier
2010 Württemberg – 2011 Bayern – 2012, 2013 Württemberg – 2014 Bayern – 2015 Mittelrhein – 2016 Westfalen – 2017 Bayern – 2018 Niedersachsen – 2019 DFB-Perspektivteam U19 – 2020 nicht ausgetragen.

U16-Sichtungsturnier
2010 Niederrhein – 2011 Bayern – 2012 Niedersachsen – 2013 Bayern – 2014 Württemberg – 2015 Niedersachsen – 2016 Sachsen – 2017, 2018 Bayern – 2019 DFB-Perspektivteam U17 – 2020, 2021 nicht ausgetragen.

U15-Sichtungsturnier
2010 Westfalen – 2011 Bayern – 2012, 2013 Mittelrhein – 2014 Hessen – 2015 Niedersachsen – 2016 Westfalen – 2017 Hessen – 2018 Mittelrhein – 2019 Berlin – 2020, 2021 nicht ausgetragen.

U14-Sichtungsturnier
2012 Bayern und Westfalen – 2013 Berlin und Westfalen – 2014 Baden und Bayern – 2015 Hessen und Westfalen – 2016 Württemberg und Niedersachsen – 2017 Württemberg und Bayern – 2018 Baden und Bayern – 2019 Berlin und Württemberg – 2020, 2021 nicht ausgetragen.

Die Meister der A-Junioren-Bundesliga

Nord/Nordost: 2004 Hannover 96 – 2005, 2006 Hertha BSC – 2007 Werder Bremen – 2008 VfL Wolfsburg – 2009 Werder Bremen – 2010 Hansa Rostock – 2011, 2012, 2013, 2014 VfL Wolfsburg – 2015 RB Leipzig – 2016 Werder Bremen – 2017 VfL Wolfsburg – 2018 Hertha BSC – 2019 VfL Wolfsburg – 2020 Werder Bremen (nach Quotientenregelung) – 2021 abgebrochen.
West: 2004, 2005 VfL Bochum – 2006 FC Schalke 04 – 2007 Bayer Leverkusen – 2008 1. FC Köln – 2009 Borussia Dortmund – 2010, 2011 Bayer Leverkusen – 2012, 2013, 2014, 2015 FC Schalke 04 – 2016, 2017 Borussia Dortmund – 2018, 2019 FC Schalke 04 – 2020 1. FC Köln (nach Quotientenregelung) – 2021 abgebrochen.
Süd/Südwest: 2004 Bayern München – 2005 VfB Stuttgart – 2006 SC Freiburg – 2007 Bayern München – 2008 VfB Stuttgart – 2009 SC Freiburg – 2010 VfB Stuttgart – 2011 1. FC Kaiserslautern – 2012, 2013 Bayern München – 2014, 2015, 2016 TSG 1899 Hoffenheim – 2017 Bayern München – 2018 TSG 1899 Hoffenheim – 2019 VfB Stuttgart – 2020 Bayern München (nach Quotientenregelung) – 2021 abgebrochen.

Die Meister der B-Junioren-Bundesliga

Nord/Nordost: 2008 Hertha BSC – 2009 VfL Wolfsburg – 2010 Hertha BSC – 2011 Werder Bremen – 2012, 2013 Hertha BSC – 2014, 2015 RB Leipzig – 2016 VfL Wolfsburg – 2017 Werder Bremen – 2018 RB Leipzig – 2019 VfL Wolfsburg – 2020 Hertha BSC (nach Quotientenregelung) – 2021 abgebrochen
West: 2008 Borussia Dortmund – 2009 Borussia Mönchengladbach – 2010 Bayer Leverkusen – 2011, 2012 1. FC Köln – 2013 FC Schalke 04 – 2014, 2015, 2016 Borussia Dortmund – 2017 FC Schalke 04 – 2018, 2019 Borussia Dortmund – 2020 1. FC Köln (nach Quotientenregelung) – 2021 abgebrochen.
Süd/Südwest: 2008 TSG 1899 Hoffenheim – 2009 Bayern München – 2010 Eintracht Frankfurt – 2011 VfB Stuttgart – 2012 1. FC Nürnberg – 2013 VfB Stuttgart – 2014 1. FSV Mainz 05 – 2015, 2016 VfB Stuttgart – 2017, 2018, 2019 Bayern München – 2020 1. FSV Mainz 05 (nach Quotientenregelung) – 2021 abgebrochen.

Die Meister der C-Junioren-Regionalligen

Nord: 2005, 2006, 2007, 2008, 2009, 2010 Werder Bremen – 2011 Hannover 96 – 2012 Werder Bremen – 2013 Hamburger SV – 2014 VfL Wolfsburg – 2015 FC St. Pauli – 2016, 2017 VfL Wolfsburg – 2018, 2019, 2020 Werder Bremen (2020 nach Quotientenregelung) – 2021 abgebrochen.
Nordost (bis 2015 Talenteliga Mitteldeutschland): 2010, 2011, 2012 Hertha BSC – 2013 RB Leipzig – 2014 Hertha BSC – 2015 1. FC Magdeburg – 2016, 2017, 2018 RB Leipzig – 2019, 2020 Hertha BSC (2020 nach Quotientenregelung) – 2021 abgebrochen.
West: 2007 Borussia Mönchengladbach – 2008, 2009 Borussia Dortmund – 2010 Borussia Mönchengladbach – 2011, 2012 Bayer Leverkusen – 2013 Borussia Dortmund – 2014 Bayer Leverkusen – 2015 1. FC Köln – 2016, 2017, 2018, 2019 Borussia Dortmund – 2020 MSV Duisburg (nach Quotientenregelung) – 2021 abgebrochen.
Südwest: 2010 1. FSV Mainz 05 – 2011 1. FC Kaiserslautern – 2012 1. FC Saarbrücken – 2013, 2014 1. FSV Mainz 05 – 2015 1. FC Kaiserslautern – 2016, 2017, 2018, 2019, 2020 1. FSV Mainz 05 (2020 nach Quotientenregelung) – 2021 abgebrochen.
Süd: 2011 VfB Stuttgart – 2012, 2013 TSG 1899 Hoffenheim – 2014 Eintracht Frankfurt – 2015 VfB Stuttgart – 2016 TSG 1899 Hoffenheim – 2017 VfB Stuttgart – 2018 TSG 1899 Hoffenheim – 2019, 2020 VfB Stuttgart (2020 nach Quotientenregelung) – 2021 abgebrochen.
Bayern: 2018, 2019, 2020 Bayern München (2020 nach Quotientenregelung) – 2021 abgebrochen.

Auf Kurs: Die Frauen-Nationalmannschaft qualifizierte sich mit acht Siegen für die EM-Endrunde 2022 in England. Bereits im September stehen die ersten Qualifikationsspiele für die WM 2023 in Australien und Neuseeland auf dem Programm.

KAPITEL 14

DER FRAUENFUSSBALL

Die Bilanz der 487 Frauen-Länderspiele

Gegner	Spiele	Siege	Unentsch.	Niederl.	Tore	11-m-Sch.
Argentinien	2	2	–	–	17:1	
Australien	5	3	1	1	12:6	
Belgien	7	4	2	1	14:5	
Brasilien	12	7	4	1	28:13	
Bulgarien	3	3	–	–	11:2	
Chile	2	1	1	–	2:0	
China	31	17	6	8	56:30	
Dänemark	22	12	4	6	45:19	
Elfenbeinküste	1	1	–	–	10:0	
England	26	21	4	1	65:17	
Färöer	2	2	–	–	19:0	
Finnland	10	9	–	1	33:2	
Frankreich	20	11	4	5	41:17	5:4
Ghana	1	1	–	–	11:0	
Griechenland	2	2	–	–	11:0	
Irland	6	6	–	–	15:3	
Island	16	15	–	1	60:6	
Italien	28	16	8	4	53:21	4:3, 3:4
Japan	14	11	2	1	33:14	
Jugoslawien	1	1	–	–	3:0	
Kanada	16	15	–	1	47:17	
Kasachstan	2	2	–	–	24:0	
Kroatien	6	6	–	–	30:0	
Mexiko	2	2	–	–	8:0	
Montenegro	2	2	–	–	13:0	
Neuseeland	2	2	–	–	12:1	
Niederlande	20	12	5	3	48:15	
Nigeria	8	8	–	–	25:2	
Nordkorea	4	4	–	–	9:0	
Norwegen	42	21	7	14	75:52	
Österreich	2	2	–	–	7:3	
Polen	4	4	–	–	21:1	
Portugal	4	4	–	–	41:0	
Rumänien	2	2	–	–	8:0	
Russland (Sowjetunion)	20	18	2	–	69:8	
Schottland	5	5	–	–	20:1	
Schweden	30	21	1	8	54:35	
Schweiz	17	16	1	–	80:4	
Simbabwe	1	1	–	–	6:1	
Slowakei	4	4	–	–	20:1	
Slowenien	4	4	–	–	27:0	
Spanien	5	3	2	–	14:2	
Südafrika	1	1	–	–	4:0	
Taiwan	1	1	–	–	3:0	
Thailand	1	1	–	–	4:0	
Tschechien	4	4	–	–	19:0	
Tschechoslowakei	4	3	1	–	9:1	
Türkei	5	5	–	–	40:1	
Ukraine	8	7	1	–	40:3	
Ungarn	9	7	1	1	26:2	
USA	36	5	7	24	34:73	4:3
Wales	4	4	–	–	34:0	
Gesamt:	487	342	64	81	1410:379	

Die A-Nationalmannschaften der Frauen

1982: 1 Spiel: 1 Sieg

1 **Schweiz**, 10. 11., Koblenz, 5:1 gewonnen: Feiden (Reichler) – Dlugi-Winterberg (Klinzmann), Landers, Degwitz, Klinz – Koekkoek (Neid 2), Trabant, Krug (Offermann) – Bormann (1), Kresimon (1), Gebauer (1) (Bartelmann) – Kapitän: Trabant – Schiedsrichter: Föckler (Deutschland).

1983: 7 Spiele: 1 Sieg, 5 Unentschieden, 1 Niederlage

2 **Belgien**, 5. 3., Bergisch Gladbach, 1:1 unentschieden (UEFA-Wettbewerb): Feiden – Dlugi-Winterberg, Landers, Klinz (Knopf), Degwitz – Raith (Neid), Koekkoek, Trabant – Bormann, Kresimon, Gebauer (1) – K.: Trabant – SR.: Pauly (Deutschland).

3 **Niederlande**, 19. 3., Venray, 2:2 unentschieden (UEFA-Wettbewerb): Feiden – Dlugi-Winterberg, Landers, Degwitz, Krug – Raith (Bartelmann), Trabant, Neid (Eichenlaub) – Bormann (1), Kresimon, Koekkoek – K.: Trabant. SR: Ettekoven (Niederlande). – Dazu ein Eigentor von Campers.

4 **Dänemark**, 1. 5., Delmenhorst, 1:1 unentschieden (UEFA-Wettbewerb): Feiden – Dlugi-Winterberg, Degwitz (Krug), Landers – Bartelmann, Raith, Koekkoek (1), Trabant – Bormann (Neid), Kresimon, Gebauer – K.: Trabant – SR.: Redelfs (Deutschland).

5 **Schweiz**, 7. 9., Basel, 2:0 gewonnen: Feiden (Breuer) – Klinz, Dlugi-Winterberg, Degwitz, Richter – Raith, Bartelmann (1), Knüpp (Trabant) – Bormann (Neid), Kresimon, Eichenlaub 1 (Fischer) – K.: Dlugi-Winterberg – SR: Blattmann (Schweiz).

6 **Dänemark**, 24. 9., Sonderburg, 0:1 verloren (UEFA-Wettbewerb): Feiden – Dlugi-Winterberg, Klinz, Degwitz, Richter – Neid, Trabant, Raith – Bormann (Doll), Kresimon, Bartelmann (Eichenlaub) – K.: Trabant – SR: Sörensen (Dänemark).

7 **Niederlande**, 8. 10., Siegen, 1:1 unentschieden (UEFA-Wettbewerb): Feiden – Richter, Klinz, Degwitz, Dlugi-Winterberg – Raith, Bormann (Henkel), Neid – Offermann (Fischer), Trabant, Eichenlaub (1) – K.: Trabant – SR: Assenmacher (Deutschland).

8 **Belgien**, 22. 10., Brüssel, 1:1 unentschieden (UEFA-Wettbewerb): Feiden – Dlugi-Winterberg, Dietrich, Degwitz, Klinz – Raith, Neid (1), Offermann, Trabant (Bartelmann) – Bormann, Eichenlaub (Kresimon) – K.: Trabant/Dlugi-Winterberg – SR: Crucke (Belgien).

1984: 8 Spiele: 3 Siege, 1 Unentschieden, 4 Niederlagen

9 **Italien**, 25. 1., Mailand, 1:2 verloren: Feiden (Neuser) – Richter (Jahn), Klinz, Degwitz, Doll – Raith (Kreuzberg), Bartelmann, Neid (1) – Koekkoek, Offermann, Eichenlaub (Henkel) – K.: Klinz – SR: Benini (Italien) – Vereinbarungsgemäß wurde nur über 2 x 35 Minuten gespielt.

10 **Norwegen**, 2. 5., Helmstedt, 1:4 verloren: Feiden (Melka) – Richter, Doll, I. Zimmermann, Scharras (Klinzmann) – Danner (Schute), Bartelmann, Koekkoek, Henkel – Neid, Kreuzberg (1) – K.: Koekkoek – SR: Dr. Umbach (Deutschland).

11 **Italien**, 19. 8., Caorle, 2:1 gewonnen (Vier-Länder-Turnier): Feiden – Richter, I. Zimmermann, Degwitz, Klinzmann – Raith, Koekkoek, Neid – Henkel, Bartelmann (1), Kreuzberg (Eichenlaub 1) – K.: Koekkoek – SR: Podavini (Italien).

12 **England**, 22. 8., Jesolo, 2:0 gewonnen (Vier-Länder-Turnier): Feiden – Richter, I. Zimmermann, Degwitz, Klinzmann – Raith (Schute), Koekkoek (Gehlen), Neid (2) – Henkel, Bartelmann, Kreuzberg – K.: Koekkoek/Neid – SR: Portelli (Italien).

13 **Belgien**, 23. 8., Caorle, 0:2 verloren (Vier-Länder-Turnier): Neuser (Melka) – Richter, Doll, Klinzmann, Gehlen – Raith, Koekkoek, Neid – Kreuzberg (I. Zimmermann), Schute (Eichenlaub), Bartelmann – K.: Koekkoek – SR: Podavini (Italien).

14 **Italien**, 26. 8., Jesolo, 1:3 verloren (Endspiel Vier-Länder-Turnier): Feiden – Richter, I. Zimmermann, Degwitz, Klinzmann (Scharras) – Raith, Koekkoek, Gehlen – Bartelmann, Kreuzberg (1), Eichenlaub (Schute) – K.: Koekkoek – SR: Zaza (Italien).

15 **Finnland**, 3. 10., Lüdenscheid, 1:0 gewonnen (2. UEFA-Wettbewerb): Feiden – Richter, I. Zimmermann, Degwitz, Klinzmann – Raith, Neid, Koekkoek – Kreuzberg (Voss), Offermann, Eichenlaub (1) – K.: Koekkoek – SR: van Swieten (Niederlande).

16 **Niederlande**, 21. 11., Waalwijk, 1:1 unentschieden: Feiden (Heidecke) – Richter, Kuhlmann, Degwitz, Klinzmann (Unsleber) – Raith, Koekkoek, Neid (Israel) – Voss, Kreuzberg (1), Eichenlaub (Damm) – K.: Koekkoek – SR: van Swieten (Niederlande).

1985: 4 Spiele: 4 Niederlagen

17 **Ungarn**, 9. 4., Siofok, 0:1 verloren: Feiden – Richter, J. Zimmermann, Kuhlmann (Unsleber), Klinzmann – Raith, Koekkoek, Neid (Gehlen) – Kreuzberg (Voss), Bartelmann, Offermann (Lasrich) – K.: Koekkoek – SR: Kovacs (Ungarn).

18 **Dänemark**, 1. 5., Sonerborg, 0:3 verloren (2. UEFA-Wettbewerb): Feiden – Haberlaß, Richter, Klinzmann, I. Zimmermann – Raith (Israel), Koekkoek, Neid – Kreuzberg (Lasrich), Offermann, Bartelmann – K.: Koekkoek – SR: Crucke (Belgien).
19 **Norwegen**, 7. 9., Lüneburg, 2:3 verloren (EM-Qualifikation): Reichler – Zimmermann – Paul (Kuhlmann), Haberlaß, Klinzmann – Neid, Raith, Koekkoek, Richter – Kratz, Limper (2) – K.: Koekkoek – SR: Kayser (Luxemburg).
20 **Finnland**, 5. 10., Turku, 0:1 verloren (EM-Qualifikation): Reichler – Haberlaß, Klinzmann, Kuhlmann, Klinz – Neid, Koekkoek, Richter – Kratz (Raith), Limper, Eichenlaub – K.: Koekkoek – SR: Bo Helen (Schweden).

1986: 6 Spiele: 5 Siege, 1 Unentschieden

21 **Ungarn,** 15. 4., Straubing, 2:1 gewonnen: Isbert (Neuser) – Haberlaß (1) (Unsleber), Richter, Klinzmann, Kuhlmann – Damm (1), Pirrung (Henkel), Koekkoek – Voss, Neid, Chaladyniak (Raith) – K.: Koekkoek – SR: Ermer (Deutschland).
22 **Norwegen**, 19. 5., Oslo, 0:0 unentschieden (EM-Qualifikation): Isbert – Degwitz, Klinzmann, Kuhlmann, Richter – Neid, Koekkoek, Limper (Haberlaß) – Damm, Mohr (Henkel), Voss – K.: Koekkoek – SR: Larsson (Schweden).
23 **Island**, 27. 7., Kopavogur, 4:1 gewonnen: Neuser (Butscher) – Degwitz, Kuhlmann (I. Zimmermann), Richter, Klinzmann – Neid, Koekkoek (Raith), Damm (Limper (1)) – Voss (1) (Henkel), Mohr (1), Bartelmann (1) – K.: Koekkoek/Neid – SR: Olafsson (Island).
24 **Island**, 30. 7., Reykjavik, 5:0 gewonnen: Neuser – Degwitz, I. Zimmermann, Richter (1), Klinzmann (1) – Neid (2), Koekkoek, Limper (Raith) – Voss (1), Mohr, Bartelmann (Henkel) – K.: Koekkoek – SR: Olson (Island).
25 **Dänemark**, 4. 10., Bergisch Gladbach, 2:0 gewonnen (EM-Qualifikation): Isbert – Paul (Damm), Degwitz, Kuhlmann, Richter – Raith, Neid, Koekkoek – Voss, Fitschen (1) (Mohr), Bartelmann (1) – K.: Koekkoek – SR: Constantin (Belgien).
26 **Niederlande**, 19. 11., Nordhorn, 3:1 gewonnen: Isbert (Neuser) – Paul (Haberlaß), Degwitz, Richter, Kuhlmann – Raith, Koekkoek, Neid (1) – Voss (1), Mohr (1) (Nardenbach), Bartelmann (Hümme) – K.: Koekkoek – SR: Osmers (Deutschland).

1987: 6 Spiele: 6 Siege

27 **Niederlande**, 1. 4., Bad Neuenahr-Ahrweiler, 3:1 gewonnen: Isbert – Haberlaß (Scharras), Kuhlmann, Degwitz, Raith – Richter, Neid (1) (Damm), Koekkoek – Voss (1), Fitschen (1) (Mohr), Bartelmann – K.: Koekkoek – SR: Assenmacher (Deutschland).
28 **Frankreich**, 16. 5., Dillingen/Saar, 2:0 gewonnen: Isbert (Neuser) – Kuhlmann (Limper) – Paul, Degwitz, Trauschke (Minor) – Richter, Koekkoek, Neid (1) – Voss (1) (Stumpf), Fitschen (Mohr), Bartelmann – K.: Koekkoek – SR: Dellwing (Deutschland).
29 **Island**, 4. 9., Verden, 5:0 gewonnen: Neuser – Kuhlmann (1) – Unsleber (1), Klinzmann – Neid, Damm (Mohr), Koekkoek (1). Raith (Scharras) – Voss, Fitschen (1), Stumpf (Nardenbach (1)) – K.: Koekkoek – SR: Mierswa (Deutschland).
30 **Island**, 6. 9., Delmenhorst, 3:2 gewonnen: Wagner – Kuhlmann – Unsleber, Raith – Neid (3), Damm (Richter), Koekkoek (Hümme) – Voss, Nardenbach (Mohr), Stumpf, Fitschen – K.: Koekkoek/Neid – SR: Heitmann (Deutschland).
31 **Ungarn**, 7. 10., Budapest, 1:0 gewonnen (EM-Qualifikation): Isbert – Richter, Raith, Unsleber, Degwitz-Steinmetz – Damm, Neid, Koekkoek (Mohr) – Voss, Fitschen (1), Stumpf – K.: Koekkoek/Voss – SR: Petrescu (Rumänien).
32 **Italien**, 15. 11., Burghausen, 3:0 gewonnen (EM-Qualifikation): Isbert – Limper – Unsleber (1), Raith, Klinzmann – Richter, Voss, Koekkoek (Damm), Neid – Fitschen (2), Bartelmann (Mohr) – K.: Koekkoek/Voss – SR.: Goris (Belgien).

1988: 8 Spiele, 3 Siege, 3 Unentschieden, 2 Niederlagen

33 **Italien**, 2. 4., Andria, 0:0 unentschieden (EM-Qualifikation): Isbert – Kuhlmann – Unsleber, Haberlass, Klinzmann – Richter (Fütterer), Damm, Fitschen, Neid – Voss, Mohr – K.: Neid – SR: Lartigot (Frankreich).
34 **Schweiz**, 14. 5., Pforzheim, 0:0 unentschieden (EM-Qualifikation): Isbert – Kuhlmann – Unsleber, Raith, Klinzmann – Damm, Fitschen, Neid – Voss, Fischer (Fütterer), Henkel – K.: Neid – SR. Lemmer (Luxemburg).
35 **Italien**, 20. 7., Arco, 0:1 verloren (Turnier): Wagner – Unsleber (Hümme), Landers, Kuhlmann, Raith, Voss, Damm, Mohr, Fehrmann, Fitschen (Engel), Krause (Trauschke) – K.: Raith – SR: Pozzati (Algerien).

36 **USA**, 22. 7., Arco, 1:2 verloren (Turnier): Lütke – Fehrmann, Kuhlmann, Landers, Raith (1), Klinzmann (Trauschke), Damm, Unsleber, Neid (Krause), Voss, Mohr – K.: Neid/Raith – SR: Cafiero di Roma (Italien).

37 **Schweiz**, 17. 9., Binningen, 10:0 gewonnen (EM-Qualifikation): Isbert – Landers – Unsleber, Fehrmann, Raith (1) – Sonn (2), Damm (Wiese), Neid (1) – Voss (1), Mohr (4), Krause 1 (Landwehr) – K.: Neid – SR: Girard (Frankreich).

38 **Ungarn**, 30. 10., Passau, 4:0 gewonnen (EM-Qualifikation): Isbert – Landers – Unsleber (1), Fehrmann, Raith (1) – Sonn (Nardenbach), Damm, Wiese – Krause (1), Fitschen 1 (Bindl), Mohr – K.: Raith – SR: Goethals (Belgien).

39 **Tschechoslowakei**, 26. 11., Bratislava, 1:1 unentschieden (EM-Viertelfinale): Isbert – Landers – Unsleber, Nardenbach, Raith – Sonn, Damm (Fitschen), Neid – Voss, Mohr, Krause (Bindl (1)) – K.: Neid – SR: Craciunescu (Rumänien).

40 **Tschechoslowakei**, 17. 12., Kaiserslautern, 2:0 gewonnen (EM-Viertelfinale): Isbert – Landers – Unsleber, Nardenbach, Raith, Sonn (Damm), Fehrmann (Fitschen), Neid (1) – Voss, Mohr (1), Bindl – K.: Neid – SR: Gilson (Luxemburg).

1989: 6 Spiele, 5 Siege, 1 Unentschieden

41 **Bulgarien**, 21. 3., Sofia, 3:1 gewonnen: Isbert (Walther) – Landers – Nardenbach, Unsleber, Raith – Sonn (1) (Fitschen). Fehrmann (Damm), Neid (Kuhlmann) – Voss, Mohr (1), Bindl (1) (Lohn)-K: Raith – SR: Alexandrov (Bulgarien).

42 **Dänemark**, 10. 5., Osnabrück, 1:0 gewonnen: Isbert-Landers – Unsleber (Haberlaß), Nardenbach (Fehrmann), Raith (Kuhlmann) – Damm, Neid, Fitschen (Bindl) – Lohn (1), Mohr, Bartelmann (Gottschlich) – K.: Neid – SR: Mierswa (Deutschland).

43 **Italien**, 28. 6., Siegen, 1:1 unentschieden/4:3 im Elfmeterschießen (EM-Halbfinale): Isbert – Landers – Kuhlmann, Nardenbach, Raith – Damm, Fitschen, Neid (1) (Fehrmann) – Voss, Mohr, Lohn (Bindl) – K.: Neid/Raith – SR: Hill (England) – Tore im Elfmeterschießen: Kuhlmann, Bindl, Fitschen, Isbert.

44 **Norwegen**, 2. 7., Osnabrück, 4:1 gewonnen (EM-Endspiel): Isbert – Kuhlmann – Nardenbach, Raith – Haberlaß (Bindl), Fitschen (Fehrmann (1)), Neid, Damm, Voss, Mohr (1), Lohn (2) – K.: Neid – SR: Silva Valente (Portugal).

45 **Ungarn**, 1. 10., Straubing, 0:0 unentschieden (EM-Qualifikation): Isbert – Kuhlmann – Nardenbach, Unsleber, Raith – Damm, Wiegmann, Neid – Gottschlich, Fitschen (Sonn), Lohn – K.: Neid – SR: Martino (Schweiz).

46 **Tschechoslowakei**, 22. 11., Marburg. 5:0 gewonnen (EM-Qualifikation): Isbert – Landers – Raith, Uebelhör, Nardenbach – Bindl (1) (Gottschlich), Neid (1), Unsleber (1), Sonn (Damm) – Mohr (2), Bartelmann – K.: Neid – SR: Steindl (Österreich).

1990: 10 Spiele: 9 Siege, 1 Niederlage

47 **Bulgarien**, 11. 4., Sofia, 4:1 gewonnen (EM-Qualifikation): Isbert – Uebelhör – Nardenbach, Raith, Unsleber (1), Fitschen, Bindl, Damm (1) – Lohn (1), Mohr (1), Bartelmann (Gottschlich) – K.: Raith – SR: Constantin (Rumänien).

48 **Tschechoslowakei**, 29. 4., Frydek-Mistek, 1:0 gewonnen (EM-Qualifikation): Isbert – Uebelhör – Nardenbach (1), Raith – Unsleber, Damm, Fitschen, Bindl (Kuhlmann) – Lohn, Mohr, Bartelmann (Gottschlich) – K.: Raith – SR: Pireaux (Belgien).

49 **England**, 5. 8., Minneapolis, 3:1 gewonnen (Nordamerika-Pokal): Goller – Uebelhör, Nardenbach (Kuhlmann), Unsleber – Raith, Damm (Heinrich), Fitschen (Wiegmann), Neid (Bindl) – Lohn (1), Mohr (2), Voss (Gottschlich) – K.: Neid/Raith – SR: Dominguez (USA).

50 **Sowjetunion**, 7. 8., Minneapolis, 3:0 gewonnen (Nordamerika-Pokal): N. Friedrich – Uebelhör (1), Kuhlmann, Unsleber – Raith, Damm (Wiegmann), Fitschen (Bindl), Neid (1) – Lohn (Heinrich), Mohr, Voss (Gottschlich) – Dazu ein Eigentor des Gegners – K.: Neid – SR: Kleinaitis (USA).

51 **USA II**, 9. 8., Minneapolis, 3:2 gewonnen (Nordamerika-Pokal): Goller (N. Friedrich) – Uebelhör, Kuhlmann, Unsleber – Raith (Heinrich), Wiegmann (Bindl), Fitschen (1), Neid (1) (Damm) – Lohn, Mohr (1), Voss (Gottschlich) – K.: Neid/Raith/Damm – SR: Kleinaitis (USA).

52 **USA I**, 11. 8., Minneapolis, 0:3 verloren (Nordamerika-Pokal): Goller – Uebelhör, Kuhlmann (Wiegmann), Nardenbach, Unsleber (Heinrich) – Raith, Fitschen (Damm), Neid – Lohn (Gottschlich), Mohr, Voss – K.: Neid – SR: Kleinaitis (USA).

53 **Bulgarien**, 26 .9., Rheine, 4:0 gewonnen (EM-Qualifikation): Isbert – Uebelhör – Unsleber (1), Raith (Fitschen) – Nardenbach, Wiegmann, Neid (2), Damm – Voss (Landwehr), Mohr (1), Lohn – K.: Neid – SR: Pireaux (Belgien).

54 **Ungarn**, 14. 10., Sopron, 4:0 gewonnen (EM-Qualifikation): Isbert – Uebelhör – Unsleber (1) (Damm), Nardenbach, Raith – Fitschen, Neid, Wiegmann (1) – Voss (1), Mohr (Hengst), Lohn (1) – K.: Neid – SR: Magni (Italien).

55 **England**, 25. 11., High Wycombe, 4:1 gewonnen (EM-Viertelfinale): Isbert – Fitschen – Unsleber, Nardenbach, Raith – Neid, Damm (Wiegmann), Bindl – Voss (Gottschlich), Mohr (3), Lohn (1) – K.: Neid – SR: Uilenberg (Niederlande).

56 **England**, 16. 12., Bochum, 2:0 gewonnen (EM-Viertelfinale): Isbert – Fitschen – Nardenbach, Raith – Uebelhör (Messner), Bindl, Neid, Unsleber (2) – Voss, Mohr, Lohn (Wiegmann) – K.: Neid – SR: Girard (Frankreich).

1991: 15 Spiele: 12 Siege, 3 Niederlagen

57 **Frankreich**, 28. 3., Paris-Antony, 2:0 gewonnen: Walther (Isbert) – Kuhlmann, Hümme (Nardenbach). Uebelhör (Fitschen), Raith, Neid (1), Fütterer, Damm (Unsleber) – Gottschlich (Voss), Landwehr (Wendt), Mohr (1) – K.: Neid – SR: Veniel (Frankreich).

58 **Polen**, 9. 5., Aue, 2:1 gewonnen: Isbert (Walther) – Fitschen – Kuhlmann, Nardenbach (Wiegmann), Raith – Unsleber, Neid (1), Damm (Landwehr (1)) – Voss, Mohr, Weiß (Gottschlich) – K.: Neid – SR: Ziller (Deutschland).

59 **USA**, 30. 5., Kaiserslautern, 2:4 verloren: Isbert – Fitschen – Kuhlmann (Gottschlich), Nardenbach (Landers), Raith – Unsleber (König), Wiegmann (1), Neid, Damm (Landwehr) – Mohr, Voss (1) – K.: Neid – SR: Merk (Deutschland).

60 **China**, 30. 6., Lüdenscheid, 2:0 gewonnen: Isbert – Fitschen – Raith, Nardenbach (1), Kuhlmann – Unsleber, Neid (Bernhard), Bornschein (Damm) – Voss, Mohr (1) (Hengst), Landwehr (Gottschlich) – K.: Neid/Raith – SR: Assenmacher (Deutschland).

61 **Italien**, 11. 7., Frederikshavn, 3:0 gewonnen (EM-Halbfinale): Isbert – Fitschen – Nardenbach, Kuhlmann – Unsleber, Neid, Damm, Raith (1) (Hengst) – Voss (Gottschlich), Mohr (2), Wiegmann – K.: Neid – SR: Philippi (Luxemburg).

62 **Norwegen**, 14. 7., Aalborg, 3:1 n. V. gewonnen (EM-Endspiel): Isbert – Fitschen – Nardenbach, Kuhlmann – Unsleber (Gottschlich), Neid (1), Damm, Raith – Voss (Bornschein), Mohr (2), Wiegmann – K.: Neid – SR: McCluskey (Schottland).

63 **Schweiz**, 28. 8., Weil/Rhein, 3:1 gewonnen: Isbert (Alter) – Fitschen – Unsleber (Paul), Kuhlmann (Wiese) – Raith, Damm, Neid, Wiegmann – Mohr (2), Kubat (1) (Bindl), Hengst (Wendt) – K.: Neid – SR: Gertrud Regus (Hallstadt/Deutschland).

64 **Ungarn**, 25. 9., Mosonmagyarovar, 2:0 gewonnen: Isbert (Alter) – Fitschen – Paul, Nardenbach – Austermühl (Damm), Unsleber (Wendt (1)), Neid, Kuhlmann (Wiese), Wiegmann – Voss, Kubat (Mohr (1)) – K.: Neid – SR: Bay (Ungarn).

65 **Belgien**, 9. 10., Brüssel, 2:1 gewonnen: Walther (Isbert) – Nardenbach (Wiegmann) – Kuhlmann (Paul), Wiese, Stumpf – Unsleber (Austermühl), Neid, Damm – Meinert, Lasrich (1) (Voss), Wendt (Kubat (1)) – K.: Neid – SR: Pireaux (Belgien).

66 **Nigeria**, 17. 11., Jiangmen, 4:0 gewonnen (WM-Gruppenspiel): Isbert – Fitschen – Nardenbach, Unsleber (Kuhlmann), Austermühl – Damm, Neid (1) (Bindl), Wiegmann – Voss, Mohr (2), Gottschlich (1) – K.: Neid/Isbert– SR: Medina (El Salvador).

67 **Taiwan**, 19. 11., Zhongshan, 3:0 gewonnen (WM-Gruppenspiel): Isbert – Fitschen – Nardenbach (Kuhlmann), Paul – Bindl, Damm, Wiegmann (1), Austermühl (Wendt) – Voss, Mohr (2), Gottschlich – K.: Isbert – SR: Boucetta (Tunesien).

68 **Italien**, 21. 11., Zhongshan, 2:0 gewonnen (WM-Gruppenspiel): Isbert – Fitschen – Paul, Austermühl – Voss, Unsleber (1), Hengst (Kuhlmann), Wiegmann, Bindl – Mohr (1), Gottschlich (Wendt) – K.: Isbert – SR: McCluskey (Schottland).

69 **Dänemark**, 24. 11., Zhongshan, 2:1 n. V. gewonnen (WM-Viertelfinale): Isbert – Fitschen – Paul, Austermühl – Kuhlmann, Damm, Wiegmann (1), Bindl (Wendt) – Voss, Mohr (1), Gottschlich (Unsleber) – K.: Isbert – SR: Nikakis (Griechenland).

70 **USA**, 27. 11., Guangzhou, 2:5 verloren (WM-Halbfinale): Isbert – Fitschen – Kuhlmann, Nardenbach – Paul, Wiegmann (1), Bindl, Austermühl (Unsleber) – Voss, Mohr (1), Gottschlich (Wendt) – K.: Isbert – SR: Marcone (Chile).

71 **Schweden**, 29. 11., Guangzhou, 0:4 verloren (WM, Spiel um den 3. Platz): Isbert (Walther) – Fitschen – Unsleber, Nardenbach – Gottschlich, Damm, Wiegmann, Bindl (Kubat) – Voss, Mohr, Wendt – K.: Isbert/Voss – SR.: Guedes (Brasilien).

1992: 6 Spiele: 4 Siege, 2 Unentschieden

72 **Italien**, 18. 4., Rom, 1:1 unentschieden: Walther – Fitschen – Unsleber, Bernhard (Stumpf), Austermühl – Wiegmann, Meinert (Hengst), Berens (Roth) – Voss, Kubat (Gottschlich), Grigoli (1) – K.: Voss – SR: Schlup (Schweiz).

73 **Jugoslawien**, 28. 5., Sofia (wegen des Bürgerkriegs nach Bulgarien verlegt), 3:0 gewonnen (EM-Qualifikation): Walther – Fitschen – Bernhard, Austermühl – Unsleber (1), Voss, Minnert, Wiegmann, Hengst (1) – Grigoli (Kubat), Mohr (1) – K.: Voss – SR: Zygmont (Polen) – Rückspiel abgesagt.

74 **Frankreich**, 2. 9., Bad Kreuznach, 7:0 gewonnen: Walther (Goller) – Fitschen (1) – Kuhlmann (Bernhard), D. Pohlmann (Rastetter), Austermühl (Minnert) – Unsleber, Wiegmann, Neid (3) – Voss (1), Mohr (2), Grigoli (Meinert) – K.: Neid – SR: Birlin (Rheinfelden/Deutschland).

75 **Polen**, 5. 9., Jaworzno, 4:0 gewonnen: Walther – Fitschen – Kuhlmann (Bernhard), Minnert (D. Pohlmann) – Messner (Rastetter) – Voss, Neid, Unsleber, Wiegmann (2) – Mohr (2), Grigoli (Bornschein) – K.: Neid – SR: Grzesiczek (Polen).

76 **Russland**, 11. 10., Moskau, 7:0 gewonnen (EM-Viertelfinale): Walther – Fitschen – Bernhard, D. Pohlmann (Bornschein) – Unsleber (2), Voss (2), Neid (1), Messner, Wiegmann – Mohr (1), Grigoli (1) (Meinert) – K.: Neid – SR: Roduit (Schweiz).

77 **Russland**, 14. 11., Rheine, 0:0 unentschieden (EM-Viertelfinale): Goller – Fitschen – Schlamann (Austermühl), Nardenbach – Meinert, Voss, Unsleber, Neid, Wiegmann – Mohr, Bornschein (Kubat) – K.: Neid – SR: McDonald (Nordirland).

1993: 13 Spiele: 8 Siege, 5 Niederlagen

78 **Schweden**, 11. 3., Ayia Napa, 1:3 verloren (Zypern-Cup): Goller – Bernhard (Minnert), Austermühl, Nardenbach, Fitschen – D. Pohlmann (1) (Rastetter), Voss, Weimar (Gottschlich), Neid – Mohr, Kubat (Bornschein) – K.: Neid – SR: Michanikos (Zypern).

79 **Frankreich**, 12 .3., Ayia Napa, 3:0 gewonnen (Zypern-Cup): Goller – Bernhard (Minnert), Austermühl, Nardenbach, Fitschen (1) – D. Pohlmann (Weiss, Weimar), Voss, Gottschlich, Neid (Kubat) – Mohr (2), Bornschein (Rastetter) – K.: Neid/Voss – SR: Georgiou (Zypern).

80 **USA**, 14. 3., Ayia Napa, 1:0 gewonnen (Zypern-Cup): Goller – Bernhard Austermühl, Nardenbach, Fitschen – D. Pohlmann, Voss (Minnert), Gottschlich (Kubat), Neid – Mohr (1), Bornschein (Rastetter) – K.: Neid – SR: Yiallouros (Zypern).

81 **USA**, 7. 4., Philadelphia, 2:1 gewonnen: Goller (Rottenberg) – Fitschen – Bernhard, Nardenbach, Austermühl (Minnert) – D. Pohlmann, Neid (1), Wiegmann (Unsleber) – Gottschlich (1), – Mohr, Bornschein (Meinert) – K.: Neid – SR: D'Aguila (USA).

82 **USA**, 10. 4., Atlanta, 0:3 verloren: Rottenberg – Fitschen – Bernhard, Nardenbach (Minnert), Austermühl – D. Pohlmann (Bornschein), Wiegmann, Neid (Unsleber) – Gottschlich, Mohr, Meinert (Weimar) – K.: Neid/Mohr – SR: Dias (USA).

83 **Schweiz**, 5. 5., Wädenswil, 1:0 gewonnen: Goller (Rottenberg) – Fitschen – Austermühl (Erhardt), Bernhard, Minnert (Hennen) – Unsleber (Rastetter), Gottschlich (Kubat), D. Pohlmann (1), Wiegmann – Weimar, Mohr – K.: Fitschen – SR: Schluchter (Schweiz).

84 **Italien**, 30. 6., Rimini, 1:1 unentschieden/3:4 im Elfmeterschießen (EM-Halbfinale): Goller – Fitschen – Bernhard, Nardenbach, Austermühl – Neid, Wiegmann, D. Pohlmann – Meinert (Gottschlich), Mohr (1), Bornschein (Unsleber) – K.: Neid – SR: Frisk (Schweden).

85 **Dänemark**, 3. 7., Cesenatico, 1:3 verloren (EM, Spiel um den 3. Platz): Rottenberg – Fitschen – Bernhard, Nardenbach, Austermühl – Wiegmann, D. Pohlmann (Unsleber), Neid – Meinert (1), Mohr, Bornschein (Jones-Field) – K.: Neid – SR.: Jol (Niederlande).

86 **Schweden**, 22. 9., Boras, 2:3 verloren: Walther (Goller) – Fitschen – Austermühl (Gottschlich), Minnert (Bernhard) – Hennen, D. Pohlmann (Jones), Wiegmann, Neid – Mohr (1), Grigoli (1), Weimar (Bornschein) – K.: Neid – SR: Monica Harswik (Norwegen).

87 **Norwegen**, 25. 9., Rade, 3:1 gewonnen: Goller – Fitschen – Minnert, Austermühl – Hennen, Lasrich (2) (Bernhard), Jones (Grigoli), Wiegmann, Neid – Mohr (1) (D. Pohlmann), Bornschein (Gottschlich) – K.: Neid – SR: Eva Ödlund (Schweden).

88 **Schweiz**, 24. 10., Muri, 5:0 gewonnen (EM-Qualifikation): Goller – Fitschen – Minnert, Austermühl – Hennen, Wiegmann, Neid, Jones (Meinert) – Bornschein, Grigoli (3) (Lasrich), Mohr (2) – K.: Neid – SR: Luinge (Niederlande).

89 **Russland**, 7. 12., Tarragona, 1:0 gewonnen (Turnier): Goller – Fitschen – Minnert, Austermühl (König) – Hennen (Wunderlich), Meinert (Jones), Neid, Wiegmann, Bornschein (D. Pohlmann) – Grigoli (1), Mohr – K.: Neid – SR: J. Munoz (Spanien).

90 **Polen**, 8. 12., Tarragona, 7:0 gewonnen (Turnier): Walther – Fitschen – Minnert (Bernhard), Austermühl – Hennen, Wiegmann, Bornschein, Neid (3), Wunderlich (Jones) – Meinert (2) (König), Grigoli (Mohr (2)) – K.: Neid – SR: Crespo (Spanien).

1994: 13 Spiele, 11 Siege, 2 Niederlagen

91 **Wales**, 31. 3., Bielefeld, 12:0 gewonnen (EM-Qualifikation): Goller – Fitschen – Bernhard, Nardenbach – Jones (1) (D. Pohlmann), Wiegmann (3), Neid (2), Voss (2), Bornschein (Grigoli) – Mohr (1), Meinert (3) – K.: Neid – SR: Timofejew (Estland).

92 **Wales**, 5. 5., Swansea, 12:0 gewonnen (EM-Qualifikation): Walther – Fitschen – Bernhard, Nardenbach (Hennen) – D. Pohlmann (Austermühl (1)), Neid (1), Wiegmann (1), Minnert (2) – Voss (1), Grigoli (4), Meinert (2) – K.: Neid – SR: Schelings (Belgien).

93 **Kroatien**, 2. 6., Zagreb, 7:0 gewonnen (EM-Qualifikation): Walther – Fitschen – Bernhard, Nardenbach – Austermühl, Hennen (Minnert), Neid (1), Voss – Grigoli (3), Mohr (2) (Boll), Meinert (1) – K.: Neid – SR: Tivold (Slowenien).

94 **Kanada**, 27. 7., Montreal, 2:1 gewonnen: Goller – Fitschen – Bernhard, Hennen (Grigoli) – Nardenbach, Boll (Austermühl), Neid, Bornschein (D. Pohlmann) – Voss, Meinert (1), Mohr (Prinz (1)) – K.: Neid – SR: Bucci (Kanada).

95 **USA**, 31. 7., Fairfax, 1:2 verloren (Chiquita-Cup): Goller – Fitschen – Bernhard, Nardenbach (Cl. Klein) – Austermühl, Neid (1), Bornschein (Boll) – Voss, Meinert, Grigoli (D. Pohlmann), Mohr (Prinz) – K.: Neid – SR: Denoncourt (Kanada).

96 **Norwegen**, 2. 8., Oakford, 6:3 gewonnen (Chiquita-Cup): Goller – Fitschen – Bernhard, Nardenbach (Cl. Klein) – Austermühl, Neid (Michel), Bornschein (D. Pohlmann), Boll (Mohr (1)) – Voss (1), Meinert (1), Grigoli (2) (Prinz (1)) – K.: Neid/Fitschen – SR: Sheker (USA).

97 **China**, 6. 8., New Britain, 2:3 verloren (Chiquita-Cup): Goller (Walther) – Fitschen – Bernhard, Nardenbach – Austermühl, Neid (Cl. Klein), Bornschein (D. Pohlmann), Boll (Mohr (2)) – Voss, Meinert, Grigoli (Prinz) – K.: Neid/Fitschen – SR.: Reed (USA).

98 **Schweden**, 7. 9., Wolfenbüttel, 3:1 gewonnen: Goller – Fitschen – Austermühl, Bernhard – Bornschein (D. Pohlmann), Wiegmann, Neid (1) (Wunderlich P.), Voss – Grigoli-Brocker (1) (Prinz), Mohr (1), Meinert – K.: Neid/Fitschen – SR: Frai (Deutschland).

99 **Kroatien**, 21. 9., Sindelfingen, 8:0 gewonnen (EM-Qualifikation): Walther – Fitschen – Austermühl, Bernhard – Bornschein (Prinz (2)), Voss (1), Neid (1), Wiegmann – Meinert (1), Mohr (Pia Wunderlich), Grigoli-Brocker (3) – K.: Neid – SR: Meese (Belgien).

100 **Schweiz**, 25. 9., Weingarten, 11:0 gewonnen (EM-Qualifikation): Goller – Fitschen – Austermühl, C. Klein – Bornschein (Tina Wunderlich). Voss (1) (Lübbers (1)), Neid (1), Wiegmann (1), Meinert (2), Mohr (2). Grigoli-Brocker (3) – K.: Neid – SR: Young (Schottland).

101 **Russland**, 9. 10., Moskau, 1:0 gewonnen (EM-Viertelfinale): Goller – Fitschen – Austermühl, Bernhard – Bornschein (Pia Wunderlich), Wiegmann, Neid, Voss – Meinert (Prinz), Mohr (1), Grigoli-Brocker – K.: Neid – SR: Anquelov (Bulgarien).

102 **Russland**, 27. 10., Osbrück, 4:0 gewonnen (EM-Viertelfinale): Goller (Walther) – Fitschen – Austermühl, Minnert – Neid (1), Wiegmann, Pia Wunderlich (Bornschein), Voss – Meinert, Mohr (2) (Prinz), Grigoli-Brocker (1) – K.: Neid – SR: Gheorghe (Rumänien).

103 **England**, 11. 12., Watford, 4:1 gewonnen (EM-Halbfinale): Goller – Fitschen – Austermühl, Bernhard – Minnert (Pia Wunderlich), Neid, Voss, Wiegmann (1), Grigoli-Brocker (1) (Prinz), Mohr (2), Meinert – K.: Neid – SR: Piller (Ungarn).

1995: 13 Spiele: 11 Siege, 2 Niederlagen

104 **England**, 23. 2., Bochum, 2:1 gewonnen (EM-Halbfinale): Goller – Nardenbach – Austermühl, Bernhard – D. Pohlmann (Lohn), Voss, Wiegmann, Neid – Meinert, Mohr, Grigoli-Brocker (Prinz (1)), dazu ein Eigentor Waller – K.: Neid – SR: Guerguinov (Bulgarien).

105 **Schweden**, 26. 3., Kaiserslautern, 3:2 gewonnen (EM-Endspiel): Goller – Lohn – Bernhard, Austermühl – Wiegmann (1), Meinert (1), Neid, Voss (P. Wunderlich), D. Pohlmann – Mohr, Grigoli-Brocker (Prinz (1)) – K.: Neid – SR: Koho (Finnland).

106 **Polen**, 13. 4., Potsdam, 8:0 gewonnen: Goller (Francke) – Lohn (Minnert) – Bernhard, Austermühl (T. Wunderlich) – Mohr (2), Neid (1) (Stegemann), Wiegmann (1), D. Pohlmann – Prinz, Meinert (2), G.-Brocker (1) (Smisek (1)) – K.: Neid/Mohr – SR: Christine Frai (Bremen).

107 **Schweiz**, 23. 5., Therwyl, 8:0 gewonnen: Goller (Francke) – Hoffmann (Lohn (1)) – Austermühl (Tina Wunderlich), Bernhard – Neid (1), Voss, Wiegmann (1), D. Pohlmann (1) – Mohr (2), (Prinz (1)), Meinert (Boll), G.-Brocker (1) (Smisek) – K.: Neid/Mohr – SR: Schluchter (Schweiz).

108 **China**, 25. 5., Rotenburg/Wümme, 3:1 gewonnen: Goller (Kraus) – Lohn – Austermühl, Bernhard – Neid (1) Voss, (Minnert), Wiegmann (Prinz), D. Pohlmann (1) – Mohr, Meinert, G.-Brocker (1) – K.: Neid – SR: Regine Nelksma-Koninik (Niederlande).

109 **Japan**, 5. 6., Karlstad, 1:0 gewonnen (WM-Gruppenspiel): Goller – Lohn – Austermühl, Bernhard – Voss (Prinz), Wiegmann, Neid (1), Meinert, D. Pohlmann – Mohr , G. Brocker (Hoffmann) – K.: Neid – SR: Mathabela (Südafrika).

110 **Schweden**, 7. 6., Helsingborg, 2:3 verloren (WM-Gruppenspiel): Goller – Lohn (1) – Austermühl, Bernhard – Voss (Minnert), Wiegmann (1), Neid, Meinert, D. Pohlmann – Mohr, G.-Brocker (Prinz) – K.: Neid – SR: Linda Black (Neuseeland).

111 **Brasilien**, 9. 6., Karlstad, 6:1 gewonnen (WM-Gruppenspiel): Goller – Lohn – Austermühl (Tina Wunderlich), Bernhard (1) – Mohr (2), Voss, Wiegmann (1) (Pia Wunderlich), Neid, D. Pohlmann – Prinz (1), Meinert (1) (G.-Brocker) – K.: Neid – SR: Hamer (Luxemburg).

112 **England**, 13. 6., Västeras, 3:0 gewonnen (WM-Viertelfinale): Goller – Lohn – Bernhard, Minnert – Voss (1), Wiegmann, Neid, D. Pohlmann – Mohr (1), Meinert (1) (Pia Wunderlich), Prinz (G.-Brocker) – K.: Neid – SR: Bente Skogvang (Norwegen).

113 **China**, 15. 6., Helsingborg. 1:0 gewonnen (WM-Halbfinale): Goller – Lohn – Austermühl, Bernhard – Meinert, Voss, Wiegmann (1), Neid, D. Pohlmann – Mohr, Prinz (Pia Wunderlich) – K.: Neid – SR: Mathabela (Südafrika).

114 **Norwegen**, 18. 6., Stockholm, 0:2 verloren (WM-Endspiel): Goller – Lohn – Austermühl, Bernhard – Mohr, Wiegmann, Neid, Voss, D. Pohlmann (Pia Wunderlich) – Meinert (Smisek), Prinz (G. Brocker) – K.: Neid – SR: Ingrid Jonsson (Schweden).

115 **Finnland**, 20. 9., Tampere, 3:0 gewonnen (EM-Qualifikation): Goller – Fitschen – Austermühl, Bernhard – Mandrysch (Pia Wunderlich), Wiegmann (2), Neid, D. Pohlmann, Voss (Prinz) – Grigoli-Brocker (Smisek), Mohr (1) – K.: Neid – SR: Ingrid Jonsson (Schweden).

116 **Slowakei**, 25. 10., Bratislava, 3:0 gewonnen (EM-Qualifikation): Kraus – Fitschen (Mandrysch) – Austermühl, Bernhard – Wiegmann. Nardenbach. Neid (1), Mohr (1), Voss (Lingor) – Grigoli-Brocker (Smisek), Prinz (1) – K.: Neid – SR: Kiss (Ungarn).

1996: 15 Spiele: 8 Siege, 3 Unentschieden, 4 Niederlagen

117 **USA**, 14. 3., Decatur, 0:6 verloren: Goller – Fitschen – Bernhard, Austermühl – Nardenbach, Neid, Meinert, Voss (Pia Wunderlich), Wiegmann – Mohr (Lübbers), Stegemann (Grigoli-Brocker) – K.: Neid – SR: Zimmermann (USA).

118 **USA**, 16. 3., Davidson, 0:2 verloren: Kraus – Fitschen – Bernhard, Austermühl – Minnert (Grigoli-Brocker), Nardenbach, Meinert (Lübbers), Neid (Pia Wunderlich), Wiegmann (Lingor) – Mohr, Stegemann (Voss) – K.: Neid/Mohr – SR: Dominques (USA).

119 **Slowakei**, 11. 4., Unterhaching, 2:0 gewonnen: (EM-Qualifikation): Goller – Fitschen (1) – Austermühl (Lingor), Minnert – Stegemann, Nardenbach, Voss, Wiegmann (1), Bornschein (Smisek) – Mohr (Lübbers). Grigoli-Brocker – K.: Voss – SR: Nicole Mouidi-Petignat (Schweiz).

120 **Norwegen**, 2. 5., Jena, 1:3 verloren (EM-Qualifikation): Goller (Kraus) – Pia Wunderlich – Minnert, Austermühl, Nardenbach – Stegemann, Wiegmann, Lingor (Gottschlich), Voss – Mohr, Grigoli-Brocker (1) (Smisek) – K.: Voss – SR: Hamer (Luxemburg).

121 **Finnland**, 5. 5., Gifhorn, 6:0 gewonnen (EM-Qualifikation): Kraus – Nardenbach – Austermühl (1), Minnert (1), Stegemann, Voss, Pia Wunderlich (1) (D. Pohlmann), Wiegmann – Grigoli-Brocker (Grings), Mohr (2), Smisek (1) (Bornschein) – K.: Voss – SR: Calamosca (Italien).

122 **Norwegen**, 6. 6., Trondheim, 0:0 unentschieden (EM-Qualifikation): Goller – Nardenbach – Austermühl, Minnert – Stegemann (Tina Wunderlich), Neid, Wiegmann, Voss, Pia Wunderlich – Mohr (Lübbers), Grigoli-Brocker (Prinz) – K.: Neid – SR.: van Dijk (Niederlande).

123 **Island**, 28. 6., Mannheim, 8:0 gewonnen: Goller – Fitschen – Nardenbach (1), Austermühl (Minnert) – Stegemann (Grigoli-Brocker (1)), D. Pohlmann (Prinz), Voss (1), Wiegmann, Neid – Mohr (3), Lübbers (1) (Bornschein (1)) – K.: Neid – SR: Francoise Waz (Deutschland).

124 **Island**, 30. 6., Pfogheim, 3:0 gewonnen: Kraus – Fitschen – Tina Wunderlich, Bornschein – Pia Wunderlich (1), Voss (Stegemann), Lingor, Neid (D. Pohlmann) – Smisek (Wiegmann (1)), Prinz (Mohr (1)), Chaladyniak (G.-Brocker) – K.: Neid/Voss/Fitschen – SR: Sandra Schopper (Pforzheim).

125 **Japan**, 21. 7., Birmingham/USA, 3:2 gewonnen (Olympia-Gruppenspiel): Goller – Fitschen – Austermühl, Minnert – Nardenbach, Voss, Neid, Pia Wunderlich (Stegemann), Wiegmann (1) – Mohr (1), Grigoli-Brocker (Prinz) – K.: Neid – SR: Sonia Denoncourt (Kanada). – Dazu ein Eigentor von Tomei.

126 **Norwegen**, 23. 7., Washington, 2:3 verloren (Olympia-Gruppenspiel): Goller – Fitschen – Austermühl, Minnert – Nardenbach, Voss, Neid (Lingor), P. Wunderlich (Stegemann), Wiegmann (1) – Mohr, Grigoli-Brocker (Prinz (1)) – K.: Neid/Voss – SR: Lennie (Australien).

127 **Brasilien**, 25. 7., Birmingham/USA, 1:1 unentschieden (Olympia-Gruppenspiel): Goller – Fitschen – Nardenbach (Stegemann), Austermühl – Minnert, Wiegmann, Neid (D. Pohlmann), Pia Wunderlich (1), Voss – Mohr, Grigoli-Brocker (Prinz) – K.: Neid/Voss – SR: Sonia Denoncourt (Kanada).

128 **Niederlande**, 27. 8., Lichtenvoorde, 3:0 (2:0) gewonnen: Angerer (Gröpper) – Fitschen (Lübbers) – Minnert (Ferber), Stegemann (Scheib), P. Wunderlich (Fuss) – Voss (Hingst), Wiegmann (T.

Wunderlich), Lingor (Jones) – Bornschein (1) (Müller (1)), Mohr (1) (Smisek), Prinz (Grings) – K.: Voss/Jones – SR: Warentorp (Niederlande).

129 **Island**, 18. 9., Reykjavik, 3:0 (1:0) gewonnen (EM-Relegationsspiel): Angerer – Fitschen – Minnert, Hingst – Voss (2), Stegemann (Lübbers), Lingor (Jones (1)), Wiegmann – Mohr (Grings), Prinz, Bornschein – K.: Voss – SR: Vibeke Gabrielsen (Norwegen).

130 **Island**, 29. 9., Koblenz, 4:0 (1:0) gewonnen (EM-Relegationsspiel): Angerer – Jones – Minnert, Hingst (2) – Stegemann (1), Voss (Smisek), Wiegmann, Lingor – Prinz (Müller), Mohr (1) (Grings), Bornschein – K.: Voss/Wiegmann – SR: Florence Dorigny (Frankreich).

131 **Italien**, 11. 12., Benevento, 0:0 unentschieden: Angerer – Fitschen – Hingst, Minnert – Lingor (T. Wunderlich), Stegemann, Voss (Jones), P. Wunderlich, Bornschein (Bernhard) – Müller (Grings), Prinz – K.: Voss/Fitschen – SR: Morello (Italien).

1997: 16 Spiele: 8 Siege, 5 Unentschieden, 3 Niederlagen

132 **England**, 27. 2., Preston, 6:4 (4:3) gewonnen: Angerer (Rottenberg) – Stegemann (Fuss), Fitschen, Jones, Bernhard – Hingst, Wiegmann, P. Wunderlich (2) (Bornschein) – Voss (Lingor) – Meinert, Müller (3) (1 Eigentor) – K.: Voss/Fitschen – SR: Lodge (England).

133 **China**, 20. 3., Euskirchen, 2:2 (2:0) unentschieden: Angerer – Fitschen (1) – Stegemann, Jones, Bernhard – Hingst (Fuss), Meinert (1), Wiegmann, P. Wunderlich – Müller (Bornschein), Smisek (Prinz) – K.: Fitschen – SR: Elke Fielenbach (Much/Deutschland).

134 **China**, 23. 3., Warendorf, 1:1 (1:0) unentschieden: Kraus – Stegemann (Boll), Fitschen, Jones, Bernhard – Hingst (Fuss), Voss (Smisek), Wiegmann (1), P. Wunderlich – Meinert, Müller (Prinz) – K.: Voss/Fitschen – SR: Silke Janssen (Emden/Deutschland).

135 **Spanien**, 24. 4., Lübeck, 6:0 (2:0) gewonnen: Rottenberg (von Lanken) – Fitschen (1) – Stegemann, Jones (Hoffmann), Minnert – Voss, Wiegmann, Meinert, P. Wunderlich (Hingst) – Müller (1) (Prinz (2)), Smisek (2) – K.: Voss – SR: Jutta Wegerich (Braunschweig/Deutschland).

136 **Dänemark**, 27. 5., Kopenhagen, 2:2 (1:1) unentschieden: Angerer – Stegemann, Klein, Jones, Künzer – Meyer, Voss (1) (Smisek), Fuss (Wiegmann), Hingst (P. Wunderlich) – Prinz (Meinert (1)), Grings (Schäfer) – K.: Voss/Wiegmann – SR: Lotte Waede (Dänemark).

137 **Norwegen**, 28. 5., Kopenhagen, 0:3 (0:1) verloren: Rottenberg – Jones – Stegemann, Becher, Hoffmann – Smisek (Künzer), Müller (Meyer), Wiegmann, Meinert, P. Wunderlich – Prinz (Schäfer) – K.: Wiegmann – SR: Gitte Lyngö-Nielsen (Dänemark).

138 **Italien**, 30. 6., Moss, 1:1 (0:0) unentschieden (EM-Endrunde): Rottenberg – Jones – Minnert, Stegemann – Fitschen – Voss (Müller), Wiegmann, Meinert (1), P. Wunderlich – Smisek, Prinz – K.: Voss/Fitschen – SR: Katrina Elovirta (Finnland).

139 **Norwegen**, 3. 7., Moss, 0:0 unentschieden (EM-Endrunde): Rottenberg – Jones – Stegemann, Minnert, Fitschen – Voss (Meyer), Meinert, Wiegmann, P. Wunderlich – Prinz, Smisek (Becher) – K.: Voss/Fitschen – SR: Nicole Mouidi-Petignat (Schweiz).

140 **Dänemark**, 6. 7., Moss, 2:0 (0:0) gewonnen (EM-Endrunde): Rottenberg – Jones – Stegemann, Fitschen, Becher – Hoffmann (Meyer (1)), Fuss, P. Wunderlich, Wiegmann – Prinz (1), Smisek (Hingst) – K.: Fitschen – SR: Katrina Elovirta (Finnland).

141 **Schweden**, 9. 7., Karlstad, 1:0 (0:0) gewonnen (EM-Halbfinale): Rottenberg – Jones – Stegemann, Minnert – P. Wunderlich, Meinert (Hingst), Fitschen, Wiegmann (1), Becher – Prinz, Smisek (Meyer) – K.: Fitschen – SR: Nicole Moudi-Petignat (Schweiz).

142 **Italien**, 12. 7., Oslo, 2:0 (1:0) gewonnen (Europameisterschafts-Endspiel): Rottenberg – Jones – Stegemann, Fitschen, Minnert (1) – Hingst, Meinert (Klein), Wiegmann, P. Wunderlich – Prinz (1) (Smisek), Meyer (Müller) – K.: Fitschen – SR: Gitte Lyngö-Nielsen (Dänemark).

143 **England**, 25. 9., Dessau, 3:0 gewonnen (WM-Qualifikation): Rottenberg – Jones – Stegemann, Minnert – Hingst (Smisek (1)), Fitschen, Hoffmann, Wiegmann, Pia Wunderlich – Meyer (1) (Fuss), Prinz (1) – K.: Fitschen – SR: Bente Skogvang (Norwegen).

144 **USA**, 9. 10., Duisburg, 3:1 gewonnen: Rottenberg (von Lanken) – Jones – T. Wunderlich (Fuss), Minnert – Stegemann, Voss, (Prinz (1)), Fitschen, Hoffmann, P. Wunderlich (1) – Smisek (1) (C. Schäfer), Meyer (Nicole Müller) – K.: Voss/Fitschen – SR: Susann Lampe (Rheinsberg).

145 **USA**, 12. 10., Salzgitter, 0:3 verloren: Rottenberg – Jones – Stegemann, Minnert (Tina Wunderlich) – Fuss (Voss), Wiegmann, Fitschen, Hoffmann (St. Gottschlich), Pia Wunderlich (Meyer) – Cl. Müller (Smisek), Prinz – K.: Fitschen – SR: Meyer (Braunschweig).

146 **Norwegen**, 6. 11., Bayreuth, 1:0 gewonnen (WM-Qualifikation): Rottenberg – Jones – T. Wunderlich, Stegemann (Hingst, Cl. Müller) – Wiegmann, Fitschen, Hoffmann, P. Wunderlich (1) – Prinz, Meyer (St. Gottschlich), Smisek – K.: Fitschen – SR: Juri Saar (Estland).

147 **Niederlande**, 13. 12., Almelo, 0:1 verloren (WM-Qualifikation): Rottenberg – Jones – Stegemann, Fitschen, T. Wunderlich – Hingst (St. Gottschlich), Hoffmann, Wiegmann, P. Wunderlich – Meyer (Cl. Müller), Prinz – K.: Fitschen – SR: Gitte Lyngö-Nielsen (Dänemark).

1998: 10 Spiele: 6 Siege, 2 Unentschieden, 2 Niederlagen

148 **Italien**, 5. 2., Catania, 1:0 gewonnen: Rottenberg – Jones – Stegemann (T. Wunderlich), Minnert – Fitschen, Hoffmann, Hingst (Fuss, Brandebusemeyer), St. Gottschlich (Lingor), Cl. Müller (1), Voss (Schmale) – Meyer (Baudzus) – K.: Voss/Fitschen – SR: Calamosca (Italien).

149 **England**, 8. 3., London, 1:0 gewonnen (WM-Qualifikation): von Lanken – Minnert, Jones, Stegemann – St. Gottschlich (Lingor), Hoffmann, Fitschen, Voss, Hingst (Grings) – Smisek (1) (Meyer), Prinz – K.: Voss – SR: Eva Otlund (Schweden).

150 **Niederlande**, 2. 4., Rheine, 2:1 gewonnen (WM-Qualifikation): Rottenberg – Jones, Stegemann, Minnert – Voss (1), Hingst (Meyer), Fitschen, Hoffmann, Pia Wunderlich (St. Gottschlich) – Prinz, Smisek (Grings) – Dazu ein Eigentor von Koning – K.: Voss – SR: Znajdinsky (Weißrussland).

151 **Neuseeland**, 26. 5., Spremberg, 4:1 gewonnen: Rottenberg (Wasems) – Stegemann, Fitschen, Brandebusemeyer, Becher (Hoffmann) – Fuss (Wiegmann), Hingst (Jones), Smisek (1) (Grings), Lingor (Voss (1)) – Cl. Müller (2), Meyer – K.: Fitschen – SR: Peter Müller (Dresden).

152 **Neuseeland**, 28. 5., Dresden, 8:0 gewonnen: Rottenberg – Stegemann, Jones, Fitschen (1), St. Gottschlich (Brandebusemeyer) – Hoffmann, Voss (Lingor), Wiegmann (Meyer (1)), Pia Wunderlich (2) – Grings (3), Vreden (1) – K.: Fitschen – SR.: Christian Schößling (Leipzig)

153 **Norwegen**, 17. 6., Ulefoss, 2:3 verloren (WM-Qualifikation): Rottenberg – Jones – Stegemann, St. Gottschlich – Meyer (Smisek), Meinert, Fitschen, Hoffmann, Pia Wunderlich (1) – Prinz (1), Grings (Vreden) – K.: Fitschen – SR: Bragi Bergmann (Island).

154 **USA**, 25. 6., St. Louis, 1:1 unentschieden: Rottenberg (Angerer) – Jones – Stegemann, Fuss, Fitschen – Meyer (Brandebusemeyer), Hoffmann (1) (Becher), Smisek, Lingor (Hingst) – Vreden (Cl. Müller), Grings – K.: Fitschen – SR: Nancy Lay (USA).

155 **USA**, 28. 6., Chicago, 2:4 verloren: Rottenberg – Jones – Stegemann, Fitschen, Fuss (Becher, Hingst (1)) – Meyer (Brandebusemeyer), Hoffmann, Voss, Smisek (Lingor) – Vreden, Grings (1) (Cl. Müller) – K.: Voss – SR: Seitz-Varnhagen (USA).

156 **Ukraine**, 17. 9., Fulda, 5:0 gewonnen (WM-Qualifikation): Rottenberg – Jones – Fitschen, Minnert – Voss (Meyer), Hoffmann (1), Meinert (Tina Wunderlich), Lingor, Smisek (1), Cl. Müller (1) (Prinz (2)), Grings – K.: Voss/Fitschen – SR: Schaack (Luxemburg).

157 **Ukraine**, 11. 10., Kiew, 1:1 unentschieden (WM-Qualifikation): Rottenberg – Jones – Fitschen, Minnert – Smisek, Hoffmann (Wiegmann), Voss, Lingor, Cl. Müller (Tina Wunderlich) – Prinz (1), Grings (Meyer) – K.: Voss – SR: Kandare (Slowenien).

1999: 15 Spiele: 10 Siege, 3 Unentschieden, 2 Niederlagen

158 **Türkei**, 14. 2., Istanbul, 12:1 gewonnen: Angerer – Fitschen – Tina Wunderlich, Jones, Minnert (1) – Hoffmann (Hingst, Fuss), Voss, Cl. Müller (2) (Meyer (1)) – Prinz (1) (Vreden), Pia Wunderlich (3), Meinert (1) (Lingor (1)) – (Dazu 2 Eigentore von Cakir) – K.: Voss – SR: Lale Orta (Türkei).

159 **China**, 25. 3., Holzwickede, 0:3 verloren: Angerer – Tina Wunderlich (Brandebusemeyer), Jones, Fitschen, St. Gottschlich – Hingst (Voss), Hoffmann (Wiegmann), Lingor, Pia Wunderlich (Meinert) – Grings (Meyer), Prinz. – K.: Fitschen. – SR.: Sandra Südholter (Emden).

160 **China**, 28.3, Hamburg, 4:1 gewonnen: Rottenberg – Stegemann (Fuss), Jones, Fitschen, Minnert (1) – Voss, Meinert (1) (Lingor), Wiegmann, Smisek (Schmale) – Cl. Müller (1) (Vreden), Prinz (1) – K.: Voss. – SR: Antje Witteweg (Herzberg).

161 **Dänemark**, 22. 4., Saarbrücken, 3:1 gewonnen: Rottenberg – Stegemann, Jones (St. Gottschlich), Fitschen, T. Wunderlich (Hoffmann) – Voss, Wiegmann (1), Meinert (P. Wunderlich), Smisek (75. Lingor (1)) – Grings (1), Prinz (Cl. Müller) – K.: Voss – SR: Elke Fielenbach (Much).

162 **Schweiz**, 26. 5., Weil/Rhein, 2:0 gewonnen: Angerer – Hingst (St. Gottschlich), Jones, Fitschen, T. Wunderlich (Brandebusemeyer) – Smisek (P. Wunderlich), Lingor (Fuss), Wiegmann, Voss (1) – Meyer (1), Meinert (Grings) – K.: Voss – SR: Brombacher (Kandern).

163 **Frankreich**, 30. 5., Weil/Rhein, 4:1 gewonnen: Rottenberg – Jones – Stegemann, Fitschen, Hingst – Meinert (Lingor), Voss (1) (Hoffmann), Wiegmann (Smisek), P. Wunderlich – Cl. Müller (Prinz), Grings (2) – (Dazu 1 Eigentor von Guilbert) – K.: Voss/Fitschen – SR: Elke Günthner (Bamberg).

164 **Niederlande**, 3. 6., Rheinbach, 2:0 gewonnen: Rottenberg – Jones – Stegemann, Fitschen, Hingst (Smisek) – Voss, Wiegmann, Meinert, P. Wunderlich (1) (Minnert) – Prinz (Cl. Müller), Grings (1) – K.: Voss – SR: Elke Fielenbach (Much).

165 **Italien**, 20. 6., Los Angeles, 1:1 unentschieden (WM-Gruppenspiel): Rottenberg – Jones – Stegemann, Fitschen, Hingst – Wiegmann (1), Smisek (Lingor), Meinert (Meyer), Pia Wunderlich – Prinz, Grings – K.: Fitschen – SR: Elizabeth Abidoye (Nigeria).

166 **Mexiko**, 24. 6., Portland, 6:0 gewonnen (WM-Gruppenspiel): Rottenberg – Jones – Minnert, Fitschen, Hingst (1) – Smisek (1), Wiegmann (Hoffmann), Meinert (Lingor (1)), Pia Wunderlich – Prinz (Cl. Müller), Grings (3) – K.: Fitschen – SR: Im (Südkorea).

167 **Brasilien**, 27. 6., Washington, 3:3 unentschieden (WM-Gruppenspiel): Rottenberg – Jones (1) – Hingst, Fitschen, Minnert – Voss (Smisek), Wiegmann (1), Meinert, Pia Wunderlich (Tina Wunderlich) – Prinz (1), Grings (Meyer) – K.: Voss/Fitschen – SR: Im (Südkorea).

168 **USA**, 1. 7., Washington, 2:3 verloren (WM-Viertelfinale): Rottenberg – Fitschen – Hingst, Jones, Minnert – Smisek (Lingor), Wiegmann (1), Meinert, Pia Wunderlich (Meyer) – Prinz, Grings (Hoffmann) – (Dazu 1 Eigentor von Chastain) – K.: Fitschen – SR: Toro Pardo (Kolumbien).

169 **Russland,** 2. 9., Plauen, 3:1 gewonnen: Rottenberg – Stegemann, Fitschen, Jones, Minnert (61. Gottschlich) – Voss (Hoffmann), Meinert, Smisek (1) (P. Wunderlich), Wiegmann (1) (Wörle) – Grings (1), C. Müller (Lingor) – K.: Voss/Fitschen – SR: Günthner (Bamberg).

170 **Ukraine,** 23. 9., Fürth, 3:0 gewonnen (EM-Qualifikation): Rottenberg – Jones, Fitschen (1), Stegemann, Hingst – Voss, Wiegmann, Smisek – Meinert (Lingor) – Grings (2), Müller (Hoffmann) – K.: Voss – SR: Carlsen (Norwegen).

171 **Island,** 14. 10., Oldenburg, 5:0 gewonnen (EM-Qualifikation): Rottenberg – Stegemann, Jones, Fitschen (Gottschlich), Hingst – Voss (1), Wiegmann (2), Meinert (Wörle), Smisek – Prinz (Cl. Müller (1)), Grings (1) – K.: Voss – SR: Frederiksen (Dänemark).

172 **Italien,** 11. 11., Isernia, 4:4 unentschieden (EM-Qualifikation): Rottenberg – Stegemann, Fitschen (1), Jones, Hingst – Voss (80. P. Wunderlich), Wiegmann (1), Meinert, Smisek – Grings (2), Prinz (80. C. Müller) – K.: Voss/Fitschen – SR: Nicole Mouidi-Petignat (Schweiz).

2000: 13 Spiele: 8 Siege, 5 Niederlagen

173 **Niederlande,** 16. 3., Arnheim, 0:2 verloren: Rottenberg (Schaller) – Stegemann (Zerbe), Jones, Fitschen, Hingst (Götte) – Voss (Hoffmann), Wiegmann, Meinert, Smisek (Lingor) – Prinz, Grings (C. Müller) – K.: Voss/Fitschen – SR: Adriansen (Niederlande).

174 **Italien** 6. 4., Frankfurt, 3:0 gewonnen (EM-Qualifikation): Rottenberg – Stegemann, Jones, Fitschen (Minnert), Gottschlich – Hingst, Wiegmann, Smisek (1) – Meinert (Lingor) – Grings (1) (79. C. Müller), Prinz (1) – K.: Fitschen/Wiegmann – SR: Mattsson (Schweden).

175 **Ukraine,** 11.5., Kiew, 6:1 gewonnen (EM-Qualifikation): Rottenberg – Stegemann (Götte), Hoffmann, Jones (Lingor), Fitschen – Meinert, Minnert, Smisek – Wiegmann – Grings (1) (C. Müller 1), Prinz (4) – K.: Fitschen – SR: Dorigny (Frankreich).

176 **China,** 16. 7., Osnabrück, 1:3 verloren (Turnier 100 Jahre DFB): Rottenberg – Minnert, Jones, Hingst, Stegemann (T. Wunderlich) – Wiegmann – Smisek (Meinert), Lingor, Hoffmann (Gottschlich) – Prinz, Grings (1) – SR: Frai (Bremen).

177 **Norwegen,** 19. 7., Göttingen, 1:4 verloren (Turnier 100 Jahre DFB): Angerer – Gottschlich (Minnert), Jones (1), T. Wunderlich (Stegemann) – Hingst, Hoffmann (P. Wunderlich), Smisek, Wiegmann – Meinert, C. Müller (Grings), Prinz – SR: Fielenbach (Much).

178 **USA,** 22. 7., Braunschweig, 0:1 verloren (Turnier 100 Jahre DFB): Rottenberg – Minnert, Jones (Götte), Hingst, Stegemann – Meinert, Wiegmann, Lingor, Hoffmann (Smisek) – Prinz, Grings (M. Müller) – SR: Witteweg (Herzberg).

179 **Island,** 17. 8., Kopavogur, 6:0 gewonnen (EM-Qualifikation): Rottenberg – T. Wunderlich (Hoffmann), Fitschen, Jones (1), Minnert – Hingst (1), Lingor (Smisek), Wiegmann, Prinz (2) – Grings (C. Müller 1), Meinert (1) – SR: Jonsson (Schweden)

180 **Dänemark,** 27. 8., Aachen, 7:0 gewonnen: Rottenberg – Hingst, Jones, Fitschen (T. Wunderlich), Minnert (1) – Smisek (Götte), Wiegmann (1) (Stegemann), Lingor (2), Prinz (1) – Grings (2), Meinert – SR: Fielenbach (Much).

181 **Australien,** 13. 9., Canberra, 3:0 gewonnen (Olympische Spiele, Vorrunde): Rottenberg – Stegemann, Fitschen, Jones, Minnert – Hingst, Wiegmann (1), Meinert, Lingor (1) – Prinz, Grings (1) – SR: Abidoye (Nigeria).

182 **Brasilien,** 16. 9., Canberra, 2:1 gewonnen (Olympische Spiele, Vorrunde): Rottenberg – Stegemann, Fitschen, Jones, Minnert – Hingst, Wiegmann, Meinert, Lingor – Prinz (2), Grings – SR: Toro Pardo (Kolumbien.

183 **Schweden,** 19. 9., Melbourne, 1:0 gewonnen (Olympische Spiele, Vorrunde): Rottenberg – T. Wunderlich, Fitschen, Jones, Minnert – Hoffmann (Lingor), Hingst (1), Wiegmann, Meinert (Brandebusemeyer) – Prinz, Grings (C. Müller) – SR: Toms (Großbritannien).

184 **Norwegen,** 24. 9., Sydney, 0:1 verloren (Olympische Spiele, Halbfinale): Rottenberg – T. Wunderlich, Fitschen, Jones, Minnert – Stegemann, Hingst, Wiegmann, Meinert – Prinz, Grings – SR: Im (Südkorea).

185 **Brasilien,** 28. 9., Sydney, 2:0 gewonnen (Olympische Spiele, Spiel um den 3. Platz): Rottenberg – Stegemann (Hoffmann), Fitschen, Jones, Minnert – Lingor (1), Hingst (Gottschlich), Wiegmann, Meinert – Prinz (1), Grings (Götte) – SR: Im (Südkorea).

2001: 16 Spiele: 13 Siege, 1 Unentschieden, 2 Niederlagen

186 **China,** 6. 3., Augsburg, 1:0 gewonnen: Rottenberg – Götte (Angerer), Minnert, Jones, Stegemann (Wimbersky) – Smisek (Bachor) – Gottschlich, Lingor (Günther), P. Wunderlich (Künzer), Hingst (M. Müller) – C. Müller (1) – SR: Günthner (Bamberg).

187 **China,** 8. 3., Ulm, 2:4 verloren: Rottenberg – Götte, Minnert, Jones, Künzer (Wimbersky) – Smisek (M. Müller), P. Wunderlich (Gottschlich), Stegemannn, Hingst – Lingor, Prinz (1) – SR: Fielenbach (Much) – Dazu kommt ein Eigentor der Chinesinnen.

188 **Italien,** 10. 5., Troisdorf, 1:0 gewonnen: Rottenberg – Stegemann, Hingst, Künzer, Bresonik – Smisek (M. Müller (1)), Omilade, Lingor, Prinz – P. Wunderlich (Wimbersky), C. Müller (Pohlers) – SR: Fielenbach (Much).

189 **Russland,** 17. 5., Gera, 1:1 unentschieden: Rottenberg – Stegemann (Künzer), Hingst, Fitschen, Minnert – Smisek, Wiegmann, Lingor, P. Wunderlich (Bresonik) – C. Müller (1) (Wimbersky), Meinert (M. Müller) – SR: Kirchner (Benshausen).

190 **Kanada,** 14. 6., Goch, 3:0 gewonnen: Rottenberg (Angerer) – Stegemann, Fitschen, Jones, Minnert (Wilder) – P. Wunderlich (1) (Smisek), Wiegmann (Omilade), Lingor (Wimbersky), Prinz – C. Müller (1) (M. Müller), Meinert (1) – SR: Frai (Bremen).

191 **Kanada,** 17. 6., Oberhausen, 7:1 gewonnen: Rottenberg – Stegemann (Hingst), Fitschen, Jones (T. Wunderlich) – Minnert (Bresonik) – P. Wunderlich, Wiegmann (1) (M. Müller 1), Lingor (Smisek 2), Prinz (1) – C. Müller (1) (Omilade), Meinert (1) (Wimbersky) – SR: unbekannt.

192 **Schweden,** 23. 6., Erfurt, 3:1 gewonnen (EM-Vorrunde): Rottenberg – Stegemann, Jones, Fitschen, Minnert – P. Wunderlich (Hingst), Wiegmann, Lingor, Prinz (M. Müller) – Meinert (1), C. Müller (2) (Smisek) – SR: Elovirta (Finnland).

193 **Russland,** 27. 6., Erfurt, 5:0 gewonnen (EM-Vorrunde): Rottenberg – Stegemann (Hingst), Jones, Fitschen, Minnert – Smisek (2), Wiegmann (1), Lingor (Omilade), Prinz (1) – Meinert (1), C. Müller (P. Wunderlich) – SR: Skogvang (Norwegen).

194 **England,** 30. 6., Jena, 3:0 gewonnen (EM-Vorrunde): Rottenberg – Hingst, Jones, Fitschen, Minnert – P. Wunderlich (Bresonik), Wiegmann (1), Lingor (1), Prinz – Smisek (Wimbersky 1), C. Müller (M. Müller) – SR: Skogvang (Norwegen).

195 **Norwegen,** 4. 7., Ulm, 1:0 gewonnen (EM-Halbfinale): Rottenberg – Stegemann, Jones, Fitschen, Minnert (Hingst) – P. Wunderlich (C. Müller), Wiegmann, Lingor, Prinz – Meinert, Smisek (1) (Wimbersky) – SR: Toms (Großbritannien).

196 **Schweden,** 7. 7., Ulm, 1:0 gewonnen (EM-Endspiel): Rottenberg – Stegemann, Jones, Fitschen, Hingst – P. Wunderlich, Wiegmann, Lingor, Prinz – Meinert, Smisek (C. Müller 1) – SR: Petignat (Schweiz).

197 **Japan,** 8. 9., Oakbrook, 1:0 gewonnen (US Cup): Rottenberg (Angerer) – Stegemann, Künzer, Hingst – Zerbe (Hagedorn (1)), Omilade, Lingor, Wimbersky – Smisek, M. Müller, Pohlers (Meier) – SR: Grady (USA)

198 **USA,** 9. 9., Chicago, 1:4 verloren (US Cup): Rottenberg – Becker, Künzer, Hingst, Stegemann – Lingor, Wimbersky, Schmale (70. Hagedorn), Omilade – M. Müller (1), Smisek – SR: Seitz (USA)

199 **England,** 27. 9., Kassel, 3:1 gewonnen (WM-Qualifikation): Rottenberg – Stegemann, Künzer, Hingst, Minnert – Prinz, P. Wunderlich (Wimbersky), Omilade – Lingor – Smisek (2), M. Müller (1) (Hagedorn) – SR: Karlsen (Norwegen)

200 **Portugal,** 25. 10., Wolfsburg, 9:0 gewonnen (WM-Qualifikation): Angerer – Stegemann, Hingst, Künzer (1), Minnert – Pohlers (5), Lingor (Götte), Omilade, Becker (Wilder) – Smisek (Hagedorn), M. Müller (3) – SR: Ihringova (Slowakei)

201 **Niederlande,** 17. 11., Enschede, 3:0 gewonnen (WM-Qualifikation): Rottenberg – Stegemann, Hingst, Künzer, Minnert – Omilade, P. Wunderlich (1), Lingor – Prinz (1) (Becker) – Martina Müller (Garefrekes), Pohlers (J. Meier) – Dazu ein Eigentor der Niederlande. – SR: Persson (Schweden)

2002: 13 Spiele: 9 Siege, 1 Unentschieden, 3 Niederlagen

202 **China,** 23. 1., Huadu, 1:2 verloren (Internationales Turnier): Angerer – T. Wunderlich (Meier), Hingst (1), Künzer, Minnert (Gottschlich) – Stegemann (Wiegmann), Omilade, Lingor, Prinz – Pohlers (Garefrekes), M. Müller – SR: Seitz (USA)

203 **USA,** 25. 1., Panyu, 0:0 unentschieden (Internationales Turnier): Rottenberg – Stegemann, Hingst, Künzer, Gottschlich – Garefrekes (M. Müller), Omilade, Lingor, Wiegmann (Schäpertöns) – Prinz, Smisek (Meier) – SR: Karlsen (Norwegen)

204 **Norwegen,** 27. 1., Guangzhou, 3:1 gewonnen (Internationales Turnier): Angerer – Stegemann, Künzer, Hingst, Gottschlich – Garefrekes (1), Lingor, Wiegmann (1), Omilade, Smisek – Prinz (1) – SR: Zuo Xiui (China)

205 **Dänemark,** 1. 3., Portimao, 3:0 gewonnen (Algarve Cup): Rottenberg – Gottschlich, Künzer, Hingst (1), Stegemann – Smisek, Omilade (Hagedorn), Lingor, Garefrekes (M. Müller (1)) – Wiegmann – Wimbersky (1) (Meier) – SR: Hunt (USA)

206 **China,** 3. 3., Sao Antonio, 2:4 verloren (Algarve Cup): Angerer – T. Wunderlich (Omilade), Künzer, Hingst, Gottschlich – Garefrekes, Lingor (1), Stegemann (1), Smisek (Martina Müller) – Wiegmann, Wimbersky – SR: Zou Xiudi (China)

207 **Finnland,** 5. 3., Olmao, 2:0 gewonnen (Algarve Cup): Rottenberg – Gottschlich (Zerbe), Hingst, Künzer, Stegemann – Hagedorn (Wimbersky (1)), Lingor (Omilade), Wiegmann (1) – Pohlers (Meier), M. Müller, Smisek – SR: Zou Xiudi (China)

208 **Schweden,** 7. 3., Faro, 1:2 verloren (Algarve Cup): Angerer – Gottschlich (T. Wunderlich), Künzer, Hingst, Stegemann – Omilade (Hagedorn), Wiegmann – Smisek (Meier), Wimbersky, Garefrekes (1) – M. Müller (Pohlers) – SR: Toms (England)

209 **Niederlande,** 18. 4., Aschaffenburg, 6:0 gewonnen (WM-Qualifikation): Rottenberg – Stegemann, Künzer (T. Wunderlich), Hingst, Gottschlich – P. Wunderlich (Wilmes),Omilade, Wiegmann (3), Lingor (Wimbersky),Smisek – Prinz (3) – SR: Tacoronto (Spanien)

210 **Portugal,** 4. 5., Barcelos, 8:0 gewonnen (WM-Qualifikation): Rottenberg – Gottschlich, Künzer, Stegemann (1), T. Wunderlich – Omilade (Pohlers), Lingor (3) (Wimbersky), P. Wunderlich (2) (Wilmes) – Prinz (1), Grings (1), Smisek – SR: Ödlund (Schweden)

211 **England,** 19. 5., London, 1:0 gewonnen (WM-Qualifikation): Rottenberg – Künzer, Minnert, Gottschlich (1), Stegemann – Lingor (Hagedorn), P. Wunderlich, Omilade, Wiegmann – Prinz (Schadrack), Grings (Pohlers) – SR: Rinaldi (Italien)

212 **Norwegen,** 14. 9., Grimstad, 3:1 gewonnen: Angerer (Rottenberg) – Minnert, Rech, Zerbe, Stegemann – Omilade, Lingor (Bresonik), Wiegmann (1), Kliehm (Garefrekes) – M. Müller (1) (Pohlers (1)), Grings. – SR: Jonsson (Schweden)

213 **Dänemark,** 17. 10., Ulm, 2:0 gewonnen: Rottenberg (Angerer) – Stegemann, Rech (Grings), Omilade (Bresonik) – P. Wunderlich (Hagedorn), Lingor (1), Hingst, Smisek (M. Müller), Minnert (Kliehm) – Prinz (1) (Bachor), Wiegmann. – SR: Günthner (Bamberg)

214 **Russland,** 14. 11., Lüdenscheid, 4:0 gewonnen: Rottenberg (Angerer) – Stegemann, Rech (P. Wunderlich), Omilade (Bresonik (1)), Minnert – Smisek (M. Müller), Lingor (Wimbersky), Wiegmann, Hingst – Prinz (1), Grings (1) (Pohlers (1)) – SR: Storch-Schäfer (Petersberg)

2003: 20 Spiele: 14 Siege, 4 Unentschieden, 2 Niederlagen

215 **China,** 23. 1., Yiwu, 0:0 unentschieden (Internationales Turnier): Rottenberg – Stegemann, Hingst (Zerbe), Minnert, Bresonik – Omilade (Hagedorn), P. Wunderlich,Kliehm, Wimbersky (Garefrekes), Wiegmann – Prinz. – SR: Hunt (USA)

216 **Norwegen,** 26. 1., Wuhan, 2:2 unentschieden (Internationales Turnier): Rottenberg – Minnert, T. Wunderlich (Stegemann), Bresonik (1), Zerbe – Wiegmann (Wimbersky), P. Wunderlich, Odebrecht, Garefrekes – Prinz, M. Müller (1) (Kliehm) – SR: Xiudi (China)

217 **USA,** 29. 1., Schanghai, 0:1 verloren (Internationales Turnier): Angerer – Bresonik, Minnert (Hagedorn), Stegemann, Zerbe – Odebrecht (Omilade), P. Wunderlich, Prinz, Garefrekes – Wimbersky (Kliehm) – M. Müller – SR: Skogvang (Norwegen)

218 **China,** 4. 3., Gütersloh, 2:2 unentschieden: Angerer – Stegemann, Hagedorn (Zerbe), Minnert, Künzer (Rech) – P. Wunderlich, Grings (Garefrekes), Wiegmann, Lingor (Omilade), Bresonik – M. Müller (2) SR: Frai (Bremen)

219 **China,** 6. 3., Arnsberg, 3:1 gewonnen: Rottenberg – Stegemann, Rech (T. Wunderlich), Minnert Zerbe – P. Wunderlich (Odebrecht), Grings (1), Wiegmann (1), Lingor (Künzer), Bresonik (Garefrekes) – M. Müller (1) – SR: Steinhaus (Hannover)

220 **Schottland,** 27. 3., Potsdam, 5:0 gewonnen (EM-Qualifikation): Rottenberg – Stegemann, Hingst, Minnert, Bresonik – P. Wunderlich (Odebrecht), Wiegmann, Lingor (Smisek), Grings (3) – Prinz (2)– M. Müller (Wimbersky) – SR: Karlsen (Norwegen)

221 **Frankreich,** 17. 4., Ozoir-la-Ferrière, 0:1 verloren: Angerer – Stegemann, Minnert, Hingst, Bresonik (Rech) – Wiegmann, Lingor (Künzer), Odebrecht (Omilade) – Grings (Zerbe), M. Müller, Wimbersky – SR: Louiset (Frankreich)

222 **Dänemark,** 22. 5., Schönberg, 1:1 unentschieden: Rottenberg – Stegemann, Minnert, Hingst, Künzer – Wiegmann (Garefrekes), Lingor, S. Gottschlich, Odebrecht (Omilade) – Prinz (1), Grings (Hagedorn) – SR: Frai (Bremen)

223 **Dänemark,** 25. 5., Haderslev, 6:2 gewonnen: Angerer – Stegemann, Minnert, Hingst (Zerbe), Künzer (Günther) – Lingor (1), S. Gottschlich, Odebrecht, Garefrekes (1) – Wiegmann (1), Prinz (3) – SR: Karlsen (Norwegen)

224 **Nigeria,** 6. 8., Trier, 3:0 gewonnen: Rottenberg – Stegemann (Fuss), Hingst, Minnert (Zerbe), Bresonik (Rech) – Garefrekes (Smisek), Künzer (Odebrecht), Lingor (Günther), Thompson (Gottschlich) – Pohlers (1), Wimbersky (M. Müller 2) – SR: Storch-Schäfer (Petersberg)

225 **Ukraine,** 9. 8., Kiew, 3:1 gewonnen (EM-Qualifikation): Rottenberg – Stegemann, Minnert (1), Hingst, Bresonik (Rech) – Garefrekes (1), Lingor, Künzer (Odebrecht), Gottschlich – M. Müller (1), Smisek (Wimbersky) – SR: Ödlund (Schweden)

226 **Tschechien,** 28. 8., Passau, 4:0 gewonnen (EM-Qualifikation): Rottenberg – Stegemann, Minnert (1), Hingst, Gottschlich (1) – Garefrekes, Odebrecht, Wiegmann (Wimbersky), Bresonik (Fuss) – Prinz (1), Grings (M. Müller 1) – SR: Hänninen (Finnland)

227 **England,** 11. 9., Darmstadt, 4:0 gewonnen: Rottenberg – Stegemann, Hingst (Künzer), Minnert, Bresonik (Fuss) – Garefrekes (Smisek), Jones (P. Wunderlich), Lingor (1) (Gottschlich), Meinert (M. Müller), Wiegmann (1) – Prinz (2) (Pohlers) – SR: Dräger (Kirn-Sulzbach)

228 **Kanada,** 20. 9., Columbus, 4:1 gewonnen (WM-Vorrunde): Rottenberg – Stegemann, Bresonik, Hingst (Künzer), Minnert – Wiegmann (1), Jones, Lingor (Garefrekes 1), Gottschlich (1) – Meinert, Prinz (1) – SR: Ju (Südkorea)

229 **Japan,** 24. 9., Columbus, 3:0 gewonnen (WM-Vorrunde): Rottenberg – Stegemann, Jones, Hingst (Bresonik), Minnert (1) – Garefrekes (Smisek), Wiegmann (Künzer), Lingor, Gottschlich – Meinert, Prinz (2) – SR: Tortura (Brasilien)

230 **Argentinien,** 27. 9., Washington, 6:1 gewonnen (WM-Vorrunde): Rottenberg – Stegemann, Jones (Fuss), Hingst, Minnert – Garefrekes (Pohlers 1), Wiegmann (1), Lingor, Gottschlich (M. Müller 1) – Meinert (2), Prinz (1) – SR: Abidoye (Nigeria)

231 **Russland,** 2. 10., Portland, 7:1 gewonnen (WM-Viertelfinale): Rottenberg – Stegemann, Hingst, Minnert (1), Gottschlich – Garefrekes (2), Wiegmann (Künzer), Lingor (Odebrecht), Meinert – M. Müller (1) (P. Wunderlich 1), Prinz (2) – SR: Ju (Südkorea)

232 **USA,** 5. 10., Portland, 3:0 gewonnen (WM-Halbfinale): Rottenberg – Stegemann, Hingst, Minnert, Gottschlich – Garefrekes (1), Wiegmann, Lingor, P. Wunderlich – Prinz (1), Meinert (1) – SR: Denoncourt (Kanada)

233 **Schweden,** 12. 10., Carson, 2:1 i. V. gewonnen (WM-Finale): Rottenberg – Stegemann, Hingst, Minnert, Gottschlich – Garefrekes (M. Müller), Wiegmann, Lingor, P. Wunderlich (Künzer 1) – Meinert (1), Prinz – SR: Ionescu (Rumänien)

234 **Portugal,** 15. 11., Reutlingen, 13:0 gewonnen (EM-Qualifikation): Angerer – Stegemann, Hingst (1), Minnert (1), Gottschlich (Odebrecht 1) – Künzer (Smisek 1), Fuss (1) (Pohlers 2), Lingor (1), P. Wunderlich – Prinz (4), Garefrekes (1) – SR: Toms (England)

2004: 14 Spiele: 10 Siege, 1 Unentschieden, 3 Niederlagen

235 **Portugal,** 7. 2., Albufeira, 11:0 gewonnen (EM-Qualifikation): Rottenberg – Stegemann, Hingst, Minnert, Gottschlich (Bachor) – Garefrekes (Smisek), Lingor (1) (Pohlers 1), Odebrecht, P. Wunderlich – Prinz (3), Grings (5) – Dazu ein Eigentor von Portugal – SR: Wrohet (Belgien)

236 **China,** 4. 3., Fürth, 0:1 verloren: Angerer (Rottenberg) – Stegemann, Hingst (Carlson), Günther, Gottschlich – Garefrekes (Wimbersky), Minnert, P. Wunderlich (Fuss) – Bachor (Smisek), Prinz, Grings – SR: Günthner (Deutschland)

237 **Italien,** 31. 3., Bozen, 1:0 gewonnen: Rottenberg – Stegemann, Hingst, Minnert, Gottschlich (Fuss) – Garefrekes, Odebrecht, Bachor (Wimbersky), P. Wunderlich (Günther) – Prinz (1), Smisek (Mittag) – SR: de Toni (Italien)

238 **Ukraine,** 28. 4., Oldenburg, 6:0 gewonnen (EM-Qualifikation): Angerer – Stegemann, Hingst, Minnert (1), Günther – Garefrekes (M. Müller), Carlson (Pohlers), Bachor (1) (Wimbersky 1), Fuss – Prinz (2), Smisek (1) – SR: Tacoronte (Spanien)

239 **Schottland,** 2. 5., Livingston, 3:1 gewonnen (EM-Qualifikation): Rottenberg – Stegemann, Hingst, Minnert, Günther – Garefrekes (1), Carlson (Omilade), Bachor, Fuss (Odebrecht) – Prinz (1), Smisek (M. Müller 1) – SR: Djaleva (Bulgarien)

240 **Norwegen**, 21. 7., Hoffenheim, 0:1 verloren: Rottenberg – Stegemann, Hingst, Minnert, Fuss (Günther) – Garefrekes (Bachor), Lingor (Pohlers), Odebrecht (Omilade), P. Wunderlich (Jones) – Prinz, M. Müller (Wimbersky) – SR: Steinhaus (Deutschland)

241 **Nigeria**, 24. 7., Offenbach, 3:1 gewonnen: Rottenberg – Stegemann, Hingst, Minnert (Omilade), Günther (Fuss) – Garefrekes (Bachor), Lingor (Pohlers), Odebrecht, P. Wunderlich (Jones 1) – Prinz (1), Wimbersky (1) (M. Müller) – SR: Frai (Deutschland)

242 **China**, 11. 8., Patras, 8:0 gewonnen (Olympia-Gruppenspiel): Rottenberg – Stegemann, Jones, Hingst, Fuss (Günther) – Garefrekes, Odebrecht, P. Wunderlich (1) (Pohlers 1), Lingor (1) – Wimbersky (M. Müller 1), Prinz (4) – SR: Seitz (USA)

243 **Mexiko**, 17. 8., Athen, 2:0 gewonnen (Olympia-Gruppenspiel): Rottenberg – Stegemann, Jones, Günther, Hingst – Garefrekes (Pohlers), Lingor (Odebrecht), Omilade – Wimbersky (1) (M. Müller), Prinz (1), Bachor – SR: Szokolai (Australien)

244 **Nigeria**, 20. 8., Patras, 2:1 gewonnen (Olympia-Viertelfinale): Rottenberg – Stegemann, Jones (1), Minnert (Fuss), Hingst – Garefrekes, Odebrecht, Lingor, P. Wunderlich (Bachor) – Wimbersky (Pohlers 1), Prinz – SR: Dooth (Indien)

245 **USA**, 23. 8., Iraklion, 1:2 verloren n. V. (Olympia-Halbfinale): Rottenberg – Stegemann, Jones, Minnert, Hingst – Garefrekes, Odebrecht (Fuss), P. Wunderlich (Bachor 1), Lingor – Prinz, Pohlers (M. Müller) – SR: Szokolai (Australien)

246 **Schweden**, 26. 8., Athen, 1:0 gewonnen (Olympia-Spiel um Platz drei): Rottenberg – Stegemann, Jones, Minnert (Günther), Hingst – Garefrekes, Odebrecht (Omilade), Wimbersky (Fuss), Lingor (1) – Prinz, Pohlers – SR: Seitz (USA)

247 **Tschechien**, 25. 9., Pribram 5:0 gewonnen (EM-Qualifikation): Angerer – Fuss (Becher), Stegemann, Günther, P. Wunderlich – Garefrekes (1), Omilade (Carlson 1), Lingor, Pohlers – Prinz (1), Wimbersky (Thompson 1) – Dazu ein Eigentor von Tschechien – SR: Petignant (Schweiz)

248 **Niederlande**, 14. 10., Berlin, 0:0 unentschieden: Rottenberg – Stegemann, Jones (Becher), Hingst (Carlson), Minnert (Smisek) – Garefrekes, Odebrecht, Lingor (Omilade), P. Wunderlich (Günther) – Pohlers, Prinz – SR: Günthner (Deutschland)

2005: 19 Spiele: 17 Siege, 2 Niederlagen

249 **Australien**, 28. 1., Quanzhou, 0:1 verloren (Internationales Turnier): Angerer – Stegemann, Günther, Minnert (Krahn), Becher (Zietz) – Behringer (Bachor), Omilade (Okoyino da Mbabi), Lingor, Pohlers – Prinz, Mittag (Smisek) – SR: Zhang (China)

250 **Russland**, 30. 1., Quanzhou, 1:0 gewonnen (Internationales Turnier): Rottenberg – Stegemann, Günther, Krahn, Zietz (Becher) – Behringer (Mittag), Carlson, Lingor (1), Bachor (Omilade) – Prinz, Smisek (Okoyino da Mbabi) – SR: Deng (China)

251 **China**, 1. 2., Quanzhou, 2:0 gewonnen (Internationales Turnier): Angerer (Rottenberg) – Stegemann, Krahn, Minnert, Zietz (Becher) – Bachor (Günther), Carlson (1)(Omilade), Lingor (1) (Okoyino da Mbabi), Mittag – Prinz, Smisek (Behringer) – SR: Awdonschenko (Russland)

252 **Schweden**, 9. 3., Lagos, 2:1 gewonnen (Algarve Cup): Angerer – Stegemann, Hingst, Jones (Krahn), Günther (Minnert) – Garefrekes, Carlson, Lingor (Odebrecht), P. Wunderlich (Pohlers) – Smisek (1) (Mittag), Prinz (1) – SR: Tovar (Mexiko)

253 **Norwegen**, 11. 3., Silves, 4:0 gewonnen (Algarve Cup): Angerer – Stegemann, Hingst (Krahn), Jones, Fuss (Minnert/Günther) – Garefrekes (Behringer), Lingor, Odebrecht (Okoyino da Mbabi), P. Wunderlich (Pohlers 1) – Prinz (2), Mittag (1) – SR: Oiwa (Japan)

254 **China**, 13. 3., Alvor, 2:0 gewonnen (Algarve Cup): Rottenberg – P. Wunderlich (1), Hingst, Jones, Fuss – Garefrekes (Behringer), Carlson (Okoyino da Mbabi), Odebrecht, Pohlers (Stegemann) – Smisek (1) (Mittag), Prinz (Lingor) – SR: Girard-Fautrel (Frankreich)

255 **USA**, 15. 3., Faro-Loule, 0:1 verloren (Algarve Cup – Endspiel): Rottenberg – Stegemann, Hingst, Jones, Günther (Fuss) – Carlson (Odebrecht), Lingor (Okoyino da Mbabi), Garefrekes, Pohlers (P. Wunderlich) – Mittag (Smisek), Prinz – SR: Ionescu (Rumänien)

256 **Kanada**, 21. 4., Osnabrück, 3:1 gewonnen: Rottenberg – Fuss (1) (Mittag), Hingst, Jones, Minnert (Günther) – Omilade (Odebrecht), Lingor – Garefrekes, Prinz (1), Pohlers (Bachor), Smisek (Grings 1) – Steinhaus (Deutschland)

257 **Kanada**, 24. 4., Hildesheim: 3:2 gewonnen: Angerer – Stegemann, Hingst, Jones, Minnert – Mittag (Garefrekes 1), Lingor (1) (Zietz), Omilade (Odebrecht) – Prinz, Wimbersky (M. Müller), Pohlers (1) (Bachor) – SR: Frai (Deutschland)

258 **Norwegen**, 6. 6., Warrington, 1:0 gewonnen (EM-Vorrunde): Rottenberg – Stegemann, Hingst, Jones, Minnert – Garefrekes, Lingor, Omilade (Carlson), Pohlers (1), (Wimbersky) – Mittag, Grings (Smisek) – SR: Petignat (Schweiz)

259 **Italien**, 9. 6., Preston, 4:0 gewonnen (EM-Vorrunde): Rottenberg – Stegemann (Grings), Hingst, Jones (1), Minnert – Garefrekes, Carlson, Lingor (Wimbersky), Pohlers (1) – Prinz (1), Mittag (1) (Smisek) – SR: Seitz (USA)

260 **Frankreich**, 12. 6., Warrington, 3:0 gewonnen (EM-Vorrunde): Rottenberg – Garefrekes, Hingst, Jones, Minnert (1) – Omilade, Grings (1), Lingor (1) (Carlson), Pohlers (P. Wunderlich) – Mittag (Fuss), Prinz – SR: Ionescu (Rumänien)

261 **Finnland**, 15. 6., Preston, 4:1 gewonnen (EM-Halbfinale): Rottenberg – Garefrekes (Wimbersky), Hingst, Jones, Minnert – Carlson, Grings (2), Lingor (Günther), Pohlers (1) – Mittag (Fuss), Prinz (1) – SR: Damkova (Tschechien)

262 **Norwegen**, 19. 6., Blackburn, 3:1 gewonnen (EM-Finale): Rottenberg – Garefrekes, Hingst, Jones, Minnert – Carlson (Günther), Grings (1) (Smisek), Lingor (1), Pohlers – Mittag (Wimbersky), Prinz (1) – SR: Ihringova (Slowakei)

263 **Kanada**, 1. 9., Vancouver, 3:1 gewonnen: Rottenberg – Stegemann (Becher), Jones, Hingst, Günther – Carlson, Garefrekes (1), Lingor (Okoyino da Mbabi), Mittag (Pohlers 1) – Grings (Wimbersky 1), Prinz – SR: Bennet (USA)

264 **Kanada**, 4. 9., Edmonton, 4:3 gewonnen: Angerer – Stegemann (Zietz), Jones, Krahn (Okoyino da Mbabi 1), Günther – Hingst, Lingor (Carlson), Garefrekes, Pohlers (1) (Mittag) – Prinz (1), Wimbersky (Grings) – Dazu ein Eigentor von Kanada – SR: Seitz (USA)

265 **Russland**, 25. 9., Siegen, 5:1 gewonnen (WM-Qualifikation): Rottenberg – Stegemann, Hingst, Minnert (1), Günther – Garefrekes, Carlson (Okoyino da Mbabi), Lingor (1), Wimbersky (P. Wunderlich) – Prinz (1), Grings (1) (Smisek 1) – SR: Focic (Kroatien)

266 **Schottland**, 20. 10., Bayreuth, 4:0 gewonnen (WM-Qualifikation): Rottenberg – Stegemann (1), Hingst, Minnert, Günther – Carlson (Okoyino da Mbabi/Bajramaj), Lingor – Garefrekes, Mittag – Grings (1) (M. Müller), Prinz (2) – SR: Hänninen (Finnland)

267 **Schweiz**, 12. 11., Ulm, 4:0 gewonnen (WM-Qualifikation): Rottenberg – Stegemann, Hingst, Jones (1), Minnert – Garefrekes, Carlson (2) (Krahn), Lingor, Mittag (Pohlers) – Prinz, Wimbersky (1) – SR: De Toni (Italien)

2006: 13 Spiele: 11 Siege, 1 Unentschieden, 1 Niederlage

268 **China**, 1. 3., Homburg, 0:1 verloren: Angerer – Stegemann, Jones, Minnert, Fuss (Rech) – Carlson, P. Wunderlich (Okoyino da Mbabi) – Garefrekes, Prinz, Mittag (Pohlers) – M. Müller (Smisek) – SR: Günthner (Deutschland)

269 **Finnland**, 9. 3., Loulé, 5:0 gewonnen (Algarve Cup): Angerer – Stegemann (Rech), Jones (Peter), Krahn, Minnert (Fuss 1) – Garefrekes (1), Carlson (Okoyino da Mbabi), Mittag (Behringer 1) – Pohlers (1), Prinz (1), Smisek (Wimbersky) – SR: De Toni (Italien)

270 **Schweden**, 11. 3., Loulé, 3:0 gewonnen (Algarve Cup): Rottenberg – Stegemann, Jones (Peter), Krahn, Minnert (Fuss) – Garefrekes, Carlson (Okoyino da Mbabi), Mittag – Behringer (1) (Wimbersky 1), Prinz (1), Pohlers (Smisek) – SR: Tovar (Mexiko)

271 **Norwegen**, 13. 3., Faro, 1:0 gewonnen (Algarve Cup): Angerer – Stegemann, Rech (Fuss), Jones (Minnert), Peter (Krahn) – Okoyino da Mbabi (Garefrekes), Carlson (Thomas), Wimbersky (1), Smisek – Behringer, Prinz (Pohlers) – SR: Ionescu (Rumänien)

272 **USA**, 15. 3., Faro, 0:0 unentschieden/4:3 im Elfmeterschiessen (Algarve Cup – Endspiel): Rottenberg – Stegemann, Krahn, Jones, Minnert (Fuss) – Mittag (Behringer), Garefrekes, Carlson (Okoyino da Mbabi), Pohlers – Prinz, Wimbersky – SR: Borg (Schweden) – Tore aus dem Elfmeterschießen: Behringer, Okoyino da Mbabi, Pohlers, Wimbersky

273 **Irland**, 10. 5., Cottbus, 1:0 gewonnen (WM-Qualifikation): Rottenberg – Stegemann, Krahn, Minnert, Fuss (Okoyino da Mbabi) – Hingst, Lingor – Garefrekes, Wimbersky (1) (Smisek), Mittag (M. Müller) – Pohlers – SR: Tvanijonaite (Litauen)

274 **Italien**, 3. 8., Krefeld, 5:0 gewonnen: Rottenberg – Stegemann, Krahn, Hingst, Fuss (Rech) – Pohlers (Bachor 1), Garefrekes (1) (Zietz), Okoyino da Mbabi (Omilade), Mittag (M. Müller 1) – Prinz (2), Smisek (Wimbersky) – SR: Schumacher (Deutschland)

275 **Irland**, 26. 8., Dublin, 3:0 gewonnen (WM-Qualifikation): Rottenberg – Stegemann (Rech), Krahn, Jones, Hingst – Omilade, Lingor (Bachor), Garefrekes (1), Mittag – Prinz (1), Wimbersky (1) (Pohlers) – SR: Arwedahl (Schweden)

276 **Schweiz**, 30. 8., Schaffhausen, 6:0 gewonnen (WM-Qualifikation): Angerer – Stegemann, Krahn, Jones, Fuss – Garefrekes (1), Omilade, Lingor (1), Pohlers (1) (Mittag/Bachor) – Prinz (1), Wimbersky (1) (M. Müller 1) – SR: Noelle (Frankreich)

277 **Schottland**, 23. 9., Perth, 5:0 gewonnen (WM-Qualifikation): Rottenberg – Stegemann, Krahn (Rech), Hingst, Minnert – Garefrekes (1), Omilade, Lingor (1) (Okoyino da Mbabi), Pohlers (M. Müller) – Prinz (2), Smisek (1) – SR: Basimamovic (Kroatien)

278 **Russland**, 27. 9., Moskau, 3:2 gewonnen (WM-Qualifikation): Rottenberg – Stegemann, Krahn, Hingst, Minnert – Garefrekes (1), Omilade, Lingor (Okoyino da Mbabi), Pohlers (Bachor) – Prinz (1), Smisek (1) (Wimbersky) – SR: Skogvangen (Norwegen)

279 **England**, 25. 10., Aalen, 5:1 gewonnen: Schmetz – Stegemann (1) (Peter), Krahn, Hingst, Minnert (Rech) – Garefrekes, Carlson (Wimbersky), Lingor (M. Müller 1), Bachor (Okoyino da Mbabi 1) – Prinz (1) (Pohlers), Smisek (1) – SR: Beck (Deutschland)

280 **Japan**, 23. 11., Karlsruhe, 6:3 gewonnen: Angerer – Stegemann (Zietz), Krahn (Mittag), Hingst, Peter – Garefrekes (1), Carlson (Fuss), Okoyino da Mbabi (1), Bachor (Pohlers 1) – Prinz (1), Wimbersky (2) – SR: Steinhaus (Deutschland)

2007: 21 Spiele: 13 Siege, 5 Unentschieden, 3 Niederlagen

281 **USA**, 26. 1., Guangzhou, 0:0 unentschieden: Rottenberg – Stegemann, Krahn, Hingst, Peter – Carlson (Omilade), Okoyino da Mbabi, M. Müller (Behringer), Wimbersky – Smisek, Mittag (Bresonik) – SR: Junxia (China)

282 **China**, 28. 1., Guangzhou, 0:0 unentschieden: Ullrich – Stegemann, Krahn, Hingst, Fuss (Rech) – Bajramaj, Omilade, Bresonik, Pohlers (Okoyino da Mbabi) – Wimbersky (Behringer), M. Müller (Mittag) – SR: Rayner (England)

283 **England**, 30. 1., Guangzhou, 0:0 unentschieden: Ullrich – Stegemann, Krahn, Hingst, Zietz (Peter) – Wimbersky (Pohlers), Okoyino da Mbabi, Carlson (Bresonik), Mittag – Bajramaj (Omilade), Smisek (M. Müller) – SR: Ping (China)

284 **Norwegen**, 7. 3., Faro, 1:2 verloren (Algarve-Cup): Ullrich – Stegemann, Hingst, Krahn (Jones), Peter – Okoyino da Mbabi (Omilade), Garefrekes, Lingor (1), Mittag (Wimbersky) – Prinz, Smisek (M. Müller) – SR: Bennett (USA)

285 **Frankreich**, 9. 3., Faro, 0:1 verloren (Algarve-Cup): Holl – Stegemann, Hingst, Jones, Bresonik – Garefrekes (Behringer), Lingor (Omilade), Carlson (Okoyino da Mbabi), Wimbersky (Rech) – Prinz, Smisek (M. Müller) – SR: Fukano (Japan)

286 **Dänemark**, 12. 3., Vilareal de San Antonio, 3:0 gewonnen (Algarve-Cup): Holl – Stegemann, Hingst, Jones, Peter – Garefrekes (M. Müller), Lingor, Carlson (Bresonik), Behringer (1) – Prinz, Mittag (1) – Dazu ein Eigentor von Cederkvist – SR: de Silva (Trinidad & Tobago)

287 **Italien**, 14. 3., Olhão, 0:1 verloren (Algarve-Cup): Ullrich – Stegemann, Krahn, Jones, Peter – Garefrekes, Lingor, Okoyino da Mbabi, Behringer – Prinz, Mittag – SR: Adwonschenko (Russland)

288 **Niederlande**, 12. 4., Wattenscheid, 5:1 gewonnen (EM-Qualifikation): Angerer – Stegemann, Krahn, Hingst, Rech – Garefrekes (1), Bresonik, Lingor (2) (Bartusiak), Bajramaj (Pohlers) – Prinz (1), Mittag (1) (Wimbersky) – SR: Palmqvist (Schweden)

289 **Wales**, 10. 5., Haverfordwest, 6:0 gewonnen (EM-Qualifikation): Angerer – Stegemann (1), Peter, Hingst, Rech (Bartusiak) – Garefrekes (1), Bresonik, Lingor, Bajramaj (Kerschowski) – Prinz (3), Mittag (M. Müller 1) – SR: Svendsen (Dänemark)

290 **Dänemark**, 29. 7., Magdeburg, 4:0 gewonnen: Angerer – Stegemann, Minnert, Hingst, Fuss (Bartusiak) – Garefrekes (Pohlers 1), Laudehr (Omilade), Lingor, Behringer (Bajramaj 1) – Prinz (1), Smisek (Mittag/M. Müller) – Dazu ein Eigentor von Johansen – SR: Beck (Deutschland)

291 **Tschechien**, 2. 8., Gera, 5:0 gewonnen: Angerer – Stegemann, Minnert (Peter), Hingst, Rech – Garefrekes (1), Laudehr (1), Lingor (Bresonik), Wimbersky (Bajramaj) – Prinz (2), Mittag (M. Müller 1) – SR: Kunick (Deutschland)

292 **Schweiz**, 22. 8., Koblenz, 7:0 gewonnen (EM-Qualifikation): Angerer – Stegemann, Minnert, Hingst, Bresonik (Bartusiak) – Garefrekes (3), Laudehr, Lingor (Fuss), Behringer (2) – Prinz (1), Smisek (1)(Mittag) – SR: Ihringowa (England)

293 **Norwegen**, 30. 8., Mainz, 2:2 unentschieden: Angerer – Stegemann, Minnert, Hingst, Fuss (Peter) – Garefrekes, Bartusiak, Lingor (Bajramaj), Behringer (1) – Prinz (1), Mittag (Wimbersky) – SR: Steinhaus (Deutschland)

294 **Argentinien**, 10. 9., Schanghai, 11:0 gewonnen (WM-Vorrunde): Angerer – Stegemann, Hingst, Minnert, Bresonik – Garefrekes (1) (Mittag), Laudehr (Bartusiak), Lingor (1), Behringer (1) (Wimbersky) – Smisek (3), Prinz (3) – Dazu zwei Eigentore von Correa – SR: Ogston (Australien)

295 **England**, 14. 9., Schanghai, 0:0 unentschieden (WM-Vorrunde): Angerer – Stegemann, Krahn, Hingst, Bresonik – Garefrekes, Laudehr, Lingor, Behringer (Bajramaj) – Prinz, Smisek – SR: Palmqvist (Schweden)

296 **Japan**, 17. 9., Hangtschu, 2:0 gewonnen (WM-Vorrunde): Angerer – Stegemann, Krahn, Hingst, Bresonik – Wimbersky, Garefrekes, Lingor (1), Behringer (Bajramaj) – Smisek (M. Müller), Prinz (1) – SR: Correa (Kolumbien)

297 **Nordkorea**, 22. 9., Wuhan, 3:0 gewonnen (WM-Viertelfinale): Angerer – Stegemann, Krahn (1), Hingst, Bresonik (Minnert) – Garefrekes (1), Laudehr, Lingor (1), Behringer – Prinz, Smisek (M. Müller) – SR: Ogston (Australien)

298 **Norwegen**, 26. 9., Tiandschin, 3:0 gewonnen (WM-Halbfinale): Angerer – Stegemann (1), Krahn, Hingst, Bresonik (Minnert) – Garefrekes, Laudehr, Lingor, Behringer (Bajramaj) – Prinz, Smisek (M. Müller 1) – Dazu ein Eigentor von Rönning – SR: Damkova (Tschechien)

299 **Brasilien**, 30. 9., Schanghai, 2:0 gewonnen, (WM-Finale): Angerer – Stegemann, Krahn, Hingst, Bresonik – Garefrekes, Laudehr (1), Lingor, Behringer (M. Müller) – Prinz (1), Smisek (Bajramaj) – SR: Ogston (Australien)

300 **Belgien**, 28. 10., Lübeck, 3:0 gewonnen (EM-Qualifikation): Angerer – Stegemann, Krahn, Hingst (Fuss), Minnert (1) – Garefrekes (1), Bartusiak, Bresonik, Behringer (Bajramaj) – M. Müller (Mittag), Prinz (1) – SR: Damjanovic (Kroatien)

301 **Niederlande**, 1. 11., Volendam, 1:0 gewonnen (EM-Qualifikation): Angerer – Stegemann (Peter), Krahn (1), Hingst, Minnert (Fuss) – Garefrekes, Bartusiak (Omilade), Bresonik, Behringer – Mittag, Prinz – SR: de Toni (Italien)

2008: 16 Spiele: 11 Siege, 1 Unentschieden, 4 Niederlagen

302 **China**, 28. 2., Freiburg, 2:0 gewonnen: Angerer – Stegemann, Krahn, Hingst, Peter (Zietz) – Wimbersky (1), Laudehr (Goeßling), Lingor (Bartusiak), Behringer (Pohlers) – Smisek (M. Müller), Prinz (1) – SR: N. Schumacher (Deutschland)

303 **Dänemark**, 5. 3., Faro, 0:1 verloren (Algarve-Cup): Rottenberg – Stegemann, Krahn, Hingst, Zietz – Wimbersky (Behringer), Lingor (Bartusiak), Laudehr, Pohlers (Bachor) – Prinz, M. Müller (Goeßling) – SR: Chenard (Kanada)

304 **Finnland**, 7. 3., Faro, 3:0 gewonnen (Algarve-Cup): Angerer – Stegemann, Omilade, Hingst (Krahn), Bartusiak – Bachor (Pohlers), Goeßling, Lingor (1) (Zietz), Behringer (N. Banecki) – Prinz (2), Wimbersky (M. Müller) – SR: Schett (Österreich)

305 **Schweden**, 10. 3., Santo Antonio, 2:0 gewonnen (Algarve-Cup): Rottenberg (Angerer) – Stegemann, Krahn, Hingst, Peter – Bachor (Wimbersky), Lingor (Goeßling), Laudehr, Behringer – Prinz (1), Smisek (1) (M. Müller) – SR: Savolainen (Finnland)

306 **Norwegen**, 12. 3., Santo Antonio, 0:2 verloren (Algarve-Cup): Angerer – Stegemann, Omilade, Hingst, Peter (Bartusiak) – Lingor, Laudehr – Bachor (Goeßling), Prinz, Behringer (Pohlers) – Smisek (M. Müller) – SR: Chenard (Kanada)

307 **Belgien**, 7. 5., Eupen, 5:0 gewonnen (EM-Qualifikation): Angerer – Stegemann, Krahn, Hingst, Bresonik (1) – Garefrekes (2), Laudehr (Mittag), Bartusiak (Zietz), Behringer (Bajramaj) – Prinz, Pohlers (2) – SR: Ionescu (Rumänien)

308 **Wales**, 29. 5., Kassel, 4:0 gewonnen (EM-Qualifikation): Rottenberg (Angerer) – Stegemann, Krahn (1), Omilade, Bresonik – Garefrekes (Behringer 1), Goeßling, Hingst (1), Bajramaj – Pohlers (1) (M. Müller), Prinz – SR: Cohen (Israel)

309 **England**, 17. 7., Unterhaching, 3:0 gewonnen: Angerer – Stegemann (Peter), Krahn (Bartusiak), Hingst, Bresonik – Laudehr, Lingor (Okoyino da Mbabi) – Garefrekes (Pohlers), Prinz (1), Bajramaj (Behringer 1) – Smisek (1) (Mittag) – SR: Beck (Deutschland)

310 **Norwegen**, 23. 7., Sandefjord, 0:2 verloren: Angerer – Stegemann (Peter), Krahn (Bartusiak), Hingst, Bresonik – Laudehr, Lingor (Okoyino da Mbabi) – Garefrekes (Pohlers), Prinz, Behringer (Bajramaj) – Smisek (Mittag) – SR: Ödlund (Schweden)

311 **Brasilien**, 6. 8., Shenyang, 0:0 unentschieden (Olympia-Vorrunde): Angerer – Stegemann, Krahn, Hingst, Bresonik – Laudehr, Lingor – Garefrekes, Prinz, Behringer (Bajramaj) – Smisek (Okoyino da Mbabi) – SR: Seitz (USA)

312 **Nigeria**, 9. 8., Shenyang, 1:0 gewonnen (Olympia-Vorrunde): Angerer – Stegemann (1), Krahn, Hingst, Bresonik – Laudehr (Okoyino da Mbabi), Lingor – Garefrekes, Prinz, Behringer – Smisek (Mittag) – SR: Palmqvist (Schweden)

313 **Nordkorea**, 12. 8., Tianjin, 1:0 gewonnen (Olympia-Vorrunde): Angerer – Stegemann, Krahn, Hingst, Bresonik – Laudehr, Lingor – Garefrekes, Prinz, Behringer (Bajramaj) – Smisek (Mittag 1) – SR: Ferreira-James (Guyana)

314 **Schweden**, 15. 8., Shenyang, n. V. 2:0 gewonnen (Olympia-Viertelfinale): Angerer – Stegemann, Krahn, Hingst, Bresonik (Peter) – Laudehr (1), Lingor – Garefrekes (1), Prinz, Behringer – Mittag – SR: Damkova (Tschechien)

315 **Brasilien**, 18. 8., Shanghai, 1:4 verloren (Olympia-Halbfinale): Angerer – Stegemann, Krahn, Hingst, Peter – Laudehr, Lingor – Garefrekes, Prinz (1), Behringer (Bajramaj) – Mittag (Okoyino da Mbabi) – SR: Hong (Südkorea)

316 **Japan**, 21. 8., Peking, 2:0 gewonnen (Spiel um den dritten Platz): Angerer – Stegemann, Krahn, Hingst, Peter – Laudehr (Okoyino da Mbabi), Lingor – Garefrekes, Prinz, Behringer (Bajramaj 2) – Smisek (Pohlers) – SR: Alvarez (Argentinien)

317 **Schweiz**, 1. 10., Basel, 3:0 gewonnen (EM-Qualifikation): Angerer – Stegemann, Krahn, Hingst, Peter – Garefrekes (1) (Bachor), Bartusiak, Laudehr (Goeßling), Behringer (1) – Smisek (1) (M. Müller), Mittag – SR: Olander (Estland)

2009: 16 Spiele: 10 Siege, 3 Unentschieden, 3 Niederlagen

318 **China**, 25. 2., Bielefeld, 1:1 unentschieden: Angerer – Bachor (B. Schmidt), Omilade, Bartusiak, Peter – Garefrekes (N. Banecki), Bresonik, Goeßling (Kulig), Behringer – Mittag (M. Müller), Grings (1) (Bajramaj) – SR: Kunick (Deutschland)

319 **Finnland**, 4. 3., Albufeira, 2:0 gewonnen (Algarve-Cup): Angerer – B. Schmidt, Fuss, Bartusiak, Peter (Baunach) – Bresonik, Kulig – Garefrekes (1), Grings (N. Banecki), Bajramaj (Behringer 1) – M. Müller (Mittag) – SR: Chenard (Kanada)

320 **China**, 6. 3., Albufeira, 3:0 gewonnen (Algarve-Cup): Angerer – Bachor (Baunach), Omilade, Bartusiak, Peter (B. Schmidt) – Goeßling (Okoyino da Mbabi), Kulig (1) – Garefrekes (2) (Bajramaj), Mittag (M. Müller), Behringer (N. Banecki) – Grings – SR: Gaal (Ungarn)

321 **Schweden**, 9. 3., Faro, 2:3 verloren (Algarve-Cup): Angerer – Fuss, Omilade, Bartusiak, Peter – Bresonik (Goeßling), Kulig (1) – Garefrekes, Bajramaj (Grings 1), Behringer – M. Müller (Mittag) – SR: Melksham (Australien)

322 **Dänemark**, 11. 3., Faro, 0:1 verloren (Algarve-Cup): Angerer – Fuss, Omilade, Bartusiak, Peter – Bresonik (Goeßling), Kulig – Garefrekes, N. Banecki (M. Müller), Behringer (Bajramaj) – Grings – SR: Palmqvist (Schweden)

323 **Brasilien**, 22. 4., Frankfurt, 1:1 unentschieden: Angerer – B. Schmidt, Krahn (Fuss), Bartusiak, Peter – Bresonik, Kulig – Garefrekes (Laudehr), Behringer – Prinz (M. Müller), Mittag (1) (Bajramaj) – SR: Palmqvist (Schweden)

324 **Niederlande**, 25. 7., Sinsheim, 6:0 gewonnen: Angerer (Holl) – Bresonik, Bartusiak (Krahn), Hingst, Peter – Garefrekes (Stegemann), Laudehr (1) (Bajramaj), Kulig, Behringer (1) – Prinz (1) (Okoyino da Mbabi 1), Grings (1) (M. Müller) – Dazu ein Eigentor von Geurts – SR: Dr. Hussein (Deutschland)

325 **Japan**, 29. 7., Mannheim, 0:0 unentschieden: Angerer – B. Schmidt (Stegemann), Bartusiak (Krahn), Hingst, Peter (Fuss) – Garefrekes, Laudehr, Bresonik, Bajramaj (Okoyino da Mbabi) – Prinz (Mittag), Grings (Kulig) – SR: Kurtes (Deutschland)

326 **Russland**, 6. 8., Bochum, 3:1 gewonnen: Angerer – Stegemann, Krahn, Hingst (Bartusiak), Peter (Fuss) – Garefrekes (1), Kulig, Bresonik, Laudehr (Bajramaj) – Prinz (M. Müller 1), Grings (Okoyino da Mbabi) – Dazu ein Eigentor von Tsybutovich – SR: Kunick (Deutschland)

327 **Norwegen**, 24. 8., Tampere, 4:0 gewonnen (EM-Vorrunde): Angerer – B. Schmidt, Krahn, Hingst, Peter – Garefrekes (Bajramaj 2), Kulig, Bresonik (1), Behringer (Mittag 1) – Prinz, Grings (Okoyino da Mbabi) – SR: Ihringova (England)

328 **Frankreich**, 27. 8., Tampere, 5:1 gewonnen (EM-Vorrunde): Angerer – B. Schmidt, Krahn (1), Hingst, Peter – Garefrekes, Kulig (Bartusiak), Bresonik (1), Behringer (1) (Laudehr 1) – Prinz, Grings (1) (Okoyino da Mbabi) – SR: Monsul (Ukraine)

329 **Island**, 30. 8., Tampere, 1:0 gewonnen (EM-Vorrunde): Angerer – Fuss (Stegemann), Krahn, Hingst, Peter – Mittag, Bartusiak, Laudehr, Bajramaj – Prinz (Grings 1/Okoyino da Mbabi), M. Müller – SR: Heikkinen (Finnland)

330 **Italien**, 4. 9., Lahti, 2:1 gewonnen (EM-Viertelfinale): Angerer – B. Schmidt (Laudehr), Krahn, Hingst (Fuss), Peter – Garefrekes, Kulig, Bresonik, Behringer – Prinz (M. Müller), Grings (2) – SR: Palmqvist (Schweden)

331 **Norwegen**, 7. 9., Helsinki, 3:1 gewonnen (EM-Halbfinale): Angerer – B. Schmidt (Okoyino da Mbabi 1), Krahn, Bartusiak, Peter – Garefrekes, Kulig, Bresonik (Laudehr 1), Behringer (Bajramaj 1) – Prinz, Grings – SR: Heikkinen (Finnland)

332 **England**, 10. 9., Helsinki, 6:2 gewonnen (EM-Finale): Angerer – Bresonik, Krahn, Bartusiak, Peter – Garefrekes (Bajramaj), Kulig (1), Laudehr, Behringer (1) (Okoyino da Mbabi) – Prinz (2), Grings (2) – SR: Damkova (Tschechien)

333 **USA**, 29. 10., Augsburg, 0:1 verloren: Angerer – Bresonik, Krahn, Bartusiak, Peter – Laudehr, Kulig – Garefrekes (B. Schmidt), Bajramaj (Okoyino da Mbabi), Prinz (M. Müller) – Grings (Mittag) – SR: Gaal (Ungarn)

2010: 9 Spiele: 7 Siege, 2 Niederlagen

334 **Nordkorea**, 17. 2., Duisburg, 3:0 gewonnen: Angerer (Weiß) – Bresonik, Bartusiak, Fuss, Peter – Laudehr (1) (Goeßling), Kulig (Popp) – Bajramaj (1), Prinz (M. Müller), Behringer (Garefrekes) – Mittag (Okoyino da Mbabi 1) – SR: Guillemin (Frankreich)

335 **Dänemark**, 24. 2., Parchal, 4:0 gewonnen (Algarve-Cup): Angerer – Garefrekes (B. Schmidt), Krahn (Grings 2), Bartusiak, Peter – Kulig (Zietz), Goeßling – Bajramaj (Okoyino da Mbabi), Prinz (1), Behringer (1) (Popp) – Mittag (M. Müller) – SR: Pye (Kanada)

336 **Finnland**, 26. 2., Parchal, 7:0 gewonnen (Algarve-Cup): Angerer – B. Schmidt, Krahn (Fuss), Bartusiak, Peter – Goeßling (Keßler 1), Prinz – Garefrekes (Popp 2), Grings (3) (M. Müller 1), Behringer (Bajramaj) – Mittag (Okoyino da Mbabi) – SR: Pedersen (Norwegen)

337 **China**, 1. 3., Faro, 5:0 gewonnen (Algarve-Cup): Holl – B. Schmidt, Krahn (Popp), Fuss, Peter (1) – Goeßling (Zietz 1), Prinz (Keßler) – Garefrekes (1) (Behringer), Mittag (2) (Grings), Bajramaj (M. Müller) – Okoyino da Mbabi – SR: Godinez (Mexiko)

338 **USA**, 3. 3., Faro, 2:3 verloren (Algarve-Cup): Angerer – B. Schmidt, Peter, Fuss, Garefrekes – Goeßling (Zietz), Prinz – Bajramaj (Okoyino da Mbabi), Grings (2), Behringer (M. Müller) – Mittag (Popp) – SR: Heikkinen (Finnland)

339 **USA**, 22. 5., Cleveland, 0:4 verloren: Angerer – Bresonik, Krahn (Omilade), Bartusiak, Fuss – Garefrekes, Hingst (Kulig), Laudehr, Behringer (Okoyino da Mbabi) – Prinz (Popp), Grings – SR: Domka (USA)

340 **Kanada**, 15. 9., Dresden, 5:0 gewonnen: Angerer – Fuss, Goeßling (Henning), Bartusiak, Peter – Laudehr (Hingst), Kulig, Garefrekes (Okoyino da Mbabi 1), Prinz (Behringer 1), Bajramaj (1) (Popp 1) – Grings (1) (Mittag) – SR: Damkova (Tschechien)

341 **Australien**, 28. 10., Wolfsburg, 2:1 gewonnen: Holl – Bartusiak, Goeßling, Fuss (Faißt), Peter – Laudehr, Kulig (M. Müller 1), Bajramaj, Garefrekes (Okoyino da Mbabi) – Prinz (Hingst), Grings (1) (Marozsan) – SR: Schett (Österreich)

342 **Nigeria**, 25. 11., Leverkusen, 8:0 gewonnen: Angerer – Peter, Bartusiak (Henning), Goeßling, Faißt – Laudehr (Bresonik), Hingst – Garefrekes (3) (Mittag), Prinz (2) (Maroszan), Bajramaj (Behringer) – Grings (2) (Popp 1) – SR: Pedersen (Norwegen)

2011: 13 Spiele: 11 Siege, 1 Unentschieden, 1 Niederlage

343 **Nordkorea**, 21. 5., Ingolstadt, 2:0 gewonnen: Angerer – Bresonik, Krahn (Peter), Bartusiak (Goeßling), Faißt – Kulig (1), Laudehr (Hingst) – Garefrekes, Prinz (M. Müller), Behringer (Bajramaj) – Popp (Okoyino da Mbabi 1) – SR: Schett (Österreich)

344 **Italien**, 3. 6., Osnabrück, 5:0 gewonnen: Angerer – Bresonik, Bartusiak (Goeßling), Krahn, Peter – Laudehr, Kulig (1) (Hingst) – Garefrekes (M. Müller), Prinz (Okoyino da Mbabi 1), Behringer (Bajramaj) – Grings (Popp 2) – Dazu ein Eigentor von D'Adda – SR: Ihringova (England)

345 **Niederlande**, 7. 6., Aachen, 5:0 gewonnen: Angerer – Schmidt, Krahn (Goeßling), Bartusiak, Peter – Kulig (1), Laudehr (1) (Hingst) – Garefrekes (Grings 1), Prinz (Popp 1), Bajramaj (Behringer) – Okoyino da Mbabi (1) (M. Müller) – SR: Ihringova (England)

346 **Norwegen**, 16. 6., Mainz, 3:0 gewonnen: Angerer – Bresonik, Krahn (Goeßling), Bartusiak, Peter – Laudehr (1), Kulig (Hingst) – Garefrekes (Behringer), Prinz (Bajramaj), Okoyino da Mbabi (M. Müller) – Grings (Popp 2) – SR: Hong (Südkorea)

347 **Kanada**, 26. 6., Berlin, 2:1 gewonnen (WM-Vorrunde): Angerer – Bresonik, Krahn, Bartusiak, Peter – Kulig, Laudehr – Garefrekes (1), Okoyino da Mbabi (1) (Grings), Behringer (Bajramaj) – Prinz (Popp) – SR: Melksham (Australien)

348 **Nigeria**, 30. 6., Frankfurt, 1:0 gewonnen (WM-Vorrunde): Angerer – Bresonik, Krahn, Bartusiak, Peter – Kulig, Laudehr (1) – Garefrekes, Okoyino da Mbabi (Bajramaj), Behringer (Popp) – Prinz (Grings) – SR: Cha (Südkorea)

349 **Frankreich**, 5. 7., Mönchengladbach, 4:2 gewonnen (WM-Vorrunde): Angerer – B. Schmidt, Krahn (Popp), Bartusiak, Peter – Laudehr (Hingst), Goeßling – Garefrekes (1), Okoyino da Mbabi (1), Bajramaj – Grings (2) – SR: Heikkinen (Finnland)

350 **Japan**, 9. 7., Wolfsburg, 0:1 verloren (WM-Viertelfinale): Angerer – Bresonik (Goeßling), Krahn, Bartusiak, Peter – Laudehr, Kulig (B. Schmidt) – Garefrekes, Okoyino da Mbabi, Behringer – Grings (Popp) – SR: Quetzalli Alvarado (Mexiko)

351 **Schweiz**, 17. 9., Augsburg, 4:1 gewonnen (EM-Qualifikation): Angerer – Schmidt, Krahn, Bartusiak, Peter (Faißt) – Laudehr, Goeßling – Bresonik (1), Bajramaj (2), Behringer – Popp (M. Müller 1) – SR: Tea Spinelli (Italien)

352 **Rumänien**, 22. 10., Bukarest, 3:0 gewonnen (EM-Qualifikation): Angerer – Schmidt, Krahn, Peter, Faißt – Laudehr, Goeßling (1) (Odebrecht) – Bresonik (Mittag), Bajramaj (1) (Popp), Behringer (1) – Grings – SR: Adamkova (Tschechien)

353 **Schweden**, 26. 10., Hamburg, 1:0 gewonnen: Angerer – Schmidt, Krahn, Bartusiak, Faißt – Laudehr, Goeßling – Bresonik (Mittag), Bajramaj (M. Müller), Behringer (Huth) – Grings (Popp 1) – SR: Mitsi (Griechenland)

354 **Kasachstan**, 19. 11., Wiesbaden, 17:0 gewonnen (EM-Qualifikation): Angerer – Peter (3), Goeßling, Bartusiak, Faißt – Odebrecht, Laudehr (2) – Bajramaj (1), Okoyino da Mbabi (4) (Maroszan), Behringer (1) (Mittag) – Popp (4) (M. Müller 2) – SR: Vitulano (Italien)

355 **Spanien**, 24. 11., Motril, 2:2 unentschieden (EM-Qualifikation): Angerer – Schmidt, Bartusiak (Krahn), Goeßling (1), Peter – Laudehr, Odebrecht – Behringer, Okoyino da Mbabi (M. Müller), Bajramaj – Popp – Dazu ein Eigentor von Garcia – SR: Monsul (Ukraine)

2012: 13 Spiele: 10 Siege, 3 Unentschieden

356 **Türkei**, 15. 2., Izmir, 5:0 gewonnen (EM-Qualifikation): Schult – Peter, Goeßling, Bartusiak, Faißt – Odebrecht, Marozsan (1) – Bresonik (1) (Huth), Behringer (2), Okoyino da Mbabi (1) (Mittag) – Popp (M. Müller) – SR: Kuzmanovic (Serbien)

357 **Island**, 29. 2., Lagos, 1:0 gewonnen (Algarve-Cup): Schult – Bresonik, Krahn, Henning, Peter – Odebrecht, Goeßling (Bartusiak) – Mittag (1) (Huth), Okoyino da Mbabi, Behringer – Popp (Lotzen) – SR: Adamkova (Tschechien)

358 **China**, 2. 3., Vila Real de Santo Antonio, 1:0 gewonnen (Algarve-Cup): Schult – B. Schmidt (Wensing), Krahn, Henning, Peter (Faißt) – Odebrecht (Bartusiak), Goeßling (Huth) – Bresonik, Okoyino da Mbabi (Popp), Behringer (1) – Mittag (Lotzen) – SR: Kulcsar (Ungarn)

359 **Schweden**, 5. 3., Parchal, 4:0 gewonnen (Algarve-Cup): Schult – B. Schmidt, Krahn (Bartusiak), Henning, Peter – Odebrecht, Goeßling (Wensing) – Bresonik (Huth), Okoyino da Mbabi (3) (Lotzen), Behringer (Faißt) – Mittag (Popp 1) – SR: Vitulano (Italien)

360 **Japan**, 7. 3., Faro, 4:3 gewonnen (Algarve-Cup, Finale): Schult – B. Schmidt, Krahn, Henning, Peter – Odebrecht, Goeßling (Bartusiak) – Mittag (Huth), Marozsan (1) (Popp), Behringer – Okoyino da Mbabi (3) – SR: Domka (USA)

361 **Spanien**, 31. 3., Mannheim, 5:0 gewonnen (EM-Qualifikation): Schult – B. Schmidt, Krahn, Henning, Peter – Odebrecht, Goeßling (Marozsan) – Bresonik (Popp 1), Mittag, Behringer (Bajramaj) – Okoyino da Mbabi (4) – SR: Mitsi (Griechenland)

362 **Schweiz**, 5. 4., Aarau, 6:0 gewonnen (EM-Qualifikation): Schult – Bresonik, Krahn, Bartusiak, Peter – Odebrecht, Goeßling (Henning) – Bajramaj, Okoyino da Mbabi (4), Behringer – Mittag (1) (Popp) – Dazu ein Eigentor von Egli – SR: Schett (Österreich)

363 **Rumänien**, 31. 5., Bielefeld, 5:0 gewonnen (EM-Qualifikation): Schult – B. Schmidt (Henning), Goeßling, Bartusiak, Peter – Odebrecht (Huth), Laudehr – Bresonik (1), Marozsan (1), Behringer (Krahn) – Popp (3) – SR: Ihringova (England)

364 **Kasachstan**, 15. 9., Karaganda, 7:0 gewonnen (EM-Qualifikation): Angerer – B. Schmidt (1), Goeßling (1), Bartusiak, Peter – Odebrecht (1) (Krahn), Laudehr – Bajramaj, Mittag (1) (Kulig), Behringer – Okoyino da Mbabi (2) (M. Müller 1) – SR: Larsen (Norwegen)

365 **Türkei**, 19. 9., Duisburg, 10:0 gewonnen (EM-Qualifikation): Angerer – B. Schmidt, Goeßling, Bartusiak, Peter – Laudehr (1), Odebrecht (Kulig) – Bajramaj (1), Mittag (1) (M. Müller 3), Behringer (2) – Okoyino da Mbabi (2) – SR: Avdonchenko (Russland)

366 **USA**, 20. 10., Bridgeview, 1:1 unentschieden: Angerer – B. Schmidt (Wensing), Krahn, Bartusiak, Peter – Odebrecht (Kulig), Laudehr – Bresonik (Huth), Marozsan, Behringer (Faißt) – Mittag (1) (Popp) – SR: Domka (USA)

367 **USA**, 24. 10., East Hartford, 2:2 unentschieden: Angerer – Wensing, Krahn, Bartusiak, Peter – Goeßling, Laudehr (Odebrecht) – Bresonik, Mittag (Lotzen), Faißt – Popp (Maroszan 2) – SR: Chenard (Kanada)

368 **Frankreich**, 29. 11., Halle, 1:1 unentschieden: Angerer – B. Schmidt, Krahn, Bartusiak (Henning), Peter – Goeßling (Keßler), Laudehr – Bresonik (Odebrecht), Mittag (M. Müller), Faißt (1) (Behringer) – Okoyino da Mbabi (Lotzen) – SR: Haikkinen (Finnland)

2013: 20 Spiele: 14 Siege, 4 Unentschieden, 2 Niederlagen

369 **Frankreich**, 13. 2., Straßburg, 3:3 unentschieden: Schult – B. Schmidt (1), Krahn (Wensing), Bartusiak, Peter – Kulig (Goeßling), Keßler (2) – Mittag (Maier), Maroszan, Faißt (Huth) – Okoyino da Mbabi – SR: Larsson (Schweden)

370 **Dänemark**, 6. 3., 0:0 unentschieden (Algarve-Cup): Angerer – Bresonik, Wensing, Bartusiak, Peter – Keßler (Goeßling), Kulig (Odebrecht) – Behringer (Lotzen), Maroszan, Faißt (Maier) – Mittag (Huth) – SR: Mitsi (Griechenland)

371 **Japan**, 8. 3., Parchal, 2:1 gewonnen (Algarve-Cup): Schult – Faißt (1) (Huth), Wensing, Bartusiak, Peter – Keßler (Odebrecht), Goeßling – Mittag (Kerschowski), Maroszan (1), Maier – Okoyino da Mbabi (Popp) – SR: Domka (USA)

372 **Norwegen**, 11. 3., Lagos, 2:0 gewonnen (Algarve-Cup): Angerer – Maier, Wensing (Cramer), Henning, Peter – Odebrecht, Goeßling – Mittag (Huth), Marozsan (Keßler 1), Faißt (Behringer) – Okoyino da Mbabi (1) (Popp) – SR: Di Iorio (Argentinien)

373 **USA**, 13. 3., Faro, 0:2 verloren (Algarve-Cup, Finale): Schult – Maier, Wensing, Henning, Peter (Cramer) – Odebrecht (Keßler/Bresonik), Goeßling – Mittag (Popp), Marozsan (Lotzen), Faißt (Huth) – Okoyino da Mbabi – SR: Chenard (Kanada)

374 **USA**, 5. 4., Offenbach, 3:3 unentschieden: Angerer – Maier, Wensing, Bartusiak, Peter (B. Schmidt) – Keßler, Kulig (1) – Bresonik (Mittag 1), Marozsan (Popp), Behringer (Faißt) – Okoyino da Mbabi (1) – SR: Pedersen (Norwegen)

375 **Schottland**, 15. 6., Essen, 3:0 gewonnen: Angerer – B. Schmidt (Wensing), Krahn, Bartusiak, Peter (Cramer) – Keßler (Laudehr), Goeßling (1) – Mittag, Marozsan (Huth), Maier (Bajramaj) – Okoyino da Mbabi (2) (Lotzen) – SR: Guillemin (Frankreich)

376 **Kanada**, 19. 6., Paderborn, 1:0 gewonnen: Angerer – Maier (1), Krahn (Henning), Bartusiak (Wensing), Cramer – Keßler, Goeßling (Laudehr) – Lotzen (Bajramaj), Marozsan, Mittag (Leupolz) – Okoyino da Mbabi (Linden) – SR: Larsson (Schweden)

377 **Japan**, 29. 6., München, 4:2 gewonnen: Angerer – Maier (1) (Huth), Wensing, Bartusiak, Cramer (Henning) – Keßler (Däbritz), Goeßling – Lotzen (Bajramaj), Marozsan (Laudehr 1), Mittag (Leupolz) – Okoyino da Mbabi (2) – SR: Ihringova (England)

378 **Niederlande**, 11. 7., Växjö, 0:0 unentschieden (EM-Vorrunde): Angerer – Maier, Krahn, Bartusiak, Cramer – Keßler (Laudehr), Goeßling – Lotzen (Leupolz), Marozsan, Mittag – Okoyino da Mbabi – SR: Spinelli (Italien)

379 **Island**, 14. 7., Växjö, 3:0 gewonnen (EM-Vorrunde): Angerer – Maier, Krahn, Bartusiak, Cramer – Keßler, Goeßling (Laudehr) – Lotzen (1) (Bajramaj), Marozsan (Mittag), Leupolz – Okoyino da Mbabi (2) – SR: Heikkinen (Finnland)

380 **Norwegen**, 17. 7., Kalmar, 0:1 verloren (EM-Vorrunde): Angerer – Wensing, Krahn, Bartusiak, Maier – Keßler, Laudehr (Behringer) – Lotzen (Däbritz), Marozsan, Leupolz (Mittag) – Okoyino da Mbabi – SR: Staubli (Schweiz)

381 **Italien**, 21. 7., Växjö, 1:0 gewonnen (EM-Viertelfinale): Angerer – Maier, Krahn, Bartusiak, Cramer – Keßler, Goeßling – Lotzen, Mittag (Marozsan), Laudehr (1) – Okoyino da Mbabi (Däbritz) – SR: Kolcsar (Ungarn)

382 **Schweden**, 24. 7., Göteborg, 1:0 gewonnen (EM-Halbfinale): Angerer – Maier, Krahn, Bartusiak, Cramer – Keßler, Goeßling – Lotzen (Leupolz), Marozsan (1) (B. Schmidt), Laudehr – Mittag – SR: Staubli (Schweiz)

383 **Norwegen**, 28. 7., Solna, 1:0 gewonnen (EM-Finale): Angerer – Maier, Krahn, Bartusiak, Cramer – Keßler, Goeßling – Lotzen (Mittag 1), Marozsan, Laudehr (B. Schmidt) – Okoyino da Mbabi – SR: Dorcioman (Rumänien)

384 **Russland**, 21. 9., Cottbus, 9:0 gewonnen (WM-Qualifikation): Angerer – B. Schmidt (1), Krahn, Bartusiak, Maier – Keßler (2), Goeßling (1) – Lotzen (Bajramaj 1), Marozsan (2), Laudehr (Leupolz 1) – Sasic (1) (Däbritz) – SR: Adamkova (Tschechien)

385 **Slowenien**, 26. 10., Koper, 13:0 gewonnen (WM-Qualifikation): Angerer – B. Schmidt (Behringer), Krahn (1), Bartusiak, Maier (1) – Marozsan, Goeßling (2) – Bajramaj (1), Mittag (3) (Däbritz), Laudehr (1) – Sasic (3) (Popp 1) – SR: Rayner (England)

386 **Kroatien**, 30. 10., Frankfurt, 4:0 gewonnen (WM-Qualifikation): Angerer – Wensing (1), Krahn, Bartusiak, Maier – Marozsan, Goeßling – Laudehr (Däbritz), Mittag (Leupolz), Behringer (Popp) – Sasic (1) – Dazu zwei Eigentore von Moulton – SR: Lehtovaara (Finnland)

387 **Slowakei**, 23. 11., Zilina, 6:0 gewonnen (WM-Qualifikation): Schult – . B. Schmidt, Krahn, Bartusiak, Maier – Keßler (2), Leupolz (Popp 1) – Mittag (2), Marozsan (1), Laudehr (Bajramaj) – Sasic (Däbritz) – SR: Martinez (Spanien)

388 **Kroatien**, 27. 11., Osijek, 8:0 gewonnen (WM-Qualifikation): Schult – B. Schmidt, Krahn, Bartusiak (1), Maier (Kemme) – Keßler, Leupolz – Bajramaj (Behringer), Marozsan (4), Mittag (1) – Sasic (1) (Popp 1) – SR: Medwedewa-Keldjuschewa (Russland)

2014: 13 Spiele: 12 Siege, 1 Niederlage

389 **Island,** 5. 3., Albufeira, 5:0 gewonnen (Algarve-Cup): Angerer – B. Schmidt, Krahn, Wensing, Maier – Keßler (Leupolz), Goeßling (1) (Hendrich) – Mittag (Popp 1), Marozsan (2) (Däbritz), Laudehr (Behringer) – Sasic (1) (Alushi) – SR: Frappart (Frankreich)

390 **China**, 7. 3., Albufeira, 1:0 gewonnen (Algarve-Cup): Schult – Kemme (B. Schmidt), Krahn, Henning, Maier – Keßler (Leupolz), Goeßling – Alushi (Däbritz), Marozsan (Mittag 1), Popp (Laudehr) – Sasic – SR: Dickson (Kanada)

391 **Norwegen**, 10. 3., Albufeira, 3:1 gewonnen (Algarve-Cup): Angerer – B. Schmidt, Krahn, Peter, Cramer (Kemme) – Marozsan (1) (Leupold), Goeßling (Keßler) – Laudehr (1) (Alushi), Mittag (1) (Däbritz), Behringer (Sasic) – Popp – SR: Dorcioman (Rumänien)

392 **Japan**, 12. 3., Faro, 3:0 gewonnen (Algarve-Cup, Finale): Schult – B. Schmidt, Krahn (Wensing), Henning, Kemme – Marozsan (1) (Behringer), Goeßling (Keßler 1) – Alushi, Mittag (1), Laudehr (Leupolz) – Sasic (Däbritz) – SR: Mitsi (Griechenland)

393 **Irland**, 5. 4., Dublin, 3:2 gewonnen (WM-Qualifikation): Angerer – B. Schmidt, Krahn, Henning, Kemme (Lotzen 1) – Keßler (Popp), Goeßling – Laudehr (1), Marozsan, Behringer (Leupolz 1) – Mittag – SR: Vitulano (Italien)

394 **Slowenien**, 10. 4., Mannheim, 4:0 gewonnen (WM-Qualifikation): Angerer – B. Schmidt (Laudehr), Henning, Goeßling, Hendrich – Keßler, Marozsan – Lotzen (1), Mittag (2), Leupolz (1) (Popp) – Sasic (Bremer) – SR: Bastos (Portugal)

395 **Slowakei**, 8. 5., Osnabrück, 9:1 gewonnen (WM-Qualifikation): Schult – Kemme, Henning, Krahn, B. Schmidt – Marozsan (1) (Laudehr 1), Keßler (1) (Goeßling) – Leupolz (1), Alushi (3), Lotzen (Behringer) – Mittag (2) – SR: Zinck (Frankreich)

396 **Kanada**, 19. 6., Vancouver, 2:1 gewonnen: Angerer – B. Schmidt, Krahn, Wensing (Goeßling), Cramer (Hendrich) – Keßler, Marozsan – Lotzen (1), Mittag (Faißt), Laudehr (1) (Behringer) – Popp – SR: Domka (USA)

397 **Russland**, 13. 9., Moskau, 4:1 gewonnen (WM-Qualifikation): Angerer – Hendrich, Krahn, Henning, Cramer (Peter) – Marozsan, Goeßling – Laudehr (1), Mittag (Leupolz), Behringer – Sasic (3) (Huth) – SR: Larsson (Schweden)

398 **Irland**, 17. 9., Heidenheim, 2:0 gewonnen (WM-Qualifikation): Angerer – Kemme, Peter, Krahn, Hendrich – Marozsan, Behringer (1) – Laudehr (Faißt), Mittag (1), Leupolz (Henning) – Sasic (Alushi) – SR: Monzul (Ukraine)

399 **Frankreich**, 25. 10., Offenbach, 0:2 verloren: Angerer – Schmidt, Krahn, Peter (Henning), Hendrich – Marozsan (Leupolz), Behringer – Alushi (Bremer), Mittag (Popp), Laudehr – Sasic (Faißt) – SR: Palmqvist (Schweden)

400 **Schweden**, 29. 10., Örebro, 2:1 gewonnen: Angerer – Kemme (Wensing), Krahn, Henning, Cramer – Leupolz, Marozsan (1) – Alushi (Popp 1), Mittag (Faißt), Laudehr – Sasic (Bremer) – SR: Sörö (Norwegen)

401 **England**, 23. 11., London, 3:0 gewonnen: Schult – Kemme (Wensing), Henning, Krahn, Cramer (Peter) – Behringer (Marozsan), Goeßling – Leupolz (Mittag), Popp, Laudehr (Bremer) – Sasic (2) (Faißt) – Dazu ein Eigentor von Scott – SR: Staubli (Schweiz)

2015: 18 Spiele: 12 Siege, 3 Unentschieden, 3 Niederlagen

402 **Schweden,** 4. 3., Vila Real de Santo Antonio, 2:4 verloren (Algarve-Cup): Angerer – Hendrich (Kemme), Krahn, Wensing, Cramer – Goeßling (Leupolz), Marozsan (1) – Alushi (Mittag), Popp (Faißt), Laudehr (1) – Sasic – SR: Vitulano (Italien)

403 **China**, 6. 3., Vila Real de Santo Antonio, 2:0 gewonnen (Algarve-Cup): Schult – Kemme (Cramer), Krahn (Wensing/Gidion), Peter, Maier – Leupolz (Marozsan), Däbritz – Alushi (Blässe), Mittag (1), Laudehr (Popp 1) – Petermann – SR: Venegas (Mexiko)

404 **Brasilien**, 9. 3., Parchal, 3:1 gewonnen (Algarve-Cup): Schult – Maier, Krahn (Goeßling), Peter, Cramer – Leupolz (Däbritz), Marozsan (1) – Alushi, Popp (1) (Mittag), Laudehr (Faißt) – Sasic (1) – SR: Borjas (Honduras)

405 **Schweden**, 11. 3., Parchal, 2:1 gewonnen (Algarve-Cup, Spiel um den dritten Platz): Schult – Hendrich (Cramer), Krahn, Peter (Marozsan), Kemme – Goeßling, Däbritz (Leupolz) – Alushi (Faißt), Mittag (1), Laudehr (Popp 1) – Petermann (Sasic) – SR: Qin (China)

406 **Brasilien**, 8. 4., Fürth, 4:0 gewonnen: Angerer – Kemme, Krahn, Peter (Henning), Cramer (Gidion) – Marozsan (1), Däbritz – Leupolz (1), Popp (Blässe), Laudehr (1) (Behringer) – Sasic (1) (Mittag) – SR: Hussein (Deutschland)

407 **Schweiz**, 27. 5., Baden, 3:1 gewonnen: Angerer – Maier, Krahn, Bartusiak (Peter), Cramer – Leupolz, Goeßling (Däbritz) – Laudehr (1) (Lotzen), Popp (Bremer), Mittag (Marozsan 2) – Sasic (Behringer) – SR: Adamkova (Tschechien)

408 **Elfenbeinküste**, 7. 6., Ottawa, 10:0 gewonnen (WM-Vorrunde): Angerer – Maier, Krahn, Bartusiak, Kemme – Goeßling, Leupolz (Behringer 1) – Laudehr (1) (Petermann), Mittag (3), Popp (1) – Sasic (3) (Däbritz 1) – SR: Chenard (Kanada)

409 **Norwegen**, 11. 6., Ottawa, 1:1 unentschieden (WM-Vorrunde): Angerer – Maier, Krahn, Bartusiak, Kemme – Goeßling, Marozsan – Laudehr (Lotzen), Mittag (1) (Bremer), Popp (Däbritz) – Sasic – SR: Albon (Rumänien)

410 **Thailand**, 15. 6., Winnipeg, 4:0 gewonnen (WM-Vorrunde): Angerer – B. Schmidt, Krahn (Henning), Peter, Cramer – Behringer, Leupolz (1) – Lotzen, Marozsan (Petermann 2), Däbritz (1) – Sasic (Mittag) – SR: Lengwe (Sambia)

411 **Schweden**, 20. 6., Ottawa, 4:1 gewonnen (WM-Achtelfinale): Angerer – Maier, Krahn, Bartusiak, Kemme (Cramer) – Goeßling, Leupolz (Marozsan 1) – Laudehr, Mittag (1), Popp (Lotzen) – Sasic (2) – SR: Ri (Nordkorea)

412 **Frankreich**, 26. 6., Montreal, n. V. 1:1 unentschieden/5:4 im Elfmeterschießen (WM-Viertelfinale): Angerer – Maier, Krahn, Peter, Kemme – Goeßling (Behringer), Leupolz – Laudehr, Mittag (Marozsan), Popp (Däbritz) – Sasic (1) – SR: Chenard (Kanada) – Tore aus dem Elfmeterschießen: Behringer, Laudehr, Peter, Marozsan und Sasic

413 **USA**, 1. 7., Montreal, 0:2 verloren (WM-Halbfinale): Angerer – Maier, Bartusiak, Krahn, Kemme – Leupolz, Goeßling – Laudehr, Mittag (Marozsan), Popp – Sasic – SR: Albon (Rumänien)

414 **England**, 4. 7., Edmonton, n. V. 0:1 verloren (WM, Spiel um den dritten Platz): Angerer – B. Schmidt, Peter, Bartusiak, Kemme – Goeßling (Popp), Behringer (Leupolz) – Laudehr, Däbritz – Petermann, Sasic (Mittag) – SR: Ri (Nordkorea)

415 **Ungarn**, 18. 9., Halle, 12:0 gewonnen (EM-Qualifikation): Schult – Krahn (Leupolz 1), Behringer (1), Bartusiak, Bremer (3) – Goeßling (2), Laudehr (1) – Maier (1), Kemme (1) (Blässe), Mittag (Däbritz) – Popp (2) – SR: Persson (Schweden)

416 **Kroatien**, 22. 9., Zagreb, 1:0 gewonnen (EM-Qualifikation): Schult – Krahn, Behringer, Bartusiak, Bremer – Goeßling, Laudehr (Leupolz) – Maier, Kemme (B. Schmidt), Mittag – Popp (1) (Däbritz) – SR: Bonnin (Frankreich)

417 **Russland**, 22. 10., Wiesbaden, 2:0 gewonnen (EM-Qualifikation): Schult – Maier (1), Krahn (Demann), Bartusiak, Kemme – Goeßling, Behringer – Leupolz (Blässe), Islacker (1) (Magull), Däbritz – Mittag – SR: Mitsi (Griechenland)

418 **Türkei**, 25. 10., Sandhausen, 7:0 gewonnen (EM-Qualifikation): Schult – Maier, Krahn (Demann), Bartusiak, Kemme – Leupolz, Goeßling, Behringer (1) (Blässe), Däbritz (2) – Islacker (1) (Magull 2), Mittag (1) – SR: Daly (Irland)

419 **England**, 26. 11., Duisburg, 0:0 unentschieden: Benkarth – Maier, Krahn, Peter, Rauch – Goeßling, Behringer (Leupolz) – Blässe (Däbritz), Magull (Islacker), Laudehr (Kemme) – Mittag (Marozsan) – SR: Staubli (Schweiz)

2016: 17 Spiele: 13 Siege, 2 Unentschieden, 2 Niederlagen

420 **Frankreich**, 3. 3., Tampa, 1:0 gewonnen (SheBelieves Cup): Schult – Maier (1), Krahn (Henning), Bartusiak, Doorsoun – Goeßling, Behringer (Kemme) – Kerschowski (Blässe), Marozsan, Däbritz (Huth) – Mittag (Popp) – SR: Borjas (Honduras)

421 **England**, 6. 3., Nashville, 2:1 gewonnen (SheBelieves Cup): Benkarth – Hendrich, Bartusiak, Henning (Peter 1), Kemme (Maier) – Marozsan (Däbritz), Behringer (Goeßling) – Blässe, Popp, Kerschowski (Mittag) – Islacker (Magull) – Dazu ein Eigentor von Flaherty – SR: Koroleva (USA)

422 **USA**, 10. 3., Boca Raton, 1:2 verloren (SheBelieves Cup): Schult – Maier, Peter, Bartusiak, Kemme (Huth) – Marozsan, Behringer (Goeßling) – Blässe, Mittag (1) (Islacker), Kerschowski (Petermann) – Popp – SR: Chenard (Kanada)

423 **Türkei**, 8. 4., Istanbul, 6:0 gewonnen (EM-Qualifikation): Schult – Maier, Krahn, Bartusiak, Hendrich – Blässe (Huth), Marozsan (Leupolz), Däbritz, Kerschowski (3) – Popp (2), Mittag (1) (Islacker) – SR: Guillemin (Frankreich)

424 **Kroatien**, 12.4., Osnabrück, 2:0 gewonnen (EM-Qualifikation): Schult – Maier, Peter, Bartusiak, Kemme – Marozsan (1), Däbritz – Bremer (Leupolz), Kerschowski (Huth) – Popp, Mittag (1) (Islacker) – SR: Soro (Norwegen)

425 **Ghana**, 22. 7., Paderborn, 11:0 gewonnen: Schult – Kerschowski (Kemme), Krahn (Peter), Bartusiak (1), Maier (Henning) – Marozsan (2), Behringer, Däbritz (1) (Magull) – Mittag (4) (Leupolz), Popp (1), Laudehr (Islacker 1) – Dazu ein Eigentor von Abobea – SR: Lehtovaara (Finnland)

426 **Simbabwe**, 3. 8., Sao Paulo, 6:1 gewonnen (Olympia-Vorrunde): Schult – Kerschowski (Kemme), Bartusiak, Krahn, Maier – Behringer (2) – Däbritz (1), Marozsan, Mittag (Goeßling), Laudehr (Leupolz 1) – Popp (1) – Dazu ein Eigentor von Chibanda – SR: Gani (Malaysia)

427 **Australien**, 6. 8., Sao Paulo, 2:2 unentschieden (Olympia-Vorrunde): Schult – Maier, Krahn (Henning), Bartusiak, Kemme – Marozsan (Goeßling), Behringer, Däbritz (1) – Leupolz, Mittag (Kerschowski), Popp – Dazu ein Eigentor von Polkinghorne – SR: Keighley (Neuseeland)

428 **Kanada**, 9. 8., Brasilia, 1:2 verloren (Olympia-Vorrunde): Schult – Henning (Krahn), Peter, Bartusiak, Kemme – Goeßling, Behringer (1) – Kerschowski (Leupolz), Marozsan (Popp), Islacker – Mittag – SR: Ri (Nordkorea)

429 **China**, 12. 8., Salvador, 1:0 gewonnen (Olympia-Viertelfinale): Schult – Maier, Krahn, Bartusiak, Kemme – Däbritz, Behringer (1) – Leupolz (Huth), Marozsan (Goeßling), Mittag – Popp (Islacker) – SR: Monzul (Kroatien)

430 **Kanada**, 16. 8., Belo Horizonte, 2:0 gewonnen (Olympia-Halbfinale): Schult – Maier, Krahn, Bartusiak, Kemme – Behringer (1), Däbritz (1) – Leupolz (Islacker), Mittag (Kerschowski), Marozsan (Goeßling) – Popp – SR: Ri (Nordkorea)

431 **Schweden**, 19.8., Rio de Janeiro, 2:1 gewonnen (Olympia-Finale): Schult – Maier, Krahn, Bartusiak, Kemme – Marozsan (1), Behringer (Goeßling) – Leupolz, Mittag, Däbritz (Huth) – Popp – Dazu ein Eigentor von Sembrant – SR: Chenard (Kanada)

432 **Russland**, 16. 9., Moskau, 4:0 gewonnen (EM-Qualifikation): Weiß – Maier (1), Henning (Petermann 1), Peter, Kerschowski (Blässe) – Goeßling (Demann), Dallmann – Hendrich (1), Faißt – Huth, Mittag – Dazu ein Eigentor von Zybutowitsch – SR: Dorcioman (Rumänien)

433 **Ungarn**, 20. 9., Györ, 1:0 gewonnen (EM-Qualifikation): Weiß – Klasen, Henning, Peter, Blässe – Doorsoun, Demann, Kemme (Faißt) – Petermann, Mittag (Dallmann), Kayikci (Huth) – Eigentor von Szabo – SR: Lehtovaara (Finnland)

434 **Österreich**, 22. 10., Regensburg, 4:2 gewonnen: Schult – Bremer, Henning (Hendrich), Peter, Faißt (1) – Maier (Däbritz), Marozsan (Kemme), Popp (Demann), Magull (Simic) – Mittag (2) (Petermann 1), Huth – SR: Pirie (Schottland)

435 **Niederlande**, 25. 10., Aalen, 4:2 gewonnen: Schult (Benkarth) – Blässe, Hendrich (Henning), Demann, Kerschowski – Doorsoun, Däbritz, Kemme (1) (Maier) – Islacker (2) (Popp), Marozsan (Simic), Mittag (1) (Magull) – SR: Kulcsar (Ungarn)

436 **Norwegen**, 29. 11., Chemnitz, 1:1 unentschieden: Schult – Blässe (Bremer), Henning (1) (Hendrich), Peter, Kerschowski (Klasen) – Doorsoun (Rauch), Marozsan (Islacker), Magull (Simon) – Huth, Popp, Mittag – SR: Frappart (Frankreich)

2017: 14 Spiele: 9 Siege, 2 Unentschieden, 3 Niederlagen

437 **USA**, 2. 3., Chester, 0:1 verloren (SheBelieves Cup): Schult – Blässe (Bremer), Henning, Peter, Kerschowski (Rauch) – Maier, Marozsan, Popp, Däbritz – Petermann (Faißt), Mittag (Islacker) – SR: Chenard (Kanada)

438 **Frankreich**, 4.3., Harrison, 0:0 unentschieden (SheBelieves Cup): Schult (Benkarth) – Bremer (Maier), Hendrich, Peter, Rauch (Demann) – Dallmann (Faißt), Doorsoun, Marozsan, Magull (Popp) – Kayikci, Islacker (Mittag) – SR: Abt (USA)

439 **England**, 7. 3., Washington, 1:0 gewonnen (SheBelieves Cup): Benkarth (Weiß) – Blässe, Henning, Peter, Kerschowski (Faißt) – Maier (Demann), Marozsan, Magull (Doorsoun), Däbritz (Bremer) – Popp, Mittag (1) (Petermann) – SR: Pye (Kanada)

440 **Kanada**, 9. 4., Erfurt, 2:1 gewonnen: Schult – Blässe (Maier), Henning (Elsig), Peter, Kerschowski (Simon) – Doorsoun, Marozsan, Demann (Petermann), Däbritz (Dallmann 1) – Kayikci, Mittag (Bremer) – Dazu ein Eigentor von Sheridan – SR: Zadinova (Tschechien)

441 **Brasilien**, 4. 7., Sandhausen, 3:1 gewonnen: Schult – Blässe (Maier 1), Demann (Henning), Peter, Simon (Kerschowski) – Dallmann (1) (Kemme), Däbritz, Marozsan, Magull (Doorsoun) – Huth (Mittag), Kayikci (1) – SR: Fearn (England)

442 **Schweden**, 17. 7., Breda, 0:0 unentschieden (EM-Vorrunde): Schult – Blässe (Maier), Henning, Peter, Simon – Demann – Däbritz, Magull – Marozsan – Huth (Islacker), Mittag (Kayikci) – SR: Kulcsar (Ungarn)

443 **Italien**, 21. 7., Tilburg, 2:1 gewonnen (EM-Vorrunde): Schult – Maier, Peter (1), Henning (1) (Hendrich), Kerschowski – Demann – Dallmann (Magull), Däbritz – Marozsan – Mittag, Islacker (Petermann) – SR: Monzul (Ukraine)

444 **Russland**, 25. 7., Utrecht, 2:0 gewonnen (EM-Vorrunde): Schult – Blässe, Goeßling, Peter (1), Simon – Demann – Doorsoun, Däbritz (Magull) – Marozsan (1) – Mittag (Kemme), Islacker (Kayikci) – SR: Mularczyk (Polen)

445 **Dänemark**, 30. 7., Rotterdam, 1:2 verloren (EM-Viertelfinale): Schult – Blässe, Goeßling, Peter, Kerschowski (1) – Demann (Islacker) – Doorsoun (Magull), Däbritz – Marozsan – Mittag, Dallmann (Petermann) – SR: Kulcsar (Ungarn)

446 **Slowenien**, 16. 9., Ingolstadt, 6:0 gewonnen (WM-Qualifikation): Schult (Benkarth) – Maier, Hendrich (1), Peter (Elsig), Simon – Laudehr (Islacker), Demann (1), Marozsan (1), Däbritz – Huth (1), Kemme (2) – SR: Tsiareshka (Weißrussland)

447 **Tschechien**, 19. 9., Usti nad Labem, 1:0 gewonnen (WM-Qualifikation): Benkarth – Maier, Hendrich, Peter, Simon – Laudehr (Blässe), Marozsan, Demann, Däbritz (Dallmann) – Huth (Islacker), Kemme – Eigentor von Bartonova – SR: de Aza Huerta (Spanien)

448 **Island**, 20. 10., Wiesbaden, 2:3 verloren (WM-Qualifikation): Benkarth – Blässe, Hendrich, Peter, Maier (Schüller 1) – Goeßling, Leupolz (Magull) – Laudehr (Dallmann), Popp (1), Kemme – Huth – SR: Frappart (Frankreich)

449 **Färöer**, 24. 10., Großaspach, 11:0 gewonnen (WM-Qualifikation): Schult – Doorsoun, Hendrich (1) (Leupolz), Peter (1), Simon – Kayikci (4), Dallmann, Magull (1) (Goeßling), Schüller (Laudehr) – Kemme (2), Popp (2) – SR: Aguiar (Portugal)

450 **Frankreich**, 24. 11., Bielefeld, 4:0 gewonnen: Schult – Maier, Hendrich, Peter, Faißt – Marozsan, Kemme (Gwinn) – Huth (2) (Schüller), Dallmann, Islacker (Blässe) – Popp (2) (Elsig) – SR: Watson (Schottland)

2018: 10 Spiele: 6 Siege, 2 Unentschieden, 2 Niederlagen

451 **USA**, 2. 3., Columbus, 0:1 verloren (SheBelieves Cup): Schult – Maier (Kayikci), Hendrich, Peter (Goeßling), Faißt – Kemme, Däbritz – Huth, Marozsan, Dallmann (Magull) – Popp – SR: Borjas (Honduras)

452 **England**, 4. 3., Harrison, 2:2 unentschieden (SheBelieves Cup): Schult – Kemme (Doorsoun), Hendrich, Goeßling (Elsig), Faißt – Marozsan, Dallmann (Magull) – Huth (Schüller), Popp, Däbritz (Islacker) – Kayikci (1) (Blässe) – Dazu ein Eigentor von Bright – SR: Abt (USA)

453 **Frankreich**, 7. 3., Orlando, 0:3 verloren (SheBelieves Cup): Schult – Blässe (Dallmann), Hendrich, Elsig, Faißt – Marozsan (Islacker), Doorsoun (Goeßling) – Popp, Magull (Klasen), Däbritz (Kayikci) – Schüller (Huth) – SR: Unkel (USA)

454 **Tschechien**, 7. 4., Halle, 4:0 gewonnen (WM-Qualifikation): Schult – Blässe (Faißt), Doorsoun, Demann, Maier – Huth, Goeßling (Leupolz), Marozsan, Däbritz – Popp (Petermann), Schüller (4) – SR: Monsul (Ukraine)

455 **Slowenien**, 10. 4., Domzale, 4:0 gewonnen (WM-Qualifikation): Schult – Huth, Doorsoun, Demann, Maier – Dallmann (1), Magull (1), Marozsan, Däbritz (Knaak) – Schüller (Petermann), Popp (1) (Islacker) – Dazu ein Eigentor von Golob – SR: Garratt (England)

456 **Kanada**, 10. 6., Hamilton, 3:2 gewonnen: Schmitz (Schlüter) – Hendrich, Doorsoun, Demann, Simon (Maier) – Huth (1) (Kayikci), Leupolz (Däbritz 1), Magull (Wedemeyer), Faißt – Schüller (Knaak 1), Petermann – SR: Lian (China)

457 **Island**, 1. 9., Reykjavik, 2:0 gewonnen (WM-Qualifikation): Schult – Maier, Doorsoun, Demann, Simon – Huth (2) (Magull), Leupolz, Däbritz (Goeßling), Schweers (Dallmann) – SR: Larsson (Schweden)

458 **Färöer**, 4. 9., Torshavn, 8:0 gewonnen (WM-Qualifikation): Schult – Maier (1), Doorsoun, Goeßling, Simon (2) – Leupolz (Elsig), Dallmann – Knaak (Rolser), Magull (2), Schüller (1) (Schweers) – Popp (2) – SR: van der Helm (Niederlande)

459 **Österreich**, 6. 10., Essen, 3:1 gewonnen: Schmitz (Frohms) – Peter (Maier), Doorsoun, Elsig, Rauch (Simon) – Magull, Dallmann (1) (Rolser) – Gwinn (Knaak), Däbritz, Huth (Schüller 1) – Popp (1) – SR: Mularczyk (Polen)

460 **Italien**, 10.11., Osnebrück, 5:2 gewonnen: Frohms – Rall, Doorsoun, Elsig, Rauch (Simon) – Magull (1) (Lohmann), Däbritz (1) (Leupolz) – Gwinn (1) (Maier 1), Lattwein, Huth (Petermann 1) – Popp (Knaak) – SR: Martincic (Kroatien)

461 **Spanien**, 13.11., Erfurt, 0:0 unentschieden: Frohms – Hendrich, Doorsoun, Elsig, Simon – Däbritz, Magull – Gwinn, Maier (Rall) – Popp, Petermann (Lattwein) – SR: Olofsson (Schweden)

2019: 14 Spiele: 12 Siege, 1 Unentschieden, 1 Niederlage

462 **Frankreich**, 28. 2., Laval, 1:0 gewonnen: Frohms – Hendrich, Doorsoun, Elsig, Simon (Rauch) – Däbritz (Magull), Leupolz – Huth, Maroszan (Lattwein), Schweers (Bühl) – Schüller (1) (Gwinn) – SR: Monsul (Ukraine)

463 **Schweden**, 6. 4., Solna 2:1 gewonnen: Schult – Doorsoun (Elsig), Hegering, Schweers – Gwinn (Bremer), Leupolz (Dallmann 1), Magull (Lattwein), Rauch (Hendrich 1) – Knaak (Oberdorf), Marozsan, Popp – SR: Lehtovaara (Finnland)

464 **Japan**, 9. 4., Paderborn, 2:2 unentschieden: Schult – Hendrich (Dallmann), Hegering, Elsig (Doorsoun), Schweers (Knaak) – Magull, Oberdorf (Goeßling)– Huth (1), Marozsan, Gwinn – Popp (1) (Bremer) – SR: Staubli (Schweiz)

465 **Chile**, 30. 5., Regensburg 2:0 gewonnen: Schult – Gwinn (Knaak), Hegering (Oberdorf), Doorsoun, Simon (1) – Huth, Maroszan (Bühl), Leupolz (Magull), Däbritz (Goeßling) – Schüller (Dallmann), Popp (1) – SR: Lehtovaara (Finnland)

466 **China**, 8.6., Rennes, 1:0 gewonnen (WM-Vorrunde): Schult – Hendrich, Hegering, Doorsoun, Simon (Oberdorf) – Leupolz (Magull), Däbritz, Gwinn (1), Marozsan, Huth (Schüller) – Popp – SR: Beaudoin (Kanada)

467 **Spanien**, 12.6., Valenciennes, 1:0 gewonnen (WM-Vorrunde): Schult – Hendrich (Bühl), Doorsoun, Hegering, Schweers – Gwinn, Däbritz (1), Goeßling (Leupolz), Oberdorf (Magull) – Huth, Popp – SR: Monzul (Ukraine)

468 **Südafrika**, 17.6., Montpellier, 4:0 gewonnen (WM-Vorrunde): Schult – Gwinn, Doorsoun, Hegering, Schweers (Simon) – Leupolz (1), Magull (1), Huth (Dallmann), Däbritz (1) – Popp (1), Bühl (Schüller) – SR: Braz (Portugal)

469 **Nigeria**, 22. 6., Grenoble, 3:0 gewonnen (WM-Achtelfinale): Schult – Gwinn, Doorsoun, Hegering, Schweers (Simon) – Leupolz (Bühl), Magull (Oberdorf), Huth, Däbritz (1) – Popp (1), Schüller (1) – SR: Yamashita (Japan)

470 **Schweden**, 29. 6., Rennes 1:2 verloren (WM-Viertelfinale): Schult – Gwinn, Doorsoun, Hegering, Simon (Maier) – Däbritz, Popp, Huth, Magull (1), Dallmann (Marozsan) – Schüller (Oberdorf) – SR: Frappart (Frankreich)

471 **Montenegro**, 31. 8., Kassel, 10:0 gewonnen (EM-Qualifikation): Frohms – Knaak (1), Oberdorf, Doorsoun-Khajeh (1), Gwinn (Rauch) – Magull, Däbritz (Dallmann 1) – Huth (1), Marozsan, Popp (3) (Schüller 1) – Bühl (2) – SR: Gonzalez Gonzalez (Spanien)

472 **Ukraine**, 3. 9., Lwiw, 8:0 gewonnen (EM-Qualifikation): Frohms – Gwinn (Maier 1), Doorsoun-Khajeh, Oberdorf (1), Rauch (1) – Marozsan, Däbritz (3) – Bühl (Knaak), Magull (1) (Dallmann), Huth (1) – Popp – SR: Olofsson (Schweden)

473 **Ukraine**, 5. 10., Aachen, 8:0 gewonnen (EM-Qualifikation): Frohms – Gwinn (1) (Hendrich), Oberdorf, Elsig, Rauch – Däbritz (Leupolz 1), Marozsan – Dallmann, Magull (3), Bühl (3) – Popp (Schüller) – SR: Clark (Schottland).

474 **Griechenland**, 8. 10., Saloniki, 5:0 gewonnen (EM-Qualifikation): Frohms – Leupolz, Elsig (Gwinn), Oberdorf (1) – Magull, Däbritz – Knaak (Bremer 1), Marozsan, Bühl (1) – Dallmann (Starke 1), Popp (1) – SR: Opejkina (Russland)

475 **England**, 9. 11., London, 2:1 gewonnen: Frohms – Hendrich, Doorsoun-Khajeh, Oberdorf (Hegering), Kleinherne – Starke (Knaak), Magull (Lattwein), Däbritz (Leupolz), Bühl (1) – Marozsan – Popp (1) (Bremer) – SR: Frappart (Frankreich)

2020: 2 Spiele: 2 Siege

476 **Schweden**, 4. 3., Faro, 1:0 gewonnen (Algarve Cup, Viertelfinale): Frohms – Hendrich, Doorsoun-Khajeh, Oberdorf (Hegering), Gwinn – Leupolz – Marozsan, Magull (Petermann) – Huth (1) (Bremer), Popp, Bühl (Knaak) – SR: Martincic (Kroatien)

477 **Norwegen**, 7. 3., Lagos, 4:0 gewonnen (Algarve Cup, Halbfinale): Benkarth – Maier, Lattwein, Elsig (1), Kleinherne – Hegering (1), Lohmann, Dallmann (Freigang), Petermann (Bremer), Rauch (Knaak) – Schüller (1). Dazu kommt ein Eigentor von Engen – SR: Zadinova (Tschechien)

Das Endspiel gegen **Italien** am 11. 3. wurde wegen des Rückzugs der italienischen Mannschaft in Folge der Coronavirus-Pandemie abgesagt.

478 **Irland**, 19. 9., Essen, 3:0 gewonnen (EM-Qualifikation): Frohms – Hendrich, Hegering (1), Oberdorf, Gwinn (Maier) – Magull), Leupolz (Däbritz), Marozsan (1) (Lohmann) – Huth, Popp, Schüller (1) – SR: Mularczyk (Polen).

479 **Montenegro,** 22. 9., Podgorica, 3:0 gewonnen (EM-Qualifikation): Benkarth – Lattwein, Kleinherne, Rauch – Maier (Magull), Lohmann, Leupolz (1) (Marozsan), Krumbiegel – Waßmuth, Freigang (1), Starke – SR: Acevedo Dudley (Spanien).

480 **Griechenland**, 27. 11., Ingolstadt, 6:0 gewonnen (EM-Qualifikation): Frohms – Maier, Hegering (1) (Oberdorf), Lattwein, Rauch – Marozsan – Däbritz (Knaak), Magull (Leupolz), Bühl (Krumbiegel (1)) – Dallmann (1), Freigang (3)(Schüller) – SR: Frias Acedo (Spanien).

481 **Irland**, 1. 12., Dublin, 3:1 gewonnen (EM-Qualifikation): Berger – Hendrich (Wolter), Hegering, Oberdorf – Magull (1) (Lattwein) – Lohmann, Leupolz, Bühl (Schüller) – Waßmuth (2), Huth, Dallmann (Marozsan) – SR: Persson (Schweden).

2021: 6 Spiele: 3 Siege, 1 Unentschieden, 2 Niederlagen

482 **Belgien**, 21. 2., Aachen, 2:0 gewonnen (Drei-Nationen-Turnier): Frohms – Hendrich, Lattwein, Hegering (Oberdorf), Rauch – Däbritz (Nüsken), Marozsan (Popp) – Huth (1) (Waßmuth), Lohmann (Dallmann), Bühl (Anyomi) – Schüller (1) – SR: Van der Helm (Niederlande).

483 **Niederlande**, 24. 2., Venlo, 1:2 verloren (Drei-Nationen-Turnier): Frohms – Kleinherne, Oberdorf, Lattwein (Hendrich), Doorsoun-Khajeh – Marozsan (Waßmuth), Däbritz – Huth (Lohmann), Popp, Bühl – Freigang (1) (Schüller) – SR: De Cremer (Belgien).

484 **Australien**, 10. 4., Wiesbaden, 5:2 gewonnen: Frohms – Hendrich (1), Feldkamp, Hegering (Kleinherne), Maier – Däbritz (Dongus), Nüsken (1) – Waßmuth (Brand (1)), Magull (Dallmann (1)), Krumbiegel (Freigang (1)) – Schüller (Starke) – SR: Frias Acedo (Spanien).

485 **Norwegen**, 13. 4., Wiesbaden, 3:1 gewonnen: Berger – Hendrich (Brand), Feldkamp, Hegering (Kleinherne), Maier – Däbritz (Nüsken) – Dallmann (1) (Magull), Popp – Waßmuth (Schüller), Krumbiegel (1) (Starke) – Freigang (1) – SR: Grundbacher (Schweiz).

486 **Frankreich**, 10. 6., Straßburg, 0:1 verloren: Frohms – Maier, Oberdorf, Feldkamp, Rauch – Nüsken, Lohmann – Huth, Dallmann (Lattwein), Bühl (Brand) – Schüller (Waßmuth) – SR: Martincic (Kroatien).

487 **Chile**, 15. 6., Offenbach, 0:0 unentschieden: Benkarth – Rall (Lohmann. Starke), Kleinherne, Feldkamp, Brand – Nüsken (Dongus), Lattwein – Dallmann – Waßmuth (Krumbiegel), Knaak (Bühl) – Freigang (Anyomi) – SR: Caputi (Italien).

Zu Frauen-Länderspielen wurden berufen:

2 **Alter** Sandra, 10. 1. 1972 (KBC Duisburg) 1991 SUI, HUN

79 **Alushi** (geb. Bajramaj) Fatmire Lira, 1. 4. 1988 (FCR Duisburg 27, Turbine Potsdam 23, 1. FFC Frankfurt 22, Paris Saint-Germain 7) 2005 SCO – 2007 CHN, ENG, NED, WAL, DEN, CZE, NOR, ENG, JAP, NOR, BRA, BEL – 2008 BEL, WAL, ENG, NOR, BRA, PRK, BRA, JPN – 2009 CHN, FIN, CHN, SWE, DEN, BRA, NED, JPN, RUS, NOR, ISL, NOR, ENG, USA – 2010 PRK, DEN, FIN, CHN, USA, CAN, AUS, NGA – 2011 PRK, ITA, NED, NOR, CAN, NGA, FRA, SUI, ROU, SWE, KAZ, ESP – 2012 ESP, SUI, KAZ, TUR – 2013 SCO, CAN, JPN, ISL, RUS, SVN, SVK, CRO – 2014 ISL, CHN, NOR, JPN, SVK, IRL, FRA, SWE – 2015 SWE, CHN, BRA, SWE

146 **Angerer** Nadine, 10. 11. 1978 (1. FC Nürnberg 2, Wacker München 9, Bayern München 3, Turbine Potsdam 42, Djurgardens IF 15, 1. FFC Frankfurt 53, Brisbane Roar 7, Portland Thorns 15) 1996 NED, ISL, ISL, ITA – 1997 ENG, CHN, DEN – 1998 USA – 1999 TUR, CHN, SUI – 2000 NOR – 2001 CHN, CAN, JPN, POR – 2002 CHN, NOR, CHN, SWE, NOR, DEN, RUS – 2003 USA, CHN, FRA, DEN, POR – 2004 CHN, UKR, CZE – 2005 AUS, CHN, SWE, NOR,

CAN, CAN – 2006 CHN, FIN, NOR, SUI, JPN – 2007 NED, WAL, DEN, CZE, SUI, NOR, ARG, ENG, JAP, PRK, NOR, BRA, BEL, NED – 2008 CHN, FIN, SWE, NOR, BEL, WAL, ENG, NOR, BRA, NGA, PRK, SWE, BRA, JPN, SUI – 2009 CHN, FIN, CHN, SWE, DEN, BRA, NED, JPN, RUS, NOR, FRA, ISL, ITA, NOR, ENG, USA – 2010 PRK, DEN, FIN, USA, USA, CAN, NGA – 2011 PRK, ITA, NED, NOR, CAN, NGA, FRA, JPN, SUI, ROU, SWE, KAZ, ESP – 2012 KAZ, TUR, USA, USA, FRA – 2013 DEN, NOR, USA, SCO, CAN, JPN, NED, ISL, NOR, ITA, SWE, NOR, RUS, SVN, CRO – 2014 ISL, NOR, IRL, SVN, CAN, RUS, IRL, FRA, SWE – 2015 SWE, BRA, SUI, CIV, NOR, THA, SWE, FRA, USA, ENG

2 **Anyomi** Nicole, 10. 2. 2000 (SGS Essen) 2021 BEL, CHI

58 **Austermühl** Birgitt, 8. 10. 1965 (TSV Battenberg 19, TSV Calden 7, FSV Frankfurt 32) 1991 HUN, BEL, NGA, TPE, ITA, DEN, USA – 1992 ITA, YUG, FRA, URS – 1993 SWE, FRA, USA, USA, USA, SUI, ITA, DEN, SWE, NOR, SUI, RUS, POL – 1994 WAL, KRO, CAN, USA, NOR, CHN, SWE, CRO, SUI, RUS, RUS, ENG – 1995 ENG, SWE, POL, SUI, CHN, JPN, SWE, BRA, CHN, NOR, FIN, SVK – 1996 USA, USA, SVK, NOR, FIN, NOR, ISL, JPN, NOR, BRA

30 **Bachor** Isabell, 10. 7. 1983 (FSV Frankfurt 2, SC Bad Neuenahr 28) 2001 CHN – 2002 DEN – 2004 POR, CHN, ITA, UKR, SCO, NOR, NGA, MEX, NGA, USA – 2005 AUS, RUS, CHN, CAN, CAN – 2006 ITA, IRL, SUI, RUS, ENG, JPN – 2008 DEN, FIN, SWE, NOR, SUI – 2009 CHN, CHN

5 **Banecki** Nicole, 3. 9. 1988 (Bayern München) 2008 FIN – 2009 CHN, FIN, CHN, DEN

25 **Bartelmann** Petra, 11. 3. 1962 (SC Klinge Seckach 3, SSG Bergisch Gladbach 11, TSV Siegen 7, Asker Club Oslo 4) 1982 SUI – 1983 NED, DEN, SUI, DEN, BEL – 1984 ITA, NOR, ITA, ENG, BEL, ITA – 1985 HUN, DEN – 1986 ISL, ISL, DEN, NED – 1987 NED, FRA, ITA – 1989 DEN, CSV – 1990 BUL, CSV

101 **Bartusiak** Saskia, 9. 9. 1982 (1. FFC Frankfurt) 2007 NED, WAL, DEN, SUI, NOR, ARG, BEL, NED – 2008 CHN, DEN, FIN, NOR, BEL, ENG, NOR, SUI – 2009 CHN, FIN, CHN, SWE, DEN, BRA, NED, JPN, RUS, FRA, ISL, NOR, ENG, USA – 2010 PRK, DEN, FIN, USA, CAN, AUS, NGA – 2011 PRK, ITA, NED, NOR, CAN, NGA, FRA, JPN, SUI, SWE, KAZ, ESP – 2012 TUR, ISL, CHN, SWE, JPN, SUI, ROU, KAZ, TUR, USA, USA, FRA – 2013 FRA, DEN, JPN, USA, SCO, CAN, JPN, NED, ISL, NOR, ITA, SWE, NOR, RUS, SVN, CRO, SVK, CRO – 2015 SUI, CIV, NOR, SWE, USA, ENG, HUN, CRO, RUS, TUR – 2016 FRA, ENG, USA, TUR, CRO, GHA, ZIM, AUS, CAN, CHN, CAN, SWE

1 **Baudzus** Vanessa, 15. 1. 1978 (SC Bad Neuenahr) 1998 ITA

2 **Baunach** Katharina, 18. 1. 1989 (Bayern München) 2009 FIN, CHN

13 **Becher** Inken, 2. 9. 1978 (Hertha Zehlendorf 7, Turbine Potsdam 6) 1997 NOR, NOR, DEN, SWE – 1998 NZL, USA, USA – 2004 CZE, NED – 2005 AUS, RUS, CHN, CAN

3 **Becker** Stefanie, 5. 4. 1982 (FSV Frankfurt) 2001 USA, POR, NED

123 **Behringer** Melanie, 18. 11. 1985 (SC Freiburg 32, Bayern München 52, 1. FFC Frankfurt 39) 2005 AUS, RUS, CHN, NOR, CHN – 2006 FIN, SWE, NOR, USA – 2007 USA, CHN, FRA, DEN, ITA, DEN, SUI, NOR, ARG, ENG, JAP, PRK, NOR, BRA, BEL, NED – 2008 CHN, DEN, FIN, SWE, NOR, BEL, WAL, ENG, NOR, BRA, NGA, PRK, SWE, BRA, JPN, SUI – 2009 CHN, FIN, CHN, SWE, DEN, BRA, NED, NOR, FRA, ITA, NOR, ENG – 2010 PRK, DEN, FIN, CHN, USA, USA, CAN, NGA – 2011 PRK, ITA, NED, NOR, CAN, NGA, JPN, SUI, ROU, SWE, KAZ, ESP – 2012 TUR, ISL, CHN, SWE, JPN, ESP, SUI, ROU, KAZ, TUR, USA, FRA – 2013 DEN, NOR, USA, NOR, SVN, CRO, CRO – 2014 ISL, NOR, JPN, IRL, SVK, CAN, RUS, IRL, FRA, ENG – 2015 BRA, SUI, CIV, THA, FRA, ENG, HUN, CRO, RUS, TUR, ENG – 2016 FRA, ENG, USA, GHA, ZIM, AUS, CAN, CHN, CAN, SWE

11 **Benkarth** Laura, 14. 10. 1992 (SC Freiburg 8, Bayern München 3) 2015 ENG – 2016 ENG, NED – 2017 FRA, ENG, SVN, CZE, ISL – 2020 NOR, MNE – 2021 CHI

1 **Berens** Bettina, 2. 9. 1973 (TuS Ahrbach) 1992 ITA

2 **Berger** Ann-Katrin, 9. 10. 1990 (Chelsea FCW) 2020 IRL – 2021 NOR

47 **Bernhard** Anouschka, 5. 10. 1970 (VfL Sindelfingen 14, FSV Frankfurt 33) 1991 CHN – 1992 ITA, YUG, FRA, POL, URS – 1993 SWE, FRA, USA, USA, USA, SUI, ITA, DEN, SWE, NOR, POL – 1994 WAL, WAL, CRO, CAN, USA, NOR, CHN, SWE, CRO, RUS, ENG – 1995 ENG, SWE, POL, SUI, CHN, JPN, SWE, BRA, ENG, CHN, NOR, FIN, SVK – 1996 USA, USA, ITA – 1997 ENG, CHN, CHN

22 **Bindl** Roswitha, 14. 1. 1965 (Bayern München 15, Wacker München 7) 1988 HUN, CSV, CSV – 1989 BUL, DEN, ITA, NOR, CSV – 1990 BUL, CSV, ENG, URS, USA, ENG, ENG – 1991 SUI, NGA, TPE, ITA, DEN, USA, SWE

27 **Blässe** Anna, 27. 2. 1987 (VfL Wolfsburg) 2015 CHN, BRA, HUN, RUS, TUR, ENG – 2016 FRA, ENG, USA, TUR, RUS, HUN, NED, NOR – 2017 USA, ENG, CAN, BRA, SWE, RUS, DEN, CZE, ISL, FRA – 2018 ENG, FRA, CZE

7 **Boll** Monika, 25. 10. 1971 (VfB Rheine/Eintracht Rheine) 1994 CRO, CAN, USA, NOR, CHN – 1995 SUI – 1997 CHN

8 **Bormann** Birgit, 14. 3. 1965 (SC Bad Neuenahr) 1982 SUI – 1983 BEL, NED, DEN, SUI, DEN, NED, BEL

37 **Bornschein** Katja, 16. 3. 1972 (FSV Frankfurt 31, SG Praunheim 6) 1991 CHN, NOR – 1992 POL, URS, URS – 1993 SWE, FRA, USA, USA, USA, ITA, DEN, SWE, NOR, SUI, RUS, POL – 1994 WAL, CAN, USA, NOR, CHN, SWE, CRO, SUI, RUS, RUS – 1996 SVK, FIN, ISL, ISL, NED, ISL, ISL, ITA – 1997 ENG, CHN

4 **Brand** Jule, 16. 10. 2002 (TSG Hoffenheim) 2021 AUS, NOR, FRA, CHI

8 **Brandebusemeyer** Nicole, 9. 10. 1974 (FFC/Grün-Weiß Brauweiler) 1998 ITA, NZL, NZL, USA, USA – 1999 CHN, SUI – 2000 SWE

21 **Bremer** Pauline-Marie, 10. 4. 1996 (Turbine Potsdam 6, Olympique Lyon 9, Manchester City 6) 2014 SVN, FRA, SWE, ENG – 2015 SUI, NOR, HUN, CRO – 2016 CRO, AUT, NOR – 2017 USA, FRA, ENG, CAN – 2019 SWE, JPN, GRE, ENG – 2020 SWE, NOR

84 **Bresonik** Linda, 7. 12. 1983 (FCR Duisburg 59, SGS Essen 19, Paris Saint-Germain 6) 2001 ITA, RUS, CAN, ENG – 2002 NOR, DEN, RUS – 2003 CHN, NOR, USA, CHN, CHN, SCO, FRA, NGA, UKR, CZE, ENG, CAN, JPN – 2007 USA, CHN, ENG, FRA, DEN, NED, WAL, CZE, SUI, ARG, ENG, JAP, PRK, NOR, BRA, BEL, NED – 2008 BEL, WAL, ENG, NOR, BRA, NGA, PRK, SWE – 2009 CHN, FIN, SWE, DEN, BRA, NED, JPN, RUS, NOR, FRA, ITA, NOR, ENG, USA – 2010 PRK, USA, NGA – 2011 PRK, ITA, NOR, CAN, NGA, JPN, SUI, ROU, SWE – 2012 TUR, ISL, CHN, SWE, ESP, SUI, ROU, USA, USA, FRA – 2013 DEN, USA, USA

1 **Breuer** Maria, 7. 3. 1954 (SC Bad Neuenahr) 1983 SUI

46 **Brocker** (geb. Grigoli) Patricia, 7. 4. 1966 (VfR Saarbrücken 2, TuS Niederkirchen 44) 1992 ITA, YUG, FRA, POL, URS – 1993 SWE, NOR, SUI, RUS, POL – 1994 WAL, WAL, CRO, USA, NOR, CHN, CAN, SWE, CRO, SUI, RUS, RUS, ENG,- 1995 ENG, SWE, POL, SUI, CHN, JPN, SWE, BRA, ENG, NOR, FIN, SVK – 1996 USA, USA, SVK, NOR, FIN, NOR, ISL, ISL, JPN, NOR, BRA

17 **Bühl** Klara, 7. 12. 2000 (SC Freiburg 11, Bayern München 6) 2019 FRA, CHI, ESP, RSA, NGA, MNE, UKR, UKR, GRE, ENG – 2020 SWE, GRE, IRL – 2021 BEL, NED, FRA, CHI

1 **Butscher** Brigitte, 18. 4. 1957 (SG Aulendorf) 1986 ISL

31 **Carlson** Britta, 3. 3. 1978 (Hamburger SV 3, Turbine Potsdam 26, VfL Wolfsburg 2) 2004 CHN, UKR, SCO, CZE, NED – 2005 RUS, CHN, SWE, CHN, USA, NOR, ITA, FRA, FIN, NOR, CAN, CAN, RUS, SCO, SUI – 2006 CHN, FIN, SWE, NOR, USA, ENG, JPN – 2007 USA, ENG, FRA, DEN

2 **Chaladyniak** Christine, 15. 6. 1968 (TSV Siegen) 1986 HUN – 1996 ISL

23 **Cramer** Jennifer, 24. 2. 1993 (Turbine Potsdam) 2013 NOR, USA, SCO, CAN, JPN, NED, ISL, ITA, SWE, NOR – 2014 NOR, CAN, RUS, SWE, ENG – 2015 SWE, CHN, BRA, SWE, BRA, SUI, THA, SWE

76 **Däbritz** Sara, 15. 2. 1995 (SC Freiburg 21, Bayern München 44, Paris Saint-Germain 11) 2013 JPN, NOR, ITA, RUS, SVN, CRO, SVK – 2014 ISL, CHN, NOR, JPN – 2015 CHN, BRA, SWE, BRA, SUI, CIV, NOR, THA, FRA, ENG, HUN, CRO, RUS, TUR, ENG – 2016 FRA, ENG, TUR, CRO, GHA, ZIM, AUS, CHN, CAN, SWE, AUT, NED – 2017 USA, ENG, CAN, BRA, SWE, ITA, RUS, DEN, SVN, CZE – 2018 USA, ENG, FRA, CZE, SVN, CAN, ISL, AUT, ITA, ESP – 2019 FRA, CHI, CHN, ESP, RSA, NGA, SWE, MNE, UKR, UKR, GRE, ENG – 2020 IRL, GRE – 2021 BEL, NED, AUS, NOR

35 **Dallmann** Linda, 2. 9. 1994 (SGS Essen 23, Bayern München 12) 2016 RUS, HUN – 2017 FRA, CAN, BRA, ITA, DEN, CZE, ISL, FRO, FRA – 2018 USA, ENG, FRA, SVN, ISL, FRO, AUT – 2019 SWE, JPN, CHI, RSA, SWE, MNE, UKR, UKR, GRE – 2020 NOR, GRE, IRL – 2021 BEL, AUS, NOR, FRA, CHI

46 **Damm** Petra, 20. 3. 1968 (Eintracht Wolfsburg) 1984 NED – 1986 HUN, NOR, ISL, DEN – 1987 NED, ISL, ISL, HUN, ITA – 1988 ITA, SUI, ITA, USA, SUI, HUN, CSV, CSV – 1989 BUL, DEN, ITA, N, HUN, CSV – 1990 BUL, CSV, ENG, URS, USA, USA, BUL, HUN, ENG – 1991 FRA, POL, USA, CHN, ITA, NOR, SUI, HUN, BEL, NGA, TPE, DEN, SWE

1 **Danner** Karin, 22. 1. 1959 (Bayern München) 1984 NOR

20 **Demann** Kristin, 7. 4. 1993 (TSG Hoffenheim 9, Bayern München 11) 2015 RUS, TUR – 2016 RUS, HUN, AUT, NED – 2017 FRA, ENG, CAN, BRA, SWE, ITA, RUS, DEN, SVN, CZE – 2018 CZE, SVN, CAN, ISL

1 **Dietrich** Helene, 8. 12. 1960 (TuS Ahrbach) 1983 BEL

8 **Dlugi-Winterberg** Gaby, 4. 12. 1948, † 19. 9. 2014 (SSG Bergisch Gladbach) 1982 SUI – 1983 BEL, NED, DEN, SUI, DEN, NED, BEL

4 **Doll** Cornelia, 30. 6. 1958 (Bayern München) 1983 DEN – 1984 ITA, NOR, BEL

2 **Dongus** Fabienne, 11. 5. 1994 (TSG Hoffenheim) 2021 AUS, CHI

35 **Doorsoun-Khajeh** Sara, 17. 11. 1991 (SGS Essen 16, VfL Wolfsburg 19) 2016 FRA, HUN, NED, NOR – 2017 FRA, ENG, CAN, BRA, RUS, DEN, FRO – 2018 ENG, FRA, CZE, SVN, CAN, ISL, FRO, AUT, ITA, ESP – 2019 FRA, SWE, JPN, CHI, CHN, ESP, RSA, NGA, SWE, MNE, UKR, ENG – 2020 SWE – 2021 NED

12 **Eichenlaub** Rosi, 16. 7. 1958 (Bayern München) 1983 NED, SUI, DEN, NED, BEL – 1984 ITA, ITA, BEL, ITA, FIN, NED – 1985 FIN

15 **Elsig** Johanna, 1. 11. 1992 (Turbine Potsdam) 2017 CAN, SVN, FRA – 2018 ENG, FRA, FRO, AUT, ITA, ESP – 2019 FRA, SWE, JPN, UKR, GRE – 2020 NOR

1 **Engel** Heidi, 5. 8. 1968 (SSG Bergisch Gladbach) 1988 ITA

1 **Erhardt** Nicole, 4. 4. 1971 (Sportfreunde Werne West) 1993 SUI

9 **Fehrmann** Angelika, 6. 1. 1964 (SSG Bergisch Gladbach) 1988 ITA, USA, SUI, HUN, CSV – 1989 BUL, DEN, ITA, NOR

4 **Feldkamp** Jana, 15. 3. 1998 (SGS Essen) 2021 AUS, NOR, FRA, CHI

1 **Ferber** Nicole, 19. 10. 1977 (FC Rumeln-Kaldenhausen) 1996 NED

3 **Fischer** Nicole, 2. 9. 1961 (Sportfreunde Schliengen) 1983 SUI, NED – 1988 SUI

144 **Fitschen** Doris, 25. 10. 1968 (TuS Westerholz 9, Eintracht Wolfsburg 35, TSV Siegen 40, SG Praunheim 27, 1. FFC Frankfurt 25, Philadelphia Charge 8) 1986 DEN – 1987 NED, FRA, ISL, ISL, HUN, ITA – 1988 ITA, SUI, ITA, HUN, CSV, CSV – 1989 BUL, DEN, ITA, NOR, HUN – 1990 BUL, CSV, ENG, URS, USA, USA, BUL, HUN, ENG, ENG- 1991 FRA, POL, USA, CHN, ITA, NOR, SUI, HUN, NGA, TPE, ITA, DEN, USA, SWE – 1992 ITA, YUG, FRA, POL, URS, URS – 1993 SWE, FRA, USA, USA, USA, SUI, ITA, DEN, SWE, NOR, SUI, RUS, POL – 1994 WAL, WAL, CRO, CAN, USA, NOR, CHN, SWE, CRO, SUI, RUS, RUS, ENG,- 1995 FIN, SVK – 1996 USA, USA, SVK, ISL, ISL, JPN, NOR, BRA, NED, ISL, ITA – 1997 ENG, CHN, CHN, ESP, ITA, NOR, DEN, SWE, ITA, ENG, USA, USA, NOR, NED – 1998 ITA, ENG, NED, NZL, NZL, NOR, USA, USA, UKR, UKR – 1999 T, CHN, CHN, DEN, SUI, FRA, NED, ITA, MEX, BRA, USA, RUS, UKR, ISLI, ITA – 2000 NED, ITA, UKR, ISL, DEN, AUS, BRA, SWE, NOR, BRA – 2001 RUS, CAN, CAN, SWE, RUS, ENG, NOR, SWE

2 **Francke** Christine, 12. 6. 1974 (TuS Ahrbach) 1995 POL, SUI

7 **Freigang** Laura, 1. 2. 1998 (1. FFC Frankfurt 1, Eintracht Frankfurt 6) 2020 NOR, MNE, GRE – 2021 NED, AUS, NOR, CHI

2 **Friedrich** Niobe, 27. 8. 1964 (Bayern München) 1990 URS, USA

16 **Frohms** Merle, 28. 1. 1995 (SC Freiburg 10, Eintracht Frankfurt 6) 2018 AUT, ITA, ESP – 2019 FRA, MNE, UKR, UKR, GRE, ENG – 2020 SWE, IRL, GRE – 2021 BEL, NED, AUS, FRA

3 **Fütterer** Christine, 14. 7. 1963 (FC Spöck 2, SC Klinge Seckach 1) 1988 ITA, SUI – 1991 FRA

68 **Fuss** Sonja, 5. 11. 1978 (FFC/Grün-Weiß Brauweiler 31, FSV Frankfurt 7, Turbine Potsdam 6, FCR Duisburg 13, 1. FC Köln 11) 1996 NED – 1997 ENG, CHN, CHN, DEN, DEN, ENG, USA, USA – 1998 ITA, NZL, USA, USA – 1999 TUR, CHN, SUI – 2003 NGA, CZE, ENG, ARG, POR – 2004 CHN, ITA, UKR, SCO, NOR, NGA, CHN, NGA, USA, SWE, CZE – 2005 NOR, CHN, USA, CAN, FRA, FIN – 2006 CHN, FIN, SWE, NOR, USA, IRL, ITA, SUI, JPN – 2007 CHN, DEN, SUI, NOR, BEL, NED – 2009 FIN, SWE, DEN, BRA, JPN, RUS, ISL, ITA – 2010 PRK, FIN, CHN, USA, USA, CAN, AUS

130 **Garefrekes** Kerstin, 4. 9. 1979 (FFC Heike Rheine 31, 1. FFC Frankfurt 99) 2001 NED – 2002 CHN, USA, NOR, DEN, CHN, SWE, NOR, – 2003 CHN, NOR, USA, CHN, CHN, DEN, DEN, NGA, UKR, CZE, ENG, CAN, JPN, ARG, RUS, USA, SWE, POR – 2004 POR, CHN, ITA, UKR, SCO, NOR, NGA, CHN, MEX, NGA, USA, SWE, CZE, NED – 2005 SWE, NOR, CHN, USA, CAN, CAN, NOR, ITA, FRA, FIN, NOR, CAN, CAN, RUS, SCO, SUI – 2006 CHN, FIN, SWE, NOR, USA, IRL, ITA, IRL, SUI, SCO, RUS, ENG, JPN – 2007 NOR, FRA, DEN, ITA, NED, WAL, DEN, CZE, SUI, NOR, ARG, ENG, JAP, PRK, NOR, BRA, BEL, NED – 2008 BEL, WAL, ENG, NOR, BRA, NGA, PRK, SWE, BRA, JPN, SUI – 2009 CHN, FIN, CHN, SWE, DEN, BRA, NED, JPN, RUS, NOR, FRA, ITA, NOR, ENG, USA – 2010 PRK, DEN, FIN, CHN, USA, USA, CAN, AUS, NGA – 2011 PRK, ITA, NED, NOR, CAN, NGA, FRA, JPN

3 **Gebauer** Ingrid, 13. 2. 1959 (SSG Bergisch Gladbach) 1982 SUI – 1983 BEL, DEN

4 **Gehlen** Marie-Luise, 23. 6. 1961 (STV Lövenich) 1984 ENG, BEL, ITA – 1985 HUN

2 **Gidion** Margarita, 18. 12. 1994 (SGS Essen) 2015 CHN, BRA

106 **Goeßling** Lena, 8. 3. 1986 (SC Bad Neuenahr 25, VfL Wolfsburg 81) 2008 CHN, DEN, FIN, SWE, NOR, WAL, SUI – 2009 CHN, CHN, SWE, DEN – 2010 PRK, DEN, FIN, CHN, USA, CAN, AUS, NGA – 2011 PRK, ITA, NED, NOR, FRA, JPN, SUI, ROU, SWE, KAZ, ESP – 2012 TUR, ISL, CHN, SWE, JPN, ESP, SUI, ROU, KAZ, TUR, USA, FRA – 2013 FRA, DEN, JPN, NOR, USA, SCO, CAN, JPN, NED, ISL, ITA, SWE, NOR, RUS, SVN, CRO – 2014 ISL, CHN, NOR, JPN, IRL, SVN, SVK, CAN, RUS, ENG – 2015 SWE, BRA, SWE, SUI, CIV, NOR, SWE, FRA, USA, ENG, HUN, CRO, RUS, TUR, ENG – 2016 FRA, ENG, USA, ZIM, AUS, CAN, CHN, CAN, SWE, RUS – 2017 RUS, DEN, ISL, FRO – 2018 USA, ENG, FRA, CZE, ISL, FRO – 2019 JPN, CHI, ESP

8 **Götte** Jeanette, 13. 3. 1979 (FFC Flaesheim-Hillen 7, FCR Duisburg 1) 2000 NED, UKR, USA, DEN, BRA – 2001 CHN, CHN, POR

45 **Goller** Manuela, 5. 1. 1971 (SSG Bergisch Gladbach 3, Grün-Weiß Brauweiler 42) 1990 ENG, USA, USA – 1992 FRA, URS – 1993 SWE, FRA, USA, USA, SUI, ITA, SWE, NOR, SZ, RUS – 1994 WAL, CAN, USA, NOR, CHN, SWE, SUI, RUS, RUS, ENG,- 1995 ENG, SWE, POL, SUI, CHN, JPN, SWE, BRA, ENG, CHN, NOR, FIN – 1996 USA, SVK, NOR, NOR, ISL, JPN, NOR, BRA

33 **Gottschlich** Gudrun, 23. 5. 1970 (KBC Duisburg 23, VfL Sindelfingen 7, Grün-Weiß Brauweiler 3) 1989 DEN, HUN, CSV – 1990 BUL, CSV, ENG, URS, USA, USA, ENG,- 1991 FRA, POL, USA, CHN, ITA, NOR, NGA, TPE, ITA, DEN, USA, SWE – 1992 ITA – 1993 SWE, FRA, USA, USA, USA, SUI, ITA, SWE, NOR – 1996 NOR

45 **Gottschlich** Stefanie, 5. 8. 1978 (WSV Wolfsburg 31, VfL Wolfsburg 14) 1997 USA, NOR, NED – 1998 ITA, ENG, NED, NZL, NOR – 1999 CHN, DEN, SUI, RUS, ISL – 2000 ITA, CHN, NOR, BRA – 2001 CHN, CHN – 2002 CHN, USA, NOR, DEN, CHN, FIN, SWE, NED, POR, ENG – 2003 DEN, DEN, NGA, UKR, CZE, ENG, CAN, JPN, ARG, RUS, USA, SWE, POR – 2004 POR, CHN, ITA

96 **Grings** Inka, 31. 10. 1978 (FC Rumeln-Kaldenhausen/FCR Duisburg 94, FC Zürich 2) 1996 FIN, NED, ISL, ISL, ITA – 1997 DEN – 1998 ENG, NED, NZL, NZL, NOR, USA, USA, UKR, UKR – 1999 CHN, DEN, SUI, FRA, NED, ITA, MEX, BRA, USA, RUS, UKR, ISL, ITA – 2000 NED, ITA, UKR, CHN, NOR, USA, ISL, DEN, AUS, BRA, SWE, NOR, BRA – 2002 POR, ENG, NOR, DEN, RUS – 2003 CHN, CHN, SCO, FRA, DEN, CZE – 2004 POR, CHN – 2005 CAN, NOR, ITA, FRA, FIN, NOR, CAN, CAN, RUS, SCO – 2009 CHN, FIN, CHN, SWE, DEN, NED, JPN, RUS, NOR, FRA, ISL, ITA, NOR, ENG, USA – 2010 DEN, FIN, CHN, USA, USA, CAN, AUS, NGA – 2011 ITA, NED, NOR, CAN, NGA, FRA, JPN, ROU, SWE

1 **Gröpper** Astrid, 12. 4. 1977 (SV Kempten) 1996 NED

27 **Günther** Sarah, 25. 1. 1983 (ATS Buntentor 2, Hamburger SV 21, 1. FFC Frankfurt 4) 2001 CHN – 2003 DEN, NGA – 2004 CHN, ITA, UKR, SCO, NOR, NGA, CHN, MEX, SWE, CZE, NED – 2005 AUS, RUS, CHN, SWE, NOR, USA, CAN, FIN, NOR, CAN, CAN, RUS, SCO

19 **Gwinn** Giulia, 2. 7. 1999 (SC Freiburg 13, Bayern München 6) 2017 FRA – 2018 AUT, ITA, ESP – 2019 FRA, SWE, JPN, CHI, CHN, ESP, RSA, NGA, SWE, MNE, UKR, UKR, GRE – 2020 SWE, IRL

10 **Haberlaß** Andrea, 26. 1. 1964 (SSG Bergisch Gladbach 1, TSV Siegen 9) 1985 DEN, NOR, FIN – 1986 HUN, NOR, NED – 1987 NED – 1988 ITA – 1989 DEN, NOR

13 **Hagedorn** Verena, 2. 7. 1982 (SC Bad Neuenahr) 2001 JPN, USA, ENG, POR – 2002 DEN, FIN, SWE, ENG, DEN – 2003 CHN, USA, CHN, DEN

17 **Hegering** Marina, 17. 4. 1990 (SGS Essen 11, Bayern München 6) 2019 SWE, JPN, CHI, CHN, ESP, RSA, NGA, SWE, ENG – 2020 SWE, NOR, IRL1, GRE, IRL2, BEL, AUS, NOR

1 **Heidecke** Astrid, 14. 9. 1959 (ABC Wesseln) 1984 NED

4 **Heinrich** Andrea, 17. 2. 1972 (FSV Frankfurt) 1990 ENG, URS, USA, USA

40 **Hendrich** Kathrin, 6. 4. 1992 (Bayer Leverkusen 3, 1. FFC Frankfurt 22, Bayern München 9, VfL Wolfsburg 6) 2014 ISL, SVN, CAN, RUS, IRL, FRA – 2015 SWE, SWE – 2016 ENG, TUR, RUS, AUT, NED, NOR – 2017 FRA, ITA, SVN, CZE, ISL, FRO, FRA – 2018 USA, ENG, FRA, CAN, ESP – 2019 FRA, SWE, JPN, CHN, ESP, UKR, ENG – 2020 SWE, IRL, IRL – 2021 BEL, NED, AUS, NOR

7 **Hengst** Sandra, 12. 4. 1973 (KBC Duisburg) 1990 HUN – 1991 CHN, ITA, SUI, ITA – 1992 ITA, YUG

10 **Henkel** Beate, 30. 7. 1960 (TSV Siegen) 1983 NED – 1984 ITA, NOR, ITA, ENG – 1986 HUN, NOR, ISL, ISL – 1988 SUI

9 **Hennen** Martina, 24. 8. 1972 (Schmalfelder SV) 1993 SUI, SWE, NOR, SUI, RUS, POL – 1994 WAL, CRO, CAN

42 **Henning** Josephine, 8. 9. 1989 (Turbine Potsdam 2, VfL Wolfsburg 17, Paris Saint-Germain 7, Arsenal WFC 10, Olympique Lyon 6) 2010 CAN, NGA – 2012 ISL, CHN, SWE, JPN, ESP, SUI, ROU, FRA – 2013 NOR, USA, CAN, JPN – 2014 CHN, JPN, IRL, SVN, SVK, RUS, IRL, FRA, SWE, ENG – 2015 BRA, THA – 2016 FRA, ENG, GHA, AUS, CAN, RUS, HUN, AUT, NED, NOR – 2017 USA, ENG, CAN, BRA, SWE, ITA

174 **Hingst** Ariane, 25. 7. 1979 (Hertha Zehlendorf 12, Turbine Potsdam 116, Djurgardens IF 30, 1. FFC Frankfurt 16) 1996 NED, ISL, ISL, ITA – 1997 ENG, CHN, CHN, ESP, DEN, DEN, SWE, ITA, ENG, NOR, NED – 1998 ITA, ENG, NED, NZL, USA, USA – 1999 TUR, CHN, SUI, FRA, NED, ITA, MEX, BRA, USA, UKR, ISL, ITA – 2000 NED, ITA, CHN, NOR, USA, ISL, DEN, AUS, BRA, SWE, NOR, BRA – 2001 CHN, CHN, ITA, RUS, CAN, SWE, RUS, ENG, NOR, SWE, JPN, USA, ENG, POR, NED – 2002 CHN, USA, NOR, DEN, CHN, FIN, SWE, NED, DEN, RUS – 2003 CHN, SCO, FRA, DEN, DEN, NGA, UKR, CZE, ENG, CAN, JPN, ARG, RUS, USA, SWE, POR – 2004 POR, CHN, ITA, UKR, SCO, NOR, NGA, CHN, MEX, NGA, USA, SWE, NED – 2005 SWE, NOR, CHN, USA, CAN, CAN, NOR, ITA, FRA, FIN, NOR, CAN, CAN, RUS, SCO, SUI – 2006 IRL, ITA, IRL, SCO, RUS, ENG, JPN – 2007 USA, CHN, ENG, NOR, FRA, DEN, NED, WAL, DEN, CZE, SUI, NOR, ARG, ENG, JAP, PRK, NOR, BRA, BEL, NED – 2008 CHN, DEN, FIN, SWE, NOR, BEL, WAL, ENG, NOR, BRA, NGA, PRK, SWE, BRA, JPN, SUI – 2009 NED, JPN, RUS, NOR, FRA, ISL, ITA – 2010 USA, CAN, AUS, NGA – 2011 PRK, ITA, NED, NOR, FRA

36 **Hoffmann** Melanie, 29. 11. 1974 (FC Rumeln-Kaldenhausen/FCR Duisburg) 1995 SUI, JPN – 1997 ESP, NOR, DEN, ENG, USA, USA, NOR, NED – 1998 ITA, ENG, NED, NZL, NZL, NOR, USA, USA, UKR, UKR – 1999 T, CHN, DEN, FRA, MEX, USA, RUS, UKR – 2000 NED, UKR, CHN, NOR, USA, ISL, SWE, BRA

5 **Holl** Ursula, 26. 6. 1982 (1. FFC Frankfurt 2, FCR Duisburg 3) 2007 FRA, DEN – 2009 NED – 2010 CHN, AUS

4 **Hümme** Anja, 24. 11. 1967 (Fortuna Sachsenroß Hannover) 1986 NED – 1987 ISL – 1988 ITA – 1991 FRA

57 **Huth** Svenja, 25. 1. 1991 (1. FFC Frankfurt 16, Turbine Potsdam 33, VfL Wolfsburg 8) 2011 SWE – 2012 TUR, ISL, CHN, SWE, JPN, ROU, USA – 2013 FRA, DEN, JPN, NOR, USA, SCO, JPN – 2014 RUS – 2016 FRA, USA, TUR, CRO, CHN, SWE, RUS, HUN, AUT, NOR – 2017 BRA, SWE, SVN, CZE, ISL, FRA – 2018 USA, ENG, FRA, CZE, SVN, CAN, ISL, AUT, ITA – 2019 FRA, JPN, CHI, CHN, ESP, RSA, NGA, SWE, MNE, UKR – 2020 SWE, IRL, IRL – 2021 BEL, NED, FRA

58 **Isbert** (Feiden) Marion, 25. 2. 1964 (TuS Ahrbach 39, TSV Siegen 19) 1982 SUI – 1983 BEL, NED, DEN, SUI, DEN, NED, BEL – 1984 ITA, NOR, ITA, ENG, ITA, FIN, NED – 1985 HUN, DEN – 1986 HUN, NOR, DEN, NED – 1987 NED, FRA, HUN, ITA – 1988 ITA, SUI, SUI, HUN, CSV, CSV – 1989 BUL, DEN, ITA, NOR, HUN, CSV – 1990 BUL, CSV, BUL, HUN, ENG, ENG – 1991 FRA, POL, USA, CHN, ITA, NOR, SUI, HUN, BEL, NGA, TPE, ITA, DEN, USA, SWE

25 **Islacker** Mandy, 8. 8. 1988 (1. FFC Frankfurt 19, Bayern München 6) 2015 RUS, TUR, ENG – 2016 ENG, USA, TUR, CRO, GHA, CAN, CHN, CAN, NED, NOR – 2017 USA, FRA, SWE, ITA, RUS, DEN, SVN, CZE, FRA – 2018 ENG, FRA, SVN

2 **Israel** Regine, 10. 12. 1958 (TuS Wörrstadt) 1984 NED – 1985 DEN

1 **Jahn** Susanne, 3. 10. 1960 (FSV Frankfurt) 1984 ITA

111 **Jones** Stephanie, 22. 12. 1972 (SG Praunheim 22, FSV Frankfurt 13, SC Bad Neuenahr 20, 1. FFC Frankfurt 56) 1993 DEN, SWE, NOR, SUI, RUS, POL – 1994 WAL – 1996 NED, ISL, ISL, ITA – 1997 ENG, CHN, CHN, ESP, DEN, NOR, ITA, NOR, DEN, SWE, ITA, ENG, USA, USA, NOR, NED – 1998 ITA, ENG, NED, NZL, NZL, NOR, USA, USA, UKR, UKR – 1999 TUR, CHN, CHN, DEN, SUI, FRA, NED, ITA, MEX, BRA, USA, RUS, UKR, ISL, ITA – 2000 NED, ITA, UKR, CHN, NOR, USA, ISL, DEN, AUS, BRA, SWE, NOR, BRA – 2001 CHN, CHN, CAN, CAN, SWE, RUS, ENG, NOR, SWE – 2003 ENG, CAN, JPN, ARG – 2004 NOR, NGA, CHN, MEX, NGA, USA, SWE, NED – 2005 SWE, NOR, CHN, USA, CAN, CAN, NOR, ITA, FRA, FIN, NOR, CAN, CAN, SUI – 2006 CHN, FIN, SWE, NOR, USA, IRL, SUI – 2007 NOR, FRA, DEN, ITA

11 **Kayikci** Hasret, 6. 11. 1991 (SC Freiburg) 2016 HUN – 2017 FRA, CAN, BRA, SWE, RUS, FRO – 2018 USA, ENG, FRA, CAN

47 **Kemme** Tabea, 14. 12. 1991 (Turbine Potsdam) 2013 CRO – 2014 CHN, NOR, JPN, IRL, SVK, IRL, SWE, ENG – 2015 SWE, CHN, SWE, BRA, CIV, NOR, SWE, FRA, USA, ENG, HUN, CRO, RUS, TUR, ENG – 2016 FRA, ENG, USA, CRO, GHA, ZIM, AUS, CAN, CHN, CAN, SWE, HUN, AUT, NED – 2017 BRA, RUS, SVN, CZE, ISL, FRO, FRA – 2018 USA, ENG

21 **Kerschowski** Isabel, 22. 1. 1988 (Turbine Potsdam 1, Bayer Leverkusen 1, VfL Wolfsburg 19) 2007 WAL – 2013 JPN – 2016 FRA, ENG, USA, TUR, CRO, GHA, ZIM, AUS, CAN, CAN, RUS, NED, NOR – 2017 USA, ENG, CAN, BRA, ITA, DEN

29 **Keßler** Nadine, 4. 4. 1988 (Turbine Potsdam 2, VfL Wolfsburg 27) 2010 FIN, CHN – 2012 FRA – 2013 FRA, DEN, JPN, NOR, USA, USA, SCO, CAN, JPN, NED, ISL, NOR, ITA, SWE, NOR, RUS, SVK, CRO – 2014 ISL, CHN, NOR, JPN, IRL, SVN, SVK, CAN

3 **Klasen** Jacqueline, 4. 2. 1994 (SGS Essen) 2016 HUN, NOR – 2018 FRA

6 **Klein** Claudia, 24. 9. 1971 (Grün-Weiß Brauweiler) 1994 USA, NOR, CHN, SUI – 1997 DEN, ITA

7 **Kleinherne** Sophia, 12. 4. 2000 (1. FFC Frankfurt 2, Eintracht Frankfurt 5) 2019 ENG – 2020 NOR, MNE – 2021 NED, AUS, NOR, CHI

5 **Kliehm** Katrin, 17. 5. 1981 (1. FFC Frankfurt) 2002 NOR, DEN – 2003 CHN, NOR, USA

8 **Klinz** Brigitte, 4. 5. 1962 (SSG Bergisch Gladbach) 1982 SUI – 1983 BEL, SUI, DEN, NED, BEL – 1984 ITA – 1985 FIN

21 **Klinzmann** Christel, 16. 8. 1954 (Eintracht Wolfsburg) 1982 SUI – 1984 NOR, ITA, ENG, BEL, ITA, FIN, NED – 1985 HUN, DEN, NOR, FIN – 1986 HUN, NOR, ISL, ISL – 1987 ISL, ITA – 1988 ITA, SUI, USA

16 **Knaak** Turid, 24. 1. 1991 (SGS Essen 14, Atletico Madrid 2) 2018 SVN, CAN, FRO, AUT, ITA – 2019 SWE, JPN, CHI, MNE, UKR, GRE, ENG – 2020 SWE, NOR, GRE – 2021 CHI

1 **Knopf** Maike-Katrin, 21. 8. 1959 (Eintracht Wolfsburg) 1983 BEL

1 **Knüpp** Anne, 7. 1. 1954 (Tennis Borussia Berlin) 1983 SUI

28 **Koekkoek** Rike, 16. 2. 1960 (FSV Frankfurt 18, TSV Siegen 10)1982 SUI – 1983 BEL, NED, DEN – 1984 ITA, NOR, ITA, ENG, BEL, ITA, FIN, NED – 1985 HUN, DEN, NOR, FIN – 1986 HUN, NOR, ISL, ISL, DEN, NED – 1987 NED, FRA, ISL, ISL, HUN, ITA

3 **König** Gaby, 5. 7. 1971 (FSV Frankfurt) 1991 USA – 1993 RUS, POL

137 **Krahn** Annike, 1. 7. 1985 (FCR Duisburg 81, Paris Saint-Germain 42, Bayer Leverkusen 14) 2005 AUS, RUS, CHN, SWE, NOR, CAN, SUI – 2006 FIN, SWE, NOR, USA, IRL, ITA, IRL, SUI, SCO, RUS, ENG, JPN – 2007 USA, CHN, ENG, NOR, ITA, NED, ENG, JAP, PRK, NOR, BRA, BEL, NED – 2008 CHN, DEN, FIN, SWE, BEL, WAL, ENG, NOR, BRA, NGA, PRK, SWE, BRA, JPN, SUI – 2009 BRA, NED, JPN, RUS, NOR, FRA, ISL, ITA, NOR, ENG, USA – 2010 DEN, FIN, CHN, USA – 2011 PRK, ITA, NED, NOR, CAN, NGA, FRA, JPN, SUI, ROU, SWE, ESP – 2012 ISL, CHN, SWE, JPN, ESP, SUI, ROU, KAZ, USA, USA, FRA – 2013 FRA, SCO, CAN, NED, ISL, NOR, ITA, SWE, NOR, RUS, SVN, CRO, SVK, CRO – 2014 ISL, CHN, NOR, JPN, IRL, SVK, CAN, RUS, IRL, FRA, SWE, ENG – 2015 SWE, CHN, BRA, SWE, BRA, SUI, CIV, NOR, THA, SWE, FRA, USA, HUN, CRO, RUS, TUR, ENG – 2016 FRA, TUR, GHA, ZIM, AUS, CAN, CHN, CAN, SWE

2 **Kratz** Margret, 11. 1. 1962 (1. FC Kaiserslautern) 1985 NOR, FIN

7 **Kraus** Katja, 23. 11. 1970 (FSV Frankfurt) 1995 CHN, SVK – 1996 USA, NOR, FIN, ISL – 1997 CHN

5 **Krause** Thekla, 8. 5. 1969 (Fortuna Sachsenroß Hannover) 1988 ITA, USA, SUI, HUN, CSV

7 **Kresimon** Doris, 22. 3. 1955 (SSG Bergisch Gladbach) 1982 SUI – 1983 BEL, NED, DEN, SUI, DEN, BEL

10 **Kreuzberg** Anne, 29. 10. 1963 (SC Bad Neuenahr) 1984 ITA, NOR, ITA, ENG, BEL, ITA, FIN, NED – 1985 HUN, DEN

3 **Krug** Bettina, 30. 6. 1953 (SSG Bergisch Gladbach) 1982 SUI – 1983 NED, DEN

5 **Krumbiegel** Paulina Käte, 27. 10. 2000 (TSG Hoffenheim) 2020 MNE, GRE – 2021 AUS, NOR, CHI

11 **Kubat** Michaela, 10. 4. 1972 (Grün-Weiß Brauweiler 6, TSV Siegen 5) 1991 SUI, HUN, BEL, SWE – 1992 ITA, YUG, URS – 1993 SWE, FRA, USA, SUI

34 **Künzer** Nia, 18. 1. 1980 (VfB Gießen 2, 1. FFC Frankfurt 32) 1997 DEN, NOR – 2001 CHN, CHN, ITA, RUS, JPN, USA, ENG, POR, ENG – 2002 CHN, USA, NOR, DEN, CHN, FIN, SWE, NED, POR, ENG – 2003 CHN, CHN, FRA, DEN, DEN, NGA, UKR, ENG, CAN, JPN, RUS, SWE, POR

43 **Kuhlmann** Frauke, 27. 9. 1966 (Schmalfelder SV 39, TSV Siegen 2, VfB Rheine 2) 1984 NED – 1985 HUN, NOR, FIN – 1986 HUN, NOR, ISL, DEN, NED – 1987 NED, FRA, ISL, ISL – 1988 ITA, SUI, ITA, USA – 1989 BUL, DEN, ITA, NOR, U – 1990 CSV, ENG, URS, USA, USA – 1991 FRA, POL, USA, CHN, ITA, NOR, SUI, HUN, BEL, NGA, TPE, ITA, DEN, USA – 1992 FRA, POL

33 **Kulig** Kim, 9. 4. 1990 (Hamburger SV 27, 1. FFC Frankfurt 6) 2009 CHN, FIN, CHN, SWE, DEN, BRA, NED, JPN, RUS, NOR, FRA, ITA, NOR, ENG, USA – 2010 PRK, DEN, USA, CAN, AUS – 2011 PRK, ITA, NED, NOR, CAN, NGA, JPN – 2012 KAZ, TUR, USA – 2013 FRA, DEN, USA

15 **Landers** Petra, 16. 1. 1962 (SSG Bergisch Gladbach) 1982 SUI – 1983 BEL, NED, DEN – 1988 ITA, USA, SUI, HUN, CSV, CSV – 1989 BUL, DEN, ITA, CSV – 1991 USA

6 **Landwehr** Ursula, 29. 5. 1968 (VfB Rheine) 1988 SUI – 1990 BUL – 1991 FRA, POL, USA, CHN

3 **von Lanken** Claudia, 3. 6. 1977 (Schmalfelder SV 1, Eintracht Rheine 2) 1997 ESP, USA – 1998 ENG

5 **Lasrich** Melanie, 23. 8. 1968 (VfB Uerdingen 2, TuS Ahrbach 3) 1985 HUN, DEN, – 1991 BEL – 1993 NOR, SUI

13 **Lattwein** Lena, 2. 5. 2000 (TSG Hoffenheim) 2018 ITA, ESP – 2019 FRA, SWE, ENG – 2020 NOR, MNE, GRE, IRL – 2021 BEL, NED, FRA, CHI

103 **Laudehr** Simone, 12. 7. 1986 (FCR Duisburg 51, 1. FFC Frankfurt 46, Bayern München 6) 2007 DEN, CZE, SUI, ARG, ENG, PRK, NOR, BRA – 2008 CHN, DEN, SWE, NOR, BEL, ENG, NOR, BRA, NGA, PRK, SWE, BRA, JPN, SUI – 2009 BRA, NED, JPN, RUS, FRA, ISL, ITA, NOR, ENG, USA – 2010 PRK, USA, CAN, AUS, NGA – 2011 PRK, ITA, NED, NOR, CAN, NGA, FRA, JPN, SUI, ROU, SWE, KAZ, ESP – 2012 ROU, KAZ, TUR, USA, USA, FRA – 2013 SCO, CAN, JPN, NED, ISL, NOR, ITA, SWE, NOR, RUS, SVN, CRO, SVK – 2014 ISL, CHN, NOR, JPN, IRL, SVN, SVK, CAN, RUS, IRL, FRA, SWE, ENG – 2015 SWE, CHN, BRA, SWE, BRA, SUI, CIV, NOR, SWE, FRA, USA, ENG, HUN, CRO, ENG – 2016 GHA, ZIM – 2017 SVN, CZE, ISL, FRO

70 **Leupolz** Melanie, 14. 4. 1994 (SC Freiburg 17, Bayern München 49, Chelsea FCW 4) 2013 CAN, JPN, NED, ISL, NOR, SWE, RUS, CRO, SVK, CRO – 2014 ISL, CHN, NOR, JPN, IRL, SVN, SVK, RUS, IRL, FRA, SWE, ENG – 2015 SWE, CHN, BRA, SWE, BRA, SUI, CIV, THA, SWE, FRA, USA, ENG, HUN, CRO, RUS, TUR, ENG – 2016 TUR, CRO, GHA, ZIM, AUS, CAN, CHN, CAN, SWE, ISL, FRO – 2018 CZE, CAN, ISL, FRO, ITA – 2019 FRA, SWE, CHI, CHN, ESP, RSA, NGA, UKR, GRE, ENG – 2020 SWE, IRL, MNE, GRE, IRL

7 **Limper** Andrea, 1. 5. 1966 (KBC Duisburg) 1985 NOR, FIN – 1986 NOR, ISL, ISL – 1987 FRA, ITA

1 **Linden** Isabelle, 15. 1. 1991 (Bayer Leverkusen) 2013 CAN

149 **Lingor** Renate, 11. 10. 1975 (SC Klinge Seckach 11, SG Praunheim 8, 1. FFC Frankfurt 130) 1995 SVK – 1996 USA, SVK, NOR, ISL, NOR, NED, ISL, ISL, ITA – 1997 ENG – 1998 ITA, ENG, NZL, NZL, USA, USA, UKR, UKR – 1999 TUR, CHN, CHN, DEN, SUI, FRA, ITA, MEX, USA, RUS, UKR – 2000 NED, ITA, UKR, CHN, USA, ISL, DEN, AUS, BRA, SWE, BRA- 2001 CHN, CHN, ITA, RUS, CAN, CAN, SWE, RUS, ENG, NOR, SWE, JPN, USA, ENG, POR, NED – 2002 CHN, USA, NOR, DEN, CHN, FIN, NED, POR, ENG, NOR, DEN, RUS – 2003 CHN, CHN, SCO, FRA, DEN, DEN, NGA, UKR, ENG, CAN, JPN, ARG, RUS, USA, SWE, POR – 2004 POR, NOR, NGA, CHN, MEX, NGA, USA, SWE, CZE, NED – 2005 AUS, RUS, CHN, SWE, NOR, CHN, USA, CAN, CAN, NOR, ITA, FRA, FIN, NOR, CAN, CAN, RUS, SCO, SUI – 2006 IRL, IRL, SUI, SCO, RUS, ENG – 2007 NOR, FRA, DEN, ITA, NED, WAL, DEN, CZE, SUI, NOR, ARG, ENG, JAP, PRK, NOR, BRA – 2008 CHN, DEN, FIN, SWE, NOR, ENG, NOR, BRA, NGA, PRK, SWE, BRA, JPN

9 **Lohmann** Sydney, 19. 6. 2000 (Bayern München) 2018 ITA – 2020 NOR, IRL, MNE, IRL – 2021 BEL, NED, FRA, CHI

26 **Lohn** Ursula, 7. 11. 1966 (Grün-Weiß Brauweiler 15, TuS Ahrbach 11) 1989 BUL, DEN, ITA, NOR, HUN – 1990 BUL, CSV, ENG, URS, USA, USA, BUL, HUN, ENG, ENG – 1995 ENG, SWE, POL, SUI, CHN, JPN, SWE, BRA, ENG, CHN, NOR

25 **Lotzen** Lena, 11. 9. 1993 (Bayern München) 2012 ISL, CHN, SWE, USA, FRA – 2013 DEN, USA, SCO, CAN, JPN, NED, ISL, NOR, ITA, SWE, NOR, RUS – 2014 IRL, SVN, SVK, CAN – 2015 SUI, NOR, THA, SWE

8 **Lübbers** Claudia, 18. 6. 1978 (SV Wilhelmshaven) 1994 SUI – 1996 USA, USA, SVK, NOR, ISL, NED, ISL

1 **Lütke** Manuela, 8. 8. 1967 (Tennis Borussia Berlin) 1988 USA

48 **Magull** Lina, 15. 8. 1994 (SC Freiburg 22, Bayern München 26) 2015 RUS, TUR, ENG – 2016 ENG, GHA, AUT, NED, NOR – 2017 FRA, ENG, BRA, SWE, ITA, RUS, DEN, ISL, FRO – 2018 USA, ENG, FRA, SVN, CAN, ISL, FRO, AUT, ITA, ESP – 2019 FRA, SWE, JPN, CHI, CHN, ESP, RSA, NGA, SWE, MNE, UKR, UKR, GRE, ENG – 2020 SWE, IRL, MNE, GRE, IRL – 2021 AUS, NOR

78 **Maier** Leonie, 29. 9. 1992 (SC Bad Neuenahr 15, Bayern München 55, Arsenal WFC 8) 2013 FRA, DEN, JPN, NOR, USA, USA, SCO, CAN, JPN, NED, ISL, NOR, ITA, SWE, NOR, RUS, SVN, CRO, SVK, CRO – 2014 ISL, CHN – 2015 CHN, BRA, SUI, CIV, NOR, SWE, FRA, USA, HUN, CRO, RUS, TUR, ENG – 2016 FRA, ENG, USA, TUR, CRO, GHA, ZIM, AUS, CHN, CAN,

SWE, RUS, AUT, NED – 2017 USA, FRA, ENG, CAN, BRA, SWE, ITA, SVN, CZE, ISL, FRA – 2018 USA, CZE, SVN, CAN, ISL, FRO, AUT, ITA, ESP – 2019 SWE, UKR – 2020 NOR, IRL, MNE, GRE – 2021 AUS, NOR, FRA

2 **Mandrysch** Claudia, 27. 9. 1969 (FC Rumeln-Kaldenhausen) 1995 FIN, SVK

104 **Marozsan** Dzsenifer, 18. 4. 1992 (1. FFC Frankfurt 59, Olympique Lyon 45) 2010 AUS, NGA – 2011 KAZ – 2012 TUR, JPN, ESP, ROU, USA, USA – 2013 FRA, DEN, JPN, NOR, USA, USA, SCO, CAN, JPN, NED, ISL, NOR, ITA, SWE, NOR, RUS, SVN, CRO, SVK, CRO – 2014 ISL, CHN, NOR, JPN, IRL, SVN, SVK, CAN, RUS, IRL, FRA, SWE, ENG – 2015 SWE, CHN, BRA, SWE, BRA, SUI, NOR, THA, SWE, FRA, USA, ENG – 2016 FRA, ENG, USA, TUR, CRO, GHA, ZIM, AUS, CAN, CHN, CAN, SWE, AUT, NED, NOR – 2017 USA, FRA, ENG, CAN, BRA, SWE, ITA, RUS, DEN, SVN, CZE, FRA – 2018 USA, ENG, FRA, CZE, SVN – 2019 FRA, SWE, JPN, CHI, CHN, SWE, MNE, UKR, UKR, GRE, ENG – 2020 SWE, IRL, MNE, GRE, IRL – 2021 BEL, NED

7 **Meier** Jennifer, 13. 4. 1982 (1. FFC Frankfurt) 2001 JPN, NED – 2002 CHN, USA, DEN, FIN, SWE

92 **Meinert** Maren, 5. 8. 1973 (FC Rumeln-Kaldenhausen/FCR Duisburg 68, FFC Brauweiler Pulheim 10, Boston Breakers 14) 1991 BEL – 1992 ITA, FRA, URS, URS – 1993 USA, USA, ITA, DEN, SUI, RUS, POL – 1994 WAL, WAL, CRO, CAN, USA, NOR, CHN, SWE, CRO, SUI, RUS, RUS, ENG – 1995 ENG, SWE, POL, SUI, CHN, JPN, SWE, BRA, ENG, CHN, NOR – 1996 USA, USA – 1997 ENG, CHN, CHN, ESP, DEN, NOR, ITA, NOR, SWE, ITA – 1998 NOR, UKR – 1999 TUR, CHN, CHN, DEN, SUI, FRA, NED, ITA, MEX, BRA, USA, RUS, UKR, ISL, ITA – 2000 NED, ITA, UKR, CHN, NOR, USA, ISL, DEN, AUS, BRA, SWE, NOR, BRA – 2001 RUS, CAN, CAN, SWE, RUS, NOR, SWE – 2003 ENG, CAN, JPN, ARG, RUS, USA, SWE

2 **Melka** Petra, 3. 12. 1951 (FSV Frankfurt) 1984 NOR, BEL

3 **Messner** Susanne, 30. 11. 1972 (VfR Saarbrücken) 1990 ENG – 1992 POL, URS

27 **Meyer** Monika, 23. 6. 1972 (Sportfreunde Siegen 6, SG Praunheim 15, 1. FFC Frankfurt 6) 1997 DEN, NOR, NOR, DEN, SWE, ITA, ENG, USA, USA, NOR, NED – 1998 ITA, ENG, NED, NZL, NZL, NOR, USA, USA, UKR, UKR – 1999 TUR, CHN, SUI, ITA, BRA, USA

1 **Michel** Sylvia, 19. 10. 1972 (USV Jena) 1994 NOR

147 **Minnert** Sandra, 7. 4. 1973 (FSV Frankfurt 54, Sportfreunde Siegen 3, 1. FFC Frankfurt 49, Washington Freedom 3, SC Bad Neuenahr 38) 1992 YUG, FRA, POL – 1993 SWE, FRA, USA, USA, USA, SUI, SWE, NOR, SUI, RUS, POL – 1994 WAL, CRO, RUS, ENG – 1995 POL, CHN, SWE, ENG – 1996 USA, SVK, NOR, FIN, NOR, ISL, JPN, NOR, BRA, NED, ISL, ISL, ITA – 1997 ESP, ITA, NOR, SWE, ITA, ENG, USA, USA – 1998 ITA, ENG, NED, UKR, UKR – 1999 TUR, CHN, NED, MEX, BRA, USA, RUS – 2000 ITA, UKR, CHN, NOR, USA, ISL, DEN, AUS, BRA, SWE, NOR, BRA – 2001 CHN, CHN, RUS, CAN, CAN, SWE, RUS, ENG, NOR, ENG, POR, NED – 2002 CHN, ENG, NOR, DEN, RUS – CHN, NOR, USA, CHN, CHN, SCO, FRA, DEN, DEN, NGA, UKR, CZE, ENG, CAN, JPN, ARG, RUS, USA, SWE, POR – 2004 POR, CHN, ITA, UKR, SCO, NOR, NGA, NGA, USA, SWE, NED – 2005 AUS, CHN, SWE, NOR, CAN, CAN, NOR, ITA, FRA, FIN, NOR, RUS, SCO, SUI – 2006 CHN, FIN, SWE, NOR, USA, IRL, SCO, RUS, ENG – 2007 DEN, CZE, SUI, NOR, ARG, PRK, NOR, BEL, NED

1 **Minor** Eva, 21. 1. 1969 (VfR Saarbrücken) 1987 FRA

158 **Mittag** Anja, 16. 5. 1985 (Turbine Potsdam 67, Karlstad QBIK 3, LdB FC/Rosengard Malmö 63, Paris Saint-Germain 17, VfL Wolfsburg 8) 2004 ITA – 2005 AUS, RUS, CHN, SWE, NOR, CHN, USA, CAN, CAN, NOR, ITA, FRA, FIN, NOR, CAN, CAN, SCO, SUI – 2006 CHN, FIN, SWE, USA, IRL, ITA, IRL, SUI, JPN – 2007 USA, CHN, ENG, NOR, DEN, ITA, NED, WAL, DEN, CZE, SUI, NOR, ARG, BEL, NED – 2008 BEL, ENG, NOR, NGA, PRK, SWE, BRA, SUI – 2009 CHN, FIN, CHN, SWE, BRA, JPN, NOR, ISL, USA – 2010 PRK, DEN, FIN, CHN, USA, CAN, NGA – 2011 ROU, SWE, KAZ – 2012 TUR, ISL, CHN, SWE, JPN, ESP, SUI, KAZ, TUR, USA, USA, FRA – 2013 FRA, DEN, JPN, NOR, USA, USA, SCO, CAN, JPN, NED, ISL, NOR, ITA, SWE, NOR, SVN, CRO, SVK, CRO – 2014 ISL, CHN, NOR, JPN, IRL, SVN, SVK, CAN, RUS, IRL, FRA, SWE, ENG – 2015 SWE, CHN, BRA, SWE, BRA, SUI, CIV, NOR, THA, SWE, FRA, USA, ENG, HUN, CRO, RUS, TUR, ENG – 2016 FRA, ENG, USA, TUR, CRO, GHA, ZIM, AUS, CAN, CHN, CAN, SWE, RUS, HUN, AUT, NED, NOR – 2017 USA, FRA, ENG, CAN, BRA, SWE, ITA, RUS, DEN

104 **Mohr** Heidi, 29. 5. 1967, † 7. 2. 2019 (SV Laudenbach 25, TuS Niederkirchen 58, TuS Ahrbach 21) 1986 NOR, ISL, ISL, DEN, NED – 1987 NED, FRA, ISL, ISL, HUN, ITA – 1988 ITA, ITA, USA, SUI, HUN, CSV, CSV – 1989 BUL, DEN, ITA, NOR, CSV – 1990 BUL, CSV, ENG, URS, USA, USA, BUL, HUN, ENG, ENG – 1991 FRA, POL, USA, CHN, ITA, NOR, SUI, HUN, NGA, TPE, ITA, DEN, USA, SWE – 1992 YUG, FRA, POL, URS, URS – 1993 SWE, FRA, USA, USA, USA, SUI, ITA, DEN, SWE, NOR, SUI, RUS, POL – 1994 WAL, CRO, CAN, USA, NOR, CHN, SWE, CRO, SUI, RUS, RUS, ENG – 1995 ENG, SWE, POL, SUI, CHN, JPN, SWE, BRA, ENG,

CHN, NOR, FIN, SVK – 1996 USA, USA, SVK, NOR, FIN, NOR, ISL, ISL, JPN, NOR, BRA, NED, ISL, ISL

45 **Müller** Claudia, 21. 5. 1974 (Fortuna Sachsenroß Hannover 10, SG Praunheim 9, 1. FFC Frankfurt 6, WSV Wolfsburg 20) 1996 NED, ISL, ITA – 1997 ENG, CHN, CHN, ESP, NOR, ITA, ITA USA, NOR, NED – 1998 ITA, NZL, USA, USA, UKR, UKR – 1999 TUR, CHN, DEN, FRA, NED, MEX, RUS, UKR, ISL, ITA – 2000 NED, ITA, UKR, NOR, ISL, SWE – 2001 CHN, ITA, RUS, CAN, CAN, SWE, RUS, ENG, NOR, SWE

101 **Müller** Martina, 18. 4. 1980 (SC Bad Neuenahr 43, VfL Wolfsburg 58) 2000 USA – 2001 CHN, CHN, ITA, RUS, CAN, CAN, SWE, ENG, JPN, USA, ENG, POR, NED – 2002 CHN, USA, DEN, CHN, FIN, SWE, NOR, DEN, RUS – 2003 NOR, USA, CHN, CHN, SCO, FRA, NGA, UKR, CZE, ENG, ARG, RUS, SWE – 2004 UKR, SCO, NOR, NGA, CHN, MEX, USA – 2005 CAN, SCO – 2006 CHN, IRL, ITA, SUI, SCO, ENG – 2007 USA, CHN, ENG, NOR, FRA, DEN, WAL, DEN, CZE, JAP, PRK, NOR, BRA, BEL – 2008 CHN, DEN, FIN, SWE, NOR, WAL, SUI – 2009 CHN, FIN, CHN, SWE, DEN, BRA, NED, RUS, ISL, ITA, USA – 2010 PRK, DEN, FIN, CHN, USA, AUS – 2011 PRK, ITA, NED, NOR, SUI, SWE, KAZ, ESP – 2012 TUR, KAZ, TUR, FRA

1 **Müller** Nicole, 1. 3. 1980 (1. FC Saarbrücken) 1997 USA

59 **Nardenbach** Jutta, 13. 8. 1968, † 8. 6. 2018 (TuS Ahrbach 30, TSV Siegen 29) 1986 NED – 1987 ISL, ISL – 1988 HUN, CSV, CSV – 1989 BUL, DEN, ITA, NOR, HUN, CSV – 1990 BUL, CSV, ENG, USA, BUL, HUN, ENG, ENG – 1991 FRA, POL, USA, CHN, ITA, NOR, HUN, BEL, NGA, TPE, USA, SWE – 1992 URS – 1993 SWE, FRA, USA, USA, USA, ITA, DEN – 1994 WAL, WAL, CRO, CAN, USA, NOR, CHN – 1995 ENG, SVK – 1998 USA, USA, SVK, NOR, FIN, NOR, ISL, JPN, NOR, BRA

111 **Neid** Silvia, 2. 5. 1964 (SC Klinge Seckach 4, SSG Bergisch Gladbach 13, TSV Siegen 94) 1982 SUI – 1983 BEL, NED, DEN, SUI, DEN, NED, BEL – 1984 ITA, NOR, ITA, ENG, BEL, FIN, NED – 1985 HUN, DEN, NOR, FIN – 1986 HUN, NOR, ISL, ISL, DEN, NED – 1987 NED, FRA, ISL, ISL, HUN, ITA – 1988 ITA, SUI, USA, SUI, CSV, CSV – 1989 BUL, DEN, ITA, NOR, HUN, CSV – 1990 ENG, URS, USA, USA, BUL, HUN, ENG, ENG – 1991 FRA, POL, USA, CHN, ITA, NOR, SUI, HUN, BEL, NGA – 1992 FRA, POL, URS, URS – 1993 SWE, FRA, USA, USA, USA, ITA, DEN, SWE, NOR, SUI, RUS, POL – 1994 WAL, WAL, CRO, CAN, USA, NOR, CHN, SWE, CRO, SUI, RUS, RUS, ENG – 1995 ENG, SWE, POL, SUI, CHN, JPN, SWE, BRA, ENG, CHN, NOR, FIN, SVK – 1996 USA, USA, NOR, ISL, ISL, JPN, NOR, BRA

8 **Neuser** Rosemarie, 22. 3. 1955 (SSG Bergisch Gladbach 2, TSV Siegen 6) 1984 ITA, BEL – 1986 HUN, ISL, ISL, NED – 1987 FRA, ISL

5 **Nüsken** Sjoeke, 22. 1. 2001 (Eintracht Frankfurt) 2020 BEL – 2021 AUS, NOR, FRA, CHI

19 **Oberdorf** Lena Sophie, 19. 12. 2001 (SGS Esse 13, VfL Wolfsburg 6) 2019 SWE, JPN, CHI, CHN, ESP, NIG, SWE, MNE, UKR, UKR, GRE, ENG – 2020 SWE, IRL, GRE, IRL – 2021 BEL, NED, FRA

49 **Odebrecht** Viola, 11. 2. 1983 (Turbine Potsdam 40, VfL Wolfsburg 9) 2003 NOR, USA, CHN, SCO, FRA, DEN, DEN, NGA, UKR, CZE, RUS, POR – 2004 POR, ITA, SCO, NOR, NGA, CHN, MEX, NGA, USA, SWE, NED – 2005 SWE, NOR, CHN, USA, CAN, CAN – 2011 ROU, KAZ, ESP – 2012 TUR, ISL, CHN, SWE, JPN, ESP, SUI, ROU, KAZ, TUR, USA, USA, FRA – 2013 DEN, JPN, NOR, USA

7 **Offermann** Birgit, 12. 8. 1960 (KBC Duisburg) 1982 SUI – 1983 NED, BEL – 1984 ITA, FIN – 1985 HUN, DEN

61 **Omilade** Navina, 3. 11. 1981 (FFC Brauweiler-Pulheim 19, Turbine Potsdam 32, VfL Wolfsburg 10) 2001 ITA, CAN, CAN, RUS, JPN, USA, ENG, POR, NED – 2002 CHN, USA, NOR, DEN, CHN, FIN, SWE, NED, POR, ENG, NOR, DEN, RUS – 2003 CHN, USA, CHN, FRA, DEN – 2004 SCO, NOR, NGA, MEX, SWE, CZE, NED – 2005 AUS, RUS, CHN, CAN, CAN, NOR, FRA – 2006 ITA, IRL, SUI, SCO, RUS – 2007 USA, CHN, ENG, NOR, FRA, DEN, NED – 2008 FIN, NOR, WAL – 2009 CHN, CHN, SWE, DEN – 2010 USA

11 **Paul** Christine, 21. 1. 1965 (Bayern München 4, Wacker München 7) 1985 NOR – 1986 DEN, NED – 1987 FRA – 1991 SUI, HUN, BEL, TPE, ITA, DEN, USA

118 **Peter** Babett, 12. 5. 1988 (Turbine Potsdam 67, 1. FFC Frankfurt 13, VfL Wolfsburg 38) 2006 FIN, SWE, NOR, ENG, JPN – 2007 USA, ENG, NOR, DEN, ITA, WAL, CZE, NOR, NED – 2008 CHN, SWE, NOR, ENG, NOR, SWE, BRA, JPN, SUI – 2009 CHN, FIN, CHN, SWE, DEN, BRA, NED, JPN, RUS, NOR, FRA, ISL, ITA, NOR, ENG, USA – 2010 PRK, DEN, FIN, CHN, USA, CAN, AUS, NGA – 2011 PRK, ITA, NED, NOR, CAN, NGA, FRA, JPN, SUI, ROU, KAZ, ESP – 2012 TUR, ISL, CHN, SWE, JPN, ESP, SUI, ROU, KAZ, TUR, USA, USA, FRA – 2013

FRA, DEN, JPN, NOR, USA, USA, SCO – 2014 NOR, RUS, IRL, FRA, ENG – 2015 CHN, BRA, SWE, BRA, SUI, THA, FRA, ENG, ENG – 2016 ENG, USA, CRO, GHA, CAN, RUS, HUN, AUT, NOR – 2017 USA, FRA, ENG, CAN, BRA, SWE, ITA, RUS, DEN, SVN, CZE, ISL, FRO, FRA – 2018 USA, AUT

21 **Petermann** Lena, 5. 2. 1994 (SC Freiburg 17, Turbine Potsdam 2, Montpellier HSC 2) 2015 CHN, SWE, CIV, THA, ENG – 2016 USA, RUS, HUN, AUT – 2017 USA, ENG, CAN, ITA, DEN – 2018 CZE, SVN, CAN, ITA, ESP – 2020 SWE, NOR

1 **Pirrung** Eva, 6. 3. 1961 (SV Beeden) 1986 HUN

67 **Pohlers** Conny, 16. 11. 1978 (Turbine Potsdam 56, Atlanta Beat 1, 1. FFC Frankfurt 10) 2001 ITA, JPN, POR, NED – 2002 CHN, FIN, SWE, POR, ENG, NOR, RUS – 2003 NGA, ENG, ARG, POR – 2004 POR, UKR, NOR, NGA, CHN, MEX, NGA, USA, SWE, CZE, NED – 2005 AUS, SWE, NOR, CHN, USA, CAN, CAN, NOR, ITA, FRA, FIN, NOR, CAN, CAN, SUI – 2006 CHN, FIN, SWE, NOR, USA, IRL, ITA, IRL, SUI, SCO, RUS, ENG, JPN – 2007 CHN, ENG, NED, DEN – 2008 CHN, DEN, FIN, NOR, BEL, WAL, ENG, NOR, JPN

37 **Pohlmann** Dagmar, 7. 2. 1972 (FSV Frankfurt) 1992 FRA, POL, URS – 1993 SWE, FRA, USA, USA, USA, SUI, ITA, DEN, SWE, NOR, RUS – 1994 WAL, WAL, CAN, USA, NOR, CHN, SWE – 1995 ENG, SWE, POL, SUI, CHN, JPN, SWE, BRA, ENG, CHN, NOR, FIN – 1996 FIN, ISL, ISL, BRA

111 **Popp** Alexandra, 6. 4. 1991 (FCR Duisburg 29, VfL Wolfsburg 82) 2010 PRK, DEN, FIN, CHN, USA, USA, CAN, NGA – 2011 PRK, ITA, NED, NOR, CAN, NGA, FRA, JPN, SUI, ROU, SWE, KAZ, ESP – 2012 TUR, ISL, CHN, SWE, JPN, ESP, SUI, ROU, USA, USA – 2013 JPN, NOR, USA, USA, SVN, CRO, SVK, CRO – 2014 ISL, CHN, NOR, IRL, SVN, CAN, FRA, SWE, ENG – 2015 SWE, CHN, BRA, SWE, BRA, SUI, CIV, NOR, SWE, FRA, USA, ENG, HUN, CRO – 2016 FRA, ENG, USA, TUR, CRO, GHA, ZIM, AUS, CAN, CHN, CAN, SWE, AUT, NED, NOR – 2017 USA, FRA, ENG, ISL, FRO, FRA – 2018 USA, ENG, FRA, CZE, SVN, ISL, FRO, AUT, ITA, ESP – 2019 SWE, JPN, CHI, CHN, ESP, RSA, NGA, SWE, MNE, UKR, UKR, GRE, ENG – 2020 SWE, IRL – 2021 BEL, NED, NOR

214 **Prinz** Birgit, 25. 10. 1977 (FSV Frankfurt 50, SG Praunheim 2, 1. FFC Frankfurt 159, Carolina Courage 3) 1994 CAN, USA, NOR, CHN, SWE, CRO, RUS, RUS, ENG – 1995 ENG, SWE, POL, SUI, CHN, JPN, SWE, BRA, ENG, CHN, NOR, FIN, SVK – 1996 NOR, ISL, ISL, JPN, NOR, BRA, NED, ISL, ISL, ITA – 1997 CHN, CHN, ESP, DEN, NOR, ITA, NOR, DEN, SWE, ITA, ENG, USA, USA, NOR, NED – 1998 ENG, NED, NOR, UKR, UKR – 1999 TUR, CHN, CHN, DEN, FRA, NED, ITA, MEX, BRA, USA, ISL, ITA – 2000 NED, ITA, UKR, CHN, NOR, USA, ISL, DEN, AUS, BRA, SWE, NOR, BRA – 2001 CHN, ITA, CAN, CAN, SWE, RUS, ENG, NOR, SWE, ENG, NED – 2002 CHN, USA, NOR, NED, POR, ENG, DEN, RUS – 2003 CHN, NOR, USA, SCO, DEN, DEN, CZE, ENG, CAN, JPN, ARG, RUS, USA, SWE, POR – 2004 POR, CHN, ITA, UKR, SCO, NOR, NGA, CHN, MEX, NGA, USA, SWE, CZE, NED – 2005 AUS, RUS, CHN, SWE, NOR, CHN, USA, CAN, CAN, ITA, FRA, FIN, NOR, CAN, CAN, RUS, SCO, SUI – 2006 CHN, FIN, SWE, NOR, USA, ITA, IRL, SUI, SCO, RUS, ENG, JPN – 2007 NOR, FRA, DEN, ITA, NED, WAL, DEN, CZE, SUI, NOR, ARG, ENG, JAP, PRK, NOR, BRA, BEL, NED – 2008 CHN, DEN, FIN, SWE, NOR, BEL, WAL, ENG, NOR, BRA, NGA, PRK, SWE, BRA, JPN – 2009 BRA, NED, JPN, RUS, NOR, FRA, ISL, ITA, NOR, ENG, USA – 2010 PRK, DEN, FIN, CHN, USA, USA, CAN, AUS, NGA – 2011 PRK, ITA, NED, NOR, CAN, NGA

58 **Raith** Silvia, 11. 6. 1960 (Wacker München 8, FSV Frankfurt 8, TSV Siegen 42) 1983 BEL, NED, DEN, SUI, DEN, NED, BEL – 1984 ITA, ITA, ENG, BEL, ITA, FIN, NED – 1985 HUN, DEN, NOR, FIN – 1986 HUN, ISL, ISL, DEN, NED – 1987 NED, ISL, ISL, HUN, ITA – 1988 SUI, ITA, USA, SUI, HUN, CSV, CSV – 1989 BUL, DEN, ITA, NOR, HUN, CSV – 1990 BUL, CSV, ENG, URS, USA, USA, BUL, HUN, ENG, ENG – 1991 FRA, POL, USA, CHN, ITA, NOR, SUI

3 **Rall** Maximiliane, 18. 11. 1993 (TSG Hoffenheim) 2018 ITA, ESP – 2021 CHI

6 **Rastetter** Tanja, 19. 9. 1971 (SC Klinge Seckach) 1992 FRA, POL – 1993 SWE, FRA, USA, SUI

16 **Rauch** Felicitas, 30. 4. 1996 (Turbine Potsdam 8, VfL Wolfsburg 8) 2015 ENG – 2016 NOR – 2017 USA, FRA – 2018 AUT, ITA – 2019 FRA, SWE, MNE, UKR, UKR – 2020 NOR, MNE, GRE – 2021 BEL, FRA

20 **Rech** Bianca, 25. 1. 1981 (1. FFC Frankfurt 8, Bayern München 12) 2002 NOR, DEN, RUS – 2003 CHN, CHN, FRA, NGA, UKR – 2006 CHN, FIN, NOR, ITA, IRL, SCO, ENG – 2007 CHN, FRA, NED, WAL, CZE

3 **Reichler** Claudia, 10. 10. 1963 (BV 08 Lüttringhausen 1, KBC Duisburg 2) 1982 SUI – 1985 NOR, FIN

27 **Richter** Elke, 4. 9. 1960 (Rot-Weiß Berrendorf) 1983 SUI, DEN, NED – 1984 ITA, NOR, ITA, ENG, BEL, ITA, FIN, NED – 1985 HUN, DEN, NOR, FIN – 1986 HUN, NOR, ISL, ISL, DEN, NED – 1987 NED, FRA, ISL, HUN, ITA – 1988 ITA

2 **Rolser** Nicole, 7. 2. 1992 (Bayern München) 2018 FRO, AUT
1 **Roth** Judith, 31. 3. 1966 (SSG Bergisch Gladbach) 1992 ITA
126 **Rottenberg** Silke, 25. 1. 1972 (TSV Siegen 4, Sportfreunde Siegen 37, FFC Brauweiler-Pulheim 38, FCR Duisburg 39, 1. FFC Frankfurt 8) 1993 USA, USA, SUI, DEN – 1997 ENG, ESP, NOR, ITA, NOR, DEN, SWE, ITA, ENG, USA, USA, NOR, NED – 1998 ITA, NED, NZL, NZL, NOR, USA, USA, UKR, UKR – 1999 CHN, DEN, FRA, NED, ITA, MEX, BRA, USA, RUS, UKR, ISL, ITA – 2000 NED, ITA, UKR, CHN, USA, ISL, DEN, AUS, BRA, SWE, NOR, BRA – 2001 CHN, CHN, ITA, RUS, CAN, CAN, SWE, RUS, ENG, NOR, SWE, JPN, USA, ENG, NED – 2002 USA, DEN, FIN, NED, POR, ENG, NOR, DEN, RUS – 2003 CHN, NOR, CHN, SCO, DEN, NGA, UKR, CZE, ENG, CAN, JPN, ARG, RUS, USA, SWE – 2004 POR, CHN, ITA, SCO, NOR, NGA, CHN, MEX, NGA, USA, SWE, NED – 2005 RUS, CHN, CHN, USA, CAN, NOR, ITA, FRA, FIN, NOR, CAN, RUS, SCO, SUI – 2006 SWE, USA, IRL, ITA, IRL, SCO, RUS – 2007 USA – 2008 DEN, SWE, WAL

111 **Sasic** (geb. Okoyino da Mbabi) Celia, 27. 6. 1988 (SC Bad Neuenahr 84, 1. FFC Frankfurt 27) 2005 AUS, RUS, CHN, NOR, CHN, USA, CAN, CAN, RUS, SCO – 2006 CHN, FIN, SWE, NOR, USA, IRL, ITA, SCO, RUS, ENG, JPN – 2007 USA, CHN, ENG, NOR, FRA, ITA – 2008 ENG, NOR, BRA, NGA, BRA, JPN – 2009 CHN, NED, JPN, RUS, NOR, FRA, ISL, NOR, ENG, USA – 2010 PRK, DEN, FIN, CHN, USA, USA, CAN, AUS – 2011 PRK, ITA, NED, NOR, CAN, NGA, FRA, JPN, KAZ, ESP – 2012 TUR, ISL, CHN, SWE, JPN, ESP, SUI, KAZ, TUR, FRA – 2013 FRA, JPN, NOR, USA, USA, SCO, CAN, JPN, NED, ISL, NOR, ITA, NOR, RUS, SVN, CRO, SVK, CRO – 2014 ISL, CHN, NOR, JPN, SVN, RUS, IRL, FRA, SWE, ENG – 2015 SWE, BRA, SWE, BRA, SUI, CIV, NOR, THA, SWE, FRA, USA, ENG
1 **Schadrack** Jana, 27. 12. 1981 (Turbine Potsdam) 2002 ENG
3 **Schäfer** Carmen, 2. 7. 1971 (SC Bad Neuenahr) 1997 DEN, NOR, USA
1 **Schäpertöns** Christa, 18. 5. 1981 (FFC Brauweiler Pulheim) 2002 USA
1 **Schaller** Andrea, 14. 9. 1976 (SC Bad Neuenahr) 2000 NED
4 **Scharras** Susanne, 11. 2. 1965 (SC Hamm 2, SC Poppenbüttel 2) 1984 NOR, ITA – 1987 NED, ISL
1 **Scheib** Miriam, 5. 6. 1975 (VfR Saarbrücken) 1996 NED
1 **Schlamann** Manuela, 15. 1. 1973 (VfB Rheine) 1992 URS
1 **Schlüter** Carina, 8. 11. 1996 (SC Sand) 2018 CAN
3 **Schmale** Antonia, 12. 2. 1980 (Hamburger SV 2, FFC Brauweiler Pulheim 1) 1998 ITA – 1999 CHN – 2001 USA
1 **Schmetz** Ulrike, 30. 10. 1979 (Bayern München) 2006 ENG
51 **Schmidt** Bianca, 23. 1. 1990 (Turbine Potsdam 27, 1. FFC Frankfurt 24) 2009 CHN, FIN, CHN, BRA, JPN, NOR, FRA, ITA, NOR, USA – 2010 DEN, FIN, CHN, USA – 2011 NED, FRA, JPN, SUI, ROU, SWE, ESP – 2012 CHN, SWE, JPN, ESP, ROU, KAZ, TUR, USA, FRA – 2013 FRA, USA, SCO, SWE, NOR, RUS, SVN, SVK, CRO – 2014 ISL, CHN, NOR, JPN, IRL, SVN, SVK, CAN, FRA – 2015 THA, ENG, CRO
2 **Schmitz** Lisa, 4. 9. 1992 (Turbine Potsdam) 2018 CAN, AUT
28 **Schüller** Lea, 12. 11. 1997 (SGS Essen 20, Bayern München 8) 2017 ISL, FRO, FRA – 2018 ENG, FRA, CZE, SVN, CAN, ISL, FRO, AUT – 2019 FRA, CHI, CHN, RSA, NGA, SWE, MNE, UKR – 2020 NOR, IRL, GRE, IRL – 2021 BEL, NED, AUS, NOR, FRA
64 **Schult** Almuth, 9. 2. 1991 (SC Bad Neuenahr 11, VfL Wolfsburg 53) 2012 TUR, ISL, CHN, SWE, JPN, ESP, SUI, ROU – 2013 FRA, JPN, USA, SVK, CRO – 2014 CHN, JPN, SVK, ENG – 2015 CHN, BRA, SWE, HUN, CRO, RUS, TUR – 2016 FRA, USA, TUR, CRO, GHA, ZIM, AUS, CAN, CHN, CAN, SWE, AUT, NED, NOR – 2017 USA, FRA, CAN, BRA, SWE, ITA, RUS, DEN, SVN, FRO, FRA – 2018 USA, ENG, FRA, CZE, SVN, ISL, FRO, AUT – 2019 SWE, JPN, CHI, CHN, ESP, RSA, NGA, SWE
4 **Schute** Eva, 4. 1. 1964 (VfL Wildeshausen) 1984 NOR, ENG, BEL, ITA
47 **Schweers** (geb. Faißt) Verena, 22. 5. 1989 (VfL Wolfsburg 27, Bayern München 20) 2010 AUS, NGA – 2011 PRK, SUI, ROU, SWE, KAZ – 2012 TUR, CHN, SWE, USA, USA, FRA – 2013 FRA, DEN, JPN, NOR, USA, USA – 2014 CAN, IRL, FRA, SWE, ENG – 2015 SWE, BRA, SWE – 2016 RUS, HUN, AUT – 2017 USA, FRA, ENG, FRA – 2018 USA, ENG, FRA, CZE, CAN, ISL, FRO – 2019 FRAU, SWE, JPN, ESP, RSA, NGA
2 **Simic** Julia, 14. 5. 1989 (VfL Wolfsburg) 2016 AUT, NED
20 **Simon** Carolin, 24. 11. 1992 (SC Freiburg 9, Olympique Lyon 11) 2016 NOR – 2017 CAN, BRA, SWE, RUS, SVN, CZE, FRO – 2018 CAN, ISL, FRO, AUT, ITA, ESP – 2019 FRA, CHI, CHN, RSA, NGA, SWE
133 **Smisek** Sandra, 3. 7. 1977 (FSV Frankfurt 67, FCR Duisburg 34, 1. FFC Frankfurt 32) 1995 POL, SUI, NOR, FIN, SVK – 1996 SVK, NOR, FIN, ISL, NED, ISL – 1997 CHN, CHN, ESP, DEN, NOR,

ITA, NOR, DEN, SWE, ITA, ENG, USA, USA, NOR – 1998 ENG, NED, NZL, NOR, USA, USA, UKR, UKR – 1999 CHN, DEN, SUI, FRA, NED, ITA, MEX, BRA, USA, RUS, UKR, ISL, ITA – 2000 NED, ITA, UKR, CHN, NOR, USA, ISL, DEN – 2001 CHN, CHN, ITA, RUS, CAN, CAN, SWE, RUS, ENG, NOR, SWE, JPN, USA, ENG, POR – 2002 USA, NOR, DEN, CHN, FIN, SWE, NED, POR, DEN, RUS – 2003 SCO, NGA, UKR, ENG, JPN, POR – 2004 POR, CHN, ITA, UKR, SCO, NED – 2005 AUS, RUS, CHN, SWE, CHN, USA, CAN, NOR, ITA, NOR, RUS – 2006 CHN, FIN, SWE, NOR, IRL, ITA, SCO, RUS, ENG – 2007 USA, ENG, NOR, FRA, DEN, SUI, ARG, ENG, JAP, PRK, NOR, BRA – 2008 CHN, SWE, NOR, ENG, NOR, BRA, NGA, PRK, JPN, SUI

7 **Sonn** Claudia, 7. 1. 1966 (SC Husen-Kurl) 1988 SUI, HUN, CSV, CSV – 1989 BUL, HUN, CSV

6 **Starke** Sandra, 31. 7. 1993 (SC Freiburg) 2019 GRE, ENG, MNE – 2021 AUS, NOR, CHI

191 **Stegemann** Kerstin, 29. 9. 1977 (Eintracht Rheine 34, FFC Heike Rheine 95, FCR Duisburg 12, FFC Flaesheim-Hillen 18, SG Wattenscheid 09 27, Borussia Friedenstal 5) 1995 POL – 1996 USA, USA, SVK, NOR, FIN, NOR, ISL, ISL, JPN, NOR, BRA, NED, ISL, ISL, ITA – 1997 ENG, CHN, CHN, ESP, DEN, NOR, ITA, NOR, DEN, SWE, ITA, ENG, USA, USA, NOR, NED – 1998 ITA, ENG, NED, NZL, NZL, NOR, USA, USA – 1999 CHN, DEN, FRA, NED, ITA, RUS, UKR, ISL, ITA – 2000 NED, ITA, UKR, CHN, NOR, USA, DEN, AUS, BRA, NOR, BRA – 2001 CHN, CHN, ITA, RUS, CAN, CAN, SWE, RUS, NOR, SWE, JPN, USA, ENG, POR, NED – 2002 CHN, USA, NOR, DEN, CHN, FIN, SWE, NED, POR, ENG, NOR, DEN, RUS – 2003 CHN, NOR, USA, CHN, CHN, SCO, FRA, DEN, DEN, NGA, UKR, CZE, ENG, CAN, JPN, ARG, RUS, USA, SWE, POR – 2004 POR, CHN, ITA, UKR, SCO, NOR, NGA, CHN, MEX, NGA, USA, SWE, CZE, NED – 2005 AUS, RUS, CHN, SWE, NOR, CHN, USA, CAN, NOR, ITA, CAN, CAN, RUS, SCO, SUI – 2006 CHN, FIN, SWE, NOR, USA, IRL, ITA, IRL, SUI, SCO, RUS, ENG, JPN – 2007 USA, CHN, ENG, NOR, FRA, DEN, ITA, NED, WAL, DEN, CZE, SUI, NOR, ARG, ENG, JAP, PRK, NOR, BRA, BEL, NED – 2008 CHN, DEN, FIN, SWE, NOR, BEL, WAL, ENG, NOR, BRA, NGA, PRK, SWE, BRA, JPN, SUI – 2009 NED, JPN, RUS, ISL

22 **Steinmetz** (geb. Degwitz) Monika, 13. 1. 1960 (SSG Bergisch Gladbach) 1982 SUI – 1983 BEL, NED, DEN, SUI, DEN, NED, BEL – 1984 ITA, ITA, ENG, ITA, FIN, NED – 1986 NOR, ISL, ISL, DEN, NED – 1987 NED, FRA, HUN

6 **Stumpf** Daniela, 13. 9. 1965 (FSV Frankfurt) 1987 FRA, ISL, ISL, HUN – 1991 BEL – 1992 ITA

1 **Thomas** Karolin, 3. 4. 1985 (Turbine Potsdam) 2006 NOR

2 **Thompson** Shelley, 8. 2. 1984 (FCR Duisburg) 2003 NGA – 2004 CZE

8 **Trabant** Anne, 1. 1. 1949 (SSG Bergisch Gladbach) 1982 SUI – 1983 BEL, NED, DEN, SUI, DEN, NED, BEL

3 **Trauschke** Cornelia, 5. 12. 1966 (VfB Uerdingen 1, SSG Bergisch Gladbach 2) 1987 FRA – 1988 ITA, USA

11 **Uebelhör** Dagmar, 10. 12. 1965 (Bayern München) 1989 CSV – 1990 BUL, CSV, ENG, URS, USA, USA, BUL, HUN, ENG – 1991 FRA

4 **Ullrich** Stephanie, 29. 7. 1984 (VfL Wolfsburg) 2007 CHN, ENG, NOR, ITA

54 **Unsleber** Britta, 25. 12. 1966 (FSV Frankfurt 45, TSV Siegen 9) 1984 NED – 1985 HUN – 1986 HUN – 1987 ISL, ISL, HUN, ITA – 1988 ITA, SUI, ITA, USA, SUI, HUN, CSV, CSV – 1989 BUL, DEN, HUN, CSV – 1990 BUL, CSV, ENG, URS, USA, USA, BUL, HUN, ENG, ENG – 1991 FRA, POL, USA, CHN, ITA, NOR, SUI, HUN, BEL, NGA, ITA, DEN, USA, SWE – 1992 ITA, YUG, FRA, POL, URS, URS – 1993 USA, USA, SUI, ITA, DEN

125 **Voss** Martina, 22. 12. 1967 (KBC Duisburg 22, TSV Siegen 37, FCR Duisburg 66) 1984 FIN, NED – 1985 HUN – 1986 HUN, NOR, ISL, ISL, DEN, NED – 1987 NED, FRA, ISL, ISL, HUN, ITA – 1988 ITA, SUI, ITA, USA, SUI, CSV, CSV – 1989 BUL, ITA, NOR – 1990 ENG, URS, USA, USA, BUL, HUN, ENG, ENG – 1991 FRA, POL, USA, CHN, ITA, NOR, HUN, BEL, NGA, TPE, ITA, DEN, USA, SWE – 1992 ITA, YUG, FRA, POL, URS, URS – 1993 SWE, FRA, USA – 1994 WAL, WAL, CRO, CAN, USA, NOR, CHN, SWE, CRO, SUI, RUS, RUS, ENG – 1995 ENG, SWE, SUI, CHN, JPN, SWE, BRA, ENG, CHN, NOR, FIN, SVK – 1996 USA, USA, SVK, NOR, FIN, NOR, ISL, ISL, JPN, NOR, BRA, NED, ISL, ISL, ITA – 1997 ENG, CHN, ESP, DEN, ITA, NOR, USA, USA – 1998 ITA, ENG, NED, NZL, NZL, USA, UKR, UKR – 1999 TUR, CHN, CHN, DEN, SUI, FRA, NED, BRA, RUS, UKR, ISL, ITA – 2000 NED

6 **Vreden** Tanja, 10. 2. 1977 (Hamburger SV) 1998 NZL, NOR, USA, USA – 1999 TUR, CHN

2 **Wagner** Marion, 13. 8. 1968 (Jahn Delmenhorst) 1987 ISL – 1988 ITA

17 **Walther** Elke, 1. 4. 1967 (VfL Sindelfingen 15, SSG Bergisch Gladbach 2) 1989 BUL – 1991 FRA, POL, BEL, SWE – 1992 ITA, YUG, FRA, POL, URS – 1993 SWE, POL – 1994 WAL, CRO, CHN, CRO, RUS

1 **Wasems** Kerstin, 20. 9. 1979 (Grün-Weiß Brauweiler) 1998 NZL

8 **Waßmuth** Tabea, 25. 8. 1996 (TSG Hoffenheim) 2020 MNE, IRL – 2021 BEL, NED, AUS, NOR, FRA, CHI

1 **Wedemeyer** Joelle, 12. 8. 1996 (VfL Wolfsburg) 2018 CAN

5 **Weimar** Bärbel, 14. 12. 1965 (Wacker München) 1993 SWE, FRA, USA, SUI, SWE

4 **Weiß** Lisa, 29. 10. 1987 (SGS Essen) 2010 PRK – 2016 RUS, HUN – 2017 ENG

2 **Weiß** Birte, 5. 6. 1971 (Wismut Aue 1, Eintracht Wolfsburg 1) 1991 POL – 1993 FRA

9 **Wendt** Beate, 21. 9. 1971 (SC Poppenbüttel) 1991 FRA, SUI, HUN, BEL, TPE, ITA, DEN, USA, SWE

22 **Wensing** Luisa, 8. 2. 1993 (FCR Duisburg 2, VfL Wolfsburg 20) 2012 CHN, SWE, USA, USA – 2013 FRA, DEN, JPN, NOR, USA, USA, SCO, CAN, JPN, NOR, CRO – 2014 ISL, JPN, CAN, SWE, ENG – 2015 SWE, CHN

154 **Wiegmann** Bettina, 7. 10. 1971 (FFC/Grün-Weiß Brauweiler 124, Sportfreunde. Siegen 11, Boston Breakers 19) 1989 HUN – 1990 ENG, URS, USA, USA, BUL, HUN, ENG, ENG – 1991 POL, USA, ITA, NOR, SUI, HUN, BEL, NGA, TPE, ITA, DEN, USA, SWE – 1992 ITA, YUG, FRA, POL, URS, URS – 1993 USA, USA, SUI, ITA, DEN, SWE, NOR, SUI, RUS, POL – 1994 WAL, WAL, SWE, CRO, SUI, RUS, RUS, ENG – 1995 ENG, SWE, POL, SUI, CHN, JPN, SWE, BRA, ENG, CHN, NOR, FIN, SVK – 1996 USA, USA, SVK, NOR, FIN, NOR, ISL, ISL, JPN, NOR, BRA, NED, ISL, ISL – 1997 ENG, CHN, CHN, ESP, DEN, NOR, ITA, NOR, DEN, SWE, ITA, ENG, USA, NOR, NED – 1998 NZL, NZL, UKR – 1999 CHN, CHN, DEN, SUI, FRA, NED, ITA, MEX, BRA, USA, RUS, UKR, ISL, ITA – 2000 NED, ITA, UKR, CHN, NOR, USA, ISL, DEN, AUS, BRA, SWE, NOR, BRA – 2001 RUS, CAN, CAN, SWE, RUS, ENG, NOR, SWE – 2002 CHN, USA, NOR, DEN, CHN, FIN, SWE, NED, ENG, NOR, DEN, RUS – 2003 CHN, NOR, CHN, CHN, SCO, FRA, DEN, DEN CZE, ENG, CAN, JPN, ARG, RUS, USA, SWE

5 **Wiese** Birgit, 10. 11. 1965 (TSV Siegen) 1988 SUI, HUN – 1991 SUI, HUN, BEL

2 **Wilder** Madleen, 6. 7. 1980 (Turbine Potsdam) 2001 CAN, POR

2 **Wilmes** Marion, 24. 6. 1984 (Germania Twist) 2002 NED, POR

70 **Wimbersky** Petra, 9. 11. 1982 (Bayern München 17, Turbine Potsdam 33, 1. FFC Frankfurt 20) 2001 CHN, CHN, ITA, RUS, CAN, CAN, ENG, NOR, JPN, USA, ENG – 2002 DEN, CHN, FIN, SWE, NED, POR, RUS – 2003 CHN, NOR, USA, SCO, FRA, NGA, UKR, CZE – 2004 CHN, ITA, UKR, NOR, NGA, CHN, MEX, NGA, SWE, CZE – 2005 CAN, NOR, ITA, FIN, NOR, CAN, CAN, RUS, SUI – 2006 FIN, SWE, NOR, USA, IRL, ITA, IRL, SUI, RUS, ENG, JPN – 2007 USA, CHN, ENG, NOR, FRA, NED, CZE, NOR, ARG, JAP – 2008 CHN, DEN, FIN, SWE

2 **Wörle** Tanja, 6. 7. 1980 (Bayern München) 1999 RUS, ISL

1 **Wolter** Pia-Sophie, 13. 11. 1997 (VfL Wolfsburg) 2020 IRL

102 **Wunderlich** Pia, 26. 1. 1975 (SG Praunheim 43, 1. FFC Frankfurt 59) 1993 RUS, POL – 1994 SWE, CRO, RUS, RUS, ENG – 1995 SWE, BRA, ENG, CHN, NOR, FIN – 1996 USA, USA, NOR, FIN, NOR, ISL, JPN, NOR, BRA, NED, ITA – 1997 ENG, CHN, CHN, ESP, DEN, NOR, ITA, NOR, DEN, SWE, ITA, ENG, USA, USA, NOR, NED – 1998 NED, NZL, NOR – 1999 TUR, CHN, DEN, SUI, FRA, NED, ITA, MEX, BRA, USA, RUS, ITA – 2000 NOR – 2001 CHN, CHN, ITA, RUS, CAN, CAN, SWE, RUS, ENG, NOR, SWE, ENG, NED – 2002 NED, POR, ENG, DEN, RUS – 2003 CHN, NOR, USA, CHN, CHN, SCO, ENG, RUS, USA, SWE, POR – 2004 POR, CHN, ITA, NOR, NGA, CHN, NGA, USA, CZE, NED – 2005 SWE, NOR, CHN, USA, FRA, RUS – 2006 CHN

34 **Wunderlich** Tina, 10. 10. 1977 (SG Praunheim 16, 1. FFC Frankfurt 18) 1994 SUI – 1995 POL, SUI, BRA – 1996 NOR, ISL, NED, ITA – 1997 USA, USA, NOR, NED – 1998 ITA, UKR, UKR – 1999 TUR, CHN, DEN, SUI, BRA – 2000 CHN, NOR, ISL, DEN, SWE, NOR – 2001 CAN – 2002 CHN, CHN, SWE, NED, POR – 2003 NOR, CHN

12 **Zerbe** Christina, 12. 9. 1980 (Sportfreunde Siegen 1, FFC Brauweiler-Pulheim 2, 1. FFC Frankfurt 9) 2000 NED – 2001 JPN – 2002 FIN, NOR – 2003 CHN, NOR, USA, CHN, CHN, FRA, DEN, NGA

15 **Zietz** Jennifer, 14. 9. 1983 (Turbine Potsdam) 2005 AUS, RUS, CHN, CAN, CAN – 2006 ITA, JPN – 2007 ENG – 2008 CHN, DEN, FIN, BEL – 2010 DEN, CHN, USA

11 **Zimmermann** Ingrid, 21. 12. 1959 (FSV Frankfurt) 1984 NOR, ITA, ENG, BEL, ITA, FIN – 1985 HUN, DEN, NOR – 1986 ISL, ISL

Änderung von Vereinsnamen: VfB Rheine ab 1994 Eintracht Rheine, ab 1998 FFC Heike Rheine; Eintracht Wolfsburg ab 1996 WSV Wolfsburg (Übertritt), ab 2003 VfL Wolfsburg (Übertritt); TSV Siegen ab 1996 Sportfreunde Siegen (Übertritt); VfR Saarbrücken ab 1997 1. FC Saarbrücken (Übertritt); FC Rumeln-Kaldenhausen ab 1997 FCR Duisburg, ab 2001 FCR Duisburg 2001; SG Praunheim ab 1. 1.1999 1. FFC Frankfurt, ab 1. 7. 2020 Eintracht Frankfurt (Fusion); Grün-Weiß Brauweiler ab 2000 FFC Brauweiler-Pulheim; LdB FC Malmö ab 2014 Rosengard Malmö.

Alle Torschützen der Frauen-Länderspiele

Alushi (geb. Bajramaj)	18
Austermühl	2
Bachor	3
Bartelmann	4
Bartusiak	2
Behringer	32
Bernhard	1
Bindl	3
Bormann	2
Bornschein	2
Brand	1
Bremer	4
Bresonik	8
Brocker (geb. Grigoli)	30
Bühl	7
Carlson	4
Däbritz	16
Dallmann	9
Damm	2
Demann	1
Doorsoun-Khajeh	1
Eichenlaub	4
Elsig	1
Fehrmann	1
Fitschen	16
Freigang	7
Fuss	3
Garefrekes	43
Gebauer	2
Goeßling	10
Gottschlich G.	2
Gottschlich S.	3
Grings	64
Gwinn	3
Haberlaß	1
Hagedorn	1
Hegering	3
Hendrich	5
Hengst	1
Henning	2
Hingst	10
Hoffmann	2
Huth	11
Islacker	5
Jones	9
Kayikci	6
Kemme	6
Kerschowski	4
Keßler	10
Klinzmann	1
Knaak	2
Koekkoek	2
Krahn	5
Krause	2
Kresimon	1
Kreuzberg	3
Krumbiegel	2
Kubat	2
Künzer	2
Kuhlmann	1
Kulig	7
Landwehr	1
Lasrich	3
Laudehr	26
Leupolz	11
Limper	3
Lingor	34
Lohmann	1
Lohn	9
Lotzen	4
Lübbers	2
Magull	13
Maier	11
Marozsan	33
Meinert	33
Meyer M.	5
Minnert	16
Mittag	49
Mohr	83
Müller C.	22
Müller M.	37
Nardenbach	4
Neid	48
Nüsken	1
Oberdorf	2
Odebrecht	2
Peter	8
Petermann	5
Pohlers	28
Pohlmann	4
Popp	53
Prinz	128
Raith	4
Rauch	1
Richter	1
Sasic (geb. Okoyino da Mbabi)	63
Schmidt, B.	3
Schüller	13
Schweers (geb. Faißt)	3
Simon	3
Smisek	34
Sonn	3
Starke	1
Stegemann	8
Thompson	1
Uebelhör	1
Unsleber	13
Voss	27
Vreden	1
Waßmuth	2
Wendt	1
Wensing	1
Wiegmann	51
Wimbersky	16
Wunderlich P.	21
Zietz	1
Eigentore des Gegners	40

Die besten Torschützen der Frauen-Länderspiele

128	Prinz
83	Mohr
64	Grings
63	Sasic (geb. Okoyino da Mbabi)
53	Popp
51	Wiegmann
49	Mittag
48	Neid
43	Garefrekes
37	Müller M.
34	Lingor
34	Smisek
33	Marozsan
33	Meinert
32	Behringer
30	Brocker (geb. Grigoli)
28	Pohlers
27	Voss
26	Laudehr
22	Müller C.
21	Wunderlich P.
18	Alushi (geb. Bajramaj)
16	Däbritz
16	Fitschen
16	Minnert
16	Wimbersky
13	Magull
13	Schüller
13	Unsleber
11	Huth
11	Leupolz
11	Maier
10	Goeßling
10	Hingst
10	Keßler

Die häufigsten Einsätze

Prinz	214	Voss	125	Wunderlich P.	102	Pohlers	67
Stegemann	191	Behringer	123	Bartusiak	101	Schult	64
Hingst	174	Peter	118	Müller M.	101	Omilade	61
Mittag	158	Jones	111	Grings	96	Nardenbach	59
Wiegmann	154	Neid	111	Meinert	92	Austermühl	58
Lingor	149	Popp	111	Bresonik	84	Isbert (geb. Feiden)	58
Minnert	147	Sasic (geb. Okoyino da Mbabi)	111	Alushi (geb. Bajramaj)	79	Raith	58
Angerer	146	Goeßling	106	Maier	78	Huth	57
Fitschen	144	Marozsan	104	Däbritz	76	Unsleber	54
Krahn	137	Mohr	104	Leupolz	70	Schmidt B.	51
Smisek	133	Laudehr	103	Wimbersky	70		
Garefrekes	130			Fuss	68		
Rottenberg	126						

Frauen-Bundestrainer*innen und ihre Bilanzen

Datum des jeweils ersten und letzten Spiels

Gero Bisanz: 10. 11. 1982 – 25. 7. 1986
127 – 83 – 17 – 27, 343:122 Tore

Tina Theune: 27. 8. 1986 – 19. 6. 2005
135 – 93 – 18 – 24, 380:113 Tore

Silvia Neid: 1. 9. 2005 – 19. 8. 2016
169 – 125 – 22 – 22, 526:106 Tore

Steffi Jones: 16. 9. 2016 – 7. 3. 2018
22 – 13 – 4 – 5, 51:20 Tore

Horst Hrubesch: 7. 4. 2018 – 13. 11. 2018
8 – 7 – 1 – 0, 29:3 Tore

Martina Voss-Tecklenburg: 18. 2. 2019 – heute
26 – 21 – 2 – 3, 81:13 Tore

Die erfolgreichsten Vereine (Berufungen/Spieler)

1. FFC Frankfurt	1210 Einsätze/37 Spielerinnen
Turbine Potsdam	701 Einsätze/28 Spielerinnen
FCR Duisburg	620 Einsätze/19 Spielerinnen
VfL Wolfsburg	547 Einsätze/25 Spielerinnen
Bayern München	446 Einsätze/33 Spielerinnen
FSV Frankfurt	435 Einsätze/21 Spielerinnen
TSV Siegen	330 Einsätze/31 Spielerinnen
FFC Brauw.-Pul.	307 Einsätze/15 Spielerinnen
SC Bad Neuenahr	300 Einsätze/15 Spielerinnen
FFC Heike Rheine	178 Einsätze/ 7 Spielerinnen
SC Freiburg	177 Einsätze/12 Spielerinnen
SG Praunheim	148 Einsätze/ 9 Spielerinnen
SGS Essen	131 Einsätze/12 Spielerinnen
SSG Berg. Gladb.	119 Einsätze/18 Spielerinnen
TuS Ahrbach	108 Einsätze/ 7 Spielerinnen
Eintracht Wolfsburg	104 Einsätze/ 5 Spielerinnen
TuS Niederkirchen	102 Einsätze/ 2 Spielerinnen

Die Bilanz der 19 U 23-Frauen-Länderspiele

Gegner	Spiele	Siege	Unentsch.	Niederl.	Tore	11-m-Sch.
England	**4**	**1**	**2**	**1**	**6:6**	
Finnland	**3**	**3**	**–**	**–**	**10:0**	
Norwegen	**3**	**2**	**–**	**1**	**2:1**	
Schottland	**1**	**1**	**–**	**–**	**5:0**	
Schweden	**3**	**2**	**1**	**–**	**6:3**	
USA	**5**	**–**	**2**	**3**	**3:11**	
Gesamt	**19**	**9**	**5**	**5**	**32:21**	

Seit dem 24. 5. 2012 wurde kein Spiel mehr ausgetragen.

Die Bilanz der 102 U 21-Frauen-Länderspiele (früher U20 u. U19)

Gegner	Spiele	Siege	Unentsch.	Niederl.	Tore	11-m-Sch.
Dänemark	31	17	6	8	73:34	
England	2	1	1	–	4:3	3:4
Finnland	9	4	4	1	21:9	4:5
Frankreich	2	2	–	–	7:1	
Griechenland	1	1	–	–	1:0	
Island	7	6	1	–	23:5	5:6
Italien	1	1	–	–	1:0	
Japan „A“	1	–	–	1	1:5	
Niederlande	8	5	1	2	15:5	
Norwegen	10	2	4	4	11:13	
Österreich „A“	1	1	–	–	4:0	
Polen	3	3	–	–	21:0	
Schweden	11	3	3	6	13:22	5:4
Tschechien	1	–	1	–	3:3	
Tschechien „A“	1	1	–	–	7:2	
Ukraine	1	1	–	–	2:0	
USA	11	2	1	8	15:26	
Gesamt	**102**	**50**	**22**	**30**	**222:128**	

Die U-21-Mannschaft wurde 2007 von der neuen U-23-Mannschaft ersetzt.

Die Bilanz der 67 U20-Frauen-Länderspiele

Gegner	Spiele	Siege	Unentsch.	Niederl.	Tore	11-m-Sch.
Belgien	1	1	–	–	4:0	
Brasilien	2	2	–	–	8:3	
China	3	3	–	–	11:5	
Costa Rica	1	1	–	–	4:2	
Dänemark	1	1	–	–	3:0	
England	3	2	–	1	5:2	
Frankreich	5	3	–	2	11:8	
Ghana	1	1	–	–	1:0	
Haiti	2	2	–	–	7:3	
Japan	5	1	–	4	6:8	
Kanada	2	2	–	–	4:1	
Kolumbien	1	1	–	–	3:1	
DR Kongo	1	1	–	–	5:0	
Mexiko	2	2	–	–	12:1	
Niederlande	1	1	–	–	5:1	
Nigeria	3	3	–	–	4:0	
Nordkorea	2	1	–	1	2:2	
Norwegen	8	6	2	–	21:4	
Schweden	6	2	2	2	13:7	
Schweiz	2	2	–	–	11:0	
Serbien	1	–	–	1	0:2	
Südafrika	1	–	1	–	1:1	
Südkorea	3	3	–	–	10:1	
USA	9	3	1	5	10:12	
Venezuela	1	1	–	–	3:1	
Gesamt	**67**	**44**	**7**	**16**	**164:66**	

Wegen der Coronavirus-Pandemie wurden 2020/21 keine U-20-Länderspiele ausgetragen.

Die Bilanz der 263 U19-Frauen-Länderspiele (bis 2001 U18)

Gegner	Spiele	Siege	Unentsch.	Niederl.	Tore	11-m-Sch.
Albanien	1	1	–	–	8:0	
Aserbaidschan	2	2	–	–	11:1	
Australien	2	1	–	1	4:3	
Belarus	1	1	–	–	9:0	
Belgien	7	6	–	1	28:2	
Brasilien	2	–	1	1	1:2	4:3
China	2	1	–	1	2:2	
Dänemark	12	5	4	3	9:8	
England	14	12	–	2	30:14	
Estland	1	1	–	–	21:0	
Finnland	7	6	1	–	24:4	
Frankreich	15	9	1	5	33:19	3:5
Georgien	1	1	–	–	18:0	
Griechenland	2	2	–	–	13:0	
Irland	3	3	–	–	10:0	
Island	6	5	–	1	17:5	
Israel	1	1	–	–	3:0	
Italien	15	9	2	4	30:13	
Japan	2	2	–	–	5:2	
Kanada	5	3	1	1	8:7	
Kasachstan	1	1	–	–	7:0	
Kosovo	2	2	–	–	9:0	
Mazedonien	2	2	–	–	19:0	
Mexiko	1	1	–	–	3:1	
Montenegro	1	1	–	–	8:0	
Niederlande	10	8	–	2	18:5	
Nigeria	1	–	1	–	1:1	5:4
Nordirland	2	2	–	–	9:0	
Norwegen	22	15	5	2	48:16	2:4
Österreich	3	2	1	–	10:4	
Polen	6	6	–	–	39:2	
Portugal	1	1	–	–	4:1	
Rumänien	1	1	–	–	4:0	
Russland	8	7	–	1	39:8	
Schottland	7	7	–	–	35:2	
Schweden	28	16	6	6	55:23	2:4
Schweiz	9	5	1	3	21:13	
Serbien (Jugolawien)	5	5	–	–	32:6	
Slowakei	3	3	–	–	20:0	
Slowenien	1	1	–	–	8:0	
Spanien	12	8	1	3	22:7	
Thailand	1	1	–	–	6:0	
Tschechien	6	6	–	–	28:2	
Türkei	1	1	–	–	2:0	
Ukraine	3	2	1	–	16:0	
Ungarn	7	7	–	–	32:0	
USA	16	7	1	8	22:24	
Wales	2	1	1	–	8:1	
Gesamt	263	190	28	45	809:198	

2020: 3 Spiele, 2 Siege, 1 Niederlage

261 **Frankreich**, 5. 3., La Manga, 2:1 gewonnen (Vier-Nationen-Turnier): Grohs (Nelles) – Brand, Stegemann, Bernhardt (Ezebinyuo), Görlitz – Bahnemann, Köster (Hahn) – Donhauser (Endemann), Fuso, Merazguia (1) (Fetaj) – Weidauer (1).

262 **Norwegen**, 7. 3., La Manga, 2:0 gewonnen (Vier-Nationen-Turnier): Nelles (Kassen) – Trepohl, Blümel, Stegemann, Görlitz (Brand) – Hahn, Köster (Bahnemann) – Endemann, Fuso (Fetaj), Merazguia (1) (Donhauser) – Weidauer (Berning).

263 **Island**, 9. 3., La Manga, 0:2 verloren (Vier-Nationen-Turnier): Kassen (Grohs) – Räcke (Brand), Ezebinyuo (Blümel), Schiemann, Trepohl – Donhauser, Köster (Hahn), Bernhardt, Kühne – Fetaj, Berning (Endemann).

Wegen der Coronavirus-Pandemie wurden seitdem keine U-19-Länderspiele ausgetragen.

Die Bilanz der 307 U17-Juniorinnen-Länderspiele (bis 2001 U16)

Gegner	Spiele	Siege	Unentsch.	Niederl.	Tore	11-m-Sch.
Aserbaidschan	1	1	–	–	5:0	
Australien	1	1	–	–	4:0	
Belarus	2	2	–	–	9:0	
Belgien	2	1	1	–	1:0	
Brasilien	1	1	–	–	2:1	
Bulgarien	2	2	–	–	21:0	
China	1	–	1	–	1:1	
Costa Rica	1	1	–	–	5:0	
Dänemark	25	19	4	2	59:11	
England	9	8	–	1	39:11	
Finnland	13	10	2	1	39:10	5:3
Frankreich	49	32	6	11	119:54	5:6, 4:3
Ghana	4	2	–	2	5:5	
Griechenland	1	–	1	–	1:1	
Irland	3	2	–	1	4:1	
Island	10	8	2	–	39:6	
Israel	6	6	–	–	35:1	
Italien	4	3	1	–	8:1	
Kamerun	2	1	–	1	2:1	
Kanada	12	5	4	3	19:13	
Lettland	1	1	–	–	6:0	
Litauen	2	2	–	–	19:0	
Mexiko	1	1	–	–	9:0	
Neuseeland	1	1	–	–	5:1	
Niederlande	25	11	8	6	44:24	4:3, 3:2
Nigeria	1	–	1	–	2:2	
Nordkorea	5	1	1	3	9:9	
Norwegen	16	13	3	–	52:10	4:2, 3:2
Österreich	7	4	–	3	13:6	
Polen	3	3	–	–	9:0	
Portugal	1	1	–	–	2:0	
Rumänien	3	3	–	–	18:1	
Russland	4	4	–	–	23:1	
Schottland	2	2	–	–	9:2	
Schweden	26	15	7	4	55:33	9:10, 4:5, 4:5
Schweiz	13	11	–	2	48:8	
Serbien	2	2	–	–	15:0	
Spanien	13	4	4	5	23:19	3:1, 3:2, 1:3
Südafrika	1	1	–	–	10:1	
Südkorea	1	1	–	–	3:0	
Tschechien	5	5	–	–	20:5	
Türkei	1	1	–	–	4:0	
Ungarn	1	1	–	–	6:0	
Uruguay	1	1	–	–	5:2	
USA	20	3	6	11	19:32	3:4
Venezuela	1	1	–	–	2:1	
Wales	1	1	–	–	6:0	
Gesamt:	307	199	52	56	854:274	

2020: 2 Spiele, 2 Niederlagen

304 **Spanien**, 16. 1., Salou, 1:3 verloren: Dick (Matuszek, Johann) – Sterner (Zimmer), Landenberger (Küver), Neß, Kroflin (Henkelmann) – Büchele (D. Acikgöz, Sterner), Gräwe (Hils), Kett (Reißmann, Holtmeyer) – Mattner-Trembleau (Keles), Stöhr (1) (Kowalski, Ugochukwu), Wamser (Sarr, Günster).

305 **Frankreich**, 19. 2., Clairefontaine, 3:4 verloren: Dick (Matuszek) – Sterner, Küver, Neß (Kroflin), Henkelmann (Günster) – Büchele (1), Gräwe, Wamser (2) – Mattner-Trembleau, Stöhr (Ugochukwu), Kett (Keles).

Wegen der Coronavirus-Pandemie wurden seitdem keine U-17-Länderspiele ausgetragen.

Die Bilanz der 106 U16-Juniorinnen-Länderspiele

Gegner	Spiele	Siege	Unentsch.	Niederl.	Tore	11-m-Sch.
Belgien	**1**	**1**	**–**	**–**	**2:1**	
Dänemark	**20**	**16**	**2**	**2**	**74:22**	
England	**4**	**3**	**1**	**–**	**14:2**	
Finnland	**6**	**6**	**–**	**–**	**30:4**	
Frankreich	**14**	**8**	**5**	**1**	**27:7**	**5:4**
Island	**9**	**6**	**2**	**1**	**22:7**	
Italien	**4**	**1**	**2**	**1**	**2:1**	**4:2**
Mexiko	**1**	**–**	**1**	**–**	**1:1**	**3:5**
Niederlande	**12**	**5**	**4**	**3**	**16:12**	**7:8**
Norwegen	**15**	**10**	**–**	**5**	**42:17**	
Österreich	**2**	**1**	**–**	**1**	**5:4**	
Portugal	**4**	**3**	**1**	**–**	**11:3**	**5:4**
Schottland	**4**	**4**	**–**	**–**	**13:1**	
Schweden	**6**	**4**	**1**	**1**	**18:8**	
Schweiz	**1**	**–**	**–**	**1**	**2:3**	
Spanien	**1**	**–**	**1**	**–**	**1:1**	**3:4**
USA	**2**	**–**	**–**	**2**	**0:6**	
Gesamt:	**106**	**68**	**20**	**18**	**280:100**	

2020: 3 Spiele, 2 Siege, 1 Unentschieden

104 **Frankreich**, 14. 2., Vila Real de Santo Antonio, 0:0 unentschieden, Elfmeterschießen 5:4 (UEFA-Turnier): Beck – Haase (Ammar), Kockmann (Löwe), Lux, Wild – Zdebel (I. Acikgöz), Schuster (Diehm), Fröhlich (Schaller) – Nachtigall (Gaißer), Redzepi (Brengel), Zicai (Bührig) – Tore im Elfmeterschießen: I. Acikgöz, Lux, Gaißer, Löwe, Wild.

105 **Niederlande**, 16. 2., Vila Real de Santo Antonio, 2:0 gewonnen (UEFA-Turnier): Osigus – Bührig (Haase), Fröhlich (Lux), Schuster (Kockmann), Löwe (Wild) – Schaller (Zdebel), I. Acikgöz (1) (Nachtigall) – Gaißer, Diehm (Redzepi), Ammar (Zicai (1)) – Brengel.

106 **Portugal**, 18. 2., Vila Real de Santo Antonio, 4:0 gewonnen (UEFA-Turnier): Beck (Osigus) – Haase (Bührig), Lux, Fröhlich, Löwe (Wild) – Redzepi (2) (Schaller), Schuster (Diehm), I. Acikgöz (Zdebel)– Kockmann (Gaißer (1)), Brengel (Nachtigall), Ammar (Zicai (1)).

Wegen der Coronavirus-Pandemie wurden seitdem keine U-16-Länderspiele ausgetragen.

Die Bilanz der 79 U15-Juniorinnen-Länderspiele

Gegner	Spiele	Siege	Unentsch.	Niederl.	Tore	11-m-Sch.
Belgien	6	6	–	–	29:4	
Dänemark	1	1	–	–	3:0	
England	6	4	2	–	21:5	
Irland	2	2	–	–	10:0	
Kanada	4	1	1	2	3:8	
Niederlande	18	12	2	4	50:15	
Norwegen	2	1	1	–	3:1	
Österreich	4	4	–	–	12:3	
Polen	1	1	–	–	4:1	
Russland	2	2	–	–	14:1	
Schottland	17	17	–	–	105:7	
Schweiz	4	4	–	–	15:2	
Tschechien	10	10	–	–	42:2	
Wales	1	1	–	–	7:1	
USA	1	–	–	1	1:6	
Gesamt:	79	66	6	7	319:56	

Wegen der Coronavirus-Pandemie wurden 2020 und 2021 keine U-15-Länderspiele ausgetragen.

Ehrentafel

DER DEUTSCHEN FRAUEN-MEISTER

1974	TuS Wörrstadt	1998	FSV Frankfurt
1975	Bonner SC	1999	1. FFC Frankfurt
1976	Bayern München	2000	FCR Duisburg
1977	SSG Bergisch Gladbach	2001	1. FFC Frankfurt
1978	SC Bad Neuenahr	2002	1. FFC Frankfurt
1979	SSG Bergisch Gladbach	2003	1. FFC Frankfurt
1980	SSG Bergisch Gladbach	2004	Turbine Potsdam
1981	SSG Bergisch Gladbach	2005	1. FFC Frankfurt
1982	SSG Bergisch Gladbach	2006	Turbine Potsdam
1983	SSG Bergisch Gladbach	2007	1. FFC Frankfurt
1984	SSG Bergisch Gladbach	2008	1. FFC Frankfurt
1985	KBC Duisburg	2009	Turbine Potsdam
1986	FSV Frankfurt	2010	Turbine Potsdam
1987	TSV Siegen	2011	Turbine Potsdam
1988	SSG Bergisch Gladbach	2012	Turbine Potsdam
1989	SSG Bergisch Gladbach	2013	VfL Wolfsburg
1990	TSV Siegen	2014	VfL Wolfsburg
1991	TSV Siegen	2015	Bayern München
1992	TSV Siegen	2016	Bayern München
1993	TuS Niederkirchen	2017	VfL Wolfsburg
1994	TSV Siegen	2018	VfL Wolfsburg
1995	FSV Frankfurt	2019	VfL Wolfsburg
1996	TSV Siegen	2020	VfL Wolfsburg
1997	Grün-Weiß Brauweiler	2021	Bayern München

Die Spiele um die deutsche Frauen-Meisterschaft

1974: TuS Wörrstadt

Gruppe 1: Bayern München – SpVgg Wiehre/Freiburg 3:2, TSV Grötzingen – SV Bubach/Calmesweiler 0:9, SpVgg Wiehre/Freiburg – TSV Grötzingen 5:1, SV Bubach/Calmesweiler – Bayern München 3:2, TSV Grötzingen – Bayern München 1:5, SpVgg Wiehre/Freiburg – SV Bubach/Calmesweiler 2:5 – Gruppensieger: SV Bubach/Calmesweiler.
Gruppe 2: TuS Wörrstadt – Preußen Krefeld 5:1, Oberst Schiel Frankfurt – SV Untergrombach 4:0, Preußen Krefeld – Oberst Schiel Frankfurt 0:2, SV Untergrombach – TuS Wörrstadt 0:5, Oberst Schiel Frankfurt – TuS Wörrstadt 0:1, Preußen Krefeld – SV Untergrombach 4:0 – Gruppensieger: TuS Wörrstadt.
Gruppe 3: SC Bad Neuenahr – Sparta Göttingen 5:0, Bonner SC – SV Kiel-Wik 1:0, Sparta Göttingen – Bonner SC 2:3, SV Kiel-Wik – SC Bad Neuenahr 0:4, Bonner SC – SC Bad Neuenahr 1:0, Sparta Göttingen – SV Kiel-Wik 6:1 – Gruppensieger: Bonner SC.
Gruppe 4: Werder Bremen – Tennis Borussia Berlin 1:1, Buxtehuder SV – DJK Eintracht Erle 0:2, Tennis Borussia Berlin – Buxtehuder SV 1:1, DJK Eintracht Erle – Werder Bremen 5:1, Buxtehuder SV – Werder Bremen 1:1, Tennis Borussia Berlin – DJK Eintracht Erle 1:2 – Gruppensieger: DJK Eintracht Erle.
Halbfinale: SV Bubach/Calmesweiler – DJK Eintracht Erle 1:3, Bonner SC – TuS Wörrstadt 1:3.
Spiel um den 3. Platz: SV Bubach/Calmesweiler – Bonner SC n. V. 3:3, Elfmeterschießen 4:1.

Endspiel am 8. September in Mainz: TuS Wörrstadt – DJK Eintracht Erle 4:0
Die Siegermannschaft: Manewal – Jung, Mayer (Nickel), Ellmer, Pätzold, Solbach, Israel, Wohlleben, Demler (Petzold), Haarbach, Binder – Tore: Israel 3, Wohlleben – Zuschauer: 3800 – SR: Eschweiler (Bonn).

1975: Bonner SC

Gruppe 1: Jahn Delmenhorst – Tennis Borussia Berlin 1:4 und 1:4, SV Kiel-Wik – TSV Wulsdorf 2:1 und 2:2 – Gruppenendspiele: Tennis Borussia – SV Kiel-Wik 2:1 und 2:0.
Gruppe 2: KBC Duisburg – DJK Eintracht Erle 0:1 und 1:1, Lorbeer Rothenburgsort – Bonner SC 1:2 und 0:7 – Gruppenendspiele: DJK Eintracht Erle – Bonner SC 0:5 und 0:6.
Gruppe 3: TSV Battenberg – SC Bad Neuenahr 2:2 und 0:4, TuS Wörrstadt – Spvgg Freiburg/Wiehre 2:1 und 5:0 – Gruppenendspiele SC Bad Neuenahr – TuS Wörrstadt 0:3 und 0:2.
Gruppe 4: SV Schlierstadt – VfL Schorndorf 1:1 und 1:4, Bayern München – FC Marpingen 6:1 und 1:1 – Gruppenendspiele: VfL Schorndorf – Bayern München 0:5 und 1:6.
Halbfinale: Bayern München – Tennis Borussia Berlin 2:1, TuS Wörrstadt – Bonner SC 0:4.
Spiel um den 3. Platz:: Tennis Borussia Berlin – TuS Wörrstadt 3:2.

Endspiel am 15. Juni in Bad Godesberg: Bonner SC – Bayern München 4:2 (1:2)
Die Siegermannschaft: Klein – Bädorf, Riebartsch, Schmidt, Christa Nüsser, Neuenfeld, Ranger, Pätzold, Charlotte Nüsser, Haarbach-Trabant, Wurps – Tore: Charlotte Nüsser 2, Haarbach-Trabant, Ranger (Niederlöhner, Langer) – Zuschauer: 2337 – SR: Linn (Altendiez).

1976: Bayern München

Gruppe 1: SC Bad Neuenahr – Oberst Schiel Frankfurt 0:0 und 1:2, VfR Rheinfelden – TSV Siegen 2:2 und 2:3 – Gruppenendspiele: TSV Siegen – Oberst Schiel Frankfurt 2:0 und 2:2.
Gruppe 2: SV Kiel-Wik – Tennis Borussia Berlin 1:2 und 0:1; Hamburger SV – FC Marpingen 2:1 und 0:4 – Gruppenendspiele: Tennis Borussia Berlin – FC Marpingen 6:0 und 1:2.
Gruppe 3: Bayern München – VfL Schorndorf 2:1 und 4:0; TuS Niederkirchen – Bonner SC 2:8 und 0:2 – Gruppenendspiele: Bonner SC – Bayern München 1:1 und 2:3.
Gruppe 4: TSV Wulsdorf – KBC Duisburg 0:7 und 0:3; SV Schlierstadt – Sparta Göttingen 2:4 und 1:3 – Gruppenendspiele: KBC Duisburg – Sparta Göttingen 4:3 und 1:3 n. Verl.
Halbfinale: Sparta Göttingen – Tennis Borussia Berlin n. V. 1:3., Bayern München – TSV Siegen 3:2.
Spiel um den 3. Platz: Sparta Göttingen – TSV Siegen 2:1.

Endspiel am 20. Juni in Siegen: Bayern München – Tennis Borussia Berlin n. V. 4:2 (2:2, 1:1)
Die Siegermannschaft: Köhl – Kasimir, Lehner, Völkl, Doll, Niederlöhner (Leroy), Raith, Süß, Mayerhofer, Schmidt, Langer (Wagner) – Tore: Niederlöhner 2, Schmidt, Mayerhofer (Cygon 2) – Zuschauer: 3700 – SR: Hilker (Bochum).

1977: SSG Bergisch Gladbach

Vorrunde: KBC Duisburg – SSG Bergisch Gladbach 1:4 und 0:2, SV Schlierstadt – VfL Wildeshausen 1:1 und 3:2; TuS Niederkirchen – TV Farmsen/Hamburg 1:2 und 3:1; SC Freiburg – FC Schalke 04 0:1 und 3:0; VfL Schorndorf – Bayern München 2:2 und 2:4; TSV Wulsdorf – TSV Rendsburg 0:5 und 0:4; Oberst Schiel Frankfurt – Tennis Borussia Berlin 2:2 und 2:1; FC Marpingen – SC Bad Neuenahr 2:2 und 2:3.
Viertelfinale: SC Bad Neuenahr – SSG Bergisch Gladbach 2:2 und 0:1; SC Freiburg – SV Schlierstadt 0:1 und 0:2; Bayern München – TuS Niederkirchen 0:0 und 2:0; Oberst Schiel Frankfurt – TSV Rendsburg 6:0 und 1:2.
Halbfinale: Bayern München – SSG Bergisch Gladbach 1:3 und 0:4; SV Schlierstadt – Oberst Schiel Frankfurt 1:2 und 1:3.

Endspiele am18. und 25. Juni: SSG Bergisch Gladbach – Oberst Schiel Frankfurt 0:0 und 1:0
Die Siegermannschaft: Schmoll – Göbel, Winkel, Stoffels, Krug – Neuenfeldt, Lesink, Trabant-Haarbach – Dlugi (Frese), Ranger (Hamburger, Klinz), Gebauer – Tor: Gebauer – Zuschauer: 8000 und 3000 – SR: Lutz (Bremen) und Quindeau (Ludwigshafen).

1978: SC Bad Neuenahr

Vorrunde: Rot-Weiß Berrendorf – KBC Duisburg 0:2 und 0:3, TSV Wulsdorf – FC Marpingen 0:3 und 0:4; SV Schlierstadt – TV Farmsen/Hamburg 0:0 und 1:3, Meteor 06 Berlin – Kickers Offenbach 1:0 und 0:2, TSV Siegen – TuS Wörrstadt 1:1 und 3:0, Rotenburger SV – Bayern München 1:6 und 1:1, SC Freiburg – VfL Schorndorf 4:1 und 1:1, SC Bad Neuenahr – Rendsburger TV 6:0 und 3:1.
Viertelfinale: KBC Duisburg – TV Farmsen/Hamburg 3:2 und 0:0, TSV Siegen – Kickers Offenbach 0:1 und 1:2, SC Bad Neuenahr – SC Freiburg 1:1 und 2:1, FC Marpingen – Bayern München 2:2 und 1:0.
Halbfinale: Kickers Offenbach – FC Marpingen 1:1 und 1:2, SC Bad Neuenahr – KBC Duisburg 0:0 und 2:0.

Endspiele am 17. und 25. Juni: SC Bad Neuenahr – FC Marpingen 2:0 und 0:1
Die Siegermannschaft: Breuer – Esch (Bünning), Weyer, Schreiber (Kullmann), Eisenhuth – Richelmann, Förster, Nüsser – Wohlleben, Pütz, Keller – Tore: Nüsser 2 im 1. Spiel; Eigentor Schreiber im 2. Spiel – Zuschauer: 1000 und 4000 – SR: Dreher (Darmstadt) und Schmoock (Konstanz).

1979: SSG Bergisch Gladbach

Vorrunde: SC Bad Neuenahr – Meteor 06 Berlin 1:1 und 5:2, FC Marpingen – KBC Duisburg 1:0 und 0:3, Jahn Delmenhorst – VfL Schorndorf 0:1 und n. V. 4:2, TSV Siegen – Oberst Schiel Frankfurt 1:3 und 5:2, Bayern München – SC Freiburg 3:0 und 4:0, FSV Harburg – TuS Wörrstadt 1:0 und 2:2, SSG Bergisch Gladbach – SV Schlierstadt 2:0 und 2:1, TV Rendsburg – TSV Wulsdorf 1:0 und 2:0.
Viertelfinale: KBC Duisburg – TV Rendsburg 2:0 und 1:0, TSV Siegen – Jahn Delmenhorst 1:1 und n. V. 2:2, Elfmeterschießen 3:1, SC Bad Neuenahr – Bayern München 2:0 und n. V. 0:4, SSG Bergisch Gladbach – FSV Harburg 5:0 und 1:0.
Halbfinale: SSG Bergisch Gladbach – KBC Duisburg 1:0 und 3:0, Jahn Delmenhorst – Bayern München 2:5 und 2:5.

Endspiele am17. und 24. Juni: Bayern München – SSG Bergisch Gladbach 2:3 und 0:1
Die Siegermannschaft: Schmoll – Klinz, Dlugi, Krug, Winkel, Neuenfeldt, Degwitz, Lesnik (Pestel), Kresimon, Trabant-Haarbach, Gebauer (Frauenrath) – Tore: Kresimon 2, Neuenfeld (Doll, Mayerhofer) im 1. Spiel; Kresimon im 2. Spiel – Zuschauer: 800 und und 12 000– SR: Walz (Waiblingen) und Burgers (Essen).

1980: SSG Bergisch Gladbach

Vorrunde: Bayern München – FC Schalke 04 2:0 und 2:1, Meteor 06 Berlin – KBC Duisburg 0:2 und 1:3, FSV Frankfurt – SSG Bergisch Gladbach 0:4 und 0:5, TuS Niederkirchen – FC Marpingen 1:0 und 2:1, VfL Schorndorf – VfL Wildeshausen 1:0 und 0:3, FSV Harburg – SC Lauchringen 5:2 und 2:0, TSV Wulsdorf – SC Bad Neuenahr 0:2 und 0:11, TSV Rendsburg – SV Schlierstadt 0:5 und 2:6.
Viertelfinale: SV Schlierstadt – KBC Duisburg 0:2 und 1:3, VfL Wildeshausen – SC Bad Neuenahr 1:0 und 0:2, SSG Bergisch Gladbach – TuS Niederkirchen 4:1 und 7:0, Bayern München – FSV Harburg 5:0 und 0:4.
Halbfinale: Bayern München – SSG Bergisch Gladbach 0:2 und 0:6, KBC Duisburg – SC 07 Bad Neuenahr 5:1 und 6:0.

Endspiel am 15. Juni in Bergisch Gladbach: SSG Bergisch Gladbach – KBC Duisburg 5:0 (2:0)
Die Siegermannschaft: Manewal – Klinz, Winkel, Schmoll, Dlugi – Krug, Neuenfeldt, Trabant-Haarbach (Pestel) – Degwitz (Budney), Kresimon, Gebauer – Tore: Kresimon 2, Krug, Gebauer, Budny – Zuschauer: 5000 – SR: Risse (Hattingen).

1981: SSG Bergisch Gladbach

Vorrunde: SFD Düsseldorf – VfL Wildeshausen 5:3 und 1:2, VfL Schorndorf – TuS Wulsdorf 6:0 und 5:0, FSV Harburg – Tennis Borussia Berlin 2:2 und 1:6, SC Bad Neuenahr – SC Freiburg 3:1 und 0:1, FC Schalke 04 – TuS Wörrstadt 0:1 und 0:4, FSV Frankfurt – TSV Rendsburg 3:0 und 5:0, SV Schlierstadt – SV Weiskirchen 3:0 und 4:0, SSG Bergisch Gladbach – Bayern München 3:0 und 0:1.
Viertelfinale: FSV Frankfurt – SSG Bergisch Gladbach 1:3 und 1:6, TuS Wörrstadt – SFD Düsseldorf 4:1 und 2:3, SC Bad Neuenahr – SV Schlierstadt 3:0 und 1:1, Tennis Borussia Berlin – VfL Schorndorf 2:0 und 4:3
Halbfinale: Tennis Borussia Berlin – TuS Wörrstadt 4:0 und 4:2, SC Bad Neuenahr – SSG Bergisch Gladbach 0:3 und 1:0.

Endspiel am 20. Juni in Bergisch Gladbach: SSG Berg Gladbach – Tennis Borussia Berlin 4:0 (3:0)
Die Siegermannschaft: Geilen (Domhoff) – Klinz, Winkel, Krug, Dlugi – Schmoll, Neuenfeldt, Trabant-Haarbach – Degwitz. Kresimon, Gebauer (Haberlass) – Tore: Kresimon 3, Neuenfeldt – Zuschauer: 4000 – SR: Föckler (Weisenheim).

1982: SSG Bergisch Gladbach

Vorrunde: SC Klinge Seckach – TuS Niederkirchen 3:2 und 7:0, Bayern München – SG Thumby 6:0 und 12:0, Eintracht Wolfsburg – Lorbeer Rothenburgsort 1:0 und 2:0, TSV Siegen – FSV Frankfurt 0:1 und 0:0, Meteor 06 Berlin – VfL Schorndorf 2:3 und 1:4, SSG Bergisch Gladbach – SC Freiburg 11:0 und 11:0, VfR Saarbrücken – TSV Wulsdorf 2:0 und 0:0, SC Bad Neuenahr – KBC Duisburg 2:3 und 2:3.
Viertelfinale: SSG Bergisch Gladbach – VfL Schorndorf 6:0 und 5:0, FSV Frankfurt – Bayern München 0:3 und n. V. 3:1, VfR Saarbrücken – SC Klinge Seckach 1:2 und 2:4, KBC Duisburg – Eintracht Wolfsburg 2:0 und 2:1.
Halbfinale: Bayern München – KBC Duisburg 1:1 und 2:1, SC Klinge Seckach – SSG Bergisch Gladbach 0:4 und 0:3.

Endspiel am 17. Juni in Bergisch Gladbach: SSG Bergisch Gladbach – Bayern München 6:0 (1:0)
Die Siegermannschaft: Domhoff – Dlugi, Winkel, Degwitz, Klinz – Krug (Kozany), Landers, Trabant-Haarbach – Dahl (Frauenrath), Kresimon, Gebauer – Tore: Kresimon 3, Trabant-Haarbach, Gebauer. Frauenrath – Zuschauer: 3500 – SR: Wahmann (Recklinghausen).

1983: SSG Bergisch Gladbach

Vorrunde: Bayern München – VfL Wildeshausen 1:1 und 2:0, SC Bad Neuenahr – Bremer TS Neustadt 7:0 und 3:0, Tennis Borussia Berlin – VfR Saarbrücken 7:0 und 3:1, TSV Rendsburg – VfB Unzhurst 2:3 und 3:1, FSV Frankfurt – KBC Duisburg 1:1 und 2:4, SSG Bergisch Gladbach – TSV Siegen 2:0 und 2:0, TuS Niederkirchen – FSV Harburg 5:1 und 0:2., TSV Vilsingen – SC Klinge Seckach 1:8 und 0:2.
Viertelfinale: SC Bad Neuenahr – TSV Rendsburg 4:0 und 3:0, Bayern München – KBC Duisburg 1:2 und 0:1, TuS Niederkirchen – Tennis Borussia Berlin 2:4 und 1:3, SSG Bergisch Gladbach – SC Klinge Seckach 5:0 und 5:0.
Halbfinale: KBC Duisburg – SSG Bergisch Gladbach 1:2 und 1:4, Tennis Borussia Berlin – SC Bad Neuenahr 0:1 und 4:2.

Endspiel am 25. Juni in Bergisch Gladbach: SSG Bergisch Gladbach – Tennis Borussia Berlin 6:0 (1:0)
Die Siegermannschaft: Domhoff – Dlugi-Winterberg, Landers, Degwitz, Klinz – Schauerova (Winkel), Krug, Trabant-Haarbach – Dahl (Neuenfeldt), Kresimon, Gebauer – Tore: Schauerova 2, Gebauer, Kresimon, Krug, Dlugi-Winterberg – Zuschauer: 3200 – SR: Dellwing (Trier).

1984: SSG Bergisch Gladbach

Vorrunde: Bremer TS Neustadt – ASV Feudenheim 1:0 und 3:6 n.V., Eintracht Wolfsburg – TuS Niederkirchen 4:1 und 2:0, FSV Frankfurt – SV Weiskirchen 6:1 und 4:1, SC Freiburg – Bayern München 0:2 und 2:7, Lorbeer Rothenburgsort – SSG Bergisch Gladbach 0:3 und 1:7, VfL Schorndorf – KBC Duisburg 3:4 und 0:7, Tennis Borussia Berlin – TSV Wentorf 4:0 und 7:1, FC Schalke 04 – SC Bad Neuenahr 2:0 und n. V. 2:5.
Viertelfinale: Tennis Borussia Berlin – KBC Duisburg 1:3 und 2:7, ASV Feudenheim – FSV Frankfurt 0:4 und 0:9, Bayern München – Eintracht Wolfsburg 3:1 und 3:0, SC Bad Neuenahr – SSG Bergisch Gladbach 0:2 und 0:6.
Halbfinale: KBC Duisburg – FSV Frankfurt 0:2 und 1:2, Bayern München – SSG Bergisch Gladbach 0:3 und 0:2.

Endspiel am 30. Juni in Frankfurt: SSG Bergisch Gladbach – FSV Frankfurt 3:1 (1:1)
Die Siegermannschaft: Neuser – Krug, Neuenfeldt, Dlugi-Winterberg, Degwitz – Schauerova, Neid, Bartelmann – Dahl, Kresimon, Gebauer (Haberlass) – Tore: Neid, Bartelmann, Dahl (Jahn) – Zuschauer: 2200 – SR: Fleischer (Hallstadt).

1985: KBC Duisburg

Vorrunde: FC Schalke 04 – SSG Bergisch Gladbach 0:9 und 0:5, FSV Frankfurt – VfL Wildeshausen 3:2 und 3:0, Meteor 06 Berlin – KBC Duisburg 0:4 und 1:5, Bayern München – TuS Niederkirchen 5:0 und 1:0, TSV Wentorf – TuS Ahrbach 1:0 und 1:4, FSV Harburg – TuS Binzen 1:3 und 0:4, Polizei SV Bremen – SC Klinge Seckach 0:7 und 1:5, Eintracht Stuttgart – VfR Saarbrücken 1:1 und 2:8.
Viertelfinale: TuS Binzen – VfR Saarbrücken 1:1 und 0:2, KBC Duisburg – SC Klinge Seckach 7:0 und 2:0, TuS Ahrbach – Bayern München 0:1 und 1:3, FSV Frankfurt – SSG Bergisch Gladbach 1:1 und 0:3.
Halbfinale: VfR Saarbrücken – Bayern München 1:4 und 0:12, SSG Bergisch Gladbach – KBC Duisburg 1:2 und 1:2.

Endspiel am 30. Juni in Duisburg: KBC Duisburg – Bayern München 1:0 (0:0)
Die Siegermannschaft: Reichler – de Koning, Thulke, Dieckmann, Patzel – Limper (Klinkowski), Schiffer, Hohmann (Frey) – Voss, Offermann, Pohl – Tor: Klinkowski – Zuschauer: 5500 – SR: Waltert (Paderborn).

1986: FSV Frankfurt

Vorrunde: Bayern München – TuS Binzen 2:0 und 6:1, Tennis Borussia Berlin – TSV Crailsheim 2:0 und 0:1, FSV Frankfurt– Lorbeer Rothenburgsort 4:1 und 4:0, KBC Duisburg – TSV Siegen 0:2 und 0:1, SC Klinge Seckach – VfR Saarbrücken 1:1 und 1:3, Polizei SV Bremen – VfL Wildeshausen 0:1 und 0:3, SSG Bergisch Gladbach – Schmalfelder SV 9:1 und 5:1, TuS Ahrbach – TuS Wörrstadt 3:0 und 0:0.
Viertelfinale: FSV Frankfurt – Tennis Borussia Berlin 0:1 und 2:0, Bayern München – VfR Saarbrücken 2:1 und 0:0, SSG 09 Bergisch Gladbach – VfL Wildeshausen 3:0 und 3:0, TuS Ahrbach – TSV Siegen 0:3 und 1:2.
Halbfinale: Bayern München – SSG Bergisch Gladbach 0:3 und 2:0, FSV Frankfurt – TSV Siegen 2:2 und n. V. 0:0, Elmeterschießen 3:1.

Endspiel am 28. Juni in Bergisch Gladbach: FSV Frankfurt – SSG Bergisch Gladbach 5:0 (1:0)
Die Siegermannschaft: Melka – Zimmermann – Metz, Lissner, Unsleber – Koekkoek, Jahn, Strauch (Haft), Hamza (Pfeifer) – Mantel, Laufer – Tore: Laufer 2, Jahn, Koekkoek, Mantel – Zuschauer: 2000 – SR: Weber (Essen).

1987: TSV Siegen

Vorrunde: SC Bad Neuenahr – FSV Frankfurt 0:6 und 0:2, KBC Duisburg – VfR Saarbrücken 3:1 und 5:1, VfL Sindelfingen – SpVgg Wiehre 1:0 und n. V. 0:1, Elfmeterschießen 4:3, Bayern München – SC Siegelbach 1:0 und 3:0, SSG Bergisch Gladbach – Lorbeer Rothenburgsort 3:0 und 2:0, Eintracht Wolfsburg – Tennis Borussia Berlin 1:3 und 0:0, ATSV Stockelsdorf – TSV Siegen 2:2 und 0:9, FC Spöck – Polizei SV Bremen 2:1 und n. V. 0:1, Elfmeterschießen 4:3.
Viertelfinale: VfL Sindelfingen – KBC Duisburg 0:4 und 1:6, TSV Siegen – Bayern München 2:1 und 2:0, Tennis Borussia Berlin – FSV Frankfurt 0:1 und 0:1, FC Spöck – SSG Bergisch Gladbach 0:2 und 1:2.
Halbfinale: KBC Duisburg – FSV Frankfurt 2:3 und 2:1, Elfmeterschießen 4:5, TSV Siegen – SSG Bergisch Gladbach 3:0 und 1:0.

Endspiel am 28. Juni in Siegen: TSV Siegen – FSV Frankfurt 2:1 (0:1)
Die Siegermannschaft: Neuser – Kozany – Thomas, Sänger – Haberlaß (Hamm), Koekkoek, Raith, Neid – Czyganowski, Chaladyniak (Pick), Bartelmann – Tore: Neid, Piek (Stumpf) – Zuschauer: 6400 – SR: Mierswa (Hänigsen).

1988: SSG Bergisch Gladbach

Vorrunde: FC Spöck – Polizei SV Bremen 6:0 und 1:0, Lorbeer Rothenburgsort – TSV Siegen 0:5 und 0:1, ATSV Stockelsdorf – TuS Wörrstadt 0:1 und 0:4, Tennis Borussia Berlin – KBC Duisburg 0:4 und 1:1, FSV Frankfurt – Fortuna Sachsenroß Hannover 2:2 und 1:3, SSG Bergisch Gladbach – TSV Crailsheim 2:1 und 3:0, VfR Saarbrücken – TuS Binzen 4:0 und 2:1, TuS Ahrbach – Bayern München 2:2 und n. V. 0:0, Elfmeterschießen 3:1.
Viertelfinale: TuS Wörrstadt – TSV Siegen 0:3 und 0:1, KBC Duisburg – FC Spöck 2:1 und 4:0, TuS Ahrbach – SSG Bergisch Gladbach 2:1 und 0:2, Fortuna Sachsenroß Hannover – VfR Saarbrücken 1:1 und 3:1.
Halbfinale: KBC Duisburg – Fortuna Sachsenroß Hannover 1:0 und 1:0, SSG Bergisch Gladbach – TSV Siegen 2:0 und 2:0.

Endspiel am 26. Juni in Bergisch Gladbach: SSG Bergisch Gladbach – KBC Duisburg n. V. 0:0, Elfmeterschießen 5:4
Die Siegermannschaft: Weiß – Landers – Trauschke, Fehrmann – Meyer, Dahl, Knüpp, Holzhüter, Bünger – Tai-Ving, Jansen (Schute) – Tore im Elfmeterschießen: Tai-Ying, Landers, Trauschke, Fehrmann, Schute (Offermann, Schiller, Voß, Dieckmann) – Zuschauer: 3800 – SR: Broska (Gelsenkirchen).

1989: SSG Bergisch Gladbach

Vorrunde: SSG Bergisch Gladbach – Tennis Borussia Berlin 4:0 und 1:1; KBC Duisburg – TuS Niederkirchen 1:0 und 2:0; Lorbeer Rothenburgsort – VfL Sindelfingen 1:2 und 1:3; Schmalfelder SV – TSV Siegen 0:4 und 0:2; VfR Saarbrücken – SC Klinge Seckach 2:0 und 1:0; TuS Ahrbach – Eintracht Bremen 7:0 und 4:0; FSV Frankfurt – Bayern München 1:0 und 4:2; TuS Binzen – Fortuna Sachsenroß Hannover 1:2 und 1:2.
Viertelfinale: KBC Duisburg – FSV Frankfurt 1:5 und 0:2; VfL Sindelfingen – SSG Bergisch Gladbach 1:3 und 1:3; TuS Ahrbach – TSV Siegen 0:0 und n. V. 0:0, Elfmeterschießen 6:5; Fortuna Sachsenroß Hannover – VfR Saarbrücken 0:1 und 0:3.
Halbfinale: TuS Ahrbach – FSV Frankfurt 3:2 und 2:1; VfR Saarbrücken – SSG Bergisch Gladbach 0:2 und 0:5.

Endspiel am 8. Juli in Montabaur: SSG Bergisch Gladbach – TuS Ahrbach 2:0 (0:0)
Die Siegermannschaft: Wego – Landers – Trauschke, Jansen (Bünger), Hartmann – Meyer (Pradella), Holzhüter, Fehrmann, Dahl – Flues, Ruppaner – Tore: Flues 2 – Zuschauer: 6000 – SR: Umbach (Rottorf).

1990: TSV Siegen

Vorrunde: 1. FC Neukölln – VfR Saarbrücken 1:2 und 1:4, TuS Niederkirchen – Schmalfelder SV 1:0 und n. V. 2:3, Elfmeterschießen 1:3, VfL Sindelfingen – SC Klinge Seckach 1:0 und 4:0, SSG Bergisch Gladbach – KBC Duisburg 3:2 und 2:2, TSV Siegen – TuS Binzen 3:0 und 1:0, Bayern München – Polizei SV Bremen 4:0 und 3:0, FSV Frankfurt – SC Bad Neuenahr 8:0 und 6:1, Lorbeer Rothenburgsort – Eintracht Wolfsburg 0:2 und 1:2.

Viertelfinale: FSV Frankfurt – TSV Siegen 1:2 und 1:1, VfR Saarbrücken – Bayern München 0:0 und 1:2, VfL Sindelfingen – Eintracht Wolfsburg 4:1 und 1:2, Schmalfelder SV – SSG Bergisch Gladbach 0:5 und 0:2.
Halbfinale: TSV Siegen – VfL Sindelfingen 2:0 und 1:1, Bayern München – SSG Bergisch Gladbach 2:1 und n. V. 0:1, Elfmeterschießen 3:4.

Endspiel am 24. Juni in Siegen: TSV Siegen – SSG Bergisch Gladbach 3:0 (2:0)
Die Siegermannschaft: Neuser – Kozany – Sänger, Raith – Wiese, Henkel, Hennecke, Czyganowski (Neid), Knieper – Voß, Fitzner (Kern) – Tore: Voß 2, Hennecke – Zuschauer: 3700 – SR: Berg (Konz).

Die zweigeteilte Frauen-Bundesliga

Die Meister:

Gruppe Nord: 1991, 1992, 1993, 1994 TSV Siegen – 1995, 1996, 1997 Grün-Weiß Brauweiler.
Gruppe Süd: 1991, 1992 FSV Frankfurt – 1993, 1994 TuS Niederkirchen – 1995, 1996, 1997 FSV Frankfurt.

- **Die Abschlusstabellen sind zum letzten Mal im Almanach 1998 erschienen.**

1991: TSV Siegen

Halbfinale: TSV Siegen – TuS Niederkirchen 2:0 und 2:3, FSV Frankfurt – KBC Duisburg 3:2 und 5:0.

Endspiel am 16. Juni in Siegen: TSV Siegen – FSV Frankfurt 4:2 (4:1)
Die Siegermannschaft: Isbert – Wiese – Sänger, Nardenbach – Veldhulzen, Camper (Mink), Neid, Raith (Czyganowski), Knieper – Voss, Kern – Tore: Kern 2, Neid, Voss (Unsleber, Walter) – Zuschauer: 4500 – SR: Osmaers (Bremen).

1992: TSV Siegen

Halbfinale: TSV Siegen – TSV Niederkirchen 2:0 und 2:1, Grün-Weiß Brauweiler – FSV Frankfurt 3:1 und 0:1.

Endspiel am 28. Juni in Siegen: TSV Siegen – Grün-Weiß Brauweiler 2:0 (1:0)
Die Siegermannschaft: Isbert – Nardenbach – Sänger, Camper – Veldhuizen, Voss, Neid, Wiese, Czyganowski (Schmidt) – Meyer, Mink – Tore: Neid, Meyer – Zuschauer: 2649 – SR: Zdunek (Bremen).

1993: TuS Niederkirchen

Halbfinale: TSV Siegen – FSV Frankfurt 2:0 und 3:0, TuS Niederkirchen – Grün-Weiß Brauweiler 4:3 und 1:1.

Endspiel am 20. Juni in Niederkirchen: TuS Niederkirchen – TSV Siegen n. V. 2:1 (1:1, 1:0)
Die Siegermannschaft: Boss – Trimpop – Heitmann, Obermeier, Maier – Wölbitsch (Brecht), Fütterer, Scherer, Dums (Seyfert) – Mohr, Grigoli – Tore: Mohr 2 (Neid) – Zuschauer: 5000 – SR: Peil (Saarland).

1994: TSV Siegen

Halbfinale: TuS Niederkirchen – Grün-Weiß Brauweiler 1:5 und 0:4, TSV Siegen – FSV Frankfurt 3:0 und 1:1

Endspiel am 19. Juni in Pulheim: TSV Siegen – Grün-Weiß Brauweiler 1:0 (0:0)
Die Siegermannschaft: Rottenberg – Fitschen – Nardenbach, Fitzner – Trauschke, Euteneuer, Neid, Unsleber (Camper) – Voss, Kubat, Mink (Chaladyniak) – Tor: Kubat – Zuschauer: 2600 – SR: Janssen (Emden).

1995: FSV Frankfurt

Halbfinale: Grün-Weiß Brauweiler – TuS Ahrbach 3:2 und 6:1, FC Rumeln-Kaldenhausen – FSV Frankfurt 2:2 und 1:5.

Endspiel am 14. Mai in Pulheim: FSV Frankfurt – Grün-Weiß Brauweiler 2:0 (2:0)
Die Siegermannschaft: Kraus – Bernhard – Milke, Austermühl, Stumpf – D. Pohlmann, Minnert, König (Schlösser) – Bornschein (K. Pohlmann), Prinz, Smisek – Tore: Bornschein, Prinz – Zuschauer: 2000 – SR: Gebhard (Hallstadt).

1996: TSV Siegen

Halbfinale: TSV Siegen – FSV Frankfurt 2:1 und 1:1, SG Praunheim – Grün-Weiß Brauweiler 1:0 und 0:0.

Endspiel am 2. Juni in Frankfurt: TSV Siegen – SG Praunheim 1:0 (1:0)
Die Siegermannschaft: Rottenberg – Euteneuer – Trauschke, Röwer – Sefron, Meyer (Alfes), Hansen (Frettlöh), Neid, Kubat – Limper (Fitschen), Chaladyniak – Tor: Kubat – Zuschauer: 3100 – SR: Warns (Hamburg).

1997: Grün-Weiß Brauweiler

Halbfinale: FSV Frankfurt – FC Rumeln-Kaldenhausen 2:1 und 1:3, SG Praunheim – Grün-Weiß Brauweiler 2:4 und 1:1.

Endspiel am 8. Juni in Duisburg: Grün-Weiß Brauweiler – FC Rumeln-Kaldenhausen n. V. 1:1 (0:0, 0:0), Elfmeterschießen 5:3
Die Siegermannschaft: Goller – C. Klein – Gertheinrich, Schwind (Lieth) – A. Klein, Fuss, Nagy (Vidmar), Wiegmann, Brandebusemeyer (Menge) – Gottschlich, Holinka – Tore: Menge (Grings) – Tore im Elfmeterschießen: Wiegmann, Vidmar, A. Klein, Gertheinrich, C. Klein (Meinert, Hoffmann, Mandrysch) – Zuschauer: 5000 – SR: Günthner (Bamberg).

Die eingleisige Frauen-Bundesliga

1998: FSV Frankfurt

1.	FSV Frankfurt	22	80:19	56
2.	SG Praunheim	22	58:22	50
3.	FCR Duisburg	22	57:22	47
4.	Grün-Weiß Brauweiler	22	35:28	39
5.	Sportfreunde Siegen	22	46:23	38
6.	Turbine Potsdam	22	34:43	30
7.	FFC Heike Rheine	22	28:32	29
8.	1. FC Saarbrücken	22	32:41	29
9.	TuS Niederkirchen	22	26:44	20
10.	SC Bad Neuenahr	22	23:49	19
11.	SC Klinge Seckach	22	23:58	18
12.	Hamburger SV	22	17:78	5

Die Meistermannschaft: Kraus, Volz – Jones, Minnert, Stumpf, Krämer, Soyah, Häusler – Bernhard, König, Koch, A. Walter, Smisek, Prinz, Bornschein, Meier, M. Walter, Vogt. – Trainer: Jürgen Strödter.

1999 1. FFC Frankfurt

1.	1. FFC Frankfurt	22	96:11	59
2.	FCR Duisburg	22	77:14	56
3.	Sportfreunde Siegen	22	32:28	37
4.	Turbine Potsdam	22	41:39	29
5.	FSV Frankfurt	22	26:31	29
6.	WSV Wolfburg	22	39:48	27
7.	1. FC Saarbrücken	22	21:31	24
8.	TuS Niederkirchen	22	26:54	24
9.	Grün-Weiß Brauweiler	22	29:51	23
10.	SC Bad Neuenahr	22	18:43	23
11.	FFC Heike Rheine	22	29:44	22
12.	SC Freiburg	22	18:58	11

Die Meistermannschaft: Wissink, Koch – Tina Wunderlich, Werlein, Serocka, Sefron, Hagmann, Zorn – Fitschen, Pia Wunderlich, Lingor, Baumann, Kliehm, Lindner, Künzer – Meyer, Cl. Müller, Prinz, Feuerbach – Trainerin: Monika Staab.

2000 FCR Duisburg

1.	FCR Duisburg	22	85:10	60
2.	1. FFC Frankfurt	22	67:13	45
3.	Sportfreunde Siegen	22	48:28	42
4.	Turbine Potsdam	22	43:27	41
5.	Grün-Weiß Brauweiler	22	50:30	39
6.	SC Bad Neuenahr	22	41:28	38
7.	WSV Wolfsburg	22	46:37	35
8.	FFC Flaesheim-Hillen	22	23:74	20
9.	FSV Frankfurt	22	28:52	19
10.	1. FC Saarbrücken	22	25:40	18
11.	TuS Niederkirchen	22	16:63	14
12.	1. FC Nürnberg	22	15:85	9

Die Meistermannschaft: Höfkes, Wasems – Albertz, Bükrü, Flacke, Heinbach, Hoffmann, Kulot, Mandrysch, Schubert – Adrian, Katagiri, Kinoshita, Reisinger, S. Smisek, Stegemann, Voss – Grings, Meinert, Schäpertöns – Trainer: Jürgen Krust.

2001 1. FFC Frankfurt

1.	1. FFC Frankfurt	22	81:17	54
2.	Turbine Potsdam	22	63:17	44
3.	FCR Duisburg	22	43:39	40
4.	FFC Brauweiler-Pulheim	22	56:32	37
5.	FFC Flaesheim-Hillen	22	30:25	33
6.	Bayern München	22	45:52	33
7.	FSV Frankfurt	22	28:37	28
8.	Sportfreunde Siegen	22	28:46	26
9.	SC Bad Neuenahr	22	36:55	26
10.	WSV Wolfsburg	22	30:48	20
11.	FFC Heike Rheine	22	28:52	20
12.	1. FC Saarbrücken	22	18:66	9

Sportfreunde Siegen erhielt für 2001/02 keine Lizenz, FFC Flaesheim-Hillen zog seine Mannschaft zurück.

Die Meistermannschaft: Holl, Legrand, Wissink – Drijica, Jones, Minnert, Nardenbach, Serocka, Werlein, T. Wunderlich, Zorn – Fitschen, Kliehm, Künzer, Lingor, Rech, Ries, Vollerthun, P. Wunderlich – Affeld, Hartmann, Meier, Prinz – Trainerin: Monika Staab.

2002 1. FFC Frankfurt

1. 1. FFC Frankfurt	22	65:17	58
2. Turbine Potsdam	22	56:23	44
3. FCR Duisburg	22	61:34	44
4. Bayern München	22	59:38	40
5. FSV Frankfurt	22	48:29	39
6. SC Freiburg	22	30:34	35
7. FFC Brauweiler-Pulheim	22	37:27	33
8. FFC Heike Rheine	22	34:34	27
9. SC Bad Neuenahr	22	24:51	22
10. WSV Wolfsburg	22	26:52	17
11. Hamburger SV	22	16:62	8
12. 1. FC Saarbrücken	22	16:71	8

Die Meistermannschaft: Legrand, Wissink – Hansen, Jones, Klein, Krummenuaer, Lange, Meier, Minnert, Nardenbach, T. Wunderlich – Haase, Kliehm, Künzer, Lingor, Rech, P. Wunderlich – Affeld, Prinz – Trainerin: Monika Staab.

2003 1. FFC Frankfurt

1. 1. FFC Frankfurt	22	90:14	57
2. Turbine Potsdam	22	65:15	55
3. FCR Duisburg	22	58:32	44
4. Heike Rheine	22	52:31	38
5. Bayern München	22	45:32	37
6. FFC Brauweiler-Pulheim	22	41:27	31
7. FSV Frankfurt	22	42:54	27
8. SC Freiburg	22	33:43	24
9. WSV Wolfsburg	22	31:49	24
10. SC Bad Neuenahr	22	31:73	23
11. Tennis Borussia Berlin	22	17:68	15
12. TuS Niederkirchen	22	10:77	2

Die Meistermannschaft: Wissink, Holl, Legrand – Jones, Krummenauer, Künzer, Minnert, Rech, T. Wunderlich, Werlein, Zerbe – Hansen, Kliehm, Lingor, Weichelt, Wilmes, Woock, P. Wunderlich – Affeld, Arcangioli, Barucha, Finkenauer, Meier, Prinz, Spee – Trainerin: Monika Staab.

2004 Turbine Potsdam

1. FFC Turbine Potsdam	22	96:17	61
2. 1. FFC Frankfurt	22	68:19	57
3. Heike Rheine	22	64:37	43
4. FCR Duisburg	22	57:38	35
5. Bayern München	22	53:36	34
6. Hamburger SV	22	47:34	34
7. SC Bad Neuenahr	22	40:48	28
8. VfL Wolfsburg	22	35:55	27
9. FSV Frankfurt	22	29:53	21
10. SC Freiburg	22	34:51	20
11. FFC Brauweiler-Pulheim	22	30:57	15
12. 1. FC Saarbrücken	22	7:115	1

Die Meistermannschaft: Angerer, Ullrich – N. Augustinyak, Hingst, Kuznik, Liepack, Machalett, Makowska, Nickel – J. Augustinyak, Becher, Brendel, Omilade, Odebrecht – Mittag, Pohlers, Schadrack, Wimbersky, Zietz – Trainer: Bernd Schröder.

2005 1. FFC Frankfurt

1. 1. FFC Frankfurt	22	78:16	63
2. FCR Duisburg	22	91:20	56
3. Turbine Potsdam	22	79:29	49
4. Bayern München	22	39:37	33
5. SC Bad Neuenahr	22	40:42	33
6. FSV Frankfurt	22	37:51	26
7. Heike Rheine	22	36:54	25
8. SC Freiburg	22	30:56	23
9. Hamburger SV	22	20:48	20
10. SG Essen-Schönebeck	22	28:63	20
11. TSV Crailsheim	22	19:49	18
12. VfL Wolfsburg	22	26:58	17

Die Meistermannschaft: Wissink, Francke – Jannermann, Jones, Koch, Krummenauer, Künzer, T. Wunderlich, Zerbe – Garefrekes, Hansen, Kliehm, Lingor, Weber, P. Wunderlich – Affeld, Albertz, Hartel, Nyembo, Prinz, Stammler, Weichelt – Trainer: Dr. Hans-Jürgen Tritschoks.

2006 Turbine Potsdam

1. Turbine Potsdam	22	115:13	59
2. FCR Duisburg	22	91:11	55
3. 1. FFC Frankfurt	22	97:25	52
4. SC Bad Neuenahr	22	61:40	44
5. Hamburger SV	22	42:40	33
6. SG Essen-Schönebeck	22	44:49	30
7. SC Freiburg	22	45:48	29
8. Bayern München	22	41:48	27
9. Heike Rheine	22	39:56	20
10. FFC Brauweiler Pulheim	22	24:79	13
10. VfL Sindelfingen	22	19:72	11
12. FSV Frankfurt	22	5:142	1

Der FSV Frankfurt löst seine Frauen-Mannschaft auf und verzichtet auf den Startplatz in der 2. Bundesliga.

Die Meistermannschaft: Angerer, Ullrich – Becher, Carlson, Höfler, M. Kerschowski, Kuznik, Peter, Schlanke – Hingst, Omilade, Schiewe, Thomas, Zietz – Cristiane, I. Kerschowski, Mittag, Podvorica, Pohlers, Wimbersky – Trainer: Bernd Schröder.

2007 1. FFC Frankfurt

1. 1. FFC Frankfurt	22	91:17	60
2. FCR Duisburg	22	76:25	51
3. Turbine Potsdam	22	51:23	44
4. Bayern München	22	35:29	38
5. SC Bad Neuenahr	22	45:45	33
6. SG Essen-Schönebeck	22	55:42	32
7. TSV Crailsheim	22	33:37	30
8. VfL Wolfsburg	22	20:49	27
9. Hamburger SV	22	34:34	26
10. SC Freiburg	22	36:57	25
11. Heike Rheine	22	24:57	14
12. FFC Brauweiler Pulheim	22	15:100	0

Die Meistermannschaft: Holl, Janischewski, Rottenberg – Affeld, Jannermann, Jones, Künzer, Marciak, T. Wunderlich, Zerbe – Bartusiak, Hansen, Kliehm, Lingor, Smisek, Thomas, Weber, P. Wunderlich – Garefrekes, Hartel, Prinz, Wimbersky – Trainer: Dr. Hans-Jürgen Tritschoks.

2008 1. FFC Frankfurt

1. 1. FFC Frankfurt	22	87:22	54
2. FCR Duisburg	22	65:20	53
3. Turbine Potsdam	22	48:32	38
4. Bayern München	22	53:38	38
5. SC Bad Neuenahr	22	43:33	37
6. VfL Wolfsburg	22	42:48	34
7. SG Essen-Schönebeck	22	43:40	33
8. SC Freiburg	22	30:63	21
9. TSV Crailsheim	22	28:43	19
10. Hamburger SV	22	23:46	18
11. 1. FC Saarbrücken	22	26:51	18
12. SG Wattenscheid 09	22	17:69	11

Die Meistermannschaft: Rottenberg, Ullrich – Engel, Günther, Jones, Krieger, Künzer, Lewandowski, Marciak, T. Wunderlich – Bartusiak, Hansen, Kliehm, Lingor, Smisek, Thomas, Weber, P. Wunderlich – Garefrekes, Huth, Pohlers, Prinz, Wimbersky – Trainer: Dr. Hans-Jürgen Tritschoks.

2009 Turbine Potsdam

1. Turbine Potsdam	22	67:19	54
2. Bayern München	22	69:22	54
3. FCR Duisburg	22	86:20	53
4. 1. FFC Frankfurt	22	58:25	45
5. SG Essen-Schönebeck	22	46:39	30
6. Hamburger SV	22	53:49	29
7. SC Freiburg	22	36:53	29
8. VfL Wolfsburg	22	53:48	27
9. USV Jena	22	32:56	23
10. SC Bad Neuenahr	22	26:74	18
11. HSV Borussia Friedenstal	22	23:79	14
12. TSV Crailsheim	22	14:79	5

Die Meistermannschaft: Schumann – Braun, Draws, Peter, B. Schmidt, Schumski – Bagehorn, I. Kerschowski, Odebrecht, Sainio, Schiewe, Zietz – Kemme, M. Kerschowski, Larsen Kaurin, Mittag, Podvorica, Wich – Trainer: Bernd Schröder.

2010 Turbine Potsdam

1. Turbine Potsdam	22	84:15	59
2. FCR Duisburg	22	73:16	54
3. 1. FFC Frankfurt	22	84:29	51
4. Bayern München	22	42:35	39
5. VfL Wolfsburg	22	45:30	37
6. SC Bad Neuenahr	22	35:36	32
7. Hamburger SV	22	31:51	28
8. USV Jena	22	31:60	21
9. 1. FC Saarbrücken	22	30:54	19
10. SG Essen-Schönebeck	22	25:58	16
11. SC Freiburg	22	14:53	13
12. Tennis Borussia Berlin	22	17:74	9

Die Meistermannschaft: Sarholz, Schumann – Draws, Henning, Peter, B. Schmidt, Schröder – Bagehorn, Bajmaraj, I. Kerschowski, M. Kerschowski, Keßler, Odebrecht, Schiewe, Zietz – Kemme, Larsen Kaurin, Mittag, Nagasato, Wich – Trainer: Bernd Schröder.

2011 Turbine Potsdam

1. Turbine Potsdam	22	67:17	58
2. 1. FFC Frankfurt	22	103:16	57
3. FCR Duisburg	22	61:19	51
4. Hamburger SV	22	42:42	38
5. Bayern München	22	43:36	35
6. SC Bad Neuenahr	22	54:48	33
7. VfL Wolfsburg	22	52:46	32
8. Bayer Leverkusen	22	32:67	21
9. SG Essen-Schönebeck	22	27:50	20
10. USV Jena	22	24:57	19
11. 1. FC Saarbrücken	22	20:72	14
12. HSV Borussia Friedenstal	22	25:80	5

Die Meistermannschaft: Sarholz, Schumann – Demann, Henning, Peter, B. Schmidt, Wesely – Bagehorn, Cramer, Kemme, I. Kerschowski, Keßler, Löwenberg, Odebrecht, Schröder, Zietz – Andonova, Bajramaj, Mittag, Nagasato, Wich – Trainer: Bernd Schröder.

2012 Turbine Potsdam

1. Turbine Potsdam	22	63:10	56
2. VfL Wolfsburg	22	62:18	53
3. 1. FFC Frankfurt	22	58:17	46
4. FCR Duisburg	22	53:24	45
5. SG Essen-Schönebeck	22	30:28	31
6. Bayern München	22	29:38	28
7. SC Bad Neuenahr	22	26:22	26
8. SC Freiburg	22	22:43	23
9. Hamburger SV	22	23:40	22
10. USV Jena	22	16:46	18
11. Bayer Leverkusen	22	22:55	15
12. 1. FC Lok Leipzig	22	16:79	13

Die Meistermannschaft: Berger, Naeher – Cramer, Demann, Kemme, Peter, Schmidt, Singer, Wesely – Draws, Göransson, Hanebeck, Odebrecht, Zietz – Andonova, Anonma, de Ridder, I. Kerschowski, Kulis, Mittag, Nagasato-Ogimi, Vidarsdottir – Trainer: Bernd Schröder.

2013 VfL Wolfsburg

1. VfL Wolfsburg	22	71:16	53
2. Turbine Potsdam	22	70:16	49
3. 1. FFC Frankfurt	22	52:26	47
4. Bayern München	22	49:24	43
5. SC Freiburg	22	33:31	32
6. SGS Essen	22	26:30	30
7. SC Bad Neuenahr	22	25:29	30
8. Bayer Leverkusen	22	31:40	26
9. FCR Duisburg	22	37:47	24
10. USV Jena	22	24:47	22
11. VfL Sindelfingen	22	14:73	12
12. FSV Gütersloh	22	19:72	7

Die Meistermannschaft: Burmeister, Frohms, A. Vetterlein – Faißt, Henning, Omilade, Tetzlaff, Tietge, L. Vetterlein, Wensing – Blässe, Bunte, Goeßling, Hartmann, Jäger, Jakabfi, Keßler, Odebrecht, Wagner – Magull, M. Müller, Pohlers, Popp – Trainer: Ralf Kellermann.

2014 VfL Wolfsburg

1. VfL Wolfsburg	22	71:16	53
2. 1. FFC Frankfurt	22	80:15	53
3. Turbine Potsdam	22	64:20	49
4. Bayern München	22	49:27	39
5. USV Jena	22	36:32	31
6. SGS Essen	22	37:42	27
7. Bayer Leverkusen	22	44:38	26
8. SC Freiburg	22	39:42	25
9. TSG 1899 Hoffenheim	22	39:61	23
10. MSV Duisburg	22	27:45	22
11. BV Cloppenburg	22	34:60	17
12. VfL Sindelfingen	22	4:123	2

Die Meistermannschaft: Frohms, Schult – Bunte, Faißt, Fischer, Henning, Maritz, Tetzlaff, L. Vetterlein, Wensing – Blässe, Goeßling, Hartmann, Jakabfi, Keßler, Magull, Odebrecht, Wagner – Damjanovic, Meyer, M. Müller, Oparanozie, Pohlers, Popp – Trainer: Ralf Kellermann.

2015 Bayern München

1. Bayern München	22	56:7	56
2. VfL Wolfsburg	22	67:4	55
3. 1. FFC Frankfurt	22	74:19	53
4. Turbine Potsdam	22	52:24	48
5. SGS Essen	22	32:36	28
6. TSG 1899 Hoffenheim	22	29:40	26
7. SC Freiburg	22	34:62	23
8. USV Jena	22	25:40	20
9. Bayer Leverkusen	22	23:42	20
10. SC Sand	22	27:43	19
11. MSV Duisburg	22	18:49	17
12. HSV Borussia Friedenstal	22	18:89	5

Die Meistermannschaft: Korpela, Zinsberger – Abbé, Baunach, Holstad Berge, Lewandowski, Maier, Manieri, Wenninger – Behringer, Brynjarsdottir, Feiersinger, Leupolz, Schnaderbeck – Beckmann, Bürki, Iwabuchi, Lotzen, Miedema, Stengel – Trainer: Thomas Wörle.

2016 Bayern München

1. Bayern München	22	47:8	57
2. VfL Wolfsburg	22	56:22	47
3. 1. FFC Frankfurt	22	49:25	46
4. SC Freiburg	22	38:24	32
5. SGS Essen	22	39:37	32
6. USV Jena	22	30:45	31
7. Turbine Potsdam	22	42:28	30
8. TSG 1899 Hoffenheim	22	33:33	28
9. SC Sand	22	29:30	28
10. Bayer Leverkusen	22	21:56	21
11. Werder Bremen	22	17:53	13
12. 1. FC Köln	22	20:60	12

Die Meistermannschaft: Korpela, Zinsberger – Abbé, Baunach, Falknor, Holstad Berge, Lewandowski, Maier, Manieri, Wenninger – Behringer, Boquete, Däbritz, Feiersinger, Leupolz, Schnaderbeck – Beckmann, Bürki, Iwabuchi, Miedema, Rolser – Trainer: Thomas Wörle.

2017 VfL Wolfsburg

1. VfL Wolfsburg	22	56:14	54
2. Bayern München	22	36:15	52
3. Turbine Potsdam	22	42:16	50
4. SC Freiburg	22	45:20	47
5. 1. FFC Frankfurt	22	40:28	37
6. SGS Essen	22	38:30	32
7. TSG 1899 Hoffenheim	22	23:23	30
8. SC Sand	22	29:23	27
9. USV Jena	22	19:34	17
10. MSV Duisburg	22	19:49	16
11. Bayer Leverkusen	22	16:53	9
12. Bor. Mönchengladbach	22	8:66	6

Die Meistermannschaft: Frohms, Schult – Bunte, Fischer, Harder, Maritz, Peter, Wedemeyer – Bernauer, Blässe, Bussaglia, Dickenmann, Goeßling, Gunnarsdottir, Hansen, Jakabfi, Kerschowski, Simic, van Egmond – Bachmann, Mittag, Pajor, Popp, Wullaert – Trainer: Ralf Kellermann.

2018 VfL Wolfsburg

1. VfL Wolfsburg	22	56:8	56
2. Bayern München	22	62:15	53
3. SC Freiburg	22	50:15	48
4. Turbine Potsdam	22	50:21	45
5. SGS Essen	22	43:30	39
6. 1. FFC Frankfurt	22	29:25	31
7. SC Sand	22	32:34	30
8. TSG 1899 Hoffenheim	22	22:32	25
9. MSV Duisburg	22	16:33	18
10. Werder Bremen	22	26:59	14
11. 1. FC Köln	22	8:78	11
12. USV Jena	22	12:56	10

Die Meistermannschaft: Frohms, Schult – Baunach, Fischer, Maritz, Peter, van Egmond, Wedemeyer, Wensing, Wittje – Bernauer, Blässe, Claudia Neto, Dickenmann, Goeßling, Gunnarsdottir, Hansen, Harder, Jakabfi, Kerschowski, McLeod, Minde – Pajor, Popp, Stolze, Wullaert – Trainer: Stephan Lerch.

2019 VfL Wolfsburg

1. VfL Wolfsburg	22	94:11	59
2. Bayern München	22	75:18	55
3. Turbine Potsdam	22	59:25	42
4. SGS Essen	22	50:28	41
5. 1. FFC Frankfurt	22	48:38	34
6. TSG 1899 Hoffenheim	22	48:29	33
7. SC Freiburg	22	41:33	26
8. SC Sand	22	29:40	25
9. MSV Duisburg	22	21:62	19
10. Bayer Leverkusen	22	22:75	18
11. Werder Bremen	22	23:48	16
12. Bor. Mönchengladbach	22	7:110	1

Die Meistermannschaft: Earps, Schult – Baunach, Doorsoun-Khajeh, Fischer, Maritz, Peter, Wedemeyer – Blässe, Claudia Neto, Dickenmann, Goeßling, Gunnarsdottir, Hansen, Jakabfi, McLeod, Minde, Stolze, Wolter – Harder, Pajor, Popp – Trainer: Stephan Lerch.

2020 VfL Wolfsburg

1. VfL Wolfsburg	22	93:8	62
2. Bayern München	22	60:14	54
3. TSG 1899 Hoffenheim	22	67:24	49
4. Turbine Potsdam	22	52:45	37
5. SGS Essen	22	41:39	35
6. 1. FFC Frankfurt	22	44:47	33
7. SC Freiburg	22	43:47	31
8. SC Sand	22	24:43	25
9. MSV Duisburg	22	19:47	17
10. Bayer Leverkusen	22	22:51	17
11. 1. FC Köln	22	22:60	17
12. USV Jena	22	15:77	4

Die Meistermannschaft: Abt, Lindahl – Bloodworth, Doorsoun-Khajeh, Maritz, Rauch, Wedemeyer – Blässe, Claudia Neto, Dickenmann, Engen, Goeßling, Gunnarsdottir, Jakabfi, Minde, Rolfö, Stolze, Wolter – Harder, Huth, Pajor, Popp – Trainer: Stephan Lerch.

2021 Bayern München

1. Bayern München	22	82:9	61
2. VfL Wolfsburg	22	71:17	59
3. TSG 1899 Hoffenheim	22	54:23	44
4. Turbine Potsdam	22	41:36	39
5. Bayer Leverkusen	22	32:39	33
6. Eintracht Frankfurt	22	43:29	30
7. SC Freiburg	22	30:35	30
8. SGS Essen	22	30:37	25
9. Werder Bremen	22	23:67	19
10. SC Sand	22	21:53	18
11. SV Meppen	22	16:52	14
12. MSV Duisburg	22	15:61	7

Die Meistermannschaft: Benkarth, Grohs – Demann, Glas, Hegering, Ilestedt, Laudehr, Pollak, Simon, Wenninger – Asseyi, Beerensteyn, Boye Sörensen, Bühl, Dallmann, Gwinn, Lohmann, Magull, Vilhjalmsdottir, Zadrazil – Corley, Rudelic, Schüller – Trainer: Jens Scheuer.

Ewige Tabelle der Frauen-Bundesliga seit 1990/91

Verein	Saisons	Spiele	S	U	N	Tore	Punkte
1. Eintracht Frankfurt	**31**	**656**	**437**	**89**	**130**	**1869:666**	**1400**
2. 1. FFC Turbine Potsdam	**27**	**582**	**364**	**86**	**132**	**1530:700**	**1178**
3. VfL Wolfsburg	**29**	**612**	**311**	**96**	**205**	**1340:965**	**1029**
4. MSV Duisburg	**27**	**578**	**316**	**80**	**182**	**1409:833**	**1028**
5. FC Bayern München	**23**	**500**	**290**	**74**	**136**	**1105:624**	**944**
6. FSV Frankfurt	**16**	**326**	**173**	**49**	**104**	**785:551**	**568**
7. SC Freiburg	**20**	**440**	**159**	**73**	**208**	**681:868**	**547**
8. 1. FC Köln	**18**	**374**	**163**	**53**	**158**	**745:699**	**542**
9. SGS Essen	**17**	**374**	**144**	**69**	**161**	**634:678**	**501**
10. SC 07 Bad Neuenahr	**19**	**406**	**144**	**61**	**201**	**621:884**	**493**
11. Sportfreunde Siegen	**11**	**216**	**144**	**33**	**39**	**609:203**	**465**
12. FFC Heike Rheine	**16**	**326**	**129**	**66**	**131**	**570:561**	**453**
13. 1. FC Saarbrücken	**16**	**326**	**94**	**60**	**172**	**431:753**	**342**
14. TuS Niederkirchen	**11**	**216**	**97**	**30**	**89**	**424:397**	**321**
15. Bayer 04 Leverkusen	**14**	**294**	**84**	**51**	**159**	**367:647**	**303**
16. Hamburger SV	**11**	**242**	**74**	**39**	**129**	**348:524**	**261**
17. TSG 1899 Hoffenheim	**8**	**176**	**77**	**27**	**72**	**315:265**	**258**

18. FF USV Jena	12	262	59	46	157	278:621	223
19. SC Klinge Seckach	8	150	55	39	56	214:247	204
20. SC Sand	8	172	55	29	88	215:307	194
21. VfL Sindelfingen	10	194	49	38	107	219:489	185
22. Fortuna Sachsenroß Hannover	7	128	48	22	58	214:276	166
23. Tennis Borussia Berlin	8	154	36	33	85	163:333	141
24. TuS Ahrbach	6	110	39	22	49	194:205	139
25. TSV Crailsheim	6	124	29	21	74	124:259	108
26. KBC Duisburg	4	74	27	20	27	119:154	101
27. Schmalfelder SV	5	92	23	20	49	93:150	89
28. SV Werder Bremen	4	88	16	14	58	89:227	62
29. FFC Flaesheim-Hillen	3	62	15	11	36	69:187	56
30. TuS Wörrstadt	3	54	9	10	35	42:160	37
31. VfL Ulm/Neu-Ulm	2	38	10	5	23	40:88	35
32. TSV Ludwigsburg	2	38	8	3	27	28:85	27
33. TSV Battenberg	2	36	6	7	23	36:116	25
34. Herforder SV Borussia Friedenstal	3	66	6	6	54	66:248	24
35. FFC Wacker München	2	36	2	17	17	34:73	23
36. FSV Schwarzbach	2	36	6	5	25	32:114	23
37. SC Poppenbüttel	2	38	5	7	26	38:90	22
38. SG Wattenscheid 09	2	40	6	4	30	36:139	22
39. BV Cloppenburg	1	22	4	5	13	34:60	17
40. FC Erzgebirge Aue	1	20	3	5	12	20:38	14
41. SV Wilhelmshaven	1	18	4	2	12	25:56	14
42. SV Meppen	1	22	3	5	14	16:52	14
43. 1. FC Lokomotive Leipzig	1	22	4	1	17	16:79	13
44. VfL Wittekind Wildeshausen	1	18	3	3	12	10:49	12
45. STV Lövenich	1	18	2	3	13	14:43	9
46. TuS Binzen	1	18	2	3	13	14:46	9
47. 1. FC Nürnberg	1	22	2	3	17	15:85	9
48. FSV Gütersloh 2009	1	22	2	1	19	19:72	7
49. Borussia Mönchengladbach	2	44	2	1	41	15:176	7
50. Polizei SV Rostock	1	18	1	3	14	18:57	6
51. TV Jahn Delmenhorst	1	18	0	4	14	5:54	4
52. 1. FC Neukölln	1	18	0	0	18	8:102	0

Einige Vereine entstanden durch Übernahme oder Ausgliederung der Frauen-Fußballabteilung oder durch eine Fusion. So spielte der FFC Heike Rheine bis 1994 unter dem Namen VfB Rheine, bis 1998 als FC Eintracht Rheine, der MSV Duisburg bis Januar 2014 als FCR Duisburg, davor bis 1998 als FC Rumeln-Kaldenhausen, die Sportfreunde Siegen bis 1997 als TSV Siegen, der VfL Wolfsburg bis 1997 als VfR Eintracht Wolfsburg, bis 2004 als WSV Wendschott, der 1. FC Saarbrücken bis 1997 als VfR Saarbrücken, der FFC Flaesheim Hillen bis 1999 als Rot-Weiß Hillen, der 1. FC Köln bis 2009 als FFC Brauweiler Pulheim, davor bis 2000 Grün-Weiß Brauweiler und die SGS Essen bis 2012 als SG Essen-Schönebeck in der Frauen-Bundesliga. Bayer Leverkusen übernahm 2008 die Frauenfußballabteilung des TuS Köln rrh., der 1996 den mehrmaligen Meister SSG Bergisch Gladbach übernommen hatte. Der 1. FFC Frankfurt (bis 1998 SG Praunheim) fusionierte 2020 mit Eintracht Frankfurt. – Die Frauen-Bundesliga wurde bis 1997 in zwei Staffeln Nord und Süd gespielt. Dem SC Freiburg wurden 2005/06 drei Punkte abgezogen.

Ehrentafel

DER DEUTSCHEN FRAUEN-POKALSIEGER

1981	SSG Bergisch Gladbach	2002	1. FFC Frankfurt
1982	SSG Bergisch Gladbach	2003	1. FFC Frankfurt
1983	KBC Duisburg	2004	Turbine Potsdam
1984	SSG Bergisch Gladbach	2005	Turbine Potsdam
1985	FSV Frankfurt	2006	Turbine Potsdam
1986	TSV Siegen	2007	1. FFC Frankfurt
1987	TSV Siegen	2008	1. FFC Frankfurt
1988	TSV Siegen	2009	FCR Duisburg
1989	TSV Siegen	2010	FCR Duisburg
1990	FSV Frankfurt	2011	1. FFC Frankfurt
1991	Grün-Weiß Brauweiler	2012	Bayern München
1992	FSV Frankfurt	2013	VfL Wolfsburg
1993	TSV Siegen	2014	1. FFC Frankfurt
1994	Grün-Weiß Brauweiler	2015	VfL Wolfsburg
1995	FSV Frankfurt	2016	VfL Wolfsburg
1996	FSV Frankfurt	2017	VfL Wolfsburg
1997	Grün-Weiß Brauweiler	2018	VfL Wolfsburg
1998	FCR Duisburg	2019	VfL Wolfsburg
1999	1. FFC Frankfurt	2020	VfL Wolfsburg
2000	1. FFC Frankfurt	2021	VfL Wolfsburg
2001	1. FFC Frankfurt		

1981: SSG Bergisch Gladbach

Vorrunde: Komet Bremen – Meteor 06 Berlin 0:14 und 0:7, KBC Duisburg – Eintracht Wolfsburg 1:1 und 2:1, SSG Bergisch Gladbach – TSV Siegen 3:1 und 2:1, FV Bellenberg – TSV Hungen 4:2 und 1:4, Hellas Marpingen – SC Bad Neuenahr 0:1 und 0:2, SV Schlierstadt – VfR Rheinfelden 8:1 und 6:0, Inter-Bergsteig Amberg – TuS Wörrstadt 0:0 und 1:4, Wedeler SV – TSG Thumby 1:0 und 1:1.
Viertelfinale: Meteor 06 Berlin – Wedeler SV 5:1 und 5:3, KBC Duisburg – SSG Bergisch Gladbach 0:0 und 2:3, TSV Hungen – SC Bad Neuenahr 1:2 und 1:1, SV Schlierstadt – TuS Wörrstadt 1:2 und 2:3.
Halbfinale: TuS Wörrstadt – Meteor 06 Berlin 1:0 und 1:0, SSG Bergisch Gladbach – SC 07 Bad Neuenahr 6:0 und 3:0.

Endspiel am 2. Mai in Stuttgart SSG Bergisch Gladbach – TuS Wörrstadt 5:0 (2:0)
Berg. Gladbach: Geilen – Klinz, Dlugi, Krug, Neuenfeldt (Budny) – Winkel, Degwitz, Trabant-Haarbach – Schmoll (Haberlass), Kresimon, Gebauer – Tore: Kresimon 3, Degwitz, Trabant-Haarbach – Zuschauer: 35 000 (Vorspiel zum Herren-Finale) – SR: Walz (Waiblingen).

1982: SSG Bergisch Gladbach

Vorrunde: TSV Rendsburg – TSV Farge-Rekum Bremen 2:1, FSV Frankfurt – SC Freiburg 5:0, VfL Schorndorf – TSV Bäumenheim 2:1, VfL Wildeshausen – Meteor 06 Berlin 3:0, Lorbeer Rothenburgsort – SSG Bergisch Gladbach 1:4, TSV Siegen – KBC Duisburg n. V. 0:1, TuS Niederkirchen – SC Bad Neuenahr 0:2, SV Weiskirchen – Germania Untergrombach n. V. 1:1 und 3:0.
Viertelfinale: FSV Frankfurt – VfL Schorndorf 3:0, TSV Rendsburg – VfL Wildeshausen 0:4, SC Bad Neuenahr – SV Weiskirchen 6:0, SSG Bergisch Gladbach – KBC Duisburg 2:0.
Halbfinale: SSG Bergisch Gladbach – FSV Frankfurt 9:0, SC Bad Neuenahr – VfL Wildeshausen 0:2.

Endspiel am 1. Mai in Frankfurt: SSG Bergisch Gladbach – VfL Wildeshausen 3:0 (1:0)
Berg. Gladbach: Domhoff – Klinz, Winkel, Degwitz, Dlugi-Winterberg – Krug, Dahl (Landers), Trabant-Haarbach – Frauenrath, Kresimon, Gebauer (Kozany) – Tore: Dahl, Trabant-Haarbach, Krug – Zuschauer: 61 000 (Vorspiel zum Herren-Finale) – SR: Brückner (Darmstadt).

1983: KBC Duisburg

Vorrunde: Bayern München – SV Oberteuringen 12:1, SC Klinge Seckach – TuS Binzen 5:0, Bremer TS Neustadt – VfL Wildeshausen 2:7, TSV Rendsburg – FSV Harburg n. V. 3:4, FC Schalke 04 – KBC Duisburg 0:5, Tennis Borussia Berlin – SSG Bergisch Gladbach 3:1, FSV Frankfurt – Viktoria DJK Neunkirchen 2:0, TuS Wörrstadt – SC Bad Neuenahr 1:4.
Viiertelfinale: FSV Harburg – VfL Wildeshausen n. V. 2:4, KBC Duisburg – Tennis Borussia Berlin 5:2, FSV Frankfurt – SC Bad Neuenahr 1:0, Bayern München – SC Klinge Seckach 2:3.
Halbfinale: VfL Wildeshausen – KBC Duisburg 0:1, FSV Frankfurt – SC Klinge Seckach 3:0.

Endspiel am 8. Mai in Frankfurt: KBC Duisburg – FSV Frankfurt 3:0 (1:0)
Duisburg: Dykstra – De Koning, Thulke, Halfmann, Frey – Frauenrath, Dieckmann, Carastergiou – Voß, Offermann, Schuh – Tore: Offermann 2, Caratergiou – Zuschauer: 1200 – SR: Meßmer (Mannheim).

1984: SSG Bergisch Gladbach

Vorrunde: TSV Siegen – SSG Bergisch Gladbach 0:5, SC Bad Neuenahr – VfL Unzhurst 5:3, 1. FC Kaiserslautern – VfR Saarbrücken 4:0, Meteor 06 Berlin – FSV Harburg 1:4, KBC Duisburg – BTS Neustadt 16:1, Eintracht Wolfsburg – ATSV Stockelsdorf 4:2, VfL Schorndorf – SC Klinge Seckach 4:1, FC Schweinfurt 05 – FSV Frankfurt 0:8.
Viertelfinale: FSV Harburg – Eintracht Wolfsburg 0:6, SSG Bergisch Gladbach – KBC Duisburg 1:0, VfL Schorndorf – FSV Frankfurt 2:3, SC Bad Neuenahr – 1. FC Kaiserslautern 4:1.
Halbfinale: SC Bad Neuenahr – Eintracht Wolfsburg 1:2, SSG Bergisch Gladbach – FSV Frankfurt 2:0.

Endspiel am 31. Mai in Frankfurt: SSG Bergisch Gladbach – Eintracht Wolfsburg 2:0 (1:0)
Berg. Gladbach: Neuser – Dlugi-Winterberg, Neuenfeldt, Degwitz, Corica (Gebauer) – Dahl, Krug, Klinz (Neid), Schauerova – Kresimon, Bartelmann – Tore: Bartelmann, Dlugi-Winterberg – Zuschauer: 50 000 (Vorspiel zum Herren-Finale) – SR: Neuner (Leimen).

1985: FSV Frankfurt

Vorrunde: SV Weiskirchen – Bayern München 2:4, SC Klinge Seckach – VfL Schorndorf 8:1, Bremer TS Neustadt – Lorbeer Rotheburgsort 1:2, VfL Wildeshausen – Tennis Borussia Berlin 4:0, FC Schalke 04 – KBC Duisburg 0:1, SC Bad Neuenahr – 1. FC Kaiserslautern n. V. 3:1, Rot-Weiß Berresdorf – ATSV Stockelsdorf 4:2, FSV Frankfurt – SC Freiburg 2:0.
Viertelfinale: Lorbeer Rotheburgsort – VfL Wildeshausen 0:3, KBC Duisburg – Rot-Weiß Berrendorf 2:0, Bayern München – SC Bad Neuenahr 3:2, FSV Frankfurt – SC Klinge Seckach 2:0.
Halbfinale: FSV Frankfurt – VfL Wildeshausen 2:1, KBC Duisburg – Bayern München 2:1.

Endspiel am 26. Mai in Berlin: FSV Frankfurt – KBC Duisburg n. V. 1:1 (1:1, 1:0), Elfmeterschießen 4:3
Frankfurt: Melka – Kurt (Unsleber), Zimmermann, Lissner, Pfeifer – Strauch, Koekkoek, Hamza – Raith, Mantel, Laufer (Scheler) – Tore: Koekkoek (Offermann) – Tore im Elfmeterschießen: Hamza, Mantel, Raith, Unsleber (Thulke, Reichler, Frey) – Zuschauer: 25 000 (Vorspiel zum Herren-Finale) – SR: Horeis (Buchholz) .

1986: TSV Siegen

Vorrunde: SV Flörsheim – SC Klinge Seckach 2:3, VfR Saarbrücken – Bayern München 0:4, TuS Niederkirchen – SV Oberteuringen 7:0, TuS Binzen – SC Bad Neuenahr 0:4, KBC Duisburg – Schmalfelder SV 6:0, SSG Bergisch Gladbach – Eintracht Wolfsburg 1:0, Bremer TS Neustadt – TSV Siegen 0:4, Meteor 06 Berlin – Lorbeer Rothenburgsort n. V. 0:0 und 0:1.
Viertelfinale: TSV Siegen – KBC Duisburg 5:0, Bayern München – SC Klinge Seckach 5:0, TuS Niederkirchen – SC Bad Neuenahr 2:4, Lorbeer Rothenburgsort – SSG Bergisch Gladbach 0:4.
Halbfinale: Bayern München – SSG Bergisch Gladbach 0:5, SC Bad Neuenahr – TSV Siegen 0:3.

Endspiel am 3. Mai in Berlin: TSV Siegen – SSG Bergisch Gladbach 2:0 (1:0)
Siegen: Neuser – Kozany – Haberlaß, Sänger, Goebel (Hamm) – Neid, Bartelmann, Raith, Thomas – Henkel, Chaladyniak (Fischbach) – Tore: Chaladyniak, Fischbach – Zuschauer: 50 000 (Vorspiel zum Herren-Finale) – SR: Wiesel (Ottbergen).

1987: TSV Siegen

Vorrunde: SC Bad Neuenahr – STV Lövenich 2:3, Viktoria Jägersburg – TuS Niederkirchen 1:0, Lorbeer Rothenburgsort – Mariendorfer SV Berlin 2:1, FSV Frankfurt – SV Oberteuringen 7:0, Wittenseer SV – TSV Siegen 0:5, FC Spöck – TuS Binzen 0:1, Polizei SV Bremen – VfL Wildeshausen 0:3, VfB Uerdingen Bayern München n. V. 1:1 und 0:2.
Viertelfinale: Viktoria Jägersburg – Lorbeer Rothenburgsort 0:1, VfL Wildeshausen – FSV Frankfurt 0:3, Bayern München – TSV Siegen 0:4, STV Lövenich – TuS Binzen 4:1.
Halbfinale: STV Lövenich – Lorbeer Rothenburgsort 4:0, TSV Siegen – FSV Frankfurt n. V. 2:1.

Endspiel am 20. Juni in Berlin: TSV Siegen – STV Lövenich 5:2 (2:0)
Siegen: R. Neuser – Kozany – Thomas, Hennecke (Hamm) – Sänger, Raith, Czyganowski, Koekkoek, Neid – Chaladyniak (Pick), Bartelmann – Tore: Neid, Chaladyniak, Hennecke, Pick, Bartelmann (Schotten, Eigentor Czyganowski) – Zuschauer: 30 000 (Vorspiel zum Herren-Finale) – SR: Zimmermann (Kiel).

1988: TSV Siegen

Vorrunde: SC Bad Neuenahr – SC Klinge Seckach 2:3, Husumer FV 1918 – Viktoria Jägersburg 0:6, Fortuna Sachsenroß Hannover – FSV Frankfurt 1:5, TSV Siegen – Polizei SV Bremen 6:0, KBC Duisburg – TuS Binzen 4:0, SSG Bergisch Gladbach – TuS Wörrstadt 2:0, SpVgg Groß-Flottbek – VfL Sindelfingen 0:1, Tennis Borussia Berlin – Bayern München 0:3.
Viertelfinale: Viktoria Jägersburg – Bayern München 0:4, TSV Siegen – KBC Duisburg n. V. 3:1, FSV Frankfurt – VfL Sindelfingen 1:0, SC Klinge Seckach – SSG Bergisch Gladbach 0:1.
Halbfinale: TSV Siegen – FSV Frankfurt 4:0, Bayern München – SSG Bergisch Gladbach 1:0.

Endspiel am 28. Mai in Berlin: TSV Siegen – Bayern München 4:0 (2:0)
Siegen: Neuser – Kozany – Raith, Sänger – Czyganowski, Thomas (Hamm), Neid, Koekkoek, Wiese – Henkel, Cox – Tore: Neid 3, Wiese – Zuschauer: 30 000 (Vorspiel zum Herren-Finale) – SR: Dellwing (Trier).

1989: TSV Siegen

Vorrunde: TSV Ludwigsburg – Tennis Borussia Berlin 2:0, TuS Binzen – Lorbeer Rothenburgsort 0:4, FT Geestemünde – TuS Ahrbach 1:4, FC Spöck – Bayern München 1:4, FSV Frankfurt – VfR Saarbrücken 2:0, TuS Wörrstadt – TSV Siegen 1:3, SSG Bergisch Gladbach – Eintracht Wolfsburg 1:0, ATSV Stockelsdorf – KBC Duisburg 0:8.
Viertelfinale: FSV Frankfurt – Bayern München 3:0, TSV Siegen – TSV Ludwigsburg 2:0, TuS Ahrbach – Lorbeer Rothenburgsort 3:0, KBC Duisburg – SSG Bergisch Gladbach n. V. 0:0, n. V. 3:3, Elfmeterschießen 5:6.
Halbfinale: SSG Bergisch Gladbach – TSV Siegen 1:3, FSV Frankfurt – TuS Ahrbach 4:0.

Endspiel am 24. Juni 1989 in Berlin: TSV Siegen – FSV Frankfurt 5:1 (3:0)
Siegen: Neuser – Kozany – Sänger, Raith – Haberlaß, Neid, Voß, Koekkoek – Henkel, Kern (Schäfer), Knieper (Czyganowski) – Tore: Neid 2, Kern 2, Voss (Unsleber) – Zuschauer: 76 500 (Vorspiel zum Herren-Finale) – SR: Kriegelstein (Berlin).

1990: FSV Frankfurt

Vorrunde: VfR Saarbrücken – TuS Wörrstadt 3:0, TuS Ahrbach – Grün-Weiß Brauweiler 1:2, Eintracht Wolfsburg – VfL Sindelfingen 1:3, SpVgg Wiehre – 1. FC Neukölln 6:2, KBC Duisburg – FSV Frankfurt 3:5, SC Poppenbüttel – Schmalfelder SV 0:3, SC Klinge Seckach – Polizei SV Bremen 6:0, Bayern München – TSV Siegen n. V. 1:1, n. V. 1:1, Elfmeterschießen 5:3.
Viertelfinale: Schmalfelder SV – VfR Saarbrücken 0:2, FSV Frankfurt – Spvgg. Wiehre 10:0, SC Klinge Seckach – Bayern München 1:2, VfL Sindelfingen – Grün-Weiß Brauweiler 0:1.
Halbfinale: Grün-Weiß Brauweiler – Bayern München 0:1, VfR Saarbrücken – FSV Frankfurt n. V. 1:1, n. V. 2:3.

Endspiel am 19. Mai 1990 in Berlin: FSV Frankfurt – Bayern München 1:0 (1:0)
Frankfurt: Harvey – Heinrich – Stumpf, Unsleber, K. Pohlmann – König, Mantel, D. Pohlmann, Bornschein – Walter (Birkenbach), Mink (Rotard) – Tor: Walter – Zuschauer: 45 000 (Vorspiel zum Herren-Finale) – SR: Krug (Gelsenkirchen).

1991: Grün-Weiß Brauweiler

Vorrunde: TuS Binzen – SC Klinge Seckach 0:2, Tennis Borussia Berlin – Eintracht Wolfsburg 1:4, Grün-Weiß Brauweiler – FSV Frankfurt 1:0, TSV Siegen – Lorbeer Rothenburgsort 6:0, TuS Ahrbach – VfR Saarbrücken 0:1, Schmalfelder SV – VfL Sindelfingen n. V. 0:1, GSV Moers – Polizei SV Bremen 3:0, TuS Wörrstadt – Bayern München n. V. 2:2, 0:4.

Viertelfinale: GSV Moers – Eintracht Wolfsburg 1:2, Grün-Weiß Brauweiler – SC Klinge Seckach n. V. 1:1, 5:1, Bayern München – VfL Sindelfingen 1:0, VfR Saarbrücken – TSV Siegen 1:5.
Halbfinale: TSV Siegen – Bayern München 2:0, Grün-Weiß Brauweiler – VfR Eintracht Wolfsburg 6:0.

Endspiel am 22. Juni 1991 in Berlin: Grün-Weiß Brauweiler – TSV Siegen 1:0 (1:0)
Brauweiler: Rottenberg – C. Klein – A. Klein, Walek – Permer-Wrobel (Agocs), Wiegmann, Lovavs-Anton – Fischer (Haberkorn), Richter – Kubat, Lohn – Tor: Kubat – Zuschauer: 40 000 (Vorspiel zum Herren-Finale) – SR: Boos (Friedrichsdorf).

1992: FSV Frankfurt

1. Runde: SV Weiskirchen – FSV Frankfurt 0:7, Wismut Chemnitz – Wismut Aue 0:5, VfL Wildeshausen – USV Jena 1:0, Turbine Potsdam – Schmalfelder SV 2:4, TuS Binzen – Bayern München 0:5, Wittenseer SV – SSG Berg. Gladbach 0:3, SpVgg Landshut – TuS Ahrbach 0:2, SC Bad Neuenahr – SG Praunheim 4:3, SG Wattenscheid 09 – Eintracht Wolfsburg 0:5, VfR Rheinfelden – VfL Sindelfingen 0:7, Hamburger SV – Grün-Weiß Brauweiler 1:6, TuS Erbstorf – Fortuna Sachsenroß Hannover 0:2, Polizei SV Bremen – Tennis Borussia Berlin 1:2, SV Wilhelmshaven – KBC Duisburg n. V. 1:1, Elfmeterschießen 6:5, Motor Halle – SC Klinge Seckach 0:7, SC Oberteuringen – VfR Saarbrücken 0:10.
2. Runde: SV Eiche Branitz – VfB Rheine 0:6, SSG Berg. Gladbach – Hansa Rostock 6:1, SC Poppenbüttel – Tennis Borussia Berlin n. V. 2:4, Concordia Goch – Eintracht Wolfsburg 1:5, SC Neubrandenburg – Schmalfelder SV 0:5, Grün-Weiß Brauweiler – VfL Wildeshausen 5:0, Fortuna Sachsenroß Hannover – TSV Siegen 0:6, 1. FC Neukölln – SV Wilhelmshaven 1:4, SC Bad Neuenahr – TuS Wörrstadt n. V. 2:2, Elfmeterschießen 1:3, TSV Münchhausen – LTA Dresden 5:1, FC Spöck – FSV Frankfurt 1:3, VfL Ulm – TuS Niederkirchen 1:5, TuS Ahrbach – TUR Dresden-Übigau 3:0, VfR Saarbrücken – Wacker München 5:0, VfL Sindelfingen – Bayern München 1:0, SC Klinge Seckach – Wismut Aue 2:1.
Achtelfinale: SV Wilhelmshaven – FSV Frankfurt 1:5, VfL Sindelfingen – VfR Wolfsburg n. V. 0:1, SC Klinge Seckach – TSV Siegen 0:5, Grün-Weiß Brauweiler – TuS Ahrbach 1:0, VfR Saarbrücken – TuS Niederkirchen n. V. 2:2, Elfmeterschießen 3:4, TSV Münchhausen – TuS Wörrstadt 4:0, VfB Rheine – SSG Berg. Gladbach n. V. 2:1, Tennis Borussia Berlin – Schmalfelder SV n. V. 0:0, Elfmeterschießen 4:1.
Viertelfinale: TSV Siegen – TSV Niederkirchen 3:0, VfB Rheine – TSV Münchhausen 2:0, FSV Frankfurt – VfR Wolfsburg 1:0, Tennis Borussia Berlin – Grün-Weiß Brauweiler 0:3.
Halbfinale: VfB Rheine – TSV Siegen 0:3, FSV Frankfurt – Grün-Weiß Brauweiler n. V. 2:2, Elfmeterschießen 5:4.

Endspiel am 23. Mai 1992 in Berlin: FSV Frankfurt – TSV Siegen 1:0 (0:0)
Frankfurt: Kraus – Heinrich – Schlösser, Stumpf – Unsleber, Mantel, Minnert, König, D. Pohlmann (K. Pohlmann) – Walter (Weise), Bornschein – Tor: König – Zuschauer: 6000 (Vorspiel zum Herren-Finale) – SR: Regus (Hallstadt).

1993: TSV Siegen

1. Runde: Lorbeer Rothenburgsort – STV Lövenich 4:0, BSV Müssen – VfB Rheine 0:1, SV Wittensee – Grün-Weiß Brauweiler 0:8, SC Poppenbüttel – KBC Duisburg 0:5, Schmalfelder SV – Jahn Delmenhorst 3:1, Fortuna Magdeburg – Tennis Borussia Berlin 0:3, Turbine Potsdam – Eintracht Wolfsburg 0:2, SV Wolfenbüttel – Fortuna Sachsenroß Hannover 0:6, FSV Jägersburg – TuS Ahrbach 0:1, SG Kirchardt – TuS Niederkirchen 1:15, SC Siegelbach – VfR Saarbrücken 1:5, SpVgg Landshut – VfL Sindelfingen 0:10, SpVgg Hausen – SG Praunheim 0:2, Grün-Weiß Erfurt – TSV Ludwigsburg 2:3, TSV Crailsheim – SC Klinge Seckach 1:0.
2. Runde: Eintracht Wolfsburg – SSG Berg. Gladbach 2:1, KBC Duisburg – Preußen Borghorst 7:0, VfB Rheine – Lorbeer Rothenburgsort 9:0, GSV Moers – Grün-Weiß Brauweiler 0:8, TSV Siegen – Hansa Rostock 15:1, 1. FC Neukölln – Polizei SV Bremen 1:0, Fortuna Sachsenroß Hannover – USV Jena 8:1, Tennis Borussia Berlin – Schmalfelder SV n. V. 1:0, TSV Crailsheim – TuS Niederkirchen 0:6, FV Faurndau – SV Flörsheim 0:1, TSV Ludwigsburg – SpVgg Wehr 2:1, SC Bad Neuenahr – SG Praunheim 1:2, Bayern München – TuS Ahrbach 0:6, VfL Sindelfingen – Wismut Aue 11:0, VfR Saarbrücken – TSV Münchhausen 3:0, LTA Dresden – FSV Frankfurt 0:2.
Achtelfinale: TuS Niederkirchen – TuS Ahrbach n. V. 1:1, Elfmeterschießen 4:3, Eintracht Wolfsburg – Tennis Borussia Berlin 2:1, 1. FC Neukölln – SG Praunheim 0:3, VfB Rheine – VfL Sindelfingen n. V. 0:0, Elfmeterschießen 4:3, Grün-Weiß Brauweiler – FSV Frankfurt 3:0, TSV Siegen – TSV Ludwigsburg 3:0, Fortuna Sachsenroß Hannover – VfR Saarbrücken 1:3, KBC Duisburg – SV Flörsheim n. V. 1:0.
Viertelfinale: TuS Niederkirchen – VfB Rheine 0:1, SG Praunheim – TSV Siegen 0:1, Eintracht Wolfsburg – KBC Duisburg n. V. 1:1, Elfmeterschießen 5:4, VfR Saarbrücken – Grün-Weiß Brauweiler 2:4.
Halbfinale: VfB Rheine – Grün-Weiß Brauweiler 1:3, TSV Siegen – Eintracht Wolfsburg 6:0.

Endspiel am 12. Juni 1993 in Berlin: TSV Siegen – Grün-Weiß Brauweiler n. V. 1:1 (1:1, 1:1), Elfm. 6:5
Siegen: Rottenberg – Euteneuer – Fitzner (Veldhuizen), Nardenbach, Camper – Unsleber, Neid, Fitschen, Czyganowski – Kubat, Mink (Meyer) – Tore: Fitschen (Wiegmann) – Tore im Elfmeterschießen: Euteneuer, Fitschen, Unsleber, Kubat, Camper, Czyganowski (Nagy, A. Klein, Staubitz, Lovasz-Anton, Wiegmann) – Zuschauer: 40 000 (Vorspiel zum Herren-Finale) – SR: Frai (Bremen).

1994: Grün-Weiß Brauweiler

1. Runde: Schwaben Augsburg – VfL Sindelfingen 1:2, Viktoria Gersten – SSG Berg. Gladbach 1:4, BSV Müssen – Grün-Weiß Brauweiler 0:5, Fortuna Dilkrath – TSV Siegen 0:12, Hertha Zehlendorf – Tennis Borussia Berlin 0:5, PSV Rostock – Fortuna Sachsenroß Hannover 4:2, Wittenseer SV – Eintracht Wolfsburg 0:6, TSV Ludwigsburg – TuS Niederkirchen 0:5, SV Zussdorf – SC Klinge Seckach 1:5, SG Weißkirchen – VfR Saarbrücken 0:8, FSV Schwarzbach – TuS Ahrbach 0:3, TSV Eschollbrücken – FSV Frankfurt 0:5, SC Bad Neuenahr – SG Praunheim 2:7, Fortuna Dresden-Rähnitz – TSV Battenberg n. V. 1:1, Elfmeterschießen 4:5, FC St. Augustin – VfB Rheine 0:5, SV Brackel – KBC Duisburg 2:0 – 16 Mannschaften hatten ein Freilos.
2. Runde: STV Lövenich – VfB Rheine 0:2, Teutonia Weiden – SSG Berg. Gladbach 1:2, Turbine Potsdam – Tennis Borussia Berlin 4:5, Rheinfranken Düsseldorf – Jahn Delmenhorst 2:5, FT Geestemünde – Grün-Weiß Brauweiler 0:12, SV Brackel – TSV Siegen 0:9, Moorfleeter SV – Eintracht Wolfsburg 1:9, PSV Rostock – SG Erbstorf 4:0, Viktoria Neckarhausen – FSV Frankfurt 0:5, Fortuna Magdeburg – TSV Battenberg 0:6, TSV Crailsheim – SG Praunheim 0:5, Bayern München – SC Klinge Seckach 1:4, Wacker München – TuS Niederkirchen 0:1, USV Jena – TuS Ahrbach 0:5, FC St. Georgen – VfL Sindelfingen 1:2, SC Siegelbach – VfR Saarbrücken 0:11.
Achtelfinale: TSV Battenberg – FSV Frankfurt 2:1, SG Praunheim – TSV Siegen 0:2, PSV Rostock – SSG Berg. Gladbach 2:1, SC Klinge Seckach – Eintracht Wolfsburg 4:1, Grün-Weiß Brauweiler – Jahn Delmenhorst 6:0, TuS Ahrbach – Tennis Borussia Berlin 1:0, VfB Rheine – TuS Niederkirchen n. V. 1:1, Elfmeterschießen 2:0, VfL Sindelfingen – VfR Saarbrücken n. V. 1:1, Elfmeterschießen 5:6.
Viertelfinale: Grün-Weiß Brauweiler – TSV Battenberg 7:1, TuS Ahrbach – VfR Saarbrücken n. V. 2:4, SC Klinge Seckach – PSV Rostock 4:1, TSV Siegen – VfB Rheine 2:0.
Halbfinale: SC Klinge Seckach – TSV Siegen 1:4, VfR Saarbrücken – Grün-Weiß Brauweiler 2:9.

Endspiel am 14. Mai 1994 in Berlin: Grün-Weiß Brauweiler – TSV Siegen 2:1 (0:0)
Brauweiler: Goller – C. Klein – A. Klein (Reimann), Hanushek – Hengst, Nagy, Wiegmann, Schwind, Koser – Gottschlich, Menge (Lovacz-Anton) – Tore: A. Klein, Wiegmann (Fitschen) – Zuschauer: 30 000 (Vorspiel zum Herren-Finale) – SR: Günthner (Bamberg).

1995: FSV Frankfurt

1. Runde: Lorbeer Rothenburgsort – Eintracht Wolfsburg 0:11, BVB Halle – Tennis Borussia Berlin 2:7, Breitenthal Oberhausen – TuS Ahrbach 2:7, SV Brackel – Grün-Weiß Brauweiler 1:10, FT Geestemünde – FC Rumeln-Kaldenhausen 7:9, Fortuna Dresden-Rähnitz – SC Klinge Seckach 0:6, TSV Battenberg – SG Praunheim 1:3, KBC Duisburg – Eintracht Rheine 0:5, SpVgg Wehr – VfR Saarbrücken 1:3, SKV Beienheim – FSV Frankfurt 0:7, Hertha Zehlendorf – Fortuna Sachsenroß Hannover 1:4, TSV Georgsdorf – TSV Siegen 0:16, SV Wolfenbüttel – Schmalfelder SV 2:0, TuS Ahrbach II – TuS Wörrstadt 0:4, SC Bad Neuenahr – TuS Niederkirchen 1:9, TSV Crailsheim – FSV Schwarzbach 3:1 – 16 Mannschaften hatten ein Freilos.
2. Runde: Fortuna Wuppertal – FC Rumeln-Kaldenhausen 0:7, USV Jena – Tennis Borussia Berlin 1:3, SC Marktbreit – SC Klinge Seckach 0:3, TSV Crailsheim – FSV Frankfurt 0:3, GSV Moers – TSV Siegen 0:12, BSV Müssen – Eintracht Rheine 1:4, STV Lövenich – Grün-Weiß Brauweiler 0:7, BWG Köln – SSG Berg. Gladbach 3:2, PSV Rostock – Fortuna Sachsenroß Hannover 2:6, SV Wolfenbüttel – Eintracht Wolfsburg 0:2, Wittenseer SV – Turbine Potsdam 0:7, SV Oberteuringen – TuS Ahrbach 0:8, SG Kirchardt – TuS Wörrstadt 1:0, FSV Jägersburg – VfL Sindelfingen 0:4, VfR Saarbrücken – TuS Niederkirchen 3:1, FSV Unterkotzau – SG Praunheim 1:5.
Achtelfinale: Eintracht Rheine – SC Klinge Seckach 1:3, Turbine Potsdam – VfR Saarbrücken 0:5, Eintracht Wolfsburg – FC Rumeln-Kaldenhausen 1:6, TuS Ahrbach – Grün-Weiß Brauweiler 2:3, BWG Köln – VfL Sindelfingen 1:3, TSV Siegen – SG Praunheim 3:1, Fortuna Sachsenroß Hannover – Tennis Borussia Berlin 3:1, SG Kirchardt – FSV Frankfurt 0:8.
Viertelfinale: Fortuna Sachsenroß Hannover – SC Klinge Seckach n. V. 2:3, Grün-Weiß Brauweiler – FC Rumeln-Kaldenhausen n. V. 4:1, TSV Siegen – VfR Saarbrücken 3:1, VfL Sindelfingen – FSV Frankfurt 0:2.
Halbfinale: TSV Siegen – SC Klinge Seckach n. V. 1:1, Elfmeterschießen 4:2, FSV Frankfurt – Grün-Weiß Brauweiler n. V. 1:1, Elfmeterschießen 5:4.

Endspiel am 24. Juni 1995 in Berlin: FSV Frankfurt – TSV Siegen 3:1 (1:1)
Frankfurt: Kraus – Bernhard (K. Pohlmann) – Austermühl, Minnert – Stumpf, König, Unsleber, Bornschein (Schlösser), D. Pohlmann – Prinz, Smisek – Tore: Prinz, König, Austermühl (Fitzner) – Zuschauer: 45 000 (Vorspiel zum Herren-Finale) – SR: Janssen (Emden).

1996: FSV Frankfurt

1. Runde: Blau-Weiß Fuhlenbrock – TSV Siegen 0:12, SG Wattenscheid 09 – FC Rumeln-Kaldenhausen 2:4, Fortuna Dilkrath – FC Eintracht Rheine 1:18, SG Lütgendortmund – Grün-Weiß Brauweiler 0:17, Energie Cottbus – Turbine Potsdam 1:9, Hamburger SV – PSV Rostock 3:5, Hertha Zehlendorf – Fortuna Sachsenroß Hannover 2:4, Fortuna Magdeburg – Tennis Borussia Berlin 1:5, 1. FC Nürnberg – TSV Crailsheim 3:2, FC Forstern – TuS Niederkirchen 1:9, SC Freiburg – SC Klinge Seckach 1:4, VfL Sindelfingen II – VfL Sindelfingen I 1:10, TSV 1880 Gera-Zwötzen – SG Praunheim 1:12, FSV Schwarzbach – FSV Frankfurt 0:5, TSV Eschollbrücken – SC Bad Neuenahr 1:3, SC Solsforf – TuS Ahrbach 0:3 – 16 Mannschaften hatten ein Freilos.
2. Runde: DFC Eggenstein – SC Klinge Seckach 0:3, TuS Niederkirchen II – TuS Niederkirchen I 1:13, Erzgebirge Aue – FSV Frankfurt 1:11, Wacker München – TuS Ahrbach 0:5, VfL Sindelfingen – SG Praunheim 0:2, STV Lövenich – Eintracht Rheine 0:5, BSV Müssen – FC Rumeln-Kaldenhausen 0:7, FC St. Augustin – TSV Siegen 0:6, Grün-Weiß Brauweiler – SC Bad Neuenahr 8:0, SC Wedemark – Tennis Borussia Berlin 0:5, VfL Wildeshausen – Turbine Potsdam 3:1, Polizei SV Bremen – Eintracht Wolfsburg 1:3, SG Thumby – PSV Rostock 0:5, Schmalfelder SV – Fortuna Sachsenroß Hannover 1:3, FC Oster Oberkirchen – VfR Saarbrücken 0:11, 1. FC Nürnberg – TuS Wörrstadt 1:3.
Achtelfinale: FSV Frankfurt – TuS Ahrbach 4:0, SC Klinge Seckach – Tennis Borussia Berlin 4:1, TuS Niederkirchen – Fortuna Sachsenroß Hannover 4:5, SG Praunheim – FC Rumeln-Kaldenhausen 0:1, VfR Saarbrücken – PSV Rostock n. V. 3:3, Elfmeterschießen 5:4, Eintracht Wolfsburg – Eintracht Rheine 2:3, VfL Wildeshausen – Grün-Weiß Brauweiler 0:5, TuS Wörrstadt – TSV Siegen 1:3.
Viertelfinale: Grün-Weiß Brauweiler – TSV Siegen 0:2, VfR Saarbrücken – SC Klinge Seckach 0:3, Eintracht Rheine – FC Rumeln-Kaldenhausen n. V. 0:4, Fortuna Sachsenroß Hannover – FSV Frankfurt 0:8).
Halbfinale: FSV Frankfurt – FC Rumeln-Kaldenhausen 2:0, SC Klinge Seckach – TSV Siegen n. V. 2:2, Elfmeterschießen 4:3.

Endspiel am 25. Mai 1996 in Berlin: FSV Frankfurt – SC Klinge Seckach 2:1 (1:1)
Frankfurt: Kraus – Minnert – Austermühl, Soyah – Stumpf, König, Unsleber – Piekarski, D. Pohlmann – Prinz, Smisek, Bornschein – Tore: Smisek, Prinz (Lingor) – Zuschauer: 25 000 (Vorspiel zum Herren-Finale) – SR: Krumpen (Schmidtheim).

1997: Grün-Weiß Brauweiler

1. Runde: Rot-Weiß Hillen – Grün-Weiß Brauweiler 0:6, SC Brackel – FC Rumeln-Kaldenhausen 0:8, SpVgg Oberaußem-Fortuna – Eintracht Rheine 0:4, TuS Köln rrh. – Spfr. Siegen 0:6, PSV Rostock – Schmalfelder SV 1:5, Hamburger SV – Turbine Potsdam 0:8, TuS Westerholz – Tennis Borussia Berlin 1:5, Fortuna Magdeburg – WSV Wolfsburg 2:3, SC Bad Neuenahr – TuS Niederkirchen 1:8, SV Dirmingen – TuS Ahrbach 0:4, SV Ellingen – VfR Saarbrücken 0:12, Schwaben Augsburg – FSV Frankfurt 0:4, SG Kirchhardt – VfL Sindelfingen 1:5, Wacker München – SC Klinge Seckach 1:0, USV Jena – TSV Crailsheim 0:4, Fortuna Dresden-Rähnitz – FSV Schwarzbach 1:3.
2. Runde: DJK/VfL Willich – Eintracht Rheine 0:10, GSV Moers – Grün-Weiß Brauweiler 0:9, Arminia Ibbenbüren – FC Rumeln-Kaldenhausen 0:10, Jahn Delmenhorst – Turbine Potsdam I 1:6, Turbine Potsdam II – WSV Wolfsburg 0:4, Hertha Zehlendorf – Fortuna Sachsenroß Hannover 2:0 (Zehlendorf wegen Einsatzes einer nicht spielberechtigten Spielerin disqualifiziert), Polizei SV Bremen – Tennis Borussia Berlin 0:2, Nagema Neubrandenburg – Schmalfelder SV 0:9, TuS Wörrstadt – TuS Niederkirchen 0:3, SC Siegelbach – VfR Saarbrücken 1:4, Spfr. Siegen – TuS Ahrbach 3:1, VfB Gießen – SC Sand 0:4, TSV Ludwigsburg – FSV Schwarzbach 0:1, FV Löchgau – FSV Frankfurt 0:15, Wacker München – SG Praunheim 0:12, TSV Crailsheim – VfL Sindelfingen 1:4.
Achtelfinale: VfL Sindelfingen – SC Sand 4:1, Eintracht Rheine – Fortuna Sachsenroß Hannover 4:1, WSV Wolfsburg – Grün-Weiß Brauweiler 0:5, TSV Siegen – SG Praunheim n. V. 2:1, FSV Frankfurt – TuS Niederkirchen n. V. 3:0, VfR Saarbrücken – FC Rumeln-Kaldenhausen 1:3, Turbine Potsdam – Tennis Borussia Berlin 7:3, Schmalfelder SV – FSV Schwarzbach 1:0.
Viertelfinale: VfL Sindelfingen – Grün-Weiß Brauweiler 1:4, FC Rumeln-Kaldenhausen – Spfr. Siegen 2:0, Schmalfelder SV – Turbine Potsdam 0:6, Eintracht Rheine – FSV Frankfurt n. V. 2:2, Elfmeterschießen 4:2.

Halbfinale: Turbine Potsdam – Eintracht Rheine 2:3, Grün-Weiß Brauweiler – FC Rumeln-Kaldenhausen n. V. 4:3.

Endspiel am 14. Juni 1997 in Berlin: Grün-Weiß Brauweiler – Eintracht Rheine 3:1 (1:0)
Brauweiler: Goller – Cl. Klein – Schwind, Gertheinrich – A. Klein, Lieth (Menge), Fuss, Wiegmann (Bleibler), Brandebusemeyer – Gottschlich, Holinka – Tore: Cl. Klein, Fuss, Holinka (Unterbronk) – Zuschauer: 35 000 (Vorspiel zum Herren-Finale) – SR: Zdunek (Leimen).

1998: FCR Duisburg

1. Runde: Nagema Neubrandenburg – Fortuna Sachsenroß Hannover 6:1, Wittenseer SV – Turbine Potsdam 0:4, Wolfenbütteler SV – Schmalfelder SV 4:3, Hertha Zehlendorf – Turbine Potsdam I 2:1, Wacker Merkenich – Spfr. Siegen 0:17, Fortuna Dilkrath – FC Rumeln-Kaldenhausen 1:9, Polizei SV Bremen – Jahn Delmenhorst 0:4, SC Bulach – SC Klinge Seckach 1:4, VfL Sindelfingen – TuS Niederkirchen 1:12, Fortuna Dresden-Rähnitz – FSV Frankfurt 1:9, FSV Schwarzbach – SG Praunheim 0:8, TSV Crailsheim – TSV Eschollbrücken 12:0 – 20 Mannschaften hatten ein Freilos.
2. Runde: SpVgg Rehweiler – 1. FC Saarbrücken 0:14, TSV Ludwigsburg – SC Klinge Seckach n.V. 2:3, SC Freiburg – TuS Niederkirchen 0:1, SV Dirmingen – Eintracht Seekirch 1:6, TuS Linter – FSV Frankfurt 1:7, FC Rennertshofen – SG Praunheim 0:7, TSV Crailsheim – USV Jena 4:1, Nagema Neubrandenburg – Turbine Potsdam 0:4, Tennis Borussia Berlin – Hamburger SV 2:0, WSV Wolfsburg – Hertha Zehlendorf 3:5, Wolfenbütteler SV – Fortuna Magdeburg 6:0, GSV Moers – Spfr. Siegen 0:10, SG Wattenscheid 09 – FC Rumeln-Kaldenhausen 0:5, Jahn Delmenhorst – SC Bad Neuenahr 0:2, SpVgg Oberaußem-Fortuna – Grün-Weiß Brauweiler 0:7, Arminia Ibbenbüren – Eintracht Rheine 0:1.
Achtelfinale: Grün-Weiß Brauweiler – FSV Frankfurt 3:5, SC Bad Neuenahr – Eintracht Seekirch 3:0, Wolfenbütteler SV – FCR Duisburg (früher Rumeln) 0:5, Turbine Potsdam – Spfr. Siegen n. V. 0:1, SG Praunheim – Hertha Zehlendorf 1:0, Tennis Borussia Berlin – TuS Niederkirchen 0:3, SC Klinge Seckach – Eintracht Rheine 0:4, TSV Crailsheim – 1. FC Saarbrücken 0:2.
Viertelfinale: SG Praunheim – FSV Frankfurt 0:1, FCR Duisburg – Eintracht Rheine 2:0, 1. FC Saarbrücken – Spfr. Siegen 0:3, TuS Niederkirchen – SC Bad Neuenahr 3:0.
Halbfinale: FCR Duisburg – TuS Niederkirchen 1:0, Spfr. Siegen – FSV Frankfurt n. V. 2:3.

Endspiel am 16. Mai 1998 in Berlin: FCR Duisburg – FSV Frankfurt 6:2 (4:1)
Duisburg: McKnight – Hoffmann – Fitzner, Nardenbach – Arndt, Voss, Meinert (Kubat), Mandrysch, Albertz – Nieczypor (Schäperthöns), Grings – Tore: Grings 3, Nieczypor 2, Meinert (König, Bornschein) – Zuschauer: 35 000 (Vorspiel zum Herren-Finale) – SR: Witteweg (Goslar).

1999: 1. FFC Frankfurt

Qualifikation: FC Oster Oberkirchen – TuS Ahrbach 0:3.
1. Runde: Fortuna Magdeburg-Wolmirstedt – Turbine Potsdam 0:7, TSV Gera-Zwötzen – WSV Wolfsburg 0:3, Erzgebirge Aue – Hertha Zehlendorf 0:1, Turbine Potsdam II – PSV Rostock (Rostock verzichtete), SV Sereetz – Grün-Weiß Brauweiler 0:7, Hamburger SV – FCR Duisburg 0:2, FC Huchting – FFC Heike Rheine 0:10, Garather SV – TuS Köln rrh. 1:4, Arminia Ibbenbüren – Lorbeer Rothenburgsort 5:0, SV Oberteuringen – Spfr. Siegen 1:11, DFC Eggenstein – SG Praunheim 1:8, 1. FC Nürnberg – FSV Frankfurt 1:2, TuS Linter – SC Freiburg 1:2, SC Klinge Seckach – SC Bad Neuenahr 0:10, SC Siegelbach TuS Niederkirchen 0:8, TuS Ahrbach – 1. FC Saarbrücken 1:6.
Achtelfinale: 1. FC Saarbrücken – SC Freiburg 3:1, SC Bad Neuenahr – FSV Frankfurt 2:1, TuS Köln rrh. – Eintracht Rheine n. V. 1:4, Hertha Zehlendorf – Grün-Weiß Brauweiler 1:0, Arminia Ibbenbüren – Turbine Potsdam I 0:10, Turbine Potsdam II – WSV Wolfsburg 0:6, FCR Duisburg – Spfr. Siegen 4:1, SG Praunheim – TuS Niederkirchen 3:0.
Viertelfinale: Hertha Zehlendorf – 1. FC Saarbrücken n. V. 1:0, Eintracht Rheine – KBC Duisburg 0:4, WSV Wolfsburg – SG Praunheim 1:4, SC Bad Neuenahr – Turbine Potsdam 2:3.
Halbfinale: 1. FFC Frankfurt (früher Praunheim) – Hertha Zehlendorf 5:0, FCR Duisburg – Turbine Potsdam 2:0.

Endspiel am 12. Juni 1999 in Berlin: 1. FFC Frankfurt – FCR Duisburg 1:0 (1:0)
Frankfurt: Wissink – Tina Wunderlich – Künzer, Zorn – Pia Wunderlich, Lingor (Cl. Müller), Sefron, Fitschen, Kliehm (Serocka) – Meyer (Lindner), Prinz – Tor: Künzer – Zuschauer: 15 000 (Vorspiel zum Herren-Finale) – SR: Fielenbach (Much).

2000: 1. FFC Frankfurt

Qualifikation: FC Huchting – Lorbeer Rotenburgsort 1:5, SV Oberteuringen – Rot-Weiß Göcklingen 3:1, Turbine Potsdam II – Eintracht Schwerin n. V. 8:4.

1. Runde: FSV Schwarzbach – FSV Frankfurt 1:2, SC Sand – 1. FFC Frankfurt 2:7, RSV Drosendorf – 1. FC Nürnberg (Drosendorf verzichtete), SV Oberteuringen – Viktoria Neckarhausen 6:1, TuS Ahrbach – 1. FC Saarbrücken I (Ahrbach verzichtete), 1. FC Saarbrücken II – TuS Niederkirchen 0:3, SC Freiburg – SC Bad Neuenahr 0:5, FSV Westerstede – Grün-Weiß Brauweiler 0:7, SpVgg Oberaußem-Fortuna – Spfr. Siegen 0:6, FFC Heike Rheine – FFC Flaesheim-Hillen 2:1, Lorbeer Rothenburgsort – FCR Duisburg 0:4, SG Wattenscheid 09 – GSV Moers 4:5, Erzgebirge Aue – WSV Wolfsburg 0:3, Turbine Potsdam II – Turbine Potsdam I 0:15, Wittenseer SV – USV Jena 3:2, Hertha Zehlendorf – BVB Halle n. V. 3:2.

Achtelfinale: SV Oberteuringen – 1. FC Saarbrücken 0:4, TuS Niederkirchen – 1. FFC Frankfurt 0:3, 1. FC Nürnberg – FSV Frankfurt 0:4, FFC Heike Rheine – FCR Duisburg 0:5, Hertha Zehlendorf – Grün-Weiß Brauweiler (Zehlendorf verzichtete), Wittenseer SV – WSV Wolfsburg 0:11, GSV Moers – Turbine Potsdam 2:10, SC Bad Neuenahr – Spfr. Siegen 1:2.

Viertelfinale: Grün-Weiß Brauweiler – FCR Duisburg n. V. 4:4, Elfmeterschießen 5:3, WSV Wolfsburg – Spfr. Siegen 0:1, 1. FC Saarbrücken – Turbine Potsdam 3:1, FSV Frankfurt – 1. FFC Frankfurt 0:6.

Halbfinale: 1. FC Saarbrücken – 1. FFC Frankfurt 1:3, Grün-Weiß Brauweiler – Spfr. Siegen 0:3.

Endspiel am 6. Mai 2000 in Berlin: 1. FFC Frankfurt – Sportfreunde Siegen 2:1 (0:0)

Frankfurt: Wissink – Tina Wunderlich – Obermeier, Zorn – Künzer, Pia Wunderlich (Affeld), Fitschen (Werlein), Kliehm (Mohr), Lingor – Meyer, Prinz – Tore: Meyer, Lingor (Menge) – Zuschauer: 10 000 (Vorspiel zum Herren-Finale) – SR: Fornacon (Stöckse).

2001: 1. FFC Frankfurt

Qualifikation: Westsachsen Zwickau – Fortuna Magdeburgs-Wolmirstedt 2:5, SC Freiburg – TSV Crailsheim 4:0, Hamburger SV – TuS Köln rrh. 10:2.

1. Runde: Viktoria Gersten – FFC Heike Rheine 2:5, Fortuna Magdeburgs-Wolmirstedt – FFC Flaesheim-Hillen 1:6, PSV Neubrandenburg – WSV Wolfsburg 1:13, Berliner SV 92 – Turbine Potsdam I 0:16, USV Jena – FFC Brauweiler-Pulheim 0:7, Hamburger SV – FCR Duisburg n. V. 2:1, ATS Buntentor – Spfr. Siegen 0:5, Borussia Friedenstal – SV Neuenbrock 5:0, Turbine Potsdam II – SG Essen-Schönebeck 1:4, TSV Pfersee Augsburg – SC Bad Neuenahr 0:5, 1. FC Saarbrücken II – 1. FFC Frankfurt 0:7, FSV Schwarzbach – 1. FC Saarbrücken I 0:2, SpVgg Rehweiler – FSV Frankfurt 0:4, 1. FC Nürnberg – Bayern München 1:5, TuS Niederkirchen – SC Freiburg 0:2, SC Bad Neuenahr II – Viktoria Neckarhausen 1:5.

Achtelfinale: Borussia Friedenstal – WSV Wolfsburg 1:5, Hamburger SV – FFC Flaesheim-Hillen n. V. 1:1, Elfmeterschießen 4:5, SG Essen-Schönebeck – Turbine Potsdam 0:11, FFC Heike Rheine – FFC Brauweiler-Pulheim 1:2, SC Freiburg – SC Bad Neuenahr n. V. 2:2, Elfmeterschießen 4:5, Viktoria Neckarhausen – FSV Frankfurt 0:7, Bayern München – 1. FC Saarbrücken 5:1, 1. FFC Frankfurt – Spfr. Siegen 10:0.

Viertelfinale: FSV Frankfurt – Bayern München 3:2, WSV Wolfsburg – 1. FFC Frankfurt 0:6, SC Bad Neuenahr – Turbine Potsdam n. V. 2:2, Elfmeterschießen 3:4, FFC Flaesheim-Hillen – FFC Brauweiler-Pulheim n. V. 0:0, Elfmeterschießen 3:2.

Halbfinale: FSV Frankfurt – 1. FFC Frankfurt 1:2, Turbine Potsdam – FFC Flaesheim-Hillen n. V. 0:0, Elfmeterschießen 2:4.

Endspiel am 26. Mai 2001 in Berlin: 1. FFC Frankfurt – FFC Flaesheim-Hillen 2:1 (0:1)

Frankfurt: Wissink – Tina Wunderlich, Nardenbach, Minnert – Künzer, Pia Wunderlich, Jones, Affeld (Lech) – Lingor – J. Meier, Prinz – Tore: Prinz, J. Meier (A. Meier) – Zuschauer: 20 000 (Vorspiel zum Herren-Finale) – SR: Beck (Magstadt).

2002: 1. FFC Frankfurt

Qualifikation: Erzgebirge Aue – Eintracht Seekirch n. V. 2:0.

1. Runde: Viktoria Gersten – Hallescher FC 3:2; Tennis Borussia Berlin – Hamburger SV 0:2; 1. FC Saarbrücken II – SC Bad Neuenahr II 0:7; Erzgebirge Aue – Bayern München 2:7; USV Jena – FSV Frankfurt 1:3; Ratzeburger SV – WSV Wendschott 0:5; Turbine Potsdam II – Turbine Potsdam I 0:5; FC Eintracht Schwerin – ATS Buntentor 0:2; Jahn Calden – FFC Heike Rheine 1:5; Sportfreunde Siegen – FCR Duisburg 0:9; TuS Niederkirchen – SC Bad Neuenahr I 1:3; 1. FC Saarbrücken – FFC Brauweiler Pulheim 1:2; Karlsruher SC – 1. FFC Frankfurt 0:20; TSV Pfersee Augsburg – SC Freiburg 0:3; GSV Moers – SpVgg Oberaußem-Fortuna 1:4; Freilos: Borussia Friedenstal.

Achtelfinale: SC Bad Neuenahr II – SC Bad Neuenahr 2:4; SpVgg Oberaußem-Fortuna – Hamburger SV n. V. 1:2; ATS Buntentor – SC Freiburg 0:8; Bayern München – 1. FFC Frankfurt 0:2; Borussia Friedenstal – Turbine Potsdam 0:10; Viktoria Gersten – FCR Duisburg 0:5; WSV Wendschott – FSV Frankfurt 0:7; FFC Brauweiler Pulheim – FFC Heike Rheine 4:0.
Viertelfinale: Hamburger SV – FFC Brauweiler Pulheim 1:0; SC Freiburg – Turbine Potsdam 2:3; FSV Frankfurt – FCR Duisburg 2:1; SC Bad Neuenahr – 1. FFC Frankfurt 0:2.
Halbfinale: FSV Frankfurt – 1. FFC Frankfurt 0:4, Hamburger SV – Turbine Potsdam 3:2.

Endspiel am 11. Mai 2002 in Berlin: 1. FFC Frankfurt – Hamburger SV 5:0 (2:0)
Frankfurt: Wissink – T. Wunderlich, Nardenbach (Rech), Minnert – Künzer, Hansen (Meier) – Kliehm (Affeld), Lingor, P. Wunderlich – Jones, Prinz – Tore: Prinz 3, Lingor, Künzer – Zuschauer: 10 000 (Vorspiel zum Herren-Finale) – SR: Kirchner (Benshausen).

2003: 1. FFC Frankfurt

Qualifikation: SC Sand – DFC Allendorf n. V. 1:2
1. Runde: 1. FC Saarbrücken – SC Bad Neuenahr 0:5; Erzgebirge Aue – Bayern München 0:8; Turbine Potsdam II – Tennis Borussia Berlin 2:4; USV Jena – WSV Wendschott 0:1; FSV Schwerin – Hallescher FC 1:2; ATS Buntentor – FFC Brauweiler-Pulheim 1:16; TSV Schilksee – Hamburger SV II 6:1; FSV Jägersburg – SC Freiburg 0:5; SC Bad Neuenahr II – TuS Niederkirchen 0:4; TSV Crailsheim – 1. FFC Frankfurt 1:11; Karlsruher SC – 1. FC Nürnberg 1:3; DFC Allendorf – FSV Frankfurt 0:10: FSV Westerstede – FCR Duisburg 0:12; TuS Köln rrh. – GSV Moers n. V. 1:2; FC Gütersloh 2000 – Heike Rheine 1:6; Hamburger SV – Turbine Potsdam 2:0.
Achtelfinale: TSV Schilksee – WSV Wendschott 2:5; GSV Moers – FCR Duisburg 0:8; Heike Rheine – 1. FFC Frankfurt 0:7; TuS Niederkirchen – FSV Frankfurt 2:4; Hamburger SV – Bayern München 0:4; 1. FC Nürnberg – SC Freiburg 0:3; Hallescher FC – Tennis Borussia Berlin 0:5; FFC Brauweiler-Pulheim – SC Bad Neuenahr n. V. 1:1, Elfmeterschießen 5:3.
Viertelfinale: FFC Brauweiler-Pulheim – SC Freiburg 2:0; FCR Duisburg – WSV Wendschott 3:0; Bayern München – 1. FFC Frankfurt 0:1; Tennis Borussia Berlin – FSV Frankfurt 0:3.
Halbfinale: FSV Frankfurt – 1. FFC Frankfurt 0:3; FFC Brauweiler-Pulheim – FCR Duisburg n. V. 1:2.

Endspiel am 31. Mai 2003 in Berlin: 1. FFC Frankfurt – FCR Duisburg 1:0.
Frankfurt: Wissink – T. Wunderlich, Zerbe (Weichelt), Minnert, Rech – Hansen, Künzer – Lingor – Barucha (Woock), Affeld (P. Wunderlich) – Meier– Tor: Voss (Eigentor) – Zuschauer: 25 000 (Vorspiel zum Herren-Finale) – SR: Steinhaus (Hannover).

2004: Turbine Potsdam

Qualifikation: Borussia Mönchengladbach – Victoria Gersten 0:3; Bayern München II – Jahn Calden 1:0
1. Runde: TuS Niederkirchen II – TuS Ahrbach 4:1; Viktoria Jägersburg – FSV Frankfurt 1:3; FSV Schwerin – FCR Duisburg 0:10; TuS Niederkirchen – Bayern München 2:4; Bayern München II – 1. FC Saarbrücken 1:3; Karlsruher SC – USV Jena n. V. 3:5; TSV Schilksee – FFC Brauweiler-Pulheim 0:6; Tennis Borussia Berlin – Hamburger SV 0:1; SpVgg Oberaußem-Fortuna – VfL Wolfsburg 0:4; Alemannia Altdöbern – Turbine Potsdam 0:14; 1. FFC Recklinghausen – Victoria Gersten 1:7; Hertha Zehlendorf – Magdeburger FFC 0:3; SC Freiburg II – SC Bad Neuenahr 0:2; TSV Crailsheim – SC Freiburg 1:3; SG Jößnitz – 1. FFC Frankfurt 1:20; FC Oberneuland – Heike Rheine 0:20.
Achtelfinale: VfL Wolfsburg – FCR Duisburg 0:6; Hamburger SV – Turbine Potsdam n. V. 1:2; Bayern München – 1. FFC Frankfurt 0:1; USV Jena – FSV Frankfurt 0:1; Magdeburger FFC – Heike Rheine 0:6; Victoria Gersten – FFC Brauweiler-Pulheim 0:5; TuS Niederkirchen II – SC Freiburg 1:3; 1. FC Saarbrücken – SC Bad Neuenahr 0:4.
Viertelfinale: FCR Duisburg – Heike Rheine n. V. 2:3; 1. FFC Frankfurt – SC Freiburg 3:0; Turbine Potsdam – SC Bad Neuenahr 3:0; FFC Brauweiler-Pulheim – FSV Frankfurt 2:1.
Halbfinale: 1. FFC Frankfurt – Heike Rheine 4:1; FFC Brauweiler-Pulheim – Turbine Potsdam 0:3.

Endspiel am 29. Mai 2004 in Berlin: Turbine Potsdam – 1. FFC Frankfurt 3:0 (1:0)
Potsdam: Angerer – Kuznik, Becher, Augustinyak (Brendel) – Zietz, Hingst, Omilade – Odebrecht – Mittag, Pohlers (Liepack), Wimbersky (Makowska) – Tore: Pohlers, Zietz, Mittag – Zuschauer: 30 000 (Vorspiel zum Herren-Finale) – SR: Schumacher (Oberhausen).

2005: Turbine Potsdam

Qualifikation: PSV Bremen – Hamburger SV II 0:3.

1. Runde: Tennis Borussia Berlin – VfL Wolfsburg 2:4; FFV Neubrandenburg – Heike Rheine 0:6; Magdeburger FFC – SG Essen-Schönebeck 0:9; Erzgebirge Aue – FSV Frankfurt 0:4; SC Bad Neuenahr II – 1. FFC Frankfurt 0:9; USV Jena – FSV Jägersburg 1:2; FFC Oldesloe – TuS Köln rrh. n. V. 2:4; FFC Brauweiler-Pulheim – FCR Duisburg n. V. 3:2; Turbine Potsdam II – Hamburger SV n. V. 2:2, Elfmeterschießen 4:3; FC Gütersloh 2000 – Hamburger SV II 11:3; SC Klinge Seckach – SC Freiburg 1:6; FC Memmingen – Bayern München 1:6; Germania Pfungstadt – SC Bad Neuenahr 0:7; SC Sand – TSV Crailsheim 0:4; 1. FC Saarbrücken – TuS Niederkirchen n. V. 5:2; Jahn Delmenhorst – Turbine Potsdam 1:11.

Achtelfinale: FFC Brauweiler-Pulheim – Turbine Potsdam 2:12 ; FC Gütersloh 2000 – SG Essen-Schönebeck 1:2; 1. FC Saarbrücken – Bayern München 1:3; TuS Köln rrh. – Heike Rheine 0:2; Turbine Potsdam II – VfL Wolfsburg 2:3; FSV Jägersburg – SC Freiburg n. V. 5:6; 1. FFC Frankfurt – TSV Crailsheim 5:0; SC Bad Neuenahr – FSV Frankfurt 3:1.

Viertelfinale: Turbine Potsdam – SC Bad Neuenahr 5:0; 1. FFC Frankfurt – SG Essen-Schönebeck n. V. 3:0; Heike Rheine – Bayern München 0:1; SC Freiburg – VfL Wolfsburg 4:1.

Halbfinale: Turbine Potsdam – Bayern München 2:0; SC Freiburg – 1. FFC Frankfurt 0:1.

Endspiel am 28. Mai 2005 in Berlin: Turbine Potsdam – 1. FFC Frankfurt 3:0 (2:0)

Potsdam: Angerer – Carlson, Becher, Fuss – Omilade, Hingst, Zietz, Odebrecht (Thomas) – Wimbersky (Cristiane), Pohlers, Mittag – Tore: Pohlers, Wimbersky, Mittag – Zuschauer: 15 000 (Vorspiel zum Herren-Finale) – SR: Dräger (Mainz).

2006: Turbine Potsdam

1. Runde: Eintracht Seekirch – TuS Niederkirchen 0:5; 1. FC Gera 03 – SC Sand 0:6; SV Großdubrau – SG Lütgendortmund 0:3; Polizei SV Bremen – FFV Neubrandenburg 1:6; Fortuna Friedersdorf – Jahn Calden 0:6; Magdeburger FFC – SG Wattenscheid 09 n. V. 0:1; GSV Moers – MTV Wolfenbüttel 0:4; SV Lurup – Holstein Kiel 0:10; SuS Timmel – FC Gütersloh 2000 n. V. 3:1; SV Dirmingen – TuS Köln rrh. 0:4; SC Regensburg – USV Jena 3:0; VfR Niederfell – Karlsruher SC 0:3; 1. FC Lok Leipzig – Wacker München 4:1; Klinge Seckach – 1. FC Saarbrücken 0:6; SV Jungingen – Erzgebirge Aue 0:4; Arminia Ibbenbüren – Victoria Gersten 2:4; SV Titisee – VfL Sindelfingen 1:5; VfR Limburg – FSV Jägersburg 1:3; SpVgg Oberaußem-Fortuna – Tennis Borussia Berlin (nach Rückzug von Oberaußem-Fortuna kampflos für Tennis Borussia).

2. Runde: 1. FFC Frankfurt – SC Freiburg 3:0; SG Essen-Schönebeck – Turbine Potsdam n. V. 2:2, Elfmeterschießen 5:6; Jahn Calden – Hamburger SV 1:2; SG Lütgendortmund – Tennis Borussia Berlin 3:1; Heike Rheine – Holstein Kiel 5:0; 1. FC Lok Leipzig – Bayern München 1:8; TuS Niederkirchen – 1. FC Saarbrücken 0:2; FSV Jägersburg – Karlsruher SC 1:3; FCR Duisburg – SuS Timmel 6:0; MTV Wolfenbüttel – FFV Neubrandenburg 3:5; Victoria Gersten – VfL Wolfsburg 1:2; FFC Brauweiler-Pulheim – SG Wattenscheid 09 n. V. 2:1; SC Regensburg – VfL Sindelfingen 1:4; Erzgebirge Aue – TSV Crailsheim n. V. 2:3; FSV Frankfurt – SC Bad Neuenahr 0:7; SC Sand – TuS Köln rrh. 4:0.

Achtelfinale: FFV Neubrandenburg – TSV Crailsheim 0:4; 1. FFC Frankfurt – FFC Brauweiler-Pulheim 5:0; VfL Wolfsburg – Bayern München 2:4; Karlsruher SC – SC Sand 1:2; VfL Sindelfingen – 1. FC Saarbrücken n. V. 1:2; SC Bad Neuenahr – FCR Duisburg n. V. 2:3; Turbine Potsdam – SG Lütgendortmund 7:1; Hamburger SV – Heike Rheine 2:1.

Viertelfinale: Turbine Potsdam – SC Sand 10:0; FCR Duisburg – Hamburger SV n. V. 4:2; 1. FC Saarbrücken – 1. FFC Frankfurt 0:12; TSV Crailsheim – Bayern München 0:7.

Halbfinale: FCR Duisburg – 1. FFC Frankfurt 1:2; Turbine Potsdam – Bayern München 3:1.

Endspiel am 29. April 2006 in Berlin: Turbine Potsdam – 1. FFC Frankfurt 2:0 (0:0)

Potsdam: Angerer – Carlson (Thomas), Becher, Kuznik – Omilade, Peter, Hingst, Zietz – Mittag (Podvorica), Pohlers (I. Kerschowski), Wimbersky – Tore: Kerschowski, Wimbersky – Zuschauer: 15 000 (Vorspiel zum Herren-Finale) – SR: Kunick (Lissa).

2007: 1. FFC Frankfurt

1. Runde: ASV Hagsfeld – 1. FC Saarbrücken 1:2; FC Finnentrop – SuS Timmel 1:6; SG Lütgendortmund – FFV Neubrandenburg 1:0; Hafen Rostock – Victoria Gersten 0:8; 1. FFV Erfurt – SC Sand n. V. 4:4, Elfmeterschießen 3:4; VfL Kommern – Wacker München 0:4; SV Dirmingen – Erzgebirge Aue 1:0; VfL Oythe – FC Gütersloh 2000 0:8; Bremer TS Neustadt – VfL Wolfsburg 0:16; 1. FC Union Berlin – Holstein Kiel 3:4; MTV Wolfenbüttel – FFC Brauweiler-Pulheim 1:5; FFC Oldesloe – SG Wattenscheid 09 n. V. 3:3, Elfmeterschießen 4:5; Rot-Weiss Flatow – Tennis Borussia Berlin 0:9; Hallescher FC – Jahn Calden 0:4; TGM-SV Jügesheim – TuS Niederkirchen 3:1; FV Löchgau – TSV Crailsheim

0:10; TuS Ahrbach – USV Jena 1:5; VfR Engen – Karlsruher SC n. V. 2:2, Elfmeterschießen 3:5; FSV Jägersburg – VfL Sindelfingen 0:5; SC Siegelbach – TuS Köln rrh. n. V. 2:2, Elfmeterschießen 4:5; TSV Niendorf – Borussia Friedenstal 0:1; Ratinger SV 04/19 – 1. FC Lokomotive Leipzig 1:4; SV Weinberg – SC Regensburg n. V. 2:2, Elfmeterschießen 4:3 (wegen eines Regelverstoßes der Schiedsrichterin neu angesetzt: 3:1 für Weinberg).
2. Runde: Hamburger SV – SG Wattenscheid 09 5:0; 1. FC Lokomotive Leipzig – SG Essen-Schönebeck 0:5; VfL Wolfsburg – Heike Rheine 4:1; FC Gütersloh 2000 – Jahn Calden 9:0; SV Weinberg – 1. FC Saarbrücken 0:3; 1. FFC Frankfurt – FFC Brauweiler-Pulheim 4:0; Bayern München – SC Bad Neuenahr 2:1; TSV Crailsheim – Wacker München 6:0; SG Lütgendortmund – SuS Timmel n. V. 2:1; Turbine Potsdam – FCR Duisburg 2:3; Victoria Gersten – Holstein Kiel 2:1; Borussia Friedenstal – Tennis Borussia Berlin 1:2; SV Dirmingen – SC Sand n. V. 1:3; TGM-SV Jügesheim – USV Jena n. V. 2:4; SC Freiburg – VfL Sindelfingen 4:2; TuS Köln rrh. – Karlsruher SC 4:0.
Achtelfinale: USV Jena – 1. FC Saarbrücken 1:4; VfL Wolfsburg – FC Bayern München n. V. 0:0, Elfmeterschießen 5:4; SG Lütgendortmund – Tennis Borussia Berlin n. V. 1:3; FC Gütersloh 2000 – SC Sand n. V. 1:3; TSV Crailsheim – SC Freiburg 1:0; Hamburger SV – 1. FFC Frankfurt 0:3; SG Essen-Schönebeck – TuS Köln rrh. 10:0; Victoria Gersten – FCR Duisburg 0:6.
Viertelfinale: 1. FFC Frankfurt – SC Sand 9:0; TSV Crailsheim – SG Essen-Schönebeck 0:4; Tennis Borussia Berlin – 1. FC Saarbrücken 1:2; VfL Wolfsburg – FCR Duisburg 0:2.
Halbfinale: SG Essen-Schönebeck – FCR Duisburg n. V. 1:5; 1. FFC Frankfurt – 1. FC Saarbrücken 4:0.

Endspiel am 26. Mai 2007 in Berlin: 1. FFC Frankfurt – FCR Duisburg 1:1 (1:1), Elfmeterschießen 4:1
Frankfurt: Holl – Affeld (Kliehm), Jones, T. Wunderlich – Garefrekes, Lingor (Weber), Bartusiak, P. Wunderlich (Hansen) – Smisek, Prinz, Wimbersky – Trainer: Dr. Tritschoks – Tore: Lingor (Fuss) – Tore im Elfmeterschießen: Prinz, Smisek, Hansen, Wimbersky (Fuss) – Zuschauer: 20 000 (Vorspiel zum Herren-Finale) – SR: Jung (Worms).

2008: 1. FFC Frankfurt

1. Runde: Karlsruher SC – SC Regensburg 0:1; SpVgg Rehweiler-Matzenbach – SV Dirmingen 0:4; Energie Cottbus – Holstein Kiel 0:9; Jahn Calden – 1. FC Lokomotive Leipzig 1:3; Erzgebirge Aue – SC Sand 0:2; Mellendorfer TV – FFC Oldesloe 3:2; FSV Schwerin – Borussia Friedenstal 2:9; SuS Timmel – FC Gütersloh 2000 0:3; SG Lütgendortmund – Victoria Gersten n. V. 1:3; FSC Mönchengladbach – Tennis Borussia Berlin 0:2; Geestemünder SC – 1. FC Union Berlin 0:11; Magdeburger FFC – SG Wattenscheid 09 1:6; ASV Bergedorf 85 – FFV Neubrandenburg 2:8; Hegauer FV – ASV Hagsfeld 0:4; SV Eutingen – 1. FC Saarbrücken 2:6; SV Johannstadt Dresden – USV Jena 1:8; 1. FFV Erfurt – TuS Niederkirchen 2:6; TuS Ahrbach – Wacker München 1:2; Fortuna Köln – TuS Köln rrh. 1:3; TSV Uengershausen – VfL Sindelfingen 0:10; VfR 07 Limburg – FFC Brauweiler-Pulheim 1:0.
2. Runde: SC Regensburg – SC Freiburg 0:4; SG Wattenscheid 09 – Turbine Potsdam 1:6; Heike Rheine – Holstein Kiel 0:5; FFV Neubrandenburg – 1. FC Lokomotive Leipzig 1:2; Bayern München – SV Dirmingen 6:0; Mellendorfer TV – Borussia Friedenstal 1:12; SG Essen-Schönebeck – FCR Duisburg 1:5; Tennis Borussia Berlin – 1. FC Union Berlin 2:1; VfL Wolfsburg – Hamburger SV 1:2; FC Gütersloh 2000 – Victoria Gersten 3:0; VfR 07 Limburg – ASV Hagsfeld 1:0; Wacker München – SC 07 Bad Neuenahr 0:3; VfL Sindelfingen – 1. FFC Frankfurt 1:9; TuS Niederkirchen – TuS Köln rrh. 0:2; SC Sand – 1. FC Saarbrücken 0:2; USV Jena – TSV Crailsheim 0:1.
Achtelfinale: FC Gütersloh 2000 – 1. FC Lokomotive Leipzig 6:0; FCR Duisburg – Borussia Friedenstal 5:0; Holstein Kiel – 1. FC Saarbrücken 1:4; TSV Crailsheim – Hamburger SV 3:2; 1. FFC Frankfurt – Tennis Borussia Berlin 1:0; VfR 07 Limburg – TuS Köln rrh. 0:2; Bayern München – SC Freiburg 2:1; SC Bad Neuenahr – Turbine Potsdam n. V. 4:6.
Viertelfinale: Bayern München – FCR Duisburg n. V. 2:2, Elfmeterschießen 3:0; Turbine Potsdam – 1. FFC Frankfurt 0:1; TSV Crailsheim – 1. FC Saarbrücken 0:2; FC Gütersloh 2000 – TuS Köln rrh. n. V. 1:1, Elfmeterschießen 1:3.
Halbfinale: TuS Köln rrh. – 1. FC Saarbrücken 0:2; Bayern München – 1. FFC Frankfurt 0:4.

Endspiel am 19. April 2008 in Berlin: 1. FFC Frankfurt – 1. FC Saarbrücken 5:1 (1:1)
Frankfurt: Rottenberg – Kliehm, T. Wunderlich, Lewandowski, Krieger – Garefrekes, Thomas, Lingor (Weber), Wimbersky (Smisek) – Pohlers, Prinz – Trainer: Dr. Tritschoks – Tore: Wimbersky, Pohlers, Garefrekes, Pohlers, Prinz (Budge) – Zuschauer: 10 000 (Vorspiel zum Herren-Finale) – SR: Schneider (Limbach-Oberfrohna)

2009: FCR Duisburg

1. Runde: VfR 07 Limburg – 1. FC Saarbrücken 0:10; 1. FC Lübars – Borussia Friedenstal 1:5; SV Bardenbach – SC Sand 2:7; FFV Neubrandenburg – SG Lütgendortmund 1:0; Borussia Bocholt – 1. FC Lokomotive Leipzig 0:8; SV Johannstadt – SG Essen-Schönebeck 1:10; Hegauer FV – SG Wattenscheid 09 1:3; 1. FFC Niederkirchen – FV Löchgau 4:2; FFC Brauweiler Pulheim – TSV Crailsheim 1:5; DJK Arminia Ibbenbüren – Victoria Gersten 3:1; Fortuna Köln – Viktoria Jägersburg 1:2; Niendorfer TSV – FC Gütersloh 2000 0:8; TSV Nahe – Hamburger SV 0:7; Magdeburger FFC – Holstein Kiel 2:1; FSV Schwerin – Mellendorfer TV 2:5; Heike Rheine – FFC Oldesloe 2000 2:3; Werder Bremen – Blau-Weiß Hohen Neuendorf 2:1; VfL Oythe – 1. FC Union Berlin n. V. 3:5; Rot-Weiß Flatow – Tennis Borussia Berlin 0:9; TSG 1899 Hoffenheim – Bayer Leverkusen n. V. 2:2, Elfmeterschießen 4:5; SC Regensburg – VfL Sindelfingen 0:2; 1. FFC Montabaur – SC Freiburg 0:6; 1. FC Gera 03 – USV Jena 1:6; Schwaben Augsburg – Wacker München 1:0; Eintracht Seekirch – ASV Hagsfeld 0:3; Rot-Weiß Göcklingen – SV Dirmingen n. V. 2:4.
2. Runde: DJK Arminia Ibbenbüren – FC Gütersloh 2000 1:0; Werder Bremen – FCR Duisburg 1:10; FFV Neubrandenburg – VfL Wolfsburg 2:4; Magdeburger FFC – Mellendorfer TV 1:6; SG Wattenscheid 09 – FFC Oldesloe 2000 2:0; 1. FC Union Berlin – 1. FC Lokomotive Leipzig 0:2; Tennis Borussia Berlin – Turbine Potsdam 1:6 ; Bayer Leverkusen – Hamburger SV n. V. 1:1, Elfmeterschießen 2:3; SG Essen-Schönebeck – Borussia Friedenstal 4:1; Schwaben Augsburg – SC Freiburg 1:5; 1. FFC Niederkirchen – SC Bad Neuenahr 2:7; TSV Crailsheim – ASV Hagsfeld 3:1; Bayern München – 1. FFC Frankfurt 1:0; SC Sand – SV Dirmingen 3:2; USV Jena – 1. FC Saarbrücken 1:3; VfL Sindelfingen – Viktoria Jägersburg 3:0.
Achtelfinale: DJK Arminia Ibbenbüren – VfL Sindelfingen 0:2; 1. FC Lokomotive Leipzig – SG Essen-Schönebeck 1:4; 1. FC Saarbrücken – SC Freiburg 1:2; Mellendorfer TV – Turbine Potsdam 0:5; SC Bad Neuenahr – Bayern München 2:5; VfL Wolfsburg – TSV Crailsheim 2:0; SG Wattenscheid 09 – SC Sand 4:2; FCR Duisburg – Hamburger SV 5:0.
Viertelfinale: Bayern München – FCR Duisburg n. V. 1:1, Elfmeterschießen 4:5; VfL Sindelfingen – Turbine Potsdam 0:1; SC Freiburg – VfL Wolfsburg 0:2; SG Essen-Schönebeck – SG Wattenscheid 09 1:2.
Halbfinale: FCR Duisburg – VfL Wolfsburg 3:1; Turbine Potsdam – SG Wattenscheid 09 3:0.

Endspiel am 30. Mai 2009 in Berlin: FCR Duisburg – Turbine Potsdam 7:0 (2:0)
Duisburg: Längert – Bresonik, Krahn, Fuss, Popp – Kiesel (Oster), Hegering (Hauer) – Laudehr (Knaak), Maes, Bajramaj – Grings – Trainerin: Voss – Tore: Bajramaj, Kiesel 2, Maes, Grings 2, Popp – Zuschauer: 25 000 (Vorspiel zum Herren-Finale) – SR: Storch-Schäfer (Regensburg).

2010: FCR Duisburg

1. Runde: Hallescher FC – Tennis Borussia Berlin 0:5; ATS Buntentor – Werder Bremen 0:8; SV Bardenbach – SC Sand 0:4; Rot-Weiß Merl – SC Bad Neuenahr 0:11; FSV Jägersburg – 1. FC Saarbrücken 0:2; Mellendorfer TV – Victoria Gersten 2:1; Borussia Mönchengladbach – FFC Oldesloe 0:2; 1. FC Union Berlin – FSV Gütersloh 2009 0:10; FFV Neubrandenburg – SG Lütgendortmund 2:3; SV Weinberg – 1. FC Köln n. V. 1:2; 1. FFV Erfurt – VfL Sindelfingen 1:7; SV Dirmingen – USV Jena 1:7; DJK Eintracht Coesfeld – SG Wattenscheid 09 3:5; FC Angeln 02 – Blau-Weiß Hohen Neuendorf 0:9; SC Eilbek 1913 – Holstein Kiel 0:4; 1. FC Lübars – 1. FC Lokomotive Leipzig 0:1; Rot-Weiß Flatow – VfL Wolfsburg 0:13; 09, 14.00 Leipziger FC 07 – Herforder SV Borussia Friedenstal 2:3; TSG Burg Gretesch – Magdeburger FFC 0:2; TSV Ludwigsburg – TuS Wörrstadt 1:3; TuS Ahrbach – TSV Crailsheim 0:5; 1. FFC Niederkirchen – ASV Hagsfeld 1:3; Jahn Calden – Bayer Leverkusen 0:2; Hegauer FV – Wacker München n. V. 0:1; TSG 1899 Hoffenheim – FV Löchgau 2:0.
2. Runde: SC Freiburg – 1. FC Saarbrücken 2:0; Magdeburger FFC – SG Essen-Schönebeck 1:4; SC Sand – USV Jena 0:5; Turbine Potsdam – FFC Oldesloe 7:0; SG Lütgendortmund – 1. FC Lokomotive Leipzig 1:2; Blau-Weiß Hohen Neuendorf – Werder Bremen 1:4; TSG 1899 Hoffenheim – VfL Sindelfingen 0:1; TSV Crailsheim – 1. FC Köln 2:5; FCR Duisburg – Herforder SV Borussia Friedenstal 9:0; Bayern München – Wacker München 2:1; SG Wattenscheid 09 – ASV Hagsfeld 2:1; Mellendorfer TV – FSV Gütersloh 2009 0:5; VfL Wolfsburg – Hamburger SV 3:0; Bayer Leverkusen – TuS Wörrstadt 7:0; Holstein Kiel – Tennis Borussia Berlin n. V. 0:0, Elfmeterschießen 4:3; SC Bad Neuenahr – 1. FFC Frankfurt 0:4.
Achtelfinale: USV Jena – VfL Sindelfingen 1:0; 1. FFC Frankfurt – SC Freiburg 6:0; SG Essen-Schönebeck – 1. FC Lokomotive Leipzig 4:0; Werder Bremen – FSV Gütersloh 2009 1:5; Bayern München – VfL Wolfsburg 1:3; SG Wattenscheid 09 – 1. FC Köln 0:4; Turbine Potsdam – Holstein Kiel 7:0; Bayer Leverkusen – FCR Duisburg 0:2.
Viertelfinale: Turbine Potsdam – 1. FFC Frankfurt 3:0; VfL Wolfsburg – USV Jena 1:2; 1. FC Köln – FCR Duisburg 0:4; SG Essen-Schönebeck – FSV Gütersloh 2009 1:0.
Halbfinale: FCR Duisburg – Turbine Potsdam 1:0; USV Jena – SG Essen-Schönebeck 3:0.

Endspiel am 15. Mai 2010 in Köln: FCR Duisburg – USV Jena 1:0 (0:0)
Duisburg: Holl – Wensing (Himmighofen), Bresonik, Krahn, Popp – Oster (Knaak), Kiesel (Ando), Hegering, Laudehr – Maes, Grings – Trainerin: Voss-Tecklenburg – Tor: Krahn – Zuschauer: 26 282 – SR: Dr. Hussein (Bad Harzburg).

2011: 1. FFC Frankfurt

1. Runde: VfL Bochum – 1. FC Lokomotive Leipzig 0:3; ETSV Würzburg – 1. FC Köln 2:4; ASV Hagsfeld – TB Neckarhausen 3:4; Lichterfelder FC – 1. FFC Recklinghausen 2:1; ATSV Scharmbeckstotel – BV Cloppenburg 1:3; Leipziger FC 07 – SG Essen-Schönebeck 0:16; 1. FFV Erfurt – Bayer Leverkusen 0:11; Wacker München – 1. FC Saarbrücken 0:5; TuS Wörrstadt – 1. FFC Niederkirchen 3:9; Alemannia Aachen – TSG 1899 Hoffenheim 0:7; SV Dirmingen – TSV Crailsheim 0:4; Borussia Mönchengladbach – SC Sand n. V. 2:1; Hallescher FC – FSV Gütersloh 2009 0:7; SV Wilhelmsburg – FFC Oldesloe 0:10; Bremer TS Neustadt – Tennis Borussia Berlin 0:11; Blau-Weiß Hohen Neuendorf – Herforder SV Borussia Friedenstal 0:4; Hafen Rostock – Magdeburger FFC 1:9; Arminia Bielefeld – Victoria Gersten 1:10; Jahn Calden – Holstein Kiel 3:1; TuRa Meldorf – Werder Bremen 0:2; Blau-Weiß Beelitz – 1. FC Lübars 0:6; SC Klinge Seckach – USV Jena 0:18; SpVgg Rehweiler-Matzenbach – VfL Sindelfingen 0:3; Hegauer FV – SC Freiburg 0:7; FC Bitburg – FV Löchgau 0:3.
2. Runde: SG Essen-Schönebeck – Magdeburger FFC 7:0; TB Neckarhausen – 1. FC Köln 0:5; USV Jena – SC Freiburg n. V. 4:2; FV Löchgau – 1. FC Lokomotive Leipzig n. V. 1:0; VfL Sindelfingen – TSG 1899 Hoffenheim 1:2; 1. FC Saarbrücken – TSV Crailsheim 3:1; Jahn Calden – Hamburger SV 1:4; Herforder SV Borussia Friedenstal – FCR Duisburg 0:6; 1. FFC Niederkirchen – Bayern München 0:4; Lichterfelder FC – Turbine Potsdam 0:8; VfL Wolfsburg – 1. FC Lübars 5:0; Tennis Borussia Berlin – FFC Oldesloe 0:3; Werder Bremen – FSV Gütersloh 2009 2:3; Borussia Mönchengladbach – SC Bad Neuenahr 0:1; Bayer Leverkusen – 1. FFC Frankfurt 0:6; BV Cloppenburg – Victoria Gersten 2:4.
Achtelfinale: Hamburger SV – TSG 1899 Hoffenheim 1:0; FFC Oldesloe – FSV Gütersloh 2009 n. V. 1:1, Elfmeterschießen 2:4; Bayern München – Victoria Gersten 8:0; 1. FFC Frankfurt – FV Löchgau 11:0; USV Jena – Turbine Potsdam 0:8; SG Essen-Schönebeck – 1. FC Köln 2:1; SC Bad Neuenahr – 1. FC Saarbrücken 7:0; VfL Wolfsburg – FCR Duisburg 1:5.
Viertelfinale: Turbine Potsdam – SG Essen-Schönebeck 1:0; SC Bad Neuenahr – Hamburger SV 3:1; Bayern München – FCR Duisburg 3:0; FSV Gütersloh 2009 – 1. FFC Frankfurt 0:4.
Halbfinale: 1. FFC Frankfurt – SC Bad Neuenahr 3:1; Bayern München – Turbine Potsdam 2:4.

Endspiel am 26. März 2011 in Köln: 1. FFC Frankfurt – Turbine Potsdam 2:1 (1:1)
Frankfurt: Angerer – Krieger, Hingst, Lewandowski, Weber (Thunebro) – Garefrekes, Smisek, Behringer (Landström), Huth (Pohlers) – Marozsan, Prinz – Trainer: Kahlert – Tore: Huth, Garefrekes (Nagasato) – Zuschauer: 20 312 – SR: Jaworek (Rötsweiler).

2012: Bayern München

1. Runde: Blau-Weiß Beelitz – FFC Oldesloe 1:7; TS Woltmershausen – BV Cloppenburg 0:14; Jahn Calden – 1. FC Neubrandenburg 4:1; FC Riepsdorf – Werder Bremen 0:1; Rot-Weiß Bardenbach – SC Freiburg 0:6; Heidenauer SV – Herforder SV Bor. Friedenstal 0:13; VfL Bochum – 1. FFC Niederkirchen 1:5; TB Neckarhausen – Borussia Mönchengladbach 0:9; GSV Moers – SC Sand 0:5; 1. FFV Erfurt – 1. FC Lokomotive Leipzig 1:5; Tennis Borussia Berlin – USV Jena 1:10; TSG Burg Gretesch – Magdeburger FFC 0:1; Blau-Weiß Hohen Neuendorf – Mellendorfer TV 3:2; Hallescher FC – FSV Gütersloh 2009 2:5; VfL Kommern – 1. FC Köln n. V. 2:1; 1. FFC Recklinghausen – ETSV Würzburg 1:3; Hegauer FV – 1. FC Saarbrücken 2:4; TuS Issel – FV Löchgau 0:3; TSV Neckarau – TSV Crailsheim 0:2; SV Wilhelmsburg – 1. FC Lübars 1:11; Holstein Kiel – SV Meppen 0:1; SV Weinberg – TSG 1899 Hoffenheim 0:4; Rot-Weiß Göcklingen – VfL Sindelfingen 0:3.
2. Runde: SV Meppen – Werder Bremen n. V. 0:1; USV Jena – BV Cloppenburg n. V. 3:2; 1. FC Saarbrücken – Bayern München 0:1; FSV Gütersloh 2009 – 1. FC Lübars 4:2; SC Sand – FCR Duisburg 0:2; VfL Sindelfingen – Borussia Mönchengladbach 8:0; Blau-Weiß Hohen Neuendorf – Hamburger SV 0:3; Herforder SV Bor. Friedenstal – FFC Oldesloe 4:1; Turbine Potsdam – SG Essen-Schönebeck 5:0; Magdeburger FFC – VfL Wolfsburg 0:5; VfL Kommern – 1. FFC Frankfurt 0:6; Bayer Leverkusen – SC Bad Neuenahr 0:1; TSV Crailsheim – TSG 1899 Hoffenheim n. V. 4:5; 1. FFC Niederkirchen – FV Löchgau 0:1; SC Freiburg – ETSV Würzburg 6:3; Jahn Calden – 1. FC Lokomotive Leipzig 0:5.
Achtelfinale: Hamburger SV – SC Freiburg 2:0; 1. FFC Frankfurt – VfL Wolfsburg 1:0; 1. FC Lokomotive Leipzig – FV Löchgau 6:1; Turbine Potsdam – VfL Sindelfingen 4:1; FCR Duisburg – Herforder SV Bor. Friedenstal 10:0; SC Bad Neuenahr – TSG 1899 Hoffenheim 3:1; Bayern München – USV Jena n. V. 2:0; FSV Gütersloh 2009 – Werder Bremen n. V. 2:1.

Viertelfinale: Hamburger SV – 1. FC Lokomotive Leipzig 3:2; 1. FFC Frankfurt – Turbine Potsdam 5:1; SC Bad Neuenahr – Bayern München n. V. 0:0, Elfmeterschießen 5:6; FSV Gütersloh 2009 – FCR Duisburg 0:7.
Halbfinale: 1. FFC Frankfurt – FCR Duisburg n. V. 2:2, Elfmeterschießen 5:4; Bayern München – Hamburger SV 5:2.
Endspiel am 12. Mai 2012 in Köln: Bayern München – 1. FFC Frankfurt 2:0
München: Längert – Huyleur (Rudelic), Wenninger, de Pol, Baunach – Schnaderbeck, Cross – Feiersinger, Bürki (Schöne) – Bachor (Lotzen), Hagen – Trainer: Wörle – Tore: Hagen, Rudelic – Zuschauer: 20 312 – SR: Jaworek (Rötsweiler).

2013: VfL Wolfsburg

1. Runde: ATS Buntentor – USV Jena 0:13; 1. FC Neubrandenburg – FFC Oldesloe 0:5; BSV Al-Dersimspor Berlin – 1. FC Lübars 0:7; Sportfreunde Siegen – TSG 1899 Hoffenheim 0:2; Borussia Brandenburg – Blau-Weiß Hohen Neuendorf 0:7; Mellendorfer TV – Magdeburger FFC 0:18; TuS Ahrbach – 1. FC Saarbrücken 0:9; Hallescher FC – Herforder SV Borussia Friedenstal 1:4; TV Derendingen – TSV Crailsheim 1:2; Fortuna Celle – FSV Gütersloh 2009 0:8; Sportfreunde Uevekoven – VfL Sindelfingen 1:3; FC Bergedorf 85 – SV Meppen 1:3; 1. FFV Erfurt – 1. FC Lokomotive Leipzig 0:6; Borussia Bocholt – 1. FFC Recklinghausen 1:2; FV Löchgau – ETSV Würzburg 0:3; ASV Hagsfeld – 1. FC Köln 1:5; SV Weinberg – 1. FFC Niederkirchen 2:0; RSV Roßdorf – DJK Saarwellingen 2:1; SG Leipzig – Werder Bremen 0:9; Borussia Mönchengladbach – Rot-Weiß Bardenbach 2:1; TSV Schott Mainz – Bayer Leverkusen 2:7;
Hamburger SV – BV Cloppenburg 0:6; PSV Freiburg – SC Sand n. V. 1:3; Hagen Ahrensburg – Holstein Kiel 1:5.
2. Runde: Magdeburger FFC – Werder Bremen 0:3; RSV Roßdorf – TSV Crailsheim n. V. 2:3 ; 1. FC Saarbrücken – SC Bad Neuenahr 0:6; SV Weinberg – SC Freiburg 1:5; BV Cloppenburg – 1. FFC Recklinghausen 6:1; FFC Oldesloe – 1. FC Lokomotive Leipzig 0:5; Borussia Mönchengladbach – SC Sand 0:3; Turbine Potsdam – SGS Essen 5:3; Herforder SV Borussia Friedenstal – FSV Gütersloh 2009 3:1; VfL Wolfsburg – 1. FC Lübars 4:0; Bayer Leverkusen – FCR Duisburg n. V. 1:2; Bayern München – 1. FFC Frankfurt n. V. 1:1, Elfmeterschießen 5:3; 1. FC Köln – ETSV Würzburg 3:2; Blau-Weiß Hohen Neuendorf – USV Jena 0:2; Holstein Kiel – SV Meppen n. V. 1:3; TSG 1899 Hoffenheim – VfL Sindelfingen n. V. 6:4.
Achtelfinale: 1. FC Köln – SC Freiburg 0:1; TSG 1899 Hoffenheim – 1. FC Lokomotive Leipzig 3:1; SC Bad Neuenahr – Turbine Potsdam 0:1; TSV Crailsheim – Herforder SV Borussia Friedenstal 1:5; Werder Bremen – USV Jena 1:4; BV Cloppenburg – SC Sand n. V. 2:2, Elfmeterschießen 2:3; SV Meppen – Bayern München 0:4; FCR Duisburg – VfL Wolfsburg 1:8.
Viertelfinale: TSG 1899 Hoffenheim – Bayern München 1:5; SC Sand – Turbine Potsdam 0:1; SC Freiburg – Herforder SV Borussia Friedenstal 6:2; VfL Wolfsburg – USV Jena 3:0.
Halbfinale: SC Freiburg – VfL Wolfsburg 0:5; Turbine Potsdam – Bayern München n. V. 4:1.

Endspiel am 19. Mai 2013 in Köln: VfL Wolfsburg – Turbine Potsdam 3:2 (1:0)
Wolfsburg: Burmeister – Wensing, Henning, Goeßling, Tetzlaff – Keßler, Odebrecht – Blässe, M. Müller – Magull (Jakabfi), Pohlers (Hartmann) – Trainer: Kellermann – Tore: M. Müller 2, Pohlers (Evans, Ogimi) – Zuschauer: 14 269 – SR: Rafalski (Bad Zwesten).

2014: 1. FFC Frankfurt

1. Runde: 1. FC Neubrandenburg – USV Jena 0:11; Rot-Weiß Bardenbach – TSG 1899 Hoffenheim 0:13; Holstein Kiel – Herforder SV Borussia Friedenstal 2:4; GSV Moers – TuS Wörrstadt 1:0; Eintracht Frankfurt – 1. FFC Niederkirchen 0:4; Karlsruher SC – VfL Bochum 3:6; TV Derendingen – 1. FC Köln 0:4; Viktoria Jägersburg – ETSV Würzburg n. V. 2:2, Elfmeterschießen 3:4; Fortuna Dresden-Rähnitz – BV Cloppenburg 0:4; Wacker München – SC Bad Neuenahr 1:4; Fortuna Köln – VfL Sindelfingen n. V. 0:1; FFC Oldesloe – SV Meppen 0:10; Hallescher FC – FSV Gütersloh 2009 0:4; SV Henstedt-Ulzburg – 1. FC Lübars n. V. 2:3; 1. FFV Erfurt – Magdeburger FFC 2:3; 1. FFC Recklinghausen – Werder Bremen 1:14; BSC Marzahn – TSG Burg Gretesch 0:3; Hegauer FV – SV Weinberg 1:3; Sportfreunde Siegen – SC Sand 0:9; TSV Schott Mainz – TSV Crailsheim 2:4; ATS Buntentor – FFV Leipzig 1:5; FC Bergedorf 85 – Blau-Weiß Hohen Neuendorf n. V. 0:1; Potsdamer Kickers – Viktoria 1889 Berlin 2:5; TuS Issel – 1. FC Saarbrücken 0:4.
2. Runde: BV Cloppenburg – Magdeburger FFC 6:0; FCR Duisburg – Blau-Weiß Hohen Neuendorf 6:0; SC Bad Neuenahr – 1. FFC Frankfurt 0:5; 1. FC Köln – TSG 1899 Hoffenheim 2:0; TSG Burg Gretesch – VfL Wolfsburg 1:9; GSV Moers – Bayer Leverkusen 0:9; 1. FC Saarbrücken – 1. FFC Niederkirchen 3:0; Viktoria 1889 Berlin – SV Meppen 0:2; Herforder SV Borussia Friedenstal – FFV

Leipzig n. V. 0:0, Elfmeterschießen 4:5; VfL Bochum – SV Weinberg n. V. 3:1; 1. FC Lübars – Werder Bremen 1:2; SGS Essen – Turbine Potsdam 3:2; FSV Gütersloh 2009 – USV Jena 1:4; SC Freiburg – VfL Sindelfingen 3:1; ETSV Würzburg – SC Sand 0:4; TSV Crailsheim – Bayern München 0:7.
Achtelfinale: 1. FFC Frankfurt – VfL Wolfsburg 1:0; 1. FC Köln – Bayern München 2:0; SC Sand – FCR Duisburg 6:0; SC Freiburg – FFV Leipzig 7:0; Werder Bremen – VfL Bochum 3:1; Bayer Leverkusen – BV Cloppenburg 1:2; SGS Essen – 1. FC Saarbrücken 4:2; SV Meppen – USV Jena 1:2.
Viertelfinale: SC Freiburg – BV Cloppenburg 1:0; Werder Bremen – 1. FFC Frankfurt 0:8; USV Jena – SC Sand 0:2; SGS Essen – 1. FC Köln 5:2.
Halbfinale: SGS Essen – SC Freiburg n. V. 1:0; 1. FFC Frankfurt – SC Sand 2:0.
Endspiel am 17. Mai 2014 in Köln: 1. FFC Frankfurt – SGS Essen 3:0 (3:0)
Frankfurt: Schumann – Schmidt, Bartusiak, Kuznik, Laudehr – Behringer, Marozsan (Garciamendez) – Garefrekes, Crnogorcevic – Alushi (Weber), Ando (Tanaka) – Trainer: Bell – Tore: Ando, Kuznik, Laudehr – Zuschauer: 16 621 – SR: Wozniak (Herne).

2015: VfL Wolfsburg

1. Runde: SV Henstedt-Ulzburg – FFV Leipzig 3:4; TSV Schott Mainz – VfL Sindelfingen 7:1; GSV Moers – Magdeburger FFC 1:2; Blau-Weiß Beelitz – FSV Gütersloh 2009 0:8; SV Union Meppen – 1. FC Lübars 0:5; FC Viktoria 1889 Berlin – SV Meppen n. V. 3:1; Hallescher FC – Werder Bremen 0:5; 1. FFV Erfurt – 1. FC Köln 0:2; Hegauer FV – Alemannia Aachen 3:1; Erzgebirge Aue – TSG 1899 Hoffenheim 0:6;
Germania Hauenhorst – 1. FC Union Berlin 1:0; Blau-Weiß Hohen Neuendorf – MSV Duisburg 0:5; FSV Schwerin – BV Cloppenburg 0:6; Blau-Weiss Berlin – Holstein Kiel 1:5; ATS Buntentor – VfL Bochum 0:13; Hamburger SV – Herforder SV Borussia Friedenstal 2:5; SpVgg Rommelshausen – 1. FFC Montabaur 0:3; SG Andernach – SV Weinberg n. V. 3:2; TuS Wörrstadt – ETSV Würzburg 0:5; ASV Hagsfeld – TSV Crailsheim 1:4; Jahn Calden – 1. FC Saarbrücken 2:4; 1. FC Nürnberg – SC Sand 0:9; 1. FFC Bergisch Gladbach – 1. FC Riegelsberg 2:1; SC 13 Bad Neuenahr – 1. FFC Niederkirchen 0:5.
2. Runde: Germania Hauenhorst – Turbine Potsdam 0:8; FFV Leipzig – MSV Duisburg n. V. 2:3; Holstein Kiel – VfL Wolfsburg 1:5; FC Viktoria 1889 Berlin – Herforder SV Borussia Friedenstal 1:5; Hegauer FV – Bayer Leverkusen 0:6; TSV Schott Mainz – Bayern München 1:9; Werder Bremen – SGS Essen 1:4;
FSV Gütersloh 2009 – Magdeburger FFC 9:1; BV Cloppenburg – VfL Bochum n. V. 3:1; 1. FC Lübars – USV Jena 0:1; SG Andernach – 1. FFC Frankfurt 1:15; TSV Crailsheim – 1. FFC Montabaur 2:0; SC Freiburg – TSG 1899 Hoffenheim – 2:0; 1. FC Saarbrücken – 1. FFC Niederkirchen 1:3; SC Sand – ETSV Würzburg 6:0; 1. FFC Bergisch Gladbach – 1. FC Köln 1:11.
Achtelfinale: 1. FFC Niederkirchen – SC Freiburg 0:6; SC Sand – MSV Duisburg 2:0; TSV Crailsheim – 1. FC Köln 0:3; USV Jena – Bayern München 0:1; Turbine Potsdam – Herforder SV Borussia Friedenstal 4:0; Bayer Leverkusen – 1. FFC Frankfurt 0:3; VfL Wolfsburg – BV Cloppenburg 8:0; SGS Essen – FSV Gütersloh 2009 0:1.
Viertelfinale: VfL Wolfsburg – SC Sand n. V. 2:1; 1. FC Köln – Turbine Potsdam 0:3; 1. FFC Frankfurt – Bayern München 3:1; SC Freiburg – FSV Gütersloh 2009 n. V. 7:3.
Halbfinale: 1. FFC Frankfurt – Turbine Potsdam 1:2; SC Freiburg – VfL Wolfsburg n. V. 2:4.

Endspiel am 1. Mai 2015 in Köln: VfL Wolfsburg – Turbine Potsdam 3:0 (1:0)
Wolfsburg: Schult – Blässe, Fischer, Peter, Maritz – Bernauer (Simic), Goeßling – Hansen (Ogimi), Popp, Faißt – M. Müller (Wagner) – Trainer: Kellermann – Tore: M. Müller 2, Popp – Zuschauer: 19 204 – SR: Wolk (Worms).

2016: VfL Wolfsburg

1. Runde: VfL Bochum – Werder Bremen 0:3; Hallescher FC – Herforder SV Borussia Friedenstal 0:6; DJK VfL Billerbeck – FFV Leipzig 3:2; Karlsruher SC – 1. FC Köln 1:4; Blau-Weiß Hohen Neuendorf – SV Meppen n. V. 1:5; Magdeburger FFC – GSV Moers 2:1; SV Hegnach – 1. FC Nürnberg 4:1; FFC Gera – FSV Gütersloh 2009 0:12; Union Meppen – Steglitzer FC Stern 1900 6:0; SV Henstedt-Ulzburg – USV Jena 0:6; TuRa Meldorf – 1. FC Neubrandenburg 1:0; ATS Buntentor – Holstein Kiel 2:6; Bramfelder SV – BV Cloppenburg 2:3; 1. FC Union Berlin – 1. FC Lübars 1:4; 1. FFC Niederkirchen – Bayer Leverkusen 1:3; TSV Crailsheim – SC Sand 2:5; Fortuna Köln – 1. FC Saarbrücken 1:6; SC Siegelbach – Borussia Mönchengladbach 2:4; SV Dirmingen – TuS Issel n. V. 3:3, Elfmeterschießen 2:4; TSV Schott Mainz – MSV Duisburg 1:3; Hessen Wetzlar – SV Weinberg 3:0; VfL Sindelfingen – ETSV Würzburg 3:0; 1. FFC Montabaur – Alemannia Aachen 1:6; TSG Neu-Isenburg – PSV Freiburg 0:5; FSV Lokomotive Dresden – FSV Babelsberg 0:5.

2. Runde: PSV Freiburg – 1. FFC Frankfurt 0:14; SV Hegnach – TuS Issel 3:1; DJK VfL Billerbeck – VfL Wolfsburg 0:19; Alemannia Aachen – SC Sand 0:9; Borussia Mönchengladbach – 1. FC Köln 1:4; BV Cloppenburg – USV Jena 1:2; TuRa Meldorf – Werder Bremen 0:8; Holstein Kiel – Turbine Potsdam 0:11; Union Meppen – SGS Essen 0:9; Magdeburger FFC – Herforder SV Borussia Friedenstal 1:4; FSV Gütersloh 2009 – SV Meppen 2:4; FSV Babelsberg – 1. FC Lübars 0:4; MSV Duisburg – Bayern München 0:3; VfL Sindelfingen – SC Freiburg 0:6; 1. FC Saarbrücken – TSG 1899 Hoffenheim 0:5; Hessen Wetzlar – Bayer Leverkusen 0:2.
Achtelfinale: 1. FC Köln – USV Jena 0:4; VfL Wolfsburg – SGS Essen 2:1; SV Hegnach – 1. FC Lübars 2:3; Turbine Potsdam – TSG 1899 Hoffenheim 4:0; Herforder SV Borussia Friedenstal – SC Sand n. V. 3:4; Bayern München – 1. FFC Frankfurt 2:0; SV Meppen – Werder Bremen 1:3; SC Freiburg – Bayer Leverkusen 4:0.
Viertelfinale: USV Jena – SC Sand 1:4; Werder Bremen – Bayern München n. V. 0:3; 1. FC Lübars – SC Freiburg 0:1; Turbine Potsdam – VfL Wolfsburg 0:3.
Halbfinale: SC Sand – Bayern München 2:1; VfL Wolfsburg – SC Freiburg 2:1.

Endspiel am 21. Mai 2016 in Köln: VfL Wolfsburg – SC Sand 2:1 (1:1)
Wolfsburg: Schult – Fischer, Wedemeyer, Dickenmann – Peter, Bernauer (Bussaglia), Goeßling – Kerschowski, Bachmann (Blässe) – Jakabfi (Wullaert), Popp – Trainer: Kellermann – Tore: Jakabfi 2 – Zuschauer: 16 542 – SR: Söder (Schwarzenbruck).

2017: VfL Wolfsburg

1. Runde: SV Alberweiler – MSV Duisburg 0:9; FC Viktoria 1889 Berlin – Arminia Bielefeld 0:5; SSC Hagen Ahrensburg – Bramfelder SV 1:2; Holstein Kiel – Werder Bremen 0:15; 1. FC Lübars – Blau-Weiß Hohen Neuendorf 0:12; Hessen Wetzlar – SC Sand 1:3; Fortuna Dresden – SC Weyhe 2:0; 1. FC Union Berlin – BV Cloppenburg 1:6; Karlsruher SC – Borussia Mönchengladbach 1:5; Borussia Bocholt – Hegauer FV 1:2; TSV Sundhausen – Magdeburger FFC 0:4; SV Henstedt-Ulzburg – Herforder SV Borussia Friedenstal 3:1; FSV Gütersloh 2009 – SV Meppen n. V. 2:2, Elfmeterschießen 3:1; Arminia Ibbenbüren – FFV Leipzig 5:1; FC Bergedorf 85 – Blau-Weiß Beelitz 2:0; Union Meppen – 1. FC Neubrandenburg 3:1; 1. FFC Niederkirchen – Bayer Leverkusen 0:4; SC Siegelbach – SV Weinberg 0:2; TSG Neu-Isenburg – TSV Crailsheim 1:2; 1. FC Riegelsberg – ETSV Würzburg 3:0; 1. FC Köln – TSV Schott Mainz 3:4; Alemannia Aachen – VfL Sindelfingen 0:8; Sportfreunde Ippendorf – SG 99 Andernach 1:4; 1. FC Nürnberg – 1. FC Saarbrücken 1:2.
2. Runde: Union Meppen – BV Cloppenburg 0:4; SV Henstedt-Ulzburg – MSV Duisburg 0:5; Arminia Ibbenbüren – Bramfelder SV n. V. 3:3, Elfmeterschießen 5:3; Werder Bremen – Turbine Potsdam n. V. 1:1, Elfmeterschießen 5:4; Fortuna Dresden – VfL Wolfsburg 0:9; SG 99 Andernach – SC Freiburg 0:4; Magdeburger FFC – Borussia Mönchengladbach 0:1; 1. FC Saarbrücken – Bayer Leverkusen 0:4; Arminia Bielefeld – FSV Gütersloh 2009 6:2; Blau-Weiß Hohen Neuendorf – USV Jena n. V. 1:3; FC Bergedorf 85 – SGS Essen 0:5; VfL Sindelfingen – TSG 1899 Hoffenheim 0:4; TSV Crailsheim – SV Weinberg 1:2; Hegauer FV – 1. FFC Frankfurt 0:2; 1. FC Riegelsberg – Bayern München 0:15; TSV Schott Mainz – SC Sand 0:4.
Achtelfinale: Arminia Bielefeld – VfL Wolfsburg 0:2; Arminia Ibbenbüren – Bayern München 0:8; SV Weinberg – SC Sand 0:3; SC Freiburg – Borussia Mönchengladbach 2:0; BV Cloppenburg – MSV Duisburg 1:0; Bayer Leverkusen – USV Jena 5:0; 1. FFC Frankfurt – SGS Essen 3:2; Werder Bremen – TSG 1899 Hoffenheim 1:0.
Viertelfinale: SC Freiburg – 1. FFC Frankfurt 2:0; Werder Bremen – SC Sand 0:1; Bayern München – VfL Wolfsburg 0:2; BV Cloppenburg – Bayer Leverkusen 0:2.
Halbfinale: Bayer Leverkusen – SC Sand 0:4; SC Freiburg – VfL Wolfsburg n. V. 1:2.

Endspiel am 27. Mai 2017 in Köln: VfL Wolfsburg – SC Sand 2:1 (0:0)
Wolfsburg: Schult – Blässe, Fischer, Peter, Kerschowski (Maritz) – Gunnarsdottir – Hansen, Popp, Harder, Wullaert (van Egmond) – Pajor (Bernauer) – Trainer: Kellermann – Tore: Harder 2 (Damnjanovic) – Zuschauer: 17 016 – SR: Appelmann (Alzey).

2018: VfL Wolfsburg

1. Runde: Herforder SV Borussia Friedenstal – Arminia Bielefeld n. V. 2:3; SV Holzbach – TSV Schott Mainz 0:2; SV Alberweiler – SG 99 Andernach 1:0; 1. FC Riegelsberg – SV Walbeck 1:0; BSC Marzahn – BV Cloppenburg 1:3; SC Siegelbach – Borussia Mönchengladbach 0:9; ATS Buntentor – FSV Gütersloh 2009 2:5; Jahn Calden – Werder Bremen 1:2; Magdeburger FFC – Jahn Delmenhorst 4:1; TSV Limmer – Blau-Weiß Hohen Neuendorf 2:1; Bramfelder SV – SV Henstedt-Ulzburg 0:2; Fortuna Dresden – 1. FC Union Berlin n. V. 0:0, Elfmeterschießen 3:4; Holstein Kiel – SV Meppen 0:5; FSV Babelsberg – Weimarer FFC 2:0; 1. FC Neubrandenburg – Hamburger SV n. V. 2:1; Wacker München

– 1. FC Köln 0:2; Hessen Wetzlar – 1. FC Saarbrücken 0:4; Vorwärts Spoho Köln – 1. FFC Niederkirchen 1:3; TSV Neckarau – VfL Sindelfingen n. V. 0:1; Hegauer FV (– SV Weinberg 4:2; VfL Bochum – TSV Crailsheim 0:1.
2. Runde: SV Alberweiler – Bayern München 0:3; TSV Limmer – Werder Bremen 1:6; 1. FC Riegelsberg – SC Sand 0:13; 1. FC Neubrandenburg – SGS Essen 0:10; FSV Babelsberg – SV Meppen 0:9; TSV Crailsheim – 1. FC Köln 0:2; Arminia Bielefeld – MSV Duisburg 2:1; Magdeburger FFC – USV Jena 0:3; FSV Gütersloh 2009 – Turbine Potsdam 0:6; 1. FC Union Berlin – VfL Wolfsburg 0:6; SV Henstedt-Ulzburg – BV Cloppenburg 2:6; 1. FFC Niederkirchen – TSG 1899 Hoffenheim 1:3; Bayer Leverkusen – 1. FFC Frankfurt 0:6; TSV Schott Mainz – SC Freiburg 0:8; 1. FC Saarbrücken – Borussia Mönchengladbach 4:1; Hegauer FV – VfL Sindelfingen 0:2.
Achtelfinale: SV Meppen – Bayern München 0:4; Arminia Bielefeld – Turbine Potsdam 1:2; VfL Sindelfingen – 1. FFC Frankfurt 1:3; 1. FC Köln – SC Sand 1:2; Werder Bremen – SGS Essen 0:5; 1. FC Saarbrücken – USV Jena 1:0; TSG 1899 Hoffenheim – SC Freiburg 0:2; BV Cloppenburg – VfL Wolfsburg 0:5.
Viertelfinale: 1. FC Saarbrücken – Bayern München 0:15; 1. FFC Frankfurt – Turbine Potsdam 0:2; VfL Wolfsburg – SC Sand 2:1; SGS Essen – SC Freiburg n. V. 5:2.
Halbfinale: VfL Wolfsburg – SGS Essen 4:1; Bayern München – Turbine Potsdam 3:1.

Endspiel am 19. Mai 2018 in Köln: VfL Wolfsburg – Bayern München n. V. 0:0, Elfmeterschießen 3:2
Wolfsburg: Schult – Blässe (Kerschowski), Fischer, Goeßling, Maritz – Gunnarsdottir, Pires Neto (Wedemeyer) – Hansen, Dickenmann (Jakabfi) – Harder – Pajor (McLeod) – Trainer: Lerch – Tore im Elfmeterschießen: Kerschowski, Harder, Hansen (Islacker, Laudehr) – Zuschauer: 17 692 – SR: Stolz (Pritzwalk).

2019: VfL Wolfsburg

1. Runde: Jahn Delmenhorst – Bramfelder SV 9:0; Magdeburger FFC – Arminia Bielefeld 2:5; Herforder SV Borussia Friedenstal – FC Viktoria 1889 Berlin 1:0; 1. FFC Niederkirchen – SV Holzbach 5:1; TuS Wörrstadt – SV Weinberg 1:2; Karlsruher SC – Hegauer FV 1:3; VfL Sindelfingen – SV Alberweiler n. V. 2:2, Elfmeterschießen 4:5; Holstein Kiel – Jahn Calden 0:4; 1. FFV Erfurt – Vorwärts Spoho Köln 0:3; Borussia Bocholt – SV Meppen 0:2; 1. FC Neubrandenburg – FSV Babelsberg 1:0; SV Henstedt-Ulzburg – Fortuna Dresden 6:0; TSV Schott Mainz – FC Forstern 1:3; 1. FC Riegelsberg – Hessen Wetzlar 0:6; SG Andernach – 1. FC Saarbrücken n. V. 2:4; DJK-VfL Billerbeck – FSV Gütersloh 2009 1:4; Hannover 96 – Blau-Weiß Hohen Neuendorf 4:2; TuS Schwachhausen – BV Cloppenburg 1:3.
2. Runde: SV Alberweiler – Bayer Leverkusen 0:4; Hannover 96 – VfL Wolfsburg 0:11; Vorwärts Spoho Köln – SC Freiburg 0:12; 1. FFC Niederkirchen – FC Forstern 1:3; Hessen Wetzlar – 1. FFC Frankfurt 0:1; SV Henstedt-Ulzburg – SGS Essen 0:14; 1. FC Neubrandenburg – MSV Duisburg 0:14; Jahn Delmenhorst – Herforder SV Borussia Friedenstal 1:3; USV Jena – Bayern München 0:3; Jahn Calden – Werder Bremen 1:4; SV Weinberg – SC Sand n. V. 1:2; Hegauer FV – 1. FC Saarbrücken 0:5; BV Cloppenburg – Borussia Mönchengladbach 3:4; Arminia Bielefeld – FSV Gütersloh 2009 1:0; SV Meppen – Turbine Potsdam 0:6; 1. FC Köln – TSG 1899 Hoffenheim 0:5.
Achtelfinale: Bayern München – Werder Bremen 3:0; MSV Duisburg – Turbine Potsdam 1:3; SC Sand – TSG 1899 Hoffenheim n. V. 1:2; 1. FC Saarbrücken – 1. FFC Frankfurt 2:3; Herforder SV Borussia Friedenstal – Borussia Mönchengladbach 0:3; SGS Essen – SC Freiburg 0:4; Arminia Bielefeld – Bayer Leverkusen 1:2; FC Forstern – VfL Wolfsburg 0:9.
Viertelfinale: Bayer Leverkusen – TSG 1899 Hoffenheim 1:7; 1. FFC Frankfurt – Bayern München 1:3; Borussia Mönchengladbach – SC Freiburg 1:6; VfL Wolfsburg – Turbine Potsdam 4:0.
Halbfinale: TSG 1899 Hoffenheim – SC Freiburg 0:2; Bayern München – VfL Wolfsburg 0:4.

Endspiel am 1. Mai 2019 in Köln: VfL Wolfsburg – SC Freiburg 1:0 (0:0)
Wolfsburg: Schult – Blässe, Fischer, Goeßling, Peter – Gunnarsdottir, Popp – Hansen, Harder, Jakabfi (Wolter) – Pajor (McLeod) – Trainer: Lerch – Tor: Pajor – Zuschauer: 17 048 – SR: Kunkel (Hamburg).

2020: VfL Wolfsburg

1. Runde: Eintracht Braunschweig – Arminia Bielefeld 1:3; FSV Babelsberg – Walddörfer SV 1:6; 1. FFV Erfurt – 1. FC Saarbrücken 0:7; Hegauer FV – FC Ingolstadt 04 0:1; FC Forstern – 1. FFC Niederkirchen 2:0; TuS Wörrstadt – 1. FC Mönchengladbach 1:0; Hamburger SV – 1. FC Union Berlin 2:0; RB Leipzig – BV Cloppenburg 4:2; Borussia Bocholt – Viktoria 1889 Berlin 3:0; TuS Schwachhausen – SpVg Berghofen 1:5; HSG Warnemünde – FSV Gütersloh 2009 0:7; Magdeburger FFC – Holstein Kiel 2:3; Germania Göttelborn – SG Andernach 1:5; SV Holzbach – 1. FC Nürnberg 0:4; Eintracht

Frankfurt – SV Hegnach 3:1; Fortuna Köln – Hessen Wetzlar 1:4; SV Weinberg – Karlsruher SC 5:0.
2. Runde: Holstein Kiel – 1. FC Köln 1:3; SpVg Berghofen – VfL Wolfsburg 0:2; Eintracht Frankfurt – Bayern München 0:5; SG Andernach – USV Jena 0:1; Borussia Bocholt – Turbine Potsdam 0:7; SV Weinberg – 1. FC Saarbrücken 0:1; 1. FC Nürnberg – TuS Wörrstadt n. V. 2:0; Borussia Mönchengladbach – Bayer Leverkusen 1:2; FC Forstern – SC Freiburg 1:6; Arminia Bielefeld – MSV Duisburg n. V. 0:0, Elfmeterschießen 5:3; SV Meppen – SGS Essen 1:5; FC Ingolstadt 04 – SC Sand 0:2; Walddörfer SV – Werder Bremen 1:4; Hamburger SV – FSV Gütersloh 2009 n. V. 2:2, Elfmeterschießen 4:5; Hessen Wetzlar – TSG 1899 Hoffenheim 0:7; RB Leipzig – 1. FFC Frankfurt 0:1.
Achtelfinale: TSG 1899 Hoffenheim – USV Jena 6:1; 1. FFC Frankfurt – Bayer Leverkusen 0:1; Werder Bremen – SC Sand 0:2; Bayern München – VfL Wolfsburg 1:3; SC Freiburg – Turbine Potsdam 2:3; 1. FC Nürnberg – Arminia Bielefeld 1:2; 1. FC Saarbrücken – FSV Gütersloh 2009 n. V. 3:4; 1. FC Köln – SGS Essen 1:3.
Viertelfinale: Bayer Leverkusen – TSG 1899 Hoffenheim n. V. 3:2; Arminia Bielefeld – SC Sand 3:2; Turbine Potsdam – SGS Essen 1:3; FSV Gütersloh 2009 – VfL Wolfsburg 0:3.
Halbfinale: Arminia Bielefeld – VfL Wolfsburg 0:5; Bayer Leverkusen – SGS Essen 1:3.

Endspiel am 4. Juli 2020 in Köln: VfL Wolfsburg – SGS Essen n. V. 3:3 (3:3, 1:2), Elfmeterschießen 4:2
Wolfsburg: Abt – Blässe, Doorsoun-Khajeh, Goeßling, Bloodworth – Engen (Pires Neto), Popp – Huth (Wolter), Harder, Rolfö (Maritz) – Pajor – Trainer: Lerch – Tore: Harder, Blässe, Bloodworth (Schüller, Hegering, Ioannidou) – Tore im Elfmeterschießen: Bloodworth, Claudia Neto, Goeßling, Harder (Schüller, Oberdorf) – Zuschaue: keine – SR: Westerhoff (Bochum).

2021: VfL Wolfsburg

1. Runde: Grün-Weiss Neukölln – SV Meppen 0:9; Borussia Mönchengladbach – Werder Bremen 0:5; SV Weinberg – SV Holzbach 7:1; Holstein Kiel – SV Berghofen 1:2; FC Ingolstadt 04 – Würzburger Kickers 3:2; SV Gottenheim – 1. FC Saarbrücken 3:6; SV Alberweiler – SG Andernach 0:2; FSV Gütersloh 2009 – Arminia Bielefeld 5:1; SSV Rhade – Borussia Bocholt 0:1; Magdeburger FFC – BV Cloppenburg (kampflos für Magdeburg); Fortuna Köln – FSV Babelsberg 74 n. V. 3:0; RB Leipzig – 1. FFC Niederkirchen 2:0; SV Budberg – SV Henstedt-Ulzburg 0:3; 1. FC Riegelsberg – Karlsruher SC n. V. 1:1, Elfmeterschießen 3:4; Opel Rüsselsheim – 1. FC Nürnberg n. V. 0:0, Elfmeterschießen 5:4; Jahn Delmenhorst – ATS Buntentor 8:1; VfL Bochum – Viktoria 89 Berlin 3:0; 1. FFV Erfurt – Phoenix Leipzig 3:1; TuS Wörrstadt – SV Göttelborn 0:5; Rostocker FC 1895 – Walddörfer SV Hamburg 0:2.
2. Runde: Magdeburger FFC – Turbine Potsdam 0:8; VfL Bochum – VfL Wolfsburg 0:11; Karlsruher SC – Eintracht Frankfurt 0:8; SG Andernach – 1. FC Saarbrücken 3:1; Borussia Bocholt – MSV Duisburg 0:3; FSV Gütersloh 2009 – SGS Essen n. V. 3:2; Fortuna Köln – Werder Bremen 0:2; RB Leipzig – SV Berghofen 4:1; Carl Zeiss Jena – Bayern München 0:2; Opel Rüsselsheim – SC Freiburg 0:11; SV Henstedt-Ulzburg – SV Meppen 2:3; FC Ingolstadt 04 – TSG 1899 Hoffenheim n. V. 2:4; SV Weinberg – 1. FFV Erfurt 5:0; 1. FC Köln – Bayer Leverkusen 1:0; SV Göttelborn – SC Sand 1:4; Jahn Delmenhorst – Walddörfer SV Hamburg 1:2.
Achtelfinale: SV Weinberg – SC Freiburg 1:9; RB Leipzig – Eintracht Frankfurt 0:4; SG Andernach – FSV Gütersloh 2009 6:1; VfL Wolfsburg – MSV Duisburg 3:1; 1. FC Köln – TSG 1899 Hoffenheim 1:6; Walddörfer SV Hamburg – Bayern München 0:13; Turbine Potsdam – SC Sand 2:1; Werder Bremen – SV Meppen n. V. 2:2, Elfmeterschießen 5:3.
Viertelfinale: TSG 1899 Hoffenheim – Bayern München 1:2; VfL Wolfsburg – Werder Bremen 7:0; SC Freiburg – Turbine Potsdam 6:3; SG Andernach – Eintracht Frankfurt 1:7.
Halbfinale: Eintracht Frankfurt – SC Freiburg 2:1; VfL Wolfsburg – Bayern München 2:0.

Endspiel am 30. 5 2021 in Köln: VfL Wolfsburg – Eintracht Frankfurt n. V. 1:0 (0:0)
Wolfsburg: Schult – Wedemeyer (Blässe), Doorsoun, Janssen, Rauch – Engen, Oberdorf – Huth, Blomqvist (Wolter), Rolfö (Abt) – Pajor (Jakabfi) – Trainer: Lerch – Tor: Pajor – Zuschauer: keine – SR: Derlin (Bad Schwartau).

Länderpokal der Frauen

1981 Mittelrhein – 1982 Niederrhein – 1983 Bayern – 1984 Hessen – 1985, 1986, 1987 Niederrhein – 1988 Mittelrhein – 1989 Württemberg – 1990, 1991, 1992 Hessen – 1993 Westfalen – 1994, 1995 Hessen – 1996 Niederrhein – 1997, 1998 Hessen – **ab 1998 für U-20-Mannschaften:** 1999, 2000, 2001 Hessen – **ab 2002 für U-21-Mannschaften:** 2002 Bayern – 2003, 2004, 2005 – ab 2006 für U-20-Mannschaften: 2006, 2007 Niederrhein – 2008 Württemberg – 2009 Niederrhein – 2010

Brandenburg – 2011 Rheinland – **ab 2012 für U-19-Mannschaften:** 2012 Bayern – 2013 Brandenburg – **ab 2014 Sichtungsturnier für U18-Mannschaften:** 2014 Hessen – 2015 Westfalen – 2016 Niederlande – 2017, 2018 Hessen – 2020 nicht ausgetragen.

Juniorinnen-Länderpokal

Bis 1997 für U19-Mannschaften: 1995 Württemberg – 1996, 1997 Niedersachsen – 1998 Hessen (U18) – **1999 und 2000 für U17-Mannschaften:** 1999 Württemberg – 2000 Brandenburg – **2001 bis 2007 für U18-Mannschaften:** 2001 Niedersachsen – 2002, 2003 Westfalen – 2004 Bayern – 2005 Berlin – 2006 Bayern – 2007 Brandenburg – **ab 2007 für U17-Mannschaften:** 2007, 2008 Westfalen – 2009 Niederrhein – 2010, 2011 Brandenburg – 2012 Hessen – 2013 Brandenburg – seitdem nicht mehr ausgetragen.

U16/U15-Juniorinnen-Länderpokal

Die ersten drei Jahre als Mädchen-Turnier, seit 1991 als Länderpokal.
1988 Hessen – 1989 Niederrhein – 1990 Westfalen – 1991 Hessen – 1992 Südbaden – 1993 Hessen – 1994 Niedersachsen – 1995, 1996 Westfalen – 1997, 1998 Württemberg – 1999, 2000 Bayern – 2001 Westfalen – **ab 2002 für U15-Mannschaften:** 2002 Westfalen – 2003 Mittelrhein – 2004 Niederrhein – 2005 Westfalen – 2006 Hessen – 2007 Saarland – 2008 Bayern – 2009 Württemberg – 2010 Niederrhein – 2011 Westfalen – 2012 Hessen – 2013 Baden – **ab 2014 wieder U16-Mannschaften:** 2014 Brandenburg – 2015, 2016 Westfalen – 2017, 2018 Hessen – 2019 DFB-U14-Perspektivteam – 2020, 2021 nicht ausgetragen.

U14-Juniorinnen-Länderpokal

2014 Bayern – 2015 Württemberg – 2016 Schleswig-Holstein – 2017 Württemberg – 2018 Bayern – 2019 Württemberg – 2020, 2021 nicht ausgetragen.

Frauen-Supercup

1992 TSV Siegen – 1993 TuS Niederkirchen – 1994 Grün-Weiß Brauweiler – 1995, 1996 FSV Frankfurt – 1997 Grün-Weiß Brauweiler – Danach zugunsten des Bundesliga-Saisoneröffnungsturniers eingestellt.

Bundesliga-Saisoneröffnungsturnier

Teilnehmer waren die 12 Vereine der eingleisigen Bundesliga (1998 Hermes-Cup, 1999 Lotto-Hessen-Cup, 2000 OBI-Cup, 2001 Oddset-Pokal):
1997 SG Praunheim – 1998 FFC Heike Rheine – 1999, 2000, 2001 1. FFC Frankfurt – 2002 nicht ausgetragen – 2003 Bayern München („WM-Cup" während der Frauen-WM) – 2007 FCR Duisburg („WM-Cup" während der Frauen-WM) – 2011 Bayern München („Bundesliga-Cup" wegen des frühen Bundesliga-Endes vor der Frauen-WM) – seitdem nicht mehr ausgetragen.

Frauen-Masters/DFB-Hallenpokal

(1994 inoffiziell, ab 1995 unter DFB-Regie):
1994 Grün-Weiß Brauweiler – 1995 FSV Frankfurt – 1996 FC Rumeln-Kaldenhausen – 1997, 1998 SG Praunheim – 1999 1. FFC Frankfurt – 2000 FCR Duisburg – 2001 Sportfreunde Siegen – 2002 1. FFC Frankfurt – 2003 FFC Heike Rheine – 2004, 2005 Turbine Potsdam – 2006, 2007 1. FFC Frankfurt – 2008, 2009, 2010 Turbine Potsdam – 2011 nicht ausgetragen – 2012 1. FFC Frankfurt – 2013, 2014 Turbine Potsdam – 2015 Bayer Leverkusen – seitdem nicht mehr ausgetragen.

Die Fußballerinnen des Jahres

1996 Martina Voss (FC Rumeln-Kaldenhausen) – 1997 Bettina Wiegmann (Grün-Weiß Brauweiler) – 1998 Silke Rottenberg (Sportfreunde Siegen) – 1999 Inka Grings (FCR Duisburg) – 2000 Martina Voss (FCR Duisburg) – 2001, 2002, 2003, 2004, 2005, 2006, 2007, 2008 Birgit Prinz (1. FFC Frankfurt) – 2009, 2010 Inka Grings (FCR Duisburg) – 2011 Fatmire Bajramaj (Turbine Potsdam) – 2012 Celia Okoyino da Mbabi (SC Bad Neuenahr) – 2013 Martina Müller (VfL Wolfsburg) – 2014 Alexandra Popp (VfL Wolfsburg) – 2015 Celia Sasic (1. FFC Frankfurt) – 2016 Alexandra Popp (VfL Wolfsburg) – 2017, 2018, 2019 Dzsenifer Marozsan (Olympique Lyon) – 2020 Pernille Harder (VfL Wolfsburg) – 2021 Nicole BIlla (TSG 1899 Hoffenheim).

Die Torschützenköniginnen

1991 Heidi Mohr (TuS Niederkirchen) 36 – 1992 Heidi Mohr (TuS Niederkirchen) 24 – 1993 Heidi Mohr (TuS Niederkirchen) 21 – 1994 Heidi Mohr (TuS Niederkirchen) 28 – 1995 Heidi Mohr (TuS Ahrbach) 27 – 1996 Sandra Smisek (FSV Frankfurt) 29 – 1997 Birgit Prinz (FSV Frankfurt) 20 – 1998 Birgit Prinz (FSV Frankfurt) 23 – 1999 Inka Grings (FCR Duisburg) 25 – 2000 Inka Grings (FCR Duisburg) 38 – 2001 Birgit Prinz (1. FFC Frankfurt) 24 – 2002 Conny Pohlers (Turbine Potsdam) 27 – 2003 Inka Grings (FCR Duisburg) 20 – 2004 Kerstin Garefrekes (Heike Rheine) 26 – 2005 Shelley Thompson (FCR Duisburg) 30 – 2006 Conny Pohlers (Turbine Potsdam) 36 – 2007 Birgit Prinz (1. FFC Frankfurt) 28 – 2008 Inka Grings (FCR Duisburg) 26 – 2009 Inka Grings (FCR Duisburg) 29 – 2010 Inka Grings (FCR Duisburg) 28 – 2011 Conny Pohlers (1. FFC Frankfurt) 25 – 2012 Genoveva Anonma (Turbine Potsdam) 22 – 2013 Yuki Ogimi (Turbine Potsdam) 18 – 2014 Celia Sasic (1. FFC Frankfurt) 20 – 2015 Celia Sasic (1. FFC Frankfurt) 21 – 2016 Mandy Islacker (1. FFC Frankfurt) 17 – 2017 Mandy Islacker (1. FFC Frankfurt) 19 – 2018 Pernille Harder (VfL Wolfsburg) 17 – 2019 Ewa Pajor (VfL Wolfsburg) 24 – 2020 Pernille Harder (VfL Wolfsburg) 27– 2021 Nicole Billa (TSG 1899 Hoffenheim) 23.

Die Meister der 2. Frauen-Bundesliga

Nord: 2005 FFC Brauweiler-Pulheim – 2006 VfL Wolfsburg – 2007 SG Wattenscheid 09 – 2008 Herforder SV Borussia Friedenstal – 2009 Tennis Borussia Berlin – 2010 Herforder SV Borussia Friedenstal – 2011 Hamburger SV II – 2012 Turbine Potsdam II – 2013 BV Cloppenburg – 2014 Turbine Potsdam II – 2015 1. FC Lübars – 2016 MSV Duisburg – 2017 Werder Bremen – 2018 Borussia Mönchengladbach.
Süd: 2005 VfL Sindelfingen – 2006 TSV Crailsheim – 2007 1. FC Saarbrücken – 2008 USV Jena – 2009 1. FC Saarbrücken – 2010 Bayer Leverkusen – 2011 SC Freiburg – 2012 VfL Sindelfingen – 2013 TSG 1899 Hoffenheim – 2014 SC Sand – 2015 1. FC Köln – 2016, 2017, 2018 TSG 1899 Hoffenheim II.
Seit 2018/19 eingleisige 2. Frauen-Bundesliga: 2019 Bayern München II – 2020 Werder Bremen (nach Saisonabbruch) – 2021 (zweigleisig) Nord: Carl Zeiss Jena, Süd: 1. FC Köln..

Deutsche B-Juniorinnen-Meisterschaft

2000 **Turbine Potsdam** (– Bayern München 7:1) – 2001 **DFC Eggenstein** (– Turbine Potsdam 1:0) – 2002 **FC Gütersloh 2000** (– FCR Duisburg 2:1) – 2003 **Turbine Potsdam** (– FC Gütersloh 2000 1:0) – 2004 **Turbine Potsdam** (– SG Wattenscheid 09 3:1) – 2005 **Turbine Potsdam** (– FC Gütersloh 2000 3:0) – 2006 **Turbine Potsdam** (– Bayern München 3:0) – 2007 **FCR Duisburg** (– Bayern München (1:0) – 2008 **Turbine Potsdam** (– Bayern München n. V. 2:0) – 2009 **Turbine Potsdam** (– FCR Duisburg n. V. 1:1, Elfmeterschießen 5:4) – 2010 **Turbine Potsdam** (– TSG 1899 Hoffenheim 3:1) – 2011 **Turbine Potsdam** (– VfL Sindelfingen 3:2) – 2012 **TSG 1899 Hoffenheim** (– Turbine Potsdam 3:1) – 2013 **Bayern München** (– FSV Gütersloh 2009 3:1) – 2014 **Bayern München** (–Turbine Potsdam 1:0) – 2015 **Turbine Potsdam** (– Werder Bremen 3:1) – 2016 **Turbine Potsdam** (– FSV Gütersloh 2009 4:2) – 2017 **Bayern München** (– Turbine Potsdam 2:1) – 2018 **VfL Wolfsburg** (– 1. FC Köln 4:1) – 2019 **VfL Wolfsburg** (– SC Freiburg 3:1) – 2020, 2021 nicht ausgetragen.

Die Meister der B-Juniorinnen-Bundesliga

Nord/Nordost: 2013, 2014 Turbine Potsdam – 2015 Werder Bremen – 2016, 2017 Turbine Potsdam – 2018, 2019 VfL Wolfsburg – 2020 Hamburger SV (nach Saisonabbruch) – 2021 abgebrochen.
West/Südwest: 2013 FSV Gütersloh 2009 – 2014 SGS Essen – 2015, 2016 FSV Gütersloh 2009 – 2017, 2018 1. FC Köln – 2019, 2020 SGS Essen (2020 nach saisonabbruch) – 2021 abgebrochen.
Süd: 2013 1. FFC Frankfurt – 2014 Bayern München – 2015 1. FFC Frankfurt – 2016 TSG 1899 Hoffenheim – 2017 Bayern München – 2018, 2019, 2019 SC Freiburg – 2020 SV Alberweiler (nach Saisonabbruch) – 2021 abgebrochen.

Weltmeisterschaft der Frauen

Die bisherigen Gewinner
1991 USA – 1995 Norwegen – 1999 USA – 2003, 2007 Deutschland – 2011 Japan – 2015, 2019 USA.

1991: USA

Deutschland als Europameister automatisch qualifiziert.

Endrunde vom 16. bis 30. November 1991 in China
Gruppe A: China, Norwegen und Dänemark. China – Norwegen 4:0, Dänemark – Neuseeland 3:0, Norwegen – Dänemark 2:1, China – Neuseeland 4:1, China – Dänemark 2:2, Norwegen – Neuseeland 4:0.
Gruppe B: USA und Schweden. Japan – Schweden 0:8, Brasilien – USA 0:5, Japan – USA 0:3, Brasilien – Schweden 0:2, Japan – Brasilien 0:1, Schweden – USA 2:3.
Gruppe C: Deutschland, Italien und Taiwan. Deutschland – Taiwan 3:0, Italien – Nigeria 1:0, Taiwan – Nigeria 2:0, Deutschland – Italien 2:0, Taiwan – Italien 0:5, Deutschland – Nigeria 4:0.

Viertelfinale: Deutschland – Dänemark n. V. 2:1, USA – Taiwan 7:0, China – Schweden 0:1, Norwegen – Italien n. V. 3:2.
Halbfinale: Deutschland – USA 2:5, Schweden – Norwegen 1:4.
Um den 3. Platz: Schweden – Deutschland 4:0.

Endspiel am 30. November1991 in Guangzhou: USA – Norwegen 2:1 (1:1)
USA: Harvey – Werden – Biefield, Hamilton – Higgins, Hamm, Foody, Lilly – Heinrichs, Akers-Stahl, Jennings.
Tore: Akers-Stahl 2 (Medalen) – Zuschauer: 60 000 – SR: Zhuk (Sowjetunion).
Das deutsche Aufgebot (alle eingesetzt): Austermühl, Bindl, Damm, Fitschen, Gottschlich, Hengst, Isbert, Kubat, Kuhlmann, Mohr, Nardenbach, Neid, Paul, Unsleber, Voss, Walther, Wendt, Wiegmann.

1995: Norwegen

Deutschland als Europameister automatisch qualifiziert.

Endrunde vom 5. bis 18. Juni 1995 in Schweden
Gruppe A: Deutschland, Schweden und Japan. Schweden – Brasilien 0:1, Deutschland – Japan 1:0, Schweden – Deutschland 3:2, Brasilien – Japan 1:2, Deutschland – Brasilien 6:1, Schweden – Japan 2:0.
Gruppe B: Norwegen und England. Norwegen – Nigeria 8:0, England – Kanada 3:2, Norwegen – England 2:0, Nigeria – Kanada 3:3, Norwegen – Kanada 7:0, Nigeria – England 2:3.
Gruppe C: USA, China und Dänemark. USA – China 3:3, Dänemark – Australien 5:0, USA – Dänemark 2:0, China – Australien 4:2, USA – Australien 4:1, China – Dänemark 3:1.

Viertelfinale: Deutschland – England 3:0; Schweden – China n. V. 1:1, Elfmeterschießen 3:4; Japan – USA 0:4; Norwegen – Dänemark 3:1.
Halbfinale: Deutschland – China 1:0; USA – Norwegen 0:1.
Um den 3. Platz: USA – China 2:0.

Endspiel am 18. Juni 1995 in Stockholm: Norwegen – Deutschland 2:0 (2:0)
Norwegen: Nordby – Svensson, Espeseth, Nina Nymark – Andersen, Myklebust – Riise, Haugen, Anne Nymark – Andersen, Aarönes – Medalen, Pettersen.
Deutschland: Goller – Lohn – Austermühl, Bernhard – Mohr, Wiegmann, Neid, Voss, D. Pohlmann (Pia Wunderlich) – Meinert (Smisek), Prinz (Grigoli-Brockner). – Nicht eingesetzt während des Turniers: Kraus, Francke, A. Klein.
Tore: Riise, Pettersen – Zuschauer: 17 158 – SR: Ingrid Jonsson (Schweden).

1999: USA

Deutschland qualifizierte sich gegen England 3:0, 1:0; Niederlande 2:1, 0:1; Norwegen 1:0, 2:3; Ukraine 5:0, 1:1.

Endrunde vom 19. Juni bis 10. Juli 1999 in den USA
Gruppe A: USA und Nigeria. USA – Dänemark 3:0, Nordkorea – Nigeria 1:2, USA – Nigeria 7:1, Nordkorea – Dänemark 3:1, Nigeria – Dänemark 2:0, USA – Nordkorea 3:0.
Gruppe B: Brasilien und Deutschland. Brasilien – Mexiko 7:1, Deutschland – Italien 1:1, Brasilien – Italien 2:0, Deutschland – Mexiko 6:0, Deutschland – Brasilien 3:3, Mexiko – Italien 0:2.
Gruppe C: Norwegen und Russland. Japan – Kanada 1:1, Norwegen – Russland 2:1, Norwegen – Kanada 7:1, Japan – Russland 0:5, Kanada – Russland 1:4, Norwegen – Japan 4:0.

Gruppe D: China und Schweden. China – Schweden 2:1, Australien – Ghana 1:1, Australien – Schweden 1:3, China – Ghana 7:0, China – Australien 3:1, Ghana – Schweden 0:2.

Viertelfinale: China – Russland 2:0; Norwegen – Schweden 3:1; USA – Deutschland 3:2; Brasilien – Nigeria i. V. 4:3 („golden goal“).
Halbfinale: China – Norwegen 5:0; USA – Brasilien 2:0.
Um den 3. Platz: Brasilien – Norwegen n. V. 0:0, Elfmeterschießen 5:4.

Endspiel am 10. Juli 1999 in Los Angeles: USA – China n. V. 0:0, Elfmeterschießen 5:4
USA: Scurry – Fawcett, Oberbeck, Sobrero, Chastain – Lilly, Akers (Whalen), Foudy – Milbrett (Venturini), Hamm, Parlow (McMillan).
Zuschauer: 90 185 – SR: Nicole Mouidi-Petignat (Schweiz).

Das deutsche Aufgebot: Fitschen, Grings, Hingst, Hoffmann, Jones, Lingor, Meinert, Meyer, Minnert, Cl. Müller, Prinz, Rottenberg, Smisek, Stegmann, Voss, Wiegmann, P. Wunderlich, T. Wunderlich – Nicht eingesetzt: Angerer, Brandebusemeyer.

2003: Deutschland

Deutschland qualifizierte sich gegen England 3:1, 1:0; Niederlande 6:0, 3:0; Portugal 9:0, 8:0.

Endrunde vom 20. September bis 12. Oktober 2003 in den USA
Gruppe A: USA und Schweden. Nigeria – Nordkorea 0:3; USA – Schweden 3:1; Schweden – Nordkorea 1:0; USA – Nigeria 5:0; Schweden – Nigeria 3:0; Nordkorea – USA 0:3.
Gruppe B: Brasilien und Norwegen. Norwegen – Frankreich 2:0; Brasilien – Südkorea 3:0; Norwegen – Brasilien 1:4; Frankreich – Südkorea 1:0; Südkorea – Norwegen 1:7; Frankreich – Brasilien 1:1.
Gruppe C: Deutschland und Kanada. Deutschland – Kanada 4:1; Japan – Argentinien 6:0; Deutschland – Japan 3:0; Kanada – Argentinien 3:0; Kanada – Japan 3:1; Argentinien – Deutschland 1:6.
Gruppe D: China und Russland. Australien – Russland 1:2; China – Ghana 1:0; Ghana – Russland 0:3; China – Australien 1:1; Ghana – Australien 2:1; China – Russland 1:0.

Viertelfinale: USA – Norwegen 1:0; Brasilien – Schweden 1:2; Deutschland – Russland 7:1; China – Kanada 0:1.
Halbfinale: USA – Deutschland 0:3; Schweden – Kanada 2:1.
Um den 3. Platz: USA – Kanada 3:1.

Endspiel am 12. Oktober 2003 in Carson: Deutschland – Schweden i. V. 2:1 (1:1, 0:1) („golden goal“)
Deutschland: Rottenberg – Stegemann, Hingst, Minnert, Gottschlich – Garefrekers (M. Müller), Wiegmann, Lingor, P. Wunderlich (Künzer) – Meinert, Prinz – Außerdem eingestzt: Bresonik, Jones, Smisek, Fuss, Odebrecht, Pohlers – Nicht eingesetzt: Angerer.
Tore: Meinert, Künzer (Ljungberg) – Zuschauer: 26 137 – SR: Ionescu (Rumänien).

2007: Deutschland

Deutschland qualifizierte sich gegen Russland 5:1, 3:2; Schweiz 4:0, 6:0; Irland 1:0, 3:0; Schottland 4:0, 5:0.

Endrunde vom 10. bis 30. September 2007 in China
Gruppe A: Deutschland und England. Deutschland – Argentinien 11:0; Japan – England 2:2; Argentinien – Japan 0:1; England – Deutschland 0:0; Deutschland – Japan 2:0; England – Argentinien 6:1.
Gruppe B: USA und Nordkorea. USA – Nordkorea 2:2; Nigeria – Schweden 1:1; Schweden – USA 0:2; Nordkorea – Nigeria 2:0; Nigeria – USA 0:1; Nordkorea – Schweden 1:2.
Gruppe C: Norwegen und Australien. Ghana – Australien 1:4; Norwegen – Kanada 2:1; Kanada – Ghana 4:0; Australien – Norwegen 1:1; Norwegen – Ghana 7:2; Australien – Kanada 2:2.
Gruppe D: Brasilien und China. Neuseeland – Brasilien 0:5; China – Dänemark 3:2; Dänemark – Neuseeland 2:0; Brasilien – China 4:0; China – Neuseeland 2:0; Brasilien – Dänemark 1:0.

Viertelfinale: Deutschland – Nordkorea 3:0; USA – England 3:0; Norwegen – China 1:0; Brasilien – Australien 3:2.
Halbfinale: Deutschland – Norwegen 3:0; USA – Brasilien 0:4.
Um den 3. Platz: USA – Norwegen 4:1.

Endspiel am 30. September 2007 in Shanghai: Deutschland – Brasilien 2:0 (0:0)
Deutschland: Angerer – Stegemann, Krahn, Hingst, Bresonik – Garefrekes, Laudehr, Lingor, Behringer (M. Müller) – Smisek (Bajramaj), Prinz – Außerdem eingesetzt: Bartusiak, Minnert, Mittag, Wimbersky – Nicht eingesetzt: Peter, Fuss, Holl, Rottenberg.
Tore: Prinz, Laudehr – Zuschauer: 31 000 – SR: Ogston (Australien).

2011: Japan

Deutschland als Ausrichter automatisch qualifiziert.

Endrunde vom 26. Juni bis 17. Juli 2011 in Deutschland
Gruppe A: Deutschland und Frankreich. Nigeria – Frankreich 0:1; Deutschland – Kanada 2:1; Kanada – Frankreich 0:4; Deutschland – Nigeria 1:0; Frankreich – Deutschland 2:4; Kanada – Nigeria 0:1.
Gruppe B: England und Japan. Japan – Neuseeland 2:1; Mexiko – England 1:1; Japan – Mexiko 4:0; Neuseeland – England 1:2; England – Japan 2:0; Neuseeland – Mexiko 2:2.
Gruppe C: Schweden und USA. Kolumbien – Schweden 0:1; USA – Nordkorea 2:0; Nordkorea – Schweden 0:1; USA – Kolumbien 3:0, Schweden – USA 2:1; Nordkorea – Kolumbien 0:0.
Gruppe D: Brasilien und Australien. Norwegen – Äquatorial-Guinea 1:0; Brasilien – Australien 1:0; Australien – Äquatorial-Guinea 3:2; Brasilien – Norwegen 3:0; Äquatorial-Guinea – Brasilien 0:3; Australien – Norwegen 2:1.
Viertelfinale: England – Frankreich n. V. 1:1, Elfmeterschießen 3:4; Deutschland – Japan n. V. 0:1; Schweden – Australien 3:1; Brasilien – USA n. V. 2:2, Elfmeterschießen 3:5.
Halbfinale: Frankreich – USA 1:3; Japan – Schweden 3:1.
Um den 3. Platz: Schweden – Frankreich 2:1.

Endspiel am 17. Juli 2011 in Frankfurt: Japan – USA n. V. 2:2 (1:1, 0:0), Elfmeterschießen 3:1

Japan: Kaihori – Kinga, Iwashimizu, Kumagai, Sameshima – Sawa, Sakaguchi – Ohno (Maruyama, Iwabuchi), Miyama – Ando (Nagasato), Kawasumi.

Tore: Miyama, Sawa (Morgan, Wambach) – Elfmeterschießen: Miyama trifft, Nagasato vergibt, Sakaguchi, Kumagai treffen (Boxx, Lloyd vergeben, Wambach verwandelt) – Zuschauer: 48 817 – SR: Steinhaus (Hannover).

Das deutsche Aufgebot: Angerer, Bajramaj, Bartusiak, Behringer, Bresonik, Garefrekes, Goeßling, Grings, Hingst, Krahn, Kulig, Laudehr, Okoyino da Mbabi, Peter, Popp, Prinz, Schmidt – Nicht eingesetzt: Faißt, Holl, M. Müller, Schult.

2015: USA

Deutschland qualifizierte sich gegen Russland (9:0, 4:1), Irland (2:0, 3:2), Kroatien (4:0, 8:0), Slowenien (4:0, 13:0) und die Slowakei (9:1, 6:0).

Endrunde vom 7. Juni bis 6. Juli 2015 in Kanada
Gruppe A: Kanada, China und Niederlande. Kanada – China 1:0; Neuseeland – Niederlande 0:1; China – Niederlande 1:0; Kanada – Neuseeland 0:0; Niederlande – Kanada 1:1; China – Neuseeland 2:2.
Gruppe B: Deutschland und Norwegen. Norwegen – Thailand 4:0; Deutschland – Elfenbeinküste 10:0; Deutschland – Norwegen 1:1; Elfenbeinküste – Thailand 2:3; Thailand – Deutschland 0:4; Elfenbeinküste – Norwegen 1:3.
Gruppe C: Japan, Kamerun und die Schweiz. Kamerun – Ecuador 6:0; Japan – Schweiz 1:0; Schweiz – Ecuador 10:1; Japan – Kamerun 2:1; Schweiz – Kamerun 1:2; Ecuador – Japan 0:1.
Gruppe D: USA, Australien und Schweden. Schweden – Nigeria 3:3; USA – Australien 3:1; Australien – Nigeria 2:0; USA – Schweden 0:0; Australien – Schweden 1:1; Nigeria – USA 0:1.
Gruppe E: Brasilien und Südkorea. Spanien – Costa Rica 1:1; Brasilien – Südkorea 2:0; Brasilien – Spanien 1:0; Südkorea – Costa Rica 2:2; Südkorea – Spanien 2:1; Costa Rica – Brasilien 0:1.
Gruppe F: Frankreich, England und Kolumbien. Frankreich – England 1:0; Kolumbien – Mexiko 1:1; Frankreich – Kolumbien 0:2; England – Mexiko 2:1; Mexiko – Frankreich 0:5; England – Kolumbien 2:1.
Achtelfinale: Deutschland – Schweden 4:1; China – Kamerun 1:0; Brasilien – Australien 0:1; Frankreich – Südkorea 3:0; Kanada – Schweiz 1:0; Norwegen – England 1:2; USA – Kolumbien 2:0; Japan – Niederlande 2:1.

Viertelfinale: Deutschland – Frankreich n. V. 1:1, Elfmeterschießen 5:4; China – USA 0:1; Australien – Japan 0:1; England – Kanada 2:1.
Halbfinale: USA – Deutschland 2:0; Japan – England 2:1.
Um den 3. Platz: England – Deutschland n. V. 1:0.

Endspiel am 6. Juli 2015 in Vancouver: USA – Japan 5:2 (4:1)
USA: Solo – Krieger, Johnston, Sauerbrunn, Klingenberg – Holiday, Brian – Heath (Wambach), Lloyd, Rapinoe (O'Hara) – Morgan (Rampone).
Tore: Lloyd 3, Holiday, Heath (Ogimi, Eigentor Johnston) – Zuschauer: 53 341 – SR: Monzul (Ukraine).

Das deutsche Aufgebot: Angerer – Bartusiak, Cramer, Henning, Kemme, Krahn, Maier, Peter, Schmidt – Behringer, Däbritz, Goeßling, Laudehr, Leupolz, Lotzen, Marozsan – Bremer, Mittag, Petermann, Popp, Sasic – Nicht eingesetzt: Benkarth, Schult

2019: USA

Deutschland qualifizierte sich gegen Island (2:3, 2:0), Tschechien (4:0, 1:0) Slowenien (6:0, 4:0) und Färöer (11:0, 8:0).

Endrunde vom 7. Juni bis 7. Juli 2019 in Frankreich:
Gruppe A: Frankreich, Norwegen und Nigeria. Frankreich – Südkorea 4:0; Norwegen – Nigeria 3:0; Nigeria – Südkorea 2:0; Frankreich – Norwegen 2:1; Nigeria – Frankreich 0:1; Südkorea – Norwegen 1:2.
Gruppe B: Deutschland, Spanien und China. Deutschland – China 1:0; Spanien – Südafrika 3:1; Deutschland – Spanien 1:0; Südafrika – China 0:1; Südafrika – Deutschland 0:4; China – Spanien 0:0.
Gruppe C: Italien, Australien und Brasilien. Australien – Italien 1:2; Brasilien – Jamaika 3:0; Australien – Brasilien 3:2; Jamaika – Italien 0:5; Jamaika – Australien 1:4; Italien – Brasilien 0:1.
Gruppe D: England und Japan. England – Schottland 2:1; Argentinien – Japan 0:0; Japan – Schottland 2:1; England – Argentinien 1:0; Japan – England 0:2; Schottland – Argentinien 3:3.
Gruppe E: Niederlande, Kanada und Kamerun. Kanada – Kamerun 1:0; Neuseeland – Niederlande 0:1; Niederlande – Kamerun 3:1; Kanada – Neuseeland 2:0; Niederlande – Kanada 2:1; Kamerun – Neuseeland 2:1.
Gruppe F: USA und Schweden. Chile – Schweden 0:2; USA – Thailand 13:0; Schweden – Thailand 5:1; USA – Chile 3:0; Schweden – USA 0:2; Thailand – Chile 0:2.

Achtelfinale: Deutschland – Nigeria 3:0; Norwegen – Australien n. V. 1:1, Elfmeterschießen 4:1; England – Kamerun 3:0; Frankreich – Brasilien n. V. 2:1; Spanien – USA 1:2; Schweden – Kanada 1:0; Italien – China 2:0; Niederlande – Japan 2:1.
Viertelfinale: Norwegen – England 0:3; Frankreich – USA 1:2; Italien – Niederlande 0:2; Deutschland – Schweden 1:2.
Halbfinale: England – USA 1:2; Niederlande – Schweden n. V. 1:0.
Um den 3. Platz: Schweden – England 2:1.

Endspiel am 7. Juli 2019 in Lyon: USA – Niederlande 2:0 (0:0).
USA: Naeher – O'Hara (Krieger), Dahlkemper, Sauerbrunn, Dunn – Mewis, Ertz, Lavelle – Heath (Lloyd), Morgan, Rapinoe (Press).
Tore: Rapinoe, Lavelle – Zuschauer: 57 900 – SR: Ellis (England).

Das deutsche Aufgebot: Schult – Doorsoun-Khajeh, Goeßling, Gwinn, Hegering, Hendrich, Maier, Simon – Bühl, Däbritz, Dallmann, Huth, Leupolz, Magull, Marozsan, Oberdorf, Popp, Schüller, Schweers – Nicht eingesetzt: Benkarth, Frohms, Elsig, Knaak.

Olympia-Fußballturnier der Frauen

Die bisherigen Gewinner:
1996 USA – 2000 Norwegen – 2004, 2008, 2012 USA – 2016 Deutschland – 2021 Kanada

1996 in Atlanta: USA

Gruppe A: China, USA. USA – Dänemark 3:0, Schweden – China 0:2, USA – Schweden 2:1, Dänemark – China 1:5, USA – China 0:0, Dänemark – Schweden 1:3.
Gruppe B: Norwegen, Brasilien. Deutschland – Japan 3:2, Norwegen – Brasilien 2:2, Brasilien – Japan 2:0, Norwegen – Deutschland 3:2, Brasilien – Deutschland 1:1, Norwegen – Japan 4:0.
Halbfinale: China – Brasilien 3:2; Norwegen – USA n. V. 1:2.
Um den 3. Platz: Norwegen – Brasilien 2:0.

Endspiel am 1. August 1996 in Athens: USA – China 2:1 (1:1)
USA: Scurry – Chastain, Overbeck, Fawcett – Foudy, Venturini, Akers, Lilly – Hamm (Gabarra), McMillan, Millbrett (Roberts).
Tore: Millbrett, McMillan (Sun Wen) – Zuschauer: 67 841 – SR: Skogvang (Norwegen).

Das deutsche Aufgebot: Austermühl, Fitschen, Goller, Grigoli-Brocker, Lingor, Minnert, Mohr, Nardenbach, Neid, Pohlmann, Prinz, Stegemann, Voss, Wiegmann, P. Wunderlich – Nicht eingesetzt: Kraus.

2000 in Sydney: Norwegen

Gruppe E: Deutschland und Brasilien. Australien – Deutschland 0:3, Schweden – Brasilien 0:2, Australien – Schweden 1:1, Deutschland – Brasilien 2:1, Australien – Brasilien 1:2, Deutschland – Schweden 1:0.
Gruppe F: USA und Norwegen. USA – Norwegen 2:0, China – Nigeria 3:1, USA – China 1:1, Norwegen – Nigeria 3:1, USA – Nigeria 3:1, Norwegen – China 2:1.
Halbfinale: Deutschland – Norwegen 0:1; USA – Brasilien 1:0.
Um den 3. Platz: Deutschland – Brasilien 2:0.

Endspiel am 28. September 2000 in Sydney: Norwegen – USA i. V. („golden goal") 3:2 (2:2, 1:1)
Norwegen: Nordby – Sandaune, Espeseth, Kringen, Jörgensen – S. Gulbrandsen (Lehn), Riise, Knudsen (B. Jensen), Haugenes – Pettersen (Mellgren), R. Gulbrandsen.
Tore: Espeseth, R. Gulbransen, Mellgren (Milbrett 2) – Zuschauer: 22 848 – SR: Denoncourt (Kanada).

Das deutsche Aufgebot: Brandebusemeyer, Fitschen, Götte, Gottschlich, Grings, Hingst, Hoffmann, Jones, Lingor, Meinert, Minnert, Cl. Müller, Prinz, Rottenberg, Stegemann, Wiegmann, P. Wunderlich – Nicht eingesetzt: Angerer, M. Müller, Schaller, Smisek, T. Wunderlich.

2004 in Athen: USA

Gruppe E: Nigeria, Schweden und Japan: Schweden – Japan 0:1; Japan – Nigeria 0:1; Schweden – Nigeria 2:1.
Gruppe F: Deutschland und Mexiko: Deutschland – China 8:0; China – Mexiko 1:1; Deutschland – Mexiko 2:0.
Gruppe G: USA, Brasilien und Australien: Griechenland – USA 0:3; Brasilien – Australien 1:0; Griechenland – Australien 0:1; USA – Brasilien 2:0; Griechenland – Brasilien 0:7; USA – Australien 1:1.
Viertelfinale: Deutschland – Nigeria 2:1; USA – Japan 2:1; Mexiko – Brasilien 0:5; Schweden – Australien 2:1.
Halbfinale: USA – Deutschland n. V. 2:1; Schweden – Brasilien 0:1.
Um den 3. Platz: Deutschland – Schweden 1:0.

Endspiel am 26. August 2004 in Athen: USA – Brasilien n. V. 2:1 (1:1, 1:0)
USA: Scurry – Rampone, Fawcett, Markgraf, Chastain (Reddick) – Boxx – Foudy, Tarpley (O'Reilly), Lilly – Hamm, Wambach.
Tore: Tarpley, Wambach (Pretinha) – Zuschauer: 10 416 – SR: Palmqvist (Schweden).

Das deutsche Aufgebot: Rottenberg, Stegemann, Garefrekes, Jones, Günther, Odebrecht, P. Wunderlich, Wimbersky, Prinz, Lingor, M. Müller, Omilade, Minnert, Bachor, Fuss, Pohlers, Hingst – Nicht eingesetzt: Angerer.

2008 in Peking: USA

Gruppe E: China, Schweden und Kanada. Argentinien – Kanada 1:2; China – Schweden 2:1; Schweden – Argentinien 1:0; Kanada – China 1:1; China – Argentinien 2:0; Schweden – Kanada 2:1.
Gruppe F: Brasilien und Deutschland. Deutschland – Brasilien 0:0; Nordkorea – Nigeria 1:0; Nigeria – Deutschland 0:1; Brasilien – Nordkorea 2:1; Nordkorea – Deutschland 0:1; Nigeria – Brasilien 1:3.
Gruppe G: USA, Norwegen und Japan. Japan – Neuseeland 2:2; Norwegen – USA 2:0; USA – Japan 1:0; Neuseeland – Norwegen 0:1; Norwegen – Japan 1:5; USA – Neuseeland 4:0.
Viertelfinale: USA – Kanada n. V. 2:1; Brasilien – Norwegen 2:1; Schweden – Deutschland n. V. 0:2; China – Japan 0:2.
Halbfinale: Brasilien – Deutschland 4:1; Japan – USA 2:4.
Um den 3. Platz: Deutschland – Japan 2:0.

Endspiel am 21. August 2008 in Peking: USA – Brasilien n. V. 1:0 (0:0, 0:0)
USA: Solo – Mitts, Markgraf, Rampone, Chalupny – O'Reilly (Kai), Boxx, Lloyd, Tarpley (Cheney) – Rodriguez (Cox), Hucles.
Tor: Lloyd – Zuschauer: 51 612 – SR: Damkova (Tschechien).

Das deutsche Aufgebot: Angerer, Stegemann, Peter, Krahn, Bresonik, Hingst, Behringer, Lingor, Bajramaj, Laudehr, Okoyino da Mbabi, Garefrekes, Smisek, Prinz, Mittag, Pohlers – nicht eingesetzt: Holl, Bartusiak.

2012 in London: USA

Deutschland verpasste die Qualifikation durch das Viertelfinal-Aus bei der WM 2011.

Gruppe E: Großbritannien, Brasilien und Neuseeland. Großbritannien – Neuseeland 1:0; Kamerun – Brasilien 0:5; Neuseeland – Brasilien 0:1; Großbritannien – Kamerun 3:0; Neuseeland – Kamerun 3:1; Großbritannien – Brasilien 1:0.
Gruppe F: Schweden, Japan und Kanada. Japan – Kanada 2:1; Schweden – Südafrika 4:1; Japan – Schweden 0:0; Kanada – Südafrika 3:0; Japan – Südafrika 0:0; Kanada – Schweden 2:2.
Gruppe G: USA und Frankreich. USA – Frankreich 4:2; Kolumbien – Nordkorea 0:2; USA – Kolumbien 3:0; Frankreich – Nordkorea 5:0; USA – Nordkorea 1:0; Frankreich – Kolumbien 1:0.
Viertelfinale: Schweden – Frankreich 1:2; USA – Neuseeland 2:0; Brasilien – Japan 0:2; Großbritannien – Kanada 0:2.
Halbfinale: Frankreich – Japan 1:2; Kanada – USA n. V. 3:4.
Um den 3. Platz: Kanada – Frankreich 1:0.

Endspiel am 9. August 2012 in London: USA – Japan 2:1 (1:0)
USA: Solo – LePeilbet, Rampone, Buehler (Sauerbrunn), O'Hara – Rapinoe (Cheney), Boxx, Lloyd, Heath – Morgan, Wambach.
Tore: Lloyd 2 (Nagasato-Ogimi) – Zuschauer: 80 203 – SR: Steinhaus (Deutschland)

2016 in Rio de Janeiro: Deutschland

Gruppe E: Brasilien, China und Schweden. Schweden – Südafrika 1:0; Brasilien – China 3:0; Südafrika – China 0:2; Brasilien – Schweden 5:1; China – Schweden 0:0; Südafrika – Brasilien 0:0.
Gruppe F: Kanada, Deutschland und Australien. Kanada – Australien 2:0; Simbabwe – Deutschland 1:6; Kanada – Simbabwe 3:1; Deutschland – Australien 2:2; Deutschland – Kanada 1:2; Australien – Simbabwe 6:1.
Gruppe G: USA und Frankreich. USA – Neuseeland 2:0; Frankreich – Kolumbien 4:0; USA – Frankreich 1:0; Kolumbien – Neuseeland 0:1; Kolumbien – USA 2:2; Neuseeland – Frankreich 0:3.
Viertelfinale: USA – Schweden n. V. 1:1, Elfmeterschießen 3:4; China – Deutschland 0:1; Kanada – Frankreich 1:0; Brasilien – Australien n. V. 0:0, Elfmeterschießen 7:6.
Halbfinale: Brasilien – Schweden n. V. 0:0, Elfmeterschießen 3:4; Kanada – Deutschland 0:2.
Um den 3. Platz: Kanada – Brasilien 2:1.

Endspiel am 19. August 2016 in Rio de Janeiro: Deutschland – Schweden 2:1 (0:0)
Deutschland: Schult – Maier, Krahn, Bartusiak, Kemme – Marozsan, Behringer (Goeßling) – Leupolz, Mittag, Däbritz (Huth) – Popp.
Tore: Marozsan, Eigentor Sembrant (Blackstenius) – Zuschauer: 52 432 – SR: Chenard (Kanada).

Das deutsche Aufgebot: Schult, Bartusiak, Henning, Kemme, Krahn, Maier, Peter, Behringer, Däbritz, Goeßling, Huth, Laudehr, Marozsan, Mittag, Popp, Islacker, Kerschowski, Leupolz – nicht eingesezt: Benkarth.

2021 in Tokio: Kanada

Deutschland konnte sich durch das Ausscheiden im WM-Viertelfianle 2019 gegen Schweden nicht für die Olympischen Spiele qualifizieren. – das Turnier wurde wegen der Coronavirus-Pandemie von 2020 auf 2021 verlegt.

Gruppe E: Großbritannien, Kanada und Japan. Großbritannien – Chile 2:0; Japan – Kanada 1:1; Chile – Kanada 1:2; Japan – Großbritannien 0:1; Chile – Japan 0:1; Kanada – Großbritannien 1:1.
Gruppe F: Niederlande und Brasilien. China – Brasilien 0:5; Sambia – Niederlande 3:10; China – Sambia 4:4; Niederlande – Brasilien 3:3; Niederlande – China 8:2; Brasilien – Sambia 1:0.
Gruppe G: Schweden, USA und Australien. Schweden – USA 3:0; Australien – Neuseeland 2:1; Schweden – Australien 4:1; Neuseeland – USA 1:6; Neuseeland – Schweden 0:2; USA – Australien 0:0.
Viertelfinale: Kanada – Brasilien n. V. 0:0, Elfmeterschießen 4:3; Großbritannien – Australien n. V. 3:4; Schweden – Japan 3:1; Niederlande – USA n. V. 2:2, Elfmeterschießen 2:4.
Halbfinale: USA – Kanada 0:1; Australien – Schweden 0:1.
Um den 3. Platz: USA – Australien 4:3.

Endspiel am 6. August 2021 in Yokohoma: Kanada – Schweden n. V. 1:1 (1:1, 0:1), Elfmeterschießen 3:2
Kanada: Labbé – Lawrence, Gilles, Buchanan, Chapman (Riviere) – Scott (Zadorsky), Fleming, Quinn (Grosso), Sinclair (Huitema) – Beckie (Leon), Prince (Rose).
Tore: Fleming (Blackstenius) – Tore im Elfmeterschießen: Fleming, Rose, Grosso (Björn, Schough) – Zuschauer: keine – SR: Pustowoitowa (Russland).

U19/U20-Weltmeisterschaft der Frauen

Die bisherigen Gewinner:
(bis 2004 für U19-, ab 2006 für U20-Mannschaften: 2002 USA – 2004 Deutschland – 2006 Nordkorea – 2008 USA – 2010 Deutschland – 2012 USA – 2014 Deutschland – 2016 Nordkorea – 2018 Japan – 2020 Ursrünglich wegen der Coronavirus-Pandemie auf 2021 verlegt, dann jedoch abgesagt.

U17-Weltmeisterschaft der Juniorinnen

Die bisherigen Gewinner:
2008 Nordkorea – 2010 Südkorea – 2012 Frankreich – 2014 Japan – 2016 Nordkorea – 2018 Spanien – 2020 Ursrünglich wegen der Coronavirus-Pandemie auf 2021 verlegt, dann jedoch abgesagt.

Europameisterschaft der Frauen

Die bisherigen Gewinner:
1984 Schweden – 1987 Norwegen – 1989, 1991 Deutschland – 1993 Norwegen – 1995, 1997, 2001, 2005, 2009, 2013 Deutschland – 2017 Niederlande – 2021 auf 2022 verlegt..

1982/84: Schweden

Deutschland wurde in der Qualifikation Dritter hinter Dänemark (1:1, 0:1), den Niederlanden (1:1, 2:2) und vor Belgien (1:1, 1:1).

Halbfinale: England – Dänemark 2:1, 1:0; Schweden – Italien 3:2, 2:1.

1. Endspiel am 21. 5. 1984 in Göteborg: Schweden – England 1:0 (0:0)
2. Endspiel am 27. 5. 1984 in Luton; England – Schweden 1:0 (0:0), Elfmeterschießen 3:4
Schweden: Leidinge – Jansson, Börjesson, Burevik, Kaberg, Svenjeby, Andersson, Hansson (2. Spiel Johannsson), Ahman-Svensson, Videkull (2. Spiel ab 30. Uusitalo), Sundhage.
1. Spiel: Tor: Sundhage. – Zuschauer: 5552 – SR: Bakker (Niederlande) – 2. Spiel: Tor: Curl – Zuschauer: 2665 – SR: Goris (Belgien).

1985/87: Norwegen

Deutschland wurde in der Qualifikation Dritter hinter Norwegen (2:3, 0:0), Dänemark (2:0, 0:3) und vor Finnland (1:0, 0:1).

Endrunde vom 11. bis 14. Juni 1987 in Norwegen:
Halbfinale: Norwegen – Italien 2:0; Schweden – England n. V. 3:2.
Um den 3. Platz: Italien – England 2:1.

Endspiel am 14. Juni 1987 in Oslo: Norwegen – Schweden 2:1 (1:0)
Norwegen: Andreassen – Hoch-Nielsen, Straedet, Storhaug, Mortensen, Scheel, Støre, Haugen, Stendal, Nyborg, Nielsen (Bakken).
Tore: Stendall 2 (Videkull) – Zuschauer: 8470 – SR: Aaho (Finnland).

1987/89: Deutschland

Deutschland wurde in der Qualifikation Gruppensieger vor Italien (3:0, 0:0), Ungarn (4:0, 1:0) und der Schweiz (0:0, 10:0).

Viertelfinale: Norwegen – Niederlande 2:1, 3:0; Dänemark – Schweden 1:5, 1:1; Tschechoslowakei – Deutschland 1:1, 0:2; Italien – Frankreich 2:0, 2:1.

Endrunde vom 28. Juni bis 2. Juli 1989 in Deutschland:
Halbfinale: Deutschland – Italien n. V. 1:1, Elfmeterschießen 4:3; Schweden – Norwegen 1:2.
Um den 3. Platz: Schweden – Italien n. V. 2:1.

Endspiel am 2. Juli 1989 in Osnabrück: Deutschland – Norwegen 4:1 (2:0)
Deutschland: Isbert – Kuhlmann – Nardenbach, Raith – Haberlass (Bindl), Fitschen (Fehrmann), Neid, Damm – Voss, Mohr, Lohn.
Tore: Lohn 2, Mohr, Fehrmann (Grude) – Zuschauer: 22 000 – SR: Silva Valente (Portugal).

1989/91: Deutschland

Deutschland wurde in der Qualifikation Gruppensieger vor Ungarn (0:0, 4:0), der Tschechoslowakei (5:0, 1:0) und Bulgarien (4:0, 4:1).

Viertelfinale: Norwegen – Ungarn 2:1, 2:0; Schweden – Italien 1:1, 0:0; Dänemark – Niederlande 0:0, n. V. 1:0; England – Deutschland 1:4, 0:2.

Endrunde vom 10. bis 14. Juli 1991 in Dänemark:
Halbfinale: Dänemark – Norwegen n. V. 0:0, Elfmeterschießen 7:8; Deutschland – Italien 3:0.
Um den 3. Platz: Dänemark – Italien n. V. 2:1.

Endspiel am 14. Juli 1991 in Aalborg: Deutschland – Norwegen n. V. 3:1 (1:1, 0:0)
Deutschland: Isbert – Fitschen – Nardenbach, Kuhlmann – Unsleber (Gottschlich), Neid, Damm, Raith – Voss (Bornschein), Mohr, Wiegmann.
Tore: Mohr 2, Neid (Hegstad) – Zuschauer: 3100 – SR: McCluskey (Schottland)

1991/93: Norwegen

Deutschland siegte in der Qualifikation in Sofia gegen Jugoslawien 3:0. Das zweite Spiel wurde wegen des Balkankriegs nicht ausgetragen.

Viertelfinale: England – Italien 0:3, 2:3; Dänemark – Schweden 1:1, 2:1; Niederlande – Norwegen 0:3, 0:3; Deutschland – Russland 0:0, 7:0.

Endrunde vom 29. Juni bis 4. Juli in Italien:
Halbfinale: Norwegen – Dänemark 1:0; Italien – Deutschland n. V. 1:1, Elfmeterschießen 4:3.
Um den 3. Platz: Dänemark – Deutschland 3:1.

Endspiel am 4. Juli 1993 in Cesena: Norwegen – Italien 1:0 (0:0)
Norwegen: Seth – Nysveen, Nymark – Zaborowsky, Espeseth, Rilse – Store, Carisen, Nymark, Aarones (Hegstad), Medalen (Sandberg).
Tor: Hegstad – Zuschauer: 8000 – SR: Wieser (Österreich)

1993/95: Deutschland

Deutschland wurde in der Qualifikation Gruppensieger vor Kroatien (8:0, 7:0), der Schweiz (11:0, 5:0) und Wales (12:0, 12:0).

Viertelfinale: Island – England 1:2, 1:2; Russland – Deutschland 0:1, 0:4; Dänemark – Schweden 2:0, 0:3; Italien – Norwegen 1:3, 2:4.
Halbfinale: England – Deutschland 1:4, 1:2; Norwegen – Schweden 4:3, 1:4.

Endspiel am 28. März 1995 in Kaiserslautern: Deutschland – Schweden 3:2 (1:1)
Deutschland: Goller – Lohn – Bernhard, Austermühl – Wiegmann, Meinert, Neid, Voss (T. Wunderlich), D. Pohlmann – Mohr, Grigoli-Brocker (Prinz).
Tore: Meinert, Prinz, Wiegmann (Andersson, Andelen) – Zuschauer: 8500 – SR: Koho (Finnland).

1995/97: Deutschland

Deutschland wurde in der Qualifikation Zweiter hinter Norwegen (1:3, 0:0) und vor Finnland (6:0, 3:0) und der Slowakei (2:0, 3:0). In den Play-offs der Gruppenzweiten und -dritten setzte sich die DFB-Auswahl gegen Island durch (4:0, 3:0).

Endrunde vom 29. Juni bis 12. Juli 1997 in Norwegen und Schweden:
Gruppe A: Schweden und Spanien. Frankreich – Spanien 1:1, Schweden – Russland 2:1, Spanien – Schweden 0:1, Russland – Frankreich 1:3, Russland – Spanien 0:1, Schweden – Frankreich 3:0.
Gruppe B: Italien und Deutschland. Deutschland – Italien 1:1, Dänemark – Norwegen 0:5, Italien – Dänemark 2:2, Norwegen – Deutschland 0:0, Norwegen – Italien 0:2, Dänemark – Deutschland 0:2.
Halbfinale: Schweden – Deutschland 0:1, Italien – Spanien 2:1.

Endspiel am 12. Juli 1997 in Oslo: Deutschland – Italien 2:0 (1:0)
Deutschland: Rottenberg – Jones – Stegemann, Fitschen, Minnert – Hingst, Meinert (Cl. Klein), Wiegmann, Pia Wunderlich – Prinz (Smisek), Meyer (Cl. Müller) – Im weiteren Turnierverlauf eingesetzt: Voss, Becher, Hoffmann, Fuss – Nicht eingesetzt: Angerer, Grings, Künzer, von Lanken.
Tore: Minnert, Prinz – Zuschauer: 2221 – SR: Lyngö-Nielsen (Dänemark).

1999/2001: Deutschland

Deutschland wurde in der Qualifikation Gruppensieger vor Italien (3:0, 4:4), der Ukraine (3:0, 6:1) und Island (5:0, 6:0).

Endrunde vom 23. Juni bis 7. Juli 2001 in Deutschland:
Gruppe A: Deutschland und Schweden. Deutschland – Schweden 3:1, Russland –England 1:1, Deutschland – Russland 5:0, Schweden – England 4:0, England – Deutschland 0:3, Schweden – Russland 1:0.
Gruppe B: Dänemark und Norwegen. Italien – Dänemark 2:1, Norwegen – Frankreich 3:0, Frankreich – Dänemark 3:4, Norwegen – Italien 1:1, Dänemark – Norwegen 1:0, Frankreich – Italien 2:0
Halbfinale: Deutschland – Norwegen 1:0; Dänemark – Schweden 0:1.

Endspiel am 7. Juli 2001 in Ulm: Deutschland – Schweden i. V. 1:0 („golden goal") (0:0, 0:0)
Deutschland: Rottenberg – Stegemann, Jones, Fitschen, Hingst – Wiegmann, Lingor – P. Wunderlich, Meinert, Prinz – Smisek (Cl. Müller) – Im weiteren Turnierverlauf eingesetzt: Bresonik, Minnert, M. Müller, Omilade, Wimbersky – Nicht eingesetzt: Angerer, Wilder, T. Wunderlich.
Tor: Cl. Müller – Zuschauer: 18 000 – SR: Pétignat (Schweiz).

2003/05: Deutschland

Deutschland wurde in der Qualifikation Gruppensieger vor Tschechien (4:0, 5:0), Schottland (5:0, 3:1), der Ukraine (6:0, 3:1) und Portugal (13:0, 11:0).

Endrunde vom 5. bis 19. Juni in England:
Gruppe A: Schweden und Finnland. Schweden – Dänemark 1:1; England – Finnland 3:2; Dänemark – England 2:1; Schweden – Finnland 0:0; England – Schweden 0:1; Finnland – Dänemark 2:1.
Gruppe B: Deutschland und Norwegen. Deutschland – Norwegen 1:0; Frankreich – Italien 3:1; Italien – Deutschland 0:4; Frankreich – Norwegen 1:1; Deutschland – Frankreich 3:0; Norwegen – Italien 5:3.
Halbfinale: Deutschland – Finnland 4:1; Norwegen – Schweden n. V. 3:2.
Endspiel am 19. Juni 2005 in Blackburn: Deutschland – Norwegen 3:1 (2:1)
Deutschland: Rottenberg – Garefrekes, Hingst, Jones, Minnert – Carlson (Günther), Grings (Smisek), Lingor, Pohlers – Mittag (Wimbersky), Prinz – Im weiteren Turnierverlauf eingesetzt: Fuss, Omilade, Stegemann, P. Wunderlich – Nicht eingesetzt: Angerer, Holl.
Tore: Grings, Lingor, Prinz (Mellgren) – Zuschauer: 21 105 – SR: Ihringowa (Slowakei).

2007/09: Deutschland

Deutschland wurde in der Qualifikation Gruppensieger vor den Niederlanden (5:1, 1:0), der Schweiz (7:0, 3:0), Belgien (3:0, 5:0) und Wales (4:0, 6:0).

Endrunde vom 23. August bis 10. September in Finnland:
Gruppe A: Finnland und Niederlande. Ukraine – Niederlande 0:2; Finnland – Dänemark 1:0; Ukraine – Dänemark 1:2; Niederlande – Finnland 1:2; Finnland – Ukraine 0:1; Dänemark – Niederlande 1:2.
Gruppe B: Deutschland, Frankreich und Norwegen. Deutschland – Norwegen 4:0; Island – Frankreich 1:3; Frankreich – Deutschland 1:5; Island – Norwegen 0:1; Deutschland – Island 1:0; Norwegen – Frankreich 1:1.
Gruppe C: Schweden, Italien und England. England – Italien 1:2; Schweden – Russland 3:0; Italien – Schweden 0:2; England – Russland 3:2; Russland – Italien 0:2; Schweden – England 1:1.
Viertelfinale: Finnland – England 2:3; Niederlande – Frankreich n. V. 0:0, Elfmeterschießen 5:4; Deutschland – Italien 2:1; Schweden – Norwegen 1:3.
Halbfinale: England – Niederlande n. V. 2:1; Deutschland – Norwegen 3:1.

Endspiel am 10. September 2009 in Helsinki: Deutschland – England 6:2 (2:1)
Deutschland: Angerer – Bresonik, Krahn, Bartusiak, Peter – Kulig, Laudehr – Garefrekes (Bajramaj), Prinz, Behringer (Okoyino da Mbabi) – Grings – Im weiteren Turnierverlauf eingesetzt: Fuss, Hingst, Mittag, M. Müller, Schmidt, Stegemann – Nicht eingesetzt: Holl, Weiß, Zietz.
Tore: Prinz 2, Behringer, Kulig, Grings 2 (Carney, K. Smith) – Zuschauer: 15 877 – SR: Damkova (Tschechien).

2011/13: Deutschland

Deutschland wurde in der Qualifikation Gruppensieger vor Spanien (5:0, 2:2), Rumänien (5:0, 3:0), der Schweiz (4:1, 6:0), Kasachstan (17:0, 7:0) und der Türkei (10:0, 5:0).

Endrunde vom 10. bis 28. Juli 2013 in Schweden:
Gruppe A: Schweden, Italien und Dänemark. Italien – Finnland 0:0; Schweden – Dänemark 1:1; Italien – Dänemark 2:1; Finnland – Schweden 0:5; Dänemark – Finnland 1:1; Schweden – Italien 3:1.
Gruppe B: Norwegen, Deutschland und Island. Norwegen – Island 1:1; Deutschland – Niederlande 0:0; Norwegen – Niederlande 1:0; Island – Deutschland 0:3; Niederlande – Island 0:1; Deutschland – Norwegen 0:1.
Gruppe C: Frankreich und Spanien. Frankreich – Russland 3:1; England – Spanien 2:3; England – Russland 1:1; Spanien – Frankreich 0:1; Russland – Spanien 1:1; Frankreich – England 3:0.
Viertelfinale: Schweden – Island 4:0; Italien – Deutschland 0:1; Norwegen – Spanien 3:1; Frankreich – Dänemark n. V. 1:1, Elfmeterschießen 2:4.
Halbfinale: Schweden – Deutschland 0:1; Norwegen – Dänemark n. V. 1:1, Elfmeterschießen 4:2.

Endspiel am 18. Juli 2013 in Solna: Deutschland – Norwegen 1:0 (0:0)
Deutschland: Angerer – Maier, Krahn, Bartusiak, Cramer – Keßler, Goeßling – Lotzen (Mittag), Marozsan, Laudehr (Schmidt) – Okoyino da Mbabi – Im weiteren Turnierverlauf eingesetzt: Bajramaj, Behringer, Däbritz, Leupolz, Wensing – Nicht eingesetzt: Benkrath, Henning, Huth, Linden, Schult.
Tor: Mittag – Zuschauer: 41 301 – SR: Dorcioman (Rumänien).

2016/17: Niederlande

Deutschland wurde in der Qualifikation Gruppensieger vor Russland (2:0, 4:0), Ungarn (12:0, 1:0), Kroatien (2:0, 1:0) und der Türkei (7:0, 6:0).

Endrunde vom 16. Juli bis 6. August 2017 in den Niederlanden
Gruppe A: Niederlande und Dänemark. Niederlande – Norwegen 1:0; Dänemark – Belgien 1:0; Norwegen – Belgien 0:2; Niederlande – Dänemark 1:0; Belgien – Niederlande 1:2; Norwegen – Dänemark 0:1.
Gruppe B: Deutschland und Schweden. Italien – Russland 1:2; Deutschland – Schweden 0:0; Schweden – Russland 2:0; Deutschland – Italien 2:1; Russland – Deutschland 0:2; Schweden – Italien 2:3.
Gruppe C: Österreich und Frankreich. Österreich – Schweiz 1:0; Frankreich – Island 1:0; Island – Schweiz 1:2; Frankreich – Österreich 1:1; Schweiz – Frankreich 1:1; Island – Österreich 0:3.
Gruppe D: England und Spanien. Spanien – Portugal 2:0; England – Schottland 6:0; Schottland – Portugal 1:2; England – Spanien 2:0; Portugal – England 1:2; Schottland – Spanien 1:0.
Viertelfinale: Niederlande – Schweden 2:0; Deutschland – Dänemark 1:2; Österreich – Spanien n. V. 0:0, Elfmeterschießen 5:3; England – Frankreich 1:0.

Halbfinale: Dänemark – Österreich n. V. 0:0, Elfmeterschießen 3:0; Niederlande – England 3:0.

Endspiel am 6. August 2017 in Enschede: Niederlande – Dänemark 4:2 (2:2)
Niederlande: Van Veenendaal – Van Lunteren (Janssen), Dekker, Van der Gragt, Van Es (Van den Berg) – Groenen, Van de Donk, Spitse – Van de Sanden (Jansen), Miedema, Martens.
Tore: Miedema 2, Martens, Spitse (Nadim, Harder) – Zuschauer 28 182 (ausverkauft) – SR: Staubli (Schweiz).

Europameisterschaft U19 der Frauen

Die bisherigen Gewinner (bis 2001 als U18-Wettbewerb):
1998 Dänemark – 1999 Schweden – 2000, 2001, 2002 Deutschland – 2003 Frankreich – 2004 Spanien – 2005 Russland – 2006, 2007 Deutschland – 2008 Italien – 2009 England – 2010 Frankreich – 2011 Deutschland – 2012 Schweden – 2013 Frankreich – 2014 Niederlande – 2015 Schweden – 2016 Frankreich – 2017, 2018 Spanien – 2019 Frankreich – 2020, 2021 nicht ausgetragen.

Europameisterschaft U17 der Juniorinnen

Die bisherigen Gewinner:
2008, 2009 Deutschland – 2010, 2011 Spanien – 2012 Deutschland – 2013 Polen – 2014 Deutschland – 2015 Spanien – 2016, 2017 Deutschland – 2018 Spanien – 2019 Deutschland – 2020, 2021 nicht ausgetragen.

Hinweis: Die kompletten Ergebnisse der U19- und U17-Welt- und Europameisterschaften erschienen letztmals im KICKER-Almanach 2016.

UEFA-Frauen-Pokal (ab 2009/2010 Champions League)

Die bisherigen Gewinner:
2002 1. FFC Frankfurt – 2003, 2004 Umea IK/SWE – 2005 Turbine Potsdam – 2006 1. FFC Frankfurt – 2007 Arsenal LFC/ENG – 2008 1. FFC Frankfurt – 2009 FCR Duisburg – 2010 Turbine Potsdam – 2011, 2012 Olympique Lyon/FRA – 2013, 2014 VfL Wolfsburg – 2015 1. FFC Frankfurt – 2016, 2017, 2018, 2019, 2020 Olympique Lyon – 2021 FC Barcelona/ESP.

2001/02: 1. FFC Frankfurt

Der 1. FFC Frankfurt setzte sich in der Qualifikation gegen UD Levante/ESP (1:0), Codru Chisinau/MDA (5:0) und College SC Erewan/ARM (18:0) durch.

Viertelfinale: Odense BK/DEN – 1. FFC Frankfurt 0:3, 1:2; LFC Arsenal/ENG – FC Toulouse/FRA 1:1, 1:2; SK Trondheim-Örn/NOR – HJK Helsinki/FIN 2:1, 0:2; Umea IK/SWE – TNK Ryazan/RUS 4:1, 3:1.
Halbfinale: Umea IK – HJK Helsinki 2:1, 1:0; FC Toulouse – 1. FFC Frankfurt 1:2, 0:0.
Endspiel am 23. Mai 2002 in Frankfurt: 1. FFC Frankfurt – Umea IK 2:0 (0:0).
Frankfurt: Wissink – T. Wunderlich, Nardenbach, Minnert – Kliehm (Meier), Jones, Hansen (Rech), P. Wunderlich – Künzer, Lingor, Prinz – Trainerin: Staab.
Tore: Jones, Prinz – Zuschauer: 12 106 – SR: Elovirta (Finnland).

2002/03: Umea IK

Der 1. FFC Frankfurt erte sich in der Qualifikation gegen ZFK Nisch/YUG (2:0), Shamrock Rovers/IRL (7:1) und ZNK Osijek/CRO (8:0) durch.

Viertelfinale: SK Trondheim-Örn/NOR – Fortuna Hjörring/DEN 2:2, 0:1; VVS Samara/RUS – LFC Arsenal/ENG 0:2, 1:1; HJK Helsinki/FIN – 1. FFC Frankfurt 0:2, 0:8; Umea IK/SWE – FC Toulouse/FRA 2:0, 0:0.
Halbfinale: Fortuna Hjörring – LFC Arsenal 3:1, 5:1; Umea IK – 1. FFC Frankfurt 1:1, n. V. 1:1, Elfmeterschießen 7:6.
1. Endspiel am 9. Juni 2003 in Umea: Umea IK – Fortuna Hjörring 4:1 (1:1).
2. Endspiel am 21. Juni 2003 in Hjörring: Fortuna Hjörring – Umea IK 0:3 (0:2).
Umea: Lundgren – Bergkvist, Marklund, Valkonen, Paulson (Eriksson) – Östberg, Moström, Dahlqvist, Sjöström (Runesson) – Ljungberg, Kalmari (Nordbrand, Lindqvistt)– Trainer: Holmlund.

Tore im 1. Spiel: Ljungberg 2, Östberg, Kalmari (Madsen); Tore im 2. Spiel: Moström, Kalmari, Ljungberg – Zuschauer: 7648/2119 – SR: Günthner (Deutschland)/Toms (England).

2003/04: Umea IK

Der 1. FFC Frankfurt setzte sich in der Qualifikation gegen Athletic Bilbao/ESP (8:1), SV Neulengenbach/AUT (7:1) und 1. Dezembro Sintra/POR (4:0) durch.

Viertelfinale: Bröndby IF/DEN – Gömrükcü Baku/AZE 9:0, 3:0; 1. FFC Frankfurt – Fulham LFC/ENG 3:1, 4:1; Energy Woronesch/RUS – Umea IK/SWE 1:2, 1:2; Malmö FF/SWE – Kolbotn IL/NOR 2:0, 0:1.
Halbfinale: Bröndby IF – Umea IK 2:3, 0:1; Malmö FF – 1. FFC Frankfurt 0:0, 1:4.
1. Endspiel am 8. Mai 2004 in Stockholm: Umea IK – 1. FFC Frankfurt 3:0 (1:0).
2. Endspiel am 5. Juni 2004 in Frankfurt: 1. FFC Frankfurt – Umea IK 0:5 (0:2).
Umea: Lundgren – Paulson (Nordbrandt), Valkonen, Marklund, Berqkvist – Juhlin (Hammarström), Moström, Östberg – Marta (Eriksson), Sjöström, Kalmari (Lindqvist) – Trainer: Jeglertz.
Tore im 1. Spiel: Marta 2, Östberg; Tore im 2. Spiel: Sjöström 2, Marta, Östberg, Moström – Zuschauer: 5409/9500 – SR: Ionescu (Rumänien)/Brohet (Belgien).

2004/05: Turbine Potsdam

Turbine Potsdam setzte sich in der Qualifikation gegen Torres Terra Sarda/ITA (7:5), KS AZS Breslau (4:1) und Montpellier HSC/FRA (6:0) durch.

Viertelfinale: Torres Terra Sarda – Arsenal LFC/ENG 2:0, 1:4; Energy Woronesch/RUS – Turbine Potsdam 1:1, 1:4; Djurgardens IF/Älvsjö AIK/SWE – Umea IK/SWE 2:1, 1:0; FC Bobruichanka/BLR – SK Trondheim-Örn/NOR 0:4, 1:2.
Halbfinale: Turbine Potsdam – SK Trondheim-Örn 4:0, 3:1; Djurgardens IF/Älvsjö AIK – Arsenal LFC 1:1, 1:0.
1. Endspiel am 15. Mai 2005 in Stockholm: Djurgardens IF/Älvsjö AIK – Turbine Potsdam 0:2 (0:1)
2. Endspiel am 21. Mai 2005 in Potsdam: Turbine Potsdam – Djurgardens IF/Älvsjö AIK 3:1 (3:1)
Potsdam: Angerer – Carlson, Becher, Fuss (Thomas) – Omilade, Zietz, Hingst, Odebrecht – Wimbersky (Christiane), Pohlers, Mittag – Trainer: Schröder.
Tore im 1. Spiel: Pohlers, Mittag; Tore im 2. Spiel: Wimbersky, Pohlers 2 (Bengtsson) – Zuschauer: 1382/8664 – SR: De Toni (Italien)/Orta (Türkei).

2005/06: 1. FFC Frankfurt

Turbine Potsdam setzte sich in der Qualifikation gegen Montpellier HSC/FRA (0:0), SV Saestum/NED (2:0) und SV Neulengbach/AUT (12:1) durch, der 1. FFC Frankfurt gegen Sparta Prag/CZE (1:1), SC LUwin.ch/SUI (4:0) und Gömrükcü Baku/AZE (11:1).

Viertelfinale: Valur Reykjavik/ISL – Turbine Potsdam 1:8, 1:11; Arsenal LFC/ENG – 1. FFC Frankfurt 1:1, 1:3; Sparta Prag – Djurgardens IF/Älvsjö AIK/SWE 0:2, 0:0; Montpellier HSC – Bröndby IF/DEN 3:0, 3:1.
Halbfinale: Turbine Potsdam – Djurgardens IF/Älvsjö AIK 2:3, 5:2; 1. FFC Frankfurt – Montpellier HSC 0:1, 3:2.
1. Endspiel am 20. Mai 2006 in Potsdam: Turbine Potsdam – 1. FFC Frankfurt 0:4 (0:1)
2. Endspiel am 27. Mai 2006 in Frankfurt: 1. FFC Frankfurt – Turbine Potsdam 3:2 (1:2)
Frankfurt: Holl – T. Wunderlich (Weber), Jones, Künzer, Kliehm – Hansen, Garefrekes, Lingor, Smisek – Prinz (Barucha), Albertz (Bartusiak) – Trainer: Dr. Tritschoks.
Tore im 1. Spiel: Lingor 2, Albertz, Garefrekes; Tore im 2. Spiel: Jones, Lingor, Prinz (Pohlers 2) – Zuschauer: 4431/13 200 – SR: Oedlund (Schweden)/Damkova (Tschechien).

2006/07: Arsenal LFC

Der 1. FFC Frankfurt setzte sich in der Qualifikation gegen UMF Breidablik/ISL (5:0), HJK Helsinki/FIN (2:0) und Universitet Witebsk/BLR (5:0 durch, Turbine Potsdam gegen SV Saestum/NED (2:2), Rapide Wezemaal/BEL (1:0) und Sparta Prag/CZE (4:0).

Viertelfinale: Kolbotn IL/NOR – 1. FFC Frankfurt 2:1, 2:3; Bröndby IF/DEN – Turbine Potsdam 3:0, 1:2; UMF Breidablik – Arsenal LFC/ENG 0:5, 1:4; SV Saestum – Umea IK/SWE 1:6, 2:5.
Halbfinale: Bröndby IF – Arsenal LFC 2:2, 0:3; Kolbotn IL – Umea IK 1:5, 0:6.
1. Endspiel am 21. April 2007 in Umea: Umea IK – Arsenal LFC 0:1 (0:0)
2. Endspiel am 29. April 2007 in Borehamwood: Arsenal LFC – Umea IK 0:0
Arsenal: Byrne – Scott, Asante, Phillip, Chapman – Grant, Ludlow (White) – Sanderson, Fleeting, Yankey, Carney (Davison) – Trainerin: Hayes.
Tor im 1. Spiel: Scott – Zuschauer: 6295/3467 – SR: Beck (Deutschland)/Petignat (Schweiz).

2007/08: 1. FFC Frankfurt

Der 1. FFC Frankfurt setzte sich in der Qualifikation gegen Rapide Wezemaal/BEL (1:1), Everton LFC/ENG (2:1) und Valur Reykjavik (3:1) durch.

Viertelfinale: Rapide Wezemaal – Umea IK/SWE 0:4, 0:6; CF Bardolino/ITA – Bröndby IF/DEN 0:1, n. V. 1:0, Elfmeterschießen 3:2; Olympique Lyon/FRA – Arsenal LFC/ENG 0:0, 3:2; Rossiyanka Krasnoarmeysk/RUS – 1. FFC Frankfurt 0:0, 1:2.
Halbfinale: 1. FFC Frankfurt – CF Bardolino 4:2, 3:0; Olympique Lyon – Umea IK 1:1, 0:0.
1. Endspiel am 17. Mai 2008 in Umea: Umea IK – 1. FFC Frankfurt 1:1 (1:1)
2. Endspiel am 24. Mai 2008 in Frankfurt: 1. FFC Frankfurt – Umea IK 3:2 (1:0)
Frankfurt: Rottenberg (Ullrich) – Kliehm (Günther), T. Wunderlich, Lewandowski, Bartusiak – Weber, Krieger – Garefrekes, Wimbersky (Thomas) – Prinz, Pohlers (Smisek) – Trainer: Dr. Tritschoks.
Tore im 1. Spiel: Pohlers (Marta); Tore im 2. Spiel: Pohlers 2, Wimbersky (Dahlquist, Östberg) – Zuschauer: 4128/27 640 – SR: Gaal (Ungarn)/Ihringova (England).

2008/09: FCR Duisburg

Der 1. FFC Frankfurt wurde in der Qualifikation Zweiter hinter Zvezda-2005 Perm/RUS (0:1) und vor Röa IL/NOR (3:1) und Glasgow City/SCO (3:1), der FCR Duisburg setzte sich gegen Bröndby IF/DEN (4:1), UD Levante/ESP (5:0) und Naftokhimik Kalus/UKR (5:1) durch.

Viertelfinale: Bröndby IF – Zvezda-2005 Perm 2:4, 1:3; CF Bardolino/ITA – Olympique Lyon/FRA 0:5, 1:4; Arsenal LFC/ENG – Umea IK/SWE 3:2, 0:6; 1. FFC Frankfurt – FCR Duisburg 1:3, 0:2.
Halbfinale: Olympique Lyon – FCR Duisburg 1:1, 1:3; Zvezda-2005 Perm – Umea IK 2:0, 2:2.
1. Endspiel am 16. Mai 2009 in Kasan: Zvezda-2005 Perm – FCR Duisburg 0:6 (0:1)
2. Endspiel am 22. Mai 2009 in Duisburg: FCR Duisburg – Zvezda-2005 Perm 1:1
Duisburg: Längert (Bellinghoven) – Popp, Fuss, Krahn, Bresonik – Hegering, Griffloen (van Bonn) – Bajramaj (Knaak), Laudehr (Oster, Kiesel), Maes – Grings – Trainerin: Voss.
Tore im 1. Spiel: Maes 2, Grings 3, Bajramaj; Tore im 2. Spiel: Krahn (Apanashchenko) – Zuschauer: 700/28 112 – SR: Brohet (Belgien)/Palmqvist (schweden).

2009/10: Turbine Potsdam

Bayern München setzte sich in der Qualifikation gegen Glasgow City/SCO (5:2), Gintra Universitetas Siauliai/LTU (8:0) und Nortschi Dinamoeli Tiflis/GEO (19:0) durch.

1. Runde: Universitet Witebsk/BLR – FCR Duisburg 1:5, 3:6; Viktoria Szombathely/HUN – Bayern München 0:5, 2:4; FC Honka Espoo/FIN – Turbine Potsdam 1:8; 0:8; Alma KTZH/KAZ – Sparta Prag/CZE 1:0, 0:2; Zhilstroy-1 Charkiw/UKR – Umea IK/SWE 0:5, 0:6; Torres Sassari CF/ITA – Valur Reykjavik/ISL 4:1, 2:1; Unia Ratibor/POL – SV Neulengbach/AUT 1:3, 1:0; ZNK-SFK 2000 Sarajevo/BIH – Zvezda-2005 Perm/RUS 0:3, 0:5; Masinac Nis/SRB – Olympique Lyon/FRA 0:1, 0:5; Röa IL/NOR – Everton LFC/ENG 3:0, 0:2; Standard Femina Lüttich/BEL – Montpellier HSC/FRA 0:0, 1:3; PAOK Saloniki/GRE – Arsenal LFC/ENG 0:9; 0:9; FC Zürich Frauen/SUI – Linköpings FC/SWE 0:2; 0:3; Fortuna Hjörring/DEN – Bardolino CF/ITA 4:0, 1:2; AZ Alkmaar/NED – Bröndby IF/DEN 1:2, 1:1; Rayo Vallecano/ESP – Rossiyanka Krasnoarmeysk/RUS 1:3, 1:2.
Achtelfinale: Montpellier HSC – Bayern München 0:0, n. V. 1:0; Turbine Potsdam – Bröndby IF 1:0, 4:0; FCR Duisburg – Linköpings FC 1:1, 2:0; Röa IL – Zvezda-2005 Perm 0:0, 1:1; Rossiyanka Krasnoarmeysk – Umea IK 0:1, 1:1; Sparta Prag – Arsenal LFC 0:3, 0:2; SV Neulengbach – Torres Sassari CF 1:4, 1:4; Fortuna Hjörring – Olympique Lyon 0:1, 0:5.
Viertelfinale: Turbine Potsdam – Röa IL 5:0, 5:0; FCR Duisburg – Arsenal LFC 2:1, 2:0; Olympique Lyon – Torres Sassari CF 3:0, 0:1; Umea IK – Montpellier HSC 0:0, 2:2.
Halbfinale: FCR Duisburg – Turbine Potsdam 1:0, n. V. 0:1, Elfmeterschießen 1:3; Olympique Lyon – Umea IK 3:2, 0:0.
Endspiel am 20. Mai 2010 in Getafe: Turbine Potsdam – Olympique Lyon n. V. 0:0, Elfm. 7:6
Potsdam: Sarholz – Schmidt, Peter, Henning – Odebrecht, Zietz, Keßler (I. Kerschowski), Kemme (Schröder) – Wich (Nagasato), Bajramaj, Mittag – Trainer: Schröder.
Elfmeterschießen: Zietz gehalten, Peter, Odebrecht, Mittag gehalten, I. Kerschowski, Nagasato, Bajramaj, Sarholz, Schmidt (Franco, Dickenmann, Kaci, Henry gehalten, Herlovsen gehalten, Renard, Simone, Bouhaddi, Thomis Latte) – Zuschauer: 10 372 – SR: Heikkinen (Finnland).

2010/11: Olympique Lyon

Die beiden deutschen Vertreter Turbine Potsdam und 1. FFC Frankfurt waren direkt für die 1. Runde qualifiziert.

1. Runde: CSHVSM Almaty/KAZ – FCR Duisburg 0:5, 0:6; Aland United/FIN – Turbine Potsdam 0:9, 0:6; VV St. Truiden/BEL – Sparta Prag/CZE 0:3, 0:7; Legend-Cheksil Chernigov/UKR – FK Rossijanka/RUS 1:3, 0:4; Masinac Nis/SRB – Arsenal LFC/ENG 1:3, 0:9; MTK Budapest/HUN – Everton LFC/ENG 0:0, 1:7; Breidablik Kopavogur/ISL – Juvisy FCF/FRA 0:3, 0:6; PAOK Saloniki/GRE – SV Neulengbach/AUT 1:0, 0:3; ZNK KRKA Novo Mesto/SVN – Linköpings FC/SWE 0:7, 0:5; Rayo Vallecano/ESP – Valur Reykjavík/ISL 3:0, 1:1; AZ Alkmaar/NED – Olympique Lyon/FRA 1:2, 0:8; FK Zorka-BDU/BLR – Röa IL/NOR 1:2, 0:0; Fortuna Hjörring/DEN – ASD CF Bardolino/ITA 8:0, 6:1; Unia Raciborz/POL – Bröndby IF/DEN 1:2, 1:0; Apollon Limassol/CYP – Zwezda-2005 Perm/RUS 1:2, 1:2; FC Zürich Frauen/SUI – Sassari Torres/ITA 2:3, 1:4.
Achtelfinale: FCR Duisburg – Fortuna Hjörring 4:2, 3:0; Turbine Potsdam – SV Neulengbach 7:0, 9:0; Rayo Vallecano – Arsenal LFC 2:0, 1:4; FK Rossijanka – Olympique Lyon 1:6, 0:5; Bröndby IF – Everton LFC 1:4, 1:1; Sassari Torres – Juvisy FCF 1:2, n. V. 2:2; Linköpings FC – Sparta Prag 2:0, 1:0; Röa IL – Zwezda-2005 Perm 1:1, 0:4.
Viertelfinale: Everton LFC – FCR Duisburg 1:3, 1:2; Juvisy FCF – Turbine Potsdam 0:3, 2:6; Zwezda-2005 Perm – Olympique Lyon 0:0, 0:1; Arsenal LFC – Linköpings FC 1:1, 2:2.
Halbfinale: FCR Duisburg – Turbine Potsdam 2:2, 0:1; Olympique Lyon – Arsenal LFC 2:0, 3:2.
Endspiel am 26. Mai 2011 in London: Olympique Lyon – Turbine Potsdam 2:0 (1:0)
Lyon: Bouhaddi – Renard, Georges, Viguier, Bompastor – Cruz Trana, Necib (Dickenmann), Henry, Abily – Thomis (Le Sommer), Schelin – Trainer: Lair.
Tore: Renard, Dickenmann – Zuschauer: 14 303 – SR: Damkova (Tschechien).

2011/12: Olympique Lyon

Der FCR Duisburg setzte sich in der Qualifikation gegen Slovan Bratislava/SVK (3:0), Crusaders Newtownabbey Strikers/NIR (6:1) und Glasgow Cty/SCO (4:0) durch.

1. Runde: Olimpia Cluj/ROU – Olympique Lyon/FRA 0:9, 0:3; Peamount United/IRL – Paris St.-Germain/FRA 0:2, 0:3; CSHVSM Almaty/KAZ – SV Neulengbach/AUT 2:1, 0:5; Apollon Limassol/CYP – Sparta Prag 2:2; 1:2; PK-35 Vantaa/FIN – Rayo Vallecano/ESP 1:4, 0:3; UPC Tavagnacco/ITA – LdB FC Malmö/SWE 2:1, 0:5; NK Osijek/CRO – Kopparbergs/Göteborg FC/SWE 0:4, 0:7; Glasgow City/SCO – Valur Reykjavík/ISL 1:1; 3:0; Young Boys Bern/SUI – Fortuna Hjörring/DEN 0:3, 1:2; Thor/KA Akureyri/ISL – Turbine Potsdam 0:6, 2:8; ASA Tel Aviv/ISR – Sassari Torres/ITA 0:2, 2:3; FC Twente Enschede/NED – FK Rossijanka/RUS 0:2, 0:1; Bristol Academy/ENG – Energija Woronesch/RUS 1:1, 2:4; FC Bobruchanka/BLR – Arsenal LFC/ENG 0:4, 0:6; Standard Lüttich/BEL – Bröndby IF/DEN 0:2, 4:3; Stabaek FK/NOR – 1. FFC Frankfurt 1:0, 1:4.
Achtelfinale: 1. FFC Frankfurt – Paris St.-Germain 3:0, 1:2; Sparta Prag – Olympique Lyon 0:6, 0:6; SV Neulengbach – LdB FC Malmö 1:3, 0:1; Fortuna Hjörring – Kopparbergs/Göteborg FC 0:1, 2:3; Energija Woronesch – FK Rossijanka 0:4, 3:3; Rayo Vallecano – Arsenal LFC 1:1, 1:5; Turbine Potsdam – Glasgow City 10:0, 7:0; Bröndby IF – Sassari Torres 2:1, 3:1.
Viertelfinale: Olympique Lyon – Bröndby IF 4:0, 4:0; Turbine Potsdam – FK Rossijanka 2:0, 3:0; Arsenal LFC – Kopparbergs/Göteborg FC 3:1, 0:1; LdB FC Malmö – 1. FFC Frankfurt 1:0, 0:3.
Halbfinale: Olympique Lyon – Turbine Potsdam 5:1, 0:0; Arsenal LFC – 1. FFC Frankfurt 1:2, 0:2.
Endspiel am 17. Mai 2012 in München: Olympique Lyon – 1. FFC Frankfurt 2:0 (2:0)
Lyon: Bouhaddi – Franco, Renard, Viguier, Bompastor – Henry, Cruz Trana, Abily, Neib (Dickenmann) – Schelin (Otaki), Le Sommer (Rosana) – Trainer: Lair.
Tore: Le Sommer, Abily – Zuschauer: 50 212 – SR: Palmqvist (Schweden).

2012/13: VfL Wolfsburg

Die beiden deutschen Vertreter Turbine Potsdam und VfL Wolfsburg waren direkt für die 1. Runde qualifiziert.

1. Runde: FC Zürich/SUI – FCF Juvisy Essonne/FRA 1:1, 0:1; BIIK Schymkent/KAZ – Röa IL/NOR 0:4, 0:4; Spartak Subotica/SER – Kopparbergs/Göteborg FC/SWE 0:1, 0:3; Birmingham City/ENG – CF Bardolino Verona/ITA 2:0, n. V. 0:3; Apollon Limassol/CYP – ASD Torres Sassari/ITA 2:3, 1:3; Olimpia Cluj/ROU – SV Neulengbach/AUT 1:1, n. V. 2:2; PK-35 Vantaa/FIN – Olympique Lyon/FRA 0:7, 0:5; FC Barcelona/ESP – Arsenal LFC/ENG 0:3, 0:4; Standard Feminina Lüttich/BEL – Turbine Potsdam 1:3, 0:5; Stabaek FK/NOR – Bröndby IF/DEN 2:0, 3:3; Glasgow City/SCO – Fortuna Hjörring/DEN 1:2, 0:0; UMF Stjarnan/ISL – Zorkiy Krasnogorsk/RUS 0:0, 1:3; ZNK SFK 2000 Sarajevo/BIH – Sparta Prag/CZE

0:3, 0:3; Unia Raciborz/POL – VfL Wolfsburg 1:5, 1:6; MTK Budapest/HUN – LdB FC Malmö/SWE 0:4, 1:6; ADO Den Haag/NED – Rossijanka Krasnoarmeisk/RUS 1:4, 2:1.

Achtelfinale: Zorkiy Krasnogorsk – Olympique Lyon 0:9, 0:2; Stabaek FK – FCF Juvisy Essonne 0:0, 1:2; Fortuna Hjörring – Kopparbergs/Göteborg FC 1:1, 2:3; LdB FC Malmö – CF Bardolino Verona 1:0, 2:0; ASD Torres Sassari – Olimpia Cluj 4:1, 3:0; ; Sparta Prag – Rossijanka Krasnoarmeisk 0:1, 2:2; Arsenal LFC – Turbine Potsdam 2:1, 4:3; VfL Wolfsburg – Röa IL 4:1, 1:1.

Viertelfinale: Arsenal LFC – ASD Torres Sassari 3:1, 1:0; Olympique Lyon – LdB FC Malmö 5:0, 3:0; VfL Wolfsburg – Rossijanka Krasnoarmeisk 2:1, 2:0; FCF Juvisy Essonne – Kopparbergs/Göteborg FC 1:0, 3:1.

Halbfinale: Olympique Lyon – FCF Juvisy Essonne FCF 3:0, 6:1; Arsenal LFC – VfL Wolfsburg 0:2, 1:2.

Endspiel am 23. Mai 2013 in London: VfL Wolfsburg – Olympique Lyon 1:0 (0:0)

Wolfsburg: A. Vetterlein – Wensing, Henning, Hartmann, Popp – Keßler, Goeßling – Blässe, Jakabfi (Magull), M. Müller – Pohlers (Omilade) – Trainer: Kellermann.

Tor: M. Müller – Zuschauer: 19 300 – SR: Albon (Rumänien).

2013/14: VfL Wolfsburg

Die beiden deutschen Vertreter Turbine Potsdam und VfL Wolfsburg waren direkt für die 1. Runde qualifiziert.

1. Runde: Konak Belediyesi GSK/TUR – Unia Raciborz/POL 2:1, 0:0; MTK Budapest/HUN – Turbine Potsdam 0:5, 0:6; Standard Lüttich/BEL – Glasgow City/SCO 2:2, 1:3; Tyresö FF/SWE – Paris Saint-Germain 2:1, 0:0; Pärnu JK/EST – VfL Wolfsburg 0:14, 0:13; FSK St. Pölten/AUT – ASD Torres Sassari/ITA 2:2, 1:3; Apollon Limassol/CYP – SV Neulengbach/AUT 1:2, 1:1; Spartak Subotica/SRB – Rossijanka Krasnoarmeisk 2:4, 1:1; PK-35 Vantaa/FIN – Birmingham City/ENG 0:3, 0:1; FC Zürich Frauen/SUI – Sparta Prag/CZE 2:1, 1:1; Lilleström SK/NOR – LdB FC Malmö/SWE 1:3, 0:5; FC Twente Enschede/NED – Olympique Lyon/FRA 0:4, 0:6; Qairat Almaty/KAZ – Arsenal LFC/ENG 1:7, 1:11; FC Barcelona/ESP – Bröndby IF 0:0, 2:2; Thor Akureyri/ISL – Zorkiy Krasnogorsk/RUS 1:2, 1:4; UPCG Tavagnacco/ITA – Fortuna Hjörring/DEN 3:2, 0:2.

Achtelfinale: FC Barcelona – FC Zürich Frauen 3:0, 3:1; Konak Belediyesi GSK – SV Neulengbach 0:3, 0:3; Fortuna Hjörring – Tyresö FF 1:2, 0:4; Rossijanka Krasnoarmeisk – ASD Torres Sassari 1:0, 0:2; Turbine Potsdam – Olympique Lyon 0:1, 2:1; Zorkiy Krasnogorsk – Birmingham City 0:2, 2:5; LdB FC Malmö – VfL Wolfsburg 1:2, 1:3; Arsenal LFC – Glasgow City 3:0, 3:2.

Viertelfinale: Tyresö FF – SV Neulengbach 8:1, 0:0; VfL Wolfsburg – FC Barcelona 3:0, 2:0; ASD Torres Sassari – Turbine Potsdam 0:8, 1:4; Birmingham City – Arsenal LFC 1:0, 2:0.

Halbfinale: Birmingham City – Tyresö FF 0:0, 0:3; Turbine Potsdam – VfL Wolfsburg 0:0, 2:4.

Endspiel am 22. Mai 2014 in Lissabon: VfL Wolfsburg – Tyresö FF 4:3 (0:2)

Wolfsburg: Schult – Wensing, Fischer, Henning, Bunte – Keßler, Goeßling (Hartmann) – Blässe, Wagner (Faißt), Müller – Popp – Trainer: Kellermann.

Tore: Popp, Müller 2, Faißt (Marta 2, Boquete) – Zuschauer: 7000 – SR: Monzul (Ukraine).

2014/15: 1. FFC Frankfurt

Die beiden deutschen Vertreter VfL Wolfsburg und 1. FFC Frankfurt waren direkt für die 1. Runde qualifiziert.

1. Runde: BIIK Schymkent/KAZ – 1. FFC Frankfurt 2:2, 0:4; Stabaek FK/NOR – VfL Wolfsburg 0:1, 1:2; FC Ryazan/RUS – FC Rosengard/SWE 1:3, 0:2; Apollon Limassol/CYP – Bröndby IF/DEN 1:0, n. V. 1:3; Medyk Konin/POL – Glasgow City/SCO 2:0, n. V. 0:3; Gintra Universitetas Siauliai/LTU – Sparta Prag/CZE 1:1, n. V. 1:1, Elfmeterschießen 5:4; MTK Budapest/HUN – SV Neulengbach/AUT 1:2, n. V. 2:2; ZNK Osijek/CRO – FC Zürich/SUI 2:5, 0:2; Slavia Prag/CZE – FC Barcelona/ESP 0:1, 0:3; WFC Pomurje/SVN – Torres Calcio Sassari/ITA 2:4, 1:3; FC Twente Enschede/NED – Paris Saint-Germain 1:2, 0:1; Liverpool LFC/ENG – Linköpings FC/SWE 2:1, 0:3; CA Ouriense/POR – Fortuna Hjörring/DEN 0:3, 0:6; Stjarnan Gardabaer/ISL – UOR-Zvezda Zvenigorod/RUS 2:5, 1:3; ACF Brescia/ITA – Olympique Lyon/FRA 0:5, 0:9; Raheny United/IRL – Bristol Academy/ENG 0:4, 1:2.

Achtelfinale: 1. FFC Frankfurt – Torres Calcio Sassari 5:0, 4:0; SV Neulengbach – VfL Wolfsburg 0:4, 0:7; FC Rosengard – Fortuna Hjörring 2:1, 2:0; Linköpings FC – UOR-Zvezda Zvenigorod 5:0, 0:3; Paris Saint-Germain – Olympique Lyon 1:1, 1:0; FC Barcelona – Bristol Academy 0:1, 1:1; Bröndby IF – Gintra Universitetas Siauliai 5:0, 0:2; FC Zürich – Glasgow City 2:1, 2:4.

Viertelfinale: Bristol Academy – 1. FFC Frankfurt 0:5, 0:7; VfL Wolfsburg – FC Rosengard 1:1, 3:3; Linköpings FC – Bröndby IF 0:1, 1:1; Glasgow City – Paris Saint-Germain 0:2, 0:5.

Halbfinale: VfL Wolfsburg – Paris Saint-Germain 0:2, 2:1; 1. FFC Frankfurt – Bröndby IF 7:0, 6:0.

Endspiel am 14. Mai 2015 in Berlin: 1. FFC Frankfurt – Paris Saint-Germain 2:1 (1:1)
Frankfurt: Schumann – Prießen, Kuznik, Hendrich – Schmidt (Huth), Laudehr (Ando) – Garefrekes – Marozsan, Vero – Crnogorcevic (Islacker), Sasic – Trainer: Bell.
Tore: Sasic, Islacker (Delie) – Zuschauer: 17 147 – SR: Staubli (Schweiz).

2015/16: Olympique Lyon

Die deutschen Vertreter Bayern München, VfL Wolfsburg und 1. FFC Frankfurt waren direkt für die 1. Runde qualifiziert.

1. Runde: Standard Lüttich/BEL – 1. FFC Frankfurt 0:2, 0:6; FC Twente Enschede/NED – Bayern München 1:1, 2:2; Spartak Jaffa/SRB – VfL Wolfsburg 0:0, 0:4; BIIK Schymkent/KAZ – FC Barcelona/ESP 1:1, 1:4; PK-35 Vantaa/FIN – FC Rosengard Malmö/SWE 0:2, 0:7; PAOK Saloniki – KIF Örebro DFF/SWE 0:3, 0:5; Slavia Prag/CZE – Bröndby IF/DEN 4:1, 0:1; ASV Spratzern/AUT – Verona CF/ITA 4:5, 2:2; Lilleström SK/NOR – FC Zürich/SUI 1:0, n. V. 1:1; Atletico Madrid/ESP – Zorkiy Krasnogorsk/RUS 0:2, 3:0; ACF Brescia/ITA – Liverpool LFC 1:0, 1:0; Stjarnan Gardabaer/ISL – Zvezda Perm/RUS 1:3, 1:3; FK Minsk/BLR – Fortuna Hjörring/DEN 0:2, 0:4; Medyk Konin/POL – Olympique Lyon/FRAU 0:6, 0:3; Olimpia Cluj/ROU – Paris Saint-Germain/FRA 0:6, 0:9; Chelsea LFC/ENG – Glasgow City/SCO 1:0, 3:0.
Achtelfinale: Lilleström SK – 1. FFC Frankfurt 0:2, n. V. 2:0, Elfmeterschießen 4:5; Chelsea LFC – VfL Wolfsburg 1:2; 0:2; FC Twente Enschede – FC Barcelona 0:1, 0:1; KIF Örebro DFF – Paris Saint-Germain 1:1, 0:0; Atletico Madrid – Olympique Lyon 1:3, 0:6; ACF Brescia – Fortuna Hjörring 1:0, 1:1; Slavia Prag – Zvezda Perm 2:1, 0:0; Verona CF – FC Rosengard Malmö 1:3, 1:5.
Viertelfinale: VfL Wolfsburg – ACF Brescia 3:0, 3:0; FC Rosengard Malmö – 1. FFC Frankfurt 0:1, n. V. 1:0, Elfmeterschießen 4:5; FC Barcelona – Paris Saint-Germain 0:0, 0:1; Olympique Lyon – Slavia Prag 9:1, 0:0.
Halbfinale: VfL Wolfsburg – 1. FFC Frankfurt 4:0, 0:1; Olympique Lyon – Paris Saint-Germain 7:0, 1:0.
Endspiel am 26. Mai 2016 in Reggio Emilia: Olympique Lyon – VfL Wolfsburg n. V. 1:1 (1:1, 1:0), Elfmeterschießen 4:3
Lyon: Bouhaddi – Henry, Renard, Mbock Bathy Nka, Majri – Bremer (Thomis), Necib, Kumagai, Abily – Le Sommer (Schelin) – Hegerberg – Trainer: Precheur.
Tore: Hegerberg (Popp) – Tore im Elfmeterschießen: Schelin, Renard, Mbock Bathy Nka, Kumagai (Popp, Kerschowski, Peter) – Zuschauer: 15 117 – SR: Kulcsar (Ungarn).

2016/17: Olympique Lyon

Die beiden deutschen Vertreter Bayern München und VfL Wolfsburg waren direkt für die 1. Runde qualifiziert.

1. Runde: Sturm Graz/AUT – FC Zürich/SUI 0:6, 0:3; Breidablik Kopavogur/ISL – FC Rosengard Malmö/SWE 0:1, 0:0; Lilleström SK/NOR – Paris Saint-Germain/FRA 3:1, 1:4; Avaldsnes IL/NOR – Olympique Lyon/FRA 2:5, 0:5; Eskilstuna United/SWE – Glasgow City/SCO 1:0, 2:1; SFK 2000 Sarajevo/BIH – FK Rossijanka/RUS 0:0, 1:2; Chelsea LFC/ENG – VfL Wolfsburg 0:3, 1:1; FC Twente Enschede/NED – Sparta Prag/CZE 2:0, 3:1; Apollon Limassol/CYP – Slavia Prag/CZE 1:1, 2:3; Athletic Bilbao/ESP – Fortuna Hjörring 2:1, n. V. 1:3; FK Minsk/BLR – FC Barcelona/ESP 0:3, 1:2; Medyk Konin/POL – ACF Brescia/ITA 4:3, 2:3; Manchester City/ENG – Zwezda-2005 Perm/RUS 2:0, 4:0; Kazygurt Schymkent/KAZ – ASD CF Bardolino/ITA 3:1, 1:1; Hibernian Edinburgh/SCO – Bayern München 0:6, 1:4; SKN St. Pölten/AUT – Bröndby IF/DEN 0:2, 2:2.
Achtelfinale: Kazygurt Schymkent – Paris Saint-Germain 0:3, 1:4; FC Barcelona – FC Twente Enschede 1:0, 4:0; Slavia Prag – FC Rosengard Malmö 1:3, 0:3; Manchester City – Bröndby IF 1:0, 1:1; ACF Brescia – Fortuna Hjörring 0:1, 1:3; Olympique Lyon – FC Zürich 8:0, 9:0; Eskilstuna United – VfL Wolfsburg 1:5, 0:3; Bayern München – FK Rossijanka 4:0, 4:0.
Viertelfinale: Fortuna Hjörring – Manchester City 0:1, 0:1; FC Rosengard Malmö – FC Barcelona 0:1, 0:2; VfL Wolfsburg – Olympique Lyon 0:2, 1:0; Bayern München – Paris Saint-Germain 1:0, 0:4.
Halbfinale: FC Barcelona – Paris Saint-Germain 1:3, 0:2; Manchester City – Olympique Lyon 1:3, 1:0.
Endspiel am 1. Juni 2017 in Cardiff: Olympique Lyon – Paris Saint-Germain n. V. 0:0, Elfmeterschießen 7:6
Lyon: Bouhaddi – Mbock Bathy, Renard, Buchanan – Morgan (Thomis, Lavogez), Abily, Kumagai, Marozsan, Majri – Hegerberg (Bremer), Le Sommer – Trainer: Precheur.
Tore im Elfmeterschießen: Majri, Renard, Mbock Bathy, Kumagai, Marozsan, Abily (Cristiane, Delannoy, Delie, Formiga, Boquete, Lawrence) – Zuschauer: 22 433 – SR: Steinhaus (Deutschland).

2017/18: Olympique Lyon

Die beiden deutschen Vertreter VfL Wolfsburg und Bayern München waren direkt für die 1. Runde qualifiziert.

1. Runde: UMF Stjarnan/ISL – FK Rossijanka/RUS 1:1, 4:0; AC Florenz/ITA – Fortuna Hjörring/DEN 2:1, 0:0; Apollon Limassol/CYP – Linköpings FC/SWE 0:1, 0:3; Montpellier HSC/FRA – Zwezda-2005 Perm/RUS 0:1, 2:0; Kazygurt Schymkent/KAZ – Glasgow City/SCO 3:0, 1:4; Gintra Universitetas/LTU – FC Zürich/SUI 1:1, 2:1; Atletico Madrid/ESP – VfL Wolfsburg 0:3, 2:12; Lilleström SK – Bröndby IF/DEN 0:0, 3:1; Ajax Amsterdam/NED – ACF Brescia/ITA 1:0, 0:2; SKN St. Pölten/AUT – Manchester City/ENG 0:3, 0:3; Chelsea LFC/ENG – Bayern München 1:0, 1:2; FK Minsk/BLR – Slavia Prag/CZE 1:3, 3:4; Medyk Konin/POL – Olympique Lyon/FRA 0:5, 0:9; PAOK Saloniki/GRE – Sparta Prag/CZE 0:5, 0:3; Olimpia Cluj/ROU – FC Rosengard Malmö/SWE 0:1, 0:4; Avaldsnes IL/NOR – FC Barcelona/ESP 0:4, 0:2.
Achtelfinale: Sparta Prag – Linköpings FC 1:1, 0:3; Gintra Universitetas – FC Barcelona 0:6, 0:3; Chelsea LFC – FC Rosengard Malmö 3:0, 1:0; Lilleström SK – Manchester City 0:5, 1:2; ACF Brescia – Montpellier HSC 2:3, 0:6; Kazygurt Schymkent – Olympique Lyon 0:7, 0:9; AC Florenz – VfL Wolfsburg 0:4, 3:3; UMF Stjarnan – Slavia Prag 1:2, 0:0.
Viertelfinale: Montpellier HSC – Chelsea LFC 0:2, 1:3; VfL Wolfsburg – Slavia Prag 5:0, 1:1; Manchester City – Linköpings FC 2:0, 5:3; Olympique Lyon – FC Barcelona 2:1, 1:0.
Halbfinale: Chelsea LFC – VfL Wolfsburg 1:3, 0:2; Manchester City – Olympique Lyon 0:0, 0:1.

Endspiel am 24. Mai 2018 in Kiew: Olympique Lyon – VfL Wolfsburg n. V. 4:1 (0:0)
Lyon: Bouhaddi – Bronze, Mbock Bathy, Renard, Bacha (Cascarino) – Kumagai (Van de Sanden), Henry, Marozsan, Majri – Le Sommer (Abily), Hegerberg – Trainer: Pedros.
Tore: Henry, Le Sommer, Hegerberg, Abily (Harder) – Zuschauer: 14 300 – SR: Adamkova (Tschechien) – Gelb-Rote Karte: Popp (Wolfsburg).

2018/19: Olympique Lyon

Die beiden deutschen Vertreter VfL Wolfsburg und Bayern München waren direkt für die 1. Runde qualifiziert.

1. Runde: FC Honka Espoo/FIN – FC Zürich/SUI 0:1, 1:5; AC Florenz/ITA – Fortuna Hjörring/DEN 2:0, 2:0; Ajax Amsterdam/NED – Sparta Prag 2:0, 2:1; Avaldsnes IL/NOR – Olympique Lyon/FRA 0:2, 0:5; Rjasan WDW/RUS – FC Rosengard Malmö/SWE 0:1, 0:2; Juventus Turin/ITA – Bröndby IF/DEN 2:2, 0:1; SFK 2000 Sarajevo/BIH – Chelsea LFC/ENG 0:5, 0:6; Atletico Madrid/ESP – Manchester City/ENG 1:1, 2:0; Thor/KA Akureyri/ISL – VfL Wolfsburg 0:1, 0:2; Gintra Universitetas/LTU – Slavia Prag/CZE 0:3, 0:4; Kazygurt Schymkent/KAZ – FC Barcelona/ESP 3:1, 0:3; Somatio Barcelona FA Limassol/CYP – Glasgow City/SCO 0:2, 1:0; Spartak Subotica/SRB – Bayern München 0:7, 0:4; SKN St. Pölten/AUT – Paris Saint-Germain/FRA 1:4, 0:2; Schytlobud-1 Charkiw/UKR – Linköpings FC/SWE 1:6, 0:4; Lilleström SK/NOR – Zwezda-2005 Perm/RUS 3:0, 1:0.
Achtelfinale: FC Zürich – Bayern München 0:2, 0:3; VfL Wolfsburg – Atletico Madrid 4:0, 6:0; Ajax Amsterdam – Olympique Lyon 0:4, 0:9; FC Barcelona – Glasgow City 5:0, 3:0; Linköpings FC – Paris Saint-Germain 0:2, 2:3; Chelsea LFC – AC Florenz 1:0, 6:0; FC Rosengard Malmö – Slavia Prag 2:3, 0:0; Lilleström SK – Bröndby IF 1:1, 2:0.
Viertelfinale: Slavia Prag – Bayern München 1:1, 1:5; FC Barcelona – Lilleström SK 3:0, 1:0; Olympique Lyon – VfL Wolfsburg 2:1, 4:2; Chelsea LFC – Paris Saint-Germain 2:0, 1:2.
Halbfinale: Olympique Lyon – Chelsea LFC 2:1, 1:1; Bayern München – FC Barcelona 0:1, 0:1.

Endspiel am 18. Mai 2019 in Budapest: Olympique Lyon – FC Barcelona 4:1 (4:0)
Lyon: Bouhaddi – Bronze, Mbock Bathy, Renard, Majri – Henry, Marozsan, Fishlock (Kumagai) – van de Sanden (Cascarino), Hegerberg, Le Sommer (Bacha) – Trainer: Pedros.
Tore: Marozsan, Hegerberg 3 (Oshoala) – Zuschauer: 19 487 – SR: Pustowoitowa (Russland).

2019/20: Olympique Lyon

Die beiden deutschen Vertreter VfL Wolfsburg und Bayern München waren direkt für die 1. Runde qualifiziert.

1. Runde: FC Ryazan/RUS – Olympique Lyon/FRA 0:0, 0:7; FK Minsk/BLR – FC Zürich/SUI 1:0, 3:1; FK Chertanovo/RUS – Glasgow City/SCO 0:1, 1:4; Vllaznia Shkoder/ALB – Fortuna Hjörring/DEN 0:1, 0:2; KFF Mitrovica/KVX – VfL Wolfsburg 0:10, 0:5; Göteborg FC/SWE – Bayern München 1:2,

1:0; Pitea IF DFF/SWE – Bröndby IF/DEN 0:1, 1:1; SKN St. Pölten/AUT – FC Twente Enschede/NED 2:4, 2:1; Juventus Turin/ITA – FC Barcelona/ESP 0:2, 1:2; Hibernian Edinburgh/SCO – Slavia Prag/CZE 1:4, 1:5; Breidablik Kopavogur/ISL – Sparta Prag/CZE 3:2, 1:0; ACF Florenz/ITA – Arsenal WFC/ENG 0:4, 0:2; RSC Anderlecht/BEL – Kazygurt Schymkent/KAZ 1:1, 0:2; Spartak Subotica/SER – Atletico Madrid/ESP 2:3, 1:1; Sporting Braga/POR – Paris Saint-Germain/FRA 0:7, 0:0; FF Lugano 1976/SUI – Manchester City/ENG 1:7, 0:4.
Achtelfinale: Kazygurt Schymkent – Bayern München 0:5, 0:2; VfL Wolfsburg – FC Twente Enschede 6:0, 1:0; Bröndby IF – Glasgow City 0:2, 1:3; Slavia Prag – Arsenal WFC 2:5, 0:8; Fortuna Hjörring – Olympique Lyon 0:4, 0:7; Manchester City – Atletico Madrid 1:1, 1:2; Breidablik Kopavogur – Paris Saint-Germain 0:4, 1:3; FC Barcelona – FK Minsk 5:0, 3:1.

Wegen der Coronavirus-Pandemie wurde Wettbewerb im März unterbrochen und im August in Turnierform in Spanien ausgetragen.

Viertelfinale: Atletico Madrid – FC Barcelona 0:1 (Bilbao); Glasgow City – VfL Wolfsburg 1:9 (San Sebastain); Olympique Lyon – Bayern München 2:1 (Bilbao); Arsenal WFC – Paris Saint-Germain 1:2 (San Sebastian).
Halbfinale: VfL Wolfsburg – FC Barcelona 1:0 (San Sebastian); Paris Saint-Germain – Olympique Lyon 0:1 (Bilbao).

Endspiel am 30. August 2020 in San Sebastian: Olympique Lyon – VfL Wolfsburg 3:1 (2:0)
Lyon: Bouhaddi – Bronze, Buchanan, Renard, Karchaoui – Gunnarsdottir, Kumagai – Cascarino (van de Sanden), Marozsan (Taylor), Majri (Malard) – le Sommer (Greenwood) – Trainer: Vasseur.
Tore: le Sommer, Kumagai, Gunnarsdottir (Popp) – Zuschauer: keine – SR: Staubli (Schweiz).

2020/21: FC Barcelona

Die beiden deutschen Vertreter VfL Wolfsburg und Bayern München waren direkt für die 1. Runde qualifiziert.

1. Runde: WFC Lanchkhuti/GEO – FC Rosengard Malmö/SWE 0:7, 0:10; FK Minsk/BLR – Lilleström SK/NOR 0:2, 1:0; WFC Zhilstroy2 Charkiw/UKR – Kazygurt Schymkent/KAZ 2:1, 0:1; Sparta Prag/CZE – Glasgow City/SCO 2:1, 1:0; Spartak Jaffa Subotica/SRB – VfL Wolfsburg 0:5, 0:2; Juventus Turin/ITA – Olympique Lyon/FRA 2:3, 0:3; Göteborg FC/SWE – Manchester City/ENG 1:2, 0:3; ZNK Pomurje/SVN – Fortuna Hjörring/DEN 0:3, 2:3; Benfica Lissabon/POR – Chelsea FCW/ENG 0:5, 0:3; PSV/FC Eindhoven/NED – FC Barcelona/ESP 1:4, 1:4; SKN St. Pölten/AUT – FC Zürich/SUI 2:0, 1:0; Servette FC Chenois Genf/SUI – Atletico Madrid/ESP 2:4, 0:5; ACF Florenz/ITA – Slavia Prag/CZE 2:2, 1:0; Gornik Leczna/POL – Paris Saint-Germain/FRA 0:2, 1:6; Ajax Amsterdam/NED – Bayern München 1:3, 0:3; Bröndby IF/DEN – Valerenga Oslo/NOR n. V. 1:1, Elfmeterschießen 5:4 (nur ein Spiel).
Achtelfinale: FC Barcelona – Fortuna Hjörring 4:0, 5:0; Manchester City – ACF Florenz 3:0, 5:0; FC Rosengard Malmö – SKN St. Pölten 2:2, 2:0; VfL Wolfsburg – Lilleström SK 2:0, 2:0 (in Györ); Chelsea FCW – Atletico Madrid 2:0, 1:1 (in Monza); Kazygurt Schymkent – Bayern München 1:6, 0:3; Olympique Lyon – Bröndby IF 2:0, 3.1; Paris Saint-Germain – Sparta Prag 5:0, 0:3 (Wertung).
Viertelfinale: FC Barcelona – Manchester City 3:0 (in Monza), 1:2; Chelsea FCW – VfL Wolfsburg 2:1, 3:0 (beide Spiele in Budapest); Paris Saint-Germain – Olympique Lyon 0:1, 2:1; Bayern München – FC Rosengard Malmö 3:0, 1:0;
Halbfinale: Paris Saint-Germain – FC Barcelona 1:1, 1:2; Bayern München – Chelsea FCW 2:1, 1:4.

Endspiel am 16. Mai 2021 in Göteborg: FC Barcelona – Chelsea FCW 4:0 (4:0)
Barcelona: Panos – Torrejon (Crnogorcevic), Guijarro, Maria Leon, Ouahabi (82. Serrano) – Bonmati, Hamraoui, Putellas (Vicky Losada) – Hansen (Mariona Caldentey), Jenni (Oshoala), Martens – Trainer:
Cortes.
Tore: Eigentor Leupolz, Putellas, Bonmati, Hansen – Zuschauer: keine – SR: Dr. Hussein (Deutschland).

Die Weltfußballerinnen des Jahres

2001, 2002 Mia Hamm (USA/Washington Freedom) – 2003 Birgit Prinz (Deutschland/Carolina Courage) – 2004, 2005 Birgit Prinz (Deutschland/1. FFC Frankfurt) – 2006, 2007, 2008 Marta (Brasilien/Umea IK) – 2009 Marta (Brasilien/Los Angeles Sol) – 2010 Marta (Brasilien/FC Gold Pride) – 2011 Homare Sawa (Japan/Kobe Leonessa) – 2012 Abby Wambach (USA/vereinslos) – 2013 Nadine Angerer (Deutschland/1. FFC Frankfurt, Brisbane Roar) – 2014 Nadine Keßler (Deutschland/VfL Wolfsburg) – 2015, 2016 Carli Lloyd (USA/Houston Dash)) – 2017 Lieke Martens (Niederlande/FC Rosengard Malmö, FC Barcelona) – 2018 Marta (Brasilien/Orlando Pride) – 2019 Megan Rapinoe (USA/Reign FC) – 2020 Lucy Bronte (England/Manchester City).

UEFA Best Player in Europe

2013 Nadine Angerer (Deutschland/1. FFC Frankfurt, Brisbane Roar) – 2014 Nadine Keßler (Deutschland/VfL Wolfsburg) – 2015 Celia Sasic (Deutschland/1. FFC Frankfurt) – 2016 Ada Hegerberg (Norwegen/Olympique Lyon) – 2017 Lieke Martens (Niederlande/FC Rosengard Malmö, FC Barcelona) – 2018 Pernille Harder (Dänemark/VfL Wolfsburg) – 2019 Lucy Bronze (England/Olympique Lyon) – 2020 Pernille Harder (Dänemark/VfL Wolfsburg).

Welttrainer/in des Jahres Frauenfußball

2010 Silvia Neid (Deutschland/Nationalmannschaft) – 2011 Norio Sasaki (Japan/Natiobalmannschaft) – 2012 Pia Sundhage (Schweden/Nationalmannschaft USA) – 2013 Silvia Neid (Deutschland/Nationalmannschaft) – 2014 Ralf Kellermann (Deutschland/VfL Wolfsburg) – 2015 Jill Ellis (USA/Nationalmannschaft) – 2016 Silvia Neid (Deutschland/Nationalmannschaft) – 2017 Sarina Wiegmann (Niederlande/Nationalmannschaft) – 2018 Reynald Pedros (Frankreich/Olympique Lyon) – 2019 Jill Ellis (USA/Nationalmannschaft) – 2020 Sarina Wiegmann (Niederlande/Nationalmannschaft).

Europas Nummer 1: Mit 41 Treffern holte sich Robert Lewandowski vom FC Bayern München 2020/21 erstmals den „Goldenen Schuh“.

KAPITEL 15

ANHANG

Europas Abschlusstabellen und Pokalendspiele 2020/21

Abkürzungen:
(M) = Meister der letzten Saison, (P) = Pokalsieger der letzten Saison, (N) = Aufsteiger,* Absteiger.

ALBANIEN

1. Teuta Durres (P)	36	42:16	66
2. Vllaznia Shkoder	36	44:22	66
3. Partizani Tirana	36	53:23	65
4. KF Laci	36	41:26	61
5. KF Tirana (M)	36	41:26	58
6. FK Kukesi	36	47:48	45
7. Skenderbeu Korce	36	34:55	37
8. Kastrioti Kruje (N)	36	26:44	35
9. Bylis Ballsh *	36	28:51	31
10. Apolonia Fier (N) *	36	22:67	21

Aufsteiger: Dinamo Tirana, Egnatia Rrogozhine
Pokal-Endspiel: Vllaznia Shkoder – Skenderbeu Korce 1:0

ANDORRA

1. Inter Escaldes (M, P)	20	34:11	39
2. UE Sant Julia	20	33:24	34
3. FC Santa Coloma	20	28:19	32
4. Atletic Club d'Escaldes	20	29:26	25
----------			
5. UE Engordany	20	43:30	33
6. UE Santa Coloma	20	44:27	30
7. CE Carroi Sant Julia de Loria	20	20:33	19
8. Penya d'Andorra (N) *	20	13:74	7

Nach einer Doppelrunde (14 Spiele) spielten die ersten vier Mannschaften weiter um die Meisterschaft, die letzten vier gegen den Abstieg.
Aufsteiger: FC Ordino
Pokal-Endspiel: UE Sant Julia – Atletic Club d'Escaldes 2:1

ARMENIEN

1. Alashkert Erewan	24	25:15	46
2. Noah Erewan (P)	24	35:20	41
3. Urartu Erewan	24	28:19	41
4. Ararat Erewan	24	34:18	40
5. Ararat-Armenia Erewan (M)	24	32:17	38
6. Van Tscharenzawan (N)	24	25:30	31
7. Pjunik Erewan	24	20:18	25
8. Lori Vandzor *	24	16:44	23
9. Schirak Gjumri *	24	19:53	13
10. Gandzazar Kapan *	zurückgezogen		

Aufsteiger: Sevan FC
Pokal-Endspiel: Ararat Erewan – Alashkert Erewan 3:1

ASERBAIDSCHAN

1. Neftci Baku	28	47:25	59
2. Qarabag Agdam (M)	28	64:18	57
3. Sumqayit FK	28	30:31	39
4. FK Zira	28	28:28	38
5. Sabah Masazir	28	28:38	29
6. Keshla FK	28	25:40	26
7. FK Qäbälä	28	23:44	26
8. FC Sebail	28	21:42	24

2020 gab es keinen Pokalsieger und keine Aufsteiger.
Aufsteiger: keine
Pokal-Endspiel: Keshla FK – Sumqayit FK 2:1

BELGIEN

1. Club Brügge (M)	34	73:26	76
2. Royal Antwerp FC (P)	34	57:48	60
3. RSC Anderlecht	34	51:34	58
4. KRC Genk	34	67:48	56
----------			
5. KV Oostende	34	49:41	53
6. Standard Lüttich	34	52:41	50
7. KAA Gent	34	55:42	49
8. KV Mechelen	34	54:54	48
----------			
9. K. Beerschot VA (N)	34	58:64	47
10. SV Zulte Waregem	34	53:69	46
11. OH Leuven (N)	34	54:59	45
12. KAS Eupen	34	44:55	43
13. RSC Charleroi	34	46:49	42
14. KV Kortrijk	34	44:57	39
15. K. Sint-Truidense VV	34	41:52	38
16. KSV Cercle Brügge	34	40:51	36
17. KVRS Waasland-Beveren *	34	44:70	31
18. Royal Excel Mouscron *	34	32:54	31

Nach einer Doppelrunde (34 Spiele) spielten die ersten vier Mannschaften weiter um die Meisterschaft, die Teams auf den Plätzen 5 bis 8 um einen Startplatz in der Europa Conference League.

Meisterschaftsrunde

1. Club Brügge (M)	6	8:11	44 (38)
2. KRC Genk	6	15:5	44 (28)
3. Royal Antwerp FC (P)	6	6:11	35 (30)
4. RSC Anderlecht	6	9:11	33 (29)

Play-offs Europa Conference League

1. KAA Gent	6	13:6	38 (25)
2. KV Mechelen	6	15:11	35 (24)
3. KV Oostende	6	15:16	34 (27)
4. Standard Lüttich	6	7:17	28 (25)

(In Klammern Bonuspunkte aus der Doppelrunde)
Aufsteiger: R. Union St. Gilloise, RFC Seraing
Pokal-Endspiel: KRC Genk – Standard Lüttich 2:1

BOSNIEN-HERZEGOWINA

1. Borac Banja Luka	33	59:31	67
2. FK Sarajevo (M)	33	53:24	65
3. Velez Mostar	33	50:30	61
4. NK Siroki Brijeg	33	47:30	59

5. Zrinjski Mostar	33	50:30	59
6. Tuzla City	33	36:35	48
7. Zeljeznicar Sarajevo	33	50:43	44
8. Sloboda Tuzla	33	31:41	37
9. Mladost Doboj Kakanj *	33	26:57	30
10. FK Krupa na Vrbasu (N) *	33	26:46	28
11. Radnik Bijeljina	33	26:51	25
12. Olimpik Sarajevo (N) *	33	22:58	25

Mladost Doboj Kakanj und FK Krupa na Vrbasu erhielen keine Lizenz für 2021/22.

Aufsteiger: HSK Posusje, Rudar Prijedor, Leotar Trebinje

Pokal-Endspiel: FK Sarajevo – Borac Banja Luka n. V. 0:0, Elfmeterschießen 4:1

BULGARIEN

1. Ludogorez Rasgrad (M)	31	69:29	70
2. Lokomotive Plovdiv (P)	31	48:23	61
3. ZSKA-Sofia	31	46:24	59
4. Arda Kardzhali	31	42:37	50
5. ZSKA 1948 Sofia (N)	31	41:34	47
6. Beroe Stara Sagora	31	42:38	39
7. Tscherno More Varna	32	37:34	45
8. Levski Sofia	32	34:32	41
9. Tsarsko Selo Sofia	32	33:39	37
10. Botev Plovdiv	32	34:52	32
11. Slavia Sofia	32	28:44	34
12. Botev Vraza	32	31:45	30
13. FK Montana (N) *	32	26:52	28
14. Etar Veliko Tarnovo *	32	25:53	28

Nach einer Doppelrunde (26 Spiele) spielten die ersten sechs Mannschaften in einer Einfachrunde weiter um die Meisterschaft. Die Klubs auf den Plätzen 7 bis 10 ermittelten in einer Doppelrunde einen Teilnehmer am Play-off um einen Startplatz in der Europa Conference League gegen den Vierten der Meisterschaftsrunde, die Klubs auf den Plätzen 11 bis 14 spielten in einer Doppelrunde gegen den Abstieg.

Play-off Europa Conference League:
Arda Kardzhali – Tscherno More Varna 1:0

Aufsteiger: Pirin Blagoevgrad, Lokomotive Sofia

Pokal-Endspiel: ZSKA-Sofia – Arda Kardzhali 1:0

DÄNEMARK

1. Bröndby IF	32	58:38	61
2. FC Midtjylland (M)	32	57:33	60
3. FC Kopenhagen	32	61:53	55
4. Aarhus GF	32	48:42	48
5. FC Nordsjaelland	32	51:51	43
6. Randers FC	32	43:38	40
7. Aalborg BK	32	44:41	46
8. Sönderjysk Elitesport (P)	32	45:48	44
9. Odense BK	32	40:39	43
10. Vejle BK (N)	32	42:50	38
11. Lyngby BK *	32	36:63	26
12. AC Horsens *	32	30:59	24

Nach einer Doppelrunde (26 Spiele) spielten die ersten sechs Mannschaften weiter um die Meisterschaft, die letzten sechs gegen den Abstieg.
Der Vierte der Meisterschaftsrunde ermittelte mit dem Sieger der Abstiegsrunde den zweiten Teilnehmer an der Europa Conference League.
Aarhus GF – Aalborg BK n. V. 2:2, Elfmeterschießen 3:1

Aufsteiger: Viborg FF, Silkeborg IF

Pokal-Endspiel: Randers FC – Sönderjysk Elitesport 4:0

ENGLAND

1. Manchester City	38	83:32	86
2. Manchester United	38	73:44	74
3. FC Liverpool (M)	38	68:42	69
4. FC Chelsea	38	58:36	67
5. Leicester City	38	68:50	66
6. West Ham United	38	62:47	65
7. Tottenham Hotspur	38	68:45	62
8. FC Arsenal (P)	38	55:39	61
9. Leeds United (N)	38	62:54	59
10. FC Everton	38	47:48	59
11. Aston Villa	38	55:46	55
12. Newcastle United	38	46:62	45
13. Wolverhampton Wanderers	38	36:52	45
14. Crystal Palace	38	41:66	44
15. FC Southampton	38	47:68	43
16. Brighton & Hove Albion	38	40:46	41
17. FC Burnley	38	33:55	39
18. FC Fulham (N) *	38	27:53	28
19. West Bromwich Albion (N) *	38	35:76	26
20. Sheffield United *	38	20:63	23

Aufsteiger: Norwich City, FC Watford, FC Brentford

Pokal-Endspiel: Leicester City – FC Chelsea 1:0

Ligapokal-Endspiel: Manchester City – Tottenham Hotspur 1:0

FRANKREICH

1. Lille OSC	38	64:23	83
2. Paris Saint-Germain (M, P)	38	86:28	82
3. AS Monaco	38	76:42	78
4. Olympique Lyon	38	81:43	76
5. Olympique Marseille	38	54:47	60
6. Stade Rennes	38	52:40	58
7. RC Lens (N)	38	55:54	57
8. Montpellier HSC	38	60:62	54
9. OGC Nizza	38	50:53	52
10. FC Metz	38	44:48	47
11. AS Saint-Etienne	38	42:54	46
12. Girondins Bordeaux	38	42:56	45
13. Angers SCO	38	40:58	44
14. Stade Reims	38	42:50	42
15. Racing Straßburg	38	49:58	42
16. FC Lorient	38	50:68	42
17. Stade Brest	38	50:66	41
18. FC Nantes	38	47:55	40

19. Olympique Nimes *	38	40:71	35
20. Dijon FCO *	38	25:73	21

Aufsteiger: ES Troyes AC, Clermont Foot

Pokal-Endspiel: Paris Saint-Germain – AS Monaco 2:0

GIBRALTAR

1. Lincoln Red Imps	20	62:13	48
2. Europa FC	20	66:14	47
3. St. Joseph's FC	20	71:20	45
4. Mons Calpe SC	20	36:35	32
5. Lynx FC	20	36:40	26
6. Lions Gibraltar	20	13:33	16
7. FCB Magpies	18	46:27	32
8. Glacis United	18	35:27	30
9. Manchester 62 FC	18	25:60	17
10. College 1975	18	23:81	8
11. Europa Point	18	10:73	3
12. Boca Gibraltar	ausgeschlossen		

2020 gab es weder Meister noch Pokalsieger. – Nach einer Einfachrunde (10 Spiele) spielten die ersten sechs Mannschaften in einer Doppelrunde weiter um die Meisterschaft, die auf den Plätzen 7 bis 11 um die Challenge Trophy.

Aufsteiger: kein Auf- und Abstieg

Pokal-Endspiel: Lincoln Red Imps – Glacis United 2:0

GRIECHENLAND

1. Olympiakos Piräus (M, P)	36	82:19	90
2. PAOK Saloniki	36	60:34	64
3. Aris Saloniki	36	41:26	61
4. AEK Athen	36	53:45	60
5. Panathinaikos Athen	36	41:34	53
6. Asteras Tripolis	36	36:38	51
7. NFC Volos	33	34:37	43
8. Atromitos Athen	33	30:40	37
9. AS Lamia	33	21:42	35
10. PAS Ioannina (N)	33	27:36	35
11. Apollon Smyrnis (N)	33	31:40	34
12. OF Iraklion	33	30:47	32
13. Panetolikos Agrinio	33	20:44	28
14. AE Larisa *	33	25:47	27

Nach einer Doppelrunde (26 Spiele) spielten die ersten sechs Mannschaften um die Meisterschaft, die letzten acht gegen den Abstieg.

Aufsteiger: Ionikos Nikea

Pokal-Endspiel 2020: Olympiakos Piräus – AEK Athen 1:0

Pokal-Endspiel 2021: PAOK Saloniki – Olympiakos Piräus 2:1

ISRAEL

1. Maccabi Haifa	36	72:29	79
2. Maccabi Tel Aviv (M)	36	65:33	75
3. MS Ashdod	36	48:39	54
4. Hapoel Beer Sheva (P)	36	45:43	48
5. Maccabi Petah Tikva (N)	36	32:38	46
6. Hapoel Ironi Kiryat Shmona	36	37:45	46
7. Maccabi Netanya	33	43:34	48
8. Hapoel Hadera	33	40:34	48
9. Hapoel Haifa	33	40:48	42
10. Beitar Jerusalem	33	40:43	40
11. Hapoel Tel Aviv	33	24:35	38
12. Bnei Sachnin (N)	33	22:45	34
13. Bnei Yehuda Tel Aviv *	33	27:46	33
14. Hapoel Kfar Saba *	33	26:49	24

Nach einer Doppelrunde (26 Spiele) spielten die ersten sechs Mannschaften in einer weiteren Doppelrunde weiter um die Meisterschaft, die letzten acht in einer Einfachrunde gegen den Abstieg.

Aufsteiger: Hapoel Nof HaGalil, Hapoel Jerusalem

Pokal-Endspiel: Maccabi Tel Aviv – Hapoel Tel Aviv n. V. 2:1

ITALIEN

1. Inter Mailand	38	89:35	91
2. AC Mailand	38	74:41	79
3. Atalanta Bergamo	38	90:47	78
4. Juventus Turin (M)	38	77:38	78
5. SSC Neapel (P)	38	86:41	77
6. Lazio Rom	38	61:55	68
7. AS Rom	38	68:58	62
8. Sassuolo Calcio	38	64:56	62
9. Sampdoria Genua	38	52:54	52
10. Hellas Verona	38	46:48	45
11. CFC Genua 1893	38	47:58	42
12. FC Bologna	38	51:65	41
13. AC Florenz	38	47:59	40
14. Udinese Calcio	38	42:58	40
15. Spezia Calcio (N)	38	52:72	39
16. Cagliari Calcio	38	43:59	37
17. FC Turin	38	50:69	37
18. Benevento Calcio (N) *	38	40:75	33
19. FC Crotone (N) *	38	45:92	23
20. Parma Calcio *	38	39:83	20

Aufsteiger: FC Empoli, US Salernitana, FC Venedig

Pokal-Endspiel: Juventus Turin – Atalanta Bergamo 2:1

KOSOVO

1. KF Pristina (P)	36	65:27	78
2. Drita Gjilan (M)	36	59:28	76
3. Ballkani Suhareka	36	79:43	74
4. SC Gjilani	36	37:38	48
5. Llapi Podujeve	36	49:56	43
6. Feronikeli Glogovac	36	44:36	42
7. KF Drenica	36	34:48	42
8. Trepca '89 Mitrovica *	36	38:54	42
9. Arberia Dobraje e Madhe(N) *	36	42:58	40
10. Besa Peje (N) *	36	27:86	15

Aufsteiger: KF Malisheva, Ulpiana Lipjan, Dukagjini Klina

Pokal-Endspiel: Llapi Podujeve – Dukagjini Klina n. V. 1:1, Elfmeterschießen 4:3

KROATIEN

1. Dinamo Zagreb (M)	36	84:28	85
2. NK Osijek	36	59:25	77
3. HNK Rijeka (P)	36	51:46	61
4. Hajduk Split	36	48:37	60
5. HNK Gorica	36	60:47	59
6. HNK Sibenik (N)	36	32:47	35
7. Slaven Belupo Koprivnica	36	36:53	34
8. Lokomotiva Zagreb	36	29:60	30
9. Istra 1961 Pula	36	27:52	29
10. NK Varazdin *	36	30:61	28

Aufsteiger: Hrvatski Dragovoljac Zagreb
Pokal-Endspiel: Dinamo Zagreb – Istra 1961 Pula 6:3

LIECHTENSTEIN
Keine eigene Meisterschaft – die Liechtensteiner Klubs spielen in Schweizer Ligen.
Pokal-Endspiel: Der Wettbewerb wurde abgebrochen und der FC Vaduz für die Europa Conference League gemeldet.

LUXEMBURG

1. Fola Esch	30	89:35	68
2. F91 Dudelange	30	70:29	66
3. Swift Hesperange (N)	30	72:30	65
4. RFC Union Luxemburg	30	47:29	54
5. Progres Niederkorn	30	48:30	53
6. FC Differdange 03	30	51:48	45
7. FC Wiltz 71 (N)	30	45:42	44
8. Jeunesse Esch	30	41:43	43
9. US Hostert	30	47:56	37
10. UNA Strassen	30	44:65	35
11. US Mondorf-les-Bains	30	33:56	28
12. FC Rodange 91	30	27:52	28
13. Victoria Rosport	30	37:67	27
14. FC RM Hamm Benfica (N)	30	33:48	26
15. Etzella Ettelbruck	30	32:57	24
16. Union Titus Petange	30	23:52	21

2020 gab es weder Meister noch Pokalsieger.
Aufsteiger: keine – Alle Ligen unterhalb der obersten Spielklasse wurden abgebrochen.
Pokal-Endspiel: Der Wettbewerb wurde abgebrochen.

MALTA

1. Hamrun Spartans	23	56:20	56
2. Hibernians Paola	23	53:20	51
3. Gzira United	23	49:21	46
4. FC Birkirkara	23	45:25	44
5. Sliema Wanderers	23	39:31	40
6. FC Mosta	23	41:36	36
7. FC Valletta	23	27:35	33
8. Santa Lucia FC	23	38:35	29
9. Sirens FC	23	27:35	28
10. FC Floriana (M)	23	26:34	27
11. Gudja United	23	29:35	27
12. Balzan FC	23	31:29	27
13. Zejtun Corinthians (N) *	23	28:40	24
14. Tarxien Rainbows *	23	25:48	21
15. Lija Athletics (N) *	23	25:46	20
16. Senglea Athletic *	23	13:62	2

Die Meisterschaft wurde vorzeitig abgebrochen und nach Tabellenstand 23. Spieltag gewertet. – Hamrun Spartans wurde wegen Spielmanipulation vom Europapokal ausgeschlossen. Sliema Wanderers erhielt keine UEFA-Lizenz.
Aufsteiger: keine – Die Liga spielt 2021/22 mit 12 Klubs.
Pokal-Endspiel: Der Wettbewerb wurde abgebrochen.

REPUBLIK MOLDAU

1. Sheriff Tiraspol (M, P)	36	116:7	99
2. Petrocub Hincesti	36	82:18	83
3. Milsami Orhei	36	71:37	73
4. Sfintul Gheorghe Suruceni	36	65:43	67
5. Dacia Buiucani (N) *	36	44:45	48
6. Dinamo-Auto Tiraspol	36	53:58	48
7. FC Floresti (N)	36	37:85	32
8. Zimbru Chisinau	36	39:63	25
8. Codru Lozova *	36	26:119	9
10. Speranta Nisporeni *	36	29:87	23

Dacia Buiucani zog sich aus der Liga zurück. Speranta Nisporeni wurde ausgeschlossen.
Aufsteiger: CSF Balti – Die Liga spielt 2021/22 mit 8 Klubs.
Pokal-Endspiel 2020: Sf. Gheorghe Suruceni – Sheriff Tiraspol n. V. 0:0, Elfmeterschießen 3:2

MONTENEGRO

1. Buducnost Podgorica (M)	36	65:29	85
2. Sutjeska Niksic	36	56:34	57
3. Decic Tuzi (N)	36	39:28	54
4. FK Podgorica	36	39:38	52
5. Jezero Plav (N)	36	28:34	45
6. Zeta Golubovci	36	34:41	45
7. Rudar Pljevlja	36	38:50	45
8. Iskra Danilovgrad	36	28:29	44
9. OFK Petrovac	36	29:45	32
10. OFK Titograd *	36	23:51	31

Aufsteiger: Mornar Bar
Pokal-Endspiel: Buducnost Podgorica – Decic Tuzi 3:1

NIEDERLANDE

1. Ajax Amsterdam	34	102:23	88
2. PSV Eindhoven	34	74:35	72
3. AZ Alkmaar	34	75:41	71
4. Vitesse Arnhem	34	52:38	61
5. Feyenoord Rotterdam	34	64:36	59
6. FC Utrecht	34	52:41	53
7. FC Groningen	34	40:37	50
8. Sparta Rotterdam	34	49:48	47
9. Heracles Almelo	34	42:53	44
10. FC Twente Enschede	34	48:50	41
11. Fortuna Sittard	34	50:58	41
12. SC Heerenveen	34	43:49	39
13. PEC Zwolle	34	44:53	38
14. Willem II Tilburg	34	40:68	31
15. RKC Waalwijk	34	33:55	30

16. FC Emmen *	34	40:68	30
17. VVV-Venlo *	34	43:91	23
18. ADO Den Haag *	34	29:76	22

2020 gab es weder Meister, Pokalsieger noch Aufsteiger. – Im Anschluss an die Meisterschaft ermittelten die Klubs auf den Plätzen 5 bis 8 in einer Play-off-Runde den zweiten Teilnehmer an der Europa Conference League.
Feyenoord Rotterdam – Sparta Rotterdam 2:0
FC Utrecht – FC Groningen 1:0
Feyenoord Rotterdam – FC Utrecht 2:0
Aufsteiger: Cambuur Leeuwarden, Go Ahead Eagles Deventer, NEC Nijmegen
Pokal-Endspiel: Ajax Amsterdam – Vitesse Arnhem 2:1

NORDIRLAND

1. FC Linfield (M)	38	83:38	78
2. FC Coleraine	38	57:35	73
3. FC Glentoran (P)	38	65:32	71
4. FC Larne	38	64:41	64
5. FC Cliftonville	38	59:42	60
6. FC Crusaders	38	62:50	54
7. FC Glenavon	38	72:65	62
8. Ballymena United	38	67:44	61
9. FC Portadown (N)	38	50:78	36
10. Warrenpoint Town	38	38:74	36
11. Carrick Rangers	38	35:92	23
12. Dungannon Swifts	38	22:83	17

Nach einer Doppelrunde (33 Spiele) spielten die ersten sechs Mannschaften weiter um die Meisterschaft, die letzten sechs gegen den Abstieg. Im Anschluss an die Meisterschaft spielten die Klubs auf den Plätzen 4 bis 6 mit dem Sieger der Abstiegsrunde um einen Platz in der Europa Conference League.
FC Larne – FC Glenavon 2:1
FC Cliftonville – FC Crusaders n. V. 0:0, Elfmeterschießen 5:4
FC Larne – FC Cliftonville 3:1

Aufsteiger: keine – Die zweithöchste Liga wurde abgebrochen.
Pokal-Endspiel: FC Linfield – FC Larne 2:1

NORDMAZEDONIEN

1. Shkendija Tetovo	33	69:26	75
2. Shkupi 1927	33	41:24	59
3. FC Struga	33	39:24	57
4. Makedonija Gjorce Petrov	33	53:43	55
5. Rabotnicki Skopje	33	45:39	48
6. Pelister Bitola (N)	33	34:38	45
7. Akademija Pandev	33	32:36	41
8. FK Borec	33	32:36	40
9. Sileks Kratovo *	33	49:45	36
10. Renova Dzepciste	33	36:46	36
11. Vardar Skopje *	33	32:60	31
12. Belasica Strumica (N) *	33	23:68	17

2020 gab es weder Meister noch Pokalsieger.
Aufsteiger: Bregalnica Stip, FK Skopje, Tikves Kavadarci (nach Relegation gegen Sileks Kratovo)
Pokal-Endspiel: Sileks Kratovo – Akademija Pandev n. V. 0:0, Elfmeterschießen 4:3

ÖSTERREICH

1. RB Salzburg (M, P)	32	94:33	61 (52)
2. Rapid Wien	32	64:40	36 (45)
3. Sturm Graz	32	52:34	36 (39)
4. Linzer ASK	32	55:41	30 (42)
5. Wolfsberger AC	32	52:62	27 (33)
6. WSG Tirol	32	53:60	23 (30)
7. TSV Hartberg	32	38:48	32 (29)
8. Austria Wien	32	47:43	29 (25)
9. SV Ried (N)	32	34:57	25 (16)
10. SCR Altach	32	33:55	23 (21)
11. FC Admira Wacker	32	27:58	19 (14)
12. SKN St. Pölten *	32	39:57	13 (21)

Nach einer Doppelrunde (22 Spiele) spielten die ersten sechs Mannschaften weiter um die Meisterschaft, die letzten sechs gegen den Abstieg. Die Punkte (in Klammern) wurden halbiert und abgerundet. Bei Punktgleichheit war der Klub mit abgerundeter Punktzahl besser platziert.
Im Anschluss an die Meisterschaft ermittelten der Erste und Zweite der Qualifikationsgruppe mit dem Fünften der Meistergruppe den zweiten Teilnehmer an der Europa Conference League.
TSV Hartberg – Austria Wien 0:3
Austria Wien – Wolfsberger AC 3:0, 2:1
Aufsteiger: Austria Klagenfurt
Pokal-Endspiel: RB Salzburg – Linzer ASK 3:0

POLEN

1. Legia Warschau (M)	30	48:24	64
2. Rakow Tschenstochau	30	46:25	59
3. Pogon Stettin	30	36:23	52
4. Slask Breslau	30	36:32	43
5. Warta Posen (N)	30	33:32	43
6. Piast Gleiwitz	30	39:32	42
7. Lechia Danzig	30	40:37	42
8. Zaglebie Lubin	30	38:40	41
9. Jagiellonia Bialystok	30	39:48	37
10. Gornik Zabrze	30	31:33	37
11. Lech Posen	30	39:38	37
12. Wisla Plock	30	37:44	33
13. Wisla Krakau	30	39:42	33
14. Cracovia Krakau (P)	30	28:32	32
15. Stal Mielec (N)	30	31:47	29
16. Podbesk. Bielsko-Biala (N) *	30	29:60	25

Aufsteiger: Radomiak Radom, Bruk-Bet Termalica Nieciecza, Gornik Leczna – Die Liga spielt 2021/22 mit 18 Klubs.
Pokal-Endspiel: Rakow Tschenstochau – Arka Gdingen 2:1

PORTUGAL

1. Sporting Lissabon	34	65:20	85
2. FC Porto (M, P)	34	74:29	80

3. Benfica Lissabon	34	69:27	76
4. Sporting Braga	34	53:33	64
5. FC Pacos de Ferreira	34	40:41	53
6. CD Santa Clara	34	44:36	46
7. Vitoria Guimaraes	34	37:44	43
8. FC Moreirense	34	37:43	43
9. FC Famalicao	34	40:48	40
10. Belenenses Lissabon	34	25:35	40
11. FC Gil Vicente	34	33:42	39
12. CD Tondela	34	36:57	36
13. Boavista Porto	34	39:49	36
14. SC Portimonense	34	34:41	35
15. Maritimo Funchal	34	27:47	35
16. FC Rio Ave *	34	25:40	34
17. SC Farense (N) *	34	31:48	31
18. Nacional Funchal (N) *	34	30:59	25

Aufsteiger: GD Estoril Praia, FC Vizela, FC Arouca

Pokal-Endspiel: Sporting Braga – Benfica Lissabon 2:0

RUMÄNIEN

1. FCSB Bukarest (P)	30	57:22	65
2. CFR Cluj (M)	30	42:15	64
3. Universitatea Craiova	30	33:14	58
4. Sepsi OSK Sf. Gheorghe	30	43:31	45
5. Academica Clinceni	30	30:26	44
6. FC Botosani	30	39:36	42
7. Arges Pitesti (N)	30	33:41	40
8. Chindia Targoviste	30	24:26	39
9. Astra Giurgiu	30	38:39	38
10. UTA Arad (N)	30	26:36	37
11. Gaz Metan Medias	30	33:41	33
12. FC Voluntari	30	32:40	32
13. Viitorul Constanta	30	36:37	31
14. Dinamo Bukarest	30	26:41	27
15. FC Hermannstadt	30	28:40	26
16. Politehnica Iasi	30	29:64	25

Nach einer Doppelrunde (30 Spiele) spielten die ersten sechs Mannschaften weiter um die Meisterschaft, die letzten zehn gegen den Abstieg.

1. CFR Cluj (M)	10	15:5	54 (32)
2. FCSB Bukarest (P)	10	13:14	45 (33)
3. Universitatea Craiova	10	9:11	41 (29)
4. S. OSK Sf. Gheorghe	10	11:8	40 (23)
5. Academica Clinceni	10	10:15	33 (22)
6. FC Botosani	10	13:18	31 (21)
7. Chindia Targoviste	9	7:3	36 (20)
8. UTA Arad (N)	9	7:9	32 (19)
9. Gaz Metan Medias	9	15:10	32 (17)
10. Viitorul Constanta	9	9:4	32 (16)
11. Arges Pitesti (N)	9	10:7	31 (20)
12. Dinamo Bukarest	9	11:8	31 (14)
13. FC Voluntari	9	6:7	28 (16)
14. FC Hermannstadt *	9	6:9	26 (13)
15. Astra Giurgiu *	9	6:12	24 (19)
16. Politehnica Iasi *	9	7:15	20 (13)

(In Klammern Bonuspunkte aus der Doppelrunde)

Im Anschluss an die Meisterschaft wurde in einer Play-off-Runde der dritte Teilnehmer an der Europa Conference League ermittelt.
Chindia Targoviste – Viitorul Constanta 2:3
(UTA Arad und Gaz Metan Medias erhielten keine UEFA-Lizenz.)
Sepsi OSK Sf. Gheorghe – Viitorul Constanta 1:0

Aufsteiger: FC U Craiova 1948, Rapid Bukarest, CS Mioveni – Viitorul Constanta fusionierte mit dem Zweitligisten Farul Constanta und spielt 2021/22 unter diesem Namen in der Liga.

Pokal-Endspiel: Universitatea Craiova – Astra Giurgiu n. V. 3:2

RUSSLAND

1. Zenit St. Petersburg (M, P)	30	76:26	65
2. Spartak Moskau	30	56:37	57
3. Lokomotive Moskau	30	45:35	56
4. Rubin Kasan	30	42:33	53
5. PFK Sotschi	30	49:33	53
6. ZSKA Moskau	30	51:33	50
7. Dynamo Moskau	30	44:33	50
8. FK Chimki (N)	30	35:39	45
9. FK Rostow	30	37:35	43
10. FK Krasnodar	30	52:45	41
11. Achmat Grosny	30	36:38	40
12. Ural Jekaterinburg	30	26:36	34
13. FK Ufa	30	26:46	25
14. Arsenal Tula	30	28:51	23
15. Rotor Wolgograd (N) *	30	15:52	22
16. FK Tambow *	30	19:65	13

Der FK Tambow wurde nach der Saison aufgelöst.

Aufsteiger: Krylja Sowetow Samara, FK Nischni Nowgorod

Pokal-Endspiel: Lokomotive Moskau – Krylja Sowetow 3:1

SAN MARINO

1. La Fiorita Montegiardino	14	34:5	37
2. Libertas Borgo Maggiore	14	21:11	29
3. SS Folgore/Falciano	14	25:10	27
5. Tre Fiori Fiorentino (M)	14	26:11	26
6. Pennarossa Chiesanuova	14	15:15	21
7. SS San Giovanni	14	17:20	19
8. AC Juvenes/Dogana	14	23:34	19
9. SS Murata	14	14:9	18
10. Virtus Acquaviva	14	14:12	18
11. FC Fiorentino	14	18:26	16
12. SP Domagnano	14	18:26	12
13. SC Faetano	14	14:26	10
14. SP Cailungo	14	17:31	8
15. Cosmos Serravalle	14	10:40	4

Nach einer Einfachrunde qualifizierten sich die ersten vier Mannschaften direkt für die Endrunde, die auf den Plätzen 5 bis 12 bestritten Play-offs. Bei einem Unentschieden kam die in der Vorrunde besser platzierte Mannschaft weiter.

Play-offs
Pennarossa – Fiorentino 0:0
Juvenes/Dogana – Virtus 0:0
Tre Fiori – Domagnano 0:2
San Giovanni – Murata 0:3

Viertelfinale
Pennarossa – Tre Penne 1:2
Virtus – Libertas 2:3
Folgore/Falciano – Murata 1:1
La Fiorita – Domagnano 0:0

Halbfinale
La Fiorita – Tre Penne 1:0
Folgore/Falciano – Libertas 3:1

Spiel um den 3. Platz
Tre Penne – Libertas 1:0

Endspiel
Folgore/Falciano – La Fiorita n. V. 1:0

Pokal-Endspiel: La Fiorita – Tre Fiori n. V. 0:0, Elfmeterschießen 10:9

SCHOTTLAND

1. Glasgow Rangers	38	92:13	102
2. Celtic Glasgow (M, P)	38	78:29	77
3. Hibernian Edinburgh	38	48:35	63
4. FC Aberdeen	38	36:38	56
5. FC St. Johnstone	38	36:46	45
6. FC Livingston	38	42:54	45
7. FC St. Mirren	38	37:45	45
8. FC Motherwell	38	39:55	45
9. Dundee United (N)	38	32:50	44
10. Ross County	38	35:66	39
11. FC Kilmarnock *	38	43:54	36
12. Hamilton Academical *	38	34:67	30

Nach einer Doppelrunde (33 Spiele) spielten die ersten sechs Mannschaften weiter um die Meisterschaft, die letzten sechs gegen den Abstieg.
Aufsteiger: Heart of Midlothian, FC Dundee
Pokal-Endspiel 2020: Celtic Glasgow – Heart of Midlothian n. V. 3:2
Pokal-Endspiel 2021: FC St. Johnstone – Hibernian Edinburgh 1:0

SCHWEIZ

1. Young Boys Bern (M, P)	36	74:29	84
2. FC Basel	36	60:53	53
3. Servette Genf	36	45:56	50
4. FC Lugano	36	40:42	49
5. FC Luzern	36	62:59	46
6. FC Lausanne-Sport (N)	36	52:55	46
7. FC St. Gallen	36	45:48	44
8. FC Zürich	36	53:57	43
9. FC Sion	36	48:58	38
10. FC Vaduz (N) *	36	36:58	36

Aufsteiger: Grasshopper Club Zürich
Pokal-Endspiel 2020: Young Boys Bern – FC Basel 2:1
Pokal-Endspiel 2021: FC Luzern – FC St. Gallen 3:1

SERBIEN

1. Roter Stern Belgrad (M)	38	114:20	108
2. Partizan Belgrad	38	95:20	95
3. Cukaricki Belgrad	38	69:34	74
4. Vojvodina Novi Sad (P)	38	62:41	71
5. TSC Backa Topola	38	68:50	58
6. Radnik Surdulica	38	55:49	55
7. Mladost Lucani	38	43:59	54
8. Proleter Novi Sad	38	40:47	53
9. M. Gornji Milanovac (N)	38	48:53	52
10. Spartak Subotica	38	54:53	52
11. Napredak Krusevac	38	44:51	50
12. FK Novi Pazar (N)	38	50:60	49
13. Radnicki Nis	38	37:39	49
14. FK Vozdovac Belgrad	38	49:59	48
15. FK Rad Belgrad *	38	44:57	48
16. Javor Ivanjica *	38	45:53	46
17. FK Indija *	38	29:66	35
18. Zlatibor Cajetina (N) *	38	28:64	29
19. Macva Sabac *	38	26:81	25
20. OFK Backa (N) *	38	24:68	16

Aufsteiger: Radnicki Kragujevac, Kolubara Lazarevac – Die Liga spielt 2021/22 mit 16 Klubs.
Pokal-Endspiel: Roter Stern Belgrad – Partizan Belgrad n. V. 0:0, Elfmeterschießen 4:3

SLOWAKEI

1. Slovan Bratislava (M, P)	32	78:28	71
2. DAC Dunajska Streda	32	66:38	65
3. Spartak Trnava	32	48:37	55
4. MSK Zilina	32	73:52	52
5. FC Zlaté Moravce	32	42:51	40
6. AS Trencin	32	42:61	32
7. SKF Sered	32	37:48	41
8. MFK Ruzomberok	32	41:44	39
9. Pohronie Ziar n. H.	32	38:38	38
10. Zemplin Michalovce	32	34:53	35
11. FK Senica	32	31:51	33
12. FC Nitra *	32	26:55	27

Nach einer Doppelrunde (22 Spiele) spielten die ersten sechs Mannschaften weiter um die Meisterschaft, die letzten sechs gegen den Abstieg. Im Anschluss an die Meisterschaft wurde in einer Play-off-Runde der dritte Teilnehmer an der Europa Conference League ermittelt.
MSK Zilina – SKF Sered 4:2
FC Zlaté Moravce – AS Trencin 2:0
MSK Zilina – FC Zlaté Moravce n. V. 3:2
Aufsteiger: Tatran Liptovsky Mikulas
Pokal-Endspiel: Slovan Bratislava – MSK Zilina n. V. 2:1

SLOWENIEN

1. Mura Murska Sobota (P)	36	50:26	63
2. NK Maribor	36	64:41	63

3. Olimpija Ljubljana	36	45:35	59
4. NK Domzale	36	52:41	55
5. Bravo Ljubljana	36	39:39	45
6. Tabor Sezana	36	40:44	44
7. NK Celje (M)	36	36:41	43
8. Aluminij Kidricevo	36	31:41	43
9. FC Koper (N)	36	41:56	42
10. ND Gorica (N) *	36	24:58	29

Aufsteiger: NK Radomlje

Pokal-Endspiel: Olimpija Ljubljana – NK Celje 2:1

SPANIEN

1. Atletico Madrid	38	67:25	86
2. Real Madrid (M)	38	67:28	84
3. FC Barcelona	38	85:38	79
4. FC Sevilla	38	53:33	77
5. R. Soc. San Sebastian (P)	38	59:38	62
6. Real Betis Sevilla	38	50:50	61
7. FC Villarreal	38	60:44	58
8. Celta Vigo	38	55:57	53
9. FC Granada	38	47:65	46
10. Athletic Bilbao	38	46:42	46
11. CA Osasuna	38	37:48	44
12. FC Cadiz (N)	38	36:58	44
13. FC Valencia	38	50:53	43
14. UD Levante	38	46:57	41
15. FC Getafe	38	28:43	38
16. Deportivo Alaves	38	36:57	38
17. FC Elche (N)	38	34:55	36
18. SD Huesca (N) *	38	34:53	34
19. Real Valladolid *	38	34:57	31
20. SD Eibar *	38	29:52	30

Aufsteiger: Espanyol Barcelona, RCD Mallorca, Rayo Vallecano

Pokal-Endspiel 2020: Real Soc. San Sebastian – Athletic Bilbao 1:0

Pokal-Endspiel 2021: FC Barcelona – Athletic Bilbao 4:0

TSCHECHIEN

1. Slavia Prag (M)	34	85:20	86
2. Sparta Prag (P)	34	82:43	74
3. FK Jablonec	34	59:33	69
4. 1. FC Slov. Uh. Hradiste	34	58:33	63
5. Viktoria Pilsen	34	60:45	58
6. Slovan Liberec	34	44:32	52
7. FK Pardubitz (N)	34	41:42	52
8. Banik Ostrau	34	48:38	49
9. Sigma Olmütz	34	40:40	45
10. Bohemians Prag	34	40:37	43
11. FK Mlada Boleslav	34	49:54	39
12. MFK Karvina	34	37:49	39
13. Dynamo Budweis	34	33:47	38
14. FC Zlin	34	30:50	32
15. FK Teplice	34	34:66	30
16. Zbrojovka Brünn (N) *	34	33:57	26
17. 1. FK Pribram *	34	26:65	25
18. Slezsky FC Opava *	34	23:71	17

Aufsteiger: FC Hradec Kralove – Die Liga spielt 2021/22 mit 16 Klubs.

Pokal-Endspiel: Slavia Prag – Viktoria Pilsen 1:0

TÜRKEI

1. Besiktas Istanbul	40	89:44	84
2. Galatasaray Istanbul	40	80:36	84
3. Fenerbahce Istanbul	40	72:41	82
4. Trabzonspor (P)	40	50:37	71
5. Sivasspor	40	54:43	65
6. Hatayspor Antakya (N)	40	62:53	61
7. Alanyaspor	40	58:45	60
8. Fatih Karagümrük (N)	40	64:52	60
9. Gaziantep FK	40	59:51	58
10. Göztepe Izmir	40	59:59	51
11. Konyaspor	40	49:48	50
12. Istanbul Basaksehir (M)	40	43:55	48
13. Rizespor	40	53:69	48
14. Kasimpasa Istanbul	40	47:57	46
15. Yeni Malatyaspor	40	49:53	45
16. Antalyaspor	40	41:55	44
17. Kayserispor	40	35:52	41
18. BB Erzurumspor (N) *	40	44:68	40
19. MKE Ankaragücü *	40	46:65	38
20. Genclerbirligi Ankara *	40	44:76	38
21. Denizlispor *	40	38:77	28

Aufsteiger: Adana Demirspor, Giresunspor, Altay Izmir – Die Liga spielt 2021/22 mit 20 Klubs.

Pokal-Endspiel: Besiktas Istanbul – Antalyaspor 2:0

UKRAINE

1. Dynamo Kiew (P)	26	59:15	65
2. Schachtar Donezk (M)	26	54:19	54
3. Sorja Luhansk	26	44:22	50
4. Kolos Kowaliwka	26	36:26	41
5. Worskla Poltawa	26	37:30	41
6. Desna Tschernihiw	26	38:32	38
7. SC Dnipro-1	26	36:38	30
8. PFK Oleksandrija	26	33:37	29
9. FK Lwiw	26	25:51	29
10. Ruch Lwiw (N)	26	27:39	28
11. FC Mariupol	26	27:41	26
12. Inhulets Petrowe (N)	26	24:39	26
13. Olimpik Donezk *	26	28:48	22
14. FC Minaj (N)	26	16:47	18

Aufsteiger: Weres Riwne, Tschornomorez Odessa, Metalist 1925 Charkiw – Die Liga spielt 2021/22 mit 16 Klubs – Olimpik Donezk zog sich aus finanziellen Gründen aus der Premier Liga zurück.

Pokal-Endspiel: Dynamo Kiew – Sorja Luhansk n. V. 1:0

UNGARN

1. Ferencvaros Budapest (M)	33	69:22	78
2. Puskas Akademia	33	52:42	58
3. Fehervar FC	33	68:38	56
4. Paksi SE	33	76:64	50
5. Varda SE Kisvarda	33	30:36	46
6. Ujpest Budapest	33	46:67	42
7. MTK Budapest (N)	33	44:49	42
8. Mezökövesd-Zsory SE	33	40:46	42
9. Zalaegerszegi TE	33	58:58	37
10. Honved Budapest (P)	33	46:48	37

11. Diosgyöri VTK *	33	34:53	33
12. Budafoki MTE (N) *	33	34:74	27

Aufsteiger: Debreceni VSC, Gyirmot FC Györ
Pokal-Endspiel: Ujpest Budapest – Fehervar FC n. V. 1:0

WALES

1. Connah's Quay Nomads (M)	32	70:20	79
2. The New Saints	32	84:17	77
3. Bala Town	32	67:42	60
4. FC Penybont	32	42:40	46
5. Barry Town United	32	42:53	43
6. Caernarfon Town	32	43:67	37
7. AFC Newtown	32	57:53	42
8. Cardiff Metropolitan Univ.	32	47:46	40
9. Haverfordwest County (N)	32	38:56	37
10. Aberystwyth Town	32	47:53	33
11. Flint Town United (N)	32	38:58	32
12. Cefn Druids	32	25:95	16

2020 gab es weder Meister noch Pokalsieger. – Nach einer Doppelrunde (22 Spiele) spielten die ersten sechs Mannschaften weiter um die Meisterschaft, die letzten sechs gegen den Abstieg. Im Anschluss an die Meisterschaft spielten die Klubs auf den Plätzen 4 bis 6 mit dem Sieger der Abstiegsrunde um einen Platz in der Europa Conference League.
Barry Town United – Caernarfon Town 1:3
FC Penybont – AFC Newtown 0:1
Caernarfon Town – AFC Newtown 3:5

Aufsteiger: keine – Die Ligen unterhalb der obersten Spielklasse wurden abgebrochen.
Pokal-Endspiel: Der Wettbewerb wurde abgebrochen.

ZYPERN

1. Omonia Nikosia	36	55:17	79
2. Apollon Limassol	36	68:30	74
3. AEL Limassol	36	58:34	68
4. Anorthosis Famagusta	36	44:37	57
5. AEK Larnaka	36	44:40	50
6. Olympiakos Nikosia	36	38:51	47
7. Pafos FC	40	58:38	63
8. APOEL Nikosia	40	48:39	60
9. Ethnikos Achnas	40	48:56	52
10. Doxa Katokopias	40	46:43	51
11. Nea Salamina Famagusta *	40	48:61	43
12. Ermis Aradippou (N) *	40	40:61	38
13. EN Paralimni *	40	35:61	34
14. Karmiotissa FC (N) *	40	36:98	24

2020 gab es weder Meister noch Pokalsieger. – Nach einer Doppelrunde (26 Spiele) spielten die ersten sechs Mannschaften weiter um die Meisterschaft, die letzten acht gegen den Abstieg.
Aufsteiger: PAEEK Kyrenia, Aris Limassol – Die Liga spielt 2021/22 mit 12 Klubs.
Pokal-Endspiel: Anorthosis Famagusta – Olympiakos Nikosia n. V. 2:1

ABSCHLUSSTABELLEN 2020 UND POKALSIEGER DER LÄNDER, DIE IM KALENDERJAHR SPIELEN

BELARUS

1. Schachzjor Salihorsk (P)	30	57:21	59
2. BATE Baryssau	30	65:32	58
3. Torpedo Schodsina	30	55:37	56
4. Dinamo Brest (M)	30	63:40	54
5. Njoman Hrodna	30	41:29	53
6. Dinamo Minsk	30	38:25	52
7. Islach Minsk	30	47:46	45
8. Ruch Brest (N)	30	57:38	44
9. Slawija Masyr	30	41:49	39
10. Energetik-BGU Minsk	30	43:46	38
11. FK Minsk	30	45:57	38
12. FK Wizebsk	30	30:38	36
13. FK Gorodeya *	30	30:48	31
14. FK Sluzk	29	31:55	27
15. Belschyna Babrujsk (N) *	30	34:71	21
16. FC Smolevichi STI (N) *	29	27:72	14

Das Spiel FK Sluzk– FC Smolevichi STI vom 30. Spieltag wurde nicht mehr ausgetragen. – Der FK Gorodeya löste sich im Frühjahr 2021 auf.
Aufsteiger: Sputnik Retschyza, FK Homel, FK Smorgon
Pokal-Endspiel 2021: BATE Baryssau – Islach Minsk 2:1

ESTLAND

1. Flora Tallinn (M)	29	76:17	80
2. Paide Linnameeskond	30	80:43	64
3. FCI Levadia Tallinn	29	66:37	57
4. Nomme Kalju	30	52:31	49
5. Tartu Tammeka	28	33:44	32
6. Viljandi Tulevik	28	30:46	31
7. Tallinna JK Legion (N)	30	26:44	31
8. Narva Trans (P)	30	31:49	25
9. FC Kuressaare	30	28:63	24
10. Tallinna Kalev *	30	20:68	20

Nach einer Dreifachrunde (27 Spiele) bestritten die Teams auf den Plätzen 1 – 4, 5 und 6 sowie 7 – 10 eine einfache Platzierungsrunde. Das Spiel FCI Levadia – Flora Tallinn wurde nicht mehr ausgetragen.
Aufsteiger: Pärnu Vaprus
Pokal-Endspiel 2021: FCI Levadia Tallinn – Flora Tallinn 1:0

FÄRÖER

1. HB Torshavn (P)	27	81:23	69
2. NSI Runavik	27	58:26	63
3. KI Klaksvik (M)	27	72:25	62
4. B36 Torshavn	27	77:37	59
5. Vikingur Göta	27	55:44	47
6. IF Fuglafjördur	27	34:59	26
7. EB/Streymur	27	26:65	24
8. TB Tvöroyri	27	20:42	18

9. AB Argir *	27	21:73	10
10. Skala IF *	27	22:72	7

Aufsteiger: 07 Vestur Sörvagur, B68 Toftir

Pokal-Endspiel 2020: HB Torshavn – Vikingur Göta 2:0

FINNLAND

1. HJK Helsinki	22	53:17	48
2. Inter Turku	22	36:17	41
3. Kuopion PS (M)	22	39:26	41
4. Honka Espoo	22	26:17	37
5. Tampereen Ilves (P)	22	37:29	36
6. FC Lahti	22	33:30	32
7. SJK Seinäjoki	22	27:29	29
8. HIFK Helsinki	22	29:33	28
9. IFK Mariehamn	22	29:43	23
10. Valkeakosken Haka (N)	22	25:41	22
11. TPS Turku (N) *	22	23:39	21
12. Rovaniemen PS *	22	15:51	5

Aufsteiger: AC Oulu, Kotkan TP

Pokal-Endspiel 2020: HJK Helsinki – Inter Turku 2:0

Pokal-Endspiel 2021: Kuopion PS – HJK Helsinki n. V. 0:0, Elfmeterschießen 5:4

GEORGIEN

1. Dinamo Tiflis (M)	18	33:9	40
2. Dinamo Batumi	18	29:14	36
3. Dila Gori	18	29:17	30
4. Lokomotivi Tiflis	18	30:23	29
5. Saburtalo Tiflis (P)	18	28:21	27
6. FC Telawi (N)	18	21:14	24
7. FK Samtredia (N)	18	14:23	19
8. Torpedo Kutaisi	18	17:30	17
9. Tschichura Satschchere *	18	18:40	13
10. Merani Tiflis (N) *	18	6:34	6

Aufsteiger: Schukura Kobuleti, Samgurali Zchaltubo

Pokal-Endspiel 2020: FK Gagra – Samgurali Zchaltubo n. V. 0:0, Elfmeterschießen 5:3

IRLAND

1. Shamrock Rovers (P)	18	44:7	48
2. Bohemians Dublin	18	23:12	37
3. FC Dundalk (M)	18	25:23	26
4. Sligo Rovers	18	19:23	25
5. FC Waterford	18	17:22	24
6. St. Patrick's Athletic	18	14:17	21
7. Derry City	18	18:18	20
8. Finn Harps	18	15:24	20
9. FC Shelbourne (N) *	18	13:22	19
10. Cork City *	18	10:30	11

Aufsteiger: Drogheda United, Longford Town

Pokal-Endspiel 2020: FC Dundalk – Shamrock Rovers n. V. 4:2

ISLAND

1. Valur Reykjavik	18	50:17	44
2. FH Hafnarfjördur	18	37:23	36
3. Stjarnan Gardabaer	17	27:20	31
4. Breidablik Kopavogur	18	37:27	31
5. KR Reykjavik (M)	17	30:21	28
6. Fylkir Reykjavik	18	27:30	28
7. KA Akureyri	18	20:21	21
8. IA Akranes	18	39:43	21
9. HK Kopavogur	18	29:36	20
10. Vikingur Reykjavik (P)	18	25:30	17
11. Grotta Seltjarnarnes (N) *	18	15:43	8
12. Fjölnir Reykjavik (N) *	18	15:40	6

Die Meisterschaft wurde abgebrochen und nach Quotientenregelung gewertet.

Aufsteiger: IF Keflavik, Leiknir Reykjavik

Pokal-Endspiel 2020: Der Wettbewerb wurde abgebrochen.

KASACHSTAN

1. Qairat Almaty	20	48:19	45
2. Tobol Qostanai	20	26:16	38
3. FC Astana (M)	20	32:21	36
4. Schachter Qaraghandy	20	29:22	32
5. Ordabassy Schymkent	20	27:26	31
6. Schetissu Taldyqorghan	20	27:28	28
7. Qaisar Qysylorda (P)	20	20:23	24
8. FK Taras	20	19:23	23
9. Qysylschar Petropawl (N)	20	15:24	23
10. Kaspij Aqtau (N)	20	15:34	17
11. Oqschetpes Kökschetau *	20	16:38	11
12. Irtysch Pawlodar *	zurückgezogen		

Aufsteiger: FK Aqtöbe, Turan Turkistan, FK Atyrau, Aqschajyq Oral – Die Liga spielt 2021 mit 14 Klubs.

Pokal-Endspiel: 2020 wurde kein Pokal ausgespielt.

LETTLAND

1. Riga FC (M)	27	60:21	69
2. Rigas Futbola Skola (P)	27	66:21	66
3. FK Valmiera	27	47:33	47
4. FK Ventspils	27	40:25	44
5. FK Liepaja	27	57:34	42
6. Spartaks Jurmala	27	53:44	40
7. FK Jelgava *	27	19:64	22
8. BFC Daugavpils	27	30:48	20
9. FS Metta-LU Riga	27	22:55	16
10. FK Tukums 2000 (N) *	27	21:70	14

Aufsteiger: Noah Jurmala – Der FK Jelgava erhielt keine Lizenz. Die Liga startete 2021 mit 9 Klubs. Im Juni 2021 zog sich der FK Ventspils aus finanziellen Gründen aus der Liga zurück.

Pokal-Endspiel 2020: FK Liepaja – FK Ventspils n. V. 1:0

LITAUEN

1. Zalgiris Vilnius	20	42:14	45
2. Suduva Marijampole (M, P)	20	32:18	43
3. Kauno Zalgiris	20	30:18	38
4. Banga Gargzdai (N)	20	16:30	16
5. FK Panevezys	20	19:38	12
6. FK Riteriai	20	17:38	12

Aufsteiger: Nevezis Kedainiai, Hegelmann Litauen Kaunas, Dziugas Telsiai, Dainava Alytus – Die Liga spielt 2021 mit 10 Klubs.

Pokal-Endspiel 2020: FK Panevezys – Suduva Marijampole n. V. 1:1, Elfmeterschießen 5:4

NORWEGEN

1.	FK Bodö/Glimt	30	103:32	81
2.	Molde FK (M)	30	77:36	62
3.	Valerenga Oslo	30	51:33	55
4.	Rosenborg Trondheim	30	50:35	52
5.	Kristiansund BK	30	57:45	48
6.	Viking Stavanger (P)	30	54:52	44
7.	Odds BK Skien	30	52:51	43
8.	Stabaek IF	30	41:45	39
9.	FK Haugesund	30	39:51	39
10.	Brann Bergen	30	40:49	36
11.	Sandefjord Fotball (N)	30	31:43	35
12.	Sarpsborg 08 FF	30	33:43	32
13.	Strömsgodset Drammen	30	41:57	31
14.	Mjöndalen IF	30	26:45	27
15.	Start Kristiansand (N) *	30	33:56	27
16.	Aalesunds FK (N) *	30	30:85	11

Aufsteiger: Tromsö IL, Lilleström SK

Pokal-Endspiel: 2020 wurde kein Pokal ausgespielt. Der nächste Pokalsieger wird 2021/22 ermittelt.

SCHWEDEN

1.	Malmö FF	30	64:30	60
2.	IF Elfsborg Boras	30	49:38	51
3.	BK Häcken Göteborg	30	45:29	49
4.	Djurgardens IF (M)	30	48:33	48
5.	Mjällby AIF (N)	30	48:44	47
6.	IFK Norrköping	30	60:46	46
7.	Örebro SK	30	37:41	42
8.	Hammarby IF	30	47:47	41
9.	AIK Solna	30	30:33	39
10.	Sirius Uppsala	30	43:51	38
11.	Varbergs BoIS (N)	30	45:44	37
12.	IFK Göteborg (P)	30	35:41	34
13.	Östersunds FK	30	27:46	33
14.	Kalmar FF	30	30:49	28
15.	Helsingborgs IF *	30	33:48	26
16.	Falkenbergs FF *	30	33:54	24

Aufsteiger: Halmstads BK, Degerfors IF

Pokal-Endspiel 2021: Hammarby IF – BK Häcken Göteborg n. V. 0:0, Elfmeterschießen 5:4

Weltfußballer des Jahres

1982 Paolo Rossi (Italien/Juventus Turin) – 1983 Zico (Brasilien/Udinese Calcio) – 1984, 1985 Michel Platini (Frankreich/Juventus Turin) – 1986 Diego Maradona (Argentinien/SSC Neapel) – 1987 Ruud Gullit (Niederlande/AC Mailand) – 1988 Marco van Basten (Niederlande/AC Mailand) – 1989 Ruud Gullit (Niederlande/AC Mailand) – 1990 Lothar Matthäus (Deutschland/Inter Mailand) – seit 1991 eine offizielle FIFA-Auszeichnung: 1991 Lothar Matthäus (Deutschland/Inter Mailand) – 1992 Marco van Basten (Niederlande/AC Mailand) – 1993 Roberto Baggio (Italien/Juventus Turin) – 1994 Romario (Brasilien/FC Barcelona) – 1995 George Weah (Liberia/AC Mailand) – 1996 Ronaldo (Brasilien/PSV Eindhoven & FC Barcelona) – 1997 Ronaldo (Brasilien/FC Barcelona & Inter Mailand) – 1998 Zinedine Zidane (Frankreich/Juventus Turin) – 1999 Rivaldo (Brasilien/FC Barcelona) – 2000 Zinedine Zidane (Frankreich/Juventus Turin) – 2001 Luis Figo (Portugal/Real Madrid) – 2002 Ronaldo (Brasilien/Inter Mailand & Real Madrid) – 2003 Zinedine Zidane (Frankreich/Real Madrid) – 2004, 2005 Ronaldinho (Brasilien/FC Barcelona) – 2006 Fabio Cannavaro (Italien/Juventus Turin & Real Madrid) – 2007 Kaka (Brasilien/AC Mailand) – 2008 Cristiano Ronaldo (Portugal/Manchester United) – 2009 Lionel Messi (Argentinien/FC Barcelona) seit 2010 „FIFA Ballon d'Or": 2010, 2011, 2012 Lionel Messi (Argentinien/FC Barcelona) – 2013, 2014 Cristiano Ronaldo (Portugal/Real Madrid) – 2015 Lionel Messi (Argentinien/FC Barcelona) – 2016, 2017 Cristiano Ronaldo (Portugal/Real Madrid) – 2018 Luka Modric (Kroatien/Real Madrid) – 2019 Lionel Messi (Argentinien/FC Barcelona) – 2020 Robert Lewandowski (Polen/Bayern München).

Europas Fußballer des Jahres

1956 Stanley Matthews (England/FC Blackpool) – 1957 Alfredo Di Stefano (Spanien/Real Madrid) – 1958 Raymond Kopa (Frankreich/Real Madrid) – 1959 Alfredo Di Stefano (Spanien/Real Madrid) – 1960 Luis Suarez (Spanien/FC Barcelona) – 1961 Omar Sivori (Italien/Juventus Turin) – 1962 Josef Masopust (Tschechoslowakei/Dukla Prag) – 1963 Lew Jaschin (UdSSR/Dynamo Moskau) – 1964 Denis Law (Schottland/Manchester United) – 1965 Eusebio (Portugal/Benfica Lissabon) – 1966 Bobby Charlton (England/Manchester United) – 1967 Florian Albert (Ungarn/Ferencvaros Budapest) – 1968 George Best (Nordirland/Manchester United) – 1969 Gianni Rivera (Italien/AC Mailand) – 1970 Gerd Müller (Deutschland/Bayern München) – 1971 Johan Cruyff (Niederlande/Ajax Amsterdam) – 1972 Franz Beckenbauer (Deutschland/Bayern München) – 1973, 1974 Johan Cruyff (Niederlande/FC Barcelona) – 1975 Oleg Blochin (UdSSR/Dynamo Kiew) – 1976 Franz Beckenbauer (Deutschland/Bayern München) – 1977 Allan Simonsen (Dänemark/Borussia Mönchengladbach) – 1978, 1979 Kevin Keegan (England/Hamburger SV) – 1980, 1981 Karl-Heinz Rummenigge (Deutschland/Bayern München) – 1982 Paolo Rossi (Italien/Juventus Turin) – 1983, 1984, 1985 Michel Platini (Frankreich/Juventus Turin) – 1986 Igor Belanow (UdSSR/Dynamo Kiew) – 1987 Ruud Gullit (Niederlande/AC Mailand) – 1988, 1989 Marco van Basten (Niederlande/AC Mailand) – 1990 Lothar Matthäus (Deutschland/Inter Mailand) – 1991 Jean-Pierre Papin (Frankreich/Olympique Marseille) – 1992 Marco van Basten (Niederlande/AC Mailand) – 1993 Roberto Baggio (Italien/Juventus Turin) – 1994 Hristo Stoichkov (Bulgarien/FC Barcelona)

– 1995 George Weah (Liberia/AC Mailand) – 1996 Matthias Sammer (Deutschland/Borussia Dortmund) – 1997 Ronaldo (Brasilien/FC Barcelona & Inter Mailand) – 1998 Zinedine Zidane (Frankreich/Juventus Turin) – 1999 Rivaldo (Brasilien/FC Barcelona) – 2000 Luis Figo (Portugal/Real Madrid) – 2001 Michael Owen (England/FC Liverpool) – 2002 Ronaldo (Brasilien/Inter Mailand & Real Madrid) – 2003 Pavel Nedved (Tschechien/Juventus Turin) – 2004 Andriy Shevchenko (Ukraine/AC Mailand) – 2005 Ronaldinho (Brasilien/FC Barcelona) – 2006 Fabio Cannavaro (Italien/Juventus Turin & Real Madrid) – 2007 Kaka (Brasilien/AC Mailand) – 2008 Cristiano Ronaldo (Portugal/Manchester United) – 2009 Lionel Messi (Argentinien/FC Barcelona) – 2009 Lionel Messi (Argentinien/FC Barcelona) – seit 2010 sind die Auszeichnungen „Europas Fußballer des Jahres" und „Weltfußballer des Jahres" zusammengelegt im „FIFA Ballon d'Or". Seit 2011 vergibt die UEFA aber in Zusammenarbeit mit European Sports Media (ESM) aber den „UEFA Best Player in Europe Award": 2011 Lionel Messi (Argentinien/FC Barcelona) – 2012 Andres Iniesta (Spanien/FC Barcelona) – 2013 Franck Ribery (Frankreich/Bayern München) – 2014 Cristiano Ronaldo (Portugal/Real Madrid) – 2015 Lionel Messi (Argentinien/FC Barcelona) – 2016, 2017 Cristiano Ronaldo (Portugal/Real Madrid) – 2018 Luka Modric (Kroatien/Real Madrid) – 2019 Virgil van Dijk (Niederlande/FC Liverpool)– 2020 Robert Lewandowski (Polen/Bayern München).

Europas Torjäger des Jahres („Goldener Schuh")

1968 Eusebio (Benfica Lissabon) 42 – 1969 Petar Jekov (ZSKA Sofia) 36 – 1970 Gerd Müller (Bayern München) 38 – 1971 Josip Skoblar (Olympique Marseille) 44 – 1972 Gerd Müller (Bayern München) 40 – 1973 Eusebio (Benfica Lissabon) 40 – 1974 Hector Yazalde (Sporting Lissabon) 46 – 1975 Dudu Georgescu (Dinamo Bukarest) 33 – 1976 Sotiris Kaiafas (Omonia Nicosia) 39 – 1977 Dudu Georgescu (Dinamo Bukarest) 47 – 1978 Hans Krankl (Rapid Wien) 41 – 1979 Kees Kist (AZ '67 Alkmaar) 34 – 1980 Erwin Vandenbergh (Lierse SK) 39 – 1981 Georgi Slavkov (Trakia Plovdiv) 31 – 1982 Wim Kieft (Ajax Amsterdam) 32 – 1983 Fernando Gomez (FC Porto) 36 – 1984 Ian Rush (FC Liverpool) 32 – 1985 Fernando Gomez (FC Porto) 39 – 1986 Marco van Basten (Ajax Amsterdam) 37 – 1987 Rodion Camataru (Dinamo Bukarest) 44 – 1988 Tanju Colak (Galatasaray Istanbul) 39 – 1989 Dorin Mateut (Dinamo Bukarest) 43 – 1990 Hugo Sanchez (Real Madrid) und Hristo Stoichkov (ZSKA Sofia) je 38 – von 1991 bis 1996 wurde kein „Goldener Schuh" verliehen. Die besten Torjäger Europas waren: 1991 Darko Pancev (Roter Stern Belgrad) 34 – 1992* Ally McCoist (Glasgow Rangers) 34 – 1993 Ally McCoist (Glasgow Rangers) 34 – 1994 David Taylor (FC Porthmadog) 43 – 1995 Arsen Avetisyan (Homenmen Erewan) 39 – 1996 Zviad Endeladze (Margveti Zestafoni) 40 – seit 1997 verleiht der Verbund „European Sports Magazines" (ESM) wieder den „Goldenen Schuh", jedoch in einer modifizierten Form, nach der die Stärke einer Liga der UEFA-Fünfjahreswertung angepasst ist (der tatsächlich beste Torschütze Europas ist in *kursiver Schrift* hinzugefügt: 1997 Ronaldo (FC Barcelona) 34 Tore (68 Punkte); *Tony Bird (Barry Town)* 42 – 1998 Nikos Mahlas (Vitesse Arnheim) 34 (68); *Rainer Rauffmann (Omonia (Nicosia)* 42 – 1999 *Mario Jardel* (FC Porto) 36 (72) – 2000 Kevin Phillips (FC Sunderland) 30 (60); *Mario Jardel (FC Porto)* 38 – 2001 *Henrik Larsson* (Celtic Glasgow) 35 (52,5) – 2002 Mario Jardel (Sporting Lissabon) 42 (63); *Marc Lloyd Williams (Bangor City)* 47 – 2003 Roy Makaay (Deportivo La Coruna) 29 (58); *Andrei Krölov (Tallinna VMK)* 37 – 2004 Thierry Henry (FC Arsenal) 30 (60); *Ara Hakobian (Banants Erewan)* 45 – 2005 Thierry Henry (FC Arsenal) und Diego Forlan (FC Villarreal) je 25 (50); *Marc Lloyd Williams (TNS Llansantffraid)* 34 – 2006 Luca Toni (AC Florenz) 31 (62); *Tarmo Neemelo (Tallinna VMK) 41* – 2007 Francesco Totti (AS Rom) 26 (52); *Afonso Alves (SC Heerenveen) und Eduardo da Silva (Dinamo Zagreb) je 34* – 2008 Cristiano Ronaldo (Manchester United) 31 (62); *Rhys Griffiths (Llanelli AFC) 40.* – 2009 Diego Forlan (Atletico Madrid) 32 (64); *Marc Janko (RB Salzburg) 39* – 2010 Lionel Messi (FC Barcelona) 34 (64); *Luis Suarez (Ajax Amsterdam) 35* – 2011 *Cristiano Ronaldo* (Real Madrid) 40 (80) – 2012 *Lionel Messi* (FC Barcelona) 50 (100) – 2013 *Lionel Messi* (FC Barcelona) 46 (92) – 2014 *Cristiano Ronaldo (Real Madrid)* und *Luis Suarez (FC Liverpool)* je 62 (31); 31 Tore erzielte auch *Jonathan Soriano (RB Salzburg)* – 2014 Cristiano Ronaldo (Real Madrid) und Luis Suarez (FC Liverpool) je 31 (62); 31 Tore erzielte auch *Jonathan Soriano (RB Salzburg)* – 2015 Cristiano Ronaldo (Real Madrid) 48 (96) – 2016 Luis Suarez (FC Barcelona) 40 (80) – 2017 Lionel Messi (FC Barcelona) 37 (74) – 2018 Lionel Messi (FC Barcelona) 34 (68); 34 Tore erzielte auch *Jonas (Benfica Lissabon)* – 2019 Lionel Messi (FC Barcelona) 36 (72) – 2020 Ciro Immobile (Lazio Rom) 36 (72) – 2021 Robert Lewandowski (Bayern München) 41 (82).

* 1991 erzielte Otar Korgalidze (Guria Lanchkhuti) 40 Tore, 1992 Merab Megreladze (Samgurali Tshkaltubo) 41 Tore, doch werden beide Leistungen in dieser inoffiziellen Rangliste generell nicht anerkannt.

Welttrainer des Jahres

2010 José Mourinho (Portugal/Inter Mailand und Real Madrid) – 2011 Pep Guardiola (Spanien/FC Barcelona) – 2012 Vicente Del Bosque (Spanien/Nationalmannschaft) – 2013 Jupp Heynckes (Deutschland/Bayern München) – 2014 Joachim Löw (Deutschland/Nationalmannschaft) – 2015 Luis Enrique (Spanien/FC Barcelona) – 2016 Claudio Ranieri (Italien/Leicester City) – 2017 Zinedine Zidane (Frankreich/Real Madrid) – 2018 Didier Deschamps (Frankreich/Nationalmannschaft) – 2019, 2020 Jürgen Klopp (Deutschland/FC Liverpool).

Die Kontinentalmeisterschaften

Südamerika

Copa America bis 1992 nur für südamerikanische Mannschaften. Seitdem nahmen auch Vertreter aus andere Konföderationen teil.
1916, 1917 Uruguay – 1919 Brasilien – 1920 Uruguay – 1921 Argentinien – 1922 Brasilien – 1923, 1924 Uruguay – 1925 Argentinien – 1926 Uruguay – 1927, 1929 Argentinien – 1935 Uruguay – 1937 Argentinien – 1939 Peru – 1941 Argentinien – 1942 Uruguay – 1945, 1946, 1947 Argentinien – 1949 Brasilien – 1953 Paraguay – 1955 Argentinien – 1956 Uruguay – 1957, 1959 Argentinien (1959 zweite Austragung Uruguay) – 1963 Bolivien – 1967 Uruguay – 1975 Peru – 1979 Paraguay – 1983, 1987 Uruguay – 1989 Brasilien – 1991, 1993 Argentinien – 1995 Uruguay – 1997, 1999 Braslien – 2001 Kolumbien – 2004, 2007 Brasilien – 2011 Uruguay – 2015, 2016 Chile – 2019 Brasilien – 2021 Argentinien.

Mittelamerika

CCCF-Meisterschaft: 1941 Costa Rica – 1943 El Salvador – 1946, 1948 Costa Rica – 1951 Panama – 1953, 1955 Costa Rica – 1957 Haiti – 1960, 1961 Costa Rica.

Nordamerika

NAFC-Meisterschaft: 1947, 1949 Mexiko – 1990 Kanada – 1991 Mexiko.

Nord-/Mittelamerika

CONCACAF-Meisterschaft: 1963 Costa Rica – 1965 Mexiko – 1967 Guatemala – 1969 Costa Rica – 1971 Mexiko – Von 1973 bis 1989 fand die CONCACAF-Meisterschaft im Rahmen der WM-Qualifikation statt: 1973 Haiti – 1977 Mexiko – 1981 Honduras – 1985 Kanada – 1989 Costa Rica – seit 1991 CONCACAF Gold Cup: 1991 USA – 1993, 1996, 1998 Mexiko – 2000 Kanada – 2002 USA – 2003 Mexiko – 2005, 2007 USA – 2009, 2011 Mexiko – 2013 USA – 2015 Mexiko – 2017 USA – 2019 Mexiko – 2021 USA.

Afrika

1957, 1959 Ägypten – 1962 Äthiopien – 1963, 1965 Ghana – 1968 Kongo-Kinshasa – 1970 Sudan – 1972 Kongo-Brazzaville – 1974 Zaire – 1976 Marokko – 1978 Ghana – 1980 Nigeria – 1982 Ghana – 1984 Kamerun – 1986 Ägypten – 1988 Kamerun – 1990 Algerien – 1992 Elfenbeinküste – 1994 Nigeria – 1996 Südafrika – 1998 Ägypten – 2000, 2002 Kamerun – 2004 Tunesien – 2006, 2008, 2010 Ägypten – 2012 Sambia – 2013 Nigeria – 2015 Elfenbeinküste – 2017 Kamerun – 2019 Algerien – 2021 auf 2022 verschoben.

Asien

1956, 1960 Südkorea – 1964 Israel – 1968, 1972, 1976 Iran – 1980 Kuwait – 1984, 1988 Saudi-Arabien – 1992 Japan – 1996 Saudi-Arabien – 2000, 2004 Japan – 2007 Irak – 2011 Japan – 2015 Australien – 2019 Katar.

Ozeanien

1973 Neuseeland – 1980, 1996 Australien – 1998 Neuseeland – 2000 Australien – 2002 Neuseeland – 2004 Australien – 2008 Neuseeland – 2012 Tahiti – 2016 Neuseeland – 2020 abgesagt.

Weitere bedeutende regionale Turniere

Arab Cup: 1963 Tunesien – 1964, 1966, 1985, 1988 Irak – 1992 Ägypten Olympiaauswahl – 1998, 2002 Saudi-Arabien – 2009 nicht beendet – 2012 Marokko – ab 2021 FIFA Arab Cup

Golf Cup: 1970, 1972, 1974, 1976 Kuwait – 1979 Irak – 1982 Kuwait – 1984 Irak – 1986 Kuwait – 1988 Irak – 1990 Kuwait – 1992 Katar – 1994 Saudi-Arabien – 1996, 1998 Kuwait – 2000 nicht ausgetragen – 2002, 2004 Saudi-Arabien (2. Turnier 2004: Katar) – 2007 Vereinigte Arabische Emirate – 2009 Oman – 2010 Kuwait – 2013 Vereinigte Arabische Emirate – 2014 Katar – 2018 Oman – 2019 Bahrain.

Westasien-Meisterschaft: 2000 Iran – 2002 Irak – 2004, 2007, 2008 Iran – 2010 Kuwait – 2012 Syrien – 2014 Katar – 2019 Bahrain.

Südasien-Meisterschaft: 1993 Indien – 1995 Sri Lanka – 1997, 1999 Indien – 2003 Bangladesch – 2005 Indien – 2008 Malediven – 2009, 2011 Indien – 2013 Afghanistan – 2015 Indien – 2018 Malediven.

Südostasien-Meisterschaft (bis 2004 Tiger Cup): 1996 Thailand – 1998 Singapur – 2000, 2002 Thailand – 2004, 2007 Singapur – 2008 Vietnam – 2010 Malaysia – 2012 Singapur – 2014, 2016 Thailand – 2018 Vietnam – 2020 auf 2021 verschoben.

Ostasien-Meisterschaft: 2003 Südkorea – 2005 China – 2008 Südkorea – 2010 China – 2013 Japan – 2015, 2017, 2019 Südkorea.

AFC Challenge Cup: 2006 Tadschikistan – 2008 Indien – 2010, 2012 Nordkorea – 2014 Palästina – seitdem nicht mehr ausgetragen.

Copa Amilcar Cabral: 1979, 1980 Senegal – 1981, 1982 Guinea – 1983, 1984, 1985, 1986 Senegal – 1987, 1988 Guinea – 1989 Mali – 1990 nicht ausgetragen – 1991 Senegal – 1993, 1995 Sierra Leone – 1997 Mali – 2000 Kap Verde – 2001 Senegal – 2003 nicht ausgetragen – 2005 Guinea – 2007 Mali B – seitdem nicht mehr ausgetragen.

Westafrika-Meisterschaft: (bis 1987 CSSA Nations Cup) 1982, 1983, 1984, 1986 Ghana, 1987 Liberia – 1988 bis 2000 nicht ausgetragen – 2001 abgebrochen – 2005 (WAFU West African Unity Cup) Mali – (2007 bis 2009 Tournoi de l'UEMOA) 2007, 2008 Elfenbeinküste, 2009 Senegal – (seit 2010 WAFU Cup of Nations) 2010 Nigeria – 2011 Togo – 2013, 2017 Ghana – 2019 Senegal.

Ost- und Zentralafrika-Meisterschaft: (bis 1966 Gossage Cup) 1926 Kenia – 1927 nicht ausgetragen – 1928, 1929, 1930 Uganda – 1931 Kenia – 1932 Uganda – 1933, 1934 nicht ausgetragen – 1935, 1936, 1937, 1938, 1939, 1940 Uganda – 1941, 1942 Kenia – 1943 Uganda – 1944 Kenia – 1945 Uganda – 1946 Kenia – 1947, 1948 Uganda – 1949 Tanganjika – 1950 nicht ausgetragen – 1951 Tanganjika – 1952 Uganda – 1953 Kenia – 1954, 1955, 1956, 1957 Uganda – 1958, 1959, 1960, 1961 Kenia – 1962, 1963 Uganda – 1964, 1965 Tansania – 1966 Kenia – (1967 bis 1971 Challenge Cup) 1967 Kenia – 1968, 1969, 1970 Uganda – 1971 Kenia – (seit 1973 CECAFA Cup) 1973 Uganda – 1974 Tansania – 1975 Kenia – 1976, 1977 Uganda – 1978, 1979 Malawi – 1980 Sudan – 1981, 1982, 1983 Kenia – 1984 Sambia – 1985 Simbabwe – 1986 nicht ausgetragen – 1987 Äthiopien – 1988 Malawi – 1989, 1990 Uganda – 1991 Sambia – 1992 Uganda – 1993 nicht ausgetragen – 1994 Tansania – 1995 Sansibar – 1996 Uganda – 1997, 1998 nicht ausgetragen – 1999 Ruanda B – 2000 Uganda – 2001 Äthiopien – 2002 Kenia – 2003 Uganda – 2004, 2005 Äthiopien – 2006 Sudan (als Zweitplatzierter, da Sieger Sambia nur Gastteam war) – 2007 Sudan – 2008, 2009 Uganda – 2010 Tansania – 2011, 2012 Uganda – 2013 Kenia – 2014 nicht ausgetragen – 2015 Uganda – 2016 nicht ausgetragen – 2017 Kenia – 2018 nicht ausgetragen – 2019 Uganda – 2021 Tansania.

Zentralafrika-Meisterschaft: (bis 1990 Coupe UDEAC) 1984 Kamerun – 1985 Gabun – 1986, 1987 Kamerun – 1988 Gabun – 1989 Kamerun – 1990 Kongo – (seit 2003 Coupe CEMAC) 2003, 2005 Kamerun Am. – 2006 Äquatorial-Guinea – 2007 Kongo – 2008 Kamerun Am. – 2009 Zentralafrikanische Republik – 2010 Kongo – 2013 Gabun – 2014 Tschad – seitdem nicht mehr ausgetragen.

Südafrika-Meisterschaft: 1997, 1998 Sambia – 1999 Angola – 2000 Simbabwe – 2001 Angola – 2002 Südafrika – 2003 Simbabwe – 2004 Angola – 2005 Simbabwe – 2006 Sambia – 2007 Südafrika – 2008 Südafrika Nachwuchs XI – 2009 Simbabwe – 2010 nicht ausgetragen – 2013 Sambia – 2014 nicht ausgetragen – 2015 Namibia – 2016 Südafrika – 2017, 2018 Simbabwe – 2019 Sambia – 2020 abgesagt – 2021 Südafrika.

Karibik-Meisterschaft (seit 1991 Qualifikation für den CONCACAF Gold Cup): 1989 Trinidad & Tobago – 1990 Turnier abgebrochen – 1991 Jamaika – 1992 Trinidad & Tobago – 1993 Martinique – 1994, 1995, 1996, 1997 Trinidad & Tobago – 1998 Jamaika – 1999 Trinidad & Tobago – 2001 Trinidad

& Tobago – 2003 kein Sieger (Jamaika und Trinidad & Tobago beide für den Gold Cup qualifiziert) – 2005 Jamaika – 2007 Haiti – 2008, 2010 Jamaika – 2012 Kuba – 2014 Jamaika – 2017 Curacao – wurde in die neue CONCACAF Nations League integriert.

Mittelamerika-Meisterschaft (Qualifikation für den CONCACAF Gold Cup): 1991 Costa Rica – 1993, 1995 Honduras – 1997, 1999 Costa Rica – 2001 Guatemala – 2003, 2005, 2007 Costa Rica – 2009 Panama – 2011 Honduras – 2013, 2014 Costa Rica – 2017 Honduras – wurde in die neue CONCACAF Nations League integriert.

CONCAFAF Nations League
2021 USA.

Internationale Klub-Wettbewerbe

UEFA Supercup

Europapokalsieger der Landesmeister/Champions-League-Sieger gegen Europapokalsieger der Pokalsieger Cupgewinner/seit 2000 UEFA-Pokal-Sieger/seit 2010 Europa-League-Sieger.
1972: Ajax Amsterdam (– Glasgow Rangers 3:2 und 3:1) – **1973: Ajax Amsterdam** (– AC Mailand 6:0 und 0:1) – 1974: nicht ausgetragen – **1975: Dynamo Kiew** (– Bayern München 2:0 und 1:0) – **1976: RSC Anderlecht** (– Bayern München 4:1 und 1:2) – **1977: FC Liverpool** (– Hamburger SV 6:0 und 1:1) – **1978: RSC Anderlecht** (– FC Liverpool 3:1 und 1:2) – **1979: Nottingham Forest** (– FC Barcelona 1:0 und 1:1) – **1980: FC Valencia** (– Nottingham Forest 1:0 und 1:2) – 1981: nicht ausgetragen – **1982: Aston Villa** (– FC Barcelona 0:1 und 3:0 n. V.) – **1983: FC Aberdeen** (– Hamburger SV 2:0 und 0:0) – **1984: Juventus Turin** (– FC Liverpool 2:0) – 1985: nicht ausgetragen – **1986: Steaua Bukarest** (– Dynamo Kiew 1:0) – **1987: FC Porto** (– Ajax Amsterdam 1:0 und 1:0) – **1988: KV Mechelen** (– PSV Eindhoven 3:0 und 0:1) – **1989: AC Mailand** (– FC Barcelona 1:0 und 1:1) – **1990: AC Mailand** (– Sampdoria Genua 2:0 und 1:1) – **1991: Manchester United** (– Roter Stern Belgrad 1:0) – **1992: FC Barcelona** (– Werder Bremen 2:1 und 1:1) – **1993: AC Parma** (– AC Mailand 2:0 n. V. und 0:1) – **1994: AC Mailand** (– FC Arsenal 2:0 und 0:0) – **1995: Ajax Amsterdam** (– Real Saragossa 4:0 und 1:1) – **1996: Juventus Turin** (– Paris St. Germain 3:1 und 6:1) – **1997: FC Barcelona** (– Borussia Dortmund 2:0 und 1:1) – **1998: FC Chelsea** (– Real Madrid 1:0) – **1999: Lazio Rom** (– Manchester United 1:0) – **2000: Galatasaray Istanbul** (– Real Madrid 2:1 i. V.) – **2001: FC Liverpool** (– Bayern München 3:2) – **2002: Real Madrid** (– Feyenoord Rotterdam 3:1) – **2003: AC Mailand** (– FC Porto 1:0) – **2004: FC Valencia** (– FC Porto 2:1) – **2005: FC Liverpool** (– ZSKA Moskau n. V. 3:1) – **2006: FC Sevilla** (– FC Barcelona 3:0) – **2007: AC Mailand** (– FC Sevilla 3:1) – **2008: Zenit St. Petersburg** (– Manchester United 2:1) – **2009: FC Barcelona** (– Schachtar Donezk n. V. 1:0) – **2010: Atletico Madrid** (– Inter Mailand 2:0) – **2011: FC Barcelona** (– FC Porto 2:0) – **2012: Atletico Madrid** (– FC Chelsea 4:1) – **2013: Bayern München** (– FC Chelsea n. V. 2:2, Elfmeterschießen 5:4) – **2014: Real Madrid** (– FC Sevilla 2:0) – 2015: FC Barcelona (– FC Sevilla n. V. 5:4) – **2016: Real Madrid** (– FC Sevilla n. V. 3:2) **2017: Real Madrid** (– Manchester United 2:1) – **2018: Atletico Madrid** (– Real Madrid n. V. 4:2) – **2019: FC Liverpool** (– FC Chelsea n. V. 2:2, Elfmeterschießen 5:4) – **2020: Bayern München** (– FC Sevilla n. V. 2:1).

Weltpokal

Europapokalsieger der Landesmeister/Champions-League-Sieger gegen den Sieger der Copa Libertadores.
1960: Real Madrid (– Penarol Montevideo 5:1 und 0:0) – **1961: Penarol Montevideo** (– Benfica Lissabon 5:0, 0:1 und 2:1) – **1962: FC Santos** (– Benfica Lissabon 3:2 und 5:2) – **1963: FC Santos** (– AC Mailand 4:2, 2:4 und 1:0) – **1964: Inter Mailand** (– Independiente Avellaneda 2:0, 0:1, n. V. 1:0) – **1965: Inter Mailand** (-Independiente Avellaneda 3:0 und 0:0) – **1966: Penarol Montevideo** (– Real Madrid 2:0 und 2:0) – **1967: Racing Avellaneda** (– Celtic Glasgow 2:1, 0:1 und 1:0) – **1968: Estudiantes de La Plata** (– Manchester United 1:0 und 1:1) – **1969: AC Mailand** (– Estudiantes de La Plata 3:0 und 1:2) – **1970: Feyenoord Rotterdam** (– Estudiantes de La Plata 1:0 und 2:2) – **1971: Nacional Montevideo** (– Panathinaikos Athen 2:1 und 1:1; Ajax Amsterdam verzichtete) – **1972: Ajax Amsterdam** (– Independiente Avellaneda 3:0 und 1:1) – **1973: Independiente Avellaneda** (– Juventus Turin 1:0 – nur ein Spiel; Ajax Amsterdam verzichtete) – **1974: Atletico Madrid** (– Independiente Avellaneda 2:0 und 0:1; Bayern München verzichtete) – 1975: nicht ausgetragen – **1976: Bayern München** (– Cruzeiro Belo Horizonte 2:0 und 0:0) – **1977: Boca Juniors** (– Borussia Mönchengladbach 2:2 und 3:0 in Karlsruhe; FC Liverpool verzichtete) – 1978: nicht ausgetragen – **1979: Olimpia Asuncion** (– Malmö FF 2:1 und 1:0; Nottingham Forest verzichtete) – seit 1980 als „Toyota Cup“ in Tokio: **1980: Nacional Montevideo**

(– Nottingham Forest 1:0) – **1981: CR Flamengo** (– FC Liverpool 3:0) – **1982: Penarol Montevideo** (– Aston Villa 2:0) – **1983: Gremio Porto Alegre** (– Hamburger SV n. V. 2:1) – **1984: Independiente Avellaneda** (– FC Liverpool 1:0) – **1985: Juventus Turin** (– Argentinos Juniors n. V. 2:2, 4:2 im Elfmeterschießen) – **1986: River Plate** (– Steaua Bukarest 1:0) – **1987: FC Porto** (– Penarol Montevideo n. V. 2:1) – **1988: Nacional Montevideo** (– PSV Eindhoven n. V. 2:2, 7:6 im Elfmeterschießen) – **1989: AC Mailand** (– Nacional Medellin n. V. 1:0) – **1990: AC Mailand** (– Olimpia Asuncion 3:0) – **1991: Roter Stern Belgrad** (– Colo Colo Santiago 3:0) – **1992: FC Sao Paulo** (– FC Barcelona 2:1) – **1993: FC Sao Paulo** (– AC Mailand 3:2; Europapokalsieger Olympique Marseille war wegen eines Bestechungsskandals suspendiert) – **1994: Velez Sarsfield** (– AC Mailand 2:0) – **1995: Ajax Amsterdam** (– Gremio Porto Alegre n. V. 0:0, 4:3 im Elfmeterschießen) – **1996: Juventus Turin** (– River Plate 1:0) – **1997: Borussia Dortmund** (– Cruzeiro Belo Horizonte 2:0) – **1998: Real Madrid** (– Vasco da Gama 2:1) – **1999: Manchester United** (– Palmeiras Sao Paulo 1:0) – **2000: Boca Juniors** (– Real Madrid 2:1) – **2001: Bayern München** (– Boca Juniors 1:0) – **2002: Real Madrid** (– Olimpia Asuncion 2:0) – **2003: Boca Juniors** (– AC Mailand n. V. 1:1, 3:1 im Elfmeterschießen) – **2004: FC Porto** (– Once Caldas n. V. 0:0, 8:7 im Elfmeterschießen) – danach zu Gunsten der FIFA-Klub-WM eingestellt.

FIFA-Klub-Weltmeisterschaft

2000: Corinthians Sao Paulo (– Vasco da Gama n. V. 0:0, 4:3 im Elfmeterschießen) – 2001 bis 2004 nicht ausgetragen – **2005: FC Sao Paulo** (– FC Liverpool 1:0) – **2006: Internacional Porto Alegre** (– FC Barcelona 1:0) – **2007: AC Mailand** (– Boca Juniors 4:2) – **2008: Manchester United** (– LDU Quito 1:0) – **2009: FC Barcelona** (– Estudiantes de La Plata n. V. 1:0) – **2010: Inter Mailand** (– TP Mazembe 3:0) – **2011: FC Barcelona** (– FC Santos 4:0) – **2012: Corinthians Sao Paulo** (– FC Chelsea 1:0) – **2013: Bayern München** (– Raja Casablanca 2:0) – **2014: Real Madrid** (– San Lorenzo de Almagro 2:0) – **2015: FC Barcelona** (– River Plate 3:0) – **2016: Real Madrid** (– Kashima Antlers n. V. 4:2) – **2017: Real Madrid** (– Gremio Porto Alegre 1:0) – **2018: Real Madrid** (– Al-Ain SC 4:1) – **2019: FC Liverpool** (– CR Flamengo n. V. 1:0) – **2020: Bayern München** (– UANL Tigres 1:0).

Intercontinental-Cup

Ausgespielt zwischen den Siegern der Meisterpokale Afrikas und Asiens.
1986 Daewoo Royals (KOR) – 1987 Zamalek Kairo (EGY) – 1988 Al Ahly Kairo (EGY) – 1989 EP Setif (ALG) – 1990 und 1991 nicht ausgetragen – 1992 Club Africain Tunis (TUN) – 1993 Wydad Casablanca (MAR) – 1994 Thai Farmers Bank Bangkok (THA) – 1995 Esperance Tunis (TUN) – 1996 Ilhwa Chunma (KOR) – 1997 Zamalek Kairo (EGY) – 1998 Raja Casablanca (MAR) – 1999 Endspiel abgesagt – seitdem nicht mehr ausgetragen.

Südamerika: Copa Libertadores

1960: Penarol Montevideo/URU (– Olimpia Asuncion/PAR 1:0 und 1:1) – **1961: Penarol Montevideo/URU** (– Palmeiras Sao Paulo/BRA 1:0 und 1:1) – **1962: FC Santos/BRA** (– Penarol Montevideo/URU 1:0, 2:3 und 3:0) – **1963: FC Santos/BRA** (– Boca Juniors/ARG 2:1 und 3:2) – **1964: Independiente Avellaneda/ARG** (– Nacional Montevideo/URU 0:0 und 1:0) – **1965: Independiente Avellaneda/ARG** (– Penarol Montevideo/URU 1:0, 2:3 und 4:1) – **1966: Penarol Montevideo/URU** (– River Plate/ARG 2:0, 2:3 und n. V. 4:2) – **1967: Racing Avellaneda/ARG** (– Nacional Montevideo/URU 0:0, n. V. 0:0 und 2:1) – **1968: Estudiantes de La Plata/ARG** (– Palmeiras Sao Paulo/BRA 1:3, 2:1 und 2:0) – **1969: Estudiantes de La Plata/ARG** (– Nacional Montevideo/URU 1:0 und 2:0) – **1970: Estudiantes de La Plata/ARG** (– Penarol Montevideo/URU 1:0 und 0:0) – **1971: Nacional Montevideo/URU** (– Estudiantes de La Plata/ARG 0:1, 1:0 und 2:0) – **1972: Independiente Avellaneda/ARG** (– Universitario Lima/PER 0:0 und 2:1) – **1973: Independiente Avellaneda/ARG** (– Colo Colo Santiago/CHI 1:1, 0:0 und n. V. 2:1) – **1974: Independiente Avellaneda/ARG** (– FC Sao Paulo/BRA 1:2, 2:0 und 1:0) – **1975: Independiente Avellaneda/ARG** (– Union Espanola Santiago/CHI 0:1, 3:1 und 2:0) – **1976: Cruzeiro Belo Horizonte/BRA** (– River Plate/ARG 4:1, 1:2 und 3:2) – **1977: Boca Juniors/ARG** (– Cruzeiro Belo Horizonte/BRA 1:0, 0:1 und 0:0, 5:4 im Elfmeterschießen) – **1978: Boca Juniors/ARG** (– Deportivo Cali/COL 4:0 und 0:0) – **1979: Olimpia Asuncion/PAR** (– Boca Juniors/ARG 2:0 und 0:0) – **1980: Nacional Montevideo/URU** (– Internacional Porto Alegre/BRA 1:0 und 0:0) – **1981: CR Flamengo/BRA** (– Cobreloa Calama/CHI 2:1, 0:1 und 2:0) – **1982: Penarol Montevideo/URU** (– Cobreloa Calama/CHI 1:0 und 0:0) – **1983: Gremio Porto Alegre/BRA** (– Penarol Montevideo/URU 2:1 und 1:1) – **1984: Independiente Avellaneda/ARG** (– Gremio Porto Alegre/BRA 1:0 und 0:0) – **1985: Argentinos Juniors/ARG** (– America Cali/COL 1:0, 0:1 und n. V. 1:1, 5:4 im Elfmeterschießen) – **1986: River Plate/ARG** (– America Cali 1:0 und 2:1) – **1987: Penarol Montevideo/URU** (– America Cali/COL 2:1, 0:2 und n. V. 1:0) – **1988: Nacional Montevideo/URU** (– Newell's Old Boys/ARG 3:0 und 0:1) – **1989: Nacional Medellin/COL**

(– Olimpia Asuncion/PAR 0:2 und n. V. 2:0, 5:4 im Elfmeterschießen) – **1990: Olimpia Asuncion/PAR** (– Barcelona Guayaquil/ECU 2:0 und 1:1) – **1991: Colo Colo Santiago/CHI** (– Olimpia Asuncion/PAR 3:0 und 0:0) – **1992: FC Sao Paulo/BRA** (– Newell's Old Boys/ARG 0:1 und n. V. 1:0, 3:2 im Elfmeterschießen) – **1993: FC Sao Paulo/BRA** (– Universidad Catolica Santiago/CHI 5:1 und 0:2) – **1994: Velez Sarsfield/ARG** (– FC Sao Paulo/BRA 1:0 und n. V. 0:1, 5:3 im Elfmeterschießen) – **1995: Gremio Porto Alegre/BRA** (– Nacional Medellin/COL 3:1 und 1:1) – **1996: River Plate/ARG** (– America Cali/COL 2:0 und 0:1) – **1997: Cruzeiro Belo Horizonte/BRA** (– Sporting Cristal Lima/PER 1:0 und 0:0) – **1998: Vasco da Gama/BRA** (– Barcelona Guayaquil/ECU 2:0 und 2:1) – **1999: Palmeiras Sao Paulo/BRA** (– Deportivo Cali/COL 0:1 und 2:1, 4:3 im Elfmeterschießen) – **2000 Boca Juniors/ARG** (– Palmeiras Sao Paulo/BRA 2:2 und 0:0, 4:2 im Elfmeterschießen) – **2001: Boca Juniors/ARG** (– CD Cruz Azul/MEX 1:0 und 0:1, 3:1 im Elfmeterschießen) – **2002: Olimpia Asuncion/PAR** (– AD Sao Caetano/BRA 0:1 und 2:1, 4:2 im Elfmeterschießen) – **2003: Boca Juniors/ARG** (– FC Santos/BRA 2:0 und 3:1) – **2004: Once Caldas/COL** (– Boca Juniors/ARG 0:0 und 1:1, 2:0 im Elfmeterschießen) – **2005: FC Sao Paulo/BRA** (– Atletico Paranaense/BRA 1:1 und 4:0) – **2006: Internacional Porto Alegre/BRA** (– FC Sao Paulo/BRA 2:2 und 2:1) – **2007: Boca Juniors/ARG** (– Gremio Porto Alegre/BRA 3:0 und 2:0) – **2008: LDU Quito/ECU** (– FC Fluminense/BRA 4:2 und 1:3, Elfmeterschießen 3:1) – **2009: Estudiantes La Plata/ARG** – Cruzeiro Belo Horizonte/BRA 0:0 und 2:1 – **2010: Internacional Porto Alegre/BRA** (– CD Guadalajara/MEX 2:1 und 3:2) – **2011: FC Santos/BRA** (– Penarol Montevideo/URU 2:1 und 0:0) – **2012: Corinthians Sao Paulo/BRA** (– Boca Juniors/ARG 2:0 und 1:1) – **2013: Atletico Mineiro/BRA** (– Olimpia Asuncion/PAR n. V. 2:0, Elfmeterschießen 4:3 und 0:2) – **2014: San Lorenzo de Almagro/ARG** (– Nacional Asuncion/PAR 1:0 und 1:1) – **2015: River Plate/ARG** (– UANL Tigres /MEX 3:0 und 0:0) – **2016: Atletico Nacional Medellin/COL** (– CSD Independiente del Valle/ECU 1:0 und 1:1) – **2017: Gremio Porto Alegre/BRA** (– CA Lanus/ARG 1:0 und 2:1) – **2018: River Plate/ARG** (– Boca Juniors/ARG 2:2 und n. V. 3:1) – **2019: CR Flamengo/BRA** (– River Plate/ARG 2:1) – **2020: Palmeiras Sao Paulo/BRA** (– FC Santos/BRA 1:0).

Südamerika: Supercopa Libertadores

Ausgespielt zwischen den bisherigen Siegern der Copa Libertadores.
1988 Racing Avellaneda/ARG – 1989 Boca Juniors/ARG – 1990 Olimpia Asuncion/PER – 1991, 1992 Cruzeiro Belo Horizonte/BRA – 1993 FC Sao Paulo/BRA – 1994, 1995 Independiente Avellaneda/ARG – 1996 Velez Sarsfield/ARG – 1997 River Plate/ARG – seitdem nicht mehr ausgetragen.

Südamerika: Recopa

Ursprünglich ausgespielt zwischen dem Sieger der Copa Libertadores und dem Sieger der Supercopa. Nachdem der FC Sao Paulo 1993 beide Pokale gewonnen hatte, spielte er gegen den Sieger der Copa Conmebol (Botafogo FR). Seit 2002/03 ausgespielt zwischen dem Sieger der Copa Libertadores und dem Sieger der Copa Sudamericana.
1989 Nacional Montevideo/URU – 1990 Boca Juniors/ARG – 1991 Olimpia Asuncion/PAR – 1992 Colo Colo Santiago/CHI – 1993, 1994 FC Sao Paulo/BRA – 1995 Independiente Avellaneda/ARG – 1996 Gremio Porto Alegre/BRA – 1997 Velez Sarsfield/ARG – 1998 Cruzeiro Belo Horizonte/BRA – 1999 bis 2002 nicht ausgetragen – 2003 Olimpia Asuncion/PAR – 2004 Cienciano Cusco/PER – 2005, 2006 Boca Juniors/ARG – 2007 Internacioanl Porto Alegre/BRA – 2008 Boca Juniors/ARG – 2009, 2010 LDU Quito/ECU – 2011 Internacional Porto Alegre/BRA – 2012 FC Santos/BRA – 2013 Corinthians Sao Paulo/BRA – 2014 Atletico Mineiro/BRA – 2015, 2016 River Plate/ARG – 2017 Atletico Nacional Medellin/COL – 2018 Gremio Porto Alegre/BRA – 2019 River Plate/ARG – 2020 CR Flamengo/BRA – 2021 CSD Defensa y Justicia/ARG.

Südamerika: Copa Conmebol

1992 Atletico Mineiro/BRA – 1993 Botafogo FR/BRA – 1994 FC Sao Paulo/BRA – 1995 Rosario Central/ARG – 1996 CA Lanus/ARG – 1997 Atletico Mineiro/BRA – 1998 FC Santos/BRA – 1999 Talleres Cordoba/ARG – seitdem nicht mehr ausgetragen.

Südamerika: Copa Mercosur

1998 Palmeiras Sao Paulo/BRA – 1999 CR Flamengo/BRA – 2000 Vasco da Gama/BRA – 2001 San Lorenzo de Almagro/ARG – danach zu Gunsten der Copa Sudamericana eingestellt.

Südamerika: Copa Merconorte

1998 Atletico Nacional Medellin/COL – 1999 America Cali/COL – 2000 Atletico Nacional Medellin/COL – 2001 Millonarios Bogota/COL – danach zu Gunsten der Copa Sudamericana eingestellt.

Südamerika: Copa Sudamericana

2002: San Lorenzo de Almagro/ARG (– Atletico Nacional Medellin/COL 0:0 und 4:0) – **2003: Cienciano Cusco/PER** (– River Plate/ARG 1:0 und 3:3) – **2004: Boca Juniors/ARG** (– Bolvar La Paz 2:0 und 0:1) – **2005: Boca Juniors/ARG** (– UNAM Pumas/MEX 1:1, Elfmeterschießen 4:3 und 1:1) – **2006: Pachuca CF/MEX** (– Colo-Colo Santiago/CHI) – **2007: Arsenal Sarandi/ARG** (– CF America/MEX 1:2 und 3:2) – **2008: Internacional Porto Alegre/BRA** (– Estudiantes de La Plata/ARG n. V. 1:1 und 1:0) – **2009: LDU Quito/ECU** (– FC Fluminense/BRA 5:1 und 0:3) – **2010: Independiente Avellaneda/ARG** (– Goias EC/BRA n. V. 3:1 Elfmeterschießen 5:3 und 0:2) – **2011: Universidad de Chile Santiago/CHI** (– LDU Quito/ECU 3:0 und 1:0) – **2012: FC Sao Paulo/BRA** (– CA Tigre/ARG 2:0 und 0:0) – **2013: CA Lanus/ARG** (AA Ponte Preta/BRA 2:0 und 1:1) – **2014: River Plate/ARG** (– Atletico Nacional Medellin/COL 2:0 und 1:1) – **2015: CD Santa Fé/COL** (– CA Huracan/ARG 0:0 und n. V. 0:0, Elfmeterschie0en 3:1) – **2016: AF Chapecoense/BRA** (nach der Flugzeugkatastrophe kampflos gegen Atletico Nacional Medellin/COL) – **2017: Independiente Avellaneda/ARG** (– CR Flamengo 2:1 und 1:1) – **2018: Athletico Paranaense/BRA** (– Atletico Junior Baranquilla/COL n. V. 1:1, Elfmeterschießen 4:3 und 1:1) – **2019: Independiente de Valle/COL** (– Colon Santa Fe/ARG 3:1) – **2020: CSD Defensa y Justicia/ARG** (– CA Lanus/ARG 3:0).

Nord- und Mittelamerika: Pokal der Landesmeister

1962: CD Guadalajara/MEX (– Comunicaciones Guatemala City/GUA 1:0 und 5:0) – **1963: Racing Club Cap Haitienne/HAI** (– CD Guadalajara/MEX; Racing kampflos Sieger, da Guadalajara nicht antrat) – 1964 und 1965: Turnier abgebrochen – 1966: nicht ausgetragen – **1967: Alianza San Salvador/SLV** (– Jong Colombia Sint Michiels/ANT 1:2, 3:0 und 5:3) – **1968: CD Toluca/MEX** (kampflos, da alle anderen teilnehmenden Vereine suspendiert wurden) – **1969: CD Cruz Azul/MEX** (– Comunicaciones Guatemala City/GUA 0:0 und 1:0) – **1970: CD Cruz Azul/MEX** (kampflos, da alle anderen teilnehmenden Vereine suspendiert wurden) – **1971: CD Cruz Azul/MEX** (– LD Alajuelense/CRC 5:1) – **1972: Olimpia Tegucigalpa/HON** (– Robin Hood Paramaribo/SUR 0:0 und 2:0) – **1973: SV Transvaal Paramaribo/SUR** (kampflos, da alle anderen teilnehmenden Vereine nicht antraten) – **1974: Municipal Guatemala City/GUA** (– SV Transvaal Paramaribo/SUR 2:1 und 2:1) – **1975: Atletico Espanol/MEX** (– SV Transvaal Paramaribo/SUR 3:0 und 2:1) – **1976: Aguila San Salvador/SLV** (– Robin Hood Paramaribo/SUR; San Salvador kampflos Sieger, da Paramaribo nicht antrat) – **1977: CF America/MEX** (– Robin Hood Paramaribo/SUR 1:0 und 0:0) – **1978: Universidad Guadalajara/MEX, Comunicaciones Guatemala City/GUA und Defence Force Chaguaramas/TRI** zum gemeinsamen Sieger erklärt – **1979: Deportivo FAS San Salvador/SLV** (– Jong Colombia Sint Michiels/ANT 1:0 und 8:0) – **1980: UNAM Pumas/MEX** (Sieger des Endrunden-Turniers mit drei teilnehmenden Mannschaften) – **1981: SV Transvaal Paramaribo/SUR** (– Atletico Marte San Salvador/SLV 1:0 und 1:1) – **1982: UNAM Pumas/MEX** (– Robin Hood Paramaribo/SUR 0:0 und 2:1) – **1983: FC Atlante/MEX** (– Robin Hood Paramaribo/SUR 1:1 und 5:0) – **1984: Violette Port-au-Prince/HAI** (kampflos, da alle anderen teilnehmenden Vereine nicht antraten) – **1985: Defence Force Chaguaramas/TRI** (– Olimpia Tegucigalpa/HON 2:0 und 0:1) – **1986: LD Alajuelense/CRC** (– SV Transvaal Paramaribo/SUR 4:1 und 1:1) – **1987: CF America/MEX** (– Defence Force Chaguaramas/TRI 1:1 und 2:0) – **1988: Olimpia Tegucigalpa/HON** (– Defence Force Chaguaramas/TRI 2:0 und 2:0) – **1989: UNAM Pumas/MEX** (– FC Pinar del Rio/CUB 1:1 und 3:1) – **1990: CF America/MEX** (– FC Pinar del Rio/CUB 2:2 und 6:0) – **1991: Club Puebla de la Franja/MEX** (– Police FC St. James/TRI 3:1 und 1:1) – **1992: CF America/MEX** (– LD Alajuelense/CRC 1:0) – **1993: Deportivo Saprissa/CRC** (Sieger der Endrunde mit vier Mannschaften) – **1994: CS Cartagines/CRC** (– FC Atlante/MEX 3:2) – **1995: Deportivo Saprissa/CRC** (Sieger der Endrunde mit vier Mannschaften) – **1996: CD Cruz Azul/MEX** (Sieger der Endrunde mit vier Mannschaften) – **1997: CD Cruz Azul/MEX** (– Los Angeles Galaxy/USA 5:3) – **1998: Washington DC United/USA** (– CD Toluca/MEX 1:0) – **1999: CD Necaxa/MEX** (– LD Alajuelense/CRC 2:1) – **2000: Los Angeles Galaxy/USA** (– Olimpia Tegucigalpa/HON 3:2) – 2001 Turnier wurde abgebrochen – **2002: Pachuca CF/MEX** (– Atletico Morelia/MEX 1:0) – **2003: CD Toluca/MEX** (– Monarcas Morelia/MEX 2:1 und 3:3) – **2004: LD Alajuelense/CRC** (– Deportivo Saprissa/CRC 4:0 und 1:1) – **2005: Deportivo Saprissa/CRC** (– UNAM Pumas/MEX 2:0 und 1:2) – **2006: CF America/MEX** (– CD Toluca/MEX n. V. 2:1 und 0:0) – **2007: Pachuca CF/MEX** (– CD Guadalajara/MEX n. V. 0:0, 7:6 im Elfmeterschießen 7:6 und 2:2) – **2008: Pachuca CF/MEX** (– Deportivo Saprissa/CRC 2:1 und 1:1) – **2009: CF Atlante Cancun/MEX** (– CD Cruz Azul/MEX 0:0 und 2:0) – **2010: Pachuca CF/MEX** (– CD Cruz Azul/MEX 1:0 und 1:2) – **2011: CF Monterrey/MEX** (– Real Salt Lake/USA 2:2 und 1:0) – **2012: CF Monterrey/MEX**

(– Santos Laguna Torreon/MEX 2:0 und 1:2) – **2013: CF Monterrey/MEX** (– Santos Laguna Torreon/MEX 4:2 und 0:0) – **2014: CD Cruz Azul/MEX** (– CD Toluca/MEX 0:0 und 1:1) – **2015: CF America/MEX** (– Montreal Impact/CAN 1:1, 4:2) – **2016: CF America/MEX** (– UANL Tigres/MEX 2:1, 2:0) – **2017: Pachuca CF/MEX** (– UANL Tigres/MEX 1:0, 1:1) – **2018: CD Gaudalajara/MEX** (– Toronto FC/CAN 1:2, Elfmeterschießen 4:2, 2:1) – **2019: CF Monterrey/MEX** (– UANL Tigres/MEX 1:0, 1:1) – **2020: UANL Tigres/MEX** (– Los Angeles FC/USA 2:1).

Nord- und Mittelamerika: Pokal der Pokalsieger

1991 Atletico Marte San Salvador (SLV) – 1992 nicht ausgetragen – 1993 CF Monterrey (MEX) – 1994 CD Necaxa (MEX) – 1995 Universidad Guadalajara (MEX) – Nachdem die Turniere 1996, 1997 und 1998 nicht beendet wurden, wurde der Wettbewerb eingestellt.

Afrika: Pokal der Landesmeister (ab 1997 Champions League)

1964: Oryx Douala/CMR (– Stade Malien Bamako/MLI 2:1) – 1965: nicht ausgetragen – **1966: Stade Abidjan/CIV** (– AS Real Bamako/MLI 1:3 und n. V. 4:1) – **1967: TP Englebert/COD** (– Asante Kotoko Kumasi/GHA 1:1 und n. V. 2:2) – **1968: TP Englebert/COD** (– Etoile Filante Lome/TOG 5:0 und 1:4) – **1969: Ismailia SC/EGY** (– TP Englebert/COD 2:2 und 3:1) – **1970: Asante Kotoko Kumasi/GHA** (– TP Englebert/COD 1:1 und 2:1) – **1971: Canon Yaounde/CMR** (– Asante Kotoko Kumasi/GHA 1:0 abgebrochen und gewertet) – **1972: Hafia Conakry/GUI** (– Simba Kampala/UGA 4:2 und 3:2) – **1973: Vita Club Kinshasa/COD** (– Asante Kotoko Kumasi/GHA 2:4 und 3:0) – **1974: CARA Brazzaville/CGO** (– Mehalla Al Kubra/EGY 4:2 und 2:1) – **1975: Hafia Conakry/GUI** (– Enugu Rangers/NGA 1:0 und 2:1) – **1976: MC Algier/ALG** (– Hafia Conakry/GUI 0:3 und 3:0, 4:1 im Elfmeterschießen) – **1977: Hafia Conakry/GUI** (– Hearts of Oak/GHA 1:0 und 3:2) – **1978: Canon Yaounde/CMR** (– Hafia Conakry/GUI 0:0 und 2:0) – **1979: Union Douala/CMR** (– Hearts of Oak/GHA 1:0 und 0:1, 5:3 im Elfmeterschießen) – **1980: Canon Yaounde/CMR** (– AS Bilima Kinshasa/COD 2:2 und 3:0) – **1981: JE Tizi-Ouzou/ALG** (– Vita Club Kinshasa/COD 4:0 und 1:0) – **1982: Al Ahly Kairo/EGY** (– Asante Kotoko Kumasi/GHA 3:0 und 1:1) – **1983: Asante Kotoko Kumasi/GHA** (– Al Ahly Kairo/EGY 0:0 und 1:0) – **1984: Zamalek Kairo/EGY** (– Shooting Stars Ibadan/NGA 2:0 und 1:0) – **1985: FAR Rabat/MAR** (– AS Bilima Kinshasa/COD 5:2 und 1:1) – **1986: Zamalek Kairo/EGY** (– Africa Sports Abidjan/CIV 2:0 und 0:2, 4:2 im Elfmeterschießen) – **1987: Al Ahly Kairo/EGY** (– Al Hilal Omdurman/SUD 0:0 und 2:0) – **1988: Entente Plasticiens Setif/ALG** (– Iwuanyanwu Owerri/NGA 0:1 und 4:0) – **1989: Raja Casablanca/MAR** (– MP Oran/ALG 1:0 und 0:1, 4:2 im Elfmeterschießen) – **1990: JS Kabylie Tizi-Ouzou/ALG** (– Nkana Red Devils/ZAM 1:0 und 0:1, 5:3 im Elfmeterschießen) – **1991: Club Africain Tunis/TUN** (– Nakivubo Villa Kampala/UGA 6:2 und 1:1) – **1992 Wydad Casablanca/MAR** (– Al Hilal Omdurman/SUD 2:0 und 0:0) – **1993 Zamalek Kairo/EGY** (– Asante Kotoko Kumasi/GHA 0:0 und 0:0, 7:6 im Elfmeterschießen) – **1994: Esperance Tunis/TUN** (– Zamalek Kairo/EGY 0:0 und 3:1) – **1995: Orlando Pirates/RSA** (– ASEC Mimosas Abidjan/CIV 2:2 und 1:0) – **1996: Zamalek Kairo/EGY** (– Shooting Stars Ibadan/NGA 1:2 und 2:1, 5:4 im Elfmeterschießen) – **1997: Raja Casablanca/MAR** (– Obuasi Goldfields/GHA 0:1 und 1:0, 5:4 im Elfmeterschießen) – **1998: ASEC Mimosas Abidjan/CIV** (– Dynamos Harare/ZIM 0:0 und 4:2) – **1999: Raja Casablanca/MAR** (– Esperance Tunis/TUN 0:0 und 0:0, 4:3 im Elfmeterschießen) – **2000: Hearts of Oak/GHA** (– Esperance Tunis/TUN 2:1 und 3:1) – **2001: Al Ahly Kairo/EGY** (– Mamelodi Sundowns/RSA 3:0 und 1:1) – **2002: Zamalek Kairo/EGY** (– Raja Casablanca/MAR 1:0 und 0:0) – **2003: Enyimba Aba/NGA** (– Ismailia SC/EGY 2:0 und 0:1) – **2004: Enyimba Aba/NGA** (– Etoile du Sahel Sousse/TUN 2:1 und 1:2, 5:3 im Elfmeterschießen) – **2005: Al Ahly Kairo/EGY** (– Etoile du Sahel/TUN 3:0 und 0:0) – **2006: Al Ahly Kairo/EGY** (– CS Sfaxien/TUN 1:1 und 1:0) – **2007: Etoile du Sahel Sousse/TUN** (– Al Ahly Kairo/EGY 0:0 und 3:1) – **2008: Al Ahly Kairo/EGY** (– Cotonsport Garoua/CMR 2:0 und 2:2) – **2009: TP Mazembe Lubumbashi/COD** (– Heartland FC Owerri/NGA 1:0 und 1:2) – **2010: TP Mazembe Lubumbashi/COD** (– Esperance Tunis/TUN 5:0 und 1:1) – **2011: Esperance Tunis/TUN** (– Wydad Casablanca/MAR 1:0 und 0:0) – **2012: Al Ahly Kairo/EGY** (– Esperance Tunis/TUN 1:1 und 2:1) – **2013: Al Ahly Kairo/EGY** (– Orlando Pirates/RSA 2:0 und 1:1) – **2014: ES Setif/ALG** (– Vita Club Kinshasa/COD 1:1 und 2:2) – **2015: TP Mazembe Lubumbashi/COD** (– USM Algier/ALG 2:0 und 2:1) – **2016: Mamelodi Sundowns/RSA** (– Zamalek Kairo/EGY 3:0 und 0:1) – **2017: Wydad Casablanca/MAR** (– Al Ahly Kairo/EGY 1:0 und 1:1) – **2018: Esperance Tunis/TUN** (– Al Ahly Kairo/EGY 3:0 und 1:3) – **2019: Esperance Tunis/TUN** (– Wydad Casablanca/MAR (1:1 und 1:0 abgebrochen; Esperance zum Sieger erklärt) – **2020: Al Ahly Kairo/EGY** (– Zamalek Kairo/EGY 2:1) – **2021: Al Ahly Kairo/EGY** (– Kaizer Chiefs/RSA 3:0).

Afrika: Pokal der Pokalsieger

1975 Tonnerre Yaounde (CMR) – 1976 Shooting Stars Ibadan (NGA) – 1977 Enugu Rangers (NGA) – 1978 Horoya Conakry (GUI) – 1979 Canon Yaounde (CMR) – 1980 TP Mazembe (COD) – 1981 Union Douala (CMR) – 1982, 1983 Al Mokaoulun Kairo (EGY) – 1984, 1985, 1986 Al Ahly Kairo (EGY) – 1987 Gor Mahia Nairobi (KEN) – 1988 Club Athletique Bizerte (TUN) – 1989 Al Merreikh Omdurman (SUD) – 1990 BCC Lions Gboko (NGA) – 1991 Power Dynamos Kitwe (ZAM) – 1992 Africa Sports Abidjan (CIV) – 1993 Al Ahly Kairo (EGY) – 1994 Daring Motema Pembe (COD) – 1995 JS Kabylie Tizi-Ouzou (ALG) – 1996 Al Mokaoulun Kairo (EGY) – 1997 Etoile du Sahel Sousse (TUN) – 1998 Esperance Tunis (TUN) – 1999 Africa Sports Abidjan (CIV) – 2000 Zamalek Kairo (EGY) – 2001 Kaizer Chiefs (RSA) – 2002 Wydad Casablanca (MAR) – 2003 Etoile du Sahel Sousse (TUN) – danach mit dem CAF-Cup zum Confederation Cup zusammengelegt.

Afrika: CAF-Cup

1992 Shooting Stars Ibadan (NGA) – 1993 Stella Abidjan (CIV) – 1994 Bendel Insurance Benin City (NGA) – 1995 Etoile du Sahel Sousse (TUN) – 1996 KAC Marrakech (MAR) – 1997 Esperance Tunis (TUN) – 1998 CS Sfaxien (TUN) – 1999 Etoile du Sahel Sousse (TUN) – 2000 JS Kabylie Tizi-Ouzou (ALG) – 2001, 2002 JS Kabylie Tizi-Ouzou (ALG) – 2003 Raja Casablanca (MAR) – danach mit dem Pokal der Pokalsieger zum Confederation Cup zusammengelegt.

Afrika: Confederation Cup

2004: Hearts of Oak/GHA (– Asante Kotoko Kumasi/GHA 1:1 und 1:1, 8:7 im Elfmeterschießen) – **2005: FAR Rabat/MAR** (– Dolphin FC/NGA 3:0, 0:1) – **2006: Etoile du Sahel/TUN** (– FAR Rabat/MAR 0:0 und 1:1) – **2007: CS Sfaxien/TUN** (– Al-Merreikh Omdurman/SUD 1:0 und 4:2) – **2008: CS Sfaxien/TUN** (– Etoile du Sahel/TUN 0:0 und 2:2) – **2009: Stade Malien Bamako/MLI** (– ES Setif/ALG 2:0, Elfmeterschießen 3:2 und 0:2) – **2010: FUS Rabat/MAR** (– CS Sfaxien/TUN 3:2 und 0:0) – **2011: MAS Fes/MAR** (– Club Africain Tunis/TUN 1:0, Elfmeterschießen 6:5 und 0:1) – **2012: AC Leopards Dolisie/CGO** (– Djoliba AC Bamako/MLI 2:1 und 2:2) – **2013: CS Sfaxien/TUN** (– TP Mazembe Lubumbashi/COD 2:0 und 1:2) – **2014: Al Ahly Kairo/EGY** (– Sewe Sport/CIV 1:0 und 1:2) – **2015: Etoile du Sahel Sousse/TUN** (– Orlando Pirates(RSA 1:0 und 1:1) – **2016: TP Mazembe Lubumbashi/COD** (– MO Bejaia/ALG 4:1 und 1:1) – **2017: TP Mazembe Lubumbashi/COD** (– SuperSport United/RSA 2:1 und 0:0) – **2018: Raja Casablanca/MAR** (– Vita Club Kinshasa/COD 3:0 und 1:3) – **2019: Zamalek Kairo/EGY** (– RS Berkane/MAR 1:0, 0:1, Elfmeterschießen 5:3) – **2020: RS Berkane/MAR** (– Pyramids FC Kairo/EGY 1:0) – **2021: Raja Casablanca/MAR** (– JS Kabylie Tizi-Ouzou/ALG 2:1).

Afrika: Super Cup

Ausgespielt zwischen den Siegern der Pokale der Landesmeister und Pokalsieger (seit 2004 Confederation Cup).

1993: Africa Sports Abidjan/CIV (– Wydad Casablanca 2:2, 5:3 im Elfmeterschießen) – **1994: Zamalek Kairo/EGY** (– Al-Ahly Kairo/EGY 1:0) – **1995: Esperance Tunis/TUN** (– Daring Motema Pembe 3:0) – **1996: Orlando Pirates/RSA** (– JS Kabylie Tizi-Ouzou 1:0) – **1997: Zamalek Kairo/EGY** (– Al-Mokaoulun Kairo/EGY 0:0, 4:2 im Elfmeterschießen) – **1998: Etoile du Sahel Sousse/TUN** (– Raja Casablanca/MAR 2:2, 4:2 im Elfmeterschießen) – **1999: ASEC Mimosas Abidjan/CIV** (– Esperance Tunis/TUN n. V. 3:1) – **2000: Raja Casablanca/MAR** (– Africa Sports Abidjan/CIV 2:0) – **2001: Hearts of Oak/GHA** (– Zamalek Kairo/EGY 2:0) – **2002: Al Ahly Kairo/EGY** (– Kaizer Chiefs/RSA 4:1) – **2003: Zamalek Kairo/EGY** (– Wydad Casablanca/MAR 3:1) – **2004: Enyimba Aba/NGA** (– Etoile du Sahel Sousse/TUN 1:0) – **2005: Enyimba Aba/NGA** (– Hearts of Oak/GHA n. V. 2:0) – **2006: Al Ahly Kairo/EGY** (– FAR Rabat/MAR n. V. 0:0, 4:2 im Elfmeterschießen) – **2007: Al Ahly Kairo/EGY** (– Etoile du Sahel Sousse/TUN n. V. 0:0, 5:4 im Elfmeterschießen) – **2008: Etoile du Sahel Sousse/TUN** (– CS Sfaxien/TUN 2:1) – **2009: Al Ahly Kairo/EGY** (– CS Sfaxien/TUN 2:1) – **2010: TP Mazembe Lubumbashi/COD** (– Stade Malien Bamako/MLI 2:0) – **2011: TP Mazembe Lubumbashi/COD** (– FUS Rabat/MAR 0:0, Elfmeterschießen 9:8) – **2012: MAS Fes/MAR** (– Esperance Tunis/TUN n. V. 1:1, Elfmeterschießen 4:3) – **2013: Al Ahly Kairo/EGY** (– AC Leopards Dolisie/CGO 2:1) – **2014: Al Ahly Kairo/EGY** (– CS Sfaxien/TUN 3:2) – **2015: ES Setif/ALG** (– Al Ahly Kairo/EGY, 1:1, Elfmeterschießen 6:5) – **2016: TP Mazembe Lubumbashi/COD** (– Etoile du Sahel Sousse/TUN 2:1) – **2017: Mamelodi Sundowns/RSA** (– TP Mazembe Lubumbashi/COD 1:0) – **2018: Wydad Casablanca/MAR** (– TP Mazembe Lubumbashi/COD 1:0) – **2019: Raja Casablanca/MAR** (– Esperance Tunis/TUN 2:1) – **2020: Zamalek Kairo/EGY** (– Esperance Tunis/TUN 3:1) – **2021: Al Ahly Kairo/EGY** (– RS Berkane/MAR 2:0).

Asien: Pokal der Landesmeister/Champions League

1967: Hapoel Tel Aviv/ISR (– Selangor FA/MAS 2:1) – **1968: Maccabi Tel Aviv/ISR** (– Yangzee/KOR 1:0) – 1969: nicht ausgetragen – **1970: Taj Club Teheran/IRN** (– Hapoel Tel Aviv/ISR 2:1) – **1971: Maccabi Tel Aviv/ISR** (– Al Shourta Bagdad/IRQ, kampflos, da Al Shourta nicht antrat) – 1972: aus politischen Gründen abgesagt – 1973 bis 1985 nicht ausgetragen – **1986: Daewoo Royals/KOR** (– Al Ahly Riyadh/KSA 3:1) – **1987: Furukawa Electric Company/JPN** (Sieger der Endrunde mit vier Mannschaften) – **1988: Yomiuri Kawasaki/JPN** (– Al Hilal Riyadh/KSA, Yomiuri kampflos Sieger, da Al Hilal nicht antrat) – **1989: Al Saad Doha/QAT** (– Al Rasheed Bagdad 2:3 und 1:0) – **1990: Liaoning Shenyang/CHN** (– Nissan Yokohama/JPN 2:1 und 1:1) – **1991: Esteghlal Teheran/IRN** (– Liaoning Shenyang/CHN 2:1) – **1992: Al Hilal Riyadh/KSA** (– Esteghlal Teheran/IRN n. V. 1:1, 4:3 im Elfmeterschießen) – **1993: Pas Teheran/IRN** (– Al Shabab Riyadh/KSA 1:0) – **1994: Thai Farmers Bank/THA** (– Omani Club Maskat/OMA 2:1) – **1995: Thai Farmers Bank/THA** (– Al Arabi Doha/QAT 1:0) – **1996: Ilhwa Chunma/KOR** (– Al Nasr Riyadh/KSA n. V.1:0) – **1997: Pohang Steelers/KOR** (– Ilhwa Chunma/KOR i. V. 2:1) – **1998: Pohang Steelers/KOR** (– Dalian Wanda/CHN n. V. 0:0, 6:5 im Elfmeterschießen) – **1999: Jubilo Iwata/JPN** (– Esteghlal Teheran/IRN 2:1) – **2000: Al Hilal Riyadh/KSA** (– Jubilo Iwata/JPN i. V. 3:2) – **2001: Suwon Samsung Bluewings/KOR** (– Jubilo Iwata/JPN 1:0) – **2002: Suwon Samsung Bluewings/KOR** (– Anyang LG Cheetahs/KOR n. V. 0:0, 4:2 im Elfmeterschießen) – ab 2003 AFC Champions League, an der nur noch die stärksten 14 Länder teilnahmeberechtigt sind. 14 Länder einer B-Gruppe spielen künftig um den AFC Cup, die am schwächsten eingestuften Länder um den Presidents Cup – **2003: Al Ain SC/UAE** (– BEC Tero Sesana/THA 2:0 und 0:1) – **2004: Al Ittihad Jeddah/KSA** (– Ilhwa Chunma/KOR 1:3 und 5:0) – **2005: Al Ittihad Jeddah/KSA** (– Al Ain SC/UAE 4:2 und 1:1) – **2006: Chonbuk Hyundai Motors/KOR** (– Al Karama Homs/SYR 2:0 und 1:2) – **2007: Urawa Red Diamonds/JPN** (– Sepahan Isfahan/IRN 2:0 und 1:1) – **2008: Gamba Osaka/JPN** (– Adelaide United/AUS 3:0 und 2:0) – **2009: Pohang Steelers/KOR** (– Al Ittihad Jeddah/KSA 2:1) – **2010: Seongnam Ilhwa Chunma/KOR** (– Zob Ahan Isfahan/IRN 3:1) – **2011: Al Sadd Doha/QTR** (– Chonbuk Hyundai Motors/KOR n. V. 2:2, Elfmeterschießen 4:2) – **2012: Ulsan Hyundai/KOR** (– Al Ahli Jeddah/KSA 3:0). – **2013: Guangzhou Evergrande/CHN** (– FC Seoul/KOR 1:1 und 2:2) – **2014: Western Sydney Wanderers/AUS** (– Al Hilal Riyadh/KSA 1:0, 0:0) – **2015: Guangzhou Evergrande/CHN** (– Al Ahli Dubai/UAE 1:0 und 0:0) – **2016: Jeonbuk Hyundai Motors/KOR** (– Al Ain SC/UAE 2:1 und 1:1) – **2017: Urawa Red Diamonds/JPN** (– Al Hilal Riyadh/KSA 1:0 und 1:1) – **2018: Kashima Antlers/JPN** (– Persepolis Teheran/IRN 2:0 und 0:0) – **2019: Al Hilal Riyadh/KSA** (– Urawa Red Diamonds/JPN 2:0 und 0:1) – **2020: Ulsan Hyundai/KOR** (– Persepolis Teheran/IRN 2:1).

Asien: Pokal der Pokalsieger

1991 Pirouzi Teheran/IRN – 1992, 1992 Nissan Yokohama/JPN – 1994 Al Qadisiyah Dammam/KSA – 1995 Yokohama Flügels/JPN – 1996 Bellmare Hiratsuka/JPN – 1997 Al Hilal Riyadh/KSA – 1998 Al Nasr Riyadh/KSA – 1999 Al Ittihad Jeddah/KSA – 2000 Shimizu S-Pulse/JPN – 2001 Al Shabab Riyadh/KSA – 2002 Al Hilal Riyadh/KSA – danach mit dem Pokal der Landesmeister zur AFC Champions League zusammengelegt.

Asien: Super-Cup

Ausgespielt zwischen den Siegern der Pokale der Landesmeister und Pokalsieger.
1995 Yokohama Flügels/JPN – 1996 Ilhwa Chunma/KOR – 1997 Al Hilal Riyadh/KSA – 1998 Al Nasr Riyadh/KSA – 1999 Jubilo Iwata/JPN – 2000 Al Hilal Riyadh/KSA – 2001, 2002 Suwon Samsung Bluewings/KOR – seitdem nicht mehr ausgespielt.

Asien: AFC Cup

2004: Al Wahda Damaskus/SYR (– Al Jaish Damaskus/SYR 2:3 und 1:0) – **2005: Al Faisaly Amman/JOR** (– Al Nijmeh Beirut/LIB 1:0 und 3:2) – **2006: Al Faisaly Amman/JOR** (– Muharraq Club/BHR 3:0 und 2:4) – **2007: Shabab Al Ordon Al Qadisiya Amman/JOR** (– Al Faisaly Amann/JOR 1:0 und 0:0) – **2008: Muharraq Club/BHR** (– Safa Beirut/LIB 5:1 und 5:4) – **2009: Al Kuwait Kaifan/KUW** (– Al Karama Homs/SYR 2:1) – **2010: Al-Ittihad Aleppo/SYR** (– Al Qadsia Kuwait/KUW 1:1, Elfmeterschießen 4:2) – **2011: Nasaf Karschi/UZB** (– Al Kuwait Kaifan 2:1/KUW) – **2012: Al Kuwait Kaifan/KUW** (– Arbil SC/IRQ 4:0) – **2013: Al Kuwait Kaifan/KUW** (– Al Qadsia Kuwait/KUW 2:0) – **2014: Al Qadsia Kuwait/KUW** (– Erbil SC/IRQ n. V. 0:0, Elfmeterschießen 4:2) – **2015: Johor Darul Ta'zim/MAS** (– Istiqlol Duschanbe/TJK 1:0) – **2016: Al-Quwa Al-Jawiya Bagdad/IRQ** (– Bengaluru FC/IND 1:0) – **2017: Al-Quwa Al-Jawiya Bagdad/IRQ** (– Istiqlol Duschanbe/TJK 1:0) – **2018: Al-Quwa Al-Jawiya Bagdad/IRQ** (– Altyn Asyr/TKM 2:0) – **2019: Al Ahed Ouzai/LBN** (– April 25 Pjöngjang/PRK 1:0) – **2020:** abgebrochen.

Asien: Presidents Cup

2005 Regar-TadAZ Tursunsade/TJK – 2006, 2007 Dordoy-Dinamo Naryn/KGZ – 2008, 2009 Regar-TadAZ Tursunsade/TJK – 2010 Yadanabon FC/MYA – 2011 Taiwan Power Company Kaohsiung City/TPE – 2012 Istiqlol Dushanbe/TJK – 2013 FK Balkan/TKM – 2014: HTTU Asgabat/TKM – seitdem nicht mehr ausgetragen.

Ozeanien: Pokal der Landesmeister (ab 2007 O-League)

1987: Adelaide City/AUS (– University-Mount Wellington/NZL n. V. 1:1, Elfmeterschießen 4:1) – **1999: South Melbourne/AUS** (– Nadi FC/FIJ 5:1) – 2000 nicht ausgetragen – **2001: Wollongong City Wolves/AUS** (– Tafea FC/VAN 1:0) – 2002 bis 2004 nicht ausgetragen – **2005: Sydney FC/AUS** (– AS Magenta Noumea/NCL 2:0) – **2006: Auckland City/NZL** (– AS Piraé/TAH 3:1) – **2007: Waitakere United/NZL** (– Ba FC/FIJ 1:0 und 1:2) – **2008: Waitakere United/NZL** (– Kossa FC Honiara/SOL 5:0 und 1:3) – **2009: Auckland City/NZL** (– Koloale FC Honiara/SOL 2:2 und 7:2) – **2010: Hekari United/PNG** (– Waitakere United/NZL 3:0 und 1:2) – **2011: Auckland City/NZL** (– Amicale FC/VAN 4:0 und 2:1) – **2012: Auckland City/NZL** (– AS Tefana Faa'a/TAH 2:1 und 1:0) – **2013: Auckland City/NZL** (– Waitakere United/NZL 2:1) – **2014: Auckland City/NZL** (– Amicale FC/VAN 2:1 und 1:1) – **2015: Auckland City/NZL** (– Team Wellington/NZL n. V. 1:1, Elfmeterschießen 4:3) – **2016: Auckland City/NZL** (– Team Wellington/NZL 3:0) – **2017: Auckland City/NZL** (– Team Wellington/NZL 3:0 und 2:0) – **2018: Team Wellington/NZL** (– Lautoka FC/FIJ 6:0 und 4:3) – **2019: Hienghene Sport/NCL** (– AS Magenta/NCL 1:0) – **2019: Hienghene Sport/NCL** (– AS Magenta/NCL 1:0) – **2020, 2021:** nicht ausgetragen.

Wichtige Termine für die Fußballsaison 2021/22

Sortiert nach Terminen und nach Wettbewerben:

Die Spielzeit Monat für Monat

Juli 2021

Fr.-Mo., 23.-25., 2. Bundesliga, 3. Liga (beide 1. Spieltag)

Fr.-Mo., 30.-2.8., 2. Bundesliga (2); 3. Liga (2)

August 2021

Fr.-Mi., 6.-25., DFB-Pokal: 1. Runde

Mi., 11., UEFA Supercup: FC Chelsea – FC Villarreal (in Belfast)

Fr.-Mo., 13.-16., Bundesliga (1. Spieltag); 2. Bundesliga (3); 3. Liga (3)

Di., 17., DFL-Supercup: Borussia Dortmund – Bayern München

Di./Mi., 17./18., Champions League: Play-offs, Hinspiele

Mi., 18., Champions League Frauen: 1. Qualifikationsrunde, Hinspiele

Do., 19., Europa und Europa Conference League, Play-offs, Hinspiele

Fr.-So., 20.-22., Bundesliga (2); 2. Bundesliga (4); 3. Liga (4)

Sa., 21., Champions League Frauen: 1. Qualifikationsrunde, Rückspiele

Sa.-Mo., 21.-23., DFB-Pokal Frauen: 1. Runde

Di./Mi., 24./25., Champions League: Play-offs, Rückspiele

Di./Mi., 24./25., 3. Liga (5)

Do., 26., Europa und Europa Conference League, Play-offs, Rückspiele

Fr.-Mo., 27.-30., Bundesliga (3); 2. Bundesliga (5); 3. Liga (6); Frauen-Bundesliga (1)

Di./Mi., 31./1.9., Champions League Frauen: 2. Qualifikationsrunde, Hinspiele

September 2021

Do., 2., WM-Qualifikation: Liechtenstein – Deutschland (in St. Gallen)

Fr., 3., U-21-EM-Qualifikation: San Marino – Deutschland (in Serravalle)

Fr.-Mo., 3.-6., 3. Liga (7); Frauen-Bundesliga (2)

So., 5., WM-Qualifikation: Deutschland – Armenien (in Stuttgart)

Di., 7., U-21-EM-Qualifikation: Lettland – Deutschland (in Riga)

Mi., 8., WM-Qualifikation: Island – Deutschland (in Reykjavik)

Mi./Do., 8./9., Champions League Frauen: 2. Qualifikationsrunde, Rückspiele

Fr.-Mo., 10.-13., 3. Liga (8); Frauen-Bundesliga (3)

Sa./So, 11./12., Bundesliga (4); 2. Bundesliga (6)

Di./Mi., 14./15., Champions League: Gruppenphase, 1. Spieltag

Do., 16., Europa und Europa Conference League League: Gruppenphase, 1. Spieltag

Fr.-Mo., 17.-20., Bundesliga (5); 2. Bundesliga (7); 3. Liga (9)

Sa., 18., WM-Qualifikation Frauen: Deutschland – Bulgarien (in Cottbus)

Di., 21., WM-Qualifikation Frauen: Deutschland – Serbien (in Chemnitz)

Fr.-Mo., 24.-26., Bundesliga (6); 2. Bundesliga (8); 3. Liga (10)

Sa./So., 25./26., DFB-Pokal Frauen: 2. Runde

Di./Mi., 28./29., Champions League: Gruppenphase, 2. Spieltag

Do., 30., Europa und Europa Conference League League: Gruppenphase, 2. Spieltag

Oktober 2021

Fr.-Mo., 1.-4., Bundesliga (7); 2. Bundesliga (9); 3. Liga (11); Frauen-Bundesliga (4)

Di./Mi., 5./6., Champions League Frauen: Gruppenphase, 1. Spieltag

Do., 7. 10., U-21-EM-Qualifikation: Deutschland – Israel (in Paderborn)

Fr., 8., WM-Qualifikation: Deutschland – Rumänien (in Hamburg)

Fr.-So., 8.–10., Frauen-Bundesliga (5)

Mo., 11., WM-Qualifikation: Nordmazedonien – Deutschland (in Skopje)

Di., 12., U-21-EM-Qualifikation: Ungarn – Deutschland (in Szeged)

Mi./Do., 13./14., Champions League Frauen: Gruppenphase, 2. Spieltag

Fr.-Mo., 15.-18., Bundesliga (8); 2. Bundesliga (10); 3. Liga (12); Frauen-Bundesliga (6)

Di./Mi., 19./20., Champions League: Gruppenphase, 3. Spieltag

Do., 21., Europa und Europa Conference League: Gruppenphase, 3. Spieltag

Do., 21., WM-Qualifikation Frauen: Israel – Deutschland

Fr.-Mo., 22.-25., Bundesliga (9); 2. Bundesliga (11); 3. Liga (13)

Di., 26., WM-Qualifikation Frauen: Deutschland – Israel

Di./Mi., 26./27., DFB-Pokal: 2. Runde

Do., 28., Frauen-EM 2022: Auslosung der Gruppen

Fr.-Mo., 29.-1.11., Bundesliga (10); 2. Bundesliga (12); 3. Liga (14)

Sa./So., 30.-31., DFB-Pokal Frauen: Achtelfinale

November 2021

Di./Mi., 2./3., Champions League: Gruppenphase, 4. Spieltag

Do., 4., Europa und Europa Conference League:

Gruppenphase, 4. Spieltag
Fr.-Mo., 5.-8., Bundesliga (11); 2. Bundesliga (13); 3. Liga (15); Frauen-Bundesliga (7)
Di./Mi., 9./10., Champions League Frauen: Gruppenphase, 3. Spieltag
Do., 11., WM-Qualifikation: Deutschland – Liechtenstein (in Wolfsburg)
Fr., 12., U-21-EM-Qualifikation: Deutschland – Polen (in Großaspach)
Fr.-So., 12.–14.11., Frauen-Bundesliga (8)
So., 14., WM-Qualifikation: Armenien – Deutschland (in Erewan)
Di., 16., U-21-EM-Qualifikation: Deutschland – San Marino (in Ingolstadt)
Mi./Do., 17./18., Champions League Frauen: Gruppenphase, 4. Spieltag
Fr.-Mo., 19.-22., Bundesliga (12); 2. Bundesliga (14); 3. Liga (16); Frauen-Bundesliga (9)
Di./Mi., 23./24., Champions League: Gruppenphase, 5. Spieltag
Do., 25., Europa und Europa Conference League: Gruppenphase, 5. Spieltag
Fr., 26., WM-Qualifikation Frauen: Deutschland – Türkei
Fr.-Mo., 26.-29., Bundesliga (13); 26.-28., 2. Bundesliga (15); 3. Liga (17)
Di., 30., WM-Qualifikation Frauen: Portugal – Deutschland

Dezember 2021
Fr.-Mo., 3.-6., Bundesliga (14); 2. Bundesliga (16); 3. Liga (18); Frauen-Bundesliga (10)
Di./Mi., 7./8., Champions League: Gruppenphase, 6. Spieltag
Mi./Do., 8./9., Champions League Frauen: Gruppenphase, 5. Spieltag
Do., 9., Europa und Europa Conference League: Gruppenphase, 6. Spieltag
Fr.-Mo., 10.-13., Bundesliga (15); 2. Bundesliga (17); 3. Liga (19); Frauen-Bundesliga (11)
Di./Mi., 14./15., Bundesliga (16)
Mi./Do., 15./16., Champions League Frauen: Gruppenphase, 6. Spieltag
Fr.-Mo., 17.-20., Bundesliga (17); 2. Bundesliga (18); 3. Liga (20); Frauen-Bundesliga (12)

Januar 2022
Fr.-Sa., 7.-9., Bundesliga (18)
Fr.-Mo., 14.-17., Bundesliga (19); 2. Bundesliga (19); 3. Liga (21)
Di./Mi., 18./19., DFB-Pokal: Achtelfinale
Fr.-So., 21.-23., Bundesliga (20); 2. Bundesliga (20); 3. Liga (22)
Di./Mi., 25./26., 3. Liga (23)
Fr.-Mo., 28.-31., 3. Liga (24)

Februar 2022
Fr.-Mo., 4.-7., Bundesliga (21); 2. Bundesliga (21); 3. Liga (25); Frauen-Bundesliga (13)
Fr.-Mo., 11.-14., Bundesliga (22); 2. Bundesliga (22); 3. Liga (26); Frauen-Bundesliga (14)
Di./Mi., 15./16., Champions League: Achtelfinale, Hinspiele
Do., 17., Europa und Europa Conference League: K.-o-Play-offs, Hinspiele
Fr.-Mo., 18.-21., Bundesliga (23); 2. Bundesliga (23); 3. Liga (27)
Di./Mi., 22./23., Champions League: Achtelfinale, Hinspiele
Do., 24., Europa und Europa Conference League: K.-o-Play-offs, Rückspiele
Fr.-Mo., 25.-28., Bundesliga (24); 2. Bundesliga (24); 3. Liga (28)

März 2022
Di./Mi., 1./2., DFB-Pokal: Viertelfinale
Di./Mi., 1./2., DFB-Pokal Frauen: Viertelfinale
Fr.-Mo., 4.-7., Bundesliga (25); 2. Bundesliga (25); 3. Liga (29); Frauen-Bundesliga (15)
Di./Mi., 8./9., Champions League: Achtelfinale, Rückspiele
Do., 10., Europa und Europa Conference League: Achtelfinale, Hinspiele
Fr.-Mo., 11.-14., Bundesliga (26); 2. Bundesliga (26); 3. Liga (30); Frauen-Bundesliga (16)
Mo.-Do., 14.-24., Frauen-Nationalmannschaft: EM-Testspiele geplant
Di./Mi., 15./16. Champions League: Achtelfinale, Rückspiele
Do., 17., Europa und Europa Conference League: Achtelfinale, Rückspiele
Fr.-Mo., 18.-21., Bundesliga (27); 2. Bundesliga (27); 3. Liga (31); Frauen-Bundesliga (17)
Di./Mi., 22./23., Champions League Frauen: Viertelfinale, Hinspiele
Do./Fr., 24./25., WM-Qualifikation: Play-offs, Hinspiele
Fr., 25., U-21-EM-Qualifikation: Deutschland – Lettland
Fr.-So., 25.–27., Frauen-Bundesliga (18)
Mo./Di., 28./29., WM-Qualifikation: Play-offs, Rückspiele
Di., 29., U-21-EM-Qualifikation: Israel – Deutschland
Mi./Do., 30./31., Champions League Frauen: Viertelfinale, Rückspiele

April 2022
Fr.-Mo., 1.-4., Bundesliga (28); 2. Bundesliga (28); Fr.-Mo., 3. Liga (32); Frauen-Bundesliga (19)
Di./Mi., 5./6., Champions League: Viertelfinale, Hinspiele
Do., 7., Europa und Europa Conference League: Viertelfinale, Hinspiele
Fr.-Mo., 8.-11., Bundesliga (29); 2. Bundesliga (29); 3. Liga (33)

Sa., 9., WM-Qualifikation Frauen: Deutschland – Portugal
Di., 12., WM-Qualifikation Frauen: Serbien – Deutschland
Di./Mi., 12./13., Champions League: Viertelfinale, Rückspiele
Do., 14., Europa und Europa Conference League: Viertelfinale, Rückspiele
Sa.-Mo., 16.-18., Bundesliga (30); 2. Bundesliga (30); 3. Liga (34)
So./Mo., 17./18., DFB-Pokal Frauen: Halbfinale
Di./Mi., 19./20., DFB-Pokal: Halbfinale
Fr.-Mo., 22.-25., Bundesliga (31); 22.-24., 2. Bundesliga (31); 3. Liga (35); Frauen-Bundesliga (20)
Sa./So., 23./24., Champions League Frauen: Halbfinale, Hinspiele
Di./Mi., 26./27., Champions League: Halbfinale, Hinspiele
Do., 28., Europa und Europa Conference League: Halbfinale, Hinspiele
Fr.-Mo., 29.-2.5., Bundesliga (32); 29./30., 2. Bundesliga (32); 3. Liga (36)
Sa./So., 30./1. 5., Champions League Frauen: Halbfinale, Rückspiele

Mai 2022
Di./Mi., 3./4., Champions League: Halbfinale, Rückspiele
Do., 5., Europa und Europa Conference League, Halbfinale, Rückspiele
Fr.-Mo., 6.-9., Bundesliga (33); 2. Bundesliga (33); 3. Liga (37); Frauen-Bundesliga (21)
Sa., 14., Bundesliga (34); 3. Liga (38)
So., 15., 2. Bundesliga (34); Frauen-Bundesliga (22)
Mi., 18., Europa League: Endspiel in Sevilla
Do., 19., Relegation, Hinspiel: Bundesliga 16. – Dritter 2. Bundesliga
Fr., 19., Relegation, Hinspiel: Dritter 3. Liga – 2. Bundesliga 16.
Sa., 21., DFB-Pokal: Endspiel in Berlin
So., 22., Champions League Frauen: Endspiel in Turin
Mo., 23., Relegation, Rückspiel: Dritter 2. Bundesliga – Bundesliga 16.
Di., 24., Relegation, Rückspiel: 2. Bundesliga 16. – Dritter 3. Liga
Mi., 25., Europa Conference League: Endspiel in Tirana
Sa., 28., Champions League: Endspiel in St. Petersburg
Sa., 28., DFB-Pokal Frauen: Endspiel in Köln

Juni 2022
Do.-Sa., 2.–4., UEFA Nations League: 1. Spieltag
Fr., 3., U-21-EM-Qualifikation: Deutschland – Ungarn
So.-Di., 5.–7., UEFA Nations League: 2. Spieltag
Di., 7., U-21-Qualifikation: Polen – Deutschland
Do.-Sa., 9.-11., UEFA Nations League: 3. Spieltag
So.-Di., 12.–14., UEFA Nations League: 4. Spieltag
Mo.-Mi., 13.–22., Frauen-Nationalmannschaft: EM-Testspiele geplant

Juli 2022
Mi.-Sa., 6.-23., Frauen-EM: Endrunde in England

Die Spielzeit nach Wettbewerben

A-Nationalmannschaft
2. 9., WM-Qualifikation: Liechtenstein – Deutschland (in St. Gallen)
5. 9., WM-Qualifikation: Deutschland – Armenien (in Stuttgart)
8. 9., WM-Qualifikation: Island – Deutschland (in Reykjavik)
8. 10., WM-Qualifikation: Deutschland – Rumänien (in Hamburg)
11. 10., WM-Qualifikation: Nordmazedonien – Deutschland (in Skopje)
11. 11., WM-Qualifikation: Deutschland – Liechtenstein (in Wolfsburg)
14. 11., WM-Qualifikation: Armenien – Deutschland (in Erewan)

WM-Qualifikation: mögliche Play-offs am 24./25. und 28./29.3.
Gruppenspieltage Nations League: 2.–4.6. – 5.–7.6. – 9.–11.6. – 12.–14.6. – 22.–24.9. – 25.–27.9.
WM-Endrunde in Katar: 21.11.–18.12.2022

U-21-Nationalmannschaft
3. 9., EM-Qualifikation: San Marino – Deutschland (in Serravalle)
7. 9., EM-Qualifikation: Lettland – Deutschland (in Riga)
7. 10., EM-Qualifikation: Deutschland – Israel (in Paderborn)
12. 10., EM-Qualifikation: Ungarn – Deutschland (in Szeged)
12. 11., EM-Qualifikation: Deutschland – Polen (in Großaspach)
16. 11., EM-Qualifikation: Deutschland – San Marino (in Ingolstadt)
25. 3., EM-Qualifikation: Deutschland – Lettland
29. 3., EM-Qualifikation: Israel – Deutschland
3. 6., EM-Qualifikation: Deutschland – Ungarn
7. 6., EM-Qualifikation: Polen – Deutschland

UEFA-Supercup
11. 8., FC Chelsea – FC Villarreal (in Belfast)

Champions League
Qualifikation:
Vorqualifikation 22.-25.6.
1. Runde 6./7. und 13./14.7.
2. Runde 20./21. und 27./28.7.
3. Runde 3./4. und 10.8.
Play-offs:
Auslosung 2.8.
Spiele 17./18. und 24./25.8.

Gruppenphase:
Auslosung 26.8.
Spiele 14./15.9. – 28./29.9. – 19./20.10. – 2./3.11. – 23./24.11. – 7./8.12.
Achtelfinale:
Auslosung 13.12.
Spiele 15./16./22./23.2. und 8./9./15./16.3.
Viertelfinale:
Auslosung 18.3.
Spiele 5./6. und 12./13.4.
Halbfinale:
Auslosung 13.12.
Spiele 26./27.4. und 3./4.5.
Endspiel:
28.5. in St. Petersburg

Europa League
Qualifikation:
3. Runde 3./5. und 10./12.8.
Play-offs:
Auslosung 2.8.
Spiele 19. und 26.8.
Gruppenphase:
Auslosung 27.8.
Spieltage 16.9. – 30.9. – 21.10. – 4.11. – 25.11. – 9.12.
K.-o.-Play-offs:
Auslosung 13.12.
Spiele 17. und 24.2.
Achtelfinale;
Auslosung 25.2.
Spiele 10. und 17.3.
Viertelfinale:
Auslosung 18.3.
Spiele 7. und 14.4.
Halbfinale:
Auslosung 18.3.
Spiele 28.4. und 5.5.
Endspiel:
18.5. in Sevilla

Europa Conference League
Qualifikation:
1. Runde 6./8. und 13./15.7.
2. Runde 20.-22. und 27./29.7.
3. Runde 3./5. und 10./12.8.
Play-offs:
Auslosung 2.8.
Spiele 19. und 26.8.
Gruppenphase:
Auslosung 27.8.
Spiele 16.9. – 30.9. – 21.10. – 4.11. – 25.11. – 9.12.
K.-o.-Play-offs:
Auslosung 13.12.
Spiele 17. und 24.2.
Achtelfinale:
Auslosung 25.2.
Spiele 10. und 17.3.
Viertelfinale:
Auslosung 18.3.
Spiele 7. und 14.4.
Halbfinale:
Auslosung 18.3.
Spiele 28.4. und 5.5.
Endspiel:
25.5. in Tirana

DFL-Supercup
17.8., Borussia Dortmund – Bayern München.

DFB-Pokal
1. Runde: 6.-25.8.
2. Runde: 26./27.10.
Achtelfinale: 18./19.1.
Viertelfinale: 1./2.3.
Halbfinale: 19./20.4.
Endspiel: 21.5. (in Berlin)

Frauen:
A-Nationalmannschaft
18. 9., WM-Qualifikation: Deutschland – Bulgarien (in Cottbus)
21. 9., WM-Qualifikation: Deutschland – Serbien (in Chemnitz)
21. 10., WM-Qualifikation: Israel – Deutschland
26. 10., WM-Qualifikation: Deutschland – Israel
28. 10., Auslosung der Gruppen EM 2022 in England
26. 11., WM-Qualifikation: Deutschland – Türkei
30. 11., WM-Qualifikation: Portugal – Deutschland
14.–24. 3. EM-Testspiele geplant
9. 4., WM-Qualifikation: Deutschland – Portugal
12. 4., WM-Qualifikation: Serbien – Deutschland
13.–22. 6. EM-Testspiele geplant
6.–23. 7., EM-Endrunde in England

Champions League
Qualifikation:
1. Runde 18. und 21.8. (mit TSG Hoffenheim)
2. Runde 31.8./1.9. und 8./9.9. (mit VfL Wolfsburg)
Gruppenphase:
Auslosung 13.9. (Bayern München gesetzt)
Spiele 5./6.10. – 13./14.10. – 9./10.11. – 17./18.11. – 8./9.12. – 15./16.12.
Viertelfinale:
Auslosung 20.12.
Spiele 22./23. und 30./31.3.
Halbfinale:
Auslosung 20.12.
Spiele 23./24.4. und 30.4./1.5.
Endspiel:
22.5. in Turin

Bundesliga
Spieltage:
27.-29.8. – 3.-5.9. – 10.-12.9. – 1.-3.10. – 8.-10.10. – 15.-17.10. – 5.-7.11. – 12.-14.11. – 19.-21.11. – 3.-5.12. – 10.-12.12. – 17.-19.12. – 4.-6.2. – 11.-13.2. – 4.-6.3. – 11.-13.3. – 18.-20.3. – 25.-27.3. – 1.-3.4. – 22.-24.4. – 6.-8.5. – 15.5.

DFB-Pokal
1. Runde: 21.-23.8.
2. Runde: 25./26.9.
Achtelfinale: 30./31.10.
Viertelfinale: 1./2.3.
Halbfinale: 17./18.4.
Endspiel: 28.5. in Köln

Hinweis:

In den letzten Jahren haben wir anstelle des Kapitels „Die Olympischen Fußballturniere" sogenannte „Wechselkapitel" eingeschoben, um die Archive unserer Leser mit anderen Wettbewerben zu vervollständigen. Wir bringen hier eine Übersicht, was wann erschienen ist und welche Almanache noch beim Copress-Verlag bezogen werden können.

1991 Mitropa-Cup

1992 DDR (Abschluß) mit allen Länderspielaufstellungen, den zahlenmäßigen Berufungen aller Nationalspieler und ihrer Tore, alle Gegner der DDR-Auswahl, alle Abschlußtabellen von 1948 bis 1991, Torschützenkönige, Fußballer des Jahres, alle Pokalendspiele.

1993 Olympia

1994 Europa-Supercup

1995 Weltpokal

1996 Inter-Totorunde

1997 Olympia

1998 Von Kontinent zu Kontinent

2002 Olympia

2003 Alle Meister und Pokalsieger in Europa

2004 UEFA-Intertoto-Cup

2005 Fußball in der DDR

2006 Olympia

2007 Deutsche Europapokal-Statistik

2008 Deutsche Liga-Tabellen ab 1945

2009 Bundesliga-Spieler-ABC 2008/09

2010 Bundesliga-Spieler-ABC 2009/10 und Olympia

2011 Bundesliga-Spieler-ABC 2010/11 und Olympia

2012 Bundesliga-Spieler-ABC 2011/12 und Olympia

2013 Bundesliga-Spieler-ABC 2012/13 und Olympia

2014 Bundesliga-Spieler-ABC 2013/14

2015 Bundesliga-Spieler-ABC 2014/15

2016 Bundesliga-Spieler-ABC 2015/16 und Mitropa-Cup

2017 Bundesliga-Spieler-ABC 2016/17, Olympia und 100 Jahre Copa America

2018 Bundesliga-Spieler-ABC 2017/18 und 60 Jahre Afrikameisterschaft

2019 Bundesliga-Spieler-ABC 2018/19 und Asienmeisterschaft seit 1956

2020 Bundesliga-Spieler-Abc 2019/20 sowie Nord-/Mittelamerikameisterschaft 1941-2019 und Ozeanienmeisterschaft 1973-2016

2021 Bundesliga-Spieler-Abc 2020/21 6

Im 96er-Jahrgang ist auch letztmals alles über unsere B-Elf, U23- und Amateurmannschaft erschienen. In allen Almanachen davor wurden diese drei Unterkapitel regelmäßig aufgeführt. Inzwischen sind diese Mannschaften längst eingestellt worden.
Lieferbar sind (leider) nur noch die Jahrgänge 2016 sowie 2018 bis 2021 des KICKER-Almanach.